CB043065

ACADÉMICA
HISTÓRIA DO FUTEBOL

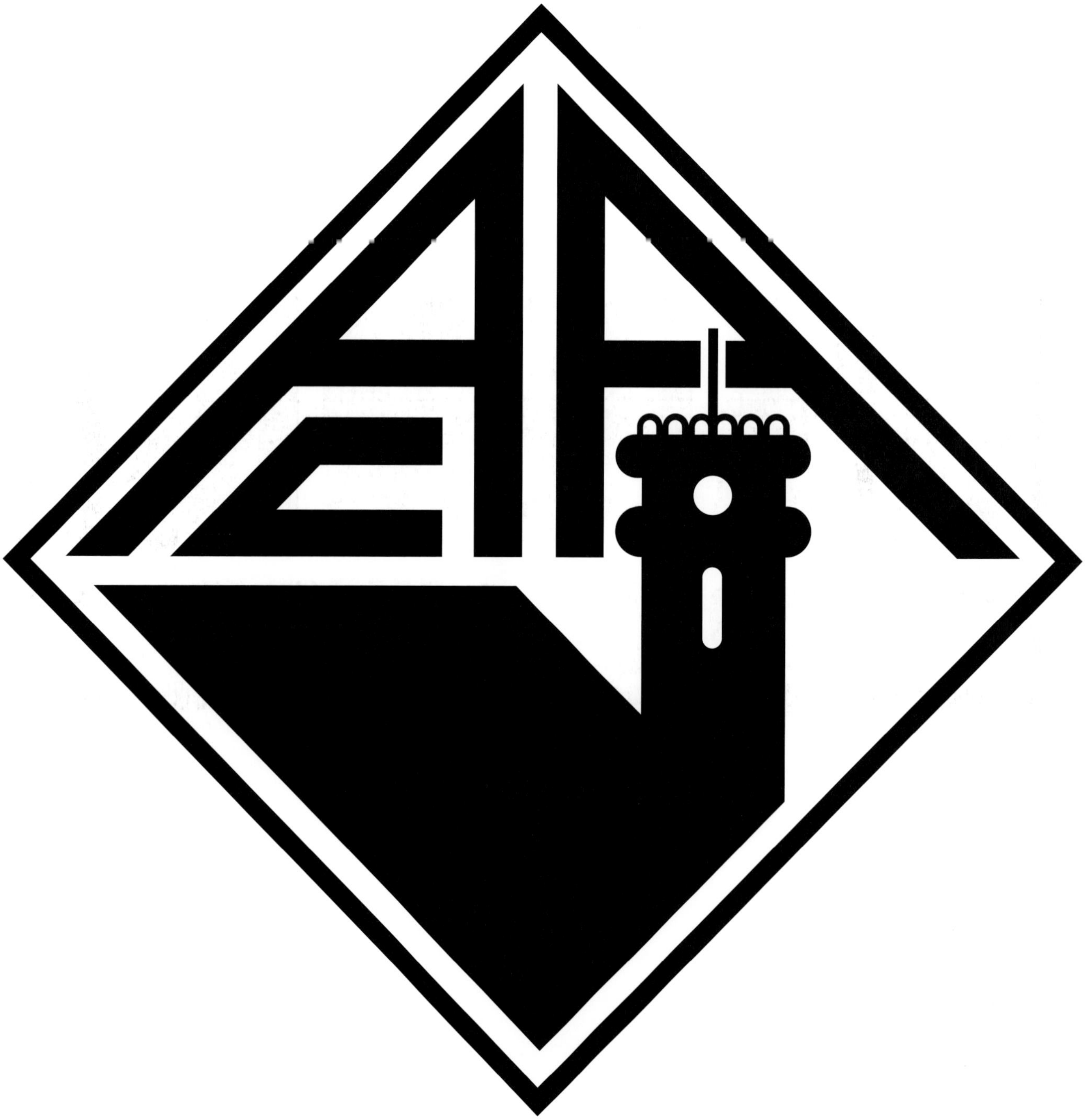

ACADÉMICA
HISTÓRIA DO FUTEBOL

João Santana e João Mesquita

ALMEDINA

AUTORES
João Santana e João Mesquita

DESIGN GRÁFICO
André Ferrão / FBA.

IMPRESSÃO E ACABAMENTO
G.C. – Gráfica de Coimbra, Lda.

EDIÇÃO
Edições Almedina, S. A.
Rua Fernandes Tomás, nºs 76, 78, 80
3000-167 Coimbra
www.almedina.net

DEPÓSITO LEGAL: 335672/11

BIBLIOTECA NACIONAL DE PORTUGAL – CATALOGAÇÃO NA PUBLICAÇÃO

SANTANA, João

Académica: História do Futebol
João Santana, João Mesquita – 2ª edição
ISBN 978-972-40-4679-2

I – MESQUITA, João

CDU 061
796

11
Prefácio

17
Introdução

24
Fundação

38
Épocas desportivas

412
Os jogadores

458
Os internacionais

468
Os treinadores

474
Os dirigentes

494
O corpo clínico

500
Os funcionários

506
A obra social

512
O sector de formação

518
A nova secção

524
Outros seniores

530
Algumas curiosidades

534
Testemunhos

562
Fichas dos Jogos

737
Posfácio

AAC·5
MAROR
CFB·O
BOSCH
Triunfo
BOLACHAS MASSAS
SOLUM
VINHOS BORLIDO
TORES ELECTRICOS
Rabor

"É necessário escrever a história
da Associação Académica de Coimbra.
Aqueles que têm memória podem dar
aos jovens referências para o futuro."

Francisco Soares
Médico da Briosa durante quase meio século
Diário "As Beiras", 8-5-1999

COM PAIXÃO E LIBERDADE

POR JOÃO SANTANA

Esta é a segunda edição de "Académica – História do Futebol". No dia do lançamento da obra, a 18 de Janeiro de 2008, João Mesquita, como sempre nos habituou, escolheu as palavras certas, ao assumir que este livro ambiciona «prestar um serviço a todos os académicos e constituir-se num instrumento privilegiado do debate que é preciso fazer, procurando não ocultar nada. Fala de vitórias e de derrotas. De misérias e de grandezas. De sucessos e de erros. De alegrias e de tristezas. E, talvez mais do que tudo isto, fala de homens e de mulheres. De homens e de mulheres que, da direcção à lavandaria, do departamento médico à secretaria, ajudaram a fazer uma instituição que, mesmo na sua vertente estritamente futebolística, vai a caminho do centenário». Mas é um livro, como foi então sublinhado, que pretende também ajudar a fazer o caminho para o futuro. «O compromisso com a "causa" académica implica que na reflexão não haja preconceitos, tabus, arrogância, meias-verdades, quando não mesmo inverdades. Antes, liberdade e inteligência», disse João Mesquita, apelando ao debate e à união da grande família académica.

Esgotada a primeira edição, houve agora que actualizar alguns textos, eliminar algumas incorrecções e, porque o futebol não pára, introduzir os dados relativos às últimas quatro épocas (2007/08, 2008/09, 2009/10 e 2010/11) em que a Briosa se manteve, firmemente, no escalão principal do futebol nacional.

O tempo parece curto, mas muito sucedeu nestes anos. Grandes vultos da nossa Académica pereceram entretanto, motivando a justa actualização dos textos que lhes faziam referência, como sucede com as páginas sobre Vasco Gervásio, José Barros, Joaquim Isabelinha ou Guilherme Luís, entre outros.

Mas, neste período, também João Mesquita nos deixou. O grande académico, brilhante jornalista e dedicado homem de família faleceu, prematuramente, a 12-3-2009, com 51 anos de vida. Foi dele que partiu o desafio de escrever o livro. Conhecia o meu arquivo e era grande a vontade de tornar público um sem-número de histórias e pormenores sobre a grande instituição que amava com muita intensidade. O brilhantismo da sua escrita jornalística – pautada pelo rigor – foi determinante para conseguir sintetizar tantos anos de história, repletos de momentos significantes.

O seu academismo foi, justamente reconhecido, no dia do funeral, com uma singela mas sentida homenagem no Estádio Cidade de Coimbra. Mais tarde, em Assembleia Geral, o seu nome passou a figurar na ilustre lista dos sócios honorários da Instituição que sempre amou e, de modo inédito, foi descerrada, a 30 de Agosto de 2009, uma placa no Estádio Cidade de Coimbra, sob o lugar em que vibrava pela sua Académica.

É também por ele, pelo seu saudável perfeccionismo, que se publica, agora, esta segunda edição actualizada, para a qual contei com a colaboração de João Luís Campos, também jornalista e adepto da Académica.

Concluo, com as palavras do João Mesquita, no dia do lançamento do livro: «Sirva o nosso trabalho estes dois objectivos – o debate e a unidade da grande família académica – e sentir-nos-emos ainda mais compensados pelo investimento que fizemos. Seja como for, valeu a pena. Pela Briosa, vale sempre a pena! Assim: com paixão e liberdade!»

COIMBRA, OUTUBRO 2011

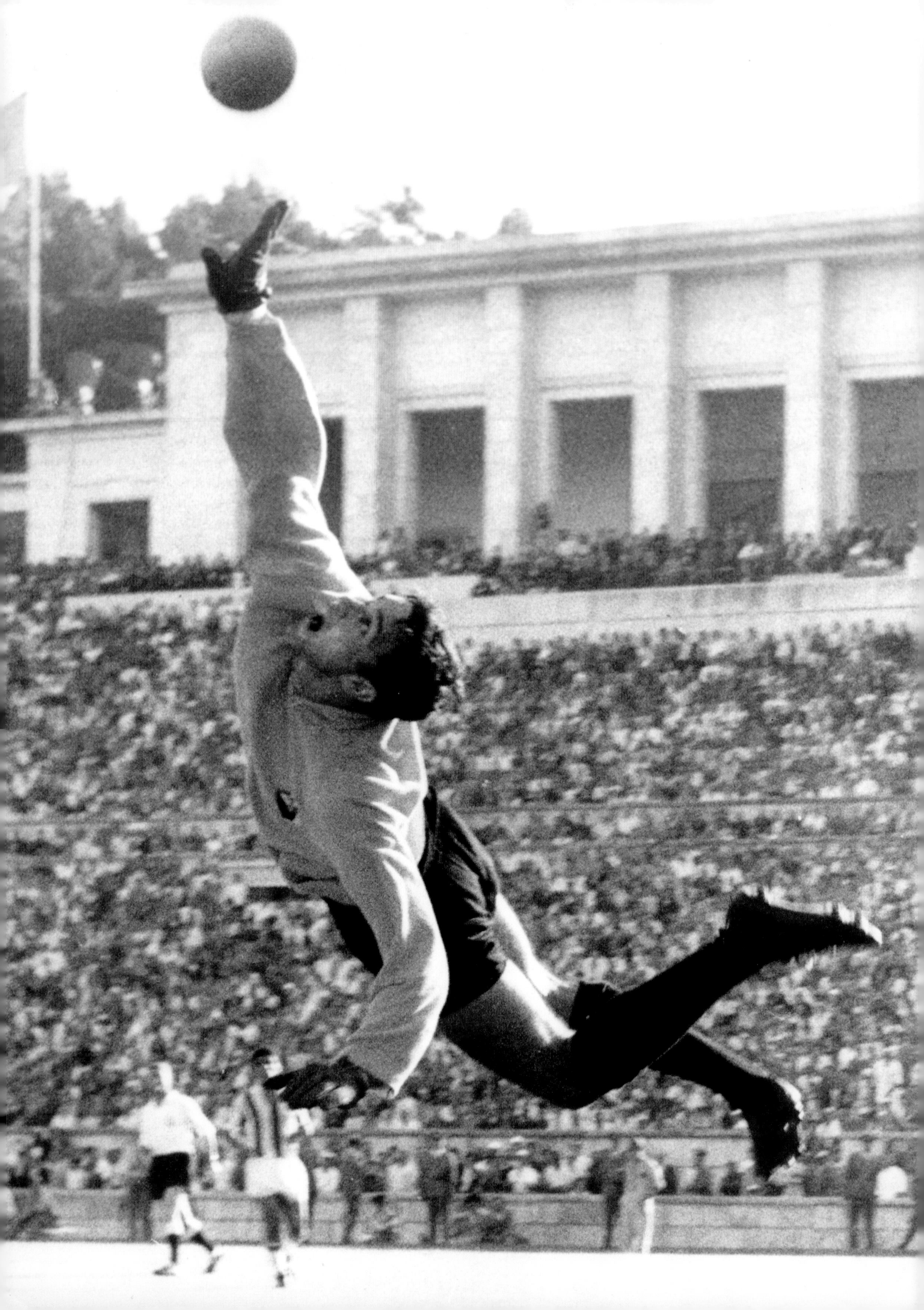

PREFÁCIO

POR JOÃO MALÓ

LI RECENTEMENTE que "repor a memória dos inícios e da sequência dos acontecimentos de uma instituição que perdura numa comunidade é sempre um trabalho que merece apoio e gratidão. Quando se perde a memória, o presente tem menos consistência e o futuro está sempre de algum modo posto em causa". Também li na altura, na mesma linha de pensamento, que se deverá "recordar o passado e viver o presente, olhando para o futuro".

Porque acredito naquelas palavras aceitei prefaciar este livro que, primordialmente, procura fazer a história da fundação e evolução do que foi a Secção de Futebol da Associação Académica de Coimbra, dentro da qual vivi uma dezena de anos e que depois continuei a acompanhar, mas relativamente afastado dos seus problemas, se bem que, esporadicamente, tivesse algumas intervenções pontuais, como a de dirigente do Clube Académico de Coimbra, ajudando, na altura, o seu regresso à "casa mãe", já como Organismo Autónomo de Futebol.

A tarefa é por um lado difícil, pois certamente faltar-me-ão o "engenho e a arte" para o fazer em "estilo grandíloquo", como merece esta grande instituição, mas, por outro, fácil, bastando para isso deixar "falar o coração". Foi por esta última hipótese que optei, usando para tal, basicamente, o tipo de fraseado que com outros estudantes-futebolistas utilizávamos, correspondendo assim ao pedido formulado por esses académicos que são o João Santana e o João Mesquita, co-autores deste livro, que em conversa preliminar não aceitaram a minha negativa.

Os anos em que dentro da Associação estive terão sido, possivelmente, os melhores da minha existência, vividos despreocupadamente (ressalve-se a época de exames), alegremente, em camaradagem, como ESTUDANTE DE COIMBRA que beneficiava de uma magra bolsa de estudos, admitindo contudo que outros colegas ainda a tinham inferior à minha.

Só quem participou nesse dia-a-dia sabe o quanto ele era maravilhoso, não tanto pelo que acontecia ao domingo quando íamos às Antas, a Alvalade ou à Luz, moer o juízo aos "andrades", aos "lagartos" e aos "índios" (... ai como sabia tão bem!...), mas sim pelo convívio, fosse ele no balneário, nos treinos, no "futebolinca", no "foot-voley", nas deslocações, na recepção aos novos atletas, e em mais um sem número de ocasiões, fundamentalmente, pelo "paleio" que estava sempre presente em todos estes actos...

Naquele tempo, vinha-se para a Académica porque desejávamos valorizar--nos socialmente e obter um "canudo", isto é, termos, como então os nossos pais diziam, uma "enxada" que nos proporcionasse, no futuro, a garantia do pão-nosso de cada dia. Éramos, na maioria esmagadora, jovens oriundos de famílias com magros recursos financeiros, de tal maneira que só a circunstância de sabermos "jogar à bola" e de a Associação Académica ter uma ímpar acção filantrópica tornava possível atingir o objectivo. Mesmo assim, os nossos detractores da época clamavam que éramos "profissionais", confirmando o ditado que diz ser mais cego do que o cego aquele que não quer ver. Hoje há o reconhecimento, unânime julgo eu, de que a obra foi efectivamente boa, bastando para o confirmar o número de estudantes-atletas que então conseguiram realizar o desiderato pretendido. A comparação positiva faz-se, no tempo presente, com as Universidades Norte-Americanas, que têm uma política semelhante à que então se seguia.

No meu pensar, quem verdadeiramente estudasse e desse em troca uns razoáveis (por vezes até muito bem dados) pontapés na bola tinha as contas saldadas para com a instituição e consciência tranquila do dever cumprido. O AMOR e o sentimento de profunda e eterna gratidão à Académica ia aparecendo progressivamente, com o decorrer dos anos, quando, pela nossa maturação intelectual, nos íamos apercebendo daquilo que estava realmente em causa. A grande maioria dos que por cá foram passando, e aqui englobo os incondicionais teóricos que nos acompanhavam por toda a parte, comungava do ideal de que antes de tudo estava o ESTUDANTE e só depois o futebolista, sendo o objectivo final, como já disse, conseguir um curso, fosse ele o de Licenciatura, o de Regente Agrícola, o de Professor do Ensino Primário, o de Agente Técnico de Engenharia ou do Instituto Comercial (cito estes porque revejo faces a personificarem os exemplos).

Pela vivência e convivência que directa ou indirectamente o futebol nos proporcionava, podemos dizer que se entrava para uma Escola da Vida, ainda de "bibe" vestido, inocentezinhos, e começávamos a fazer os estudos preparatórios para que, quando os concluíssemos, pudéssemos enfrentar o futuro. As salas de aulas não eram unicamente os campos do jogo e o grupo de trabalho também não era fechado. Antes pelo contrário: ele estendia-se a todos os outros estudantes, a antigos estudantes, aos nossos Professores, a dirigentes estudantis e outros, aos árbitros de futebol, aos políticos de direita ou de esquerda, e a todas as pessoas que giravam à volta da modalidade e não só... Entre nós, os mais velhos encarregavam-se de passar o testemunho aos mais novos, tendo sucedido isso durante muitas gerações. Eu fiz estes "preparatórios" no espaço de tempo compreendido entre 1959 e 1969, vivendo assim, praticamente, duas crises académicas, a partir das quais muitas ilações tirei, pois nesta Escola aprendia-se de tudo, mas fundamentalmente a conhecer os Homens, valorizando o seu comportamento sem máscaras nem manipulações. Numa palavra: a sua ética. E a fazer sólidas amizades, que ainda perduram.

Mas, será que todos os que por cá passaram se poderão agrupar no que acabo de descrever e cumpriram os fins propostos? Claro que não: se uns procuraram junto de nós, cinicamente, um trampolim para outras paragens, outros vieram com a ilusão sincera de que seriam capazes de o conseguir, mas não o foram. A todos foi dada, magnanimamente, a oportunidade de o tentarem, bastando, normalmente, dois anos de "experiência" para ficarem a saber se a nossa casa era também a deles. Contudo, é de inteira justiça afirmar que a maioria esmagadora dos que fracassaram continuam fiéis amigos e não se esquivam a afirmar o quanto eram elevados os propósitos da Secção de Futebol da Associação Académica de Coimbra. Aos ingratos e aos oportunistas (alguns ainda andam por aí e continuam muito palavrosos, tentando fazer passar a mensagem que foram e são dos nossos), responde-se mais uma vez com as palavras do poeta: "Também dos Portugueses alguns traidores houve algumas vezes".

SOBRE O PASSADO ESTAMOS FALADOS QUANTO BASTA.
E O PRESENTE, PENSANDO NO FUTURO?

Se bem que pertencendo ao grupo que tem como lema "quem não gosta, não come mas também não estraga", não posso, contudo, deixar de dizer que me parece estarmos a caminhar rapidamente para a destruição dos fundamentos, esses inalienáveis, dos nossos primitivos ideais, decretados, à data, pelos grupos de estudantes que vivendo na "Alta", eram recrutados aos domingos (jogadores e teóricos), descendo depois para o que é agora a Praça da República – ou então, posteriormente, o Quebra-Costas – e indo para o campo de futebol situado na Ínsua dos Bentos (actual parque da cidade). Era o amadorismo puro.

A evolução do próprio jogo – que se tornou mais exigente, quer física quer tecnicamente – e a imparável evolução sociológica (cada geração tem os seus valores, não havendo uma melhor do que outra, sendo elas apenas diferentes), fez com que progressivamente surgissem as "bolsas de estudo" e o Estudante-Futebolista. Foi já essa época que vivi.

Quando hoje (2006) constato que estão inscritos no "clube" mais de uma dúzia de atletas estrangeiros, que anualmente entram e saem, pergunto-me se eles estudam alguma coisa. Penso que não e que o ideal, plasmado nas escrituras do templo da BRIOSA que tem por símbolo a torre da Universidade, mesmo radicalmente adaptado aos tempos, foi completamente abastardado, tendo praticamente desaparecido. E assim, os responsáveis pelo Organismo Autónomo não podem continuar a tentar vender, a quem ama a

Académica, gato por lebre, afirmando em tudo quanto é sítio que este Organismo Autónomo é o legítimo herdeiro das velhas tradições, fazendo uma festa quando, esporadicamente, algum atleta termina – quase sempre tardiamente – um qualquer curso.

Há que parar para pensar

Então qual a solução? Como não a tenho, nunca juntei a minha voz a quem quer que fosse que se apresentasse como sendo o "SALVAÇÃO BARRETE" (assim denominávamos nós o jogador que, de quando em vez, alguém nos fazia chegar, apresentando-o como sendo o redentor das nossas fraquezas...). Admito, contudo, três caminhos possíveis para o Organismo Autónomo:

1. Voltar a ser um denominado Clube Académico de Coimbra, onde militarão, fundamentalmente, profissionais de futebol, pagos a preço de mercado (como actualmente acontece), alguns dos quais, talvez, até possam estudar... Assumia-se em absoluto, e sem sofismas, a ideia do Clube da Cidade de Coimbra e da sua região.

2. Ir ganhando tempo, não só esperando que, nesta época de globalização em que vivemos, o futebol português participe, por intermédio de duas ou três equipas, numa Grande Liga Europeia (tipo NBA do basquete norte-americano), mas também que a falência em cascata que vem acontecendo aos nossos clubes (quando chegará a nossa vez?), acelerada pela anterior premissa, conduza a uma reorganização total das estruturas futebolísticas actuais, conducente ao reaparecimento dos originais clubes amadores, onde a Académica reencontraria o seu espírito e teria certamente um lugar semelhante ao de antigamente (que saudade!...).

3. Assumir frontalmente a nossa incapacidade de continuarmos a ser como fomos e aceitar, resignadamente, que tudo nesta vida acaba e por isso finarmo-nos com dignidade...

É isto o que tenho para dizer, repetindo que falou o coração, emocionadamente – até com uma lágrima rebelde –, e por isso, todos vós, ACADÉMICOS, me perdoarão pelo que aqui escrevi e que hipoteticamente possa não vos agradar. Até sempre...

Julho 2006

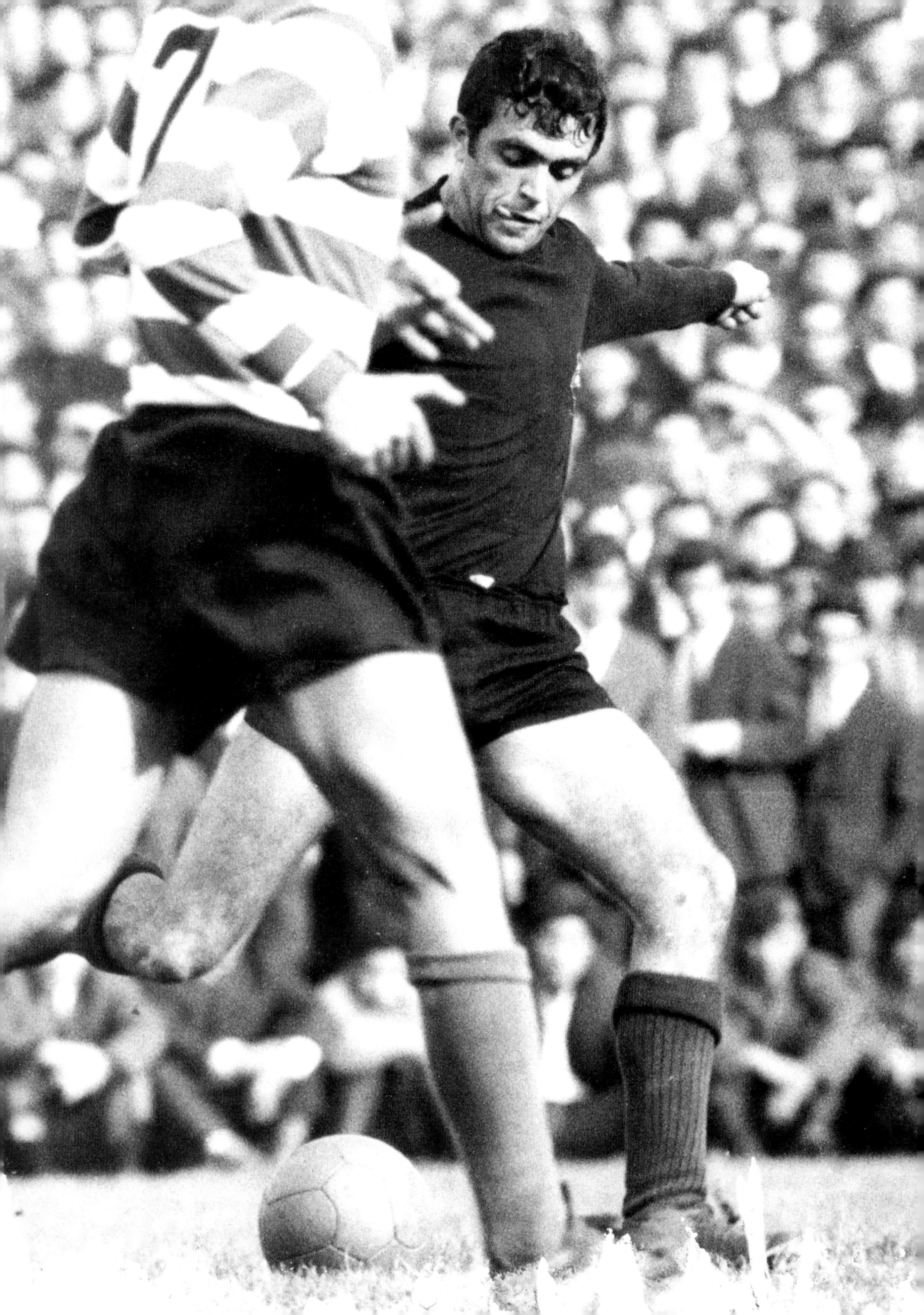

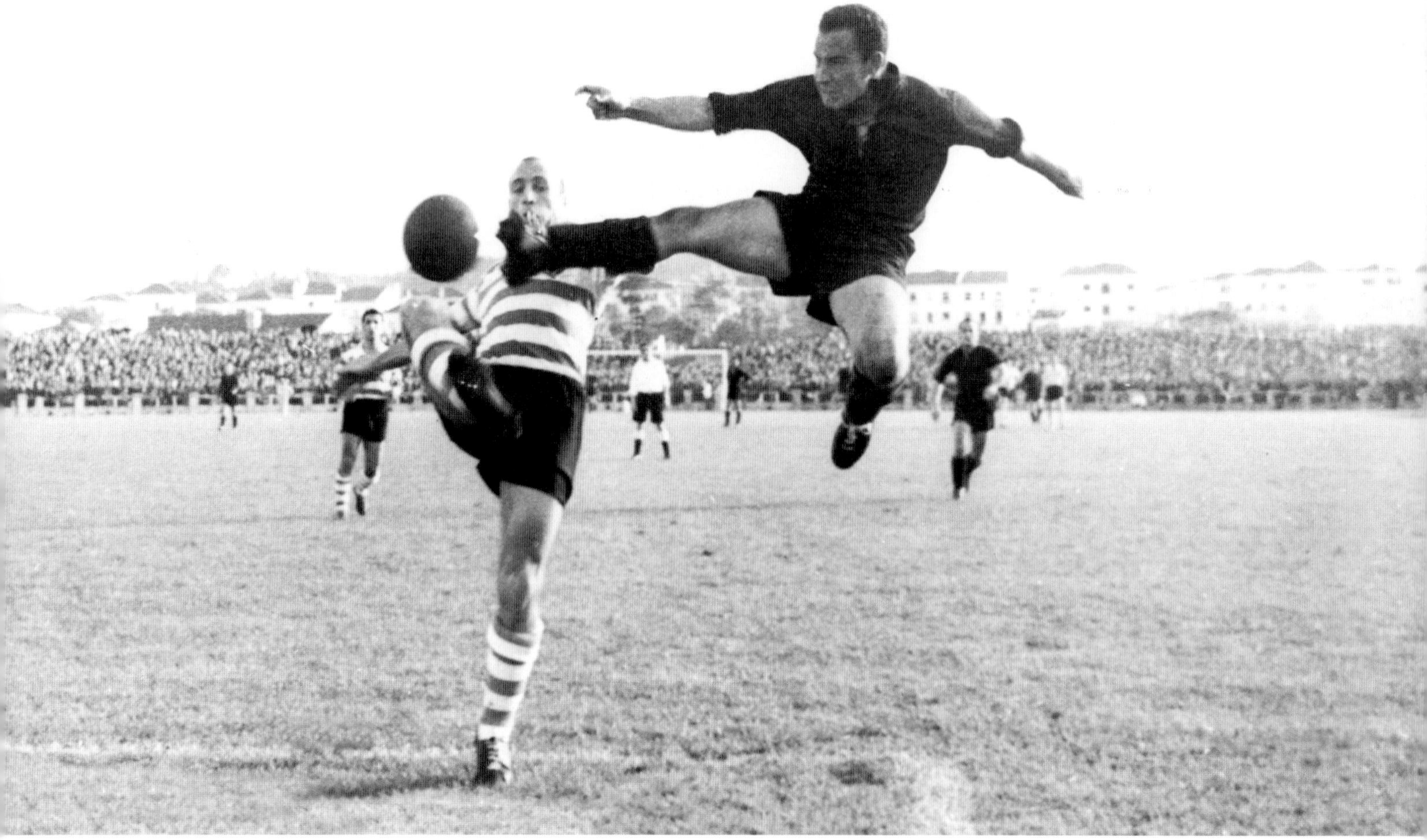

INTRODUÇÃO

por João Santana
e João Mesquita

Quando nasceu a ideia de escrever este livro? É difícil dizê-lo com rigor. Adeptos de sempre da Académica – e só da Académica –, os autores foram coleccionando, ao longo dos anos, muita coisa respeitante à agremiação do coração. Simples "hobby", é claro, mas com o passar do tempo foi-se constituindo um acervo razoável. Com especial incidência no futebol, é certo, talvez porque ambos gostamos particularmente da modalidade (gostávamos mais quando ela não estava tão industrializada, mas ainda gostamos), talvez porque o futebol, até pelo peso (excessivo) que tem na sociedade, se tornou um grande emblema da Associação Académica de Coimbra.

A procura de material intensificou-se na última década – em bibliotecas, em hemerotecas, em arquivos públicos e privados, em livrarias, em alfarrabistas… Tratava-se de juntar ao "puzzle" peças que faltavam, de tentar encontrar respostas para perguntas que as descobertas anteriores formulavam, de satisfazer mais e melhor uma curiosidade que não cessava de aumentar.

Só um espírito muito egoísta, como os amigos se iam encarregando de nos recordar, não quereria partilhar com quem se interessa pela Académica o produto de horas infindáveis de pesquisa. Esta tinha, ainda por cima, confirmado a convicção de que a Briosa de todos conhecida dos campos de futebol, não só não é um simples clube, como possui uma história tão rica que seria lamentável não a tornar o mais pública possível.

Assim foi germinando a ideia de escrever um livro que, como defendeu Francisco Soares, pudesse "dar aos jovens referências para o futuro". Um livro que, entendendo o futebol como um fenómeno social e o futebol da Académica como parte do todo que é a Associação Académica de Coimbra, juntasse as histórias às estatísticas, os homens aos resultados desportivos, os acontecimentos aos números, as imagens às pequenas e às grandes curiosidades. Um livro que, no fundo, ajudasse a compreender a instituição – pelos adeptos, pelos investigadores, pelos jornalistas, pelo público em geral. O convite formalizado pela Almedina no Outono de 2004 permitiu-nos começar a concretizar o "sonho". E a pensar que talvez fosse possível ganhar a batalha da memória contra o esquecimento.

A história do futebol da Académica, naturalmente, não contém só vitórias, actos grandiosos ou gestos nobres. Nela há, também, derrotas, fraquezas, até misérias. De tudo isto se procura aqui dar conta, de forma tão objectiva quanto possível. Os autores não escondem a sua condição de apaixonados da Briosa. Mas, até por formação pessoal e profissional, preferem que sejam os leitores a fazerem o seu próprio julgamento sobre os factos descritos. Connosco, fica a consciência de termos feito o que estava ao nosso alcance para atingir o máximo de rigor. E a garantia de que não temos qualquer outro compromisso, seja de que ordem for.

Homens livres que nos prezamos de ser, não tivemos, aliás, quaisquer obstáculos em termos de independência. As dificuldades com que nos deparámos, para além da circunstância de cada um de nós ter a sua profissão e de um viver em Coimbra e o outro em Lisboa, prenderam-se basicamente com as fontes.

Há, evidentemente, o problema de estarmos a falar de uma instituição antiga, cujos expoentes máximos, em muitos casos, já não pertencem ao mundo dos vivos. Alguns deles deixaram, é certo, um valioso espólio à família e, até, obras publicadas. Pode mesmo dizer-se que, porventura até mais do que os chamados três grandes, nenhuma outra colectividade inspirou, como a Briosa, a produção de tanto material escrito. Mas a maioria deste reporta-se ao relato, tantas vezes saborosíssimo, de cenas da vida académica, sem grandes preocupações de rigor informativo. O que explica a existência de inúmeras contradições, imprecisões, até erros, que muito dificultam o trabalho do investigador.

É aflitiva, por exemplo, a falta de informação documental sobre a participação da Académica nos campeonatos distritais, sobretudo na fase inicial destes. A lacuna é tão grande que nos quadros estatísticos optámos por considerar, apenas, as provas de âmbito nacional e internacional, limitando aos textos relativos a cada época desportiva o fornecimento dos elementos mais relevantes que conseguimos apurar sobre as competições distritais.

Muito difícil se revelou, igualmente, o acesso a imagens de tempos mais antigos. Não apenas devido à erosão do material ou porque à fotografia não era, então, reconhecida a importância de hoje e meios como a televisão e a máquina de filmar eram desconhecidos de todo. Também porque é extremamente complicado, para o investigador, entrar em contacto com alguém cuja única referência disponível é um apelido vulgar, publicado numa página de jornal ou de revista.

Não é isso que nos impede de ilustrar abundantemente os principais marcos da história da Briosa, nem de publicar as fotografias de todos os futebolistas que alguma vez envergaram, nem que tenha sido só por um minuto, a sua camisola em provas nacionais. Mas temos a consciência de que a qualidade de algumas delas não é a que desejávamos. Tanto como temos a noção de que todo o cuidado posto na pesquisa poderá não ser suficiente para impedir a existência de um ou outro erro, em relação ao qual apelamos à compreensão dos leitores. A estes solicitamos, aliás, que nos façam chegar eventuais correcções. A procura do máximo rigor é um propósito que nos norteia desde que decidimos meter mãos à obra.

O que a nossa experiência também revelou foi que um espaço museológico dedicado ao futebol da Académica, incluindo um centro de documentação e imagem, é absolutamente necessário. Sob pena de se perderem memórias atrás das quais vai, necessariamente, parte da própria instituição. O que não representa só um rombo na afirmação da identidade desta. Corre o risco de se traduzir, ainda que de forma involuntária, numa falta de respeito por quem dedicou o melhor das suas vidas à defesa da "causa" da Briosa de que falava José Afonso.

Os autores, separados por uma diferença de idades de seis anos, cresceram a ver jogar as "gloriosas" equipas da Briosa da década de 60 do século XX e a assistir à conclusão das licenciaturas da maior parte dos atletas dessas equipas. A sua paixão pela Académica não é, obviamente, dissociável desse facto. Mas ele não a explica completamente, pelo menos no sentido em que a simpatia de outros adeptos pode ser justificada pelos êxitos nacionais ou internacionais do respectivo clube, ou pela circunstância de neste alinhar um jogador considerado entre os melhores do mundo.

Há, claro, o lado irracional de todas as paixões, a que ninguém é imune. Como há, na preferência por este ou por aquele emblema, motivações de ordem sentimental, que não variam substancialmente de caso para caso e, como tal, têm de ser respeitadas. Até por estes motivos, ninguém devia ter a veleidade de teimar que a sua agremiação é melhor do que a do outro. Mas as diferenças, aquilo que é específico de cada uma, isso deve ser conhecido e reflectido.

A história do futebol da Briosa, julgamos nós, dificilmente será entendida se desligada da história da Associação Académica de Coimbra. Não apenas porque foi no seio desta que nasceu a prática da modalidade entre os universitários coimbrãos, estava o regime republicano no seu advento. Mas porque de outro modo não se compreenderia porque é que, em 1969, por uma única vez, o Presidente da República não esteve presente na final da Taça de Portugal. Como não se perceberia porque é que, em Junho de 1974, a secção de futebol da Associação Académica foi temporariamente extinta por decisão de uma Assembleia Magna estudantil.

O 25 de Abril foi há mais de três décadas e a chamada crise académica de 69 há mais tempo ainda. Mas não, não se trata de velharias, no que também simbolizam no relacionamento entre a Briosa e os estudantes. Ainda não há muito, durante um jogo, o estádio do Calhabé estava pejado de cartazes contra as propinas na Universidade. Em que outro estádio do país é possível – dir-se-ia mesmo, é normal – ver os estudantes a manifestarem-se assim?

E não, não são resquícios corporativos, como alguns poderão ser tentados a pensar. Ao contrário: se a história do futebol da Briosa é, desde sempre, inseparável das lutas estudantis, ela confunde-se igualmente, em larga medida, com a própria história da cidade e do país no último século. Quem não se recorda dos futebolistas da Académica a entrarem no Estádio da Luz com uma faixa contra a co-incineração? Quem não se lembra deles a subirem as escadas do "Municipal" de Coimbra com umas t-shirts em solidariedade com o povo de Timor-Leste? Quem pode esquecer os atletas africanos da equipa que, no início dos anos 60, tomaram partido pelos movimentos anticoloniais em Angola e em Moçambique?

Este livro, que é para ler, consultar, discutir, também vos fala um pouco de tudo isto. Precisamente porque por aí passa muito da marca identitária da Briosa. Mesmo assumindo os autores que, justamente por estar em causa uma história longa e riquíssima, não é possível falar de tudo nem de todos. O que implicou escolhas. E estas sim, têm um carácter necessariamente subjectivo. Outros teriam, porventura, privilegiado outros homens e outros acontecimentos. Nós próprios temos receio de ter cometido alguma injustiça. Mas não é possível meter ombros a uma tarefa destas sem correr vários riscos.

Nós decidimos corrê-los. Até porque nos recusámos sempre a encarar este livro como uma obra acabada. Muito gostaríamos que a ele se sucedessem outras publicações, desenvolvendo o tratamento de personagens e de episódios da vida da Briosa.

Há, contudo, um desejo que gostaríamos de exprimir: o de que este livro, sendo basicamente de divulgação de uma história, permita estimular o debate sobre o futuro da instituição. João Maló, o extraordinário guarda-redes da "década de ouro" do futebol da Académica, que nos deu a honra de prefaciar o nosso trabalho, adianta algumas hipóteses. Outras vias haverá, certamente. Que todos quantos gostam da Briosa reflictam sobre isso. Nós procurámos dar um modesto contributo. Assim como não se pode amar o que não se conhece, também não se pode pensar o futuro sem se saber nada do passado.

Janeiro 2008

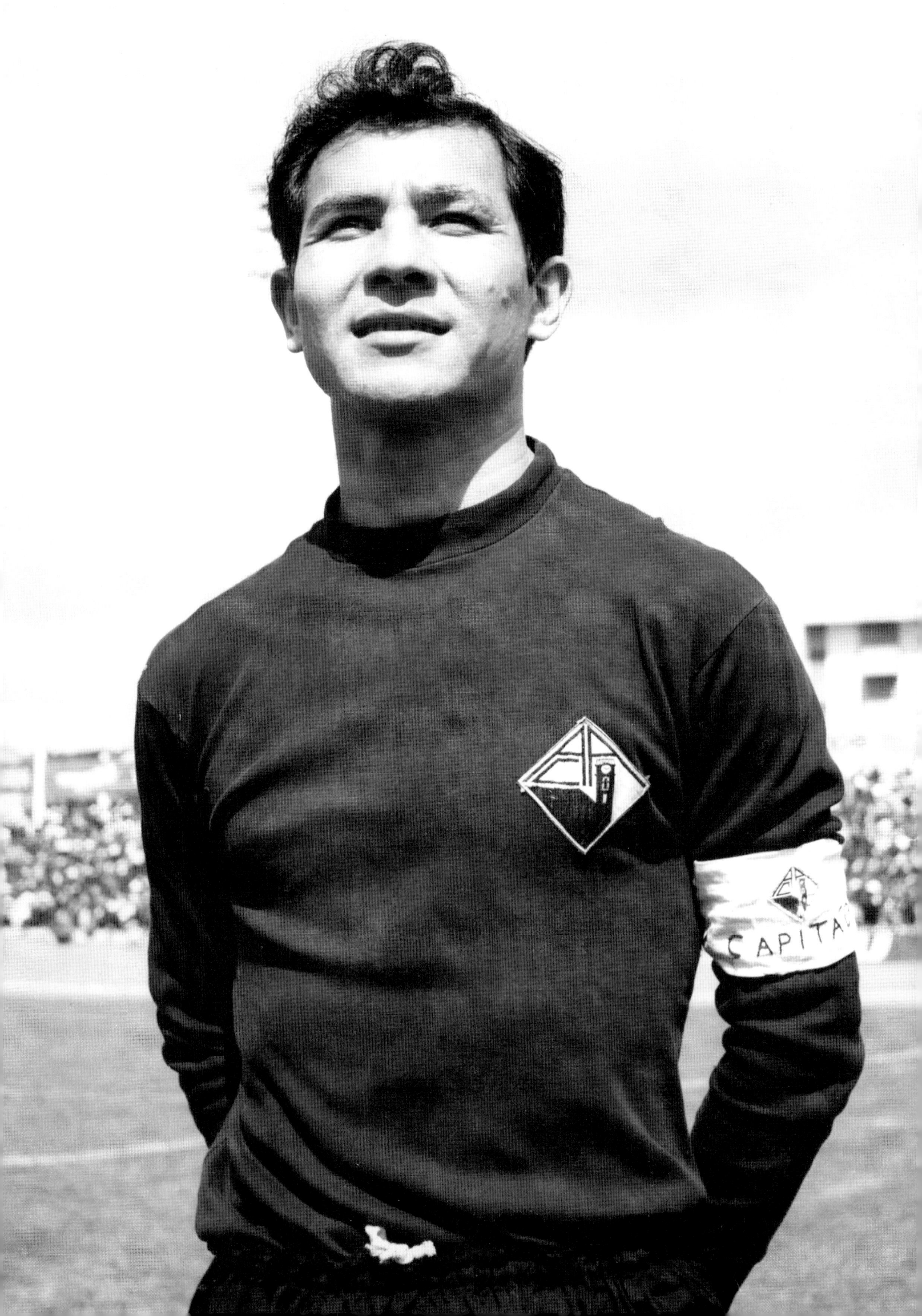

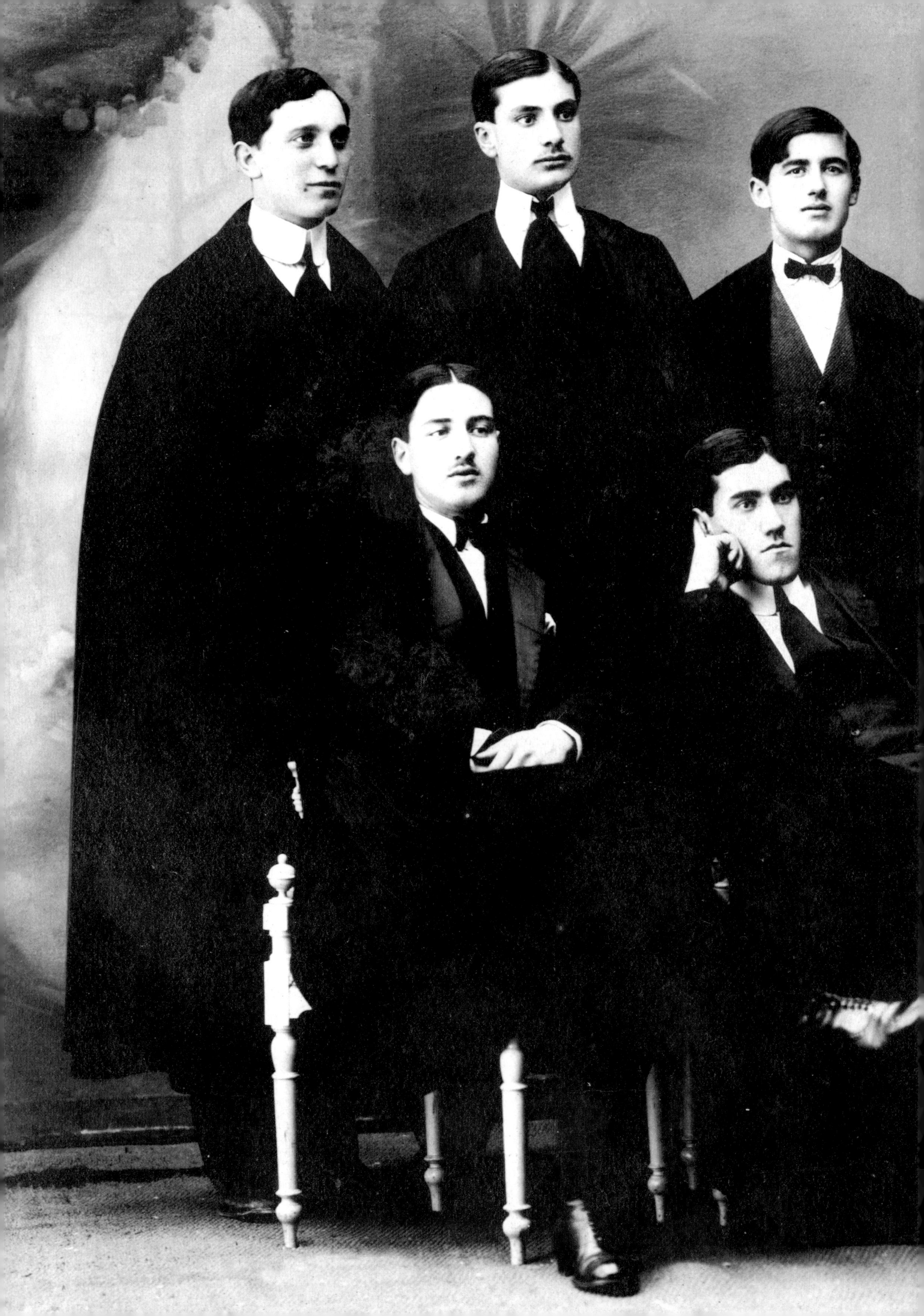

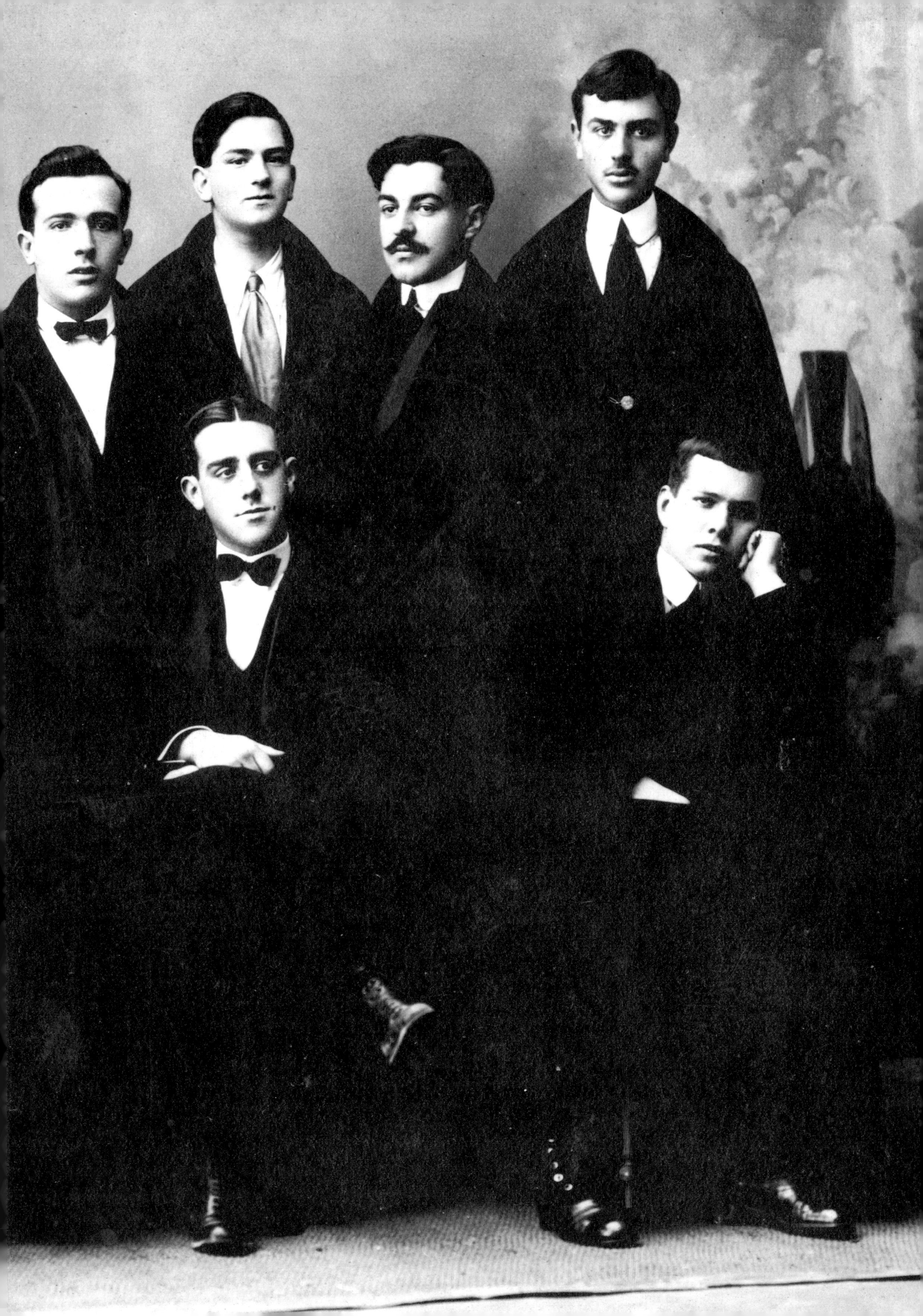

DA FUNDAÇÃO AO PRIMEIRO CAMPO DE JOGOS

NÃO É FÁCIL ESTABELECER UMA DATA exacta para a criação formal da equipa de futebol da Associação Académica. Seguro é que ela começa a agrupar-se em 1911 e que, em Janeiro de 1912, já efectua jogos com outras turmas. Preside à Associação o estudante de Direito, Álvaro Bettencourt Pereira de Athayde.

Em Coimbra, o futebol terá começado a praticar--se em 1894. O jornal "Diário Ilustrado", de 22 de Março desse ano, noticia em primeira página um inédito encontro entre o Ginásio coimbrão e o Ginásio aveirense, para cuja realização terá contribuído decisivamente Mário Duarte, primeiro presidente da Associação de Futebol de Aveiro, pai de Francisco Duarte (que jogará na Académica em 1926) e avô do futuro poeta Manuel Alegre. O periódico dá conta do nome de apenas oito jogadores do Ginásio de Coimbra, que venceu a partida por 2-1. São eles: D. Vicente da Câmara (capitão de equipa), A. Coelho, Gervásio, Sampaio Duarte, Dória, H. Moura, Caldeira e A. Themudo. No fundo, os primeiros responsáveis pela paixão que a modalidade provocará entre os conimbricenses.

A Associação Académica de Coimbra (AAC), em si mesma, é fundada a 3 de Novembro de 1887, instalando-se no Colégio de São Paulo Apóstolo. É nessa data que são homologados, com a consequente atribuição de alvará por parte do Governador Civil, Júlio Lourenço Pinto, os estatutos redigidos por um grupo que integra António Luiz Gomes (primeiro presidente da Associação e reitor da Universidade entre 1921 e 1924), Guilherme Alves Moreira (também ele reitor, entre 1913 e 1915), e outros 18 estudantes: João Mendes de Magalhães Ramalho (que preside à comissão redactorial), Acácio da Silva Pereira Guimarães, Alfredo Aires da Mota, António Augusto Gonçalves Braga, António Batista Lopes, Francisco António Rodrigues de Gusmão, José Pinto da Costa Rebelo (todos de Medicina), António José Antunes Navarro, António Pinto da Rocha, Eduardo Augusto de Sousa Pires de Lima, Gaspar de Queiroz Ribeiro, Jerónimo Barbosa de Abreu Lima Vieira, João Apolinário Borja Galvão, João da Mota Gomes Júnior, Leopoldo de Sousa Machado, Levy Marques da Costa, Manuel Jorge Forbes de Bessa (Direito) e Luciano António Pereira da Silva (Matemática).

O documento, que atribui condição de associado efectivo a todos os estudantes que não manifestem desejo em sentido contrário, estabelece como fim da Associação Académica "a instrução e recreio dos sócios por meio de saraus literários e musicais; gabinete de leitura; jogos lícitos; representações teatrais; e outras reuniões de honesto recreio". A sua versão final é produto de uma reforma profunda dos estatutos da Academia Dramática de Coimbra, criada a 17 de Abril de 1849 e que, entre os finais de 1861 e Março de 1866, coexiste com o Club Académico de Coimbra, que acabará por se dissolver no seu seio. Entre os promotores da unificação, reconhecida por decreto assinado pelo marquês de Loulé, estão António Augusto da Costa Simões – que seria reitor da Universidade entre 1892 e 1898 –, José Falcão, José Brás de Mendonça Furtado e Manuel da Maia Alcoforado.

AS ORIGENS DA ASSOCIAÇÃO ACADÉMICA

Uma primeira Academia Dramática fora fundada em 22 de Abril de 1837, com o fim de dirigir a actividade do Teatro Académico, acabado de instalar nos baixos do mesmo Colégio das Artes onde, muitos anos decorridos, funcionariam os primeiros Hospitais da Universidade. Poucos meses depois, porém, na sequência da expulsão da cidade, por decisão das autoridades distritais, de uma companhia espanhola de "declamação, baile e canto" convidada a actuar no Teatro, a Academia dissolvera-se. Por pouco tempo, é certo. Inconformado com a situação e apoiado em assembleias gerais realizadas entre Fevereiro e Março de 1838, um grupo de estudantes decide constituir a Nova Academia Dramática, que vê os respectivos estatutos homologados a 4 de Dezembro de 1840, por portaria do ministro Rodrigo da Fonseca. É da revisão destes estatutos que nasce, nove anos mais tarde, a Academia Dramática de Coimbra, que perde a designação para Associação Académica, em Novembro de 1887.

Logo a 5 de Maio de 1892, porém, a Associação é encerrada pela primeira vez, dando lugar ao Clube Académico Irmãos Unidos, que existe até 1895. Na origem do encerramento estão confrontos com a polícia académica e uma greve às aulas, decidida pelos estudantes em assembleia geral, realizada na sede da Associação, que desde 1890 funciona no

NAS PÁGINAS 22 E 23
Primeira fotografia conhecida de uma equipa de futebol da Associação Académica de Coimbra, em 1911. De pé: José da Natividade Coelho (nascido em Vimioso, a 25-12-1891); José de Melo Cardoso (Aveiro, 26-3-1894); Manuel Sérgio Pereira (Corumbá, Brasil, 24-2-1893); José Júlio da Costa (Rio de Janeiro, Brasil, 13-1-1891); João Diogo de Campos Carmo (Lamego, 7-9-1892); Filipe da Silva Mendes (Lisboa, 16-3-1891); António Picão Caldeira (Elvas, 14-8-1893); à frente: Francisco José Nobre Guedes (Beja, 12-2-1893); António Heraldo Perdigão (Lousã, 3-11-1891); César Mourão Garcez Palha Moniz Pereira (Lisboa, 3-11-1892); Carlos Sampaio (Anadia, 18-7-1891)

NA PÁGINA DA ESQUERDA
A equipa da Académica de 1912 (de camisola branca e com uma primeira insígnia), nas vésperas da estreia no campeonato do Norte. Não foi possível identificar com segurança o terceiro elemento a contar da esquerda. Os restantes jogadores, da esquerda para a direita, são: Borja Santos, Sérgio Pereira, Moniz Pereira, Carlos Sampaio, António Perdigão, José Júlio da Costa, José de Melo Cardoso, José Natividade Coelho, Picão Caldeira e Filipe Mendes

À ESQUERDA, EM BAIXO
António Luiz Gomes: o primeiro presidente da Associação Académica

Coimbra em 1909. São bem visíveis a Praça da República e a rua Lourenço de Almeida Azevedo, bem como o terreno onde, mais tarde, será construído o Campo de Santa Cruz

Colégio da Trindade. Tudo por causa da prisão, durante três dias, de um aluno do terceiro ano de Direito, que à entrada da Porta Férrea recebera um "caloiro" com o tradicional "canelão". Isto, numa altura em que o reitor, António dos Santos Viegas, se mostra empenhado em pôr cobro a tal praxe. E em que a polícia académica – existente entre 1839 e 1910 – e as respectivas prisões são particularmente contestadas pelos estudantes.

Certo é que, de acordo com Alberto Sousa Lamy, no livro "A Academia de Coimbra – 1537-1990", não é apenas a Associação que o Governo, presidido por José Dias Ferreira, manda encerrar. A própria Universidade é fechada e aos estudantes não residentes em Coimbra é imposto um prazo de 24 horas para abandonarem a cidade.

A Universidade será reaberta a 14 de Maio. Mas a Associação Académica, como tal, só voltará a ver a luz do dia a 15 de Novembro de 1896. Tem, então, 154 sócios e o novo presidente dá pelo nome de António Joaquim de Sá Oliveira.

António Luiz Gomes, nascido em São Martinho da Gândara, concelho de Oliveira de Azeméis, a 22 de Setembro de 1863 (conforme certidão de idade, depositada no Arquivo da Universidade de Coimbra), cessara funções em 1890, ano em que se licenciou em Direito. Matriculara-se na Faculdade a 5 de Outubro de 1885. Doutorou-se em 1892, com uma dissertação intitulada "Ociosidade, vagabundagem e mendicidade". Entre 1906 e 1908, integra o Directório do Partido Republicano. Em 1910, é eleito deputado, pela primeira vez, e nomeado ministro do Fomento do Governo Provisório da Primeira República. No ano seguinte, torna-se ministro de Portugal no Brasil. Ainda antes de tomar posse como reitor da Universidade de Coimbra, a 10 de Dezembro de 1921, será provedor da Santa Casa da Misericórdia do Porto. Cargo que voltará a ocupar após ter deixado a reitoria, de que pede a exoneração a 27 de Janeiro de 1924, devido a um diferendo com o Governo acerca da nomeação de um funcionário. A solidariedade que lhe será manifestada pelo Senado universitário revelar-se-á insuficiente para o fazer mudar de atitude.

António Luiz Gomes morrerá no Porto, na sua residência da rua da Restauração, em 1961. Deixará cinco filhos. Um deles, Ruy, licenciar-se-á em Matemática pela Universidade de Coimbra, com a classificação final de 20 valores. E verá a sua candidatura à Presidência da República, em 1951, ser recusada pela ditadura de Salazar, que o prenderá uma dezena de vezes.

A primeira tarefa do sucessor de António Luiz Gomes na presidência da Associação Académica, à semelhança do que acontecera com este, consiste na elaboração de estatutos. A missão de Sá Oliveira não foi fácil, uma vez que o documento apenas será homologado a 14 de Maio de 1898. Determinava, logo no primeiro artigo, que "a sociedade" se denominaria "Associação Académica" – tão só –, tendo a sua sede em Coimbra. Como fins, mantinham-se "a instrução e recreio dos sócios", aliados à promoção do "engrandecimento moral da Academia". Então, já esta passara por nova crise, na origem da qual estão, outra vez, conflitos entre os estudantes e a polícia, na altura chefiada por Pedro Augusto da Silva Ferrão, homem especialmente odiado pelos universitários. Que decidem dar-lhe luta, na sequência da repressão exercida sobre os estudantes republicanos que se haviam deslocado ao Porto para comemorar o sétimo aniversário da revolta de 31 de Janeiro de 1891. O episódio, que ficará para a história como "A Campanha do Ferrão", só se encerrará com a substituição do comissário policial.

Por essa altura, sempre a fazer fé em Alberto Sousa Lamy, a direcção da Associação Académica é composta por sete elementos: o presidente, dois secretários, um tesoureiro, um director do gabinete de leitura, um director de jogos e um director de "conservação, iluminação e bufete". Os jogos, então, são apenas o bilhar.

Mas em Janeiro de 1901, quando a presidência é ocupada pelo estudante de Medicina João Duarte de Oliveira, a Associação já tem uma secção desportiva. E que essa secção inclui a prática do futuro "desporto-rei", prova-o o facto de, em Abril desse mesmo ano, a Associação Académica ter solicitado à Câmara Municipal o arranjo e a utilização do Largo de D. Dinis – actual Praça da República – para que os seus associados aí pudessem jogar futebol.

A PRIMEIRA EQUIPA

Da concessão dessa autorização resulta a formação, mais ou menos episódica, de grupos estudantis, que nalguns casos aproveitam mesmo o Largo, ou um pequeno terreno posteriormente arrendado no interior da antiga Quinta de Santa Cruz – hoje chamada Jardim de Santa Cruz ou Jardim da Sereia –, para nele defrontarem turmas de outras origens. Data apenas de Janeiro de 1912 e da presidência de Álvaro Bettencourt Pereira de Athayde, porém, a realização do primeiro jogo de uma equipa de futebol que usa o nome da Associação Académica de Coimbra e que começou a agrupar-se durante o ano anterior.

Tal jogo efectua-se na Ínsua dos Bentos, onde em 2004 seria inaugurado o novo relvado do Parque Verde do Mondego. É que, no início de 1910, a AAC solicitara a utilização daquele espaço aos então chamados serviços fluviais, considerando exíguo o terreno que, em Janeiro desse mesmo ano, fora formalmente concedido pela Câmara à Universidade, no interior da Quinta de Santa Cruz.

Logo em Maio, tem aí lugar um encontro entre o Coimbra Football Club, constituído por ex-alunos da Casa Pia de Lisboa e por funcionários dos Correios e Telégrafos, e um grupo académico, organizado pelo estudante Eugénio Lane. Este vence por 6-4, mas trata-se de mais um grupo que, à semelhança de tantos outros surgidos em Coimbra na primeira década de 1900, dentro ou fora dos muros da Universidade, desaparece com a mesma facilidade com que aparecera. Como é, também, o caso do "Strong Football Club", que em 5 de Agosto de 1910, na mesma Ínsua dos Bentos, derrota igualmente o Coimbra Football Club. Conquista, assim, um prémio em bronze que, segundo a História dos Desportos em Portugal, de Ricardo Ornelas e Ribeiro dos Reis, "não tardou a ser vendido, para uma noite de boémia, na ex-pastelaria Marques, da Praça da República". Mas, informam os mesmos autores, "apesar de haver boa harmonia entre os componentes" do grupo, este dissolve-se nas férias grandes de 1910, vindo alguns dos seus jogadores a transitar, depois, para a Académica.

A situação altera-se a partir de 1911. Durante esse ano, há um novo agrupamento de estudantes--

Edifício do Colégio de S. Paulo Eremita, na Rua Larga, cujo rés-do--chão foi sede da Associação Académica desde 1913 e que, a partir de 25 de Novembro de 1920 (Tomada da Bastilha) foi também a sede dos outros organismos dos Estudantes de Coimbra. A sua demolição, motivada pelas polémicas obras da Cidade Universitária, foi concluída em fins de 1949

Os dois primeiros guarda-redes da história da Académica. À esquerda, Durval de Morais: nascido a 2 de Julho de 1894, em Ponte de Lima. À direita, Picão Caldeira, aqui já a jogar pela selecção de Lisboa, fazendo jus à sua comprovada categoria

-futebolistas, que permite a realização, a 8 de Janeiro de 1912, na Ínsua dos Bentos, de um primeiro treino formal. A marcação do treino "para os players do team da Associação Académica" fora, aliás, devidamente noticiada na "Gazeta de Coimbra" de 27 de Dezembro de 1911. E o seu objectivo era claro: começar a preparar um jogo com o Ginásio Club de Coimbra, que seria agendado para 28 de Janeiro, na mesma Ínsua dos Bentos.

Embora equipado de camisolas brancas e calções pretos, o grupo que entra em campo nesse dia 28 fica para a história como a primeira equipa de futebol da Académica. Guarda-redes, o minhoto e candidato a médico, Durval de Morais. Os defesas são os estudantes de Direito César Moniz Pereira (tio de Mário Moniz Pereira, o famoso treinador de atletismo) e Fernando Andrade. Na linha média actuam, António Luís Lopes, da então Escola Agrícola, António Perdigão, também de Direito, e N.N. No ataque, jogam Salvador (Medicina), Filipe Mendes (Direito), José Júlio da Costa (Matemática), José de Melo Cardoso (Medicina) e José Natividade Coelho (Direito e capitão de equipa).

No caso, N.N. significará "Não Nomeado". Ou seja, alguém que, por qualquer motivo, recusava identificar-se publicamente. Tendo em consideração a primeira fotografia existente de uma equipa da Académica, não podem ser Picão Caldeira (que, aliás, é guarda-redes), nem Sérgio Pereira, que nesse dia 28 alinham pelo Ginásio. Carlos Sampaio (atacante) também não participa no jogo, por se encontrar lesionado. E são, igualmente, de excluir Francisco Nobre Guedes (avô do conhecido político contemporâneo do CDS-PP, Luís Nobre Guedes) e João Diogo. Ambos foram estudantes de Matemática em 1910-1911. Só que não estiveram inscritos na Universidade de Coimbra no ano lectivo seguinte, sendo mesmo seguro que já não viviam na cidade em Janeiro de 1912. Mas outras hipóteses de nomes permanecem em aberto, sem que seja possível privilegiar qualquer uma delas. Pelo que o "mistério" continua por desvendar.

Certo é que a Académica ganhou esse primeiro jogo de 28 de Janeiro de 1912 por 1-0. Mas o Ginásio, onde também pontificavam estudantes, "desforrou-se" três dias depois, vencendo por 4-1. Sendo que a AAC alinhou, então, sem meia dúzia dos atletas que disputaram a partida inaugural.

É praticamente aquele mesmo grupo que, três meses depois, consagra a estreia do futebol da AAC em competições "a sério". Acontece durante a primeira edição da Taça Monteiro da Costa, realizada no Porto, e em que participam, além da Académica, o FC Porto, o Boavista e o Leixões.

A participação da Académica na Taça a que fora atribuído o nome de um dos fundadores do FC Porto, falecido em Janeiro de 1911, resume-se a um único jogo. Disputa-se ele no campo da rua Antero de Quental (antiga rua da Rainha), a 21 de Abril de 1912, tendo a AAC perdido por 5-3. A equipa apresenta-se reforçada, sobretudo, por António Borja Santos, um reputado futebolista da época, que acabara de se transferir do Império, de Lisboa. Os restantes jogadores são Picão Caldeira, Andrade, Moniz Pereira, Perdigão, Lopes, Filipe Mendes, Carlos Sampaio, Júlio da Costa, José Cardoso e Natividade Coelho. O encontro é arbitrado pelo "senhor Grant", a quem os jornais da época atribuem, além de uma grande inexperiência, a condição de associado do FC Porto.

Menos de um mês depois, a Académica torna a defrontar o Ginásio de Coimbra. O encontro realiza-se agora no campo da Escola Agrícola, tendo os estudantes vencido por 5-1, apesar de Picão Caldeira, unanimemente considerado o melhor guarda-redes de Coimbra na época, ter voltado a defender a baliza do Ginásio.

CAMPEÕES DO NORTE

No ano seguinte, mais exactamente no dia 9 de Março de 1913, os estudantes alcançam a primeira grande vitória: ao vencerem a segunda edição da Taça Monteiro da Costa, sagram-se "campeões do Norte". Na final, realizada no Campo da Constituição, na Invicta, a Académica bate o FC Porto por 3-1, tornando-se a única equipa, para além dos portistas, a conquistar o troféu, no conjunto das suas seis edições. A Briosa, cujos jogadores se apresentam integralmente equipados de preto, alinha assim: Picão Caldeira; Moniz Pereira e Sérgio Pereira; Raimundo Vieira, Borja Santos e Filipe Mendes; Alcino Rodrigues, Carlos Sampaio, Honorato Pereira, Renato Costa e Natividade Coelho.

A grande figura da turma, depois de Borja Santos, é o guarda-redes António Picão Caldeira, que no ano seguinte, já a jogar pelo CIF (Clube Internacional de Futebol), defenderá a baliza do seleccionado lisboeta, durante o primeiro Lisboa-Porto da história e que terminou com a vitória dos "alfacinhas" por 7-0. Nascido a 14 de Agosto de 1893, em Santa Eulália (concelho de Elvas), Picão Caldeira era, de resto, um atleta completo. Ao mesmo tempo que jogava futebol, sagrava-se campeão nacional de pentatlo; ganhava tudo quanto era corrida de 100,

200 ou 300 metros; lançava o disco como ninguém, em Portugal; e tornava-se recordista de salto em altura a pés juntos. Estabelecendo, aliás, uma marca que perdurou como a melhor, durante décadas.

Para além da qualidade dos jogadores, a Taça Monteiro da Costa fora devidamente preparada desta vez. A assiduidade e a aplicação dos atletas nos treinos chegou a ser enaltecida pela imprensa. E houve mesmo a preocupação de realizar um duro encontro preparatório, com os estudantes a defrontarem em Coimbra, em Janeiro, uma das mais fortes equipas da época: os lisboetas do Império. Perderam por 2-1, mas o resultado era o que menos interessava.

Em 1914, a Académica defronta novamente o Império. E logo por duas vezes, tendo ganho na primeira, por 3-2, e perdido na segunda, por 1-0. Os jogos voltam a inserir-se na preparação da Taça Monteiro da Costa, cuja final, nesse ano, se realiza

A Académica, Campeã do Norte em 1913. Em cima, a medalha alusiva à conquista do torneio, actualmente depositada no Museu Académico.
Em baixo, já equipada de preto e agora sem qualquer emblema, a turma que bate o FC Porto, na final

Mário de Lemos, à esquerda, e Mário de Castro: dois atletas que participam no encontro inaugural do Campo de Santa Cruz, em 1918

em Coimbra, precisamente por a Briosa ter sido a vencedora da anterior edição da prova.

A Académica torna a conquistar o direito a disputar o jogo decisivo, por via da vitória por 4-0, obtida sobre o Sport Grupo Figueirense. Mas, desta vez, perde para o FC Porto por 3-1. Embora, devido a lesão do defesa Gama Lobo, tenha jogado cerca de uma hora com menos um jogador. Além de ter visto o seu atleta e estudante de Direito em Coimbra, José de Magalhães Bastos, passar-se para o adversário em pleno campo.

Bastos, como é devidamente glosado no livro "F.C. Porto – 100 anos de história", da autoria de Álvaro Magalhães e Manuel Dias, ainda entrou no pelado da velha Escola Agrícola equipado de preto e de capa aos ombros. Mas mal terminou a saudação dos jogadores ao público, e valendo-se do pouco formalismo a que obedecia a constituição das equipas na época, atravessou o campo a correr, solicitando um equipamento aos portistas. Estes, como está bom de ver, não se fizeram rogados e foi de camisola azul e branca vestida – embora de meias e calções pretos, como demonstra uma fotografia publicada no referido livro – que Magalhães Bastos defrontou a Académica, que assim se viu forçada a fazer uma alteração de última hora na sua equipa.

Fosse devido à "traição", fosse por outro motivo qualquer, entre a segunda metade de 1914 e 1917 o futebol vive um período de paralisia, com os estudantes a nem sequer tornarem a inscrever-se no "campeonato do Norte". Mas Outubro de 1915 traria uma boa nova à Académica: a chegada a Coimbra, para cursar Medicina, de Augusto da Fonseca Júnior, o "Passarinho". Durante uma meia dúzia de épocas, tornar-se-ia, não apenas um destacado jogador de futebol, como também um importante dirigente estudantil. Tanto que chegou a liderar a Associação Académica, entre Março de 1919 e Junho de 1920. E foi ele que, na noite de 25 de Novembro de 1920, chefiou a ocupação da torre da Universidade, integrado no grupo de estudantes que tomou de assalto o Clube dos Lentes, na rua Larga, possibilitando a ocupação de todo o Colégio de S. Paulo Eremita pela Associação Académica e respectivos organismos, excepção feita à ACE (Associação Cristã de Estudantes, mais tarde denominada de ACM, Associação Cristã da Mocidade) e ao CADC (Centro Académico de Democracia Cristã). No edifício, também conhecido por Colégio dos Paulistas, se manteria até 16 de Agosto de 1949, altura em que se iniciou a transferência para o Palácio dos Grilos. Entre 1913 e 1920, a Associação apenas tivera direito aos baixos do Colégio.

O episódio, que a AAC ainda hoje comemora, ficou conhecido por "Tomada da Bastilha". O seu principal líder foi Alfredo Fernandes Martins, estudante da Faculdade de Direito e presidente da Associação Académica, de Junho de 1921 a Dezembro de 1922. Do "núcleo duro" do movimento faziam parte, igualmente, Paulo Evaristo Alves, também de Direito, e João Rocha e Pompeu Cardoso, de Medicina. Além, claro, de Augusto da Fonseca, alentejano nascido em Colos, concelho de Odemira, em 10 de Fevereiro de 1895.

O "Passarinho" – alcunha ganha após uma récita em que declamou um poema assim intitulado – ficaria indissoluvelmente ligado a várias façanhas futebolísticas da Briosa. A começar pela vitória sobre o FC Porto, por 2-1, a 16 de Junho de 1918, em jogo efectuado no portuense Campo da Constituição. É, além disso, um dos jogadores que, quatro meses antes, integra a equipa da Académica que disputa o jogo inaugural do Campo de Santa Cruz.

A TAÇA AGOSTINHO COSTA

Em Dezembro de 1919, começa a disputar-se a Taça Agostinho Costa, instituída pelo Sport Conimbricense em homenagem à memória do seu antigo atleta, falecido pouco tempo antes. Agostinho Costa representara o Ginásio de Coimbra, no jogo de Janeiro de 1912 que marca a entrada em actividade da equipa de futebol da Briosa. A Académica inicia a participação na Taça, entendida como um campeonato da Região Centro, com uma vitória por 5-2 sobre o clube organizador. Isto, num jogo em que estreia seis novos jogadores: Nascimento, Leandro, Augusto Pais, Celestino, Daniel e Pina.

Depois, num encontro a que assistem cerca de duas mil pessoas, perde com o Futebol Clube Militar por 1-0. Mas este alinha com atletas pertencentes ao Sporting e ao Belenenses, o que explicará a anulação do desafio. Marcada nova partida, os militares não aparecem.

A Académica aproveita para efectuar um jogo particular com o Sport Conimbricense, que derrota novamente, agora por retumbantes 7-1. Na Briosa volta a alinhar Borja Santos, que abandonara Coimbra no ano anterior, e estreiam-se mais quatro atletas: Veloso, Loureiro, Eliseu e Ribeiro da Costa. Sendo que este continuará, durante mais algum tempo, a envergar simultaneamente a camisola do FC Militar, até devido à sua condição de oficial do Exército. E foi ele que arbitrou o primeiro jogo da Académica na Taça Agostinho Costa, com o Sport.

Certo é que a ausência dos militares no jogo de repetição permite à Briosa atingir a final do torneio.

Que perderá para os Leões de Santarém, com o único golo da partida, efectuada a 22 de Fevereiro de 1920, a ser marcado pelo "internacional" benfiquista Artur Augusto. Aliás, os escalabitanos apresentaram-se em campo com dois outros influentes atletas do Benfica – Alberto Augusto e José Bastos – mas, ao contrário do que havia acontecido com o Académica-FC Militar, o resultado do jogo foi homologado. Do lado da Briosa, cujos jogadores se apresentam de camisola branca e calção preto, a curiosidade maior reside no facto de a equipa integrar o então presidente da Direcção-Geral: Augusto da Fonseca, claro. Homem que continua a liderar a AAC quando, 15 dias depois da final da Taça Agostinho Costa, a turma estudantil defronta o Benfica, pela primeira vez.

"FASCÍNIO" QUE SE "ENTRANHA"

O primeiro Académica-Benfica da história do futebol português estava, inicialmente, marcado para a tarde de 6 de Março de 1920, um sábado, no Campo de Santa Cruz. Mas a intempérie que se abateu sobre Coimbra fez com que se realizasse, apenas, no dia seguinte – altura em que deveria ter-se efectuado um segundo jogo, caso se tivesse cumprido o programa da digressão benfiquista às margens do Mondego. Digressão a que os lisboetas atribuíram grande solenidade, integrando na sua comitiva um dos principais fundadores do clube, e primeiro "capitão" da equipa de futebol, Cosme Damião.

Augusto da Fonseca Júnior, mais conhecido por "Passarinho". Foi um dos líderes da "Tomada da Bastilha" e, caso único, presidente da Associação Académica enquanto jogador da Briosa

À esquerda, caricatura de Teófilo Esquível, publicada no jornal coimbrão "A Voz Desportiva". À direita, Afonso de Oliveira Guimarães, outro dos grandes jogadores das primeiras equipas da Académica

No domingo, o mau tempo continuava. Mas não era possível convencer ninguém da necessidade de novo adiamento do encontro. Tanto mais que a expectativa era enorme. Não apenas pelo nome do Benfica e de alguns dos seus atletas – como Cândido de Oliveira, que viria a ser uma das maiores figuras do futebol português e da própria Briosa –, mas porque na Académica alinhava Júlio Ribeiro da Costa, que já jogara pelo clube da águia. Anos mais tarde, após o regresso à capital, Ribeiro da Costa chegaria mesmo a presidente dos encarnados. Cargo em que, curiosamente, lhe sucederia Augusto da Fonseca.

Não admira, pois, que mais de mil pessoas tenham desafiado a chuva e assistido ao encontro, que concentrou as atenções da imprensa. De acordo com "A Gazeta de Coimbra" do próprio dia do jogo, a Académica alinhou com Raimundo; Ribeiro da Costa e Nascimento; Mário de Castro, Borja Santos e Augusto da Fonseca; Daniel, Leandro, Lisboa, Esquível e Guimarães. O número de espectadores era extraordinário para a época, mas "sentia-se que Coimbra já não podia passar um domingo sem futebol". "O fascínio por este jogo entranhava-se em toda a cidade, especialmente na classe académica, tendo cada colégio particular, escolas comerciais e Liceu o seu 'onze' representativo", explica António José Soares, no livro "Saudades de Coimbra", publicado em 1985. Quase se esquecendo de referir os 8-2 desfavoráveis à Académica, com que o encontro terminou. Talvez porque, como também explica Mário Vieira Machado, em artigo publicado no jornal "A Gazeta de Coimbra", "a derrota da Associação era inevitável. Positivamente, os estudantes não convidaram o Benfica para o bater; convidaram-no para fazer jogo, para treinar, para aprender".

DE ESQUÍVEL AO SANTA CRUZ

Findas as férias de Verão de 1920, os futebolistas da Associação Académica elegem como seu capitão aquele que será um dos grandes jogadores da equipa na década que então se inicia: Teófilo Esquível, estudante de Medicina. Esquível, que substitui no cargo Augusto da Fonseca – que entretanto se licenciara –, estreia-se da melhor maneira nas suas novas funções: vitória por 4-2 sobre o União de Coimbra. No jogo seguinte, já a contar para a segunda edição da Taça Agostinho Costa, as coisas não correm tão bem: empate a zero com o Club Operário Conimbricense. A eliminatória será desempatada a favor da Académica, que vence por 4-0 a partida efectuada em Janeiro de 1921. Mas, depois, perde por 1-0 com o União, em encontro relativo às meias-finais.

Acontece que a Académica, onde já jogam Francisco Prudêncio ("Chumbaca") e Falcão, protesta este desafio – para a Associação de Futebol de Lisboa, porque em Coimbra ainda não há estrutura similar. Alega que o árbitro ordenara a marcação de um livre directo dentro da grande área, em vez de uma grande penalidade. E acaba por ver-lhe reconhecida a razão. Mas os organizadores do torneio não acatam a ideia dos dirigentes associativos lisboetas e validam o resultado do jogo. A rivalidade com o União começa a tomar forma. E os estudantes já nem sequer participam na terceira e última edição da Taça Agostinho Costa.

Ainda em 1921, após outros encontros de menor relevância, a Académica vence os unionistas por 1-0, em jogo de beneficência, realizado em Maio na Ínsua dos Bentos. O único golo da partida é marcado pelo novo "reforço", Montalvão, que as crónicas da época descrevem como sendo "alto como um pinheiro". Quase um mês depois, a Briosa desloca-se ao Porto, a convite do Académico local, a quem vence por 3-1. E com tais sucessos se chega, depois de alguns desafios menos importantes, a 5 de Março de 1922, data da inauguração oficial do Campo de Santa Cruz.

A Primeira Grande Figura

Em 1913, quando a Académica conquista a chamada Taça do Norte, Borja Santos alia as funções de jogador – e que jogador!... – às de treinador. Assim acontecerá até 1919, altura em que o ex-atleta do Império regressa a Lisboa, para dirigir um colégio no Saldanha e iniciar uma carreira como advogado e como professor de História e de Organização Política. Quando chega às margens do Mondego, com 23 anos, António Borja Santos tem uma multidão à sua espera na Estação Velha. De estudantes e não-estudantes. Até foguetes são lançados ao ar. O antigo aluno do lisboeta liceu Pedro Nunes nem quer acreditar que a recepção seja por sua causa. Pensa, conforme revelará, quase 60 anos mais tarde, a um repórter do "Diário de Lisboa", que no mesmo comboio viajara uma "qualquer alta personalidade política". Mas depressa se apercebe de que a manifestação é, não apenas um sinal da esperança em si depositada, como uma consequência do entusiasmo que o futebol já desperta em Coimbra em 1912.

Escassos dois dias depois da chegada, a direcção da Académica nomeia-o treinador e capitão de equipa. Nesta, como também recorda na conversa registada pelo "Diário de Lisboa", procura, pela primeira vez, implantar o modelo do futebol húngaro da época, feito de passes curtos e triangulações. O mesmo que, anos depois, também deslumbrará Cândido de Oliveira e que, salvas as devidas distâncias, ficará um pouco como imagem de marca das melhores equipas da Académica. "Foi com satisfação que notei que o sistema tinha produzido, em cheio, os seus efeitos", anotará, após a histórica vitória de 1913 sobre o FC Porto, de que foi um dos grandes obreiros.

Não fora fácil convencê-lo a aceitar os cargos. Borja Santos alegava que os títulos de treinador e de capitão se coadunavam mal com a sua qualidade de "caloiro" da Universidade de Coimbra, sujeito que estaria, mais a mais, aos rigores da praxe de então. Tonara-se necessário reunir a Assembleia Magna. A qual decidira conferir-lhe estatuto equivalente ao de um quintanista, com uma única excepção: não poderia proteger "caloiros". Acabaria por se licenciar em Direito seis anos depois, tendo como colega de curso Oliveira Salazar, ele próprio adepto da Académica e admirador de Borja Santos.

António Borja Santos nascera na cidade da Praia, em Cabo Verde, a 10 de Outubro de 1889, só aportando a Lisboa com 14 anos de idade. E a África regressaria em 1938. Nos dez anos imediatamente seguintes esteve na Guiné, onde chegou a ocupar o cargo de Governador Geral. De 1948 a 1966 viveu em Angola, onde, entre muitas outras funções, desempenhou a de director do "Jornal do Congo".

Ao seu próprio jornal concederá, em 17 de Janeiro de 1963, uma longa entrevista que confirma a importância do papel por si desempenhado na Briosa. Termina com esta deliciosa afirmação: "À Académica falta-lhe o feitio, permita o termo, para jogar contra clubes de técnica inferior ... Não se mostra possuidora daquele entusiasmo que revela quando se lhe opõem clubes de real categoria, como o Sporting, o Benfica e o Porto, por exemplo. De real categoria – digo – porque de categoria realíssima é ela, a Académica".

Uma década depois – em Junho de 1973 – Borja Santos voltará a conceder um significativo depoimento, agora ao coimbrão "Ponney" e numa altura em que a Briosa celebra uma subida de divisão. Nesse depoimento, descreve os seus primeiros tempos em Santa Cruz, quando este ainda não era um verdadeiro campo de futebol, mas apenas um terreno onde era possível a equipa da Académica treinar-se: "Todas as manhãs, às seis horas, lá estávamos, sem que nunca se notasse a ausência de um único jogador. E quantas vezes tínhamos que aguardar que o nevoeiro levantasse para iniciarmos os treinos...". Mas não só. Borja Santos pronuncia-se, em pormenor, sobre o futebol dos anos 60 e princípios de 70, sem sequer lhe escapar o assédio, que condena violentamente, dos chamados "grandes" a atletas da Briosa de então. Atletas cujos nomes e qualidades conhece de cor e salteado, não hesitando em comentar as características de vários deles – de Melo a Costa; de Bacanhim a Vala.

Quando desfia estas ideias, António Borja Santos, na altura já com 83 anos, está muito próximo do fim da vida. Deixará três filhos: Zilda, licenciada em Histórico-Filosóficas; Maria Élia, antiga funcionária da Segurança Social; e Fernando Elpídio, professor de Matemática, disciplina sobre a qual tem cerca de cinco dezenas de livros publicados. Todos eles souberam, em devido tempo, que o pai foi, com toda a certeza, a primeira grande figura da Académica. Cuja vida, como se constata, nunca deixou de acompanhar.

UMA SAGA DE MAIS DE DUAS DÉCADAS

A rudimentar cobertura de uma pequena parte da bancada do Santa Cruz, tendo ao meio o emblema que mais tarde ornamentou os vestiários, aí permanecendo durante décadas

"Anda a Direcção da minha presidência empenhada em desenvolver entre a mocidade de Coimbra o gosto pelos jogos athleticos, cuja prática já hoje se faz sentir de uma maneira altamente útil no desenvolvimento phísico d'alguns povos" – assim começa o ofício, datado de 14 de Novembro de 1901, endereçado ao presidente da Câmara Municipal de Coimbra, Manuel Dias da Silva, pelo presidente da Associação Académica, António dos Santos Cidrais. Com tal explicação, pretendia o líder estudantil sensibilizar o autarca para o apoio à edificação da primeira infra-estrutura desportiva na cidade, apoio tanto mais necessário quanto, como também escreve o autor do documento, é "de penúria o estado em que se encontra o cofre" da Associação, cuja secção desportiva é, por essa altura, liderada por Eurico Fernandes Lisboa, tendo como colaboradores António Calheiros, João de Azevedo, Eduardo Alves de Sá e Alberto Cruz.

Inicialmente pensada para a Cerca do Convento de Sant'Anna, onde mais tarde ficou instalada a parada do Regimento da Companhia de Saúde, a ideia da construção da infra-estrutura já havia levado a AAC a conseguir um terreno, por arrendamento. "Para que esse terreno, porém, possa ser aproveitado, é mister fazer alguns trabalhos de terraplanagem e remoção de terras, e outros, que exigem uma despesa relativamente importante", continuava a explicar o presidente dos estudantes, antes de dizer exactamente ao que ia.

"Por isso, a Direcção me encarrega de vir solicitar a Vexa e mais Exmos Vereadores a concessão de alguns trabalhadores da Câmara, que possam empregar-se nesses trabalhos por alguns dias, assim como todo o mais auxílio que possam prestar-nos. Além disso, e a exemplo do que já a Exma Câmara da digna presidência de Vexa se dignou fazer no passado ano lectivo, vem também a Direcção solicitar novamente o alto obséquio do arranjo do Largo de D. Dinis, para n'elle jogar-se o foot-ball". Deste modo começava uma saga que só terminaria mais de duas décadas depois, com a inauguração do Campo de Santa Cruz.

O campo esteve para ser inaugurado oficialmente com um jogo entre actuais ("actuais" de 1922, é claro...) e antigos atletas da Académica. Foi a decisão de conferir a maior dignidade ao segundo aniversário da "Tomada da Bastilha" que levou à realização de um desafio com uma das mais prestigiadas equipas da altura: o Académico do Porto. De resto, o pontapé de saída da partida foi dado pelo então reitor e primeiro presidente da Associação Académica de Coimbra (em 1887), António Luiz Gomes. E a cerimónia fez deslocar a Santa Cruz o ministro dos Negócios Estrangeiros, Costa Rodrigues.

A Académica perdeu por 3-4, mas o resultado, neste caso, é o que menos interessa. Aliás, os estudantes chegaram a estar a vencer por 3-2, depois de terem recuperado de uma desvantagem de 1-0 e de outra de 2-1. Sendo que o quarto e último golo dos portuenses foi marcado já depois do tempo regulamentar.

Pela Académica alinharam: João Ferreira; Raimundo e Pais; Mário, Galante e Eliseu; Esquível (capitão), Neto, Correia, Francisco Ferreira e Daniel. Teófilo Esquível, como quase não podia deixar de ser, foi considerado o melhor dos 22 jogadores em campo.

De acordo com o jornal "O Despertar" de 8 de Março de 1922, "o vasto campo ficava a ser o melhor do país". Três dias antes, "regurgitava de espectadores", tendo assistido ao jogo com o Académico do Porto "bastantes professores e muitas senhoras da melhor sociedade coimbrã".

A cerimónia, que se iniciou pelas 15 horas, foi animada pela Filarmónica de Condeixa – "uma excelente banda, que durante o dia percorreu as ruas da cidade soltando no espaço os acordes do Hino Académico. Sempre ouvido com entusiasmo e alegria", garante o periódico. No final, ainda de acordo com o relato do que é hoje o mais antigo jornal de Coimbra, "os estudantes prestaram ao sr. reitor uma eloquente manifestação de simpatia, acompanhando-o até ao Paço das Escolas, onde foi servido champanhe aos visitantes e as manifestações redobraram de entusiasmo".

Aí, falou o presidente da Associação Académica, agradecendo "em palavras entusiásticas e comovedoras" a presença do reitor e do ministro. "O sr. Fernandes Martins – assim se chamava o presidente da

Uma das equipas que passa pelo Campo de Santa Cruz, em 1929, numa altura em que os balneários ainda estão inacabados: Saias, Rui Cunha, Curado, Mário Monteiro, Armando Sampaio, Romariz, Albano Paulo, Patrício, Gabriel da Fonseca, Guerra, Corte-Real, Frazão e Faria

À ESQUERDA, EM CIMA
Os balneários do campo de Santa Cruz, novinhos em folha, em 1932

À ESQUERDA, EM BAIXO
Plenário estudantil em Santa Cruz, durante a crise académica de 1962, quando ainda existe um recinto específico para o basquete

À DIREITA
A cobertura que existirá, temporariamente, sobre o rinque de Santa Cruz

NA PÁGINA DA DIREITA
António Luiz Gomes, agora reitor da Universidade, dá o pontapé de saída no jogo da inauguração oficial do Santa Cruz, em 1922. A seu lado, além do capitão do Académico do Porto, dois dos líderes da "Tomada da Bastilha": Fernandes Martins (de capa e batina, presidente da Associação Académica) e Augusto da Fonseca (capitão da Briosa)

Associação, por sinal o mesmo que liderara a "Tomada da Bastilha", dois anos antes – foi muito aclamado pelos seus colegas quando saiu da reitoria, sendo levado em triunfo até à AAC".

Em boa verdade, a nova infra-estrutura já fora inaugurada informalmente uma primeira vez, em Fevereiro de 1918, antes de um jogo que a Académica perdeu por 3-2, com o Império, de Lisboa, tendo alinhado assim: Raimundo; Botelho e Nascimento; N.N., Borja Santos e Augusto da Fonseca; Teófilo Esquível, Renato, Mário de Castro, Mário de Lemos e Almendra. Mas logo se percebeu não estarem reunidas as condições mínimas de funcionamento. Pelo que o Campo dos Bentos, como era conhecido o terreno da Ínsua, continuou a ser utilizado durante mais uns tempos.

Valeu, então, um decreto governamental – o 5659, de Março de 1919 –, para que às obras em Santa Cruz fosse realmente atribuído o subsídio de 100 contos, prometido no ano anterior pelo Governo de Sidónio Pais. Promessa essa que fizera com que, a 20 de Julho de 1918, Eusébio Barbosa Tamagnini de Matos Encarnação, em representação da Comissão Administrativa da Câmara, e o reitor Joaquim Mendes dos Remédios, pudessem assinar a escritura de cedência à Universidade do terreno para a instalação do campo de jogos. E a inauguração oficial, com toda a pompa e circunstância, lá se pôde efectuar, três anos depois da publicação do decreto.

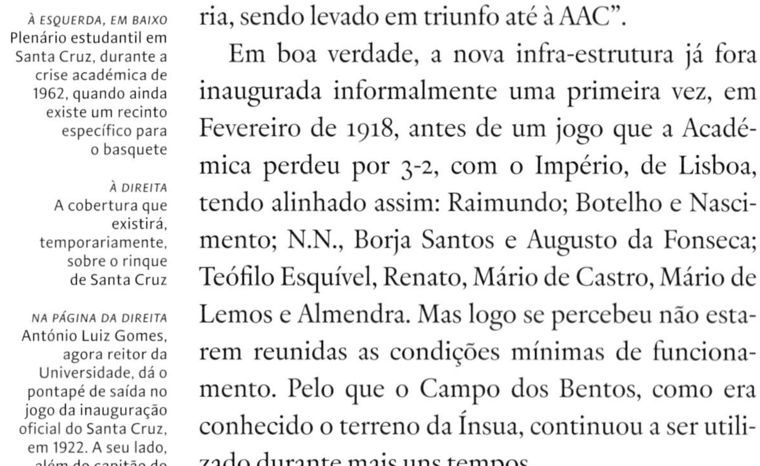

Para a História, falta registar outros nomes sem os quais o Campo de Santa Cruz nunca teria sido uma realidade: Cunha Vaz, o director desportivo da AAC que dirigiu a construção do campo propriamente dito; António Matos Beja, que empreendeu, ainda só com recursos académicos, a construção do primeiro balneário, onde os jogadores, em finais de 1926, já podiam tomar duche de água fria; José Saraiva, Armando Sampaio, João Teixeira Lopes, Albano Paulo, Fernão Rosa Gomes e Alexandre Alves, grandes animadores da última fase do projecto, que se arrasta até 1932 e que incluiu, não apenas a conclusão dos balneários, mas também a construção das bancadas, do rinque de basquete e da pequena piscina de 14 × 7 metros, que fizeram as delícias de muitos desportistas de Coimbra. Já com o apoio material de ex-estudantes e de professores, a quem a secção desportiva, liderada por José Saraiva, endereçara uma circular, solicitando o envio de "10$00 ou 20$00", consoante as possibilidades. Oliveira Salazar, então apenas ministro das Finanças, foi dos primeiros antigos alunos a responder ao apelo. O reitor João Duarte de Oliveira foi um dos mais generosos contribuintes – 150 escudos, enviou ele à Associação Académica.

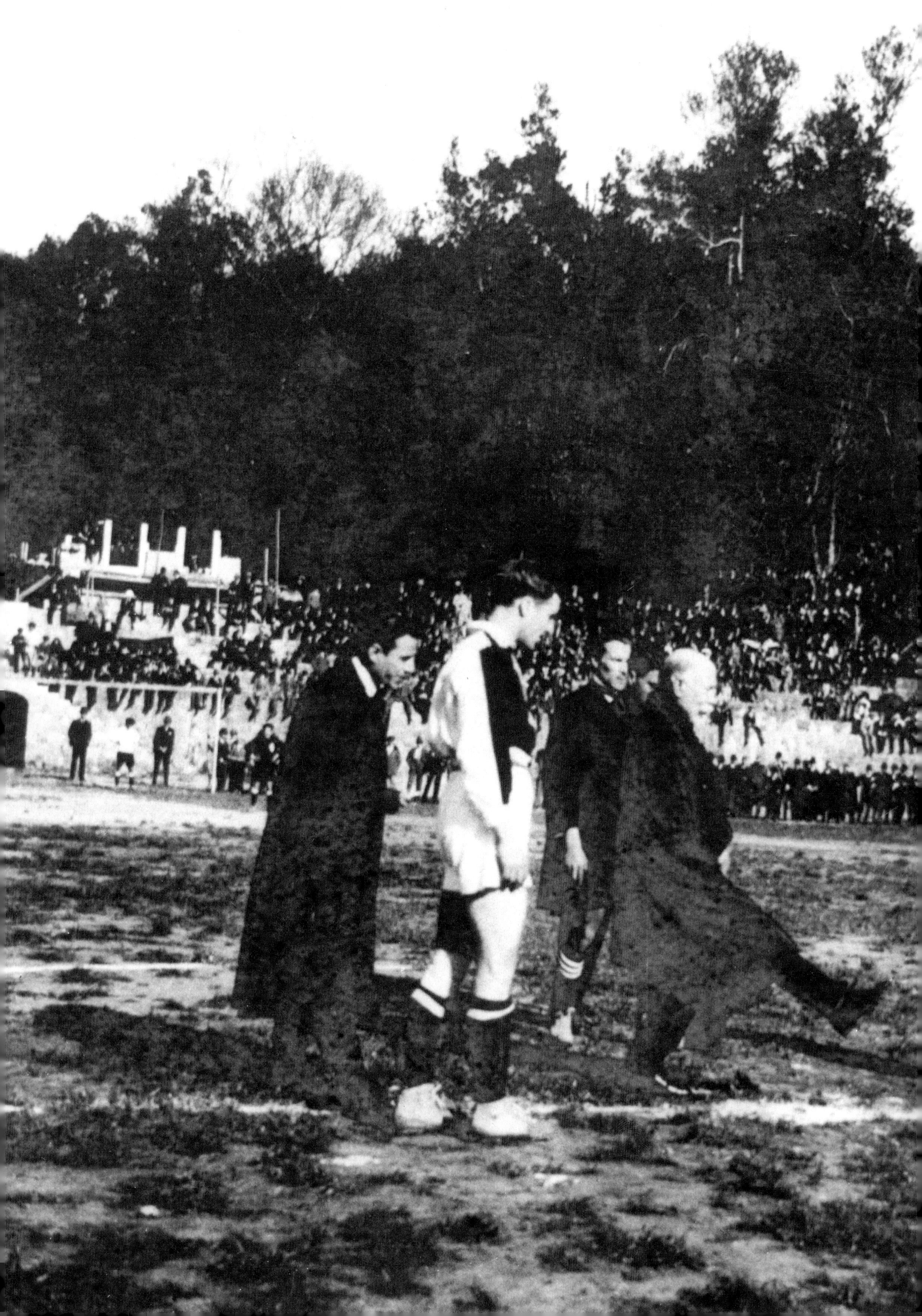

DOS PRIMEIROS JOGOS OFICIAIS À LIGA

1922-1923
FINALISTA DO CAMPEONATO DE PORTUGAL

*AAC 2 - Braga 1
3-6-1923
O primeiro jogo da Académica numa competição de âmbito nacional. É no Campo da Constituição, no Porto.
De pé: Gil Vicente, Neto, José Afonso, Francisco Ferreira, Galante, Esquível, Miguel e Augusto Pais; à frente: Ribeiro da Costa, João Ferreira e Prudêncio*

Em Outubro de 1922, Júlio Ribeiro da Costa é eleito pelos jogadores responsável máximo – "captain", como se chamava na altura – por todas as categorias futebolísticas da Académica. No mesmo mês, é finalmente formada a Associação de Futebol de Coimbra (AFC), que tem como primeiro presidente Maximino Correia, que seria reitor da Universidade entre 1943 e 1960. Da respectiva comissão instaladora também fazem parte os estudantes Rui Sarmento e o "inevitável" Ribeiro da Costa.

A formação da AFC, cuja primeira sede é nas instalações da Associação Académica, na rua Larga, traz novas vitórias aos estudantes. Em 10 de Dezembro, ganham ao Moderno por 3-0, naquele que é o seu primeiro jogo realizado sob a égide do novo organismo. Nesta partida, estreiam-se dois jogadores: Joaquim Miguel e José Afonso, "o Coruja"

por alcunha. João Ferreira, Ribeiro da Costa, Prudêncio, Galante, Esquível, Francisco Ferreira, Neto, Daniel e Guimarães são os restantes membros da equipa que representa a Académica, neste seu primeiro encontro oficial. Neto, José Afonso e Guimarães são os marcadores dos golos. As redes das balizas tiveram de ser alugadas, já que eram ainda inexistentes em Santa Cruz...

Em Janeiro de 1923, é certo, a Briosa perde por 2-1 com o União. Mas "vinga-se" quatro meses mais tarde, após uma primeira digressão ao Algarve (onde vence os três jogos que aí realiza), derrotando o "rival" por concludentes 5-1. Ganha, assim, o direito a disputar a final distrital com a Naval 1.º de Maio. Jogo que vence por 3-1, garantindo a vitória na prova.

Campeonato distrital conquistado, a Académica está em condições de fazer a sua estreia no Campeonato de Portugal, em 1923. E que estreia...

O campeonato, que começara a realizar-se no ano anterior, disputa-se por eliminatórias, sendo a Briosa a única equipa a participar em todas elas, já que nunca tem a sorte de ficar isenta. Na primeira, efectuada a 3 de Junho, no portuense Campo da Constituição, com uma equipa de arbitragem desencantada entre a assistência (e onde um lenço de assoar e uma bengala faziam as vezes das bandeirolas usadas pelos fiscais de linha de hoje), os estudantes "desembaraçam-se" por 2-1 do campeão distrital de Braga, o Sporting da cidade dos arcebispos. Na segunda, efectuada uma semana depois, no lisboeta Campo Grande, o desafio revela-se um bocado mais difícil, obrigando mesmo a prolongamento. Mas, no final deste, é a Académica que segue em prova, após vitória por 3-2 sobre o campeão do Algarve, o Lusitano de Vila Real de Santo António.

Chegada às meias-finais, à Briosa cabe defrontar o Marítimo da Madeira, no Campo de Palhavã, novamente na capital. Estamos a 16 de Junho e escrevia assim o jornal desportivo "O Sport de Lisboa": "Os rapazes de Coimbra, justamente ufanos pelos triunfos obtidos, esperavam ser vencidos pelos campeões madeirenses, aos quais se propunham, apenas, tornar a vitória difícil".

Acontece que "Coimbra", como reconhecia o mesmo jornal, "jogava em família, animada pelo entusiasmo comunicativo dos 300 estudantes que compõem o Orfeão Académico", em digressão pela capital. E se, ao intervalo, já ganhava por 1-0, na segunda parte marcou outro tento, a que os madeirenses responderam com um único golo. Não foi fácil – "O Sport de Lisboa" contabilizou 15 defesas do guarda-redes João Ferreira, contra apenas duas do guardião maritimista –, mas a Académica estava

Alguns dos primeiros grandes jogadores da Académica: à esquerda, Ribeiro da Costa e Esquível; ao centro, Galante; à direita, Guedes Pinto, no caso, a representar a selecção de Coimbra

À ESQUERDA, EM CIMA
AAC 3 - Naval 1
13-5-1923
A equipa que venceu a final do primeiro campeonato distrital de Coimbra: Galante, José Afonso, Miguel, Daniel, Augusto Pais, Prudêncio, Esquível, Ribeiro da Costa, João Ferreira, Francisco Ferreira e Gil Vicente

À ESQUERDA, EM BAIXO E AO MEIO
Apesar de derrotados pelo Sporting, os jogadores da Briosa são recebidos em Coimbra como se tivessem ganho o Campeonato de Portugal

À DIREITA, EM CIMA
Ribeiro da Costa, capitão da Académica, com o ramo de flores oferecido aos finalistas do Campeonato de Portugal de 1923, em Faro. As meninas são (da esquerda para a direita) as irmãs Catalina e Encarnação Vaz Velho (filhas dos proprietários do terreno onde decorreu o jogo) e Maria Armanda Marques. Encarnação viria a casar-se com Hortênsio Lopes, presidente da Académica em 1964

À DIREITA, EM BAIXO
A equipa que venceu (2-1) um "particular" com o Farense, no mesmo campo onde, dois meses depois, disputaria o jogo de atribuição do título nacional. De pé: Francisco Ferreira, Daniel, José Afonso, Guedes Pinto, Esquível, Ribeiro da Costa e Gil Vicente; à frente: Miguel, Prudêncio, Galante e João Ferreira

apurada para a final do campeonato. Uma semana depois, provando não ser uma equipa qualquer, o Marítimo iria à Invicta, bater o FC Porto por 3-0, num encontro de carácter particular.

A final disputou-se a 24 de Junho, a partir das seis da tarde, em Faro. Num campo que impressionou o cronista de "Os Sports" pela "novidade das toilettes femininas", mas cujo terreno se apresentava "muito duro e desagradável". Presentes cerca de quatro mil espectadores. Adversário: o Sporting, campeão de Lisboa, capitaneado por Francisco Stromp, que chegava à final depois de ter eliminado o FC Porto na Ínsua dos Bentos, naquele que foi o primeiro grande acontecimento desportivo de âmbito nacional ocorrido em Coimbra. Árbitro do jogo decisivo: Eduardo Vieira, de Faro, que no termo da partida seria criticado por toda a gente. A coadjuvá-lo, além dos dois fiscais de linha habituais, um duo de fiscais de baliza.

A Académica, que chegou à capital do Algarve de comboio, na própria manhã do dia do jogo, alinhou com João Ferreira na baliza; Ribeiro da Costa e Francisco Prudêncio na defesa; Joaquim Miguel, Teófilo Esquível e António Galante no meio campo; e Guedes Pinto, Armando Batalha, Augusto Pais, José Neto e Gil Vicente no ataque. Perdeu por 3-0, com dois golos sofridos de pénalti, tendo em João Ferreira, Galante e Esquível os melhores jogadores. Mas, no fim do encontro, o seu capitão, Júlio Ribeiro da Costa, podia declarar à imprensa: "Sinto-me muito orgulhoso de ser o meu 'team' finalista do Campeonato de Portugal".

Ribeiro da Costa, que em 1919 comandara o Batalhão Académico que combateu a tentativa de Paiva Couceiro de restauração da monarquia a partir do Norte e jogou lesionado com uma flebite, diria mais: "Nunca pus no pensamento ganhar. Se ganhássemos, seria uma grande sorte e a nossa vitória seria injusta, porquanto o Sporting é, sem sombra de comparação, muito melhor. O Campeonato de Portugal nas mãos da Associação Académica de Coimbra estaria em muito más mãos". Tamanho desportivismo contribuiu consideravelmente para o ambiente vivido durante o jantar que se seguiu ao encontro: "Falou-se muito. Bebeu-se melhor. E a festa rematou com o 'pistautira' cantado por todos os presentes com grande animação e entusiasmo", contaram os jornais.

1923-1924
ELIMINADA NO ÚLTIMO MINUTO

As participações seguintes da Académica nos campeonatos de Portugal não são tão brilhantes. Na época de 23-24, os estudantes são eliminados logo nos oitavos-de-final pelo FC Porto, em jogo disputado no Campo da Constituição a 18 de Maio. Ainda assim, só em cima da hora conseguem os portistas marcar o golo que lhes dá a vitória por 3-2. Isto, depois de terem estado a perder por 1-0, num jogo em que, segundo as crónicas, o guarda-redes João Ferreira e os médios Teófilo Esquível e António Galante voltam a ser os melhores jogadores da equipa coimbrã.

A Briosa apurara-se para o campeonato, como mandavam os regulamentos, depois de ter vencido o distrital. Desta vez, batera o Sporting Figueirense na final por 3-0.

1924-1925
TRI-CAMPEÃ DISTRITAL

No ano seguinte, a Académica volta a ser afastada da prova máxima nacional logo na primeira eliminatória – neste caso pelo Sporting de Espinho, representante do distrito de Aveiro. É na cidade da ria, aliás, que se disputa o jogo, onde os estudantes começam novamente por se colocar em vantagem, com um golo de Juvenal, aos 25 minutos. A igualdade é estabelecida de pénalti e o tento que dá a vitória aos espinhenses só é obtido a dez minutos do final. Juvenal, lesionado, passa largo tempo fora de campo. A possibilidade de substituir jogadores ainda vem longe.

O apuramento fora conseguido após nova vitória sobre o Sporting Figueirense. Desta feita por sete golos sem resposta, apesar de os estudantes terem disputado a final, desfalcados de vários dos seus habituais titulares. A inédita equipa que jogou

Problemas Antigos

Augusto Pais de Almeida e Silva foi o avançado-centro da Académica durante o primeiro Campeonato de Portugal. Era descendente do primeiro vice-rei da Índia (D. Francisco de Almeida), tetraneto do Marquês de Pombal e irmão de Fernando Pais, que seria presidente da Associação de Futebol de Coimbra, depois de ter sido, também, jogador da Briosa. Tinha como nome de baptismo Augusto Francisco de Paula da Nazaré Pedro Nolasco Baptista de Brandão Queirós Pais de Almeida e Silva (!) e usava o título de Dom, por atribuição régia à família.

Augusto Pais, que em 1924 foi director do Orfeão Académico, alinhou em todos os jogos do Campeonato de 23 e marcou um golo nos quartos-de-final da prova, ao Lusitano de Vila Real de Santo António. Nessa mesma época integrou a primeira selecção de Coimbra, que fez a sua estreia em Braga, frente a um seleccionado local, a 23 de Março de 1923. Pais foi um dos sete futebolistas da Académica que alinhou pela equipa coimbrã, vencedora do encontro por 2-1. Os restantes, foram Ribeiro da Costa, que capitaneou a selecção, Teófilo Esquível, Juvenal Barreto, Galante e Neto. Chuteiras de futebolista arrumadas, dedicou-se a impulsionar uma modalidade com muitas semelhanças com o râguebi, que viria a ter grande sucesso em Coimbra. Depois, iniciou uma carreira de juiz de Direito, que o levaria, nomeadamente, a Elvas. Foi já como magistrado nesta cidade alentejana que concedeu, em Agosto de 1941, uma entrevista ao "Diário de Coimbra", em que faz uma leitura completamente diferente da de Ribeiro da Costa, relativamente às causas da derrota da Académica na final do Campeonato de Portugal. "Perdemos por imposição do respectivo árbitro", não hesita em dizer Augusto Pais, contrariando todas as opiniões manifestadas sobre o trabalho do farense Eduardo Vieira, genericamente classificado de mau, mas imparcial.

A entrevista está longe, todavia, de se limitar às questões da arbitragem, que, como se pode ver, já então marcavam o futebol português. A dado passo, pergunta o jornalista: "O que pensa da A. Académica actual?". Responde Augusto Pais: "Penso que o problema da Associação Académica é essencial para a vida progressiva e sempre renovada da própria Universidade. Penso que à Universidade deve interessar quase tanto a existência de um estudante distinto, como a valorização física e moral – isto é, desportiva – dos elementos que representam a força da 'Briosa'".

A conversa termina com o redactor do "Diário de Coimbra" a pedir a Augusto Pais que recorde "um episódio interessante" da sua vida desportiva. O antigo avançado-centro escolhe este: "Quando me foi entregue o equipamento negro por um director da Associação Académica, este disse-me: 'Agora, estraga-o...'".

À ESQUERDA, EM CIMA
A turma de 26-27 no Arnado: Arruda, Guerra, Rangel, Armando Sampaio, Mário Monteiro, Trindade, Gabriel da Fonseca, Albano Paulo, Curado, Hortênsio, Abelha, Carlos Pimentel e Martiniano

À ESQUERDA, EM BAIXO
A selecção de Coimbra de 1925/26, como de costume constituída maioritariamente por jogadores da Académica. De pé: A. Guia, Albano Paulo, J. Guia, Guedes Pinto, Fernando Pais, José da Silva, Cardoso, Daniel, Fernando Alves e João Lopes; à frente: Nito, Armando Sampaio e Trindade. Sete destes atletas pertencem à Briosa

À DIREITA, EM CIMA
O grupo de 25-26. De pé: João Lopes, Francisco Duarte, Osório Pinto, Armando Sampaio, Matos Beja, Albano Paulo, Dória, Daniel e Ladeira; à frente: Corte-Real, Galante, Martiniano, Trindade e Abelha

À DIREITA, EM BAIXO
A equipa da Académica, num jogo com o Salgueiros, a 31 de Janeiro de 1924, na Ínsua dos Bentos: Afonso Guimarães (que não jogou), Daniel, Esquível, Francisco Ferreira, Miguel, Prudêncio, Galante, Juvenal, Ribeiro da Costa, João Ferreira e Gil Vicente. O décimo primeiro jogador foi Batalha, por sinal o marcador do único golo da partida

NA PÁGINA DA DIREITA
Caricatura de Teófilo Esquível, incluída no livro de curso

foi esta: Dória; Ribeiro da Costa e Prudêncio; Mário Santos, Galante e Conrado; Elói, Neto, Francisco Ferreira, Costa e Pais.

1925-1926
CRISE INTERNA

Em 1925-1926, a braços com uma grave crise interna, a Académica não disputa o campeonato de Coimbra, perdendo, portanto, a possibilidade de aceder à principal prova nacional. Em primeiras categorias, a única competição oficial em que participa, em Novembro de 1925, é a Taça Cidade de Coimbra. Que, por sinal, vence, após robustos triunfos por 9-0 sobre o Sport e por 9-2 sobre o Moderno.

A equipa sofrera uma enorme razia. Atletas como João Ferreira, Ribeiro da Costa, Francisco Prudêncio, António Galante e Teófilo Esquível tinham deixado de a integrar, na maioria dos casos por terem visto os seus cursos chegar ao fim. Apesar de tal contrariedade, foi ainda no ano de 1926, mais exactamente em Março, que se verificou o "baptismo" internacional da Briosa, com uma digressão à cidade espanhola de Badajoz. Aqui defrontou, por duas vezes, o Real Club Desportivo Extremenho. E em ambas perdeu. Por 3-1 num caso, por 4-2, no outro.

1926-1927
SAMPAIO LIDERA REORGANIZAÇÃO

Se a época de 25-26 não correu bem, a seguinte não foi muito melhor. O futebol académico reorganiza-se, sob a liderança de Armando Sampaio. Mas os resultados desportivos não são imediatos e a equipa perde o campeonato de Coimbra para o União, que derrota os estudantes nos dois encontros disputados – 5-2 e 3-1. A circunstância de ter ganho todos os restantes desafios, não impede a Briosa de chegar ao fim da prova com menos quatro pontos que o seu maior "rival" regional de então.

O facto de o Campeonato de Portugal ter passado a ser disputado, na época de 26-27, por 24 equipas, permitiu, porém, que a Académica participasse na competição maior do futebol nacional. E a verdade é que teve mesmo melhor sorte do que os unionistas. Estes, foram copiosamente derro-

tados pelo Casa Pia, logo nos dezasseis-avos-de-
-final: 5-0. Nesta mesma eliminatória, a Académica teve oportunidade de se desforrar do "carrasco" de 24-25, o Sporting de Espinho, batendo-o agora por 3-1, em jogo disputado na Quinta Agrícola.

As coisas nem começaram bem, uma vez que foram os espinhenses os primeiros a adiantarem-se no marcador. Mas a Briosa, que jogou desfalcada do avançado-centro Lopes (o "Lopes de Braga") e do extremo-direito Miguel, empatou ainda antes do intervalo, por Rangel. E na segunda parte, apesar de Trindade ter falhado um pénalti, não deu quaisquer hipóteses ao adversário. Começava a aparecer Albano Paulo, autor dos dois tentos marcados na segunda metade do desafio.

No final, o "capitão" Armando Sampaio ainda estava insatisfeito. Achava que, devido ao domínio exercido, a Académica devia ter ganho por uma diferença maior. Isto, disse ele ao repórter do jornal "Sporting", que então se publicava no Porto. O mesmo que também tentou colher as impressões do árbitro do desafio. "Mas como não o encontrei, tive de desistir", confessava simplesmente o redactor.

Foi sol de pouca dura, é certo. Na eliminatória imediatamente seguinte, a Académica é goleada pelo Sporting por 9-1, num jogo em que Teófilo Esquível – entretanto transferido para a Faculdade de Medicina de Lisboa – se recusa a alinhar pelos "leões". O único golo dos estudantes é marcado por Albano Paulo, aos 86 minutos. Um minuto depois, os lisboetas fecham a contagem. E o cronista de "Os Sports" ainda diz que o "goal-keeper" da Briosa, Armando Sampaio, "foi o melhor jogador de Coimbra"... Valha o (pequeno) consolo de também afirmar: "O team

"Até Esquível não houvera mais que pontapés na bola"

Teófilo Esquível – que estudou na Faculdade de Medicina de Coimbra até 1926, altura em que deixou de jogar na Académica, após nove anos equipado de preto – foi talvez a maior figura da Briosa na primeira metade dos anos 20. Armando Sampaio, que naquele mesmo ano de 26 se estrearia como guarda-redes titular dos estudantes e considerava Esquível como "o melhor de todos os futebolistas académicos" até então, entrevistou-o para o seu livro "Football para o Serão", editado em 1944. Esquível e Sampaio conheceram-se em Beja, onde o primeiro ia passar férias com o pai, então comandante do regimento militar aí aquartelado. E juntos jogaram no clube bejense "Pax-Júlia", pelo qual chegaram a fazer uma digressão, em Agosto de 1924, com jogos em Cádiz e em Gibraltar. Digressão durante a qual Esquível, que já representava a Académica há vários anos, deu nas vistas do público, entre quem ficou conhecido por "el rúbio" ("o louro").

A entrevista para o "Football para o Serão" decorreu em Braga, onde o antigo médio-centro passara a exercer funções de médico especializado em otorrinolaringologia. Funções que acumulava com as de médico escolar e de delegado da Direcção-Geral dos Desportos.

Logo no intróito, Sampaio não esconde a sua admiração pelo entrevistado, que também foi dirigente associativo estudantil e, nessa qualidade, director desportivo da Briosa: "Foi o verdadeiro impulsor (sic) do futebol em Coimbra. Graças à sua arte criou-se no seio da Academia a primeira falange de adeptos. Até ele, não houvera mais do que 'pontapés na bola', sem ambiente nem entusiasmo". E recorda que, quando por motivos familiares Esquível se deslocou para Lisboa, onde concluiu o curso com nota elevada e jogou pelo Sporting, ele se recusou a alinhar uma vez pela equipa lisboeta, já que o sorteio do Campeonato de Portugal de 1926--1927 colocou os sportinguistas frente a frente com a "sua" Académica. Pergunta-lhe então Armando Sampaio: "Guarda saudades desse tempo (de estudante)?". Responde Teófilo Esquível: "Quem as não há-de guardar? Todos os que passam por Coimbra, nunca mais a esquecem". Nova questão de Sampaio: "Não se recorda de qual foi o dia mais alegre da sua carreira, como futebolista académico?". Declara Esquível: "É difícil responder. No meu tempo, não interessava só o resultado obtido no final do jogo, mas, sobretudo, o ter prestigiado a A.A. sob todos os aspectos". O antigo médio da Briosa lá acaba, porém, por ir direito ao assunto: "Um dia de verdadeira felicidade – de todas, sem dúvida a maior – foi o da minha estreia na A.A. Compreende-se o que representava para mim, nesse tempo um gaiato, vestir pela primeira vez uma camisola que já era uma paixão...".

EM CIMA
A equipa de 26-27 a entrar no campo do Arnado, com muito público. À frente, com um ramo de flores na mão, Armando Sampaio

À ESQUERDA, EM BAIXO
A turma de 27-28. De pé: Frazão, Mário Monteiro, Albano Paulo, Armando Sampaio, Curado e Trindade; à frente: Guerra, Lopes da Costa, João Lopes, Ladeira e Faria

À DIREITA, EM BAIXO
Trindade, Curado, Albano Paulo, Armando Sampaio e Mário Monteiro, durante um treino em Santa Cruz, nas vésperas de um jogo com o União, em 1928

académico pareceu-nos superior ao União de Coimbra, que foi eliminado pelo Casa Pia"...

Nessa altura, já só se jogava em Santa Cruz, na Quinta Agrícola ou no Arnado. A construção do Parque Manuel Braga, inaugurado precisamente no Verão de 27, liquidara definitivamente o campo da Ínsua dos Bentos, para o qual chegara a existir um projecto, da autoria do arquitecto Raul Lino, que contemplava a sua evolução para um complexo polidesportivo. Grande impulsionadora da ideia: a "Liga de Educação Física de Coimbra", onde pontificavam homens como António Luiz Gomes, Maximimo Correia e Júlio Ribeiro da Costa.

1927-1928
UMA ÉPOCA POUCO PACÍFICA

A época de 1927-1928 foi tudo menos pacífica. Recuperado o título distrital, os problemas maiores deram-se em Fafe, onde a Académica se deslocou para disputar o jogo referente aos dezasseis-avos-de-final do Campeonato de Portugal.

A 4 de Março de 28, a Briosa perdeu por 3-0, com 1-0 ao intervalo e o segundo golo a ser marcado de pénalti. Inesperadamente, pelo menos para os seus atletas. "Julgávamos que íamos a Fafe disputar uma partida fácil, mas saíram-nos os cálculos furados", confessaria Armando Sampaio, no seu livro "Football para o Serão", publicado 16 anos depois. Mas a Briosa protestou o jogo, alegando que o adversário alinhara com um jogador ilegalmente inscrito. E a justiça federativa deu-lhe razão, ordenando a repetição do encontro. O que viria a acontecer exactamente um mês depois do primeiro desafio, com o dito jogador já afastado.

Foi o bom e o bonito! No fim do primeiro jogo, os fafenses tinham levado os académicos ao clube recreativo da terra, ofereceram-lhes champanhe e pão de ló, houve troca de brindes e de discursos. Desta vez... "Alguns jogadores adversários levaram a sua má vontade ao ponto de irem almoçar ao hotel onde nos instalámos, só para nos provocarem. Da maneira como nos trataram os próprios criados, é melhor nem falar... Atiravam-nos as travessas com ar de desprezo, levando quase três horas a servir a refeição. Que terrível almoço! Só faltou envenenarem-nos!", relata Armando Sampaio, que tornou a ser o guarda-redes da Académica neste segundo desafio.

Se o ambiente cá fora era este, calcule-se o que foi no campo... "Insultos, assobios, pedradas... Tudo suportámos com paciência evangélica", conta ainda Sampaio, ressalvando no entanto o adversário Armando de Freitas, "que com um desportivismo e um aprumo de autêntico cavalheiro", se lhe terá dirigido nestes termos no fim do jogo: "Vocês desculpem tudo isto. É uma vergonha o que se acaba de passar".

Mas para deixarem Fafe rumo a Braga, em automóveis alugados, os académicos ainda tiveram de enfrentar novas e grossas dificuldades. O atleta Luís Trindade terá mesmo chegado a puxar da pistola que levava, para abrir caminho entre a multidão aos gritos: "Desta vez, o champanhe e o pão de ló são de móquinha...". E isto, apesar de a Académica ter voltado a perder o jogo. Agora por 2-1.

Poucos dias depois deste segundo Fafe-Académica, a selecção nacional de futebol defrontava, no Porto, a sua congénere italiana. Era o momento ideal para os académicos darem a conhecer a sua versão dos acontecimentos do dia 4 de Abril de 1928. O que fizeram através de um manifesto "aos desportistas", de que foram distribuídos 30 mil exemplares, entre o recinto onde se disputou o desafio – o Estádio do Ameal – e as ruas adjacentes. Tantos ou tão poucos, que a dada altura o árbitro se viu obrigado a suspender a contenda entre portugueses e italianos, uma vez que o vento fizera inundar de panfletos o rectângulo de jogo...

O texto, é claro, não era nada meigo para os fafenses. Assinado por uns inexistentes Alberto Fernandes, António Sarmento, José de Morais e Francisco Corujo, terminava assim: "Publicando este manifesto, fica-nos na consciência a satisfação de havermos cumprido com um dever: prevenir todos aqueles que, um dia, embalados pelo desejo tentador dum bom passeio, vão enganosamente encontrar em Fafe, não um dia alegre e bem passado, mas um pretexto para ficarem retidos no leito durante umas semanas, envoltos em lençóis de vinagre".

A imprensa fafense ainda reagiu. Mas Armando Sampaio, como dá conta no seu incontornável livro "Football para o Serão", pôde concluir: "É claro que o FC Fafe nunca procurou desfazer as afirmações contidas no panfleto porque elas eram verdadeiras. Perdemos o desafio mas ganhámos a polémica!".

No encontro que apurou o campeão de Coimbra também houvera "mosquitos por cordas"...

A MORTE AOS 22 ANOS

O AVANÇADO-CENTRO JUVENAL BARRETO morre a 27 de Julho de 1927, com apenas 22 anos, vítima de doença prolongada. A sua morte não colhe de surpresa os colegas, ao lado de quem, já doente, disputara o último jogo, a 1 de Dezembro de 1925. Mas deixa-os extraordinariamente consternados. Como se confirma nas homenagens que lhe são prestadas. Juvenal Ferreira Barreto nascera em Vilarinho do Bairro, concelho de Anadia, a 2 de Fevereiro de 1905. Na época de 23-24, estreava-se na equipa principal. A doença pouco mais lhe permitiu jogar. "O mais brilhante avançado que a Académica possuiu" nesses anos, "sempre indiscutível para as selecções distritais", escreveu Armando Sampaio no jornal "Foot-Ball", meio ano após a morte de Juvenal.

Foi Armando Sampaio, aliás, um dos grandes impulsionadores das homenagens realizadas ao infortunado futebolista. A primeira ocorreu em Dezembro de 1927 e incluiu um desafio entre a Briosa e o Académico do Porto, último clube que Juvenal Barreto defrontara. Por sinal, os estudantes haviam ganho essa partida, precisamente com um golo de cabeça, marcado pelo jovem avançado.

Já o jogo de homenagem, disputado em Santa Cruz, terminou empatado a quatro golos. Resultado com que "A Voz Desportiva" não se conformou. "Uma vitória da Associação Académica por 2 'goals' de diferença é que estaria certo", escreveu-se no jornal. Mas o desfecho da partida, embora estando em causa uma taça comprada por estudantes de Coimbra, a que foi dado o nome do atleta falecido, era o que menos importava. Tanto assim que o próprio Armando Sampaio se encarregou de falhar um pénalti, propositadamente, segundo pareceu à imprensa da época. Significativo foi o facto de o pontapé de saída para o jogo ter sido dado por um irmão de Juvenal, Lusitano, mais tarde também futebolista da Briosa. E de o encontro ter sido arbitrado pelo antigo capitão da Académica, Júlio Ribeiro da Costa, que para o efeito se deslocou expressamente de Lisboa. O trabalho deste seria, de resto, bastante contestado pelos portuenses, sobretudo devido à validação do quarto golo dos estudantes. Pelo seu lado, Ribeiro da Costa não se coibiu de assumir, perante os jornais, que o resultado final não o satisfizera. O antigo capitão regressaria a Lisboa com uma recordação na bagagem: uma palma com fitas, oferecida pelos jogadores da Briosa. "Não calcula como caiu na minha alma esta lembrança dos rapazes dessa época", confessaria Ribeiro da Costa, uma década mais tarde, ao "Diário de Coimbra".

Três anos depois, Armando Sampaio torna a estar na origem de uma outra homenagem a Juvenal, esta em Cantanhede, onde o jovem futebolista foi sepultado. Lema da iniciativa: "A AAC nunca esquece aqueles que lhe deram o seu esforço".

EM CIMA
Mais uma tentativa de criar um emblema para a Académica

EM BAIXO
Panfleto distribuído por académicos durante um Portugal-Itália sobre o conflito com o Fafe

NA PÁGINA DA DIREITA
Auto-caricatura e retrato de Fernando Pimentel, autor do emblema da Briosa que se perpetuará

Nesta época, os Conimbricenses eram a única equipa a interpor-se na tradicional luta Académica-União. Os estudantes, em jogo que já só havia durado meia hora, tinham derrotado os "rivais" por 2-0, no primeiro encontro entre ambos. No segundo, nova vitória da Briosa: 4-2. Mas, no terceiro, os unionistas tinham vencido por 3-2. Imagine-se, pois, o ambiente que aguardava o desafio decisivo, marcado para o dia 17 de Junho, no Campo de Santa Cruz.

Ainda assim, as coisas foram correndo normalmente, até que a 12 minutos do fim, já a Académica ganhava por 6-2, o unionista Jorge Silva (mais conhecido por "Chiba") agride Armando Sampaio e recebe ordem de expulsão. Ao abandonar o campo, agride um segundo jogador da Briosa: Luís Trindade. Só que este, ao contrário de Sampaio, não se fica e desencadeia-se uma autêntica batalha campal entre os atletas dos dois grupos, que leva o árbitro a dar o encontro por terminado e a GNR a intervir. "Só batem nos de azul!", ouviu Armando Sampaio dizer ao comandante da força...

A AFC ainda ordenou, posteriormente, que se jogassem os 12 minutos em falta. Mas o União não compareceu, entregando definitivamente o título à Académica.

1928-1929
AINDA O CONFLITO COM O FAFE...

Quis o sorteio que na época de 1928-1929 calhasse ao União receber o Fafe, em Coimbra, para o Campeonato de Portugal. O jogo estava aprazado para o dia 4 de Abril de 1929 e nem a rivalidade com o União impediu os académicos de prepararem uma "recepção" que "vingasse" o sucedido no Minho, exactamente um ano antes.

"Não bateríamos em ninguém", garante Armando Sampaio no seu saboroso "Football para o Serão". "Limitar-nos-íamos a raptar, no final do encontro, quantos fafenses encontrássemos, para os julgarmos em Tribunal Especial, armado numa "República". O julgamento seria apenas uma formalidade porque a sentença estava dada. Não posso dizer qual seria!... Talvez até nem os próprios viessem a contar!".

AOS DESPORTISTAS

A vinda a público dêste manifesto baseou-se na necessidade imperiosa de mostrar aos milhares de "Sportmen", de todo o paiz, hoje reunidos no Porto para presenciar o III PORTUGAL - ITÁLIA, o que são e o que valem, como cidadãos e como desportistas, os selváticos habitantes dessa terréola minhota que dá pelo nome de Fáfe e onde até agora parece não ter chegado, sequér, um só raio de sol de civilisação!

Mas perguntarás tu leitor, —a que propósito vem este arrazoado?

Vem a propósito da fórma *carinhosa* como foi ali recebida, no passado dia 4, a embaixada de foot-ball que constituía o "onze" de honra da Associação Académica de Coimbra.

Fórma estúpida e vergonhosa de que já deve a estas horas ter conhecimento a entidade máxima do foot-ball nacional e que merece tambem ser conhecida por todos aquêles que, uma vez frequentando a escola, tiraram déla qualquer lição proveitosa e útil.

E tudo isto por causa dum justíssimo protesto da Associação Académica á F. P. F. A. baseado na qualificação do jogador Rogério Cabral, que ilegalmente tinha alinhado no primeiro encontro do campeonato de Portugal, efectuado em 4 de Março último, como ilegalmente vinha disputando o campeonato de Braga.

Uma vez que o referido jogador não estava qualificado consoante o art.º 33 do Regulamento Geral da Federação, ésta entidade resolveu— muito lógicamente— anular o encontro, não dando a victória á Associação Académica, pelo facto único de ter sido a Associação de Foot-Ball de Braga responsavel pelo caso, consentindo que um dos artigos do citado regulamento fôsse infringido.

Eis em poucas linhas, em que consistiu **a incorrecção e a fórma anti-desportiva** praticadas pela Associação Académica a que se refere o capitão do grupo de Fáfe na entrevista concedida ao correspondente de "Os Sports".

Vejamos agora qual a atitude dos *leais e correctos* filhos de... Fáfe.

Desde a hora em que o "team" da A. A. C. teve a desdita de pisar tão *encantador* rincão sertanejo, até ao momento da sua trágica fuga para Braga, que aquéla *educadíssima* gente amavelmente lhe embalou os ouvidos com os mais *suaves* e *harmoniósos* latidos.

Que dirias tu leitor, se tivesses de jogar rodeado por um bando de miseraveis caceteiros que, protegidos pelo numero e incitados pelos jogadores teus adversários, constantemente te vaiassem e te *mimoseassem* com os mais réles e imundos epítetos, tão próprios de quem os proferia?!

Para que possas fazer ideia do quilate de tal gente, basta que te diga que o guarda-rêdes da A. A. C. teve de jogar a segunda parte protegido por soldados da Guarda Republicana para que lhe não acontecesse como na primeira, em que foi apedrejado ao executar algumas defesas!

Que dirias tu ainda, se, á saída do campo, tendo mesmo perdido (?) te visses obrigado a atravessar a vila, de pistóla em punho, para não seres espancado?

E' preciso que tu saibas, leitor, que o que acabas de lêr se passou com os rapazes da Associação Académica de Coimbra e mais ainda que o caso, não éra inédito por quanto o mesmo lá tinha sucedido já a muito bôa gente!...

Que o digam, por exemplo, o Salgueiros e o Foot-Ball Club do Porto...

Publicando êste manifesto fica-nos na consciencia a satisfação de havermos cumprido com um dever: prevenir todos aquêles que, um dia embaládos pelo desejo tentador dum bom passeio, vão enganosamente encontrar em Fáfe, não um dia alegre e bem passado, mas...um pretexto para ficarem retidos no leito durante algumas semanas, envôltos em lençóis de vinagre....

Coimbra, 12 de Abril de 1928.

Alberto Fernandes
António Sarmento
José de Morais
Francisco Corujo

CANTANHEDE - TIP. CENTRAL

Acontece que o Fafe não compareceu em Coimbra. Terá sido o que lhe valeu.

Do que não há dúvida é que esta "guerra" com o Fafe ficou nos anais da participação da Académica no Campeonato de Portugal. Já em Maio de 28 – pouco mais de um mês, pois, após o "fatídico" encontro para o campeonato –, os estudantes tinham tentado a "vingança". Esperaram um dia inteiro no Largo da Portagem pela passagem de uma qualquer camioneta de Fafe que integrasse a habitual peregrinação a Fátima. Se ela tivesse surgido, jura Armando Sampaio, "teria havido alguns cabelos cortados". Mas, para desgosto seu e dos académicos que o acompanharam na vigília, nem uma, para amostra. "O povo de Fafe andava nas graças do diabo", conclui o antigo guarda-redes da Briosa.

No campeonato de Coimbra, em 28-29 realizado a uma só volta, as coisas voltam a não correr bem para a Académica. Ganha ao União – e confortavelmente, como o prova o resultado de 6-2 a seu favor – na fase regular. Mas, na final, perde por 3-1 com os

"O distintivo mais adorado de Portugal"

É NA ÉPOCA DE 1927-1928 que surge o símbolo que ficará para a História como o emblema da Académica, da autoria de Fernando Pimentel. Quatro modelos experimentados anteriormente não "pegaram" de todo. Data logo do primeiro trimestre de 1912, conforme evidencia uma das primeiras fotos de uma equipa da Briosa, a tentativa de dotar a instituição de um emblema. Mas o desenho, cujo conteúdo é, aliás, praticamente indefinível, não parece ter caído no "goto" dos estudantes. No último dia de Janeiro de 1924, quando a Académica defronta o Salgueiros, os jogadores surgem em campo exibindo no peito a simples imagem de uma tricana. Também não resulta. Nos dois anos seguintes, essa figura da mitologia coimbrã será substituída por uma capa de universitário, erguida no mastro de uma bandeira.

Assim se chega a 3 de Abril de 1927, dia em que os estudantes têm oportunidade de "vingar" a derrota infligida pelo Sporting na final do primeiro Campeonato de Portugal. Os atletas da Académica apresentam-se no Campo Grande com um emblema em que figuram as iniciais da instituição (AAC), estilizadas e, segundo a velha "Revista Académica", bordadas "por delicadas mãos de senhoras". Acontece que, ainda de acordo com a mesma revista, como a Briosa perdeu – e de que maneira!... –, as culpas da derrota foram atiradas para cima do emblema, que no regresso a Coimbra foi arrancado e votado ao ostracismo.

Surgiria então, na época seguinte, aquele que ainda hoje é usado pelos atletas da Académica. Foi seu autor Fernando Pimentel, que o desenhou a pedido de Armando Sampaio, na altura dirigente da Associação Académica com o pelouro do desporto. Era presidente da Associação Jaime Afreixo, que nesse mesmo ano seria preso, na sequência da maior greve estudantil realizada até então, em protesto contra uma reforma governamental que extinguia a Faculdade de Direito de Lisboa, a de Letras no Porto e a Escola Superior de Farmácia em Coimbra, para além de acabar com a segunda época de exames e de aumentar as propinas...

O emblema começou por ser vendido a cinco escudos, um preço extraordinário para a época. Quando recebeu – gratuitamente, é óbvio – os primeiros exemplares da mão de Sampaio, Fernando Pimentel explicou à "Revista Académica": "As contas ficaram saldadas dessa maneira. O grande lucro foi a certeza, a consolação, sem vaidade, que dei à rapaziada da camisola negra o distintivo mais procurado e mais adorado em todo o Portugal".

Fernando Ferreira Pimentel nasceu em Manteigas, a 22 de Julho de 1905. Licenciou-se em Medicina pela Universidade coimbrã, tendo frequentado, ainda, Belas Artes, no Porto. Em Coimbra, onde foi médico ortopedista, faleceu a 24 de Agosto de 1994. Um mês depois de ter completado 89 anos.

À ESQUERDA, EM CIMA
Emílio Vicente Ramos, nascido a 16 de Novembro de 1901, em Lisboa, morre aos 28 anos, como treinador da Académica

À ESQUERDA, EM BAIXO
A equipa que perde por 1-0 com o V. Setúbal, a 17 de Março de 1929. De pé: Romariz, Rui Cunha, Matias, Faria, Albano Paulo, Mário Monteiro e Frazão; à frente: Guerra, Curado, José Amaral e Hortênsio

AO MEIO
Albano Paulo

À DIREITA
Rui Cunha (abraçado a "Neca", do Santa Clara)

NA PÁGINA DA DIREITA
Mário Monteiro (à esquerda) e Guerra

mesmos unionistas, repetindo o resultado verificado no torneio de classificação para o Campeonato de Portugal, que então se realiza pela primeira vez. O que fora suficiente para a afastar da disputa das eliminatórias da prova máxima nacional.

Vale, nesta época, a conquista da Taça Rainha Santa, após vitórias sobre o União, o Sport e o Nacional, os outros clubes de Coimbra que disputam a prova. E vale, sobretudo, o surgimento de um jogador que muito iria dar que falar: Rui Cunha, então ainda estudante do liceu. Estreou-se por esta altura na Académica, tal como o treinador Emílio Ramos, antigo jogador do Sporting. Apesar de ambos terem sortes diferentes. Ramos morre a 1 de Janeiro de 1930, vítima de febre tifóide, deixando por concluir a sua segunda temporada ao serviço da Briosa. No cemitério Oriental de Lisboa (hoje, cemitério do Alto de São João), o elogio fúnebre é feito por Armando Sampaio.

1929-1930
A ANGÚSTIA DOS GUARDA-REDES

A época de 1929-1930 também não foi brilhante para a Académica. E, no entanto, as coisas até nem começaram a correr mal. Ainda em Dezembro de 29, no início do campeonato de Coimbra, a Briosa vai vencer o União à Arregaça por 2-1 e "brinda" o Santa Clara, no Campo do Arnado, com um contundente 11-0. Mas, logo no começo do novo ano, mais exactamente a 19 de Janeiro, empata com o Sport, em Santa Cruz: 2-2. Pior do que isso, após este jogo desencadeia-se um conflito a partir da bancada, que termina com a prisão de quatro estudantes: Henrique Cabral de Noronha e Meneses, José Félix Alves Carvalhosa, Manuel Nepumoceno Leite e José Coelho dos Reis ("Pernes").

Entretanto, o campeonato de Coimbra sofre uma interrupção para que seja disputado o torneio de apuramento para o Campeonato de Portugal. Torneio que a Académica ganha após vitória, na final, por 5-1 sobre a Naval da Figueira da Foz, com Rui Cunha a marcar quatro dos golos dos estudantes.

Só que, em Fevereiro, o Campo de Santa Cruz assiste a nova estrondosa derrota, agora num "particular" com o Benfica: 4-10! Não se conformam os espectadores, que descarregam a sua fúria sobre o guarda-redes Armando Sampaio. Este é alvo de tamanhas manifestações de desagrado pela sua exibição, que tem de ser substituído ao intervalo.

O que só é possível por se tratar de um jogo não-oficial, já que nessa altura ainda não havia substituições nos encontros "a sério"...

Mas Março ainda é pior. No dia 30, copiosa derrota com o Sporting, em Lisboa, para o Campeonato de Portugal: 1-7! Sampaio, à semelhança do que acontecera em vários jogos do campeonato de Coimbra, é substituído na baliza por Matias. Mas, aos dois minutos de jogo, a Briosa já perde por 2-0. "O seu guarda-redes, vítima talvez da responsabilidade do desafio, foi o culpado da maioria das bolas que entrou", concluiu o jornal "O Sport de Lisboa". Ironia das ironias!...

O mesmo periódico reconhece, em todo o caso, que a Académica "não merecia suportar tão copioso resultado". E, condescendente, sempre vai afirmando: "Todos os seus elementos se mostraram com qualidades a aproveitar, havendo que destacar Rui (Cunha), o avançado-centro, que se revelou um jogador de rara intuição do jogo e do lugar".

O "pesadelo" continuaria no campeonato de Coimbra. A Briosa perde o título para o União, após derrota por 3-1 com os unionistas, numa "poule" final em que também participa o Sport Conimbricense. Excepção é uma estrondosa vitória por 4-0 sobre a Naval, em jogo "particular" realizado a 4 de Maio de 1930 e destinado a celebrar o aniversário do clube figueirense. Jogo onde a Académica se apresenta em campo com António Abrantes Mendes, jogador do Sporting, "internacional" e estudante universitário. Corriam então rumores sobre uma

A "Baralha Teórica"

◆◆

Na época de 1928-1929, como produto da crescente paixão dos estudantes de Coimbra pelo futebol, a Académica tem aquela que pode ser considerada a sua primeira claque. Dava pelo nome de "Baralha Teórica", foi fundada em Novembro de 1927 e teve como principais impulsionadores Júlio da Fonseca Lourenço (o "Fera") e Euclides de Araújo. Ambos futuros professores liceais, sendo que Júlio Lourenço, figura destacada da boémia coimbrã da época, foi o seu primeiro presidente. Vale a pena recordar os Estatutos do grupo, cujos membros possuíam um cartão onde se via um estudante, de batina e de cuecas, a pontapear uma bola. Ou, como a "Baralha" preferia dizer, os seus "10 mandamentos", de que o "Fera" foi o principal autor:

1. A condição necessária mas não suficiente para ser teórico pedibolístico é ser sócio da A.A.; **2.** Ser maior, vacinado e revacinado, solteiro e livre, não sofrer de doença contagiosa, não ter sido mordido por cão danado ou arranhado por futrica; **3.** Logo que os práticos da A.A. se exibam fora do burgo, a Baralha terá um renhido encontro, fazendo-se o sorteio do confrade que há-de acompanhar os ditos para a vida e para a morte; **4.** No regresso, o dito indivíduo fará compreender ao mais bronco associado, com gestos e palavras, todo o joguinho, por fora e por dentro, feito no encontro; **5.** Nunca o felizardo poderá usar palavras obscuras nem artifícios maléficos e maldizentes para a "cronha" imperar em abono ou desabono da verdade; **6.** Será imediatamente escorraçado, tendo de receber de todos os confrades o beijo de Judas, baldando-se aos paus recebidos; **7.** Aos teóricos compete zelar pela intangibilidade do arcaboiço de qualquer prático, dentro e fora do rectângulo; **8.** Este aglomerado, limitado por 60 teóricos, terá todas as épocas um chuvoso encontro para a nomeação de um árbitro e dois "liners", que farão a linha teórica, constando esta de 30 avançados; 20 defesas e sete off-sides! **9.** Aquele que faltar a três reuniões sem motivo justificado, será rifado; **10.** Quem se encontrar mal que se mude".

"Norteados por estes mandamentos – explica Armando Sampaio, no seu 'Football para o Serão' –, os Teóricos passaram a constituir uma falange de apoio ordenada, que no campo nos aplaudia e, fora dele, nos defendia da cegueira dos que, por tudo e por nada, nos atacavam". A verdade é que graves problemas pulmonares obrigarão Júlio Lourenço a acolher-se na Suíça. A "Baralha" viverá, então, uma primeira crise, de que se recomporá em Novembro de 1931, muito por iniciativa dos atletas e estudantes de Medicina Filipe dos Santos e Cesário Bonito. O grupo acabará mesmo por se dissolver mais tarde. Mas, não por acaso, os maiores devotos da Académica ficarão para sempre conhecidos por "os teóricos".

À ESQUERDA
A equipa de 1931-1932: Portugal, Cesário Bonito, Veiga Pinto, Cristóvão, Albano Paulo, Waldemar Amaral, José Barata, Filipe dos Santos, Cabeçadas, Isabelinha e Rui Cunha

À DIREITA
A turma de 1932-1933, que na final do campeonato de Coimbra derrota o União por 5-0. De pé: Abreu, Guerra, Portugal, Caseiro, Correia, Albano Paulo, Rui Cunha e Ladeira; à frente: Cristóvão, Veiga Pinto e Filipe dos Santos

NA PÁGINA DA DIREITA
Cristóvão Lima, um dos grandes defesas da história da Académica

iminente transferência sua para a Briosa. Rumores que não vieram a confirmar-se. Abrantes Mendes só chegaria a Coimbra em 1946, já como treinador.

1930-1931
ALTOS E BAIXOS

A época de 1930-1931 torna a começar mal para a Académica. Derrota por 2-0 com o União, vitórias escassas, por 1-0 e 2-1, respectivamente, com o Nacional e o Sport. Isto, para o campeonato de Coimbra e com Barata fixo no posto de guarda-redes titular. Para agravar a situação, em Dezembro de 1930, nova derrota com os unionistas, por 3-1, no torneio de apuramento para o Campeonato de Portugal.

Depois, as coisas melhoram um pouco. Já em 31, vitória folgada (7-1) sobre o Sacavenense, num "particular". E em Março, novo triunfo "gordo": 7-0 ao Nacional. Já joga Cristóvão Lima, estudante de Letras.

1931-1932
"SARILHOS" COM O LEÇA

Em Novembro, retumbantes 14-0 ao Santa Clara, em jogo a contar para a Taça Cidade de Coimbra. Quatro dias depois, quando começa o campeonato distrital, a equipa apresenta-se reforçada com Filipe dos Santos e Cesário Bonito, vindos do Porto para Coimbra, para estudar Medicina. O segundo seria, mais tarde, presidente dos portistas.

Verifica-se um empate com o Sport (2-2) e uma derrota com o União (2-3), entremeados com mais uma vitória inequívoca sobre o Santa Clara: 8-2. Vale nova deslocação a Badajoz, com passagem pelo Alentejo, por alturas do Natal.

No regresso a Coimbra, já em 1932, triunfo por 6-2, frente ao Nacional. E vitória em todos os jogos do torneio de apuramento para o Campeonato de Portugal: 3-1 ao União, 5-1 ao Nacional, 3-1 à Naval e 3-0 ao Lusitano de Viseu. Os ventos começavam a mudar outra vez, o que se confirmaria com novo triunfo por 2-0 sobre o Leça, no retorno à participação no Campeonato de Portugal.

Este jogo, disputado no Arnado, não chegaria ao termo do tempo regulamentar. O árbitro, recrutado entre a assistência, por falta do nomeado oficialmente, expulsa um leceiro. O castigado recusa-se a abandonar o campo. E o juiz, no meio da confusão que se gera, dá o encontro por terminado. A Académica segue para a ronda seguinte da prova maior do futebol português. Já a nível distrital – depois de vencer o Sport por 3-0, de "levar" quatro sem resposta do União e de bater o Nacional por 5-0 para o campeonato de Coimbra – fica-se pelo segundo lugar da tabela, atrás dos unionistas.

Para o Campeonato de Portugal, o novo adversário é o Barreirense. No primeiro jogo, realizado a 15 de Maio no Campo de Santa Cruz, os estudantes deixaram-se empatar, depois de terem estado a vencer por 3-1, a um quarto de hora do final. O árbitro, ao validar um golo que, segundo "A Voz Desportiva", terá sido obtido após carga sobre o guarda-redes coimbrão, também terá ajudado à recuperação dos barreirenses, para além de ter provocado a ira do público. Mas a segunda mão, efectuada uma semana depois em Lisboa, marcou o afastamento da Académica, na sequência da derrota por 5-2.

Sustenta a crítica especializada da época que a passagem da equipa da Margem Sul do Tejo aos quartos-de-final do campeonato foi justa. Rui

Cunha, autor de três dos cinco golos marcados pela Briosa ao Barreirense, é que não deve ter achado graça nenhuma à eliminação.

1932-1933
ÉPOCA MEMORÁVEL

Oito jogos, oito vitórias, 37 golos marcados, apenas três sofridos. O campeonato de Coimbra, na época de 1932-1933, não podia ter corrido melhor à Académica. Ainda por cima, no conjunto dos dois jogos disputados com os estudantes, o União perde por 7-0!

Esta saga vitoriosa estendeu-se, aliás, às restantes equipas da Briosa então existentes: segundas, terceiras e quartas categorias. Em Coimbra, também elas não sofreram uma única derrota durante o ano! Se somarmos os seus êxitos aos da turma principal, temos o impressionante resultado de 25 vitórias em 27 jogos, com 170 golos marcados e apenas 17 sofridos! Vítima maior: o Santa Clara. Não só perdeu os sete desafios efectuados com a Briosa, como sofreu um total de 74 golos, contra um único obtido! É preciso recuar à época de 1927-1928, em

Cristóvão Lima, pois claro!

"Cristóvão foi, incontestavelmente, o melhor "back" com que a Académica contou até hoje". A apreciação é do jornal "Os Sports" e data do final da época de 37-38, quando o defesa se retira do futebol. O periódico encarrega-se de explicar a ideia, à laia de introdução a uma longa entrevista: "Jogador de surpreendente inteligência e de uma espantosa simplicidade de processos, conhecedor profundo dos mil segredos do lugar, fez jogos que o público jamais esquecerá". Mas diz mais: "Elemento de uma dedicação e de uma correcção sem limites, Cristóvão ficará na galeria dos 'ases' do football conimbricense como o exemplo mais alto e mais vivo do jogador académico".

Adriano Peixoto tem opinião semelhante. "Cristóvão Lima é, em relação ao nosso modo de ver os problemas do jogador e do jogo, o melhor defesa que passou pela equipa escolar. Só a longa distância aparece, mais ou menos no seu plano, o angolano Araújo", escreve o prestigiado jornalista no "Mundo Desportivo", já em finais de 1965.

Então, já Cristóvão de Sousa Lima, nascido na ilha açoriana de São Miguel, a 21 de Janeiro de 1910, deixara de jogar há quase três décadas. Começara a praticar futebol, com 11 anos e no lugar de interior-direito, num clube da sua terra: o Esperança. Daqui transitara para o União Micaelense, onde substituíra um irmão seu, na posição de médio-esquerdo. Só em Coimbra, onde chega em 1931, para alinhar pela Académica e fazer o curso de Letras, passa a ser defesa. Estreia-se a 29 de Novembro, num jogo com o Sport para o distrital, que termina empatado a duas bolas. E ganha, imediatamente, a titularidade. Em sete épocas vestido de preto, entre encontros para o nacional e para o distrital, faz um total de 107 partidas, quase equitativamente distribuídas pelas duas competições. Desde 1935 até à retirada, já licenciado, capitaneia a equipa, ao mesmo tempo que se responsabiliza pelo funcionamento da biblioteca da Associação Académica. Ele que, em 1933, integrado numa lista desafecta ao regime, fora eleito pelos estudantes como um dos seus representantes no Senado universitário.

Na época de 35-36, Cristóvão Lima é responsável pela orientação técnica da formação estudantil. No Natal de 36, na ausência de qualquer dirigente, chefia a delegação da Briosa que se desloca à Madeira, fazendo discursos de claro pendor regionalista e merecendo um louvor do presidente da Direcção-Geral da Associação Académica.

Na hora do abandono dos campos, em 38, diz ao jornal "Os Sports": "Não há em Portugal equipa mais devotada às suas cores do que a da Académica. Como a nossa, nenhuma sente a tristeza da sua massa associativa e isto dá-nos aquela nobre combatividade que tanto surpreendeu os críticos deste ano".

A equipa de 33-34, que "vinga" a derrota de 1928 em Fafe. De pé: Abreu, Cristóvão, Camarate, Ladeira, Tara, Albano Paulo, Catela, Pimenta, Rui Cunha e Isabelinha; à frente: Veiga Pinto, Mário Cunha, Diogo, Portugal e Vítor

NA PÁGINA DA DIREITA
O pontapé no traseiro que assinala a estreia oficial dos jogadores da Académica e que radica a sua origem no velho "canelão". Aqui, já a ser aplicado nos anos sessenta, a Lourenço

que, mesmo assim, eram menos as turmas em competição, para se encontrar semelhante sucesso.

A primeira equipa só perdeu um desafio, entre todos quantos efectuou na primeira fase da temporada. E de carácter particular. Foi com o Benfica, por 3-1, em Janeiro de 1933. Num jogo que só durou 59 minutos e que deu azo a tumultos entre a numerosa assistência presente no Campo de Santa Cruz. De resto, os piores resultados foram dois empates: 1-1 com o Académico do Porto, em Coimbra, e 2-2 com o Sporting de Braga, na cidade dos arcebispos. Nem o Sporting de Lisboa, que perdeu por 1-0 nas margens do Mondego, conseguiu travar a Académica!

Está bom de ver que, com uma época assim, a Briosa "só" podia ir ao Campeonato de Portugal. O que aconteceu em prejuízo dos campeões da Figueira da Foz. E começou a concretizar-se, ainda, da melhor maneira. Nos dois primeiros jogos, outras tantas vitórias: 1-0 sobre a Sanjoanense, nos dezasseis-avos-de-final, desta vez disputados a uma só mão; e 3-1 sobre o Vitória de Setúbal, na cidade do Sado, no primeiro jogo da fase seguinte.

Quando tudo parecia bem encaminhado, eis, porém, que "a porca" resolve começar a "torcer o rabo". O Vitória desloca-se a um Santa Cruz "emoldurado da maior assistência dos últimos tempos", segundo "A Voz Desportiva", para devolver a derrota sofrida na semana anterior. Exactamente pelos mesmos números, o que obrigou a desempate.

Disputou-se este em Santarém, com os adeptos da Académica a fazerem-se transportar em comboio especial. Mas as coisas tornaram a correr mal. Ao quarto de hora de jogo, já o Vitória ganhava por 1-0. A Briosa ainda empatou antes do intervalo, através de Correia. Mas, a 15 minutos do fim, os sadinos voltaram a desfazer a igualdade. Desta vez, sem apelo nem agravo. "Alguns dos nossos jogadores, inferiorizados fisicamente, não puderam dar o rendimento habitual", explicaria Armando Sampaio, ainda e sempre em "Football para o Serão".

Para cúmulo, os apoiantes dos dois clubes, que já em Santa Cruz tinham trocado alguns "mimos", voltaram a envolver-se em desacatos. Ou seja: "Depois da magnífica vitória conseguida em Setúbal, deixámos escapar uma bela oportunidade de chegar mais longe naquele campeonato", concluiria Armando Sampaio. Nada que apagasse, contudo, os extraordinários êxitos desta época memorável.

1933-1934
A "DESFORRA" DE FAFE

A época de 1933-1934 torna a correr bem à Académica. Primeiro ao nível local: campeã de Coimbra, somando por vitórias os sete jogos disputados, durante os quais marcou 45 golos, sofrendo apenas seis.

Porquê sete jogos, se o campeonato era a duas voltas e os adversários eram quatro? Pois bem, porque o União foi eliminado da prova, antes de defrontar a Académica pela segunda vez. Consequências de um primeiro encontro entre as duas equipas, na Arregaça, cujo comportamento do público afecto à turma da casa já fizera com que o desafio não durasse mais de dez minutos. Neste caso, a vitória ainda foi atribuída à Académica. Mas o encontro da segunda volta foi, pura e simplesmente, desmarcado.

Passagem assegurada ao Campeonato de Portugal, o sorteio referente aos dezasseis-avos-de-final concede aos estudantes a possibilidade de se "desforrarem", em Coimbra, do Fafe, que seis anos antes eliminara a Briosa da competição, após dois jogos atribuladíssimos no Minho. E a Académica não desperdiça a oportunidade. Ganha por 3-1, com um golo de Mário Cunha, ainda na primeira parte, e dois de Portugal, já na segunda. Aquela em que os fafenses ainda chegam a atingir o empate, depois de já terem desaproveitado um pénalti.

"O Foot-ball Club de Fafe, jogando à vontade, em sua 'casa', com o seu público e com um grupo das redondezas, deve ser capaz de fazer resultados óptimos e desenvolver um futebol que espante as gentes da terra. Mas aqui, não", conclui verrinosamente o jornal coimbrão "A Voz Desportiva".

Nos oitavos-de-final já a coisa ficou mais fino. O adversário também era o Benfica e, apesar de o primeiro jogo ser em Santa Cruz, a Briosa não evita a derrota por 2-0. Embora, segundo as crónicas da época, tenha ficado com razões para se sentir desgostosa com o árbitro de Santarém que lhe calhou em sorte, o qual terá usado de gritante dualidade de critérios na apreciação dos lances surgidos nas grandes áreas.

Seja como for, havia sempre a hipótese de um "milagre" no jogo da segunda mão. Mas a Académica decidiu não comparecer. Ao que se diz porque os seus jogadores, porventura pouco crentes na possibilidade de darem a volta ao resultado, resolveram dar preferência aos festejos da Queima das Fitas. Isto, numa altura em que a equipa contava com o apoio técnico de Filipe dos Santos – não o seu atleta, oriundo de Cabo Verde, mas o antigo "internacional" do Sporting, com o mesmo nome. E a concluir uma época ainda caracterizada pela quantidade e pela qualidade invulgares de jogos de carácter particular.

Em dois deles, ambos em Coimbra, a Briosa empatou com o Benfica e com o Sporting – 2-2 em qualquer dos casos. Antes, derrotara o Boavista por 6-0. E pelas margens do Mondego ainda passaram, entre outros, o FC Porto e o Celta de Vigo. Ainda que, aqui, os resultados tenham sido negativos para os estudantes.

O "CANELÃO"

Ninguém sabe, ao certo, quando começou. Desde os primórdios do futebol académico que há registos da praxe aplicada aos jogadores da Briosa, aquando da sua estreia oficial. Praxe caracterizada pela entrada do novo atleta por entre duas filas de colegas, que o "mimoseiam" com uns pontapés no traseiro.

No fundo, trata-se de uma reminiscência de um ritual praticado entre os séculos XVII e XIX, que ficou conhecido por "canelão". No primeiro dia de aulas, os "caloiros" tinham, então, de passar por entre filas de quintanistas e de veteranos, alinhadas de ambos os lados da Porta Férrea, que recebiam os novos colegas com uns violentos pontapés nas canelas. Escapavam, apenas, os que conseguiam a protecção de um finalista, simbolizada na colocação da pasta académica sobre a cabeça do "novato".

O poeta António Nobre dá conta da benevolência de que usufruiu, em carta ao jornalista e diplomata Augusto de Castro, datada de 18 de Outubro de 1888: "Ontem, foi a abertura das aulas e, como sabes, é o dia grande dos estúpidos da Universidade: à Porta Férrea aglomera-se uma multidão ansiosa por canelas de novato. Ligeiramente trémulo, talvez pálido, mas sorrindo, eu passei sob um pálio colorido de pastas, de todo incólume, ouvindo apenas uns zumbidos dessas abelhas-discípulas e debaixo destas palavras altas: "É poeta! É poeta! E reformador". Eram as excepções à regra. Como a que aconteceu com o filho de outro poeta, João de Deus, quando o "canelão" foi substituído por uma calorosa salva de palmas e por capas estendidas no chão, para que o "caloiro" passasse sobre elas. Estava-se em 1896 e, no ano anterior, a Academia homenageara, em Lisboa, o pai do rapaz, antigo estudante de Coimbra, aliás como Augusto de Castro.

Em 1898, o "canelão" foi formalmente abolido, por decisão do reitor Manuel Pereira Dias. Mas só anos mais tarde caiu definitivamente em desuso, muito devido à campanha promovida pelo anti-praxista José de Arruela entre 1902 e 1905.

Já bem dentro do século XX, o "canelão" viria a ser substituído pela "pastada", praxe que obrigava os "caloiros" a passarem, à saída das aulas, por filas de estudantes mais velhos, que lhes batiam com as pastas na cabeça e nas costas. Os resquícios da antiga prática ficaram para uso exclusivo do futebol. Aplicada de forma bastante mais suave, convenhamos...

Tão mais suave que o "canelão" é hoje, frequentemente, substituído por algo que mais se assemelha a um "calduço". Sendo que, esporadicamente, é aplicado entre atletas dos escalões de formação, quando, até há não muitos anos, era um exclusivo da equipa principal, por paralelismo com o último degrau do percurso de um estudante. Duas inovações que deixam os mais tradicionalistas com os "cabelos em pé".

"SAMPAIO DA BOLA"

Armando Sampaio – Armando Francisco Coelho Sampaio, de seu nome completo – fez a despedida como guarda-redes da Académica no "fatídico" encontro de Fevereiro de 1930, em que os estudantes perderam por 10-4 com o Benfica. Ele próprio se considerava um guardião "medíocre". Mas nunca sofreu um golo de pénalti. E, em academismo, poucos o bateram – não só durante os anos em que representou a Briosa, como depois.

Não por acaso, este alentejano nascido em Beja, em 27 de Junho de 1907, ocupou todas as posições possíveis na equipa da Académica – da baliza, a mais normal, à ponta-esquerda. Na época seguinte à da sua estreia na Briosa, que aconteceu com 18 anos apenas, já era "capitão" do grupo. E, desde essa altura até à sua partida de Coimbra, onde cursou Medicina durante nove anos, foi sempre dirigente da Associação Académica, com responsabilidades primordiais, precisamente, na área desportiva. Nessa qualidade, contava o próprio, passou manhãs a coser meias dos jogadores no seu quarto, tardes de picareta nas mãos, a trabalhar no Campo de Santa Cruz, e noites a fazer "comícios de propaganda" pelos cafés da cidade. Não se estranhará, assim, que em quase uma década de permanência nas margens do Mondego, não tenha passado do terceiro ano do curso... Ainda por cima, entre Maio de 32 e Março de 33, acumulou a dedicação à Académica com o cargo de seleccionador nacional, partilhado com Salvador do Carmo e Salviano Perfeito.

Quando, em 1934, deixou Coimbra, onde conquistou a alcunha de "Sampaio da bola", licenciou-se rapidamente em Lisboa (a 15 de Julho de 1937), foi novamente seleccionador nacional de futebol (1949), ocupou vários lugares no dirigismo desportivo e radicou-se em Portalegre a partir dos anos 40. Aí, exerceu a profissão de médico e escreveu vários livros, tendo sempre a Académica, a "sua" Académica, como referência.

O primeiro, e porventura o mais conhecido deles todos, data de 1944 e chama-se "Football para o Serão". Nele escreve Armando Sampaio: "Ao abandonar a Lusa-Atenas deram-me um cinzeiro de prata com dedicatória, e pronto. Ficaram saldadas as contas. Unhas, cabelos, tempo e mocidade que lá perdi, tudo ficou pago com aquela recordação, que para mim vale mais do que uma fortuna".

A CAMISOLA QUE SE "AGARRA AO CORAÇÃO"

À distância de mais de 60 anos sobre a sua publicação, pode discordar-se de várias teses defendidas em "Football para o Serão". Mas sempre se há-de convir que este não é só produto do grande amor de Armando Sampaio pela Briosa; é um livro completo, em que, como o próprio autor sintetiza no subtítulo da obra, se aliam "recordações e reflexões de um velho académico". Publicadas em 1944, com recurso às mais diversas formas, desde a entrevista à crónica, passando quase pela reportagem (sempre ao serviço de uma causa, é certo) e pela propaganda assumida.

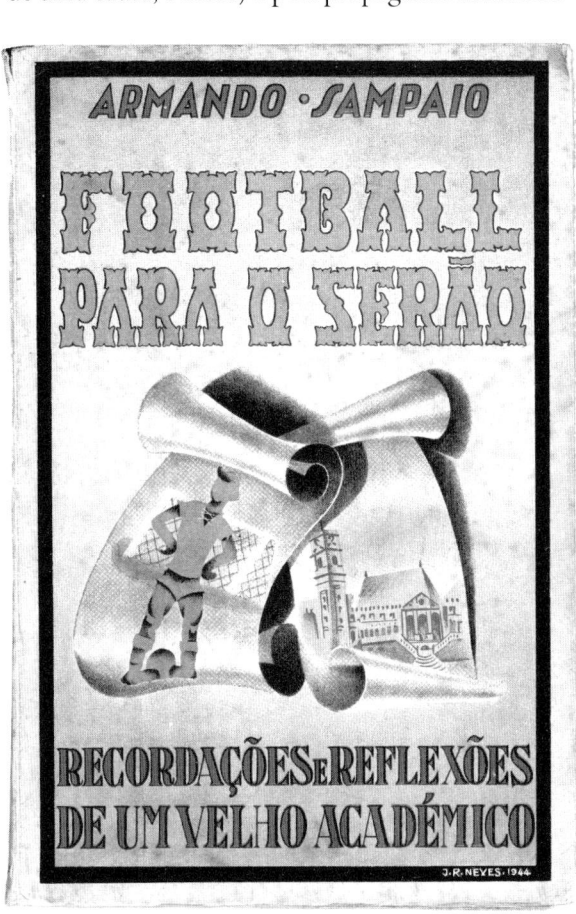

EM CIMA
Armando Sampaio, em 1932, quando já leva vários anos como responsável da equipa da Académica.
A seu lado, de pé: Cabeçadas, José Barata, Cristóvão, Rui Cunha, Waldemar Amaral, Isabelinha, Albano Paulo e Euclides de Araújo;
à frente: Mário Cunha, Portugal, Cesário Bonito e Veiga Pinto;
deitado: Filipe dos Santos

EM BAIXO
Capa do livro de maior sucesso de Armando Sampaio. A obra passou pela mão de gerações e gerações de académicos

Sampaio com a camisola que se "agarra ao coração"

NA PÁGINA DA DIREITA
Armando Sampaio neutraliza, com segurança, uma avançada sportinguista, num jogo para o Campeonato de Portugal de 1927 em que os lisboetas derrotam a Académica sem apelo nem agravo. Ao lado, o homem que foi quase tudo no futebol da Briosa é um dos "cromos da bola", numa colecção editada por uma marca de chocolates em 1929-1930

Nesta categoria insere-se o manifesto aos "jogadores académicos", que, por todas as razões e mais alguma, vale a pena aqui transcrever na íntegra: "Vós sois dos melhores do país. Fui o primeiro a afirmá--lo, há dois anos, quando nem vocês supunham quanto valiam. Tendes dado já sobejas provas de merecimento, que confirmam a minha opinião. Tenho a certeza de que todos envergam o equipamento com amor, porque a camisola preta tem a virtude de se agarrar ao coração de quem a veste. Que vos falta para vencer? Absolutamente nada. Basta que todos vos compenetreis de que os adversários não são nenhuns papões. Basta que entreis no campo convencidos do vosso real valor e dispostos a triunfar à custa dele e da vossa tradicional 'genica', para que os resultados sejam outros. Tende sempre presente que a acompanhar-vos, em espírito, estão muitos milhares de antigos estudantes, que anseiam pelo vosso triunfo. Para terminar, quero pedir-vos, no interesse de todos nós, que respeiteis com dignidade o físico dos adversários. Vencê-los, em luta leal, dar-lhes-á mais arrelia do que fracturar-lhes uma clavícula. A melhor rasteira que podeis passar em campo é levar a bola ao fundo das redes adversárias. E quando, esporadicamente, os resultados nos forem adversos, sabei mostrar, com académica diplomacia, que sois em Portugal os únicos cultivadores do chamado espírito desportivo".

"ERA ASSIM QUE VIVIAM OS JOGADORES"...

Os sucessos da época de 1932-1933 levaram à edição de um número único de um jornal chamado, simplesmente, "Associação Académica". Director? Armando Sampaio, claro.

Sampaio, à altura responsável pelo pelouro desportivo na direcção da Associação Académica, escreve o jornal praticamente todo. Num dos artigos, explica o segredo do sucesso: "É difícil encontrar um grupo cujos componentes tão bem saibam compreender a sua missão, como os actuais jogadores da A. Académica. Rapazes disciplinados. Amigos uns dos outros. Unidos pela mesma fé e pelo mesmo ideal". Sampaio vai ao pormenor:

"Dava gosto assistir aos treinos do grupo. Em pleno Inverno, mal rompia o dia, todos alegres, com uma noção clara do seu dever, compareciam com assiduidade. Deus sabe às vezes com que frio!...(...). E os treinos tomavam um ar de festa. No fim, o café com leite parecia um banquete. Creio que alguns tomavam pequeno almoço para toda a semana. Ou então, são de muito alimento".

O mais delicioso fica para o fim: "Depois, às nove horas, lá ia tudo para as aulas. No fim do almoço, quem entrasse na Associação, lá via na mesa da direita, logo à entrada, o grosso da coluna, novamente a palestrar. Era assim que viviam os jogadores. Muita convivência entre todos e, sobretudo, muita amizade. Era um grupo de amigos sincero. Decorreu o campeonato sem haver um arrufo entre dois jogadores. Desde o Guerra quintanista ao Portugal 'bicho', desde o Abreu sem barbas ao Albano que já podia ser avô, reinava uma fraternal harmonia, cujos benefícios foram colhidos, não por mim nem pelos jogadores, mas pela Associação Académica, que é de todos nós e que todos temos a obrigação de honrar e dignificar".

Sampaio, que faleceu em 1982, era um viciado na escrita. O primeiro jornal que publicou, em número único, foi "Foot-Ball" e data de Dezembro de 1927. Além disso, escreveu artigos para "A Voz Desportiva" e para a "Revista Académica", onde manteve, entre 1970 e 1972, uma coluna regular denominada "No meu tempo aconteceu". Em livro, e além de "Football para o Serão", editou "Encontro com a Saudade" (1965), "Reencontro" (1968), "Coimbra onde uma vez..." (1974) e "Cinquenta anos depois" (1981). Todos com dedicatória a antigos companheiros de equipa.

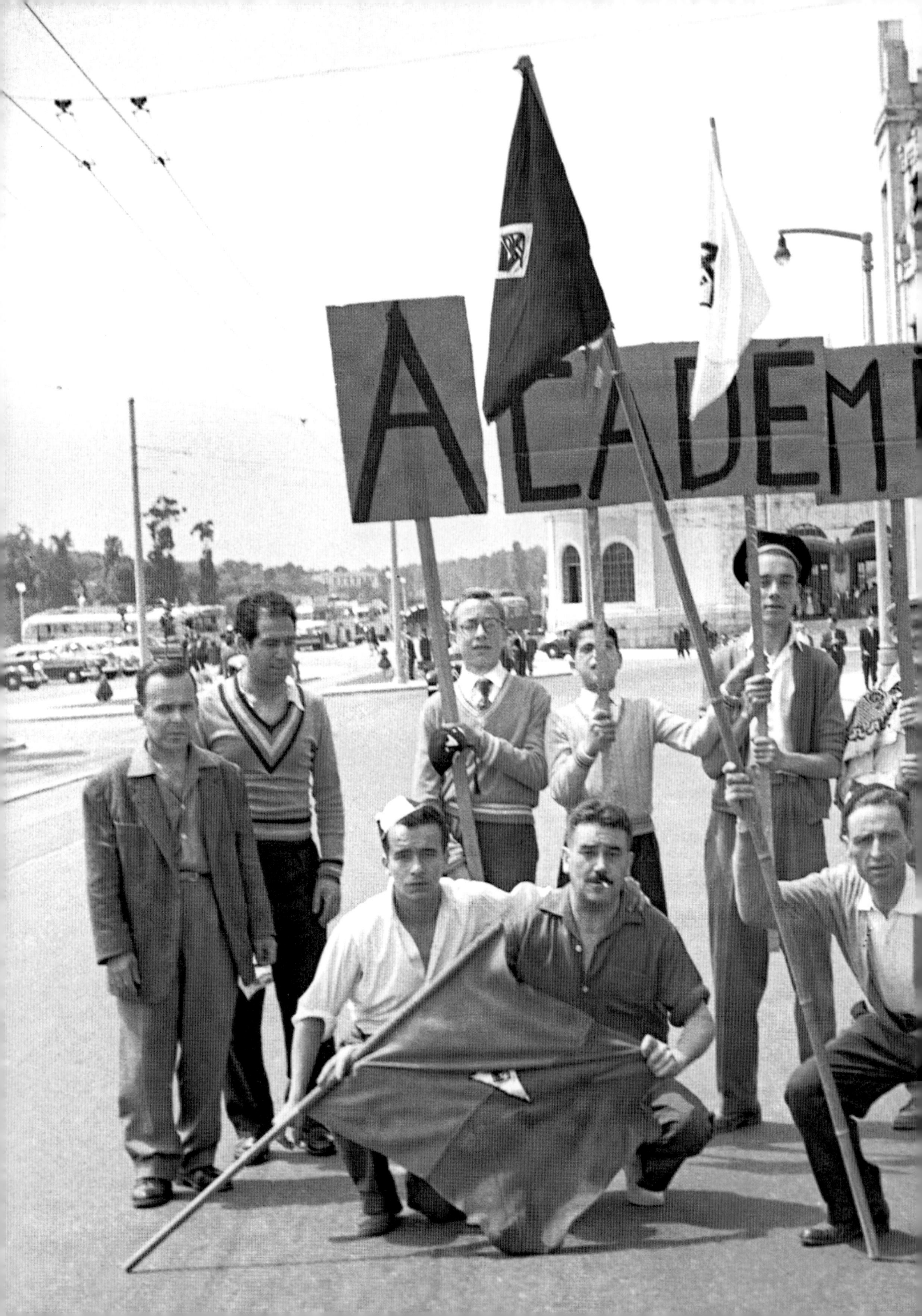

A
CADÉM

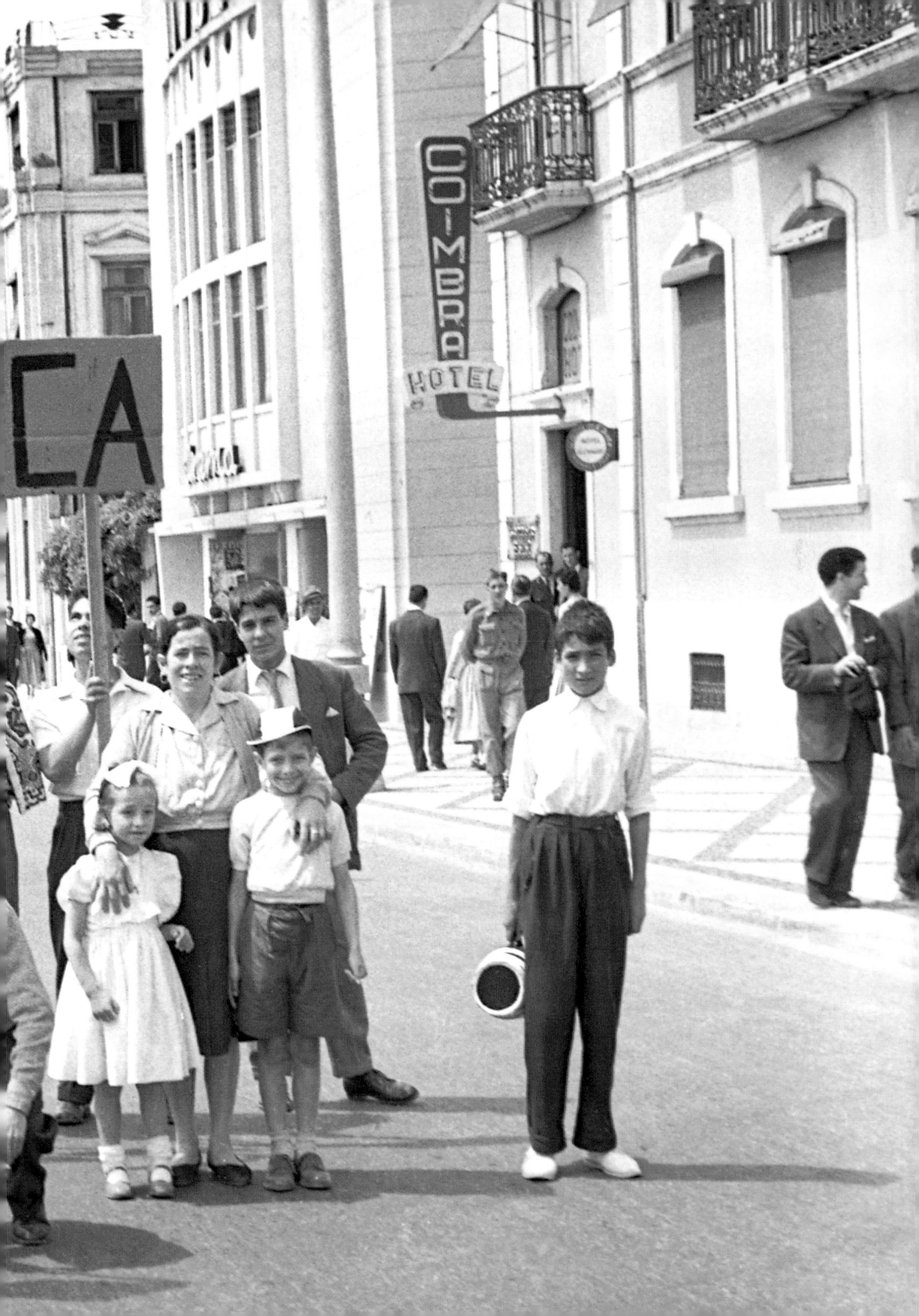
CA
COIMBRA
HOTEL

1934·1935
Entre os estreantes da 1.ª Liga

Ac. Porto 3 - AAC 2
10-2-1935
De pé: Tibério, Ruí Cunha, Faustino, Correia, Gago, Abreu, Portugal e José Maria Antunes;
à frente: Pascoal, Cristóvão e Mário Cunha

NA ÉPOCA DE 1934-1935 verifica-se uma evolução no panorama organizativo do futebol luso. O Campeonato de Portugal continua a disputar-se no sistema de eliminatórias a duas mãos, mas a prova principal passa a ser o novo campeonato da 1ª Liga, realizado a duas voltas e segundo o método da pontuação.

A Académica, que vencera o campeonato de Coimbra, está entre as oito equipas que disputam a primeira edição da prova. Os estudantes – que estreiam jogadores, como Faustino, Pimenta, Tibério e José Maria Antunes – ganharam ao União a final da fase de apuramento, disputada a duas mãos, ambas no Arnado. Na primeira, realizada em finais de Dezembro de 1934, venceram por 1-0, com Mário Cunha a marcar o tento solitário; na segunda, efectuada a 6 de Janeiro de 1935, empataram a uma bola, com o golo da Briosa a ser obtido por Correia. Este encontro foi o primeiro disputado em Portugal a ter direito a transmissão radiofónica. Através de um posto amador, claro, sendo autor do relato António Madeira Machado, estudante de Direito e "fanático" da Académica. "Recordam-se ainda certas frases a quem a própria polícia fazia orelhas moucas, mas que ditas ao microfone (ou mesmo sendo ouvidas por um microfone) ressoavam como blasfémias indecorosas", conta António José Soares, impressionado com o palavreado do relator e da assistência, no seu "Saudades de Coimbra".

Para chegar à final, a Briosa desembaraçara-se do Santa Clara, do Nacional e do Sport Conimbricense. Nalguns casos, com goleadas retumbantes: 21-0, no conjunto dos dois encontros com os "nacionalistas"; 13-1, na soma dos dois jogos com os homens da margem esquerda do Mondego. Já com o Sport, as coisas foram bastante mais equilibradas. Tanto que a Académica perdera o embate da primeira volta por 1-0. Na segunda, ganhava por 3-0, quando a partida foi interrompida. A repetição chegou a estar agendada para meados de Dezembro de 1934, mas entretanto o Sport desistiu da prova.

Em todo o caso, a estreia no campeonato da 1ª Liga está longe de ser auspiciosa. O primeiro jogo é com o Sporting, a 20 de Janeiro de 1935, no Campo de Santa Cruz. E verifica-se logo uma goleada: 6-0, a favor dos lisboetas. O que não impede o ambiente de solenidade que rodeia o encontro, com o reitor da Universidade de Coimbra, João Duarte de Oliveira, a descer ao pelado, antes do início da partida, para cumprimentar os jogadores.

A Académica é então treinada por um antigo jogador e técnico dos sportinguistas: o húngaro Rudolf Jeny, o primeiro estrangeiro a orientar a Briosa. Duas épocas antes, ainda ele estava a disputar o Campeonato de Portugal pelos "leões". Estes chegam à final do torneio, calhando-lhes em sorte defrontar o Belenenses. Jeny recusa-se a alinhar. Considera indigno que um estrangeiro dispute o encontro que decide a atribuição do título português.

Na quinta jornada, também em Santa Cruz, a Académica ainda consegue um surpreendente empate a duas bolas com o Benfica, depois de ter estado a ganhar por 1-0 e por 2-1. Mas só na quarta ronda da segunda volta surge a primeira vitória dos estudantes na competição: 2-1 sobre o Académico do Porto, num encontro que "Os Sports" apresentam como uma "grande lição de desportivismo", dada por "público e jogadores àqueles que passam o tempo a incitar desforços condenáveis". Exemplo disso, o facto de um jogador portuense ter ido apertar a mão a Tibério, felicitando-o por uma "magnífica" defesa.

Diz a imprensa desportiva da época que "a primeira vitória dos estudantes de Coimbra no campeonato da Liga foi acolhida, como era lógico, com

À ESQUERDA
Ac. Porto 3 - AAC 2
10-2-1935
Alberto Gomes, a jogar pelo Académico do Porto, vai marcar um golo à Académica. Neste jogo, ainda marcaria outro

À DIREITA
Caricatura de António Madeira Machado, publicada no livro de curso. Estudante de Direito e "fanático" da AAC, é da sua autoria o primeiro relato radiofónico de um jogo de futebol disputado em Portugal

JOGADORES UTILIZADOS						
Nº	NOME	JOGOS	J. C.	J. I.	MIN	GOLOS
37	Isabelinha	6	6	0	540	2
38	Rui Cunha	16	16	0	1440	7
41	Barata	1	1	0	90	0
42	Veiga Pinto	3	3	0	270	0
43	Cristóvão	14	13	1	1205	0
45	Filipe dos Santos	2	2	0	180	0
46	Portugal	16	16	0	1440	3
49	Abreu	14	14	0	1260	1
50	Correia	12	12	0	1080	0
53	Tara	4	4	0	360	0
54	Brito	1	1	0	90	0
55	Catela	2	2	0	180	0
56	Mário Cunha	7	7	0	630	0
57	Pascoal	13	13	0	1170	0
58	Faustino	16	16	0	1440	0
59	Toscano	1	1	0	90	0
60	Camarate	3	2	1	250	0
61	Tibério	14	14	0	1260	0
62	Pimenta	13	13	0	1170	4
63	José Maria Antunes	10	10	0	900	0
64	Gago	3	3	0	270	0
65	Bordalo	4	4	0	360	0
66	Oliveira Santos	1	1	0	90	0

NOTA – A partir desta época, passa a publicar-se o quadro de jogadores utilizados durante a temporada, em encontros de provas de âmbito nacional. As iniciais "J.C." correspondem aos jogos completos por eles efectuados e as iniciais "J.I." aos jogos incompletos. Em seis épocas subsequentes, surgirão também as iniciais "J.A.". Significam jogos anulados pela Federação Portuguesa de Futebol. Aparecem referenciados porque, na realidade, eles foram disputados pelos atletas. Mas são-no numa coluna à parte, já que, para todos os efeitos, esses encontros não são oficialmente considerados.

EM CIMA
AAC 2 - Benfica 2
17-2-1935
Tibério agarra a bola, na sequência de um canto

EM BAIXO
Separata de uma revista, dedicada à Académica. Destaque para a figura, então inédita, do director desportivo. A partir de cima e da esquerda: Portugal, Tibério, Veiga Pinto, Cristóvão, Isabelinha, Rui Cunha, Abreu, José Saraiva (o "tal" director desportivo), José Maria Antunes, Mário Cunha, Camarate, Filipe dos Santos e Pascoal

grande entusiasmo pelo público da terra". A mesma imprensa que garante ter sido a actuação dos guarda-redes a decidir o resultado. "Enquanto Tibério defendeu com acerto e valentia, Bibi esteve longe de corresponder às necessidades da sua equipa", sentencia o cronista de "Os Sports", que titula assim a peça: "A culpa foi do Bibi...". No final da prova, os estudantes são os últimos, com escassos três pontos, resultantes de 12 derrotas, um empate e uma única vitória.

No Campeonato de Portugal, é o União de Lisboa – precisamente a última equipa a defrontar a Académica na Liga – que se constitui no grande carrasco da Briosa. Os lisboetas, num jogo que "Os Sports" classificam de "interessante e enérgico", ganham a primeira mão dos oitavos-de-final por 4-2, depois de terem estado a perder por 2-1. Na semana seguinte tornam a vencer. Agora por 2-1, após se terem visto, novamente, em desvantagem no marcador. Num jogo disputado da parte da manhã, o que, somado à derrota dos estudantes na primeira partida, leva muito pouca gente a Santa Cruz.

1.ª LIGA						
CLASSIFICAÇÃO	JOGOS	V	E	D	GOLOS	PTS
1º FC Porto	14	10	2	2	43 - 19	22
2º Sporting CP	14	8	4	2	39 - 20	20
3º SL Benfica	14	8	3	3	41 - 23	19
4º CF "Os Belenenses"	14	8	2	4	45 - 20	18
5º VFC Setúbal	14	7	2	5	26 - 24	16
6º UF Lisboa	14	3	2	9	30 - 49	8
7º Académico do Porto	14	2	2	10	20 - 54	6
8º ACADÉMICA	14	1	1	12	14 - 49	3

"Depois da Académica... a Académica"

Joaquim Duarte Gonçalves – mais conhecido por Isabelinha, apelido do pai – foi um dos mais destacados jogadores da Académica no Campeonato de Portugal, prova onde se estreou em 30 Março de 1930, com um golo contra o Sporting, em Lisboa, num jogo de má memória para a Briosa (derrota por 7-1). Não por acaso, este futuro médico oftalmologista, com consultório montado no centro de Santarém – cidade onde se instalou após uma passagem por Lisboa e de que se transformou numa figura emblemática – tornou-se um dos atletas mais utilizados pelos estudantes na competição, ao lado de colegas como Rui Cunha, Albano Paulo, Portugal, Filipe dos Santos, Cristóvão Lima, Veiga Pinto, Arnaldo Ladeira e Abreu.

Nascido em Almeirim, a 5 de Dezembro de 1908, Isabelinha deu nas vistas numa selecção de Santarém, constituída à base de estudantes do liceu e da Escola Agrária, precisamente num jogo com a Académica de Coimbra. Jogo de carácter particular, obviamente, que os escalabitanos venceram por 6-3, com o futuro jogador da Briosa a marcar três golos. "Confesso que estou arrependido!", diria mais tarde ao jornal "Associação Académica".

No Ribatejo, ainda jogou nos Leões de Santarém, vencendo campeonatos regionais e acumulando chamadas à selecção do distrito. Mas, três dias depois de completar 21 anos, transferiu-se para Coimbra, com o objectivo prioritário de cursar Medicina. Chegou num domingo, no "rápido" do meio-dia, e três horas depois fazia a sua estreia pela Académica, na posição de meia-direita, como então se dizia. O jogo, relativo à primeira jornada do distrital de 1929-1930, era com o União, tendo a Briosa ganho por 2-1. Na equipa se manteve até depois da conclusão da licenciatura, em 1936. Apesar de os sete anos passados em Coimbra nem sempre terem sido fáceis, uma vez que, entretanto, perdera os pais. Talvez, ainda mais, por causa disso, confessou uma vez ao diário "As Beiras": "A Académica é como se fosse uma pessoa de família". A verdade é que continuou sempre ligado à Briosa, de que se tornou sócio a 1 de Outubro de 1930. Quando faleceu, a 24 de Novembro de 2009, era, a par de Veiga Simão, o associado número um da instituição. Na semana seguinte, completaria 101 anos.

Quando, uma vez, lhe perguntaram em que altura tencionava abandonar o futebol, Isabelinha respondeu assim: "Enquanto estiver em Coimbra e a Associação Académica necessitar de mim, o velho Isabelinha está aqui para as curvas". Na mesma entrevista, também disse: "Quem joga um dia pela Associação Académica de Coimbra fica de tal modo preso a isto que pela vida fora há-de ter sempre gratas recordações". E, quando questionado acerca das suas preferências clubísticas, além da Briosa, afirmou "apenas" o seguinte: "Depois da Associação Académica... é a Associação Académica. Todos podem ser muito bons, mas para mim há um só".

Não podia ser mais claro o homem que o Presidente da República Ramalho Eanes condecorou com a Ordem de Benemerência e de quem o historiador Veríssimo Serrão disse uma vez: "Se o mundo fosse constituído apenas por pessoas como o doutor Isabelinha, não havia guerras nem malquerenças". O mesmo homem que, um dia, levou o guarda-redes húngaro do FC Porto, Siska, a atravessar o campo para o felicitar por um golo que lhe marcara. Golo que lhe saiu muito caro. Ao desferir o remate de que resultou o tento, Isabelinha contraiu uma hérnia muscular que o levou à sala de operações, chegando a temer-se pelo seu futuro como atleta. Recuperado, fez questão de dividir as despesas com a Académica.

Num jogo na Arregaça, o seu colega Filipe dos Santos, de cor negra, foi objecto de insultos racistas por parte dos adeptos do União. Isabelinha aproveitou uma paragem no jogo para se lhes dirigir directamente: "Peço-vos para não dizerem essas palavras azedas porque o rapaz não faz mal a ninguém. Eu sei que fazem isto por amor clubista, mas não lhe digam mais nada e aplaudam o vosso clube, para ver se joga melhor". Deve ter sido tão convincente que os insultos não se ouviram mais. Na hora de abandonar Coimbra, foi homenageado por colegas, dirigentes e amigos de proveniências várias. "A Voz Desportiva", semanário dirigido por Amadeu Rodrigues, descreveu-o então assim: "Desportista sempre correcto. Figura mais querida da Academia. Não só pelos seus méritos de jogador, mas, sobretudo, pelo seu porte sempre nobre, grandioso e incapaz de cometer uma deslealdade com um adversário". Isabelinha recortou o artigo e guardou-o religiosamente. "Este pedaço de papel vale mais do que a fortuna do Belmiro de Azevedo", explicou há tempos a um jornalista do diário "As Beiras". Ia nos 93 anos e conservava, garantia o repórter, "uma lucidez fantástica".

1935·1936
Nem a disciplina ajudou...

Carcavelinhos 1 - AAC 1
22-3-1936
De pé: Portugal, Catela, Rui Cunha, Mário Cunha, Tibério, Pascoal, Gerardo Maia e José Maria Antunes; à frente: Faustino, Tara e Rosa

No segundo ano de campeonato da 1ª Liga, as coisas não correm muito melhor à Académica do que na primeira época. O mesmo último lugar e os mesmos três pontos finais, novamente resultantes de uma única vitória e de um empate.

E no entanto, desta vez, o campeonato até começa da melhor forma: vitória por 3-0 sobre o Carcavelinhos, que substituíra o União de Lisboa na Liga. "De modo algum se pode atribuir a chance o resultado obtido, porquanto o grupo campeão de Coimbra foi melhor do que o adversário", dizia "A Voz Desportiva", antes de sustentar que a Académica "teve no trio defensivo (Tibério, Cristóvão e Pascoal) a sua melhor formação". Isto, apesar de o avançado Mário Cunha ter sido o autor de dois dos golos, cabendo o outro ao seu irmão, e também dianteiro, Rui.

No domingo anterior, a Briosa tinha batido, em Coimbra, a equipa checa do Zidenice e realizado superior exibição. Estes factos, aliados à goleada ao Carcavelinhos, criaram a ideia de que a Académica podia vir a fazer um bom campeonato. Pura ilusão! Nas restantes cinco jornadas da primeira volta, os estudantes foram sempre derrotados.

O ciclo negativo só seria quebrado com o empate a uma bola no terreno do Carcavelinhos, à entrada da segunda volta. Mas, logo a seguir, voltaram os desaires. Para cúmulo, nesta segunda metade do campeonato as coisas também não correram nada bem do ponto de vista disciplinar. Após o jogo com o FC Porto, em que se verificaram vários incidentes entre jogadores, Rui e Mário Cunha foram punidos com 30 e 60 dias de suspensão, respectivamente.

Também o guarda-redes Tibério foi suspenso por 90 dias, em consequência de problemas no encontro com o Boavista. Foi o seu companheiro Isabelinha quem lhe refreou os ímpetos, o que aliás motivou um voto de louvor federativo. Deste mesmo jogo, resultaram repreensões registadas a outros quatro jogadores da Briosa. E, como se tudo isto não bastasse, na sua reunião de 9 de Maio, a Federação Portuguesa de Futebol ainda decidiu advertir Cristóvão, pelo alegado uso excessivo de dureza, no Sporting-Académica de 5 de Abril. Cristóvão, que a imprensa reconhecera como o melhor jogador da Briosa em campo, embora censurando-lhe "a violência de algumas entradas".

Para a época ser mesmo má só faltava a eliminação do Campeonato de Portugal, logo à primeira ronda, aos pés do Vitória de Setúbal. Na Liga, a Académica tinha perdido os dois jogos com os setubalenses. Mas, nos oitavos-de-final do campeonato, em casa, os estudantes ganham por 3-1. Com a exibição do guarda-redes dos sadinos a ser, ainda assim, considerada como uma das melhores, entre as dos 22 atletas que desceram ao pelado de Santa Cruz. Legítimo pensar-se, pois, que a eliminatória estava ao alcance dos de negro.

Qual quê! Na segunda mão, em Setúbal, derrota por 4-2, apesar de ter estado em vantagem no marcador por duas vezes e de três golos dos setubalenses terem sido marcados no quarto de hora final do encontro, numa altura em que ambas as equipas já tinham visto um jogador seu ser expulso. Assim, foi preciso efectuar-se um jogo de desempate. O que aconteceu em Lisboa, a 3 de Junho. E a Académica

À ESQUERDA
O futebol já provocava enchentes nos campos na década de 30, como se constata nesta foto da bancada de topo do Santa Cruz

À DIREITA
Cartão de sócio de Faustino para a época de 35-36. O presidente que assina é António de Sousa

JOGADORES UTILIZADOS

Nº	NOME	JOGOS	J. C.	J. I.	MIN	GOLOS
37	Isabelinha	8	8	0	720	1
38	Rui Cunha	10	9	1	868	5
41	Barata	2	2	0	180	0
43	Cristóvão	15	15	0	1350	0
46	Portugal	14	12	2	1218	1
53	Tara	10	10	0	900	0
55	Catela	11	11	0	990	2
56	Mário Cunha	8	7	1	710	2
57	Pascoal	5	4	1	416	0
58	Faustino	17	16	1	1495	0
59	Toscano	1	1	0	90	0
61	Tibério	10	10	0	900	0
62	Pimenta	13	11	2	1140	2
63	José Maria Antunes	17	17	0	1530	0
67	Maia	15	15	0	1350	4
68	Rosa	16	16	0	1440	0
69	Jaime	6	6	0	540	1
70	Pinto	1	1	0	90	0
71	Matos	3	3	0	270	0
72	Diniz	2	2	0	180	0
73	Parreira	3	3	0	270	0

À ESQUERDA, EM CIMA
Peseta, que jogará na
Académica a partir de
1937, é figura de
destaque na "Stadium",
ainda com a camisola
do Boavista

À ESQUERDA, EM BAIXO
Isabelinha, Jaime
Cabido e Portugal
(de pé, à direita), entre
colegas estudantes, no
jardim da Universidade,
durante a Queima das
Fitas de 1936

À DIREITA
Portugal, Pimenta e
Tara: três atletas que
viriam a ser professores
do ensino primário

NA PÁGINA DA DIREITA
Os "Falcões": um dos
grupos de apoio da
Académica surgidos
nos anos 30

perdeu por 1-0, depois de Cristóvão ter desperdiçado um pénalti que ninguém parecia querer marcar e após novos problemas disciplinares, que motivaram as expulsões de Faustino, de Pimenta e de Portugal, contra uma de um jogador de Setúbal. Embora, no caso de Faustino, pareçam restar poucas dúvidas de que este tinha razão nos protestos que determinaram a sanção, uma vez que o árbitro transformara em livre contra a Briosa um choque ocasional entre o médio da Académica e um atleta setubalense.

Na época de 35-36 salvaram-se, pois, e para além do triunfo sobre o Zidenice – que viria a classificar-se em quarto lugar no campeonato da Checoslováquia –, as conquistas do campeonato de Coimbra e da Taça Cidade de Coimbra. Neste último caso, após goleada de 11-0 ao Nacional. No campeonato coimbrão, mais uma vez disputado por séries, a Académica venceu facilmente a sua, ganhando cinco dos seis jogos efectuados. Só o Sport lhe "arrancou" um empate, na primeira volta. E, na final, derrotou o Atlético de Coimbra. Ganhou o primeiro jogo por 3-0. O segundo já não chegou a disputar-se porque o adversário, entretanto, desistira da prova.

1.ª LIGA						
CLASSIFICAÇÃO	JOGOS	V	E	D	GOLOS	PTS
1º SL Benfica	14	8	5	1	44 - 23	21
2º FC Porto	14	9	2	3	50 - 18	20
3º Sporting CP	14	8	2	4	41 - 31	18
4º CF "Os Belenenses"	14	7	3	4	28 - 22	17
5º VFC Setúbal	14	7	2	5	32 - 26	16
6º Boavista FC	14	4	3	7	24 - 39	11
7º Carcavelinhos FC	14	1	4	9	8 - 30	6
8º ACADÉMICA	14	1	1	12	13 - 51	3

Novos grupos de apoio

Os "Cowboys", surgidos no princípio de 1936, constituíram-se no terceiro grupo de apoio à Académica de que há memória. Entre os fundadores, Joaquim Alberto Seixas, António Vaz, António Carvalhal, Décio de Antas e Armando Rodrigues. Duas características distinguiam os "Cowboys", que tinham lugar cativo, com direito a 25 "borlas", no lado esquerdo da cabeceira do Santa Cruz. Uma, era o facto de se constituírem em banda musical. Aliás, como recorda a revista "Rua Larga", em público apresentavam-se por esta ordem: à frente, o porta-bandeira e o regente, seguiam-se os tocadores dos instrumentos considerados de maior categoria, como a concertina, a guitarra e a viola; depois, os primeiros pandeiretas e, na cola destes, os segundos pandeiretas e os homens dos ferrinhos; finalmente, a "malta" dos bombos.

A segunda característica dos "Cowboys" é que os seus membros envergavam sempre um lenço vermelho ao pescoço. Nas entradas em campo, dele não abdicavam, sequer, os atletas da Académica que eram sócios do grupo. Casos de César Machado e de Mário Cunha.

Findos os jogos em casa, os "Cowboys" prolongavam a animação pelas ruas da Baixa. Sempre com os instrumentos musicais por companhia e tendo como destino, normalmente, o restaurante "Retiro do Hilário". Aqui, não lhes restava outro remédio senão pagarem a despesa. Mas tinham entrada livre nas festas realizadas no Parque da Cidade e, frequentemente, no cinema. O facto de colaborarem na realização da Queima das Fitas também lhes dava direito a possuírem livre-trânsito para os espectáculos dos festejos dos quintanistas. O artigo 16.º dos estatutos dos "Cowboys" – que tinham sede num quarto do número 5 da desaparecida rua Dr. Luís da Costa Almeida – estipulava, aliás, que os membros do grupo "devem pendurar-se a tudo o que seja cabide". E o artigo 7.º determinava: "Os 'Cowboys' que passarem férias fora de Coimbra deverão, no regresso, vir acompanhados de qualquer cabide comestível ou bebível". Para os faltosos às reuniões – e todas as semanas havia uma Assembleia Geral – existiam sanções. Dizia o artigo 4.º dos estatutos: "Qualquer sócio que não possa comparecer às assembleias marcadas, deverá pedir dispensa por escrito, num bocado de papel (limpo), que meterá por baixo da porta da sede até às 20 horas do dia para que for marcada a Assembleia; se faltar e não pedir dispensa, pagará a multa de 1$50".

O segundo grupo de apoio à Académica – desaparecida que estava, em definitivo, a "Baralha Teórica" – surgira na época de 1934-1935, tendo assumido a designação de "Frascary Clube". "Frascary" porquê? Pois bem, porque os seus membros, os "frascários", eram particularmente dados ao gozo de tiques e trajares de personagens citadinas, a quem chamavam "frascos". Foi o jogador da Briosa e estudante de Medicina Filipe dos Santos, que dando de caras com a turma, reunida nas instalações da Associação Académica, a cumprimentou deste modo: "Eh Frascaria!...". Do seu grupo inicial, de acordo com o relato de Fernando Pimentel na "Rua Larga", faziam parte António Braga Monteiro, Luís Augusto Júlio, José Vitorino Seiça Santos, Manuel Ferreira Pimentel e Jorge Reis. O atleta Rui Cunha também foi membro do colectivo.

No artigo 2.º dos estatutos, o "Frascary Club" apresentava-se como uma colectividade que tinha por fins, entre outros, o "apoio moral aos jogadores da A.A". E os seus associados, que não podiam exceder as três dezenas, antes de serem admitidos, tinham de oferecer um repasto aos mais antigos. Reuniam-se às sextas-feiras, dia em que era sorteado, entre eles, um bilhete para o jogo seguinte da Briosa.

Estas reuniões eram obrigatórias. Quem faltasse a mais de três, era expulso. Quem não chegasse a tanto, era, mesmo assim, sujeito a multa. A não ser que a ausência se ficasse a dever a motivos de saúde. Mas estes tinham de ser explicados em atestado médico, normalmente passado pelo clínico e autor do emblema da Académica, Fernando Pimentel, que rubricava o seu nome em cima de um bilhete de eléctrico que fazia de selo e era aposto em papel comum, ao preço de dois escudos. Está bom de ver para onde ia o dinheiro dos atestados e das multas. Para mais uma ceia, claro, quando não para uma excursão em autocarro. Em 1937, por iniciativa de Fausto Marques e com quotas de cinco escudos, surgiriam "Os Fans", que tal como os "Cowboys" ressuscitariam na segunda metade dos anos 80. Em Abril de 38, numa altura em que ainda nenhum clube de Lisboa tinha claques organizadas, o conjunto crescente dos grupos de apoio à Briosa mobilizava duas mil pessoas para um Belenenses-Académica, nas Salésias.

1936·1937
As coisas melhoram

*AAC 1 - U. Coimbra 0
15-11-1936
De pé: Manuel da Costa, Portugal, Pacheco, Rui Cunha, Isabelinha, Tara, Nini, Mário Cunha e Faustino;
à frente: José Maria Antunes, Tibério e Cristóvão*

A ÉPOCA DE 1936-1937 corre bastante melhor do que as duas anteriores. Então no campeonato da 1ª Liga – aonde chega após triunfo, só com vitórias, no campeonato de Coimbra –, a Académica revela uma clara subida de forma. É quinta classificada, obtendo cinco vitórias e um empate.

O campeonato de Coimbra, desta vez disputado sem a existência de uma final, tinha constituído um bom prenúncio. A Académica infligira várias goleadas aos seus adversários. O Nacional, por exemplo, sofrera 19 golos dos estudantes no conjunto dos dois jogos, marcando apenas um. O Santa Clara fora "brindado" com 13 tentos sem resposta. E o próprio União, que na primeira volta perdera apenas por 1-0, na segunda foi "cilindrado" por 9-0.

Era a maior vitória até então alcançada pela Académica sobre o seu grande rival, em jogos oficiais. Ainda por cima, o jogo disputou-se na Arregaça, a 20 de Dezembro de 1936, e o árbitro, Carlos Fontaínhas de seu nome, viajou de Lisboa. A Briosa alinhou com: Tibério; José Maria Antunes e Cristóvão; Portugal, Tara e Pimenta; Manuel da Costa, Pacheco, Isabelinha, Nini e Mário Cunha. Nini marcou três dos nove golos dos estudantes. Pacheco e Isabelinha marcaram dois cada qual. Portugal e Mário Cunha fizeram os dois restantes.

No final da prova, em que também participou o Atlético de Coimbra – finalista no ano anterior –, a Briosa não se limitara a contabilizar por vitórias todas as partidas disputadas. Marcara um total de 56 golos, contra um único sofrido.

Campeonato terminado, a Académica parte para a Madeira, a convite da comissão organizadora das festas de fim de ano. Perde um jogo com o Marítimo, é certo, mas empata as duas partidas disputadas com o campeão da ilha: o Nacional. Regressa a Coimbra com o prestígio reforçado, tanto mais que a viagem também corre bem do ponto de vista extra-desportivo.

A boa forma dos estudantes será confirmada na Liga. À entrada para a quinta jornada, após três vitórias consecutivas sobre Leixões, Belenenses e FC Porto, respectivamente, a Académica é segunda classificada, à frente do Sporting e dos portistas, e a apenas dois pontos dos encarnados, que serão campeões nacionais.

É precisamente ao terreno destes que a Briosa se desloca nessa quinta ronda. Uma vitória colocá--la-ia na liderança da prova. Mas acaba por perder. Ainda que por escassos 2-1. Alberto Gomes falha o empate, num dos últimos lances da partida. A partir daí, os estudantes descem uns "furos" na tabela, até se quedarem no quinto lugar final.

Ainda assim, esta foi uma época claramente positiva para a Académica, que na recepção ao Benfica – com quem voltou a perder, agora por 3-1 – viabilizou novo recorde de bilheteira em Coimbra: 30 contos. E o ano só não correu melhor para a Briosa porque uma controversa deliberação federativa a afastou do Campeonato de Portugal logo na primeira eliminatória.

A história é simples. Na primeira mão dos oitavos-de-final, em Coimbra, a Académica derrota o Boavista por esclarecedores 4-1, realizando uma exibição que a imprensa da época não hesita em classificar de "brilhante". O obstáculo parecia, pois, estar ultrapassado com relativa facilidade. O que seria confirmado quando, uma semana depois, os boavisteiros apenas conseguem vencer a Académica por 2-1, levando jornais como "Os

Nacional 1 - AAC 1
27-12-1936
À esquerda, após o pontapé de saída do jogo, integrado nas festas da cidade do Funchal, os capitães de equipa (Cristóvão e Ferdinando de Oliveira) acompanham a esposa do governador civil funchalense, Amélia Goulart de Medeiros. À direita, chegada da Académica à Madeira, na primeira deslocação da equipa à ilha. Como se vê, as condições eram muito diferentes das de hoje...

	JOGADORES UTILIZADOS					
Nº	NOME	JOGOS	J. C.	J. I.	MIN	GOLOS
37	Isabelinha	3	2	1	235	0
38	Rui Cunha	14	14	0	1260	3
43	Cristóvão	13	13	0	1170	0
46	Portugal	17	17	0	1530	0
49	Abreu	2	2	0	180	0
53	Tara	4	4	0	360	0
56	Mário Cunha	13	12	1	1150	6
58	Faustino	17	16	1	1525	0
61	Tibério	15	15	0	1350	0
62	Pimenta	14	13	1	1259	0
63	José Maria Antunes	17	17	0	1530	0
69	Jaime	1	1	0	90	0
71	Matos	1	1	0	90	0
74	Pacheco	16	16	0	1440	1
75	Nini	17	17	0	1530	9
76	Alberto Gomes	13	13	0	1170	7
77	Manuel da Costa	8	8	0	720	2
78	Octaviano	2	2	0	180	1

minatória. Como esta, em consequência, ficava empatada, foi necessário disputar um terceiro jogo. Em Aveiro, a 6 de Junho de 37, a Académica apresenta-se desfalcada de influentes jogadores, como Rui Cunha, e o Boavista, que se sagrara campeão da 2ª Liga, acaba por vencer por 2-0. "A partida deu-nos o triunfo do 'team' que mais afortunadamente se saiu da luta", explicava a revista "Stadium".

Benfica 2 - AAC 1
21-2-1937
À esquerda, Tibério afasta a bola com os punhos, ameaçado pelo benfiquista Valadas. À direita, Rogério de Sousa (encoberto pelo poste) marca o golo da vitória do Benfica. Cristóvão e Tibério nada podem fazer

Sports" a titularem assim as suas crónicas: "A vitória dos portuenses foi escassa demais para anular a diferença do primeiro desafio".

Eis senão quando o Boavista decide protestar esta segunda partida, alegando participação irregular do médio-esquerdo da Académica, Octaviano. Transferido do Sporting das Caldas, no meio de um complicado processo que suscitou dúvidas sobre a data da sua carta de desobrigação, Octaviano já havia feito um jogo pelas "reservas" da Briosa e alinhado na última partida da 1ª Liga, com o Carcavelinhos. Mas os dirigentes federativos não quiseram saber disso para nada e acrescentaram, por sua conta, dois golos aos dois que os boavisteiros tinham marcado no segundo encontro da eliminatória.

1.ª LIGA

CLASSIFICAÇÃO	JOGOS	V	E	D	GOLOS	PTS
1º SL Benfica	14	12	0	2	57 - 13	24
2º CF "Os Belenenses"	14	11	1	2	46 - 17	23
3º Sporting CP	14	9	2	3	54 - 25	20
4º FC Porto	14	6	2	6	31 - 31	14
5º ACADÉMICA	14	5	1	8	24 - 30	11
6º Carcavelinhos FC	14	4	1	9	16 - 35	9
7º VFC Setúbal	14	3	1	10	18 - 45	7
8º Leixões SC	14	2	0	12	19 - 69	4

A origem do F-R-A

Em 1936, ano da criação da Mocidade e da Legião Portuguesa, o Governo de Oliveira Salazar, antigo aluno da Universidade de Coimbra, suspende a representação estudantil na Assembleia Geral e no Senado universitários. No mesmo ano, o decreto-lei 27003 passa a obrigar os funcionários da Universidade – à semelhança do restante funcionalismo público – a "juramento de activo repúdio do comunismo e de todas as ideias subversivas".

"Consumava-se assim – há-de sustentar o historiador Luís Reis Torgal – o processo de ligação da Universidade ao regime". Para cúmulo, a Associação Académica passa a ser governada por uma Comissão Administrativa, nomeada pelo Governo, em detrimento de uma Direcção-Geral eleita pelos estudantes, como acontecia há décadas.

Estas medidas não passam, obviamente, sem protesto. E, no seu decurso, os estudantes de Coimbra hão-de encontrar aliados, porventura inesperados, em colegas brasileiros que estagiam na cidade. Parte do grupo é membro da Frente Republicana Académica, que no Brasil se opõe ao Governo de Getúlio Vargas. E não perde a oportunidade para, integrado numa manifestação contra a política educativa portuguesa, gritar bem alto as iniciais da sua organização: "FRA". A que se segue a lenga-lenga de todos conhecida, que termina com uma saudação crioula: "Alecoá, lecoá, lecoá; chi-ri-bi-tá-tá-tá-tá; chi-ri-bi-tá-tá-tá-tá; hurra, hurra!".

O grito já faz sucesso na Queima das Fitas de 1937. E então na de 38 não há quem não o repita! Ainda por cima, nos festejos está presente Divaldo, archeiro-mor da Tertúlia Académica de São Paulo e que, no ano anterior, integrara o grupo que estagiara em Coimbra.

É Mário Temido quem o recorda, num artigo escrito para a revista "Rua Larga", de Dezembro de 1957: "Quando, no dia 27 de Maio (de 1938), chegámos ao festival (da Queima), encontrámos muitíssimos grupos, grandes e pequenos, de académicos, fitados, grelados e sem insígnias, que por todos os cantos bradava: 'F-R-A, FRÁ!; F-R-E, FRÉ!'". Um ano depois da sua chegada às margens do Mondego, o grito dos republicanos brasileiros fora, definitivamente, adoptado como grito académico de Coimbra.

Se o "FRA" se transformou num símbolo da Academia coimbrã, o mesmo aconteceu com a designação "Briosa". Mas, se o surgimento daquele está perfeitamente datado, outro tanto não acontece com o título atribuído à Associação Académica e que o futebol, talvez mais do que tudo, popularizou.

Certo é que ele já se generalizara durante o chamado "período de ouro" da Universidade de Coimbra (1855 a 1868) – assim chamado porque nela estudam homens como João de Deus, Eça de Queirós, Guerra Junqueiro, Teófilo Braga e Antero de Quental. Uma refrega ocorrida nessa época num teatro da cidade termina com os contendores abraçados, aos gritos de "Viva a Briosa!", conta Antão de Vasconcelos, no livro "Memórias do Mata-Carochas", publicado em 1920.

Ainda antes, mais concretamente a 18 de Abril de 1852, o vice--reitor José Manoel de Lemos utiliza a expressão "briosa Mocidade Académica", num edital em que informa da não existência de aulas, por ocasião de uma visita à Universidade da rainha Dona Maria II. Mais tarde, no volume "Boémia de Coimbra", editado em 1899, Alfredo de Pratt sustenta que "Coimbra pertence e pertencerá sempre, unicamente, aos rapazes da Briosa". É, igualmente, possível encontrar o termo no "célebre" "In illo tempore", de Trindade Coelho, dada à estampa em 1902. A designação adquire tal força que servirá de título a diversas publicações. A primeira data de 1911. Numa outra, publicada a partir de 1949, Octaviano de Sá explica a escolha do nome: "A 'Briosa' individualiza, ou propriamente caracteriza, a Academia de Coimbra. O título tem, por isso mesmo, tradição. Em tantas gerações seguidas, desde tempos imemoriais, se poderá escrever, a Academia de Coimbra era referida unicamente pela Briosa. Viva a Briosa!, expressão aclamatória de qualquer atitude dessa classe ou manifestação de apreço que lhe fosse especialmente dirigida. Andou nas horas triunfais das suas festas de mocidade; animou os momentos vibrantes dos seus protestos; e, sobretudo, foi o grito glorioso de solidariedade entre os estudantes".

No "Grande Dicionário da Língua Portuguesa", coordenado por José Pedro Machado, o substantivo feminino "Briosa" é basicamente referido deste modo: "Designação da Academia de Coimbra e de agrupamento desportivo desta. De brio". E "brio", como o define o autor? Assim: "Pundonor, elevação de alma, sentimento de dignidade pessoal. Galhardia, garbo. Zelo, ciúme da honra, crédito, reputação. Ânimo esforçado. Esforço, valor. Coragem, valentia".

1937·1938

Bons prenúncios

AAC 11 - Naval 1º Maio 0
14-11-1937
De pé: Carminé Nobre (jornalista), Portugal, Isabelinha, Arnaldo Carneiro, Tibério, José Maria Antunes, Cristóvão e Guedes Pinto (treinador); ao meio: Tara; à frente: Manuel da Costa, Peseta, Alberto Gomes, Nini e Octaviano

Desde o fim da época passada que se falava na possibilidade de Cândido de Oliveira treinar a Académica. Não veio Cândido, veio o húngaro Puskas, mas, na época de 1937-1938, as coisas voltaram a correr bem. Ponto mais alto, o Campeonato de Portugal, onde a Briosa chegou às meias-finais, só sendo afastada pelo Benfica, vencedor da 1.ª Liga.

A história, que quase ia tendo um final feliz, começou a ser escrita em 15 de Maio de 1938, quando os estudantes derrotaram o Boavista, em Coimbra, por concludentes 5-2. O 2-1 com que os boavisteiros "prenderam" a Académica, uma semana depois, foi manifestamente insuficiente para impedir a passagem da Briosa aos quartos-de-final. Desta vez, ao contrário do que sucedera no ano anterior, exactamente na mesma fase da competição, não houve "golos fantasmas" que salvassem os axadrezados.

Na eliminatória seguinte, com o Carcavelinhos, as coisas chegaram a estar complicadas. Os estudantes tornaram a vencer o primeiro jogo, mas os lisboetas "desforraram-se" no seu terreno, vencendo exactamente pela mesma diferença. Foi preciso um encontro de desempate, que a Briosa venceu por 2-1, com o tento que decidiu a eliminatória a ser marcado por Portugal, a dois minutos do final do prolongamento.

E surgiu, então, o Benfica. Nova vitória por 2-1, na primeira mão, mas derrota por 4-1, com a consequente eliminação, em Lisboa. Para este segundo jogo, queixando-se de ter sido mal recebido em Santa Cruz, o clube da casa afixou cartazes em vários pontos do Campo das Amoreiras com os seguintes dizeres: "O silêncio à entrada dos nossos adversá-

rios seria a resposta ideal à forma indelicada e anti-
-desportiva como nos receberam em Coimbra". O apelo foi tão ouvido pelo público seguidor da águia como o pedido da Académica, receosa da arbitragem, para que a partida fosse dirigida por um juiz espanhol. Nem um nem outro se concretizou.

No campeonato da 1ª Liga já as coisas não foram tão famosas. Ainda assim, a Briosa foi sexta, com os mesmos pontos do Belenenses.

Com os "azuis" de Lisboa realizou a Académica, aliás, um dos encontros com mais história desta Liga. Efectuou-se ele nas Salésias, a 13 de Março de 1938, com o ministro da Educação, Carneiro Pacheco, como espectador privilegiado, e com o filho do ministro do Interior, Mário Pais de Sousa, a dar o pontapé de saída. O Belenenses ganhou por folgados 5-0, mas a imprensa da época é unânime a reconhecer que o terceiro golo foi obtido em escandaloso fora-de-jogo.

Pior do que isso: de acordo com o jornal "Os Sports", aos 72 minutos, o "azul" Amaro serviu o seu colega Rafael e este, isolado, "entrou em correria para a baliza; Antunes acorre – continua o relato –, derruba-o e Rafael levanta-se e agride Antunes a pontapé, mandando o árbitro aplicar pénalti contra a Associação Académica, que Varela Marques transformou" no quarto golo. Rui Cunha e Faustino é que parece terem perdido definitivamente a paciência com o homem do apito – o senhor Silva Correia, do Porto –, recebendo ambos ordem de expulsão. Uma expulsão que, como a seguir se verá, sairia particularmente cara a Rui.

Nos dois jogos com o Benfica também houve "mosquitos por cordas". A Académica protestou

À ESQUERDA
Benfica 3 - AAC 1
8-5-1938
O benfiquista Xavier, de frente para Tibério, mais parece estar a praticar karaté do que futebol

À DIREITA
FC Porto 5 - AAC 1
23-1-1938
Abreu e o portista Reboredo disputam a bola, no ar. João Teixeira e José Maria Antunes, em terra, procuram perceber o que a coisa vai dar...

JOGADORES UTILIZADOS					
Nº	NOME	JOGOS	J. C.	J. I.	MIN	GOLOS
38	Rui Cunha	3	2	1	254	2
43	Cristóvão	1	1	0	90	0
46	Portugal	21	21	0	1920	4
49	Abreu	2	2	0	180	0
56	Mário Cunha	7	7	0	660	8
58	Faustino	15	14	1	1334	0
61	Tibério	19	19	0	1740	0
63	José Maria Antunes	21	20	1	1895	0
75	Nini	21	21	0	1920	3
76	Alberto Gomes	20	20	0	1830	6
77	Manuel da Costa	18	18	0	1620	5
78	Octaviano	20	19	1	1820	2
79	Arnaldo Carneiro	14	14	0	1290	2
80	Peseta	18	18	0	1650	6
81	Teixeira	13	13	0	1200	0
82	César Machado	12	12	0	1110	0
83	Almeida	1	1	0	90	0
84	Viriato	2	2	0	180	0
85	Vítor	3	3	0	270	1

EM CIMA
Encontro de confraternização entre os grupos de 1928 e de 1938, a 24 de Maio de 38. Atrás: Herculano de Oliveira, Saias, Guerra, José Amaral, Frazão (encoberto), Perry, Gabriel da Fonseca, Armando Sampaio, Mário Monteiro, Faria, Hortênsio, Albano Paulo, Júlio da Fonseca Lourenço ("Fera"), Mário Matos, Paraíso e Seabra; ao meio: Octaviano, Carlos Pimentel, Abreu e Isabelinha; à frente: Tibério, Almeida, Manuel da Costa, Peseta, Portugal (com a filha de Armando Sampaio), César Machado, Nini, Mário Cunha, José Maria Antunes e Rui Cunha

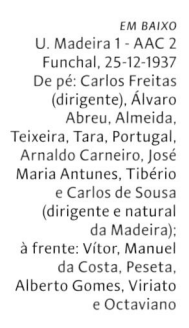

EM BAIXO
U. Madeira 1 - AAC 2 Funchal, 25-12-1937 De pé: Carlos Freitas (dirigente), Álvaro Abreu, Almeida, Teixeira, Tara, Portugal, Arnaldo Carneiro, José Maria Antunes, Tibério e Carlos de Sousa (dirigente e natural da Madeira); à frente: Vítor, Manuel da Costa, Peseta, Alberto Gomes, Viriato e Octaviano

mesmo o jogo da primeira volta, em Coimbra, alegando não apenas que lhe foi mal invalidado um golo, como também que o encontro, ganho pelos lisboetas por 2-1, terminou quatro minutos antes da hora. Não lhe serviu de nada. Em Lisboa, a Briosa também teve um tento anulado e viu o seu atleta José Maria Antunes ser expulso.

A época iniciara-se com uma vitória fácil no campeonato de Coimbra, em que participaram, além da Académica, o União, o Sport, o Nacional, o Atlético e a Naval da Figueira da Foz. A Briosa não só contou por vitórias todos os dez jogos disputados, como alcançou um "score" final de 85-5 em golos.

A seguir a este campeonato, e à semelhança do ano anterior, a Académica desloca-se à Madeira. Desta vez, sem Cristóvão e sem Nini. O primeiro adversário é o União local, em encontro que termina com a vitória dos estudantes, mas que fica marcado por tanta dureza que vários jogadores saem lesionados. Depois, a Briosa efectua três partidas com o Marítimo. Perde a primeira – num jogo em que se apresenta muito desfalcada, devido às lesões ocorridas no encontro anterior –, ganha a segunda e empata no "tira-teimas", que se efectua no mesmo dia em que a equipa embarca para o Continente.

É, ainda, durante esta época que se constitui a primeira equipa de futebol juvenil da Briosa. Bons prenúncios, bons prenúncios...

1.ª LIGA						
CLASSIFICAÇÃO	JOGOS	V	E	D	GOLOS	PTS
1º SL Benfica	14	10	3	1	34 - 16	23
2º FC Porto	14	11	1	2	43 - 22	23
3º Sporting CP	14	10	2	2	67 - 23	22
4º Carcavelinhos FC	14	5	1	8	18 - 36	11
5º CF "Os Belenenses"	14	5	0	9	29 - 28	10
6º ACADÉMICA	14	5	0	9	23 - 37	10
7º FC Barreirense	14	2	4	8	18 - 34	8
8º Académico do Porto	14	2	1	11	15 - 51	5

De antes quebrar que torcer

É DA SUA AUTORIA O GOLO que permite à Académica apurar-se para as meias-finais da última edição do Campeonato de Portugal, após 300 minutos de disputa com o Carcavelinhos. Talvez porque, não sendo um goleador, Alexandre Portugal é daquele tipo de atletas de "antes quebrar que torcer".

É dura a vida da generalidade dos portugueses nos anos 20 do século passado. Alexandre Simão Portugal, nascido a 2 de Agosto de 1913 em Carvalhal Formoso, uma aldeia do concelho beirão de Belmonte, só aos dez anos vê, pela primeira vez, um grupo de miúdos da sua idade a jogar à bola. É durante uma estada em Espinho e Alexandre, como quase todos os "putos", fica fascinado com a coisa.

Um dos seus cinco irmãos não pode, pois, escolher melhor prenda para lhe trazer do Porto que uma bola. O loirito Alexandre não perde tempo: agarra nos amigos e forma uma equipa de futebol.

Ainda estudante liceal, aporta a Coimbra, na companhia dos manos. Mas, nas margens do Mondego, os livros estão longe de ser a sua prioridade. "Vivia com grande paixão os jogos da Académica", confessará o próprio, muitos anos mais tarde, ao jornal "Correio da Manhã". Bem gostaria ele de também estar no campo... Mas não pode. Então, ainda não há equipas juvenis de futebol e Alexandre não tem idade suficiente para jogar nos seniores. Dedica-se ao basquetebol, à espera que os anos passem. Passam depressa. Na época de 1931-1932, Alexandre Portugal está a fazer a sua estreia no primeiro "team" da Académica. Por lá fica durante dez temporadas consecutivas. Na ausência de José Maria Antunes, é ele quem capitaneia a equipa. Não admira que venha a dizer, na já citada entrevista ao "Correio da Manhã": "A Académica faz parte da minha família".

Até pela posição de médio em que alinha, não é propriamente um marcador de golos. Mas um dos 11 que obtém, em provas nacionais, é absolutamente decisivo, já que permite à Briosa apurar-se para as meias-finais do último Campeonato de Portugal, depois de uma disputadíssima eliminatória com o Carcavelinhos. Eliminatória em que, aliás, obtém mais dois tentos. Ambos no encontro da primeira mão, que a Briosa vence por 4-2. E, a seguir, também marca na primeira vitória da Académica sobre o Benfica. Ainda que esta, em função do resultado de Lisboa, venha a revelar-se insuficiente para permitir a chegada à final. Também não é, exactamente, aquilo a que se chama uma "pêra doce". Em campo, como ele sempre reconhecerá, dá mais nas vistas pela genica que põe na disputa de cada lance, do que pela habilidade. "Os jogadores das outras equipas, quando jogavam contra mim, até gritavam: 'Matem esse ruço!'", há-de contar ao "Correio", mais de meio século após o termo da carreira futebolística. Um dia, um dos seus nove filhos, ainda petiz, vai vê-lo jogar. Quando chega a casa, comenta para a progenitora: "Oh mãe, o pai não joga nada! O pai não presta!...". Certo é que, distritais incluídos, faz mais de duas centenas de jogos equipado de preto. Calcula ter recebido um total de 20 contos. O que aumenta a sua má impressão relativamente aos tempos modernos. "O futebol de hoje é uma máquina de fazer dinheiro e os jogadores são marionetas dessa engrenagem, já que mudam de camisola como uma 'vamp' muda de 'toilette', dirá ainda ao "Correio da Manhã", em 1994.

Chuteiras arrumadas, curso do Magistério Primário concluído, parte para Angola, em 1944. Na antiga colónia portuguesa ensina, torna-se pioneiro na criação de lares para estudantes, publica obras de carácter pedagógico. Treina todas as equipas de Sá da Bandeira e funda a Académica de Huíla. João Maló, o grande guarda-redes da Briosa dos anos 60, é um dos seus pupilos. Regressa, voluntariamente, em 1975. Instala-se em Marrazes, nos arredores de Leiria, monta uma pequena carpintaria em casa, faz ninhos para pássaros. Em 1995 edita o livro de poesia "Centelhas da Minha Vida". Sempre que pode, ocupa-se dos nove netos. Está internado no hospital da cidade do Liz quando a morte o vai encontrar, a 5 de Fevereiro de 2002. Tem 88 anos e costumava dizer que na Obra do Padre Américo, onde também leccionara, aprendera que, "de facto, não há rapazes maus". Uma vez deslocara-se a Coimbra – terra a que sempre permaneceu ligado, até por laços familiares –, para participar numas comemorações da conquista da Taça de Portugal de 1939. Sabedores da sua inclinação para os versos, os colegas pediram-lhe que declamasse um poema. Alexandre Portugal escolheu este: "Sempre igual às andorinhas/Nessa vida, a rir, a rir/ – Suas penas, penas minhas/ – O meu destino é partir".

1938·1939
Ensaio positivo

AAC 5 - Sporting 2
18-6-1939
De pé: Faustino, Arnaldo Carneiro, Pimenta, Alberto Gomes, José Maria Antunes, Octaviano, Portugal e António Marques (massagista); à frente: Manuel da Costa, Nini, César Machado e Tibério

Os primeiros dois terços da época revelam que a Académica tem uma equipa capaz dos maiores cometimentos. Não é só a renovação do título distrital. É um tranquilo campeonato da 1ª divisão, onde os estudantes mostram poder importunar os chamados três grandes, dois dos quais não conseguem ganhar em Santa Cruz.

A temporada, que se inicia poucos dias após uma prolongada digressão por África, começa logo da melhor maneira. A Briosa não se limita a conquistar, mais uma vez, o campeonato de Coimbra. Fá-lo facilmente, contando por vitórias todos os seis jogos disputados. E constrói, com frequência, robustas goleadas. É o caso de uns 10-0 com que "brinda" o União, no jogo da segunda volta, em Santa Cruz. E de uns 12-4 ou de uns 14-0, com que "despacha" a Naval 1.º de Maio, da Figueira da Foz.

No segundo destes jogos com os figueirenses, Arnaldo Carneiro marca sete golos e Manuel da Costa seis. Bom contributo para os 52-5 em tentos, com que a Briosa termina a competição! Uma competição onde, para além da Naval e do União, tem o Sport Conimbricense como adversário. Este, curiosamente, perde os dois jogos com a Briosa exactamente pelo mesmo "score": 6-0.

Os bons resultados continuam no campeonato da 1ª divisão, onde a Académica é, além do Barreirense, a única das oito equipas participantes não-filiada nas poderosas associações de futebol de Lisboa e do Porto. Benfica, Sporting, Belenenses e Casa Pia integram a primeira; FC Porto e Académico do Porto pertencem à segunda. Mas os estudantes, agora orientados por Albano Paulo, porque Puskas partira entretanto para África, realizam uma prova tranquila, que culmina na obtenção de um muito razoável quinto lugar.

E, no entanto, as coisas não começam do melhor modo. O guarda-redes Cipriano – que se estreia pela Académica na 1.ª divisão – lesiona-se gravemente, logo aos cinco minutos do encontro da primeira jornada, com o Benfica, em Lisboa. Uma "entrada" do benfiquista Brito, no lance de que resultará o primeiro dos quatro golos das "águias", não o obriga apenas a abandonar extemporaneamente o rectângulo de jogo, com a clavícula direita fracturada. Afasta-o, por largo tempo, da prática do futebol. Quando, finalmente, regressa aos treinos, comprova que um azar nunca vem só: magoa-se novamente e é obrigado a encerrar a carreira de futebolista.

Dedicar-se-á, depois, ao hóquei em patins. E aí, sim, encontrará a felicidade que não tivera no futebol. Já longe de Coimbra, mas sempre na posição de guarda-redes, chegará a campeão do mundo em 1947. Logo na primeira vez em que Portugal arrecada o ambicionado ceptro.

Na baliza da Académica, Cipriano é substituído por Tibério Antunes, que se impõe face a Vasco e a Abreu, os restantes guarda-redes da equipa. Curiosamente, Abreu está em fim de carreira, levando já oito épocas ao serviço da Briosa. Vasco – António

JOGADORES UTILIZADOS					
Nº	NOME	JOGOS	J. C.	J. I.	MIN	GOLOS
46	Portugal	21	21	0	1890	0
49	Abreu	1	1	0	90	0
58	Faustino	21	20	1	1850	0
61	Tibério	17	17	0	1530	0
62	Pimenta	18	18	0	1620	6
63	José Maria Antunes	21	21	0	1890	0
75	Nini	19	19	0	1710	4
76	Alberto Gomes	21	21	0	1890	10
77	Manuel da Costa	21	21	0	1890	10
78	Octaviano	21	21	0	1890	0
79	Arnaldo Carneiro	21	21	0	1890	20
80	Peseta	1	1	0	90	0
82	César Machado	21	20	1	1855	0
83	Almeida	3	3	0	270	0
86	Cipriano	1	0	1	8	0
87	Pires	1	1	0	90	1
88	Vasco	2	2	0	180	0

À ESQUERDA, EM CIMA
A equipa da Académica que se desloca a África em 1938. De pé: Puskas, José Maria Antunes, Alberto Cunha, Octaviano, Teixeira, Manuel da Costa, Arnaldo Carneiro, Cipriano, Alberto Gomes e César Machado; à frente: António Santos, Peseta, Tibério, Nini, Nelo e Almeida

À ESQUERDA, EM BAIXO
AAC 5 - Sporting 2
18-6-1939
A caminho da final da Taça. Tibério, apoiado por José Maria Antunes, antecipa-se a Peyroteo. O guarda-redes é a imagem da determinação da Briosa

À DIREITA
Do futebol para o hóquei: sempre guarda-redes. Cipriano dos Santos, caricaturado por Almira Medina, pouco antes de se sagrar, pela primeira vez, campeão mundial

EM CIMA
AAC 4 - Benfica 3
25-6-1939
César Machado, José Maria Antunes e Portugal, a disputar a bola com Valadas, personificam a superioridade da Académica nas Salésias

EM BAIXO
João Teixeira durante a histórica viagem a África com que começa a época. Parece uma ironia: numa digressão que implicou longas semanas de barco, o jogador posa aqui diante de uma avioneta

NA PÁGINA DA DIREITA
Ao centro, a taça que a Académica ganhou em África, e que se encontra no Museu Académico, em Coimbra

Martins Ferreira, de seu nome – é uma aquisição recente. Mas a derrota com o Benfica vai repetir-se em praticamente todos os encontros disputados fora de Coimbra. Na condição de visitante, a Briosa triunfa uma única vez – no terreno do Casa Pia, na última jornada da primeira volta.

Só que outro "galo" canta quando as partidas se realizam em Santa Cruz. Em sua casa, a Académica perde um único desafio. É com o FC Porto, que acabará por se sagrar campeão nacional. E apenas por 2-1. No início da segunda volta, o Benfica não consegue melhor que um empate a três bolas. E o Sporting, que visita a Briosa logo a seguir, também tem de regressar a Lisboa com uma igualdade a dois golos.

Na derradeira jornada, a Académica recebe o Casa Pia. O equipamento tradicional dos casapianos é tão negro como o da Briosa. Mandam os regulamentos que seja a equipa que joga em casa a mudar. É o que acontece. Pela primeira vez, em jogos oficiais, os estudantes não se apresentam em campo integralmente vestidos de preto. Só os calções e as meias são desta cor. A camisola é branca. Mas nem isso obsta a mais uma vitória da Académica em Santa Cruz. E gorda: 4-0, com Arnaldo Carneiro, que terminará a prova com um total de 14 golos, a marcar três dos tentos.

O campeonato da 1ª divisão acaba, pois, em beleza. Mas o melhor da época ainda está para vir. Três semanas depois, inicia-se a disputa de uma nova competição: a Taça de Portugal. E Arnaldo Carneiro, já se viu, está com a pontaria afinada...

NACIONAL DA 1ª DIVISÃO						
CLASSIFICAÇÃO	JOGOS	V	E	D	GOLOS	PTS
1º FC Porto	14	10	3	1	57 - 20	23
2º Sporting CP	14	10	2	2	44 - 17	22
3º SL Benfica	14	9	3	2	44 - 24	21
4º CF "Os Belenenses"	14	6	1	7	38 - 29	13
5º ACADÉMICA	14	4	3	7	27 - 39	11
6º FC Barreirense	14	4	2	8	21 - 27	10
7º Académico do Porto	14	5	0	9	30 - 61	10
8º Casa Pia AC	14	1	0	13	12 - 56	2

Uma viagem histórica a África

A Académica "embala" para a histórica época de 1938-1939 com uma não menos histórica digressão a África – a primeira de uma equipa portuguesa a este continente. Uma digressão feita de barco e que se prolonga por quase quatro meses, durante os quais a Briosa realiza uma dúzia de jogos. Em Angola, estudantes e selecção de Luanda travam-se de razões pela posse de uma taça que acaba em Coimbra.

É a mais longa deslocação de sempre de uma equipa portuguesa. Dura 15 semanas e é integralmente feita a bordo das carreiras marítimas que então ligam Lisboa a Angola e a Moçambique. A partida verifica-se a 23 de Julho de 1938, no "Niassa", após uma viagem de camioneta, de madrugada, entre Coimbra e a Rocha do Conde de Óbidos. Lidera a comitiva o próprio presidente da Comissão Administrativa da Associação Académica, José Guilherme de Melo e Castro. Acompanha-o um outro dirigente estudantil: Joaquim Duarte de Oliveira. E também segue viagem Branquinho de Carvalho, redactor de "A Voz Desportiva".

Atletas são 15: Tibério, Cipriano, José Maria Antunes, César Machado, Teixeira, Octaviano, Arnaldo Carneiro, Almeida, Alberto Cunha, Manuel da Costa, Peseta, Alberto Gomes, Nini, António Santos e Nelo. Estes dois últimos nunca jogaram na Académica. O primeiro é do FC Porto. O segundo é do Fafe. Mas ambos são estudantes. Mais tarde, juntar-se-lhes-á Faustino, que não pode embarcar a 23 de Julho devido a afazeres militares. O treinador ainda é o húngaro Puskas.

Os primeiros jogos são em Angola, onde está de visita o marechal Carmona, então Presidente da República, e onde se realiza a Exposição-Feira de Luanda. Corre o dia 6 de Agosto e os estudantes queixam-se de uma certa frieza na recepção. Durante três semanas, dizem, só são obsequiados com um baile, oferecido pelo Ferroviário. Na tarde de 18 de Agosto, a Briosa entra em campo pela primeira vez. Está em disputa uma taça com o nome de "General Carmona" e a Briosa vence o jogo inaugural: 2-0 sobre a selecção de Huíla.

No segundo encontro é que o "caldo" se "entorna". Jogam Académica e selecção de Luanda, com o ex-atleta da Briosa, Bernardo Pimenta, a recusar-se a alinhar por esta última. Desde o início que os estudantes se queixam de parcialidade por parte do árbitro, por sinal o treinador do seleccionado luandense. Às tantas, Luanda faz 2-1. Protestam veementemente os coimbrãos, alegando que o marcador se encontra fora-de-jogo. Em resposta, o juiz abandona o campo. A Briosa propõe um nome alternativo. Os angolanos não aceitam. Sugerem outro. É a vez de a Académica recusar. Com tudo isto, a luz do dia vai desaparecendo e a polícia entra em acção para mandar os jogadores para o balneário.

Uma vez que não se esgotam os 60 minutos que o regulamento estipula para a duração de cada jogo, é marcado segundo encontro. Mas Luanda não comparece. Como a Académica batera, entretanto, a selecção de Benguela por 3-1, a taça é atribuída aos estudantes. Estes, antes de deixarem Luanda, envoltos numa acesa polémica, ainda defrontam a selecção de Angola, com quem perdem por 4-3.

Em Moçambique, segunda escala de uma viagem agora realizada a bordo do "Colonial", as coisas correm melhor. A Briosa, conforme recordará, anos mais tarde, a revista "Rua Larga", é alvo de uma recepção extraordinária, que começa logo no cais de Lourenço Marques, com "uma multidão entusiástica a aclamar Coimbra e a Associação Académica".

Os estudantes começam por vencer o Desportivo local por 5-2 e a selecção de Durban, da África do Sul, por 2-1. Depois, perdem por 3-2 com o Sporting de Lourenço Marques. No jogo seguinte, com o Ferroviário, o melhor que a Briosa consegue é um empate a zero.

De Moçambique à África do Sul é um pulinho. Mas aqui é que as coisas correm verdadeiramente mal do ponto de vista desportivo. A Académica perde os dois jogos que disputa: por 3-1 em Pretória, com a selecção do Transval do Norte, e por 3-2, em Joanesburgo, com o seleccionado do Transval do Sul.

No regresso a Moçambique, nova derrota: 2-3 com uma selecção local. Mas, então, são já os preparativos da viagem de retorno, efectuada a bordo do "Quanza", que concentram as atenções dos estudantes. Embora estes, no caminho para Lisboa, ainda atraquem no Lobito, onde vencem o Lusitano da cidade angolana por 6-0. A maior vitória de uma digressão que termina, no princípio de Novembro, com o regresso de Bernardo Pimenta a Coimbra. E que será perpetuada com uma lápide, descerrada meio século depois, no Campo de Santa Cruz.

A TAÇA É NOSSA!

...E à noite, por tôda a Lisboa e Coimbra a quadra repetia-se:

**São horas de emmalar a trouxa
Boa noite, tia Maria.
Que a Briosa ganhava a Taça,
Obrigado! Já cá se sabia!**

A ÉPOCA DE 1938-1939 É, NATURALMENTE, marcada por aquela que é a maior conquista desportiva da Académica: a primeira Taça de Portugal, competição que, nesse mesmo ano, substituíra o Campeonato de Portugal. Feito tanto maior quanto foi alcançado, não apenas de forma inteiramente justa, como foi reconhecido por toda a gente que assistiu à final, como na sequência de uma série de extraordinárias exibições, que fizeram cair por terra todos os adversários que surgiram no caminho da Briosa.

O primeiro a ter essa desdita foi o Covilhã, derrotado nos dois jogos dos oitavos-de-final: por 5-1 em Coimbra e por 3-2 em sua casa. Seguiu-se o Académico do Porto e, com a sua eliminação, a certeza de que a Académica tinha uma equipa fadada para os mais altos voos. É que, aos 20 minutos do encontro da primeira mão, em Santa Cruz, os portuenses ganhavam por 3-0. Mas a Académica encetou uma recuperação sensacional, que lhe permitiu ir para o descanso já na posição de vencedora. E, no segundo tempo, marcou mais um golo sem resposta, terminando a partida com o resultado de 5-3. A vitória na segunda mão, por 2-1, apenas confirmou que os estudantes estavam na Taça para o que desse e viesse.

O Sporting seria a "vítima" seguinte. Ainda começou por ganhar, e logo por 2-0, o jogo da primeira mão, em Lisboa. Diferença que elevou para três golos, quando se adiantou no marcador na segunda partida, em Santa Cruz. Mas a Académica estava imparável e, ao intervalo, já vencia por 3-1. Na segunda parte, os sportinguistas ainda reduziram para 3-2. Mas quando soou o apito final, o placard assinalava 5 para a Académica, 2 para o Sporting. Destaque maior para Manuel da Costa, que apontou nada menos do que três tentos.

E assim se chegou ao dia da grande final – 25 de Junho de 1939. Mais de 30 mil pessoas lotavam as Salésias, em Lisboa, onde a Académica, treinada por Albano Paulo, se apresentou assim: Tibério; José Maria Antunes e César Machado; Portugal, Faustino e Octaviano; Manuel da Costa, Alberto Gomes, Arnaldo Carneiro, Nini e Pimenta.

Do outro lado estava o Benfica, chegado ao derradeiro jogo depois de eliminar o FC Porto. Os portistas tinham ganho o primeiro encontro, em casa, por 6-1. Mas os encarnados, surpreendentemente, recuperaram dessa desvantagem na segunda partida, vencendo por 6-0. Com os seis golos marcados até aos 75 minutos, altura em que os jogadores do Porto abandonaram o campo, em protesto contra o árbitro – António Palhinhas, o mesmo que apitaria a final.

JOGADORES ENTRAM DESCONTRAÍDOS

Nervosos, os jogadores coimbrãos que alinharam nas Salésias? José Maria Antunes, que capitaneou a equipa, sempre garantiu que não. Numa entrevista ao jornal "Os Sports", conta mesmo que, antes de entrarem em campo, os atletas simularam uma condecoração ao massagista Marques, alegando que as medalhas a serem atribuídas no campo aos finalistas só chegavam para os 11 jogadores de cada lado.

AAC 4 - Benfica 3
25-6-1939
A mais importante vitória da Académica, traduzida na conquista da primeira edição da Taça de Portugal.
À esquerda, em cima, as equipas finalistas, perfiladas e fazendo a obrigatória saudação de braço estendido, antes do jogo.
À esquerda, em baixo, ainda antes do início da partida, o ministro da Educação, Carneiro Pacheco, procede à habitual entrega de medalhas aos jogadores.
À direita, em cima, a turma vencedora. De pé: Faustino, Abreu (não utilizado), Tibério, José Maria Antunes, Peseta (não utilizado), Octaviano, Portugal, Albano Paulo (treinador), César Machado e António Marques (massagista); à frente: Manuel da Costa, Alberto Gomes, Arnaldo Carneiro, Nini e Pimenta.
À direita, em baixo, o massagista António Marques e os 11 atletas da Académica, de capa e batina, num momento de grande compenetração.
Na página anterior, caricatura publicada em "A Voz Desportiva" no dia seguinte ao jogo

AAC 4 - Benfica 3
25-6-1939
Em cima, o campo das Salésias cheio que nem um ovo. Ao fundo, o placard, no centro do qual é bem visível o emblema do Belenenses, ainda regista uma igualdade a zero. À esquerda, luta árdua pela posse da bola foi coisa que não faltou no jogo. À direita, a partida vista três dias depois, pelo prestigiado caricaturista da época, Botelho, no "Sempre Fixe"

Mesmo quando o Benfica, decorridos apenas oito minutos, fez 1-0, a confiança dos estudantes manteve-se inabalável. "Aquele tento 'pesou', mas não 'matou'. Em nenhum de nós se estabelecera o pensamento da derrota", confidenciaria Faustino, numa outra entrevista.

A verdade é que, aos 36 minutos, Pimenta empatou. E, logo no primeiro minuto após o reatamento, Alberto Gomes colocou a Académica em vantagem pela primeira vez. No instante seguinte, os benfiquistas ainda lograram igualar o jogo novamente. Mas, aos 52 minutos, Arnaldo Carneiro voltava a colocar a Briosa no comando do marcador. E, apenas um minuto depois, o mesmo Arnaldo Carneiro "matava" o jogo. O Benfica ainda reduziu para 4-3, a mais de um quarto de hora do fim, mas foi à Briosa que o ministro da Educação, Carneiro Pacheco, teve de entregar a primeira Taça de Portugal. "Quando o marcador, pela primeira vez, assinalou vantagem nossa, já eu, e todos nós, estávamos certos de ganhar. Há pressentimentos que são forças ocultas, que nada consegue destruir", diria Faustino à "Stadium".

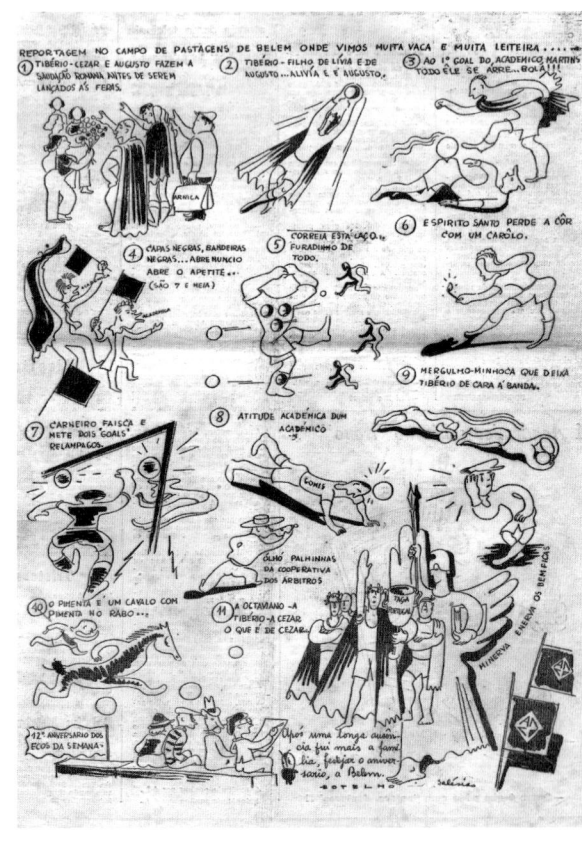

No termo do jogo ninguém questionava a justiça da vitória da Académica. "O resultado final traduz a superioridade dos estudantes sobre os benfiquistas", recordaria o "Diário de Notícias", numa separata editada meio século após o encontro.

As opiniões só se dividiram quanto aos nomes dos melhores jogadores da Briosa. O mesmo "Diário de Notícias" falava em "tarde sensacional" de Faustino. A este, a "Stadium" acrescentava Gomes e Tibério. "Os Sports" salientavam Arnaldo Carneiro. Por último, "A Voz Desportiva", de Coimbra, sustentava: "Nos gloriosos vencedores, seria injustiça destacar qualquer elemento, tanta foi a vontade de todos em honrar a sua camisola negra e o bom nome desportivo da cidade".

"É TEMPO DE EMALAR A TROUXA"

A vitória da Académica na primeira Taça de Portugal provocou, como é óbvio, uma euforia indescritível. Não apenas entre os seus atletas, dirigentes e adeptos; não só em Coimbra, mas entre boa parte da comunidade desportiva e um pouco por todo o lado. Afinal, tratava-se da vitória da maior Associação Académica do país sobre o todo-poderoso Benfica, por sinal presidido por um velho atleta da Briosa, Ribeiro da Costa, que tinha como colega de presidência da Assembleia Geral um outro antigo "capitão" dos estudantes: Augusto da Fonseca, o "Passarinho"!

Os festejos iniciaram-se mal o jogo terminou, passava das oito da noite, nas próprias Salésias. De Coimbra tinham viajado milhares de pessoas, e muitos lisboetas, sobretudo estudantes, associa-

AAC 4 - Benfica 3
25-6-1939
À esquerda, Tibério segura a bola, ante o olhar do benfiquista Albino e do árbitro António Palhinhas.
À direita, Martins, guarda-redes do Benfica, soca o esférico, anulando mais uma jogada de ataque da Académica.
Em baixo, panorâmica geral do campo das Salésias e zona envolvente

AAC 4 - Benfica 3
25-6-1939
À esquerda, em cima, Tibério, apoiado pelos colegas José Maria Antunes, Faustino e Portugal, é senhor da situação, apesar de pressionado pelo benfiquista Espírito Santo.
À esquerda, em baixo, Octaviano, comovido, abraçado a um adepto, após o jogo.
À direita, em cima, o guarda-redes da Briosa desfaz uma ofensiva encarnada.
À direita, em baixo, a Taça em exposição, bem ao centro de uma série de troféus

ram-se-lhes no apoio à Académica, cujos atletas contavam, ainda, com a presença estimulante, nas bancadas, de antigos colegas como Armando Sampaio, Rui Cunha e Isabelinha. "Não tenho vergonha de dizer que não assisti à final com aquela calma que a minha longa prática desportiva aconselhava. Esqueci-me de que era desportista para ser apenas 'académico'. Vi o jogo só para um lado. Não dei pelos 'vermelhos' e, segundo a crítica, estiveram lá e foram uns gloriosos vencidos", escreveria Sampaio no jornal "A Voz Desportiva".

As comemorações estender-se-iam, depois, à Baixa de Lisboa. "Pelos cafés, pelos clubes e pelas ruas largas passou a multidão dos 'fans' da Académica, arrastando na sua vivacidade doida os mais indiferentes e até os mais doídos", contou o repórter da revista "Stadium", não hesitando em classificar a "imensa falange de apoiantes da Briosa como a "mais aguerrida, a mais junta, a mais entusiástica de Portugal". Aí nasceu a famosa cantilena: "São horas de emalar a trouxa / Boa noite, oh tia Maria / Que a malta ganhava a Taça / Já toda a gente sabia".

"SE FOSSE POETA, FARIA UM SONETO"

Foi nas ruas e nos cafés de Lisboa, aliás, que o repórter da "Stadium" recolheu as emocionadas opiniões de alguns jogadores da Académica. A de outros foi no hotel lisboeta onde pernoitaram. Registem-se: "Estou contentíssimo. Certamente, todos agora estão convencidos de que a Académica joga. Bons adversários. Esplêndida assistência. É uma grande vitória" (Manuel da Costa); "Esta vitória é, para mim, uma satisfação imensa. Pouco mais tempo jogarei, já estou nos 26, e de facto este foi um belo fecho de ouro" (Pimenta); "O Benfica perdeu bem. Nós vencemos melhor. De há muito eu esperava esta final." (Arnaldo Carneiro); "Tive uma sensação que nunca esquecerei. Se fosse poeta, faria um soneto, só da satisfação que senti" (Octaviano); "O sentimento de vitória vive-se, não se explica. As palavras são pobres em demasia para poder dizer alguma coisa do que sinto" (Tibério); "Deve ser difícil ter, na minha vida, um momento mais emocionante" (Alberto Gomes); "Foi uma alegria tamanha que mesmo agora ainda estou tonto" (César Machado); "Contente. Muito contente. Muitíssimo contente" (José Maria Antunes); "Que lhe hei-de dizer, se eu senti tudo o que de mais belo se pode viver?" (Faustino); "Ganhámos, eis tudo. E de modo algum poderia ter sido de outro modo, porque nós trazíamos a certeza de ganhar" (Portugal).

A festa continuou, é claro, durante a viagem de regresso a Coimbra, realizada na segunda-feira, dia em que o reitor Maximino Correia decretou feriado na Universidade. Em Leiria, Pombal e Condeixa, a comitiva académica foi mesmo obrigada a parar, sendo alvo de recepções nas câmaras municipais daquelas duas últimas localidades. E a última etapa da caminhada foi realizada, praticamente, em cortejo ininterrupto, tal a quantidade de automóveis que acompanhou a equipa nos derradeiros quilómetros.

Já na cidade, foi o delírio total. "Nunca se vira uma multidão como a que aguardava os jogadores no Largo Miguel Bombarda (o Largo da Portagem). Dificilmente o cortejo pôde encaminhar-se para a rua Ferreira Borges. Os 'vivas' à Académica e à cidade de Coimbra não cessavam", contava "A Voz Desportiva".

Tudo terminou, já noite bem alta, na sede da Associação Académica, depois de uma primeira paragem, com direito a sessão solene, na Câmara Municipal. Tudo, é uma maneira de dizer. Porque, na realidade, os festejos prolongaram-se pelos dias seguintes. Em Coimbra, onde a Taça só seria entregue duas semanas depois, e em muitas localidades do distrito.

AAC 4 - Benfica 3
25-6-1939
Em cima, milhares de académicos "invadem" as ruas de Coimbra, celebrando a conquista da primeira Taça de Portugal.
Em baixo, a festa no campo, já a Taça "cá cantava". Da esquerda para a direita: Nini, Portugal, Faustino, José Maria Antunes, Albano Paulo, Manuel da Costa, Abreu, Pimenta e César Machado

1939·1940
O regresso (fugaz) de Rui Cunha

Sport 0 - AAC 10
22-10-1939
Nini, Octaviano, César Machado, Faustino, Alberto Gomes, Pimenta, Abreu, Curado, José Maria Antunes, Mário Reis e Manuel da Costa

NA ÉPOCA DE 1939-1940, a da despedida de Rui Cunha, a Académica não conseguiu repetir a extraordinária campanha do ano anterior na Taça de Portugal. Pelo contrário: foi afastada logo na primeira eliminatória, e pelo Boavista, que então nem sequer disputava o campeonato da 1ª divisão.

As coisas nem começaram mal para os estudantes, que na primeira mão, em Coimbra, venceram por concludentes 5-1. De todo o modo, a acreditar no que então escreveram "Os Sports", logo aí realizaram um jogo "pouco convincente". Nada, no entanto, que fizesse perder a esperança na passagem à eliminatória seguinte.

Puro engano! Na segunda mão, o Boavista derrotou a Académica por uns ainda mais esclarecedores 5-0.

É certo que quatro dos golos dos boavisteiros foram marcados na segunda parte. Como certo será que o último desses tentos resultou de um pontapé que entrou por um buraco lateral da baliza à guarda de Acácio. "A Voz Desportiva", aliás, não poupa o árbitro lisboeta António Rodrigues Santos, acusando-o de, além de ter validado o golo resultante do tal pontapé, ter "cortado" todas as saídas perigosas dos académicos para o contra-ataque, assinalando sucessivos foras-de-jogo.

Mas o que não é menos verdade é que, ao consentir tamanha reviravolta, a Briosa ficou impedida, desde muito cedo, de defender a Taça brilhantemente conquistada no ano anterior. Curiosamente, o troféu acabaria por ir parar à mão do finalista vencido de 39: o Benfica.

A época começara com a habitual conquista do campeonato de Coimbra. Desta vez, porém, com mais dificuldade do que o costume. A Académica terminou mesmo a prova em igualdade pontual com o União, tendo perdido um dos jogos efectuados com os unionistas – curiosamente, o de Santa Cruz – por 2-0. Valeu-lhe o facto de, na segunda volta, ter triunfado por 4-0. Num jogo que era absolutamente decisivo: uma jornada do fim da prova, qualquer ponto perdido significava "a morte do artista" e a entrega, ao União, da representação de Coimbra na 1.ª divisão. Na derradeira jornada, a Académica ainda goleou a Naval por 16-0 (!).

No campeonato da 1.ª divisão, a produção seria mais proveitosa do que na Taça de Portugal. Ainda que tenha "baixado", novamente, à sexta posição, a Académica teve, desta vez, de confrontar-se com nove equipas – e não com as sete que eram habituais. A questão é que o FC Porto, campeão nacional no ano anterior, desta vez nem o apuramento na fase distrital tinha conseguido, ultrapassado que fora pelo Académico e pelo Leixões. A solução foi "repescar" os "azuis e brancos", através de um alargamento de que beneficiou, igualmente, a Associação de Setúbal, que pôde inscrever mais um representante.

Alheia a isto, a Académica obteria algumas vitórias particularmente significativas. Foi o caso, sobretudo, do triunfo por 5-4 sobre o Benfica, no encontro da segunda volta, em Santa Cruz. Assim se comprovava, se dúvidas ainda houvesse, que o triunfo do ano anterior nas Salésias não surgira por acaso.

De toda a maneira, o maior realce da participação da Académica no campeonato de 39-40 tem de ir para o regresso episódico de Rui Cunha à equipa,

À ESQUERDA
O aproximar do final da carreira parece não diminuir as faculdades de Tibério

À DIREITA
AAC 2 - Carcavelinhos 2
7-4-1940
O académico Joaquim João parece interrogar-se sobre o que procurará Rosa, guarda-redes do Carcavelinhos

JOGADORES UTILIZADOS						
Nº	NOME	JOGOS	J. C.	J. I.	MIN	GOLOS
38	Rui Cunha	4	4	0	360	6
46	Portugal	20	20	0	1800	0
58	Faustino	18	17	1	1613	0
61	Tibério	9	9	0	810	0
62	Pimenta	15	15	0	1350	2
63	José Maria Antunes	16	16	0	1440	0
75	Nini	17	17	0	1530	5
76	Alberto Gomes	20	20	0	1800	9
77	Manuel da Costa	20	19	1	1795	7
78	Octaviano	20	20	0	1800	0
80	Peseta	12	12	0	1080	7
81	Teixeira	3	3	0	270	0
82	César Machado	8	8	0	720	0
89	Acácio	11	11	0	990	0
90	Bentes	1	1	0	90	0
91	Joaquim João	17	17	0	1530	10
92	Lomba	5	5	0	450	0
93	Renato	2	2	0	180	0
94	Falcão	2	2	0	180	0

À ESQUERDA, EM CIMA
Caricatura de Joaquim João incluída no livro de curso. O atleta foi, nesta época, o melhor marcador da Académica

À ESQUERDA, EM BAIXO
AAC 2 - Belenenses 2
3-3-1940
Portugal disputa afincadamente a posse de bola com o belenense Rafael

À DIREITA
Belenenses 5 - AAC 4
31-12-1939
Desta vez, Joaquim João não consegue marcar. Salvador, guarda-redes do Belenenses, defende o seu remate. O jogo, realizado nas Amoreiras, integra-se num torneio de Natal, onde a Académica volta a bater o Benfica, seis meses depois de o ter derrotado na final da Taça de Portugal

cumpridos que estavam os dois anos de suspensão com que fora punido, e esquecida a promessa de não mais voltar a calçar as chuteiras. Rui alinhou em quatro das nove partidas efectuadas em Coimbra. Curiosamente, a Académica não perdeu nenhuma delas. E só num desses jogos, Rui – que uma vez marcara 12 golos ao Santa Clara! – não atingiu com êxito a baliza adversária.

No seu último encontro (desta vez é que foi mesmo...), marcou três tentos ao Barreirense. No dia do reaparecimento, com o Académico do Porto, "o público, de pé e louco de alegria, aplaudiu-o em delírio. E eu, em silêncio, a um cantinho das bancadas, retive a custo uma lágrima que teimava em aparecer", conta Armando Sampaio, no seu já muito citado "Football para o Serão".

Rui só surgiu para a disputa do campeonato nacional. Depois, já não acompanhou Alberto Gomes e Nini nas chamadas à selecção nacional. Mas, com a participação no campeonato da 1.ª divisão, pôde, enfim, despedir-se com dignidade do futebol. Ele, Rui Cunha, que sempre rejeitou uma festa de homenagem. Que nunca escondeu a sua tristeza por não lhe terem oferecido a camisola que costumava utilizar. Que chegou a tirar as talas de um braço fracturado para poder alinhar pela Académica. E que disse, um dia: "Felizes foram todas as tardes em que joguei vestindo aquela camisola negra que me domava o corpo. Símbolo de lealdade e de fraternidade!".

NACIONAL DA 1ª DIVISÃO						
CLASSIFICAÇÃO	JOGOS	V	E	D	GOLOS	PTS
1º FC Porto	18	17	0	1	76 - 21	34
2º Sporting CP	18	15	2	1	87 - 23	32
3º CF "Os Belenenses"	18	11	3	4	58 - 21	25
4º SL Benfica	18	11	1	6	58 - 34	23
5º FC Barreirense	18	8	3	7	27 - 39	19
6º ACADÉMICA	18	7	3	8	42 - 54	17
7º Carcavelinhos FC	18	4	2	12	26 - 49	10
8º Académico do Porto	18	3	2	13	24 - 53	8
9º Leixões SC	18	1	5	12	26 - 70	7
10º VFC Setúbal	18	1	3	14	7 - 67	5

"A internacionalização não me encantava"

Rui Cunha, por muitos considerado o melhor avançado-centro português do seu tempo, acaba por arrumar as botas sem nunca ter jogado pela selecção nacional. A verdade é que o objectivo de vestir a camisola da chamada "equipa de todos nós" também não era das coisas que mais o fascinava. "A perspectiva de me internacionalizar agradava-me, mas não me encantava", confessara, a 1 de Abril de 1936, ao jornalista Lança Moreira, numa "célebre" entrevista para a "Stadium":

"– O Rui esteve várias vezes prestes a internacionalizar-se.

– Sim, estive quase e foi esse quase que faltou. Como, se continuasse a jogar, faltaria toda a vida, a menos que eu me mudasse para Lisboa ou Porto. Fixe bem este pormenor essencial: a perspectiva de me internacionalizar agradava-me, mas não me encantava. Nem mesmo teria continuado a comparecer aos treinos da selecção nacional, se não fosse o facto de os meus colegas me dizerem que devia aparecer, para ao menos dar uma satisfação à Academia e a Coimbra. E por isso fazia a viagem, sem convicção.

– ?

– Eu não podia ser seleccionado. Concordo plenamente, seria indecoroso negá-lo, que os nomes indicados para o meu lugar são dificilmente substituíveis. Mas perder o meu tempo, que tão precioso é, deixar de estudar, incomodar-me, para no fim nem lograr ser suplente, isso não. Demais, não sendo de ontem nem de hoje, há umas poucas de épocas que vivia neste fadário. E, lamentando não poder continuar a dar satisfação a Coimbra e à Academia, resolvi empregar o meu tempo e deixar-me de experiências, que até me ridicularizavam. Pois se eu não gosto de futebol...

– Abandonou então a esperança de um dia ser seleccionado.

– Só por Coimbra, como normalmente. Pela equipa nacional só muito vagamente tive essa esperança – como V. diz –, mas feneceu. O Rui Cunha à experiência acabou. Tinham tempo de sobra para saberem o que valho.

– Depois da Académica, qual o grupo da sua simpatia?

– Depois da Associação Académica, a Académica de Coimbra.

Rui Cunha, que em Novembro de 37 se formou em Medicina com 16 valores, fizera menção de deixar de jogar no ano seguinte. O seu último jogo, tudo o indica, teria sido o Belenenses-Académica de 13 de Março de 1938, em que deu um murro ao árbitro portuense Silva Correia, depois de este o ter mandado "bardamerda". Consequência: foi suspenso por dois anos, o que o levou a anunciar a decisão de arrumar as chuteiras. Não a cumpriu imediatamente, mas a pena ninguém lha tirou.

Rui Cunha nasceu em Ovar, a 30 de Agosto de 1912, tendo-se iniciado na prática do futebol num clube da terra, o Aliança Foot-Ball Club, com apenas 12 anos. O liceu levou-o a Aveiro e foi a partir da cidade da ria que chegou a Coimbra, ainda para concluir o secundário. Vestiu a camisola negra durante nove épocas, ao longo das quais foi sempre titular. Armando Sampaio, no seu "Football para o Serão", conta como foi a chegada de Rui às margens do Mondego: "Em 1928, a Associação Académica debatia-se com a falta de um avançado-centro. João Lopes cessara no Verão e abandonara Coimbra, deixando-nos em sérias dificuldades. Eis que o Amílcar Amador um dia me diz: 'Está no liceu de Aveiro um gaiato de Ovar que é formidável'. 'Pois que venha à experiência', respondi. Uma tarde, aparece-me em Coimbra o miúdo, pálido e imberbe, sem o menor aspecto de futebolista. O Guerra, sempre brincalhão, perguntou-lhe, ao vê-lo, em ar de troça: 'Como se chama o cavalheiro?'. 'Salviano Rui de Carvalho e Cunha', respondeu ele, acanhado e tímido. Pensei para mim: com esta cara, este físico e este nome, não deve dar uma para a caixa. Como me enganei. Ao experimentá-lo, horas depois, tive o prazer de apreciar a mais extraordinária revelação do futebol português".

Vencidas as resistências do pai à transferência, Rui estreou-se na equipa principal da Académica com apenas 16 anos. E, logo no ano seguinte, tornava-se o primeiro jogador da Briosa a ser convocado para a selecção nacional. Certamente para mal da equipa – que a 30 de Novembro, no Porto, perdeu por 1-0 com a Espanha –, não chegou a jogar. Tal como aconteceu noutras ocasiões em que foi seleccionado, nomeadamente em 1934, para um outro jogo entre portugueses e espanhóis, que estes venceram por 9-0.

Carminé Nobre tem uma explicação para isso. No seu livro "Coimbra de capa e batina", depois de apresentar Rui como "um exemplo flagrante de dedicação" à Académica, recorda que ele recusou todas as propostas de ingresso noutros clubes, sustentando que os convites, "além de serem financeiramente rendosos, dar-lhe-iam um lugar efectivo na equipe nacional". Para bom entendedor...

1940·1941
Tempos de transição

De pé: Renato, Tibério, Alberto Gomes, José Maria Antunes, Pinto e Redondo; à frente: Viriato, Bentes, Falcão, Vítor, Flávio de Matos e Nini

A ACADÉMICA VIVE UM CLARO PERÍODO de transição. Rui Cunha arrumara definitivamente as botas e Arnaldo Carneiro transferira-se para "Os Unidos" de Lisboa. A vida militar de Faustino também o leva para fora de Coimbra, em Março de 41. E as dúvidas que se levantam sobre a condição de estudante de Manuel da Costa fazem com que este não conclua, igualmente, a época, transferindo-se depois para o Benfica.

Estreiam-se, por outro lado, vários jogadores: Veloso, Lemos, Armando, Leite ("Nana"), Micael e Mário Reis, entre outros. Juntam-se, assim, a Acácio e Joaquim João, que se haviam estreado na época anterior. O treinador também é novo: Lipo Herczka, um húngaro que fora tri-campeão nacional no Benfica, sendo então, talvez, o técnico de maior prestígio em Portugal. Fugira de Espanha com o início da guerra civil, numa altura em que orientava nada menos do que o Real Madrid. Depois da Académica, treinaria vários outros clubes portugueses. E no nosso país foi sepultado, em 14 de Março de 1951. Na sua campa, no cemitério de Montemor-o-Novo, é bem visível o emblema da Briosa, ao lado dos símbolos das restantes sete colectividades que orientou em Portugal.

A própria organização do futebol académico modificara-se. Os médicos Carlos Freitas, Luís Morna e Rocha Santos eram agora os "homens fortes" de uma estrutura que começa a popularizar-se como "secção de futebol".

Apesar de todas estas transformações, a época não corre mal do ponto de vista desportivo. Ainda nos finais de 1940, a Académica sagra-se, mais uma vez, campeã distrital. E torna a conquistar o título com facilidade, no confronto com cinco equipas, entre as quais o Anadia, do distrito de Aveiro, mas então filiado na Associação de Futebol de Coimbra.

A Briosa contará por vitórias todos os jogos efectuados, incluindo, naturalmente, os dois que disputa com o seu maior rival: o União. Consegue sucessivas goleadas, sendo a maior os 9-0 ao Santa Clara. E acaba a prova com mais seis pontos do que os unionistas, segundos classificados. Isto, para já não falar dos 59 golos marcados, contra os apenas oito sofridos. Só à sua conta, Lemos – que viera do Académico do Porto – obtém 15. E Alberto Gomes, 13.

No campeonato da 1.ª divisão, ganho pelo Sporting, a Académica recupera o quinto lugar, à frente do Barreirense, de "Os Unidos" de Lisboa e do Boavista. Resultados mais interessantes: vitória por 6-0 sobre o Boavista – que, no ano anterior, afastara os estudantes da Taça de Portugal – e empates com o Benfica (2-2) e com o FC Porto (3-3). Tudo em Santa Cruz, já que fora de portas a Briosa esteve bastante pior.

Numa das suas deslocações a Lisboa, a equipa confrontou-se com um forte ciclone, que atulhou a estrada de árvores derrubadas pelo vento. Impedida de prosseguir viagem por via rodoviária, quando se encontrava a cerca de oito quilómetros de Leiria, a comitiva retrocedeu até Pombal, com a intenção de apanhar o "rápido". Mas qual quê!...

JOGADORES UTILIZADOS					
Nº	NOME	JOGOS	J. C.	J. I.	MIN	GOLOS
46	Portugal	18	18	0	1620	0
58	Faustino	14	14	0	1260	1
63	José Maria Antunes	8	8	0	720	0
75	Nini	18	18	0	1620	5
76	Alberto Gomes	11	11	0	990	7
77	Manuel da Costa	6	5	1	525	2
78	Octaviano	18	18	0	1620	0
80	Peseta	14	14	0	1260	9
82	César Machado	10	10	0	900	0
88	Vasco	13	13	0	1170	0
89	Acácio	5	5	0	450	0
91	Joaquim João	2	2	0	180	1
92	Lomba	15	15	0	1350	0
95	Veloso	5	5	0	450	0
96	Lemos	15	14	1	1302	11
97	Armando	5	5	0	450	6
98	Nana	2	2	0	180	0
99	Micael	10	10	0	900	2
100	Redondo	4	4	0	360	0
101	Larzen	2	2	0	180	0
102	Mário Reis	3	3	0	270	0

À ESQUERDA
Manuel da Costa, que em 40-41 faz a última temporada em Coimbra. Depois, representará o Benfica, onde conquistará três campeonatos nacionais

À DIREITA
Vasco, guarda-redes da Académica, faz-se à bola, mas é o seu colega da defesa quem alivia. César Machado, nas costas do guardião, parece preocupado

Os jogadores da Académica vestidos à "futrica". Atrás: Acácio, Vasco, Lemos, Peseta, Nini e Micael; à frente: Lipo Herczka (treinador), Alberto Gomes, Faustino, Portugal, César Machado, Octaviano e António Marques (massagista)

Devido ao temporal, a circulação de comboios também estava interrompida.

Havia uma derradeira hipótese, aventada não se sabe por quem: regressar a Coimbra e carregar os automóveis de machados capazes de cortarem os ramos das árvores que barravam a estrada. Por incrível que pareça, foi o que se fez. E, oito horas após o início do trajecto, a Briosa lá chegou a Lisboa... "A melhor equipa do mundo não faria esta façanha: a de cortar 36 árvores, debaixo dum violento ciclone, para ir jogar um encontro de campeonato", contaria mais tarde o treinador dos estudantes, à revista "Stadium".

Na Taça de Portugal, a Briosa também não começou bem, empatando 2-2 no campo do Leça. Mas, na segunda mão, "desforrou-se", ganhando por 9-2, com quatro golos de Armando e três de Alberto Gomes. O pior viria a seguir: duas derrotas com o Belenenses, com a consequente eliminação.

Restaria o consolo de uma vitória por 5-4 sobre o FC Porto, num "particular" disputado na Constituição, a 22 de Junho de 41, em que chega a estar a perder por 4-2. Escreverá o "Comércio do Porto": "Os estudantes fizeram uma partida excelente, aliada a um espírito de luta muito agradável e sempre com um entusiasmo que nunca desapareceu em todo o jogo". Acresce que dois golos dos portistas resultam de pénaltis inexistentes, segundo o "Jornal de Notícias". O árbitro dava pelo nome de Fernando Couto.

Assim terminava uma época durante a qual correram abundantes rumores sobre uma transferência de Nini, primeiro para o FC Porto, depois para o Benfica. A mudança para os lisboetas, então, chegou a ser dada como certa pela imprensa, em notícias onde era invocado o facto de o atleta ter sido colocado num quartel da capital, a cumprir serviço militar. Mas não se confirmou. O interior continuou a envergar a camisola da Académica... e por mais cinco temporadas.

NACIONAL DA 1ª DIVISÃO						
CLASSIFICAÇÃO	JOGOS	V	E	D	GOLOS	PTS
1º Sporting CP	14	11	1	2	58 - 23	23
2º FC Porto	14	8	4	2	47 - 27	20
3º CF "Os Belenenses"	14	9	1	4	59 - 22	19
4º SL Benfica	14	8	2	4	39 - 28	18
5º ACADÉMICA	14	4	3	7	32 - 41	11
6º FC Barreirense	14	5	0	9	17 - 38	10
7º Unidos Lisboa	14	2	2	10	28 - 50	6
8º Boavista FC	14	2	1	11	12 - 63	5

Um homem "de confiança"

Nana é um dos muitos jogadores que se estreiam na primeira equipa da Académica no início da época de 1940-1941. Nela se vai manter durante uma dúzia de anos. Antes, já jogara pelas reservas e pelos juniores. Botas arrumadas, inicia uma carreira como técnico que o leva a tornar-se o "homem de confiança" de Cândido de Oliveira. Carreira que só abandona para se dedicar à Engenharia Geográfica.

Fernando das Neves Monteiro de Oliveira Leite, desde miúdo conhecido por "Nana", nasce em Coimbra a 29 de Outubro de 1922. O pai é oficial do Exército e tem mais três filhos.

Quando chega ao liceu, o rapaz aproveita domingos e feriados para ir, com os amigos e os colegas do D. João III, jogar futebol para o Campo de Santa Cruz, com uma bola alugada por 25 tostões. Um dia, o treinador da Briosa, Estevão Puskas, repara nos "putos" e resolve organizar duas equipas com eles. Nana não tem mais do que 15 anos, mas já manifesta, como o próprio recordará, muitos anos mais tarde, em entrevista ao "Correio da Manhã", "um grande entusiasmo pela Académica".

Um ano depois, está a assinar a ficha que o vincula à Briosa, onde começa por jogar nas chamadas segundas categorias. O primeiro desafio "a sério" em que participa, conta Armando Sampaio, no livro "Encontro com a Saudade", é com a Naval 1.º de Maio, em Coimbra. Joga no lugar que é, habitualmente, ocupado por Alberto Gomes, que nesse dia acompanha o Orfeão numa deslocação a Lisboa.

A Académica chega aos 14-0 e beneficia de um pénalti. O público exige que seja o estreante Nana a marcá-lo e o "capitão" José Maria Antunes cede. Mas o novo pupilo – "sentindo nos ombros todo o peso do Campo de Santa Cruz, e espreitando as redes contrárias, do tamanho do buraco de uma agulha", segundo a saborosa descrição da revista "Rua Larga" – falha. "Claro, mandam para aqui miúdos...", queixa-se, alto e bom som, o "veterano" companheiro Carlos Faustino.

Na temporada seguinte, Nana está entre os componentes da equipa que perde, para a CUF do Barreiro, o título nacional de juniores, de 39-40. Um ano mais tarde, estreia-se na linha avançada da turma principal.

Nela se mantém até 1953, sem receber um tostão e tornando-se um dos seus jogadores mais carismáticos. Durante uma dúzia de épocas consecutivas, faz mais de duas centenas de jogos (distritais incluídos), marca 55 golos e capitaneia a equipa em 82 ocasiões. A partir da temporada de 46-47 é, mesmo, o habitual "capitão". Não é expulso uma única vez. Na época de 51-52 acumula as funções de atleta com as de dirigente da secção de futebol da Associação Académica.

Após 53, inicia uma carreira de técnico. Ainda que, exceptuando um período em que é o seleccionador nacional universitário, se mantenha quase sempre como adjunto. Primeiro de Oscar Tellechea, com o qual se sagra campeão nacional de juniores, logo em 54. Depois, do antigo colega Alberto Gomes. Finalmente, entre 1955 e 1958, de Cândido de Oliveira, que olha para ele como o seu "homem de confiança". Nana retribui o afecto, referindo-se sistematicamente a Cândido como "uma figura notável e um conhecedor do futebol em todos os aspectos". São as muitas horas de convívio com o ex-casapiano que o levam, um dia, a confessar publicamente: "Tive sempre a sensação de que 'mestre' Cândido, antes de chegar a Coimbra, tinha a ideia de que os jogadores da Académica eram uns 'moinantes'".

Quando Cândido de Oliveira morre, já Nana concluiu o curso de engenharia geográfica. E é como geógrafo, ao serviço do antigo Instituto Geográfico e Cadastral, que percorre o país de lés-a-lés, abandonando, definitivamente, a vida de treinador. Acaba por se fixar em Carcavelos.

Antes disso, a Associação de Futebol de Coimbra concede-lhe um louvor, em homenagem ao trabalho desenvolvido em prol da modalidade. Quatro décadas depois, a direcção da Académica, presidida por José Emílio Campos Coroa, atribui-lhe o emblema de ouro, pelos seus 50 anos como sócio da Briosa. No final de 2003, é um dos antigos atletas presentes na inauguração do Estádio Cidade Coimbra, a convite do executivo liderado por José Eduardo Simões. "Nana é como que uma instituição dentro de outra instituição", escreverá Augusto Martins, em 1995, no livro "A Académica". Faleceu cinco anos depois, a 23 de Maio de 2010.

1941·1942

Alberto Gomes em alta

AAC 9 - Carcavelinhos 1
19-4-1942
De pé: Vasco, Mário Reis, Octaviano, Chico Lopes, Lomba e César Machado;
à frente: Micael, Alberto Gomes, Armando, Nini e Lemos

Um atleta da Académica marca, pela primeira vez, um golo ao serviço da selecção nacional. Trata-se de Alberto Gomes, autor de um dos três tentos sem resposta com que Portugal "presenteia" a Suíça, no "particular" realizado a 1 de Janeiro de 1942, em Lisboa.

Gomes fora já o primeiro jogador da Briosa a tornar-se titular da selecção. A estreia acontecera a 28 de Janeiro de 1940, em Paris, também num encontro de carácter particular, este com a equipa nacional francesa. Aqui, Portugal perdeu por 3-2. Mas Alberto Gomes, atleta da Académica desde a época de 36-37, que já tivera um papel decisivo na conquista da primeira Taça de Portugal, afirmava-se cada vez mais como um futebolista de topo.

Em 42, conclui a licenciatura em Letras. Mas nem por isso deixa de ser um jogador determinante para a excelente época que a Académica então realiza. Uma época que começara sob o signo da crise interna, com os dirigentes a demitirem-se em bloco, depois de confrontados com uma difícil situação financeira que obrigará ao lançamento de uma campanha extraordinária de angariação de fundos. E em que a Briosa, já sob a égide de uma Comissão Administrativa – liderada, primeiro, por Delgado e Silva, e a seguir por Ramiro Valadão –, apresenta dois novos jogadores: o defesa-direito Chico Lopes e o médio Oliveira. O primeiro afirmar-se-á rapidamente como titular. O segundo só se revelará no ano seguinte.

A temporada começa logo bem, com a conquista, mais uma vez só com vitórias, do campeonato distrital de Coimbra. O Anadia, que fica em segundo lugar, perde os dois jogos com os estudantes por marcas que não deixam dúvidas: 10-1 em Santa Cruz e 9-1 em casa. Aliás, a Briosa goleia em praticamente todos os jogos. No final, tem 91 (!) golos marcados e apenas dez sofridos. O avançado Armando, irmão do guarda-redes Acácio e então a cumprir a segunda das suas três épocas em Coimbra, é responsável directo por nada menos de 31 tentos, o que dá a impressionante média de mais de três por jogo. Peseta também marca que se farta: 21 golos! O União, que perde por 8-0 em Santa Cruz e por 5-3 na Arregaça, só fica em quarto lugar, atrás do Lusitânia e apenas à frente da Naval 1.º de Maio e do Sport.

No campeonato da 1.ª divisão, agora com 12 equipas, a Académica só perde um jogo no seu terreno: com o Sporting e por escasso 2-1, com os lisboetas a terem de se aplicar bastante para segurarem a vantagem conseguida na primeira parte. No mais, ganha por 3-1 ao Benfica – que se sagraria campeão e se apresentou reforçado pelo ex-académico Manuel da Costa – e por 1-0 ao FC Porto. E vence facilmente quase todos os outros adversários. Os resultados mais expressivos são os 7-1 ao Olhanense e os 10-1 ao Barreirense. Armando, que já fora o melhor marcador do distrital, obtém seis golos neste último jogo. No fim da época, feitas as contas a todas as provas em que participa, terá mais de seis dezenas de tentos alcançados.

Fora de casa é que as coisas tornam a não correr tão bem. Vitórias só com "Os Unidos" de Lisboa e com o Leça. Mesmo assim, depois de ter chegado a ser segunda classificada, a Académica acaba a época na quinta posição, a dois pontos do FC Porto, que é quarto.

O campeonato fora alargado para 12 equipas, basicamente, para permitir a participação nele dos "azuis e brancos", que apenas tinham sido terceiros

JOGADORES UTILIZADOS

Nº	NOME	JOGOS	J. C.	J. I.	MIN	GOLOS
63	José Maria Antunes	1	1	0	90	0
75	Nini	21	21	0	1890	10
76	Alberto Gomes	22	22	0	1980	5
78	Octaviano	24	24	0	2160	1
80	Peseta	14	14	0	1260	6
82	César Machado	23	23	0	2070	0
88	Vasco	5	5	0	450	0
89	Acácio	19	19	0	1710	0
91	Joaquim João	4	4	0	360	1
92	Lomba	21	21	0	1890	1
95	Veloso	1	1	0	90	0
96	Lemos	14	14	0	1260	14
97	Armando	22	22	0	1980	30
98	Nana	2	2	0	180	0
99	Micael	23	23	0	2070	14
102	Mário Reis	24	24	0	2160	0
103	Chico Lopes	23	23	0	2070	0
104	Oliveira	1	1	0	90	0

À ESQUERDA
Alberto Gomes acaba de marcar o primeiro golo obtido por um jogador da Académica ao serviço da selecção nacional. Foi nas Salésias, a 1 de Janeiro de 1942, tendo Portugal ganho à Suíça por 3-1

À DIREITA
Carcavelinhos 1 - AAC 3
1-2-1942
Apesar da confortável vitória, o guarda-redes da Académica, Acácio, não deixou de ter trabalho. Aqui, afasta uma bola, perante a expectativa do colega César Machado e de Quirino

EM CIMA
AAC 3 - Benfica 1
8-2-1942
Ainda não é desta que o Benfica vence a Académica em Coimbra. Nos últimos cinco jogos disputados no Santa Cruz, o melhor que os encarnados conseguem são dois empates.
De pé: Vasco, Alberto Gomes, Chico Lopes, Lomba, Octaviano e Micael;
à frente: Mário Reis, Peseta, Armando, Nini e César Machado

EM BAIXO
Carcavelinhos 1 - AAC 3
1-2-1942
A Académica ganhou à vontade, mas o Carcavelinhos podia ter feito mais golos. Aqui, Jesus quase desfeiteava o guardião Acácio

classificados – atrás do Académico do Porto e do Leça – no distrital portuense. Tal e qual como acontecera dois anos antes. As pressões de outras associações para terem representantes seus na 1ª divisão também ajudaram.

Só na Taça, agora disputada a uma única mão, com direito a encontro de desempate em caso de igualdade no primeiro jogo, é que as coisas correm verdadeiramente mal. O adversário foi "Os Unidos" de Lisboa, a quem os estudantes, como se viu, tinham ganho os dois desafios para o campeonato. Reinava, pois, o optimismo.

Qual quê! Logo no primeiro jogo, a Académica não consegue mais do que um empate a três bolas, depois de Alberto Gomes – quem diria? – ter falhado um pénalti, quando o resultado era de 3-2 a favor da Briosa. Jogo de desempate, portanto. Em Lisboa. E a Académica, que fez o primeiro golo, perde inesperadamente por 4-2, ficando-se assim pela primeira eliminatória da prova ganha em 39. "Os lisboetas evidenciaram superioridade sobre os conimbricenses, que se mostraram fatigados", tentou explicar "Os Sports", jornal que, anos antes, fora queimado em Coimbra no decurso de uma manifestação de desagrado com a sua linha editorial, após um apelo de "O Ponney" ao povo da cidade para que deixasse de o comprar.

NACIONAL DA 1ª DIVISÃO						
CLASSIFICAÇÃO	JOGOS	V	E	D	GOLOS	PTS
1º SL Benfica	22	19	0	3	74 - 34	38
2º Sporting CP	22	17	0	5	93 - 31	34
3º CF "Os Belenenses"	22	12	6	4	66 - 32	30
4º FC Porto	22	13	2	7	77 - 48	28
5º ACADÉMICA	22	13	0	9	77 - 51	26
6º FC Barreirense	22	11	3	8	58 - 55	25
7º Unidos Lisboa	22	7	4	11	53 - 49	18
8º SC Olhanense	22	6	2	14	42 - 83	14
9º Carcavelinhos FC	22	5	4	13	35 - 73	14
10º Académico do Porto	22	6	1	15	48 - 81	13
11º VSC Guimarães	22	6	1	15	43 - 76	13
12º Leça FC	22	5	1	16	29 - 82	11

O "Zé Barrote"

◆━◆

A ACADÉMICA, JÁ SE DISSE, VIVE UMA FASE DE TRANSIÇÃO. É preciso ir encontrando substitutos para os vencedores da Taça de 1939, a maior parte dos quais entrou no ocaso das suas carreiras, quando não abandonou mesmo Coimbra ou o futebol. É o caso de José Maria Antunes, capitão da Briosa na lendária jornada das Salésias, que termina a licenciatura precisamente em 1942. Ficará conhecido como "Zé Barrote". Antunes, nascido a 27 de Julho de 1913, ainda representará a Briosa nalguns jogos dos campeonatos de 42-43 e 43-44. Mas então é já o doutor José Maria Antunes, pneumologista em início de carreira. Ele que durante oito anos fora o grande esteio da defensiva coimbrã, passeando a sua classe pelos mais diversos campos do país. Natural de Ceira, às portas de Coimbra, José Maria Antunes só começou a dedicar-se a sério ao futebol durante os seus tempos de estudante na Faculdade de Medicina, onde se inscreveu em 1935. O "bichinho" começara a morder-lhe durante uma estadia no Porto, para tirar a cadeira de Histologia. Mas então não passara das segundas categorias dos "azuis e brancos", pelas quais se sagrou, ainda assim, campeão da Invicta.

O râguebi, que praticara durante os estudos secundários em Lisboa – iniciados no liceu Salvador Correia de Sá, em Luanda – até fora a sua primeira modalidade de eleição. Jogando pelo Ginásio Clube Português, chegou mesmo a "internacional", representando Portugal num encontro com a Espanha. E também teve algumas incursões no andebol.

Uma vez fixado em Coimbra, porém, não mais quis saber de outros desportos. Jogou futebol pela Académica durante nove anos consecutivos, sempre na posição de defesa, onde normalmente alinhava com um lenço branco atado à cabeça. "Não era por ser moda. Também não era por causa do suor... Dantes, as bolas tinham uns atilhos, doía muito. Então quando chovia e a bola pesava arrobas...", tentou explicar uma vez. Ficou conhecido, entre colegas e adeptos, como "Zé Maria" ou "Zé Barrote". Pela sua hercúlea estatura e pontapé potentíssimo, capaz de furar um muro", conta outro antigo futebolista da Briosa, António Curado, no livro "Coisas sobre Coimbra". O ponto mais alto da sua carreira foi, naturalmente, a conquista da Taça de 1939, que ele próprio recebeu em mãos.

Acerca dela, costumava José Maria Antunes dizer: "A Académica ganhou algo que nunca mais ninguém ganhará – a primeira Taça de Portugal!". Era, então, o capitão da equipa e um dos seus jogadores mais influentes. Mas nunca perdeu a modéstia. Quando o repórter de "Os Sports" lhe pediu uma opinião sobre quem tinha sido o melhor jogador da Académica na final das Salésias, José Maria Antunes não hesitou: "O Alberto Gomes, que é e foi o grande orientador do nosso ataque. Dificilmente se pode jogar mais do que Alberto Gomes está a jogar".

Já Augusto Martins, um dos mais célebres "teóricos" da Briosa, tinha opinião um pouco diferente. "Dos vencedores da Taça de 39, a maior figura foi José Maria Antunes", escreveria ele, mais de meio século depois do mítico jogo, em depoimento publicado no livro "A Académica". Martins reconhece que "outros, na equipa, eram melhores, sem dúvida". Mas em Antunes pretende homenagear "a generosidade sem limites, a facilidade em ganhar amizades, a tolerância para os adversários e os críticos, a capacidade de liderança, enfim, o merecimento".

José Maria Antunes, que durante anos exerceria Medicina em Lisboa, gostava de destacar duas "características" da Académica do seu tempo: o facto de "jogar fora como se jogasse em casa", devido ao apoio dos adeptos espalhados pelo país, e a "desinibição própria da idade" dos seus atletas. Uma das últimas vezes em que o sublinhou foi numa entrevista à RTP, conduzida pelo maestro António Vitorino de Almeida.

Mas a sua importância ficou longe de se resumir à Briosa, que também treinou em 1947 e cuja actividade seguiu até ao fim da vida. Em Agosto de 1954, acompanhou de barco, como médico, o nadador Joaquim Baptista Pereira, durante as épicas 12 horas que este levou a atravessar o canal da Mancha. Foi presidente da Assembleia Geral da Federação Portuguesa de Futebol e seleccionador nacional em três ocasiões. Sempre de "borla". A primeira, aconteceu entre 22 de Dezembro de 1957 e 22 de Maio de 1960; a segunda, entre 7 de Novembro de 1962 e 7 de Junho de 1964; a última, entre 30 de Junho de 1968 e 10 de Dezembro de 1969. Morreu a 23 de Março de 1991, em Coimbra, poucas horas depois de ter sido homenageado pela Federação Portuguesa de Rugby e de ter descerrado uma lápide em homenagem do seu antigo colega Manuel da Costa.

1942·1943
Surpresas e contrastes

*AAC 2 - Sporting 7
4-4-1943
De pé: Chico Lopes, Vasco, Mário Reis, Lomba, Veloso e Octaviano;
à frente: Micael, Alberto Gomes, Armando, Nana e Lemos*

Em 1942-1943, o campeonato nacional volta a ser disputado por dez equipas apenas e a Académica regressa à sexta posição final, com os mesmos 14 pontos dos sétimo e oitavo – o FC Porto e o Vitória de Guimarães, respectivamente. Quer isto dizer, não só que os estudantes obtiveram melhor "goal-average" que os seus adversários mais directos, mas também que, no caso concreto, não perderam com eles nenhum dos quatro jogos realizados.

Aos vimaranenses, que então jogavam num campo com o curioso nome de "Benlhevai", a Briosa ganhou mesmo os dois encontros. Aos do Porto, goleou em Coimbra, para depois ir empatar à Constituição. O triunfo, por 5-2, em Santa Cruz, ficará, aliás, a representar o melhor resultado de sempre dos estudantes, em desafios com os "azuis e brancos".

A supremacia da Académica nesse jogo quase nunca esteve em causa. Fez o 1-0 logo nas primeiras jogadas. Aos nove minutos já ganhava por 2-0. Depois, é certo, o FC Porto conseguiu empatar. Mas, quando soou o apito para o intervalo, já os estudantes estavam, novamente, em vantagem. Uma vantagem que ampliaram durante o primeiro quarto de hora da segunda parte. E que consolidaram quando, aos 32 minutos deste segundo tempo, Micael obteve o que Adriano Peixoto classificou, no jornal "Os Sports", como "o 'goal' mais espectaculoso que nesta temporada se viu em Santa Cruz".

Em todo o caso, o mais extraordinário resultado da Académica – agora orientada por Severiano Correia, futuro treinador da selecção nacional – na presente edição do campeonato da 1.ª divisão foi obtido frente ao Sporting, em Lisboa. Nesta época, os "leões" classificaram-se em segundo lugar, a um escasso ponto do campeão Benfica. Mas isso não impediu os estudantes de irem ganhar ao Lumiar por 4-2, resultado que, segundo a imprensa da altura, apenas traduziu a "nítida superioridade" manifestada pelos de Coimbra. Aliás, a Briosa esteve a vencer por 3-0.

Idêntica surpresa esteve quase a acontecer na última jornada da prova, quando os estudantes receberam o Benfica, em jogo que, com os seus 35 contos de receita, constituiu novo recorde de bilheteira em Coimbra. O desafio podia conduzir – como conduziu – os benfiquistas à renovação do título, mas estes só lograram vencer a Briosa por 4-3, com o antigo atleta da Académica, Manuel da Costa, a marcar dois dos golos dos lisboetas. Não fossem as também surpreendentes derrotas caseiras da Briosa com "Os Unidos" de Lisboa e o Olhanense, e outro "galo" poderia ter "cantado" neste campeonato.

De todo o modo, na Taça de Portugal foi bem pior. Os estudantes ficaram-se logo pela primeira eliminatória, após estrondosa derrota com o Belenenses, em Lisboa.

No campeonato distrital é que foi o costume: primeiro lugar indiscutível, sem derrotas. Apenas um empate, por 1-1, no campo do segundo classificado –

	JOGADORES UTILIZADOS					
Nº	NOME	JOGOS	J. C.	J. I.	MIN	GOLOS
63	José Maria Antunes	8	7	1	712	0
75	Nini	10	10	0	900	5
76	Alberto Gomes	19	19	0	1710	9
78	Octaviano	13	13	0	1170	0
80	Peseta	4	3	1	328	1
88	Vasco	17	17	0	1530	0
89	Acácio	2	2	0	180	0
91	Joaquim João	8	8	0	720	2
92	Lomba	19	19	0	1710	0
95	Veloso	10	10	0	900	0
96	Lemos	12	12	0	1080	14
97	Armando	16	16	0	1440	13
98	Nana	6	6	0	540	1
99	Micael	19	19	0	1710	8
102	Mário Reis	12	12	0	1080	0
103	Chico Lopes	17	16	1	1515	0
104	Oliveira	13	13	0	1170	0
105	Rui Silva	2	2	0	180	1
106	Albino	2	2	0	180	0

À ESQUERDA
AAC 3 - Benfica 4
16-5-1943
Mais uma defesa do guardião benfiquista, apoiado por Gaspar Pinto. O académico Lemos bem o tenta importunar...

À DIREITA, EM CIMA
Benfica 6 - AAC 2
7-3-1943
Micael, o improvisado guarda-redes da Académica, põe o ataque benfiquista em ordem, apesar de perturbado por Teixeira

À DIREITA, EM BAIXO
Unidos Lisboa 7 - AAC 4
7-2-1943
Apesar dos quatro golos sofridos, arrojo foi coisa que não faltou ao dono da baliza lisboeta, Eduardo Santos. Na circunstância, lança-se positivamente aos pés de Armando, com os colegas Vergilésio, Félix e Leonel de olhos bem abertos

À ESQUERDA, EM CIMA
Benfica 6 - AAC 2
7-3-1943
Vasco lança-se aos pés do benfiquista Rogério "Pipi". Chico Lopes parece preparado para qualquer contratempo

À ESQUERDA, EM BAIXO
Sporting 2 - AAC 4
31-1-1943
Azevedo é impotente para suster o remate de Lemos, que resulta no terceiro golo da Briosa

À DIREITA, EM CIMA
AAC 3 - Benfica 4
16-5-1943
Os benfiquistas passam o intervalo em pleno campo, evitando o "calvário" das escadarias de Santa Cruz

À DIREITA, EM BAIXO
A 26 de Junho de 1943, em jogo para testar atletas como António Maria e Jacques, a Académica bate um misto de Coimbra por 6-1. De pé: Aristides, Mário Reis, Acácio, António Maria, Jacques, Lomba, Octaviano, Chico Lopes e Oliveira; à frente: Lemos, Micael, Alberto Gomes, Armando, Nana e Necas

o Anadia. Em todos os restantes jogos, a goleada da ordem. Inclusive na recepção aos bairradinos, "prendados" em Coimbra com um contundente 8-2. Melhor, mesmo assim, do que fez o União, que saiu do Santa Cruz com nove golos sem resposta.

Armando voltou a ser o marcador de serviço: 19 tentos marcados. Com os seus 14 golos, Nini também deu um contributo importante para o total das 78 vezes (!) em que a Académica atingiu as redes adversárias.

Assim se iniciara uma época marcada pelo começo da demolição da velha Alta coimbrã, a 14 de Abril de 1943. Processo que inclui a demolição da própria sede da Associação Académica, na rua Larga, prolongando-se até ao final da década de 1950. Ainda hoje ele é objecto de enorme controvérsia. Paulo Quintela foi um dos seus maiores críticos. "Com uma pretensa ideia conservadora destruíram-se prédios e igrejas valorosíssimas" e deu-se "um golpe de misericórdia no convívio dos estudantes", declarou o velho professor, num depoimento à revista "Século Ilustrado", publicado em 1966.

O escritor Ruben A (pseudónimo de Ruben Alfredo Andresen Leitão) foi igualmente impiedoso. "A construção dos quartéis na Alta, onde em estilo germânico-nazista assentaram a cidade dos estudantes, foi a maior blasfémia feita a séculos de tradição", escreve ele na sua "Autobiografia II", onde também se queixa da escassez de protestos face à demolição.

Na opinião de Nelson Correia Borges, estudioso de Coimbra, "a velha Alta de outrora não é hoje mais do que uma saudade para os que a conheceram e, sobretudo, para os que a viveram. As suas ruas carregadinhas de história e tradição deram lugar aos blocos desinteressantes das faculdades universitárias; a vida e a animação que ali pulsava fremente, cedeu passo ao deserto e solidão triste que as últimas aulas do dia trazem consigo".

NACIONAL DA 1ª DIVISÃO						
CLASSIFICAÇÃO	JOGOS	V	E	D	GOLOS	PTS
1º SL Benfica	18	15	0	3	74 - 38	30
2º Sporting CP	18	14	1	3	66 - 37	29
3º CF "Os Belenenses"	18	14	0	4	78 - 20	28
4º Unidos Lisboa	18	9	2	7	70 - 46	20
5º SC Olhanense	18	8	2	8	44 - 48	18
6º ACADÉMICA	18	6	2	10	54 - 60	14
7º FC Porto	18	5	4	9	40 - 56	14
8º VSC Guimarães	18	6	2	10	48 - 76	14
9º Unidos Barreiro	18	5	1	12	46 - 77	11
10º Leixões SC	18	0	2	16	19 - 81	2

Chamava-se Nini...

Nini, então na sua sétima época em Coimbra, é uma das "estrelas" da excelente equipa de 42-43. Na prova distrital, que abre a temporada, confirma-se logo como um dos melhores marcadores dos estudantes. Num só jogo – o da quarta jornada, com o Sport – obtém quatro tentos. E no campeonato da 1ª divisão, apesar de uma grave lesão o ter impedido de disputar praticamente metade das partidas, marca mais cinco, dois dos quais logo no jogo inaugural. Um outro, no desafio da primeira volta com o Benfica – precisamente aquele em que se lesiona –, é classificado, pelo repórter de "Os Sports", como "um monumento de execução". António Ribeiro da Conceição – é este o seu verdadeiro nome – nasce a 16 de Janeiro de 1917, em São Salvador (Viseu). E é num clube local, o Lusitano de Vildemoinhos, que se inicia na prática do futebol. Joga, então, a avançado-centro. E depressa se habitua ao êxito, já que a colectividade é, por essa altura, a habitual vencedora do distrital viseense.

Tem 19 anos quando ruma a Coimbra, para jogar na Académica e fazer os estudos superiores de Farmácia. Na decisão, é influenciado pelo amigo Flávio de Matos, ex-jogador da Briosa e seu colega de ensino secundário, no colégio de Viseu.

"Nini", alcunha que fica a dever-se a um primo, adapta-se facilmente à nova morada. "Vivi em Coimbra momentos inesquecíveis, em que a boa camaradagem estava sempre presente. Estabelecemos ali laços de amizade que perduram até aos nossos dias", confessará ao jornal "A Bola", em entrevista publicada a dois dias do final do ano de 1988.

Na Académica estreia-se a 25 de Outubro de 1936, num jogo com o Nacional, que os estudantes vencem por 8-0, com três golos da sua autoria. Joga na posição de interior-esquerdo, para onde é obrigado a deslocar-se porque o lugar do eixo do ataque tem, então, Rui Cunha como dono e senhor indiscutível. Nunca mais a largará, durante as dez épocas em que permanece em Coimbra.

Nem o facto de se ter imposto rapidamente na equipa impede, porém, que chegue a ter um desentendimento com os dirigentes da Académica, que o leva mesmo a refugiar-se, por uns tempos, na região de origem. "Mas a 'malta' apareceu em Vildemoinhos, falou com os meus familiares, e convenceram-me a regressar", conta ao "Correio da Manhã", em entrevista dada à estampa no Verão de 1994.

O ponto alto da sua carreira é, obviamente, a conquista da primeira Taça de Portugal. Torna-se, aliás, o último sobrevivente dessa equipa de "ouro" da Académica. Mas chega a ser convocado para a selecção nacional. Ainda que, ao contrário do seu colega Alberto Gomes, acabe por não participar no encontro particular de 1940 com a França, para o qual faz a viagem até Paris, tendo mesmo sido apontado pela imprensa como provável titular. No seu posto alinhará o sportinguista Armando Ferreira. "O Cândido de Oliveira – seleccionador da altura – dizia-me que eu, para jogar, tinha de ir para Lisboa e entrar num dos 'grandes', o Benfica ou o Sporting", recorda Nini, na já citada entrevista ao jornal "A Bola". A verdade é que os ditos "grandes", FC Porto incluído, ainda andam atrás dele. Chegam a oferecer-lhe 50 contos, verba muitíssimo considerável para a época. Mas Nini, como outros influentes jogadores da Académica da altura, diz "não".

Um dia, a Briosa desloca-se a Olhão, para mais um jogo. Os atletas, como é frequente, são convidados a participar numa festa em sua honra. Esta, mete baile e tudo. O interior-esquerdo da Briosa conhece, assim, a sua futura mulher. Com quem casa mal arruma as chuteiras, já licenciado. E de quem tem três filhos: duas raparigas e um rapaz. O último jogo oficial pela Académica, fá-lo a 19 de Dezembro de 1945, numa altura em que já treina a equipa de juniores. Leva mais de uma centena de golos marcados e o seu comportamento em campo é frequentemente enaltecido pelo desportivismo que demonstra. Está, então, próximo de completar 29 anos. Instala-se em Olhão, onde monta farmácia, para o resto da vida. O clube da terra ainda procura obter o seu contributo como futebolista. Mas Nini resiste, mais uma vez. "Depois da Académica, não poderia haver mais clube nenhum onde jogasse", explicará no jornal "A Bola", mais de quatro décadas depois. E à Briosa se manterá sempre ligado, até ao fim da vida, em finais de Fevereiro de 2006. Não falta, por exemplo, a nenhum dos vários convívios que assinalam a conquista da Taça de 39. "Eu nunca abandono a Académica. A ela devo tudo o que sou", dirá também, na citada entrevista àquele que é, hoje, o mais antigo periódico desportivo português.

1943·1944
Até às meias-finais da Taça

AAC 1 - Benfica 4
5-3-1944
De pé: Chico Lopes, Vasco, Mário Reis, Faustino, Lomba e Octaviano;
à frente: Micael, Alberto Gomes, Lemos, Nini e António Maria

Cinco anos depois da vitória na Taça de Portugal, a Académica volta a fazer um brilharete na segunda prova mais importante do futebol nacional. Desta vez não vence, mas atinge as meias-finais, onde é eliminada pelo clube que virá a ser o detentor do troféu – nem mais nem menos do que o Benfica, o grande vencido de 39. Feito tanto mais de destacar quanto o Estádio do Fontelo, em Viseu, é a "casa" da Briosa na competição. Por motivos disciplinares, que tinham levado à interdição do Santa Cruz.

Com o Benfica, apesar de desfalcados de Alberto Gomes, os estudantes ainda conseguiram empatar o jogo da segunda mão da meia-final, realizado precisamente no campo viseense. O resultado foi de 1-1, com a Académica a colocar-se em vantagem com um golo do extremo-direito Micael, que no final do ano, após três épocas consecutivas de emblema académico ao peito, abandonaria a Briosa. Um resultado insuficiente, em qualquer caso, para anular os 1-6 trazidos da capital, em encontro onde Alberto Gomes alinhou boa parte do tempo lesionado.

Para chegar a esta meia-final, a Académica começou por bater folgadamente o Salgueiros. Depois, com o Vitória de Setúbal, finalista no ano anterior, as coisas foram mais complicadas. Começaram bem os estudantes, com uma vitória por 3-1, no tal terreno emprestado de Viseu. Mas os sadinos conseguiram exactamente o mesmo resultado, favorável às suas cores, na segunda mão.

Houve, pois, que proceder a desempate. O que aconteceu em Lisboa. E aqui andaram "mosquitos por cordas". Nada menos de cinco jogadores vitorianos receberam ordem de expulsão, levando o jornal "Os Sports" a acusá-los de terem cometido "um atentado contra o prestígio do seu clube, que certamente levará muito tempo a resgatar-se do mal que lhe fizeram". Ficou, assim, facilitada a tarefa da Académica, que no final de um encontro que não chegou aos 90 minutos, precisamente devido à inferioridade numérica dos setubalenses, contabilizava 3-0 a seu favor.

A época já havia começado bem, com a habitual vitória no campeonato distrital, onde António Maria ("Faísca") se estreara na terceira jornada. Desta vez, novamente só com vitórias, com realce para as duas goleadas sobre o União, o segundo classificado: 6-3 em Santa Cruz e 5-0 na Arregaça. Não foram as únicas, é certo. Na segunda jornada, o Anadia foi "prendado", em Santa Cruz, com dez golos sem resposta; na quinta, na Arregaça, o Sport ainda marcou um golo, mas "levou" 12; na sexta, a Naval foi "brindada" com um 6-1, na sua própria casa; e na nona, o Lusitânia perdeu por 7-1. Em todas estas goleadas, um jogador teve um contributo decisivo: Lemos, autor de 23 dos 62 golos da Académica no torneio.

Pior correu o campeonato nacional, que a Briosa terminou na penúltima posição, após uma série de confusões. Logo no início da prova, foi obrigada a jogar duas partidas, que deviam ser em sua casa, no terreno do adversário, por interdição do Santa Cruz por um mês e à luz do que os regulamentos então determinavam. Os motivos desta interdição nunca foram completamente esclarecidos. Sabe-se, apenas, que a Federação se baseou no relatório do árbitro, relativo ao Académica-Sporting da segunda jornada. Mas, como refere "A Voz Desportiva", "a notícia surpreendeu todos, porquanto não se deram factos que justificassem tão severo castigo".

Um dos jogos do período de punição efectuou-se em Olhão. O Olhanense ainda chegou a viajar para a Figueira da Foz, onde estagiou. E foi na Figueira que tomou conhecimento da sanção aplicada à Briosa e da consequente transferência do desafio

Benfica 2 - AAC 1
2-1-1944
À esquerda, Julinho, positivamente empoleirado em Faustino, tenta cabecear uma bola cujo trajecto Mário Reis segue atentamente. À direita, Micael, ao marcar a 25 minutos do termo do encontro, reacende a esperança dos estudantes

JOGADORES UTILIZADOS						
Nº	NOME	JOGOS	J. C.	J. I.	MIN	GOLOS
58	Faustino	13	12	1	1137	0
75	Nini	19	19	0	1707	9
76	Alberto Gomes	21	21	0	1887	12
78	Octaviano	24	24	0	2157	2
88	Vasco	7	7	0	630	0
89	Acácio	18	18	0	1617	0
91	Joaquim João	3	3	0	270	0
92	Lomba	13	13	0	1170	1
96	Lemos	16	16	0	1437	10
98	Nana	12	12	0	1080	4
99	Micael	23	23	0	2067	11
100	Redondo	1	1	0	90	0
102	Mário Reis	18	17	1	1597	1
103	Chico Lopes	22	22	0	1977	0
104	Oliveira	23	23	0	2067	0
106	Albino	5	5	0	450	0
107	Aristides	8	8	0	720	0
108	António Maria	22	22	0	1977	7
109	Luís Cunha	4	4	0	360	0
110	Santiago	3	3	0	270	0

EM CIMA
A 25 de Maio de 1944, o preito aos vencedores de 39, cinco anos depois da conquista da Taça.
De pé: António Marques, Severiano Correia, Chico Lopes, Faustino, Acácio, Mário Reis, Alberto Gomes, Oliveira, João Teixeira, Aristides, António Pita e Armando Sampaio; ao meio: Micael, Joaquim João, Lemos, Arnaldo Carneiro e Taborda; à frente: Albino, Pimenta, Portugal, Vasco, Nana, Tibério, José Maria Antunes, António Maria, Nini, Lomba e Manuel da Costa

EM BAIXO
V. Setúbal 2 - AAC 0
16-1-1944
Mário Reis procura desarmar o setubalense Rodrigues

para o Algarve. O caminho de regresso ao sul, feito de camioneta e de comboio, foi percorrido conjuntamente com os jogadores da Académica...

Para agravar as coisas, o Campo de Santa Cruz foi interditado uma segunda vez, quando ainda estava por disputar um encontro do campeonato em Coimbra e toda a Taça de Portugal. Neste caso, por um ano, com o reitor Maximino Correia a juntar a sua voz ao coro de protestos. E devido a uma tentativa de invasão de campo, por ocasião da expulsão de Faustino, no Académica-Benfica.

Faustino, aliás, também seria suspenso por 15 dias. Facto que não o impediu de, no final da época, integrar o Conselho Técnico de Futebol, então criado pela Associação Académica, juntamente com Manuel Veloso, fundador do Belenenses e ex-atleta do Benfica, e o antigo jogador da Briosa, Guedes Pinto. Objectivos prioritários: fazer face à difícil situação financeira da instituição e iniciar os contactos tendentes à contratação de um técnico inglês para substituir Severiano Correia.

NACIONAL DA 1ª DIVISÃO						
CLASSIFICAÇÃO	JOGOS	V	E	D	GOLOS	PTS
1º Sporting CP	18	14	3	1	61 - 22	31
2º SL Benfica	18	11	4	3	57 - 34	26
3º Atlético CP	18	9	6	3	51 - 28	24
4º FC Porto	18	10	3	5	46 - 36	23
5º SC Olhanense	18	10	2	6	65 - 34	22
6º CF "Os Belenenses"	18	9	3	6	41 - 32	21
7º VFC Setúbal	18	7	3	8	52 - 50	17
8º VSC Guimarães	18	2	3	13	25 - 68	7
9º ACADÉMICA	18	3	0	15	35 - 68	6
10º SC Salgueiros	18	1	1	16	23 - 84	3

Oficial e futebolista

Faustino está de regresso à Académica. Militar de carreira, fora mobilizado para os Açores nos primeiros meses de 1941. O que não só o impediu de dar o seu contributo à Briosa nos quatro jogos da Taça de Portugal que a equipa ainda disputaria nesse ano, como o manteve afastado do grupo durante as duas temporadas seguintes. O último jogo com a camisola negra só o realizará em Dezembro de 1945, já com 30 anos feitos. E a sua ligação à Briosa durará até ao fim da vida, em 2005. Em boa verdade, para Carlos Faustino da Silva Duarte nunca foi fácil conciliar a carreira militar com a paixão pelo futebol. Sendo conhecido, no meio futebolístico, por Faustino, bastas vezes apareceu identificado nos jornais como Carlos Silva. Era a maneira de iludir a hierarquia da tropa, avessa a conceder licenças de fim de semana aos rapazes, para estes jogarem à bola "à séria". Nascido a 13 de Julho de 1915, na Ribeira de Santarém, iniciara-se, ainda rapazola, na Académica escalabitana, clube que ajudou a fundar. E cedo se percebeu a sua habilidade para a bola: o miúdo, que também jogava basquete, ténis e badmington, chegou rapidamente à selecção de futebol do distrito. Aos 18 anos, rumou a Lisboa, onde se inscreveu na Escola de Oficiais Milicianos. Sabedor das capacidades evidenciadas pelo rapaz em Santarém, o Benfica tentou contratá-lo. Ofereceu-lhe 30 contos e um opíparo almoço num restaurante próximo da sede do clube. O máximo que conseguiu foi que o aspirante a oficial alinhasse num jogo de reservas, equipado com a camisola encarnada. Mais tarde, o Sporting também tentou a sua sorte. Já Faustino estava em Coimbra, em cuja Faculdade de Ciências se inscreveu em 1934, para fazer o curso preparatório de admissão à Escola do Exército. "Propuseram-me algumas regalias, facilidades para o meu curso, mas nada me encantou", contaria o jovem, anos depois, à revista "Stadium". "Acima de tudo, a Académica. Outro ambiente, mais adequado ao meu carácter". Estreara-se oficialmente na Briosa em finais de 34. Mas ainda fez uma "perninha" nos "leões", em jogo integrado no processo de transferência de Pedro Pireza do Barreirense para os lisboetas. Serviu a Faustino para poder dizer: "Passei pelos dois populares grémios (o Benfica e o Sporting), sem perigo de maior para a minha sensibilidade académica".

Em dez anos ao serviço da Briosa, com as tais interrupções devidas à carreira militar pelo meio, efectua quase duas centenas de jogos oficiais. É expulso algumas vezes, fazendo jus à fama de "duro". Defende-o o velho companheiro Alberto Gomes, em entrevista de 1987 ao jornal "A Bola": "Não era mau, nem era violento. Era rijo, corajoso. Tinha uma resistência fantástica". O próprio Faustino, porém, assume a dureza. "Eu, o Portugal, o César Machado e o Zé Maria (Antunes) éramos uma orquestra. Quando (os adversários) passavam de um lado, não passavam do outro", dirá ao "Record", em 2003.

O seu nome fica indissoluvelmente ligado à conquista da Taça de 39, tanto mais que a crítica o considera como um dos melhores em campo, nas Salésias. Apesar disso, não pode participar nos festejos que se seguem, já que tem de regressar rapidamente a Mafra, onde então se encontra aquartelado. Chega, naturalmente, muito cansado. Mas tem de dormir no chão, por baixo da mesa do bilhar do quartel, porque, como explica ao "Record", "havia pulgas na caserna". Já disputara a primeira mão da meia-final, com o Sporting, em Lisboa, após ter efectuado 30 quilómetros de marcha.

De resto, os compromissos militares impedem-no, frequentemente, de treinar. "Chego até a admirar-me como consigo acertar no couro e ligar com os meus companheiros", confessa uma vez à "Stadium", revista com a qual chega a colaborar. Mas nunca desiste. Depois de arrumadas as chuteiras, ainda será campeão nacional de tiro. E desempenhará vários cargos importantes. Entre estes, o mais recordado por quem o acompanhou de perto terá sido o de presidente do Conselho dos Desportos, na Índia sob administração portuguesa. Mas nunca deixará de acompanhar os mais ínfimos pormenores da vida da Briosa, cujo conselho técnico integrará por várias vezes. Pertence ao grupo que promove a edificação do pavilhão da Solum, inaugurado a 13 de Dezembro de 1987. Muito popular entre os adeptos, será distinguido como sócio honorário e é convidado habitual das iniciativas académicas. Em Janeiro de 1999, escreve um poema que o "Record" publicará mais tarde: "Eu sei que hei-de morrer/ Simplesmente não sei quando/ Até tal acontecer/ Viverei sempre lutando". Morre a 10 de Abril de 2005, a três meses de completar 90 anos.

1944-1945
Triunfo histórico no Porto

Olhanense 8 - AAC 4
26-11-1944
De pé: Manuel Veloso (treinador), Micael, Brás, Soares, Pais Correia, Mário Reis, Lomba, Chico Lopes, Oliveira e António Maria; à frente: Faustino, Nana, Joaquim João, Nini e Albino

A ÉPOCA DE 44-45 ESTEVE MUITO LONGE de ser brilhante. Mas, ao vencer o FC Porto, na Invicta, e logo por 4-2, a Académica acrescentou mais um feito ao seu rico palmarés em campeonatos nacionais.

É verdade que, na temporada de 1944-1945, o FC Porto apenas foi quarto classificado no campeonato da 1.ª divisão. Mas isso não retira brilho à vitória da Briosa no Estádio do Lima. Na semana anterior, aliás, o Benfica, futuro campeão nacional, perdera ali por 4-3.

Ainda por cima, o triunfo da Académica não sofreu qualquer contestação. "A Académica de Coimbra alcançou o mais sensacional resultado da sétima jornada", titulava o jornal "Os Sports", fazendo coro com a restante imprensa desportiva da época. Imprensa que ainda destaca o mítico guarda-redes Barrigana como o melhor elemento do FC Porto.

Mas, até essa altura, a Académica apenas ganhara um jogo. Precisamente na jornada anterior, com o Salgueiros, a quem "prendara" com volumoso 5-1 em Santa Cruz. O próprio FC Porto se "desforrou" na segunda volta, vencendo por 3-1. O Benfica também triunfou sem dificuldade em Coimbra: 6-2, apesar de a Académica ter estado em vantagem no marcador. Por duas vezes, aliás. Logo no primeiro minuto, Nini fez 1-0. E aos 20, Lemos marcou o 2-1. "Com um belíssimo remate, daqueles que até apetece aplaudir", diz o jornal "Os Sports".

Menos facilidades teve o Sporting, que só venceu por 5-3 em Lisboa e por 2-1 em Coimbra. Com a ajuda da arbitragem, ao que parece, neste segundo jogo, realizado na última jornada do campeonato e que era para ter sido o da despedida da Briosa do influente avançado Eduardo Lemos. "É pena que se retire já da actividade, pois é ainda um jogador em plena posse dos seus recursos", escrevia-se no "Mundo Desportivo". Palavras com que o próprio Lemos deve ter concordado, uma vez que acabará por prolongar a sua actividade por mais duas épocas.

A "desgraça" maior acontecera, porém, na jornada anterior, quando a Académica se retirara das Salésias vergada ao peso de uma humilhante derrota por 15-2 – a maior da sua história. É certo que, no final da prova, o Belenenses se classificaria em terceiro lugar, com os mesmos pontos do segundo, que foi o Sporting. Não é menos verdade que a Briosa se apresentou em campo desfalcada de cinco habituais titulares: o guarda-redes Vasco, o defesa Lopes, os médios Lomba e Aristides e o avançado Nini, que ultimava a sua licenciatura em Farmácia. Mas 15-2, francamente!... Ainda por cima, ao intervalo os estudantes só perdiam por 2-1.

Quase tão mau como isso só a forma como se processou o adeus à Taça de Portugal, logo na primeira eliminatória. É que no jogo inaugural, no Porto, a Académica lograra empatar com o Boavista por 2-2. Só que na semana seguinte, em Coimbra, "borrou" a pintura toda, ao perder por 3-1. É certo que jogou novamente desfalcada: Lemos, com o curso de Medicina concluído, não se apresentou; Nini, idem; Aristides, lesionado, também não. Para agravar as coisas, o defesa Mário Reis foi expulso aos 26 minutos. Depois, o guarda-redes Vasco lesionou-se, tendo de ser substituído na baliza por António Maria.

À ESQUERDA
Sporting 5 - AAC 3
21-1-1945
Bailado no Lumiar? Pelo lado da Académica, o protagonista principal é António Maria. Pelo lado do Sporting, são Cardoso e Barrosa

À DIREITA
Benfica 6 - AAC 1
3-12-1944
A defesa da Académica (no caso representada por Mário Reis, Chico Lopes, o guarda-redes Grangeia e Oliveira) bem procurou evitar o avolumar do marcador...

	JOGADORES UTILIZADOS				
Nº	NOME	JOGOS	J. C.	J. I.	MIN	GOLOS
58	Faustino	18	18	0	1620	4
75	Nini	9	8	1	775	3
88	Vasco	16	15	1	1386	0
91	Joaquim João	19	19	0	1710	7
92	Lomba	9	9	0	810	0
96	Lemos	15	15	0	1350	6
98	Nana	15	15	0	1350	4
100	Redondo	1	1	0	90	0
102	Mário Reis	20	19	1	1736	0
103	Chico Lopes	15	15	0	1350	0
104	Oliveira	15	15	0	1350	0
106	Albino	3	3	0	270	0
107	Aristides	5	5	0	450	0
108	António Maria	19	19	0	1710	4
111	Soares	3	3	0	270	0
112	Grangeia	1	1	0	90	0
113	Taborda	10	10	0	900	4
114	Poupinha	1	1	0	90	0
115	Pais Correia	11	11	0	990	1
116	Veiga	1	1	0	90	0
117	Brás	4	4	0	360	1
118	Alentisca	2	2	0	180	0
119	Emílio	5	5	0	450	0
120	Azeredo	3	3	0	270	0

À ESQUERDA, EM CIMA
AAC 2 - FC Porto 2
24-5-1945
O jogo, o primeiro que Melo efectua ao serviço da Académica, insere-se no programa desportivo da Queima, mas o guarda-redes da Briosa, Soares, não vai em "fitas" e prepara-se para blocar a bola

À ESQUERDA, EM BAIXO
Amarante 1 - AAC 6
3-6-1945
A Académica ajuda a abrilhantar as populares festas de São Gonçalo. É a segunda vez, na mesma época, que se desloca a Amarante. Na primeira, quando vence por 3-0, chove torrencialmente, o que impede os amarantinos de obterem a receita desejada.
De pé: Chico Lopes, Soares, Alentisca, Oliveira e António Maria; à frente: Melo, Nana, Rogério, Fernando, Pascoal e Pais Correia

À DIREITA, EM CIMA
Salgueiros 2 - AAC 1
18-3-1945
Mário Reis alivia sem contemplações. Faustino e Lomba parecem limitar-se a dar apoio moral

À DIREITA, EM BAIXO
Boavista 2 - AAC 2
15-4-1945
Um jogo muito dividido. Mário Reis e Oliveira são os jogadores da Académica que perseguem a bola

Joaquim João falhou um pénalti. E o guarda-redes do Boavista foi considerado, unanimemente, o melhor jogador em campo. Mas com esta eliminação, por uma equipa da 2.ª divisão, ninguém contava.

Facto é que a vitória da Académica no distrital já não fora tão tranquila como em anos anteriores. Os estudantes não perderam nenhum jogo, é certo. Mas consentiram um empate ao União, na Arregaça, e chegaram à antepenúltima jornada "proibidos" de perderem com os unionistas em Santa Cruz. Acabaram por vencer por escasso 1-0, com um golo de Joaquim João. Mas não se livraram da aflição. Tal como não conseguiram, na segunda volta, ganhar por mais de 2-1 ao Sport, que será o último classificado. Lemos, com 12 golos, tornou a ser o melhor marcador da equipa na competição.

No termo da época perduravam, ainda assim, os ecos da vitória no Lima para o nacional da 1.ª divisão. "Os estudantes têm um grupo em renovação. A sua defesa já está mais sólida e a linha da frente adquire prestígio. Dado o entusiasmo que põem na luta, uma das suas qualidades mais notáveis, é de calcular a dificuldade que representará, no futuro, o grupo da Académica", avisava a revista "Stadium", no termo de um campeonato em que a Briosa terminou na penúltima posição.

NACIONAL DA 1ª DIVISÃO						
CLASSIFICAÇÃO		JOGOS	V	E	D	GOLOS	PTS
1º	SL Benfica	18	14	2	2	79 - 26	30
2º	Sporting CP	18	13	1	4	57 - 37	27
3º	CF "Os Belenenses"	18	13	1	4	72 - 29	27
4º	FC Porto	18	9	2	7	64 - 48	20
5º	VFC Setúbal	18	9	1	8	44 - 49	19
6º	SC Olhanense	18	6	4	8	41 - 41	16
7º	GD Estoril-Praia	18	6	4	8	44 - 34	16
8º	VSC Guimarães	18	4	3	11	32 - 57	11
9º	ACADÉMICA	18	4	1	13	33 - 65	9
10º	SC Salgueiros	18	2	1	15	30 - 110	5

Um "jogador de rara ciência"

Setembro de 1944. Pedro Paulo Barreto de Azeredo, 18 anos, chega a Coimbra de comboio, vindo de Lisboa. À saída da estação, pergunta à primeira pessoa que encontra onde fica a sede da Associação Académica. O interpelado prontifica-se a acompanhá-lo na viagem de eléctrico até à rua Larga. Aqui chegados, dirigem-se ambos ao Colégio dos Paulistas. O jovem quer saber de Carlos Faustino, conforme recomendação que traz da capital. Respondem-lhe que não está. Talvez mais tarde. São horas de jantar. O homem que acompanha Pedro desde a estação, oferece-se para pagar o repasto, numa casa das proximidades – a pensão "Morte Lenta". À noite, o rapaz volta à Associação Académica. Faustino já está. Leva-o à pensão Antunes, onde o instala, e informa-o de que o próximo treino da equipa de futebol é no dia seguinte. Pedro Azeredo lá se apresentará em Santa Cruz. Nascido em Lisboa, a 5 de Janeiro de 1926, o novo recruta dos estudantes dera os seus primeiros pontapés a sério no Beira-Mar, sob a orientação de um homem que também treinara a Académica: Estêvão Puskas. O pai era funcionário público e fora colocado em Aveiro. De regresso à capital, Pedro Azeredo vai fazer um treino ao Benfica. Não leva o bilhete de identidade e não lhe permitem que assine a ficha de inscrição. Dirige-se ao Sporting, onde o põem a coberto de preocupações burocráticas. Começa a jogar nos juniores do clube. Depois, passa às segundas categorias. É seu treinador António Abrantes Mendes, que orientará a Briosa durante parte do distrital de 46-47. É ele quem aconselha o pupilo a viajar até Coimbra, no Verão de 1944. Azeredo chega às margens do Mondego ainda estudante liceal, sai licenciado em Medicina, apto a especializar-se em cardiologia. São 11 anos, durante os quais fará um total de 249 jogos, sem nunca ser expulso e tendo capitaneado a equipa em 74 ocasiões. Um dia, está a defrontar o Benfica, no velhinho Loreto. O árbitro assinala livre a favor dos benfiquistas, à entrada da área da Académica. Azeredo integra a barreira. A bola, disparada com toda a força, bate-lhe em cheio no peito. Dois dias depois, aparece-lhe sangue na expectoração. Da radiografia não resultam boas notícias. "Tens aqui um problema num pulmão. Não vais poder jogar mais!", dizem-lhe Fernando e Fausto Pimentel, os médicos da Briosa. O atleta refugia-se no quarto, então já na sede da Associação Académica, a chorar. Tem febre e perde o apetite.

Na altura, o ex-atleta José Maria Antunes é médico no Sanatório do Caramulo. Aconselha os dirigentes que levem o jogador a uma consulta com o seu colega Tapia, prestigiado especialista espanhol fugido à perseguição de Franco. O refugiado descansa Azeredo: não há nada que o impeça de jogar! O futebolista deixa imediatamente de ter febre e recupera a vontade de comer. A 13 de Maio de 1951, juntamente com Bentes, está no Jamor, a jogar pela selecção B de Portugal, um encontro de carácter particular que a França perde por 3-1. O estágio para esta partida fora de duas semanas. Mas Azeredo só lá passou dois ou três dias. A vontade de concluir os estudos falou mais alto. Por causa dessa vontade, aliás, não vestiu a camisola portuguesa noutras ocasiões. Incluindo a da primeira equipa. Foi convocado mais do que uma vez e o seleccionador Tavares da Silva, outro técnico que passou pela Académica, bem insistiu com ele...

Dois meses antes do encontro do Jamor, a revista "Stadium" dedicara a capa a Azeredo, escrevendo: "Apontado como titular da selecção portuguesa, com inteiro fundamento. Jogador de rara ciência, com muita colocação e poder de passe". O jornal "A Bola" chega a considerá-lo o melhor médio-esquerdo nacional, à frente do boavisteiro Serafim e do benfiquista Francisco Ferreira. O poeta Pedro Homem de Melo celebra-o em verso: "Dona Saudade! Já ninguém a chora/ Lutar é o verbo. Não vencer é o medo/ Na Bíblia nova as letras são agora:/ –Wilson e Bentes – Bentes e Azeredo". Até o "Cavaleiro Andante", principal publicação juvenil da altura, faz com ele a primeira página de uma das suas separatas desportivas.

Azeredo ainda casa em Coimbra – com uma irmã do seu colega Melo, outro ídolo dos adeptos da Académica nos anos 40. E em Coimbra vê nascer a única rapariga dos seus quatro filhos. Depois, parte para Angola. Regressa após o 25 de Abril, fixando--se no Norte. É aí, na sua quinta em Bustelo (Penafiel), que os autores deste livro o encontram. "Continuo a ser da Académica, mas talvez não desta Académica", declara o antigo atleta, defensor do "futebol romântico" do seu tempo e convidado de honra na inauguração do actual Estádio Cidade de Coimbra.

1945·1946
...E SURGE O "RATO ATÓMICO"

U. Coimbra 0 - AAC 3
4-11-1945
De pé: Vasco, Mário Reis, Albino, Lomba, Faustino e António Maria; à frente: Lemos, Azeredo, Garção, Nini e Bentes

A ÉPOCA DE 1945-1946 É A DA ESTREIA de um dos mais fabulosos jogadores académicos de todos os tempos: o extremo-esquerdo António de Deus Costa de Matos Bentes de Oliveira, o "rato atómico". Logo na primeira época vestido de preto, marca 20 golos no distrital de Coimbra, 14 no campeonato da 1ª divisão e dois na Taça de Portugal.

A estreia de Bentes acontece a 23 de Setembro de 1945. O jogo é com a Naval 1º de Maio, realiza-se na Figueira da Foz e conta para o campeonato distrital. Menos de três meses depois, a 9 de Dezembro, António Bentes está a participar no primeiro jogo no campeonato principal. Com o Santa Cruz declarado impraticável para partidas da 1ª divisão pela Federação Portuguesa de Futebol, decisão que nunca mais será revogada, o desafio realiza-se no Loreto – o que acontece pela primeira vez em encontros a contar para o "Nacional".

Denominado Campo Casal Ferrão, o terreno funciona, habitualmente, como casa de um outro clube de Coimbra: o Lusitânia. Nele disputará a Académica todas as partidas em que actua na condição de visitada, sendo o Atlético Clube de Portugal o primeiro adversário. A Briosa perde por 3-2, mas Bentes marca um dos golos. A sua "decisão e rapidez foram admiráveis em alguns lances", escreve Adriano Peixoto no jornal "Os Sports", depois de considerar que o extremo-esquerdo e Nini se cotaram como "os elementos mais perigosos do ataque" dos estudantes.

Ao longo do campeonato, Bentes alcança mais 13 tentos. Torna-se o melhor marcador de uma equipa que estreia vários outros jogadores – casos de Melo,

Branco e Garção –, e confirma as suas características de futebolista invulgarmente veloz, fazendo jus ao cognome de "rato atómico".

O Belenenses, que nesta época será campeão nacional, volta a ser a "besta negra" da Briosa, treinada pelo antigo jogador do Setúbal, Eduardo Augusto, até Março e pelo seu (ainda) atleta Eduardo Lemos, a partir daí. Logo à segunda jornada, os "azuis" vencem por um rotundo 7-0, nas Salésias.

Em contrapartida, a Académica torna a bater o FC Porto, desta feita em casa, por 2-1. E empata, também em Coimbra, com o Benfica e com o Sporting. Em ambos os jogos se verificam muitos golos: seis no primeiro caso, dez no segundo. E em ambos, a Briosa chega a estar em vantagem. Com o Benfica vai até aos 2-0. Com o Sporting, na última jornada, chega a ver o "placard" marcar 5-2 a seu favor. Com Bentes a alcançar nada menos de três dos cinco tentos dos conimbricenses.

Este jogo com os sportinguistas, realizado às dez e meia da manhã e já sem qualquer relevância para a definição da tabela classificativa, encerra uma outra curiosidade: com a concordância dos visitantes, é arbitrado por um juiz da mesma Associação de Futebol a que pertence o clube da casa. Trata-se do internacional Álvaro Santos, que assim assinala a sua despedida da arbitragem. Entra em campo ladeado por jogadores de ambas as equipas e por dirigentes federativos. Sai ao quarto de hora da primeira parte, sob grande ova-

À ESQUERDA
Uma foto, duas gerações. Augusto de Almeida "Abelha" (da equipa de 1927) apadrinha Bentes no ano da estreia (1945)

À DIREITA
Sporting 6 - AAC 1
24-2-1946
O sportinguista Peyroteo não consegue desfeitear Vasco, apoiado, na retaguarda, por Brás

JOGADORES UTILIZADOS

Nº	NOME	JOGOS	J. C.	J. I.	MIN	GOLOS
58	Faustino	2	2	0	180	0
75	Nini	1	1	0	90	1
88	Vasco	5	5	0	450	0
91	Joaquim João	6	6	0	540	2
92	Lomba	15	15	0	1380	0
96	Lemos	9	9	0	810	3
98	Nana	18	18	0	1650	8
102	Mário Reis	21	21	0	1920	0
104	Oliveira	1	1	0	90	0
106	Albino	16	16	0	1440	0
107	Aristides	9	9	0	810	0
108	António Maria	23	23	0	2100	0
113	Taborda	3	3	0	270	0
117	Brás	21	21	0	1920	0
120	Azeredo	21	21	0	1920	5
121	Jacques	18	18	0	1650	0
122	Bentes	15	14	1	1365	16
123	Garção	18	18	0	1650	9
124	Ângelo	18	18	0	1650	7
125	Gil	3	3	0	270	2
126	Pascoal	1	1	0	90	0
127	Melo	1	1	0	90	0
128	Branco	3	3	0	270	0
129	Messias	5	5	0	480	0

EM CIMA
Portalegrense 3 - AAC 4
13-5-1946
Portalegre e a Académica, muito por via de Armando Sampaio, mantiveram sempre uma relação próxima, com os estudantes a deslocarem-se várias vezes à cidade alentejana.
De pé: Melo, Branco, Brás, Soares, Jacques, Jorge Santos, Alentisca e António Maria; à frente: Ângelo, Taborda, Garção, Nana, Bentes e Pascoal

EM BAIXO
AAC 5 - Boavista 2
31-3-1946
Com o Santa Cruz considerado impraticável para jogos da 1.ª divisão, a Académica passava a utilizar o Campo do Loreto

ção, sendo substituído por um dos homens que iniciara o encontro como fiscal de linha: o portuense Vieira da Costa.

A Académica conclui a prova na décima posição, entre 12 equipas. Evita assim a queda na 2ª divisão, na primeira temporada em que vigora a descida automática do clube classificado em último lugar.

E a época até poderia ter terminado "em grande", não fossem os incidentes de percurso que marcaram o jogo da primeira ronda da Taça de Portugal, com o Sporting. O encontro efectuou-se na Marinha Grande, já que o regulamento em vigor nesse ano determinava que as eliminatórias fossem disputadas a uma só mão, em campo neutro. E chamou uma assistência nunca vista na terra dos vidreiros, originando uma receita de 45 contos. A Académica chegou ao 1-0 e aos 3-1, mas consentiu o empate dentro do tempo regulamentar, "levando" o jogo para prolongamento. Neste, quando o marcador ainda registava uma igualdade a três bolas, o "rato atómico" foi forçado a abandonar o terreno, lesionado. E, no fim dos 120 minutos, o marcador acusava 6-3 a favor do Sporting, treinado por Cândido de Oliveira. Sporting que viria a arrecadar o troféu, após uma carreira onde não mais teve de enfrentar as dificuldades que lhe foram impostas pela Briosa.

Informava a imprensa da época que um dos espectadores mais atentos ao encontro da Marinha Grande fora o seleccionador nacional, Tavares da Silva. "A fim de apreciar o trabalho de alguns elementos da Académica", concretizava o "Mundo Desportivo". Está-se mesmo a ver de quem, não está?

NACIONAL DA 1ª DIVISÃO						
CLASSIFICAÇÃO	JOGOS	V	E	D	GOLOS	PTS
1º CF "Os Belenenses"	22	18	2	2	74 - 24	38
2º SL Benfica	22	17	3	2	82 - 29	37
3º Sporting CP	22	15	2	5	73 - 36	32
4º SC Olhanense	22	13	1	8	65 - 39	27
5º Atlético CP	22	8	5	9	38 - 55	21
6º FC Porto	22	9	2	11	65 - 44	20
7º VFC Setúbal	22	8	2	12	47 - 59	18
8º VSC Guimarães	22	8	2	12	39 - 52	18
9º SL Elvas	22	8	1	13	43 - 78	17
10º ACADÉMICA	22	7	2	13	51 - 76	16
11º Boavista FC	22	6	0	16	39 - 73	12
12º UD Oliveirense	22	3	2	17	22 - 73	8

A rivalidade com o União

Não foi fácil, desta vez, a vitória da Académica no campeonato distrital, com o consequente apuramento para a 1.ª divisão. Responsável pelas dificuldades: o União, velho rival de sempre. O campeonato até começa da melhor forma para a Briosa, que na primeira jornada vai à Figueira golear a Naval por 6-0. Mas, logo na segunda ronda, o União surpreende os estudantes em Santa Cruz, ganhando por 5-1. Num jogo que, por sinal, marca a estreia de Bentes em confrontos entre os velhos rivais. Daí para a frente, a Académica acumula vitórias gordas: 6-2 ao Anadia, 11-0 ao Lusitânia, 10-0 ao Sport e 10-1 à Naval. Só que o União vai fazendo o mesmo. Até que chega a sétima e antepenúltima jornada, com os dois clubes a defrontarem-se na Arregaça. Os unionistas possuem, então, dois pontos de vantagem sobre os estudantes. A Académica "recupera" Nini e Faustino, que já tinham abandonado o futebol, e a "esquadra azul", como então era conhecida, perde o jogo por esclarecedores 3-0, deixando-se empatar em termos pontuais. Mas, em função do resultado da primeira volta, o União conserva um golo de diferença a seu favor, o que, a não acontecer mais nenhuma surpresa, fará dele campeão.

Só que acontece. Logo na semana seguinte, na Figueira, o União perde por 2-1 com a Naval, a quem goleara na primeira volta por 10-2. Mal o resultado é conhecido em Coimbra, verifica-se uma natural explosão de alegria entre os adeptos da Académica, que então conta com três claques activas: "Os Fabianos", constituída por estudantes liceais; "Os Goelas", formada por universitários; e, ainda, "Os Pindéricos da Borracha". Estava-se a 11 de Novembro, os mais ferrenhos académicos celebram com castanhas e água-pé.

Os unionistas, convencidos de que a vitória final já não lhes fugiria, é que não reagem bem. Protestam mesmo o encontro, através de uma exposição à Associação de Futebol de Coimbra (AFC) onde alegam que o Campo da Mata não possui as medidas regulamentares. O Conselho Técnico da Associação, constituído por Luís Lucas, Manuel Girão e Armando Sêco Gândara, dá-lhes razão. Recorrem os figueirenses para a instância competente: o Conselho Fiscal e Jurisdicional da AFC. Mas este, onde apenas dois dos cinco membros se encontram em actividade, não tem "quorum" de funcionamento. Pelo que o recurso segue para a Federação. A qual homologa o resultado do encontro, invocando o facto de os protestos relacionados com as condições do terreno de jogo terem de ser apresentados ao árbitro, antes do início da partida respectiva.

A decisão federativa serve de pretexto ao "Ponney" para publicar quadras como esta: "Vai medir o campo o Lucas/ Com o Gândara e o Girão/ Defendendo as caras trutas/ Que têm no União". E, enquanto se disputa a "guerra" na secretaria, multiplicam-se os confrontos entre unionistas e académicos na Baixa de Coimbra. No fim da prova, a Briosa é primeira, com 28 pontos, o União é segundo, com 26, e a Naval terceira, com 22. A Académica será, mais uma vez, a representante de Coimbra na 1ª divisão. Mas não ganhara para o susto. Nem a rivalidade com o União morreria aí. Tratava-se, aliás, de um velho conflito, que remonta aos primórdios da prática do futebol em Coimbra. As suas causas não radicam apenas em aspectos desportivos. Para os adeptos do União, a Académica era a representante da elite universitária. Para os simpatizantes da Briosa, o clube da Arregaça era o símbolo dos "futricas", que sendo o nome atribuído pelos académicos coimbrãos a quem não era estudante, tem origem na palavra francesa "foutriquet", que, segundo o dicionário da "Porto Editora", quer dizer "indivíduo pretensioso e incapaz".

Já em 1939, por ocasião de um outro encontro decisivo entre as duas colectividades, realizado após derrota caseira da Briosa no distrital, as publicações académicas davam conta do ambiente vivido na cidade quando se defrontavam os seus emblemas mais representativos. "Coimbra agitava-se da Alta à Baixa, vivia horas de emoção ardente e a lotação do campo esgotava-se...", escrevia Armando Sampaio, num jornal de número único, significativamente intitulado "A Desforra". Por idêntico diapasão afinava Deniz Jacinto. Em artigo publicado no mesmo jornal, relatava: "Um Académica-União era o que se chama um caso sério: campo à cunha, repleto de uma multidão extraordinariamente aguerrida que, as mais das vezes, transportava à sorrelfa, sob a capa ou debaixo do sobretudo, respeitáveis bengalas para o que desse e viesse. O que vinha, toda a gente o sabia, era invariavelmente, após o desafio, uma razoável dose de pancadaria, no campo e no percurso".

1946·1947
Uma má época

FC Porto 4 - AAC 2
11-5-1947
De pé: Mário Reis, Szabo, Brás, Eduardo Santos, António Maria e Aristides;
à frente: Melo, Pacheco Nobre, Jorge Santos, Azeredo e Bentes

A ÉPOCA DE 1946-1947 está longe de ser famosa. A Académica fica em décimo primeiro lugar no campeonato da 1.ª divisão e, depois da ameaça do ano anterior, perde mesmo o distrital para o União. Nem sequer se pode reabilitar na Taça de Portugal, já que, pela primeira vez desde 1939, a competição não se realiza.

No campeonato da 1.ª divisão, disputado por 14 equipas, as coisas nem começam mal: a Académica ganha por 4-2 ao estreante Famalicão, no Loreto. Campo que torna a utilizar durante toda a época, ao longo da qual se estreiam jogadores como o guarda-redes Szabo, Pacheco Nobre, Eduardo Santos e Diogo. Isto, para além de a equipa ter voltado a contar com o extremo-direito Micael, regressado de Lisboa para concluir o curso de Farmácia.

Mas, após ter vencido os famalicenses, a Briosa não consegue ganhar nos dois jogos seguintes. Depois, ainda bate o Belenenses, em Coimbra. Só que, com o tempo as coisas vão piorando. Fora de casa, a Briosa soma derrotas expressivas. No Loreto, sempre é um bocadinho melhor, merecendo especial destaque a vitória por 2-1 sobre o FC Porto. Mas não chega para grandes subidas na tabela classificativa.

Em meados de Maio, a Académica ainda tenta inverter as coisas, trocando de treinador: sai o húngaro Alexandre Peics, entra o antigo capitão da equipa, José Maria Antunes. Mas a ansiada melhoria não se verifica. Nos primeiros dias de Julho, a Briosa chega a perder por 12-0 (!) no campo do Olhanense.

Neste encontro, correspondente à derradeira jornada do campeonato, a Académica apresenta-se desfalcada de vários dos seus habituais titulares. Entre eles, jogadores muito influentes, como Bentes – o melhor marcador da equipa –, Nana, Pacheco Nobre, Garção e Szabo, este último filho de Josef Szabo, treinador húngaro que então já conquistara vários títulos nacionais em Portugal. Muitos estão em exames e a longa deslocação ao Algarve torna-se problemática.

Para a baliza é chamado Manecas, que nunca tinha participado em qualquer encontro. Neste, de resto, também só jogou metade, uma vez que uma lesão o obrigou a ficar no balneário, ao intervalo. Para o seu lugar, foi o defesa António Maria. Isto, numa altura em que a Briosa já perdia por 7-0. Em bom rigor, na segunda volta do "Nacional" salva-se o empate a três tentos com o Benfica, em Coimbra.

O resultado deste encontro podia, aliás, ter sido bastante melhor, não fossem os erros de arbitragem do leiriense Mário Veiga. Erros que provocaram grande burburinho no Loreto, permitindo, por exemplo, que os benfiquistas tivessem chegado ao 2-1 por Arsénio, após ter recebido um passe feito com a mão pelo seu colega Julinho. "Toda a gente viu a falta, menos o árbitro", escrevia o jornal "Os Sports", numa peça intitulada "Mau jogo e pior arbitragem".

Bentes, sobretudo ele, bem tentou remar contra a maré. Na sua conta pessoal, o "rato atómico" pôde registar, só no "Nacional", mais 19 golos nas balizas adversárias. Mas, decididamente, este não era ano para grandes feitos.

As coisas, é certo, já vinham mal de trás. Desta vez, a Académica perdeu o campeonato distrital para o União, que derrotou os estudantes nas duas vezes em que os defrontou. Ainda por cima, pelo União jogara o antigo atleta da Briosa, Ângelo, que resolvera mudar

JOGADORES UTILIZADOS						
Nº	NOME	JOGOS	J. C.	J. I.	MIN	GOLOS
92	Lomba	7	7	0	630	0
96	Lemos	1	1	0	90	0
98	Nana	14	14	0	1260	3
99	Micael	7	7	0	630	1
102	Mário Reis	24	24	0	2160	0
104	Oliveira	3	3	0	270	1
107	Aristides	10	10	0	900	0
108	António Maria	22	22	0	1980	0
113	Taborda	1	1	0	90	1
117	Brás	24	24	0	2160	0
119	Emílio	1	1	0	90	0
120	Azeredo	26	26	0	2340	3
121	Jacques	2	2	0	180	0
122	Bentes	24	24	0	2160	19
123	Garção	10	10	0	900	5
127	Melo	15	15	0	1350	2
128	Branco	8	8	0	720	0
129	Messias	2	2	0	180	0
130	Eduardo Santos	17	17	0	1530	0
131	Szabo	23	23	0	2070	0
132	Jorge Santos	15	15	0	1350	7
133	Diogo	6	6	0	540	0
134	Ataz	9	9	0	810	2
135	Pacheco Nobre	12	12	0	1080	4
136	Óscar	1	1	0	90	0
137	Manecas	1	0	1	45	0
138	Milton	1	1	0	90	0

À ESQUERDA
Académica 4 - Boavista 3
16-2-1947
Bentes, o excelente extremo esquerdo da Académica, na jogada que lhe proporcionou um remate fatal

À DIREITA
Caricatura de Micael, incluída no livro de curso. Em 46-47, o jogador está de regresso à Académica, onde continua a ser um atleta de topo. Depois, será seu treinador e membro da Direcção-Geral da AAC

EM CIMA
Portalegrense 0 - AAC 2
19-5-1947
A Briosa em mais uma deslocação a Portalegre, com Sampaio a juntar-se aos antigos colegas.
De pé: Teles das Neves (dirigente), Szabo, Prates, Branco, Melo, Armando Sampaio, Oliveira, Azeredo, Jorge Santos e Mário Reis; à frente: Ataz, Pacheco Nobre, Garção, Emílio, Bentes e António Maria

EM BAIXO
Sporting 9 - AAC 1
29-12-1946
Apesar do desnível no marcador, a Académica nunca deixou de lutar, como o comprova a genica de Mário Reis, no confronto com Peyroteo

NA PÁGINA DA DIREITA
Caricatura de Salgado Zenha, incluída no livro de curso

de ares no início da temporada. Coisa quase impensável na altura, até por se tratar de um dos jogadores mais utilizados pela Académica na época transacta.

É verdade que este distrital – o último em que a Briosa participou – perdera boa parte da sua importância, uma vez que, com a entrada em vigor, na época transacta, do método das subidas e descidas automáticas, ele deixara de apurar o respectivo vencedor para o campeonato nacional da 1.ª divisão. Mas a perda do campeonato de 46-47 não deixou de constituir um revés para quem, há 15 temporadas consecutivas, não conhecia outro resultado final que não a vitória.

Ainda por cima, a derrota só se consumou na derradeira jornada, em Santa Cruz. Bastava à Académica ter vencido o União, para juntar mais um triunfo aos 19 obtidos nas 25 edições da prova, até então realizadas. É que o clube da Arregaça, tendo embora batido os estudantes por 2-0 na primeira volta, perdera no terreno da Naval, onde a Briosa triunfara, e por esclarecedores 11-1. Assim sendo, Académica e União chegaram à última ronda em igualdade pontual. Só que os de negro tornaram a perder. Agora, por 2-1. E lá se foi mais um título... Apesar do empenho de atletas como Bentes, Jacques, Brás e Mário Reis, que disputaram todas as partidas. E sem prejuízo de o "rato atómico", com 20 golos marcados, ter voltado a ser o melhor marcador da prova.

NACIONAL DA 1ª DIVISÃO							
	CLASSIFICAÇÃO	JOGOS	V	E	D	GOLOS	PTS
1º	Sporting CP	26	23	1	2	123 - 40	47
2º	SL Benfica	26	20	1	5	99 - 47	41
3º	FC Porto	26	15	3	8	73 - 45	33
4º	CF "Os Belenenses"	26	14	5	7	66 - 31	33
5º	GD Estoril-Praia	26	16	1	9	96 - 55	33
6º	SC Olhanense	26	11	4	11	69 - 73	26
7º	Atlético CP	26	11	3	12	56 - 61	25
8º	VSC Guimarães	26	8	8	10	54 - 54	24
9º	Boavista FC	26	7	6	13	52 - 74	20
10º	SL Elvas	26	9	2	15	65 - 89	20
11º	ACADÉMICA	26	8	4	14	49 - 96	20
12º	VFC Setúbal	26	8	4	14	45 - 50	20
13º	FC Famalicão	26	7	3	16	60 - 100	17
14º	AD Sanjoanense	26	2	1	23	26 - 118	5

Abertura a não-estudantes: avanços e recuos

Na maior parte da época de 1946-1947, a secção de futebol da Associação Académica não é dirigida, exclusivamente, por estudantes. Uma assembleia de sócios da secção, realizada em Maio de 46, aprovara uma proposta de Deniz Jacinto, professor da Faculdade de Letras, consagrando a possibilidade da existência de dirigentes que fossem antigos estudantes. E, uma vez aprovada, a proposta fora imediatamente passada à prática, levando à constituição de uma inédita direcção mista. Esta, porém, não chegou a "aguentar-se" um ano. Em Março de 47, voltava tudo à forma antiga.

O próprio Deniz Jacinto, que entre 1939 e 1945 presidira ao Teatro dos Estudantes da Universidade de Coimbra (TEUC), seria um dos não-estudantes a dirigir a "nova" secção de futebol. Os outros dois foram Américo Mota e o médico Carlos Freitas – que já fora dirigente em 40-41, mas por designação da Direcção-Geral (DG), então presidida, justamente, por Deniz Jacinto. Pelos estudantes, os escolhidos foram Jerónimo Pereira Coutinho, António Teles das Neves e Manuel Camões Costa.

Este último, precisamente por proposta dos organismos desportivos, integraria a DG empossada a 12 de Março de 47, sob a presidência de Amorim Afonso e já sem a presença de Luís Albuquerque, que embora eleito, passara entretanto a leccionar na Faculdade de Ciências, onde dará início a uma relevante carreira académica. Uma direcção que seria a primeira a ser sufragada por todo o universo estudantil, após 11 anos de comissões administrativas nomeadas pelo Governo. E que, pouco tempo após a sua entrada em funções, imporia que a secção de futebol voltasse a ser dirigida, unicamente, por estudantes. A Camões Costa, Jerónimo Coutinho e Teles das Neves, juntam-se agora Guimarães Amora e José Gaiolas. É esta mesma DG que lidera a contestação ao filme "Capas Negras", realizado por Armando de Miranda, com a participação, entre outros, de Amália Rodrigues, Artur Agostinho e Humberto Madeira. Estreado no Cinema Tivoli, a 19 de Maio de 1947, o filme popularizaria a mundialmente célebre melodia "Coimbra" ("Coimbra é uma lição/ De sonho e tradição...") e tornar-se-ia o maior êxito comercial do cinema português até então. Mas a Associação Académica, invocando uma alegada distorção do quotidiano estudantil, entendeu-o como uma "miséria que envergonha a mais nobre e tradicional Academia portuguesa". E solicitou ao Governo a proibição da sua exibição. Dois anos antes, a Associação voltara a ter um presidente eleito pelos estudantes. Mas apenas temporariamente. O princípio da eleição directa dos dirigentes associativos por todo o universo estudantil só é recuperado, de facto, em 1947. Mas, a 13 de Janeiro de 45, o reitor Maximino Correia empossa a direcção presidida por Francisco Salgado Zenha, eleita um mês antes, em Assembleia Magna, convocada pelo Conselho de Veteranos.

Como foi isto possível? Por duas ordens de razões. A primeira, teve a ver com a nomeação governamental de uma comissão administrativa liderada por Arménio Cardo, que já tendo terminado o curso de Direito deixara de ser estudante, colocando-se, assim, numa posição de especial fragilidade. A Magna começou por ser convocada para dar resposta a este problema. Depois, aproveitou a brecha aberta por um ambiente de certa descompressão política, resultante da derrota dos nazis na II Guerra Mundial. O sucesso foi temporário. A 29 de Maio de 1945 – isto é, escassos quatro meses e picos após a posse –, Salgado Zenha, também ele estudante de Direito, estava a ser demitido pelo Governo. E menos de um mês depois, era nomeada uma nova comissão administrativa, presidida por Manuel Rebelo da Silva. Zenha já tinha, na sua direcção, Manuel Camões no pelouro dos organismos desportivos e Amorim Afonso no futebol. E recusara envolver-se, a si próprio e à Associação Académica, numa manifestação nacional de apoio ao Presidente do Conselho, Oliveira Salazar, por este ter mantido Portugal fora da guerra. Posição que seria ratificada em Assembleia Magna. O regime acusa o líder estudantil de ter tomado uma atitude "política". Salgado Zenha – que seria preso dois anos depois, devido à sua participação no Movimento de Unidade Democrática Juvenil – responde à letra, em entrevista ao "Diário de Lisboa" de 3 de Novembro de 1945: "Política faz o Governo, retirando à Academia o direito de resolver os seus próprios assuntos e nomeando para tal comissões administrativas de rapazitos seus". Mas foi preciso esperar mais quase dois anos, até que os estudantes conseguissem levar à prática as suas intenções de eleição directa e universal dos dirigentes da Associação Académica.

1947·1948
A primeira descida

Sporting 6 - AAC 1
2-5-1948
De pé: Branco, Prates, Brás, Diogo, Hipólito e Azeredo;
à frente: Melo, Pacheco Nobre, Garção, Nana e Bentes

A ÉPOCA DE 1947-1948 traz a primeira descida de divisão da história da Académica. O ano corre, de facto, muito mal. A Briosa só alcança quatro vitórias e dois empates – tudo em Coimbra –, sofrendo nada menos de 20 derrotas. Resultado: conquista apenas dez pontos, menos seis do que o penúltimo classificado, o Sporting de Braga. A descida à 2.ª divisão, que então só afecta o último da tabela, torna-se inevitável.

O futebol da Briosa volta a ser dirigido só por universitários. Por sinal, na mesma temporada em que o Governo dispensa os atletas da saudação de braço direito estendido, à maneira fascista, no início dos jogos. Preocupados com as investidas governamentais contra a autonomia da Associação Académica, os estudantes recusam, em Assembleia Magna realizada em Janeiro de 48, a inclusão na equipa dirigente de antigos colegas como Deniz Jacinto, Costa Reis e Fausto Pimentel. O que representa um recuo face à decisão de abrir a secção a antigos estudantes, tomada em Maio de 46.

O campeonato, que a Briosa continuara a disputar no Loreto, aproxima-se então do fim da primeira volta e a turma só tem uma vitória. No seu termo, a equipa tem apenas 35 golos marcados, contra 113 sofridos. De nada valera a contratação, a partir de meados de Fevereiro, do ex-seleccionador nacional, Tavares da Silva. Este, não conseguira melhor do que os seus dois antecessores durante a época: Micael – que, ao longo do ano, ainda disputará vários jogos como extremo-direito – e Armando Sampaio, que só orientará a equipa em dois encontros. Como de nada servira o regresso episódico de Alberto Gomes ao terreno de jogo.

Ante o insucesso desportivo, a Académica bate-se por um alargamento da 1.ª divisão, a exemplo do que acontecera anos antes, por duas vezes, devido ao não apuramento do FC Porto no campeonato distrital. Neste caso, os dirigentes estudantis invocam o risco de a presença da Briosa num escalão secundário afectar gravemente as receitas da Associação, sem as quais se torna muito mais difícil dar continuidade à vertente social do projecto.

O líder da Associação Académica, Amorim Afonso, redige uma exposição ao presidente da Comissão Administrativa da Federação Portuguesa de Futebol, datada do início de Julho de 48, onde enumera longamente os motivos que o levam a defender a ideia do alargamento. Vão desde as vantagens da localização geográfica de Coimbra até à especificidade da Briosa como clube de estudantes, passando pelo não desprezível contributo da agremiação para os cofres federativos. "Há, é certo, uma lei", reconhece o dirigente estudantil, "mas, como toda a lei, ela fez-se no sentido de salvaguardar os interesses da colectividade, neste caso os interesses do futebol português. Modificando-a no sentido de que possa corresponder melhor à sua finalidade não será, cremos, um atropelo, antes um acto bené-

À ESQUERDA
Sporting 6 - AAC 1
2-5-1948
Prates, apoiado por Azeredo nega os intentos ao sportinguista Vasques

À DIREITA
Estoril 7 - AAC 0
7-3-1948
Brás parece assustado com os avançados estorilistas. A atentar no resultado final, teria bons motivos para isso

JOGADORES UTILIZADOS

Nº	NOME	JOGOS	J. C.	J. I.	MIN	GOLOS
76	Alberto Gomes	3	3	0	270	1
98	Nana	24	24	0	2160	3
99	Micael	14	14	0	1260	3
106	Albino	1	1	0	90	0
107	Aristides	5	5	0	450	0
111	Soares	1	1	0	90	0
113	Taborda	1	1	0	90	0
117	Brás	28	28	0	2520	0
118	Alentisca	1	1	0	90	0
120	Azeredo	26	26	0	2340	2
122	Bentes	24	24	0	2160	10
123	Garção	16	16	0	1440	6
127	Melo	14	14	0	1260	1
128	Branco	20	20	0	1800	1
129	Messias	3	2	1	195	0
130	Eduardo Santos	14	14	0	1260	0
133	Diogo	27	27	0	2430	0
134	Ataz	18	18	0	1620	2
135	Pacheco Nobre	22	22	0	1980	10
136	Óscar	1	1	0	90	0
139	Prates	22	21	1	1891	0
140	Aníbal	3	3	0	270	1
141	Alberto Cruz	1	1	0	90	0
142	Carvalheira	1	1	0	90	0
143	Tito	5	5	0	450	0
144	Mousaco	1	1	0	90	0
145	Oliveira	3	3	0	270	0
146	Hipólito	2	2	0	180	0
147	Couceiro	4	4	0	360	0
148	Teixeira	2	2	0	180	0
149	Domingos	1	1	0	90	0

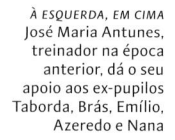

À ESQUERDA, EM CIMA
José Maria Antunes, treinador na época anterior, dá o seu apoio aos ex-pupilos Taborda, Brás, Emílio, Azeredo e Nana

À ESQUERDA, EM BAIXO
Oliveirense 2 - AAC 1
13-6-1948
Diogo, na oposição ao oliveirense João Tavares, protege o espectacular voo de Prates para a neutralização da jogada

À DIREITA
V. Setúbal 4 - AAC 1
4-4-1948
Ataz ultrapassa um adversário, num jogo em que, à semelhança do resto da época, quase tudo corre mal à Académica

fico, que conduzirá, através de uma mais ampla representação de clubes e regiões, ao progresso do futebol português".

Curiosamente, a pretensão da Académica de continuar na 1.ª divisão encontra eco na generalidade dos clubes. Tal como colhe a simpatia da maioria da imprensa. "Durante cerca de 30 anos, a equipa de futebol dos 'capas negras' encheu, quase por si, os campos das pugnas de primeiro plano. O cenário inédito das suas 'claques' era realidade de escol, com o seu quê de misterioso e inconfundível a empolgar a tradição. A equipa era o símbolo que definia nos rectângulos de jogo o lado viril da plêiade literária e científica, que impressionava ou arrebatava os adeptos do futebol, logo nos primeiros momentos!", escreve-se em "A Bola" de 12 Julho de 1948.

Mas nada comove os dirigentes federativos. A Académica desce mesmo à 2.ª divisão. E também não consegue reabilitar-se na Taça de Portugal, que nessa época volta a disputar-se. Ao bater o Boavista por 4-1, em Coimbra, ainda consegue ultrapassar os dezasseis-avos-de-final. Mas, na eliminatória seguinte, cai aos pés da Oliveirense, da 2.ª divisão, no terreno desta: 1-2.

À Briosa resta a consolação de ter empatado com o Benfica (outro grande defensor das suas teses em relação ao alargamento), nas Festas da Rainha Santa desse ano; de ter ganho ao Salamanca (ainda antes do começo do campeonato e após um primeiro jogo em Espanha) uma taça comemorativa das bodas de prata da Associação de Futebol de Coimbra; e de ter chegado, pela terceira vez, à final do nacional de juniores, confirmando-se como uma potência no escalão. Dando razão ao velho aforismo, segundo o qual não há duas sem três, perde de novo. Agora com o Sporting, por 2-0, em encontro disputado no princípio de Maio, no Estádio da Tapadinha, em Lisboa. Melhores dias virão...

NACIONAL DA 1ª DIVISÃO						
CLASSIFICAÇÃO	JOGOS	V	E	D	GOLOS	PTS
1º Sporting CP	26	20	1	5	92 - 40	41
2º SL Benfica	26	19	3	4	84 - 35	41
3º CF "Os Belenenses"	26	16	5	5	76 - 30	37
4º GD Estoril-Praia	26	16	4	6	91 - 49	36
5º FC Porto	26	17	2	7	73 - 42	36
6º Atlético CP	26	11	4	11	69 - 62	26
7º VSC Guimarães	26	10	4	12	44 - 56	24
8º CAD "O Elvas"	26	11	2	13	66 - 63	24
9º Boavista FC	26	9	2	15	40 - 65	20
10º VFC Setúbal	26	8	3	15	38 - 64	19
11º SC Olhanense	26	5	7	14	48 - 66	17
12º LFC V. R. S. António	26	7	3	16	29 - 78	17
13º SC Braga	26	6	4	16	47 - 69	16
14º ACADÉMICA	26	4	2	20	35 - 113	10

Bentes resiste

O ano em que a Académica desce de divisão, pela primeira vez na sua história, corresponde a novo período de transição na equipa. Alberto Gomes reaparecera episodicamente a meio da temporada, mas Eduardo Lemos despedira-se de vez no seu início; Lomba e os dois guarda-redes da época anterior – Jacques e Szabo – também abandonaram; os influentes Mário Reis e António Maria transferiram-se para o Benfica. Vá lá, vá lá, o já "internacional" António Bentes resistiu…

Bentes, é claro, tinha propostas para sair. "No último 'defeso' a minha colaboração foi solicitada por um 'grande', revelava o próprio, sem dizer o nome do clube em causa, em entrevista à revista "Stadium" de 28 de Janeiro de 48. Para depois explicar: "As condições eram vantajosas, muito vantajosas mesmo, e eu estive por um triz para ceder".

O entrevistador parece nem acreditar. "Porque não aceitei?", pergunta-se o mesmo Bentes, que a 16 de Junho de 46, com 18 anos apenas, vestira pela primeira vez a camisola da selecção nacional, em jogo particular com a Irlanda. "É simples, meu amigo. O ambiente de Coimbra não tem igual em qualquer outra parte. Por muito bem que me desse em Lisboa, não esqueceria a 'rainha do Mondego'. Coimbra… é Coimbra! Nós, os estudantes, temos qualquer coisa que nos prende à sua história boémia, ao seu passado de 'mãe dos estudantes'…".

Bentes, 1,67 metros de altura e 68 quilos de peso, entrara ao intervalo do jogo com os irlandeses, realizado no Estádio Nacional, em substituição de uma das "vedetas" do Benfica da época: Rogério de Carvalho, mais conhecido por "Pipi". O que lhe valeu frequentes assobios da assistência – maioritariamente lisboeta, como é óbvio –, de cada vez que tocava na bola…

Já noutro momento, Bentes dera provas da sua afeição pela Briosa. Foi quando o jornalista da "Stadium" lhe perguntou se a estreia como "internacional" representava a sua recordação mais cara. Ao que o entrevistado, que voltaria a vestir a camisola da selecção principal de Portugal por mais duas vezes – em 51, frente à Bélgica, e em 54, com a Alemanha –, respondeu: "Ainda que mal pareça, não é! A mais memorável tarde da minha carreira vivi-a em Setúbal. Estávamos disputando o Campeonato Nacional (de 45-46), e a minha equipa necessitava de ganhar ao Vitória da cidade do Sado (…). E fui eu que, a 30 segundos do apito final, arranquei a honra do triunfo, com a marcação de um golo que jamais esquecerei. Ganhámos por 3-2".

O jornalista, Rosa de Matos, concluiu a entrevista com tão poucas dúvidas sobre o futuro do extremo-esquerdo que a intitulou assim: "Bentes não abandonará Coimbra". Talvez nem soubesse, então, quão premonitório estava a ser. António Bentes, que rumara às margens do Mondego ainda estudante liceal, representou a Académica, como jogador, entre 1945 e 1960. Uma década e meia durante a qual se tornou, além de um dos seus mais prestigiados atletas de sempre, o melhor marcador da história da Briosa. Ao célebre guarda-redes Azevedo, do Sporting, é atribuído o "recado", dirigido aos seus colegas por causa de uma exibição do "rato atómico" no Loreto: "Agarrem-me esse miúdo!". Bentes manteve-se por Coimbra como professor do ensino primário e como treinador dos escalões de formação, tendo mesmo levado os juvenis da Académica à conquista do Nacional de 66-67.

Nascera em S. João de Souto, distrito de Braga, em 29 de Agosto de 1927. Por acaso, garante o jornalista Rui Dias, num texto editado pelo "Record" sobre os cem "melhores jogadores portugueses". Os pais, que viviam em Portalegre, tinham-se deslocado à pequena povoação minhota, em visita aos futuros avós de António, quando as dores de parto da progenitora se tornaram insuportáveis. Logo que puderam, regressaram ao Alentejo. E foi aí que Bentes passou a infância e se iniciou na prática do futebol.

Aos 13 anos, idade em que começou a jogar à bola na Associação Académica de Portalegre, iniciou-se o seu fascínio pela camisola negra, o que, sem prejuízo de uma passagem pela selecção do distrito onde residia e pelos escalões de formação do Portalegrense, durou até aos 75 anos, quando deixou o mundo dos vivos. Corria o dia 6 de Fevereiro de 2003. Não admira, pois, que um dia tenha respondido a um jornalista, que procurava saber qual era o segundo clube da simpatia de António Bentes: " O meu primeiro clube é, como toda a gente sabe, a Académica. O segundo, as reservas da Académica. E o terceiro, os juniores da Académica".

1948·1949
DE VOLTA À 1ª DIVISÃO

AAC 2 - Portimonense 1
5-6-1949
De pé: Diogo, Brás, Branco, Castela, Azeredo e Capela; à frente: Pacheco Nobre, Alberto Gomes, Garção, Nana e Bentes

A ACADÉMICA NÃO SE DEMORA muito na 2.ª divisão. Apenas um ano volvido sobre a primeira descida da sua história, ela está de regresso ao campeonato maior, para gáudio, não apenas dos seus adeptos, como de muitos amantes do futebol.

José Olímpio escreve em "A Bola" de 20 de Junho de 1949: "O regresso da Académica, a juvenil e vibrante Briosa, é mais uma grande e perfumada acha para a chama que cresce e ilumina o progresso do desporto em Portugal". Iam decorridas duas semanas sobre o jogo, disputado em Lisboa, em que os estudantes asseguraram o direito de voltar a disputar a 1.ª divisão, após vitória por 2-1 sobre o Portimonense.

Não foi fácil, porém, o caminho da subida. A Académica, reforçada pelo guarda-redes internacional Capela e pelo defesa Castela – ambos ex-Belenenses –, começa por ganhar a chamada "zona B", uma das quatro em que então está dividida a primeira fase da competição secundária. Agrupa oito clubes da região centro. O Académico de Viseu é segundo, com menos um ponto.

Na fase seguinte, na então denominada "zona norte", a Briosa defronta os viseenses e os dois primeiros classificados da "zona A": a Oliveirense e o Famalicão. Torna a vencer o grupo. E assim chega à fase final, onde tem como adversários os famalicenses e os dois apurados da zona sul: o Oriental de Lisboa e o Portimonense.

Após a quinta jornada desta derradeira fase, a Académica é primeira, com os mesmos seis pontos do Oriental. Acontece que, na última ronda da prova, os estudantes devem deslocar-se ao terreno dos lisboetas, a quem ganharam, na primeira volta, por confortáveis 6-2.

Devem... mas não se deslocam. É que prova-se ter havido suborno dos jogadores do Famalicão, no outro encontro daquela mesma quinta jornada que os orientalistas foram ganhar ao Minho por 2-1. Resultado: o ministro da Educação, Pires de Lima, decide afastar os dois clubes da competição, anula todos os jogos da fase final disputados até aí e delibera que o nome da equipa premiada com a subida de divisão seja encontrado a partir de um jogo único, a disputar entre a Académica e o Portimonense, em terreno neutro.

Esse jogo acontece a 5 de Junho de 1949. Ainda não iam decorridos dois minutos e já a Académica ganhava por 1-0, mercê de um tento de Pacheco Nobre. Mas, aos 18 minutos, o Portimonense empata. Só que, aos 13 minutos da segunda parte, a Briosa volta a colocar-se em vantagem. Agora, através de um golo de Alberto Gomes, que além de jogar também treina a equipa. E o marcador não volta a funcionar. É o Portimonense quem, a um quarto de hora do fim do jogo, vê um atleta seu ser expulso, por agressão a Branco, assim reduzindo as suas hipóteses de recuperação.

No final, é claro, é a festa entre os da Académica. "Quando o jogo terminou – relata "A Bola" –, o relvado do Lumiar foi rapidamente invadido por uma nuvem de estudantes. Capas negras esvoaçavam com frenesi; as bandeiras do clube campeão eram agitadas com entusiasmo delirante".

Em Coimbra, onde a equipa só chegou no dia seguinte, a euforia, naturalmente, ainda foi maior. Os jogadores, de acordo com as crónicas da imprensa, foram recebidos por "uma grande multidão" no Largo da Portagem, atravessando depois as ruas da

À ESQUERDA, EM CIMA
Castelo Branco 3 - AAC 4
19-9-1948
Diogo, Brás e Branco, na "guarda de honra" ao estreante Manuel Capela

À ESQUERDA, EM BAIXO
O Municipal de Coimbra, meses antes da realização do primeiro jogo de futebol

À DIREITA
Os adeptos nunca deixaram de acompanhar a equipa

JOGADORES UTILIZADOS						
Nº	NOME	JOGOS	J. C.	J. I.	MIN	GOLOS	J. A.
76	Alberto Gomes	3	3	0	270	1	3
98	Nana	14	14	0	1260	5	5
99	Micael	1	1	0	90	0	0
117	Brás	20	20	0	1800	0	4
120	Azeredo	21	21	0	1890	0	5
122	Bentes	23	23	0	2070	22	5
123	Garção	10	8	2	811	2	2
127	Melo	9	9	0	810	5	0
128	Branco	20	20	0	1800	0	5
130	Eduardo Santos	12	12	0	1080	0	0
133	Diogo	22	22	0	1980	0	5
134	Ataz	7	6	1	629	5	2
135	Pacheco Nobre	9	9	0	810	4	5
143	Tito	2	2	0	180	0	0
144	Mousaco	1	1	0	90	0	0
147	Couceiro	20	20	0	1800	11	3
148	Teixeira	2	2	0	180	0	1
150	Capela	21	21	0	1890	0	5
151	Castela	23	23	0	2070	11	5
152	Andrade	8	8	0	720	5	0
153	Travanca	1	1	0	90	0	0
154	Wilson	1	1	0	90	0	0
155	Orlando	3	3	0	270	0	0

EM CIMA
No último ano em que o mítico Santa Cruz é utilizado oficialmente, Capela treina na baliza do lado do Jardim da Sereia

EM BAIXO
Jogadores celebrando com a multidão, nas ruas de Coimbra, a subida à 1.ª divisão

cidade, de camioneta, "por entre compactas filas de povo, que os aplaudia calorosamente". Destino: a sede da Associação Académica, à frente da qual "as manifestações se repetiram com maior intensidade" e onde discursaram o presidente Fernando Rebelo e o reitor Maximino Correia. Também foram lidos inúmeros telegramas, um dos quais informando que em Vale de Cambra, "ao ser conhecida a vitória da Académica, tinha sido queimada uma dúzia de morteiros".

Na Taça de Portugal, as coisas não correram tão bem, uma vez que a Briosa foi eliminada pelo Vitória de Setúbal, logo na segunda ronda. Mas o regresso à 1.ª divisão estava garantido. E logo numa época que marcou o início dos jogos no "Municipal" do Calhabé, apesar de as obras ainda aí prosseguirem por longos anos.

A Académica passara a utilizar o novo estádio, abandonando definitivamente o Santa Cruz, a partir do início da terceira fase do campeonato. O recinto, que nunca seria formalmente inaugurado, apresentava a enorme vantagem de ser relvado, coisa até então desconhecida em Coimbra. E o primeiro jogo nele efectuado, a 20 de Janeiro de 1949, opôs a selecção nacional à Académica. Terminou empatado a três bolas, ao leme do seleccionado português encontrava-se Armando Sampaio e o internacional Bentes jogou, por uma única vez na vida, contra a "sua" Briosa.

NACIONAL DA 2ª DIVISÃO	1ª FASE – ZONA B					
CLASSIFICAÇÃO	JOGOS	V	E	D	GOLOS	PTS
1º ACADÉMICA	14	10	0	4	46 - 14	20
2º CAF Viseu	14	9	1	4	37 - 27	19
3º SGS "Os Leões"	14	6	3	5	29 - 27	15
4º AD Castelo Branco	14	7	0	7	25 - 29	14
5º CFU Coimbra	14	7	0	7	30 - 22	14
6º GC Alcobaça	14	6	1	7	28 - 44	13
7º GDF Entroncamento	14	4	1	9	26 - 34	9
8º Naval 1º Maio	14	3	2	9	16 - 40	8

NACIONAL DA 2ª DIVISÃO	2ª FASE – ZONA NORTE					
CLASSIFICAÇÃO	JOGOS	V	E	D	GOLOS	PTS
1º ACADÉMICA	6	5	0	1	19 - 7	10
2º FC Famalicão	6	3	0	3	19 - 12	6
3º UD Oliveirense	6	3	0	3	12 - 12	6
4º CAF Viseu	6	1	0	5	10 - 29	2

FASE FINAL					
CLASSIFICAÇÃO	JOGOS	V	E	D	GOLOS	PTS
1º ACADÉMICA	5	3	0	2	14 - 8	6
2º C Oriental Lisboa	5	3	0	2	15 - 12	6
3º FC Famalicão	5	2	0	3	9 - 16	4
4º Portimonense SC	5	2	0	3	8 - 10	4

NOTA: *Em virtude de jogadores do FC Famalicão terem sido subornados pelo Oriental para o jogo FC Famalicão-Oriental, da 5ª jornada, realizado no dia 3-4-1949 e ganho pelo Oriental por 2-1, o Governo anulou a fase final do campeonato, afastou os dois clubes da prova e ordenou um jogo único, em campo neutro, entre a Académica e o Portimonense SC, cujo resultado foi favorável aos estudantes, por 2-1.*

Uma permanente "criança grande"

Manuel Capela chega à Académica em 1948, vindo do Belenenses, onde fora campeão nacional e se tornara um dos mais reputados guarda-redes da época. Tanto que rivalizava directamente com o sportinguista João Azevedo, na disputa da baliza da selecção. Na defesa das redes da Briosa se manterá durante oito épocas consecutivas, embora nas duas últimas o titular do posto seja já um outro guardião notável: Orlando Ramin. Capela nunca perderá aquele ar de "criança grande", de que falava o seu colega António Curado. Manuel Maria Nogueira Capela nasce em Angeja, concelho de Albergaria-a-Velha, em 9 de Maio de 1922. Inicia-se na prática do futebol na Ovarense, onde logo se faz notar, não apenas pela elevada estatura, como pelos bons reflexos e a audácia – tudo, como se sabe, atributos aconselháveis a um bom guarda-redes. Depois, parte para o Lusitano de Évora e, a seguir, para o Belenenses, onde se sagra campeão nacional em 1946. É uma das famosas "torres do Restelo", ao lado de outras "lendas" de Belém, como Vasco e Feliciano.

À Académica chega, um pouco surpreendentemente, até tendo em conta o facto de a Briosa ter descido à 2.ª divisão, no início da época de 48-49. Faz a sua estreia em Castelo Branco, logo na primeira jornada do campeonato, em jogo onde sofre três golos, mas em que os estudantes marcam quatro. E na Académica se manterá até 1956, altura em que arruma as chuteiras de vez. Apesar de, então, já ter perdido a titularidade para Ramin. Este, no entanto, só agarra o lugar na sequência de uma prolongada lesão de Capela, que em 1954 ainda é um dos grandes responsáveis pela manutenção da Académica na 1.ª divisão. E que só efectua o último jogo com a camisola negra da equipa principal, a 11 de Dezembro de 1955, numa partida que a Briosa realiza na Covilhã. Tem, então, 33 anos e, depois disso, ainda alinha algumas vezes pelas "reservas", participando, nomeadamente, no encontro do chamado "torneio octogonal" dessa categoria, que a Académica ganha ao Benfica por 5-2. Corre, então, o dia 10 de Junho de 1956.

Por essa altura, já Manuel Capela envergara, por cinco vezes, a camisola da selecção principal. Duas delas enquanto jogador da Académica. A primeira ocorrera a 9 de Abril de 1950, num jogo de qualificação para o Campeonato do Mundo, realizado em Lisboa, e que Portugal empatara com a Espanha a duas bolas. A segunda tivera lugar a 8 de Abril do ano seguinte, também em Lisboa, e aí os portugueses perderam por 4-1, num jogo de carácter particular com a Itália.

Já antes disso, mais exactamente a 20 de Março de 1949, participara num encontro da chamada selecção B, igualmente de âmbito particular, com a Espanha. Desta vez, o jogo é na Corunha e Portugal é derrotado por 5-2. Torna-se, assim, o terceiro jogador da Académica a conseguir a internacionalização. Depois de Alberto Gomes, em 1940, e de António Bentes, seis anos depois.

Após ter deixado de jogar, Manuel Capela mantém-se em Coimbra, onde morre a 5 de Janeiro de 1999. "Vivia sozinho e adoentado numa casa na Baixa, onde tinha que subir dois ou três andares por uma escadaria estreita, o que para ele era muito difícil, porque há algum tempo tinham-lhe amputado um pé, devido à diabetes de que sofria", contará então o presidente da Académica, Campos Coroa. O mesmo que o definirá, no dia do funeral, como "um mito da nossa Associação". Jesus Correia, antigo colega de Manuel Capela na selecção, também se pronuncia. "Era um brincalhão e uma pessoa muito decente". E António Curado, o velho defesa da Briosa que com ele passou muitas horas, dentro e fora dos campos, recorda-o em duas páginas do seu livro "Coisas sobre Coimbra". "Era, para mim e para todos os que com ele lidavam mais de perto, uma 'criança grande', que se melindrava, por pouco, com as brincadeiras dos colegas de equipa, sem nunca deixar de ser, todavia, um bom companheiro e um amigo de integridade indefectível".

Talvez aquela faceta da sua personalidade explique coisas como o processo disciplinar interno de que foi alvo na época de 51-52 – posteriormente arquivado –, surgido na sequência de desentendimentos com outros dois jogadores que com ele partilhavam a velha "República" de atletas situada nas proximidades da Universidade. Mas, como Curado também diz, nunca deixou de ser "um ídolo da Briosa e do futebol nacional". Tanto que há muito quem considere ter sido Manuel Capela o melhor guarda-redes que alguma vez passou por Coimbra.

ALBERTO GOMES
UMA "ETERNA LEGENDA"

Alberto Gomes despede-se da Académica, pela segunda vez, da melhor maneira: deixa a turma que orienta na 1.ª divisão e marca o golo decisivo para a subida. Nas duas épocas seguintes ainda treinará os juniores, com os quais se sagrará campeão nacional. E, anos depois deste novo êxito, voltará a orientar a equipa principal, em duas ocasiões. Mas, ele próprio, recordará sempre o final da época de 48-49 como a grande etapa da sua carreira, a par da conquista da Taça de Portugal de 39 e a estreia internacional, em Janeiro de 1940.

Natural da minhota vila de Monção, onde nasce a 29 de Dezembro de 1915 e onde se manifesta um primeiro fascínio pela ginástica, Alberto Luís Gomes surge em Coimbra aos 21 anos, oriundo do Porto. Na Invicta jogara dois anos no Académico e praticara atletismo no mesmo clube, após uma passagem episódica pelas "reservas" do Boavista. Tornara-se alvo da cobiça do FC Porto, cuja camisola chega a vestir por uma vez. É já no antigo liceu D. João III (hoje, José Falcão) que conclui o secundário e faz o exame de admissão à Faculdade de Letras coimbrã, onde se inscreve, em 1937, no curso de Histórico-Filosóficas.

Nesse mesmo ano, em paralelo com a prática do voleibol na Associação Cristã dos Estudantes, pela qual se sagra campeão regional e em cujas instalações se hospeda, começa a jogar futebol na Académica, na posição de extremo-direito. Logo na estreia oficial, num encontro com o Leixões que a Briosa ganha por 4-2, marca um golo. Mas, poucos jogos depois, falha escandalosamente o tento do empate, num jogo que a Briosa perde com o Benfica por 2-1. Escuta, então, comentários pouco abonatórios e é escalado para um desafio de "reservas" com o União. Num jantar oferecido aos atletas, o director de "O Ponney", Castelão de Almeida, confronta-o directamente: "Então, é você o tal jogador que diziam ser 'truta' e afinal é uma merda?". Alberto Gomes chega a pensar abandonar Coimbra.

PRIMEIRO INTERNACIONAL DA BRIOSA

A sorte começa a mudar logo duas semanas depois, num jogo com o Carcavelinhos, para o qual Gomes só é convocado porque faltara o interior-direito titular, Pacheco. Apesar de a Briosa ter perdido esse encontro, passa a ser indiscutível. Em 38, continua a acumular o futebol com o voleibol, mas é também já na Académica que pratica esta última modalidade. Em 39, com o vólei posto de parte, marca um dos quatro golos com que os estudantes derrotam o Benfica na final da Taça de Portugal. E a 28 de Janeiro do ano seguinte está em Paris, a jogar pela selecção nacional, no desafio que esta perde com a França por 3-2.

Torna-se, assim, o primeiro jogador da Briosa a conseguir, de facto, a internacionalização. Na tarde de 1 de Janeiro de 42, em Lisboa, marca um golo na vitória de Portugal sobre a Suíça por 3-0. E tem-se como certo que só não alinha no encontro seguinte da selecção, com a Espanha, por entretanto ter sofrido uma rotura muscular. Os portugueses averbam a habitual derrota, desta vez por 2-0. E Alberto Gomes comenta para os amigos, entre os quais António Correia, que sobre ele escreveu abundantemente na revista "Rua Larga": "Só ganhamos aos espanhóis quando eu jogar".

Em 1943, após ter recusado convites do Sporting e do Benfica, conclui o curso a jogar pela Briosa, emprega-se na secretaria da Universidade e casa-se. Em Julho do ano seguinte, já pai da pequena Virgínia Manuela, radica-se em Viana do Castelo, onde será professor e director do colégio da cidade. Ao mesmo tempo, joga pelo Vianense. Mas, menos de quatro anos depois, abandona tudo e regressa a Coimbra para tentar ajudar a Académica, ainda como atleta, a evitar a descida à 2.ª divisão.

Não consegue. Só que, na época de 48-49, é ele quem treina a equipa que regressa ao escalão maior e quem marca o golo que sela a vitória por 2-1, no decisivo jogo com o Portimonense. Um jogo que marca o fim da sua carreira como futebolista, após um total de dez anos ao serviço da Académica, ao longo dos quais disputa 206 partidas oficiais e marca 166 golos (incluindo campeonatos nacionais e distritais, Taça e os encontros anulados da 2.ª divisão na sequência do suborno dos jogadores do Famalicão).

Uma semana depois, um grupo de amigos, entre os quais se contam antigos colegas como José Maria Antunes, Isabelinha e Bernardo Pimenta, oferece-lhe um jantar de homenagem, no restaurante lisboeta "Castanheira de Moura". Ao discursar, no fim do repasto, Alberto Gomes só consegue dizer isto: "Sei que alguma coisa fiz pela Associação Académica. Mas julgo que todos os presentes fariam o mesmo, se isso fosse necessário, para elevar o nome da nossa querida Associação".

NOVO REGRESSO A COIMBRA

Nas duas épocas seguintes, treina a equipa de juniores da Briosa, que em 1950 se sagra campeã nacional. Depois, regressa ao Minho. Mas, em 54, volta novamente para Coimbra, onde orienta a turma principal da Académica, em substituição de Oscar Tellechea. A diferença está em que agora já não joga; apenas orienta.

Não é fácil convencer Alberto Gomes a voltar. Como já não o fora em 1948. Além da actividade profissional que exerce em Viana do Castelo, Gomes tem ligações afectivas com a cidade. Aí fizera boa parte do liceu e iniciara-se na prática do futebol – no Grupo Desportivo dos Empregados do Comércio, curiosamente composto por uma maioria de estudantes, entre os quais o futuro colega de Coimbra, Peseta. Aí fora, após o segundo retorno de Coimbra, treinador e presidente do Vianense. Além disso, estabilizara a vida familiar: à primeira filha, nascida durante a sua primeira passagem pelas margens do Mondego, juntar-se-ão dois rapazes: Carlos Alberto e Jorge Manuel. Finalmente, talvez ainda não tivesse desaparecido de todo a mágoa com que saíra da Briosa, pela primeira vez, quando em 1944 pensara pôr termo à carreira de atleta.

Percebe-se essa mágoa num depoimento que concede a Armando Sampaio, e que este transcreve em "Football para o Serão", publicado justamente no ano da primeira despedida de Alberto Gomes. "Em Coimbra há muitos doutores!", queixa-se o primeiro futebolista internacional da Briosa. "Afirmo-o desassombradamente, sem receio de alguma crítica ou ataque que venha a sofrer por estas minhas afirmações, que são o mais sinceras e desempoeiradas e feitas por um desportista académico, que pela A.A. realizou o máximo que estava nas suas posses e recursos. Saio de Coimbra com

Alberto Gomes: em 1940, aquando da primeira internacionalização, e em 1942, com a camisola da Académica

À ESQUERDA
Alberto Gomes, ao centro, na hora do regresso às funções de treinador, em Outubro de 1961

À DIREITA
Esta foto de Alberto Gomes faz a capa da revista "Stadium" de 10 de Fevereiro de 1943

NA PÁGINA DA DIREITA
Alberto Gomes recebendo, como lembrança, uma cigarreira das mãos de Manuel da Silva Pereira (dirigente da Académica), durante uma homenagem que lhe é prestada em Viana do Castelo, a 5 de Junho de 1946, e que inclui um encontro entre a Briosa e o Vianense

a consciência do dever cumprido. Servi uma causa que devia merecer mais atenção, carinho e sacrifício daqueles que só nos momentos de glória e ventura sabem gritar: 'Viva a nossa Académica!'".

DIFICULDADES
DE UM TREINADOR

Afinal, voltou. Uma vez, outra, e ainda uma terceira, esta já na época de 61-62, e sem qualquer afastamento físico de Coimbra pelo meio. Ele, que no mesmo depoimento a Sampaio, também enjeitava a hipótese de um dia orientar a equipa, em nome das "dificuldades com que um treinador tem de lutar para conseguir algo de objectivo e útil". Só que a Académica vive, novamente, uma fase complicada. E Gomes não consegue dizer que não.

A convencê-lo, tem um papel determinante o velho amigo António Correia, como este conta em mais um artigo publicado na revista da Associação dos Antigos Estudantes de Coimbra, "Rua Larga", que o próprio Alberto Gomes dirige entre 57 e 60. Correia age a pedido de Francisco Barrigas de Carvalho, então o principal dirigente da secção de futebol, e aproveitando uma deslocação de Gomes a Miranda do Corvo, onde a mulher tem as suas origens.

É nesta vila que António Correia se apresenta num fim de tarde de Julho de 54, acompanhado de Carlos Faustino, outro titular da equipa que conquistara a Taça de Portugal de 39 e que a direcção da secção quer ver como técnico-adjunto. Gomes começa por pensar que se trata de uma simples "visita à despensa". Mas aceita ouvir a proposta que têm a fazer-lhe e, no dia 20 de Agosto de 1954, está novamente a treinar a Académica.

Ao lado, não tem afinal Faustino, entretanto chamado à Índia, devido à sua condição de militar. Tem Nana, outro prestigiado ex-jogador, que já auxiliara Tellechea, nomeadamente na conquista do terceiro título nacional de juniores. E os resultados ficarão, mais uma vez, à vista: na época de 54-55, a Académica realiza, não apenas um excelente campeonato nacional, como tem uma magnífica carreira na Taça e chega, novamente, a uma final de juniores.

Alberto Gomes admirava o futebol argentino da época. Em campo, como jogador, tinha uma atitude tão cavalheiresca que era frequente os adversários pedirem-lhe desculpa quando o atingiam. Nas margens do Mondego, tornara-se amante de guitarradas e de petiscos, como o bacalhau assado, as iscas e a sardinha frita com broa e azeitonas. Os amigos tratavam-no, simplesmente, por "Berto". Muitos, como o assume Gonçalo dos Reis Torgal, no seu livro "Coimbra, boémia da saudade", consideram-no o melhor jogador da Académica de todos os tempos. Faleceu a 16 Fevereiro de 1992. No "Record", Henrique Parreirão apelidou-o, um dia, de "eterna legenda do futebol de Coimbra".

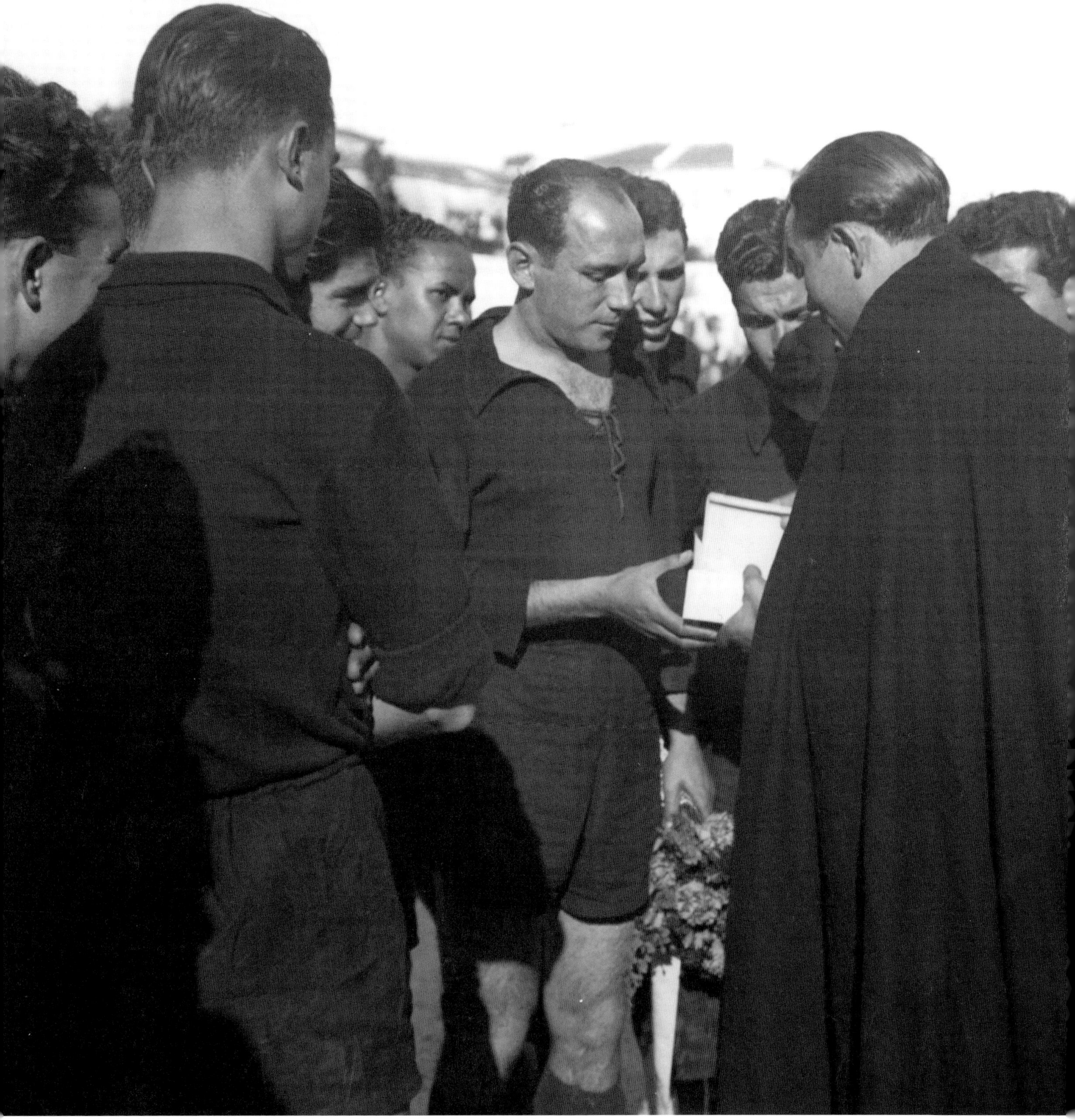

1949·1950
Um regresso feliz

Belenenses 2 - AAC 0
12-2-1950
De pé: Curado, Tito, Branco, Brás, Castela e Azeredo;
à frente: Melo, Duarte, Macedo, Serra Coelho e Garção

É RAZOAVELMENTE FELIZ o regresso da Académica à 1.ª divisão: a equipa fica em sétimo lugar, exactamente a meio da tabela classificativa. E outro "galo" podia mesmo ter cantado, se uma infelicíssima arbitragem num jogo com o Sporting da Covilhã não tivesse levado à interdição temporária do novel Estádio Municipal de Coimbra.

A Académica só sofre a primeira derrota da época à oitava jornada, quando perde em Guimarães, com o Vitória, por 3-0. Até então, só resultados positivos, com destaque para o empate a uma bola, com o futuro campeão Benfica, em Lisboa.

Depois do desaire com os vimaranenses, os estudantes ainda alcançam sucessos como a vitória por 3-2 sobre o FC Porto, em casa. Facto tanto mais de realçar quanto a Académica chega a atingir os 3-0, durante a primeira meia hora de jogo. E ao intervalo há 3-1, resultado que o "Mundo Desportivo" considera "lisonjeiro para os visitantes", que terminarão a época apenas com mais dois pontos do que a Briosa.

Mas a "pedalada" não mais será a mesma. O Sporting, por exemplo, ganha por 6-1 em Coimbra, num jogo a que assistem mais de 17 mil espectadores, deixando nas bilheteiras a impressionante, para a época, receita de 220 contos! Mário Wilson, futuro defesa da Académica, então a jogar pelos lisboetas como avançado, marca três golos na baliza de Capela.

É certo que talvez as coisas pudessem ter corrido melhor, se o Municipal de Coimbra não tem sido interditado por um mês, após os incidentes com o público que se seguiram à derrota de 15 de Janeiro de 1950: 4-6, frente ao Sporting da Covilhã, à décima quarta jornada. Duas semanas depois, para só dar uma ideia, os estudantes têm de defrontar o Atlético – que seria terceiro classificado no campeonato –, não em sua casa, mas em Santarém.

Perdem por 2-1, quando na primeira volta tinham empatado no histórico Estádio da Tapadinha, em Lisboa, a um golo.

O que provocou os incidentes? A crer na imprensa da época, uma desastrada exibição do árbitro, o lisboeta Rogério de Melo Paiva. Segundo a revista "Stadium", ele cometeu "só" os seguintes disparates, todos em prejuízo da Briosa: logo aos 11 minutos, quando o resultado era de 1-0 a favor dos covilhanenses, fez vista grossa a uma rasteira a Bentes, em plena área do adversário, e quando o extremo-esquerdo coimbrão seguia isolado para a baliza; aos 44, havia então 3-3, não sancionou com pénalti uma mão de um jogador do Covilhã na sua área; aos 37 minutos da segunda parte, registava-se novo empate, agora a quatro bolas, facilitou a marcação do quinto golo dos verde-brancos, ao transformar em grande penalidade uma falta cometida por Curado fora da área da Académica; finalmente, não sancionou um jogador covilhanense que fez menção de o agredir, a ele, juiz da partida. Chega?

Benfica 1 - AAC 1
6-11-1949
À esquerda, em cima, Curado, com a garra que o caracteriza, procura evitar um remate do benfiquista Corona. Castela observa.
À direita, Capela, como tantas vezes acontecerá ao longo do jogo, é dono e senhor do lance

À ESQUERDA, EM BAIXO
Real Sociedad 3 - AAC 1
Bruxelas, 9-4-1950
Azeredo, capitão da Académica, na hora da escolha do campo

À DIREITA, EM BAIXO
Quando o Municipal de Coimbra começa a ser construído, na zona, pouco mais há que o liceu Infanta Dona Maria...

Nº	NOME	JOGADORES UTILIZADOS				
		JOGOS	J. C.	J. I.	MIN	GOLOS
98	Nana	11	11	0	990	1
117	Brás	19	19	0	1710	0
120	Azeredo	26	26	0	2340	0
122	Bentes	25	25	0	2250	13
123	Garção	5	5	0	450	2
127	Melo	1	1	0	90	0
128	Branco	26	26	0	2340	0
130	Eduardo Santos	1	1	0	90	0
133	Diogo	10	10	0	900	0
135	Pacheco Nobre	24	24	0	2160	10
143	Tito	1	1	0	90	0
150	Capela	25	25	0	2250	0
151	Castela	24	24	0	2160	1
156	Curado	23	23	0	2070	0
157	Pinho	8	8	0	720	1
158	Macedo	25	25	0	2250	21
159	Serra Coelho	21	21	0	1890	5
160	Duarte	8	8	0	720	2
161	Neves Pires	3	3	0	270	0

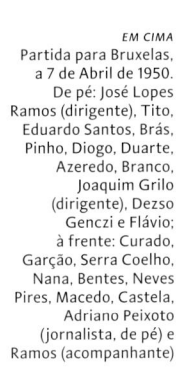

EM CIMA
Partida para Bruxelas, a 7 de Abril de 1950. De pé: José Lopes Ramos (dirigente), Tito, Eduardo Santos, Brás, Pinho, Diogo, Duarte, Azeredo, Branco, Joaquim Grilo (dirigente), Dezso Genczi e Flávio; à frente: Curado, Garção, Serra Coelho, Nana, Bentes, Neves Pires, Macedo, Castela, Adriano Peixoto (jornalista, de pé) e Ramos (acompanhante)

EM BAIXO
Real Sociedad 3 - AAC 1 Bruxelas, 9-4-1950 Serra Coelho, Neves Pires, Azeredo, Branco e Curado formam barreira, enquanto Castela procura perturbar a acção do marcador do livre

NA PÁGINA DA DIREITA
Final do Campeonato Nacional de Juniores AAC 2 - Benfica 1 21-5-1950 De pé: Messias (dirigente), Salvador, Alberto Gomes (treinador), ?, Paredes, Carreira, Crespo, Sarmento, Bráulio, José Afonso (atrás), Torres, Leandro, Morgado, Fonseca, Gilberto (massagista) e Dezso Genczi (treinador dos seniores); à frente: Lúcio, Almiro, Pimentel, Lebre, Eugénio e Sombreireiro

Em todo o caso, a sanção não deixa de conter uma ironia. É que a Académica acabara de se instalar no "Municipal", a título definitivo, uma vez autorizado pelo Governo o desvio para o estádio de uma verba de 600 contos, inicialmente destinada ao matadouro de Coimbra. Foi esta verba que permitiu dar um novo impulso à execução do projecto da autoria do arquitecto Manuel Maria Valdez. Ela viria, porém, a revelar-se insuficiente para impedir que as obras se arrastassem por mais de uma década.

Nesta época, e pela segunda vez desde a criação da competição, não se disputa a Taça de Portugal. Em contrapartida, a Académica participa, em Abril de 1950, num prestigiado torneio de Páscoa, realizado na Bélgica. Apresentada, nos cartazes da organização, como "a revelação portuguesa da temporada", a Briosa perde por 3-1 com os bascos da Real Sociedad e por 7-1 com os campeões belgas do Anderlecht. Não passa do quarto lugar final, mas mesmo assim é recebida carinhosamente no Largo da Portagem, no regresso a Coimbra. Talvez porque os conimbricenses se aperceberam da valia dos restantes participantes no troféu, entre os quais também se encontrava o Racing de Paris.

Treina os estudantes um húngaro de nome dificílimo de pronunciar: Dezso Genczi. E ingressam na equipa novos jogadores, como Macedo, Duarte ("Massas"), Pinho, Serra Coelho e Neves Pires. O defesa Joaquim Branco, que mais tarde se tornará o primeiro atleta da Académica a doutorar-se, conclui a licenciatura em Medicina com 16 valores. E Curado regressa à Briosa, após uns anos de emblemas do União e do Vitória de Guimarães ao peito. "Para na Académica dar por terminada a minha carreira", revela o "raçudo" defesa-médio à revista "Stadium", antes de declarar: "A Académica, que foi sempre o meu clube, será o meu último clube. Só tenho pena de voltar tarde".

NACIONAL DA 1ª DIVISÃO						
CLASSIFICAÇÃO	JOGOS	V	E	D	GOLOS	PTS
1º SL Benfica	26	21	3	2	86 - 33	45
2º Sporting CP	26	19	1	6	91 - 35	39
3º Atlético CP	26	11	8	7	53 - 42	30
4º CF "Os Belenenses"	26	10	7	9	36 - 41	27
5º FC Porto	26	12	2	12	61 - 52	26
6º SC Covilhã	26	10	5	11	55 - 70	25
7º ACADÉMICA	26	8	8	10	56 - 57	24
8º SC Braga	26	11	2	13	52 - 53	24
9º SC Olhanense	26	8	8	10	48 - 57	24
10º VFC Setúbal	26	10	3	13	50 - 70	23
11º VSC Guimarães	26	7	7	12	45 - 59	21
12º GD Estoril-Praia	26	7	7	12	50 - 59	21
13º CAD "O Elvas"	26	8	3	15	48 - 65	19
14º LFC V. R. S. António	26	7	2	17	42 - 80	16

Finalmente, Campeã de Juniores

Se o regresso dos seniores à 1ª divisão não correu nada mal, o campeonato nacional de juniores correu muito melhor. A Académica ganhou-o pela primeira vez, após três tentativas consecutivas frustradas. A vítima foi o Benfica, que perdeu com os jovens estudantes por 2-1.

A coisa parecia estar "embruxada"! Desde a época de 1946-1947 que a Académica, crónica campeã distrital no escalão, disputava consecutivamente a final do campeonato nacional de juniores, sempre em Lisboa e com adversários da capital. Mas quanto a vitórias, nada… No primeiro ano, 0-1 com o Belenenses, na Tapadinha; no seguinte, 0-2 com o Sporting, também na Tapadinha; em 48-49, 0-7 com o Benfica, no Estádio Nacional, com o futuro jogador da Briosa, Gil, a marcar nada menos de três golos. Já um bom par de anos antes, aliás, a Académica disputara a final do escalão – a sua primeira final. Foi na época de 39-40, o adversário foi o Unidos do Barreiro e, para não variar, o jogo realizou-se em Lisboa e a Briosa perdeu: 0-1. Mas, de facto, foi na segunda metade da década de 40 que os estudantes intensificaram a luta pela conquista do título de juniores.

À quarta tentativa seguida, já no dealbar de uma nova década e mesmo com a final a disputar-se novamente em Lisboa, foi de vez. A Briosa sagrava-se mesmo campeã, "vingando" particularmente a gorda derrota do ano anterior. Na manhã de 21 de Maio de 1950, vencia o Benfica, no Estádio de Alvalade, por 2-1. "Finalmente!" – exclamava o "Diário de Coimbra", dois dias depois. "Os juniores da Académica, demonstrando um estoicismo digno dos melhores louvores, mostrando uma vontade férrea, acabaram por obter o seu primeiro título de campeões nacionais". Não foi fácil a vitória, que inauguraria um período de ouro dos escalões de formação da Briosa. Por um lado, os estudantes jogaram praticamente todo o jogo com dez elementos, uma vez que o avançado Lebre quase se limitou a fazer figura de corpo presente, dado que, logo nos primeiros minutos da contenda, foi violentamente carregado por um adversário. Ainda por cima, seguia isolado para a baliza e o árbitro – o portuense Vieira da Costa – nada assinalou.

O atleta teve mesmo de ser assistido fora do relvado. Como, nessa altura, ainda não havia substituições, acabou por regressar. Foi deslocado para a ponta esquerda, por troca directa com Sombreireiro, que fazia a sua estreia a titular. E, em toda a segunda parte, tocou uma vez na bola.

Por outro lado, e muito em consequência da inferioridade física de Lebre, o Benfica teve o que o "Diário de Coimbra" apelidou de "maior quinhão de domínio territorial". Mas ambos os factos só serviram para valorizar a vitória da Académica, que se apresentou na final depois de ter goleado nas duas primeiras eliminatórias: 5-0 ao Viseu e Benfica e 8-0 ao Covilhanense. O jogo seguinte, com o FC Porto, foi mais complicado, tendo acabado com uma igualdade a um golo. Mas, no desempate, a Briosa não deu hipóteses, batendo os portistas por esclarecedores 3-0, em jogo disputado em Aveiro e com Eugénio a marcar os três golos.

Treinada por Alberto Gomes, que no ano anterior "subira" os seniores à 1ª divisão, a Académica apresentou-se em Alvalade com a seguinte equipa: Morgado; Paredes, Torres e Crespo; Lúcio e Bráulio; Almiro, Pimentel, Lebre, Eugénio e Sombreireiro. "Torres – o 'célebre' Mário Torres, que continuou a fazer as delícias dos adeptos da Académica durante muitos anos mais – e Morgado foram, de longe, os principais obreiros da vitória, bem auxiliados, na defesa, por Paredes, e no ataque por Pimentel e por Sombreireiro", sentenciava o "Diário de Coimbra".

Em jogos anteriores – e, portanto, com direito a serem igualmente considerados campeões – tinham sido utilizados o guarda-redes Carreira, os defesas Sarmento, Leandro, Seixas e Mário Fonseca, e o extremo-esquerdo José Augusto. No conjunto dos encontros do "Nacional", Lebre foi o melhor marcador da equipa, com os seus sete golos, contra três de Almiro, Pimentel e Eugénio, dois de Torres e um de Crespo. O que deu à Académica um total de 19 tentos marcados na prova, para apenas dois sofridos.

Desta formação, Torres, Bráulio e Sombreireiro licenciar-se-iam em Medicina; Lúcio e Almiro em Ciências; Eugénio em Engenharia; Paredes em Direito. Lebre e Morgado, que era o capitão da equipa, não chegaram a formar-se. O avançado foi industrial de cerâmica; o guarda-redes proprietário de um café-restaurante da Figueira da Foz que, passe a publicidade, se tornou muito conhecido nos anos 60: o "Ringo".

1950·1951
Outra vez na final da Taça

AAC 0 - Benfica 3
18-3-1951
De pé: Capela, Oscar Tellechea (treinador), Branco, Torres, Melo, Eduardo Santos e Azeredo;
à frente: Duarte, Gil, Macedo, Neves Pires e Bentes

Uma dúzia de anos depois, a Académica volta a disputar a final da Taça de Portugal. Novamente com o Benfica, campeão nacional. Mas, desta vez, o jogo é já no Estádio Nacional, no Vale do Jamor. Realiza-se em plena época de exames e conta com uma arbitragem que, conforme toda a imprensa da época reconhece, penaliza altamente os estudantes. A Briosa perde por 5-1.

O campeonato decorrera sem grandes motivos de notícia. O mais relevante, consumada nova vitória do Benfica, ainda terá sido o suborno do Oriental por parte do Vitória de Setúbal, o que levou os sadinos a serem despromovidos à 2.ª divisão.

Ao fim da décima primeira jornada, a Académica era terceira classificada, em igualdade pontual com o segundo – o FC Porto, em cujo estádio já empatara e a quem ganharia na segunda volta. Acabará a prova em oitavo lugar. Estivera bastante melhor nos jogos em casa do que fora, onde só conseguira vencer Estoril e Guimarães. Treinada pelo argentino Oscar Tellechea, que como jogador fora campeão de França pelo Sochaux, em 1939, partia para a Taça de Portugal sem perspectivas extraordinárias.

Mas as coisas começam a correr bem. Nos oitavos-de-final, os estudantes "desembaraçam-se" do Oriental e, na eliminatória seguinte, derrotam o Guimarães. Já na meia-final, vão às Salésias empatar a três golos, para depois baterem o Belenenses no "Municipal" coimbrão por três tentos sem resposta. E assim chegam, um pouco inesperadamente, ao jogo decisivo.

Realiza-se este a 10 de Junho de 1951, pelas quatro da tarde, no Estádio Nacional, às portas de Lisboa. A data está longe de calhar bem à Académica, cuja generalidade dos jogadores está envolvida em exames. Dois deles não treinaram mais do que meia hora cada um, ao longo da semana que antecede a final. Um terceiro chega a Lisboa às zero horas do próprio dia do jogo. Mas a Académica lá se apresenta, disposta a discutir o resultado. Com Capela na baliza; o campeão nacional de juniores da época passada, Mário Torres, no centro da defesa, tendo à sua direita o já licenciado Branco e à esquerda Melo; com Azeredo e o ex-viseense José Miguel no meio-campo; e com Duarte, mais conhecido por "Massas", Gil, Macedo, "Nana" e Bentes na frente de ataque.

O início do jogo não é famoso para os estudantes. Logo aos sete minutos, Rogério faz 1-0 para o Benfica, através de um pénalti bastante discutível. Seis minutos depois, Arsénio eleva para 2-0, de forma ainda mais polémica: "O fora-de-jogo de Arsénio não ofereceu margem para dúvidas", escreveu Cândido de Oliveira em "A Bola", limitando-se a repetir o que disseram todos os outros jornalistas que assistiram ao jogo, para além, naturalmente, dos jogadores, dirigentes e adeptos da Académica. Entre estes, os que estiveram no Jamor nunca perdoaram a arbitragem do senhor Paulo Oliveira, auxiliado por Manuel Lousada e Carlos Melo, todos de Santarém.

Ainda assim, Macedo faz renascer a esperança quando, aos 26 minutos, reduz para 1-2. Resultado com que se atinge o intervalo. Só que, logo aos dez minutos da segunda parte, Rogério volta a colocar a bola na baliza à guarda de Capela. Apesar de o domínio de jogo pertencer, então, à Briosa. E, depois disso, o avançado benfiquista ainda marca mais dois golos, fixando o "score" final num 5-1 favorável aos de Lisboa.

Entre os académicos, claro, é a desilusão por não terem podido repetir a façanha de 39. Mas,

À ESQUERDA, EM CIMA
Benfica 3 - AAC 2
10-12-1950
Azeredo, determinado, procura alvejar a baliza benfiquista. Muito ao fundo, Nana aguarda o desenrolar da jogada

À ESQUERDA, EM BAIXO
Belenenses 0 - AAC 0
7-1-1951
Grande estirada de Capela, a ajudar a manter o nulo, num jogo em que o Belenenses fez do Estádio de Alvalade a sua casa. Branco está ali para o que der e vier

À DIREITA
Atlético 6 - AAC 1
8-10-1950
Capela prepara-se para blocar a bola, sob o olhar atento de Branco e Diogo

Nº	NOME	JOGOS	J. C.	J. I.	MIN	GOLOS
98	Nana	22	22	0	1980	1
120	Azeredo	29	29	0	2610	1
122	Bentes	33	33	0	2970	11
127	Melo	31	31	0	2790	0
128	Branco	31	31	0	2790	0
130	Eduardo Santos	26	26	0	2340	0
133	Diogo	4	4	0	360	0
139	Prates	1	1	0	90	0
150	Capela	32	32	0	2880	0
157	Pinho	2	2	0	180	1
158	Macedo	32	30	2	2808	16
160	Duarte	30	30	0	2700	15
161	Neves Pires	7	7	0	630	0
162	José Miguel	13	13	0	1170	0
163	Diógenes	4	4	0	360	0
164	Garnacho	4	4	0	360	1
165	Gil	27	26	1	2420	8
166	Torres	24	23	1	2148	0
167	Ulisses	6	6	0	540	0
168	Portugal	2	2	0	180	0
169	Jorge Santos	3	3	0	270	1

Benfica 5 - AAC 1
10-6-1951
À esquerda, em cima, a equipa que disputa a segunda final da Taça de Portugal.
De pé: António Pita (massagista), Oscar Tellechea (treinador), Capela, Branco, Melo, José Miguel, Torres, Eduardo Santos, Azeredo, Costa Reis (dirigente) e Prates; à frente: Duarte, Gil, Macedo, Nana, Bentes e Pinho.
À direita, esperança era coisa que não faltava aos muitos adeptos da Académica presentes no Jamor. Mas, desta vez, as coisas não correram bem

EM BAIXO
Um dos muitos panfletos que ajuda a mobilizar os simpatizantes da Briosa para o apoio à equipa na final da Taça. Confiança e boa disposição a rodos...

também, o reconhecimento geral de que, independentemente dos erros do árbitro e do desgaste provocado pelos exames, o Benfica ganhara bem. Quanto mais não fosse, porque se apresentara mais tranquilo e em melhores condições físicas.

"A Académica jogou com muitos nervos. Com um pouco mais de calma talvez tivesse feito melhor", escreveu-se no "Mundo Desportivo", jornal onde então trabalhava Carlos Pinhão, que viria a celebrizar-se, mais tarde, em "A Bola". E que, segundo conta na reportagem que assinou sobre o desafio, ouviu de um estudante sentado a seu lado este desabafo: "Perca-se tudo, menos a alegria!".

A Académica perdeu no campo, é certo. Mas também não houve quem não reconhecesse que ganhou nas bancadas e nas ruas de Lisboa, antes e depois do jogo. "A final da Taça de 51 foi um espectáculo coimbrão. Alegre, exuberante, ensurdecedor por vezes, humorístico outras, arrebatado sempre", escreveu o "teórico" Augusto Martins, um dos chefes das claques da Briosa no Jamor, em "A Académica", livro coordenado por José Fernandes Fafe, editado em 1995.

NACIONAL DA 1ª DIVISÃO						
CLASSIFICAÇÃO	JOGOS	V	E	D	GOLOS	PTS
1º Sporting CP	26	21	3	2	91 - 28	45
2º FC Porto	26	15	4	7	67 - 32	34
3º SL Benfica	26	12	6	8	81 - 43	30
4º Atlético CP	26	12	6	8	62 - 49	30
5º C Oriental Lisboa	26	11	5	10	37 - 57	27
6º SC Covilhã	26	13	0	13	62 - 53	26
7º SC Braga	26	10	5	11	42 - 57	25
8º ACADÉMICA	26	10	4	12	40 - 53	24
9º CF "Os Belenenses"	26	10	4	12	45 - 48	24
10º Boavista FC	26	10	3	13	50 - 62	23
11º GD Estoril-Praia	26	10	1	15	53 - 58	21
12º VFC Setúbal	26	8	4	14	31 - 58	20
13º VSC Guimarães	26	6	6	14	40 - 57	18
14º SC Olhanense	26	7	3	16	31 - 77	17

Esperança não faltava

Não havia adepto, jogador ou dirigente da Académica que não acreditasse na reedição, em 10 de Junho de 1951, no Jamor, da vitória obtida na primeira Taça de Portugal, 12 anos antes, no Estádio das Salésias. Afinal...

Apesar de ser época de exames, o optimismo começava nos atletas. O jornal "O Comércio do Porto" foi ouvir alguns deles, na véspera da final. Mário Torres era o expoente máximo da confiança reinante: "Jogo bastante difícil, como todos, afinal, mas que estou convencido resultará em mais uma vitória para nós". O treinador Oscar Tellechea dizia o mesmo, por outras palavras: "Não gosto de arriscar prognósticos, mas, sem menosprezar o valor do nosso adversário, posso repetir-lhe que confio em absoluto nas possibilidades da Académica". E os dirigentes não fugiam à regra. Mendes Silva, que seria presidente da Briosa no final dos anos 80 e era, então, director da secção de futebol, não duvidava: "A Académica vai encerrar a época em verdadeira apoteose".

O mesmo acontecia, aliás, com os vencedores da Taça de 39, que os jornais também não perderam a oportunidade de ouvir. " A minha querida Académica de novo na final da Taça... Estou confiante no triunfo da minha equipa", dizia Nini. "Talvez que ao fim dos 90 minutos as equipas estejam empatadas. Mas, se assim não for, é porque a Académica já terá uma bola ou duas à maior", vaticinava Arnaldo Carneiro, que uma dúzia de anos antes marcara dois golos ao Benfica. "A Académica ganhará o encontro por diferença de uma bola. Talvez um 3-2", vaticinava Bernardo Pimenta.

Pelo mesmo diapasão afinava Carlos Faustino: "O resultado será a vitória da Académica. Pela tangente, mas a vitória será nossa, da 'malta!". "Uma vitória, evidentemente", respondia, por último, o "velho" capitão de 39, José Maria Antunes, quando interpelado acerca da sua expectativa quanto ao resultado. Os próprios dirigentes do União saíam a terreiro em apoio do "rival" de outras alturas. "A Académica vai ganhar a 'Taça", prognosticava publicamente Júlio Misarela, vice-presidente unionista, explicando-se assim: "Deve ser o grupo que mais e melhor sente a camisola". Isto, antes de garantir: "Essa vitória, se vier, não será festejada apenas pelos estudantes. A cidade saberá também festejá-la, pois ela sabe acarinhar e compreender o valor que para si tem a Académica".

Mas, como de costume, era entre os adeptos do emblema estudantil que a confiança atingia os níveis máximos. De Coimbra, para a lisboeta estação do Rossio, partiu um comboio especial com centenas de pessoas, onde a canção mais entoada era: "Vamos a Lisboa/ Ao Estádio Nacional/ A 'malta' tem genica/ Vamos ganhar ao Benfica/ A Taça de Portugal". Às vezes, era entrecortada por uma outra: "Dá cá a Taça/ Deixa a Taça/ Essa Taça tão airosa/ Não é tua/ Não é minha/ Essa será da Briosa". Um professor da Faculdade de Ciências confidenciava ao então repórter de "A Bola", Vítor Santos: "Devia existir uma lei que tornasse obrigatória a presença da Académica na final da Taça". Outro passageiro afirmava: "Em Coimbra só ficaram os inválidos". Das margens do Mondego partiu, igualmente, uma enorme caravana automóvel, apresentada como "rally dos Teóricos". E as excursões de autocarro, com partida, não apenas de Coimbra, mas também de vários outros pontos do país, foram mais que muitas. Começaram a organizar-se, ainda o jogo da segunda mão da meia-final com o Belenenses não tinha atingido o seu termo.

A festa continuou, naturalmente, à chegada a Lisboa. "Hom'essa, hom'essa/ Hom'essa cá me fica/ Ou nós levamos oito/ Ou ganhamos ao Benfica", passou a ser o estribilho mais entoado. Um numeroso grupo de estudantes foi ao Terreiro do Paço oferecer o tradicional fardo de palha ao cavalo de D. José. Uma delegação de "Os Farfanhos", que em 39 acompanhara a equipa nas Salésias, desceu ao relvado do Jamor, equipada com os seus chapéus altos, as suas casacas, as suas bengalas e as suas respeitáveis barbas postiças.

O pior foi no fim do jogo. Tornou-se mesmo necessário o "recipiente suficientemente vasto" de que falava o anúncio do "rally dos Teóricos", para levar "a beiça" de volta a Coimbra. Mas a festa estava feita. E, mesmo após a derrota, um grupo de estudantes, encabeçado pelo inevitável Augusto Martins, ainda teve disposição para ir visitar a redacção de "A Bola". Fazendo tal alarido que deixou estupefactos os lisboetas que circulavam pelo Bairro Alto, para quem aquela gente só podia ter acabado de ganhar a Taça de Portugal...

1951·1952
Não há nada que não aconteça

AAC 2 - Belenenses 1
6-4-1952
De pé: Capela, Wilson, Torres, Azeredo, Eduardo Santos e Melo; à frente: Duarte, Neves Pires, Macedo, Nana e Bentes

A ÉPOCA DE 51-52 marca o aparecimento, na Académica, de uma dupla defensiva que fará furor durante longos anos: Torres, que já vem da época anterior, e Wilson, que se transfere do Sporting. Mas, no campeonato, a Briosa não consegue melhor do que o sétimo lugar. E na Taça não passa da primeira eliminatória. Tudo lhe acontece: interdição do "Municipal" de Coimbra, lesões, arbitragens infelizes... Há mesmo um processo disciplinar interno, por mau comportamento de atletas.

Corre a tarde de 10 de Fevereiro de 1952. A Académica recebe o Guimarães no Calhabé. É, então, décima terceira classificada, com mais três pontos, apenas, que o último – o Salgueiros. Está bom de perceber, pois, a importância do desafio. Logo nos primeiros minutos de jogo, Macedo introduz a bola na baliza dos vimaranenses. O árbitro, o lisboeta José Santos Marques, anula por alegado fora-de-jogo do marcador. No início da segunda parte, o juiz da partida não pune com a respectiva grande penalidade uma mão intencional de um atleta do Vitória na sua grande-área. A escassos segundos do final do encontro, quando permanece o 0-0 inicial, Santos Marques invalida um golo a Bentes, por motivos que ninguém descortina. O público afecto à Briosa explode numa enorme manifestação de descontentamento.

"Arbitragem pessimamente conduzida", escreve-se em "A Bola". "É difícil levar os erros de arbitragem e a dualidade de critérios seguidos, apontados uniformemente pela crítica e pelos técnicos, à conta de simples incompetência. Tratando-se de um árbitro, ou de um conjunto, que tem dado boas provas de si, é lógico atribuí-los à parcialidade da arbitragem", reconhece-se numa nota do Ministério da Educação. Mas a tutela governamental dá, igualmente, como provada "a invasão do terreno pelo público", bem como a existência de "agressão ao árbitro e apedrejamento do automóvel que conduzia este à esquadra de Polícia". E decide interditar o "Municipal".

Até ao fim do campeonato, a Académica faz do velho Campo do Loreto a sua casa. Mas não se dá mal com a troca. Ganha ao Boavista e ao Belenenses e empata com o FC Porto. Acaba a prova – que o Sporting vence e com quem a Briosa empatara, em Coimbra, a três bolas – na sétima posição. Na Taça de Portugal fica-se pela primeira eliminatória, depois de ter empatado em Coimbra, mas perdido por 5-1 nas Salésias, com o Belenenses de Matateu.

Sabe-se como "uma desgraça nunca vem só". À interdição do "Municipal" há a juntar lesões em vários elementos influentes ao longo de todo o campeonato. O defesa Torres lesiona-se à décima jornada, para só regressar à vigésima; o guarda-redes Capela magoa-se na décima partida do calendário, para só reaparecer à décima nona; Curado vê-se impedido de disputar as últimas três jornadas da competição; e Bentes não pode disputar a penúltima e a antepenúltima partidas. Se a isto se juntarem as lesões que não impediram atletas de jogar, mas que fizeram com que o Académica-Atlético, por exemplo, terminasse com três jogadores da Briosa em inferioridade física, percebe-se melhor a malapata que perseguiu os estudantes durante a época.

À ESQUERDA
Covilhã 0 - AAC 0
30-3-1952
Capela agarra a bola com a segurança do costume, ajudando a manter as suas redes incólumes

À DIREITA
AAC 0 - Benfica 3
7-10-1951
No dia da sua estreia, Mário Wilson recebe os pontapés da praxe

	JOGADORES UTILIZADOS					
Nº	NOME	JOGOS	J. C.	J. I.	MIN	GOLOS
98	Nana	10	10	0	900	1
120	Azeredo	26	26	0	2340	0
122	Bentes	20	20	0	1800	16
127	Melo	22	22	0	1980	0
128	Branco	5	5	0	450	0
130	Eduardo Santos	11	11	0	990	0
133	Diogo	3	3	0	270	0
143	Tito	9	9	0	810	0
150	Capela	18	17	1	1575	0
156	Curado	15	14	1	1304	0
157	Pinho	2	2	0	180	1
158	Macedo	22	22	0	1980	3
160	Duarte	24	24	0	2160	7
161	Neves Pires	13	12	1	1146	2
162	José Miguel	1	1	0	90	0
163	Diógenes	5	5	0	450	0
165	Gil	25	25	0	2250	4
166	Torres	19	17	2	1690	0
169	Jorge Santos	4	4	0	360	1
170	Wilson	26	26	0	2340	5
171	Sousa	1	1	0	90	0
172	Abreu	22	21	1	1904	0
173	Eugénio	1	1	0	90	0
174	Polleri	1	1	0	90	0
175	Malícia	1	1	0	90	0
176	Delfino	2	2	0	180	1

EM CIMA
Nana alvo de todas as atenções, antes de um encontro inserido na homenagem que o jornal satírico "O Ponney" presta ao consagrado jogador da Académica, a 12 de Abril de 1952

EM BAIXO
AAC 2 - Barreirense 3
2-12-1951
Curado e Abreu lutam arduamente pela posse da bola. Wilson mantém-se na expectativa

NA PÁGINA DA DIREITA
A equipa de juniores, no dia do primeiro jogo da final do campeonato, a 16 de Maio de 1952. De pé: Rogério, Artur, Marcos, Délio, Sandinha, Morgado e Pinto Simões; à frente: Frias, Mota, Chico, Higino e Gouveia

Para agravar as coisas, ainda houve problemas disciplinares internos. Capela foi acusado de agressão, em privado, pelos seus colegas Neves Pires e Pinho, a quem o guarda-redes, por sua vez, responsabilizava, por terem introduzido duas raparigas numa "República" onde viviam vários jogadores da Briosa. O caso deu mesmo direito a processo levantado pela direcção da secção de futebol.

Mas a época de 51-52 foi, também, aquela em que a Académica estreou a dupla africana dos "Mários": Torres e Wilson. O primeiro já jogava há um ano na equipa principal da Briosa, depois de se ter sagrado campeão nacional de juniores em 1950; o segundo acabara de se transferir do Sporting – onde agora jogava o ex-académico Pacheco Nobre –, estreando-se à terceira jornada, em Coimbra, com o Benfica.

Mário Wilson começou a avançado e o primeiro jogo, como anotava Cândido de Oliveira em "A Bola", não lhe correu nada bem. Mas, progressivamente, foi-se aproximando do lugar de defesa central, onde se imporia durante longos anos, e a sua produção foi melhorando a olhos vistos. Quando, à vigésima terceira jornada, a Académica empatou, em Coimbra, com o FC Porto, já Justino Lopes escrevia, no mesmo jornal de Cândido: "Aqui está uma autêntica revelação de um jogador de fibra, de classe, e, certamente, de brilhante futuro". A quem o disse...

NACIONAL DA 1ª DIVISÃO						
CLASSIFICAÇÃO	JOGOS	V	E	D	GOLOS	PTS
1º Sporting CP	26	19	3	4	91 - 32	41
2º SL Benfica	26	18	4	4	76 - 26	40
3º FC Porto	26	15	6	5	68 - 33	36
4º CF "Os Belenenses"	26	14	8	4	60 - 28	36
5º Boavista FC	26	12	1	13	47 - 55	25
6º SC Covilhã	26	10	5	11	35 - 52	25
7º ACADÉMICA	26	8	6	12	39 - 47	22
8º SC Braga	26	8	5	13	32 - 49	21
9º GD Estoril-Praia	26	8	5	13	49 - 61	21
10º VSC Guimarães	26	9	3	14	28 - 47	21
11º FC Barreirense	26	8	5	13	47 - 65	21
12º Atlético CP	26	7	6	13	53 - 48	20
13º C Oriental Lisboa	26	8	2	16	48 - 72	18
14º SC Salgueiros	26	8	1	17	33 - 91	17

Novamente campeã de juniores

Decididamente, os juniores da Académica tomaram o gosto às vitórias! Na época de 1951-1952, exactamente dois anos após a primeira grande conquista, voltaram a sagrar-se campeões nacionais. Os jogadores, claro, não eram os mesmos, mas a qualidade, essa, mantinha-se. E os jovens da Briosa, como se verá nas páginas seguintes, não se ficaram por aqui...
Em 51-52, a derradeira "vítima" dos juniores da Académica foi o Portalegrense, derrotado no Estádio da Tapadinha, em Lisboa, por 2-1. O jogo disputou-se a 23 de Maio de 1952 e a Briosa, treinada pelo mesmo homem que orientava a turma principal – o argentino Oscar Tellechea – alinhou como se segue: Rogério; Artur e Délio; Marcos, Sandinha e Pinto Simões (capitão); Frias, Mota, Chico, Pinho e Gouveia.
Não houve quem contestasse a justeza do triunfo da Briosa. "Os estudantes mereceram a vitória, apesar da boa reacção dos alentejanos na segunda parte", assim intitulava Cândido de Oliveira a crónica do encontro para "A Bola". Um título que, aliás, sintetizava perfeitamente o que se passara no terreno normalmente utilizado pelo popular Atlético lisboeta. Aos cinco minutos de jogo, já a Académica ganhava por 2-0, com golos de Frias, logo aos três minutos, e de Chico (Francisco Almeida), escassos dois minutos depois. O mesmo Chico seria expulso aos 12 minutos, juntamente com o portalegrense Jerónimo. "Perderam a compostura devida", sentenciou o "Diário de Notícias", no dia seguinte. Só que a Briosa continuou a dominar a partida, até ao golo dos alentejanos, aos oito minutos da segunda parte. Então, os estudantes tremeram um pouco. Mas a equipa, onde a imprensa salientou o trabalho do extremo-direito Frias e do médio Pinto Simões, acabou o jogo novamente instalada no meio-campo dos de Portalegre.
Não se pense, porém, que foi fácil fazer viajar a segunda taça de campeão nacional de juniores para Coimbra. Este encontro de 23 de Maio foi o desempate de um outro, realizado uma semana antes, no mesmo local, onde o Portalegrense conseguira uma igualdade a uma bola. É certo que, logo no início deste primeiro jogo, a Académica vira o árbitro, incompreensivelmente, anular-lhe um golo limpo. Como é verdade que a Briosa – onde Higino alinhou no lugar ocupado por Pinho na finalíssima – esteve a ganhar até 20 segundos (!) do termo da partida, mercê do golo alcançado por Frias aos 22 minutos da primeira parte. Mas o que fica para a história é que o Portalegrense – cujos jogadores, numa atitude de grande desportivismo, se juntaram à homenagem que a Casa da Académica em Lisboa realizou, em Junho de 2001, aos campeões de 52 – obrigou os estudantes a segundo jogo.
Acontecera exactamente o mesmo, aliás, quando se tratara de apurar o finalista oriundo da então chamada "Zona Norte". Também aqui, em jogo realizado em Ovar, o Sporting de Braga começou por empatar com a Académica a uma bola. Uma semana depois, porém, outro "galo" cantaria, e os estudantes, com uma grande exibição, venceram os bracarenses por 3-1. Logo aos 12 minutos colocaram-se em vantagem no marcador, com um golo de Chico. Os minhotos ainda conseguiram ir empatados para o intervalo. Mas, na segunda parte, não tiveram hipóteses. Chico, novamente, e Gouveia fixaram o resultado final, ainda dentro da primeira vintena de minutos da etapa complementar. Na opinião do "Mundo Desportivo", o guarda-redes do Braga, Faria, foi mesmo o melhor jogador dos minhotos na partida. "Sem o valor das suas intervenções, o resultado seria esclarecido mais cedo. Assim, chegou a supor-se que ele só seria o bastante para impor-se nova igualdade, o que, mau grado o seu trabalho brilhante, teria a marca da injustiça", escrevia-se no mesmo jornal.
Até aos encontros com o Sporting de Braga, sim, o caminho da Briosa no "Nacional" fora relativamente fácil. Mesmo sem jogar bem, a Académica começou por bater o Lusitano de Vildemoinhos por 3-1, em jogo realizado no Estádio Mário Duarte, em Aveiro. E depois, já exibindo-se muito melhor, goleou o Covilhanense, em Viseu, por 4-0. Antes, vencera confortavelmente a fase distrital. Atestam-no os 7-0 com que "despachou" o União, tradicional segundo classificado. Não restavam dúvidas de que estava ali uma nova fornada de campeões, na qual têm de incluir-se, além dos 12 que disputaram as duas partidas com o Portalegrense, Loureiro, Tomané e Cortês Neves. "A equipa treinava muitas vezes com a primeira categoria, o que lhe dava grande desenvoltura", procurava explicar o "Primeiro de Janeiro".

1952·1953
"O sopro mágico das camisolas"

AAC 0 - Sporting 1
26-4-1953
De pé: Melo, Torres, Abreu, Wilson, Capela e Azeredo;
à frente: Curado, Gil, Macedo, Nana e Bentes

UM VIOLENTO CONFLITO entre a Académica e a Federação Portuguesa de Futebol (FPF) estala na época de 1952-1953, por causa da sanção imposta à Briosa, na sequência de incidentes verificados no seu campo, aquando do jogo com o Benfica para o campeonato. O conflito leva mesmo à intervenção do Governo, que acaba por atribuir boa parte da razão aos estudantes.

Disputa-se a décima sétima jornada do campeonato. A Académica, em posição desagradável na tabela classificativa, recebe o Benfica. Logo aos oito minutos de jogo, o árbitro – o escalabitano Reis Santos – expulsa Melo. Depois, deixa passar em claro dois lances duvidosos na área encarnada. A Briosa, que desde os cinco minutos da segunda parte joga com nove jogadores (Capela lesionara-se, sendo substituído na baliza por Gil), perde por 3-1. O árbitro "errou estrondosamente", diz "O Comércio do Porto". "Má arbitragem", acusa "A Bola".

Partida terminada, Reis Santos é alvejado com pedras atiradas da bancada. Perto dali, mais exactamente no Largo da Portagem, bandeiras e um dístico são retirados à força de uma camioneta de benfiquistas. O que leva a direcção do clube lisboeta a acusar os adeptos da Briosa de falta de civismo.

Reage a Assembleia Magna da Associação Académica, cortando relações com o Benfica. Quanto ao que se passara no "Municipal", a FPF decide interditar o estádio por quatro jogos e multar a Briosa em dois contos.

Recorre esta, alegando não ser responsável por actos praticados por "indivíduos isoladamente, na sequência de uma arbitragem totalmente injusta e prejudicial para a Académica, que, aliás, se sucedeu a uma outra, pior ainda", ocorrida 15 dias antes, no jogo que a equipa de Coimbra perdera com o Belenenses. Protestam ainda os estudantes por, em sua opinião, "não se determinar a Federação por critérios objectivos, uma vez que outros clubes, em idênticas situações, não têm sido castigados". Referência clara ao que se passara no Braga-Sporting da jornada anterior, onde o árbitro – por sinal o mesmo Reis Santos – também fora agredido no final do jogo, sem que daí tivesse resultado qualquer penalização.

O Ministério da Educação entra ao barulho. Dá por confirmado que a arbitragem do jogo de Coimbra "foi má" e que a escolha do juiz de Santarém ocorreu "à última hora", sem que se vislumbrassem "motivos de força maior" para a substituição do árbitro inicialmente seleccionado. Mais: reconhece que no julgamento da FPF "houve severidade excessiva e desvio de critérios seguidos em casos anteriores". Dá mesmo o exemplo do Braga-Sporting, citando a explicação que lhe fora dada pelo presidente federativo para não ter, então, havido interdição de campo: "Na apreciação do facto pesou um pouco a situação do Sporting de Braga, em perigo de ser relegado para a 2.ª divisão".

Ora, o Braga seria, precisamente, a próxima equipa a deslocar-se a Coimbra, onde morava uma Académica igualmente em risco de descida. Mas, enquanto não se resolve todo aquele imbróglio, os jogos na "Lusa Atenas" ficam suspensos.

	JOGADORES UTILIZADOS				
Nº	NOME	JOGOS	J. C.	J. I.	MIN	GOLOS
98	Nana	14	13	1	1248	0
120	Azeredo	28	28	0	2520	0
122	Bentes	27	27	0	2430	15
127	Melo	24	23	1	2078	0
130	Eduardo Santos	2	2	0	180	0
133	Diogo	5	5	0	450	1
143	Tito	1	1	0	90	0
150	Capela	22	21	1	1940	0
156	Curado	17	16	1	1510	3
158	Macedo	21	20	1	1831	5
160	Duarte	20	20	0	1800	3
161	Neves Pires	1	1	0	90	0
163	Diógenes	2	2	0	180	0
165	Gil	17	17	0	1530	6
166	Torres	21	21	0	1890	1
169	Jorge Santos	3	3	0	270	0
170	Wilson	28	28	0	2520	0
172	Abreu	26	26	0	2340	0
173	Eugénio	2	2	0	180	0
174	Polleri	5	5	0	450	0
175	Malícia	19	19	0	1710	5
177	Prado	2	2	0	180	0
178	Figueirinhas	1	1	0	90	0

À ESQUERDA
Wilson, Capela e Torres. Jogaram juntos durante cinco épocas consecutivas, ao longo das quais foram o grande esteio da defensiva estudantil

À DIREITA
Gil é operado, no decurso da sua terceira época em Coimbra, por Fausto Pimentel, irmão do autor do emblema da AAC. Consequência: está ausente da equipa durante dois meses e meio

EM CIMA
A equipa da Académica retratada em cromos, numa das muitas colecções que se publicam nos anos cinquenta

EM BAIXO
Sporting 3 - AAC 0
3-5-1953
De que se estará a rir Azeredo? Capela, Melo e Torres parecem mais preocupados com o sportinguista Vasques...

Chega, finalmente, a decisão governamental: mantêm-se os dois contos de multa, mas a interdição do "Municipal" é anulada. Um mês depois do estipulado no calendário, o Académica-Braga da décima nona jornada disputa-se, finalmente, em Coimbra. Mas a Briosa perde por 2-0 com o seu competidor directo. A decisão final fica adiada para o penúltimo jogo. O empate serve à Académica. Só que o adversário chama-se FC Porto e, ainda por cima, está um temporal enorme naquele fim de tarde de 22 de Abril de 1953.

A um quarto de hora do final, Torres alcança a preciosa igualdade com que termina o desafio. "Apesar de tudo quanto a Federação fez à Académica, o grupo de Coimbra mantém-se na 1.ª divisão", escreve na imprensa o ex-seleccionador nacional, Tavares da Silva. É o Braga quem vai à "liguilha".

No domingo seguinte, antes de ser eliminada pelo Sporting da Taça de Portugal, a Académica ainda recebe os "leões" para o campeonato. Perde por 1-0, mas no "Municipal" o tempo é de festa. Tanta que até dá para a realização, na pista de atletismo, de um cortejo "com irreverentes alusões aos últimos acontecimentos do futebol português", que não escapa à observação do jornalista Vítor Santos. "Pensava-se que os 'capas negras' se entregariam ao seu próprio infortúnio. Só aqueles que não conhecem o ambiente da Académica, o sopro mágico das suas camisolas, o brio de todos os seus rapazes, poderia pensar assim", escreve um outro prestigiado jornalista da época, Alves Teixeira.

NACIONAL DA 1ª DIVISÃO						
CLASSIFICAÇÃO	JOGOS	V	E	D	GOLOS	PTS
1º Sporting CP	26	19	5	2	77 - 22	43
2º SL Benfica	26	17	5	4	75 - 27	39
3º CF "Os Belenenses"	26	15	6	5	60 - 29	36
4º FC Porto	26	16	4	6	58 - 35	36
5º FC Barreirense	26	10	8	8	44 - 40	28
6º VFC Setúbal	26	11	5	10	40 - 33	27
7º LGC Évora	26	10	5	11	31 - 44	25
10º SC Covilhã	26	7	6	13	28 - 54	20
8º VSC Guimarães	26	7	6	13	35 - 54	20
9º Boavista FC	26	7	6	13	38 - 54	20
11º ACADÉMICA	26	7	5	14	39 - 57	19
12º Atlético CP	26	6	7	13	33 - 52	19
13º SC Braga	26	8	2	16	37 - 58	18
14º GD Estoril-Praia	26	5	4	17	28 - 64	14

O GOSTO DE CURADO PELA ESCRITA

Em 1953, António Curado não é apenas um dos habituais defesas da Académica. É também, desde há quase três anos, o director e principal redactor do jornal humorístico "O Ponney", fundado em 1929 por Castelão de Almeida, que o dirigiu até à sua morte, em 1950. Talvez isto ajude a explicar porque é que os jornalistas desportivos de Coimbra surgem envolvidos na homenagem a Curado, em finais de Junho de 53.

António Henriques Curado nasce em Coimbra, freguesia da Sé Nova, a 6 de Janeiro de 1921. Ainda estuda até aos 21 anos, com o sonho de se formar em Direito, mas nessa altura a paixão pelo futebol já consome quase inteiramente a sua vida. O tempo que os jogos e os treinos lhe deixam é ocupado com galanteios ao sexo oposto e na "trupe" do "célebre" Felisberto Pica, um dos mais lendários boémios da cidade. Em 1936, já Curado joga nos juniores da Académica. Nos dois anos seguintes, representa "Os Conimbricenses". Em 1939 regressa à Briosa. Embora não consiga impor-se na equipa principal, mantém-se entre os estudantes durante três temporadas. Em 1942 muda-se para o "rival" União de Coimbra, o que provoca o escândalo que se calcula. E entre 1944 e 1949 está num outro clube com quem as relações da Académica, anos mais tarde, não seriam famosas: o Vitória de Guimarães. Chega, mesmo, a capitanear a equipa vitoriana, o que faz com que uma direcção presidida pelo polémico António Pimenta Machado o homenageie, em 1997, atribuindo-lhe a qualidade de "capitão vitalício das equipas do Vitória". É ao serviço dos minhotos, aliás, que Curado é algumas vezes chamado aos trabalhos da selecção nacional.

Em 1949, regressa a Coimbra e à Académica, cimentando a fama de defesa intratável para os avançados adversários e de colega rezingão para os companheiros que, no seu modo de ver as coisas, não se aplicam devidamente. Da forma como os árbitros olham para ele, então, nem é bom falar...

No ano seguinte, após a morte de Castelão de Almeida, está a dirigir "O Ponney". E, em finais de 51, continuando a representar a Académica, escreve o seu primeiro livro, todo ele dedicado a figuras e factos do futebol da Briosa: "Pontapés p'ró ar".

Toma, definitivamente, o gosto pela escrita e, em 1974, quando trabalha, no Porto, como quadro superior de uma empresa de combustíveis, edita "Patrões feudais – elementos indesejáveis", sobre o relacionamento entre trabalhadores, patronato e sindicatos. Em 1992, volta à carga, publicando "Meninos de bibe e calção", que dedica aos seus antigos colegas de escola primária. E, em 2000, lança "Coisas sobre Coimbra – o 'Pica' e a Briosa". O seu ano de estreia no mundo dos livros coincide com uma prolongada lesão ao serviço da Académica. Data dessa altura uma crónica que publica na revista "Stadium: "Dizem que sou operado amanhã. Ainda bem. Quanto mais cedo for, mais brevemente me encontrarei, no meio dos meus camaradas, lutando pela nossa Académica e dando efectivação ao desejo predominante que me acompanha: jogar futebol".

São gestos como este que levam à homenagem de 20 e 21 de Junho de 1953, promovida por uma comissão que integra professores universitários como Afonso Queiró, ex-atletas como José Maria Antunes e os jornalistas desportivos de Coimbra. Da festa, constam um sarau no teatro Avenida, um jogo entre veteranos da Académica e do Sporting, uma outra partida, entre a Académica da época e o Lusitano de Évora, e, finalmente... um baile na FNAT (hoje, INATEL), abrilhantado pelos cantores Francisco José ("Teus olhos castanhos...") e Luís Piçarra, célebre intérprete do hino do Benfica.

Durante a sua carreira não marcou, obviamente, muitos golos. Em Março de 1954, porém, alcança um tento que se revelará precioso, não apenas para o triunfo no jogo, mas para a manutenção da Académica na 1.ª divisão. Por uma daquelas ironias em que a vida é fértil, contra a sua ex-equipa do Vitória de Guimarães.

Curado, curiosamente um homónimo do defesa-direito que, anos mais tarde, lhe sucederia na equipa, termina a sua carreira de futebolista na Briosa em 1954. Mais de três décadas depois, em 1992, está a fundar, juntamente com um outro antigo atleta dos estudantes, Eugénio Carvalheira, a Casa da Académica no Porto – depois da Casa de Lisboa, a segunda instituição do género a ser criada no país. E à frente da qual se mantém até morrer, em 10 de Agosto de 2006.

1953·1954
Descida "competentemente" evitada

AAC 1 - Torreense 0
13-6-1954
De pé: Melo, Capela, Inácio, Torres, Azeredo, Abreu e Ramin; à frente: Macedo, Malícia, André, Gil e Teixeira

Prolongadas lesões em jogadores tão influentes como Bentes e Wilson contribuem para que a Académica, contra as expectativas iniciais, viva uma época de 1953-1954 muito difícil. Uma segunda descida à divisão secundária só é evitada após os chamados "jogos de competência".

A Académica, reforçada por Nuno, André e Nelo estreia-se no campo do Sporting. Perde por 3-1, mas o golo que "arruma" a contenda é obtido em claro fora-de-jogo. "Vigarista! Vigarista!", grita do "peão", para o árbitro Costa Martins, o inúmero público afecto à Briosa que se desloca a Alvalade, contribuindo para que o estádio registe uma grande enchente.

No final do encontro, o autor do golo dos estudantes, Bentes, declara à imprensa: "Confio em que a Académica alcance, este ano, a sua melhor classificação de sempre". Por sua vez, o estreante André afirma: "No capítulo da camaradagem, a Académica é a equipa número um em Portugal".

O vaticínio do "rato atómico" não se confirma. À décima primeira jornada, após sensacional e inédita vitória sobre o Benfica, no campo deste, por 2-1, a Briosa é quinta classificada. No termo da primeira volta, ainda é oitava. Mas a segunda metade do campeonato é desastrosa, culminando com quatro derrotas consecutivas nas derradeiras jornadas, que quase custam a descida de divisão.

É certo que demoradas lesões afectam dois influentes jogadores: Wilson, que então já é o "capitão" da equipa, e Bentes. Mas a verdade é que a Académica, treinada, pelo quarto e último ano, por Oscar Tellechea, chega ao fim da prova em penúltimo lugar.

Tem, pois, que disputar os então chamados "jogos de competência", o que acontece após ter sido eliminada pelo Boavista da Taça. Adversário: o Torreense, segundo classificado da divisão secundária. Para ajudar à tarefa, os estudantes contam com Ribeiro dos Reis, seleccionador nacional nos anos 20 e fundador de "A Bola", como supervisor técnico. A Académica é favorita, mas a data dos encontros coincide com a tormenta dos exames. Além disso, Wilson e Bentes estão outra vez afastados da competição. "É o maior desgosto da minha vida... A Académica precisar de mim e eu não poder", desabafa aos jornais o extremo-esquerdo.

O primeiro jogo realiza-se em Torres Vedras. Mobilização geral em Coimbra. É mesmo criada uma comissão para tratar do assunto, que integra desde o bispo ao comandante da Região Militar. O último treino da Académica realiza-se na Arregaça (!), para os jogadores se adaptarem ao pelado e às reduzidas dimensões do terreno do Torreense. A direcção do União, aliás, encarrega-se ela própria do aluguer de um comboio para transporte de apoiantes do grande rival de outros dias.

A Briosa domina toda a primeira parte. À meia hora já ganha por 2-0. Depois, André é agredido, perdoando o árbitro a expulsão ao prevaricador. O Torreense, é um facto, reduz para 2-1 aos 40 minutos. Mas é Melo quem introduz a bola na própria baliza. E o apito para o intervalo soa quando a Académica se prepara para marcar um "canto"...

	JOGADORES UTILIZADOS				
Nº	NOME	JOGOS	J. C.	J. I.	MIN	GOLOS
98	Nana	2	2	0	180	0
120	Azeredo	18	18	0	1620	0
122	Bentes	14	13	1	1245	8
127	Melo	30	30	0	2700	0
150	Capela	30	30	0	2700	0
156	Curado	11	9	2	896	1
158	Macedo	11	11	0	990	1
160	Duarte	20	19	1	1785	0
165	Gil	29	28	1	2597	3
166	Torres	30	30	0	2700	1
170	Wilson	14	14	0	1260	2
172	Abreu	25	25	0	2250	1
173	Eugénio	4	4	0	360	0
175	Malícia	11	11	0	990	0
179	Celso	2	2	0	180	0
180	André	27	26	1	2377	14
181	Nelo	19	19	0	1710	0
182	Alcino	1	1	0	90	0
183	Frias	2	2	0	180	0
184	Teixeira	20	20	0	1800	4
185	Inácio	9	9	0	810	0
186	Nuno	1	1	0	90	0

Benfica 1 - AAC 2
3-1-1954
A única vitória da Académica no terreno do Benfica.
À esquerda, Capela prepara-se para agarrar a bola, com Torres a assistir.
À direita, Melo e Wilson são a imagem da segurança dos estudantes no Campo Grande

À ESQUERDA, EM CIMA
AAC 1 - V. Guimarães 0
28-3-1954
Curado, a fazer a
sua última época
na Académica, leva
a melhor sobre
um jogador do
V. Guimarães, clube
que também
representou

À ESQUERDA, EM BAIXO
AAC 1 - Torreense 0
13-6-1954
Assegurada a
permanência na
1.ª divisão, os jogadores
da Académica dão
largas ao seu
contentamento

À DIREITA
V. Setúbal 7 - AAC 1
14-2-1954
Torres, Melo e Gil na
perseguição ao sadino
Inácio. Mês e meio
depois da vitória
no campo do Benfica,
a Briosa "escorrega"
em Setúbal

A segunda parte é completamente diferente. O Torreense chega à igualdade ao quarto de hora. E, a partir daí, é um "ai Jesus" para a Briosa, ao ponto de Capela, que a sete minutos do fim faz uma defesa sensacional, ser considerado o grande responsável por o resultado não ter sofrido nova alteração. Azeredo, que além de jogador é então médico da equipa, é apontado como o outro grande jogador da Académica em campo. Tal como todos os seus colegas, é claro, sai satisfeito com o empate.

Ainda assim, todas as cautelas são poucas para o segundo jogo. Nos dias anteriores, é distribuído em Coimbra um panfleto que reza assim: "A bola é redonda. Mas, às vezes, não toma a direcção que o público deseja. Compareça no domingo no Estádio e ensina-lhe o caminho, incitando a Académica". Na manhã do próprio dia do encontro, o defesa Curado, que não está convocado, percorre as ruas da cidade de automóvel, altifalante no tejadilho do carro e microfone na mão, lançando idêntico apelo.

Os adeptos da Académica, que ao meio-dia tinham ido à Estação Nova receber cordialmente os cerca de 300 apoiantes do Torreense que se deslocaram com a equipa, enchem o estádio. Aplaudem, mesmo, um pano exibido nas bancadas com os dizeres: "O União de Coimbra saúda a Briosa". E, no fim do jogo, fazem a festa da permanência. O resultado não se alterara, desde que, logo aos quatro minutos, aquele que foi considerado o melhor jogador em campo, André, fizera o 1-0 para a Académica. Ganhando, por isso, o direito a receber o fato e a bateria para automóvel que duas casas comerciais ofereciam ao marcador do primeiro golo.

NACIONAL DA 1ª DIVISÃO						
CLASSIFICAÇÃO	JOGOS	V	E	D	GOLOS	PTS
1º Sporting CP	26	20	3	3	80 - 25	43
2º FC Porto	26	16	4	6	83 - 35	36
3º SL Benfica	26	13	6	7	62 - 40	32
4º CF "Os Belenenses"	26	13	5	8	43 - 39	31
5º SC Braga	26	12	4	10	54 - 36	28
6º Atlético CP	26	10	8	8	49 - 43	28
7º SC Covilhã	26	10	8	8	43 - 39	28
8º VSC Guimarães	26	10	5	11	44 - 64	25
9º FC Barreirense	26	8	6	12	34 - 47	22
10º LGC Évora	26	9	3	14	47 - 66	21
11º Boavista FC	26	7	5	14	29 - 66	19
12º VFC Setúbal	26	7	4	15	51 - 66	18
13º ACADÉMICA	26	8	2	16	29 - 50	18
14º C Oriental Lisboa	26	4	7	15	35 - 67	15

"A Académica nunca se abandona"

Em Março de 1954, Eduardo Lemos, que entre 40 e 47 marcara 144 golos ao serviço da Briosa, encontra a morte. Ele que nove anos antes, quando começava a falar-se na sua saída de Coimbra, dissera à revista "Stadium": "A Académica nunca se abandona 'a valer".

A morte de Eduardo José Ferreira de Lemos – nascido em Torre de Moncorvo, a 17 de Junho de 1917 – apanha toda a gente desprevenida. A 7 de Março de 1954, o então médico da Caixa de Previdência em Famalicão, amante assumido da boémia e homem de feitio impulsivo, desloca-se ao Casino de Espinho, onde se envolve numa briga motivada por discordâncias políticas. Gostava tão pouco de Salazar que se empenhara na criação do MUD (Movimento de Unidade Democrática), em 45. Mas o mesmo não acontecia com outros frequentadores do Casino, naquela noite. Depois do Casino, passa pelo aeroporto da Invicta, para deixar um amigo, de partida para o Brasil. A seguir, enceta a viagem de regresso a casa. Mas, por alturas de Castêlo da Maia, sente-se mal e troca a sua viatura por um táxi. Quando o motorista, já em Famalicão, se volta para o passageiro, a fim de saber em que rua ficar, Eduardo Lemos não dá sinais de vida. Serão umas sete da manhã de 8 de Março. É um transeunte que indica ao taxista a morada do homem que, além de clínico conhecido pelo apoio aos mais carenciados, presidia à direcção do FC Famalicão, à Assembleia Geral do Famalicense e do Grupo Recreativo e Cultural da terra, e era ainda vice-presidente dos Bombeiros Voluntários.

O corpo, porém, será sepultado em Alcácer do Sal, terra da mulher e mãe dos seus quatro filhos. Atravessa Coimbra – onde é aguardado por toda a gente da Académica – com o carro funerário a passar por cima das capas que milhares de estudantes haviam estendido no chão.

Dias depois, responsáveis da Briosa solicitam a exumação do cadáver, com base em suspeitas de que Eduardo Lemos fora vítima de crime. A viúva acede, mas a autópsia, dirigida por Acácio de Abreu Faria – pai de um outro homem que vestiria a camisola da Académica, Vasco Lynce –, não deixa dúvidas de que a causa da morte foi mesmo um enfarte do miocárdio. Desde há muito, aliás, que a família sabia da existência de problemas no coração do quinto filho do primeiro casamento do juiz Ferreira de Lemos. Fora devido a eles que Eduardo não ficara no Benfica, onde se apresentara aos 15 anos. Mas o rapaz tinha o desporto no corpo. Ao mesmo tempo que estudava, ia praticando várias modalidades, com realce para o atletismo, onde chegou a recordista nacional dos 100 metros. Até que, em 1937, conseguiu que a Académica de Santarém o admitisse como futebolista. No ano seguinte, estava no Académico do Porto. E, em 1940, transferia-se para Coimbra, estreando-se num Académica-União, para os distritais, a 13 de Outubro desse mesmo ano.

Depois, foram sete épocas na Briosa, durante as quais disputou 130 jogos para as competições nacionais e distritais, onde marcou nada menos de 144 tentos! No princípio de 1945, quando se aprestava para concluir o curso de Medicina, começou a falar-se na saída de Lemos da Briosa. Numa entrevista à "Stadium", a 31 de Janeiro, o transmontano revelava o desejo de vir a dedicar-se em exclusivo à carreira médica, esclarecendo embora: "A Académica nunca se abandona a valer". A 8 de Abril, antecedendo um Académica-Sporting, em Santa Cruz, chega mesmo a ser-lhe realizada uma festa de despedida. Afinal, Eduardo Lemos ficaria mais duas épocas. Entre Março e Junho de 46, acumularia até as funções de jogador com as de treinador. E só efectuou a última partida pela Académica, por sinal também com o Sporting, a 27 de Abril de 1947. Depois, sim, tentou abraçar a Medicina em exclusividade, concorrendo a um lugar na Previdência de Setúbal, que lhe permitiria ficar perto da terra da futura mulher. Mas o Governo negou-lhe a pretensão. Valeu-lhe o então presidente do Famalicão, tio de Jorge Nuno Pinto da Costa. Contrapartida: ao mesmo tempo que se iniciava como médico, Eduardo Lemos teria de treinar o principal clube da terra e jogar pela sua equipa. O goleador acedeu. Para, em 1949, arrumar definitivamente as botas e substituir o tio do futuro líder portista na presidência dos famalicenses. Mas a ligação com a Briosa nunca se quebrou. "A Académica considerava-o seu património e a equipa ia visitá-lo sempre que se deslocava ao Minho", conta o filho mais velho do antigo atleta, Eduardo como o pai. O mesmo a quem os dirigentes do emblema coimbrão se propuseram pagar os estudos universitários. Foi a família que recusou a oferta, invocando solidariamente a existência de outros, com menos posses.

CAMPEÕES DE JUNIORES PELA TERCEIRA VEZ

A Académica torna a conquistar o título nacional de juniores, ao findar da época desportiva de 1953-1954. É o terceiro em 14 edições do campeonato, nas quais a Briosa está presente em nada menos de metade das finais realizadas. Só o Benfica, com mais uma vitória, tem melhor palmarés.

À semelhança de 51-52, o campeão nacional de juniores de 53-54 não é encontrado num único jogo. No caso, são até precisos três, uma vez que os dois primeiros encontros entre a Académica e a CUF do Barreiro terminam empatados (2-2 e 1-1, respectivamente), mesmo depois dos respectivos prolongamentos. Ora, como nessa altura não havia recurso a desempates por pénaltis – muito menos por moeda ao ar... –, não restava outra alternativa que não fosse encontrar o vencedor com... futebol.

Foi o que fez a Académica. Nos dois primeiros jogos, como confirmam as crónicas, já se havia superiorizado aos barreirenses, onde alinhava um médio considerado, na altura, do melhor que havia no seu escalão: Palma. Mas a sorte, que também faz parte do jogo, não quis nada com a Briosa.

À terceira, como diz o velho ditado popular, foi de vez. O encontro realizou-se novamente no Estádio da Tapadinha, em Lisboa, no dia 28 de Junho de 1954. Arbitrou um juiz que iria adquirir grande prestígio na modalidade, o lisboeta Joaquim Campos, e a Académica alinhou assim: Couceiro; Ribeiro e Pedro; Belito, Sandinha e Pérides; Andrade, Nunes de Almeida, Mota, Bagorro e Tomané.

Sandinha e Mota já haviam participado na vitória de 52. Então, embora não tivesse disputado a final, Tomané integrava, igualmente, a equipa, pela qual alinhou na fase distrital. Pode dizer-se que são os três únicos futebolistas da Briosa a ostentarem o título de bi-campeões nacionais.

Apesar disso, a vida desportiva de Sandinha, futuro advogado na Lousã, nem sempre foi fácil. É que o pai do rapaz, receoso de que os estudos ficassem para trás, começou por não ver com bons olhos a devoção do filho pelo futebol. Mantê-la, significava ocultar a realidade ao progenitor, o mais possível. Razão pela qual, o seu nome era escondido dos jornalistas, como o próprio Amílcar Sandinha confirmou publicamente, numa intervenção realizada durante a homenagem que lhe foi prestada, em 2003, pela Casa da Académica em Lisboa.

Normalmente, surgia identificado na imprensa como "Bonifácio". O pai só "caiu" definitivamente em si quando se deparou, num jornal, com a fotografia do "seu" Amílcar e respectivos colegas, tendo por baixo uma legenda que diria algo como "campeões nacionais de juniores".

O treinador Oscar Tellechea também passa a ostentar o título de bi-campeão, uma vez que já fora ele a orientar os vencedores de dois anos antes. Por seu lado, Fernando Mendes Silva, que em 51-52 era o seccionista responsável pelos juniores, é agora, nem mais nem menos, do que o presidente da Direcção-Geral da Associação Académica.

VITÓRIA DECIDIDA NA PRIMEIRA PARTE

No dia da "finalíssima" corre um vento de "cortar à faca" na Tapadinha, casa habitual do popular Atlético, de Lisboa. A Académica, a quem a moeda

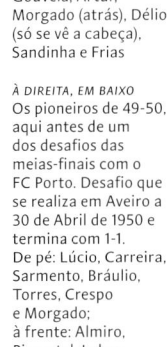

EM CIMA
Os recém-consagrados campeões de 53-54, na Tapadinha, com a taça acabada de conquistar. De pé: Couceiro, Nana (treinador-adjunto), Belito, José Júlio, Sandinha, Pérides, Pedro, António Frias (dirigente), Oscar Tellechea (treinador) e Nogueira; à frente: Balacó, Nunes Almeida, Mota, Bagorro e Tomané

À ESQUERDA, EM BAIXO
Os vencedores de 51-52, durante a volta de honra. Da esquerda para a direita: Pinto Simões (com a taça nos braços), Rogério (atrás), Gouveia, Artur, Morgado (atrás), Délio (só se vê a cabeça), Sandinha e Frias

À DIREITA, EM BAIXO
Os pioneiros de 49-50, aqui antes de um dos desafios das meias-finais com o FC Porto. Desafio que se realiza em Aveiro a 30 de Abril de 1950 e termina com 1-1. De pé: Lúcio, Carreira, Sarmento, Bráulio, Torres, Crespo e Morgado; à frente: Almiro, Pimentel, Lebre, Eugénio e Paredes

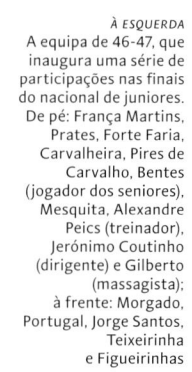

À ESQUERDA
A equipa de 46-47, que inaugura uma série de participações nas finais do nacional de juniores. De pé: França Martins, Prates, Forte Faria, Carvalheira, Pires de Carvalho, Bentes (jogador dos seniores), Mesquita, Alexandre Peics (treinador), Jerónimo Coutinho (dirigente) e Gilberto (massagista); à frente: Morgado, Portugal, Jorge Santos, Teixeirinha e Figueirinhas

À DIREITA
Eugénio Cunha, aqui a incomodar o guarda-redes boavisteiro Carlos, num jogo realizado em Novembro de 1953, é um dos muitos exemplos de atletas oriundos dos escalões de formação que atingiram a equipa principal da Briosa

ao ar permite escolher o lado do campo para o qual ataca na primeira parte, decide, naturalmente, tirar partido das condições atmosféricas. E lança-se, deliberadamente, ao ataque. Logo aos 12 minutos, o avançado Nunes de Almeida faz 1-0 para a Briosa; escassos quatro minutos depois, o médio Belito eleva para 2-0. "E o final da primeira parte – conta o jornal 'Record' – chega com a equipa da margem sul do Tejo a defender desesperadamente as suas redes", para evitar males maiores.

Na segunda metade, a Académica dá nova prova de perspicácia. A jogar, agora, contra o vento, e a vencer por duas bolas de diferença, passa a apostar no contra-ataque. Não resulta em mais golos seus, mas também não os sofre. Aliás, só por uma vez o esférico ronda com perigo a baliza à guarda de Couceiro.

"A vitória da Académica foi justa, pois os estudantes demonstraram melhor organização, melhor compenetração, e, o que é importante, mais inteligência a jogar", reconhecia o "Record". Ninguém contestava o mérito do terceiro título de juniores da Briosa, obtido após mais de duas centenas de minutos de uma final, que os estudantes ganharam o direito a disputar, depois de terem eliminado, sucessivamente, o Académico de Viseu, o Covilhã e o FC Porto, campeão da época transacta.

Aliás, nos seis encontros disputados com estas equipas, a Académica não sofreu uma única derrota. Os portistas foram mesmo estrondosamente derrotados por 4-0, em Coimbra. Diferença maior do que a alcançada pela turma principal de juniores da Briosa sobre a sua equipa B, numa curiosa final distrital que terminara com o resultado de 4-1, naturalmente favorável à primeira. Compreende-se, assim, porque eram unânimes os elogios à qualidade do trabalho desenvolvido nos escalões de formação dos estudantes.

A IMPORTÂNCIA DE TELLECHEA

Trabalho de que é indissociável o nome do argentino Oscar Tellechea. Com os triunfos de 51-52 e de 53-54, em juniores, Tellechea tornou-se mesmo o técnico que mais títulos nacionais conquistou para a Académica. E em 50-51 ainda levou os seniores à final da Taça de Portugal e os juniores à meia-final do campeonato. Meia-final que a Briosa esteve a vencer até seis minutos do fim. Depois, consentiu que o futuro campeão, o FC Porto, desse a volta completa ao marcador. Muito por culpa dos problemas de visão, até então desconhecidos, do guarda-redes dos estudantes. "Se não fossem eles, a Académica tinha ganho esta meia-final, em Águeda. E seria campeã à vontade. A equipa ainda era melhor – mais homogénea – do que a que chegou ao título no ano seguinte", garante Fernando Pinto Simões, atleta do grupo em 50-51 e 51-52.

Oscar Eduardo Tellechea nasceu em Encenada, Argentina, a 29 de Novembro de 1913, tendo jogado nos Estudantes de La Plata. Problemas políticos com o regime ditatorial do seu país obrigaram-no, no entanto, a abandonar a terra dos tangos, onde frequentara a Universidade até completar o quarto ano do curso de Direito. Aproveitando uma digressão do seu clube pela Europa, exilou-se em França, onde se tornou campeão nacional em 1939, envergando a camisola do Sochaux. Logo a seguir, veio para Portugal, onde representou o Académico do Porto, o Estoril e o Belenenses, onde também jogava um irmão seu e de onde saiu na sequência dos graves problemas financeiros que afectaram o clube de Belém no princípio dos anos 40.

A carreira de treinador, iniciou-a no Famalicão. Seguiu-se o Académico de Viseu, que transformou numa equipa "altamente competitiva", no dizer de quem acompanhou Tellechea de perto. Foi esse facto, aliado à sua formação académica, que fez com que a Briosa se tivesse interessado por ele.

Chegou a Coimbra em 1950 e na cidade se manteve durante quatro anos consecutivos, ao longo dos quais casou (com uma portuguesa, filha do então comandante da unidade de Artilharia Militar, da Figueira da Foz) e foi pai de dois rapazes. "Tinha uma maneira especial de lidar com os jovens. Fazia-os sentirem-se importantes", afirma Fernando Pinto Simões, "capitão" da equipa de juniores de 51-52, contando ser frequente Tellechea entrar com um deles no café "Arcádia", em plena Baixa coimbrã, e apresentá-lo assim aos "teóricos": "Este é o rapaz que vai tirar o lugar ao titular da primeira equipa!". Além disso, convidava-os para lanchar e para jantar e, se passavam por dificuldades, ajudava-os financeiramente. Não só a eles. "Dava o dinheiro a toda gente necessitada que lho pedia. Nunca enriqueceu por causa disso", conta ainda Pinto Simões.

Está bom de ver que não tinha dificuldades em granjear amigos. Um dos maiores era Albano Paulo, o treinador da vitória na Taça de Portugal de 39. Uma vez, saiu a este um prémio gordo na lotaria. Gastou o dinheiro no cumprimento de uma promessa antiga a Tellechea: levá-lo a passear à Argentina, onde uma abertura política tornara possível o regresso dos antigos exilados. Mas voltaram juntos para Portugal...

Também era "adorado pelas mulheres". Há quem atribua isso ao seu porte "imponente" e às qualidades de sedução que possuía. A verdade é que ainda hoje circulam histórias sobre fugas a maridos ciumentos, que lhe faziam esperas, até à porta dos balneários.

Um dia, Oscar Tellechea surgiu no Santa Cruz, para o treino dos juniores, com uma revista argentina na mão: "Leiam. Diz aqui que por cada cigarro que fumarem são menos 30 metros que correm". Pinto Simões, que ainda hoje acha dever o facto de nunca ter fumado ao antigo treinador, conclui: "Era um psicólogo fantástico!". E, como que a querer comprovar a afirmação, recorda o dia em que o seu pai apareceu no velho Campo, preocupado com as notas escolares do filho. O técnico, acompanhado de Azeredo, "capitão" da equipa principal, tranquilizou o progenitor: "Pode ir descansado que ele vai melhorar". Quando o senhor se foi embora, voltou-se para o rapaz: "Primeiro, os estudos; depois, o futebol. Se não tens boas notas, não jogas mais". Foi remédio santo.

Após ter abandonado Coimbra – onde ainda reside um filho, médico e professor universitário –, Tellechea treinou, designadamente, o Torreense, o Barreirense, o Beira-Mar e o Covilhã. Morreu a 8 de Abril de 1988, tendo sido sepultado no cemitério coimbrão da Conchada.

À ESQUERDA
Tellechea e Nana, dois dos grandes responsáveis pelos êxitos dos jovens da Académica

À DIREITA
A equipa de 50-51, que ficou a um pequeno passo de mais um título. Aqui em Viseu, após a passagem às meias finais, na sequência de uma vitória por 3-0 sobre o Covilhanense. De pé: Homem Ribeiro, Marcos, Óscar, Clemente, Branco, Oscar Tellechea (treinador) e Carranca; à frente: Negrão, Pereira Rodrigues, Pinto Simões, Orlando, Tuna e Barreiros

1954·1955
LIÇÃO APRENDIDA

AAC 3 - Benfica 7
15-4-1955
De pé: Ramin, Torres, Pérides, Gil, Wilson e Melo;
à frente: Duarte, Faia, André, Macedo e Bentes

A ACADÉMICA TIROU CONCLUSÕES da época de 1953-1954, em que evitou uma segunda descida de divisão por uma "unha negra". Em 54-55, não só fez um excelente campeonato, terminando em sexto lugar, como atingiu as meias-finais da Taça, onde só foi eliminada pelo Benfica, vencedor das duas provas principais do futebol português.

À semelhança da época anterior, a Académica, agora novamente treinada por Alberto Gomes, começa bem o campeonato. À entrada da sexta jornada é segunda classificada, com uma única derrota – no campo do Belenenses, que termina a prova logo atrás do campeão Benfica e com os mesmos pontos deste. À quinta ronda, a Briosa derrota o anterior vencedor do campeonato, o Sporting, em Lisboa.

É um triunfo tanto mais surpreendente quanto a Briosa nem sequer faz uma exibição excepcional no Jamor, terreno onde se disputa o jogo. Mas valem o pénalti concretizado por Torres a um quarto de hora do fim da partida e a enorme segurança evidenciada na baliza por Ramin, que desde o início do campeonato substitui o lesionado Capela.

"Ramin é um novo valor que desponta no futebol nacional", exclama o "Mundo Desportivo", depois de contar que, a cada defesa sua, os adeptos da Briosa presentes no Estádio Nacional gritam em coro: "Selecção! Selecção!". O jovem guarda-redes, de apenas 19 anos e ainda estudante do liceu, fizera toda a sua formação no Sporting e chegara à Briosa no princípio da época. Felicitado, no final do encontro, até pelos adversários, reage com humildade aos elogios: "Nunca julguei, quando ingressei nos 'capas negras', que sentiria tanta honra em defender o símbolo da Académica", prefere dizer aos jornalistas que o interpelam. Ainda que, ao longo da biografia que dele traça a velha colecção "Ídolos do Desporto", o próprio Ramin reconheça ter feito, naquele encontro com os "leões", uma das "três defesas da sua vida", a remate de Galileu, realizado a "três ou quatro metros" de si.

Para alguns dos seus colegas mais antigos, o jogo do Jamor marca a primeira vitória das suas carreiras sobre o Sporting, clube que os estudantes não vencem há 11 anos. É o caso do já licenciado Azeredo, que responde à imprensa socorrendo-se do velho rifão popular: "Guardado estava o bocado…"

"Bem entendido que com a rapaziada da Académica tudo é possível. O óptimo e o mau, a euforia e a indiferença vivem lado a lado. Tudo é simultaneamente fácil e difícil, porque no ambiente académico os estados de espírito são sempre absorventes. O ardor juvenil vira frequentemente as costas à reflexão", escreve Luís Alves no "Norte Desportivo". Tem razão. Na época anterior, também a Académica fora ganhar ao Benfica, a Lisboa, e depois teve enormes dificuldades para evitar a descida de divisão. Em 54-55, porém, o cenário não se repete: a Briosa, reforçada pelo ex-barreirense Faia e por antigos campeões nacionais juniores como Péri-

	JOGADORES UTILIZADOS					
Nº	NOME	JOGOS	J. C.	J. I.	MIN	GOLOS	J. A.
120	Azeredo	3	3	0	270	0	0
122	Bentes	25	25	0	2310	14	1
127	Melo	28	28	0	2580	0	1
150	Capela	4	3	1	315	0	0
158	Macedo	16	15	1	1462	3	0
160	Duarte	19	19	0	1740	8	1
165	Gil	27	26	1	2480	0	1
166	Torres	27	26	1	2447	6	1
170	Wilson	30	30	0	2760	1	1
172	Abreu	18	17	1	1645	3	1
180	André	28	28	0	2580	16	1
181	Nelo	9	9	0	810	2	0
183	Frias	5	5	0	450	0	0
185	Inácio	4	4	0	360	0	0
186	Nuno	3	3	0	300	0	0
187	Ramin	27	25	2	2439	0	1
188	Pérides	22	22	0	2040	3	1
189	Mota	11	11	0	990	2	0
190	Bagorro	3	3	0	300	0	0
191	Romão	4	4	0	360	1	0
192	Faia	18	17	1	1643	3	1
193	Rogério	1	0	1	6	0	1

À ESQUERDA, EM CIMA
AAC 1 - Sporting 1
13-2-1955
Novamente no banco da Académica, Alberto Gomes, de chapéu e de boquilha, tendo à direita o adjunto Nana e à esquerda os dirigentes João Cortez Vaz e José Paulo Cardoso

À ESQUERDA, EM BAIXO
AAC 0 - V. Gama 5
26-6-1955
Melo não tem pela frente um adversário qualquer. Sabará era, então, um dos avançados da selecção do Brasil

À DIREITA
AAC 1 - Boavista 0
2-1-1955
O cerco de jogadores axadrezados não impede o remate do esquerdino Faia

À ESQUERDA, EM CIMA
AAC 1 - Sporting 1
13-2-1955
Bentes exercitava melhor a sua habilidade no solo. Mas aqui, é no ar que tem de disputar a posse de bola ao sportinguista Passos, em mais um jogo de estádio cheio em Coimbra

À ESQUERDA, EM BAIXO
AAC 1 - FC Porto 3
17-10-1954
André, depois de ter driblado Virgílio e com Barrigana já no chão, faz assim o 1-2, relançando o jogo

À DIREITA
V. Setúbal 1 - AAC 1
14-11-1954
A segurança de Ramin vai, mais uma vez, ser posta à prova. Wilson e Pérides (ao fundo) também estão na jogada

des – além de Ramin, claro –, termina o campeonato em sexto lugar.

Na Taça de Portugal, o percurso da Académica é singular. Começa por eliminar o Atlético, após prolongamento, vencendo por 5-4 na Tapadinha. Num jogo em que Bentes marca quatro golos, repetindo a façanha de André, num jogo do campeonato com a CUF. Depois, vence o Vitória de Setúbal, em Coimbra, por 3-1. Mas os sadinos protestam o jogo, alegando que o pénalti que dá o terceiro golo aos estudantes – convertido por Torres – é marcado numa altura em que o massagista coimbrão está em campo, a assistir Bentes. A Federação dá-lhes razão e decide-se por um segundo encontro, que acaba empatado a duas bolas, também após recurso a 30 minutos suplementares. Curiosamente, no próprio dia do jogo, o Conselho Jurisdicional federativo vem dar razão à Académica, que recorrera da sentença inicial, homologando o resultado da primeira partida. E assim a Briosa chega aos quartos-de-final, vencendo o vice-campeão Belenenses, com um golo de Duarte, a escassos quatro minutos do fim do jogo. Que, para não variar, tem prolongamento...

Os 6-0 com que o Benfica "brinda" a Briosa na meia-final, é que custam a "engolir" aos adeptos dos estudantes. É que ainda não tinham desaparecido os ecos dos incidentes do jogo efectuado há dois anos. Tanto que, já em 54-55, a Académica é o único clube primodivisionário a opor-se à atribuição da medalha de mérito desportivo ao Benfica. Que, por sua vez, se recusa a participar num campeonato de "reservas", por nele estar inscrita a Briosa. Para turvar ainda mais o ambiente, os benfiquistas conquistam o título nacional de juniores, derrotando a Académica por 4-0, nas Caldas da Rainha. Em jogo realizado, precisamente, na véspera do encontro da Taça de Portugal.

NACIONAL DA 1ª DIVISÃO					
CLASSIFICAÇÃO	JOGOS	V	E	D	GOLOS	PTS
1º SL Benfica	26	18	3	5	61 - 20	39
2º CF "Os Belenenses"	26	17	5	4	63 - 28	39
3º Sporting CP	26	15	7	4	73 - 27	37
4º FC Porto	26	12	6	8	51 - 34	30
5º SC Braga	26	12	5	9	52 - 42	29
6º ACADÉMICA	26	10	5	11	53 - 52	25
7º GD C.U.F.	26	10	5	11	45 - 52	25
8º VFC Setúbal	26	8	6	12	37 - 52	22
9º Atlético CP	26	9	4	13	42 - 52	22
10º LGC Évora	26	9	3	14	40 - 70	21
11º FC Barreirense	26	7	6	13	25 - 38	20
12º SC Covilhã	26	8	4	14	32 - 53	20
13º Boavista FC	26	7	4	15	33 - 71	18
14º VSC Guimarães	26	5	7	14	33 - 49	17

Doutor
entre doutores

António Melo é um dos sete médicos, ou futuros médicos, que integram a equipa da Académica na época de 1954-1955. Licencia-se, precisamente, no decurso da temporada e, embora ainda jogue durante mais dois anos, é à Medicina que vai dedicar a maior parte do resto da sua vida.

O "Melito", como é carinhosamente tratado em Coimbra, conclui o curso médico a 9 de Dezembro de 1954. Dá, assim, sequência a uma velha tradição da Académica na formação de clínicos. Nesse mesmo ano de 54, aliás, há mais seis estudantes ou ex-estudantes de Medicina na equipa: Abreu, Gil, Duarte, Torres, Azeredo e Frias. À excepção deste último, todos são habituais titulares. Na temporada anterior, ainda havia um outro: Malícia, entretanto deslocado da Briosa, onde regressa na época seguinte. E é da área da Medicina que surgem os dois doutorados saídos directamente das fileiras da Académica: Joaquim Branco, que joga até ao princípio dos anos 50, e João Maló, que aparecerá mais tarde.

António de Campos Melo Nogueira nasce em Bustelo, arredores de Penafiel, a 8 de Novembro de 1926. Na aldeia goza uma infância feliz, de que as recordações mais gratas, como confidencia ao "Correio da Manhã", numa entrevista de Outubro de 97, são "as brincadeiras e as corridas pelo campo" e a companhia dos cães.

O futebol começa a praticá-lo no Colégio que frequenta: o de Nossa Senhora do Carmo. E alguma aptidão há-de ter revelado, já que consegue lugar no Penafiel. É aí que o colega Joaquim de Carvalho o começa a tentar com a Académica. Embora seja o médico Francisco Rodrigues dos Santos quem o põe em contacto com os dirigentes da Briosa. Estes, querem testar primeiro as qualidades do rapaz. Colocam-no a jogar num Académica-FC Porto integrado no programa da Queima das Fitas e o moço, pelos vistos, agrada. Aos 17 anos, estudos secundários concluídos no Porto, está a assentar arraiais em Coimbra.

O pai é que não parece muito convencido. "Vais para uma cidade onde não conheces ninguém e nunca se sabe...", é o aviso que lhe deixa, na hora da partida. Mas Melo adapta-se depressa à nova morada. "Tínhamos um ambiente extraordinário e a camaradagem não podia ser melhor", confessará, na já citada entrevista ao "Correio da Manhã".

Ainda assim, não se impõe imediatamente. Na primeira época na Académica só efectua um jogo para o campeonato distrital e outro para o nacional. É certo que este é logo com o Benfica, e em Lisboa. Como é verdade que aquele, a 21 de Outubro de 45, com o Sport, lhe corre particularmente bem. A jogar na posição de extremo-direito, marca dois dos dez golos da Briosa na partida. Mas a maioria esmagadora do tempo é passada nas "reservas". No ano seguinte, as coisas já melhoram bastante. E então quando o treinador Oscar Tellechea repara que está ali um grande defesa-esquerdo, os "teóricos", até aí muito renitentes, deixam-se convencer de todo.

Ganha, é um facto, fama de "duro". Mas ele nunca concordará muito com a apreciação. "Nunca gostei de arranjar problemas. Havia quem me considerasse ríspido e até agressivo, mas isso não correspondia minimamente à realidade", dirá na entrevista ao "Correio da Manhã".

O certo é que, ao longo de uma dúzia de anos e de mais de duas centenas de jogos, apenas é expulso uma vez. "Mas só depois de ser muito provocado", esclarece quando confrontado com isso. "A verdade é que um jogador do Benfica insultou-me de uma forma muito desagradável e eu tive de lhe dar uns sopapos".

A cena podia, também é uma realidade, ter-se repetido noutras ocasiões. Ele próprio se queixa de que, num certo jogo, um adversário passa o tempo a dizer-lhe: "Doutorzinho da porra!...". Melo avisa o árbitro de que pode ter de responder à provocação. Conselho do juiz: "Desde que eu não veja...".

Da fama nunca se livra. No livro de curso do seu quarto ano médico, onde tem direito a caricatura do "célebre" Tóssan, é assim caracterizado por um colega: "O passe vinha da esquerda/ Nisto, o Melito chegou;/ A bola talvez passasse/ O jogador não passou...".

Habitual colega de quarto de Bentes, António Melo está, então, a cinco anos de abandonar a Académica, pela qual ainda joga duas épocas e meia depois de licenciado. O último jogo que efectua é a 5 de Maio de 1957, com o Barreirense, e tem direito a capitanear a equipa. A seguir, já casado e pai de duas filhas, dedica-se inteiramente à Medicina, primeiro em Angola e depois em Lisboa, onde tem consultório de estomatologista montado na Avenida Alexandre Herculano, até morrer, a 18 de Setembro de 2002. "Melo não era um vulgar jogador de futebol, mas uma 'alma' verdadeiramente académica", escrever-se-á na revista "Rua Larga".

1955·1956
Outra vez à "rasquinha"

FC Porto 3 - AAC 0
29-4-1956
De pé: Ramin, Torres, Nuno, Melo, Wilson e Malícia;
à frente: Duarte, Faia, Vaccari, Pérides e Bentes

A IRREGULARIDADE parece ter-se instalado na Académica, que na época de 1955-1956 volta a ter de disputar os chamados "jogos de competência" para assegurar a manutenção na 1.ª divisão. Nem a chegada de Cândido de Oliveira, à oitava jornada do campeonato, é suficiente para evitar que assim seja.

Desta vez, a permanência é conquistada à custa do Guimarães, adversário dos estudantes nos "jogos de competência". Mas volta a não ser fácil. Aliás, o primeiro jogo entre as duas equipas termina empatado. E, em Coimbra, a Académica vence por escasso 1-0, com golo de Faia aos 32 minutos. Isto, apesar de ser unânime a opinião de que o resultado deste segundo encontro é lisonjeiro para os vimaranenses. "O desfecho não teria ficado falseado do ponto de vista do confronto estabelecido entre a produção de uns e de outros, se a Académica tivesse derrotado o Vitória por 3-1 ou mesmo 4-1", escreve-se num rebuscado texto publicado em "A Bola".

A verdade é que o início do campeonato tornara a correr mal à Briosa, que agora tinha ao seu serviço o preparador físico Jorge Camões, mas que, ao fim dos três primeiros jogos, ainda não fizera um único ponto. A vitória chegaria, finalmente, na quarta ronda, já com Nana no comando técnico da equipa. Este acabara de substituir Alberto Gomes, cujo estado de saúde não era famoso.

Mas com Nana, que já coadjuvava Gomes, as coisas não melhoram. A tese dominante é, então, a de que é preciso dar tempo de adaptação aos novos jogadores, entre os quais se encontra o regressado e experiente Malícia, mas também alguns ex-juniores e "reservas", como Pérides, Ramalho e Nuno; Marta, proveniente da formação do Académico de Viseu; o brasileiro Vaccari, oriundo do Belenenses, (clube a que entretanto regressara André); e o moçambicano Joseph Wilson, primo de Mário. Cândido de Oliveira, jornalista e ex-seleccionador nacional, é contratado após a sétima jornada, voltando Nana – que nunca quisera ser o treinador principal – à condição de adjunto.

A mudança, proposta pelo próprio Nana e patrocinada por uma secção de futebol onde pontificam futuros presidentes da Académica, como Paulo Cardoso e João Moreno, não produz efeitos imediatos. Apesar de Cândido ter ganho o primeiro jogo em que orienta a equipa, perde os sete jogos seguintes. Mas, na segunda volta, verifica-se alguma recuperação. À vigésima jornada, a Académica ganha mesmo ao Benfica, em Coimbra, por 1-0. O golo da vitória, da autoria de Faia, é marcado a seis minutos do fim de um jogo cujo apito final é assinalado por uma invasão pacífica do campo, com o treinador, os directores e os atletas da Briosa a serem levados aos ombros pela multidão que enche o estádio. "Espectáculo inolvidável, só possível em Coimbra, onde a mocidade não é palavra vã", escreve-se no "Comércio do Porto".

Mas o redactor do jornal portuense não viu tudo. Convencidos de que o risco de descida de divisão estava enterrado, os adeptos da Académica manifestam-se exuberantemente nas ruas. Até em Pombal há festejos. "Quererá ter a gentileza de nos dizer o seu nome?", pergunta o repórter do

À ESQUERDA
AAC 2 - Caldas 2
11-3-1956
Ramin efectua uma grande defesa, na última vez em que a Académica utiliza o preto e branco como equipamento alternativo. O jogador caldense nem quer acreditar que a bola foi parada

À DIREITA
Cândido de Oliveira numa das suas primeiras palestras aos jogadores, no "Municipal"

Nº	NOME	JOGOS	J. C.	J. I.	MIN	GOLOS
122	Bentes	20	17	3	1704	2
127	Melo	28	26	2	2488	0
150	Capela	3	2	1	228	0
160	Duarte	20	20	0	1800	1
165	Gil	18	17	1	1546	2
166	Torres	29	29	0	2610	6
170	Wilson	27	27	0	2430	3
172	Abreu	18	16	2	1585	3
175	Malícia	28	28	0	2520	2
176	Delfino	1	1	0	90	0
181	Nelo	1	1	0	90	0
182	Alcino	2	2	0	180	1
183	Frias	3	3	0	270	0
186	Nuno	19	19	0	1710	0
187	Ramin	27	27	0	2430	0
188	Pérides	30	30	0	2700	5
189	Mota	2	2	0	180	0
191	Romão	4	4	0	360	0
192	Faia	29	29	0	2610	16
194	Vaccari	13	12	1	1168	1
195	Cristóvão	1	0	1	42	0
196	Tomané	1	1	0	90	0
197	Ramalho	2	2	0	180	1
198	Joseph Wilson	1	1	0	90	0
199	Lemos	1	1	0	90	0
200	Marta	3	3	0	270	0

À ESQUERDA, EM CIMA
AAC 1 - Covilhã 0
22-4-1956
Melo procura controlar a bola, num relvado afectado pelo mau tempo

À ESQUERDA, EM BAIXO
AAC 1 - V. Guimarães 0
24-6-1956
A satisfação de Marta, a caminho dos velhos balneários do "Municipal", após a garantia da permanência na 1.ª divisão

À DIREITA
Braga 1 - AAC 3
19-2-1956
Malícia, Abreu, Torres e Nuno bem dispostos, a poucos instantes do início do jogo, parecendo adivinhar a vitória

"Record" a um desses adeptos. A resposta surge assim: "Desculpe, mas prefiro identificar-me simplesmente como um elemento dessa grande massa anónima que segue emocionada a carreira da Briosa. Muitos, como eu, deslocam-se centenas de quilómetros para a ver jogar. Se lá naquela terra de Trás-os-Montes, onde sou médico, soubessem dos gritos e dos saltos que dei quando a Briosa marcou o tento, lá se ia toda a reputação".

Afinal, a Académica chega à derradeira jornada com necessidade imperiosa de pontuar, para fugir aos "jogos de competência". Só que o jogo é no terreno do FC Porto, então presidido pelo ex--atleta da Briosa Cesário Bonito, e também é decisivo para os "azuis e brancos", a quem a vitória dá o título de campeão nacional, que lhes foge há 16 anos. O ambiente é, pois, de "cortar à faca" e as Antas estão "à pinha".

Os portistas ganham por 3-0, embora o primeiro golo só ocorra aos 63 minutos e na sequência de um pénalti muito contestado pelos estudantes, que ao intervalo são confrontados, no balneário, com o cadáver (!) de um adepto da equipa da casa que acabara de falecer em pleno estádio, embrulhado numa bandeira do seu clube. E, assim, a Briosa volta mesmo a ter de disputar os chamados "jogos de competência".

O FC Porto será, igualmente, o "carrasco" da Académica na Taça. Só não o fora no campeonato de juniores, em cuja final, novamente disputada em Lisboa, a Briosa volta a estar presente, depois de ter afastado os portistas. Perde 7-1 com o Sporting, mas lança jogadores como Jorge Humberto.

NACIONAL DA 1ª DIVISÃO						
CLASSIFICAÇÃO	JOGOS	V	E	D	GOLOS	PTS
1º FC Porto	26	18	7	1	77 - 20	43
2º SL Benfica	26	19	5	2	76 - 31	43
3º CF "Os Belenenses"	26	16	5	5	67 - 25	37
4º Sporting CP	26	15	6	5	54 - 27	36
5º SC Covilhã	26	11	7	8	52 - 44	29
6º FC Barreirense	26	8	7	11	40 - 60	23
7º SCU Torreense	26	7	8	11	32 - 42	22
8º LGC Évora	26	6	9	11	38 - 55	21
9º VFC Setúbal	26	7	6	13	57 - 64	20
10º GD C.U.F.	26	6	8	12	33 - 58	20
11º Caldas SC	26	6	7	13	29 - 50	19
12º Atlético CP	26	6	7	13	47 - 62	19
13º ACADÉMICA	26	8	3	15	36 - 52	19
14º SC Braga	26	5	3	18	36 - 84	13

Até que as mãos lhe doam...

A 26 DE FEVEREIRO DE 1956, A BRIOSA RECEBE O BENFICA. A época não está a correr bem aos estudantes, que aliás terminarão no penúltimo lugar. Numa disputa de bola, um jogador da Académica choca com um adversário. Estatelam-se ambos. Os massagistas das duas equipas correm para o relvado. O do clube da Luz, devido ao seu enorme porte, tem a alcunha de "Mão de Pilão". Mas o de Coimbra, o "baixote" Guilherme Luís, chega primeiro junto dos atletas caídos. Da bancada, solta-se a voz do médico Ângelo Mota: "Olha, o 'Mão de Pilinha' ganhou ao 'Mão de Pilão'!...". O dito transforma-se rapidamente em alcunha, mais tarde simplificada. Nos meios académicos, eufóricos com a vitória sobre os benfiquistas por 1-0, Guilherme passa a ser, simplesmente, "O Pilinha". Então, Guilherme da Cunha Luís, nascido em Coimbra em Abril de 1930, já é massagista da Briosa há quase seis anos. Iniciara-se no princípio de Maio de 1950, por diligência de António Pita, responsável máximo pela enfermaria de um dos serviços de Medicina do Hospital da Universidade e, também, enfermeiro-chefe da Académica, onde tem Gilberto Pedrosa como auxiliar. Guilherme, que está a ano e meio de concluir o curso de enfermagem, começa por se sentar no banco de um jogo a contar para o regional de juniores. Duas semanas depois, é escalado para um Académica-União, em reservas. O desafio é na Arregaça e, mal entra em campo, o novo massagista dos estudantes leva uma bofetada de um adepto do clube da casa, que lhe faz ir a maleta pelos ares.

Nessa altura, a Académica não tem propriamente um médico. Guilherme de Oliveira encarrega-se das inspecções aos jogadores. Dentro de campo, quando alguém se magoa, é o atleta Joaquim Branco, já licenciado em Medicina, quem dá uma ajudinha. Quando Azeredo se forma, passa a ser este o requisitado. Só com Francisco Soares, já com Cândido de Oliveira como treinador, a Briosa passa a ter um clínico no banco. E, em 58, o departamento é reforçado com a entrada de um segundo enfermeiro, António Pascoal, que se manterá na Académica 14 anos a fio. Pascoal, Guilherme Luís e Francisco Soares estarão, de resto, entre os fundadores do Centro de Medicina, que funcionará na sede da Associação Académica, a partir de 20 de Outubro de 1965. Ubach Ferrão é o director. Mário Torres, outro dos médicos. A 2 de Janeiro de 78, Guilherme interrompe uma ligação à Briosa, que então já dura há quase três décadas. O Académico de Viseu, como a direcção dos estudantes confirma através da instalação sonora do Calhabé, apresentara-lhe uma proposta irrecusável. Ao entrar em campo, o público que se prepara para assistir ao Académico-Braga despede-se com uma enorme salva de palmas, a que se associam jogadores e dirigentes. Guilherme, no seu jeito humilde de sempre, agradece, comovido. Tem, então, três filhas – por sinal, todas de nome Ana. A segunda, Ana Cristina, casar-se-á com um jogador dos estudantes: o brasileiro Eldon. Dará ao pai dois dos seus quatro netos.

Guilherme Luís não se demora muito em Viseu. No último dia de Maio de 1980, está de regresso a Coimbra. Quando chega a casa, tem dois homens à espera: João Moreno, presidente do Académico coimbrão, e Manuel de Oliveira, outro dirigente do clube. É sem dificuldade que o convencem a voltar à turma estudantil, onde depois terá a companhia do enfermeiro Vítor Guimarães – outro caso de dedicação ao emblema. Em 89, durante um jantar no Casino da Figueira, está Guilherme a ser agraciado com o "prémio Briosa". No ano seguinte completam-se quatro décadas sobre a sua entrada em funções na Académica e o massagista é uma das figuras mais aplaudidas da noite.

Dez anos depois, a 10 de Maio de 2000, a direcção presidida por Campos Coroa celebra com Guilherme Luís um contrato vitalício. Na altura, Coroa define-o como "sempre leal e muito trabalhador". Francisco Soares, chefe do departamento médico, é o mais emocionado: "Homens destes não aparecem todos os dias. Ele (Guilherme) há-de continuar a vir trabalhar, nem que seja de muletas".

Em Maio de 2002, quando a Académica celebra o regresso à 1.ª divisão com João Alves, Guilherme Luís volta a ser homenageado. Agora, pela Casa da Académica em Lisboa. "(Ele) era o nosso confessor, a pessoa em que confiávamos e a quem contávamos os nossos pecados", recorda então o ex-jogador José Belo, dirigente da Casa. Casa que edita um jornal, denominado "Tertúlia Académica". É a este que Guilherme garante, por ocasião da homenagem lisboeta: "Vou andar por aqui até deixar de poder!". E foi cumprindo. Em Abril de 2007, numa homenagem pública que lhe foi prestada, o presidente da Briosa, José Eduardo Simões, apresenta-o como "um exemplo de amor à Académica e a Coimbra". Enquanto a saúde lhe permitiu foi presença quase diária na enfermaria da Briosa. Faleceu a 1 de Outubro de 2009, com 79 anos de vida e mais de 40 de Académica.

1956·1957
A estreia de Rocha

Belenenses 3 - AAC 2
20-1-1957
De pé: Marta, Wilson, Abreu, Melo, Malícia e Cristóvão;
à frente: Duarte, Samuel, Rocha, André e Costa

Depois da aflição do ano anterior, a Académica volta a um tranquilo sexto lugar em 1956-1957. A época em que Augusto Rocha se afirma como um extraordinário jogador e em que outro notável atleta, o guarda-redes Ramin, abandona a Briosa em conflito com a direcção da secção de futebol.

Para a Académica, o campeonato de 56-57 inicia-se escassos dois dias após o regresso da equipa da sua segunda digressão por Angola e Moçambique e sem que tenha, sequer, possibilidade de passar por Coimbra. A comitiva, de 22 pessoas, chega a Lisboa a 9 de Setembro de 56. E a 11 já está a defrontar o Sporting, em Alvalade, num jogo que, mesmo assim, tem de efectuar-se 48 horas depois dos restantes seis encontros da primeira jornada. E que é a primeira partida nocturna da história da Briosa.

Desta vez, a equipa já viajara de avião. Mas, em todo o caso, a digressão prolongara-se por cinco semanas, durante as quais a Académica efectuou cerca de uma dezena de encontros. Isto, para já não falar do intenso programa social que, à semelhança do que acontecera 18 anos antes, caracterizara a viagem. Com os jogadores a verem as portas dos cinemas franquearem-se à sua entrada e com as despesas nos cafés antecipadamente pagas.

Apesar do desgaste que tudo isto provoca, o campeonato não pode começar melhor para a Académica, que ganha no terreno dos "leões" por 3-1. Mais do que isso: realiza uma fenomenal exibição, para a qual contribui decisivamente um ex-sportinguista que já se revelara nos jogos em África – o macaense Augusto Rocha, principal intérprete do futebol apoiado, feito de triangulações e de passes curtos, tão do agrado de Cândido de Oliveira e que passará a ser uma imagem de marca dos estudantes.

"Desde o início do jogo que se notou supremacia da Académica", escreve-se no "Mundo Desportivo". Que, à semelhança de todos os outros jornais, não poupa elogios ao grande reforço da Briosa: "Vivo, demoníaco, inspirado. Rocha, afinal, mostrou que não precisava de aprender. Só precisava que o soubessem aproveitar".

E o macaense, que antes de ingressar nos estudantes, esteve para abandonar o futebol, como reagiu ele ao ambiente criado à sua volta? "O meu estilo é diferente de qualquer jogador. O meu treinador apercebeu-se disso e deu-me licença para jogar à vontade. A Académica soube levantar o meu ânimo", declarou ao "Norte Desportivo", antes de ser submerso por nova onda de abraços de colegas, dirigentes ou simples adeptos.

Quem também ficou extasiado com a exibição da Briosa em Alvalade foi Janos Biri, então treinador da CUF, que dois anos mais tarde estaria ao leme dos estudantes: "Se os rapazes de Coimbra tivessem envergado as camisolas da equipa húngara, eu tinha a impressão de que estava a ver os meus compatriotas. Chegaram a empolgar-me. Até bati palmas. Mas que bem jogavam!...", confessou ao mesmo "Norte Desportivo". E em Coimbra, a festa fez-se nas ruas.

Apesar da euforia inicial, a carreira da equipa conhecerá demasiados altos e baixos. No fim do campeonato, a Briosa é sexta classificada. Na Taça é afastada pelo Barreirense nos quartos-de-final, numa eliminatória em que, ironia das ironias, o seu antigo jogador Faia é uma das grandes figuras.

Há, porventura, uma explicação para a irregularidade dos estudantes, e essa prende-se com problemas internos que têm a sua expressão mais alta no abandono de Ramin. O excelente guarda--

À ESQUERDA
FC Porto 5 - AAC 1
30-9-1956
A classe de Ramin não chegou para impedir uma derrota volumosa

À DIREITA
AAC 2 - Atlético 0
27-1-1957
Rocha procura desfeitear o guarda-redes alcantarense, Sebastião

	JOGADORES UTILIZADOS				
Nº NOME	JOGOS	J. C.	J. I.	MIN	GOLOS
122 Bentes	28	28	0	2520	10
127 Melo	26	26	0	2340	0
160 Duarte	23	23	0	2070	7
165 Gil	1	1	0	90	0
166 Torres	19	18	1	1668	3
170 Wilson	24	24	0	2160	2
172 Abreu	20	20	0	1800	1
175 Malícia	32	32	0	2880	1
180 André	30	29	1	2681	23
186 Nuno	5	5	0	450	0
187 Ramin	17	17	0	1530	0
189 Mota	14	14	0	1260	0
195 Cristóvão	15	15	0	1350	0
200 Marta	31	31	0	2790	0
201 Rocha	28	27	1	2461	4
202 Samuel	28	28	0	2520	10
203 Arlindo	1	1	0	90	0
204 Costa	3	3	0	270	0
205 Vilela	5	5	0	450	0
206 Orlando Vieira	1	1	0	90	0
207 Bento	1	1	0	90	0

AAC 2 -Sporting 0
16-12-1956
Em cima, comemoração do segundo golo, marcado por André, ante o desânimo dos sportinguistas.
Em baixo, Ramin, caído no chão, é assistido por Guilherme Luís e apoiado pelos colegas.
Na página da direita, associando-se ao protesto estudantil contra o Governo, jogadores da Briosa entram em campo envergando as suas capas e transportando a bandeira da Associação Académica. À frente do grupo, Marta, André e Ramin

À DIREITA
Os adeptos da Académica nunca deixaram de acompanhar a equipa durante a época

-redes alega que a direcção da secção de futebol se recusara a emprestar-lhe dinheiro para fazer face a inesperados problemas pessoais e não só se nega a treinar durante a semana que antecede o encontro da décima nona jornada com o Belenenses, como rejeita alinhar nessa partida. A direcção invoca a seu favor dívidas não saldadas por parte do atleta. E, embora mantenha a disposição de continuar a pagar-lhe as propinas até ao fim do ano escolar, decide mesmo cativar os 750 escudos de subsídio que lhe atribuía.

Movimentam-se sectores da Briosa, tentando a conciliação de posições. O ex-atleta António Curado aproveita as tribunas de que dispõe nos jornais, sobretudo no "Norte Desportivo", para difundir essa ideia. Mas não há nada a fazer. Até porque, simultaneamente, correm em Coimbra rumores sobre uma aventura amorosa do guarda-redes que bule com a alta sociedade coimbrã. E Ramin nunca mais enverga a camisola da Académica, sendo substituído por Cristóvão, um jovem natural de Celorico da Beira, iniciado no futebol em Moçambique e, por contágio do pai, apaixonado da Académica desde pequeno.

NACIONAL DA 1ª DIVISÃO						
CLASSIFICAÇÃO	JOGOS	V	E	D	GOLOS	PTS
1º SL Benfica	26	17	7	2	75 - 25	41
2º FC Porto	26	18	4	4	86 - 23	40
3º CF "Os Belenenses"	26	13	7	6	74 - 50	33
4º Sporting CP	26	12	7	7	62 - 28	31
5º LGC Évora	26	13	4	9	57 - 51	30
6º ACADÉMICA	26	12	4	10	45 - 33	28
7º SCU Torreense	26	10	4	12	44 - 50	24
8º C Oriental Lisboa	26	8	7	11	27 - 44	23
9º GD C.U.F.	26	9	3	14	35 - 69	21
10º VFC Setúbal	26	8	4	14	40 - 59	20
11º FC Barreirense	26	8	4	14	39 - 62	20
12º Caldas SC	26	6	7	13	32 - 63	19
13º SC Covilhã	26	7	4	15	33 - 62	18
14º Atlético CP	26	6	4	16	32 - 62	16

"Alarme geral" em Coimbra

A 12 de Dezembro de 1956, o "Diário do Governo" publica o decreto-lei 40 900, através do qual se reforça a tutela do Executivo sobre as associações de estudantes, limitando a actividade destas ao nível estritamente escolar. É o pânico na cidade do Mondego, já que, da alínea e) do artigo quinto do diploma se infere que, em consonância com a filosofia geral do texto, a Associação Académica não mais pode participar em provas federadas.

Tal interpretação é comungada pelo então presidente da Associação de Futebol de Coimbra, José de Assis Pacheco, como se deduz, quer do seu discurso, quer de declarações posteriores à imprensa, no Congresso da Federação Portuguesa de Futebol (FPF), iniciado três dias após a publicação do decreto. "Salta à vista que as actividades da 'Briosa' passarão a desenvolver-se exclusivamente em competições escolares", afirma Assis Pacheco, sem, no entanto, deixar de assumir a sua discordância com a medida, que, como reconhece, além de ser "altamente desfavorável para os campeonatos nacionais", provocou "autêntico alarme geral" em Coimbra. A notícia ultrapassa as próprias fronteiras do país. "Embora sem nunca ter alcançado o título máximo, ou sequer chegado nos primeiros postos, a Académica, clube tradicional dos estudantes de Coimbra, era um concorrente simpático e constante do campeonato oficial português, lutando sempre com esforço, disciplina e esportividade", escreve-se no influente jornal brasileiro "O Globo". A 14 de Dezembro de 56, reúne-se a Assembleia Magna da Associação Académica, que na linha das posições da Direcção-Geral, das secções, dos organismos autónomos, e até do reitor Maximino Correia, se pronuncia contra as intenções governamentais. Mais, decide que a Academia se manifeste nas ruas da cidade no dia seguinte e que o protesto seja estendido ao futebol.

É assim que, dois dias depois, os jogadores que defrontam o Sporting para o campeonato entram no "Municipal" de capa ao ombro e segurando uma enorme bandeira da Associação Académica nas mãos. O público, que enche o estádio do Calhabé, não lhes regateia aplausos, confirmando a solidariedade popular com a reivindicação estudantil, que já se verificara durante a manifestação da véspera.

Ainda por cima, a Briosa realiza, nesse jogo que marca a abertura da segunda volta, a sua melhor exibição da época em Coimbra. Com Rocha, à semelhança do que acontecera em Alvalade, em grande destaque. "'Association' de tipo simples, fácil, brotante, insistente, surpreendentemente progressivo", assim classifica Adriano Peixoto, no "Mundo Desportivo", o futebol dos estudantes. A Censura procura encobrir o protesto como pode. Mas ele não escapa ao próprio jornal oficial do clube visitante, derrotado por claros 2-0. "Nunca, na nossa vida, vimos tanta capa e batina e, por sobre elas, as variegadas cores das fitas e dos 'grelos' das pastas dos finalistas das diversas faculdades, agitadas por mãos febris e nervosas de quem quer mostrar com a convicção da justiça que lhe assiste", diz-se no periódico, enquanto "A Bola" publica uma foto legendada da entrada dos jogadores no relvado. No dia seguinte ao encontro, o Ministério da Educação informa publicamente não existir qualquer determinação que impeça a Académica de disputar as provas organizadas pela FPF. O que leva o "Diário Ilustrado" a concluir, na sua edição de 17 de Dezembro: "Tomou-se, afinal, a nuvem por Juno. Não existe, portanto, o perigo da Associação Académica deixar de disputar o Campeonato Nacional. Ainda bem".

Um mês depois, o decreto-lei é discutido na Assembleia Nacional, "acorrendo a S. Bento – como se recorda no livro "Ideologia, cultura e mentalidade no Estado Novo", coordenado por Luís Reis Torgal e editado em 1992 – grande número de estudantes que enchem por completo as galerias destinadas ao público". Apesar de ratificado, ainda que com emendas, o diploma vê a sua execução suspensa até nova apreciação, após parecer da Câmara Corporativa. O que nunca acontecerá, uma vez que a legislatura atinge, entretanto, o seu termo. Fica, apenas, um parecer do procurador à Câmara, Guilherme Braga da Cruz, em que este se manifesta contra o que considera serem as tentações excessivamente tutelares do decreto. E, em consequência, um vazio legal (que o Governo só tentará superar seis anos mais tarde, novamente com maus resultados...), muito conveniente para as associações de estudantes e, em particular, para a Associação Académica de Coimbra.

1957·1958
Os "folhetins" Rocha e Torres

AAC 6 - V. Setúbal 1
13-10-1957
De pé: Malícia, Marta, Torres, Wilson, Abreu e Teixeira;
à frente: Évora, Samuel, Rocha, André e Bentes

É UMA ÉPOCA BANAL A DE 1957-1958. No campeonato, a Académica queda-se pelo nono lugar, com os mesmos 24 pontos do sexto. Na Taça, é eliminada pelo Benfica, nos quartos-de-final. As grandes notícias ficam para a Primavera e o Verão, com as "novelas" em volta das goradas transferências de Rocha e de Torres.

A época de 57-58 é a última em que a Académica é treinada por Cândido de Oliveira. No defeso, apetrechara-se com o guarda-redes Teixeira, ex-Sporting, e com o avançado Miranda, até então jogador do Belenenses. Perdera, é certo, o defensor Nuno, que partira para Moçambique. Mas, além dos reforços vindos de fora, garantira a promoção dos ex-juniores Jorge Humberto e Curado – "outro" Curado, com a dupla coincidência de também ser defesa-direito.

O primeiro dá imediatamente nas vistas. Tanto, que uma eventual transferência sua para o estrangeiro vai sendo falada durante a época. Mas Jorge Humberto, então aluno do 3.º ano de Medicina, declara ao jornal "A Bola" de 26 de Abril de 1958: "Não trocarei, nem o meu curso nem a Académica, por nada deste mundo. Nem por uma fortuna". Não seria bem assim, mas por enquanto, é verdade, o atleta continua em Coimbra.

O campeonato, que o Sporting há-de ganhar, corre ronceiro. Apesar de André ir fazendo pela vida, a crítica diz que falta um homem-golo para a Académica "dar o salto" para lugares mais de acordo com o nível do futebol praticado.

Resultado inesperado, apenas o empate a uma bola em Alvalade, na décima quinta jornada. Um empate que até acaba por saber a pouco. "Os conimbricenses jogaram melhor do que os lisboetas", garante o "Mundo Desportivo", fazendo coro com a generalidade da imprensa.

Com o Benfica, que então já usa o Estádio da Luz, a Académica também joga bem. Mas aí, o problema é outro. "Fui o maior culpado, o único culpado mesmo", assume o guarda-redes Teixeira, numa declaração muito pouco usual, após a derrota por 3-1 em Lisboa. Isto, ainda no campeonato. Na Taça, os benfiquistas também não deixam saudades. São eles quem elimina a Briosa, nos quartos-de-final, depois de esta ter afastado da prova o Oriental.

Em Fevereiro, a Académica aproveita um interregno no campeonato para se deslocar, pela primeira vez, à Guiné. Viaja em conjunto com a secção de basquetebol, tendo a acompanhá-la, permanentemente, Manuel Duarte Rodrigues Pavia, delegado dos estudantes em Bissau. A Briosa vence os três jogos que ali disputa e consolida o seu prestígio na África de expressão portuguesa.

Nesta altura, porém, as atenções estão todas voltadas para o "folhetim" que envolve uma eventual transferência de Rocha. Esta transferência é anunciada em Março de 58, nas vésperas do jogo da penúltima jornada, que a Académica perde em casa com o FC Porto. Então, fala-se apenas num "clube de Lisboa". Sabe-se, depois, que é o Sporting, precisamente a equipa que Augusto Rocha representara antes de ingressar na Briosa.

Os sportinguistas oferecem 400 contos ao atleta e 80 à Académica, a quem cedem, ainda, o avançado Pompeu. Mal pisa as margens do Mondego, este último deixa, porém, muito a desejar. "Cedo revelou não possuir envergadura moral para poder envergar a camisola de uma Associação como a Académica de Coimbra", sentencia o "Diário de Coimbra". E, quando falta cerca de um mês para o início da nova época, Rocha regressa, devolvendo os 400 contos ao Sporting. "Disse-nos, mais uma vez, que é um atleta digno, que merece, por parte

À ESQUERDA
AAC 4 - Barreirense 0
23-2-1958
Teixeira não dá hipóteses aos barreirenses.
A torre da igreja de S. José ainda domina o inacabado "Municipal"

À DIREITA
Sporting 1 - AAC 1
15-12-1957
Rocha, de braços no ar, já festeja o que parecia ser o golo da vitória. Os sportinguistas Galaz, Carlos Gomes e Caldeira dão o lance como perdido.
Mas a bola acaba por não entrar

	JOGADORES UTILIZADOS					
Nº	NOME	JOGOS	J. C.	J. I.	MIN	GOLOS
122	Bentes	30	30	0	2700	4
160	Duarte	2	2	0	180	0
165	Gil	8	8	0	720	2
166	Torres	22	22	0	1980	0
170	Wilson	29	29	0	2610	1
172	Abreu	19	19	0	1710	4
175	Malícia	23	23	0	2070	2
180	André	27	27	0	2430	18
186	Nuno	3	3	0	270	0
195	Cristóvão	6	6	0	540	0
200	Marta	30	30	0	2700	0
201	Rocha	27	27	0	2430	7
202	Samuel	20	20	0	1800	2
207	Bento	10	10	0	900	0
208	Teixeira	24	24	0	2160	0
209	Miranda	11	11	0	990	3
210	Curado	7	7	0	630	2
211	Jorge Humberto	7	7	0	630	0
212	Évora	3	3	0	270	2
213	Manecas	18	17	1	1560	0
214	Luso	3	3	0	270	2
215	Correia Branco	1	1	0	90	0

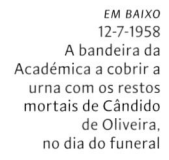

EM CIMA
As equipas de futebol e de basquetebol (b), no aeroporto da Portela, momentos antes do embarque para a Guiné, em Fevereiro de 1958. Atrás: Zé Manuel (b), Marta, Évora, André (em plano mais elevado), Mário Wilson, Samuel, Gil, Henrique Wilson (b), Delfino (b), Francisco Soares, Oliveira (dir, b), Bentes, Teixeira, Guilherme Luís, Cândido de Oliveira, Alberto Martins (trein, b), João Moreno, Sousa (b), Abreu, Cláudio (b), Manuel Anjinho (dir, b) e Fidalgo (b); à frente: Cristóvão, Malícia, Manecas, Torres, Miranda, Simões (b), Carlos Portugal (b), Veloso (b), Mega (b), Cortesão (b) e Jorge Humberto

EM BAIXO
12-7-1958
A bandeira da Académica a cobrir a urna com os restos mortais de Cândido de Oliveira, no dia do funeral

de todos os sócios, adeptos ou simples simpatizantes da Briosa, a maior consideração e admiração", conclui o mesmo jornal.

Poucas semanas depois, está a nova época a começar, outra "novela", agora por causa de uma hipotética transferência do defesa Mário Torres. Neste caso, o interessado é o Bétis de Sevilha, que apresenta uma "tentadora proposta" pelo passe do atleta. Mas a Briosa não se mostra disposta a abrir mão dele.

"A direcção da Associação Académica assegurou-me aquilo que era verdadeiramente a única coisa que me interessava: a possibilidade de me especializar como médico obstetra e ginecologista", declara Torres à imprensa, no termo da negociação. Um repórter ainda tenta saber: "E financeiramente?". "A minha situação é igual à que já tinha. A Académica disse-nos, aliás, que sob esse ponto de vista não podia, nem queria, competir com quem quer que fosse", responde o jogador. A seu lado, o representante do Bétis, Cristóbal Atienza, não esconde a surpresa: "Não entendo! Não entendo!", é tudo quanto consegue balbuciar perante os jornalistas.

NACIONAL DA 1ª DIVISÃO						
CLASSIFICAÇÃO	JOGOS	V	E	D	GOLOS	PTS
1º Sporting CP	26	19	5	2	79 - 21	43
2º FC Porto	26	21	1	4	64 - 25	43
3º SL Benfica	26	17	2	7	59 - 23	36
4º CF "Os Belenenses"	26	12	4	10	54 - 42	28
5º SC Braga	26	9	7	10	51 - 52	25
6º LGC Évora	26	10	4	12	37 - 36	24
7º FC Barreirense	26	10	4	12	42 - 52	24
8º SCU Torreense	26	11	2	13	30 - 46	24
9º ACADÉMICA	26	10	4	12	45 - 40	24
10º Caldas SC	26	9	5	12	30 - 46	23
11º VFC Setúbal	26	9	4	13	37 - 59	22
12º GD C.U.F.	26	8	3	15	40 - 59	19
13º SC Salgueiros	26	7	2	17	45 - 65	16
14º C Oriental Lisboa	26	4	5	17	21 - 68	13

O "ALENTEJANO AMOROSO"

ÉPOCA TERMINADA EM COIMBRA, Cândido de Oliveira parte para a Suécia, onde se realiza o Campeonato do Mundo de Futebol. Vai ao serviço do jornal "A Bola".

Viaja sozinho, no seu Chevrolet, com passagem por Paris. Na capital francesa, o automóvel é confundido com o de um grande capitalista, por trabalhadores que se manifestam nas ruas. Um tijolo é lançado sobre ele. Os vidros partem-se e Cândido fica gravemente ferido numa mão. O resto da viagem tem de ser feito de avião. De Estocolmo, envia três crónicas para o jornal que ajudara a fundar e que nunca abandonara. Não envia mais porque a morte tem encontro marcado com Cândido Fernandes Plácido de Oliveira, alentejano de Fronteira, às 12 horas e 40 minutos do dia 23 de Junho de 1958. Está internado no Hospital Serafimer, faltam três meses para completar 62 anos. Os médicos diagnosticam-lhe pneumonia, agravada por insuficiência hepática.

Passara em Coimbra os últimos três anos. Depois de, órfão de pai, ter tirado na Casa Pia os cursos comercial e de telegrafia que muito contribuíram para o seu posterior ingresso nos Correios; depois de ter jogado no Benfica e no Casa Pia Atlético Clube, e de ter capitaneado a selecção portuguesa, no primeiro jogo desta, em 18 de Janeiro de 1921; depois de ter treinado o Belenenses, o Sporting, o Flamengo do Rio de Janeiro, o FC Porto e a equipa nacional, esta em três períodos distintos; depois de ter escrito em vários jornais, antes de fundar "A Bola", com Ribeiro dos Reis e Vicente de Melo; depois de ter publicado oito livros, sobre assuntos tão díspares como a primeira greve do sector telégrafo-postal ou a "evolução táctica do futebol"; e depois de ter passado pelas cadeias do Tarrafal, de Caxias e do Aljube, por causa da sua oposição ao salazarismo.

É formalmente convidado para treinar a Académica em Outubro de 55, durante um encontro na pastelaria "Coimbra", em Lisboa, com os directores João Moreno, Paulo Cardoso e Carlos Augusto Júlio. Encontro que se sucede a um primeiro contacto, também na capital, efectuado por um trio que inclui Alberto Gomes, Nana e o mesmo Carlos Júlio. Não aceita logo. Concede, apenas, orientar os estudantes durante os jogos e deslocar-se à cidade do Mondego às quintas-feiras, para os treinos de conjunto. Tudo o resto, continua por conta de Nana, que treina a equipa há um mês.

Aos poucos, porém, vai-se enamorando por Coimbra e pela Académica. "Apaixonou-se por nós e nós por ele", confessou Moreno a Homero Serpa, na biografia em livro que o jornalista traçou de Cândido. E, para surpresa dos próprios dirigentes da Briosa e desgosto dos outros fundadores de "A Bola", fica por Coimbra. Instala-se, mais a sua legião de canários, no Hotel Astória, de onde raramente sai antes do meio-dia. Normalmente, almoça no "Arcádia". É daqui que parte para Santa Cruz. "Gostava de ver os seus treinos, simples e bonitos", contava Francisco Soares, médico da Académica e outro dos grandes companheiros de Cândido. "Às vezes, interrompia-os e punha-se a dizer: 'É pá, vocês são uma merda, nem sei como são universitários! Olha lá, fulano, és capaz de pôr uma bola a 20 metros? Se não és, entrega-a a dois".

Por norma, janta com os amigos, entre os quais se inclui gente de pensamento político oposto, como Afonso Queiró. "Cândido era, também, um tipo mimado e abusava disso. Gostava de elogios, às vezes até me parecia vaidoso", recordava o mesmo Francisco Soares. Depois, perde-se entre as velhas tertúlias. "Não era fácil a um 'gajo' de Lisboa chegar aqui e ganhar audiência junto de pessoas elitistas. Mas, ao Cândido, ouviam-no com respeito, com gosto, procuravam mesmo o prazer de falar com ele", confessava João Moreno, que definia o amigo como "um alentejano amoroso". Às segundas-feiras, sem falta, paga do seu bolso a conta no Astória, onde a "diária" é de 200 escudos. É igualmente da sua algibeira que sai o dinheiro dado a quem lhe aparece com queixas materiais, jogadores incluídos.

Do jornal "A Bola" recebe, então, um ordenado mensal de 25 contos. À Académica, que o fará sócio honorário, não só não leva um tostão, como ainda paga todas as despesas. "Mestre Cândido era um homem que vivia para ele, para os jogadores e para os amigos. Se é verdade que há Deus, ele está no Céu", dirá José de Almeida, ex-director do Astória, também já falecido, a Homero Serpa.

Muita gente terá pensado o mesmo. O funeral de Cândido, realizado duas semanas após a sua morte, é uma impressionante manifestação de pesar. Entre a multidão que se desloca ao cemitério do Alto de S. João, em Lisboa, está toda a equipa da Académica. E é aos ombros desta que a urna, coberta por uma enorme bandeira da Briosa, desce à terra.

1958 · 1959
A sucessão de Cândido

AAC 1 - Belenenses 2
5-10-1958
De pé: Malícia, Torres, Manecas, Wilson, Abreu e Arménio; à frente: Jorge Humberto, Chipenda, Samuel, André e Castro

Janos Biri, primeiro, e Otto Bumbel depois, são os homens que sucedem a Cândido de Oliveira na orientação técnica da Académica. Ao longo de quase toda a época de 1958-1959, a equipa navega por lugares perigosos, mas no final está em décimo lugar.

Ribeiro dos Reis é a primeira escolha dos dirigentes da Briosa para substituir o falecido Cândido de Oliveira. Mas não aceita e é Janos Biri, tri-campeão nacional e vencedor de três Taças de Portugal ao serviço do Benfica, a assumir o comando técnico da Académica. Com Biri ingressam na instituição, entre outros, três ex-benfiquistas – o avançado angolano Chipenda, que será o melhor marcador da equipa, o defesa Araújo, também natural de Angola, e o guarda-redes Gomes da Silva –, além de Bouçon, antigo jogador do Espinho.

Janos Biri, húngaro de nascimento, mas naturalizado português desde 1933, é já quem orienta a Académica durante nova digressão a África, no Verão de 1958. Uma digressão que teve Moçambique como destino, com os estudantes a efectuarem, ainda, um jogo em Angola, durante a viagem de regresso. O convite, aliás, partira do Sporting da Beira, uma das equipas que a Briosa defrontou.

"A rapaziada vai muito animada e tudo fará para que a Académica regresse cem por cento vitoriosa", declara Biri à imprensa, no momento da partida. Tal objectivo não será conseguido, mas isso não impede que a comitiva – chefiada por António Falcão Paredes, da Direcção-Geral da Associação Académica, e integrando um total de 23 pessoas – regresse satisfeita. Fosse como fosse, a viagem permitira, como de costume, o reencontro com muitos antigos estudantes e a equipa apresentara bom futebol. "Nós pretendemos jogar sempre com suavidade, fugindo ao choque que nos magoa", explicara António Paredes aos jornalistas, ainda em Moçambique.

A verdade é que, para o campeonato nacional, os resultados não aparecem e a Académica, também muito por culpa de lesões em jogadores influentes, arrasta-se pelos últimos lugares da tabela. Nos primeiros nove jogos alcança uma única vitória. Isto, muito embora tenha ido às Antas empatar a uma bola com o FC Porto, campeão nacional na época.

Consequência do mau início de temporada: Biri é substituído pelo brasileiro Otto Bumbel – o homem que Cândido de Oliveira nunca escondeu ser a sua escolha e que treinava precisamente os portistas, quando do jogo das Antas. Está-se no fim de Novembro e as coisas, de facto, melhoram um pouco. À chegada a Coimbra, aliás, Bumbel não recusa o optimismo: "Numa comunhão de esforços, a recuperação será possível", declara ao "Record", depois de responsabilizar a "péssima e desfavorável arbitragem" do setubalense Manuel Barulho pela estrondosa derrota por 5-1 da Académica em Évora, a que acabara de assistir, ainda sentado na bancada.

Na estreia de Otto Bumbel, à décima ronda, a Briosa surpreende o Sporting, em Coimbra, por 1-0. Uma dezena de jornadas depois, é derrotada pelo FC Porto por igual marca, mas com um golo sofrido no derradeiro minuto. O que leva David Sequerra a escrever no "Mundo Desportivo": "A sorte zombou de quem mais a mereceu". Bumbel, por sua vez, queixa-se de ter visto "a maior injustiça" da sua vida. No último encontro da prova, a Académica "presenteia" o Caldas com uns 11-0, que constituem, até hoje, o

AAC 11 - Caldas 0
22-3-1959
À esquerda, o "placard" confirma os números da maior vitória da Briosa em provas de âmbito nacional.
À direita, Rocha ajuda à "festa" com mais um golo. Os adeptos da Académica, satisfeitos com os últimos resultados da equipa, acorrem em massa ao derradeiro jogo do campeonato

Nº	JOGADORES UTILIZADOS				
	NOME	JOGOS	J. C.	J. I.	MIN	GOLOS
122	Bentes	18	18	0	1620	6
160	Duarte	3	3	0	270	4
165	Gil	7	7	0	630	0
166	Torres	28	28	0	2520	3
170	Wilson	18	18	0	1620	1
172	Abreu	8	7	1	675	1
175	Malícia	13	12	1	1122	0
176	Delfino	1	1	0	90	0
180	André	25	25	0	2250	10
195	Cristóvão	12	11	1	1069	0
200	Marta	26	26	0	2340	0
201	Rocha	21	20	1	1875	3
202	Samuel	22	22	0	1980	1
207	Bento	14	14	0	1260	0
208	Teixeira	12	12	0	1080	0
209	Miranda	10	10	0	900	6
210	Curado	1	1	0	90	0
211	Jorge Humberto	19	19	0	1710	3
212	Évora	1	1	0	90	0
213	Manecas	8	7	1	673	0
216	Araújo	21	21	0	1890	0
217	Chipenda	23	23	0	2070	12
218	Gomes da Silva	5	4	1	371	0
219	Arménio	2	2	0	180	0
220	Castro	1	1	0	90	0
221	Rui Maia	4	4	0	360	2
222	Bouçon	4	4	0	360	0
223	Juca	4	4	0	360	0

EM CIMA
Samuel e Bentes encabeçam a equipa que percorre o longo caminho entre os velhos balneários e o relvado do "Municipal"

EM BAIXO
AAC 3 - Barreirense 2
25-1-1959
Faia (ao centro), agora a jogar pelo Barreirense parece dar explicações a Bentes. Gil, mais afastado, e Jorge Humberto, atrás, dão a ideia de estar mais preocupados com qualquer outra coisa

NA PÁGINA DA DIREITA
Otto Bumbel nunca esqueceu a sua profunda admiração por Cândido de Oliveira. Homem de afectos, promoveu sempre o bom ambiente entre os que o rodeavam. Aqui, com a equipa, durante um estágio no Luso. De pé: Gil, Torres, Samuel, Gomes da Silva, Bento, Bentes, André e Otto Bumbel; à frente: Araújo, Jorge Humberto, Chipenda, Miranda e Teixeira

melhor resultado de sempre dos estudantes, em provas nacionais.

Assim, e apesar de a onda de lesões se manter, a Briosa não perde nenhum dos últimos cinco jogos, conseguindo concluir a prova na décima posição. Revela, além disso, Jorge Humberto e o futuro guerrilheiro nacionalista Daniel Chipenda como dois excelentes jogadores. Tanto, que são dos atletas mais utilizados pela equipa técnica – que Mário Wilson, embora continue a jogar, já integra –, logo atrás dos defesas Torres e Marta e do avançado André. E confirma Rocha como um "craque". De resto, o médio já joga na principal selecção portuguesa desde Abril de 58 e, nesse mesmo ano, está entre os vencedores do campeonato inter-selecções nacionais militares.

O Sporting, aliás, não se conforma com a perda do macaense, ocorrida durante o defeso e depois de a sua transferência parecer um facto consumado. Chega a recorrer do regresso do jogador a Coimbra junto do Governo, a quem se queixa de "prejuízos incalculáveis e irreparáveis", que "aumentam a cada semana que passa". Mas nem isso lhe vale.

"Vinga-se" do insucesso – e dos desaires para o campeonato... – na Taça. Perde o primeiro jogo, em Coimbra, por esclarecedor 3-1; mas, na segunda mão, ganha por 3-0. Resultado: a Académica fica pelo caminho, logo à segunda eliminatória. À espera de melhores dias...

NACIONAL DA 1ª DIVISÃO						
CLASSIFICAÇÃO		JOGOS	V	E	D	GOLOS	PTS
1º	FC Porto	26	17	7	2	81 - 22	41
2º	SL Benfica	26	17	7	2	78 - 20	41
3º	CF "Os Belenenses"	26	16	6	4	65 - 27	38
4º	Sporting CP	26	12	7	7	50 - 28	31
5º	VSC Guimarães	26	13	3	10	59 - 55	29
6º	VFC Setúbal	26	11	5	10	53 - 64	27
7º	SC Braga	26	9	6	11	48 - 51	24
8º	SC Covilhã	26	9	4	13	43 - 65	22
9º	LGC Évora	26	8	5	13	40 - 49	21
10º	ACADÉMICA	26	8	5	13	45 - 46	21
11º	GD C.U.F.	26	8	5	13	34 - 55	21
12º	FC Barreirense	26	7	3	16	39 - 62	17
13º	Caldas SC	26	5	6	15	33 - 76	16
14º	SCU Torreense	26	5	5	16	23 - 71	15

Uma amizade profunda

"Que eu possa ser digno de ocupar, transitoriamente, um lugar que sempre foi e continuará sendo de Cândido de Oliveira". Isto, escrevia na revista "Via Latina", pouco após o seu ingresso na Académica, o treinador Otto Bumbel, admirador confesso e amigo íntimo de Cândido.

Bumbel e Cândido de Oliveira conhecem-se numa manhã de Junho de 1950, quando ambos assistem, no estádio do Vasco da Gama do Rio de Janeiro, a um treino da selecção brasileira, inserido na preparação desta para o Campeonato do Mundo desse mesmo ano. Cândido, que ao longo da vida acompanha quatro "Mundiais", está no Brasil ao serviço de "A Bola", mas, como é do seu feitio, não se contém. Às tantas, Otto Bumbel apercebe-se de uns comentários, feitos em voz alta, pelo parceiro do lado: "E não cruzam o jogo!..."; "Como é possível que driblem tanto?". O "parceiro" é Cândido, amante do futebol húngaro da época, e sabe-se como comentário puxa comentário. É deste modo, conta o próprio Otto Bumbel, em artigo publicado a 12 de Janeiro de 1959 na revista académica "Via Latina", que nasce a amizade entre os dois homens. Não é a única. Diz um antigo jornalista português, Ricardo Ornelas, em depoimento publicado num livro sobre o Casa Pia, que o ex-seleccionador italiano Vitório Pozzo, é outro dos companheiros habituais de Cândido, durante o Mundial de 1950. "Sabe até mais não poder ser!", terá explicado "o mestre" a Ornelas. Mas a amizade com Otto Bumbel mantém-se até à morte de Cândido de Oliveira, ocorrida em Junho de 1958, por ironia do destino quando se encontra a fazer a cobertura jornalística de mais um Mundial de Futebol.

A relação entre Bumbel e Cândido consolida-se quando o antigo casapiano, sem outros compromissos em Portugal que não "A Bola", decide permanecer no Brasil, após o Campeonato do Mundo de 1950, para treinar um dos mais prestigiados clubes do país: o Flamengo do Rio de Janeiro. Isto, apesar de – ossos do ofício... – ambos terem chegado a defrontar-se, como orientadores técnicos de equipas rivais no campeonato brasileiro.

Depois, o relacionamento espaça-se um bocado. É quando Cândido regressa a Portugal, onde em 1952 treinará a selecção nacional pela terceira vez, e Bumbel, para utilizar a sua própria expressão, "peregrina por diversos países da América". Mas volta a estreitar-se anos depois, no momento em que o brasileiro se instala, ele mesmo, em terras portuguesas, para orientar o Lusitano de Évora. "Quando cheguei a Portugal, a sua mão amiga guiou os meus passos e foi o cicerone permanente das minhas actividades profissionais", recordou Otto Bumbel, na "Via Latina". Ele, que enquanto treinador dos eborenses defrontará Cândido de Oliveira, na qualidade de técnico da Académica, por quatro vezes.

O técnico brasileiro, que solidificara a ideia de o amigo ser "um génio da bola", a partir da leitura dos livros deste sobre futebol, é visita frequente de Cândido de Oliveira, durante os três anos de estada deste em Coimbra. Mais ainda nos últimos tempos, quando Bumbel se transfere para o FC Porto, a quem "dá", em Abril de 58, a segunda Taça de Portugal da sua história.

Os dois homens encontram-se no Hotel Astória, onde Cândido vive, e passeiam muitas vezes pela cidade, no imponente carro do "mestre". "Cândido deixara já de ser o universalista da bola, em certo sentido, para empapar-se dos problemas da equipa que era a 'menina dos seus olhos': a Académica", confessará Bumbel. Que também dirá, ainda com base nas longas conversas mantidas nas margens do Mondego: "Senti que, depois dos 'violinos' do Sporting, foi a Académica a sua derradeira tarefa como super-homem do futebol".

Pelo seu lado, Cândido retribuiu a amizade, sugerindo aos dirigentes da Briosa que Otto Bumbel era o homem que gostaria de ver suceder-lhe, quando um dia deixasse Coimbra. E em Novembro de 1958, esgotada a experiência Janos Biri, o técnico brasileiro estava, de facto, a orientar os estudantes. Ainda que não por muito tempo, uma vez que no final da temporada seria substituído por Oscar Montez, por sinal também sul-americano, ainda que da Argentina.

Bumbel prosseguiria a sua carreira em Espanha, onde chegou a treinar o Atlético de Madrid, o Valência e o Sevilha, sem nunca deixar de fazer referências elogiosas à Académica. Em Coimbra, assumira sempre uma postura de humildade perante o legado de Cândido de Oliveira, reservando para si a exclusiva pretensão de "ser digno" de ocupar o lugar que fora do "mestre".

1959 · 1960
A despedida de Bentes

Sporting 2 - AAC 1
27-9-1959
De pé: Oscar Montez (treinador), Maló, Abreu, Wilson, Torres, Gomes da Silva, Araújo e Mesquita; à frente: Miranda, Samuel, Jorge Humberto, Malícia e Bentes

Após 15 anos consecutivos de camisola negra vestida, António Bentes deixa de ser jogador da Académica no fim da época de 1959-1960. Uma época em que a Briosa termina o campeonato, ganho pelo Benfica, num cómodo sexto lugar.

Bentes faz o seu último jogo oficial com a camisola da primeira equipa da Académica na tarde de 27 de Setembro de 1959. Desse encontro, correspondente à segunda jornada do campeonato, não fica com as melhores recordações: a Briosa, depois de se ter deslocado ao cemitério do Alto de São João, em Lisboa, para depositar uma coroa de flores no túmulo de Cândido de Oliveira, perde em Alvalade, com o Sporting, por 2-1. Jorge Humberto ainda consegue empatar o jogo a uma bola, mas o que fica para a história é o resultado final.

O mesmo não se dirá do outro encontro em que o "rato atómico" participa – o da primeira ronda, em que a Briosa ganha ao FC Porto, em Coimbra, por 1-0. Trata-se, aliás, de um dos resultados mais significativos da Académica na época de 59-60, tanto mais que os portistas tinham ganho o título no ano anterior. Com ele, talvez só possam ombrear a vitória no terreno do Belenenses, que será terceiro na classificação final e apresenta jogadores como Matateu, Vicente, Yaúca e José Pereira; o empate caseiro com o Sporting, segundo classificado no termo da prova; e a goleada de 8-1, imposta ao Leixões, também em Coimbra. Durante o intervalo deste último jogo, há um petiz de quatro anos que dá nas vistas. Chama-se Gregório Freixo, é o segundo filho do guarda do velho Campo de Santa

Cruz e apresenta-se em campo todo equipado de negro e de emblema da Briosa ao peito. Segundo o "Record" do dia seguinte, "causou sensação, ao fazer 'bonitos' com o esférico", enquanto o público se acomodava nas bancadas.

A Académica é agora treinada pelo argentino Oscar Montez e apresenta-se reforçada com jogadores como o guarda-redes Maló (ex-Benfica), o defesa Mesquita (ex-Sporting), o avançado Nuno (ex-Olhanense) e os atacantes José Júlio e Gaio. Terminará a prova num confortável sexto lugar, com os mesmos 25 pontos do quinto classificado: a CUF do Barreiro.

Na Taça, pela primeira vez disputada durante o campeonato, e não no fim deste, as coisas correm pior. A Briosa é afastada da prova logo à primeira eliminatória, pelo Olhanense. Ainda ganha em Coimbra, no primeiro jogo, mas depois perde em Olhão por diferença maior. E é esta irregularidade que leva a um curioso comentário publicado no jornal "A Bola": "Tem de considerar-se que os concorrentes do campeonato se dividem em grandes e pequenos e que entre todos figura um sem classificação: a Académica, grande com os grandes, pequeno com os pequenos".

Uma coisa é certa: o prestígio da Briosa mantém-se em alta. Tanto, que fora convidada para defrontar o Bétis, em Sevilha, em Setembro de 59. Perdeu por 2-0, mas os 30 mil espectadores presentes no estádio não regatearam aplausos à qualidade do futebol exibido pelos estudantes, que ainda deram uma volta ao campo, antes de recolherem aos balneários. "Os jogadores portugueses, com os olhos mais postos na exibição do que no resultado, entregaram-se a um futebol filigranado, cheio de harmonia e graça, verdadeiro regalo para o olhar", escreve-se em "A Bola". Já em Abril de 60, a Académica

À ESQUERDA
AAC 6 - Boavista 2
13-3-1960
Em pé ou no chão, os jogadores da Académica festejam mais um golo. Uma dúzia de anos após o início da construção, o "Municipal" continua em obras

À DIREITA
AAC 0 - V. Guimarães 0
3-1-1960
Maló impõe a sua autoridade na área. Wilson, Torres e Araújo podem descansar

	JOGADORES UTILIZADOS				
Nº	NOME	JOGOS	J. C.	J. I.	MIN	GOLOS
122	Bentes	2	2	0	180	1
160	Duarte	6	6	0	540	0
166	Torres	27	27	0	2430	2
170	Wilson	17	17	0	1530	2
172	Abreu	6	6	0	540	0
175	Malícia	12	12	0	1080	0
200	Marta	7	7	0	630	0
201	Rocha	23	23	0	2070	3
202	Samuel	12	10	2	1055	1
209	Miranda	16	16	0	1440	9
210	Curado	18	17	1	1557	1
211	Jorge Humberto	24	24	0	2160	7
216	Araújo	28	28	0	2520	0
217	Chipenda	16	16	0	1440	4
218	Gomes da Silva	1	0	1	16	0
221	Rui Maia	1	1	0	90	0
223	Juca	8	8	0	720	0
224	Maló	28	27	1	2504	0
225	Nuno	13	13	0	1170	7
226	Mesquita	21	21	0	1890	1
227	Gonçalves	6	6	0	540	2
228	José Júlio	8	8	0	720	1
229	Júlio Freire	1	1	0	90	0
230	Gaio	6	6	0	540	0
231	Hélder Lino	2	2	0	180	0

EM CIMA
Bentes na hora da despedida, a 22 de Maio de 1960. À esquerda, entre o roupeiro Belmiro Matos e o guarda do campo de Santa Cruz, Francisco Freixo. Poucos minutos depois, iniciar-se-á o jogo com o Benfica, realizado em sua homenagem e que terminaria com um empate (2-2). À direita, entre os seus alunos da escola primária. Pela altura, não é fácil distinguir o mestre dos estudantes...

EM BAIXO
AAC 0 - V. Setúbal 0
18-10-1959
A expectativa de Gonçalves não será satisfeita. A bola não entrará na baliza sadina, à guarda de Mourinho

voltaria à Guiné, onde venceu um torneio, após vitórias sobre as selecções de Cabo Verde e de Saint Louis, do Senegal.

Mas a época é, sem sombra de dúvida, marcada pela despedida de António Bentes como jogador. Para trás, ficam 15 anos consecutivos de camisola negra vestida, durante as quais efectua 354 jogos, marca 214 golos (campeonato distrital e encontros posteriormente anulados pela Federação incluídos), é expulso uma única vez e conquista cinco internacionalizações: três pela selecção A e duas pela B, ao serviço da qual marca um tento à Espanha.

A Académica presta-lhe a devida homenagem no dia 22 de Maio de 60. Do programa constam, além do tradicional jantar, um jogo entre duas equipas de "escolas" da Briosa e um encontro com o Benfica. Mas, até em antigas colónias portuguesas de África há iniciativas de reconhecimento ao jogador, promovidas por antigos estudantes de Coimbra. E a sapataria "Chic", na rua da Sofia, exibe na sua montra o que o "Diário de Coimbra" garante ser "uma interessante exposição de fotografias da carreira desportiva de António Bentes, que tem despertado grande curiosidade pela forma como foi organizada".

O próprio Bentes, à beira de completar 33 anos e já professor primário, é quem mais resiste às iniciativas. "Nada me deve a Associação Académica. Eu é que lhe estou imensamente grato pela honra de poder tê-la representado durante tantos anos".

NACIONAL DA 1ª DIVISÃO						
CLASSIFICAÇÃO	JOGOS	V	E	D	GOLOS	PTS
1º SL Benfica	26	20	5	1	75 - 27	45
2º Sporting CP	26	19	5	2	82 - 20	43
3º CF "Os Belenenses"	26	15	6	5	58 - 25	36
4º FC Porto	26	13	4	9	48 - 36	30
5º GD C.U.F.	26	10	5	11	36 - 39	25
6º ACADÉMICA	26	8	9	9	40 - 41	25
7º VSC Guimarães	26	8	7	11	47 - 43	23
8º Leixões SC	26	8	7	11	48 - 56	23
9º SC Covilhã	26	8	6	12	32 - 49	22
10º LGC Évora	26	6	9	11	32 - 55	21
11º Atlético CP	26	7	7	12	34 - 46	21
12º SC Braga	26	6	8	12	24 - 39	20
13º VFC Setúbal	26	5	8	13	26 - 52	18
14º Boavista FC	26	4	4	18	27 - 81	12

"Ele era a fantasia"

Bentes não fez só grandes jogos, nem se limitou a marcar grandes golos. Deu, também, grandes entrevistas, provocou grandes crónicas e, até, grandes poemas. Sendo impossível evocar todos eles, recordem-se apenas alguns.

Comece-se pela poesia. Manuel Alegre escreveu a "Balada do Bentes", para um livro editado em 1995 por iniciativa da Casa da Académica em Lisboa e coordenado por José Fernandes Fafe: "Nem tudo era só bota de elástico/ Havia alguém capaz de alguns repentes/ A fuga para a frente e o fantástico/ A festa e a alegria: havia o Bentes// Ele fintava ele driblava ele ganhava/ Os jogos que ninguém nos consentia./ Era a Académica e a aventura era a palavra/ Que de súbito golo se fazia/ Quando corria pela esquerda e nos levava/ Nas jogadas da sua fantasia// No tempo devagar ele era a pressa/ Trazia o imprevisto e o inesperado/ Um golo de pé esquerdo ou de cabeça/ Que virava o domingo e o resultado.// Ele avançava sem pedir licença/ Contra a rotina o tédio a vida anémica/ Era a ousadia e a diferença/ Ele era outra maneira – era a Académica// Fosse o Porto o Sporting o Benfica/ Ele era o que rompia./ Dos seus dribles nasciam as serpentes/ Como o poema o jogo não se explica/ Ele era a fantasia/ Ele era o Bentes".

O jornalista e escritor Fernando Assis Pacheco também lhe dedicou uma das crónicas publicadas no "Record" em 1972 e, mais tarde, reunidas em livro, sob o título "Memórias de um craque". "Os espanhóis tiveram o Di Stéfano, os portugueses tiveram o Bentes", assim começa a crónica. "O pior é que, para os espanhóis terem o Di Stéfano, receberam-no já em segunda mão de Buenos Aires, ao passo que o Bentes veio fresquinho, praticamente júnior ou coisa assim, de Portalegre: Bentes com maiúscula, foi em Coimbra que se autogerou".

Assis Pacheco entrevistou António Bentes, uma vez, para o extinto semanário "O Jornal". Pela prosa se fica a saber, entre muitas outras coisas, que o jogador, falecido a 6 de Fevereiro de 2003, considerava ser o seu pé direito melhor do que o esquerdo, só se tendo fixado a extremo deste lado porque rematava melhor com o pé esquerdo; que gostava de jogar às cartas a dinheiro, nomeadamente à "loba" e à "buraca"; que o seu último ordenado era de 1500 escudos, a que acrescia a renda de casa; que os treinadores que mais admirou foram Cândido de Oliveira e Alberto Gomes; que os capitães de equipa preferidos foram Nana e Mário Wilson; que os jogos com o União – a começar pelo primeiro que efectuou e que a Académica perdeu por 5-1, em Santa Cruz – lhe saíam sempre mal.

Lá para o fim da conversa, Assis pergunta-lhe: "Está preso a Coimbra?". Responde Bentes, natural de Braga e júnior do Portalegrense, de onde transita para a Académica por indicação de Armando Sampaio: "Então não vê? Agora sou de cá. É a cidade onde eu fui acarinhado – e da minha parte fiz tudo para merecer. Fica-se realmente preso a isto".

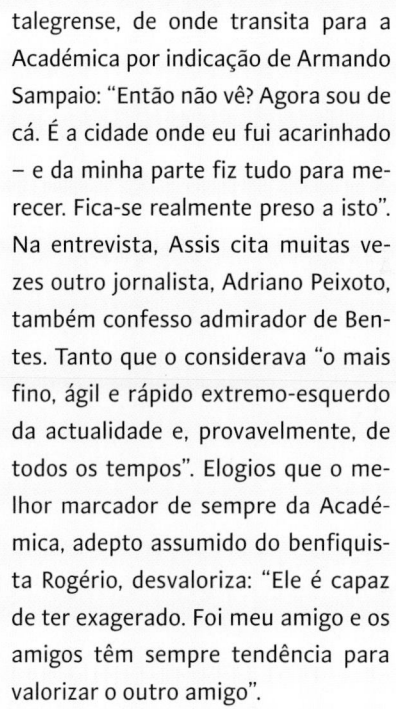

Na entrevista, Assis cita muitas vezes outro jornalista, Adriano Peixoto, também confesso admirador de Bentes. Tanto que o considerava "o mais fino, ágil e rápido extremo-esquerdo da actualidade e, provavelmente, de todos os tempos". Elogios que o melhor marcador de sempre da Académica, adepto assumido do benfiquista Rogério, desvaloriza: "Ele é capaz de ter exagerado. Foi meu amigo e os amigos têm sempre tendência para valorizar o outro amigo".

Gonçalo dos Reis Torgal também recorda Bentes no seu terceiro volume de "Coimbra, boémia da saudade". E aí relembra, particularmente, o gesto do "rato atómico" num jogo em Elvas, em que foi dizer ao árbitro que o golo por este validado não devia ser considerado legal, uma vez que a bola entrara pela rede lateral. O encontro efectuou-se a 18 de Maio de 1947, a Académica perdeu por 3-2 e a atitude de Bentes – de resto, tomada sem a mais pequena hesitação – valeu a este, de acordo com a crónica do "Mundo Desportivo", uma "carinhosa e justa ovação do público local".

Pelo seu lado, Oliveira Júnior, outro "histórico" da Briosa, em artigo escrito para a "Revista Académica" de 71, lembra que Bentes costumava dizer que o único clube do qual gostava era a Académica: "Em seniores, em reservas, em juniores ou em qualquer outra categoria". E revela o gosto do mítico jogador pela pesca, que durante muitos anos praticou junto ao Poço da Cal, em Montemor-o-Velho.

1960 · 1961
Transferência para o estrangeiro

FC Porto 0 - AAC 1
5-3-1961
De pé: Araújo, Samuel, Curado, Torres, Wilson e Maló;
à frente: Assis, Chipenda, Jorge Humberto, Rocha e Nuno

A PRIMEIRA grande transferência do futebol português para o estrangeiro é protagonizada por um jogador da Académica. Chama-se Jorge Humberto e parte para o Inter de Milão no final da época de 60-61. Uma época em que a Briosa torna a fazer um campeonato normal, acabando na sétima posição.

Augusto Rocha, di-lo toda a crítica e reconhece-o quem tem idade para isso, é a grande figura da Académica nos anos de 1960 e 1961. Mas há outras: Maló, Wilson, Torres... E Jorge Humberto, que com os seus dez golos é, aliás, o melhor marcador da equipa.

Rocha, está visto desde o imbróglio de dois anos antes com o Sporting, não abandona a Briosa por nada deste mundo. Jorge Humberto disse que também não o faria, logo que as suas exibições na primeira equipa deram azo a rumores sobre uma compensadora transferência do jovem atleta. Mas o avançado continua a dar nas vistas de tal maneira que as qualidades por ele exibidas chegam aos ouvidos de Helénio Herrera, treinador do poderoso Inter de Milão.

Época terminada em Portugal, Herrera chama-o a prestar provas na segunda mais importante cidade italiana. Num dos treinos, Jorge Humberto marca nada menos de três golos. E recebe guia imediata de transferência, a troco de dois mil contos para os seus bolsos e de metade disso para os cofres da Académica.

O jogador, que quatro épocas mais tarde estará novamente a representar a Briosa, coloca uma única condição: a de poder vir a Coimbra fazer os exames do curso que frequenta e pelo qual se licenciará: o de Medicina. Satisfeita a reivindicação, Jorge Humberto assegura aos jornais: "Mesmo longe, continuarei a jogar pela Académica". Antes da partida para Itália, contribui fortemente para o sétimo lugar que a equipa alcança no final do campeonato, com os mesmos 26 pontos do sexto classificado: a CUF do Barreiro.

A Briosa começara a época reforçada, basicamente, por Assis, ex-Palmelense, por Bacala, antigo atleta do Desportivo de Beja, e por França, um ex-sportinguista que ocupará os mais altos cargos militares em Angola, após a independência. Adquire também o jovem Leonel Abreu, oriundo de Olhão e que tem a particularidade de ser irmão de Francisco Abreu, então já a fazer a décima época ao serviço dos estudantes. Ainda fará mais uma, mas a carreira do futuro médico dentista está já na fase decrescente. Para trás ficarão quase duas centenas de jogos de negro vestido, durante os quais marca 14 golos – número assinalável para um médio. E cinco internacionalizações, uma ao serviço da equipa nacional B e quatro pela selecção militar, que capitaneia por duas vezes. O treinador de 60-61 é Mário Imbelloni, argentino como o seu antecessor Oscar Montez.

Numa prova novamente ganha pelo Benfica, o primeiro resultado relevante dos estudantes é a vitória por 2-1 sobre o FC Porto, em Coimbra. Rocha marca o primeiro golo e faz um jogo deslumbrante, à semelhança de vários outros, ao longo da época.

O "Mundo Desportivo", que então já pontua as exibições dos jogadores, dá-lhe a nota máxima de "3" e intitula assim a sua peça sobre o encontro, em que Maló defende um pénalti a Hernâni: "Rocha chegou e sobejou para perturbar a desligada turma portista".

À ESQUERDA
Jorge Humberto, bem disposto e bem vestido, a caminho de Itália, a 29 de Julho de 1961

À DIREITA
AAC 0 - Benfica 2
15-1-1961
Acrobacias com bola. Curado é o "artista" principal

	JOGADORES UTILIZADOS				
Nº	NOME	JOGOS	J. C.	J. I.	MIN	GOLOS
160	Duarte	1	1	0	90	0
166	Torres	27	27	0	2430	3
170	Wilson	26	26	0	2340	0
172	Abreu	3	3	0	270	0
175	Malícia	2	2	0	180	0
189	Mota	4	4	0	360	0
200	Marta	14	14	0	1260	0
201	Rocha	27	27	0	2430	4
202	Samuel	13	12	1	1128	1
209	Miranda	20	20	0	1800	7
210	Curado	15	15	0	1350	0
211	Jorge Humberto	23	23	0	2070	10
216	Araújo	21	21	0	1890	0
217	Chipenda	15	15	0	1350	0
223	Juca	1	1	0	90	0
224	Maló	27	27	0	2430	0
225	Nuno	10	10	0	900	3
226	Mesquita	8	8	0	720	0
227	Gonçalves	5	5	0	450	1
228	José Júlio	2	2	0	180	1
230	Gaio	3	3	0	270	3
232	França	19	19	0	1710	1
233	Almeida	8	8	0	720	0
234	Assis	8	8	0	720	0
235	Bacala	4	4	0	360	0
236	Américo	1	1	0	90	0
237	Leonel Abreu	1	1	0	90	0

EM CIMA
AAC 0 - Sporting 1
6-11-1960
Os jogadores a caminho do relvado, sob o olhar atento dos adeptos. À frente, Miranda e Wilson, seguidos de Chipenda, França, Jorge Humberto (encoberto), Maló, Marta, Torres, Rocha, Gonçalves e Araújo

EM BAIXO
AAC 3 - Braga 1
23-10-1960
Torres bate o bracarense Franklin, concretizando o pénalti que abre caminho à vitória da Briosa

A Académica também ganha nas Antas, desta vez por 1-0. Exactamente o mesmo resultado pelo qual perde em Alvalade, onde é recebida com a maior antipatia. Consequência, ainda, da raiva que a gorada transferência de Rocha para o Sporting gerou entre os "leões"...

Após esse mesmo jogo, Araújo é punido com uma partida de suspensão. Não é o único, durante a época, a ter problemas com a arbitragem. No primeiro encontro com o Barreirense, relativo à eliminatória inaugural da Taça e quando se verificava uma igualdade no marcador, Samuel é igualmente expulso e sancionado com três jogos de fora do campo. Uma pena com que o defesa dos estudantes não se conforma. "Confesso que me chegou a parecer que o árbitro levava ideia premeditada", queixar-se-á ele ao "Diário Ilustrado", periódico onde o repórter destacado para a cobertura do encontro não se exime a tomar partido: "Pareceu-nos que houve certo rigor na expulsão".

Por falar em Taça: a Académica é afastada da prova logo nessa eliminatória, em larga medida devido à derrota no Barreiro, por 4-2, no tal jogo em que Samuel é expulso aos três minutos da segunda parte. Mas em Coimbra também não vai além do empate a uma bola, com uma equipa que termina a prova na derradeira posição, com menos de metade dos pontos do penúltimo classificado, que é o Braga.

NACIONAL DA 1ª DIVISÃO						
CLASSIFICAÇÃO	JOGOS	V	E	D	GOLOS	PTS
1º SL Benfica	26	22	2	2	92 - 21	46
2º Sporting CP	26	19	4	3	61 - 19	42
3º FC Porto	26	14	5	7	51 - 28	33
4º VSC Guimarães	26	14	2	10	48 - 44	30
5º CF "Os Belenenses"	26	12	4	10	45 - 37	28
6º GD C.U.F.	26	10	6	10	38 - 28	26
7º ACADÉMICA	26	10	6	10	31 - 29	26
8º Leixões SC	26	10	3	13	38 - 44	23
9º SC Covilhã	26	8	5	13	27 - 55	21
10º Atlético CP	26	8	5	13	35 - 54	21
11º LGC Évora	26	9	3	14	29 - 51	21
12º SC Salgueiros	26	8	4	14	34 - 64	20
13º SC Braga	26	8	3	15	41 - 62	19
14º FC Barreirense	26	3	2	21	26 - 60	8

"Por isso, protesto..."

Augusto Rocha, reconhece-o toda a gente, faz em 60-61 uma época fabulosa. Não por acaso, é chamado à selecção nacional, ainda que neste ano apenas à equipa B, no jogo de carácter particular que esta disputa com a França, em Lisboa, a 8 de Dezembro de 1960. Portugal empata a duas bolas e Rocha, para quem os jogadores dos clubes ditos pequenos são discriminados, marca um golo.

Augusto Francisco Rocha, nascido em S. Lourenço de Macau a 7 de Fevereiro de 1935, fizera a sua estreia internacional a 13 de Abril de 1958, logo pela equipa A. Tratou-se de um "particular" com a Espanha, realizado em Madrid, e que Portugal perdeu por 1-0. Rocha chegara à Académica na época anterior à deste encontro com os espanhóis, proveniente do Sporting, e as suas qualidades não passam despercebidas a ninguém. Gonçalo dos Reis Torgal, que assiste à sua estreia oficial – precisamente com o Sporting, a 11 de Setembro de 1956, em encontro que a Académica ganha por claros 3-1 –, recorda-as no livro "Coimbra, boémia da saudade": "Tive a felicidade de assistir àquele portentoso jogo de Alvalade, em quente noite de Verão. Um Rocha solto, livre, irreverente, criativo, alegre, trocista, como o génio de Cândido de Oliveira entendera o génio de Rocha". Uma ideia partilhada por muita gente.

"Cândido de Oliveira, com o seu sentido profético do futebol, depressa percebeu que lhe caíra um diamante nas mãos. Por isso, deixou que Augusto Rocha fosse o único jogador da sua equipa com total liberdade de movimentos, para que, assim, fosse a fantasia, numa equipa que queria de operários. E, de facto, Rocha haveria de ser o espelho de um futebol feito de rapidez e imaginação, enleante, surpreendente, combativo, leal, bonito", escreveu o jornalista António Simões em 96, num dos fascículos dedicados pelo jornal "A Bola" às "100 figuras do futebol português".

No fim da época, aliás, os "leões" tentam reaver o atleta, o que dá origem a um dos grandes "casos" desportivos e jurídicos do futebol português da altura. Mas "o chinês", como é carinhosamente tratado em Coimbra, acaba por recusar a transferência. A sua defesa fora assumida pelo professor de Direito e incondicional adepto da Académica, Afonso Queiró, apesar de este ser um homem do regime e de os sportinguistas terem chegado a solicitar os bons ofícios do Governo para trazerem o jogador de volta a Lisboa.

Rocha sofre as consequências da sua atitude, passando a ser sistematicamente assobiado e insultado pelo público afecto ao Sporting, sempre que se desloca a Alvalade. Mas em Coimbra, como se compreende, o seu prestígio atinge o cume.

Em Coimbra e não só. O jogador chega a ser aliciado pelo Benfica e pelo próprio Real Madrid.

Nessa altura, já Rocha voltara a ser chamado à selecção, onde se torna uma presença habitual. No total, fará sete jogos pela primeira equipa portuguesa, dois pelo seleccionado B, um pelas "Esperanças" e nove pelos militares. Ao serviço destes últimos, venceu o torneio internacional realizado em Lisboa, em Novembro de 58, em cuja final os portugueses bateram a França por 2-1. Da selecção principal despede-se a 21 de Abril de 63, no histórico jogo em que Portugal ganha ao Brasil, campeão do Mundo, por 1-0.

À semelhança de Rui Cunha, três décadas atrás, Augusto Rocha nunca deixa, porém, de manter reservas em relação à selecção. Em depoimento concedido para o livro "Académica, futebol com história", editado pelo Núcleo de Veteranos – de que é membro –, radica-as na convicção de que, antes e depois de si, outros atletas da Briosa apenas não foram convocados "por pertencerem a um pequeno clube da província". E não só: "Durante os jogos da selecção em que intervim – conta Rocha –, o ambiente vivido foi bastante prejudicado pelo comportamento dos jogadores dos 'grandes' clubes (a maioria), que marginalizavam os representantes dos 'pequenos' (a minoria) e, assim, impediam a necessária coesão que sempre deve existir numa verdadeira equipa. Por isso, protesto, protesto, protesto...", conclui um dos maiores jogadores de sempre da Briosa, reconhecendo, no entanto, que "ter sido internacional foi muito bom".

Dá por encerrada a vida de futebolista – após 15 épocas e 373 jogos vestido de preto – durante uma digressão da Académica ao Brasil, em Janeiro de 71. "Mesmo na parte final, quando lhe sobrava classe para cada vez menor frescura, jamais perdeu a nobreza que marcou toda uma brilhantíssima carreira", escreveu Rui Dias, num livro editado pelo "Record" em 2002, dedicado aos "100 melhores do futebol português".

1961·1962
Os "Pardalitos do Choupal"

Olhanense 2 - AAC 2
4-2-1962
De pé: Araújo, Moreira, Wilson, França, Marta e Américo;
à frente: Crispim, Lourenço, Rocha, Gaio e Almeida

Os acontecimentos na Universidade reflectem-se, mais uma vez, na vida do futebol académico. Ainda assim, a Briosa tem uma prestação desportiva regular, traduzida no décimo lugar da classificação final. E até bate o Benfica, campeão europeu em título, por claros 3-1. Num jogo em que nasce a designação de "Pardalitos do Choupal", atribuída pelo periódico "A Bola".

A vitória sobre os encarnados, ocorrida à quinta jornada, em Coimbra, é duplamente surpreendente. A Académica, que à segunda ronda perde com o Olhanense, em casa, não parece ter equipa vocacionada para feitos excepcionais. Por outro lado, o Benfica juntara ao título de campeão nacional, na época de 60-61, o de campeão europeu, após vitória sobre o colosso Barcelona, em Berna.

Mas o triunfo da Briosa, novamente treinada por Alberto Gomes, acontece sem apelo nem agravo, mercê de uma defesa seguríssima e de uma habilidosa exploração do contra-ataque. O Benfica, já com Eusébio, ainda se coloca em vantagem. Mas 12 minutos depois, Abreu, um dos dois jogadores já licenciados da Académica – o outro é Torres –, empata a partida. E, na segunda parte, Gaio marca mais dois golos para os estudantes, sem qualquer resposta dos lisboetas.

Surge, então, uma expressão que fará escola. Ao intitular a sua crónica do jogo, no jornal "A Bola", Vítor Santos escreve: "Pardalitos do Choupal' a desfeitear campeões". Quantos jornalistas, comentadores ou simples adeptos, a usaram depois disso? Mas Vítor explica-se: "A Académica é isto – a equipa

«PARDALITOS DO CHOUPAL»
A DESFEITEAR CAMPEÕES!

dos 'escândalos', a equipa dos 'impossíveis', a equipa de que tudo se espera: o melhor e o pior, o lógico e o ilógico, o natural e... o mágico. Há, realmente, 'qualquer coisa' naquelas camisolas negras, tecidas com a magia, a tradição, a irreverência, a ladinice, o azougue do ambiente de Coimbra e da sua eterna Academia".

No fim do encontro, Mário Torres ainda se "queixa" à imprensa da magreza do resultado e Alberto Gomes confessa ter sido mais fácil do que esperava. Certo é que os jogadores têm direito a volta de honra ao campo e, na cidade, os festejos prolongam-se pela madrugada fora.

O Benfica "vinga-se" na segunda volta, derrotando a Académica por 4-2, em jogo que não começa sem os adeptos do clube da casa oferecerem um frango – de verdade!... – ao seu guarda-redes Costa Pereira. Mas andam "mosquitos por cordas" no Estádio da Luz. Tanto que a direcção da Briosa pede um inquérito à actuação do árbitro, o setubalense Mário Mendonça. Queixa-se, entre muitas outras malfeitorias, de que houve carga ao guardião Américo – que, em boa parte do campeonato, substitui Maló –, no lance que dita o 1-0; de que não foi marcado um pénalti a favor dos estudantes, quando o resultado era de 3-2; de que Marta foi mal expulso; de que houve uma flagrante dualidade de critérios; e de que foi feita vista grossa aos insultos do treinador Béla Guttmann aos jogadores e ao "banco" da Académica. É muita queixa junta, mas a Federação faz ouvidos de mercador.

E assim o campeonato, que o Sporting ganhará, deixando para o Benfica novo título europeu, vai decorrendo pacatamente, até à crise estudantil de 62 se reflectir na equipa. Sem impedir, em todo o caso, que esta termine o campeonato num relati-

À ESQUERDA
AAC 3 - Benfica 1
5-11-1961
Américo, bem protegido por Torres e Curado, ajuda a segurar a preciosa vantagem dos estudantes.
O benfiquista José Águas nada pode fazer

À DIREITA
AAC 0 - Sporting 3
20-5-1962
Américo sai da baliza para socar a bola, deixando a defesa das redes momentaneamente entregue a Marta

Título de "A Bola",
a 6 de Novembro de 61, após a vitória por 3-1 sobre o Benfica

	JOGADORES UTILIZADOS				
Nº	NOME	JOGOS	J. C.	J. I.	MIN	GOLOS
166	Torres	19	19	0	1710	0
170	Wilson	23	23	0	2070	0
172	Abreu	9	9	0	810	1
189	Mota	1	1	0	90	0
200	Marta	21	20	1	1844	0
201	Rocha	31	30	1	2789	2
209	Miranda	2	2	0	180	0
210	Curado	17	16	1	1466	0
216	Araújo	25	24	1	2204	0
217	Chipenda	3	3	0	270	0
218	Gomes da Silva	1	0	1	40	0
224	Maló	2	2	0	180	0
225	Nuno	4	4	0	360	0
228	José Júlio	7	6	1	580	2
230	Gaio	32	32	0	2880	25
232	França	18	18	0	1620	0
233	Almeida	23	23	0	2070	5
235	Bacala	2	2	0	180	0
236	Américo	30	29	1	2660	0
237	Leonel Abreu	10	10	0	900	0
238	Moreira	13	12	1	1107	0
239	Crispim	29	29	0	2610	4
240	Lourenço	28	28	0	2520	11
241	Betinho	1	1	0	90	0
242	Jorge	2	2	0	180	0

EM CIMA
FC Porto 1 - AAC 0
18-3-1962
Crispim e a arte de bem jogar com o pé direito

EM BAIXO
AAC 2 - Lus. Évora 0
11-3-1962
Lourenço salta à bola com Vital, guarda-redes dos eborenses. Gaio parece ter-se assustado...

vamente tranquilo décimo lugar, com os mesmos pontos do oitavo, que é o Olhanense. Nem que ultrapasse as duas primeiras eliminatórias da Taça de Portugal, eliminando o Atlético e o Farense, para depois cair aos pés do Guimarães. Ou que obtenha goleadas como os 8-1 ao Salgueiros e os 7-1 ao Beira--Mar, compensando de algum modo os 5-0 sofridos com o Leixões e o Lusitano de Évora. Ou, finalmente, que revele novos jogadores de eleição, como o avançado-centro Lourenço, proveniente do mo--desto Alcobaça, da 3.ª divisão, e o extremo-direito Crispim, oriundo dos juniores. Este último, capitaneara o seleccionado português, que no início da época se sagrara campeão europeu da categoria.

Aliás, talvez a classificação final até tivesse sido melhor se, em contrapartida, Maló não tivesse estado ausente praticamente durante todo o campeonato e Torres em 12 jogos. Assim, fica, em qualquer caso, o perfume do bom futebol praticado em alguns encontros, o que, aliado ao concludente triunfo sobre o Benfica, muito contribui para a consolidação do prestígio internacional da equipa.

A Académica preparara a época com uma deslocação, em Agosto de 61, a Espanha, onde perdera com o Tenerife por 3-1 e com o Las Palmas por 2-1. Acabará a temporada a analisar propostas de digressão a vários outros países.

NACIONAL DA 1ª DIVISÃO					
CLASSIFICAÇÃO	JOGOS	V	E	D	GOLOS	PTS
1º Sporting CP	26	19	5	2	66 - 17	43
2º FC Porto	26	18	5	3	57 - 16	41
3º SL Benfica	26	14	8	4	69 - 38	36
4º GD C.U.F.	26	14	5	7	44 - 34	33
5º CF "Os Belenenses"	26	12	7	7	51 - 35	31
6º Atlético CP	26	11	4	11	41 - 42	26
7º Leixões SC	26	10	3	13	47 - 55	23
8º SC Olhanense	26	8	6	12	33 - 41	22
9º VSC Guimarães	26	9	4	13	44 - 47	22
10º ACADÉMICA	26	9	4	13	44 - 54	22
11º SC Beira-Mar	26	8	5	13	43 - 61	21
12º LGC Évora	26	9	2	15	31 - 42	20
13º SC Covilhã	26	6	5	15	30 - 48	17
14º SC Salgueiros	26	2	3	21	17 - 87	7

A CRISE DE 62
NO FUTEBOL

◆━◆

EM MAIO, A CHAMADA CRISE ESTUDANTIL de 62 está ao rubro. No dia 3, na sequência da realização, não autorizada, do 1.º Encontro Nacional de Estudantes e dos protestos contra a proibição das comemorações do Dia do Estudante, o Governo demite a Direcção-Geral da Associação Académica, expulsa os seus membros do ensino, leva-os a tribunal e regressa às nomeações de comissões administrativas. As medidas dão origem a uma vaga de contestação sem precedentes, com reflexos em todas as secções associativas, a de futebol incluída: os jogadores deixam de treinar, um jogo é adiado à força, a polícia ocupa o "Municipal" durante um outro encontro. Para escaparem à prisão, os atletas Chipenda, França e José Júlio abandonam Coimbra.

A Comissão Administrativa nomeada para a Direcção-Geral pelo Governo de Salazar, liderada pelo estudante de Medicina José Pedro Belo Soares, inclui o presidente da secção de futebol, Abílio Vieira, aluno de Direito. Acontece que a Assembleia Magna, com a concordância dos próprios, entende que os membros da Comissão não devem aceitar ser empossados. Mais: ao mesmo tempo que a Assembleia de Grelados delibera, pela primeira vez na história, não realizar a Queima das Fitas, a Magna decreta o chamado "luto académico" – nome que assume a greve às aulas em Coimbra – e decide promover uma manifestação de rua. A reacção estudantil deixa o Executivo furioso. A manifestação, em que participam quatro mil estudantes, é violentamente reprimida; a Universidade é cercada pela polícia de choque; a Associação Académica, no Palácio dos Grilos, é encerrada; as direcções de várias secções e organismos são demitidas. É o que acontece com o futebol. Para o lugar da direcção eleita, é nomeada pelo Governo, a 18 de Maio, uma Comissão Administrativa, presidida por Pedro Rocha Santos, médico do Exército e director do Hospital Militar de Coimbra. Coadjuvam-no o tenente-coronel Manuel Delgado e Silva, antigo governador de Diu, na Índia sob administração portuguesa, o capitão Francisco Castro e Sousa, também clínico de carreira militar, o professor liceal Hortênsio Pais Lopes e o industrial Eduardo Corte-Real – estes dois últimos, antigos atletas.

Os futebolistas da Académica estão há quase duas semanas sem se treinarem. Apesar das diferenças de opinião internas – há quem se oponha a uma radicalização de posições, como há quem defenda que se siga o exemplo de secções como o râguebi, o basquete e o vólei, que pura e simplesmente abandonaram as respectivas competições –, faz vencimento a tese da não comparência ao jogo com o Beira-Mar, em Aveiro, correspondente antepenúltima jornada do campeonato.

Numa jogada de antecipação, o ministro da Educação, Manuel Lopes de Almeida, faz publicar, na véspera do encontro, um curioso ofício: "Por circunstâncias muito especiais, e que não se deseja constituam precedentes, determino que o jogo a realizar no próximo dia 13 entre as equipas do Beira-Mar e da Associação Académica seja transferido para data a designar oportunamente". Evita, assim, um escândalo maior, para o que conta com o silêncio sobre as reais causas do adiamento que se abate sobre a imprensa. Mas não resolve o problema de fundo.

O jogo seguinte, em Coimbra e com o Sporting, está marcado para o dia 20 de Maio. Na noite de 18 – conta o então estudante Augusto Pais Martins, nas suas memórias –, a Comissão Administrativa para o futebol, nomeada nesse mesmo dia, chama a equipa e o técnico Alberto Gomes a casa de Rocha Santos. O capitão Mário Wilson é encaminhado para uma sala do primeiro andar, onde os dirigentes nomeados pelo Governo o procuram demover da continuação da solidariedade com a luta estudantil. Wilson exige ouvir os seus colegas, o que é aceite. Perante estes, defende a comparência ao jogo com os "leões". Todos concordam. Até mesmo Araújo, Chipenda, França e José Júlio, que três meses depois, abandonariam Portugal. Não muito tempo depois, nos respectivos países, alguns deles estão entre os principais dirigentes dos movimentos que combatem as tropas portuguesas em África.

A verdade é que, de acordo com a posição da maioria, a Académica comparece mesmo ao jogo com o Sporting. Quando entra em campo, uma parte do público estudantil assobia-a, por ver na atitude uma quebra de apoio à luta. Dentro e fora do "Municipal", a GNR e a PSP zelam pelo cumprimento da ordem. Nas bancadas, polícias à paisana fazem o mesmo. Mas, à saída do estádio, os confrontos tornam-se inevitáveis. A Briosa – sem Wilson, lesionado, mas presente no Calhabé para evitar suspeitas – perde por 3-0. Três dias depois, empata em Aveiro, a uma bola. Por ora, a "normalidade" está recuperada.

1962·1963
A vez de Pedroto

AAC 6 - Atlético 0
25-11-1962
De pé: Maló, Piscas, Curado, Rui Rodrigues, Wilson e Almeida; à frente: Crispim, Gaio, Lourenço, Rocha e Assis

ACALMADA A CRISE ESTUDANTIL, a Académica repete o décimo lugar da época anterior. Treinada, agora, por José Maria Pedroto, chega, no entanto, a andar pelas primeiras posições. E o seu avançado Lourenço é o terceiro melhor marcador da prova. Tornando-se, claro, um dos mais destacados jogadores de uma equipa que revela outros atletas que farão história no futebol português: Gervásio, Rui Rodrigues, Oliveira Duarte, Viegas... Mas que perde, definitivamente, Chipenda, França, Araújo e José Júlio.

Para a Académica, a chamada crise estudantil de 62 tem os seus custos. Durante a pré-época, no mês de Agosto, a equipa faz uma nova digressão a Angola. É, mais uma vez, recebida apoteoticamente e provoca grandes enchentes nos estádios onde joga por cinco vezes (ganha quatro e perde uma partida).

De regresso a Portugal, aqueles quatro futebolistas africanos – Chipenda, França, Araújo e José Júlio – aproveitam uma folga de dois dias, concedida por José Maria Pedroto, e abandonam a cidade de Coimbra. Nos respectivos países, assumem o combate ao exército português em território africano, depois de terem sido, entre os jogadores do plantel da Briosa, os que defenderam atitudes mais radicais na luta dos estudantes contra o regime.

A Briosa é, em contrapartida, reforçada com vários novos jogadores. Entre eles, Gervásio, que vem do Benfica; Oliveira Duarte, do Sporting; Rui Rodrigues, do 1.º de Maio de Lourenço Marques; e Piscas, do Lusitano de Évora. Todos farão história no futebol português e manter-se-ão ao serviço da Académica ao longo de vários anos.

Aliás, tal como o guarda-redes Viegas, que começa a representar a Briosa, igualmente, na temporada de 61-62.

Também há novo treinador. Chama-se José Maria Pedroto, jogara no Lusitano de Vila Real de Santo António, no Belenenses e no FC Porto – para onde se transferira por uma verba astronómica para a altura – e está a dar os primeiros passos numa carreira que o tornará um dos mais míticos técnicos portugueses de sempre. Como treinador, sagrar-se-á campeão nacional por várias vezes e, entre 1974 e 1976, orientará mesmo a selecção portuguesa.

Facto é que a época começa bem. À nona jornada do campeonato, a Académica é quarta classificada e um seu jogador, Lourenço, é o melhor marcador da prova, com 15 tentos. Nessa mesma ronda, faz um "hat-trick", na vitória por 4-3 sobre o Sporting, que ostenta o título de campeão nacional. No dia seguinte, o "Mundo Desportivo" pode escrever, a toda a largura da primeira página: "Nem milagre nem sorte, mas apenas uma vitória recheada de mérito de uma equipa que trata os 'grandes' por tu".

NEM MILAGRE NEM SORTE
MAS APENAS UMA VITÓRIA RECHEADA DE MÉRITO DE UMA EQUIPA QUE TRATA OS "GRANDES" POR TU

	JOGADORES UTILIZADOS				
Nº	NOME	JOGOS	J. C.	J. I.	MIN	GOLOS
166	Torres	20	20	0	1800	0
170	Wilson	19	18	1	1680	0
200	Marta	14	14	0	1260	0
201	Rocha	28	28	0	2520	8
210	Curado	29	29	0	2610	0
224	Maló	21	19	2	1843	0
230	Gaio	33	33	0	2970	22
233	Almeida	14	13	1	1246	1
234	Assis	22	22	0	1980	1
236	Américo	5	4	1	385	0
237	Leonel Abreu	10	10	0	900	0
238	Moreira	3	3	0	270	0
239	Crispim	28	27	1	2506	1
240	Lourenço	25	25	0	2250	30
242	Jorge	12	11	1	1060	1
243	Gervásio	4	4	0	360	0
244	Oliveira Duarte	8	7	1	683	0
245	Zeca	5	5	0	450	1
246	António Castro	8	8	0	720	0
247	Rosales	1	1	0	90	0
248	Rui Rodrigues	17	17	0	1530	1
249	Piscas	26	26	0	2340	1
250	Viegas	9	8	1	742	0
251	Manuel Duarte	4	4	0	360	3

À ESQUERDA, EM CIMA
AAC 4 - CUF 1
11-11-1962
Os barreirenses foram sempre impotentes para travar um endiabrado Rocha

À ESQUERDA, EM BAIXO
AAC 10 - Ac. Viseu 1
23-9-1962
Rocha, depois de ter ultrapassado dois adversários, prepara-se para marcar o quinto golo dos estudantes no primeiro jogo da época

À DIREITA
AAC 1 - Leixões 1
10-3-1963
Três jogadores matosinhenses não chegam para evitar que Manuel Duarte remate à baliza de Nicolau

Título do "Mundo Desportivo", a 30 de Dezembro de 62, após vitória sobre o Sporting por 4-3

EM CIMA
Leixões 1 - AAC 1
2-12-1962
Gaio foi sempre um quebra-cabeças para os matosinhenses

EM BAIXO
AAC 4 - Sporting 3
30-12-1962
A equipa após a vitória, num jogo extraordinário, com os equipamentos encharcados.
De pé: Pedroto, Maló, Curado, Wilson, Torres, Almeida e Piscas; à frente: Crispim, Lourenço, Gaio, Rocha e Assis

NA PÁGINA DA DIREITA
O futuro romancista Cagica Rapaz está na Académica entre 62 e 65. A 4 de Outubro de 1964 integra a equipa que participa num "amigável", na Guarda. De pé: Vieira Nunes, Leonel Abreu, Jesus, Cagica Rapaz, Brassard e Andrade; à frente: Albasini, António Jorge, Piscas, Licínio e Morais

Acontece que, depois desse triunfo, a Académica perde os sete (!) jogos seguintes. O próprio Lourenço está várias partidas sem marcar, só o voltando a fazer, precisamente, no jogo da segunda volta, com o Sporting. E, assim, a Briosa vai descendo na tabela, até se quedar na décima posição final, com mais dois pontos, apenas, do que o penúltimo.

Para tão acentuada quebra – que também se traduz na eliminação da Taça de Portugal, tal como na época anterior, aos pés do Guimarães –, muito terão contribuído as lesões de jogadores tão influentes como Wilson, Torres e Rocha. Bem como algumas arbitragens consensualmente tidas por prejudiciais para a Briosa. É o caso da do lisboeta Décio de Freitas, médico veterinário de profissão, no jogo da décima primeira jornada, que a Académica perde, em Coimbra, com o Lusitano de Évora. Jogo em que Crispim é expulso por responder a uma agressão não punida. O que leva o jornalista Manuel Gaspar a escrever sobre Décio no "Diário de Coimbra": "Os seus doentes serão os que sentirão mais o precioso tempo que perde com a arbitragem"...

O setubalense Encarnação Salgado é outro árbitro que suscita os maus humores das gentes de Coimbra. Estas queixam-se do seu trabalho no jogo da segunda volta, com o Benfica, bicampeão europeu e campeão nacional iminente. Jogo que os benfiquistas ganham com dois tentos de Eusébio, mas com um deles a ser marcado na sequência de um pénalti bastante discutível. Isto, já depois de a Académica ter visto um golo ser-lhe anulado.

Por falar em Eusébio: Lourenço chega ao fim da prova com os mesmos 23 tentos do moçambicano, ainda que com menos três do que outro benfiquista, José Torres. O avançado da Briosa, para além do "hat-trick" com o Sporting, marca cinco golos ao Feirense e seis ao Barreirense. Só aqui estão 14. É obra!

NACIONAL DA 1ª DIVISÃO						
CLASSIFICAÇÃO	JOGOS	V	E	D	GOLOS	PTS
1º SL Benfica	26	23	2	1	81 - 25	48
2º FC Porto	26	19	4	3	61 - 24	42
3º Sporting CP	26	18	2	6	71 - 31	38
4º CF "Os Belenenses"	26	16	4	6	47 - 30	36
5º Leixões SC	26	10	10	6	34 - 33	30
6º VSC Guimarães	26	12	3	11	47 - 43	27
7º LGC Évora	26	9	5	12	33 - 41	23
8º SC Olhanense	26	7	7	12	29 - 38	21
9º VFC Setúbal	26	6	8	12	33 - 39	20
10º ACADÉMICA	26	8	3	15	49 - 50	19
11º FC Barreirense	26	5	8	13	20 - 56	18
12º GD C.U.F.	26	6	6	14	37 - 40	18
13º Atlético CP	26	8	1	17	33 - 65	17
14º CD Feirense	26	3	1	22	21 - 81	7

O ex-jogador romancista

CAGICA RAPAZ, que chega à Académica em 1962, não é, seguramente, um dos jogadores com currículo desportivo mais brilhante na instituição. Mas tem uma particularidade curiosa: quatro décadas depois da sua saída da Briosa, torna-se romancista, editando em Março de 2005 o livro "As bonecas russas". O romance de Cagica, aliás, transporta o leitor aos anos 60 e 70, através da reconstrução da vida de Pedro Mortágua, homem acabado de se reformar, que escolhe terminar os seus dias em Sesimbra, vila onde costumava passar férias durante a juventude. Nessa reconstrução, Coimbra está bem presente. O livro não é a primeira incursão de António Manuel Rosa Cagica Rapaz na literatura. Nascido precisamente em Sesimbra, em 1944, já antes publicara "Noventa e Tal Contos" e "Líbero e Directo", também num registo contista e versando, justamente, a passagem do autor pelo mundo do futebol. É aí que, logo no segundo conto, Cagica descreve como chega à Briosa, no Verão de 62, depois de ter recusado uma proposta do Sporting. "O milagre – conta o sesimbrense – aconteceu de forma totalmente inesperada e sem que eu tivesse tido a menor intervenção. Foi o acaso de um dos meus professores no liceu de Setúbal ser amigo do dr. Hortênsio Pais de Almeida Lopes, que era um dos membros da Comissão Administrativa da Académica, na altura". E continua: "Para não dar a saber que não tinha dinheiro para a viagem, tive o atrevimento de pedir à Académica que me pagasse o comboio e a pensão. E tive a sorte de não me terem mandado à pesca. Como num sonho, desembarquei em Coimbra, onde nunca tinha estado, para treinar, sob o olhar de Pedroto, ao lado de nomes míticos, os tais ídolos longínquos, quase irreais, como o dr. Torres, o dr. Abreu, o dr. Marta, o Wilson, o Rocha, o Gaio, o Maló, o Curado, o Américo, o Lourenço. Lá estavam outras caras novas, nomes que viriam a ser grandes, na Académica e no futebol português, como o Rui Rodrigues, o Oliveira Duarte, o Gervásio, o Piscas. Mais modestos e tímidos, eu e o Rosales, vindo do Estoril e que viria a ser meu companheiro de quarto e amigo para a vida".

Cagica Rapaz faz o seu primeiro jogo oficial pela Académica a 29 de Setembro de 1963, no encontro da segunda mão da primeira eliminatória da Taça de Portugal, com o Leça, que acaba empatado a zero. O ex-atleta do Sesimbra tem, então, 19 anos e, num outro conto do seu "Líbero e Directo", também recorda a estreia: "Foi uma honra e uma felicidade inesquecíveis, celebradas no discurso da praxe, ao jantar, na Mealhada".

José Maria Pedroto cumpria, então, a sua segunda época na Académica. Cagica Rapaz não esconde a admiração pelo técnico já falecido, a quem dedica, precisamente, o conto em que relata a sua estreia como jogador da Briosa: "Homem de carácter, directo, frontal, leal. Mas ai de quem o traísse...". Cagica poderia, aliás, ter-se estreado uma semana antes. Mas, convencido de que Torres lhe tapava o lugar na equipa, e como na altura ainda não havia substituições, resolveu ir passar o fim de semana a casa, onde não ia há dois meses, deixando uma simples carta a dar conta da sua atitude. Quando regressou, tinha Pedroto à perna: "Olha, menino, obrigaste-me a inventar uma desculpa para justificar a tua ausência. Fizeste-me esta, não me fazes mais nenhuma. Estamos entendidos?". No domingo seguinte, como já se viu, integra mesmo a equipa titular, lado a lado com Torres.

Até aí, apenas efectuara jogos particulares, ainda que alguns com grande carga simbólica. É o caso do realizado no dia 27 de Junho de 1963, em Coimbra, com "Os Balantas", da Guiné. Por sinal, encontro onde o angolano também alinha. Sendo, curiosamente, substituído por Francisco Andrade – o mesmo Francisco Andrade que, anos mais tarde, fará história como treinador da Briosa.

Pelo seu lado, Cagica Rapaz, que faleceria a 13 de Dezembro de 2009, faz o último jogo oficial pela Académica a 7 de Junho de 1964, com o Covilhã, em encontro a contar para a Taça Ribeiro dos Reis. No início da terceira época do sesimbrense em Coimbra, Mário Wilson é promovido a treinador e as relações entre os dois homens não correm bem. Cagica, que deixara de ser utilizado, parte para a CUF do Barreiro, em 1965. Mais tarde, jogará no Belenenses. Licencia-se em Filologia Românica pela Faculdade de Letras de Lisboa, escreve crónicas para vários jornais e rádios, publica os três livros já referidos. No lançamento de um deles, na Casa da Académica em Lisboa, quase se ofende com o apresentador, quando este sugere que o seu coração é mais azul de Belém do que negro...

1963·1964
Cópia do ano anterior

AAC 2 - V. Setúbal 0
26-1-1964
De pé: Viegas, Curado, Piscas, Torres, Manuel Castro e Rui Rodrigues; à frente: Crispim, Lourenço, Teixeira, Vítor Campos e Oliveira Duarte

A ÉPOCA DE 1963-1964, a segunda de José Maria Pedroto em Coimbra, é quase uma cópia a papel químico da temporada anterior. A Académica, que faz a sua estreia na Taça Ribeiro dos Reis, começa bem o campeonato, chega a ser terceira classificada, mas acaba numa modesta nona posição. Desponta, entretanto, um novo grande jogador: Vítor Campos.

O ano desportivo começa com a Taça de Portugal. A Académica afasta facilmente o Leça, mas é eliminada pelo Varzim. O mesmo Varzim com quem começa o campeonato, em Coimbra. E bem, já que ganha por 2-0.

A partir daí, vai fazendo resultados mais ou menos normais. Até que chega a sétima jornada e a deslocação às Antas para defrontar o FC Porto. Os portistas lutam pelo título – acabarão por ficar em segundo lugar, a seis pontos do campeão Benfica –, mas os estudantes "arrancam" um mais do que merecido empate. Tanto ou tão pouco, que o "Mundo Desportivo" assegura: "A Académica esteve mais perto da vitória".

Num terreno empapado pela chuva, o FC Porto inaugura o marcador aos 28 minutos. Só que, escassos nove minutos depois, Manuel Duarte faz o 1-1 com que a partida termina. E, a partir desse momento, é à Académica que pertence o domínio do jogo. Um jogo em que os estudantes revelam um novo jogador de eleição: Vítor Campos. Este já disputara os encontros da Taça, com o Varzim. Mas é nas Antas que se revela em toda a plenitude, conquistando um lugar de titular indiscutível na equipa e merecendo, desde logo, a atenção do seleccionador nacional, José Maria Antunes.

Proveniente do Torreense, Vítor Campos é, aliás, um dos poucos reforços da Académica para a época em curso. Para além dele, apenas o defesa Manuel Castro, ex-Belenenses, e o extremo-direito Teixeira, oriundo do Sporting. Lá para o fim da época, proveniente de Alcobaça, estreia-se mais um jogador que nunca mais abandonará Coimbra: o defesa-esquerdo Marques.

Depois do "brilharete" nas Antas, a Briosa vence em casa o Belenenses, que então ainda disputa o estatuto de "grande" e é, nessa altura, o segundo classificado na tabela. O que lhe permite chegar ao termo da oitava jornada em terceiro lugar, com os mesmos 11 pontos do FC Porto.

Depois, exactamente como acontecera na primeira época de Pedroto em Coimbra, é que são elas. A Académica continua a praticar bom futebol, mas sofre três derrotas consecutivas. Uma delas é em casa, com o Sporting. Num jogo de que saem lesionados nada menos de sete (!) jogadores da Briosa.

"Espantou-me esta equipa do Sporting, formada por autênticos agressores", dirá Pedroto à imprensa, no final da partida. Atirando parte das culpas para o árbitro Aniceto Nogueira, abertamente acusado de complacência com os "leões" pelos dirigentes da Briosa, um dos quais se chega a travar de razões com o juiz, no termo do encontro, em pleno balneário.

Talvez por isso, também andam mosquitos por cordas no jogo de Alvalade, quando faltam apenas três jornadas para o fim do campeonato. Aqui, o defesa coimbrão Mário Torres está no centro dos acontecimentos: é empurrado pelo marcador do único golo dos lisboetas – como reconhece a imprensa – e é expulso a cinco minutos do fim do jogo, após responder a uma agressão não punida pela equipa de arbitragem. "Não é qualquer pessoa que pode ser árbitro!", queixa-se aos jornais Torres,

JOGADORES UTILIZADOS						
Nº	NOME	JOGOS	J. C.	J. I.	MIN	GOLOS
166	Torres	25	24	1	2245	3
200	Marta	3	3	0	270	0
201	Rocha	23	23	0	2070	6
210	Curado	34	34	0	3060	0
224	Maló	16	15	1	1395	0
230	Gaio	25	25	0	2250	15
233	Almeida	14	14	0	1260	3
236	Américo	7	6	1	587	0
237	Leonel Abreu	4	4	0	360	0
239	Crispim	14	14	0	1260	1
240	Lourenço	13	13	0	1170	8
242	Jorge	3	3	0	270	0
243	Gervásio	7	7	0	630	0
244	Oliveira Duarte	30	30	0	2700	12
245	Zeca	6	6	0	540	1
246	António Castro	11	11	0	990	0
248	Rui Rodrigues	30	30	0	2700	6
249	Piscas	30	30	0	2700	0
250	Viegas	16	14	2	1348	0
251	Manuel Duarte	15	15	0	1350	9
252	Rapaz	12	12	0	1080	0
253	Vítor Campos	24	24	0	2160	1
254	Manuel Castro	25	25	0	2250	0
255	Teixeira	17	17	0	1530	8
256	Marques	5	5	0	450	0

À ESQUERDA, EM CIMA
AAC 1 - FC Porto 2
1-3-1964
O bom futebol praticado pela Académica ajuda a grandes enchentes no Calhabé. Viegas é "rei" nas alturas; Torres, com os pés bem assentes no chão, protege-o; Curado acorre, não vá a "porca torcer o rabo"...

À ESQUERDA, EM BAIXO
AAC 7 - Benfica 1
8-4-1964
A maior goleada infligida a um dos "grandes". Ocorreu em Alpiarça e deu direito à taça que Marta levanta bem alto. Os colegas associam-se num sonoro "FRA"

À DIREITA
A 3 de Julho de 1964 comemoram-se, em Coimbra, as "bodas de prata" da vitória da Académica na Taça de 39. Torna-se obrigatória uma "futebolada" entre antigos jogadores. Só guarda-redes comparecem 12: Capela, Flávio, Sampaio, Picão Caldeira, Tibério, Abreu, Barata, Diogo, Vasco, Cipriano, Diniz e Macedo

EM CIMA
AAC 1 - FC Porto 2
1-3-1964
A técnica de Rocha parece impressionar os portistas Miguel Arcanjo (à direita) e Festa

EM BAIXO
AAC 1 - Belenenses 0
8-12-1963
Américo segura bem a bola, sob a protecção de Torres. A chuva não impediu a vitória da Académica, nem desmobilizou os adeptos

um dos seis atletas oriundos das então colónias portuguesas, que por esta altura jogam na Académica. Os restantes são Maló, Piscas, Almeida, Rui Rodrigues e Rocha.

Mas a controvérsia provocada pelo encontro de Alvalade não se esgota nas críticas dos estudantes ao árbitro. À saída para Coimbra, o autocarro que transporta os jogadores da Briosa é apedrejado por adeptos do Sporting, que já no estádio haviam demonstrado enorme hostilidade à equipa adversária. Em consequência, Viegas, Torres, Gaio e o próprio Pedroto sofrem pequenos ferimentos.

Duas semanas depois, num "particular" que assinala o cinquentenário da elevação de Alpiarça a sede de concelho, a Briosa bate o Benfica por estrondosos 7-1! Mas, no fim do campeonato, a Académica não consegue melhor do que o nono lugar, com os mesmos 25 pontos do oitavo, que é o Leixões. Praticamente a mesma posição que no ano anterior, em que fora décima, ainda que apenas com 19 pontos somados.

Talvez isso ajude a explicar a saída de José Maria Pedroto do comando técnico da Académica.

Em Junho, quando a Briosa disputa pela primeira vez a chamada Taça Ribeiro dos Reis – competição destinada a manter as equipas em actividade –, é já o ainda jogador Mário Torres que orienta os estudantes nalguns dos jogos. Transitoriamente, como se verá.

NACIONAL DA 1ª DIVISÃO						
CLASSIFICAÇÃO	JOGOS	V	E	D	GOLOS	PTS
1º SL Benfica	26	21	4	1	103 - 26	46
2º FC Porto	26	16	8	2	51 - 20	40
3º Sporting CP	26	13	8	5	49 - 26	34
4º VSC Guimarães	26	16	2	8	62 - 42	34
5º GD C.U.F.	26	12	6	8	46 - 33	30
6º CF "Os Belenenses"	26	12	6	8	46 - 36	30
7º VFC Setúbal	26	12	5	9	46 - 41	29
8º Leixões SC	26	8	9	9	34 - 44	25
9º ACADÉMICA	26	11	3	12	43 - 48	25
10º Varzim SC	26	8	4	14	37 - 57	20
11º LGC Évora	26	5	4	17	22 - 51	14
12º Seixal FC	26	4	6	16	28 - 66	14
13º SC Olhanense	26	2	8	16	20 - 57	12
14º FC Barreirense	26	4	3	19	22 - 62	11

TAÇA RIBEIRO DOS REIS – GRUPO II						
CLASSIFICAÇÃO	JOGOS	V	E	D	GOLOS	PTS
1º SC Covilhã	7	5	1	1	16 - 6	11
2º ACADÉMICA	7	5	0	2	25 - 6	10
3º UD Oliveirense	7	3	3	1	11 - 11	9
4º GD Peniche	7	4	1	2	11 - 10	9
5º SC Beira-Mar	7	2	3	2	7 - 9	7
6º AC Marinhense	7	1	2	4	10 - 16	4
7º AD Sanjoanense	7	0	4	3	8 - 19	4
8º LFC Vildemoinhos	7	1	0	6	6 - 17	2

O "CAPITÃO" PASSA A TREINADOR

O CAMPEONATO DE 63-64 NÃO ACABA BEM. Não é só o nono lugar, que não corresponde à expectativa criada nem à qualidade que muitos vêem na equipa. É, também, o conflito que culmina na saída de José Maria Pedroto do comando técnico da Académica. Em Agosto de 1964, aquele que fora o adjunto de Pedroto – Mário Wilson – é promovido a treinador principal, dando início a um período de ouro na vida desportiva da Briosa.

Ainda hoje não estão completamente esclarecidos os motivos que levam à saída de José Maria Pedroto do comando técnico da Académica, quando a época de 1963-1964 não se concluiu de todo. Cagica Rapaz, jogador de então e admirador confesso de Pedroto, atribui a ruptura à interferência dos dirigentes na orientação desportiva da equipa e a intrigas internas na luta pelo lugar. Augusto Pais Martins, um dos responsáveis pela secção de futebol da Associação Académica na altura, fala em intransigência do treinador face ao alegado privilégio concedido por alguns jogadores às suas obrigações estudantis. Certo é que José Maria Pedroto sai mesmo, não sem antes ser suspenso da sua actividade pela direcção. É já o ainda jogador Mário Torres quem, numa acumulação de funções, orienta a equipa durante parte dos jogos da Taça que perpetua o nome de um dos fundadores do jornal "A Bola": Ribeiro dos Reis. Correm os meses de Junho e Julho de 1964, época de exames na Universidade, e a Académica passa pela prova sem especial brilho nem glória. No ano da sua estreia na competição, começada a disputar duas épocas antes, fica em segundo lugar no grupo que lhe calha em sorte, atrás do Sporting da Covilhã. E daí não passa.

Mário Wilson, capitão da equipa durante anos a fio, é o treinador-adjunto, funções em que se inicia com José Maria Pedroto, depois de, ainda enquanto jogador, ter prestado algum apoio a Cândido de Oliveira. Como atleta, fizera o seu último jogo a 7 de Abril de 1963. Um encontro com o Barreirense, em Coimbra, que a Briosa ganha por 8-0, com Lourenço a marcar seis dos oito golos da partida.

A 1 de Agosto de 1964, numa altura em que é o segundo jogador que mais vezes vestira a camisola da Académica – só ultrapassado por Bentes –, Wilson assina contrato como treinador principal. Com a duração de um ano e a troco de 12 contos, ilíquidos, por mês.

Terá havido, revela Augusto Pais Martins em "O Grito das Capas Negras", vários outros treinadores, estrangeiros incluídos, a oferecerem-se. Mas a escolha da direcção recai, desde o primeiro momento, naquele homem "sempre bem vestido, com fatos de corte e padrão modernos", a quem os jogadores chamavam, simplesmente, "o capitão".

Pais Martins é um dos membros dessa direcção. Hortênsio Pais Lopes é o presidente; Aristides José de Henriques Oliveira, o vice; João Luís de Castro e Sousa, que mais tarde seria árbitro da primeira categoria, o secretário-geral; Gastão de Oliveira Martins, o tesoureiro.

Oriundo do Sporting, clube em que alinhava a avançado, e natural de Lourenço Marques – hoje, Maputo –, onde nascera a 17 de Outubro de 1929, Mário Wilson jogara durante 12 anos consecutivos com a camisola negra vestida. Estreara-se, oficialmente, a 7 de Outubro de 1951, com 21 anos, abandonando aos 33. Pelo meio, ficaram 281 jogos efectuados, nos quais marcou 17 golos. Apesar de jogar, normalmente, a defesa – ou no meio-campo defensivo – nunca foi expulso e só por uma vez teve de abandonar o campo lesionado.

Durante esse período, partilha a mesma "República" com Almeida Santos e Salgado Zenha. O que desperta, em si, o interesse pela política, que se manifestará, de múltiplas formas. ao longo de toda a vida. Como treinador – profissão que o levou ao título nacional e à conquista de duas Taças de Portugal, no Benfica, e ao comando da selecção portuguesa entre 1978 e 1980 –, Wilson ficou ligado, como adiante se constatará, a um período de ouro da Académica. Que começou logo na época da sua estreia como técnico dos estudantes e que se prolongou por mais de quatro anos, até Novembro de 68, durante os quais nunca ficou abaixo do sexto lugar. Isto sem prejuízo de, entre 80 e 83, ter voltado a Coimbra. O que faz dele, ainda hoje, o homem que orientou a Briosa, em maior número de jogos: 237.

"Um dos mais dilectos discípulos" de Cândido de Oliveira, chamar-lhe-ia, então, o jornalista Vítor Santos. O mesmo que, comentando o início da carreira de Wilson como técnico, prognostica em "A Bola" de 7 de Janeiro de 1965: "Um homem que será também, daqui a uns anos, um adorável bonacheirão".

1964·1965
Com sabor a pouco...

Braga 2 - AAC 3
7-2-1965
De pé: Maló, Torres, Marques, Curado, Gervásio e Rui Rodrigues;
à frente: Crispim, Vítor Campos, Manuel António, Rocha e Oliveira Duarte

GRANDE ÉPOCA, A DE 64-65! A Académica termina o campeonato em quarto lugar, obtendo aquela que é, até essa altura, a sua melhor classificação; vence os dois jogos disputados com o Sporting; ganha ao FC Porto, nas Antas; empata com o Benfica, em Coimbra. E até podia ter ido mais longe, se na derradeira jornada não perdesse em Matosinhos e os seus mais directos competidores não ganhassem os respectivos jogos.

A Briosa, agora orientada por Mário Wilson, chega à última ronda do campeonato em condições de alcançar o segundo lugar, logo atrás do Benfica. Basta-lhe ganhar ao Leixões, e que a CUF e o FC Porto percam os seus encontros. Mas corre tudo ao contrário: os estudantes perdem por 5-1, frente a uma equipa que no fim da prova não vai além da nona posição. A CUF ganha em Torres Vedras. E o FC Porto triunfa no Seixal. Resultado: a Académica fica-se pelo quarto posto, com 34 pontos. Menos um que a CUF e menos três que o FC Porto.

Os homens do Barreiro comportam-se, de resto, como autênticos "carrascos" da Briosa no campeonato, ganhando os dois jogos que com ela disputam. Proeza maior só consegue o Guimarães, que vence os quatro encontros realizados com a Académica, dois dos quais são obtidos em partidas a contar para a Taça de Portugal e valem a eliminação da Briosa na prova.

O caso do FC Porto, então treinado por Otto Glória, é completamente diferente. Na primeira metade do campeonato, a Académica ganha nas Antas, por 2-1. Perde por 1-0 ao intervalo. Mas, no segundo tempo, o regressado Jorge Humberto e o estreante Manuel António dão a volta ao jogo. "Giorgio", como é conhecido em Itália, país de onde acabara de chegar, fica mesmo em êxtase. "Para o meu regresso ao convívio deste ambiente inigualável, não tenho palavras que possam traduzir o meu contentamento", declara a "A Bola". A quem dirá, dois meses depois: "Jogar pela Académica... é diferente. Não é uma obrigação, um emprego – é um prazer".

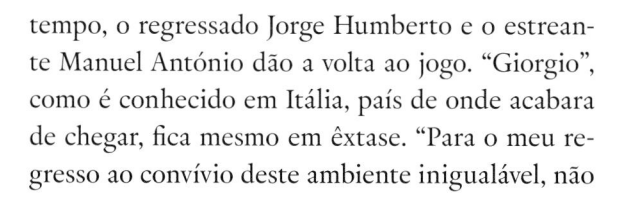

Na segunda volta, porém, a Académica perde com o FC Porto. É nessa altura, de resto, que baixa do segundo – que ocupa há várias jornadas consecutivas – ao quarto lugar. Para o que muito contribui, igualmente, a derrota na ronda anterior: 0-3 com o Benfica, em Lisboa. Isto, embora o treinador benfiquista, Elek Schwartz, assuma perante a imprensa: "Foi o jogo mais difícil do campeonato. Confesso que na primeira parte cheguei a ter medo. A Académica jogou futebol de grande qualidade, muito rápido e perigoso, e podia ter marcado um ou mesmo dois golos".

Schwartz sabe do que fala. Na primeira volta, em jogo a que assistem mais de 20 mil pessoas, a Briosa recupera duas vezes da desvantagem no marcador, acabando a partida empatada. E o árbitro, o setubalense Virgílio Batista, ainda nega um pénalti e anula

	JOGADORES UTILIZADOS				
Nº	NOME	JOGOS	J. C.	J. I.	MIN	GOLOS
166	Torres	28	28	0	2520	3
201	Rocha	28	27	1	2501	7
210	Curado	26	26	0	2340	0
211	Jorge Humberto	16	14	2	1365	11
224	Maló	20	20	0	1800	0
226	Mesquita	5	5	0	450	0
239	Crispim	29	29	0	2610	2
243	Gervásio	14	14	0	1260	2
244	Oliveira Duarte	23	22	1	2047	4
248	Rui Rodrigues	30	30	0	2700	4
249	Piscas	1	1	0	90	0
250	Viegas	10	10	0	900	0
253	Vítor Campos	16	16	0	1440	6
254	Manuel Castro	16	15	1	1394	1
255	Teixeira	5	5	0	450	3
256	Marques	27	27	0	2430	0
257	Manuel António	30	30	0	2700	23
258	Vieira Nunes	6	6	0	540	0

Sporting 2 - AAC 4
3-1-1965
À esquerda, em cima, Jorge Humberto, em tarde de grande inspiração, foi um perigo permanente para o último reduto lisboeta.
À direita, Manuel António, que marcou dois golos, e Marques (ao fundo) preparam-se para comemorar mais um tento da Briosa, na memorável jornada de Alvalade

AAC 2 - Benfica 2
8-11-1964
À esquerda, em baixo, Marques, Vítor Campos, Rui Rodrigues e Manuel Castro: a concentração antes do jogo.
À direita, o benfiquista Cruz acabara de introduzir a bola na própria baliza. A Académica chega assim ao empate, que os seus jogadores comemoram efusivamente. Rui Rodrigues não resiste a saltar para o colo de Manuel António

Nacional 3 - AAC 2
23-5-1965
O prestígio da Briosa faz com que a equipa seja, frequentemente, convidada para festas de homenagem e os estádios se encham para a ver jogar. No caso, o homenageado é o jogador madeirense Gaspar. Em cima, o capitão Rocha transporta o estandarte da Associação Académica. Em baixo, Maló impõe-se aos avançados da casa, como a paisagem se impõe aos olhos dos forasteiros.
Na página da direita, uma equipa que encarna bem os "espírito da Briosa". De pé: Maló, Rui Rodrigues, Curado, Piscas, Marques, Gervásio, Vieira Nunes e Viegas; à frente: Vítor Campos, Crispim, Jorge Humberto, Torres, Manuel António, Rocha e Oliveira Duarte

Os títulos reportam-se às categóricas vitórias sobre o Sporting no campeonato e são publicados em "A Bola", a 9 de Janeiro de 1965 e a 3 de Maio do mesmo ano

LEVANTA-TE, MESTRE CÂNDIDO E VEM VER A «TUA» ACADÉMICA!

SENHORES: TIREMOS O CHAPÉU A UMA GRANDE E BRILHANTE EQUIPA

um terceiro golo aos estudantes. No final do encontro, o próprio Coluna reconhece que a Académica merecia ter ganho. E o capitão da Briosa, que agora é Mário Torres, declara aos jornais: "Nunca um empate com o Benfica me soube tão mal".

A uma jornada do fim, a Briosa ainda sobe ao terceiro posto. É quando ganha ao Sporting, em Coimbra, por inapeláveis 3-0. "Senhores: tiremos o chapéu a uma grande e brilhante equipa, que criou um estilo no futebol português", escreve-se então em "A Bola". "Dei grandes 'bailes', mas este foi o maior", declara, por sua vez, Torres, convencido de que a Académica realizou nesse jogo "a sua melhor exibição de sempre". Isto, apesar de os estudantes também terem ganho em Alvalade, num jogo marcado pela grave lesão de Castro. E logo por 4-2, após terem chegado ao fim da primeira meia-hora a vencer por 3-0. O que deu direito a prémio reforçado: duas laranjadas.

É no fim deste jogo, aliás, que a Académica se guinda ao segundo lugar da tabela. Vem, depois, a queda até à quarta posição. Mas fica, ainda assim, a consciência de ter feito um belo campeonato. E o terceiro lugar de Manuel António, 19 anos apenas, na lista dos melhores marcadores. Só com os benfiquistas Eusébio e Torres à sua frente.

O prestígio do avançado da Briosa já atravessara, aliás, o Atlântico. Em Abril, a convite do Movimento Nacional Feminino, a Académica efectuara a sua terceira digressão à Guiné. Os estudantes venceram o primeiro jogo, frente à Sociedade Comercial Ultramarina – vice-campeã guineense – por 11-0. Manuel António marcou nada menos de cinco tentos. De resto, os conimbricenses venceram igualmente os outros dois desafios disputados. O que, constituindo um indiscutível sucesso desportivo, não impediu o protesto dos responsáveis da Briosa pela forma como o programa dos jogos foi organizado.

NACIONAL DA 1ª DIVISÃO						
CLASSIFICAÇÃO	JOGOS	V	E	D	GOLOS	PTS
1º SL Benfica	26	19	5	2	88 - 21	43
2º FC Porto	26	17	3	6	47 - 27	37
3º GD C.U.F.	26	15	5	6	49 - 29	35
4º ACADÉMICA	26	16	2	8	58 - 40	34
5º Sporting CP	26	12	8	6	39 - 35	32
6º VFC Setúbal	26	15	2	9	61 - 30	32
7º VSC Guimarães	26	12	5	9	44 - 36	29
8º CF "Os Belenenses"	26	12	2	12	39 - 40	26
9º Leixões SC	26	8	5	13	50 - 51	21
10º SC Braga	26	8	4	14	36 - 51	20
11º Varzim SC	26	8	4	14	39 - 55	20
12º LGC Évora	26	9	2	15	30 - 51	20
13º Seixal FC	26	3	2	21	16 - 84	8
14º SCU Torreense	26	3	1	22	18 - 64	7

O "espírito da Briosa"

A Académica de 64-65 – porventura a primeira versão de uma equipa cuja qualidade futebolística marca, pelo menos, a segunda metade dos anos 60 –, merece elogios de toda a gente. Vítor Santos, então chefe de redacção de "A Bola" e futuro director do jornal, é um dos maiores entusiastas do seu futebol, que considera indissociável do que apelida de "espírito da Briosa". É o regressado Jorge Humberto quem o diz à imprensa, no fim do histórico Sporting, 2 – Académica, 4, de 3 de Janeiro de 1965: "Este é nosso ritmo para este campeonato. É o ritmo Mário Wilson". A seu lado, o "capitão" agora promovido a treinador, prefere outra síntese: "Esta é a Académica de 64-65".

Seja como for, não há quem regateie elogios ao futebol praticado pela Briosa. No texto anterior, dão-se vários exemplos disso. Mas há mais. "Os avançados da Académica são dos melhores do campeonato", declara o "capitão" do Sporting e futuro treinador da Briosa, Pedro Gomes, vivamente impressionado com o quarteto constituído por Crispim, Manuel António, Jorge Humberto e Oliveira Duarte. Lourenço, que nas épocas anteriores fora o melhor marcador dos estudantes e agora joga pelos "leões", confessa: "Gostei de defrontar a Académica. Está uma boa equipa". Os próprios dirigentes do Sporting, que termina o campeonato a dois pontos dos conimbricenses, o reconhecem: "Perdemos contra uma equipa que, neste momento, nos é superior. De nada nos podemos lamentar", assume o arquitecto Anselmo Fernandez. "Coimbra é uma lição na arte de jogar à bola", escreve Aurélio Márcio, no jornal fundado por Cândido de Oliveira e Ribeiro dos Reis.

Mas é de um outro jornalista de "A Bola", Vítor Santos, que partem, talvez, os maiores elogios ao futebol da Briosa. Num emotivo texto publicado quatro dias depois do jogo de Alvalade e significativamente intitulado "Levanta-te mestre Cândido e vem ver a 'tua' Académica!", o então chefe de redacção do jornal sustenta que a qualidade futebolística dos estudantes é inseparável da filosofia introduzida na equipa por Cândido de Oliveira e assimilada por "esse sereno Mário Wilson, de palavras lentas e ciciadas, mas de ideias bem assentes". Isto, para concluir: "Aí está como surgiu o 'futebol da Académica', baseado essencialmente na posse da bola e na sua utilização sistemática, através do passe menos exigente em relação ao fundo físico atlético dos praticantes – o passe rasteiro e curto".

Vítor Santos destaca, depois, o papel de alguns jogadores. "Trazendo de Itália e de uma longa experiência do futebol mais calculista e manhoso da Europa vastos conhecimentos da 'arte de forjar resultados', Jorge Humberto, um dos grandes 'meninos-bonitos' de Cândido de Oliveira, transmitiu à Académica uma agressividade atacante que, a certa altura, lhe faltou francamente", começa por afirmar o cronista. Enaltece, em seguida, Manuel António, a quem chama, numa referência às origens do jovem avançado, de "vivíssimo e pouco cerimonioso 'potro de Santo Tirso". E termina assim: "Hoje, Jorge Humberto dá o sinal para o estender do 'bicho de conta'. Passado o perigo que, em certo lance, fez enrolar o invertebrado coimbrão, eis que a bola está nos pés de seda de Rui Rodrigues ou de Vítor Campos, ou presa à 'magia oriental do grande vagabundo de Macau que é Augusto Rocha (...) Era o que faltava ao jogo da Académica: o solo estridente do 'trompete', a fechar a melodia dos violinos...".

Mas Vítor Santos não encerra o seu texto sem enaltecer o que apelida de "espírito da Briosa". Para o jornalista, "não era possível 'esta Académica' sem o 'espírito da Malta'. É esse espírito – emanente da Associação, mas, talvez mais do que isso, da própria cidade e das suas tradições académicas – que dá descontracção total ao jogador, em Coimbra como na Moita, em Lisboa como em Hong-Kong, no Porto como em Honolulu". Explicando-se melhor: "Sem pesar sobre aquela 'rapaziada' a terrível obrigação de ganhar, ganhar sempre; sem actuar sobre o seu subconsciente a ideia do prémio chorudo, que tanto mais perturba quanto mais se deseja; sem formigar naqueles peitos o medo de ser vaiado ou insultado se as coisas não correm bem, o jogador da Académica, que tem uma falange de apoio em cada campo onde joga, sabe que, haja o que houver, ela não exige a sua cabeça nem lhe mandará à cara uma moeda de níquel. Desejando ardentemente a vitória, o adepto da Académica não a impõe como 'questão vital', nem vai pedir, em abaixo-assinado, que o jogador derrotado pague uma multa, nem que seja de 25 tostões de rebuçados...".

1965 · 1966
Renovação... forçada

Sporting 5 - AAC 2
27-3-1966
De pé: Maló, Curado, Bernardo, Gervásio, Celestino e Rui Rodrigues;
à frente: Crispim, Ernesto, Artur Jorge, Rocha e Vítor Campos

PARTEM Manuel António e Oliveira Duarte, entram Artur Jorge e Ernesto. A Académica baixa ao sexto lugar da tabela. As lesões de jogadores influentes, as arbitragens desfavoráveis nuns jogos e o azar noutros, também dão uma ajudinha.

No fim da época de 63-64, a Académica perdera para o Sporting o avançado Lourenço, que fora, "apenas", o terceiro melhor marcador do campeonato de então. No termo do ano futebolístico 64-65 é a vez de abalar para o FC Porto Manuel António, também ele com o título de terceiro goleador do campeonato, e, para os "leões", o extremo-esquerdo Oliveira Duarte. À primeira, a Académica ainda resiste – até melhora a classificação final. À segunda, já é demais e baixa do quarto lugar para o sexto. E isto, apesar de revelar dois novos avançados que,

como o tempo comprovará, também têm grande qualidade: Artur Jorge, proveniente do FC Porto, e Ernesto, oriundo do União de Tomar. Além de ter adquirido outros atletas que também farão história no futebol português: o guarda-redes Brassard, os defesas Bernardo e Celestino e os médios Mário Campos e Toni.

A contratação deste último, pormenorizadamente descrita em "O Grito das Capas Negras", tem o seu quê de épico. Toni jogava nos juniores do Anadia e a sua exibição num jogo com a Académica impressionou tão fortemente Mário Wilson que, poucos dias volvidos, o técnico dos estudantes, acompanhado do dirigente Augusto Pais Martins, estava na vila bairradina à procura do jovem. Encontra-o em plena rua, a caminho do liceu. O rapaz não se compromete sem uma conversa a quatro com o pai. Mas este coloca como única condição a possibilidade de o filho prosseguir os estudos em Coimbra. Coisa simples, já se vê. Mais difícil foi pôr em marcha o Fiat 600 que trouxera Wilson e Pais Martins de Coimbra. Tornaram-se necessários os empurrões do treinador e do novo recruta da Briosa...

Toni estrear-se-á à décima sexta jornada, num encontro que a Académica empata em Setúbal. E, até ao fim da época, não jogará mais pela primeira equipa. A consagração só acontecerá no ano seguinte. Tal como acontece com outro jovem, Mário Campos, que em 65-66 também só faz um jogo oficial. Mas o irmão do já consagrado Vítor tem o seu primeiro grande momento de glória quando, pouco depois do fim do campeonato, a Académica defronta a selecção B de Portugal, em Coimbra.

Nesse jogo, a que assistem milhares de pessoas e em que os académicos Rocha e Rui Rodrigues jogam pela selecção, Mário não se limita a marcar dois golos. Realiza o que Mário Zambujal classifica, no jornal "A Bola", como "uma sensacional actuação". E leva o futuro autor da "Crónica dos Bons Malandros" a considerá-lo como "um caso sério de habilidade e intuição".

Segundo Zambujal, toda a equipa da Académica efectua, aliás, uma "extraordinária actuação". Não é por acaso que, mesmo com dois dos seus principais jogadores a reforçarem o opositor – pelo qual também alinha o ex-académico Lourenço –, vence por 6-1. Outra figura do encontro, realizado sensivelmente um mês antes da estreia de Portugal no "célebre" Mundial de Inglaterra, é Artur Jorge. Marca "só" três golos. Mas Artur, tal como Ernesto, é um caso especial. Logo na sua primeira época ao serviço da Briosa, os dois tornam-se, juntamente com Rui Rodrigues e Gervásio, os jogadores mais utilizados da equipa.

Ernesto, então, marca logo no jogo da sua estreia. É na primeira jornada do campeonato, em

À ESQUERDA
AAC 6 - Selecção B 1
5-6-1966
Mário e Vítor:
dois Campos
que se afirmam

À DIREITA
Braga 2 - AAC 3
19-9-1965
Desta vez, Ernesto não
consegue ultrapassar
o guarda-redes
bracarense, Armando

\multicolumn{6}{c}{JOGADORES UTILIZADOS}					
Nº	NOME	JOGOS	J. C.	J. I.	MIN	GOLOS
166	Torres	8	7	1	644	1
201	Rocha	25	25	0	2250	8
210	Curado	26	26	0	2340	0
211	Jorge Humberto	11	11	0	990	3
224	Maló	11	8	3	941	0
239	Crispim	16	16	0	1440	3
243	Gervásio	27	27	0	2430	4
248	Rui Rodrigues	27	27	0	2430	0
249	Piscas	3	3	0	270	0
250	Viegas	15	15	0	1350	0
253	Vítor Campos	23	21	2	2057	6
256	Marques	15	15	0	1350	0
258	Vieira Nunes	1	1	0	90	0
259	Ernesto	27	27	0	2430	19
260	Artur Jorge	27	27	0	2430	13
261	Bernardo	21	21	0	1890	0
262	Celestino	11	11	0	990	1
263	Mário Campos	1	1	0	90	1
264	Toni	1	1	0	90	0
265	Brassard	4	1	3	139	0

ACADÉMICA, 7 – GUIMARÃES, 2
F. R. A. = FRA!
FELICIDADE, RAPIDEZ E ALEGRIA
tornaram possível uma grande exibição

EM CIMA
AAC 5 - Lus. Évora 0
6-3-1966
Artur Jorge já marcara na primeira parte. Na segunda, mesmo de ligadura na cabeça, tanto porfiou que voltaria a fazê-lo

À ESQUERDA
AAC 6 - Selecção B 1
5-6-1966
Rocha capitaneou o seleccionado português. Por uma vez na vida, o macaense jogou contra a Académica, mas não conseguiu bater Maló

À DIREITA
Artur Jorge e Ernesto: uma dupla temível para qualquer adversário. Em 65-66 rendeu à Académica 32 golos. Nas duas épocas seguintes, 121!

Título do "Mundo Desportivo", a 7 de Fevereiro de 1966

Coimbra, e o adversário é o Benfica. Por duas vezes o clube da Luz se coloca em vantagem. Por duas vezes, a Académica empata. Da primeira, a responsabilidade é do antigo jogador do União de Tomar.

É por estas e por outras que os adeptos da Briosa encararam a época – preparada com nova digressão a Angola e a Moçambique, em que os estudantes vencem os seis jogos aí disputados – cheios de esperança. Mas a equipa acaba por se ficar pelo sexto lugar e ainda é afastada pelo Cova da Piedade, logo na primeira eliminatória da Taça de Portugal, agora disputada a uma só mão. Atletas, treinador e dirigentes queixam-se do mau tempo que faz em muitos jogos, das lesões prolongadas de jogadores como Maló, Torres e Jorge Humberto, de arbitragens como as do lisboeta Salvador Garcia nas Antas (jogo que a Académica perde por 4-3, depois de se ter visto desfalcada de Mário Torres, por lesão, desde os 14 minutos, e de Vítor Campos, por expulsão, desde os 81), do azar em encontros como o de Alvalade – que o Sporting vence por 2-1, com o segundo golo a ser marcado a um minuto do fim. Mas ninguém nega a falta que fazem Manuel António e Oliveira Duarte.

NACIONAL DA 1ª DIVISÃO

CLASSIFICAÇÃO	JOGOS	V	E	D	GOLOS	PTS
1º Sporting CP	26	18	6	2	70 - 21	42
2º SL Benfica	26	18	5	3	73 - 30	41
3º FC Porto	26	14	6	6	41 - 25	34
4º VSC Guimarães	26	14	5	7	58 - 47	33
5º VFC Setúbal	26	11	7	8	51 - 36	29
6º ACADÉMICA	26	9	8	9	58 - 48	26
7º CF "Os Belenenses"	26	9	7	10	28 - 29	25
8º Varzim SC	26	9	7	10	40 - 38	25
9º GD C.U.F.	26	8	8	10	37 - 46	24
10º SC Braga	26	7	7	12	39 - 64	21
11º SC Beira-Mar	26	6	6	14	31 - 65	18
12º Leixões SC	26	7	4	15	28 - 39	18
13º LGC Évora	26	4	6	16	27 - 60	14
14º FC Barreirense	26	5	4	17	32 - 65	14

A despedida de Torres

Mário Torres despede-se do futebol em 1966, o ano em que Portugal alcança o histórico terceiro lugar no Campeonato do Mundo de Inglaterra. Para trás, ficam 16 épocas de camisola negra vestida, o que lhe confere o estatuto de terceiro futebolista com mais anos ao serviço da Académica.

Torres é natural do Huambo, que outrora se chamou Nova Lisboa, em Angola. Aí nasce a 13 de Setembro de 1931 e aí se inicia na prática do futebol, jogando no Benfica e no Sporting locais. A Coimbra, para cursar Medicina, chega em 1949, ano em que a Briosa está de regresso à 1.ª divisão, após uma episódica passagem pelo escalão secundário. Ainda tem idade de júnior, categoria pela qual se sagra logo campeão nacional. Isto, apesar de, simultaneamente, praticar atletismo. Com tão bons resultados, também, que Mário Moniz Pereira o incita a não mais abandonar a modalidade, depois de o ter visto saltar 6,34 metros, na prova de salto em comprimento do campeonato universitário. Na época da sua estreia na equipa principal de futebol, a de 50-51, torna-se logo titular indiscutível, no posto de defesa central. E, após um oitavo lugar no campeonato, participa na segunda final da Taça de Portugal da história da Académica.

Os estudantes não repetem, então, a memorável vitória de 1939. O Benfica "vinga-se" e, desta vez, ganha por folgados 5-1. Mas Torres não mais perderá o estatuto de peça influente na equipa. Tão influente que será ele a capitaneá-la quando Mário Wilson passa a treinador, no princípio dos anos 60. E até treinará a Académica antes do moçambicano. É quando José Maria Pedroto abandona Coimbra, no final da época de 63-64. Torres, já licenciado, ainda joga. Mas a Briosa está sem orientador para os jogos da Taça Ribeiro dos Reis que falta disputar. Socorre-se, então, do jovem médico. Que não a deixa, aliás, ficar nada mal.

Apesar do sucesso, na época seguinte Mário Torres volta à simples condição de atleta. É nela que dá um contributo decisivo para a conquista do quarto lugar no campeonato. E ainda jogará mais uma temporada – a de 65-66, precisamente a última. No período que a antecede, Torres participa em mais uma digressão que lhe dá particular alegria: à sua Angola natal e a Moçambique. Depois, já no campeonato, joga na totalidade os primeiros seis desafios. À sétima jornada, em 14 de Novembro de 65, ainda entra no Estádio das Antas para defrontar o FC Porto. Mas, com escassos 14 minutos de jogo decorridos, tem de abandonar o terreno, gravemente lesionado.

À primeira vista, parece tratar-se de uma consequência de um choque com o avançado portista Amaury. Mas o próprio Torres, em declarações à imprensa no termo do encontro, nega essa ideia: "A lesão não ocorreu por traumatismo directo, pois resultou de uma torção. Não teve, portanto, origem em qualquer choque com Amaury". Certo é que fractura um dos ossos do metatarso do pé esquerdo. E, embora o médico da Académica, Francisco Soares, comece por prever um afastamento dos campos entre 40 a 45 dias, só volta a jogar a 3 de Abril de 66, num jogo em que a Briosa bate o Beira-Mar, em Coimbra, por 5-0. É a sua última partida. No fim da época, com 34 anos, opta por dedicar-se inteiramente à Medicina, onde constrói uma carreira reconhecidamente brilhante como ginecologista e obstetra, que o leva, nomeadamente, à direcção da maternidade dos Hospitais da Universidade de Coimbra, de onde se reforma já no século XXI. Para trás, ficam 16 épocas consecutivas ao serviço da Académica, durante as quais efectua 373 jogos e marca 32 golos. Destes, 30 são de pénalti, castigo de que foi uma espécie de cobrador oficial na Briosa, ao longo de mais de uma década. Ainda hoje, aliás, é o maior marcador de grandes penalidades da história da Académica. Gervásio, que se lhe segue na lista, concretizou 21.

Torres recusa todos os convites para sair de Coimbra, nomeadamente os do Sporting e do Bétis de Sevilha. É ao serviço da Académica que alinha, duas vezes, pela selecção militar e cinco pela equipa principal de Portugal. Neste último caso, curiosamente, sempre em jogos disputados no estrangeiro.

Num depoimento prestado para o livro "Académica – Futebol com História", edição do Núcleo de Veteranos, Mário Torres diz ter sentido "ainda mais alegria e orgulho" em vestir a camisola de Portugal "uma vez que, jogando na Académica, nessa época, eram muito escassas as possibilidades de se ser convocado para as selecções". No que coincide, como já se viu, com a opinião de muitos outros ex-atletas da Briosa.

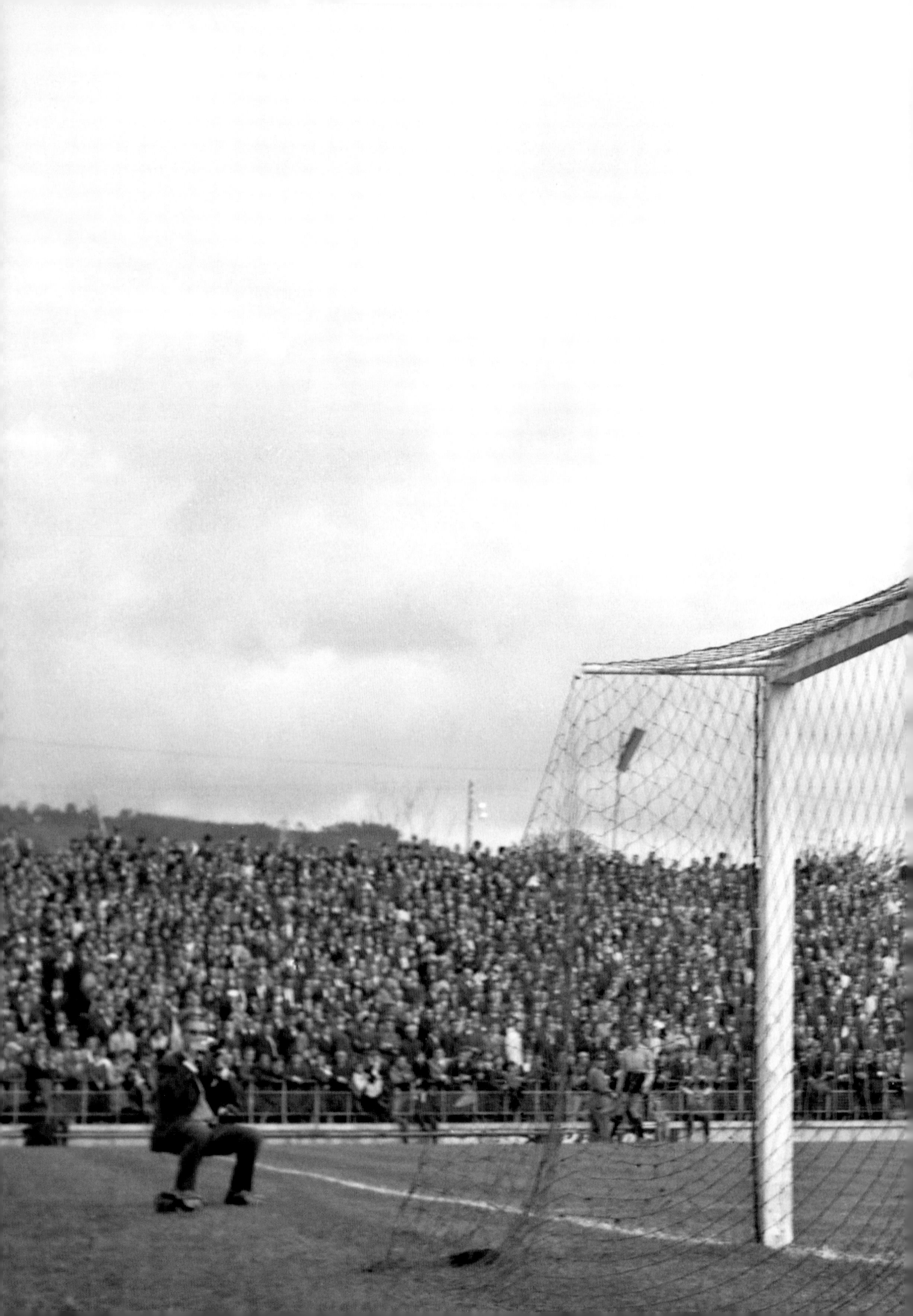

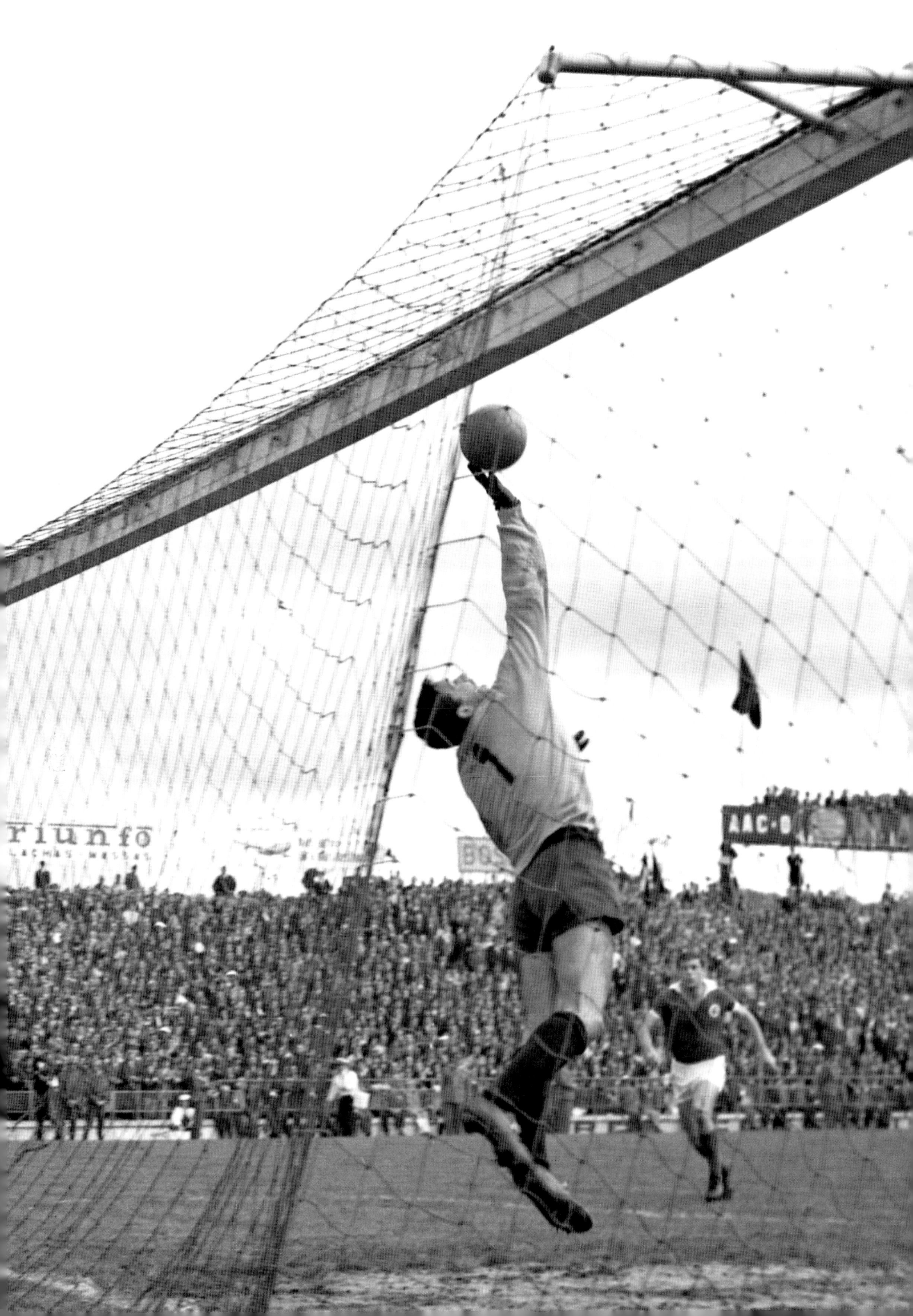
riunfo
AAC-0

1966·1967
Vice-campeã nacional

AAC 6 - Belenenses 0
2-4-1967
De pé: Maló, Marques, Gervásio, Celestino, Rui Rodrigues e Vieira Nunes; à frente: Rocha, Ernesto, Artur Jorge, Vítor Campos e Serafim

A ACADÉMICA CONSEGUE, na época de 1966-1967, a sua melhor classificação de sempre no principal campeonato português. Acaba em segundo lugar, a três pontos do Benfica, mas mantém-se na corrida ao título até praticamente ao fim da prova. E vê o seu ponta-de-lança Artur Jorge sagrar-se como o segundo melhor marcador da competição, apenas ultrapassado por Eusébio.

Coimbra, tarde de 12 de Março de 1967. O "Municipal" está a abarrotar como nunca. Calcula-se que haja 43 mil espectadores no estádio! As bilheteiras, onde se vendem mais de 33 mil ingressos (os sócios da Briosa não pagam; os "borlistas" muito menos) arrecadam mais de 800 contos de receita. Académica e Benfica disputam, à décima nona jornada do campeonato, o jogo do título.

Os benfiquistas começam o encontro com dois pontos de vantagem na tabela classificativa. Na jornada anterior, surpreendentemente, a Briosa perdera em S. João da Madeira. A Sanjoanense, a cujos jogadores uma empresa da terra oferecia mil escudos por cabeça, em caso de vitória sobre a Académica, só luta para não descer. Mas, aos 67 minutos, marca um golo fortuito. Maló descreve-o assim: "A bola bateu no solo. Tomou uma trajectória imprevista e traiu-me. Aliás, era fácil de defender". Os estudantes também marcam, uns 12 minutos antes da equipa da casa. Mas o árbitro, o lisboeta Salvador Garcia, cujo trabalho no FC Porto-Académica do ano anterior já fora muito controverso, anula o tento de Artur Jorge, ordenando a marcação de uma falta ... a favor da Académica! O Benfica, em contrapartida, ganha facilmente ao Atlético, na Luz, por 2-0.

DEZ CONTRA ONZE

O encontro do "Municipal" começa a correr mal para a Briosa quando, aos 36 minutos, Curado, a jogar a defesa central, se lesiona após uma "entrada" de um adversário, sendo obrigado a retirar-se do campo e deixando a equipa reduzida a dez unidades. As coisas agravam-se aos sete minutos da segunda parte, altura em que o Benfica faz o único golo da partida, num lance em que ficam muitas dúvidas sobre se Nelson pretendeu, de facto, alvejar a baliza dos estudantes, ou apenas cruzar para a área. Certo é que Maló volta a assumir responsabilidades publicamente: "Considero-me culpado no golo, pois fui ludibriado, voluntária ou involuntariamente, por Nelson".

A Académica luta até ao último minuto, mas não consegue alterar o resultado. No fim, o "capitão" Rocha é o símbolo do inconformismo. "Admira-me bastante que o Benfica, com toda a sua projecção europeia, com um ataque tão realizador no Campeonato do Mundo, tenha vindo a Coimbra com um sistema defensivo próprio de uma equipa de categoria secundária", declara o macaense à imprensa. Paulo Tavares, vice-presidente da Federação Portuguesa de Futebol, afina por diapasão semelhante: "O Benfica não jogou para ganhar; a inferioridade (numérica) da Académica é que o permitiu". Mas o técnico dos es-

NAS PÁGINAS 202 E 203
AAC 0 - Benfica 1
12-3-1967
Uma defesa espectacular de Maló no jogo que decidiu o campeão

À ESQUERDA
Serafim, Vítor Campos e Ernesto: um trio de ouro numa época de ouro

À DIREITA
Benfica 2 - AAC 1
23-10-1966
Brasfemes, em dia de estreia, aos 19 anos, a receber o tradicional "canelão"

	JOGADORES UTILIZADOS				
Nº	NOME	JOGOS	J. C.	J. I.	MIN	GOLOS
201	Rocha	32	32	0	2934	2
210	Curado	21	20	1	1836	0
224	Maló	35	33	2	3135	0
239	Crispim	22	22	0	2034	0
243	Gervásio	24	23	1	2113	1
248	Rui Rodrigues	34	34	0	3114	0
250	Viegas	2	1	1	114	0
253	Vítor Campos	35	35	0	3204	6
254	Manuel Castro	4	4	0	360	0
256	Marques	27	27	0	2484	1
258	Vieira Nunes	16	16	0	1494	0
259	Ernesto	35	35	0	3204	24
260	Artur Jorge	34	34	0	3114	37
261	Bernardo	10	10	0	900	0
262	Celestino	35	35	0	3204	4
263	Mário Campos	9	9	0	810	2
264	Toni	6	6	0	594	0
265	Brassard	2	0	2	90	0
266	Brasfemes	2	2	0	180	0
267	Serafim	18	18	0	1620	7
268	Belo	1	1	0	90	0
269	Pedrosa	1	1	0	90	0
270	Feliz	1	1	0	90	0
271	Silvestre	1	1	0	90	1
272	Luís Eugénio	1	1	0	90	0
273	Rodrigo	1	1	0	90	1
274	Pinheiro	1	0	1	45	0

À ESQUERDA, EM CIMA
Belenenses 0 - AAC 1
27-11-1966
Desta vez, o internacional José Pereira, guarda-redes do Belenenses, chega à bola primeiro do que Ernesto

À ESQUERDA, EM BAIXO
AAC 9 - Leça 2
29-1-1967
Artur Jorge marca, de pénalti, o quinto golo dos estudantes

À DIREITA, EM CIMA
AAC 0 - Benfica 1
12-3-1967
Ninguém quis perder o jogo do título. As obras, dentro e fora do estádio, é que duram, duram...

À DIREITA, EM BAIXO
Os jogadores parecem estar satisfeitos com as palavras de Mário Wilson. De pé: Rocha, Serafim, Artur Jorge, Ernesto, Marques, Curado e Gervásio; em baixo: Celestino, Crispim, Maló e Rui Rodrigues. Luís Eugénio, atrás, parece estar interessado na conversa

Título de "A Bola" a 13 de Fevereiro de 1967

tudantes, Mário Wilson, apressa-se a pôr "água na fervura": "Tudo está, afinal, a correr como eu previra. O Benfica cimenta a sua posição e nós, que sempre soubemos da impossibilidade de chegar ao título, procuraremos chegar ao segundo lugar".

Este parecia, em todo o caso, ser o sentimento dominante entre os estudantes. À décima quinta jornada, após uma vitória sobre a CUF que dava sequência a uma série de nove triunfos sucessivos (e um décimo se seguiria...), Artur Jorge afirmava: "Qual título? Eu tenho um exame de alemão amanhã!...". E Ernesto, o outro ponta-de-lança da Briosa, dizia: "Vocês, os jornalistas, querem que nós digamos, à força, que vamos ser campeões. Mas é impossível. Estamos em 'frequências' e vem aí a derrocada". O jornalista Alfredo Farinha, de "A Bola", era dos poucos que desconfiava: "Quem

GANHAR O CAMPEONATO?
...mas eu tenho um exame amanhã!

foi que disse que eles não jogam para o título?", perguntava-se um mês antes do "fatídico" encontro com o Benfica.

A verdade é que, mesmo depois deste, ainda houve lugar para alguma esperança entre os estudantes. À vigésima primeira jornada, os benfiquistas empatam nas Antas, ao passo que a Académica destroça o Belenenses por 6-0, com quatro golos de Artur Jorge. A vantagem do Benfica baixa, pois, para três pontos. E à vigésima quarta ronda, o clube de Eusébio perde em Setúbal, enquanto a Briosa empata em Matosinhos. Dois escassos pontos ficam, novamente, a separar ambas as equipas.

ESPERANÇA PERDIDA

Acontece que, na penúltima jornada, os benfiquistas ganham ao Belenenses. Os estudantes também vencem, é verdade, o Varzim. Só que o Benfica tinha vantagem no confronto directo com a Académica, uma vez que também vencera o jogo da primeira volta. Discutivelmente, é certo, tantas foram as queixas acumuladas pelos estudantes em relação à arbitragem do eborense Manuel Fortunato. A começar pela validação do tento que dá o 2-1 ao Benfica, faltavam escassos três minutos para o termo da partida. A bola foi ajeitada pelo braço de José Augusto, antes de se anichar nas redes à guarda de Maló, clamam em coro os académicos. Que, logo aos dois minutos de jogo, tinham visto o seu lateral-direito Celestino, num lance de grande infelicidade, introduzir o esférico na própria baliza.

A Académica reagiu prontamente e, escassos dez minutos mais tarde, Artur Jorge igualou o marcador. Mas, depois, começaram as decisões controversas do árbitro, acusado pelos estudantes de, até à validação do golo que resolveu o encontro a favor dos benfiquistas, ter feito "vista grossa" a uma tentativa de agressão de Cruz a Ernesto e ao jogo violento de Coluna sobre o estreante Brasfemes, além de ter marcado um pénalti a favor dos lisboetas, quando faltavam somente seis minutos para o fim do jogo e a igualdade persistia. Maló, com uma defesa extraordinária, negou o golo a Eusébio e, pouco depois, Artur Jorge teve todas as hipóteses de colocar a Briosa em vantagem. Não concretizou, e foi o Benfica que, logo a seguir, sentenciou a partida.

Assim se explica que, após a realização da vigésima quinta jornada, o título se tenha, desde logo, tornado pertença dos encarnados. Como, desportivamente, reconhece a direcção da Briosa, em telegrama enviado ao adversário quando ainda falta uma ronda para o termo da prova: "No momento vitória virtual Campeonato Nacional erguemos taça de parabéns glorioso Benfica contentes da emocionante luta que travámos com outro baluarte do futebol português".

Na derradeira jornada, resta à Académica defender o segundo lugar. O que consegue, empatando em Alvalade. E isto, apesar de Gervásio e Ernesto não terem jogado e de outro atleta influentíssimo, como Artur Jorge, se ter magoado nos primeiros minutos da partida, permanecendo fora do relvado durante algum tempo.

"A personalidade dos grandes dias e a afirmação final de uma bela equipa", assim intitula o "Mun-

À ESQUERDA, EM CIMA
Um estranho bailado no "Universitário", num treino preparatório do jogo com o Benfica, em Coimbra. Gervásio e Viegas são os protagonistas principais

À ESQUERDA, EM BAIXO
Sporting 0 - AAC 0
7-5-1967
João de Sousa (dirigente), Vieira Nunes, Ernesto, Artur Jorge e Mário Campos comemoram, no balneário, o resultado que confirmou o segundo lugar no campeonato. Ernesto, que não jogou, é o mais emocionado

À DIREITA, EM CIMA
AAC 0 - FC Porto 0
26-2-1967
Ante a ameaça de um portista, Maló soca a bola, contribuindo para manter as redes da Briosa invioladas

À DIREITA, EM BAIXO
AAC 3 - V. Setúbal 0
20-11-1966
A bola já beijou as malhas à guarda de Vital. Artur Jorge, autor dos três golos, é o grande "culpado" do desalento dos sadinos

OS «DOUTORES» DO FUTEBOL
DEFENDEM E IMPÕEM A SUA «TESE»

À DIREITA
AAC 0 - Benfica 1
12-3-1967
Eusébio e Gervásio: duelo de "gigantes", em dia de jogo decisivo no "Municipal"

NA PÁGINA DA DIREITA
A equipa que se sagra campeã nacional de juvenis, a 25 de Junho de 1967, ao bater o Benfica por 1-0, em Leiria.
De pé: Mano, Araújo, José Augusto, Sidónio, Luciano e José Freixo; à frente: Carlos Dias, Oliveira, Cardoso, Vítor e Pedro

Título de "A Bola", a 13 de Fevereiro de 67, após a vitória no campo da CUF por 2-0

do Desportivo", referindo-se à Briosa, a sua crónica sobre o encontro. "A Académica fez uma prova brilhantíssima e, hoje, justificou plenamente o seu segundo lugar. Os meus sinceros parabéns a toda a rapaziada", afirma, por sua vez, José Carlos, "capitão" do Sporting, equipa que termina a prova na quarta posição, a dez pontos de distância dos estudantes.

RECEPÇÃO APOTEÓTICA

Entre os muitos adeptos que se deslocaram a Lisboa reina, claro, a euforia. Euforia que se prolonga, madrugada dentro, pelas ruas de Coimbra, onde milhares de pessoas se aglomeram no Largo da Portagem, para receberem a equipa, em delírio. O autocarro em que a Briosa viaja é, de resto, acompanhado por imensa caravana automóvel desde Pombal. E a recepção em Santa Clara é mais um sinal do que acontecerá pouco depois, após a travessia para a margem direita do Mondego.

O FC Porto, com quem a Briosa empatara os dois jogos efectuados durante o campeonato, ganhara a sua última partida, em Matosinhos. Mas isso não evitava que terminasse a prova a um ponto dos estudantes. Que assim viam, de algum modo, ajustadas contas em suspenso desde o encontro das Antas, realizado logo na quarta jornada. E que tinham basicamente a ver com a validação do único golo portista, marcado na sequência de um livre para o qual os académicos não encontravam explicação, e com atitudes do "azul-e-branco" Djalma, acusado de sistemáticas provocações em campo pelos de Coimbra.

A Briosa, além do segundo lugar final, ainda arrecada vários prémios de consolação por não ter chegado ao título que esteve ali tão perto: é sua a defesa menos batida do campeonato; Maló – que além do pénalti defendido a Eusébio no jogo da Luz, detém mais duas grandes penalidades – é considerado o melhor jogador da competição; Artur

Jorge, com 26 golos alcançados, é o segundo melhor marcador. Só a "pantera negra", com mais seis, o ultrapassa.

Podia ter sido ainda mais bonita a festa? Pois podia! Mas a melhor classificação de sempre no campeonato da 1.ª divisão, essa, já ninguém a tirava à Briosa. E outros êxitos estavam ainda para vir, fazendo da temporada de 66-67, inquestionavelmente, a época mais dourada do futebol académico.

NACIONAL DA 1ª DIVISÃO						
CLASSIFICAÇÃO	JOGOS	V	E	D	GOLOS	PTS
1º SL Benfica	26	20	3	3	64 - 19	43
2º ACADÉMICA	26	18	4	4	50 - 18	40
3º FC Porto	26	17	5	4	56 - 22	39
4º Sporting CP	26	11	8	7	36 - 24	30
5º VFC Setúbal	26	10	7	9	27 - 25	27
6º VSC Guimarães	26	11	4	11	35 - 40	26
7º Leixões SC	26	8	8	10	23 - 29	24
8º GD C.U.F.	26	9	5	12	27 - 43	23
9º SC Braga	26	9	5	12	33 - 33	23
10º Varzim SC	26	8	6	12	29 - 42	22
11º CF "Os Belenenses"	26	7	6	13	26 - 34	20
12º AD Sanjoanense	26	4	11	11	23 - 39	19
13º Atlético CP	26	5	4	17	29 - 55	14
14º SC Beira-Mar	26	5	4	17	23 - 58	14

Campeã de Juvenis

Não é só a equipa principal a fazer uma época histórica em 66-67. Os juvenis sagram-se campeões nacionais. E as "reservas" ganham a primeira "Taça do Norte".

De algum modo, os juvenis da Académica "vingam" os seus colegas seniores. A 25 de Junho de 1967, no Estádio Municipal de Leiria, vencem o Benfica por 1-0, conquistando a Taça Nacional do escalão. O golo dos estudantes é marcado pelo defesa-direito Araújo. "Académica confirma a sua melhor época de sempre", escreve "A Bola", no dia seguinte, em título.

A Briosa, treinada por António Bentes, alinha com Mano; Araújo, José Augusto, Luciano e Sidónio; José Freixo e Carlos Dias; Oliveira, Cardoso, Vítor e Pedro, que é o capitão da equipa. O "Record" considera Mano, Pedro e Freixo como os melhores da Briosa em campo. Só o último conseguirá algum destaque no futebol profissional. "Embora franzino, possui bons pés, terminando o jogo em grande", opina aquele jornal desportivo.

Mas o público também dá a sua opinião. Para ele, a fazer fé numa mini-sondagem do "Record", o extremo-esquerdo Vítor foi o melhor jogador da Briosa, que chega à final da prova sem sofrer uma única derrota.

Na primeira fase, depois de ter ganho o distrital coimbrão, ganha por 6-0 ao Ginásio de Alcobaça, derrota o Viseu e Benfica por 3-0 e bate o Tondela por 4-0. Na segunda volta, vai a Alcobaça triunfar por 1-0, dá dois sem resposta aos viseenses, em Coimbra, e termina em Tondela, com um concludente 6-0 ao clube local. Resumindo: seis jogos, seis vitórias, sem um único golo sofrido e com 22 marcados.

Na segunda fase, disputada por eliminatórias, não começa muito bem: empata a duas bolas na Régua. Resolve o problema em Coimbra, ganhando por 1-0. A seguir, é o Marinhense que cria algumas dificuldades. Empata a um golo nas margens do Mondego e a zero na Marinha Grande. Obriga, portanto, a jogo de desempate, que a Académica ganha folgadamente por 6-1, na Figueira da Foz.

Chegada a meia-final, a Briosa vence o FC Porto por duas vezes: 1-0 em Coimbra, 2-1 na Invicta. E assim atinge a final, que o treinador Bentes classifica como um "jogo fraco, com superioridade técnica do Benfica. O que, aliás, já aguardava" – explica o "rato atómico", para quem a Académica se opôs bem, "com pujança física".

"Nesta altura da época – confessa Bentes ao repórter do "Record" –, não podia esperar grandes coisas. Bem vê, a rapaziada está na altura dos exames e eu dei toda a liberdade esta semana. Foi a preparação que tiveram. Embora não estejam habituados a estes embates, estou satisfeito com o seu comportamento".

Outra curiosidade: na ânsia de comemorarem a vitória, os adeptos da Académica invadem o campo antes do jogo terminar, arrancando, como é da tradição, os equipamentos aos jogadores. No meio da confusão, desaparece a camisola do guarda-redes da Briosa. Pelo que, quando o encontro é retomado, para se disputarem os instantes finais, Mano está vestido exactamente da mesma forma que os seus colegas... "Reconheço que a Académica teve mérito no triunfo e soube aproveitar a oportunidade que se lhe deparou", concede o treinador dos jovens benfiquistas, o antigo defesa Ângelo.

Mas o título nacional de juvenis – certificado através de Taça entregue por um representante da Federação e pelo ex-atleta da Académica Bernardo Pimenta, então presidente da Associação de Futebol de Leiria – não é o único que os simpatizantes da Briosa comemoram na "época de ouro" de 66-67. Preferiam, é claro, ter celebrado a vitória no campeonato da 1.ª divisão ou na Taça de Portugal. Mas, na falta de qualquer destas, têm uma segunda consolação: a conquista da primeira edição da chamada Taça do Norte em "reservas".

Também aqui a Briosa tem uma prestação extraordinária. Dos dez jogos que efectua, só perde um – com o Varzim, por 1-0, na penúltima jornada – e empata outro – com o Salgueiros, logo na segunda ronda, em Coimbra. Os restantes adversários são o Guimarães, o Braga e o Leixões.

Por estas "reservas" jogam, entre outros, Brassard, Bernardo, Feliz, Belo, Vieira Nunes, Mário Campos e Toni. Sendo que os três últimos, nomeadamente, já são chamados com frequência à equipa principal. O que apenas demonstra a abundância de bons jogadores em que a Académica então vive.

E nos diversos escalões. Os juniores não realizam uma época tão brilhante quanto os juvenis e os seniores. Mas não deixam de efectuar um campeonato interessante. E neles começam a despontar jogadores como Nene, Alhinho, Canário e Ruas. Muito se vai ouvir falar de alguns destes nomes...

A TAÇA (TAMBÉM) POR UM FIO

V. Setúbal 3 - AAC 2
9-7-1967
Caricatura de Francisco Zambujal, publicada em "A Bola", a 8 de Julho de 1967.
De pé: Maló, Marques, Vieira Nunes, Vítor Campos, Rui Rodrigues e Celestino;
à frente: Crispim, Ernesto, Artur Jorge, Rocha e Serafim

A HISTÓRIA DO CAMPEONATO repete-se, ainda com maior dramatismo, na Taça de Portugal. A Académica está à beirinha de levar o troféu para Coimbra. Mas ele acaba por ir parar a outras mãos, no caso às do Vitória de Setúbal. Isto, após duas horas e 24 minutos de jogo, que fazem da final da Taça de 66-67 o mais longo desafio de futebol alguma vez realizado no país.

Dia 9 de Julho de 1967. São quase oito da noite, já mal se vê no Estádio Nacional, que então não tem luz artificial. Apesar disso, 11 jogadores da Académica e outros tantos do Vitória de Setúbal, apoiados por cerca de 60 mil adeptos, continuam a procurar levar para as respectivas terras a Taça de Portugal.

Vão lá 144 minutos de jogo. No termo da hora e meia regulamentar, registava-se um empate a uma bola. Marcara primeiro a Académica, logo aos cinco minutos, através de um livre convertido por Celestino. Empatara o Setúbal, quase em cima do intervalo. Não houve golos na segunda parte, daí a necessidade de prolongamento. Agora, são os sadinos a colocarem-se em vantagem, através de um tento muito contestado pelos estudantes, que alegam fora-de-jogo por parte do respectivo marcador. Mas, pouco mais de dez minutos volvidos, a Briosa restabelece a igualdade, por Ernesto.

Torna-se necessária nova prorrogação de tempo, que à luz dos regulamentos da época terminará mal alguém marque. O Sol, até aí bem intenso, começa a esconder-se. Nos jogadores, as cãibras sucedem-se. A coisa parece não atar nem desatar. É então que Jacinto João, o extremo-esquerdo setubalense, entra na área da Académica e desfere um remate a meia altura que bate Maló. Faltavam seis minutos para os 30 de duração máxima dos períodos complementares e, instantes antes, Rocha atirara à barra da baliza adversária.

"Caso fosse possível, deveria haver dois vencedores", afirma o técnico dos estudantes, Mário Wilson. "Não há dúvida de que o resultado mais certo deste encontro seria o empate", reconhece o próprio treinador do Setúbal, Fernando Vaz.

"É PENA NÃO IRES PARA COIMBRA"

Talvez por isso, o macaense revela-se dos mais inconformados na hora da entrega da Taça aos de Setúbal. "A sorte venceu o saber", declara ele à imprensa, sem, todavia, beliscar o mérito dos sadinos. Atitude que, de resto, é comum a todos os académicos, que no campo não puderam contar com o influente Serafim, lesionado durante um treino. O repórter do "Mundo Desportivo" regista este desabafo de um adepto da Briosa, abraçado ao apetecido troféu, na zona dos balneários: "É pena não ires para Coimbra, mas estás bem entregue".

No fim do jogo, aliás, o sentimento dominante é o de que qualquer das equipas podia ter ganho.

A imprensa afina pelo mesmo tom. "Final dramática no Jamor", titula o "Mundo Desportivo", que elege Toni, Rui Rodrigues, Ernesto e Crispim, como os melhores da Académica. "Nunca foi tão 'briosa' a 'Briosa' de Coimbra", escreve-se em "A Bola", que destaca as exibições de Toni e Vieira Nunes, o último dos quais entra no balneário lavado em lágrimas. "Nunca na história da Taça a festa foi maior e mais bonita, como se o estádio fosse uma paleta mágica de um pintor extraordinário", diz o jornalista Fernando Pires, no mesmo "Diário de Notícias" que, mais de três décadas depois, ainda classificará o Académica - Setúbal do Jamor como "a mais bela e dramática de todas as edições da Taça de Portugal".

Críticas só para o árbitro: o lisboeta Salvador Garcia, que já apitara o controverso encontro de S. João

V. Setúbal 3 - AAC 2
9-7-1967
Em cima, a equipa da emocionante final da Taça: Rocha, Crispim, Marques, Vítor Campos, Celestino, Rui Rodrigues, Ernesto, Vieira Nunes, Artur Jorge, Toni e Maló.
Em baixo, à esquerda, adeptos da Académica, vindos dos quatro cantos do país, a caminho do Jamor.
À direita, nas bancadas repletas do Estádio Nacional, milhares de simpatizantes apoiam a equipa, do primeiro ao último minuto

V. Setúbal 3 - AAC 2
9-7-1967
Em cima, à esquerda, Ernesto procura perturbar a acção do guarda-redes do V. Setúbal, Vital. Artur Jorge parece esperançado em que a bola venha a sobrar para si.
À direita, os jogadores da Académica preparam-se para mais umas "horas extraordinárias". A final da Taça de 67 duraria 144 minutos.
Em baixo, os finalistas de 67 com os vencedores de 39 e alguns dirigentes.
De pé: Pacheco Mendes, Arnaldo Carneiro, Peseta, Tibério, Bernardo Pimenta, Faustino, Octaviano, Ernesto, Alberto Gomes, Marques, Torres, Wilson, Francisco Soares, João de Sousa, Abreu e Rui Duarte; à frente: Vieira Nunes, Artur Jorge, Vítor Campos, Celestino, Crispim, Maló, Toni, Brassard e Rocha

da Madeira para o campeonato. "A arbitragem não justificou a honra da escolha", sustenta o "Mundo Desportivo". "Sentimos dizer que Salvador Garcia não realizou trabalho que concorresse para o prestígio da final", escreve Vítor Santos em "A Bola", antes de opinar que Guerreiro se encontrava mesmo fora--de-jogo quando marcou o segundo golo do Setúbal.

A CAMINHADA ATÉ AO JAMOR

Em qualquer caso, não é possível apagar a brilhante carreira da Académica na edição 66-67 da Taça, a cuja final chega após ter eliminado, sucessivamente, Oliveirense, Leça, ASA de Angola, Benfica e Braga. E onde Artur Jorge e Ernesto, com 12 golos cada um, se sagram como os melhores marcadores da prova.

De resto, até atingir o Jamor, a Briosa apenas perde dois dos dez desafios disputados. Um deles, curiosamente, é logo o da primeira mão da eliminatória de estreia, quando é derrotada pela Oliveirense, no campo desta, por 4-3. Tem a atenuante de ter jogado toda a segunda parte reduzida a dez jogadores, por lesão de Gervásio a dois minutos do intervalo, mas do susto não se livra. Tanto mais que chega a estar a perder por 4-1.

O outro desaire é no segundo jogo dos quartos--de-final, que a Académica perde com o Benfica, na Luz, por 2-1. Neste último caso, porém, chega a Lisboa com uma vantagem de 2-0, adquirida em Coimbra numa partida em que Ernesto faz os dois golos e onde toda gente credita ao guarda-redes benfiquista, José Henrique, a melhor exibição da sua equipa. E é ainda a Briosa a marcar primeiro, logo aos cinco minutos, no terreno dos lisboetas.

Já com a Oliveirense, que disputa a 2.ª divisão, têm de ser os estudantes a correr atrás do "prejuízo". Mas acabam por desembaraçar-se do adversário com relativa facilidade, como o provam os 3-0 finais da segunda mão. E, embora os oliveirenses tenham protestado a legalidade do terceiro golo, a verdade é que a imprensa é unânime no reconhecimento da superioridade da Briosa. De tal modo que, tendo o árbitro dado o desafio por terminado dois minutos antes da hora regulamentar, o público presente no Municipal de Coimbra protestou veementemente contra a decisão do portuense Manuel Teixeira.

As restantes eliminatórias são bastante mais simples. Nos dezasseis-avos-de-final, a Académica vai a Leça ganhar por 2-1, para depois "prender" o opositor, também da 2.ª divisão, com uma "goleada" de 9-2. Num jogo em que Artur Jorge marca cinco golos e Ernesto quatro.

Nova vitória retumbante no primeiro jogo da eliminatória seguinte, realizada já após o termo do histórico Campeonato Nacional: 7-0 ao ASA (Atlético Sport Aviação), de Angola. No segundo encontro, disputado no pelado do Campo Grande, em Lisboa, o técnico Mário Wilson aproveita para rodar jogadores menos utilizados, o que motiva acusações de falta de "cavalheirismo" por parte do treinador luandense. Mesmo assim, a Académica torna a vencer, desta vez por 2-1. Embora os angolanos falhem um pénalti que lhes podia ter dado a igualdade e Wilson reconheça, no final, que "o ASA merecia empatar o jogo".

Na ronda que antecede a final, já após ter afastado da competição o Benfica, com quem disputara taco a taco a vitória no campeonato, a Briosa torna a não consentir dúvidas acerca da sua superioridade. Vence logo o primeiro jogo, em Braga, por 2-1. Depois, em Coimbra, ainda permite que os bracarenses igualem a eliminatória, mercê de um golo madrugador de Mário. Só que, escassos dois minutos volvidos, Marques volta a colocar os estudantes em vantagem, no conjunto dos dois jogos. É o único golo da carreira do defesa-esquerdo em partidas oficiais, mas a partir daí é um "ver se te avias" para a Académica, que até final da partida marca mais três tentos, sem sofrer um outro que seja.

ELOGIOS EM CATADUPA

Não por acaso, os elogios pela prestação dos estudantes na prova chovem de todos os lados. "A Académica é, sem dúvida, o 'campeão nacional', pelo futebol que pratica", declarara o guardião do ASA, Cerqueira, depois do primeiro encontro entre os angolanos e a Briosa. "Ganhámos à melhor equipa de Portugal", afirmara o próprio treinador do Benfica, Fernando Riera, após o insuficiente triunfo da sua turma, na segunda mão dos quartos-de-final.

Compreende-se, assim, o optimismo que se instala entre os adeptos dos estudantes, nas vésperas da final. "Talvez que nunca tenha acontecido, apesar do entusiasmo e alegria que sempre caracterizaram a vida estudantil, uma equipa da Académica ter a acompanhá-la tão numerosa e vibrante 'falange de apoio', como esta que se propõe invadir a capital", escreve Mário Zambujal, em "A Bola" de 8 de Junho de 1967. Ouvido pelo mesmo jornalista, o treinador vencedor da Taça de 1939, Albano Paulo, confessa: "Tal como há vinte e oito anos, estou convencido de que a 'malta' vai ganhar". E um outro "herói" de 39, o então atleta Alberto Gomes, resume tudo numa frase: "A Associação Académica tem agora a sua melhor equipa de sempre, em qualidade e em quantidade".

Só os jogadores, muitos dos quais à volta com exames e todos eles fatigados por uma época ainda mais cansativa porque se iniciara com uma longa digressão a Angola, procuram refrear os ânimos. Apesar de o Senado da Universidade de Coimbra ter decretado que não haveria provas escolares na segunda-feira, Toni chega a declarar ao jornal "A Bola", dois dias antes do épico encontro do Jamor: "Podem pensar que é 'bluff', mas julgo que o Vitória ganha". E Vieira Nunes afina pelo mesmo tom: "Não digo que não tenhamos possibilidades e, como é evidente, vamos dar tudo por tudo pelo triunfo. Mas se a Académica ganhar... é surpresa". Se a prevenção chegasse para evitar o desgosto...

V. Setúbal 3 - AAC 2
9-7-1967
Rocha, com a bola nos pés, e Conceição: dois capitães frente a frente, sob o olhar atento de Salvador Garcia

1967·1968
Nova grande época

AAC 2 - Sporting 0
22-10-1967
De pé: Maló, Toni, Vieira Nunes, Rui Rodrigues, Celestino e Marques;
à frente: Crispim, Ernesto, Artur Jorge, Gervásio e Rocha

A ACADÉMICA VOLTA A REALIZAR uma excelente época. Não repete o segundo lugar da temporada anterior, mas fica a uma escassa vitória dele, em quarto lugar. Além disso, coloca dois jogadores entre os três melhores marcadores do campeonato, disputa as finais de juniores e juvenis e ganha a primeira Taça Internacional Cidade do Porto.

Em 67-68, a Académica fica a seis pontos do campeão, que é novamente o Benfica. E a dois do Sporting, que é segundo classificado. O que, não sendo tão bom como na temporada anterior, não deixa de ser notável.

Aliás, a Briosa não tem dificuldade em bater o Sporting, em Coimbra. "A grande vantagem de ter melhor equipa", assim intitula "A Bola" a sua crónica sobre o jogo, que os estudantes vencem por 2-0.

Ideia confirmada por Mário Wilson: "Em futebol, há actualmente um abismo entre a minha equipa e a de Lisboa". E o próprio "internacional" dos "leões", José Carlos, afina pelo mesmo diapasão: "Perder em Coimbra, contra esta Académica, é normal".

Só na jornada seguinte, a sexta, a Briosa sofre a primeira derrota. É com o FC Porto, nas Antas, com o único golo da partida a ser marcado pelo antigo – e futuro – avançado dos estudantes, Manuel António. Mas a equipa de Coimbra joga tão bem que o portuense "O Primeiro de Janeiro" pergunta: "Quem foi que disse que a Académica não jogava para o título?". Para, depois, afirmar: "A Académica, todos o sabemos, é representada por uma equipa 'sui generis', os seus jogadores não recebem principescas 'luvas', os seus adeptos não rasgam os cartões de associados quando as derrotas surgem, os prémios de jogo são laranjadas para os atletas, mas do que ninguém pode duvidar é de que está ali uma das grandes forças do futebol português, um grupo que já entrou, por direito próprio, no lote dos 'grandes', um candidato de primeira água ao ceptro de campeão". Aliás, outro "galo" poderia mesmo ter "cantado", no que à classificação final diz respeito, se uma onda de lesões, atingindo jogadores como Maló, Vieira Nunes e Toni, não tivesse voltado a apoquentar a equipa.

Quem disputa todos os jogos, tal como Artur Jorge e Marques, é Ernesto. Após o encontro do Porto, ainda lidera a lista de marcadores, com nove golos concretizados em apenas sete jogos. Porém, quando um jornalista lhe pergunta se acredita que, no fim do campeonato, poderá ser o melhor, responde: "Não penso nisso. Sei bem as minhas limitações em relação ao Eusébio que, com mais ou menos dificuldade, acabará por vencer". Tinha razão: o benfiquista torna a ganhar. Mas Artur Jorge também repete o segundo lugar da época anterior. E Ernesto é o terceiro.

Artur Jorge também está "em grande" na Taça de Portugal. Melhor do que a Académica em si, que depois de ter eliminado o Torres Novas e o Tirsense, cai aos pés do seu "carrasco" na final da época passada: o Vitória de Setúbal.

Mas a temporada ajuda, ainda, a reforçar o prestígio internacional da Briosa. Iniciara-se, aliás, com uma digressão aos Estados Unidos – a primeira dos estudantes a terras do "tio Sam". A Briosa ganha o único jogo ali disputado. Mas, mais importante do que isso, é o impacto da visita, não apenas junto da comunidade portuguesa emigrante, mas junto da própria comunicação social norte-americana.

Após uma breve escala em Lisboa, a equipa parte de imediato para a Venezuela, onde disputa o "célebre" Torneio de Caracas. Só não arrecada o troféu

À ESQUERDA
AAC 2 - Sporting 0
22-10-1967
Consagração de Maló como um dos melhores da sua geração, antes da vitória sobre os sportinguistas. O guarda-redes que menos golos sofrera na época transacta recebe o prémio "Baliza de Prata", instituído pela Agência Portuguesa de Revistas

À DIREITA
AAC 1 - FC Porto 1
10-3-1968
Se na baliza da Académica estava um grande guarda-redes (Maló), na do FC Porto também: Américo, aqui num voo extraordinário, observado pelos académicos Ernesto e Rocha e pelos portistas Nóbrega e Custódio Pinto

JOGADORES UTILIZADOS					
Nº	NOME	JOGOS	J. C.	J. I.	MIN	GOLOS
201	Rocha	24	24	0	2160	3
224	Maló	14	11	3	1084	0
239	Crispim	10	10	0	900	1
243	Gervásio	28	28	0	2520	3
248	Rui Rodrigues	31	31	0	2790	0
250	Viegas	1	0	1	18	0
253	Vítor Campos	26	26	0	2340	0
256	Marques	32	32	0	2880	0
258	Vieira Nunes	15	14	1	1280	0
259	Ernesto	32	32	0	2880	21
260	Artur Jorge	32	31	1	2840	39
262	Celestino	31	30	1	2777	1
263	Mário Campos	22	22	0	1980	1
264	Toni	21	20	1	1832	0
265	Brassard	20	17	3	1712	0
268	Belo	10	10	0	900	0
269	Pedrosa	4	4	0	360	0
274	Pinheiro	1	0	1	66	0
275	Quinito	2	2	0	180	0

À ESQUERDA, EM CIMA
AAC 2 - Sporting 0
22-10-1967
Artur Jorge recebe, das mãos de António Bentes, uma taça atribuída pela fábrica de cerveja "Topázio", como prémio pelo facto de ter sido o melhor marcador dos estudantes na época anterior. Os colegas aplaudem e o dirigente Pacheco Mendes associa-se à homenagem

À ESQUERDA, EM BAIXO
Sporting 3 - AAC 1
3-3-1968
Desta vez, o livre de Celestino não surtiu efeito. Mas chegou para pôr a defensiva sportinguista em sentido

À DIREITA, EM CIMA
A caminho da Madeira, a 14 de Maio de 1968, os "ases" Celestino, Toni, Crispim e Gervásio a jogar às cartas no avião, com o mesmo empenho que costumam ter no relvado

À DIREITA, EM BAIXO
AAC 3 - Belenenses 1
5-5-1968
Os "azuis" viram-se aflitos para travarem os académicos. Muitas vezes, só com recurso à falta. No caso, a vítima será Mário Campos

NA PÁGINA DA DIREITA
Artur Jorge junto à Porta Férrea da Universidade, durante a Latada de 1966

final porque perde o derradeiro encontro com o Atlético de Bilbau, do mítico guarda-redes Iribar. A derrota, a única ocorrida em quatro partidas, só acontece a três minutos do fim e com um tento de duvidosa legalidade. Antes, o árbitro anulara um golo a Artur Jorge. A Académica sai do campo sob os aplausos do público e a crítica reconhece ter sido seu o melhor futebol apresentado.

No fim da época, a Briosa conquista a primeira edição da Taça Cidade do Porto, após vitórias sobre o Pontevedra e o Espanhol de Barcelona. Neste último caso com a decisão a surgir por pontapés da marca de grande penalidade, mas com a crítica a reconhecer que o triunfo foi inteiramente justo. O FC Porto não conseguiu melhor do que o quarto lugar. Mais um êxito dos estudantes, a que não foi possível juntar, novamente, a Taça Nacional de Juvenis. Ainda que a Académica, onde despontam jogadores como Simões, Gregório Freixo e Vala, obrigue o Benfica a uma finalíssima. Benfica que também derrota os estudantes – treinados por Francisco Andrade e onde alinham Nene, Vítor Manuel e o mais velho dos Freixos, José –, na final do campeonato de juniores. Não chegaria, aos benfiquistas, a vitória nos seniores?...

NACIONAL DA 1ª DIVISÃO						
CLASSIFICAÇÃO	JOGOS	V	E	D	GOLOS	PTS
1º SL Benfica	26	18	5	3	75 - 19	41
2º Sporting CP	26	17	3	6	48 - 24	37
3º FC Porto	26	16	4	6	60 - 24	36
4º ACADÉMICA	26	15	5	6	53 - 24	35
5º VFC Setúbal	26	14	6	6	43 - 20	34
6º VSC Guimarães	26	12	3	11	31 - 34	27
7º CF "Os Belenenses"	26	10	5	11	38 - 40	25
8º Leixões SC	26	10	4	12	29 - 39	24
9º SC Braga	26	9	3	14	29 - 48	21
10º AD Sanjoanense	26	7	7	12	22 - 40	21
11º GD C.U.F.	26	7	7	12	28 - 37	21
12º Varzim SC	26	7	3	16	27 - 50	17
13º FC Tirsense	26	5	5	16	17 - 53	15
14º FC Barreirense	26	3	4	19	24 - 72	10

O "Rei Artur"

EM 67-68, ARTUR JORGE SAGRA-SE, pela segunda vez consecutiva, "vice-rei" dos marcadores. Tal como na temporada anterior, apenas Eusébio o ultrapassa. Mas, agora, Artur bate o seu recorde, em quatro anos ao serviço da Académica: 28 golos. "A minha finalidade na vida não é ser jogador de futebol. Pretendo, fundamentalmente, acabar o meu curso". Isto, diz Artur Jorge Braga de Melo Teixeira ao jornal "A Bola", em 15 de Outubro de 1967. Corre aquela que será a sua melhor época em Coimbra.

É verdade que, alguns anos depois de ter proferido tais palavras, Artur Jorge concluirá mesmo a sua licenciatura em Germânicas. Tal como é verdade que, no fim da carreira de futebolista, tirará um curso de futebol, na então República Democrática Alemã. Mas nada disso o impedirá de se afirmar como um extraordinário jogador. Afirmação que, aliás, começa bem cedo. Nascido no Porto, a 13 de Fevereiro de 1946, aos 16 anos já está a jogar nos juvenis da equipa mais representativa da cidade. E, no ano seguinte, não está apenas a conquistar o seu primeiro título nacional, ao serviço dos juniores do FCP. Está, igualmente, a representar a selecção portuguesa do escalão, que se classifica em terceiro lugar no Torneio Internacional da UEFA, realizado na Holanda em 1963. Em tudo isto, uma pessoa tem um papel determinante: José Maria Pedroto. No princípio dos anos 60, Pedroto preside ao Conselho Fiscal do Académico do Porto, onde Artur Jorge dá os primeiros pontapés na bola. Apreciador das qualidades do rapaz, não descansa enquanto não o leva para o FC Porto.

Curiosamente, José Maria Pedroto encarrega-se de treinar a Académica, não muito tempo depois. Quando Artur chega à equipa principal dos portistas, o seu orientador é o brasileiro Otto Glória. Otto também aposta no jovem. Mas uma prolongada lesão no princípio da época de 64-65 fá-lo perder a titularidade conquistada nos jogos de preparação. Artur, que nunca deixara de estudar, aproveita para se agarrar mais aos livros. E, ambas as coisas somadas, levam-no à Académica no início da temporada de 65-66.

Logo no primeiro ano em Coimbra, tirando partido da transferência de Manuel António, precisamente para o Porto, Artur Jorge impõe-se como um dos indiscutíveis da equipa, pela qual obtém 13 golos. Uma marca que praticamente dobra no ano seguinte, e que o leva ao segundo lugar da lista dos goleadores do campeonato. Só Eusébio, muito à custa dos pénaltis, de que é marcador habitual no Benfica, o ultrapassa. Nada que atrapalhe os adeptos da Académica: um grupo deles decide entregar a Artur Jorge o troféu de "melhor marcador de bola corrida"... Mas a grande época de Artur na cidade do Mondego é a de 67-68. Volta a ser o segundo melhor marcador, mas sobe a marca pessoal para 28 golos. Isto, apenas no que ao campeonato diz respeito. Porque para a Taça de Portugal, num só jogo, com o Torres Novas, marca seis tentos. Os jornais, é claro, enchem-se de parangonas enaltecendo o feito. Artur Jorge responde assim: "Acho que em futebol tudo é normal... Ou devia ser normal.". O mesmo espírito que o leva a declarar, quando lhe perguntam se a Académica pode competir pelo primeiro lugar: "Não trocamos o nosso futebol por nenhum outro, mesmo que ele nos renda títulos. Títulos, aliás, que não são, nem nunca serão, a finalidade de quem tem, para além do futebol, preocupações mais pertinentes e exigentes".

Os estudos, sempre os estudos... Nada que o impeça, além da magnífica carreira na Académica, de vestir por duas vezes a camisola da selecção principal de Portugal, enquanto jogador da Briosa. Uma em jogo com a Itália, a outra com o Brasil. Ainda ao serviço da Académica, joga outras tantas vezes pela selecção de "esperanças" ou de "promessas", como é mais vulgar chamar-se-lhe por essa altura. Mas o seu principal papel continua a ser o de marcador de golos com o emblema da Briosa ao peito. Na última época que passa em Coimbra como atleta, a de 68-69, ainda marca mais cinco para o campeonato. Isto, apesar de a sua integração na tropa ter feito com que alinhasse apenas em 15 jogos completos. A sua última partida com a camisola negra é, em Coimbra, frente ao Varzim, a 26 de Janeiro. Falha, assim, a presença na final da Taça dessa temporada, disputada contra o Benfica.

O mesmo Benfica que ele representará depois. Anos antes de dar início a uma igualmente brilhante carreira como técnico, que lhe valerá o cognome de "Rei Artur". E que o trará de volta a Coimbra em finais de 2002. Já com o título de treinador campeão europeu, conquistado ao serviço do FC Porto, no bornal.

1968 · 1969
A ESTREIA EUROPEIA

Lyon 1 - AAC 0
2-10-1968
De pé: Curado, Marques, Vieira Nunes, Gervásio, Rui Rodrigues e Viegas;
à frente: Mário Campos, Manuel António, Artur Jorge, Vítor Campos e Peres

A ACADÉMICA FAZ A SUA ESTREIA europeia e só o velho sistema de desempate por moeda ao ar a afasta da Taça das Cidades com Feira logo na primeira eliminatória. No campeonato, uma crise de resultados leva à substituição do treinador Wilson por Maló, após a décima jornada. A Briosa acaba em sexto lugar, mas com Manuel António como melhor marcador.

Municipal de Coimbra, noite de 9 de Outubro de 1968. A Briosa joga a sua sobrevivência na então chamada Taça das Feiras com o Olympique de Lyon. Na primeira mão, num encontro que constituiu o "baptismo" europeu da Académica, perdera por magro 1-0. Resultado que, aliado a uma exibição positiva, permitia acalentar todas as esperanças numa reviravolta. Juca, o seleccionador-adjunto que se deslocara a Lyon, vaticinava no termo da partida: "A Académica deve passar em Coimbra".

A previsão não se confirma: a Briosa ganharia o segundo jogo, igualmente por 1-0, mas o sistema da moeda ao ar afastá-la-ia da prova. Vítor Campos abandona o relvado do Calhabé chorando convulsivamente, confortado por Almeida e Costa, ex-presidente da secção de futebol. É o símbolo do desespero dos estudantes.

Lançada pelo árbitro espanhol Adolfo Bueno, a moeda caíra com a face voltada para cima, quando o capitão da Briosa, Rocha, escolhera o reverso. Já assim acontecera aquando da escolha de campo, quer para os 90 minutos regulamentares, quer para o prolongamento de meia hora que se lhe seguiu: o metal, no valor de 50 pesetas, deixara sempre a cara do generalíssimo Franco à vista. Só que, à terceira, não havia mais nada a fazer. O golo de Manuel António, marcado com um subtil toque de calcanhar, não chegava. O domínio da Académica durante quase todo o jogo, também não. Os protestos pelo facto de o árbitro não ter marcado um pénalti evidente, por derrube a Artur Jorge na grande área francesa, idem. O apoio dos 25 mil espectadores que praticamente lotavam o estádio, idem, idem.

"É tão feio jogar a dinheiro...", escrevia Mário Zambujal no dia seguinte, no "Diário Popular". "A Académica de Coimbra saiu da Taça das Feiras de cabeça erguida, mais propriamente pelo capricho de uma moeda, do que pela confissão de uma inferioridade futebolística que verdadeiramente nunca revelou", opinava Aurélio Márcio em "A Bola". "Sim, a moeda ao ar já não é futebol", reconhecia o próprio treinador francês. Fraca consolação…

Em bom rigor, a estreia europeia da Académica já devia ter acontecido na época anterior, após o segundo lugar no campeonato de 66-67. Mas as instâncias internacionais não reconheciam a Coimbra a existência de qualquer feira capaz de habilitar a equipa mais representativa da cidade a disputar a competição organizada pela UEFA. Os dirigentes da Briosa bem tentaram contrariar tal tese. Só no ano seguinte as suas "démarches" surtiram efeito.

A eliminatória com o Lyon começa a ser disputada após as primeiras quatro jornadas do campeonato. Em todas elas, a Académica vencera. O "caldo" começa a "entornar-se", precisamente, depois do afastamento da Taça das Feiras. A Briosa está cinco

À ESQUERDA
AAC 1 - Lyon 0
9-10-1968
Rocha e Rambert trocam galhardetes, antes do jogo que assinala a estreia europeia da Académica em Coimbra. Uma estreia vitoriosa, que podia ter sido perfeita se, no final do encontro, a moeda lançada ao ar pelo árbitro tivesse caído ao contrário…

À DIREITA
AAC 0 - Saragoça 2
4-9-1968
Os jogadores da Académica entram em campo transportando a bandeira da cidade de Coimbra, na inauguração da luz eléctrica no "Municipal", celebrada com um jogo particular

JOGADORES UTILIZADOS						
Nº	NOME	JOGOS	J. C.	J. I.	MIN	GOLOS
201	Rocha	25	12	13	1611	1
210	Curado	29	27	2	2619	0
224	Maló	1	1	0	90	0
239	Crispim	10	2	8	468	0
243	Gervásio	35	32	3	3100	7
248	Rui Rodrigues	35	31	4	3156	4
250	Viegas	35	35	0	3210	0
253	Vítor Campos	26	18	8	2174	5
256	Marques	16	14	2	1392	0
257	Manuel António	34	34	0	3120	27
258	Vieira Nunes	35	34	1	3145	0
260	Artur Jorge	19	16	3	1611	5
263	Mário Campos	31	17	14	2145	3
265	Brassard	1	1	0	90	0
267	Serafim	7	0	7	289	0
268	Belo	16	14	2	1407	0
269	Pedrosa	1	0	1	64	0
271	Silvestre	3	0	3	90	0
272	Luís Eugénio	2	0	2	75	0
275	Quinito	7	2	5	424	0
276	Peres	32	22	10	2600	13
277	Quim	5	0	5	172	0
278	Agostinho	7	2	5	298	0
279	Carlos Alhinho	16	15	1	1376	0
280	Nene	24	23	1	2145	3
281	Araújo	4	4	0	360	0
282	Artur	1	0	1	13	0

À ESQUERDA, EM CIMA
AAC 5 - Leixões 0
22-9-1968
Manuel António, muito fez sofrer o guarda--redes matosinhense, Fonseca...

À ESQUERDA, EM BAIXO
AAC 1 - V. Guimarães 1
3-11-1968
A técnica de Rocha até Gervásio e o árbitro parece impressionar

À DIREITA
AAC 2 - FC Porto 4
24-11-1968
Viegas foi fazendo o que pôde, mas não chegou para evitar a derrota

NA PÁGINA DA DIREITA
João Maló, o mítico guarda-redes da Briosa, com o pequeno Gregório Freixo

Título de "A Bola", a 5 de Outubro de 1968, após o primeiro jogo da Académica em provas europeias, com o Lyon

rondas consecutivas sem ganhar. Em consequência, Mário Wilson é substituído por João Maló, no comando técnico da equipa.

A saída do treinador moçambicano dá tanto brado que há dirigentes a afastarem-se. Maló, que pusera termo à carreira de guarda-redes após uma operação ao menisco, há-de colocar a equipa no sexto lugar final, após luta renhida com o Sporting.

Alheio a tudo isso, Manuel António sagra-se o melhor marcador do campeonato, com 19 golos. Não será muito, mas dá para pôr termo a cinco vitórias consecutivas de Eusébio. E para a Académica colocar, pela primeira e única vez até hoje, um jogador seu entre os vencedores da "Bola de prata".

Isto, numa época que fica, ainda, marcada pela inauguração da luz artificial no Calhabé, a 4 de Setembro de 1968. O acontecimento é assinalado com um Académica-Saragoça, que os estudantes perdem por 2-0. Peres, transferido do Sporting a coberto da legislação que permitia a qualquer jogador rumar a Coimbra caso manifestasse o desejo de estudar, faz aí a sua estreia como atleta da Briosa.

A inauguração da luz verifica-se após o regresso da equipa da sua terceira e última digressão a Moçambique. Digressão que fica marcada por alguma polémica, nomeadamente por causa das acusações de jogo violento, dirigidas pelos moçambicanos aos jogadores da Académica, no termo do encontro entre esta e o Desportivo de Lourenço Marques. Encontro que encerra a visita e que termina empatado. Nas restantes partidas, a Briosa ganha duas e perde uma – com a selecção de Nampula.

A ACADÉMICA É UM «CASO»
MEIO-A-SÉRIO, MEIO-A-BRINCAR...

NACIONAL DA 1ª DIVISÃO						
CLASSIFICAÇÃO	JOGOS	V	E	D	GOLOS	PTS
1º SL Benfica	26	16	7	3	49 - 17	39
2º FC Porto	26	15	7	4	39 - 23	37
3º VSC Guimarães	26	13	10	3	46 - 17	36
4º VFC Setúbal	26	13	9	4	45 - 20	35
5º Sporting CP	26	11	8	7	35 - 20	30
6º ACADÉMICA	26	12	6	8	48 - 32	30
7º GD C.U.F.	26	8	11	7	32 - 30	27
8º CF "Os Belenenses"	26	8	10	8	31 - 33	26
9º Varzim SC	26	7	8	11	32 - 49	22
10º UFCI Tomar	26	7	7	12	27 - 47	21
11º Leixões SC	26	7	7	12	21 - 30	21
12º SC Braga	26	6	7	13	20 - 47	19
13º Atlético CP	26	5	2	19	26 - 49	12
14º AD Sanjoanense	26	3	3	20	15 - 52	9

O GUARDIÃO DOS IDEAIS

João Maló, então considerado um dos melhores guarda-redes portugueses, lesiona-se na primeira jornada do campeonato de 68-69 e a recuperação é demorada. No plano dos resultados, a equipa está aquém das expectativas. O treinador Mário Wilson é afastado à décima jornada e a atenção dos dirigentes vira-se, novamente, para a "prata da casa". Maló, como de costume, não vira a cara: se está impedido de dar o contributo à equipa como jogador, servi-la-á como técnico. Ainda que a tarefa esteja longe de ser fácil, tanto mais que o primeiro jogo do novo treinador, a 1 de Dezembro de 1968, é logo na Luz, com o Benfica. No fim desse encontro, João Maló declara: "À Académica interessa-lhe, sobretudo, jogar futebol e não descer de divisão. Mas, antes desse objectivo, o principal é formar homens válidos para a sociedade. Ganhar, se possível, mas vencer sempre nos estudos. Esse o lema. Os ideais da Académica não podem ser atraiçoados". No fundo, é uma espécie de programa, a que o autor se manterá fiel ao longo de toda a vida. João Luís Maló de Abreu nascera a 29 de Março de 1940, na angolana cidade de Moçâmedes, onde, desde muito cedo, revelara uma grande queda para os desportos. Aos 17 anos, aportava a Lisboa, para estudar Medicina e jogar no Benfica. Continuou a dar nas vistas: pelo clube da águia sagrou-se, bicampeão nacional de juniores.
Apesar disso, o treinador Otto Glória não morria de amores por ele. E o jovem debatia-se com grandes dificuldades em conciliar o futebol com os estudos. As duas coisas somadas contribuíram para que o próprio Maló pedisse para rumar a Coimbra. Contou com o apoio de João Rodrigues, futuro presidente da Federação, que apesar de assumido benfiquista, era, então, dirigente da secção de futebol da Académica. No Benfica, Otto Glória é substituído por Béla Guttmann. Este, quer tanto ficar com Maló que os encarnados propõem ao guarda-redes uma substancial melhoria das suas condições. Tarde demais: a opção pela Briosa estava feita... e para sempre. Anos depois, nem João Rodrigues, apesar de todas as tentativas, conseguiria "devolver" o jogador ao clube da Luz... Maló estrear-se-ia pela Académica a 20 de Setembro de 1959, na vitória por 1-0 sobre o FC Porto em Coimbra. Quatro anos depois, a 14 de Abril de 63, estava a jogar pela selecção de "Esperanças" de Portugal, no "particular" em que esta venceu, em Lisboa, o seleccionado principal da Grécia. E a 22 de Março de 67 estava a capitanear a chamada selecção B, num amigável com a Bélgica, em Charleroi. O ano de 1967 corresponde, sem dúvida, à "época de ouro" de Maló na Briosa. Não apenas pelos resultados colectivos, mas também porque é o guarda-redes menos batido do campeonato, o que lhe vale, aliás, o prémio "Regularidade", atribuído pelo "Mundo Desportivo". Dessa temporada de 66-67, Maló guarda, igualmente, duas frustrações. A primeira é relativa ao jogo de Lisboa com o Benfica, o mesmo em que defende um pénalti a Eusébio. Nunca ninguém lhe tirou da cabeça que o golo da vitória dos benfiquistas foi mesmo ilegal. A segunda, tem a ver com a perda da Taça para o Setúbal: "(A vitória nesse jogo) seria o corolário de uma época excepcional e de uma geração de futebolistas que passou pela Associação Académica". Maló só penduraria as botas a 30 de Novembro de 1969, já licenciado, após estrondosa vitória sobre o Sporting. Para trás, ficavam 11 épocas e 180 jogos pela Briosa. E uma episódica passagem pelo orientação técnica da equipa, concluída após longa suspensão imposta pelas instâncias federativas. A ele que, enquanto atleta, nunca sofrera qualquer sanção disciplinar. E que o fez abandonar qualquer ideia de enveredar pela vida de treinador. "Estou convencido de que não aguentava muito tempo, com estas caras duplas que por aí existem, onde é preciso engolir sapos do tamanho de elefantes", explicou então.
Em vez disso, doutorado pela universidade de Coimbra, optou por uma carreira como professor universitário e como estomatologista. Um percurso académico e profissional brilhante, que lhe valeu a condecoração como Grande-Oficial da Ordem da Instrução Pública, atribuída por Cavaco Silva a 10 de Junho de 2011. Todavia, nunca deixou de acompanhar a vida da Briosa. Tanto que não só foi um dos fundadores do Núcleo de Veteranos, como um dos principais animadores do movimento pelo regresso da Académica à "casa-mãe". O que, de resto, o levou à primeira direcção do Organismo Autónomo, presidida por Jorge Anjinho. Nos últimos anos, porém, afastou-se. "Desgostei-me e não vou (aos estádios). Cheguei à conclusão de que a minha época tinha passado", declarou em 91, ao jornal "A Bola".

A FINAL MAIS POLITIZADA

A FINAL DA TAÇA DE 1969 – a quarta da história da Briosa – é, seguramente, a mais politizada de todas quantas se realizaram até hoje. A chamada crise estudantil desse ano está ao rubro e os jogadores da Académica estão com a luta dos universitários de Coimbra. Luta que poderia ter ganho um novo ânimo, caso a Briosa tivesse vencido. Mas, depois de ter estado em vantagem, a Académica deixa-se bater pelo Benfica.

"Um dos maiores comícios de sempre contra o regime", assim classificou o jornalista Carlos Pinhão, anos mais tarde, a final da Taça de Junho de 69, que a Académica perdeu para o Benfica por 2-1. Não custa a crer na ideia: no topo sul do Jamor, as bandeiras da Briosa e os cartazes de incentivo a esta alternam com dísticos onde se pode ler: "Ensino para todos"; "Melhor ensino, menos polícias", "Universidade livre". A Direcção-Geral da Associação Académica decidira aproveitar o jogo para dar visibilidade às suas reivindicações. E protestar contra a repressão de que os estudantes eram alvo, depois de, a 17 de Abril, terem obrigado o Presidente da República, Américo Tomás, a abandonar à pressa a Universidade de Coimbra, onde fora inaugurar o departamento de Matemática da Faculdade de Ciências e Tecnologia.

"LUTO ACADÉMICO"

Como já acontecera em anteriores ocasiões, a equipa de futebol está solidária com a Academia, inclusive com o "luto académico" decretado em Assembleia Magna. No hotel onde estagia, Vítor Campos é chamado ao telefone, a poucas horas do início do jogo com o Benfica. Do outro lado do fio está o seu colega Artur Jorge, que, apesar de inscrito pela Académica, cumpria o serviço militar em Vendas Novas. Artur sugere a Vítor que, caso a Briosa ganhe o encontro, a equipa se dirija à superior sul, convidando o presidente da Associação Académica, Alberto Martins, a juntar-se-lhe na

Já no balneário do Estádio Nacional, conforme relatou uma vez ao semanário "O Independente", Francisco Andrade termina a sua prelecção de quase meia hora aos atletas dizendo-lhes: "Vocês têm o privilégio de poderem dar voz a um país que não pode falar, através do dom de jogar à bola que Deus vos deu". Dito isto, retira-se. Os jogadores tomam,

Benfica 2 - AAC 1
22-6-1969
A final do Jamor transforma-se num dos maiores comícios de sempre contra o regime

volta de honra ao estádio. Vítor Campos compromete-se a colocar a questão aos companheiros.

Francisco Andrade, de apenas 27 anos, é, desde há um mês, o treinador da turma. Promovido directamente dos juniores, substituiu no cargo João Maló, que a meio da primeira eliminatória da Taça – em que a Académica afastou o Ferroviário de Lourenço Marques – fora suspenso por dois meses pela Federação, devido a críticas públicas a uns árbitros. Indignado com o processo que lhe tinha sido movido, Maló nem sequer exercera o direito de defesa, como aliás seria realçado na nota do Conselho de Disciplina federativo que publicitou a sanção. "Assim como certas vozes não chegam ao céu, também certos castigos...", dirá à imprensa. E jamais voltou a vestir a pele de treinador.

então, conhecimento da mensagem de Artur Jorge, com que se identificam de pronto. E decidem entrar em campo de capa caída sobre os ombros. "O grupo estava perfeitamente sintonizado. Sabíamos que transportávamos o futuro nas camisolas. E tínhamos a consciência de estarmos a dar visibilidade à crise", diria à reportagem de "O Independente" o defesa José Belo, considerado pela crítica como um dos melhores jogadores da final.

Mas os caprichos do jogo impedem a partilha da Taça com os líderes da contestação estudantil. A menos de dez minutos do fim da partida com o Benfica, Manuel António faz 1-0 para a Académica. "Sinceramente, pensei que estava tudo perdido", confessaria, no final do encontro, o treinador dos encarnados, Otto Glória. Não estava: escassos cinco minutos depois, os benfiquistas restabeleciam

EM CIMA
Francisco Andrade, o treinador da Académica na final da Taça de 1969

EM BAIXO
Sporting 1 - AAC 2
8-6-1969
Peres, tal como os colegas, de braçadeira preta e equipamento branco, em solidariedade com o protesto estudantil, com os olhos postos na baliza da sua antiga equipa. Está em causa o acesso à final da Taça

a igualdade, ganhando o direito a prolongamento. E neste, aconteceria algo de idêntico ao que se passara na final de dois anos antes: aos quatro minutos da segunda parte, o Benfica dava a volta ao resultado e conquistava o troféu.

Francisco Andrade, até há pouco treinador dos juniores da Briosa, nem queria acreditar no que acabara de se passar naquele fim de tarde de 22 de Junho de 69, em que as bancadas do Jamor excediam em mais de 15 mil espectadores a sua lotação oficial. "Não sei como fomos perder este jogo", confessava, ainda meio aturdido, aos jornalistas. "Tivemos a vitória na mão e deixámo-la fugir infantilmente. Aquilo era de ganhar de qualquer maneira!...".

Então, já se podiam fazer substituições e Andrade efectuou as duas permitidas. Primeiro, a de Vítor Campos por Rocha; depois, já no prolongamento, a de Peres por Serafim. Deram celeuma. Peres, então, aceitou muito mal a sua: "O Andrade, que é o técnico, é que deve saber a razão porque me tirou", respondia a todos os jornalistas que o questionavam. O jovem treinador defendia-se como podia: "O Vítor deu-nos a impressão de estar fatigado. Quanto ao Peres, acredito que ele próprio possa estar surpreendido com a substituição. Mas já tinha vindo junto da faixa lateral queixar-se-me da perna".

SOLIDARIEDADE VINHA DE TRÁS

Não fora a primeira vez, durante a Taça, que a equipa tomara uma atitude de solidariedade com a luta da Academia. Logo no jogo da segunda mão dos quartos-de-final, em que a Académica goleia o Guimarães por 5-0 (depois de ter perdido, no Minho, por 2-1), os jogadores da Briosa entram em campo a passo e guardam meio minuto de silêncio. "Como não nos foi possível fazer um minuto, demos as mãos e contámos até 30 entre nós", lembrará Vítor Campos a "O Independente". Depois, no primeiro jogo da meia-final, os estudantes apresentam-se em Alvalade – onde vencem por 2-1 – de braçadeira preta e equipamento branco, em vez do negro habitual. "Questão de temperatura. Com o calor que se tem feito sentir, o branco é melhor. Ninguém vai para a praia de preto, não é?", justificará, oficialmente, Francisco Andrade. Finalmente, no encontro da segunda mão, em que a Briosa torna a bater o Sporting, agora por 1-0, nasce a "técnica" do adesivo a cruzar o emblema da Associação Académica.

O protesto torna-se tão evidente que o ministro da Educação, José Hermano Saraiva, escreve a Marcelo Caetano, poucos dias antes da final: "As autoridades desportivas admitem que a equipa da AAC possa ser forçada a exibir algum sinal de luto ou, num caso extremo, a não alinhar para o jogo. Parece-me que, na primeira hipótese, é mais sensato não reprimir, porque qualquer intervenção repercutiria em todo o público. Para o caso, que me parece pouco provável, de uma recusa, teremos de reserva uma outra equipa – a do Sporting – para que os espectadores não tenham excessivas razões de protesto".

Não chega a ser necessário este recurso à equipa derrotada no campo. A Briosa fica-se por novo sinal de luto, em comunhão com uma bancada onde estão milhares de estudantes, muitos dos quais viajando em excursões organizadas ao preço total de 80 escudos. Mas, à cautela, nem o Presidente da República nem o ministro da Educação, contra tudo o que era habitual, se deslocam ao Jamor. E a final da Taça, desta vez, também não tem transmissão televisiva. Hoje, toda a gente percebe porquê...

O SPORTING NO PAPEL DE "VÍTIMA"

A verdade é que milhões de pessoas perderam a oportunidade de assistir a um grande desafio. O Benfica era campeão nacional há três anos consecutivos. A Académica, para além das excelentes classificações das últimas épocas, praticava um futebol unanimemente reconhecido como dos mais atraentes – senão o mais atraente – do país. Só assim se explica o sucedido na meia-final, frente ao Sporting.

A Briosa, apesar da lesão de Peres no início da segunda parte, já vencera em Alvalade. Aliás, começou a ganhar cedo, precisamente com um golo do ex-sportinguista. O Sporting ainda empatou. Mas o jovem Nené resolveu a partida a quatro minutos do fim, deixando os "leões" incrédulos. "Serenidade e inteligência ao serviço do futebol", assim definia Cruz dos Santos, em "A Bola", a exibição da Briosa.

A Académica tornou a vencer nas margens do Mondego. Aos 27 minutos, na sequência de um livre marcado por Rui Rodrigues, Manuel António sentenciou a eliminatória, provocando o delírio nas bancadas, repletas de público. Mário Wilson, que há poucos meses tinha deixado o comando técnico da Briosa, deslocara-se propositadamente a Coimbra, para assistir ao encontro. "Regresso a Lisboa com a grande satisfação de ver que a criação de Cândido de Oliveira continua a vingar e a produzir os seus efeitos no futebol português", declarou no final, à imprensa. Nos balneários, havia lágrimas de contentamento nos olhos de muitos jogadores da Académica. Mas Francisco Andrade garantia: "Que ninguém pense que fiz um milagre...".

As portas da final estavam escancaradas. Duas semanas depois de os estudantes terem discutido, com o mesmo Benfica que iriam encontrar no Jamor, um outro título: o de campeões nacionais de juvenis.

Não se limitou ao nome do adversário a coincidência entre os dois jogos decisivos. Os jovens da Briosa também perderam, no caso por 3-2; estiveram igualmente em vantagem, chegando até a fazer 2-0; o trio de arbitragem, chefiado por Ismael Baltazar, foi exactamente o mesmo; e Bentes, treinador dos juvenis, lamentou-se de modo muito semelhante ao de Francisco Andrade. "Foi a derrota mais estúpida da minha carreira. Tivemos 'o pássaro na mão...", desabafou ele à imprensa. Verdadeiramente inédito foi o facto de o troféu se ter partido, quando o jovem capitão do Benfica o exibia perante os adeptos que se deslocaram ao "Municipal" de Leiria...

Benfica 2 - AAC 1
22-6-1969
À esquerda, a pose é só para a foto. Eusébio com a camisola da Académica, Vítor Campos com a do Benfica.
À direita, a equipa que disputa a quarta final da Taça de Portugal: Gervásio, Vítor Campos, Mário Campos, Manuel António, Belo, Peres, Rui Rodrigues, Viegas, Vieira Nunes, Marques e Nené

1969·1970
A Europa (quase) a seus pés

AAC 2 - FC Magdeburg 0
26-11-1969
De pé: Viegas, Rui Rodrigues, Carlos Alhinho, Artur, Araújo e Gervásio;
à frente: Mário Campos, Manuel António, Vítor Campos, Nene e Serafim

A ACADÉMICA PROSSEGUE a saga europeia. Naquela que é a sua melhor prestação de sempre, até ao momento, atinge os quartos-de-final da Taça das Taças, onde é eliminada pelo Manchester City mesmo no fim do prolongamento. Também vai longe na Taça Ribeiro dos Reis: só perde na final, para o Vitória de Setúbal. No campeonato, onde se queda pelo décimo lugar, e na Taça de Portugal, onde é afastada nos oitavos-de-final, é que as coisas correm pior.

É a época da afirmação europeia da grande equipa da Académica dos anos 60! Depois de, na temporada anterior, ter sido prematuramente afastada da Taça das Feiras pelo imoral sistema da moeda ao ar, agora atinge os quartos-de-final da Taça dos Vencedores das Taças, onde resiste, durante três horas e meia, aos ingleses do Manchester City.

A Briosa, como é sabido, não vencera a Taça de Portugal do ano anterior. Por uma unha negra, é certo, ela fora para o Benfica. Mas, como os benfiquistas também tinham ganho o campeonato – participando, pois, na Taça dos Clubes Campeões Europeus –, coube à Académica, finalista vencida, representar Portugal na segunda prova mais importante do futebol no velho continente.

E que bem o fez! Começa por se desembaraçar dos finlandeses do Kuopion, depois de um aparentemente comprometedor empate a zero em Coimbra. "Não tenho dúvidas de que venceremos a eliminatória", garantia o eufórico treinador vindo da Finlândia, após esse primeiro jogo. Engana-se. A Académica, mesmo jogando sem Rocha – que se lesionara num treino –, vai ao terreno do adversário ganhar por 1-0. Golo de Nene aos 20 minutos da segunda parte, grandes exibições de Gervásio e Rui Rodrigues. "Na verdade, os portugueses são, realmente, melhores", reconhece agora o técnico finlandês.

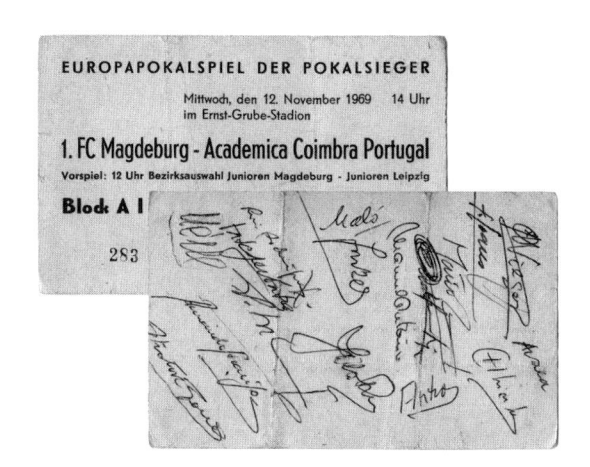

A ACADÉMICA É UMA EQUIPA DE CATEGORIA EUROPEIA

Segue-se o Magdeburgo, da então República Democrática Alemã. Desta vez, o primeiro jogo é fora e a Académica perdeu por 1-0. Mas em Coimbra dá a volta à eliminatória. Na primeira parte, já joga muito bem, mas não consegue marcar. Na segunda, alia os golos à exibição: aos 58 minutos, Alhinho faz o 1-0; a cinco minutos do fim, Mário Campos marca o tento que decide a passagem dos estudantes aos quartos-de-final. "Foi o momento mais feliz da minha vida desportiva", confessaria o médio. "A noite mais bela do futebol académico", diria "A Bola" do dia seguinte, destacando as exibições do jovem Artur e de Serafim.

Nº	NOME	JOGOS	J. C.	J. I.	MIN	GOLOS
201	Rocha	24	8	16	1557	1
210	Curado	12	12	0	1080	0
224	Maló	5	4	1	439	0
239	Crispim	5	3	2	360	0
243	Gervásio	41	29	12	3189	4
248	Rui Rodrigues	39	36	3	3421	3
250	Viegas	10	10	0	900	0
253	Vítor Campos	38	30	8	3168	0
256	Marques	11	9	2	975	0
257	Manuel António	37	31	6	3145	27
263	Mário Campos	37	28	9	3076	6
265	Brassard	8	7	1	641	0
267	Serafim	38	25	13	2901	17
268	Belo	27	24	3	2290	0
270	Feliz	14	13	1	1192	0
272	Luís Eugénio	5	0	5	152	1
279	Carlos Alhinho	44	42	2	3901	1
280	Nene	40	39	1	3622	13
281	Araújo	28	25	3	2408	0
282	Artur	36	35	1	3215	2
283	Vala	10	3	7	456	0
284	Vítor Gomes	17	6	11	978	1
285	Fagundes	5	2	3	243	0
286	Simões	9	3	6	492	1
287	Cardoso	13	12	1	1114	0
288	António Jorge	21	10	11	1393	10
289	José Manuel	10	3	7	531	4
290	Abrantes	15	14	1	1346	0
291	José Freixo	2	2	0	180	0
292	Reis	4	2	2	270	2
293	Alcides	1	0	1	45	0

À ESQUERDA, EM CIMA
FC Magdeburg 1 - AAC 0
12-11-1969
O bilhete para o jogo da primeira mão dos oitavos-de-final da Taça das Taças, assinado por todos os jogadores da Académica

À ESQUERDA, EM BAIXO
AAC 2 - FC Magdeburg 0
26-11-1969
Os festejos pela passagem aos quartos-de-final da Taça das Taças. O médico Francisco Soares, de boné e de gabardine, abraçado a Serafim, é dos que mais exultam com a vitória

À DIREITA
AAC 4 - U. Tomar 0
19-4-1970
Nene: uma seta apontada à baliza nabantina

Título do "Diário de Coimbra", a 19 de Março de 1970, após o jogo com o Manchester City, em Inglaterra

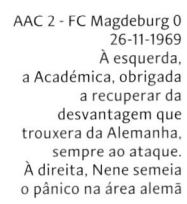

AAC 2 - FC Magdeburg 0
26-11-1969
À esquerda, a Académica, obrigada a recuperar da desvantagem que trouxera da Alemanha, sempre ao ataque. À direita, Nene semeia o pânico na área alemã

Os ingleses do Manchester City, tendo como treinador-adjunto o futuro técnico do Sporting e do Vitória de Setúbal Malcom Allison, são o adversário que se segue. O empate sem golos no primeiro jogo, em Coimbra, parecia dar-lhes toda a vantagem. "Lá, o Manchester vencerá por duas ou três bolas, com relativa facilidade", prognosticava um jornalista britânico, ouvido pelos seus colegas de "A Bola". Esteve muito longe se ser assim. O City, que acabaria por vencer a prova, tem de esperar praticamente até ao fim do prolongamento para ver Towers marcar o golo que acaba com as esperanças da Académica em jogar o desempate, em Amesterdão.

"Não é demais pôr em evidência o facto de uma equipa universitária ter conseguido realizar, em Inglaterra, uma exibição e obter um resultado que muitos dos nossos 'teams' profissionais não lograram alcançar", escreveria em "A Bola" Aurélio Márcio. O mesmo jornalista que elegeria como grandes figuras da Briosa nesse encontro Rui Rodrigues e o guarda-redes Cardoso, a quem atribuiu a alcunha de "mãozinhas".

A Taça Ribeiro dos Reis, então na sua nona edição, é a outra prova em que a Briosa faz figura destacada. Chega mesmo à final, depois de, em 12 jogos, ter sofrido uma única derrota – com o Peniche. Acaba por perder o troféu para o Setúbal, mas os sadinos eram outra das grandes equipas dos anos 60.

Na Taça de Portugal e no campeonato é que as coisas correm pior. Na Taça, os estudantes são afastados pelo Sporting, logo na segunda eliminatória. No campeonato quedam-se pelo décimo lugar, com os mesmos 22 pontos do nono: o FC Porto.

É certo que no defeso tinham saído jogadores como Artur Jorge, Peres e Vieira Nunes, a que se juntaria, com a competição em pleno curso, o já licenciado guarda-redes Maló, de partida para Cabinda. Como é verdade que houve mudança de treinador, com Juca a substituir Andrade a partir da sétima jornada. Mas resultados como o empate a três bolas nas Antas ou a vitória por 3-0 sobre o campeão Sporting, em Coimbra, permitiam acalentar esperanças em voos mais altos. Não por acaso, Juca comentaria assim o campeonato: "Acho que a Académica não ficou em posição consentânea com o seu valor".

NACIONAL DA 1ª DIVISÃO						
CLASSIFICAÇÃO	JOGOS	V	E	D	GOLOS	PTS
1º Sporting CP	26	21	4	1	61 - 17	46
2º SL Benfica	26	17	4	5	58 - 14	38
3º VFC Setúbal	26	16	4	6	58 - 26	36
4º FC Barreirense	26	11	6	9	42 - 33	28
5º VSC Guimarães	26	12	4	10	38 - 36	28
6º Varzim SC	26	10	8	8	31 - 26	28
7º CF "Os Belenenses"	26	9	5	12	23 - 34	23
8º GD C.U.F.	26	9	5	12	24 - 38	23
9º FC Porto	26	8	6	12	30 - 37	22
10º ACADÉMICA	26	8	6	12	42 - 46	22
11º Leixões SC	26	10	1	15	33 - 47	21
12º Boavista FC	26	6	6	14	35 - 61	18
13º SC Braga	26	6	5	15	25 - 52	17
14º UFCI Tomar	26	5	4	17	20 - 53	14

TAÇA RIBEIRO DOS REIS – GRUPO IV						
CLASSIFICAÇÃO	JOGOS	V	E	D	GOLOS	PTS
1º ACADÉMICA	10	7	2	1	42 - 11	16
2º GD Peniche	10	5	3	2	19 - 19	13
3º AC Marinhense	10	4	4	2	18 - 14	12
4º Tramagal SU	10	3	3	4	14 - 17	9
5º UD Santarém	10	2	1	7	12 - 27	5
6º CD Torres Novas	10	2	1	7	10 - 27	5

O "Bola de Prata"

O GRANDE JOGO DA ACADÉMICA no campeonato de 69-70 ocorre à décima jornada, quando vence o Sporting, em Coimbra, por 3-0. Feliz coincidência para Manuel António: nessa mesma tarde de 30 de Novembro de 1969 recebe a "Bola de Prata", prémio instituído pelo jornal "A Bola" para o melhor marcador da prova máxima do futebol português. O troféu é, naturalmente, referente à época anterior. Mas parece moralizar tanto o avançado que este marca dois golos aos "leões". "A ausência de Manuel António creio ter influenciado imenso a Académica. Os estudantes, sem ele, pareciam complexados". Isto dizia o treinador principal do Manchester City, Joe Mercer, após o empate a zero, arrancado pela sua equipa na primeira mão dos quartos-de-final da edição de 69-70 da Taça das Taças. Compreende-se: o grande ausente do encontro de Coimbra – por lesão – jogara em Londres, pela selecção portuguesa, menos de três meses antes. E, embora não tivesse marcado, a sua exibição assustara os ingleses. Tanto que, perspectivando o jogo da segunda mão, o mesmo Mercer afirmava: "A única coisa que me preocupa é a possível recuperação de Manuel António". O ponta-de-lança recuperou mesmo, mas os efeitos da lesão impediram-no de se apresentar ao melhor nível. O jogo de Manchester efectua-se a 18 de Março de 1970 e Manuel António está praticamente sem jogar desde 1 de Fevereiro.

A prolongada lesão de Manuel António é, aliás, apontada por muito boa gente como uma das explicações para o decepcionante campeonato realizado pela Académica. Porventura, com razão. Na segunda metade da prova só efectua cinco encontros completos. Obtém apenas um golo, sendo mesmo ultrapassado por Nene na lista dos melhores marcadores dos estudantes. Se não fosse a mazela, quem pode garantir que ele não repetia, pelo menos, os 19 tentos da época anterior, que o levaram à conquista da "Bola de Prata" – um feito inédito entre os jogadores da Briosa?

Certo é que Manuel António inicia a temporada de 69-70 em grande forma. Logo na segunda jornada, marca dois golos, no empate a três bolas da Académica nas Antas. E volta a bisar, no "famoso" jogo dos 3-0 ao Sporting, em Coimbra. Um jogo que antecede em 15 dias aquele que terá sido o mais controverso tento da sua carreira. Acontece em Braga. Os jogadores da casa alegam que o remate saiu ao lado da baliza. O árbitro hesita. Acaba por validar o golo, baseado no testemunho de um apanha-bolas bracarense que garante ter a violência do pontapé furado mesmo as redes.

Já após o termo do campeonato, Manuel António volta a surgir em alta na Taça Ribeiro dos Reis, durante a qual aponta 16 golos, em dez encontros que disputa. Pelo meio, fica o jogo de Londres pela selecção, em que também alinha o seu colega Mário Campos. Para este, é a estreia na primeira equipa de Portugal. Para Manuel António é já a quarta presença.

A primeira acontece a 6 de Abril de 69, num "particular" com o México, em Lisboa. Segue-se, nesse mesmo mês e também em Lisboa, um jogo de apuramento para a fase final do Campeonato do Mundo, com a Suíça. Vem depois, ainda a contar para o apuramento para o Mundial, um encontro com a Grécia, no Porto. E, finalmente, a partida com a Inglaterra, também de carácter particular. Quatro jogos em que o avançado não conhece o sabor da vitória. Se a passagem pela selecção de Manuel António Leitão da Silva, nascido em Santo Tirso a 29 de Janeiro de 1946, não é muito feliz em termos de resultados, outro tanto não acontece quando alinha com a camisola da Académica. O que se verifica durante dez anos, divididos por dois períodos: o primeiro corresponde à época de 64-65; o segundo vai de 68 a 77. Pelo meio, fica uma passagem pelo FC Porto, clube que já tentara adquiri-lo antes do ingresso na Briosa e que o avançado, agora, prefere ao Benfica e ao Sporting, de quem também tem convites. Preferência que lhe rende 800 contos e que vale à Académica a cedência de quatro jogadores oriundos dos portistas, entre eles Artur Jorge. No seu segundo período em Coimbra, durante o qual há-de concluir a licenciatura em Medicina, Manuel António sagrar-se-á o melhor marcador do campeonato da 2ª divisão. Corria a época de 72-73 e o ponta-de-lança conseguiria, assim, o feito inédito de ser o "rei dos marcadores" nas duas principais divisões do futebol português.

No total, o homem que se iniciara nos juniores do Tirsense e que chegará, com pouco mais de 40 anos, a director do Instituto de Oncologia de Coimbra, marca nada menos de 153 golos ao serviço da Briosa, repartidos por 285 jogos oficiais. O que faz dele o segundo melhor marcador de sempre da Académica, só ultrapassado por Bentes.

1970·1971
Por essa tabela acima...

AAC 0 - Benfica 0
13-12-1970
De pé: Artur, Carlos Alhinho, Gervásio, Rui Rodrigues, Feliz e Melo; à frente: Mário Campos, Manuel António, António Jorge, Vítor Campos e Oliveira Duarte

Praticamente com os mesmos jogadores da época transacta, a Académica sobe cinco lugares na tabela classificativa no campeonato de 70-71, adquirindo o bilhete de regresso às competições europeias. E podia ter sido bem melhor, não fora a quebra da segunda volta e a perda dramática de Nene antes do começo da época.

"Porque não há-de a Académica jogar para o título?". A pergunta é do árbitro Rosa Nunes e é feita após o empate dos estudantes no campo do Barreirense, na décima segunda jornada do campeonato. Nem o resultado nem a exibição são, desta vez, nada de excepcional, mas a Briosa consegue, a uma ronda do fim da primeira volta, segurar o segundo lugar na prova.

Até então, apenas o Varzim e o Sporting lhe tinham ganho. E ambos nos respectivos estádios, por um golo de diferença, com a legalidade do tento de Alvalade a ser muito contestada pelos estudantes. O FC Porto, que no final seria terceiro, e o Setúbal, quarto, tinham perdido em Coimbra. "Através desta vistosa e sensacional 'Académica-70', o 'futebol--espectáculo' está a vingar no 'Nacional'", escreve o jornalista de "A Bola" Alfredo Farinha.

A primeira metade do campeonato termina com novo empate, desta vez com o futuro campeão. "O Benfica ganhou um ponto em Coimbra", reconhece o extremo-esquerdo dos encarnados, António Simões. E a segunda volta também começa bem para os estudantes. O pior vem depois. De considerável, só o empate nas Antas, em jogo que termina com agressões dos adeptos portistas aos académicos, e que leva "A Bola" a intitular assim a sua crónica: "Ai, venham ver, venham ver os estudantes – catedráticos da bola, de exibição e de campeonato". No conjunto, a Briosa perde mais cinco pontos do que na primeira volta. E acaba o campeonato na quinta posição, o que, mesmo assim, lhe dará o direito a disputar a recém criada Taça UEFA.

Porquê esta quebra? A equipa continua a ser treinada por Júlio Cernadas Pereira, mais conhecido por Juca. Os jogadores são praticamente os mesmos. Exceptuam-se Nene, falecido, e o contratado guarda-redes Melo, que fora campeão nacional pelo Benfica e campeão europeu de juniores.

Em Coimbra, responsabilizam-se as sucessivas digressões ao estrangeiro. Confirmam o prestígio da Académica e ajudam financeiramente, mas são cansativas – argumenta-se.

De facto, a Briosa inicia a época logo com uma viagem de quase um mês a Espanha. Começa com um empate em Valência, em jogo a que assistem perto de 40 mil pessoas e que serve de apresentação à equipa local, treinada pelo lendário Di Stefano. Este, não hesita em classificar a Briosa – que sai do Estádio Luís Casanova sob os aplausos do público – como "uma boa equipa, muito veloz e perigosa no contra-ataque". Depois, a Académica perde com o Tenerife, o Las Palmas e o Múrcia, curiosamente sempre por 3-2. Finalmente, empata a zero com o Lanerossi, o clube onde Jorge Humberto acabara a carreira em Itália, e ganha ao Granada por 2-1.

Em Janeiro, com o campeonato a meio, a Briosa vai ao Brasil. É aí que Rocha se lesiona gravemente, não mais voltando a jogar. Mesmo assim, a equipa efectua cinco partidas e não perde nenhuma. Vítor Santos acompanha a digressão, para "A Bola". Não

À ESQUERDA
Belenenses 0 - AAC 2
22-11-1970
Neste caso, o defensor "azul" consegue travar o ataque da Académica, protagonizado por António Jorge. Vítor Campos e Quinito, que já trocara Coimbra pelo Restelo, assistem ao longe

À DIREITA
AAC 3 - FC Porto 2
15-11-1970
A festa do golo.
Artur não cabe em si de contente

JOGADORES UTILIZADOS

Nº	NOME	JOGOS	J. C.	J. I.	MIN	GOLOS
201	Rocha	7	1	6	308	0
239	Crispim	10	4	6	690	0
243	Gervásio	33	28	5	2780	3
244	Oliveira Duarte	23	5	18	1260	1
248	Rui Rodrigues	29	29	0	2610	2
253	Vítor Campos	35	34	1	3179	1
256	Marques	4	4	0	360	0
257	Manuel António	33	26	7	2771	17
261	Bernardo	10	8	2	843	0
263	Mário Campos	23	17	6	1818	2
267	Serafim	38	25	13	2786	8
268	Belo	3	3	0	270	0
270	Feliz	29	28	1	2645	0
279	Carlos Alhinho	32	32	0	2933	4
281	Araújo	7	5	2	487	0
282	Artur	36	33	3	3231	1
283	Vala	15	9	6	1128	4
284	Vítor Gomes	5	1	4	265	0
286	Simões	12	7	5	782	1
287	Cardoso	17	14	3	1414	0
288	António Jorge	25	16	9	1868	9
289	José Manuel	21	6	15	1339	10
291	José Freixo	10	10	0	900	1
292	Reis	6	0	6	185	0
294	Melo	25	23	2	2211	0
295	Prieto	8	1	7	339	2
296	Lynce	2	1	1	158	0
297	Aníbal	1	0	1	28	0
298	Gregório	5	5	0	503	5
299	Vítor Manuel	1	0	1	45	0

EM CIMA
Angoulême 0 - AAC 0
10-4-1971
A angústia de Melo no momento do pénalti. Uma multidão de emigrantes portugueses assiste, por detrás da baliza, à marcação das grandes penalidades que desempatam, a favor do Angoulême, o último jogo da Académica em França, disputado em Clermont-Ferrand

EM BAIXO
Benfica 5 - AAC 1
2-5-1971
Artur Jorge já se mudara para a Luz, mas não perdera a amizade pelos antigos colegas: os irmãos Campos e o seu próprio irmão, José Manuel

esconde a surpresa: "Há, ali, às claras, cervejas sobre as mesas, umas saidinhas nocturnas mais ou menos brejeiras, um regime de 'liberdade autodisciplinada' que pode, às vezes, ter um parafusozinho desapertado…". Mas, também, a admiração: "Académica. É diferente. É fascinantemente diferente, em Portugal, no Brasil, no Kuweit, na Tanzânia ou na Patagónia".

O último jogo é com o Flamengo. O resultado final é de 0-0, mas a Briosa vê ser-lhe negado um golo e um pénalti. Vítor Campos excede-se nos protestos e recebe ordem de expulsão. Recusa-se a sair do campo, os seus colegas estão igualmente de "cabeça quente" e são precisos dez polícias para serenar os ânimos no relvado… Vítor dá por esta altura uma entrevista a "A Bola": "A Académica é uma coisa inacreditavelmente boa… Se seguíssemos um regime igual ao dos outros, isto não tinha graça nenhuma e a 'Briosa' não era a 'Briosa'".

A época não termina sem uma derradeira digressão, esta a França, e com o campeonato ainda a decorrer. Vitória por 3-1 e derrota (por grandes penalidades), nos dois jogos efectuados, em Abril de 71, com o La Berrichonne e o Angoulême, respectivamente. A seguir, vêm a eliminação na Taça de Portugal – aos pés do Sesimbra! – e um quarto lugar na Taça Ribeiro dos Reis. Aqui, após ter vencido facilmente o seu grupo, a Briosa é afastada da final pelo Sporting de Braga, acabando por perder a terceira posição para o Barreirense.

NACIONAL DA 1ª DIVISÃO						
CLASSIFICAÇÃO		JOGOS	V	E	D	GOLOS	PTS
1º	SL Benfica	26	18	5	3	62 - 17	41
2º	Sporting CP	26	16	6	4	45 - 14	38
3º	FC Porto	26	16	5	5	44 - 21	37
4º	VFC Setúbal	26	15	4	7	51 - 16	34
5º	ACADÉMICA	26	13	7	6	38 - 24	33
6º	Boavista FC	26	9	4	13	18 - 38	22
7º	CF "Os Belenenses"	26	7	8	11	20 - 27	22
8º	GD C.U.F.	26	8	5	13	28 - 37	21
9º	FC Tirsense	26	6	8	12	24 - 45	20
10º	FC Barreirense	26	5	10	11	21 - 31	20
11º	SC Farense	26	7	6	13	15 - 33	20
12º	VSC Guimarães	26	4	11	11	15 - 27	19
13º	Leixões SC	26	7	5	14	22 - 44	19
14º	Varzim SC	26	7	4	15	23 - 52	18

TAÇA RIBEIRO DOS REIS – GRUPO III						
CLASSIFICAÇÃO		JOGOS	V	E	D	GOLOS	PTS
1º	ACADÉMICA	10	8	2	0	31 - 6	18
2º	CFU Coimbra	10	6	1	3	23 - 16	13
3º	SC Beira-Mar	10	4	2	4	23 - 23	10
4º	AD Sanjoanense	10	5	0	5	20 - 30	10
5º	CFU Lamas	10	3	1	6	18 - 22	7
6º	CD Gouveia	10	1	0	9	9 - 27	2

A dramática morte de Nene

O DEFESO QUE ANTECEDE A ÉPOCA DE 70-71 termina com um acontecimento dramático para as hostes académicas: Nene, um dos mais talentosos jogadores da Briosa, morre num acidente de viação. Os dirigentes estudantis acusam o Sporting de ter desestabilizado emocionalmente o atleta, ao procurar a sua contratação por todos os meios, e cortam relações com o clube de Alvalade.

Modesto Luís Ortiz de Sousa Neves, mais conhecido por Nene, morre na noite de 15 de Agosto de 1970, um sábado, no bloco operatório do Hospital da Universidade de Coimbra, então ainda no Largo de D. Dinis. Cerca das 21 horas, na estrada que liga a cidade dos estudantes à Figueira da Foz (no lugar de Santa Eulália, próximo de Montemor-o-Velho) o Morris que conduzia chocara, violentamente, com uma furgoneta que circulava em sentido contrário. E do acidente resultaram graves ferimentos, a que o futebolista, à beira de completar 21 anos, não resistiria. Entre eles, uma fractura da base do crânio e roturas do baço e do fígado.

A morte do atleta deixa os colegas, os adeptos e os dirigentes da Académica em estado de choque. Estes últimos, apoiados por uma comissão onde pontifica João Moreno, dispõem-se a averiguar os derradeiros passos do jogador que Paulo Cardoso convencera, ainda com idade de júnior, a transferir-se do Desportivo de Lourenço Marques para Coimbra e que, em Maio de 70, aceitara prorrogar a sua ligação com a Briosa. E concluem que o Sporting o desestabilizara emocionalmente, procurando a sua contratação a todo o custo e à revelia da direcção dos estudantes, como também já tentara fazer com Rui Rodrigues. Consequência: decidem cortar relações com o grémio de Alvalade, então presidido por Brás Medeiros. Reagem os sportinguistas, alegando ter sido o jogador a oferecer-se ao clube, na sequência do seu "chumbo" na admissão ao Instituto Industrial de Coimbra e da colocação num quartel das Caldas da Rainha, para cumprimento do serviço militar. Disso procuram fazer prova, divulgando cartas aos presidentes da Académica e da Federação Portuguesa de Futebol, assinadas por Nene. Ao mesmo tempo que garantem ter entregado dois cheques ao malogrado futebolista, um dos quais destinado a indemnizar a Briosa do valor do carro em que aquele viria a encontrar a morte. Carro esse que, sempre segundo a versão dos dirigentes sportinguistas, teria sido oferecido ao atleta pela Académica, a título de prémio pela sua permanência em Coimbra.

Mas para a direcção dos estudantes não há dúvidas de que foi mesmo o Sporting a pressionar o jogador. Prova disso é que as cartas não teriam sido redigidas pelo punho de Nene, que não só não saberia escrever à máquina, como se encontraria em Coimbra, no dia em que elas foram enviadas de Lisboa... com remetente das Caldas da Rainha. Quanto ao automóvel, os dirigentes da Briosa ter-se-iam limitado a emprestar ao atleta uma verba muito inferior à do valor do cheque do Sporting, destinada a complementar o dinheiro que ele possuía para aquisição do malfadado Morris.

"A Associação Académica de Coimbra está convicta de que só as deduções maquiavélicas de que foi alvo Nene, o levaram a "assinar" a variada correspondência que puseram na sua frente, mediante a qual poderia vir a ser desobrigado dos seus compromissos para com a nossa Associação", escreve João Moreno, em comunicado. O mesmo em que se conclui: "Nobre como ele era, sentiu que o levaram a faltar a um dever e viveu os seus últimos dias perturbado e amargurado. Foi neste estado de espírito, que lhe foi criado pelas ambições descontroladas do Sporting, que o nosso atleta morreu".

O caso faria ainda correr muita tinta, trazendo mesmo à polémica familiares do futebolista, nascido em Madrid, mas naturalizado português. Facto é que, pelas razões mais dramáticas, a Académica perdeu mesmo aquele que a sua direcção classificava como "um jogador-chave" – Nene, um jovem que era visto como uma enorme promessa. Tanto, que antes do Sporting, já o Benfica, o FC Porto e o Real Madrid tinham tentado a sua contratação. E que, em 16 de Abril de 69, estava a fazer a sua estreia pela selecção de "esperanças" de Portugal. Foi em Coventry, num jogo de carácter particular com a Inglaterra. À mesma selecção voltaria, um mês depois. Novamente com os ingleses, outra vez em encontro amigável, mas desta feita no Funchal. Pela Académica, em cuja primeira equipa se estreou a 15 de Dezembro de 1968, efectuou 64 jogos oficiais, marcando 16 golos e associando-se a 29 vitórias.

1971·1972
SEGUNDA DESCIDA

AAC 0 - Benfica 3
19-12-1971
De pé: Gervásio, Marques, Carlos Alhinho, Simões, Martinho e Melo; à frente: Vítor Gomes, Mário Campos, Raul Águas, Vítor Campos e Serafim

DIZ O DITADO POPULAR que o que começa mal tarde ou nunca se endireita. É o que acontece com a Académica na época de 71-72. Desce à divisão secundária, pela segunda vez na sua história. A primeira acontecera 24 anos antes.

O campeonato de 1971-1972 é disputado por 16 equipas, mais duas do que até aí. O treinador Juca parece adivinhar os problemas que o alargamento coloca a uma equipa de estudantes sujeitos a exames. "Para a Académica não será benéfico", declara no termo duma digressão de início de época à Pérsia (hoje, Irão), em que o melhor que a Briosa consegue é um empate, em três jogos.

Pouco tempo antes, perdera Rui Rodrigues e Artur para o Benfica. E Rocha pendurara definitivamente as botas. Adquirira aos benfiquistas, é certo, o avançado Raul Águas. E tinha uma série de "miúdos" à espera de se afirmarem: Costa, Simões, Vala, José e Gregório Freixo... Mas o início do campeonato confirmaria as dificuldades.

Em Setembro, consumava-se a eliminação da Taça UEFA, logo na primeira eliminatória. Duas semanas antes, a Académica já perdera por 3-0 em Wolwerhampton, embora contestando bastante a legalidade dos dois primeiros golos dos ingleses. Em Coimbra, Manuel António ainda reacende a esperança, fazendo o 1-0 logo aos 16 minutos. Mas o "Wolwes", mesmo jogando quase toda a segunda parte com menos um jogador, "vira" para 4-1 a seu favor.

De regresso ao campeonato, as coisas parecem melhorar um pouco. À sétima jornada, a Académica vai às Antas ganhar por 3-2, com dois tentos de Manuel António. "A Académica é isto mesmo: a equipa que empata em casa com o Farense, mas ganha fora ao Belenenses e ao FC Porto, pouco faltando para empatar com o Sporting", escreve-se então no "Mundo Desportivo". Como que a dar razão ao cronista, logo depois está sete jogos consecutivos sem fazer um único ponto.

ACADÉMICA-BOAVISTA, 3-1

OS ROUXINÓIS DO MONDEGO VOLTARAM A CANTAR...

Quebra o enguiço com o Boavista, em Coimbra. Mas, imediatamente a seguir, inicia-se o fatídico "folhetim" do jogo com o Barreirense, relativo à décima quinta jornada. Há um primeiro encontro a 16 de Janeiro de 72 que é interrompido aos 43 minutos, tanta é a chuva que cai sobre o Campo D. Manuel de Melo. O resultado está em 0-0, embora a Académica já tivesse marcado um golo, anulado pelo árbitro.

Para o caso nem interessava muito, uma vez que, na altura, jogo interrompido obrigava a repetição pura e simples. Os regulamentos determinavam que esta deveria realizar-se no prazo de 24 horas, caso não houvesse acordo de datas entre os clubes. Ora, o Barreirense queria-a dois dias depois. A Académica, que tinha de viajar, pretendia três. Os jogadores das duas equipas foram às suas vidas sem ter ficado claro quando voltavam a encontrar-se.

JOGADORES UTILIZADOS						
Nº	NOME	JOGOS	J. C.	J. I.	MIN	GOLOS	J. A.
243	Gervásio	23	22	1	1993	4	0
244	Oliveira Duarte	13	1	12	580	0	1
253	Vítor Campos	28	25	3	2436	1	1
256	Marques	8	7	1	707	0	0
257	Manuel António	28	23	5	2424	13	1
263	Mário Campos	33	30	3	2901	1	1
266	Brasfemes	18	15	3	1476	0	0
267	Serafim	18	10	8	1230	1	0
268	Belo	20	18	2	1710	0	1
270	Feliz	15	14	1	1312	0	1
271	Silvestre	0	0	0	0	0	1
272	Luís Eugénio	6	3	3	357	1	1
279	Carlos Alhinho	32	31	1	2850	3	0
281	Araújo	5	5	0	450	0	0
283	Vala	24	10	14	1577	3	0
284	Vítor Gomes	8	2	6	357	0	0
286	Simões	25	21	4	2038	0	1
287	Cardoso	7	4	3	432	0	0
289	José Manuel	3	0	3	107	0	0
291	José Freixo	7	6	1	563	0	0
294	Melo	29	26	3	2538	0	1
298	Gregório	14	3	11	632	0	1
300	Raul Águas	18	12	6	1350	4	0
301	Martinho	11	10	1	913	0	0
302	Cano Brito	8	6	2	682	0	1
303	Costa	13	9	4	1055	0	0

À ESQUERDA, EM CIMA
AAC 0 - Benfica 3
19-12-1971
Mário Campos, no estilo que o celebrizou, deixa para trás o capitão benfiquista, Simões

À ESQUERDA, EM BAIXO
AAC 3 - U. Tomar 0
14-5-1972
Um banco de "luxo": Cano Brito, Cardoso, Fernando Vaz (treinador), Francisco Soares (médico), Jorge Humberto (treinador-adjunto, encoberto), Carlos Hilário (dirigente), Luís Eugénio, Guilherme Luís (massagista), Gregório e José Freixo

À DIREITA
AAC 1 - V. Guimarães 2
5-3-1972
Raul Águas prepara-se para marcar o primeiro golo do jogo

Título do "Mundo Desportivo", a 2 de Janeiro de 1972

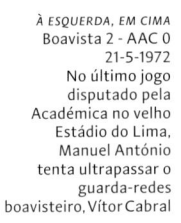

À ESQUERDA, EM CIMA
Boavista 2 - AAC 0
21-5-1972
No último jogo disputado pela Académica no velho Estádio do Lima, Manuel António tenta ultrapassar o guarda-redes boavisteiro, Vítor Cabral

À ESQUERDA, EM BAIXO
FC Porto 2 - AAC 3
31-10-1971
Cardoso, Melo, Vítor e Mário Campos especialmente exuberantes na comemoração da mais saborosa vitória da época

À DIREITA
AAC 1 - Tirsense 1
16-4-1972
Gervásio acaba de colocar a Académica em vantagem, no primeiro jogo oficial disputado pela Briosa no "Universitário"

Acontece que um funcionário da Briosa resolveu telefonar para a Federação, a meio da manhã do dia seguinte. Ficou a saber que o jogo se realizava nessa mesma tarde, às 15 horas. Foi preciso ir "pescar" os jogadores da equipa às aulas e ver quem tinha carro disponível. Muitos atletas nem tempo tiveram para comer. Mas, meia hora depois do horário marcado, havia 11 em condições de entrar em campo. Não havia guarda-redes suplente, nem médico, nem massagista... As marcações continuavam a mal se ver... Mas tudo isso era o menos. Bem pior seriam os dois golos de duvidosa legalidade que o Barreirense já tinha marcado até aos 39 minutos e a expulsão de Manuel António na sequência dos protestos provocados pela validação do segundo tento. E, pior ainda, o pénalti negado à Académica a um quarto de hora do fim, quando o resultado era de 3-1 a favor dos do Barreiro.

A Federação reconheceu as razões da Briosa, expressas num recurso redigido por Mota Pinto, relativamente à marcação do jogo. Vai daí, ordenou um terceiro encontro. Só que este apenas foi marcado para 24 de Maio – quatro meses depois, portanto –, entre a penúltima e a última jornadas. Sendo que esta, por ironia do destino, opunha a Académica ao Barreirense, em Coimbra. E a Briosa precisava de ganhar os dois jogos para evitar a descida.

Não ganhou. Venceu o último, mas perdeu o outro. Novamente com um golo duvidoso e marcado três minutos depois de o árbitro António Garrido, segundo rezam as crónicas, ter feito vista grossa a um pénalti cometido sobre Luís Eugénio. Ao fim de 24 anos, a Briosa voltava a descer à 2.ª divisão. Já com Fernando Vaz a orientar a equipa, após a saída de Juca, em Março, e o recurso temporário a Jorge Humberto. E depois de uma época em que a sorte, decididamente, não a acompanhou. Dez das derrotas sofridas, no campeonato, foram por diferença de um golo. Até na Taça a Académica perdeu o único jogo que efectuou (com o Guimarães, de Mário Wilson) por 2-1.

NACIONAL DA 1ª DIVISÃO						
CLASSIFICAÇÃO		JOGOS	V	E	D	GOLOS	PTS
1º	SL Benfica	30	26	3	1	81 - 16	55
2º	VFC Setúbal	30	17	11	2	62 - 16	45
3º	Sporting CP	30	17	9	4	51 - 26	43
4º	GD C.U.F.	30	12	13	5	43 - 28	37
5º	FC Porto	30	13	7	10	51 - 32	33
6º	VSC Guimarães	30	11	8	11	49 - 47	30
7º	CF "Os Belenenses"	30	11	7	12	35 - 33	29
8º	FC Barreirense	30	11	5	14	34 - 46	27
9º	SC Farense	30	9	7	14	34 - 48	25
10º	Atlético CP	30	8	9	13	35 - 52	25
11º	Boavista FC	30	7	10	13	28 - 46	24
12º	UFCI Tomar	30	9	5	16	25 - 42	23
13º	SC Beira-Mar	30	7	9	14	29 - 51	23
14º	Leixões SC	30	7	7	16	26 - 51	21
15º	ACADÉMICA	30	7	7	16	29 - 38	21
16º	FC Tirsense	30	6	7	17	26 - 66	19

O GRANDE AUSENTE

Rui Rodrigues – não há colega, adepto, técnico, dirigente ou cronista que não o reconheça – é o grande ausente do conjunto da Académica na época de 71-72, havendo mesmo muito boa gente a garantir, de ciência certa, que com ele a equipa nunca teria descido. Juntamente com o lateral-direito Artur, o influente jogador moçambicano transferira-se, no início da temporada, para o Benfica, reencontrando dois antigos colegas da Briosa: Artur Jorge e Toni.

"Ai Rui Rodrigues, Rui Rodrigues, que saudade tu és em Coimbra! De Artur, ainda se lembra a alegria, mas de Rui falta a classe, a calma, a verdadeira categoria". Isto, escrevia o "Mundo Desportivo", tentando analisar as causas da eliminação da Académica da Taça UEFA, logo ao primeiro "round", aos pés do Wolwerhampton. Não terá havido adepto que não concordasse.

Rui de Gouveia Pinto Rodrigues, nascido em Lourenço Marques (hoje Maputo) a 17 de Maio de 1943, transferira-se para o Benfica no defeso. Juntamente com um outro influente jogador da Briosa de então: o louro Artur, jovem lateral-direito que já fazia, igualmente, as delícias da bancada do velho Calhabé. Prosseguia, assim, a sangria de atletas da Académica para o clube da Luz: escassos anos antes, tinham partido Artur Jorge, que na época de 71-72 seria "Bola de Prata", e Toni. Rui era um sonho antigo dos benfiquistas. Ainda ele jogava no 1.º de Maio de Lourenço Marques, onde se iniciou na prática do futebol, e já o emblema da águia se interessava pelas suas qualidades. Levou a melhor a Académica, muito por mérito de quatro homens: Fernando Santos, Lopes Madeira, Jaime Morais e Pratas Lopes. No início da época de 62-63, o jovem moçambicano chegava a Coimbra. Com 19 anos, apenas, e apostado em concluir o curso liceal de então, para ingressar na Faculdade de Farmácia.

O moço impôs-se rapidamente na Académica. A 21 de Outubro de 1962 estava a fazer a sua estreia oficial na primeira equipa, com o Olhanense. E, jogando a médio ou a defesa, adquiriu lugar cativo na turma e no coração dos adeptos, que não demoraram a elegê-lo como um dos melhores jogadores portugueses na sua posição.

Não admira, por isso, que escassos três anos depois o Benfica tenha voltado a interessar-se por ele, oferecendo-lhe mais de mil contos. Mas, pela segunda vez, Rui optou pela Académica e pela tentativa de concretização do sonho de chegar à Universidade. Aos 22 anos, era já um atleta que disputava a conquista dos prémios para os melhores jogadores do campeonato, instituídos pelos jornais desportivos. E, no dia 26 de Novembro de 1967, fazia a sua estreia pela primeira equipa de Portugal, num jogo de qualificação para o Campeonato da Europa, disputado em Sófia, na Bulgária.

Já tinha, então, representado a selecção "B" por duas vezes, a primeira das quais em 1 de Janeiro de 66, num "particular" com a Bélgica, realizado em Lisboa. E, ele que já alinhara em nove encontros pela selecção militar, ainda haveria de jogar pelas "Esperanças" numa ocasião. Mas o seu lugar era na equipa "A". Tanto que, depois de Sófia, a ela seria chamado mais oito vezes enquanto jogador da Briosa, tendo mesmo marcado um golo – foi com a Dinamarca, no Porto, noutro jogo de qualificação para o Campeonato da Europa, realizado em 12 de Maio de 71. "Pela minha querida Académica, tive a honra, a alegria e o orgulho de representar Portugal", resumiria Rui Rodrigues, em depoimento para o livro comemorativo do vigésimo aniversário do Núcleo de Veteranos. Quando marcou aos dinamarqueses, já estava à beira de se mudar para Lisboa. Mas a Académica ainda ganhara a "guerra" ao Benfica por uma terceira vez. Fora em 69, quando os "encarnados" quiseram levar Rui com Artur Jorge. Nesse ano, aliás, também o Sporting procurou adquirir o jogador. O que voltou a tentar no fim da época seguinte. Em qualquer dos casos, o moçambicano invocou um compromisso assumido com a Briosa, no sentido de se manter em Coimbra até à conclusão do seu curso superior. A troco do valor simbólico de cinco tostões... pagos do bolso de João Moreno. "Pode acreditar que é verdade. As minhas 'luvas' foram cinquenta centavos", confessava Rui Rodrigues ao jornalista Costa Santos, no princípio de Julho de 1969. De certa maneira, esse compromisso nunca foi quebrado. Rui, é certo, acabou por se transferir para o Benfica em 71. Mas, cinco anos depois, voltou à Académica, para jogar mais três épocas e terminar o curso. Hoje, não é apenas um ilustre farmacêutico. Está entre os dez homens que mais vezes envergaram a camisola da Briosa. E é aquele que, ao seu serviço, mais vezes jogou pela principal selecção portuguesa.

1972·1973
Campeã da 2ª Divisão

AAC 6 - Braga 1
18-3-1973
De pé: Bacanhim, Gregório, Gervásio, Vala, Martinho e Melo; à frente: Mário Campos, Manuel António, Pinho, Vítor Campos e Costa

A passagem da Académica pela 2.ª divisão torna-se quase um passeio. A cinco jornadas do fim do campeonato, já os estudantes têm garantido o regresso ao convívio com os "grandes". E, depois, sagram-se mesmo campeões.

É curta a segunda passagem da Académica pela divisão secundária. Colocada na Zona Norte da prova, a Briosa perde apenas 11 pontos em 30 jornadas, podendo comemorar a subida a mais de um mês do termo da prova.

A época começara com mais uma digressão a Angola, em que Mário Campos fractura o perónio, o que o afasta dos relvados durante três meses. De resto, os estudantes ganham três jogos, perdendo apenas um, o que reforça o optimismo do treinador Fernando Vaz. "Já estamos a trabalhar para o regresso ao lugar próprio da Académica. Pode dizer-se que iniciámos a marcha para a 1.ª divisão" – garantirá o técnico, no termo da viagem.

Perceber-se-á que tinha boas razões para isso. Na primeira volta do campeonato, a Briosa apenas perde em Fafe e consente dois empates, ambos fora de portas. Pinho e Bacanhim são os principais reforços. Têm a apoiá-los uma claque que dá pelo nome de "Baralha e torna a dar". Propõe-se "acompanhar a Briosa em todas as suas deslocações" e "demonstrar publicamente que a Associação Académica de Coimbra não deixa de estar no coração dos conimbricenses, já pelo seu contributo dado à cidade a que pertence, já pelo seu prestígio sem par, proclamado na constante valorização humana". A nova "Baralha" coexiste com a

"Nave dos Loucos" e com o grupo "Só vão os que são". Por essa altura, a quadra mais popular entre os ferrenhos da Briosa reza assim: "Ai se o Benfica soubesse/ O gosto que a segunda tem/ Perdia todos os jogos/ E vinha para cá também".

Entre a vigésima e a vigésima segunda jornadas, a equipa treme um pouco. Mas retoma o bom caminho rapidamente. Vence o Salgueiros por 4-0 e, daí até ao final do campeonato, só volta a perder um ponto, em Oliveira de Azeméis. Numa altura em que a subida está mais do que assegurada. Tanto que Fernando Vaz opta por dar descanso a alguns titulares. O próprio Vaz estará ausente do "banco" durante os dois jogos seguintes. Prefere ir observar os potenciais adversários da Académica na final da 2.ª divisão. A orientação da equipa, nesses encontros, fica a cargo do ex-defesa Marques.

O encontro com os salgueiristas assinalara, entretanto, o regresso em pleno de Mário Campos, que até marca um golo. "Mostrámos que estamos em primeiro lugar por mérito próprio e que os três últimos resultados não são mais do que contingências em que o futebol é fértil", dirá o jogador.

Teve razão: duas semanas depois, os estudantes estão a celebrar o regresso à 1.ª divisão. Um dos muitos telegramas de felicitações que recebem é do seu antigo treinador Otto Bumbel. O jornalista Costa Santos, então já no "Record", encontra-o em Madrid: "Que saudades tenho eu dessa Coimbra pacata, extraordinária, em que a amizade se ganha na primeira altura em que se chega!".

As comemorações a sério, porém, só sucedem na última jornada. O encontro com o Gil Vicente é antecedido de um jogo entre juvenis e "veteranos" da Académica, nos quais se incluem muitos membros da equipa que conseguira igual feito 24 anos antes. Há um desfile em volta do relvado, que inclui gaitei-

À ESQUERDA
AAC 1 - Olhanense 0
3-6-1973
O capitão Gervásio é cumprimentado pelo representante da FPF, que tem ao seu lado o presidente da Académica, João Moreno

À DIREITA
AAC 2 - Vilanovense 0
15-4-1973
A iniciativa de Pinho é neutralizada pela acção do guarda-redes vilanovense, Ricardo

	JOGADORES UTILIZADOS				
Nº	NOME	JOGOS	J. C.	J. I.	MIN	GOLOS
243	Gervásio	28	21	7	2265	5
244	Oliveira Duarte	19	3	16	1075	0
253	Vítor Campos	32	18	14	2438	5
257	Manuel António	34	32	2	2963	30
263	Mário Campos	15	8	7	1028	2
266	Brasfemes	13	4	9	671	1
267	Serafim	8	2	6	394	0
268	Belo	13	12	1	1089	0
272	Luís Eugénio	4	0	4	196	0
283	Vala	35	33	2	3099	17
286	Simões	31	31	0	2790	0
287	Cardoso	6	6	0	540	0
288	António Jorge	27	9	18	1610	5
289	José Manuel	5	4	1	429	2
291	José Freixo	12	8	4	882	0
294	Melo	30	28	2	2624	0
298	Gregório	34	29	5	2872	4
299	Vítor Manuel	15	9	6	1055	0
301	Martinho	17	8	9	990	0
302	Cano Brito	2	0	2	61	0
303	Costa	25	17	8	1939	2
304	Nini	1	0	1	72	0
305	Pinho	29	17	12	2122	18
306	Bacanhim	26	25	1	2252	0
307	Valido	2	1	1	107	1
308	Sérgio	1	0	1	11	0

À ESQUERDA, EM CIMA
AAC 2 - Vilanovense 0
15-4-1973
Manuel António, tenta
alvejar, mais uma vez, a
baliza dos nortenhos

AAC 1 - Olhanense 0
3-6-1973
Em baixo, o capitão
Gervásio exibe a taça
arrecadada durante a
volta de honra.
À direita, em cima, a
paixão de milhares de
adeptos, numa
generosidade nunca
regateada.
Na página da direita,
alguns adeptos e os
jogadores com o troféu.
De pé: Luís Eugénio
(não equipado), Melo,
Simões, Vala, José
Freixo, Costa, Gervásio
e Brasfemes;
à frente: José Manuel,
Mário Campos,
Gregório, Manuel
António, António Jorge,
Vítor Campos
e Oliveira Duarte

À DIREITA, EM BAIXO
AAC 2 - Gil Vicente 0
20-5-1973
José Manuel festeja o
segundo golo da
Académica, que
acabara de marcar

ros, uma banda de música e carroças e tractores vindos da Pedrulha. O próprio Gil Vicente se associa à festa: oferece uma salva de prata à Briosa, um isqueiro a Fernando Vaz e garrafas de vinho aos jogadores vestidos de preto. Manuel António, com os seus 23 golos, confirma-se, não apenas como o melhor marcador da Zona Norte, como de toda a 2.ª divisão.

Duas semanas depois, os festejos prosseguem, em Setúbal. Os estudantes, com o apoio da grande maioria do público que quase enche as bancadas do Bonfim, sagram-se campeões da 2.ª divisão, batendo o Olhanense, vencedor da Zona Sul, por 1-0. O golo, claro, é de Manuel António. Da sua legalidade se queixam muito os algarvios. Mas, entre a crítica, ninguém lhes dá razão. É o caso de Carneiro Jacinto, que duas décadas depois será porta-voz do Presidente da República, Mário Soares, e que na sua crónica no "Record" considera Simões, Gervásio e Mário Campos os melhores da Académica. Mário Campos que, três dias antes, concluíra o exame de Anatomia Patológica com 15 valores. Não admira que tenha sido dos que mais se destacou nas comemorações, que se prolongaram pela noite fora, num restaurante da Póvoa de Santo Adrião.

Na Taça é que não há motivos para comemorações. A Académica é afastada nos oitavos-de-final pelo primodivisionário Barreirense, depois de ter ultrapassado quatro adversários.

NACIONAL DA 2ª DIVISÃO – ZONA NORTE						
CLASSIFICAÇÃO	JOGOS	V	E	D	GOLOS	PTS
1º ACADÉMICA	30	22	5	3	66 - 14	49
2º Varzim SC	30	14	8	8	27 - 23	36
3º SC Braga	30	11	12	7	36 - 22	34
4º AD Fafe	30	11	10	9	39 - 32	32
5º Gil Vicente FC	30	11	9	10	38 - 33	31
6º UD Oliveirense	30	8	15	7	29 - 28	31
7º AD Sanjoanense	30	10	10	10	32 - 29	30
8º SC Espinho	30	11	8	11	33 - 32	30
9º SC Salgueiros	30	11	7	12	25 - 32	29
10º FC Famalicão	30	9	10	11	31 - 34	28
11º Vilanovense FC	30	9	10	11	22 - 26	28
12º GD Riopele	30	8	11	11	23 - 34	27
13º FC Tirsense	30	9	8	13	32 - 40	26
14º FC Penafiel	30	9	7	14	26 - 37	25
15º SC Covilhã	30	9	6	15	27 - 43	24
16º CFU Lamas	30	3	14	13	16 - 43	20

"A Académica não se define!"

À DESILUSÃO pela descida de 72, segue-se uma onda de euforia entre os adeptos da Académica, provocada pelo comportamento da equipa no campeonato da 2.ª divisão. Uma onda que atinge o auge, naturalmente, no dia em que se disputa o último jogo da prova que assinala o regresso ao convívio dos "maiores": 20 de Maio de 1973. Em Coimbra juntam-se, então, académicos de todo o país. Entre eles um dos primeiros jogadores da Briosa, Borja Santos, a quem a idade e o tempo invernoso impedem, porém, de assistir ao encontro de todos os festejos, com o Gil Vicente. E de, no Estádio Municipal, abraçar Serafim, que está de partida.

António Borja Santos fora jogador-treinador nos primórdios da Académica. Mais de meio século depois, volta a Coimbra para assistir ao jogo de consagração da turma que assegura o regresso à 1.ª divisão. Mas o mau tempo que se faz sentir, aliado aos seus mais de 80 anos, impedem-no de se deslocar ao "Municipal". É na pensão onde se instalara que a reportagem do "Diário de Lisboa" o vai encontrar a saborear o êxito. "Vendo agora todo este entusiasmo e movimento a rodear a equipa, mais me convenço de que a Académica de hoje é o prolongamento da Académica de sempre. É por isso que ela não se define", dirá Borja Santos ao jornal. Isto, antes de assumir a sua especial admiração por Melo, Bacanhim, Costa, Vala, Mário e Vítor Campos. E de deixar um aviso: "Não podemos voltar a ter o desgosto de descer!".

Borja Santos não é o único "velho" académico a deixar-se levar na "onda" do jogo da consagração. Guedes Pinto, destacado atleta dos anos 20, é outro caso. E Armando Sampaio, mais um exemplo, entre tantos. Ambos estão presentes, na noite de 20 de Maio, num banquete de homenagem à equipa, realizado no ginásio da Escola Agrícola, em Bencanta, com a presença de cerca de mil pessoas. Apesar do preço da inscrição ser de 150 escudos, valor nada despiciendo para a época.

O grande impulsionador da iniciativa é António Leitão, que encabeça uma comissão de que fazem parte, igualmente, Jorge Anjinho, Eugénio Cunha e Luís Fernandes dos Santos. E o treinador Fernando Vaz torna-se uma das maiores "vedetas" da noite. "A meu lado, chorava como uma criança", revela Armando Sampaio, numa edição especial de "O Ponney" dedicada à subida da Briosa.

Sampaio chegara a Coimbra na véspera, vindo de Portalegre. "Ainda o dia de domingo era uma criança e já eu deambulava pelas imediações do "Municipal", como que a namorá-lo e a agradecer-lhe antecipadamente o espectáculo grandioso que, adentro dos seus muros, algumas horas depois, iria desenrolar-se", conta o próprio, no já referido texto escrito para "O Ponney". Um texto tão emotivo que o leva a afirmar: "Se isto se passasse no Brasil, os nossos irmãos brasileiros diriam: 'Jesus Cristo é da Académica!". Ou ainda: "Quase me atrevo a dizer que valeu a pena descermos à 2.ª divisão para saborearmos as comemorações empolgantes do regresso". Mais ou menos o mesmo que o presidente da secção de futebol, João Moreno, declarara a uma separata publicada pelo "Diário de Coimbra" para assinalar o êxito dos estudantes.

Mas se uns regressam, mesmo que apenas em visita, outros partem. É o caso de mais um grande atleta do passado, Teófilo Esquível, que morre no mesmo dia em que a Académica comemora a subida. Ironias da História! Por outro lado, o extremo-esquerdo Manuel Serafim Monteiro, nascido no Porto a 25 de Julho de 1943, abandona então Coimbra, após seis anos ao serviço da Académica, onde se estreara oficialmente a 6 de Novembro de 66, num encontro com a Oliveirense.

Fizera o seu último jogo na Covilhã, na penúltima jornada da "gloriosa" época de 72-73. Antes, tinha envergado a camisola da Briosa 127 vezes e com ela marcara 33 golos. Integra o "quadro de honra" onde se encontram os internacionais "A" da Académica, devido à sua participação no Suécia-Portugal de Junho de 67. Três meses antes, jogara pela selecção "B", com a Bélgica, em Charleroi. E representara a selecção militar por cinco vezes. Serafim, um dos primeiros não-estudantes a ingressar na Briosa, faleceu em Junho de 1994. "Não era um homem da Académica, mas foi um homem que aprendeu a viver a Académica. E ficou... um homem da Académica", disse o antigo companheiro Vítor Campos, na hora da sua morte. Entre os momentos mais comoventes da festa do vigésimo aniversário do Núcleo de Veteranos da Briosa contam-se aqueles em que, sentadas à mesa de vários antigos colegas do atleta, a viúva e as duas filhas recordaram a saudade que ele tinha dos tempos de Coimbra.

1973·1974
Um regresso pouco auspicioso

Belenenses 6 - AAC 0
7-10-1973
De pé: Bacanhim, Simões, Vítor Campos, José Freixo, Melo e Martinho;
à frente: Gregório, Norton de Matos, Manuel António, Vala e Costa

Não corre de forma brilhante o regresso da Académica à 1.ª divisão. Só mesmo no fim do campeonato, já com a ditadura de Salazar e Caetano derrubada, a Briosa consegue fugir à disputa da chamada "liguilha", que a poderia levar de volta ao escalão secundário. E na Taça é eliminada logo na primeira ronda em que participa.

Na época em que a democracia é instalada em Portugal, a Académica não ganha para o susto. A vitória por 2-0 sobre o Benfica, em Coimbra, é uma das poucas excepções a um conjunto de maus resultados, que não só arrastaram a Briosa para o décimo lugar, na classificação final, como levaram à substituição do treinador Fernando Vaz por Crispim, a seis jornadas do termo do campeonato.

E, no entanto, a época até começara agradavelmente, com mais uma digressão a Angola – a última realizada antes da independência. Os resultados já então não foram famosos. Mas sobrou tudo o resto, incluindo a estreia do jogador José Belo como cronista do "Diário de Coimbra" – para o qual foi relatando a viagem – e a deslocação a Cabinda, onde a própria Académica fora a única equipa portuguesa a deslocar-se anteriormente.

As coisas pioraram com o campeonato, onde a equipa se apresentou reforçada pelo avançado Norton de Matos, ex-júnior do Benfica, pelo ponta-esquerda Rogério, oriundo do Barreirense, e pelo extremo-direito Serrano, proveniente do Leixões. A Académica conseguiria os seus primeiros pontos, apenas, na quarta jornada. "Para nós, o campeonato começou agora", declara o "capitão" Gervásio à imprensa. Mas, logo na ronda seguinte, a Académica perde por 6-0 no Restelo. E os maus resultados continuam a ser dominantes. Exceptuam-se a já referida vitória sobre o Benfica (num jogo em que Eusébio, já com Melo batido, falha um golo a menos de dois metros da baliza) e o empate com o FC Porto, ambos em Coimbra. E, já agora, o triunfo sobre o Oriental, também nas margens do Mondego, num jogo em que Vítor Campos é expulso, depois de o mesmo ter acontecido a um lisboeta.

A segunda volta começa um pouco melhor, com a Académica a realizar, frente ao Barreirense, aquela que é considerada a sua melhor exibição da época. Vence, aliás, por números que não deixam margem para dúvidas: 6-1. Outro bom jogo acontece no campo do Oriental, de onde os jogadores da Briosa só conseguem sair uma hora e um quarto depois do encontro ter terminado... e em carrinhas da polícia.

Os adeptos da casa queixavam-se muito da arbitragem e, no fim do jogo, os ânimos já tinham andado exaltados no túnel de acesso às cabinas, com consequências desagradáveis para o próprio treinador orientalista – e futuro técnico dos conimbricences –, Pedro Gomes. Este haveria, no entanto, de reconhecer perante os jornalistas que a sua equipa merecera perder. Gesto pouco habitual, mas que no caso emparceirou em desportivismo com o do académico José Belo, que tendo estado envolvido na altercação com o treinador, acabara de se lhe dirigir nestes termos que os jornais relatam: "Desculpe aquela minha atitude, mas não reparei. Sinto-me na obrigação de lhe pedir desculpa".

Certo é que os insucessos continuariam a sobrepor-se aos sucessos. E a Académica chega às

AAC 2 - Benfica 0
9-12-1973
À esquerda, o abraço entre Toni e Vítor Campos personifica a amizade, no reencontro entre velhos companheiros e amigos.
À direita, Vítor Campos acabara de marcar, à entrada do último quarto de hora, o segundo golo, naquela que é a única vitória sobre o Benfica em mais de trinta anos. Vítor, abraçado a um adepto e com Vala a correr na sua direcção, festeja exuberantemente

	JOGADORES UTILIZADOS					
Nº	NOME	JOGOS	J. C.	J. I.	MIN	GOLOS
243	Gervásio	24	23	1	2138	4
253	Vítor Campos	28	22	6	2422	1
257	Manuel António	24	19	5	1925	2
263	Mário Campos	3	0	3	113	0
266	Brasfemes	29	25	4	2479	0
268	Belo	23	19	4	1866	1
283	Vala	30	22	8	2460	13
286	Simões	22	20	2	1941	0
287	Cardoso	1	0	1	18	0
288	António Jorge	18	8	10	1080	4
289	José Manuel	2	1	1	160	0
291	José Freixo	16	12	4	1181	0
294	Melo	26	25	1	2352	0
298	Gregório	29	22	7	2316	1
299	Vítor Manuel	1	0	1	45	0
301	Martinho	6	5	1	462	0
302	Cano Brito	4	2	2	256	0
303	Costa	23	19	4	1942	0
305	Pinho	10	2	8	546	0
306	Bacanhim	8	7	1	675	0
309	Sá	5	4	1	365	0
310	Rogério	20	17	3	1691	4
311	Norton de Matos	18	5	13	931	1
312	Gaspar	5	5	0	450	0
313	Daniel	3	0	3	120	0
314	Serrano	13	8	5	1017	0
315	Botelho de Melo	1	0	1	22	0

À ESQUERDA, EM CIMA
AAC 2 - Boavista 1
20-1-1974
A grande defesa de Melo evita que os axadrezados inaugurem o marcador, perante a ansiedade da barreira da Briosa, constituída por Belo, Rogério, Vala, Norton de Matos, Brasfemes, Simões e Costa

À ESQUERDA, EM BAIXO
AAC 1 - Sporting 3
5-5-1974
Belo ganha o duelo com Yazalde, impedindo o goleador argentino de marcar mais uma vez. Serrano, ao longe, acompanha o desenrolar da jogada

À DIREITA
AAC 0 - Belenenses 0
17-2-1974
Brasfemes desarma in-extremis o esquerdino Gonzalez. Os académicos Serrano, Rogério e Norton de Matos, além de Godinho, são testemunhas privilegiadas do lance

duas últimas jornadas da prova, já com Crispim no lugar de Fernando Vaz, com uma imperiosa necessidade de pontuar. Consegue-o, empatando com o Beira-Mar em Coimbra e com o Olhanense em Olhão. Mas não se livrou do susto: numa altura em que descem duas equipas e outras tantas disputam a "liguilha", acaba o campeonato com 23 pontos, apenas mais dois que o décimo terceiro classificado.

Um mês e pouco antes, fora afastada da Taça pelo Salgueiros, que então milita na 2.ª divisão, logo nos dezasseis-avos-de-final. O afastamento só se concretiza após prolongamento, em Paranhos, mas é mais um indicador de uma má época. Época em que se multiplicam as transmissões televisivas. A Académica vê exibidos quatro dos seus jogos, tantos como os que haviam ido para o ar desde a fundação da televisão em Portugal.

A temporada termina com mais uma digressão a Espanha, onde a Briosa é afastada nos pénaltis, pelos polacos do Stal Mielec, da final do torneio de Orense. No fim do jogo, Vítor Campos faz uma declaração enigmática para os jornalistas presentes: "Não sei o que se passou em Coimbra, mas é com extraordinária emoção que acabo de despir aquela camisola que tanto amei". Então, o próprio Vítor só sabe da convocatória de uma Assembleia Magna da Academia, de cuja ordem de trabalhos consta a discussão sobre o futuro da secção de futebol.

NACIONAL DA 1ª DIVISÃO						
CLASSIFICAÇÃO	JOGOS	V	E	D	GOLOS	PTS
1º Sporting CP	30	23	3	4	96 - 21	49
2º SL Benfica	30	21	5	4	68 - 23	47
3º VFC Setúbal	30	19	7	4	69 - 21	45
4º FC Porto	30	18	7	5	43 - 22	43
5º CF "Os Belenenses"	30	17	6	7	56 - 34	40
6º VSC Guimarães	30	10	11	9	36 - 34	31
7º SC Farense	30	9	8	13	35 - 38	26
8º GD C.U.F.	30	8	9	13	33 - 44	25
9º Boavista FC	30	9	7	14	35 - 43	25
10º ACADÉMICA	30	8	7	15	29 - 45	23
11º SC Olhanense	30	8	6	16	35 - 69	22
12º C Oriental Lisboa	30	10	1	19	35 - 79	21
13º SC Beira-Mar	30	7	7	16	34 - 59	21
14º Leixões SC	30	9	3	18	36 - 56	21
15º FC Barreirense	30	6	9	15	19 - 42	21
16º CD Montijo	30	7	6	17	32 - 61	20

O EXEMPLO DE MARQUES

O ex-defesa-esquerdo António Marques é o homem que Fernando Vaz confirma como seu adjunto na época de 73-74. Vaz "cai" um mês antes do 25 de Abril. Mas o seu sucessor, José Crispim, mantém a confiança no antigo colega. É mais um desafio ganho pelo homem que chegara a Coimbra apenas com o ensino primário concluído e que, uma década depois, estava licenciado em Direito.

Não é nada fácil a meninice de António Pereira Marques, nascido a 19 de Agosto de 1939, em Alcobaça. As dificuldades económicas da família obrigam o garoto a dedicar-se, desde muito cedo, ao trabalho no campo. Resultado: a escola fica para trás. Só aos 12 anos o pequeno conclui a quarta classe. Depois, tem de empregar-se na mesma fábrica vidreira onde já trabalham os dois irmãos mais velhos. Vale que, para amenizar as agruras da vida, António pode, simultaneamente, ir dando os seus "toques na bola", no Ginásio de Alcobaça. Nada que lhe resolva os problemas. Ainda é um moço e já está a pensar fixar-se em Angola, onde participa nos primórdios da guerra colonial.

No Verão de 1963, a Académica visita terras angolanas. António reencontra João Lourenço, antigo colega no Ginásio e jogador dos estudantes desde há dois anos. O avançado convence-o a tentar a sua sorte na Briosa. A 12 de Agosto, com 24 anos, António Marques chega a Coimbra, apenas com o ensino básico na bagagem e a amizade de Lourenço por perto.

A adaptação à urbe está longe de ser fácil. Ainda assim, menos de um ano depois da chegada, Marques está a estrear-se na primeira equipa da Académica. É a 1 de Março de 1964 e o adversário é o FC Porto. A Briosa perde por 2-1 e os "teóricos" já têm em quem descarregar a sua ira. Ao fim da tarde, no café Arcádia, o treinador José Maria Pedroto é acusado de só ter posto o alcobacense a jogar para fazer o jeito ao seu clube do coração. Chega a haver cadeiras pelo ar. É o macaense Augusto Rocha quem apazigua os ânimos.

Certo é que Marques não sai da equipa. Em Alcobaça jogava a médio, agora é defesa-esquerdo. Mas ele não se importa, tamanha é a concorrência no meio-campo da Briosa. Ainda por cima, tem a possibilidade de se reconciliar com os estudos. Não é lá muito amigo de marcar golos, isso não... Certo dia, mais precisamente a 2 de Julho de 67, obtém um. A Académica recebe o Braga, em jogo a contar para a segunda mão das meias-finais da Taça de Portugal. A Briosa vencera no Minho por 2-1. Mas, em Coimbra, as coisas não começam bem. Logo aos cinco minutos de jogo, os bracarenses anulam a vantagem. Não passam dois minutos até que Marques, ele mesmo, restabeleça a igualdade que lançará os estudantes para uma goleada que os confirma como finalistas do Jamor.

Em dia de jogo no sul, a mãe do defesa costumava aguardar, na berma da estrada que atravessava Alcobaça, a passagem do autocarro da Académica. O veículo parava e a senhora oferecia aos jogadores uma enorme cesta com fruta. Claro que ouvia conversas. Uma das que mais a intrigava dava conta dos golos marcados pela equipa, sem que existisse, nesse particular, uma única referência ao nome do filho. Acabado o encontro com o Braga, houve quem não resistisse, em pleno balneário do "Municipal" de Coimbra: "Ó Marques, já mandaste um postal a dizer: 'Mamã, marquei um golo!'?".

O defesa não leva a mal. Joga durante mais quatro temporadas, o que lhe permite atingir um total de nove épocas e 145 partidas de emblema da Briosa ao peito. O último encontro, já aos 32 anos, efectua-o a 19 de Dezembro de 1971. A Académica perde com o Benfica, em Coimbra, mas Marques tem todos os motivos para celebrar com orgulho o fim da sua carreira de futebolista. Uma carreira que concilia, exemplarmente, com os estudos. Em 16 de Novembro de 74, já depois de ter sido adjunto dos treinadores Fernando Vaz e Crispim, conclui a licenciatura em Direito. O que lhe possibilita, depois, uma vida de magistrado na área do Trabalho, que começa no Algarve e termina em Coimbra, cidade a que regressa em 1993. Em terras algarvias organiza jantares de académicos, que chegam a reunir 300 pessoas. De volta às margens do Mondego, torna-se um dos principais activistas do Núcleo de Veteranos, cuja presidência ocupa no princípio dos anos 2000. "Histórias de um Percurso" é o nome da sua fotobiografia, lançada em Novembro de 2010. Em 2003, é homenageado pela Casa da Académica em Lisboa. Um associado, Gustavo Cerdeira, dedica-lhe a "Balada do Marques": "Como jogador/ Um defesa difícil de transpor/ E que nunca se esqueceu/ Do golo que meteu!// Como estudante/ À custa de trabalho constante/ Conseguiste formatura brilhante!/ Por isso/ Digo aqui e a quem me quiser ouvir/ Que foste e és para os mais novos/ Um exemplo a seguir".

DA ACADÉMICA AO ACADÉMICO

A Académica vive a sua fase mais complicada de sempre. Tão complicada que chega a ser formalmente extinta, enquanto clube de futebol de alta competição. Não podia acabar pior a temporada de 73-74, que já não fora brilhante em termos desportivos. A própria fuga à "liguilha", consumada mesmo no fim do campeonato, podia não ter servido de nada se o Académico não tivesse sido criado em tempo útil.

A história da Académica comporta muitos momentos conturbados. Até hoje, porém, nenhum outro como o vivido em 74. O campeonato termina a 19 de Maio, menos de um mês depois do 25 de Abril. Em 20 de Junho, quando a equipa está em digressão por Espanha, uma Assembleia Magna de estudantes decide a extinção da secção de futebol, alegando que esta funciona à revelia dos princípios amadores que norteariam as restantes secções.

Acontece que os sócios da Briosa se recusam a deixar cair o futebol de alta competição. Mal conhecem a ideia da extinção, antes da Magna, respondem com contrapropostas, destinadas a salvar o que consideram essencial. E, inviabilizadas estas, avançam para a criação do Clube Académico de Coimbra (CAC). Melhor: para a sua recriação. O Clube já existira entre 1861 e 1886.

MUDANÇA DE SEXO

Coimbra, 25 de Maio de 74, instalações da FNAT (hoje, INATEL). Cerca de dois mil sócios da secção de futebol da Associação Académica reúnem-se para debater as posições saídas do encontro das secções desportivas da instituição, apontando para a extinção da equipa que lograra, a muito custo, manter-se na 1.ª divisão.

Consideram que a secção "tem sido gerida, desde 62, por dirigentes comprometidos com o regime fascista derrubado" um mês antes e que "não souberam identificar-se com os verdadeiros interesses da Académica". Que, como tal, "se torna urgente sanear as estruturas da secção". Mas que esta deve, simultaneamente, "continuar a disputar campeonatos federados, não com espírito meramente competitivo, mas como meio de dignificar o futebol como desporto integrado numa comunidade democrática e progressiva". Até porque – escreve-se no documento saído da reunião – "a sobrevivência da secção interessa a milhares de estudantes, antigos estudantes e simpatizantes espalhados pelo país" e "a sua obra constitui um património que é de todos".

Tudo somado, os sócios decidem-se pela constituição de uma Comissão Directiva provisória, "até à normalização da situação estatutária da secção" e à respectiva reestruturação. Integram-na dois futuros presidentes da Briosa, Fausto Correia e Campos Coroa, um atleta, José Belo, e ainda Raul Caçador, António Folgado, Tavares de Melo, Humberto Teles, Joaquim Monteiro, Jorge Miguéis, Dias Pereira, Pedro Mendes de Abreu, António Portugal, José Manuel dos Santos e Manuel Acúrsio.

A última direcção era presidida por Cortez Vaz. A secção tinha 4 544 sócios, dos quais 533 eram universitários, 797 estudantes de outros graus do ensino, e 2 610 não-estudantes. Possuía um défice de 479 147$40. E contava com 135 atletas, incluindo a formação. Os seniores eram todos estudantes: 18 na Universidade, sete no ensino técnico e oito no liceal.

Três dias depois, a nova Comissão Directiva dá uma conferência de imprensa. Fausto Correia é o principal orador. Anuncia o desejo de transformar a secção em organismo autónomo, à semelhança de outros já existentes na Associação Académica, e com estas finalidades: "Prática do futebol federado por não-amadores; valorização humana dos seus atletas, como meio de dignificação do futebol e ainda como contribuição interessada na desalienação do futebolista profissional; consciencialização dos sócios, através de grupos de trabalho, divulgação de textos e outras iniciativas, tendentes à melhor compreensão do fenómeno desportivo e consequente desalienação das massas assistentes". Declara, por outro

À ESQUERDA
Os protestos de rua (aqui, na Figueira da Foz) articulam-se com a luta no plano institucional

À DIREITA
Os jogadores aguardam, no passeio, ser recebidos na Presidência da República, em Belém. São visíveis (a partir da esquerda): Feliz, Pinho, José Freixo, Guilherme Luís (massagista), Melo, Valido, Manuel António, Mário Campos e Vala

NA PÁGINA ANTERIOR
Caricatura de João Martins, publicada no jornal "A Bola"

EM CIMA
Guilherme de Oliveira, figura central na defesa das reivindicações do Académico.
À esquerda, a intervir num plenário no "Municipal" a 28 de Julho de 1974. Na mesa também estão Joaquim da Luz Rainho, Mário Mourato, Alberto Gomes, Armando Pinto Bastos, José Alberto Costa, Júlio Couceiro, Eugénio Cunha e Jorge Anjinho. De pé, os repórteres António Gonçalves e Braga da Cruz. Ao centro, a falar na histórica reunião de 25 de Maio de 1974

À ESQUERDA, EM BAIXO
O emissor regional é ocupado, em protesto contra a deliberação da FPF de 28 de Julho de 1974

À DIREITA, EM BAIXO
Gervásio e Marques com Júlio Couceiro. Os jogadores estiveram sempre na primeira linha do combate

lado, o apoio à criação de uma secção amadora. E afirma-se disponível para levar a proposta à consideração da próxima Assembleia Magna estudantil.

É o que acontece, de facto, a 20 de Junho. Mas, a maioria dos cerca de 400 estudantes presentes, opta claramente por uma outra proposta, apoiada pela Direcção-Geral eleita a 31 de Maio e presidida por Carlos Amorim, um quintanista de Direito conotado com o PCP. Determina ela, nomeadamente: "a) que a actual Secção de Futebol seja imediatamente extinta; b) que os seus sócios e atletas percam o direito ao uso das actuais insígnias, equipamentos e outros sinais distintivos próprios; c) que a Direcção-Geral nomeie, de acordo com o Conselho Desportivo, uma comissão liquidatária dos bens e património actuais da Secção de Futebol".

Sucede que o plenário da secção tinha voltado a reunir-se na véspera, agora sob a presidência de Júlio Couceiro e munido dum parecer subscrito por Mota Pinto, Ferrer Correia e Anselmo de Castro. É ancorado nele que o guitarrista António Portugal sugere a reconstituição do CAC, que já existira no século XIX. Ao advogado Diamantino Lopes cabe formalizar a proposta, que será aprovada pelos cerca de 500 associados presentes. E vertida, depois, em projecto de estatutos enviado ao Governo.

O presidente da Associação de Futebol de Coimbra (AFC), Guilherme de Oliveira, está incondicionalmente ao lado do grupo. Aliás, desde o primeiro momento que a Associação reconhece o CAC como sucessor legítimo e legal da secção de futebol. Na comunicação social, a causa dos académicos também encontra apoios importantes. Armando Marques Ferreira, na Rádio Renascença, e o jornal "Record", muito por via dos sucessivos trabalhos de Costa Santos, são eleitos pelos jogadores, adeptos e dirigentes do CAC como uma espécie de porta-vozes nacionais das suas posições. As teses de Alves Teixeira, no "Norte Desportivo", também são especialmente bem vistas.

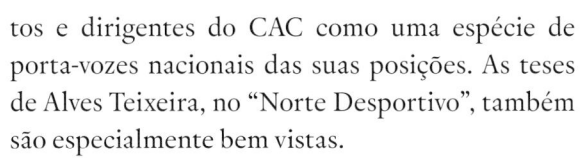

FEDERAÇÃO RESISTE

Tarde de 28 de Junho de 1974, uma sexta-feira. Sob a presidência de Jorge Fagundes, a direcção da FPF reúne-se para apreciar a pretensão do CAC, no sentido de ser reconhecido como o continuador da secção de futebol da Associação Académica e, nessa qualidade, poder disputar o campeonato da 1.ª divisão. O encontro prolonga-se por 11 horas. No fim, os dirigentes federativos tomam como boa a teoria defendida num documento apresentado por Catarino Nunes, indeferindo a pretensão dos conimbricenses. Uma única voz se levanta contra o texto: a de Madeira Grilo, da Guarda. Isto dentro da sala, claro. Em Coimbra, sucedem-se os protestos. Guilherme de Oliveira sustenta publicamente que "o comportamento da FPF é autoritário-totalitarista".

Na noite de segunda-feira, cerca de 1500 sócios do CAC reúnem-se no pavilhão dos Olivais. Uma primeira proposta aprovada reclama a demissão do Secretário de Estado do Desporto, Avelãs Nunes. Apesar de este, uma semana antes, ter homologado os estatutos do CAC, é acusado de não ter mexido uma palha para lhes dar eficácia legal. Depois, é eleita uma nova Comissão Directiva para o clube. De 20 membros, já nem todos estudantes universitários.

O plenário termina em manifestação. Demora cerca de hora e meia a passar pelo Quartel-General, onde está instalado o representante em Coimbra da Junta de Salvação Nacional, Rafael Durão. Acaba à porta das instalações da Associação Aca-

EM CIMA
Quatro propostas e o símbolo escolhido. O emblema do CAC foi votado pelos sócios, vencendo uma das ideias apresentadas por Alípio Martins

EM BAIXO
À esquerda, as acções de protesto multiplicam-se até meados de Agosto. À direita, acaba à porta das instalações da Associação Académica, a manifestação de sócios do CAC que se segue à primeira decisão federativa, desfavorável às pretensões do clube

EM CIMA
Dois dos muitos panfletos editados em apoio da "causa" do CAC

EM BAIXO
Dois grupos da mesma turma que estagia na Figueira da Foz, em Agosto de 74.
À esquerda: Hélder, Vítor Manuel, Martinho, Taborda, Pinho, Valido e Francisco Andrade (de pé); Daniel, Festas, Gregório, Botelho de Melo, Gonçalves e Cano Brito.
À direita: Brasfemes, Belo, Cardoso, José Freixo, Araújo e Gervásio (de pé); António Jorge, Serrano, Vala, Manuel António e Costa

NA PÁGINA DA DIREITA
Ao alto, o primeiro protocolo celebrado entre as direcções do CAC e da AAC.
À esquerda, em baixo, a equipa na praia da Figueira. Em primeiro plano, o jornalista Costa Santos.
À direita, a estreia do CAC, a 23 de Agosto de 74, no Bessa, em jogo de preparação

démica, onde chegam a registar-se escaramuças. Uma delegação dos manifestantes avista-se com os dirigentes estudantis. Saem sem respostas, são umas três da madrugada.

Tanto o plenário como a manifestação são as primeiras iniciativas de uma série que se prolonga até meados de Agosto. À medida que o tempo corre, aquelas vão-se radicalizando. O Emissor Regional de Coimbra chega a ser ocupado e o trânsito cortado na ponte de Santa Clara. Uma etapa da Volta a Portugal em bicicleta e os nacionais de natação, realizados em Coimbra, escapam por pouco ao boicote.

Os jogadores estão na primeira fila do combate. Mais de sete dezenas deles deslocam-se a Lisboa, madrugada fora, de autocarro. Uma comissão que integra Gervásio, Belo, Manuel António, Vítor e Mário Campos, procura um primeiro encontro com o Presidente da República. Só consegue ser recebida por João Bourbon, membro da sua casa civil. Uma segunda tentativa resulta melhor. Ainda que Spínola remeta os atletas para o primeiro-ministro Vasco Gonçalves, que aliás se mostra mais disponível.

A luta no plano institucional junta-se aos protestos de rua. Um novo parecer de Ferrer Correia, Mota Pinto e Anselmo de Castro serve de base a um primeiro recurso da decisão da FPF, junto do Conselho Jurisdicional. Também não dá. O Conselho é presidido por Marques Mendes, pai do líder do PSD com o mesmo nome. Os restantes membros são Cruz Vilaça, Silva Couto, Sacadura Santos e Alexandre Rodrigues. Só estes dois últimos ratificam a decisão federativa. O presidente não vota, invocando as suas ligações ao Fafe, clube que poderia beneficiar do desfecho da questão. Vilaça e Couto votam contra. Mas Rodrigues é o relator do processo e o seu voto, perante o empate que se verificava, é decisivo.

Embora ainda haja uma segunda instância de recurso e a própria Direcção-Geral da Associação Académica tenha, entretanto, emitido um documento reconhecendo que a extinta secção de futebol e o novo Académico fazem parte do mesmo "corpus social", parece não haver mais nada a fazer. Engano. A 17 de Agosto, o Conselho Superior de Justiça da FPF anula as decisões anteriores, alegando não ter a Federação outro remédio senão acatar a posição da AFC, que reconhecera o CAC. Isto, por deliberação unânime dos membros do Conselho de Justiça: Gouveia da Veiga, que preside, Jesus Costa, Lucas da Cruz e Melo Loureiro. Marques Mendes, que tem assento no órgão por ser presidente do Conselho Jurisdicional, não comparece à reunião.

A festa começa na própria Praça da Alegria, onde um grupo de adeptos do CAC espera por notícias. Continua na sede do Benfica, onde estão reunidos os presidentes dos clubes da 1.ª divisão, o do Académico incluído. E prossegue, naturalmente, em Coimbra, onde uma enorme caravana automóvel percorre as ruas da cidade até às duas da madrugada. O agora sucessor da Académica – temporário, como se verá –, vencera a sua primeira luta. E desde 29 de Julho que tem direcção eleita: Júlio Couceiro preside; Manuel Acúrsio e Carlos Filipe são os vice-presidentes; António Gonçalves e João Rocha, os secretários; Mário Morato, o tesoureiro; José Belo, Jorge Formigal, Ernesto Soares, José Dias Pereira, Manuel Pacheco Mendes, Henrique de Oliveira, Carvalho Mendes, Medeiros dos Santos e Fernando Avidago, os vogais. Armando Pinto Bastos preside à Assembleia Geral e Aurélio Lopes ao Conselho Fiscal.

1974·1975
Conquistas a ferros

Barreirense 1 - CAC 0
6-7-1975
De pé: Martinho, Araújo, José Freixo, Gervásio, Belo e Melo; à frente: Vítor Campos, Daniel, Vala, Rogério e Costa

As dificuldades continuam. No princípio de Agosto, a equipa parte para estágio de pré-época, na Figueira da Foz, sem cheta no bolso e sem saber, ainda, se ao novo Clube Académico de Coimbra (CAC) será reconhecido o direito a disputar a 1.ª divisão. Será. Mas os resultados não são famosos e, no fim da temporada, tem de disputar a chamada liguilha para garantir a permanência entre os "maiores".

Só quase em cima do início do campeonato a Federação reconhece o CAC como sucessor da secção de futebol da Académica. As anteriores decisões federativas fazem crer o contrário. Mas, como a esperança é a última coisa a morrer, a equipa decide preparar a época como se a presença na 1.ª divisão fosse um dado mais do que adquirido.

Em princípios de Agosto parte para a Figueira da Foz, em estágio. Não tem dinheiro, mas a Naval oferece o salão onde costuma realizar as suas festas para que possa ser adaptado a quarto. Único, é claro, com as camas a espalharem-se pelo improvisado espaço, como se os atletas estivessem alojados numa camarata. Aliás, os leitos são disponibilizados por um quartel. Os armários para guardar a roupa também. As sapatilhas são compradas pelos próprios jogadores. Só não se resolve o problema da falta de vidros nalgumas janelas.

Francisco Andrade é o novo treinador. Sabe que não o espera uma tarefa fácil, mas procura espelhar optimismo. "Posso dizer que estou a encontrar nesta rapaziada a mesmíssima mística da velha Académica", dirá ao "Record".

BELENENSES, 1 — ACADÉMICO, 3
«O QUE FAZ FALTA É ACORDAR A «MALTA»!...

A verdade é que o campeonato não começa bem. O primeiro jogo realiza-se em Coimbra, a 8 de Setembro de 1974. A equipa é efusivamente recebida. Crianças oferecem flores aos atletas. Estes, decidem homenagear Bentes, símbolo da "velha" Académica. Mas o Oriental ganha, com um golo marcado logo no início do encontro. A primeira vitória só ocorre à terceira jornada. Depois, sofre seis derrotas consecutivas. No fim da primeira volta, o CAC está em último lugar, com escassos sete pontos.

Com o início da segunda metade da prova, as coisas parecem melhorar. O Académico empata no terreno do Oriental e "A Bola" escreve: "Os estudantes registaram franca melhoria. Muito mais ligada do que anteriormente, a equipa pareceu-nos começar a tornar-se mais homogénea nos vários sectores".

Duas semanas depois, vence surpreendentemente no Restelo. E, a seguir, ganha ao Olhanense e empata com o Benfica, em Coimbra. Deste modo, salta para o antepenúltimo lugar. Nem a derrota do domingo seguinte nas Antas esmorece o recuperado optimismo. "Se, por um acaso, tivéssemos o azar de descer de divisão, seria um autêntico crime. Seria o descrédito do futebol-espectáculo", dirá Francisco Andrade no final do encontro, satisfeito com a exibição da equipa.

Mas o "caldo" entorna-se definitivamente três semanas depois, com o empate frente ao Atlético, em casa. Andrade, que rendera Crispim no início da época, é agora substituído por este, no comando técnico da equipa. Treinador-adjunto: outro antigo

Nº	NOME	JOGOS	J. C.	J. I.	MIN	GOLOS
243	Gervásio	34	31	3	2905	4
253	Vítor Campos	23	12	11	1689	1
257	Manuel António	24	18	6	1971	9
263	Mário Campos	8	2	6	441	0
266	Brasfemes	35	27	8	2939	0
268	Belo	23	23	0	2070	1
270	Feliz	2	2	0	180	0
281	Araújo	29	28	1	2599	0
283	Vala	37	25	12	2738	7
287	Cardoso	9	9	0	810	0
288	António Jorge	18	3	15	825	0
291	José Freixo	34	29	5	2739	0
294	Melo	27	27	0	2430	0
298	Gregório	16	2	14	730	0
299	Vítor Manuel	5	2	3	256	0
301	Martinho	11	11	0	990	1
302	Cano Brito	1	0	1	45	0
303	Costa	30	27	3	2680	5
305	Pinho	14	8	6	1008	2
306	Bacanhim	11	9	2	926	0
310	Rogério	19	6	13	1142	0
313	Daniel	8	2	6	470	1
314	Serrano	16	6	10	888	0
315	Botelho de Melo	5	0	5	141	0
316	Mário Wilson	8	3	5	529	1
317	Manecas	21	16	5	1683	8
318	Alcino	9	5	4	684	0
319	Hélder	1	1	0	90	0

À ESQUERDA
CAC 1 - Sporting 3
12-1-1975
Bacanhim antecipa-se decididamente a Nelson

À DIREITA
CAC 0 - Benfica 0
2-2-1975
No regresso a Coimbra, Toni e Artur Jorge testemunham o passe de Brasfemes, perante a atenção de Alcino

Título de "A Bola",
a 19 de Janeiro de 1975

À ESQUERDA, EM CIMA
CAC 1 - Sporting 3
12-1-1975
A oportuna saída de
Melo anula mais uma
jogada leonina
de perigo

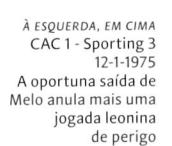

À ESQUERDA, EM BAIXO
CAC 1 - FC Porto 2
13-10-1974
A iniciativa portista,
conduzida por Lemos, é
neutralizada pelo corte
de José Freixo, sob o
olhar de Belo

À DIREITA
10-8-1974
Trabalhos de pré-época
na Figueira da Foz, na
expectativa da decisão
federativa sobre o
futuro do CAC. Mário
Campos, o único que
está de frente, parece
posar para a fotografia

atleta, o mesmo António Marques que já coadjuvara Fernando Vaz.

A nova dupla começa com duas vitórias. Mas, a outras tantas jornadas do fim, e após mais uma derrota, o avançado Manecas expõe a situação à imprensa em toda a sua crueza: "Tenho esperanças de pontuar em Espinho e vencer a CUF, para assim nos 'safarmos' da 'liguilha'".

O primeiro desejo concretiza-se, o segundo não. Valha a verdade que também não chegava, uma vez que, ao vencer o Atlético na penúltima jornada, o Tomar ficara com inultrapassáveis três pontos à maior sobre o Académico e o Oriental. Com o Espinho e o Olhanense já condenados à descida de divisão, conimbricenses e orientalistas viam-se mesmo obrigados a disputar o chamado torneio de competência.

Neste, com José Falcão a dar uma ajuda na preparação física da equipa, o Académico chega à derradeira ronda forçado a não perder por mais de três no terreno do Barreirense. Parece simples, mas ao intervalo a equipa da casa ganha por 1-0. Ao quarto de hora da segunda parte, Costa sofre falta merecedora de grande penalidade, que o árbitro assinala. O campo é invadido, o juiz e um fiscal de linha são agredidos. O encontro apenas é retomado 29 minutos depois, com a marcação do pénalti, que Gervásio falha. Só

que, terá pensado o capitão do CAC, há mesmo males que vêm por bem: os ânimos arrefecem e a partida termina sem alteração no resultado, com os jogadores abraçados entre si e cumprimentando cordialmente o trio de arbitragem. À justa, é verdade, o Académico salva-se da descida, no ano da sua estreia na alta competição. Ele, que na Taça fora eliminado pelo Sporting, logo no primeiro jogo que disputara.

NACIONAL DA 1ª DIVISÃO					
CLASSIFICAÇÃO	JOGOS	V	E	D	GOLOS	PTS
1º SL Benfica	30	21	7	2	62 - 12	49
2º FC Porto	30	19	6	5	62 - 30	44
3º Sporting CP	30	17	9	4	59 - 25	43
4º Boavista FC	30	16	6	8	58 - 32	38
5º VSC Guimarães	30	16	6	8	64 - 36	38
6º CF "Os Belenenses"	30	14	7	9	45 - 37	35
7º VFC Setúbal	30	11	7	12	48 - 36	29
8º GD C.U.F.	30	10	9	11	41 - 41	29
9º Leixões SC	30	10	9	11	29 - 42	29
10º Atlético CP	30	10	6	14	38 - 69	26
11º SC Farense	30	11	3	16	38 - 52	25
12º UFCI Tomar	30	9	5	16	39 - 59	23
13º C Oriental Lisboa	30	5	10	15	21 - 51	20
14º ACADÉMICO	30	7	6	17	33 - 47	20
15º SC Olhanense	30	6	5	19	41 - 70	17
16º SC Espinho	30	4	7	19	25 - 64	15

LIGUILHA					
CLASSIFICAÇÃO	JOGOS	V	E	D	GOLOS	PTS
1º SC Beira-Mar	6	2	3	1	7 - 6	7
2º ACADÉMICO	6	2	2	2	7 - 5	6
3º FC Barreirense	6	2	2	2	8 - 10	6
4º C Oriental Lisboa	6	1	3	2	7 - 8	5

O "militante" José Belo

José Belo é o jogador que os colegas elegem, para os representar no complexo processo negocial que culmina na criação do Clube Académico de Coimbra (CAC). Se a Briosa é uma causa, então, Belo é um dos seus grandes militantes.

Ainda hoje, José Belo evoca os anos de 74-75 como dos mais intensos da sua vida. Não admira: eleito representante da equipa, chega a participar num "raide" de avião até Portalegre, para tentar convencer um membro do Conselho Jurisdicional da Federação das razões que assistem à Briosa.

José António Pinto Belo nasce a 19 de Dezembro de 1947, em Freixo de Numão (Vila Nova de Foz Côa). Na terra natal faz a "primária". O secundário inicia-o em Lamego, cidade onde começa a frequentar o campo de futebol. Um dia, um portista ferrenho convence-o a ir mostrar-se às Antas.

Na manhã seguinte, o "Jornal de Notícias" publica uma "breve": "Treinou ontem no FC Porto o valoroso jovem de Numão, José Belo". O pai telefona-lhe: "Este Belo és tu?". A carreira da jovem "promessa" só não acaba aí porque o chefe de departamento de futebol júnior dos portistas é amigo do progenitor. Convencido este, falta "dar a volta" à mãe. A senhora impõe condições: "Se 'chumbar', acaba o futebol". Nada que impeça Belo, então ainda com idade de juvenil, de já se sentar no banco de suplentes da turma portista que, nesse ano de 63, se sagra campeã de juniores. Nela pontifica Artur Jorge.

No ano seguinte, já como titular, volta a disputar o título. Mas, desta vez, os "azuis e brancos" são derrotados pelo Sporting. O jogo é em Coimbra e, à saída do balneário, Belo tem à espera Rui Macedo, delegado da Académica no Porto: "O Mário Wilson gostava que você viesse para Coimbra". Aborrecido com o resultado, o atleta responde-lhe: "Acha que é altura para discutir uma coisa dessas?". Ainda assim, aceita encontrar-se com o interlocutor, no dia seguinte, na Invicta.

Quando parte para o encontro, já Belo vai decidido a mudar de cidade. Ainda por cima, no sétimo ano, só fizera uma disciplina e a ameaça da progenitora corre o risco de ser cumprida. "Convença a minha mãe", desafia o atleta. No dia seguinte, Rui Macedo mete-se num táxi e vai à aldeia falar com a senhora: "Só cá volto com ele formado". De nada vale a melhoria de condições que o FC Porto oferece ao jogador. Belo instala-se no número 107 da Avenida Sá da Bandeira, onde vivem vários outros atletas da Académica: Toni, Pedrosa, Ruas...

Torna-se o primeiro jogador da Briosa, ainda a representar os juniores, a atingir a internacionalização na categoria. Numa selecção que é orientada por Mário Wilson, também treinador da Académica, e onde tem como colega Brasfemes. A 21 de Maio de 1967 está a estrear-se nos seniores, num jogo com os angolanos do ASA, em Lisboa, a contar para a Taça de Portugal. Na Académica se mantém durante 13 épocas, sem alguma vez ter sido expulso. Na final da Taça de 69, é considerado como um dos melhores em campo. É com ele que Eusébio troca de camisola, no fim do jogo. Mas, no ano seguinte, sofre "o primeiro grande abanão" da sua vida: a morte de Nene, colega de quarto nos estágios.

Em 1972, é mobilizado para Angola. Os dirigentes da Académica conseguem encontrar, na Carregueira, um militar que o substitui na incorporação. Tal como fazem em relação a Alhinho. Belo acaba por cumprir todo o serviço militar na denominada Metrópole.

Em 76, conclui a licenciatura em Direito. Em Fevereiro do ano seguinte, obtém o primeiro emprego. É no Ministério do Trabalho. Vai ter com os dirigentes da Académica e diz-lhes: "Podem dar a minha 'bolsa' a outro, que eu já tenho o meu ordenado". Vota contra a existência de prémios de jogo e, em coerência, recusa-se a receber, um que seja. Passa a jogar por "amor à camisola".

A 13 de Maio de 79, efectua o último jogo. Quatro anos depois, já casado, parte para Macau, onde trabalha com o secretário-adjunto para os Assuntos Sociais, Roque Martins. É deputado ao Parlamento macaense e torna-se dirigente do PRD. Já tem dois filhos. O mais velho jogará nos juniores da Briosa, sendo, posteriormente, atleta e dirigente da nova secção de futebol da Associação Académica.

Em 99, regressa a Coimbra, novamente para trabalhar no Ministério do Trabalho. Em 2001, parte para Lisboa, para ser secretário-geral da Provedoria de Justiça. Pela mesma altura, torna-se dirigente da Casa da Académica na capital. Em 2004, retorna a Coimbra, como inspector de Trabalho. Ao mesmo tempo que prepara o doutoramento em Segurança e Higiene no Trabalho, pela universidade espanhola de Léon, e que é eleito, pela segunda vez, presidente do Núcleo de Veteranos da Briosa. José Belo, sempre, sempre, militante!

1975·1976
Vida difícil

CAC 2 - Leixões 0
7-12-1975
De pé: José Freixo, Gervásio, Brasfemes, Alexandre Alhinho, Araújo e Hélder; à frente: Mário Campos, Maia, Freitas, Vala e Gregório

O RECÉM-RECRIADO Clube Académico de Coimbra (CAC) continua com vida atribulada. Na segunda época da sua nova existência, já consegue evitar a disputa da sempre insegura "liguilha". Mas só na última jornada.

O CAC, que continua a ser treinado pelo antigo jogador José Crispim, acaba o campeonato de 75-76 em décimo primeiro lugar. Sempre é um pouco melhor do que na temporada anterior, mas mesmo assim só obtém mais dois pontos do que as equipas que disputam a "liguilha": o Beira-Mar e o União de Tomar.

Aliás, a primeira vitória só acontece à sétima jornada, quando derrota o Sporting de Braga, em Coimbra, por magro 1-0. Até então, o único resultado que pode ser considerado positivo é o empate, também em casa, com o FC Porto de Cubillas, Oliveira e outros que tais. Empate este, aliás, que os portistas só obtêm no último minuto de jogo.

Até ao fim da primeira metade do campeonato, apesar de ter adquirido o guarda-redes Marrafa e o defesa central Alexandre Alhinho – que se juntam aos ex-juniores Freitas, João Carvalho e Paulo Costa, com Alhinho a colocar-se logo entre os jogadores mais utilizados –, o CAC só torna a vencer uma outra vez: 2-0 ao Leixões, na décima primeira jornada, novamente em Coimbra. Em jogo que acaba com dois matosinhenses expulsos, ambos por agressão a Mário Campos, que não terá sido tão lesto quanto aqueles desejariam a devolver uma bola introduzida na baliza dos visitantes. Ilegalmente, segundo o árbitro. Consequência: os conimbricenses – que no início da época perderam para outros clubes, os jogadores Melo, Mário Wilson e Serrano –, terminam a primeira volta em último, com escassos sete pontos – menos um do que o Beira-Mar.

Melhoram na segunda volta, em que alcançam cinco vitórias – uma delas fora – e vários empates, com destaque para os 3-3 obtidos em Alvalade.

Neste último encontro, de resto, aos seis minutos, o CAC ganha por 2-0. Sai para o intervalo a vencer por 3-1, já com Matos (que Artur Jorge trará para treinador de guarda-redes da Académica no princípio do novo milénio) no lugar de Damas e com este a ser responsabilizado pelos golos da Briosa. E o Sporting só chega à igualdade a pouco mais de um quarto de hora do fim e através de um pénalti bastante discutível... e discutido.

Duas semanas depois, porém, a Briosa é eliminada da Taça pelo Belenenses, logo no seu primeiro jogo. E, para o campeonato, não fossem os sete pontos angariados nas últimas cinco rondas – durante as quais os estudantes não perdem uma única vez –, e os conimbricenses não se teriam livrado de angústias bem maiores. Pontos para os quais muito contribuíram os "reforços de Inverno" Joaquim Rocha e Camilo, ambos provenientes do Sporting. E cuja aquisição, tendo em conta o facto de se tratar de jogadores com um perfil "futrica", então pouco usual na Académica, exigiu a ratificação da Assembleia Delegada, órgão consultivo da direcção.

À ESQUERDA, EM CIMA
CAC 1 - Sporting 4
2-11-1975
A classe de Hélder, testemunhada pelos colegas Alexandre Alhinho, José Freixo e Brasfemes, na época da internacionalização do guarda-redes da Académica

À ESQUERDA, EM BAIXO
FC Porto 5 - CAC 1
18-1-1976
Três pares de irmãos no mesmo jogo: Mário Campos, José Freixo, Alexandre Alhinho, Carlos Alhinho (que também já equipara de negro), Vítor Campos e Gregório Freixo

À DIREITA
CAC 1 - Beira-Mar 1
11-4-1976
Joaquim Rocha comemora o golo marcado, perante a entusiasmo de Brasfemes, Vala e Gregório

JOGADORES UTILIZADOS					
Nº	NOME	JOGOS	J. C.	J. I.	MIN	GOLOS
243	Gervásio	26	23	3	2279	1
253	Vítor Campos	11	3	8	533	0
257	Manuel António	21	8	13	1155	1
263	Mário Campos	27	14	13	2058	1
266	Brasfemes	25	24	1	2180	0
268	Belo	10	6	4	689	0
281	Araújo	25	24	1	2222	0
283	Vala	21	12	9	1618	10
288	António Jorge	6	4	2	418	0
291	José Freixo	28	27	1	2475	0
298	Gregório	30	25	5	2565	5
299	Vítor Manuel	11	7	4	780	0
301	Martinho	8	7	1	685	0
303	Costa	12	10	2	1034	1
310	Rogério	17	6	11	1022	4
313	Daniel	6	1	5	192	0
319	Hélder	26	26	0	2340	0
320	Marrafa	5	5	0	450	0
321	Alexandre Alhinho	28	28	0	2520	0
322	Águas	2	0	2	32	0
323	Freitas	9	5	4	638	1
324	Maia	9	1	8	362	0
325	Carvalho	6	1	5	326	0
326	Camilo	11	10	1	983	2
327	Joaquim Rocha	11	11	0	990	5
328	Paulo Costa	1	1	0	90	0

À ESQUERDA, EM CIMA
CAC 1 - FC Porto 1
14-9-1975
O "slalom" de Martinho deixa Teixeira e Cubillas para trás, enquanto Costa se prepara para receber a bola

À ESQUERDA, EM BAIXO
Estoril 0 - CAC 0
27-12-1975
José Freixo neutraliza um ataque estorilista, não permitindo que a bola chegue a Clésio. Brasfemes, ao lado, percebe que a situação está controlada. Manuel António (à esquerda) e Mário Campos (à direita) estão preparados para o contra-ataque

À DIREITA
CAC 2 - Leixões 0
7-12-1975
Alexandre Alhinho acaba de cabecear a bola para longe. Mário Campos, Brasfemes e Gregório, face a Bené, são a imagem da superioridade académica expressa no resultado

Curiosamente, ambos acabariam por estudar, com Camilo, que após nova passagem pelos "leões" se radicaria definitivamente em Coimbra, a concluir mesmo uma licenciatura.

Tudo começa, nesta derradeira fase, com uma vitória no terreno do também "aflito" Leixões. Sucede-se um comprometedor empate, em casa, com o Beira-Mar – outro adversário directo na luta pela permanência. Depois, novo empate, este no campo do Atlético, que por sinal estava interditado por decisão da Federação, mas que um despacho do secretário de Estado dos Desportos, Silva Graça, permitiu utilizar. E, a seguir, vitória tangencial sobre o Estoril, em Coimbra. A uma jornada do termo do campeonato, o Académico está, pela primeira vez desde o início da prova, acima dos lugares que conduzem – ou podem conduzir – à despromoção.

Mas não está totalmente a salvo. Se, na derradeira ronda, o CAC perdesse em Guimarães; se o Beira-Mar ganhasse em sua casa ao Braga; se o Tomar vencesse em Setúbal; se o Leixões, em Matosinhos, pontuasse com a CUF; e se, finalmente, o Atlético derrotasse o Farense, na Tapadinha, o Académico tinha de disputar a "liguilha". Seria a concretização daquilo que o "Diário de Coimbra" classificava de "hipótese-fantasma". Mas bem se sabe que no futebol não há impossíveis...

Só que o próprio CAC decide dispensar a necessidade do recurso a contas complicadas. Apesar de ter estado a perder por 3-1, acaba por empatar a três bolas. E, "empurrado" pela enorme falange de apoio que viajara de Coimbra, até passa os últimos nove minutos do jogo ao ataque. Em busca de uma já desnecessária vitória. Mas lá que foi duro, muito duro mesmo, isso foi...

NACIONAL DA 1ª DIVISÃO						
CLASSIFICAÇÃO	JOGOS	V	E	D	GOLOS	PTS
1º SL Benfica	30	23	4	3	94 - 20	50
2º Boavista FC	30	21	6	3	65 - 23	48
3º CF "Os Belenenses"	30	16	8	6	45 - 28	40
4º FC Porto	30	16	7	7	73 - 33	39
5º Sporting CP	30	16	6	8	54 - 31	38
6º VSC Guimarães	30	13	10	7	49 - 32	36
7º SC Braga	30	9	10	11	35 - 43	28
8º GD Estoril-Praia	30	10	8	12	31 - 45	28
9º VFC Setúbal	30	8	10	12	39 - 42	26
10º Atlético CP	30	9	5	16	26 - 49	23
11º ACADÉMICO	30	7	9	14	32 - 47	23
12º Leixões SC	30	8	6	16	30 - 65	22
13º SC Beira-Mar	30	6	9	15	28 - 47	21
14º UFCI Tomar	30	7	7	16	32 - 61	21
15º SC Farense	30	8	3	19	33 - 65	19
16º GD C.U.F.	30	4	10	16	15 - 50	18

Campos de paixão

O Académico já apanha Vítor Campos na fase terminal como jogador. Ele que fora um dos grandes paladinos da criação do clube. Mas, uma vez arrumadas as botas em 76, o homem que cinco anos antes se licenciara em Medicina, continua a consagrar à Briosa muita da paixão que lhe dedicara em 13 épocas como atleta.

Faltam seis jornadas para o termo do campeonato de 75-76. O Académico recebe o Boavista e precisa de pontuar para evitar complicações quanto à descida. Vítor Campos, então já com 32 anos, não faz parte do "onze" inicial. Entra a um quarto de hora do fim, quando o resultado ainda está em branco, em substituição do seu irmão Mário. Cinco minutos depois, marca na própria baliza o golo único, que dá a vitória aos boavisteiros.

Como anota a generalidade da crítica, raros jogadores do Académico mereceriam tamanho azar. "És o exemplo mais gritante da mística especial da 'malta' da camisola negra!", "grita" ao atleta o jornalista Carlos Campos, numa emocionada crónica publicada no "Diário de Coimbra". Está, como o próprio assume, a escrever mais como amigo do que como jornalista. Mas está, simultaneamente, a dar voz ao que vai na alma do simpatizante comum. Para este, Vítor Campos é – e será sempre – um exemplo: de futebolista, de estudante, de homem, até de adepto. Na altura, Vítor José Domingos Campos, nascido em Torres Vedras a 11 de Março de 1944, já está licenciado, casado e já é pai de dois filhos: Maria Vítor e Rui, que anos mais tarde também envergará a camisola preta (posteriormente, terá um terceiro: Maria João). Concluída cinco anos antes, em 1971, a formatura de Vítor em Medicina foi, de resto, bastante propagandeada pelos círculos académicos, que viam nela o melhor desmentido às acusações de conversão ao "profissionalismo", de que a Briosa começava a ser alvo frequente.

É certo que, no mesmo ano, havia muitos outros exemplos de sucesso escolar que podiam ser invocados. Mas, até pelo êxito da sua carreira como jogador, Vítor Campos era visto como símbolo maior do atleta-estudante.

Na "Revista Académica" da época, o sociólogo Boaventura de Sousa Santos conta uma saborosa história, que mete uma "bica" tomada no café do pai de Vala, em Atouguia da Baleia, e que acaba com uma "futebolada" de rua em que brilha um irmão do consagrado jogador da terra: Rui Vala, de apenas dez anos. É então que surge "um cavalheiro" – conta Boaventura – a dizer ao petiz: "Tu vais jogar para o Benfica!". Resposta do miúdo, que curiosamente viria a ser engenheiro, jogando também na Briosa: "Não! Quero ser médico, como o Campos".

José Maria Pedroto é o primeiro treinador de Vítor Campos, quando este chega a Coimbra. Tem apenas 19 anos e está no início de uma carreira tão promissora que já fora seleccionado para representar Portugal num campeonato da Europa em juniores, realizado na Roménia.

Com a camisola da Académica, Vítor, estreia-se oficialmente a 6 de Outubro de 63, num encontro com o Varzim. E com ela se mantém durante 13 épocas consecutivas, rejeitando sucessivos convites dos três "grandes". Ainda hoje, aliás, está entre os atletas com mais jogos efectuados ao serviço da Briosa: 345 – incluindo as finais de Taças de 67 e de 69 e a quase totalidade das partidas realizadas para as competições europeias –, durante os quais marca 33 golos e onde, apesar da sua reconhecida irreverência, é expulso somente por duas vezes.

Também não por acaso, integra a comissão de jogadores que, no "verão quente" de 74, procura convencer o poder político a aceitar a "realidade" Académico. E, duas décadas mais tarde, faz parte da comissão organizadora do Congresso da Briosa, depois de uma passagem pela direcção da instituição, presidida por Mendes Silva.

Para a selecção nacional de seniores é que só é escalado em duas ocasiões: uma para a equipa "A", que em 22 de Março de 67 empata com a Itália, em Roma, por 1-1; e outra, cinco dias antes, para a turma "B", que perde com a Bélgica, em Charleroi, por 2-0. Isto, apesar de ter chegado a ser inscrito para o Mundial de 66, em Inglaterra. "Sabe, nestas coisas de selecções, o que interessa é ter lá um certo número de assinaturas. O que conta é já lá ter ido assinar o ponto, porque as convocatórias são feitas através das folhas de serviço", disse uma vez, em resposta a uma pergunta sobre a escassez de atletas da Académica na equipa lusa.

Não que Vítor não se orgulhasse da sua qualidade de internacional. Mas "a paixão quase sempre tolda a razão e, por isso, ser atleta da Académica era a suprema honraria", confessará no depoimento concedido para o livro comemorativo do vigésimo aniversário do Núcleo de Veteranos, de que é o sócio número um.

1976·1977
E A EUROPA ALI TÃO PERTO...

Varzim 1 - CAC 0
31-5-1977
De pé: Brasfemes, Alexandre Alhinho, Rachão, Gervásio, Martinho e Hélder;
à frente: José Freixo, Gregório, Joaquim Rocha, Rogério e Costa

Ao terceiro ano de vida, o Clube Académico de Coimbra (CAC) realiza, finalmente, uma época à altura dos pergaminhos desportivos da velha Briosa. Tanto que o acesso à Taça UEFA só lhe escapa na última jornada do campeonato. Ingloriamente, aliás.

O Estádio Conde Dias Garcia, em S. João da Madeira, volta a ser adverso para os estudantes. Na "gloriosa" época de 66-67, foi nele que a Briosa começou a hipotecar a possibilidade de chegar ao título. Uma década depois, é ali que o Académico perde a hipótese de atingir a Taça UEFA. Com uma diferença: há dez anos, o adversário fora a equipa da terra – a Sanjoanense. Agora, é o Varzim, que impossibilitado de jogar no seu campo habitual, pedira a "casa" emprestada.

Na temporada de 76-77, o Académico parte para S. João da Madeira, onde disputa o último jogo do campeonato, classificado em quarto lugar, com mais dois pontos do que o Boavista. Caso pontue com o Varzim – sétimo na tabela classificativa, a sete pontos dos estudantes –, ninguém lhe pode tirar a presença na UEFA.

O CAC vem de uma vitória sobre o Estoril, em Coimbra, após a qual o treinador dos "canarinhos", José Bastos, confessa: "O Académico, que tem uma excelente equipa, dotada de bons executantes e que se entendem perfeitamente, fez-me recordar a Académica de há 20 anos". Duas semanas antes ganhara ao Sporting, também no "Municipal", levando Santos Neves a escrever no jornal "A Bola": "Coimbra – sim, é mesmo o regresso aos grandes tempos". E empatara com o FC Porto, com o treinador dos portistas, José Maria Pedroto, a declarar à imprensa:

"O Académico mostrou-se realista e apto a competir para a Europa". Na véspera da deslocação ao Estádio Conde Dias Garcia, ninguém acredita, pois, que os estudantes deixem fugir o "pássaro" da mão.

Mas, naquela tarde de 29 de Maio de 1977, tudo corre mal aos conimbricenses. Logo aos nove minutos de jogo, Marco Aurélio faz 1-0 para o Varzim; ao intervalo, o capitão Gervásio, que já actuara diminuído nos derradeiros instantes da primeira parte, fica nos balneários, lesionado; em cima do fim do tempo regulamentar, o influente Costa, que durante todo o encontro dera mostras de grande nervosismo, é expulso. O Académico carrega, carrega, mas não consegue alterar o resultado.

É claro que havia sempre a possibilidade de o Boavista "escorregar" em Braga. Mas não escorrega. Ganha por 1-0, igualando pontualmente o CAC. Como vencera os estudantes por 4-1 na primeira volta, tendo apenas perdido por 3-1 na segunda, são os boavisteiros a irem à UEFA.

"Na realidade, é muito triste não termos alcançado os nossos objectivos, o que seria um justo prémio para esta maravilhosa 'malta", lamenta-se, no fim do jogo de S. João da Madeira, o técnico Juca, que está de regresso a Coimbra, desde o início da época. Tal como Rui Rodrigues, proveniente de Guimarães, a quem os 33 anos e uma lesão no menisco impedem, todavia, de disputar a maior parte dos jogos do campeonato.

De resto, a equipa titular não sofrera grandes alterações em relação à época anterior, em que só a muito custo conseguira fugir à disputa da "liguilha".

JOGADORES UTILIZADOS					
Nº	NOME	JOGOS	J. C.	J. I.	MIN	GOLOS
243	Gervásio	23	18	5	1879	3
248	Rui Rodrigues	13	13	0	1170	1
257	Manuel António	20	7	13	1095	4
263	Mário Campos	29	12	17	1953	0
266	Brasfemes	29	20	9	2387	0
268	Belo	3	0	3	148	0
281	Araújo	9	8	1	795	0
283	Vala	24	5	19	1334	2
291	José Freixo	29	28	1	2568	0
298	Gregório	34	25	9	2627	1
299	Vítor Manuel	6	2	4	300	0
301	Martinho	28	27	1	2505	0
303	Costa	29	26	3	2600	0
310	Rogério	27	16	11	1827	3
319	Hélder	28	28	0	2520	0
320	Marrafa	10	10	0	930	0
321	Alexandre Alhinho	34	32	2	3044	0
323	Freitas	7	0	7	291	2
327	Joaquim Rocha	36	34	2	3161	16
328	Paulo Costa	8	7	1	690	0
329	Rachão	32	18	14	2389	3
330	Camegim	22	18	4	1725	5

CAC 0 - Benfica 1
27-2-1977
À esquerda, em cima, o banco do Académico perdido no meio da multidão, na maior enchente de sempre no velho Calhabé. Distinguem-se o massagista Belarmino Lameira; os jogadores Pinho, Gervásio, Belo e Marrafa; os dirigentes António Palhoto e João Rocha; o médico Francisco Soares; e o treinador Juca. Em baixo, Mário Campos e Vítor Martins procedem à escolha de campo, sob o olhar do árbitro Jaime Loureiro e seus auxiliares.
À direita, Hélder defende a soco uma baliza bem guardada, num jogo em que tudo valeu para poder ver o espectáculo

À ESQUERDA, EM CIMA
CAC 1 - Varzim 0
22-1-1977
Costa consegue o cruzamento, apesar do esforço de Cacheira, que uma década mais tarde seria treinador-adjunto da Académica, aquando da primeira passagem de Henrique Calisto por Coimbra

À ESQUERDA, EM BAIXO
CAC 0 - Atlético 0
19-12-1976
Rogério faz uso da sua grande arma: a velocidade. No centro do terreno, Mário Wilson, que já representara o Académico e a ele voltaria quatro anos depois

À DIREITA
Sob o comando de José Falcão, os atletas Águas, Brasfemes, José Freixo, Belo, Martinho e Alexandre Alhinho, lideram o grupo, após um dia de preparação na praia, em Agosto de 1976

De fora, ficaram Camilo, regressado ao Sporting, e Vítor Campos, que pendurara as chuteiras. Entraram, além de Rui Rodrigues, Rachão e Camegim. Só.

É esta turma que, em pleno mês de Junho, ainda consegue tirar "desforra" do Boavista. Está em causa a chamada Taça da FPF, uma organização conjunta da Federação e da Santa Casa da Misericórdia de Lisboa, promovida, no dizer de algumas más-línguas, para reforçar as receitas do Totobola.

O Académico defronta os boavisteiros por duas vezes. Na primeira, no Bessa, ganha por 1-0; na segunda, em Coimbra, empata a uma bola. Fraco consolo, dir-se-á...

De todo o modo, os estudantes não vão longe na prova: é o FC Porto que vence o grupo onde se integram. O mesmo acontecera na Taça de Portugal. Depois de ter eliminado o Lamego, o CAC fora afastado pelo Olhanense, logo à segunda ronda. Mas, em Coimbra, torna a morar uma equipa que faz as delícias dos adeptos do futebol. E que começa a ser reconhecida em termos internacionais. Como o provam as deslocações a Espanha, no início da temporada, e ao Zaire, no fim da época, que constituem o "baptismo" do Académico no estrangeiro. Ainda que, na primeira, a comitiva percorra quase três mil quilómetros, sem ganhar um único dos seis jogos disputados, nem marcar um único golo. O melhor que consegue são os empates com o Levante e o Sabadel. Já do Zaire, o Académico trará até um troféu considerável. Conquistado após vitória sobre o Imanna, líder do campeonato, em jogo a que assistem 50 mil pessoas.

NACIONAL DA 1ª DIVISÃO						
CLASSIFICAÇÃO	JOGOS	V	E	D	GOLOS	PTS
1º SL Benfica	30	23	5	2	67 - 24	51
2º Sporting CP	30	17	8	5	59 - 26	42
3º FC Porto	30	18	5	7	72 - 27	41
4º Boavista FC	30	13	8	9	41 - 33	34
5º ACADÉMICO	30	14	6	10	29 - 25	34
6º VFC Setúbal	30	13	6	11	47 - 46	32
7º Varzim SC	30	10	11	9	36 - 36	31
8º SC Braga	30	10	9	11	36 - 36	29
9º VSC Guimarães	30	10	6	14	39 - 38	26
10º CF "Os Belenenses"	30	7	12	11	29 - 40	26
11º GD Estoril-Praia	30	6	13	11	26 - 36	25
12º Portimonense SC	30	8	9	13	34 - 46	25
13º SC Beira-Mar	30	7	9	14	33 - 57	23
14º CD Montijo	30	7	9	14	30 - 47	23
15º Leixões SC	30	4	15	11	15 - 31	23
16º Atlético CP	30	3	9	18	23 - 68	15

TAÇA F.P.F.						
CLASSIFICAÇÃO	JOGOS	V	E	D	GOLOS	PTS
1º FC Porto	6	5	1	0	13 - 2	11
2º ACADÉMICO	6	2	2	2	8 - 6	6
3º SC Beira-Mar	6	1	2	3	6 - 16	4
4º Boavista FC	6	0	3	3	6 - 9	3

Orgulho
de Atleta-Estudante

A Campos segue-se... Campos. Se Vítor deixa de jogar no Académico no final da época de 75-76, o seu irmão Mário fá-lo um ano depois. Também ele deixa para trás uma grande carreira, que faz de si outro dos atletas-estudantes emblemáticos da Briosa.

Mário Alberto Domingos Campos é, como o seu irmão Vítor, natural de Torres Vedras. Mas nasce três anos mais tarde: a 29 de Março de 1947. Chega a Coimbra, porém, apenas um ano depois: em 1964. Ainda tem idade de júnior e frequenta o liceu. Mas não se demora no segundo escalão da Académica. No ano seguinte, mais exactamente no dia 28 de Novembro, está a estrear-se (com o Varzim) na equipa principal, então treinada por Mário Wilson. E por lá se mantém durante 12 épocas consecutivas, terminando depois a carreira em Leiria, juntamente com Manuel António. A 25 de Junho de 1977 está a fazer o seu último jogo oficial pelos conimbricenses.

Então, já está licenciado – em Medicina, como o irmão. E na Medicina há-de ter, igualmente, uma carreira destacada. Será dirigente da Ordem dos Médicos, director de serviço nos Hospitais da Universidade de Coimbra e presidente do colégio da sua especialidade: nefrologia. Alguns desses cargos acumula-os com o de deputado à Assembleia Municipal de Coimbra, eleito pelo PS.

Mas mantém-se sempre umbilicalmente ligado à Briosa. Em 1974, quando uma Assembleia Magna decreta a extinção da secção de futebol da Académica, Mário Campos integra a comissão de jogadores que procura uma solução para o problema. No primeiro-ministro Vasco Gonçalves, um dos responsáveis políticos com quem a comissão se avista, encontra mesmo um dos seus muitos admiradores. "Tratou-nos a todos pelo nome e a mim, que tinha sido operado ao menisco, até me perguntou se estava melhor do joelho", recorda Mário, num depoimento concedido para o livro "A Académica", coordenado por José Fernandes Fafe.

Mais tarde, já o seu filho João dá os primeiros passos nos escalões de formação da Briosa, ocupará mesmo um cargo directivo na instituição. E, depois, será presidente do Núcleo de Veteranos, de que é fundador e um dos principais animadores. Está ele na presidência, de resto, quando têm lugar as comemorações do vigésimo aniversário do Núcleo, no âmbito das quais este recebe a medalha de mérito desportivo da cidade de Coimbra e é publicado o livro "Académica – Futebol com História".

É da sua autoria o prefácio da obra. "Continuamos a pensar que uma Académica sem atletas-estudantes não faz sentido. E que uma Académica sem vitórias não tem futuro. É na gestão, difícil mas aliciante, deste equilíbrio, que a Briosa poderá obter o que todos desejamos: os maiores êxitos desportivos e sociais", escreve aí Mário Campos.

Foi esta filosofia que orientou a sua carreira. Como estudante, já se viu no que deu. Como futebolista sénior, foram 238 jogos com a camisola negra, incluindo a final da Taça de 69 e os dez realizados pela equipa para as competições europeias. No seu último ano como jogador da Briosa, capitaneia a turma, sempre que Gervásio está ausente. É, aliás, o segundo "capitão" mais novo da história da instituição. Só Armando Sampaio, nos anos 20, desempenhara a função com menos idade. Mário tem apenas 20 anos, quando enverga a braçadeira pela primeira vez. É em Maio de 67, num jogo com o ASA de Luanda, a contar para a Taça de Portugal.

Chega, igualmente, a capitanear uma selecção de Portugal. É a de "Esperanças" e tal acontece logo no encontro que marca a estreia de Mário Campos na formação portuguesa: a 16 de Abril de 69, em Coventry, num "particular" que a Inglaterra ganha. A ela volta meio ano depois, em Paris, e aí com melhores resultados: não só Portugal bate a França por 3-2, como a autoria de um dos golos é de Mário. Assim sendo, não admira que a 10 de Dezembro desse mesmo ano de 69 esteja a jogar pela categoria principal, em Londres. A selecção torna a perder com os ingleses, mas para o jovem jogador fica o orgulho de ter passado a integrar o reduzido lote de atletas da Académica que envergou a camisola da primeira equipa de Portugal.

Ele bem o recorda, no livro por cuja publicação é o principal responsável: "É fácil imaginar a honra e o prazer que teve um aluno do quarto ano de Medicina, com 22 anos, ao ser seleccionado para representar o seu país e, logo, para jogar no Estádio de Wembley, defrontando campeões do mundo como Banks, Cooper, Bobby Moore, Jack e Bobby Charlton". Mas sem nunca esquecer a sua filosofia orientadora: "Nessa noite, penso ter cumprido aquilo que a Académica me pedira à chegada a Coimbra: ser atleta-estudante".

1977·1978
Um ano tranquilo

Sporting 2 - CAC 1
18-2-1978
De pé: Hélder, Brasfemes, José Freixo, Gervásio, Gregório e Belo;
à frente: Freitas, Joaquim Rocha, Vala, Camilo e Costa

Tranquilo. Este é o adjectivo que melhor caracteriza o campeonato de 77-78 para o Clube Académico de Coimbra (CAC), depois da aproximação à Europa do ano anterior e das aflições nas duas primeiras épocas da nova vida do clube.

O CAC acaba a prova principal do futebol português em oitavo lugar, exactamente a meio da tabela. Chega a andar um pouco abaixo disso, faz algumas exibições que semeiam entre os adeptos a esperança de que pode ir mais longe, mas a mediania acaba por se impor. Nada mau, se for levado em linha de conta que, no início da época, o clube perdera dois jogadores tão influentes como Manuel António e Mário Campos.

Registara, é certo, o regresso de Camilo. E recebera Miguel e Jorge Oliveira. Mas é claro que não se pode dizer que a equipa saíra reforçada. Ainda por cima, Belo sofre um acidente de viação na fatídica estrada Figueira da Foz-Coimbra, a caminho do jogo da segunda jornada, com o Sporting. O que o deixa de fora, nesse e em mais dois encontros.

Logo a seguir, é a vez de Rui Rodrigues, insatisfeito com a sua situação contratual, não comparecer a um treino, o que obriga o treinador Juca a retirá-lo da já elaborada lista de convocados para o encontro com o Guimarães. O caso dá mesmo origem a processo disciplinar.

Com tudo isto, o CAC tem de esperar pela sexta ronda para obter os seus primeiros pontos – e são logo dois. Rui Rodrigues já está, então, sentado no banco dos suplentes. Mas agora lesiona-se Rogério. E o guarda-redes Hélder fora, entretanto, chamado à tropa.

O Académico volta às derrotas, sendo mesmo afastado da Taça pelo Aves, da 3.ª divisão, e logo em Coimbra.

Segue-se um período de aparente subida de forma, durante o qual se registam duas vitórias, entremeadas por uma derrota com o Benfica, na Luz. É sol de pouca dura: o insucesso regressa com o Braga, em Coimbra. Num jogo que marca a despedida temporária do massagista Guilherme Luís, após 25 anos ao serviço da Briosa.

Guilherme muda-se, por pouco tempo, para o Académico de Viseu, como é devidamente anunciado através da instalação sonora do "Municipal". Quando entra no estádio, o público irrompe num prolongado aplauso. A direcção e os jogadores do CAC associam-se à homenagem. Guilherme Luís, esse, diz à imprensa: "Neste momento, em que vou deixar esta cidade, sinto já saudades de todos os atletas e dirigentes e, principalmente, da minha Académica de sempre. A todos, portanto, o meu obrigado e compreendam que não posso desperdiçar esta oportunidade que me é proporcionada para melhorar a minha vida".

Mais difícil de entender é o comportamento da equipa. Acaba a primeira volta com três vitórias nos derradeiros quatro jogos. Assim consegue saltar para a décima primeira posição, depois de ter passado boa parte da primeira metade da prova entre os últimos.

V. SETÚBAL, 1 — ACADÉMICO, 2
BOM DIA «VELHA BRIOSA»
HÁ QUANTO TEMPO A NÃO VÍAMOS?!

	JOGADORES UTILIZADOS				
Nº	NOME	JOGOS	J. C.	J. I.	MIN	GOLOS
243	Gervásio	29	27	2	2578	3
248	Rui Rodrigues	20	17	3	1730	1
266	Brasfemes	30	24	6	2540	0
268	Belo	8	5	3	541	0
283	Vala	21	9	12	1332	0
291	José Freixo	30	30	0	2700	0
298	Gregório	31	30	1	2780	2
299	Vítor Manuel	6	3	3	377	0
301	Martinho	4	3	1	315	0
303	Costa	27	25	2	2365	10
310	Rogério	24	16	8	1909	2
319	Hélder	13	13	0	1170	0
320	Marrafa	18	18	0	1620	0
323	Freitas	24	12	12	1563	3
326	Camilo	30	26	4	2639	1
327	Joaquim Rocha	28	25	3	2413	15
328	Paulo Costa	5	5	0	450	0
330	Camegim	20	5	15	992	3
331	Miguel	12	1	11	318	0
332	Jorge Oliveira	6	1	5	328	0
333	Mesquita	1	0	1	14	0
334	Jaderson	1	0	1	16	0

À ESQUERDA, EM CIMA
CAC 1 - Estoril 0
15-1-1978
Gervásio e Fernando Santos, dois futuros treinadores, disputam uma bola que parece fugir a ambos

CAC 0 - Braga 1
11-12-1977
Em baixo, os dirigentes João Cunha, Fernando Barata e Carvalho Nunes abraçam Guilherme Luís, na hora da ida temporária do massagista para Viseu.
À direita, Marrafa afasta o esférico, protegido por Gervásio (de costas), Gregório, Camilo e Brasfemes (entre os postes)

Título de "A Bola", a 18 de Dezembro de 77

À ESQUERDA, EM CIMA
CAC 0 - Benfica 3
30-4-1978
Freitas conduz a bola,
sob o olhar atento de
Humberto Coelho

À ESQUERDA, EM BAIXO
CAC 0 - FC Porto 0
4-6-1978
Após uma grande
exibição, Vítor Manuel,
que não vinha sendo
titular, não consegue
esconder a emoção.
José Freixo apoia-o

À DIREITA
CAC 2 - Espinho 0
9-4-1978
Costa e Manuel José,
ambos futuros
técnicos, lutam pela
posse do esférico

Na segunda volta, as coisas melhoram significativamente. Tudo começa com uma clara vitória sobre o Riopele, apesar das lesões, durante a partida, de Rui Rodrigues, de Camegim e de Rogério, que entretanto concluíra o curso de engenharia. Segue-se uma derrota em Alvalade, através de um pénalti tão discutível que, no fim do jogo, Juca não contém o desabafo: "O árbitro foi um grande caseirão". E, depois, são cinco jogos consecutivos sem perder, intercalados com uma vitória num torneio de Páscoa nos Açores.

Não será sempre assim até final, é claro. Rui Rodrigues lesionar-se-á outra vez, agora com uma rotura de ligamentos que o impedirá de jogar as últimas duas jornadas. Belo leva uma joelhada no baixo-ventre, que obriga a operação ao intestino, deixando-o de fora nas derradeiras quatro rondas. Com tudo isto, não se cumprirá a previsão feita pelo jornal "O Golo", após os cinco jogos consecutivos sem derrota: "Os rouxinóis do Mondego ainda vão dar que falar". Mas o CAC consegue terminar a prova num tranquilo oitavo lugar.

Na penúltima jornada, em Coimbra, é Vítor Manuel o escolhido para ocupar a vaga deixada em aberto pelas lesões de Rui Rodrigues e de Belo. Faz uma exibição que toda a crítica elogia. Num jogo que, se o CAC vencesse, podia inviabilizar a conquista do título pelo FC Porto.

Empata, mas mesmo assim os adeptos "azuis e brancos" não gostam e, parte deles, apedreja a bancada dos sócios do Académico. A resposta surge à saída do estádio, cheio como um ovo. Não demora que os conflitos se alarguem a vários pontos da cidade. Na Praça da República surgem tiros oriundos de um autocarro do Porto. O autor dos mesmos é preso e assim se evitam males maiores. Não era mesmo necessário: na derradeira ronda, enquanto o CAC goleava o Feirense, os portistas venciam o Braga e levavam o troféu ao Benfica.

NACIONAL DA 1ª DIVISÃO						
CLASSIFICAÇÃO	JOGOS	V	E	D	GOLOS	PTS
1º FC Porto	30	22	7	1	81 - 21	51
2º SL Benfica	30	21	9	0	56 - 11	51
3º Sporting CP	30	19	4	7	63 - 30	42
4º SC Braga	30	16	6	8	42 - 27	38
5º CF "Os Belenenses"	30	14	8	8	25 - 21	36
6º VSC Guimarães	30	12	7	11	33 - 28	31
7º Boavista FC	30	10	8	12	36 - 38	28
8º ACADÉMICO	30	11	4	15	41 - 49	26
9º VFC Setúbal	30	8	10	12	29 - 40	26
10º Varzim SC	30	9	7	14	26 - 38	25
11º GD Estoril-Praia	30	8	9	13	25 - 36	25
12º CS Marítimo	30	8	7	15	22 - 45	23
13º Portimonense SC	30	8	7	15	29 - 39	23
14º SC Espinho	30	8	6	16	30 - 52	22
15º GD Riopele	30	6	9	15	23 - 51	21
16º CD Feirense	30	5	2	23	24 - 59	12

Jogador "por brincadeira"

O FIM DA ÉPOCA DE 77-78 corresponde ao fim de Costa como jogador do Académico, após sete anos consecutivos vestido de preto. O extremo-esquerdo, que um dia confessou ter começado a jogar à bola "por brincadeira", transfere-se para o FC Porto no defeso, o que representa mais uma "baixa" de vulto para a Briosa.

"Nunca abdicarei dos estudos para jogar à bola. Estou no primeiro ano de Engenharia e a minha grande preocupação é passar para o segundo". Isto, disse José Alberto Costa aos 18 anos, numa das suas primeiras declarações à imprensa como jogador da equipa principal da Académica. Não foi bem assim, como se sabe. Sete épocas depois, o talentoso extremo-esquerdo transferia-se para o FC Porto, sem ter o curso concluído. Costa chegara a Coimbra no início da temporada de 71-72, oriundo da cidade transmontana de Vila Real. A mudança já estivera para acontecer no ano anterior, mas o atleta quis primeiro acabar o liceu. Concluído este, abertas as portas da Faculdade de Ciências e Tecnologia coimbrã, o rapaz já pôde disputar o campeonato regional de juniores com a camisola da Académica. Deu o que se chama um passo atrás, para depois dar dois em frente. É que em Vila Real, apesar dos seus 17 anos, já representava os seniores, na disputa da 3.ª divisão. Começara o ano, é certo, inscrito como júnior. Mas a promoção verificou-se rapidamente. Já no ano anterior acontecera o mesmo: iniciara a época como juvenil, mas depressa foi promovido aos juniores. Esta propensão para saltar barreiras enquanto o diabo esfrega um olho, manteve-a Costa em Coimbra: pouco depois de terminado o regional de juniores, estreava-se na primeira categoria da Briosa, a 6 de Fevereiro de 1972. Recebia a Académica o Belenenses, procurando encetar uma recuperação que a livrasse da descida de divisão.

Não se livrou, mas o estreante jogou tanto ou tão pouco que, quando Juca o mandou sair do campo, para dar lugar a outro ex-júnior da Briosa, Gregório Freixo, o treinador ouviu uma imensa assobiadela. Costa, que ao invés do técnico recebera uma enorme salva de palmas, é que não se deixou impressionar. "Eu, sem pretender ser agradável a 'A' ou a 'B', tenho de confessar que considerei – e considero – a substituição certa. Mais: esperava ser substituído mais cedo. A equipa tinha um plano táctico e havia que cumpri-lo. Devido aos nervos, eu não estava a fechar o meio-campo convenientemente", declarou o esquerdino, após o seu primeiro jogo na divisão maior.

Costa, filho de um juiz e primo direito do líder político José Manuel Durão Barroso, fazia da humildade maneira de ser. "Foi uma surpresa para mim esta chamada ao 'onze' principal. Não a esperava tão cedo", confessou numa entrevista ao jornalista Costa Santos, do "Record". A mesma em que também disse: "Quando comecei a jogar à bola, não pensei poder vir a continuar a fazê-lo. Foi mais por brincadeira do que qualquer outra coisa".

A sua carreira tornou-se, porém, um caso muito sério. Duas semanas depois da estreia, voltava a realizar uma grande exibição, no empate a três bolas que a Académica impôs ao Sporting, em Coimbra. "Está a nascer um novo Bentes?", perguntava-se na edição seguinte do jornal "A Bola". Que, após um jogo com outro "grande", o Benfica, considerava Costa "uma etiqueta do futebol escolar, hoje por hoje o mais desconcertante e promotedor futebolista da Briosa".

Mas seria o FC Porto a recolher a preferência do jogador, quando este, aos 24 anos, achou chegada a hora de mudar de ares. O mesmo acontecera, anos antes, com outro influente jogador dos estudantes: o defesa central Carlos Simões, que mais tarde voltaria a jogar na Académica. Costa, aliás, nascera na Invicta, a 31 de Outubro de 1953. E esse facto deve ter pesado na sua opção, como no ingresso na Briosa pesou, como um dia reconheceu, o conselho do pai, licenciado pela Universidade de Coimbra. Para trás, ficavam sete anos consecutivos de negro vestido, durante os quais efectuou 159 jogos oficiais, marcando 18 golos.

Poucos meses antes da saída da Briosa – onde regressaria, anos mais tarde, como treinador – estreou-se na selecção nacional. Foi a 8 de Março de 1978, em Paris, num jogo de carácter particular que Portugal perdeu para a França por 2-0. "Foi com enorme orgulho que vivi a internacionalização, servindo um clube ao qual me ligavam e ligam laços tão profundos e que contribuiu indelevelmente para a minha formação como homem, como cidadão e como atleta", escreveu Costa, no depoimento concedido para o livro com que o Núcleo de Veteranos da Académica comemorou o seu vigésimo aniversário.

1978·1979
Bater no fundo

Sevilha 1 - CAC 0
17-8-1978
De pé: Rui Rodrigues, Vítor Manuel, Gervásio, Brasfemes, Miguel e Hélder;
à frente: Gregório, Nicolau, Freitas, Rogério e Martinho

A EQUIPA SOFRE NOVA RAZIA, perdendo cinco titulares para outros emblemas. Como se isso não bastasse, as lesões tornam a afectar jogadores influentes. Resultado: o Clube Académico de Coimbra (CAC) desce à 2.ª divisão, ao fim de cinco anos de vida.

Os outros clubes não largam os jogadores do CAC, que começa a época de 78-79 com mais uma digressão a Espanha. Digressão que se inicia com um jogo com o Sevilha e que se conclui com a disputa de dois encontros para o troféu "Ciudad de Jerez", um com a turma local, o outro com os irlandeses do Shanrock Rovers. Os estudantes perdem as três partidas, sempre pela margem mínima.

No defeso, o Académico ficara sem nada menos do que Costa, José Freixo, Joaquim Rocha, Vala e Camegim. Também adquirira, é certo, vários atletas. Entre eles Nicolau, Manafá, Cavaleiro e Aquiles. Mas, mal a bola começa a rolar a sério, rapidamente se percebe que a aposta em jogadores vindos, basicamente, das divisões secundárias, envolve os seus riscos.

Como que a comprovar a borrasca que se avizinha, o CAC empata o primeiro jogo, em Coimbra, com o Estoril, a zero bolas. Na sua crónica do dia seguinte no jornal "A Bola", Carlos Pinhão demonstra, mais uma vez, o quanto sabe do ofício: "Quando o Académico marcar um golo, vai ser motivo de festa rija". Os conimbricenses terminam a primeira volta a três lugares do fim da tabela, com apenas nove golos marcados. E o primeiro tento fora de casa só hão-de obtê-lo a meio da segunda volta. Curiosamente, na Luz. Mas nem com ele o Académico evita a quarta derrota consecutiva.

A sexta acontece no Restelo, em jogo realizado numa altura em que crescem os rumores, rapidamente confirmados, sobre a transferência do treinador Juca para o Belenenses, no fim da época. Mais um factor de perturbação, a juntar à onda de lesões que afecta o grupo. Rui Rodrigues, por exemplo, magoa-se logo no início da prova, tem de ser operado, e não torna a calçar as chuteiras em alta competição.

Quando o CAC se desloca a Belém, já conta com três novos jogadores nas suas fileiras: o avançado Eldon, o defesa Marcos e o médio Rogério Nobres. São todos brasileiros, todos oriundos do Vasco da Gama e todos aconselhados por um antigo atleta da Briosa: o guarda-redes Vasco. Tanta coincidência dá celeuma, até porque só as qualidades de Eldon convencem imediatamente os adeptos.

O vice-presidente Paulo Cardoso tem de sair em defesa da política de contratações da direcção liderada por João Moreno. Garante que "este Académico à brasileira é uma emergência". Insiste em "deixar claro" que os atletas "não vieram a Coimbra fazer fortuna" e que quem os indicou "não consta da lista de empresários profissionais". Assegura que "não houve passes a pagar" e que "os jogadores vieram em condições de super-amizade". Jura, por último, que "este recrutamento não é, nem será, uma conduta habitual do Académico". Mas não consegue pôr termo às desconfianças, tanto mais que os resultados insistem em não aparecer.

CAC 2 - V. Guimarães 2
17-6-1979
À esquerda, em cima, 17 épocas e 430 jogos depois, chega a hora do adeus para Gervásio. No sentido abraço de Manuel António, o reconhecimento de toda uma instituição. Em baixo, no dia do último jogo, Gervásio revive a emoção da estreia. Um "canelão" com um significado muito especial

À DIREITA
Marcos, Eldon e Rogério Nobres, no dia da apresentação, a 31 de Janeiro de 1979. Os três brasileiros não impedirão a terceira descida do futebol da Briosa

	JOGADORES UTILIZADOS						
Nº	NOME	JOGOS	J. C.	J. I.	MIN	GOLOS	J. A.
243	Gervásio	30	25	5	2530	2	0
248	Rui Rodrigues	5	5	0	450	0	0
266	Brasfemes	22	17	5	1873	1	1
268	Belo	5	3	2	346	0	1
298	Gregório	36	34	2	3194	4	1
299	Vítor Manuel	36	35	1	3255	0	0
301	Martinho	26	23	3	2251	0	0
310	Rogério	27	20	7	2291	2	1
319	Hélder	16	16	0	1440	0	0
320	Marrafa	20	20	0	1830	0	1
323	Freitas	34	23	11	2637	2	1
326	Camilo	11	6	5	828	1	1
331	Miguel	27	6	21	1385	0	0
335	Aquiles	22	9	13	1547	3	1
336	Cavaleiro	20	4	16	990	2	0
337	Nicolau	32	19	13	2097	9	0
338	Caetano	13	0	13	416	0	0
339	Teves	8	7	1	675	0	1
340	Abrantes	6	0	6	160	0	0
341	Manafá	27	25	2	2440	0	0
342	Herculano	1	0	1	45	0	0
343	Gomes	10	5	5	631	1	1
344	Rogério Nobres	15	14	1	1320	2	1
345	Eldon	14	10	4	1179	5	1
346	Marcos	2	0	2	90	0	0
347	Cláudio	0	0	0	0	0	1

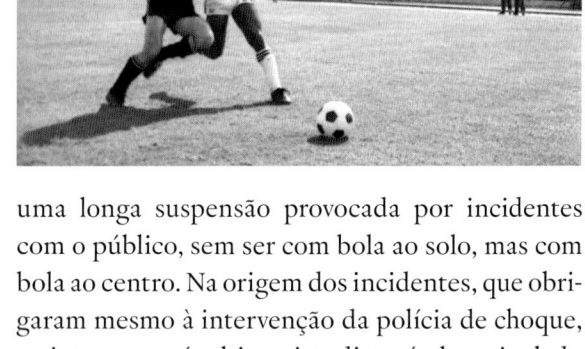

À ESQUERDA, EM CIMA
CAC 0 - FC Porto 3
4-3-1979
O arrojo de Marrafa impede o golo do portista Duda. Vítor Manuel, Gregório e Gomes estão fora da jogada

À ESQUERDA, EM BAIXO
Sevilha 1 - CAC 0
17-8-1978
Rogério ajeita o esférico, num jogo de preparação no imponente Sánchez Pizjuán da capital andaluza

À DIREITA, EM CIMA
CAC 1 - Boavista 3
22-4-1979
Brasfemes e Salvador: o ombro a ombro na disputa da bola

À DIREITA, EM BAIXO
CAC 1 - Boavista 2
7-6-1979
Novamente a festa das capas no estádio, após o regresso dos tradicionais festejos académicos

NA PÁGINA DA DIREITA
Uma das equipas de veteranos da Académica. De pé: Avidago, Cardoso, António Saraiva, Torres, Oliveira Júnior, França, Faustino e Soares; à frente: Rocha, Piscas, Mário Campos, Crispim, Bentes, José Manuel Pitanga e Pinho. As crianças são filhos de Piscas

Poucas semanas depois, os sócios reúnem-se em assembleia. Nem Juca escapa às críticas. O dirigente Pedro Costa Pereira fala de um défice na casa dos oito mil contos. Francisco Soares revela que só 40 por cento dos cerca de 11 mil associados pagam quotas. A direcção apresenta um plano que inclui a criação de uma quota suplementar, a institucionalização da figura do sócio-empresa e o lançamento de títulos de "solidariedade académica". Mas a assembleia termina, madrugada alta, sem conclusões aprovadas. Antes, já um grupo em que se incluíam Alfredo Castanheira Neves, Vítor Campos e Joaquim Mortágua, autores de um documento alternativo ao dos dirigentes, tinha abandonado a sala.

Nessa altura, já a descida de divisão se tinha consumado e Gervásio anunciara o fim da carreira. Numa época em que aconteceu um pouco de tudo. Até a iminência de queda a um rio, do autocarro que transportava a equipa para o jogo em Guimarães. E a eliminação da Taça aos pés do Boavista, após ter ultrapassado quatro adversários e na sequência de um jogo de repetição, motivado por protesto do CAC contra a arbitragem do lisboeta Américo Barradas na primeira partida.

Alegaram os estudantes que o juiz cometera um erro técnico, ao mandar recomeçar o jogo, após uma longa suspensão provocada por incidentes com o público, sem ser com bola ao solo, mas com bola ao centro. Na origem dos incidentes, que obrigaram mesmo à intervenção da polícia de choque, estivera um pénalti muito discutível, assinalado contra o Académico. E os ânimos ainda se exaltariam mais quando o árbitro ordenou a marcação de uma segunda grande penalidade contra o CAC.

NACIONAL DA 1ª DIVISÃO						
CLASSIFICAÇÃO	JOGOS	V	E	D	GOLOS	PTS
1º FC Porto	30	21	8	1	70 - 19	50
2º SL Benfica	30	23	3	4	75 - 21	49
3º Sporting CP	30	17	8	5	46 - 22	42
4º SC Braga	30	16	5	9	49 - 35	37
5º Varzim SC	30	11	10	9	30 - 29	32
6º VSC Guimarães	30	12	7	11	44 - 38	31
7º VFC Setúbal	30	12	7	11	38 - 38	31
8º CF "Os Belenenses"	30	10	9	11	47 - 43	29
9º Boavista FC	30	12	3	15	36 - 40	27
10º CS Marítimo	30	11	5	14	36 - 37	27
11º GD Estoril-Praia	30	8	10	12	24 - 42	26
12º SC Beira-Mar	30	11	2	17	44 - 56	24
13º FC Famalicão	30	9	6	15	30 - 45	24
14º FC Barreirense	30	8	6	16	24 - 45	22
15º ACADÉMICO	30	5	8	17	20 - 41	18
16º CAF Viseu	30	5	1	24	13 - 75	11

Nasce o Núcleo de Veteranos

Na tarde de 4 de Março de 1979, o Clube Académico de Coimbra (CAC) recebe o FC Porto no Calhabé. A situação da equipa na tabela classificativa está longe de ser brilhante: é penúltima, apenas com mais dois pontos do que o último, o Académico de Viseu. E faltam, apenas, nove jornadas para o termo do campeonato.

Do outro lado, não está apenas a agremiação que, sob o comando do antigo treinador da Briosa, José Maria Pedroto, ostenta o título de campeão nacional. Está o clube que, à entrada para essa vigésima primeira jornada, ocupa o segundo lugar da tabela, com os mesmos 31 pontos que o líder Benfica. E no qual alinham atletas como Oliveira e Gomes, ao lado dos ex-académicos Costa e Simões. Ainda assim, há alguma esperança nas hostes coimbrãs. Nos anos anteriores, o FC Porto não teve vida fácil no "Municipal". E o CAC pode contar com reforços recentes, como o brasileiro Eldon, que desde a sua chegada a Coimbra marcara sempre que a equipa jogara em casa. Talvez tudo isso tenha contribuído para que o recém-constituído Núcleo de Veteranos escolhesse aquela tarde para fazer a sua apresentação pública. O Académico acaba por perder, hipotecando fortemente a possibilidade de se manter na 1.ª divisão. As bancadas do estádio, apesar do bom tempo, apresentam um aspecto quase desolador, em claro contraste com a importância da partida. Mas, ainda assim, a apresentação do Núcleo torna-se um acontecimento relevante. Aurélio Márcio, que interpreta a iniciativa como uma tentativa de reconciliação entre o CAC e a Academia, dedica-lhe uma crónica de meia página no jornal "A Bola". Que acaba com uma pergunta: "Valeu a pena extinguir a secção de futebol da Associação Académica de Coimbra?". Facto é que o Núcleo começara a nascer sete anos antes, ao longo de mais uma digressão da Secção a Angola. Por sinal, a mesma durante a qual foi inaugurada a sede da Associação dos Antigos Estudantes de Coimbra em Luanda. E em que se integraram vencedores da primeira Taça de Portugal, como Faustino, Tibério e José Maria Antunes.

Iniciativa puxa iniciativa, sabe-se como é, e o atleta Vítor Campos sugere aí a criação de um Núcleo de Veteranos da Briosa. Não há jogador ou ex-jogador que não aplauda a ideia. E, de regresso a Portugal, eles próprios se encarregam de a ir passando a outros. Em Março de 79, o Núcleo vê, finalmente, a luz do dia, com os já portistas Simões e Costa a posarem para as fotografias, no Municipal de Coimbra, ao lado dos antigos colegas de emblema.

Vítor Campos é, naturalmente, o sócio número um. E, a 29 de Abril daquele mesmo ano, o Núcleo de Veteranos inicia a sua actividade desportiva, durante uma festa de homenagem a Alberto Gomes, o primeiro atleta da Académica a sagrar-se internacional "A". Festa realizada, como está bom de ver, na terra natal do homenageado: Monção. E tendo como pretexto a passagem dos 40 anos sobre a conquista da primeira Taça de Portugal pela Briosa. Nela se sugere publicamente, pela primeira vez, o regresso à Associação Académica.

É Mário Campos presidente do Núcleo, quando a direcção deste decide comemorar a preceito o seu vigésimo aniversário. A brincar, a brincar, já lá iam 162 jogos efectuados, em Portugal e no estrangeiro, com resultados muito bem capazes de envergonharem profissionais de hoje: 140 vitórias, dez empates e apenas 12 derrotas!... Aproveita uma tenda gigante, instalada num dos mais aprazíveis espaços de Coimbra, e para ela convida antigos colegas, familiares e amigos. No fim do jantar da ordem, homenageia os 16 internacionais "A" da Briosa – além do já referido Alberto Gomes, Artur Jorge, Augusto Rocha, Bentes, Capela, Costa, Manuel António, Mário Campos, Mário Torres, Pacheco Nobre, Pedro Xavier, Peres, Ribeiro, Rui Rodrigues, Serafim e Vítor Campos. E a eles dedica o álbum "Académica – Futebol com história", preparado para coincidir com o aniversário do Núcleo. O livro abre com um texto de Mário Campos, que é uma espécie de carta de princípios do Núcleo. "Há que reconhecer que a Académica do nosso tempo não pode voltar – escreve o antigo atleta. Tudo mudou de então para cá: o país, a cidade, a Universidade, a vida. Mas, como diz Manuel Alegre, a Académica é a mesma. Só que diferente. O que mais importa é que existe e, por isso, é necessário adaptá-la aos tempos de hoje. Provavelmente, transmitindo-lhe uma nova cultura desportiva, outro estilo, outra forma de competir. O problema é que a Académica tarda em encontrar-se". Meses depois, a Câmara de Coimbra decide, por unanimidade, atribuir ao Núcleo de Veteranos a medalha de mérito desportivo da cidade. Já lá vão alguns anos e o Núcleo continua bem vivo.

1979·1980
De regresso à primeira

Penafiel 3 - CAC 1
22-6-1980
De pé: Marrafa, Cardoso, Álvaro, José Manuel, Redondo e Martinho;
à frente: Nicolau, Henrique, Eldon, Aquiles e Rogério

O Clube Académico de Coimbra (CAC) não se demora muito na 2.ª divisão. Um ano apenas, é quanto precisa para regressar ao escalão maior. E por pouco não volta com o título de campeão nacional no bornal.

Muita coisa muda em relação à época anterior, na versão 79-80 do Académico. O novo treinador é o antigo jogador do Sporting, Pedro Gomes. O lote de atletas também se apresenta muito alterado. Gervásio, Rui Rodrigues, Belo, Hélder e Manafá são alguns dos que já não o integram. Dos brasileiros contratados no ano anterior, só ficam Eldon e Rogério, que têm a companhia de caras novas como os centrais José Manuel e Cardoso. Além dos ex-juniores Henrique e Álvaro, e do regressado guardião Melo.

O CAC disputa a Zona Centro, uma das três séries em que está dividido o campeonato da 2.ª divisão. E as coisas começam logo a correr bem. Só à sétima jornada, com o Alcobaça, perde o primeiro ponto. Até aí, só tivera um jogo realmente complicado. Foi em Oliveira do Bairro e dele resulta um protesto dos bairradinos junto da Federação Portuguesa de Futebol (FPF).

A alegação era a de que, após um golo dos oliveirenses, o árbitro recomeçara o encontro com um jogador da casa ainda no meio-campo dos académicos. Mais a mais, do lance resultara a expulsão de um atleta do Oliveira do Bairro, por carga violenta sobre Freitas. E o árbitro, em vez de marcar a competente falta, ordenara o reatamento da partida com bola ao centro. A FPF julga o protesto procedente e o Académico, que ganhara o primeiro encontro, acaba por empatar o segundo.

À oitava ronda, jogam CAC e União de Coimbra. As direcções dos dois emblemas apelam à serenidade. Parte dos adeptos do União não lhes dá ouvidos. A 26 minutos do fim do encontro, invadem o relvado, agredindo o árbitro Alder Dante e um seu auxiliar.

Que "crime" tinham eles cometido? Pois bem, haviam expulsado Ribeiro, o fogoso jogador que anos mais tarde se destacaria na Académica, por se ter excedido nos protestos contra a marcação de um fora-de-jogo a um unionista. Certo é que o jogo é interrompido após a invasão, quando o CAC ganha por 1-0. Não mais recomeça. A FPF acaba por atribuir a vitória aos estudantes por 3-0, não atendendo ao protesto do União. Este queixara-se de que o árbitro, no meio da confusão, não informara os capitães das equipas de que ia dar o encontro por findo.

Seis jornadas depois, o Académico "cilindra" o Torreense, com nove golos sem resposta, quatro dos quais marcados por Nicolau, o guineense que mede quase dois metros. A equipa chega ao fim da primeira volta no mesmo lugar de topo a que se guindara logo na ronda inaugural, sem qualquer derrota. Pedro Gomes tem uma explicação simples para o sucesso: "Vedetas não existem. A vedeta é a equipa e a equipa é todo o grupo que a compõe".

O primeiro desaire só acontece ao vigésimo quarto jogo do campeonato. É com o Académico de Viseu, em Coimbra, e marca o início de uma oscilação de forma que, como é costume, "sobra" para o treinador. Ainda por cima, aos ouvidos da direcção chegam notícias de um misterioso jantar – a anteceder o encontro da jornada 21, com o

JOGADORES UTILIZADOS							
Nº	NOME	JOGOS	J. C.	J. I.	MIN	GOLOS	J. A.
266	Brasfemes	30	24	6	2551	0	0
281	Araújo	27	24	3	2344	0	1
294	Melo	30	30	0	2704	0	1
301	Martinho	34	34	0	3064	0	1
310	Rogério	11	3	8	591	1	0
320	Marrafa	7	7	0	630	0	0
323	Freitas	36	32	4	3178	9	1
326	Camilo	22	14	8	1687	3	1
331	Miguel	12	1	11	627	1	0
335	Aquiles	33	12	21	1804	15	1
336	Cavaleiro	13	1	12	469	4	0
337	Nicolau	33	26	7	2735	14	0
343	Gomes	21	9	12	1194	0	0
344	Rogério Nobres	15	3	12	745	2	1
345	Eldon	26	23	3	2253	16	0
348	Cardoso	35	32	3	3106	0	1
349	José Manuel	32	31	1	2851	0	1
350	Álvaro	37	32	5	3213	2	1
351	Henrique	24	5	19	1247	1	0
352	Redondo	4	4	0	360	0	0
353	Luís Freixo	1	0	1	28	0	0
354	Martinho II	2	1	1	121	0	0
355	Viçoso	1	1	0	90	0	0

À ESQUERDA, EM CIMA
Oliv. Bairro 2 - CAC 3
14-10-1979
Em jogo que não "valeu", a explosão de alegria de Eldon, após a marcação do primeiro golo do Académico. Uma imagem bastas vezes repetida

À ESQUERDA, EM BAIXO
CAC 3 - U. Coimbra 0
11-11-1979
Mais de três décadas depois, o regresso ao "derby" conimbricense. Os jogadores de ambas as equipas entram em campo erguendo em conjunto a bandeira da cidade. Mas o encontro não chegaria ao fim, devido à invasão de campo

À DIREITA
Mangualde 1 - CAC 2
22-9-1979
A comunhão com os adeptos, após mais uma vitória

Alcobaça 1 - CAC 1
28-10-1979
À esquerda, em cima, o respeito e a simpatia alcobacenses, na hora da entrada em campo. Brasfemes, Melo, Álvaro e Aquiles comandam o "onze" do Académico.
Em baixo, a alegria incontida de Camilo, no festejo de um golo que não chegou para evitar a perda do primeiro ponto no campeonato

À *DIREITA*
CAC 9 - Torreense 0
20-1-1980
A acrobacia de Freitas, na abertura da contagem. Nicolau, autor de quatro tentos, assiste ao golo, na vitória mais robusta em dez anos de Académico

Tomar – entre o técnico e os jogadores Nicolau, Araújo e Miguel. Resultado: Pedro Gomes, suspeito de manter negociações com o Leiria, tendo em vista a época seguinte, é alvo de um processo disciplinar, cujas conclusões apontam para a sua saída no final da temporada. Até lá, os dirigentes ficam-se pela censura, "à luz dos superiores interesses do Académico" e "levando em linha de conta o indesmentível trabalho desenvolvido pelo técnico".

Facto é que o CAC, embora só tenha sofrido mais uma derrota, chega à última jornada a precisar de ganhar ao Nazarenos para subir de divisão. O Académico de Viseu está a um escasso ponto de diferença.

Mas o CAC ganha mesmo, com um golo de Eldon. Pode fazer-se a festa. Que até poderia ter-se repetido semanas depois, se a equipa tivesse conquistado o título de campeã da 2.ª divisão. Só que esse, perde-o para o Amora, durante um torneio de apuramento que também envolve o Penafiel, vencedor da Zona Norte. Amora que teve a vantagem de receber um Académico desfalcado de cinco dos seus titulares: Martinho estava castigado; Brasfemes, Araújo, Camilo e Gomes tinham sofrido um acidente de viação, quando viajavam para a margem sul do Tejo no automóvel do dirigente Fernando Avidago. O jogo era a uma quarta-feira e os exames, as aulas ou o emprego, tinham-nos impedido de seguir no autocarro da equipa.

Na Taça as coisas correm pior. O CAC é eliminado cedo – pelo Varzim, da 1.ª divisão, depois de ter ganho ao Viseu e ao Portalegrense. Mesmo assim, só após jogo de desempate, na Póvoa.

NACIONAL DA 2ª DIVISÃO – ZONA CENTRO						
CLASSIFICAÇÃO	JOGOS	V	E	D	GOLOS	PTS
1º ACADÉMICO	30	19	9	2	57 - 13	47
2º CAF Viseu	30	20	6	4	45 - 18	46
3º Oliveira do Bairro SC	30	13	9	8	51 - 37	35
4º UD Oliveirense	30	13	6	11	34 - 27	32
5º Caldas SC	30	12	8	10	33 - 30	32
6º GD "Os Nazarenos"	30	11	10	9	30 - 31	32
7º SCE Portalegre	30	11	9	10	28 - 26	31
8º SC Covilhã	30	13	5	12	40 - 31	31
9º SCU Torreense	30	8	13	9	33 - 40	29
10º GD Portalegrense	30	12	4	14	28 - 37	28
11º GC Alcobaça	30	8	11	11	30 - 33	27
12º UD Santarém	30	8	11	11	32 - 34	27
13º CFU Coimbra	30	9	7	14	41 - 44	25
14º UFCI Tomar	30	8	8	14	25 - 46	24
15º GD Mangualde	30	6	6	18	15 - 44	18
16º Naval 1º Maio	30	6	4	20	26 - 57	16

NACIONAL DA 2ª DIVISÃO – FASE FINAL						
CLASSIFICAÇÃO	JOGOS	V	E	D	GOLOS	PTS
1º Amora FC	4	2	1	1	7 - 4	5
2º ACADÉMICO	4	1	2	1	6 - 6	4
3º FC Penafiel	4	1	1	2	4 - 7	3

Dezassete anos é muito tempo

Gervásio é, juntamente com Rui Rodrigues, o grande ausente da equipa do Académico que regressa à 1.ª divisão em 1980. No início da época, aliás tal como o moçambicano, decidira pendurar as botas, após 17 anos consecutivos de negro. Não só na altura, como até há muito poucos anos, ninguém tinha efectuado tantos desafios pela Briosa. E ainda hoje é o detentor do recorde de tempo de jogo com a camisola preta e aquele que mais vezes envergou a braçadeira de capitão.

Vão decorridos 44 minutos de jogo entre Académico e Vitória de Guimarães, a 17 de Junho de 1979. Vasco Manuel Vieira Pereira Gervásio, médio e capitão da equipa coimbrã, abandona o relvado do Municipal de Coimbra, dando lugar a Gomes, jogador contratado ao Boavista, a meio da temporada. Os colegas abraçam-no. O público irrompe numa revoada de aplausos. Tanto este como aqueles sabem que estão a despedir-se de um dos mais emblemáticos atletas de sempre da Briosa, que ali mesmo, aos 35 anos, põe termo à sua carreira de notável futebolista. Foi o próprio presidente da direcção do Académico, João Moreno, a confirmá-lo através da instalação sonora do estádio: o desafio que estava prestes a iniciar-se seria o último a sério de Gervásio. Confirmação feita, Moreno leu uma mensagem dos dirigentes do clube: "Foi o estudante-atleta Gervásio um verdadeiro símbolo de atleta, que todos nós e o país se habituaram a admirar e a reconhecer, na plenitude de uma verdadeira e indesmentível dedicação". No estádio ecoou a primeira grande salva de palmas da tarde. Os aplausos subiram de tom quando Gervásio entrou no relvado, por entre alas de jogadores do Académico. Abraços e mais abraços. Flores e mais flores. O atleta contém as lágrimas a custo.

Não é sem uma enorme emoção, claro, que se põe termo a uma carreira, iniciada no Benfica e prosseguida em Coimbra, durante 17 anos consecutivos. 17 anos ao longo dos quais Gervásio efectua 430 jogos, o que na altura faz dele o jogador que mais vezes vestira a camisola preta. No total, são mais de 600 horas em campo, tempo jamais atingido por qualquer outro. E é, também, o jogador que mais vezes enverga a braçadeira de capitão de equipa: 284, contra as 207 de Mário Wilson.

Nascido na Malveira, a 5 de Dezembro de 1943, Vasco Gervásio estreia-se na Académica a 30 de Setembro de 1962, num jogo com o Académico de Viseu. Cinco anos depois, ele que já fora internacional júnior, joga pela selecção "B" de Portugal, na Bélgica. É a 22 de Março de 1967 e a seu lado estão mais seis jogadores da Briosa: Maló, Celestino, Rui Rodrigues, Vítor Campos, Ernesto e Serafim.

Alguns deles, serão depois promovidos à equipa principal. Gervásio, que também joga pela selecção militar em seis ocasiões, não. O que muita gente considerará uma enorme injustiça, apenas atribuível à propensão dos seleccionadores para centrarem o seu olhar nos atletas dos três "grandes". Mas, na Briosa, torna-se o que o seu antigo companheiro de equipa, José Belo, definirá como "uma jóia da coroa".

"Era um colega com uma personalidade vincada. Verdadeiramente carismático. Um grande senhor, um enorme capitão de equipa, talvez o maior de sempre na Académica", diz Belo, que envergou, ele próprio, a camisola preta durante 12 anos e continuou sendo amigo de Gervásio, com quem partilhou "fuboladas" e tertúlias. Mas diz mais: "No campo tinha o dom dos predestinados de transformar em simples o que era difícil e de tornar produtivo o que parecia bola perdida. No quotidiano era cativante, simpático e sociável".

Quando arruma as botas, Gervásio já está licenciado em Direito. O que muito facilitará o seu ingresso posterior nos quadros da Segurança Social, onde chega a director de serviço, em Coimbra. Mas faz muitas outras coisas ao longo da vida: preside ao Sindicato dos Jogadores, treina os estudantes por duas vezes (numa delas, consegue a subida de divisão), é dirigente da Académica, candidata-se à presidência da junta de freguesia dos Olivais, pelo PS, nas eleições autárquicas de 2001. Curiosamente, perde para o seu antigo treinador Francisco Andrade, cabeça-de-lista do PSD.

Após o jogo de despedida, Rebelo Carvalheira escreve acerca de Gervásio no jornal "A Bola": "Foi um dos últimos 'grandes exemplos' desse exemplo magnífico que tem sido o futebol de Coimbra, dê-se ele pelo nome que se der, chame-se ele Académico ou Académica". Encontrar quem discorde de tais palavras é mais difícil do que procurar uma agulha num palheiro.

Gervásio morreu em 2009, aos 65 anos. A família, depois do funeral, em acto reservado, honrou o seu significativo passado "académico", com as suas cinzas a passarem uma última vez pelo estádio onde tantas alegrias viveu e deu a viver.

1980·1981
Sobe e desce

*CAC 6 - Neves 1
31-1-1981
De pé: Mendes, Álvaro, Carolino, Pedroso, José Manuel e Mário Wilson; à frente: Nicolau, Parente, Eldon, Camilo e Rosário*

Se não demorou muito a regressar à 1.ª divisão, após a descida de 1979, o Clube Académico de Coimbra (CAC) também não prolongou a estadia entre os maiores do futebol português. No final da época de 80-81 estava de volta ao escalão secundário. Apesar do regresso de Mário Wilson, no decurso da temporada.

No seu retorno à 1.ª divisão, o CAC apresenta-se com uma equipa renovada. No jogo inaugural, mais de metade dos jogadores são estreantes. Três deles são oriundos do Estoril: o lateral-direito Pedroso, o central Santana e o polivalente Parente. Acrescem Mendes, guarda-redes vindo do Benfica; Óscar, médio ex-Boavista; e Rosário, extremo-esquerdo que o Sporting tivera emprestado ao Sacavenense e futuro adjunto do treinador Fernando Santos.

Outros hão-de juntar-se-lhes ao longo da época. São os casos do defesa Tomás e do médio Mário Wilson, com este último a dar por esquecida a má experiência que dissera ter tido na sua primeira passagem por Coimbra. Aos 35 anos, Melo impor-se-á como guarda-redes titular. Martinho mantém-se como capitão de equipa, lugar em que substituíra Gervásio. Francisco Andrade está de regresso ao cargo de treinador.

As coisas começam assim-assim, com quatro empates nos quatro primeiros jogos. Seguem-se três derrotas. A primeira vitória só surge à oitava jornada, com Andrade a declarar então à imprensa: "Estou convencido de que, com estes dois pontos, o Académico vai arranjar calma para vir para o seu lugar, que é a meio da tabela". Curiosamente, "cai" com esses primeiros pontos, para dar lugar a um outro regressado: Mário Wilson (pai). Andrade passa, por pouco tempo, a adjunto.

Wilson não entra bem. O CAC é goleado pelo Amora, o que o coloca no último lugar da tabela classificativa. Depois melhora um pouco, mas mesmo assim acaba a primeira volta na penúltima posição, ainda que em igualdade pontual com duas equipas e a um escasso ponto de outras tantas.

Nessa altura, já o clube tem uma nova direcção, presidida por Ezequiel Correia Umbelino. Na sua primeira entrevista, ao jornal "Record", garante que, "embora se pense o contrário, nos atletas do Académico não se perdeu o sentimento de que a plenitude desportiva constitui, na vida de um homem, um curto lapso de tempo. De qualquer modo – acrescenta Umbelino –, iremos procurar gerir os meios de que dispomos como se de uma empresa se tratasse e iremos tentar, por todas as formas, aumentar as fontes de receita para alcançar o indispensável equilíbrio".

O CAC tem, então, um défice na casa dos oito mil contos e movimenta 181 futebolistas: 25 nos seniores, 24 nos juniores, 42 nos juvenis, 40 nos iniciados e 50 nas escolas. À excepção de dois, garantem os dirigentes, todos são estudantes. Além do futebol, possui outras secções, como as de ginástica, basquetebol, natação e xadrez, propiciando a prática desportiva a 1094 atletas, entre federados e não-federados.

É a esta realidade que a nova direcção tem que dar resposta. Mas, no que ao futebol diz respeito, as coisas não correm nada bem. A segunda volta

À ESQUERDA, EM CIMA
CAC 1 - Amora 1
22-3-1981
Uma iniciativa de Parente, na ala direita do ataque da Briosa

À ESQUERDA, EM BAIXO
CAC 1 - Sporting 2
27-12-1980
O banco do Académico: Simões de Oliveira (preparador físico), Freitas, Mendes, Pedroso, Santana, Parente, Fernando Peres (dirigente) e Francisco Andrade (treinador-adjunto)

À DIREITA
CAC 1 - Braga 2
28-9-1980
Nicolau, com a bola controlada, invade o meio campo arsenalista

JOGADORES UTILIZADOS					
Nº	NOME	JOGOS	J. C.	J. I.	MIN	GOLOS
294	Melo	23	21	2	1952	0
301	Martinho	18	13	5	1476	0
316	Mário Wilson	25	20	5	1992	2
326	Camilo	15	8	7	1021	0
335	Aquiles	19	10	9	1327	1
337	Nicolau	24	21	3	1954	9
345	Eldon	28	27	1	2519	12
348	Cardoso	23	14	9	1609	0
349	José Manuel	19	18	1	1624	0
350	Álvaro	31	28	3	2676	0
351	Henrique	8	1	7	299	0
352	Redondo	4	3	1	315	0
356	Mendes	12	10	2	1018	0
357	Pedroso	22	18	4	1883	0
358	Santana	22	21	1	1950	0
359	Óscar	17	10	7	1304	1
360	Rosário	25	9	16	1696	0
361	Parente	30	16	14	2028	1
362	Rosado	7	5	2	541	0
363	Tomás	16	13	3	1338	0
364	Freitas	9	3	6	418	0
365	Carolino	7	6	1	610	0
366	Toninho	9	6	3	605	1
367	Dani	6	5	1	495	0
368	Beto	1	0	1	17	0

À ESQUERDA, EM CIMA
Benfica 4 - CAC 0
19-10-1980
O voo arrojado de Melo
afasta o perigo
da área coimbrã

À ESQUERDA, EM BAIXO
CAC 2 - Penafiel 0
9-11-1980
O cabo-verdiano Óscar
inicia o contra-ataque

À DIREITA
CAC 1 - Marítimo 0
8-12-1980
Um esquerdino na
direita: o bailado
de Rosário frente
a um insular

NA PÁGINA DA DIREITA
"Desporto Académico.
Que futuro?"
A mesa do colóquio,
realizado a 16 de Maio
de 1981, que abriu o
caminho para o
regresso do futebol à
AAC: André Campos
Neves, José Alberto
Pereira Coelho, António
Maló de Abreu, Alberto
Gonçalves e Rui
Pacheco Mendes; em
baixo, alguns dos
oradores convidados:
Mendes Silva, Fernando
Mexia, Viterbo Correia,
Lucas Pires, Carlos
Encarnação, Frederico
Batista, Carlos Manuel
de Oliveira Castro,
Ezequiel Umbelino e
Luís Pais de Sousa

começa com uma derrota em Coimbra, com o Belenenses, uma das equipas que estava em igualdade pontual com o Académico. Depois, novo desaire, em Setúbal. E só à terceira jornada, com o Espinho, surge aquela que será a única vitória da equipa em toda a segunda metade do campeonato.

O "Diário de Coimbra" ainda coloca em título: "Aberto o caminho da recuperação". Mas, cinco derrotas consecutivas, logo a seguir, matam as esperanças. E quando o CAC só empata, em casa, com o Amora, Wilson atira praticamente a toalha ao chão: "A equipa continua muito insegura e com este resultado negativo há que pensar, sobretudo, em termos de preparação para uma nova equipa, com vista à recuperação do lugar que o clube merece".

O Académico não faz mais nenhum ponto até ao fim da prova e termina na última posição. "É isto o futebol: um ano 'em cima', outro 'em baixo'", sintetiza o "Diário de Coimbra". "Esta equipa não vai estar muito tempo na 2.ª divisão. Desce para subir", promete Vítor Manuel, que entretanto substituíra Andrade como adjunto de Wilson.

Na Taça, o CAC fora eliminado pelo União de Leiria, clube treinado pelo técnico que trouxera o Académico de volta à primeira divisão – Pedro Gomes –, e para onde se confirmara a transferência dos ex-conimbricenses Araújo, Miguel e Freitas. O jogo, que levara 17 mil espectadores ao Municipal leiriense, seria protestado pelo CAC, que se queixava de erros excessivos do árbitro: o escalabitano Mário Luís. Sem sucesso.

NACIONAL DA 1ª DIVISÃO						
CLASSIFICAÇÃO		JOGOS	V	E	D	GOLOS	PTS
1º	SL Benfica	30	22	6	2	72 - 15	50
2º	FC Porto	30	21	6	3	53 - 18	48
3º	Sporting CP	30	14	9	7	48 - 28	37
4º	Boavista FC	30	14	8	8	36 - 25	36
5º	VSC Guimarães	30	11	9	10	38 - 30	31
6º	SC Braga	30	10	10	10	34 - 39	30
7º	VFC Setúbal	30	9	11	10	30 - 30	29
8º	Portimonense SC	30	11	6	13	34 - 37	28
9º	SC Espinho	30	9	9	12	26 - 35	27
10º	FC Penafiel	30	11	5	14	27 - 38	27
11º	CF "Os Belenenses"	30	8	10	12	24 - 39	26
12º	Amora FC	30	10	5	15	38 - 51	25
13º	CAF Viseu	30	8	9	13	24 - 40	25
14º	Varzim SC	30	8	8	14	27 - 31	24
15º	CS Marítimo	30	7	9	14	33 - 46	23
16º	ACADÉMICO	30	4	6	20	16 - 58	14

Regresso à vista

"Eu admito três opções a prazo: manutenção do Clube Académico de Coimbra (CAC), com as suas características actuais; alteração dessas características, de forma a criar um clube mais 'citadino'; o regresso à Associação Académica de Coimbra". Isto, diz Ezequiel Umbelino, na sua primeira entrevista de fundo como novo presidente do CAC, concedida ao "Record" a 19 de Dezembro de 1980. Vencerá, como rapidamente se percebe, a terceira hipótese.

Quando se estreia a dar entrevistas como líder do CAC, Ezequiel Umbelino sabe três coisas: a primeira, é que o clube está mergulhado numa enorme crise financeira; a segunda, é que ele dificilmente se manterá na 1.ª divisão, o que, além do mais, virá agravar aquela crise; a última, é que o Académico foi sempre mal amado por muitos adeptos da velha Briosa, entre os quais cresce o sonho da reconciliação com a Academia. Isto tornara-se particularmente visível durante um colóquio realizado em Maio, em que um conjunto de "notáveis" convocado pela comissão desportiva da recém-retomada Queima das Fitas – de Lucas Pires a Mota Pinto, passando por Guilherme de Oliveira, Mendes Silva e vários antigos jogadores – defendera abertamente o regresso à "casa-mãe".

O início da temporada seguinte mais não faz do que confirmar a crise. Em Outubro de 81, o governador civil manda encerrar a tômbola do CAC, o que reduz ainda mais as fontes de financiamento do clube. Isso, e o insucesso das medidas adoptadas para angariação de fundos, levam a que a nova direcção termine o ano ponderando seriamente a possibilidade de se demitir, entregando as chaves da sede do CAC às entidades oficiais. A hipótese só não é posta em prática porque, entretanto, uma luz surge ao fundo do túnel. Na sequência do colóquio de Maio, que tem o apoio declarado da direcção estudantil presidida por Luís Pais de Sousa e em cuja organização pontificam os jovens António Maló de Abreu e André Campos Neves, será possível apresentar publicamente, em meados de Janeiro de 82, o chamado "Movimento de Recuperação Académica". Em conferência de imprensa realizada na sede dos Arcos do Jardim, Ezequiel Umbelino e os antigos atletas João Maló e Vítor Campos explicam do que se trata: é um movimento, desencadeado pelo Núcleo de Veteranos e apoiado pela direcção do CAC, que persegue quatro objectivos essenciais. O primeiro, é a mudança do nome do clube para Académica de Coimbra – Grupo Desportivo e Cultural; o segundo, é uma "opção definitiva e clara pela alta competição, sem perda da identidade e das características essenciais"; o terceiro, é a "intensificação das relações desportivas com a AAC"; a quarta e última, é a criação de um museu académico.

Nessa altura, o movimento tem já a funcionar um secretariado, que integra, pelo lado da direcção, Ezequiel Umbelino, Paulo Cardoso e Seco Correia; e, pelo lado dos veteranos, Mário Wilson, João Maló, Vítor e Mário Campos, Gervásio, Mário Mexia e José Pereira da Silva. Será este secretariado que, em finais de Fevereiro de 82, comunicará publicamente a prioridade que confere à resolução do problema do défice, anunciando uma série de iniciativas, à cabeça das quais surge um jantar, a realizar a 6 de Março, no Grande Hotel da Curia. O repasto, sobre cuja mesa central se vê um pano com os dizeres "Por um desporto forte; por uma cultura útil", constituirá um enorme sucesso. Estão presentes cerca de 500 pessoas, entre elas tudo quanto é, então, académico politicamente influente: Mota Pinto, Almeida Santos, Lucas Pires, Manuel Alegre, Veiga Simão... Os antigos jogadores, claro, também não faltam. Os lentes da Universidade e o fado coimbrão contam, igualmente, com uma representação de peso. E até os presidentes do Sporting, João Rocha, e do Vasco da Gama do Rio de Janeiro, Alberto Ribeiro, quiseram marcar presença. Tal como o lendário estudante boémio, Felisberto Pica. Vários deles usam da palavra, antes de serem abertos dois enormes bolos, em que estão desenhados os emblemas da Académica e do Académico, separados pela torre da Universidade. O mesmo fazem o novo presidente da Associação Académica, Guilherme Carreira, e o membro do Conselho de Veteranos, José Alberto Pereira Coelho. O primeiro, para dizer aquilo que todos queriam ouvir: "Pela nossa parte, estamos abertos a diálogo franco e sério, na certeza de que a nossa querida Associação será preservada e dignificada". Um mês depois, em entrevista ao jornal "A Bola", Ezequiel Umbelino pode responder assim ao jornalista Carlos Sequeira, que quer saber se o Académico projecta converter-se, de novo, em Académica: "De certo modo, é isso que está a passar-se".

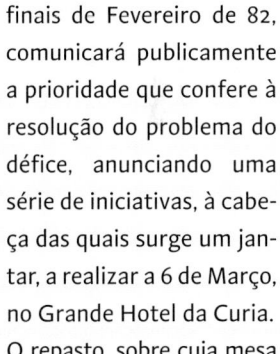

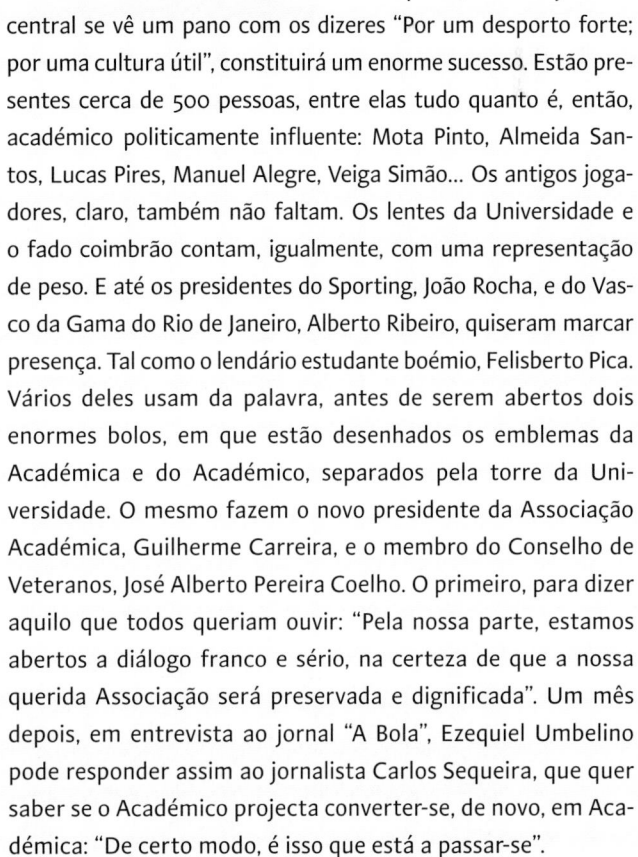

1981 · 1982
DE PASSEIO A PESADELO

*CAC 5 - U. Coimbra 1
28-2-1982
De pé: Gaspar, José Freixo, Ibraim, Germano, Mário Wilson e Parente;
à frente: Santana, Rosado, Henrique, Camegim e Eldon*

A NOVA PASSAGEM do Clube Académico de Coimbra (CAC) pela 2.ª divisão começa por parecer um agradável passeio até à subida. Mas, de repente, transforma-se num pesadelo e o clube acaba por ficar a marcar passo.

São vários os reforços com que o CAC conta para a campanha do ambicionado retorno à 1.ª divisão. Três deles são regressos: José Freixo, Gaspar e Camegim; outro, Germano, é uma promoção automática dos juniores. A eles se juntam, nomeadamente, o extremo-esquerdo Ibraim, o guarda-redes Vítor Alves e o defesa Jorge Santos, anos mais tarde presidente da Câmara de Cantanhede. Sendo que os dois últimos não chegam a ser utilizados no ano em curso. O treinador continua a ser Mário Wilson. Mas este sofre um acidente cardio-vascular logo após a segunda jornada e é o adjunto Vítor Manuel quem acaba por orientar a equipa durante as seis rondas seguintes.

Os três primeiros jogos terminam empatados. Mas, depois, o CAC entra numa espiral de vitórias, que o leva a terminar a primeira volta isolado no topo da tabela, sem uma única derrota. Só na Taça, com a eliminação pelo primodivisionário Penafiel, as coisas correm mal.

O "passeio" parece prosseguir na segunda metade do campeonato. Mas à vigésima segunda jornada, inesperadamente, o CAC perde com o Alcobaça, em Coimbra. Chega a estar em vantagem e vê um adversário ser expulso. Em contrapartida, falha um pénalti e tem dois golos anulados. Certo é que a derrota é suficiente para guindar os alcobacenses à liderança.

Pior ficam as coisas quando, no domingo seguinte, o Académico perde em Águeda. Ainda aqui, o adversário tem um jogador expulso. Mas é ele quem chega à vitória, a dois minutos do fim da partida. Alegam os estudantes que o golo foi obtido em falta. Invocam ainda outras supostas irregularidades – desde uma agressão do público a Eldon, até uma estranha mudança de fiscal de linha à última hora –, ameaçando mesmo protestar o jogo. A verdade é que, depois deste, o Académico passa para o terceiro lugar, a três pontos do Alcobaça e a um do Águeda.

Na jornada seguinte regressam as vitórias e o CAC retorna à segunda posição na tabela porque os aguedenses "escorregam". Assim se mantêm as coisas durante mais três semanas, ao longo das quais o Águeda continua a perder terreno e o Alcobaça vê reduzida a vantagem sobre o Académico para um único ponto.

Até que chega o "fatídico" jogo de 23 de Maio de 1982, em Celorico da Beira. O adversário é a Associação Desportiva da Guarda, que tem o campo interditado e precisa desesperadamente de pontos para evitar a descida. Aos 78 minutos, Camegim marca. O árbitro Manuel Vicente, de Vila Real, dirige-se para o centro do terreno. Mas é prontamente rodeado por jogadores egitanienses, que alegam fora-de-jogo do avançado de Coimbra. O juiz consulta o fiscal de linha, que confirma o golo. Os atletas da casa continuam a protestar. Dois deles vêem o cartão amarelo. O árbitro ameaça dar o jogo por terminado, retirando mesmo o apito do pescoço. Mas, quase dez minutos após a decisão inicial, Manuel Vicente anula o tento. E, pouco depois, dá a partida por terminada, com o resultado em branco.

À ESQUERDA, EM CIMA
CAC 3 - Rio Maior 0
1-11-1981
Eldon, um dos maiores goleadores do futebol académico, a fazer aquilo de que mais gosta: rematar à baliza adversária

À ESQUERDA, EM BAIXO
CAC 2 - Oliv. Bairro 0
7-2-1982
Aquiles observa a arte de Mário Wilson frente a dois adversários

À DIREITA
Águeda 1 - CAC 0
18-4-1982
Germano e o aguedense Arnaldo José disputam uma bola que também é alvo da atenção de Ibraim e de Camilo

JOGADORES UTILIZADOS						
Nº	NOME	JOGOS	J. C.	J. I.	MIN	GOLOS	J. A.
291	José Freixo	29	29	0	2640	0	2
312	Gaspar	31	31	0	2820	0	3
316	Mário Wilson	30	16	14	2407	4	3
326	Camilo	9	4	5	564	2	2
330	Camegim	31	27	4	2689	16	3
335	Aquiles	26	14	12	2033	1	3
337	Nicolau	15	3	12	646	0	1
345	Eldon	30	30	0	2730	21	3
351	Henrique	12	0	12	504	0	0
352	Redondo	4	0	4	58	0	0
358	Santana	30	29	1	2717	0	3
361	Parente	31	28	3	2755	1	3
362	Rosado	28	24	4	2462	7	3
363	Tomás	21	10	11	1174	0	2
367	Dani	7	0	7	79	0	0
368	Beto	1	0	1	23	0	0
369	Germano	27	26	1	2393	0	3
370	Ibraim	29	20	9	2304	6	2
371	Rui Vala	1	0	1	21	0	3

À ESQUERDA, EM CIMA
CAC 2 - Águeda 0
15-11-1981
A festa do segundo golo do Académico: o abraço a Eldon, perante uma bancada em delírio

À ESQUERDA, EM BAIXO
CAC 1 - Nazarenos 0
31-1-1982
Eldon, em jogada individual, dribla o guardião Lapa, perante o testemunho do fiscal de linha Soares Dias

À DIREITA
CAC 5 - U. Coimbra 1
28-2-1982
O cruzamento de Camegim para o interior da área unionista

Desta vez, os estudantes protestam mesmo o jogo. Mais: a direcção presidida por Ezequiel Umbelino chega a anunciar a demissão, revoltada com os "meandros obscuros do mundo do futebol". O académico Alfredo Castanheira Neves abandona a presidência do Conselho Arbitral da Liga de Clubes, "convencido de que no futebol só pode prosseguir quem se comporte como 'gangster'".

Faltam, então, duas jornadas para o fim do campeonato e os estudantes têm dois pontos a menos que o seu adversário mais directo. Na penúltima ronda, o CAC vence o Peniche. Como o Alcobaça também bate o Beira-Mar, os alcobacenses celebram imediatamente a subida. Só que continua por julgar o protesto dos coimbrãos. Pelo que estes partem para a última jornada ainda com alguma esperança: se vencerem a derradeira partida na Nazaré e a FPF mandar repetir o jogo de Celorico, o Alcobaça não pode perder em Coimbra, com o União local. Sob pena de ter festejado em vão.

Verificar-se-á o cenário mais favorável aos estudantes. Que, ao ganharem o novo jogo com a Guarda – e logo por 3-0 – parecem agora ter a subida garantida. Puro engano! Os egitanienses, mesmo não estando já em condições de evitar a queda na 3.ª divisão, protestaram a repetição do encontro com o CAC junto do Conselho Jurisdicional da FPF. E este acaba por anular a segunda partida, fazendo voltar tudo à primeira forma. O CAC terá mesmo de jogar a "liguilha". Já durante a época seguinte, uma vez que, devido às confusões burocráticas, esgotara-se o tempo que permitiria a sua disputa na temporada em curso. Temporada em que o Académico ainda realiza dois encontros relativos ao torneio de apuramento do campeão da 2.ª divisão, que, em função das ulteriores deliberações federativas, de nada servem.

NACIONAL DA 2ª DIVISÃO – ZONA CENTRO						
CLASSIFICAÇÃO	JOGOS	V	E	D	GOLOS	PTS
1º GC Alcobaça	30	21	4	5	58 - 24	46
2º ACADÉMICO	30	18	10	2	59 - 13	46
3º RD Águeda	30	21	2	7	54 - 23	44
4º SC Beira-Mar	30	13	10	7	46 - 32	36
5º Oliveira do Bairro SC	30	12	11	7	50 - 30	35
6º GD Peniche	30	13	6	11	32 - 28	32
7º UD Rio Maior	30	11	9	10	27 - 28	31
8º UD Oliveirense	30	11	8	11	31 - 33	30
9º SB Castelo Branco	30	12	6	12	39 - 37	30
10º CFU Coimbra	30	9	9	12	38 - 33	27
11º SC Covilhã	30	11	4	15	34 - 43	26
12º GD "Os Nazarenos"	30	8	10	12	28 - 31	26
13º AD Guarda	30	9	6	15	23 - 45	24
14º GD Portalegrense	30	6	5	19	19 - 50	17
15º UD Santarém	30	4	9	17	13 - 60	17
16º SL Cartaxo	30	5	3	22	23 - 64	13

Terror em Celorico

O DIA 13 DE JUNHO DE 1982 FICARÁ, para sempre, marcado como um dos mais tristes para o futebol português. Defrontam-se Guarda e Académico de Coimbra (CAC), em jogo de repetição da Zona Centro da 2.ª divisão. A violência anda à solta durante horas. Um título do jornal "A Bola" do dia seguinte diz tudo: "Ambiente de guerra em Celorico da Beira".

O CAC solicitara que a repetição do encontro Guarda-Académico tivesse lugar em Seia, tendo em conta as condições do campo de Celorico. Não apenas em matéria de segurança, como de dimensão. O recinto, pelado, não tinha uma única bancada, pelo que os assentos disponíveis eram os ramos das árvores e o muro de separação da estrada. O árbitro Manuel Vicente já passara os instantes que antecederam o primeiro jogo de fita métrica na mão, procurando aquilatar se as marcações do terreno correspondiam às medidas exigidas.

A Federação manteve-se surda à solicitação académica e o ambiente em redor do encontro tornou-se infernal. Em causa, não estavam só as pretensões do CAC em regressar à 1.ª divisão. Pretensões que chocavam com as do Alcobaça, o que explicará que em Celorico se vissem bandeiras alcobacenses e simpatizantes do clube a apoiarem a Desportiva da Guarda.

Entre os adeptos desta vivia-se, por sua vez, um enorme sentimento de revolta pelos dois pontos que se sabia estarem na iminência de serem ganhos na "secretaria" pelo Sporting da Covilhã, que rivalizava com os egitanienses na luta pela fuga à despromoção. Dois pontos esses que os "verde-brancos" da serra da Estrela tinham perdido no campo da Oliveirense, em jogo onde esta fizera alinhar um atleta que se encontrava castigado pela Federação. E sem os quais era o Covilhã, e não a Guarda, a descer de divisão. Foi neste contexto que o CAC passou os dias que antecederam o encontro estagiando em local mantido secreto. Na manhã de 13 de Junho, partiram de Coimbra 30 autocarros e centenas de automóveis cheios de adeptos, mobilizados por panfletos profusamente distribuídos pela cidade. E a GNR destacou, para o campo e arredores, cerca de 300 agentes, muitos dos quais acompanhados de cães-polícia.

Revelaram-se impotentes para controlar a situação. À medida que os simpatizantes do CAC iam entrando no campo, eram recebidos com pedradas oriundas das árvores circundantes. E o mesmo aconteceu, mal os primeiros jogadores do Académico entraram no terreno de jogo, para o aquecimento. Aos 3 minutos, o árbitro Marques Pires, de Setúbal, tem de interromper a partida pela primeira vez, tal a imensidão de objectos que cai sobre o pelado. E a violência aumenta ainda mais quando, aos nove minutos, Aquiles coloca o CAC em vantagem. Os atletas do Académico evitam aproximar-se das linhas laterais. Os que têm de efectuar os lançamentos com a mão são constantemente "bombardeados" da assistência por arames dobrados, disparados por fisgas. Não é tudo. Aos 24 minutos, Eldon faz o 2-0 e os egitanienses contestam a legalidade do golo. Pouco depois, o juiz expulsa dois jogadores da Guarda, a acrescentar a um primeiro – por sinal um suplente – que já mandara recolher mais cedo aos balneários. E mostra alguns cartões amarelos a outros atletas que dão evidentes sinais de nervosismo. É quanto basta para que o campo seja invadido, levando a nova interrupção, que agora se prolonga por 18 minutos. Os relatores da RDP, Braga da Cruz e António Alberto, de cujas mãos chega a ser arrancado um microfone, suspendem a emissão, por considerarem não ter condições para prosseguir o seu trabalho. Aos nove minutos da segunda parte, Camegim marca o 3-0 e arruma a questão. Mal o cronómetro regista os 90 minutos regulamentares, Marques Pires apita e corre para as cabinas.

É apoiado por Gaspar, guarda-redes do Académico, que lhe grita: "Vamos embora, vamos embora, que eles matam-nos aqui!". Mas os incidentes continuam durante muito mais tempo. O treinador Mário Wilson é a vítima maior: desde cuspidelas a pontas de cigarro acesas, tudo lhe caiu em cima. Pelo menos uma dezena de pessoas, teve de receber assistência hospitalar. O autocarro com a equipa do CAC só chegou a Coimbra, onde foi recebido em apoteose, cerca de sete horas após o termo da partida. Os conimbricenses estavam convencidos de que se consumara o regresso à 1.ª divisão. "Ambiente de guerra em Celorico da Beira", escrever-se-ia no dia seguinte em "A Bola". Enquanto os jornalistas Francisco Rosa e José Carlos de Freitas garantiam, na "Gazeta dos Desportos", que "os jogadores do Académico não contribuíram absolutamente nada para tal espectáculo, mostrando-se sempre interessados em jogar à bola e só isso". Isto, após terem descrito assim o "cenário" de Celorico: "O que estava em disputa não parecia um jogo, era uma guerra; quem estava do outro lado não pareciam jogadores adversários, eram inimigos a abater; o que estava em questão não parecia ser a verdade desportiva, mas a desforra primária, a agressão simples".

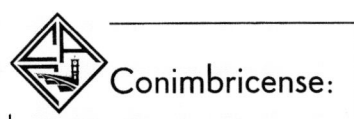

Conimbricense:

- O teu apoio é indispensável à reposição da justiça integral para o **Académico!**
- Vem connosco a Celorico da Beira;

Domingo, dia 13 de JUNHO

Contamos contigo!...
Incentiva o teu amigo!
COIMBRA estará lá.
Temos transporte gratuito para ti.

- Inscreve-te na sede do Académico.
- Bilhetes para o jogo à venda na sede.
- Preenche a lotação da tua viatura, se te deslocas pelos teus meios.

Partiremos às 13 Horas

1982·1983
Ter o pássaro na mão...

*CAC 4 - Esp. Lagos 1
20-2-1983
De pé: Jacinto João, Marconi, José Freixo, Eldon e Germano; à frente: Aquiles, Tomás, Paulo Ferreira, Rosado, Freitas e Parente*

Três vezes o Clube Académico de Coimbra (CAC) tem "o pássaro na mão", três vezes o deixa fugir. As "liguilhas" não são, decididamente, o forte dos estudantes. Mas estes, à semelhança do que acontecera na temporada de 81-82, têm todas as possibilidades de "carimbar" o regresso à 1.ª divisão durante o campeonato e desperdiçam-nas de novo. Salva-se a Taça de Portugal, onde chegam às meias-finais.

É uma época "louca", a de 82-83! O CAC disputa nada menos de 49 jogos. Meia dúzia deles são referentes à "liguilha" que ficara "pendurada" da temporada anterior, devido ao "folhetim" de Celorico. E, logo aí, o Académico tem todas as hipóteses de assegurar o regresso à 1.ª divisão. Desperdiça-as na última jornada, quando perde em Vidal Pinheiro por 1-0. Com o Salgueiros, que quatro dias antes contrariara a regra de a equipa da casa vencer sempre os seus jogos, ao empatar no terreno do Penafiel.

O Académico vê-se, assim, na contingência de ter de disputar, novamente, o campeonato da 2.ª divisão. E neste, a última semana de Maio de 83 torna-se um verdadeiro desastre para as pretensões coimbrãs. Tudo começa com a derrota por 3-2, frente ao Beira-Mar, treinado pelo antigo atleta da Briosa Rui Rodrigues. Como uma desgraça nunca vem só, a Federação confirma, dias depois, a vitória do Águeda sobre o Covilhã, em jogo realizado há meses e que havia sido interrompido por invasão de campo, numa altura em que o marcador acusava 1-0 a favor dos bairradinos. Assim, o CAC entra para a penúltima jornada da Zona Centro com menos um ponto que os aguedenses.

O Académico cumpre a sua obrigação – nessa, e também na derradeira ronda. Só que o Águeda, com quem os estudantes perderam em Coimbra, faz o mesmo. E, assim sendo, o CAC falha novamente a promoção directa à 1.ª divisão. Apesar de só ter sofrido três derrotas.

A terceira aconteceu frente ao Leiria, também em Coimbra, no jogo de abertura da segunda volta. Logo aos cinco minutos, o árbitro lisboeta António Ferreira não marca o que o jornalista Soares Rebelo, no "Diário de Notícias", classifica de "grande penalidade flagrante contra os leirienses". Depois, "inventa faltas sistemáticas contra o Académico", não pune "devidamente a dureza dos visitantes" e sanciona o tento do Leiria, "claramente precedido de falta". Conclusão de Rebelo, que nem releva a expulsão do estudante Freitas, nem uma outra penalidade a favor dos da casa que terá ficado por marcar: o juiz "prejudicou largamente os conimbricenses".

Para os adeptos destes, de cabeça especialmente "quente" com o tal golo do Leiria, marcado a quatro minutos do final, a controversa amostragem posterior de um "amarelo" a Parente, é a gota de água que faz transbordar o copo. Os esforços dos dirigentes do CAC não chegam para evitar a invasão de campo, de que resultam agressões ao árbitro e a um dos seus fiscais de linha. Muito menos para impedir que o Municipal de Coimbra venha a ser interditado por seis jogos.

Falhada a promoção directa, resta novamente a "liguilha". Mas também aí o Académico claudica, pela segunda vez consecutiva. Fica em último lugar, sem uma única vitória nos seis jogos realiza-

ACADÉMICO, 4 — RIO AVE, 0

COIMBRA OU... WEMBLEY?
ACADÉMICO OU... LIVERPOOL?

	JOGADORES UTILIZADOS				
Nº	NOME	JOGOS	J. C.	J. I.	MIN	GOLOS
291	José Freixo	39	36	3	3435	0
316	Mário Wilson	20	3	17	795	0
323	Freitas	42	34	8	3597	4
326	Camilo	30	22	8	2509	8
330	Camegim	29	16	13	2114	8
335	Aquiles	39	22	17	2772	3
345	Eldon	46	40	6	3998	51
352	Redondo	6	2	4	324	0
355	Viçoso	1	0	1	3	0
361	Parente	47	45	2	4224	8
362	Rosado	46	35	11	3803	4
363	Tomás	37	30	7	3032	2
368	Beto	2	0	2	54	0
369	Germano	48	48	0	4377	0
370	Ibraim	8	0	8	308	1
371	Rui Vala	6	1	5	204	0
372	Jacinto João	47	45	2	4277	0
373	Jorge	6	3	3	364	0
374	Marconi	49	41	8	4240	12
375	Luís Horta	24	15	9	1789	3
376	Paulo Ferreira	34	20	14	2455	1
377	Eduardo	3	1	2	135	0
378	Joel	3	2	1	187	0
379	Rui Ferreira	1	0	1	71	0
380	Filipe	1	0	1	19	0

À ESQUERDA
CAC 5 - U. Coimbra 1
24-4-1983
Tomás, com Aquiles por perto, procura furar o cerco movido pelos unionistas Ruas e Carlos Ferreira

À DIREITA
CAC 3 - Nazarenos 0
3-10-1982
Germano conduz uma iniciativa pelo lado esquerdo, aprestando-se para lançar o seu ataque

Título de "A Bola", a 13 de Dezembro de 1982

EM CIMA
CAC 2 - Ac. Viseu 1
30-1-1983
O banco do Académico, onde o grande ausente é Mário Wilson (castigado federativamente). Da esquerda para a direita: Guilherme Luís (massagista), Manuel Acúrsio (médico), António Augusto (dirigente), Vítor Manuel (treinador-adjunto) e Nelo Vingada (preparador físico)

EM BAIXO
U. Coimbra 2 - CAC 3
5-12-1982
Uma bola que parece fugir a toda a gente: ao académico Camilo e aos unionistas Canavarro e Coelho

dos. Ainda por cima, logo após o primeiro encontro do torneio, Mário Wilson anuncia que abandona Coimbra, no final da época. Para a imprensa, mantém a decisão envolta num certo secretismo: "Sofri hoje uma grande desilusão, a maior da vida, precisamente por haver saído da pessoa que saiu". Mas o mistério não consegue esconder a crescente incompatibilidade entre o treinador e a direcção, desde Fevereiro presidida por Jorge Anjinho.

Serve de consolação o comportamento da equipa no torneio de reservas, que a Associação de Futebol de Coimbra começa a realizar, e na Taça de Portugal. Aquele, baptizado com o nome de Armando Sampaio, em homenagem à mítica figura da Briosa dos anos 20, é facilmente ganho pelo Académico. Na Taça atinge as meias-finais. É copiosamente derrotado pelo FC Porto, mas para chegar até às Antas elimina dois primodivisionários: o Rio Ave e o Guimarães. Sobretudo com o primeiro, treinado por Quinito, realiza exibição de tão alto quilate que no jornal "A Bola" se pergunta: "Coimbra ou... Wembley? Académico ou Liverpool?".

A grande "vedeta" da equipa é, então, Eldon, que ao longo da temporada marca 51 golos. Desde o início da época que tem a companhia de reforços como Jacinto João, Luís Horta e Paulo Ferreira, todos ex-Belenenses; Marconi, ex-Alcobaça; e Freitas, regressado de Leiria. Também há um novo preparador físico: Nelo Vingada. E um dos membros do departamento médico chefiado por Francisco Soares dá pelo nome de Campos Coroa.

LIGUILHA						
CLASSIFICAÇÃO	JOGOS	V	E	D	GOLOS	PTS
1º SC Salgueiros	6	3	1	2	8 - 9	7
2º FC Penafiel	6	2	2	2	5 - 4	6
3º ACADÉMICO	6	3	0	3	8 - 11	6
4º SC Farense	6	2	1	3	12 - 9	5

NACIONAL DA 2ª DIVISÃO – ZONA CENTRO						
CLASSIFICAÇÃO	JOGOS	V	E	D	GOLOS	PTS
1º RD Águeda	30	21	7	2	62 - 17	49
2º ACADÉMICO	30	21	6	3	74 - 32	48
3º UD Leiria	30	17	10	3	44 - 17	44
4º CFU Coimbra	30	12	9	9	34 - 26	33
5º SC Beira-Mar	30	10	11	9	32 - 37	31
6º SCU Torreense	30	9	10	11	32 - 36	28
7º UD Rio Maior	30	10	8	12	31 - 41	28
8º SC Covilhã	30	11	5	14	38 - 42	27
9º Anadia FC	30	10	7	13	41 - 45	27
10º SB Castelo Branco	30	8	11	11	34 - 40	27
11º GD Peniche	30	10	6	14	35 - 43	26
12º CAF Viseu	30	10	6	14	29 - 39	26
13º SCE Portalegre	30	8	8	14	51 - 51	24
14º Oliveira do Bairro SC	30	9	4	17	32 - 49	22
15º CD Estarreja	30	7	7	16	28 - 44	21
16º GD "Os Nazarenos"	30	6	7	17	27 - 65	19

LIGUILHA						
CLASSIFICAÇÃO	JOGOS	V	E	D	GOLOS	PTS
1º SC Espinho	6	6	0	0	13 - 3	12
2º FC Vizela	6	2	1	3	10 - 9	5
3º LGC Évora	6	2	1	3	8 - 14	5
4º ACADÉMICO	6	0	2	4	4 - 9	2

"O ESCÂNDALO ESTOIROU"

Última jornada do campeonato da Zona Centro da 2.ª divisão. Para poder subir directamente, o Académico de Coimbra tem, não só de ganhar o seu jogo em Viseu, como esperar que o Recreio de Águeda perca em Peniche. O CAC vence, mas como o mesmo acontece com os aguedenses, são estes a ascender automaticamente à 1.ª divisão.

Acontece que um jogador do Peniche surge no jornal "A Bola" a garantir ao repórter Manuel António que três colegas seus foram subornados para perderem a partida com os bairradinos. Fernando Duarte – assim se chama o atleta – explica mesmo ter sido em protesto contra a corrupção que se recusara a entrar em campo para substituir um companheiro, conforme decisão do treinador penichense. E que este, perante a sua recusa, se vira obrigado a socorrer-se de um júnior recém-promovido.

O técnico – Júlio Amador, de seu nome – é, naturalmente, chamado a pronunciar-se. E diz isto, depois de confessar ter pensado que Fernando Duarte, funcionário camarário, com 30 anos de idade e seis de clube, fora acometido de uma indisposição súbita: "Lá que é confuso é. Nunca levámos cinco golos de ninguém. Nem fora de casa".

Os dirigentes do Académico também lêem estas declarações. Vai daí, solicitam a impugnação da tabela classificativa, até o caso ser esclarecido. Mais lestos, os do Águeda acusam prontamente Duarte de estudar em Coimbra e o CAC de ter oferecido centenas de contos aos jogadores penichenses para vencerem o seu último jogo.

As coisas complicam-se ainda mais quando o presidente do Peniche, Artur Patriarca, concede uma entrevista à "Gazeta dos Desportos". Diz ele, antes de revelar que o próprio líder directivo do Recreio estivera na vila três dias antes do jogo, tendo sido visto a contactar atletas penichenses: "Se fosse só um jogador a receber dinheiro das pessoas do Águeda, a coisa era mais fácil de abafar. Mas assim, como foram três, torna-se mais difícil". Patriarca diz mais. Por exemplo, que o próprio treinador devia suspeitar da marosca, porque modificou três vezes a constituição inicial da equipa penichense. Ou que os jogadores do Peniche desejavam a vitória do Águeda porque, na época anterior, o CAC prometera cem contos a cada um deles para vencerem o Recreio e depois não pagou. Ou, ainda, que antes do encontro começar, o presidente aguedense o levara à cabina do árbitro, para este "ter a certeza de que nós estávamos 'dentro da jogada".

Apesar de tudo isto, Artur Patriarca remete qualquer decisão interna para depois de um encontro entre a direcção, os atletas e a equipa técnica do Peniche. "Compreende, não é?", pergunta ao repórter da "Gazeta", antes de levantar, ele próprio, um pouco da ponta do véu: "O melhor seria colocar uma pedra sobre o assunto. Nesta reunião, até se poderá concluir que as declarações do Fernando Duarte ao jornal 'A Bola' não foram bem interpretadas, que houve um abuso da parte do jornalista, e nós acabamos por emitir um desmentido sobre tudo o que foi dito".

Estava na cara. Escreve José Carlos de Freitas, no dia seguinte à conversa com Patriarca, na "Gazeta dos Desportos": "Mais tarde, confirmaríamos que na reunião entre direcção, jogadores e treinador do Peniche foi decidido (sic) que 'tudo não havia passado de um mal-entendido e de um desabafo inconsciente de Fernando Duarte, num momento de muitos nervos, o que seria energicamente desmentido, através de um comunicado que se faria chegar aos jornais".

Bem protesta o Académico, junto do Conselho de Disciplina da Federação... Certa virá a revelar-se a antevisão de João Bonzinho, no novo jornal desportivo "Off-Side": "Fernando Duarte, o jogador que teve a coragem de denunciar o possível suborno dos seus companheiros, pode ser, a esta hora, um homem condenado a sair da equipa e até mesmo de Peniche. E porquê? Porque aquilo que afirmou ao jornal 'A Bola' e não desmentiu ao 'Record', é, tudo o indica, verdadeiro! E as verdades, muitas vezes, doem e custam a ouvir".

Bonzinho sabe bem do que fala, porque na mesma ocasião regista novas declarações de Júlio Amador e do atleta Furtado, ambas no sentido das suas conclusões. Talvez por isso, termine assim o artigo: "Fernando Duarte, você foi corajoso em denunciar o que sabia. Agora, é o réu que pode estar condenado, mas continua a ser o menos culpado. Ou não se diz que os subornados foram o guarda-redes Rodrigues, o defesa Paulino e o médio Santos? E que terão recebido 500 contos cada um? O escândalo já estoirou. Até onde irá parar? Ou será que continua desconhecido dos dirigentes da FPF?". A fazer fé no que (não) se passa em seguida, continua mesmo. E assim prosseguirá.

UM JOGADOR DO PENICHE ACUSA!
HOUVE TRÊS JOGADORES QUE FORAM SUBORNADOS

1983 · 1984
À TERCEIRA FOI DE VEZ

U. Coimbra 2 - CAC 3
6-5-1984
De pé: Alexandre, Reis, Ângelo, Parente e Vítor Nóvoa; à frente: Aquiles, Coimbra, Isalmar, Tomás, Camegim e Ribeiro

Após duas tentativas frustradas, o Clube Académico de Coimbra (CAC) assegura, finalmente, o regresso à 1.ª divisão. Sob o comando técnico de Vasco Gervásio e na sequência de um campeonato em que só averba quatro derrotas.

Com o clube mergulhado numa crise financeira, a que não é alheia a permanência na 2.ª divisão há duas temporadas consecutivas, as esperanças de início de época na subida são moderadas. Para o lugar de técnico principal, consumada a saída de Mário Wilson e falhada a hipótese Mário Coluna, opta-se pela "prata da casa": Vasco Gervásio. Para recompor a equipa – abalada por abandonos como os de Eldon, depois de um intrincado processo que começa a degradar as relações entre os estudantes e o Guimarães, de Jacinto João, de Luís Horta, de José Freixo, de Rosado e de Freitas –, vão buscar-se atletas genericamente pouco renomados: Marrafa, que regressa após quatro anos no União da Madeira; Vítor Nóvoa, antigo internacional júnior pelo FC Porto; Porfírio, internacional "esperança" pelo Famalicão; Ângelo, Isalmar, Reis, Toni, Cosme, Coimbra, João Vieira, Jorge Oliveira e Ribeiro. Uma formação completa, excluídas as promoções dos juniores.

A primeira tarefa de Gervásio parece ser a de arrefecer, ainda mais, as expectativas. "Essa psicose da subida tem produzido resultados em absoluto negativos"; "Não tenho por adquirido que o lugar do Académico seja, necessariamente, na primeira divisão", são algumas das afirmações do antigo atleta da Briosa, na sua primeira grande entrevista como novo treinador do CAC. Um pouco em contraste, é certo, com o que declara o chefe do departamento de futebol, António Augusto, para quem "os sócios do Académico" podem "tranquilizar-se, pois a maioria dos jogadores que compõem o plantel, não sendo, na sua maioria, nomes sonantes do nosso futebol, são jogadores com ambições suficientes para, ao fim de três anos, levarem o Académico à 1.ª divisão". Mas a verdade é que, apesar do baixo orçamento, as coisas começam logo a correr bem, contrariando ideias feitas, como a do presidente do União de Leiria, João Santos: "O Académico? Bom, dele só tive medo quando Mário Wilson era o treinador. Agora..."

O campeonato encarregar-se-á de o desmentir. O Académico já termina a primeira volta isolado na liderança, só com duas derrotas. Apenas na Taça, com a equipa a ser eliminada logo no início da prova, pelo Barreirense, é que as coisas não correm bem.

Desde a oitava jornada, o CAC conta com um novo avançado: Nilson Dias, um dos 22 seleccionados por Telé Santana para o Mundial de 82. Mas, no Académico, Nilson nunca se afirmará como titular indiscutível. Então, as grandes referências do ataque do CAC são Camegim e Coimbra, este último a caminhar tranquilamente para o título de melhor marcador da Zona Centro, com um total de 17 golos.

JOGADORES UTILIZADOS						
Nº	NOME	JOGOS	J. C.	J. I.	MIN	GOLOS
292	Reis	32	21	11	2448	8
320	Marrafa	27	27	0	2430	0
326	Camilo	22	17	5	1751	5
330	Camegim	32	24	8	2650	14
335	Aquiles	29	17	12	2160	1
352	Redondo	25	19	6	2007	0
355	Viçoso	1	1	0	90	0
361	Parente	31	27	4	2680	0
363	Tomás	31	29	2	2744	0
369	Germano	13	9	4	967	0
376	Paulo Ferreira	5	0	5	155	0
379	Rui Ferreira	4	0	4	170	0
380	Filipe	1	0	1	45	0
381	Ângelo	23	17	6	1886	0
382	Isalmar	27	24	3	2359	0
383	Cosme	7	1	6	349	0
384	Coimbra	32	26	6	2748	21
385	Ribeiro	35	30	5	2925	8
386	Jorge Oliveira	13	5	8	885	0
387	Porfírio	12	4	8	642	0
388	Alexandre	12	3	9	679	0
389	Alcino	4	3	1	341	0
390	Vítor Nóvoa	8	8	0	750	0
391	Toni	14	1	13	516	1
392	João Vieira	7	0	7	320	0
393	Nilson Dias	18	8	10	1029	7
394	Rui Mendonça	1	1	0	90	0
395	Azenha	1	1	0	90	0

U. Coimbra 2 - CAC 3
6-5-1984
À esquerda, em cima, Ângelo vai cruzar para a grande área unionista, sem que ninguém o consiga evitar. Em baixo, em tempos de Queima, as capas estendidas, como sinal de reconhecimento à equipa que, no final do encontro, ascenderia à 1.ª divisão. Parente, Aquiles e Ângelo comandam o "onze" da Briosa

À DIREITA
CAC 2 - Alcobaça 1
8-4-1984
Aquiles corre para o presidente Jorge Anjinho, após Coimbra, melhor marcador da época, ter apontado o golo da vitória

U. Coimbra 2 - CAC 3
6-5-1984
À esquerda, em cima, mal soa o apito final, os adeptos invadem pacificamente o relvado, dando largas à sua alegria.
Em baixo, Nilson Dias invade a área unionista, com Vítor Duarte (ex-júnior do CAC e futuro atleta da AAC) procurando gorar os intentos do avançado do Académico.
À direita, os mais jovens, mesmo quando as mãos estão ocupadas pelo transporte de enormes bandeiras, não querem perder a oportunidade de levar para casa uma recordação dos seus ídolos. Camegim, Nilson Dias e Coimbra são aqui os mais assediados

NA PÁGINA DA DIREITA
Jorge Anjinho, o presidente do CAC que instaura o "Dia da Briosa", intervindo na sessão que assinala, a 25 de Fevereiro de 1984, a inauguração do Bingo, importante fonte de receita

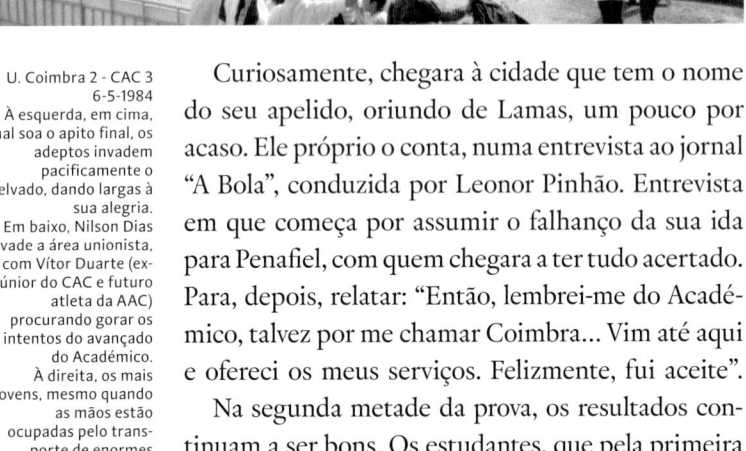

Curiosamente, chegara à cidade que tem o nome do seu apelido, oriundo de Lamas, um pouco por acaso. Ele próprio o conta, numa entrevista ao jornal "A Bola", conduzida por Leonor Pinhão. Entrevista em que começa por assumir o falhanço da sua ida para Penafiel, com quem chegara a ter tudo acertado. Para, depois, relatar: "Então, lembrei-me do Académico, talvez por me chamar Coimbra... Vim até aqui e ofereci os meus serviços. Felizmente, fui aceite".

Na segunda metade da prova, os resultados continuam a ser bons. Os estudantes, que pela primeira vez na história apresentam publicidade nas camisolas ("Espaço T", do grupo Torralta), sofrem apenas mais duas derrotas. E, a uma ronda do final da competição, já têm a subida assegurada, após vencerem o União de Coimbra. A festa é feita em casa, frente à Guarda, com o CAC a apresentar uma equipa de segundos planos. Vencendo, mesmo assim, folgadamente: 4-0.

Em todo o caso, após o termo do campeonato, Gervásio anuncia que abandona o comando técnico do Académico. "Um núcleo de associados, que nem sequer é representativo, pretendeu desestabilizar o meu trabalho", é a explicação pública que dá.

Jorge Anjinho, o presidente, não poupa nos elogios: "Lamentamos profundamente que não fique, pois tinha a confiança da direcção e da massa associativa".

Mas o antigo atleta já não orienta a equipa na digressão ao Qatar – onde os estudantes vencem a respectiva selecção olímpica –, que se realiza após o torneio de apuramento do campeão da 2.ª divisão. E que se segue a uma outra, aos Estados Unidos, que leva os estudantes a Newark e a Fall River.

É o ex-adjunto Vítor Manuel quem orienta a equipa na deslocação ao Médio-Oriente. Numa altura em que já se sabe que o próximo treinador do clube será Jesualdo Ferreira e que Parente se transfere para o Boavista.

NACIONAL DA 2ª DIVISÃO – ZONA CENTRO						
CLASSIFICAÇÃO	JOGOS	V	E	D	GOLOS	PTS
1º ACADÉMICO	30	19	7	4	58 - 22	45
2º GD Peniche	30	16	8	6	46 - 26	40
3º GC Alcobaça	30	15	8	7	49 - 27	38
4º SC Covilhã	30	14	8	8	42 - 21	36
5º SCU Torreense	30	16	4	10	33 - 33	36
6º CFU Coimbra	30	13	7	10	36 - 33	33
7º CAD "O Elvas"	30	12	8	10	39 - 29	32
8º AD Guarda	30	11	10	9	36 - 40	32
9º UD Leiria	30	10	8	12	35 - 25	28
10º SB Castelo Branco	30	11	6	13	31 - 36	28
11º SC Beira-Mar	30	11	5	14	37 - 44	27
12º Caldas SC	30	9	9	12	29 - 44	27
13º UFCI Tomar	30	9	9	12	28 - 29	27
14º Naval 1º Maio	30	4	10	16	16 - 41	18
15º Anadia FC	30	6	5	19	27 - 50	17
16º UD Rio Maior	30	7	2	21	23 - 65	16

O "Dia da Briosa"

EQUIPA À PARTE, o Académico só passa, verdadeiramente, a ter património durante a época de 83-84, que já decorre, por inteiro, sob o signo da direcção liderada por Jorge Anjinho. É então que é adquirido o primeiro autocarro, que o bingo é concessionado ao clube e que se inicia a construção do pavilhão na Solum. Significativamente, tudo isto acontece quando se acelera o processo de extinção formal do CAC e o seu retorno à "casa-mãe". Não por acaso, é também por esta altura que é institucionalizado o chamado "Dia da Briosa".

Noite de 25 de Fevereiro de 1984. Nas caves "Vice-Rei", em Anadia, cerca de 300 académicos reúnem-se ao jantar. À hora da sobremesa, como é da praxe, têm lugar os discursos. Vítor Campos, presidente do Núcleo de Veteranos, é o primeiro a falar. "Há, finalmente, uma direcção do CAC", proclama, num elogio aberto ao elenco empossado pouco mais de um ano antes. Preside a esse elenco Jorge Anjinho, o homem que intervém a seguir. Anuncia a construção de um lar para jogadores, a criação dos "prémios Briosa" e o lançamento de uma revista com o mesmo nome. Acaba quase com uma palavra de ordem: "Não ao profissionalismo puro; sim ao ideal estudante-atleta". Segue-se-lhe Almeida Santos, presidente da Assembleia Geral: "Temos de regressar à Associação Académica de Coimbra, à paixão pelo sexo feminino!". Mota Pinto, que lidera o Conselho Fiscal, afina pelo mesmo diapasão: "Enfim, há que subir à 1.ª divisão e mudar o nome de Académico para Académica". Antes do repasto, que custa 25 contos a cada comensal e que o mesmo Mota Pinto considera servir para "amansar as feras, mitigar as paixões e despertar as generosidades", parte dos participantes inteira-se do estado das obras de construção do pavilhão-sede, na rua Infanta Dona Maria. Adjudicado a 20 de Novembro de 83, o trabalho começa por ser orçamentado em pouco mais de 76 mil contos, prevendo, para uma segunda fase do projecto, uma piscina que nunca será construída.

Do programa, também consta uma visita às instalações do bingo concessionado ao Académico no fim da época desportiva de 82-83 e que começa por funcionar na Avenida Emídio Navarro. Assim como o baptismo do primeiro – e único – autocarro do CAC, a quem é dado o nome de "Laurinda II", porque a "Laurinda" é a velhinha camioneta da Associação Académica. Integra-se este conjunto de iniciativas no que é chamado de "Dia da Briosa". Um dia institucionalizado desde esse 25 de Fevereiro de 84, mas que, de então para cá, nem sempre tem sido assinalado. E que, no fundo, faz parte do caminho progressivo de reintegração do futebol de alta competição na Associação Académica, acelerado pelos corpos gerentes empossados a 11 de Fevereiro de 1983, em substituição da equipa liderada por Ezequiel Umbelino.

Esta substituição tem uma história. No início desse mesmo ano de 83, Umbelino concede uma entrevista ao "Diário de Coimbra" em que se confessa desiludido. "Sim! Encontrei, na verdade, casos de traição aos objectivos e aos planos e, até, à consideração pessoal", diz o homem que preside aos destinos do Académico há três atribulados anos, durante os quais o clube desce à 2.ª divisão e falha, por duas vezes, o regresso à 1.ª. Isto, para além de ter visto o passivo subir para 50 mil contos, 13 mil dos quais resultantes de dívidas a atletas.

Tais declarações caem mal nalguns meios, a começar por parte do secretariado do "Movimento de Recuperação Académica". É este grupo que desafia publicamente Umbelino para um debate com a participação dos sócios, a realizar na sede dos Arcos do Jardim, marcando mesmo dia e hora. Como ninguém da direcção comparece, o encontro transforma-se numa espécie de sessão de esclarecimento, em que João Maló, em nome dos Veteranos, Armando Pinto Bastos, Alfredo Castanheira Neves, Carlos Faustino e Pedro Costa Pereira refutam as acusações de Ezequiel Umbelino. Poucos dias depois, o jornal "A Bola" anuncia estar em marcha uma lista para os corpos gerentes do Académico, "liderada por nomes sonantes em Coimbra e no país". De alguns deles, já se falou a propósito do jantar do "Dia da Briosa". Mas vale a pena acrescentar que, como secretário da mesa da Assembleia Geral surgirá Manuel Dias Loureiro, então governador civil de Coimbra. E que a direcção, presidida por Anjinho, integrará, entre outros, Fernando Ferreira – ex-presidente do Belenenses, que assumirá o cargo de supervisor do futebol do CAC –, João Maló, António Augusto e Alfredo Castanheira Neves.

O BOM FILHO...

Noite de 27 de Julho de 1984, uma sexta-feira, mini-auditório da Associação Académica de Coimbra (AAC), na rua Padre António Vieira. Ricardo Roque, presidente da maior associação de estudantes do país, e Jorge Anjinho, presidente do Clube Académico de Coimbra (CAC), assinam o protocolo que consagra a extinção desta última colectividade e a sua reintegração na casa de onde saíra dez anos antes, agora com o estatuto de organismo autónomo.

Na sala, apinhada de gente, ecoam aplausos e FRA's. Os ponteiros do relógio caminham para as dez e meia da noite, acabara de ser lido o documento acordado entre Roque e Anjinho, que conclui assim: "O Clube Académico de Coimbra é integrado na Academia como Organismo Autónomo 'sui generis' da Associação Académica de Coimbra. O seu nome passará a ser Associação Académica de Coimbra – Organismo Autónomo de Futebol. Serão suas actividades o futebol federado e o desenvolvimento desportivo e sócio-cultural dos seus associados. Serão seus símbolos o emblema da Associação Académica de Coimbra com as letras OAF, o equipamento preto, excepto quando, por imposições regulamentares, houver necessidade de mudança, casos em que passará a ser todo branco. O Organismo Autónomo procurará continuar a obra da antiga Secção de Futebol da Associação

Académica de Coimbra, quer na alta competição do futebol, quer na formação social dos seus atletas".

Seguem-se os discursos: de Jorge Anjinho e de Ricardo Roque, mas também do reitor da Universidade, Rui Alarcão, e do presidente do Sporting, João Rocha, que fala em nome dos clubes convidados. Presentes estão, além dos oradores, o presidente da Câmara de Coimbra, Mendes Silva, o Governador Civil do distrito, Santana Maia, o presidente da Associação de Futebol, Vasco Patrício. E, ainda, antigos atletas da Briosa, outros dirigentes das duas instituições subscritoras do protocolo, responsáveis de várias colectividades e adeptos anónimos.

O CULMINAR DE UM PROCESSO

Termina, assim, um processo de aproximação iniciado anos antes, a partir de iniciativas como a homenagem do Núcleo de Veteranos a Alberto Gomes (em Abril de 79), o colóquio sobre o futuro do desporto académico (em Maio de 81) e a oficialização do "Movimento de Recuperação Académica" (em Janeiro de 82). Processo que, pelo lado do CAC, atinge o seu ponto de não retorno na Assembleia Geral (AG) de sócios de 13 de Julho de 84, no teatro Paulo Quintela. Cerca de três centenas de pessoas aprovam aí, já perto da uma da madrugada, uma proposta mandatando os corpos gerentes para ultimarem o projecto de integração do clube na AAC e votam, na generalidade, os estatutos do novo organismo que pretendem constituir. Só 22 sócios se opõem, enquanto 29 se abstêm. Boa parte deles pertence à secção de natação do CAC, que estará na origem do CNAC (Clube Náutico Académico).

Ao longo da noite, a maioria das intervenções tinha ido, claramente, no sentido preconizado por Jorge Anjinho, na abertura dos trabalhos. Assim aconteceu com discursos como os de Fonseca Viegas, Diamantino Lopes, João Maló, António Portugal, António Arnaut e Armando Pinto Bastos. Este último foi dos mais aplaudidos: "O Académico foi aquilo que foi possível nascer da Académica. Uma espécie de bebé-proveta, que andou dez anos à espera de ser colocado no útero materno".

Como a votação indica, também houve, é claro, quem tivesse defendido tese diferente. Na generalidade, centrando a sua crítica em aspectos formais. "O consentimento da DG (Direcção-Geral) da AAC é dado sem que para tal tenha competência", sustentou Orlando Maçarico. José Manuel Cortesão seguiu a mesma linha: "Não sou contra a integração, mas contra a forma como se está a processar – à pressa". O próprio Ricardo Roque, presente na sala, se encarregou de responder aos críticos. Embora reconhecendo "pertinência" a algumas observações, considerou-as "muito injustas". E deixou um aviso: "Aos mais cépticos e negativistas, os estudantes saberão dar a resposta adequada, em devido tempo".

O presidente da AAC fora recebido no Teatro Paulo Quintela, na Faculdade de Letras, com uma trovoada de aplausos. Jorge Anjinho, situado à direita do espectro partidário, apresentara-o aos sócios do CAC como um "homem extraordinariamente decidido, corajoso e, sobretudo, extraordi-

À ESQUERDA
O cumprimento entre os dois grandes responsáveis pela criação do Organismo Autónomo de Futebol: Jorge Anjinho e Ricardo Roque

À DIREITA
André Campos Neves, presidente da Associação dos Antigos Estudantes de Coimbra, teve um importante papel mediador entre o CAC e a AAC

À ESQUERDA
Ricardo Roque, no bar da Associação Académica, a tomar café com Mário Soares

À DIREITA
Mota Pinto, o homem que defende, pela primeira vez, a designação formal de "Organismo Autónomo" para o futebol de alta competição da Briosa

nariamente lúcido". Roque – Ricardo Jorge de Sousa Roque, estudante do quinto ano de Direito – era militante da Juventude Socialista e tinha sido eleito para a liderança da Associação Académica no princípio de Fevereiro de 84, após uma segunda volta disputada com uma lista conotada com a JSD. Vencera por 334 votos de diferença, sucedendo no cargo ao seu camarada Luís Parreirão, futuro secretário de Estado num governo de António Guterres. E contara, no seu esforço de trazer o futebol de volta à Academia, com o apoio do pai, adepto ferrenho do Vitória de Setúbal, mas homem a quem o comportamento da Briosa na final da Taça de 67 muito sensibilizara.

Alguns dos mais contestatários da integração não participaram na contagem de votos, a que se seguiu a aprovação, na generalidade, dos Estatutos do novo Organismo Autónomo de Futebol – designação formalmente defendida, pela primeira vez, por Carlos Mota Pinto, durante o colóquio de Maio de 81. Com base neles, os mandatos teriam a duração de três anos, a direcção era composta por 11 membros e o presidente da Assembleia Geral podia participar, com direito de voto, nas reuniões do executivo.

A 14 de Julho, as conclusões da Assembleia são explicadas em conferência de imprensa. Na mesa desta, André Campos Neves representa a Associação dos Antigos Estudantes de Coimbra, a que preside; Ricardo Roque, Luís Andrade e Sebastião Gonçalves, representam a DG da AAC; Jorge Anjinho, João Maló e Fernando Ferreira, o quase extinto CAC. Roque fala primeiro: "O que agora acontece é a reposição histórica de um erro de conjuntura, em que se viu a árvore, mas não se olhou para a floresta". Anjinho encerra: "O acordo para o nosso regresso à 'casa-mãe' foi um acordo de pessoas com o mesmo sentimento".

"A MEMÓRIA CONTRA O ESQUECIMENTO"

A maior parte das secções desportivas da AAC é que ainda é contra. Bem como os organismos autónomos já existentes, que se antecipam à decisão da AG do CAC com um comunicado conjunto em que se afirmam surpreendidos com este "súbito e inevitável projecto", criticam a DG por não ter auscultado devidamente os estudantes e concluem: "No fundo, a opção reside na aceitação, ou não, de um clube profissional que, até agora, é estranho ao movimento cultural e desportivo da academia". Assinam o Orfeão, a Tuna, o Coro Misto, o Coral de Letras, o GEFAC (Grupo de Etnografia e Folclore da Academia de Coimbra), o TEUC (Teatro dos Estudantes da Universidade de Coimbra) e o CITAC (Círculo de Iniciação Teatral da Academia de Coimbra).

A DG bem tenta persuadi-los, convocando-os para uma reunião a que compareçam 17 das 27 secções e organismos contabilizados. Mas a maioria das estruturas presentes – dez, segundo revela então Ricardo Roque ao "Diário de Coimbra" – mantém-se inflexível. Os líderes estudantis auscultam, igualmente, as correntes derrotadas nas eleições de Fevereiro. A JSD e a JC apoiam a integração. A JCP, sempre de acordo com as declarações de Roque ao "Diário de Coimbra", diz "nim".

Há, ainda, quem defenda a realização de um referendo entre os estudantes sobre a matéria. A DG manifesta-se contrária à ideia, invocando a aproximação do período de férias. Mas não só. "Depois de todo este processo de conversações e de audição de diferentes estruturas, a DG considerou-se habilitada e com legitimidade para tomar uma posição definitiva", explica Ricardo Roque.

Existe, de resto, simultaneamente, um abaixo-assinado de apoio à reintegração, subscrito por um milhar de estudantes. Nele se sustenta que o regresso do futebol de alta competição à AAC "terá um significado muito especial para a cidade e para o país e será, principalmente, um factor de unidade de todos os estudantes". A 20 de Junho, Ricardo Roque encontra-se oficialmente com Jorge Anjinho, para começarem a trabalhar na redacção do protocolo. O encontro é promovido por André Campos Neves, na Associação dos Antigos Estudantes de Coimbra, e nele está presente uma quarta personalidade: o reitor Rui Alarcão, tal como Roque da área socialista, que desde o início vê o processo com bons olhos.

Quando o documento é assinado, está reduzido a três o número de estruturas que o contestam abertamente. "A Direcção-Geral, utilizando poderes que não lhe pertencem, decidiu impor um corpo estranho à AAC. Como qualquer corpo estranho, só o reconhecemos pelos malefícios que nos poderá causar", afirmam o TEUC, o Grupo Ecológico e a Secção de Futebol (secção amadora, entretanto reconstituída), num texto conjunto divulgado no dia da cerimónia do mini-auditório.

Duas semanas depois, o novo organismo autónomo está a fazer a sua estreia em campo: com o Portimonense, no Jamor, em jogo de preparação da época 84-85. No Parlamento, 40 deputados de várias cores, encabeçados por Manuel Alegre, fazem circular um documento onde concluem que "com o regresso da Académica todos regressamos, de certo modo, a Coimbra, todos ficamos mais perto da nossa juventude e da nossa cidade". "Este regresso tem um elemento simbólico, que é a proposta de um novo estilo de desporto, numa fórmula que no estrangeiro é muito difundida e que se traduz numa combinação de desporto e cultura", afirma Francisco Lucas Pires, também subscritor do texto e então presidente do CDS. "Está-se num ponto de partida e não de chegada", alerta, por sua vez, Carlos Mota Pinto, outro signatário do documento e ex-líder do PSD. Três anos mais tarde, já licenciado, Ricardo Roque declara à novel revista "Briosa": "A integração do Académico na Académica de Coimbra foi uma atitude da memória contra o esquecimento".

Carta escrita pelo punho de Ricardo Roque, dirigida à Assembleia Geral de sócios do CAC de 13 de Julho de 1984

1984·1985
O regresso da Académica

*AAC 1 - Benfica 2
14-4-1985
De pé: Francisco Silva, Carlos Ribeiro, Flávio, Rolão, Germano e Porfírio;
à frente: Marrafa, Pedro Xavier, Tomás, Ribeiro e Barry*

A ACADÉMICA REGRESSA EM GRANDE! Após umas convulsões, que levam à substituição do treinador Jesualdo Ferreira, trepa na tabela e acaba na sétima posição. Revela, além disso, jogadores como Ribeiro e um técnico chamado Vítor Manuel.

Começa a 25 de Agosto de 84 o campeonato que marca o regresso da Académica aos principais palcos do futebol português. A equipa está carregada de novidades. Jesualdo Ferreira, que na temporada anterior se revelara no Torreense, é o novo treinador. De Torres Vedras trouxe o preparador físico Jean Paul e quatro jogadores: Jorge, António Augusto, Rolão e Álvaro. Mas conta com mais reforços: Carlos Ribeiro, Francisco Silva, Kikas, Tozé, Artur Semedo, Flávio, Pedro Xavier e Reinaldo.

No total, são 12 jogadores novos. Mesmo assim, menos um do que aqueles que saem: Aquiles, Parente, Coimbra, Jorge Oliveira, Paulo Ferreira, Isalmar, Redondo, Alexandre, Camegim, João Vieira, Toni, Alcino e Cosme. O primeiro parte "magoado" com a direcção, a quem acusa de só o ter avisado da dispensa duas semanas antes do início do campeonato. O que não o impede de confessar ao "Record": "Em Coimbra aprendi a estar na vida".

A primeira jornada dá sequência à dupla euforia que se vive entre os adeptos: pelo retorno à 1.ª divisão e pelo regresso à Académica. A Briosa vence folgadamente o Penafiel, em partida disputada em Paços de Ferreira, com Ribeiro a marcar o primeiro golo da refundada Briosa.

O segundo jogo é em Coimbra, e logo com o Sporting. Na véspera, a direcção emite um comunicado épico: "A 'Briosa' voltou! Tranquilizam-se, por isso, as consciências, agitam-se os corações, estremece de entusiasmo a cidade, esvoaçam as capas, secam as gargantas com redobrados gritos de encorajamento para a vitória, que nunca será apenas a dos pontos, mas fundamentalmente a da formação e valorização humana, social, ética e cultural".

Antes do encontro, um grupo de estudantes dá uma volta ao campo com Gervásio aos ombros, para que o técnico da subida possa ser devidamente homenageado pelos mais de 25 mil espectadores presentes. A equipa, agora capitaneada por Ribeiro e apoiada por várias claques – os "Comandos de Minerva" e os grupos que estiveram na origem da "Mancha Negra"–, entra no relvado de capa ao ombro e pisando as capas estendidas no chão por universitários. Ao intervalo, é a vez de ser prestada homenagem a Carlos Lopes, que duas semanas antes conquistara a medalha de ouro na maratona dos jogos olímpicos de Los Angeles.

Apesar de todas estas manifestações, a Académica perde. Começa por se colocar em vantagem, mas o Sporting acaba por dar a volta ao jogo. Jogo que fica marcado pela grave lesão de Vítor Nóvoa, atingido pelo ex-estudante Eldon, aquando do segundo golo do Sporting. É a primeira de uma série de seis derrotas, que atira a equipa para o último lugar da tabela e leva ao despedimento do treinador. Isto, uma semana depois do presidente Jorge Anjinho

Sporting 4 - AAC 4
20-1-1985
Serenata à chuva, num encontro que ficou para a história, a meio de um percurso de 13 jogos consecutivos sem perder.
À esquerda, em cima, o jogador da Académica, Pedro Xavier, em acção defensiva, na perseguição ao sportinguista Mário Jorge.
Em baixo, Germano, decidido, e com Jordão a seu lado, afasta para longe o perigo, num relvado quase impraticável.
À direita, a alegria do grupo no fim da partida. O médico Campos Coroa (de impermeável vestido) e o capitão Tomás (de punho no ar) são dos mais esfuziantes

	JOGADORES UTILIZADOS				
Nº	NOME	JOGOS	J. C.	J. I.	MIN	GOLOS
292	Reis	17	8	9	1204	6
320	Marrafa	23	23	0	2070	0
326	Camilo	7	1	6	264	0
363	Tomás	31	30	1	2740	0
369	Germano	31	26	5	2637	0
381	Ângelo	10	2	8	539	0
385	Ribeiro	32	28	4	2786	13
387	Porfírio	25	25	0	2310	1
390	Vítor Nóvoa	12	11	1	1116	0
393	Nilson Dias	21	3	18	1164	6
396	Francisco Silva	30	28	2	2665	1
397	Kikas	18	15	3	1491	0
398	Rolão	34	26	8	2973	3
399	Artur Semedo	19	6	13	1003	0
400	Álvaro	4	1	3	258	0
401	Flávio	32	26	6	2596	4
402	Pedro Xavier	35	31	4	3116	17
403	Carlos Ribeiro	19	11	8	1445	0
404	Jorge	1	0	1	24	0
405	António Augusto	9	4	5	521	0
406	Tozé	2	0	2	88	0
407	Barry	11	4	7	652	4
408	Reinaldo	20	2	18	905	5
409	Sciascia	10	4	6	702	0

Benfica 3 - AAC 2
3-11-1984
À esquerda, em cima, Ribeiro dispara às redes benfiquistas, sem que Samuel e Shéu consigam neutralizar os seus intentos. Em segundo plano, Reis e Diamantino.
À direita, Germano atesta a técnica do esquerdino Flávio, no frente a frente com Pietra

EM BAIXO
AAC 1 - Portimonense 0
2-12-1984
Após o jogo que marca a reviravolta na época e depois de dez encontros sem o sabor da vitória, os jogadores cumprem a promessa de cortarem as barbas. Kikas já está a ser escanhoado pelo barbeiro Rosalino Duarte. Flávio, Pedro Xavier, Ribeiro e Francisco Silva esperam a sua vez

NA PÁGINA DA DIREITA
Gregório e José Freixo, membros de uma família indissociável da Académica

afirmar: "Tenho acompanhado o trabalho do professor Jesualdo Ferreira e ele tem sido um técnico dedicadíssimo e inexcedível". E do próprio Jesualdo garantir: "Tenho tido o máximo apoio da direcção".

Uma jornada depois, está Jesualdo Ferreira a declarar: "Sinto-me, realmente, um pouco magoado porque vim para aqui acreditando num projecto com que todos estiveram de acordo e agora tudo se desfaz". Está em vias de ser substituído por Vítor Manuel, gorada que foi a contratação de António Morais. E está o dirigente António Augusto a confessar, sem prejuízo dos elogios que faz a Jesualdo: "Nestas coisas do mundo da bola, os treinadores são sempre os primeiros a levarem a 'biqueirada".

A verdade é que os resultados melhoram muito. Não logo, é certo. Só à décima segunda jornada, ante o Portimonense, Vítor Manuel consegue a primeira vitória. Os jogadores podem, finalmente, cumprir a promessa de cortarem as barbas, logo que a malapata passasse. Mas, depois, é um "fartote". A Académica chega ao fim da primeira volta,

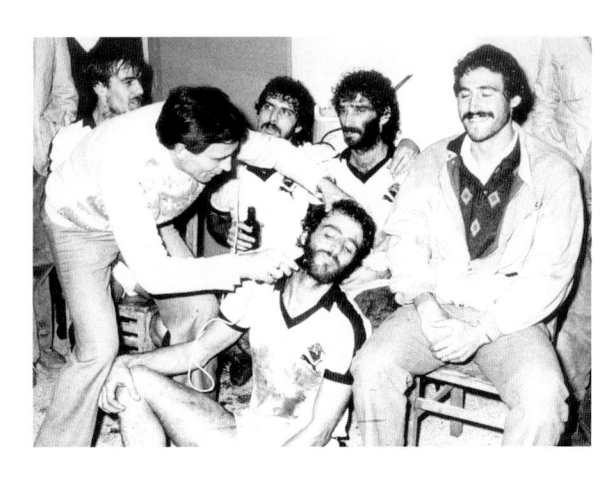

já com Barry e Sciascia na equipa, fora dos lugares de descida. E continua por aí acima, estando nove jogos consecutivos sem perder.

O Sporting é uma das "vítimas" da boa forma dos estudantes. Empate em Alvalade, a quatro bolas, após um jogo disputado à chuva e com contínuas alterações no marcador. A um quarto de hora do fim, a Briosa perdia por 4-2.

No fim da prova, a Académica é sétima classificada. Já sabe, então, que vai perder Ribeiro para o Boavista – depois de ter estado com um pé no Salamanca. Ele que fora uma das pedras mais influentes da regressada Briosa, que na Taça caíra aos pés do Varzim, já nos oitavos-de-final.

NACIONAL DA 1ª DIVISÃO						
CLASSIFICAÇÃO	JOGOS	V	E	D	GOLOS	PTS
1º FC Porto	30	26	3	1	78 - 13	55
2º Sporting CP	30	19	9	2	72 - 26	47
3º SL Benfica	30	18	7	5	65 - 28	43
4º Boavista FC	30	13	11	6	37 - 26	37
5º Portimonense SC	30	14	8	8	51 - 41	36
6º CF "Os Belenenses"	30	11	8	11	40 - 46	30
7º ACADÉMICA	30	12	5	13	45 - 47	29
8º SC Braga	30	9	10	11	46 - 43	28
9º VSC Guimarães	30	9	7	14	33 - 39	25
10º FC Penafiel	30	7	11	12	25 - 42	25
11º VFC Setúbal	30	7	11	12	35 - 50	25
12º SC Salgueiros	30	8	7	15	40 - 56	23
13º Rio Ave FC	30	7	9	14	27 - 43	23
14º SC Farense	30	7	8	15	21 - 49	22
15º Varzim SC	30	2	13	15	23 - 49	17
16º FC Vizela	30	4	7	19	31 - 71	15

Laços de família

A DEDICAÇÃO DA FAMÍLIA FREIXO à camisola negra continua a comprovar-se. José, o filho mais velho do "eterno" guarda de Santa Cruz, fora o atleta com mais jogos efectuados ao serviço do extinto Clube Académico de Coimbra: 191.

Em 1956, Otto Bumbel está a orientar o Lusitano de Évora. Aí conhece, naturalmente, o guarda do campo onde o clube joga: Francisco José Galeguinho Freixo. Quando, dois anos depois, Bumbel vai treinar o FC Porto, tenta levá-lo consigo. Não consegue. Em finais de Novembro de 58, o brasileiro muda-se para Coimbra. E, desta vez, convence mesmo Francisco Freixo a acompanhá-lo. Freixo passa a guarda do Campo de Santa Cruz, com casa montada à beira do recinto desportivo.

Francisco Freixo é casado com Leocádia da Conceição Penteado e já tem dois filhos: José, nascido em Évora a 20 de Agosto de 1950, e Gregório, também eborense, que vira a luz do dia, pela primeira vez, a 8 de Setembro de 1952. Em Coimbra nascerão Luís e Isabel. Os rapazes revelarão, rapidamente, inclinação para o futebol. José contribui decisivamente para a conquista do único título nacional de juvenis da Académica, em 67. A 17 de Maio de 1970 estreia-se na equipa principal. Um ano depois, mais exactamente a 3 de Julho de 1971, é a vez de Gregório. O percurso dos dois homens decorrerá em paralelo até 78. Então, José muda-se para Viseu, e daí para Espinho e para a Figueira. Em 81, regressa às margens do Mondego, ainda muito a tempo de se tornar o atleta mais utilizado pelo CAC. O último jogo é a 29 de Maio de 83. No total, são 11 temporadas e 236 partidas, de negro vestido. Em 70 encontros é capitão de equipa.

Gregório faz apenas menos sete jogos e menos duas épocas em Coimbra. Tal como o irmão mais velho, nunca é expulso. O último encontro é a 17 de Junho de 79. Curiosamente, o adversário é o Guimarães, para onde o jogador se transfere no final da temporada. Já não joga na Académica quando o irmão Luís, depois de ter alinhado em todos os escalões de formação, disputa o seu único jogo pela turma principal da Briosa, a 18 de Junho de 80. Em Guimarães se manterá Gregório durante sete anos, ao longo dos quais chegará a internacional "A". Por quatro vezes, a juntar às 12 como júnior e a uma como "esperança", que leva de Coimbra. Do Minho, parte para o Marítimo e para o Covilhã.

Depois, regressa à cidade onde iniciara a carreira futebolística. Agora, para treinar – praticamente todos os escalões da Briosa, das "escolinhas" aos seniores. Às vezes, em simultâneo. Um dia, 8 de Fevereiro de 98, a sua agenda é esta: às nove da manhã, está a orientar um jogo das "escolas"; duas horas depois, dirige o treino dos seniores; às três da tarde, está no "banco" de uma partida dos juniores; às nove e meia da noite, está novamente com a primeira equipa, agora a comandá-la durante um encontro para o campeonato. Será o único, na temporada de 97-98. Mas, no ano seguinte, orienta a turma principal durante 13 jogos, após a saída de Vítor Manuel. Logo a seguir, abandona a Briosa e cria uma escola de jogadores, em São Martinho do Bispo. O irmão Luís, que já treinara as "escolas" da Académica, acompanha-o.

José também treina: a Naval, o Luso – por onde Gregório também tem uma passagem episódica –, a secção amadora da Associação Académica e o Brasfemes. Mas, ao contrário de Gregório, enquanto futebolista, nunca descurara os estudos. Licenciado em Silvicultura, chega a responsável pelos espaços verdes de Coimbra, Estádio Municipal incluído. "Talvez seja inédito isto de ser um antigo jogador da Académica o responsável pelo terreno que tantas vezes pisou", declara ao "Record", em Março de 92.

Também em contraste com Gregório, pai de duas raparigas, os filhos de José são do sexo masculino. Paulo e Ricardo passarão por todos os escalões de formação da Briosa. O primeiro chega a capitanear a equipa de juniores e tornar-se-á o responsável inicial pelo pavilhão multidesportos adjacente ao Estádio Cidade de Coimbra. O filho de Luís, André, terá igualmente uma passagem pelas "escolas" da Académica. É o sexto Freixo a envergar a camisola preta.

Francisco Freixo, esse, é galardoado em 2001 com um dos prémios Salgado Zenha, atribuídos pela Associação Académica. No mesmo ano, é desalojado da casa que sempre habitara em Coimbra e que, durante um período, partilhou com "Taxeira", o popular ardina, entretanto falecido. As obras de remodelação do Campo de Santa Cruz iniciam-se a 3 de Novembro e o casal Freixo é transferido para Celas, onde a Câmara lhe cede um espaço. O guarda que marcou gerações inteiras de académicos morre a 10 de Janeiro de 2004.

1985·1986
Podia ser melhor...

AAC 2 - V. Guimarães 0
9-3-1986
De pé: Vítor Nóvoa, Porfírio, Barry, Flávio, Kikas e Pedro Xavier; à frente: Rolão, Sciascia, Bandeirinha, Tomás e Mito

EMBORA SÓ GARANTA A PERMANÊNCIA, em definitivo, na penúltima jornada, a Académica termina a época num confortável décimo lugar. Aquém, mesmo assim, das expectativas criadas pela magnífica temporada anterior.

A austeridade imposta pela direcção Anjinho faz com que não haja aquisições sonantes. Entre as raras excepções a este princípio estarão Bandeirinha e Mito, ambos originários do FC Porto. De resto, apenas o guarda-redes Fernando, o lateral Orlando, o extremo Luís Manuel e os avançados-centro Jorge Paixão e João Carlos (Pereira), futuro treinador da Briosa.

Em contrapartida, sai um jogador influentíssimo, como Ribeiro, e Camilo passa a treinador-adjunto. Flávio também esteve em vias de partir. Chega a ter tudo acordado com o Benfica, fazendo até alguns jogos particulares pelo clube da Luz, mas acaba por se conservar em Coimbra, por vontade própria.

O orçamento é de 4400 contos, sendo o ordenado médio de 170 contos mensais. Consequências da prioridade conferida à redução do défice, que permite a Jorge Anjinho anunciar, na Assembleia Geral de Janeiro de 86, que o ano até pode terminar com lucro. Isto, explica o presidente, devido ao aumento "substancial" do número de sócios e às quotas suplementares nos jogos com os "grandes", bem como às possibilidades abertas pela exploração próxima de um "pub" e do que passa a ser a única sala de bingo da cidade. "Esta direcção quase conseguiu o milagre dos peixes", comenta Almeida Santos durante a reunião.

Mas o ponto forte da Assembleia é a reforma estatutária que reduz de três para dois anos a duração dos mandatos dos Corpos Gerentes. Com ela se convence Anjinho, que anda desconfiado de que a Segurança Social impõe à Académica pagamentos de dívidas que não exige a mais ninguém, a prolongar a sua permanência à frente da Briosa. Do que resulta a substituição de Fernando Ferreira por António Augusto, como homem "todo poderoso" do futebol. "Não quero engolir mais sapos vivos!", explica Jorge Anjinho ao jornal "A Bola".

No campeonato, a equipa fica abaixo das expectativas criadas pelo sétimo lugar do ano anterior e por uma pré-época em que derrota o Benfica e empata com o Sporting. O mesmo Sporting com quem perde na vigésima jornada do campeonato, num jogo que ficará para a história.

No jornal "A Bola" da véspera, Vítor Manuel sustenta que o guarda-redes do Sporting "é um jogador afectado psicologicamente, sempre que tem de defrontar a Académica". Damas não gosta do que lê e, no fim do jogo, tenta tirar desforço do treinador da Briosa. Os adeptos desta levam a mal e fazem uma espera ao guardião. Tudo acaba com o sportinguista a sair pela porta dos fundos e com Vítor Manuel a reiterar a sua "admiração" profissional pelo atleta.

Mais complicado é o que se passa com a deslocação do FC Porto a Coimbra. O jogo, disputado sob chuva intensa, está no segundo minuto do chamado período de descontos e o resultado é de 1-1. Os

À ESQUERDA
AAC 1 - Sporting 4
9-2-1986
Carlos Valente, os seus auxiliares e os capitães Manuel Fernandes e Tomás, na tradicional cerimónia da escolha de campo

À DIREITA
AAC 1 - Boavista 1
5-10-1985
A "bronca" da trave a distar do solo menos 17 centímetros do que é de lei. Alertado por Alfredo, o árbitro Carlos Valente ordenou a reposição da legalidade. Por entre o testemunho dos apanha-bolas, o motorista Fernando Alves recolhe com as mãos o que a enxada manuseada por Camilo retirava do terreno. António Augusto, delegado da Briosa ao jogo, observa

JOGADORES UTILIZADOS

Nº	NOME	JOGOS	J. C.	J. I.	MIN	GOLOS
320	Marrafa	4	3	1	314	0
363	Tomás	34	30	4	2916	0
369	Germano	26	19	7	2062	0
387	Porfírio	24	21	3	2071	0
390	Vítor Nóvoa	31	31	0	2820	0
396	Francisco Silva	20	18	2	1664	0
397	Kikas	28	24	4	2425	0
398	Rolão	33	24	9	2791	4
401	Flávio	34	26	8	2940	1
402	Pedro Xavier	35	35	0	3180	12
405	António Augusto	14	10	4	1082	0
407	Barry	29	8	21	1739	8
408	Reinaldo	18	3	15	724	2
409	Sciascia	20	5	15	1011	2
410	Orlando	19	8	11	1130	1
411	Luís Manuel	9	1	8	297	0
412	Mito	34	25	9	2902	1
413	Fernando	1	0	1	46	0
414	Bandeirinha	29	26	3	2542	2
415	João Carlos	6	0	6	171	0
416	Jorge Paixão	3	0	3	101	0
417	Arménio	1	0	1	15	0

À ESQUERDA, EM CIMA
AAC 2 - Almada 0
25-1-1986
Orlando no ataque às redes almadenses, num lance em que é notória a inferioridade numérica da sua equipa

À ESQUERDA, EM BAIXO
AAC 1 - V. Setúbal 1
10-11-1985
Bandeirinha invade o meio campo setubalense, perante a oposição de Zezinho e com Rolão, ao longe, no acompanhamento da jogada

À DIREITA
AAC 1 - Marítimo 0
27-10-1985
Rolão procura dominar o esférico, opondo-se ao alívio maritimista, sob o olhar atento de Mito e do árbitro Heliodoro Saraiva

portistas já falharam uma grande penalidade, que toda a crítica considera inexistente. Futre estatela-se mais uma vez na grande área da Académica. O árbitro aveirense Raul Ribeiro, a avaliar pelo segundo pénalti contra a Briosa que manda marcar, apesar de se encontrar a 50 metros de distância do lance, acha que foi Kikas a provocar a queda do extremo do FC Porto. André aproveita a oportunidade para fazer o 2-1 para a sua equipa. Vários jogadores da Académica saem do relvado a chorar. Raul Ribeiro e os seus fiscais de linha têm de esperar mais de duas horas para abandonar o "Municipal" e só o conseguem disfarçados com capotes e capuzes dos polícias de serviço.

Um mês depois, a Académica perde por 1-0 na Luz, com um golo de Rolão na própria baliza, a um quarto de hora do fim. Em cima do intervalo, Porfírio é agredido por Diamantino, com uma cotovelada na cabeça, que não sofre qualquer punição. Para o atleta da Briosa, a época acaba aí. No jornal oficial das "águias", alguém que assina apenas "M", escreve:

"Os jogadores que têm a honra de vestir a gloriosíssima camisola do Benfica não podem confundir-se com desordeiros, agressores e coisas idênticas". A restante imprensa ignora praticamente o facto.

Só a uma jornada do fim a Académica assegura matematicamente a permanência. Mercê de um empate em Penafiel, num jogo em que Luís Manuel se lesiona gravemente e que funciona como uma espécie de vingança pela eliminação da Taça, aos pés dos penafidelenses e em Coimbra. Mas termina num relativamente cómodo décimo lugar, que só não é nono porque na última ronda perde surpreendentemente com o Aves, no Calhabé. Com um golo marcado em cima da hora, que permite aos avenses disputarem a "liguilha".

NACIONAL DA 1ª DIVISÃO							
	CLASSIFICAÇÃO	JOGOS	V	E	D	GOLOS	PTS
1º	FC Porto	30	22	5	3	64 - 20	49
2º	SL Benfica	30	21	5	4	54 - 13	47
3º	Sporting CP	30	20	6	4	64 - 20	46
4º	VSC Guimarães	30	16	8	6	51 - 29	40
5º	Boavista FC	30	14	8	8	44 - 29	36
6º	GD Chaves	30	11	7	12	28 - 38	29
7º	Portimonense SC	30	11	6	13	29 - 32	28
8º	CF "Os Belenenses"	30	7	14	9	27 - 30	28
9º	SC Braga	30	9	8	13	34 - 47	26
10º	ACADÉMICA	30	9	7	14	28 - 38	25
11º	SC Salgueiros	30	9	7	14	21 - 37	25
12º	CS Marítimo	30	8	6	16	26 - 50	22
13º	CD Aves	30	7	8	15	25 - 42	22
14º	VFC Setúbal	30	7	8	15	32 - 42	22
15º	FC Penafiel	30	4	10	16	16 - 38	18
16º	SC Covilhã	30	5	7	18	23 - 61	17

Flores para Ribeiro

A Académica recebe o Boavista, em jogo a contar para a sexta jornada de um campeonato que não começa especialmente bem para os estudantes. Do lado dos axadrezados está agora Ribeiro, um dos grandes responsáveis pela boa campanha da Briosa nas duas épocas anteriores. Os de Coimbra não o esquecem: antes do início do encontro, o jogador que dele herdará a braçadeira de capitão de equipa, Tomás, oferece-lhe um ramo de flores; o público aplaude demoradamente.

José Joaquim Pimentel Ribeiro nasce em Vila Nova da Barquinha, a 2 de Novembro de 1957. Começa a jogar à bola no Botafogo de Cabanas, nos arredores de Palmela. Mas, quando chega à idade de juvenil, já está no Vitória de Setúbal, clube que também representa como júnior. Já sénior, defende o Tomar, o Guimarães e o União de Coimbra. É com o emblema deste último que, precisamente num jogo com os estudantes, protagoniza uma cena de protesto contra uma decisão do árbitro, que termina com a sua expulsão de campo e posterior suspensão por seis jogos. "Sim, isso é verdade", assume perante um jornalista que, quando do seu ingresso na Briosa, lhe pergunta se tem consciência de que possui fama de insurrecto. "Mas eu, nestes últimos três anos, modifiquei-me bastante. Já não crio problemas a ninguém. Bem vê, casei, tenho uma filha...".

Antes de regressar a Coimbra, no início da época de 83-84, ainda passa pelo Amora. Quando deixa este último clube, com 26 anos, está o Académico a dar os seus últimos passos, o treinador é Vasco Gervásio e a subida à 1.ª divisão é o objectivo desejado. Não demora a impor-se.

Mas a sua grande temporada é a de 84-85, sobretudo depois de Vítor Manuel, substituto de Jesualdo Ferreira, lhe conceder toda a liberdade de movimentos no terreno. "Muita atenção a este craque, pois a continuar assim não tardará a vestir camisolas mais pesadas de prestígio e de títulos e a aumentar, consideravelmente, a sua conta bancária", escreve Daniel Reis na "Gazeta dos Desportos", logo no início da época.

O treinador também não poupa nos elogios. "No futebol português não há muita gente com as suas características – é rápido, tem talento e dispõe de uma grande agressividade", afirma Vítor Manuel ao jornal "A Bola", em Março de 85.

A verdade é que, um mês depois destas declarações, Ribeiro está a fazer a sua estreia na principal selecção portuguesa. É em Ascoli, num encontro particular que Portugal perde com a Itália por 2-0. O esquerdino só entra ao intervalo, mas ainda tem tempo de se transformar numa das figuras do jogo. Também pela negativa, é certo, já que é ele a cometer a falta de que resulta o pénalti que dá o segundo golo aos italianos. Mas muito mais pela positiva, uma vez que é sua uma das melhores jogadas da partida. Jogada que termina com um remate ao poste, após ultrapassagem, em drible, de vários adversários.

"A sua estreia na selecção 'A' transmitiu a esta uma velocidade que não tivera até aí", sentencia "A Bola". "Quase me arrependo de não ter metido Ribeiro em jogo desde o primeiro minuto", reconhece, por sua vez, o seleccionador José Torres. O atleta, esse, quase pede desculpa por estar ali: "Ter sido convocado agora, constituiu uma surpresa para mim. Devo isto tudo à equipa-revelação do campeonato, que é a Académica".

O certo é que, antes, já Ribeiro jogara pela selecção de "Esperanças", ao abrigo do regulamento que permitia a utilização de dois jogadores mais velhos. Foi a 23 de Fevereiro de 85 e, apesar de ter falhado um pénalti, dessa vez Portugal ganha. Por 2-1, à Alemanha, num jogo disputado em Lisboa e integrado na fase de apuramento para o Europeu da categoria.

Nada se sobrepõe, em qualquer caso, ao sucesso da sua carreira com a camisola preta vestida. Em dois anos, efectua 67 jogos oficiais, marca 21 golos e... não é expulso uma única vez. Mesmo cartões amarelos, só vê sete. Na época de 84-85, ainda vence o prémio "Combatividade", instituído pelo jornal "Record". Nessa mesma temporada, "A Bola" considera-o, por sete vezes "o melhor em campo".

No dia 2 de Junho de 85, na Póvoa de Varzim, efectua o seu último jogo pela Académica. Está de saída para o Boavista, com um contrato de três anos, durante o qual representará Portugal no "célebre" Mundial de 86, no México. Para trás, fica uma transferência frustrada para o Salamanca, que se propunha pagar-lhe um ordenado de 400 contos mensais, mais um prémio de assinatura de 25 mil contos. Mas a queda do clube na 2.ª divisão B espanhola inviabiliza a mudança. "Parto com tristeza. Foi na Académica que atingi uma projecção futebolística que nunca me passou pela cabeça", confessa Ribeiro, na hora do adeus.

1986·1987
SOFRER ATÉ AO FIM

Belenenses 3 - AAC 0
7-9-1986
De pé: Vítor Nóvoa, Carlos Xavier, Flávio, António Augusto, Germano e Reinaldo; à frente: Pedro Xavier, Tomás, Mito, Quinito e Porfírio

OS HABITUAIS ATRASOS na aplicação da justiça federativa fazem com que a última jornada ganhe uma inesperada carga dramática. A Académica acaba na décima posição, mas sofre até ao derradeiro minuto do último jogo.

No início da temporada de 86-87, o treinador Vítor Manuel revela ao jornal "A Bola": "Tenho de exigir, a mim próprio e aos jogadores, um melhor posicionamento na tabela classificativa". De facto, o grupo apresenta-se com alguns reforços de peso: Carlos Xavier, cedido pelo Sporting; Quinito, ex-Boavista; e Tozé, oriundo do Benfica, com passagem pelo Marítimo, são os nomes mais sonantes. Mas há, ainda, Pedro Espinha, Russiano e o marroquino Mounsif. A que têm de juntar-se ex-juniores a quem é reconhecido um largo futuro, como Marito e Miguel Rocha, filho do lendário Augusto Rocha.

Também há, é certo, algumas saídas importantes. A mais significativa é a de Bandeirinha, que regressa ao FC Porto depois do Mundial do México. Marrafa, já licenciado em Economia, abandona o futebol.

Seja como for, logo no início do campeonato, Kikas sofre um acidente de viação de que resulta uma fractura na anca esquerda que o impede de voltar a jogar futebol. No fim da época, passará a integrar a equipa técnica.

Depois, é a vez de outro central, Porfírio, recolher ao estaleiro durante umas semanas muito largas. Como se já não bastasse, também Pedro Xavier se lesiona gravemente, ao serviço da selecção de "Esperanças". Resultado: o homem que, no ano anterior, marcara 12 golos, vai, esta época, ficar-se por um único.

E ainda não é tudo: o irmão de Pedro, Carlos, fica afastado dos últimos quatro jogos do campeonato devido a um estúpido acidente exterior aos relvados. Segundo a sua versão, sai à noite com um grupo de amigos de Cascais, bebe um refrigerante mais gelado, sente-se mal, cai, fractura a cabeça. Tem de passar uns dias sob observação, no hospital.

A Académica bem precisava do seu contributo. Quando vence o Chaves, na antepenúltima jornada, parece ter a permanência assegurada. Mas, na ronda seguinte, perde em Vila do Conde. O que nem seria grave se a Federação não tivesse, entretanto, atribuído ao Marítimo dois pontos perdidos no campo com o Belenenses, considerando ilegal a utilização, nesse encontro, de Mapuata, jogador dos lisboetas. A decisão federativa baralha completamente as contas na segunda metade da tabela. A Briosa parte para o derradeiro jogo, em casa com o Salgueiros, "proibida" de perder.

Empata, terminando o campeonato na mesma décima posição da época anterior. Mas não se livra do susto, tanto maior quanto os salgueiristas, que precisavam de ganhar para não descerem, acabam a partida procurando desesperadamente marcar um golo. Os de Paranhos estiveram tranquilos até quase ao fim. Mas souberam, entretanto, que o Rio Ave, a jogar em Portimão, virara o resultado de 0-2 para 3-2 a seu favor. O que os obrigou a darem o tudo por tudo. Infrutiferamente, para felicidade da Académica.

Académica que, no início da segunda volta, empatara com o Sporting, em Alvalade, levando "A Bola"

	JOGADORES UTILIZADOS				
Nº	NOME	JOGOS	J. C.	J. I.	MIN	GOLOS
363	Tomás	29	27	2	2572	0
369	Germano	28	26	2	2491	1
387	Porfírio	21	16	5	1572	2
390	Vítor Nóvoa	28	28	0	2520	0
398	Rolão	28	24	4	2349	1
401	Flávio	30	23	7	2304	3
402	Pedro Xavier	14	8	6	1107	1
405	António Augusto	11	4	7	583	0
407	Barry	28	17	11	1977	3
408	Reinaldo	27	19	8	2123	5
410	Orlando	1	0	1	45	0
412	Mito	31	27	4	2668	0
415	João Carlos	7	0	7	150	0
418	Quinito	27	16	11	2252	5
419	Carlos Xavier	27	25	2	2364	1
420	Tozé	19	6	13	1024	0
421	Russiano	9	0	9	281	0
422	Mounsif	12	2	10	542	0
423	Pedro Espinha	2	2	0	180	0
424	Marito	18	12	6	1467	1
425	Rocha	2	0	2	29	0
426	Tó Luís	1	1	0	90	0

À ESQUERDA, EM CIMA
AAC 1 - Farense 0
5-4-1987
Marito, num lance da sua especialidade, a centrar a bola para a área

À ESQUERDA, EM BAIXO
AAC 3 - Belenenses 1
25-1-1987
O terceiro golo da Académica, marcado por Marito, é efusivamente comemorado no banco. O motorista Fernando Alves quase beija Vítor Manuel, sob o olhar do jogador Tozé.
E o médico Campos Coroa, completamente encharcado, também não cabe em si de contente

À DIREITA
AAC 0 - Sporting 2
13-9-1986
Porfírio e Manuel Fernandes disputam com ardor a posse da bola

À ESQUERDA, EM CIMA
AAC 0 - Benfica 0
26-4-1987
Num estádio cheio, um empate que valeu "ouro". A tranquilidade de Tomás, no controlo absoluto do lance sobre o benfiquista Rui Águas

À ESQUERDA, EM BAIXO
AAC 3 - Belenenses 1
25-1-1987
No intervalo do jogo, o roupeiro Belmiro Matos (sentado) é homenageado pela sua dedicação de várias décadas à Briosa. Os amigos Mário e Vítor Campos (debruçado), Castanheira Neves, Jorge Anjinho e Campos Neves transmitem-lhe o reconhecimento da instituição

À DIREITA
AAC 2 - Chaves 0
17-5-1987
O jogo da tranquilidade. Barry, autor do primeiro golo, leva a melhor sobre o flaviense César

NA PÁGINA DA DIREITA
Tomás com o prémio atribuído pelo jornal "A Bola" para o jogador mais vezes citado como "o melhor em campo"

a escrever em título: "Estudantes cantam-lhes o fado e os 'leões' ouvem-no em silêncio". Uma semana antes, no intervalo do jogo com o Belenenses, em Coimbra, a Briosa homenageara o ex-roupeiro Belmiro Matos, a quem doou 20 por cento da receita da partida. A presença de antigos jogadores no relvado testemunhava o carinho por um homem que, durante décadas, serviu dedicadamente a instituição. Marito ofereceu-lhe, talvez, a "prenda" mais saborosa: um golo fabuloso, obtido na sequência de um longo "chapéu" ao guarda-redes belenense.

Nesta altura, já a Académica fora, surpreendentemente, afastada da Taça pelo Oliveira do Douro. E já Jorge Anjinho vira renovado o seu mandato. A direcção apresenta duas novidades: uma, é a entrada de Ricardo Roque, o ex-presidente da Direcção-Geral que negociara o regresso da Briosa à Associação Académica; outra, é o ingresso no executivo do antigo futebolista Vítor Campos.

Campos, na sua primeira entrevista como dirigente, declara ao jornal "A Bola": "Para mim, o mais importante é o desenvolvimento e a organização do futebol juvenil, para que possamos fazer o recrutamento do futebolista-estudante a partir de nós próprios". Mas Anjinho está, então, centrado numa outra "guerra": a de explicar porque é que a Académica abandona a Associação Nacional de Clubes, presidida por Valentim Loureiro, depois de o Boavista lhe ter "roubado" Paulito – contratado pela Briosa ao União de Coimbra – e o Benfica, Eurico, adquirido ao Bragança. "Houve violação do pacto de solidariedade entre clubes", sustenta o presidente dos estudantes.

NACIONAL DA 1ª DIVISÃO						
CLASSIFICAÇÃO	JOGOS	V	E	D	GOLOS	PTS
1º SL Benfica	30	20	8	2	50 - 25	48
2º FC Porto	30	20	6	4	67 - 22	46
3º VSC Guimarães	30	14	13	3	45 - 22	41
4º Sporting CP	30	15	8	7	52 - 28	38
5º GD Chaves	30	13	7	10	39 - 38	33
6º CF "Os Belenenses"	30	13	4	13	52 - 40	30
7º Varzim SC	30	8	13	9	24 - 29	29
8º Boavista FC	30	9	9	12	34 - 36	27
9º ACADÉMICA	30	7	12	11	22 - 34	26
10º Portimonense SC	30	8	10	12	27 - 47	26
11º SC Braga	30	10	5	15	31 - 36	25
12º Rio Ave FC	30	8	9	13	33 - 40	25
13º CS Marítimo	30	9	7	14	34 - 49	25
14º SC Salgueiros	30	6	12	12	22 - 40	24
15º SC Farense	30	7	7	16	33 - 47	21
16º CAD "O Elvas"	30	3	8	19	16 - 54	14

NOTA: Esta classificação contempla já a pena de derrota (0-3) imposta pela FPF a SC Braga e SL Benfica, no jogo da última jornada, que terminou antes do tempo regulamentar, por invasão pacífica do relvado.

O ano do "capitão" Tomás

TOMÁS ESTÁ NA ACADÉMICA vai para sete anos, mas é em 86-87 que atinge o topo. O jornal "A Bola" distingue-o por seis vezes como "o melhor em campo" e atribui-lhe o prémio "Patrick", à frente de "internacionais" como o portista Fernando Gomes. Luís Tomás Martins Fernandes nasce em Lisboa, a 14 de Janeiro de 1960, rodeado de sportinguistas. "O meu falecido pai e, no fundo, toda a família, tinham um grande desejo: "Verem-me no Sporting, a praticar fosse o que fosse", confessa ao jornal "A Bola", no princípio de 87. Começa pelo atletismo, com escassos sete anos. Só se muda para o futebol já com idade de iniciado, numa altura em que o grémio de Alvalade responsabiliza directamente os seus profissionais pelo acompanhamento dos escalões de formação. A Tomás, calham Yazalde e Dinis, que ficam impressionados com a resistência física do miúdo. "Quando fui, pela primeira vez, ao Centro de Medicina, estive um mês e meio sob vigilância, porque tinha uma capacidade anormal para a idade", recorda, durante a mesma conversa com os repórteres de "A Bola".

Não admira, pois, que poucos anos mais tarde chegue à selecção nacional de juniores, pela qual disputa as fases finais do Europeu realizado na Polónia e do Mundial de 1979, no Japão. Como não admira que, logo de seguida, o Sporting celebre com ele um contrato de três anos, como profissional. É nesta fase que Tomás começa a perceber que, na vida dum futebolista, nem tudo são rosas. "Nem Rodrigues Dias nem Pavic – os seus treinadores nos seniores de Alvalade – deram muitas 'chances' aos jovens. Decidi, então, mudar de rumo", explicará mais tarde, para justificar as suas passagens pelo Vianense e pelo Beira-Mar.

No início da temporada de 80-81, a última em que tem contrato com o Sporting, aporta a Coimbra. Ao rever a sua carreira, assume que começou por se sentir "um bocadinho arrependido": "Em termos de prestígio, é sempre bom estar-se ligado a um 'grande'. E, depois, há ainda a parte material...". Mas nem isso o impede de se afirmar rapidamente na Académica, onde "faz" quatro lugares diferentes, consoante as conveniências da equipa – lateral, central, "trinco", e "líbero", sem esconder que é sobre esta última que recai a sua preferência.

No princípio da época de 85-86, após a saída de Ribeiro para o Boavista, passa a "capitão" da Briosa. Cargo que desempenhará por 147 vezes. E, no ano seguinte, realiza aquela que, como ele próprio reconhece, terá sido a sua melhor época de sempre. "Estou mais experiente e mais maduro", é a explicação que dá. Ao fim da primeira volta, já "A Bola" o elegeu por quatro vezes como "o melhor em campo". "Um futebolista superdisciplinado, muito bom tecnicamente, capaz de desenvolver várias tarefas", assim o descreve o jornalista Rui Santos, logo após o jogo inaugural, com o Boavista. Tomás acabará por vencer o troféu "Patrick", instituído pelo jornal fundado por Cândido de Oliveira para premiar os atletas mais vezes citados como os melhores nos jogos. O troféu vai na sua sexta edição, tendo sido ganho, anteriormente, por gente como Damas, Oliveira e Futre. "Não sei se é por termos, agora, uma equipa com muitos e bons valores, não sei se é por outra coisa qualquer, está-me a voltar a ambição dos 18 anos", confessa o jogador da Briosa. Nem por isso Tomás deixa os estudos, prosseguindo o curso de Contabilidade. "É uma questão de mentalização", sustenta. "E, por outro lado, não tenho a certeza que o futebol me possa dar aquilo que pretendo. Assim, o meu futuro fica salvaguardado. Não quero, de maneira nenhuma, engrossar o pelotão daqueles que só sabem dar uns chutos na bola".

Talvez por pensar deste modo, manter-se-á na Académica durante mais três anos, apesar de confessar que, quando saiu do Sporting, o fez com a convicção de que voltaria mais tarde. "Sair, exclusivamente, pelo dinheiro, não faz o meu feitio", explica, numa altura em que se intensificam os rumores acerca do interesse de outros clubes nos seus serviços. Nas entrevistas que então concede, aliás, cita frequentemente o exemplo do seu ex-colega Bandeirinha, que abandonou a Académica para se tornar suplente de João Pinto no FC Porto.

Haverá, provavelmente, uma razão adicional, capaz de explicar uma década de permanência na Briosa, durante a qual efectua três centenas de jogos. O próprio Tomás a denuncia, em mais uma das entrevistas que o lugar a que se guinda na época de 86-87 o leva a conceder: "A Académica é, efectivamente, um clube diferente. Talvez por não estar inserida nesta 'selva' que é o futebol".

1987·1988
Uma descida estranha

AAC 2 - Portimonense 1
30-8-1987
De pé: Vítor Nóvoa, Barry, Germano, Simões, Mito e Reinaldo;
à frente: Quinito, Jorge, Marito, Tomás e Pedro Xavier

ÉPOCA MUITO CONTURBADA. O treinador Vítor Manuel é substituído, a meio da temporada, por António Oliveira. Mas a "chicotada" não evita a descida à 2.ª divisão. Até porque Braga e Guimarães, duas outras equipas que lutam pela permanência, defrontam-se na penúltima jornada e obtêm, de forma pouco ortodoxa, o empate que convém a ambas.

Tarde de 2 de Junho de 1988. Em Coimbra, a Académica recebe o FC Porto, que já celebrara há muito a conquista do título. Se querem manter-se na 1.ª divisão, os estudantes precisam de pontuar para não ficarem dependentes de terceiros na derradeira ronda. Até cerca de dez minutos do fim do jogo, tudo corre bem. Mas, por essa altura, o portista Raudnei coloca a sua equipa a ganhar. Mesmo em cima da hora, Barry desperdiça a possibilidade de restabelecer a igualdade. E, quando a partida termina, é claro que só um "milagre" livrará a Briosa da descida.

Aos 78 minutos, o treinador António Oliveira fizera entrar Cadorin para o lugar de Marito, passando a Académica a jogar com dois pontas de lança. O golo de Raudnei é marcado um minuto depois. Sendo que o brasileiro saltara do banco pouco tempo antes, para substituir o único avançado-centro que Ivic fizera alinhar: Domingos. Numa altura em que Oliveira já trocara Reinaldo por Pedro Xavier, que quebrou a modorra em que decorria a partida atirando uma bola à trave. "Foi, talvez, o lance que terá contribuído para o acabar do 'deixa andar' com que o banco portista estava a encarar a partida", escreveu João Marcelino no "Record".

Quando Raudnei marca, ainda o Guimarães ganha ao Braga por 1-0. Mas não demora muito a consentir a igualdade ao conjunto que Vítor Manuel passara a treinar, duas semanas depois de ter abandonado a Académica com esta acima da "linha de água" e ser substituído por António Oliveira. E, daí até ao final da partida, os jogadores de ambas as equipas movem-se a passo, em inofensivas trocas de bola, não demonstrando o menor interesse em alterar o resultado. De nada serve o coro de assobios vindo das bancadas. Tal como a Briosa, também vimaranenses e bracarenses precisavam de pontuar para evitarem complicações na última jornada. "Vitória e Braga deixaram de jogar quando o resultado já dava jeito", titulava o "Record" do dia seguinte. "Já não há respeito pela verdade do jogo?", perguntava "A Bola".

Acresce que o encontro começara cerca de dez minutos depois das restantes partidas, contrariando os regulamentos que ordenam o início simultâneo dos jogos das derradeiras jornadas. "Os jogadores das duas equipas aperceberam-se, no decurso do aque-

JOGADORES UTILIZADOS

Nº	NOME	JOGOS	J. C.	J. I.	MIN	GOLOS
286	Simões	21	14	7	1642	0
345	Eldon	23	6	17	1184	5
363	Tomás	34	27	7	2760	0
369	Germano	7	6	1	585	0
387	Porfírio	33	29	4	2818	2
390	Vítor Nóvoa	38	38	0	3420	0
398	Rolão	30	12	18	1821	0
402	Pedro Xavier	34	23	11	2518	5
407	Barry	27	20	7	2161	1
408	Reinaldo	32	25	7	2644	3
412	Mito	38	37	1	3394	1
418	Quinito	37	26	11	3033	6
424	Marito	35	27	8	2893	3
425	Rocha	10	3	7	554	1
427	Jorge	8	2	6	418	0
428	Baltasar	7	1	6	313	0
429	Cadorin	18	0	18	745	4
430	Mota	29	22	7	2358	0
431	Dimas	33	29	4	2831	1
432	António Luís	6	0	6	247	0
433	Valente	1	1	0	90	0
434	Sabará	5	0	5	82	0
435	João Mendes	1	0	1	2	0

À ESQUERDA, EM CIMA,
AAC 1 - Varzim 0
17-1-1988
Vítor Nóvoa bloca o esférico, impedindo o Varzim de chegar à igualdade. Está protegido por Dimas, António Luís, Marito e Simões. Destes, só o segundo não passou pelos escalões de formação da Académica

À ESQUERDA, EM BAIXO
AAC 2 - Marítimo 0
20-2-1988
As lágrimas de Marito, após uma contestada expulsão, em jogo de grande importância para a Briosa

À DIREITA
AAC 1 - V. Guimarães 0
3-1-1988
O reverso da medalha: Marito (de costas) abraça o marcador do golo, Pedro Xavier (deitado no chão). Dimas e Porfírio associam-se à euforia resultante de um tento marcado aos 92 minutos

À ESQUERDA
AAC 0 - FC Porto 1
2-6-1988
No jogo de todas as decisões, Mota avança sobre o portista Quim, com Frasco e Quinito por perto. Um equilíbrio desfeito no final por um golo de Raudnei que sentenciaria a despromoção

À DIREITA
AAC 0 - "O Elvas" 0
6-3-1988
Jorge, jogador da "cantera" da Académica, liberta-se de um antagonista, em jogada individual

NA PÁGINA DA DIREITA
Na antiga sede dos Arcos do Jardim, os "manos" Xavier: Pedro, Paulo e Carlos

cimento, da necessidade de mudarem os 'pitons' das botas, face ao calor que se fez sentir subitamente", explicaria fonte do Guimarães, citada por "A Bola".

Protesta a Briosa, em comunicado onde fala em "manobras ético-desportivas altamente reprováveis, que asfixiam totalmente aqueles que procuram reger-se pelos princípios da lisura, da honestidade e da verdade". Insurge-se, também, a Associação de Futebol de Coimbra, alegando estar-se perante "um verdadeiro escândalo, um ataque feroz e mortal à ética desportiva". Solidariza-se a Direcção-Geral da Associação Académica. De nada serve: Guimarães e Braga são condenados, apenas, ao pagamento de uma multa de 20 contos, por atraso no início do jogo.

Os estudantes ainda ganham a última partida, na Covilhã. Não chega. O Braga também vence, o Portimonense e o Farense empatam. Ficam os três com mais um ponto que a Académica. O Guimarães é que perde. Fica em igualdade pontual com a Briosa e com o Elvas, mas tem vantagem no desempate a três.

Assim vai por água abaixo um campeonato alargado de 16 para 20 clubes, na sequência das confusões surgidas no final da época anterior e de que o Salgueiros, último adversário da Briosa, acabou por ser a grande vítima. Curiosamente, e apesar de não recolher quaisquer benefícios disso, a Académica fora dos clubes que mais se batera pelo alargamento. Ela que iniciara a prova com a expectativa da tranquilidade. Em seu nome, a perda de Carlos Xavier e de Flávio fora compensada com oito aquisições, entre as quais as de Valente, Mota, Cadorin e dos regressados Eldon e Simões; o orçamento quase duplicara; o treinador mudara a meio da época. Com a equipa afastada da Taça muito cedo – e logo pelo Olhanense, da 2.ª divisão –, salva-se a inauguração do pavilhão da Solum. Num "Dia da Briosa" com a presença do Presidente da República Mário Soares, que confessa ao jornal "O Jogo": "Tenho sempre mantido uma posição equidistante em matéria de futebol, mas se há algum clube pelo qual posso 'torcer' um pouco é pela Académica".

NACIONAL DA 1ª DIVISÃO						
CLASSIFICAÇÃO	JOGOS	V	E	D	GOLOS	PTS
1º FC Porto	38	29	8	1	88 - 15	66
2º SL Benfica	38	19	13	6	59 - 25	51
3º CF "Os Belenenses"	38	18	12	8	52 - 38	48
4º Sporting CP	38	17	13	8	62 - 41	47
5º Boavista FC	38	16	14	8	42 - 25	46
6º SC Espinho	38	13	14	11	42 - 38	40
7º GD Chaves	38	13	14	11	51 - 31	40
8º VFC Setúbal	38	15	10	13	56 - 43	40
9º CS Marítimo	38	11	17	10	36 - 37	39
10º FC Penafiel	38	10	18	10	36 - 45	38
11º SC Braga	38	8	18	12	32 - 42	34
12º SC Farense	38	12	10	16	36 - 50	34
13º Portimonense SC	38	12	10	16	35 - 50	34
14º VSC Guimarães	38	11	11	16	48 - 50	33
15º CAD "O Elvas"	38	8	17	13	35 - 40	33
16º ACADÉMICA	38	9	15	14	32 - 42	33
17º Varzim SC	38	7	16	15	31 - 52	30
18º Rio Ave FC	38	7	14	17	29 - 67	28
19º SC Salgueiros	38	6	13	19	31 - 62	25
20º SC Covilhã	38	5	11	22	30 - 70	21

A falta que ele fará...

Pedro Xavier ainda tem um ano de contrato com a Académica, quando acaba a época de 87-88. A descida da equipa à 2.ª divisão, porém, facilita a sua saída para o Estrela da Amadora. Xavier, claro, quer jogar no escalão maior. Mas parte triste. "A Académica bem podia estar na 1.ª divisão se não fossem os jogos de bastidores", diz ao jornal "A Bola", na hora da despedida. Isto, seis meses depois de ter declarado à revista "Foot": "Talvez haja clubes maiores que a Académica. Mas não em amizade e em companheirismo. Gostava mesmo de concluir a minha carreira em Coimbra". É verdade que a temporada não lhe correra particularmente bem. Marcara, apenas, cinco golos e realizara 23 jogos completos, em 39 possíveis. Chegara a ser assobiado, quando o seu nome foi anunciado na instalação sonora do Municipal de Coimbra, entre a equipa que, a 29 de Novembro de 87, defronta o Braga. "Vinga-se" marcando os dois golos que dão a vitória à Académica nesse jogo. Mas torna-se claro que o seu prestígio entre os adeptos da Briosa já conhecera melhores dias. Tratava-se, de todo o modo, de uma evolução em relação à época anterior, quando uma grave lesão contraída ao serviço da selecção nacional de "Esperanças" o obrigara a ser operado e levara ao seu afastamento dos relvados entre Outubro de 86 e Maio de 87. Durante toda a temporada – em que tem a companhia, na equipa, dos seus irmãos Carlos e Paulo – obtém, somente, um golo. Frustrando, assim, a expectativa do treinador Vítor Manuel, que no início do ano desportivo, em Julho de 1986, declarara à imprensa: "Vou exigir de Pedro Xavier uma temporada de ouro".

Mas se os dois últimos anos de Pedro em Coimbra não são brilhantes, o mesmo não acontece com os dois primeiros. No conjunto, Pedro Xavier marca, então, 35 golos. E não só se afirma como titular indiscutível da Briosa, como se revela um dos mais promissores pontas-de-lança portugueses. Tanto que é chamado, por duas vezes, à primeira selecção de Portugal. E mais uma à equipa de "Esperanças", no tal jogo (realizado em Lisboa a 11 de Outubro de 86, em que Portugal vence a Suécia por 2-0, na fase de apuramento para o Campeonato da Europa) onde o atleta da Académica se lesiona com gravidade, depois de fabricar a jogada de que resulta o segundo golo. O primeiro fora marcado por Mito, seu colega na Briosa.

Pedro Alexandre Marques Caldas Xavier, nascido em Moçambique (Lourenço Marques) a 26 de Janeiro de 1962, chega a Coimbra no início da época de 84-85 – aquela que assinala a transformação do Académico em Académica. É oriundo do Estoril, onde ingressara depois de, durante quatro anos, ter representado os escalões de formação do Sporting, que por sua vez o fora buscar ao Casa Pia. E aporta às margens do Mondego decidido a concluir o nono ano de escolaridade, para dar seguimento ao sonho, nunca concretizado, de se formar em Belas Artes.

Adapta-se facilmente aos novos ares. "Coimbra, para mim, é um pequeno paraíso", confessa em entrevista ao "Record", no princípio de 85. Vítor Manuel, por seu turno, fica encantado com o novo pupilo: "É o ponta-de-lança do futuro", declara o treinador ao jornal "A Bola", vai-se aproximando do fim a primeira época de Pedro Xavier na Académica.

A temporada seguinte é ainda mais positiva. "Está a cumprir a sua melhor época de sempre. Ganhou a robustez necessária para o desempenho da missão de ponta-de-lança", escreve Rui Santos, no trissemanário "A Bola". E a verdade é que, mesmo se as necessidades da Académica o obrigam, às vezes, a recuar no terreno, surgindo mais como um jogador de meio campo, nesse mesmo ano chega à selecção nacional.

A estreia, e logo pela equipa principal, verifica-se a 25 de Setembro de 85, em Praga, num jogo de qualificação para o Campeonato do Mundo, que Portugal perde com a Checoslováquia por 1-0. Cinco meses depois, um mês antes do fatídico encontro de "Esperanças" com a Suécia, está novamente a ser chamado à selecção "A". Agora é em Braga, num "particular" com a RDA, em que os portugueses são derrotados por 3-1. Pedro Xavier jamais esquece esses momentos. "Ser internacional pela Académica significou muito e ligou-me para sempre ao clube e à cidade. Se existe um clube de que, como agora se diz, sou 'desde pequenino', esse clube é a AAC. Pelo lado profissional e pelas ligações que deixei em Coimbra", escreve no ano de 2000, num dos mais apaixonados depoimentos publicados no livro comemorativo do vigésimo aniversário do Núcleo de Veteranos. Após a saída de Coimbra, é visto com frequência a ver jogos da Académica, sobretudo na região de Lisboa, onde habita. De cachecol da Briosa aos ombros...

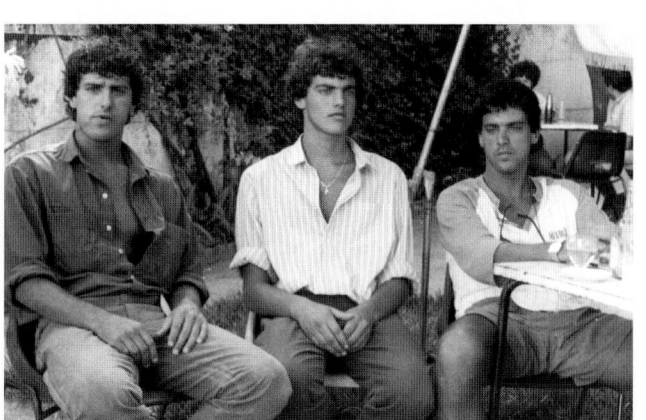

UMA ILEGALIDADE NUNCA REPARADA

Numa época tão conturbada como a de 87-88, não falta o que ainda hoje é tido por um dos maiores escândalos do futebol português: o chamado "caso N'Dinga", jogador zairense do Guimarães que virá a comprovar-se ter sido inscrito de forma irregular. É a Académica, marcada pelas circunstâncias que rodearam a sua descida de divisão, que leva à descoberta da ilegalidade.

O problema começa a vir à tona quando o Conselho de Disciplina (CD) da Federação Portuguesa de Futebol (FPF) instaura um processo disciplinar ao Guimarães, devido a eventual utilização irregular do jogador N'Dinga, num jogo com o Varzim, realizado a 7 de Fevereiro de 88. O CD não dará provimento à participação varzinista, segundo a qual o certificado de transferência do zairense para o clube do Minho dera entrada nos serviços federativos após o termo do prazo legal. Mas a Académica, que descera de divisão, após luta directa com os vimaranenses, não se conforma. Até porque N'Dinga também jogara contra a Briosa.

Recorrem os estudantes da deliberação do CD, mas de nada servem os documentos recolhidos pelos juristas Raimundo Traça e Dória Cortesão no próprio Zaire. Apenas dois dos membros do Conselho, Coelho da Mota e Henrique Madureira, acham que os textos justificam melhor atenção. Os restantes cinco, a começar pelo presidente Lúcio Barbosa – o homem que, segundo o testemunho de Jorge Anjinho, alertara a Briosa para a irregularidade –, confirmam a decisão de arquivamento.

A Académica não se dá por vencida. E, a 22 de Julho de 88, consegue que o Conselho de Justiça (CJ) anule a deliberação do CD, a quem manda analisar melhor o caso. "Entendemos que isto é uma grande trapalhada. Precisamos de averiguar", explica o presidente do órgão, Costa Soares.

Acontece que o CD reitera a sua posição. "As novas provas da Académica não servem para nada", declara Lúcio Barbosa. Parece estar aberta a "guerra" com o CJ, que torna a reunir a 26 de Agosto para apreciar o recurso interposto pelo advogado Sampaio Nora, em nome da Académica. Além do presidente, estão presentes Fernando Seara, Jesus Costa e Armando França. São eles que confessam ter encontrado um "processo de inscrição repleto de irregularidades e de estranhezas". O que não dão por provado é que o certificado internacional de N'Dinga seja "materialmente falso". Reconhecem, tão só, a "falsidade do registo dos documentos, com responsabilidades imputáveis a alguns elementos da FPF, naturalmente em colaboração com elementos externos". O que entendem ser suficiente para a abertura de um inquérito para apuramento de responsabilidades. Tanto mais que reconhecem ter o atleta jogado irregularmente. "Mas como não era isso que estava em causa", explica Jesus Costa ao jornal "A Bola", o processo é novamente arquivado.

"O que o sr. dr. Jesus Costa disse foi que a Académica tem razão, mas o Conselho de Justiça não lha pode dar", comenta o vice da Briosa, Castanheira Neves. Só que, a 23 de Janeiro de 89, a direcção da FPF decide instaurar um processo ao seu secretário-geral César Grácio, na sequência do anterior acórdão do CJ. E a nota de culpa respectiva é demolidora: acusa Grácio de ter permitido, "de forma consciente e intencional, que N'Dinga jogasse em situação irregular durante toda a época, em prejuízo dos clubes que disputaram com o Guimarães jogos em que este utilizou o jogador e com total impunidade" dos vimaranenses.

Quatro meses depois, o CJ pune César Grácio com um ano de suspensão, dando por provada "actuação fraudulenta" do secretário-geral na inscrição de N'Dinga. Acusa-o expressamente de saber que o certificado do jogador não entrou "dentro da data limite". Mas não retira daí quaisquer ilações. Quando o repórter de "A Bola", Manuel António, questiona Jesus Costa sobre se a pena decretada não vem dar razão à Académica, a resposta é esta: "De modo nenhum. Não percebo a pergunta".

"FALSIFICAÇÃO E BURLA"

Tempos depois, o próprio Ministério Público (MP) acusa César Grácio dos crimes de falsificação e burla no processo de inscrição de N'Dinga. Mas não apenas a ele. O MP responsabiliza igualmente dois dirigentes da Associação de Futebol de Braga – Renato Feio e Joaquim Monteiro –, sustentando que os três agiram "concertadamente, na execução de um plano previamente delineado".

Mal a acusação é divulgada, a direcção da Briosa reage. "Iremos até ao fim, na defesa dos interesses

Anos e anos de luta por justiça! À esquerda, Jorge Anjinho e o jurista Raimundo Traça apresentam em conferência de imprensa, a 11 de Julho de 1988, documentos recolhidos no Zaire, comprovativos da existência de irregularidades no processo de transferência de N'Dinga para o V. Guimarães. À direita, a Académica (representada por Paz Olímpio, José Manuel Ferreira da Silva, Campos Coroa e Fernando Barata) congratula-se publicamente, a 9 de Outubro de 2002, com a decisão do Tribunal da Relação de Lisboa, favorável à atribuição de uma indemnização aos "estudantes" pelos danos causados pelo "caso N'Dinga"

À esquerda, a mesa de uma Assembleia Geral de sócios, a 8 de Novembro de 1996 (José Maria Cardoso, António Augusto, Jorge Anjinho, Campos Coroa, Fernando Pompeu e Pedro Costa Pereira), para discutir as evoluções recentes do caso, após a "célebre" entrevista do treinador António Oliveira ao "Record". À direita, no dia 28 de Novembro de 1996, Campos Coroa e Álvaro Amaro entregam a Almeida Santos, presidente da Assembleia da República, a petição da Académica para que o Parlamento discuta o estado do futebol português. De costas, o deputado Manuel Alegre, tal como Almeida Santos, adepto da Briosa

do clube", garante o presidente Mendes Silva. O seu antecessor e grande responsável pela denúncia do caso, Jorge Anjinho, elogia mesmo a peça acusatória.

Está-se neste pé, quando o homem que trouxera N'Dinga para Portugal, Valter Ferreira, concede uma extraordinária entrevista ao jornalista António Simões, de "A Bola". Nessa entrevista, Ferreira começa por assumir ter Salazar como um dos seus "ídolos", "porque foi capaz de governar um império sem ter saído do seu jardim". Depois, confessa ter chegado a controlar 22 casas de jogo clandestino em Portugal, tendo, por causa disso, fugido do país, e ao qual só regressou porque soube que iria ser decretada uma amnistia. Finalmente, revela que N'Dinga era para ter vindo para o Alcobaça, devido às suas – dele, Valter – relações de amizade com o presidente do clube, Guerra Madaleno. Só assim não terá sido porque, entretanto, Madaleno foi preso.

Mas tudo isto é, apenas, um "aperitivo" para o que se segue. Fique o leitor com mais estas três pequenas "pérolas", qual delas a mais elucidativa. Primeira: "Quem jogou comigo ganhou. A Académica perdeu porque não tinha nada que ir ao Zaire. Se tivessem falado comigo...". Segunda: "O César Grácio era o Marcelo Caetano da FPF. Nunca pensou que pudesse ser sujeito a uma investigação destas". Terceira e última: "A Académica ainda não percebeu que a 'chicologia', a psicologia do 'chico esperto', vale mais do que a sabedoria dos Códigos do Direito ou dos tratados de Filosofia".

Castanheira Neves é o primeiro a reagir. "Quem ler a sua entrevista, fica a conhecer bem Valter Ferreira e, mais importante do que isso, fica a saber de que lado está a razão". Na opinião do causídico, a Académica deve exigir uma indemnização à FPF, por danos materiais. Em 93, a Briosa formalizará o pedido, fixando o montante em 710 mil contos.

O EPISÓDIO DOS CARIMBOS

Em 96, a matéria conhece novos desenvolvimentos, a partir de afirmações do treinador António Oliveira que o "Record" torna públicas. É o que ficará conhecido como o episódio dos carimbos.

Tudo começa a 9 de Outubro, após um treino do FC Porto. O então treinador portista – e técnico da Académica quando esta descera de divisão – António Oliveira conversa com um grupo de jornalistas, entre os quais Vítor Pinto, do "Record". Todo o grupo reconhece, posteriormente, que a conversa decorrera em regime "off the record" – ou seja, o seu teor não era para ser publicitado. Mas alguém a gravara. E, uns dias depois, o "Record" publica parte do seu conteúdo, alegando haver revelações impossíveis de silenciar.

O procedimento do jornal desencadeia enorme polémica, tendo mesmo sido condenado pelo Sindicato dos Jornalistas. Mas, tanto mais que o "Record" fizera uma edição de 200 mil exemplares, o centro da controvérsia situa-se em torno das palavras de Oliveira.

"E agora eu pergunto: desce-se um clube de divisão, desgraça-se uma instituição, porque um 'gajo' se lembrou de fazer uma artimanha com um carimbo?...", disse Oliveira, numa óbvia alusão à Académica, de acordo com a transcrição do jornal. Interrompe-o um jornalista da Rádio Renascença: "Dizes que há carimbo, mas não há carimbo nenhum". O treinador, que começara a época em que o "caso N'Dinga" vem a lume à frente do Guimarães, não se conforma: "Então, vou-te dizer mais: esse carimbo custou-me uns milhares de dólares, está no meu cofre, vendido pelo senhor Valter Ferreira". O jornalista insiste: "Não há carimbo". Oliveira responde: "Não há o que tu conhecias. Mas é que havia dois carimbos; não é um, eram dois, um podia-se perder na viagem... Então, eu ando aqui a dormir? Eu não estive dos dois lados? Agora, repara numa coisa: eu estou metido num processo em dois lados, que é a maior fraude do futebol, com prejuízos gravíssimos, e chego ao outro lado e nem uma palavra. Calei-me que nem um rato".

Valter Ferreira desmente prontamente o treinador, desafiando a Judiciária a ir consigo a casa de António Oliveira, "verificar o cofre dele e descobrir os tais carimbos". Oliveira processa o "Record". O presidente dos vimaranenses, Pimenta Machado, opina: "Acho que António Oliveira se 'espetou!". O líder associativo dos clubes, Valentim Loureiro, faz o mesmo: "Está-se mesmo a ver que ele (Oliveira) estava a brincar".

A Académica é que não acha graça e reivindica a intervenção do MP. Este conclui, num primeiro momento, "não haver fundamento para qualquer iniciativa processual". Mas a Briosa elabora um pormenorizado "dossier" e insiste. Entretanto, os seus dirigentes entregam, na Assembleia da República, uma petição com cinco mil assinaturas, reclamando um debate parlamentar. O presidente da Assembleia, Almeida Santos, manifesta-se solidário: "O futebol português ensandeceu. Contem com a minha parcialidade!". As claques da Briosa organizam uma manifestação entre a Universidade e o "Municipal", antecedendo um jogo em que a Académica defronta o Felgueiras, perante 12 mil pessoas. À cabeça do desfile, uma imitação gigante de um carimbo: "N'Dinga nada a ninguém". O MP acaba por apreciar o caso.

Em Abril de 97, conclui não haver elementos novos. Oliveira, entretanto ouvido, garantira que as suas palavras tinham sido proferidas em "amena cavaqueira" e "em tom de brincadeira", nada sabendo, afinal, sobre carimbos falsos. O treinador não se livra de que, no jogo que decide, nesse mesmo ano, a subida da Briosa, surja nas bancadas do Municipal um cartaz, de conteúdo irreproduzível, muito desagradável para si.

Na véspera dessa partida com o Estoril, Oliveira declarara ao diário "As Beiras": "A Académica foi vítima de uma grande injustiça. Ficarei super--feliz se subir".

Já no decurso da época seguinte, o Parlamento discute a petição desencadeada pela Académica e defendida pelo deputado socialista Ricardo Castanheira. Pouco depois, a magistratura começará a apreciar o pedido de indemnização da Briosa. Que culminará numa negativa do Supremo Tribunal de Justiça, já em Julho de 2003, depois de uma primeira decisão, nesse mesmo sentido, do Tribunal Judicial de Lisboa, e de uma segunda deliberação, em consequência do recurso interposto pela FPF e favorável às pretensões dos estudantes, do Tribunal da Relação. Quase duas décadas depois de aberto, o caso termina com a culpa, mais uma vez, a morrer solteira. Só para César Grácio o "crime" não compensou...

Manifestação de simpatizantes da Académica, entre a Universidade e o Estádio Municipal, a 13 de Novembro de 1996. Campos Coroa encabeça o desfile. Oliveira é um dos alvos das críticas dos manifestantes

1988·1989
Empatas...

AAC 1 - Oliv. Bairro 1
18-9-1988
De pé: Vítor Nóvoa, João Mendes, Mito, Dimas, Eldon e Reinaldo;
à frente: Tomás, Barry, Rolão, Rubens Feijão e Mota

A ACADÉMICA FICA A UMA SIMPLES vitória do regresso à divisão maior. Numa época em que torna a mudar de treinador: Calisto substitui Oliveira. E em que Rubens Feijão se sagra o melhor marcador da Zona Centro.

O objectivo é regressar de pronto à 1.ª divisão. A presença na Zona Centro da 2.ª é "uma curta visita, para não mais voltar", diz o treinador António Oliveira ao "Jornal de Coimbra", no início da época.

Saíram, é certo, dois dos principais jogadores: Quinito e Pedro Xavier. Mas entraram os defesas Marcelino e Jorge Costa; os médios Rubens Feijão e Daniel; e o extremo-esquerdo Stephen. Além de terem sido promovidos alguns ex-juniores a quem se augura grande futuro, como o guarda-redes Pedro Roma, o médio Zé Paulo e o avançado Marcelo.

A verdade é que o campeonato começa sob o signo dos empates. À nona jornada, quando a Académica perde mais um ponto em casa, elevam-se já a cinco. E, embora não haja uma única derrota, a equipa queda-se pela terceira posição, atrás do Feirense e do Marialvas.

Oliveira acha que é tempo de operar "uma mexida". E, oito meses após a chegada a Coimbra, decide afastar-se do comando técnico, com uma declaração simpática: "Saio daqui ainda mais académico do que quando entrei". A direcção não lhe poupa elogios. "Gostaríamos que muitos outros, que se reclamam da Académica e dizem trazer o emblema do clube no coração desde que nasceram, se comportassem como António Oliveira o fez", declara o vice Castanheira Neves ao "Record", depois de revelar que o treinador prescindira do pagamento dos salários até ao fim do contrato.

A orientação da equipa é provisoriamente entregue a Crispim, que vinha treinando os juniores. Perde um jogo, o primeiro da temporada, e empata dois. No princípio de Dezembro chega Henrique Calisto. Assiste ao empate na Feira, com o guia da prova, e mostra-se optimista. Entra, de facto, com o pé direito, tornando-se o primeiro dos três treinadores da época a começar com uma vitória. Mas os empates regressam logo a seguir. E, apesar dos seis triunfos consecutivos posteriores, a Briosa mantém-se atrás do Feirense. Pelo meio, fora eliminada pelo FC Porto da Taça, em Coimbra, após derrota por escasso 1-0.

Em Março, realiza-se uma Assembleia Geral, sob o espectro da não recandidatura de Jorge Anjinho a um terceiro mandato. Os sócios Campos Coroa e Luís Santarino chegam a aventar o nome de Mendes Silva para a presidência. Mas este, recusa prontamente, por entre elogios a Anjinho: "A sua direcção é merecedora de todo o nosso agradecimento". Ainda assim, declara-se disposto a colaborar, propondo-se mesmo criar um grupo de trabalho que, face à indisponibilidade de Jorge Anjinho para continuar, encontre uma lista para os corpos gerentes em dois meses.

Mas Anjinho sai em ombros, com as contas e um voto de louvor à direcção a serem aprovados por unanimidade. Um mês depois, está a realizar mais um "Dia da Briosa", em que o sector de formação é a grande "vedeta". São distinguidos, além da sócia Fernanda Fonseca, os dirigentes Fernando Avidago e Carlos Canelas, o treinador Crispim, o massagista Guilherme Luís e o atleta Marcelo, então aluno do segundo ano de engenharia e já jogador da equipa principal. Este é apresentado como a "prova palpá-

À ESQUERDA
AAC 1 - E. Portalegre 1
26-11-1988
Crispim, velha legenda da Briosa, está de regresso ao banco, assegurando a transição de António Oliveira para Henrique Calisto. Acompanham-no os dirigentes António Augusto e Manuel Anjinho "Parreirinha" (encoberto); o médico José Barros; os atletas Eldon, Marito, Daniel, Vítor Nóvoa e Tomás; e o massagista Guilherme Luís

À DIREITA
AAC 1 - U. Lamas 0
2-10-1988
Eldon cabeceia para o golo da vitória

| JOGADORES UTILIZADOS ||||||
Nº	NOME	JOGOS	J. C.	J. I.	MIN	GOLOS
286	Simões	19	18	1	1730	0
345	Eldon	31	14	17	1995	13
363	Tomás	34	30	4	2997	0
387	Porfírio	2	1	1	166	0
390	Vítor Nóvoa	21	21	0	1920	0
398	Rolão	15	7	8	998	0
407	Barry	16	5	11	998	0
408	Reinaldo	33	22	11	2602	10
412	Mito	37	32	5	3200	6
424	Marito	30	21	9	2259	0
425	Rocha	9	4	5	524	0
427	Jorge	2	0	2	41	0
430	Mota	37	32	5	3164	0
431	Dimas	38	36	2	3372	1
433	Valente	18	18	0	1620	0
435	João Mendes	3	2	1	212	0
436	Rubens Feijão	32	14	18	2200	24
437	Marcelo	10	1	9	411	2
438	Marcelino	37	37	0	3360	4
439	Daniel	16	12	4	1264	0
440	Stephen	12	9	3	963	1
441	Pedro Moiteiro	5	0	5	99	1
442	Zé Paulo	1	0	1	15	0
443	Jorge Costa	14	8	6	895	0
444	Jones	19	9	10	1426	7
445	Coelho	11	2	9	495	0

À ESQUERDA, EM CIMA
Os premiados na edição de 1989 do "Dia da Briosa", realizada a 15 de Abril: Marcelo (atleta), Guilherme Luís (massagista), Carlos Canelas (sócio), Maria Fernanda Fonseca (sócia), José Crispim (treinador) e Fernando Avidago (dirigente)

À ESQUERDA, EM BAIXO
AAC 1 - Feirense 0
9-4-1989
Marito, completamente no ar, quase dando a ideia de estar ao colo de Rendeiro. Uma imagem espectacular, que apesar de relativa a um jogo da 2.ª divisão, preencheu integralmente a primeira página da edição do dia seguinte do jornal desportivo "O Jogo"

À DIREITA
AAC 2 - Covilhã 1
24-3-1989
Rubens Feijão, elevando-se no ar, cabeceia para a defesa do guarda-redes covilhanense Tozé. Em segundo plano, Marcelino e Reinaldo

vel de que, havendo vontade e inteligência, é possível conciliar os estudos e o futebol na nossa Académica".

Na altura, a equipa está em boa forma e irá reduzir para um ponto a diferença que a separa do Feirense. Até que chega o dia 14 de Maio de 89, em que a Académica recebe o Mangualde e os da Feira se deslocam a Estarreja. Na véspera, o treinador e alguns jogadores estarrejenses denunciam uma tentativa de suborno. É o caso de Bernardo. "Fiquei a suar com o dinheiro que me ofereceram", declara o atleta ao jornal "A Bola". "Mas, apesar de ser pobre, não me viram a cabeça". Responde o Feirense: "Aí está a Académica a tentar manipular a massa associativa, o clube e a vila de Estarreja". Certo é que ganha por 2-0. A Briosa também vence. Mas já só falta uma jornada e é improvável que o Feirense perca, em sua casa, com o tranquilo Caldas.

Confirma-se a improbabilidade. E é até a Académica que averba mais um empate, na deslocação à Mealhada. Resultado: acaba o campeonato a uma simples vitória da subida, já que tinha vantagem nos jogos disputados com o Feirense. Ganhara o de Coimbra, numa altura em que a diferença entre as duas equipas era de cinco pontos, com um golo marcado perto do fim de um encontro em que a emoção esteve ao rubro. Como prémio de consolação, o facto de Rubens Feijão, com 22 golos, se ter sagrado melhor marcador da Zona Centro.

NACIONAL DA 2ª DIVISÃO – ZONA CENTRO						
CLASSIFICAÇÃO	JOGOS	V	E	D	GOLOS	PTS
1º CD Feirense	34	23	8	3	69 - 18	54
2º ACADÉMICA	34	21	10	3	66 - 23	52
3º RD Águeda	34	15	15	4	43 - 19	45
4º CF "Os Marialvas"	34	17	8	9	51 - 31	42
5º CFU Lamas	34	15	10	9	47 - 29	40
6º SC Covilhã	34	16	6	12	60 - 31	38
7º GD Peniche	34	13	11	10	38 - 43	37
8º Caldas SC	34	14	7	13	56 - 45	35
9º Oliveira do Bairro SC	34	10	13	11	23 - 32	33
10º UD Leiria	34	9	13	12	42 - 44	31
11º GD Portalegrense	34	12	7	15	39 - 47	31
12º CD Lousanense	34	12	7	15	42 - 53	31
13º GD Mangualde	34	11	9	14	34 - 46	31
14º GD Mealhada	34	8	10	16	32 - 52	26
15º CD Luso	34	7	12	15	31 - 43	26
16º AC Marinhense	34	6	11	17	22 - 59	23
17º SCE Portalegre	34	4	12	18	17 - 41	20
18º CD Estarreja	34	5	7	22	29 - 85	17

Serviços máximos

Em Novembro de 1988, José Crispim exerce, pela terceira e última vez, funções de treinador na equipa principal da Académica. Vão lá quase três décadas ao serviço da Briosa. Um período de tempo que coloca o antigo "internacional" júnior na galeria dos homens mais prestimosos de sempre da instituição. António Oliveira abandona o comando técnico da Académica e a direcção presidida por Jorge Anjinho pede tempo para encontrar um substituto, cujo nome acalente o sonho de subida dos adeptos. Enquanto estabelece os contactos que culminarão na contratação de Henrique Calisto, no final do ano de 88, necessita de alguém que treine a equipa interinamente. O nome que lhe ocorre é o de José Crispim. Como de costume, o técnico dos escalões de formação responde "presente". Crispim está habituado a servir como uma espécie de "pronto-socorro" da turma principal, desde que, no final da época de 70-71, arrumou as botas de jogador para se dedicar à vida de engenheiro agrícola e a uma carreira como treinador de jovens futebolistas. Durante a temporada de 73-74, é dele que os dirigentes se lembram para ocupar a vaga deixada em aberto pela saída de Fernando Vaz. O que faz com que seja o antigo extremo-direito quem comanda tecnicamente a equipa, quando esta, em digressão por Espanha, toma conhecimento de que a secção de futebol fora extinta por decisão de uma Assembleia Magna da Academia. E assim volta a acontecer, quando, na época seguinte, é Crispim o escolhido para substituir Francisco Andrade.

José Manuel Pereira Crispim nasce em Palmela, a 21 de Dezembro de 1942. Em miúdo, como um dia confessará ao jornal "Campeão das Províncias", é "um benfiquista ferrenho". Não admira, pois, que quando atravessa o Tejo, para continuar os estudos na Escola da Paiã, seja ao Estádio da Luz que vá mostrar as habilidades evidenciadas durante os campeonatos da Mocidade Portuguesa. O garoto impressiona o treinador José Valdevieso, mas os dirigentes encarnados revelam-se pouco lestos a contactar o pai. Ao contrário do que acontece com os responsáveis do Sporting, entre os quais avulta António Abrantes Mendes.

É em Alvalade, pois, que Crispim se estreia na prática do futebol a sério. Corre o ano de 1957 e pelo Sporting se manterá durante três temporadas. Já como jogador da Briosa, em 60-61 capitaneia a selecção portuguesa que vence o torneio da UEFA em juniores, equivalente ao "Europeu" dos nossos dias. Na equipa, cuja camisola vestirá por dez vezes, tem a companhia de outros cinco futuros atletas dos estudantes: Jorge, Melo, Oliveira Duarte, Peres e Serafim. O técnico é Pedroto, que entre 62 e 64 também estará na Académica. Crispim, esse, chega a Coimbra em meados de 1960, ainda com idade de júnior, quando decide dar continuidade aos estudos na área agrícola, iniciados na Paiã. A Académica é então orientada por Mário Imbelloni, seu antigo técnico no Sporting, e é o próprio jogador a pedir-lhe que intermedeie a transferência. O argentino não se faz rogado e, ciente das qualidades do pupilo, este é logo inscrito nos seniores. Mas a opção revelar-se-á infeliz. Imbelloni não se demora na Briosa e Crispim só se estreia na turma principal na época seguinte.

Até 67 é titular indiscutível, o que lhe permite integrar o "onze" que, nesse mesmo ano, se sagra vice-campeão nacional e finalista da Taça. Depois, uma doença de pele obriga-o a um demorado tratamento, de que resulta uma diminuição das capacidades musculares. Sucessivas lesões impedem-no de voltar a ser o mesmo jogador. Ainda assim, mantém-se na equipa até 1971, efectuando um total de 173 jogos. O último é na Arregaça, a 26 de Junho, e conta para a Taça Ribeiro dos Reis. A Académica bate o União por 2-0.

Aos 28 anos, já casado e à beira de se tornar pai pela segunda vez, inicia uma longa carreira como técnico nos escalões de formação da Briosa. Carreira que, durante muitos anos, acumula com a de engenheiro agrário na Direcção Regional de Agricultura da Beira Litoral e que só interrompe para orientar as turmas principais da Académica ou de clubes de terras próximas de Coimbra. É assim que ajuda a formar jogadores como Dimas, Costa, Alexandre Alhinho, Pedro Roma, Miguel Rocha e tantos outros. "Gostava muito mais destas camadas (de formação) do que dos seniores", confessa ao "Campeão das Províncias", em Novembro de 2000. Uma década antes, o seu trabalho com os jovens atletas fora objecto de homenagem, num dos primeiros "Dias da Briosa". Hoje, Crispim continua a "militar" no Núcleo de Veteranos. Com o orgulho assumido de quem sabe estar entre os jogadores-treinadores com mais anos ao serviço da Académica.

1989 · 1990
Mudanças que não resultam

*AAC 5 - Lousanense 0
10-2-1990
De pé: Vítor Nóvoa, Fernando Couto, Coelho, Real, Mito e Reinaldo;
à frente: China, Mota, Tomás, Tozé e Meireles*

No último ano em que disputa a Zona Centro da 2.ª divisão, a Académica desperdiça, outra vez, a possibilidade da subida. Apesar de ter, novamente, mudado de treinador durante a época. E até de presidente, com Mendes Silva a substituir Jorge Anjinho.

"O estar na 1.ª ou na 2.ª divisão não é o principal. O que importa é o espírito da Académica". Isto, diz Manuel Alegre à revista "A Bola Magazine", de Fevereiro de 1990. Mas é com os olhos novamente postos na subida que a Briosa inicia a época.

Perdera, é certo, Simões, Marito, Porfírio e Germano. Mas recebera duas esperanças do futebol português: Abel e Fernando Couto. E ainda Toninho Cruz, Real, Coelho, Meireles e o búlgaro Marinov. Promovera o regresso do guarda-redes Tó Luís e do esquerdino Tozé. E, mais tarde, reforçara-se com China. A verdade é que o campeonato começa mal. Somam-se poucos pontos e lesionam-se jogadores influentes.

A 25 de Outubro de 89, cerca de 300 sócios reúnem-se em Assembleia Geral. Jorge Anjinho propõe a expulsão de associado de João Rodrigues, candidato à presidência da Federação, invocando falta de solidariedade no "caso N'Dinga". Rodrigues afirmara ao "Desportivo das Beiras": "O Conselho de Disciplina e o Conselho Jurisdicional são órgãos autónomos e que decidem com isenção. Decidiram". Mas Almeida Santos, presidente da Assembleia Geral, opõe-se à sanção e faz um desafio: "Vamos deixar de ser anjinhos!". Anjinho, o presidente, fica magoado. Chega a declarar, a propósito de João Rodrigues: "Abracem-no e dêem-lhe beijos. Eu não fico nem mais um minuto nesta direcção". Assim recupera a solidariedade de Almeida Santos. Que faz coro com o líder directivo nas queixas sobre a falta de apoios financeiros: "A cidade nunca apoiou o nosso clube!". Antes, Francisco Soares fora particularmente duro com João Rodrigues, que não está presente: "Fica com os teus e esquece o teu passado académico. Quem fizer a História da Académica, não deixará de te colocar no grupo dos traidores!".

Campos Coroa, por sua vez, pede a Anjinho que se mantenha por mais dois meses, "porque o poder não pode cair no vazio". Ao mesmo tempo, solicita informações a Mendes Silva acerca das diligências que se comprometera a fazer para encontrar uma direcção. O interpelado assume não ter soluções: "Somos as primeiras vítimas de um conjunto de más vontades contra a Académica". Duas semanas depois, após um almoço, em Lisboa, com Almeida Santos e Jorge Anjinho, está ele próprio, Mendes Silva, encarregado de encabeçar uma lista nas eleições de Dezembro.

Vai buscar, para o acompanharem no executivo, antigos jogadores como Vasco Gervásio, Vítor e Mário Campos. Raimundo Traça mantém-se à frente do Conselho Fiscal. Dias Loureiro substitui Almeida Santos na presidência da Assembleia Geral. A seu lado, tem Fausto Correia e Manuel Queiró.

Os novos corpos gerentes, onde a imprensa vislumbra uma aliança entre o PS, o PSD e o CDS, "apadrinhada" por "eanistas" como o próprio Mendes Silva, são empossados a 12 de Janeiro de 1990.

O sucessor de Anjinho promete um referendo sobre "o que se pretende que seja a Académica", a duplicação do número de sócios e a instalação, no Choupal, de um Instituto de Desenvolvimento do Futebol, com três campos relvados e dois pelados.

À ESQUERDA
AAC 3 - Caldas 1
5-11-1989
Dimas vai marcar o segundo golo da Académica. Eldon limita-se a assistir. Atrás do brasileiro, Walter, futuro jogador da Briosa, ainda ensaia uma corrida

À DIREITA
Lousanense 3 - AAC 1
2-6-1990
Marinov prepara-se para dominar a bola, sob pressão de Luís Duarte e ante o olhar atento de Meireles e Palancha

	JOGADORES UTILIZADOS				
Nº	NOME	JOGOS	J. C.	J. I.	MIN	GOLOS
345	Eldon	21	8	13	1317	11
363	Tomás	31	27	4	2694	3
390	Vitor Nóvoa	22	22	0	1980	0
408	Reinaldo	23	13	10	1522	5
412	Mito	35	34	1	3136	1
425	Rocha	17	14	3	1348	0
426	Tó Luís	13	13	0	1170	0
427	Jorge	9	5	4	591	0
430	Mota	23	18	5	1847	0
431	Dimas	25	22	3	2166	7
436	Rubens Feijão	19	5	14	1003	4
439	Daniel	6	3	3	343	0
443	Jorge Costa	24	21	3	2058	0
444	Jones	10	2	8	547	2
445	Coelho	16	9	7	1126	2
446	Paquete	5	4	1	405	0
447	Fernando Couto	24	20	4	2053	2
448	Meireles	22	12	10	1559	4
449	Abel	16	12	4	1201	2
450	Real	22	15	7	1557	3
451	Toninho Cruz	15	4	11	777	2
452	Marinov	19	11	8	1427	6
453	China	21	10	11	1591	1
454	Tozé	14	10	4	1103	0

À ESQUERDA, EM CIMA
AAC 2 - Espinho 1
4-3-1990
O assalto às redes espinhenses, onde o guardião Matos (que mais tarde integrará equipas técnicas da Briosa) e o prematuramente desaparecido Rui Filipe, apesar de agarrado pela camisola, impedem Mito de cabecear com êxito

À ESQUERDA, EM BAIXO
Dois campeões mundiais de juniores: Fernando Couto e Abel Silva

À DIREITA
AAC 3 - Peniche 0
21-1-1990
Reinaldo (autor de dois golos) e Fernando Couto (autor do outro) não conseguem a finalização, com Marinov de costas para um lance onde intervêm oito adversários

Mas os resultados mantêm-se maus. A Académica, além de surpreendentemente eliminada da Taça pelo Luso, acaba a primeira volta no terceiro lugar. E, na segunda, as coisas não melhoram. Calisto não resiste a nova derrota, esta no campo do Caldas. Em finais de Março, está a ser substituído pelo antigo jogador da Briosa, José Alberto Costa.

A ideia é começar a preparar com tempo a época seguinte – a primeira da chamada Divisão de Honra. E, de facto, não parece que se pudesse fazer muito mais. A Académica conclui a sua participação na Zona Centro da 2.ª divisão em quarto lugar.

Antes dos jogadores irem de férias, ainda haverá uma digressão à China e a Macau. Aqui, onde então se encontram a viver os ex-atletas Belo, Jorge Humberto e Nuno, a Académica bate a selecção local, em jogo que assinala a inauguração da relva e da iluminação do complexo desportivo do território. E haverá, também, mais um "Dia da Briosa", onde Mendes Silva anuncia a criação de uma Casa da Académica em Lisboa; enaltece o programa radiofónico sobre a instituição, que a Rádio Comercial passara a transmitir nas manhãs de domingo; e revela que o presidente da Câmara, Manuel Machado, lhe prometera um terreno para a construção de um campo de treinos.

NACIONAL DA 2ª DIVISÃO – ZONA CENTRO						
CLASSIFICAÇÃO	JOGOS	V	E	D	GOLOS	PTS
1º SC Salgueiros	34	22	7	5	82 - 24	51
2º SC Espinho	34	23	4	7	65 - 21	50
3º UD Leiria	34	20	9	5	61 - 18	49
4º ACADÉMICA	34	19	5	10	55 - 34	43
5º CAF Viseu	34	17	8	9	56 - 32	42
6º RD Águeda	34	15	8	11	43 - 36	38
7º SB Castelo Branco	34	13	9	12	36 - 42	35
8º UR Mirense	34	13	9	12	42 - 39	35
9º CF "Os Marialvas"	34	12	9	13	31 - 34	33
10º SC Covilhã	34	15	3	16	39 - 43	33
11º CFU Lamas	34	15	2	17	46 - 49	32
12º GD Mangualde	34	14	2	18	45 - 56	30
13º Caldas SC	34	13	4	17	33 - 52	30
14º AD Guarda	34	12	5	17	29 - 55	29
15º UD Oliveirense	34	11	6	17	37 - 45	28
16º CD Lousanense	34	10	7	17	37 - 59	27
17º Oliveira do Bairro SC	34	3	10	21	24 - 68	16
18º GD Peniche	34	3	5	26	16 - 70	14

Mito e o "clube de sempre"

O FINAL DA ÉPOCA DE 89-90 marca o termo do primeiro ciclo de vida de Mito na Académica. O jogador regressará em 93, para cumprir mais cinco temporadas ao serviço da Briosa e concluir o curso de Contabilidade. Mas, então, a sua qualidade e dedicação ao emblema dos estudantes estão mais do que comprovadas. Nem admira que venha a dizer: "A Académica será o meu clube de sempre, esteja bem ou esteja mal".

Manuel Anselmo Lourenço Simões, no mundo do futebol conhecido por Mito, nasce em Benguela a 26 de Setembro de 1965. Os pais são beirões, pelo que não espanta que, após uns anos em Angola, seja à Beira que a família regresse. É aí que, lá pelos seus 12 anos, Mito dá os primeiros pontapés a sério numa bola. No Besteiros Futebol Clube.

Acontece que os progenitores só o deixam dedicar-se ao desporto favorito se, paralelamente, evidenciar qualidades nos estudos. O rapaz corresponde: não abandona os livros, nem durante os quatro anos em que joga no Besteiros, nem durante a temporada em que, já como juvenil, alinha pelo Académico de Viseu e pela selecção nacional da categoria. As coisas mudam um pouco de figura quando se transfere para o FC Porto. Ao serviço dos portistas sagra-se, por duas vezes, campeão nacional de juniores e representa, em cinco ocasiões, o seleccionado português do escalão, pelo qual marca presença no campeonato da Europa na União Soviética. Aos 19 anos, está na primeira equipa, pela qual alinha na final da Taça. Ainda se inscreve no curso de Matemática da Faculdade de Ciências da Invicta. Mas o próprio reconhece que, durante os dois anos passados à beira do Douro, descura os estudos.

A consciência de que assim é, aliada ao conselho do treinador Artur Jorge, dá vantagem à Académica na hora da transição para sénior. O FC Porto pretende emprestar o jogador e o Guimarães, o Salgueiros e o Felgueiras candidatam-se de pronto. Só que Mito, tal como Bandeirinha, opta pela Briosa. "Em Coimbra poderei conciliar melhor o futebol com os estudos", explicará ao jornal "O Jogo", em Junho de 85. Ao mesmo tempo que desabafa: "O futebol profissional é mais absorvente do que muitos, porventura, pensarão".

Certo é que se adapta rapidamente ao ambiente de Coimbra. "Na Académica tudo é mais saudável, tudo é mais normal, tudo é mais... libertador", declara a "A Bola", três meses após a chegada às margens do Mondego. O entrevistador, o jornalista Rui Santos, parece surpreendido: "Você não tem mesmo feitio para ser futebolista profissional...". Responde Mito: "Realmente, acho que não. É um mundo ao qual faço um esforço para me adaptar, que me deixa, às vezes, confundido".

Na sua primeira época em Coimbra, mais exactamente a 24 de Setembro de 85, é chamado, pela primeira vez, à selecção de "Esperanças". Está em causa um jogo na Checoslováquia, relativo à fase de apuramento para o campeonato da Europa. Torna ao mesmo seleccionado em mais 11 ocasiões. A última é a 1 de Dezembro de 87, também num encontro de qualificação para o Europeu, este efectuado em Itália. Nessa altura, apesar de ainda só ter 22 anos, é já visto pelos adeptos e pela comunicação social como um jogador determinante na Académica. Em 1990, porém, transfere-se para o Beira-Mar. Regressa em 93 com esta explicação pública: "Foi uma aposta minha e, apesar de ter outros convites, decidi que, desde que houvesse interesse da Académica, viria para cá, pois está na hora de acabar o meu curso e de contribuir para que a Académica regresse rapidamente à 1.ª divisão".

Ambos os objectivos são atingidos, coincidentemente, em 1997. Quando conclui o curso do Instituto Superior de Contabilidade e Administração (ISCA), tem direito a homenagem no "Municipal" e a uma nota à imprensa, emanada da direcção liderada por Campos Coroa. Esta, considera-se "compensada" por um "êxito que comprova na prática o binómio jogador-estudante, que sempre defendemos e acarinhámos". No termo da temporada seguinte, sem alguma vez ter sido expulso, e após dez épocas e um total de 288 jogos com a camisola negra, pendura as chuteiras. O último encontro realiza-o a 17 de Maio de 98. É em Chaves e confirma a permanência da Briosa na 1.ª divisão. Depois, ainda exerce funções ao nível da coordenação do futebol juvenil. Em Fevereiro de 96, quando a equipa lutava para não "cair" na 2.ª B, Mito declarara a "A Bola": "O meu futuro como futebolista não depende de mim, mas da Académica. Quando aqui não me quiserem, deixo de jogar futebol. Será este o meu clube de sempre, esteja bem ou esteja mal".

1990·1991
Honra
até ao fim

AAC 1 - Boavista 3
27-2-1991
De pé: Alfaia, Germano, Joanito, Rocha, Lewis e Tó Luís;
à frente: Coelho, Mota, Zé Paulo, Mariano e Latapy

No ano um da chamada Divisão de Honra, a Briosa torna a falhar o regresso à primeira, desta vez por um ponto. E volta a mudar de treinador a meio da época.

O técnico José Alberto Costa, que continua com Gregório Freixo e Luís Agostinho como adjuntos, terminara a temporada anterior com um conselho: "Além de ter de melhorar a organização interna, a Académica tem de obter uma capacidade imediata para contratações e resolver situações difíceis, como locais de treino e de estágio". A direcção escuta-o, pelo menos em parte: Da época de 89-90 só ficam seis jogadores. Saem 18, entre eles Vítor Nóvoa, Abel, Tomás, Fernando Couto, Dimas, Mito, Rubens Feijão, Eldon e Reinaldo. Entram outros tantos, com destaque, pelo futuro que terão, para os tobaguenhos Latapy e Lewis, o guarda-redes Pedro Roma, que estava emprestado à Naval, e o avançado Marcelo, que se encontrava cedido ao Sertanense.

"Assumindo uma viragem há muito desejada pelos sócios, vamos mesmo ter outra Académica", explica o presidente Mendes Silva. O vice Vítor Campos secunda-o: "Muita coisa estava errada na Académica. Por ela passou muita gente mal escolhida, bem paga e que não trabalhava". "Os objectivos são, apenas, fazer sempre mais e melhor do que no encontro anterior", declara, por sua vez, Costa. Ninguém fala, agora, em subida de divisão. Quando muito, pensa.

A verdade é que o campeonato começa com três vitórias. A primeira derrota só surge à sexta jornada, com o Paços de Ferreira, treinado por Vítor Oliveira, a marcar o único golo do encontro a dois minutos do fim. O segundo desaire acontece 15 dias depois, em Castelo Branco, e começa a desenhar-se com um auto-golo do defesa Mota. Custa a saída, pela primeira vez desde o início da prova, dos três lugares que garantem a subida. Mas a equipa, não só recupera a liderança numa semana, como a consolida com novos três triunfos consecutivos. O último é sobre o Águeda de Mário Wilson, que apesar do contencioso que mantém com a Briosa, por alegadas dívidas desde o tempo em que a treinara pela derradeira vez, é aplaudido no "Municipal".

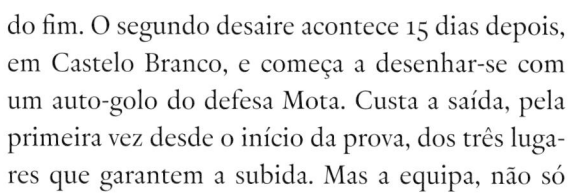

O "caldo" começa a entornar-se com a derrota ante o Elvas, que corresponde aos primeiros pontos perdidos em casa. Vem, depois, o desaire em Leiria, com o árbitro bejense Rosa Santos a anular, a sete minutos do termo da partida, um golo que daria o empate à Académica e que ele começara por validar. E, a seguir, o empate de Coimbra com o Aves, após o qual o juiz de campo bracarense Adão Mendes tem de esperar duas horas para abandonar o balneário, cercado por adeptos enfurecidos da Briosa.

Os estudantes terminam a primeira volta na quinta posição, já a quatro pontos do líder, mas a um único ponto dos restantes lugares que dão acesso à subida. Costa é que não resiste à queda, sendo substituído por Gervásio. Sai "triste por não

JOGADORES UTILIZADOS					
Nº	NOME	JOGOS	J. C.	J. I.	MIN	GOLOS
369	Germano	8	8	0	720	0
425	Rocha	37	33	4	3110	1
426	Tó Luís	39	39	0	3510	0
430	Mota	36	29	7	2996	0
437	Marcelo	28	8	20	1463	5
442	Zé Paulo	36	31	5	3040	2
445	Coelho	11	1	10	459	1
450	Real	24	15	9	1703	2
454	Tozé	21	19	2	1786	0
455	Alfaia	26	22	4	2202	0
456	Joanito	28	28	0	2520	0
457	Vicente	10	8	2	840	0
458	Latapy	33	10	23	2239	7
459	Paulo Simões	20	12	8	1394	1
460	Paulo Antunes	38	18	20	2277	6
461	Casquilha	24	14	10	1858	4
462	Lewis	34	27	7	2877	14
463	Maurício	21	15	6	1573	0
464	Mariano	22	8	14	1352	3
465	Barreto	6	4	2	447	0
466	Chico Nikita	17	14	3	1443	1
467	Clint	1	0	1	45	0
468	Walter	7	5	2	552	0
469	Pedro Roma	2	2	0	180	0
470	Mickey	1	0	1	2	0

À ESQUERDA, EM CIMA
Pedro Roma, Tó Luís e João Viva, os três guarda-redes da Académica, numa brincadeira durante um treino no estágio da Lousã

À ESQUERDA, EM BAIXO
AAC 0 - P. Ferreira 1
10-3-1991
Coelho na condução da bola, sob o olhar atento dos pacenses Monteiro (mais próximo) e Sérgio Cruz (que mais tarde jogará em Coimbra), e ainda dos colegas Zé Paulo e Marcelo

À DIREITA
AAC 0 - Elvas 2
18-11-1990
O jogador elvense é impotente para travar Lewis. Mas a Briosa perde neste jogo, à décima terceira jornada, os seus primeiros pontos em casa

À ESQUERDA
Zé Paulo, preparado para mais um treino no "Universitário". De regresso à Académica, faz uma época extraordinária, que marca a sua afirmação definitiva como jogador

À DIREITA
AAC 1 - Sporting 3
2-8-1990
A velocidade de Lewis deixa para trás dois sportinguistas

ter terminado um trabalho" que o deixara "bastante satisfeito". Ele, que no início da época dissera: "Concordo que temos obrigação de ser um clube diferente dos outros, nas vertentes humana e cultural. Só que em termos de competição tem de haver, forçosamente, uma aproximação. Passou o tempo da Académica da… laranjada".

Na hora da despedida, o antigo internacional da Briosa queixa-se de ingerências da direcção no seu trabalho e distribui "alfinetadas" pelos colegas treinadores que lhe disputariam o lugar. Norton de Matos, que assiste ao jogo com o Aves na bancada, não demora a insurgir-se publicamente contra as acusações. Por outro lado, Costa explica com uma quebra de rendimento de Latapy, a substituição do jogador de Trinidad e Tobago, seis minutos após o intervalo do encontro com os avenses. Atitude que não convencera nada os adeptos.

Certo é que o regresso de Gervásio fica assinalado com uma derrota em Viseu. Mas, depois, as coisas compõem-se e a Briosa volta aos lugares de acesso à primeira. Por pouco tempo, é verdade, já que, logo a seguir, está nove jogos sem ganhar e é eliminada da Taça pelo Boavista. Ainda assim, não se atrasa demasiado. Até que, após uma goleada ao Barreirense, com a equipa em quinto lugar, mas só a um ponto da subida, a Assembleia Geral reúne para aprovar as contas. Mendes Silva assume aí que o objectivo passara a ser a preparação da época seguinte, com a construção de uma equipa capaz de disputar a subida. Só que, no campo, a luta apenas se perde na derradeira jornada, cinco semanas depois. A Académica fica a um ponto e a três lugares da subida. Com Latapy e Lewis afastados do grupo, por ausências a treinos impostas pelo seu empresário, descontente com alegados atrasos nos pagamentos aos dois atletas.

NACIONAL DA 2ª DIVISÃO DE HONRA						
CLASSIFICAÇÃO	JOGOS	V	E	D	GOLOS	PTS
1º FC Paços de Ferreira	38	21	9	8	52 - 34	51
2º GD Estoril-Praia	38	17	12	9	48 - 28	46
3º SCU Torreense	38	16	13	9	58 - 43	45
4º CAF Viseu	38	16	13	9	43 - 34	45
5º SB Castelo Branco	38	16	12	10	35 - 31	44
6º ACADÉMICA	38	17	10	11	41 - 32	44
7º Leixões SC	38	15	13	10	49 - 41	43
8º Portimonense SC	38	18	6	14	57 - 34	42
9º UD Leiria	38	14	13	11	45 - 35	41
10º CD Feirense	38	15	10	13	37 - 39	40
11º SC Espinho	38	14	12	12	42 - 31	40
12º CD Aves	38	14	11	13	44 - 41	39
13º Louletano DC	38	14	10	14	47 - 44	38
14º CAD "O Elvas"	38	14	10	14	45 - 45	38
15º SC Freamunde	38	13	7	18	55 - 69	33
16º Varzim SC	38	10	13	15	42 - 39	33
17º FC Maia	38	13	5	20	52 - 61	31
18º RD Águeda	38	10	5	23	41 - 73	25
19º LFC V.R.S.António	38	4	13	21	16 - 45	21
20º FC Barreirense	38	4	13	21	26 - 76	21

Um só emblema

Miguel Rocha vai na sua quinta época na equipa principal da Académica – a da afirmação definitiva. Em 18 anos como sénior, não conhecerá outra camisola que não a negra. Vão ser muitas, pois, as recordações que acumulará no baú das memórias. Mas talvez uma se sobreponha a todas as outras. Dia 30 de Abril de 88. A Académica, que luta desesperadamente para evitar a descida à 2.ª divisão, defronta o Benfica, na Luz. Falta um minuto para o fim do encontro e o clube da casa vence por 1-0. O árbitro manda marcar um "canto" a favor da Briosa. Rocha eleva-se entre um "cacho" de jogadores e, de cabeça, empata a partida. O golo não evitará que, no termo do campeonato, a Académica caia mesmo na divisão secundária. Mas, até por ser o primeiro da sua carreira na equipa principal, deixa o jovem, naturalmente, eufórico. "Senti uma alegria indescritível", confessará no final da partida, como se tal fosse preciso.

Pedro Miguel e Almeida de Carvalho Rocha, filho do mítico Augusto Rocha, tem então 20 anos. Fizera toda a sua formação nos escalões jovens da Briosa, tendo por treinadores antigos atletas como Crispim e Curado. "Ensinaram-nos os segredos do futebol, acarinharam-nos e deram-nos confiança para enfrentarmos os desafios do futuro", reconhecerá numa entrevista à "Gazeta dos Desportos", três dias depois do golo na Luz.

Na primeira equipa é utilizado, de quando em vez, pelo técnico António Oliveira, como já o fora, na época anterior, por Vítor Manuel. Nalguns casos como "trinco", posição que prefere, noutros como "central". "Sei que sou novo, que tenho muito que aprender, e por isso não tenho grande pressa. A minha hora há-de chegar", declara na mesma entrevista. Onde também afirma, depois de revelar que nunca vira jogar o progenitor: "Tento ser o Miguel Rocha e não o filho do Augusto Rocha e já me daria por satisfeito se pudesse chegar aos calcanhares do meu pai". Em 91 chegará a pôr a hipótese de sair de Coimbra. Em declarações ao jornal "A Bola" manifesta-se um bocado farto, precisamente, das comparações com o pai e sustenta que "a imagem gasta-se".

Voltará a ser fortemente assediado por outros clubes em 94. Mas torna a ficar: "Primeiro, porque sou jogador da Académica e há a lei das transferências; segundo, porque voltei a estudar e a saída de Coimbra 'cortava-me' as pernas; terceiro, porque me sinto bem na Académica".

A 1 de Junho de 97, marcará o último golo dos estudantes, na vitória por 3-0 sobre o Estoril, que determina o regresso à divisão maior. Comemora-o junto dos adeptos com a camisola despida, o que lhe valerá uma das poucas expulsões da carreira. Mas nem isso o impede de ser um dos mais eufóricos na festa que se segue.

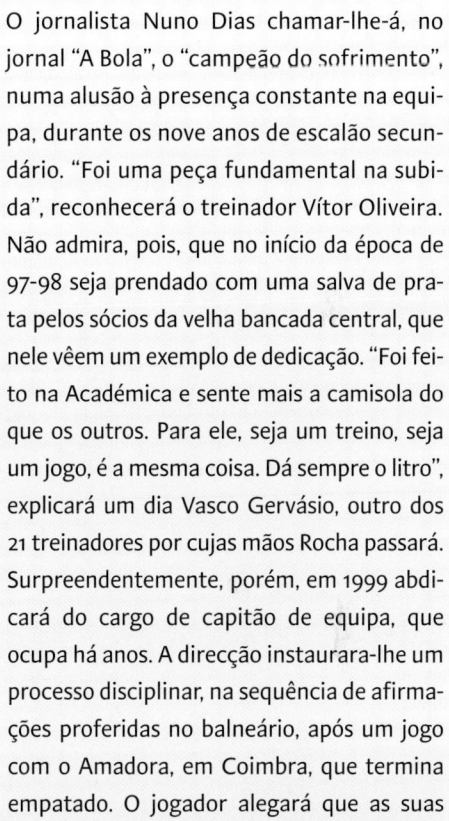

O jornalista Nuno Dias chamar-lhe-á, no jornal "A Bola", o "campeão do sofrimento", numa alusão à presença constante na equipa, durante os nove anos de escalão secundário. "Foi uma peça fundamental na subida", reconhecerá o treinador Vítor Oliveira. Não admira, pois, que no início da época de 97-98 seja prendado com uma salva de prata pelos sócios da velha bancada central, que nele vêem um exemplo de dedicação. "Foi feito na Académica e sente mais a camisola do que os outros. Para ele, seja um treino, seja um jogo, é a mesma coisa. Dá sempre o litro", explicará um dia Vasco Gervásio, outro dos 21 treinadores por cujas mãos Rocha passará. Surpreendentemente, porém, em 1999 abdicará do cargo de capitão de equipa, que ocupa há anos. A direcção instaurara-lhe um processo disciplinar, na sequência de afirmações proferidas no balneário, após um jogo com o Amadora, em Coimbra, que termina empatado. O jogador alegará que as suas palavras foram, apenas, uma forma de tentar serenar os ânimos e apoiar o treinador Vítor Manuel, que depois desse encontro abandona mesmo a Briosa. E sentirá o processo e o seu posterior arquivamento sem justificações, como uma injustiça. Que o levará a considerar não ter mais "força moral para ser capitão". Continuará a ser, todavia, o atleta empenhado de sempre. E estudante aplicado q.b., como o prova o facto de, em 2002, concluir a licenciatura em fisioterapia. Por ambos os motivos, será alvo de sucessivas homenagens. Em 2003, tornar-se-á mesmo o jogador que mais vezes veste a camisola da Briosa, batendo um velho recorde, pertença de Vasco Gervásio. E no ano seguinte, apesar de ainda ter um ano de contrato como atleta, passará a trabalhar junto da equipa, como fisioterapeuta. Tinha, então, 455 jogos realizados pela turma principal. "Tudo tem um princípio, um meio e um fim", dirá, com a simplicidade de sempre. Ele, que aos 11 anos já era campeão nacional de infantis, em natação.

1991·1992
Luto carregado

AAC 1 - Louletano 0
21-3-1992
De pé: Pedro Roma, Rocha, Palancha, Emanuel, Zé d'Angola e Marcelino;
à frente: Crisanto, Lewis, Latapy, Tozé e Zé do Carmo

É UMA ÉPOCA DE LUTO CARREGADO para a Académica, que mesmo tendo mudado, mais uma vez, de treinador, torna a não conseguir a almejada subida. No decurso dela, vê morrer o presidente Mendes Silva, um dos seus mais promissores atletas, Zé Paulo, e uma "glória" como Alberto Gomes.

Zé Paulo, médio-direito de 21 anos, é o primeiro a perder a vida, num acidente de automóvel ocorrido às sete da manhã do dia 13 de Outubro de 1991. José Paulo Francisco, nascido em Angola, viajava sozinho de Coimbra para Viseu, em direcção a casa do seu padrinho. Próximo de Santa Comba Dão, com o piso molhado devido à chuva, despistou-se e embateu violentamente numa árvore situada no lado contrário da estrada. Frequentava o segundo ano de Engenharia e era considerado um dos jogadores com mais futuro da Académica, onde se estreara cinco anos antes, ainda com idade de juvenil.

"A morte do Zé Paulo é a maior tragédia do 'Nacional'", confessa de pronto o treinador José Rachão, que no início da época substituíra Gervásio, gorada que fora a hipótese do regresso de Vítor Manuel a Coimbra. "O Zé Paulo não tem substituto. Duvido que houvesse em Portugal alguém mais rápido do que ele", diz o jogador Lewis, que mais tarde, juntamente com o seu colega Latapy, será alvo de um inquérito disciplinar, por se ter atrasado no regresso de um jogo da selecção de Trinidad e Tobago. "A maneira de ser e de estar do Zé Paulo, em quem todos os colegas viam um amigo, irá fazer falta à equipa", declara o presidente Mendes Silva.

Quando se dá o fatídico acidente, a Académica lidera a Divisão de Honra, com uma única derrota a intrometer-se entre quatro vitórias. A última das quais por 4-0, sobre o Espinho, após grande exibição. As coisas mudam a partir da morte de Zé Paulo. Embora a equipa, que no defeso voltara a ser completamente remodelada, ainda recupere, episodicamente, o primeiro lugar.

Quando, em Dezembro, Mendes Silva é reeleito, com 14 votos nulos e 13 brancos, entre 158 votantes, já a Briosa é segunda. Apesar da esperança continuar a morar entre o núcleo dirigente, também ele profundamente remodelado. Da equipa anterior, para além do presidente, só se mantêm Ramos de Carvalho, Paulo Cardoso e Gervásio. Na presidência do Conselho Fiscal, também Raimundo Traça é substituído por Adriano Eliseu. Só a Mesa da Assembleia Geral se conserva integralmente.

Na tomada de posse, Mendes Silva atribui prioridade à criação de uma Fundação, à transferência da sede dos Arcos do Jardim para o pavilhão da Solum e à instalação, em terrenos anexos a este, de umas bombas de gasolina. No mesmo discurso, proferido duas semanas antes da morte dessa "velha glória" que dá pelo nome de Alberto Gomes, sustenta: "A Académica não é o representante de uma classe ou sector social, mas muito mais do que isso. É um clube que representa Coimbra".

Na altura, já a Briosa está fora da Taça, eliminada pelo primodivisionário Chaves, e dos três lugares que garantem a subida. Não só não volta a eles até ao

À ESQUERDA, EM CIMA
Ovarense 1 - AAC 2
1-9-1991
Mendes prepara-se para dominar a bola e atacar o último reduto vareiro

AAC 4 - Espinho 0
5-10-1991
Em baixo, a eterna festa do golo, na melhor exibição da época. Zé Paulo abraça Zé do Carmo, que acabara de inaugurar o marcador. Marcelino, Crisanto e Falica preparam-se para fazer o mesmo.
À direita, Zé Paulo, com a retaguarda bem coberta por Crisanto, vai escapulir-se ao capitão espinhense Nelo

Nº	NOME	JOGOS	J. C.	J. I.	MIN	GOLOS
369	Germano	2	0	2	24	0
425	Rocha	21	14	7	1538	0
426	Tó Luís	3	2	1	208	0
438	Marcelino	36	35	1	3253	0
442	Zé Paulo	5	2	3	400	0
454	Tozé	13	10	3	1004	0
458	Latapy	33	29	4	2966	8
460	Paulo Antunes	9	0	9	388	0
462	Lewis	33	28	5	2986	10
468	Walter	2	2	0	180	0
469	Pedro Roma	34	33	1	3062	0
471	Crisanto	31	29	2	2719	0
472	Grosso	29	21	8	2280	0
473	Perduv	16	14	2	1456	0
474	Falica	28	14	14	2016	0
475	Mendes	28	9	19	1398	7
476	Emanuel	31	11	20	1934	7
477	Zé do Carmo	35	34	1	3179	4
478	Serralha	5	1	4	140	1
479	Gomes	24	14	10	1722	0
480	Palancha	20	19	1	1760	0
481	Zé d'Angola	16	5	11	910	1
482	Rui Moço	4	1	3	233	0

À ESQUERDA, EM CIMA
AAC 0 - Feirense 0
12-4-1992
Emanuel ganha nas alturas, num lance em que, ele e Zé do Carmo, aparecem rodeados de uma série de adversários. O mais à esquerda é Daniel, que já jogara na Académica

À ESQUERDA, EM BAIXO
AAC 1 - Louletano 0
21-3-1992
Rocha, já de pedra e cal na primeira equipa, na perseguição de uma bola que parece mais acessível aos algarvios

À DIREITA
AAC 0 - Tirsense 0
23-2-1992
O cabo-verdiano Zé d'Angola procura ganhar espaço, ante a forte oposição do capitão de Santo Tirso, Jorge

fim da época, como vai aumentando, à medida que o campeonato decorre, o fosso que a separa dos primeiros. Chega a estar cinco jogos seguidos sem ganhar, após uma desgastante digressão de duas semanas à Índia, onde vence um torneio em que também participam a selecção de Goa e os sub-23 indianos. Digressão que se segue a uma visita do Presidente da República, Mário Soares, que nunca fora feita por qualquer outra equipa portuguesa e em que os estudantes – em cuja comitiva se integrou o líder municipal de Coimbra, Manuel Machado – marcam um total de oito golos, sem sofrerem um único.

No fim do campeonato, a Académica é sexta classificada, a oito pontos do terceiro. De pouco valera a grande época de Pedro Roma, ou o investimento feito na contratação de atletas como o regressado Marcelino, o brasileiro Zé do Carmo ou o jugoslavo Perduv, que aliás se torna, inesperadamente, o primeiro estrangeiro a capitanear a Académica.

A última derrota acontece em Viseu, na tarde de 31 de Maio de 92. Poucas horas antes – mais exactamente às 12,20 – morrera Mendes Silva. Após ter pernoitado em casa de umas das suas duas filhas, em Santa Comba Dão, dirigia-se à cidade onde se disputava o derradeiro jogo da Académica, a tempo de ainda almoçar com os dirigentes do clube local. Perto de Tojal do Moinho, na mesma estrada onde Zé Paulo perdera a vida, o Saab preto em que viajava fora abalroado por um camião de uma associação columbófila de Torres Vedras, que circulava em sentido contrário e que já tinha embatido numa camioneta de caixa aberta que não terá respeitado um sinal de "stop". Que mais poderia acontecer à Briosa?

NACIONAL DA 2ª DIVISÃO DE HONRA						
CLASSIFICAÇÃO	JOGOS	V	E	D	GOLOS	PTS
1º SC Espinho	34	17	16	1	63 - 28	50
2º CF "Os Belenenses"	34	19	10	5	53 - 25	48
3º FC Tirsense	34	16	13	5	31 - 14	45
4º Rio Ave FC	34	16	7	11	47 - 30	39
5º VFC Setúbal	34	17	5	12	48 - 35	39
6º ACADÉMICA	34	13	11	10	37 - 25	37
7º Leixões SC	34	12	11	11	31 - 26	35
8º UD Leiria	34	13	9	12	34 - 32	35
9º CD Aves	34	12	11	11	37 - 37	35
10º Louletano DC	34	14	6	14	41 - 42	34
11º CFE Amadora	34	10	13	11	30 - 35	33
12º CD Feirense	34	12	8	14	36 - 43	32
13º AD Ovarense	34	9	13	12	38 - 42	31
14º CD Nacional	34	6	13	15	26 - 42	25
15º SB Castelo Branco	34	6	12	16	28 - 51	24
16º Portimonense SC	34	7	10	17	34 - 58	24
17º CAF Viseu	34	7	10	17	20 - 44	24
18º SC Olhanense	34	6	10	18	20 - 45	22

"Um homem que sempre lutou"

"É O MEU ÚLTIMO MANDATO, sem dúvida, e por isso esta época é a minha derradeira aposta. Nela faço um empenho pessoal" – palavras de Mendes Silva, em entrevista concedida ao jornalista Costa Santos, do "Record", a 29 de Maio de 92. Dois dias depois, aquele que o seu sucessor, Paulo Cardoso, definiria como "um homem que sempre lutou", está morto, na sequência de um brutal acidente de automóvel.

Fernando Luís Mendes Silva não chega, portanto, a ver os resultados do que, na última entrevista concedida a um órgão de comunicação, dizia ser a sua derradeira aposta. Mas, em 61 anos de vida cheia, foram muitas as causas em que pôs todo o empenho pessoal. A Briosa foi uma das maiores – ao seu serviço se fez homem, ao seu serviço morreu. Talvez ninguém o tenha definido melhor do que o colega de direcção e sucessor no cargo de presidente, Paulo Cardoso. "Foi um homem que sempre lutou e que teve uma morte estúpida ao serviço da Académica", disse aos jornalistas, na hora do funeral. Um funeral que se efectuou dois dias depois da morte e em que participaram cerca de 1500 pessoas, muitas das quais já haviam velado o corpo, no pavilhão da Solum. Mas, se nestas alturas os elogios são habituais, o conteúdo de muitas das palavras produzidas sobre Mendes Silva ajudam a entender a personagem. "Foi o maior saltador de obstáculos que conheci em Coimbra, nos últimos anos", disse o líder do PS coimbrão e membro da Mesa da Assembleia Geral da Académica, Fausto Correia. "De entre as pessoas que realmente acreditam na mística coimbrã e no património constituído pelas suas tradições, Mendes Silva era a personalidade mais representativa", afirmou o vereador da CDU na Câmara, Santos Cardoso. "A lealdade perdeu um dos seus maiores cultores", escreveu-se no "Diário de Coimbra".

Fernando Mendes Silva nasceu na freguesia de São Bartolomeu, a 22 de Outubro de 1930. Disse sempre que o seu partido era Coimbra e que, fora da cidade, lhe faltava o ar. Mas também explicou uma vez, ao jornalista Pedro Guerra, do semanário "O Independente", que "ser de Coimbra não passa necessariamente pelo bilhete de identidade, antes se trata de um estado de alma em que a solidariedade ignora a geografia e a memória esquece os anos".

Certo é que em Coimbra viveu sempre, casou e viu nascer duas filhas. Na sua Universidade licenciou-se em Direito, depois de ter frequentado Engenharia. E na cidade exerceu advocacia, antes de se ter tornado industrial da construção civil e do ramo imobiliário.

De resto, em Coimbra foi quase tudo. Na Associação Académica, foi fundador das escolas de atletas, treinador dos juniores, dirigente da secção de futebol – onde se tornou, por exemplo, um dos responsáveis pela transferência de Mário Wilson do Sporting para a Briosa – e líder do Conselho Desportivo. Em 1953, chegou mesmo a presidente da Direcção-Geral. Mais tarde, e durante 16 anos, foi delegado da Direcção-Geral dos Desportos, sendo o único líder distrital da instituição que não foi saneado na sequência do 25 de Abril de 74 e um dos grandes pilares da construção das velhas piscinas municipais. Entre 82 e 85 presidiu à Câmara de Coimbra, eleito pelo PS, mas sem perder a condição de independente, nem de amigo pessoal e político de Ramalho Eanes, com quem manteve uma relação de proximidade até à morte. E, em Dezembro de 89, chegou à presidência da Briosa, clube que representara enquanto jovem, desde os juniores às chamadas reservas, sob a orientação de Alberto Gomes. Jogava a médio-esquerdo.

"Vamos alertar os afastados, abanar os distraídos, sacudir os indiferentes, em cada terra, em cada rua, em cada esquina, hoje, amanhã e na semana que vem" – prometeu no discurso de posse, a 12 de Janeiro de 1990. Em Dezembro do ano seguinte, estava a ser reeleito para um segundo mandato. "Estou neste lugar porque gosto. Não faço qualquer sacrifício", garantiu ao jornal "A Bola", poucos dias depois. Numa entrevista em que também dizia, respondendo às acusações de favorecimento da Briosa por parte dos poderes públicos: "A Académica será digna de si própria quando, em vez de desejar a simpatia pelo poder, preferir o poder da simpatia".

Em mais uma manifestação do seu reconhecido voluntarismo, aproveitou a segunda tomada de posse para recolher dez mil contos para a Briosa, entre os empresários convidados para a cerimónia. Dois meses depois, estava a fazer a sua última viagem até junto da equipa. Arménio Ramos de Carvalho, colega de direcção e de tertúlias, era para o ter acompanhado. Um compromisso de última hora impediu-o de seguir no mesmo carro. Como em muitos outros momentos da sua vida, Mendes Silva partiu sozinho.

1992·1993

"JÁ É UMA FATALIDADE!"

AAC 1 - Benfica 2
8-8-1992
De pé: Tó Luís, Marcelino, Rocha, Zé Duarte, Lewis e Latapy; à frente: Walter, Zé do Carmo, João Manuel, Tozé e Leandro

A DUAS JORNADAS DO FIM do campeonato, a Académica parece ter, finalmente, assegurado o regresso à 1.ª divisão. Um inesperado empate caseiro com o Aves, porém, deita tudo a perder, mais uma vez. "Já é uma fatalidade!", desabafa o novo presidente, Paulo Cardoso.

Tarde de 16 de Maio de 1993. Um golo de Lewis, aos 73 minutos do jogo Rio Ave-Académica, parece colocar os estudantes, definitivamente, no caminho do regresso à 1.ª divisão. Ainda por cima, os vilacondenses estão reduzidos a dez, por expulsão de Gamboa. Quando a partida acaba, a euforia instala-se entre os mais de mil adeptos da Briosa presentes. À saída das cabinas, o autor do tento solitário é passeado aos ombros. "Cheira a subida", proclama "A Bola". Os jogadores de Coimbra são presenteados pela direcção com um prémio extraordinário de 100 contos por cabeça.

Na tabela classificativa, a Académica confirma o terceiro lugar, em igualdade pontual com o segundo, que é o Setúbal, e com menos três pontos do que o líder, o Amadora. O União da Madeira está em quarto, a um escasso ponto dos estudantes. Mas faltam apenas três jornadas para o fim da prova e o calendário da Briosa parece bastante acessível.

No domingo seguinte, a Académica cumpre a sua obrigação, vencendo o Leixões em casa. É certo que Setúbal e União também triunfam e que o Amadora, mesmo empatando, mantém o primeiro lugar. Mas faltam só dois jogos e a Briosa depende apenas de si.

O primeiro desses encontros é em Coimbra, com o Aves. É um facto que este nunca perdera no

"Municipal", nos quatro jogos que aí disputara. Mas os estudantes têm ali a subida à mão de semear e milhares de pessoas a apoiá-los nas bancadas. Pois sim... Os jogadores da Académica criam oportunidades sobre oportunidades, mas na hora de atirarem para o fundo da baliza adversária há sempre qualquer coisa que falha. E o jogo acaba com o marcador a zero.

Ainda se os outros tivessem perdido... Mas não. O Setúbal empata na Amadora. O União vence em Leiria. Como ambos têm vantagem no confronto directo com a Académica, passam a ser seus os dois últimos lugares que garantem a subida. "Estou desolado. Tenho sempre 'galo' no fim dos campeonatos", confessa o treinador José Rachão.

É claro que ainda há a possibilidade de ocorrer um "milagre" na derradeira jornada. Mas não ocorre. Setúbal e União, a jogarem em casa, vencem facilmente e atingem os 47 pontos. O Amadora torna a empatar, desta vez fora, mas chega aos 48 pontos e é campeão. A Académica é que ainda perde mais dois pontos em Castelo Branco e queda-se pelos 45, na tabela final. "Já é uma fatalidade", desabafa Paulo Cardoso, o homem que a direcção, com a concordância da Assembleia Delegada, elegera como sucessor do infortunado Mendes Silva.

A esperança, já se sabe, é sempre a última a morrer. Por isso, de Coimbra para a Beira Baixa ainda viajam dez autocarros com adeptos da Briosa. Só que cedo as coisas começam a correr mal. Logo aos 36 minutos, Fua é expulso por agressão a um adversário. Pouco depois, os da casa colocam-se em vantagem. Na segunda parte, em apenas sete minutos, Leandro ainda "vira" o resultado, fazendo dois golos que comemora tão exuberantemente que, à semelhança do que antes fizera na Amadora, dá meia volta ao campo,

À ESQUERDA
AAC 1 - U. Madeira 1
21-3-1993
João Manuel deixa o jogador madeirense nas "covas"

À DIREITA
AAC 0 - Aves 0
30-5-1993
Latapy e Lewis (com a bola) protagonizam uma espécie de bailado antilhano, que o avense Dragan não consegue suster. Mas, ao não conseguir marcar, ainda não seria desta que a Académica regressava à 1.ª divisão

JOGADORES UTILIZADOS					
Nº	NOME	JOGOS	J. C.	J. I.	MIN	GOLOS
425	Rocha	37	33	4	3290	1
426	Tó Luís	26	26	0	2370	0
438	Marcelino	22	18	4	1776	1
454	Tozé	36	25	11	2866	2
458	Latapy	36	28	8	3178	14
462	Lewis	30	16	14	2103	13
468	Walter	34	24	10	2717	0
474	Falica	13	6	7	637	1
477	Zé do Carmo	37	30	7	3178	1
483	Carlos Pedro	28	14	14	1788	3
484	João Manuel	34	30	4	3009	2
485	Leandro	31	14	17	2127	9
486	Fua	36	21	15	2285	8
487	Zé Duarte	34	31	3	2981	3
488	Justiniano	2	0	2	57	0
489	Vítor Alves	11	11	0	990	0
490	Hristo	18	6	12	1011	4
491	Zé da Rocha	3	1	2	180	0
492	Paredão	3	3	0	270	0

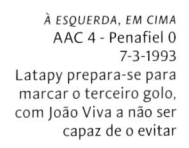

À ESQUERDA, EM CIMA
AAC 4 - Penafiel 0
7-3-1993
Latapy prepara-se para marcar o terceiro golo, com João Viva a não ser capaz de o evitar

À ESQUERDA, EM BAIXO
AAC 1 - U. Madeira 1
21-3-1993
Um único madeirense para Fua (que já cruzou), João Manuel, Lewis e Zé da Rocha

À DIREITA
AAC 3 - BC Branco 1
10-1-1993
Real, ex-jogador da Académica, tenta opor-se ao disparo de João Manuel

acenando com uma bandeira da Académica tirada dos calções. Mas, entre os 81 e os 82 minutos, é a vez dos albicastrenses darem a volta completa ao marcador.

Rachão, que em Castelo Branco dá por terminado o seu ciclo em Coimbra, não se conforma de todo: "Caímos de pé, nunca procurámos 'fretes'. O que se passa no futebol português é um nojo. Metam a Polícia Judiciária para averiguar o que vai por aí". Tem motivos para isso. No início da época, ao mesmo tempo que garantira ir ser "sempre da Académica", afirmara-se convencido de que a equipa era "melhor do que a do ano anterior".

A troco de 40 mil contos, é certo, a Briosa perdera Pedro Roma para o Benfica. Mas recuperara o guarda-redes Vítor Alves e ganhara atletas como João Manuel e Zé Duarte, contratados ao Viseu, o angolano Carlos Pedro e os "emprestados" Fua e Zé da Rocha. Mais uma vez, porém, não chega. Como uma grande exibição em Alvalade, não chegara para evitar a eliminação da Taça, aos pés do Sporting. E a temporada ainda acaba com uma polémica, em Assembleia Geral, entre Jorge Anjinho e os Corpos Gerentes liderados por Paulo Cardoso.

Anjinho quer saber quanto é que o bingo deu de lucro em 91. Responde-lhe Vítor Baptista: "69.551.000$00". "Isso são números baixíssimos", protesta o antigo presidente. "Esses resultados são um desastre. A direcção não tem sabido incentivar os sócios".

| NACIONAL DA 2ª DIVISÃO DE HONRA |||||||
CLASSIFICAÇÃO	JOGOS	V	E	D	GOLOS	PTS
1º CFE Amadora	34	17	14	3	59 - 28	48
2º CFU Madeira	34	18	11	5	60 - 34	47
3º VFC Setúbal	34	17	13	4	69 - 30	47
4º ACADÉMICA	34	19	7	8	56 - 39	45
5º Rio Ave FC	34	14	10	10	39 - 36	38
6º AD Ovarense	34	11	14	9	42 - 37	36
7º SCU Torreense	34	14	7	13	53 - 44	35
8º UD Leiria	34	13	8	13	36 - 37	34
9º CD Aves	34	10	13	11	43 - 44	33
10º FC Felgueiras	34	10	12	12	30 - 35	32
11º Louletano DC	34	11	9	14	32 - 45	31
12º Leixões SC	34	11	9	14	34 - 39	31
13º CD Nacional	34	10	10	14	32 - 42	30
14º FC Penafiel	34	12	6	16	35 - 48	30
15º SC Campomaiorense	34	10	5	19	40 - 53	25
16º CD Feirense	34	7	11	16	32 - 44	25
17º Amora FC	34	7	10	17	27 - 53	24
18º SB Castelo Branco	34	7	7	20	27 - 58	21

"O PATRIARCA DA MÍSTICA"

"Assumo este cargo em condições trágicas e nunca pensei fazê-lo nestas circunstâncias". Estas são as primeiras palavras de José Paulo Cardoso quando, a 1 de Junho de 1992, depois de ouvida a Assembleia Delegada, a direcção da Académica decide, por unanimidade, nomeá-lo presidente. Na véspera, um estúpido acidente de automóvel tirara a vida a Mendes Silva, o líder que os sócios tinham reeleito em Dezembro de 91. No momento em que assume a presidência, o médico estomatologista Paulo Cardoso tem 64 anos. Não é, pois, um novato. Muito menos, na militância académica. Em bom rigor, serve o emblema estudantil desde que, em 1946, chega a Coimbra para cursar Medicina.

Provém de Lisboa, onde acabara o liceu e se sagrara campeão nacional de lançamento do dardo pelo Sporting. Não foi o seu primeiro título durante os dois anos na capital. Antes, já ganhara um concurso nacional de ginástica, promovido pela Mocidade Portuguesa, o que explicará que tenha sido o portador da bandeira de Portugal, na cerimónia de inauguração do Estádio Nacional. Paulo Cardoso era um atleta. Nascido em Lourenço Marques, a 11 de Abril de 1927, rapidamente se impõe como um ágil trepador. Tanto que ganha a alcunha de "Tarzan". Aos quatro anos já sabe nadar e aos dez ganha a primeira medalha, numa corrida de bicicletas organizada pelo Ferroviário. Clube onde se iniciará no atletismo e no andebol, ao mesmo tempo que frequenta os primeiros cinco anos do liceu e as matinés cinematográficas.

Em Lisboa adquire outros gostos: pela música, pelo coleccionismo de moedas, pela boa mesa. Numa noite de boémia na capital, trava conhecimento com António de Almeida Santos. Não admira, pois, que o procure na "República" em que este habita, quando opta pela Universidade de Coimbra para continuar os estudos. Nem que aí se instale, enquanto cresce a paixão pela Académica. Na Briosa, pratica atletismo, andebol de 11 e basquetebol. É nesta última modalidade que mais se destaca: chega a capitão de equipa e a campeão nacional, em 1950 e em 1951. Em 55, está a estrear-se entre os dirigentes da secção de futebol. O curso fica um pouco para trás. Em 62, porém, está mais do que concluído. Paulo Cardoso regressa, então, a Lourenço Marques, onde monta o primeiro consultório. Já casado – com Maria Adelaide, irmã de Almeida Santos – e pai de dois rapazes. Mas não esquece a Académica. Ouve os relatos dos jogos pela rádio. Discute-a em tertúlias com o cunhado e com Veiga Simão. Promove duas digressões da equipa a Moçambique, onde funda, aliás, uma Académica. E indica à Briosa futebolistas como Rui Rodrigues, Brassard, Cardoso e Nene.

Em Junho de 75, ele próprio retorna a Coimbra. Dois anos depois, já integra a Assembleia Delegada do Académico. Em 77 candidata-se à presidência, mas perde. Em 78 está na Comissão Directiva liderada por João Moreno. Em 89, regressa ao executivo, com Mendes Silva. Quando este morre, é indigitado seu sucessor. "Posso dizer que me nasceram os dentes na Académica", afirmará numa das primeiras entrevistas que concede como presidente.

Tem um sonho assumido: recolocar a Briosa na 1.ª divisão. Mas deixa um aviso: "Não contem comigo para conduzir a Académica segundo o estilo marginal seguido por alguns presidentes de clubes". Talvez por isso, dará atenção a outros aspectos que não apenas os resultados. É durante o seu mandato que se realiza o Congresso da Académica e é editado o livro sobre a Briosa, coordenado pelo amigo desde os tempos de estudante, José Fernandes Fafe.

Divergências no seio da direcção e pressões para o regresso de Anjinho levam-no, porém, a antecipar as eleições de que Fausto Correia sairá vencedor, em 95. Na tomada de posse deste, Paulo Cardoso volta a demonstrar o seu reconhecido sentido de humor: "Se Cavaco fosse presidente da Académica, saberia o que são as verdadeiras forças de bloqueio". Regressa à Assembleia Delegada. Três meses depois, é homenageado durante um almoço que reúne mais de 300 pessoas. Almeida Santos, um dos promotores, redige o "decreto" que todos aprovam: "Tendo em conta que Zé Paulo é um cidadão exemplar; ama Coimbra como poucos; ama a sua Académica de uma maneira invulgar; decreta-se que o seu exemplo de cidadão seja devidamente reconhecido; Coimbra saiba ser digna do Zé Paulo; e a Académica continue a contar com ele, dignificando-se e dignificando-o". Paulo Cardoso irá falecer a 10 de Março de 97, sem assistir ao regresso à 1.ª divisão. "Morreu o patriarca da mística e o último romântico do futebol português", dirá então Castanheira Neves. Na Conchada, durante um vibrante elogio fúnebre, Campos Coroa define-o como "um Homem que nunca deixou de ser menino".

1993·1994
Outra "morte na praia"

AAC 3 - Torreense 0
20-3-1994
De pé: Walter, Vítor Duarte, Paulo Vida, Lewis, Zé Duarte e Sérgio;
à frente: João Manuel, Chico Faria, Tozé, Latapy e Mito

MAIS UMA VEZ, a Académica passa boa parte do campeonato nos lugares que dão acesso à subida. Mais uma vez, "morre na praia". No caso, com os adeptos a atribuírem parte da responsabilidade do insucesso a José Pratas, cuja arbitragem num "célebre" jogo em Leiria provoca sérias desconfianças.

Vítor Manuel regressa ao comando técnico da Académica, cinco anos após a "chicotada". Quem também regressa é Mito. Tal como Mickey, que estava emprestado à Naval. Outras contratações: o defesa Vítor Duarte, como Mito oriundo de Aveiro; o guarda-redes Sérgio, proveniente do Sporting; o extremo Ricardo, ex-FC Porto; e o avançado brasileiro Fernando, que jogava no Montijo. Os "leões" emprestam o lateral-direito Nuno Luís, eleito melhor jogador da edição de 93 do famoso torneio de Toulon; o Benfica, o ponta-de-lança Paulo Vida; e o Amadora o esquerdino Baroti. A meio da época chegará Chico Faria, ex-Salgueiros.

Saem, em contrapartida, Tó Luís, Fua, Marcelino, Leandro, Paredão, Zé da Rocha e Hristo. Mas a confiança impera, no início da temporada. "A Académica jogará para subir", garante Vítor Manuel. "O objectivo será ganhar domingo a domingo, para chegar com tranquilidade às últimas jornadas, onde, regra geral, acontecem coisas muitos estranhas", diz o presidente Paulo Cardoso.

A verdade é que o campeonato começa mal, com uma derrota pesada e um empate em casa, nos dois primeiros jogos. Mas à nona jornada, após três vitórias consecutivas, a Académica está no terceiro lugar – o último que dá acesso à subida. O que ainda torna mais surpreendente a sua eliminação da Taça pelo Lourosa. E pela zona de promoção se mantém até ao último terço da segunda volta, quando uma derrota por 2-0 em Penafiel a atira para o quarto posto da tabela. Numa altura em que o marcador está em 0-1, Latapy ainda marca, na transformação de um livre. Mas o árbitro bracarense Fortunato Azevedo anula o golo. "Um crime de lesa-futebol", acusa o jornalista João Cartaxana, no "Record".

Duas semanas antes, o mesmo Latapy e o seu compatriota Lewis tinham sido excluídos do jogo que a Académica perdera, em Vila do Conde, e que atirara Sérgio para o "estaleiro", durante meio ano. Porquê? Só tinham efectuado um treino durante a semana, na sequência de mais um conflito entre o seu empresário, Tozé Francisco, e a direcção da Briosa. Na circunstância, porque os dirigentes estudantis, à luz da nova lei das transferências, reclamavam uma verba na ordem dos 100 mil contos, como contrapartida pela eventual mudança de ares dos dois tobaguenhos. "A Académica não tem direito a nada! Nem que pinte os pretos de branco", gritava o empresário, por entre acusações de "mentiroso, aldrabão e desonesto" a Paulo Cardoso. Tudo terminou com um processo judicial intentado pelo presidente da Briosa contra Tozé Francisco, com a garantia de que os atletas sairiam a troco de 20 mil contos e com a expulsão de sócio do empresário – a que este se antecipou, demitindo-se ele mesmo.

Na antepenúltima jornada, a Académica joga uma cartada decisiva em Leiria. Árbitro, o eborense José Pratas, cuja nomeação – a quinta para um jogo dos leirienses durante a prova – suscitara as maiores desconfianças em Coimbra. Das margens do Mondego, apesar da chuva, viajam cerca de cinco mil adeptos. Os estudantes perdem com um golo marcado na sequência de um livre a punir uma falta que praticamente toda a gente considerou não ter existido. Cinco dos

À ESQUERDA
AAC 3
Campomaiorense 1
6-2-1994
Vítor Alves, Paulo Vida, Guilherme Luís, José Barros, Francisco Fidalgo, José Vítor e Vítor Manuel: um banco bem protegido contra o temporal

À DIREITA
AAC 0 - Aves 0
3-10-1993
Pela sexta vez consecutiva, o Aves não sofre golos em Coimbra. Batista e Sérgio não permitem a Lewis fazer o gosto ao pé

	JOGADORES UTILIZADOS					
Nº	NOME	JOGOS	J. C.	J. I.	MIN	GOLOS
412	Mito	27	18	9	2193	1
425	Rocha	31	29	2	2737	0
454	Tozé	29	26	3	2501	4
458	Latapy	33	29	4	2899	7
462	Lewis	29	23	6	2471	7
468	Walter	25	19	6	1988	0
470	Mickey	5	2	3	227	0
477	Zé do Carmo	28	16	12	1876	1
480	Palancha	4	3	1	333	0
483	Carlos Pedro	22	12	10	1409	0
484	João Manuel	27	24	3	2247	1
487	Zé Duarte	28	25	3	2332	2
489	Vítor Alves	12	10	2	1025	0
493	Vítor Duarte	20	16	4	1640	0
494	Ricardo	26	6	20	1414	4
495	Baroti	15	5	10	969	0
496	Nuno Luís	23	12	11	1503	0
497	Paulo Vida	21	7	14	1258	4
498	Sérgio	25	24	1	2197	0
499	Fernando	22	10	12	1337	4
500	Chico Faria	13	3	10	805	5
501	Kiki	1	1	0	90	0
502	João Campos	1	0	1	45	0
503	Pedro Jesus	1	0	1	18	0

À ESQUERDA, EM CIMA
AAC 1 - Portimonense 0
19-9-1993
Ao cair do pano, Ricardo marca o golo da vitória. Dragan e Duílio assistem impotentes, enquanto Latapy festeja

À ESQUERDA, EM BAIXO
AAC 4 - Leça 0
20-2-1994
Chico Faria e Alfaia num despique individual pela posse da bola, no regresso do timorense ao "Municipal". Walter assiste

À DIREITA
AAC 2 - Benfica 4
7-8-1993
O facto de se tratar de um jogo particular, não retira empenhamento aos jogadores. Carlos Pedro já passou por William. Rocha, Vítor Paneira e o árbitro Mário Mendes, mais ao longe, estão atentos à jogada

seus jogadores são "amarelados". Um deles é expulso. A imprensa é unânime na consideração de que o árbitro prejudicara a Académica. "Pratas da casa", é o título da "Gazeta dos Desportos". A direcção da Briosa protesta veementemente. Carvalho Santos, presidente do Conselho de Arbitragem da Associação de Futebol de Coimbra, demite-se. "O futebol actual é uma mentira", explica. Vítor Manuel, que no fim do encontro anuncia a retirada do comando técnico no termo da época, declara: "Nem com duas equipas conseguíamos ganhar este jogo". Certo é que a Académica falha, mais uma vez, o seu objectivo.

Isto, numa temporada em que Paulo Cardoso, agora com recurso ao voto dos sócios, é reconduzido no cargo presidencial; em que a Briosa começa a reclamar da Federação, em tribunal, uma indemnização de 710 mil contos, por perdas e danos resultantes do "caso" N'Dinga; em que é fundada a Casa da Académica em Lisboa e em que são dados os primeiros passos para a criação de idêntica instituição no Porto; e em que morre o antigo jogador Serafim. "Foi um homem que aprendeu a viver a Académica", assim o recordará o antigo colega Vítor Campos.

NACIONAL DA 2ª DIVISÃO DE HONRA

CLASSIFICAÇÃO	JOGOS	V	E	D	GOLOS	PTS
1º FC Tirsense	34	17	12	5	42 - 23	46
2º UD Leiria	34	19	7	8	46 - 19	45
3º GD Chaves	34	19	7	8	44 - 25	45
4º Rio Ave FC	34	18	8	8	43 - 23	44
5º ACADÉMICA	34	17	4	13	39 - 30	38
6º FC Felgueiras	34	12	13	9	40 - 34	37
7º AD Ovarense	34	11	11	12	43 - 43	33
8º Leça FC	34	15	3	16	39 - 54	33
9º SC Campomaiorense	34	13	7	14	43 - 46	33
10º CD Aves	34	12	8	14	36 - 45	32
11º CD Nacional	34	10	11	13	32 - 33	31
12º Portimonense SC	34	11	8	15	42 - 47	30
13º SCU Torreense	34	8	14	12	28 - 34	30
14º SC Espinho	34	8	13	13	30 - 43	29
15º FC Penafiel	34	12	4	18	30 - 45	28
16º CAF Viseu	34	9	9	16	33 - 44	27
17º Louletano DC	34	10	7	17	44 - 49	27
18º Leixões SC	34	8	8	18	24 - 41	24

O "Valdo de Coimbra"

À semelhança do que acontecera nas três épocas anteriores, Latapy volta a ter problemas internos, no ano em que se despede da Briosa. Nem por isso os adeptos da Académica deixam de ver partir o "Valdo de Coimbra" com enorme pena, cientes da falta que o perfume do seu futebol fará.

Em Março de 94, Latapy é, como de costume, chamado à selecção do seu país: Trinidad e Tobago. A Académica, mais uma vez envolvida na luta pela subida de divisão, encara mal nova ausência do seu jogador mais influente. Neste caso, parece ter um apoio de peso: o empresário do atleta, empenhado em negociar a mudança deste para o FC Porto. Mas algo separa a direcção da Briosa e Tozé Francisco. Aquela quer ser ressarcida do investimento feito no tobaguenho; o antigo emigrante no Canadá quer negociar com os portistas de mãos livres. Embora deixe feridas nunca saradas, o braço de ferro termina em acordo.

Sempre assim foi, desde que Latapy chegou a Coimbra, no Verão de 1990. Logo na segunda volta da sua primeira temporada na Académica, com Tozé Francisco a alegar atrasos nos pagamentos ao jogador, este falta a dois treinos durante a mesma semana. Resultado: o treinador de então, Vasco Gervásio, retira-o do "onze" titular.

O mesmo fizera na primeira metade do campeonato, alegando uma estranha quebra de forma do atleta, o primeiro técnico do ano: José Alberto Costa. Coincidência ou não, Costa abandonou a Académica após um empate com o Aves, em que Latapy é substituído no início da segunda parte, para grande indignação de parte do público presente no "Municipal". Mais tarde, o tobaguenho viu o seu contrato prorrogado por três anos.

Nem isso evitou novos problemas na temporada de 91-92, já com José Rachão como treinador. Latapy, sempre acompanhado do seu compatriota Lewis, atrasa-se no regresso a Coimbra, após ter participado em dois jogos entre a selecção do seu país e a da Jamaica. Em consequência, falha uma importante partida, que a Académica perde em Leiria. A direcção da Briosa instaura-lhe um processo disciplinar. O atleta alega que os dirigentes estudantis não cumpriram a promessa de lhe pagarem as viagens de ida e volta, relativas ao compromisso do seleccionado de Trinidad. O processo acaba por ser arquivado.

A época seguinte é menos tumultuosa. Ainda assim, Latapy dá indícios de cedência a uma crescente pretensão do FC Porto, mostrando vontade de abandonar Coimbra um ano antes do termo do contrato. Chega a dizer aos jornais, com a temporada numa fase decisiva: "Amei a Académica. Tive mais momentos bons do que maus, mas neste momento a minha saída será benéfica para toda a gente". A direcção melhora-lhe as condições contratuais e ele fica mesmo. Mais um ano, como estava acordado desde meados da sua primeira temporada na Briosa. Só sai mesmo em 94, para ajudar o FC Porto a conquistar o título de campeão nacional nas duas temporadas posteriores.

Caprichos próprios das vedetas, influência do empresário, ou ambas as coisas? Em Coimbra, as opiniões sempre se dividiram a esse respeito. A verdade é que Russel Nigel Latapy, nascido em Port of Spain, capital de Trinidad e Tobago, a 2 de Agosto de 1968, encantou os adeptos da Académica, mal pisou a relva do "Municipal" pela primeira vez. Foi a 19 de Agosto de 90, a Briosa defrontava o Académico de Viseu, e Latapy marcou logo o golo da vitória. "A sua visão de jogo é invulgar, já que, além de passar bem a bola, entrega sempre o esférico para o melhor sítio, colocando-o no companheiro melhor posicionado", escreveu-se de pronto no "Jornal de Coimbra".

Poucas semanas depois, os "tifosi" da Briosa estavam a apelidá-lo de "Valdo de Coimbra", por comparação com o internacional brasileiro que por essa altura brilhava no Benfica. "Perdão, o Valdo é que é o Latapy de Lisboa", costumava dizer Mendes Silva, o presidente que chegou a acordo com o empresário Tozé Francisco, após este ter tentado, sem êxito, convencer os dirigentes do Gil Vicente a ficarem com o jogador, que aos 12 anos já alinhava na selecção juvenil de Trinidad e Tobago e que, quase a completar 38, ainda jogava no Mundial de 2006, na Alemanha. O falecido líder da Briosa lá teria as suas razões... Quando, a 29 de Maio de 1994, efectua o seu último jogo pela Académica, Latapy leva 36 tentos marcados e uma série infindável de assistências para golo, em 135 partidas disputadas com a camisola preta. Nunca fora expulso e só vira quatro cartões amarelos. Ainda assim, na hora da despedida, o seu último treinador em Coimbra, Vítor Manuel, deixa-lhe um conselho: "Para ter sucesso, deverá fazer uma viragem e ter mais rigor, dentro e fora das quatro linhas".

1994·1995
O "JOGO" INTERNO

*AAC 2 - Aves 2
7-5-1995
De pé: Febras, Pedro Roma, Palancha, Carlos Pedro, Zé Duarte e João Pires;
à frente: João Manuel, Arsénio, Mickey, Besirovic e Tozé*

COM A ACADÉMICA, desta vez, afastada desde muito cedo da luta pela subida, as atenções dos adeptos voltam-se para os "jogos" internos. A temporada termina com Fausto Correia, após avanços e recuos vários, a substituir Paulo Cardoso na presidência.

"Esta época, a Académica vai estar numa espécie de Vietname. É preciso carácter, espírito de luta e capacidade de sacrifício". Isto, diz Paulo Cardoso na apresentação da equipa, agora treinada pelo seu antigo "central", Vieira Nunes. Saíram, além de Latapy, Lewis e Zé do Carmo, Walter, Vítor Duarte, Paulo Vida, Chico Faria, Nuno Luís, Ricardo e Baroti. Entraram Pedro Roma – um regresso –, Besirovic e Arsénio, contratados ao Viseu, Rui Carlos e Batista, oriundos de Elvas, e ainda João Pires, Laureta, Calila, Capitão e o sérvio Nenad.

Rui Campos e Febras, que estavam emprestados, regressaram.

Cedo se percebe, porém, que desta vez a Académica não lutará pela subida. Só à quinta jornada alcança a primeira vitória. E, no fim da primeira volta, está na oitava posição, já a quatro pontos do último lugar que dá acesso à 1.ª divisão. Além de já estar fora da Taça, eliminada pelo Viseu.

Perante este cenário, há quem comece a apontar o dedo acusador aos árbitros. Quando José Pratas se desloca a Coimbra, para apitar o jogo com o Lamas, nas bancadas há faixas recordando a sua arbitragem em Leiria, na época anterior. "Não subimos à primeira porque o árbitro não queria/ Mas que grande roubalheira do Zé Pratas em Leiria", dizia a mais "suave". Dias depois, é a vez de João Rocha (que fora cooptado para o departamento de futebol em substituição de Francisco Fidalgo, que entretanto se demitira), acusar os colegas de direcção de "alguma passividade" face às arbitragens. E não só. "Sinto-me a pregar no deserto. Acho que muita coisa tem que mudar", queixa-se ao "Record".

Estas declarações de Rocha, ex-presidente da Câmara de Vagos, caem como uma bomba entre o núcleo dirigente, de que o médico José Barros também já se afastara, tendo sido substituído por Fernando Pompeu. O empresário Fernando Barata é quem se mostra mais sentido, abandonando mesmo a chefia do departamento de futebol.

O mal estar é tão óbvio que nem os preparativos do Congresso o conseguem esconder. Isto, apesar de, no princípio de Fevereiro, o presidente Paulo Cardoso obter uma vitória em toda a linha, no processo judicial movido a Tozé Francisco, que no auge da "crise Latapy-Lewis" da época anterior, lhe chamara "mentiroso, aldrabão e desonesto". O empresário é condenado ao pagamento de uma indemnização de 500 contos e obrigado a assinar um texto em que assume terem as acusações sido feitas quando o arguido "se encontrava sujeito a grande pressão e nervosismo" e "sem qualquer intuito de ofender o sr. dr. Paulo Cardoso ou a AAC/OAF", que reconhece serem uma "pessoa séria, honesta e

À ESQUERDA, EM CIMA
AAC 1 - Penafiel 2
5-3-1995
Pedro Roma, José Barros, Zé Duarte, Paulo Cardoso, Arsénio, Mito, Paulino (roupeiro) e Fernando Peres. Um banco que despertou a curiosidade do polícia (ao fundo)

À ESQUERDA, EM BAIXO
AAC 2 - Portimonense 0
19-3-1995
Rui Campos e Popov numa enérgica disputa pela bola

À DIREITA
AAC 0 - Sporting 3
6-8-1994
Mais um "particular" contra um dos chamados grandes. Carlos Pedro vence a oposição de Naybet, assistindo o seu ataque, perante o olhar expectante de Figo e Oceano

JOGADORES UTILIZADOS					
Nº	NOME	JOGOS	J. C.	J. I.	MIN	GOLOS
412	Mito	21	11	10	1489	0
425	Rocha	27	24	3	2293	0
454	Tozé	23	18	5	1928	2
469	Pedro Roma	15	15	0	1350	0
470	Mickey	34	31	3	2909	5
480	Palancha	20	17	3	1691	0
483	Carlos Pedro	24	19	5	1924	4
484	João Manuel	31	30	1	2804	5
487	Zé Duarte	25	23	2	2164	0
489	Vítor Alves	20	20	0	1830	0
498	Sérgio	2	2	0	180	0
499	Fernando	27	10	17	1715	2
501	Kiki	4	2	2	262	0
502	João Campos	8	1	7	241	0
504	Arsénio	25	16	9	2055	1
505	Rui Carlos	20	18	2	1679	4
506	Batista	7	5	2	491	3
507	Febras	28	7	21	1478	9
508	Laureta	20	16	4	1608	0
509	Besirovic	30	29	1	2715	3
510	Nenad	13	5	8	906	1
511	Dragan	8	1	7	353	1
512	Calila	17	3	14	932	3
513	Rui Campos	11	5	6	826	0
514	João Pires	11	4	7	651	0
515	Capitão	9	1	8	436	1

À ESQUERDA, EM CIMA
AAC 4 - U. Lamas 1
11-12-1994
Dagoberto já foi enganado. João Manuel apresta-se para facturar o quarto golo da Briosa. Nas bancadas, as faixas relembram a arbitragem de José Pratas em Leiria, no ano anterior

À ESQUERDA, EM BAIXO
AAC 1 - Leça 1
22-1-1995
Vladan em dificuldade, ante a pressão de Rocha

À DIREITA
AAC 0 - Felgueiras 2
21-5-1995
O estilo inconfundível de João Pires, no frente a frente com Lopes da Silva

de grande dignidade e carácter" e uma "instituição merecedora do maior respeito", respectivamente.

A verdade é que uma Assembleia Geral realizada em Abril confirma o que há meses se tem como certo: a antecipação das eleições para os Corpos Gerentes. No caso, para 23 de Junho. Nem a data do acto eleitoral, porém, é pacífica, tanto mais que, se fossem aplicados os estatutos, ele só poderia ocorrer em Julho. O que foi considerado tardio pela maioria dos presentes.

Entre estes, um nome avultou: o de Jorge Anjinho, homem-forte do Congresso, cuja vontade de regresso à presidência era então dada por adquirida. Mas, no princípio de Maio, Anjinho renuncia à candidatura, invocando a indisponibilidade de três pessoas que teria por indispensáveis ao projecto: Castanheira Neves, Pinto Bastos e Augusto Coroado. De nada vale uma derradeira diligência do antigo atleta Vítor Campos.

Campos Coroa é a primeira alternativa a perfilar-se. Mas o seu nome encontra resistências com que não contaria. Abre-se espaço para Fausto Correia, então administrador da agência de notícias Lusa e líder do PS coimbrão, que começara por prometer apoio a Coroa. Fausto acaba por o incluir como "número dois" de uma candidatura onde Almeida Baptista substitui, à última hora, António Maló de Abreu. Fernando Pompeu, que recusara apresentar-se como alternativa a Campos Coroa, também integra a lista. Dias Loureiro, ministro de Cavaco Silva, mantém-se na presidência da Assembleia Geral. Álvaro Amaro, secretário de Estado no mesmo Governo, é o novo presidente do Conselho Fiscal. A 7 de Julho estão todos a ser empossados. Numa cerimónia em que Fausto Correia garante: "A Académica vai continuar igual a si própria. No bom velho estilo da nave dos loucos".

NACIONAL DA 2ª DIVISÃO DE HONRA						
CLASSIFICAÇÃO	JOGOS	V	E	D	GOLOS	PTS
1º Leça FC	34	20	6	8	52 - 29	46
2º SC Campomaiorense	34	19	8	7	58 - 27	46
3º FC Felgueiras	34	17	10	7	45 - 24	44
4º FC Paços de Ferreira	34	17	8	9	45 - 28	42
5º GD Estoril-Praia	34	16	9	9	39 - 20	41
6º CFU Lamas	34	14	8	12	36 - 43	36
7º ACADÉMICA	34	13	9	12	41 - 39	35
8º AD Ovarense	34	13	9	12	37 - 41	35
9º SC Espinho	34	11	11	12	39 - 39	33
10º FC Penafiel	34	13	6	15	41 - 46	32
11º Rio Ave FC	34	12	8	14	47 - 46	32
12º FC Famalicão	34	13	6	15	32 - 33	32
13º CD Nacional	34	11	10	13	39 - 42	32
14º CD Feirense	34	11	9	14	45 - 48	31
15º CD Aves	34	10	9	15	38 - 50	29
16º Portimonense SC	34	11	6	17	35 - 48	28
17º Amora FC	34	7	13	14	30 - 42	27
18º SCU Torreense	34	3	5	26	18 - 72	11

Um Congresso histórico

Com os académicos "voltados para dentro", até em consequência dos insucessos desportivos acumulados nos últimos anos, o Congresso de 1 de Abril de 1995 constitui um marco no processo de reflexão estratégica sobre o Organismo Autónomo de Futebol. Estava em causa, como se afirmava no texto em que a iniciativa era anunciada publicamente, "saber o que tem de mudar entre nós para que jamais nos mudem a nós". O Congresso, que leva mais de meio milhar de pessoas ao auditório da Reitoria da Universidade de Coimbra, decorre sob três linhas orientadoras: "Reencontrar o caminho das vitórias; afirmar a Académica como quarto clube nacional; preparar o futuro, assumindo o passado". A sua realização fora proposta pela Casa da Académica em Lisboa – que, pela mesma altura, lança um livro sobre a instituição, coordenado por José Fernandes Fafe, e um "poster" a ela dedicado, da autoria de João Abel Manta – e é preparado por uma comissão executiva que integra Paulo Cardoso, Jorge Anjinho, Vítor Campos, Frederico Valido, Luís Agostinho, Fernando Pompeu e João Mesquita. Lançado a bordo do barco "Basófias", a 19 de Janeiro de 95, o Congresso dividir-se-á em três painéis. O primeiro, subordinado ao lema "A Académica, a Academia e a Universidade – reforço de uma ligação histórica", será introduzido pelo então presidente da AAC, Tiago Magalhães, e pelo historiador Pedro Dias; o segundo que tem como tópico "A formação do atleta-estudante e a sua inserção na alta competição – Académica: uma atitude diferente no mundo do futebol", é animado por Frederico Valido (por essa altura presidente do Núcleo de Veteranos), Telma Monteiro (em representação da claque "Cowboys"), e pelos técnicos da selecção nacional Nelo Vingada (à época a treinar as "Esperanças"), Rui Caçador e Agostinho Oliveira; o terceiro gira em torno da "dimensão universal" da Briosa e tem como oradores principais António de Almeida Santos, José Miguel Júdice e Paulo Cardoso.

A anteceder os painéis realiza-se uma sessão de abertura, em que intervêm o reitor da Universidade, Rui Alarcão, e o "pai" do encontro, Fernandes Fafe. À noite, efectua-se um sarau no Teatro Gil Vicente, em que participam os Antigos Orfeonistas, o Quinteto de Guitarras de Coimbra, o CITAC (Círculo de Iniciação Teatral da Academia de Coimbra), os grupos "Xutos e Pontapés", "Realejo", "As Fans", "Fan-Farra Académica" e "Capas Negras", e ainda Luís Goes, Camacho Vieira e António Bernardino. O debate confirma a existência de diferentes sensibilidades na forma de entender a Briosa. Nelo Vingada sustenta que "para ser igual aos outros, não vale a pena ser Académica". Tiago Magalhães avisa: "Não podemos ter uma Académica de primeira divisão a todo o custo". Almeida Santos apela: "Mantenhamo-nos puros na defesa dos nossos princípios e dos nossos valores e não demos de incomodidade a febre negocista que invadiu o desporto". "Se o futebol é um bordel, não podemos ser a única virgem. Temos de jogar com as regras dos outros", defende, por sua vez, António Maló de Abreu. Júdice preconiza: "Deve acabar a época dos estudantes e dos professores. A Académica deve ser o clube da cidade de Coimbra. Dos estudantes, dos professores, dos futricas e de todos os que gostam de futebol". Também faz um apelo: "Venham a Coimbra, como os muçulmanos vão a Meca, ao menos uma vez por ano, ver a Académica". Nada disto impede Jorge Anjinho de considerar, no final, que o Congresso foi "um êxito da família académica". Nem a comissão executiva de dar por concluído o seu trabalho, apresentando à direcção 12 propostas que toma por consensuais: "Regulamentar o estatuto do atleta-estudante de alta competição; celebrar protocolos de cooperação com as instituições locais vocacionadas para o ensino e a formação profissional; considerar prioritário o investimento na formação de jogadores; negociar a atribuição de terrenos para a construção de campos relvados, utilizáveis para treino da equipa sénior e para funcionamento dos escalões de formação; negociar com a Câmara a melhoria de condições oferecidas pelo Estádio Municipal; negociar com a Reitoria o pagamento da energia eléctrica consumida no Pavilhão; lançar uma grande campanha de angariação de novos sócios e de regularização da situação dos já existentes; apoiar as Casas e os núcleos da Académica já criados e fomentar o seu funcionamento, pelo menos, em todos os distritos do país; reforçar o apoio às claques; recuperar a imprensa da Académica; registar a marca 'Briosa' e renegociar o contrato para a publicidade no Estádio".

1995·1996
A INSTABILIDADE PAGA-SE CARO

AAC 1 - Moreirense 1
6-4-1996
De pé: Dinis, Rocha, Hilário, Jorge Silva, Rui Campos e Abazaj; à frente: Febras, Paulo Pilar, Mickey, Pedro Lavoura e Zé Nando

A ACADÉMICA obtém a sua pior classificação de sempre. Menos três pontos e descia à 2ª B! Além disso, muda três vezes de treinador. E até o presidente tem de ser substituído, seis meses após a tomada de posse, por ter aceitado um lugar no Governo.

Vieira Nunes é o técnico que inicia a época – a primeira em que a vitória corresponde a três pontos e se eleva também a três o número máximo de substituições (no ano anterior, o princípio só se aplicava se um dos substituídos fosse o guarda-redes). Luís Agostinho, Gregório Freixo e Alexandre Santos são os adjuntos. Rogério Rodrigues é o secretário técnico.

Sai uma dezena de jogadores. Entre eles, João Manuel, Besirovic, Carlos Pedro e Laureta. Este último com críticas públicas. "O ambiente de balneário que encontrei não era bom e os responsáveis técnicos não fizeram nada para que as coisas mudassem", declara ao jornal "A Bola". Em contrapartida, a Académica contrata 22 atletas! Entre estes e os que permanecem, serão utilizados 33 jogadores. O objectivo, à luz do qual é justificada a política de aquisições, continua a ser a subida.

E o campeonato nem começa mal: duas vitórias e um empate nos três primeiros jogos. Ainda que sempre com más exibições. Tão más que os triunfos não impedem os assobios dos adeptos. Mas, à quinta jornada, a Briosa é goleada pelo Beira-Mar, em casa. Dinis é expulso. Os estudantes enviam duas bolas ao poste. Mas o que fica para a história é o resultado: 0-4! Ainda no estádio, ouvem-se gritos de "Chicote! Chicote!". No fim da partida, Vieira Nunes tem de aguardar duas horas nos balneários, até que os adeptos se acalmem. Ainda assim, à saída ouve do bom e do bonito...

"Entretanto, ninguém parece ver que a Briosa é um clube sem projecto", escreve Mário Martins, no diário "As Beiras". Fausto Correia, esse, parece vir em socorro de Vieira Nunes: "Não é por uma derrota destas que vamos tomar uma decisão sobre o futuro da equipa técnica". No dia seguinte, porém, o treinador já é Luís Agostinho.

"Nunca senti confiança total das pessoas que trabalhavam comigo no departamento de futebol", queixa-se Vieira Nunes, que não consegue evitar as lágrimas na hora em que se despede dos jogadores. António Augusto, o grande visado, responde-lhe: "Pode ser que um dia tenha oportunidade de lhe dizer algumas coisas cara a cara. Mantenho que temos o melhor plantel dos últimos anos".

"O mal não pode estar na incapacidade dos técnicos que por Coimbra passaram", opina Costa Santos no "Record", depois de recordar que a Académica tivera oito treinadores nos últimos nove anos. Um dia após a publicação do seu artigo, está a ser anunciado mais um: Eurico Gomes. "É o homem certo, no lugar certo e no momento adequado", explica Fausto Correia. Fausto que, semanas depois, está a ser nomeado secretário de Estado da Administração Pública, no novo Governo de António Guterres. Em consequência, abandona a presidência da Briosa, meio ano após ter sido eleito.

É substituído por Campos Coroa, com o aval da Assembleia Delegada. Almeida Baptista é promovido a vice. Fernando Barata demite-se da direcção. Para preencher as vagas abertas são cooptados Pedro Costa Pereira e Carlos Carvalho.

Eurico, ainda convencido de que a subida é possível, também opera mexidas. Desde logo, nos adjuntos. Saem Agostinho – promovido a director desportivo – e Alexandre Santos, entram Tito e Carlos Simões. Os jogadores Miguel Simão, Tozé e Blanchard são dispensados. Fernando Gomes,

JOGADORES UTILIZADOS					
Nº	NOME	JOGOS	J. C.	J. I.	MIN	GOLOS
412	Mito	25	9	16	1531	1
424	Marito	8	0	8	453	1
425	Rocha	35	32	3	3018	3
451	Toninho Cruz	11	7	4	866	0
470	Mickey	25	8	17	1704	0
485	Leandro	10	1	9	541	1
487	Zé Duarte	17	16	1	1484	1
489	Vítor Alves	5	5	0	480	0
502	João Campos	16	0	16	514	0
505	Rui Carlos	14	9	5	997	1
507	Febras	22	11	11	1382	9
513	Rui Campos	14	5	9	831	0
514	João Pires	26	14	12	1842	4
515	Capitão	1	0	1	25	0
516	Hilário	33	33	0	2970	0
517	Albertino	31	29	2	2702	3
518	Dinis	27	22	5	2261	0
519	Jorge Silva	31	24	7	2469	1
520	Miguel Simão	8	4	4	599	0
521	Tozé	4	0	4	233	0
522	Emmanuel Blanchard	5	1	4	297	0
523	N'Tsunda	32	7	25	1771	8
524	João Peixe	10	3	7	489	0
525	Paulo Pilar	28	15	13	2017	4
526	Diogo	19	9	10	1337	0
527	Octávio	8	0	8	231	0
528	Zé Nando	24	23	1	2124	1
529	Fernando Gomes	11	1	10	629	0
530	Pedro Lavoura	16	1	15	698	4
531	Dunga	7	2	5	368	1
532	Santos	1	1	0	90	0
533	Rogério Matias	1	0	1	62	0
534	Abazaj	7	7	0	630	0

AAC 2 - Aves 0
9-9-1995
Só à oitava tentativa a Académica derrota o Desportivo das Aves em Coimbra. Túbia e Vitinha encolhem-se, ante o disparo de Mickey

À ESQUERDA, EM CIMA
AAC 2 - Aves 0
9-9-1995
Albertino e Túbia parecem disputar a bola de braço dado

À ESQUERDA, EM BAIXO
AAC 3 - Rio Ave 1
28-4-1996
Febras consegue vencer a oposição de António Lima Pereira, num jogo decisivo para a permanência da Académica

À DIREITA
AAC 1 - Sporting 0
15-8-1995
O carácter amigável do jogo não impede, nem bancadas cheias, nem concentração máxima por parte dos jogadores. Jorge Silva procura desarmar Mário Jorge, com Mickey muito atento

Zé Nando e Dunga são adquiridos. Mas os resultados não aparecem e a posição do treinador, que pede desesperadamente um ponta-de-lança, torna-se periclitante.

Uma primeira crise termina com a direcção a redefinir objectivos, passando a colocar a tónica na preparação da época seguinte. Em consequência, Peixe e Toninho Cruz rescindem. Mas, a poucos dias do Natal, a Académica empata em Ovar. No fim do jogo, o treinador da Ovarense afirma que a Briosa fora "a pior equipa" que passara pela terra. Coroa não só concorda, como aconselha Eurico, através do "Record", a "trabalhar mais e falar menos". O técnico demite-se, menos de três meses depois de ter sido contratado. E com ele partem Tito e Simões.

Luís Agostinho é o seu substituto interino. Três semanas depois, chega Vítor Oliveira. Traz um preparador físico: José Pedrosa. Agostinho é reconduzido como director desportivo. Entram Marito, primeiro, e Abazaj, depois. O novo treinador define a fuga aos lugares de descida como a sua única preocupação. Consegue-o, "in extremis". Mas não evita que a Briosa obtenha a sua pior classificação de sempre: décima quinta, na 2.ª divisão.

NACIONAL DA 2ª DIVISÃO DE HONRA						
CLASSIFICAÇÃO	JOGOS	V	E	D	GOLOS	PTS
1º Rio Ave FC	34	21	5	8	58 - 42	68
2º VFC Setúbal	34	18	8	8	55 - 22	62
3º SC Espinho	34	19	5	10	49 - 27	62
4º CD Aves	34	17	7	10	53 - 41	58
5º FC Paços de Ferreira	34	16	9	9	44 - 38	57
6º FC Penafiel	34	15	7	12	57 - 44	52
7º CFU Madeira	34	14	9	11	43 - 37	51
8º CD Feirense	34	15	5	14	52 - 48	50
9º CAF Viseu	34	13	10	11	29 - 28	49
10º SC Beira-Mar	34	13	8	13	39 - 37	47
11º Moreirense FC	34	12	9	13	39 - 41	45
12º GD Estoril-Praia	34	12	8	14	52 - 42	44
13º FC Alverca	34	12	8	14	28 - 38	44
14º CFU Lamas	34	11	8	15	36 - 42	41
15º ACADÉMICA	34	11	8	15	38 - 48	41
16º CD Nacional	34	11	6	17	39 - 43	39
17º FC Famalicão	34	8	4	22	27 - 57	28
18º AD Ovarense	34	3	6	25	25 - 88	15

O TREINADOR
DAS MISSÕES DIFÍCEIS

A 6 DE JANEIRO DE 1995, o matosinhense Vítor Manuel Oliveira assiste, na companhia de José Rachão, à goleada imposta pelo Penafiel à Académica. Dois dias depois, está a ser anunciado por Campos Coroa como novo treinador da Briosa, com contrato por ano e meio. "As pessoas têm de ter consciência de que a tolerância académica tem limite", são as suas primeiras palavras à imprensa, à chegada a Coimbra. Não é fácil a tarefa que espera o antigo jogador dos "bebés" de Matosinhos. De candidata à subida, pelo oitavo ano consecutivo, a Académica passara a candidata à descida. E o calendário que tem pela frente está longe de ser famoso. Mas, além do currículo, Vítor Oliveira conta com uma opinião que lhe é genericamente favorável. "É trabalhador, honesto e culto", garante José Freixo, o antigo atleta da Briosa que fora seu colega no Espinho. "É uma escolha inteligente", escreve por sua vez o professor universitário Manuel Sérgio. Vítor Oliveira, que frequentara o curso de engenharia electrotécnica da Universidade do Porto até ao quarto ano, também conquista rapidamente o coração dos adeptos. "Ser treinador da Académica era um sonho que acalentava há muitos anos. Gostava de ter sido seu jogador, mas isso nunca foi possível", confessa na sua primeira entrevista de fundo a um jornal de Coimbra. E, filho de pai pescador e de mãe peixeira, depressa confirma, igualmente, a ideia de que é um homem sem peneiras. "Não me preocupa minimamente o estatuto de treinador da primeira divisão, da Honra ou da 2.ª B. Isso só existe nas cabeças com mentalidades tacanhas", declara numa outra entrevista.

Facto é que o técnico que tivera o Vitória de Guimarães como clube mais recente, não se limita a cumprir o objectivo próximo de impedir a queda da Académica na 2.ª B. Lança as bases da equipa que, na época seguinte, dará uma alegria ainda maior aos adeptos, conseguindo o regresso ao escalão maior do futebol português, após quase uma década de "travessia do deserto". Nesta caminhada, voltará a dar provas da sua frontalidade. "O deixar andar e o porreirismo não fazem parte da minha filosofia", avisa, quando lhe recordam os "estragos" que as festas da Queima das Fitas frequentemente provocam na equipa. Antes, colocara o dedo numa ferida que alguns antecessores talvez tenham optado por subestimar: "Pode parecer utópico, mas, se calhar, a falta de um campo relvado para treinar poderá ser uma das razões para os nove anos de ausência na primeira divisão". Quando, à décima terceira jornada, a Académica atingir os lugares que dão acesso à promoção, Vítor Oliveira saberá colocar água na fervura: "A situação financeira da Académica não nos permite pensar na subida", dirá. Campos Coroa é que já não consegue refrear o entusiasmo: "Não vou dizer que é o melhor técnico nacional, mas está certamente dentro do grupo dos melhores". Acabará a chorar nos ombros do treinador, quando este lhe comunicar, no fim da época de 96-97, que não continuará em Coimbra. "Fiquei doente!", confessará Coroa, mais tarde.

Vítor Oliveira, casado e pai de dois filhos, há-de levar algum tempo a explicar as suas razões. Fá-lo-á, um dia, em entrevista ao "Jornal de Notícias". "A Académica ainda funciona com a baliza às costas". Mas, apesar disso, voltará em finais de Agosto de 2003, já a Briosa tem o campo de treino relvado que tanto reclamara. Talvez porque, como também disse uma vez, "a paixão mantém--se. Coimbra e Académica sempre". O seu antecessor é Artur Jorge e, poucas semanas após o retorno de Vítor Oliveira, a Briosa perde Dário, o melhor marcador da equipa. Num período caracterizado por grandes convulsões internas, não repetirá, então, o sucesso da primeira experiência. E a 26 de Janeiro de 2004, escassos cinco meses após o regresso, será mesmo despedido pela direcção, onde já pontifica José Eduardo Simões. Um homem que não lhe merecerá grande simpatia. "No futebol, é extremamente pernicioso", dirá Vítor Oliveira, na hora da partida. Mas a quem não responsabilizará por todos os males: "Enquanto houver 'guerrazinhas', divisões, coisas às vezes até mesquinhas, o gigante que é a Académica continuará adormecido", também afirmará o técnico, que se define como "uma pessoa normalíssima, muito racional, bom contador de histórias e com sentido de humor".

Apesar de afastado, Vítor Oliveira deixará a Briosa acima da chamada linha de água. E abandonará Coimbra com uma garantia: "O meu clube é, efectivamente, o Leixões. Mas o meu segundo clube é a Académica". Desde a primeira passagem por Coimbra é, aliás, sócio da Briosa.

1996·1997
Finalmente, a subida!

*AAC 3 - Tirsense 0
4-5-1997
De pé: Febras, Santos, Rocha, Jorge Silva, Zé Nando e Pedro Roma; à frente: Miguel Bruno, Dinda, Albertino, Rui Campos e João Pires*

Nove anos depois da descida, a Académica regressa, finalmente, à 1.ª divisão. Um regresso a que já não assistem o ex-presidente Paulo Cardoso, o secretário-geral António Mota, o antigo atleta Rui Cunha e o fotógrafo "Formidável" – todos desaparecidos ao longo de uma época igualmente marcada pela demissão de vários dirigentes.

"Apertar o cinto" é a palavra de ordem no início da temporada. O orçamento é reduzido em cerca de 30 por cento e saem inúmeros jogadores. Entre eles, Hilário, Dinis, Matias, Diogo, Marito, Pilar, N'Tsunda e Fernando Gomes. Este último parte especialmente queixoso: "(Na Académica) dá-se muito valor aos jogadores-estudantes, para além de existirem muitos doutores a mandar no clube", desabafa ao jornal "A Bola".

Entram nove atletas: Pedro Roma (um regresso), Peres, Paulo Adriano, João Tomás, Marinho, Miguel Bruno, Mounir, Telmo Pinto e Dinda. Os objectivos são agora mais contidos. "O que podemos dizer é que a Académica irá fazer, sempre e em cada momento, o melhor possível. A subida é uma palavra gasta", declara António Augusto, chefe do departamento de futebol, na apresentação da equipa. Uma cerimónia que o presidente Campos Coroa aproveita para manifestar orgulho nos 21 estudantes existentes no grupo, ex-juniores incluídos: "Está na hora de retirar as aspas, sempre que se designa por 'estudantes' a equipa da Briosa".

A pré-época dá sinais positivos: a turma que Vítor Oliveira continua a comandar vence o torneio da Figueira da Foz e um outro, comemorativo das bodas de diamante do Santa Clara dos Açores. Por ironia do destino, este último sucesso ocorre na mesma altura em que morre, precisamente em terras açorianas, a "velha glória" dos anos 30, Rui Cunha. Os triunfos coincidem com o rebentamento de uma polémica entre a direcção da Briosa e a Câmara de Coimbra.

"Não façam pouco de nós. Não somos palhaços!", dissera António Augusto numa conferência de imprensa, depois de criticar o município por não fazer obras no "Municipal" nem nunca mais ceder o terreno para o prometido campo de treino. A resposta é igualmente violenta: "Estes dirigentes têm enchido a Académica como a Casa dos Pobres e, poderíamos dizer, são já dirigentes da segunda divisão B", afirmara o vereador socialista, Pereira da Silva.

Certo é que o campeonato começa com dois empates. E a "onda" de demissões na direcção, que se iniciara logo em Junho, tendo como causa próxima a nomeação de António Mota, antigo e controverso dirigente da secção de andebol da Associação Académica, para secretário-geral, continua. A Paz Olímpio, Carlos Carvalho e Fernando Brito, junta-se Almeida Baptista. "A Académica não tem nenhum projecto", acusa este último, semanas depois de ter entregue no Ministério da Educação um plano para a criação, em Coimbra, de uma escola profissional de futebol ligada à Briosa que teria Nelo Vingada como director.

JOGADORES UTILIZADOS						
Nº	NOME	JOGOS	J. C.	J. I.	MIN	GOLOS
412	Mito	20	2	18	880	0
425	Rocha	35	31	4	3049	2
469	Pedro Roma	37	37	0	3330	0
470	Mickey	36	15	21	2550	1
487	Zé Duarte	14	12	2	1187	1
489	Vítor Alves	1	0	1	45	0
507	Febras	29	10	19	1889	11
513	Rui Campos	30	11	19	1606	0
514	João Pires	34	10	24	1970	1
517	Albertino	36	34	2	3178	2
519	Jorge Silva	33	32	1	2965	0
528	Zé Nando	23	18	5	1913	0
530	Pedro Lavoura	28	7	21	1694	2
532	Santos	6	3	3	352	0
534	Abazaj	29	18	11	2108	2
535	Dinda	35	18	17	2529	3
536	Miguel Bruno	32	15	17	2532	12
537	Telmo Pinto	4	0	4	115	0
538	Mounir	24	18	6	1956	0
539	Marinho	22	0	22	811	1
540	João Tomás	19	1	18	503	5
541	Dário	2	0	2	57	0
542	Peres	1	0	1	45	0

À ESQUERDA, EM CIMA
AAC 1 - Belenenses 0
11-2-1997
Febras, depois de deixar Fonseca para trás, caminha na direcção da baliza "azul". Ao longe, o árbitro Martins dos Santos, com Dinda a seu lado, acompanha o desenrolar da jogada

À ESQUERDA, EM BAIXO
AAC 0 - Moreirense 0
20-10-1996
Os defesas de Moreira de Cónegos, Chiquinho e Altino, não conseguem travar a técnica de Miguel Bruno. O avançado, melhor marcador da Académica na época, será peça determinante na subida

À DIREITA
AAC 3 - Estoril 0
1-6-1997
Consumado o regresso à 1.ª divisão, João Tomás, Febras, Mickey, Rocha, Pedro Roma, Rui Campos e Vítor Alves, à saída dos balneários, gritam *Briosa* com os adeptos a replicar

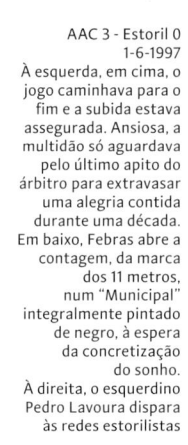

AAC 3 - Estoril 0
1-6-1997
À esquerda, em cima, o jogo caminhava para o fim e a subida estava assegurada. Ansiosa, a multidão só aguardava pelo último apito do árbitro para extravasar uma alegria contida durante uma década. Em baixo, Febras abre a contagem, da marca dos 11 metros, num "Municipal" integralmente pintado de negro, à espera da concretização do sonho.
À direita, o esquerdino Pedro Lavoura dispara às redes estorilistas

Com o tempo, porém, os resultados começam a melhorar. E no fim da primeira volta, já com o moçambicano Dário integrado na equipa, a Académica está no último dos três lugares que dão acesso à 1.ª divisão.

É então que, contará mais tarde Vítor Oliveira, este reúne a equipa em Santa Cruz e conclui, de comum acordo com os jogadores, que a subida é possível. Semanas antes, o treinador tentara refrear o optimismo que começara a instalar-se entre os adeptos, onde faz escola o grito "Briooooosa!": "Sinceramente, a Académica de Coimbra não tem condições para subir de divisão", afirmara então ao jornal "A Bola".

A estratégia parece resultar: com muita cautela e "caldos de galinha", a Briosa vai conservando a terceira posição. A oito jornadas do fim, um golo de João Tomás em Felgueiras – por sinal muito contestado pelos adeptos da casa, sem razão, como o comprovam as imagens televisivas – convence definitivamente os académicos de que a subida é possível. E, na Taça, a equipa atinge os oitavos-de-final, só sendo afastada pelo Sporting.

A duas jornadas do fim do campeonato, com uma folgada vitória sobre o Estoril, num "Municipal" onde a chuva não impede a presença de 25 mil pessoas, a subida concretiza-se. A "loucura" instala-se entre os adeptos. Quem já não a pode partilhar são Fernando Marques – mais conhecido por "Formidável" –, Paulo Cardoso e António Mota. O carismático fotógrafo morrera ainda antes do final do ano de 96; o ex-presidente desaparecera em Março, estavam à beira de ser aprovados os novos Estatutos, redigidos por José Manuel Ferreira da Silva; Mota fora a enterrar na manhã do próprio dia do jogo com os estorilistas.

Mas nem o êxito impede António Augusto, há muito em rota de colisão com Coroa, de se demitir da direcção. Poucos dias depois, os amigos homenageiam-no com um jantar que tem como orador principal o seu compadre Nelo Vingada. Fernando Barata voltará à chefia do departamento de futebol.

NACIONAL DA 2ª DIVISÃO DE HONRA					
CLASSIFICAÇÃO	JOGOS	V	E	D	GOLOS	PTS
1º SC Campomaiorense	34	18	8	8	51 - 32	62
2º Varzim SC	34	18	5	11	49 - 52	59
3º ACADÉMICA	34	17	7	10	39 - 21	58
4º FC Felgueiras	34	14	12	8	41 - 33	54
5º FC Penafiel	34	13	12	9	38 - 29	51
6º CFU Lamas	34	13	8	13	37 - 32	47
7º GD Estoril-Praia	34	13	8	13	34 - 35	47
8º CD Aves	34	13	8	13	44 - 47	47
9º FC Paços de Ferreira	34	11	13	10	39 - 41	46
10º SC Beira-Mar	34	12	10	12	36 - 32	46
11º CFU Madeira	34	11	10	13	40 - 45	43
12º CD Feirense	34	10	12	12	48 - 47	42
13º CAF Viseu	34	11	9	14	34 - 38	42
14º Moreirense FC	34	10	12	12	45 - 44	42
15º FC Alverca	34	9	13	12	31 - 30	40
16º SC Covilhã	34	9	11	14	30 - 41	38
17º CD Beja	34	9	10	15	44 - 55	37
18º FC Tirsense	34	8	6	20	25 - 51	30

O SONHO
FEITO REALIDADE

"Desde pequeno que tenho o sonho de ter um curso. Mas, durante muitos anos, deixei-me iludir pelo profissionalismo...". A confissão, feita ao semanário "O Independente" em finais de 98, é de Zé Nando. Menos de quatro anos depois, o "sonho" tornou-se realidade. Em boa verdade, começara a transformar-se no Outono de 96, quando, perdidas as "ilusões" no profissionalismo puro, o lateral recomeça a estudar. Uma dúzia de anos depois de ter deixado os livros.

José Fernando da Silva Pinto, nascido no Porto a 12 de Setembro de 1968, chega a Coimbra no princípio de Novembro de 95. Vem de Felgueiras, juntamente com Fernando Gomes, por exigência do recém-contratado treinador Eurico Gomes, que considera os dois jogadores nucleares para a recuperação que é preciso encetar. Zé Nando, como é conhecido no meio futebolístico, dedica-se de alma e coração aos objectivos desportivos da Académica, por quem se estreia num encontro disputado em Viseu, a contar para a Taça de Portugal. Tanto assim é que cai rapidamente no goto dos adeptos da Briosa, para quem o novo defesa-esquerdo é um exemplo de combatividade, dentro de campo. Passadas as férias de fim de época, a vida do jogador leva uma grande volta. Zé Nando deixara de estudar aos 16 anos, quando apenas tinha completado o nono ano de escolaridade. Era, então, titular da equipa de juvenis do FC Porto e "internacional" do mesmo escalão. "Foi o meu grande erro", confessaria mais tarde ao jornal "Académica", depois de explicar que, apesar de ainda breve, a carreira de futebolista permitia-lhe fazer aquilo de que "mais gostava" e abria-lhe "uma boa perspectiva salarial".

Mal aporta a Coimbra, começa a questionar essa opção. "Na Académica há uma maior sensibilidade para a vertente do estudo. Quando cheguei ao clube, os dirigentes perguntaram-me logo pelas habilitações académicas. Depois, há outros estudantes no balneário. E o próprio ambiente da cidade também ajuda", afirma o lateral ao semanário "O Independente". A verdade é que, no Outono de 96, está a matricular-se no curso nocturno da Cooperativa de Ensino de Coimbra. E, quando a época chega ao fim, Zé Nando tem o décimo primeiro ano feito. Sem prejuízo do contributo determinante que dá para o regresso da Académica à 1.ª divisão.

Toma, definitivamente, o gosto aos estudos. Na temporada seguinte, a Briosa só na última jornada consegue assegurar a manutenção entre os "grandes". Mas nem isso impede o defesa de, não apenas concluir o secundário, como também de realizar a chamada prova específica de acesso à Universidade. Tem nota de 15. "Não são os directores que vão fazer os exames por nós... Mas há aqui um espírito, uma mística na própria cidade, e as pessoas que aqui estão sentem essa mística", dirá ao jornal "Académica", em Março de 2002.

Ainda põe a hipótese de enveredar por Ciências do Desporto. Mas a assumida aversão à Matemática leva-o a mudar de "agulha". Opta pelo curso de Ciências da Educação, na Faculdade de Psicologia. "Foi a maior alegria que dei à minha mãe. Quando lhe telefonei a dizer que tinha entrado para a Universidade, ela disse-me logo: 'Podes comprar a capa e a batina, que eu pago!', contará mais tarde. Zé Nando tem, então, 30 anos, idade pouco usual num "caloiro" universitário. E uma apreciável careca. Quando está a inscrever-se, ouve alguém comentar, na fila que se forma aos balcões da secretaria-geral: "Deve estar à procura de impressos para o neto...". Assim se salva dos rigores da praxe.

Em Psicologia, merecerá sempre o apoio dos colegas, a quem nunca regateia elogios. "Sabem da minha situação, ajudam-me nos apontamentos, telefonam-me quando não estou nas aulas e é preciso o meu nome para as 'práticas'...", explicará na já citada conversa com "O Independente". Certo é que, quatro anos depois, tem o curso concluído. "Sabe – relatará Zé Nando –, até vir para Coimbra, nunca pensara em voltar a estudar. Mas, aqui, deu-se como que um despertar".

O último jogo com a camisola da turma principal da Académica acontece a 13 de Janeiro de 2001 – na Madeira, com o Nacional. Ano e meio depois, enquanto faz o estágio profissional como psicólogo, está na equipa "B". No fim da época de 2002-2003, arruma definitivamente as botas, para iniciar uma carreira de treinador que o levará ao lugar de adjunto do técnico principal dos seniores, quatro anos mais tarde. Carreira que começara nos escalões de formação da Briosa. E que Zé Nando conciliou, inicialmente, com as funções de mediador, na Associação de Paralisia Cerebral de Coimbra (APCC), liderada pelo médico da Académica, José Barros. A concretização do "sonho de pequeno" tinha, agora, um efeito prático.

1997·1998
SALVAÇÃO NA ÚLTIMA JORNADA

AAC 0 - FC Porto 1
6-3-1998
De pé: Pedro Roma, Rocha, Paulão, João Tomás, Mounir e Abazaj;
à frente: Mickey, Tó Sá, Aurélio, Gaúcho e Zé Nando

A ACADÉMICA VÊ-SE E DESEJA-SE para evitar a descida imediata de divisão. Só na última jornada o consegue, depois de uma época em que torna a haver muitas alterações na equipa, mudanças de treinador e demissões de dirigentes.

Vítor Oliveira é substituído por Henrique Calisto, que já treinara a Briosa uma década antes e que, entretanto, se dedicara à vida autárquica em Matosinhos, pela mão do PS. Acompanha-o o preparador físico André Seabra, mantendo-se Gregório Freixo no corpo técnico.

A equipa apresenta-se reforçada, sobretudo, com Tó Sá, Sérgio Cruz, Paulão, Vargas, Akwá e Gaúcho. Perde, em contrapartida, jogadores como Albertino, Jorge Silva, Dinda e Zé Duarte, com este último a queixar-se de que ainda tinha um ano de contrato e exames escolares marcados. No regresso de uma festa da Casa da Académica em Lisboa, Pedro Lavoura adormece ao volante e despista-se. Consequência: fica de fora durante os dois primeiros meses da época.

Ainda assim, a temporada não começa mal. A Briosa vence o Boavista e só se deixa empatar na Luz a dois minutos do fim, num jogo que fica marcado por uma memorável exibição de Mickey. Uma semana depois, no encontro com o Salgueiros, em Coimbra, os jogadores entram em campo envergando t-shirts do Sindicato dos Jornalistas, numa manifestação de solidariedade com o povo de Timor Leste.

Então, já se publica o jornal "Académica". E Campos Coroa já se encontra sufragado como presidente. Tal como a restante direcção, que à luz dos novos estatutos inclui apenas mais seis elementos: Fernando Pompeu, José Luís Bento, Fernando Barata, José Maria Cardoso, Fernando Donas-Bôtto e Vítor Leonardo. José Querido é o novo presidente do Conselho Fiscal, lugar em que substitui Álvaro Amaro, que transita para a liderança da Assembleia Geral. Outra novidade estatutária é a criação de um Conselho Académico, em vez da velha Assembleia Delegada.

A posse acontecera em finais de Julho de 97 e, dois meses depois, já Fernando Barata estava, novamente, a afastar-se da direcção. Tal como José Maria Cardoso. Num primeiro momento, é o próprio Campos Coroa quem assume a chefia do departamento de futebol. Mas, no fim do ano, dá-se o regresso de António Augusto, após um processo que envolve avanços e recuos.

Pouco depois, já com a Briosa eliminada da Taça pelo Penafiel, Calisto está a ser despedido. A Académica, que na semana anterior vencera o Guimarães – segundo classificado na altura –, fora goleada no terreno do Boavista e os adeptos ficam à beira de um ataque de nervos.

O treinador, que deixa a equipa acima da "linha de água", acha a decisão "desproposita" e queixa--se de pressões externas. Campos Coroa parece dar-lhe parte da razão: "O que mais me custa é dizerem que Henrique Calisto veio para a Académica porque a Comissão Concelhia do PS assim o exigia".

Gregório passa a técnico principal por uma semana. A do jogo com o Benfica, em Coimbra, durante o qual se verificam manifestações na bancada contra o sistema de propinas na Universidade. Manifestações que se repetem na recepção ao FC Porto, já José Romão é o treinador e Porfírio Amorim, antigo central da Briosa, o seu braço direito.

Miguel Bruno, que fora dispensado no início da época, regressa. Veríssimo e o croata Igor também

Chaves 0 - AAC 0
17-5-1998
À esquerda, o presidente Campos Coroa, de capa aos ombros e notoriamente comovido, ajoelha-se perante a bancada do Municipal de Chaves, apinhada de simpatizantes da Briosa, eufóricos com o precioso empate. Acenando à multidão, o presidente da Assembleia Geral, Álvaro Amaro, não esconde igualmente a satisfação.
À direita, Gaúcho, Tó Sá, Pedro Roma, Vargas (encoberto), Akwá (muito ao longe), Zé Nando e Mounir agradecem o apoio dos milhares de adeptos que se deslocaram a Trás-os-Montes, no fim de um jogo que garantiu a permanência da Académica na 1.ª divisão

JOGADORES UTILIZADOS					
Nº	NOME	JOGOS	J. C.	J. I.	MIN	GOLOS
412	Mito	20	5	15	1303	0
425	Rocha	28	21	7	2233	1
469	Pedro Roma	34	34	0	3060	0
470	Mickey	31	18	13	2332	1
489	Vítor Alves	1	1	0	90	0
505	Rui Carlos	3	0	3	100	0
507	Febras	20	2	18	981	3
513	Rui Campos	12	5	7	719	0
514	João Pires	17	5	12	1046	0
528	Zé Nando	27	15	12	1936	1
530	Pedro Lavoura	20	8	12	1312	1
534	Abazaj	24	15	9	1641	1
536	Miguel Bruno	9	0	9	315	0
538	Mounir	30	27	3	2640	0
540	João Tomás	29	6	23	1610	7
541	Dário	12	3	9	620	1
543	Tó Sá	32	27	5	2807	0
544	Paulão	13	8	5	996	3
545	Vargas	21	1	20	786	3
546	Sérgio Cruz	19	16	3	1575	0
547	Akwá	20	10	10	1251	1
548	Reginaldo	7	5	2	591	0
549	Carlos Miguel	11	5	6	682	0
550	Gaúcho	22	18	4	1876	4
551	Aurélio	14	11	3	1123	0
552	Veríssimo	7	7	0	630	0
553	Igor	3	1	2	148	0

À ESQUERDA, EM CIMA
AAC 1 - Leça 1
21-3-1998
Pedro Lavoura já foi desarmado por Ricardo Carvalho, que Vítor Manuel, à época treinador dos leceiros, está a lançar na alta roda do futebol

À ESQUERDA, EM BAIXO
AAC 1 - Benfica 2
7-2-1998
José Soares puxa visivelmente a camisola de João Tomás, no interior da grande área encarnada, como testemunham Sérgio Cruz, Sousa, Abazaj, Calado e Brian Deane. Mas o árbitro nada assinala

À DIREITA
AAC 2 - Salgueiros 1
20-9-1997
O treinador Henrique Calisto não acabará a temporada, mas até começa bem a época. O banco da Académica, quando ainda imperava o optimismo: Febras, Abazaj, João Tomás, Guilherme Luís, José Barros, Fernando Barata, Gregório Freixo e Henrique Calisto

NA PÁGINA DA DIREITA
José Romão e Rui Campos: um confronto que chegou à televisão

entram. Entretanto, o Parlamento discute, sem consequências, a petição da Académica relacionada com o "caso" N'Dinga; o Tribunal de Coimbra começa a apreciar o assunto; o Instituto do Desporto "chumba" o primeiro projecto para o campo de treino do Bolão; a discoteca "Buraco Negro" e a sala de imprensa do pavilhão da Solum (a que é dado o nome de "Paulo Cardoso") são inauguradas. Os resultados é que não melhoram. Quando se chega à última jornada, a Académica desloca-se a Chaves com a imperiosa necessidade de pontuar, para se manter na 1.ª divisão.

É um jogo de enorme dramatismo, tanto mais que, não ganhando, são os flavienses a descer. Hipótese em que estes acreditam tão pouco, que a instalação sonora do estádio chega a difundir o local onde deveria realizar-se a festa da manutenção. O Chaves é treinado pelo ex-jogador da Briosa, Álvaro Magalhães. José Romão, por seu turno, começara a época no clube de Trás-os-Montes.

Nas bancadas, a Académica conta com o apoio de mais de duas mil pessoas, que sofrem a bom sofrer, até ao apito final. Sobretudo quando outro antigo atleta dos estudantes, Lewis, atira à figura de Pedro Roma, já perto do fim. Tanto sofrimento é compensado. A Académica consegue segurar o nulo inicial. O que dá origem a tais manifestações de euforia que o "Municipal" de Coimbra é aberto de madrugada, para receber a equipa... e milhares de adeptos.

NACIONAL DA 1ª DIVISÃO						
CLASSIFICAÇÃO	JOGOS	V	E	D	GOLOS	PTS
1º FC Porto	34	24	5	5	75 - 38	77
2º SL Benfica	34	20	8	6	62 - 29	68
3º VSC Guimarães	34	17	8	9	42 - 25	59
4º Sporting CP	34	15	11	8	45 - 33	56
5º CS Marítimo	34	16	8	10	44 - 35	56
6º Boavista FC	34	15	10	9	54 - 31	55
7º CFE Amadora	34	14	8	12	42 - 41	50
8º SC Salgueiros	34	13	10	11	48 - 44	49
9º Rio Ave FC	34	12	10	12	43 - 43	46
10º SC Braga	34	11	12	11	48 - 49	45
11º SC Campomaiorense	34	11	7	16	53 - 58	40
12º Leça FC	34	10	8	16	29 - 52	38
13º VFC Setúbal	34	10	7	17	38 - 43	37
14º SC Farense	34	8	13	13	41 - 50	37
15º ACADÉMICA	34	8	12	14	27 - 41	36
16º GD Chaves	34	10	5	19	31 - 55	35
17º Varzim SC	34	6	11	17	26 - 51	29
18º CF "Os Belenenses"	34	5	9	20	22 - 52	24

Romão "cai" depois da meta

A Académica consegue manter-se na 1.ª divisão. Mas a época não termina sem novos desaguisados internos. Saldo: o dirigente António Augusto, os treinadores José Romão e Porfírio Amorim, e o atleta Rui Campos abandonam a Briosa. Os problemas vêm de trás, mas os adeptos começam a notá-los depois de assegurada a manutenção. Na hora dos festejos, Vítor Campos "desabafa" para os jornais: "No dia em que o meu filho está muito feliz, sinto que ele – que é sócio há 25 anos – foi muito mal tratado nos últimos tempos pelo grupo de trabalho que liderou a Académica".

O filho, já se sabe, é Rui Campos e dele disse o treinador Vítor Oliveira, quando abandonou Coimbra: "Foi o jogador que mais evoluiu da época passada para a actual". Certo é que, sobretudo desde que José Romão assumiu o comando da equipa, raramente foi utilizado. Romão terá mesmo tentado dispensá-lo no fim da época de 97-98. Coroa, que nunca morreu de amores pelo treinador, ter-se-á oposto. "Rui Campos vai continuar porque há um compromisso já assumido pelo nosso presidente", diz o técnico, secundado por António Augusto, na conferência de imprensa em que perspectiva a temporada seguinte. A 30 de Maio de 98, Rui é um dos homenageados da Casa da Académica em Lisboa, na sua qualidade de atleta-estudante. Na altura dos agradecimentos, o jogador informa, aos microfones do Casino Estoril: "A alegria de receber este prémio está em perfeito contraste com a mágoa que sinto por ter decidido suspender – espero que por pouco tempo – a minha ligação de futebolista com a Académica. A actual dupla técnica pôs gravemente em causa a minha dignidade como pessoa, atleta e estudante".

"A dupla" – Romão e Porfírio – está presente. Exige, de pronto, que Coroa se demarque das afirmações de Rui. Mas o presidente adia tudo, para uma reunião a realizar na noite seguinte. Ao mesmo tempo, coloca de sobreaviso o treinador dos juniores, José Viterbo, para a possibilidade de ter de orientar a equipa principal, no "amigável" que se realiza em S. Romão, distrito da Guarda, nessa mesma tarde.

Não é preciso: José Romão segue viagem. Rui Campos é que é retirado da convocatória. Como quer que seja, sobra pouco tempo para grandes conversas. Um novo encontro é agendado para a noite seguinte.

Romão lá está, à hora marcada. Mas, nessa altura, Coroa está no jantar de homenagem ao reitor cessante, Rui Alarcão, promovido pela Direcção-Geral da Associação Académica. Jantar onde é assinado um novo protocolo entre esta e o Organismo Autónomo de Futebol (OAF) que, entre outras coisas, institui o cartão único de sócio desportivo, regulamenta a distribuição das verbas do bingo e da publicidade nos espaços de desporto e prevê a nomeação de um dirigente do OAF para fazer a ligação com o Conselho Desportivo da Associação. E onde é apresentado, pela primeira vez, o projecto de remodelação do campo de Santa Cruz. Quando o presidente chega à sede, já sobra, novamente, pouco tempo para discussões. Além do mais, Coroa quer ouvir os seus colegas de direcção. Confessa a estes já não ter "condições psicológicas" para trabalhar com o treinador. Nem todos se mostram convencidos. Mas, quando o encontro acaba, o destino de José Romão está traçado. Nem uma conversa posterior com Fausto Correia, que aguarda o termo da reunião no exterior da sede, o altera. No dia seguinte, em conferência de imprensa, Coroa anuncia o despedimento. O técnico também fala: "O doutor entendeu que eu não devia continuar". Porfírio chora convulsivamente. A 19 de Junho, Romão é homenageado num jantar em que participam cerca de 70 pessoas. Entre elas, os já ex-dirigentes António Augusto, Fernando Barata e José Cardoso. Rui Campos, por seu lado, explica-se melhor, em entrevistas à imprensa. Acusa Porfírio de "ameaças grosseiras" e de "palmadas na cara", durante um treino. Refere-se à antecipação deliberada de um outro treino, para uma altura em que tinha um exame e quando a sua entrada no "onze" titular era dada como certa, por lesão de Tó Sá. E rebate os desmentidos entretanto feitos pelo adjunto de Romão: "Há pessoas que mentem como respiram!".

A direcção decide-se pela abertura de um inquérito disciplinar. Só que, entretanto, o novo treinador, Raul Águas, anuncia não contar com o atleta. Depois, recua. Tarde demais: após uma única conversa com o inquiridor – Amaro da Luz –, Rui Campos toma, ele próprio, a decisão de abandonar. "Renuncio a um contrato de trabalho de mais três épocas por não desejar a paz podre que não serviria os superiores interesses da minha Académica", explica. Sem deixar de reclamar a conclusão do inquérito. O que nunca acontecerá.

1998·1999
Outra vez a descida

AAC 0 - Salgueiros 1
10-10-1998
De pé: Pedro Roma, Rocha, João Tomás, Cattaneo, Mounir e Abazaj;
à frente: Barroso, Tó Sá, Pedro Lavoura, Gaúcho e Maurício

ÉPOCA PIOR É DIFÍCIL. Descida de divisão, outra vez três treinadores, demissões de responsáveis em catadupa, polémicas em barda...

Raul Águas é o novo treinador. Recupera André Seabra, que fora o preparador físico com Calisto, e mantém Gregório Freixo como adjunto. No plano dos objectivos, admite que a Briosa pode ficar entre os oito primeiros. Esclarecendo: "Precisava de ter 18 estudantes e seis jogadores acima da média. Se a Académica conseguisse isso, poderia lutar pela Europa".

Tem, de jogadores novos essenciais, Maurício, Lim, Camilo, Paulo Adriano, que estava cedido ao Anadia, e Luís Filipe, promovido dos juniores. Perde, em contrapartida, Paulão, Akwá, Vargas, Miguel Bruno, Rui Carlos, Rui Campos e Mito, que termina a carreira.

Também há um novo director desportivo: António Brassard, o guarda-redes dos anos 60. E dois novos dirigentes cooptados, para compensar as saídas de António Augusto e José Cardoso: João Castilho, responsável da Casa da Académica em Lisboa, e Jaime Soares, presidente da Câmara de Poiares.

Coroa consegue "arrefecer" a contestação que vem sofrendo. Antecipa-se a um pedido de Assembleia Geral extraordinária, solicitando ele próprio um plenário de sócios. E aí, torneia o "caso" Romão-Campos – que levara cerca de meio milhar de pessoas ao pavilhão –, anunciando a entrega de um novo projecto para o campo de treinos do Bolão e um centro de estágio para o pólo II da Universidade.

Mas os resultados não ajudam à paz. Duas derrotas nos dois primeiros jogos, levam à contratação de novos jogadores. Entre eles, Barroso e Cattaneo. Pouco depois, saem Febras e João Pires. Para agravar as coisas, Águas dá uma entrevista em que acusa António Augusto de "lidar com os árbitros como quem o faz com os familiares". O ex-chefe do departamento de futebol ameaça o treinador com um processo judicial.

Coroa conclui, entretanto, que Brassard não está a cumprir cabalmente as suas funções – que também passavam pela área da formação – e propõe a contratação do jornalista Simões Lopes como novo director desportivo. Mas a maioria da direcção impõe que a escolha recaia sobre Alfredo Ribeiro, antigo presidente do Casa Pia. Brassard demite-se, com palavras pouco simpáticas para o presidente.

Alfredo Ribeiro também não se demora. A Académica vai à Madeira defrontar o Marítimo e a jornalista Lília Bernardes, sob anonimato, faz uma reportagem junto da equipa, para o "Diário de Notícias". Escreve ela: "Isto de uma mulher estar sozinha num bar de hotel, ainda cria equívocos". Linhas antes, contara que um responsável da Briosa a abordara nestes termos: "Você tem óculos de jornalista".

Nos bastidores, sabe-se que esse responsável é o director desportivo. Que se considera "atingido" no seu "nome, honra e reputação", o que o leva a anunciar um processo contra a repórter, acompanhado de participação ao Sindicato dos Jornalistas e ao provedor do leitor do "Notícias". A direcção da Aca-

À ESQUERDA
Farense 2 - AAC 0
28-2-1999
Tó Sá vai desarmar Marco Nuno, num jogo em que a Académica não confirma os resultados positivos das jornadas anteriores. Mickey aprecia o gesto do companheiro

À DIREITA
AAC 0 - Benfica 3
23-5-1999
Com a descida consumada, a claque da Académica surge com uma frase que toca fundo nos adeptos de todas as horas

Nº	JOGADORES UTILIZADOS				
	NOME	JOGOS	J. C.	J. I.	MIN	GOLOS
425	Rocha	25	11	14	1625	1
469	Pedro Roma	27	27	0	2430	0
470	Mickey	34	21	13	2523	2
489	Vítor Alves	1	0	1	65	0
502	João Campos	15	3	12	876	0
507	Febras	1	0	1	8	0
514	João Pires	7	0	7	174	0
528	Zé Nando	14	7	7	1015	0
530	Pedro Lavoura	24	11	13	1703	0
534	Abazaj	24	19	5	1883	1
538	Mounir	21	18	3	1823	1
540	João Tomás	22	2	20	925	1
541	Dário	26	11	15	1862	10
542	Peres	8	7	1	655	0
543	Tó Sá	32	27	5	2669	1
546	Sérgio Cruz	7	5	2	590	0
550	Gaúcho	31	23	8	2528	1
552	Veríssimo	31	30	1	2752	0
554	Maurício	32	19	13	2512	6
555	Luís Filipe	20	7	13	1070	2
556	Anderson	1	1	0	90	0
557	Camilo	10	7	3	808	0
558	Barroso	27	14	13	2036	1
559	Cattaneo	14	4	10	732	0
560	Lim	20	3	17	866	3
561	Nuno Rocha	3	0	3	43	0
562	Abdul	1	0	1	2	0
563	Paulo Adriano	10	1	9	276	0
564	Madureira	1	0	1	24	0

AAC 1 - Beira-Mar 0
21-2-1999
À esquerda, em cima, duelo no ar entre Gaúcho e Paulo Sérgio. No solo, Pedro Lavoura (mais ao longe), João Tomás, Veríssimo e Mounir, a ver no que param as modas... À direita, Simic parece dar sinal de passagem a Luís Filipe, que está a fazer os primeiros jogos na equipa principal

EM BAIXO
AAC 2 - E. Amadora 2
7-2-1999
Veríssimo ganha nas alturas a uma série de adversários. O seu esforço e o dos colegas, porém, não bastaria para evitar a saída de Vítor Manuel do comando técnico dos estudantes. Ao fundo, de olhos fixos na bola, Raul Oliveira, futuro jogador da Briosa

démica é que não espera por conclusões: no princípio de Novembro, Alfredo Ribeiro é despedido.

Duas semanas depois, é a vez de Raul Águas. A equipa joga bem, mas os resultados não aparecem. É o que acontece em Leiria, jogo durante o qual Barroso é substituído ao intervalo. No balneário, o atleta terá mostrado o seu descontentamento de modo exuberante. O treinador não parece impressionar-se excessivamente. Jaime Soares é que não perdoa. Com o grupo em vésperas de partir para Macau – numa digressão cuja oportunidade é muito contestada e que levará a um desaguisado entre o presidente da Câmara de Coimbra e Coroa –, Soares declara à imprensa: "Se Raul Águas for com a equipa, não vou eu!".

Retorna Vítor Manuel. É já com ele como treinador que os jogadores exibem no Estádio da Luz, numa partida para a Taça de Portugal, uma faixa contra a co-incineração em Souselas. Mas Vítor também se demora pouco. Três semanas antes de sair, tem de deslocar-se a Campo Maior com um único ponta-de--lança disponível: Maurício. Em declarações ao "Jornal de Notícias", João Tomás queixara-se da existência de salários em atraso e a direcção decidira

suspender o avançado. Após a saída de Vítor Manuel o grupo é entregue ao comando de Gregório Freixo.

A três jornadas do fim, consuma-se a descida. Não sem que antes se assista à demissão de Jaime Soares e de Castilho e ao regresso de António Augusto à chefia do futebol, agora coadjuvado por João Coelho. Bem como a mais uma polémica, desta vez por causa da aparente associação dos estudantes ao "luto" contra a arbitragem, decretado pelo Sporting. A Briosa alinha de branco e Fausto Correia é um dos homens que dá voz ao descontentamento de muitos associados: "A Académica participou numa fantochada!".

NACIONAL DA 1ª DIVISÃO						
CLASSIFICAÇÃO	JOGOS	V	E	D	GOLOS	PTS
1º FC Porto	34	24	7	3	85 - 26	79
2º Boavista FC	34	20	11	3	57 - 29	71
3º SL Benfica	34	19	8	7	71 - 29	65
4º Sporting CP	34	17	12	5	64 - 32	63
5º VFC Setúbal	34	15	8	11	37 - 38	53
6º UD Leiria	34	14	10	10	36 - 29	52
7º VSC Guimarães	34	14	8	12	53 - 41	50
8º CFE Amadora	34	11	12	11	33 - 40	45
9º SC Braga	34	10	12	12	38 - 50	42
10º CS Marítimo	34	10	11	13	44 - 45	41
11º SC Farense	34	10	9	15	39 - 54	39
12º SC Salgueiros	34	7	17	10	45 - 55	38
13º SC Campomaiorense	34	10	7	17	41 - 51	37
14º Rio Ave FC	34	8	11	15	26 - 47	35
15º FC Alverca	34	8	11	15	36 - 50	35
16º SC Beira-Mar	34	6	15	13	36 - 53	33
17º GD Chaves	34	5	10	19	39 - 70	25
18º ACADÉMICA	34	4	9	21	30 - 71	21

Vítor Manuel, "com naturalidade"

Na véspera da deslocação da Académica a Leiria, na décima segunda jornada, Vítor Manuel é ouvido pela imprensa, na qualidade de antigo treinador dos dois clubes, agora desempregado. Um jornalista pergunta-lhe para quando o regresso ao "banco". O técnico, depois de manifestar o desejo de que a Briosa vença o jogo, responde: "Não procuro nada. As coisas têm de acontecer com naturalidade". Os estudantes perdem, Raul Águas é despedido, e dois dias depois "o Vítor", como lhe chamam os amigos, está a ser apresentado como o novo treinador da equipa.

É a terceira vez que Vítor Manuel, natural do Tramagal, é chamado a treinar a turma principal da Académica. A primeira acontece em Outubro de 84, após o despedimento de Jesualdo Ferreira – de quem é adjunto – e com a equipa em situação dramática na 1.ª divisão. Estreia-se com um empate com o Boavista e acaba por levar a Briosa ao sétimo lugar, com uma impressionante série de 13 jogos consecutivos sem perder (Taça incluída). Já cinco anos antes, é certo, orientara a equipa. Mas tratara-se de uma experiência declaradamente temporária, causada por um acidente cardiovascular do técnico com quem inicia a carreira de treinador: Mário Wilson. Ainda assim, em seis jogos não perde um único. Ele, que na época anterior ainda orientava os juniores e que só fora chamado à primeira equipa porque Francisco Andrade trocara, entretanto, o lugar de ajunto de Wilson pelo de técnico principal no Nacional da Madeira.

Acabara, então, de arrumar as chuteiras, na sequência de uma grave lesão no menisco. Tinha apenas 26 anos, jogava habitualmente a central ou a médio, e frequentava o segundo ano do Instituto Superior de Contabilidade e Administração de Coimbra – curso que viria a concluir em 87. "Sem vaidade, passei ao lado de uma grande carreira", dirá muito mais tarde. Em Junho de 87, o presidente Jorge Anjinho declara ao jornal "A Bola": "Um dos objectivos da minha direcção é chegarmos ao fim do mandato ligados a Vítor Manuel". Menos de um ano depois, Vítor está a abandonar a Académica, pela primeira vez desde que nela ingressara, ainda para jogar nos juniores. Fora assobiado por uma parte dos adeptos, insatisfeitos com um empate caseiro com o Elvas, que deixava a equipa em posição periclitante, em termos de manutenção na 1.ª divisão. Mas saía por entre abraços dos dirigentes e FRA's lançados pelos jogadores.

Não demoraria muito até Anjinho se afirmar "totalmente arrependido por ter mandado embora o Vítor Manuel". Este, por seu turno, garantia aos jornalistas: "Continuo e serei sempre academista". Não admira, assim, que escassos cinco anos depois, já com Paulo Cardoso como presidente e a equipa na 2.ª divisão, se cumprisse uma velha profecia de Alfredo Castanheira Neves: "Um dia, Vítor Manuel regressará pela porta grande".

Vai começar a época de 93-94 e em Coimbra ainda há quem não perdoe a Vítor o ter assistido, no "banco" do Braga, ao anti-desportivismo do jogo entre bracarenses e vimaranenses, que confirma a descida da Académica à 2.ª divisão, em 88. O técnico refutará sempre responsabilidades próprias no sucedido, reconhecendo embora ter havido "um certo jogo de bastidores nesse desafio". Mas tem consciência de que a exigência dos adeptos aumentou. "Sei que as pessoas não irão perdoar-me o insucesso", declara numa entrevista, antes de garantir: "Subir a Académica seria a maior alegria da minha vida desportiva". Não a terá. Uma "célebre" arbitragem de José Pratas, em Leiria, constitui a última machadada nas aspirações do treinador. Que se despede, agora por vontade própria, com uma mensagem aos simpatizantes da Briosa: "Com algum egoísmo, gostaria que a subida tivesse acontecido comigo. Mas se assim não aconteceu, que surja com outro, porque a Académica é o meu clube".

Não espanta, deste modo, que quatro anos depois esteja a ser chamado uma terceira vez. O presidente é agora Campos Coroa e os estudantes vivem, novamente, uma época de aflição. Mas Vítor Manuel não consegue inverter um cenário em que o regresso à Divisão de Honra se apresenta como cada vez mais provável. Ao fim de oito jogos para o campeonato, demite-se. A Académica empatara no "Municipal" com o Estrela da Amadora, em encontro onde Paulo Costa tem uma arbitragem tão desastrada que até termina o jogo com a bola a caminho da baliza estrelista. Vítor abandona o estádio lavado em lágrimas, com os adeptos a pedirem-lhe para ficar. "É um grande academista, que sai daqui sem levar um tostão", diz Coroa, também ele a chorar como uma criança.

1999·2000
Antes e depois de João Tomás

AAC 0 - Penafiel 0
19-3-2000
De pé: Pedro Roma, Mounir, Rocha, Giraudo, Paulo Adriano e Reinaldo; à frente: Tó Sá, Vítor Paneira, Monteiro, Leandro Netto e Dário

Ninguém pode garantir que, com João Tomás, a Académica subia de divisão. Mas que o ingresso do avançado no Benfica coincide com a quebra da equipa, isso é um facto.

Em finais de Janeiro de 2000, a Académica ocupa o segundo dos três lugares que dão acesso à 1.ª divisão. João Tomás é figura determinante na equipa: leva 19 golos marcados. Não admira que desperte o apetite de empresários como José Veiga e Alexandre Pinto da Costa ou de clubes como o Benfica. Como não admira que a Briosa, com quem o jogador tem contrato até ao fim da época, resista a transferi-lo a meio da temporada.

"A Académica está empenhada na subida de divisão e não há hipótese de abrirmos mão de João Tomás". Isto, garante o chefe do departamento de futebol da Briosa, já depois de uma reunião em que o Benfica oferece 40 mil contos pelo avançado. Mas rapidamente se percebe como é frágil a posição de António Augusto. Tanto mais que o atleta não deixa margem para dúvidas: "O meu sonho sempre foi jogar num grande clube português".

Carlos Garcia, o novo treinador da Briosa – que trouxera consigo o preparador físico Mário Monteiro – deixa o jogador de fora dos convocados para o encontro seguinte, em Freamunde. Mas bastam mais dois dias para se entender quem vence o braço de ferro: a poucos minutos do termo das inscrições, João Tomás é apresentado como jogador do Benfica. O último jogo que efectua pela Briosa corresponde à eliminação da Taça, aos pés do Moreirense.

António Augusto, apesar de tio do atleta, não poupa nas acusações: "Só pensou nele, nele e nele. Farei tudo para que nunca mais vista a camisola da Académica". Compreende-se: o dirigente da Briosa tinha em mãos uma proposta do FC Porto que permitia a permanência do "Jardel de Coimbra" nas margens do Mondego até ao fim da época.

A Académica ainda vence o primeiro jogo que disputa sem João Tomás. Mas, depois, os resultados pioram substancialmente. Quando recebe o Paços de Ferreira, a 22 de Abril, tem de ganhar obrigatoriamente. Chega a estar em vantagem, mas a seis minutos do fim o Paços carimba, ele próprio, o passaporte para a 1.ª divisão. Ainda por cima, o árbitro Jorge Coroado – que realiza trabalho controverso –, só concede três minutos de desconto. O que provoca imensos protestos, mas não evita a derrota.

No termo da partida, João Tomás é descoberto entre o público presente no velho "peão". Vale-lhe uma ambulância da Cruz Vermelha para deixar o estádio são e salvo. Uma semana depois, ao averbar, em Chaves, a terceira derrota consecutiva, a Académica diz, definitivamente, adeus à subida.

Começara a época, é certo, com tamanhas dificuldades financeiras que fora um grupo de associados a custear o estágio, na Curia. E perdera jogadores como Mickey, Lavoura, Luís Filipe, Gaúcho, Maurício, Veríssimo, Barroso e Abazaj. Mas, além da grande forma de João Tomás, ganhara o concurso, entre outros, do internacional Vítor Paneira, de Monteiro, Bolinhas, Giraudo e do regressado Febras. Com o decurso da época, dar-se-iam os regressos de Valente e de Reinaldo e as entradas de Morgado e de Leandro Netto, este último cedido pelo Corunha.

À ESQUERDA
Campos Coroa oferece a Xanana Gusmão algumas lembranças, entre as quais uma camisola de guarda--redes da Briosa, posição que o líder timorense ocupara na Académica de Díli, onde foi colega de equipa do dirigente António Augusto. Coroa é o único presidente, além dos líderes dos chamados três grandes, a participar, a 4 de Outubro de 1999, num encontro privado com Xanana, durante a primeira visita deste a Portugal

À DIREITA
AAC 3 - Esposende 1
5-12-1999
Assistido por João Tomás, o moçambicano Dário dispara para o golo inaugural da partida

JOGADORES UTILIZADOS					
Nº	NOME	JOGOS	J. C.	J. I.	MIN	GOLOS
408	Reinaldo	26	6	20	1398	8
425	Rocha	33	23	10	2591	2
433	Valente	3	2	1	255	0
469	Pedro Roma	33	33	0	2970	0
502	João Campos	22	5	17	941	0
507	Febras	10	0	10	249	1
528	Zé Nando	15	9	6	1024	0
538	Mounir	31	29	2	2735	0
540	João Tomás	20	7	13	1597	22
541	Dário	34	16	18	2537	14
543	Tó Sá	32	27	5	2771	0
546	Sérgio Cruz	4	3	1	298	0
557	Camilo	30	14	16	1688	0
559	Cattaneo	17	12	5	1386	0
563	Paulo Adriano	25	15	10	1924	1
565	Vítor Paneira	30	19	11	2501	2
566	Zé Miguel	3	3	0	270	0
567	Monteiro	29	22	7	2351	5
568	Capitão	10	1	9	378	0
569	Lucas	3	1	2	127	0
570	Bolinhas	27	5	22	1225	5
571	Pedro Paula	7	2	5	362	0
572	Paulo Dias	11	7	4	731	0
573	Eduardo	3	2	1	225	0
574	Pedro Hipólito	6	2	4	369	0
575	Giraudo	29	28	1	2595	3
576	Morgado	17	11	6	1370	0
577	Leandro Netto	14	3	11	931	4

À ESQUERDA, EM CIMA
Varzim 1 - AAC 2
26-3-2000
Dário entra na área
poveira, com a bola
controlada, depois de
deixar para trás o
capitão varzinista,
Alexandre

À ESQUERDA, EM BAIXO
AAC 0 - Beira-Mar 0
24-10-1999
Reinaldo, de regresso a
Coimbra, passa a bola
sobre Fernando Aguiar,
com Vítor Paneira
na expectativa

À DIREITA
AAC 0 - Felgueiras 1
19-9-1999
Vítor Paneira ensaia a
finta, face ao
felgueirense Oliveira.
Ao longe, Carlos
Garcia, treinador
da Briosa

Mas foi já em ambiente de apreensão que os sócios reelegeram, em Abril, a direcção liderada por Campos Coroa, onde Carlos Cidade, adjunto do presidente da Câmara, e António Silva, ex-presidente da Direcção-Geral da Associação Académica, são as maiores novidades. Ainda assim, Coroa obteve 70 votos em branco e 30 nulos, num total de 411. E a lista por si apoiada para o Conselho Académico perdeu, por uma diferença de 80 votos, para uma outra, liderada pelo porta-voz da claque "Mancha Negra", João Francisco Campos. Álvaro Amaro manteve-se à frente da Assembleia Geral e Lucílio Carvalheiro passou a liderar o Conselho Fiscal.

Poucos meses antes, durante um encontro em Lisboa que o comoveu até às lágrimas, Coroa prestara homenagem a Xanana Gusmão. E participara na distinção conferida aos 16 "internacionais A" da Briosa pelo Núcleo de Veteranos. Depois, faltaria ao debate sobre o futuro modelo de gestão (SAD ou Fundação?), promovido pelo mesmo Núcleo. Mostrara-se impotente para travar a saída de André Seabra da coordenação do futebol juvenil, saída que acarretaria, igualmente, o afastamento do médico Francisco Soares de um projecto de prevenção de lesões dos atletas, que começara a ganhar corpo com a construção de uma sala de musculação. E terminaria a época recebendo das mãos do presidente da Câmara o terreno para os campos de treino, prometido três anos antes.

	II LIGA					
CLASSIFICAÇÃO	JOGOS	V	E	D	GOLOS	PTS
1º FC Paços de Ferreira	34	19	8	7	56 - 31	65
2º SC Beira-Mar	34	18	11	5	54 - 30	65
3º CD Aves	34	18	7	9	33 - 24	61
4º Varzim SC	34	17	9	8	53 - 33	60
5º ACADÉMICA	34	16	9	9	55 - 37	57
6º FC Penafiel	34	14	14	6	52 - 33	56
7º FC Felgueiras	34	14	9	11	42 - 36	51
8º CFU Lamas	34	14	4	16	39 - 50	46
9º SC Espinho	34	13	6	15	51 - 48	45
10º SC Freamunde	34	11	12	11	42 - 37	45
11º Leça FC	34	13	6	15	41 - 49	45
12º GD Chaves	34	11	11	12	46 - 45	44
13º Naval 1º Maio	34	11	9	14	53 - 55	42
14º FC Maia	34	11	9	14	35 - 44	42
15º IDC Albufeira	34	8	9	17	43 - 64	33
16º Moreirense FC	34	6	11	17	29 - 49	29
17º AD Esposende	34	8	4	22	31 - 65	28
18º SC Covilhã	34	5	10	19	23 - 48	25

O homem das "coisas difíceis"

"Desafiem-me para coisas difíceis e têm homem". Assim falou um dia Jorge Anjinho para o jornalista de "A Bola", Alfredo Barbosa. Só deixaram de o "desafiar" quando, em Agosto de 1999, a doença lhe tirou a vida. Uma vida onde a Académica ocupou parte tão importante que uma das suas filhas dizia que a Briosa lhe "estava no sangue".

Nascido em 1936 na cidade alentejana de Estremoz, Jorge Manuel Serrano Anjinho reclamava-se conimbricense por adopção. De facto, embora se tenha licenciado na Faculdade de Engenharia do Porto, em Coimbra concluiu o liceu, fez os três primeiros anos da Universidade, casou-se, viu nascer os seus quatro filhos – três raparigas e um rapaz – e viveu a maior parte dos 63 anos que durou a sua preenchida vida. Tão preenchida que, além de dirigente desportivo, foi responsável da ACIC (Associação Comercial e Industrial de Coimbra) e do Clube de Empresários. Além de político e promotor de inúmeras iniciativas, como a da aquisição do barco "O Basófias".

Político, sim. Anjinho nunca escondeu que gostaria de ter sido presidente da Câmara de Coimbra. E foi presidente da distrital do CDS, vice-presidente da distrital do PSD e mandatário da candidatura presidencial de Cavaco Silva, em 96. O que sempre preservou, paralelamente, foi a sua capacidade crítica. Afastou-se do CDS quando, após a ascensão de Lucas Pires à liderança, achou que o partido virara demasiado à direita. E não se eximiu a criticar publicamente Cavaco, quando este destruiu o "bloco central": "Como líder do PSD, nunca tomaria a posição que ele tomou ao desfazer a coligação [PS-PSD]. Deveria ter tido em atenção, não os interesses partidários, mas os interesses nacionais".

Ainda assim, garantiu sempre não ter "ambições políticas". "Só gosto da Académica", respondia invariavelmente, quando lhe acenavam com cargos para que não se sentia motivado. E, de facto, à Briosa dedicou boa parte da sua actividade extra-profissional. Tudo começou em 1967, quando se tornou dirigente da secção de futebol, então presidida por Almeida e Costa. Mais tarde, foi igualmente seccionista do basquete. Mas é após o 25 de Abril de 74 que se torna uma figura incontornável do dirigismo desportivo. Primeiro, através do papel desempenhado na compra do edifício dos Arcos do Jardim, que servirá de sede ao Académico.

Depois, com a eleição, em Fevereiro de 83, para a presidência do clube, que no fim da época seguinte regressa à 1.ª divisão. É nesta qualidade que se torna um dos grandes obreiros da reaproximação à Academia e da constituição do Organismo Autónomo de Futebol. Impulsiona, decisivamente, a aquisição de um novo autocarro, a instauração do "Dia da Briosa" e a construção do pavilhão-sede da Solum, que mais tarde receberá o seu nome.

É por esta altura que confessa, numa entrevista: "Não tenho tempo livre. Não ouço música, não leio, não vou ao cinema nem ao teatro. Só vou à caça, mas não sou um bom caçador". Mal sabe, então, que está à porta o "célebre" "caso N'Dinga" e a sua incompatibilização com a Associação Nacional de Clubes, liderada por Valentim Loureiro, por violação da lei de transferências. Processos que o levam a declarar: "Fui traído de forma ignóbil. E agora digo que há pouca dignidade e escrúpulos no dirigismo". Abandona a presidência da Académica a 12 de Janeiro de 1990, sendo substituído por Mendes Silva. Pouco tempo antes, uma Assembleia Geral recusara uma proposta sua, no sentido de expulsar o sucessor de Silva Resende na chefia da Federação, João Rodrigues, de sócio da Briosa, devido ao seu comportamento no "caso" N'Dinga. E não escondia o mal-estar que lhe provocava o despedimento do treinador Vítor Manuel e o não ter conseguido o regresso à 1.ª divisão, em 89.

Em Abril de 95, após o Congresso da Académica – de que é o principal rosto – admite regressar à presidência. Mas acaba por desistir da ideia, alegando não ter reunido os apoios financeiros e humanos que considerava indispensáveis. Vítor Campos, o antigo jogador e seu grande amigo, ainda faz uma última diligência. Mas nada o demove.

Torna a falar-se no seu regresso, em 98, na sequência do conflito entre Campos Coroa e o treinador José Romão. Mas Coroa decide não abdicar e a doença de Anjinho avança, já, a uma velocidade galopante. Acabará por morrer, sensivelmente, um ano depois. Contará mais tarde a filha Teresa que, pouco antes de partir, Jorge Anjinho se virou para a família e perguntou-lhe: "Sabem o que me vai acontecer? Vou chegar ao céu e o S. Pedro irá perguntar-me: 'Diga lá o que é que quer...' Vou responder-lhe: 'Quero um estádio só para mim!'".

2000·2001
Isto é que vai uma crise!...

AAC 2 - Imortal 1
17-2-2001
De pé: Alexandre, Dyduch, Rocha, Moacir, Tonel e Valente; à frente: Tó Sá, Vítor Paneira, Alhandra, Luís Nunes e Pedro Hipólito

Subida novamente adiada, contestação dos Veteranos, outra vez três treinadores, mais demissões. A crise é profunda.

Manhã de 5 de Outubro de 2000. No âmbito das comemorações da instauração da República, a Câmara de Coimbra entrega a medalha de mérito desportivo ao Núcleo de Veteranos da Briosa. Alfredo Castanheira Neves fala em nome dos antigos atletas, num salão nobre repleto de gente: "A Académica consagrou-se como um santuário de ingratidão, onde já nem sequer têm voz aqueles que, sem perspectivas de poder, apenas pretendem, na sua legítima condição de associados, respeitar o nome e a carga histórica das camisolas negras". A maioria dos presentes irrompe num prolongado aplauso. O presidente Campos Coroa, invocando compromissos familiares, abandona apressadamente o município, não sem antes classificar, em declarações à imprensa, de "infeliz" o discurso do ex-dirigente e de sustentar que ele deveria ter sido aproveitado para "solicitar à autarquia mais apoio para a Académica". O episódio traduz bem o mal-estar que se vive e se prolongará por toda a época, agravado pelos resultados desportivos.

No início da temporada, a equipa perdera, além de Febras e de Reinaldo, Giraudo e Cattaneo. Ganhara, é certo, Dyduch e Moacir, entre outros. E fizera regressar Lucas do Anadia. Mas a ideia dominante entre os adeptos era a de que o grupo ficara mais fraco. Ainda por cima, fora rejeitada a disponibilidade de Mickey para retornar. E Paulo Adriano, vítima de um grave acidente de automóvel que envolveu outros jogadores, só estaria disponível em Dezembro.

Os primeiros resultados vieram alimentar a desconfiança. À sexta jornada, surgiam pinturas anónimas nas paredes da sede: "Acordem, o campeonato já começou!"; "Nem resultados, nem atitude. O que é que nos dão? Nada!". Mas a primeira grande vítima foi o treinador Carlos Garcia. "Na Académica, não se pode proceder de modo diferente do que acontece nas outras instituições", explicaria Campos Coroa.

Opinião diferente tinham os jogadores, os sócios e, até... os jornalistas. Antes de abandonar Coimbra, dando lugar ao ex-adjunto Hassan Ajenoui, Garcia foi obsequiado com homenagens da parte de todos eles. E Jaime Soares, ex-vice de Coroa, desabafava na imprensa: "Carlos Garcia foi vítima da incompetência da direcção, sobretudo de Campos Coroa e António Augusto".

Hassan começa com duas vitórias. Mas é sol de pouca dura. O rápido regresso às derrotas, numa altura em que se torna público que a promoção de Vítor Paneira a treinador chegou a ser equacionada antes da opção pelo marroquino, leva o ex-presidente Fausto Correia a declarar: "Não estão a jogar os melhores jogadores!". Dias depois, numa entrevista à rádio "90 FM", afirma: "Decidi não voltar esta época ao Municipal para ver a Académica". Só António Augusto e Jaime Soares o criticam publicamente.

Nem a edição do hino da Briosa, com letra de Manuel Alegre e música de Tozé Brito, apazigua os ânimos. Até porque, entretanto, a equipa é eliminada da Taça pelo Leixões, em Coimbra, e rebenta uma outra

À ESQUERDA
AAC 3 - U. Lamas 2
22-10-2000
Lucas, olhos postos na bola, vai cruzar para a área lamacense, apesar da oposição de Paulo Sousa

À DIREITA
Felgueiras 0 - AAC 0
21-1-2001
Apesar da inferioridade numérica, Camilo tem a situação dominada, frente aos felgueirenses Nuno Abreu e Zamorano, com Alhandra a ver no que dá a jogada

Nº	NOME	JOGOS	J. C.	J. I.	MIN	GOLOS
425	Rocha	32	27	5	2790	2
433	Valente	13	13	0	1170	0
469	Pedro Roma	23	23	0	2070	0
502	João Campos	18	4	14	928	1
528	Zé Nando	8	1	7	314	0
538	Mounir	15	11	4	1146	0
541	Dário	33	29	4	2923	23
543	Tó Sá	31	23	8	2514	0
557	Camilo	31	28	3	2700	2
563	Paulo Adriano	9	0	9	302	0
565	Vítor Paneira	17	2	15	920	0
567	Monteiro	24	14	10	1702	1
569	Lucas	25	14	11	1847	0
574	Pedro Hipólito	20	11	9	1195	1
577	Leandro Netto	28	7	21	1563	5
578	Moacir	27	8	19	1740	2
579	Pazito	25	1	24	947	4
580	Adriano	3	0	3	156	0
581	Dyduch	30	25	5	2583	3
582	Cláudio	7	3	4	346	0
583	Alex Garcia	17	0	17	679	2
584	João Alves	2	2	0	180	0
585	Miguel	2	1	1	91	0
586	Rui Castro	1	0	1	90	0
587	Tonel	18	18	0	1620	3
588	Alhandra	16	12	4	1406	3
589	Luís Nunes	13	3	10	808	2
590	Alexandre	11	6	5	803	0
591	Rasca	1	0	1	30	0

Marco 1 - AAC 0
28-10-2000
À esquerda, em cima, Leandro Netto procura ultrapassar o lateral Picão.
À direita, Dário está isolado no meio de três contrários, o que personifica as dificuldades da Briosa

EM BAIXO
AAC 2 - Leça 1
10-9-2000
A "cavalgada" impressionante de Tó Sá já deixou por terra o capitão leceiro, Isaías

NA PÁGINA DA DIREITA
A 13 de Junho de 2001, a mesa da conferência de imprensa do grupo que contesta a direcção de Campos Coroa: Nuno Domingues, Eduíno Lopes, Reis Torgal, Manuel Arnaut e Miguel Fonseca

polémica, esta por causa de uma misteriosa viagem ao estrangeiro de Mounir. O jogador alegará ter ido ver a mãe, que se encontraria doente, mas as suas explicações não convencem, sequer, a totalidade dos dirigentes, alguns dos quais desconfiam que há uma tentativa de transferir o atleta a todo o custo. A propósito, Carlos Cidade assume ter perdido a confiança em António Augusto, a quem acusa de "desnorte, falta de autoridade e incapacidade de liderar".

Então, já a direcção viu aprovada a sua proposta de orçamento em Assembleia Geral. Mas as abstenções e os votos contra são mais que os votos favoráveis. Um dos contestatários é o "histórico" João Moreno. Outro, é o próprio presidente da Assembleia, Álvaro Amaro, que dias mais tarde se demitirá do cargo, com o argumento de que deseja ficar de mãos livres para o debate sobre o modelo de gestão, que ocupará boa parte da segunda metade da época. Ele, grande defensor da ideia da criação de uma fundação, por contraponto à constituição de uma SAD, preconizada num documento subscrito por António Rochete, Marcelo Nuno e António Silva.

Quem também se demite, mais uma vez, é António Augusto. "Não aguento mais!", confessa em Abril. Coroa entrega a chefia do futebol a Fernando Pompeu e eleva a efectivo da direcção o suplente José Eduardo Ferraz. Mas a crise entra pelo Verão dentro. Tanto mais que, apesar da substituição de Hassan por João Alves e das contratações de Tonel, Luís Nunes, Alhandra e do regressado Valente – tudo em Janeiro de 2001 –, a equipa acaba o campeonato na oitava posição, a 16 pontos da subida.

II LIGA						
CLASSIFICAÇÃO	JOGOS	V	E	D	GOLOS	PTS
1º CD Santa Clara	34	20	7	7	60 - 37	67
2º Varzim SC	34	19	7	8	53 - 34	64
3º VFC Setúbal	34	19	7	8	64 - 41	64
4º FC Maia	34	19	7	8	58 - 41	64
5º FC Penafiel	34	17	7	10	45 - 31	58
6º Rio Ave FC	34	16	9	9	66 - 36	57
7º CD Nacional	34	14	9	11	55 - 52	51
8º ACADÉMICA	34	14	6	14	51 - 48	48
9º Naval 1º Maio	34	14	6	14	49 - 45	48
10º CFU Lamas	34	11	8	15	43 - 56	41
11º AD Ovarense	34	12	5	17	42 - 53	41
12º GD Chaves	34	9	14	11	38 - 44	41
13º Leça FC	34	11	6	17	34 - 57	39
14º SC Espinho	34	9	11	14	39 - 41	38
15º FC Marco	34	10	6	18	40 - 64	36
16º FC Felgueiras	34	8	10	16	40 - 50	34
17º Imortal DC	34	7	12	15	33 - 44	33
18º SC Freamunde	34	6	5	23	28 - 64	23

Verão quente

A 12 MAIO DE 2001, OS ASSOCIADOS Eduíno Lopes e Manuel Arnaut depositam nas mãos do presidente em exercício da Assembleia Geral, Augusto Roxo, um abaixo-assinado com 98 subscritores, requerendo a convocação extraordinária do órgão máximo da Briosa. O objectivo é claro: censurar a actividade da direcção.

Tinham chegado a um impasse as conversas entre Álvaro Amaro e Campos Coroa, no sentido de uma transição pacífica do poder na Académica. Amaro chegara a convidar Fausto Correia para a presidência da Assembleia Geral e assumira publicamente a sua disponibilidade para liderar a instituição. Em resposta, os defensores da criação de uma SAD tinham anunciado que, a confirmar-se o cenário, eles próprios apresentariam uma alternativa. E o empresário Ernesto Vieira declarara-se em "período de reflexão", após um outro grupo de sócios o ter convidado a encabeçar uma equipa para gerir os destinos da Briosa.

Enquanto isto, o Conselho Académico protestava por não ter sido ouvido sobre as alterações verificadas na direcção, após a demissão de António Augusto. E desafiava o núcleo dirigente a sujeitar-se à votação duma moção de confiança.

Uma dezena de dias depois da entrega do abaixo-assinado, Roxo informa que um número não especificado de assinaturas era irregular, uma vez que a subscrição estaria interdita a menores de 18 anos e a sócios correspondentes. Leitura que os promotores do texto não aceitam de todo. E, em meados de Junho, Gonçalo Reis Torgal, Eduíno Lopes, Manuel Arnaut, Nuno Domingues e Miguel Fonseca concedem uma conferência de imprensa, em que reclamam uma resposta urgente ao seu pedido por parte da Mesa da Assembleia Geral.

Augusto Roxo reconhece que há mais de 25 assinaturas – número mínimo estipulado pelos Estatutos – em condições legais. Pelo que a Assembleia terá mesmo de realizar-se. Resta saber quando.

Acaba por ser a 28 de Setembro, já com a época de 2001-2002 em curso. Dias antes, em entrevista ao diário "As Beiras", João Moreno afirma discordar dos pressupostos do pedido de Assembleia, mas acusa a direcção de estar "paralisada", defende uma auditoria às contas e manifesta-se disponível para integrar uma futura Comissão Administrativa. A claque "Mancha Negra" queixa-se de falta de apoio por parte dos dirigentes. O próprio presidente do Conselho Fiscal, Lucílio Carvalheiro, sustenta que a equipa de Coroa perdeu o controlo sobre o debate acerca do modelo de gestão, ameaçando demitir-se caso a opção não venha a ser pela manutenção do regime especial vigente. Já Fausto Correia, numa entrevista à TSF em que se afirma "um academista com simpatia pelo Benfica", aconselha uma fusão entre os projectos encabeçados por Amaro e por Rochette. Quanto à Assembleia Geral, prevê o governante socialista. "Se os próximos dois jogos correrem bem, não será, com certeza, tão quente, nem tão radical".

À beira de completar seis anos como presidente, Campos Coroa vem então à liça. Em extensa entrevista ao diário "As Beiras", avisa que "o PREC já acabou". Mas, depois de sustentar que "as pessoas não gostam é do 'barbas'", admite sair entre Abril e Maio de 2002, depois de concluído o debate sobre o modelo de gestão. António Rochette, acrescentando-lhe embora a defesa de uma auditoria às contas, vem de encontro ao cenário idealizado por Coroa, em artigo de opinião publicado no mesmo jornal. Idem com Fausto Correia, só que em declarações ao "Diário de Coimbra". Já João Moreno considera a tese de Rochette "confusa e talvez enfeudada a alguns interesses" não especificados. Isto, ao mesmo tempo que desabafa: "A Académica é um 'bunker'. Não se conhece a dívida, não se sabe de nada".

Durante a tarde de 28 de Setembro, os "críticos" de Coroa tentam chegar a uma estratégia comum. Não conseguem, como se percebe quando, à noite, num pavilhão com centenas de sócios, Alberto Santos, tido por próximo de Álvaro Amaro, tenta colocar à discussão uma moção distinta da de Reis Torgal. A Mesa não autoriza. Mas, mais tarde, aceita que se vote um requerimento de Alfredo Castanheira Neves, propondo que se vote ponto por ponto o texto dos 98 peticionários. Assim se faz. Torgal, embora contrariado, "deixa cair" a censura à direcção. A antecipação das eleições é rejeitada, por nove votos de diferença. Mas a auditoria às contas é aprovada por larga maioria. No fim da Assembleia, passa das duas da madrugada, Coroa reclama ter obtido "uma vitória esmagadora", repetindo que abandonaria após o debate sobre o modelo de gestão. Quando muito, uma "vitória de Pirro", respondem os críticos. Entre os quais, as divergências verificadas na AG deixam feridas.

2001·2002
O regresso, três anos depois

AAC 2 - Naval 1
5-5-2002
De pé: Dário, Luís Cláudio, Dyduch, Kibuey, Tonel e Márcio Santos;
à frente: Lucas, Tó Sá, Vital, Pedro Hipólito e Alhandra

Os sintomas de crise interna mantêm-se, mas a Briosa consegue o regresso à I Liga. Três anos depois da descida e com João Alves no comando técnico.

Tarde de 21 de Abril de 2002. A Académica vence o Moreirense, em Coimbra. Basta-lhe a conversão de um pénalti muito discutido pelos minhotos, logo aos 11 minutos de jogo. Em consequência, ascende ao primeiro lugar da prova. Na semana seguinte, em Felgueiras, pode comemorar o regresso ao campeonato principal.

Mas perde, num encontro em que tem dois jogadores expulsos. Baixa à terceira posição, com escassos dois pontos de vantagem sobre o quarto classificado. A uma jornada do fim, o nervosismo instala-se entre os adeptos. Apesar da equipa ter praticamente tudo a seu favor, uma vez que, tendo vantagem no "goal-average", chega-lhe empatar o derradeiro jogo. Além disso, este é em Coimbra, o adversário é a Naval, com quem a Académica nunca perdera em jogos oficiais, e os figueirenses apresentam-se no "Municipal" desfalcados de dois jogadores que, por sinal, representariam a Briosa na temporada seguinte: Valeri e Tixier.

Ganha. Mas nem era preciso: o Amadora, o quarto da tabela, perdera. Em tempo de Queima das Fitas, confirma-se o regresso à I Liga, três anos após a descida. Acontece a habitual festa nas ruas e a recepção na Câmara, agora de maioria PSD. No decurso desta, Campos Coroa vira-se para o novo presidente, Carlos Encarnação: "Sinta o que vai na cidade e diga: 'Temos de premiar estes gajos!'".

Foi, em qualquer caso, um sofrimento que parecia evitável no termo da primeira volta, onde a equipa, entretanto eliminada da Taça de Portugal pelo Salgueiros, chegou em primeiro lugar e com 11 pontos de vantagem sobre o quarto classificado. Em 17 partidas averbara, apenas, duas derrotas. Mas, enfim, tudo acabou em bem, dando aparente razão ao técnico, que garantira ter um plantel "mais competitivo" do que o da temporada anterior.

A época começou a ser preparada durante uma controversa digressão ao Brasil, em Julho de 2001. Antes da partida, os serviços de Hassan Ajenoui, no sector de formação, foram dispensados. "O treinador (João Alves) não ligava ao departamento de prospecção", queixa-se o marroquino. Na América do Sul, os resultados desportivos foram positivos. Mas Pedro Roma fracturou um maxilar, regressou mais cedo a Portugal, teve de ser operado e ficou afastado da competição durante largo tempo. Quando regressou, não mereceu a confiança do treinador, acabando por ser emprestado ao Braga.

Ainda no Brasil, Alves desentendeu-se com o preparador físico Mário Monteiro, por causa da marcação dum treino. Monteiro chegou até a ser colocado na "prateleira", mas rapidamente foi reintegrado e, no fim da época, o seu trabalho foi mesmo elogiado pelo chefe da equipa técnica, em quem a direcção delegara competências para resol-

AAC 2 - Naval 1
5-5-2002
À esquerda, em cima, a festa do ansiado regresso à 1.ª Liga. Campos Coroa, a imagem suprema da felicidade, braços virados ao céu, é vitoriado pelos adeptos. À direita, na fonte luminosa do Calhabé, os atletas dão largas à sua euforia

EM BAIXO
Oliveirense 2 - AAC 4
18-11-2001
Devidamente comprovado por Tonel, João Campos, no meio de dois contrários, afasta o perigo da sua grande área

JOGADORES UTILIZADOS					
Nº	NOME	JOGOS	J. C.	J. I.	MIN	GOLOS
425	Rocha	32	22	10	2464	2
433	Valente	1	0	1	1	0
469	Pedro Roma	4	4	0	360	0
502	João Campos	29	2	27	970	1
541	Dário	29	20	9	2353	19
543	Tó Sá	27	10	17	1723	0
557	Camilo	22	12	10	1450	0
563	Paulo Adriano	33	10	23	2223	5
569	Lucas	37	32	5	3179	3
574	Pedro Hipólito	22	8	14	1122	0
581	Dyduch	36	36	0	3240	11
585	Miguel	1	0	1	5	0
587	Tonel	35	34	1	3101	2
588	Alhandra	31	14	17	2353	4
589	Luís Nunes	11	0	11	319	1
592	Márcio Santos	34	33	1	3059	0
593	Kibuey	36	24	12	2899	16
594	João Oliveira Pinto	17	0	17	732	0
595	Demétrius	7	3	4	447	0
596	Dino	13	6	7	712	2
597	Germano	1	0	1	25	0
598	Pedro Penela	2	0	2	59	0
599	Vital	30	18	12	2249	1
600	Nuno Miranda	15	1	14	599	0
601	Toni	3	0	3	143	0
602	Luís Cláudio	18	12	6	1389	1
603	João Morais	4	1	3	230	0
604	Xano	1	0	1	16	0

AAC 2 - Naval 1
5-5-2002
À esquerda, em cima, Luís Cláudio, Tonel e Dyduch seguem no encalço do exuberante Dário, após o capitão ter marcado o golo da vitória que colocaria a Briosa no campeonato principal do futebol português.
À direita, Kibuey, que já obtivera o golo inaugural, dispara uma "bomba" às redes figueirenses

EM BAIXO
Campomaiorense 2
AAC 2
9-2-2002
O remate de Alhandra é o símbolo do inconformismo da Briosa, que haveria de igualar um jogo que ao intervalo lhe era altamente desfavorável. Ao lado, Carlos Martins, que na época seguinte vestiria de negro

ver o problema. Além de tudo isto, as condições de estágio não foram as melhores e o retorno financeiro da digressão também ficou aquém do previsto.

Certo é que do Brasil vieram mais dois jogadores, para se juntarem ao compatriota Demétrius, que já se encontrava em Coimbra: Vital e Germano. Ainda de nacionalidade estrangeira, chegou o congolês Kibuey. E, de origem portuguesa, entraram Márcio Santos, Dino, João Oliveira Pinto e Nuno Miranda. Para além dos ex-juniores Tiago Costa e João Morais e do regressado Pedro Penela.

Marques, oriundo do Beira-Mar, também chegou a entrar. Mas uma nova operação a um joelho, não só o impediu de dar qualquer contributo competitivo, como o forçou mesmo a abandonar o futebol. Exactamente o oposto do que aconteceu com Dário: dado como transferido para o Al Wadha, dos Emirados Árabes Unidos, reapareceu em Coimbra, alegadamente despachado pelo departamento médico dos árabes. Diferente veio a ser a opinião do clínicos da Briosa e o moçambicano foi, unanimemente, reconhecido como o grande reforço da equipa para a nova época.

Época onde a subida não impediu mais uma crise interna. Desta vez, a causa foi a rejeição das contas, em Assembleia Geral (AG). A direcção bem tentou que o plenário só viesse a realizar-se após a auditoria aprovada na AG de 28 de Setembro de 2001. Mas um abaixo-assinado de sócios impediu que assim fosse. Na sequência do inédito "chumbo", Augusto Roxo, Fernando Albergaria e Pedro Costa Pereira demitem-se da Mesa da Assembleia, que assim fica reduzida a Luís Vilar.

Antes, já o orçamento tornara a ser aprovado com mais abstenções e votos contrários, do que votos favoráveis. A "Mancha Negra" envolvera-se em nova polémica com a direcção, a quem continua a acusar de falta de apoio. E a Académica passara a dispor de Casas no norte do distrito de Leiria e na Margem Sul do Tejo.

II LIGA						
CLASSIFICAÇÃO	JOGOS	V	E	D	GOLOS	PTS
1º Moreirense FC	34	19	7	8	55 - 35	64
2º ACADÉMICA	34	17	11	6	60 - 49	62
3º CD Nacional	34	18	8	8	62 - 39	62
4º CFE Amadora	34	16	9	9	44 - 38	57
5º GD Chaves	34	16	4	14	52 - 44	52
6º Portimonense SC	34	13	13	8	44 - 37	52
7º CD Aves	34	14	5	15	50 - 51	47
8º Rio Ave FC	34	12	10	12	45 - 36	46
9º FC Maia	34	12	10	12	50 - 43	46
10º SC Campomaiorense	34	13	6	15	48 - 50	45
11º Leça FC	34	11	11	12	38 - 37	44
12º Naval 1º Maio	34	10	12	12	54 - 50	42
13º CFU Lamas	34	11	8	15	33 - 47	41
14º AD Ovarense	34	10	10	14	42 - 52	40
15º FC Penafiel	34	9	11	14	27 - 38	38
16º FC Felgueiras	34	10	8	16	36 - 52	38
17º SC Espinho	34	9	7	18	31 - 49	34
18º UD Oliveirense	34	6	10	18	44 - 68	28

O "doutor Chico"

Francisco Soares morre sem assistir ao regresso da Académica à I Liga. Médico da Briosa durante quase meio século, desaparece do mundo dos vivos em Março de 2002, menos de uma semana após ter completado 78 anos.

Nascido em Alvega, pequena aldeia do concelho de Abrantes, Francisco José Fortunato Soares chegara a Coimbra em 1936, numa época em que considerava existir "um radicalismo simpático" na cidade. "Ai daquele que tivesse na capa outro emblema que não o da Académica!", recordaria em entrevista ao jornal "A Bola", menos de três anos antes da morte.

Então ainda aluno do liceu, Francisco Soares rapidamente se integra no meio. Em 1939, faz-se sócio da "Associação Académica", como ele sempre dizia. E torna-se presença constante, quer nos jogos, quer nos treinos. É numa dessas ocasiões, ainda não era normal a presença de médicos no acompanhamento das equipas, que vê o recém-chegado Jorge Humberto fazer uma luxação num joelho. Já licenciado em Medicina, não resiste e salta da bancada para o campo, para auxiliar o jogador. Cândido de Oliveira é, então, o treinador da Académica. No fim do jogo, quer saber quem é o moço. Francisco Soares torna-se, assim, o médico da Briosa e um companheiro inseparável do ex-casapiano.

O próprio clínico o recorda, numa entrevista ao diário "As Beiras", em 99: "Não tinha prestígio como médico e os dirigentes tiveram muita dificuldade para fazerem passar o meu nome. Mas o Cândido de Oliveira era um homem de larga visão e fez tudo para que eu ficasse com o cargo de médico privativo da Associação Académica".

O "doutor Chico", como passa a ser conhecido, retribui a deferência. "Ofendo-me quando vejo alguém atacar mestre Cândido", chega a confessar a Homero Serpa, biógrafo de Cândido de Oliveira.

Francisco Soares, esse, praticamente nunca mais deixa o lugar de médico da Briosa. Limita-se a fazer um curto interregno, no final dos anos 70, quando o CAC é presidido por João Moreno e Manuel António, o antigo atleta, ocupa o lugar.

Pela sua dedicação à instituição e à medicina, Francisco Soares é objecto das mais variadas homenagens. A mais relevante terá acontecido em 1991, quando o Presidente da República, Mário Soares, o agracia com a Ordem de Mérito. Ou talvez ele tenha preferido uma outra, pouco depois, quando vários amigos, entre os quais diversos jogadores por si tratados, o obsequiam com um almoço em Fátima.

Nem por isso deixa de dizer, sempre, o que pensa. Em 1999, o então vice-presidente Jaime Soares faz observações públicas que o clínico toma como uma crítica ao funcionamento do departamento que chefia. Ameaça demitir-se e acusa o dirigente de ser um "pára-quedista" na Académica. Em resposta, o também autarca garante não ter querido ofender o médico e propõe, mesmo, que lhe seja efectuada uma homenagem nacional. Francisco Soares fica. E, pouco tempo depois, o departamento é certificado pela Ordem dos Médicos como formador de especialistas em medicina desportiva.

Casado e pai de uma filha, a sua última grande obra é a instalação, no pavilhão Jorge Anjinho, de uma sala de musculação, equipada a expensas suas e de amigos a quem sensibiliza para a importância do projecto. "O futebol interessa-me hoje na parte da fisiologia, do rendimento do atleta, do consumo do oxigénio", declara pouco depois da inauguração da sala, no ano de 2000. Ele, que tempos antes garantira a um jornal: "Nunca infiltrei um atleta para jogar e, enquanto mandar no departamento médico, nunca permitirei que tal aconteça. A defesa do atleta é a dor. Se o infiltramos com um anestésico, deixa de ter dores e de uma lesão simples pode nascer uma gravíssima. Os jogadores são seres humanos. São o melhor do futebol".

Morre a 20 de Março de 2002, acabara de fazer 78 anos. O preparador físico Mário Monteiro, de quem Francisco Soares dizia que, "com ele, ninguém pode fingir que treina", é companheiro inseparável durante o tempo em que a doença alastra.

Na hora do funeral, que parte do pavilhão da Briosa para Alvega, multiplicam-se as palavras de comoção. "Foi um homem que procedeu na Académica como na vida: com a precisão dum compasso", diz o presidente Campos Coroa. "Foi uma desgraça que aconteceu à Académica, que perdeu a sua melhor figura", afirma o massagista e companheiro de sempre, Guilherme Luís. Dário, o atleta, refere: "Foi como um pai para mim. Era único". Mário Campos, o ex-atleta, declara: "É um bocado da Académica que se vai". No fim da época, a equipa dedica-lhe o regresso à I Liga. A ele, Francisco Soares, que um dia disse: "A Associação Académica não me deve nada. Eu é que talvez deva".

2002·2003
Com o coração nas mãos

AAC 2 - Sporting 1
24-7-2002
De pé: Valeri, Pedro Roma, Dino, Dyduch, João Campos e Nuno Miranda;
à frente: Paulo Adriano, Marinescu, Tó Sá, Vital e Pedro Hipólito

Os adeptos da Académica passam mais uma época com o coração nas mãos. A salvação só acontece em cima da meta, já com Artur Jorge à frente da equipa.

A três jornadas do fim do campeonato, a Briosa empata com o Paços de Ferreira no novo "Municipal" de Taveiro, construído pela Câmara face à impossibilidade de utilização do Calhabé durante as obras de remodelação para o "Euro 2004", em Portugal. A descida de divisão parece um facto consumado. "Agora? Só se Deus for da Académica", titula o "Diário de Coimbra", no dia seguinte.

Mas, no domingo imediato, os estudantes vão à Póvoa derrotar o Varzim por 3-0, pondo termo a uma série de nove jogos sem vencerem. E, na semana posterior, batem o Braga por 1-0, com um golo de Paulo Adriano, que já marcara no encontro precedente. A partida começara com algum atraso, já que fora necessário tirar do relvado os quilos de papel higiénico atirados pela "Mancha Negra". Pelo que acabou depois do Santa Clara-Varzim, de cujo resultado a Briosa dependia. Mesmo em cima da hora, Pepa falhara a possibilidade de dar aos varzinistas a vitória que desprompveria a Briosa. A festa podia fazer-se em Taveiro, onde os espectadores que lotavam o recinto não descolaram os ouvidos do rádio. A Académica, eliminada pelo Leiria nos quartos-de-final da Taça, conseguia, "in-extremis", manter-se na Super Liga.

É, assim, atingido o objectivo que trouxera Artur Jorge de volta a Coimbra, agora como treinador. Estreara-se precisamente com uma vitória sobre o Varzim, mês e meio após a inauguração do estádio a que fora dado o nome do "internacional" oriundo da formação da Briosa, Sérgio Conceição. Depois, empatara em Braga e vencera o Belenenses, muito por mérito de um golo obtido por Marinescu a um minuto do fim. Em jogo a que Pinto da Costa assiste do camarote, com um cachecol da Académica ao ombro, e em que alinham três dos quatro jogadores que o FC Porto acabara de emprestar aos estudantes: Hilário, Marcos António, Manuel José e Pedro Oliveira.

A seguir, porém, os resultados pioram. Apesar de o Sporting também ter emprestado Carlos Martins e de várias empresas da região, correspondendo a um apelo da nova equipa directiva, liderada por João Moreno, comprarem sucessivas bilheteiras em Taveiro. O que muito contribui para enchentes que se traduzem numa onda de apoio à Académica. Mas que não chegam para evitar o dramatismo das derradeiras jornadas.

Artur Jorge substituíra Vítor Alves, que assumira interinamente o comando da equipa, após a demissão de João Alves, a 3 de Dezembro de 2002. Dia em que este concede uma conferência de imprensa num hotel de Coimbra, que acaba com o treinador quase a chorar. Depois de se ter queixado da existência de jogadores que apenas haviam recebido um mês de salário, quando trabalhavam há cinco.

O último jogo em que orientara a equipa fora com o FC Porto, tendo a Académica perdido por 4-1, com a arbitragem de Jacinto Paixão a ser muito contestada pelos de Coimbra. "Estou super-cansado com esta porcaria toda. Vou ter que pensar na minha vida", anunciara Alves no termo da partida,

AAC 2 - Gil Vicente 0
9-2-2003
À esquerda, Gaspar procura impedir Dário de semear o pânico na retaguarda barcelense. À direita, o reforço de Inverno Manuel José, visa a baliza gilista, com Luís Coentrão sem possibilidades de o evitar

Nº	NOME	JOGOS	J. C.	J. I.	MIN	GOLOS
425	Rocha	29	21	8	2355	0
437	Marcelo	17	2	15	679	1
469	Pedro Roma	24	24	0	2160	0
496	Nuno Luís	29	19	10	2150	1
502	João Campos	4	0	4	85	0
516	Hilário	12	11	1	1054	0
541	Dário	33	14	19	2675	13
563	Paulo Adriano	16	1	15	779	3
569	Lucas	17	14	3	1447	1
574	Pedro Hipólito	4	1	3	154	0
581	Dyduch	26	23	3	2169	0
587	Tonel	33	32	1	2969	3
592	Márcio Santos	3	2	1	206	0
596	Dino	3	0	3	122	0
599	Vital	2	0	2	62	0
600	Nuno Miranda	1	0	1	1	0
604	Xano	19	0	19	568	2
605	André	35	30	5	3004	4
606	Raul Oliveira	26	23	3	2184	2
607	Tixier	15	9	6	1065	0
608	Fredy	30	14	16	2085	3
609	Marinescu	31	11	20	2162	10
610	Jorginho	19	1	18	655	0
611	Roberto	14	2	12	650	0
612	Valeri	5	0	5	241	0
613	Binho	15	8	7	1133	2
614	Nuno Piloto	1	1	0	90	0
615	Vítor Vieira	14	8	6	961	0
616	Manuel José	17	15	2	1489	1
617	Carlos Martins	11	2	9	654	0
618	Marcos António	14	11	3	1062	0
619	Pedro Oliveira	5	0	5	127	0
620	Esquerdinha	4	4	0	360	0

Belenenses 2 - AAC 0
31-8-2002
À esquerda, em cima,
Paulo Adriano inicia um
ataque da Briosa,
depois de deixar Marco
Paulo para trás.
À direita, Tixier e Neca
em despique individual,
lutando pela posse
do esférico

EM BAIXO
P. Ferreira 0 - AAC 0
28-12-2002
Numa disputa entre
dois laterais, o
estudante Nuno Luís
leva a melhor sobre o
pacense Zé Nando

NA PÁGINA DA DIREITA
AAC 1 - Braga 0
1-6-2003
Dário, sorriso rasgado,
abraça o presidente
João Moreno, após
o jogo da última
jornada que permite
a permanência
na 1.ª divisão

cujo resultado mantinha a Académica no último lugar da classificação.

João Alves não deixou, em todo o caso, de ser o treinador da era Campos Coroa que se manteve à frente da equipa durante mais tempo: 700 dias, no total. Começara a época, durante a qual vigorou um protocolo de cooperação com o Tourizense, com a convicção de que a Académica poderia ser "a surpresa da prova". E recebera vários novos jogadores: Valeri, Tixier e Binho, todos ex-Naval; Marinescu "internacional" romeno; os regressados Marcelo e Nuno Luís; e ainda, André, Fredy, Raul Oliveira, Roberto e Jorginho. Mas perdera atletas como Alhandra, Kibuey e Camilo, além de Valente e João Oliveira Pinto. E teve de andar a saltitar entre Tábua e a Figueira, enquanto Taveiro não ficou pronto.

Bem mais tranquila, pelo menos do ponto de vista desportivo, foi a época da novel equipa B, orientada por José Viterbo, que termina a 2.ª divisão B (Zona Centro) em décimo lugar. Ainda assim, a temporada acaba com o treinador, já após a substituição de Coroa, a cessar uma longa actividade na Académica. "Mereço ser respeitado", diria, tão só, Viterbo. Ele que durante o ano perdera o titularíssimo André Lage, considerado inapto para o futebol, após três operações e extracção de um rim, na sequência de uma lesão sofrida na Marinha Grande. Mas que, em contrapartida, veria Zé Castro vencer o Torneio de Toulon, ao serviço da selecção de sub-20. Um pouco mais novo, o ainda júnior Vítor Vinha sagrar-se-ia campeão europeu, na categoria de sub-17.

I LIGA						
CLASSIFICAÇÃO	JOGOS	V	E	D	GOLOS	PTS
1º FC Porto	34	27	5	2	73 - 26	86
2º SL Benfica	34	23	6	5	74 - 27	75
3º Sporting CP	34	17	8	9	52 - 38	59
4º VSC Guimarães	34	14	8	12	47 - 46	50
5º UD Leiria	34	13	10	11	49 - 47	49
6º FC Paços de Ferreira	34	12	9	13	40 - 47	45
7º CS Marítimo	34	13	5	16	36 - 48	44
8º Gil Vicente FC	34	13	5	16	42 - 53	44
9º CF "Os Belenenses"	34	11	10	13	47 - 48	43
10º Boavista FC	34	10	13	11	32 - 31	43
11º CD Nacional	34	9	13	12	40 - 46	40
12º Moreirense FC	34	9	12	13	42 - 46	39
13º SC Beira-Mar	34	10	9	15	43 - 50	39
14º SC Braga	34	8	14	12	34 - 47	38
15º ACADÉMICA	34	8	13	13	38 - 48	37
16º Varzim SC	34	10	6	18	38 - 51	36
17º CD Santa Clara	34	8	11	15	39 - 54	35
18º VFC Setúbal	34	6	13	15	40 - 43	31

"Dáriogolo"

Dário é, pela quarta vez, o melhor marcador da Académica. O moçambicano justifica bem o cognome de "Dáriogolo", atribuído pela "Mancha Negra".

Em 2002-2003, Dário até "só" marca 13 tentos. Menos do que os 19 obtidos no ano anterior e bastante aquém dos 23 alcançados em 2000-2001. Nada que o impeça, contudo, de voltar a sagrar-se como o melhor marcador da Briosa. Pela quarta vez, já que em 98-99 também ninguém conseguira marcar mais do que os seus dez golos.

Dário Alberto de Jesus Monteiro, nascido em Maputo a 22 de Fevereiro de 1977, chegara a Coimbra em Dezembro de 96, pela mão do compatriota e antigo atleta da Académica, José Júlio. Tinha acabado de ser eleito jogador do ano em Moçambique e o Benfica também mostrara interesse nele. Em declarações à imprensa, explicaria a opção pela Briosa a partir do desejo de conciliar o futebol com os estudos, assumindo-se como um "falso" ponta-de-lança. A 23 de Março de 97, com 20 anos, estava a fazer a sua estreia. A Académica empatava a zero em Moreira de Cónegos e, a 12 minutos do fim do jogo, Vítor Oliveira fazia entrar o novo avançado, na esperança de chegar ao golo. Não resultou e, até ao final da época, Dário só jogou mais uma vez. O que não impediu o treinador de sustentar publicamente, na hora do adeus, que com Dário e João Tomás – outro homem preterido à dupla Miguel Bruno-Febras –, a Briosa tinha os seus problemas atacantes resolvidos por muitos anos.

A temporada seguinte, de facto, já foi melhor. Ainda assim, Dário só efectuou três jogos completos, dos 12 em que alinhou. Mas marcou o seu primeiro golo ao serviço dos estudantes. Aconteceu a 3 de Janeiro de 98, aos 15 minutos de um Académica-Braga que terminou empatado a duas bolas.

A afirmação definitiva começaria na época seguinte. Logo a meio do campeonato, em que a Académica não evitou a descida, o "Diário de Coimbra" escrevia acerca do moçambicano: "Soube esperar pela sua vez. Técnica e rapidez de execução são atributos que já mostrou".

Durante os seis anos posteriores, só por uma ocasião não foi o melhor marcador da equipa. Aconteceu em 1999-2000, quando João Tomás o ultrapassou, carimbando a transferência para o Benfica. Ainda assim, Dário obteve 14 tentos, tendo alinhado em 34 jogos. A sua temporada de "ouro" será a de 2000-2001, quando marca golos como nunca. Ao fim da primeira volta, já leva dez. A "Mancha Negra" começa a apelidá-lo de "Dáriogolo". Chama a atenção de diversos clubes. O Al Wadha, dos Emirados Árabes Unidos, seduz a direcção da Académica com dinheiro fresco antecipado. No último jogo da época, com o Nacional, Dário oferece a camisola à "Mancha". Os dirigentes dão-lhe um ramo de flores. O treinador, João Alves, não poupa nos elogios: "É um grande jogador e penso que tinha lugar nos principais clubes portugueses". Embora reconheça que tem "um feitio muito, muito especial". Quando a temporada seguinte começa, porém, Dário apresenta-se em Coimbra. Diz que a transferência não se concretizou devido a "problemas burocráticos". A imprensa fala em reprovação nos exames médicos. O departamento clínico da Briosa desmente a existência de lesões. Alves é que se afirma "um felizardo". Tem boas razões para isso: o moçambicano, que então começa a envergar a braçadeira de capitão de equipa, dará um contributo decisivo para o regresso da Académica à Super Liga.

Antes do fim da época, a direcção renova-lhe o contrato. "Imagino-me a jogar ao mais alto nível, ao lado do Figo, do Zidane e a fazer dupla com o Ronaldo, na Académica", declara então o jogador. No termo da temporada, porém, é dado como certo no Dínamo de Kiev. Não se confirma. Em Setembro de 2003, surge uma proposta de um milhão de euros, do Al-Jazira, do Dubai. Dário só cede um mês depois, muito por pressão dos dirigentes da Briosa, que querem ver entrar dinheiro nos cofres. Mas parte contrariado: "Se fosse só eu a decidir, ficaria na Académica. É a altura errada para me ir embora", afirma o atleta, em conferência de imprensa no seu camarote do Estádio Cidade de Coimbra. Dias depois, em entrevista à Rádio Universidade, deixa um aviso: "Se não conseguir adaptar-me, arrumo as malas e venho-me embora".

Dito e feito: no início da temporada de 2004-2005, Dário está outra vez a vestir de negro e, apesar das lesões que o apoquentam, a recuperar o estatuto de melhor marcador da equipa, ainda que agora a par de Luciano. Mas o elo com os dirigentes está quebrado. No fim da época vai para Guimarães. Sem deixar de apresentar uma versão diferente da do presidente José Eduardo Simões, para explicar a interrupção de uma ligação de oito anos e meio à Briosa.

TEMPOS DE MUDANÇA

Num ano, tudo se altera. A começar pela composição da direcção. Cercado por todos os lados, Campos Coroa "cai". João Moreno, com os apoios que faltaram a Coroa, torna-se o principal rosto da mudança.

A 27 de Fevereiro de 2003, realizam-se as eleições mais concorridas de sempre na Briosa. E as primeiras disputadas por mais do que uma lista, desde que, em 1977, três candidaturas disputam a presidência do Académico.

Desta vez, há apenas duas: uma encabeçada pelo médico João Moreno e outra liderada pelo advogado Sampaio Nora. Ganha a primeira, por 2019 votos contra 322, o que corresponde a uma diferença de 87 para 13 por cento.

Na direcção, Moreno faz-se acompanhar por José Eduardo Simões, Vasco Gervásio, Armando Braga da Cruz, Luís Neves, Paulo Canha e João Bandeira. Almeida Santos regressa à presidência da Assembleia Geral (AG). O juiz Américo Batista dos Santos é o novo presidente do Conselho Fiscal. Dias Loureiro encabeça os eleitos para o Conselho Académico.

Nora tinha a companhia de Maló de Abreu, António Rochette, Dimas Teixeira, João Castilho, João Paulo Fernandes e Olinto Vieira, para a direcção. Na hora da derrota, deixa um aviso: "Gostaríamos de nos enganar, mas temos plena convicção de que, se a Académica não aderir a um projecto do estilo daquele que preconizámos, muito brevemente cumpriremos este ciclo de euforia para entrarmos num ciclo depressivo, porque os jantares e os mecenas não duram sempre".

A posse ocorre a 17 de Março, numa altura em que ainda há dificuldades no pagamento de salários. A criação de um gabinete de prospecção, coordenado por José Chieira, é a primeira medida tomada. Do programa votado pelos sócios constam a colocação da equipa nas competições europeias, num prazo de três anos, a criação de uma Academia no Bolão e a revisão dos Estatutos, até 2004. A celebração de um novo protocolo de cooperação com a AAC, a profissionalização do departamento de futebol e a introdução de contratos por objectivos com os jogadores, são outras prioridades assumidas.

A campanha eleitoral decorrera de forma tão acalorada que o próprio treinador, Artur Jorge, viera a terreno manifestar apoio a Moreno. E a lista de Nora – produto dum consenso entre correntes que começaram por ponderar os nomes de Dimas, Maló ou Rochette para a liderar – chegara a ameaçar a Mesa da AG com o recurso à Justiça, por alegadas irregularidades nos cadernos eleitorais. Antes, fora forçada a alterações importantes na sua composição, por a Mesa ter declarado a inelegibilidade de alguns dos seus membros. Alterações que, de resto, a outra candidatura também acabou por ser obrigada a efectuar.

Havia muitas feridas abertas. A direcção de Campos Coroa demitira-se em bloco a 10 de Dezembro, após mais uma derrota da equipa, que não conseguia descolar da última posição da tabela classificativa. Já com Vítor Alves no lugar de João Alves, que renunciara uma semana antes, solidário com os jogadores, que vêem os salários atrasar-se cada vez mais.

No próprio dia da demissão de Coroa, no meio de grande controvérsia, Augusto Roxo reassumira a presidência da AG. E João Moreno aceitara formar uma Comissão de Gestão, para a qual convidaria imediatamente o empresário João Pedro Parreira e o director de urbanismo da Câmara de Coimbra, José Eduardo Simões. Ao facto, não terá sido alheio um encontro entre Fausto Correia, Álvaro Amaro e um representante do grupo Amorim, que patrocina a Briosa. Certo é que Maló de Abreu, apesar de velho crítico de Coroa, não tarda a falar em "golpe palaciano". E António Rochette, que desde o ano anterior reúne regularmente com um grupo de académicos, defende a convocação de um plenário de sócios, para votar a composição da comissão. Composição essa que o futuro vereador camarário defende dever ser alargada a todas as correntes com expressão na Briosa.

Em entrevistas a diversos órgãos de informação, Moreno garante que não será candidato a presidente da futura direcção. E a 9 de Janeiro de 2003

À ESQUERDA, EM CIMA
Campos Coroa, acompanhado por João Coelho, Augusto Roxo, José Eduardo Ferraz, Fernando Pompeu, Fernando Donas-Bôtto e Lucílio Carvalheiro, na conferência de imprensa, a 10 de Dezembro de 2002, em que anuncia a demissão

À ESQUERDA, EM BAIXO
O primeiro treino da nova equipa técnica, a 26 de Dezembro de 2002: Artur Jorge (ao centro), Raul Águas e Vítor Alves (à esquerda) e Mário Monteiro

À DIREITA, EM CIMA
João Moreno, líder da Comissão de Gestão que sucede a Coroa, acompanhado do novo treinador, Artur Jorge

À DIREITA, EM BAIXO
Jantar de angariação de fundos, a 31 de Janeiro de 2003, no Casino da Figueira

Sampaio Nora, líder de uma das duas listas concorrentes às eleições de 27 de Dezembro de 2003. À esquerda, num jantar, com o antigo atleta e membro da sua lista, Dimas Teixeira. À direita, com outros membros da candidatura: Jaime Soares, António Rochette e António Maló de Abreu

(já depois de inaugurado o campo de treinos do Bolão, a que foi dado o nome de Francisco Soares), sujeita à apreciação da AG o elenco completo da Comissão de Gestão. Só dois dos mais de 300 associados presentes se abstêm. Todos os restantes votam a favor. A apoiar o trabalho da comissão ficam figuras como Vasco Gervásio, Ricardo Castanheira, Fernando Avidago, José Maria Cardoso e Nuno Castanheira Neves.

O ADEUS AMARGO DE COROA

"Vou daqui crivadinho de facadas", dissera Campos Coroa, na conferência de imprensa em que anunciara a renúncia da sua direcção. Coroa, cuja paixão pela Académica toda a gente reconhece, não especificou a quem se referia. Nunca o faria, aliás, em público. Mas, juízos de valor à parte, os seus sete anos de presidência são, indiscutivelmente, uma história de encontros e desencontros.

Os últimos meses de mandato são particularmente maus para José Emílio Vieira de Campos Coroa, médico oftalmologista, 48 anos, natural de Coimbra, mas com boa parte da infância e da juventude passada em Faro. Não basta a fraca prestação da equipa, que caminha a passos largos para 2.ª divisão. Não chega a demissão do treinador João Alves, quando descobre que o último cheque que ele próprio recebera não tinha provisão. Não é suficiente a suspensão da actividade dos técnicos dos escalões de formação, alegando meio ano de salários em atraso. Já nem se fala do descontentamento dos jogadores profissionais, alguns sem receberem há três meses. Os problemas multiplicam-se, mesmo no interior dos Corpos Gerentes.

O caso mais recente surgira em Outubro, com o presidente do Conselho Fiscal. Numa entrevista, após criticar a concessão da exploração da discoteca "Buraco Negro" e defender a realização de eleições antecipadas, Lucílio Carvalheiro explicava a razão pela qual não tornaria a integrar uma equipa encabeçada por Campos Coroa: "Apesar das suas qualidades, tem muita tendência para a navegação à vista".

Logo no início da época, demitira-se da direcção António Silva, um dos homens que Coroa fora buscar para a reeleição em 2000, juntamente com Carlos Cidade, chefe de gabinete do líder municipal, Manuel Machado. "Campos Coroa é demasiado emotivo e devia racionalizar mais as suas emoções", dissera então "Tó" Silva, antigo presidente da AAC. Isto, depois de concluir que "todos os meios financeiros são canalizados para o futebol, o que inviabiliza quaisquer outros projectos". E de deixar este conselho: "O OAF deve envolver mais a Academia e a Direcção-Geral".

Coroa, casado e pai de dois rapazes e de outras tantas raparigas, tinha acabado de celebrar o regresso da Briosa à Super Liga e estava à beira de conseguir uma das raras vitórias dos seus últimos tempos na presidência: a consideração, pelo Tribunal da Relação de Lisboa, de que a inscrição de N'Dinga fora mesmo irregular. Da sentença poderiam finalmente advir, a título de indemnização pelos danos sofridos, cerca de cinco milhões de euros para os depauperados cofres da Briosa. Mas aperta-se o cerco ao homem que integrara a Comissão Directiva de 74, que coadjuvara Francisco Soares no departamento médico, e que, frequentemente se apresenta em público de gravata branca, em cumprimento de uma tradição inaugurada por um avô. Esfumam-se os apoios económicos com que contava para tentar, ainda, inverter a situação a seu favor.

Depois de Coroa revelar – na mesma conferência de imprensa em que anuncia que irá pedir a antecipação das eleições previstas para Abril – que a auditoria decidida pelos sócios está pronta, mas carece do pagamento de 30 mil euros à multinacional Andersen, o seu antigo presidente da Assembleia Geral, Álvaro Amaro, não se contém: "É uma triste novela, com capítulos sobre capítulos cada vez mais tristes, que a todos os academistas devem deixar absolutamente perplexos". É por esta ocasião que João Moreno, afirmando-se "muito magoado" com a situação, admite, pela primeira vez, a possibilidade de se candidatar. O antigo jogador Dimas Teixeira e António Rochette, ex-aliado de Coroa e homem-forte do Conselho Desportivo da AAC, fazem o mesmo.

Mas ainda não fora tudo. Depois de aconselhar Campos Coroa a abster-se de tentações eleitorais, o seu antecessor Fausto Correia produzira uma afirmação que viria a revelar-se "assassina" para o camarada de militância socialista – militância que levara Coroa a integrar a candidatura do PS à Câmara de Coimbra, nas primeiras eleições autárquicas pós-25 de Abril. Em causa estava uma tentativa de desmentido de uma notícia do semanário "Expresso", dando conta de um convite a Artur Jorge para treinar a Briosa. "Somos muito amigos e um amigo não convida outro para ir para a Académica, principalmente nesta altura", diria Fausto. Acontece que, no dia seguinte, o próprio treinador não negaria os contactos e Fernando Pompeu, chefe do departamento de futebol, confirmaria mesmo a sua existência.

Nesse mesmo dia, a Académica perdia em Moreira de Cónegos e "afundava-se", ainda mais, no último lugar da Super Liga. A ira dos adeptos virava-se contra os dirigentes, em particular contra o homem que, anos antes, passara pela secção de andebol. "A direcção devia demitir-se, pois está a pôr o clube na lama", diz então o líder da "Mancha Negra", João Paulo Fernandes. Mal ele sabia que, nessa altura, já a equipa directiva, pressionada por todos os lados, aceitara afastar-se, para dar lugar a João Moreno. E que este encetara contactos imediatos, tendentes a minorar a gravíssima situação financeira.

Por iniciativa da Fundação Bissaya Barreto, é criado, quase de pronto, um denominado "grupo dos cem", cujo objectivo era colocar uma centena de pessoas ou de instituições a contribuir com um total de 750 mil euros para os depauperados cofres da Briosa. E são renegociados, em condições que até ai pareciam impossíveis, acordos com entidades bancárias. Não se atingiram todas as metas. Mas ter-se-á evitado a ruptura das finanças da Académica.

João Moreno, o presidente eleito. À esquerda, acompanhando a antiga "glória", Gonçalves Isabelinha, à mesa de voto. À direita, entre apoiantes, na hora do discurso da vitória

2003·2004
Novos sinais de crise

AAC 1 - Sporting 2
17-8-2003
De pé: Dário, Tonel, Filipe Alvim, José António, Tixier e Fouhami;
à frente: Nuno Luís, Dionattan, Delmer, Rodolfo e Pedro Henriques

A PAZ NÃO CHEGA. Com Moreno doente, os conflitos internos sobem de tom. José Eduardo Simões passa a presidente-adjunto. Torna a haver três treinadores. E a manutenção volta a ser assegurada só na última jornada.

A 18 de Dezembro de 2003, jogadores, técnicos e dirigentes reúnem-se para o tradicional jantar natalício. A Académica ocupa um lugar preocupante no campeonato e já fora eliminada da Taça pelo Benfica. Doente, o presidente João Moreno não comparece ao repasto. É o vice José Eduardo Simões a fazer as "honras da casa". E a surpreender tudo e todos, ao aproveitar o seu discurso para criticar o comportamento da equipa.

O regressado treinador Vítor Oliveira é dos que menos gosta das palavras de Simões. No dia seguinte, coloca o lugar à disposição, obrigando a que os dirigentes se reúnam de emergência. O comunicado final do encontro é lacónico, falando apenas em "total espírito de comunhão e solidariedade" entre todos. Mas João Pedro Parreira, homem próximo de Moreno, é inequívoco: "Existe uma vontade sistemática de tentar ocupar uma parte do poder que pertence ao presidente e só ao presidente".

Álvaro Amaro, suplente da direcção, apela à intervenção de Moreno. Este, admite poder regressar em Janeiro. Não regressa. Mas sugere à direcção a nomeação de Amaro como presidente-adjunto. O edil de Gouveia coloca três condições para aceitar: a passagem de um outro suplente, José Barros, a efectivo; a conservação de José Eduardo Simões e de João Bandeira como responsáveis pelas finanças e pelo futebol, respectivamente; e a ratificação da solução em Assembleia Geral. Simões não concorda. Mais tarde, numa altura em que Vasco Gervásio dá sinais de disponibilidade para aceitar a incumbência que Amaro recusara, coloca-se, a si próprio, na "pole position". E, a 19 de Janeiro de 2004, é já Simões quem fala aos jornalistas como presidente-adjunto.

Enuncia, então, três objectivos: "Manter a Académica na Super Liga; construir, este ano, a Academia 'Briosa XXI'; e libertar o clube do garrote financeiro que constitui o seu passivo". Simultaneamente, informa que Gervásio regressa ao futebol, coordenando um departamento que também inclui João Bandeira, Luís Neves e José Chieira, este como director desportivo.

Sentindo-se excluído, Nuno Castanheira Neves renuncia ao acompanhamento da equipa B. Tempos depois, Braga da Cruz demite-se da direcção. Jaime Soares critica directamente Simões: "Esse senhor chegar à presidência foi a pior coisa que podia ter acontecido à Académica. Chegar ao poder pelo

Nº	NOME	JOGOS	J. C.	J. I.	MIN	GOLOS
425	Rocha	15	5	10	930	0
437	Marcelo	18	7	11	989	4
469	Pedro Roma	27	26	1	2410	0
496	Nuno Luís	28	28	0	2520	0
541	Dário	6	5	1	530	4
563	Paulo Adriano	23	3	20	1371	3
569	Lucas	29	18	11	1997	1
573	Eduardo	2	1	1	109	0
581	Dyduch	6	2	4	423	0
587	Tonel	33	33	0	2970	4
601	Toni	2	0	2	28	0
607	Tixier	28	19	9	2176	1
608	Fredy	27	17	10	2134	2
609	Marinescu	26	2	24	1081	2
610	Jorginho	3	0	3	109	0
621	Fouhami	8	8	0	720	0
622	Pedro Henriques	18	17	1	1575	0
623	Rodolfo	14	7	7	831	0
624	Filipe Alvim	16	10	6	1054	2
625	Delmer	19	6	13	1172	3
626	José António	35	35	0	3150	2
627	Dionattan	24	11	13	1731	2
628	Ricardo Perez	6	0	6	168	0
629	Buzsáky	13	1	12	694	0
630	Fábio Felício	27	11	16	1638	4
631	Zé Castro	1	1	0	90	0
632	Fiston	5	0	5	161	0
633	Zuela	2	1	1	96	0
634	Kaká	4	1	3	251	0
635	Paulo Sérgio	16	2	14	979	3
636	Joeano	13	7	6	1001	6
637	Flávio Dias	8	2	6	415	1
638	Fávaro	1	0	1	26	0

À ESQUERDA, EM CIMA
AAC 3 - P. Ferreira 2
25-4-2004
Marcelo, recusando-se a aceitar o que o destino parecia ter como seguro, explode de alegria após ter obtido o golo da vitória em pleno período de descontos.
A manutenção já não era uma miragem

À ESQUERDA, EM BAIXO
AAC 0 - FC Porto 1
1-3-2004
O capitão Lucas procura neutralizar a acção individual de Deco

À DIREITA
Benfica 2 - AAC 0
3-2-2004
Pedro Roma, lançando-se em voo, impede João Pereira de fazer perigar as suas redes

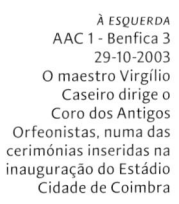

À ESQUERDA
AAC 1 - Benfica 3
29-10-2003
O maestro Virgílio Caseiro dirige o Coro dos Antigos Orfeonistas, numa das cerimónias inseridas na inauguração do Estádio Cidade de Coimbra

À DIREITA
AAC 3 - P. Ferreira 2
25-4-2004
Joeano, em excelente posição frente ao guarda-redes Pedro, remata para a baliza contrária, apesar de Ricardo André procurar importuná-lo

aspecto financeiro é ridículo". Rui Avelar escreve no "Campeão das Províncias": "Resta saber o que pensa Carlos Encarnação (presidente da Câmara) de José Eduardo Simões acumular a função de líder interino do clube com o cargo de director municipal da administração do território".

Vítor Oliveira, que substituíra Artur Jorge à segunda jornada e perdera Dário, o melhor marcador da equipa, pouco depois da chegada, é despedido a 26 de Janeiro. Apesar de uma série de maus resultados, deixa a equipa acima da "linha de água". E não esconde a mágoa: "A preparação da temporada foi muito mal feita. Não tiveram prioridade os interesses da Académica, tiveram prioridade os interesses particulares de algumas pessoas, que fizeram o plantel à sua medida".

Goradas várias hipóteses externas, o adjunto João Carlos Pereira é promovido a técnico principal. Tinham acabado de ser adquiridos Paulo Sérgio e Kaká. Depois, são contratados mais três brasileiros: Fávaro, Joeano e Flávio Dias, elevando para 33 o número de jogadores com passagem pelo grupo. A Briosa ganha sete dos últimos treze jogos. Entre eles, está a goleada por 5-0 no Restelo, a maior alguma vez obtida fora de portas. E o importante triunfo sobre o Paços de Ferreira, competidor directo na luta pela permanência. Um triunfo conseguido com dois golos nos últimos instantes da partida, o último dos quais marcado por Marcelo, que Artur Jorge colocara na equipa B. A Académica, que desde 29 de Outubro joga no renovado Estádio Cidade de Coimbra, assegura a manutenção na derradeira jornada, vencendo o Amadora no Calhabé, com bancadas cheias.

A 14 de Maio, José Eduardo Simões confirma, em Assembleia Geral, a extinção da equipa B. É seu treinador o antigo guarda-redes Vítor Alves e a turma disputa, no dia seguinte, um encontro em que está em jogo a fuga à 3.ª divisão. Ao perderem por 1-0 em Viseu, apesar de reforçados com três atletas da turma principal (Marcelo, Filipe Alvim e Fábio Felício) e mau grado o empenho demonstrado em campo, os "bês" não atingem o objectivo a que se haviam proposto. No fim do jogo, há lágrimas em alguns jogadores e críticas a Simões.

I LIGA						
CLASSIFICAÇÃO	JOGOS	V	E	D	GOLOS	PTS
1º FC Porto	34	25	7	2	63 - 19	82
2º SL Benfica	34	22	8	4	62 - 28	74
3º Sporting CP	34	23	4	7	60 - 33	73
4º CD Nacional	34	17	5	12	56 - 35	56
5º SC Braga	34	15	9	10	36 - 38	54
6º CS Marítimo	34	12	12	10	35 - 33	48
7º Rio Ave FC	34	12	12	10	42 - 37	48
8º Boavista FC	34	12	11	11	32 - 31	47
9º Moreirense FC	34	12	10	12	33 - 33	46
10º UD Leiria	34	11	12	11	43 - 45	45
11º SC Beira-Mar	34	11	8	15	36 - 45	41
12º Gil Vicente FC	34	10	10	14	43 - 40	40
13º ACADÉMICA	34	11	5	18	40 - 42	38
14º VSC Guimarães	34	9	10	15	31 - 40	37
15º CF "Os Belenenses"	34	8	11	15	35 - 54	35
16º FC Alverca	34	10	5	19	33 - 49	35
17º FC Paços de Ferreira	34	8	4	22	27 - 53	28
18º CFE Amadora	34	4	5	25	22 - 74	17

"Insubstituível na Académica"

João Moreno não recuperará da doença que o impede de exercer a presidência durante quase toda a época. No Outono seguinte, o homem que o treinador Artur Jorge considerará "insubstituível na Académica", fecha os olhos para sempre. Estádio Cidade de Coimbra, tarde de 24 de Outubro de 2004. Paulo Adriano marca o golo, único, que sela a vitória da Académica sobre o Marítimo. No fim do jogo, Paulo oferece a sua camisola ao filho de Moreno, João como o pai. Sete mil pessoas aplaudem o gesto, comovidas. Meia hora depois, a camisola está no pavilhão Jorge Anjinho, em cima da urna com os restos mortais do presidente honorário da Briosa, falecido na véspera. E com ela descerá à terra, no dia seguinte. Antes de Paulo Adriano, que capitaneia a equipa no encontro com os madeirenses, ofertar a camisola, os jogadores da Académica tinham-se reunido em círculo, em pleno relvado, dedicando a vitória ao falecido presidente. E a "Mancha Negra" exibira, durante toda a partida, uma enorme faixa onde o apelido "MORENO" era assim decomposto: "Mítico, Omnipresente, Respeitado, Especial, Nobre, Orgulho em ser Briosa". Tudo isto diz bem do prestígio granjeado por João Moreno. Um prestígio que extravasava as fronteiras da Académica. Não por acaso, o minuto de silêncio guardado nos estádios de todo o país foi, frequentemente, substituído por ovações semelhantes às que se ouviram em Coimbra. E o Sporting fez mesmo questão de enviar prontamente um táxi ao pavilhão Jorge Anjinho, transportando uma enorme coroa de flores.

João Moreno nascera em Almeirim, a 27 de Janeiro de 1931. Mas foi em Coimbra que viveu quase toda a vida. E foi na sua Universidade que se licenciou em Medicina, a 28 de Junho de 1958, já depois de ter jogado nos juniores e nas "reservas" da Briosa e de ter sido dirigente da secção de futebol da Associação Académica.

Cinco dias antes, falecera o seu amigo Cândido de Oliveira. Moreno fora, aliás, um dos responsáveis pela colocação do "mestre" no comando técnico da Académica. Participara, juntamente com Paulo e Carlos Cardoso, no encontro na pastelaria "Coimbra", em Lisboa, onde o convite foi formulado. E tornou-se, depois, seu companheiro inseparável.

Em 1969, chega a vice-presidente da secção, então liderada por Adolfo Mesquita. E três anos depois atinge, ele próprio, a presidência, que exerce até Junho de 1973. Altura em que a Académica regressa à 1ª divisão, após uma episódica passagem pela 2.ª e uma polémica sobre a sua própria identidade que leva o advogado António Arnaut a escrever, na revista "Capa e Batina": "Perfilho convictamente a ideia de que a Associação Académica deverá continuar a prática do futebol competitivo e que poderá fazê-lo em termos amadores".

Após o 25 de Abril de 74, Moreno apoia a criação do Clube Académico de Coimbra, como forma de ultrapassar o problema colocado pela expulsão da Briosa da mais antiga associação de estudantes da Europa. Tanto assim que, logo em 75, integra a Assembleia Delegada do Académico. E, entre 78 e 80, ocupa a presidência da sua direcção, lugar de onde transita directamente para a liderança da Assembleia Geral.

Tudo isto, em paralelo com o exercício da actividade médica, que o levará à presidência do Conselho de Administração do Centro Hospitalar de Coimbra, onde se integram o Hospital dos Covões, o Pediátrico e a Maternidade Bissaya Barreto. E, mais tarde, à administração da Fundação baptizada com o nome do criador do "Portugal dos Pequenitos", presidida pelo seu genro Viegas do Nascimento.

Voltará, uma terceira vez, à presidência da Briosa, então já Organismo Autónomo de Futebol da Associação Académica. É em Março de 2003, na sequência da Comissão de Gestão que se segue à demissão da direcção de Campos Coroa. E tornará a viver tempos difíceis, agudizados pelo agravamento do linfoma detectado há 15 anos. Agravamento que levará ao seu internamento hospitalar, poucos meses depois. E à promoção interna de José Eduardo Simões, que invoca publicamente um alegado desejo de João Moreno de "morrer como presidente do clube", para rejeitar a antecipação de eleições.

A invocação provoca uma polémica com a família de Moreno e expõe Simões às críticas dos mais variados sectores. Mas as eleições só se efectuarão, de facto, após a morte do homem que os sócios, em Assembleia Geral, tinham entretanto declarado presidente honorário da Briosa. "O maior dirigente de todos os tempos", assim se lhe referirá, na hora do funeral, José Eduardo Simões. "O último patriarca da Académica", dirá Alfredo Castanheira Neves. Alguém "insubstituível", sustentará o técnico Artur Jorge.

2004·2005
O "MILAGRE", SEGUNDO VINGADA

AAC 1 - Boavista 0
29-4-2005
De pé: Zé Castro, Marcel, José António, Vasco Faísca, Pedro Roma e Paulo Adriano; à frente: Hugo Leal, Nuno Luís, Luciano, Roberto Brum e Dário

Quando tudo parece perdido, Nelo Vingada opera o "milagre" de manter a Académica na Super Liga. A duas jornadas do fim e após 12 jogos sem perder.

Em meados de Dezembro de 2004, a Académica empata com o Beira-Mar em Coimbra. É o quinto jogo consecutivo sem ganhar. A equipa ocupa o último lugar na classificação, em igualdade pontual com o Moreirense. O treinador João Carlos Pereira é despedido. Com ele, saem os adjuntos Francisco Carvalho e Mário Monteiro. O director-geral António Simões, que no início da época definira a Académica como "um clube igual aos outros", também abandona. Invoca motivos familiares, mas uma semana depois está a ocupar idêntico lugar no Lusitânia dos Açores.

Entram Nelo Vingada e Arnaldo Carvalho. Deixa de existir o cargo de preparador físico. Da anterior equipa técnica só sobra o treinador de guarda-redes, Luís Matos. Poucos dias antes, a 17 de Dezembro, José Eduardo Simões fora eleito líder da Briosa. Obtivera 1310 votos, contra 957 do seu opositor, António Maló de Abreu, que tem Carlos Portugal como "número dois". "Eu voltarei!", promete Maló, após a contagem dos boletins. "Todas as propostas válidas, mesmo do projecto de Maló de Abreu, podem ser consideradas", garante o presidente escolhido pelos associados.

Vasco Gervásio, Luís Neves, João Paulo Fernandes, António Preto, Cassiano Santos e Luís Godinho são os restantes membros da nova direcção. Almeida Santos mantém-se na presidência da Assembleia Geral. Alberto Santos continua à frente do Conselho Fiscal. Rui Alarcão passa a liderar o Conselho Académico.

Na posse, a 14 de Janeiro de 2005, José Eduardo Simões enumera as "prioridades imediatas" do seu elenco. A saber: "Atacar os lugares de acesso às competições europeias na próxima temporada; inaugurar a Academia 'Briosa XXI' em 2005; adquirir a sede da Pró-CAC nos Arcos, já no primeiro trimestre de 2005; assinar protocolos com todos os clubes da Área Metropolitana de Coimbra; instituir uma rede de observadores para a região; criar uma Fundação e um Fundo de Investimentos que a proteja; e instalar o museu do desporto académico de Coimbra".

Na sua primeira conferência de imprensa, Nelo Vingada afirma acreditar que "há condições para tirar a Académica" da situação em que se encontra.

E, instado a explicar porque optara pela Briosa, em detrimento do Beira-Mar, responde: "Quem quer carne do lombo paga mais do que quem só quer carne para cozer". Dispensa Bruno Leite, William e Raul Oliveira. O segundo, apesar de estar em Coimbra desde o início da época, nem chegara a ser inscrito. O último sai com graves acusações ao departamento médico, prontamente refutadas por este.

Entram, ainda que nem todos imediatamente, Kenedy, Andrade, Lira, Marcel, Roberto Brum e Hugo Leal. Vítor Vinha é promovido dos juniores. O camaronês Beaud, que desde o início da temporada espera a possibilidade de poder jogar, é finalmente inscrito, mas descartado um mês depois, sem nunca ser utilizado.

À ESQUERDA
AAC 0 - Rio Ave 0
13-3-2005
No assalto final à baliza vilacondense, o internacional Zé Castro incorpora-se no seu ataque, procurando desfazer a igualdade no marcador, com o nortenho Alexandre logo atrás e Lira mais afastado

À DIREITA
AAC 1 - Nacional 0
13-2-2005
O brasileiro Marcel, reforço da reabertura do mercado, procura ultrapassar o guardião nacionalista Hilário, no regresso deste a um palco onde já estivera em duas épocas anteriores, defendendo as cores da Briosa

JOGADORES UTILIZADOS

Nº	NOME	JOGOS	J. C.	J. I.	MIN	GOLOS
469	Pedro Roma	34	34	0	3060	0
496	Nuno Luís	36	33	3	3145	0
541	Dário	26	12	14	1708	7
563	Paulo Adriano	30	13	17	2040	3
607	Tixier	29	14	15	1858	1
608	Fredy	21	12	9	1380	1
614	Nuno Piloto	9	2	7	272	1
622	Pedro Henriques	3	1	2	250	0
623	Rodolfo	4	0	4	210	0
626	José António	36	36	0	3240	1
627	Dionattan	23	5	18	1361	0
631	Zé Castro	27	23	4	2276	1
636	Joeano	24	9	15	1301	2
639	Vasco Faísca	34	31	3	2962	0
640	Rafael Gaúcho	18	3	15	923	3
641	Ricardo Fernandes	22	13	9	1641	2
642	Kenny Cooper	11	1	10	392	0
643	Luciano	34	11	23	2378	7
644	Danilo	18	6	12	1018	0
645	Dani	3	3	0	270	0
646	Sarmento	6	0	6	147	1
647	Kenedy	19	2	17	977	1
648	Hugo Leal	12	5	7	1014	0
649	Marcel	16	12	4	1336	4
650	Roberto Brum	12	10	2	1073	0
651	Lira	2	0	2	51	0
652	Andrade	6	2	4	262	0
653	Vítor Vinha	1	0	1	7	0

À ESQUERDA
AAC 1 - Nacional 0
13-2-2005
José Eduardo Simões, o presidente da Académica então acabado de ser eleito, celebra com Roberto Brum a sua primeira vitória no campeonato e o primeiro de doze jogos consecutivos sem conhecer a palavra derrota

À DIREITA
Estoril 0 - AAC 1
12-11-2004
José António, totalista no campeonato, exibe uma das suas grandes armas: a capacidade de antecipação, no caso, face ao espanhol Arrieta

A estreia de Vingada no campeonato não é feliz: perde em Moreira de Cónegos, o que deixa a Académica sozinha na última posição. Depois, empata um jogo e perde três. Em nenhum dos cinco encontros a equipa, que entretanto é eliminada da Taça, marca qualquer golo.

À sexta partida da nova era, a vitória, finalmente. E, a partir daí, é um "ver se te avias": a Briosa está 12 (!) jogos consecutivos sem conhecer o sabor amargo da derrota no campeonato, o que lhe permite ultrapassar um recorde que vem da "gloriosa" época de 1966-1967, com Mário Wilson como treinador.

O último acontece em Aveiro, onde a equipa conquista, matematicamente, o direito à manutenção. Depois, ainda é goleada em casa, pelo Moreirense, em tempo de Queima das Fitas. E empata com o FC Porto, na Invicta, em jogo onde os portistas ainda tinham uma ténue possibilidade de celebrar a vitória no campeonato.

Para trás, fica uma época com um início muito conturbado. Para não variar. Tão conturbado que Marcelo recorre aos tribunais, por alegado incumprimento salarial; Dário regressa do Al-Jazira, por propalada inadaptação ao mundo árabe; Vítor Alves abandona a Académica, após 15 anos em Coimbra; a concessão do novo estádio à TBZ provoca enorme controvérsia; Américo Santos demite-se do Conselho Fiscal. Para cúmulo, morre o presidente João Moreno. Mais tarde, também desaparecem António Gomes Simões, o "Teórico V", e Armando Pinto Bastos, sócio número 13, que ao longo dos anos ocupou vários cargos na instituição. Notícia positiva, no começo da temporada, só mesmo a criação da Casa da Académica na região de Lafões.

	I LIGA					
CLASSIFICAÇÃO	JOGOS	V	E	D	GOLOS	PTS
1º SL Benfica	34	19	8	7	51 - 31	65
2º FC Porto	34	17	11	6	39 - 26	62
3º Sporting CP	34	18	7	9	66 - 36	61
4º SC Braga	34	16	10	8	45 - 28	58
5º VSC Guimarães	34	15	9	10	38 - 29	54
6º Boavista FC	34	13	11	10	39 - 43	50
7º CS Marítimo	34	12	13	9	39 - 32	49
8º Rio Ave FC	34	10	17	7	35 - 35	47
9º CF "Os Belenenses"	34	13	7	14	38 - 34	46
10º VFC Setúbal	34	11	11	12	46 - 45	44
11º FC Penafiel	34	13	4	17	39 - 53	43
12º CD Nacional	34	12	5	17	46 - 48	41
13º Gil Vicente FC	34	11	7	16	34 - 40	40
14º ACADÉMICA	34	9	11	14	29 - 41	38
15º UD Leiria	34	8	14	12	29 - 36	38
16º Moreirense FC	34	7	13	14	30 - 43	34
17º GD Estoril-Praia	34	8	6	20	38 - 55	30
18º SC Beira-Mar	34	6	12	16	30 - 56	30

Duas décadas de "Mancha"

"Briosa: se jogasses no céu, morreríamos para te ver". Já quase não há frequentador habitual de estádios de futebol que não conheça o lema da "Mancha Negra", claque da Académica que em 2005 comemora duas décadas de vida, devidamente assinaladas com um inédito álbum de memórias de mais de 250 páginas.

No álbum, uma ideia do ex-presidente da claque João Paulo Fernandes, está quase tudo: a história da "Mancha", fotos para todos os gostos, o levantamento das principais iniciativas do grupo, os relatos de 20 viagens particularmente caras a quem nelas participou. Num deles, outro antigo presidente, João Francisco Campos, conta como surgiu aquele que já é um dos mais mediáticos "slogans" de apoio a um clube de futebol português. A fazer fé na descrição, a ideia original, prontamente anotada pelo autor – o próprio João Francisco – no guardanapo de um bar de Coimbra, era: "Se jogasses no céu, morria para lá te ver jogar". Mas ideia puxa ideia, já se sabe, e a frase pintada, dois dias depois, num longo pano estendido num quarto de hotel na Madeira, saiu ligeiramente diferente. A versão final foi apresentada ao público, pela primeira vez, no dia 12 de Outubro de 1996, disputava a Briosa a 2.ª divisão. Mais exactamente no Estádio dos Barreiros, no Funchal, onde a Académica jogaria, perdendo por 1-0, com o União madeirense. Nessa altura, já a "Mancha Negra" levava mais de uma década de vida. Fora fundada em 1985, um ano após a criação do Organismo Autónomo de Futebol, inspirada no nome da popular personagem de Walt Disney e como resultado da fusão de três grupos de apoio distintos: o "Solum Power", a "Força Negra" e a "Maré Negra". Faria a sua apresentação a 3 de Março, durante um jogo entre a Académica e o Sporting de Braga.

Dois meses depois, a 11 de Maio, já a "Mancha" estava a organizar, juntamente com um outro grupo de apoio à Briosa – os "Comandos de Minerva", entretanto desaparecidos –, o primeiro Congresso de claques de clubes de futebol portugueses. E da sua responsabilidade seria, igualmente, a organização do terceiro Congresso, efectuado em Coimbra, em 9 de Dezembro de 87. Claro que nem todas as suas ideias foram bem sucedidas. Assim aconteceu, por exemplo, com a tentativa de realização de um campeonato inter-claques, cujos respectivos jogos antecederiam os encontros entre as equipas profissionais dos clubes em causa. A "Mancha" teve de se contentar com um torneio de futebol de salão, que ainda assim levou ao pavilhão da Solum "fans" organizados de alguns dos principais emblemas portugueses. A claque também não conseguiu evitar, por outro lado, que o seu nome fosse envolvido em alguns distúrbios ocorridos nos campos. Tal aconteceu, sobretudo, durante os longos nove anos de passagem da Académica pela 2.ª divisão, nos anos 90, e levou mais do que um dos seus membros a esquadras policiais.

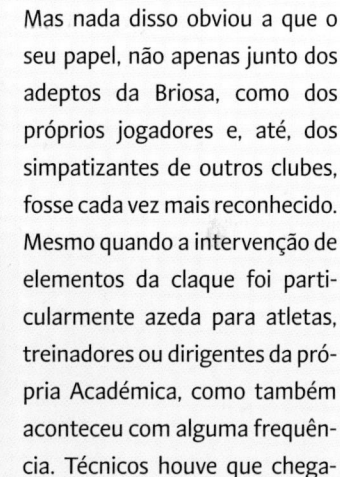

Mas nada disso obviou a que o seu papel, não apenas junto dos adeptos da Briosa, como dos próprios jogadores e, até, dos simpatizantes de outros clubes, fosse cada vez mais reconhecido. Mesmo quando a intervenção de elementos da claque foi particularmente azeda para atletas, treinadores ou dirigentes da própria Académica, como também aconteceu com alguma frequência. Técnicos houve que chegaram a sentir na pele os efeitos da "moda" dos lenços brancos... Certo é que, no último quarto de século, não houve jogo da Briosa em que a "Mancha" não se fizesse representar. O seu apoio à equipa nos treinos, depois de partidas especialmente mal sucedidas, foi sempre considerado exemplar. Aquando do regresso de 2004 a Coimbra, e estando a camisola "10" já entregue a Ricardo Fernandes, Dário escolheu o número correspondente ao do ano da formação da "Mancha": o 85. É seu o primeiro espectáculo com fogo de artifício, realizado nas bancadas de estádios portugueses. As suas coreografias, os seus gritos e os seus cânticos, popularizaram-se. Que adepto não tem presente o "Brioooosa!", lançado de uma bancada para outra? Quem não conhece, pelo menos, uma estrofe do hino da claque: "Quando eu te vi jogar/ Logo fiquei apaixonado/ Quando eu te vi ganhar/ O meu coração ficou marcado"?

A "Mancha" tem sede no pavilhão Jorge Anjinho, publica uma revista, "Central B", e tem um site na Internet. Além do álbum comemorativo do vigésimo aniversário, já editou um CD, com cânticos do grupo. "Sem a 'Mancha Negra', a AAC/OAF não era a mesma. Faltava-lhe a alegria, a dádiva, a ironia, a constância, a combatividade, a entrega, a exigência, a ambição. Daí a sua importância e a sua imprescindibilidade", escreveu Fausto Correia, antigo presidente da Briosa, no prefácio do álbum.

2005·2006

Joeano, o "salvador da Pátria"

AAC 0 - Benfica 0
20-8-2005
De pé: Marcel, Paulo Adriano, Hugo Alcântara, Ezequias, Zé Castro e Pedro Roma; à frente: Filipe Teixeira, Fernando, Dionattan, Roberto Brum e Nuno Luís

A Briosa começa a época a sonhar alto, mas chega a ter um pé na Divisão de Honra. É salva por um pénalti convertido por Joeano, que passa de suplente a um dos melhores marcadores da Liga.

Faltam 11 minutos para terminar o Académica-Marítimo da última jornada do campeonato. Joeano, chamado a marcar uma grande penalidade contra os madeirenses, pode carimbar a permanência da Briosa entre os "grandes". Os estudantes estão a perder por 2-1 e o empate garante-lhes a salvação, sejam quais forem os resultados obtidos pelos seus adversários directos. Em Penafiel, a Naval acabara de se colocar em vantagem, o que elimina a possibilidade de contar com o insucesso dos outros.

No Calhabé, a ansiedade toma conta dos 26 mil espectadores presentes. Joeano, que já marcara o golo que permitira à Académica reduzir para 1-2, converte o pénalti, dando lugar a uma explosão de alegria. Os minutos que se seguem apenas confirmam a manutenção da Briosa na Super Liga. "O sofrimento valeu a pena, mas espero que seja uma lição para o futuro", declara o treinador Nelo Vingada. "Até cheguei a chorar", revela o brasileiro, que tendo "agarrado" a titularidade somente na segunda volta, nem por isso deixa de, com os seus 13 golos, se sagrar o melhor marcador da equipa e, até, como o sexto do campeonato. Na segunda metade da prova, quando marca 11 tentos, é mesmo o melhor de todos.

...E, no entanto, a prova começara rodeada de expectativas elevadas. Entre os adeptos havia quem recordasse que a equipa perdera peças tão influentes como José António, Dário e Hugo Leal, ou mesmo Tixier, Fredy e Vasco Faísca. Mas os mais optimistas contrapunham que ganhara, entre outros, Filipe Teixeira, Hugo Alcântara, Fernando e Gelson.

As primeiras jornadas pareciam dar razão a estes últimos. A Académica empatara com o Benfica e com o Nacional, na Madeira. A derrota caseira com o Setúbal contribuiu, porém, para moderar o entusiasmo.

À sétima jornada, é certo, uma vitória em Alvalade – o que não acontecia há 40 anos – fez renascer o optimismo. Mas, logo depois, o Leiria ganhou em Coimbra. No termo da primeira volta, a Académica era a primeira equipa abaixo da "linha de água".

Para agravar as coisas, acabara de perder para o Benfica o seu melhor marcador até então, Marcel. Veria entrar, é certo, N'Doye e Serjão. E Luís Agostinho fora contratado como gestor do futebol. Mas, ao longo da segunda volta, a situação não melhorou, apesar dos triunfos em Setúbal e em Leiria. A Académica chegaria ao final do campeonato só com mais um ponto conquistado em casa do que fora.

O exemplo maior de inconstância surgiu quando, a seis rondas do fim e já afastada da Taça pelo Sporting, a Briosa permitiu, na Amadora, que o Estrela acabasse por ganhar um jogo que esteve a perder por 2-0. Logo na semana a seguir, em Coimbra, consentiu que a Naval chegasse à igualdade, depois de também esta ter estado a perder por dois golos.

JOGADORES UTILIZADOS					
Nº	NOME	JOGOS	J. C.	J. I.	MIN	GOLOS
469	Pedro Roma	28	27	1	2517	0
496	Nuno Luís	18	15	3	1526	0
563	Paulo Adriano	23	5	18	1301	0
614	Nuno Piloto	28	5	23	1480	0
627	Dionattan	15	6	9	986	0
631	Zé Castro	33	31	2	2911	0
636	Joeano	32	8	24	1730	15
643	Luciano	31	20	11	2246	1
644	Danilo	22	18	4	1860	1
645	Dani	10	10	0	960	0
646	Sarmento	12	5	7	764	0
649	Marcel	17	12	5	1453	9
650	Roberto Brum	37	33	4	3314	0
651	Lira	8	3	5	634	0
652	Andrade	5	1	4	221	0
653	Vítor Vinha	13	12	1	1165	0
654	Ezequias	29	14	15	2008	0
655	Hugo Alcântara	30	22	8	2350	4
656	Filipe Teixeira	31	17	14	2533	3
657	Fernando	17	3	14	976	1
658	Gelson	25	8	17	1472	3
659	Pedro Silva	25	10	15	1525	1
660	Zada	10	1	9	442	0
661	N'Doye	14	10	4	1150	0
662	Serjão	12	2	10	391	0
663	Rui Miguel	3	0	3	208	1
664	Ito	1	0	1	1	0

À ESQUERDA, EM CIMA
Sporting 0 - AAC 1
16-10-2005
Paulo Adriano enfrenta Nani, na histórica vitória da Briosa, 40 anos depois do último êxito em Alvalade para a 1.ª divisão

À ESQUERDA, EM BAIXO
V. Guimarães 1 - AAC 1
19-3-2006
Dário e Zé Castro, agora em campos opostos, procuram ganhar a bola, com o capitão da Académica a levar a melhor, num diálogo de amigos

À DIREITA
AAC 2 - Marítimo 2
7-5-2006
No jogo que haveria de valer a manutenção, Joeano, autor dos dois golos salvadores, vê neste lance Valnei travar o seu remate à baliza insular

À ESQUERDA, EM CIMA
FC Porto 5 - AAC 1
19-11-2005
César Peixoto e Filipe Teixeira, num "mano a mano" favorável ao criativo da Briosa

À ESQUERDA, EM BAIXO
AAC 2 - Marítimo 2
7-5-2006
Depois do susto, a euforia. Paulo Adriano faz o "V" da vitória para uma bancada finalmente tranquila, enquanto Nelo Vingada, menos efusivo, entra pela última vez no túnel de acesso aos balneários do Cidade de Coimbra

À DIREITA
AAC 0 - FC Porto 1
26-3-2006
Joeano deixa Pepe para trás, num despique sul-americano que dá vantagem ao primeiro

Valeu, para que a época não fosse um desastre, uma preciosa goleada em Vila do Conde, em encontro onde a Briosa se apresentou tão desfalcada que dois dos suplentes eram... guarda-redes. E, depois, um empate no Restelo e os golos de Joeano com o Marítimo. Numa altura em que Zada e Luciano, este por motivos disciplinares, já haviam sido dispensados.

Nem isso chega, porém, para assegurar a continuidade de Nelo Vingada. A 17 de Maio, o presidente José Eduardo Simões está a apresentar Manuel Machado como novo técnico, em conferência de imprensa onde reconhece que "talvez tenha feito mal, aqui há um ano, ao ter prometido que iríamos lutar por um lugar europeu".

José Eduardo Simões também não teve uma época fácil, em termos pessoais. Em Abril – a seu pedido, segundo garante – é constituído arguido, num processo em que é suspeito de corrupção. Dois meses antes, já após ter abandonado a chefia do departamento de urbanismo da Câmara de Coimbra, a Judiciária apreendera no seu automóvel 103 mil e 600 euros, distribuídos por envelopes. Isto, no âmbito de buscas que envolveram a própria sede da Briosa. "Esta visita peca por tardia. Viver com a sombra de uma suspeição é o pior que pode acontecer a quem está inocente. A Académica está bem, vai melhorar e eu continuarei, como até agora, de cabeça erguida", declara então José Eduardo Simões. Que, em Março, recebera o presidente de Timor, Xanana Gusmão, de visita à Briosa. E que termina a temporada instaurando um processo disciplinar a Zé Castro, que o acusara publicamente de ter proferido inverdades sobre o processo que culmina na saída do jogador para o Atlético de Madrid.

I LIGA						
CLASSIFICAÇÃO	JOGOS	V	E	D	GOLOS	PTS
1º FC Porto	34	24	7	3	54 - 16	79
2º Sporting CP	34	22	6	6	50 - 24	72
3º SL Benfica	34	20	7	7	51 - 29	67
4º SC Braga	34	17	7	10	38 - 22	58
5º CD Nacional	34	14	10	10	40 - 32	52
6º Boavista FC	34	12	14	8	37 - 29	50
7º UD Leiria	34	13	8	13	44 - 42	47
8º VFC Setúbal	34	14	4	16	28 - 33	46
9º CFE Amadora	34	12	9	13	31 - 33	45
10º CS Marítimo	34	10	14	10	38 - 37	44
11º FC Paços de Ferreira	34	11	9	14	38 - 49	42
12º Gil Vicente FC	34	11	7	16	37 - 42	40
13º Naval 1º Maio	34	11	6	17	35 - 48	39
14º ACADÉMICA	34	10	9	15	37 - 48	39
15º CF "Os Belenenses"	34	11	6	17	40 - 42	39
16º Rio Ave FC	34	8	10	16	34 - 53	34
17º VSC Guimarães	34	8	10	16	28 - 41	34
18º FC Penafiel	34	2	9	23	21 - 61	15

O dono da baliza

Estádio Cidade de Coimbra, noite de 25 de Fevereiro de 2006. A três minutos do fim do jogo Académica-Sporting, o guarda-redes dos estudantes é expulso. O antigo guardião José Manuel Delgado, agora jornalista de "A Bola", descreve assim o momento: "Liedson, que queria ver o quinto amarelo, fez obstrução a Pedro Roma e este atingiu-o, com tudo a acontecer nas barbas do árbitro. Expulsão, pénalti, grande confusão e golo" – o terceiro dos "leões". Roma também dá a sua versão: "Infelizmente, houve excessiva teatralização do Liedson. O peso das camisolas ainda conta para algumas pessoas". Certo é que a expulsão, apenas a terceira de uma longa carreira, tem um enorme custo. Punido com dois jogos de suspensão, o guarda-redes perde a titularidade, até aí indiscutível, para Dani. Em consequência, baixa nas tabelas dos jornais relativas ao melhor jogador do campeonato – que até então o colocavam nas primeiras posições –, amortecendo a sua aspiração de vir a ser convocado para o Mundial da Alemanha. Mais uma vez, porém, Roma não se deixa abater. A quatro jornadas do termo da prova, recupera o lugar de dono da baliza da Briosa, confirmando-se como um dos jogadores decisivos na conquista da permanência. Pedro Miguel da Mota Roma, nascido em Pombal a 13 de Agosto de 1970, desde cedo se habituou a lutar contra as contrariedades. Começou a jogar no principal clube da sua terra, sendo convocado para a selecção distrital de juvenis de Leiria. Foi aí que a Académica o descobriu. Em Coimbra, ainda fez uma época como juvenil e duas como júnior, antes de ser promovido à equipa principal. Corria a época de 88-89 e Roma não se impôs logo. Daí, o ter sido emprestado à Naval, onde realizou uma temporada tão boa que, no fim do ano, estava de regresso à Briosa. Só que nem Costa nem Gervásio apostam nele como titular, preferindo outro produto da formação da Briosa: Tó Luís. Pedro Roma fizera a sua estreia a 30 de Janeiro de 91, num jogo em Alcains a contar para a Taça. Mas não esconde o desgosto que a condição de suplente, na maioria dos jogos, lhe provoca. "Penso que as pessoas não encaram muito a sério o meu valor", desabafa ao "Diário de Coimbra", em Maio de 91. Chega, mesmo, a admitir a possibilidade de rumar ao Guimarães, que o segue desde os juniores. Acontece que Gervásio é substituído por José Rachão e Roma decide aguardar a sua hora. A qual chega quando, no último jogo da temporada, Tó Luís se lesiona com gravidade, ficando impedido de iniciar o ano de 91-92. Nessa mesma época, Pedro Roma é chamado por duas vezes à selecção de esperanças. A primeira ocorre a 12 de Outubro de 91, quando substitui o campeão mundial de juniores Fernando Brassard, ao intervalo de um Luxemburgo-Portugal. A segunda acontece três meses depois, num Portugal-Espanha. Em ambas as ocasiões manteve a baliza incólume. "Não estava a pensar na selecção, não sabia que estava a ser observado, mas fiquei muito orgulhoso por vestir a camisola de Portugal", declara então.

Em Maio de 92, é dado como certo no Sporting. Uma "caracolada" em Lisboa com o presidente leonino, Sousa Cintra, parece selar o acordo. Mas o Benfica antecipa-se, colocando em cima da mesa 150 mil contos, um terço dos quais para a Académica. "É uma equipa mais estável e ofereceu-me melhores condições", explica Roma.

Na Luz enfrenta, porém, a forte concorrência de Neno e de Silvino. Um ano após a chegada, é emprestado ao Gil Vicente. E, no início da época de 94-95, está de volta a Coimbra. "Este regresso – explica – é uma aposta minha, para poder conciliar os estudos com o futebol, mas também para demonstrar que tenho valor e, assim, poder atingir a grande bitola conseguida quando cá joguei". Atinge tanto ou tão pouco que o Benfica, com quem celebrara contrato por quatro anos, torna a chamá-lo no fim da época. Só que os benfiquistas voltam a emprestá-lo, agora ao Famalicão. E, após o Verão de 96, regressa novamente a Coimbra. Nem sempre terá, mais uma vez, vida fácil. As lesões não o largam. Os treinadores João Alves e Artur Jorge chegam a preteri-lo. Nas paredes da sede, após uma derrota difícil de digerir em Vila do Conde, aparecem frases que considera ofensivas. Em Janeiro de 2001, abandona a braçadeira de "capitão". Um ano depois, é emprestado ao Braga. Mas regressa à Académica, cujos adeptos lhe retribuem o afecto, homenageando-o várias vezes. Na época de 2006-2007, durante a qual recupera o cargo de "capitão", é o único totalista da equipa e volta a realizar exibições determinantes para a permanência. É a décima quarta temporada em que veste a camisola da principal formação da Briosa, tornando-se o seu guarda-redes mais utilizado de sempre. O curso de Ciências do Desporto foi concluído já como director da Académica, lugar que ocupa até Julho de 2011.

2006·2007

Outra vez o sofrimento

AAC 0 - Sporting 2
13-5-2007
De pé: Pedro Roma, Paulo Sérgio, Roberto Brum, Sarmento, Kaká e Litos;
à frente: Miguel Pedro, Joeano, Filipe Teixeira, Lino e Medeiros

No início da época, o presidente prometeu "mais tranquilidade". Afinal, o risco da descida manteve-se até à penúltima ronda. Pela primeira vez, a Briosa averbou menos pontos em casa do que fora.

Aveiro, final da tarde de 23 de Abril de 2007. A Académica não ganha há sete jornadas e, quando faltam apenas cinco jogos para o termo de um campeonato agora reduzido a 16 clubes, o espectro da descida continua a pairar. A 20 minutos do final da partida que a opõe ao Beira-Mar, a igualdade a zero persiste. O treinador Manuel Machado decide, então, arriscar: substitui o defesa Vítor Vinha pelo avançado Gyánó. Mas, seis minutos após entrar, o atacante choca violentamente com um adversário, desmaia e é retirado do campo em maca. Entre os cerca de mil adeptos da Briosa presentes, vivem-se momentos de ansiedade. Poucos instantes depois, porém, o húngaro regressa ao relvado. Aos 83 minutos, está a marcar o golo que dá a vitória aos estudantes. Uma vitória que, no fim da ronda, deixa o Beira-Mar e o Aves a seis pontos de distância e o Setúbal a cinco.

Na noite de 30 de Abril, perto de 15 mil pessoas deslocam-se ao Calhabé, na esperança de que novo êxito da Académica acabe, praticamente, com o sofrimento de mais uma época abaixo das previsões iniciais. Uma desastrada arbitragem do leiriense Olegário Benquerença e um tento, ainda que único, do Braga, impedem que assim seja.

No sábado seguinte, os ouvidos dos académicos "colam-se" às rádios: a Briosa está "proibida" de perder com o Marítimo, na Madeira. Aos 72 minutos de jogo, quando o árbitro Paulo Pereira, de Viana do

Castelo, marca um pénalti contra os estudantes, unanimemente classificado de uma "invenção", teme-se o pior. Só que Pedro Roma defende. Logo a seguir, Joeano desperdiça uma ocasião soberana para desfazer o nulo a favor da Académica. Continua tudo adiado, muito por mérito do guarda-redes da Briosa, que aos 36 anos, como será unanimemente reconhecido, faz mais uma grande época.

O Sporting, que ainda aspira a ser campeão, é o "senhor" que se segue. O "Cidade de Coimbra" apresenta-se com a maior assistência da temporada: mais de 19 mil espectadores. A partida começa praticamente com um golo dos "leões". Pouco depois, Pedro Roma torna a defender um pénalti – no caso, a Liedson. Aos 35 minutos, o setubalense Lucílio Baptista não assinala uma nítida grande penalidade a favor da Briosa. Mas esta não esmorece. Tenta chegar à igualdade por todos os meios. Só que é o Sporting, a um minuto dos 90, a fazer o 2-0. Mesmo assim, no final da partida, os académicos podem, finalmente, respirar de alívio: Beira-Mar, Aves e Setúbal tinham perdido os seus jogos, pelo que a permanência dos estudantes na divisão maior é um facto consumado. Para estes, o jogo da derradeira jornada, com o Benfica, serve apenas para cumprir calendário.

Seja como for, ficaram mais uma vez defraudadas as expectativas de uma temporada tranquila. Em nome dessa tranquilidade, o plantel – agora treinado por Manuel Machado, tendo o ex-defesa Zé Nando

À ESQUERDA
AAC 0 - Benfica 2
15-1-2007
Simão e Karagounis impedem Filipe Teixeira de prosseguir a jogada, neutralizando, mais uma vez, o ataque da Briosa

À DIREITA
AAC 0 - Sporting 2
13-5-2007
Lino incorpora-se no seu ataque, após superar o sportinguista Abel. O lateral da Académica seria, com surpresa, o melhor marcador da equipa na Liga

| JOGADORES UTILIZADOS ||||||
Nº	NOME	JOGOS	J. C.	J. I.	MIN	GOLOS
469	Pedro Roma	34	34	0	3060	0
496	Nuno Luís	7	6	1	585	0
614	Nuno Piloto	10	2	8	339	0
627	Dionattan	4	0	4	108	0
636	Joeano	11	3	8	672	3
644	Danilo	13	11	2	1057	1
646	Sarmento	16	4	12	731	0
650	Roberto Brum	33	13	20	2288	0
651	Lira	1	0	1	74	0
653	Vítor Vinha	11	1	10	526	0
656	Filipe Teixeira	32	20	12	2427	1
658	Gelson	12	2	10	624	1
665	Alexandre	26	13	13	1791	0
666	Hélder Barbosa	7	4	3	506	2
667	Medeiros	15	9	6	1060	0
668	Lino	33	31	2	2947	5
669	Miguel Pedro	28	9	19	1746	3
670	Litos	26	22	4	2185	2
671	Estevez	3	1	2	205	0
672	Pavlovic	12	5	7	758	0
673	Nestor	14	2	12	594	2
674	Paulo Sérgio	29	21	8	2218	0
675	Sonkaya	4	4	0	360	0
676	Gyánó	26	7	19	1530	6
677	Dame	29	16	13	2181	6
678	Kaká	26	23	3	2261	0
679	Pitbull	11	1	10	484	2
680	Sílvio	2	0	2	55	0

À ESQUERDA, EM CIMA
Sporting 1 - AAC 0
16-12-2006
Dame e Nani: dois jogadores de reconhecida categoria, na disputa de um lance testemunhado pelo talentoso Filipe Teixeira

À ESQUERDA, EM BAIXO
AAC 0 - Benfica 2
15-1-2007
A sorte nada quis com a Briosa: o poste, que momentos antes devolvera um disparo de Dame, haveria agora de impedir uma cabeçada de Gyánó de lograr o empate. Estava-se a escassos minutos do final da primeira parte, numa partida que começou a escrever-se com um golo de Ricardo Rocha, cuja legalidade foi muito discutida

À DIREITA
Aves 2 - AAC 2
18-3-2007
Roberto Brum é puxado pela camisola por Leandro, mas nem assim perde o controlo do esférico

NA PÁGINA DA DIREITA
Desde Março de 2007, os miúdos (e não só) da Académica têm campo para treinar

como um dos adjuntos – tornou a sofrer uma "revolução". Uma dúzia de jogadores, entre eles os ex-capitães Zé Castro e Paulo Adriano, saiu. E entraram 16 novos atletas, entre os quais se destacariam Paulo Sérgio, Litos, Kaká, Lino, Dame, Alexandre, Pavlovic, Miguel Pedro, Gyánó e Hélder Barbosa. Isto, sem falar do "reforço de Inverno" Pitbull, nem do regresso de Joeano, transferido no Verão anterior.

Certo é que a pré-época – durante a qual a Académica "apadrinhou" a apresentação do ex-primo--divisionário Alavés, no País Basco espanhol – correu logo mal. Além de uma polémica devido à utilização de equipamentos cinzentos nos primeiros testes, a Briosa raramente ganhou. O facto de a primeira vitória no campeonato ter ocorrido, apenas, à sétima jornada, confirmou os piores receios. No fim da prova, os estudantes tinham mesmo al-cançado mais pontos fora de casa (15), do que em casa (11). O que é inédito no seu historial.

É verdade que a Académica praticou bom futebol em várias alturas e, conforme reconheceu a imprensa, foi prejudicada pelas arbitragens num número invulgar de desafios. Como é um facto que foi afectada por uma "onda" de lesões que afastou da competição, por largo período de tempo, jogadores influentes como Hélder Barbosa e Pavlovic. Ou que, na Taça, só foi afastada pelo Sporting, já nos quartos-de-final. Certo é que ficou bem longe da expectativa criada pelo presidente, que na apresentação da equipa dissera: "Esta época queremos mais tranquilidade e este grupo dá essas garantias".

I LIGA						
CLASSIFICAÇÃO	JOGOS	V	E	D	GOLOS	PTS
1º FC Porto	30	22	3	5	65-20	69
2º Sporting CP	30	20	8	2	54-15	68
3º SL Benfica	30	20	7	3	55-20	67
4º SC Braga	30	14	8	8	35-30	50
5º CF "Os Belenenses"	30	15	4	11	36-29	49
6º FC Paços de Ferreira	30	10	12	8	31-36	42
7º UD Leiria	30	10	11	9	25-27	41
8º CD Nacional	30	11	6	13	41-38	39
9º CFE Amadora	30	9	8	13	23-36	35
10º Boavista FC	30	8	11	11	32-34	35
11º CS Marítimo	30	8	8	14	30-44	32
12º Naval 1º Maio	30	7	11	12	28-37	32
13º ACADÉMICA	30	6	8	16	28-46	26
14º VFC Setúbal	30	5	9	16	21-45	24
15º SC Beira-Mar	30	4	11	15	28-55	23
16º CD Aves	30	5	7	18	22-42	22

A MELHOR NOTÍCIA DO ANO

A 27 DE MARÇO DE 2007, uma chuva diluviana torna quase impraticável o relvado do Bolão onde a equipa sénior costuma treinar. Nesse dia, porém, jogadores e treinadores têm à disposição dois outros campos, de relva sintética, prontos a estrear. Não só para eles, como para a generalidade dos adeptos, essa é, provavelmente, a melhor notícia da época.

O arrelvamento dos dois novos campos do Bolão iniciara-se a 29 de Janeiro. Inaugurados pelos seniores, seguiram-se os escalões de formação. É que a infra-estrutura destina-se, prioritariamente, a eles. Os mais velhos têm ao seu dispor, desde Dezembro de 2002, um relvado natural.

A entrada em funcionamento do novo espaço é acolhida com grande satisfação, como é óbvio, pelo universo académico. Um universo desgastado pelo retorno de problemas exteriores aos relvados.

A 7 de Dezembro de 2006, José Belo, presidente do Núcleo de Veteranos, publicara um artigo no "Campeão das Províncias". "O Eng. Simões já está na presidência da AAC/OAF há algum tempo e, infelizmente, não tem sabido fazer uma afirmação empolgante da sua liderança. Têm faltado ideias, coesão académica, mobilização e, sobretudo, sentido de futuro, sobrando, pelo contrário, algumas situações polémicas, incómodas para uma instituição centenária", escrevera o antigo atleta. Cinco dias depois, a comunicação social dava conta de que, na sequência da investigação iniciada em Abril de 2005, quando José Eduardo Simões ainda era director municipal do urbanismo, o Ministério Público (MP) acusara o presidente da Briosa de oito crimes de corrupção passiva. "A nível pessoal, posso dizer que estou tranquilo e sereno. Agora, já me posso defender. Vou juntar toda a papelada para apresentar à Justiça", respondera Simões. A direcção manifestara solidariedade ao seu líder. O presidente da Assembleia Geral (AG), também. "A acusação dá como provado que o dinheiro entrou na Académica. O dinheiro não foi para o bolso do José Eduardo Simões. Logo aí, a parte mais negativa da corrupção passiva não se coloca", sustentara Almeida Santos, em entrevista a "A Bola".

Dias depois, todavia, novas notícias garantiam estar o MP convencido de que Simões retirou proveitos pessoais dos actos de que é acusado. Choveram as declarações reclamando a demissão do presidente. Entre elas, a de Manuel Alegre: "A formalização da acusação e a sua condição actual não é compatível com a cultura e a tradição da Académica". Mas os Corpos Gerentes voltaram a solidarizar-se com José Eduardo Simões. O vice Luís Godinho veio a terreiro afirmar: "Pelo que conheço do presidente, considero-o como pessoa honesta e da maior credibilidade. Até era capaz de lhe entregar a minha empresa com a maior confiança".

Mas outros problemas houve. A 30 de Novembro de 2006, o relatório de gestão apresentado à AG informava que o passivo ascendera aos 12,1 milhões de euros. Relatório que era acompanhado de um parecer do revisor oficial de contas, onde se afirmava que "os prejuízos acumulados até Junho de 2005 conduziram a um capital próprio negativo, que pela sua dimensão pode colocar em causa a continuidade da Académica". A 11 de Abril de 2007, em nova AG, Simões anuncia a redução do passivo para 8,5 milhões de euros. Mas as críticas continuam. Em Março, o jogador Dame acusara o dirigente Luís Godinho de ter misturado documentos respeitantes a um contrato de trabalho com papéis relativos à aquisição de um automóvel. Godinho negou, mas ao mesmo tempo que anunciou ir processar o senegalês, decidiu suspender funções na direcção.

No mesmo dia da segunda assembleia iniciara-se, no Bolão, a segunda fase de concretização da Academia "Briosa XXI". Uma fase que contempla, basicamente, a construção de um edifício de dois pisos. Para o primeiro, está prevista a instalação de balneários, de uma lavandaria, de instalações para o departamento médico e de dois pequenos auditórios. O segundo deve incluir 22 quartos duplos, uma sala de refeições e gabinetes para o departamento de futebol.

Aliás, os derradeiros dias da temporada reservam outras boas novas: o "Cidade de Coimbra" – cujo acordo de utilização entre a Câmara e a Académica fora, entretanto, validado pelo tribunal – registara a quinta melhor média de assistência. E a Briosa é reconhecida pela Liga como a equipa com mais "fair-play". Não chegará para compensar os adeptos de tantos problemas, mas é reconfortante. Tão reconfortante como constatar o sucesso obtido pelo lançamento de uma inédita iniciativa: uma caderneta de cromos, com 442 fotos de todos os futebolistas da Académica, desde as "escolinhas" ao futsal.

2007-2008

"Tomba-gigantes"

AAC 0 - FC Porto 1
7-10-2007
De pé: Pedro Roma, Orlando, N'Doye, Pavlovic, Kaká e Litos; à frente: Miguel Pedro, Lito, Ivanildo, Pedro Costa e Joeano

QUASE SE PODE DIZER QUE, desta vez, valeu a pena esperar por Abril para resolver a permanência na primeira Liga. A goleada histórica imposta ao Benfica, em pleno Estádio da Luz (54 anos depois da última vitória), é o ponto alto da época 2007/2008, marcada pela prematura saída do treinador Manuel Machado e pela aposta em Domingos Paciência. Uma escolha tão surpreendente quanto feliz.

«Domingos deu baile», «Briosa apagou a Luz», «Académica de Luxo humilha Benfica» ou «Ratos de biblioteca» foram alguns dos títulos dos jornais sobre aquela mágica noite de 11 de Abril. Aos três minutos de jogo, um deslize de Luisão isola Miguel Pedro que, mesmo apertado pelos defesas contrários, remata certeiro de pé direito. As "águias" ficam nervosas e quando, aos 32 minutos, Berger corresponde com sucesso, de cabeça, a um livre de Luís Aguiar, começa a cheirar a escândalo. Aos 66 minutos, Luís Aguiar marca o terceiro golo e nas bancadas começam a ser agitados lenços brancos. O histórico resultado – que deu mesmo aso à publicação de um postal – resolve, quase em definitivo, a permanência da Académica que fica matematicamente assegurada, duas semanas depois, com nova goleada fora, também por 3-0, frente ao Nacional da Madeira.

Para trás fica uma época que termina com um número muito pouco usual de empates (14 em 30 jogos!) e que começa praticamente com a troca de treinador.

Na pré-época, à margem dos resultados, que foram manifestamente fracos, encerra-se um "carimbo". Uma sardinhada, após um jogo de preparação, marca o reatar das relações entre as Direcções do Vitória de Guimarães e da Académica, 19 anos após o "caso" N'Dinga.

Manuel Machado tem, de facto, uma pré-época muito sofrível, bem longe do "Ano da Académica" prometido na apresentação, e começa logo com um afastamento da Taça da Liga, perdendo com o Fátima, que militava na Divisão de Honra. O seu destino fica aí traçado mas José Eduardo Simões espera pelo arranque do campeonato, que confirma as más prestações. Machado é despedido, curiosamente após uma derrota num jogo particular com o Sporting de Braga (treinado por Jorge Costa).

Após ter tentado contratar Rogério Gonçalves (que na altura estava a treinar o Beira-Mar), o presidente da Briosa chama Domingos Paciência que, como treinador principal, tinha no currículo uma época incompleta em Leiria depois de ter orientado o FC Porto "B".

O novo treinador começa com uma motivadora vitória, frente ao Paços de Ferreira, na quarta jornada, mas logo depois voltam os empates e algumas derrotas. O problema não era só do treinador já que os reforços tardavam em afirmar-se na equipa. O mais sonante, o internacional uruguaio Horacio Peralta, chega para ocupar a vaga no meio-campo provocada com a saída de Filipe Teixeira para Inglaterra, mas não faz mais do que 34 minutos na Liga! O seu compatriota Pablo Castro nem chega

Nº	NOME	JOGOS	J. C.	J. I.	MIN	GOLOS
469	Pedro Roma	30	30	0	2700	0
614	Nuno Piloto	23	20	3	2007	0
636	Joeano	24	8	16	1344	4
646	Sarmento	2	1	1	135	0
653	Vítor Vinha	16	12	4	1300	0
661	N'Doye	12	8	4	901	2
666	Hélder Barbosa	18	3	15	989	2
669	Miguel Pedro	24	2	22	1248	1
670	Litos	7	6	1	568	0
672	Pavlovic	17	11	6	1369	2
674	Paulo Sérgio	23	11	12	1364	0
676	Gyánó	6	0	6	171	1
678	Kaká	32	32	0	2880	1
681	Lito	29	18	11	2300	9
682	Cris	25	17	8	1970	3
683	Ivanildo	24	0	24	893	0
684	Pedro Costa	21	17	4	1753	0
685	Berger	9	4	5	627	1
686	Orlando	26	25	1	2308	0
687	Tiero	25	6	19	1267	1
688	Fofana	8	2	6	311	0
689	Vouho	5	0	5	231	0
690	Peralta	1	0	1	34	0
691	Ricardo	1	1	0	90	0
692	Edgar Silva	11	3	8	556	3
693	Luís Aguiar	12	5	7	913	1
694	Pedrinho	11	9	2	909	0
695	Cléber	3	1	2	195	0
696	Rui Nereu	1	1	0	90	0
697	Irineu	1	1	0	90	0
698	Cristiano	1	0	1	9	0

À ESQUERDA
AAC 1 - Benfica 3
24-11-2007
Kaká consegue roubar a bola a Binya, num jogo em que a Académica não foi capaz de segurar a vantagem

À DIREITA
Domingos Paciência estreia-se como treinador da Académica com uma vitória, em casa, frente ao Paços de Ferreira. Chega com um curto currículo mas faz história na Briosa

À ESQUERDA
AAC 1 - Leixões 1
1-10-2007
Com um sofá na bancada, a Mancha Negra chama a atenção de todos para a diminuição de espectadores nos estádios, especialmente nos jogos à segunda-feira noite, por força das transmissões televisivas

À DIREITA
AAC 3 - Braga 3
4-1-2008
Hélder Barbosa remata forte perante a oposição de Frechaut e Rodriguez. O avançado marcou o primeiro da Briosa numa noite de muitos golos

a jogar. Tiros em falso que ajudam a comprometer a época. Pelo contrário, Tiero e Lito (ambos ex--Naval), tal como Orlando (ex-Freamunde), Pedro Costa (ex-Sporting de Braga), Cris (ex-Feirense) e Ivanildo (ex-U. Leiria) assumem a titularidade no ano de chegada a Coimbra.

Depois da saída da Taça da Liga, a Académica diz adeus à Taça de Portugal, ao perder com o Benfica, em Dezembro.

Só a vitória, em casa, frente ao Nacional, à 13º jornada, tira a Académica da zona de descida e com os reforços de Janeiro (Luís Aguiar, Edgar Silva e Pedrinho foram apostas certeiras) a equipa ganha maturidade, conquista pontos (muitos empates) e dá um pouco nas vistas. Além da vitória na Luz, também ganha um ponto em Alvalade, obrigando Paulo Bento a reconhecer o fim da luta pelo título.

Na história da época fica ainda o registo de um curioso e pertinente protesto da Mancha Negra que leva um sofá para a bancada do Estádio Cidade de Coimbra (no Académica-Leixões de 1 de Outubro). A marcação do jogo para a noite de segunda-feira - apenas para ser televisionado - é o motivo do protesto da "Mancha" que só se apresenta nas bancadas na segunda parte. Claque que também não deixa passar em claro o regresso, polémico, de Manuel Machado a Coimbra, já ao serviço do Braga. «A equipa (Académica) utiliza os mesmos jogadores que eu utilizava e em termos tácticos não é possível com bacalhau cozinhar lagosta», antecipa Machado que não ficou sem resposta: «Com bacalhau feito por ti há quem faça lagosta», escreve numa faixa.

Nos 32 pontos que valeram a 12.ª posição no final do campeonato há ainda a curiosidade de a Académica ter conseguido tantas vitórias em casa (três) como fora dela. Valeu a conquista histórica na Luz, mas a "tremedeira" até final voltou a contradizer as promessas feitas em início de temporada.

	I LIGA					
	CLASSIFICAÇÃO	JOGOS	V	E	D	GOLOS	PTS
1º	FC Porto	30	24	3	3	60-13	69
2º	Sporting CP	30	16	7	7	46-28	55
3º	VSC Guimarães	30	15	8	7	35-31	53
4º	SL Benfica	30	13	13	4	45-21	52
5º	CS Marítimo	30	14	4	12	39-28	46
6º	VFC Setúbal	30	11	12	7	37-33	45
7º	SC Braga	30	10	11	9	32-34	41
8º	CF "Os Belenenses"	30	11	10	9	35-33	40
9º	Boavista FC	30	8	12	10	32-41	36
10º	CD Nacional	30	9	8	13	23-28	35
11º	Naval 1º Maio	30	9	7	14	26-45	34
12º	ACADÉMICA	30	6	14	10	31-38	32
13º	CFE Amadora	30	6	13	11	29-41	31
14º	Leixões SC	30	4	14	12	27-37	26
15º	FC Paços de Ferreira	30	6	7	17	31-49	25
16º	UD Leiria	30	3	7	20	25-53	13

NOTAS: 1) Na sequência do processo "Apito Final", em que foram dados como provados crimes de coação e/ou corrupção sobre equipa de arbitragem, a Liga de Clubes despromoveu o Boavista, retirou 6 pontos ao FC Porto e 3 pontos à UD Leiria.
2) Por utilização irregular de Meyong, no jogo Belenenses-Naval, a equipa do Restelo perdeu 3 pontos e a vitória foi atribuída à Naval.

Chegada ao século XXI

A ÉPOCA 2007/2008 FICARÁ NA MEMÓRIA de todos os sócios e adeptos por muitos e longos anos. Pela negativa há a registar, a 10 de Outubro, o prematuro e inesperado falecimento de Fausto Correia (presidente da Briosa em 1996). Pela positiva, o dia 15 de Dezembro de 2007 fica registado como a chegada da Briosa ao futebol do século XXI. Junto aos já importantes campos relvados do Bolão é inaugurado um edifício com 2400 m2 de área útil que passa a ser a nova "casa" do futebol da Académica. Mais importante do que a concentração dos serviços administrativos, que estavam no pavilhão Jorge Anjinho, as valências deste complexo desportivo promovem uma alteração radical na organização do Departamento de Futebol Profissional da Académica. Ainda poucas semanas antes desta inauguração, a Académica tem de cancelar um curto estágio, previsto para a Tocha, numa paragem do campeonato, porque alegadamente o relvado daquele campo estará quase impraticável. Mas, se não eram as más condições a dificultar a preparação da época, eram as deslocações constantes entre hotéis e campos ou mesmo os respectivos custos. Com a Academia Dolce Vita, a autonomia passa a ser total e as queixas de falta de condições de trabalho, tantas vezes ouvidas a treinadores na "hora da despedida", acabam. São dois auditórios, três salas de formação, seis gabinetes médicos, duas dezenas de quartos, refeitórios, balneários com piscina e jacuzzi, um ginásio e diversos gabinetes para toda a estrutura da Académica. «Pode equiparar-se aos centros de treino de Benfica, FC Porto e Sporting», assume, na altura, José Eduardo Simões, que, na cerimónia de inauguração, não deixa de enviar o "recado" ao secretário de Estado da Juventude e do Desporto, Laurentino Dias, ao lamentar que a obra tenha sido feita sem qualquer apoio estatal. O presidente da Académica não ficou sem resposta – o governante garantiu que nada lhe foi pedido nesse sentido.

O evento ainda gerou outra polémica, bem característica da cidade e da Briosa. O projecto da Academia vinha sendo conhecido como "Briosa XXI", mas no dia da inauguração a placa descerrada não deixa dúvidas. A menina dos olhos dos sócios e adeptos da Académica chama-se "Academia Dolce Vita" e sabe-se que a Chamartin Imobiliária ali investiu 1,5 milhões de euros. Esse nome (ao primeiro campo relvado ali construído tinha sido dado o nome do Dr. Francisco Soares) e o facto de na cerimónia não se ter recordado o trabalho feito, por exemplo, pelas direcções de Campos Coroa leva a uma curta troca de galhardetes nos "corredores" e em algumas páginas de jornais sob a forma de artigos de opinião. Ou não estivesse a Briosa, naquele momento, em plena "pré-campanha" eleitoral, com eleições agendadas para Abril de 2008.

José Eduardo Simões assume, em Março, o que todos os sócios já sabiam. Que se recandidata. Do outro lado da "barricada" sucedem-se os avanços e recuos. O veterano José Belo assume alguma disponibilidade para se candidatar, mas recua após o anúncio de Maló de Abreu que no final de Janeiro se afirmara novamente candidato (perdera nas eleições anteriores). Também Luís Santarino se diz candidato, mas nem um nem outro concretizam a intenção, cabendo a João Francisco Campos, aos 31 anos, a um mês das eleições e a uma semana do prazo para a entrega das listas, apresentar a sua candidatura. Simões foi, a 14 de Abril de 2008, reeleito para um novo mandato de três anos à frente da Académica. Obteve 937 votos, contra 716 de João Francisco Campos, numa votação em que já era sobejamente conhecido o teor do processo judicial em que o líder da Instituição foi acusado pelo Ministério Público da prática de várias ilegalidades alegadamente cometidas na altura em que acumulou a presidência da Briosa com o lugar de Director Municipal de Administração do Território. O tema, polémico, foi abordado em período de campanha e não foi esquecido pelo presidente no momento da vitória: «É de facto muito gratificante sentir que depois de todo o desgaste deste mandato e dos problemas pessoais, que não deixam de ter o seu reflexo sobre a forma como as pessoas são vistas na sociedade, os sócios continuam a confiar em nós. É muito reconfortante».

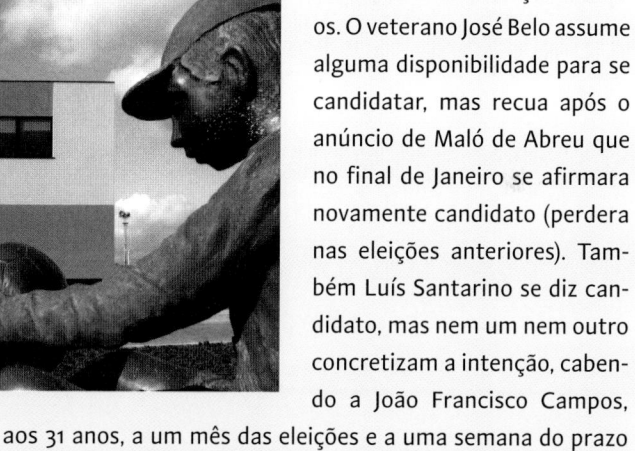

À margem de todas estas polémicas eleitorais, decorreu a apresentação, a 18 de Janeiro de 2008, da primeira edição desta obra – ACADÉMICA – História do Futebol. «Um livro de referência obrigatória, que se lê com gosto e proveito», como referiu, na cerimónia de apresentação, em plena Tribuna Presidencial do Estádio Cidade de Coimbra, Rui de Alarcão, sócio honorário da AAC/OAF e antigo Reitor da Universidade de Coimbra.

2008·2009
Em casa mandou a Briosa

AAC 0 - Porto 3
19-4-2009
De pé: Peskovic, Amoreirinha, Saleiro, Cris e Orlando; à frente: Tiero, Pedrinho, Lito, Nuno Piloto, Pedro Costa e Miguel Pedro

HÁ ANOS ASSIM. A Académica acerta ao manter o treinador, escolhe bem os reforços e a sua recém-inaugurada Academia ajuda a preparar a melhor época desportiva dos últimos 25 anos. Domingos Paciência inicia a temporada a prometer apenas «melhor que o 12.º lugar da época passada», na qual foi chamado para substituir Manuel Machado, mas acaba em sétimo lugar com uma performance de resultados em casa de fazer inveja a muitos dos ditos "grandes" do futebol português: oito vitórias, cinco empates e só duas derrotas na Liga, no Estádio Cidade de Coimbra.

Se dissermos que foi nesta época que o mais mediático reforço "fugiu" depois do Ano Novo, que a equipa precisou de chamar a PSP para ser escoltada até à Academia Dolce Vita com medo dos adeptos que a esperavam, e que o "mágico" Pedro Roma perdeu a titularidade, parece que não estamos a falar da mesma temporada.

Luiz Nunes, Sougou, Éder, Carlos Aguiar, Licá, Peskovic, Madej, Edson e Diogo Gomes foram os reforços escolhidos por Domingos Paciência, José Eduardo Simões e pelo "vice" Jorge Alexandre, que guardam para o final da pré-temporada o nome mais sonante: o panamiano Garcés. O "golão" que aponta, na primeira vitória, logo à segunda jornada, faz do avançado o homem do momento, mas ao mesmo tempo a Imprensa revela pormenores sombrios do passado do futebolista que a partir de Janeiro se percebe não serem meros detalhes. Garcés foi de férias, não voltou a Coimbra e sempre que se ouvia falar no seu nome era porque estava envolvido em tiroteios, brigas ou algo parecido.

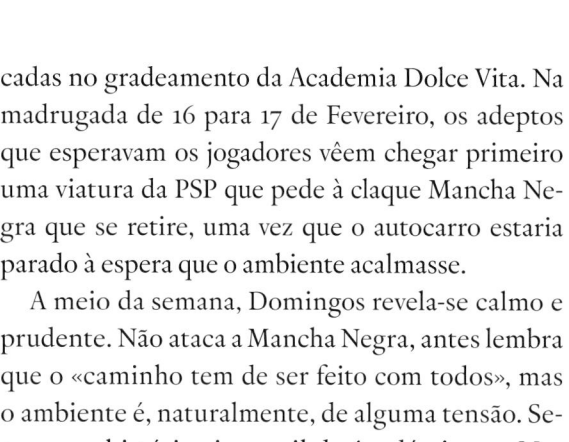

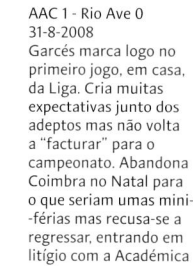

Mas a pré-época fica também marcada por uma lesão de Pedro Roma que leva o recém-contratado Peskovic a começar a temporada numa baliza que só largou a três jornadas do fim, quando tudo estava já resolvido. Nas quatro linhas, este foi o jogador que mais se evidenciou (é simplesmente mágica a noite, em Alvalade, a 20 de Dezembro, em que faz defesas inimagináveis e segura o zero a zero), mas de facto nem tudo foram "rosas" para esta equipa. Os bons resultados em casa são logo "apagados" por derrotas fora de portas, e a eliminação, em Coimbra, da Taça de Portugal, frente ao débil Estrela da Amadora, começa a fazer recordar aos adeptos filmes de épocas anteriores. A Briosa é forçada a ir ao mercado. Negoceia Pavlovic e vê fugir Garcés, pelo que contrata Saleiro, Amoreirinha, Hélder Cabral e Júlio César. Mas a entrada na segunda volta não é animadora e começa com alguma instabilidade. Domingos aposta em Rui Nereu para uma das eliminatórias da Taça da Liga, e Pedro Roma, em sinal de protesto, entende que é a hora de entregar a braçadeira de capitão. Tinha, naquela altura 391 jogos na Briosa.

O empate em casa com o Estrela da Amadora seguido de duas derrotas fora (Rio Ave e Vitória de Setúbal) provocam o transbordar de água da paciência dos adeptos da Académica. «Não merecem um fardo de palha quanto mais um ordenado», era uma das mensagens pintadas a branco em faixas negras colocadas no gradeamento da Academia Dolce Vita. Na madrugada de 16 para 17 de Fevereiro, os adeptos que esperavam os jogadores vêem chegar primeiro uma viatura da PSP que pede à claque Mancha Negra que se retire, uma vez que o autocarro estaria parado à espera que o ambiente acalmasse.

A meio da semana, Domingos revela-se calmo e prudente. Não ataca a Mancha Negra, antes lembra que o «caminho tem de ser feito com todos», mas o ambiente é, naturalmente, de alguma tensão. Segue-se o histórico jogo mil da Académica no Municipal de Coimbra e a resposta é dada com uma vitória folgada (3-1) diante do Marítimo.

AAC 1 - Rio Ave 0
31-8-2008
Garcés marca logo no primeiro jogo, em casa, da Liga. Cria muitas expectativas junto dos adeptos mas não volta a "facturar" para o campeonato. Abandona Coimbra no Natal para o que seriam umas mini-férias mas recusa-se a regressar, entrando em litígio com a Académica

JOGADORES UTILIZADOS					
Nº	NOME	JOGOS	J. C.	J. I.	MIN	GOLOS
469	Pedro Roma	7	7	0	630	0
614	Nuno Piloto	31	27	4	2563	2
669	Miguel Pedro	29	5	24	1582	1
672	Pavlovic	19	8	11	1425	0
681	Lito	33	13	20	2382	8
682	Cris	34	23	11	2605	1
684	Pedro Costa	25	24	1	2224	0
685	Berger	7	3	4	399	0
686	Orlando	32	31	1	2877	2
687	Tiero	31	17	14	2164	1
694	Pedrinho	34	31	3	3011	1
695	Cléber	10	7	3	767	1
696	Rui Nereu	2	2	0	180	0
699	Luiz Nunes	32	29	3	2816	1
700	Sougou	30	12	18	2009	5
701	Éder	29	3	26	1111	1
702	Carlos Aguiar	11	1	10	560	2
703	Licá	14	0	14	353	2
704	Peskovic	28	28	0	2520	0
705	Madej	8	2	6	322	0
706	Edson	7	5	2	521	0
707	Garcés	13	5	8	908	3
708	Diogo Gomes	18	2	16	909	1
709	André Fontes	1	0	1	15	0
710	Gonçalo	4	2	2	207	0
711	Júlio César	1	0	1	45	0
712	Saleiro	13	1	12	682	4
713	Amoreirinha	8	3	5	404	0
714	Hélder Cabral	7	1	6	349	0

EM CIMA
AAC 0 - Sporting 0
20-12-2008
O antigo central da Académica, Tonel, não consegue impedir o cabeceamento de Sougou. O ponto no Calhabé contribui para a melhor classificação dos últimos 25 anos

EM BAIXO
Sporting 0 - AAC 0
20-12-2008
Nem Polga nem os seus companheiros conseguem desfeitear Peskovic, numa noite de "sonho" do guarda-redes eslovaco da Académica. Uma exibição brilhante que lhe vale o título de jogador do mês de Dezembro, um prémio atribuído pelo Sindicato dos Jogadores Profissionais de Futebol

NA PÁGINA DA DIREITA
O início da parceria entre a Académica e a TBZ, a 27 de Junho de 2003, com João Barroqueiro, João Moreno e José Eduardo Simões, é um dos poucos momentos de paz num conturbado relacionamento que terminaria nos tribunais

A vitória fora de portas estava guardada, afinal, para um grande momento e o futebol também tem destas felizes coincidências. A Académica vai ao Estádio da Luz a 11 de Abril. O mesmo dia em que, no ano anterior, goleara por três a zero os encarnados. Poucos acreditam na reedição da façanha, mas um golo de Tiero e mais um fim de tarde de grande inspiração de Peskovic valem a primeira vitória fora da Liga Sagres e o afastamento dos encarnados da corrida pelo título.

De "bestas" os jogadores da Académica passam rapidamente a "bestiais" e chega-se a Abril, pela primeira vez em muitos anos, com possibilidade de terminar nos lugares de acesso às competições europeias. Não deu para tanto, mas chegou para o sétimo lugar, a melhor classificação dos últimos 25 anos, apenas igualada pelo também sétimo lugar alcançado por Vítor Manuel em 1984/85. Mas o descanso dos adeptos dura pouco, já que os principais "obreiros" desta brilhante época – Domingos Paciência e o guarda-redes Peskovic – anunciam a sua partida para outras paragens.

I LIGA						
CLASSIFICAÇÃO	JOGOS	V	E	D	GOLOS	PTS
1º FC Porto	30	21	7	2	61-18	70
2º Sporting CP	30	20	6	4	45-20	66
3º SL Benfica	30	17	8	5	54-32	59
4º CD Nacional	30	15	7	8	47-32	52
5º SC Braga	30	13	11	6	38-21	50
6º Leixões SC	30	12	9	9	30-31	45
7º ACADÉMICA	30	10	9	11	28-32	39
8º VSC Guimarães	30	10	8	12	32-36	38
9º CS Marítimo	30	9	10	11	35-36	37
10º FC Paços de Ferreira	30	9	7	14	37-42	34
11º CFE Amadora	30	8	10	12	26-38	31
12º Rio Ave FC	30	8	6	16	20-35	30
13º Naval 1º Maio	30	7	8	15	25-39	29
14º VFC Setúbal	30	7	5	18	21-46	26
15º CF "Os Belenenses"	30	5	9	16	28-52	24
16º CD Trofense	30	5	8	17	25-42	23

NOTA: Por incumprimento na regularização de dívidas fiscais, a Liga de Clubes retirou 3 pontos ao Estrela da Amadora. Pelos mesmos motivos, a Liga recusou a inscrição do clube na época seguinte.

TAÇA DA LIGA (2ª FASE)						
CLASSIFICAÇÃO	JOGOS	V	E	D	GOLOS	PTS
1º ACADÉMICA	2	1	1	0	3-1	4
2º Gondomar SC	2	1	0	1	1-2	3
3º SC Freamunde	2	0	1	1	1-2	1

TAÇA DA LIGA (3ª FASE)						
CLASSIFICAÇÃO	JOGOS	V	E	D	GOLOS	PTS
1º FC Porto	3	2	0	1	4-3	6
2º ACADÉMICA	3	1	1	1	3-3	4
3º CD Nacional	3	1	1	1	3-3	4
4º VFC Setúbal	3	1	0	1	3-4	3

Os Donos do Estádio

Dezembro de 2008 é o mês que marca não só o divórcio entre a Académica e a TBZ, após quatro anos de um relacionamento sempre tenso e por vezes polémico, como também a entrada da Instituição numa nova área de negócio: a gestão imobiliária. Para trás, fica a história de um "casamento" mal sucedido. Iniciada em 2003, a parceria entre a Académica e a TBZ começa pelo sector do merchandising, mas rapidamente se passa para um relacionamento muito mais abrangente.

Com a remodelação do Estádio Cidade de Coimbra, a Câmara Municipal transfere a gestão do novo equipamento para a Académica. É a única cidade a fazê-lo, mas o objectivo do presidente da Câmara, Carlos Encarnação, é claro: evitar a alta factura da manutenção. Apesar deste acordo, as relações entre o Município e a Académica também esfriaram, tendo sido disso exemplo os problemas mais tarde levantados por Carlos Encarnação (presidente da Câmara de Coimbra) quando a TBZ quis baptizar o Estádio com o nome de um dos seus patrocinadores. Com o Estádio nas suas mãos, a Direcção da Académica vê na TBZ o parceiro ideal para resolver os problemas de tesouraria. O contrato – cuja divulgação pública é inúmeras vezes solicitada em Assembleia Geral e sempre recusada – prevê que seja a empresa a gestora do Estádio Cidade de Coimbra, incluindo no negócio parte da publicidade da Académica e mesmo a sua quotização e bilheteira. Em contrapartida, a TBZ assume o pagamento de uma mensalidade fixa. É logo na negociação deste valor (rondaria, no primeiro ano, os 180 mil euros por mês) que as relações entre José Eduardo Simões e o presidente da TBZ, João Barroqueiro, começam a deteriorar-se. Mesmo assim, em 2004 assinam um acordo, válido por 10 anos, até então inédito no futebol português. Cabe, à empresa, a angariação de novos sócios, a venda de camarotes, a negociação de alguns patrocínios para as camisolas, a cobrança das quotas, a organização de eventos no Estádio, a promoção dos jogos e a respectiva venda de bilhetes bem como o aluguer dos espaços comerciais que eram pertença da Académica, no âmbito do acordo de utilização. A Académica fica concentrada apenas na vertente desportiva tendo aquela "confortável" receita mensal.

Uma parceria com esta abrangência – a Instituição passa para as mãos da empresa um dos seus maiores bens como o são os seus associados – presumia, obviamente, uma ligação estreita entre TBZ e Académica, mas rapidamente a Imprensa começa a dar eco do mau estar entre ambos que culmina, a 2 de Dezembro de 2008, com a Direcção da Briosa a rescindir unilateralmente o contrato, com base nas dificuldades financeiras vividas pela empresa. «A situação é gravíssima e caso não fosse feito nada a Académica não podia sobreviver», referiu o presidente quando anunciou a rescisão. Durante meses, a Académica foi fazendo saber, de modo oficioso, que a TBZ não estava a cumprir com o pagamento regular da prestação. A empresa respondia que era ela a credora, alegando que a redução do número de clubes na Liga teria de se repercutir na redução da prestação e que as despesas com algumas associações desportivas instaladas no Estádio não poderiam ser suportadas pela TBZ. Poucos dias antes da rescisão, a 22 de Novembro, o impensável acontece mesmo, numa altura em que parece haver entendimento para uma renegociação do contrato. Na véspera do Académica-Benfica, Barroqueiro terá tentado levantar o dinheiro da bilheteira (largas dezenas de milhares de euros). Ao não conseguir fazê-lo, chama a PSP e diz-se alvo de um roubo. No dia seguinte, TBZ e Académica voltam a trocar comunicados em que se atacam mutuamente. A reconciliação já é impossível, até porque o clube executa as garantias bancárias contratualmente previstas.

Se a gestão de jogos, bilheteira e quotização não é nada de novo em termos do passado da Académica, já a gestão e rentabilização de um equipamento com aquela dimensão é um desafio inédito. A Académica passa, entre outros, a cobrar rendas às lojas do estádio, a procurar novos interessados nos espaços vazios bem como, ao mesmo tempo, a organizar no Estádio eventos não desportivos que garantam boa rentabilidade. Até porque a despesa de manutenção do Estádio tem de ser paga pela Briosa. É, aliás, nesse sentido, que José Eduardo Simões defende a construção de um novo Estádio com um dimensionamento mais adequado à realidade da Académica. «Os custos de manutenção do actual estádio serão incomportáveis em 2014, daí a necessidade imperiosa de construir um novo, para 12 a 13 mil pessoas», afirma o dirigente da Briosa, em Assembleia Geral, a 28 Dezembro de 2008, garantindo que se trata de «uma questão de sobrevivência. Gosto imenso do estádio, mas há que pensar noutra solução».

2009·2010
DE OLHO NOS TREINADORES

AAC 3 - Nacional 3
2-5-2010
De pé: Barroca, Éder, Hélder Cabral, Luiz Nunes, Nuno Coelho e Berger;
à frente: Sougou, Pedro Costa, Pedrinho, Tiero e André Fontes

SE DENTRO DAS QUATRO linhas foi uma época igual a tantas outras – começou mal, depois acreditou-se na Europa mas só perto do fim se assegurou a manutenção – fora delas, nunca como em 2009/10 os treinadores da Briosa foram tanto o centro das atenções.

A "herança" de Domingos Paciência é pesada mas, mesmo assim, Rogério Gonçalves assume querer fazer igual ou melhor. A sua entrada na Briosa, todavia, fica logo marcada pela saída de Jorge Alexandre, vice-presidente com a pasta do futebol profissional, que se demite por não ter sido ouvido na escolha.

Os trabalhos arrancam apenas com uma cara nova (Jonathan Bru) e os escassos reforços chegam a conta-gotas. Bruno Amaro e Emídio Rafael são, entretanto, contratados, mas Miguel Fidalgo só integra o plantel já perto de Agosto. Bischoff, Nuno Coelho e João Ribeiro são integrados já depois da segunda jornada da Liga Sagres. Um empate, em casa, frente ao Paços de Ferreira, no qual Bruno Amaro se lesiona gravemente (só voltaria na última jornada, marcando um golo na Figueira da Foz no primeiro toque que dá na bola).

A pré-época até começara bem (vitórias nos torneios da Covilhã e de Águeda) mas depois avolumam-se as derrotas e no início de época já Rogério Gonçalves está sobre brasas. Com um ponto em três rondas, a viagem ao Algarve, para defrontar o recém-promovido Olhanense, dita o destino do treinador. A Académica joga durante 30 minutos com mais dois jogadores do que o adversário, mas nem o empate consegue trazer para Coimbra. José Eduardo Simões dá mais três oportunidades a Rogério Gonçalves. Porém, depois de um empate em casa com o Belenenses (foram exibidos os primeiros lenços brancos), de outro empate em Vila do Conde e de uma derrota (2-4) em casa, frente ao Marítimo, a 2 de Outubro, a direcção opta pela rescisão. Nesse jogo, a contestação foi bastante intensa. A Briosa estava em último lugar e há 25 anos que um treinador não era despedido tão cedo, na época em que se estreava na Instituição.

Zé Nando orienta a equipa no jogo da Taça da Liga, frente ao Beira-Mar, mas a Direcção não demora a apresentar novo treinador. Opta por um jovem desconhecido de 31 anos que vinha fazendo parte do "staff" de José Mourinho. André Villas-Boas promete mudar a "mentalidade" da Briosa. Estreia-se com uma vitória, para a Taça de Portugal, em Coimbra, frente ao Portimonense, e o seu primeiro jogo na Liga Sagres é no Estádio do Dragão, onde perde por 3-2, mas no fim do qual é elogiado pelo modo como dificultara a tarefa a Jesualdo Ferreira. De tal modo, que logo após a vitória na recepção ao Guimarães, começa a ser falado como sucessor de Paulo Bento no Sporting. Um desejo que se oficializa e que leva André Villas-Boas a pedir à Briosa, que ouça o que o Sporting tem para lhe propor. José Eduardo Simões impede a saída, e o próprio treinador diz, mais tarde, que não iria sair contra a vontade de quem lhe deu uma oportunidade.

Após uma decepcionante eliminação na Taça de Portugal (em casa, frente ao Beira-Mar, nas grandes penalidades), a Académica goleia o Vitória de Setúbal e consegue sair, de vez, da zona de descida. Até final da época, houve ainda lugar para um "brilharete", vencendo em Alvalade, por 2-1, em Fevereiro. Pelo meio, a Académica foi mantendo alguma irregularidade nos resultados, perdendo muitos pontos nos últimos minutos. Uma vitória no Restelo ainda faz o balneário sonhar com a Europa, mas a derrota, logo a seguir, em casa frente ao Rio Ave "mata" o sonho. E nem o único reforço de Inverno, Bibishkov (que sairia no final da época tendo disputado apenas metade desta partida), valeu aos estudantes.

Villas-Boas volta, em Março, a ser dado como futuro treinador do Sporting e também do FC Porto. As

André Villas-Boas chega a Coimbra a 14 de Outubro de 2009. O escolhido de José Eduardo Simões estava, no Inter de Milão, na equipa técnica de José Mourinho, mas cedo fez saber, e melhor mostrou, que pensava pela sua cabeça

Nº	NOME	JOGOS	J. C.	J. I.	MIN	GOLOS
669	Miguel Pedro	11	1	10	581	2
674	Paulo Sérgio	19	7	12	972	0
681	Lito	28	3	25	1331	4
682	Cris	32	14	18	2454	1
684	Pedro Costa	12	11	1	1025	0
685	Berger	29	25	4	2621	2
686	Orlando	31	30	1	2775	1
687	Tiero	28	20	8	2231	5
689	Vouho	18	4	14	872	1
691	Ricardo	18	16	2	1568	0
694	Pedrinho	31	28	3	2743	0
696	Rui Nereu	20	17	3	1701	0
699	Luiz Nunes	9	6	3	655	0
700	Sougou	35	22	13	2734	10
701	Éder	27	9	18	1859	6
703	Licá	10	2	8	437	0
708	Diogo Gomes	18	7	11	1174	2
709	André Fontes	7	0	7	330	0
713	Amoreirinha	12	9	3	879	0
714	Hélder Cabral	10	3	7	491	1
715	Miguel Fidalgo	15	0	15	504	5
716	Bruno Amaro	3	1	2	112	1
717	Emídio Rafael	32	27	5	2743	1
718	João Ribeiro	28	12	16	2006	1
719	Nuno Coelho	33	24	9	2598	0
720	Bischoff	4	0	4	171	0
721	Jonathan Bru	4	0	4	52	0
722	Amessan	3	0	3	63	0
723	Bibishkov	1	0	1	45	0
724	Barroca	2	2	0	180	0

EM CIMA
AAC 2 - Estoril 1
3-1-2010
Diogo Gomes, Lito e Cris festejam o segundo golo da tarde, frente ao Estoril, na primeira jornada da 3.ª fase da Taça da Liga, após a Académica ter obrigado a Liga a rever a classificação da fase anterior

EM BAIXO
"Futebol de Causas", um inédito documentário sobre a História da Académica, é apresentado no cinema S. Jorge, em Lisboa, a 20 de Outubro de 2009, perante uma plateia onde pontificam muitos dos protagonistas da película, que não escondem a sua emoção ao recordar momentos marcantes das suas vidas. Um trabalho de Ricardo Martins que mereceria honras de transmissão televisiva na RTP, em horário nobre, a 19 de Maio de 2011

NA PÁGINA DA DIREITA
Um curto-circuito provocado por uma ratazana, na noite de 11 de Novembro de 2009, provoca um abrupto fim de jogo em Portimão, em partida da Taça da Liga. O jogo é retomado apenas na tarde do dia seguinte, seguindo-se uma polémica, na secretaria, por causa do modo como a Liga ordenou a tabela classificativa no final da 2.ª fase daquela prova

notícias sucedem-se pelo que o treinador vem a público dizer que tanta especulação já faz do assunto «uma palhaçada». A manutenção, essa, só é assegurada a três jornadas do fim, com uma vitória em Matosinhos. A época termina sem se saber o futuro de Villas-Boas que ruma ao FC Porto poucos dias depois de ainda participar na inauguração do restaurante "Still Is" no edifício que foi sede da Briosa entre 1974 e 1992. Uma reabertura solene em que estiveram muitos nomes ligados ao passado da Académica. O histórico edifício é decorado com páginas e fotografias da primeira edição deste livro e muitos foram os que recordaram, com emoção, momentos por si vividos, com a camisola negra. Passado esse que em 2009/2010 fica bem mais pobre com a morte de cinco vultos da história da Académica: Vasco Gervásio, Guilherme Luís, Joaquim Isabelinha, Cagica Rapaz e Mário Mexia (considerado um dos melhores basquetebolistas de sempre em Portugal, representou a Académica nas décadas de 50 e 60, conquistando vários títulos).

I LIGA						
CLASSIFICAÇÃO		JOGOS	V	E	D	GOLOS	PTS
1º	SL Benfica	30	24	4	2	78-20	76
2º	SC Braga	30	22	5	3	48-20	71
3º	FC Porto	30	21	5	4	70-26	68
4º	Sporting CP	30	13	9	8	42-26	48
5º	CS Marítimo	30	11	8	11	42-43	41
6º	VSC Guimarães	30	11	8	11	31-34	41
7º	CD Nacional	30	10	9	11	36-46	39
8º	Naval 1º Maio	30	10	6	14	20-35	36
9º	UD Leiria	30	9	8	13	35-41	35
10º	FC Paços de Ferreira	30	8	11	11	32-37	35
11º	ACADÉMICA	30	8	9	13	37-42	33
12º	Rio Ave FC	30	6	13	11	22-33	31
13º	SC Olhanense	30	5	14	11	31-46	29
14º	VFC Setúbal	30	5	10	15	29-57	25
15º	CF "Os Belenenses"	30	4	11	15	23-44	23
16º	Leixões SC	30	5	6	19	25-51	21

TAÇA DA LIGA (2ª FASE)						
CLASSIFICAÇÃO		JOGOS	V	E	D	GOLOS	PTS
1º	ACADÉMICA	2	0	2	0	0-0	2
2º	Portimonense SC	2	0	2	0	0-0	2
3º	SC Beira-Mar	2	0	2	0	0-0	2

NOTA: Classificação apurada tendo em conta a média de idades dos jogadores utilizados. Académica (24,71 anos), Portimonense (24,85) e Beira-Mar (25,64).

TAÇA DA LIGA (3ª FASE)						
CLASSIFICAÇÃO		JOGOS	V	E	D	GOLOS	PTS
1º	FC Porto	3	2	1	0	3-0	7
2º	ACADÉMICA	3	2	1	0	3-1	7
3º	Leixões SC	3	0	1	2	1-3	1
4º	GD Estoril-Praia	3	0	1	2	2-5	1

Uma lição na Taça da Liga

Ao marcar presença numa meia-final (27 anos depois) e ao obrigar à correcção de um erro que desvirtuava o espírito dos regulamentos, a Briosa fez história na Taça da Liga de 2009/10 ao prestar uma lição de Português e de Matemática à Liga de Clubes.

Na segunda fase (a primeira é para equipas da II Liga), o grupo composto por Académica, Beira-Mar e Portimonense termina com um empate total. Os três jogos (as equipas jogam todas contra todas, apenas a uma volta) acabam sem golos. No último encontro, a Académica ruma ao Algarve já alertada para a possibilidade de ter de usar a calculadora. Em caso de novo 0-0, como sucede, passa a equipa com média etária mais baixa.

O jogo, a 11 de Novembro, à noite, é interrompido por falta de luz depois de uma ratazana ter provocado um curto-circuito. Os últimos 39 minutos disputam-se logo na tarde do dia seguinte, mas nem assim há inspiração para fazer golos. O regulamento previa o desempate por média de idades, mas não especificava o modo como se calculava. Ainda nesse dia, a Liga de Clubes publica no seu sítio da internet a classificação do grupo, colocando o Portimonense em primeiro lugar. Para a Académica, a Liga erra na Matemática mas também no Português, pois o modo como interpreta o regulamento não está de acordo com o espírito da lei. Publica, de imediato, no seu sítio, as contas que entende correctas e promete recorrer. «Esta Liga não serve», acusa José Eduardo Simões, revelando que a Académica pedira esclarecimentos prévios sobre esta mesma questão, mas que ficara sem resposta.

A fórmula da Liga de Clubes não tinha em conta o número de jogos efectuados por cada atleta. Potenciava, assim, como sucedeu, substituições cirúrgicas com o único objectivo de baixar a média. O Portimonense, já em período de descontos no jogo com a Académica, fez entrar Fábio Sapateiro, um guarda-redes de 19 anos, para o lugar de Pedro Silva (35 anos) e o modo como a Liga calculou a média inicialmente, fazia com que Sapateiro (um minuto em campo) "valesse" o mesmo que Pedro Silva. Apesar de, na prática, e ao contrário do que chegou a ser escrito por certa Imprensa, esta troca não ter influenciado a classificação do grupo. A Académica, por seu turno, defende uma média ponderada, em que seja tido em conta o número de jogos efectuados por cada futebolista.

O recurso da Académica seguiu para o Conselho de Justiça (CJ) da Federação Portuguesa de Futebol (FPF), a 19 de Novembro, já depois de a Liga de Clubes ter homologado a classificação daquela segunda fase. A metodologia da Liga, lê-se no recurso da Briosa, «subverte a realidade dos factos e ofende grosseiramente o princípio que emerge do aludido critério, qual seja, o de discriminar positivamente as equipas que, no conjunto dos jogos que constituem a 2.ª fase da competição, utilizem jogadores mais jovens».

O sorteio da terceira fase decorre, a 24 de Novembro, condicionado ao resultado do recurso da Briosa que, seria decidido a 18 de Dezembro. A FPF reconhece toda a propriedade à argumentação da Académica, validando as contas que, logo no primeiro dia, a Briosa publicara na internet. Os sete membros do CJ não são meigos num acórdão bastante crítico com a Comissão Executiva (CE) da Liga. Afirmações como "a CE agiu com notória falta de rigor", ou que o mesmo órgão "chegou a um resultado perverso" ou ainda que "a referida tese não tem qualquer suporte legal e não é preciso ser-se jurista para o saber" revelam o quanto os conselheiros comungam dos argumentos apresentados pela Académica. Não só as contas foram mal feitas como a interpretação feita do regulamento estava "errada".

Não são conhecidos casos em que a Liga de Clubes foi obrigada a alterar, por erro próprio, uma classificação já homologada, mas foi o que a Académica conseguiu com esta dupla lição de Matemática e de Português. Aliás, semanas mais tarde, a Liga anuncia a alteração do articulado do regulamento naquele ponto específico, passando a definir, agora sim, o modo como se calcula a dita média, indo ao encontro do que a Académica sempre defendera e que o CJ sufragou.

Reintegrada na prova, a Académica ultrapassa a terceira fase e apura-se para a meia-final, que se disputa a apenas a uma mão. No dia 10 de Fevereiro, cerca de dois mil adeptos da Académica rumam ao Estádio do Dragão, formando uma grande mancha negra num dos topos do estádio. Vêem uma equipa a jogar de peito aberto que encosta, por diversas vezes, os dragões à sua pequena área. Desperdiça quatro excelentes oportunidades de golo mas o remate certeiro de Mariano, aos 82 minutos, deita por terra o sonho de jogar a final. Até ao fim, ainda fica por assinalar uma grande penalidade a favor da Briosa.

2010·2011
Briosa não merecia a traição

AAC 3 - V. Setúbal 0
16-7-2010
De pé: Peiser, Nuno Coelho, Miguel Fidalgo, Diogo Melo, Amoreirinha e Orlando; à frente: Sougou, Diogo Gomes, Pedrinho, Diogo Valente e Grilo

UMA ÉPOCA COM TUDO PARA DAR CERTO – um bom treinador, reforços certeiros e até a "bênção" de Bono Vox, vocalista dos U2, a gritar Brioooosa em pleno Estádio Cidade de Coimbra – revela-se uma desilusão para a Académica, muito por culpa da "traição" de Jorge Costa, que chega a Coimbra prometendo uma temporada tranquila. O presidente, José Eduardo Simões, é até mais ambicioso ao anunciar uma «época para recordar».

No plantel, após a saída de Villas-Boas (que leva Emídio Rafael para o FC Porto) opera-se uma pequena revolução e apenas o espanhol Carreño se revela uma má aposta. Peiser foi decisivo na baliza e Habib, Hugo Morais, Diogo Melo, Diogo Valente, Júnior Paraíba e Laionel (Adrien Silva chegaria em Janeiro mas uma lesão afastou-o quase de imediato) são importantes numa época que arranca de modo quase épico.

Na primeira jornada da I Liga a Académica vai a casa do campeão Benfica, com os adeptos encarnados em festa até aos 25 minutos, altura em que Miguel Fidalgo aproveita uma desatenção dos lisboetas para abrir o marcador. O empate, aos 61 minutos, recarrega as baterias dos então eufóricos adeptos da casa que ficam de boca aberta quando, já em período de descontos, vêem um grandioso chapéu de Laionel dar os três pontos à Briosa que jogara os últimos 40 minutos com dez jogadores.

Até ao final da época, a Académica nunca conseguirá conquistar duas vitórias consecutivas na Liga. A goleada (3-0) frente à rival Naval reanima os estudantes que a seguir vão a Vila do Conde conquistar um ponto que é determinante para que, na ronda seguinte, subam ao segundo lugar da tabela após vitória frente ao Guimarães. A Briosa é uma das surpresas da temporada. Segue-se uma fase menos boa que é rapidamente ultrapassada de modo que, após a vitória frente ao Nacional, em Coimbra, regresse à "vice-liderança", atrás do FC Porto, o próximo adversário. Um jogo, em casa, marcado por um autêntico dilúvio do qual os portistas saíram vencedores, apesar de uma bola à barra enviada por Hugo Morais, nos descontos.

A Briosa, versão Jorge Costa, é goleadora e entra bem nos jogos, mas muitas vezes não consegue segurar a vantagem como no jogo em casa com o Arouca numa partida que dita o afastamento da Taça da Liga cuja final, já se sabia, seria disputada em Coimbra.

Duas pesadíssimas derrotas (em casa com o Marítimo e em Braga) marcam o mês de Dezembro, mas a "bomba" rebenta na segunda-feira, dia 20 desse mês. Jorge Costa alega motivos pessoais e abandona o barco. «Não estou a deixar a Académica, estou a deixar o futebol. Deixo de ser treinador de futebol», refere o técnico, colocando em estado

Nº	NOME	JOGADORES UTILIZADOS				
		JOGOS	J. C.	J. I.	MIN	GOLOS
684	Pedro Costa	13	9	4	1051	0
685	Berger	33	33	0	3000	2
686	Orlando	16	15	1	1430	0
691	Ricardo	3	3	0	270	0
694	Pedrinho	26	26	0	2340	0
699	Luiz Nunes	18	10	8	1339	0
700	Sougou	33	19	14	2643	8
701	Éder	27	4	23	1351	5
708	Diogo Gomes	13	6	7	858	3
713	Amoreirinha	8	5	3	524	0
714	Hélder Cabral	23	18	5	1906	0
715	Miguel Fidalgo	26	5	21	1642	10
719	Nuno Coelho	20	15	5	1606	0
720	Bischoff	15	4	11	896	2
722	Amessan	2	0	2	40	0
725	Peiser	35	35	0	3180	0
726	Diogo Valente	36	11	25	2733	3
727	Diogo Melo	35	22	13	2814	2
728	David Addy	17	13	4	1354	2
729	Laionel	33	3	30	1223	5
730	Júnior Paraíba	17	0	17	390	1
731	Hugo Morais	28	21	7	2271	1
732	Habib	20	12	8	1373	0
733	Grilo	7	0	7	263	0
734	Carreño	8	1	7	204	0
735	Sissoko	12	0	12	319	0
736	Adrien Silva	8	5	3	591	1

À ESQUERDA
AAC 0 - Braga 0
8-5-2011
Peiser é considerado, pelos adeptos, como o melhor futebolista da época. No último jogo em casa, recebe, em pleno relvado, o referido "troféu"

À DIREITA
AAC 0 - P. Ferreira 0
9-1-2011
Diogo Valente deixa para trás Baiano e o ex-academista Manuel José no jogo de estreia de José Guilherme como treinador da Académica

EM CIMA
AAC 3 - Naval 0
12-9-2010
Rogério Conceição e Éder empenham-se na disputa de bola no derby. Os estudantes golearam na vitória mais folgada da época

EM BAIXO
AAC 1 - Sporting 2
13-11-2010
Daniel Carriço não consegue evitar o remate de Miguel Fidalgo. O avançado marcaria, mais tarde, o golo da Académica que não evitou a derrota

de "choque" os adeptos da Briosa e até o Portugal futebolístico. A Académica estava no 9.º lugar, com 18 pontos em 14 jogos. Já depois do final da época, porém, Jorge Costa dá o dito pelo não dito e ruma à Roménia para treinar o Cluj.

A Direcção não perde tempo e uma semana depois já José Guilherme (professor do ensino superior que passara pelas camadas jovens do FC Porto e tinha integrado a equipa técnica de Carlos Queiroz no Mundial) treina na Academia. A sua estreia, como treinador principal na I Liga, dá-se frente ao Paços de Ferreira e não vai além do nulo. Consegue, depois, vencer o União da Madeira (Taça de Portugal) e perde em casa com o Benfica devido a um golo irregular dos encarnados. Um jogo que fica ainda marcado pela associação da Instituição à luta contra a paragem das obras do Metro Mondego.

Mas, nas quatro linhas, a Briosa não volta a praticar o mesmo futebol do início de época e as equipas de José Guilherme são sucessivamente apelidadas de "medrosas" pela Imprensa, como foi o caso da derrota em Guimarães, na primeira mão da meia-final da Taça de Portugal. José Guilherme nem dois meses está em Coimbra. «Saio antes que seja tarde», admite a 20 de Fevereiro.

Ulisses Morais é o homem que se segue. Mais do que a manutenção, em Coimbra todos pensam em chegar à final do Jamor e o treinador começa bem com uma vitória em Guimarães para o campeonato mas os olhos estão apontados para a segunda mão da meia-final da Taça de Portugal frente ao mesmo V. Guimarães. Um golo empata a eliminatória. Dois garantem a presença no Jamor. Mas, nem um os estudantes marcam após uma semana de grande mobilização. O "sonho" acaba e até final do ano cumpre-se calendário, com a manutenção a ficar garantida apenas a duas jornadas do fim... Ulisses Morais é dispensado. Três treinadores numa época que tinha tudo para ser grandiosa mas que terminou com uma mão cheia de muito pouco.

	I LIGA					
	CLASSIFICAÇÃO	JOGOS	V	E	D	GOLOS	PTS
1º	FC Porto	30	27	3	0	73 - 16	84
2º	SL Benfica	30	20	3	7	61 - 31	63
3º	Sporting CP	30	13	9	8	41 - 31	48
4º	SC Braga	30	13	7	10	45 - 33	46
5º	VSC Guimarães	30	12	7	11	36 - 37	43
6º	CD Nacional	30	11	9	10	28 - 31	42
7º	FC Paços de Ferreira	30	10	11	9	35 - 42	41
8º	Rio Ave FC	30	10	8	12	35 - 33	38
9º	CS Marítimo	30	9	8	13	33 - 32	35
10º	UD Leiria	30	9	8	13	25 - 38	35
11º	VFC Setúbal	30	8	10	12	29 - 42	34
12º	SC Olhanense	30	7	13	10	24 - 34	34
13º	SC Beira-Mar	30	7	12	11	32 - 36	33
14º	ACADÉMICA	30	7	9	14	32 - 48	30
15º	Portimonense SC	30	6	7	17	29 - 49	25
16º	Naval 1º Maio	30	5	8	17	26 - 51	23

Um coração
do tamanho do mundo

«Servirei a Académica até morrer se as forças e o coração assim deixarem», disse José Barros, em entrevista ao Diário As Beiras, em Maio de 2011. E assim foi. O médico da Briosa ao longo de 30 anos morreria um mês depois, entretanto eleito como número 1 do Conselho Académico do OAF, apesar da doença o ter impedido de tomar posse.

Barros nascera a 8 de Agosto de 1939, em S. Pedro do Sul. Na vila, fizera a primária. Mas os estudos liceais decorreram, quase integralmente, no colégio dos frades beneditinos de Lamego. Foi aí que começou a revelar-se a especial aptidão do futuro especialista em pedopsiquiatria para a prática desportiva. Com a camiseta do colégio sagrou-se campeão nacional de vólei, na competição inter-escolas organizada pela Mocidade Portuguesa. Ao mesmo tempo, jogava andebol.

Em 1959, aporta a Coimbra, para frequentar a antiga Escola de Regentes Agrícolas. Vai dando conta do recado, mas o "vício" do desporto está-lhe entranhado no corpo. Já ao serviço da Académica, onde também joga vólei, atinge a selecção nacional de andebol.

Quatro anos depois da chegada às margens do Mondego, já casado, parte para Angola, onde a violência da guerra colonial recrudesce a cada dia que passa. Ainda assim, consegue preparar e defender, no Instituto de Investigação Agronómica da cidade angolana do Luso, a tese de fim de curso.

Após 25 meses em África, regressa a casa. O primeiro emprego obtém-no em 1966, numa fábrica de maquinaria agrícola, na Lousã. Nessa altura, já nascera o seu único filho. Padecia de paralisia cerebral.

Um dia, José Barros vai com o rapaz à feira do Cartaxo. Um camponês pergunta-lhe se o miúdo, então com nove anos, sofre de alguma doença. Barros explica-se como consegue. Depois de o ouvir, o camponês dá-lhe os sentimentos. A palavra cai como uma bomba na sua cabeça. Nesse momento, José Mendes de Barros decide dar uma volta radical à sua vida. Em 1975, inscreve-se na Faculdade de Medicina, a fim de compreender melhor o problema do filho. Juntamente com dois outros pais, funda a Associação de Paralisia Cerebral de Coimbra (APCC), que dirigiu durante 35 anos e cuja actividade levou o Presidente da República, Jorge Sampaio, em 1994, a condecorá-lo, no "Dia de Portugal", como Comendador da Ordem de Mérito. Também a Câmara de Coimbra lhe atribuiu a Medalha da Cidade.

Actualmente, com instalações no Vale das Flores e na Conraria, a instituição é considerada como a melhor do género em Portugal e uma das melhores da Europa. Anualmente, presta serviço a quase três mil crianças portadoras de deficiência. Fornece-lhes possibilidades como a prática da música – tem mesmo uma banda "rock", intitulada "Quinta Punkada" – e do chamado desporto adaptado, onde conta com um campeão olímpico. Possui uma quinta pedagógica. E emprega mais de 300 pessoas.

É em 1982 que, a convite de Francisco Soares, começa a acompanhar os juniores da Académica. Uma ligação que nunca mais se perdeu e que tão bem o próprio resumiu na referida entrevista: «O nosso sentimento e o facto de trabalharmos gratuitamente é porque sentimos a Académica, ela é o nosso clube do coração».

Um lutador que aos 34 anos mudou toda a sua vida com uma força incrível mas que sempre foi, em paralelo, um homem de «braços sempre abertos» para ajudar. «Como Académico, era um fortíssimo símbolo de humanidade, dedicação, entrega, profissionalismo e amizade para todos que passaram pela Académica», recordaria, José Eduardo Simões, no dia do funeral. Poucos dias depois chega, de Londres, a confirmação da verdade destas palavras. André Villas-Boas, que acabara de se transferir do FC Porto para o milionário Chelsea dedica o prémio de melhor treinador português em 2010/11 a Tomislav Ivic e a José Barros. «Significa muito para mim, pela forma como me ajudou em Coimbra», disse Villas-Boas.

José Barros seria eleito (não chegou a tomar posse) nº 1 do Conselho Académico da AAC/OAF na lista de José Eduardo Simões que, a 7 de Junho, é reeleito líder da Briosa derrotando (pela segunda vez) Maló de Abreu com 57 % dos votos. Um acto eleitoral em que se "estrearam" os estatutos discutidos e aprovados ao longo de vários meses e uma boa meia dúzia de assembleias gerais e que geraram polémica e motivaram recurso aos tribunais relativamente aos sócios com direito a voto tendo em conta a quota e o respectivo prazo de pagamento. Uma eleição que decorreu três meses depois de José Eduardo Simões ter visto o Tribunal de primeira instância de Coimbra aplicar-lhe uma pena suspensa (por, enquanto Director Municipal da Câmara de Coimbra ter alegadamente conferido facilidades a empresários que teriam, em troca, ajudado a Académica), da qual Simões recorreu para o Tribunal da Relação.

OS JOGADORES

Os nomes constantes desta listagem são apresentados, nas três páginas seguintes, por ordem alfabética, com cada jogador numerado em função do momento a partir do qual é utilizado pela primeira vez. Os dados correspondentes aos atletas, quer os pessoais, quer os desportivos, são depois expostos separadamente. Sendo que toda a lista se reporta ao envolvimento dos futebolistas no conjunto de competições oficiais, de âmbito nacional e internacional, disputadas pela Briosa entre 1923 e 2011, sem se considerarem as partidas de carácter particular ou as provas de nível distrital ou regional. A participação dos jogadores em encontros posteriormente anulados pela Federação Portuguesa de Futebol (13, no total) é apenas nomeada, não se contabilizando quaisquer outros dados. O que explica o surgimento, na tabela, de dois jogadores com zero minutos de jogo, por exemplo.

Todas as partidas que não tiveram prolongamento foram consideradas como tendo durado 90 minutos – o tempo oficial de um desafio de futebol. Mas, para efeitos de contabilização dos minutos jogados pelos atletas, e por ser variável o tempo total de duração efectiva dos encontros, atribuiu-se um minuto a todos os suplentes utilizados, que fizeram a respectiva entrada em campo a partir do minuto 89. Do mesmo modo que se atribuíram 89 minutos de jogo a todos os atletas substituídos após esse momento.

A partir do início da época de 1968-1969, a possibilidade da realização de substituições entre os chamados jogadores de campo faz com que deixe de fazer sentido a contabilidade dos jogadores saídos por lesão. Não por tais abandonos terem deixado de existir, claro, mas por daí não resultarem, salvo casos muito excepcionais, situações de inferioridade numérica.

Finalmente, na coluna relativa aos cartões vermelhos, contabilizam-se todos os casos de expulsão de atletas, incluindo os anteriores à época em que a sanção passou a ser precedida de amostragem de cartão. Mas já não se contabilizam, exactamente na linha do aduzido atrás, os cartões mostrados após o termo do encontro, uma vez que a respectiva exibição já não pode criar situações de inferioridade numérica.

NOME	Nº	NOME	Nº	NOME	Nº	NOME	Nº	NOME	Nº	NOME	Nº
Abazaj	534	Andrade	652	Barroca	724	Capitão	568	Costa	303	Dyduch	581
Abdul	562	André	180	Barroso	558	Cardoso	287	Couceiro	147	Éder	701
Abel Silva	449	André	605	Barry	407	Cardoso	348	Cris	682	Edgar Silva	692
Abelha	25	André Fontes	709	Batalha	13	Carlos Aguiar	702	Crisanto	471	Edson	706
Abrantes	290	Ângelo	124	Batista	506	Carlos Alhinho	279	Crispim	239	Eduardo	377
Abrantes	340	Ângelo	381	Belo	268	Carlos Martins	617	Cristiano	698	Eduardo	573
Abreu	49	Aníbal	140	Bentes	90	Carlos Miguel	549	Cristóvão	43	Eduardo Santos	130
Abreu	172	Aníbal	297	Bentes	122	Carlos Pedro	483	Cristóvão	195	Eldon	345
Acácio	89	António Augusto	405	Bento	207	Carlos Ribeiro	403	Curado	16	Emanuel	476
Adrega	40	António Castro	246	Berger	685	Carlos Xavier	419	Curado	156	Emídio Rafael	717
Adriano	580	António Jorge	288	Bernardo	261	Carolino	365	Curado	210	Emílio	119
Adrien Silva	736	António Luís	432	Besirovic	509	Carreño	734	Dame	677	Emmanuel Blanchard	522
Agostinho	278	António Maria	108	Betinho	241	Carvalheira	142	Dani	367	Ernesto	259
Águas	322	Aquiles	335	Beto	368	Caseiro	52	Dani	645	Esquerdinha	620
Akwá	547	Araújo	216	Bibishkov	723	Casquilha	461	Daniel	19	Esquível	5
Albano Paulo	17	Araújo	281	Binho	613	Castela	151	Daniel	313	Estevez	671
Albertino	517	Aristides	107	Bischoff	720	Castro	39	Daniel	439	Eugénio	173
Alberto Cruz	141	Arlindo	203	Bolinhas	570	Castro	220	Danilo	644	Évora	212
Alberto Gomes	76	Armando	97	Bordalo	65	Catela	55	Dário	541	Ezequias	654
Albino	106	Armando Sampaio	20	Botelho de Melo	315	Cattaneo	559	David Addy	728	Fábio Felício	630
Alcides	293	Arménio	219	Bouçon	222	Cavaleiro	336	Delfino	176	Fagundes	285
Alcino	182	Arménio	417	Branco	128	Celestino	262	Delmer	625	Faia	192
Alcino	318	Arnaldo Carneiro	79	Brás	117	Celso	179	Demétrius	595	Falcão	94
Alcino	389	Arsénio	504	Brasfemes	266	César Machado	82	Dimas	431	Falica	474
Alentisca	118	Artur	282	Brassard	265	Cesário	47	Dinda	535	Faria	33
Alex Garcia	583	Artur Jorge	260	Brito	54	Chico Faria	500	Dinis	518	Faustino	58
Alexandre	388	Artur Semedo	399	Bru	721	Chico Lopes	103	Diniz	72	Fávaro	638
Alexandre	590	Assis	234	Bruno Amaro	716	Chico Nikita	466	Dino	596	Febras	507
Alexandre	665	Ataz	134	Buszáky	629	China	453	Diógenes	163	Feliz	270
Alexandre Alhinho	321	Augusto Pais	9	Cabeçadas	48	Chipenda	217	Diogo	133	Fernando	413
Alfaia	455	Aurélio	551	Cadorin	429	Cipriano	86	Diogo	526	Fernando	499
Alhandra	588	Azenha	395	Caetano	338	Cláudio	582	Diogo Gomes	708	Fernando	657
Almeida	83	Azeredo	120	Cagica Rapaz	252	Cléber	695	Diogo Melo	727	Fernando Couto	447
Almeida	233	Bacala	235	Calila	512	Clint	467	Diogo Valente	726	Fernando Gomes	529
Álvaro	350	Bacanhim	306	Camarate	60	Coelho	445	Dionattan	627	Fernando Pais	28
Álvaro	400	Bagorro	190	Camegim	330	Coimbra	384	Domingos	149	Figueirinhas	178
Américo	236	Baltasar	428	Camilo	326	Correia	50	Dória	22	Filipe	380
Amessan	722	Bandeirinha	414	Camilo	557	Correia Branco	215	Dragan	511	Filipe Alvim	624
Amoreirinha	713	Barata	41	Cano Brito	302	Corte-Real	24	Duarte	23	Filipe dos Santos	45
Anderson	556	Baroti	495	Capela	150	Cosme	383	Duarte	160	Filipe Teixeira	656
Andrade	152	Barreto	465	Capitão	515	Costa	204	Dunga	531	Fiston	632

NOME	Nº	NOME	Nº	NOME	Nº	NOME	Nº	NOME	Nº	NOME	Nº
Flávio	401	Gyánó	676	João Vieira	392	Kiki	501	Maló	224	Mesquita	226
Flávio Dias	637	Habib	732	Joaquim João	91	Ladeira	27	Manafá	341	Mesquita	333
Fofana	688	Hélder	319	Joaquim Rocha	327	Laionel	729	Manecas	137	Messias	129
Fouhami	621	Hélder Barbosa	666	Joeano	636	Larzen	101	Manecas	213	Micael	99
França	232	Hélder Cabral	714	Joel	378	Latapy	458	Manecas	317	Mickey	470
Francisco Ferreira	8	Hélder Lino	231	Jones	444	Laureta	508	Manuel António	257	Miguel	4
Francisco Silva	396	Henrique	351	Jorge	242	Leandro	485	Manuel Castro	254	Miguel	331
Frazão	30	Herculano	342	Jorge	373	Leandro	577	Manuel da Costa	77	Miguel	585
Fredy	608	Hilário	516	Jorge	404	Lemos	96	Manuel Duarte	251	Miguel Bruno	536
Freitas	323	Hipólito	146	Jorge	427	Lemos	199	Manuel José	616	Miguel Fidalgo	715
Freitas	364	Hristo	490	Jorge Costa	443	Leonel Abreu	237	Marcel	649	Miguel Pedro	669
Frias	183	Hugo Alcântara	655	Jorge Humberto	211	Lewis	462	Marcelino	438	Miguel Simão	520
Fua	486	Hugo Leal	648	Jorge Oliveira	332	Licá	703	Marcelo	437	Milton	138
Gago	64	Hugo Morais	731	Jorge Oliveira	386	Lim	560	Márcio Santos	592	Miranda	209
Gaio	230	Ibraim	370	Jorge Paixão	416	Lino	668	Marconi	374	Mito	412
Galante	6	Igor	553	Jorge Santos	132	Lira	651	Marcos	346	Moacir	578
Garção	123	Inácio	185	Jorge Santos	169	Lito	681	Marcos António	618	Monteiro	29
Garcés	707	Irineu	697	Jorge Silva	519	Litos	670	Mariano	464	Monteiro	567
Garnacho	164	Isabelinha	37	Jorginho	610	Lomba	92	Marinescu	609	Moreira	238
Gaspar	312	Isalmar	382	José Afonso	7	Lourenço	240	Marinho	539	Morgado	576
Gaúcho	550	Ito	664	José Amaral	32	Lucas	569	Marinov	452	Mota	189
Gelson	658	Ivanildo	683	José António	626	Luciano	643	Mário Campos	263	Mota	430
Gerardo Maia	67	Jacinto João	372	José Freixo	291	Luís Aguiar	693	Mário Cunha	56	Mounir	538
Germano	369	Jacques	121	José Júlio	228	Luís Cláudio	347	Mário Reis	102	Mounsif	422
Germano	597	Jaderson	334	José Manuel	289	Luís Cláudio	602	Mário Wilson	316	Mousaco	144
Gervásio	243	Jaime	69	José Manuel	349	Luís Cunha	109	Marito	424	Nana	98
Gil	125	Joanito	456	José Maria Antunes	63	Luís Eugénio	272	Marques	256	N'Doye	661
Gil	165	João Alves	584	José Miguel	162	Luís Filipe	555	Marrafa	320	Nelo	181
Gil Vicente	11	João Campos	502	Joseph Wilson	198	Luís Freixo	353	Marta	200	Nenad	510
Giraudo	575	João Carlos	415	Juca	223	Luís Horta	375	Martinho	301	Nene	280
Gomes	343	João Carvalho	325	Júlio César	711	Luís Manuel	411	Martinho	354	Nestor	673
Gomes	479	João Ferreira	1	Júlio Freire	229	Luís Nunes	589	Matias	35	Neto	10
Gomes da Silva	218	João Lopes	18	Júnior Paraíba	730	Luís Trindade	21	Matos	71	Neves Pires	161
Gonçalo	710	João Manuel	484	Justiniano	488	Luiz Nunes	699	Maurício	463	Nicolau	337
Gonçalves	227	João Mendes	435	Juvenal	15	Luso	214	Maurício	554	Nilson Dias	393
Grangeia	112	João Morais	603	Kaká	634	Lynce	296	Medeiros	667	Nini	75
Gregório	298	João O. Pinto	594	Kaká	678	Macedo	158	Meireles	448	Nini	304
Grilo	733	João Peixe	524	Kenedy	647	Madej	705	Melo	127	Norton de Matos	311
Grosso	472	João Pires	514	Kenny Cooper	642	Madureira	564	Melo	294	N'Tsunda	523
Guedes Pinto	12	João Ribeiro	718	Kibuey	593	Maia	324	Mendes	356	Nuno	186
Guerra	31	João Tomás	540	Kikas	397	Malícia	175	Mendes	475	Nuno	225

NOME	Nº	NOME	Nº	NOME	Nº	NOME	Nº	NOME	Nº	NOME	Nº
Nuno Coelho	719	Pedro Costa	684	Quim	277	Rui Campos	513	Szabo	131	Veiga	116
Nuno Luís	496	Pedro Espinha	423	Quinito	275	Rui Carlos	505	Taborda	113	Veiga Pinto	42
Nuno Miranda	600	Pedro Henriques	622	Quinito	418	Rui Castro	586	Tara	53	Veloso	95
Nuno Piloto	614	Pedro Hipólito	574	Rachão	329	Rui Cunha	38	Teixeira	81	Veríssimo	552
Nuno Rocha	561	Pedro Jesus	503	Rafael Gaúcho	640	Rui Ferreira	379	Teixeira	148	Vicente	457
Octaviano	78	Pedro Lavoura	530	Ramalho	197	Rui Maia	221	Teixeira	184	Viçoso	355
Octávio	527	Pedro Moiteiro	441	Ramin	187	Rui Mendonça	394	Teixeira	208	Viegas	250
Oliveira	104	Pedro Oliveira	619	Rangel	26	Rui Miguel	663	Teixeira	255	Vieira Nunes	258
Oliveira	145	Pedro Paula	571	Rasca	591	Rui Moço	482	Telmo Pinto	537	Vilela	205
Oliveira Duarte	244	Pedro Penela	598	Raul Águas	300	Rui Nereu	696	Tendeiro	14	Viriato	84
Oliveira Santos	66	Pedro Roma	469	Raul Oliveira	606	Rui Rodrigues	248	Teves	339	Vital	599
Orlando	155	Pedro Silva	659	Real	450	Rui Silva	105	Tibério	61	Vítor	51
Orlando	410	Pedro Xavier	402	Redondo	100	Rui Vala	371	Tiero	687	Vítor	85
Orlando	686	Pedrosa	269	Redondo	352	Russiano	421	Tito	143	Vítor Alves	489
Orlando Vieira	206	Pedroso	357	Reginaldo	548	Sá	309	Tixier	607	Vítor Campos	253
Óscar	136	Peiser	725	Reinaldo	408	Sabará	434	Tó Luís	426	Vítor Duarte	493
Óscar	359	Peralta	690	Reis	292	Saleiro	712	Tó Sá	543	Vítor Gomes	284
Pacheco	74	Perduv	473	Renato	93	Samuel	202	Tomané	196	Vítor Manuel	299
Pacheco Nobre	135	Peres	276	Ribeiro	385	Santana	358	Tomás	363	Vítor Nóvoa	390
Pais Correia	115	Peres	542	Ribeiro da Costa	2	Santiago	110	Tonel	587	Vítor Paneira	565
Palancha	480	Pérides	188	Ricardo	494	Santos	532	Toni	264	Vítor Vieira	615
Paquete	446	Peseta	80	Ricardo	691	Sarmento	646	Toni	391	Vítor Vinha	653
Paredão	492	Peskovic	704	Ricardo Fernandes	641	Sciascia	409	Toni	601	Vouho	689
Parente	361	Pimenta	62	Ricardo Perez	628	Serafim	267	Toninho	366	Waldemar Amaral	44
Parreira	73	Pimentel	34	Roberto	611	Sérgio	308	Toninho Cruz	451	Walter	468
Pascoal	57	Pinheiro	274	Roberto Brum	650	Sérgio	498	Torres	166	Wilson	154
Pascoal	126	Pinho	157	Rocha	201	Sérgio Cruz	546	Toscano	59	Wilson	170
Paulão	544	Pinho	305	Rocha	425	Serjão	662	Tozé	406	Xano	604
Paulo Adriano	563	Pinto	70	Rodolfo	623	Serra Coelho	159	Tozé	420	Zada	660
Paulo Antunes	460	Pires	87	Rodrigo	273	Serralha	478	Tozé	454	Zé Castro	631
Paulo Costa	328	Piscas	249	Rogério	193	Serrano	314	Tozé	521	Zé d' Angola	481
Paulo Dias	572	Pitbull	679	Rogério	310	Silvestre	271	Travanca	153	Zé da Rocha	491
Paulo Ferreira	376	Polleri	174	Rogério Matias	533	Sílvio	680	Ulisses	167	Zé do Carmo	477
Paulo Pilar	525	Porfírio	387	Rogério Nobres	344	Simões	286	Vaccari	194	Zé Duarte	487
Paulo Sérgio	635	Portugal	46	Rolão	398	Sissoko	735	Vala	283	Zé Miguel	566
Paulo Sérgio	674	Portugal	168	Romão	191	Soares	111	Valente	433	Zé Nando	528
Paulo Simões	459	Poupinho	114	Rosa	68	Sonkaya	675	Valeri	612	Zé Paulo	442
Paulo Vida	497	Prado	177	Rosado	362	Sougou	700	Valido	307	Zeca	245
Pavlovic	672	Prates	139	Rosales	247	Sousa	36	Vargas	545	Zuela	633
Pazito	579	Prieto	295	Rosário	360	Sousa	171	Vasco	88		
Pedrinho	694	Prudêncio	3	Rubens Feijão	436	Stephen	440	Vasco Faísca	639		

1 JOÃO FERREIRA (GR)
João da Costa Martins
Ferreira
DN: 15-7-1901
São Carlos - SP (Brasil)

2 RIBEIRO DA COSTA
Júlio Ribeiro da Costa
DN: 30-12-1894
Condeixa-a-Nova

3 PRUDÊNCIO
Francisco Prudêncio
DN: 26-12-1899
Alcantarilha (Silves)

4 MIGUEL
Joaquim Miguel Júnior
DN: 15-11-1901
Bolho (Cantanhede)

5 ESQUÍVEL
Teófilo Esquível
DN: 5-3-1900
Faro

6 GALANTE
António Nunes
de Melo Galante
DN: 26-2-1901
Coimbra

7 JOSÉ AFONSO
José de Carvalho Afonso
dos Santos
DN: 1-8-1902
Estremoz

8 FRANCISCO FERREIRA
Francisco Ferreira Júnior
DN: 14-2-1902
São Carlos - SP (Brasil)

9 AUGUSTO PAIS
Augusto Pais de Almeida
e Silva
DN: 31-1-1902
Vagos

10 NETO
José Marques Neto
DN: 10-9-1901
Cantanhede

11 GIL VICENTE
Gil Vicente de Sacramento
Monteiro
DN: 5-3-1907
Humpata (Angola)

12 GUEDES PINTO
Ernesto de Pinho
Guedes Pinto
DN: 15-7-1901
Aveiro

13 BATALHA
Armando Batalha
DN: 30-4-1901
Coimbra

14 TENDEIRO
Manuel Leal
da Silva Tendeiro
DN: 4-1-1906
Alpiarça

15 JUVENAL
Juvenal Ferreira Barreto
DN: 2-2-1905
Vilarinho do Bairro
(Anadia)

16 CURADO
Eduardo Curado Ribeiro
DN: 13-3-1907
Carvoeiro (Mação)

17 ALBANO PAULO
Albano Rodrigues Paulo
DN: 6-9-1906
Coimbra

18 JOÃO LOPES
João António Lopes
DN: 10-6-1904
Braga

19 DANIEL
Daniel Brazão Machado
DN: 5-3-1899
São Vicente (Madeira)

20 ARMANDO SAMPAIO (GR)
Armando Francisco
Coelho Sampaio
DN: 27-6-1907
Beja

21 LUÍS TRINDADE
Luís da Rocha Trindade
DN: 16-7-1906
Lagoa

22 DÓRIA (GR)
José Platão Aymami Dória
DN: 15-9-1906
Coimbra

23 DUARTE
Francisco José de Faria
e Melo Ferreira Duarte
DN: 12-1-1905
Lisboa

24 CORTE-REAL
Eduardo Alberto Corte-Real
de Sousa Leitão
DN: 2-4-1910
Vale de Açores (Mortágua)

25 ABELHA
Augusto Evaristo do Porto
e Silva de Almeida
DN: 10-2-1906
Cerdeira (Arganil)

26 RANGEL
Eduardo Sabino de Araújo
Rangel Pamplona
DN: 6-6-1907
Porto

27 LADEIRA
Arnaldo Rodrigues
Gomes Ladeira
DN: 20-7-1907
Lemede (Cantanhede)

28 FERNANDO PAIS
Fernando Pais de Almeida
e Silva
DN: 28-6-1905
Vagos

29 MONTEIRO
Mário Monteiro
DN: 12-11-1908
Pombal

30 FRAZÃO
Cândido Frazão Caetano
DN: 12-10-1907
Santarém

31 GUERRA
António Lopes Guerra
DN: 13-4-1909
Aljustrel

32 JOSÉ AMARAL
José Rodrigues
Loureiro Amaral
DN: 20-8-1909
Manaus - AM (Brasil)

33 FARIA
Alfredo Faria Mendes
DN: 13-11-1911
Torres Novas

34 PIMENTEL
Carlos Ferreira Pimentel
DN: 20-3-1907
Coimbra

35 MATIAS (GR)
Albertino dos Santos
Matias
DN: 5-3-1910
Manaus - AM (Brasil)

36 SOUSA
João Antunes de Sousa
DN: 16-12-1908
Coimbra

37 ISABELINHA
Joaquim Duarte Gonçalves
DN: 5-12-1908
Almeirim

38 RUI CUNHA
Salviano Rui de Carvalho
e Cunha
DN: 30-8-1912
Ovar

39 CASTRO
António Aflálo de Castro
DN: 28-10-1908
Viseu

40 ADREGA
Francisco Adrega de Moura
DN: 21-11-1906
Sandomil (Seia)

41 BARATA (GR)
José Barata
DN: 9-11-1910
Coimbra

42 VEIGA PINTO
Luís da Veiga Pinto
DN: 27-2-1909
Lisboa

43 CRISTÓVÃO
Cristóvão de Sousa Lima
DN: 21-1-1910
Ponta Delgada

44 WALDEMAR AMARAL
Waldemar Rodrigues
Amaral
DN: 11-7-1911
Manaus - AM (Brasil)

45 FILIPE DOS SANTOS
Filipe dos Santos
Silva Júnior
DN: 20-12-1908
Praia (Cabo Verde)

46 PORTUGAL
Alexandre Simão Portugal
DN: 2-8-1913
Belmonte

47 CESÁRIO
Cesário de Moura Bonito
DN: 1-8-1909
Vila Real

48 CABEÇADAS
José Mendes Cabeçadas
DN: 2-7-1910
Faro

49 ABREU (GR)
Álvaro da Piedade Abreu
DN: 20-11-1914
Elvas

50 CORREIA
Armando Fernandes
Correia
DN: 25-8-1912
Lourenço Marques
(Moçambique)

51 VÍTOR
Vítor Manuel Machado
Gomes
DN: 6-3-1911
Ílhavo

52 CASEIRO
Adriano Fernandes Caseiro
DN: 9-2-1913
Lourenço Marques
(Moçambique)

53 TARA
Artur Rodrigues Ferreira
Ramos
DN: 12-2-1914
São Martinho da Cortiça
(Arganil)

54 BRITO
João Guilherme Correia
de Brito
DN: 31-7-1913
Lourenço Marques
(Moçambique)

55 CATELA
José Catela Teixeira
Stockler de Albuquerque
DN: 28-1-1913
Lisboa

56 MÁRIO CUNHA
Mário Pereira de Carvalho
e Cunha
DN: 4-3-1915
Ovar

57 PASCOAL
João Pascoal
DN: 24-8-1912
Lentisqueira (Mira)

58 FAUSTINO
Carlos Faustino
da Silva Duarte
DN: 13-7-1915
Santarém

59 TOSCANO
Domingos Toscano
Soares Barbosa
DN: 19-4-1913
Santa Maria da Feira

60 CAMARATE
Alfredo da Veiga
Camarate de Campos
DN: 2-10-1914
Évora

61 TIBÉRIO (GR)
Tibério Barreira Antunes
DN: 27-3-1915
Coimbra

62 PIMENTA
Bernardo de Jesus
das Neves Pimenta
DN: 20-12-1912
Coja (Arganil)

63 JOSÉ MARIA ANTUNES
José Maria Antunes Júnior
DN: 27-7-1913
Coimbra

64 GAGO
José Gago da Silva Júnior
DN: 1-11-1911
Setúbal

65 BORDALO
Artur Bordalo Machado
DN: 8-11-1910
Figueira de Castelo Rodrigo

66 OLIVEIRA SANTOS
Eduardo Inácio
de Oliveira Santos
DN: 21-12-1915
Lourenço Marques
(Moçambique)

67 GERARDO MAIA
João Gerardo Coutinho
da Maia
DN: 26-9-1910
Azambuja

68 ROSA
Francisco Rosa
DN: 22-9-1910
Lisboa

69 JAIME
Jaime de Melo Cabido
DN: 31-5-1915
Ribeira Grande

70 PINTO
Zeferino Pedrosa
dos Santos Pinto
DN: 24-3-1910
Rio Tinto (Gondomar)

71 MATOS
António Pedro de Matos
DN: 6-2-1912
Gavião

72 DINIZ (GR)
Mário Dias Diniz
DN: 6-12-1917
Benfeita (Arganil)

73 PARREIRA (GR)
Luís Newton de Bragança
Parreira
DN: 1-4-1913
Lisboa

74 PACHECO
Álvaro Diniz Pacheco
DN: 25-5-1914
Porto

75 NINI
António Ribeiro
da Conceição
DN: 16-1-1917
Viseu

76 ALBERTO GOMES
Alberto Luís Gomes
DN: 29-12-1915
Monção

77 MANUEL DA COSTA
Manuel da Costa
DN: 10-8-1916
Vila Real

78 OCTAVIANO
Octaviano Leal de Oliveira
DN: 17-10-1915
Carvalhal Benfeito
(Caldas da Rainha)

79 ARNALDO CARNEIRO
Arnaldo José Vieira
da Silva Carneiro
DN: 22-3-1917
Penafiel

80 PESETA
Augusto José da Silva
Domingues
DN: 3-3-1914
Valença

81 TEIXEIRA
João José Teixeira
DN: 4-10-1911
Borbela (Vila Real)

82 CÉSAR MACHADO
Augusto César Machado
DN: 30-1-1915
Belém - PA (Brasil)

83 ALMEIDA
António de Almeida
DN: 20-1-1916
Rio Tinto (Gondomar)

84 VIRIATO
Viriato José Amaral Nunes
DN: 13-3-1918
Rio de Janeiro - RJ (Brasil)

85 VÍTOR
Vítor Augusto de Sousa
DN: 11-1-1918
Macau

86 CIPRIANO (GR)
Cipriano dos Santos
DN: 16-9-1920
Viseu

87 PIRES
Armando Gonçalves Pires
DN: 5-9-1915
Olhão

88 VASCO (GR)
António Martins Ferreira
DN: 31-8-1921
Lisboa

89 ACÁCIO (GR)
Acácio Henrique
Coelho Correia
DN: 22-4-1920
Setúbal

90 BENTES
Armelino das Mercês
Mendonça Bentes
DN: 4-11-1921
Atalaia
(Vila Nova da Barquinha)

91 JOAQUIM JOÃO
Joaquim João Fernandes
da Silva
DN: 16-2-1921
Sanfins do Douro (Alijó)

92 LOMBA
Jorge Nunes Lomba
DN: 24-2-1920
Lourenço Marques
(Moçambique)

93 RENATO
Renato Bento Martins
Ferreira
DN: 20-2-1918
Lisboa

94 FALCÃO
José Feliciano Martins
Falcão
DN: 25-12-1919
Portalegre

95 VELOSO
José Manuel Veloso
DN: 12-2-1921
Braga

96 LEMOS
Eduardo José Ferreira
de Lemos
DN: 17-6-1917
Torre de Moncorvo

97 ARMANDO
Armando Henrique Coelho
Correia
DN: 13-5-1923
Setúbal

98 NANA
Fernando das Neves
Monteiro de Oliveira Leite
DN: 29-10-1922
Coimbra

99 MICAEL
Joaquim da Costa Micael
DN: 31-3-1917
Ericeira (Mafra)

100 REDONDO
Jaime Azevedo Redondo
DN: 19-9-1916
Vila Nova de Foz Côa

101 LARZEN
Jorge Larzen
DN: 3-2-1919
Lourenço Marques
(Moçambique)

102 MÁRIO REIS
Mário Alves dos Reis
DN: 17-6-1921
Ponta Delgada

103 CHICO LOPES
Francisco António Lopes
DN: 4-2-1922
Viana do Castelo

104 OLIVEIRA
Manuel de Sousa Oliveira
DN: 18-7-1916
Cambridge - Massachusetts
(USA)

105 RUI SILVA
Rui Correia da Silva
Lanceiro
DN: 22-9-1922
Lisboa

106 ALBINO
Joaquim Albino Antunes
da Cunha
DN: 23-2-1921
Porto Alexandre (Angola)

107 ARISTIDES
Aristides Correia da Rosa
DN: 10-6-1919
Canas de Senhorim (Nelas)

108 ANTÓNIO MARIA
António Maria
Pereira Júnior
DN: 4-10-1923
Figueira da Foz

109 LUÍS CUNHA
Luís Filipe Justino Cunha
de Morais Teixeira
DN: 26-3-1918
Funchal

110 SANTIAGO
Pedro Gomes Santiago
DN: 1-2-1924
Lousã

111 SOARES (GR)
Fernando Augusto
da Conceição Soares
DN: 10-7-1924
Pampilhosa do Botão
(Mealhada)

112 GRANGEIA (GR)
António Grangeia
DN: 24-2-1925
Troviscal (Oliveira do
Bairro)

113 TABORDA
Manuel Rodrigues Coimbra
DN: 14-8-1923
Santa Comba Dão

114 POUPINHA
Francisco Barbosa
Poupinha
DN: 1-11-1924
Brinches (Serpa)

115 PAIS CORREIA
António Pais Correia
DN: 10-9-1921
Canas de Senhorim (Nelas)

116 VEIGA
José Maria Figueiras Veiga
DN: 3-1-1924
Ervedal
(Oliveira do Hospital)

117 BRÁS
José Rodrigues Brás
DN: 14-3-1925
Tondela

118 ALENTISCA
João de Jesus Alentisca
DN: 6-6-1925
Coimbra

119 EMÍLIO
Emílio Gonçalves
Mourato Moreira
DN: 27-8-1925
Portalegre

120 AZEREDO
Pedro Paulo Barreto
de Azeredo
DN: 5-1-1926
Lisboa

121 JACQUES (GR)
Jacques Braz Batista
DN: 3-11-1925
Paris (França)

122 BENTES
António de Deus Costa de
Matos Bentes de Oliveira
DN: 29-8-1927
Braga

123 GARÇÃO
Arnaldo Adolfo
de Morais Garção
DN: 30-9-1925
Ponte de Lima

124 ÂNGELO
Ângelo Pamplona Teixeira
DN: 28-1-1919
São Roque do Pico

125 GIL
Manuel Gil Bispo
DN: 27-8-1923
Castelo Branco

126 PASCOAL
Raul Rameiros Pascoal
DN: 7-3-1926
Montemor-o-Novo

127 MELO
António de Campos
Melo Nogueira
DN: 8-11-1926
Bustelo (Penafiel)

128 BRANCO
Joaquim Rodrigues Branco
DN: 2-8-1923
Vila Nova de Gaia

129 MESSIAS
Nicolau Vicente
Messias Júnior
DN: 22-5-1923
Valada (Cartaxo)

130 EDUARDO SANTOS
Eduardo Macedo Santos
DN: 24-1-1925
Malange (Angola)

131 SZABO (GR)
José Szabo Júnior
DN: 18-10-1926
Viena (Áustria)

132 JORGE SANTOS
Jorge da Silva Santos
DN: 15-3-1926
Póvoa de Santa Iria
(Vila Franca de Xira)

133 DIOGO
Diogo Ferreira de Sousa
DN: 6-10-1927
Pereira
(Montemor-o-Velho)

134 ATAZ
Manuel Joaquim Guerreiro
Batista Ataz
DN: 20-11-1927
Palmela

135 PACHECO NOBRE
Mário Fernando Ribeiro
Pacheco Nobre
DN: 22-9-1925
Barreiro

136 ÓSCAR
Óscar Carlos Teixeira
de Almeida
DN: 12-1-1925
Luanda (Angola)

137 MANECAS (GR)
Carlos Manuel
Calado Fiadeiro
DN: 30-3-1926
Covilhã

138 MILTON
Milton Rodrigues
Ferreira Gamelas
DN: 26-5-1924
Coimbra

139 PRATES (GR)
João Manuel Prates
DN: 10-11-1928
Avis

140 ANÍBAL
Aníbal José da Silva e Costa
DN: 13-12-1927
Oliveira de Azeméis

141 ALBERTO CRUZ
Alberto Macedo
da Silva Cruz
DN: 1-3-1927
Benguela (Angola)

142 CARVALHEIRA
Eugénio Osório dos Santos
Carvalheira
DN: 21-12-1927
Alvôco das Várzeas
(Oliveira do Hospital)

143 TITO (GR)
António Tito Santos
Vasconcelos Nogueira
DN: 5-10-1928
Coimbra

144 MOUSACO
Mário João Mousaco
DN: 26-8-1928
Lourenço Marques
(Moçambique)

145 OLIVEIRA
Manuel Fernando Pereira
de Oliveira
DN: 23-1-1927
Águeda

146 HIPÓLITO
Francisco Hipólito Garcês
Saldanha Fonseca
DN: 3-5-1926
Viseu

147 COUCEIRO
Amândio Martins Couceiro
DN: 26-5-1922
Vila Robert Williams
(Angola)

148 TEIXEIRA
António Lopes Teixeira
DN: 27-1-1928
Faro

149 DOMINGOS
Manuel da Conceição
Domingos
DN: 6-10-1926
Alcoutim

150 CAPELA (GR)
Manuel Maria
Nogueira Capela
DN: 9-5-1922
Angeja (Albergaria-a-Velha)

151 CASTELA
António Augusto
de Carvalho Castela
DN: 26-10-1928
Cascais

152 ANDRADE
Freire de Andrade
Tavares Soares
DN: 10-11-1924
Amora (Seixal)

153 TRAVANCA
António Joaquim Travanca
DN: 10-2-1924
Figueira da Foz

154 WILSON
Guilherme Wilson Júnior
DN: 21-3-1928
Lourenço Marques
(Moçambique)

155 ORLANDO
Orlando Nunes de Oliveira
DN: 17-12-1922
Sertã

156 CURADO
António Henriques Curado
DN: 6-1-1921
Coimbra

157 PINHO
José Pinho do Carmo
DN: 1-2-1927
Nazaré

158 MACEDO
João de Deus Macedo
de Medeiros
DN: 6-8-1927
Ponta Delgada

159 SERRA COELHO
Guilherme António
Moutinho Serra Coelho
DN: 8-1-1930
Lisboa

160 DUARTE
Álvaro de Brito Duarte
DN: 4-10-1927
Quelimane (Moçambique)

161 NEVES PIRES
António Carlos
das Neves Pires
DN: 20-7-1929
Avis

162 JOSÉ MIGUEL
José Miguel da Conceição
DN: 6-8-1926
Fornos de Algodres

163 DIÓGENES
Diógenes António
de Assis Boavida
DN: 23-6-1927
Luanda (Angola)

164 GARNACHO
Luís Alberto Garnacho
DN: 6-12-1929
Luanda (Angola)

165 GIL
Rui Franco Gil
DN: 1-8-1930
Lisboa

166 TORRES
Mário Torres
DN: 13-9-1931
Nova Lisboa (Angola)

167 ULISSES
Ulisses Augusto
da Silva Oliveira
DN: 1-12-1930
Moscavide (Loures)

168 PORTUGAL
Ataíde Bráulio Monteiro
Portugal
DN: 3-1-1930
Belmonte

169 JORGE SANTOS
Jorge Alberto Ferreira
dos Santos
DN: 28-9-1930
Figueira da Foz

170 WILSON
Mário Wilson
DN: 17-10-1929
Lourenço Marques
(Moçambique)

171 SOUSA
Alberto Figueira de Sousa
DN: 8-1-1929
Funchal

172 ABREU
Francisco Domingos
Ricardo Abreu
DN: 20-12-1931
Olhão

173 EUGÉNIO
Eugénio José Antunes
da Cunha
DN: 16-3-1931
Cabanas de Viriato
(Carregal do Sal)

174 POLLERI (GR)
Jorge Afonso Polleri
Pires de Campos
DN: 13-3-1928
Lisboa

175 MALÍCIA
Daniel José de Oliveira
DN: 7-6-1930
Arada (Ovar)

176 DELFINO
Francisco José Ezequiel
Delfino
DN: 25-5-1930
Olhão

177 PRADO
José Artur de Sousa Prado
DN: 4-11-1929
Luanda (Angola)

178 FIGUEIRINHAS
José Luís Ferreira
Figueirinhas
DN: 29-7-1929
Oliveira de Frades

179 CELSO
Fernando Celso Rodrigues
Fernandes
DN: 12-10-1930
Santo Amaro
(São Tomé e Príncipe)

180 ANDRÉ
Francisco de Sousa
André Júnior
DN: 10-11-1932
Faro

181 NELO
José Manuel Coelho
de Barros
DN: 24-3-1927
Fafe

182 ALCINO
Alcino do Rosário Vaz
DN: 11-3-1931
Lourenço Marques
(Moçambique)

183 FRIAS
Arménio Bernardo de Frias
DN: 7-10-1933
São Martinho da Cortiça
(Arganil)

184 TEIXEIRA
Carlos Madureira
de Castro Teixeira
DN: 2-10-1930
Recife - PE (Brasil)

185 INÁCIO
Manuel Maria Inácio
DN: 18-10-1931
Moçâmedes (Angola)

186 NUNO
Nuno Álvares Martins
Gomes Rodrigues
DN: 8-6-1934
Palhais (Barreiro)

187 RAMIN (GR)
Orlando de Carvalho Ramin
DN: 10-6-1933
Lisboa

188 PÉRIDES
José Pérides
DN: 18-4-1935
Tete (Moçambique)

189 MOTA
Américo de Almeida Mota
DN: 15-12-1934
Coimbra

190 BAGORRO
Francisco Domingos
Carvalho Bagorro
DN: 25-2-1935
Vila Boim (Elvas)

191 ROMÃO
Manuel Ferreira Coelho
DN: 6-2-1935
Santa Maria de Lamas
(Santa Maria da Feira)

192 FAIA
João Júlio de Almeida
e Silva
DN: 1-10-1932
Barreiro

193 ROGÉRIO (GR)
Rogério de Melo Moreira
DN: 5-8-1934
Barrô (Mealhada)

194 VACCARI
Wilson Vaccari
DN: 9-8-1934
Belo Horizonte - MG
(Brasil)

195 CRISTÓVÃO (GR)
João Cristóvão de Faria
Peixoto Amaro
DN: 30-4-1936
Vale de Azares
(Celorico da Beira)

196 TOMANÉ
António Manuel Cabral
de Sousa Machado
DN: 13-12-1934
Vila Real

197 RAMALHO
Mário Ferreira Ramalho
DN: 18-7-1936
Lourenço Marques
(Moçambique)

198 JOSEPH WILSON
Joseph Wilson Júnior
DN: 7-10-1932
Lourenço Marques
(Moçambique)

199 LEMOS
António Dias de Lemos
DN: 4-12-1933
Fermentelos

200 MARTA
Jorge Carlos Lorga Marta
DN: 26-2-1936
Pinhel

201 ROCHA
Augusto Francisco Rocha
DN: 7-2-1935
Macau

202 SAMUEL
Samuel Barros da Veiga
DN: 8-1-1933
Favaios (Alijó)

203 ARLINDO
Arlindo Afonso Fonseca
Saraiva
DN: 13-9-1937
Covilhã

204 COSTA
Manuel António
Rodrigues Costa
DN: 29-11-1936
Torrão (Alcácer do Sal)

205 VILELA
José Joaquim
Carvalho Vilela
DN: 28-2-1934
Alijó

206 ORLANDO VIEIRA
Orlando Frutuoso
da Silva Vieira
DN: 7-6-1934
Beira (Moçambique)

207 BENTO
Alberto Costa Bento
DN: 25-4-1934
Fornos de Algodres

208 TEIXEIRA (GR)
António Dias Lopes Teixeira
DN: 9-1-1935
Avintes (Vila Nova de Gaia)

209 MIRANDA
Vítor Manuel Marques
Miranda
DN: 9-4-1936
Nova Lisboa (Angola)

210 CURADO
António Nazaré Curado
DN: 17-4-1937
Soure

211 JORGE HUMBERTO
Jorge Humberto Gomes
Nobre de Morais
DN: 17-2-1938
Mindelo (Cabo Verde)

212 ÉVORA
Anselmo Évora
DN: 21-3-1933
Mindelo (Cabo Verde)

213 MANECAS
Manuel Francisco
Rodrigues Balonas
DN: 31-5-1936
Nova Lisboa (Angola)

214 LUSO
Luso Pinto da Silva
Marques
DN: 21-12-1937
Rio de Janeiro - RJ (Brasil)

215 CORREIA BRANCO
José Manuel de Abreu
Correia Branco
DN: 11-10-1937
Parede (Cascais)

216 ARAÚJO
Augusto Germano
de Araújo
DN: 11-4-1935
Luanda (Angola)

217 CHIPENDA
Daniel Júlio Chipenda
DN: 15-5-1931
Lobito (Angola)

218 GOMES DA SILVA (GR)
José Manuel Gomes
da Silva
DN: 11-12-1937
Montijo

219 ARMÉNIO (GR)
Arménio Henriques
Gonçalves
DN: 15-11-1939
Tondela

220 CASTRO
Fernando Jorge Vieira
de Castro
DN: 8-2-1939
Rio Tinto (Gondomar)

221 RUI MAIA
Rui Firmino de Faria Maia
DN: 6-4-1933
Praia (Cabo Verde)

222 BOUÇON
Aníbal Bouçon Braga
DN: 24-3-1940
Espinho

223 JUCA
José Fernando Machado
de Almeida
DN: 22-12-1937
Vila Nova de Gaia

224 MALÓ (GR)
João Luís Maló de Abreu
DN: 29-3-1940
Moçâmedes (Angola)

225 NUNO
Nuno Manuel Agostinho
DN: 8-9-1936
Fuseta (Olhão)

226 MESQUITA
António Gaspar Duarte
Mesquita
DN: 3-4-1939
Lisboa

227 GONÇALVES
António José Lobo
Ferreira Gonçalves
DN: 9-4-1940
Currelos (Carregal do Sal)

228 JOSÉ JÚLIO
José Júlio Ferreira
de Andrade
DN: 19-3-1938
Torre de Moncorvo

229 JÚLIO FREIRE
Júlio Guilherme
Lopes Freire
DN: 7-10-1938
Barreiro

230 GAIO
Amândio Lima Lemos
DN: 15-2-1936
Ponte de Lima

231 HÉLDER LINO
Hélder Carvalho
da Silva Lino
DN: 17-2-1940
Barreiro

232 FRANÇA
António dos Santos França
DN: 9-4-1938
Mupa (Angola)

233 ALMEIDA
António de Almeida
DN: 12-2-1941
Balondo (Congo Belga)

234 ASSIS
Rui Alberto de Assis Lobo
DN: 11-1-1941
Palmela

235 BACALA
José António
Gouveia Bacala
DN: 29-10-1938
Beja

236 AMÉRICO (GR)
Américo da Costa Pereira
DN: 17-4-1935
Lisboa

237 LEONEL ABREU
Leonel Isidoro Viegas Abreu
DN: 4-4-1942
Olhão

238 MOREIRA
Alexandre Alberto
Marques Moreira
DN: 19-9-1941
Lisboa

239 CRISPIM
José Manuel Pereira
Crispim
DN: 21-12-1942
Palmela

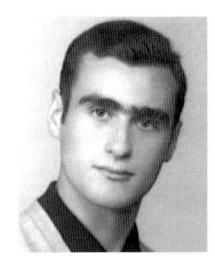

240 LOURENÇO
João de Matos
Moura Lourenço
DN: 8-4-1942
Alcobaça

241 BETINHO
Alberto da Mota Gomes
DN: 6-3-1935
Praia (Cabo Verde)

242 JORGE
Jorge Manuel Soares Lopes
DN: 5-9-1942
Montijo

243 GERVÁSIO
Vasco Manuel Vieira
Pereira Gervásio
DN: 5-12-1943
Malveira (Mafra)

244 OLIVEIRA DUARTE
Joaquim António
Oliveira Duarte
DN: 19-3-1943
Lisboa

245 ZECA
José Eduardo da Costa
DN: 3-12-1943
Torres Vedras

246 ANTÓNIO CASTRO
António Francisco Rebelo
de Castro
DN: 13-6-1942
Lisboa

247 ROSALES
Jorge Vilar Rosales
DN: 7-10-1940
Lisboa

248 RUI RODRIGUES
Rui de Gouveia Pinto
Rodrigues
DN: 17-5-1943
Lourenço Marques
(Moçambique)

249 PISCAS
Carlos Fernando
Videira Antunes
DN: 9-6-1937
Luanda (Angola)

250 VIEGAS (GR)
Armelim Ferreira Viegas
DN: 4-5-1943
Tondela

251 MANUEL DUARTE
Manuel de Almeida Duarte
DN: 29-5-1945
Vale de Azares
(Celorico da Beira)

252 CAGICA RAPAZ
António Manuel Rosa
Cagica Rapaz
DN: 13-6-1944
Sesimbra

253 VÍTOR CAMPOS
Vítor José Domingos
Campos
DN: 11-3-1944
Torres Vedras

254 MANUEL CASTRO
José Manuel da Silva
Soares de Castro
DN: 24-1-1938
Carcavelos (Cascais)

255 TEIXEIRA
Carlos Urbano
Teixeira Ferreira
DN: 26-4-1945
Coimbra

256 MARQUES
António Pereira Marques
DN: 19-8-1939
Ganilhos (Alcobaça)

257 MANUEL ANTÓNIO
Manuel António
Leitão da Silva
DN: 29-1-1946
Santo Tirso

258 VIEIRA NUNES
António Francisco
Vieira Nunes
DN: 1-7-1945
Águas Santas (Maia)

259 ERNESTO
Ernesto Francisco de Sousa
DN: 2-2-1941
Portimão

260 ARTUR JORGE
Artur Jorge Braga
de Melo Teixeira
DN: 13-2-1946
Porto

261 BERNARDO
António Fernando
Rodrigues Bernardo
DN: 19-9-1946
Golegã

262 CELESTINO
Celestino da Silva
Martins Bárbara
DN: 12-2-1943
São Brás de Alportel

263 MÁRIO CAMPOS
Mário Alberto Domingos
Campos
DN: 29-3-1947
Torres Vedras

264 TONI
António José
da Conceição Oliveira
DN: 14-10-1946
Mogofores (Anadia)

265 BRASSARD (GR)
António Alberto Brassard
DN: 14-4-1944
Lourenço Marques
(Moçambique)

266 BRASFEMES
Vítor Manuel dos Santos
Fernandes
DN: 11-9-1947
Coimbra

267 SERAFIM
Manuel Serafim Monteiro
Pereira
DN: 25-7-1943
Rio Tinto (Gondomar)

268 BELO
José António Pinto Belo
DN: 19-12-1947
Freixo de Numão (Vila
Nova de Foz Côa)

269 PEDROSA
Joaquim Luís Pedrosa
DN: 20-1-1948
Vila Franca de Xira

270 FELIZ
António Manuel Feliz
da Fonseca
DN: 30-10-1947
Matadi (Congo Belga)

271 SILVESTRE
João Manuel dos Remédios
Silvestre
DN: 12-12-1947
Alverca do Ribatejo
(Vila Franca de Xira)

272 LUÍS EUGÉNIO
Luís Eugénio de Castro
Fernandes
DN: 27-4-1945
Funchal

273 RODRIGO
Rodrigo dos Santos
de Azevedo e Moura
DN: 26-12-1947
Viseu

274 PINHEIRO (GR)
Artur Manuel Ferreira
Pinheiro
DN: 5-9-1946
Porto

275 QUINITO
Joaquim Lucas Duro
de Jesus
DN: 6-11-1948
Setúbal

276 PERES
Fernando Peres da Silva
DN: 8-1-1943
Lisboa

277 QUIM
Joaquim Adalberto
Mecha Monteiro
DN: 14-4-1947
Barreiro

278 AGOSTINHO
Agostinho Vieira
de Oliveira
DN: 5-2-1947
Póvoa de Lanhoso

279 CARLOS ALHINHO
Carlos Alexandre
Fortes Alhinho
DN: 10-1-1949
Mindelo (Cabo Verde)

280 NENE
Modesto Luís Ortiz
de Sousa Neves
DN: 25-8-1949
Madrid (Espanha)

281 ARAÚJO
Armando Manuel
Matos Araújo
DN: 14-9-1949
Branca (Albergaria-a-Velha)

282 ARTUR
Artur Manuel Soares
Correia
DN: 18-4-1950
Lisboa

283 VALA
António José Lino Vala
DN: 10-7-1951
Atouguia da Baleia
(Peniche)

284 VÍTOR GOMES
Vítor Fernando da Silva
Correia Gomes
DN: 22-4-1950
Nogueira do Cravo
(Oliveira de Azeméis)

285 FAGUNDES
José Joaquim Fagundes
e Silva
DN: 17-12-1946
Lisboa

286 SIMÕES
Carlos António Fonseca
Simões
DN: 28-7-1951
Coimbra

287 CARDOSO (GR)
Rogério Manuel
Leal Cardoso
DN: 11-7-1950
Lourenço Marques
(Moçambique)

288 ANTÓNIO JORGE
António Jorge Tavares
de Almeida
DN: 5-6-1944
Vila Chã (Vale de Cambra)

289 JOSÉ MANUEL
José Manuel Braga
de Melo Teixeira
DN: 11-6-1951
Porto

290 ABRANTES (GR)
Manuel António
Rechestre Abrantes
DN: 3-6-1948
Monforte

291 JOSÉ FREIXO
José António
Penteado Freixo
DN: 20-8-1950
Évora

292 REIS
Fernando Jorge
Pereira dos Reis
DN: 16-2-1952
Maceira (Leiria)

293 ALCIDES
Alcides Gomes Campos
Pereira
DN: 23-11-1951
Santa Maria da Feira

294 MELO (GR)
João Carlos
da Conceição Melo
DN: 3-9-1944
Belas (Sintra)

295 PRIETO
Carlos Prieto Marques
Nunes
DN: 14-4-1950
Braga

296 LYNCE
Vasco Paulo Lynce de Faria
DN: 6-8-1947
Cascais

297 ANÍBAL (GR)
Aníbal Fernando Parada
Rodrigues Martins
DN: 18-8-1949
Porto

298 GREGÓRIO
Gregório Francisco
Penteado Freixo
DN: 8-9-1952
Évora

299 VÍTOR MANUEL
Vítor Manuel Motas
Fernandes
DN: 12-8-1952
Mouriscas (Abrantes)

300 RAUL ÁGUAS
Raul António Águas
DN: 12-1-1949
Lobito (Angola)

301 MARTINHO
António Carlos Batista
Martinho Gomes
DN: 31-7-1953
Lisboa

302 CANO BRITO
José Luís Gomes
Cano de Brito
DN: 5-9-1951
Baleizão (Beja)

303 COSTA
José Alberto Costa
DN: 31-10-1953
Porto

304 NINI (GR)
Luís Gonzaga Castelo
Batista da Silva
DN: 6-9-1953
Santo Tirso

305 PINHO
Carlos José Jordão
Couto de Pinho
DN: 19-2-1947
Batalha

306 BACANHIM
Manuel de Freitas
Franco Bacanhim
DN: 7-4-1946
Machico

307 VALIDO
Frederico Fernando
Monteiro Marques Valido
DN: 28-8-1950
Lisboa

308 SÉRGIO
Sérgio Manuel Duarte
Pereira da Silva
DN: 1-4-1952
Beira (Moçambique)

309 SÁ
Fernando António Borges
Ferreira de Sá
DN: 29-4-1951
Guisande
(Santa Maria da Feira)

310 ROGÉRIO
Rogério Gonçalves
Delgadinho
DN: 12-6-1946
Alhos Vedros (Moita)

311 NORTON DE MATOS
Luís Maria Cabral
Norton de Matos
DN: 14-12-1953
Lisboa

312 GASPAR (GR)
Gabriel Batista Gaspar
DN: 12-2-1950
Unhais-o-Velho
(Pampilhosa da Serra)

313 DANIEL
Daniel Ludovino
Rodrigues Martins
DN: 21-11-1954
Seixas (Caminha)

314 SERRANO
António Manuel Moreira
Serrano
DN: 27-8-1954
Matosinhos

315 BOTELHO DE MELO
Manuel Inácio Botelho
de Melo Júnior
DN: 10-2-1953
Macau

316 MÁRIO WILSON
Mário Valdez Wilson
DN: 25-4-1954
Coimbra

317 MANECAS
Manuel de Faria
Vieira Lopes
DN: 7-12-1952
Luanda (Angola)

318 ALCINO
Alcino Silva Santos
DN: 15-3-1955
Ribeirão
(Vila Nova de Famalicão)

319 HÉLDER (GR)
Hélder Joaquim
Máximo Catalão
DN: 1-5-1955
Tramagal

320 MARRAFA (GR)
João Manuel Antunes
Marrafa
DN: 14-12-1953
Alcácer do Sal

321 ALEXANDRE ALHINHO
Alexandre Manuel
Fortes Alhinho
DN: 7-12-1953
Porto Novo (Cabo Verde)

322 ÁGUAS
Carlos Manuel Marta
Gonçalves
DN: 7-4-1957
Tondela

323 FREITAS
Fernando Novais Freitas
DN: 5-10-1956
Antime (Fafe)

324 MAIA
José Mário da Fonseca Maia
DN: 6-7-1956
Espinho

325 JOÃO CARVALHO
João António do Carmo
da Cunha Carvalho
DN: 24-6-1957
Barreira (Leiria)

326 CAMILO
Camilo Alberto Almeida
da Conceição
DN: 23-9-1951
Vila Robert Williams
(Angola)

327 JOAQUIM ROCHA
Joaquim Teixeira da Rocha
DN: 24-3-1951
Castelo de Paiva

328 PAULO COSTA
Paulo de Sousa Costa
DN: 5-8-1956
Coimbra

329 RACHÃO
José Fernando
Casal Rachão
DN: 15-9-1952
Peniche

330 CAMEGIM
Manuel Joaquim
Grilo Guerra
DN: 5-7-1953
Buarcos (Figueira da Foz)

331 MIGUEL
Miguel Fernando Diogo
Gonçalves
DN: 3-3-1958
Setúbal

332 JORGE OLIVEIRA
Jorge Alberto Ribeiro
Oliveira
DN: 14-12-1958
São Torcato (Guimarães)

333 MESQUITA
Francisco António Valentim
Barros de Mesquita
DN: 23-11-1956
Silvares (Fundão)

334 JADERSON
Jaderson Martins
Cahú Filho
DN: 20-9-1954
Rio de Janeiro - RJ (Brasil)

335 AQUILES
Aquiles Manuel Pinto
da Silva
DN: 16-4-1957
Sesimbra

336 CAVALEIRO
João José Ferreira
Cabral Cavaleiro
DN: 2-8-1957
Mangualde

337 NICOLAU
Nicolau Sá
DN: 25-12-1953
Bissau (Guiné)

338 CAETANO
Henrique Manuel
Pereira Caetano
DN: 22-8-1953
Tomar

339 TEVES
Luís Manuel da Silva Teves
DN: 7-2-1957
Lomba da Fazenda
(Nordeste)

340 ABRANTES
José Manuel de Jesus
Carvalho Abrantes
DN: 28-12-1956
Estoril (Cascais)

341 MANAFÁ
António Manafá Djancó
DN: 7-10-1947
Bissau (Guiné)

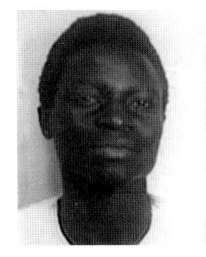

342 HERCULANO
Herculano Augusto Mendes
Mango Fernandes
DN: 23-10-1956
Bissau (Guiné)

343 GOMES
Carlos Artur Rodrigues
Gomes
DN: 12-2-1959
Vila Nova da Telha (Maia)

344 ROGÉRIO NOBRES
Rogério Nobres da Silva
DN: 12-4-1958
Rio de Janeiro - RJ (Brasil)

345 ELDON
Eldon Armond Bravo
DN: 13-3-1958
Campos - RJ (Brasil)

346 MARCOS
Marcos António Paulino
DN: 16-7-1958
Paraíba do Sul - RJ (Brasil)

347 LUÍS CLÁUDIO
Luís Cláudio Vieira
de Andrade
DN: 18-9-1959
Campo Formoso - BA
(Brasil)

348 CARDOSO
António José Cardoso
da Silva
DN: 16-8-1956
Odivelas (Loures)

349 JOSÉ MANUEL
José Manuel Ferreira Pinto
DN: 31-12-1955
Porto

350 ÁLVARO
Álvaro Monteiro
de Magalhães
DN: 3-1-1961
Cambres (Lamego)

351 HENRIQUE
Henrique Manuel Lima
de Azevedo
DN: 15-3-1961
Lamego

352 REDONDO
João António Monteiro
da Cunha Redondo
DN: 8-1-1962
Ribeira (Ponte de Lima)

353 LUÍS FREIXO
Luís Manuel
Penteado Freixo
DN: 24-7-1962
Coimbra

354 MARTINHO
António José Martinho
Gomes Teixeira
DN: 22-3-1961
Lamego

355 VIÇOSO (GR)
Pedro Viçoso Ferreira
DN: 14-3-1961
Fornos de Algodres

356 MENDES (GR)
Joaquim José Pereira
Mendes
DN: 16-7-1959
Atalaia do Campo (Fundão)

357 PEDROSO
Carlos Alberto Ribeiro
Pedroso
DN: 29-12-1956
Lisboa

358 SANTANA
José Jacinto da Silva
Santana Gomes Henriques
DN: 21-3-1960
Luanda (Angola)

359 ÓSCAR
Óscar Vicente
Martins Duarte
DN: 5-12-1950
Praia (Cabo Verde)

360 ROSÁRIO
Jorge Manuel Caetano
do Rosário
DN: 18-7-1961
Lisboa

361 PARENTE
Carlos Alberto
Bastos Parente
DN: 8-4-1961
Luanda (Angola)

362 ROSADO
Fernando Carlos
Alves Rosado
DN: 30-10-1959
Abrantes

363 TOMÁS
Luís Tomás Martins
Fernandes
DN: 14-1-1960
Lisboa

364 FREITAS
António Manuel Nogueira
Ribeiro e Freitas
DN: 24-8-1959
Porto

365 CAROLINO
Álvaro Carolino
do Nascimento
DN: 7-4-1951
Pinhal Novo (Palmela)

366 TONINHO
António Sérgio Ribeiro
DN: 1-9-1960
São Paulo - SP (Brasil)

367 DANI
Daniel Augusto Macedo
de Melo e Pinto
DN: 10-5-1958
Mindelo (Cabo Verde)

368 BETO
Augusto Felisberto Mendes
Mango Fernandes
DN: 20-8-1962
Bissau (Guiné)

369 GERMANO
Germano António Madeira
Martins Filipe
DN: 30-3-1963
Lobito (Angola)

370 IBRAIM
Ibraim Verde da Silva
DN: 29-9-1953
Vila Praia de Âncora
(Caminha)

371 RUI VALA
Rui Manuel Lino Vala
DN: 22-2-1962
Peniche

372 JACINTO JOÃO (GR)
Jacinto João Ferreira
Sampaio
DN: 17-11-1955
Porto

373 JORGE
Jorge Manuel Catarino
dos Santos
DN: 22-11-1958
Febres (Cantanhede)

374 MARCONI
José Marconi da Silva Lima
DN: 5-2-1952
Campina Grande - PB
(Brasil)

375 LUÍS HORTA
Luís Manuel Alfar Horta
DN: 15-1-1952
Lisboa

376 PAULO FERREIRA
Paulo dos Reis Ferreira
DN: 2-12-1962
Lisboa

377 EDUARDO
Eduardo Luís
Armond Bravo
DN: 21-9-1962
Saquarema - RJ (Brasil)

378 JOEL (GR)
Joel Márcio Nunes
DN: 3-9-1959
Divinópolis - MG (Brasil)

379 RUI FERREIRA
Rui Paulo Ferreira
DN: 17-9-1964
Lourenço Marques
(Moçambique)

380 FILIPE
Luís Filipe de Matos
Ferreira
DN: 1-2-1965
Coimbra

381 ÂNGELO
Ângelo Pedro dos Santos
Correia Martins
DN: 29-6-1961
Lisboa

382 ISALMAR
Isalmar Resende de Oliveira
DN: 23-3-1956
Arrifana
(Santa Maria da Feira)

383 COSME
Carlos Alberto Pereira
Cosme
DN: 20-6-1960
Bolho (Cantanhede)

384 COIMBRA
Alcides da Silva Coimbra
DN: 22-6-1955
Mozelos
(Santa Maria da Feira)

385 RIBEIRO
José Joaquim Pimentel
Ribeiro
DN: 2-11-1957
Vila Nova da Barquinha

386 JORGE OLIVEIRA
Jorge Manuel Moutinho
Oliveira
DN: 11-3-1960
São João da Madeira

387 PORFÍRIO
Porfírio José Carneiro
Amorim
DN: 5-10-1960
Requião
(Vila Nova de Famalicão)

388 ALEXANDRE
Alexandre Manuel Ferreira
dos Santos
DN: 6-2-1959
Vale de Azares
(Celorico da Beira)

389 ALCINO
José Alcino Campos
da Rosa Torneiro
DN: 26-1-1962
Coimbra

390 VÍTOR NÓVOA (GR)
Vítor Manuel
Gonçalves Nóvoa
DN: 17-8-1962
Esposende

391 TONI
António Luís Montez
Parreira
DN: 8-11-1962
Luanda (Angola)

392 JOÃO VIEIRA
João Luís Dias Vieira
DN: 5-9-1958
Lisboa

393 NILSON DIAS
Nilson Severino Dias
DN: 25-1-1952
Rio de Janeiro - RJ (Brasil)

394 RUI MENDONÇA
Rui Jorge Leal Ferreira
Mendonça da Fonseca
DN: 13-3-1965
Lourenço Marques
(Moçambique)

395 AZENHA
Luís Filipe Azenha Bonito
DN: 1-5-1965
Buarcos (Figueira da Foz)

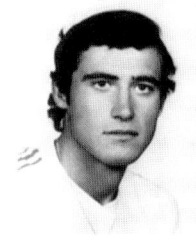

396 FRANCISCO SILVA
Francisco Manuel
Ramos da Silva
DN: 11-8-1958
Setúbal

397 KIKAS
Francisco Miguel Lima
Gomes de Pinho
DN: 20-10-1956
São João da Madeira

398 ROLÃO
Joaquim José Correia
Rolão Preto
DN: 5-11-1959
Soalheira (Fundão)

399 ARTUR SEMEDO
Artur José Semedo
DN: 25-7-1958
Lourenço Marques
(Moçambique)

400 ÁLVARO
Álvaro Luís Bernardino
de Faria
DN: 10-10-1958
Getulina - SP (Brasil)

401 FLÁVIO
Flávio José das Neves
DN: 18-5-1958
São João da Madeira

402 PEDRO XAVIER
Pedro Alexandre Marques
Caldas Xavier
DN: 26-1-1962
Lourenço Marques
(Moçambique)

403 CARLOS RIBEIRO
Carlos Manuel
Gonçalves Ribeiro
DN: 4-11-1964
Lisboa

404 JORGE (GR)
Jorge Manuel Neto
Macedo da Silva
DN: 15-7-1959
Lourenço Marques
(Moçambique)

405 ANTÓNIO AUGUSTO
António Augusto
Leitão Pereira
DN: 3-10-1961
Sobral de Monte Agraço

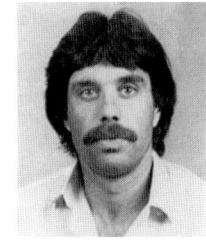

406 TOZÉ
António Manuel
Gonçalves Carrasco
DN: 17-4-1955
Serpa

407 BARRY
Barry Wellings
DN: 10-6-1958
Liverpool (Inglaterra)

408 REINALDO
Reinaldo Almeida Lopes
da Silva
DN: 16-1-1965
Caldas da Rainha

409 SCIASCIA
Roberto Sciascia
DN: 23-2-1960
Milão (Itália)

410 ORLANDO
Orlando Paulo
Pedrosa Nunes
DN: 6-7-1965
Coimbra

411 LUÍS MANUEL
Luís Manuel
Caldeirinha Lopes
DN: 3-8-1959
Almada

412 MITO
Manuel Anselmo
Lourenço Simões
DN: 26-9-1965
Benguela (Angola)

413 FERNANDO (GR)
Fernando José
da Silva Lopes
DN: 3-7-1963
Nova Lisboa (Angola)

414 BANDEIRINHA
Fernando Óscar
Bandeirinha Barbosa
DN: 26-11-1962
Porto

415 JOÃO CARLOS
João Carlos Serra
Ferreira Pereira
DN: 11-4-1965
Luanda (Angola)

416 JORGE PAIXÃO
Jorge Manuel da Silva
Paixão dos Santos
DN: 19-12-1965
Almada

417 ARMÉNIO
Arménio Nicolau Júnior
DN: 1-12-1966
Luanda (Angola)

418 QUINITO
Joaquim José
Ferreirinha Moreira
DN: 8-9-1961
Vila Nova de Gaia

419 CARLOS XAVIER
Carlos Jorge Marques
Caldas Xavier
DN: 26-1-1962
Lourenço Marques
(Moçambique)

420 TOZÉ
António José Saúde
dos Santos
DN: 17-7-1957
Lisboa

421 RUSSIANO
António Manuel
Carreira Russiano
DN: 27-9-1959
Moita

422 MOUNSIF
El Haddaoui Mounsif
DN: 21-10-1964
Sale (Marrocos)

423 PEDRO ESPINHA (GR)
Pedro Manuel Espinha
Ferreira
DN: 25-9-1965
Lisboa

424 MARITO
Mário Alexandre Tavares
Vasconcelos
DN: 27-12-1967
Viseu

425 ROCHA
Pedro Miguel e Almeida
de Carvalho Rocha
DN: 20-1-1968
Coimbra

426 TÓ LUÍS (GR)
António Luís Pinto Rama
DN: 29-11-1967
Carapinheira
(Montemor-o-Velho)

427 JORGE
Jorge Miguel de Sousa
Pinto da Costa
DN: 14-3-1969
Coimbra

428 BALTASAR
Luís Manuel Alves
Rolão Baltasar
DN: 25-11-1966
Castelo Branco

429 CADORIN
Serge Henry Helene
Cadorin
DN: 7-9-1961
Stavelot (Bélgica)

430 MOTA
Joaquim Mota Pinto
DN: 2-3-1959
Coimbra

431 DIMAS
Dimas Manuel
Marques Teixeira
DN: 16-2-1969
Joanesburgo (África do Sul)

432 ANTÓNIO LUÍS
António Luís Ventura
de Pinho
DN: 26-10-1966
Ferragudo (Lagoa)

433 VALENTE (GR)
Vítor Sérgio dos Santos
Valente
DN: 17-3-1965
Lisboa

434 SABARÁ
Eber de Sousa Nogueira
DN: 18-1-1965
Machado - MG (Brasil)

435 JOÃO MENDES
João Manuel da Rita
Tavares Mendes
DN: 20-1-1966
Alcácer do Sal

436 RUBENS FEIJÃO
Rubens de Jesus
DN: 9-5-1957
Taubaté - SP (Brasil)

437 MARCELO
Marcelo dos Santos
Cipriano
DN: 11-10-1969
Niteroi - RJ (Brasil)

438 MARCELINO
José Manuel Gomes
Marcelino
DN: 10-7-1962
Celorico da Beira

439 DANIEL
Daniel Augusto
Caetano Dias
DN: 17-4-1961
Bissau (Guiné)

440 STEPHEN
Stephen Kean
DN: 30-9-1967
Glasgow (Escócia)

441 PEDRO MOITEIRO
Pedro José Brás
Guerra Moiteiro
DN: 2-4-1967
Paul (Covilhã)

442 ZÉ PAULO
José Paulo Francisco
DN: 17-3-1970
Capenda (Angola)

443 JORGE COSTA
Armando Jorge Ferreira
da Costa
DN: 11-3-1965
Lobito (Angola)

444 JONES
Jones Roberto Minosso
DN: 12-8-1960
Getúlio Vargas - RS (Brasil)

445 COELHO
João José da Costa Coelho
DN: 30-1-1970
Mira

446 PAQUETE
Augusto José Paquete
Manuel
DN: 13-9-1961
Matosinhos

447 FERNANDO COUTO
Fernando Manuel
da Silva Couto
DN: 2-8-1969
Espinho

448 MEIRELES
Rui Mário Malheiro
de Meireles
DN: 19-10-1962
Paredes

449 ABEL SILVA
Abel Jorge Pereira da Silva
DN: 21-8-1969
Lisboa

450 REAL
António Manuel
da Cruz Real
DN: 14-11-1964
Teixoso (Covilhã)

451 TONINHO CRUZ
António Manuel
da Silva Cruz
DN: 27-3-1969
Porto

452 MARINOV
Emil Marinov
DN: 3-10-1961
Mezdra (Bulgária)

453 CHINA
Sérgio Ricardo Ferreira
Rhormens
DN: 10-12-1965
Rio de Janeiro - RJ (Brasil)

454 TOZÉ
António José dos Santos
Carvalho
DN: 19-5-1967
Castanheira de Pêra

455 ALFAIA
Nelson Moreira
de Lemos Alfaia
DN: 9-11-1966
Díli (Timor)

456 JOANITO
João Manuel Matos Sousa
DN: 18-8-1965
Covilhã

457 VICENTE
Rui Jorge do Vale
Santos Vicente
DN: 21-12-1966
Lisboa

458 LATAPY
Russel Nigel Latapy
DN: 2-8-1968
Port of Spain
(Trinidad e Tobago)

459 PAULO SIMÕES
Paulo José Dias Simões
DN: 8-5-1966
Santo André (Barreiro)

460 PAULO ANTUNES
João Paulo Lourenço
Antunes
DN: 17-11-1968
Cantanhede

461 CASQUILHA
Jorge António Rosa
Casquilha
DN: 13-1-1969
Torres Novas

462 LEWIS
Leonson Edward
Jeffrey Lewis
DN: 30-12-1966
Port of Spain
(Trinidad e Tobago)

463 MAURÍCIO
Maurício Cozin
DN: 28-8-1969
Bauru - SP (Brasil)

464 MARIANO
Luís Mariano Ventura
Borges
DN: 23-10-1968
Lisboa

465 BARRETO
José Barreto Pereira
DN: 5-6-1967
Tarrafal (Cabo Verde)

466 CHICO NIKITA
Francisco Almeida Spencer
DN: 1-6-1964
Tarrafal de São Nicolau
(Cabo Verde)

467 CLINT
Clint Sherwin Marcelle
DN: 9-11-1967
Port of Spain
(Trinidad e Tobago)

468 WALTER
Walter Novo Estrela
DN: 20-11-1967
Moçâmedes (Angola)

469 PEDRO ROMA (GR)
Pedro Miguel da Mota
Roma
DN: 13-8-1970
Pombal

470 MICKEY
Rui Miguel Alegre
do Nascimento Lopes
DN: 22-3-1972
Coimbra

471 CRISANTO
Francisco Manuel
Crisanto Rodrigues
DN: 22-11-1961
Alcochete

472 GROSSO
Carlos Manuel
Cândido Grosso
DN: 24-2-1964
Setúbal

473 PERDUV
Svetislav Perduv
DN: 8-3-1959
Sennik (Bulgária)

474 FALICA
Carlos Manuel
Baeta Ribeiro
DN: 23-3-1967
Sesimbra

475 MENDES
Sabino Mendes Vieira
Saraiva
DN: 20-12-1965
Lisboa

476 EMANUEL
Emanuel Gentil da Cunha
DN: 1-10-1967
Kaolak (Guiné)

477 ZÉ DO CARMO
José do Carmo Silva Filho
DN: 22-8-1961
Recife - PE (Brasil)

478 SERRALHA
Hugo Miguel Ferreira
Serralha
DN: 15-2-1972
Montijo

479 GOMES
José Luís Pereira Gomes
DN: 21-7-1963
Arões (Fafe)

480 PALANCHA
José Paulo Mantas Palancha
DN: 29-3-1971
Elvas

481 ZÉ D'ANGOLA
José Manuel Gomes
de Andrade
DN: 1-6-1970
Mindelo (Cabo Verde)

482 RUI MOÇO
Rui Manuel
de Oliveira Moço
DN: 17-2-1973
Cantanhede

483 CARLOS PEDRO
Carlos Pedro Pires de Melo
DN: 6-4-1969
Luanda (Angola)

484 JOÃO MANUEL
João Manuel Loureiro
dos Santos
DN: 31-8-1967
Moimenta da Beira

485 LEANDRO
André Leandro Loureiro
Martins
DN: 8-10-1971
Esteio - RS (Brasil)

486 FUA
Fernando José Gomes Pinto
DN: 7-4-1969
Luanda (Angola)

487 ZÉ DUARTE
José Augusto
da Silva Duarte
DN: 24-9-1967
Fontainebleau (França)

488 JUSTINIANO
António Jorge de Oliveira
Justiniano
DN: 4-7-1965
Beira (Moçambique)

489 VÍTOR ALVES (GR)
Vítor Manuel Nunes Alves
DN: 1-2-1961
Torres Novas

490 HRISTO
Hristo Dimitrov Marashliev
DN: 14-2-1970
Sófia (Bulgária)

491 ZÉ DA ROCHA
José da Rocha
Monteiro Silva
DN: 29-1-1968
Espargos (Cabo Verde)

492 PAREDÃO
Emerson Augusto Thomé
DN: 30-3-1972
Porto Alegre - RS (Brasil)

493 VÍTOR DUARTE
Vítor Silva Duarte
DN: 31-8-1959
Lourenço Marques
(Moçambique)

494 RICARDO
Ricardo João
da Cunha Oliveira
DN: 22-2-1970
Guimarães

495 BAROTI
Carlos Idalécio Silva
DN: 2-4-1970
Mindelo (Cabo Verde)

496 NUNO LUÍS
Nuno José Gonçalves Luís
DN: 15-1-1975
Alverca do Ribatejo (Vila
Franca de Xira)

497 PAULO VIDA
Paulo Jorge Vida Ribeiro
DN: 9-12-1971
Lisboa

498 SÉRGIO (GR)
João Sérgio Pires Louro
DN: 3-1-1966
Baixa da Banheira (Moita)

499 FERNANDO
Fernando César
de Souza Silva
DN: 27-5-1969
São Paulo - SP (Brasil)

500 CHICO FARIA
José Francisco
Gonçalves Faria
DN: 22-10-1964
Marinhas (Esposende)

501 KIKI
Marco António
Rocha da Graça
DN: 27-10-1975
Espargos (Cabo Verde)

502 JOÃO CAMPOS
João Miguel Ferreira
Campos
DN: 5-1-1975
Coimbra

503 PEDRO JESUS (GR)
Pedro Alexandre
Amaro Jesus
DN: 29-6-1974
Murtede (Cantanhede)

504 ARSÉNIO
Arsénio João Andrade
Miranda
DN: 2-6-1969
Águeda

505 RUI CARLOS
Rui Carlos dos Santos
Lodeiro Mendes
DN: 9-5-1972
Caluquembe (Angola)

506 BATISTA
João Batista Vieira
dos Santos
DN: 1-2-1964
Fortaleza - CE (Brasil)

507 FEBRAS
Jorge Manuel Ribeiro
Cardoso
DN: 25-11-1973
Cambres (Lamego)

508 LAURETA
Alfredo Magalhães
da Silva Rodrigues
DN: 18-12-1961
Guimarães

509 BESIROVIC
Besirovic Nail
DN: 22-7-1967
Zivinice (Jugoslávia)

510 NENAD
Cerovic Nenad
DN: 28-11-1968
Novi Sad (Jugoslávia)

511 DRAGAN
Jokic Dragan
DN: 26-10-1968
Novi Sad (Jugoslávia)

512 CALILA
Carlos Alberto
Lopes Cabral
DN: 31-3-1972
Lamego

513 RUI CAMPOS
Rui Manuel de Barros
Campos
DN: 4-11-1972
Coimbra

514 JOÃO PIRES
João António Gonçalves
Correia Pires
DN: 19-11-1970
Estoril (Cascais)

515 CAPITÃO
António José
de Almeida Batista
DN: 2-12-1970
Anadia

516 HILÁRIO (GR)
Henrique Hilário Meireles
Alves Sampaio
DN: 21-10-1975
São Pedro da Cova
(Gondomar)

517 ALBERTINO
Albertino Elói de Jesus
Vieira Alves
DN: 5-11-1971
Porto

518 DINIS
Dinis da Silva Gomes
Resende
DN: 15-4-1967
Paços de Brandão
(Santa Maria da Feira)

519 JORGE SILVA
Luís Jorge Pinto da Silva
DN: 4-12-1975
Porto

520 MIGUEL SIMÃO
Miguel Ângelo
da Cruz Simão
DN: 26-2-1973
Porto

521 TOZÉ
António José Correia
da Fonseca Santos
DN: 24-1-1969
Penafiel

522 EMMANUEL BLANCHARD
Emmanuel Blanchard
DN: 26-11-1970
Nice (França)

523 N'TSUNDA
Étienne N'Tsunda Mvumbi
DN: 20-12-1974
Kinshasa (Zaire)

524 JOÃO PEIXE
João Carlos Borda
de Água Peixe
DN: 18-11-1975
Nazaré

525 PAULO PILAR
Paulo Jorge de Oliveira
Duarte Pilar
DN: 3-1-1972
Lisboa

526 DIOGO
Diogo Maria Sousa
Franco de Matos
DN: 15-11-1975
Lisboa

527 OCTÁVIO
Octávio António Carvalho
da Mata Gomes Moreira
DN: 19-5-1972
Póvoa de Varzim

528 ZÉ NANDO
José Fernando
da Silva Pinto
DN: 12-9-1968
Porto

529 FERNANDO GOMES
Fernando Jorge
Cardoso Gomes
DN: 13-1-1970
Porto

530 PEDRO LAVOURA
Pedro Ricardo Bandarra
Lavoura
DN: 29-6-1974
Caracas (Venezuela)

531 DUNGA
Augusto Carlos
de Araújo Paiva
DN: 1-5-1967
Rio de Janeiro - RJ (Brasil)

532 SANTOS
Luís Eurico Monteiro
Ferreira Santos
DN: 6-1-1972
Mindelo (Cabo Verde)

533 ROGÉRIO MATIAS
Rogério Pedro Campinho
Marques Matias
DN: 22-10-1974
Vila Franca de Xira

534 ABAZAJ
Eduard Agim Abazaj
DN: 29-11-1968
Tirana (Albânia)

535 DINDA
Jailton dos Santos
DN: 18-8-1972
Laranjeiras do Sul - RS
(Brasil)

536 MIGUEL BRUNO
Miguel Bruno Pereira
Cardoso
DN: 8-12-1971
Ovar

537 TELMO PINTO
Telmo Manuel
Machado Pinto
DN: 18-1-1971
Quarteira (Loulé)

538 MOUNIR
R'Ched Larroussi Mounir
DN: 26-3-1970
Tânger (Marrocos)

539 MARINHO
Mário Alberto Andrade
de Sousa Bastos
DN: 13-7-1974
Lisboa

540 JOÃO TOMÁS
João Henrique
Pataco Tomás
DN: 27-5-1975
Oiã (Oliveira do Bairro)

541 DÁRIO
Dário Alberto
de Jesus Monteiro
DN: 22-2-1977
Maputo (Moçambique)

542 PERES (GR)
Pedro Miguel Pinto
Peres da Silva
DN: 20-7-1974
Lisboa

543 TÓ SÁ
António Manuel
Botelho de Sá
DN: 9-9-1968
Lisboa

544 PAULÃO
Alves Paulo António
DN: 22-10-1969
Namibe (Angola)

545 VARGAS
Miguel Rodrigo
Pereira Vargas
DN: 18-11-1978
Lisboa

546 SÉRGIO CRUZ
Sérgio Fernando
Bastos da Cruz
DN: 18-11-1966
Senhora da Hora
(Matosinhos)

547 AKWÁ
Fabrice Alcebiade Maieco
DN: 30-5-1977
Benguela (Angola)

548 REGINALDO
Reginaldo Mendes
dos Santos
DN: 7-9-1968
Anajatuba - MA (Brasil)

549 CARLOS MIGUEL
Carlos Miguel da Costa
Marques
DN: 19-6-1971
Alhandra
(Vila Franca de Xira)

550 GAÚCHO
Gilberto César Vanzela
DN: 28-6-1971
Passo Fundo - RS (Brasil)

551 AURÉLIO
Aurélio de Sousa Soares
DN: 18-4-1974
Luanda (Angola)

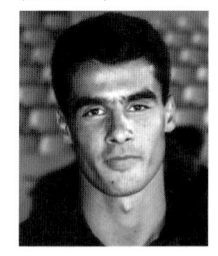

552 VERÍSSIMO
Nelson Alexandre
da Silva Veríssimo
DN: 17-4-1977
Vila Franca de Xira

553 IGOR
Igor Akmadzic
DN: 4-12-1972
Sarajevo (Jugoslávia)

554 MAURÍCIO
Maurício Vicente
dos Santos
DN: 9-5-1972
Cabedelo - PB (Brasil)

555 LUÍS FILIPE
Luís Filipe Ângelo
Rodrigues Fernandes
DN: 14-6-1979
Cantanhede

556 ANDERSON
Anderson Márcio
Figueiredo
DN: 20-5-1972
Belo Horizonte - MG
(Brasil)

557 CAMILO
Camilo António Marques
Rodrigues Fernandes
DN: 18-1-1970
Coimbra

558 BARROSO
José Alberto
da Mota Barroso
DN: 26-8-1970
Braga

559 CATTANEO
Sebastian Hernan Cattaneo
DN: 7-5-1971
General Roca (Argentina)

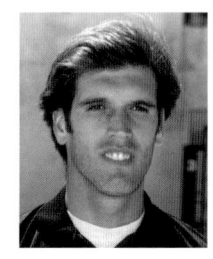

560 LIM
António Carlos
Nascimento da Costa
DN: 15-7-1972
Barcelos

561 NUNO ROCHA
Nuno Miguel Teixeira
da Rocha
DN: 3-1-1977
Porto

562 ABDUL
El Bouzidi Abdessamad
DN: 2-12-1971
Sale (Marrocos)

563 PAULO ADRIANO
Paulo Adriano Almeida
Simões
DN: 3-3-1977
Coimbra

564 MADUREIRA
Jorge Manuel Catarino
Madureira
DN: 5-2-1977
Matosinhos

565 VÍTOR PANEIRA
Vítor Manuel
da Costa Araújo
DN: 16-2-1966
Calendário
(Vila Nova de Famalicão)

566 ZÉ MIGUEL
José Miguel Pinheiro
Gorgulho
DN: 10-12-1974
Águeda

567 MONTEIRO
Manuel José Martins
de Oliveira
DN: 11-10-1967
Matosinhos

568 CAPITÃO
Jeferson Magno Barbosa
da Silva
DN: 13-8-1975
Salvador - BA (Brasil)

569 LUCAS
João Nuno da Silva
Cardoso Lucas
DN: 25-10-1979
Caldas da Rainha

570 BOLINHAS
Luís Miguel de Sousa
Bolinhas
DN: 19-7-1971
Almada

571 PEDRO PAULA
Pedro Alexandre Alves
Gomes de Paula
DN: 11-11-1977
Coimbra

572 PAULO DIAS
Paulo Alexandre
Figueiredo Dias
DN: 10-2-1978
Lisboa

573 EDUARDO (GR)
Eduardo Mendes Martins
DN: 10-12-1978
Lousã

574 PEDRO HIPÓLITO
Pedro Manuel
da Cunha Hipólito
DN: 16-9-1978
Lisboa

575 GIRAUDO
David Jacques
Xerces Giraudo
DN: 3-2-1970
Les Salles-du-Gardon
(França)

576 MORGADO
António Carlos
Gonçalves Morgado
DN: 16-9-1972
Guarda

577 LEANDRO NETTO
Leandro Netto de Macedo
DN: 7-5-1979
Niteroi - RJ (Brasil)

578 MOACIR
Moacir Alexandre Moura
dos Santos
DN: 4-4-1978
Rio de Janeiro - RJ (Brasil)

579 PAZITO
Licínio de Jesus Matias
DN: 29-3-1976
Caracas (Venezuela)

580 ADRIANO
Adriano Emanuel
Lopes de Sousa
DN: 2-8-1981
Santo Tirso

581 DYDUCH
Vincent Dyduch
DN: 9-3-1974
Bordéus (França)

582 CLÁUDIO
Cláudio Luiz Aldir Oliveira
DN: 26-7-1977
Salvador - BA (Brasil)

583 ALEX GARCIA
Alex Rogério Garcia
de Oliveira
DN: 9-4-1979
Jaguapitã - PR (Brasil)

584 JOÃO ALVES
João Paulo Simões Alves
DN: 16-5-1978
Anadia

585 MIGUEL
Miguel da Costa Marques
DN: 8-8-1982
Coimbra

586 RUI CASTRO
Rui Jorge Castanheira
de Castro
DN: 25-1-1978
Anadia

587 TONEL
António Leonel Vilar
Nogueira de Sousa
DN: 13-4-1980
Lourosa

588 ALHANDRA
Luís Miguel de Assunção
Joaquim
DN: 5-3-1979
Vila Franca de Xira

589 LUÍS NUNES
Luís Filipe Monteiro Nunes
DN: 28-10-1977
Lisboa

590 ALEXANDRE
José Alexandre
Guimarães Barreto
DN: 24-10-1974
Recife - PE (Brasil)

591 RASCA
Maieco Domingos
Henrique António
DN: 10-7-1982
Benguela (Angola)

592 MÁRCIO SANTOS (GR)
Márcio Alexandre
Henriques Gonçalves
dos Santos
DN: 5-5-1979
Lisboa

593 KIBUEY
Yves Mubama Kibuey
DN: 9-6-1972
Kinshasa (Zaire)

594 JOÃO OLIVEIRA PINTO
João Manuel
de Oliveira Pinto
DN: 3-8-1971
Lisboa

595 DEMÉTRIUS
Demétrius Baptista Ribeiro
DN: 9-6-1973
Recife - PE (Brasil)

596 DINO
Dino Gonçalo Castro Jorge
DN: 7-2-1978
Lisboa

597 GERMANO
Germano Wunfch
DN: 15-8-1980
Estrêla - RS (Brasil)

598 PEDRO PENELA
Pedro Miguel Dias
Rodrigues
DN: 22-2-1981
Coimbra

599 VITAL
Erberte Vital de Sousa
DN: 2-2-1972
São Luís - MA (Brasil)

600 NUNO MIRANDA
Nuno Miguel dos Reis
Miranda
DN: 27-11-1978
Coimbra

601 TONI
Manuel António Álvaro
da Silva Loureiro
DN: 30-10-1983
Oliveira do Hospital

602 LUÍS CLÁUDIO
Luís Cláudio Trindade
da Silva
DN: 16-8-1975
Salvador - BA (Brasil)

603 JOÃO MORAIS
João André Fonseca
de Almeida Morais
DN: 27-6-1983
Coimbra

604 XANO
Idálio Alexandre Ferreira
do Espírito Santo
DN: 20-4-1983
Lisboa

605 ANDRÉ
André Venceslau
Valentim Macanga
DN: 14-5-1978
Luanda (Angola)

606 RAUL OLIVEIRA
Raul Miguel Silva Fonseca
Castanheira de Oliveira
DN: 26-8-1972
Lisboa

607 TIXIER
Damian Florian
Gerald Tixier
DN: 23-6-1980
Nimes (França)

608 FREDY
Frederico Emanuel
Tavares Martins
DN: 14-8-1979
Avanca (Estarreja)

609 MARINESCU
Lucien Cristian Marinescu
DN: 25-6-1972
Bucareste (Roménia)

610 JORGINHO
Jorge Miguel Ferreira
dos Santos
DN: 31-10-1975
Setúbal

611 ROBERTO
Roberto Calmon Felix
DN: 29-7-1978
Linhares - ES (Brasil)

612 VALERI
Fabien Valeri
DN: 9-6-1974
Noisy-le-Sec (França)

613 BINHO
George Miranda dos Santos
DN: 24-6-1977
Tucano - BA (Brasil)

614 NUNO PILOTO
Nuno Miguel Torres Piloto
de Albuquerque
DN: 19-3-1982
Tondela

615 VÍTOR VIEIRA
Vítor Sérgio Coelho
Barbosa Vieira
DN: 21-3-1973
Penafiel

616 MANUEL JOSÉ
Manuel José Azevedo Vieira
DN: 4-2-1981
Porto

617 CARLOS MARTINS
Carlos Jorge Neto Martins
DN: 29-4-1982
Lisboa

618 MARCOS ANTÓNIO
Marcos António
Elias Santos
DN: 25-5-1983
Alagoinhas - BA (Brasil)

619 PEDRO OLIVEIRA
Pedro Miguel Ferreira
de Oliveira
DN: 30-11-1981
Porto

620 ESQUERDINHA
José Marcelo Januário
de Araújo
DN: 6-5-1972
Caiçara - PB (Brasil)

621 FOUHAMI (GR)
Fouhami Khalid
DN: 25-12-1972
Casablanca (Marrocos)

622 PEDRO HENRIQUES
Pedro Ricardo Quintela
Henriques
DN: 16-10-1974
Lisboa

623 RODOLFO
Rodolfo Luís Costa
Miguens Correia
DN: 6-11-1976
Lisboa

624 FILIPE ALVIM
Filipe Alvim Maluf
DN: 13-1-1979
Palma - MG (Brasil)

625 DELMER
Delmer Ferreira Jaines
DN: 24-7-1974
Rosário do Sul - RS (Brasil)

626 JOSÉ ANTÓNIO
José António
dos Santos Silva
DN: 14-3-1977
Torres Vedras

627 DIONATTAN
Dionattan Elias Gehlen
DN: 28-5-1982
São Miguel do Iguaçu - PR
(Brasil)

628 RICARDO PEREZ
Ricardo Perez
DN: 21-7-1973
Santa Fé de Bogotá
(Colômbia)

629 BUZSÁKY
Ákos Buzsáky
DN: 7-5-1982
Budapeste (Hungria)

630 FÁBIO FELÍCIO
Fábio Alexandre
Duarte Felício
DN: 2-5-1982
Faro

631 ZÉ CASTRO
José Eduardo Rosa
Vale de Castro
DN: 13-1-1983
Coimbra

632 FISTON
Fiston Cedric Lauric
DN: 12-4-1981
Pointe-à-Pitre
(Ilha de Guadalupe)

633 ZUELA
Zuela Francisco dos Santos
DN: 3-8-1983
Luanda (Angola)

634 KAKÁ
Carlos Eduardo Ferrari
DN: 19-2-1979
Londrina - PR (Brasil)

635 PAULO SÉRGIO
Paulo Sérgio Moreira
Gonçalves
DN: 24-1-1984
Lisboa

636 JOEANO
Joeano Pinto Chaves
DN: 12-8-1979
Fortaleza - CE (Brasil)

637 FLÁVIO DIAS
Flávio Dias Ribeiro
DN: 12-4-1978
Santos - SP (Brasil)

638 FÁVARO
Alexandre Aparecido
Fávaro
DN: 12-2-1983
Ubiratã - PR (Brasil)

639 VASCO FAÍSCA
Vasco Manuel Vilhena
Faísca Teixeira
DN: 27-8-1980
Lisboa

640 RAFAEL GAÚCHO
Rafael Pompeo Rodrigues
Ledesma
DN: 31-12-1982
Porto Alegre - RS (Brasil)

641 RICARDO FERNANDES
Ricardo Ribeiro Fernandes
DN: 21-4-1978
Moreira de Cónegos
(Guimarães)

642 KENNY COOPER
Kenneth Scott Cooper
DN: 21-10-1984
Baltimore - Maryland (USA)

643 LUCIANO
Luciano Perazzolo
Simonetto Fonseca
DN: 11-5-1979
Caxias do Sul - RS (Brasil)

644 DANILO
Danilo Moreira Serrano
DN: 19-8-1980
São José do Rio Preto - SP
(Brasil)

645 DANI (GR)
Daniel Fernandez Moreno
DN: 24-9-1973
Málaga (Espanha)

646 SARMENTO
Filipe Sucena Morais
Sarmento
DN: 16-3-1985
Aveiro

647 KENEDY
Daniel Kenedy Pimentel
Mateus dos Santos
DN: 18-2-1974
Bissau (Guiné)

648 HUGO LEAL
Hugo Miguel Ribeiro Leal
DN: 21-5-1980
Cascais

649 MARCEL
Marcel Augusto Ortolan
DN: 12-11-1981
Mirassol - SP (Brasil)

650 ROBERTO BRUM
Roberto Brum Vallado
DN: 7-7-1978
São Gonçalo - RJ (Brasil)

651 LIRA
Lirodiou Gonçalves
DN: 25-4-1983
Ribeirão do Pinhal - PR
(Brasil)

652 ANDRADE
Luís Filipe Andrade
de Oliveira
DN: 30-9-1973
Lisboa

653 VÍTOR VINHA
Vítor Simões da Vinha
DN: 11-11-1986
Oliveira de Frades

654 EZEQUIAS
Ezequias Roosevelt
Tavares de Melo
DN: 28-1-1981
Jundiá - AL (Brasil)

655 HUGO ALCÂNTARA
Hugo da Silva Alcântara
DN: 28-7-1979
Cuiabá - MT (Brasil)

656 FILIPE TEIXEIRA
Filipe de Andrade Teixeira
DN: 2-10-1980
Paris (França)

657 FERNANDO
Fernando Domingos
de Moura
DN: 16-4-1981
Guarujá - SP (Brasil)

658 GELSON
Gelson Geraldo
dos Santos Júnior
DN: 10-1-1979
Curitiba - PR (Brasil)

659 PEDRO SILVA
Pedro Alves da Silva
DN: 25-4-1981
Brasília - DF (Brasil)

660 ZADA
Leonardo Martins Dinelli
DN: 21-5-1977
Barra do Piraí - RJ (Brasil)

661 N'DOYE
Ousmane N'Doye
DN: 21-3-1978
Thiès (Senegal)

662 SERJÃO
Sérgio Luís Gardino
da Silva
DN: 9-12-1979
Alvorada - RS (Brasil)

663 RUI MIGUEL
Rui Miguel Marinho
dos Reis
DN: 30-1-1984
Coimbra

664 ITO
Carlos Manuel
da Silva Francisco
DN: 24-5-1987
Arganil

665 ALEXANDRE
Alexandre Benedito
Messiano
DN: 19-2-1979
Brotas - SP (Brasil)

666 HÉLDER BARBOSA
Hélder Jorge Leal
Rodrigues Barbosa
DN: 26-5-1987
Mouriz (Paredes)

667 MEDEIROS
Leonel Jesus Gonçalves
Medeiros
DN: 14-4-1977
Orleans (França)

668 LINO
Dorvalino Alves Maciel
DN: 1-6-1977
São Paulo - SP (Brasil)

669 MIGUEL PEDRO
Miguel António Teixeira
Ferreira Pedro
DN: 6-11-1983
Porto

670 LITOS
Carlos Manuel
de Oliveira Magalhães
DN: 25-2-1974
Porto

671 ESTEVEZ
Raul Enrique Estevez
DN: 21-1-1978
Lomas de Zamora
(Argentina)

672 PAVLOVIC
Milos Pavlovic
DN: 27-11-1983
Radnicki (Jugoslávia)

673 NESTOR
Nestor David Alvarez
Gutierrez
DN: 11-4-1980
Medellín (Colômbia)

674 PAULO SÉRGIO
Paulo Sérgio Ferreira
Gomes
DN: 21-7-1981
Cabo Frio - RJ (Brasil)

675 SONKAYA
Fatih Sonkaya
DN: 1-7-1985
Oltu (Turquia)

676 GYÁNÓ
Gyánó Szabolcs
DN: 9-1-1980
Dombóvár (Hungria)

677 DAME
Dame N'Doye
DN: 21-2-1985
Thiès (Senegal)

678 KAKÁ
Claudiano Bezerra da Silva
DN: 16-5-1981
São José do Belmonte - PE
(Brasil)

679 PITBULL
Claudio Mejolaro
DN: 8-1-1982
Porto Alegre - RS
(Brasil)

680 SÍLVIO
Sílvio Gomes Nunes
DN: 4-2-1983
Oliveira de Azeméis

681 LITO
Cláudio Zélito da Fonseca
Fernandes de Aguiar
DN: 3-2-1975
Praia (Cabo Verde)

682 CRIS
Bruno Cristiano da Con-
ceição Carvalho dos Santos
DN: 17-1-1984
Fajões (Oliveira de
Azeméis)

683 IVANILDO
Ivanildo Soares Cassamá
DN: 9-1-1986
Bissau (Guiné-Bissau)

684 PEDRO COSTA
Pedro Miguel de Castro
Brandão Costa
DN: 21-11-1981
Arouca

685 BERGER
Markus Berger
DN: 21-1-1985
Salzburgo (Áustria)

686 ORLANDO
Rui Orlando Ribeiro dos
Santos Neto
DN: 24-10-1979
Paços de Ferreira

687 TIERO
William Kwabena Tiero
DN: 3-12-1980
Tema (Gana)

688 FOFANA
Gaoussou Fofana
DN: 17-4-1984
Abobo (Costa do Marfim)

689 VOUHO
Dijilly Arsène Dit Patrick
Vouho
DN: 25-6-1987
Seguela (Costa do Marfim)

690 PERALTA
Walter Horacio Peralta
Saracho
DN: 3-6-1982
Montevidéu (Uruguai)

691 RICARDO (GR)
Ricardo Jorge Novo Nunes
DN: 6-7-1982
Póvoa de Varzim

692 EDGAR SILVA
Edgar Bruno da Silva
DN: 3-1-1987
São Carlos - SP (Brasil)

693 LUÍS AGUIAR
Luís Bernardo Aguiar Burgos
DN: 17-11-1985
Montevidéu (Uruguai)

694 PEDRINHO
Pedro Miguel da Silva Rocha
DN: 6-3-1985
Vila do Conde

695 CLÉBER
Cléber Ferreira Manttuy
DN: 24-3-1982
São Bernardo - SP (Brasil)

696 RUI NEREU (GR)
Rui Miguel Nereu de Branco Batista
DN: 4-2-1986
Torres Novas

697 IRINEU
Irineu Calixto Couto
DN: 27-3-1983
São Paulo - SP (Brasil)

698 CRISTIANO
Cristiano de Barros Araújo
DN: 11-7-1989
Portalegre

699 LUIZ NUNES
Luiz Fernando Nunes Duarte
DN: 4-12-1980
Santana do Livramento - RS (Brasil)

700 SOUGOU
Pape Modou Sougou
DN: 18-12-1984
Fissel (Senegal)

701 ÉDER
Ederzito António Macedo Lopes
DN: 22-12-1987
Bissau (Guiné-Bissau)

702 CARLOS AGUIAR
Carlos António Aguiar Burgos
DN: 19-12-1978
Montevidéu (Uruguai)

703 LICÁ
Luís Carlos Pereira Carneiro
DN: 8-9-1988
Lamelas (Castro Daire)

704 PESKOVIC (GR)
Boris Peskovic
DN: 30-6-1976
Topolcany (Eslováquia)

705 MADEJ
Lukasz Madej
DN: 14-4-1982
Lodz (Polónia)

706 EDSON
Edson Henrique da Silva
DN: 6-7-1987
Itaquitinga - PE (Brasil)

707 GARCÉS
José Luis Garcés Rivera
DN: 9-5-1981
La Chorrera (Panamá)

708 DIOGO GOMES
Diogo Soares Gomes
DN: 12-9-1985
Curitiba - PR (Brasil)

709 ANDRÉ FONTES
André Filipe Pereira Fontes
DN: 27-5-1985
Tábua

710 GONÇALO
Gonçalo José Gonçalves dos Santos
DN: 15-11-1986
Lamego

711 JÚLIO CÉSAR
Júlio César de Oliveira Martins
DN: 13-12-1983
Recife - PE (Brasil)

712 SALEIRO
Carlos Manuel Mondim Saleiro
DN: 25-2-1985
Lisboa

713 AMOREIRINHA
Eurípedes Daniel Adão Amoreirinha
DN: 5-8-1984
Vila Franca de Xira

714 HÉLDER CABRAL
Hélder José Vaz Cabral
DN: 7-5-1984
Peniche

715 MIGUEL FIDALGO
Nuno Miguel Fidalgo dos Santos
DN: 19-3-1982
Caniçal

716 BRUNO AMARO
Bruno Amaro Sousa Barros
DN: 17-2-1983
Penafiel

717 EMÍDIO RAFAEL
Emídio Rafael Augusto Silva
DN: 24-1-1986
Lisboa

718 JOÃO RIBEIRO
João da Rocha Ribeiro
DN: 13-8-1987
Porto

719 NUNO COELHO
Nuno Miguel Prata Coelho
DN: 23-11-1987
Covilhã

720 BISCHOFF
Amaury Armindo Bischoff
DN: 31-3-1987
Colmar (França)

721 JONATHAN BRU
Jonathan Pierre Bru
DN: 2-5-1986
Neuilly-sur-Seine (França)

722 AMESSAN
Amessan Niamien Rodolph
DN: 27-9-1990
Abidjan (Costa do Marfim)

723 BIBISHKOV
Krum Georgiev Bibishkov
DN: 2-9-1982
Blagoevgrad (Bulgária)

724 BARROCA (GR)
João Gabriel da Silva Ferreira
DN: 29-7-1986
Mealhada

725 PEISER (GR)
Romuald Désiré Peiser
DN: 3-8-1979
Phalsbourg (França)

726 DIOGO VALENTE
Diogo Jorge Moreno Valente
DN: 23-9-1984
Aveiro

727 DIOGO MELO
Diogo Jefferson Mendes de Melo
DN: 18-4-1984
União dos Palmares - AL (Brasil)

728 DAVID ADDY
David Nii Addy
DN: 21-2-1990
Prampram (Gana)

729 LAIONEL
Laionel Silva Ramalho
DN: 27-4-1986
Campos Belos - GO (Brasil)

730 JÚNIOR PARAÍBA
Adeval Ignácio Pereira Júnior
DN: 1-1-1988
João Pessoa - PB (Brasil)

731 HUGO MORAIS
Hugo Eduardo dos Santos Morais
DN: 12-2-1978
Lisboa

732 HABIB
Pape Habib Sow
DN: 2-12-1985
Dakar (Senegal)

733 GRILO
Paulo Rafael Grilo Neves
DN: 19-8-1991
Figueira da Foz

734 CARREÑO
Enrique Javier Carreño Salvago
DN: 27-11-1986
Utrera (Espanha)

735 SISSOKO
Ibrahim Sissoko
DN: 29-11-1991
Abidjan (Costa do Marfim)

736 ADRIEN SILVA
Adrien Sebastian Perruchet Silva
DN: 15-3-1989
Angoulême (França)

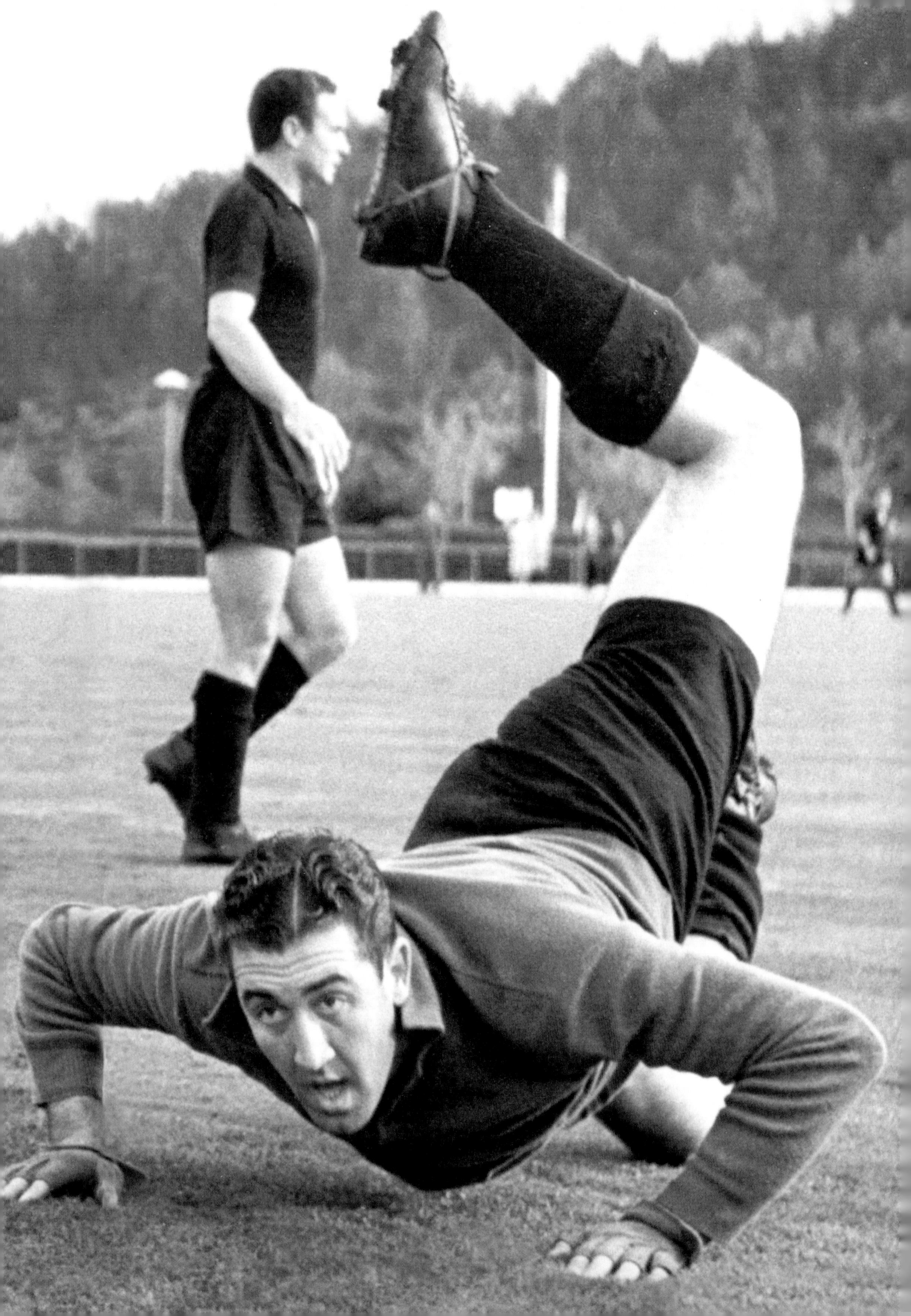

Nº	NOME	PRIMEIRO JOGO DATA	IDADE	ÚLTIMO JOGO DATA	IDADE	ÉPOCAS UTILIZADO	JOGOS T	C	S	SU	SUS	L	M	CARTÕES A	🅐	🅥	G	V	E	D	JA
1	João Ferreira	3-6-1923	21	31-5-1925	23	3 (1922/25)	6	6	0	0	0	0	570	0	0	0	0	3	0	3	0
2	Ribeiro da Costa	3-6-1923	28	18-5-1924	29	2 (1922/24)	5	5	0	0	0	0	480	0	0	0	0	3	0	2	0
3	Prudêncio	3-6-1923	23	31-5-1925	25	3 (1922/25)	6	6	0	0	0	0	570	0	0	0	0	3	0	3	0
4	Miguel	3-6-1923	21	3-4-1927	25	4 (1922/25 e 26/27)	7	7	0	0	0	0	660	0	0	0	0	3	0	4	0
5	Esquível	3-6-1923	23	31-5-1925	25	3 (1922/25)	6	6	0	0	0	0	570	0	0	0	0	3	0	3	0
6	Galante	3-6-1923	22	31-5-1925	24	3 (1922/25)	6	6	0	0	0	0	570	0	0	0	0	3	0	3	0
7	José Afonso	3-6-1923	20	17-6-1923	20	1 (1922/23)	3	3	0	0	0	0	300	0	0	0	3	3	0	0	0
8	Francisco Ferreira	3-6-1923	21	17-6-1923	21	1 (1922/23)	3	3	0	0	0	0	300	0	0	0	0	3	0	0	0
9	Augusto Pais	3-6-1923	21	18-5-1924	22	2 (1922/24)	5	5	0	0	0	0	480	0	0	0	2	3	0	2	0
10	Neto	3-6-1923	21	24-6-1923	21	1 (1922/23)	4	4	0	0	0	0	390	0	0	0	2	3	0	1	0
11	Gil Vicente	3-6-1923	16	18-5-1924	17	2 (1922/24)	5	5	0	0	0	0	480	0	0	0	0	3	0	2	0
12	Guedes Pinto	24-6-1923	21	3-4-1927	25	4 (1922/25 e 26/27)	5	5	0	0	0	0	450	0	0	0	1	1	0	4	0
13	Batalha	24-6-1923	22	24-6-1923	22	1 (1922/23)	1	1	0	0	0	0	90	0	0	0	0	0	0	1	0
14	Tendeiro	18-5-1924	18	18-5-1924	18	1 (1923/24)	1	1	0	0	0	0	90	0	0	0	0	0	0	1	0
15	Juvenal	18-5-1924	19	31-5-1925	20	2 (1923/25)	2	2	0	0	0	0	180	0	0	0	1	0	0	2	0
16	Curado	31-5-1925	18	30-3-1930	23	3 (1924/25, 27/28 e 29/30)	3	3	0	0	0	0	270	0	0	0	0	0	0	3	1
17	Albano Paulo	31-5-1925	18	7-5-1933	26	6 (1924/25, 26/28, 29/30 e 31/33)	9	8	0	0	0	1	760	0	0	0	2	3	1	5	1
18	João Lopes	31-5-1925	20	4-4-1928	23	3 (1924/25 e 26/28)	3	3	0	0	0	0	270	0	0	0	1	0	0	3	1
19	Daniel	31-5-1925	26	6-3-1927	28	2 (1924/25 e 26/27)	2	2	0	0	0	0	180	0	0	0	0	1	0	1	0
20	Armando Sampaio	6-3-1927	19	4-4-1928	20	2 (1926/28)	3	3	0	0	0	0	270	0	0	0	0	1	0	2	1
21	Luís Trindade	6-3-1927	20	4-4-1928	21	2 (1926/28)	3	3	0	0	0	0	270	0	0	0	0	1	0	2	1
22	Dória	6-3-1927	20	6-3-1927	20	1 (1926/27)	1	1	0	0	0	0	90	0	0	0	0	1	0	0	0
23	Duarte	6-3-1927	22	3-4-1927	22	1 (1926/27)	2	2	0	0	0	0	180	0	0	0	0	1	0	1	0
24	Corte-Real	6-3-1927	16	30-3-1930	19	2 (1926/27 e 29/30)	3	3	0	0	0	0	270	0	0	0	1	1	0	2	0
25	Abelha	6-3-1927	21	3-4-1927	21	1 (1926/27)	2	2	0	0	0	0	180	0	0	0	0	1	0	1	0
26	Rangel	6-3-1927	19	6-3-1927	19	1 (1926/27)	1	1	0	0	0	0	90	0	0	0	1	1	0	0	0
27	Ladeira	6-3-1927	19	25-5-1933	25	3 (1926/28 e 32/33)	7	7	0	0	0	0	630	0	0	0	1	3	0	4	1
28	Fernando Pais	3-4-1927	21	3-4-1927	21	1 (1926/27)	1	1	0	0	0	0	90	0	0	0	0	0	0	1	0
29	Monteiro	4-3-1928	19	13-5-1934	25	3 (1927/28, 29/30 e 33/34)	3	3	0	0	0	0	270	0	0	0	0	1	0	2	1
30	Frazão	4-3-1928	20	4-4-1928	20	1 (1927/28)	1	1	0	0	0	0	90	0	0	0	0	0	0	1	1
31	Guerra	4-3-1928	18	25-5-1933	24	3 (1927/28, 29/30 e 32/33)	6	6	0	0	0	0	540	0	0	0	1	2	0	4	1
32	José Amaral	4-3-1928	18	4-3-1928	18	1 (1927/28)	0	0	0	0	0	0	0	0	0	0	0	0	0	0	1
33	Faria	4-3-1928	16	4-4-1928	16	1 (1927/28)	1	1	0	0	0	0	90	0	0	0	0	0	0	1	1
34	Pimentel	4-4-1928	21	4-4-1928	21	1 (1927/28)	1	1	0	0	0	0	90	0	0	0	0	0	0	1	0
35	Matias	30-3-1930	20	30-3-1930	20	1 (1929/30)	1	1	0	0	0	0	90	0	0	0	0	0	0	1	0
36	Sousa	30-3-1930	21	30-3-1930	21	1 (1929/30)	1	1	0	0	0	0	90	0	0	0	0	0	0	1	0
37	Isabelinha	30-3-1930	21	23-5-1937	28	7 (1929/30 e 31/37)	25	24	0	0	0	1	2185	0	0	0	4	6	1	18	0
38	Rui Cunha	30-3-1930	17	21-4-1940	27	9 (1929/30, 31/38 e 39/40)	57	54	0	0	0	0	5027	0	0	3	29	15	5	37	0
39	Castro	30-3-1930	21	30-3-1930	21	1 (1929/30)	1	1	0	0	0	0	90	0	0	0	0	0	0	1	0
40	Adrega	30-3-1930	23	30-3-1930	23	1 (1929/30)	1	1	0	0	0	0	90	0	0	0	0	0	0	1	0
41	Barata	3-4-1932	21	26-4-1936	25	3 (1931/32 e 34/36)	4	4	0	0	0	0	330	0	0	0	0	1	0	3	0
42	Veiga Pinto	3-4-1932	23	14-4-1935	26	4 (1931/35)	12	12	0	0	0	0	1050	0	0	0	0	4	1	7	0
43	Cristóvão	3-4-1932	22	16-1-1938	27	7 (1931/38)	52	51	0	0	0	1	4595	0	0	0	0	13	2	37	0
44	Waldemar Amaral	3-4-1932	20	22-5-1932	20	1 (1931/32)	3	3	0	0	0	0	240	0	0	0	1	1	1	1	0
45	Filipe dos Santos	3-4-1932	23	24-3-1935	26	4 (1931/35)	11	11	0	0	0	0	960	0	0	0	0	4	1	6	0
46	Portugal	3-4-1932	18	25-5-1941	27	10 (1931/41)	136	134	0	0	0	0	12198	0	0	2	11	44	14	78	0
47	Cesário	3-4-1932	22	22-5-1932	22	1 (1931/32)	3	3	0	0	0	0	240	0	0	0	1	1	1	1	0
48	Cabeçadas	3-4-1932	21	22-5-1932	21	1 (1931/32)	3	3	0	0	0	0	240	0	0	0	1	1	1	1	0
49	Abreu	15-5-1932	17	4-6-1939	24	7 (1931/35 e 36/39)	27	27	0	0	0	0	2430	0	0	0	1	5	3	19	0
50	Correia	7-5-1933	20	26-5-1935	22	2 (1932/33 e 34/35)	16	16	0	0	0	0	1440	0	0	0	2	2	1	13	0

		PRIMEIRO JOGO		ÚLTIMO JOGO			JOGOS							CARTÕES							
Nº	NOME	DATA	IDADE	DATA	IDADE	ÉPOCAS UTILIZADO	T	C	S	SU	SUS	L	M	A	A	V	G	V	E	D	JA
51	Vítor	14-5-1933	22	20-5-1934	23	2 (1932/34)	4	4	0	0	0	0	360	0	0	0	0	1	0	3	0
52	Caseiro	14-5-1933	20	14-5-1933	20	1 (1932/33)	1	1	0	0	0	0	90	0	0	0	0	1	0	0	0
53	Tara	31-5-1934	20	2-5-1937	23	4 (1933/37)	20	20	0	0	0	0	1800	0	0	0	0	2	2	16	0
54	Brito	31-5-1934	20	10-3-1935	21	2 (1933/35)	3	3	0	0	0	0	270	0	0	0	0	1	0	2	0
55	Catela	31-5-1934	21	3-5-1936	23	3 (1933/36)	14	14	0	0	0	0	1260	0	0	0	2	2	1	11	0
56	Mário Cunha	31-5-1934	19	8-6-1938	23	5 (1933/38)	37	35	0	0	0	1	3330	0	0	1	17	12	2	23	0
57	Pascoal	20-1-1935	22	29-3-1936	23	2 (1934/36)	18	17	0	0	0	1	1586	0	0	0	0	2	2	14	0
58	Faustino	20-1-1935	19	23-12-1945	30	10 (1934/41 e 43/46)	151	145	0	0	0	1	13454	0	0	5	5	43	15	93	0
59	Toscano	20-1-1935	21	5-4-1936	22	2 (1934/36)	2	2	0	0	0	0	180	0	0	0	0	0	0	2	0
60	Camarate	20-1-1935	20	3-2-1935	20	1 (1934/35)	3	2	0	0	0	1	250	0	0	0	0	0	0	3	0
61	Tibério	27-1-1935	19	14-4-1940	25	6 (1934/40)	84	84	0	0	0	0	7590	0	0	0	0	27	7	50	0
62	Pimenta	3-2-1935	22	26-5-1940	27	5 (1934/37 e 38/40)	73	70	0	0	0	1	6539	0	0	2	14	26	7	40	0
63	José Maria Antunes	10-2-1935	21	7-3-1943	29	9 (1934/43)	119	117	0	0	0	0	10707	0	0	2	0	41	13	65	0
64	Gago	10-2-1935	23	3-3-1935	23	1 (1934/35)	3	3	0	0	0	0	270	0	0	0	0	0	1	2	0
65	Bordalo	10-3-1935	24	31-3-1935	24	1 (1934/35)	4	4	0	0	0	0	360	0	0	0	0	1	0	3	0
66	Oliveira Santos	24-3-1935	19	24-3-1935	19	1 (1934/35)	1	1	0	0	0	0	90	0	0	0	0	0	0	1	0
67	Gerardo Maia	12-1-1936	25	31-5-1936	25	1 (1935/36)	15	15	0	0	0	0	1350	0	0	0	4	2	1	12	0
68	Rosa	19-1-1936	25	3-6-1936	25	1 (1935/36)	16	16	0	0	0	0	1440	0	0	0	0	1	1	14	0
69	Jaime	9-2-1936	20	10-1-1937	21	2 (1935/37)	7	7	0	0	0	0	630	0	0	0	1	0	0	7	0
70	Pinto	5-4-1936	26	5-4-1936	26	1 (1935/36)	1	1	0	0	0	0	90	0	0	0	0	0	0	1	0
71	Matos	19-4-1936	24	6-6-1937	25	2 (1935/37)	4	4	0	0	0	0	360	0	0	0	0	1	0	3	0
72	Diniz	30-4-1936	18	3-5-1936	18	1 (1935/36)	2	2	0	0	0	0	180	0	0	0	0	0	0	2	0
73	Parreira	24-5-1936	23	3-6-1936	23	1 (1935/36)	3	3	0	0	0	0	270	0	0	0	0	1	0	2	0
74	Pacheco	10-1-1937	22	6-6-1937	23	1 (1936/37)	16	16	0	0	0	0	1440	0	0	0	1	6	1	9	0
75	Nini	10-1-1937	19	9-12-1945	28	10 (1936/46)	152	151	0	0	0	1	13672	0	0	0	54	63	15	74	0
76	Alberto Gomes	24-1-1937	21	5-6-1949	33	10 (1936/44 e 47/49)	153	153	0	0	0	0	13797	0	0	0	67	58	14	81	3
77	Manuel da Costa	7-2-1937	20	2-6-1940	23	5 (1936/41)	73	71	0	0	0	1	6550	0	0	1	26	29	10	34	0
78	Octaviano	2-5-1937	21	21-4-1944	28	8 (1936/44)	142	141	0	0	0	1	12797	0	0	0	6	57	13	72	0
79	Arnaldo Carneiro	16-1-1938	20	25-6-1939	22	2 (1937/39)	35	35	0	0	0	0	3180	0	0	0	22	17	3	15	0
80	Peseta	16-1-1938	23	2-5-1943	29	6 (1937/43)	63	62	0	0	0	1	5668	0	0	0	29	27	4	32	0
81	Teixeira	23-1-1938	26	19-5-1940	28	2 (1937/38 e 39/40)	16	16	0	0	0	0	1470	0	0	0	0	8	0	8	0
82	César Machado	13-3-1938	23	24-6-1942	27	5 (1937/42)	74	73	0	0	0	0	6655	0	0	1	0	30	7	37	0
83	Almeida	10-4-1938	22	16-4-1939	23	2 (1937/39)	4	4	0	0	0	0	360	0	0	0	0	0	0	4	0
84	Viriato	15-5-1938	20	22-5-1938	20	1 (1937/38)	2	2	0	0	0	0	180	0	0	0	0	0	0	2	0
85	Vítor	22-5-1938	20	29-5-1938	20	1 (1937/38)	3	3	0	0	0	0	270	0	0	0	1	2	0	1	0
86	Cipriano	8-1-1939	18	8-1-1939	18	1 (1938/39)	1	0	0	0	0	1	8	0	0	0	0	0	0	1	0
87	Pires	5-3-1939	23	5-3-1939	23	1 (1938/39)	1	1	0	0	0	0	90	0	0	1	1	0	0	0	0
88	Vasco	21-5-1939	17	7-4-1946	24	7 (1938/39 e 40/46)	65	64	0	0	0	1	5796	0	0	0	0	22	7	36	0
89	Acácio	14-1-1940	19	21-5-1944	24	5 (1939/44)	55	55	0	0	0	0	4947	0	0	0	0	21	4	30	0
90	Bentes	14-1-1940	18	14-1-1940	18	1 (1939/40)	1	1	0	0	0	0	90	0	0	0	0	0	0	1	0
91	Joaquim João	14-1-1940	18	26-5-1946	25	7 (1939/46)	59	59	0	0	0	0	5310	0	0	0	23	13	10	36	0
92	Lomba	6-2-1940	19	23-2-1947	26	8 (1939/47)	104	104	0	0	0	0	9390	0	0	0	2	39	9	56	0
93	Renato	10-3-1940	22	28-4-1940	22	1 (1939/40)	2	2	0	0	0	0	180	0	0	0	0	2	0	0	0
94	Falcão	5-5-1940	20	19-5-1940	20	1 (1939/40)	2	2	0	0	0	0	180	0	0	0	0	0	0	2	0
95	Veloso	29-12-1940	19	11-4-1943	22	3 (1940/43)	16	16	0	0	0	0	1440	0	0	0	0	2	3	11	0
96	Lemos	29-12-1940	23	27-4-1947	29	7 (1940/47)	82	81	0	0	0	0	7329	0	0	1	58	25	6	51	0
97	Armando	1-1-1941	17	30-5-1943	20	3 (1940/43)	43	43	0	0	0	0	3870	0	0	0	49	18	4	21	0
98	Nana	5-1-1941	18	28-2-1954	31	14 (1940/54)	166	165	0	0	0	1	14958	0	0	0	31	54	26	86	5
99	Micael	26-1-1941	23	24-4-1949	32	7 (1940/44 e 46/49)	97	97	0	0	0	0	8727	0	0	0	39	36	4	57	0
100	Redondo	23-2-1941	24	18-2-1945	28	3 (1940/41 e 43/45)	6	6	0	0	0	0	540	0	0	0	0	2	1	3	0

Nº	NOME	PRIMEIRO JOGO DATA	IDADE	ÚLTIMO JOGO DATA	IDADE	ÉPOCAS UTILIZADO	JOGOS T	C	S	SU	SUS	L	M	CARTÕES A	Ⓐ	Ⓥ	G	V	E	D	JA
101	Larzen	2-4-1941	22	6-4-1941	22	1 (1940/41)	2	2	0	0	0	0	180	0	0	0	0	1	0	1	0
102	Mário Reis	4-5-1941	19	2-7-1947	26	7 (1940/47)	122	120	0	0	0	1	10923	0	0	1	1	40	10	72	0
103	Chico Lopes	18-1-1942	19	22-4-1945	23	4 (1941/45)	77	76	0	0	0	0	6912	0	0	1	0	28	5	44	0
104	Oliveira	24-6-1942	25	2-7-1947	30	6 (1941/47)	56	56	0	0	0	0	5037	0	0	0	1	17	4	35	0
105	Rui Silva	14-2-1943	20	21-2-1943	20	1 (1942/43)	2	2	0	0	0	0	180	0	0	0	1	1	0	1	0
106	Albino	21-3-1943	22	18-1-1948	26	5 (1942/46 e 47/48)	27	27	0	0	0	0	2430	0	0	0	0	7	2	18	0
107	Aristides	28-11-1943	24	11-1-1948	28	5 (1943/48)	37	37	0	0	0	0	3330	0	0	0	0	6	2	29	0
108	António Maria	28-11-1943	20	2-7-1947	23	4 (1943/47)	86	86	0	0	0	0	7767	0	0	0	11	24	9	53	0
109	Luís Cunha	26-12-1943	25	27-2-1944	25	1 (1943/44)	4	4	0	0	0	0	360	0	0	0	0	0	0	4	0
110	Santiago	13-2-1944	20	27-2-1944	20	1 (1943/44)	3	3	0	0	0	0	270	0	0	0	0	1	0	2	0
111	Soares	26-11-1944	20	4-4-1948	23	2 (1944/45 e 47/48)	4	4	0	0	0	0	360	0	0	0	0	0	0	4	0
112	Grangeia	3-12-1944	19	3-12-1944	19	1 (1944/45)	1	1	0	0	0	0	90	0	0	0	0	0	0	1	0
113	Taborda	3-12-1944	21	11-1-1948	24	4 (1944/48)	15	15	0	0	0	0	1350	0	0	0	5	4	1	10	0
114	Poupinha	10-12-1944	20	10-12-1944	20	1 (1944/45)	1	1	0	0	0	0	90	0	0	0	0	0	0	1	0
115	Pais Correia	10-12-1944	23	22-4-1945	23	1 (1944/45)	11	11	0	0	0	0	990	0	0	0	1	3	1	7	0
116	Veiga	10-12-1944	20	10-3-1944	20	1 (1944/45)	1	1	0	0	0	0	90	0	0	0	0	0	0	1	0
117	Brás	10-12-1944	19	26-2-1950	24	6 (1944/50)	116	116	0	0	0	0	10470	0	0	0	1	40	13	63	4
118	Alentisca	21-1-1945	19	4-1-1948	22	2 (1944/45 e 47/48)	3	3	0	0	0	0	270	0	0	0	0	1	0	2	0
119	Emílio	11-2-1945	19	2-3-1947	21	2 (1944/45 e 46/47)	6	6	0	0	0	0	540	0	0	0	0	1	1	4	0
120	Azeredo	18-3-1945	19	23-1-1955	29	11 (1944/55)	227	227	0	0	0	0	20460	0	0	0	11	77	39	111	5
121	Jacques	9-12-1945	20	8-12-1946	21	2 (1945/47)	20	20	0	0	0	0	1830	0	0	0	0	7	2	11	0
122	Bentes	9-12-1945	18	27-9-1959	32	15 (1945/60)	328	323	0	0	0	4	29484	0	0	1	167	127	53	148	6
123	Garção	9-12-1945	20	12-2-1950	24	5 (1945/50)	59	57	0	0	0	1	5251	0	0	1	24	19	3	37	2
124	Ângelo	9-12-1945	26	2-6-1946	27	1 (1945/46)	18	18	0	0	0	0	1650	0	0	0	7	5	1	12	0
125	Gil	23-12-1945	22	27-1-1946	22	1 (1945/46)	3	3	0	0	0	0	270	0	0	0	2	1	1	1	0
126	Pascoal	20-1-1946	19	20-1-1946	19	1 (1945/46)	1	1	0	0	0	0	90	0	0	0	0	0	0	1	0
127	Melo	17-3-1946	19	5-5-1957	30	12 (1945/57)	229	226	0	0	0	2	20556	0	0	1	8	82	35	112	1
128	Branco	28-4-1946	22	25-11-1951	28	7 (1945/52)	113	113	0	0	0	0	10170	0	0	0	1	44	20	49	5
129	Messias	28-4-1946	22	1-2-1948	24	3 (1945/48)	10	9	0	0	0	1	855	0	0	0	0	1	2	7	0
130	Eduardo Santos	1-12-1946	21	9-11-1952	27	7 (1946/53)	83	83	0	0	0	0	7470	0	0	0	0	34	11	38	0
131	Szabo	15-12-1946	20	29-6-1947	20	1 (1946/47)	23	23	0	0	0	0	2070	0	0	0	0	7	4	12	0
132	Jorge Santos	15-12-1946	20	2-7-1947	21	1 (1946/47)	15	15	0	0	0	0	1350	0	0	0	7	5	2	8	0
133	Diogo	2-2-1947	19	7-12-1952	25	7 (1946/53)	77	77	0	0	0	0	6930	0	0	0	1	28	6	43	5
134	Ataz	16-2-1947	19	20-2-1949	21	3 (1946/49)	34	33	0	0	0	0	3059	0	0	1	9	9	5	20	2
135	Pacheco Nobre	30-3-1947	21	7-5-1950	24	4 (1946/50)	67	67	0	0	0	0	6030	0	0	0	28	23	12	32	5
136	Óscar	6-4-1947	22	7-12-1947	22	2 (1946/48)	2	2	0	0	0	0	180	0	0	0	0	0	0	2	0
137	Manecas	2-7-1947	21	2-7-1947	21	1 (1946/47)	1	0	0	0	0	1	45	0	0	0	0	0	0	1	0
138	Milton	2-7-1947	23	2-7-1947	23	1 (1946/47)	1	1	0	0	0	0	90	0	0	0	0	0	0	1	0
139	Prates	16-11-1947	19	10-12-1950	22	2 (1947/48 e 50/51)	23	22	0	0	0	1	1981	0	0	0	0	3	2	18	0
140	Aníbal	16-11-1947	19	1-1-1948	20	1 (1947/48)	3	3	0	0	0	0	270	0	0	0	1	0	1	2	0
141	Alberto Cruz	14-12-1947	20	14-12-1947	20	1 (1947/48)	1	1	0	0	0	0	90	0	0	0	0	0	0	1	0
42	Carvalheira	1-1-1948	20	1-1-1948	20	1 (1947/48)	1	1	0	0	0	0	90	0	0	0	0	0	0	1	0
143	Tito	4-1-1948	19	12-10-1952	24	5 (1947/50 e 51/53)	18	18	0	0	0	0	1620	0	0	0	0	6	2	10	0
144	Mousaco	1-2-1948	19	19-12-1948	20	2 (1947/49)	2	2	0	0	0	0	180	0	0	0	0	1	0	1	0
145	Oliveira	15-2-1948	21	14-3-1948	21	1 (1947/48)	3	3	0	0	0	0	270	0	0	0	0	0	0	3	0
146	Hipólito	15-2-1948	21	2-5-1948	21	1 (1947/48)	2	2	0	0	0	0	180	0	0	0	0	0	0	2	0
147	Couceiro	18-4-1948	25	6-3-1949	26	2 (1947/49)	24	24	0	0	0	0	2160	0	0	0	11	16	0	8	3
148	Teixeira	16-5-1948	20	6-3-1949	21	2 (1947/49)	4	4	0	0	0	0	360	0	0	0	0	2	0	2	1
149	Domingos	16-5-1948	21	16-5-1948	21	1 (1947/48)	1	1	0	0	0	0	90	0	0	0	0	0	0	1	0
150	Capela	19-9-1948	26	11-12-1955	33	8 (1948/56)	155	151	2	0	0	2	13778	0	0	0	0	60	29	66	5

Nº	NOME	PRIMEIRO JOGO DATA	IDADE	ÚLTIMO JOGO DATA	IDADE	ÉPOCAS UTILIZADO	JOGOS T	C	S	SU	SUS	L	M	CARTÕES A	Ⓐ	Ⓥ	G	V	E	D	JA
151	Castela	19-9-1948	19	7-5-1950	21	2 (1948/50)	47	47	0	0	0	0	4230	0	0	0	12	24	8	15	5
152	Andrade	26-9-1948	23	21-11-1948	24	1 (1948/49)	8	8	0	0	0	0	720	0	0	0	5	5	0	3	0
153	Travanca	19-12-1948	24	19-12-1948	24	1 (1948/49)	1	1	0	0	0	0	90	0	0	0	0	1	0	0	0
154	Wilson	19-12-1948	20	19-12-1948	20	1 (1948/49)	1	1	0	0	0	0	90	0	0	0	0	1	0	0	0
155	Orlando	6-2-1949	26	24-4-1949	26	1 (1948/49)	3	3	0	0	0	0	270	0	0	0	0	2	0	1	0
156	Curado	9-10-1949	28	16-5-1954	33	4 (1949/50 e 51/54)	66	62	0	0	0	0	5780	0	0	4	4	20	16	30	0
157	Pinho	9-10-1949	22	8-10-1950	23	3 (1949/52)	12	12	0	0	0	0	1080	0	0	0	3	5	4	3	0
158	Macedo	9-10-1949	22	7-5-1955	27	6 (1949/55)	127	123	0	0	0	2	11321	0	0	2	49	44	31	52	0
159	Serra Coelho	16-10-1949	19	7-5-1950	20	1 (1949/50)	21	21	0	0	0	0	1890	0	0	0	5	7	5	9	0
160	Duarte	29-1-1950	22	18-9-1960	32	12 (1949/61)	176	175	0	0	0	0	15855	0	0	1	47	63	37	76	1
161	Neves Pires	19-3-1950	20	28-9-1952	23	4 (1949/53)	24	23	0	0	0	0	2136	0	0	1	2	7	5	12	0
162	José Miguel	17-9-1950	24	23-9-1951	25	2 (1950/52)	14	14	0	0	0	0	1260	0	0	0	0	8	2	4	0
163	Diógenes	17-9-1950	23	5-10-1952	25	3 (1950/53)	11	11	0	0	0	0	990	0	0	0	0	4	0	7	0
164	Garnacho	15-10-1950	20	28-1-1951	21	1 (1950/51)	4	4	0	0	0	0	360	0	0	0	1	2	1	1	0
165	Gil	22-10-1950	20	1-2-1959	28	9 (1950/59)	159	155	0	0	0	2	14263	0	0	2	25	53	25	81	1
166	Torres	19-11-1950	19	3-4-1966	34	16 (1950/66)	373	366	0	0	0	5	33432	0	0	2	32	134	69	170	1
167	Ulisses	10-12-1950	20	4-3-1951	20	1 (1950/51)	6	6	0	0	0	0	540	0	0	0	0	2	0	4	0
168	Portugal	17-12-1950	20	14-1-1951	21	1 (1950/51)	2	2	0	0	0	0	180	0	0	0	0	0	0	2	0
169	Jorge Santos	6-2-1951	20	7-12-1952	22	3 (1950/53)	10	10	0	0	0	0	900	0	0	0	2	3	2	5	0
170	Wilson	7-10-1951	21	7-4-1963	33	12 (1951/63)	281	280	0	0	0	1	25320	0	0	0	17	103	50	128	1
171	Sousa	14-10-1951	22	14 10 1951	22	1 (1951/52)	1	1	0	0	0	0	90	0	0	0	0	0	0	1	0
172	Abreu	14-10-1951	19	11-3-1962	30	11 (1951/62)	174	169	0	0	0	3	15529	0	0	2	14	64	26	84	1
173	Eugénio	14-10-1951	20	14-2-1954	22	3 (1951/54)	7	7	0	0	0	0	630	0	0	0	0	3	1	3	0
174	Polleri	2-12-1951	23	22-2-1953	24	2 (1951/53)	6	6	0	0	0	0	540	0	0	0	0	1	0	5	0
175	Malícia	9-12-1951	21	18-12-1960	30	9 (1951/54 e 55/61)	141	140	0	0	0	0	12642	0	0	1	10	48	24	69	0
176	Delfino	17-12-1951	21	22-3-1959	28	3 (1951/52, 55/56 e 58/59)	4	4	0	0	0	0	360	0	0	0	1	1	0	3	0
177	Prado	5-10-1952	22	21-12-1952	23	1 (1952/53)	2	2	0	0	0	0	180	0	0	0	0	0	1	1	0
178	Figueirinhas	18-1-1953	23	18-1-1953	23	1 (1952/53)	1	1	0	0	0	0	90	0	0	0	0	0	0	1	0
179	Celso	4-10-1953	22	18-10-1953	23	1 (1953/54)	2	2	0	0	0	0	180	0	0	0	0	0	0	2	0
180	André	4-10-1953	20	24-5-1959	26	5 (1953/55 e 56/59)	137	135	0	0	0	1	12318	0	0	1	81	56	19	62	1
181	Nelo	4-10-1953	26	18-9-1955	28	3 (1953/56)	29	29	0	0	0	0	2610	0	0	0	2	11	2	16	0
182	Alcino	25-10-1953	22	30-10-1955	24	2 (1953/54 e 55/56)	3	3	0	0	0	0	270	0	0	0	1	1	0	2	0
183	Frias	8-11-1953	20	30-10-1955	22	3 (1953/56)	10	10	0	0	0	0	900	0	0	0	0	3	2	5	0
184	Teixeira	15-11-1953	23	13-6-1954	23	1 (1953/54)	20	20	0	0	0	0	1800	0	0	0	4	6	2	12	0
185	Inácio	21-2-1954	22	16-1-1955	23	2 (1953/55)	13	13	0	0	0	0	1170	0	0	0	4	2	7	0	
186	Nuno	23-5-1954	19	6-10-1957	23	5 (1953/58)	31	31	0	0	0	0	2820	0	0	0	0	12	3	16	0
187	Ramin	12-9-1954	21	13-1-1957	23	3 (1954/57)	71	69	1	1	0	0	6399	0	0	0	28	12	31	1	
188	Pérides	12-9-1954	19	24-6-1956	21	2 (1954/56)	52	52	0	0	0	0	4740	0	0	0	8	20	8	24	1
189	Mota	12-9-1954	19	1-4-1962	27	5 (1954/57 e 60/62)	32	32	0	0	0	0	2880	0	0	0	2	10	9	13	0
190	Bagorro	12-9-1954	19	5-6-1955	20	1 (1954/55)	3	3	0	0	0	0	300	0	0	0	0	1	1	1	0
191	Romão	19-9-1954	19	5-2-1956	20	2 (1954/56)	8	8	0	0	0	0	720	0	0	0	1	2	1	5	0
192	Faia	31-10-1954	22	24-6-1956	23	2 (1954/56)	47	46	0	0	0	0	4253	0	0	1	19	17	7	23	1
193	Rogério	29-5-1955	20	5-6-1955	20	1 (1954/55)	1	0	1	0	0	0	6	0	0	0	0	0	1	1	
194	Vaccari	18-9-1955	21	2-5-1956	21	1 (1955/56)	13	12	0	0	0	1	1168	0	0	0	1	3	1	9	0
195	Cristóvão	25-9-1955	19	28-5-1959	23	4 (1955/59)	34	32	1	1	0	0	3001	0	0	0	0	19	3	12	0
196	Tomané	2-10-1955	20	2-10-1955	20	1 (1955/56)	1	1	0	0	0	0	90	0	0	0	0	0	0	1	0
197	Ramalho	23-10-1955	19	13-11-1955	19	1 (1955/56)	2	2	0	0	0	0	180	0	0	0	1	1	0	1	0
198	Joseph Wilson	27-11-1955	23	27-11-1955	23	1 (1955/56)	1	1	0	0	0	0	90	0	0	0	0	0	0	1	0
199	Lemos	12-2-1956	22	12-2-1956	22	1 (1955/56)	1	1	0	0	0	0	90	0	0	0	1	0	0	0	0
200	Marta	6-5-1956	20	5-7-1964	28	9 (1955/64)	149	148	0	0	0	0	13364	0	0	1	0	60	24	65	0

Nº	NOME	PRIMEIRO JOGO DATA	IDADE	ÚLTIMO JOGO DATA	IDADE	ÉPOCAS UTILIZADO	JOGOS T	C	S	SU	SUS	L	M	CARTÕES A	Ā	V̄	G	V	E	D	JA
201	Rocha	11-9-1956	21	3-1-1971	35	15 (1956/71)	373	334	15	20	0	1	31966	0	0	3	59	172	59	142	0
202	Samuel	30-9-1956	23	23-4-1961	28	5 (1956/61)	95	92	0	0	0	1	8483	0	0	2	15	37	17	41	0
203	Arlindo	25-11-1956	19	25-11-1956	19	1 (1956/57)	1	1	0	0	0	0	90	0	0	0	0	0	0	1	0
204	Costa	20-1-1957	20	5-5-1957	20	1 (1956/57)	3	3	0	0	0	0	270	0	0	0	0	2	0	1	0
205	Vilela	7-4-1957	23	5-5-1957	23	1 (1956/57)	5	5	0	0	0	0	450	0	0	0	0	3	2	0	0
206	Orlando Vieira	7-4-1957	22	7-4-1957	22	1 (1956/57)	1	1	0	0	0	0	90	0	0	0	0	0	1	0	0
207	Bento	5-5-1957	23	28-5-1959	25	3 (1956/59)	25	25	0	0	0	0	2250	0	0	0	0	9	4	12	0
208	Teixeira	8-9-1957	22	11-1-1959	24	2 (1957/59)	36	36	0	0	0	0	3240	0	0	0	0	11	7	18	0
209	Miranda	8-9-1957	21	1-10-1961	25	5 (1957/62)	59	59	0	0	0	0	5310	0	0	0	25	26	11	22	0
210	Curado	15-9-1957	20	22-7-1970	33	12 (1957/67 e 68/70)	235	230	2	0	0	2	20978	0	0	1	3	97	44	94	0
211	Jorge Humberto	22-9-1957	19	20-2-1966	28	6 (1957/61 e 64/66)	100	98	0	0	0	2	8925	0	0	0	34	34	22	44	0
212	Évora	6-10-1957	24	28-9-1958	25	2 (1957/59)	4	4	0	0	0	0	360	0	0	0	2	3	0	1	0
213	Manecas	10-11-1957	21	4-1-1959	22	2 (1957/59)	26	24	0	0	0	2	2233	0	0	0	0	7	6	13	0
214	Luso	30-3-1958	20	20-4-1958	20	1 (1957/58)	3	3	0	0	0	0	270	0	0	0	2	1	0	2	0
215	Correia Branco	6-4-1958	20	6-4-1958	20	1 (1957/58)	1	1	0	0	0	0	90	0	0	0	0	0	0	1	0
216	Araújo	14-9-1958	23	27-5-1962	27	4 (1958/62)	95	94	0	0	0	0	8504	0	0	1	0	34	22	39	0
217	Chipenda	14-9-1958	27	8-4-1962	30	4 (1958/62)	57	57	0	0	0	0	5130	0	0	0	16	20	15	22	0
218	Gomes da Silva	21-9-1958	20	27-5-1962	24	3 (1958/60 e 61/62)	7	4	0	3	0	0	427	0	0	0	0	3	1	3	0
219	Arménio	28-9-1958	18	5-10-1958	18	1 (1958/59)	2	2	0	0	0	0	180	0	0	0	0	0	0	2	0
220	Castro	5-10-1958	19	5-10-1958	19	1 (1958/59)	1	1	0	0	0	0	90	0	0	0	0	0	0	1	0
221	Rui Maia	12-10-1958	25	18-10-1959	26	2 (1958/60)	5	5	0	0	0	0	450	0	0	0	2	0	3	2	0
222	Bouçon	19-10-1958	18	22-2-1959	18	1 (1958/59)	4	4	0	0	0	0	360	0	0	0	0	2	2	0	0
223	Juca	1-2-1959	21	18-12-1960	22	3 (1958/61)	13	13	0	0	0	0	1170	0	0	0	0	4	5	4	0
224	Maló	20-9-1959	19	30-11-1969	29	11 (1959/70)	180	167	13	0	0	0	15841	0	0	0	0	91	31	58	0
225	Nuno	20-9-1959	23	8-4-1962	25	3 (1959/62)	27	27	0	0	0	0	2430	0	0	0	10	8	8	11	0
226	Mesquita	27-9-1959	20	28-3-1965	25	3 (1959/61 e 64/65)	34	34	0	0	0	0	3060	0	0	0	1	10	10	14	0
227	Gonçalves	4-10-1959	19	8-1-1961	20	2 (1959/61)	11	11	0	0	0	0	990	0	0	0	3	5	3	3	0
228	José Júlio	25-10-1959	21	3-12-1961	23	3 (1959/62)	17	16	0	0	0	1	1480	0	0	0	4	8	3	6	0
229	Júlio Freire	1-11-1959	21	1-11-1959	21	1 (1959/60)	1	1	0	0	0	0	90	0	0	0	0	0	1	0	0
230	Gaio	29-11-1959	23	5-7-1964	28	5 (1959/64)	99	99	0	0	0	0	8910	0	0	0	65	39	13	47	0
231	Hélder Lino	14-2-1960	19	21-2-1960	20	1 (1959/60)	2	2	0	0	0	0	180	0	0	0	0	2	0	0	0
232	França	16-10-1960	22	22-4-1962	24	2 (1960/62)	37	37	0	0	0	0	3330	0	0	0	1	15	6	16	0
233	Almeida	30-10-1960	19	19-1-1964	22	4 (1960/64)	59	58	0	0	0	0	5296	0	0	1	9	25	8	26	0
234	Assis	15-1-1961	20	26-5-1963	22	2 (1960/61 e 62/63)	30	30	0	0	0	0	2700	0	0	0	1	12	4	14	0
235	Bacala	9-4-1961	22	10-12-1961	23	2 (1960/62)	6	6	0	0	0	0	540	0	0	0	0	1	2	3	0
236	Américo	28-5-1961	26	19-1-1964	28	4 (1960/64)	43	40	2	1	0	0	3722	0	0	0	0	17	6	20	0
237	Leonel Abreu	28-5-1961	19	12-4-1964	22	4 (1960/64)	25	25	0	0	0	0	2250	0	0	0	0	12	2	11	0
238	Moreira	1-10-1961	20	24-2-1963	21	2 (1961/63)	16	15	0	0	0	0	1377	0	0	1	0	7	3	6	0
239	Crispim	15-10-1961	18	26-6-1971	28	10 (1961/71)	173	156	8	8	0	0	14878	0	0	1	12	90	23	60	0
240	Lourenço	29-10-1961	19	19-9-1964	22	3 (1961/64)	66	66	0	0	0	0	5940	0	0	0	49	25	9	32	0
241	Betinho	17-12-1961	26	17-12-1961	26	1 (1961/62)	1	1	0	0	0	0	90	0	0	0	0	0	0	1	0
242	Jorge	23-5-1962	19	27-10-1963	21	3 (1961/64)	17	16	0	0	0	1	1510	0	0	0	1	6	2	9	0
243	Gervásio	30-9-1962	18	17-6-1979	35	17 (1962/79)	430	382	26	17	1	1	36949	7	0	3	50	184	81	165	0
244	Oliveira Duarte	30-9-1962	19	3-6-1973	30	6 (1962/65 e 70/73)	116	68	27	18	1	0	8345	2	0	2	17	67	15	34	1
245	Zeca	30-9-1962	18	1-3-1964	20	2 (1962/64)	11	11	0	0	0	0	990	0	0	0	2	6	0	5	0
246	António Castro	16-10-1962	20	5-7-1964	22	2 (1962/64)	19	19	0	0	0	0	1710	0	0	0	0	6	2	11	0
247	Rosales	16-10-1962	22	16-10-1962	22	1 (1962/63)	1	1	0	0	0	0	90	0	0	0	0	1	0	0	0
248	Rui Rodrigues	21-10-1962	19	24-9-1978	35	12 (1962/71 e 76/79)	310	300	9	0	0	0	27801	1	0	1	22	155	55	100	0
249	Piscas	11-11-1962	25	16-1-1966	28	4 (1962/66)	60	60	0	0	0	0	5400	0	0	0	1	21	9	30	0
250	Viegas	20-1-1963	19	4-1-1970	26	8 (1962/70)	98	93	0	5	0	0	8582	0	0	0	0	38	17	43	0

Nº	NOME	PRIMEIRO JOGO DATA	IDADE	ÚLTIMO JOGO DATA	IDADE	ÉPOCAS UTILIZADO	JOGOS T	C	S	SU	SUS	L	M	CARTÕES A	A	V	G	V	E	D	JA
251	Manuel Duarte	24-2-1963	17	7-6-1964	19	2 (1962/64)	19	19	0	0	0	0	1710	0	0	0	12	7	4	8	0
252	Cagica Rapaz	29-9-1963	19	7-6-1964	19	1 (1963/64)	12	12	0	0	0	0	1080	0	0	0	0	3	2	7	0
253	Vítor Campos	6-10-1963	19	30-5-1976	32	13 (1963/76)	345	284	45	13	0	1	29240	5	0	2	33	162	64	119	1
254	Manuel Castro	20-10-1963	25	15-1-1967	28	3 (1963/65 e 66/67)	45	44	0	0	0	1	4004	0	0	0	1	24	4	17	0
255	Teixeira	10-11-1963	18	18-10-1964	19	2 (1963/65)	22	22	0	0	0	0	1980	0	0	0	11	12	2	8	0
256	Marques	1-3-1964	24	19-12-1971	32	9 (1963/72)	145	140	3	2	0	0	13028	1	0	0	1	77	21	47	0
257	Manuel António	13-9-1964	18	25-6-1977	31	10 (1964/65 e 68/77)	285	228	29	28	0	0	23269	2	0	0	153	128	51	106	1
258	Vieira Nunes	25-10-1964	19	22-6-1969	23	5 (1964/69)	73	71	0	1	0	1	6549	0	0	0	0	43	9	21	0
259	Ernesto	12-9-1965	24	12-5-1968	27	3 (1965/68)	94	94	0	0	0	0	8514	0	0	0	64	52	16	26	0
260	Artur Jorge	12-9-1965	19	26-1-1969	22	4 (1965/69)	112	108	1	2	0	0	9995	0	0	1	94	60	21	31	0
261	Bernardo	13-11-1965	19	18-7-1971	24	3 (1965/67 e 70/71)	41	39	1	1	0	0	3633	0	0	0	0	22	8	11	0
262	Celestino	21-11-1965	22	12-5-1968	25	3 (1965/68)	77	76	0	0	0	0	6971	0	0	1	6	46	11	20	0
263	Mário Campos	28-11-1965	18	25-6-1977	30	12 (1965/77)	238	160	53	22	0	0	18413	2	0	3	19	103	51	84	1
264	Toni	23-1-1966	19	12-5-1968	21	3 (1965/68)	28	27	0	0	0	1	2516	0	0	0	0	14	7	7	0
265	Brassard	6-3-1966	21	12-7-1970	26	5 (1965/70)	35	26	2	7	0	0	2672	0	0	0	0	19	7	9	0
266	Brasfemes	23-10-1966	19	5-7-1980	32	10 (1966/67 e 71/80)	233	182	37	12	0	0	19276	13	0	2	2	84	54	95	1
267	Serafim	6-11-1966	23	13-5-1973	29	6 (1966/67 e 68/73)	127	80	19	28	0	0	9220	1	0	0	33	61	25	41	0
268	Belo	21-5-1967	19	13-5-1979	31	13 (1966/79)	162	138	9	14	1	0	13416	4	0	0	2	52	37	73	2
269	Pedrosa	21-5-1967	19	30-5-1969	21	3 (1966/69)	6	5	0	1	0	0	514	0	0	0	0	5	0	1	0
270	Feliz	21-5-1967	19	14-12-1974	27	5 (1966/67, 69/72 e 74/75)	61	58	2	1	0	0	5419	0	0	0	0	30	12	19	1
271	Silvestre	21-5-1967	19	17-1-1972	24	3 (1966/67, 68/69 e 71/72)	4	1	0	3	0	0	180	0	0	0	1	4	0	0	1
272	Luís Eugénio	21-5-1967	22	20-5-1973	28	5 (1966/67, 68/70 e 71/73)	18	4	5	9	0	0	870	0	0	0	2	10	5	3	1
273	Rodrigo	21-5-1967	19	21-5-1967	19	1 (1966/67)	1	1	0	0	0	0	90	0	0	0	1	1	0	0	0
274	Pinheiro	21-5-1967	20	7-4-1968	21	2 (1966/68)	2	0	0	2	0	0	111	0	0	0	0	2	0	0	0
275	Quinito	24-12-1967	19	10-5-1969	20	2 (1967/69)	9	4	3	2	0	0	604	0	0	0	0	4	2	3	0
276	Peres	8-9-1968	25	22-6-1969	26	1 (1968/69)	32	22	8	2	0	0	2600	0	0	0	13	19	4	9	0
277	Quim	9-10-1968	21	19-1-1969	21	1 (1968/69)	5	0	2	3	0	0	172	0	0	0	0	2	1	2	0
278	Agostinho	17-11-1968	21	27-4-1969	22	1 (1968/69)	7	2	0	5	0	0	298	0	0	0	0	3	1	3	0
279	Carlos Alhinho	1-12-1968	19	28-5-1972	23	4 (1968/72)	124	120	2	1	0	0	11060	0	0	1	8	50	26	48	0
280	Nene	15-12-1968	19	28-6-1970	20	2 (1968/70)	64	62	1	1	0	0	5767	0	0	0	16	29	13	22	0
281	Araújo	29-12-1968	19	8-6-1980	30	8 (1968/72, 74/77 e 79/80)	134	123	7	4	0	0	11665	2	0	0	0	52	36	46	1
282	Artur	2-3-1969	18	21-7-1971	21	3 (1968/71)	73	68	3	2	0	0	6459	0	0	0	3	36	15	22	0
283	Vala	7-9-1969	18	28-5-1978	26	9 (1969/78)	217	128	40	47	1	0	15742	6	1	0	56	81	41	95	0
284	Vítor Gomes	17-9-1969	19	28-5-1972	22	3 (1969/72)	30	9	5	15	0	0	1600	0	0	1	1	16	4	10	0
285	Fagundes	30-11-1969	22	22-7-1970	23	1 (1969/70)	5	2	1	2	0	0	243	0	0	0	0	3	1	1	0
286	Simões	21-12-1969	18	4-3-1989	37	7 (1969/74 e 87/89)	139	114	12	12	1	0	11415	8	0	0	2	68	25	46	1
287	Cardoso	8-2-1970	19	3-11-1974	24	6 (1969/75)	53	45	2	6	0	0	4328	0	0	0	0	25	6	22	0
288	António Jorge	15-2-1970	25	11-1-1976	31	6 (1969/71 e 72/76)	115	50	27	36	1	0	7194	4	1	0	28	48	25	42	0
289	José Manuel	22-3-1970	18	20-10-1973	22	5 (1969/74)	41	14	17	10	0	0	2566	0	0	0	16	21	6	14	0
290	Abrantes	19-4-1970	21	22-7-1970	22	1 (1969/70)	15	14	0	1	0	0	1346	0	0	0	0	10	1	4	0
291	José Freixo	17-5-1970	19	29-5-1983	32	11 (1969/78 e 81/83)	236	217	7	12	0	0	20263	21	0	0	1	105	50	81	2
292	Reis	5-7-1970	18	2-6-1983	31	4 (1969/71 e 83/85)	59	31	11	17	0	0	4107	4	0	0	16	29	15	15	0
293	Alcides	12-7-1970	18	12-7-1970	18	1 (1969/70)	1	0	0	1	0	0	45	0	0	0	0	0	1	0	0
294	Melo	13-9-1970	26	22-3-1981	36	7 (1970/75 e 79/81)	190	180	8	0	0	0	16811	3	0	2	0	73	48	69	2
295	Prieto	13-9-1970	20	27-12-1970	20	1 (1970/71)	8	1	2	5	0	0	339	0	0	0	2	4	3	1	0
296	Lynce	19-5-1971	23	30-5-1971	23	1 (1970/71)	2	1	1	0	0	0	158	0	0	0	0	2	0	0	0
297	Aníbal	5-6-1971	21	5-6-1971	21	1 (1970/71)	1	0	0	1	0	0	28	0	0	0	0	1	0	0	0
298	Gregório	3-7-1971	18	17-6-1979	26	9 (1970/79)	229	175	24	29	1	0	18219	3	0	0	22	88	46	95	2
299	Vítor Manuel	11-7-1971	18	17-6-1979	26	8 (1970/71 e 72/79)	81	58	8	15	0	0	6113	0	0	0	30	15	36	0	
300	Raul Águas	11-9-1971	22	28-5-1972	23	1 (1971/72)	18	12	2	4	0	0	1350	0	0	0	4	4	4	10	0

		PRIMEIRO JOGO		ÚLTIMO JOGO			JOGOS							CARTÕES						
Nº	NOME	DATA	IDADE	DATA	IDADE	ÉPOCAS UTILIZADO	T	C	S	SU	SUS	L	M	A	A	V	G	V	E	D	JA
301	Martinho	26-9-1971	18	22-3-1981	27	10 (1971/81)	163	141	10	12	0	0	13651	14	0	0	1	61	40	62	1
302	Cano Brito	17-1-1972	20	22-9-1974	23	4 (1971/75)	15	8	2	5	0	0	1044	0	0	0	0	5	4	6	1
303	Costa	6-2-1972	18	11-6-1978	24	7 (1971/78)	159	133	22	2	0	0	13615	14	0	2	18	61	29	69	0
304	Nini	17-9-1972	19	17-9-1972	19	1 (1972/73)	1	0	0	1	0	0	72	0	0	0	0	0	0	1	0
305	Pinho	24-9-1972	25	15-6-1975	28	3 (1972/75)	53	27	8	17	0	0	3676	2	0	1	20	29	10	14	0
306	Bacanhim	29-10-1972	26	11-5-1975	29	3 (1972/75)	45	41	3	1	0	0	3853	2	0	0	0	22	10	13	0
307	Valido	29-4-1973	22	13-5-1973	22	1 (1972/73)	2	1	0	1	0	0	107	0	0	0	1	1	1	0	0
308	Sérgio	13-5-1973	21	13-5-1973	21	1 (1972/73)	1	0	0	1	0	0	11	0	0	0	0	1	0	0	0
309	Sá	9-9-1973	22	2-12-1973	22	1 (1973/74)	5	4	0	1	0	0	365	0	0	0	0	1	1	3	0
310	Rogério	9-9-1973	27	5-7-1980	34	7 (1973/80)	145	84	30	31	0	0	10473	6	0	0	16	42	32	71	1
311	Norton de Matos	16-9-1973	19	12-5-1974	20	1 (1973/74)	18	5	5	7	1	0	931	0	0	0	1	5	3	10	0
312	Gaspar	18-11-1973	23	20-6-1982	32	2 (1973/74 e 81/82)	36	36	0	0	0	0	3270	1	0	0	0	20	11	5	3
313	Daniel	18-11-1973	18	27-12-1975	21	3 (1973/76)	17	3	5	9	0	0	782	1	0	0	1	2	4	11	0
314	Serrano	6-1-1974	19	11-5-1975	20	2 (1973/75)	29	14	6	9	0	0	1905	2	0	0	0	7	8	14	0
315	Botelho de Melo	17-3-1974	21	1-12-1974	21	2 (1973/75)	6	0	0	6	0	0	163	0	0	0	0	2	0	4	0
316	Mário Wilson	29-9-1974	20	29-6-1983	29	4 (1974/75 e 80/83)	83	42	18	23	0	0	5723	4	0	0	7	34	18	31	3
317	Manecas	24-11-1974	21	11-5-1975	22	1 (1974/75)	21	16	2	3	0	0	1683	0	0	0	8	6	6	9	0
318	Alcino	29-12-1974	19	23-2-1975	19	1 (1974/75)	9	5	4	0	0	0	684	1	0	0	0	2	4	3	0
319	Hélder	11-5-1975	20	17-6-1979	24	5 (1974/79)	84	84	0	0	0	0	7560	0	0	0	28	24	32	0	0
320	Marrafa	7-9-1975	21	15-2-1986	32	8 (1975/80 e 83/86)	114	113	1	0	0	0	10274	1	0	0	0	46	21	47	1
321	Alexandre Alhinho	7-9-1975	21	25-6-1977	23	2 (1975/77)	62	60	2	0	0	0	5564	5	0	0	0	22	15	25	0
322	Águas	12-10-1975	18	7-3-1976	18	1 (1975/76)	2	0	0	2	0	0	32	0	0	0	0	1	0	1	0
323	Freitas	19-10-1975	19	29-6-1983	26	6 (1975/80 e 82/83)	152	106	29	16	0	0	11904	10	0	1	21	72	31	49	2
324	Maia	22-11-1975	19	9-5-1976	19	1 (1975/76)	9	1	3	5	0	0	362	0	0	0	0	1	2	6	0
325	João Carvalho	27-12-1975	18	27-3-1976	18	1 (1975/76)	6	1	3	2	0	0	326	0	0	0	0	1	2	3	0
326	Camilo	25-1-1976	24	24-3-1985	33	9 (1975/76 e 77/85)	157	108	31	18	0	0	12246	5	0	0	22	83	33	41	4
327	Joaquim Rocha	8-2-1976	24	11-6-1978	27	3 (1975/78)	75	70	3	2	0	0	6564	4	0	0	36	30	16	29	0
328	Paulo Costa	27-3-1976	19	6-7-1977	20	3 (1975/78)	14	13	1	0	0	0	1230	1	0	0	0	4	2	8	0
329	Rachão	5-9-1976	23	22-6-1977	24	1 (1976/77)	32	18	9	5	0	0	2389	2	0	0	3	15	6	11	0
330	Camegim	31-10-1976	23	27-5-1984	30	5 (1976/78 e 81/84)	134	90	19	24	0	0	10170	8	0	1	46	71	31	32	3
331	Miguel	3-9-1977	19	5-7-1980	22	3 (1977/80)	51	8	14	29	0	0	2330	2	0	0	1	15	14	22	0
332	Jorge Oliveira	25-9-1977	18	7-5-1978	19	1 (1977/78)	6	1	2	3	0	0	328	0	0	0	0	0	1	5	0
333	Mesquita	16-4-1978	21	16-4-1978	21	1 (1977/78)	1	0	0	1	0	0	14	0	0	0	0	0	0	1	0
334	Jaderson	14-5-1978	23	14-5-1978	23	1 (1977/78)	1	0	0	1	0	0	16	0	0	0	0	0	0	1	0
335	Aquiles	27-8-1978	21	21-6-1984	27	6 (1978/84)	168	84	38	46	0	0	11643	15	1	0	24	86	37	45	5
336	Cavaleiro	27-8-1978	21	30-3-1980	22	2 (1978/80)	33	5	10	18	0	0	1459	1	0	0	6	12	13	8	0
337	Nicolau	27-8-1978	24	20-6-1982	28	4 (1978/82)	104	69	7	28	0	0	7432	1	0	0	32	37	27	40	1
338	Caetano	3-9-1978	25	1-4-1979	25	1 (1978/79)	13	0	6	7	0	0	416	1	0	0	0	3	3	7	0
339	Teves	15-10-1978	21	22-4-1979	22	1 (1978/79)	8	7	0	1	0	0	675	0	0	0	0	2	0	6	1
340	Abrantes	22-10-1978	21	8-4-1979	22	1 (1978/79)	6	0	0	5	1	0	160	0	0	0	0	0	0	6	0
341	Manafá	5-11-1978	31	17-6-1979	31	1 (1978/79)	27	25	2	0	0	0	2440	1	0	0	0	7	7	13	0
342	Herculano	21-1-1979	22	21-1-1979	22	1 (1978/79)	1	0	0	1	0	0	45	0	0	0	0	0	0	1	0
343	Gomes	4-2-1979	19	5-7-1980	21	2 (1978/80)	31	14	7	10	0	0	1825	1	0	0	1	18	8	5	1
344	Rogério Nobres	11-2-1979	20	29-6-1980	22	2 (1978/80)	30	17	7	5	1	0	2065	1	0	0	4	15	6	9	2
345	Eldon	11-2-1979	20	2-6-1990	32	8 (1978/83 e 87/90)	219	158	24	34	0	0	17175	35	2	2	134	105	53	61	5
346	Marcos	11-2-1979	20	11-3-1979	20	1 (1978/79)	2	0	2	0	0	0	90	0	0	0	0	1	0	1	0
347	Luís Cláudio	22-4-1979	19	22-4-1979	19	1 (1978/79)	0	0	0	0	0	0	0	0	0	0	0	0	0	0	1
348	Cardoso	9-9-1979	23	31-5-1981	24	2 (1979/81)	58	46	8	4	0	0	4715	3	0	0	0	25	15	18	1
349	José Manuel	9-9-1979	23	7-2-1981	25	2 (1979/81)	51	49	1	1	0	0	4475	2	0	0	0	23	16	12	1
350	Álvaro	9-9-1979	18	31-5-1981	20	2 (1979/81)	68	60	7	1	0	0	5889	3	0	0	2	27	18	23	1

Nº	NOME	PRIMEIRO JOGO DATA	IDADE	ÚLTIMO JOGO DATA	IDADE	ÉPOCAS UTILIZADO	JOGOS T	C	S	SU	SUS	L	M	CARTÕES A	Ⓐ	Ⓥ	G	V	E	D	JA
351	Henrique	28-10-1979	18	30-5-1982	21	3 (1979/82)	44	6	19	19	0	0	2050	3	0	1	1	21	12	11	0
352	Redondo	18-6-1980	18	21-6-1984	22	5 (1979/84)	43	28	6	7	2	0	3064	5	0	0	0	20	12	11	0
353	Luís Freixo	18-6-1980	17	18-6-1980	17	1 (1979/80)	1	0	0	1	0	0	28	0	0	0	0	0	0	1	0
354	Martinho	29-6-1980	19	5-7-1980	19	1 (1979/80)	2	1	0	1	0	0	121	0	0	0	0	1	1	0	0
355	Viçoso	5-7-1980	19	13-5-1984	23	3 (1979/80 e 82/84)	3	2	0	1	0	0	183	0	0	0	0	3	0	0	0
356	Mendes	23-8-1980	21	31-5-1981	21	1 (1980/81)	12	10	0	2	0	0	1018	1	0	0	0	2	2	8	0
357	Pedroso	23-8-1980	23	31-5-1981	24	1 (1980/81)	22	18	4	0	0	0	1883	3	0	0	0	4	4	14	0
358	Santana	23-8-1980	20	20-6-1982	22	2 (1980/82)	52	50	2	0	0	0	4667	3	0	0	0	21	14	17	3
359	Óscar	23-8-1980	29	22-3-1981	30	1 (1980/81)	17	10	5	2	0	0	1304	1	0	0	1	2	6	9	0
360	Rosário	23-8-1980	19	31-5-1981	19	1 (1980/81)	25	9	11	5	0	0	1696	2	0	0	0	5	5	15	0
361	Parente	23-8-1980	19	13-5-1984	23	4 (1980/84)	139	116	9	12	0	0	11687	11	1	1	10	68	31	40	3
362	Rosado	23-8-1980	20	3-7-1983	23	3 (1980/83)	81	64	14	3	0	0	6806	4	0	0	11	41	21	19	3
363	Tomás	7-9-1980	20	2-6-1990	30	10 (1980/90)	298	253	24	17	1	0	24967	29	1	2	5	132	76	90	2
364	Freitas	13-9-1980	21	3-5-1981	21	1 (1980/81)	9	3	1	5	0	0	418	0	0	0	0	4	1	4	0
365	Carolino	31-1-1981	29	12-4-1981	30	1 (1980/81)	7	6	1	0	0	0	610	1	0	0	0	1	1	5	0
366	Toninho	7-2-1981	20	31-5-1981	20	1 (1980/81)	9	6	0	3	0	0	605	0	0	0	1	0	0	9	0
367	Dani	8-3-1981	22	25-4-1982	23	2 (1980/82)	13	5	1	7	0	0	574	2	0	0	0	4	2	7	0
368	Beto	31-5-1981	18	3-7-1983	20	3 (1980/83)	4	0	0	4	0	0	94	1	0	0	0	1	2	1	0
369	Germano	20-9-1981	18	31-5-1992	29	9 (1981/88 e 90/92)	190	168	14	8	0	0	16256	12	0	0	1	88	47	55	3
370	Ibraim	20-9-1981	27	26-9-1982	28	2 (1981/83)	37	20	11	6	0	0	2612	5	0	0	7	21	10	6	2
371	Rui Vala	17-1-1982	19	26-2-1983	21	2 (1981/83)	7	1	0	6	0	0	225	0	0	0	0	4	2	1	3
372	Jacinto João	18-8-1982	26	29-6-1983	27	1 (1982/83)	47	45	2	0	0	0	4277	2	0	0	0	29	8	10	0
373	Jorge	18-8-1982	23	5-6-1983	24	1 (1982/83)	6	3	2	1	0	0	364	0	0	0	0	3	0	3	0
374	Marconi	18-8-1982	30	3-7-1983	31	1 (1982/83)	49	41	7	1	0	0	4240	3	0	0	12	29	9	11	0
375	Luís Horta	22-8-1982	30	26-6-1983	31	1 (1982/83)	24	15	3	5	0	0	1789	5	1	0	3	14	4	6	0
376	Paulo Ferreira	26-9-1982	19	3-3-1984	21	2 (1982/84)	39	20	5	14	0	0	2610	6	0	0	1	24	9	6	0
377	Eduardo	24-10-1982	20	3-7-1983	20	1 (1982/83)	3	1	0	2	0	0	135	0	0	0	0	1	1	1	0
378	Joel	6-2-1983	23	3-7-1983	23	1 (1982/83)	3	2	0	1	0	0	187	0	0	0	0	1	1	1	0
379	Rui Ferreira	3-7-1983	18	21-6-1984	19	2 (1982/84)	5	0	3	2	0	0	241	0	0	0	0	3	2	0	0
380	Filipe	3-7-1983	18	13-5-1984	19	2 (1982/84)	2	0	0	2	0	0	64	0	0	0	0	1	1	0	0
381	Ângelo	18-9-1983	22	26-5-1985	23	2 (1983/85)	33	19	10	4	0	0	2425	4	0	0	0	13	8	12	0
382	Isalmar	18-9-1983	27	21-6-1984	28	1 (1983/84)	27	24	3	0	0	0	2359	0	0	0	0	15	6	6	0
383	Cosme	18-9-1983	23	11-3-1984	23	1 (1983/84)	7	1	2	4	0	0	349	1	0	0	0	3	4	0	0
384	Coimbra	18-9-1983	28	21-6-1984	28	1 (1983/84)	32	26	4	2	0	0	2748	4	0	0	21	18	7	7	0
385	Ribeiro	25-9-1983	25	2-6-1985	27	2 (1983/85)	67	58	6	3	0	0	5711	7	0	0	21	33	14	20	0
386	Jorge Oliveira	25-9-1983	23	27-5-1984	24	1 (1983/84)	13	5	3	5	0	0	885	1	0	0	0	8	3	2	0
387	Porfírio	2-10-1983	22	19-3-1989	28	6 (1983/89)	117	96	10	9	0	0	9579	17	2	0	5	41	31	45	0
388	Alexandre	16-10-1983	24	17-6-1984	25	1 (1983/84)	12	3	6	3	0	0	679	0	0	0	0	7	3	2	0
389	Alcino	23-10-1983	21	25-3-1984	22	1 (1983/84)	4	3	1	0	0	0	341	0	0	0	0	3	0	1	0
390	Vítor Nóvoa	6-11-1983	21	11-3-1990	27	7 (1983/90)	160	159	1	0	0	0	14526	5	0	0	0	62	47	51	0
391	Toni	12-11-1983	21	21-6-1984	21	1 (1983/84)	14	1	3	10	0	0	516	0	0	0	1	5	5	4	0
392	João Vieira	4-12-1983	25	17-6-1984	25	1 (1983/84)	7	0	3	4	0	0	320	0	0	0	0	3	2	2	0
393	Nilson Dias	11-12-1983	31	2-6-1985	33	2 (1983/85)	39	11	9	19	0	0	2193	2	0	0	13	16	11	12	0
394	Rui Mendonça	13-5-1984	19	13-5-1984	19	1 (1983/84)	1	1	0	0	0	0	90	0	0	0	0	1	0	0	0
395	Azenha	13-5-1984	19	13-5-1984	19	1 (1983/84)	1	1	0	0	0	0	90	0	0	0	0	1	0	0	0
396	Francisco Silva	25-8-1984	26	20-4-1986	27	2 (1984/86)	50	46	1	2	0	0	4329	5	0	1	1	17	12	21	0
397	Kikas	25-8-1984	27	20-4-1986	29	2 (1984/86)	46	39	5	2	0	0	3916	3	0	0	0	18	8	20	0
398	Rolão	25-8-1984	24	11-3-1989	29	5 (1984/89)	140	93	32	15	0	0	10932	1	0	0	8	46	39	55	0
399	Artur Semedo	25-8-1984	26	19-5-1985	26	1 (1984/85)	19	6	5	8	0	0	1003	0	0	0	0	7	3	9	0
400	Álvaro	25-8-1984	25	9-1-1985	26	1 (1984/85)	4	1	2	1	0	0	258	0	0	0	0	2	1	1	0

Nº	NOME	PRIMEIRO JOGO DATA	IDADE	ÚLTIMO JOGO DATA	IDADE	ÉPOCAS UTILIZADO	T	C	S	SU	SUS	L	M	A	Ⓐ	Ⓥ	G	V	E	D	JA
401	Flávio	25-8-1984	26	31-5-1987	29	3 (1984/87)	96	75	11	9	1	0	7840	6	0	0	8	34	23	39	0
402	Pedro Xavier	25-8-1984	22	5-6-1988	26	4 (1984/88)	118	97	11	9	0	0	9921	11	0	1	35	39	31	48	0
403	Carlos Ribeiro	2-9-1984	19	12-5-1985	20	1 (1984/85)	19	11	7	0	0	0	1445	5	1	0	0	5	2	12	0
404	Jorge	2-9-1984	25	2-9-1984	25	1 (1984/85)	1	0	0	1	0	0	24	0	0	0	0	0	0	1	0
405	António Augusto	16-9-1984	22	31-5-1987	25	3 (1984/87)	34	18	4	12	0	0	2186	4	0	0	0	13	6	15	0
406	Tozé	7-10-1984	29	21-10-1984	29	1 (1984/85)	2	0	1	1	0	0	88	0	0	0	0	0	0	2	0
407	Barry	25-11-1984	26	2-4-1989	30	5 (1984/89)	111	54	24	33	0	0	7527	4	0	0	16	38	35	38	0
408	Reinaldo	9-12-1984	19	7-5-2000	35	7 (1984/90 e 99/00)	179	90	31	57	0	0	11918	18	0	1	38	73	56	50	0
409	Sciascia	16-2-1985	24	23-3-1986	26	2 (1984/86)	30	9	11	10	0	0	1713	1	0	0	2	14	3	13	0
410	Orlando	25-8-1985	20	22-3-1987	21	2 (1985/87)	20	8	7	5	0	0	1175	0	0	0	1	8	4	8	0
411	Luís Manuel	25-8-1985	26	13-4-1986	26	1 (1985/86)	9	1	1	7	0	0	297	0	0	0	0	2	5	2	0
412	Mito	25-8-1985	19	17-5-1998	32	10 (1985/90 e 93/98)	288	200	69	19	0	0	22696	41	0	0	11	120	72	96	0
413	Fernando	31-8-1985	22	31-8-1985	22	1 (1985/86)	1	0	0	1	0	0	46	0	0	0	0	0	0	1	0
414	Bandeirinha	28-9-1985	22	20-4-1986	23	1 (1985/86)	29	26	2	1	0	0	2542	4	0	0	2	12	4	13	0
415	João Carlos	1-12-1985	20	22-3-1987	21	2 (1985/87)	13	0	2	11	0	0	321	0	0	0	0	4	1	8	0
416	Jorge Paixão	8-12-1985	19	20-4-1986	20	1 (1985/86)	3	0	1	2	0	0	101	0	0	0	1	0	2	0	0
417	Arménio	25-1-1986	19	25-1-1986	19	1 (1985/86)	1	0	0	1	0	0	15	0	0	0	0	1	0	0	0
418	Quinito	23-8-1986	24	5-6-1988	26	2 (1986/88)	64	42	22	0	0	0	5285	12	0	0	11	13	26	25	0
419	Carlos Xavier	23-8-1986	24	26-4-1987	25	1 (1986/87)	27	25	2	0	0	0	2364	4	0	0	1	6	11	10	0
420	Tozé	23-8-1986	29	5-4-1987	29	1 (1986/87)	19	6	6	7	0	0	1024	0	0	0	0	3	7	9	0
421	Russiano	31-8-1986	26	3-5-1987	27	1 (1986/87)	9	0	2	7	0	0	281	0	0	0	0	2	4	3	0
422	Mounsif	21-9-1986	21	24-5-1987	22	1 (1986/87)	12	2	2	8	0	0	542	3	0	0	3	4	5	0	0
423	Pedro Espinha	16-11-1986	21	23-11-1986	21	1 (1986/87)	2	2	0	0	0	0	180	0	0	0	0	0	0	2	0
424	Marito	7-12-1986	18	21-4-1996	28	4 (1986/89 e 95/96)	91	60	19	11	0	0	7072	11	0	1	5	35	30	26	0
425	Rocha	4-1-1987	18	26-3-2004	36	18 (1986/04)	455	347	69	36	0	0	36478	97	1	2	16	186	113	156	0
426	Tó Luís	24-5-1987	19	6-6-1993	25	5 (1986/87 e 89/93)	82	81	0	1	0	0	7348	4	0	0	0	39	17	26	0
427	Jorge	23-8-1987	18	2-6-1990	21	3 (1987/90)	19	7	3	9	0	0	1050	2	0	0	0	9	4	6	0
428	Baltasar	30-8-1987	20	7-2-1988	21	1 (1987/88)	7	1	3	3	0	0	313	1	0	0	0	2	3	2	0
429	Cadorin	6-9-1987	25	2-6-1988	26	1 (1987/88)	18	0	3	15	0	0	745	3	0	0	4	3	8	7	0
430	Mota	12-9-1987	28	26-5-1991	32	4 (1987/91)	125	101	22	2	0	0	10365	13	0	0	0	60	38	27	0
431	Dimas	27-9-1987	18	2-6-1992	23	3 (1987/90)	96	87	8	1	0	0	8369	9	0	0	9	46	29	21	0
432	António Luís	1-11-1987	21	5-6-1988	21	1 (1987/88)	6	0	2	4	0	0	247	1	0	0	0	2	1	3	0
433	Valente	29-11-1987	22	5-5-2002	37	5 (1987/89 e 99/02)	36	34	1	1	0	0	3136	0	0	0	0	20	6	10	0
434	Sabará	13-2-1988	23	29-5-1988	23	1 (1987/88)	5	0	0	5	0	0	82	0	0	0	0	1	3	1	0
435	João Mendes	13-2-1988	22	2-10-1988	22	2 (1987/89)	4	2	1	1	0	0	214	1	0	0	0	1	3	0	0
436	Rubens Feijão	13-9-1988	31	14-4-1990	32	2 (1988/90)	51	19	16	16	0	0	3203	1	0	0	28	28	13	10	0
437	Marcelo	13-9-1988	18	9-5-2004	34	4 (1988/89, 90/91 e 2002/04)	73	18	12	43	0	0	3542	5	0	0	12	29	22	22	0
438	Marcelino	2-10-1988	26	21-3-1993	30	3 (1988/89 e 91/93)	95	90	3	2	0	0	8389	20	0	0	5	49	25	21	0
439	Daniel	5-10-1988	27	8-4-1990	28	2 (1988/90)	22	15	1	5	0	0	1607	3	0	1	0	12	8	2	0
440	Stephen	5-10-1988	21	4-3-1989	21	1 (1988/89)	12	9	1	2	0	0	963	1	0	0	1	7	4	1	0
441	Pedro Moiteiro	9-10-1988	21	16-4-1989	22	1 (1988/89)	5	0	0	5	0	0	99	0	0	0	1	4	1	0	0
442	Zé Paulo	19-11-1988	18	5-10-1991	21	3 (1988/89 e 90/92)	42	33	4	4	0	0	3455	10	1	0	2	21	9	12	0
443	Jorge Costa	21-12-1988	23	26-5-1990	25	2 (1988/90)	38	29	4	5	0	0	2953	7	0	0	0	27	5	6	0
444	Jones	7-1-1989	28	18-3-1990	29	2 (1988/90)	29	11	8	9	0	0	1973	3	1	0	9	18	4	7	0
445	Coelho	22-1-1989	18	16-3-1991	21	3 (1988/91)	38	12	9	17	0	0	2080	4	0	0	3	21	5	12	0
446	Paquete	10-9-1989	27	29-10-1989	28	1 (1989/90)	5	4	1	0	0	0	405	0	0	0	0	1	1	3	0
447	Fernando Couto	10-9-1989	20	2-6-1990	20	1 (1989/90)	24	20	1	2	0	0	2053	3	1	0	2	12	3	9	0
448	Meireles	10-9-1989	26	2-6-1990	27	1 (1989/90)	22	12	4	6	0	0	1559	1	0	0	4	12	3	7	0
449	Abel Silva	17-9-1989	20	13-5-1990	20	1 (1989/90)	16	12	2	2	0	0	1201	1	0	0	2	10	0	6	0
450	Real	17-9-1989	24	26-5-1991	26	2 (1989/91)	46	30	7	9	0	0	3260	5	0	0	5	26	7	13	0

Nº	NOME	PRIMEIRO JOGO DATA	IDADE	ÚLTIMO JOGO DATA	IDADE	ÉPOCAS UTILIZADO	JOGOS T	C	S	SU	SUS	L	M	CARTÕES A	Ⓐ	Ⓥ	G	V	E	D	JA
451	Toninho Cruz	24-9-1989	20	19-5-1995	26	2 (1989/90 e 95/96)	26	11	8	6	0	0	1643	3	1	0	2	11	5	10	0
452	Marinov	24-9-1989	27	2-6-1990	28	1 (1989/90)	19	11	4	4	0	0	1427	1	0	0	6	14	1	4	0
453	China	26-11-1989	23	13-5-1990	24	1 (1989/90)	21	10	9	2	0	0	1591	6	0	0	1	11	4	6	0
454	Tozé	28-1-1990	22	28-5-1995	28	6 (1989/95)	136	108	16	9	0	0	11188	27	1	2	8	63	28	45	0
455	Alfaia	19-8-1990	23	19-5-1991	24	1 (1990/91)	26	22	4	0	0	0	2202	3	0	0	0	12	5	9	0
456	Joanito	19-8-1990	25	26-5-1991	25	1 (1990/91)	28	28	0	0	0	0	2520	3	0	0	0	14	5	9	0
457	Vicente	19-8-1990	23	26-5-1991	24	1 (1990/91)	10	8	2	0	0	0	840	1	0	0	0	8	1	1	0
458	Latapy	19-8-1990	22	29-5-1994	25	4 (1990/94)	135	96	35	4	0	0	11282	4	0	0	36	67	28	40	0
459	Paulo Simões	19-8-1990	24	26-5-1991	25	1 (1990/91)	20	12	3	5	0	0	1394	0	0	0	1	11	4	5	0
460	Paulo Antunes	19-8-1990	21	3-5-1992	23	2 (1990/92)	47	18	5	24	0	0	2665	2	0	0	6	23	10	14	0
461	Casquilha	26-8-1990	21	26-5-1991	22	1 (1990/91)	24	14	6	4	0	0	1858	6	0	0	4	12	6	6	0
462	Lewis	16-9-1990	23	29-5-1994	27	4 (1990/94)	126	94	21	11	0	0	10437	21	0	0	44	57	30	39	0
463	Maurício	30-9-1990	21	12-5-1991	21	1 (1990/91)	21	15	4	2	0	0	1573	6	0	0	2	7	8	6	0
464	Mariano	7-10-1990	21	26-5-1991	22	1 (1990/91)	22	8	7	7	0	0	1352	6	0	0	3	12	4	6	0
465	Barreto	28-10-1990	23	25-11-1990	23	1 (1990/91)	6	4	2	0	0	0	447	1	0	0	0	3	2	1	0
466	Chico Nikita	9-12-1990	26	26-5-1991	26	1 (1990/91)	17	14	1	1	0	0	1443	3	1	0	1	7	5	5	0
467	Clint	9-12-1990	23	9-12-1990	23	1 (1990/91)	1	0	0	1	0	0	45	1	0	0	0	0	0	1	0
468	Walter	16-12-1990	23	15-5-1994	26	4 (1990/94)	68	50	15	3	0	0	5437	2	0	0	0	38	10	20	0
469	Pedro Roma	30-1-1991	20	16-5-2009	38	16 (1990/92, 94/95 e 96/09)	393	390	0	0	0	0	35349	21	0	3	0	133	110	150	0
470	Mickey	19-5-1991	19	30-5-1999	27	7 (1990/91 e 93/99)	166	95	44	26	0	0	12247	19	0	2	9	55	43	68	0
471	Crisanto	1-9-1991	29	17-5-1992	30	1 (1991/92)	31	29	0	0	0	0	2719	10	0	2	0	13	9	9	0
472	Grosso	1-9-1991	27	31-5-1992	28	1 (1991/92)	29	21	5	2	0	0	2280	4	1	0	0	11	9	9	0
473	Perduv	1-9-1991	32	29-2-1992	32	1 (1991/92)	16	14	1	0	0	0	1456	4	0	1	0	8	4	4	0
474	Falica	1-9-1991	24	23-5-1993	26	2 (1991/93)	41	20	12	8	0	0	2653	13	1	0	1	20	12	9	0
475	Mendes	1-9-1991	25	31-5-1992	26	1 (1991/92)	28	9	3	16	0	0	1398	4	1	1	7	12	7	9	0
476	Emanuel	1-9-1991	24	24-5-1992	25	1 (1991/92)	31	11	7	13	0	0	1934	2	0	0	7	12	10	9	0
477	Zé do Carmo	15-9-1991	30	2-6-1994	32	3 (1991/94)	100	80	9	10	0	0	8233	31	1	0	6	48	22	30	0
478	Serralha	27-10-1991	19	31-5-1992	20	1 (1991/92)	5	1	0	4	0	0	140	0	0	0	1	1	1	3	0
479	Gomes	3-11-1991	28	31-5-1992	28	1 (1991/92)	24	14	7	3	0	0	1722	3	0	0	0	9	8	7	0
480	Palancha	15-12-1991	20	28-5-1995	24	3 (1991/92 e 93/95)	44	39	5	0	0	0	3784	7	0	0	0	15	13	16	0
481	Zé d'Angola	15-12-1991	21	31-5-1992	21	1 (1991/92)	16	5	4	6	0	0	910	4	1	0	1	5	4	7	0
482	Rui Moço	10-5-1992	19	31-5-1992	19	1 (1991/92)	4	1	1	2	0	0	233	1	0	0	0	1	1	2	0
483	Carlos Pedro	23-8-1992	23	28-5-1995	26	3 (1992/95)	74	45	7	21	0	0	5121	14	1	0	7	35	15	24	0
484	João Manuel	23-8-1992	24	28-5-1995	27	3 (1992/95)	92	84	2	2	0	0	8060	17	2	2	8	43	16	33	0
485	Leandro	23-8-1992	20	31-3-1996	24	2 (1992/93 e 95/96)	41	15	10	16	0	0	2668	5	0	0	10	23	9	9	0
486	Fua	23-8-1992	23	6-6-1993	24	1 (1992/93)	36	21	1	12	0	0	2285	7	1	1	8	21	6	9	0
487	Zé Duarte	23-8-1992	24	22-4-1997	29	5 (1992/97)	118	107	6	5	0	0	10148	32	0	0	7	59	23	36	0
488	Justiniano	6-9-1992	27	13-9-1992	27	1 (1992/93)	2	0	1	1	0	0	57	0	0	0	0	1	0	1	0
489	Vítor Alves	13-9-1992	31	30-5-1999	38	7 (1992/99)	51	47	2	2	0	0	4525	4	0	0	0	20	9	22	0
490	Hristo	18-10-1992	22	6-6-1993	23	1 (1992/93)	18	6	5	7	0	0	1011	0	0	0	4	9	4	5	0
491	Zé da Rocha	10-1-1993	24	6-6-1993	25	1 (1992/93)	3	1	1	1	0	0	180	0	0	0	0	1	1	1	0
492	Paredão	28-2-1993	20	14-3-1993	20	1 (1992/93)	3	3	0	0	0	0	270	2	0	0	0	2	0	1	0
493	Vítor Duarte	22-8-1993	33	2-6-1994	34	1 (1993/94)	20	16	2	2	0	0	1640	4	0	0	0	10	3	7	0
494	Ricardo	22-8-1993	23	2-6-1994	24	1 (1993/94)	26	6	10	10	0	0	1414	6	0	0	4	13	4	9	0
495	Baroti	22-8-1993	23	2-5-1994	24	1 (1993/94)	15	5	6	4	0	0	969	1	0	0	0	5	2	8	0
496	Nuno Luís	22-8-1993	18	10-12-2006	31	6 (1993/94 e 2002/07)	141	113	15	12	0	0	11429	21	1	0	1	51	31	59	0
497	Paulo Vida	29-8-1993	21	2-6-1994	22	1 (1993/94)	21	7	6	8	0	0	1258	2	0	0	4	9	3	9	0
498	Sérgio	12-9-1993	27	28-5-1995	29	2 (1993/95)	27	26	1	0	0	0	2377	2	0	0	0	15	3	9	0
499	Fernando	19-9-1993	24	30-4-1995	25	2 (1993/95)	49	20	10	19	0	0	3052	10	0	1	6	26	8	15	0
500	Chico Faria	6-2-1994	29	29-5-1994	29	1 (1993/94)	13	3	5	5	0	0	805	4	0	0	5	5	0	8	0

Nº	NOME	PRIMEIRO JOGO DATA	IDADE	ÚLTIMO JOGO DATA	IDADE	ÉPOCAS UTILIZADO	JOGOS T	C	S	SU	SUS	L	M	CARTÕES A	Ā	V	G	V	E	D	JA
501	Kiki	2-6-1994	18	28-5-1995	19	2 (1993/95)	5	3	0	2	0	0	352	1	0	0	0	0	1	4	0
502	João Campos	2-6-1994	19	24-11-2002	27	8 (1993/96 e 98/03)	113	15	22	73	3	0	4600	16	0	0	2	50	23	40	0
503	Pedro Jesus	2-6-1994	19	2-6-1994	19	1 (1993/94)	1	0	0	1	0	0	18	0	0	0	0	0	0	1	0
504	Arsénio	21-8-1994	25	28-5-1995	25	1 (1994/95)	25	16	8	1	0	0	2055	4	0	0	1	9	5	11	0
505	Rui Carlos	21-8-1994	22	10-5-1998	26	3 (1994/96 e 97/98)	37	27	5	5	0	0	2776	8	0	0	5	18	7	12	0
506	Batista	21-8-1994	30	1-12-1994	30	1 (1994/95)	7	5	0	2	0	0	491	0	0	0	3	2	1	4	0
507	Febras	21-8-1994	20	14-5-2000	26	6 (1994/00)	110	30	22	56	2	0	5987	15	0	0	33	42	24	44	0
508	Laureta	28-8-1994	32	28-5-1995	33	1 (1994/95)	20	16	3	1	0	0	1608	6	0	0	0	6	4	10	0
509	Besirovic	28-8-1994	27	14-5-1995	27	1 (1994/95)	30	29	1	0	0	0	2715	6	0	0	3	14	8	8	0
510	Nenad	11-9-1994	25	21-5-1995	26	1 (1994/95)	13	5	5	3	0	0	906	1	0	0	1	7	3	3	0
511	Dragan	18-9-1994	25	21-5-1995	26	1 (1994/95)	8	1	4	3	0	0	353	2	0	0	1	4	2	2	0
512	Calila	23-10-1994	22	30-4-1995	23	1 (1994/95)	17	3	5	9	0	0	932	2	0	0	3	8	4	5	0
513	Rui Campos	6-11-1994	22	31-1-1998	25	4 (1994/98)	67	26	14	24	0	0	3982	10	2	1	0	28	19	20	0
514	João Pires	8-1-1995	24	22-11-1998	28	5 (1994/99)	95	33	24	38	0	0	5683	14	0	0	5	38	22	35	0
515	Capitão	12-1-1995	24	12-5-1996	25	2 (1994/96)	10	1	5	4	0	0	461	0	0	0	1	3	3	4	0
516	Hilário	20-8-1995	19	6-4-2003	27	2 (1995/96 e 2002/03)	45	44	1	0	0	0	4024	2	0	0	0	15	10	20	0
517	Albertino	20-8-1995	23	15-6-1997	25	2 (1995/97)	67	63	2	1	0	0	5880	15	1	0	5	29	13	25	0
518	Dinis	20-8-1995	28	5-5-1996	29	1 (1995/96)	27	22	4	0	0	0	2261	7	0	1	0	8	6	13	0
519	Jorge Silva	20-8-1995	19	1-6-1997	21	2 (1995/97)	64	56	1	5	0	0	5434	18	2	0	1	27	15	22	0
520	Miguel Simão	20-8-1995	22	15-10-1995	22	1 (1995/96)	8	4	3	1	0	0	599	1	0	0	0	3	1	4	0
521	Tozé	20-8-1995	26	29-10-1995	26	1 (1995/96)	4	0	3	1	0	0	233	0	0	0	0	1	2	1	0
522	Emmanuel Blanchard	20-8-1995	24	15-10-1995	24	1 (1995/96)	5	1	1	2	0	0	297	1	0	1	0	2	0	3	0
523	N'Tsunda	20-8-1995	20	12-5-1996	21	1 (1995/96)	32	7	12	13	0	0	1771	2	0	0	8	10	7	15	0
524	João Peixe	20-8-1995	19	19-11-1995	20	1 (1995/96)	10	3	1	6	0	0	489	2	0	0	0	3	3	4	0
525	Paulo Pilar	9-9-1995	23	5-5-1996	24	1 (1995/96)	28	15	9	4	0	0	2017	4	0	0	4	9	5	14	0
526	Diogo	9-9-1995	19	12-5-1996	20	1 (1995/96)	19	9	7	3	0	0	1337	6	0	0	0	6	6	7	0
527	Octávio	9-9-1995	23	13-1-1996	23	1 (1995/96)	8	0	1	7	0	0	231	1	0	0	0	3	0	5	0
528	Zé Nando	5-11-1995	27	13-1-2001	32	6 (1995/01)	111	73	24	12	0	0	8326	30	2	0	2	40	30	41	0
529	Fernando Gomes	5-11-1995	25	28-4-1996	26	1 (1995/96)	11	1	7	2	0	0	629	2	1	0	0	5	2	4	0
530	Pedro Lavoura	19-11-1995	21	30-5-1999	24	4 (1995/99)	88	27	37	24	0	0	5407	24	0	0	7	27	26	35	0
531	Dunga	21-1-1996	28	12-5-1996	29	1 (1995/96)	7	2	1	3	1	0	368	0	0	0	1	4	0	3	0
532	Santos	3-3-1996	24	15-6-1997	25	2 (1995/97)	7	4	1	2	0	0	442	5	0	0	0	5	0	2	0
533	Rogério Matias	24-3-1996	21	24-3-1996	21	1 (1995/96)	1	0	1	0	0	0	62	0	0	0	0	0	0	1	0
534	Abazaj	31-3-1996	27	23-5-1999	30	4 (1995/99)	84	59	9	12	0	0	6262	26	3	1	4	24	24	36	0
535	Dinda	1-9-1996	24	15-6-1997	24	1 (1996/97)	35	18	12	4	0	0	2529	9	1	0	3	17	7	11	0
536	Miguel Bruno	1-9-1996	24	17-5-1998	26	2 (1996/98)	41	15	17	8	0	0	2847	11	1	0	12	20	9	12	0
537	Telmo Pinto	1-9-1996	25	11-5-1997	26	1 (1996/97)	4	0	1	3	0	0	115	1	0	0	0	2	1	1	0
538	Mounir	8-8-1996	26	14-4-2001	31	5 (1996/01)	121	103	5	2	0	0	10300	42	7	4	1	44	27	50	0
539	Marinho	8-8-1996	22	15-6-1997	22	1 (1996/97)	22	0	9	13	0	0	811	2	0	0	1	9	5	8	0
540	João Tomás	9-11-1996	21	26-1-2000	24	4 (1996/00)	90	16	30	44	0	0	4635	13	0	0	35	32	19	39	0
541	Dário	23-3-1997	20	22-5-2005	28	9 (1996/05)	201	110	60	28	0	0	15265	44	0	3	91	69	59	73	0
542	Peres	15-6-1997	22	30-5-1999	24	2 (1996/97 e 98/99)	9	7	1	1	0	0	700	1	0	0	0	0	3	6	0
543	Tó Sá	23-8-1997	28	5-5-2002	33	5 (1997/02)	154	114	26	11	0	0	12484	43	3	0	1	55	40	59	0
544	Paulão	23-8-1997	27	21-3-1998	28	1 (1997/98)	13	8	5	0	0	0	996	3	0	0	3	3	5	5	0
545	Vargas	23-8-1997	18	10-5-1998	19	1 (1997/98)	21	1	7	12	1	0	786	3	0	0	3	5	6	4	0
546	Sérgio Cruz	23-8-1997	30	14-5-2000	33	3 (1997/00)	30	24	3	1	0	0	2463	12	1	1	1	7	9	14	0
547	Akwá	23-8-1997	20	17-5-1998	20	1 (1997/98)	20	10	3	7	0	0	1251	0	0	0	1	4	8	8	0
548	Reginaldo	13-9-1997	29	31-1-1998	29	1 (1997/98)	7	5	2	0	0	0	591	4	0	0	0	2	2	3	0
549	Carlos Miguel	20-9-1997	26	31-1-1998	26	1 (1997/98)	11	5	2	4	0	0	682	2	0	0	1	4	6	0	0
550	Gaúcho	9-11-1997	26	30-5-1999	27	2 (1997/99)	53	41	9	2	0	0	4404	14	1	0	5	8	16	29	0

Nº	NOME	PRIMEIRO JOGO DATA	IDADE	ÚLTIMO JOGO DATA	IDADE	ÉPOCAS UTILIZADO	JOGOS T	C	S	SU	SUS	L	M	CARTÕES A	🅰	🆅	G	V	E	D	JA
551	Aurélio	30-11-1997	23	19-4-1998	24	1 (1997/98)	14	11	2	1	0	0	1123	4	0	0	0	3	5	6	0
552	Veríssimo	5-4-1998	20	30-5-1999	22	2 (1997/99)	38	37	0	0	0	0	3382	9	0	1	0	6	10	22	0
553	Igor	11-4-1998	25	27-4-1998	25	1 (1997/98)	3	1	0	2	0	0	148	0	0	0	0	0	1	2	0
554	Maurício	23-8-1998	26	30-5-1999	27	1 (1998/99)	32	19	9	4	0	0	2512	8	0	0	6	3	9	20	0
555	Luís Filipe	23-8-1998	19	23-5-1999	19	1 (1998/99)	20	7	2	11	0	0	1070	2	0	0	2	3	5	12	0
556	Anderson	30-8-1998	26	30-8-1998	26	1 (1998/99)	1	1	0	0	0	0	90	0	0	0	0	0	0	1	0
557	Camilo	30-8-1998	28	28-4-2002	32	4 (1998/02)	93	61	12	20	0	0	6646	15	0	0	2	41	20	32	0
558	Barroso	11-9-1998	28	30-5-1999	28	1 (1998/99)	27	14	10	2	0	0	2036	7	1	0	1	4	7	16	0
559	Cattaneo	11-9-1998	27	14-5-2000	29	2 (1998/00)	31	16	7	7	0	0	2118	12	1	0	0	11	11	9	0
560	Lim	20-9-1998	26	16-5-1999	26	1 (1998/99)	20	3	4	13	0	0	866	2	0	0	3	2	6	12	0
561	Nuno Rocha	1-11-1998	21	25-4-1999	22	1 (1998/99)	3	0	0	3	0	0	43	0	0	0	0	0	1	2	0
562	Abdul	13-11-1998	26	13-11-1998	26	1 (1998/99)	1	0	0	1	0	0	2	0	0	0	0	0	1	0
563	Paulo Adriano	7-12-1998	21	26-3-2006	29	8 (1998/06)	169	48	67	51	1	0	10216	32	1	2	15	65	42	62	0
564	Madureira	3-4-1999	22	3-4-1999	22	1 (1998/99)	1	0	0	1	0	0	24	0	0	0	0	0	0	1	0
565	Vítor Paneira	22-8-1999	33	27-5-2001	35	2 (1999/01)	47	21	21	5	0	0	3421	6	0	0	2	22	11	14	0
566	Zé Miguel	22-8-1999	24	5-10-1999	24	1 (1999/00)	3	3	0	0	0	0	270	2	0	0	0	2	1	0	0
567	Monteiro	22-8-1999	31	20-5-2001	33	2 (1999/01)	53	36	10	6	0	0	4053	14	0	1	6	25	8	20	0
568	Capitão	22-8-1999	24	14-11-1999	24	1 (1999/00)	10	1	0	9	0	0	378	0	0	0	0	5	3	2	0
569	Lucas	22-8-1999	19	9-5-2004	24	5 (1999/04)	111	79	13	16	0	0	8597	27	3	0	5	46	24	41	0
570	Bolinhas	28 8 1999	28	14-5-2000	28	1 (1999/00)	27	5	7	15	0	0	1225	2	0	0	5	13	7	7	0
571	Pedro Paula	12-9-1999	21	14-5-2000	22	1 (1999/00)	7	2	2	3	0	0	362	0	0	0	0	4	2	1	0
572	Paulo Dias	26-9-1999	21	14-5-2000	22	1 (1999/00)	11	7	3	1	0	0	731	0	0	0	0	5	2	4	0
573	Eduardo	5-10-1999	20	14-3-2004	25	2 (1999/00 e 2003/04)	5	3	0	2	0	0	334	0	0	0	0	2	1	2	0
574	Pedro Hipólito	5-10-1999	21	14-12-2002	24	4 (1999/03)	52	22	8	22	0	0	2840	15	0	0	1	31	10	11	0
575	Giraudo	17-10-1999	29	30-4-2000	30	1 (1999/00)	29	28	0	1	0	0	2595	4	0	0	3	15	6	8	0
576	Morgado	31-10-1999	27	14-5-2000	27	1 (1999/00)	17	11	3	2	0	0	1370	4	1	0	0	8	4	5	0
577	Leandro Netto	13-2-2000	20	27-5-2001	22	2 (1999/01)	42	10	17	15	0	0	2494	7	0	0	9	14	9	19	0
578	Moacir	20-8-2000	22	27-5-2001	23	1 (2000/01)	27	8	16	3	0	0	1740	10	0	0	2	13	4	10	0
579	Pazito	20-8-2000	24	6-5-2001	25	1 (2000/01)	25	1	5	19	0	0	947	2	0	0	4	10	4	11	0
580	Adriano	27-8-2000	19	26-11-2000	19	1 (2000/01)	3	0	2	1	0	0	156	1	0	0	0	1	0	2	0
581	Dyduch	10-9-2000	26	2-5-2004	30	4 (2000/04)	98	86	7	4	0	0	8415	25	1	0	14	42	26	30	0
582	Cláudio	24-9-2000	23	26-11-2000	23	1 (2000/01)	7	3	1	3	0	0	346	3	0	0	0	3	0	4	0
583	Alex Garcia	1-10-2000	21	12-5-2001	22	1 (2000/01)	17	0	3	12	2	0	679	1	0	0	2	7	3	7	0
584	João Alves	1-11-2000	22	26-11-2000	22	1 (2000/01)	2	2	0	0	0	0	180	0	0	0	0	1	0	1	0
585	Miguel	1-11-2000	18	16-9-2001	19	2 (2000/02)	3	1	0	2	0	0	96	1	0	0	0	3	0	0	0
586	Rui Castro	26-11-2000	22	26-11-2000	22	1 (2000/01)	1	0	0	0	0	0	90	1	0	1	0	0	1	0	0
587	Tonel	7-1-2001	20	9-5-2004	24	4 (2000/04)	119	117	0	0	0	0	10660	39	2	0	12	47	31	41	0
588	Alhandra	21-1-2001	21	5-5-2002	23	2 (2000/02)	47	26	14	4	1	0	3759	11	2	0	7	25	10	12	0
589	Luís Nunes	27-1-2001	23	27-1-2002	24	2 (2000/02)	24	3	10	11	0	0	1127	7	0	0	3	12	4	8	0
590	Alexandre	27-1-2001	26	12-5-2001	26	1 (2000/01)	11	6	3	1	0	0	803	3	0	1	0	5	2	4	0
591	Rasca	12-5-2001	18	12-5-2001	18	1 (2000/01)	1	0	0	1	0	0	30	0	0	0	0	0	1	0	0
592	Márcio Santos	12-8-2001	22	6-4-2003	23	2 (2001/03)	37	35	1	1	0	0	3265	5	0	0	0	19	12	6	0
593	Kibuey	12-8-2001	29	5-5-2002	29	1 (2001/02)	36	24	8	4	0	0	2899	5	0	0	16	19	10	7	0
594	João Oliveira Pinto	12-8-2001	30	24-3-2002	30	1 (2001/02)	17	0	7	9	1	0	732	3	0	0	0	10	4	3	0
595	Demétrius	25-8-2001	28	7-4-2002	28	1 (2001/02)	7	3	2	2	0	0	447	1	0	0	0	2	2	3	0
596	Dino	25-8-2001	23	2-12-2002	24	2 (2001/03)	16	6	5	4	0	0	834	5	1	0	2	7	4	5	0
597	Germano	9-9-2001	21	9-9-2001	21	1 (2001/02)	1	0	0	1	0	0	25	0	0	0	0	0	0	1	0
598	Pedro Penela	9-9-2001	20	16-9-2001	20	1 (2001/02)	2	0	0	2	0	0	59	1	0	0	0	1	0	1	0
599	Vital	22-9-2001	29	31-8-2002	30	2 (2001/03)	32	18	6	7	0	0	2311	10	1	0	1	15	9	8	0
600	Nuno Miranda	30-9-2001	22	17-11-2002	23	2 (2001/03)	16	1	3	12	0	0	600	0	0	0	0	8	5	3	0

Nº	NOME	PRIMEIRO JOGO DATA	IDADE	ÚLTIMO JOGO DATA	IDADE	ÉPOCAS UTILIZADO	JOGOS T	C	S	SU	SUS	L	M	CARTÕES A	A	V	G	V	E	D	JA
601	Toni	22-12-2001	18	5-1-2004	20	2 (2001/02 e 2003/04)	5	0	2	3	0	0	171	0	0	0	0	1	1	3	0
602	Luís Cláudio	6-1-2002	26	5-5-2002	26	1 (2001/02)	18	12	3	2	0	0	1389	3	0	1	1	6	7	5	0
603	João Morais	3-2-2002	18	14-4-2002	18	1 (2001/02)	4	1	3	0	0	0	230	2	0	0	0	0	3	1	0
604	Xano	30-3-2002	18	19-4-2003	19	2 (2001/03)	20	0	6	14	0	0	584	4	0	0	2	7	7	6	0
605	André	23-8-2002	24	1-6-2003	25	1 (2002/03)	35	30	5	0	0	0	3004	12	0	0	4	10	13	12	0
606	Raul Oliveira	23-8-2002	29	6-5-2005	32	1 (2002/03)	26	23	1	2	0	0	2184	3	0	0	2	8	9	9	0
607	Tixier	23-8-2002	22	8-5-2005	24	3 (2002/05)	72	42	13	16	0	0	5099	23	2	0	2	24	17	31	0
608	Fredy	23-8-2002	23	27-2-2005	25	3 (2002/05)	78	43	20	14	0	0	5599	13	1	0	6	23	17	38	0
609	Marinescu	23-8-2002	30	2-5-2004	31	2 (2002/04)	57	13	23	21	0	0	3243	6	0	1	12	16	14	27	0
610	Jorginho	31-8-2002	26	17-12-2003	28	2 (2002/04)	22	1	4	17	0	0	764	1	0	0	0	4	9	9	0
611	Roberto	31-8-2002	24	24-1-2003	24	1 (2002/03)	14	2	4	8	0	0	650	2	0	0	0	4	5	5	0
612	Valeri	13-9-2002	28	10-1-2003	28	1 (2002/03)	5	0	4	1	0	0	241	1	0	0	0	1	2	2	0
613	Binho	13-9-2002	25	23-3-2003	25	1 (2002/03)	15	8	7	0	0	0	1133	4	0	0	2	3	7	5	0
614	Nuno Piloto	10-10-2002	20	23-5-2009	27	6 (2002/03 e 2004/09)	102	57	17	25	2	0	6751	8	1	0	3	30	35	37	0
615	Vítor Vieira	24-1-2003	29	1-6-2003	30	1 (2002/03)	14	8	3	3	0	0	961	2	0	0	0	6	1	7	0
616	Manuel José	24-1-2003	21	1-6-2003	22	1 (2002/03)	17	15	1	0	0	0	1489	4	0	1	1	6	5	6	0
617	Carlos Martins	29-1-2003	20	28-4-2003	20	1 (2002/03)	11	2	6	3	0	0	654	1	0	0	0	3	2	6	0
618	Marcos António	29-1-2003	19	25-5-2003	20	1 (2002/03)	14	11	1	2	0	0	1062	5	0	0	0	4	4	6	0
619	Pedro Oliveira	23-2-2003	21	6-4-2003	21	1 (2002/03)	5	0	0	5	0	0	127	1	0	0	0	1	1	3	0
620	Esquerdinha	23-3-2003	30	28-4-2003	30	1 (2002/03)	4	4	0	0	0	0	360	1	0	0	0	0	3	1	0
621	Fouhami	16-8-2003	30	17-12-2003	30	1 (2003/04)	8	8	0	0	0	0	720	0	0	0	0	3	1	4	0
622	Pedro Henriques	16-8-2003	28	19-9-2004	29	2 (2003/05)	21	18	3	0	0	0	1825	5	0	0	0	9	4	8	0
623	Rodolfo	16-8-2003	26	31-10-2004	27	2 (2003/05)	18	7	5	6	0	0	1041	3	0	0	0	8	2	8	0
624	Filipe Alvim	16-8-2003	24	18-4-2003	24	1 (2003/04)	16	10	4	2	0	0	1054	5	0	0	2	4	2	10	0
625	Delmer	16-8-2003	29	14-2-2004	29	1 (2003/04)	19	6	6	7	0	0	1172	1	0	0	3	6	3	10	0
626	José António	16-8-2003	26	22-5-2005	28	2 (2003/05)	71	71	0	0	0	0	6390	7	0	0	3	22	16	33	0
627	Dionattan	16-8-2003	21	16-12-2006	24	4 (2003/07)	66	22	27	17	0	0	4186	20	0	0	2	16	17	33	0
628	Ricardo Perez	16-8-2003	30	7-12-2003	30	1 (2003/04)	6	0	0	6	0	0	168	0	0	0	0	1	1	4	0
629	Buzsáky	24-8-2003	21	3-2-2004	21	1 (2003/04)	13	1	5	7	0	0	694	2	0	1	0	3	1	9	0
630	Fábio Felício	15-9-2003	21	9-5-2004	22	1 (2003/04)	27	11	6	10	0	0	1638	6	0	0	4	7	5	15	0
631	Zé Castro	5-10-2003	20	7-5-2006	23	3 (2003/06)	61	55	5	1	0	0	5277	7	0	0	1	21	18	22	0
632	Fiston	26-10-2003	22	17-12-2003	22	1 (2003/04)	5	0	2	3	0	0	161	1	0	0	0	0	1	4	0
633	Zuela	7-12-2003	20	17-12-2003	20	1 (2003/04)	2	1	0	1	0	0	96	0	0	0	0	0	0	2	0
634	Kaká	17-1-2004	24	8-2-2004	24	1 (2003/04)	4	1	2	1	0	0	251	0	0	0	0	0	1	3	0
635	Paulo Sérgio	25-1-2004	20	9-5-2004	20	1 (2003/04)	16	2	11	3	0	0	979	3	0	0	3	7	2	7	0
636	Joeano	8-2-2004	24	5-4-2008	28	5 (2003/08)	104	35	22	43	1	0	6048	11	1	2	30	24	34	46	0
637	Flávio Dias	14-2-2004	25	9-5-2004	26	1 (2003/04)	8	2	2	4	0	0	415	1	0	0	1	4	1	3	0
638	Fávaro	9-5-2004	21	9-5-2004	21	1 (2003/04)	1	0	0	1	0	0	26	0	0	0	0	1	0	0	0
639	Vasco Faísca	30-8-2004	24	22-5-2005	24	1 (2004/05)	34	31	2	0	0	0	2962	6	1	0	0	10	10	14	0
640	Rafael Gaúcho	30-8-2004	21	27-2-2005	22	1 (2004/05)	18	3	8	7	0	0	923	3	0	0	3	3	4	11	0
641	Ricardo Fernandes	30-8-2004	26	13-3-2005	26	1 (2004/05)	22	13	6	3	0	0	1641	6	0	0	2	3	6	13	0
642	Kenny Cooper	30-8-2004	19	10-12-2004	20	1 (2004/05)	11	1	3	7	0	0	392	1	0	0	0	3	1	7	0
643	Luciano	5-9-2004	25	9-4-2006	26	2 (2004/06)	65	31	16	17	0	0	4624	13	0	1	8	22	14	29	0
644	Danilo	19-9-2004	24	7-4-2007	26	3 (2004/07)	53	35	8	9	0	0	3935	11	0	0	2	19	12	22	0
645	Dani	19-9-2004	30	9-4-2006	32	2 (2004/06)	13	13	0	0	0	0	1230	2	0	0	0	5	3	5	0
646	Sarmento	3-10-2004	19	2-9-2007	22	4 (2004/08)	36	10	9	17	0	0	1777	4	0	0	1	11	9	16	0
647	Kenedy	9-1-2005	30	22-5-2005	31	1 (2004/05)	19	2	8	9	0	0	977	1	0	0	1	6	7	6	0
648	Hugo Leal	29-1-2005	24	14-5-2005	24	1 (2004/05)	12	5	7	0	0	0	1014	2	0	0	0	5	4	3	0
649	Marcel	29-1-2005	23	21-12-2005	24	2 (2004/06)	33	24	7	2	0	0	2789	6	0	0	13	12	10	11	0
650	Roberto Brum	6-2-2005	26	20-5-2007	28	3 (2004/07)	82	56	21	4	0	0	6675	19	1	0	0	26	22	34	0

		PRIMEIRO JOGO		ÚLTIMO JOGO			JOGOS						CARTÕES								
Nº	NOME	DATA	IDADE	DATA	IDADE	ÉPOCAS UTILIZADO	T	C	S	SU	SUS	L	M	A	A	V	G	V	E	D	JA
651	Lira	6-2-2005	21	19-11-2005	22	3 (2004/07)	11	3	6	2	0	0	759	5	0	0	0	4	1	6	0
652	Andrade	20-3-2005	31	7-5-2006	32	2 (2004/06)	11	3	2	6	0	0	483	2	0	1	0	3	6	2	0
653	Vítor Vinha	22-5-2005	18	29-3-2008	21	4 (2004/08)	41	25	10	5	0	0	2998	8	0	2	0	12	17	12	0
654	Ezequias	20-8-2005	24	7-5-2006	25	1 (2005/06)	29	14	8	6	0	0	2008	5	0	1	0	7	10	12	0
655	Hugo Alcântara	20-8-2005	26	7-5-2006	26	1 (2005/06)	30	22	3	4	0	0	2350	10	0	1	4	8	8	14	0
656	Filipe Teixeira	20-8-2005	24	20-5-2007	26	2 (2005/07)	63	37	19	6	0	0	4960	13	1	0	4	18	15	30	0
657	Fernando	20-8-2005	24	30-4-2006	25	1 (2005/06)	17	3	6	7	0	0	976	1	1	0	1	5	5	7	0
658	Gelson	20-8-2005	26	30-4-2007	28	2 (2005/07)	37	10	8	18	0	0	2096	8	1	0	4	8	10	19	0
659	Pedro Silva	11-9-2005	24	7-5-2006	25	1 (2005/06)	25	10	4	9	0	0	1525	11	2	0	1	9	5	11	0
660	Zada	23-10-2005	28	4-2-2006	28	1 (2005/06)	10	1	4	5	0	0	442	1	0	0	0	5	2	3	0
661	N'Doye	30-1-2006	27	4-6-2008	30	2 (2005/06 e 2007/8))	26	18	4	4	0	0	2051	8	0	0	2	5	8	13	0
662	Serjão	30-1-2006	26	24-4-2006	26	1 (2005/06)	12	2	1	9	0	0	391	0	0	0	1	6	1	5	0
663	Rui Miguel	15-4-2006	22			1 (2005/06)	3	0	3	0	0	0	208	0	0	0	1	1	2	0	0
664	Ito	15-4-2006	18	15-4-2006	18	1 (2005/06)	1	0	0	1	0	0	1	0	0	0	0	1	0	0	0
665	Alexandre	28-8-2006	27	20-5-2007	28	1 (2006/07)	26	13	6	6	0	0	1791	3	1	0	0	8	6	12	0
666	Hélder Barbosa	28-8-2006	19	13-1-2008	20	2 (2006/08)	25	7	7	11	0	0	1495	5	0	0	4	4	9	12	0
667	Medeiros	28-8-2006	29	20-5-2007	30	1 (2006/07)	15	9	2	3	0	0	1060	4	1	0	0	1	7	7	0
668	Lino	28-8-2006	29	20-5-2007	29	1 (2006/07)	33	31	2	0	0	0	2947	2	0	0	5	8	8	17	0
669	Miguel Pedro	28-8-2006	22	6-12-2009	26	4 (2006/10)	92	17	40	34	0	0	5157	15	1	0	7	22	30	40	0
670	Litos	28-8-2006	32	9-12-2007	33	2 (2006/08)	33	28	1	1	0	0	2753	8	1	2	2	8	8	17	0
671	Estevez	28-8-2006	28	17-9-2006	28	1 (2006/07)	3	1	1	1	0	0	205	1	0	0	0	0	2	1	0
672	Pavlovic	28-8-2006	22	17-1-2009	25	3 (2006/09)	48	24	18	5	0	0	3552	20	1	0	2	10	20	18	0
673	Nestor	28-8-2006	25	13-5-2007	26	1 (2006/07)	14	2	3	9	0	0	594	5	0	0	2	1	2	11	0
674	Paulo Sérgio	10-9-2006	25	12-4-2010	28	3 (2006/08 e 2009/10)	71	39	10	21	0	0	4554	13	1	0	0	17	24	30	0
675	Sonkaya	17-9-2006	21	15-10-2006	21	1 (2006/07)	4	4	0	0	0	0	360	0	0	0	0	0	3	1	0
676	Gyánó	17-9-2006	26	22-12-2007	27	2 (2006/08)	32	7	7	17	1	0	1701	4	0	0	7	9	6	17	0
677	Dame	24-9-2006	21	20-5-2007	22	1 (2006/07)	29	16	10	2	0	0	2181	8	1	0	6	9	6	14	0
678	Kaká	15-10-2006	25	10-5-2008	26	2 (2006/08)	58	55	0	0	0	0	5141	11	2	1	1	15	17	26	0
679	Pitbull	4-2-2007	25	30-4-2007	25	1 (2006/07)	11	1	3	7	0	0	484	0	0	0	2	3	3	5	0
680	Sílvio	1-4-2007	24	20-5-2007	24	1 (2006/07)	2	0	1	1	0	0	55	0	0	0	0	0	1	1	0
681	Lito	12-8-2007	32	9-5-2010	35	3 (2007/10)	90	34	33	23	0	0	6013	6	0	0	21	24	32	34	0
682	Cris	12-8-2007	23	12-4-2010	26	3 (2007/10)	91	54	27	10	0	0	7029	16	0	0	5	27	32	32	0
683	Ivanildo	12-8-2007	21	4-5-2008	22	1 (2007/08)	24	0	10	14	0	0	893	5	0	0	0	6	9	9	0
684	Pedro Costa	12-8-2007	25	25-2-2011	29	4 (2007/11)	71	61	8	2	0	0	6053	8	0	0	0	25	22	24	0
685	Berger	17-8-2007	22			4 (2007/11)	78	65	8	4	0	0	6647	12	1	0	5	24	26	28	0
686	Orlando	17-8-2007	27			4 (2007/11)	105	101	3	0	0	0	9390	18	1	0	3	31	38	36	0
687	Tiero	17-8-2007	26	9-5-2010	29	3 (2007/10)	84	43	20	20	0	0	5662	13	0	1	7	25	33	26	0
688	Fofana	2-9-2007	23	10-5-2008	24	1 (2007/08)	8	2	1	5	0	0	311	2	0	0	0	1	4	3	0
689	Vouho	2-9-2007	20	18-4-2010	22	2 (2007/08 e 2009/10)	23	4	8	11	0	0	1103	3	0	0	1	5	6	12	0
690	Peralta	2-9-2007	25	2-9-2007	25	1 (2007/08)	1	0	0	1	0	0	34	0	0	0	0	0	0	1	0
691	Ricardo	24-11-2007	25			3 (2007/08 e 2009/11)	22	20	2	0	0	0	1928	3	0	0	0	5	9	8	0
692	Edgar	27-1-2008	21	4-5-2008	21	1 (2007/08)	11	3	2	6	0	0	556	2	0	0	3	3	7	1	0
693	Luís Aguiar	27-1-2008	22	10-5-2008	22	1 (2007/08)	12	5	6	1	0	0	913	2	0	0	1	3	5	4	0
694	Pedrinho	17-2-2008	22	14-5-2011	26	4 (2007/11)	102	94	6	2	0	0	9003	13	0	0	1	25	39	38	0
695	Cléber	1-3-2008	25	9-11-2008	26	2 (2007/09)	13	8	3	2	0	0	962	0	0	0	1	3	5	5	0
696	Rui Nereu	10-5-2008	22	18-4-2010	24	3 (2007/10)	23	20	0	2	0	0	1971	4	0	1	0	7	6	10	0
697	Irineu	10-5-2008	25	10-5-2008	25	1 (2007/08)	1	1	0	0	0	0	90	0	0	0	0	0	0	1	0
698	Cristiano	10-5-2008	18	10-5-2008	18	1 (2007/08)	1	0	0	1	0	0	9	0	0	0	0	0	0	1	0
699	Luiz Nunes	17-8-2008	27	14-5-2011	30	3 (2008/11)	59	45	7	6	0	0	4810	15	0	1	1	19	17	23	0
700	Sougou	17-8-2008	23	14-5-2011	26	3 (2008/11)	98	53	29	14	0	0	7386	21	1	2	23	29	32	37	0

		PRIMEIRO JOGO		ÚLTIMO JOGO			JOGOS							CARTÕES							
Nº	NOME	DATA	IDADE	DATA	IDADE	ÉPOCAS UTILIZADO	T	C	S	SU	SUS	L	M	A	AA	V	G	V	E	D	JA
701	Éder	17-8-2008	20			3 (2008/11)	83	16	28	39	0	0	4321	10	0	0	12	25	29	29	0
702	Carlos Aguiar	17-8-2008	29	1-2-2009	30	1 (2008/09)	11	1	6	4	0	0	560	2	0	0	2	4	5	2	0
703	Licá	17-8-2008	19	24-1-2010	21	2 (2008/10)	24	2	3	19	0	0	790	1	0	0	2	5	7	12	0
704	Peskovic	24-8-2008	32	23-5-2009	32	1 (2008/09)	28	28	0	0	0	0	2520	4	0	0	0	8	9	11	0
705	Madej	24-8-2008	26	19-4-2009	27	1 (2008/09)	8	2	1	5	0	0	322	0	0	0	0	1	1	6	0
706	Edson	31-8-2008	21	23-11-2008	21	1 (2008/09)	7	5	0	1	0	0	521	1	1	0	0	2	2	3	0
707	Garcés	31-8-2008	27	7-12-2008	27	1 (2008/09)	13	5	6	2	0	0	908	2	0	0	3	4	4	5	0
708	Diogo Gomes	21-9-2008	23			3 (2008/11)	49	15	20	13	0	0	2941	8	1	0	6	15	19	15	0
709	André Fontes	29-10-2008	23	2-5-2010	24	2 (2008/10)	8	0	4	4	0	0	345	1	0	0	0	0	5	3	0
710	Gonçalo	7-1-2009	22	28-2-2009	22	1 (2008/09)	4	2	0	2	0	0	207	1	0	0	0	1	2	1	0
711	Júlio César	8-2-2009	25			1 (2008/09)	1	0	1	0	0	0	45	0	0	0	0	0	0	1	0
712	Saleiro	16-2-2009	23	23-5-2009	24	1 (2008/09)	13	1	6	6	0	0	682	3	0	0	4	6	3	4	0
713	Amoreirinha	22-2-2009	24	17-12-2010	26	3 (2008/11)	28	17	2	9	0	0	1807	11	0	0	0	12	9	7	0
714	Hélder Cabral	15-3-2009	24			3 (2008/11)	40	22	4	12	0	0	2746	12	2	0	1	15	10	15	0
715	Miguel Fidalgo	15-8-2009	27	14-5-2011	29	2 (2009/11)	41	5	22	14	0	0	2146	4	0	0	15	9	15	17	0
716	Bruno Amaro	15-8-2009	26	9-5-2010	27	1 (2009/10)	3	1	0	2	0	0	112	1	0	0	1	1	1	1	0
717	Emídio Rafael	13-9-2009	23	9-5-2010	24	1 (2009/10)	32	27	4	1	0	0	2743	5	0	0	1	11	9	12	0
718	João Ribeiro	13-9-2009	22	25-4-2010	22	1 (2009/10)	28	12	13	3	0	0	2006	3	0	0	1	9	8	11	0
719	Nuno Coelho	13-9-2009	21	14-5-2011	23	2 (2009/11)	53	39	9	4	0	0	4204	12	0	1	0	17	16	20	0
720	Bischoff	2-10-2009	22	15-4-2011	24	2 (2009/11)	19	4	7	7	0	0	1067	5	0	1	2	5	6	8	0
721	Jonathan Bru	2-11-2009	23	2-5-2010	24	1 (2009/10)	4	0	0	4	0	0	52	1	0	0	0	3	1	0	0
722	Amessan	11-11-2009	19	10-11-2010	20	2 (2009/11)	5	0	0	5	0	0	103	0	0	0	0	1	4	0	0
723	Bibishkov	28-2-2009	26	28-2-2009	26	1 (2009/10)	1	0	0	1	0	0	45	0	0	0	0	0	1	0	0
724	Barroca	2-5-2010	23	9-5-2010	23	1 (2009/10)	2	2	0	0	0	0	180	0	0	0	0	1	1	0	0
725	Peiser	15-8-2010	30			1 (2010/11)	35	35	0	0	0	0	3180	7	0	0	0	10	10	15	0
726	Diogo Valente	15-8-2010	25			1 (2010/11)	36	11	24	1	0	0	2733	7	0	0	3	10	11	15	0
727	Diogo Melo	15-8-2010	26			1 (2010/11)	35	22	8	4	0	0	2814	4	1	0	2	10	10	15	0
728	David Addy	15-8-2010	20	1-5-2011	21	1 (2010/11)	17	13	0	1	0	0	1354	4	1	2	2	5	7	5	0
729	Laionel	15-8-2010	24	8-5-2011	25	1 (2010/11)	33	3	6	23	1	0	1223	3	0	0	5	11	10	12	0
730	Júnior Paraíba	15-8-2010	22	15-4-2011	23	1 (2010/11)	17	0	2	15	0	0	390	1	0	0	1	5	5	7	0
731	Hugo Morais	12-9-2010	32			1 (2010/11)	28	21	5	2	0	0	2271	9	0	0	1	9	9	10	0
732	Habib	10-10-2010	24			1 (2010/11)	20	12	2	4	0	0	1373	3	0	2	0	5	7	8	0
733	Grilo	10-10-2010	19	14-5-2011	19	1 (2010/11)	7	0	1	6	0	0	263	3	0	0	0	1	4	2	0
734	Carreño	10-10-2010	23	9-4-2011	24	1 (2010/11)	8	1	0	7	0	0	204	0	0	0	0	2	3	3	0
735	Sissoko	6-11-2010	18			1 (2010/11)	12	0	2	10	0	0	319	2	0	0	0	1	5	6	0
736	Adrien Silva	22-1-2011	21			1 (2010/11)	8	5	2	1	0	0	591	2	0	0	1	2	2	4	0

T: Total
C: Completos
S: Substituído
SU: Suplente utilizado
SUS: Suplente utilizado e substituído
L: Saíu lesionado
M: Minutos de utilização
A : Cartão amarelo
AA : Duplo cartão amarelo (seguido de vermelho)
V : Cartão vermelho
G: Golos marcados
V: Vitórias
E: Empates
D: Derrotas
JA: Jogos anulados

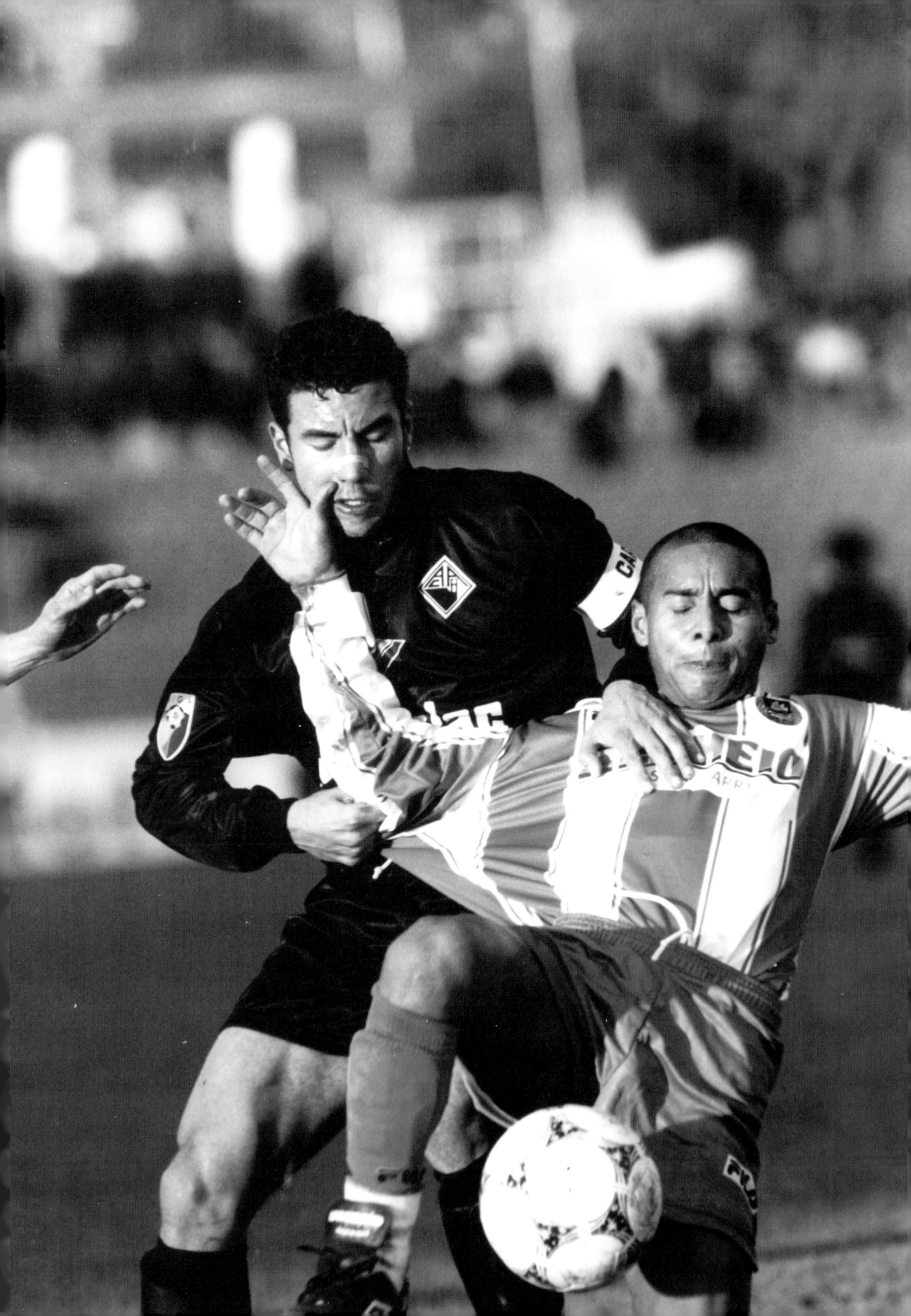

OS INTERNACIONAIS

Até ao final da época de 2010-2011, a Académica tinha 76 futebolistas "internacionais" seniores, que no seu conjunto disputaram 243 jogos pelas diversas selecções de Portugal. Zé Castro, que se transferiu para o Atlético de Madrid no Verão de 2006, é o mais "internacional" de todos. Tem 29 partidas disputadas com a camisola portuguesa e integrou mesmo o grupo orientado por Carlos Queiroz no estágio, ainda em Portugal, de preparação para o Mundial de 2010, a realizar na África do Sul. Não seguiu viagem com o grupo mais restrito mas esteve às portas do Mundial. Já o atleta da Briosa, Rui Rodrigues, que deixou de jogar em 1979, é o homem com mais chamadas à selecção principal: nove. E é, igualmente, um dos mais convocados para a chamada selecção militar, que entretanto deixou de existir, mas que teve o seu impacto nos anos 50 e 60 do século passado com a disputa de torneios que enchiam os estádios. Selecção militar pela qual Augusto Rocha disputou o único encontro efectuado em Coimbra por um jogador da Académica, com uma camisola de Portugal vestida. Alberto Gomes foi o primeiro futebolista da Briosa a atingir a "internacionalização", em 1940. Rui Cunha chegou a ser convocado, uma dúzia de anos antes, mas não entrou em campo. E Fernando Peres tornou-se, em 1969, o único jogador da Académica, até ao momento, a capitanear a selecção principal.

No conjunto, e repartidos pelos diferentes escalões em que se divide o futebol sénior ao nível de selecções, os atletas da Académica participaram nas seguintes provas internacionais: Campeonato da Europa (CE), fases final (FF) e de qualificação (ql); Campeonato do Mundo (idem); Campeonato do *Conseil International du Sport Militaire* (CISM); Copa Atlântico (C Atl); Jogos Olímpicos, qualificação (JO-ql). E, ainda, no Torneio Internacional de Toulon (Toulon); no Torneio Internacional do Vale do Tejo (V Tejo); Torneio da Independência de São Tomé e Príncipe (T Ind); Torneio Internacional da Madeira (TI Mad); no Torneio Internacional da Malásia (TI Mal); nos Jogos da Lusofonia (JL); e no Challenge Trophy (CT). Disputaram, além disso, diversos encontros de carácter particular (part). Todos, igualmente, aqui referenciados. Das tabelas que se seguem, apenas foram excluídas as participações nos chamados jogos-treino, como o que se realizou entre uma selecção B de Portugal e a Académica, a 5 de Junho de 1966.

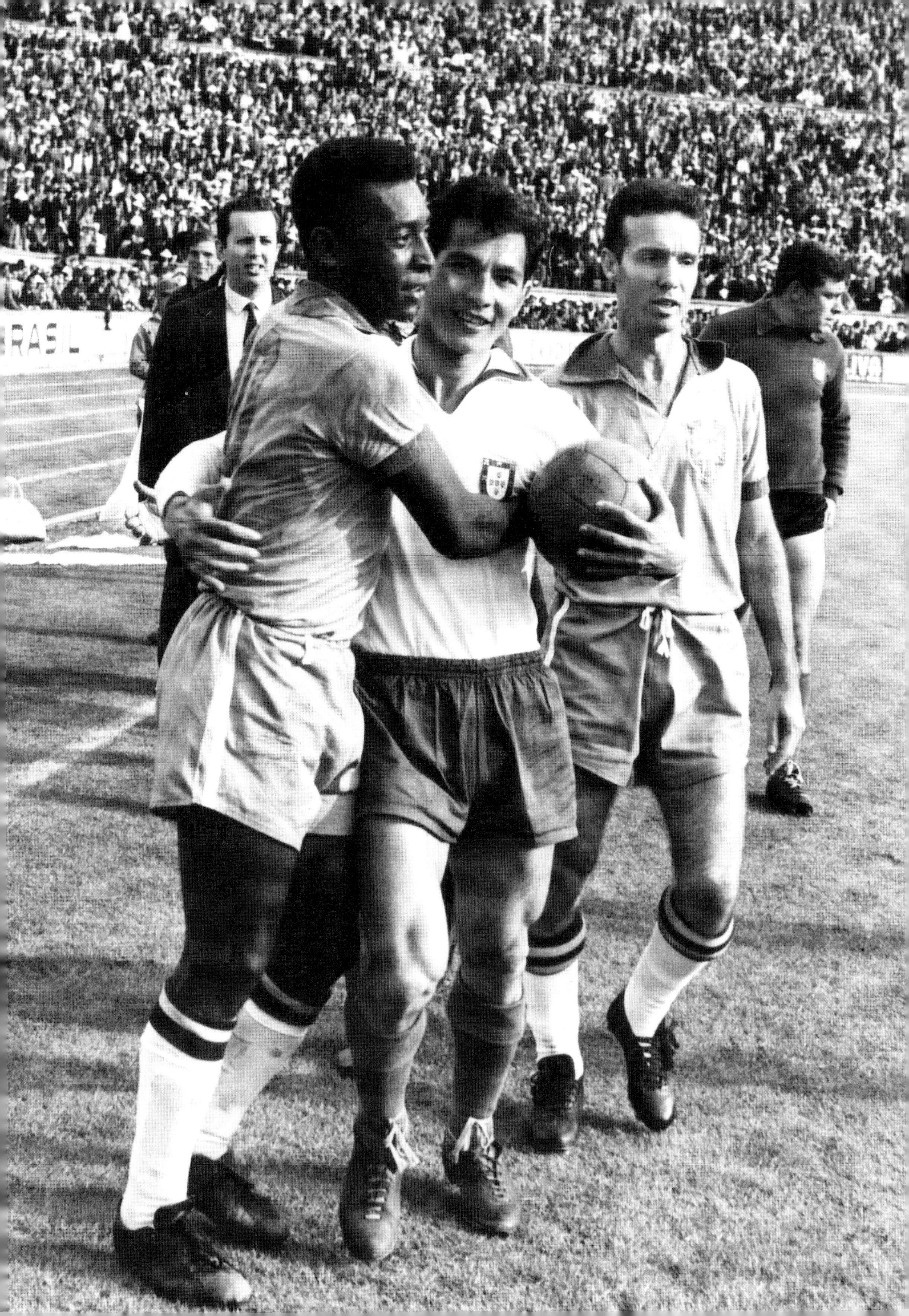

INTERNACIONALIZAÇÕES

Sel	Nome	Data	Local	Comp.	Adversário	Res.	Obs.
A	A. Gomes	28-1-1940	Paris	Part.	França	D 2-3	
A	A. Gomes	1-1-1942	Lisboa	Part.	Suíça	V 3-0	1 G
A	Bentes	16-6-1946	Lisboa	Part.	Rep. Irlanda	V 3-1	
B	Bentes	20-3-1949	Corunha	Part.	Espanha	D 2-5	1 G
B	Capela	20-3-1949	Corunha	Part.	Espanha	D 2-5	
A	Capela	9-4-1950	Lisboa	CM-ql	Espanha	E 2-2	
A	P. Nobre	21-5-1950	Lisboa	Part.	Escócia	E 2-2	
A	Capela	8-4-1951	Lisboa	Part.	Itália	D 1-4	
B	Azeredo	13-5-1951	Lisboa	Part.	França	V 3-1	
B	Bentes	13-5-1951	Lisboa	Part.	França	V 3-1	
B	Nelo	13-5-1951	Lisboa	Part.	França	V 3-1	
A	Bentes	17-6-1951	Lisboa	Part.	Bélgica	E 1-1	
M	Abreu	9-4-1954	Bruges	CISM	Grécia	V 1-0	Cap
M	André	9-4-1954	Bruges	CISM	Grécia	V 1-0	
M	Abreu	11-4-1954	Beringen	CISM	Itália	V 2-0	
M	André	11-4-1954	Beringen	CISM	Itália	V 2-0	1 G
M	André	14-4-1954	Ostende	CISM	Turquia	D 1-3	
M	Abreu	17-4-1954	Turnhout	CISM	França	V 1-0	
M	André	17-4-1954	Turnhout	CISM	França	V 1-0	
A	Bentes	19-12-1954	Lisboa	Part.	R. F. A.	D 0-3	
M	Abreu	2-2-1955	Roterdão	CISM	Holanda	D 1-2	Cap
M	André	2-2-1955	Roterdão	CISM	Holanda	D 1-2	
M	Faia	2-2-1955	Roterdão	CISM	Holanda	D 1-2	
M	André	27-3-1955	Lisboa	Part.	França	V 2-1	
M	Faia	27-3-1955	Lisboa	Part.	França	V 2-1	1 G
B	Wilson	10-4-1955	Lisboa	Part.	Luxemburgo	V 3-1	
B	Wilson	1-5-1955	Lisboa	Part.	Sarre	V 6-1	
M	Faia	1-12-1955	Porto	Part.	Holanda	V 2-1	
M	Faia	1-4-1956	Lisboa	CISM	Itália	D 0-3	
M	Faia	4-4-1956	Évora	CISM	Egipto	D 0-1	
M	Faia	8-4-1956	Porto	CISM	Turquia	V 6-2	
M	Malícia	8-4-1956	Porto	CISM	Turquia	V 6-2	Cap 1 G
M	Malícia	17-5-1956	Caen	Part.	França	V 2-0	Cap
B	Faia	3-6-1956	Saarbrucke	Part.	Sarre	E 0-0	
M	Malícia	17-2-1957	Paris	CISM	França	D 1-3	Cap
M	Rocha	17-2-1957	Paris	CISM	França	D 1-3	
M	Torres	17-2-1957	Paris	CISM	França	D 1-3	
M	Malícia	3-3-1957	Lisboa	CISM	França	D 1-3	Cap
M	Rocha	3-3-1957	Lisboa	CISM	França	D 1-3	
M	Torres	3-3-1957	Lisboa	CISM	França	D 1-3	
B	Abreu	24-3-1957	Nantes	Part.	França	E 1-1	
M	Rocha	10-10-1957	Lisboa	Part.	Inglaterra	V 3-1	1 G
A	Torres	22-12-1957	Milão	CM-ql	Itália	D 0-3	
M	Rocha	12-2-1958	Bruxelas	CISM	Bélgica	D 1-2	

INTERNACIONALIZAÇÕES

Sel	Nome	Data	Local	Comp.	Adversário	Res.	Obs.
M	Rocha	16-2-1958	Lisboa	CISM	E.U.A.	V 13-1	
M	Rocha	18-2-1958	Coimbra	CISM	E.U.A.	V 6-1	1 G
A	Rocha	13-4-1958	Madrid	Part.	Espanha	D 0-1	
A	Torres	13-4-1958	Madrid	Part.	Espanha	D 0-1	
A	Rocha	7-5-1958	Londres	Part.	Inglaterra	D 1-2	
A	Torres	7-5-1958	Londres	Part.	Inglaterra	D 1-2	
M	Rocha	21-5-1958	Lisboa	CISM	Bélgica	V 2-0	1 G
Esp	Rocha	16-11-1958	Lisboa	Part.	África Sul "A"	V 3-1	1 G
M	Rocha	23-11-1958	Lisboa	CISM	Holanda	V 5-1	1 G
M	Rocha	26-11-1958	Lisboa	CISM	França	V 2-1	
A	Torres	16-5-1959	Genebra	Part.	Suíça	D 3-4	
A	Rocha	21-5-1959	Gotemburgo	Part.	Suécia	D 0-2	
A	Torres	21-5-1959	Gotemburgo	Part.	Suécia	D 0-2	
A	Rocha	3-6-1959	Lisboa	Part.	Escócia	V 1-0	
B	Rocha	8-12-1960	Lisboa	Part.	França	E 2-2	1 G
B	J. Humberto	8-12-1960	Lisboa	Part.	França	E 2-2	
M	França	15-12-1960	Luxemburgo	CISM	Luxemburgo	V 2-0	
M	Marta	15-12-1960	Luxemburgo	CISM	Luxemburgo	V 2-0	
M	França	29-1-1961	Lisboa	CISM	França	V 3-2	
M	Marta	29-1-1961	Lisboa	CISM	França	V 3-2	
M	França	8-2-1961	Casablanca	Part.	Marrocos	D 0-3	
M	Marta	8-2-1961	Casablanca	Part.	Marrocos	D 0-3	
M	França	22-2-1961	Porto	CISM	Luxemburgo	V 4-0	
M	França	12-3-1961	Lorient	CISM	França	D 0-3	
A	Rocha	16-12-1962	Lisboa	CE-ql	Bulgária	V 3-1	
A	Rocha	23-1-1963	Roma	CE-ql	Bulgária	D 0-1	
Esp	Lourenço	14-4-1963	Lisboa	Part.	Grécia "A"	V 2-1	
Esp	Maló	14-4-1963	Lisboa	Part.	Grécia "A"	V 2-1	
A	Rocha	21-4-1963	Lisboa	Part.	Brasil	V 1-0	
M	R. Rodrigues	1-12-1965	Luxemburgo	CISM	Luxemburgo	V 3-2	
M	R. Rodrigues	6-1-1966	Funchal	CISM	Luxemburgo	V 6-2	
M	R. Rodrigues	31-3-1966	P. Maiorca	CISM	Espanha	D 0-1	
M	Gervásio	6-4-1966	Lisboa	CISM	Espanha	D 0-1	
M	R. Rodrigues	6-4-1966	Lisboa	CISM	Espanha	D 0-1	
B	Rocha	1-6-1966	Lisboa	Part.	Bélgica	E 0-0	
B	R. Rodrigues	1-6-1966	Lisboa	Part.	Bélgica	E 0-0	
M	Gervásio	26-10-1966	Marselha	CISM	França	V 2-1	
M	Maló	26-10-1966	Marselha	CISM	França	V 2-1	
M	R. Rodrigues	26-10-1966	Marselha	CISM	França	V 2-1	
M	Celestino	8-12-1966	Lisboa	CISM	França	V 3-0	
M	Gervásio	8-12-1966	Lisboa	CISM	França	V 3-0	1 G
M	Maló	8-12-1966	Lisboa	CISM	França	V 3-0	
M	R. Rodrigues	8-12-1966	Lisboa	CISM	França	V 3-0	
M	Serafim	8-12-1966	Lisboa	CISM	França	V 3-0	

INTERNACIONALIZAÇÕES

Sel	Nome	Data	Local	Comp.	Adversário	Res.	Obs.
M	Celestino	11-1-1967	Eindhoven	CISM	Holanda	D 1-3	
M	Gervásio	11-1-1967	Eindhoven	CISM	Holanda	D 1-3	
M	Maló	11-1-1967	Eindhoven	CISM	Holanda	D 1-3	
M	R. Rodrigues	11-1-1967	Eindhoven	CISM	Holanda	D 1-3	
M	Serafim	11-1-1967	Eindhoven	CISM	Holanda	D 1-3	1 G
M	Serafim	22-1-1967	Funchal	Part.	Sel. Madeira	V 4-2	1 G
M	Celestino	22-1-1967	Funchal	Part.	Sel. Madeira	V 4-2	
M	Maló	22-1-1967	Funchal	Part.	Sel. Madeira	V 4-2	
M	R. Rodrigues	22-1-1967	Funchal	Part.	Sel. Madeira	V 4-2	
M	Celestino	25-1-1967	Funchal	CISM	Holanda	V 2-1	
M	Gervásio	25-1-1967	Funchal	CISM	Holanda	V 2-1	
M	Maló	25-1-1967	Funchal	CISM	Holanda	V 2-1	
M	R. Rodrigues	25-1-1967	Funchal	CISM	Holanda	V 2-1	
M	Serafim	25-1-1967	Funchal	CISM	Holanda	V 2-1	
B	Celestino	22 3 1967	Charleroi	Part.	Bélgica	D 0-2	
B	Ernesto	22-3-1967	Charleroi	Part.	Bélgica	D 0-2	
B	Gervásio	22-3-1967	Charleroi	Part.	Bélgica	D 0-2	
B	Maló	22-3-1967	Charleroi	Part.	Bélgica	D 0-2	Cap
B	R. Rodrigues	22-3-1967	Charleroi	Part.	Bélgica	D 0-2	
B	Serafim	22-3-1967	Charleroi	Part.	Bélgica	D 0-2	
B	V. Campos	22-3-1967	Charleroi	Part.	Bélgica	D 0-2	
M	Serafim	25-3-1967	Bissau	Part.	Ténis Clube	V 4-2	
A	Artur Jorge	27-3-1967	Roma	Part.	Itália	E 1-1	
M	Gervásio	27-3-1967	Bissau	Part.	Guiné	V 6-2	
M	Serafim	27-3-1967	Bissau	Part.	Guiné	V 6-2	3 G
A	V. Campos	27-3-1967	Roma	Part.	Itália	E 1-1	
A	Serafim	1-6-1967	Estocolmo	CE-ql	Suécia	E 1-1	
B	Celestino	4-6-1967	Lisboa	Part.	França	E 1-1	
Esp	Artur Jorge	12-11-1967	Lisboa	Part.	Espanha	E 2-2	Cap 1 G
Esp	Toni	22-11-1967	Lisboa	Part.	Espanha	E 2-2	
Esp	Vieira Nunes	22-11-1967	Lisboa	Part.	Espanha	E 2-2	
A	R. Rodrigues	26-11-1967	Sófia	CE-ql	Bulgária	D 0-1	
Esp	Artur Jorge	13-12-1967	Las Palmas	Part.	Espanha	E 1-1	Cap
A	R. Rodrigues	17-12-1967	Lisboa	CE-ql	Bulgária	E 0-0	
A	Artur Jorge	30-6-1968	L. Marques	Part.	Brasil	D 0-2	
A	R. Rodrigues	27-10-1968	Lisboa	CM-ql	Roménia	V 3-0	
A	M. António	6-4-1969	Lisboa	Part.	México	E 0-0	
A	Peres	6-4-1969	Lisboa	Part.	México	E 0-0	Cap
A	M. António	16-4-1969	Lisboa	CM-ql	Suíça	D 0-2	
Esp	M. Campos	16-4-1969	Coventry	Part.	Inglaterra	D 0-4	Cap
Esp	Nene	16-4-1969	Coventry	Part.	Inglaterra	D 0-4	
A	Peres	16-4-1969	Lisboa	CM-ql	Suíça	D 0-2	
A	M. António	4-5-1969	Porto	CM-ql	Grécia	E 2-2	
A	Peres	4-5-1969	Porto	CM-ql	Grécia	E 2-2	1 G

INTERNACIONALIZAÇÕES

Sel	Nome	Data	Local	Comp.	Adversário	Res.	Obs.
Esp	Nene	28-5-1969	Funchal	Part.	Inglaterra	E 1-1	
Esp	C. Alhinho	12-10-1969	Paris	Part.	França	V 3-2	
Esp	M. Campos	12-10-1969	Paris	Part.	França	V 3-2	1 G
Esp	R. Rodrigues	12-10-1969	Paris	Part.	França	V 3-2	Cap
A	R. Rodrigues	2-11-1969	Berna	CM-ql	Suíça	E 1-1	
A	M. António	10-12-1969	Londres	Part.	Inglaterra	D 0-1	
A	M. Campos	10-12-1969	Londres	Part.	Inglaterra	D 0-1	
A	R. Rodrigues	10-5-1970	Lisboa	Part.	Itália	D 1-2	
Esp	Artur	14-10-1970	Lisboa	CE-ql	Dinamarca	E 1-1	
Esp	Artur	17-2-1971	Lisboa	Part.	Espanha	V 2-1	
Esp	C. Alhinho	17-2-1971	Lisboa	Part.	Espanha	V 2-1	
A	R. Rodrigues	17-2-1971	Bruxelas	CE-ql	Bélgica	D 0-3	
Esp	Artur	21-4-1971	Vigo	Part.	Espanha	E 0-0	
Esp	C. Alhinho	21-4-1971	Vigo	Part.	Espanha	E 0-0	
A	R. Rodrigues	21-4-1971	Lisboa	CE-ql	Escócia	V 2-0	
Esp	Artur	12-5-1971	Aalborg	CE-ql	Dinamarca	D 1-2	
Esp	C. Alhinho	12-5-1971	Aalborg	CE-ql	Dinamarca	D 1-2	
A	R. Rodrigues	12-5-1971	Porto	CE-ql	Dinamarca	V 5-0	1 G
Esp	Vala	2-5-1973	Porto	CE-ql	Bulgária	E 0-0	
Esp	Vala	13-10-1973	Pleven	CE-ql	Bulgária	D 1-2	
Esp	Gregório	12-7-1975	São Tomé	T Ind	Gabão "A"	V 3-0	1 G
Esp	Hélder	5-6-1976	Toulon	Toulon	Bulgária	D 0-2	
Esp	Hélder	8-6-1976	Draguignan	Toulon	Finlândia	V 6-0	
Esp	Hélder	10-6-1976	Brignol	Toulon	Bélgica	E 0-0	
Esp	Hélder	12-6-1976	Bandol	Toulon	México	D 1-2	
A	R. Rodrigues	16-10-1976	Porto	CM-ql	Polónia	D 0-2	
A	Costa	8-3-1978	Paris	Part.	França	D 0-2	
Esp	Álvaro	5-6-1981	Toulon	Toulon	U.R.S.S.	D 1-4	
Esp	Álvaro	7-6-1981	Hyères	Toulon	Brasil	D 0-2	
Esp	Álvaro	9-6-1981	Toulon	Toulon	Itália	V 6-1	
Esp	Álvaro	12-6-1981	Toulon	Toulon	Colômbia	E 1-1	
Esp	C. Ribeiro	13-11-1984	Montijo	CE-ql	Suécia	D 0-1	
Esp	Ribeiro	23-2-1985	Lisboa	CE-ql	R. F. A.	V 2-1	
A	Ribeiro	3-4-1985	Ascoli	Part.	Itália	D 0-2	
Esp	Mito	24-9-1985	Vlasin	CE-ql	Checosl.	D 1-3	
Esp	Reinaldo	24-9-1985	Vlasin	CE-ql	Checosl.	D 1-3	1 G
A	P. Xavier	25-9-1985	Praga	CM-ql	Checosl.	D 0-1	
Esp	Reinaldo	15-10-1985	Karlsruhe	CE-ql	R. F. A.	D 0-2	
A	P. Xavier	19-2-1986	Braga	Part.	R. D. A.	D 1-3	
Esp	Mito	4-5-1986	Toulon	Toulon	Hungria	V 1-0	
Esp	Mito	6-5-1986	Toulon	Toulon	Camarões	V 1-0	
Esp	Mito	8-5-1986	Toulon	Toulon	França	D 0-1	
Esp	Mito	11-5-1986	Toulon	Toulon	U.R.S.S.	D 1-2	
Esp	Mito	11-10-1986	Lisboa	CE-ql	Suécia	V 2-0	1 G

INTERNACIONALIZAÇÕES

Sel	Nome	Data	Local	Comp.	Adversário	Res.	Obs.
Esp	P. Xavier	11-10-1986	Lisboa	CE-ql	Suécia	V 2-0	
Esp	Mito	28-10-1986	Entlebuch	CE-ql	Suíça	D 1-3	
Esp	C. Xavier	21-1-1987	Maia	Part.	Espanha	D 0-2	Cap
Esp	Mito	21-1-1987	Maia	Par.	Espanha	D 0-2	
Esp	Marito	11-2-1987	Lisboa	CE-ql	Itália	D 1-2	
Esp	Mito	11-2-1987	Lisboa	CE-ql	Itália	D 1-2	Cap
Oli	Quinito	18-2-1987	Lecce	JO-ql	Itália	D 0-1	
Oli	Quinito	25-2-1987	Porto	JO-ql	Holanda	E 1-1	
Oli	Quinito	29-4-1987	Viseu	JO-ql	R. D. A.	E 0-0	
Esp	Marito	8-6-1987	Toulon	Toulon	Brasil	E 0-0	
Esp	Reinaldo	8-6-1987	Toulon	Toulon	Brasil	E 0-0	
Esp	Marito	10-6-1987	Hyères	Toulon	Itália	V 1-0	
Esp	Reinaldo	12-6-1987	Toulon	Toulon	Bulgária	D 0-2	
Esp	Marito	13-6-1987	Toulon	Toulon	Inglaterra	E 0-0	
Esp	Mito	22-9-1987	Uppsala	CE-ql	Suécia	D 2-4	Cap
Oli	Quinito	7-10-1987	Leiria	JO-ql	Islândia	V 2-1	
Esp	Mito	10-11-1987	Maia	CE-ql	Suíça	D 0-2	Cap
Esp	Mito	1-12-1987	Piacenza	CE-ql	Itália	D 0-6	Cap
Oli	Dimas	29-3-1988	Zwolle	JO-ql	Holanda	E 0-0	
Oli	Quinito	29-3-1988	Zwolle	JO-ql	Holanda	E 0-0	
Oli	Dimas	13-4-1988	Aue	JO-ql	R. D. A.	D 0-3	
Oli	Quinito	13-4-1988	Aue	JO-ql	R. D. A.	D 0-3	
Oli	Dimas	24-5-1988	Reykjavic	JO-ql	Islândia	V 1-0	
Esp	Dimas	14-2-1989	Amadora	CE-ql	Bélgica	E 1-1	Cap
Esp	F. Couto	5-9-1989	Beveren	CE-ql	Bélgica	E 1-1	
Esp	Abel Silva	5-10-1989	Chrudim	CE-ql	Checosl.	D 0-1	
Esp	Abel Silva	9-10-1989	Ettelbruck	CE-ql	Luxemburgo	V 3-0	
Esp	Abel Silva	14-11-1989	Lisboa	CE-ql	Checosl.	D 0-3	
Esp	Dimas	14-11-1989	Lisboa	CE-ql	Checosl.	D 0-3	
Esp	F. Couto	21-5-1990	Six-Four--Les-Plages	Toulon	Inglaterra	V 1-0	
Esp	F. Couto	23-5-1990	Martigues	Toulon	U.R.S.S.	V 1-0	1 G
Esp	F. Couto	25-5-1990	Toulon	Toulon	França	D 0-1	
Esp	P. Roma	12-10-1991	Esch-Sur--Alzette	Part.	Luxemburgo	V 3-0	
Esp	P. Roma	14-1-1992	Alverca	Part.	Espanha	E 0-0	
U 21	Diogo	24-5-1996	Toulon	Toulon	Brasil	E 1-1	
U 21	Jorge Silva	24-5-1996	Toulon	Toulon	Brasil	E 1-1	
U 21	Diogo	26-5-1996	Lorgues	Toulon	Bélgica	V 3-1	
U 21	Jorge Silva	26-5-1996	Lorgues	Toulon	Bélgica	V 3-1	
U 21	Hilário	30-5-1996	Arles	Toulon	Inglaterra	V 3-1	
U 21	Jorge Silva	30-5-1996	Arles	Toulon	Inglaterra	V 3-1	
U 21	Jorge Silva	1-6-1996	Toulon	Toulon	Angola	V 5-0	
U 21	Jorge Silva	9-10-1996	Tirana	CE-ql	Albânia	V 4-2	
U 20	Vargas	16-4-1998	Covilhã	Part.	México	V 2-1	
U 20	Veríssimo	16-4-1998	Covilhã	Part.	México	V 2-1	
U 21	Veríssimo	18-8-1998	Rio Maior	Part.	Grécia	V 2-1	Cap
U 21	Veríssimo	5-9-1998	Budapeste	CE-ql	Hungria	V 3-0	Cap
U 21	Veríssimo	9-10-1998	Braga	CE-ql	Roménia	E 1-1	
U 21	Veríssimo	13-10-1998	Bratislava	CE-ql	Eslováquia	V 1-0	
U 21	Veríssimo	18-11-1998	Bragança	Part.	P. de Gales	V 3-0	
U 20	Luís Filipe	27-12-1998	P. Santo	TI Mad	Sel. Madeira	V 3-0	
U 20	Luís Filipe	29-12-1998	Machico	TI Mad	Dinamarca	V 2-1	
U 20	Luís Filipe	31-12-1998	Funchal	TI Mad	Itália	D 0-1	
U 20	Luís Filipe	24-1-1999	St.Lúcia	C Atl	Sel. Canárias	E 2-2	
U 20	Luís Filipe	26-1-1999	Las Palmas	C Atl	Alemanha	E 0-0	
U 21	Veríssimo	9-2-1999	Alverca	Part.	Suíça	V 2-1	Cap
U 20	Luís Filipe	8-4-1999	Enugu	CM-FF	Mali	D 1-2	
U 20	Luís Filipe	11-4-1999	Enugu	CM-FF	Uruguai	E 0-0	
U 20	Luís Filipe	15-4-1999	Bauchi	CM-FF	Japão	E 1-1	
U 21	Veríssimo	27-4-1999	M. Grande	Part.	Rússia	V 4-1	
U 21	Veríssimo	4-6-1999	Mafra	CE-ql	Eslováquia	E 1-1	
B	Tonel	25-1-2001	Santarém	V Tejo	Roménia	D 0-1	
U 21	Alhandra	14-2-2001	Barreiro	Part.	Bielorrússia	D 1-2	
U 21	Tonel	14-2-2001	Barreiro	Part.	Bielorrússia	D 1-2	
U 21	Alhandra	27-3-2001	Felgueiras	CE-ql	Holanda	V 3-0	
U 21	Tonel	27-3-2001	Felgueiras	CE-ql	Holanda	V 3-0	
U 21	Alhandra	25-4-2001	Moura	Part.	Noruega	E 2-2	
U 21	Tonel	25-4-2001	Moura	Part.	Noruega	E 2-2	
U 21	Tonel	1-6-2001	Dublin	CE-ql	Rep. Irlanda	V 1-0	
U 21	Alhandra	5-6-2001	Abrantes	CE-ql	Chipre	V 7-0	
U 21	Tonel	5-6-2001	Abrantes	CE-ql	Chipre	V 7-0	
U 21	Alhandra	14-8-2001	Setúbal	Part.	Espanha	D 0-2	
U 21	M. Santos	14-8-2001	Setúbal	Part.	Espanha	D 0-2	
U 21	Tonel	14-8-2001	Setúbal	Part.	Espanha	D 0-2	
U 21	Alhandra	4-9-2001	Larnaca	CE-ql	Chipre	D 0-1	
U 21	Tonel	4-9-2001	Larnaca	CE-ql	Chipre	D 0-1	
U 21	Alhandra	5-10-2001	Rio Maior	CE-ql	Estónia	V 4-0	
U 21	M. Santos	5-10-2001	Rio Maior	CE-ql	Estónia	V 4-0	
U 21	Tonel	5-10-2001	Rio Maior	CE-ql	Estónia	V 4-0	
U 21	Alhandra	24-10-2001	C. Rainha	Part.	Turquia	E 1-1	
U 21	M. Santos	24-10-2001	C. Rainha	Part.	Turquia	E 1-1	
U 21	Tonel	24-10-2001	C. Rainha	Part.	Turquia	E 1-1	
U 21	Alhandra	10-11-2001	Jaen	CE-ql	Espanha	D 1-2	
U 21	Tonel	10-11-2001	Jaen	CE-ql	Espanha	D 1-2	
U 21	Alhandra	12-11-2001	Faro	CE-ql	Espanha	V 1-0	

INTERNACIONALIZAÇÕES

Sel	Nome	Data	Local	Comp.	Adversário	Res.	Obs.
U 21	**Tonel**	12-11-2001	Faro	CE-ql	Espanha	V 1-0	
B	**Tonel**	24-1-2002	Rio Maior	V Tejo	Grécia	V 2-1	
U 21	**M. Santos**	12-2-2002	P. Ferreira	Part.	Rep. Checa	D 1-3	
U 21	**Tonel**	12-2-2002	P. Ferreira	Part.	Rep. Checa	D 1-3	
U 21	**M. Santos**	26-3-2002	Braga	Part.	França	D 0-1	
U 21	**Tonel**	26-3-2002	Braga	Part.	França	D 0-1	
U 21	**M. Santos**	16-4-2002	Stoke City	Part.	Inglaterra	V 1-0	
U 21	**Tonel**	16-4-2002	Stoke City	Part.	Inglaterra	V 1-0	1 G
U 21	**Tonel**	17-5-2002	Basileia	C. E.	Itália	E 1-1	
U 21	**Tonel**	20-5-2002	Zurique	C. E.	Suíça	D 0-2	
U 21	**Tonel**	22-5-2002	Zurique	C. E.	Inglaterra	V 3-1	
B	**Fredy**	21-1-2003	Rio Maior	V Tejo	Eslovénia	V 3-2	
B	**Lucas**	21 1 2003	Rio Maior	V Tejo	Eslovénia	V 3-2	
B	**Tonel**	21-1-2003	Rio Maior	V Tejo	Eslovénia	V 3-2	
U 20	**Zé Castro**	5-2-2003	Elvas	Part.	Rep. Checa	V 5-2	
U 21	**C. Martins**	11-2-2003	Faro	Part.	Suíça	V 2-1	1 G
U 21	**M. José**	11-2-2003	Faro	Part.	Suíça	V 2-1	
U 20	**Zé Castro**	4-3-2003	Machico	TI Mad	E.U.A.	E 1-1	
U 20	**Zé Castro**	5-3-2003	Funchal	TI Mad	Sel. Madeira	V 1-0	
U 20	**Zé Castro**	7-3-2003	Funchal	TI Mad	Noruega	V 3-0	
U 20	**Zé Castro**	13-3-2003	K. Lumpur	TI Mal	Coreia do Sul	V 1-0	
U 20	**Zé Castro**	16-3-2003	K. Lumpur	TI Mal	Brasil	D 1-3	
U 21	**C. Martins**	28-3-2003	Rio Maior	Part.	Inglaterra	V 4-2	1 G
U 21	**C. Martins**	1-4-2003	Bratislava	CE-ql	Eslováquia	V 2-0	
U 21	**M. José**	1-4-2003	Bratislava	CE-ql	Eslováquia	V 2-0	
U 21	**M. José**	29-4-2003	Guarda	Part.	Noruega	E 2-2	
U 21	**P. Oliveira**	29-4-2003	Guarda	Part.	Noruega	E 2-2	1 G
U 21	**M. José**	6-6-2003	Skopje	CE-ql	Macedónia	V 4-1	
U 20	**Zé Castro**	11-6-2003	Nîmes	Toulon	Inglaterra	V 3-0	
U 20	**Zé Castro**	15-6-2003	Toulon	Toulon	Argentina	V 3-0	
U 20	**Zé Castro**	17-6-2003	Fréjus	Toulon	Japão	D 0-1	
U 20	**Zé Castro**	19-6-2003	La Seyne Sur Mer	Toulon	Turquia	V 2-0	
U 20	**Zé Castro**	21-6-2003	Toulon	Toulon	Itália	V 3-1	
U 20	**Paulo Sérgio**	24-2-2004	Machico	TI Mad	Rep. Irlanda	E 0-0	
U 20	**Zé Castro**	24-2-2004	Machico	TI Mad	Rep. Irlanda	E 0-0	
U 20	**P. Sérgio**	25-2-2004	Funchal	TI Mad	Sel. Madeira	V 2-1	
U 20	**P. Sérgio**	2-6-2004	Toulon	Toulon	Brasil	V 1-0	
U 20	**P. Sérgio**	4-6-2004	Toulon	Toulon	Suécia	D 0-1	
U 20	**P. Sérgio**	6-6-2004	Toulon	Toulon	Japão	E 2-2	
U 21	**Zé Castro**	17-8-2004	Gaia	Part.	Malta	E 0-0	
U 21	**Zé Castro**	16-11-2004	Hesperange	CE-ql	Luxemburgo	V 6-1	1 G
B	**Zé Castro**	18-1-2005	Rio Maior	V Tejo	Bulgária	E 0-0	

INTERNACIONALIZAÇÕES

Sel	Nome	Data	Local	Comp.	Adversário	Res.	Obs.
U 21	**Zé Castro**	8-2-2005	Rio Maior	Part.	Rep. Irlanda	V 2-0	
U 21	**Zé Castro**	29-3-2005	Senec	CE-ql	Eslováquia	V 1-0	
U 21	**Zé Castro**	3-6-2005	Rio Maior	CE-ql	Eslováquia	V 2-1	
U 21	**Zé Castro**	7-6-2005	Tallinn	CE-ql	Estónia	V 5-0	
U 21	**Zé Castro**	16-8-2005	Viseu	Part.	Hungria	D 0-1	
U 21	**Zé Castro**	2-9-2005	Portimão	CE-ql	Luxemburgo	V 4-0	
U 21	**Zé Castro**	6-9-2005	Moscovo	CE-ql	Rússia	V 1-0	
U 21	**Zé Castro**	11-10-2005	Anadia	CE-ql	Letónia	V 3-0	
U 21	**Zé Castro**	13-11-2005	Zurique	CE-ql	Suíça	E 1-1	
U 21	**Zé Castro**	16-11-2005	Porto	CE-ql	Suíça	V 2-1	
U 20	**Sarmento**	14-2-2006	Funchal	TI Mad	Finlândia	V 3-0	
U 20	**Sarmento**	15-2-2006	C. Lobos	TI Mad	Sel. Madeira	E 0-0	
B	**Zé Castro**	24-2-2006	Abrantes	V Tejo	Eslovénia	E 1-1	
U 20	**V. Vinha**	15-5-2006	Toulon	Toulon	Argentina	E 0-0	
U 20	**Sarmento**	19-5-2006	La Londe	Toulon	China	E 0-0	
U 20	**V. Vinha**	19-5-2006	La Londe	Toulon	China	E 0-0	
U 21	**Zé Castro**	23-5-2006	Braga	C. E.	França	D 0-1	
U 21	**Zé Castro**	23-5-2006	Barcelos	C. E.	Sérv. e Mont.	D 0-2	
U 20	**V. Vinha**	24-5-2006	Toulon	Toulon	China	V 1-0	
U 21	**Zé Castro**	28-5-2006	Guimarães	C. E.	Alemanha	V 1-0	
U 20	**H. Barbosa**	19-9-2006	P. Castelo	Part.	Polónia	V 2-1	Cap
U 21	**H. Barbosa**	10-10-2006	Gaia	CE-ql	Rússia	V 3-0	
U 21	**H. Barbosa**	15-11-2006	F. da Foz	Part.	Sérvia	V 3-0	
U 21	**H. Barbosa**	21-8-2007	V. Conde	Part.	Malta	V 3-0	
U 21	**H. Barbosa**	7-9-2007	Cork	CE-ql	Rep. Irlanda	V 2-0	
U 21	**H. Barbosa**	12-10-2007	Sófia	CE-ql	Bulgária	D 0-1	
U 21	**H. Barbosa**	16-10-2007	Podgorica	CE-ql	Montenegro	V 2-1	
U 21	**Licá**	10-2-2009	Fátima	Part.	Suíça	V 3-1	
U 21	**Licá**	11-7-2009	Lisboa	JL	Cabo Verde	D 0-1	
U 21	**Licá**	14-7-2009	Lisboa	JL	Moçambique	V 2-0	
U 21	**Licá**	16-7-2009	Lisboa	JL	Índia	V 7-1	
U 21	**Licá**	18-7-2009	Lisboa	JL	Angola	V 4-1	1G
U 23	**N. Coelho**	3-3-2010	Fátima	CT	País de Gales	V 7-2	
U 23	**E. Rafael**	3-3-2010	Fátima	CT	País de Gales	V 7-2	
U 23	**J. Ribeiro**	3-3-2010	Fátima	CT	País de Gales	V 7-2	1G
U 20	**Grilo**	7-10-2010	B. Perónnas	Part.	França	E 3-3	
U 23	**N. Coelho**	12-10-2010	Cartaxo	CT	Irl. do Norte	V 2-0	
U 23	**Éder**	12-10-2010	Cartaxo	CT	Irl. do Norte	V 2-0	
U 20	**Grilo**	15-12-2010	Parchal	Part.	Montenegro	E 1-1	
U 20	**D. Ribeiro**	15-12-2010	Parchal	Part.	Montenegro	E 1-1	
U 23	**N. Coelho**	19-5-2011	Northampton	CT	Inglaterra	V 1-0	
U 20	**Grilo**	3-6-2011	S.Raphael	Toulon	Itália	E 1-1	

JOGADORES INTERNACIONAIS

Nome	A	B	Oli	Esp	-23	-21	-20	Militar	Total
Zé Castro	–	2	–	–	–	15	12	–	29
Rui Rodrigues	9	2	–	1	–	–	–	9	21
Tonel	–	3	–	–	–	17	–	–	20
Augusto Rocha	7	2	–	1	–	–	–	9	19
Mito	–	–	–	12	–	–	–	–	12
Alhandra	–	–	–	–	–	10	–	–	10
Veríssimo	–	–	–	9	–	–	–	–	9
Serafim	1	1	–	–	–	–	–	6	8
Luís Filipe	–	–	–	8	–	–	–	–	8
Torres	5	–	–	–	–	–	–	2	7
Maló	–	1	–	1	–	–	–	5	7
Gervásio	–	1	–	–	–	–	–	6	7
Faia	–	1	–	–	–	–	–	6	7
Hélder Barbosa	–	–	–	–	–	6	1	–	7
Celestino	–	2	–	–	–	–	–	4	6
Quinito	–	–	6	–	–	–	–	–	6
Márcio Santos	–	–	–	–	–	6	–	–	6
André	–	–	–	–	–	–	–	6	6
Bentes	3	2	–	–	–	–	–	–	5
Abreu	–	1	–	–	–	–	–	4	5
Dimas	–	–	3	2	–	–	–	–	5
Jorge Silva	–	–	–	5	–	–	–	–	5
Paulo Sérgio	–	–	–	–	–	5	–	–	5
França	–	–	–	–	–	–	–	5	5
Licá	–	–	–	–	–	5	–	–	5
Manuel António	4	–	–	–	–	–	–	–	4
Artur Jorge	2	–	–	2	–	–	–	–	4
Álvaro	–	–	–	4	–	–	–	–	4
Artur	–	–	–	4	–	–	–	–	4
Carlos Alhinho	–	–	–	4	–	–	–	–	4
Fernando Couto	–	–	–	4	–	–	–	–	4
Hélder	–	–	–	4	–	–	–	–	4
Marito	–	–	–	4	–	–	–	–	4
Reinaldo	–	–	–	4	–	–	–	–	4
Manuel José	–	–	–	–	–	4	–	–	4
Malícia	–	–	–	–	–	–	–	4	4
Peres	3	–	–	–	–	–	–	–	3
Pedro Xavier	2	–	–	1	–	–	–	–	3
Capela	2	1	–	–	–	–	–	–	3
Mário Campos	1	–	–	2	–	–	–	–	3
Abel Silva	–	–	–	3	–	–	–	–	3
Nuno Coelho	–	–	–	–	3	–	–	–	3
Carlos Martins	–	–	–	–	–	3	–	–	3
Grilo	–	–	–	–	–	3	–	–	3
Sarmento	–	–	–	–	–	3	–	–	3
Vítor Vinha	–	–	–	–	–	3	–	–	3
Marta	–	–	–	–	–	–	3	–	3
Alberto Gomes	2	–	–	–	–	–	–	–	2
Vítor Campos	1	1	–	–	–	–	–	–	2
Ribeiro	1	–	–	1	–	–	–	–	2
Wilson	–	2	–	–	–	–	–	–	2
Diogo	–	–	–	2	–	–	–	–	2
Nene	–	–	–	2	–	–	–	–	2
Pedro Roma	–	–	–	2	–	–	–	–	2
Vala	–	–	–	2	–	–	–	–	2
Costa	1	–	–	–	–	–	–	–	1
Pacheco Nobre	1	–	–	–	–	–	–	–	1
Azeredo	–	1	–	–	–	–	–	–	1
Ernesto	–	1	–	–	–	–	–	–	1
Fredy	–	1	–	–	–	–	–	–	1
Jorge Humberto	–	1	–	–	–	–	–	–	1
Lucas	–	1	–	–	–	–	–	–	1
Nelo	–	1	–	–	–	–	–	–	1
Carlos Ribeiro	–	–	–	1	–	–	–	–	1
Carlos Xavier	–	–	–	1	–	–	–	–	1
Gregório	–	–	–	1	–	–	–	–	1
Hilário	–	–	–	1	–	–	–	–	1
Lourenço	–	–	–	1	–	–	–	–	1
Toni	–	–	–	1	–	–	–	–	1
Vargas	–	–	–	1	–	–	–	–	1
Vieira Nunes	–	–	–	1	–	–	–	–	1
Emídio Rafael	–	–	–	–	1	–	–	–	1
João Ribeiro	–	–	–	–	1	–	–	–	1
Éder	–	–	–	–	–	1	–	–	1
Pedro Oliveira	–	–	–	–	–	1	–	–	1
Diogo Ribeiro	–	–	–	–	–	–	1	–	1

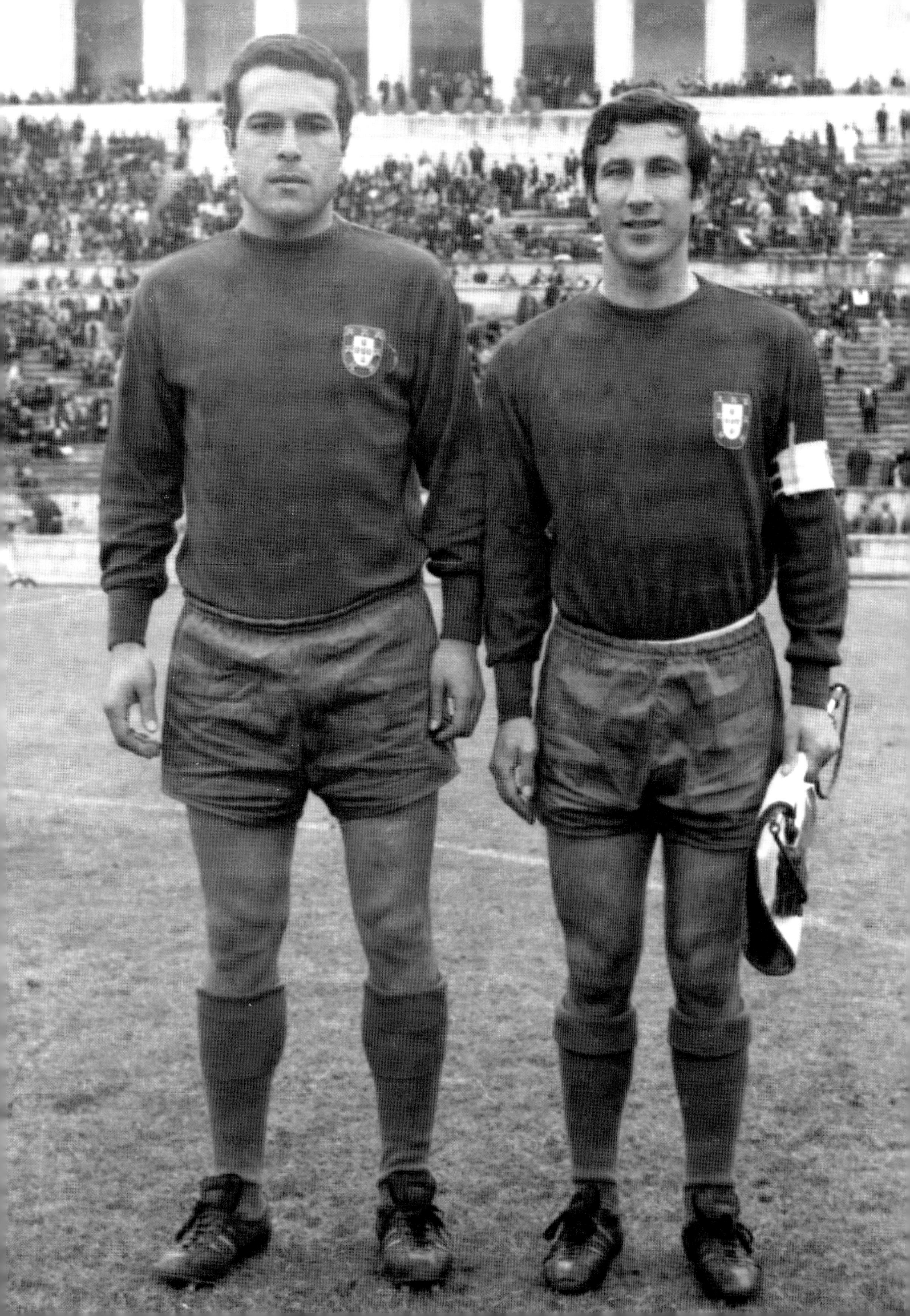

EM CIMA
Rui Cunha, o terceiro a contar da esquerda, entre o seleccionado de Portugal que bate a Itália por 4-1, no campo portuense do Ameal, a 15 de Abril de 1928. É a primeira vez que um atleta da Académica veste a camisola da selecção portuguesa

AO CENTRO
Gil e Abreu, este último envergando o equipamento de Portugal, durante um jogo-treino entre a Briosa e a selecção militar, disputado a 21 de Maio de 1954, em plena Queima das Fitas

EM BAIXO, À ESQUERDA
Mário Torres no mítico estádio de Chamartin, antes de um Espanha-Portugal, a 13 de Abril de 1958

EM BAIXO, À DIREITA
Zé Castro, o mais internacional dos jogadores da Académica, durante um Portugal 3 - Inglaterra 0, a contar para o torneio de Toulon de 2003. Os portugueses ganhariam a prova

NA PÁGINA 459
Rocha abraçado a Pelé, no "particular" Portugal-Brasil, a 21 de Abril de 1963

NA PÁGINA ANTERIOR
Peres é o único jogador da Académica, até ao momento, a capitanear a selecção principal de Portugal. Aqui, ao lado do seu colega Manuel António, antes de um "particular" com o México, a 6 de Abril de 1969

Os Internacionais | **467**

EM CIMA
Azeredo a conduzir a bola, durante um Portugal-França entre selecções B, a 13 de Maio de 1951, que os portugueses ganhariam por 3-1

EM BAIXO
Rocha, o primeiro a contar da direita, antes de um Portugal-
-Estados Unidos entre militares, disputado a 18 de Fevereiro de 1958. O jogo efectua-se em Coimbra, o que faz com que o macaense se torne o único atleta da Académica a actuar oficialmente na cidade, com a camisola de uma selecção portuguesa

OS TREINADORES

Ao longo dos anos, têm passado pela Académica treinadores dos mais conceituados, alguns dos quais serviram a instituição por largos períodos de tempo e em diferentes ocasiões. É mais um sinal do prestígio granjeado pela Briosa, tanto maior quanto é sabido que as remunerações recebidas por esses técnicos ficavam muito aquém das oferecidas por outros emblemas. São vários, aliás, os casos de treinadores que exerceram as suas funções gratuitamente, quando não auxiliaram mesmo a Académica, do ponto de vista material. Mais recentemente, foram significativos os exemplos de técnicos praticamente descobertos pela Briosa que rapidamente chegaram ao topo do futebol nacional e… internacional. Domingos Paciência saiu da Briosa para, no Braga, lutar pelo topo da tabela e chegar a uma final europeia. Logo depois rumou a Alvalade. André Villas-Boas, que fez em Coimbra a sua primeira temporada como treinador principal, seguiu para o FC Porto onde venceu, na mesma temporada, o Campeonato Nacional (sem derrotas), a Taça de Portugal e a Liga Europa. Êxitos que lhe valeram o bilhete para Londres para orientar o milionário Chelsea.

Das páginas seguintes, constam os nomes de todos os treinadores que alguma vez orientaram a Académica, em jogos oficiais, de âmbito nacional ou internacional, após a constituição da Associação de Futebol de Coimbra, em 1922. Assim se explica que o elenco não inclua António Borja Santos, na realidade o primeiro técnico da história da Académica, mas que esteve em Coimbra entre 1913 e 1919, numa altura, portanto, em que a Briosa ainda não disputava competições de âmbito federativo. Do mesmo modo que não inclui Emílio Ramos e António Abrantes Mendes, que apenas orientaram a Briosa em provas de âmbito distrital: o primeiro, na época de 28-29; o segundo, durante a temporada de 46-47.

É preciso, por outro lado, ter em conta a existência de técnicos que, como se explica nos textos relativos a cada temporada, apenas exerceram funções transitoriamente – isto é, durante o período que medeia entre a saída de um treinador e a entrada de outro. E é necessário, finalmente, levar em consideração que o próprio conceito de treinador – nomeadamente, numa equipa com as características da Académica – foi evoluindo ao longo dos tempos. Em tempos mais remotos, ele era, basicamente, o homem que procedia à escolha dos jogadores para cada domingo. O que não quer dizer que não fosse, já, então, o principal objecto das críticas dos "teóricos", mesmo quando as coisas corriam bem…

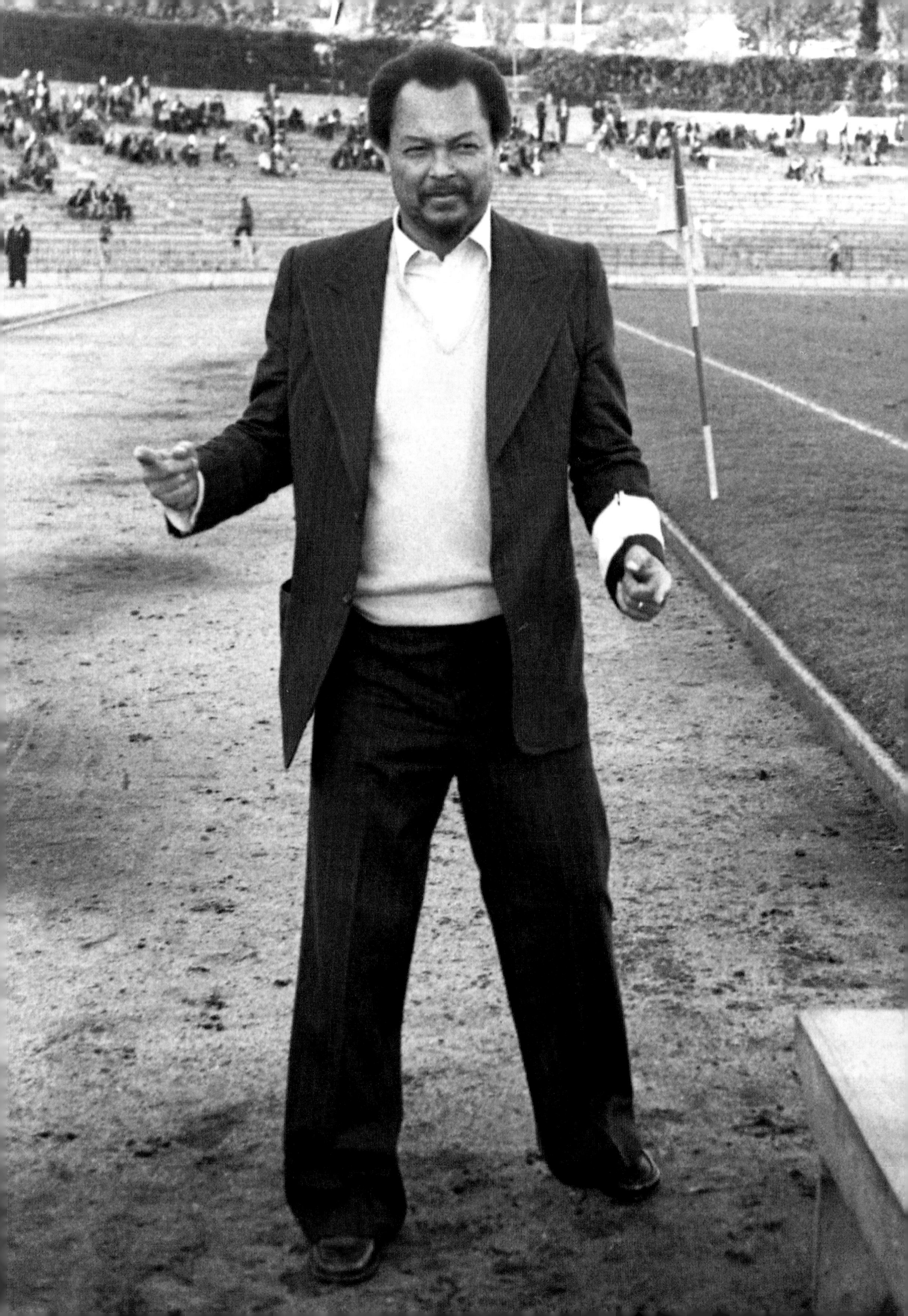

TEÓFILO ESQUÍVEL
Teófilo Esquível
DN: 5-3-1900
Faro

1ª época: 1922-23
Vitórias: 3
Empates: 0
Derrotas: 3
Total: 6

ARMANDO SAMPAIO
Armando Francisco
Coelho Sampaio
DN: 27-6-1907
Beja
1ª época: 1926-27
Vitórias: 5
Empates: 1
Derrotas: 7
Total: 13

FILIPE DOS SANTOS
Joaquim Filipe
dos Santos
DN: 29-1-1897
Setúbal
1ª época: 1933-34
Vitórias: 1
Empates: 0
Derrotas: 1
Total: 2

RUDOLF JENY
Rudolf Jeny
DN: 2-3-1901
Budapeste
(Hungria)
1ª época: 1934-35
Vitórias: 1
Empates: 1
Derrotas: 14
Total: 16

CRISTÓVÃO LIMA
Cristóvão de Sousa
Lima
DN: 21-1-1910
Ponta Delgada
1ª época: 1935-36
Vitórias: 2
Empates: 1
Derrotas: 14
Total: 17

ALBANO PAULO
Albano Rodrigues
Paulo
DN: 6-9-1906
Coimbra
1ª época: 1936-37
Vitórias: 28
Empates: 9
Derrotas: 38
Total: 75

GUEDES PINTO
Ernesto de Pinho
Guedes Pinto
DN: 15-7-1901
Aveiro
1ª época: 1937-38
Vitórias: 0
Empates: 0
Derrotas: 2
Total: 2

ESTÊVÃO PUSKAS
Istvan Lajos Puskas
DN: ?-?-1911
Budapeste
(Hungria)
1ª época: 1937-38
Vitórias: 9
Empates: 0
Derrotas: 10
Total: 19

LIPO HERCZKA
Lipo Herczka
DN: 27-12-1894
Viena
(Áustria)
1ª época: 1940-41
Vitórias: 5
Empates: 4
Derrotas: 9
Total: 18

ALBERTO GOMES
Alberto Luís Gomes
DN: 29-12-1915
Monção

1ª época: 1941-42
Vitórias: 54
Empates: 11
Derrotas: 47
Total: 112

SEVERIANO CORREIA
Severiano Correia
DN: 4-1-1913
Lisboa

1ª época: 1942-43
Vitórias: 13
Empates: 3
Derrotas: 28
Total: 44

MANUEL VELOSO
Manuel Veloso
DN: 11-6-1896
Lisboa

1ª época: 1944-45
Vitórias: 0
Empates: 0
Derrotas: 3
Total: 3

EDUARDO AUGUSTO
Eduardo Ferreira
Augusto
DN: 15-12-1902
Setúbal
1ª época: 1945-46
Vitórias: 3
Empates: 1
Derrotas: 8
Total: 12

EDUARDO LEMOS
Eduardo José Ferreira
de Lemos
DN: 17-6-1917
Torre de Moncorvo
1ª época: 1945-46
Vitórias: 4
Empates: 1
Derrotas: 6
Total: 11

ALEXANDRE PEICS
Alexandre Peics
DN: 10-10-1901
Pécs
(Hungria)
1ª época: 1946-47
Vitórias: 7
Empates: 2
Derrotas: 10
Total: 19

JOSÉ MARIA ANTUNES
José Maria
Antunes Júnior
DN: 27-7-1913
Coimbra
1ª época: 1946-47
Vitórias: 1
Empates: 2
Derrotas: 4
Total: 7

MICAEL
Joaquim da Costa Micael
DN: 31-3-1917
Ericeira
(Mafra)
1ª época: 1947-48
Vitórias: 1
Empates: 1
Derrotas: 9
Total: 11

TAVARES DA SILVA
Joaquim João Tavares
da Silva
DN: 29-11-1903
Veiros (Estarreja)
1ª época: 1947-48
Vitórias: 3
Empates: 1
Derrotas: 11
Total: 15

DEZSO GENCZI
Dezso Genczi
DN: 2-11-1897
Bupapeste
(Hungria)
1ª época: 1949-50
Vitórias: 8
Empates: 8
Derrotas: 10
Total: 26

OSCAR TELLECHEA
Oscar Eduardo Tellechea
DN: 29-11-1913
Ensenada
(Argentina)
1ª época: 1950-51
Vitórias: 38
Empates: 22
Derrotas: 59
Total: 119

NANA
Fernando das Neves
Monteiro de Oliveira Leite
DN: 29-10-1922
Coimbra
1ª época: 1955-56
Vitórias: 2
Empates: 0
Derrotas: 2
Total: 4

CÂNDIDO DE OLIVEIRA
Cândido Plácido
Fernandes de Oliveira
DN: 24-9-1896
Fronteira
1ª época: 1955-56
Vitórias: 34
Empates: 14
Derrotas: 37
Total: 85

JANOS BIRI
Janos Biri
DN: 21-7-1900
Bupapeste
(Hungria)
1ª época: 1958-59
Vitórias: 1
Empates: 2
Derrotas: 5
Total: 8

OTTO BUMBEL
Otto Pedro Bumbel
DN: 6-7-1914
Guaíba - RS
(Brasil)
1ª época: 1958-59
Vitórias: 10
Empates: 3
Derrotas: 8
Total: 21

OSCAR MONTEZ
Oscar Montez
DN: 9-9-1926
Buenos Aires
(Argentina)
1ª época: 1959-60
Vitórias: 9
Empates: 9
Derrotas: 10
Total: 28

MÁRIO IMBELLONI
António Mário Imbelloni
DN: 25-8-1924
Lanús
(Argentina)
1ª época: 1960-61
Vitórias: 10
Empates: 7
Derrotas: 11
Total: 28

JOSÉ MARIA PEDROTO
José Maria Carvalho
Pedroto
DN: 21-10-1928
Lamego
1ª época: 1962-63
Vitórias: 26
Empates: 8
Derrotas: 32
Total: 66

MÁRIO TORRES
Mário Torres
DN: 13-9-1931
Nova Lisboa
(Angola)
1ª época: 1963-64
Vitórias: 4
Empates: 0
Derrotas: 0
Total: 4

MÁRIO WILSON
Mário Wilson
DN: 17-10-1929
Lourenço Marques
(Moçambique)
1ª época: 1964-65
Vitórias: 125
Empates: 39
Derrotas: 73
Total: 237

JOÃO MALÓ
João Luís Maló de Abreu
DN: 29-3-1940
Moçâmedes
(Angola)
1ª época: 1968-69
Vitórias: 10
Empates: 5
Derrotas: 4
Total: 19

FRANCISCO ANDRADE
Francisco Correia
de Figueiredo Andrade
DN: 4-4-1939
Sátão
1ª época: 1968-69
Vitórias: 13
Empates: 12
Derrotas: 21
Total: 46

JUCA
Júlio Cernadas Pereira
DN: 13-1-1929
Lourenço Marques
(Moçambique)
1ª época: 1969-70
Vitórias: 82
Empates: 43
Derrotas: 87
Total: 212

JORGE HUMBERTO
Jorge Humberto Gomes
Nobre de Morais
DN: 17-2-1938
Mindelo (Cabo Verde)
1ª época: 1971-72
Vitórias: 0
Empates: 1
Derrotas: 1
Total: 2

FERNANDO VAZ
Fernando Gomes
Ribeiro Vaz
DN: 5-8-1918
Benguela (Angola)
1ª época: 1971-72
Vitórias: 34
Empates: 10
Derrotas: 19
Total: 63

MARQUES
António Pereira Marques
DN: 19-8-1939
Ganilhos
(Alcobaça)
1ª época: 1972-73
Vitórias: 2
Empates: 0
Derrotas: 0
Total: 2

CRISPIM
José Manuel Pereira
Crispim
DN: 21-12-1942
Palmela
1ª época: 1973-74
Vitórias: 12
Empates: 16
Derrotas: 26
Total: 54

PEDRO GOMES
Manuel Pedro
Gomes
DN: 16-10-1941
Torres Novas
1ª época: 1979-80
Vitórias: 22
Empates: 12
Derrotas: 4
Total: 38

VÍTOR MANUEL
Vítor Manuel Motas
Fernandes
DN: 12-8-1952
Mouriscas (Abrantes)
1ª época: 1980-81
Vitórias: 62
Empates: 43
Derrotas: 66
Total: 171

VASCO GERVÁSIO
Vasco Manuel Vieira
Pereira Gervásio
DN: 5-12-1943
Malveira (Mafra)
1ª época: 1983-84
Vitórias: 28
Empates: 15
Derrotas: 14
Total: 57

JESUALDO FERREIRA
Manuel Jesualdo
Ferreira
DN: 24-5-1946
Mirandela
1ª época: 1984-85
Vitórias: 1
Empates: 0
Derrotas: 6
Total: 7

CAMILO
Camilo Alberto Almeida
da Conceição
DN: 23-9-1951
Vila Robert Williams (Angola)
1ª época: 1987-88
Vitórias: 0
Empates: 1
Derrotas: 0
Total: 1

ANTÓNIO OLIVEIRA
António Luís Alves
Ribeiro de Oliveira
DN: 10-6-1952
Penafiel
1ª época: 1987-88
Vitórias: 10
Empates: 10
Derrotas: 5
Total: 25

HENRIQUE CALISTO
Henrique Manuel
da Silva Calisto
DN: 16-10-1953
Matosinhos
1ª época: 1988-89
Vitórias: 35
Empates: 14
Derrotas: 19
Total: 68

JOSÉ ALBERTO COSTA
José Alberto
Costa
DN: 31-10-1953
Porto
1ª época: 1989-90
Vitórias: 17
Empates: 5
Derrotas: 9
Total: 31

JOSÉ RACHÃO
José Fernando Casal
Rachão
DN: 15-9-1952
Peniche
1ª época: 1991-92
Vitórias: 35
Empates: 18
Derrotas: 20
Total: 73

VIEIRA NUNES
António Francisco
Vieira Nunes
DN: 1-7-1945
Águas Santas (Maia)
1ª época: 1994-95
Vitórias: 17
Empates: 10
Derrotas: 15
Total: 42

EURICO GOMES
Eurico Monteiro Gomes
DN: 29-9-1955
Santa Marta
de Penaguião
1ª época: 1995-96
Vitórias: 4
Empates: 3
Derrotas: 4
Total: 11

LUÍS AGOSTINHO
Luís Manuel Neto
Agostinho
DN: 18-7-1962
Tramagal (Abrantes)
1ª época: 1995-96
Vitórias: 0
Empates: 1
Derrotas: 3
Total: 4

VÍTOR OLIVEIRA
Vítor Manuel
Oliveira
DN: 16-11-1953
Matosinhos
1ª época: 1995-96
Vitórias: 31
Empates: 14
Derrotas: 30
Total: 75

GREGÓRIO FREIXO
Gregório Francisco
Penteado Freixo
DN: 8-9-1952
Évora
1ª época: 1997-98
Vitórias: 1
Empates: 4
Derrotas: 9
Total: 14

JOSÉ ROMÃO
José Pratas Romão
DN: 13-4-1952
Trindade
(Beja)
1ª época: 1997-98
Vitórias: 4
Empates: 5
Derrotas: 5
Total: 14

RAUL ÁGUAS
Raul António Águas
DN: 12-1-1949
Lobito
(Angola)
1ª época: 1998-99
Vitórias: 2
Empates: 3
Derrotas: 8
Total: 13

CARLOS GARCIA
Carlos José Neves
Garcia Gomes
DN: 17-2-1950
Braga
1ª época: 1999-00
Vitórias: 21
Empates: 10
Derrotas: 13
Total: 44

HASSAN AJENOUI
Hassan Ajenoui
DN: 3-3-1960
Tânger
(Marrocos)
1ª época: 2000-01
Vitórias: 5
Empates: 1
Derrotas: 5
Total: 11

JOÃO ALVES
João António Ferreira
Resende Alves
DN: 5-12-1952
Albergaria-a-Velha
1ª época: 2000-01
Vitórias: 30
Empates: 20
Derrotas: 20
Total: 70

VÍTOR ALVES
Vítor Manuel Nunes Alves
DN: 1-2-1961
Torres Novas
1ª época: 2002-03
Vitórias: 2
Empates: 1
Derrotas: 1
Total: 4

ARTUR JORGE
Artur Jorge Braga
de Melo Teixeira
DN: 13-2-1946
Porto
1ª época: 2002-03
Vitórias: 8
Empates: 7
Derrotas: 8
Total: 23

JOÃO CARLOS PEREIRA
João Carlos Serra
Ferreira Pereira
DN: 11-4-1965
Luanda (Angola)
1ª época: 2003-04
Vitórias: 11
Empates: 5
Derrotas: 15
Total: 31

NELO VINGADA
Eduardo Manuel Martinho
Vingada
DN: 30-3-1953
Serpa
1ª época: 2004-05
Vitórias: 19
Empates: 18
Derrotas: 22
Total: 59

MANUEL MACHADO
Manuel António Marques
Machado
DN: 4-12-1955
Guimarães
1ª época: 2006-07
Vitórias: 9
Empates: 9
Derrotas: 20
Total: 38

DOMINGOS PACIÊNCIA
Domingos José Paciência
de Oliveira
Leça da Palmeira
DN: 2-1-1969
1ª época: 2007-08
Vitórias: 19
Empates: 24
Derrotas: 22
Total: 65

ROGÉRIO GONÇALVES
Rogério de Sousa
Gonçalves
Viana do Castelo
DN: 1-10-1959
1ª época: 2009-10
Vitórias: 0
Empates: 3
Derrotas: 4
Total: 7

ZÉ NANDO
José Fernando
da Silva Pinto
Porto
DN: 12-9-1968
1ª época: 2009/10
Vitórias: 0
Empates: 1
Derrotas: 0
Total: 1

ANDRÉ VILLAS-BOAS
Luís André Pina Cabral
Villas-Boas
Porto
DN: 17-10-1977
1ª época: 2009/10
Vitórias: 11
Empates: 9
Derrotas: 10
Total: 30

JORGE COSTA
Jorge Paulo Costa
Almeida
Porto
DN: 14-10-1971
1ª época: 2010/11
Vitórias: 7
Empates: 5
Derrotas: 6
Total: 18

JOSÉ GUILHERME
José Guilherme Granja
Oliveira
Vila Nova de Gaia
DN: 5-9-1965
1ª época: 2010/11
Vitórias: 2
Empates: 2
Derrotas: 5
Total: 9

ULISSES MORAIS
Ulisses Manuel
Nogueira Morais
Santarém
DN: 22-11-1959
1ª época: 2010-11
Vitórias: 2
Empates: 5
Derrotas: 4
Total: 11

OS DIRIGENTES

O QUE SE SEGUE É UM LEVANTAMENTO DOS NOMES de membros dos órgãos sociais, entre 1887 e 2011, feito a partir do cruzamento de todas as fontes a que se conseguiu recorrer. Lamentavelmente, não é possível proceder à reconstituição integral das equipas directivas, nem mencionar a data exacta da posse de todas elas. O que, como está bom de ver, afecta, sobretudo, o período compreendido entre a formação da Associação Académica de Coimbra (AAC) e a autonomização financeira da sua secção de futebol (SF), em 1963. Casos há em que não se conseguiu apurar mais do que o nome do presidente (destacado em maiúsculas nas páginas seguintes). Ainda assim, este levantamento permite compreender bem a especificidade da AAC e a sua inserção no país.

Uma especificidade traduzida na forma como se repercutem na Associação e no seu futebol os diferentes momentos históricos: a instauração da República, a consolidação do chamado Estado Novo, a resistência à ditadura, o 25 de Abril, a própria evolução do regime democrático. Mas também, paralelamente, no contributo dado pela Associação e pelo seu futebol às mudanças ocorridas em Portugal, antes e depois de 1974. Não por acaso, vários dos seus dirigentes atingiram lugares de topo na hierarquia do Estado ou da denominada sociedade civil. E ainda há muito boa gente que se lembra daquele primeiro-ministro que seguia com particular atenção as eleições na AAC, explicando que a corrente político-ideológica que as ganhava, costumava obter depois a maioria no país.

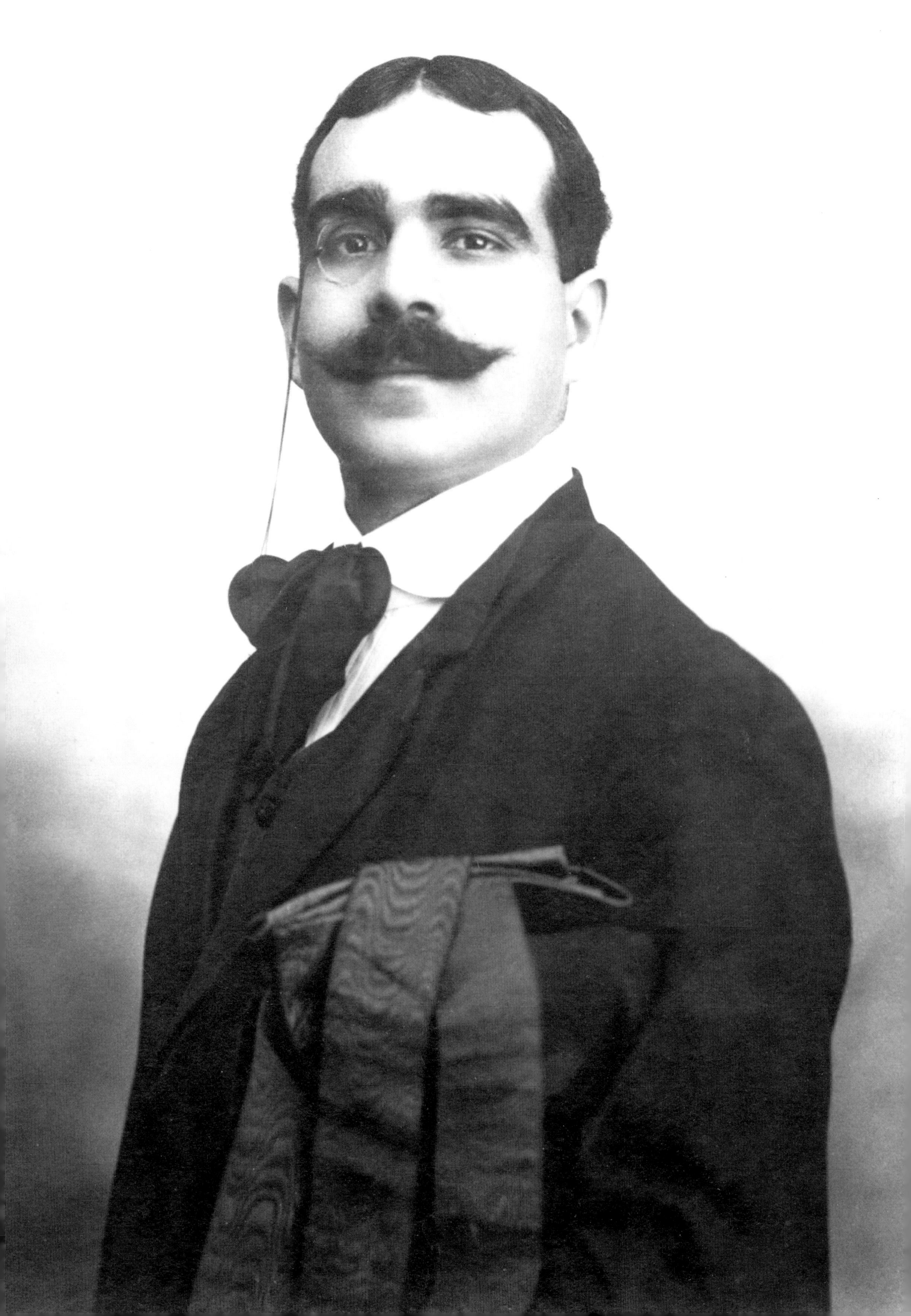

NA PÁGINA ANTERIOR
Álvaro Bettencourt Pereira de Athayde, presidente da AAC quando esta inicia a prática do futebol

Quando António Luiz Gomes se torna o primeiro presidente da AAC, já o hoje considerado "desporto-rei" é praticado em Inglaterra há vários anos. Mas, em Portugal, ele é ainda desconhecido. Deixa de o ser no ano seguinte, quando se realizam, nas zonas de Sintra e de Cascais, os primeiros jogos entre membros da aristocracia lisboeta e representantes da colónia inglesa na região.

A AAC começa a render-se aos seus encantos em 1911, na presidência de Álvaro Bettencourt de Athayde. Entende-se que a primeira preocupação deste e de quem lhe sucede nos anos mais próximos seja encontrar recintos onde se possa praticar a modalidade. Assim aparece, nas direcções da Associação, a figura do responsável pelo campo de jogos.

A inauguração do Campo de Santa Cruz, em 1922, representa um salto qualitativo. Rui Sarmento torna-se o primeiro director desportivo da AAC, lugar que nos anos seguintes será ocupado por destacados futebolistas-estudantes, como Teófilo Esquível, Ribeiro da Costa, Armando Sampaio e Cristóvão Lima.

O endurecimento da política governamental faz com que, a partir de 1936, a direcção da AAC deixe de ser eleita pelos estudantes, passando o Governo a nomear comissões administrativas. Antes disso, já houvera, é certo, outras comissões. Mas estas resultaram da livre vontade estudantil e corresponderam à mera necessidade de fazer face a crises internas.

A criação de comissões de nomeação governamental tem efeitos rápidos no futebol, que a partir do início dos anos 40 acentua a luta pela autonomia organizativa. Uma luta que, como todas, é feita de avanços e recuos. Mas, a partir da época de 40-41, começa a popularizar-se a designação de "secção de futebol", com os respectivos responsáveis a serem, frequentemente, eleitos (ou indigitados) em momento diverso do da escolha (ou da nomeação) dos dirigentes da AAC. No levantamento seguinte, porém, optou-se por não se fazer esta distinção temporal, considerando-se genericamente o período correspondente a cada temporada desportiva.

A designação "SF" manter-se-á até ao derrube do chamado Estado Novo, sendo recuperada, após a queda deste, pelo grupo amador que passa a representar a Académica nos campeonatos universitários e, mais tarde, nos distritais. O peso da "velha" secção, aliás, vai crescendo com o decorrer dos anos. Sobretudo desde que, no princípio de 1945, com Salgado Zenha, os estudantes voltam a ter uma direcção eleita. Ainda que apenas em Assembleia Magna, uma vez que dirigentes eleitos por sufrágio secreto e universal, novamente, só dois anos mais tarde.

De todo o modo, nem essa progressiva autonomização faz com que a SF se divorcie das movimentações estudantis e, mesmo, dos problemas gerais da sociedade. Não por acaso, a chamada crise de 62 – que já conduzira à mobilização compulsiva para a tropa de dois presidentes da AAC e à exoneração de um terceiro – leva o Governo de Salazar a demitir igualmente a direcção da secção, substituindo-a por uma comissão administrativa que até incorpora militares da confiança do regime. Sol de pouca dura, porém. Em 1963, sob a presidência do eleito Hortênsio Lopes, a SF dá mesmo novo e decisivo salto em frente, conquistando autonomia financeira. É nesta condição que atravessa a "crise" de 69, durante a qual se abate uma enorme vaga repressiva sobre os estudantes, liderados pela direcção presidida por Alberto Martins. Uma direcção que, à semelhança das que a antecederam nos anos mais recentes, tem já uma influência reduzida na gestão do futebol. O que explica que os nomes dos membros da Direcção-Geral deixem, a partir de 1964, de constar da listagem aqui publicada.

Nem o papel desempenhado nas "crises académicas" impede, contudo, que a SF venha a ser expulsa da AAC, após o 25 de Abril de 74. Entra-se num novo período histórico, que dá lugar à criação do Clube Académico de Coimbra (CAC), de que é primeiro presidente um homem insuspeito de simpatias pelo regime deposto: Júlio Couceiro. Em breve, a luta passará a ser pela reintegração na Associação Académica. O que acontecerá uma década depois da "revolução dos cravos", está Jorge Anjinho à frente dos destinos do CAC e Ricardo Roque na presidência da AAC. "Associação Académica de Coimbra – Organismo Autónomo de Futebol", assim passa a designar-se o fruto desse regresso à "casa-mãe". Desde 1984 até hoje.

OS PRESIDENTES
(APÓS A AUTONOMIA)

HORTÊNSIO LOPES  — UBACH FERRÃO  — CHORÃO DE AGUIAR  — ALMEIDA E COSTA  — ADOLFO MESQUITA  — ARISTIDES MOTA

JOÃO MORENO  — CORTEZ VAZ  — JÚLIO COUCEIRO  — AURÉLIO LOPES  — MIRANDA LEMOS  — EZEQUIEL UMBELINO

JORGE ANJINHO  — MENDES SILVA  — PAULO CARDOSO  — FAUSTO CORREIA  — CAMPOS COROA  — JOSÉ EDUARDO SIMÕES

MEMBROS DA DIRECÇÃO-GERAL DA ASSOCIAÇÃO ACADÉMICA DE COIMBRA

1887/90
ANTÓNIO LUIZ GOMES, Júlio Costa Cabral.

1896/97
ANTÓNIO JOAQUIM DE SÁ OLIVEIRA.

1899/00
ANTÓNIO DOS SANTOS CIDRAES.

1900/01
JOÃO DUARTE DE OLIVEIRA, Eduardo Torres, António dos Santos Cidraes.

1901/02
JOÃO SANTOS MONTEIRO, João Azevedo.

1902/04
EUGÉNIO DA CUNHA PIMENTEL.

1904/05
CAEE: AVELINO CÉSAR AUGUSTO MARIA CALISTO, Alfredo Lopes de Matos Chaves, Joaquim da Costa Carvalho Júnior, Francisco Odorico Dantas Carneiro, Bernardo Augusto Loureiro Polónio e José Bacelar.

1905
CAEE: ANTÓNIO DOS SANTOS E SILVA, Carlos Olavo Corrêa de Azevedo, Alberto Alves da Cruz, Álvaro Xavier de Castro e José Madeira Montez.

1905/08
JOSÉ MARIA DA ROSA JÚNIOR, Abranches Ferrão, António Joaquim Granjo. Esta DG demite-se em Fevereiro de 1908. A AAC fica sem DG durante dois anos.

1910/11
LUCIANO EUSTÁQUIO SOARES.

1911/12
ÁLVARO BETTENCOURT PEREIRA DE ATHAYDE. Na AAC inicia-se a prática do futebol.

1912/14
FRANCISCO ANTÓNIO DE VARGE MALDONADO, José Arala Pinto, Álvaro Maximino Betânio de Almeida.

1914/15
FAUSTO LOPO PATRÍCIO DE CARVALHO, Augusto César de Barros, Teófilo Maciel Pais Carneiro, Manuel José da Silva, José Soares Craveiro Feio e Arnaldo Alexandre de Faria da Veiga Cabral. Em Novembro de 1914, o presidente passa a ser Arnaldo Alexandre de Faria da Veiga Cabral.

1915/16
ALEXANDRE FERREIRA BRAGA, Luís Roque Machado, Horácio Carvalho, Francisco António Moreira, José Vasques Tenreiro, Durval de Morais e Reinaldo Oliveira.

1917/18
ANTÓNIO AUGUSTO MACEDO MALHEIRO.

1918/19
GUILHERME LUISELO ALVES MOREIRA, Manuel Rodrigues Marques, António Augusto Macedo Malheiro, Manuel de Andrade e Silva, João Dias Esteves e Manuel Pereira de Oliveira Barbosa. Joaquim de Araújo Moreira é designado um dos responsáveis pelo campo de jogos. Em Março de 1919 é eleita nova direcção: Augusto da Fonseca Júnior, Luís Roque Machado, Manuel Pereira de Oliveira Barbosa, Manuel Andrade e Silva, Pompeu de Melo Cardoso, Avelino Manuel da Silva e José Luciano de Vilhena Pereira.

1919/20
AUGUSTO DA FONSECA JÚNIOR, António Sílvio Pélico de Oliveira, Pompeu de Melo Cardoso, Ave-

lino Manuel da Silva, Antero Lopes Pereira Moutinho e José Luciano de Vilhena Pereira. Joaquim de Araújo Moreira mantém-se como um dos responsáveis pelo campo de jogos.

1920/21
ANTÓNIO DE PÁDUA, Alexandre Metelo Nápoles Machado, José Neto de Meneses, Gil Ribeiro de Almeida Cabral, António Neves Rodrigues, Manuel Ferreira Peixoto da Fonseca e António Manso da Cunha Vaz (um dos responsáveis pelo campo de jogos).

1921/22
ALFREDO FERNANDES MARTINS, Joaquim da Cunha Guimarães, Joaquim Proença, Luís Carlos da Conceição, António de Figueiredo e Sousa, Manuel José Antas de Barros e Rui Sarmento (director desportivo). António Manso da Cunha Vaz mantém-se como um dos responsáveis pelo campo de jogos.

1922/23
LÚCIO DE ALMEIDA, Joaquim de Moura Relvas, Sebastião José Aires Antas Botelho, José Dias Lopes Júnior, José Tavares da Mata, António Pires da Silva Machado e Teófilo Esquível (director desportivo).

1923/24
MANUEL GOMES DE ALMEIDA, Manuel Valério, Francisco Augusto da Costa Leite, Antero Marques, Carlos Guimarães, Manuel Moutinho e Teófilo Esquível (director desportivo).

1924/25
MANUEL GOMES DE ALMEIDA, Antero Marques, José do Nascimento e Sousa, José António Vieira, Manuel Moutinho, Emídio Guerreiro e Rui Sarmento (director desportivo).

1925/27
ANTÓNIO DE MATOS BEJA, Rui Sarmento, António Pires de Carvalho, Francisco Duarte Póvoas, Francisco de Noronha Wolfango da Silva, António Martins Godinho e Júlio Ribeiro da Costa (director desportivo).

1927/28
CAEE: MANUEL DE ALMEIDA NEVES, Leão Ramos Ascensão, Pedro Azevedo Bourbon, Alfredo Osório de Sousa Pinto, Adriano Mesquita Magalhães, João Alfredo Cunha, Flávio dos Reis Moura, Francisco Xavier de Morais Sarmento e Armando Francisco Coelho Sampaio (director desportivo).

1928/29
JAIME DO RÊGO AFREIXO, Alfredo Osório de Sousa Pinto, António Abrantes Gouveia Júnior, Herculano da Silva Pinto, Flausino Esteves Correia Torres, João Alfredo Cunha e Armando Francisco Coelho Sampaio (director desportivo).

1929/30
ANTÓNIO JOSÉ SOUSA PEREIRA, Manuel Lança Cordeiro, Flausino Esteves Correia Torres, José Soares da Fonseca, João de Melo Machado, Francisco Xavier de Morais Sarmento e Armando Francisco Coelho Sampaio (director desportivo).

1930/31
JOÃO GASPAR SIMÕES, António Cândido Macedo, Júlio Catarino Nunes, Flausino Esteves Correia Torres, José Soares da Fonseca, Mário Cal Brandão e Armando Francisco Coelho Sampaio (director desportivo). A 27-1-1931 tomam posse Manuel Mota Belo, Camilo Alves Pais e Francisco Augusto Pereira Calisto.

1931/32
JOÃO DE BRITO CÂMARA, Fernando Bernardes Miranda, Alcides Strecht Monteiro, Rui de Azevedo Guimarães, Fernando Morgado de Moura, Venâncio de Figueiredo Vieira, Lourenço Pacheco, José Cristina e Armando Francisco Coelho Sampaio (director desportivo).

1932/33
ANTÓNIO ARRUDA DE FERRER CORREIA, Rui de Azevedo Guimarães, José Fernando Saraiva, José Cristina, Carlos Leça, Manuel Novais Gonçalves, Venâncio de Figueiredo Vieira, Lourenço Pacheco, Armando Pereira Martins e Armando Francisco Coelho Sampaio (director desportivo).

1933/34
ANTÓNIO ARRUDA DE FERRER CORREIA, João José Gomes, Carlos Leça, Manuel Novais Gonçalves, António Ramos de Almeida, Armando Francisco Coelho Sampaio e José Fernando Saraiva (os dois últimos são directores desportivos).

1934/35
ANTÓNIO DE SOUSA, Ernesto Domingues de Andrade, António Ramos de Almeida, José de Almeida Tinoco, Eduardo Henriques da Silva Correia, Carlos Leça, e José Fernando Saraiva (director desportivo).

1935/36
ERNESTO DOMINGUES DE ANDRADE, António Leitão, Políbio Gomes dos Santos, José Gomes de Brito Barbosa, Salviano Rui de Carvalho e Cunha, António Henrique da Silva Osório Vaz e Cristóvão de Sousa Lima (director desportivo). José de Almeida Tinoco substitui Cristóvão Lima a 24-3 1936 e escolhe João Antunes de Sousa para dirigir o futebol.

1936/37
CANG: JOÃO PEDRO MILLER PINTO LEMOS GUERRA, José Guilherme Rato de Melo e Castro, Salviano Rui de Carvalho e Cunha, Alexandre Mário Pessoa Vaz, Joaquim Sá Carneiro Morais Almeida, José Brito Barbosa e Joaquim Duarte de Oliveira (director desportivo).

1937/38
CANG: JOSÉ GUILHERME RATO DE MELO E CASTRO, Carlos Augusto de Azevedo Mendes Diniz da Fonseca, José Gualberto Ferreira Neves, Carlos de Sousa e Joaquim Duarte de Oliveira (director desportivo). É nomeado um conselho desportivo formado por Carlos de Melo Freitas, Ernesto de Pinho Guedes Pinto e Teixeira Lopes.

1938/39
CANG: JOSÉ GUILHERME RATO DE MELO E CASTRO, Emílio Eugénio de Oliveira Mertens, João Augusto da Fonseca e Silva, Coriolano Albino Ferreira, Dario Martins de Almeida, Luís Augusto Garcia e José Maria Antunes Júnior (director desportivo).

1939/40
CANG: LUÍS MONTEIRO SOARES DE ALBERGARIA CORTE REAL NUNES DA PONTE, Arnaldo Miranda Casimiro Barbosa, Álvaro de Castro e Sousa Correia Feijó, António de Matos Zagalo, Luís Augusto Garcia, José Maria Antunes Júnior e Armando Vaz Caldas (os dois últimos são directores desportivos).

MEMBROS DA DIRECÇÃO-GERAL DA ASSOCIAÇÃO ACADÉMICA DE COIMBRA E DA SECÇÃO DE FUTEBOL

1940/41
CANG: MANUEL DENIZ JACINTO, Renato Teixeira Lopes Cantista, Francisco Barrigas de Carvalho, Carlos Emílio Tenreiro Teles Grilo, Álvaro de Castro e Sousa Correia Feijó, Lino Carvalho de Lima, António Figueiredo da Costa Faro e Renato Bento Martins Ferreira.
SF: Pedro Rocha Santos, Luís Freitas Morna, Carlos de Melo Freitas e Jorge de Moura Marques (demite-se a 14-12-1940).

1941/42
CANG: RAMIRO MACHADO VALADÃO, Carlos Alberto Fernandes Ribeiro, Fernando Augusto Bandeira, Francisco Barrigas de Carvalho, Armando Vaz Caldas, Manuel Bartolomeu, António Figueiredo da Costa Faro e Francisco Rodrigues Antunes. Esta comissão demite-se na sequência de um aumento

das propinas. Em Janeiro de 1942 é nomeada outra CANG, constituída por: JOÃO DE MATOS ANTUNES VARELA, Manuel Batista Dias da Fonseca, Antonino Henriques, Leonardo Fernandes dos Santos Ilhão, António Vieira Paula Santos, Augusto Tinoco de Almeida e António Joaquim Tavares de Aguiar.
SF: Manuel Maria Delgado e Silva, Armando Vaz Caldas e Hernâni Marques. Em Outubro de 1941 a secção sofre uma remodelação, passando a ser constituída por: Ramiro Machado Valadão, Francisco Rodrigues Antunes, Francisco Barrigas de Carvalho, Armando Vaz Caldas e António dos Reis Antunes Vaz.

1942/43
CANG: JOÃO DE MATOS ANTUNES VARELA, Joaquim de Bastos, Manuel Tarujo de Almeida, Alberto de Miranda, Francisco Rodrigues Antunes, Elísio de Oliveira Rainha da Silva e António Joaquim Mendes de Almeida.
SF: Ramiro Machado Valadão, Francisco Rodrigues Antunes, Francisco Barrigas de Carvalho e Armando Vaz Caldas.

1943/44
CANG: MANUEL TARUJO DE ALMEIDA, José João Gonçalves de Proença, António Joaquim Mendes de Almeida, Carlos Ramos Pereira, Dario Martins de Almeida, Arménio António Cardo, Américo da Costa Ramalho e Júlio de Frade Mendes Belo.
SF: Francisco Rodrigues Antunes, Alberto Luís Gomes, António Eduardo da Silva Carvalho e Manuel Humberto Camões Costa. Em Janeiro de 1944 a SF sofre uma remodelação, passando a ser constituída por: Francisco Rodrigues Antunes, Francisco Barrigas de Carvalho, Armando Vaz Caldas e António dos Reis Antunes Vaz, Manuel Humberto Camões Costa, Mário Garcia de Figueiredo e António da Silva Carvalho.

1944/45
CANG: ARMÉNIO ANTÓNIO CARDO, Manuel José dos Reis Boto, Augusto Soares Coimbra, Augusto Amorim Afonso, Dario Martins de Almeida, Carlos Ramos Pereira, Jaime Azevedo Redondo e António Figueiredo Xavier de Sá. O Conselho de Veteranos (presidido por Francisco Barrigas de Carvalho) rejeita esta comissão, com o argumento de que Arménio Cardo já não é estudante. O reitor concorda. Em 13-12-1944, em Assembleia Magna, os estudantes elegem a direcção constituída por: Francisco de Almeida Salgado Zenha, Francisco Barrigas de Carvalho, Joaquim Rosado Carmelo Rosa, Armando Elmino Pinto de Abreu, Arquimedes da Silva Santos, Augusto Amorim Afonso, Aurélio Afonso dos Reis, Laurentino da Silva Araújo e Manuel Humberto Camões Costa (indicado pelos organismos desportivos). Esta direcção toma posse a 13-1-1945 e é demitida pelo Governo a 29-5-1945.
SF: Manuel José dos Reis Boto, Augusto Amorim Afonso, Renato Bento Martins Ferreira e Augusto Ferreira.

1945/49
CANG: MANUEL JOAQUIM MARTINS REBELO DA SILVA, Evaristo Marques, Nicolau José Ferreira Gonçalves, João Daniel Marques Mendes, Manuel Martins Vicente, Júlio José Fernandes Costa de Carvalho Reis Torgal e Augusto Soares Coimbra. A 26-2-1947, o universo dos estudantes volta a eleger uma direcção, assim constituída: Luís Guilherme Mendonça Albuquerque, Augusto Amorim Afonso, Aniceto António Martins, António de Figueiredo Carmona e Lima, António Homem Correia Teles de Albuquerque Pinho, Manuel Humberto Camões Costa (indicado pelas secções desportivas) e Vasco Teixeira de Queirós (indicado pelos organismos culturais). Luís Albuquerque não chega a ser empossado por já ser assistente na Faculdade de Ciências, sendo substituído, a 9-5-1947, por José Eugénio Perdigão de Campos Godinho.
O cargo de presidente será desempenhado por Augusto Amorim Afonso. A 2-4-1949 é eleita nova direcção: Fernando Pereira Rebelo, Mário Luís Mendes, José Lopes Ramos, José Correia Alves, Alberto Pinto Valejo, Artur da Costa Antunes e Jerónimo Ferreira Pereira Coutinho.

SF: Augusto Amorim Afonso, Manuel Humberto Camões Costa, Luís Fernandes de Figueiredo, António Matias Filipe e José Dias dos Santos. A 18-1-1946 é eleita nova direcção, constituída por: Manuel da Silva Pereira, António Homem Correia Teles de Albuquerque Pinho, Jerónimo Ferreira Pereira Coutinho, António Ferreira da Silva Andrade e Francisco José Brandão Rodrigues dos Santos. Em Maio, na sequência da abertura da SF a antigos estudantes, a direcção passa a ser composta por: Carlos de Melo Freitas, Manuel Deniz Jacinto, Ângelo Américo Mota (não estudantes), Jerónimo Ferreira Pereira Coutinho, Manuel Humberto Camões Costa e António Teles das Neves (estudantes). A 15-10-1946 dá-se a substituição de Manuel Humberto Camões Costa por Augusto Guimarães Amora. Em Março de 1947, a direcção volta a ser exclusivamente composta por estudantes com a saída dos três directores não estudantes e a entrada de José Martins Gaiolas (substituído por José Dias dos Santos Pais em 22-10-1947).

1949/50
DG: FERNANDO PEREIRA REBELO, Joaquim da Costa Micael, Jorge Alberto Biscaia da Silva Pinto, Vítor Raul da Costa Matos, José Emílio da Luz Ribeiro Vieira de Andrade, Alberto Pinto Valejo e Joaquim António dos Santos Simões.
SF: Joaquim José Monteiro Grilo Ferraz, José Lopes Ramos, José Gomes Palmeiro da Costa, Manuel Humberto Camões Costa e Nicolau Vicente Messias Júnior.

1950/51
DG: JOAQUIM ANTÓNIO DOS SANTOS SIMÕES, José Emílio da Luz Ribeiro Vieira de Andrade, José Augusto Ferreira Salgado, João Carlos Monteiro Raposo Beirão, João Simões Pereira Ribeiro, Alberto de Oliveira Vilaça e Alberto Queirós da Silva.
SF: Assis Francisco Rei, Carlos Figueiredo Xavier de Sá, Fernando Luís Mendes Silva, Joaquim da Costa Reis e Adérito Marcelino.

1951/52
DG: CARLOS AUGUSTO CORREIA PAIS DE ASSUNÇÃO, Mário da Silva Moura, Túlio César Leite Ferreira Gonçalves, António João Anaquim da Silva Copeiro, José Bernardo de Azeredo Keating, Joaquim Vilaça Delgado e Afonso de Sousa Freire de Moura Guedes.
SF: Abílio da Silva Rodrigues, João dos Santos Raposo, Francisco Rodrigues Mendes Godinho, Fernando das Neves Monteiro de Oliveira Leite e António Duarte de Almeida Franco.

1952/53
DG: AFONSO DE SOUSA FREIRE DE MOURA GUEDES, Joaquim Vilaça Delgado, Manuel Jorge Correia de Matos, Ricardo de Almeida Ferreira, Júlio Serra e Silva, João Carlos Monteiro Raposo Beirão e Nuno Manuel Perestrelo Marinho Pereira de Araújo Pimenta.
SF: Manuel Joaquim de Melo Pires Tavares dos Santos, Sebastião do Carmo Patrocínio, Augusto Sequeira Carvalho Severino da Silva, Abílio da Silva Rodrigues e José Pereira da Silva.

1953/54
DG: FERNANDO LUÍS MENDES SILVA, Júlio Serra e Silva, Carlos do Nascimento Gonçalves Rodrigues, Viriato Rodrigues Namora, Rui Henriques Galiano Barata Pinto, Maria Luísa Lobo Lopes Amorim e Manuel Diaz Gonçalves. A 10-3-1954 é empossado Armando Óscar da Silva Amorim.
SF: Abílio da Silva Rodrigues, Sebastião do Carmo Patrocínio, Joaquim Teixeira dos Santos, António Frias Bernardo, José António Guedes Vaz de Mendonça Monteiro, Jorge Luís Pereira de Melo Teles de Vasconcelos Rook de Lima e António Marinho de Andrade Moreira Pires de Lima.

1954/55
DG: AFONSO DE SOUSA FREIRE DE MOURA GUEDES, Joaquim Vilaça Delgado, Viriato Rodrigues Namora, Políbio Serra e Silva, Joaquim Teixei-

ra dos Santos, Albano Dias Fernandes Tomé e António Alves Fontes Pereira de Melo Saavedra.
SF: Francisco Barrigas de Carvalho, Jorge Luís Pereira de Melo Teles de Vasconcelos Rook de Lima, Fernando Augusto de Sousa e Castro Fernandes Mendes Pardal, José Paulo do Nascimento Cardoso, Carlos Augusto Júlio, João Cortez Vaz e Manuel Widaurre Gomes de Carvalho.

1955/56
DG: ANTÓNIO MANUEL FERREIRA DE MASCARENHAS GAIVÃO, Afonso de Castro de Sá Pereira e Vasconcelos, Joaquim Fernandes Vieira, Maria de Lourdes Esteves Dias, Políbio Serra e Silva, Vassanta Porobo Tambá e Viriato Rodrigues Namora.
SF: Jorge Luís Pereira de Melo Teles de Vasconcelos Rook de Lima, José Paulo do Nascimento Cardoso, Carlos Augusto Júlio, João Cortez Vaz (substituído por Jorge dos Santos Veiga em Janeiro de 1956), António Frias Bernardo, José Alves Batalim Júnior e João André Moreno.

1956/57
DG: MANUEL PINHO ROCHA, Vítor Augusto Braga Homem de Almeida, João de Oliveira, Bernardo José Ferreira Reis, Maria Alice Lourenço de Faria, Jorge Américo Rodrigues de Paiva e Mário Rodrigues de Pinho Leónidas (substituído por Pascoal José Montezuma Dinis de Carvalho).
SF: António Gomes de Almeida Gonçalves, Domingos Coutinho Peixoto Neto, José David Gomes, José Eduardo Lopes Nunes, José Manuel Gonçalves Nogueira, José Manuel Leal Salvador da Costa e Luís Filipe de Araújo Fernandes.

1957/58
DG: RUI EDMUNDO DE ARAÚJO VASCONCELOS PEREIRA E ALVIM, Gilberto do Vale Machado, António Gualberto de Lança Falcão Paredes, Manuel Adamastor Bastos Monteiro, Jorge Américo Rodrigues de Paiva, Maria Teresa Bruno da Costa e Cláudio Juvenal Faustino Antunes da Cunha.
SF: António Gomes de Almeida Gonçalves, António Nunes Franco do Nascimento e Sousa, Francisco José Ribas Alves dos Santos, João Vasco Pina de Morais, José Manuel Leal Salvador da Costa, José Álvaro da Silva Moura e Manuel Joaquim do Ó Gomes Pepe.

1958/59
DG: MANUEL HENRIQUE MESQUITA, António Vasco Machado Maciel Barreto Alves de Faria, José Alberto Pinto Mendes, José Luís Mateiro Dias Pinto, José Luís Nogueira de Brito, José Maia Costa e Maria Manuela Gagean Formigal.
SF: Nuno Manuel Perestrelo Marinho Pereira de Araújo Pimenta, António Luís de Castro Trincão, Diogo Manuel Vaz de Oliveira, João Henrique Fernandes Loja, José Aurélio Dias, José da Rocha Eiró e Manuel Ribeiro da Cruz Amorim.

1959/60
DG: JOSÉ MANUEL MOREIRA CARDOSO DA COSTA, António João Martins Serras Pereira, Augusto Ferreira Santos Costa, Edgardo de Sá Malheiro, Horácio Alves Marçal, José Vasco Corte Real Vieira de Meireles e Maria Manuela Gagean Formigal.
SF: José Aurélio Dias, José da Rocha Eiró, João Henrique Fernandes Loja, Manuel José Brito da Mana, Humberto Jorge da Rocha Oliveira, José Luís Mateiro Dias Pinto e João Rodrigues Martins.

1960/61
DG: CARLOS MANUEL NATIVIDADE DA COSTA CANDAL, Manuel Videira, Fernando Cortez Baptista Ferreira, Jorge Manuel Nunes Amado de Aguiar, José Augusto da Silva, Maria Fernanda Sarmento Afonso Dias e António Manuel Caldeira Marques (substituído por Renato José Borges de Sousa a 22-2-1961).
SF: José Aurélio Dias, Abílio António Vieira, Américo da Silva Ramalho, Humberto Jorge da Rocha Oliveira, Jorge Manuel Guimarães dos Santos Bessa, José Luís Mateiro Dias Pinto e José Manuel Eusébio da Rocha.

1961/62
DG: José Pinheiro Lopes de Almeida (não chega a tomar posse porque é mobilizado para o serviço militar), JORGE MANUEL NUNES AMADO DE AGUIAR (ocupa o lugar de presidente mas é mobilizado para o serviço militar pouco depois), FRANCISCO LEAL PAIVA (ocupa o lugar de presidente), Eduardo Jorge Frias Soeiro, António Monteiro de Almeida Taborda, Feliciano Marques Martins da Cruz David, Manuel Francisco Fernandes de Mansilha e Maria Margarida Cabral Lucas de Almeida. Em Assembleia Magna, realizada em Fevereiro de 1962, são eleitos David Madureira Rebelo, José de Matos Summavielle Soares e José Augusto Marques Ferreira Rocha. Esta direcção é demitida pelo Governo a 3-5-1962, sendo nomeada uma Comissão Administrativa constituída por: José Pedro Belo Soares, Maria Isabel Salomé e Abílio António Vieira. Estes elementos não aceitam. Durante mais de um ano, a AAC não tem Direcção-Geral.
SF: Abílio António Vieira, António José Cohen, António Lopes Craveiro, António Manuel Lima Modesto, Armando Anselmo Rocheteau Gomes, Carlos Augusto Júlio e João Manuel Amaral Castilho Borges. Esta direcção é demitida pelo Governo a 18-5-1962, sendo nomeada uma Comissão Administrativa constituída por: Pedro Rocha Santos, Manuel Maria Delgado e Silva, Hortênsio Pais de Almeida Lopes, Eduardo Alberto Corte Real Sousa Leitão e Francisco de Castro e Sousa (substituído por Carlos de Melo Freitas, em Agosto).

1962/64
DG: JOAQUIM ANTERO ROMERO DE MAGALHÃES, Manuel Francisco Rodrigues Balonas, Luís Gonzaga Nunes da Silva Bagulho, Maria Madalena de Sousa Teles Marques, João Adelino Correia de Sequeira Osório e João Gualberto Coentro de Saraiva Padrão. Esta DG resulta de sufrágio preparado por uma comissão eleitoral nomeada pelo reitor e constituída por: João Henrique Fernandes Loja, Francisco Manuel Lucas Ferreira de Almeida e Maria Eduarda Correia de Sequeira Osório. A DG toma posse a 15-1-64, numa altura em que a SF já goza de autonomia financeira.
SF: João Henrique Fernandes Loja, Carlos Augusto Júlio, Manuel Correia de Oliveira (substituído por Ademar Martins Raimundo) e Nicolau Alberto de Andrade Drumond Borges (substituído por António Paulo Rolo). Comissão administrativa provisória nomeada pelo Governo a 6-11-1962, ocorrendo as substituições cerca de um mês depois. Mantém-se em exercício até Dezembro de 1963.

MEMBROS DA SECÇÃO DE FUTEBOL (COM AUTONOMIA FINANCEIRA)

ELEIÇÕES: 14-12-1963
HORTÊNSIO PAIS DE ALMEIDA LOPES, Aristides José Henriques de Oliveira, Gastão Jorge de Oliveira Martins, João Luís de Castro e Sousa, Rui Eduardo de Almeida Corte-Real, Augusto Pais Martins, João Manuel Nogueira Mendes Simões e Óscar José Ferreira Amorim.

ELEIÇÕES: 12-12-1964
GERARDO UBACH FERRÃO, José Manuel Dias Moreira Cortesão, Alberto da Conceição Ferreira Espinhal, António Pina Cabral, Cipriano Campos, Joaquim Lopes Craveiro Júnior, Manuel Bento Pacheco Mendes e Manuel Fontes Baganha.

ELEIÇÕES: 11-12-1965
ANTÓNIO JOSÉ CHORÃO DE AGUIAR, José de Freitas Tavares, António de Almeida e Costa, Manuel Bento Pacheco Mendes, Luís da Cunha Teixeira e Melo, António Conde Belo, João Simões de Sousa e Carlos Manuel Jales Ferreira Pimentel.

ELEIÇÕES: 14-12-1966
ANTÓNIO DE ALMEIDA E COSTA, Fernando Henrique de Lemos, Amadeu Teles Marques, Ma-

nuel Bento Pacheco Mendes, João Simões de Sousa, José Joaquim Espiga Tomás Gomes, Jorge Manuel de Castro Gomes Ferreira Formigal e Alfredo José Leal Castanheira Neves.

ELEIÇÕES: 13-12-1967
ANTÓNIO DE ALMEIDA E COSTA, Francisco José Franqueira de Castro e Sousa, José Alberto Reis da Fonseca, Fernando Henrique de Lemos, Jorge Manuel Serrano Anjinho, Jorge Manuel de Castro Gomes Ferreira Formigal, António Manuel Diogo de Paiva, Carlos Frederico de Gusmão Campos Geraldes e Afonso José Queiró Serrano da Cunha.

ELEIÇÕES: 14-12-1968
ADOLFO CÉSAR MESQUITA, Manuel Folhadela de Oliveira, João André Moreno, Francisco José Franqueira de Castro e Sousa, António Manuel Diogo de Paiva, Fernando José Gomes Duarte de Almeida Faúlha, Alfredo José Fânzeres da Mota e Orlando Salvador da Silva Cardoso Maçarico. Suplentes: Aristides José Henriques de Oliveira, José Alberto Reis da Fonseca, Fernando Henrique de Lemos, Carlos Frederico de Gusmão Campos Geraldes, João Manuel Franqueira de Castro e Sousa, José Machado da Costa Leite, Jorge Leite Faria Costa e António José Bordalo Matias.

ELEIÇÕES: 15-12-1969
ADOLFO CÉSAR MESQUITA, Manuel Folhadela de Oliveira, João André Moreno, António Manuel Diogo de Paiva, Fernando José Gomes Duarte de Almeida Faúlha, Alfredo José Fânzeres da Mota, Alfredo José Leal Castanheira Neves e Orlando Salvador da Silva Cardoso Maçarico. Suplentes: Amadeu José de Sousa Teles Marques, António Teles das Neves, Manuel Vieira Alves Cerqueira, António Vitorino Planas Leitão, João Vasco da Fonseca Jorge Ribeiro, Joaquim Carneiro de Araújo, Jorge de Almeida Figueira Dinis e Jorge Manuel de Castro Gomes Ferreira Formigal.

ELEIÇÕES: 10-12-1970
ARISTIDES MOTA, António Luís Peixoto Antunes, Mário Alberto dos Reis Faria, António Camões Sobral, Armando Manuel Brandão Rodrigues de Carvalho, Carlos Eduardo da Silva Pereira Coelho, Francisco Luís Nunes da Silva e José António Henriques Pereira. Suplentes: José Gabriel Coelho Gil, Jaime Manuel dos Reis Abreu, Eugénio Eduardo de Oliveira Monteiro, Fernando José Gomes Duarte de Almeida Faúlha, Emanuel João Carmo França, João Manuel de Paiva Pimentel, Carlos Manuel Henriques Pereira e Luís Maurílio da Silva Dantas.

ELEIÇÕES: 18-12-1971
JOÃO ANDRÉ MORENO, Nicolau Alberto de Andrade Drumond Borges, José Miguel Jardim Olival Mendonça, António Vitorino Planas Leitão, Carlos Eduardo da Silva Pereira Coelho, Carlos Artur Hilário de Almeida, José António Henriques Pereira e Vasco Manuel Vieira Pereira Gervásio. Suplentes: Eugénio Eduardo de Oliveira Monteiro, Jorge Humberto Gomes Nobre de Morais, Fernando Gomes da Silva Mouga, António Pereira Marques, Carlos Manuel Henriques Pereira, Humberto Manuel Fernandes Teles Gonçalves, Ilídio José Albuquerque Beirão e Joaquim Carneiro de Araújo.

ELEIÇÕES: 7-7-1973
JOÃO CORTEZ VAZ, António Monteiro Vieira de Lima, Aurélio Dias Pereira Lopes, Manuel Correia de Oliveira, Aurélio Afonso dos Reis, João Jacinto Pacheco Ferreira de Melo, Manuel dos Santos Acúrsio, António Manuel Morais Lopes, Raul António Jorge Caçador, Humberto Manuel Fernandes Teles Gonçalves, Manuel António Leitão da Silva e João Alberto Pita Teixeira Botelho. Suplentes: José Júlio Martins Couceiro, Jorge Manuel Serrano Anjinho, Eugénio Eduardo de Oliveira Monteiro, Celso Moreira dos Santos Chieira, Carlos Eduardo da Silva Pereira Coelho, Vasco Manuel Vieira Pereira Gervásio, Eugénio José Antunes da Cunha, Joaquim Miguel Oliveira Monteiro, José Agostinho Valentim

Barros de Mesquita, José António Trindade Constante, Eduardo Arlindo Correia de Almeida e Alfeu Casimiro Rodrigues.

25-5-1974
CD: Manuel dos Santos Acúrsio, Raul António Jorge Caçador, António Folgado, José Manuel dos Santos, José Emílio Vieira de Campos Coroa, José António Pinto Belo, José Henrique Dias Pereira, Fausto de Sousa Correia, Jorge Miguéis, Joaquim Miguel Oliveira Monteiro, Pedro Manuel Pinto Mendes de Abreu, António Jorge Moreira Portugal, António Tavares de Melo e Humberto Manuel Fernandes Teles Gonçalves.

MEMBROS DOS ÓRGÃOS SOCIAIS DO CLUBE ACADÉMICO DE COIMBRA E DA ASSOCIAÇÃO ACADÉMICA DE COIMBRA/OAF

ELEIÇÕES: 29-7-1974 / POSSE: 31-7-1974
DIR: JOSÉ JÚLIO MARTINS COUCEIRO, Manuel dos Santos Acúrsio, Carlos José de Paiva Filipe, António Gonçalves, João José Cabral de Albuquerque Simões Rocha, Mário António Dionísio Morato Costa, José António Pinto Belo, Jorge Manuel de Castro Gomes Ferreira Formigal, Ernesto Marques Soares, José Henrique Dias Pereira, Manuel Bento Pacheco Mendes, António Carvalho Mendes, Mário Medeiros dos Santos e Fernando Manuel Areias Avidago. Suplentes: Eugénio José Antunes da Cunha, Domingos Lourenço Grilo e Augusto Manuel Frias Barbosa Roxo.
AG: Armando Pinto Bastos, Raul António Jorge Caçador e Carlos José Fernandes dos Santos.
CF: Aurélio Dias Pereira Lopes, Joaquim Carvalho Seguro e Joaquim Miguel Oliveira Monteiro.
AD: António Teles das Neves, Carlos Alberto Carvalho Coelho, Eugénio Soares Santiago, Francisco José Fortunato Soares, João André Moreno, João Cortez Vaz, João Joaquim Matias da Cunha, João Manuel Martins da Fonseca Viegas, André Augusto Pinho de Campos Neves, Francisco Xavier Fidalgo Belo, Humberto Manuel Fernandes Teles Gonçalves, João Manuel Paiva Pimentel, José Henrique Dias Pereira, José Manuel Ferreira da Silva, Luís Adriano Osório Pinto dos Santos, Luís Fernando Barateiro Afonso, Álvaro da Silveira Pinto Castilho de Miranda Lemos, António da Conceição Carvalho Nunes, António Lopes Santana e Silva, Fausto José Pimentel de Vasconcelos Correia, Humberto Teles Gonçalves, João de Jesus Resende Fernandes, José Manuel Gaspar Domingues e Manuel Correia Pereira.

ELEIÇÕES: 11-7-1975 / POSSE: 29-7-1975
DIR: AURÉLIO DIAS PEREIRA LOPES, Manuel Correia de Oliveira, José Álvaro da Silva Moura, João Luís Maló de Abreu, António Lopes Saldanha Palhoto, José Augusto da Silva Oliveira, Manuel dos Santos Acúrsio, José Manuel Dias Moreira Cortesão, Eugénio José Antunes da Cunha, Manuel José Henriques e Hernâni Rosário Soares. A 22-10-1975 toma posse Gabriel Veríssimo Figueira. A 22-4--1976 é empossado Carlos Augusto Júlio.
AG: António Diamantino Marques Lopes, Raul António Jorge Caçador e Alípio de Almeida Martins.
CF: Joaquim Carvalho Seguro, Joaquim Miguel Oliveira Monteiro e Américo Costa. Suplentes: Vítor Manuel de Oliveira Fernandes e Luís Olivar Castanheira de Oliveira.
AD: António Teles das Neves, Carlos Alberto Carvalho Coelho, Eugénio Soares Santiago, Francisco José Fortunato Soares, João André Moreno, João Cortez Vaz, João Joaquim Matias da Cunha, João Manuel Martins da Fonseca Viegas, André Augusto Pinho de Campos Neves, Francisco Xavier Fidalgo Belo, Humberto Manuel Fernandes Teles Gonçalves, João Manuel Paiva Pimentel, José Henrique Dias Pereira, José Manuel Ferreira da Silva, Luís Adriano Osório Pinto dos Santos, Luís Fernando Barateiro Afonso, Álvaro da Silveira Pinto Castilho de Miranda Lemos, António da Conceição Carvalho Nunes, António Lopes Santana e Silva, Fausto José Pimentel de Vasconcelos Correia, Humberto

Teles Gonçalves, João de Jesus Resende Fernandes, José Manuel Gaspar Domingues e Manuel Correia Pereira.

ELEIÇÕES: 26-3-1976 / POSSE: 12-5-1976
AD: António Teles das Neves, Carlos Alberto Carvalho Coelho, Eugénio Soares Santiago, Francisco José Fortunato Soares, João Cortez Vaz, João Joaquim Matias da Cunha, João Manuel Martins da Fonseca Viegas, Eurico Simões Mateus, Francisco Xavier Fidalgo Belo, Humberto Manuel Fernandes Teles Gonçalves, João Manuel Paiva Pimentel, Luís Adriano Osório Pinto dos Santos, José Alberto Costa, Maria Manuela Monteiro Mendes Silva, Carlos Manuel dos Santos Andrade, Quen Gui, Álvaro da Silveira Pinto Castilho de Miranda Lemos, António da Conceição Carvalho Nunes, José Manuel Gaspar Domingues, Pedro Manuel Batista Costa Pereira, José César da Costa Braga, Fernando Manuel Pais Mexia Leitão e Alcides Domingues Correia.

14-10-1976
CD: ÁLVARO DA SILVEIRA PINTO CASTILHO DE MIRANDA LEMOS, Carlos Augusto Júlio, Manuel Correia de Oliveira, Amândio Crisóstomo dos Santos, Mário Rodrigues Coelho, José da Paz Olímpio, Manuel dos Santos Coelho, José Manuel Dias Moreira Cortesão, João Braga de Faria, Claudino Manuel Carneiro Pinto Romeiro e António Manuel Saldanha Palhoto.

ELEIÇÕES: 15-4-1977 / POSSE: 3-5-1977
DIR: JOÃO CORTEZ VAZ, Eugénio Soares Santiago, Luís Manuel Durão Dinis dos Santos, Fernando Martins Barata, Fernando Manuel Areias Avidago, João José Cabral de Albuquerque Simões Rocha (demite-se em Outubro de 1977), António da Conceição Carvalho Nunes, Domingos Lourenço Grilo, Aires Eduardo Oliveira Rebelo e Augusto Manuel de Sousa Almeida. A 23-11-1977 toma posse Leonel Ivo Lourenço de Passos.
AG: João Joaquim Matias da Cunha, Américo Costa e Humberto Manuel Fernandes Teles Gonçalves.

CF: João António Fernandes Viegas e Costa, João Alberto Pita Teixeira Botelho e Carlos Manuel Gallo de Freitas Morna.

28-6-1977
AD (RECOMPOSIÇÃO): António Diamantino Marques Lopes, José Paulo do Nascimento Cardoso, Fernando Novais Freitas, Paulo de Sousa Costa, João Manuel Antunes Marrafa, José Batista Fernandes Querido, Joaquim Manuel Correia Moniz, António Joaquim Correia Carapinha e Jaime Carlos Agostinho Planas Dória Cabral Madeira.

POSSE: 28-1-1978
CD: JOÃO ANDRÉ MORENO, José Paulo do Nascimento Cardoso, João Cortez Vaz, Eurico Simões Mateus, José da Paz Olímpio, Luís Manuel Durão Dinis dos Santos, Fernando Martins Barata, José Batista Fernandes Querido, Pedro Manuel Batista Costa Pereira, António Joaquim Correia Carapinha, Manuel Correia de Oliveira, Fernando Manuel Areias Avidago, António da Conceição Carvalho Nunes, Aires Eduardo Oliveira Rebelo, Mário Torres, Álvaro da Silveira Pinto Castilho de Miranda Lemos, Eugénio Soares Santiago, Augusto Manuel Sousa Almeida, Jorge Manuel Serrano Anjinho, Alfredo José Leal Castanheira Neves e Vítor José Domingos Campos. A 13-5-1978 tomam posse António Rodrigues Matias Oliveira Júnior, Manuel Alberto Martins e Cândido Pacheco de Araújo.

ELEIÇÕES: 15-12-1978 / POSSE: 22-12-1978
DIR: JOÃO ANDRÉ MORENO, José Paulo do Nascimento Cardoso, António Batista Martins. Pedro Manuel Batista Costa Pereira, Álvaro da Silveira Pinto Castilho de Miranda Lemos, Carlos José de Paiva Filipe, José dos Ramos, José da Paz Olímpio, Manuel Correia de Oliveira, Fernando Manuel Areias Avidago, Álvaro Perdigão da Costa, Manuel Alberto Martins, Domingos Lourenço Grilo, Cândido Pacheco de Araújo, Carlos Augusto Júlio, Ezequiel Correia Umbelino, David Manuel Guerreiro

Cepa, António Rodrigues Matias Oliveira Júnior, Fausto José Pimentel de Vasconcelos Correia e António Manuel Costa Gomes Simões. Suplentes: Eurico Simões Mateus, João Braga de Faria, Mário Torres, Joaquim da Luz Rainho, José Albano Vide, Gilberto Pedrosa Nunes, Luís Manuel Santos Damas, Júlio Gil Agostinho, Ramiro Aurélio da Silva Soveral da Rocha e António de Deus Costa de Matos Bentes de Oliveira.

AG: João Joaquim Matias da Cunha, Américo Costa e Humberto Manuel Fernandes Teles Gonçalves.

CF: Fernando Manuel Pais Mexia Leitão, José Maria Jorge Cardoso e Jorge Manuel Serrano Anjinho. Suplentes: Vítor Manuel de Oliveira Fernandes e Luís Olivar Castanheira de Oliveira.

AD: Joaquim Teixeira dos Santos, André da Silva Campos Neves, Fernando Henrique Correia Mendes Ramos, Alcino César Ferreira Rosa Torneiro, Humberto Teles Gonçalves, João Manuel Martins da Fonseca Viegas, Joaquim José Santos Simões dos Reis, António Lopes Saldanha Palhoto, Carlos Alberto Carvalho Coelho, António Alberto Montanha Pinto, Joaquim Manuel Correia Moniz, Gabriel Veríssimo Figueira, Rui de Mendonça Salgado Lameiras, Agostinho da Silva Amado e João José Sacadura Silva Pinto. Suplentes: Joaquim Santana, Fernando Manuel Santos Costa, Elísio Pereira Patrão, Carlos Alberto Faria Simões, Casimiro Augusto Campos Teles, Aires Eduardo Oliveira Rebelo, Vítor Manuel Santos Fernandes, Jaime de Assunção Cunha Almeida e Carlos Domingos dos Santos.

14-12-1979

AD (RECOMPOSIÇÃO): Joaquim Teixeira dos Santos, André da Silva Campos Neves, Fernando Henrique Correia Mendes Ramos, Francisco José Fortunato Soares, Humberto Teles Gonçalves, João Manuel Martins da Fonseca Viegas, Manuel dos Santos Acúrsio, Vasco Manuel Vieira Pereira Gervásio, António Lopes Saldanha Palhoto, Carlos Alberto Carvalho Coelho, Rui de Mendonça Salgado Lameiras, José Emílio Vieira de Campos Coroa, Fernando Martins Barata, Joaquim Manuel Correia Moniz e Agostinho da Silva Amado. Suplentes: Joaquim Santana, Fernando Manuel Santos Costa, Elísio Pereira Patrão, Aires Eduardo Oliveira Rebelo, Casimiro Augusto Campos Teles, Carlos Alberto Faria Simões, Jaime de Assunção Cunha Almeida, Carlos Domingos dos Santos e João José Sacadura Silva Pinto.

ELEIÇÕES: 6-12-1980 / POSSE: 5-1-1981

DIR: EZEQUIEL CORREIA UMBELINO, José Paulo do Nascimento Cardoso, António Batista Martins, Vítor Alves Morais dos Santos, Manuel Estácio Marques Flórido, Rolando da Costa e Sousa, Joaquim Pereira Inácio, José da Paz Olímpio, Fernando Manuel Areias Avidago, Manuel Correia de Oliveira, Fernando Donato Peres Rodrigues, Carlos José de Paiva Filipe, António Manuel Morais Lopes, Álvaro Perdigão da Costa, Carlos Alberto da Cruz Santos, Domingos Lourenço Grilo, Henrique Alfredo Rodrigues Tavares, Luís António Brás Campos, José António Seco Correia, Gilberto Pedrosa Nunes e Carlos Alberto Faria Simões. Suplentes: António Manuel Costa Gomes Simões, João Braga de Faria, Mário Torres, José Albano Vide, Luís Manuel Santos Damas, Júlio Gil Agostinho, Ramiro Aurélio da Silva Soveral da Rocha, António de Deus Costa de Matos Bentes de Oliveira, Joaquim da Luz Rainho e Diamantino Correia Umbelino.

AG: João André Moreno, Américo Costa e Vasco Manuel Vieira Pereira Gervásio.

CF: David Manuel Guerreiro Cepa, Alcino César Ferreira Rosa Torneiro e Augusto Manuel Sousa Almeida. Suplentes: Vítor Manuel de Oliveira Fernandes e José Francisco Esteves Batista.

ELEIÇÕES: 4-2-1983 / POSSE: 11-2-1983

DIR: JORGE MANUEL SERRANO ANJINHO, Eurico Armando de Oliveira Couto, Alfredo José Leal Castanheira Neves, Augusto Freitas Coroado, Fernando Tomás Santos Ferreira, António Augusto Cerveira Cardoso, Orlando Salvador da Silva Car-

doso Maçarico, Augusto Domingues Alves, David Manuel Guerreiro Cepa, João Luís Maló de Abreu e Arnaldo Casimiro Cabral de Miranda Barbosa.
AG: António de Almeida Santos, Manuel Joaquim Dias Loureiro e Américo Costa.
CF: Carlos Alberto da Mota Pinto (morre a 7-5-1985), Rolando da Costa e Sousa e Virgílio Carvalho Oliveira. Suplentes: Fernando Manuel Pais Mexia Leitão e Ricardo José Pinho Mieiro.
AD: José Paulo do Nascimento Cardoso, André da Silva Campos Neves, Adolfo César Mesquita, Carlos José de Paiva Filipe, José Manuel Agostinho Campos Pinheiro, José Batista Fernandes Querido, Humberto Teles Gonçalves, José Pereira da Silva, Hugo Afonso dos Santos Lopes, Gerardo Ubach Ferrão, José Manuel Dias Moreira Cortesão, António de Almeida e Costa, Vitorino de Azevedo Canelas Peres Galvão, Fernando Martins Barata e António Pereira Marques.

ELEIÇÕES: 24-1-1987 / POSSE: 21-2-1987
DIR: JORGE MANUEL SERRANO ANJINHO, Alfredo José Leal Castanheira Neves, Armando Pinto Bastos, Vítor José Domingos Campos, Augusto Freitas Coroado, David Manuel Guerreiro Cepa, Arnaldo Casimiro Cabral de Miranda Barbosa, Ricardo Jorge de Sousa Roque, Augusto Domingues Alves, António Augusto Cerveira Cardoso e Fernando Manuel Areias Avidago.
AG: António de Almeida Santos, Manuel Joaquim Dias Loureiro e Alexandre Augusto Aguiar Gouveia.
CF: Raimundo Abel Palhares Traça, Rolando da Costa e Sousa e Virgílio Carvalho Oliveira. Suplentes: Fernando Manuel Pais Mexia Leitão e Ricardo José Pinho Mieiro.
AD: José Pereira da Silva, André da Silva Campos Neves, António Manuel Diogo de Paiva, Hugo Afonso dos Santos Lopes, Fernando Luís Mendes Silva, Adolfo César Mesquita. Alfredo José Fânzeres da Mota, José Manuel Dias Moreira Cortesão, Humberto Teles Gonçalves, José Batista Fernandes Querido, Pedro Manuel Batista da Costa Pereira, Fernando Martins Barata, José Manuel Agostinho Campos Pinheiro, José Paulo do Nascimento Cardoso e Ernesto Gomes Vieira.

ELEIÇÕES: 29-12-1989 / POSSE: 12-1-1990
DIR: FERNANDO LUÍS MENDES SILVA, Vítor José Domingos Campos, José Emílio Vieira de Campos Coroa, José Paulo do Nascimento Cardoso, António Luís de Almeida dos Santos Ferrão, João Fernando Rebelo de Almeida, Manuel Couceiro Nogueira Serens, Vasco Manuel Vieira Pereira Gervásio, Mário Alberto Domingos Campos, José Maria Jorge Cardoso e Fernando Martins Barata (substituído por Arménio Ramos de Carvalho a 28-5-1990).
AG: Manuel Joaquim Dias Loureiro, Fausto de Sousa Correia e Manuel Tomás Cortez Rodrigues Queiró.
CF: Raimundo Abel Palhares Traça, Vitorino de Andrade Martins e António Diamantino Marques Lopes. Suplentes: Pedro Manuel Pinto Mendes de Abreu e Elísio Pereira Patrão.
AD: José Pereira da Silva, André da Silva Campos Neves, António Manuel Diogo de Paiva, Manuel Correia de Oliveira, Hugo Afonso dos Santos Lopes, António Jorge Moreira Portugal, Alfredo José Fânzeres da Mota, José Manuel Dias Moreira Cortesão, Humberto Teles Gonçalves, José Batista Fernandes Querido, Joaquim José Santos Simões dos Reis, Aurélio de Campos, Pedro Manuel Batista Costa Pereira, José Manuel Agostinho Campos Pinheiro e Ernesto Gomes Vieira.

ELEIÇÕES: 20-12-1991 / POSSE: 31-1-1992
DIR: FERNANDO LUÍS MENDES SILVA (morre a 31-5-1992), José Paulo do Nascimento Cardoso, Arménio Ramos de Carvalho, David Manuel Guerreiro Cepa, Fernando Donato Peres Rodrigues, Filipe Abreu Silva, Francisco Armando dos Reis Fidalgo, José Manuel Ferreira da Silva, Pedro Manuel Pinto Mendes de Abreu, Vasco Manuel Vieira Pereira Gervásio e Vítor Manuel Bento Batista. JOSÉ PAULO DO NASCIMENTO CARDOSO assume o cargo de

presidente a 1-6-1992. Manuel Correia de Oliveira é empossado a 25-2-1993.

AG: Manuel Joaquim Dias Loureiro, Fausto de Sousa Correia e Manuel Tomás Cortez Rodrigues Queiró.

CF: Adriano José Eliseu Fernandes, Vitorino de Andrade Martins e António Diamantino Marques Lopes. Suplentes: Elísio Pereira Patrão e Fernando Martins Barata.

AD: José Pereira da Silva, André da Silva Campos Neves, Manuel Correia de Oliveira, António Jorge Moreira Portugal, Alfredo José Fânzeres da Mota, Mário Alberto Domingos Campos, José Batista Fernandes Querido, Vítor José Domingos Campos, Aurélio de Campos, Pedro Manuel Batista Costa Pereira, José Manuel Agostinho Campos Pinheiro, Rolando da Costa e Sousa, António de Almeida Santos, Manuel Couceiro Nogueira Serens e Manuel João Andrade Castilho. A 25-2-1993 são empossados Francisco José Fortunato Soares e Carlos Alberto Moura Portugal e Brito.

ELEIÇÕES: 17-12-1993 / POSSE: 7-1-1994
DIR: JOSÉ PAULO DO NASCIMENTO CARDOSO, David Manuel Guerreiro Cepa, Domingos Lourenço Grilo, Fernando Brito, Fernando Donato Peres Rodrigues, Fernando Martins Barata, Francisco Armando dos Reis Fidalgo, José Manuel Ferreira da Silva, José Maria Jorge Cardoso, José da Paz Olímpio e Virgílio Germano dos Santos.

AG: Manuel Joaquim Dias Loureiro, Fausto de Sousa Correia e Manuel Tomás Cortez Rodrigues Queiró.

CF: Álvaro dos Santos Amaro, Vitorino de Andrade Martins e José Batista Fernandes Querido. Suplentes: António Diamantino Marques Lopes e Manuel José Gaspar de Oliveira Martins.

AD: Francisco José Fortunato Soares, André da Silva Campos Neves, António Jorge Moreira Portugal, Alfredo José Fânzeres da Mota, Mário Alberto Domingos Campos, Vítor José Domingos Campos, Carlos Alberto Moura Portugal e Brito, José Mendes de Barros, Aurélio de Campos, Pedro Manuel Batista Costa Pereira, José Manuel Agostinho Campos Pinheiro, António de Almeida Santos, José Custódio de Freitas Fernandes Fafe, Manuel Couceiro Nogueira Serens e Manuel João Andrade Castilho.

ELEIÇÕES: 23-6-1995 / POSSE: 7-7-1995
DIR: FAUSTO DE SOUSA CORREIA (demite-se a 21-10-1995), José Emílio Vieira de Campos Coroa, Fernando Martins Barata (demite-se em Julho de 1995), Fernando Pedro Carvalho de Almeida Batista (demite-se em Julho de 1996), José Maria Jorge Cardoso, António Augusto Cerveira Cardoso, Fernando Pompeu Lima e Veiga Santos Costa, Rui Manuel Pereira Pinheiro, Fernando Brito (demite-se em Agosto de 1996), José da Paz Olímpio e Alberto Rodrigues Ferreira. A 21-10-1995 JOSÉ EMÍLIO VIEIRA DE CAMPOS COROA assume o cargo de presidente e Pedro Manuel Batista Costa Pereira e Carlos Manuel Brandão Rodrigues Carvalho (demite-se em Junho de 1996) são empossados em substituição de Fausto Correia e Fernando Barata.

AG: Manuel Joaquim Dias Loureiro, Manuel Tomás Cortez Rodrigues Queiró e Vítor Manuel Bento Batista.

CF: Álvaro dos Santos Amaro, Vitorino de Andrade Martins e José Batista Fernandes Querido. Suplentes: António Diamantino Marques Lopes e Luís Malheiro Vilar.

AD: José Paulo do Nascimento Cardoso, Francisco José Fortunato Soares, André da Silva Campos Neves, Mário Alberto Domingos Campos, Vítor José Domingos Campos, Carlos Alberto Moura Portugal e Brito, José Mendes de Barros, Aurélio de Campos, Pedro Manuel Batista Costa Pereira, José Manuel Agostinho Campos Pinheiro, António Alberto Maló de Abreu, José Bernardo Veloso Falcão e Cunha, José Custódio de Freitas Fernandes Fafe, Luís Filipe Garrido Pais de Sousa e Manuel João Andrade Castilho. Suplentes: Fernando Donato Peres Rodrigues, Carlos Manuel da Silva Santos, Francisco Armando dos Reis Fidalgo, Carlos Alberto dos Santos Aires, Manuel Madeira Teixeira, Jaime Carlos Marta Soares, António Manuel Vide da Cunha, Carlos Alberto

Carvalho Lemos, Nuno João Cabral Teles dos Santos Lopes e António Martinho Monteiro Teixeira.

ELEIÇÕES: 18-7-1997 / POSSE: 25-7-1997
DIR: JOSÉ EMÍLIO VIEIRA DE CAMPOS COROA, Fernando Martins Barata (suspende o mandato a 22-9-1997, demitindo-se posteriormente), José Maria Jorge Cardoso (demite-se a 16-6-1997), José Luís Agostinho Bento, Fernando Pompeu Lima e Veiga Santos Costa, Fernando Agostinho Donas--Bôtto Bordalo e Sá, Vítor Manuel Costa Leonardo e João Paulo Correia (representante da DG/AAC. Substituído por Carlos Manuel Simões Alves António em Janeiro de 1999). Suplentes: António Manuel Vide da Cunha, António Paulo Almeida Santos Cardoso e Francisco Armando dos Reis Fidalgo, António Augusto Cerveira Cardoso é cooptado no início de Dezembro de 97, demite-se a 19-6-98 e é novamente cooptado a 14-5-1999. Jaime Carlos Marta Soares e Manuel João Andrade Castilho são cooptados a 30-7-98. O primeiro demite-se a 16-3-1999 e o segundo a 6-4-1999.
AG: Álvaro dos Santos Amaro, Vítor Manuel Bento Batista, André da Silva Campos Neves, Augusto Manuel Frias Barbosa Roxo. Suplentes: José Manuel Agostinho Campos Pinheiro e Fernando Manuel Ferreira Soares Albergaria.
CF: José Batista Fernandes Querido, Fernando Manuel Pais Mexia Leitão, Manuel Madeira Teixeira, Vítor Manuel Mendes Morão e Luís Malheiro Vilar. Suplentes: António Diamantino Marques Lopes e António Pereira Marques.
CA: Francisco José Fortunato Soares, David Manuel Guerreiro Cepa, António Batista Martins, Vasco Manuel Vieira Pereira Gervásio, Mário Alberto Domingos Campos, Vítor José Domingos Campos, Carlos Alberto Moura Portugal e Brito, Arménio Lopes da Graça, Manuel Tomás Cortez Rodrigues Queiró, José Mendes de Barros, Aurélio de Campos, Maria Adelaide Vilarinho Vide, Pedro Manuel Batista Costa Pereira, Jaime Carlos Marta Soares, João Paulo Teles Grilo Santana, Frederico Fernando Monteiro Marques Valido, António Alberto Maló de Abreu, José Bernardo Veloso Falcão e Cunha, José Custódio de Freitas Fernandes Fafe e Manuel João Andrade Castilho.

ELEIÇÕES: 14-4-2000 / POSSE: 11-5-2000
DIR: JOSÉ EMÍLIO VIEIRA DE CAMPOS COROA, António Augusto Cerveira Cardoso (demite-se a 30-1-2001), Fernando Agostinho Donas Bôtto Bordalo e Sá, Fernando Pompeu Lima e Veiga Santos Costa, Carlos Manuel Dias Cidade, António Emídio Simões da Silva (demite-se a 12-6-2002) e Joaquim João do Vale Coelho. Suplentes: Marcelo Nuno Gonçalves Pereira, José Eduardo Lima Veiga Ferraz Martins (efectivo a partir de 24-5-2001) e Humberto Manuel Fernandes Teles Gonçalves.
AG: Álvaro dos Santos Amaro (renuncia a 16-1-2001), Augusto Manuel Frias Barbosa Roxo (renuncia a 23-5-2002), Fernando Manuel Ferreira Soares Albergaria (renuncia a 23-5-2002) e Horácio André Antunes (não chega a tomar posse). Suplentes: Pedro Manuel Batista Costa Pereira (promovido a efectivo em substituição de Horácio Antunes; renuncia a 23-5-2002) e Luís Malheiro Vilar.
CF: Lucílio dos Santos Carvalheiro, Manuel Madeira Teixeira, Pedro Ricardo Cavaco Castanheira Jorge, José Manuel Seco Jaria e José Luís Agostinho Bento. Suplentes; António Carlos Lopes Moura Portugal e Rui Manuel Pereira Pinheiro.
CA: João Francisco Monteiro de Lencastre Campos, Rui Filipe Pinto Azevedo Vieira, Daniel Lourenço Farinha Santos, Luís Mário Fernandes Figueira Correia Lima, Luís Filipe Parreira Duarte Figueiredo, Graciano Paulo Ferreira Marques, João Paulo Batista Rodrigues Fernandes, João Carlos Morais Fonseca Oliveiros, Ricardo Miguel Freire Lopes, João Gabriel Andrade Marques Almeida Ribeiro, José Manuel Alves Alvarinhas, José Mário de Fonseca Monteiro, Manuel António Morais Fonseca Oliveiros, José Fernandes da Silva, Nuno Alfredo Monteiro Castanheira Neves, Ricardo Luís Machado Lopes, Filipe Miguel Simões da Silva, Humberto

Jorge Alves da Rocha Oliveira, João Bernardo Bigotte da Costa de Mesquita e Raquel Catarina Gonçalves da Silva Maricato.

10-12-2002
A Direcção demite-se em bloco. JOÃO ANDRÉ MORENO é empossado presidente de uma Comissão de Gestão. A 16-1-2003 são empossados os restantes membros: José Mendes de Barros, João Pedro dos Santos Dinis Parreira, José Eduardo da Cruz Simões, João Carlos Neves Bandeira, Armando Braga da Cruz, Luís Miguel Ferreira Neves da Costa, João Francisco Monteiro de Lencastre Campos, Arnaldo Casimiro Cabral de Miranda Barbosa, Alfredo José Leal Castanheira Neves, Vasco Manuel Vieira Pereira Gervásio, José Maria Jorge Cardoso, Carlos Eduardo Oliveira e Silva, Álvaro dos Santos Amaro, António Pereira Marques, António Gabriel Barros Gonçalves Bastos, Norberto Paulo Barranha Rego Canha, Alberto Alves Santos, Nuno Alfredo Monteiro Castanheira Neves e Fernando Manuel Areias Avidago.

ELEIÇÕES: 27-2-2003 / POSSE: 17-3-2003
DIR: JOÃO ANDRÉ MORENO, José Eduardo da Cruz Simões (nomeado presidente-adjunto em 19-1-2004), Vasco Manuel Vieira Pereira Gervásio, Armando Braga da Cruz (demite-se a 29-6-2004), Luís Miguel Ferreira Neves da Costa, Norberto Paulo Barranha Rego Canha e João Carlos Neves Bandeira. Suplentes: João Pedro Santos Dinis Parreira, José Mendes de Barros e Álvaro dos Santos Amaro.
AG: António de Almeida Santos, Pedro Ricardo Cavaco Castanheira Jorge, João Pedro Ferreira Falcão de Sousa e José Fernando Brochado Morais. Suplentes: Maria José Malanho Vicente e Isabel Maria de Moura Anjinho Marques dos Carvalhos.
CF: Américo Batista dos Santos (demite-se a 18-6-2004), Alberto Alves Santos, Nuno Cardoso Correia Mota Pinto, David Manuel Guerreiro Cepa e Arnaldo Casimiro Cabral de Miranda Barbosa. Suplentes: Jorge Manuel Oliveira Coimbra e José Maria Gaspar Barroca.

CA: Manuel Joaquim Dias Loureiro, Fausto de Sousa Correia, Rui Nogueira Lobo de Alarcão e Silva, António Gabriel Barros Gonçalves Bastos, Manuel Alegre de Melo Duarte, José Bernardo Veloso Falcão e Cunha, José Rodrigues Pereira dos Penedos, Paulo Cardoso Correia Mota Pinto, Horácio André Antunes, Mário Pais Mexia Leitão, André da Silva Campos Neves, Luís Malheiro Vilar, Nuno Miguel Pestana Chaves e Castro Encarnação, Jaime Dória Cortesão, Gonçalo José Soares dos Reis Torgal, Aurélio de Campos, Jorge Alexandre da Soledade Marques, Raquel Catarina Gonçalves da Silva Maricato, Filipe Miguel Simões da Silva e Jorge Manuel Torres Leal Barreto.

ELEIÇÕES: 17-12-2004 / POSSE: 14-1-2005
DIR: JOSÉ EDUARDO DA CRUZ SIMÕES, Vasco Manuel Vieira Pereira Gervásio, Luís Miguel Ferreira Neves da Costa, João Paulo Neves Fernandes, António José Pires Preto, Filipe Cassiano Nunes dos Santos e Luís Guilherme Godinho Simões (suspende o mandato a 6-3-2007, retomando-o em Junho). Suplentes: Gonçalo José Soares dos Reis Torgal, Fausto José da Cruz Pereira e Ricardo Luís Machado Lopes.
AG: António de Almeida Santos, Pedro Ricardo Cavaco Castanheira Jorge (suspende o mandato a 10-8-2006), João Pedro Ferreira Falcão de Sousa e Maria José Malanho Vicente. Suplentes: Isabel Maria de Moura Anjinho Marques dos Carvalhos e Miguel Ângelo Portela Costa Gouveia.
CF: Alberto Alves Santos (demite-se a 12-6-2006), Gonçalo Dinis Quaresma Sousa Capitão (assume a presidência a 14-6-2006), Vítor Manuel Costa Leonardo (demite-se a 12-11-2006), José Carlos Santos de Almeida Clemente (suspende o mandato logo após a posse) e Arnaldo Casimiro Cabral de Miranda Barbosa. Suplentes: José Maria Gaspar Barroca e Luís Guilherme Picado Santos.
CA: Rui Nogueira Lobo de Alarcão e Silva, André da Silva Campos Neves, Mário Pais Mexia Leitão, Jaime Dória Cortesão, Cipriano de Campos, Aurélio de Campos, Joaquim Luís da Silva Borges, José

Fernandes da Silva, António Paulo Pereira Coelho, Henrique Manuel Pinto Correia da Cruz, Paulo Cardoso Correia Mota Pinto, José Rodrigues Pereira dos Penedos, Norberto Paulo Barranha Rego Canha, Horácio André Antunes, Nuno Miguel Marta de Oliveira da Silva Freitas, Eduíno Lopes, Vítor Manuel Bento Batista, Raquel Catarina Gonçalves da Silva Maricato, João Carlos Neves Bandeira e Fernando José Martins Serra Oliveira.

ELEIÇÕES: 14-4-2008 / POSSE: 30-4-2008
DIR: JOSÉ EDUARDO DA CRUZ SIMÕES, Gonçalo Dinis Quaresma Sousa Capitão (suspende o mandato a 15-2-2010), Jorge Alexandre da Soledade Marques (demite-se a 12-6-2009), Camilo António Marques Rodrigues Fernandes, Luís Guilherme Godinho Simões, João Pedro Cortez dos Santos Fontes Peixoto e Fausto José da Cruz Pereira. Suplentes: Gonçalo José Soares dos Reis Torgal, José Carlos Santos de Almeida Clemente e Ricardo Jorge Fernandes Guedes Costa.
AG: Paulo Cardoso Correia Mota Pinto, Joaquim Luís da Silva Borges, Maria José Malanho Vicente e Carlos Manuel Dias Cidade (demite-se a 25-11-2009). Suplentes: José Eduardo de Oliveira Figueiredo Dias e Rui Manuel Ribeiro Correia Umbelino.
CF: António José Pires Preto, Luís Pedro Silva Patrício, Francisco Manuel Couto Pinto dos Santos, Arnaldo Casimiro Cabral de Miranda Barbosa e Luís Filipe Carvalho Pereira. Suplentes: José Batista Fernandes Querido e Luís Guilherme Picado Santos.
CA: Jaime Dória Cortesão, António Miguel Cortez Rodrigues Queiró, Arménio Lopes da Graça, Aurélio de Campos, Carlos Artur Trindade de Sá Furtado, Carlos Manuel Mendes Nobre Ferreira, Cipriano de Campos, Eduíno Lopes, Fernando José Martins Serra Oliveira, Horácio André Antunes, Jorge Condorcet dos Reis Pais Mamede, Jorge dos Santos Veiga, Jorge Manuel Torres Leal Barreto, Jorge Manuel Monteiro Lemos, José Maria Ferreira Nunes, Mário Pais Mexia Leitão, Nuno Miguel Marta de Oliveira da Silva Freitas, Nuno Teixeira Lopes Campos Tavares, Pedro Miguel Andrade Marques Almeida Ribeiro e Ruben Filipe Oliveira Jorge.

ELEIÇÕES: 7-6-2011 / POSSE: 16-6-2011
DIR: JOSÉ EDUARDO DA CRUZ SIMÕES, Luís Guilherme Godinho Simões, Salvador Manuel Fareleiro Lacerda Arnaut, António José Barata Figueiredo, José Carlos Santos de Almeida Clemente, Gonçalo Cristóvão Aranha da Gama Lobo Xavier e Gonçalo José Soares dos Reis Torgal. Suplentes: Ricardo Jorge Fernandes Guedes Costa, Manuel Couceiro Nogueira Serens e Ricardo Manuel Antunes Martins.
AG: Fernando José Martins Serra Oliveira, Joaquim Luís da Silva Borges, Maria José Malanho Vicente e José Eduardo de Oliveira Figueiredo Dias. Suplentes: Rui Manuel Ribeiro Correia Umbelino e Jorge Manuel Francisco Ferreira Vaz.
CF: António José Pires Preto, Luís Pedro Silva Patrício e Francisco Manuel Couto Pinto dos Santos. Suplentes: Vasco Luís Rodrigues Castanheira de Oliveira e Alcemino Simões dos Santos.
CA: José Mendes de Barros (morre a 26-6-2011, antes de tomar posse), Manuel António Leitão da Silva, Jorge Condorcet dos Reis Pais Mamede, Alfredo José Fânzeres da Mota, Fausto José da Cruz Pereira, Fernando Dias Simão, Rui Manuel de Figueiredo Marcos, João Fernando Rebelo de Almeida, Nuno Teixeira Lopes Campos Tavares, Carlos Artur Trindade de Sá Furtado, Carlos Manuel Silva Robalo Cordeiro, João Rodrigues Teixeira, Manuel Correia de Oliveira, Ana Maria das Neves Cortez Vaz, João Manuel de Serpa Oliva, Luís de Santarino Fernandes, Antonino de Moura Antunes, Armando Braga da Cruz, José Manuel Alves Alvarinhas, Américo Manuel Couceiro Cardoso dos Santos e Diogo Luís Marques Batista de Carvalho.

DG: Direcção-Geral
CANG: Comissão Administrativa Nomeada pelo Governo
CAEE: Comissão Administrativa Eleita pelos Estudantes
SF: Secção de Futebol
CD: Comissão Directiva
DIR: Direcção
AG: Assembleia Geral
CF: Conselho Fiscal
AD: Assembleia Delegada
CA: Conselho Académico

O CORPO CLÍNICO

Francisco Soares morreu em 2002, mas a sua imagem, já de si inconfundível, está longe de se apagar da memória dos adeptos, habituados a ver nele, durante cerca de meio século, "o médico da Académica". Assim mesmo: "o médico da Académica", o homem que organizou e reorganizou o departamento clínico da Briosa, antes do qual eram os jogadores que estudavam Medicina quem, frequentemente, se encarregava da assistência aos colegas, às vezes apoiados por uns massagistas em "part-time", cheios de boa vontade e amor à "causa".

Sempre, sempre, ao lado de Soares, esteve o enfermeiro Guilherme Luís, que os académicos melhor conheceram por "Pilinhas", falecido em 2009 (foi presença assídua no balneário até Junho desse ano). Não há quem tenha mais anos de departamento médico do que ele. Um departamento onde não faltam exemplos de dedicação e, até, de generosidade extra-futebol. A começar pelo de José Barros, o pedopsiquiatra que chefiou o corpo clínico da Briosa desde a morte de Francisco Soares até Julho de 2011, e que, paralelamente, presidiu à Associação de Paralisia Cerebral de Coimbra, instituição que serve nada menos de três mil crianças portadoras de deficiência. Foi Barros, falecido em 2011, quem mais lutou pela modernização da casa, tirando partido das novas instalações na Academia.

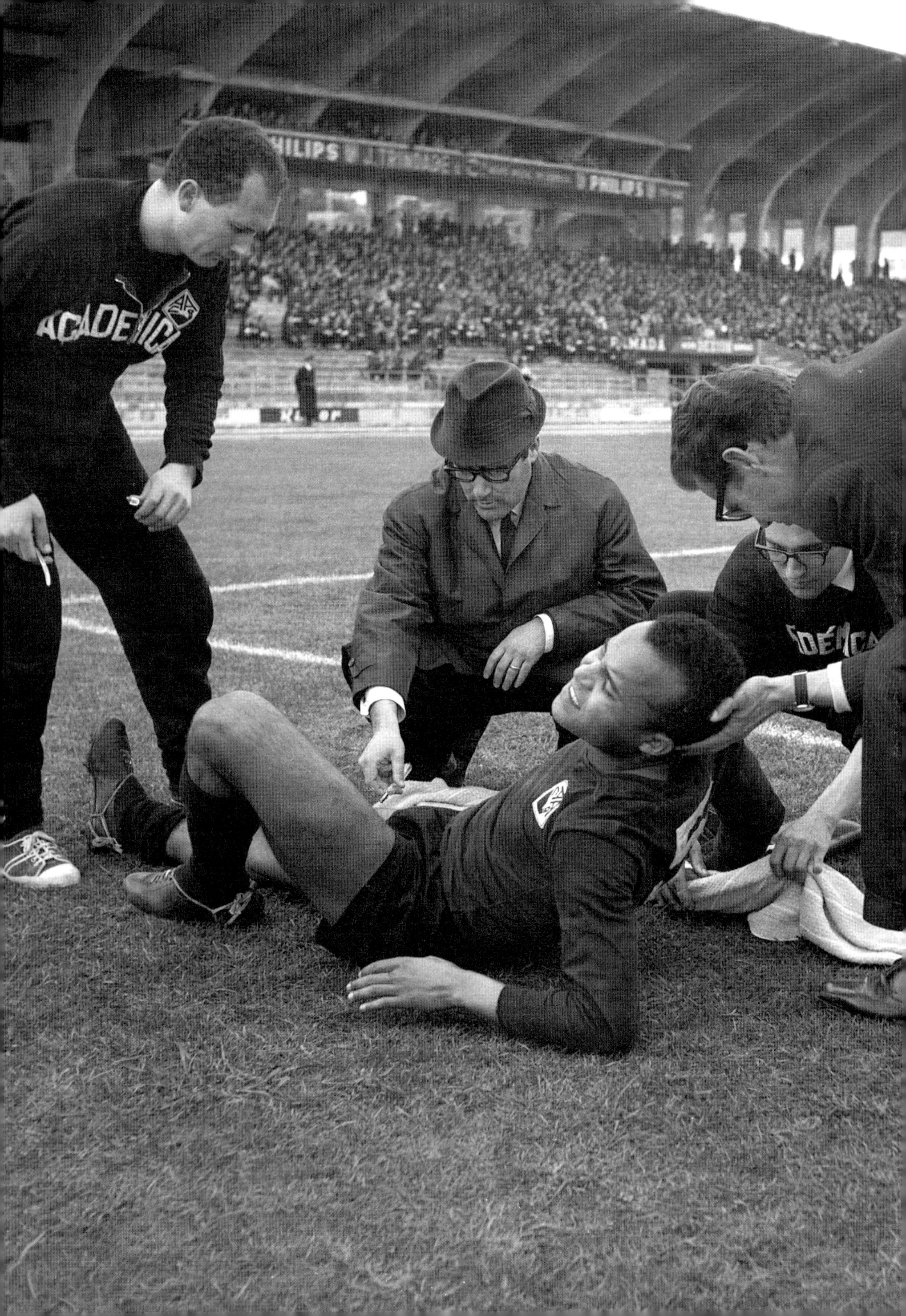
PHILIPS
PHILIPS

À ESQUERDA
A irreverência académica. Durante um estágio na Figueira da Foz, em 1968, o massagista António Pascoal vai ao banho pela mão dos jogadores

À DIREITA
Guilherme Luís, meio século ao serviço da Briosa, socorre o avançado Joaquim Rocha. O guarda-redes adversário, num gesto de desportivismo, auxilia os homens de preto

NA PÁGINA ANTERIOR
Francisco Soares, de chapéu, presta assistência a Mário Torres. O médico tem o apoio dos enfermeiros Pascoal e Moreira, e do preparador físico José Falcão

Actualmente, o departamento clínico da Académica é composto por 20 pessoas, entre médicos, enfermeiros, fisioterapeutas e outros técnicos. Longe vão os tempos em que Francisco Soares e Guilherme Luís eram "pau para toda a colher".

Até meados dos anos 50, a assistência médica aos atletas da Académica era prestada pelos próprios colegas que frequentavam Medicina. Casos, nomeadamente, de Azeredo, Melo e Branco. Até aí, só há notícia da existência dos enfermeiros António Marques, Gilberto Pedrosa e António Pita. Com a chegada do médico Francisco Soares, na segunda metade dos anos 50, entra-se numa nova etapa. Uma etapa que se prolonga por duas décadas, durante as quais Soares conta com a colaboração inestimável de Guilherme Luís, que havia feito um curso de massagista junto do "célebre" Manuel Marques, no Sporting.

No último dia de Julho de 1978, porém, Francisco Soares suspende a colaboração com o então Clube Académico de Coimbra (CAC). Em entrevista ao "Record", em Dezembro desse ano, Soares alega que Moreno lhe tentara impor "condições humilhantes e atentatórias" da sua "dignidade profissional". Isto, por via de um contrato de trabalho cuja celebração fora solicitada pelo próprio Francisco Soares, sócio número 13 do CAC, na sequência de um "longo e agressivo conflito" entre si, alguns dirigentes e o próprio treinador de então, Juca.

Certo é que o ex-"bola de prata" Manuel António é chamado a substituir Soares, que até à altura só se afastara da Briosa durante uma episódica passagem por Moçambique. Meses antes, por entre lágrimas e abraços, também partira Guilherme Luís, tentado por uma irrecusável proposta do Académico de Viseu. Sol de pouca dura: escassos dois anos depois, Guilherme regressa a Coimbra e Manuel António parte para o União de Leiria. Para o lugar deixado em aberto pela saída do antigo ponta-de-lança, entra Manuel Acúrsio, que em 1974, ainda estudante de Medicina, fizera parte da primeira direcção do CAC, onde se impõe pela militância fervorosa.

Nas eleições de 6 de Dezembro de 1980, contudo, João Moreno é substituído na presidência por Ezequiel Umbelino. Não passam duas épocas futebolísticas até que Francisco Soares, cuja paixão pelo emblema se mantivera intacta, regresse à chefia do departamento. Onde Guilherme coexiste agora com outros enfermeiros, como Belarmino Lameira e Albino Ramos, que permanecem na Académica durante mais de uma década, e como Vítor Guimarães, que ainda hoje se mantém em funções.

Vítor, que trabalhara com Francisco Soares nos Hospitais da Universidade, estreara-se no basquetebol feminino do CAC em Maio de 1976, colaborando logo na conquista do campeonato nacional respectivo. Nos anos posteriores, percorreu todas as equipas do Académico na modalidade. Em finais da década de 70, passou a acumular o basquete com o futebol (escalões de formação, principalmente), chegando a haver fins-de-semana em que acompanhava uma boa meia dúzia de jogos. Em 2005, tornar-se-ia o massagista principal dos seniores.

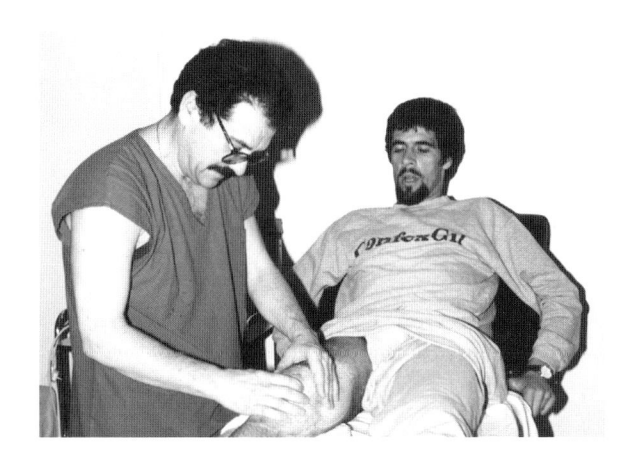

No início dos anos 80, Vítor Guimarães esteve ano e meio sem receber. Em 97, o Leiria oferecer-lhe-á o quíntuplo do que a Académica lhe pagava para se mudar para as margens do Lis. Mas nunca deixou Coimbra. Já lá vão mais de três décadas de dedicação à Briosa.

DEPARTAMENTO ALARGADO

Após o regresso, Soares mantém Acúrsio e vai buscar quatro novos médicos: Campos Coroa e Carlos Cruz, primeiro, Luís Grego Esteves e Secundino de Freitas, depois. Grego Esteves, ortopedista de carreira, morre em 1983, sendo substituído por Manuel Barreto, que ainda hoje integra o departamento. De resto, tal como Secundino, um cardiologista que acabara de se demitir do Centro de Medicina Desportiva.

José Emílio Vieira de Campos Coroa, nascido em Coimbra a 15 de Agosto de 1954 e presidente da Briosa entre 1995 e 2002, está então a especializar-se em oftalmologia, no hospital de Bragança. Carlos Cruz, médico nos Hospitais da Universidade de Coimbra, integra a direcção de Umbelino, depois de ter sido, nos quatro anos anteriores, dirigente do basquetebol do CAC, presidido por Rui Duarte, filho de Faustino Duarte, um dos "heróis" de 39. Tal como Coroa, descendente de gente importante na história do TEUC (Teatro dos Estudantes da Universidade de Coimbra), Cruz tem já um longo historial como militante da "causa" académica.

Carlos Alberto da Cruz Santos nascera em Coimbra, em 1952. Aos dez anos, o pai dera-lhe como prenda pela entrada no liceu a inscrição como sócio da Académica. Nesse mesmo ano, começa a praticar atletismo. Na Briosa, claro. Mas do que Cruz gosta verdadeiramente é de futebol. Mal faz os 12 anitos, troca a pista do Universitário pelo pelado de Santa Cruz, onde António Bentes orienta as "escolas" do emblema estudantil. Dois anos depois, tenta o râguebi. Ainda, e sempre, na Académica, onde também passa pelo judo. A conclusão do curso de Medicina, em 1978, acaba-lhe de vez com as veleidades como atleta. Ao mesmo tempo que lhe abre as portas a uma carreira como médico de família. Que começa a exercer em Vila Nova de Foz Côa, em 1993. E que, no ano seguinte, o leva ao Centro de Saúde da Figueira da Foz. Onde se mantém até hoje.

Quando reassume a chefia do departamento, em 82, Francisco Soares remete-se, se assim se pode dizer, a uma posição de retaguarda. Nos jogos, o lugar no banco é ocupado, rotativamente, por Acúrsio, Cruz e Coroa. Mas, no início da época de 83-84, Manuel Acúrsio e Carlos Cruz ficam a saber que, doravante, só se ocuparão dos escalões de formação. Acúrsio não perdoa o facto de, pelo menos, não ter sido ouvido previamente. E demite-se. Para o seu lugar entrará José Mendes de Barros.

DESPORTISTA DESDE MIÚDO

Barros chegara a Coimbra, mais concretamente à antiga Escola de Regentes Agrícolas, com 20

À ESQUERDA
Vítor Guimarães, aqui a assistir Rui Carlos, três décadas de dedicação à Briosa

À DIREITA
Grande parte do departamento clínico em 2007. De pé: Rui Guimarães, Vítor Guimarães, José Barros, Manuel Barreto, Joaquim Paulo, Secundino Freitas, Fernando Albergaria, Luís Batalha e Miguel Rocha; à frente: Aníbal Neves, Carlos Cruz, Pedro Saraiva e Augusto Roxo

A Academia Dolce Vita tem várias salas equipadas quer para preparação muscular quer para a reabilitação física

anos, proveniente de Lamego, onde se sagrara campeão nacional de vólei, alinhando na equipa do colégio dos frades beneditinos de Lamego. Ao mesmo tempo, jogava andebol, modalidade em que, já atleta da Briosa, representa a selecção nacional, apesar de continuar, ao mesmo tempo, a jogar vólei.

É já em 1974, aos 35 anos, que em função da paralisia cerebral do seu filho, José Barros se inscreve na Faculdade de Medicina, a fim de compreender melhor o problema do filho. E no ano seguinte, juntamente com dois outros pais, funda a Associação de Paralisia Cerebral de Coimbra (APCC), que dirigiu até à sua morte, em Junho de 2011. O mesmo sucedeu com a Briosa, que serviu até aos seus últimos dias.

VOLTAS E REVIRAVOLTAS

Em 1987, quatro anos após o ingresso no departamento, José Barros começa a alternar com Francisco Soares no banco dos seniores. Soares acompanha os jogos que se efectuam fora de Coimbra. Barros faz os encontros caseiros.

Nessa altura, já o departamento conta com novos membros. Um deles, é o médico Augusto Roxo, que chegara em 1985, também após uma passagem pelo basquetebol, como dirigente.

Roxo tem mais duas paixões desportivas, além do futebol e do basquete: o automobilismo e o andebol. No primeiro caso, não só praticou a modalidade, como foi, durante 21 anos, médico do Rally de Portugal. Actualmente, é clínico da Federação de Andebol, tendo concluído, em Março de 2003, a especialização em Medicina Desportiva.

Pelo seu lado, Coroa dá sequência, em Janeiro de 1990, e com Mendes Silva na presidência, a uma carreira como dirigente, iniciada em 74, na Comissão Administrativa da secção de futebol. Ainda integra o corpo clínico durante mais dois anos. Mas afasta-se em finais de 91, invocando divergências com a maioria da direcção, que promovera a capitão de equipa o jugoslavo Perduv e dispensara os estudantes Marcelo e Germano.

Então, já a Briosa conta com um novo médico ao seu serviço: Fernando Albergaria, por sinal colega de curso de Coroa, de Roxo e de Secundino. Especialista em Medicina do Trabalho, chega ao departamento em 1990. Cerca de uma década mais tarde, passa a acompanhar a equipa sénior nos jogos. E, tal como Augusto Roxo, integra a Mesa da Assembleia Geral que atravessa a crise de 2002, que culminará na substituição de Campos Coroa por João Moreno, na liderança da Briosa.

Em 93, após o nascimento do segundo filho, é a vez de Carlos Cruz sair. Mas acabará por não resistir aos apelos que lhe vão chegando, tendo em vista o regresso ao departamento. Este, concretiza-se em 2005, com Cruz a voltar ao acompanhamento dos escalões de formação.

Muita outra coisa mudara na última dúzia de anos de vida de um corpo clínico que, ao longo dos tempos, contou com a colaboração de outros médicos, como Joaquim Monteiro, António Miraldo, João Páscoa Pinheiro e Manuel Teixeira Veríssimo. Com os ingressos do imagiologista Vítor Carvalheiro e do ortopedista Fernando Fonseca, alargara-se o número de especialistas. A quantidade de enfermeiros também aumentara. Passara a haver um fisiatra – o antigo atleta da secção de futebol amador da Académica, Paulo Saraiva – bem como dois fisioterapeutas: Joaquim Paulo Fonseca e Miguel Rocha, que acabara de pendurar as chuteiras. Desde a morte de Francisco Soares, em Março de 2002, José Barros assumiu a chefia do departamento. Infelizmente, a juntar ao falecimento do inesquecível Guilherme Luís, a morte leva também a 26 de Junho de 2011 José Barros deixando um vazio sentido no Departamento, mas a união de todos veio ao de cimo. Por unanimidade, extinguiu-se o cargo de Chefe do Departamento e passou a haver dois coordenadores, Augusto Roxo e Manuel Barreto que, com uma equipa de 20 membros, procuram ultrapassar o momento de crise, honrando a memória dos antecessores e continuar a prestigiar o nome da Académica.

Em 2000, fora inaugurada uma sala de musculação, fruto do especial empenho de Soares e do então preparador físico da equipa principal, Mário Monteiro. Mas que não teria sido possível sem o contributo dos restantes membros do corpo clínico; de antigos técnicos, como o ex-adjunto de Henrique Calisto, André Seabra; do Núcleo de Veteranos, que para a sala canalizou a receita do jantar comemorativo do seu vigésimo aniversário; de simples associados, como José Gomes, que do seu bolso ofereceu duas importantes máquinas.

Ainda assim, José Barros continuou a queixar-se de falta de maquinaria. E, sobretudo, da insuficiência do espaço disponível no pavilhão Jorge Anjinho. O então chefe do departamento clínico da Briosa, viu a sua "luta" recompensada quando foi chamado a orientar a implementação do Departamento Médico na nova Academia dos Estudantes. Cinco gabinetes médicos e um conjunto de salas devidamente equipadas conferiam à Académica, finalmente, condições de trabalho ao nível dos pergaminhos da instituição bem como dos valorosos médicos, enfermeiros, massagistas, fisioterapeutas e outros elementos que por ali foram passando durante décadas, dando aos atletas da Briosa o que de melhor sabiam, muitos deles graciosamente.

António Melo, a 4 de Março de 1956, já licenciado em Medicina, presta assistência ao colega Ramin, durante um jogo disputado no Barreiro

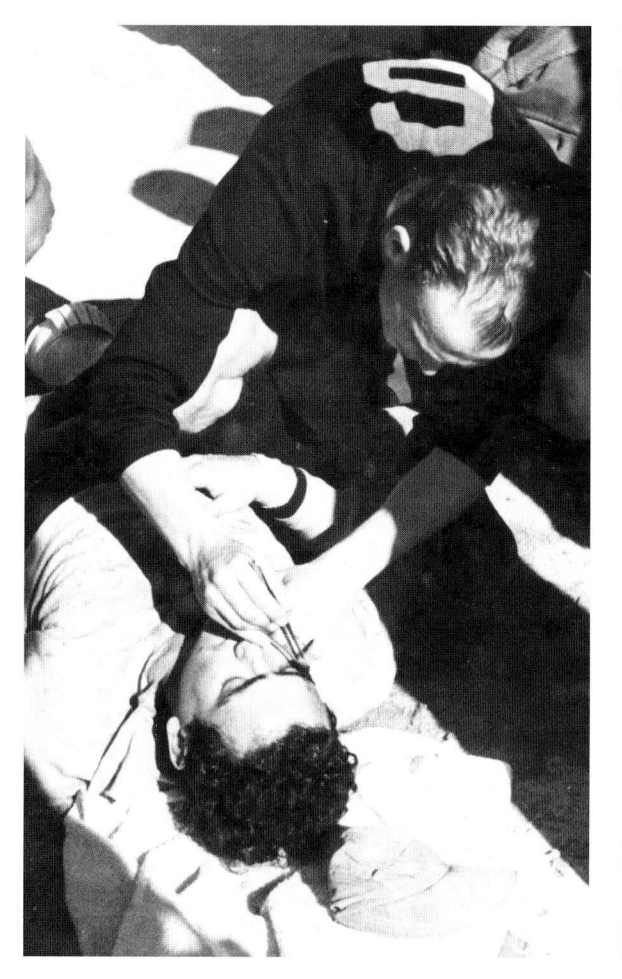

DEPARTAMENTO CLÍNICO EM 2011	
NOME	**FUNÇÃO**
Augusto Manuel Frias Barbosa Roxo	Médico (Medicina Desportiva – Coordenador)
Manuel Duarte Cruz Barreto	Médico (Ortopedia – Coordenador)
Carlos Alberto da Cruz Santos	Médico (Med. Geral c/ pós graduação em Med. Desportiva))
Fernando Manuel Ferreira Soares Albergaria	Médico (Medicina do Trabalho)
Fernando Manuel Pereira da Fonseca	Médico (Ortopedia)
Paulo Alexandre Queiroz Rodrigues	Médico (Med. Geral c/ pós graduação em Med. Desportiva))
Pedro Canas Saraiva	Médico (Fisiatria e Medicina Desportiva))
Secundino Araújo de Freitas	Médico (Cardiologia)
Vítor Luís Adão Melo	Médico (Ginecologia)
Vítor Manuel Lopes Carvalheiro	Médico (Imagiologia)
Ana Margarida da Silva Dias Branco Carvalhas	Nutricionista
Joaquim Paulo Rodrigues Fonseca	Fisioterapeuta
Maria João Batista Pereira	Fisioterapeuta
Pedro Miguel e Almeida de Carvalho Rocha	Fisioterapeuta
Vítor Manuel Guimarães Simões	Enfermeiro (Coordenador)
Martinho Fachada Ferreira	Enfermeiro
Nuno Daniel Cunha de Almeida	Enfermeiro
Patrício de Jesus Melo	Enfermeiro
Rui Manuel Mesquita Antunes	Enfermeiro
Vladimiro José Leal dos Santos Ferreira de Andrade	Enfermeiro

OS FUNCIONÁRIOS

Nem sempre o seu trabalho é o mais visível, mas sem esse trabalho a "máquina" não funciona. Eles são administrativos, relações públicas, cobradores, motoristas, roupeiros, auxiliares de limpeza... São o quadro de funcionários da Académica, actualmente composto por 28 pessoas. Vítor Serôdio, admitido como paquete em 1964, é o mais antigo. Mas, além dele, Rui Gonçalves, Carmo Rebelo e António Jesus (todos administrativos), António Mendes (cobrador), Graça Seco (auxiliar de limpeza), Saul Ramos (motorista), Maria Fernanda Lucas (costureira) e José Filipe Ribeiro (roupeiro) levam mais de 25 anos de casa.

Vítor e Rui transitaram mesmo da antiga secção de futebol para o Clube Académico de Coimbra (CAC), em 1974. De resto, tal como o roupeiro Belmiro Matos e o cobrador Alberto Vieira (popularizado com o nome de Alberto "Chocolate"), entretanto falecidos. Na sede da Padre António Vieira manter-se-ão, entre outros, Francisco da Piedade (mais conhecido por "senhor Chico" ou "Chico porteiro"), a trabalhar na Associação desde 1928; Carlos Dias, funcionário desde 1949; e Francisco Freixo, o "velho" guarda do Campo de Santa Cruz, falecido em 2004. Em parte justificada pela diferença de vínculos laborais, foi uma separação dolorosa, até para muitos atletas, dirigentes e adeptos, habituados a lidar de muito perto com o reduzido quadro de funcionários então existente.

Em Março de 2011, o quadro de pessoal cresceu substancialmente com a integração de cerca de duas dezenas de funcionários do Bingo da Académica. A sala de jogo, fundada pela Briosa, estava entregue a uma empresa que entretanto faliu. Assim, nesta data, a instituição assumiu a sua exploração, acolhendo os respectivos trabalhadores, no que foi, para alguns deles, um regresso a casa pois já tinham sido funcionários da Académica, antes do clube ceder a exploração do Bingo.

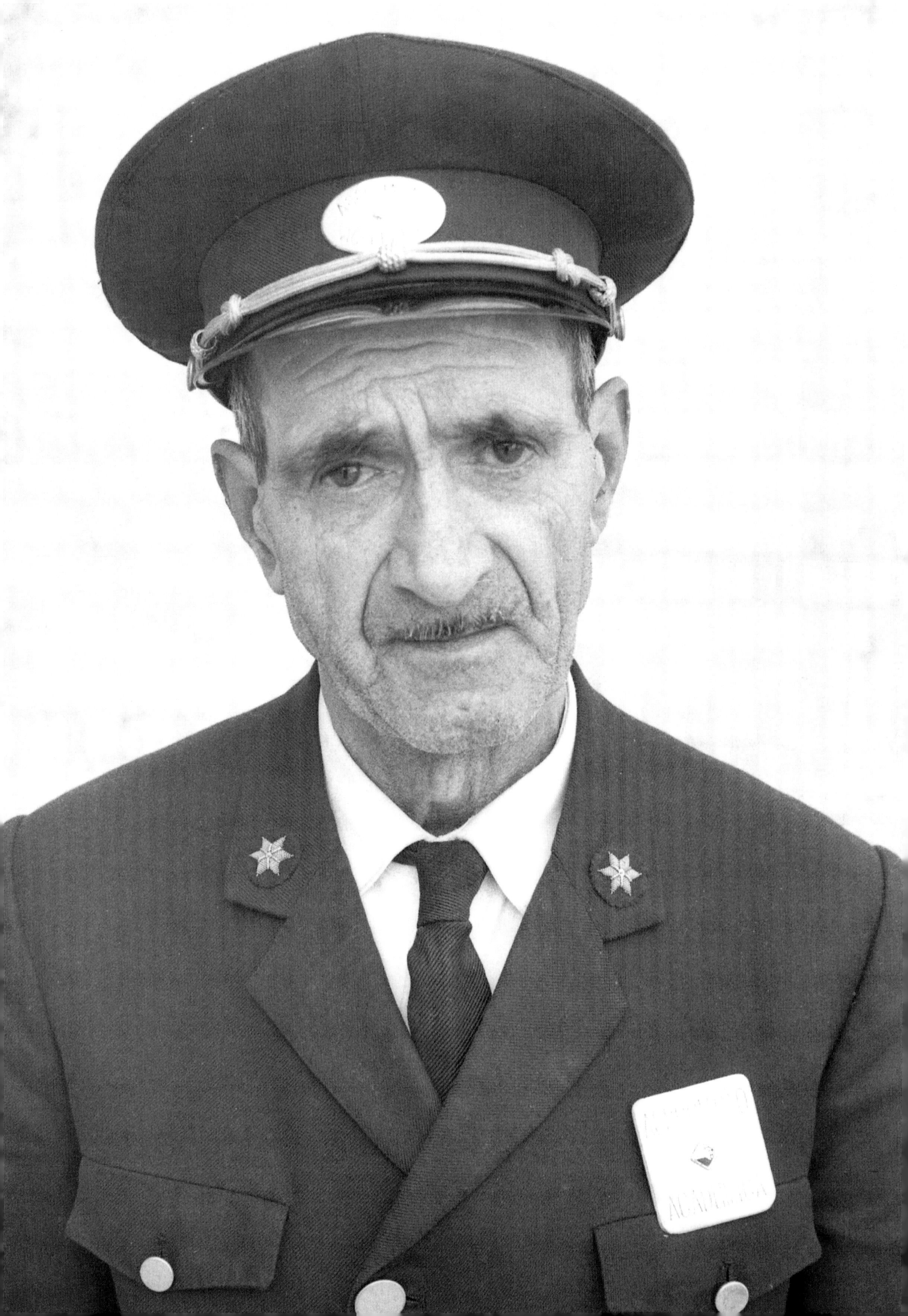

À ESQUERDA
Belmiro Matos e Francisco Freixo ladeiam António Bentes, em dia de homenagem ao extremo-esquerdo da Académica, a 22 de Maio de 1960

À DIREITA
O cobrador Alberto Vieira, mais conhecido por Alberto "Chocolate", de mala e laçarote, a recolher o afecto dos adeptos

NA PÁGINA ANTERIOR
Francisco Ferreira da Piedade, o célebre "senhor Chico", a 19 de Fevereiro de 1972

Está o Verão de 1964 a arribar quando o então estudante do curso nocturno da Escola Comercial e Industrial Avelar Brotero, Vítor Manuel Serôdio Figueiredo, sabe por um amigo que se abrira uma vaga no corpo de funcionários da secção de futebol da Associação Académica de Coimbra. José Pires acabara de ser transferido para a secção de textos da Associação e Carlos Dias e Rui Lobo, empregados de secretaria, Francisco Freixo, guarda do Campo de Santa Cruz, Belmiro Matos, roupeiro, Alberto "Chocolate", cobrador, e Joaquim Ferreira Gomes, sapateiro, são manifestamente poucos para as "encomendas".

Quando se apresenta na recém-inaugurada sede da Padre António Vieira, à porta da qual se mantém Francisco Ferreira da Piedade – o célebre "senhor Chico", ou o "Chico porteiro", que começara a trabalhar para a mais antiga associação de estudantes do país em 1928 –, Vítor é um miúdo. Nado e criado em Santa Clara, é admitido como paquete, a 30 de Junho de 1964, dia em que completa 15 anos, e rapidamente se transforma no "menino bonito" da secção de futebol da Académica. Os estudos é que ficam para trás. "Nessa altura, trabalhava-se muito à noite", justifica-se hoje Vítor Serôdio, enquanto atende mais um telefonema ou procura um documento qualquer.

Em finais de 2011, mais de 47 anos volvidos, Vítor é secretário-geral no pavilhão Jorge Anjinho e o mais antigo dos 28 funcionários ao serviço da Briosa. Já foi chefe de secretaria e chefe de serviços. Em Abril de 86 recebeu o "prémio Briosa" e em Outubro de 2002 foi galardoado com a medalha de mérito desportivo, atribuída pela Associação de Futebol de Coimbra. Só não exerceu funções entre Maio de 72 e Junho de 74, quando fez a guerra colonial, em Angola.

Na altura em que parte para Luanda, leva escassos três meses de um casamento de que resultarão dois filhos: uma rapariga e um rapaz. Este último, Hugo de seu nome, foi guarda-redes dos infantis da Académica, em 93 e 94, tendo como treinador Carlos Santos e como colegas de equipa, entre outros, Zé Castro, Xano e Miguel Marques. Quando regressa a Portugal, dois meses após o 25 de Abril de 74, Vítor dirige-se à Padre António Vieira. Informam-no de que a secção de futebol fora expulsa da Associação Académica, pelo que a sua situação contratual era confusa. Procura o CAC, então ainda a funcionar em instalações provisórias, nas velhas Piscinas Municipais. Júlio Couceiro, primeiro presidente da recém-constituída colectividade, não hesita em dar-lhe serviço.

A OPÇÃO PELO CAC

Três outros antigos funcionários da secção de futebol tinham optado pelo CAC, correndo os riscos próprios de quem troca a estabilidade profissional por um novo projecto, cujo futuro se apresentava repleto de incertezas. Um deles era o roupeiro Belmiro Pereira de Matos, então já com mais de 30 anos de casa. Nascido nos arredores de Cantanhede, a 28 de Março de 1922, começara a trabalhar na Académica no início dos anos 40. Em 1984, receberia o "prémio Briosa", na sua primeira edição. Morreria três anos depois, a 20 de Julho de 87, ainda e sempre ao serviço do futebol dos estudantes. Outro, era o cobrador Alberto Jesus Vieira, mais conhecido por Alberto "Chocolate". Também se iniciara na década de 40, como sapateiro – função que acumularia, durante muito tempo, com a cobrança de quotas. Atletas como Bentes, Wilson e Torres só aceitavam jogar com botas feitas por ele. Só deixou a Briosa quando morreu, em Maio de 79. O terceiro e último era o administrativo Rui Tavares Gonçalves, ainda hoje secretário técnico na Académica.

Rui Gonçalves nasce na freguesia coimbrã da Sé Nova, a 16 de Agosto de 1957. A 15 de Outubro de 72 é admitido como funcionário da Briosa. Desde muito novo revela uma particular atracção pelo preto: as três equipas de futebol que representa, como defesa central, nos distritais de Coimbra – o Cruzense, o Pedrulhense e o Anobra – alinham de negro. Deixa de jogar à bola aos 25 anos, na sequência de um problema de visão. Em 95, treina as "escolas" da Académica. Nas duas temporadas seguintes orienta os infantis, ao serviço dos quais, uma vez, bate o Pocariça por 27-0 (!). Ainda tem uma curta passagem de dois meses pelos juvenis, mas, logo a seguir, o presidente Campos Coroa chama-o para seu secretário, função que acumulará com a de secretário da direcção e Relações Públicas.

Um dia, já casado e pais de duas raparigas, está presente num jantar que o reitor Rui de Alarcão oferece às secções e aos organismos autónomos da Associação Académica. Por brincadeira, o jornalista Nuno Nossa indica-o a um jovem fotógrafo como sendo o "vice-reitor" da Universidade para o futebol. O rapaz gasta um rolo de fotografias com Rui Gonçalves e este ganha uma alcunha para o resto da vida. Coroa passa a apresentá-lo assim a dirigentes de outros clubes. E até os jogadores da Académica o começam a apelidar de "vice".

A REORGANIZAÇÃO

Certo é que, assegurada a permanência de Belmiro Matos como roupeiro e de Alberto "Chocolate" como cobrador, Rui Gonçalves e Vítor Serôdio serão os grandes reorganizadores dos serviços do futebol da Briosa após 74, quando outros, como Carlos Dias, Francisco Freixo e Joaquim Ferreira Gomes, optam por conservar o vínculo laboral com a Associação Académica e Rui Lobo se vê a braços com problemas internos que culminarão na sua saída da casa.

Dos quatro, Dias era o mais antigo. Nascido na maior freguesia de Coimbra – Santo António dos Olivais –, a 2 de Fevereiro de 1921, trabalhava na secretaria da Académica desde 1949. Fora admitido ao serviço quatro dias após ter completado 28 anos, por sinal na mesma data em que a sua futura mulher celebrava o aniversário. Está bom de ver que os

À ESQUERDA
Os funcionários da secção de futebol, em meados dos anos sessenta: Isabel Matos, José Vide, Carlos Dias (sentado), Carolina Rodrigues (mãe do atleta Rui Rodrigues) e Vítor Serôdio

À DIREITA
O cartão de funcionário do homem com mais anos nos serviços administrativos do futebol da Briosa

Convívio em casa do atleta dos juniores, Pedro, após o primeiro concurso de pesca, promovido por funcionários da Académica, em finais dos anos sessenta. Pedro é o primeiro da fila de baixo, tendo ao lado Francisco Andrade, Cristina (filha de Guilherme Luís), Vítor Serôdio, José Vide e Armando Sequeira. De pé, distinguem-se, entre outros, Alberto "Chocolate", Guilherme Luís, Carlos Dias, Belmiro Matos, Jorge Formigal, António Bentes e o jornalista Costa Santos

NA PÁGINA SEGUINTE
À esquerda, Fernanda Lucas, Ermelinda Ferrão e Amélia Machado, com o guarda-redes Pedro Roma.
À direita, funcionários da Briosa, com amigos, no pátio da Universidade, em dia de cortejo da Queima das Fitas. Entre o grupo, Camila Almeida, Vítor Serôdio, Miranda Barbosa, António Jesus, Margarida Santos, Carmo Rebelo, Isabel Guerra, Rui Gonçalves, Manuel Teixeira, João Ferreira, Saúl Ramos e João Alves

festejos tiveram de ficar para melhor altura... Até porque Carlos Ferreira Dias era, já então, um velho apaixonado pela Briosa. Coleccionava tudo quanto ao seu futebol dissesse respeito, sendo encarado pelos "teóricos" como uma espécie de "biblioteca ambulante" da instituição. E não perdia um treino, quanto mais um jogo. De tal modo que o curso comercial, que frequentava na Avelar Brotero, foi ficando para trás.

Foi com grande pena que os apaniguados do futebol académico o viram quedar-se pela Padre António Vieira, após o 25 de Abril de 1974. Mas o vínculo com a Função Pública, cujos quadros passara a integrar dez anos antes, falou mais alto. Se bem que, em 78, Carlos Dias tenha sido colocado na recém-inaugurada papelaria da sede da Associação Académica, em prejuízo de actividades com um pendor mais executivo, que tanto prezava.

Ao corpo de funcionários que transita para o CAC se juntará, ainda no ano da "revolução dos cravos", Carmo Rebelo. Carmo não é uma mulher qualquer. No currículo, tem seis campeonatos nacionais e quatro Taças de Portugal, ganhas ao serviço do basquete feminino da Académica, que representou durante 12 anos. Isto, como jogadora. Como treinadora, orientou os escalões de formação, entre 73 e 77. E as seniores, na época de 91-92. Casada com outro grande basquetebolista de Coimbra, Pedro Rebelo – de quem tem um rapaz e duas gémeas, todos praticantes da bola ao cesto na equipa estudantil –, Carmo conta ainda com duas presenças na selecção nacional. Por sinal, ambas com a Espanha, em 1976 – altura em que o seleccionado feminino português ainda entrava muito pouco em competição. Nascida na freguesia coimbrã de Almedina, a 26 de Janeiro de 1954, Maria do Carmo Pereira Braga Rebelo é funcionária da Briosa desde 1 de Dezembro de 1974. Em Fevereiro de 2007, foi contemplada pela Associação Académica com um prémio Salgado Zenha: o da dedicação. Igualmente premiado, aliás, foi o marido, este pelo seu trabalho como treinador, designadamente ao serviço da equipa de cadetes femininos que conquistou a Taça Nacional do escalão.

Menos de dois anos depois do ingresso de Carmo no quadro de funcionários, mais exactamente em Março de 76, chega outro homem que, mais de 30 anos volvidos, continua ao serviço dos estudantes. Trata-se do cobrador António Mendes, nascido na freguesia da Sé Nova, em Coimbra, a 6 de Novembro de 1944. Casado, é pai de cinco filhos, que lhe deram meia dúzia de netos.

Ainda no tempo do CAC, são admitidos Maria da Graça Fernandes Seco e António Silva de Jesus. A primeira, auxiliar de limpeza, nasceu em Friúmes, concelho de Penacova, a 29 de Setembro de 1942. Casada e mãe de três filhas, trabalha com o futebol dos estudantes desde 1 de Outubro de 1980. António de Jesus, o "Tó", chega aos serviços administrativos menos de um ano depois – a 8 de Agosto de 81. Também natural do concelho de Penacova, só que de Figueira do Lorvão, é igualmente casado e pai de um rapazito que praticou futebol nas "escolinhas" da Académica. Ambos – Graça e António – têm mais de 25 anos ao serviço da Briosa.

Enquanto o CAC dura – isto é, até 84 –, o conjunto dos funcionários mantém o hábito de se juntar no bar da Faculdade de Direito, no dia do cortejo da Queima das Fitas, para uma comezaina que se prolonga por horas. Enquanto o desfile dos estudantes foi à semana (passou para o domingo na Queima das Fitas de 2008), os empregados da Briosa não trabalharam durante a tarde do cortejo. O almoço dos primeiros dias de Maio é que desapareceu com a transferência dos serviços para o pavilhão Jorge Anjinho. Mais tarde, em 2008, os serviços seriam transferidos para a academia Dolce Vita, mantendo-se ainda parte do atendimento aos sócios no Estádio Cidade de Coimbra. Actualmente, só se mantém o jantar de Natal. O que vale por dizer que também desapareceu o impacto provocado entre os funcionários pelos concursos de pesca realizados entre os anos 60 e 70. Vítor Serôdio, tal como o consagrado futebolista António Bentes, chegou mesmo a integrar a secção de pesca do CAC.

Hoje, sempre que pode, Vítor ainda pega na cana e parte à procura de peixe. Mas os animados convívios de há trinta e tal anos não são mais do que uma recordação. Como muitas outras experiências que viveu junto do futebol da Briosa, ao longo de mais de quatro décadas de serviço. O que não o impede de confessar: "Só pelos primeiros dez anos, já tinha valido a pena vir para a Académica!".

FUNCIONÁRIOS EM 2011		
NOME	**FUNÇÃO**	**ADMISSÃO**
Vítor Manuel Serôdio Figueiredo	Secretário-Geral	30 – 6 – 1964
Rui Tavares Gonçalves	Secretário-Técnico	15 –10 – 1972
Maria do Carmo Pereira Braga Rebelo	Administrativa	1 – 12 – 1974
António Mendes	Cobrador	1 – 3 – 1976
António Silva de Jesus	Administrativo	8 – 8 – 1981
José Filipe Branco Ribeiro	Roupeiro	1 – 6 – 1986
Maria Fernanda Dias Pereira Lucas	Costureira	1 – 6 – 1986
Saúl Ramos	Motorista	1 – 12 – 1986
José António Neves Leitão	Roupeiro	1 – 5 – 1988
Isabel Margarida Pereira Costa Garrido	Administrativa	1 – 9 – 1988
Maria de Fátima Domingos Brás	Oper. de máquinas de limpeza	1 – 9 – 1988
Sérgio Daniel Pereira Abrunheiro	Administrativo	17 – 4 – 1989
Maria de Lurdes Rodrigues Figueiredo	Auxiliar de limpeza	1 – 6 – 1989
Manuel Jesus Ferreira Oliveira	Administrativo	1 – 6 – 1990
Adelino Simões de Almeida	Guarda do Pavilhão	1 – 3 – 1991
Ermelinda Ventura Pereira Forte Ferrão	Coord. dos serviços de limpeza	1 – 6 – 1991
Mário João Vagos Serpa	Administrativo	15 – 9 – 1999
Vasco José Simões Barbosa Nunes	Motorista	15 – 10 – 2002
Maria Filomena Santos Nunes	Secretária da direcção	1 – 4 – 2003
Ana Isabel Mendes Cordeiro Cunha	Administrativa	1 – 11 – 2003
Sandra Lourenço Rosa	Secretária administrativa	1 – 2 – 2005
Eduardo Almeida Ribeiro Cruz	Roupeiro	1 – 8 – 2006
Pedro Alexandre C. Mendes Leão Bastos	Roupeiro	8 – 9 – 2006
José Alberto Gonçalves Guerra	Roupeiro	8 – 9 – 2006
Rogério Augusto de Sousa Coimbra e Cruz	Director serviços e instalações	1 – 9 – 2008
Fernando Manuel Vaz	Guarda da Academia	1 – 9 – 2008
José Caldeira	Guarda da Academia	1 – 9 – 2008
Silvia Leonor Colaço Ramalhete	Chefe de divisão de logística e eventos	1 – 1 – 2009
Luis Pedro Oliveira Cabral	Chefe de divisão de associados	6 – 1 – 2009
Nuno Joaquim Castro Pereira	Director executivo/financeiro	1 – 4 – 2010

A OBRA SOCIAL

Aqui está uma coisa de que talvez nenhuma outra colectividade desportiva possa orgulhar-se. Mas, na Académica, ela é fundamental. Não apenas devido aos cento e muitos jogadores que se licenciaram ao seu serviço. Não apenas devido aos muitos outros que se formaram mais tarde – em Coimbra ou noutra qualquer Universidade do país –, mas realizaram boa parte dos seus cursos enquanto atletas da Académica. Não apenas devido aos dois doutorados que já saíram das suas fileiras. Tudo isto só foi possível por causa de uma filosofia, vigente durante décadas e décadas, segundo a qual os atletas da Briosa eram, primeiro que tudo, estudantes, e só depois jogadores de futebol.

Foi essa filosofia que conduziu a que, ao longo de anos, se pagassem os livros e a matrícula aos futebolistas, favorecendo o próprio apoio dos pais à deslocação para Coimbra. A que se disponibilizassem explicadores. E até a que, na segunda metade da década de 1960, se tivesse criado um Colégio, mesmo em frente da sede da Associação, na rua Padre António Vieira. Só assim foi possível, a muitos rapazes com habilidade para a bola, mas filhos de gente com dificuldades financeiras, tirarem os seus cursos.

Muita coisa mudou nos últimos anos, nos mais diversos domínios. Na derradeira década, só se licenciaram seis jogadores da Académica.

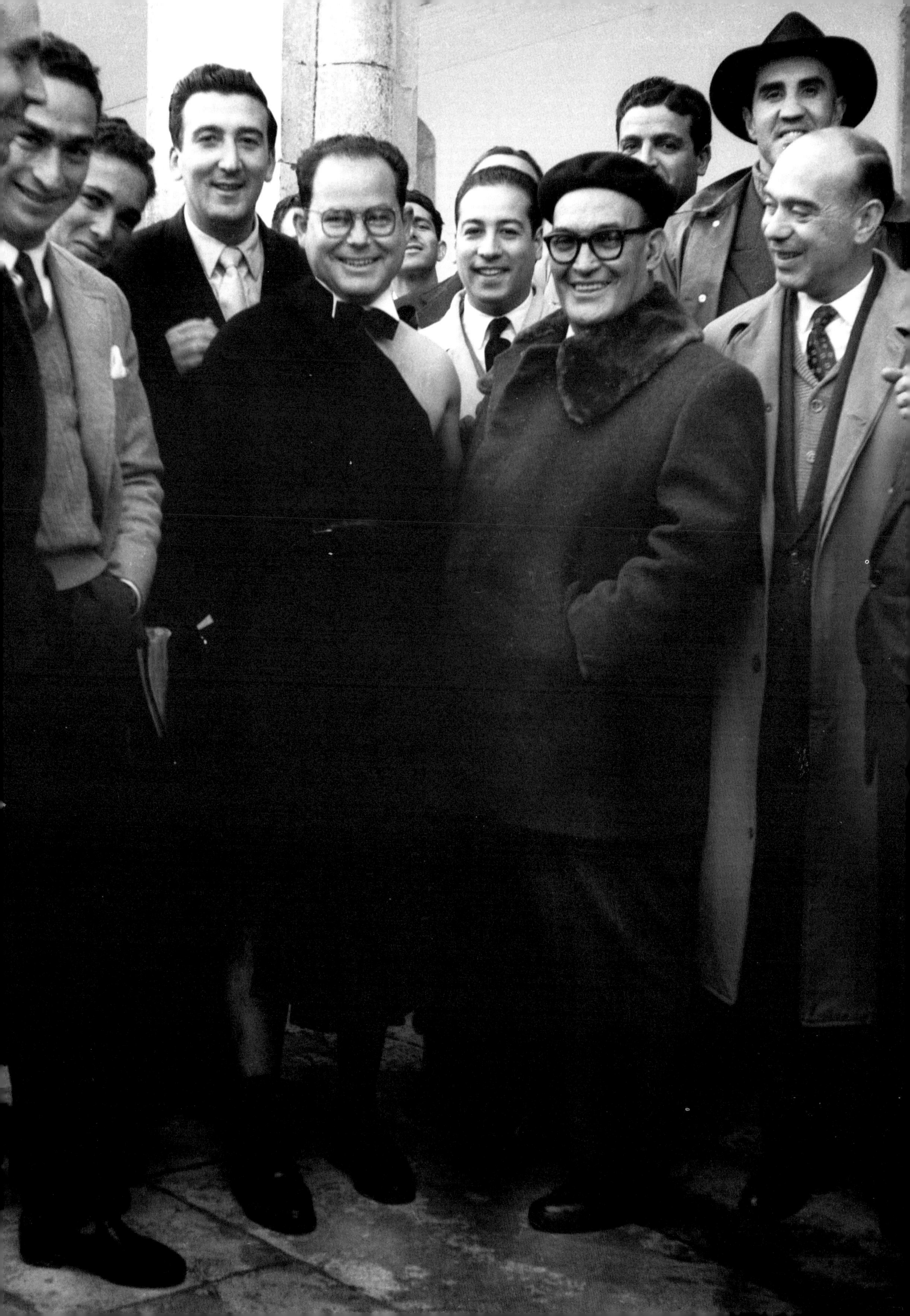

Melo e Azeredo: a Faculdade de Medicina foi, claramente, aquela que mais licenciados deu à Académica

NA PÁGINA ANTERIOR Nana no dia do seu "rasganço", a 18 de Dezembro de 1956. Ao lado, com a sua inconfundível boina, Cândido de Oliveira. Atrás, à esquerda, o "teórico" Augusto Martins

"A FORMATURA ERA UM CAMPEONATO que se ganhava para a Académica". A afirmação é do falecido Carlos Dias, funcionário da Briosa durante décadas, e foi registada por uma revista estudantil, em Março de 1988. Mas podia, muito bem, pertencer a qualquer outro velho adepto, que se orgulhava da incomparável obra social da instituição, pelo menos, tanto como dos sucessos desportivos.

No total, são bastante mais de uma centena os estudantes que concluíram os seus cursos, superiores ou médios, enquanto jogadores de futebol da equipa principal da Académica. Dois deles, Joaquim Branco e João Maló (condecorado pelo Presidente da República em 2011, pelo seu percurso académico e profissional), fizeram depois o doutoramento. Curiosamente, ambos na área da Medicina, de longe aquela que mais licenciados produziu, entre os atletas da Briosa. Isto, iniciando a contabilidade após o começo das competições oficiais, em 1923, e considerando apenas aqueles que participaram nas provas de âmbito nacional (por se ter revelado impossível proceder a um levantamento completo, que incluísse o período anterior e os jogadores que apenas disputaram provas distritais). O que deixa de fora dezenas de nomes, incluindo atletas da importância de um António Borja Santos ou de um Augusto da Fonseca Júnior (celebrizado pela alcunha de "O Passarinho") e homens como Francisco Nobre Guedes, embaixador de Portugal em Berlim durante a II Guerra Mundial e antecessor de Marcelo Caetano na chefia da Mocidade Portuguesa, e Filipe Mendes, governador civil de Lisboa na primeira República. Certo é que, em Agosto de 44, já se escrevia no "Diário de Coimbra", em primeira página: "Ele (o grupo de futebol da Académica) ultrapassou as fronteiras do desporto, para vir construindo uma grande obra social, cujos resultados são positivos, palpáveis e reais".

Dificilmente teria sido assim, sem uma política que se traduzia no pagamento, pela Briosa, do alojamento, da matrícula e dos livros de estudo dos seus jogadores. Política que, por sua vez, resul- tava de uma filosofia que um dirigente sintetizava deste modo, num boletim editado no princípio dos anos 70: "Os nossos atletas são, primeiro que tudo, estudantes, e só depois praticantes de futebol".

A verdade é que alguns deles provinham de famílias com enormes carências económicas. Outros – ou os mesmos –, chegavam a Coimbra com a formação escolar muito atrasada, ou interrompida há longos anos. Os casos dos defesas-esquerdos António Marques e Zé Nando, com três décadas de diferença, são paradigmáticos. O guarda-redes Cardoso, por seu lado, confessava à velha revista "Capa e Batina": "Se não tivesse vindo para a Académica, creio que tinha deixado de estudar. Arranjava um emprego em Lourenço Marques, habituava-me à ideia de receber um ordenado ao fim do mês, e... adeus livros".

SEMPRE LIGADOS À UNIVERSIDADE

Uma apreciação rigorosa da obra social da Académica aconselha, porém, a que ao número de atletas formados ao seu serviço, sejam adicionados os futebolistas que, embora tendo concluído as licenciaturas já com outra camisola vestida – ou mesmo depois de terem pendurado as botas –, fizeram boa parte do seu percurso escolar enquanto jogadores da Briosa. Foi o que aconteceu, entre muitos mais, com Teófilo Esquível, Armando Sampaio, Mário Cunha, Marta, Manuel Castro, Artur Jorge, Ernesto, João e Rui Campos, Marcelo, Tó Sá e Mickey. Vários deles, aliás, formaram-se pela Universidade de Coimbra, na qual nunca deixaram de estar inscritos, mesmo depois de, por diferentes motivos, terem deixado de representar a Académica.

Assim se passou com Castro, outro exemplo emblemático. Aportou às margens do Mondego em 1963, proveniente do Belenenses, com 25 anos e já casado. O curso industrial que trazia de Lisboa, não lhe servia para nada, em termos de acesso à Universidade. Para efeitos práticos, era como se apenas tivesse a instrução primária. Três anos depois, estava a fazer a aptidão à vetusta Escola, que só deixou com o "canudo" na mão. Quando concluiu a última cadeira da licenciatura em Química, no início de 73, fez questão de se sujeitar ao "rasganço" com os seus antigos colegas de equipa, apesar de já não residir em Coimbra desde Agosto de 72, altura em que regressara ao clube de Belém. Depois de ainda ter sido adjunto de Wilson e de Juca, quando uma grave fractura do menisco, num encontro com o Sporting, o afastou dos relvados por muito tempo.

O "Diário de Coimbra" não deixa de dar conta da formatura de Castro, na sua edição de 8 de Fevereiro de 1973. O jogador aproveita para tornar públicas as suas ideias, dirigindo-se em especial aos candidatos a atletas da Briosa: "Venham só com o firme propósito de tirar aquilo que a Académica, por princípio, deseja dar: um curso. De contrário, há prejuízo para o atleta, que perde o seu tempo, e para outros que podiam aproveitar e têm, assim, os lugares preenchidos."

Outros não chegaram tão longe. Mas a passagem pela Académica permitiu-lhes elevar consideravelmente a formação escolar. O extremo-esquerdo Serafim, campeão europeu de juniores, internacional sénior e ex-atleta do FC Porto e do Benfica, também vestiu a camisola preta, pela primeira vez, aos 20 e muitos anos. Abandonara os livros há seis. Não chegou a licenciar-se. Mas ainda completou uns anitos no Instituto Industrial. Um dia, confidenciou à "Capa e Batina": "Um profissional da bola, se se deixa embalar pelas maquias mais ou menos volumosas que recebe ao fim do mês e não pensa que as pernas não duram sempre, vê-se normalmente na situação pouco invejável de marginal em relação à sociedade".

Há, ainda, os casos particularíssimos de Vítor Manuel e de Germano. Ambos jogaram pela Briosa durante muitos anos. Quando concluíram os respectivos cursos, porém, já tinham abraçado a carreira de treinador. Uma carreira que, aliás, também passou – e muito! – pela Académica. Quando se formou em engenharia, Germano treinava os juvenis. Quando concluiu Contabilidade e Administração, em Setembro de 87, Vítor Manuel orientava a equipa principal.

Então, verificava-se já uma quebra acentuada no número de licenciados saídos das fileiras da Briosa. Tendência que os anos mais recentes vieram confirmar. Na última década, apenas concluíram os seus cursos superiores Tó Sá, Zé Nando, Pedro Roma, Eduardo, Miguel Rocha e Nuno Piloto. Este último chegou mesmo a fazer o seu mestrado, em Junho de 2009, ainda como futebolista profissional da Briosa, no final de uma época em que ostentou a

Joaquim Branco (à esquerda, a ser felicitado pelo psiquiatra Elysio de Moura) e João Maló: dois atletas da Académica que atingiram o doutoramento

À ESQUERDA
Os dirigentes Fernando Lemos e Pacheco Mendes, em Fevereiro de 1967, à conversa com Octávio Chau, à porta do Externato da Secção de Futebol, na rua Padre António Vieira

À DIREITA
Vítor Campos, em 14 de Outubro de 1971, a festejar a conclusão da licenciatura

braçadeira de "capitão". Era, então, o futebolista mais qualificado do futebol profissional português, mas sairia na Briosa poucas semanas depois, rumo à Grécia. Mas, a preocupação com o rendimento escolar dos atletas chegou a ser de tal ordem que levou à criação de um Externato, na segunda metade dos anos 60.

Em Julho de 65, entrara em vigor o novo regulamento sobre as relações clubes-jogadores, mediante o qual estes não podiam transferir-se, mesmo se em final de contrato, sem o consentimento do emblema que representavam. Um regulamento que muitos interpretavam como basicamente destinado a impedir a saída de Eusébio para o estrangeiro, mas que abria uma excepção para a Académica: podiam transferir-se para a Briosa os atletas que possuíssem como habilitação mínima o segundo ano dos liceus. Em contrapartida, como aliás já era política vigente na secção de futebol, esta não exercia o chamado direito de opção sobre os seus jogadores, que estavam autorizados a mudar de ares sem qualquer compensação financeira para a casa. Mesmo tratando-se de futebolistas que entretanto se valorizaram muito, como aconteceu, por exemplo, com Artur, Rui Rodrigues e Carlos Alhinho.

O EXTERNATO DA SECÇÃO DE FUTEBOL

Inicialmente previsto para as próprias instalações da Associação Académica, o Externato acabou por se localizar num edifício em frente, na mesma rua Padre António Vieira. Ministrava aulas do ensino secundário, tendo começado a funcionar em Outubro de 1965, ainda na vigência da direcção presidida por Ubach Ferrão. Foi esta direcção que explicou ao Governo os objectivos do Externato, em carta onde, depois de estimar as despesas anuais de funcionamento em 540 contos, se reclamava apoio para a iniciativa: "Porque queremos um Colégio junto das nossas instalações? A resposta só pode ser uma: para mais de perto vigiarmos o aproveitamento escolar dos nossos rapazes e para melhor e mais coincidentemente os prepararmos para a Universidade e para a vida quando, um dia, já não puderem representar a Académica em futebol".

Com as equipas directivas lideradas por António de Almeida e Costa, vice-reitor do liceu D. João III, o Externato conheceu um novo impulso, traduzido na criação de uma extensão, na rua Lourenço de Almeida Azevedo, na fixação de um corpo docente próprio, e no alargamento do número de horas de aulas. Tinha como directora Maria Elisa Pinto Mendes de Queirós, que em Dezembro de 1966 fazia um primeiro balanço na revista "Via Latina": "Para nós, professores, representou uma agradável experiência, ao ver os rapazes da bola dedicarem-se a sério aos estudos".

O Colégio, aberto a atletas de outras secções desportivas da Briosa, possuía um único funcionário próprio, destacado pela direcção da Associação Académica: Armando Santos Sequeira, conhecido por "o reitor", no meio dos estudantes. Entre estes encontraram-se, logo nos primeiros tempos de vida do estabelecimento, futebolistas como Manuel Castro, Artur Jorge, Augusto Rocha, Mário Campos, José Belo, António Marques e Toni.

Isto, foi há quase quatro décadas. Uns 20 anos antes de o funcionário Carlos Dias, que começara a trabalhar na Académica em 1949, responder ao repórter da revista "Briosa", que queria saber quais os seus melhores momentos na instituição: "Era quando havia uma formatura. Para nós, era como quem ganhava um campeonato. Eu dizia aos 'tipos' do União, do Benfica, do Sporting, etc., quando nos lembravam que íamos nos últimos lugares, que nesse dia tinha havido mais uma formatura, e eles calavam-se".

ATLETAS QUE CONCLUÍRAM O CURSO AO SERVIÇO DA ACADÉMICA

Ciências: Jaime Redondo, José Brás, Nicolau Messias, João Macedo, Jorge Alberto Santos, Nelo, Arlindo Saraiva, Armelim Viegas, Tó Sá e Nuno Piloto. **Ciências da Educação:** Zé Nando. **Ciências do Desporto e Educação Física:** Pedro Roma. **Contabilidade e Administração:** Mito. **Direito:** Augusto Pais, José Neto, Fernando Pais, Vítor Manuel Gomes, Renato Ferreira, Diógenes Boavida, Vasco Gervásio, António Marques e José Belo. **Economia:** Carlos Pinho e João Marrafa. **Engenharia:** Francisco Prudêncio, João de Sousa, António Matos, Jorge Lomba, Nana, Joaquim Albino, Mário Mousaco, Eugénio Cunha, António Gonçalves, Armando Araújo, Rogério Cardoso, António Martinho, Rogério Delgadinho, Brasfemes e Camilo Conceição. **Farmácia:** Nini, Joaquim Micael, Alberto Cruz, Ataíde Portugal, Alberto Sousa e Rui Rodrigues. **Fisioterapia:** Miguel Rocha. **Letras:** José Barata, Cristóvão Lima, Alberto Gomes, Manuel de Oliveira, Diogo de Sousa, Joseph Wilson e Rui Maia. **Magistério Primário/Ensino Básico:** Alexandre Portugal, Tara, Bernardo Pimenta, António Bentes, José Miguel, António Lemos, Alberto Bento e Eduardo Martins. **Medicina:** Joaquim Miguel, José Afonso, Guedes Pinto, Albano Paulo, António Guerra, Carlos Pimentel, Isabelinha, Rui Cunha, Veiga Pinto, Filipe dos Santos, Cesário Bonito, Adriano Caseiro, Tibério Antunes, José Maria Antunes, Zeferino Pinto, Eduardo Lemos, Aristides Rosa, Taborda, Francisco Poupinha, José Veiga, Emílio Moreira, Pedro Azeredo, António Melo, Joaquim Branco, Eduardo Santos, Óscar Almeida, Milton Gamelas, Aníbal Costa, António Teixeira (Teixeirinha), Guilherme Wilson, Álvaro Duarte, Rui Gil, Mário Torres, Francisco Abreu, Malícia, Francisco Delfino, José Figueirinhas, Arménio Frias, Jorge Humberto, Manuel Balonas (Manecas), João Maló, Vítor Campos, Manuel António, Mário Campos, Luís Eugénio e Frederico Valido. **Ciências Militares:** José Catela, Carlos Faustino e António Travanca. **Regente Agrícola/Engenharia Técnica Agrária:** António Galante, Gil Vicente, Manuel Tendeiro, Eduardo Curado, Álvaro Abreu, Oliveira Santos, Octaviano de Oliveira, Peseta, César Machado, António Grangeia, António Tito, Francisco Bagorro, Samuel Veiga, António Curado, Gaio, José Crispim, Oliveira Duarte, Carlos Alhinho, António Jorge e José Freixo.

À ESQUERDA
Dois atletas-estudantes da Académica, em dia de cortejo da Queima das Fitas: Pedro Roma e Miguel Rocha

À DIREITA
Nuno Piloto defende, a 5 de Junho de 2009, a tese de mestrado subordinada ao tema: "A utilização da Eritropoietina (rh EPO) no doping: estudos dos efeitos cardio-vasculares e metabólicos em ratos submetidos a exercício físico"

O SECTOR DE FORMAÇÃO

É IMPOSSÍVEL FALAR EM FORMAÇÃO, na Académica, sem falar no Campo de Santa Cruz: mesmo após a partida dos seniores para outras paragens, ele continuou sendo, durante anos e anos, a "casa" dos escalões jovens, guardada por Francisco Freixo. Como é impossível não falar em Oscar Tellechea, o carismático treinador argentino que, ao conquistar os campeonatos de juniores de 51-52 e 53-54, se transformou no técnico com mais títulos nacionais conquistados para a Briosa. Como é impossível, entre muitas outras coisas, não falar daquela equipa de infantis do princípio dos anos 90, treinada por José Viterbo, que alcançou 16 vitórias em outros tantos jogos, tendo atingido a bonita soma de 177-0 (!) em golos marcados e sofridos.

Mas também não é possível falar em formação, na Académica, sem falar nas lacunas em matéria de infra-estruturas, que tantas vezes levaram jovens atletas (e treinadores, e seccionistas, e pais...) a fazer a figura do caracol, arrastando a casa às costas. Com todas as consequências que isso implica, designadamente em termos de estudos, de transportes e, até, de despesas. Como, de resto, não é possível falar em formação, na Académica, sem falar na crónica falta de dinheiro. Este último problema, ainda por cima, não é minorado, sequer, pelos novos campos do Bolão. Nem pela Academia "Briosa XXI".

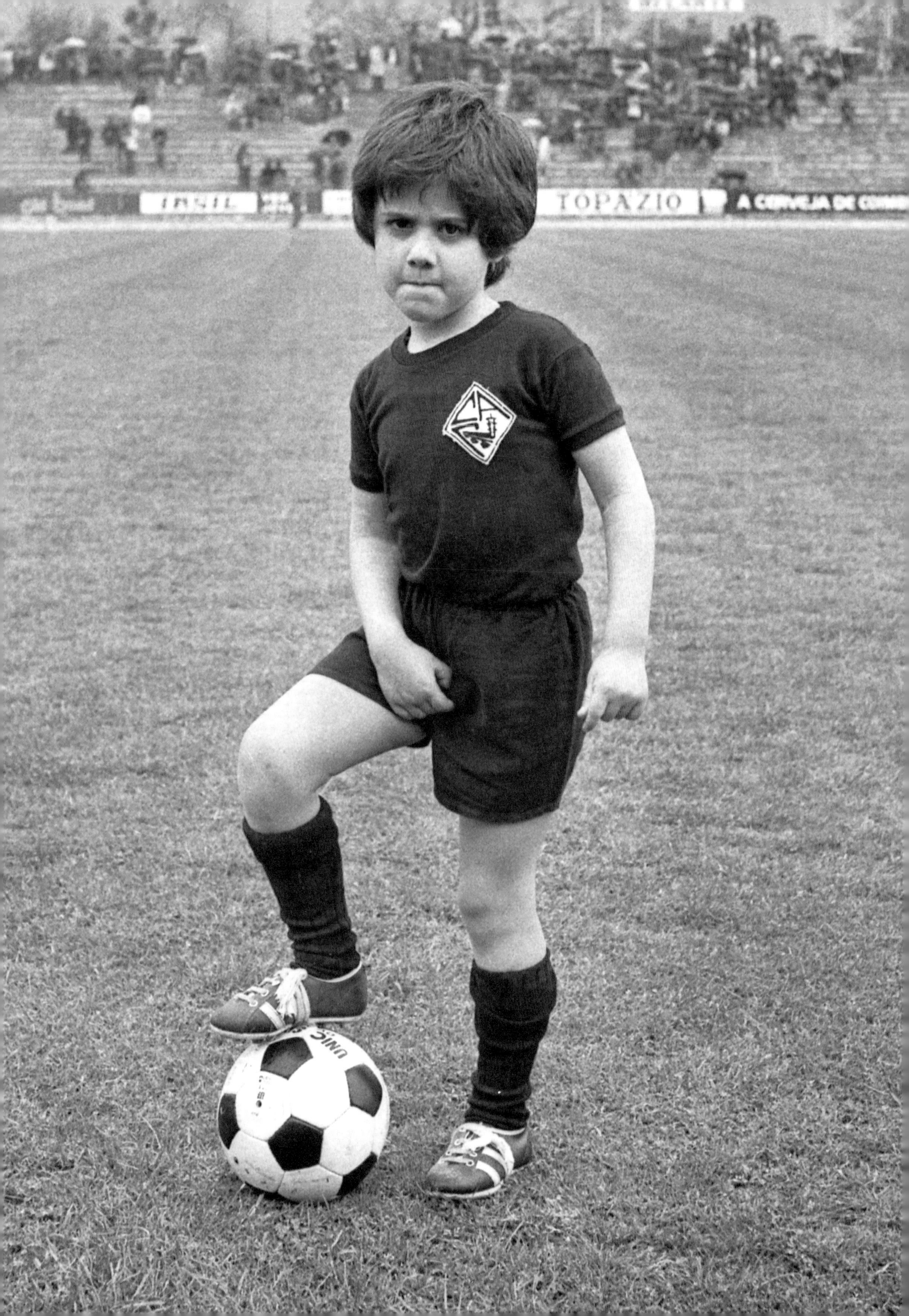
TOPAZIO

À ESQUERDA
O treinador António Bentes levado aos ombros, após a conquista do campeonato nacional de juvenis, em 1967

À DIREITA
Fernando Avidago: um dos muitos dirigentes especialmente dedicados ao sector de formação

"A FORMAÇÃO É A ÚNICA VIA de desenvolvimento possível para a Académica. Por motivos históricos e por motivos financeiros". Quem o afirma, à semelhança do que disseram muitos outros antes dele, é Luís Neves, vice-presidente da Briosa para o sector, entre 2003 e 2008. Na época de 2006-2007 – a mesma em que nasceram, finalmente, dois novos campos de treino, no Bolão –, a sua ideia traduziu-se na movimentação de 340 atletas, distribuídos por 18 equipas e acompanhados por 20 treinadores e 15 seccionistas. Nove jogadores, entre juniores, juvenis e iniciados, foram chamados aos trabalhos das respectivas selecções nacionais.

A verdade é que, intenções à parte, nem tudo têm sido rosas na vida do sector de formação da Briosa, que no passado deu à instituição e ao futebol português atletas como Mário Torres, Costa, Mário Campos, Álvaro, Dimas, Carlos Simões, Sérgio Conceição e Gregório, entre tantos e tantos outros. Além de quatro títulos nacionais – três em juniores e um em juvenis –, de incontáveis participações nas fases derradeiras dos respectivos campeonatos e de uma quase completa hegemonia ao nível distrital.

Em épocas mais recentes, em contraste com este historial, os chamados escalões jovens têm sido obrigados a desdobrar-se por diversos campos da região, por falta de recinto de jogo próprio. Um problema que se agravou com a impossibilidade de utilização do Estádio Universitário e com as restrições no Municipal de Taveiro, ao mesmo tempo que se foram esgotando os sucessivos prazos anunciados para a edificação de novos campos de treino no Bolão, que só viram a luz do dia no final da temporada de 2006-2007. Mas que, verdadeiramente, começou a colocar-se em Fevereiro de 2002, com o início das obras em Santa Cruz.

O velho recinto, construído na antiga quinta dos frades crúzios, funcionou, durante décadas, como uma espécie de sede das camadas jovens da Briosa, religiosamente guardada por Francisco Freixo, desde os finais dos anos 50. Nele cresceram – além de nomes como os atrás citados, que atingiram a selecção principal de Portugal – muitos outros atletas que se tornaram figuras relevantes da primeira equipa da Académica, pela qual efectuaram uma centena de jogos, pelo menos: Miguel Rocha, Pedro Roma, José Freixo, António Nazaré Curado, Brasfemes, Vala, Germano, Nana, Mickey, Belo, Martinho, Freitas, Tozé, Araújo, João Campos, Lucas, Febras e Jorge Humberto. Isto, sem esquecer futebolistas que, embora tendo disputado menos partidas, nem por isso deixaram de ser influentes nas suas épocas: casos, entre outros, de Nene, Alexandre Alhinho, Mário Wilson (filho), Hélder, Tó Luís, Zé Paulo, Vítor Manuel, Marito, Marcelo, Rui Campos, Luís Filipe e Zé Castro.

Mas em Santa Cruz também "viveram", dias infindáveis, dirigentes e seccionistas da dedicação de um Armando Fidalgo, de um Carlos Canelas, de um Carlos Sousa, de um Fernando Avidago, de um Fernando Peres, de um João Ferreira, de um Manuel Barros, de um Manuel Teixeira e de um Vítor Fernandes, entre muitos outros. E nele trabalharam, horas e horas a fio, treinadores como Oscar Tellechea (duas vezes campeão nacional de juniores), Alberto Gomes (também campeão de juniores), António Bentes (campeão nacional de juvenis), José Crispim, António Nazaré Curado, Francisco Andrade, Gregório Freixo e José Viterbo.

Aliás, ao arrecadar os títulos de juniores de 51-52 e de 53-54, o argentino Tellechea tornou-se mesmo o técnico que mais campeonatos nacionais conquistou para a Académica. Ele, que na época de 50-51 já levara os juniores à meia-final do campeonato e os seniores à final da Taça de Portugal. Na temporada anterior, a de 49-50, Alberto Gomes – ex-atleta e treinador dos seniores em várias ocasiões – conquistara para a Briosa o primeiro campeonato de juniores da sua história, à frente de uma equipa que contava, por exemplo, com Mário Torres. E mais de década e meia depois, na mítica época de 66-67, seria a vez de outro grande antigo jogador, António Bentes, alcançar a vitória no "Nacional" de juvenis, selando o quarto grande êxito competitivo da Académica, ao nível dos seus escalões de formação. Um êxito que não mais voltou a repetir-se.

PROBLEMAS ANTIGOS...

Voltando aos tempos do Santa Cruz antes das recentes obras, concluídas em Outubro de 2008. Pelado quando uma grande quantidade de clubes já contava com relvados para os seus jovens, o velho recinto confrontava-se com um problema de sobreocupação que, frequentemente, impedia os rapazes de treinarem em campo inteiro. Nada que inviabilizasse, é certo, o aparecimento de turmas como uma de infantis que, no princípio dos anos 90, obteve 16 vitórias em outros tantos jogos de campeonato distrital, marcando 177 golos, sem sofrer um único. Treinava-a José Viterbo e nela joga-

EM CIMA, À ESQUERDA
António Curado, em pleno balneário de Santa Cruz, numa prelecção à "sua" equipa de juvenis de 1988-1989

EM CIMA, À DIREITA
Os juniores de 71-72, a primeira equipa treinada por José Crispim. Atingiram as meias-finais do campeonato, onde foram derrotados pelo FC Porto.
De pé: Tavares, Fidalgo, Nelson, Nunes, Alexandre Alhinho, Ramos, Carlos, Cosme, Seixas e Crispim; à frente: Mário Wilson, Murteira, Américo, Cardoso, Teixeira, Carneiro, Filipe e Costa. Este último, entretanto promovido aos seniores, já não participa na fase final, o que representa uma grande perda

EM BAIXO
Cartaz de promoção de um dos vários torneios entre equipas dos escalões de formação, promovidos pela Académica

À ESQUERDA
Vítor Bruno, filho de Vítor Manuel, um dos muitos atletas da formação da Académica que terminou o seu curso superior

vam, nomeadamente, André Lage, Carlos Lebres, Dani, João Morais, Miguel Marques, Rui Miguel, Xano e Zé Castro. Todos estes, técnico incluído, mantiveram um percurso comum até à equipa B, existente entre 2002 e 2004.

De resto, também não foram as velhas lacunas em matérias de infra-estruturas que impediram a organização, na década de 80, de torneios de juniores que chegaram a contar com a presença dos mais cotados emblemas nacionais e, até, de clubes estrangeiros. Baptizados com o nome de Cândido de Oliveira, estes torneios, normalmente efectuados na Páscoa, serviam, sobretudo, para aumentar a "rodagem" dos atletas, ao mesmo tempo que possibilitavam o alargamento dos horizontes sociais e desportivos destes e ainda permitiam a "descoberta" de novos talentos. Uma vez, o troféu para o melhor jogador da prova foi atribuído a Paulo Ferreira, atleta do Belenenses. Dois anos depois, o extremo-direito estava na Académica. O mesmo objectivo procuraram atingir, anos mais tarde, os torneios Mendes Silva, dirigidos às classes mais jovens de todas. Aqui, naturalmente, com uma grande componente lúdica e de convívio com os restantes escalões do futebol da Briosa.

Em todo o caso, problema maior do que o da falta de espaços, talvez só mesmo o da ausência de dinheiro. "Havia alturas em que não existiam 25 tostões na gaveta", garante José da Paz Olímpio, um "histórico" no acompanhamento dos escalões jovens da Académica. "A necessidade aguça o engenho", já se sabe, e assim nasceu a ideia da criação, em 1983, do "Mercado Negro" – uma loja na antiga sede dos Arcos do Jardim, onde se vendia um pouco de tudo. Desde material de propaganda da Briosa a vulgares pares de meias, incluindo boletins do Totobola e bilhetes para os jogos de futebol. "Uma vez, em dia de partida com o Porto, conseguiram-se mais de 300 contos de receita", recorda Fernando Avidago, vice-presidente com o pelouro da formação, na segunda metade dos anos 80. Paz Olímpio, que pertenceu a várias direcções e passou muito dia e muita noite a atender gente no "Mercado", recorda-se perfeitamente disso. Carlos Sousa, que a partir de 1984 integrou o departamento de futebol juvenil durante cerca de uma década, também.

...E PROBLEMAS NOVOS

Desde 2003, o departamento foi chefiado por Luís Neves, com o apoio de Henrique Cruz e de António José Figueiredo, mais conhecido por "Tozé", antigo jogador e ex-treinador de praticamente todos os escalões jovens da Académica. "A política dos últimos anos tem-se pautado pela necessidade de alargar a base de recrutamento", garante Neves, para quem o objectivo do sector de formação é "alimentar a equipa principal" e "não os outros clubes da região", quase todos a disputarem campeonatos secundários.

Outra preocupação, assegura, tem sido a de encontrar explicadores para os atletas-estudantes. Na linha, de resto, de iniciativas no mesmo sentido, tomadas por dirigentes anteriores. No passado, tal tarefa foi, muitas vezes, desempenhada por universitários, membros das claques ou grupos de apoio da Académica. Isto designadamente quando, por iniciativa de uma direcção presidida por Jorge Anjinho, uma sala de estudo funcionou na rua Venâncio Rodrigues, no mesmo local onde, mais tarde, seria instalado o pub "Briosa" e, posteriormente, a discoteca "Buraco Negro".

Na época de 2006-2007 encarregaram-se da missão, direccionada para os juniores e os juvenis, seis professores devidamente habilitados: Carlos Sá Furtado, Guadalupe Rodrigues, Joana Lopes, Maria São José Louro, Nuno Martins e Sandra Nabiça. As explicações, totalmente gratuitas, decorreram numa pequena sala do pavilhão Jorge Anjinho, decorada com motivos alusivos à Académica. A esperança dos responsáveis é que, com a conclusão da Academia "Briosa XXI" e das salas de estudo que para ela estão projectadas, as condições possam melhorar substancialmente.

O chefe do departamento de formação assume, em contrapartida, "um claro retrocesso no acesso dos jovens à equipa principal". No início da temporada de 2006-2007, Pedro Roma, Nuno Piloto, Vítor Vinha e Sarmento eram os únicos jogadores da turma sénior formados na Académica. A eles se juntou, em Janeiro de 2007, um dos nove jovens da Briosa chamados aos trabalhos das selecções nacionais durante a época: Pedro Ribeiro, "produto" dos juniores orientados por Rui Silva, outro treinador com vários anos ao serviço dos escalões de formação. Mesmo assim, nem vale a pena ir mais longe: no ano anterior, a Roma, Piloto, Vinha e Sarmento, tinham de acrescentar-se os nomes de Zé Castro (que no fim da temporada partiu para o Atlético de Madrid), de Rui Miguel (dispensado), de Ito e de Fausto (emprestados ao "satélite" Tourizense).

Outro domínio em que se verificou um nítido recuo foi no aproveitamento de atletas oriundos dos chamados "grandes", muitas vezes cedidos no período de transição de juniores para seniores. Foi ao abrigo dessa política que, no passado, a Académica captou para as suas fileiras – definitiva ou temporariamente – jogadores como Gervásio, Maló, Artur Jorge, Belo, Vieira Nunes, Mito, Bandeirinha, Fernando Couto, Abel Silva, Pedro Xavier, Vítor Nóvoa, Parente, Tomás, Nuno Luís, Hilário, Tonel e Alhandra. No fim da época de 2006-2007, havia um atleta em Coimbra nessa condição: Hélder Barbosa.

Em 1923, quando ainda não se pensava em políticas de formação, a Académica disputou a final do primeiro Campeonato de Portugal, com o Sporting, apresentando em campo um jogador de 16 anos: Gil Vicente. Mais de sete décadas depois, durante a época de 1996-1997, o então vice-presidente Fernando Pedro Almeida Baptista, apresentou ao Ministério da Educação, em nome da direcção da Briosa, um projecto para a criação de uma escola de futebol da Académica, liderada por Nelo Vingada. Antes, o presidente Fernando Mendes Silva, ele próprio antigo responsável pelas camadas jovens, preconizara uma via semelhante. A verdade é que a ideia ficou em "águas de bacalhau" e Almeida Baptista afastou-se do núcleo dirigente pouco depois. Uma década volvida, porém, Luís Neves chegou à mesma conclusão a que chegaram o antigo vice-presidente e muitos outros, antes e depois dele: "Por motivos históricos e financeiros, a formação é a única via de desenvolvimento possível para a Académica".

A Luís Neves sucedeu Camilo Fernandes que apostaria, durante o seu mandato, em Pedro Roma para director de formação da Briosa, lugar que ocupa até Julho de 2011. António José Figueiredo, eleito vice-presidente nas eleições de Junho de 2011, passa a ser o novo responsável máximo da instituição para as camadas jovens.

A conclusão da Academia Dolce Vita, com todas as valências que esse novo equipamento incorpora, permite agora pensar na formação em moldes bem diferentes. Já é possível aos jovens da Briosa treinarem no Bolão e ali jogarem na maioria das vezes. O primeiro jogo oficial ali disputado realizou-se a 21-02-2009 e a equipa de infantis entrou com o pé direito vencendo por 8-1 o Zouparria. As condições físicas que durante muito tempo faltaram à Académica já existem, resta aguardar pelo resultado do seu correcto aproveitamento.

A "célebre" equipa de infantis de 1994-1995. De pé: Carlos Sousa (dirigente), Silvério (massagista), Rui Calado, Zé Castro, Miguel Marques, Augusto Roxo (médico), Vítor Bruno, Rui Paulo, André Lage, Piscas (atrás, treinador-adjunto), Ricardo Freixo, Rui Miguel e José Viterbo (treinador); à frente: Xano, Dani, André Santo, João Morais, Pedro Silva, Monteiro, Rico e Gonçalo

A NOVA SECÇÃO

Poucos meses após o 25 de Abril de 74, as coisas parecem clarificadas: o Clube Académico de Coimbra (CAC) dedica-se ao desporto profissional, a nova secção de futebol (SF) ao desporto amador, com especial incidência no nível universitário. Tanto assim é que, apesar das inúmeras feridas abertas, só a posse da "Laurinda", a velha camioneta da Associação Académica de Coimbra (AAC), provoca um conflito a sério entre as duas entidades. De resto, a confusão maior parece residir entre o público, a quem faz uma certa espécie não ver, nos campos onde joga a secção, os atletas da Briosa, cujos nomes conhece de cor e salteado.

Mas, no princípio dos anos 80, a SF inscreve-se na Associação de Futebol de Coimbra, o que lhe permite voltar à disputa das provas federadas. A Direcção-Geral da AAC apoia entusiasticamente a ideia, convencida de que a concretização da mesma dá visibilidade à sua luta pelo regresso em força das velhas tradições académicas. Só que a maioria dos futebolistas não é, ela própria, praxista. Um dia, recusa-se a entrar em campo de capa. O caso dá direito a processo disciplinar e à abertura de um debate sobre o futuro da secção. Certo é que, mais polémica, menos polémica; mais apoio, menos apoio; mais desconfiança, menos desconfiança, a "nova" SF lá prossegue o seu caminho, de mais de 30 anos. Por simples gosto pela prática do futebol.

ASSOCIAÇÃO ACADÉMICA DE COIMBRA

A primeira equipa da Secção de Futebol, após 1974, que defronta o grupo da fábrica de cerâmica Valadares

AO APROVAR A EXTINÇÃO da secção de futebol da Associação Académica, a "célebre" Magna de 20 de Junho de 1974 rejeitou, simultaneamente, uma proposta que visava reconduzir a secção ao mais estrito amadorismo. Na prática, porém, foi esta última ideia que vingou. Poucos dias após a Assembleia estudantil, a secção de futebol, composta exclusivamente por universitários, estava reorganizada. E, apesar das divergências que se foram manifestando, não mais deixou de coexistir, ou com o Clube Académico de Coimbra (CAC), ou com o Organismo Autónomo de Futebol (OAF).

Carlos Filipe, Licínio Alegre e Rui Curto, por sinal todos estudantes da Faculdade de Ciências e Tecnologia, estão entre o "núcleo duro" que mete ombros à tarefa de reorganizar a secção de futebol. No Verão de 74, passam vários dias na rua Padre António Vieira, a acartar mobílias e papéis do rés-do-chão para a sala 65 do quinto andar da sede da Associação Académica, onde se situa a nova "casa" da secção. Ainda antes das férias, uma equipa integralmente composta por universitários, quase todos recrutados entre as turmas de futebol que disputam os torneios inter-faculdades, está a defrontar a fábrica de cerâmica Valadares, em jogo amigável.

Incentivar a prática desportiva entre os estudantes da Universidade torna-se propósito central da secção. Esta realiza, além disso, jogos particulares, um pouco por todo o país. Praticamente todos os fins de semana, muitas vezes coincidindo com festas locais, em jornadas onde o convívio é tão importante como o futebol. "Onde é que estão o Gervásio, o Vítor Campos, o Manuel António?...", é a pergunta que os representantes da secção mais ouvem. Frequentemente, são chamados a disputar torneios universitários, no estrangeiro. É assim que ficam a conhecer Pau, Poitiers, Valência... Quase tão bem como as Pedras Salgadas, Elvas, Santo António das Areias...

O apoio técnico e a selecção dos jogadores são da competência de José Falcão, mestre em Educação Física, que então não tem, em Coimbra, estabelecimento de ensino superior onde possa transmitir os seus conhecimentos. É o próprio reitor, Teixeira Ribeiro, quem, logo após o 25 de Abril de 74, disponibiliza a colaboração do professor – que mais tarde exercerá funções de preparador físico no CAC e na selecção nacional.

"Foi o período mais bonito da secção", considera ainda hoje, em conversa com os autores, Carlos Filipe, avançado-centro de uma equipa de onde não sai nenhum profissional, mas onde há excelentes jogadores. São os casos de Inolan, defesa brasileiro que se licenciou em Medicina; de Quartilho, um médio que fora júnior do CAC e optou por fazer

A equipa da SF que defronta o CAC, a 7 de Outubro de 1981: Vítor Manuel (cap), Luís Futre, Espírito Santo, Costa Pereira, Daniel, Rafael, Ermindo, Chico, Lemos, Quartilho e Pacheco Mendes

carreira como médico psiquiatra; e do próprio Filipe, ex-integrante de uma turma de juniores da Académica onde jogavam atletas da craveira de um Costa ou de um Alhinho. De resto, licenciaram-se quase todos. Um deles, Fernando Seabra Santos, chegaria a reitor da Universidade, em Janeiro de 2003.

Continuam a encontrar-se, pelo menos uma vez por ano, em almoçaradas que se prolongam pela tarde fora, para que são convocados todos quantos passaram pela secção. De vez em quando, realizam umas passeatas ao estrangeiro. "Nunca nos considerámos opositores do CAC. Antes pelo contrário", declara igualmente Carlos Filipe, que só se recorda de uma querela a sério: pela posse da "Laurinda", a histórica camioneta da Associação Académica, que na Associação Académica ficou, com a Direcção-Geral a decidir da sua utilização, entre as diversas secções e organismos.

INSCRIÇÃO NA ASSOCIAÇÃO DE FUTEBOL EM 81

A partir de 1981, as coisas mudam de figura. O grupo dirigente de então, onde pontificam homens como Luís Alcoforado, Joaquim Rodrigues, Luís Artur e Rui Pacheco Mendes, propõe-se inscrever a secção na Associação de Futebol de Coimbra. A Direcção-Geral da Associação Académica, liderada por Luís Pais de Sousa, futuro deputado do PSD e membro do Governo presidido por Santana Lopes já nos anos de 2000, apoia fortemente a ideia. Está empenhada no regresso, em força, das chamadas tradições académicas – o que já havia permitido o recomeço da realização da Queima das Fitas – e vê na retoma da prática do futebol federado um modo de dar visibilidade às suas ideias.

Na época de 81-82, a equipa está a disputar o campeonato da 3.ª divisão distrital de Coimbra. Apresentara-se ao público, antes do início da temporada, em jogo com o CAC, disputado no "Municipal". Perdera por 3-1, mas saíra para o intervalo empatada a uma bola, com Quartilho a marcar o golo da secção. Talvez valha a pena registar a constituição das duas equipas, neste histórico encontro. Pela SF alinharam Pacheco; Ermindo, Chico, Lemos e Daniel; Espírito Santo, Vítor Manuel e Futre; Quartilho, Costa Pereira e Rafael. O CAC, por sua vez, apresentou-se com Vítor Alves, Jorge Santos, Redondo, José Freixo e Martinho; Dani, Camilo e Camegim; Henrique, Aquiles e João Maria. Jogaram ainda Alcoforado, Figueira, Menano, Girão, Ataíde e Caldeira (pela secção) e Viçoso, Luís Freixo e Beto (pelo CAC).

Antes de subirem ao relvado, as turmas tiveram de resolver um problema. Tratava-se de saber qual

A turma arrancada a ferros, que defronta o Casével (6-1) a 10 de Janeiro de 1982, em jogo integrado no programa da Latada e numa altura em que é intensa a polémica entre praxistas e anti-praxistas. De pé: Luís Futre, Américo, Paulo Menano, Luís Alcoforado, Luís Fernandes, João Carlos, Manuel Caldeira, José Luís Cabral (treinador) e Maia (seccionista); à frente: Rui Pacheco Mendes, Nini, Pedro, Eduardo, China e Eduardo Rebelo (massagista)

delas alinharia de negro. Encontrou-se uma solução salomónica: jogavam ambas, cada uma em sua parte. Na primeira, foi a SF quem vestiu de preto.

Secção e CAC (ou OAF) voltarão a defrontar-se mais algumas vezes. Numa delas, os amadores alcançam mesmo a vitória. Por 2-1, depois de terem chegado aos 2-0, com o golo do OAF a ser marcado de pénalti. "E podiam ter goleado", garante o "Comércio do Porto".

Está-se a 17 de Novembro de 88, o jogo disputa-se no pelado de Santa Cruz e conta para a Taça de Reservas da Associação de Futebol de Coimbra. A secção ocupa, então, o penúltimo lugar do campeonato distrital da 2.ª divisão e é treinada por Luís Agostinho, futuro director desportivo do OAF. Entre os seus atletas estão Quadrado, Humberto Guerra, Pedro Amaro, João Mexia, Luís Godinho e Andrade. O OAF, constituído quatro anos antes, apresenta jogadores como Valente, Porfírio, João Mendes, Rocha e Stephen.

No ano da estreia, em 81-82, o campeonato corre tão bem que a secção chega à última jornada em condições de o vencer, assegurando a promoção ao escalão seguinte dos distritais. Basta-lhe, para tanto, empatar o jogo que disputa em Condeixa, cujo clube local é treinado por uma antiga "glória" da Briosa: Vasco Gervásio, que acumula as funções de orientador técnico com as de atleta.

Então, Gervásio já só calça as chuteiras raramente. Tanto que começa o jogo no banco, exclusivamente preocupado em dar instruções aos seus jogadores. Mas, se vencer, é o Condeixa quem sobe à 2.ª divisão distrital. E, a menos de cinco minutos do fim, o desafio está empatado a uma bola. O árbitro manda, então, marcar um pénalti contra os estudantes. Gervásio despe o fato de treino, ordena uma substituição e converte, ele próprio, a grande penalidade que dá a vitória – e a consequente subida – à sua equipa.

RECUSA EM USAR CAPA DÁ PROCESSO

Em 82, a Direcção-Geral continua nas mãos de estudantes conotados com o PSD. Um dia, os dirigentes associativos pretendem que a secção entre de capa aos ombros, num jogo inscrito no programa da "Latada". Boa parte dos atletas, que não simpatiza com os rituais praxísticos, rejeita a ideia. Recusa mesmo participar no encontro, dificultando a tarefa de arranjar jogadores em quantidade suficiente para iniciar a partida. Em consequência, a direcção abre um inquérito disciplinar aos "rebeldes". O processo não chega ao seu termo porque, entretanto, os dirigentes terminam o seu mandato. Das eleições resulta uma vitória da lista conotada com o PS, que dá o caso por encerrado.

Em meados dos anos 80, a secção é atingida por nova polémica. A direcção de então, onde se incluem homens como Carlos Filipe e Espírito Santo, procura inverter o rumo que vem sendo seguido. Quer retomar a aposta prioritária no desporto ao nível das faculdades e atribuir à AAC um papel de vanguarda na dinamização da prática desportiva entre os universitários de todo o país. A maior parte dos membros da secção, porém, não está pelos ajustes. A direcção demite-se e a equipa continua a disputar as provas distritais.

Nos campeonatos, de acordo com os dados fornecidos pelos actuais dirigentes, a melhor classificação será um sexto lugar na chamada Divisão de Honra. Na Taça da Associação de Futebol de Coimbra atinge uma vez os quartos-de-final. Na época de 93-94 arrecada o troféu para a equipa mais disciplinada.

Não deixa, é certo, de disputar o campeonato nacional universitário. Vence-o, até, em 1990. Noutra ocasião, é derrotada na final, pela Universidade da Beira Interior. Mas a prova, da responsabilidade da Federação Académica do Desporto Universitário (FADU), não se tem efectuado nos últimos anos.

Ao contrário, parece solidificar-se a realização de um campeonato europeu entre universidades. Na Páscoa de 2003, em Roma, a SF da Académica atingiu as meias-finais, onde perdeu com uma turma norueguesa. Em Outubro do ano seguinte, em Antuérpia, foi afastada da prova logo na fase de grupos.

Filipe Cardoso, um viseense licenciado em engenharia civil pela Universidade de Coimbra, é o presidente da secção há nove anos. Entre os que o acompanham no núcleo dirigente está Vasco Baptista, representante da secção nos debates do Conselho Desportivo sobre o protocolo assinado em Junho de 2006 pela Associação Académica e o Organismo Autónomo. "É um bom texto. Falta ver a concretização", sustenta Vasco. O presidente parece mais céptico. "Já estou 'escaldado'", declara Filipe Cardoso, invocando alegado incumprimento de acordos anteriores, por parte do OAF. Uma desavença que, talvez até mais do que os antecedentes históricos, explicará a frieza no relacionamento entre as duas entidades, nos últimos anos.

Filipe também se queixa da reitoria. "Não apoia verdadeiramente a 'Casa'", acusa, para depois esclarecer que nem se refere tanto "ao nível material", mas à não concessão de incentivos aos atletas-estudantes "como os que existem nas universidades norte-americanas": facilidades no ingresso, épocas especiais de exames, apoios extraordinários por parte dos serviços sociais. "Parece que só nós é que nos preocupamos em que a Universidade de Coimbra seja bem representada no exterior", remata Filipe Cardoso.

O plantel de 1987-1988 da SF. Dele sairá grande parte da equipa que vence o OAF na Taça de Reservas.
Atrás: Andrade, Pedro Godinho, Eduardo, João Garção, Marques, Bernardes e Pedro Amaro;
ao meio: Venda (massagista), Silva, Kuda, José Freixo (treinador), Duarte, Luís Godinho, José Luís Cabral (director) e Francisco Freixo (roupeiro);
à frente: Paulo Maranhão, Alberto, Quadrado, Rui Pedro, João Mexia, Pedro Saraiva, Filipe Reis e Paulo Soares

OUTROS SENIORES

Desde os anos 20 do século passado que a Académica vê na criação de equipas reservistas uma possibilidade de dar condições de evolução aos atletas que não se impõem imediatamente na turma principal. Pode-se dizer que, durante décadas, ganhou a aposta em todos os planos, conquistando, inclusivamente, vários títulos. Com a publicação da legislação que cria os chamados "clubes-satélites", no final dos anos 80, entra-se numa nova etapa. A Académica começa por tentar um acordo com a secção de futebol, sedeada na rua Padre António Vieira. Mas esta rejeita, invocando o facto de o seu regulamento só permitir a existência de estudantes ou ex-estudantes universitários nas fileiras da secção. Falhada a primeira tentativa, a Briosa volta-se para o Brasfemes, clube de uma povoação com o mesmo nome, que dista de Coimbra escassa dezena de quilómetros. Aqui, as coisas funcionam, no âmbito de um protocolo que se mantém durante três anos consecutivos e com bons resultados. Segue-se a criação, uma década depois, de uma equipa B do próprio Organismo Autónomo. Não dura mais do que dois anos. Mas, durante estes, participa no Campeonato Nacional da 2.ª divisão B (o patamar mais alto atingido por uma segunda equipa da Académica), o que leva a que, nas páginas seguintes, se lhe dê o devido destaque, com a publicação do respectivo quadro de resultados e de atletas. Ainda assim, a velha aspiração dos dirigentes de 1990, não morre de todo. O estabelecimento de um acordo com uma agremiação do concelho de Tábua – o Tourizense –, embora em moldes muito diferentes do estabelecido com o Brasfemes anos antes, é o passo que se segue.

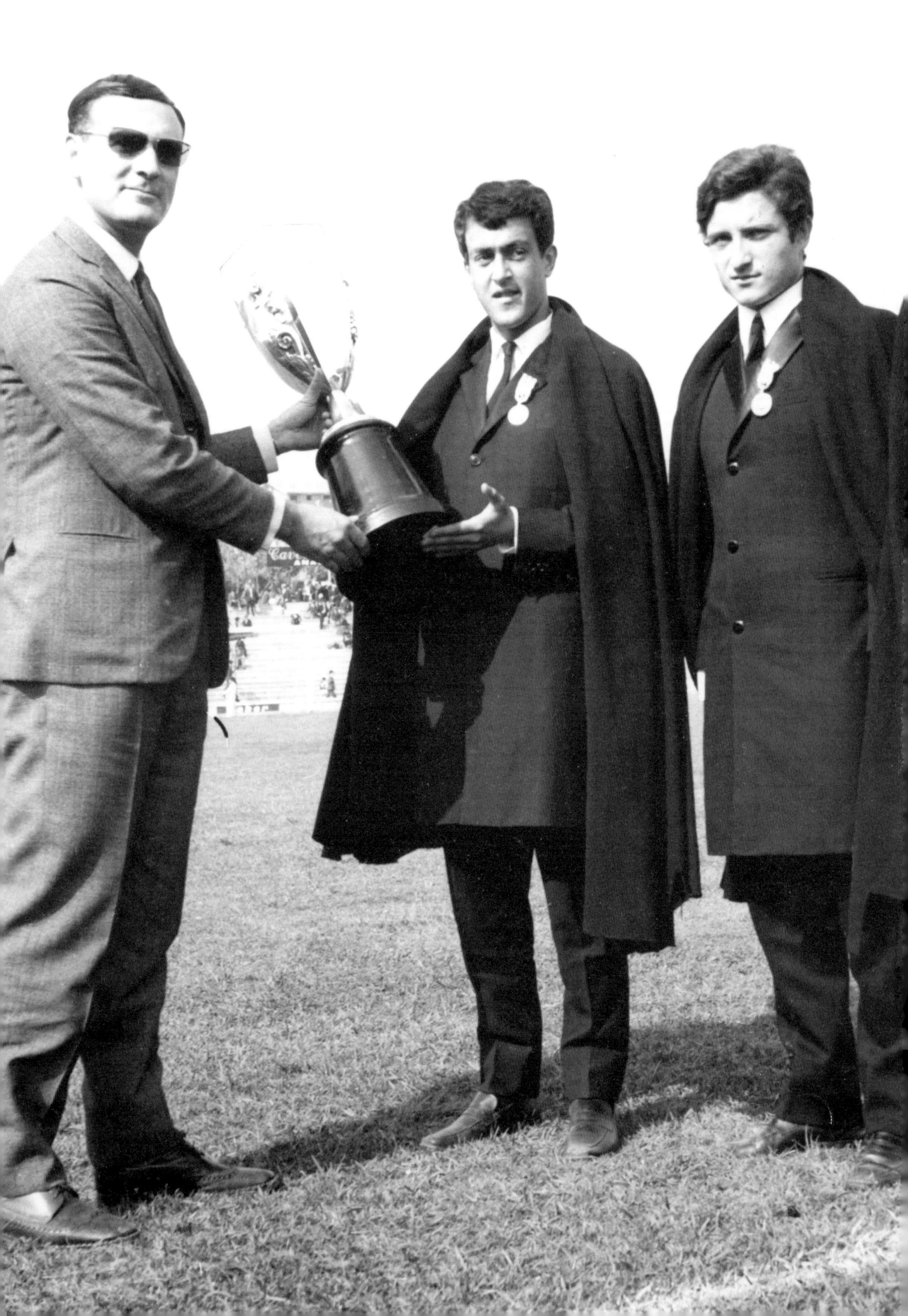

À ESQUERDA
A equipa de quartas categorias da AAC que venceu por 21-0 "Os Lusitanos" na época de 1926-1927: Matos Chaves, Adalberto Santos, Gabriel da Fonseca, Hortênsio, M. Carvalho, Carlos Leça, Santos Andrade, Carlos Gonçalves, Mário Monteiro, Golegã, Malva do Vale e Armando Sampaio (treinador)

À DIREITA
A turma que se sagrou campeã distrital de reservas, em 1953-1954. De pé: Ramin, Nuno, Bento, Marcos, Curado, Wilson e Rogério; à frente: Frias, Alcino, Gouveia, Nelo e Diógenes

NA PÁGINA ANTERIOR
Mário Campos recebe das mãos do presidente da Associação de Futebol do Porto, Silva Pereira, a 30 de Abril de 1967, a Taça do Norte de Reservas. Luís Eugénio testemunha

UM PROTOCOLO DE COOPERAÇÃO entre a Académica e o Tourizense vigora desde a época de 2006--2007. Por parte dos estudantes, é mais uma tentativa de optimizar o rendimento de atletas oriundos dos seus escalões de formação, semelhante a outras verificadas no decurso dos últimos anos e que levaram, inclusivamente, à criação de uma equipa B da Briosa.

"Se o treinador da Académica assim o entender, poderá chamar jogadores do Tourizense para os jogos da Liga e, por outro lado, também nós poderemos utilizar atletas da Briosa. É uma ajuda mútua". Assim explicava o presidente do clube de Touriz, em entrevista concedida ao "Diário de Coimbra", em Maio de 2006, o protocolo celebrado com a Briosa e que levava os estudantes a cederem à colectividade do concelho de Tábua os jogadores Gonçalo, Ito, Ricardo Tavares e Fausto.

Não é a primeira vez que a Académica e o Tourizense, presidido por Jorge Alexandre, assinam um acordo de cooperação. Tal já acontecera durante a época de 2002-2003, ainda que, nessa altura, o protocolo se destinasse, sobretudo, a viabilizar a utilização do estádio de Touriz pela recém-criada equipa B da Briosa.

Mas a tentativa, por parte da Académica, de optimizar o rendimento dos atletas que não conseguiam ascender imediatamente à turma principal, é bem mais antiga. Em bom rigor, ela existe, pelo menos, desde a fundação da Associação de Futebol de Coimbra (AFC), em 1922.

A partir dessa altura, a Briosa começa a disputar os chamados campeonatos regionais de segundas e terceiras "categorias" e, às vezes, até de quartas. Aliás, ganha a maior parte deles, frequentemente sem qualquer derrota durante a competição. Como, de resto, acontece quando são instituídos os campeonatos de "reservas". Até o Clube Académico de Coimbra disporá de uma equipa reservista, que um ano antes da sua extinção vence o torneio distrital organizado pela AFC e a que esta dá o nome de Armando Sampaio, o popular "Sampaio da bola" dos anos 20. Em 1966-1967, a época de ouro da Académica, nem a conquista da Taça do Norte de Reservas escapa aos estudantes, que revelam aí jogadores como Mário Campos, Toni, Belo e muitos outros, alguns dos quais já com várias chamadas à equipa principal.

Mal é publicada a legislação que permite a criação de "clubes-satélite", a direcção presidida por Fernando Mendes Silva faz esforços nesse sentido. O primeiro contacto, datado do ano de 1990, é estabelecido junto da Secção de Futebol (SF) da Associação Académica de Coimbra (AAC). Campos Coroa chefia a representação do Organismo Autónomo (OA) nas reuniões que então decorrem, muitas vezes acompanhado do próprio Mendes Silva e de dirigentes como Nogueira Serens e António Ferrão. Pelo lado da secção amadora, Pedro Amaro, João Mexia e Filipe Reis são as presenças mais constantes.

Em Fevereiro, conta Coroa em artigo publicado na revista "Briosa", o acordo parece iminente. Mas um plenário da secção acaba por rejeitar a transformação em "clube-satélite", por 12 votos contra sete. O argumento é o de que o regulamento interno da SF não prevê a utilização de jogadores que não sejam estudantes ou ex-estudantes universitários. Certo é que a ideia, mais tarde retomada sem sucesso por Coroa, quando já é ele quem dirige o futebol profissional, vai por água abaixo.

A Briosa volta-se, então, para o Brasfemes, com quem as negociações chegam a bom porto. De imediato, são cedidos jogadores como João Viva, Mickey, Miguel Alexandre e Santos. No ano seguinte, o de 91-92, o guarda-redes Luís Carlos faz companhia ao novo treinador José Freixo e o clube dos arredores de Coimbra consegue regressar à 3ª divisão nacional. Em 92-93, último ano de vigência do protocolo, jogam no Brasfemes atletas como Paulo Freixo, Palancha, Rui Campos, Saraiva, Veríssimo e Rui Moço, todos eles, também, ex-juniores da Académica.

Na época de 2002-2003, é intentada uma nova experiência – a da criação de uma equipa B. José Viterbo, um treinador com muitos anos ao serviço da Briosa, é o seu técnico; Nuno Castanheira Neves assume funções de seccionista e a turma, apesar de não ter campo próprio (nos jogos ditos em "casa" oscila entre Touriz, Tábua e Taveiro), acaba a temporada na 2ª divisão B a meio da tabela.

Campos Coroa deixa, entretanto, a presidência. João Moreno, líder da nova comissão de gestão, sustenta, em entrevista ao "Record", que a criação da equipa B foi "uma calhoada de todo o tamanho". No fim da época, Viterbo demite-se, tomando o que considera ter sido a sua "decisão mais difícil". Meses depois, face ao agudizar das divergências com os dirigentes, Castanheira Neves segue-lhe os passos, ficando o lugar de seccionista entregue a José Manuel Costa.

De todo o modo, agora sob o comando do antigo guarda-redes Vítor Alves, a equipa ainda disputa o campeonato de 2003-2004. No final da época, o sucessor de Moreno, José Eduardo Simões, anuncia a sua extinção, em Assembleia Geral. Os rumores de que assim seria circulavam há muito. Tanto que, num jogo da Super Liga, a "Mancha Negra" exibe uma faixa onde se lê: "Equipa B não é uma despesa, é um investimento". Um abaixo-assinado de protesto corre entre os adeptos. Mas a decisão está tomada. Para a história, ficam os nomes de alguns jogadores revelados pela turma: Zé Castro, Nuno Piloto, Sarmento, Vítor Vinha, Rui Miguel, Eduardo, entre tantos outros. E a lesão ao seu serviço – lesão que se tornou impeditiva da prática do futebol – de André Lage.

EM CIMA
A grande equipa de reservas de 1966-1967. De pé: Pinheiro, Pedrosa, Belo, Toni, Feliz, Curado, Viegas, Bernardo e Manuel Castro; à frente: Mário Campos, Luís Eugénio, Silvestre, Brasfemes, Nuno Campos e Almeida

EM BAIXO
José Viterbo: o primeiro treinador da equipa B, cuja existência muito defendeu

NA PÁGINA 528
A equipa B de 2003--2004 (de pé: Hugo Tecelão, Sérgio Rebordão, Zuela, Rui Miguel, Zé Castro e João Morais; à frente: Tó Sá, Nuno Piloto, Russiano, Toni e Carlos Lebres) e Nuno Piloto, num jogo com o Vilafranquense, em Setembro de 2002

NA PÁGINA 529
Miguel Marques (à esquerda) e Xano, dois jovens a quem se augurou grande futuro, defrontando o Estarreja e o Vilafranquense, respectivamente

JOGOS EFECTUADOS PELA EQUIPA B

Nº	Data	Adversário	C/F	Res.	
1	25-8-2002	SCU Torreense	F	D	0-1
2	1-9-2002	FC Oliveira do Hospital	C	V	2-1
3	15-9-2002	SCE Portalegre	F	D	0-3
4	22-9-2002	RD Águeda	C	V	4-1
5	29-9-2002	UD Vilafranquense	F	E	1-1
6	19-10-2002	CAF Viseu	C	D	0-2
7	26-10-2002	Caldas SC	C	E	1-1
8	3-11-2002	Sertanense FC	F	D	0-2
9	10-11-2002	AD Sanjoanense	C	E	1-1
10	17-11-2002	CD Feirense	F	D	1-3
11	30-11-2002	SC Esmoriz	C	V	3-2
12	8-12-2002	SC Pombal	F	D	0-2
13	22-12-2002	CD Fátima	F	D	0-4
14	28-12-2002	Oliveira do Bairro SC	C	V	2-0
15	5-1-2003	AC Marinhense	F	V	2-0
16	12-1-2003	SB Castelo Branco	C	E	1-1
17	19-1-2003	SC São João de Ver	F	E	0-0
18	26-1-2003	UD Oliveirense	C	E	2-2
19	2-2-2003	SCU Torreense	C	E	1-1
20	9-2-2003	FC Oliveira do Hospital	F	D	3-4
21	16-2-2003	SCE Portalegre	C	D	1-4
22	23-2-2003	RD Águeda	F	V	1-0
23	26-2-2003	UD Vilafranquense	C	V	1-0
24	2-3-2003	CAF Viseu	F	D	2-3
25	9-3-2003	Caldas SC	F	V	4-3
26	15-3-2003	Sertanense FC	C	E	2-2
27	30-3-2003	AD Sanjoanense	F	E	0-0
28	23-3-2003	CD Feirense	C	D	0-1
29	6-4-2003	SC Esmoriz	F	V	2-0
30	13-4-2003	SC Pombal	C	V	2-1
31	23-4-2003	CD Fátima	C	V	2-1
32	27-4-2003	Oliveira do Bairro SC	F	D	1-2
33	3-5-2003	AC Marinhense	C	E	3-3
34	11-5-2003	SB Castelo Branco	F	E	2-2
35	14-5-2003	SC São João de Ver	C	V	3-0
36	18-5-2003	UD Oliveirense	F	E	0-0
37	17-8-2003	UD Vilafranquense	F	V	1-0
38	24-8-2003	AD Portomosense	C	E	1-1
39	31-8-2003	CD Alcains	C	D	1-2
40	7-9-2003	UD Oliveirense	F	V	3-2
41	14-9-2003	SCU Torreense	C	D	0-3
42	21-9-2003	FC Oliveira do Hospital	F	D	0-1
43	5-10-2003	CFU Lamas	C	V	2-0
44	19-10-2003	RD Águeda	F	E	1-1
45	26-10-2003	AD Sanjoanense	C	D	1-3
46	2-11-2003	FC Pampilhosa	F	D	0-3
47	9-11-2003	Caldas SC	C	E	0-0
48	16-11-2003	CD Fátima	F	D	2-3
49	23-11-2003	SC Espinho	F	D	1-2
50	29-11-2003	SC Pombal	C	E	2-2
51	7-12-2003	Oliveira do Bairro SC	F	V	3-1
52	13-12-2003	SC Esmoriz	C	D	1-2
53	21-12-2003	CD Estarreja	F	V	2-1
54	4-1-2004	AC Marinhense	F	D	0-2
55	11-1-2004	CAF Viseu	C	D	1-3
56	18-1-2004	UD Vilafranquense	C	D	1-2
57	25-1-2004	AD Portomosense	F	E	1-1
58	1-2-2004	CD Alcains	F	D	1-2
59	7-2-2004	UD Oliveirense	C	V	3-2
60	15-2-2004	SCU Torreense	F	D	0-1
61	22-2-2004	FC Oliveira do Hospital	C	E	1-1
62	29-2-2004	CFU Lamas	F	V	3-2
63	6-3-2004	RD Águeda	C	E	3-3
64	14-3-2004	AD Sanjoanense	F	D	0-3
65	20-3-2004	FC Pampilhosa	C	V	1-0
66	28-3-2004	Caldas SC	F	V	3-2
67	4-4-2004	CD Fátima	C	V	2-0
68	10-4-2004	SC Pombal	F	D	1-2
69	14-4-2004	Oliveira do Bairro SC	C	E	1-1
70	18-4-2004	SC Esmoriz	F	D	0-2
71	24-4-2004	CD Estarreja	C	E	2-2
72	2-5-2004	SC Espinho	C	D	0-2
73	9-5-2004	AC Marinhense	F	V	2-1
74	15-5-2004	CAF Viseu	F	D	0-1

JOGADORES UTILIZADOS

Nº	Nome	02/03	03/04	Total	J.C.	J.I.	Min.	Golos
573	Eduardo	33	20	53	52	1	4762	0
601	Toni	30	27	57	25	32	4090	15
631	Zé Castro	34	18	52	51	1	4675	8
	Marcelo Costa	35	–	35	9	26	2522	2
585	Miguel	29	14	43	33	10	3380	5
	André Lage	15	–	15	14	1	1334	2
598	Pedro Penela	27	–	27	19	8	2180	1
	Carlos Lebres	22	29	51	35	16	4035	1
603	João Morais	33	34	67	43	24	5442	5
604	Xano	9	–	9	5	4	688	1
614	Nuno Piloto	30	37	67	63	4	5954	14
597	Germano	5	–	5	0	5	109	0
663	Rui Miguel	16	36	52	17	35	3476	10
580	Adriano	13	38	51	2	49	2226	1
	Filipe	19	–	19	7	12	1026	0
595	Demétrius	8	–	8	5	3	575	0
	Luís Leitão	14	–	14	7	7	892	0
589	Luís Nunes	7	–	7	1	6	232	1
	André Costa	19	–	19	0	19	433	0
	João Sousa	24	–	24	0	24	944	2
	Mikael	3	–	3	3	0	270	0
	Nuno Marques	18	–	18	11	7	1249	0
612	Valeri	10	–	10	6	4	791	1
574	Pedro Hipólito	7	–	7	7	0	630	0
600	Nuno Miranda	2	–	2	0	2	162	0
528	Zé Nando	2	–	2	0	2	62	0
607	Tixier	2	0	2	0	2	142	0
	Dani	6	12	18	0	18	419	0
502	João Campos	1	–	1	0	1	68	0
563	Paulo Adriano	10	5	15	14	1	1334	3
	Protásio	2	3	5	3	2	336	0
	Sérgio Fernandez	5	–	5	3	2	330	1
	Fábio	4	17	21	8	13	1025	0

JOGADORES UTILIZADOS

Nº	Nome	02/03	03/04	Total	J.C.	J.I.	Min.	Golos
581	Dyduch	1	12	13	12	1	1125	1
599	Vital	2	–	2	1	1	135	0
587	Tonel	1	1	2	2	0	180	1
616	Manuel José	1	–	1	1	0	90	0
619	Pedro Oliveira	2	–	2	0	2	109	1
611	Roberto	1	–	1	0	1	45	0
	Tiago Costa	1	1	2	1	1	98	0
543	Tó Sá	0	27	27	18	9	2023	0
	Russiano	–	20	20	2	18	783	0
633	Zuela	–	31	31	28	3	2731	4
	Pedro Fontes	–	1	1	0	1	29	0
569	Lucas	0	2	2	1	1	157	0
630	Fábio Felício	–	2	2	1	1	135	1
	Ricardo Vinhais	–	23	23	2	21	898	1
610	Jorginho	0	5	5	2	3	407	1
	Sérgio Rebordão	–	21	21	17	4	1695	1
608	Fredy	0	3	3	3	0	270	0
437	Marcelo	0	2	2	1	1	135	0
	Paulo Soares	0	7	7	3	4	385	0
425	Rocha	0	1	1	1	0	90	0
629	Buzsáky	–	11	11	6	5	883	1
653	Vítor Vinha	–	3	3	1	2	240	0
	Alex	0	5	5	0	5	116	0
632	Fiston	–	2	2	1	1	174	0
646	Sarmento	0	14	14	0	14	351	0
	Hugo Tecelão	–	17	17	17	0	1530	0
	Rui Pataco	–	14	14	8	6	1094	0
624	Filipe Alvim	–	5	5	5	0	450	0
623	Rodolfo	–	1	1	1	0	90	0
625	Delmer	–	1	1	0	1	72	0
638	Fávaro	–	2	2	0	2	138	0
622	Pedro Henriques	–	2	2	2	0	180	0
	Wallace	–	1	1	0	1	1	0

ALGUMAS CURIOSIDADES

Que Miguel Rocha é o jogador com mais jogos efectuados com a camisola da Académica; que Pedro Roma é o guarda-redes que mais vezes defendeu as suas balizas; que António Bentes é o melhor marcador da história da Briosa; que Mário Wilson é o homem que treinou a equipa em maior número de jogos; e que Vasco Gervásio é o atleta que mais vezes a capitaneou – tudo isto, talvez muita gente saiba. Provavelmente, já menos saberão que João Campos é o suplente mais utilizado até hoje; que Gil Vicente, logo em 1923, é o jogador mais jovem a estrear-se; e que, ao invés, Pedro Roma é, por ora, o atleta a jogar até mais tarde. E, se calhar, menos ainda sabem que Coluna, Cavém e José Augusto foram os futebolistas que mais vezes defrontaram a Académica; Peyroteo, o homem que lhe marcou mais golos; Paulo Paraty, o árbitro que mais vezes apitou desafios seus.

Estas, são apenas algumas das várias curiosidades que aqui trazemos ao leitor. Porque há outras, de carácter mais avulso, que não dão propriamente para incluir num quadro, mas que também não quisemos deixar de fora. Por exemplo: em 86 anos de participação em competições oficiais, de âmbito nacional ou internacional, a Académica defrontou 141 equipas, com as quais somou 975 vitórias, 515 empates e 1001 derrotas; marcou 3899 golos, tendo sofrido 3863; saíram-lhe ao caminho 371 árbitros, que ordenaram a marcação de 318 pénaltis a seu favor (233 foram convertidos) e de 335 a favor dos adversários da Briosa (242 transformados); assistiu a 246 expulsões de atletas seus e a 304 de opositores; apresentou 65 guarda-redes diferentes e 92 capitães de equipa, só considerando, apenas, os que faziam parte do onze inicial; realizou 1228 jogos em Coimbra; e utilizou 163 vezes o equipamento alternativo totalmente branco e cinco vezes com camisola branca e calções pretos. Por último, sabe que um só jogador e um só treinador representaram os seniores da Secção de Futebol da AAC, o Clube Académico de Coimbra e o Organismo Autónomo de Futebol da AAC? O primeiro chama-se Fernando Reis e jogava, ou no centro do terreno, ou como segundo ponta-de-lança, tendo marcado um total de 16 golos. O segundo é José Crispim.

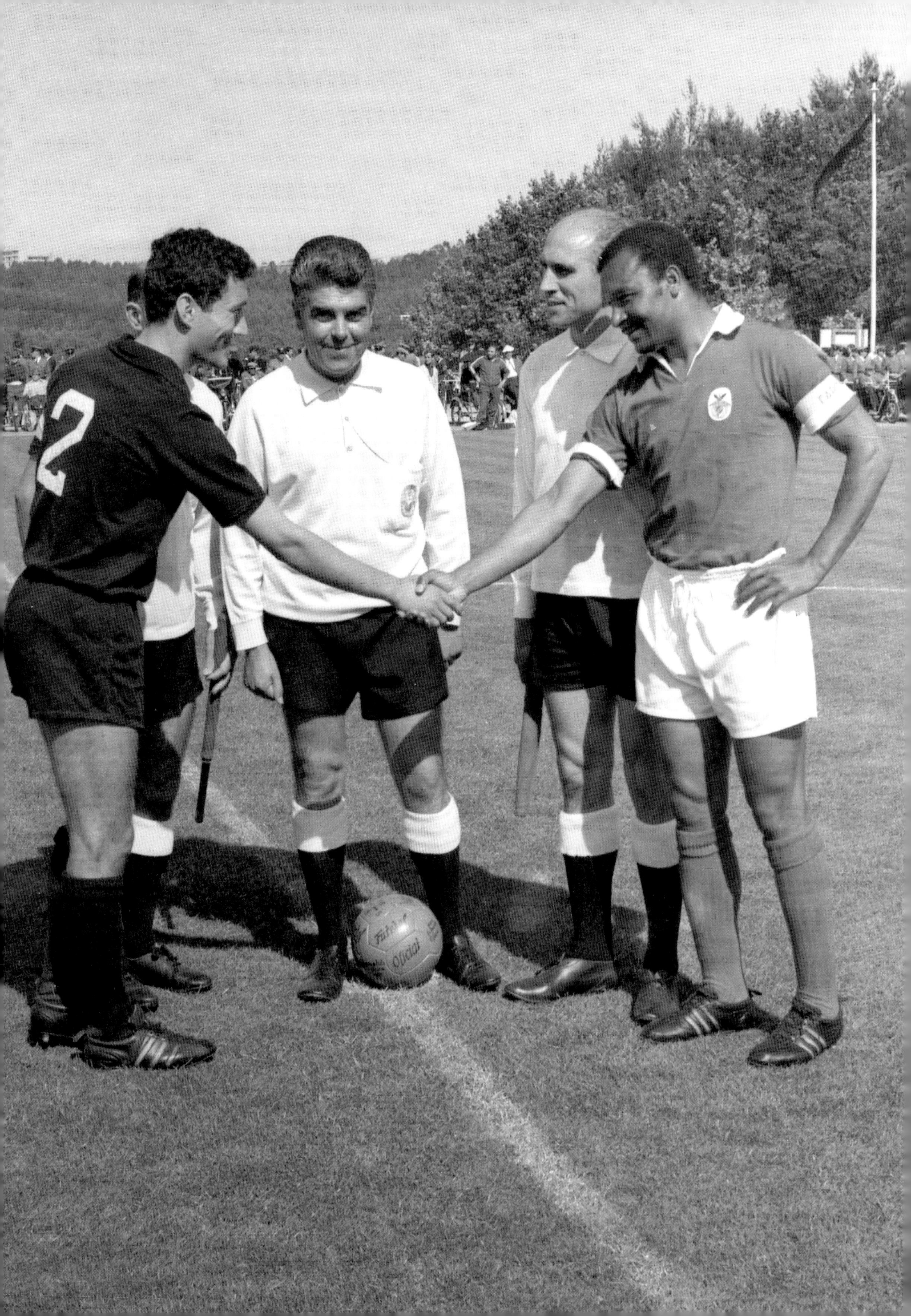
Oficial

JOGADORES DA AAC COM MAIS JOGOS

Nº	NOME	JOGOS	MIN
425	M. Rocha	455	36478
243	Gervásio	430	36949
460	Pedro Roma	393	35349
166	Torres	373	33432
201	A. Rocha	373	31966
253	Vítor Campos	345	29240
122	Bentes	328	29484
248	Rui Rodrigues	310	27801
363	Tomás	298	24967
412	Mito	288	22696

GUARDA-REDES DA AAC COM MAIS JOGOS

Nº	NOME	JOGOS
469	Pedro Roma	393
294	Melo	190
224	Maló	180
390	Vítor Nóvoa	160
150	Capela	155
320	Marrafa	114
250	Viegas	98
61	Tibério	84
319	Hélder	84
426	Tó Luís	82

MELHORES MARCADORES DA AAC

Nº	NOME	GOLOS
122	Bentes	167
257	Manuel António	153
345	Eldon	134
260	Artur Jorge	94
541	Dário	91
180	André	81
76	Alberto Gomes	67
230	Gaio	65
259	Ernesto	64
201	A. Rocha	59

JOGADORES MAIS VEZES SUPLENTES UTILIZADOS

Nº	NOME	JOGOS
502	João Campos	76
507	Febras	58
408	Reinaldo	57
563	Paulo Adriano	52
283	Vala	48
335	Aquiles	46
540	João Tomás	44
636	Joeano	44
437	Marcelo	43
701	Éder*	39

JOGADORES DA AAC COM MAIS VITÓRIAS

Nº	NOME	JOGOS
425	M. Rocha	186
243	Gervásio	184
201	A. Rocha	172
253	Vítor Campos	162
248	Rui Rodrigues	155
166	Torres	134
469	Pedro Roma	133
363	Tomás	132
257	Manuel António	128
122	Bentes	127

JOGADORES DA AAC QUE SE ESTREARAM MAIS JOVENS

Nº	NOME	IDADE
11	Gil Vicente	16 anos e 90 dias
33	Faria	16 anos e 111 dias
24	Corte-Real	16 anos e 338 dias
49	Abreu	17 anos e 177 dias
38	Rui Cunha	17 anos e 212 dias
97	Armando	17 anos e 233 dias
88	Vasco	17 anos e 263 dias
251	Manuel Duarte	17 anos e 271 dias
353	Luís Freixo	17 anos e 330 dias
601	Toni	18 anos e 53 dias

JOGADORES DA AAC QUE JOGARAM ATÉ MAIS TARDE

Nº	NOME	IDADE
469	Pedro Roma	38 anos e 276 dias
489	Vítor Alves	38 anos e 118 dias
286	Simões	37 anos e 219 dias
433	Valente	37 anos e 49 dias
294	Melo	36 anos e 200 dias
425	M. Rocha	36 anos e 66 dias
201	A. Rocha	35 anos e 330 dias
243	Gervásio	35 anos e 194 dias
248	Rui Rodrigues	35 anos e 130 dias
408	Reinaldo	35 anos e 112 dias

JOGADORES QUE MAIS VEZES CAPITANEARAM A AAC

Nº	NOME	JOGOS
243	Gervásio	284
170	Wilson	207
425	M. Rocha	202
363	Tomás	147
469	Pedro Roma	129
201	A. Rocha	125
166	Torres	105
98	Nana	80
120	Azeredo	74
63	José Maria Antunes	74

TREINADORES QUE ORIENTARAM A AAC EM MAIOR NÚMERO DE JOGOS

NOME	JOGOS
Mário Wilson	237
Juca	212
Vítor Manuel	171
Oscar Tellechea	119
Alberto Gomes	112
Cândido de Oliveira	85
Albano Paulo	75
Vítor Oliveira	75
José Rachão	73
João Alves	70

TREINADORES QUE MAIS VEZES DEFRONTARAM A AAC

NOME	JOGOS
Fernando Vaz	58
Janos Biri	52
Josef Szabo	44
Manuel de Oliveira	34
José Maria Pedroto	32
Artur Quaresma	26
Fernando Caiado	26
Otto Glória	26
Janos Szabo	25
Jesualdo Ferreira	25

JOGADORES COM MAIS GOLOS MARCADOS À AAC

NOME	GOLOS	CLUBE
Peyroteo	45	Sporting CP
Arsénio	27	SL Benfica (22) e GD C.U.F. (5)
Rafael	25	CF "Os Belenenses"
Torres	24	SL Benfica (15), VFC Setúbal (8) e GD Estoril-Praia (1)
Matateu	23	CF "Os Belenenses"
Águas	22	SL Benfica
Eusébio	21	SL Benfica
Rogério	20	SL Benfica
Julinho	20	Ac. Porto (3), Boavista FC (1) e SL Benfica (16)
José Augusto	19	FC Barreirense (8) e SL Benfica (11)

* Jogador ainda em actividade.

CLUBES QUE A AAC DEFRONTOU MAIS VEZES

NOME	JOGOS
Sporting CP	137
SL Benfica	134
CF "Os Belenenses"	129
FC Porto	127
VFC Setúbal	125
VSC Guimarães	114
SC Braga	83
Boavista FC	82
Leixões SC	61
FC Barreirense	60

CLUBES QUE A AAC VENCEU MAIS VEZES

NOME	JOGOS
VFC Setúbal	43
VSC Guimarães	41
CF "Os Belenenses"	36
Leixões SC	29
Boavista FC	28
SC Braga	27
FC Barreirense	27
SC Covilhã	23
SC Salgueiros	23
Varzim SC	22

CLUBES COM QUEM A AAC PERDEU MAIS VEZES

NOME	JOGOS
SL Benfica	104
Sporting CP	96
FC Porto	91
CF "Os Belenenses"	65
VFC Setúbal	61
VSC Guimarães	46
Boavista FC	40
SC Braga	35
FC Barreirense	23
Atlético CP	20

ÁRBITROS QUE APITARAM MAIS JOGOS DA AAC

NOME	JOGOS
Paulo Paraty	31
Joaquim Campos	29
Vieira da Costa	29
Paulo Costa	29
Jorge Coroado	27
Lucílio Batista	26
Clemente Henriques	25
Hermínio Soares	25
Vítor Correia	25
Olegário Benquerença	25

ATLETAS QUE MAIS VEZES DEFRONTARAM A AAC

NOME	JOGOS	CLUBE
Coluna	33	SL Benfica
Cavém	33	SC Covilhã (4), SL Benfica (27) e GD "Os Nazarenos" (2)
José Augusto	33	FC Barreirense (10) e SL Benfica (23)
Hilário	31	Sporting CP
Azevedo	30	Sporting CP (28) e C Oriental Lisboa (2)
Francisco Ferreira	29	FC Porto (2) e SL Benfica (27)
Feliciano	28	CF "Os Belenenses"
Vital	27	LGC Évora
Amaro	27	CF "Os Belenenses"
Raul Oliveira	27	Leixões SC

MELHORES RESULTADOS DA AAC

ÉPOCA	PROVA	DATA	ADVERSÁRIO	C/F	RESULTADO
58/9	CN1	22-3-1959	Caldas SC	C	11 - 0
41/2	CN1	5-4-1942	FC Barreirense	C	10 - 1
62/3	TP	23-9-1962	CAF Viseu	C	10 - 1
84/5	TP	9-12-1984	CF "Os Vilanovenses"	C	10 - 1
79/0	CN2	20-1-1980	SCU Torreense	C	9 - 0
72/3	TP	1-10-1972	AD Ovarense	C	9 - 0
64/5	TP	13-9-1964	SC Beira-Mar	C	9 - 0
41/2	CN1	19-4-1942	Carcavelinhos FC	C	9 - 1
62/3	CN1	9-12-1962	CD Feirense	C	8 - 0
62/3	CN1	7-4-1963	FC Barreirense	C	8 - 0
72/3	TP	24-9-1972	SC Vilar Formoso	C	8 - 0
40/1	TP	11-5-1941	Leça FC	C	9-2
48/9	CN2	6-2-1949	CAF Viseu	C	8-1
51/2	CN1	18-11-1951	SC Salgueiros	C	8-1
56/7	CN1	7-10-1956	GD C.U.F.	C	8-1
59/0	CN1	4-10-1959	Leixões SC	C	8-1
61/2	CN1	21-1-1962	SC Salgueiros	C	8-1
63/4	TRR	21-6-1964	AD Sanjoanense	F	7-0
66/7	TP	29-1-1967	Leça FC	C	9-2
66/7	TP	14-5-1967	A.S.A.	C	7-0
69/0	TRR	24-5-1970	CD Torres Novas	C	7-0
88/9	CN2	30-4-1989	GD Peniche	C	8-1

PIORES RESULTADOS DA AAC

ÉPOCA	PROVA	DATA	ADVERSÁRIO	C/F	RESULTADO
44/5	CN1	1-4-1945	CF "Os Belenenses"	F	2 - 15
46/7	CN1	2-7-1947	SC Olhanense	F	0 - 12
47/8	CN1	16-5-1948	CAD "O Elvas"	F	1 - 12
43/4	CN1	27-2-1944	Atlético CP	F	0 - 8
35/6	1ª Liga	3-5-1936	CF "Os Belenenses"	F	0 - 8
26/7	CP	3-4-1927	Sporting CP	F	1 - 9
46/7	CN1	29-12-1946	Sporting CP	F	1 - 9
82/3	TP	8-5-1983	FC Porto	F	1 - 9
45/6	CN1	16-12-1945	CF "Os Belenenses"	F	0 - 7
47/8	CN1	1-2-1948	GD Estoril-Praia	F	0 - 7
50/1	CN1	24-9-1950	Sporting CP	F	0 - 7
80/1	CN1	12-4-1981	FC Porto	F	0 - 7
01/2	II Liga	24-3-2002	GD Chaves	F	0 - 7
38/9	CN1	5-2-1939	CF "Os Belenenses"	F	1 - 8
45/6	CN1	7-4-1946	FC Porto	F	1 - 8
48/9	TP	24-4-1949	VFC Setúbal	F	1 - 8

TESTEMUNHOS

DESTACADAS PERSONALIDADES, COM DIFERENTES GRAUS DE RELACIONAMENTO COM A ACADÉMICA, DÃO O SEU TESTEMUNHO SOBRE FIGURAS OU FACTOS DA VIDA DA BRIOSA QUE CONHECERAM DE MUITO PERTO

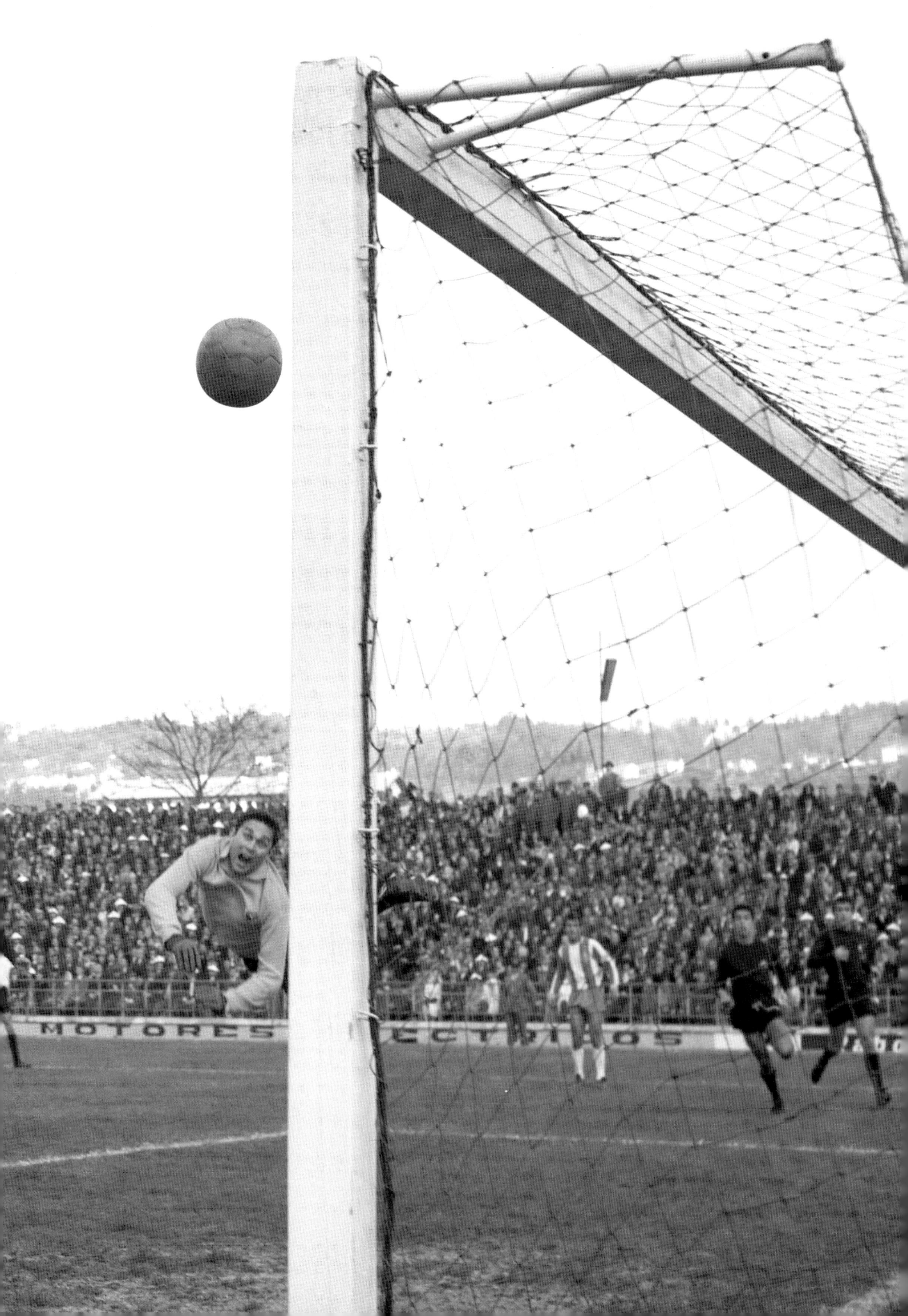
MOTORES

Cândido de Oliveira

Um homem simples e leal

por Homero Serpa
Jornalista, autor do livro "Cândido de Oliveira – uma biografia"

À ESQUERDA
Cândido de Oliveira, com o seu chapéu e a samarra característicos, acompanhado de Alberto Gomes, José Maria Antunes e Faustino Duarte

À DIREITA
No banco da Académica, com Francisco Soares, Nana e Guilherme Luís

Quando pensei escrever o livro "Cândido de Oliveira – uma biografia", editado pela "Caminho" no ano 2000, tive, naturalmente, de investigar a vida do homem a quem as gentes do futebol elegeram como Mestre, não sabendo eu se pela forma como pensava o grande jogo, se pela sua capacidade de jornalista, se pelas corajosas características humanas e democráticas de que deu exuberantes provas. Digo investigar, seria mais correcto dizer estudo linear porque, logo nos primeiros tempos de trabalho na recolha de elementos, dei por mim a concluir que Cândido de Oliveira era uma pessoa simples, não escondia mistérios na sua personalidade, tinha a franqueza do cidadão responsável, hábitos dialogantes, amizade indissolúvel por quem o estimava. Simples, um homem simples. E leal.

Entrei em "A Bola", em 1956, pela porta da coincidência – calhou assim, como diz o povo, quando as coisas acontecem por acaso. Pois calhou. Cândido de Oliveira vivia em Coimbra, dedicado à Académica, raramente vinha a Lisboa, ao que se sabe, por Coimbra se dava muito bem. Eu, jornalista na fase de formação, conhecia-o apenas pelo que dele ouvia contar, no tom do elogio hiperbólico, pelo

Vítor Santos, que realmente o admirava, pelo Aurélio Márcio, que o idolatrava, por alguns mais. Cândido era um ícone do futebol e do jornalismo, que eu, de facto, não conhecia pessoalmente, mas analisei-o no conteúdo de velhas crónicas, descobrindo no invulgar aticismo uma profundidade de ideias criadoras e de conceitos distanciados do ramerrão onde o desporto português estava ancorado. Esta cognição fez-me perceber porque tanto o admiravam e tanto o odiavam.

Nesta altura, o jornalista não saía das escolas superiores, iniciava o seu curso prático nas redacções e levava algum tempo até ser lançado nos jogos maiores e deste sistema ninguém saía. Cândido vivia em Coimbra, longe dos meus percursos, por isso, só os colegas mais velhos, escalados para os jogos do Calhabé, tinham o privilégio de conversar com ele. Destes diálogos davam conta ao restante pessoal da Travessa da Queimada, com mal disfarçada ênfase, como o crente que regressa do santuário.

Mais tarde, sim, conheci bem Coimbra e a Académica, mas já Cândido de Oliveira tinha morrido. Apenas compreendi, nessas minhas curtas excursões, as razões do misticismo que enredou Cândido e dele fez cidadão de Coimbra. Considero ainda que foi precisa rara coragem para trocar Lisboa, a família e os amigos, por Coimbra. Afinal, Cândido abdicava do empírico de "A Bola" pela simples situação de treinador da "Briosa", deixando no jornal uma situação de vazio e a orientação entregue ao coronel Ribeiro dos Reis e ao dr. Vicente de Melo.

Mas, se Ribeiro dos Reis aceitava com relutância o exílio do seu amigo, até porque "A Bola" consolidava o seu êxito editorial, Vicente de Melo achava que, cedendo Cândido à Académica, como já tinha cedido ao Sporting, ao Flamengo, à Selecção, o jornal acumulava prestígio. E Cândido foi ficando à frente do futebol da Académica, foi ficando em Coimbra, vivendo entre o trabalho no campo futebolístico, as tertúlias que tanto gostava de integrar e a companhia chilreante dos canários, no "Astória".

Escrevi no livro que já citei, este trecho: " Cândido de Oliveira liquidava as suas contas no Astória à segunda-feira. Nunca falhou. Naquele tempo, a diária, com pensão completa, era de 200 escudos. Mas o hóspede especial ainda beneficiava de um desconto de dez por cento. Nunca o hotel passou qualquer factura, nem à Académica, nem ao jornal "A Bola", Cândido pagava tudo do seu bolso... Mas se a Académica de irreverentes originalidades, que a defendiam do poder desportivo e económico dos clubes mais fortes, acolhera, benevolamente, Cândido de Oliveira, também o mestre soube interpretar o espírito académico que a Associação, para além dos aspectos lúdicos, fazia questão de manter".

A incursão de Cândido de Oliveira na política activa, na qualidade de aliadófilo, durante a II Guerra Mundial, valeu-lhe 18 meses de Tarrafal, mas, paradoxalmente, não foi destituído do cargo de seleccionador, como tinha sido de funcionário superior dos Correios. Acima da confiança que a Federação nele depositava e da óbvia viagem dos ventos da guerra, que já varriam a Alemanha e atemorizavam o fascismo nacional, sobressaíam as suas capacidades de técnico de futebol. Sabia formar uma equipa, partindo das características dos jogadores. Fez um Sporting de ataque, fez uma Académica matreira e artística, moldando-a, portanto, numa olaria diferenciada daquela onde utilizou proplástica mais agressiva.

Um dia, alguém classificou o futebol da "Briosa", feito de passes curtos, logo mais certeiros, aquele joguinho rendado, como modelo magiar. Nada tinha a ver com o futebol húngaro, que Cândido apreciava, mas com a especificidade académica: os jogadores da Briosa não tinham capacidade física, não formavam uma equipa de combate, forte e altamente competitiva, mas um grupo de jovens capazes de assimilar um sistema adaptável aos seus condicionalismos. Era uma equipa que ludibriava os adversários e, quando as coisas lhe corriam de feição, empolgava pela arte que transmitia ao futebol. Cândido, que durante toda a vida, defendera os humildes e ajudara os necessitados, divertia-se ao ver a sua Académica derrotar os poderosos.

Mestre Cândido morreu, na Suécia, durante o "Mundial" de 1958, morreu ao serviço do jornalismo e de "A Bola". A última casa que teve em Portugal foi o "Astória". De Coimbra levou consigo indeléveis recordações.

A PRIMEIRA GRANDE TRANSFERÊNCIA
Uma rica experiência

POR JORGE HUMBERTO
Ex-atleta da Académica; o primeiro
a transferir-se para um grande clube estrangeiro

Tudo começou numa tarde de Julho do ano de 1961. Vivia então na Rua do Norte, 23 R/C, mesmo ao lado de Sé Velha. Casa de estudantes, gerida por estudantes, funcionando como uma "República", onde frequentemente recebíamos a visita do saudoso amigo Zeca Afonso.

Estava-se na época de exames. Calhou-me ir ao telefone atender uma chamada. Do outro lado da linha, um senhor, falando espanhol, identificou-se como sendo Helénio Herrera (H. H.), que me conhecia de quando, um ou dois anos antes, ele tinha sido treinador do Belenenses.

Pretendia o pretenso H. H. contratar-me para jogar no Inter de Milão, na época que se avizinhava. Ele era o treinador dessa equipa. Qualquer decisão só poderia ser tomada depois de eu fazer um jogo de experiência em Milão.

Porque tudo isso me pareceu autêntica brincadeira de Carnaval, desliguei o telefone ao meu interlocutor, não sem lhe dizer que tinha mais que fazer do que andar a brincar com conversas desse tipo.

Pouco menos de um minuto depois, volta a tocar o telefone e de novo atendi. O dito senhor H. H. estava furioso. Não admitia que duvidasse dele. Voltava a insistir na sua proposta. Senti que quis acreditar no senhor e acabei por aceitar a proposta, mas exigia uma confirmação por telegrama, que chegou daí a poucas horas.

Aí começou uma grande confusão na minha cabeça. Perguntava-me a mim próprio porque é que tinha sido escolhido por aquele grande treinador. Jogar no Inter? Porque não? E os estudos? Mas lá também há Universidades. E os amigos? Mas também lá se farão outros. Enfim, uma verdadeira confusão.

Claro que os meus colegas da "República" ficaram todos contentes e tão vaidosos como eu e não houve nenhum que tivesse aconselhado outra coisa que não aceitar imediatamente, porque antes de mais era uma distinção, e por outro lado havia a possibilidade de vir a ganhar algum dinheiro.

Os estudos eram importantes, mas eu era jovem – tinha 23 anos de idade e tinha muito tempo para acabar o Curso de Medicina. Na altura, estava a fazer exames do quinto ano.

A decisão foi tomada. A viagem seria daí a uma semana, mas antes disso, e sob orientação do meu compadre, Dr. Juiz Armando Pinto Bastos, fui à Rua Gil Vicente, em Coimbra, falar com o meu Professor de Patologia Cirúrgica, Prof. Dr. Fernando de Oliveira, para me autorizar o adiamento do meu exame, de modo a poder ir a Milão prestar "outras provas". Autorizado, sim senhor, desde que esteja presente ao exame até 31 de Julho – assim me foi dito pelo meu Mestre, que ficaria para sempre a ser um grande amigo meu.

Durante uma semana, e porque a época futebolística tinha terminado um mês antes, comecei a ir regularmente ao Campo de Santa Cruz, acompanhado do "teórico de futebol", meu grande amigo Dr. Francisco St. Aubyn, para tentar recuperar alguma resistência física.

Fez-se o que se pôde e depois lá voei até Milão, onde me esperava o H. H. e o Luis Suarez (que grande centrocampista!...), que me acompanharam até ao Hotel.

Dois dias depois, estava a pisar o Estádio de S. Siro, às 21 horas, a jogar na posição de avançado-centro na equipa de Picchi, Facchetti, Corso, Suarez, Hitchens, Buffon, Mazzola, Bolchi, etc., etc...

A jogar contra o Spartak da Jugoslávia.

O jogo terminaria com o resultado de 5-1, favorável ao Inter. Eu tinha marcado 3 golos.

Três dias depois, no mesmo Estádio, iria jogar o Inter contra o Santos. Imaginem só – o Santos do famoso Pelé, mais famoso do que o nosso Eusébio!... Foi-me pedido, com alguma insistência, que ficasse para participar nesse jogo. Vontade não me faltou, mas tinha prometido ao Prof. Fernando de Oliveira que voltaria, antes de 31 de Julho, para fazer o meu exame de Patologia Cirúrgica. E voltei, a tempo de conseguir uma boa classificação.

Escusado será dizer que acabaria por ser contratado para jogar nessa grande equipa que é o Inter, uma das melhores de Itália.

Foi uma rica experiência, que jamais esquecerei. Cresci, vivi muito, conheci novos mundos, fiz muitas amizades, estudei alguma Medicina em duas universidades italianas – Milão e Pádua – e, finalmente, criei condições para repartir com muita gente (família e não só) os benefícios que uma transferência como a minha me trouxe, aos 23 anos de idade.

Porque o espaço de que disponho não me permite alongar-me muito mais, termino relembrando quatro coisas:

1. De regresso a Portugal, após o jogo de experiência, em 1961, trouxe comigo 120.000 liras (seis contos, na altura), como prémio da vitória sobre o Spartak. Quantia notável, se se tiver em conta que o meu ordenado mensal na Académica era então de 2.500 escudos.

2. O Presidente do Inter, nessa altura, era o Senhor Angelo Moratti, homem distinto. O Presidente actual é o filho, também ele Moratti, claro.

3. No regresso definitivo a Coimbra, em 1964, viajei de automóvel, sozinho. À minha espera, no Hotel Turismo, na Guarda, estavam duas pessoas que muito estimei na minha vida – o Dr. Juiz Armando Pinto Bastos e o Sr. Prof. Doutor Fernando de Oliveira.

4. Em Coimbra, retomei os estudos, que concluí com boa classificação, em 1966. Voltei a jogar pela nossa Académica. Entretanto, casei-me com uma estudante de Biologia, que ainda hoje é minha companheira inseparável. Os nossos dois filhos, Maria Antónia e Jorge Eduardo, têm actualmente 39 e 37 anos, respectivamente. Ambos já me prendaram com netos. Hoje, sou pediatra e exerço em Macau desde há 24 anos.

O jogador já em Itália, com o seu amigo André Campos Neves

NA PÁGINA ANTERIOR
Jorge Humberto, ainda muito jovem, em Coimbra

Jogadores Africanos dos Anos 60
Uma marca na história

por Mário Wilson
Ex-jogador e ex-treinador da Académica

A minha vida tem sido muito a Académica e o Benfica, mas nem sempre foi apenas o Benfica e a Académica. Começou antes, na Lourenço Marques colonial, cais do lado de lá do meu destino. Já naquela época, em que me dividia um pouco entre o futebol, o atletismo e o basquetebol e pensava que podia vir um dia para Lisboa, tal como para cá vieram estudar alguns dos meus irmãos. Nesse tempo, contudo, as minhas referências eram sobretudo os atletas africanos que brilhavam no Benfica, como o Espírito Santo, que acumulava o futebol com o atletismo, o Tomás Paquete, o Matos Fernandes.

Acabei por cá chegar em 1949, a caminho do Sporting, na companhia do Juca. Foi um salto no desconhecido. Vinha para substituir o Peyroteo no eixo do ataque do Sporting. Fomos campeões nacionais nesse ano, mas ponta-de-lança não seria a minha vocação, embora tenha sido o segundo goleador do Campeonato.

De todo o modo, esses primeiros tempos de Lisboa, com as naturais dificuldades de adaptação, acabaram por constituir uma experiência interessante pelos contactos que me proporcionaram e pelo chamar de uma nova realidade de que eu mal me havia apercebido na Lourenço Marques de então. Uma das novas amizades que estabeleci foi com o Agostinho Neto, que viria a ser mais tarde presidente do MPLA, bem o primeiro Presidente de Angola. Encontrávamo-nos na Praça do Chile e vínhamos muitas vezes aos Restauradores expedir correspondência para Angola e para Moçambique. Principiei a aperceber-me de coisas de que antes não me havia apercebido, passei a olhar para Moçambique com outros olhos. É verdade que em Lourenço Marques havia sido colega desde sempre de Marcelino dos Santos, que viria a ser, muitos anos mais tarde, uma das figuras de topo da Frelimo. Mas, nessa época, as independências ainda vinham longe.

De Lisboa fui para Coimbra, trocando o Sporting pela Académica. E, então, deu-se a grande revolução na minha vida, o que não tem nada a ver com a dimensão que nunca deixei de reconhecer ao Sporting. A questão estava em que o Sporting mostrou-se-me como uma escola de aprendizagem de futebol nas suas diferentes vertentes, enquanto a Académica e Coimbra se mostrariam como uma autêntica escola de vida, que ia muito para além do futebol.

Estávamos no ano de 1951, a vida corria sem sobressaltos, o país vivia num clima de paz podre. Foi o ano em que morreu Carmona, Humberto Delgado ainda levaria tempo até se transformar no rosto da oposição ao regime. Em Coimbra, contudo, conspirava-se, com a certeza de que a hora não tardaria a chegar. Era um ambiente intelectualmente muito rico. Na República onde me instalei tive por companheiro, desde os primeiros momentos, António Almeida Santos, que depois faria um percurso contrário ao meu, trocando Coimbra por Lourenço Marques. Zeca Afonso, que também teria uma passagem por Moçambique na adolescência, e

Manuel Alegre, um poeta e um político que sempre teve uma grande ligação ao desporto, eram outras figuras dessa época.

A Académica, se bem que "menina dos olhos" de muitas das figuras do regime – designadamente de Santos Costa, que seria ministro da Defesa de Salazar –, representava um espaço onde a Oposição lançara sementes, pelo menos desde a chegada de Cândido de Oliveira, que tinha entre as suas credenciais uma passagem pelo Tarrafal e que em Coimbra permaneceria até 1958, ano em que, sendo eu seu adjunto, faleceria durante o Campeonato do Mundo da Suécia, a cuja primeira fase assistira.

Depois de Cândido, Coimbra e a Académica nunca mais seriam iguais. É então que começam a chegar os africanos, que deixariam para sempre uma profunda marca na memória da cidade: Daniel Chipenda, Araújo, França, José Júlio – este, um moçambicano de raça branca, que foi uma das figuras do movimento que culminaria com a fuga de todos eles e a adesão de corpo inteiro aos movimentos de libertação, cujo ideal abraçariam sem cedências. Foi um tempo novo que se abriu em Coimbra, com o futebol a tomar uma opção clara relativamente a uma questão que era fracturante na sociedade portuguesa de então: a da guerra colonial e das independências das ex-colónias.

Foi um tempo de luta, de comunhão fraterna, mas foi, sobretudo, um tempo difícil, com a PIDE a apertar o cerco, com o Campeonato a ser interrompido durante uma jornada – exactamente aquela em que deveríamos defrontar o Sporting –, com a manifestação da Praça da República, com a equipa, para o fim, dividida entre continuar a luta da forma que havia sido escolhida, ou suspendê-la momentaneamente. Prevaleceu o bom senso, o Campeonato foi reatado, a luta seria retomada mais tarde.

Com Daniel Chipenda, Araújo, José Júlio e França fora de Coimbra, é certo. O seu exemplo, contudo, permaneceu para sempre vivo na cidade, através de todas as vicissitudes e para além de todas as dissenções. Cada um à sua maneira: Daniel Chipenda de uma forma mais empolgada, que lhe vinha muito da educação paterna que recebera; França, que mais tarde se transformaria no comandante N'Dalo, uma autêntica lenda viva do MPLA, de um modo mais sereno e racional; foram expoentes da luta armada, da luta pela independência da pátria angolana. Uma luta que dizimou vidas dos dois lados da contenda, mas que teve sempre, no que a Angola respeita, mais até do que a Moçambique, uma certa inspiração coimbrã por parte de alguns dos seus mais respeitados fautores. Coimbra e a Académica não os esquecerão!

Foram muitos os jogadores oriundos de África a brilhar na Académica. À esquerda, Araújo e Chipenda, com o antigo dirigente Nuno Pimenta. Ao centro, José Júlio. À direita, França

A FINAL DA TAÇA DE 1969
Se calhar, foi melhor assim

POR JOSÉ BELO
Ex-atleta da Académica,
participante na final da Taça de 69

JÁ PASSARAM MAIS DE TRÊS DÉCADAS sobre a crise de 69 e, por isso, já existe o distanciamento ideal para se poder olhar com perspectiva histórica esse movimento lindo de estudantes, que souberam responder a um apelo de mudança e que lutaram por valores importantes que só tiveram concretização no 25 de Abril de 1974.

E pensar na crise de 69 implica rebobinar e trazer à colação a crise de 62, que teve como mola o "Dia do Estudante" e o colóquio que nesse ano se ia realizar sob o tema "A integração do estudante na Universidade", que acabou por ser proibido; é revisitar o Maio de 68 e toda a sua força aceleradora da modernidade para a pós-modernidade, onde se questionou a Universidade como passaporte para interrogar a sociedade.

Mas pensar na crise de 69 é uma coisa muito especial... Nós, os estudantes-atletas, como então se designavam os jogadores da Académica-Secção de Futebol, estávamos dispersos, vivendo misturados com outros estudantes. Eu estava numa casa, na Avenida Sá da Bandeira, com o Toni, o Pedrosa, o Pinheiro, o Ruas e o Rodrigo. Mas nela coabitavam outros estudantes – José Orlando, José Armando, Ribeiro, Virgílio e Rui – das várias Faculdades da Universidade.

Nessa casa, as ceias eram um especial espaço de convívio, mas também de reflexão, onde todos opinávamos, às vezes com bastante calor, sobre os problemas estudantis, da educação e da Universidade, mas também acerca das principais questões que atravessavam a sociedade portuguesa, nomeadamente a reforma do ensino e a guerra colonial.

Foi nessa casa, no quarto do Zé Armando de Carvalho (hoje, um dos melhores causídicos portugueses, a viver em Setúbal) que pela primeira vez ouvi a voz de Manuel Alegre – A "voz da liberdade" –, num aparelho que ele tinha, o que era um luxo na altura.

Foi ele, também, que "na clandestinidade" me arranjava os discos do Zeca Afonso e do Adriano Correia de Oliveira, de quem fiquei devoto.

O ano da crise foi o meu ano de caloiro na Faculdade de Direito. O entrosamento com a Universidade, como um todo, era um facto e a adesão ao movimento que se criou foi natural, culminando na greve aos exames, o que levou à minha ida para Mafra, como cadete, em Outubro de 1970, já que não pude exibir sucesso escolar.

Por tudo o que antecede, o comportamento da equipa de futebol foi o reflexo da motivação das partes – leia-se jogadores – que a constituíam. E foram eles, onde orgulhosamente me incluo, que na parte final do ano andaram com a crise às costas, transportando nas suas camisolas toda a luta dos colegas, toda a energia transformadora de uma Universidade, com todo o impacto e mediatismo que o futebol assegura, já que é o maior espectáculo de massas do mundo. É que a Académica, depois de ter eliminado o Sporting, nas meias-finais da Taça de Portugal, e de ter assumido o luto académico em todos os seus jogos através de vários expedientes –adesivos sobre o emblema, braçadeiras pretas, etc. –, tinha o caminho aberto para a final, a realizar no Estádio do Jamor, em Lisboa.

Ora, um dos aspectos importantes desse evento desportivo tinha a ver com a circunstância de a final da Taça ser sempre transmitida para todo o País pela TV, e contar com a presença do Presidente da República.

Face ao contexto envolvente e confirmada a presença da Académica na final, para grandes "males" grandes "remédios": nem houve transmissão televisiva, nem Presidente da República.

Porém, indiferentes a estas medidas, os estudantes de Coimbra invadiram Lisboa, já que sabiam bem que aquele jogo histórico era muito mais do que um mero desafio de futebol. Eles iriam ser protagonistas da maior manifestação levada a cabo antes do 25 de Abril contra o regime de então.

Nós, jogadores, apesar de pressionados pelo Governo, que expressamente proibiu qualquer manifestação de luto, decidimos no balneário, sozinhos, entrar em campo com a capa pelos ombros, a passo, muito, muito lento. Os jogadores do Benfica respeitaram este inusual "figurino" e acompanharam-nos, perguntando-nos, porém, o que é que se estava a passar, pois a "electricidade" que pairava por todos os lados também os tocou e eles sentiram que aquele jogo era diferente de todos aqueles em que tinham participado.

Estava tudo combinado para que a "festa" continuasse em caso de vitória, indo o Gervásio, o nosso "capitão", entregar a Taça ao Alberto Martins, nosso Presidente da Direcção-Geral da AAC.

Apesar de estarmos a ganhar a poucos minutos do termo do jogo, com um golo do Manuel António, o sonho foi por água abaixo quando o Benfica empata a cinco minutos do fim e leva o jogo para o prolongamento de 30 minutos. Nele, Eusébio acaba com o sonho lindo de uma vitória que poderia ter consequências imprevisíveis, quando faz o segundo golo do Benfica na segunda parte desse prolongamento.

E se a Académica tivesse ganho aquela final, no que foi o jogo mais importante da minha vida desportiva...? Se calhar, foi melhor assim...

A fadiga dos jogadores, obrigados a prolongamento, e a solidariedade com a luta estudantil, nas bancadas

*NA PÁGINA ANTERIOR
José Belo abraçado ao antigo colega Toni, após a final de 69 e a troca de camisolas*

A "Bola de Prata" de 1969
Um acontecimento que arrasta muitas e variadas recordações

por Manuel António
Vencedor do único prémio de melhor marcador
atribuído a um atleta da Académica

A década de 60 do século passado foi agitada, mas rica e gratificante. Marcou a minha vida e encaminhou-me para aquilo que sou hoje. Não por ter recebido uma "Bola de prata" – e digo recebido, porque a mesma foi ganha por uma das grandes e magníficas equipas da Associação Académica de Coimbra desses anos, tendo eu sido o concretizador ou finalizador de algumas das excelentes jogadas realizadas.

A importância desses anos na minha vida foi extraordinariamente marcante e não os posso dissociar de uma série de acontecimentos nos quais se inclui o termos ganho a única "Bola de prata" da Associação Académica de Coimbra.

Em 1964, então com 18 anos, transferi-me do FC Tirsense, equipa da minha terra, para a AAC, tendo tido grande influência nesta transferência um grande amigo, ex-jogador da AAC: o Samuel. Refiro este ano, não só por ser o ano da minha vinda para Coimbra, como também por então ter marcado 21 golos, ou seja, mais dois do que no ano em que ganhei a "Bola de prata". Ficámos em quinto lugar no Campeonato Nacional.

Essa boa época desportiva desencadeou alguns convites dos clubes chamados "grandes", tendo aceite a incursão no futebol profissional, ao serviço do FC Porto, com um contrato de três anos.

Foi uma experiência enriquecedora, no futebol profissional, mas que me levou também a clarificar os meus objectivos de vida, que eram o futebol para atingir uma licenciatura em Medicina. Houve também um grande senhor, que me facilitou o regresso a Coimbra após o contrato cumprido, que foi Afonso Pinto Magalhães, presidente do FC Porto.

Surge assim a época 1968-1969, turbulenta e viva. Ficámos classificados no Campeonato Nacional em quarto lugar, disputámos a final da Taça de Portugal com o Benfica, tendo eu marcado o golo da Académica a sete minutos do fim, mas o Benfica empatou perto dos 90 minutos; e no prolongamento fomos derrotados.

Estava a cumprir o serviço militar, para o qual tinha sido chamado em Outubro de 1968. Fui directamente de uma tenda das "marchas finais" em Mafra para a final da "Taça", num Estádio Nacional em polvorosa. Vivíamos a crise académica de 1969.

Não sendo saudosista nem vivendo do passado, pois só o futuro me desafia, não posso contudo deixar de recordar, neste recuo de 40 anos, alguns outros acontecimentos desportivos que tive a honra de viver com a camisola da AAC e integrado em equipas de "grandes senhores".

A "Bola de prata", ganha em 1969 sem qualquer golo de bola parada, continua a ser a única ganha por um jogador ao serviço da AAC. Aconteceu na década de 60, em que uma grande equipa chamada Benfica e um grande jogador chamado Eusébio ganhavam tudo; muito dificilmente alguém se conseguia intrometer nessa cadeia de vitórias.

Nestas recordações e algumas vaidades, lembro também o primeiro troféu que ganhei no primeiro ano que joguei na Académica, em 1964, atribuído pelo jornal "Mundo Desportivo". Foi o prémio "Juventude", destinado ao melhor jogador do Campeonato Nacional da 1.ª divisão com menos de 21 anos. Foi uma pequena medalha, que me encheu de orgulho e satisfação, no primeiro campeonato que disputei na 1.ª divisão. Também fomos campeões nacionais da 2.ª divisão e também fui o melhor marcador desse campeonato.

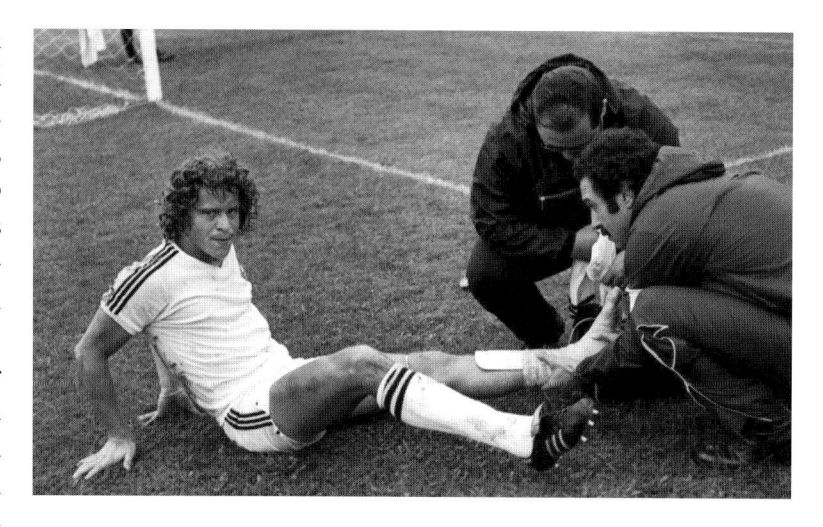

A "Bola de prata" foi um acontecimento importante para mim, mas arrasta uma série de recordações tanto ou mais importantes, como aquelas que já referi sucintamente.

Foram anos vividos numa equipa de futebol de grandes jogadores-estudantes, que prepararam o seu futuro com uma licenciatura e mostraram por todo o país a sua técnica, espírito de equipa, amizade e alegria na prática desportiva.

O "Bola de Prata" enquanto médico da Académica, a assistir Eldon, e enquanto jogador, em mais um poderoso remate à baliza

NA PÁGINA ANTERIOR
Manuel António com os prémios atribuídos ao melhor marcador do campeonato

A ACADÉMICA NAS COMPETIÇÕES EUROPEIAS
Quando a Briosa fazia "manchete" na comunicação social...

POR MÁRIO CAMPOS
Ex-atleta que participou em todos os jogos
"europeus" da Académica

À ESQUERDA
Mário Campos, Manuel António e Vítor Campos, assistidos pelo massagista António Pascoal, preparam-se para o prolongamento com o Olympique de Lyon. Quim, que substituirá Peres, sorri

À DIREITA
Tudo a postos para o início do jogo de Coimbra com o Manchester City, que vencerá a Taça das Taças desse ano de 1970

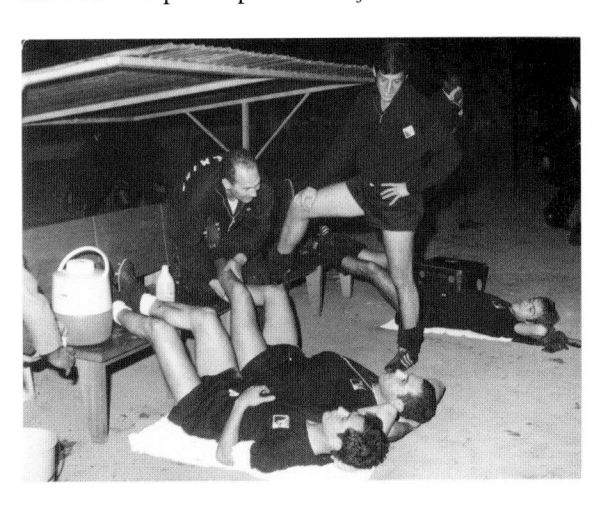

O PRESTÍGIO DOS CLUBES de futebol constrói-se com a participação dos seus atletas nas mais variadas competições, realçando-se as selecções nacionais e as provas europeias.

A Secção de Futebol da Associação Académica de Coimbra, diferente pelo seu historial de atletas--estudantes, associou, aos êxitos escolares, a participação nas referidas selecções e competições europeias. É destas, por ter participado na totalidade dos jogos realizados, que recordo, com orgulho, os momentos vividos há já quase quatro décadas.

Decorria a época de 1968-69 quando esta curta viagem europeia começou. No entanto, deveria ter-se iniciado na época anterior, uma vez que, em 1966-1967, a Académica obtivera a melhor classificação de sempre no campeonato – segundo lugar – e fora finalista vencida da Taça de Portugal. A Académica não participou na Taça das Cidades com Feira, mais tarde designada de Taça UEFA, porque a cidade de Coimbra, nessa data, não estava inscrita pela Federação Portuguesa de Futebol como detentora de "Feira Internacional". O Belenenses ocupou o seu lugar.

Dos dez jogos disputados, quatro dizem respeito à Taça das Cidades com Feira/Taça UEFA e seis à Taça das Taças. Durante o período que decorreu entre meados da década de 1960 e o início dos anos 70, a equipa da Académica era constituída, na sua grande maioria, por jogadores internacionais ("esperanças", B e A). A título de exemplo, refira-se que dos 16 "internacionais" A da sua história, oito participaram nessas competições, registando-se ainda a curiosidade de, num jogo entre as selecções B de Portugal e da Bélgica, oito jogadores portugueses pertenciam à AAC.

A estreia nas competições europeias, na época de 1968-1969, não foi feliz. Na primeira eliminatória, frente ao Lyon (França), no segundo jogo, realizado no Estádio Municipal de Coimbra, a Briosa foi afastada da prova, após prolongamento, e por moeda ao ar. Felizmente, mais tarde, este método foi substituído pela marcação de grandes penalidades.

Na época seguinte, 69-70, a AAC, por ter sido finalista da Taça de Portugal, participou na Taça das Taças. Dos seis jogos realizados, equivalentes a três eliminatórias, recordo, na primeira, o FC Magdeburgo (República Democrática Alemã), a dificuldade na passagem da fronteira (cinco horas de espera por formalidades) entre a Alemanha Federal e a Alemanha Democrática e a excelente recepção por parte dos dirigentes do clube. A alegria da vitória por 2-0, no "Municipal" de Coimbra, permitiu-nos continuar na competição.

Na Finlândia, em Kuopio – cidade dos mil lagos –, decidiu-se a passagem à terceira eliminatória, com a vitória da Académica por 1-0. Em jeito de curiosidade, recordo que, por deficientes instalações desportivas, a nossa equipa optou por utilizar o hotel como balneário.

Chegados aos quartos-de-final, coube ao Manchester City (Inglaterra) eliminar-nos, no último minuto do prolongamento. O Manchester City viria a conquistar a Taça das Taças.

A participação da Académica, equipa não profissional, nesta competição, fez "manchete" de jornais, por ter sido, nesse ano, a última representação portuguesa a ser eliminada das provas europeias.

Finalmente, na época de 71-72, terminou, até hoje, a sua participação europeia. Foi afastada, logo na primeira eliminatória, pelo Wolverhampton (Inglaterra).

A Briosa desse tempo, com brilhantes resultados escolares e desportivos, parece não voltar mais. Como disse, recentemente, o professor Manuel Sérgio, "a Académica foi das equipas em todo o mundo que melhor soube reproduzir a ideia de que no futebol é possível existir um ideal". Ou ainda, como afirmou Manuel Alegre, "a Académica é a mesma, mas diferente. Há que adaptá-la aos tempos de hoje".

Só um modelo forte e transparente, em ligação com a Universidade e a Cidade, permitirá recuperar a alma e oferecer aos jovens infra-estruturas modernas, capazes de os atrair para esta apaixonante modalidade. É necessário que a Académica saiba, entretanto, resistir ao futebol como negócio total.

À ESQUERDA
Gervásio troca galhardetes com o capitão do Magdeburg, equipa alemã que a Briosa eliminará

À DIREITA, EM CIMA
A equipa à partida para Lyon, primeiro destino da Académica nas competições europeias

EM BAIXO
A turma que defronta o Kuopion, em Coimbra. De pé: Maló, Rui Rodrigues, Curado, Carlos Alhinho, Belo e Araújo; à frente: Mário Campos, Manuel António, Nene, Gervásio e Vítor Campos

A HISTÓRICA ASSEMBLEIA DA SECÇÃO DE FUTEBOL DE 1974
Impossível dialogar com quem não queria qualquer tipo de diálogo

POR CAMPOS COROA
Membro da Comissão Directiva que dirigiu a Secção de Futebol entre Maio de 1974 e a criação do Clube Académico de Coimbra

À ESQUERDA
Os problemas não retiraram a boa disposição aos atletas do CAC, aqui a treinarem na mata de Vale de Canas

À DIREITA
A luta pela consagração do Académico como herdeiro da secção de futebol da AAC, levou milhares de conimbricenses às ruas

SUBITAMENTE, a Direcção-Geral (DG) da Associação Académica de Coimbra (AAC) diz à direcção da Secção de Futebol que, "a partir de agora, os atletas terão de ser amadores" (do tipo "paga o equipamento e carrega a baliza às costas").

Os nossos atletas eram, na sua grande maioria – melhor dizendo, na sua quase totalidade –, estudantes universitários.

Ostentavam o estatuto de não-amadores, isto é, não eram profissionais de futebol!

Além disso, a Secção e os seus atletas tinham estado empenhados, com os colegas, nas lutas académicas de 1962 e 1969, solidarizando-se inteira e responsavelmente. Em 1962 houve sequestro dos nossos atletas por parte da polícia, para que jogassem um jogo oficial do campeonato nacional da 1.ª divisão; em 1969, para além de o Governo ter sido obrigado a determinar "que só o capitão de equipa pode usar braçadeira" (toda a equipa a usava, em consequência do "luto académico" em que vivia), pela primeira vez na história o Presidente da República não está presente numa final da Taça, com receio de ter de a entregar à AAC.

A miopia política, as ordens superiores, as directrizes, têm destas coisas. Há que acabar com o futebol da AAC! Antes disso lutámos, lutámos desesperadamente!

Na sede da FNAT (Fundação Nacional para a Alegria no Trabalho, hoje INATEL, Instituto Nacional para os Tempos Livres) é realizada uma assembleia de associados, na qual é eleita uma comissão de estudantes para gerir a Secção e tentar evitar, junto da DG e do Conselho Desportivo da AAC, a sua extinção. Nessa assembleia de Maio de 1974 foi constituída e sufragada a seguinte comissão: António Folgado, António Portugal, António Tavares de Melo, Fausto de Sousa Correia, Humberto Teles Gonçalves, Joaquim Miguel Oliveira

Monteiro, Jorge Formigal, Jorge Migueis, José António Pinto Belo, José Emílio Campos Coroa, José Henrique Dias Pereira, José Manuel dos Santos, Manuel dos Santos Acúrsio, Pedro Mendes de Abreu e Raul Caçador.

Fizemos o que pudemos, colocámos propostas em cima da mesa – como, por exemplo, a de que os atletas continuassem a receber a bolsa durante os anos que lhes faltavam para concluírem as respectivas licenciaturas, acrescendo mais um ou dois anos para prevenir qualquer reprovação. Citámos o caso do Rogério Delgadinho, que no princípio da época viera do Barreirense, tendo deixado o emprego de desenhador na Câmara do Barreiro e a mulher o salão de cabeleireira. Nada queriam ouvir.

Ainda tenho na memória uma frase ouvida na DG/Conselho Desportivo: "Na RDA é que é. A massificação desportiva, etc., etc., etc...". E a resposta do José Belo: "Sim, nós fomos lá jogar e os jogadores da equipa da RDA com quem jogámos têm os melhores apartamentos e os melhores automóveis, auferindo excelentes vencimentos. A única obrigação é 'picar um ponto', como se fossem para a fábrica, quando vão treinar...".

Resumindo: era impossível dialogar com quem não queria o diálogo.

Daí que, dado disto conhecimento em assembleia, a mesma tivesse decidido, depois de esclarecidos os motivos, mudar o nome da Secção de Futebol da AAC para Clube Académico de Coimbra. Os primeiros Estatutos desta instituição foram entregues em Lisboa pelo António Portugal, pelo Jorge Formigal, pelo Pedro Mendes de Abreu e por mim próprio. Fomos introduzidos nos labirintos do Ministério da Educação pelo saudoso "Martins Teórico" (Augusto Martins). Outros, certamente, irão dedicar escrito mais detalhado a este tema do "Académico".

Em 20 de Junho de 1974, em Assembleia Magna com cerca de 400 presenças, a Secção de Futebol da AAC foi extinta, tendo sido impedidos de falar os colegas António Portugal e Pedro Mendes de Abreu.

Não quero terminar sem dizer que se cinco por cento dos que hoje dizem ter estado nessa Assembleia Magna lá tivessem efectivamente estado, a Secção não teria sido extinta.

Hoje há muitos corajosos... Na altura, tinham medo de ser "saneados" e não estiveram, como eu, a maioria dos membros da Comissão de Estudantes e poucos outros, a votar contra a extinção. Foram cerca de 15 os votos contra. Não estava presente a totalidade da Comissão porque, nesse mesmo dia e talvez hora, a equipa principal da Secção de Futebol da Associação Académica de Coimbra empatava 1-1 em Espanha, com o Stal Mielec da Polónia (dos celebérrimos Lato e Kasperczak), e estava, naturalmente, acompanhada de dirigentes. Sem esquecer que o José Belo, membro da Comissão, era atleta.

Dos que nos prejudicaram – os elementos da DG e do Conselho Desportivo e os que acima deles mandavam – a História não rezará, e não serei eu quem lhes vai publicitar os nomes.

Bem podem limpar as mãos à parede!

Estádio do Bessa, 23 de Agosto de 1974. Assegurada a manutenção na 1.ª divisão, por decisão do Conselho Superior de Justiça da semana anterior, o Académico empata 1-1 com o Boavista, naquele que foi o seu primeiro jogo-treino enquanto Académico.
De pé: Manuel Acúrsio (dirigente), Cardoso, Belo, Mário Wilson, Gregório, Brasfemes, Araújo, Gervásio, José Freixo, Feliz, Hélder e Francisco Andrade (treinador);
à frente: Mário Campos, António Jorge, Vala, Manuel António, Vítor Campos, Pinho, Serrano, Rogério e Costa

Os 4-4 de Alvalade, em Janeiro de 1985
A história de uma vida na imagem de um só jogo

POR VÍTOR MANUEL
Ex-atleta e treinador da Académica
durante a época de 1984-1985

Foi em 1984 que me iniciei como treinador principal do futebol sénior da Académica. Para trás ficara uma carreira de cerca de uma dezena e meia de anos como praticante e, depois, como treinador da formação da Briosa. Anos e anos em que dei à Académica o meu maior esforço e o melhor do meu saber e da qual recebi, em troca, o apoio imprescindível para poder estudar e valorizar-me social e escolarmente, na esteira das grandes tradições dessa saudosa Instituição, única e secular. Nela me fiz homem, nela convivi com alguns dos seus mais dilectos e prestigiados praticantes, figuras de referência do meu imaginário futebolístico. Dos seus dirigentes soube retirar a nobreza de carácter, a bondade e a importância dos valores. Do seu magistério colhi úteis ensinamentos para a vida. Ali, aprendi a idiossincrasia de uma Académica de que tanto ouvira falar no passado e da qual, orgulhosamente, fazia agora parte.

Anos inolvidáveis, a ascensão aos seniores, os pelados da segunda divisão, a grave lesão que haveria prematuramente de pôr fim à minha carreira,

Vítor Manuel, abraçado a Ribeiro e a Flávio, com Francisco Silva atrás, após o épico jogo com o Sporting

mil novecentos e setenta e quatro, o indecifrável porquê da extinção da secção de futebol, o recrudescer de uma solidariedade intrínseca ao estudante de Coimbra, o Académico, aquela luta titânica e sem quartel, um tempo de dizer não à destruição do paradigma duma intocável obra social, homens de coragem, lição de vida, de luta, académicos de corpo inteiro, orgulhosos do seu passado, fiéis às suas raízes, conscientes da nobre missão que os imbuía, crentes no futuro, exemplares no percurso, vitoriosos no fim!

Em 1984, num Outubro de um Outono que parecia querer reflectir-se na classificação da Académica, esconjurando-a para a derradeira posição, era Jorge Anjinho o Presidente, recebi surpreendentemente o convite que não fui capaz de recusar. Estou, por isso, eternamente grato a quem tanto me deu a mão. Um convite que mudou para sempre a minha vida, que me alargou horizontes, que me abriu fronteiras, um convite que significou ser eu, a partir daquela altura, o treinador principal da Académica. Subida honra! Tremenda responsabilidade! Aliciante desafio!

Foram onze jogos sem perder, tardes de esplendor, futebol de encher o olho, golos, pontos, vitórias, o renascer da esperança, o galgar lugares na classificação, um inolvidável espírito de grupo, trabalho, muito trabalho, amizade, respeito. Por fim a tranquilidade, a satisfação pelo dever cumprido, o orgulho em poder ter sido mais um a ajudar, em poder retribuir, ainda que modestamente, tudo aquilo que me proporcionaram.

Alvalade: 4 a 4 foi o símbolo de toda uma época, pelo que significou, pelo modo como foi conseguido, pelas condições adversas em que foi conquistado, pela indesmentível força do oponente, pela afirmação categórica de uma personalidade que muitos não julgavam ser possível. Afinal, nós também éramos capazes. De reverter as coisas. De ultrapassar obstáculos. De galgar fronteiras existentes apenas num subconsciente ainda pouco dado a grandes cometimentos. Essa foi a grande lição. O dizer não ao cinzentismo conformista. O afirmar sem tibiezas do nosso valor. Ali, em plateia de ilustres, em palco de sonhos, onde tantos outros baquearam e se entregaram aos destinos de um fado triste, bastas vezes anunciado.

Nessa já longínqua tarde fria de um Janeiro do nosso contentamento, o relvado mais parecia um pântano, escorregadio, traiçoeiro, castrador das capacidades dos nossos jogadores. Nas bancadas, os mesmos de sempre, que, arrostando com a intempérie, se fizeram estrada fora até Lisboa, levados pelo sonho da continuação de uma série inusitada de vitórias e empates que prenunciavam o breve abandonar dos lugares de risco. Valentes, corajosos, amigos de todas as horas, lá estavam eles com os seus cânticos, os seus incitamentos, a sua presença física, como que a querer dizer: "Força 'malta', nós também acreditamos!".

De um lado, Manuel Fernandes, Vítor Damas, Sousa, Pacheco, Carlos Xavier, "monstros sagrados" do futebol português, figuras de um outro universo futebolístico. Do outro lado, jovens à procura do seu espaço, meras notas de rodapé para os jornais tão ávidos de notícias dos grandes emblemas e de parangonas com os grandes craques, rapazes valorosos e competentes, exemplares na entrega e na amizade, amigos, solidários, campeões.

O jogo não parecia correr de feição. Três a um, primeiro, e quatro a dois, depois, pareciam uma montanha incapaz de ser escalada, um resultado impossível de reverter. No relvado, um grupo de extraordinários e briosos atletas fazia das fraquezas forças, lutando para remontar o marcador. Era o esplendor na relva, a classe, a crença e o atrevimento daqueles que meia dúzia de semanas antes pareciam condenados ao esquecimento e à banalidade. Do banco partiam os incitamentos, das bancadas os gritos e o apoio para a reviravolta. Quando o remate enrolado de Ribeiro entrou na baliza do Sporting fazendo o 4-4 final, o conto de fadas tornou-se realidade, gerando um entusiasmo e uma emoção poucas vezes vistos. A Académica arrancava para um impensável sétimo lugar, protagonizando, afinal, a melhor classificação de sempre como Organismo Autónomo de Futebol.

Hoje, mais de 20 anos volvidos, com a emoção sentida de um recordar gratificante, apenas me apetece dizer: como eu me orgulho de poder ter feito parte dessa história!... Obrigado, Académica!

O "Caso" N'Dinga
Uma mega-fraude

POR ALFREDO CASTANHEIRA NEVES
Jurista e ex-dirigente da Académica

I. A HISTÓRIA
(OU MELHOR, UMA GRANDE ESTÓRIA...)

1. O atleta N'Dinga jogou na época de 1986-87 pelo Vitória de Guimarães, ainda sem inscrição e sob a condição derivada dos n.ᵒˢ 3 e 4 do Comunicado Oficial (CO) n.º 1 da FPF para a época de 86-87, sendo pois da responsabilidade do clube "as deficiências ou irregularidades que venham a ser detectadas".
2. Sem o Certificado Internacional, ou seja, sem o documento que prova que o jogador está livre para se poder inscrever, não é possível a inscrição de atleta estrangeiro na FPF.
3. O Certificado Internacional do futebolista em causa devia ter dado entrada na FPF até 30-04-87, tendo sido porém apresentado na FPF tão só em 29-05-87.
4. O Certificado Internacional, no caso de inscrição por transferência de jogador estrangeiro, como era o caso do jogador N'Dinga, assume a natureza de requisito essencial para o acto de inscrição, por ser condição imposta por disposição regulamentar, no caso, pelo n.º 45 do CO n.º 1 da FPF para a época 86-87. Sem certificado internacional, a inscrição torna-se nula.
5. O acto nulo é insusceptível de se tornar em acto válido por qualquer forma de convalidação, não podendo, por isso, produzir quaisquer efeitos jurídicos.
6. A FPF, ao considerar revalidada a inscrição do jogador N'Dinga na época futebolística 87-88, quando não existia inscrição na época anterior, violou as disposições do CO n.º 1 da época 86-87, do CO n.º 93 de 27-02-78 e do CO n.º 102, de 14-03-78, tudo disposições normativas que a FPF estava obrigada a cumprir e fazer cumprir.
7. Além do mais, a FPF gerou situações de desigualdade no acesso dos clubes participantes no Campeonato Nacional da I Divisão para a época de 87-88 no tocante à inscrição de jogadores.
8. De qualquer forma, ainda hoje não se sabe qual o certificado que a FPF considerou para validar a inexistente inscrição, pois do respectivo processo constam fotocópias de dois certificados internacionais (com diferenças indiciadoras de falsificação), com carimbo de entrada em 30-04-87, mas que só deram efectivamente entrada na FPF em 29-05-87.
9. Não podendo a inscrição do jogador ser "revalidada", o atleta foi utilizado em situação ilegal no jogo realizado em 15-05-87 entre a AAC/OAF e o Vitória de Guimarães, pelo que deveria ter sido aplicado o artigo 57.º do Regulamento de Disciplina da FPF, aprovado em Assembleia Geral de 11-08-84, e, em consequência, sancionado o Vitória de Guimarães com a pena de derrota (0 pontos), do que resultaria ficar esta Colectividade classificada em lugar de descida, e já não a AAC/OAF, que deveria ter-se mantido no Campeonato Nacional da I Divisão, em prejuízo do Vitória de Guimarães.

II. A MAIOR FRAUDE
DO FUTEBOL PORTUGUÊS

10. Evidentemente que a enunciação do acima exposto apenas servirá para ilustrar o nível e o estilo do futebol português, sem comentários que não se circunscrevam a uma sentida homenagem a todos quantos combateram pela glorificação da verdade desportiva e pela deontologia procedimental, à frente dos quais quero destacar naturalmente os saudosos e inesquecíveis Amigos e Académicos Eng.º Jorge Anjinho e Conselheiro Pinto Bastos, e também os ilustres Advogados Dr. José Sampaio e Nora e Dr. José Manuel Ferreira da Silva, este o incansável mandatário da AAC/OAF no processo cível, e de cujos textos me sirvo para contar a "estória".

11. A AAC/OAF ficou vencida, mas jamais convencida. Nenhum português de boa fé duvidou ou duvida da total razão fáctica e jurídica da AAC/OAF. Mas o futebol português tinha (tem?) razões que a razão desconhece... Contudo, "não há machado que corte a raiz ao pensamento"...!. Contudo, não há "N'Dinga" algum que possa abalar a mística idiossincrática da Académica!

12. A repercussão desportiva, social e económica do não reconhecimento formal da razão substantiva da AAC/OAF implicou uma tormentosa "travessia do deserto" que só não "liquidou" o melhor palco da confluência de múltiplas gerações de estudantes e não estudantes de Coimbra porque a Académica é, mais do que uma Colectividade sócio-desportiva, uma genuína e imorredoira Escola da Vida.

13. Honrar o mérito dos que merecem e justificam a glória desportiva e cívica é um dever adiado mas presente dos conimbricenses e de Coimbra, pelo claro reconhecimento da projecção universal e duradoura da Académica, na sua positiva afirmação de grandeza e de magia da nossa Briosa.

Foi e é, apesar de tudo, na Académica, que a simbiose valia desportiva/valia humana/valia cultural/valia académica se consagrou de uma forma notavelmente visível e afectivamente argamassada no percurso de uma peregrinação toda ela alva e límpida pelas camisolas e "manchas" negras da verdadeira Académica – que ninguém duvida existir na sua modelação histórica e progressista.

III. FUTURO

14. É pois a partir dessa mega-fraude que importa salientar que a salvaguarda do futuro da Académica passa cada vez mais pelo retorno à sua idiossincrática mística, numa projecção transparente dos seus valores éticos, sociais e desportivos, sem prejuízo da indispensável profissionalização dos agentes desportivos da equipa de futebol, que serão, em certa medida, os catalisadores e os dinamizadores humanos de uma expressão desportiva de alta competição capaz de mobilizar a cidade e a região em torno da Académica.

15. A Académica não poderá mais ter a pretensão de ser o clube representativo apenas e tão só da Academia de Coimbra, pois a sua ambição deve sublimar-se pela afirmação de ser a bandeira sócio-desportiva mais significativa e importante de Coimbra e da zona centro do País.

16. A total profissionalização da equipa de futebol não poderá nunca significar a abdicação da pureza dos ideais da Colectividade nem da sua especial vocação para ser a "Universidade da Vida" onde se formam e apuram a sua formação todos aqueles que fora da perspectiva reducionista do espaço desportivo saibam que é prioritária a formação social, ética, humana e escolar dos seus agentes. O mesmo é dizer que a Académica deve ser uma reserva ética do profissionalismo, onde se torne exemplo pela transparência, pela verdade, pela frontalidade, pela nobreza, pelo ideal desportivo.

17. Para tanto é mister indeclinável assumir teleologicamente a Académica numa multifacetada revolução simbiótica do factor Universidade, do factor Escola, do factor cidade de Coimbra, do factor Região Centro, do factor valorização social, do factor confluência de gerações, do factor rigor orçamental.

18. Este é, pois, o grande desafio que é imposto aos antigos estudantes de Coimbra, aos actuais estudantes de Coimbra, aos conimbricenses, à cidade, para que a "capa negra" que permanece símbolo perene de uma Colectividade que foi e voltará a ser a nossa Universidade da Vida, com a pureza dos seus ideais, permita que o trigo floresça com campeonatos conquistados todos os dias, mesmo sem taças e sem pontos, mas com homens capazes de transportar pelas gerações vindouras o perfume e a honra dessa capa esvoaçada, a simbolizar o progresso, a liberdade e a cultura.

Quatro homens que lutaram muito pelos direitos da Académica: Castanheira Neves, Jorge Anjinho, Raimundo Traça e Dória Cortesão

O CONGRESSO DE ABRIL DE 1995
Uma gostosa "pedrada no charco"...

POR FERNANDO POMPEU
Membro da Comissão Executiva
do Congresso de 1 de Abril de 1995

FALAR DO CONGRESSO DA BRIOSA, que em Abril de 1995 foi levado a cabo por uma Comissão presidida pelo saudoso ex-presidente Jorge Anjinho e que incluía o então presidente (e também já saudoso) José Paulo Cardoso, as "velhas glórias da Briosa" Vítor Campos e Frederico Valido, e ainda dedicados "militantes da causa negra" como João Mesquita, Luís Agostinho e, modestamente, eu próprio, não pode deixar de ser por mim encarado como uma subida honra e um enorme prazer.

De facto, o certame realizado no Auditório da Reitoria da Universidade de Coimbra (UC), no qual marcou presença a "nata" da Briosa e também da "Casa-mãe" da Padre António Vieira, foi como que uma gostosa "pedrada no charco" do imobilismo em que caíra a nossa Instituição, emparedada entre a obrigatória fidelidade à sua riquíssima história e ao seu valiosíssimo ideário e a necessidade de se adaptar às contingências dos tempos, que teimavam em apontar aos Capas Negras a via do profissionalismo futebolístico como a única a prosseguir na tentativa, tantas vezes frustrada, do "regresso ao futuro".

Teimosamente, também, a posição maioritariamente expressa pelos intervenientes nesse Congresso acabou por recusar, contudo, a definitiva metamorfose da Briosa, assumindo com clareza a sua essencial e tão alardeada diferença para as demais instituições desportivas do país: profissionalismo e alta competição sim, mas acompanhada da indispensável preocupação com a formação social, cívica e cultural dos seus atletas e associados, algo que sempre fora apanágio da "velha senhora".

E foi assim que, nesse já longínquo ano de 1995, concluiu o Congresso pela necessidade premente de uma reaproximação à AAC, pela imprescindibilidade de investir no futebol de formação, pela negociação com a Reitoria da UC e direcções dos demais estabelecimentos de Ensino Superior da cidade de Coimbra do estatuto do "estudante-atleta de alta-competição", entre outras medidas na altura consideradas fulcrais para a sobrevivência desportiva e financeira da instituição.

Uma instituição que, precisamente onze anos antes, também pela persistente e dedicada mão de Jorge Anjinho, regressara à "Casa-mãe" pela "porta grande", depois de ter sido conseguido o regresso desportivo, à então I divisão nacional do luso futebol, do ainda designado Clube Académico de Coimbra, que entretanto assumira toda a herança da Secção de Futebol da AAC, extinta por motivos políticos, em 1974.

Olhando o Congresso da Briosa, como iniciativa histórica da Instituição à luz dos dias de hoje, forçoso é afirmar que muitas das suas sábias conclusões estão ainda por concretizar e que as críticas que possam ser-lhe apontadas se prendem apenas com a deficiente tradução prática das medidas que preconizava, para reafirmar a Briosa como o quarto clube do futebol nacional, o que então era o objectivo central do Congresso, a cumprir a longo prazo.

E quanto a isso, nenhum dos dirigentes da Briosa, de ontem ou de hoje, que se sucederam no tempo à iniciativa – entre os quais, orgulhosamente, me incluo –, pode alijar responsabilidades individuais ou colectivas.

Mas, mais do que tais constatações, cumpre, de todo o modo, relembrar a iniciativa, em homenagem a todos quantos colaboraram na sua organização ou nela participaram, por ter então constituído algo de fundamental para a discussão do futuro da Briosa e quiçá defender – na melhor forma de manter vivos a memória e o legado de Jorge Anjinho – que ela seja repetida a breve trecho, porque motivos não faltam para uma segunda edição!

O debate mobilizou muitos académicos. À esquerda, vários antigos jogadores: Crispim, Gervásio, Camilo e Valido. À direita, na primeira fila de uma das sessões, Vítor Campos, Jorge Anjinho, Bié Portugal, Rui Alarcão, Almeida Santos e António Curado. Atrás de Bié, José Fernandes Fafe, o "pai" da iniciativa

NA PÁGINA ANTERIOR
Jorge Anjinho, o homem-forte do Congresso

O REGRESSO À 1.ª, NOVE ANOS DEPOIS
"Foi bonito vê-los chorar de alegria"

POR VÍTOR OLIVEIRA
Treinador da Académica na época de 1996-1997

À ESQUERDA
Um banco de uma memorável época: Guilherme Luís, José Barros, António Augusto, José Pedrosa e Vítor Oliveira

À DIREITA
No momento de todas as decisões, Campos Coroa não consegue assistir à transformação do pénalti que recolocaria a Briosa, uma década depois, na 1.ª divisão

Continua na minha memória essa tarde fantástica em que vencemos o Estoril, alcançando por fim a 1.ª divisão.

Mesmo os mais optimistas tinham dúvidas sobre a qualidade do plantel.

Partimos, ao contrário de outros anos (muitos), sem assumirmos a luta pela subida. Sabíamos todos que, correndo por fora, teríamos mais hipóteses de fazer uma "gracinha".

Fazer o plantel não foi fácil. As dificuldades financeiras eram muitas, os condicionalismos foram vários, mas a vontade de ganhar era enorme.

Começámos de uma forma irregular, até que surgiu o jogo com o Felgueiras – coincidente com uma manifestação contra a F.P.F. (caso N'Dinga) –, que viria a traduzir-se numa grande vitória da Briosa e, mais do que isso, numa grande noite de manifestação clubista, com um ambiente no estádio verdadeiramente fantástico. Creio que foi a noite mais importante da temporada, pela empatia que criou entre a equipa e a massa associativa. Passámos a jogar com doze, tal o empenhamento de todos no apoio à equipa. Passámos a jogar em casa em todos os estádios deste país.

Chegou entretanto o grande dia, o dia de todas as decisões. A esperança era grande, as dúvidas eram muitas, a incerteza pairava no ar, mas a nossa vontade era muito grande e o apoio de um estádio completamente cheio, indicou-nos o caminho da vitória.

Lembro perfeitamente a alegria enorme que percorreu toda a cidade, lembro a grande festa no balneário, a grande festa dentro e fora do estádio. E lembro, principalmente, a alegria daqueles que, trabalhando directamente comigo há poucos meses, procuravam esta vitória há muitos anos.

Foi bonito vê-los chorar de alegria.

Consumado o sonho, um estádio, com mais de vinte e cinco mil adeptos da Académica, explode de alegria numa impressionante manifestação de amor clubista. Adeptos, jogadores e dirigentes personificam o "élan" de um companheirismo que foi a principal chave de um inesquecível feito desportivo

Os grupos de apoio
Memória e paixão

por António Mesquita
Primeiro presidente da "Mancha Negra"

Recordar a equipa dos estudantes torna-se, sempre, um exercício muito peculiar, pois gerir emoções não é tão linear como, por vezes, pode parecer. Escrever sobre o movimento das claques e a sua influência no panorama desportivo nacional, é algo que subentende a alusão a pessoas, a sentimentos e a uma cumplicidade incontornável.

Ser da Académica é algo que não se circunstancia num registo escrito e, por isso, quase inócuo. Se somos da Académica, sentimo-lo. Provavelmente, muitos adeptos de outros clubes escreveriam o mesmo, mas o trinar das guitarras de Coimbra, na entrada dos atletas, e todo o ambiente envolvente, vestido de negro, sugerem aquele arrepio na espinha que todos nós, por este ou por aquele motivo, já protagonizámos. É contagiante. De geração em geração, a Briosa continua a vincar as diferenças e a explicitar as razões que fazem dignificar a Instituição. Em qualquer parte do país, da Europa ou do mundo, lá está um académico que, incondicionalmente, acompanha a sua Briosa e a defende como se a si pertencesse.

Recuando no tempo cerca de três décadas, relembro as enchentes do velho Estádio Municipal de Coimbra, no Calhabé, onde ainda no tempo do CAC presenciei momentos inesquecíveis. Com a travessia pela 2.ª divisão, o número de adeptos que assistiam aos jogos reduziu-se drasticamente, facto que, de certa forma e para quem gosta do futebol-espectáculo, era desolador.

Lembro os dérbis com o União de Coimbra, relativamente aos quais havia um colorido invariavelmente diferente. E foi num destes jogos, talvez devido ao envolvimento da cidade, que se começou a formar um embrião do movimento que se adivinhava para breve. De uma forma perfeitamente espontânea, juntavam-se na Solum umas dezenas de jovens, dos 8 aos 18 anos, que já em grupo se deslocavam para o Estádio e que, na maioria, trocaram a Central A Coberta pela Central B Descoberta. Ainda na 2.ª divisão, num grande jogo com o Felgueiras, ganho por 2-0, ouviu-se pela primeira vez o Brioooosa!!!, de bancada para bancada, o que foi perfeitamente inenarrável.

Todo este movimento de apoio à Académica, promovido por jovens estudantes não universitários, quase que obrigou a uma organização mais cuidada. Foi então, a partir dos diversos grupos existentes em vários bairros de Coimbra – Solum, Norton de Matos e Santa Clara, por exemplo – e também de várias opiniões, que surgiu a claque Mancha Negra. Estávamos em 1985 e com a Briosa na 1.ª divisão.

O vocábulo claque, para muita gente, é sinónimo de desordem, confusão e, em alguns casos, de terrorismo. Foi a lidar com este estigma que muitos jovens, com um empenho e vontade notáveis, conseguiram, indubitavelmente, contrariar essa ideia tão negativa à volta das claques. O colorido nos estádios, a confraternização com o adversário, as viagens organizadas, o apoio às actividades amadoras, são alguns exemplos da mais-valia que os grupos organizados de apoio trouxeram.

Analisando o antes e o depois, verifica-se que, de facto, havia alguma razão para todo aquele movimento. Refutando preconceitos, fazendo por vezes travessias no deserto, concluímos hoje que as claques já são parte integrante dos clubes e, nalguns casos, com assento nas direcções. A ligação à vida desportiva e cultural do clube é perfeitamente natural. Sem pruridos, poder-se-á afirmar que as claques já fazem parte da grande família que são os clubes e o futebol. Valeu a pena.

Não há distância que destrua uma paixão sem limites. No estádio, comemorando as vitórias; ou retomando as velhas tradições, em Lisboa, oferecendo fardos de palha ao cavalo de D. José no Terreiro do Paço

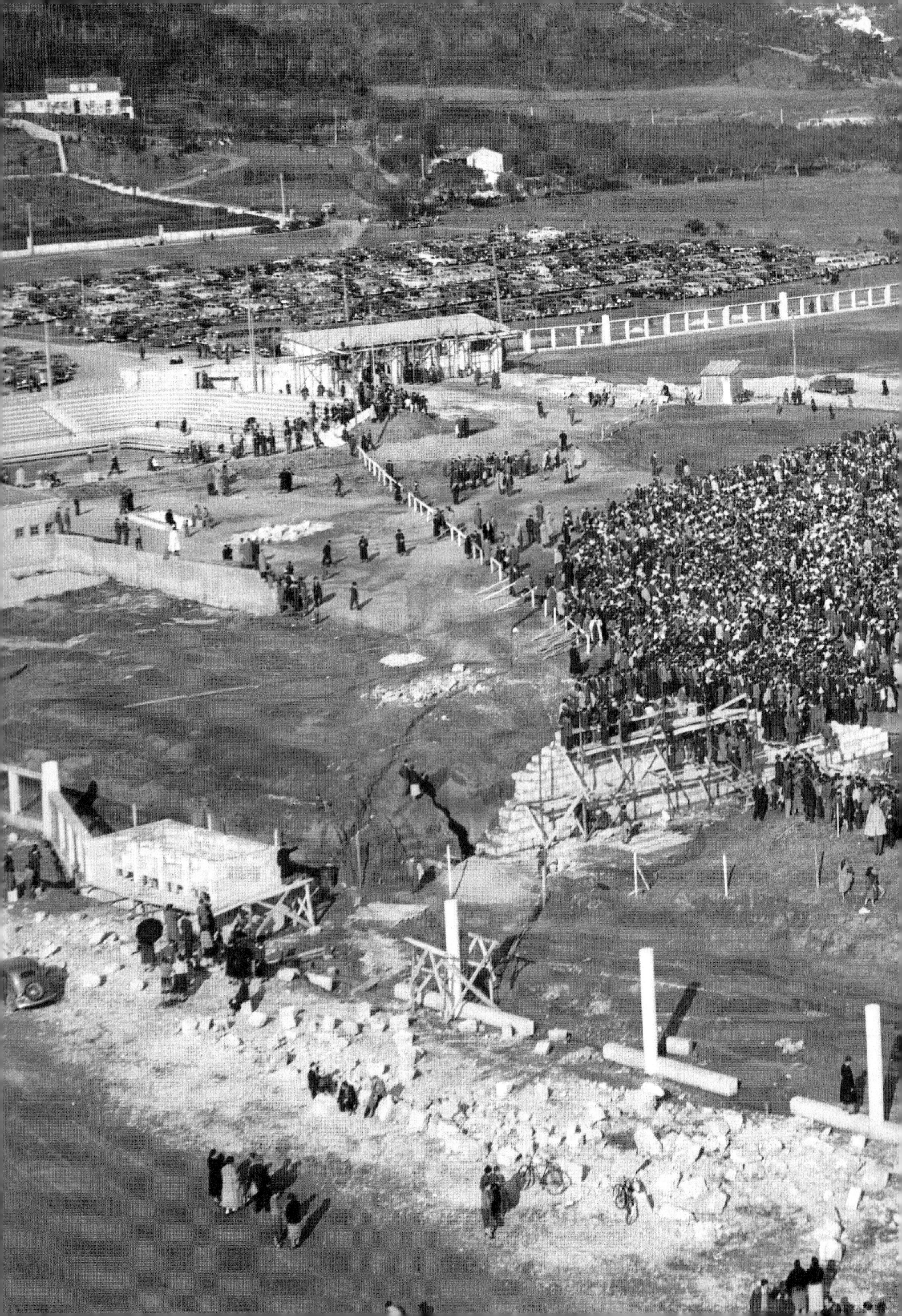

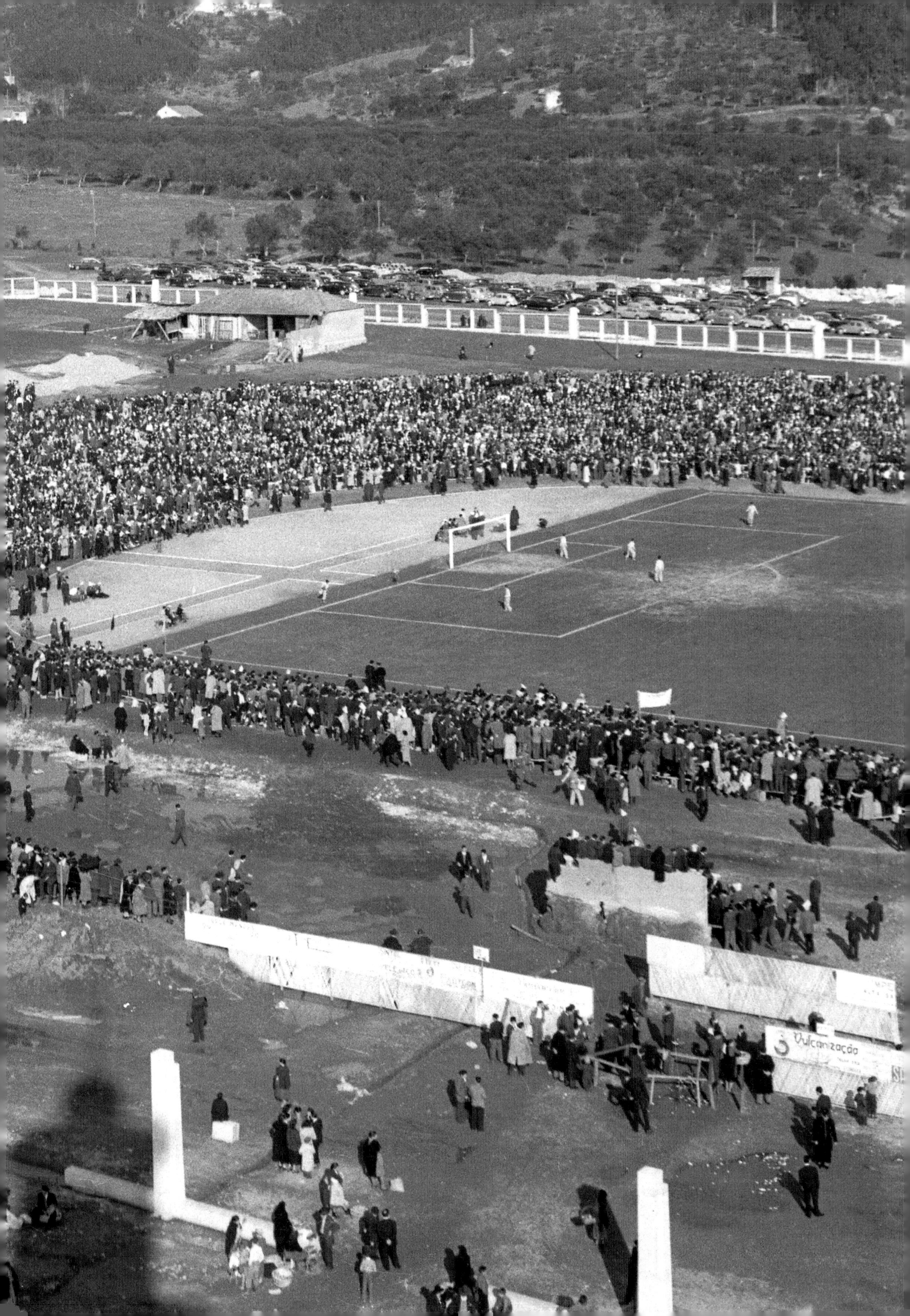
Vulcanização

OS JOGOS

Entre a temporada de 1922-1923, quando foi constituída a Associação de Futebol de Coimbra, e a de 2010-2011, a Académica realizou 2505 jogos oficiais de âmbito nacional, repartidos por 86 épocas. Em bom rigor, deviam ser 89. Mas, em 1925-1926, em 1928-1929 e em 1930-1931, a Briosa não disputou o Campeonato de Portugal, cujo leque de participantes era decidido a nível regional. No primeiro caso, porque não se inscreveu no distrital conimbricense, pura e simplesmente. Nos restantes dois, porque não logrou apurar-se, em provas de acesso específicas. São as fichas desses dois mil e muitos desafios, incluindo os 13 posteriormente anulados pela Federação Portuguesa de Futebol, que aqui se apresentam. De forma tão completa quanto possível, o que levou, em muitos casos, à inclusão de observações adicionais. Ainda assim, nem sempre se conseguiu descobrir, por exemplo, o nome do treinador da equipa adversária. Talvez porque, como é sabido, as funções do técnico eram, em décadas passadas, bastante mais fluidas do que nos tempos que correm. Ao contrário, já foi deliberada a ausência de menção à amostragem do primeiro cartão amarelo. É que dessa amostragem não resultam consequências imediatas, com reflexo no jogo. Ao invés do que acontece com o segundo amarelo ou com o vermelho directo.

ÉPOCAS 22-23 A 33-34

ACADÉMICA - 3 LFC V. R. S. António - 2 (AP)
CAMP. DE PORTUGAL, QUARTOS DE FINAL, 10-6-1923 (DOM, 16:30)
Campo Grande, Lisboa **Árbitro:** Vítor Gonçalves (Lisboa)
Golos: 1-0 (José Afonso 25'); 1-1 (António Costa 51'); 1-2 (Batista Salas 70'); 2-2 (José Afonso 89'); 3-2 (Augusto Pais 111')

ACADÉMICA: João Ferreira, Ribeiro da Costa «cap», Prudêncio, Miguel, Esquível, Galante, José Afonso, Francisco Ferreira, Augusto Pais, Neto e Gil Vicente
Treinador: Teófilo Esquível

LFC V. R. S. António: João Larita, João Campos, José Cabrita, João Costa, Batista Salas «cap», Álvaro Neves, João Baptista, Francisco Cavalheiro, António José, António Costa e João Helena
Treinador: Francisco Mendes Júnior

Sporting CP - 3 ACADÉMICA - 0
CAMPEONATO DE PORTUGAL, FINAL, 24-6-1923 (DOM, 18:00)
Campo da Estrada da Saúde, Faro **Árbitro:** Eduardo Vieira (Algarve) **Auxiliares:** Bernardino de Carvalho e António Saraiva
Golos: 1-0 (Francisco Stromp 18'); 2-0 (Joaquim Ferreira 29', gp); 3-0 (Joaquim Ferreira 55', gp)

Sporting CP: Cipriano dos Santos, Joaquim Ferreira, Jorge Vieira, José Leandro, Filipe dos Santos, Henrique Portela, Torres Pereira, Jaime Gonçalves, Francisco Stromp «cap», João Francisco Mata e Carlos Fernandes
Treinador: Augusto Sabbo

ACADÉMICA: João Ferreira, Ribeiro da Costa «cap», Prudêncio, Miguel, Esquível, Galante, Guedes Pinto, Batalha, Augusto Pais, Neto e Gil Vicente
Treinador: Teófilo Esquível

ACADÉMICA - 2 SC Braga - 1
CAMP. DE PORTUGAL, OITAVOS DE FINAL, 3-6-1923 (DOM, 15:30)
Campo da Constituição, Porto
Árbitro: Alfredo Figueiredo (Porto)
Golos: 1-0 (Augusto Pais 24'); 1-1 (Abreu 53'); 2-1 (Neto 64')

ACADÉMICA: João Ferreira, Ribeiro da Costa «cap», Prudêncio, Miguel, Esquível, Galante, José Afonso, Francisco Ferreira, Augusto Pais, Neto e Gil Vicente
Treinador: Teófilo Esquível

SC Braga: Morais, Aragão, Romão, Manuel Silva, Germano de Vasconcelos «cap», Zeca, Machado, Abreu, Neca, Daniel e Américo

ACADÉMICA - 2 CS Marítimo - 1
CAMP. DE PORTUGAL, MEIAS FINAIS, 17-6-1923 (DOM, 17:00)
Campo da Palhavã, Lisboa
Árbitro: Albertino Gomes (Lisboa)
Golos: 1-0 (José Afonso 15'); 2-0 (Neto 69'); 2-1 (Barrinhas 75')

ACADÉMICA: João Ferreira, Ribeiro da Costa «cap», Prudêncio, Miguel, Esquível, Galante, José Afonso, Francisco Ferreira, Augusto Pais, Neto e Gil Vicente
Treinador: Teófilo Esquível

CS Marítimo: João de Sousa, Alfredo Dias, José Correia, Domingos Vasconcelos, Barrinhas «cap», António Sousa, Francisco Vieira, José Ramos, Francisco Lopes, Manuel Ramos e José de Sousa

FC Porto - 3 ACADÉMICA - 2
CAMP. DE PORTUGAL, QUARTOS DE FINAL, 18-5-1924 (DOM, 17:00)
Campo da Constituição, Porto **Árbitro:** Cândido de Oliveira (Lisboa)
Golos: 1-0 (Hall 15'); 1-1 (Guedes Pinto 23'); 1-2 (Mota 52', pb); 2-2 (Tavares Crespo 80'); 3-2 (Simplício 90')

FC Porto: Peixoto, Mota, Tavares Crespo, Coelho da Costa, Velez Carneiro, Floriano, Alexandre Cal «cap», Freire, Hall, Simplício e João Nunes
Treinador: Akös Teszler

ACADÉMICA: João Ferreira, Ribeiro da Costa «cap», Prudêncio, Miguel, Esquível, Galante, Juvenal, Guedes Pinto, Gil Vicente, Augusto Pais e Tendeiro
Treinador: Teófilo Esquível

SC Espinho - 2 ACADÉMICA - 1

CAMP. DE PORTUGAL, OITAVOS DE FINAL, 31-5-1925 (DOM, 16:00)
Campo Municipal São Domingos, Aveiro **Árbitro:** Tomás da Costa (Aveiro) **Golos:** 0-1 (Juvenal 25'); 1-1 (José Simplício 30', gp); 2-1 (António Rodrigues 80')

SC Espinho: Alberto Valente «cap», António Coelho, Américo Maganinho, Joaquim Fernandes, José Simplício, Isaac Moreira, Artur Sebastião, Augusto Ferreira, José Constante, António Rodrigues e Albérico Conceição

ACADÉMICA: João Ferreira, Prudêncio, Guedes Pinto, Curado, Esquível «cap», Galante, Juvenal, Albano Paulo, João Lopes, Miguel e Daniel
Treinador: Teófilo Esquível

ACADÉMICA - 3 SC Espinho - 1

CAMP. DE PORTUGAL, 1/16 DE FINAL, 6-3-1927 (DOM, 15:30)
Campo da Quinta Agrícola, Coimbra **Árbitro:** A. Silva Ramos (Lisboa)
Golos: 0-1 (Albérico Conceição 40'); 1-1 (Rangel 44'); 2-1 (Albano Paulo 55'); 3-1 (Albano Paulo 78')

ACADÉMICA: Dória, Luís Trindade, Guedes Pinto, Corte-Real, Duarte, Armando Sampaio «cap», Ladeira, Albano Paulo, Rangel, Abelha e Daniel
Treinador: Armando Sampaio

SC Espinho: António Sousa, Gomes, Artur Moreira, Joaquim Fernandes, Isaac Moreira, Américo Ferraz, Miranda, João Barbosa, Lusitano Gil, António Rodrigues e Albérico Conceição «cap»

Sporting CP - 9 ACADÉMICA - 1

CAMP. DE PORTUGAL, OITAVOS DE FINAL, 3-4-1927 (DOM, 14:00)
Campo Grande, Lisboa **Árbitro:** João dos Santos Júnior (Lisboa)
Golos: 1-0 (Cervantes 27'); 2-0 (Filipe dos Santos 35'); 3-0 (Jaime 38'); 4-0 (Filipe dos Santos 53'); 5-0 (Filipe dos Santos 58'); 6-0 (Filipe dos Santos 65'); 7-0 (Luís Trindade 72', pb); 8-0 (Filipe dos Santos 79'); 8-1 (Corte-Real 86', gp); 9-1 (Filipe dos Santos 87')
Obs: Jogo iniciado com uma hora de atraso

Sporting CP: Cipriano dos Santos, José Leandro, Jorge Vieira «cap», O' Neill, Pestana, Martinho de Oliveira, Jaime Gonçalves, Abrantes Mendes, Filipe dos Santos, Cervantes e José Manuel
Treinador: Filipe dos Santos

ACADÉMICA: Armando Sampaio «cap», Luís Trindade, Guedes Pinto, Corte-Real, Duarte, Miguel, Ladeira, Albano Paulo, João Lopes, Abelha e Fernando Pais
Treinador: Armando Sampaio

FC Fafe - 3 ACADÉMICA - 0

CAMP. DE PORTUGAL, 1/16 DE FINAL, 4-3-1928 (DOM, 15:00)
Campo de São Jorge, Fafe **Árbitro:** Gaspar Queirós (Porto)
Golos: 1-0 (Artur Mendes 37'); 2-0 (Armando Freitas 65', gp); 3-0 (João Carvalho 80') **Obs:** Jogo anulado pela FPF, em consequência de protesto da Académica

FC Fafe: Avelino, Sousa, Augusto Mendes «cap», Lixeiro, Artur Freire, Leite Castro, M. Castro, Armando Freitas, Artur Mendes, João Carvalho e Rogério Cabral
Treinador: Artur Freire

ACADÉMICA: Armando Sampaio, Curado, Luís Trindade, Monteiro, Frazão, Albano Paulo, Guerra, Ladeira, João Lopes «cap», Faria e José Amaral
Treinador: Armando Sampaio

FC Fafe - 2 ACADÉMICA - 1

CAMP. DE PORTUGAL, 1/16 DE FINAL, 4-4-1928 (QUA, 15:00)
Campo de São Jorge, Fafe **Árbitro:** José Guimarães (Porto)
Golos: 1-0 (Armando Freitas 25'); 1-1 (João Lopes 27'); 2-1 (Armando Freitas 85') **Obs:** Jogo de repetição

FC Fafe: Avelino, Carlos, Augusto Mendes «cap», Lixeiro, Artur Freire, Leite Castro, António, Caneco, Artur Mendes, Armando Freitas e João Carvalho
Treinador: Artur Freire

ACADÉMICA: Armando Sampaio, Curado, Luís Trindade, Monteiro, Frazão, Albano Paulo, Guerra, Ladeira, João Lopes «cap», Faria e Pimentel
Treinador: Armando Sampaio

Sporting CP - 7 ACADÉMICA - 1

CAMP DE PORTUGAL, 1/16 DE FINAL, 30-3-1930, (DOM, 14:00)
Campo Grande, Lisboa **Árbitro:** Jerónimo Duarte (Setúbal)
Golos: 1-0 (Abrantes Mendes 1'); 2-0 (Cervantes 2'); 3-0 (Mourão 32'); 4-0 (Mourão 36'); 5-0 (Abrantes Mendes 50'); 6-0 (Rogério 60'); 6-1 (Isabelinha 65'); 7-1 (Cervantes 89')

Sporting CP: Cipriano dos Santos, Jorge Vieira «cap», Fernando Ferreira, Varela, Serra e Moura, Manuel Matias, Mourão, Abrantes Mendes, Rogério, Correia e Cervantes
Treinador: Charles Bell

ACADÉMICA: Matias, Curado, Monteiro, Corte-Real, Guerra, Albano Paulo «cap», Sousa, Castro, Rui Cunha, Isabelinha e Adrega
Treinador: Armando Sampaio

ACADÉMICA - 2 Leça FC - 0

CAMP. DE PORTUGAL, 1/16 DE FINAL, 3-4-1932 (DOM, 17:00)
Campo do Arnado, Coimbra **Árbitro:** Manuel de Oliveira (Coimbra)
Golos: 1-0 (Cesário 35'); 2-0 (Cabeçadas 60') **Obs:** O árbitro deu o jogo por terminado aos 60 minutos, devido ao facto de o jogador do Leça expulso se ter recusado a sair

ACADÉMICA: Barata, Veiga Pinto «cap», Cistóvão, Waldemar Amaral, Albano Paulo, Filipe dos Santos, Portugal, Cesário, Rui Cunha, Isabelinha e Cabeçadas
Treinador: Armando Sampaio

Leça FC: Giesteira «cap», Gomes, Garcia, Oliveira, Bastos, Alves, Domingos, Elísio Biscaia (E 60'), Ramos, Tanisca e Arnaldo

ACADÉMICA - 3 FC Barreirense - 3

CAMP. DE PORTUGAL, OITAVOS DE FINAL, 15-5-1932 (DOM, 15:00)
Campo de Santa Cruz, Coimbra
Árbitro: David Costa (Porto)
Golos: 1-0 (Portugal 7'); 1-1 (Pedro Pireza 30'); 2-1 (Rui Cunha 47'); 3-1 (Rui Cunha 75', gp); 3-2 (Pedro Pireza 80'); 3-3 (João Duarte 83')

ACADÉMICA: Abreu, Cristóvão, Veiga Pinto «cap», Waldemar Amaral, Albano Paulo, Filipe dos Santos, Portugal, Cesário, Rui Cunha, Isabelinha e Cabeçadas
Treinador: Armando Sampaio

FC Barreirense: Francisco Câmara, José da Fonseca, António Vieira, José Duarte, Álvaro Pina, Cabral, Raul Jorge, Pedro Pireza, José Correia, João Pireza e António Nunes
Treinador: Augusto Sabbo

FC Barreirense - 5 ACADÉMICA - 2

CAMP. DE PORTUGAL, OITAVOS DE FINAL, 22-5-1932 (DOM, 16:00)
Estádio do Lumiar, Lisboa **Árbitro:** João dos Santos Júnior (Lisboa)
Golos: 1-0 (Raul Jorge 3'); 2-0 (Pedro Pireza 7', gp); 2-1 (Rui Cunha 30'); 2-2 (Rui Cunha 43'); 3-2 (António Nunes 75'); 4-2 (Raul Jorge 82'); 5-2 (Bento de Almeida 88')

FC Barreirense: Francisco Câmara, José da Fonseca, António Vieira, José Duarte, Álvaro Pina, Manuel Rodrigues, Raul Jorge, Pedro Pireza, João Pireza, António Nunes e Bento de Almeida
Treinador: Augusto Sabbo

ACADÉMICA: Abreu, Cristóvão, Veiga Pinto «cap», Waldemar Amaral, Albano, Filipe dos Santos, Portugal, Cesário, Rui Cunha, Isabelinha e Cabeçadas
Treinador: Armando Sampaio

ACADÉMICA - 1 AD Sanjoanense - 0

CAMP. DE PORTUGAL, 1/16 DE FINAL, 7-5-1933 (DOM, 16:00)
Campo do Arnado, Coimbra
Árbitro: Manuel Marques (Lisboa)
Golo: 1-0 (Rui Cunha 85')

ACADÉMICA: Abreu, Veiga Pinto «cap», Cristóvão, Vítor, Albano Paulo (L 70'), Filipe dos Santos, Portugal, Ladeira, Rui Cunha, Correia e Isabelinha
Treinador: Armando Sampaio

AD Sanjoanense: Tomaz, Maia, Verdial, Rainho, Piro, José Silva, Marques, Albino Oliveira, José M. Pinho, Leite e António Silves

VFC Setúbal - 1 ACADÉMICA - 3

CAMP. DE PORTUGAL, OITAVOS DE FINAL, 14-5-1933 (DOM, 17:00)
Campo dos Arcos, Setúbal **Árbitro:** Ant. Augusto Carvalho (Lisboa)
Golos: 0-1 (Ladeira 10'); 0-2 (Correia 13'); 0-3 (Rui Cunha 26'); 1-3 (Jordão 65')

VFC Setúbal: Crujeira, Álvaro Cardoso, Zegre, Faustino, Figueiredo, Guerreiro, Oliveira, João dos Santos «cap», Jordão, Armando Martins e João Cruz

ACADÉMICA: Abreu, Veiga Pinto, Cristóvão, Vítor, Filipe dos Santos, Guerra «cap», Portugal, Ladeira, Rui Cunha, Correia e Caseiro
Treinador: Armando Sampaio

ACADÉMICA - 1 VFC Setúbal - 3

CAMP. DE PORTUGAL, OITAVOS DE FINAL, 21-5-1933 (DOM, 17:00)
Campo de Santa Cruz, Coimbra **Árbitro:** Manuel de Oliveira (Coimbra)
Golos: 0-1 (Armando Martins 20'); 0-2 (João dos Santos 47'); 0-3 (Eduardo Augusto 60'); 1-3 (Guerra 80') **Obs:** O árbitro foi recrutado na assistência, devido a falta do juiz nomeado (David Costa do Porto)

ACADÉMICA: Abreu, Veiga Pinto, Cristóvão, Vítor, Filipe dos Santos, Guerra «cap», Portugal, Ladeira, Rui Cunha, Correia e Isabelinha
Treinador: Armando Sampaio

VFC Setúbal: Crujeira, Álvaro Cardoso, Zegre, Faustino, Mário Silva, Guerreiro, Eduardo Augusto, João dos Santos «cap», Jordão, Armando Martins e João Cruz

VFC Setúbal - 2 ACADÉMICA - 1

CAMP. DE PORTUGAL, OITAVOS DE FINAL, 25-5-1933 (QUI, 17:15)
Campo de São Lázaro, Santarém
Árbitro: Ângelo dos Santos (Santarém)
Golos: 1-0 (Jordão 15'); 1-1 (Correia 32'); 2-1 (Eduardo Augusto 75')

VFC Setúbal: Crujeira, Álvaro Cardoso, Zegre, Faustino, Mário Silva, Guerreiro, Eduardo Augusto, João dos Santos «cap», Jordão, Armando Martins e João Cruz

ACADÉMICA: Abreu, Veiga Pinto, Cristóvão, Vítor, Filipe dos Santos, Guerra «cap», Portugal, Ladeira, Rui Cunha, Correia e Isabelinha
Treinador: Armando Sampaio

ACADÉMICA - 3 FC Fafe - 1

CAMPEONATO DE PORTUGAL, 1/16 DE FINAL, 13-5-1934 (DOM, 15:00)
Campo do Arnado, Coimbra Árbitro: Artur Moreira (Aveiro)
Golos: 1-0 (Mário Cunha 5'); 1-1 (Lemos 57'); 2-1 (Portugal 71'); 3-1 (Portugal 88')

ACADÉMICA: Abreu, Veiga Pinto «cap», Cristóvão, Monteiro, Filipe dos Santos, Tara, Portugal, Brito e Cunha, Rui Cunha, Catela e Mário Cunha
Treinador: Filipe dos Santos

FC Fafe: Parcídio, Nelo, Artur Castro, Celso, Serafim, Russo, Rocha, Albano, Lemos, Ilídio e Ferreira

ACADÉMICA - 0 SL Benfica - 2

CAMP. DE PORTUGAL, OITAVOS DE FINAL, 20-5-1934 (DOM, 16:00)
Campo de Santa Cruz, Coimbra **Árbitro:** António Câmara (Santarém)
Golos: 0-1 (Vítor Silva 5'); 0-2 (Luís Xavier 88', gp) **Obs:** A Académica não compareceu ao jogo da 2ª mão, em Lisboa, devido à festa da Queima das Fitas

ACADÉMICA: Abreu, Cristóvão, Veiga Pinto «cap», Tara, Filipe dos Santos, Vítor, Portugal, Isabelinha, Rui Cunha (E 65'), Brito e Mário Cunha
Treinador: Filipe dos Santos

SL Benfica: Pedro da Conceição, Gatinho, Luís Costa, Albino, Álvaro Pina (E 65'), Francisco Costa, Jaime, Cardoso, Vítor Silva «cap», Luís Xavier e Júlio Silva
Treinador: Ribeiro dos Reis

ÉPOCA 1934-1935

1ª LIGA: 8º LUGAR
CAMPEONATO DE PORTUGAL: OITAVOS DE FINAL

JOGOS EFECTUADOS

	J	V	E	D	GM	GS
CASA	8	1	1	6	8	24
FORA	8	0	0	8	9	31
TOTAL	16	1	1	14	17	55

ACADÉMICA – 0 Sporting CP – 6

1ª LIGA, 1ª JORNADA, 20-1-1935 (DOM, 15:00)
Campo de Santa Cruz, Coimbra **Árbitro:** Vieira da Costa (Porto)
Golos: 0-1 (Soeiro 12'); 0-2 (Soeiro 43'); 0-3 (Mourão 53');
0-4 (Faustino 56'); 0-5 (Ferdinando 69', gp); 0-6 (Soeiro 88')

ACADÉMICA: Abreu, Pascoal, Cristóvão, Portugal, Filipe dos Santos, Faustino, Toscano, Camarate, Rui Cunha «cap», Correia e Mário Cunha
Treinador: Rudolf Jeny

Sporting CP: Dyson, Jurado, Serrano, Correia, Rui de Araújo «cap», Faustino, Rui Carneiro, Pacheco, Soeiro, Ferdinando e Mourão
Treinador: Filipe dos Santos

FC Porto – 7 ACADÉMICA – 1

1ª LIGA, 2ª JORNADA, 27-1-1935 (DOM, 15:00)
Campo da Constituição, Porto **Árbitro:** Artur Moreira (Aveiro)
Golos: 1-0 (Carlos Nunes 5'); 2-0 (Lopes Carneiro 11'); 2-1 (Rui Cunha 15', gp); 3-1 (Artur Alves 25'); 4-1 (Pinga 28'); 5-1 (Carlos Nunes 47'); 6-1 (Artur Alves 75'); 7-1 (Artur Alves 88')

FC Porto: Soares dos Reis, Avelino, Jerónimo, Nova, Álvaro Pereira, Carlos Pereira, Lopes Carneiro, Waldemar, Artur Alves, Pinga e Carlos Nunes
Treinador: Josef Szabo

ACADÉMICA: Tibério, Veiga Pinto «cap», Cristóvão, Tara, Filipe dos Santos, Faustino, Portugal, Camarate, Rui Cunha, Correia e Mário Cunha
Treinador: Rudolf Jeny

ACADÉMICA – 0 CF "Os Belenenses" – 5

1ª LIGA, 3ª JORNADA, 3-2-1935 (DOM, 15:00)
Campo de Santa Cruz, Coimbra **Árbitro:** David Costa (Porto)
Golos: 0-1 (Aquilino 1'); 0-2 (Bernardo 15'); 0-3 (Bernardo 50'); 0-4 (Luís Fernandes 80'); 0-5 (Tomás da Silva 83')

ACADÉMICA: Tibério, Pascoal, Cristóvão, Camarate (L 70'), Faustino, Pimenta, Portugal, Abreu, Rui Cunha «cap», Correia e Mário Cunha
Treinador: Rudolf Jeny

CF "Os Belenenses": Reis, Luís Rodrigues, Belo, Rodrigues Alves, Jaime Viegas, César, Luís Fernandes, Aquilino, Tomás da Silva, Bernardo e José Luís
Treinador: Artur José Pereira

Académico do Porto – 3 ACADÉMICA – 2

1ª LIGA, 4ª JORNADA, 10-2-1935 (DOM, 15:00)
Estádio do Lima, Porto **Árbitro:** José Travassos (Lisboa)
Golos: 1-0 (Carlos Alves 15', gp); 1-1 (Rui Cunha 30', gp);
2-1 (Alberto Gomes 33'); 3-1 (Alberto Gomes 37'); 3-2 (Portugal 81')

Académico do Porto: Bibi, Carlos Alves, Albertino, Arménio, Gil, André, Fernandes, Jordão, Alberto Gomes, Prado e Manuel Fonseca
Treinador: Dezso Genczi

ACADÉMICA: Tibério, Pascoal, Cristóvão, José Maria Antunes, Faustino, Gago, Portugal, Abreu, Rui Cunha «cap», Correia e Mário Cunha
Treinador: Rudolf Jeny

ACADÉMICA – 2 SL Benfica – 2

1ª LIGA, 5ª JORNADA, 17-2-1935 (DOM, 15:00)
Campo de Santa Cruz, Coimbra **Árbitro:** José Pereira (Porto)
Golos: 1-0 (Pimenta 10'); 1-1 (Torres 50'); 2-1 (Rui Cunha 76');
2-2 (Torres 77')

ACADÉMICA: Tibério, Pascoal, Cristóvão, José Maria Antunes, Faustino, Gago, Portugal, Abreu, Rui Cunha «cap», Correia e Pimenta
Treinador: Rudolf Jeny

SL Benfica: Amaro, Gatinho, Gustavo «cap», Albino, Lucas, Francisco Costa, Vítor Silva, Xavier, Torres, Guedes Gonçalves e Domingos Lopes
Treinador: Vítor Gonçalves

VFC Setúbal – 3 ACADÉMICA – 2

1ª LIGA, 6ª JORNADA, 24-2-1935 (DOM, 15:00)
Campo dos Arcos, Setúbal **Árbitro:** Tavares da Silva (Lisboa)
Golos: 1-0 (João Cruz 4'); 2-0 (Aníbal José 48', gp); 3-0 (Armando Martins 50'); 3-1 (Pimenta 67'); 3-2 (Rui Cunha 80')

VFC Setúbal: Crujeira, Henrique Silva, Álvaro Cardoso (L 48'), Figueiredo, Aníbal José, Guerreiro, Joaquim Silva, Rendas, Jordão, Armando Martins e João Cruz

ACADÉMICA: Tibério, Pascoal, Cristóvão, José Maria Antunes, Faustino, Tara, Portugal, Abreu, Rui Cunha «cap», Correia e Pimenta
Treinador: Rudolf Jeny

ACADÉMICA – 1 UF Lisboa – 3

1ª LIGA, 7ª JORNADA, 3-3-1935 (DOM, 15:00)
Campo de Santa Cruz, Coimbra **Árbitro:** João Cunha Pinto (Setúbal) **Golos:** 0-1 (Estrela 20'); 1-1 (Portugal 30');
1-2 (Valentim 60'); 1-3 (Belchior 67')

ACADÉMICA: Tibério, Pascoal, Cristóvão, José Maria Antunes, Faustino, Gago, Portugal, Abreu, Rui Cunha «cap», Correia e Pimenta
Treinador: Rudolf Jeny

UF Lisboa: Figueiredo, Almeida, Viriato, Manuel da Silva I, Jaime Rodrigues, Manuel da Silva II, Gerardo Maia, Valentim, Belchior, Estrela e Gonçalves

Sporting CP – 5 ACADÉMICA – 1

1ª LIGA, 8ª JORNADA, 10-3-1935 (DOM, 15:00)
Campo Grande, Lisboa **Árbitro:** Augusto Conceição (Évora)
Golos: 1-0 (Reynolds 13'); 2-0 (Lopes 30'); 3-0 (Soeiro 34');
4-0 (Vasco Nunes 56'); 4-1 (Rui Cunha 64', gp); 5-1 (Reynolds 72')

Sporting CP: Jóia, Jurado, Serrano, Correia, Rui de Araújo «cap», Raul Silva, Rui Carneiro, Vasco Nunes, Soeiro, Reynolds e Lopes
Treinador: Filipe dos Santos

ACADÉMICA: Tibério, Pascoal, Cristóvão, Bordalo, Faustino, Pimenta, Portugal, Abreu, Rui Cunha «cap», Brito e Mário Cunha
Treinador: Rudolf Jeny

ACADÉMICA – 2 FC Porto – 4

1ª LIGA, 9ª JORNADA, 17-3-1935 (DOM, 15:00)
Campo de Santa Cruz, Coimbra **Árbitro:** Tavares da Silva (Lisboa)
Golos: 0-1 (Carlos Nunes 15'); 0-2 (Pinga 30'); 1-2 (Abreu 40');
1-3 (Carlos Nunes 52'); 1-4 (Pinga 69'); 2-4 (Pimenta 86')

ACADÉMICA: Tibério, Pascoal, Cristóvão, Bordalo, Faustino, Tara, Portugal, Abreu, Rui Cunha «cap», Correia e Pimenta
Treinador: Rudolf Jeny

FC Porto: Soares dos Reis, Assis, Jerónimo, Nova, Álvaro Pereira, Carlos Pereira, Raul Castro, Waldemar, António Santos, Pinga e Carlos Nunes
Treinador: Josef Szabo

CF "Os Belenenses" – 4 ACADÉMICA – 0

1ª LIGA, 10ª JORNADA, 24-3-1935 (DOM, 14:00)
Campo das Salésias, Lisboa **Árbitro:** J. Santos Farinha (Santarém)
Golos: 1-0 (Portugal 5', pb); 2-0 (Bernardo 7'); 3-0 (Heitor 10'); 4-0 (Silva Marques 60')

CF "Os Belenenses": Castro, Simões, Belo, Varela Marques, Jaime Viegas, Teófilo Pinto, Custódio de Sousa, Heitor, Tomás da Silva, Silva Marques e Bernardo
Treinador: Artur José Pereira

ACADÉMICA: Barata, Bordalo, Cristóvão, José Maria Antunes, Faustino, Oliveira Santos, Portugal, Abreu, Rui Cunha «cap», Correia e Pimenta
Treinador: Rudolf Jeny

ACADÉMICA – 2 Académico do Porto – 1

1ª LIGA, 11ª JORNADA, 31-3-1935 (DOM, 16:00)
Campo de Santa Cruz, Coimbra
Árbitro: Moisés da Cruz (Lisboa)
Golos: 1-0 (Portugal 1'); 2-0 (Pimenta 25'); 2-1 (Jordão 89')

ACADÉMICA: Tibério, Pascoal, Cristóvão (L 35'), José Maria Antunes, Faustino, Bordalo, Portugal, Abreu, Rui Cunha, Isabelinha «cap» e Pimenta
Treinador: Rudolf Jeny

Académico do Porto: Bibi, Carlos Alves, Lopes da Silva, Gil, Raul Alexandre, Arménio, Álvaro Pereira, Américo Rodrigues, Alberto Gomes, Jordão e Manuel Fonseca
Treinador: Dezso Genczi

SL Benfica – 4 ACADÉMICA – 1

1ª LIGA, 12ª JORNADA, 7-4-1935 (DOM, 15:00)
Campo das Amoreiras, Lisboa **Árbitro:** Henrique Rosa (Setúbal)
Golos: 1-0 (Valadas 1'); 2-0 (Valadas 46'); 3-0 (Rogério de Sousa 55'); 3-1 (Isabelinha 65'); 4-1 (Cardoso 85')

SL Benfica: Pedro Conceição, Gatinho, Francisco Costa, João Correia, Lucas, Gaspar Pinto, Domingos Lopes, Xavier, Cardoso, Rogério de Sousa «cap» e Valadas
Treinador: Vítor Gonçalves

ACADÉMICA: Tibério, Veiga Pinto «cap», José Maria Antunes, Abreu, Faustino, Tara, Portugal, Isabelinha, Rui Cunha, Catela e Pimenta
Treinador: Rudolf Jeny

ACADÉMICA – 0 VFC Setúbal – 1

1ª LIGA, 13ª JORNADA, 14-4-1935 (DOM, 16:30)
Campo de Santa Cruz, Coimbra
Árbitro: Carlos Canuto (Lisboa)
Golo: 0-1 (Mário Pité 35')

ACADÉMICA: Tibério, Pascoal, Veiga Pinto «cap», Abreu, Faustino, José Maria Antunes, Portugal, Isabelinha, Rui Cunha, Correia e Pimenta
Treinador: Rudolf Jeny

VFC Setúbal: Neves, Vieira, Álvaro Cardoso, Figueiredo, Aníbal José, Guerreiro, Joaquim Silva, Rendas, Mário Pité, João dos Santos e João Cruz

UF Lisboa – 1 ACADÉMICA – 0

1ª LIGA, 14ª JORNADA, 12-5-1935 (DOM, 15:00)
Campo de Santo Amaro, Lisboa
Árbitro: Henrique Rosa (Setúbal)
Golo: 1-0 (Valentim 50')

UF Lisboa: Fidalgo, Almeida, Manuel da Silva III, Manuel da Silva II, Jaime Rodrigues, Artur Silva, Gerardo Maia, Valentim, Armando Silva, Estrela e Gilberto

ACADÉMICA: Tibério, Pascoal, Cristóvão, Abreu, Faustino, José Maria Antunes, Portugal, Isabelinha «cap», Rui Cunha, Correia e Pimenta
Treinador: Rudolf Jeny

UF Lisboa – 4 ACADÉMICA – 2

CAMP. DE PORTUGAL, OITAVOS DE FINAL, 19-5-1935 (DOM, 15:00)
Campo de Santo Amaro, Lisboa **Árbitro:** Eduardo Augusto (Setúbal) **Golos:** 1-0 (Gerardo Maia 35'); 1-1 (Rui Cunha 43', gp); 1-2 (Rui Cunha 49'); 2-2 (Jaime Rodrigues 59'); 3-2 (Armando Silva 72'); 4-2 (Gilberto 83')

UF Lisboa: Figueiredo, Almeida, Manuel da Silva III, Manuel da Silva II, Jaime Rodrigues, Artur Silva, Gerardo Maia, Armando Silva, Belchior, Estrela e Gilberto

ACADÉMICA: Tibério, Pascoal, Cristóvão, José Maria Antunes, Faustino, Pimenta, Portugal, Isabelinha «cap», Rui Cunha, Catela e Mário Cunha
Treinador: Rudolf Jeny

ACADÉMICA – 1 UF Lisboa – 2

CAMP. DE PORTUGAL, OITAVOS DE FINAL, 26-5-1935 (DOM, 11:00)
Campo de Santa Cruz, Coimbra **Árbitro:** Henrique Rosa (Setúbal) **Golos:** 1-0 (Isabelinha 10'); 1-1 (Gerardo Maia 18'); 1-2 (Estrela 60')
Obs: O delegado da FPF ao jogo foi Teófilo Esquível, antigo atleta da Académica

ACADÉMICA: Tibério, Pascoal, Cristóvão, Abreu, Faustino, Pimenta, Portugal, Isabelinha «cap», Rui Cunha, Correia e Mário Cunha
Treinador: Rudolf Jeny

UF Lisboa: Figueiredo, Almeida, Manuel da Silva III, Manuel da Silva II, Jaime Rodrigues, Artur Silva, Gerardo Maia, Armando Silva, Valentim, Estrela e Gilberto

ÉPOCA 1935-1936

1ª LIGA: 8º LUGAR
CAMPEONATO DE PORTUGAL: OITAVOS DE FINAL

JOGOS EFECTUADOS

	J	V	E	D	GM	GS
CASA	8	2	0	6	12	23
FORA/N	9	0	1	8	6	34
TOTAL	17	2	1	14	18	57

ACADÉMICA – 3 Carcavelinhos FC – 0

1ª LIGA, 1ª JORNADA, 12-1-1936 (DOM, 15:00)
Campo de Santa Cruz, Coimbra **Árbitro:** Luís Câmara (Santarém) **Golos:** 1-0 (Mário Cunha 5'); 2-0 (Rui Cunha 59'); 3-0 (Mário Cunha 72')

ACADÉMICA: Tibério, Pascoal, Cristóvão «cap», José Maria Antunes, Faustino, Pimenta, Gerardo Maia, Isabelinha, Rui Cunha, Catela e Mário Cunha
Treinador: Cristóvão Lima

Carcavelinhos FC: Madueño, Justo, Vergilésio, Leitoguinho, Esteves, Rita, Tomás, Quirino, Oliveira e Silva, Humberto e Pinheiro
Treinador: Artur John

FC Porto – 5 ACADÉMICA – 1

1ª LIGA, 2ª JORNADA, 19-1-1936 (DOM, 15:00)
Campo do Ameal, Porto **Árbitro:** Gabriel Fernandes (Aveiro) **Golos:** 1-0 (Carlos Mesquita 25'); 2-0 (Carlos Nunes 40'); 3-0 (Pinga 45'); 4-0 (Carlos Mesquita 66'); 4-1 (Rui Cunha 85'); 5-1 (Carlos Mesquita 88')

FC Porto: Romão, Carlos Alves, Avelino, Álvaro Pereira, Carlos Pereira, Nova, Raul Castro, Waldemar «cap», Carlos Mesquita, Pinga e Carlos Nunes
Treinador: Josef Szabo

ACADÉMICA: Tibério, Pascoal, Cristóvão «cap», José Maria Antunes, Faustino, Pimenta, Gerardo Maia, Rosa, Rui Cunha, Catela e Mário Cunha
Treinador: Cristóvão Lima

ACADÉMICA – 1 Sporting CP – 6

1ª LIGA, 3ª JORNADA, 2-2-1936 (DOM, 15:00)
Campo de Santa Cruz, Coimbra **Árbitro:** Vieira da Costa (Porto) **Golos:** 0-1 (Soeiro 5'); 0-2 (Possak 10'); 0-3 (Rui Carneiro 17'); 0-4 (Lopes 25'); 0-5 (Lopes 26'); 0-6 (Soeiro 43'); 1-6 (Rui Cunha 89')

ACADÉMICA: Tibério, Pascoal, José Maria Antunes, Portugal, Faustino, Pimenta, Gerardo Maia, Rosa, Rui Cunha «cap», Catela e Isabelinha
Treinador: Cristóvão Lima

Sporting CP: Dyson, Jurado, Vianinha, Correia, Rui de Araújo «cap», Galvão, Mourão, Rui Carneiro, Soeiro, Possak e Lopes
Treinador: Wilhelm Possak

Boavista FC – 4 ACADÉMICA – 1

1ª LIGA, 4ª JORNADA, 9-2-1936 (DOM, 15:00)
Campo do Bessa, Porto **Árbitro:** Gabriel Fernandes (Aveiro) **Golos:** 1-0 (Laguna 15'); 2-0 (Costuras 20'); 3-0 (Costuras 40'); 4-0 (Antero 70'); 4-1 (Gerardo Maia 88')

Boavista FC: Biri, Humberto Costa, César Machado, Reis, Monteiro, Cortês, Antero, Peseta, Costuras, Ferraz «cap» e Laguna
Treinador: Janos Biri

ACADÉMICA: Tibério, Jaime, Cristóvão «cap», José Maria Antunes, Faustino, Pimenta, Gerardo Maia, Rosa, Rui Cunha, Catela e Mário Cunha
Treinador: Cristóvão Lima

ACADÉMICA – 2 SL Benfica – 6

1ª LIGA, 5ª JORNADA, 16-2-1936 (DOM, 15:00)
Campo de Santa Cruz, Coimbra **Árbitro:** Alípio Rosa Moreira (Porto) **Golos:** 0-1 (Valadas 1'); 0-2 (Valadas 24'); 0-3 (Domingos Lopes 29'); 0-4 (Valadas 31'); 1-4 (Gerardo Maia 49'); 1-5 (Valadas 59'); 1-6 (Rogério 62'); 2-6 (Gerardo Maia 74')

ACADÉMICA: Tibério, Jaime, Cristóvão «cap», Portugal, Faustino, José Maria Antunes, Gerardo Maia, Rosa, Rui Cunha, Catela e Pimenta
Treinador: Cristóvão Lima

SL Benfica: Cândido Tavares, Gatinho, Gustavo «cap», João Correia, Torres, Francisco Costa, Domingos Lopes, Xavier, Vítor Silva, Rogério de Sousa e Valadas
Treinador: Vítor Gonçalves

VFC Setúbal – 5 ACADÉMICA – 0

1ª LIGA, 6ª JORNADA, 1-3-1936 (DOM, 15:00)
Campo dos Arcos, Setúbal **Árbitro:** Manuel da Silva (Lisboa) **Golos:** 1-0 (Rendas 22'); 2-0 (Joaquim Silva 43'); 3-0 (Rendas 76'); 4-0 (Mário Silva 86'); 5-0 (Rodrigues 87')

VFC Setúbal: Neves, Zegre, Álvaro Cardoso, Mário Silva, Figueiredo, Mário Pité, Joaquim Silva, Rendas, Rodrigues, Armando Martins «cap» e João Cruz
Treinador: Armando Martins

ACADÉMICA: Tibério, José Maria Antunes, Cristóvão «cap», Portugal, Faustino, Pimenta (L 75'), Gerardo Maia, Rosa, Rui Cunha, Isabelinha e Mário Cunha
Treinador: Cristóvão Lima

Carcavelinhos FC – 1 ACADÉMICA – 1

1ª LIGA, 8ª JORNADA, 22-3-1936 (DOM, 15:30)
Campo da Tapadinha, Lisboa
Árbitro: João Cunha Pinto (Setúbal)
Golos: 1-0 (Marques Pereira 35', gp); 1-1 (Rui Cunha 46')

Carcavelinhos FC: Madueño, Justo, Pinho, Marques Pereira, Vitoriano, Rita, Pratas, Oliveira e Silva, Esteves, Quirino e Humberto
Treinador: Artur John

ACADÉMICA: Tibério, José Maria Antunes, Pascoal, Portugal, Faustino, Tara, Gerardo Maia, Rosa, Rui Cunha «cap», Catela e Mário Cunha
Treinador: Cristóvão Lima

ACADÉMICA – 2 FC Porto – 4

1ª LIGA, 9ª JORNADA, 29-3-1936 (DOM, 15:30)
Campo de Santa Cruz, Coimbra **Árbitro:** José António Dinis (Lisboa) **Golos:** 0-1 (Waldemar 12'); 0-2 (Carlos Nunes 15'); 1-2 (Catela 40'); 1-3 (Pinga 55'); 2-3 (Catela 65'); 2-4 (Carlos Nunes 69')

ACADÉMICA: Tibério, Pascoal (L 56'), Cristóvão «cap», Portugal, Faustino, José Maria Antunes, Gerardo Maia, Rosa, Rui Cunha (E 58'), Catela e Mário Cunha (E 80')
Treinador: Cristóvão Lima

FC Porto: Soares dos Reis, Carlos Alves, Avelino, Nova, Carlos Pereira, Álvaro Pereira, Lopes Carneiro, Waldemar «cap», António Santos (E 80'), Pinga e Carlos Nunes
Treinador: Magyar Ferenc

Sporting CP – 3 ACADÉMICA – 0

1ª LIGA, 10ª JORNADA, 5-4-1936 (DOM, 15:30)
Campo Grande, Lisboa
Árbitro: J.J. Trindade (Évora)
Golos: 1-0 (Lopes 15'); 2-0 (Pireza 30'); 3-0 (Mourão 70')

Sporting CP: Jaguaré, Jurado, Serrano, Correia, Rui de Araújo «cap», Faustino, Rui Carneiro, Pireza, Soeiro, Mourão e Lopes
Treinador: Wilhelm Possak

ACADÉMICA: Tibério, Cristóvão «cap», José Maria Antunes, Portugal, Faustino, Tara, Gerardo Maia, Rosa, Toscano, Catela e Pinto
Treinador: Cristóvão Lima

ACADÉMICA – 0 Boavista FC – 2

1ª LIGA, 11ª JORNADA, 12-4-1936 (DOM, 16:00)
Campo de Santa Cruz, Coimbra
Árbitro: Ant. Augusto Carvalho (Lisboa)
Golos: 0-1 (Antero 78'); 0-2 (Costuras 87', gp)

ACADÉMICA: Tibério, José Maria Antunes, Cristóvão «cap», Portugal, Faustino, Tara, Isabelinha, Rosa, Jaime, Catela e Pimenta
Treinador: Cristóvão Lima

Boavista FC: Biri, Humberto Costa, César Machado, Reis, Guimarães, Zeca, Antero, Peseta, Adérito, Ferraz «cap» e Costuras
Treinador: Janos Biri

SL Benfica – 3 ACADÉMICA – 1

1ª LIGA, 12ª JORNADA, 19-4-1936 (DOM, 17:00)
Campo das Amoreiras, Lisboa **Árbitro:** Henrique Rosa (Setúbal) **Golos:** 1-0 (Torres 20'); 1-1 (Jaime 22'); 2-1 (Torres 35'); 3-1 (Valadas 46'). **Obs:** Vítor Silva (SL Benfica) ocupou o lugar de guarda-redes, após lesão de Cândido Tavares

SL Benfica: Cândido Tavares (L 10'), Gatinho, Gustavo «cap», Rogério de Sousa, Albino, Gaspar Pinto, Cardoso, Xavier, Vítor Silva, Torres e Valadas
Treinador: Lipo Herczka

ACADÉMICA: Barata, José Maria Antunes, Cristóvão «cap», Portugal, Faustino, Tara, Gerardo Maia, Rosa, Jaime, Matos e Pimenta
Treinador: Cristóvão Lima

ACADÉMICA – 0 VFC Setúbal – 2

1ª LIGA, 13ª JORNADA, 26-4-1936 (DOM, 17:00)
Campo de Santa Cruz, Coimbra
Árbitro: José Travassos (Lisboa)
Golos: 0-1 (Jordão 10'); 0-2 (João Cruz 49')

ACADÉMICA: Barata, Cristóvão «cap», José Maria Antunes, Portugal, Faustino, Tara, Gerardo Maia, Rosa, Jaime, Catela e Pimenta
Treinador: Cristóvão Lima

VFC Setúbal: Neves, Vieira, Álvaro Cardoso, Morais, Figueiredo, Guerreiro, Rodrigues, Rendas, Jordão, Mário Pité e João Cruz
Treinador: Armando Martins

ÉPOCA 1936-1937

1ª LIGA: 5º LUGAR
CAMPEONATO DE PORTUGAL: OITAVOS DE FINAL

JOGOS EFECTUADOS

	J	V	E	D	GM	GS
CASA	8	4	0	4	18	16
FORA/N	9	2	1	6	11	21
TOTAL	17	6	1	10	29	37

ACADÉMICA – 1 CF "Os Belenenses" – 2

1ª LIGA, 7ª JORNADA, 30-4-1936 (QUI, 17:00)
Campo de Santa Cruz, Coimbra
Árbitro: Vieira da Costa (Porto)
Golos: 1-0 (Rui Cunha 16', gp); 1-1 (Perfeito 19'); 1-2 (Rafael 23')

ACADÉMICA: Diniz, José Maria Antunes, Cristóvão «cap», Portugal, Faustino, Tara, Gerardo Maia, Rosa, Rui Cunha, Isabelinha e Pimenta
Treinador: Cristóvão Lima

CF "Os Belenenses": Reis, Simões «cap», Belo, Amaro, Viegas, Rodrigues Alves, Perfeito, Rafael, Elias, Bernardo e José Luís
Treinador: Artur José Pereira

CF "Os Belenenses" – 8 ACADÉMICA – 0

1ª LIGA, 14ª JORNADA, 3-5-1936 (DOM, 17:00)
Campo das Salésias, Lisboa **Árbitro:** Joaquim Ferreira (Setúbal)
Golos: 1-0 (Bernardo 5'); 2-0 (Simões 11', gp); 3-0 (Perfeito 16'); 4-0 (Perfeito 36'); 5-0 (Armelim 41'); 6-0 (Amaro 55'); 7-0 (Perfeito 61'); 8-0 (Rafael 89')

CF "Os Belenenses": Reis, Simões «cap», Belo, Amaro, Viegas, Teodoro, Perfeito, Elias, Armelim, Bernardo e Rafael
Treinador: Artur José Pereira

ACADÉMICA: Diniz, José Maria Antunes, Cristóvão «cap», Portugal, Faustino, Tara, Gerardo Maia, Rosa, Rui Cunha, Catela e Pimenta
Treinador: Cristóvão Lima

ACADÉMICA – 3 VFC Setúbal – 1

CAMP. DE PORTUGAL, OITAVOS DE FINAL, 24-5-1936 (DOM, 10:30)
Campo de Santa Cruz, Coimbra
Árbitro: Gomes de Oliveira (Porto) **Golos:** 1-0 (Pimenta 50'); 2-0 (Pimenta 74'); 2-1 (Mário Pité 75'); 3-1 (Isabelinha 83')

ACADÉMICA: Parreira, José Maria Antunes, Cristóvão «cap», Portugal, Faustino, Tara, Gerardo Maia, Rosa, Isabelinha, Matos e Pimenta
Treinador: Cristóvão Lima

VFC Setúbal: Neves, Vieira, Álvaro Cardoso, Mário Silva, Figueiredo, Carvalho, Rodrigues, Jordão, Mário Pité, João dos Santos «cap» e João Cruz
Treinador: Armando Martins

VFC Setúbal – 4 ACADÉMICA – 2

CAMP. DE PORTUGAL, OITAVOS DE FINAL, 31-5-1936 (DOM, 17:00)
Campo dos Arcos, Setúbal **Árbitro:** José Travassos (Lisboa) **Golos:** 0-1 (Portugal 6'); 1-1 (Armando Martins 17'); 1-2 (Gerardo Maia 55'); 2-2 (Figueiredo 76'); 3-2 (Jordão 80'); 4-2 (Vieira 82')

VFC Setúbal: Neves, Vieira, Álvaro Cardoso, Mário Silva (E 62'), Figueiredo, Carvalho, Jordão, Rendas, Mário Pité, Armando Martins «cap» e João Cruz
Treinador: Armando Martins

ACADÉMICA: Parreira, José Maria Antunes, Cristóvão «cap», Portugal (E 60'), Faustino, Tara, Gerardo Maia, Rosa, Isabelinha, Matos e Mário Cunha
Treinador: Cristóvão Lima

VFC Setúbal – 1 ACADÉMICA – 0

CAMP. DE PORTUGAL, OITAVOS DE FINAL, 3-6-1936 (QUA, 17:30)
Campo das Salésias, Lisboa
Árbitro: José Travassos (Lisboa)
Golo: 1-0 (João Cruz 48')

VFC Setúbal: Neves, Vieira, Álvaro Cardoso, Mário Silva, Figueiredo, Mário Pité, Rodrigues, João dos Santos, Rendas, Armando Martins «cap» e João Cruz (E 78')
Treinador: Armando Martins

ACADÉMICA: Parreira, José Maria Antunes, Cristóvão «cap», Portugal (E 78'), Faustino (E 55'), Tara, Mário Cunha, Jaime, Isabelinha, Rosa e Pimenta (E 75')
Treinador: Cristóvão Lima

Sporting CP – 7 ACADÉMICA – 2

1ª LIGA, 1ª JORNADA, 10-1-1937 (DOM, 15:00)
Campo Grande, Lisboa **Árbitro:** Santos Palma (Santarém)
Golos: 1-0 (Soeiro 31'); 2-0 (José Maria Antunes 48', pb); 3-0 (Soeiro 54'); 3-1 (Rui Cunha 64'); 4-1 (Mourão 76'); 5-1 (Soeiro 79'); 6-1 (Soeiro 80'); 6-2 (Mário Cunha 86'); 7-2 (Soeiro 90')

Sporting CP: Azevedo, Galvão, Serrano, Alcobia, Jaime Rodrigues, Faustino, Mourão, Pireza, Soeiro, Heitor e João Cruz
Treinador: Wilhelm Possak

ACADÉMICA: Tibério, José Maria Antunes, Cristóvão «cap», Portugal, Faustino (L 85'), Tara, Rui Cunha, Pacheco, Jaime, Nini e Mário Cunha
Treinador: Albano Paulo

ACADÉMICA – 4 Leixões SC – 2

1ª LIGA, 2ª JORNADA, 24-1-1937 (DOM, 15:00)
Campo de Santa Cruz, Coimbra **Árbitro:** José Travassos (Lisboa)
Golos: 1-0 (Rui Cunha 27'); 2-0 (Mário Cunha 35'); 2-1 (Mitra 50'); 2-2 (Mitra 54'); 3-2 (Mário Cunha 70'); 4-2 (Alberto Gomes 76')

ACADÉMICA: Tibério, José Maria Antunes, Cristóvão «cap», Portugal, Faustino, Pimenta, Alberto Gomes, Pacheco, Rui Cunha, Nini e Mário Cunha
Treinador: Albano Paulo

Leixões SC: Adão, Ribeiro, João, Quelhas, Germano, Lino, Mitra, Minhoto, Mário, Henrique e Mano
Treinador: Dezso Genczi

CF "Os Belenenses" – 2 ACADÉMICA – 3

1ª LIGA, 3ª JORNADA, 7-2-1937 (DOM, 15:00)
Campo das Amoreiras, Lisboa **Árbitro:** Luís Câmara (Santarém)
Golos: 1-0 (Bernardo 20'); 1-1 (Manuel da Costa 47'); 1-2 (Rui Cunha 59'); 1-3 (Manuel da Costa 76'); 2-3 (Varela Marques 88')

CF "Os Belenenses": Fernando Sousa, Gatinho, Simões, Amaro, Varela Marques, Rodrigues Alves, Vilanova, Carlos Teixeira, Preto, Bernardo e Rafael
Treinador: Cândido de Oliveira

ACADÉMICA: Tibério, José Maria Antunes, Cristóvão «cap», Portugal, Faustino, Pimenta, Manuel da Costa, Pacheco, Rui Cunha, Nini e Mário Cunha
Treinador: Albano Paulo

ACADÉMICA – 2 FC Porto – 1

1ª LIGA, 4ª JORNADA, 14-2-1937 (DOM, 15:00)
Campo de Santa Cruz, Coimbra
Árbitro: António Palhinhas (Évora)
Golos: 1-0 (Nini 65'); 1-1 (Pinga 85'); 2-1 (Nini 87')

ACADÉMICA: Tibério, José Maria Antunes, Cristóvão «cap», Portugal, Faustino, Pimenta, Manuel da Costa, Pacheco, Rui Cunha, Nini e Mário Cunha
Treinador: Albano Paulo

FC Porto: Soares dos Reis, Sacadura, Ernesto Santos, Anjos, Carlos Pereira, Nova, Lopes Carneiro, Waldemar «cap», António Santos, Pinga e Carlos Nunes
Treinador: François Gutskas

SL Benfica – 2 ACADÉMICA – 1

1ª LIGA, 5ª JORNADA, 21-2-1937 (DOM, 15:00)
Campo das Amoreiras, Lisboa
Árbitro: Luís Câmara (Santarém) **Golos:** 0-1 (Nini 4'); 1-1 (Domingos Lopes 22'); 2-1 (Rogério de Sousa 44')

SL Benfica: Cândido Tavares, Vieira, Gustavo «cap», Batista, Albino, Gaspar Pinto, Domingos Lopes, Rogério, Espírito Santo, Xavier e Valadas
Treinador: Lipo Herczka

ACADÉMICA: Tibério, José Maria Antunes, Cristóvão «cap», Portugal, Faustino, Pimenta, Alberto Gomes, Pacheco, Rui Cunha, Nini e Manuel da Costa
Treinador: Albano Paulo

ACADÉMICA – 2 VFC Setúbal – 0

1ª LIGA, 6ª JORNADA, 28-2-1937 (DOM, 16:00)
Campo de Santa Cruz, Coimbra
Árbitro: Gomes de Oliveira (Porto)
Golos: 1-0 (Mário Cunha 35'); 2-0 (Mário Cunha 75')

ACADÉMICA: Tibério, José Maria Antunes, Cristóvão «cap», Portugal, Faustino, Pimenta, Manuel da Costa, Pacheco, Rui Cunha, Nini e Mário Cunha
Treinador: Albano Paulo

VFC Setúbal: Duarte, Zegre, Álvaro Cardoso, Mário Silva, Figueiredo, Lagos, Joaquim Silva, Sales, Rodrigues, Armando Martins e Nunes
Treinador: Armando Martins

Carcavelinhos FC – 1 ACADÉMICA – 0

1ª LIGA, 7ª JORNADA, 7-3-1937 (DOM, 16:00)
Campo da Tapadinha, Lisboa
Árbitro: António Palhinhas (Évora)
Golo: 1-0 (Pratas 65')

Carcavelinhos FC: Madueño, Justo, Vergilésio, Marques Pereira, Vitoriano, Leitoguinho, Oliveira e Silva, Pratas, Farinha, Tomás e João Gomes

ACADÉMICA: Tibério, José Maria Antunes, Cristóvão «cap», Portugal, Faustino, Pimenta, Manuel da Costa, Alberto Gomes, Rui Cunha, Nini e Mário Cunha
Treinador: Albano Paulo

ACADÉMICA – 1 Sporting CP – 2

1ª LIGA, 8ª JORNADA, 14-3-1937 (DOM, 16:00)
Campo de Santa Cruz, Coimbra
Árbitro: Henrique Rosa (Évora)
Golos: 0-1 (Pireza 30'); 0-2 (João Cruz 45'); 1-2 (Alberto Gomes 90')

ACADÉMICA: Tibério, José Maria Antunes, Cristóvão «cap», Portugal, Faustino, Pimenta, Pacheco, Alberto Gomes, Rui Cunha, Nini e Mário Cunha
Treinador: Albano Paulo

Sporting CP: Azevedo, Galvão, Serrano, Alcobia, Paciência, Rui de Araújo «cap», Custódio, Mourão, Pireza, Soeiro e João Cruz
Treinador: Josef Szabo

Leixões SC – 0 ACADÉMICA – 3

1ª LIGA, 9ª JORNADA, 21-3-1937 (DOM, 16:00)
Campo de Santana, Matosinhos
Árbitro: José Travassos (Lisboa)
Golos: 0-1 (Nini 30'); 0-2 (Alberto Gomes 60'); 0-3 (Nini 85')

Leixões SC: Adão, João, Ribeiro, Quelhas, Minhoto, Lino, Vítor, Mário, Henrique, Amoroso e Mano
Treinador: Dezso Genczi

ACADÉMICA: Tibério, José Maria Antunes, Cristóvão «cap», Portugal, Faustino, Pimenta, Pacheco, Alberto Gomes, Rui Cunha, Nini e Mário Cunha
Treinador: Albano Paulo

ACADÉMICA – 3 CF "Os Belenenses" – 5

1ª LIGA, 10ª JORNADA, 4-4-1937 (DOM, 16:00)
Campo de Santa Cruz, Coimbra **Árbitro:** António Palhinhas (Évora)
Golos: 0-1 (Rafael 16'); 0-2 (Quaresma 17'); 0-3 (Rafael 18'); 0-4 (Rafael 35'); 1-4 (Alberto Gomes 42'); 2-4 (Mário Cunha 45'); 2-5 (Perfeito 62'); 3-5 (Nini 82')

ACADÉMICA: Tibério, José Maria Antunes, Rui Cunha «cap», Portugal, Faustino, Pimenta, Manuel da Costa, Pacheco, Alberto Gomes, Nini e Mário Cunha
Treinador: Albano Paulo

CF "Os Belenenses": Reis, Simões, Gatinho, Amaro, Varela Marques, Viegas, Perfeito, Rafael, Quaresma, Bernardo e José Luís
Treinador: Cândido de Oliveira

FC Porto – 2 ACADÉMICA – 0

1ª LIGA, 11ª JORNADA, 11-4-1937 (DOM, 15:30)
Campo do Ameal, Porto
Árbitro: Santos Palma (Santarém)
Golos: 1-0 (Pinga 10'); 2-0 (Pinga 81')

FC Porto: Romão, Ernesto Santos, Vianinha, Carlos Pereira, Reboredo, Francisco Ferreira, Lopes Carneiro, Gomes da Costa, António Santos (E 89'), Pinga «cap» e Guilhar
Treinador: François Gutskas

ACADÉMICA: Tibério, José Maria Antunes, Pimenta (E 89'), Portugal, Faustino, Pacheco, Alberto Gomes, Isabelinha, Rui Cunha «cap», Nini e Mário Cunha
Treinador: Albano Paulo

ACADÉMICA – 1 SL Benfica – 3

1ª LIGA, 12ª JORNADA, 18-4-1937 (DOM, 16:00)
Campo de Santa Cruz, Coimbra **Árbitro:** Manuel Ramos (Porto)
Golos: 1-0 (Alberto Gomes 25'); 1-1 (Espírito Santo 33'); 1-2 (Valadas 65'); 1-3 (Espírito Santo 82')

ACADÉMICA: Tibério, José Maria Antunes, Cristóvão «cap», Portugal, Faustino, Tara, Alberto Gomes, Pacheco, Rui Cunha, Nini e Mário Cunha
Treinador: Albano Paulo

SL Benfica: Amaro, Vieira, Gustavo «cap», Batista, Albino, Alcobia, João Correia, Rogério de Sousa, Espírito Santo, Xavier e Valadas
Treinador: Lipo Herczka

VFC Setúbal – 1 ACADÉMICA – 1

1ª LIGA, 13ª JORNADA, 25-4-1937 (DOM, 16:00)
Campo dos Arcos, Setúbal
Árbitro: Carlos Canuto (Lisboa)
Golos: 1-0 (Salas 20'); 1-1 (Pacheco 51')

VFC Setúbal: Aires, Álvaro Cardoso, Zegre, Salas, Figueiredo, Guerreiro, Joaquim Silva, Rendas, Rodrigues, Armando Martins e Jordão
Treinador: Armando Martins

ACADÉMICA: Abreu, José Maria Antunes, Rui Cunha «cap», Portugal, Faustino, Tara, Manuel da Costa, Pacheco, Alberto Gomes, Nini e Mário Cunha
Treinador: Albano Paulo

ACADÉMICA – 1 Carcavelinhos FC – 2

1ª LIGA, 14ª JORNADA, 2-5-1937 (DOM, 17:00)
Campo de Santa Cruz, Coimbra **Árbitro:** Luís Câmara (Santarém)
Golos: 0-1 (Vítor Almeida 5'); 0-2 (Oliveira e Silva 44', gp); 1-2 (Alberto Gomes 88')

ACADÉMICA: Abreu, Tara, José Maria Antunes, Portugal, Faustino, Pimenta, Alberto Gomes, Pacheco, Rui Cunha «cap», Nini e Octaviano
Treinador: Albano Paulo

Carcavelinhos FC: Madueño, Justo, Vergilésio, Marques Pereira, Azedo, Leitoguinho, Pratas, Farinha, Oliveira e Silva, Vítor Almeida e João Gomes

ACADÉMICA – 4 Boavista FC – 1

CAMP. DE PORTUGAL, OITAVOS DE FINAL, 16-5-1937 (DOM, 17:00)
Campo de Santa Cruz, Coimbra **Árbitro:** Carlos Canuto (Lisboa)
Golos: 1-0 (Alberto Gomes 23'); 2-0 (Nini 32'); 2-1 (Laguna 40'); 3-1 (Nini 43'); 4-1 (Nini 88')

ACADÉMICA: Tibério, José Maria Antunes, Cristóvão «cap», Portugal, Faustino, Pimenta, Alberto Gomes, Pacheco, Isabelinha, Nini e Mário Cunha (L 70')
Treinador: Albano Paulo

Boavista FC: Pesqueira, Humberto Costa, Cortês, Reis, Monteiro, Alector, Antero, Peseta, Costuras, Ferraz «cap» e Laguna
Treinador: Alberto Simões

Boavista FC – 4 ACADÉMICA – 1

CAMP. DE PORTUGAL, OITAVOS DE FINAL, 23-5-1937 (DOM, 17:00)
Campo do Ameal, Porto **Árbitro:** Ant. Augusto Carvalho (Lisboa)
Golos: 0-1 (Octaviano 47'); 1-1 (Peseta 50'); 2-1 (Ferraz 67')
Obs: Resultado decidido pela FPF, na sequência de protesto do Boavista. O jogo tinha terminado com o resultado de 2-1

Boavista FC: Trindade, Humberto Costa, Cortês, Reis, Guimarães, Alector, Antero, Peseta, Costuras, Ferraz «cap» e Laguna
Treinador: Alberto Simões

ACADÉMICA: Tibério, José Maria Antunes, Cristóvão «cap», Portugal, Faustino, Pimenta, Alberto Gomes, Pacheco, Isabelinha (L 55'), Nini e Octaviano
Treinador: Albano Paulo

Boavista FC – 2 ACADÉMICA – 0

CAMP. DE PORTUGAL, OITAVOS DE FINAL, 6-6-1937 (DOM, 17:00)
Campo Municipal São Domingos, Aveiro
Árbitro: Manuel da Silva (Lisboa)
Golos: 1-0 (Costuras 77'); 2-0 (Antero 81')

Boavista FC: Pesqueira, Humberto Costa, Cortês, Reis, Monteiro, Alector, Antero, Peseta, Costuras, Ferraz «cap» e Laguna
Treinador: Alberto Simões

ACADÉMICA: Tibério, José Maria Antunes, Cristóvão «cap», Portugal, Faustino, Pimenta, Alberto Gomes, Pacheco, Matos, Nini e Manuel da Costa
Treinador: Albano Paulo

ÉPOCA 1937-1938

1ª LIGA: 6º LUGAR
CAMPEONATO DE PORTUGAL: MEIAS FINAIS

JOGOS EFECTUADOS

	J	V	E	D	GM	GS
CASA	10	6	0	4	22	18
FORA/N	11	3	0	8	17	34
TOTAL	21	9	0	12	39	52

ACADÉMICA – 2 CF "Os Belenenses" – 3

1ª LIGA, 1ª JORNADA, 16-1-1938 (DOM, 15:00)
Campo de Santa Cruz, Coimbra **Árbitro:** Vieira da Costa (Porto)
Golos: 0-1 (Bernardo 6'); 1-1 (Alberto Gomes 11'); 2-1 (Arnaldo Carneiro 24'); 2-2 (Jesus 36'); 2-3 (José Luís 86')

ACADÉMICA: Tibério, José Maria Antunes, Cristóvão «cap», Portugal, Faustino, Arnaldo Carneiro, Manuel da Costa, Peseta, Alberto Gomes, Nini e Octaviano
Treinador: Guedes Pinto

CF "Os Belenenses": Dyson, Simões, Gatinho, Amaro, Varela Marques, Rodrigues Alves, Perfeito, Quaresma, Jesus, Bernardo e José Luís
Treinador: Cândido de Oliveira

FC Porto – 5 ACADÉMICA – 1

1ª LIGA, 2ª JORNADA, 23-1-1938 (DOM, 15:00)
Estádio do Lima, Porto **Árbitro:** José Travassos (Lisboa)
Golos: 0-1 (Octaviano 13'); 1-1 (Pinga 23'); 2-1 (Pinga 43'); 3-1 (Reboredo 53'); 4-1 (Costuras 82'); 5-1 (Lopes Carneiro 85')

FC Porto: Soares dos Reis, Vianinha, Sacadura, Anjos, Carlos Pereira, Francisco Ferreira, Lopes Carneiro, Gomes da Costa, Costuras, Pinga e Reboredo
Treinador: François Gutskas

ACADÉMICA: Abreu, José Maria Antunes «cap», Teixeira, Portugal, Faustino, Arnaldo Carneiro, Manuel da Costa, Peseta, Alberto Gomes, Nini e Octaviano
Treinador: Guedes Pinto

ACADÉMICA – 1 Carcavelinhos FC – 0

1ª LIGA, 3ª JORNADA, 6-2-1938 (DOM, 15:00)
Campo de Santa Cruz, Coimbra
Árbitro: Joaquim Silva Correia (Porto)
Golo: 1-0 (Alberto Gomes 39')

ACADÉMICA: Tibério, José Maria Antunes «cap», Teixeira, Portugal, Faustino, Arnaldo Carneiro, Manuel da Costa, Peseta, Alberto Gomes, Nini e Octaviano
Treinador: Estêvão Puskas

Carcavelinhos FC: Madueño, Baeta, Vergilésio, Vitoriano, Esteves, Oliveira e Silva, Pratas, José Lopes, Tomás, França e João Gomes
Treinador: Abrantes Mendes

Académico do Porto – 1 ACADÉMICA – 5

1ª LIGA, 4ª JORNADA, 13-2-1938 (DOM, 15:00)
Estádio do Lima, Porto **Árbitro:** Ant. Augusto Carvalho (Lisboa)
Golos: 0-1 (Rui Cunha 20'); 1-1 (Arlindo 22'); 1-2 (Peseta 55'); 1-3 (Rui Cunha 73'); 1-4 (Peseta 76'); 1-5 (Alberto Gomes 79')

Académico do Porto: Bibi, Lopes da Silva, Ricardo, Alves, Mário, Pacheco, Américo Rodrigues, Arlindo, Álvaro Pereira, Carlos Mesquita e Raul
Treinador: Janos Biri

ACADÉMICA: Tibério, José Maria Antunes «cap», Teixeira, Portugal, Faustino, Arnaldo Carneiro, Rui Cunha, Peseta, Alberto Gomes, Nini e Octaviano
Treinador: Estêvão Puskas

ACADÉMICA – 0 Sporting CP – 4

1ª LIGA, 5ª JORNADA, 20-2-1938 (DOM, 15:00)
Campo de Santa Cruz, Coimbra **Árbitro:** Domingos Miranda (Porto) **Golos:** 0-1 (Soeiro 7'); 0-2 (Peyroteo 60'); 0-3 (Peyroteo 84'); 0-4 (Mourão 89')

ACADÉMICA: Tibério, José Maria Antunes «cap», Teixeira, Portugal, Faustino, Arnaldo Carneiro, Rui Cunha, Peseta, Alberto Gomes, Nini e Manuel da Costa
Treinador: Estêvão Puskas

Sporting CP: Azevedo, Jurado, Galvão, Rui de Araújo «cap», Paciência, Manuel Marques, Mourão, Pireza, Soeiro, Peyroteo e João Cruz
Treinador: Josef Szabo

FC Barreirense – 1 ACADÉMICA – 3

1ª LIGA, 6ª JORNADA, 27-2-1938 (DOM, 15:00)
Campo do Rossio, Barreiro **Árbitro:** José Travassos (Lisboa)
Golos: 0-1 (Mário Cunha 8'); 0-2 (Mário Cunha 19'); 0-3 (Manuel da Costa 27'); 1-3 (Ferreira 39')

FC Barreirense: Veríssimo, Pascoal, Leonel, Limas, Batista, Carvalho, Curtinhal, Ferreira, Moreira, Maximino e Piçarra

ACADÉMICA: Tibério, José Maria Antunes «cap», Teixeira, Portugal, Faustino, Octaviano, Manuel da Costa, Peseta, Alberto Gomes, Nini e Mário Cunha
Treinador: Estêvão Puskas

ACADÉMICA – 1 SL Benfica – 2

1ª LIGA, 7ª JORNADA, 6-3-1938 (DOM, 15:00)
Campo de Santa Cruz, Coimbra **Árbitro:** José Pereira (Porto)
Golos: 0-1 (Espírito Santo 5'); 1-1 (Mário Cunha 41'); 1-2 (Domingos Lopes 42')

ACADÉMICA: Tibério, José Maria Antunes «cap», Teixeira, Portugal, Faustino, Octaviano, Manuel da Costa, Peseta, Alberto Gomes, Nini e Mário Cunha
Treinador: Estevão Puskas

SL Benfica: Amaro, Vieira, Gustavo «cap», Batista, Albino, Gaspar Pinto, Domingos Lopes, Barbosa, Espírito Santo, Xavier e Valadas
Treinador: Lipo Herczka

CF "Os Belenenses" – 5 ACADÉMICA – 0

1ª LIGA, 8ª JORNADA, 13-3-1938 (DOM, 15:00)
Campo das Salésias, Lisboa **Árbitro:** Joaquim Silva Correia (Porto)
Golos: 1-0 (Bernardo 22'); 2-0 (Quaresma 35'); 3-0 (José Luís 63'); 4-0 (Varela Marques 74', gp); 5-0 (Rafael 90')

CF "Os Belenenses": Dyson, Simões, Gatinho, Amaro, Varela Marques, Rodrigues Alves, Rafael, Quaresma, Jesus, Bernardo e José Luís
Treinador: Cândido de Oliveira

ACADÉMICA: Tibério, César Machado, José Maria Antunes «cap», Portugal, Faustino (E 74'), Octaviano, Manuel da Costa, Peseta, Alberto Gomes, Nini e Rui Cunha (E 74')
Treinador: Estevão Puskas

ACADÉMICA – 1 FC Porto – 4

1ª LIGA, 9ª JORNADA, 20-3-1938 (DOM, 15:00)
Campo de Santa Cruz, Coimbra **Árbitro:** Manuel Alexandre (Lisboa) **Golos:** 0-1 (Ângelo 14'); 0-2 (Reboredo 26'); 0-3 (Reboredo 30'); 1-3 (Mário Cunha 44'); 1-4 (Reboredo 85')

ACADÉMICA: Tibério, César Machado, José Maria Antunes «cap», Teixeira, Portugal, Octaviano, Manuel da Costa, Peseta, Alberto Gomes, Nini e Mário Cunha
Treinador: Estevão Puskas

FC Porto: Soares dos Reis, Vianinha, Sacadura, Anjos, Carlos Pereira, Batista, António Santos, Gomes da Costa, Reboredo, Costuras e Ângelo
Treinador: François Gutskas

Carcavelinhos FC – 2 ACADÉMICA – 1

1ª LIGA, 10ª JORNADA, 27-3-1938 (DOM, 16:00)
Campo da Tapadinha, Lisboa
Árbitro: António Palhinhas (Évora)
Golos: 0-1 (Nini 34'); 1-1 (Farinha 46'); 2-1 (Quirino 80')

Carcavelinhos FC: Madueño, Baeta, Anjos (L 25'), Vitoriano, Esteves, Oliveira e Silva, Pratas, Quirino, Farinha, França e João Gomes
Treinador: Abrantes Mendes

ACADÉMICA: Abreu, César Machado, José Maria Antunes «cap», Portugal, Arnaldo Carneiro, Octaviano, Manuel da Costa, Peseta, Alberto Gomes, Nini e Mário Cunha
Treinador: Estevão Puskas

ACADÉMICA – 5 Académico do Porto – 0

1ª LIGA, 11ª JORNADA, 3-4-1938 (DOM, 16:00)
Campo de Santa Cruz, Coimbra **Árbitro:** José Travassos (Lisboa)
Golos: 1-0 (Mário Cunha 7'); 2-0 (Peseta 25'); 3-0 (Manuel da Costa 46'); 4-0 (Mário Cunha 50'); 5-0 (Manuel da Costa 89')

ACADÉMICA: Tibério, José Maria Antunes «cap», César Machado, Portugal, Arnaldo Carneiro, Octaviano, Manuel da Costa, Peseta, Alberto Gomes, Nini e Mário Cunha
Treinador: Estevão Puskas

Académico do Porto: Levy, Lopes da Silva, Ricardo, Alves, Nicolau, Mário, Álvaro Pereira, Pacheco, Pinto da Cunha, Castelo e Carlos Mesquita
Treinador: Janos Biri

Sporting CP – 7 ACADÉMICA – 1

1ª LIGA, 12ª JORNADA, 10-4-1938 (DOM, 17:00)
Estádio do Lumiar, Lisboa **Árbitro:** Eduardo Augusto (Setúbal)
Golos: 1-0 (Mourão 7'); 2-0 (Peyroteo 20'); 3-0 (Peyroteo 28'); 4-0 (Peyroteo 57'); 5-0 (Mourão 60'); 6-0 (Peyroteo 62'); 7-0 (Peyroteo 70'); 7-1 (Manuel da Costa 72')

Sporting CP: Azevedo, Jurado, Galvão, Rui de Araújo «cap», Paciência, Manuel Marques, Mourão, Pireza, Soeiro, Peyroteo e João Cruz
Treinador: Josef Szabo

ACADÉMICA: Tibério, José Maria Antunes «cap», César Machado, Portugal, Arnaldo Carneiro, Almeida, Manuel da Costa, Peseta, Alberto Gomes, Nini e Octaviano (L 80')
Treinador: Estevão Puskas

ACADÉMICA – 1 FC Barreirense – 0

1ª LIGA, 13ª JORNADA, 24-4-1938 (DOM, 17:30)
Campo de Santa Cruz, Coimbra
Árbitro: Manuel Alexandre (Lisboa)
Golo: 1-0 (Peseta 71')

ACADÉMICA: Tibério, José Maria Antunes «cap», César Machado, Portugal, Faustino, Arnaldo Carneiro, Manuel da Costa, Peseta, Alberto Gomes, Nini e Octaviano
Treinador: Estevão Puskas

FC Barreirense: Veríssimo, Leonel, Pascoal, Limas, Moreira, Almeida, Malaquias, Ferreira, Carvalho, Maximino e Piçarra

SL Benfica – 3 ACADÉMICA – 1

1ª LIGA, 14ª JORNADA, 8-5-1938 (DOM, 17:00)
Campo das Amoreiras, Lisboa **Árbitro:** António Palhinhas (Évora)
Golos: 1-0 (Xavier 50'); 2-0 (Rogério de Sousa 54'); 3-0 (Rogério de Sousa 60'); 3-1 (Nini 65')

SL Benfica: Rosa, Vieira, Gustavo «cap», Batista, Albino, Gaspar Pinto, Domingos Lopes, Rogério de Sousa, Espírito Santo, Xavier e Valadas **Treinador:** Lipo Herczka

ACADÉMICA: Tibério, José Maria Antunes «cap» (E 65'), César Machado, Portugal, Faustino, Octaviano, Viriato, Peseta, Alberto Gomes, Nini e Manuel da Costa
Treinador: Estevão Puskas

ACADÉMICA – 5 Boavista FC – 2

CAMP. DE PORTUGAL, OITAVOS DE FINAL, 15-5-1938 (DOM, 17:00)
Campo de Santa Cruz, Coimbra **Árbitro:** José Travassos (Lisboa)
Golos: 1-0 (Vítor 2'); 2-0 (Manuel da Costa 11'); 3-0 (Mário Cunha 30'); 4-0 (Mário Cunha 47'); 4-1 (Antero 50'); 4-2 (Julinho 76'); 5-2 (Nini 79')

ACADÉMICA: Tibério, José Maria Antunes «cap», Teixeira, Portugal, Faustino, Manuel da Costa, Vítor, Alberto Gomes, Nini e Mário Cunha
Treinador: Estevão Puskas

Boavista FC: Pesqueira, Humberto Costa, Cortês, Adérito, Reis, Alvarenga, Antero, Ferraz «cap», Julinho, António Nunes e Laguna

Boavista FC – 2 ACADÉMICA – 1

CAMP. DE PORTUGAL, OITAVOS DE FINAL, 22-5-1938 (DOM, 16:00)
Campo do Bessa, Porto
Árbitro: Manuel Alexandre (Lisboa)
Golos: 1-0 (Monteiro 68', gp); 1-1 (Alberto Gomes 70'); 2-1 (Sousa 83')

Boavista FC: Pesqueira, Humberto Costa, Cortês, Reis, Monteiro, Adérito, Antero, Ferraz «cap», Julinho, Laguna e Sousa

ACADÉMICA: Tibério, José Maria Antunes «cap», Teixeira, Portugal, Faustino, Octaviano, Viriato, Vítor, Alberto Gomes, Nini e Manuel da Costa
Treinador: Estevão Puskas

ACADÉMICA – 4 Carcavelinhos FC – 2

CAMP. DE PORTUGAL, QUARTOS DE FINAL, 29-5-1938 (DOM, 17:00)
Campo de Santa Cruz, Coimbra **Árbitro:** Manuel Alexandre (Lisboa) **Golos:** 1-0 (Portugal 5'); 1-1 (César Machado 40', pb); 2-1 (Portugal 43'); 3-1 (Peseta 50'); 4-1 (Peseta 60'); 4-2 (França 62')

ACADÉMICA: Tibério, Teixeira, César Machado, José Maria Antunes «cap», Portugal, Arnaldo Carneiro, Octaviano, Peseta, Nini, Vítor e Manuel da Costa
Treinador: Estevão Puskas

Carcavelinhos FC: Madueño, Vergilésio, Anjos, Vitoriano, Esteves, Oliveira e Silva, Pratas, Quirino, Farinha, José Lopes e França
Treinador: Abrantes Mendes

Carcavelinhos FC – 3 ACADÉMICA – 1

CAMP. DE PORTUGAL, QUARTOS DE FINAL, 5-6-1938 (DOM, 17:30)
Campo da Tapadinha, Lisboa **Árbitro:** J. Santos Farinha (Santarém)
Golos: 1-0 (Quirino 40', gp); 2-0 (José Lopes 50'); 3-0 (Quirino 51'); 3-1 (Arnaldo Carneiro 80')

Carcavelinhos FC: Madueño, Baeta, Vergilésio, Vitoriano, Farinha, Oliveira e Silva, Pratas, Quirino, Esteves, José Lopes e França
Treinador: Abrantes Mendes

ACADÉMICA: Tibério, José Maria Antunes «cap», César Machado, Arnaldo Carneiro, Faustino, Octaviano, Portugal, Peseta, Alberto Gomes, Nini e Manuel da Costa
Treinador: Estevão Puskas

ACADÉMICA – 2 Carcavelinhos FC – 1 (AP)

CAMP. DE PORTUGAL, QUARTOS DE FINAL, 8-6-1938 (QUA, 18:00)
Campo do Marinhense, Marinha Grande
Árbitro: Henrique Rosa (Évora)
Golos: 1-0 (Alberto Gomes 25'); 1-1 (Farinha 44'); 2-1 (Portugal 118')

ACADÉMICA: Tibério, José Maria Antunes «cap», Teixeira, César Machado, Arnaldo Carneiro, Octaviano, Portugal, Peseta, Alberto Gomes, Nini e Mário Cunha
Treinador: Estevão Puskas

Carcavelinhos FC: Madueño, Baeta, Vergilésio, Vitoriano, Farinha, Oliveira e Silva, Pratas, Quirino, Esteves, José Lopes e França (E 75')
Treinador: Abrantes Mendes

ACADÉMICA – 2 SL Benfica – 1

CAMP. DE PORTUGAL, MEIAS FINAIS, 12-6-1938 (DOM, 17:30)
Campo de Santa Cruz, Coimbra **Árbitro:** Santos Palma (Portalegre)
Golos: 1-0 (Octaviano 55'); 1-1 (Espírito Santo 56'); 2-1 (Portugal 75')

ACADÉMICA: Tibério, Teixeira, José Maria Antunes «cap», César Machado, Arnaldo Carneiro, Faustino, Portugal, Manuel da Costa, Alberto Gomes, Nini e Octaviano
Treinador: Estevão Puskas

SL Benfica: Amaro, Vieira, Gustavo «cap», Francisco Costa, Albino, João Correia, Cardoso, Barbosa, Espírito Santo, Xavier e Valadas
Treinador: Lipo Herczka

SL Benfica – 4 ACADÉMICA – 1

CAMP. DE PORTUGAL, MEIAS FINAIS, 19-6-1938 (DOM, 18:00)
Campo das Amoreiras, Lisboa **Árbitro:** Eduardo Augusto (Setúbal)
Golos: 1-0 (Espírito Santo 2'); 2-0 (Espírito Santo 26'); 3-0 (Barbosa 49'); 4-0 (Valadas 53'); 4-1 (Alberto Gomes 59')

SL Benfica: Amaro, Vieira, Gustavo «cap», João Correia, Albino, Gaspar Pinto, Domingos Lopes, Barbosa, Espírito Santo, Xavier e Valadas
Treinador: Lipo Herczka

ACADÉMICA: Tibério, Teixeira, José Maria Antunes «cap», César Machado, Faustino, Arnaldo Carneiro, Portugal, Peseta, Alberto Gomes, Nini e Octaviano
Treinador: Estevão Puskas

ÉPOCA 1938-1939

1ª DIVISÃO: 5º LUGAR
TAÇA DE PORTUGAL: FINAL

JOGOS EFECTUADOS

	J	V	E	D	GM	GS
CASA	10	6	3	1	33	18
FORA/N	11	4	0	7	18	35
TOTAL	21	10	3	8	51	53

SL Benfica – 4 ACADÉMICA – 0

1ª DIVISÃO, 1ª JORNADA, 8-1-1939 (DOM, 15:00)
Campo das Amoreiras, Lisboa **Árbitro:** João Cunha Pinto (Setúbal)
Golos: 1-0 (Brito 5'); 2-0 (Espírito Santo 50'); 3-0 (Rogério de Sousa 75'); 4-0 (Brito 85') **Obs:** Arnaldo Carneiro (Académica) ocupou o lugar de guarda-redes, após lesão de Cipriano

SL Benfica: Martins, Vieira, Gustavo, Gaspar Pinto «cap», José Ferreira, Francisco Ferreira, Barbosa, Rogério de Sousa, Espírito Santo, Brito e Valadas
Treinador: Lipo Herczka

ACADÉMICA: Cipriano (L 8'), José Maria Antunes «cap», César Machado, Portugal, Faustino, Octaviano, Almeida, Alberto Gomes, Arnaldo Carneiro, Nini e Manuel da Costa
Treinador: Albano Paulo

Sporting CP – 3 ACADÉMICA – 1

1ª DIVISÃO, 3ª JORNADA, 22-1-1939 (DOM, 15:00)
Estádio do Lumiar, Lisboa **Árbitro:** J.J. Trindade (Setúbal)
Golos: 1-0 (Pireza 40'); 2-0 (Soeiro 49'); 3-0 (João Cruz 54'); 3-1 (Arnaldo Carneiro 82')

Sporting CP: Azevedo, Jurado, Galvão, Figueiredo, Paciência, Manuel Marques, Rui de Araújo «cap», Pireza, Soeiro, Canário e João Cruz
Treinador: Josef Szabo

ACADÉMICA: Tibério, José Maria Antunes «cap», César Machado, Portugal, Faustino, Octaviano, Almeida, Alberto Gomes, Arnaldo Carneiro, Nini e Manuel da Costa
Treinador: Albano Paulo

ACADÉMICA – 5 Académico do Porto – 4

1ª DIVISÃO, 4ª JORNADA, 29-1-1939 (DOM, 15:00) Campo de Santa Cruz, Coimbra **Árbitro:** Guilhermino Sarriá (Lisboa) **Golos:** 1-0 (Alberto Gomes 30'); 2-0 (Arnaldo Carneiro 49'); 3-0 (Arnaldo Carneiro 50'); 4-0 (Arnaldo Carneiro 62'); 4-1 (Carlos Mesquita 63'); 4-2 (Lemos 66'); 4-3 (Lemos 75'); 5-3 (Alberto Gomes 76'); 5-4 (Lemos 77')

ACADÉMICA: Tibério, José Maria Antunes «cap», César Machado, Portugal, Faustino, Octaviano, Manuel da Costa, Alberto Gomes, Arnaldo Carneiro, Nini e Pimenta
Treinador: Albano Paulo

Académico do Porto: Jaguaré, Ricardo, Rafael, Alves, Pacheco, Mário, Álvaro Pereira, Oliveira, Lemos, Carlos Mesquita e Raul
Treinador: Janos Biri

CF "Os Belenenses" – 8 ACADÉMICA – 1

1ª DIVISÃO, 5ª JORNADA, 5-2-1939 (DOM, 15:00)
Campo das Salésias, Lisboa **Árbitro:** Eduardo Augusto (Setúbal)
Golos: 1-0 (Rafael 1'); 2-0 (Jesus 20'); 3-0 (Octaviano 21', pb); 4-0 (Noia 43'); 4-1 (Alberto Gomes 44', gp); 5-1 (Jesus 45'); 6-1 (Rafael 55'); 7-1 (Rafael 72'); 8-1 (Noia 73')

CF "Os Belenenses": Veríssimo, Varela Marques, Simões, Amaro, Gomes, Rodrigues Alves, Perfeito, Jesus, Noia, Quaresma e Rafael
Treinador: Augusto Silva

ACADÉMICA: Tibério, José Maria Antunes «cap», César Machado, Portugal, Faustino, Octaviano, Manuel da Costa, Alberto Gomes, Arnaldo Carneiro, Nini e Pimenta
Treinador: Albano Paulo

ACADÉMICA – 1 FC Porto – 2

1ª DIVISÃO, 2ª JORNADA, 19-2-1939 (DOM, 15:00)
Campo de Santa Cruz, Coimbra **Árbitro:** Abel António Ferreira (Lisboa) **Golos:** 1-0 (Arnaldo Carneiro 12'); 1-1 (António Santos 22'); 1-2 (Pinga 76') **Obs:** Jogo inicialmente marcado para 15 de Janeiro, adiado devido ao mau tempo

ACADÉMICA: Tibério, José Maria Antunes «cap», César Machado, Portugal, Faustino, Octaviano, Manuel da Costa, Alberto Gomes, Arnaldo Carneiro, Nini e Pimenta
Treinador: Albano Paulo

FC Porto: Soares dos Reis, Sacadura, Carlos Pereira, Anjos, Reboredo, Batista, Lopes Carneiro, António Santos, Costuras, Pinga e Carlos Nunes «cap»
Treinador: Miguel Syska

ACADÉMICA – 3 FC Barreirense – 1

1ª DIVISÃO, 6ª JORNADA, 26-2-1939 (DOM, 15:00)
Campo de Santa Cruz, Coimbra **Árbitro:** José Travassos (Lisboa)
Golos: 1-0 (Pimenta 5'); 1-1 (Gomes 75'); 2-1 (Alberto Gomes 76', gp); 3-1 (Arnaldo Carneiro 88')

ACADÉMICA: Tibério, José Maria Antunes «cap», César Machado, Portugal, Faustino, Octaviano, Arnaldo Carneiro, Alberto Gomes, Nini, Manuel da Costa e Pimenta
Treinador: Albano Paulo

FC Barreirense: Francisco Câmara «cap», Curtinhal, Leonel, Almeida, Moreira, Limas, Piçarra, Ferreira, Preto, Maximino e Gomes
Treinador: Desidério Herczka

Casa Pia AC – 0 ACADÉMICA – 2

1ª DIVISÃO, 7ª JORNADA, 5-3-1939 (DOM, 15:00)
Campo do Restelo, Lisboa
Árbitro: António Palhinhas (Évora)
Golos: 0-1 (Pires 60'); 0-2 (Arnaldo Carneiro 83')

Casa Pia AC: Fernando Sousa, Pité, Frazão, Duartino, Correia, Zeferino, Pedro Santos, Sérgio, Ramos Dias, Marques e Costa Santos
Treinador: Ricardo Ornelas

ACADÉMICA: Tibério, José Maria Antunes «cap», César Machado, Portugal, Faustino, Octaviano, Pires, Alberto Gomes, Arnaldo Carneiro, Manuel da Costa e Pimenta
Treinador: Albano Paulo

ACADÉMICA – 3 SL Benfica – 3

1ª DIVISÃO, 8ª JORNADA, 12-3-1939 (DOM, 15:00)
Campo de Santa Cruz, Coimbra **Árbitro:** António Palhinhas (Évora)
Golos: 0-1 (Valadas 12'); 0-2 (Rogério de Sousa 43'); 1-2 (Arnaldo Carneiro 53'); 2-2 (Arnaldo Carneiro 57'); 3-2 (Manuel da Costa 59'); 3-3 (Espírito Santo 78')

ACADÉMICA: Tibério, José Maria Antunes «cap», César Machado, Portugal, Faustino, Octaviano, Manuel da Costa, Alberto Gomes, Arnaldo Carneiro, Nini e Pimenta
Treinador: Albano Paulo

SL Benfica: Martins, Vieira, Gustavo, Batista, Albino, Gaspar Pinto «cap», Barbosa, Rogério de Sousa, Espírito Santo, Brito e Valadas
Treinador: Lipo Herczka

FC Porto – 3 ACADÉMICA – 1

1ª DIVISÃO, 9ª JORNADA, 19-3-1939 (DOM, 15:00)
Campo da Constituição, Porto **Árbitro:** João Vaz (Lisboa)
Golos: 1-0 (Pinga 25'); 1-1 (Pimenta 44'); 2-1 (António Santos 58'); 3-1 (Castro 66')

FC Porto: Soares dos Reis, Sacadura, Guilhar, Anjos, Carlos Pereira, Batista, Castro, António Santos, Costuras, Pinga e Carlos Nunes «cap»
Treinador: Miguel Syska

ACADÉMICA: Tibério, José Maria Antunes «cap», César Machado, Portugal, Faustino, Octaviano, Manuel da Costa, Alberto Gomes, Arnaldo Carneiro, Nini e Pimenta
Treinador: Albano Paulo

ACADÉMICA – 2 Sporting CP – 2

1ª DIVISÃO, 10ª JORNADA, 26-3-1939 (DOM, 15:00)
Campo de Santa Cruz, Coimbra **Árbitro:** Domingos Miranda (Porto) **Golos:** 0-1 (Peyroteo 15'); 0-2 (Pireza 28', gp); 1-2 (Arnaldo Carneiro 57'); 2-2 (Manuel da Costa 89')

ACADÉMICA: Tibério, José Maria Antunes «cap», César Machado, Portugal, Faustino, Octaviano, Manuel da Costa, Alberto Gomes, Arnaldo Carneiro, Nini e Pimenta
Treinador: Albano Paulo

Sporting CP: Azevedo, Jurado, Galvão, Figueiredo, Paciência, Manuel Marques, Mourão, Pireza, Soeiro, Peyroteo e João Cruz
Treinador: Josef Szabo

Académico do Porto – 6 ACADÉMICA – 2

1ª DIVISÃO, 11ª JORNADA, 2-4-1939 (DOM, 15:00)
Estádio do Lima, Porto **Árbitro:** Carlos Fontaínhas (Lisboa)
Golos: 1-0 (Lemos 31'); 1-1 (Arnaldo Carneiro 39'); 1-2 (Manuel da Costa 42'); 2-2 (Barbosa 53'); 3-2 (Tibério 62', pb); 4-2 (Lemos 75'); 5-2 (Lemos 80'); 6-2 (Raul 85')

Académico do Porto: Jaguaré, Ricardo, Rafael, Castelo, Pacheco, Palhares, Álvaro Pereira, Oliveira, Lemos, Barbosa e Raul
Treinador: Janos Biri

ACADÉMICA: Tibério, José Maria Antunes «cap», César Machado, Portugal, Faustino, Octaviano, Manuel da Costa, Alberto Gomes, Arnaldo Carneiro, Nini e Pimenta
Treinador: Albano Paulo

ACADÉMICA – 0 CF "Os Belenenses" – 0

1ª DIVISÃO, 12ª JORNADA, 9-4-1939 (DOM, 15:30)
Campo de Santa Cruz, Coimbra
Árbitro: Vieira da Costa (Porto)

ACADÉMICA: Tibério, José Maria Antunes «cap», César Machado, Portugal, Faustino, Octaviano, Manuel da Costa, Alberto Gomes, Arnaldo Carneiro, Nini e Pimenta
Treinador: Albano Paulo

CF "Os Belenenses": Veríssimo, Varela Marques, Simões, Amaro, Gomes, Rodrigues Alves, Nunes, Quaresma, Jesus, Bernardo e Rafael
Treinador: Augusto Silva

FC Barreirense – 3 ACADÉMICA – 2

1ª DIVISÃO, 13ª JORNADA, 16-4-1939 (DOM, 15:00)
Campo do Rossio, Barreiro **Árbitro:** João dos Santos Júnior (Lisboa)
Golos: 0-1 (Alberto Gomes 15'); 1-1 (Ferreira 55'); 2-1 (José Maria Antunes 70', pb); 3-1 (Piçarra 73'); 3-2 (Alberto Gomes 80')

FC Barreirense: Francisco Câmara «cap», Pascoal, Leonel, Almeida, Moreira, Limas, Raimundo, Ferreira, Preto, Gomes e Piçarra
Treinador: Desidério Herczka

ACADÉMICA: Tibério, José Maria Antunes «cap», César Machado, Portugal, Faustino, Octaviano, Almeida, Alberto Gomes, Arnaldo Carneiro, Nini e Manuel da Costa
Treinador: Albano Paulo

ACADÉMICA – 4 Casa Pia AC – 0

1ª DIVISÃO, 14ª JORNADA, 23-4-1939 (DOM, 16:00)
Campo de Santa Cruz, Coimbra **Árbitro:** Amável de Carvalho (Porto) **Golos:** 1-0 (Arnaldo Carneiro 13'); 2-0 (Nini 41'); 3-0 (Arnaldo Carneiro 57'); 4-0 (Arnaldo Carneiro 65') **Obs:** A Académica jogou com camisolas brancas, calções e meias pretas

ACADÉMICA: Tibério, José Maria Antunes «cap», César Machado, Portugal, Faustino, Octaviano, Manuel da Costa, Alberto Gomes, Arnaldo Carneiro, Nini e Pimenta
Treinador: Albano Paulo

Casa Pia AC: Fernando Sousa, Pité, Frazão, Zeferino, Correia, Duartino, Carmo, Ramos Dias, Pedro Santos, Marques e Costa Santos
Treinador: Ricardo Ornelas

1939-1940

ACADÉMICA – 5 SC Covilhã – 1
TAÇA DE PORTUGAL, OITAVOS DE FINAL, 14-5-1939 (DOM, 16:00)
Campo de Santa Cruz, Coimbra **Árbitro:** Vieira da Costa (Porto)
Golos: 1-0 (Manuel da Costa 2'); 2-0 (Arnaldo Carneiro 44'); 3-0 (Manuel da Costa 58'); 4-0 (Manuel da Costa 63'); 5-0 (Arnaldo Carneiro 69'); 5-1 (Cesário 75')

ACADÉMICA: Tibério, José Maria Antunes «cap», César Machado, Portugal, Faustino, Octaviano, Manuel da Costa, Alberto Gomes, Arnaldo Carneiro, Nini e Pimenta
Treinador: Albano Paulo

SC Covilhã: Júlio, Campino, Martins, Pedro Costa, Lopes, Cesário, Argentino, Rogério, Deolindo, Reynolds e Fonseca
Treinador: Pedro Costa

SC Covilhã – 2 ACADÉMICA – 3
TAÇA DE PORTUGAL, OITAVOS DE FINAL, 21-5-1939 (DOM, 17:00)
Campo do Alto do Hospital, Covilhã
Árbitro: Henrique Rosa (Évora)
Golos: 0-1 (Pimenta 18'); 1-1 (Deolindo 25'); 1-2 (Nini 70'); 1-3 (Pimenta 71'); 2-3 (Argentino 76')

SC Covilhã: Júlio, Fazenda, Martins, Campino, Lopes, Cesário, Argentino, Costa, Deolindo, Reynolds e Fonseca
Treinador: Pedro Costa

ACADÉMICA: Vasco, José Maria Antunes «cap», César Machado, Portugal, Faustino, Octaviano, Manuel da Costa, Alberto Gomes, Arnaldo Carneiro, Nini e Pimenta
Treinador: Albano Paulo

ACADÉMICA – 5 Académico do Porto – 3
TAÇA DE PORTUGAL, QUARTOS DE FINAL, 28-5-1939 (DOM, 17:00)
Campo de Santa Cruz, Coimbra **Árbitro:** Armelim Nunes Martins (Lisboa) **Golos:** 0-1 (Álvaro Pereira 10'); 0-2 (Barbosa 14'); 0-3 (Álvaro Pereira 20'); 1-3 (Arnaldo Carneiro 22'); 2-3 (Manuel da Costa 24'); 3-3 (Nini 30'); 4-3 (Alberto Gomes 43'); 5-3 (Nini 83')
Obs: Castelo (Académico do Porto) ocupou o lugar de guarda-redes, após lesão de Levy

ACADÉMICA: Vasco, José Maria Antunes «cap», César Machado (E 55'), Portugal, Faustino (E 50'), Octaviano, Manuel da Costa, Alberto Gomes, Arnaldo Carneiro, Nini e Pimenta
Treinador: Albano Paulo

Académico do Porto: Levy (E 53'), Ricardo, Rafael (E 50'), Alves, Pacheco, Castelo, Álvaro Pereira (E 55'), Arménio, Oliveira, Barbosa e Raul
Treinador: Janos Biri

Académico do Porto – 1 ACADÉMICA – 2
TAÇA DE PORTUGAL, QUARTOS DE FINAL, 4-6-1939 (DOM, 17:30)
Estádio do Lima, Porto **Árbitro:** Vital Jorge de Sousa (Lisboa)
Golos: 0-1 (Alberto Gomes 52'); 1-1 (Ricardo 76'); 1-2 (Alberto Gomes 87', gp)

Académico do Porto: Biri, Ricardo (E 88'), Rafael, Castelo (E 63'), Pacheco, Alves, Álvaro Pereira, Arménio, Oliveira, Barbosa e Raul
Treinador: Janos Biri

ACADÉMICA: Abreu, José Maria Antunes «cap», César Machado, Portugal, Faustino, Octaviano, Manuel da Costa, Alberto Gomes, Arnaldo Carneiro, Nini e Pimenta
Treinador: Albano Paulo

Sporting CP – 2 ACADÉMICA – 0
TAÇA DE PORTUGAL, MEIAS FINAIS, 11-6-1939 (DOM, 17:30)
Estádio do Lumiar, Lisboa
Árbitro: Vieira da Costa (Porto)
Golos: 1-0 (João Cruz 40'); 2-0 (Peyroteo 70')

Sporting CP: Azevedo, Jurado, Galvão, Figueiredo, Paciência, Rui de Araújo «cap», André, Soeiro, Peyroteo, Pireza e João Cruz
Treinador: Josef Szabo

ACADÉMICA: Tibério, José Maria Antunes «cap», César Machado, Portugal, Faustino, Octaviano, Manuel da Costa, Alberto Gomes, Arnaldo Carneiro, Peseta e Pimenta
Treinador: Albano Paulo

ACADÉMICA – 5 Sporting CP – 2
TAÇA DE PORTUGAL, MEIAS FINAIS, 18-6-1939 (DOM, 17:30)
Campo de Santa Cruz, Coimbra **Árbitro:** Henrique Rosa (Évora)
Golos: 0-1 (Peyroteo 9'); 1-1 (Pimenta 11'); 2-1 (Manuel da Costa 27'); 3-1 (Manuel da Costa 40'); 3-2 (Paciência 55'); 4-2 (Manuel da Costa 70'); 5-2 (Arnaldo Carneiro 76')

ACADÉMICA: Tibério, José Maria Antunes «cap», César Machado, Portugal, Faustino, Octaviano, Manuel da Costa, Alberto Gomes, Arnaldo Carneiro, Nini e Pimenta
Treinador: Albano Paulo

Sporting CP: Azevedo, Cardoso, Galvão, Figueiredo, Paciência, Rui de Araújo «cap», Mourão, Soeiro, Pireza, Peyroteo e João Cruz
Treinador: Josef Szabo

ACADÉMICA – 4 SL Benfica – 3
TAÇA DE PORTUGAL, FINAL, 25-6-1939 (DOM, 18:15)
Campo das Salésias, Lisboa **Árbitro:** António Palhinhas (Évora)
Auxiliares: Carlos Canuto e Vital de Sousa **Golos:** 0-1 (Rogério de Sousa 8'); 1-1 (Pimenta 36'); 2-1 (Alberto Gomes 46'); 2-2 (Rogério de Sousa 47'); 3-2 (Arnaldo Carneiro 52'); 4-2 (Arnaldo Carneiro 53'); 4-3 (Brito 71')

ACADÉMICA: Tibério, José Maria Antunes «cap», César Machado, Portugal, Faustino, Octaviano, Manuel da Costa, Alberto Gomes, Arnaldo Carneiro, Nini e Pimenta **Treinador:** Albano Paulo

SL Benfica: Martins, João Correia, Gustavo, Gaspar Pinto «cap», Albino, Francisco Ferreira, Barbosa, Rogério de Sousa, Espírito Santo, Brito e Valadas
Treinador: Lipo Herczka

ÉPOCA 1939-1940

1ª DIVISÃO: 6º LUGAR
TAÇA DE PORTUGAL: OITAVOS DE FINAL

JOGOS EFECTUADOS

	J	V	E	D	GM	GS
CASA	10	6	2	2	34	20
FORA	10	2	1	7	13	40
TOTAL	20	8	3	9	47	60

ACADÉMICA – 2 Sporting CP – 5
1ª DIVISÃO, 1ª JORNADA, 14-1-1940 (DOM, 15:00)
Campo de Santa Cruz, Coimbra **Árbitro:** Vieira da Costa (Porto)
Golos: 0-1 (Soeiro 27'); 1-1 (Nini 52'); 1-2 (Mourão 59'); 1-3 (Mourão 63'); 1-4 (Mourão 68'); 2-4 (Manuel da Costa 70'); 2-5 (Peyroteo 88')

ACADÉMICA: Acácio, José Maria Antunes «cap», César Machado, Portugal, Faustino, Octaviano, Bentes, Alberto Gomes, Joaquim João, Nini e Manuel da Costa
Treinador: Albano Paulo

Sporting CP: Azevedo, Cardoso, Galvão, Paciência, Gregório, Manuel Marques, Mourão, Soeiro, Peyroteo, Armando Ferreira e João Cruz
Treinador: Josef Szabo

SL Benfica – 4 ACADÉMICA – 1
1ª DIVISÃO, 2ª JORNADA, 6-2-1940 (TER, 15:00)
Campo das Amoreiras, Lisboa **Árbitro:** António Palhinhas (Setúbal)
Golos: 1-0 (Brito 10'); 2-0 (Rodrigues 12'); 3-0 (Brito 55'); 4-0 (Brito 59'); 4-1 (Alberto Gomes 89')
Obs: Repetição do jogo que fora interrompido a 21 de Janeiro, aos 40 minutos (1-1), devido ao mau tempo

SL Benfica: Martins, Gaspar Pinto, Elói, Batista, Albino, Francisco Ferreira, Lourenço, Brito, Rodrigues, Amadeu e Valadas «cap»
Treinador: Janos Biri

ACADÉMICA: Acácio, José Maria Antunes «cap», César Machado, Portugal, Faustino, Octaviano, Manuel da Costa (E 85'), Alberto Gomes, Joaquim João, Nini e Lomba
Treinador: Albano Paulo

ACADÉMICA – 0 FC Porto – 2
1ª DIVISÃO, 4ª JORNADA, 11-2-1940 (DOM, 15:00)
Campo de Santa Cruz, Coimbra **Árbitro:** Carlos Canuto (Lisboa)
Auxiliares: Álvaro Santos e Edmundo Alves
Golos: 0-1 (Petrack 58'); 0-2 (Sárrea 82')

ACADÉMICA: Tibério, José Maria Antunes «cap», César Machado, Portugal, Faustino, Octaviano, Manuel da Costa, Alberto Gomes, Joaquim João, Nini e Pimenta
Treinador: Albano Paulo

FC Porto: Rosado, Pereira, Guilhar, Anjos, Carlos Pereira, Batista, Sárrea, António Santos «cap», Kordnya, Pacheco e Petrack
Treinador: Miguel Syska

FC Barreirense – 2 ACADÉMICA – 0
1ª DIVISÃO, 5ª JORNADA, 18-2-1940 (DOM, 15:00)
Campo do Rossio, Barreiro
Árbitro: José António Dinis (Lisboa)
Golos: 1-0 (Rita 19'); 2-0 (Januário 55')

FC Barreirense: Francisco Câmara «cap», Pascoal, José Maria, Limas, Moreira, Curtinhal, Rita, Júlio de Sousa, Cardoso Pereira, Maximino e Januário **Treinador:** Augusto Sabbo

ACADÉMICA: Tibério, José Maria Antunes «cap», César Machado, Portugal, Faustino, Octaviano, Manuel da Costa, Alberto Gomes, Joaquim João, Nini e Pimenta
Treinador: Albano Paulo

Leixões SC – 3 ACADÉMICA – 3
1ª DIVISÃO, 6ª JORNADA, 25-2-1940 (DOM, 15:00)
Campo de Santana, Matosinhos
Árbitro: Jorge de Vasconcelos (Braga)
Golos: 1-0 (Mano 25'); 1-1 (Joaquim João 29'); 2-1 (Mário 35'); 2-2 (Alberto Gomes 51'); 2-3 (Alberto Gomes 65'); 3-3 (Mário 89')

Leixões SC: Valongo, Crista, Adriano, Quelhas, Minhoto, Óscar, Mário, Vítor, Simas, Silveira e Mano
Treinador: Dezso Genczi

ACADÉMICA: Tibério, José Maria Antunes «cap», César Machado, Portugal, Faustino, Octaviano, Manuel da Costa, Alberto Gomes, Joaquim João, Nini e Pimenta
Treinador: Albano Paulo

ACADÉMICA – 2 CF "Os Belenenses" – 2
1ª DIVISÃO, 7ª JORNADA, 3-3-1940 (DOM, 16:00)
Campo de Santa Cruz, Coimbra **Árbitro:** Amável de Carvalho (Porto) **Golos:** 1-0 (Manuel da Costa 2'); 1-1 (Perfeito 28'); 1-2 (Rafael 68'); 2-2 (Joaquim João 88')

ACADÉMICA: Tibério, José Maria Antunes «cap», César Machado, Portugal, Faustino, Octaviano, Manuel da Costa, Alberto Gomes, Joaquim João, Nini e Pimenta
Treinador: Albano Paulo

CF "Os Belenenses": Salvador, Simões, Tárrio, Amaro, Varela Marques, Gomes, Perfeito, Quaresma, Gilberto, Bernardo e Rafael
Treinador: Alejandro Scopelli

ACADÉMICA – 5 VFC Setúbal – 0
1ª DIVISÃO, 8ª JORNADA, 10-3-1940 (DOM, 16:00)
Campo de Santa Cruz, Coimbra
Árbitro: Manuel Ramos (Aveiro)
Golos: 1-0 (Joaquim João 9'); 2-0 (Alberto Gomes 23'); 3-0 (Joaquim João 52'); 4-0 (Pimenta 66'); 5-0 (Pimenta 70')

ACADÉMICA: Tibério, Renato, José Maria Antunes «cap», Portugal, Faustino, Octaviano, Manuel da Costa, Alberto Gomes, Joaquim João, Nini e Pimenta
Treinador: Albano Paulo

VFC Setúbal: Neves, Armindo, Fidalgo, Ralf, Júlio, Machado, Rogério, Nunes, Salas, Catalão e Cordato
Treinador: João dos Santos

ACADÉMICA – 5 Académico do Porto – 2

1ª DIVISÃO, 9ª JORNADA, 17-3-1940 (DOM, 16:00)
Campo de Santa Cruz, Coimbra **Árbitro:** José Santos Marques (Lisboa) **Golos:** 1-0 (Alberto Gomes 12', gp); 2-0 (Rui Cunha 19'); 3-0 (Peseta 21'); 4-0 (Peseta 30'); 5-0 (Rui Cunha 49'); 5-1 (Oscar Tellechea 58'); 5-2 (Sbarra 74')

ACADÉMICA: Tibério, José Maria Antunes «cap», Pimenta, Portugal, Faustino, Octaviano, Manuel da Costa, Alberto Gomes, Rui Cunha, Nini e Peseta **Treinador:** Albano Paulo

Académico do Porto: Bibi, António Jorge, Rafael, Eliseu, Szabo, Américo, Álvaro Pereira, Oscar Tellechea, Marques, Sbarra e Dias **Treinador:** Alberto Augusto

Sporting CP – 6 ACADÉMICA – 1

1ª DIVISÃO, 10ª JORNADA, 24-3-1940 (DOM, 16:00)
Estádio do Lumiar, Lisboa **Árbitro:** Eduardo Augusto (Setúbal) **Golos:** 1-0 (Peyroteo 2'); 2-0 (Peyroteo 8'); 2-1 (Alberto Gomes 38'); 3-1 (João Cruz 64'); 4-1 (Peyroteo 68'); 5-1 (Pireza 83'); 6-1 (Peyroteo 87')

Sporting CP: Dores, Galvão, Cardoso, Paciência, Gregório, Manuel Marques, Soeiro, Armando Ferreira, Peyroteo, Pireza e João Cruz **Treinador:** Josef Szabo

ACADÉMICA: Tibério, José Maria Antunes «cap», César Machado, Portugal, Faustino, Octaviano, Manuel da Costa, Alberto Gomes, Joaquim João, Peseta e Pimenta **Treinador:** Albano Paulo

ACADÉMICA – 5 SL Benfica – 4

1ª DIVISÃO, 11ª JORNADA, 31-3-1940 (DOM, 16:00)
Campo de Santa Cruz, Coimbra **Árbitro:** Manuel Ramos (Aveiro) **Golos:** 0-1 (Lourenço 2'); 0-2 (Amadeu 25'); 1-2 (Elói 34', pb); 1-3 (Pimenta 48', pb); 2-3 (Nini 51'); 3-3 (Manuel da Costa 52'); 4-3 (Rui Cunha 62'); 5-3 (Alberto Gomes 63'); 5-4 (Brito 76')

ACADÉMICA: Tibério, José Maria Antunes «cap», Pimenta, Portugal, Faustino, Octaviano, Manuel da Costa, Alberto Gomes, Rui Cunha, Nini e Peseta **Treinador:** Albano Paulo

SL Benfica: Martins, Gaspar Pinto, Elói, Batista, Albino, Francisco Ferreira, Lourenço, Brito, Rodrigues, Amadeu e Valadas «cap» **Treinador:** Janos Biri

Carcavelinhos FC – 0 ACADÉMICA – 4

1ª DIVISÃO, 3ª JORNADA, 3-4-1940 (QUA, 17:45)
Campo da Tapadinha, Lisboa **Árbitro:** Eduardo Augusto (Setúbal) **Golos:** 0-1 (Joaquim João 3'); 0-2 (Joaquim João 25'); 0-3 (Joaquim João 26'); 0-4 (Manuel da Costa 52')

Carcavelinhos FC: Francisco Lopes, Batista, Vergilésio, Chico Lopes, Vitoriano, França, Pratas, Ermitério, Tomás, Quirino e José Lopes **Treinador:** Desidério Herczka

ACADÉMICA: Acácio, José Maria Antunes «cap», Pimenta, Portugal, Faustino, Octaviano, Manuel da Costa, Alberto Gomes, Joaquim João, Nini e Peseta **Treinador:** Albano Paulo

ACADÉMICA – 2 Carcavelinhos FC – 2

1ª DIVISÃO, 12ª JORNADA, 7-4-1940 (DOM, 16:00)
Campo de Santa Cruz, Coimbra **Árbitro:** Vieira da Costa (Porto) **Golos:** 0-1 (José Lopes 53'); 1-1 (Alberto Gomes 71', gp); 2-1 (Joaquim João 77'); 2-2 (José Lopes 89')

ACADÉMICA: Acácio, José Maria Antunes «cap», Pimenta, Portugal, Faustino, Octaviano, Manuel da Costa, Alberto Gomes, Rui Cunha, Nini e Joaquim João **Treinador:** Albano Paulo

Carcavelinhos FC: Rosa, Batista, Vergilésio, Baeta, Vitoriano, França, Silva, Jesus, Pratas, Quirino e José Lopes **Treinador:** Desidério Herczka

FC Porto – 6 ACADÉMICA – 0

1ª DIVISÃO, 13ª JORNADA, 14-4-1940 (DOM, 16:00)
Campo da Constituição, Porto **Árbitro:** Vital Jorge de Sousa (Lisboa) **Golos:** 1-0 (António Santos 25'); 2-0 (Pinga 43'); 3-0 (Kordnya 53', gp); 4-0 (António Santos 55'); 5-0 (Kordnya 85'); 6-0 (Kordnya 87')

FC Porto: Bela Andrasik, Pereira, Guilhar, Anjos, Carlos Pereira, Batista, Castro, António Santos «cap», Kordnya, Pinga e Gomes da Costa **Treinador:** Miguel Syska

ACADÉMICA: Tibério, José Maria Antunes «cap», Pimenta, Portugal, Faustino, Octaviano, Manuel da Costa, Alberto Gomes, Joaquim João, Nini e Peseta **Treinador:** Albano Paulo

ACADÉMICA – 5 FC Barreirense – 1

1ª DIVISÃO, 14ª JORNADA, 21-4-1940 (DOM, 16:00)
Campo de Santa Cruz, Coimbra **Árbitro:** Joaquim Araújo Correia (Porto) **Golos:** 1-0 (Rui Cunha 4'); 2-0 (Rui Cunha 45'); 2-1 (Maximino 51'); 3-1 (Manuel da Costa 67'); 4-1 (Peseta 71'); 5-1 (Rui Cunha 85')

ACADÉMICA: Acácio, José Maria Antunes «cap», Pimenta, Portugal, Faustino, Octaviano, Manuel da Costa, Alberto Gomes, Rui Cunha, Nini e Peseta **Treinador:** Albano Paulo

FC Barreirense: Francisco Câmara «cap», Pascoal, Marques, Limas, Moreira, Curtinhal, Raimundo, Maximino, Preto, Cardoso Pereira e Gomes **Treinador:** Augusto Sabbo

ACADÉMICA – 3 Leixões SC – 1

1ª DIVISÃO, 15ª JORNADA, 28-4-1940 (DOM, 16:00)
Campo de Santa Cruz, Coimbra **Árbitro:** Carlos Fontaínhas (Lisboa) **Auxiliares:** António Sêco e Evaristo de Meneses **Golos:** 0-1 (Mano 1'); 1-1 (Nini 52'); 2-1 (Manuel da Costa 79'); 3-1 (Peseta 87')

ACADÉMICA: Acácio, Renato, Pimenta, Portugal «cap», Faustino, Octaviano, Manuel da Costa, Alberto Gomes, Peseta, Nini e Joaquim João **Treinador:** Albano Paulo

Leixões SC: Valongo, Adriano, Crista, Salgado, Óscar, Rocha Lima, Narciso, Gonçalves, Mitra, Silveira e Mano **Treinador:** Dezso Genczi

CF "Os Belenenses" – 5 ACADÉMICA – 0

1ª DIVISÃO, 16ª JORNADA, 5-5-1940 (DOM, 16:00)
Campo das Salésias, Lisboa **Árbitro:** Evaristo Santos (Setúbal) **Golos:** 1-0 (Horácio Tellechea 6'); 2-0 (Horácio Tellechea 23'); 3-0 (Rafael 31'); 4-0 (Bernardo 47', gp); 5-0 (Scopelli 53')

CF "Os Belenenses": Salvador, Simões, Tárrio, Alberto, Gomes, Rodrigues Alves, Perfeito, Scopelli, Horácio Tellechea, Bernardo e Rafael **Treinador:** Alejandro Scopelli

ACADÉMICA: Acácio, Teixeira, Pimenta, Portugal «cap», Octaviano, Lomba, Manuel da Costa, Alberto Gomes, Joaquim João, Peseta e Falcão **Treinador:** Albano Paulo

VFC Setúbal – 1 ACADÉMICA – 2

1ª DIVISÃO, 17ª JORNADA, 12-5-1940 (DOM, 16:30)
Campo dos Arcos, Setúbal
Árbitro: José António Dinis (Lisboa)
Golos: 0-1 (Peseta 22'); 0-2 (Peseta 38'); 1-2 (Rendas 62')

VFC Setúbal: Neves, Juvenal, Armindo, Salas, Francisco Júlio, Ralf, Bernardino, Campos, Rendas, Ramos e Arnaldo **Treinador:** João dos Santos

ACADÉMICA: Acácio, Teixeira, José Maria Antunes «cap», Portugal, Octaviano, Lomba, Manuel da Costa, Alberto Gomes, Joaquim João, Nini e Peseta **Treinador:** Albano Paulo

Académico do Porto – 8 ACADÉMICA – 2

1ª DIVISÃO, 18ª JORNADA, 19-5-1940 (DOM, 16:00)
Estádio do Lima, Porto **Árbitro:** João dos Santos Júnior (Lisboa) **Golos:** 1-0 (Lemos 20'); 2-0 (Oscar Tellechea 30'); 2-1 (Joaquim João 35'); 3-1 (Oscar Tellechea 51'); 4-1 (Álvaro Pereira 54'); 5-1 (Oscar Tellechea 70'); 6-1 (Szabo 80', gp); 7-1 (Álvaro Pereira 85'); 7-2 (Peseta 86'); 8-2 (Szabo 87', gp)

Académico do Porto: Bibi, António Jorge, Rafael, Pacheco, Sbarra, Szabo, Marques, Castelo, Lemos, Oscar Tellechea e Álvaro Pereira **Treinador:** Alberto Augusto

ACADÉMICA: Acácio, Teixeira, César Machado, Portugal «cap», Faustino, Octaviano, Manuel da Costa, Alberto Gomes, Joaquim João, Peseta e Falcão **Treinador:** Albano Paulo

ACADÉMICA – 5 Boavista FC – 1

TAÇA DE PORTUGAL, OITAVOS DE FINAL, 26-5-1940 (DOM, 17:00)
Campo de Santa Cruz, Coimbra **Árbitro:** Armelim Nunes Martins (Lisboa) **Golos:** 1-0 (Nini 10'); 2-0 (Nini 30'); 2-1 (Laguna 32'); 3-1 (Alberto Gomes 43'); 4-1 (Joaquim João 44'); 5-1 (Manuel da Costa 77')

ACADÉMICA: Acácio, Portugal «cap», Pimenta, Lomba, Faustino (E 83'), Octaviano, Manuel da Costa, Alberto Gomes, Nini, Peseta e Joaquim João **Treinador:** Albano Paulo

Boavista FC: Pesqueira, Monteiro, Cortês, Reis, António Nunes, Veloso, Pina, Julinho, Dias, Ferraz «cap» e Laguna

Boavista FC – 5 ACADÉMICA – 0

TAÇA DE PORTUGAL, OITAVOS DE FINAL, 2-6-1940 (DOM, 17:00)
Campo do Bessa, Porto **Árbitro:** Ant. Rodrigues Santos (Lisboa) **Golos:** 1-0 (Ferraz 30'); 2-0 (Pina 58'); 3-0 (Pina 61'); 4-0 (Ferraz 75'); 5-0 (Ferraz 85')

Boavista FC: Pesqueira, Monteiro, Cortês, Reis, António Nunes, Veloso, Antero, Julinho, Pina, Ferraz «cap» e Laguna

ACADÉMICA: Acácio, Portugal, José Maria Antunes «cap», Lomba, Faustino, Octaviano, Manuel da Costa, Alberto Gomes, Nini, Peseta e Joaquim João **Treinador:** Albano Paulo

---

ÉPOCA 1940-1941

1ª DIVISÃO: 5º LUGAR
TAÇA DE PORTUGAL: QUARTOS DE FINAL

JOGOS EFECTUADOS

	J	V	E	D	GM	GS
CASA	9	4	3	2	32	20
FORA	9	1	1	7	12	32
TOTAL	18	5	4	9	44	52

ACADÉMICA – 2 Unidos Lisboa – 2

1ª DIVISÃO, 1ª JORNADA, 29-12-1940 (DOM, 15:00)
Campo de Santa Cruz, Coimbra **Árbitro:** Santos Barros (Aveiro) **Golos:** 1-0 (Joaquim João 32'); 2-0 (Peseta 59'); 2-1 (Alector 65'); 2-2 (Tanganho 82')

ACADÉMICA: Acácio, Portugal «cap», César Machado, Veloso, Faustino, Octaviano, Joaquim João, Peseta, Lemos, Nini e Manuel da Costa **Treinador:** Lipo Herczka

Unidos Lisboa: João Augusto, Adão, Leonel, Borges, Lagos, Passos, Osvaldo, Jordão, Arnaldo Carneiro, Tanganho e Alector

1940-1941

1940-1941

FC Porto – 6 ACADÉMICA – 2

1ª DIVISÃO, 2ª JORNADA, 1-1-1941 (QUA, 15:00)
Estádio do Lima, Porto **Árbitro:** José Santos Marques (Lisboa)
Golos: 1-0 (Kordnya 3'); 2-0 (Kordnya 9', gp); 2-1 (Lemos 16'); 3-1 (Kordnya 33'); 3-2 (Manuel da Costa 38'); 4-2 (Kordnya 62', gp); 5-2 (Petrack 71'); 6-2 (Pratas 83')

FC Porto: Valongo, Pereira, Guilhar «cap», Anjos, Carlos Pereira, António Nunes, Pratas, António Santos, Kordnya, Pinga e Petrack
Treinador: Miguel Syska

ACADÉMICA: Acácio, Portugal «cap», César Machado, Veloso, Faustino, Octaviano, Armando, Peseta, Lemos, Nini e Manuel da Costa (L 75')
Treinador: Lipo Herczka

ACADÉMICA – 3 Sporting CP – 5

1ª DIVISÃO, 3ª JORNADA, 5-1-1941 (DOM, 15:00)
Campo de Santa Cruz, Coimbra **Árbitro:** Vieira da Costa (Porto)
Golos: 0-1 (Peyroteo 15'); 1-1 (Lemos 31'); 1-2 (Peyroteo 33'); 1-3 (Mourão 36'); 2-3 (Lemos 38'); 3-3 (Armando 40'); 3-4 (Pireza 53'); 3-5 (Peyroteo 70')

ACADÉMICA: Acácio, Portugal «cap», César Machado, Veloso, Faustino, Octaviano, Armando, Peseta, Lemos, Nini e Nana
Treinador: Lipo Herczka

Sporting CP: Azevedo, Rui de Araújo «cap», Cardoso, Paciência, Gregório, Manuel Marques, Mourão, Armando Ferreira, Peyroteo, Pireza e João Cruz
Treinador: Josef Szabo

Boavista FC – 2 ACADÉMICA – 1

1ª DIVISÃO, 4ª JORNADA, 19-1-1941 (DOM, 15:00)
Campo do Bessa, Porto
Árbitro: Eduardo Augusto (Setúbal)
Golos: 0-1 (Peseta 10'); 1-1 (Ferraz 40'); 2-1 (Laguna 55')

Boavista FC: Pesqueira, Cortês, Francisco Silva, Reis, Raimundo, Veloso, Pina, Ferraz «cap», Armando, Laguna e Pepe
Treinador: José Monteiro

ACADÉMICA: Acácio, Portugal «cap», César Machado, Veloso, Faustino, Octaviano, Armando, Peseta, Lemos, Nini e Lomba
Treinador: Lipo Herczka

ACADÉMICA – 3 CF "Os Belenenses" – 2

1ª DIVISÃO, 5ª JORNADA, 26-1-1941 (DOM, 15:00)
Campo de Santa Cruz, Coimbra **Árbitro:** António Palhinhas (Setúbal) **Golos:** 0-1 (Gilberto 21'); 1-1 (Lemos 38'); 2-1 (Peseta 61'); 3-1 (Lemos 70'); 3-2 (Portugal 89', pb)

ACADÉMICA: Vasco, Portugal «cap», César Machado, Lomba, Faustino, Octaviano, Micael, Peseta, Lemos, Nini e Manuel da Costa
Treinador: Lipo Herczka

CF "Os Belenenses": Salvador, Simões, Alberto, Amaro, Gomes, Varela Marques, Gilberto, Elói, Horácio Tellechea, Perfeito e Rafael
Treinador: Artur José Pereira

FC Barreirense – 3 ACADÉMICA – 2

1ª DIVISÃO, 6ª JORNADA, 2-2-1941 (DOM, 15:00)
Campo do Rossio, Barreiro **Árbitro:** Carlos Silva (Lisboa)
Auxiliares: Henrique Rosa e Eduardo Fernandes
Golos: 0-1 (Lemos 2'); 1-1 (José Maria Antunes 8', pb); 1-2 (Lemos 17'); 2-2 (Zeca 32'); 3-2 (Rebelo 46')

FC Barreirense: Francisco Câmara «cap», Pascoal, José Maria, Limas, Moreira, Jordão, Raimundo, Rebelo, Zeca, Maximino e Cardoso Pereira **Treinador:** Francisco Câmara

ACADÉMICA: Vasco, Portugal, José Maria Antunes «cap», Lomba, Faustino, Octaviano, Micael, Peseta, Lemos, Nini e Nana
Treinador: Lipo Herczka

ACADÉMICA – 2 SL Benfica – 2

1ª DIVISÃO, 7ª JORNADA, 9-2-1941 (DOM, 15:00)
Campo de Santa Cruz, Coimbra **Árbitro:** Evaristo Santos (Setúbal)
Golos: 1-0 (Lemos 21'); 1-1 (Rodrigues 41'); 2-1 (Manuel da Costa 57'); 2-2 (Rodrigues 60')

ACADÉMICA: Vasco, Portugal, José Maria Antunes «cap», Lomba, Faustino, Octaviano, Manuel da Costa, Alberto Gomes, Lemos, Nini e Peseta
Treinador: Lipo Herczka

SL Benfica: Martins, Gaspar Pinto, Elói, Alcobia, Albino, Francisco Ferreira, Espírito Santo, Brito, Rodrigues, Nelo e Valadas «cap»
Treinador: Janos Biri

Unidos Lisboa – 2 ACADÉMICA – 3

1ª DIVISÃO, 8ª JORNADA, 23-2-1941 (DOM, 15:00)
Campo do Lumiar-A, Lisboa **Árbitro:** Henrique Rosa (Setúbal)
Golos: 1-0 (Arnaldo Carneiro 30'); 1-1 (Lemos 36'); 2-1 (Tanganho 65'); 2-2 (Lemos 75'); 2-3 (Lemos 88')

Unidos Lisboa: Eduardo Santos, Álvaro, Leonel, Adão, Albino, Passos, Osvaldo, Tanganho, Arnaldo Carneiro, Lagos e Alector
Treinador: Artur John

ACADÉMICA: Vasco, Portugal, José Maria Antunes «cap», Lomba, Faustino, Octaviano, Micael, Peseta, Lemos, Nini e Redondo
Treinador: Lipo Herczka

ACADÉMICA – 3 FC Porto – 3

1ª DIVISÃO, 9ª JORNADA, 2-3-1941 (DOM, 15:00)
Campo de Santa Cruz, Coimbra **Árbitro:** Henrique Rosa (Setúbal)
Golos: 0-1 (António Santos 5'); 0-2 (Pinga 20'); 1-2 (Peseta 30'); 2-2 (Peseta 58'); 2-3 (António Santos 72'); 3-3 (Faustino 89')

ACADÉMICA: Vasco, Portugal, José Maria Antunes «cap», Lomba, Faustino, Octaviano, Manuel da Costa, Alberto Gomes, Lemos, Nini e Peseta
Treinador: Lipo Herczka

FC Porto: Bela Andrasik, Pereira, Guilhar «cap», Anjos, António Nunes, Batista, Pratas, António Santos, Kordnya, Pinga e Carlos Nunes
Treinador: Miguel Syska

Sporting CP – 7 ACADÉMICA – 1

1ª DIVISÃO, 10ª JORNADA, 9-3-1941 (DOM, 15:00)
Estádio do Lumiar, Lisboa **Árbitro:** Vieira da Costa (Porto)
Golos: 1-0 (Peyroteo 21'); 2-0 (Mulder 25'); 3-0 (Peyroteo 32'); 3-1 (Nini 36'); 4-1 (Peyroteo 40'); 5-1 (Peyroteo 42'); 6-1 (Peyroteo 63'); 7-1 (Peyroteo 67')

Sporting CP: Azevedo, Rui de Araújo «cap», Cardoso, Paciência, Gregório, Manuel Marques, Mourão, Armando Ferreira, Peyroteo, Mulder e João Cruz
Treinador: Josef Szabo

ACADÉMICA: Vasco, Portugal, José Maria Antunes «cap», Lomba, Faustino, Octaviano, Manuel da Costa, Alberto Gomes, Lemos, Nini e Peseta
Treinador: Lipo Herczka

ACADÉMICA – 6 Boavista FC – 0

1ª DIVISÃO, 11ª JORNADA, 23-3-1941 (DOM, 15:00)
Campo de Santa Cruz, Coimbra
Árbitro: Vital Jorge de Sousa (Lisboa)
Golos: 1-0 (Alberto Gomes 16'); 2-0 (Micael 28'); 3-0 (Alberto Gomes 30'); 4-0 (Peseta 75'); 5-0 (Peseta 76'); 6-0 (Nini 88')

ACADÉMICA: Vasco, Portugal «cap», César Machado, Lomba, Faustino, Octaviano, Micael, Alberto Gomes, Lemos, Nini e Peseta
Treinador: Lipo Herczka

Boavista FC: Pesqueira, Cortês, Francisco Silva, Reis, Raimundo, Alvarenga, Pina, Ferraz «cap», Armando, Ramos e Pepe

CF "Os Belenenses" – 2 ACADÉMICA – 0

1ª DIVISÃO, 12ª JORNADA, 30-3-1941 (DOM, 15:00)
Campo das Salésias, Lisboa
Árbitro: João Cunha Pinto (Setúbal)
Golos: 1-0 (Rafael 32'); 2-0 (Gilberto 65')

CF "Os Belenenses": Salvador, Arsénio, Feliciano, Amaro, Gomes, Varela Marques, Franklin, Oscar Tellechea, Gilberto, Quaresma e Rafael
Treinador: Artur José Pereira

ACADÉMICA: Vasco, Portugal «cap», César Machado, Lomba, Faustino, Octaviano, Micael, Alberto Gomes, Lemos, Nini e Peseta
Treinador: Lipo Herczka

ACADÉMICA – 4 FC Barreirense – 2

1ª DIVISÃO, 13ª JORNADA, 2-4-1941 (QUA, 16:30)
Campo de Santa Cruz, Coimbra **Árbitro:** Joaquim Araújo Correia (Porto) **Golos:** 1-0 (Peseta 2'); 1-1 (Maximino 10'); 2-1 (Nini 25'); 2-2 (Rebelo 52'); 3-2 (Peseta 65'); 4-2 (Alberto Gomes 69')

ACADÉMICA: Acácio, Portugal «cap», César Machado, Lomba, Faustino, Octaviano, Lemos (E 42'), Alberto Gomes, Larzen, Nini e Peseta
Treinador: Lipo Herczka

FC Barreirense: Francisco Câmara «cap», Malacuto (E 42'), Pascoal, Limas, Moreira, Jordão, Raimundo, Rebelo, Zeca, Maximino e Cardoso Pereira
Treinador: Francisco Câmara

SL Benfica – 3 ACADÉMICA – 0

1ª DIVISÃO, 14ª JORNADA, 6-4-1941 (DOM, 16:00)
Campo do Lumiar-A, Lisboa
Árbitro: Eduardo Augusto (Setúbal)
Golos: 1-0 (Álvaro Pereira 38'); 2-0 (Teixeira 64'); 3-0 (Lourenço 66')

SL Benfica: Martins, Gaspar Pinto, Elói, Alcobia, Pessoa Duarte, Francisco Ferreira, Lourenço, Pires, Álvaro Pereira, Teixeira e Valadas «cap»
Treinador: Janos Biri

ACADÉMICA: Vasco, Portugal, José Maria Antunes «cap», Lomba, Faustino, Octaviano, Micael, Alberto Gomes, Larzen, Nini e Joaquim João
Treinador: Lipo Herczka

Leça FC – 2 ACADÉMICA – 2

TAÇA DE PORTUGAL, OITAVOS DE FINAL, 4-5-1941 (DOM, 16:00)
Campo de Leça, Leça da Palmeira **Árbitro:** José Lira (Viana do Castelo) **Golos:** 0-1 (Alberto Gomes 13'); 1-1 (Lúcio 28'); 2-1 (Nini 40'); 2-2 (Armando 42')

Leça FC: Jaguaré, Godinho, Waldemar «cap», Almeida, Quecas, Soares, Chelas, Nini, Lúcio, Sousa e Tanisca
Treinador: Henrique Rocha «Chelas»

ACADÉMICA: Vasco, Portugal «cap», José Maria Antunes, Lomba, Mário Reis, Octaviano, Micael, Alberto Gomes, Armando, Nini e Redondo
Treinador: Lipo Herczka

ACADÉMICA – 9 Leça FC – 2

TAÇA DE PORTUGAL, OITAVOS DE FINAL, 11-5-1941 (DOM, 15:00)
Campo de Santa Cruz, Coimbra **Árbitro:** Vital Jorge de Sousa (Lisboa) **Golos:** 1-0 (Micael 6'); 2-0 (Armando 25'); 3-0 (Armando 30'); 4-0 (Alberto Gomes 34'); 4-1 (Quecas 41'); 4-2 (Lúcio 54'); 5-2 (Nini 61'); 6-2 (Alberto Gomes 78'); 7-2 (Armando 79'); 8-2 (Alberto Gomes 80'); 9-2 (Armando 81')

ACADÉMICA: Vasco, Portugal, José Maria Antunes «cap», Lomba, Mário Reis, Octaviano, Micael, Alberto Gomes, Armando, Nini e Redondo **Treinador:** Lipo Herczka

Leça FC: Jaguaré, Godinho, Waldemar «cap», Almeida, Elísio, Soares, Chelas, Aníbal, Lúcio, Quecas e Tanisca
Treinador: Henrique Rocha «Chelas»

CF "Os Belenenses" – 5 ACADÉMICA – 1

TAÇA DE PORTUGAL, QUARTOS DE FINAL, 18-5-1941 (DOM, 16:00)
Campo das Salésias, Lisboa **Árbitro:** Eduardo Augusto (Setúbal)
Golos: 1-0 (Varela Marques 1', gp); 2-0 (Rafael 17'); 3-0 (Gilberto 19'); 4-0 (Gilberto 20'); 4-1 (Nini 30'); 5-1 (Franklin 50')

CF "Os Belenenses": Salvador, Simões, Feliciano, Amaro, Serafim das Neves, Varela Marques, Franklin, Oscar Tellechea, Gilberto, Quaresma e Rafael
Treinador: Artur José Pereira

ACADÉMICA: Vasco, Portugal «cap», César Machado, Lomba, Mário Reis, Octaviano, Micael, Alberto Gomes, Lemos, Nini e Redondo
Treinador: Lipo Herczka

ACADÉMICA – 0 CF "Os Belenenses" – 2

TAÇA DE PORTUGAL, QUARTOS DE FINAL, 25-5-1941 (DOM, 16:00)
Campo de Santa Cruz, Coimbra
Árbitro: Vieira da Costa (Porto)
Golos: 0-1 (Rafael 17'); 0-2 (Rafael 62')

ACADÉMICA: Vasco, Portugal «cap», César Machado, Lomba, Veloso, Octaviano, Micael, Alberto Gomes, Lemos, Nini e Peseta
Treinador: Lipo Herczka

CF "Os Belenenses": Salvador, Simões, Feliciano, Amaro, Gomes, Varela Marques, Franklin, Oscar Tellechea, Gilberto, Quaresma e Rafael
Treinador: Artur José Pereira

ÉPOCA 1941-1942

1ª DIVISÃO: 5º LUGAR
TAÇA DE PORTUGAL: OITAVOS DE FINAL

JOGOS EFECTUADOS

	J	V	E	D	GM	GS
CASA	12	10	1	1	59	20
FORA	12	3	0	9	23	38
TOTAL	24	13	1	10	82	58

FC Barreirense – 6 ACADÉMICA – 2

1ª DIVISÃO, 1ª JORNADA, 18-1-1942 (DOM, 15:00)
Campo do Rossio, Barreiro **Árbitro:** Carlos Canuto (Lisboa)
Golos: 1-0 (Cardoso Pereira 4'); 2-0 (Cardoso Pereira 24'); 3-0 (Gralho 30'); 4-0 (Gralho 48'); 5-0 (Rebelo 49'); 5-1 (Micael 53'); 6-1 (Raimundo 77'); 6-2 (Lemos 82')

FC Barreirense: Batista, Pascoal «cap», José Maria, Limas, Moreira, Jordão, Raimundo, Rebelo, Cardoso Pereira, Maximino e Gralho
Treinador: Francisco Câmara

ACADÉMICA: Acácio, Chico Lopes, César Machado, Joaquim João, Mário Reis, Octaviano, Micael, Alberto Gomes «cap», Armando, Nana e Lemos
Treinador: Alberto Gomes

ACADÉMICA – 6 Leça FC – 2

1ª DIVISÃO, 2ª JORNADA, 25-1-1942 (DOM, 15:00)
Campo de Santa Cruz, Coimbra **Árbitro:** Santos Barros (Aveiro)
Golos: 0-1 (Chelas 21'); 1-1 (Armando 27'); 2-1 (Nini 44'); 3-1 (Armando 50'); 4-1 (Alberto Gomes 50'); 4-2 (Joaquim 59'); 5-2 (Nini 75'); 6-2 (Lomba 80')

ACADÉMICA: Acácio, Chico Lopes, César Machado, Lomba, Mário Reis, Octaviano, Micael, Alberto Gomes «cap», Armando, Nini e Peseta **Treinador:** Alberto Gomes

Leça FC: Jaguaré, Godinho, Waldemar «cap», Juca, Elísio, Soares, Chelas, Nini, Lúcio, Quecas e Joaquim

Carcavelinhos FC – 1 ACADÉMICA – 3

1ª DIVISÃO, 3ª JORNADA, 1-2-1942 (DOM, 15:00)
Campo da Tapadinha, Lisboa **Árbitro:** Henrique Rosa (Setúbal)
Golos: 0-1 (Armando 53'); 1-1 (Vitoriano 67'); 1-2 (Armando 72'); 1-3 (Armando 77')

Carcavelinhos FC: Armando Jorge, Batista, Viriato, França, Vitoriano, Morais, Quirino, Quintas, Jesus, Marques e José Lopes
Treinador: Augusto Sabbo

ACADÉMICA: Acácio, Chico Lopes, César Machado, Lomba, Mário Reis, Octaviano, Micael, Alberto Gomes «cap», Armando, Nini e Peseta
Treinador: Alberto Gomes

ACADÉMICA – 3 SL Benfica – 1

1ª DIVISÃO, 4ª JORNADA, 8-2-1942 (DOM, 15:00)
Campo de Santa Cruz, Coimbra **Árbitro:** Joaquim Araújo Correia (Porto) **Golos:** 1-0 (Armando 32'); 2-0 (Nini 34'); 3-0 (Armando 44'); 3-1 (Valadas 45')

ACADÉMICA: Vasco, Chico Lopes, César Machado, Lomba, Mário Reis, Octaviano, Micael, Alberto Gomes «cap», Armando, Nini e Peseta
Treinador: Alberto Gomes

SL Benfica: Martins, Gaspar Pinto, Elói, Alcobia, Albino «cap», Francisco Ferreira, Manuel da Costa, Manuel Teixeira, Conceição, Nelo e Valadas
Treinador: Janos Biri

Unidos Lisboa – 2 ACADÉMICA – 3

1ª DIVISÃO, 5ª JORNADA, 15-2-1942 (DOM, 15:00)
Campo do Lumiar-A, Lisboa **Árbitro:** Eduardo Augusto (Setúbal)
Golos: 1-0 (Brito 30'); 1-1 (Armando 35'); 1-2 (Peseta 46'); 1-3 (Armando 75'); 2-3 (Osvaldo 85')

Unidos Lisboa: Eduardo Santos, Manuel Pereira, Leonel, Batista, Carlos Pereira, Lagos, Osvaldo, Armando Carneiro, Arnaldo Carneiro, Tanganho e Brito
Treinador: Júlio Cardoso

ACADÉMICA: Vasco, Chico Lopes, César Machado, Lomba, Mário Reis, Octaviano, Micael, Alberto Gomes «cap», Armando, Nini e Peseta
Treinador: Alberto Gomes

ACADÉMICA – 6 Académico do Porto – 3

1ª DIVISÃO, 6ª JORNADA, 22-2-1942 (DOM, 15:00)
Campo de Santa Cruz, Coimbra **Árbitro:** Carlos Canuto (Lisboa)
Golos: 0-1 (Larzen 17'); 1-1 (Armando 20'); 2-1 (Armando 42'); 2-2 (Julinho 51'); 3-2 (Peseta 52'); 4-2 (Nini 70'); 5-2 (Micael 78'); 5-3 (Julinho 85'); 6-3 (Micael 89')

ACADÉMICA: Vasco, Chico Lopes, César Machado, Lomba, Mário Reis, Octaviano, Micael, Peseta, Armando, Nini «cap» e Nana
Treinador: Alberto Gomes

Académico do Porto: Levy, António Jorge, Rafael, Manaú, Guimarães, Eliseu, Larzen, Gamboa, Julinho, Marques e Castro
Treinador: Albertino Andrade

ACADÉMICA – 7 SC Olhanense – 1

1ª DIVISÃO, 7ª JORNADA, 1-3-1942 (DOM, 15:00)
Campo de Santa Cruz, Coimbra **Árbitro:** Domingos Miranda (Porto) **Golos:** 1-0 (Peseta 5'); 1-1 (Gomes 15'); 2-1 (Armando 46'); 3-1 (Peseta 53'); 4-1 (Lemos 55'); 5-1 (Micael 59'); 6-1 (Armando 66'); 7-1 (Lemos 75')

ACADÉMICA: Vasco, Joaquim João, César Machado, Lomba, Mário Reis, Octaviano, Micael, Peseta, Armando, Nini «cap» e Lemos
Treinador: Alberto Gomes

SC Olhanense: Abraão, Bárbara, César, Acácio, Grazina, Calé, Nunes, Santos, Moreira, Damião e Gomes
Treinador: José Mendes

FC Porto – 3 ACADÉMICA – 2

1ª DIVISÃO, 8ª JORNADA, 8-3-1942 (DOM, 15:00)
Campo da Constituição, Porto **Árbitro:** José Lira (Viana do Castelo)
Golos: 0-1 (Armando 8'); 0-2 (Armando 14'); 1-2 (Pinga 17'); 2-2 (Pinga 23'); 3-2 (António Santos 89')

FC Porto: Bela Andrasik, Sárrea, Guilhar, Alvarenga, António Nunes, Batista, Pratas, António Santos, Correia Dias, Pinga e Carlos Nunes
Treinador: Miguel Syska

ACADÉMICA: Acácio, Chico Lopes, César Machado, Lomba, Mário Reis, Octaviano, Micael, Alberto Gomes «cap», Armando, Nini e Peseta
Treinador: Alberto Gomes

ACADÉMICA – 5 CF "Os Belenenses" – 2

1ª DIVISÃO, 9ª JORNADA, 15-3-1942 (DOM, 15:00)
Campo de Santa Cruz, Coimbra **Árbitro:** José Correia da Costa (Porto) **Golos:** 1-0 (Micael 1'); 1-1 (José Pedro 2'); 1-2 (Varela Marques 32'); 2-2 (Lemos 42'); 3-2 (Micael 62'); 4-2 (Lemos 75'); 5-2 (Nini 89')

ACADÉMICA: Acácio, Chico Lopes, César Machado, Lomba, Mário Reis, Octaviano, Micael, Alberto Gomes «cap», Armando, Nini e Lemos
Treinador: Alberto Gomes

CF "Os Belenenses": Salvador, Simões, Feliciano, Amaro «cap», Varela Marques, Gomes, Franklin, Quaresma, Gilberto, José Pedro e Elói
Treinador: Rodolfo Faroleiro

Sporting CP – 3 ACADÉMICA – 1

1ª DIVISÃO, 10ª JORNADA, 22-3-1942 (DOM, 15:00)
Estádio do Lumiar, Lisboa **Árbitro:** António Palhinhas (Setúbal)
Golos: 0-1 (Octaviano 6'); 1-1 (Mourão 27'); 2-1 (Peyroteo 68'); 3-1 (Peyroteo 88')

Sporting CP: Azevedo, Rui de Araújo «cap», Cardoso, Paciência, Gregório, Manuel Marques, Mourão, Pireza, Peyroteo, Canário e João Cruz
Treinador: Josef Szabo

ACADÉMICA: Acácio, Chico Lopes, César Machado, Lomba, Mário Reis, Octaviano, Micael, Alberto Gomes «cap», Armando, Nini e Lemos
Treinador: Alberto Gomes

ACADÉMICA – 4 VSC Guimarães – 3

1ª DIVISÃO, 11ª JORNADA, 29-3-1942 (DOM, 15:00)
Campo de Santa Cruz, Coimbra
Árbitro: João dos Santos Júnior (Lisboa) **Golos:** 0-1 (Ferraz 15'); 0-2 (Arlindo 22'); 0-3 (Alexandre 23'); 1-3 (Micael 31'); 2-3 (Armando 35'); 3-3 (Micael 39'); 4-3 (Nini 65')

ACADÉMICA: Acácio, Chico Lopes, José Maria Antunes «cap», Veloso, Mário Reis, Octaviano, Micael, Alberto Gomes, Armando, Nini e Peseta
Treinador: Alberto Gomes

VSC Guimarães: Machado, Lino, João, Castelo, Zeferino, José Maria, Laureta, Ferraz, Alexandre, Miguel e Arlindo
Treinador: Alberto Augusto

ACADÉMICA – 10 FC Barreirense – 1

1ª DIVISÃO, 12ª JORNADA, 5-4-1942 (DOM, 15:00)
Campo de Santa Cruz, Coimbra **Árbitro:** Manuel Ramos (Aveiro)
Golos: 0-1 (Rebelo 14'); 1-1 (Lemos 27'); 2-1 (Armando 28'); 3-1 (Armando 29'); 4-1 (Armando 44'); 5-1 (Armando 51'); 6-1 (Armando 60'); 7-1 (Armando 65'); 8-1 (Lemos 68'); 9-1 (Lemos 76'); 10-1 (Alberto Gomes 83')

ACADÉMICA: Acácio, Chico Lopes, César Machado, Lomba, Mário Reis, Octaviano, Micael, Alberto Gomes «cap», Armando, Nini e Lemos **Treinador:** Alberto Gomes

FC Barreirense: Batista, Pascoal «cap», Magno, Limas, Moreira, Maximino, Raimundo, Rebelo, Júlio Sousa, Gralho e Cardoso Pereira
Treinador: Francisco Câmara

1941-1942

Leça FC – 1 ACADÉMICA – 2

1ª DIVISÃO, 13ª JORNADA, 12-4-1942 (DOM, 15:00)
Campo de Leça, Leça da Palmeira
Árbitro: Jorge de Vasconcelos (Viana do Castelo)
Golos: 1-0 (Chelas 2'); 1-1 (Micael 82'); 1-2 (Micael 85')

Leça FC: Jaguaré, Godinho, Waldemar «cap», Juca, Grilo, Soares, Chelas, Nini, Lúcio, Quecas e Joaquim

ACADÉMICA: Acácio, Chico Lopes, César Machado, Lomba, Mário Reis, Octaviano, Micael, Alberto Gomes «cap», Armando, Nini e Lemos
Treinador: Alberto Gomes

ACADÉMICA – 9 Carcavelinhos FC – 1

1ª DIVISÃO, 14ª JORNADA, 19-4-1942 (DOM, 15:00)
Campo de Santa Cruz, Coimbra **Árbitro:** Amável de Carvalho (Porto) **Golos:** 1-0 (Armando 2'); 2-0 (Lemos 32'); 3-0 (Lemos 42'); 4-0 (Alberto Gomes 54'); 4-1 (Mário Coelho 57'); 5-1 (Lemos 61'); 6-1 (Micael 71'); 7-1 (Armando 75'); 8-1 (Armando 77'); 9-1 (Lemos 85')

ACADÉMICA: Vasco, Chico Lopes, César Machado, Lomba, Mário Reis, Octaviano, Micael, Alberto Gomes «cap», Armando, Nini e Lemos
Treinador: Alberto Gomes

Carcavelinhos FC: Armando Jorge, Batista, Vergilésio, José Lopes, Raul Batista, Chico Lopes, Mário Coelho, Jesus, Vieira, Bernardo e Fonseca
Treinador: Augusto Sabbo

SL Benfica – 4 ACADÉMICA – 1

1ª DIVISÃO, 15ª JORNADA, 26-4-1942 (DOM, 16:00)
Campo Grande, Lisboa **Árbitro:** Paulo de Oliveira (Santarém)
Golos: 1-0 (Teixeira 29'); 1-1 (Armando 49'); 2-1 (Rodrigues 60', gp); 3-1 (Valadas 70'); 4-1 (Valadas 89')

SL Benfica: Martins, Gaspar Pinto, Galvão, César Ferreira, Albino «cap», Francisco Ferreira, Manuel da Costa, Nelo, Rodrigues, Teixeira e Valadas
Treinador: Janos Biri

ACADÉMICA: Acácio, Chico Lopes, César Machado, Lomba, Mário Reis, Octaviano, Micael, Alberto Gomes «cap», Armando, Nini e Lemos
Treinador: Alberto Gomes

ACADÉMICA – 4 Unidos Lisboa – 1

1ª DIVISÃO, 16ª JORNADA, 3-5-1942 (DOM, 16:00)
Campo de Santa Cruz, Coimbra **Árbitro:** Domingos Miranda (Porto) **Golos:** 1-0 (Joaquim João 23'); 2-0 (Lemos 48'); 2-1 (Tanganho 55'); 3-1 (Micael 67'); 4-1 (Micael 79')

ACADÉMICA: Acácio, Chico Lopes, César Machado, Lomba, Mário Reis, Octaviano, Micael, Alberto Gomes «cap», Joaquim João, Nini e Lemos
Treinador: Alberto Gomes

Unidos Lisboa: Eduardo Santos, Marreiros, Leonel, Borges, Batista, Félix, Osvaldo, Serra, Armando Carneiro, Arnaldo Carneiro e Tanganho
Treinador: Júlio Cardoso

Académico do Porto – 3 ACADÉMICA – 2

1ª DIVISÃO, 17ª JORNADA, 10-5-1942 (DOM, 17:00)
Estádio do Lima, Porto **Árbitro:** João Vaz (Lisboa)
Golos: 0-1 (Nini 33'); 1-1 (Julinho 38'); 2-1 (Raul 40'); 2-2 (Armando 49'); 3-2 (Castro 60')

Académico do Porto: Santiago, António Jorge, Rafael, Manaú, Marques, Eliseu, Álvaro Pereira, Gamboa, Julinho, Castro e Raul
Treinador: Albertino Andrade

ACADÉMICA: Acácio, Chico Lopes, César Machado, Lomba, Mário Reis, Octaviano, Micael, Alberto Gomes «cap», Armando, Nini e Lemos
Treinador: Alberto Gomes

SC Olhanense – 3 ACADÉMICA – 2

1ª DIVISÃO, 18ª JORNADA, 17-5-1942 (DOM, 18:00)
Campo Padinha, Olhão **Árbitro:** José Santos Marques (Lisboa)
Golos: 0-1 (Lemos 6'); 0-2 (Armando 21'); 1-2 (Gomes 27'); 2-2 (Grazina 37'); 3-2 (Damião 65')

SC Olhanense: Abraão, Rodrigues, Barbosa, João dos Santos, Grazina, Calé, Moreira, Paulo, Damião, Batista e Gomes
Treinador: José Mendes

ACADÉMICA: Acácio, Chico Lopes, César Machado, Lomba, Mário Reis, Octaviano, Micael, Alberto Gomes «cap», Armando, Peseta e Lemos
Treinador: Alberto Gomes

ACADÉMICA – 1 FC Porto – 0

1ª DIVISÃO, 19ª JORNADA, 24-5-1942 (DOM, 17:00)
Campo de Santa Cruz, Coimbra
Árbitro: Ant. Neves Carvalho (Lisboa)
Golo: 1-0 (Micael 24')

ACADÉMICA: Acácio, Chico Lopes, César Machado, Lomba, Mário Reis, Octaviano, Micael, Alberto Gomes «cap», Armando, Peseta e Lemos
Treinador: Alberto Gomes

FC Porto: Bela Andrasik, Sárrea, Guilhar, António Nunes, Anjos, Batista, Pratas, António Santos, Correia Dias, Gomes da Costa e Carlos Nunes
Treinador: Miguel Syska

CF "Os Belenenses" – 4 ACADÉMICA – 0

1ª DIVISÃO, 20ª JORNADA, 31-5-1942 (DOM, 17:00)
Campo das Salésias, Lisboa
Árbitro: Evaristo Santos (Setúbal) **Golos:** 1-0 (Franklin 8'); 2-0 (Elói 25'); 3-0 (Elói 51'); 4-0 (José Pedro 59')

CF "Os Belenenses": Salvador, Simões, Feliciano, Amaro «cap», Gomes, Serafim, Quaresma, Elói, Gilberto, José Pedro e Franklin
Treinador: Rodolfo Faroleiro

ACADÉMICA: Acácio, Chico Lopes, César Machado, Lomba, Mário Reis, Octaviano, Micael, Alberto Gomes «cap», Armando, Nini e Lemos
Treinador: Alberto Gomes

ACADÉMICA – 1 Sporting CP – 2

1ª DIVISÃO, 21ª JORNADA, 7-6-1942 (DOM, 18:00)
Campo de Santa Cruz, Coimbra
Árbitro: Vale Ramos (Porto)
Golos: 0-1 (Pireza 30'); 0-2 (Soeiro 35'); 1-2 (Nini 57')

ACADÉMICA: Acácio, Chico Lopes, César Machado, Lomba, Mário Reis, Octaviano, Micael, Alberto Gomes «cap», Lemos, Nini e Peseta
Treinador: Alberto Gomes

Sporting CP: Dores, Rui de Araújo «cap», Cardoso, Paciência, Daniel, Manuel Marques, França, Armando Ferreira, Soeiro, Pireza e João Cruz
Treinador: Josef Szabo

VSC Guimarães – 4 ACADÉMICA – 3

1ª DIVISÃO, 22ª JORNADA, 14-6-1942 (DOM, 18:00)
Campo Benlhevai, Guimarães **Árbitro:** Santos Barros (Aveiro)
Golos: 0-1 (Peseta 4'); 1-1 (Ferraz 14'); 1-2 (Nini 47'); 2-2 (Miguel 53'); 2-3 (Alberto Gomes 58'); 3-3 (Zeferino 75'); 4-3 (Ferraz 76')

VSC Guimarães: Machado, Lino, João, Castelo, Zeferino, José Maria, Laureta, Alexandre, Miguel, Ferraz e Arlindo
Treinador: Alberto Augusto

ACADÉMICA: Acácio, Chico Lopes, César Machado, Lomba, Mário Reis, Octaviano, Micael, Alberto Gomes «cap», Armando, Nini e Peseta
Treinador: Alberto Gomes

ACADÉMICA – 3 Unidos Lisboa – 3

TAÇA DE PORTUGAL, OITAVOS DE FINAL, 21-6-1942 (DOM, 18:00)
Campo de Santa Cruz, Coimbra **Árbitro:** Joaquim Araújo Correia (Porto) **Golos:** 0-1 (Arnaldo Carneiro 13'); 0-2 (Tanganho 35'); 1-2 (Peseta 40'); 2-2 (Alberto Gomes 64'); 3-2 (Nini 65'); 3-3 (Tanganho 81')

ACADÉMICA: Acácio, Chico Lopes, César Machado, Lomba, Mário Reis, Octaviano, Joaquim João, Alberto Gomes «cap», Armando, Nini e Peseta
Treinador: Alberto Gomes

Unidos Lisboa: João Augusto, Curtinhal, Leonel, Romero, Carlos Pereira, Félix, Alexandre, Tanganho, Arnaldo Carneiro, Daniel e Alector

Unidos Lisboa – 4 ACADÉMICA – 2

TAÇA DE PORTUGAL, OITAVOS DE FINAL, 24-6-1942 (QUA, 17:30)
Campo do Lumiar-A, Lisboa **Árbitro:** Henrique Rosa (Setúbal)
Golos: 0-1 (Armando 7'); 1-1 (Arnaldo Carneiro 18'); 2-1 (Arnaldo Carneiro 44'); 3-1 (Tanganho 50'); 4-1 (Alexandre 81'); 4-2 (Armando 88')

Unidos Lisboa: João Augusto, Curtinhal, Leonel, Romero, Carlos Pereira, Félix, Alexandre, Tanganho, Arnaldo Carneiro, Daniel e Monchique

ACADÉMICA: Acácio, Chico Lopes, César Machado, Mário Reis, Oliveira, Octaviano, Micael, Alberto Gomes «cap», Armando, Nini e Peseta
Treinador: Alberto Gomes

ÉPOCA 1942-1943

1ª DIVISÃO: 6º LUGAR
TAÇA DE PORTUGAL: OITAVOS DE FINAL

JOGOS EFECTUADOS

	J	V	E	D	GM	GS
CASA	9	4	0	5	35	30
FORA	10	2	2	6	19	35
TOTAL	19	6	2	11	54	65

ACADÉMICA – 7 Unidos Barreiro – 2

1ª DIVISÃO, 1ª JORNADA, 10-1-1943 (DOM, 15:00)
Campo de Santa Cruz, Coimbra **Árbitro:** Amável de Carvalho (Porto) **Golos:** 1-0 (Lemos 8'); 2-0 (Armando 9'); 2-1 (João da Palma 10', gp); 3-1 (Nini 15'); 4-1 (Nini 42', gp); 5-1 (Armando 49'); 6-1 (Armando 57'); 6-2 (Henriques 74'); 7-2 (Lemos 88')

ACADÉMICA: Vasco, José Maria Antunes «cap», Chico Lopes, Lomba, Oliveira, Octaviano, Micael, Alberto Gomes, Armando, Nini e Lemos
Treinador: Severiano Correia

Unidos Barreiro: Simões, Pedro Lino, Ângelo, Seixo, Pina, Fragata, Fernandes, João da Palma, Henriques, Graciano e José Luís
Treinador: Raul Jorge

ACADÉMICA – 8 Leixões SC – 2

1ª DIVISÃO, 2ª JORNADA, 17-1-1943 (DOM, 15:00)
Campo de Santa Cruz, Coimbra **Árbitro:** Carlos Fontaínhas (Lisboa) **Golos:** 1-0 (Nini 7'); 2-0 (Lemos 9'); 3-0 (Armando 27'); 4-0 (Armando 35'); 4-1 (Zeca 47'); 5-1 (Armando 55'); 6-1 (Lemos 59'); 6-2 (Roberto 79'); 7-2 (Lemos 88'); 8-2 (Lemos 89')

ACADÉMICA: Vasco, José Maria Antunes «cap», Chico Lopes, Lomba, Oliveira, Octaviano, Micael, Alberto Gomes, Armando, Nini e Lemos
Treinador: Severiano Correia

Leixões SC: Couto, Mário, Henrique, Almeida, Adão, Augusto, Macarrão, Roberto, Simas, Rodrigues e Zeca
Treinador: Dezso Genczi

ACADÉMICA – 2 CF "Os Belenenses" – 4

1ª DIVISÃO, 3ª JORNADA, 24-1-1943 (DOM, 15:00)
Campo de Santa Cruz, Coimbra
Árbitro: Paulo de Oliveira (Santarém)
Golos: 1-0 (Armando 18'); 1-1 (Franklin 33'); 1-2 (Gomes 39'); 1-3 (Rafael 45'); 2-3 (Micael 69'); 2-4 (Rafael 80')

ACADÉMICA: Vasco, José Maria Antunes «cap», Chico Lopes, Lomba, Peseta, Octaviano, Micael, Alberto Gomes, Armando, Nini e Lemos
Treinador: Severiano Correia

CF "Os Belenenses": Salvador, Simões, Feliciano, Amaro, Gomes, Serafim, Rafael, Elói, Gilberto, José Pedro e Franklin
Treinador: António Lopes

Sporting CP – 2 ACADÉMICA – 4

1ª DIVISÃO, 4ª JORNADA, 31-1-1943 (DOM, 14:30)
Estádio do Lumiar, Lisboa
Árbitro: Henrique Rosa (Setúbal)
Golos: 0-1 (Alberto Gomes 6'); 0-2 (Micael 37'); 0-3 (Lemos 49'); 1-3 (Soeiro 55'); 2-3 (Peyroteo 61'); 2-4 (Micael 78')

Sporting CP: Azevedo, Barrosa, Manuel Marques, Nogueira, Paciência, Canário, Mourão «cap», França, Peyroteo, Soeiro e João Cruz **Treinador:** Josef Szabo

ACADÉMICA: Vasco, José Maria Antunes «cap», Chico Lopes, Lomba, Oliveira, Octaviano, Micael, Alberto Gomes, Armando, Nini e Lemos
Treinador: Severiano Correia

Unidos Lisboa – 7 ACADÉMICA – 4

1ª DIVISÃO, 5ª JORNADA, 7-2-1943 (DOM, 15:00)
Campo do Lumiar-A, Lisboa **Árbitro:** Evaristo Santos (Setúbal)
Golos: 0-1 (Lemos 10'); 1-1 (Rebelo 11'); 2-1 (Batista 21'); 2-2 (Micael 35'); 2-3 (Lemos 46'); 2-4 (Lemos 50'); 3-4 (Batista 60'); 4-4 (Tanganho 64'); 5-4 (Tanganho 69'); 6-4 (Batista 71', gp); 7-4 (Tanganho 73')

Unidos Lisboa: Eduardo Santos, Vergilésio, Leonel, Batista, Carlos Pereira, Félix, Osvaldo, Rebelo, Tanganho, Brito e Gralho

ACADÉMICA: Vasco, Chico Lopes, José Maria Antunes «cap», Lomba, Oliveira, Veloso, Micael, Alberto Gomes, Armando, Nini e Lemos
Treinador: Severiano Correia

ACADÉMICA – 4 VSC Guimarães – 0

1ª DIVISÃO, 6ª JORNADA, 14-2-1943 (DOM, 15:00)
Campo de Santa Cruz, Coimbra **Árbitro:** Vale Ramos (Porto)
Golos: 1-0 (Micael 17'); 2-0 (Armando 49'); 3-0 (Armando 79'); 4-0 (Rui Silva 80')

ACADÉMICA: Vasco, Chico Lopes, José Maria Antunes «cap», Lomba, Oliveira, Veloso, Micael, Alberto Gomes, Armando, Nini e Rui Silva **Treinador:** Severiano Correia

VSC Guimarães: Machado, Lino, João, Castelo, Zeferino (L 45'), José Maria, Laureta, Brioso, Alexandre, Miguel e Arlindo
Treinador: Alberto Augusto

SC Olhanense – 5 ACADÉMICA – 2

1ª DIVISÃO, 7ª JORNADA, 21-2-1943 (DOM, 15:00)
Campo Padinha, Olhão **Árbitro:** Carlos Canuto (Lisboa) **Golos:** 1-0 (João dos Santos 18', gp); 2-0 (Cabrita 35'); 3-0 (Batista 49'); 3-1 (Armando 61'); 4-1 (Salvador 63'); 4-2 (Alberto Gomes 65'); 5-2 (Gomes 85')

SC Olhanense: Abraão «cap», Rodrigues, Zita, João dos Santos, Loulé, Acácio, Nunes, Salvador, Cabrita, Batista e Gomes
Treinador: Desidério Herczka

ACADÉMICA: Vasco, Chico Lopes, Mário Reis, Lomba, Oliveira, Veloso, Micael, Alberto Gomes «cap», Armando, Nini e Rui Silva
Treinador: Severiano Correia

FC Porto – 1 ACADÉMICA – 1

1ª DIVISÃO, 8ª JORNADA, 28-2-1943 (DOM, 15:00)
Campo da Constituição, Porto
Árbitro: José Lira (Braga)
Golos: 0-1 (Armando 3'); 1-1 (Faria 83')

FC Porto: João Soares dos Reis, Sacadura, Guilhar, Anjos «cap», Batista, Sárrea, Faria, Gomes da Costa, Correia Dias, Pinga e Araújo
Treinador: Miguel Syska

ACADÉMICA: Vasco, Chico Lopes, José Maria Antunes «cap», Lomba, Oliveira, Veloso, Micael, Alberto Gomes, Armando, Nini e Joaquim João
Treinador: Severiano Correia

SL Benfica – 6 ACADÉMICA – 2

1ª DIVISÃO, 9ª JORNADA, 7-3-1943 (DOM, 15:00)
Campo Grande, Lisboa **Árbitro:** Paulo de Oliveira (Santarém)
Golos: 1-0 (Teixeira 10'); 1-1 (Nini 18'); 2-1 (Teixeira 25'); 3-1 (Teixeira 35'); 3-2 (Alberto Gomes 49'); 4-2 (Teixeira 57'); 5-2 (Gaspar Pinto 73', gp); 6-2 (Julinho 80') **Obs:** Micael (Académica) ocupou o lugar de guarda-redes, por impedimento temporário de Vasco (lesionado), entre os 6 e os 15 minutos de jogo

SL Benfica: Martins, Gaspar Pinto, César Ferreira, Alcobia, Albino «cap.», Francisco Ferreira, Rogério, Nelo, Julinho, Teixeira e Valadas **Treinador:** Janos Biri

ACADÉMICA: Vasco, Chico Lopes, José Maria Antunes «cap» (E 82'), Lomba, Veloso, Mário Reis, Micael, Alberto Gomes, Armando, Nini e Joaquim João
Treinador: Severiano Correia

Unidos Barreiro – 4 ACADÉMICA – 2

1ª DIVISÃO, 10ª JORNADA, 14-3-1943 (DOM, 15:00)
Campo de Santa Bárbara, Barreiro **Árbitro:** Carlos Fontaínhas (Lisboa) **Golos:** 1-0 (Fernandes 2'); 1-1 (Joaquim João 8'); 2-1 (João da Palma 21'); 3-1 (João da Palma 24'); 3-2 (Nana 73'); 4-2 (Fernandes 81')

Unidos Barreiro: Simões, Pedro Lino, Mestre, Avelino, Pina, Fragata, Fernandes, Graciano, Galinheiro, João da Palma e José Luís (E 75')
Treinador: Raul Jorge

ACADÉMICA: Vasco, Chico Lopes (E 75'), Mário Reis, Lomba, Oliveira, Veloso, Micael, Alberto Gomes «cap», Armando, Nana e Joaquim João
Treinador: Severiano Correia

Leixões SC – 2 ACADÉMICA – 2

1ª DIVISÃO, 11ª JORNADA, 21-3-1943 (DOM, 15:00)
Campo de Santana, Matosinhos
Árbitro: Jorge de Vasconcelos (Braga) **Golos:** 0-1 (Micael 30'); 0-2 (Alberto Gomes 34'); 1-2 (Nelito 72', gp); 2-2 (Nelito 88', gp)

Leixões SC: Couto, Mário, Henrique, Almeida, Adão, Crista, Nelito, Vítor, Mitra, Roberto e Lopes
Treinador: Dezso Genczi

ACADÉMICA: Vasco, Albino, Mário Reis, Lomba, Veloso, Octaviano, Micael, Alberto Gomes «cap», Armando, Nana e Joaquim João
Treinador: Severiano Correia

CF "Os Belenenses" – 2 ACADÉMICA – 0

1ª DIVISÃO, 12ª JORNADA, 28-3-1943 (DOM, 15:30)
Campo das Salésias, Lisboa
Árbitro: Eduardo Augusto (Setúbal)
Golos: 1-0 (Conceição 25'); 2-0 (Rafael 69')

CF "Os Belenenses": Salvador, Simões, Feliciano, Amaro, Gomes, Serafim, Rafael, Quaresma, Conceição, José Pedro e Franklin
Treinador: António Lopes

ACADÉMICA: Vasco, Albino, Mário Reis, Lomba, Veloso, Octaviano, Micael, Alberto Gomes «cap», Armando, Nana e Joaquim João
Treinador: Severiano Correia

ACADÉMICA – 2 Sporting CP – 7

1ª DIVISÃO, 13ª JORNADA, 4-4-1943 (DOM, 14:30)
Campo de Santa Cruz, Coimbra **Árbitro:** Vale Ramos (Porto)
Golos: 0-1 (Mourão 25'); 0-2 (Chico Lopes 30', pb); 0-3 (Peyroteo 31'); 0-4 (Peyroteo 41'); 1-4 (Alberto Gomes 63'); 1-5 (Daniel 75'); 2-5 (Lemos 80'); 2-6 (João Cruz 88'); 2-7 (Peyroteo 89')
Obs: Jogo iniciado com 45 minutos de atraso

ACADÉMICA: Vasco, Chico Lopes, Mário Reis, Lomba, Veloso, Octaviano, Micael, Alberto Gomes «cap», Armando, Nana e Lemos
Treinador: Severiano Correia

Sporting CP: Azevedo, Barrosa, Manuel Marques, Nogueira, Lourenço, Canário, Mourão «cap», Armando Ferreira, Peyroteo, Daniel e João Cruz
Treinador: Josef Szabo

ACADÉMICA – 2 Unidos Lisboa – 3

1ª DIVISÃO, 14ª JORNADA, 11-4-1943 (DOM, 16:00)
Campo de Santa Cruz, Coimbra
Árbitro: José Correia da Costa (Porto)
Golos: 1-0 (Lemos 8'); 1-1 (Tanganho 22'); 1-2 (Gralho 43'); 2-2 (Joaquim João 52'); 2-3 (Brito 65')

ACADÉMICA: Vasco, Chico Lopes, Mário Reis, Lomba, Veloso, Octaviano, Micael, Peseta, Lemos, Alberto Gomes «cap» e Joaquim João **Treinador:** Severiano Correia

Unidos Lisboa: Eduardo Santos, Vergilésio, Leonel, Batista, Carlos Pereira, Félix, Armindo Costa, Armando Carneiro, Tanganho, Brito e Gralho

VSC Guimarães – 1 ACADÉMICA – 2

1ª DIVISÃO, 15ª JORNADA, 25-4-1943 (DOM, 16:30)
Campo Benlhevai, Guimarães
Árbitro: Amável de Carvalho (Porto)
Golos: 0-1 (Peseta 32'); 0-2 (Lemos 58'); 1-2 (Ferraz 62', gp)

VSC Guimarães: Machado, Lino, João, Castelo, Zeferino, José Maria, Laureta, Miguel, Brioso, Ferraz e Bravo
Treinador: Alberto Augusto

ACADÉMICA: Vasco, Chico Lopes, Mário Reis, Lomba, Oliveira, Octaviano, Micael, Alberto Gomes «cap», Lemos, Peseta e Joaquim João
Treinador: Severiano Correia

ACADÉMICA – 2 SC Olhanense – 6

1ª DIVISÃO, 16ª JORNADA, 2-5-1943 (DOM, 16:30)
Campo de Santa Cruz, Coimbra **Árbitro:** Amável de Carvalho (Porto) **Golos:** 1-0 (Alberto Gomes 35'); 1-1 (Cabrita 38'); 1-2 (Moreira 43'); 2-2 (Alberto Gomes 67'); 2-3 (Moreira 83'); 2-4 (Cabrita 85'); 2-5 (Batista 87'); 2-6 (Moreira 89')

ACADÉMICA: Vasco, Chico Lopes, Mário Reis, Lomba, Oliveira, Octaviano, Micael, Alberto Gomes «cap», Lemos, Peseta (L 58') e Joaquim João **Treinador:** Severiano Correia

SC Olhanense: Abraão «cap», Rodrigues, Zita, João dos Santos, Loulé, Acácio, Moreira, Salvador, Cabrita, Batista e Gomes
Treinador: Desidério Herczka

ACADÉMICA – 5 FC Porto – 2

1ª DIVISÃO, 17ª JORNADA, 9-5-1943 (DOM, 16:30)
Campo de Santa Cruz, Coimbra **Árbitro:** João Vaz (Lisboa) **Golos:** 1-0 (Alberto Gomes 1'); 2-0 (Alberto Gomes 9'); 2-1 (Pratas 17'); 2-2 (Póvoas 22'); 3-2 (Armando 42'); 4-2 (Micael 60'); 5-2 (Micael 77')

ACADÉMICA: Acácio, Chico Lopes, Mário Reis, Lomba, Oliveira, Octaviano, Micael, Alberto Gomes «cap», Armando, Nana e Lemos
Treinador: Severiano Correia

FC Porto: Valongo, Alfredo, Guilhar, Anjos «cap», António Nunes, Batista (E 43'), Pratas, Gomes da Costa, Araújo, Pinga e Póvoas
Treinador: Lipo Herczka

1942-1943

ÉPOCA 1943-1944

1ª DIVISÃO: 9º LUGAR
TAÇA DE PORTUGAL: MEIAS FINAIS

JOGOS EFECTUADOS

	J	V	E	D	GM	GS
CASA	12	4	1	7	34	39
FORA/N	13	3	0	10	23	43
TOTAL	25	7	1	17	57	82

ACADÉMICA – 3 SL Benfica – 4

1ª DIVISÃO, 18ª JORNADA, 16-5-1943 (DOM, 16:30)
Campo de Santa Cruz, Coimbra **Árbitro:** Joaquim Araújo Correia (Porto) **Golos:** 0-1 (Valadas 54'); 0-2 (Julinho 63'); 1-2 (Nini 67', gp); 1-3 (Manuel da Costa 80', gp); 2-3 (Armando 82'); 2-4 (Manuel da Costa 83'); 3-4 (Lemos 89')

ACADÉMICA: Acácio, Chico Lopes, Mário Reis, Lomba, Oliveira, Octaviano, Micael, Alberto Gomes «cap», Armando, Nini e Lemos
Treinador: Severiano Correia

SL Benfica: Martins, Gaspar Pinto, César Ferreira, Alcobia, Albino «cap», Francisco Ferreira, Manuel da Costa, Jordão, Julinho, Teixeira e Valadas
Treinador: Janos Biri

CF "Os Belenenses" – 5 ACADÉMICA – 0

TAÇA DE PORTUGAL, OITAVOS DE FINAL, 30-5-1943 (DOM, 18:00)
Campo das Salésias, Lisboa **Árbitro:** Eduardo Augusto (Setúbal)
Golos: 1-0 (Elói 14'); 2-0 (Conceição 30'); 3-0 (Conceição 31'); 4-0 (Rafael 60'); 5-0 (Elói 80')

CF "Os Belenenses": Salvador, Simões, Feliciano, Amaro, Gomes, Serafim, Rafael, Elói, Conceição, José Pedro e Franklin
Treinador: António Lopes

ACADÉMICA: Vasco, Chico Lopes, Mário Reis, Lomba, Oliveira, Octaviano, Micael, Alberto Gomes «cap», Armando, Nana e Lemos
Treinador: Severiano Correia

FC Porto – 3 ACADÉMICA – 2

1ª DIVISÃO, 1ª JORNADA, 28-11-1943 (DOM, 15:00)
Estádio do Lima, Porto **Árbitro:** José Lira (Braga) **Golos:** 0-1 (Lemos 7'); 1-1 (Octaviano 18', pb); 2-1 (Correia Dias 32'); 2-2 (Nana 44'); 3-2 (Gomes da Costa 65')

FC Porto: João Soares dos Reis, Alfredo, Camilo, Anjos «cap», Maiato, Alvarenga, Lourenço, Gomes da Costa, Correia Dias, Pinga e Araújo
Treinador: Lipo Herczka

ACADÉMICA: Vasco, Albino, Mário Reis, Oliveira, Aristides, Octaviano, Joaquim João, Alberto Gomes «cap», Lemos, Nana e António Maria
Treinador: Severiano Correia

ACADÉMICA – 3 Sporting CP – 4

1ª DIVISÃO, 2ª JORNADA, 5-12-1943 (DOM, 15:00)
Campo de Santa Cruz, Coimbra **Árbitro:** Joaquim Araújo Correia (Porto) **Golos:** 0-1 (Albano 7'); 1-1 (Lemos 8'); 1-2 (Armando Ferreira 25'); 1-3 (António Marques 36'); 2-3 (Lemos 46'); 2-4 (Peyroteo 78'); 3-4 (Lemos 83', gp)

ACADÉMICA: Vasco, Albino, Mário Reis, Oliveira, Aristides, Octaviano, Joaquim João, Alberto Gomes «cap», Lemos, Nana e António Maria
Treinador: Severiano Correia

Sporting CP: Azevedo, Cardoso «cap», Manuel Marques, Canário, Paciência, Nogueira, Armando Ferreira, António Marques, Peyroteo, Daniel e Albano **Treinador:** Josef Szabo

ACADÉMICA – 1 SC Olhanense – 5

1ª DIVISÃO, 3ª JORNADA, 12-12-1943 (DOM, 15:00)
Campo Padinha, Olhão **Árbitro:** João dos Santos Júnior (Lisboa)
Golos: 1-0 (António Maria 13'); 1-1 (Aristides 21', pb); 1-2 (Moreira 67'); 1-3 (Joaquim Paulo 68'); 1-4 (Moreira 83'); 1-5 (Cabrita 86')
Obs: Jogo disputado em Olhão, devido a interdição do campo de Santa Cruz

ACADÉMICA: Acácio, Albino, Mário Reis, Oliveira, Aristides, Octaviano, Micael, Nana, Lemos, Nini «cap» e António Maria
Treinador: Severiano Correia

SC Olhanense: Abraão, Rodrigues, Nunes, João dos Santos, Grazina, Acácio, Moreira, Joaquim Paulo, Cabrita, Salvador e Gomes
Treinador: José Andrade

SC Salgueiros – 3 ACADÉMICA – 1

1ª DIVISÃO, 4ª JORNADA, 19-12-1943 (DOM, 15:00)
Campo Augusto Lessa, Porto **Árbitro:** António Passos (Aveiro)
Golos: 0-1 (Nini 36'); 1-1 (Paulista 66'); 2-1 (José Oliveira 71'); 3-1 (José Oliveira 83')

SC Salgueiros: Peixoto, João Soares, Ferreira, Viana, Coura, Jaime «cap», Silva, Mascote, José Oliveira, Alfredo e Paulista
Treinador: Mário Silva

ACADÉMICA: Vasco, Chico Lopes, Albino, Aristides, Faustino, Octaviano, Micael, Alberto Gomes «cap», Lemos, Nini e António Maria
Treinador: Severiano Correia

ACADÉMICA – 1 Atlético CP – 2

1ª DIVISÃO, 5ª JORNADA, 26-12-1943 (DOM, 11:00)
Campo da Tapadinha, Lisboa **Árbitro:** Eduardo Augusto (Setúbal)
Golos: 0-1 (José Lopes 37', gp); 1-1 (Octaviano 38'); 1-2 (Ramos Dias 51') **Obs:** Jogo disputado em Lisboa, devido a interdição do campo de Santa Cruz

ACADÉMICA: Acácio, Chico Lopes, Mário Reis, Oliveira, Aristides, Octaviano, Micael, Alberto Gomes «cap», Luís Cunha, Nana e Lemos
Treinador: Severiano Correia

Atlético CP: Armando Jorge, Batista, Ventura, José Lopes, Gregório, Chico Lopes, Marques, Jesus, Catinana, Ramos Dias e Barros
Treinador: Viriato Santos

SL Benfica – 2 ACADÉMICA – 1

1ª DIVISÃO, 6ª JORNADA, 2-1-1944 (DOM, 15:00)
Campo Grande, Lisboa
Árbitro: J.J. Trindade (Setúbal)
Golos: 1-0 (Manuel da Costa 11'); 2-0 (Julinho 28'); 2-1 (Micael 65')

SL Benfica: Martins, César Ferreira, Guia Costa, Alcobia, Albino «cap», Francisco Ferreira, Manuel da Costa, Rogério, Julinho, Teixeira e Valadas
Treinador: Janos Biri

ACADÉMICA: Acácio, Chico Lopes, Mário Reis, Oliveira, Faustino, Octaviano, Micael, Alberto Gomes «cap», Lemos, Nini e António Maria
Treinador: Severiano Correia

ACADÉMICA – 3 VSC Guimarães – 2

1ª DIVISÃO, 7ª JORNADA, 9-1-1944 (DOM, 15:00)
Campo de Santa Cruz, Coimbra
Árbitro: João Vaz (Lisboa)
Golos: 1-0 (Lemos 9'); 1-1 (Miguel 21'); 2-1 (Micael 43'); 3-1 (Lemos 47'); 3-2 (Alcino 59')

ACADÉMICA: Acácio, Chico Lopes, Mário Reis, Oliveira, Faustino, Octaviano, Micael, Alberto Gomes «cap», Lemos, Nini e António Maria
Treinador: Severiano Correia

VSC Guimarães: Machado, Lino, João, Dias, Zeferino «cap», José Maria, Brioso, Miguel, Alexandre, Ferraz e Alcino
Treinador: Alberto Augusto

VFC Setúbal – 2 ACADÉMICA – 0

1ª DIVISÃO, 8ª JORNADA, 16-1-1944 (DOM, 15:00)
Campo dos Arcos, Setúbal
Árbitro: João dos Santos Júnior (Lisboa)
Golos: 1-0 (Rodrigues 10', gp); 2-0 (Carlos Santos 32')

VFC Setúbal: Idalécio, Montês, Armindo, Pacheco, Figueiredo, Luciano, Nunes, Rendas, Rodrigues, Francisco Júlio e Carlos Santos
Treinador: Armando Martins

ACADÉMICA: Acácio, Chico Lopes, Mário Reis, Oliveira, Faustino «cap», Octaviano, Micael, Nana, Lemos, Luís Cunha e António Maria
Treinador: Severiano Correia

ACADÉMICA – 1 CF "Os Belenenses" – 3

1ª DIVISÃO, 9ª JORNADA, 23-1-1944 (DOM, 15:00)
Campo de Santa Cruz, Coimbra **Árbitro:** José Lira (Braga)
Golos: 0-1 (Amaro 14'); 1-1 (Alberto Gomes 17'); 1-2 (Rafael 53', gp); 1-3 (José Pedro 69')

ACADÉMICA: Acácio, Chico Lopes, Mário Reis, Oliveira, Faustino, Octaviano, Micael, Alberto Gomes «cap», António Maria, Nana e Lemos
Treinador: Severiano Correia

CF "Os Belenenses": Salvador, Varela Marques, Feliciano, Amaro, Gomes, Serafim, Franklin, Elói, Quaresma, José Pedro e Rafael
Treinador: Alexandre Peics

ACADÉMICA – 1 FC Porto – 3

1ª DIVISÃO, 10ª JORNADA, 30-1-1944 (DOM, 15:00)
Campo de Santa Cruz, Coimbra **Árbitro:** Carlos Canuto (Lisboa)
Golos: 0-1 (Faria 19'); 0-2 (Lourenço 38'); 0-3 (Araújo 53'); 1-3 (António Maria 75')

ACADÉMICA: Acácio, Chico Lopes, Albino, Oliveira, Faustino, Lomba, Micael, Alberto Gomes «cap», Luís Cunha, Nini e António Maria
Treinador: Severiano Correia

FC Porto: Barrigana, Alfredo, Guilhar, Anjos «cap», Maiato, Sárrea, Lourenço, Araújo, Correia Dias, Pinga e Faria
Treinador: Lipo Herczka

Sporting CP – 2 ACADÉMICA – 0

1ª DIVISÃO, 11ª JORNADA, 6-2-1944 (DOM, 15:30)
Estádio do Lumiar, Lisboa
Árbitro: Eduardo Augusto (Setúbal)
Golos: 1-0 (António Marques 44'); 2-0 (Peyroteo 88')

Sporting CP: Azevedo, Cardoso «cap», Manuel Marques, Barrosa, Canário, Nogueira, Mourão, João Cruz, António Marques, Peyroteo e Albano
Treinador: Josef Szabo

ACADÉMICA: Acácio, Chico Lopes, Mário Reis (L 70'), Oliveira, Faustino, Octaviano, Micael, Alberto Gomes «cap», Joaquim João, Lomba e António Maria
Treinador: Severiano Correia

SC Olhanense – 8 ACADÉMICA – 2

1ª DIVISÃO, 12ª JORNADA, 13-2-1944 (DOM, 15:00)
Campo Padinha, Olhão **Árbitro:** João dos Santos Júnior (Lisboa)
Golos: 1-0 (Joaquim Paulo 7'); 1-1 (Alberto Gomes 20'); 1-2 (António Maria 30'); 2-2 (Joaquim Paulo 40'); 3-2 (Cabrita 58'); 4-2 (Palmeiro 69'); 5-2 (Cabrita 72'); 6-2 (Aristides 80', pb); 7-2 (Cabrita 81'); 8-2 (Palmeiro 89')

SC Olhanense: Abraão, Rodrigues, Nunes, João dos Santos, Grazina, Loulé, Moreira, Joaquim Paulo, Cabrita, Salvador e Palmeiro
Treinador: José Andrade

ACADÉMICA: Acácio, Chico Lopes, Oliveira, Aristides, Octaviano, Santiago, Micael, Alberto Gomes «cap», Nini, Lomba e António Maria **Treinador:** Severiano Correia

ACADÉMICA – 9 SC Salgueiros – 4

1ª DIVISÃO, 13ª JORNADA, 20-2-1944 (DOM, 15:00)
Campo de Santa Cruz, Coimbra **Árbitro:** António Passos (Aveiro)
Golos: 1-0 (Lemos 21'); 2-0 (Nini 22'); 3-0 (Alberto Gomes 34'); 4-0 (Nini 41'); 4-1 (Renato 44'); 5-1 (Alberto Gomes 47'); 6-1 (Lemos 56'); 7-1 (Lomba 74'); 8-1 (Alberto Gomes 75'); 8-2 (Toninho 79'); 8-3 (José Oliveira 82'); 8-4 (Alfredo 85'); 9-4 (Lemos 86')

ACADÉMICA: Acácio, Chico Lopes, Octaviano, Oliveira, Faustino, Santiago, Micael, Alberto Gomes «cap», Nini, Lomba e Lemos
Treinador: Severiano Correia

SC Salgueiros: Peixoto, João Soares, Vinhas, José Oliveira, Coura, Jaime «cap», Toninho, Barros, Renato, Alfredo e Paulista
Treinador: Mário Silva

Atlético CP – 8 ACADÉMICA – 0

1ª DIVISÃO, 14ª JORNADA, 27-2-1944 (DOM, 11:00)
Campo da Tapadinha, Lisboa **Árbitro:** Henrique Rosa (Setúbal)
Golos: 1-0 (Catinana 25'); 2-0 (José Lopes 30', gp); 3-0 (Marques 53'); 4-0 (Pratas 54'); 5-0 (Marques 57'); 6-0 (Marques 66'); 7-0 (Ramos Dias 78'); 8-0 (Catinana 82')

Atlético CP: Armando Jorge, Batista, Ventura, José Lopes, Gregório, Chico Lopes, Pratas, Jesus, Catinana, Ramos Dias e Marques
Treinador: Viriato Santos

ACADÉMICA: Acácio, Santiago, Chico Lopes, Oliveira, Aristides, Octaviano, Micael, Lomba, Luís Cunha, Nini «cap» e Redondo
Treinador: Severiano Correia

ACADÉMICA – 1 SL Benfica – 4

1ª DIVISÃO, 15ª JORNADA, 5-3-1944 (DOM, 14:30)
Campo de Santa Cruz, Coimbra
Árbitro: Anízio Morgado (Porto)
Golos: 0-1 (Manuel da Costa 5'); 0-2 (Pires 12'); 0-3 (Pires 18'); 1-3 (Micael 57'); 1-4 (Pires 68')

ACADÉMICA: Vasco, Chico Lopes, Mário Reis, Lomba, Faustino (E 60'), Octaviano, Micael, Alberto Gomes «cap», Lemos, Nini e António Maria **Treinador:** Severiano Correia

SL Benfica: Martins, Carvalho, César Ferreira, João Silva, Albino «cap», Francisco Ferreira, Manuel da Costa, Pires, Julinho, Teixeira (E 60') e Rogério **Treinador:** Janos Biri

VSC Guimarães – 1 ACADÉMICA – 5

1ª DIVISÃO, 16ª JORNADA, 12-3-1944 (DOM, 15:30)
Campo Benlhevai, Guimarães **Árbitro:** José Correia da Costa (Porto) **Golos:** 0-1 (Micael 3'); 0-2 (António Maria 7'); 1-2 (Zeferino 18'); 1-3 (Micael 70'); 1-4 (António Maria 85'); 1-5 (Micael 89')

VSC Guimarães: Machado, Lino, João, Castelo, Zeferino «cap», José Maria, Brioso, Miguel, Alexandre, Ferraz e Alcino
Treinador: Alberto Augusto

ACADÉMICA: Vasco, Chico Lopes, Mário Reis, Lomba, Oliveira, Octaviano, Micael, Alberto Gomes «cap», Nini, Nana e António Maria
Treinador: Severiano Correia

ACADÉMICA – 3 VFC Setúbal – 9

1ª DIVISÃO, 17ª JORNADA, 19-3-1944 (DOM, 16:00)
Campo dos Arcos, Setúbal **Árbitro:** Mário Ribeiro Sanches (Lisboa)
Golos: 0-1 (Amador 9'); 0-2 (Amador 17'); 0-3 (Rodrigues 35'); 0-4 (Rendas 42'); 0-5 (Nunes 50'); 0-6 (Nunes 52'); 0-7 (Rodrigues 55'); 0-8 (Rodrigues 67'); 1-8 (Nini 77'); 2-8 (Micael 78'); 2-9 (Rodrigues 82'); 3-9 (Micael 84') **Obs:** Jogo disputado em Setúbal, devido a interdição do campo de Santa Cruz

ACADÉMICA: Vasco, Chico Lopes, Mário Reis, Lomba, Oliveira, Octaviano, Micael, Alberto Gomes «cap», Nini, Nana e António Maria
Treinador: Severiano Correia

VFC Setúbal: Idalécio, Montês, Armindo, Pacheco, Figueiredo, Luciano, Passos, Rendas, Rodrigues, Nunes e Amador
Treinador: Armando Martins

CF "Os Belenenses" – 3 ACADÉMICA – 1

1ª DIVISÃO, 18ª JORNADA, 26-3-1944 (DOM, 16:00)
Campo das Salésias, Lisboa
Árbitro: Henrique Rosa (Setúbal)
Golos: 1-0 (Mário Coelho 7'); 2-0 (Quaresma 62'); 2-1 (Alberto Gomes 68'); 3-1 (Quaresma 77')

CF "Os Belenenses": Salvador, Martins, Varela Marques, Amaro, Gomes, Ramos Silva, Mário Coelho, Elói, Quaresma, José Pedro e Rafael **Treinador:** Alexandre Peics

ACADÉMICA: Vasco, Chico Lopes, Octaviano, Lomba, Oliveira, Aristides, Micael, Alberto Gomes «cap», Nini, Nana e António Maria **Treinador:** Severiano Correia

SC Salgueiros – 2 ACADÉMICA – 6

TAÇA DE PORTUGAL, OITAVOS DE FINAL, 16-4-1944 (DOM, 16:00)
Campo Augusto Lessa, Porto **Árbitro:** Augusto Pacheco (Aveiro)
Golos: 0-1 (Alberto Gomes 6'); 0-2 (António Maria 16'); 0-3 (Octaviano 20'); 1-3 (Mascote 47'); 2-3 (Renato 48'); 2-4 (Alberto Gomes 75'); 2-5 (Micael 76'); 2-6 (Alberto Gomes 83')

SC Salgueiros: Peixoto, Jaime «cap», Vinhas, Nogueira, José Oliveira, Barros, Mascote, Toninho, Renato, Alfredo (E 80') e Silva
Treinador: Miguel Ribeiro Santos

ACADÉMICA: Acácio, Chico Lopes, Mário Reis, Lomba, Oliveira, Octaviano, Micael, Alberto Gomes «cap», Lemos, Nini e António Maria **Treinador:** Severiano Correia

ACADÉMICA – 7 SC Salgueiros – 1

TAÇA DE PORTUGAL, OITAVOS DE FINAL, 23-4-1944 (DOM, 17:00)
Estádio do Fontelo, Viseu **Árbitro:** Ant. Borges Loureiro (Viseu)
Golos: 1-0 (Nini 25'); 2-0 (Nini 35'); 3-0 (Nana 40'); 4-0 (Nini 41', gp); 5-0 (António Maria 53'); 5-1 (Silva 56'); 6-1 (Alberto Gomes 65'); 7-1 (Nini 67') **Obs:** Jogo disputado em Viseu, devido a interdição do campo de Santa Cruz. Aos 75 minutos, o capitão do Salgueiros, Jaime, expulsou o colega Lopes, por conduta anti-desportiva

ACADÉMICA: Acácio, Chico Lopes, Mário Reis, Lomba, Oliveira, Octaviano, Micael, Alberto Gomes «cap», Nini, Nana e António Maria **Treinador:** Severiano Correia

SC Salgueiros: Peixoto, Lopes, Jaime «cap», Nogueira, Barros, Toninho, Silva, Mascote, Vinhas, Renato e Machado
Treinador: Miguel Ribeiro Santos

ACADÉMICA – 3 VFC Setúbal – 1

TAÇA DE PORTUGAL, QUARTOS DE FINAL, 30-4-1944 (DOM, 17:00)
Estádio do Fontelo, Viseu **Árbitro:** Vale Ramos (Porto) **Golos:** 0-1 (Carlos Santos 35'); 1-1 (Nana 54'); 2-1 (Mário Reis 77'); 3-1 (Nana 90') **Obs:** Jogo disputado em Viseu, devido a interdição do campo de Santa Cruz

ACADÉMICA: Acácio, Chico Lopes, Mário Reis, Lomba, Oliveira, Octaviano, Micael, Alberto Gomes «cap», Nini, Nana e António Maria
Treinador: Severiano Correia

VFC Setúbal: Idalécio, Montês, Armindo, Tomás, Figueiredo, Luciano, Passos, Rendas, Rodrigues, Rogério e Carlos Santos
Treinador: Armando Martins

VFC Setúbal – 3 ACADÉMICA – 1

TAÇA DE PORTUGAL, QUARTOS DE FINAL, 7-5-1944 (DOM, 18:00)
Campo dos Arcos, Setúbal
Árbitro: Abel António Ferreira (Lisboa)
Golos: 1-0 (Rodrigues 8'); 2-0 (Nunes 40'); 2-1 (Micael 55'); 3-1 (Rodrigues 60')

VFC Setúbal: Idalécio, Montês, Armindo, Tomás, Figueiredo, Luciano, Passos, Rendas, Rodrigues, Nunes e Carlos Santos
Treinador: Armando Martins

ACADÉMICA: Acácio, Chico Lopes, Mário Reis, Oliveira, Faustino, Octaviano, Micael, Alberto Gomes «cap», Lemos, Nini e António Maria **Treinador:** Severiano Correia

ACADÉMICA – 3 VFC Setúbal – 0

TAÇA DE PORTUGAL, QUARTOS DE FINAL, 10-5-1944 (QUA, 18:30)
Estádio do Lumiar, Lisboa **Árbitro:** Abel António Ferreira (Lisboa)
Golos: 1-0 (Alberto Gomes 18'); 2-0 (Alberto Gomes 44'); 3-0 (Nini 72') **Obs:** Jogo dado por terminado aos 87 minutos, uma vez que o VFC Setúbal ficou reduzido a seis jogadores

ACADÉMICA: Acácio, Chico Lopes, Mário Reis, Oliveira, Faustino, Octaviano, Micael, Alberto Gomes «cap», Lemos, Nini e António Maria **Treinador:** Severiano Correia

VFC Setúbal: Idalécio, Montês (E 80'), Armindo (E 77'), Tomás (E 25'), Figueiredo, Luciano (E 75'), Passos, Rendas, Francisco Rodrigues, Nunes e Carlos Santos (E 87')
Treinador: Armando Martins

SL Benfica – 6 ACADÉMICA – 1

TAÇA DE PORTUGAL, MEIAS FINAIS, 14-5-1944 (DOM, 18:00)
Campo Grande, Lisboa **Árbitro:** Vieira da Costa (Porto) **Golos:** 0-1 (Lemos 12'); 1-1 (Julinho 40'); 2-1 (Teixeira 42'); 3-1 (Teixeira 77'); 4-1 (Rogério 82'); 5-1 (Julinho 84'); 6-1 (Teixeira 85')

SL Benfica: Martins, César Ferreira, Carvalho, João Silva, Albino «cap», Francisco Ferreira, Mário Rui, Arsénio, Julinho, Teixeira e Rogério **Treinador:** Janos Biri

ACADÉMICA: Acácio, Chico Lopes, Mário Reis, Oliveira, Faustino, Octaviano, Micael, Alberto Gomes «cap», Lemos, Nini e António Maria **Treinador:** Severiano Correia

ACADÉMICA – 1 SL Benfica – 1

TAÇA DE PORTUGAL, MEIAS FINAIS, 21-5-1944 (DOM, 18:30)
Estádio do Fontelo, Viseu
Árbitro: Vieira da Costa (Porto)
Golos: 1-0 (Micael 46'); 1-1 (Teixeira 88')
Obs: Jogo disputado em Viseu, devido a interdição do campo de Santa Cruz

ACADÉMICA: Acácio, Chico Lopes, Octaviano, Oliveira, Faustino, Lomba, Micael, Nana, Lemos, Nini «cap» e António Maria
Treinador: Severiano Correia

SL Benfica: Martins, César Ferreira, Carvalho, João Silva, Albino «cap», Francisco Ferreira, Mário Rui, Arsénio, Julinho, Teixeira e Rogério **Treinador:** Janos Biri

---

ÉPOCA 1944-1945

1ª DIVISÃO: 9º LUGAR
TAÇA DE PORTUGAL: OITAVOS DE FINAL

JOGOS EFECTUADOS

	J	V	E	D	GM	GS
CASA	10	3	1	6	17	22
FORA	10	1	1	8	19	48
TOTAL	20	4	2	14	36	70

SC Olhanense – 8 ACADÉMICA – 4

1ª DIVISÃO, 1ª JORNADA, 26-11-1944 (DOM, 15:00)
Campo Padinha, Olhão **Árbitro:** Carlos Canuto (Lisboa)
Golos: 1-0 (Eminêncio 16'); 1-1 (Faustino 17'); 2-1 (Grazina 20'); 3-1 (Moreira 23'); 4-1 (Eminêncio 35'); 4-2 (Joaquim João 37'); 5-2 (Gomes 62'); 6-2 (Eminêncio 69'); 6-3 (Faustino 74'); 6-4 (Nini 75'); 7-4 (Gomes 81'); 8-4 (Eminêncio 87')

SC Olhanense: Abraão, Rodrigues, Nunes, João dos Santos, Grazina, Loulé, Moreira, Joaquim Paulo, Eminêncio, Salvador e Gomes
Treinador: José Mendes

ACADÉMICA: Soares, Chico Lopes, Mário Reis, Lomba, Oliveira, António Maria, Joaquim João, Nana, Faustino, Nini «cap» e Albino
Treinador: Manuel Veloso

1944-1945

1944-1945

SL Benfica – 6 ACADÉMICA – 1

1ª DIVISÃO, 2ª JORNADA, 3-12-1944 (DOM, 15:00)
Campo Grande, Lisboa **Árbitro:** Domingos Miranda (Porto) **Golos:** 0-1 (Lemos 5'); 1-1 (Manuel da Costa 25', gp); 2-1 (Julinho 40'); 3-1 (Julinho 59'); 4-1 (Arsénio 73'); 5-1 (Manuel da Costa 75'); 6-1 (Manuel da Costa 82')

SL Benfica: Rosa, Gaspar Pinto, César Ferreira, João Silva, Guia Costa, Francisco Ferreira «cap», Manuel da Costa, Arsénio, Julinho, Teixeira e Rogério
Treinador: Janos Biri

ACADÉMICA: Grangeia, Chico Lopes, Mário Reis, Lomba, Oliveira, António Maria, Joaquim João, Taborda, Faustino «cap», Nana e Lemos
Treinador: Manuel Veloso

VSC Guimarães – 4 ACADÉMICA – 1

1ª DIVISÃO, 3ª JORNADA, 10-12-1944 (DOM, 15:00)
Campo Benlhevai, Guimarães **Árbitro:** José Correia da Costa (Porto) **Golos:** 1-0 (Zeferino 42'); 2-0 (Arlindo 52'); 2-1 (Brás 59'); 3-1 (Brioso 62'); 4-1 (Mário Reis 79', pb)

VSC Guimarães: Machado, Curado, João, Zeferino «cap», Garcia, José Maria, Laureta, Miguel, Brioso, Alcino e Arlindo
Treinador: Alberto Augusto

ACADÉMICA: Soares, Poupinha, Mário Reis, Faustino «cap», Oliveira, Pais Correia, Veiga, Taborda, Joaquim João, Nana e Brás
Treinador: Manuel Veloso

ACADÉMICA – 2 GD Estoril-Praia – 2

1ª DIVISÃO, 4ª JORNADA, 17-12-1944 (DOM, 15:00)
Campo de Santa Cruz, Coimbra **Árbitro:** António Passos (Aveiro)
Auxiliares: António Serrano e José Rodrigues **Golos:** 1-0 (Faustino 12'); 1-1 (Bravo 60'); 2-1 (Taborda 75'); 2-2 (Petrack 80')

ACADÉMICA: Vasco, Chico Lopes, Mário Reis, Joaquim João, Oliveira, António Maria, Lemos, Taborda, Faustino, Nini «cap» e Brás
Treinador: Albano Paulo

GD Estoril-Praia: Valongo, Pereira, Elói, Júlio Costa, António Nunes, Alberto, Lourenço, Bravo, Petrack, Vieira e Raul Silva
Treinador: Augusto Silva

ACADÉMICA – 1 VFC Setúbal – 2

1ª DIVISÃO, 5ª JORNADA, 24-12-1944 (DOM, 15:00)
Campo de Santa Cruz, Coimbra
Árbitro: Vieira da Costa (Porto)
Golos: 1-0 (Taborda 44'); 1-1 (Passos 48'); 1-2 (Nunes 61')

ACADÉMICA: Vasco, Chico Lopes, Mário Reis, Pais Correia, Faustino, António Maria, Joaquim João, Taborda, Lemos, Nini «cap» e Brás
Treinador: Albano Paulo

VFC Setúbal: Idalécio, Montês, Armindo, Pacheco, Figueiredo, Luciano, Passos, Nunes, Rodrigues, Cardoso Pereira e Carlos Santos
Treinador: Armando Martins

ACADÉMICA – 5 SC Salgueiros – 1

1ª DIVISÃO, 6ª JORNADA, 31-12-1944 (DOM, 15:00)
Campo de Santa Cruz, Coimbra **Árbitro:** Carlos Canuto (Lisboa)
Golos: 1-0 (Nana 1'); 2-0 (Taborda 8'); 2-1 (Renato 12'); 3-1 (António Maria 77'); 4-1 (Nini 81'); 5-1 (Pais Correia 90')

ACADÉMICA: Vasco, Chico Lopes, Mário Reis, Faustino, Oliveira, Pais Correia, Lemos, Taborda, António Maria, Nini «cap» e Nana
Treinador: Albano Paulo

SC Salgueiros: Peixoto, Lopes, Jaime «cap», Rebelo, José Oliveira, Barros (E 86'), Renato, Braga, Mota, Ferreira e Simplício
Treinador: Desidério Herczka

FC Porto – 2 ACADÉMICA – 4

1ª DIVISÃO, 7ª JORNADA, 7-1-1945 (DOM, 15:00)
Estádio do Lima, Porto **Árbitro:** José Lira (Braga) **Golos:** 0-1 (António Maria 4'); 1-1 (Correia Dias 15'); 1-2 (Nana 43'); 1-3 (Joaquim João 60'); 2-3 (Lourenço 67'); 2-4 (Joaquim João 87')

FC Porto: Barrigana, Alfredo, Camilo, Anjos «cap», Romão, Sárrea, Lourenço, Araújo, Correia Dias, Catolino e Franco
Treinador: Lipo Herczka

ACADÉMICA: Vasco, Albino, Mário Reis, Pais Correia, Oliveira, Faustino, Joaquim João, Taborda, António Maria, Nini «cap» e Nana
Treinador: Albano Paulo

ACADÉMICA – 0 CF "Os Belenenses" – 3

1ª DIVISÃO, 8ª JORNADA, 14-1-1945 (DOM, 15:00)
Campo de Santa Cruz, Coimbra
Árbitro: Augusto Pacheco (Aveiro)
Golos: 0-1 (Rafael 14'); 0-2 (Rafael 63'); 0-3 (Elói 79')

ACADÉMICA: Vasco, Albino, Mário Reis, Faustino, Oliveira, Lomba, Joaquim João, Nana, António Maria, Nini «cap» e Lemos
Treinador: Albano Paulo

CF "Os Belenenses": Capela, Vasco, Feliciano, Varela Marques, Sério, Serafim, Mário Coelho, Elói, Armando, Quaresma e Rafael «cap»
Treinador: Alexandre Peics

Sporting CP – 5 ACADÉMICA – 3

1ª DIVISÃO, 9ª JORNADA, 21-1-1945 (DOM, 15:00)
Estádio do Lumiar, Lisboa **Árbitro:** J.J. Trindade (Setúbal)
Golos: 1-0 (Peyroteo 15'); 2-0 (Jesus Correia 25'); 2-1 (Lemos 61'); 3-1 (Peyroteo 66'); 4-1 (Peyroteo 70'); 4-2 (Taborda 72'); 4-3 (Joaquim João 74'); 5-3 (António Marques 80')

Sporting CP: Azevedo, Cardoso «cap», Frazão, Barrosa, Veríssimo, Nogueira, Jesus Correia, Canário, Peyroteo, António Marques e Albano
Treinador: Joaquim Ferreira

ACADÉMICA: Vasco, Alentisca, Mário Reis, Faustino, Oliveira, Pais Correia, Joaquim João, Taborda, António Maria, Nini «cap» e Lemos
Treinador: Albano Paulo

ACADÉMICA – 1 SC Olhanense – 0

1ª DIVISÃO, 10ª JORNADA, 28-1-1945 (DOM, 15:00)
Campo de Santa Cruz, Coimbra
Árbitro: Domingos Godinho (Lisboa)
Golo: 1-0 (Nunes 25', pb)

ACADÉMICA: Vasco, Chico Lopes, Mário Reis, Lomba, Faustino, Oliveira, António Maria, Joaquim João, Lemos, Taborda e Nini «cap»
Treinador: Albano Paulo

SC Olhanense: Duarte, Rodrigues, Nunes, João dos Santos, Grazina, Loulé, Moreira, Joaquim Paulo, Cabrita, Salvador e Palmeiro «cap»
Treinador: José Mendes

ACADÉMICA – 2 SL Benfica – 6

1ª DIVISÃO, 11ª JORNADA, 4-2-1945 (DOM, 15:00)
Campo de Santa Cruz, Coimbra **Árbitro:** Domingos Miranda (Porto) **Auxiliares:** Vasco Ataíde e Manuel Roxo **Golos:** 1-0 (Nini 1'); 1-1 (Rogério 10'); 2-1 (Lemos 20'); 2-2 (Arsénio 25'); 2-3 (Julinho 30'); 2-4 (Pais Correia 39', pb); 2-5 (Arsénio 54'); 2-6 (Rogério 75')

ACADÉMICA: Vasco, Chico Lopes, Mário Reis, Lomba, Faustino, Pais Correia, Joaquim João, Taborda, Lemos, Nini «cap» (L 55') e António Maria
Treinador: Albano Paulo

SL Benfica: Martins, Gaspar Pinto, Cerqueira, Albino, Moreira, Francisco Ferreira «cap», Espírito Santo, Arsénio, Julinho, Teixeira e Rogério
Treinador: Janos Biri

ACADÉMICA – 3 VSC Guimarães – 0

1ª DIVISÃO, 12ª JORNADA, 11-2-1945 (DOM, 15:00)
Campo de Santa Cruz, Coimbra
Árbitro: António Passos (Porto)
Golos: 1-0 (Lino 7', pb); 2-0 (Lemos 30'); 3-0 (António Maria 32')

ACADÉMICA: Vasco, Chico Lopes, Mário Reis, Oliveira, Faustino «cap», Pais Correia, Joaquim João, Emílio, Lemos, Nana e António Maria
Treinador: Albano Paulo

VSC Guimarães: Machado, Curado (L 45'), Lino, Dias, Zeferino «cap», José Maria, Laureta, Miguel, Brioso, Sebastião e Alcino
Treinador: Alberto Augusto

GD Estoril-Praia – 2 ACADÉMICA – 1

1ª DIVISÃO, 13ª JORNADA, 18-2-1945 (DOM, 15:00)
Campo da Amoreira, Estoril
Árbitro: Henrique Rosa (Setúbal)
Golos: 1-0 (Petrack 5'); 2-0 (Vieira 31'); 2-1 (Joaquim João 89')

GD Estoril-Praia: Valongo, Pereira, Alberto, Oliveira, Sbarra, Júlio Costa, Lourenço, Bravo, Petrack, Vieira e Raul Silva
Treinador: Augusto Silva

ACADÉMICA: Vasco, Chico Lopes, Mário Reis, Oliveira, Faustino «cap», António Maria, Joaquim João, Emílio, Lemos, Nana e Redondo
Treinador: Albano Paulo

VFC Setúbal – 2 ACADÉMICA – 0

1ª DIVISÃO, 14ª JORNADA, 25-2-1945 (DOM, 15:00)
Campo dos Arcos, Setúbal
Árbitro: José Serandeses (Lisboa)
Golos: 1-0 (Rodrigues 3'); 2-0 (Nunes 55')

VFC Setúbal: Idalécio, Montês, Armindo, Pacheco, Figueiredo, Luciano, Passos, Nunes, Rodrigues, Cardoso Pereira e Carlos Santos
Treinador: Armando Martins

ACADÉMICA: Vasco, Chico Lopes, Mário Reis, Brás, Aristides, Pais Correia, Joaquim João, Taborda, Lemos «cap», Nana e António Maria
Treinador: Albano Paulo

SC Salgueiros – 2 ACADÉMICA – 1

1ª DIVISÃO, 15ª JORNADA, 18-3-1945 (DOM, 16:00)
Campo Augusto Lessa, Porto
Árbitro: José Teixeira (Braga)
Golos: 1-0 (Mascote 30'); 2-0 (Toninho 36'); 2-1 (Lemos 54')

SC Salgueiros: João, Jaime «cap», João Soares, Rebelo, José Oliveira, Varadas, Mascote, Alfredo, Renato, Toninho e Paulista
Treinador: Desidério Herczka

ACADÉMICA: Vasco, Chico Lopes, Mário Reis, Lomba, Faustino «cap», Aristides, Joaquim João, Azeredo, Lemos, Nana e António Maria
Treinador: Albano Paulo

ACADÉMICA – 1 FC Porto – 3

1ª DIVISÃO, 16ª JORNADA, 25-3-1945 (DOM, 15:30)
Campo de Santa Cruz, Coimbra
Árbitro: João dos Santos Júnior (Lisboa) **Golos:** 0-1 (Lourenço 42'); 1-1 (Lemos 50'); 1-2 (Lourenço 60'); 1-3 (Freitas 89')

ACADÉMICA: Vasco, Chico Lopes, Mário Reis, Lomba, Faustino «cap», Aristides, Joaquim João, Azeredo, Lemos, Nana e António Maria
Treinador: Albano Paulo

FC Porto: Barrigana, Alfredo, Guilhar, Faria, Romão, Octaviano, Freitas, Araújo, Lourenço, Gomes da Costa e Franco
Treinador: Josef Szabo

CF "Os Belenenses" – 15 ACADÉMICA – 2

1ª DIVISÃO, 17ª JORNADA, 1-4-1945 (DOM, 15:30)
Campo das Salésias, Lisboa **Árbitro:** Paulo de Oliveira (Santarém)
Golos: 1-0 (Mário Coelho 31'); 2-0 (José Pedro 32'); 2-1 (Nana 37');
3-1 (Mário Coelho 47'); 4-1 (José Pedro 55'); 5-1 (Elói 56');
6-1 (Feliciano 57'); 7-1 (Armando 65'); 8-1 (Elói 66'); 9-1 (Armando 68');
10-1 (Mário Coelho 72'); 10-2 (António Maria 74'); 11-2 (José
Pedro 75'); 12-2 (Armando 78'); 13-2 (Armando 86');
14-2 (Mário Coelho 87'); 15-2 (Elói 88')

CF "Os Belenenses": Capela, Vasco, Feliciano, Amaro, Gomes,
Serafim, Mário Coelho, Elói, Armando, José Pedro e Teixeira
Treinador: Alexandre Peics

ACADÉMICA: Soares, Alentisca, Mário Reis, Oliveira,
Faustino «cap», Pais Correia, Joaquim João, Azeredo, Lemos,
Nana e António Maria
Treinador: Albano Paulo

ACADÉMICA – 1 Sporting CP – 2

1ª DIVISÃO, 18ª JORNADA, 8-4-1945 (DOM, 16:00)
Campo de Santa Cruz, Coimbra
Árbitro: Fonseca Gonçalves (Porto) **Golos:** 0-1 (Jesus Correia 37');
1-1 (Joaquim João 48'); 1-2 (Jesus Correia 68')

ACADÉMICA: Vasco, Chico Lopes, Mário Reis, Oliveira, Aristides,
António Maria, Joaquim João, Emílio, Faustino «cap»,
Nana e Lemos
Treinador: Albano Paulo

Sporting CP: Azevedo, Cardoso «cap», Manuel Marques, Juvenal,
Barrosa, Veríssimo, Jesus Correia, Virgolino, António Marques,
Albano e João Cruz
Treinador: Joaquim Ferreira

Boavista FC – 2 ACADÉMICA – 2

TAÇA DE PORTUGAL, OITAVOS DE FINAL, 15-4-1945 (DOM, 16:30)
Campo do Bessa, Porto **Árbitro:** João dos Santos Júnior (Lisboa)
Golos: 1-0 (Armando 10'); 1-1 (Nana 20'); 1-2 (Joaquim João 23'); 2-2
(Serafim 74', gp)

Boavista FC: Óscar, Vinagre, Jaime, Pina, Raimundo, Ramos, Zeca,
Serafim, Armando «cap», Fernando Caiado e Gonçalves
Treinador: Avelino Costa

ACADÉMICA: Vasco, Chico Lopes, Mário Reis, Oliveira, Aristides,
António Maria, Emílio, Lomba, Pais Correia, Nana «cap»
e Joaquim João
Treinador: Albano Paulo

ACADÉMICA – 1 Boavista FC – 3

TAÇA DE PORTUGAL, OITAVOS DE FINAL, 22-4-1945 (DOM, 17:30)
Campo de Santa Cruz, Coimbra **Árbitro:** Abel António Ferreira
(Lisboa) **Golos:** 0-1 (Zeca 13'); 0-2 (Armando 23'); 1-2 (Faustino 52');
1-3 (Fernando Caiado 61') **Obs:** António Maria (Académica) ocupou
o lugar de guarda-redes, após lesão de Vasco

ACADÉMICA: Vasco (L 36'), Chico Lopes, Mário Reis (E 26'), Pais
Correia, Oliveira, António Maria, Emílio, Lomba, Faustino,
Nana «cap» e Joaquim João
Treinador: Albano Paulo

Boavista FC: Óscar, Jaime, Pereira, Pina, Raimundo, Ramos, Zeca,
Serafim, Armando «cap», Fernando Caiado e Gonçalves (L 45')
Treinador: Avelino Costa

ÉPOCA 1945-1946

1ª DIVISÃO: 10º LUGAR
TAÇA DE PORTUGAL: OITAVOS DE FINAL

JOGOS EFECTUADOS

	J	V	E	D	GM	GS
CASA	11	5	2	4	35	27
FORA/N	12	2	0	10	19	55
TOTAL	23	7	2	14	54	82

ACADÉMICA – 2 Atlético CP – 3

1ª DIVISÃO, 1ª JORNADA, 9-12-1945 (DOM, 15:00)
Campo do Loreto, Coimbra
Árbitro: Domingos Miranda (Porto)
Golos: 0-1 (Gregório 2'); 1-1 (Bentes 12'); 2-1 (Nini 16'); 2-2 (Armindo
43'); 2-3 (Gregório 47')

ACADÉMICA: Jacques, Albino, Mário Reis, Lomba, Faustino,
António Maria, Ângelo, Lemos, Garção, Nini «cap» e Bentes
Treinador: Eduardo Augusto

Atlético CP: Correia, Batista, Chico Lopes, Galinho, José Lopes,
Morais, Óscar, Armindo, Gregório, Rogério e Marques
Treinador: Cândido Tavares

CF "Os Belenenses" – 7 ACADÉMICA – 0

1ª DIVISÃO, 2ª JORNADA, 16-12-1945 (DOM, 13:00)
Campo das Salésias, Lisboa **Árbitro:** J.J. Trindade (Setúbal)
Golos: 1-0 (Rafael 24', gp); 2-0 (Armando 40'); 3-0 (Quaresma 50');
4-0 (Feliciano 61'); 5-0 (Mário Coelho 69'); 6-0 (Armando 80'); 7-0
(Quaresma 87')

CF "Os Belenenses": Capela, Vasco, Feliciano, Amaro «cap»,
Gomes, Serafim, Mário Coelho, Elói, Armando, Quaresma e Rafael
Treinador: Augusto Silva

ACADÉMICA: Jacques, Mário Reis, Albino «cap», Aristides, Brás,
António Maria, Ângelo, Azeredo, Garção, Nana e Bentes
Treinador: Eduardo Augusto

ACADÉMICA – 3 SL Benfica – 3

1ª DIVISÃO, 3ª JORNADA, 23-12-1945 (DOM, 15:00)
Campo do Loreto, Coimbra **Árbitro:** José Correia da Costa (Porto)
Golos: 1-0 (Azeredo 9'); 2-0 (Gil 12'); 2-1 (Mário Rui 35'); 2-2
(Arsénio 44'); 2-3 (Arsénio 47'); 3-3 (Bentes 53')

ACADÉMICA: Jacques, Albino, Mário Reis, Lomba, Faustino «cap»,
António Maria, Ângelo, Azeredo, Gil, Nana e Bentes
Treinador: Eduardo Augusto

SL Benfica: Martins, Gaspar Pinto «cap», Artur Teixeira, Jacinto,
Moreira, Jordão, Mário Rui, Arsénio, João da Luz, Teixeira e Rogério
Treinador: Janos Biri

Boavista FC – 5 ACADÉMICA – 0

1ª DIVISÃO, 4ª JORNADA, 30-12-1945 (DOM, 15:00)
Estádio do Lima, Porto **Árbitro:** Jorge de Vasconcelos (Braga)
Golos: 1-0 (Gonçalves 24'); 2-0 (Gonçalves 35'); 3-0 (Gonçalves 43');
4-0 (Armando 75'); 5-0 (Fernando Caiado 84')

Boavista FC: Mota, Vinagre, Francisco Silva, Raimundo, Serafim,
Chaves, Zeca, Armando «cap», Biri, Fernando Caiado e Gonçalves
Treinador: Juan Martin

ACADÉMICA: Jacques, Albino «cap», Mário Reis, Lomba, Aristides,
António Maria, Ângelo, Azeredo, Brás, Nana e Bentes
Treinador: Eduardo Augusto

ACADÉMICA – 2 FC Porto – 1

1ª DIVISÃO, 5ª JORNADA, 6-1-1946 (DOM, 15:00)
Campo do Loreto, Coimbra
Árbitro: Carlos Canuto (Lisboa)
Golos: 1-0 (Azeredo 12'); 2-0 (Azeredo 57'); 2-1 (Correia Dias 70')

ACADÉMICA: Jacques, Albino «cap», Mário Reis, Aristides, Brás,
António Maria, Ângelo, Azeredo, Gil, Nana e Bentes
Treinador: Eduardo Augusto

FC Porto: Szabo, Alfredo, Guilhar, Anjos, Romão, Octaviano,
Lourenço, Araújo, Correia Dias, Falcão e Joaquim
Treinador: Josef Szabo

UD Oliveirense – 2 ACADÉMICA – 3

1ª DIVISÃO, 6ª JORNADA, 13-1-1946 (DOM, 15:00)
Estádio Mário Duarte, Aveiro
Árbitro: Vieira da Costa (Porto)
Golos: 0-1 (Bentes 26'); 0-2 (Ângelo 32'); 1-2 (Alípio 70');
1-3 (Bentes 71'); 2-3 (Adelino 79')

UD Oliveirense: Camilo, Henrique «cap», Joaquim Oliveira, Manuel
Oliveira, Pinho, José Tavares, Zeca, João Tavares, Adelino, Alípio e
Armando **Treinador:** Gomes da Costa

ACADÉMICA: Vasco, Albino «cap», Mário Reis, Aristides, Brás,
António Maria, Ângelo, Azeredo, Garção, Nana e Bentes
Treinador: Eduardo Augusto

ACADÉMICA – 1 SC Olhanense – 3

1ª DIVISÃO, 7ª JORNADA, 20-1-1946 (DOM, 15:00)
Campo do Loreto, Coimbra **Árbitro:** Fonseca Gonçalves (Porto)
Golos: 0-1 (Salvador 60'); 0-2 (Salvador 61'); 1-2 (Garção 70'); 1-3
(Cabrita 89')

ACADÉMICA: Vasco, Albino «cap», António Maria, Lomba,
Aristides, Brás, Ângelo, Azeredo, Garção, Nana e Pascoal
Treinador: Eduardo Augusto

SC Olhanense: Duarte, Rodrigues, Nunes, João dos Santos,
Grazina, Loulé, Moreira, João da Palma, Cabrita «cap»,
Salvador e Palmeiro
Treinador: José Mendes

VSC Guimarães – 2 ACADÉMICA – 1

1ª DIVISÃO, 8ª JORNADA, 27-1-1946 (DOM, 15:00)
Campo da Amorosa, Guimarães
Árbitro: António Passos (Porto)
Golos: 1-0 (Alcino 17'); 2-0 (Alcino 71'); 2-1 (Gil 85')

VSC Guimarães: Ricoca, Garcia, João, Luciano, Curado «cap», José
Maria, Franklin, Miguel, Alexandre, Alcino e Arlindo
Treinador: Virgílio Freitas

ACADÉMICA: Vasco, Albino, António Maria, Lomba, Aristides, Brás,
Ângelo, Garção, Gil, Nana e Lemos «cap»
Treinador: Eduardo Augusto

ACADÉMICA – 5 SL Elvas – 1

1ª DIVISÃO, 9ª JORNADA, 3-2-1946 (DOM, 15:00)
Campo do Loreto, Coimbra **Árbitro:** Luís Ferreira (Porto)
Golos: 0-1 (Massano 2'); 1-1 (Nana 3'); 2-1 (Lemos 25');
3-1 (Ângelo 30'); 4-1 (Nana 31'); 5-1 (Nana 85', gp)

ACADÉMICA: Jacques, Albino, Mário Reis, Aristides, Brás, António
Maria, Lemos «cap», Azeredo, Joaquim João, Nana e Ângelo
Treinador: Eduardo Augusto

SL Elvas: Semedo, Fernandes, Ameixa, Santos, Rana «cap», Proença,
Silva, Massano, Patalino, Aleixo e Quim
Treinador: Joaquim Alcobia

ACADÉMICA – 3 VFC Setúbal – 5

1ª DIVISÃO, 10ª JORNADA, 10-2-1946 (DOM, 15:00)
Campo do Loreto, Coimbra **Árbitro:** João dos Santos Júnior
(Lisboa) **Golos:** 1-0 (Ângelo 3'); 1-1 (Rendas 12'); 1-2 (Cardoso
Pereira 20'); 1-3 (Cardoso Pereira 30'); 1-4 (Cardoso Pereira 42'); 2-4
(Nana 48'); 3-4 (Ângelo 49'); 3-5 (Cardoso Pereira 65')

ACADÉMICA: Jacques, António Maria, Mário Reis, Lomba,
Aristides, Brás, Lemos «cap», Azeredo, Garção, Nana e Ângelo
Treinador: Eduardo Augusto

VFC Setúbal: Acácio, Montês, Armindo, Pereira, Pina, Pacheco,
Campos, Nunes, Rendas «cap», Cardoso Pereira e Carlos Santos
Treinador: Armando Martins

1945-1946

Sporting CP – 6 ACADÉMICA – 1

1ª DIVISÃO, 11ª JORNADA, 24-2-1946 (DOM, 15:00)
Estádio do Lumiar, Lisboa **Árbitro:** José Silva Pires (Setúbal)
Golos: 1-0 (Jesus Correia 23'); 2-0 (Peyroteo 27'); 2-1 (Garção 30');
3-1 (Jesus Correia 58'); 4-1 (Peyroteo 64'); 5-1 (Peyroteo 81'); 6-1
(António Marques 88')

Sporting CP: Azevedo, Cardoso «cap», Manuel Marques, Veríssimo,
Barrosa, Lourenço, Jesus Correia, João Cruz, Peyroteo,
António Marques e Albano
Treinador: Cândido de Oliveira

ACADÉMICA: Vasco, António Maria, Mário Reis, Lomba, Aristides,
Brás, Ângelo, Azeredo, Garção, Taborda e Lemos «cap»
Treinador: Eduardo Augusto

Atlético CP – 2 ACADÉMICA – 1

1ª DIVISÃO, 12ª JORNADA, 3-3-1946 (DOM, 15:00)
Campo da Tapadinha, Lisboa
Árbitro: J.J. Trindade (Setúbal)
Golos: 1-0 (Catinana 2'); 1-1 (Azeredo 3');
2-1 (Manuel da Costa 72', gp)

Atlético CP: Correia, Batista, Chico Lopes, Galinho, José Lopes,
Morais, Micael, Armindo, Catinana, Rogério e Manuel da Costa
Treinador: Cândido Tavares

ACADÉMICA: Jacques, Albino «cap», Mário Reis, Lomba, Brás,
António Maria, Joaquim João, Azeredo, Garção, Nana e Ângelo
Treinador: Eduardo Augusto

ACADÉMICA – 1 CF "Os Belenenses" – 3

1ª DIVISÃO, 13ª JORNADA, 10-3-1946 (DOM, 15:00)
Campo do Loreto, Coimbra **Árbitro:** Abel da Costa (Porto)
Golos: 0-1 (Quaresma 22'); 0-2 (Rafael 25'); 1-2 (Lemos 75');
1-3 (Andrade 84')

ACADÉMICA: Jacques, Albino, Mário Reis, Oliveira, Brás, António
Maria, Ângelo, Azeredo, Garção, Joaquim João e Lemos «cap»
Treinador: Eduardo Lemos

CF "Os Belenenses": Capela, Vasco, Feliciano, Amaro «cap»,
Gomes, Serafim, Armando, Quaresma, Andrade,
José Pedro e Rafael **Treinador:** Augusto Silva

SL Benfica – 7 ACADÉMICA – 1

1ª DIVISÃO, 14ª JORNADA, 17-3-1946 (DOM, 15:00)
Campo Grande, Lisboa **Árbitro:** Paulo de Oliveira (Santarém)
Golos: 1-0 (Mário Rui 35'); 2-0 (Arsénio 47'); 3-0 (Julinho 57'); 4-0
(Rogério 59'); 5-0 (Arsénio 62'); 6-0 (Rogério 64'); 7-0 (Rogério 70');
7-1 (Garção 80')

SL Benfica: Martins, Cerqueira, Artur Teixeira, Jacinto, Moreira,
Francisco Ferreira «cap», Mário Rui, Arsénio, Espírito Santo,
Julinho e Rogério
Treinador: Janos Biri

ACADÉMICA: Jacques, Albino, Mário Reis, Lomba, Brás, António
Maria, Melo, Azeredo, Garção, Taborda e Lemos «cap»
Treinador: Eduardo Lemos

ACADÉMICA – 5 Boavista FC – 2

1ª DIVISÃO, 15ª JORNADA, 31-3-1946 (DOM, 15:00)
Campo do Loreto, Coimbra **Árbitro:** Ant. Rodrigues Santos
(Lisboa) **Auxiliares:** Manuel Roxo e Manuel Ramos **Golos:** 1-0
(Garção 11'); 2-0 (Bentes 46'); 3-0 (Bentes 52'); 4-0 (Lemos 57'); 5-0
(Nana 73', gp); 5-1 (Barros 75'); 5-2 (Fernando Caiado 78')

ACADÉMICA: Jacques, Albino, Mário Reis, Lomba, Brás, António
Maria, Lemos «cap», Azeredo, Garção, Nana e Bentes
Treinador: Eduardo Lemos

Boavista FC: Mota, Vinagre, Francisco Silva, Reis, Raimundo,
Chaves, Antero, Armando «cap», Biri, Fernando Caiado e Barros
Treinador: Juan Martin

FC Porto – 8 ACADÉMICA – 1

1ª DIVISÃO, 16ª JORNADA, 7-4-1946 (DOM, 16:00)
Estádio do Lima, Porto **Árbitro:** João dos Santos Júnior (Lisboa)
Golos: 1-0 (Araújo 5'); 2-0 (Correia Dias 24'); 3-0 (Camilo 37'); 4-0
(Araújo 43'); 5-0 (Araújo 45'); 5-1 (Bentes 70'); 6-1 (Araújo 72', gp);
7-1 (Araújo 76'); 8-1 (Correia Dias 81')

FC Porto: Barrigana, Alfredo, Camilo, Anjos, Romão, Octaviano,
Lourenço, Araújo, Correia Dias, Freitas e Joaquim
Treinador: Josef Szabo

ACADÉMICA: Vasco, Albino «cap», Mário Reis, Lomba, Brás,
António Maria, Ângelo, Azeredo, Garção, Nana e Bentes
Treinador: Eduardo Lemos

ACADÉMICA – 6 UD Oliveirense – 1

1ª DIVISÃO, 17ª JORNADA, 14-4-1946 (DOM, 16:00)
Campo do Loreto, Coimbra
Árbitro: Abel da Costa (Porto)
Golos: 1-0 (Ângelo 4'); 2-0 (Bentes 6'); 3-0 (Azeredo 16');
4-0 (Nana 23'); 4-1 (Domingos 73'); 5-1 (Garção 82');
6-1 (Ângelo 89')

ACADÉMICA: Jacques, Albino «cap», Mário Reis, Lomba, Brás,
António Maria, Ângelo, Azeredo, Garção, Nana e Bentes
Treinador: Eduardo Lemos

UD Oliveirense: Teixeira, Henrique «cap», Joaquim Oliveira,
Manuel Oliveira, Adelino, Eurico, Alípio (L 43'), José Tavares, Pinho,
João Tavares e Domingos **Treinador:** Gomes da Costa

SC Olhanense – 4 ACADÉMICA – 2

1ª DIVISÃO, 18ª JORNADA, 28-4-1946 (DOM, 16:00)
Campo Padinha, Olhão **Árbitro:** Mário Ribeiro Sanches (Lisboa)
Golos: 1-0 (Cabrita 5'); 1-1 (Rodrigues 30', pb); 1-2 (Bentes 43'); 2-2
(Messias 47', pb); 3-2 (Cabrita 67'); 4-2 (Eminêncio 79')

SC Olhanense: Abraão, Rodrigues, Nunes, João dos Santos,
Grazina, Loulé, Eminêncio, Joaquim Paulo, Cabrita «cap»,
João da Palma e Palmeiro
Treinador: José Mendes

ACADÉMICA: Jacques, Messias, Mário Reis, Branco, Brás, António
Maria, Joaquim João, Azeredo, Garção, Nana «cap» e Bentes
Treinador: Eduardo Lemos

ACADÉMICA – 2 VSC Guimarães – 0

1ª DIVISÃO, 19ª JORNADA, 5-5-1946 (DOM, 16:00)
Campo do Loreto, Coimbra
Árbitro: António Passos (Porto)
Golos: 1-0 (Nana 3'); 2-0 (Joaquim João 67')

ACADÉMICA: Jacques, Albino «cap», Mário Reis, Lomba, Brás,
António Maria, Joaquim João, Azeredo, Garção, Nana e Bentes
Treinador: Eduardo Lemos

VSC Guimarães: Ricoca, Curado «cap», João, Garcia, Luciano, José
Maria, Dias, Miguel, Alexandre, Alcino e Arlindo
Treinador: Virgílio Freitas

SL Elvas – 4 ACADÉMICA – 3

1ª DIVISÃO, 20ª JORNADA, 12-5-1946 (DOM, 16:00)
Estádio Municipal de Elvas, Elvas **Árbitro:** Manuel da Silva (Lisboa)
Golos: 1-0 (Patalino 48'); 1-1 (Garção 52'); 2-1 (Quim 66'); 3-1
(Massano 76'); 3-2 (Garção 80'); 4-2 (Patalino 82'); 4-3 (Bentes 85')

SL Elvas: Semedo, Fernandes, Ameixa, Rana, Alcobia «cap», Rebelo,
Morais, Massano, Patalino, Aleixo e Quim
Treinador: Joaquim Alcobia

ACADÉMICA: Jacques, Messias, Mário Reis, Branco, Brás, António
Maria, Ângelo, Azeredo, Garção, Nana «cap» e Bentes
Treinador: Eduardo Lemos

VFC Setúbal – 2 ACADÉMICA – 3

1ª DIVISÃO, 21ª JORNADA, 19-5-1946 (DOM, 16:00)
Campo dos Arcos, Setúbal **Árbitro:** João dos Santos Júnior (Lisboa)
Golos: 0-1 (Garção 2'); 0-2 (Ângelo 13'); 1-2 (Cardoso Pereira 62',
gp); 2-2 (Nunes 80'); 2-3 (Bentes 89')

VFC Setúbal: Acácio, Montês, Soeiro, Pacheco, Pina, Figueiredo,
Campos, Nunes, Ataz, Rendas «cap» e Cardoso Pereira
Treinador: Armando Martins

ACADÉMICA: Jacques, Messias, Mário Reis, Lomba «cap», Brás,
António Maria, Ângelo, Azeredo, Garção, Taborda e Bentes
Treinador: Eduardo Lemos

ACADÉMICA – 5 Sporting CP – 5

1ª DIVISÃO, 22ª JORNADA, 26-5-1946 (DOM, 10:30)
Campo do Loreto, Coimbra **Árbitro:** Álvaro Santos (Coimbra)
Auxiliares: Vieira da Costa e Carlos Canuto **Golos:** 1-0 (Nana 2'); 1-
1 (Peyroteo 10'); 2-1 (Bentes 25'); 3-1 (Bentes 40'); 4-1 (Bentes 46');
4-2 (Sidónio 47'); 5-2 (Joaquim João 55'); 5-3 (Sidónio 74'); 5-4
(Armando Ferreira 75'); 5-5 (Sidónio 82') **Obs:** O árbitro, que
apitava pela última vez, foi substituído aos 15 minutos, por Vieira
da Costa, do Porto

ACADÉMICA: Jacques, Messias, Mário Reis, Branco, Brás, António
Maria, Joaquim João, Azeredo, Lemos «cap», Nana e Bentes
Treinador: Eduardo Lemos

Sporting CP: Azevedo, Cardoso «cap», Manuel Marques, Canário,
Barrosa, Veríssimo, Armando Ferreira, Sidónio, Peyroteo, António
Marques e Albano **Treinador:** Cândido de Oliveira

Sporting CP – 6 ACADÉMICA – 3 (AP)

TAÇA DE PORTUGAL, OITAVOS DE FINAL, 2-6-1946 (DOM, 16:00)
Campo da Portela, Marinha Grande **Árbitro:** Aureliano Fernandes
(Setúbal) **Golos:** 0-1 (Garção 1'); 1-1 (António Marques 8'); 1-2
(Bentes 18'); 1-3 (Bentes 51'); 2-3 (Peyroteo 53'); 3-3 (Cordeiro 75');
4-3 (António Marques 105'); 5-3 (Peyroteo 108'); 6-3 (Peyroteo 119')

Sporting CP: Azevedo, Cardoso «cap», Manuel Marques, Barrosa,
Veríssimo, Juvenal, Armando Ferreira, Cordeiro, Peyroteo, António
Marques e Albano
Treinador: Cândido de Oliveira

ACADÉMICA: Jacques, Messias, Mário Reis, Lomba «cap», Brás,
António Maria, Ângelo, Azeredo, Garção, Nana e Bentes (L 105')
Treinador: Eduardo Lemos

ÉPOCA 1946-1947

1ª DIVISÃO: 11º LUGAR (MANUTENÇÃO)
TAÇA DE PORTUGAL: NÃO SE DISPUTOU

JOGOS EFECTUADOS

	J	V	E	D	GM	GS
CASA	13	8	2	3	35	28
FORA	13	0	2	11	14	68
TOTAL	26	8	4	14	49	96

ACADÉMICA – 4 FC Famalicão – 2

1ª DIVISÃO, 2ª JORNADA, 1-12-1946 (DOM, 15:00)
Campo do Loreto, Coimbra **Árbitro:** Vale Ramos (Aveiro)
Auxiliares: Manuel Roxo e Manuel Serrano **Golos:** 1-0 (Nana 15');
2-0 (Garção 17'); 3-0 (Garção 32'); 3-1 (Álvaro Pereira 64'); 3-2
(Mário Reis 66', pb); 4-2 (Bentes 88')

ACADÉMICA: Jacques, António Maria, Brás, Lomba «cap», Mário
Reis, Eduardo Santos, Micael, Azeredo, Garção, Nana e Bentes
Treinador: Alexandre Peics

FC Famalicão: Sansão, Lourenço, Cerqueira, Armando «cap»,
Clímaco, Ferrão, Mendes, Júlio Costa, Álvaro Pereira,
Szabo e Sampaio
Treinador: Dezso Genczi

Atlético CP – 4 ACADÉMICA – 0

1ª DIVISÃO, 3ª JORNADA, 8-12-1946 (DOM, 15:00)
Campo da Tapadinha, Lisboa **Árbitro:** Aureliano Fernandes (Setúbal)
Auxiliares: Mário Ribeiro Sanches e Luís Magalhães
Golos: 1-0 (Barbosa 2'); 2-0 (Armindo 41'); 3-0 (Armindo 65'); 4-0 (Barbosa 87')

Atlético CP: Correia, Batista, José Manuel, Franco, José Lopes, Morais, Óscar, Armindo, Barbosa, Gregório «cap» e Marques
Treinador: Abrantes Mendes

ACADÉMICA: Jacques, António Maria, Brás, Lomba «cap», Mário Reis, Eduardo Santos, Micael, Azeredo, Garção, Nana e Bentes
Treinador: Alexandre Peics

AD Sanjoanense – 1 ACADÉMICA – 1

1ª DIVISÃO, 1ª JORNADA, 15-12-1946 (DOM, 15:00)
Campo Conde Dias Garcia, São João da Madeira
Árbitro: Domingos Miranda (Porto)
Golos: 0-1 (Nana 5', gp); 1-1 (Manuel Pardal 74')

AD Sanjoanense: Mota, Malhado, Costa Leite, Santa Clara, Batista, Carvalhita, Manuel Pardal, Rocha, António Santos, Azevedo e Arlindo
Treinador: Francisco Duarte

ACADÉMICA: Szabo, António Maria, Mário Reis, Branco, Eduardo Santos, Brás, Melo, Azeredo, Jorge Santos, Nana «cap» e Bentes
Treinador: Alexandre Peics

ACADÉMICA – 2 CF "Os Belenenses" – 0

1ª DIVISÃO, 4ª JORNADA, 22-12-1946 (DOM, 15:00)
Campo do Loreto, Coimbra
Árbitro: Vale Ramos (Aveiro)
Golos: 1-0 (Jorge Santos 25'); 2-0 (Jorge Santos 47')

ACADÉMICA: Szabo, António Maria, Mário Reis, Branco, Eduardo Santos, Brás, Melo, Azeredo, Jorge Santos, Nana «cap» e Bentes
Treinador: Alexandre Peics

CF "Os Belenenses": Capela, Moura, Feliciano, Serafim, Amaro «cap», Gomes, Mário Coelho, Elói, Armando, Quaresma e Rafael
Treinador: Augusto Silva

Sporting CP – 9 ACADÉMICA – 1

1ª DIVISÃO, 5ª JORNADA, 29-12-1946 (DOM, 15:00)
Campo do Lumiar-A, Lisboa **Árbitro:** J.J. Trindade (Setúbal)
Auxiliares: João Vaz e Mário Ribeiro Sanches **Golos:** 1-0 (Peyroteo 3'); 2-0 (Jesus Correia 9'); 3-0 (Albano 27'); 3-1 (Melo 39'); 4-1 (Jesus Correia 44'); 5-1 (Armando Ferreira 56'); 6-1 (Peyroteo 60'); 7-1 (Peyroteo 76'); 8-1 (Jesus Correia 78'); 9-1 (Albano 80').
Obs: Veríssimo (Sporting CP) ocupou o lugar de guarda-redes, após lesão de Azevedo

Sporting CP: Azevedo (L 5'), Cardoso «cap», Manuel Marques, Canário, Veríssimo, Juvenal, Jesus Correia, Armando Ferreira, Peyroteo, Travassos e Albano **Treinador:** Robert Kelly

ACADÉMICA: Szabo, António Maria, Mário Reis, Brás, Eduardo Santos, Branco, Melo, Azeredo, Jorge Santos, Nana «cap» e Bentes
Treinador: Alexandre Peics

ACADÉMICA – 2 FC Porto – 1

1ª DIVISÃO, 6ª JORNADA, 12-1-1947 (DOM, 15:00)
Campo do Loreto, Coimbra **Árbitro:** Carlos Canuto (Lisboa)
Auxiliares: João Vaz e Mário Ribeiro Sanches
Golos: 1-0 (Jorge Santos 21'); 1-1 (Araújo 64'); 2-1 (Bentes 79')

ACADÉMICA: Szabo, António Maria, Mário Reis, Brás, Eduardo Santos, Lomba «cap», Melo, Azeredo, Jorge Santos, Nana e Bentes
Treinador: Alexandre Peics

FC Porto: Barrigana, Anjos, Guilhar «cap», Carvalho, Joaquim, Romão, Lourenço, Araújo, Correia Dias, Sanfins e Catolino
Treinador: Josef Szabo

ACADÉMICA – 4 SL Elvas – 3

1ª DIVISÃO, 7ª JORNADA, 2-2-1947 (DOM, 15:00)
Campo do Loreto, Coimbra **Árbitro:** João dos Santos Júnior (Lisboa) **Golos:** 1-0 (Jorge Santos 25'); 2-0 (Melo 34'); 3-0 (Bentes 51'); 3-1 (Massano 68'); 3-2 (Rosário 73'); 3-3 (Rosário 74'); 4-3 (Jorge Santos 77')

ACADÉMICA: Szabo, Diogo, Mário Reis, Brás, Eduardo Santos, Lomba «cap», Melo, Azeredo, Jorge Santos, Nana e Bentes
Treinador: Alexandre Peics

SL Elvas: Semedo, Rana «cap», Neves, Oliveira, Rebelo, Toninho, Virgílio, Massano, Patalino, Aleixo e Rosário
Treinador: Severiano Correia

VFC Setúbal – 5 ACADÉMICA – 1

1ª DIVISÃO, 8ª JORNADA, 9-2-1947 (DOM, 15:00)
Campo dos Arcos, Setúbal **Árbitro:** Oliveira Machado (Lisboa)
Golos: 1-0 (Nunes 8'); 2-0 (Passos 28'); 3-0 (Nunes 40'); 3-1 (Bentes 46'); 4-1 (Rendas 79'); 5-1 (Nunes 90', gp)

VFC Setúbal: Batista, Pereira, Montês, Figueiredo, Pina, Soeiro, Campos, Nunes, Cardoso Pereira, Rendas «cap» e Passos
Treinador: Serrados Duarte

ACADÉMICA: Szabo, Messias, Mário Reis, Brás, Eduardo Santos, Lomba «cap», Melo, Azeredo, Jorge Santos, Nana e Bentes
Treinador: Alexandre Peics

ACADÉMICA – 4 Boavista FC – 3

1ª DIVISÃO, 9ª JORNADA, 16-2-1947 (DOM, 15:00)
Campo do Loreto, Coimbra **Árbitro:** Ant. Rodrigues Santos (Lisboa) **Golos:** 0-1 (Fernando Caiado 12'); 0-2 (António Caiado 18'); 1-2 (Jorge Santos 41'); 2-2 (Bentes 70'); 2-3 (Barros 74'); 3-3 (Bentes 76'); 4-3 (Ataz 88')

ACADÉMICA: Szabo, António Maria, Mário Reis, Brás, Eduardo Santos, Lomba «cap», Melo, Azeredo, Jorge Santos, Ataz e Bentes
Treinador: Alexandre Peics

Boavista FC: Mota, Ramos, Francisco Silva, Fernando, Serafim (E 71'), Raimundo, José Caiado, Armando, António Caiado, Fernando Caiado e Barros
Treinador: Juan Martin

SL Benfica – 4 ACADÉMICA – 1

1ª DIVISÃO, 10ª JORNADA, 23-2-1947 (DOM, 15:00)
Campo Grande, Lisboa
Árbitro: José Silva Pires (Setúbal)
Golos: 0-1 (Micael 13'); 1-1 (Amorim 26'); 2-1 (Batista 34'); 3-1 (Julinho 64'); 4-1 (Julinho 83')

SL Benfica: Pinto Machado, Jacinto, Félix, Joaquim Fernandes, Moreira, Francisco Ferreira «cap», Amorim, Melão, Julinho, Batista e Claro **Treinador:** Janos Biri

ACADÉMICA: Szabo, António Maria, Mário Reis, Brás, Oliveira, Azeredo, Micael, Melo, Jorge Santos, Lomba «cap» e Garção
Treinador: Alexandre Peics

ACADÉMICA – 3 GD Estoril-Praia – 5

1ª DIVISÃO, 11ª JORNADA, 2-3-1947 (DOM, 15:00)
Campo do Loreto, Coimbra **Árbitro:** Vieira da Costa (Porto)
Golos: 1-0 (Jorge Santos 2'); 2-0 (Bentes 20'); 2-1 (Bravo 30'); 2-2 (Mota 35'); 2-3 (Raul Silva 36'); 2-4 (Raul Silva 52'); 2-5 (Lima 54'); 3-5 (Bentes 57')

ACADÉMICA: Szabo, António Maria, Mário Reis, Brás, Eduardo Santos, Azeredo, Micael, Emílio, Jorge Santos, Nana «cap» e Bentes
Treinador: Alexandre Peics

GD Estoril-Praia: Sebastião, Pereira, Elói, Fragateiro, Cassiano, António Nunes, Lima, Bravo, Mota, Osvaldo e Raul Silva
Treinador: Lipo Herczka

VSC Guimarães – 2 ACADÉMICA – 2

1ª DIVISÃO, 12ª JORNADA, 9-3-1947 (DOM, 15:30)
Campo da Amorosa, Guimarães **Árbitro:** Lima e Sá (Porto)
Golos: 0-1 (Bentes 3'); 1-1 (Miguel 4'); 1-2 (Bentes 11'); 2-2 (Brioso 26')

VSC Guimarães: Machado, Ferreira, Curado «cap», João, José Maria, Dias, Alexandre, Miguel, Brioso, Teixeira e Franklin
Treinador: Artur Baeta

ACADÉMICA: Szabo, Jorge Santos, António Maria, Brás, Aristides «cap», Diogo, Melo, Eduardo Santos, Ataz, Azeredo e Bentes
Treinador: Alexandre Peics

ACADÉMICA – 2 SC Olhanense – 3

1ª DIVISÃO, 13ª JORNADA, 16-3-1947 (DOM, 15:00)
Campo do Loreto, Coimbra **Árbitro:** Fernando Couto (Porto)
Golos: 0-1 (Arménio 38'); 1-1 (Bentes 48'); 2-1 (Taborda 63'); 2-2 (Moreira 73'); 2-3 (Cabrita 89')

ACADÉMICA: Szabo, Mário Reis «cap», António Maria, Brás, Aristides, Diogo, Micael, Taborda, Jorge Santos, Azeredo e Bentes
Treinador: Alexandre Peics

SC Olhanense: Óscar, Rodrigues, Eminêncio, Ricardo, Cortês, Grazina, Arménio, Joaquim Paulo, Cabrita, Salvador e Moreira
Treinador: Desidério Herczka

ACADÉMICA – 5 AD Sanjoanense – 2

1ª DIVISÃO, 14ª JORNADA, 30-3-1947 (DOM, 15:00)
Campo do Loreto, Coimbra **Árbitro:** Ant. Costa Martins (Porto)
Golos: 0-1 (Azevedo 3'); 1-1 (Pacheco Nobre 20'); 2-1 (Bentes 21'); 2-2 (David 30'); 3-2 (Bentes 59', gp); 4-2 (Garção 67'); 5-2 (Pacheco Nobre 82') **Obs:** A Académica jogou com camisolas brancas, calções e meias pretas

ACADÉMICA: Szabo, Mário Reis «cap», António Maria, Brás, Aristides, Diogo, Micael, Pacheco Nobre, Garção, Azeredo e Bentes
Treinador: Alexandre Peics

AD Sanjoanense: Mota, Malhado, Costa Leite, Silva, Quintino, Batista, Manuel Pardal, António Santos (E 85'), Gonçalves, Azevedo e David
Treinador: Francisco Duarte

FC Famalicão – 6 ACADÉMICA – 1

1ª DIVISÃO, 15ª JORNADA, 6-4-1947 (DOM, 16:00)
Campo do Freião, Vila Nova de Famalicão
Árbitro: Vieira da Costa (Porto)
Golos: 1-0 (Pires 18'); 2-0 (Adelino 26'); 3-0 (Álvaro Pereira 27'); 3-1 (Garção 32'); 4-1 (Álvaro Pereira 49'); 5-1 (Pires 80'); 6-1 (Pires 85')

FC Famalicão: Augusto, Armando «cap», Cerqueira, Júlio Costa, Ferrão, Szabo, Manita, Pires, Álvaro Pereira, Adelino e Mendes
Treinador: Oscar Tellechea

ACADÉMICA: Szabo, Jorge Santos, Óscar, Aristides, Mário Reis «cap», Brás, Ataz, Pacheco Nobre, Garção, Azeredo e Bentes
Treinador: Alexandre Peics

ACADÉMICA – 3 Atlético CP – 2

1ª DIVISÃO, 16ª JORNADA, 13-4-1947 (DOM, 16:00)
Campo do Loreto, Coimbra **Árbitro:** António Passos (Porto)
Golos: 0-1 (Guedes 8'); 1-1 (Azeredo 24'); 2-1 (Bentes 27'); 2-2 (Guedes 58'); 3-2 (Bentes 66')

ACADÉMICA: Szabo, Jorge Santos, Diogo, Eduardo Santos, António Maria, Aristides, Azeredo, Pacheco Nobre, Melo, Nana «cap» e Bentes **Treinador:** Alexandre Peics

Atlético CP: Ernesto, Franco, Castro, Diamantino, Batista, Morais, Etelvino, Gregório «cap», Amaral, Guedes e Marques
Treinador: Abrantes Mendes

1946-1947

ÉPOCA 1947-1948

1ª DIVISÃO: 14º LUGAR (DESPROMOÇÃO)
TAÇA DE PORTUGAL: OITAVOS DE FINAL

JOGOS EFECTUADOS

	J	V	E	D	GM	GS
CASA	14	5	2	7	26	39
FORA	14	0	0	14	14	77
TOTAL	28	5	2	21	40	116

CF "Os Belenenses" – 5 ACADÉMICA – 1

1ª DIVISÃO, 17ª JORNADA, 20-4-1947 (DOM, 16:30)
Campo das Salésias, Lisboa
Árbitro: Joaquim Reis Santos (Santarém)
Golos: 1-0 (Quaresma 20'); 2-0 (Palma Soeiro 30'); 3-0 (Sério 45'); 3-1 (Bentes 48'); 4-1 (Rafael 66'); 5-1 (Teixeira da Silva 77')

CF "Os Belenenses": Capela, Figueiredo, Feliciano, David, Amaro «cap», Sério, Mário Coelho, Quaresma, Teixeira da Silva, Palma Soeiro e Rafael
Treinador: Augusto Silva

ACADÉMICA: Szabo, Mário Reis, António Maria, Diogo, Eduardo Santos, Aristides, Melo, Azeredo, Pacheco Nobre, Nana «cap» e Bentes **Treinador:** Alexandre Peics

ACADÉMICA – 1 Sporting CP – 3

1ª DIVISÃO, 18ª JORNADA, 27-4-1947 (DOM, 16:00)
Campo do Loreto, Coimbra **Árbitro:** Vieira da Costa (Porto)
Golos: 0-1 (Jesus Correia 15'); 1-1 (Bentes 68'); 1-2 (Jesus Correia 71'); 1-3 (Jesus Correia 84')

ACADÉMICA: Szabo, Mário Reis, António Maria, Brás, Eduardo Santos, Aristides, Melo, Pacheco Nobre, Lemos «cap», Azeredo e Bentes
Treinador: Alexandre Peics

Sporting CP: Azevedo, Cardoso «cap», Manuel Marques, Canário, Barrosa, Veríssimo, Armando Ferreira, Vasques, Jesus Correia, Travassos e Albano
Treinador: Robert Kelly

FC Porto – 4 ACADÉMICA – 2

1ª DIVISÃO, 19ª JORNADA, 11-5-1947 (DOM, 16:00)
Estádio do Lima, Porto **Árbitro:** José Teixeira (Braga)
Golos: 1-0 (Freitas 12'); 2-0 (Freitas 26'); 3-0 (Boavida 38'); 3-1 (Azeredo 62'); 4-1 (Araújo 86', gp); 4-2 (Pacheco Nobre 88')

FC Porto: Barrigana, Alfredo, Guilhar «cap», Carvalho, Joaquim, Romão, Sanfins, Araújo, Boavida, Freitas e Catolino
Treinador: Josef Szabo

ACADÉMICA: Szabo, Mário Reis «cap», Brás, Eduardo Santos, António Maria, Aristides, Melo, Pacheco Nobre, Jorge Santos, Azeredo e Bentes
Treinador: Alexandre Peics

SL Elvas – 3 ACADÉMICA – 2

1ª DIVISÃO, 20ª JORNADA, 18-5-1947 (DOM, 16:00)
Estádio Municipal de Elvas, Elvas **Árbitro:** Abel António Ferreira (Lisboa) **Golos:** 0-1 (Toninho 10', pb); 1-1 (Rosário 15'); 2-1 (Patalino 41'); 3-1 (Patalino 53'); 3-2 (Bentes 73')

SL Elvas: Semedo, Neves, Oliveira, Rebelo, Rana «cap», Toninho, Morais, Massano, Patalino, Aleixo e Rosário
Treinador: Severiano Correia

ACADÉMICA: Szabo, António Maria, Brás, Eduardo Santos, Mário Reis «cap», Branco, Melo, Pacheco Nobre, Ataz, Azeredo e Bentes
Treinador: José Maria Antunes

ACADÉMICA – 1 VFC Setúbal – 0

1ª DIVISÃO, 21ª JORNADA, 1-6-1947 (DOM, 16:00)
Campo do Loreto, Coimbra
Árbitro: Avelino Ribeiro (Porto)
Golo: 1-0 (Bentes 80')

ACADÉMICA: Szabo, António Maria, Brás, Branco, Mário Reis «cap», Aristides, Ataz, Pacheco Nobre, Garção, Azeredo e Bentes
Treinador: José Maria Antunes

VFC Setúbal: Batista, Pereira, Montês, Figueiredo, Pina, Jacinto, Cardoso Pereira, Nunes, Viegas, Rendas «cap» e Passos
Treinador: Serrados Duarte

Boavista FC – 7 ACADÉMICA – 1

1ª DIVISÃO, 22ª JORNADA, 8-6-1947 (DOM, 16:00)
Campo do Bessa, Porto **Árbitro:** Joaquim Reis Santos (Santarém)
Auxiliares: Fonseca Gonçalves e Abel da Costa
Golos: 1-0 (Armando 20'); 2-0 (Serafim 26', gp); 3-0 (Barros 32'); 4-0 (Armando 56'); 5-0 (Fernando Caiado 79'); 6-0 (Armando 81'); 6-1 (Oliveira 83'); 7-1 (Fernando Caiado 89')

Boavista FC: Carlos, Pereira, Raimundo, Garcia, Serafim, Ramos, José Caiado, Armando, António Caiado (E 7'), Fernando Caiado e Barros
Treinador: Juan Martin

ACADÉMICA: Szabo, Messias, Brás, Oliveira, Mário Reis, Azeredo, Ataz, Pacheco Nobre, Garção, Nana «cap» e Bentes
Treinador: José Maria Antunes

ACADÉMICA – 3 SL Benfica – 3

1ª DIVISÃO, 23ª JORNADA, 11-6-1947 (QUA, 18:30)
Campo do Loreto, Coimbra **Árbitro:** Mário Veiga (Leiria)
Golos: 1-0 (Garção 6'); 1-1 (Arsénio 15'); 1-2 (Arsénio 27'); 1-3 (Amorim 54'); 2-3 (Nana 63', gp); 3-3 (Ataz 72')

ACADÉMICA: Szabo, António Maria, Brás, Branco, Mário Reis, Azeredo, Ataz, Pacheco Nobre, Garção, Nana «cap» e Bentes
Treinador: José Maria Antunes

SL Benfica: Manuel Joaquim, Jacinto, Artur Teixeira, Moreira, Félix, Francisco Ferreira «cap», Amorim, Arsénio, Julinho, Batista e Claro
Treinador: Janos Biri

GD Estoril-Praia – 6 ACADÉMICA – 1

1ª DIVISÃO, 24ª JORNADA, 21-6-1947 (SAB, 18:30)
Campo da Amoreira, Estoril **Árbitro:** João Cunha Pinto (Setúbal)
Golos: 1-0 (Bravo 15'); 2-0 (Osvaldo 16'); 3-0 (Oliveira 32'); 4-0 (Vieira 40'); 5-0 (Osvaldo 64'); 6-0 (Osvaldo 69'); 6-1 (Pacheco Nobre 85')

GD Estoril-Praia: Sebastião, Pereira, Elói, Alberto «cap», Oliveira, António Nunes, Bravo, Vieira, Lourenço, Osvaldo e Raul Silva
Treinador: Lipo Herczka

ACADÉMICA: Szabo, António Maria, Mário Reis «cap», Brás, Branco, Aristides, Azeredo, Pacheco Nobre, Ataz, Garção e Bentes
Treinador: José Maria Antunes

ACADÉMICA – 1 VSC Guimarães – 1

1ª DIVISÃO, 25ª JORNADA, 29-6-1947 (DOM, 17:00)
Campo do Loreto, Coimbra
Árbitro: Vale Ramos (Porto)
Golos: 0-1 (Franklin 77'); 1-1 (Azeredo 82')

ACADÉMICA: Szabo, António Maria, Mário Reis, Brás, Branco, Azeredo, Ataz, Pacheco Nobre, Garção, Nana «cap» e Bentes
Treinador: José Maria Antunes

VSC Guimarães: Machado, Ferreira, Curado «cap», João, José Maria, Teixeira (E 87'), Alexandre, Rebelo, Tarugo, Alcino e Franklin
Treinador: Artur Baeta

SC Olhanense – 12 ACADÉMICA – 0

1ª DIVISÃO, 26ª JORNADA, 2-7-1947 (QUA, 18:30)
Campo Padinha, Olhão **Árbitro:** Luís Magalhães (Lisboa) **Golos:** 1-0 (Palmeiro 14'); 2-0 (Soares 15'); 3-0 (Palmeiro 26'); 4-0 (Moreira 27'); 5-0 (Palmeiro 30'); 6-0 (Eminêncio 33'); 7-0 (Palmeiro 41'); 8-0 (Soares 46'); 9-0 (Soares 64'); 10-0 (Eminêncio 69'); 11-0 (Moreira 76'); 12-0 (Soares 80') **Obs:** António Maria (Académica) ocupou o lugar de guarda-redes, após lesão de Manecas

SC Olhanense: Abraão, Rodrigues, Nunes, João Santos, Grazina, Cortês, Moreira, Soares, Eminêncio, Joaquim Paulo e Palmeiro «cap»
Treinador: Desidério Herczka

ACADÉMICA: Manecas (L 45'), António Maria, Brás, Milton, Mário Reis «cap», Oliveira, Melo, Eduardo Santos, Jorge Santos, Azeredo e Micael **Treinador:** José Maria Antunes

ACADÉMICA – 3 SC Olhanense – 3

1ª DIVISÃO, 1ª JORNADA, 16-11-1947 (DOM, 15:00)
Campo do Loreto, Coimbra **Árbitro:** Carlos Canuto (Lisboa)
Auxiliares: Alcindo Barreira e Teófilo Braga
Golos: 0-1 (Moreira 12'); 0-2 (Moreira 39'); 1-2 (Aníbal 52'); 2-2 (Nana 57'); 3-2 (Bentes 75'); 3-3 (Cabrita 85')

ACADÉMICA: Prates, Messias, Brás, Eduardo Santos, Diogo, Azeredo, Aníbal, Pacheco Nobre, Ataz, Nana «cap» e Bentes
Treinador: Micael

SC Olhanense: Szabo, Rodrigues, Januário, Grazina, Eminêncio, Acácio, Moreira, Salvador, Cabrita «cap», Joaquim Paulo e Palmeiro
Treinador: Josef Szabo

SC Braga – 2 ACADÉMICA – 1

1ª DIVISÃO, 2ª JORNADA, 30-11-1947 (DOM, 15:00)
Campo da Ponte, Braga
Árbitro: José Correia da Costa (Porto)
Golos: 1-0 (Diamantino 19'); 1-1 (Ataz 21'); 2-1 (Diogo 59', pb)

SC Braga: Salvador, Palmeira, Sobral «cap», Joaquim, António Marques, Daniel, Nelo, Elói, Mário, Diamantino e Cassiano
Treinador: Alberto Augusto

ACADÉMICA: Prates, Messias, Brás, Branco, Diogo, Azeredo, Aníbal, Pacheco Nobre, Ataz, Nana «cap» e Bentes
Treinador: Micael

ACADÉMICA – 0 CF "Os Belenenses" – 4

1ª DIVISÃO, 3ª JORNADA, 7-12-1947 (DOM, 15:00)
Campo do Loreto, Coimbra **Árbitro:** Lima e Sá (Porto)
Golos: 0-1 (Teixeira da Silva 20'); 0-2 (Narciso 23'); 0-3 (Teixeira da Silva 85'); 0-4 (Duarte 89')

ACADÉMICA: Prates, Aristides, Brás, Eduardo Santos, Diogo, Óscar, Melo, Azeredo, Ataz, Nana «cap» e Bentes
Treinador: Micael

CF "Os Belenenses": Sério, Vasco, Feliciano, Amaro «cap», Figueiredo, Serafim, Manuel Rocha, Quaresma, Teixeira da Silva, Duarte e Narciso
Treinador: Alejandro Scopelli

SL Benfica – 5 ACADÉMICA – 0

1ª DIVISÃO, 4ª JORNADA, 14-12-1947 (DOM, 15:00)
Campo Grande, Lisboa
Árbitro: João Cunha Pinto (Setúbal)
Golos: 1-0 (Julinho 9'); 2-0 (Arsénio 13'); 3-0 (Arsénio 16'); 4-0 (Espírito Santo 81'); 5-0 (Julinho 89')

SL Benfica: Rogério Contreiras, Cerqueira, Joaquim Fernandes, Jacinto, Moreira, Francisco Ferreira «cap», Espírito Santo, Arsénio, Julinho, Corona e Batista **Treinador:** Lipo Herczka

ACADÉMICA: Prates, Aristides, Diogo, Brás, Eduardo Santos, Azeredo, Melo, Alberto Cruz, Ataz, Nana «cap» e Bentes
Treinador: Micael

VSC Guimarães – 3 ACADÉMICA – 2

1ª DIVISÃO, 5ª JORNADA, 21-12-1947 (DOM, 15:00)
Campo da Amorosa, Guimarães **Árbitro:** António Passos (Porto)
Golos: 1-0 (Alcino 1'); 2-0 (Alcino 10'); 2-1 (Bentes 12'); 3-1 (Miguel 33'); 3-2 (Garção 65')

VSC Guimarães: Machado, Garcia, Francisco Costa, Armando, Curado «cap», Teixeira, Miguel, Rebelo, Brioso, Alcino e Franklin **Treinador:** Alfredo Valadas

ACADÉMICA: Prates, Aristides, Brás, Eduardo Santos, Diogo, Azeredo, Ataz, Pacheco Nobre, Garção, Nana «cap» e Bentes **Treinador:** Micael

ACADÉMICA – 1 VFC Setúbal – 4

1ª DIVISÃO, 6ª JORNADA, 28-12-1947 (DOM, 15:00)
Campo do Loreto, Coimbra **Árbitro:** Guido Gomes Rosa (Lisboa)
Golos: 0-1 (Cardoso Pereira 10'); 0-2 (Joaquim 49'); 1-2 (Garção 58'); 1-3 (Campos 77'); 1-4 (Rendas 89')

ACADÉMICA: Prates, Aristides, Brás, Eduardo Santos, Diogo, Azeredo, Ataz, Pacheco Nobre, Garção, Nana «cap» e Bentes **Treinador:** Micael

VFC Setúbal: Batista, Ameixa, Figueiredo, Pina, Montês, Primo, Campos, Rendas «cap», Armando, Cardoso Pereira e Joaquim **Treinador:** Alexandre Peics

FC Porto – 7 ACADÉMICA – 1

1ª DIVISÃO, 7ª JORNADA, 1-1-1948 (QUI, 15:00)
Campo da Constituição, Porto **Árbitro:** João Alvares do Vale (Braga) **Golos:** 1-0 (Correia Dias 9'); 1-1 (Pacheco Nobre 29'); 2-1 (Freitas 31'); 3-1 (Ângelo 36'); 4-1 (Araújo 47'); 5-1 (Araújo 49', gp); 6-1 (Araújo 56'); 7-1 (Freitas 88')

FC Porto: Barrigana, Alfredo, Guilhar «cap», Joaquim, Gastão, Carvalho, Freitas, Araújo, Correia Dias, Ferreira e Ângelo **Treinador:** Eládio Vaschetto

ACADÉMICA: Prates, Carvalheira, Brás, Eduardo Santos, Diogo, Azeredo, Aníbal, Ataz, Pacheco Nobre, Nana «cap» e Bentes **Treinador:** Micael

ACADÉMICA – 2 LFC V. R. S. António – 1

1ª DIVISÃO, 8ª JORNADA, 4-1-1948 (DOM, 15:00)
Campo do Loreto, Coimbra
Árbitro: João Cunha Pinto (Setúbal)
Golos: 1-0 (Pacheco Nobre 27', gp); 1-1 (Germano 60'); 2-1 (Azeredo 75')

ACADÉMICA: Tito, Alentisca, Brás, Eduardo Santos, Diogo, Azeredo, Melo, Pacheco Nobre, Ataz, Nana «cap» e Bentes **Treinador:** Micael

LFC V. R. S. António: Balbino, Mortágua, Caldeira, Camarada, Madeira, Branquinho, Almeida, Sabino, Angelino, Calvinho e Germano **Treinador:** Norberto Cavém

Atlético CP – 6 ACADÉMICA – 0

1ª DIVISÃO, 9ª JORNADA, 11-1-1948 (DOM, 15:00)
Campo da Tapadinha, Lisboa **Árbitro:** Libertino Domingues (Setúbal) **Golos:** 1-0 (Gregório 3'); 2-0 (Vital 28'); 3-0 (Vital 32'); 4-0 (Vital 73'); 5-0 (Armando Carneiro 78'); 6-0 (Armando Carneiro 84')

Atlético CP: Correia, Armindo Costa, Rosário, José Lopes «cap», Pereira, Morais, Martinho, Armando Carneiro, Vital, Gregório e Rogério Simões **Treinador:** Abrantes Mendes

ACADÉMICA: Tito, Diogo, Brás, Aristides, Branco, Azeredo, Melo, Taborda, Garção, Nana «cap» e Bentes **Treinador:** Micael

ACADÉMICA – 3 Sporting CP – 6

1ª DIVISÃO, 10ª JORNADA, 18-1-1948 (DOM, 15:00)
Campo do Loreto, Coimbra **Árbitro:** António Passos (Porto)
Golos: 0-1 (Travassos 2'); 1-1 (Bentes 3'); 2-1 (Pacheco Nobre 6'); 2-2 (Travassos 32'); 2-3 (Travassos 38'); 2-4 (Vasques 46'); 2-5 (Sidónio 71'); 2-6 (Sidónio 77'); 3-6 (Garção 88')

ACADÉMICA: Tito, Albino «cap», Brás, Azeredo, Diogo, Eduardo Santos, Melo, Garção, Pacheco Nobre, Nana e Bentes **Treinador:** Micael

Sporting CP: Dores, Moreira, Juvenal, Canário, Manuel Marques, Veríssimo, Armando Ferreira, Vasques, Sidónio, Travassos e Albano **Treinador:** Cândido de Oliveira

GD Estoril-Praia – 7 ACADÉMICA – 0

1ª DIVISÃO, 11ª JORNADA, 1-2-1948 (DOM, 15:00)
Campo da Amoreira, Estoril **Árbitro:** Aureliano Fernandes (Setúbal) **Golos:** 1-0 (Bravo 7'); 2-0 (Vieira 18'); 3-0 (Mota 49'); 4-0 (Lourenço 68'); 5-0 (Lourenço 69'); 6-0 (Raul Silva 83'); 7-0 (Mota 87')

GD Estoril-Praia: Laranjeira, Pereira, Elói, Alberto «cap», Oliveira, António Nunes, Lourenço, Bravo, Mota, Vieira e Raul Silva **Treinador:** Janos Biri

ACADÉMICA: Prates, Messias (L 15'), Diogo, Brás, Pacheco Nobre, Branco, Micael, Nana «cap», Ataz, Mousaco e Melo **Treinador:** Micael

ACADÉMICA – 2 CAD "O Elvas" – 1

1ª DIVISÃO, 12ª JORNADA, 8-2-1948 (DOM, 15:00)
Campo do Loreto, Coimbra
Árbitro: Manuel da Silva (Lisboa)
Golos: 0-1 (Vieira 5'); 1-1 (Garção 34'); 2-1 (Garção 67')

ACADÉMICA: Prates, Micael, Brás, Branco, Diogo, Azeredo, Melo, Garção, Pacheco Nobre, Nana «cap» e Bentes **Treinador:** Armando Sampaio

CAD "O Elvas": Semedo, Galinho, Oliveira, Rebelo, Casimiro, Sousa, Vieira, Massano «cap», Patalino, Proença e Ângelo **Treinador:** Severiano Correia

Boavista FC – 6 ACADÉMICA – 2

1ª DIVISÃO, 13ª JORNADA, 15-2-1948 (DOM, 15:00)
Campo do Bessa, Porto **Árbitro:** Henrique Borques Leal (Lisboa) **Auxiliares:** António Santos e Álvaro Rebelo **Golos:** 1-0 (Barros 14'); 2-0 (Serafim 26'); 3-0 (Barros 31'); 3-1 (Melo 42'); 4-1 (Fernando Caiado 51'); 5-1 (Fernando Caiado 65'); 6-1 (Fernando Caiado 72'); 6-2 (Micael 79')

Boavista FC: Mota, José Caiado, Francisco Silva, Garcia, Raimundo, Ramos, António Caiado, Vieira, Serafim, Fernando Caiado e Barros **Treinador:** Juan Martin

ACADÉMICA: Prates, Oliveira, Brás, Branco, Diogo, Azeredo, Micael, Pacheco Nobre, Nana «cap», Hipólito e Melo **Treinador:** Armando Sampaio

SC Olhanense – 5 ACADÉMICA – 2

1ª DIVISÃO, 14ª JORNADA, 22-2-1948 (DOM, 15:00)
Campo Padinha, Olhão **Árbitro:** Libertino Domingues (Setúbal) **Golos:** 0-1 (Ataz 4'); 1-1 (Arménio 13'); 2-1 (Arménio 41'); 2-2 (Micael 67'); 3-2 (Salvador 75'); 4-2 (Soares 79'); 5-2 (Soares 87')

SC Olhanense: Szabo, Eminêncio, Grazina, Loulé, Cirilo, Januário, Arménio, Joaquim Paulo, Soares, Salvador e Carmo **Treinador:** Josef Szabo

ACADÉMICA: Prates, Branco, Diogo, Brás, Azeredo, Oliveira, Micael, Pacheco Nobre, Ataz, Nana «cap» e Melo **Treinador:** Tavares da Silva

ACADÉMICA – 4 SC Braga – 3

1ª DIVISÃO, 15ª JORNADA, 29-2-1948 (DOM, 15:00)
Campo do Loreto, Coimbra **Árbitro:** João Vaz (Lisboa) **Golos:** 0-1 (Diamantino 24'); 1-1 (Branco 26'); 1-2 (Daniel 39'); 1-3 (Elói 47'); 2-3 (Bentes 49'); 3-3 (Pacheco Nobre 54', gp); 4-3 (Nana 59')

ACADÉMICA: Prates, Micael, Brás, Azeredo, Diogo, Branco, Melo, Pacheco Nobre, Ataz, Nana «cap» e Bentes **Treinador:** Tavares da Silva

SC Braga: Salvador, Palmeira, Joaquim, Daniel, Sobral «cap», Marques, Nelo, Elói, Mário, Diamantino e Cassiano **Treinador:** Alberto Augusto

CF "Os Belenenses" – 7 ACADÉMICA – 1

1ª DIVISÃO, 16ª JORNADA, 7-3-1948 (DOM, 15:00)
Campo das Salésias, Lisboa **Árbitro:** Aureliano Fernandes (Setúbal) **Golos:** 1-0 (Teixeira da Silva 9'); 2-0 (Narciso 16'); 3-0 (Duarte 23'); 4-0 (Narciso 34'); 4-1 (Pacheco Nobre 68'); 5-1 (Duarte 69'); 6-1 (Nunes 75'); 7-1 (Feliciano 87', gp)

CF "Os Belenenses": Sério, Serafim, Feliciano, David, Amaro «cap», Figueiredo, Nunes, Quaresma, Teixeira da Silva, Duarte e Narciso **Treinador:** Alejandro Scopelli

ACADÉMICA: Prates, Micael, Diogo, Brás, Azeredo, Branco, Ataz, Pacheco Nobre, Garção, Nana «cap» e Melo **Treinador:** Tavares da Silva

ACADÉMICA – 2 SL Benfica – 6

1ª DIVISÃO, 17ª JORNADA, 14-3-1948 (DOM, 15:00)
Campo do Loreto, Coimbra **Árbitro:** Augusto Pacheco (Aveiro) **Golos:** 1-0 (Bentes 1'); 1-1 (Melão 6'); 1-2 (Corona 33'); 2-2 (Bentes 41'); 2-3 (Arsénio 51'); 2-4 (Julinho 53'); 2-5 (Julinho 68'); 2-6 (Batista 77')

ACADÉMICA: Prates, Oliveira, Brás, Branco, Diogo, Azeredo, Micael, Pacheco Nobre, Ataz, Nana «cap» e Bentes **Treinador:** Tavares da Silva

SL Benfica: Rogério Contreiras, Jacinto, Joaquim Fernandes, Moreira, Félix, Francisco Ferreira «cap», Melão, Arsénio, Julinho, Corona e Batista **Treinador:** Lipo Herczka

ACADÉMICA – 2 VSC Guimarães – 2

1ª DIVISÃO, 18ª JORNADA, 28-3-1948 (DOM, 11:00)
Campo do Loreto, Coimbra **Árbitro:** Henrique Borques Leal (Lisboa) **Golos:** 1-0 (Pacheco Nobre 27', gp); 2-0 (Bentes 46'); 2-1 (Rebelo 67'); 2-2 (Luciano 80') **Obs:** Brás (Académica) ocupou o lugar de guarda-redes, após lesão de Prates

ACADÉMICA: Prates (L 1'), Branco, Brás, Pacheco Nobre, Diogo, Azeredo, Ataz, Alberto Gomes «cap», Garção, Nana e Bentes **Treinador:** Tavares da Silva

VSC Guimarães: Machado, Ferreira, Francisco Costa, Armando, Curado «cap», Luciano, Franklin, Rebelo, Brioso, Miguel e Alcino **Treinador:** Alfredo Valadas

VFC Setúbal – 4 ACADÉMICA – 1

1ª DIVISÃO, 19ª JORNADA, 4-4-1948 (DOM, 16:00)
Campo dos Arcos, Setúbal **Árbitro:** Carlos Canuto (Lisboa) **Golos:** 1-0 (Cardoso Pereira 11'); 1-1 (Alberto Gomes 29'); 2-1 (André 35'); 3-1 (Armando 59'); 4-1 (Campos 67')

VFC Setúbal: Batista, Beirão, Ameixa, Armindo, Pina, Jacinto, Campos, Rendas «cap», Armando, Cardoso Pereira e André **Treinador:** Alexandre Peics

ACADÉMICA: Soares, Branco, Diogo, Brás, Pacheco Nobre, Azeredo, Micael, Alberto Gomes «cap», Ataz, Nana e Bentes **Treinador:** Tavares da Silva

1947-1948

1948-1949

ACADÉMICA – 0 FC Porto – 1

1ª DIVISÃO, 20ª JORNADA, 11-4-1948 (DOM, 16:00)
Campo do Loreto, Coimbra
Árbitro: Henrique Borques Leal (Lisboa)
Golo: 0-1 (Araújo 83')

ACADÉMICA: Prates, Branco, Brás, Pacheco Nobre, Diogo, Azeredo, Micael, Alberto Gomes «cap», Garção, Nana e Bentes
Treinador: Tavares da Silva

FC Porto: Barrigana, Alfredo, Virgílio, Romão, Guilhar «cap», Carvalho, Sanfins, Araújo, Correia Dias, Gastão e Catolino
Treinador: Eládio Vaschetto

LFC V. R. S. António – 5 ACADÉMICA – 1

1ª DIVISÃO, 21ª JORNADA, 18-4-1948 (DOM, 16:00)
Campo Francisco Gomes Socorro, Vila Real de Santo António
Árbitro: Abel António Ferreira (Lisboa) **Golos:** 1-0 (Almeida 11'); 2-0 (Angelino 13'); 2-1 (Bentes 46'); 3-1 (Angelino 49'); 4-1 (Angelino 60'); 5-1 (Sabino 85')

LFC V. R. S. António: Balbino, David, Caldeira, Branquinho, Mortágua, Madeira, Almeida, Sabino, Angelino, João Vasques e Germano
Treinador: Norberto Cavém

ACADÉMICA: Prates, Branco, Diogo, Brás, Eduardo Santos, Azeredo, Melo, Couceiro, Garção, Nana «cap» e Bentes
Treinador: Tavares da Silva

ACADÉMICA – 1 Atlético CP – 2

1ª DIVISÃO, 22ª JORNADA, 25-4-1948 (DOM, 16:00)
Campo do Loreto, Coimbra **Árbitro:** Avelino Ribeiro (Porto)
Golos: 0-1 (Rogério Simões 25'); 1-1 (Nana 54', gp); 1-2 (Rogério Simões 75')

ACADÉMICA: Prates, Branco, Diogo, Brás, Eduardo Santos, Azeredo, Micael, Garção, Ataz, Nana «cap» e Bentes
Treinador: Tavares da Silva

Atlético CP: Correia, Abreu, Armindo, Morais, José Lopes «cap», Barros, Martinho, Rogério Simões, Vital, Gregório e Caninhas
Treinador: Pedro Areso

Sporting CP – 6 ACADÉMICA – 1

1ª DIVISÃO, 23ª JORNADA, 2-5-1948 (DOM, 16:00)
Estádio José Alvalade, Lisboa **Árbitro:** Contente de Sousa (Santarém)
Golos: 1-0 (Vasques 17'); 2-0 (Travassos 32'); 3-0 (Vasques 43'); 3-1 (Garção 63'); 4-1 (Travassos 67'); 5-1 (Albano 83'); 6-1 (Travassos 90')

Sporting CP: Azevedo «cap», Cardoso, Moreira, Canário, Veríssimo, Juvenal, Jesus Correia, Vasques, Peyroteo, Travassos e Albano
Treinador: Cândido de Oliveira

ACADÉMICA: Prates, Branco, Diogo, Brás, Hipólito, Azeredo, Melo, Pacheco Nobre, Garção, Nana «cap» e Bentes
Treinador: Tavares da Silva

ACADÉMICA – 1 GD Estoril-Praia – 5

1ª DIVISÃO, 24ª JORNADA, 9-5-1948 (DOM, 16:00)
Campo do Loreto, Coimbra **Árbitro:** Aureliano Fernandes (Setúbal)
Golos: 1-0 (Bentes 8'); 1-1 (Vieira 36'); 1-2 (Vieira 46'); 1-3 (Osvaldo 48'); 1-4 (Mota 58'); 1-5 (Alberto 88')

ACADÉMICA: Prates, Branco, Diogo, Brás, Pacheco Nobre, Azeredo, Melo, Couceiro, Garção, Nana «cap» e Bentes
Treinador: Tavares da Silva

GD Estoril-Praia: Laranjeira, Pereira, Elói, Alberto «cap», Cassiano, Fragateiro, Lourenço, Mota, Osvaldo, Vieira e Raul Silva
Treinador: Janos Biri

CAD "O Elvas" – 12 ACADÉMICA – 1

1ª DIVISÃO, 25ª JORNADA, 16-5-1948 (DOM, 16:00)
Estádio Municipal de Elvas, Elvas **Árbitro:** Rogério de Melo Paiva (Lisboa) **Golos:** 1-0 (Rafa 4'); 2-0 (Massano 8'); 3-0 (Vieira 12'); 4-0 (Rafa 20', gp); 5-0 (Patalino 21'); 6-0 (Vieira 32'); 6-1 (Bentes 35'); 7-1 (Massano 36'); 8-1 (Casimiro 37'); 9-1 (Patalino 53'); 10-1 (Patalino 54'); 11-1 (Patalino 63'); 12-1 (Casimiro 71')

CAD "O Elvas": Calleja, Galinho, Neves, Oliveira, Rebelo, Sousa, Vieira, Massano «cap», Patalino, Rafa e Casimiro
Treinador: Severiano Correia

ACADÉMICA: Tito, Teixeira, Diogo, Brás, Eduardo Santos, Branco, Micael «cap», Garção, Ataz, Domingos e Bentes
Treinador: Tavares da Silva

ACADÉMICA – 1 Boavista FC – 0

1ª DIVISÃO, 26ª JORNADA, 30-5-1948 (DOM, 16:00)
Campo do Loreto, Coimbra
Árbitro: José Serandeses (Lisboa)
Golo: 1-0 (Pacheco Nobre 40', gp)

ACADÉMICA: Tito, Teixeira, Brás, Eduardo Santos, Branco, Azeredo «cap», Micael, Pacheco Nobre, Garção, Ataz e Bentes
Treinador: Tavares da Silva

Boavista FC: Mota, António Caiado, Francisco Silva, Garcia, Raimundo, Ramos, Luzia, Armando «cap», Passos, Fernando Caiado e Barros
Treinador: Juan Martin

ACADÉMICA – 4 Boavista FC – 1

TAÇA DE PORTUGAL, 1/16 DE FINAL, 6-6-1948 (DOM, 16:00)
Campo do Loreto, Coimbra **Árbitro:** João Alvares do Vale (Braga)
Golos: 1-0 (Micael 2'); 2-0 (Pacheco Nobre 17'); 3-0 (Pacheco Nobre 39', gp); 4-0 (Pacheco Nobre 55'); 4-1 (Luzia 66')

ACADÉMICA: Prates, Branco, Brás, Eduardo Santos, Diogo, Azeredo «cap», Micael, Pacheco Nobre, Couceiro, Garção e Bentes
Treinador: Tavares da Silva

Boavista FC: Mota, António Caiado, Ramos, Garcia, Francisco Silva, Raimundo, Luzia, Armando «cap», Passos, Fernando Caiado e Barros
Treinador: Juan Martin

UD Oliveirense – 2 ACADÉMICA – 1

TAÇA DE PORTUGAL, OITAVOS DE FINAL, 13-6-1948 (DOM, 17:00)
Campo Carlos Osório, Oliveira de Azeméis
Árbitro: José Teixeira (Braga)
Golos: 0-1 (Azeredo 27'); 1-1 (João Tavares 43'); 2-1 (Joaquim 70')

UD Oliveirense: Teixeira, Henrique, Eurico, Santos, Joaquim, Oliveira, Freitas, João Tavares, Costa, Zeca e Armando
Treinador: Gomes da Costa

ACADÉMICA: Prates, Branco, Brás, Eduardo Santos, Diogo, Azeredo «cap», Micael, Pacheco Nobre, Couceiro, Garção e Bentes
Treinador: Tavares da Silva

ÉPOCA 1948-1949

2ª DIVISÃO: VENCEDOR (PROMOÇÃO)
TAÇA DE PORTUGAL: OITAVOS DE FINAL

JOGOS EFECTUADOS

	J	V	E	D	GM	GS
CASA	10	9	0	1	38	4
FORA/N	13	8	0	5	33	27
TOTAL	23	17	0	6	71	31

AD Castelo Branco – 3 ACADÉMICA – 4

2ª DIVISÃO, ZONA B, 1ª JORNADA, 19-9-1948 (DOM, 16:00)
Campo do Vale do Romeiro, Castelo Branco **Árbitro:** Contente de Sousa (Santarém) **Golos:** 0-1 (Ataz 4'); 0-2 (Nana 8'); 1-2 (Augusto 50'); 2-2 (Gil 58'); 3-2 (Lisboa 66'); 3-3 (Nana 74'); 3-4 (Ataz 80')
Obs: A partir desta época passou a ser obrigatório o uso de números nas camisolas

AD Castelo Branco: Tavares, Martins, João Pires, Craveiro «cap», M. Tavares, Gomes (E 70'), Vitorino, Duarte, Gil, Augusto e Lisboa
Treinador: Viriato Santos

ACADÉMICA: Capela, Branco, Brás, Castela, Diogo, Azeredo, Ataz, Garção, Couceiro, Nana «cap» e Bentes
Treinador: Alberto Gomes

ACADÉMICA – 7 CAF Viseu – 1

2ª DIVISÃO, ZONA B, 2ª JORNADA, 26-9-1948 (DOM, 16:00)
Campo de Santa Cruz, Coimbra **Árbitro:** João Alvares do Vale (Braga) **Golos:** 1-0 (Bentes 26'); 1-1 (Póvoas 28'); 2-1 (Couceiro 43'); 3-1 (Andrade 47'); 4-1 (Bentes 48'); 5-1 (Andrade 65'); 6-1 (Bentes 83'); 7-1 (Bentes 85') **Obs:** A Académica jogou com camisolas brancas, calções e meias pretas

ACADÉMICA: Capela, Branco, Brás, Castela, Diogo, Azeredo, Ataz, Andrade, Couceiro, Nana «cap» e Bentes
Treinador: Alberto Gomes

CAF Viseu: Prazeres Gomes, Hélder, Hermínio, José Miguel, Moita, Oscar Tellechea «cap», Pipa, Virgílio, Homem, Póvoas e Ferreira
Treinador: Oscar Tellechea

GDF Entroncamento – 2 ACADÉMICA – 3

2ª DIVISÃO, ZONA B, 3ª JORNADA, 3-10-1948 (DOM, 16:00)
Campo do Bairro Camões, Entroncamento **Árbitro:** José Santos Marques (Lisboa) **Golos:** 1-0 (Calado 9'); 1-1 (Bentes 17'); 2-1 (Timóteo 65', gp); 2-2 (Castela 87'); 2-3 (Bentes 89')

GDF Entroncamento: Fernando, Veiga, Timóteo, Canelas «cap», Bernardo, Alfaia, Duarte, Valventos, Parracho, Calado e António Pedro
Treinador: José Gomez

ACADÉMICA: Tito, Branco, Brás, Castela, Diogo, Azeredo, Ataz, Andrade, Couceiro, Nana «cap» e Bentes
Treinador: Alberto Gomes

ACADÉMICA – 0 CFU Coimbra – 1

2ª DIVISÃO, ZONA B, 4ª JORNADA, 10-10-1948 (DOM, 15:00)
Campo de Santa Cruz, Coimbra **Árbitro:** Henrique Borques Leal (Lisboa) **Auxiliares:** Rogério de Melo Paiva e Domingos Godinho
Golo: 0-1 (Gomes 30')

ACADÉMICA: Capela, Branco, Brás, Castela, Diogo, Azeredo, Ataz, Andrade, Couceiro, Nana «cap» e Bentes
Treinador: Alberto Gomes

CFU Coimbra: Celso, Velha, Miranda, Bernardino, Carvalho «cap», Gonçalves, Germano, Ermitério, Gomes, Conceição Rodrigues e Teixeira **Treinador:** Desidério Herczka

SGS "Os Leões" – 1 ACADÉMICA – 0

2ª DIVISÃO, ZONA B, 5ª JORNADA, 17-10-1948 (DOM, 14:30)
Campo Alfredo de Aguiar, Santarém **Árbitro:** José Santos Marques (Lisboa) **Auxiliares:** Contente de Sousa e Joaquim Reis Santos
Golo: 1-0 (Granadeiro 39')

SGS "Os Leões": Pinto da Rocha, Matos, José Pereira, Fernando, Vieira, Américo «cap», Lima, Cardoso, Granadeiro, Sousa e Loureiro
Treinador: Fernando Cardoso

ACADÉMICA: Capela, Branco, Diogo, Brás, Castela, Azeredo «cap», Ataz, Andrade, Couceiro, Pacheco Nobre e Bentes
Treinador: Alberto Gomes

ACADÉMICA – 5 GC Alcobaça – 0

2ª DIVISÃO, ZONA B, 6ª JORNADA, 24-10-1948 (DOM, 15:00)
Campo de Santa Cruz, Coimbra **Árbitro:** Augusto Pacheco (Aveiro)
Golos: 1-0 (Bentes 6'); 2-0 (Couceiro 24'); 3-0 (Ataz 38');
4-0 (Ataz 83'); 5-0 (Ataz 90')

ACADÉMICA: Capela, Branco, Brás, Castela, Diogo, Eduardo
Santos, Ataz, Couceiro, Garção, Nana «cap» e Bentes
Treinador: Alberto Gomes

GC Alcobaça: António Silva, Adelino, João da Costa, João Silva,
Nunes, Augusto, Mário, José Pinho, Aires, Paulino e Luís Salvador
Treinador: Octaviano

Naval 1º Maio – 0 ACADÉMICA – 4

2ª DIVISÃO, ZONA B, 7ª JORNADA, 31-10-1948 (DOM, 15:00)
Campo da Mata, Figueira da Foz **Árbitro:** Manuel Roxo (Coimbra)
Golos: 0-1 (Andrade 2'); 0-2 (Castela 5'); 0-3 (Garção 15');
0-4 (Garção 80')

Naval 1º Maio: Jacques, Daniel «cap», Tó Pinto, José Lé, Álvaro Dias,
Figueiredo, Mesquita, Sepúlveda, Américo,
Manuel Lé e Lourenço
Treinador: Eduardo Mourinha

ACADÉMICA: Capela, Branco, Diogo, Brás, Castela, Eduardo
Santos, Garção, Couceiro, Andrade, Azeredo «cap» e Bentes
Treinador: Alberto Gomes

ACADÉMICA – 3 AD Castelo Branco – 0

2ª DIVISÃO, ZONA B, 8ª JORNADA, 7-11-1948 (DOM, 15:00)
Campo de Santa Cruz, Coimbra
Árbitro: Vale Ramos (Aveiro)
Golos: 1-0 (Bentes 15'); 2-0 (Andrade 35'); 3-0 (Castela 62', gp)

ACADÉMICA: Capela, Branco, Brás, Eduardo Santos, Diogo,
Castela, Garção, Couceiro, Andrade, Azeredo «cap» e Bentes
Treinador: Alberto Gomes

AD Castelo Branco: Trabuco, Marsia, João Pires, Craveiro «cap»,
Gomes, Barroso, Vitorino, Duarte, Lisboa, Augusto e Cesário
Treinador: Viriato Santos

CAF Viseu – 3 ACADÉMICA – 1

2ª DIVISÃO, ZONA B, 9ª JORNADA, 14-11-1948 (DOM, 15:00)
Estádio do Fontelo, Viseu **Árbitro:** Abel Macedo Pires (Lisboa)
Auxiliares: Domingos Godinho e Mário Ribeiro Sanches
Golos: 1-0 (Oscar Tellechea 31'); 2-0 (Hélder 60'); 2-1 (Bentes 73');
3-1 (Homem 85')

CAF Viseu: Prazeres Gomes, Cruz, Moita, José Miguel, Queirós,
Hélder, Zeca, Cabral, Homem, Oscar Tellechea «cap»
e Ferreira (E 28')
Treinador: Oscar Tellechea

ACADÉMICA: Capela, Branco, Brás, Eduardo Santos, Diogo,
Castela, Garção (E 30'), Couceiro, Andrade, Azeredo «cap» e Bentes
Treinador: Alberto Gomes

ACADÉMICA – 2 GDF Entroncamento – 0

2ª DIVISÃO, ZONA B, 10ª JORNADA, 21-11-1948 (DOM, 15:00)
Campo de Santa Cruz, Coimbra
Árbitro: Avelino Ribeiro (Porto)
Auxiliares: Carlos Bernardino e José Rodrigues
Golos: 1-0 (Andrade 3'); 2-0 (Pacheco Nobre 56')

ACADÉMICA: Capela, Branco, Diogo, Castela, Azeredo, Eduardo
Santos, Andrade, Couceiro, Pacheco Nobre, Nana «cap» e Bentes
Treinador: Alberto Gomes

GDF Entroncamento: Fernando, Veiga, Canelas «cap», Calado,
Timóteo, Bernardo, Duarte, Lúcio, Gomes, Humberto e Valventos
Treinador: José Gomez

CFU Coimbra – 1 ACADÉMICA – 0

2ª DIVISÃO, ZONA B, 11ª JORNADA, 28-11-1948 (DOM, 15:00)
Campo da Arregaça, Coimbra
Árbitro: Henrique Borques Leal (Lisboa)
Golo: 1-0 (Ângelo 26', gp)

CFU Coimbra: Celso, Velha, Miranda, Bernardino, Carvalho «cap»,
Mário, Serrano, Ermitério, Conceição Rodrigues, Teixeira e Ângelo
Treinador: Desidério Herczka

ACADÉMICA: Capela, Branco «cap», Teixeira, Eduardo Santos,
Diogo, Castela, Ataz (E 89'), Couceiro, Garção, Pacheco Nobre
e Bentes
Treinador: Alberto Gomes

ACADÉMICA – 6 SGS "Os Leões" – 0

2ª DIVISÃO, ZONA B, 12ª JORNADA, 5-12-1948 (DOM, 15:00)
Campo de Santa Cruz, Coimbra **Árbitro:** António Passos (Porto)
Auxiliares: Manuel Roxo e José Rodrigues **Golos:** 1-0 (Bentes 32');
2-0 (Couceiro 47'); 3-0 (Castela 51'); 4-0 (Couceiro 59');
5-0 (Castela 66'); 6-0 (Bentes 89')

ACADÉMICA: Capela, Branco, Brás, Eduardo Santos, Diogo,
Azeredo «cap», Melo, Castela, Couceiro, Pacheco Nobre e Bentes
Treinador: Alberto Gomes

SGS "Os Leões": Pinto da Rocha, Matos, José Pereira, Leça, Vieira,
Américo «cap», Lima, Cardoso, Fernando, Brito e Loureiro
Treinador: Fernando Cardoso

GC Alcobaça – 2 ACADÉMICA – 7

2ª DIVISÃO, ZONA B, 13ª JORNADA, 12-12-1948 (DOM, 15:00)
Campo General Carmona, Alcobaça **Árbitro:** Luís Vilaça (Lisboa)
Golos: 1-0 (Aires 10'); 1-1 (Melo 16'); 1-2 (Couceiro 22'); 1-3 (Bentes
28'); 1-4 (Melo 35'); 1-5 (Pacheco Nobre 55'); 2-5 (João Silva 62', gp);
2-6 (Couceiro 75'); 2-7 (Melo 84')

GC Alcobaça: Hernâni, Nunes, Morgado, João Silva, Augusto, João
da Costa, José Pinho, Aires, Octaviano, Paulino e Luís Salvador
Treinador: Octaviano

ACADÉMICA: Capela, Branco, Brás, Eduardo Santos, Diogo,
Azeredo «cap», Melo, Castela, Couceiro, Pacheco Nobre e Bentes
Treinador: Alberto Gomes

ACADÉMICA – 4 Naval 1º Maio – 0

2ª DIVISÃO, ZONA B, 14ª JORNADA, 19-12-1948 (DOM, 15:00)
Campo de Santa Cruz, Coimbra **Árbitro:** Manuel Roxo (Coimbra)
Auxiliares: Carlos Bernardino e Alcindo Bandeira **Golos:** 1-0
(Castela 1'); 2-0 (Couceiro 22'); 3-0 (Castela 65'); 4-0 (Castela 80')

ACADÉMICA: Capela, Branco, Travanca, Wilson, Diogo,
Azeredo «cap», Melo, Castela, Couceiro, Mousaco e Bentes
Treinador: Alberto Gomes

Naval 1º Maio: Jacques, Daniel «cap», Campos, Álvaro Dias, Tó
Pinto, Figueiredo, Carlos Alberto, Sepúlveda, Armindo,
Manuel Lé e Cadima
Treinador: Eduardo Mourinha

ACADÉMICA – 2 FC Famalicão – 1

2ª DIVISÃO, ZONA NORTE, 1ª JORNADA, 2-1-1949 (DOM, 15:00)
Campo do Loreto, Coimbra
Árbitro: Mateus Pinto Soares (Porto)
Golos: 1-0 (Bentes 40'); 2-0 (Couceiro 48'); 2-1 (Ferrão 51', gp)

ACADÉMICA: Capela, Branco, Brás, Eduardo Santos, Diogo,
Azeredo, Melo, Castela, Couceiro, Nana «cap» e Bentes
Treinador: Alberto Gomes

FC Famalicão: Sansão, Júlio Costa, Manita, Ferrão,
Cerqueira «cap», Adelino, Ramiro, Pires, Sampaio,
Raul Pinheiro e Gita
Treinador: Robert Kelly

UD Oliveirense – 1 ACADÉMICA – 3

2ª DIVISÃO, ZONA NORTE, 2ª JORNADA, 9-1-1949 (DOM, 15:00)
Campo Carlos Osório, Oliveira de Azeméis **Árbitro:** Mário Ribeiro
Sanches (Lisboa) **Golos:** 0-1 (Melo 28'); 1-1 (Oliveira 54'); 1-2 (Bentes
65'); 1-3 (Bentes 89')

UD Oliveirense: Teixeira, Henrique «cap», Joaquim, Costa, Simões,
Eurico, Domingos, João Tavares, Oliveira, José Tavares e Armando
Treinador: Gomes da Costa

ACADÉMICA: Capela, Branco, Brás, Eduardo Santos, Diogo,
Azeredo, Melo, Castela, Couceiro, Nana «cap» e Bentes
Treinador: Alberto Gomes

CAF Viseu – 0 ACADÉMICA – 4

2ª DIVISÃO, ZONA NORTE, 3ª JORNADA, 16-1-1949 (DOM, 15:00)
Estádio do Fontelo, Viseu **Árbitro:** Ant. Rodrigues Santos (Lisboa)
Golos: 0-1 (Bentes 55'); 0-2 (Couceiro 75'); 0-3 (Bentes 79');
0-4 (Nana 85')

CAF Viseu: Prazeres Gomes, Cruz, Queirós, Moita, Eurico, Hélder,
Pipa, Póvoas, Cabral, Ferreira e Zeca
Treinador: Oscar Tellechea

ACADÉMICA: Capela, Branco, Brás, Eduardo Santos, Diogo,
Azeredo, Melo, Castela, Couceiro, Nana «cap» e Bentes
Treinador: Alberto Gomes

FC Famalicão – 4 ACADÉMICA – 1

2ª DIVISÃO, ZONA NORTE, 4ª JORNADA, 23-1-1949 (DOM, 15:00)
Campo do Freião, Vila Nova de Famalicão **Árbitro:** Paulo de
Oliveira (Santarém) **Golos:** 0-1 (Bentes 40'); 1-1 (Pires 42'); 2-1
(Sampaio 47'); 3-1 (Pires 55'); 4-1 (Sampaio 77')

FC Famalicão: Sansão, Cerqueira «cap», Mourão, Júlio Costa,
Ferrão, Adelino, Ramiro, Pires, Sampaio, Raul Pinheiro e Gita
Treinador: Robert Kelly

ACADÉMICA: Capela, Branco, Brás, Eduardo Santos, Diogo,
Azeredo, Melo, Castela, Couceiro, Nana «cap» e Bentes
Treinador: Alberto Gomes

ACADÉMICA – 1 UD Oliveirense – 0

2ª DIVISÃO, ZONA NORTE, 5ª JORNADA, 30-1-1949 (DOM, 15:00)
Campo de Santa Cruz, Coimbra
Árbitro: Henrique Borques Leal (Lisboa)
Golo: 1-0 (Castela 15')

ACADÉMICA: Capela, Branco, Brás, Pacheco Nobre, Teixeira,
Azeredo, Melo, Castela, Couceiro, Nana «cap» e Bentes
Treinador: Alberto Gomes

UD Oliveirense: Teixeira, Henrique «cap», Eurico, Oliveira,
Joaquim, Simões, Pinto, Domingos, Alípio, Costa e Armando
Treinador: Gomes da Costa

ACADÉMICA – 8 CAF Viseu – 1

2ª DIVISÃO, ZONA NORTE, 6ª JORNADA, 6-2-1949 (DOM, 15:00)
Campo de Santa Cruz, Coimbra **Árbitro:** Rogério de Melo Paiva
(Lisboa) **Golos:** 1-0 (Bentes 6'); 1-1 (Cabral 9'); 2-1 (Castela 11'); 3-1
(Bentes 21'); 4-1 (Couceiro 53'); 5-1 (Bentes 66'); 6-1 (Melo 70'); 7-1
(Couceiro 79'); 8-1 (Pacheco Nobre 82') **Obs:** A Académica jogou
com camisolas brancas, calções e meias pretas

ACADÉMICA: Tito, Orlando, Brás, Pacheco Nobre, Diogo,
Azeredo «cap», Melo, Castela, Couceiro, Garção (L 61') e Bentes
Treinador: Alberto Gomes

CAF Viseu: Prazeres Gomes, Eurico, Queirós, Moita, Oscar
Tellechea «cap», Hélder, Pipa, Cabral, Zeca,
Póvoas e Ferreira (L 75')
Treinador: Oscar Tellechea

1949-1950

FC Famalicão – 3 ACADÉMICA – 2
2ª DIVISÃO, FASE FINAL, 1ª JORNADA, 13-2-1949 (DOM, 15:00)
Campo do Freião, Vila Nova de Famalicão **Árbitro:** João Cunha Pinto (Setúbal) **Auxiliares:** Libertino Domingues e Darwin da Silva
Golos: 0-1 (Bentes 10'); 0-2 (Ataz 30'); 1-2 (Pires 41'); 2-2 (Pires 43'); 3-2 (Pires 80') **Obs:** Jogo anulado. O ministro da Educação, dando como provada a existência de suborno a atletas do FC Famalicão, anulou a 3ª fase do campeonato

FC Famalicão: Sansão, Júlio Costa, Mourão, Cerqueira «cap», Ferrão, Adelino, Ramiro, Pires, Sampaio, Raul Pinheiro e Gita
Treinador: Robert Kelly

ACADÉMICA: Capela, Branco, Diogo, Brás, Castela, Azeredo, Ataz, Pacheco Nobre, Couceiro, Nana «cap» e Bentes
Treinador: Alberto Gomes

ACADÉMICA – 1 Portimonense SC – 0
2ª DIVISÃO, FASE FINAL, 2ª JORNADA, 20-2-1949 (DOM, 15:00)
Estádio Municipal de Coimbra, Coimbra **Árbitro:** José Serandeses (Lisboa) **Auxiliares:** Ant. Rodrigues Santos e Mário Ribeiro Sanches
Golo: 1-0 (Bentes 85') **Obs:** Jogo anulado

ACADÉMICA: Capela, Branco, Brás, Castela, Diogo, Azeredo, Ataz, Pacheco Nobre, Couceiro, Nana «cap» e Bentes
Treinador: Alberto Gomes

Portimonense SC: Manuel Afonso, Jorge Santos, Vicente, Nunes, José da Luz, Granadeiro, Catinana, Jesus «cap», Gilberto, Delfino e Paixão
Treinador: Josef Szabo

ACADÉMICA – 6 C Oriental Lisboa – 2
2ª DIVISÃO, FASE FINAL, 3ª JORNADA, 6-3-1949 (DOM, 15:00)
Estádio Municipal de Coimbra, Coimbra **Árbitro:** Avelino Ribeiro (Porto) **Auxiliares:** António Passos e Mateus Pinto Soares
Golos: 0-1 (Almeida 4'); 1-1 (Castela 24'); 2-1 (Couceiro 28'); 3-1 (Bentes 43'); 4-1 (Alberto Gomes 46'); 5-1 (Bentes 77'); 6-1 (Bentes 80'); 6-2 (Carlos França 89') **Obs:** Jogo anulado

ACADÉMICA: Capela, Branco, Teixeira, Castela, Diogo, Azeredo, Pacheco Nobre, Alberto Gomes «cap», Couceiro, Nana e Bentes
Treinador: Alberto Gomes

C Oriental Lisboa: Vieira, Capelo, Carlos Costa, Isidoro «cap», Casimiro, Eleutério, Almeida, Leitão, Carlos França, Mário Vicente e José Pina
Treinador: Artur John

ACADÉMICA – 5 FC Famalicão – 1
2ª DIVISÃO, FASE FINAL, 4ª JORNADA, 27-3-1949 (DOM, 15:00)
Estádio Municipal de Coimbra, Coimbra **Árbitro:** Oliveira Machado (Lisboa) **Golos:** 1-0 (Garção 6'); 2-0 (Garção 14'); 3-0 (Pacheco Nobre 48'); 4-0 (Alberto Gomes 52'); 4-1 (Sampaio 67'); 5-1 (Garção 74') **Obs:** Jogo anulado

ACADÉMICA: Capela, Branco, Diogo, Brás, Castela, Azeredo, Alberto Gomes «cap», Pacheco Nobre, Garção, Nana e Bentes
Treinador: Alberto Gomes

FC Famalicão: Sansão, Júlio Costa, Mourão, Cerqueira «cap», Ferrão, Adelino, Ramiro, Pires, Sampaio, Raul Pinheiro e Gita
Treinador: Robert Kelly

Portimonense SC – 2 ACADÉMICA – 0
2ª DIVISÃO, FASE FINAL, 5ª JORNADA, 3-4-1949 (DOM, 16:00)
Estádio do Portimonense, Portimão **Árbitro:** José Serandeses (Lisboa) **Golos:** 1-0 (Pascoal 13'); 2-0 (João da Luz 41')
Obs: Jogo anulado

Portimonense SC: Manuel Afonso, Jorge Santos, José da Luz, Vicente, Nunes (E 80'), Granadeiro, João da Luz, Jesus «cap», Gilberto, Pascoal (L 83') e Paixão
Treinador: Josef Szabo

ACADÉMICA: Capela, Branco, Brás, Castela, Diogo, Azeredo, Pacheco Nobre, Alberto Gomes «cap», Garção, Nana e Bentes
Treinador: Alberto Gomes

SGS "Os Leões" – 1 ACADÉMICA – 3
TAÇA DE PORTUGAL, 1/16 DE FINAL, 17-4-1949 (DOM, 16:00)
Campo Alfredo de Aguiar, Santarém
Árbitro: Luís Magalhães (Lisboa)
Golos: 0-1 (Nana 15'); 1-1 (Lima 37'); 1-2 (Castela 77', gp); 1-3 (Bentes 88')

SGS "Os Leões": Pinto da Rocha, Matos, José Pereira, Américo «cap», Leça, Vieira, Lima, Cardoso, Machado, Brito e Loureiro
Treinador: Fernando Cardoso

ACADÉMICA: Capela, Orlando, Diogo, Brás, Castela, Azeredo, Pacheco Nobre, Alberto Gomes «cap», Garção, Nana e Bentes
Treinador: Alberto Gomes

VFC Setúbal – 8 ACADÉMICA – 1
TAÇA DE PORTUGAL, OITAVOS DE FINAL, 24-4-1949 (DOM, 16:00)
Campo dos Arcos, Setúbal **Árbitro:** José Serandeses (Lisboa)
Golos: 1-0 (Inácio 11'); 2-0 (Vasco 17'); 3-0 (Inácio 22'); 4-0 (Campos 37', gp); 5-0 (Cardoso Pereira 58'); 6-0 (Inácio 61'); 6-1 (Nana 85'); 7-1 (Inácio 86'); 8-1 (Vasco 89')

VFC Setúbal: Batista, Armindo, Albuquerque, Figueiredo, Pina, Jacinto, Campos, Rendas «cap», Inácio, Cardoso Pereira e Vasco
Treinador: João dos Santos

ACADÉMICA: Capela, Orlando, Diogo, Brás, Castela, Azeredo, Micael, Alberto Gomes «cap», Garção, Nana e Bentes
Treinador: Alberto Gomes

ACADÉMICA – 2 Portimonense SC – 1
2ª DIVISÃO, FINAL, 5-6-1949 (DOM, 19:00)
Estádio José Alvalade, Lisboa
Árbitro: Oliveira Machado (Lisboa)
Golos: 1-0 (Pacheco Nobre 2'); 1-1 (Pascoal 18'); 2-1 (Alberto Gomes 58')

ACADÉMICA: Capela, Branco, Diogo, Brás, Castela, Azeredo, Pacheco Nobre, Alberto Gomes «cap», Garção, Nana e Bentes
Treinador: Alberto Gomes

Portimonense SC: Manuel Afonso, Jorge Santos, José da Luz, Vicente, Nunes, Granadeiro, João da Luz, Jesus «cap», Gilberto, Delfino e Pascoal (E 75')
Treinador: Josef Szabo

ÉPOCA 1949-1950

1ª DIVISÃO: 7º LUGAR (MANUTENÇÃO)
TAÇA DE PORTUGAL: NÃO SE DISPUTOU

JOGOS EFECTUADOS

	J	V	E	D	GM	GS
CASA	13	7	2	4	37	24
FORA	13	1	6	6	19	33
TOTAL	26	8	8	10	56	57

SC Covilhã – 2 ACADÉMICA – 2
1ª DIVISÃO, 1ª JORNADA, 9-10-1949 (DOM, 15:00)
Campo José dos Santos Pinto, Covilhã **Árbitro:** António Serrano (Lisboa) **Golos:** 0-1 (Bentes 24'); 0-2 (Pinho 40'); 1-2 (Simonyi 55', gp); 2-2 (Simonyi 75', gp)

SC Covilhã: António José, Roqui, José Pedro, Craveiro, Diamantino, Fialho, Carlos Ferreira «cap», Martin, Simonyi, Tomé e Livramento
Treinador: Janos Szabo

ACADÉMICA: Capela, Branco, Brás, Castela, Curado, Azeredo, Pacheco Nobre, Pinho, Macedo, Nana «cap» e Bentes
Treinador: Dezso Genczi

ACADÉMICA – 3 SC Braga – 1
1ª DIVISÃO, 2ª JORNADA, 16-10-1949 (DOM, 15:00)
Estádio Municipal de Coimbra, Coimbra
Árbitro: Paulo de Oliveira (Santarém)
Golos: 1-0 (Macedo 6'); 2-0 (Macedo 26'); 2-1 (Mário 81'); 3-1 (Serra Coelho 82')

ACADÉMICA: Capela, Branco, Brás, Curado, Azeredo, Pacheco Nobre, Serra Coelho, Pinho, Macedo, Nana «cap» e Bentes
Treinador: Dezso Genczi

SC Braga: Cesário, Palmeira, Abel, Daniel «cap», António Marques, Fonseca, Janeiro, Elói, Mário, Diamantino e Joaquim
Treinador: Francisco Duarte

Atlético CP – 1 ACADÉMICA – 1
1ª DIVISÃO, 3ª JORNADA, 23-10-1949 (DOM, 15:00)
Campo da Tapadinha, Lisboa
Árbitro: João Cunha Pinto (Setúbal)
Golos: 1-0 (Martinho 47'); 1-1 (Macedo 78')

Atlético CP: Correia, Batista, Avelino, Abreu, José Lopes «cap», Morais, Martinho, Teixeira da Silva, Ben David, Rodrigues e Caninhas **Treinador:** Pedro Areso

ACADÉMICA: Capela, Branco, Curado, Brás, Castela, Azeredo, Pacheco Nobre, Pinho, Macedo, Nana «cap» e Bentes
Treinador: Dezso Genczi

ACADÉMICA – 3 CF "Os Belenenses" – 0
1ª DIVISÃO, 4ª JORNADA, 30-10-1949 (DOM, 15:00)
Estádio Municipal de Coimbra, Coimbra
Árbitro: Avelino Ribeiro (Porto)
Golos: 1-0 (Serra Coelho 49'); 2-0 (Serra Coelho 57'); 3-0 (Serra Coelho 83')

ACADÉMICA: Capela, Branco, Curado, Brás, Castela, Azeredo «cap», Pacheco Nobre, Pinho, Macedo, Serra Coelho e Bentes
Treinador: Dezso Genczi

CF "Os Belenenses": Sério, Moura, Feliciano, Serafim «cap», Rebelo, Figueiredo, Narciso, Pinto de Almeida, Rocha, Duarte e Diógenes
Treinador: Rino Martini

SL Benfica – 1 ACADÉMICA – 1
1ª DIVISÃO, 5ª JORNADA, 6-11-1949 (DOM, 15:00)
Campo Grande, Lisboa
Árbitro: Libertino Domingues (Setúbal)
Golos: 0-1 (Bentes 6'); 1-1 (Gil 51')

SL Benfica: Rosa, Jacinto, Joaquim Fernandes, Moreira «cap», Félix, José da Costa, Rosário, Arsénio, Corona, Gil e Rogério
Treinador: Ted Smith

ACADÉMICA: Capela, Branco, Curado, Brás, Castela, Azeredo, Pacheco Nobre, Macedo, Serra Coelho, Nana «cap» e Bentes
Treinador: Dezso Genczi

ACADÉMICA – 7 SC Olhanense – 1
1ª DIVISÃO, 6ª JORNADA, 13-11-1949 (DOM, 15:00)
Estádio Municipal de Coimbra, Coimbra **Árbitro:** Gameiro Pereira (Lisboa) **Golos:** 1-0 (Pacheco Nobre 8', gp); 2-0 (Bentes 16'); 2-1 (Cabrita 17'); 3-1 (Macedo 44'); 4-1 (Macedo 58'); 5-1 (Macedo 69'); 6-1 (Nana 71'); 7-1 (Bentes 78')

ACADÉMICA: Capela, Branco, Curado, Brás, Castela, Azeredo, Pacheco Nobre, Serra Coelho, Macedo, Nana «cap» e Bentes
Treinador: Dezso Genczi

SC Olhanense: Fernandes, Rodrigues, Nogueira, Loulé, Eusébio, Grazina, Soares, João da Palma, Cabrita «cap», Salvador e Eminêncio
Treinador: Dâmaso Encarnação

ACADÉMICA – 3 CAD "ELVAS" – 1

1ª DIVISÃO, 7ª JORNADA, 20-11-1949 (DOM, 15:00)
Estádio Municipal de Coimbra, Coimbra
Árbitro: José Serandeses (Lisboa) **Golos:** 1-0 (Bentes 13');
2-0 (Castela 17'); 2-1 (Sanina 34'); 3-1 (Bentes 84')

ACADÉMICA: Capela, Branco, Brás, Castela, Diogo, Azeredo, Pacheco Nobre, Macedo, Serra Coelho, Nana «cap» e Bentes
Treinador: Dezso Genczi

CAD "O Elvas": Marques, Osvaldo, Casimiro, Gomes, Neves, Sousa, Manuelito, Massano, Patalino «cap», Cadete e Sanina
Treinador: Mariano Amaro

VSC Guimarães – 3 ACADÉMICA – 0

1ª DIVISÃO, 8ª JORNADA, 27-11-1949 (DOM, 15:00)
Campo da Amorosa, Guimarães **Árbitro:** Paulo de Oliveira (Santarém)
Golos: 1-0 (Teixeira da Silva 43'); 2-0 (Custódio 57');
3-0 (Franklin 80')

VSC Guimarães: Silva, Matias, Ferreira, Magalhães, Francisco Costa, Miguel, Franklin «cap», Rebelo, Teixeira da Silva, Brioso e Custódio
Treinador: Janos Biri

ACADÉMICA: Capela, Branco, Brás, Castela, Curado, Azeredo, Pacheco Nobre, Serra Coelho, Macedo, Nana «cap» e Bentes
Treinador: Dezso Genczi

ACADÉMICA – 2 LFC V. R. S. António – 0

1ª DIVISÃO, 9ª JORNADA, 4-12-1949 (DOM, 15:00)
Estádio Municipal de Coimbra, Coimbra
Árbitro: Libertino Domingues (Setúbal)
Golos: 1-0 (Macedo 18'); 2-0 (Pacheco Nobre 35', gp)

ACADÉMICA: Capela, Branco, Brás, Castela, Curado, Azeredo, Pacheco Nobre, Serra Coelho, Macedo, Nana «cap» e Bentes
Treinador: Dezso Genczi

LFC V. R. S. António: Isaurindo, Mortágua «cap», Hélder, Faustino, Caldeira, Madeira, Angelino, Pedroto, Luís, Calvinho e Germano
Treinador: Norberto Cavém

GD Estoril-Praia – 1 ACADÉMICA – 1

1ª DIVISÃO, 10ª JORNADA, 11-12-1949 (DOM, 15:00)
Campo da Amoreira, Estoril
Árbitro: Joaquim Reis Santos (Santarém)
Golos: 1-0 (Negrita 43'); 1-1 (Pacheco Nobre 55')

GD Estoril-Praia: Sebastião, Gato, Elói, Alberto, Gonzaga, António Nunes, Frandiño, Negrita, Mota, Vieira e Raul Silva
Treinador: José Mota

ACADÉMICA: Capela, Branco, Curado, Brás, Castela, Azeredo «cap», Pacheco Nobre, Pinho, Macedo, Serra Coelho e Bentes
Treinador: Dezso Genczi

ACADÉMICA – 1 Sporting CP – 6

1ª DIVISÃO, 11ª JORNADA, 18-12-1949 (DOM, 15:00)
Estádio Municipal de Coimbra, Coimbra
Árbitro: Joaquim Reis Santos (Santarém)
Golos: 0-1 (Rola 14'); 0-2 (Wilson 27'); 0-3 (Wilson 43'); 0-4 (Vasques 49'); 0-5 (Wilson 51'); 1-5 (Garção 65'); 1-6 (Veríssimo 88')

ACADÉMICA: Capela, Branco, Brás, Castela, Diogo, Azeredo «cap», Garção, Pinho, Macedo, Serra Coelho e Bentes
Treinador: Dezso Genczi

Sporting CP: Azevedo «cap», Barrosa, Juvenal, Canário, Manuel Marques, Veríssimo, Jesus Correia, Vasques, Wilson, Mateus e Rola
Treinador: Alexandre Peics

VFC Setúbal – 3 ACADÉMICA – 2

1ª DIVISÃO, 12ª JORNADA, 1-1-1950 (DOM, 15:00)
Campo dos Arcos, Setúbal **Árbitro:** Ant. Rodrigues Santos (Lisboa)
Golos: 1-0 (Ataz 2'); 2-0 (Vasco 43'); 2-1 (Bentes 49'); 2-2 (Garção 65'); 3-2 (Inácio 89')

VFC Setúbal: Carvalho, Jacinto, Primo, Fontes, Pina «cap», Orlando, Passos, Ataz, Inácio, Nunes e Vasco
Treinador: Armando Martins

ACADÉMICA: Capela, Branco, Diogo, Brás, Castela, Azeredo «cap», Pacheco Nobre, Pinho, Garção, Serra Coelho e Bentes
Treinador: Dezso Genczi

ACADÉMICA – 3 FC Porto – 2

1ª DIVISÃO, 13ª JORNADA, 8-1-1950 (DOM, 15:00)
Estádio Municipal de Coimbra, Coimbra **Árbitro:** José Serandeses (Lisboa) **Golos:** 1-0 (Macedo 8'); 2-0 (Pacheco Nobre 14'); 3-0 (Macedo 31'); 3-1 (Carlos Vieira 38'); 3-2 (Monteiro da Costa 78')

ACADÉMICA: Capela, Branco, Brás, Castela, Curado, Azeredo «cap», Pacheco Nobre, Garção, Macedo, Serra Coelho e Bentes
Treinador: Dezso Genczi

FC Porto: Graça, Virgílio, Carvalho, Romão, Alfredo «cap», Gastão, Sanfins, José Maria, Vital, Monteiro da Costa e Carlos Vieira
Treinador: Augusto Silva

ACADÉMICA – 4 SC Covilhã – 6

1ª DIVISÃO, 14ª JORNADA, 15-1-1950 (DOM, 15:00)
Estádio Municipal de Coimbra, Coimbra **Árbitro:** Rogério de Melo Paiva (Lisboa) **Golos:** 0-1 (Martin 1'); 0-2 (Simonyi 13'); 0-3 (Simonyi 15'); 1-3 (Bentes 27'); 2-3 (Pacheco Nobre 30'); 3-3 (Pacheco Nobre 32'); 3-4 (Martin 49'); 4-4 (Macedo 66'); 4-5 (Simonyi 82', gp); 4-6 (Martin 83')

ACADÉMICA: Capela, Branco, Brás, Eduardo Santos, Curado, Azeredo «cap», Pacheco Nobre, Garção, Macedo, Serra Coelho e Bentes **Treinador:** Dezso Genczi

SC Covilhã: António José, Roqui, José Pedro, Diamantino, Marques, Fialho, Carlos Ferreira «cap», Martin, Simonyi, Tomé e Livramento
Treinador: Janos Szabo

SC Braga – 3 ACADÉMICA – 1

1ª DIVISÃO, 15ª JORNADA, 29-1-1950 (DOM, 15:00)
Campo da Ponte, Braga
Árbitro: Abel António Ferreira (Lisboa) **Golos:** 0-1 (Macedo 17'); 1-1 (Arias 19'); 2-1 (Correia 45'); 3-1 (Mário 54')

SC Braga: Cesário, Palmeira, Abel, Daniel «cap», António Marques, Joaquim, Arias, Diamantino, Mário, Fonseca da Silva e Correia
Treinador: Francisco Duarte

ACADÉMICA: Capela, Branco, Brás, Castela, Curado, Azeredo, Pacheco Nobre, Duarte, Macedo, Nana «cap» e Bentes
Treinador: Dezso Genczi

ACADÉMICA – 1 Atlético CP – 2

1ª DIVISÃO, 16ª JORNADA, 5-2-1950 (DOM, 15:00)
Campo Alfredo de Aguiar, Santarém **Árbitro:** Vieira da Costa (Porto) **Golos:** 0-1 (Martinho 65'); 1-1 (Macedo 68'); 1-2 (Martinho 75') **Obs:** Jogo disputado em Santarém, devido a interdição do estádio Municipal de Coimbra

ACADÉMICA: Capela, Branco, Curado, Brás, Castela, Azeredo «cap», Pacheco Nobre, Serra Coelho, Duarte, Macedo e Bentes
Treinador: Dezso Genczi

Atlético CP: Ernesto, Batista, Armindo, Abreu, José Lopes «cap», Morais, Martinho, Armando Carneiro, Ben David, Teixeira da Silva e Caninhas
Treinador: Pedro Areso

CF "Os Belenenses" – 2 ACADÉMICA – 0

1ª DIVISÃO, 17ª JORNADA, 12-2-1950 (DOM, 15:00)
Campo das Salésias, Lisboa **Árbitro:** Joaquim Reis Santos (Santarém) **Auxiliares:** Contente de Sousa e J. Carlos Melo
Golos: 1-0 (Pinto de Almeida 55'); 2-0 (Castela 64', pb)

CF "Os Belenenses": Caetano, Figueiredo, Feliciano, Serafim «cap», Rebelo, Frade, Narciso, Pinto de Almeida, Sidónio, Duarte e Diógenes
Treinador: Rino Martini

ACADÉMICA: Tito, Branco, Curado, Brás, Castela, Azeredo «cap», Melo, Duarte, Macedo, Serra Coelho e Garção
Treinador: Dezso Genczi

ACADÉMICA – 3 SL Benfica – 4

1ª DIVISÃO, 18ª JORNADA, 19-2-1950 (DOM, 15:00)
Estádio Municipal de Coimbra, Coimbra **Árbitro:** Anízio Morgado (Porto) **Golos:** 1-0 (Bentes 25'); 2-0 (Duarte 32'); 2-1 (Julinho 44'); 2-2 (Arsénio 50'); 3-2 (Duarte 55'); 3-3 (Melão 73'); 3-4 (Julinho 75')

ACADÉMICA: Capela, Branco, Brás, Castela, Curado, Azeredo «cap», Pacheco Nobre, Duarte, Macedo, Serra Coelho e Bentes
Treinador: Dezso Genczi

SL Benfica: Rosa, Jacinto, Joaquim Fernandes, Moreira, Félix, Francisco Ferreira «cap», Arsénio, Corona, Julinho, Melão e Rogério
Treinador: Ted Smith

SC Olhanense – 3 ACADÉMICA – 3

1ª DIVISÃO, 19ª JORNADA, 26-2-1950 (DOM, 10:30)
Campo do Lumiar-A, Lisboa **Árbitro:** Abel António Ferreira (Lisboa) **Golos:** 0-1 (Macedo 6'); 0-2 (Pacheco Nobre 26', gp); 0-3 (Macedo 28'); 1-3 (Cabrita 57'); 2-3 (Cabrita 76'); 3-3 (Cabrita 78') **Obs:** Jogo disputado em Lisboa, devido a interdição do campo Padinha, em Olhão

SC Olhanense: Abraão, Rodrigues, Nogueira, Loulé, Acácio, Grazina, Soares, Joaquim Paulo, Cabrita «cap», João da Palma e Gomes **Treinador:** Dâmaso Encarnação

ACADÉMICA: Capela, Branco, Curado, Brás, Azeredo «cap», Castela, Pacheco Nobre, Duarte, Macedo, Serra Coelho e Bentes
Treinador: Dezso Genczi

CAD "O Elvas" – 3 ACADÉMICA – 3

1ª DIVISÃO, 20ª JORNADA, 5-3-1950 (DOM, 15:00)
Estádio Municipal de Elvas, Elvas **Árbitro:** Gameiro Pereira (Lisboa) **Golos:** 0-1 (Macedo 25'); 1-1 (Manuelito 29'); 2-1 (Teixeira 64'); 3-1 (Teixeira 67'); 3-2 (Macedo 73'); 3-3 (Bentes 77')

CAD "O Elvas": Roger, Osvaldo, Neves, Oliveira, Cadete, Sousa, Vieira, Massano, Patalino «cap», Teixeira e Manuelito
Treinador: Mariano Amaro

ACADÉMICA: Capela, Branco, Curado, Diogo, Castela, Azeredo «cap», Pacheco Nobre, Duarte, Macedo, Serra Coelho e Bentes
Treinador: Dezso Genczi

ACADÉMICA – 0 VSC Guimarães – 0

1ª DIVISÃO, 21ª JORNADA, 12-3-1950 (DOM, 15:00)
Estádio Municipal de Coimbra, Coimbra
Árbitro: Mário Ribeiro Sanches (Lisboa)

ACADÉMICA: Capela, Branco, Diogo, Castela, Curado, Azeredo «cap», Pacheco Nobre, Duarte, Macedo, Serra Coelho e Bentes
Treinador: Dezso Genczi

VSC Guimarães: Silva, Ferreira, Francisco Costa, Rebelo, Cerqueira, Cardoso, Franklin «cap», Magalhães, Brioso, Miguel e Custódio
Treinador: Janos Biri

1949-1950

ÉPOCA 1950-1951

1ª DIVISÃO: 8º LUGAR (MANUTENÇÃO)
TAÇA DE PORTUGAL: FINAL

JOGOS EFECTUADOS

	J	V	E	D	GM	GS
CASA	16	10	3	3	39	22
FORA/N	17	3	4	10	17	45
TOTAL	33	13	7	13	56	67

LFC V. R. S. António – 2 ACADÉMICA – 4

1ª DIVISÃO, 22ª JORNADA, 19-3-1950 (DOM, 15:00)
Campo Francisco Gomes Socorro, Vila Real de Santo António
Árbitro: Jaime Pires (Lisboa) **Golos:** 1-0 (Almeida 36'); 1-1 (Bentes 62'); 1-2 (Bentes 67'); 1-3 (Macedo 73'); 1-4 (Pacheco Nobre 88'); 2-4 (Madeira 89')

LFC V. R. S. António: Rodrigues, Hélder, Caldeira, Branquinho, Faustino, Madeira, Almeida, Pedroto, Luís, Manero e Germano
Treinador: Norberto Cavém

ACADÉMICA: Capela, Branco, Curado, Diogo, Castela, Azeredo «cap», Pacheco Nobre, Duarte, Macedo, Neves Pires e Bentes
Treinador: Dezso Genczi

ACADÉMICA – 1 GD Estoril-Praia – 1

1ª DIVISÃO, 23ª JORNADA, 16-4-1950 (DOM, 16:00)
Estádio Municipal de Coimbra, Coimbra
Árbitro: Anízio Morgado (Porto)
Golos: 1-0 (Macedo 8'); 1-1 (Fandiño 26')

ACADÉMICA: Capela, Branco, Diogo, Castela, Curado, Azeredo «cap», Pacheco Nobre, Pinho, Macedo, Neves Pires e Bentes
Treinador: Dezso Genczi

GD Estoril-Praia: Sebastião, Gato, Alberto, Cassiano, Elói, Hernâni, Gonzaga, António Nunes, Fragateiro, Vieira e Frandiño
Treinador: José Mota

Sporting CP – 6 ACADÉMICA – 0

1ª DIVISÃO, 24ª JORNADA, 23-4-1950 (DOM, 16:00)
Estádio José Alvalade, Lisboa **Árbitro:** Paulo de Oliveira (Santarém) **Golos:** 1-0 (Curado 55', pb); 2-0 (Jesus Correia 72'); 3-0 (Albano 74'); 4-0 (Jesus Correia 83'); 5-0 (Jesus Correia 85'); 6-0 (Albano 88')

Sporting CP: Azevedo «cap», Barrosa, Passos, Canário, Veríssimo, Juca, Martins, Jesus Correia, Vasques, Travassos e Albano
Treinador: Alexandre Peics

ACADÉMICA: Capela, Branco, Curado, Diogo, Castela, Azeredo «cap», Pacheco Nobre, Serra Coelho, Macedo, Neves Pires e Bentes
Treinador: Dezso Genczi

ACADÉMICA – 6 VFC Setúbal – 0

1ª DIVISÃO, 25ª JORNADA, 30-4-1950 (DOM, 16:00)
Estádio Municipal de Coimbra, Coimbra **Árbitro:** Mário Ribeiro Sanches (Lisboa) **Golos:** 1-0 (Macedo 15'); 2-0 (Macedo 65'); 3-0 (Serra Coelho 69'); 4-0 (Pacheco Nobre 70'); 5-0 (Bentes 71'); 6-0 (Pacheco Nobre 87')

ACADÉMICA: Capela, Branco, Diogo, Castela, Curado, Azeredo, Pacheco Nobre, Serra Coelho, Macedo, Nana «cap» e Bentes
Treinador: Dezso Genczi

VFC Setúbal: Batista, Jacinto, Fontes, Pina «cap», Primo, Orlando, Campos, Nunes, Ataz, André e Passos
Treinador: Armando Martins

FC Porto – 3 ACADÉMICA – 1

1ª DIVISÃO, 26ª JORNADA, 7-5-1950 (DOM, 16:00)
Campo da Constituição, Porto **Árbitro:** José Santos Marques (Lisboa) **Golos:** 1-0 (José Maria 18'); 2-0 (Vital 64'); 3-0 (Monteiro da Costa 66'); 3-1 (Macedo 75')

FC Porto: Barrigana, Virgílio, Alfredo «cap», Carvalho, Joaquim, Gastão, Vital, José Maria, Monteiro da Costa, Sanfins e Carlos Vieira
Treinador: Francisco Reboredo

ACADÉMICA: Capela, Branco, Curado, Diogo, Castela, Azeredo, Pacheco Nobre, Serra Coelho, Macedo, Nana «cap» e Bentes
Treinador: Dezso Genczi

ACADÉMICA – 5 C Oriental Lisboa – 0

1ª DIVISÃO, 1ª JORNADA, 17-9-1950 (DOM, 16:00)
Estádio Municipal de Coimbra, Coimbra **Árbitro:** Paulo de Oliveira (Santarém) **Auxiliares:** Contente de Sousa e J. Carlos Melo
Golos: 1-0 (Bentes 29'); 2-0 (Morais 30', pb); 3-0 (Bentes 58'); 4-0 (Duarte 78'); 5-0 (Bentes 89')

ACADÉMICA: Capela, Branco, Melo, Eduardo Santos, José Miguel, Azeredo, Bentes, Duarte, Macedo, Nana «cap» e Diógenes
Treinador: Oscar Tellechea

C Oriental Lisboa: Vieira, Casimiro, Morais, Isidoro «cap», Alfredo, Eleutério, Almeida, Teixeira da Silva, Carlos França, Mário Vicente e Pina
Treinador: Alberto Augusto

Sporting CP – 7 ACADÉMICA – 0

1ª DIVISÃO, 2ª JORNADA, 24-9-1950 (DOM, 16:00)
Estádio José Alvalade, Lisboa **Árbitro:** Vieira da Costa (Porto) **Auxiliares:** Abel da Costa e Ant. Costa Martins **Golos:** 1-0 (Pacheco 20'); 2-0 (Travassos 29'); 3-0 (Jesus Correia 34'); 4-0 (Vasques 36'); 5-0 (Vasques 44'); 6-0 (Martins 50'); 7-0 (Travassos 83', gp)

Sporting CP: Azevedo «cap», Caldeira, Juvenal, Passos, Canário, Juca, Jesus Correia, Vasques, Pacheco, Travassos e Martins
Treinador: Randolph Galloway

ACADÉMICA: Capela, Branco, José Miguel, Melo, Eduardo Santos, Azeredo, Bentes, Duarte, Macedo, Nana «cap» e Diógenes
Treinador: Oscar Tellechea

ACADÉMICA – 2 CF "Os Belenenses" – 0

1ª DIVISÃO, 3ª JORNADA, 1-10-1950 (DOM, 15:00)
Estádio Municipal de Coimbra, Coimbra
Árbitro: Contente de Sousa (Santarém)
Golos: 1-0 (Duarte 27'); 2-0 (Pinho 28')

ACADÉMICA: Capela, Branco, Diogo, Melo, Eduardo Santos, Azeredo, Duarte, Pinho, Macedo, Nana «cap» e Bentes
Treinador: Oscar Tellechea

CF "Os Belenenses": Sério, Figueiredo (L 55'), Feliciano, Serafim «cap», Castela, Rebelo, Mário Rui, Pedroto, Sidónio, Castanheira e Pinto de Almeida
Treinador: Augusto Silva

Atlético CP – 6 ACADÉMICA – 1

1ª DIVISÃO, 4ª JORNADA, 8-10-1950 (DOM, 15:00)
Campo da Tapadinha, Lisboa **Árbitro:** Evaristo Santos (Setúbal) **Auxiliares:** José Trindade e Fernando Valério **Golos:** 1-0 (Ben David 5'); 2-0 (Armando Carneiro 16'); 3-0 (Ben David 45'); 4-0 (Ben David 46'); 5-0 (Ben David 48'); 5-1 (Duarte 52'); 6-1 (Rogério Simões 60')

Atlético CP: Ernesto, Batista, Armindo, Abreu, José Lopes «cap», Morais, Martinho, Armando Carneiro, Ben David, Rogério Simões e Silva Pereira
Treinador: Pedro Areso

ACADÉMICA: Capela, Branco, Diogo, Melo, Eduardo Santos, Azeredo, Duarte, Pinho, Macedo, Nana «cap» e Bentes
Treinador: Oscar Tellechea

ACADÉMICA – 4 GD Estoril-Praia – 1

1ª DIVISÃO, 5ª JORNADA, 15-10-1950 (DOM, 15:00)
Estádio Municipal de Coimbra, Coimbra **Árbitro:** José Teixeira (Braga) **Auxiliares:** João Alvares do Vale e Joaquim Apresentação
Golos: 1-0 (Duarte 26'); 2-0 (Duarte 36'); 3-0 (Bentes 44'); 3-1 (Vilacova 53'); 4-1 (Macedo 83')

ACADÉMICA: Capela, Branco, Melo, Eduardo Santos, Diogo, Azeredo, Duarte, Garnacho, Macedo, Nana «cap» e Bentes
Treinador: Oscar Tellechea

GD Estoril-Praia: Sebastião, Gato, Alberto «cap», Cassiano, Elói, Fragateiro, Gonzaga, Bravo, António Nunes, Vieira e Vilacova
Treinador: José Mota

SC Braga – 3 ACADÉMICA – 1

1ª DIVISÃO, 6ª JORNADA, 22-10-1950 (DOM, 14:00)
Estádio Municipal de Braga, Braga
Árbitro: Abel António Ferreira (Lisboa) **Golos:** 1-0 (Mário 2'); 2-0 (Ferreira 44'); 3-0 (Mário 70'); 3-1 (Bentes 85')

SC Braga: Roger, Palmeira, António Marques «cap», Abel, Rodrigues, Fonseca da Silva, Antunes, Elói, Mário, Cassiano e Ferreira
Treinador: Josef Szabo

ACADÉMICA: Capela, Branco, Diogo, Melo, Eduardo Santos, Azeredo «cap», Duarte, Garnacho, Macedo, Gil e Bentes
Treinador: Oscar Tellechea

ACADÉMICA – 3 VSC Guimarães – 2

1ª DIVISÃO, 7ª JORNADA, 29-10-1950 (DOM, 15:00)
Estádio Municipal de Coimbra, Coimbra **Árbitro:** Henrique Borques Leal (Lisboa) **Golos:** 1-0 (Macedo 24'); 2-0 (Bentes 29'); 2-1 (Franklin 57'); 2-2 (Machado 82'); 3-2 (Azeredo 89')

ACADÉMICA: Capela, Branco, José Miguel, Melo, Eduardo Santos, Azeredo, Duarte, Nana «cap», Macedo, Gil e Bentes
Treinador: Oscar Tellechea

VSC Guimarães: Silva, Francisco Costa «cap», Cerqueira, Vieira, Magalhães, Rebelo, Fernando Mota, Franklin, José Mota, Alcino e Machado
Treinador: Janos Biri

FC Porto – 1 ACADÉMICA – 1

1ª DIVISÃO, 8ª JORNADA, 5-11-1950 (DOM, 15:00)
Campo da Constituição, Porto **Árbitro:** Mário Ribeiro Sanches (Lisboa) **Auxiliares:** Rodrigues dos Santos e Santos Marques
Golos: 0-1 (Macedo 4'); 1-1 (Sanfins 10')

FC Porto: Barrigana, Virgílio, Carvalho, Joaquim, Alfredo «cap», Romão, Vital, Araújo, Monteiro da Costa, José Maria e Sanfins
Treinador: Antony Vogel

ACADÉMICA: Capela, Branco, Melo, Eduardo Santos, José Miguel, Azeredo, Duarte, Nana «cap», Macedo, Gil e Bentes
Treinador: Oscar Tellechea

ACADÉMICA – 3 Boavista FC – 2

1ª DIVISÃO, 9ª JORNADA, 12-11-1950 (DOM, 15:00)
Estádio Municipal de Coimbra, Coimbra
Árbitro: Luís Vilaça (Lisboa) **Golos:** 0-1 (Monteiro 10'); 1-1 (Macedo 11'); 2-1 (Duarte 28'); 2-2 (Ramos 79', gp); 3-2 (Bentes 89')

ACADÉMICA: Capela, Branco, Melo, Eduardo Santos, José Miguel, Azeredo, Duarte, Nana «cap», Macedo, Gil e Bentes
Treinador: Oscar Tellechea

Boavista FC: Mota, Fernando Soares, Ramos, Fernandito, António Caiado, Serafim «cap», Monteiro, Armando, Duarte, Fernando Caiado e Barros
Treinador: Eduardo Augusto

SC Covilhã – 3 ACADÉMICA – 1

1ª DIVISÃO, 10ª JORNADA, 19-11-1950 (DOM, 15:00)
Campo José dos Santos Pinto, Covilhã **Árbitro:** José Serandeses (Lisboa) **Auxiliares:** Domingos Godinho e Eduardo Gouveia
Golos: 1-0 (Simonyi 15'); 2-0 (Eminêncio 17'); 2-1 (Nana 44'); 3-1 (Tomé 54')

SC Covilhã: António José, Roqui, Mário Reis, Oliveira, Simões, Fialho «cap», Livramento, Martin, Simonyi, Tomé e Eminêncio
Treinador: Janos Szabo

ACADÉMICA: Capela, Branco, Torres, Melo, Eduardo Santos, Azeredo, Duarte, Nana «cap», Macedo, Gil e Bentes
Treinador: Oscar Tellechea

ACADÉMICA – 4 SC Olhanense – 1

1ª DIVISÃO, 11ª JORNADA, 26-11-1950 (DOM, 15:00)
Estádio Municipal de Coimbra, Coimbra **Árbitro:** Abel António Ferreira (Lisboa) **Golos:** 1-0 (Macedo 7'); 1-1 (Machado 16'); 2-1 (Gil 30'); 3-1 (Gil 82', gp); 4-1 (Macedo 89')

ACADÉMICA: Capela, Branco, Torres, Melo, Eduardo Santos, Azeredo «cap», Bentes, Duarte, Macedo, Gil e Diógenes
Treinador: Oscar Tellechea

SC Olhanense: Abraão, Rodrigues, Nogueira, Acácio (E 82'), Abreu, Grazina, Machado, Soares, Vinício, Cabrita «cap» e João da Palma
Treinador: Dâmaso Encarnação

ACADÉMICA – 1 VFC Setúbal – 1

1ª DIVISÃO, 12ª JORNADA, 3-12-1950 (DOM, 15:00)
Estádio Municipal de Coimbra, Coimbra **Árbitro:** Anízio Morgado (Porto) **Auxiliares:** José Correia da Costa e José Proença
Golos: 0-1 (Galaz 1'); 1-1 (Macedo 24')

ACADÉMICA: Capela, Branco, Torres, Melo, Eduardo Santos, Azeredo, Duarte, Nana «cap», Macedo, Gil (E 80') e Bentes
Treinador: Oscar Tellechea

VFC Setúbal: Carvalho, Jacinto, Primo, Emídio Graça, Pina «cap», Madaleno, Campos, Galaz, Inácio, Simões (E 80') e Vasco
Treinador: Armando Martins

SL Benfica – 3 ACADÉMICA – 2

1ª DIVISÃO, 13ª JORNADA, 10-12-1950 (DOM, 14:00)
Campo Grande, Lisboa **Árbitro:** Vieira da Costa (Porto) **Auxiliares:** Abel da Costa e Ant. Costa Martins **Golos:** 0-1 (Macedo 25'); 1-1 (Corona 33'); 2-1 (Teixeira 37'); 3-1 (Melão 56'); 3-2 (Bentes 89')

SL Benfica: Furtado, Jacinto, Joaquim Fernandes, José da Costa, Félix, Francisco Ferreira «cap», Corona, Pascoal, Teixeira, Melão e Manero
Treinador: Ted Smith

ACADÉMICA: Prates, Branco, Melo, Ulisses, Torres (L 78'), Azeredo, Duarte, Nana «cap», Macedo (L 57'), Neves Pires e Bentes
Treinador: Oscar Tellechea

C Oriental Lisboa – 3 ACADÉMICA – 1

1ª DIVISÃO, 14ª JORNADA, 17-12-1950 (DOM, 15:00)
Campo Eng. Carlos Salema, Lisboa **Árbitro:** Joaquim Reis Santos (Santarém) **Auxiliares:** Raul Nunes e António Serrano
Golos: 0-1 (Macedo 47'); 1-1 (Mário Vicente 49'); 2-1 (Carlos França 59'); 3-1 (Mário Vicente 61')

C Oriental Lisboa: Graça, Casimiro, Alfredo, Morais, Isidoro «cap», Teixeira da Silva, Alvarinho, Leitão, Carlos França, Mário Vicente e Frederico
Treinador: Alberto Augusto

ACADÉMICA: Capela, Portugal, Torres, Melo, Ulisses, Azeredo, Duarte, Nana «cap», Macedo (E 51'), Gil e Bentes
Treinador: Oscar Tellechea

ACADÉMICA – 1 Sporting CP – 3

1ª DIVISÃO, 15ª JORNADA, 31-12-1950 (DOM, 15:00)
Estádio Municipal de Coimbra, Coimbra **Árbitro:** Evaristo Santos (Setúbal) **Auxiliares:** José Trindade e Fernando Valério
Golos: 1-0 (Bentes 44'); 1-1 (Jesus Correia 55'); 1-2 (Vasques 69'); 1-3 (Martins 73')

ACADÉMICA: Capela, Branco, Torres, Melo, Eduardo Santos, Azeredo, Duarte, Nana «cap», Macedo, Gil e Bentes
Treinador: Oscar Tellechea

Sporting CP: Azevedo «cap», Manuel Marques, Juvenal, Passos, Canário, Veríssimo, Jesus Correia, Vasques, Wilson, Travassos e Martins
Treinador: Randolph Galloway

CF "Os Belenenses" – 0 ACADÉMICA – 0

1ª DIVISÃO, 16ª JORNADA, 7-1-1951 (DOM, 15:00)
Estádio José Alvalade, Lisboa
Árbitro: Anízio Morgado (Porto)
Auxiliares: José Correia da Costa e José Proença

CF "Os Belenenses": Sério, Henrique Silva, Feliciano, Serafim «cap», Castela, Frade, Mário Rui, Pedroto, Vieira, Pinto de Almeida e Castanheira
Treinador: Augusto Silva

ACADÉMICA: Capela, Branco, Torres, Melo, Eduardo Santos, Azeredo, Duarte, Nana «cap», Macedo, Gil e Bentes
Treinador: Oscar Tellechea

ACADÉMICA – 1 Atlético CP – 4

1ª DIVISÃO, 17ª JORNADA, 14-1-1951 (DOM, 15:00)
Estádio Municipal de Coimbra, Coimbra **Árbitro:** Mateus Pinto Soares (Porto) **Golos:** 0-1 (Demétrio 2'); 0-2 (Ben David 35'); 0-3 (Demétrio 62'); 0-4 (Rogério Simões 75'); 1-4 (Bentes 88')

ACADÉMICA: Capela, Portugal, Torres, Melo, Eduardo Santos, Azeredo, Bentes, Nana «cap», Macedo, Gil e Diógenes
Treinador: Oscar Tellechea

Atlético CP: Ernesto «cap», Avelino, Armindo, Abreu, Armando Carneiro, Vítor Gaspar, Martinho, Demétrio, Ben David, Rogério Simões e Silva Pereira
Treinador: Pedro Areso

GD Estoril-Praia – 0 ACADÉMICA – 1

1ª DIVISÃO, 18ª JORNADA, 21-1-1951 (DOM, 15:00)
Campo da Amoreira, Estoril **Árbitro:** Manuel Barulho (Setúbal)
Auxiliares: Libertino Domingues e Sousa Rodrigues
Golo: 0-1 (Garnacho 38')

GD Estoril-Praia: Sebastião, Gato, Elói, Alberto «cap», Cassiano, Pastorinha, Gonzaga, Bravo, António Nunes, Vieira e Vilacova
Treinador: José Mota

ACADÉMICA: Capela, Branco, Torres, Melo, Eduardo Santos, Azeredo «cap», Garnacho, Gil, Macedo, Neves Pires e Bentes
Treinador: Oscar Tellechea

ACADÉMICA – 0 SC Braga – 0

1ª DIVISÃO, 19ª JORNADA, 28-1-1951 (DOM, 15:00)
Estádio Municipal de Coimbra, Coimbra
Árbitro: Abel Macedo Pires (Lisboa)

ACADÉMICA: Capela, Branco, Torres, Melo, Eduardo Santos, Azeredo «cap», Garnacho, Gil, Macedo, Neves Pires e Bentes
Treinador: Oscar Tellechea

SC Braga: Cesário, Palmeira, António Marques, Casimiro, Daniel «cap», Joaquim, Diamantino, Elói, Mário, Fonseca da Silva e Ferreira
Treinador: Josef Szabo

VSC Guimarães – 0 ACADÉMICA – 2

1ª DIVISÃO, 20ª JORNADA, 6-2-1951 (TER, 15:00)
Campo da Amorosa, Guimarães **Árbitro:** Mário Ribeiro Sanches (Lisboa) **Auxiliares:** Rodrigues dos Santos e Santos Marques
Golos: 0-1 (Gil 13'); 0-2 (Jorge Santos 55')

VSC Guimarães: Silva, Vieira, Francisco Costa «cap», Matias, Cerqueira, Rebelo, Franklin, Brioso, Fernando Mota, Alcino e Machado
Treinador: Janos Biri

ACADÉMICA: Capela, Branco «cap», Melo, Ulisses, Torres, José Miguel, Jorge Santos, Macedo, Gil, Duarte e Bentes
Treinador: Oscar Tellechea

ACADÉMICA – 1 FC Porto – 0

1ª DIVISÃO, 21ª JORNADA, 11-2-1951 (DOM, 15:00)
Estádio Municipal de Coimbra, Coimbra
Árbitro: Luís Magalhães (Lisboa)
Golo: 1-0 (Duarte 61')

ACADÉMICA: Capela, Branco «cap», Melo, José Miguel, Torres, Ulisses, Jorge Santos, Gil, Macedo, Duarte e Bentes
Treinador: Oscar Tellechea

FC Porto: Barrigana, Virgílio, Carvalho, Joaquim, Alfredo «cap», Pinto Vieira, Hernâni, Nelo, Monteiro da Costa, José Maria e Carlos Vieira
Treinador: Dezso Genczi

Boavista FC – 5 ACADÉMICA – 0

1ª DIVISÃO, 22ª JORNADA, 18-2-1951 (DOM, 15:00)
Campo do Bessa, Porto **Árbitro:** Henrique Borques Leal (Lisboa)
Golos: 1-0 (Fernando Caiado 30'); 2-0 (Fernando Caiado 32'); 3-0 (Monteiro 46'); 4-0 (Fernando Caiado 69'); 5-0 (Torres 72', pb)

Boavista FC: Carlos, Soares, António Caiado, Ramos, Fernandito, Serafim «cap», Monteiro, Luzia, Passos, Fernando Caiado e Barros
Treinador: Eduardo Augusto

ACADÉMICA: Capela, Branco «cap», Torres, Melo, Ulisses, José Miguel, Jorge Santos, Gil, Macedo, Duarte e Bentes
Treinador: Oscar Tellechea

ACADÉMICA – 5 SC Covilhã – 1

1ª DIVISÃO, 23ª JORNADA, 25-2-1951 (DOM, 15:00)
Estádio Municipal de Coimbra, Coimbra **Árbitro:** Vieira da Costa (Porto) **Auxiliares:** Abel da Costa e Ant. Costa Martins
Golos: 1-0 (Gil 30'); 2-0 (Gil 36', gp); 3-0 (Gil 45'); 4-0 (Macedo 57'); 5-0 (Duarte 75'); 5-1 (Simonyi 89')

ACADÉMICA: Capela, Branco, Torres, Melo, Eduardo Santos, Azeredo «cap», Duarte, Gil, Macedo, Neves Pires e Bentes
Treinador: Oscar Tellechea

SC Covilhã: António José, Eminêncio, Mário Reis, Oliveira, Diamantino, Fialho «cap», Carlos Ferreira, Martin, Simonyi, Tomé e Livramento **Treinador:** Janos Szabo

SC Olhanense – 3 ACADÉMICA – 0

1ª DIVISÃO, 24ª JORNADA, 4-3-1951 (DOM, 15:00)
Campo Padinha, Olhão
Árbitro: Henrique Borques Leal (Lisboa)
Golos: 1-0 (Arménio 34'); 2-0 (Cabrita 35'); 3-0 (Arménio 41')

SC Olhanense: Abraão, Rodrigues, Grazina, Eusébio, Abreu, Cirilo, Soares, Januário, Vinício, Cabrita «cap» e Arménio
Treinador: José Mendes

ACADÉMICA: Capela, Branco «cap», Torres, Melo, Eduardo Santos, José Miguel, Duarte, Gil, Ulisses, Neves Pires e Bentes
Treinador: Oscar Tellechea

1950-1951

1951-1952

VFC Setúbal – 1 ACADÉMICA – 0
1ª DIVISÃO, 25ª JORNADA, 11-3-1951 (DOM, 15:00)
Campo dos Arcos, Setúbal **Árbitro:** José Serandeses (Lisboa)
Auxiliares: Domingos Godinho e Eduardo Gouveia
Golo: 1-0 (Galaz 60')

VFC Setúbal: Carvalho, Jacinto, Primo «cap», Emídio Graça, Vaz, Orlando, Ataz, Galaz, Inácio, Batalha e Vasco
Treinador: Pedro Areso

ACADÉMICA: Capela, Branco, Torres, Melo, Eduardo Santos, Azeredo «cap», Duarte, Gil, Macedo, Neves Pires e Bentes
Treinador: Oscar Tellechea

ACADÉMICA – 0 SL Benfica – 3
1ª DIVISÃO, 26ª JORNADA, 18-3-1951 (DOM, 15:00)
Estádio Municipal de Coimbra, Coimbra **Árbitro:** José Correia da Costa (Porto) **Auxiliares:** Anízio Morgado e José Proença
Golos: 0-1 (Águas 1'); 0-2 (Arsénio 7'); 0-3 (Águas 25')

ACADÉMICA: Capela, Branco, Torres, Melo, Eduardo Santos, Azeredo «cap», Duarte, Gil, Macedo, Neves Pires e Bentes
Treinador: Oscar Tellechea

SL Benfica: Bastos, Artur, Joaquim Fernandes, Moreira, Félix, Francisco Ferreira «cap», Corona, Arsénio, Águas, Rogério e Rosário
Treinador: Ted Smith

C Oriental Lisboa – 2 ACADÉMICA – 3
TAÇA DE PORTUGAL, OITAVOS DE FINAL, 1-4-1951 (DOM, 16:00)
Campo Eng. Carlos Salema, Lisboa **Árbitro:** Manuel Barulho (Setúbal) **Auxiliares:** Libertino Domingues e Sousa Rodrigues
Golos: 1-0 (Leitão 11', gp); 1-1 (Macedo 37'); 1-2 (Gil 52'); 1-3 (Bentes 70'); 2-3 (Pina 72')

C Oriental Lisboa: Graça, Casimiro, Morais, Isidoro «cap», Alfredo, Teixeira da Silva, Almeida, Leitão, Carlos França, Eleutério e Pina
Treinador: Alberto Augusto

ACADÉMICA: Capela, Branco, José Miguel, Eduardo Santos, Torres, Azeredo, Duarte, Gil, Macedo, Nana «cap» e Bentes
Treinador: Oscar Tellechea

ACADÉMICA – 3 C Oriental Lisboa – 3
TAÇA DE PORTUGAL, OITAVOS DE FINAL, 15-4-1951 (DOM, 16:00)
Estádio Municipal de Coimbra, Coimbra **Árbitro:** Avelino Ribeiro (Porto) **Auxiliares:** Augusto de Jesus e Daniel Esteves
Golos: 1-0 (Duarte 6'); 1-1 (Alvarinho 41'); 2-1 (Macedo 43'); 3-1 (Macedo 72'); 3-2 (Eleutério 80'); 3-3 (Frederico 85')

ACADÉMICA: Capela, Branco, Torres, José Miguel, Eduardo Santos, Azeredo, Duarte, Gil, Macedo, Nana «cap» e Bentes
Treinador: Oscar Tellechea

C Oriental Lisboa: Graça, Casimiro, Alfredo, Morais, Isidoro «cap», Teixeira da Silva, Alvarinho, Leitão, Carlos França, Eleutério e Frederico
Treinador: Alberto Augusto

ACADÉMICA – 3 VSC Guimarães – 1
TAÇA DE PORTUGAL, QUARTOS DE FINAL, 22-4-1951 (DOM, 17:00)
Estádio Municipal de Coimbra, Coimbra **Árbitro:** Henrique Borques Leal (Lisboa) **Golos:** 0-1 (Armindo 15'); 1-1 (Duarte 40'); 2-1 (Duarte 44'); 3-1 (Macedo 62')

ACADÉMICA: Capela, Branco, Melo, Eduardo Santos, Torres, Azeredo, Duarte, Gil, Macedo, Nana «cap» e Bentes
Treinador: Oscar Tellechea

VSC Guimarães: Silva, Vieira, Francisco Costa «cap», Matias, Cerqueira, Magalhães, Rebelo, Franklin, José Mota, Armindo e Alcino **Treinador:** Janos Biri

VSC Guimarães – 0 ACADÉMICA – 0
TAÇA DE PORTUGAL, QUARTOS DE FINAL, 29-4-1951 (DOM, 16:00)
Campo da Amorosa, Guimarães
Árbitro: Evaristo Santos (Setúbal)
Auxiliares: José Trindade e Fernando Valério

VSC Guimarães: Silva, Francisco Costa «cap», Cerqueira, Vieira, Magalhães, Matias, Franklin, Rebelo, José Mota, Armindo e Alcino
Treinador: Janos Biri

ACADÉMICA: Capela, Branco, Torres, Melo, Eduardo Santos, Azeredo, Duarte, Gil, Macedo, Nana «cap» e Bentes
Treinador: Oscar Tellechea

CF "Os Belenenses" – 3 ACADÉMICA – 3
TAÇA DE PORTUGAL, MEIAS FINAIS, 27-5-1951 (DOM, 16:00)
Campo das Salésias, Lisboa **Árbitro:** Libertino Domingues (Setúbal) **Auxiliares:** Sousa Rodrigues e Manuel Barulho
Golos: 0-1 (Duarte 13'); 1-1 (Mário Rui 52'); 2-1 (Pedroto 55'); 2-2 (Duarte 63'); 3-2 (Feliciano 70', gp); 3-3 (Macedo 71')

CF "Os Belenenses": Sério, Figueiredo, Serafim «cap», Pedroto, Feliciano, Rebelo, Mário Rui, Marchiaro, Narciso, Buchelli e Pinto de Almeida
Treinador: Augusto Silva

ACADÉMICA: Capela, Branco, Melo, Eduardo Santos, Torres, Azeredo, Duarte, Gil, Macedo, Nana «cap» e Bentes
Treinador: Oscar Tellechea

ACADÉMICA – 3 CF "Os Belenenses" – 0
TAÇA DE PORTUGAL, MEIAS FINAIS, 3-6-1951 (DOM, 16:00)
Estádio Municipal de Coimbra, Coimbra **Árbitro:** Paulo de Oliveira (Santarém) **Auxiliares:** Manuel Lousada e J. Carlos Melo
Golos: 1-0 (Duarte 15'); 2-0 (Duarte 48'); 3-0 (Gil 72')

ACADÉMICA: Capela, Branco, Torres, Melo, José Miguel, Azeredo, Duarte, Gil, Macedo, Nana «cap» e Bentes
Treinador: Oscar Tellechea

CF "Os Belenenses": Sério, Figueiredo, Feliciano, Serafim «cap», Pedroto, Rebelo, Mário Rui, Marchiaro, Narciso, Buchelli e Pinto de Almeida
Treinador: Augusto Silva

SL Benfica – 5 ACADÉMICA – 1
TAÇA DE PORTUGAL, FINAL, 10-6-1951 (DOM, 16:00)
Estádio Nacional, Lisboa **Árbitro:** Paulo de Oliveira (Santarém)
Auxiliares: Manuel Lousada e J. Carlos Melo
Golos: 1-0 (Rogério 7', gp); 2-0 (Arsénio 13'); 2-1 (Macedo 26'); 3-1 (Rogério 55'); 4-1 (Rogério 73'); 5-1 (Rogério 79')

SL Benfica: Bastos, Artur, Joaquim Fernandes, Moreira, Félix, Francisco Ferreira «cap», Corona, Arsénio, Águas, Rogério e Rosário
Treinador: Ted Smith

ACADÉMICA: Capela, Branco, Torres, Melo, José Miguel, Azeredo, Duarte, Gil, Macedo, Nana «cap» e Bentes
Treinador: Oscar Tellechea

ÉPOCA 1951-1952

1ª DIVISÃO: 7º LUGAR (MANUTENÇÃO)
TAÇA DE PORTUGAL: OITAVOS DE FINAL

JOGOS EFECTUADOS

	J	V	E	D	GM	GS
CASA	14	6	5	3	32	19
FORA	14	2	2	10	10	35
TOTAL	28	8	7	13	42	54

ACADÉMICA – 1 Atlético CP – 0
1ª DIVISÃO, 1ª JORNADA, 23-9-1951 (DOM, 16:00)
Estádio Municipal de Coimbra, Coimbra **Árbitro:** Domingos Miranda (Porto) **Auxiliares:** Cunha Guimarães e Ferreira Coelho
Golo: 1-0 (Duarte 36')

ACADÉMICA: Capela, Branco, José Miguel, Eduardo Santos, Torres, Azeredo «cap», Duarte, Pinho, Macedo, Gil e Bentes
Treinador: Oscar Tellechea

Atlético CP: Ernesto, Batista, Abreu, Armando Carneiro «cap», Rodrigues, Morais, Cristóvão Ben David, Demétrio, Ben David, Rogério Simões e Silva Pereira
Treinador: Janos Biri

Sporting CP – 4 ACADÉMICA – 0
1ª DIVISÃO, 2ª JORNADA, 30-9-1951 (DOM, 16:00)
Estádio José Alvalade, Lisboa **Árbitro:** Paulo de Oliveira (Santarém)
Auxiliares: José Carlos Melo e Manuel Lousada
Golos: 1-0 (Vasques 3'); 2-0 (Travassos 52'); 3-0 (Vasques 53'); 4-0 (Albano 87')

Sporting CP: Carlos Gomes, Caldeira, Armando Coelho, Canário, Passos «cap», Gervásio, Pacheco Nobre, Travassos, Vasques, Albano e Martins
Treinador: Randolph Galloway

ACADÉMICA: Capela, Branco, Melo, Eduardo Santos, Torres (L 85'), Azeredo, Duarte, Nana «cap», Macedo, Gil e Diógenes
Treinador: Oscar Tellechea

ACADÉMICA – 0 SL Benfica – 3
1ª DIVISÃO, 3ª JORNADA, 7-10-1951 (DOM, 15:00)
Estádio Municipal de Coimbra, Coimbra
Árbitro: Vieira da Costa (Porto) **Golos:** 0-1 (Arsénio 26'); 0-2 (Arsénio 60'); 0-3 (Mascarenhas 75')

ACADÉMICA: Capela, Branco, Melo, Eduardo Santos, Torres, Azeredo «cap», Duarte, Wilson, Macedo, Gil e Bentes
Treinador: Oscar Tellechea

SL Benfica: Bastos, Artur, Joaquim Fernandes, Moreira, Félix, Francisco Ferreira «cap», Rosário, Arsénio, Mascarenhas, Batalha e Corona
Treinador: Ted Smith

GD Estoril-Praia – 5 ACADÉMICA – 3
1ª DIVISÃO, 4ª JORNADA, 14-10-1951 (DOM, 15:00)
Campo da Amoreira, Estoril **Árbitro:** Manuel Barulho (Setúbal)
Golos: 1-0 (Caldas 25'); 2-0 (Andrade 39'); 3-0 (Andrade 43'); 3-1 (Wilson 57'); 4-1 (Andrade 59'); 5-1 (Gonzaga 79'); 5-2 (Bentes 83'); 5-3 (Bentes 89')

GD Estoril-Praia: Sebastião, Negrita, Alberto «cap», Cassiano, Elói, António Nunes, Gonzaga, Vieira, Andrade, Caldas e Vilacova
Treinador: Rino Martini

ACADÉMICA: Capela, Sousa, Melo, Eduardo Santos, Torres, Abreu, Duarte, Gil, Wilson, Eugénio e Bentes «cap»
Treinador: Oscar Tellechea

ACADÉMICA – 2 C Oriental Lisboa – 0
1ª DIVISÃO, 5ª JORNADA, 21-10-1951 (DOM, 15:00)
Estádio Municipal de Coimbra, Coimbra
Árbitro: Avelino Ribeiro (Porto)
Golos: 1-0 (Bentes 4'); 2-0 (Wilson 52')

ACADÉMICA: Capela, Abreu, Melo, Eduardo Santos, Torres, Azeredo, Duarte, Gil, Wilson, Nana «cap» e Bentes
Treinador: Oscar Tellechea

C Oriental Lisboa: Alexandre, Morais, Capelo, Isidoro «cap», Luz, Alvarinho, Carlos França, Leitão, Espírito Santo, Eleutério e Frederico
Treinador: Alberto Augusto

VSC Guimarães – 3 ACADÉMICA – 1

1ª DIVISÃO, 6ª JORNADA, 28-10-1951 (DOM, 15:00)
Campo da Amorosa, Guimarães **Árbitro:** Ant. Costa Martins
(Porto) **Golos:** 1-0 (Teixeira 16'); 2-0 (Teixeira 19'); 2-1 (Duarte 43');
3-1 (Teixeira 76')

VSC Guimarães: Silva, Lourenço, Francisco Costa «cap», Vieira,
Cerqueira, Rebelo, Fernando Mota, Nuno, Teixeira,
Alcino e Franklin
Treinador: Alexandre Peics

ACADÉMICA: Capela, Curado, Diogo, Eduardo Santos, Torres,
Abreu, Duarte, Gil, Wilson, Nana «cap» e Bentes
Treinador: Oscar Tellechea

ACADÉMICA – 2 FC Barreirense – 3

1ª DIVISÃO, 11ª JORNADA, 2-12-1951 (DOM, 15:00)
Estádio Municipal de Coimbra, Coimbra **Árbitro:** António
Calheiros (Lisboa) **Golos:** 0-1 (Custódio 44'); 0-2 (José Ferreira 47');
0-3 (Décio 75'); 1-3 (Neves Pires 79'); 2-3 (Bentes 82')

ACADÉMICA: Polleri, Curado, Melo, Abreu, Wilson, Azeredo «cap»,
Duarte, Neves Pires, Macedo, Gil e Bentes
Treinador: Oscar Tellechea

FC Barreirense: Artur Pinheiro, Reis, Carlos Silva, Mateus, Ricardo
Vale «cap», Vasques, José Ferreira, Teixeira, Décio, Faia e Custódio
Treinador: José Mota

SL Benfica – 4 ACADÉMICA – 0

1ª DIVISÃO, 16ª JORNADA, 20-1-1952 (DOM, 15:00)
Campo Grande, Lisboa **Árbitro:** Evaristo Santos (Setúbal)
Auxiliares: José Trindade e Fernando Valério **Golos:** 1-0 (Águas 4');
2-0 (Rogério 56'); 3-0 (Arsénio 67'); 4-0 (Águas 83')

SL Benfica: Bastos, Artur, Joaquim Fernandes, Moreira (E 76'),
Félix «cap», Francisco Ferreira, Rosário, Arsénio, Águas,
Rogério e Corona
Treinador: Cândido Tavares

ACADÉMICA: Tito, Curado, Melo, Abreu, Wilson, Azeredo «cap»,
Duarte, Gil, Macedo, Neves Pires (E 66') e Bentes
Treinador: Oscar Tellechea

ACADÉMICA – 1 SC Braga – 1

1ª DIVISÃO, 7ª JORNADA, 4-11-1951 (DOM, 15:00)
Estádio Municipal de Coimbra, Coimbra
Árbitro: Fausto Santos (Lisboa)
Golos: 1-0 (Duarte 47'); 1-1 (Fonseca da Silva 77')

ACADÉMICA: Capela, Curado, Melo, Abreu, Torres, Azeredo «cap»,
Duarte, Macedo, Wilson, Gil e Bentes
Treinador: Oscar Tellechea

SC Braga: Cesário, Palmeira, Moreira, António Marques «cap»,
Antunes, Grecco, Ferreira, Elói, Mário, Fonseca da Silva e Abel
Treinador: Josef Szabo

ACADÉMICA – 1 SC Covilhã – 3

1ª DIVISÃO, 12ª JORNADA, 9-12-1951 (DOM, 15:00)
Estádio Municipal de Coimbra, Coimbra **Árbitro:** Luís Magalhães
(Lisboa) **Auxiliares:** Jaime Pires e Mário Ribeiro Sanches
Golos: 0-1 (Eminêncio 41'); 0-2 (Livramento 44'); 1-2 (Wilson 49');
1-3 (Carlos Ferreira 79')

ACADÉMICA: Tito, Abreu, Melo, Malícia, Diogo, Azeredo «cap»,
Duarte, Neves Pires, Macedo, Wilson e Diógenes
Treinador: Oscar Tellechea

SC Covilhã: António José, Hélder, Franklin, Diamantino, Oliveira,
Rosato, Saraiva, Martin, Eminêncio, Carlos Ferreira «cap»
e Livramento
Treinador: Janos Szabo

ACADÉMICA – 4 GD Estoril-Praia – 0

1ª DIVISÃO, 17ª JORNADA, 27-1-1952 (DOM, 15:00)
Estádio Municipal de Coimbra, Coimbra **Árbitro:** José Correia da
Costa (Porto) **Golos:** 1-0 (Bentes 15'); 2-0 (Jorge Santos 70'); 3-0
(Negrita 76', pb); 4-0 (Pinho 88')

ACADÉMICA: Capela, Curado, Melo, Abreu, Wilson, Azeredo «cap»,
Jorge Santos, Pinho, Macedo, Gil e Bentes
Treinador: Oscar Tellechea

GD Estoril-Praia: Sebastião, Negrita, Alberto «cap», Cassiano, Elói,
Gonzaga, Lourenço, Vieira, Andrade, António Nunes e Aragão
Treinador: Rino Martini

Boavista FC – 3 ACADÉMICA – 0

1ª DIVISÃO, 8ª JORNADA, 11-11-1951 (DOM, 15:00)
Campo do Bessa, Porto **Árbitro:** Mário Ribeiro Sanches (Lisboa)
Auxiliares: Luís Magalhães e Jaime Pires **Golos:** 1-0 (Fernando
Caiado 14'); 2-0 (Roman 60'); 3-0 (Serafim 71')

Boavista FC: Carlos, Ramos, Barros, Fernandito, António Caiado,
Serafim «cap», Alcino, Roman, Gaston, Fernando Caiado e Luzia
Treinador: Lino Taioli

ACADÉMICA: Tito, Curado (E 44'), Melo, Abreu, Torres,
Azeredo «cap», Duarte, Macedo, Wilson, Gil e Bentes
Treinador: Oscar Tellechea

CF "Os Belenenses" – 2 ACADÉMICA – 0

1ª DIVISÃO, 13ª JORNADA, 16-12-1951 (DOM, 15:00)
Campo das Salésias, Lisboa
Árbitro: Vieira da Costa (Porto)
Golos: 1-0 (Rebelo 6'); 2-0 (Matateu 20')

CF "Os Belenenses": Sério, Rocha, Serafim «cap», Castela,
Feliciano, Rebelo, Mário Rui, Pedroto, André, Matateu e Narciso
Treinador: Fernando Vaz

ACADÉMICA: Tito, Abreu, Melo, Gil, Diogo, Azeredo «cap», Duarte,
Macedo, Wilson, Neves Pires e Diógenes
Treinador: Oscar Tellechea

C Oriental Lisboa – 1 ACADÉMICA – 0

1ª DIVISÃO, 18ª JORNADA, 3-2-1952 (DOM, 15:00)
Campo Eng. Carlos Salema, Lisboa
Árbitro: Mateus Pinto Soares (Porto)
Golo: 1-0 (Eleutério 8')

C Oriental Lisboa: Alexandre, Morais, Capelo, Isidoro «cap»,
Alfredo, Sousa, Almeida, Leitão, Espírito Santo, Eleutério
e Frederico
Treinador: Alberto Augusto

ACADÉMICA: Capela, Curado, Melo, Abreu, Wilson, Azeredo «cap»,
Jorge Santos, Gil, Macedo, Neves Pires e Diógenes
Treinador: Oscar Tellechea

ACADÉMICA – 8 SC Salgueiros – 1

1ª DIVISÃO, 9ª JORNADA, 18-11-1951 (DOM, 15:00)
Estádio Municipal de Coimbra, Coimbra **Árbitro:** Luís Vilaça
(Lisboa) **Auxiliares:** António Calheiros e Salvador Correia
Golos: 1-0 (Bentes 1'); 2-0 (Bentes 2'); 3-0 (Wilson 17');
4-0 (Bentes 49'); 4-1 (Nunes 56'); 5-1 (Gil 65', gp); 6-1 (Gil 67');
7-1 (Bentes 70'); 8-1 (Wilson 85')

ACADÉMICA: Tito, Branco, Torres, Melo, Abreu, Azeredo «cap»,
Duarte, Neves Pires, Wilson, Gil e Bentes
Treinador: Oscar Tellechea

SC Salgueiros: Magalhães, Castro, Pego, Manuel da Costa «cap»,
Mário, Barros, Anselmo, Nunes, Piñero, Silva e Paulita
Treinador: Alfredo Valadas

Atlético CP – 0 ACADÉMICA – 1

1ª DIVISÃO, 14ª JORNADA, 6-1-1952 (DOM, 15:00)
Campo da Tapadinha, Lisboa
Árbitro: João Cunha Pinto (Setúbal)
Auxiliares: Jacques Matias e Luís Valido
Golo: 0-1 (Macedo 22')

Atlético CP: Correia, Batista, Vítor Lopes, Vítor Gaspar, Armindo,
Morais, Avelino, Armando Carneiro «cap», Ben David, Rogério
Simões e Silva Pereira **Treinador:** Janos Biri

ACADÉMICA: Tito, Curado, Melo, Abreu, Wilson, Azeredo «cap»,
Duarte, Gil, Macedo, Neves Pires e Diógenes
Treinador: Oscar Tellechea

ACADÉMICA – 0 VSC Guimarães – 0

1ª DIVISÃO, 19ª JORNADA, 10-2-1952 (DOM, 15:00)
Estádio Municipal de Coimbra, Coimbra
Árbitro: José Santos Marques (Lisboa)
Auxiliares: Fausto Santos e Matos Heitor

ACADÉMICA: Capela, Curado, Melo, Abreu, Wilson, Azeredo «cap»,
Duarte, Gil, Macedo, Neves Pires e Bentes
Treinador: Oscar Tellechea

VSC Guimarães: Silva, Lourenço, Francisco Costa «cap», Vieira,
Cerqueira, Rebelo, Fernando Mota, Nuno, Teixeira,
Alcino e Franklin
Treinador: Alexandre Peics

FC Porto – 3 ACADÉMICA – 0

1ª DIVISÃO, 10ª JORNADA, 25-11-1951 (DOM, 15:00)
Estádio do Lima, Porto **Árbitro:** José Serandeses (Lisboa)
Auxiliares: Eduardo Gouveia e Domingos Godinho **Golos:** 1-0
(Monteiro da Costa 27'); 2-0 (Diamantino 44'); 3-0 (Joaquim 54')
Obs: Gil (Académica) ocupou o lugar de guarda-redes, após lesão
de Capela

FC Porto: Barrigana, Virgílio, Carvalho, Joaquim, Alfredo «cap»,
Romão, Diamantino, Hernâni, Monteiro da Costa,
José Maria e Quim
Treinador: Eládio Vaschetto

ACADÉMICA: Capela (L 45'), Branco, Melo, Abreu, Torres (L 75'),
Azeredo «cap», Macedo, Neves Pires, Wilson, Gil e Bentes
Treinador: Oscar Tellechea

ACADÉMICA – 3 Sporting CP – 3

1ª DIVISÃO, 15ª JORNADA, 13-1-1952 (DOM, 15:00)
Estádio Municipal de Coimbra, Coimbra
Árbitro: Libertino Domingues (Setúbal)
Golos: 0-1 (Jesus Correia 12'); 1-1 (Gil 20'); 1-2 (Vasques 32');
1-3 (Veríssimo 58'); 2-3 (Macedo 66'); 3-3 (Gil 68')

ACADÉMICA: Tito, Curado, Melo, Abreu, Wilson, Azeredo «cap»,
Duarte, Gil, Macedo, Neves Pires e Bentes
Treinador: Oscar Tellechea

Sporting CP: Carlos Gomes, Amaro, Juvenal, Veríssimo,
Passos «cap», Juca, Jesus Correia, Vasques, Martins,
Travassos e Albano
Treinador: Randolph Galloway

SC Braga – 2 ACADÉMICA – 0

1ª DIVISÃO, 20ª JORNADA, 17-2-1952 (DOM, 15:00)
Estádio 28 de Maio, Braga
Árbitro: Joaquim Campos (Lisboa)
Golos: 1-0 (Mário 14'); 2-0 (Fonseca da Silva 59')

SC Braga: Cesário, Antunes, Abel, Moreira, António Marques «cap»,
Passos, Rates, Fonseca da Silva, Mário, Elói e Ferreira
Treinador: Josef Szabo

ACADÉMICA: Capela, Torres, Curado, Eduardo Santos, Wilson,
Azeredo «cap», Duarte, Abreu, Macedo, Gil e Delfino
Treinador: Oscar Tellechea

1951-1952

1952-1953

SC Salgueiros – 1   ACADÉMICA – 2
1ª DIVISÃO, 22ª JORNADA, 2-3-1952 (DOM, 15:00)
Campo Eng. Vidal Pinheiro, Porto **Árbitro:** Joaquim Reis Santos (Santarém) **Auxiliares:** Raul Nunes e Vítor Correia
Golos: 0-1 (Macedo 2'); 1-1 (Velez 16'); 1-2 (Bentes 50')

SC Salgueiros: Adelino, Silva, Pego, Torres «cap», Mário, Manuel da Costa, Campos, Velez, Piñero, Fariña (E 82') e Tito
Treinador: Julio Pereyra

ACADÉMICA: Capela, Torres, Curado, Abreu, Wilson, Azeredo «cap», Gil, Eduardo Santos, Macedo, Nana e Bentes
Treinador: Oscar Tellechea

ACADÉMICA – 5   Boavista FC – 1
1ª DIVISÃO, 21ª JORNADA, 9-3-1952 (DOM, 15:00)
Campo do Loreto, Coimbra **Árbitro:** Manuel Barulho (Setúbal)
Golos: 1-0 (Bentes 9'); 2-0 (Bentes 21'); 3-0 (Bentes 25'); 4-0 (Nana 50'); 4-1 (Serafim 73', gp); 5-1 (Duarte 84') **Obs:** Jogo disputado no Loreto, devido a interdição do estádio Municipal de Coimbra

ACADÉMICA: Capela, Torres, Curado, Abreu, Wilson, Azeredo «cap», Duarte, Gil, Macedo, Nana e Bentes
Treinador: Oscar Tellechea

Boavista FC: Mota, Barros, Barbosa, Fernandito, António Caiado, Guizanda, Monteiro, Roman, Gaston, Serafim «cap» e Fernando Caiado
Treinador: Lino Taioli

ACADÉMICA – 1   FC Porto – 1
1ª DIVISÃO, 23ª JORNADA, 16-3-1952 (DOM, 15:00)
Campo do Loreto, Coimbra **Árbitro:** Luís Magalhães (Lisboa) **Auxiliares:** Jaime Pires e Mário Ribeiro Sanches **Golos:** 0-1 (Carlos Vieira 63'); 1-1 (Duarte 74') **Obs:** Jogo disputado no Loreto, devido a interdição do estádio Municipal de Coimbra

ACADÉMICA: Capela, Torres, Curado, Abreu, Wilson, Azeredo «cap», Duarte, Gil, Macedo, Nana e Bentes
Treinador: Oscar Tellechea

FC Porto: Barrigana, Virgílio, Carvalho, Joaquim, Alfredo «cap», Pinto Vieira, Vital, Hernâni, Monteiro da Costa, José Maria e Carlos Vieira (E 85')
Treinador: Luiz Pasarin

FC Barreirense – 2   ACADÉMICA – 2
1ª DIVISÃO, 24ª JORNADA, 23-3-1952 (DOM, 16:00)
Campo D. Manuel de Melo, Barreiro **Árbitro:** João Cunha Pinto (Setúbal) **Golos:** 1-0 (Faia 24'); 1-1 (Duarte 48'); 1-2 (Duarte 59'); 2-2 (Teixeira 87')

FC Barreirense: Francisco Silva, Reis, Carlos Silva, Ricardo Vale «cap», Silvino, Vasques, José Ferreira, Faia, Décio, Teixeira e Custódio
Treinador: Francisco Câmara

ACADÉMICA: Capela, Torres, Melo, Abreu, Wilson, Azeredo «cap», Duarte, Gil, Macedo, Nana e Jorge Santos
Treinador: Oscar Tellechea

SC Covilhã – 0   ACADÉMICA – 0
1ª DIVISÃO, 25ª JORNADA, 30-3-1952 (DOM, 14:00)
Campo José dos Santos Pinto, Covilhã
Árbitro: Domingos Miranda (Porto)

SC Covilhã: António José, Hélder, Franklin «cap», Diamantino, Mário Reis, Saraiva, Carlos Ferreira, Rosato, Simonyi, Porcel e Livramento
Treinador: Janos Szabo

ACADÉMICA: Capela, Torres, Melo, Abreu (L 14'), Wilson, Azeredo «cap», Duarte, Gil, Macedo, Nana e Jorge Santos
Treinador: Oscar Tellechea

ACADÉMICA – 2   CF "Os Belenenses" – 1
1ª DIVISÃO, 26ª JORNADA, 6-4-1952 (DOM, 15:00)
Campo do Loreto, Coimbra **Árbitro:** José Serandeses (Lisboa)
Golos: 1-0 (Bentes 26'); 1-1 (Serafim 42'); 2-1 (Bentes 85')
Obs: Jogo disputado no Loreto, devido a interdição do estádio Municipal de Coimbra

ACADÉMICA: Capela, Torres, Melo, Eduardo Santos, Wilson, Azeredo «cap», Duarte, Neves Pires, Macedo, Nana e Bentes
Treinador: Oscar Tellechea

CF "Os Belenenses": Sério, Rocha, Serafim «cap», Castela, Figueiredo, Rebelo, Martins, Pedroto, André, Matateu e Narciso
Treinador: Fernando Vaz

ACADÉMICA – 2   CF "Os Belenenses" – 2
TAÇA DE PORTUGAL, OITAVOS DE FINAL, 4-5-1952 (DOM, 16:00)
Estádio Municipal de Coimbra, Coimbra **Árbitro:** Mateus Pinto Soares (Porto) **Golos:** 1-0 (Neves Pires 12'); 2-0 (Bentes 13'); 2-1 (Mário Rui 24'); 2-2 (Matateu 66')

ACADÉMICA: Tito, Torres, Wilson, Melo, Eduardo Santos, Azeredo «cap», Duarte, Neves Pires, Gil, Nana e Bentes
Treinador: Oscar Tellechea

CF "Os Belenenses": Sério, Rocha, Figueiredo, Serafim «cap», Castela, Rebelo, Mário Rui, Pedroto, André, Matateu e Narciso
Treinador: Fernando Vaz

CF "Os Belenenses" – 5   ACADÉMICA – 1
TAÇA DE PORTUGAL, OITAVOS DE FINAL, 11-5-1952 (DOM, 16:00)
Campo das Salésias, Lisboa **Árbitro:** Joaquim Campos (Lisboa)
Golos: 1-0 (Castela 25', gp); 2-0 (Mário Rui 44'); 2-1 (Delfino 50'); 3-1 (Matateu 55'); 4-1 (André 68'); 5-1 (Castela 69')

CF "Os Belenenses": Sério, Rocha, Serafim «cap», Castela, Feliciano, Rebelo, Mário Rui, Pedroto, André, Matateu e Narciso
Treinador: Fernando Vaz

ACADÉMICA: Tito, Curado, Melo, Eduardo Santos, Torres, Azeredo «cap», Duarte, Neves Pires, Wilson, Delfino e Bentes
Treinador: Oscar Tellechea

ÉPOCA 1952-1953

1ª DIVISÃO: 11º LUGAR (MANUTENÇÃO)
TAÇA DE PORTUGAL: OITAVOS DE FINAL

JOGOS EFECTUADOS

	J	V	E	D	GM	GS
CASA	14	5	1	8	22	23
FORA	14	2	4	8	18	39
TOTAL	28	7	5	16	40	62

ACADÉMICA – 3   Atlético CP – 2
1ª DIVISÃO, 1ª JORNADA, 28-9-1952 (DOM, 16:00)
Estádio Municipal de Coimbra, Coimbra **Árbitro:** Luís Magalhães (Lisboa) **Golos:** 1-0 (Duarte 30'); 1-1 (Ben David 42'); 2-1 (Duarte 44'); 3-1 (Bentes 53'); 3-2 (Wilson 64', pb)

ACADÉMICA: Polleri, Curado, Melo, Abreu, Wilson, Azeredo «cap», Duarte, Neves Pires, Bentes, Eugénio e Diógenes
Treinador: Oscar Tellechea

Atlético CP: Ernesto, Abreu, Vítor Lopes, Vítor Gaspar, Barreiro, Germano, Legas, Demétrio, Ben David, Armando Carneiro «cap» e Silva Pereira
Treinador: Josef Szabo

CF "Os Belenenses" – 5   ACADÉMICA – 2
1ª DIVISÃO, 2ª JORNADA, 5-10-1952 (DOM, 15:00)
Campo das Salésias, Lisboa **Árbitro:** Joaquim Reis Santos (Santarém) **Golos:** 1-0 (Matateu 12'); 2-0 (Matateu 25'); 3-0 (André 29'); 4-0 (Dimas 44'); 4-1 (Duarte 65'); 5-1 (Matateu 74'); 5-2 (Bentes 89')

CF "Os Belenenses": Sério, Rocha, Henrique Silva, Amorim, Feliciano «cap», Rebelo, Dimas, Castela, André, Matateu e Martins
Treinador: Fernando Vaz

ACADÉMICA: Polleri, Curado, Melo, Abreu, Wilson, Azeredo «cap», Duarte, Prado, Bentes, Nana e Diógenes
Treinador: Oscar Tellechea

ACADÉMICA – 1   GD Estoril-Praia – 2
1ª DIVISÃO, 3ª JORNADA, 12-10-1952 (DOM, 15:00)
Estádio Municipal de Coimbra, Coimbra
Árbitro: Abel Macedo Pires (Lisboa)
Golos: 0-1 (Lourenço 13'); 1-1 (Diogo 63'); 1-2 (Cordeiro 89')

ACADÉMICA: Tito, Curado, Wilson, Melo, Abreu, Azeredo «cap», Jorge Santos, Duarte, Diogo, Eugénio e Bentes
Treinador: Oscar Tellechea

GD Estoril-Praia: Sebastião, Negrita, Elói, Alberto «cap», Cassiano, Horácio, Lourenço, Hernâni, Franco, Frade e Cordeiro
Treinador: José Valdevieso

SL Benfica – 7   ACADÉMICA – 2
1ª DIVISÃO, 4ª JORNADA, 19-10-1952 (DOM, 15:00)
Campo Grande, Lisboa **Árbitro:** Libertino Domingues (Setúbal)
Golos: 1-0 (Fernando Caiado 11'); 2-0 (Águas 30'); 3-0 (Corona 32'); 3-1 (Gil 61'); 4-1 (Wilson 62', pb); 5-1 (Gonzaga 65'); 5-2 (Malícia 70'); 6-2 (Wilson 80', pb); 7-2 (Arsénio 87')

SL Benfica: Bastos, Artur, Joaquim Fernandes, Moreira, Félix, Fernando Caiado, Corona, Arsénio, Águas, Gonzaga e Rogério «cap»
Treinador: Alberto Zozaya

ACADÉMICA: Polleri, Curado, Melo, Abreu, Wilson, Azeredo «cap», Duarte, Malícia, Diogo, Gil e Bentes
Treinador: Oscar Tellechea

ACADÉMICA – 0   SC Covilhã – 1
1ª DIVISÃO, 5ª JORNADA, 26-10-1952 (DOM, 15:00)
Estádio Municipal de Coimbra, Coimbra
Árbitro: Domingos Miranda (Porto)
Golo: 0-1 (Loren 8')

ACADÉMICA: Capela, Curado, Melo, Abreu, Wilson, Azeredo «cap», Duarte, Malícia, Diogo, Gil e Bentes
Treinador: Oscar Tellechea

SC Covilhã: António José, Hélder, Franklin «cap», Amílcar Cavém, Nicolau, Rosato, Loren, Martin, Carlos Ferreira, Tomé e Livramento
Treinador: Janos Szabo

SC Braga – 0   ACADÉMICA – 1
1ª DIVISÃO, 6ª JORNADA, 2-11-1952 (DOM, 15:00)
Estádio 28 de Maio, Braga
Árbitro: Paulo de Oliveira (Santarém)
Golo: 0-1 (Bentes 30')

SC Braga: Cesário, José Maria Vieira, Abel, Antunes, António Marques «cap», Passos, Batista, Rates, Vital, Gabriel e Ortiz
Treinador: Armando Martins

ACADÉMICA: Capela, Curado, Melo, Eduardo Santos, Wilson, Abreu, Duarte, Gil, Macedo, Azeredo «cap» e Bentes
Treinador: Oscar Tellechea

1952-1953

ACADÉMICA – 1 VSC Guimarães – 0
1ª DIVISÃO, 7ª JORNADA, 9-11-1952 (DOM, 15:00)
Estádio Municipal de Coimbra, Coimbra
Árbitro: Mateus Pinto Soares (Porto)
Golo: 1-0 (Gil 6')

ACADÉMICA: Capela, Curado, Melo, Eduardo Santos, Wilson, Abreu, Duarte, Gil, Macedo, Azeredo «cap» e Bentes
Treinador: Oscar Tellechea

VSC Guimarães: Silva, Lourenço, Francisco Costa «cap», Rebelo, Cerqueira, José da Costa, Barreto Lara, Cesário, Caraça, Luiz Lara e Franklin
Treinador: Alexandre Peics

FC Porto – 2 ACADÉMICA – 1
1ª DIVISÃO, 8ª JORNADA, 30-11-1952 (DOM, 15:00)
Estádio das Antas, Porto
Árbitro: José Seranderes (Lisboa)
Golos: 1-0 (Pedroto 6'); 1-1 (Malícia 25'); 2-1 (Pedroto 72')

FC Porto: Barrigana «cap», Osvaldo, Carvalho, Albasini, Correia, Eleutério, Diamantino, Pedroto, Monteiro da Costa, José Maria e Carlos Vieira
Treinador: Lino Taioli

ACADÉMICA: Capela, Torres, Melo, Diogo, Wilson, Azeredo «cap», Jorge Santos, Malícia, Macedo, Duarte e Bentes
Treinador: Oscar Tellechea

ACADÉMICA – 1 Boavista FC – 3
1ª DIVISÃO, 9ª JORNADA, 7-12-1952 (DOM, 15:00)
Estádio Municipal de Coimbra, Coimbra
Árbitro: Ant. Rodrigues Santos (Lisboa) **Golos:** 1-0 (Malícia 15'); 1-1 (Aparício 32'); 1-2 (Manero 65'); 1-3 (Aparício 70')

ACADÉMICA: Polleri, Torres, Melo, Diogo, Wilson, Azeredo «cap», Jorge Santos, Malícia, Macedo (L 31'), Duarte e Bentes
Treinador: Oscar Tellechea

Boavista FC: Mota, Soares, Barbosa, Fernandito, António Caiado «cap», Guizanda, Alcino, Pin, Aparício, Mascarenhas e Manero
Treinador: Alfredo Valadas

FC Barreirense – 2 ACADÉMICA – 2
1ª DIVISÃO, 10ª JORNADA, 21-12-1952 (DOM, 15:00)
Campo D. Manuel de Melo, Barreiro
Árbitro: Joaquim Reis Santos (Santarém)
Golos: 1-0 (Faia 12'); 1-1 (Macedo 40'); 2-1 (José Ferreira 59'); 2-2 (Bentes 62')

FC Barreirense: Serrano, Reis, Silvino, Duarte, Pinto, Vasques, Gonçalves, Correia, José Ferreira, Faia «cap» e Custódio
Treinador: Artur Quaresma

ACADÉMICA: Capela, Torres, Melo, Abreu, Wilson, Azeredo «cap», Prado, Malícia, Macedo, Nana e Bentes
Treinador: Oscar Tellechea

ACADÉMICA – 3 VFC Setúbal – 0
1ª DIVISÃO, 11ª JORNADA, 28-12-1952 (DOM, 15:00)
Estádio Municipal de Coimbra, Coimbra
Árbitro: João Alvares do Vale (Braga)
Golos: 1-0 (Macedo 30'); 2-0 (Curado 59'); 3-0 (Curado 60')

ACADÉMICA: Capela, Torres, Melo, Abreu, Wilson, Azeredo «cap», Curado, Malícia, Macedo, Nana e Bentes
Treinador: Oscar Tellechea

VFC Setúbal: Batista, Jacinto, Emídio Graça (L 89'), Vaz, Primo «cap», Galaz, Alfredo, Nunes, Inácio, Melão e Serra
Treinador: Janos Biri

ACADÉMICA – 4 LGC Évora – 0
1ª DIVISÃO, 12ª JORNADA, 11-1-1953 (DOM, 15:00)
Estádio Municipal de Coimbra, Coimbra **Árbitro:** José Correia da Costa (Porto) **Golos:** 1-0 (Bentes 50'); 2-0 (Malícia 55'); 3-0 (Bentes 68'); 4-0 (Bentes 79') **Obs:** Paixão (LGC Évora) ocupou o lugar de guarda-redes, após lesão de Martelo

ACADÉMICA: Capela, Torres, Melo, Abreu, Wilson, Azeredo «cap», Curado, Malícia, Macedo, Nana e Bentes
Treinador: Oscar Tellechea

LGC Évora: Martelo (L 70'), Soeiro, Paixão, Madeira, Valle, Paulo «cap», Pepe, Di Paola, Patalino, Duarte e José Pedro
Treinador: Anselmo Pisa

Sporting CP – 5 ACADÉMICA – 0
1ª DIVISÃO, 13ª JORNADA, 18-1-1953 (DOM, 15:30)
Estádio José Alvalade, Lisboa **Árbitro:** Ant. Costa Martins (Porto)
Golos: 1-0 (Vasques 28'); 2-0 (Martins 35'); 3-0 (Galileu 40'); 4-0 (Albano 67'); 5-0 (Vasques 81')

Sporting CP: Carlos Gomes, Faustino, Pacheco, Barros, Passos «cap», Vicente, Galileu, Vasques, Martins, Albano e Mendonça
Treinador: Randolph Galloway

ACADÉMICA: Capela, Torres, Melo, Abreu, Wilson, Azeredo «cap», Figueirinhas, Malícia, Macedo, Nana e Bentes
Treinador: Oscar Tellechea

Atlético CP – 1 ACADÉMICA – 3
1ª DIVISÃO, 14ª JORNADA, 25-1-1953 (DOM, 15:00)
Campo da Tapadinha, Lisboa **Árbitro:** João Cunha Pinto (Setúbal)
Golos: 0-1 (Germano 4', pb); 0-2 (Bentes 11'); 1-2 (Ben David 40'); 1-3 (Gil 64')

Atlético CP: Ernesto, Cristóvão Ben David, Barreiro, Armando Carneiro «cap», Germano, Vítor Gaspar, Barbosa, Demétrio, Ben David, Orlando e Legas
Treinador: Josef Szabo

ACADÉMICA: Capela, Torres, Melo, Abreu, Wilson, Azeredo «cap», Gil, Malícia, Macedo, Nana (L 78') e Bentes
Treinador: Oscar Tellechea

ACADÉMICA – 2 CF "Os Belenenses" – 5
1ª DIVISÃO, 15ª JORNADA, 1-2-1953 (DOM, 15:00)
Estádio Municipal de Coimbra, Coimbra
Árbitro: Vieira da Costa (Porto)
Golos: 0-1 (Licker 2'); 0-2 (André 9'); 0-3 (Matateu 14'); 1-3 (Gil 17'); 2-3 (Bentes 46'); 2-4 (Matateu 62'); 2-5 (Licker 82')

ACADÉMICA: Capela, Torres, Melo, Abreu, Wilson, Azeredo «cap», Gil, Malícia, Macedo, Nana e Bentes
Treinador: Oscar Tellechea

CF "Os Belenenses": Sério, Rocha, Rebelo, Amorim, Feliciano «cap», Diamantino, Narciso, Manuel Jorge, André, Matateu e Licker
Treinador: Fernando Vaz

GD Estoril-Praia – 2 ACADÉMICA – 1
1ª DIVISÃO, 16ª JORNADA, 8-2-1953 (DOM, 15:00)
Campo da Amoreira, Estoril
Árbitro: Domingos Miranda (Porto)
Golos: 1-0 (Hernâni 38'); 1-1 (Bentes 47'); 2-1 (Hernâni 59')

GD Estoril-Praia: Sebastião, Negrita, Horácio, António Nunes, Elói «cap», Frade, Lourenço, Hernâni, Andrade, Mota e Cordeiro
Treinador: Alexandre Peics

ACADÉMICA: Capela, Torres, Melo, Abreu, Wilson, Azeredo «cap», Gil, Malícia, Macedo, Nana e Bentes
Treinador: Oscar Tellechea

ACADÉMICA – 1 SL Benfica – 3
1ª DIVISÃO, 17ª JORNADA, 15-2-1953 (DOM, 15:00)
Estádio Municipal de Coimbra, Coimbra **Árbitro:** Joaquim Reis Santos (Santarém) **Golos:** 0-1 (Curado 13', pb); 1-1 (Gil 28', gp); 1-2 (Águas 43'); 1-3 (Fernando Caiado 72') **Obs:** Gil (Académica) ocupou o lugar de guarda-redes, após lesão de Capela

ACADÉMICA: Capela (L 50'), Curado, Torres, Melo (E 8'), Azeredo «cap», Abreu, Duarte, Macedo, Wilson, Gil e Bentes
Treinador: Oscar Tellechea

SL Benfica: Bastos, Artur, Joaquim Fernandes «cap», Moreira, António Manuel, Fernando Caiado, Ângelo, Vieira, Águas, Zezinho e Rosário
Treinador: Francisco Ferreira

SC Covilhã – 2 ACADÉMICA – 1
1ª DIVISÃO, 18ª JORNADA, 22-2-1953 (DOM, 15:00)
Campo José dos Santos Pinto, Covilhã **Árbitro:** Evaristo Santos (Setúbal) **Auxiliares:** José Trindade e Fernando Valério
Golos: 1-0 (Martin 14'); 1-1 (Bentes 59'); 2-1 (Tomé 85')

SC Covilhã: António José, Hélder, Franklin «cap», Amílcar Cavém, Mário Reis, Rosato, Loren, Carlos Ferreira, Moreira, Tomé e Martin
Treinador: Janos Szabo

ACADÉMICA: Polleri, Torres, Melo, Abreu, Wilson «cap», Azeredo, Duarte, Gil, Macedo, Nana e Bentes
Treinador: Oscar Tellechea

VSC Guimarães – 6 ACADÉMICA – 1
1ª DIVISÃO, 20ª JORNADA, 8-3-1953 (DOM, 15:00)
Campo da Amorosa, Guimarães **Árbitro:** Luís Magalhães (Lisboa)
Auxiliares: Lopes de Oliveira e Anacleto Gomes
Golos: 1-0 (Caraça 20'); 1-1 (Malícia 21'); 2-1 (Silveira 40'); 3-1 (Nuno 74'); 4-1 (Caraça 78'); 5-1 (Nuno 83'); 6-1 (Caraça 85')

VSC Guimarães: Silva, Lourenço, Vieira, Rebelo, Francisco Costa «cap», Luiz Lara, Barreto Lara, Nuno, José da Costa, Caraça e Silveira
Treinador: Cândido Tavares

ACADÉMICA: Capela, Torres, Curado, Abreu, Wilson «cap», Azeredo, Malícia, Gil, Macedo, Duarte e Bentes
Treinador: Oscar Tellechea

Boavista FC – 1 ACADÉMICA – 1
1ª DIVISÃO, 22ª JORNADA, 25-3-1953 (QUA, 16:00)
Campo do Bessa, Porto **Árbitro:** Inocêncio Calabote (Évora)
Golos: 0-1 (Bentes 86'); 1-1 (Mascarenhas 90'+2')
Obs: Repetição do jogo que fora interrompido a 22 de Março, aos 16 minutos (0-0), devido ao mau tempo

Boavista FC: Carlos, Soares, Barbosa, Fernandito, António Caiado, Serafim «cap», Roman, Pin, Aparício, Mascarenhas e Manero
Treinador: Alfredo Valadas

ACADÉMICA: Capela, Torres, Curado, Abreu, Wilson «cap», Azeredo, Duarte, Malícia, Macedo, Gil e Bentes
Treinador: Oscar Tellechea

ACADÉMICA – 4 FC Barreirense – 1
1ª DIVISÃO, 23ª JORNADA, 29-3-1953 (DOM, 15:00)
Estádio Municipal de Coimbra, Coimbra **Árbitro:** Jaime Pires (Lisboa) **Golos:** 1-0 (Macedo 12'); 2-0 (Bentes 46'); 3-0 (Gil 47', gp); 4-0 (Macedo 51'); 4-1 (Balugas 83')

ACADÉMICA: Capela, Torres, Curado, Abreu, Wilson «cap», Azeredo, Duarte, Malícia, Macedo, Gil e Bentes
Treinador: Oscar Tellechea

FC Barreirense: Francisco Silva, Reis, Carlos Silva, Ricardo Vale, Pinto, Vasques, Balugas, Correia, Raul, Faia «cap» e Custódio
Treinador: Artur Quaresma

ÉPOCA 1953-1954

1ª DIVISÃO: 13º LUGAR (LIGUILHA E MANUTENÇÃO)
TAÇA DE PORTUGAL: OITAVOS DE FINAL

JOGOS EFECTUADOS

	J	V	E	D	GM	GS
CASA	15	9	0	6	20	18
FORA	15	1	3	11	15	41
TOTAL	30	10	3	17	35	59

ACADÉMICA – 0 SC Braga – 2

1ª DIVISÃO, 19ª JORNADA, 5-4-1953 (DOM, 16:00)
Estádio Municipal de Coimbra, Coimbra
Árbitro: Jaime Pires (Lisboa)
Golos: 0-1 (Gabriel 39'); 0-2 (Palmeira 43', gp)

ACADÉMICA: Capela, Torres, Curado, Abreu, Wilson «cap», Azeredo, Duarte, Malícia, Macedo, Gil e Bentes
Treinador: Oscar Tellechea

SC Braga: Cesário, Palmeira, Abel, Antunes, António Marques «cap», José Maria Vieira, Batista, Gabriel, Vital, Elói e Mário
Treinador: Armando Martins

VFC Setúbal – 2 ACADÉMICA – 2

1ª DIVISÃO, 24ª JORNADA, 12-4-1953 (DOM, 16:00)
Campo dos Arcos, Setúbal **Árbitro:** Luís Magalhães (Lisboa)
Golos: 1-0 (Fernandes 25'); 1-1 (Curado 39'); 1-2 (Macedo 48'); 2-2 (Fernandes 81', gp)

VFC Setúbal: Batista, Jacinto, Emídio Graça, Vaz, Primo «cap», Galaz, Fernandes, Pinto de Almeida, Inácio, Casaca (L 30') e Serra
Treinador: Janos Biri

ACADÉMICA: Capela, Torres, Melo, Abreu, Wilson «cap», Azeredo, Curado, Malícia, Macedo, Nana e Duarte
Treinador: Oscar Tellechea

LGC Évora – 1 ACADÉMICA – 1

1ª DIVISÃO, 25ª JORNADA, 19-4-1953 (DOM, 16:00)
Campo Estrela, Évora
Árbitro: Domingos Miranda (Porto)
Golos: 1-0 (Patalino 12'); 1-1 (Bentes 25')

LGC Évora: Vital, Polido, Falé, Madeira, Valle, David Matos, Patalino «cap», Di Paola, Teixeira da Silva, Duarte e Pepe
Treinador: Domingo Garcia

ACADÉMICA: Capela, Torres, Melo, Abreu, Wilson «cap», Azeredo, Curado (E 70'), Malícia, Macedo, Duarte e Bentes
Treinador: Oscar Tellechea

ACADÉMICA – 1 FC Porto – 1

1ª DIVISÃO, 21ª JORNADA, 22-4-1953 (QUA, 16:00)
Estádio Municipal de Coimbra, Coimbra
Árbitro: José Correia da Costa (Porto)
Golos: 0-1 (Carlos Duarte 7'); 1-1 (Torres 73')

ACADÉMICA: Capela, Torres, Wilson «cap», Melo, Abreu, Azeredo, Duarte, Gil, Macedo, Nana e Bentes
Treinador: Oscar Tellechea

FC Porto: Barrigana, Virgílio, Correia, Carvalho «cap» (L 83'), Joaquim, Eleutério, Carlos Duarte, Pedroto, Teixeira, Perdigão e José Maria
Treinador: Cândido de Oliveira

ACADÉMICA – 0 Sporting CP – 1

1ª DIVISÃO, 26ª JORNADA, 26-4-1953 (DOM, 16:00)
Estádio Municipal de Coimbra, Coimbra **Árbitro:** Evaristo Santos (Setúbal) **Auxiliares:** José Trindade e Fernando Valério
Golo: 0-1 (Albano 25')

ACADÉMICA: Capela, Torres, Melo, Abreu, Wilson «cap», Azeredo, Curado, Gil, Macedo, Nana e Bentes
Treinador: Oscar Tellechea

Sporting CP: Carlos Gomes, Caldeira, Pacheco, Vicente, Passos «cap», Juca, Galileu, Vasques, Martins, Travassos e Albano
Treinador: Randolph Galloway

Sporting CP – 3 ACADÉMICA – 0

TAÇA DE PORTUGAL, OITAVOS DE FINAL, 3-5-1953 (DOM, 16:00)
Estádio José Alvalade, Lisboa
Árbitro: Ant. Costa Martins (Porto)
Golos: 1-0 (Martins 29'); 2-0 (Martins 30'); 3-0 (Martins 59')

Sporting CP: Carlos Gomes, Caldeira, Pacheco, Ulisses, Passos «cap», Juca, Rola, Vasques, Martins, Travassos e Albano
Treinador: Randolph Galloway

ACADÉMICA: Capela, Torres, Melo, Abreu, Wilson «cap», Azeredo, Duarte, Malícia, Gil, Nana e Bentes
Treinador: Oscar Tellechea

ACADÉMICA – 1 Sporting CP – 2

TAÇA DE PORTUGAL, OITAVOS DE FINAL, 10-5-1953 (DOM, 16:00)
Estádio Municipal de Coimbra, Coimbra
Árbitro: Álvaro Rodrigues (Coimbra)
Golos: 0-1 (Martins 27'); 1-1 (Bentes 52'); 1-2 (Martins 90')

ACADÉMICA: Capela, Torres, Melo, Abreu, Wilson «cap», Azeredo, Malícia, Gil, Nana, Duarte e Bentes
Treinador: Oscar Tellechea

Sporting CP: Carlos Gomes, Caldeira, Pacheco, Barros, Passos «cap», Ulisses, Rola, Vasques, Martins, Travassos e Albano
Treinador: Randolph Galloway

Sporting CP – 3 ACADÉMICA – 1

1ª DIVISÃO, 1ª JORNADA, 4-10-1953 (DOM, 15:00)
Estádio José Alvalade, Lisboa **Árbitro:** Ant. Costa Martins (Porto)
Golos: 1-0 (Martins 1'); 2-0 (Fabian 16'); 3-0 (Travassos 28'); 3-1 (Bentes 30') **Obs:** A partir desta época passou a ser permitida a substituição dos guarda-redes

Sporting CP: Carlos Gomes, Caldeira, Vicente, Barros, Passos «cap», Juca, Hugo, Janos Hrotko, Fabian, Travassos e Martins **Treinador:** Josef Szabo

ACADÉMICA: Capela, Torres, Wilson «cap», Melo, Azeredo, Gil, Duarte, Celso, André, Nelo e Bentes
Treinador: Oscar Tellechea

ACADÉMICA – 2 LGC Évora – 1

1ª DIVISÃO, 2ª JORNADA, 11-10-1953 (DOM, 15:00)
Estádio Municipal de Coimbra, Coimbra
Árbitro: Mário Garcia (Aveiro)
Golos: 0-1 (Batalha 4'); 1-1 (André 60'); 2-1 (Bentes 75')

ACADÉMICA: Capela, Torres, Wilson «cap», Melo, Azeredo, Gil, Duarte, Nelo, André, Nana e Bentes
Treinador: Oscar Tellechea

LGC Évora: Vital, Bertral, Soeiro, Paixão, Athos, David Matos, Di Paola, Patalino «cap», Duarte e Batalha
Treinador: Domingo Garcia

SC Braga – 2 ACADÉMICA – 0

1ª DIVISÃO, 3ª JORNADA, 18-10-1953 (DOM, 15:00)
Estádio 28 de Maio, Braga
Árbitro: António Calheiros (Lisboa)
Golos: 1-0 (Vital 39'); 2-0 (Vélez 51')

SC Braga: Cesário, Antunes, António Marques «cap», Abel, Elói, José Maria Vieira, Batista, Vélez, Vital, Gabriel e Corona
Treinador: Fernando Vaz

ACADÉMICA: Capela, Torres, Wilson «cap», Melo, Abreu, Gil, Duarte, Celso, André, Nelo e Bentes
Treinador: Oscar Tellechea

ACADÉMICA – 0 VFC Setúbal – 2

1ª DIVISÃO, 4ª JORNADA, 25-10-1953 (DOM, 15:00)
Estádio Municipal de Coimbra, Coimbra
Árbitro: Hermínio Soares (Lisboa)
Golos: 0-1 (Fernandes 18'); 0-2 (Fernandes 74')

ACADÉMICA: Capela, Torres, Wilson «cap», Melo, Azeredo, Gil, Duarte, Nelo, Alcino, André e Bentes
Treinador: Oscar Tellechea

VFC Setúbal: Batista, Jacinto, Jorge Santos, Emídio Graça, Vaz, Pinto de Almeida «cap», Inácio, Soares, Mendonça, Fernandes e Serra
Treinador: Janos Biri

CF "Os Belenenses" – 3 ACADÉMICA – 3

1ª DIVISÃO, 5ª JORNADA, 1-11-1953 (DOM, 15:00)
Campo das Salésias, Lisboa **Árbitro:** João Alvares do Vale (Braga)
Golos: 0-1 (André 56'); 1-1 (Perez 61'); 1-2 (Wilson 64'); 2-2 (Perez 68'); 2-3 (André 73'); 3-3 (Diamantino 85')

CF "Os Belenenses": Sério, Rocha, Serafim «cap», Castela, Feliciano, Diamantino, Dimas, Di Pace, Perez, Matateu e Narciso
Treinador: Umberto Buchelli

ACADÉMICA: Capela, Torres, Melo, Abreu, Wilson «cap», Gil, Curado (E 30'), Nelo, André, Azeredo e Bentes
Treinador: Oscar Tellechea

ACADÉMICA – 3 Boavista FC – 1

1ª DIVISÃO, 6ª JORNADA, 8-11-1953 (DOM, 15:00)
Estádio Municipal de Coimbra, Coimbra
Árbitro: António Calheiros (Lisboa)
Golos: 1-0 (Bentes 25'); 2-0 (André 64'); 3-0 (Bentes 69'); 3-1 (Gaston 90')

ACADÉMICA: Capela, Torres, Wilson «cap», Melo, Abreu, Gil (L 77'), Frias, Nelo, André, Eugénio e Bentes
Treinador: Oscar Tellechea

Boavista FC: Carlos, Manero, Aparício, Barbosa, Alcino, Serafim «cap», Lourenço, Pin, Gaston, Mascarenhas e Nuno
Treinador: Aparício

Atlético CP – 1 ACADÉMICA – 1

1ª DIVISÃO, 7ª JORNADA, 15-11-1953 (DOM, 15:00)
Campo da Tapadinha, Lisboa
Árbitro: Paulo de Oliveira (Santarém)
Golos: 1-0 (Mesiano 11'); 1-1 (André 37')

Atlético CP: Ernesto, Valente Marques, Germano, Barreiro, Armando Carneiro «cap», Vítor Gaspar, Martinho, Mesiano, Legas, Imbelloni e Castiglia
Treinador: Mário Imbelloni

ACADÉMICA: Capela, Torres, Wilson «cap», Melo, Abreu, Azeredo, Teixeira, Eugénio, André, Duarte e Bentes
Treinador: Oscar Tellechea

ACADÉMICA – 2 C Oriental Lisboa – 1

1ª DIVISÃO, 8ª JORNADA, 6-12-1953 (DOM, 15:00)
Estádio Municipal de Coimbra, Coimbra **Árbitro:** Ant. Costa Martins (Porto) **Golos:** 1-0 (Bentes 55'); 2-0 (Bentes 58'); 2-1 (Albuquerque 68')

ACADÉMICA: Capela, Torres, Wilson «cap», Melo, Azeredo, Gil, Teixeira, Malícia, André (L 37'), Duarte e Bentes
Treinador: Oscar Tellechea

C Oriental Lisboa: Azevedo, Morais, Luz, Capelo, Isidoro «cap», Alfredo, Matos, Romero, Albuquerque, Almeida e Pina
Treinador: Mariano Amaro

ACADÉMICA – 1 FC Porto – 2

1ª DIVISÃO, 13ª JORNADA, 17-1-1954 (DOM, 15:00)
Estádio Municipal de Coimbra, Coimbra **Árbitro:** Jaime Pires (Lisboa) **Golos:** 0-1 (Teixeira 33'); 0-2 (Monteiro da Costa 72'); 1-2 (Wilson 78')

ACADÉMICA: Capela, Torres, Wilson «cap», Melo, Abreu, Gil, Teixeira, Malícia, André, Nelo e Duarte
Treinador: Oscar Tellechea

FC Porto: Barrigana «cap», Virgílio, Arcanjo, Carvalho, Porcel, Eleutério, Carlos Duarte, Hernâni, Teixeira, Monteiro da Costa e José Maria
Treinador: Cândido de Oliveira

ACADÉMICA – 0 CF "Os Belenenses" – 1

1ª DIVISÃO, 18ª JORNADA, 21-2-1954 (DOM, 15:00)
Estádio Municipal de Coimbra, Coimbra
Árbitro: Ant. Costa Martins (Porto)
Golo: 0-1 (Dimas 75')

ACADÉMICA: Capela, Curado, Torres, Melo, Inácio, Gil «cap», Nelo, Abreu, André, Macedo e Duarte
Treinador: Oscar Tellechea

CF "Os Belenenses": Sério, Rocha, Figueiredo, Serafim «cap», Castela, Diamantino, Dimas, Di Pace, Perez, Matateu e Narciso
Treinador: Umberto Buchelli

VSC Guimarães – 1 ACADÉMICA – 0

1ª DIVISÃO, 9ª JORNADA, 13-12-1953 (DOM, 15:00)
Campo da Amorosa, Guimarães
Árbitro: José Serandeses (Lisboa)
Golo: 1-0 (Miguel 6')

VSC Guimarães: Meca, Rebelo, José da Costa, Francisco Costa «cap», Bibelino, Cesário, Juanin, Silveira, Caraça, Miguel e Rola
Treinador: Cândido Tavares

ACADÉMICA: Capela, Torres, Wilson «cap», Melo, Abreu, Gil, Frias, Malícia, Teixeira, Azeredo e Duarte
Treinador: Oscar Tellechea

ACADÉMICA – 0 Sporting CP – 2

1ª DIVISÃO, 14ª JORNADA, 24-1-1954 (DOM, 15:00)
Estádio Municipal de Coimbra, Coimbra
Árbitro: Júlio Braga Barros (Leiria)
Golos: 0-1 (Travassos 20'); 0-2 (Travassos 66')

ACADÉMICA: Capela, Curado, Torres, Melo «cap», Abreu, Gil, Nelo, Teixeira, André, Azeredo e Duarte
Treinador: Oscar Tellechea

Sporting CP: Carlos Gomes, Caldeira, Galaz, Janos Hrotko, Passos «cap», Juca, Hugo, Vasques, Travassos, Martins e Fabian
Treinador: Josef Szabo

Boavista FC – 1 ACADÉMICA – 0

1ª DIVISÃO, 19ª JORNADA, 28-2-1954 (DOM, 15:00)
Campo do Bessa, Porto
Árbitro: Luís Magalhães (Lisboa)
Golo: 1-0 (Serafim 49')

Boavista FC: Carlos, Soares, António Caiado, Barbosa, Manuel Rodrigues, Mascarenhas, Nuno, Serafim, Aparício, Manero e Barros «cap»
Treinador: Aparício

ACADÉMICA: Capela, Inácio, Torres, Melo, Azeredo, Gil «cap», Teixeira, Nelo, André, Nana e Duarte
Treinador: Oscar Tellechea

ACADÉMICA – 2 FC Barreirense – 0

1ª DIVISÃO, 10ª JORNADA, 20-12-1953 (DOM, 15:00)
Estádio Municipal de Coimbra, Coimbra
Árbitro: António Calheiros (Lisboa)
Golos: 1-0 (Teixeira 21'); 2-0 (Gil 78', gp)

ACADÉMICA: Capela, Torres, Wilson «cap», Melo, Abreu, Gil, Teixeira, Malícia, André, Azeredo e Duarte
Treinador: Oscar Tellechea

FC Barreirense: Francisco Silva (Artur Pinheiro 60'), Reis, Pinto, Silvino, Ricardo Vale, Diamantino, José Ferreira «cap», Correia, Balugas, Faia e Custódio
Treinador: Fonseca e Castro

LGC Évora – 3 ACADÉMICA – 0

1ª DIVISÃO, 15ª JORNADA, 31-1-1954 (DOM, 15:00)
Campo Estrela, Évora
Árbitro: José Serandeses (Lisboa)
Golos: 1-0 (Di Paola 26'); 2-0 (Duarte 32'); 3-0 (Patalino 64')

LGC Évora: Vital, Bertral, Valle, Falé, Paixão, Veríssimo, Flora, Di Paola, Patalino «cap», Duarte e José Pedro
Treinador: Domingo Garcia

ACADÉMICA: Capela, Curado, Torres, Melo, Azeredo, Gil «cap», Teixeira, Abreu, André, Malícia e Duarte
Treinador: Oscar Tellechea

ACADÉMICA – 1 Atlético CP – 0

1ª DIVISÃO, 20ª JORNADA, 7-3-1954 (DOM, 15:00)
Estádio Municipal de Coimbra, Coimbra
Árbitro: João Cunha Pinto (Setúbal)
Golo: 1-0 (André 72')

ACADÉMICA: Capela, Torres, Inácio, Melo, Abreu, Gil «cap», Curado, Nelo, André, Macedo e Teixeira
Treinador: Oscar Tellechea

Atlético CP: Ernesto, Valente Marques, Germano, Vítor Lopes, Armando Carneiro «cap», Vítor Gaspar, Mesiano, Imbelloni, Legas, Castiglia e Silva Pereira
Treinador: Mário Imbelloni

SL Benfica – 1 ACADÉMICA – 2

1ª DIVISÃO, 11ª JORNADA, 3-1-1954 (DOM, 15:00)
Campo Grande, Lisboa
Árbitro: José Correia da Costa (Porto)
Golos: 1-0 (Vieira 19'); 1-1 (Gil 21'); 1-2 (André 81')

SL Benfica: Bastos, Artur, Joaquim Fernandes «cap», Ângelo, Calado, Fernando Caiado, Rogério, Palmeiro, Rosário, Vieira e Fialho
Treinador: Alfredo Valadas

ACADÉMICA: Capela, Torres, Wilson «cap», Melo, Abreu, Gil, Teixeira, Nelo, André, Azeredo e Duarte
Treinador: Oscar Tellechea

ACADÉMICA – 3 SC Braga – 2

1ª DIVISÃO, 16ª JORNADA, 7-2-1954 (DOM, 15:00)
Estádio Municipal de Coimbra, Coimbra **Árbitro:** Jaime Pires (Lisboa)
Golos: 0-1 (Gabriel 26'); 1-1 (André 45'); 1-2 (Vélez 49'); 2-2 (André 55'); 3-2 (André 61')

ACADÉMICA: Capela, Curado, Torres, Melo, Abreu, Gil «cap», Nelo, Eugénio, André, Duarte (E 75') e Bentes
Treinador: Oscar Tellechea

SC Braga: Cesário, Antunes, António Marques «cap», Abel, Pinto Vieira, José Maria Vieira (E 82'), Batista, Vélez, Corona, Gabriel e Teixeira
Treinador: Fernando Vaz

C Oriental Lisboa – 3 ACADÉMICA – 2

1ª DIVISÃO, 21ª JORNADA, 21-3-1954 (DOM, 15:00)
Campo Eng. Carlos Salema, Lisboa **Árbitro:** Paulo de Oliveira (Santarém) **Auxiliares:** José Alexandre e Claudimiro Rosa
Golos: 1-0 (Pina 19'); 1-1 (Macedo 40'); 2-1 (Pina 65'); 2-2 (André 70'); 3-2 (Pina 85')

C Oriental Lisboa: Azevedo, Morais, Capelo, Isidoro «cap», Alfredo, Romero, Matos, Antonette, Carlos França, Leitão e Pina
Treinador: Artur John

ACADÉMICA: Capela, Torres, Melo, Abreu, Inácio, Gil «cap», Curado, Nelo, André, Macedo e Teixeira
Treinador: Oscar Tellechea

SC Covilhã – 1 ACADÉMICA – 0

1ª DIVISÃO, 12ª JORNADA, 10-1-1954 (DOM, 15:00)
Campo José dos Santos Pinto, Covilhã
Árbitro: Mário Ribeiro Sanches (Lisboa)
Golo: 1-0 (Simonyi 65')

SC Covilhã: António José, Mário Reis «cap», Oliveira, Rosato, Amílcar Cavém, Cabrita, Saraiva, Martin, Simonyi, Tomé e Cavém
Treinador: Janos Szabo

ACADÉMICA: Capela, Torres, Melo, Abreu, Wilson «cap», Gil, Teixeira, Nelo, André, Azeredo e Duarte
Treinador: Oscar Tellechea

VFC Setúbal – 7 ACADÉMICA – 1

1ª DIVISÃO, 17ª JORNADA, 14-2-1954 (DOM, 15:00)
Campo dos Arcos, Setúbal **Árbitro:** Abel Macedo Pires (Lisboa)
Golos: 1-0 (Inácio 50'); 2-0 (Fernandes 51'); 2-1 (Teixeira 52'); 3-1 (Mendonça 63'); 4-1 (Soares 70'); 5-1 (Mendonça 82'); 6-1 (Pinto de Almeida 85'); 7-1 (Mendonça 88')

VFC Setúbal: Batista, Manuel Joaquim, Emídio Graça, Nuno, Orlando, Pinto de Almeida «cap», Inácio, Soares, Mendonça, Fernandes e Melão
Treinador: Janos Biri

ACADÉMICA: Capela, Curado, Torres, Melo, Abreu, Gil «cap», Malícia, Eugénio, André, Nelo e Teixeira
Treinador: Oscar Tellechea

ACADÉMICA – 1 VSC Guimarães – 0

1ª DIVISÃO, 22ª JORNADA, 28-3-1954 (DOM, 15:00)
Estádio Municipal de Coimbra, Coimbra
Árbitro: Joaquim Campos (Lisboa)
Golo: 1-0 (Curado 17')

ACADÉMICA: Capela, Torres, Inácio, Melo, Abreu, Gil «cap», Curado, Nelo, André, Macedo e Teixeira
Treinador: Oscar Tellechea

VSC Guimarães: Silva, Cesário, Cerqueira, Queirós, Rebelo, José da Costa «cap», Barreto Lara, Silveira, Caraça, Miguel e Rola
Treinador: Cândido Tavares

1954-1955

FC Barreirense – 3 ACADÉMICA – 1

1ª DIVISÃO, 23ª JORNADA, 25-4-1954 (DOM, 16:00)
Campo D. Manuel de Melo, Barreiro **Árbitro:** Eduardo Gouveia (Lisboa) **Golos:** 1-0 (Vasques 41'); 2-0 (José Ferreira 70'); 2-1 (Teixeira 71'); 3-1 (Faia 76', gp)

FC Barreirense: Francisco Silva, Reis, Carlos Silva, Duarte, Silvino, Vasques, Amândio, José Ferreira, Correia, Faia «cap» e Custódio
Treinador: Raul Pascoal

ACADÉMICA: Capela, Torres, Melo, Abreu, Inácio, Gil «cap», Teixeira, Nelo, Macedo, Duarte e Bentes
Treinador: Oscar Tellechea

ACADÉMICA – 1 SL Benfica – 2

1ª DIVISÃO, 24ª JORNADA, 2-5-1954 (DOM, 16:00)
Estádio Municipal de Coimbra, Coimbra **Árbitro:** Libertino Domingues (Setúbal) **Golos:** 0-1 (Águas 54'); 0-2 (Salvador 81'); 1-2 (Abreu 84')

ACADÉMICA: Capela, Torres, Inácio, Melo, Abreu, Gil «cap», Teixeira, Nelo, André, Macedo e Bentes
Treinador: Oscar Tellechea

SL Benfica: Bastos, Gato, Joaquim Fernandes «cap», Calado, Moreira, Fernando Caiado, Palmeiro, Arsénio, Águas, Rogério e Salvador
Treinador: Alfredo Valadas

ACADÉMICA – 1 SC Covilhã – 3

1ª DIVISÃO, 25ª JORNADA, 9-5-1954 (DOM, 16:00)
Estádio Municipal de Coimbra, Coimbra **Árbitro:** Abel Macedo Pires (Lisboa) **Golos:** 1-0 (Bentes 8'); 1-1 (Simonyi 17'); 1-2 (Simonyi 31'); 1-3 (Tomé 60')

ACADÉMICA: Capela, Torres, Curado, Melo, Abreu, Gil «cap», Duarte, Teixeira, André, Macedo e Bentes
Treinador: Oscar Tellechea

SC Covilhã: António José, Nicolau, Amílcar Cavém «cap», Oliveira, Cabrita, Rosato, Loren, Carlos Ferreira, Simonyi, Tomé e Cavém
Treinador: Janos Szabo

FC Porto – 4 ACADÉMICA – 1

1ª DIVISÃO, 26ª JORNADA, 16-5-1954 (DOM, 16:00)
Estádio das Antas, Porto **Árbitro:** Jaime Pires (Lisboa)
Golos: 1-0 (Carlos Duarte 52'); 2-0 (Perdigão 74'); 3-0 (Pedroto 77'); 4-0 (Pedroto 81'); 4-1 (Bentes 87')

FC Porto: Barrigana «cap», Virgílio, Valle, Carvalho, Porcel, Eleutério, Carlos Duarte, Perdigão, Teixeira, Pedroto e José Maria
Treinador: Cândido de Oliveira

ACADÉMICA: Capela, Torres, Curado (E 56'), Melo, Abreu, Gil «cap», Duarte, Malícia, Macedo, Azeredo e Bentes
Treinador: Oscar Tellechea

Boavista FC – 6 ACADÉMICA – 1

TAÇA DE PORTUGAL, OITAVOS DE FINAL, 23-5-1954 (DOM, 16:00)
Campo do Bessa, Porto **Árbitro:** Ant. Rodrigues Santos (Lisboa)
Golos: 1-0 (Alcino 48'); 2-0 (Aparício 49'); 3-0 (Aparício 53', gp); 4-0 (Aparício 58', gp); 5-0 (Nuno 67'); 6-0 (Barros 70'); 6-1 (Teixeira 83')

Boavista FC: Yurrita, Soares, António Caiado, Barbosa, Alcino, Mascarenhas, Lourenço, Nuno, Aparício, Manero e Barros «cap»
Treinador: Aparício

ACADÉMICA: Capela, Melo, Torres, Nuno, Abreu, Gil «cap», Teixeira, Malícia, André, Azeredo e Bentes (L 75')
Treinador: Oscar Tellechea

ACADÉMICA – 2 Boavista FC – 1

TAÇA DE PORTUGAL, OITAVOS DE FINAL, 30-5-1954 (DOM, 16:00)
Estádio Municipal de Coimbra, Coimbra **Árbitro:** Hermínio Soares (Lisboa) **Golos:** 0-1 (Nuno 33'); 1-1 (Torres 40', gp); 2-1 (André 75')
Obs: Aparício (Boavista) ocupou o lugar de guarda-redes, após expulsão de Yurrita

ACADÉMICA: Capela, Torres, Wilson «cap», Melo, Abreu, Azeredo, Macedo, Malícia, André, Gil e Duarte
Treinador: Oscar Tellechea

Boavista FC: Yurrita (E 40'), Soares, António Caiado, Barbosa, Alcino, Mascarenhas, Lourenço, Nuno, Aparício, Manero e Barros «cap»
Treinador: Aparício

SCU Torreense – 2 ACADÉMICA – 2

LIGUILHA, 1ª MÃO, 6-6-1954 (DOM, 16:00)
Campo do Bairro das Covas, Torres Vedras **Árbitro:** Hermínio Soares (Lisboa) **Golos:** 0-1 (Gil 23'); 0-2 (André 28'); 1-2 (Melo 40', pb); 2-2 (Sidónio 59')

SCU Torreense: Gama, Mergulho, António Augusto, Belén, Amílcar «cap», Gonçalves, Carlos Alberto, Buchelli, Sidónio, Martinho e Peretti
Treinador: Anselmo Pisa

ACADÉMICA: Capela, Torres, Inácio, Melo, Abreu, Azeredo, Macedo, Malícia, André, Gil «cap» e Teixeira
Treinador: Oscar Tellechea

ACADÉMICA – 1 SCU Torreense – 0

LIGUILHA, 2ª MÃO, 13-6-1954 (DOM, 16:00)
Estádio Municipal de Coimbra, Coimbra
Árbitro: José Correia da Costa (Porto)
Golo: 1-0 (André 4')

ACADÉMICA: Capela, Torres, Inácio, Melo, Abreu, Azeredo, Macedo, Malícia, André, Gil «cap» e Teixeira
Treinador: Oscar Tellechea

SCU Torreense: Gama, Mergulho, António Augusto, Belén, Amílcar «cap», Gonçalves, Carlos Alberto, Buchelli, Sidónio, Martinho e Peretti
Treinador: Anselmo Pisa

ÉPOCA 1954-1955

1ª DIVISÃO: 6º LUGAR (MANUTENÇÃO)
TAÇA DE PORTUGAL: MEIAS FINAIS

JOGOS EFECTUADOS

	J	V	E	D	GM	GS
CASA	14	9	2	3	40	24
FORA/N	16	4	3	9	22	39
TOTAL	30	13	5	12	62	63

GD C.U.F. – 1 ACADÉMICA – 1

1ª DIVISÃO, 1ª JORNADA, 12-9-1954 (DOM, 16:00)
Campo de Santa Bárbara, Barreiro
Árbitro: Mário Ribeiro Sanches (Lisboa)
Golos: 0-1 (Bentes 75'); 1-1 (Luís 77')

GD C.U.F.: Libânio, Pedro Gomes, José Carreira «cap», Celestino, Orlando, João Vale, Barriga, Vasques, Sérgio, Luís e André
Treinador: Umberto Buchelli

ACADÉMICA: Ramin, Torres, Inácio, Melo, Wilson, Gil «cap», Pérides, Nelo, Mota, Bagorro e Bentes
Treinador: Alberto Gomes

ACADÉMICA – 5 SC Covilhã – 1

1ª DIVISÃO, 2ª JORNADA, 19-9-1954 (DOM, 16:00)
Estádio Municipal de Coimbra, Coimbra **Árbitro:** Abel da Costa (Porto) **Golos:** 1-0 (Nelo 26'); 2-0 (Bentes 35'); 3-0 (Nelo 42'); 3-1 (Cavém 55'); 4-1 (Bentes 87'); 5-1 (Mota 89')

ACADÉMICA: Ramin, Torres, Wilson, Abreu, Melo, Gil «cap», Pérides, Nelo, Mota, Romão e Bentes
Treinador: Alberto Gomes

SC Covilhã: António José, Nicolau, Cabrita, Martinho, Rosato, Saraiva, Carlos Ferreira, Martin «cap», Cavém, Tomé e Loren
Treinador: Janos Szabo

CF "Os Belenenses" – 6 ACADÉMICA – 2

1ª DIVISÃO, 3ª JORNADA, 26-9-1954 (DOM, 16:30)
Campo das Salésias, Lisboa **Árbitro:** João Cunha Pinto (Setúbal)
Golos: 1-0 (Di Pace 5'); 2-0 (Matateu 8'); 2-1 (Torres 10', gp); 2-2 (Wilson 32'); 3-2 (Matateu 65', gp); 4-2 (Torres 69', pb); 5-2 (Matateu 77'); 6-2 (Matateu 89')

CF "Os Belenenses": José Pereira, Rocha, Serafim «cap», Pires, Figueiredo, Diamantino, Vinagre, Di Pace, Matateu, Vicente e Angeja
Treinador: Fernando Riera

ACADÉMICA: Ramin, Torres, Melo, Abreu «cap», Wilson, Azeredo, Pérides, Nelo, Mota, André e Bentes
Treinador: Alberto Gomes

ACADÉMICA – 4 SC Braga – 1

1ª DIVISÃO, 4ª JORNADA, 3-10-1954 (DOM, 15:00)
Estádio Municipal de Coimbra, Coimbra **Árbitro:** Abel Macedo Pires (Lisboa) **Golos:** 1-0 (André 32'); 2-0 (Mota 44'); 3-0 (Pérides 60'); 4-0 (Torres 88', gp); 4-1 (Gabriel 89')

ACADÉMICA: Ramin, Torres, Wilson, Melo, Abreu, Gil «cap», Pérides, Nelo, Mota, André e Bentes
Treinador: Alberto Gomes

SC Braga: Cesário, Antunes, José Maria Vieira, Abel «cap», Imbelloni, Pinto Vieira, Batista, Vélez, Armando Costa, Gabriel e Corona
Treinador: Mário Imbelloni

Sporting CP – 0 ACADÉMICA – 1

1ª DIVISÃO, 5ª JORNADA, 10-10-1954 (DOM, 15:00)
Estádio Nacional, Lisboa
Árbitro: José Correia da Costa (Porto)
Golo: 0-1 (Torres 75', gp)

Sporting CP: Carlos Gomes, Caldeira, Pacheco, Janos Hrotko, Passos «cap», Juca, Galileu, Vasques, Travassos, Martins e Albano
Treinador: Josef Szabo

ACADÉMICA: Ramin, Torres, Melo, Abreu, Wilson, Gil «cap», Pérides, Azeredo, Mota, André e Bentes
Treinador: Alberto Gomes

ACADÉMICA – 1 FC Porto – 3

1ª DIVISÃO, 6ª JORNADA, 17-10-1954 (DOM, 15:00)
Estádio Municipal de Coimbra, Coimbra
Árbitro: Joaquim Campos (Lisboa) **Golos:** 0-1 (Gil 18', pb); 0-2 (Teixeira 20'); 1-2 (André 27'); 1-3 (Teixeira 69')

ACADÉMICA: Ramin, Torres, Melo, Abreu, Wilson, Gil «cap», Pérides, Nelo, Mota, André e Bentes
Treinador: Alberto Gomes

FC Porto: Barrigana, Virgílio «cap», Carvalho, Pedroto, Ângelo Sarmento, Joaquim, Hernâni, Dieste, Teixeira, Monteiro da Costa e Carlos Vieira
Treinador: Fernando Vaz

FC Barreirense – 2 ACADÉMICA – 1

1ª DIVISÃO, 7ª JORNADA, 24-10-1954 (DOM, 15:00)
Campo D. Manuel de Melo, Barreiro
Árbitro: António Calheiros (Lisboa)
Golos: 1-0 (Viegas 19'); 1-1 (Macedo 29'); 2-1 (Pinto 82', gp)

FC Barreirense: Francisco Silva «cap», Silvino, Pinto, Carlos Silva, Ricardo Vale, Vasques, José Ferreira, Correia, Viegas, Afonso e Custódio
Treinador: Artur Quaresma

ACADÉMICA: Ramin, Torres, Wilson, Inácio, Abreu, Gil «cap», Duarte, Macedo (E 82'), Mota, André e Bentes
Treinador: Alberto Gomes

ACADÉMICA – 7 LGC Évora – 4

1ª DIVISÃO, 8ª JORNADA, 31-10-1954 (DOM, 15:00)
Estádio Municipal de Coimbra, Coimbra **Árbitro:** Libertino Domingues (Setúbal) **Golos:** 1-0 (Duarte 9'); 1-1 (Barbosa 22'); 2-1 (Duarte 24'); 3-1 (Bentes 27'); 3-2 (Duarte 32', gp); 4-2 (Abreu 44'); 4-3 (Caraça 61'); 5-3 (Torres 64', gp); 6-3 (Duarte 74'); 7-3 (Bentes 80'); 7-4 (Barbosa 89')

ACADÉMICA: Ramin, Torres, Wilson, Inácio, Abreu, Gil «cap», Duarte, Faia, Mota, André e Bentes
Treinador: Alberto Gomes

LGC Évora: Vital (Martelo 29'), Paução, Polido, Falé, Di Paola, Vicente, Barbosa, Patalino «cap», Caraça, Duarte e José Pedro
Treinador: Cândido Tavares

ACADÉMICA – 1 Atlético CP – 2

1ª DIVISÃO, 9ª JORNADA, 7-11-1954 (DOM, 15:00)
Estádio Municipal de Coimbra, Coimbra
Árbitro: José Correia da Costa (Porto)
Golos: 0-1 (Castiglia 12'); 1-1 (André 53'); 1-2 (Legas 85')

ACADÉMICA: Ramin, Torres, Wilson, Melo, Abreu, Gil «cap», Duarte, Faia, Mota, André e Bentes
Treinador: Alberto Gomes

Atlético CP: Correia (Rita 65'), Barreiro, Vítor Lopes, Abreu, Germano, Castiglia «cap», Martinho, Mesiano, Legas, Rinaldi e Silva Pereira
Treinador: Castiglia

VFC Setúbal – 1 ACADÉMICA – 1

1ª DIVISÃO, 10ª JORNADA, 14-11-1954 (DOM, 15:00)
Campo dos Arcos, Setúbal
Árbitro: Clemente Henriques (Porto)
Golos: 1-0 (Inácio 9'); 1-1 (André 19')

VFC Setúbal: José Graça, Jacinto, Emídio Graça, Orlando, Vaz, Pinto de Almeida «cap», Matos, Soares, Inácio, Fernandes e Barbosa
Treinador: Janos Biri

ACADÉMICA: Ramin, Torres, Wilson, Melo, Pérides, Gil «cap», Duarte, Macedo, André, Faia e Bentes
Treinador: Alberto Gomes

ACADÉMICA – 3 VSC Guimarães – 0

1ª DIVISÃO, 11ª JORNADA, 21-11-1954 (DOM, 15:00)
Estádio Municipal de Coimbra, Coimbra
Árbitro: Luís Magalhães (Lisboa)
Golos: 1-0 (Torres 45', gp); 2-0 (Macedo 57'); 3-0 (André 65')

ACADÉMICA: Capela, Torres, Wilson, Melo, Abreu, Gil «cap», Nelo, Macedo, André, Faia e Bentes
Treinador: Alberto Gomes

VSC Guimarães: Lobato, Cesário, Cerqueira, José da Costa «cap», Rebelo, Silveira, Miguel, Lutero, Bibelino, Elói e Rola
Treinador: Randolph Galloway

SL Benfica – 3 ACADÉMICA – 1

1ª DIVISÃO, 12ª JORNADA, 12-12-1954 (DOM, 15:00)
Estádio Nacional, Lisboa **Árbitro:** José Correia da Costa (Porto)
Golos: 1-0 (Coluna 26'); 2-0 (Águas 53'); 2-1 (Abreu 73'); 3-1 (Fialho 84')

SL Benfica: Costa Pereira, Jacinto, Ângelo, Fernando Caiado «cap», Artur, Alfredo, Palmeiro, Coluna, Águas, Calado e Fialho
Treinador: Otto Glória

ACADÉMICA: Capela, Torres, Wilson, Melo, Abreu, Gil «cap», Nelo, Macedo, André, Faia e Bentes
Treinador: Alberto Gomes

ACADÉMICA – 1 Boavista FC – 0

1ª DIVISÃO, 13ª JORNADA, 2-1-1955 (DOM, 15:00)
Estádio Municipal de Coimbra, Coimbra
Árbitro: Eduardo Gouveia (Lisboa)
Golo: 1-0 (André 61')

ACADÉMICA: Capela (Ramin 45'), Torres, Wilson, Melo, Abreu, Gil «cap», Nelo, Macedo, André, Faia (E 53') e Bentes
Treinador: Alberto Gomes

Boavista FC: Carlos, Soares, António Caiado, Barbosa, Alcino, Serafim «cap», Lourenço, Zorgo, Amadeu, Mascarenhas e Manero
Treinador: Janos Zorgo

ACADÉMICA – 5 GD C.U.F. – 1

1ª DIVISÃO, 14ª JORNADA, 9-1-1955 (DOM, 15:00)
Estádio Municipal de Coimbra, Coimbra **Árbitro:** Mário Ribeiro Sanches (Lisboa) **Golos:** 1-0 (Duarte 10'); 2-0 (André 24'); 3-0 (André 36'); 3-1 (Vasques 67'); 4-1 (André 82'); 5-1 (André 85')

ACADÉMICA: Ramin, Torres, Wilson, Melo, Abreu «cap», Pérides, Duarte, Nelo, André, Macedo e Bentes
Treinador: Alberto Gomes

GD C.U.F.: Libânio, Pedro Gomes, Palma, João Vale, Orlando, Frade, Pedro Duarte, Vasques, Sérgio, Luís e André
Treinador: Umberto Buchelli

SC Covilhã – 3 ACADÉMICA – 2

1ª DIVISÃO, 15ª JORNADA, 16-1-1955 (DOM, 15:00)
Campo José dos Santos Pinto, Covilhã **Árbitro:** Abel Macedo Pires (Lisboa) **Golos:** 1-0 (Cavém 5'); 2-0 (Cavém 22'); 3-0 (Tomé 29'); 3-1 (Bentes 38'); 3-2 (André 77')

SC Covilhã: António José, Hélder, Amílcar Cavém «cap», Moreira, Martin, Couceiro, Carlos Ferreira, Justino, Cabrita, Tomé e Cavém
Treinador: Janos Szabo

ACADÉMICA: Ramin, Torres, Inácio, Melo, Abreu (E 85'), Pérides, Duarte, Wilson, André, Gil «cap» (E 80') e Bentes
Treinador: Alberto Gomes

ACADÉMICA – 2 CF "Os Belenenses" – 2

1ª DIVISÃO, 16ª JORNADA, 23-1-1955 (DOM, 15:00)
Estádio Municipal de Coimbra, Coimbra **Árbitro:** Evaristo Silva (Leiria) **Golos:** 1-0 (André 29'); 2-0 (André 39'); 2-1 (Matateu 72'); 2-2 (Carlos Silva 85')

ACADÉMICA: Ramin, Torres, Wilson «cap», Melo, Pérides, Azeredo, Frias, Romão, André, Macedo e Bentes
Treinador: Alberto Gomes

CF "Os Belenenses": José Pereira, Pires, Figueiredo, Serafim «cap», Moreira, Vicente, Carlos Silva, Dimas, Matateu, Perez e Tito
Treinador: Fernando Riera

SC Braga – 4 ACADÉMICA – 1

1ª DIVISÃO, 17ª JORNADA, 6-2-1955 (DOM, 15:00)
Estádio 28 de Maio, Braga **Árbitro:** Joaquim Campos (Lisboa)
Golos: 0-1 (Bentes 37'); 1-1 (Gabriel 65'); 2-1 (Corona 78'); 3-1 (Pinto Vieira 80'); 4-1 (Garófalo 89')

SC Braga: Cesário, Antunes, José Maria Vieira «cap», Pinto Vieira, Fanttin, Armando Costa, Batista, Imbelloni, Garófalo, Gabriel e Corona
Treinador: Mário Imbelloni

ACADÉMICA: Ramin, Torres, Wilson, Melo, Abreu, Gil «cap», Duarte, Faia, André, Macedo e Bentes
Treinador: Alberto Gomes

ACADÉMICA – 1 Sporting CP – 1

1ª DIVISÃO, 18ª JORNADA, 13-2-1955 (DOM, 15:00)
Estádio Municipal de Coimbra, Coimbra
Árbitro: Ant. Costa Martins (Porto)
Golos: 1-0 (Bentes 14'); 1-1 (Travassos 51')

ACADÉMICA: Capela, Torres, Wilson, Melo, Abreu, Gil «cap», Duarte, Faia, André, Macedo e Bentes
Treinador: Alberto Gomes

Sporting CP: Carlos Gomes, Caldeira, Pacheco, Barros, Passos «cap», Juca, Hugo, Vasques, Martins, Travassos e Albano
Treinador: Tavares da Silva

FC Porto – 2 ACADÉMICA – 1

1ª DIVISÃO, 19ª JORNADA, 20-2-1955 (DOM, 15:00)
Estádio das Antas, Porto
Árbitro: Paulo de Oliveira (Santarém)
Golos: 0-1 (Faia 14'); 1-1 (Monteiro da Costa 34'); 2-1 (Teixeira 63')

FC Porto: Barrigana, Virgílio «cap», Joaquim, Carvalho, Eleutério, Porcel, Carlos Vieira, Pedroto, Teixeira, Monteiro da Costa e José Maria
Treinador: Fernando Vaz

ACADÉMICA: Ramin, Torres, Wilson, Melo, Abreu, Gil «cap», Duarte, Pérides, André, Faia e Bentes
Treinador: Alberto Gomes

ACADÉMICA – 1 FC Barreirense – 0

1ª DIVISÃO, 20ª JORNADA, 27-2-1955 (DOM, 15:00)
Estádio Municipal de Coimbra, Coimbra
Árbitro: Inocêncio Calabote (Évora)
Golo: 1-0 (Bentes 79')

ACADÉMICA: Ramin, Torres (L 77'), Wilson, Melo, Pérides, Gil «cap», Duarte, Mota, André, Macedo e Bentes
Treinador: Alberto Gomes

FC Barreirense: Pinheiro, Reis, Pinto, Carlos Silva, Diamantino, Vasques, José Ferreira «cap», Correia, Silvino, Afonso e Custódio
Treinador: Artur Quaresma

LGC Évora – 1 ACADÉMICA – 1

1ª DIVISÃO, 21ª JORNADA, 6-3-1955 (DOM, 15:00)
Campo Estrela, Évora
Árbitro: Hermínio Soares (Lisboa)
Golos: 0-1 (Macedo 28'); 1-1 (José Pedro 88')

LGC Évora: Vital, Polido, Longo, Paixão, Di Paola, Vicente, Flora, Barbosa, Patalino «cap», Duarte e José Pedro
Treinador: Cândido Tavares

ACADÉMICA: Ramin, Torres, Wilson, Melo, Pérides, Gil «cap», Frias, Faia, André, Macedo e Duarte
Treinador: Alberto Gomes

Atlético CP – 1 ACADÉMICA – 2

1ª DIVISÃO, 22ª JORNADA, 13-3-1955 (DOM, 15:00)
Campo da Tapadinha, Lisboa
Árbitro: Abel da Costa (Porto)
Golos: 1-0 (Rinaldi 50'); 1-1 (Pérides 68'); 1-2 (Duarte 84')

Atlético CP: Ernesto, Barreiro, Vítor Lopes, Vítor Gaspar, Germano, Castiglia «cap», Mesiano, Martinho, Rinaldi, Legas e Silva Pereira
Treinador: Castiglia

ACADÉMICA: Ramin, Torres, Melo, Pérides, Wilson, Gil «cap», Frias, Faia, André, Macedo e Duarte
Treinador: Alberto Gomes

ACADÉMICA – 3 VFC Setúbal – 1

1ª DIVISÃO, 23ª JORNADA, 20-3-1955 (DOM, 15:00)
Estádio Municipal de Coimbra, Coimbra
Árbitro: Luís Magalhães (Lisboa)
Golos: 1-0 (Faia 31'); 2-0 (Pérides 80'); 3-0 (Faia 81'); 3-1 (Rosário 90')

ACADÉMICA: Ramin, Torres, Wilson, Melo, Pérides, Gil «cap», Frias, Faia, André, Macedo e Duarte
Treinador: Alberto Gomes

VFC Setúbal: Batista, Jacinto, Emídio Graça, Manuel Joaquim, Vaz, Orlando, Matos, Soares, Rosário, Pinto de Almeida «cap» e Bastos
Treinador: Janos Biri

VSC Guimarães – 2 ACADÉMICA – 1

1ª DIVISÃO, 24ª JORNADA, 3-4-1955 (DOM, 16:00)
Campo da Amorosa, Guimarães
Árbitro: João Cunha Pinto (Setúbal)
Golos: 0-1 (André 2'); 1-1 (Miguel 10'); 2-1 (Lutero 53')

VSC Guimarães: Lobato, Abreu, Cerqueira, Francisco Costa, Elói, José da Costa «cap», Bártolo, Gilberto, Silveira, Miguel e Lutero
Treinador: Randolph Galloway

ACADÉMICA: Ramin, Torres, Wilson, Melo, Pérides, Gil «cap», Duarte, Faia, André, Macedo e Romão
Treinador: Alberto Gomes

ACADÉMICA – 3 SL Benfica – 7

1ª DIVISÃO, 25ª JORNADA, 17-4-1955 (DOM, 16:00)
Estádio Municipal de Coimbra, Coimbra **Árbitro:** Júlio Braga Barros (Leiria) **Golos:** 1-0 (Duarte 13'); 1-1 (Calado 27'); 1-2 (Águas 34'); 1-3 (Águas 43'); 2-3 (Bentes 50'); 2-4 (Águas 51'); 2-5 (Arsénio 57'); 3-5 (André 73'); 3-6 (Zezinho 79'); 3-7 (Fernando Caiado 87')

ACADÉMICA: Ramin, Torres, Wilson, Melo, Pérides, Gil «cap», Duarte, Faia, André, Macedo e Bentes
Treinador: Alberto Gomes

SL Benfica: Costa Pereira (Bastos 75'), Jacinto, Ângelo, Fernando Caiado «cap», Artur, Alfredo, Calado, Arsénio, Águas, Coluna e Zezinho
Treinador: Otto Glória

Boavista FC – 3 ACADÉMICA – 1

1ª DIVISÃO, 26ª JORNADA, 24-4-1955 (DOM, 16:00)
Campo do Bessa, Porto **Árbitro:** Fernando Valério (Setúbal)
Golos: 1-0 (Serafim 17'); 2-0 (Manero 43'); 2-1 (Romão 76'); 3-1 (Medina 81')

Boavista FC: Granja, Videira, António Caiado, Barbosa, Alcino, Guizanda, Honório, Medina, Serafim «cap», Zorgo e Manero
Treinador: Janos Zorgo

ACADÉMICA: Ramin, Nuno, Wilson, Melo, Pérides, Gil «cap», Frias, Romão, André, Mota e Duarte
Treinador: Alberto Gomes

Atlético CP – 4 ACADÉMICA – 5 (AP)

TAÇA DE PORTUGAL, 1/16 DE FINAL, 7-5-1955 (SAB, 16:30)
Campo da Tapadinha, Lisboa **Árbitro:** Ant. Costa Martins (Porto)
Golos: 0-1 (Bentes 14'); 1-1 (Wilson 19', pb); 2-1 (Legas 51'); 2-2 (Bentes 71'); 2-3 (Bentes 74'); 3-3 (Martinho 88'); 4-3 (Legas 96'); 4-4 (Bentes 108'); 4-5 (André 115')

Atlético CP: Ernesto, Barreiro, Germano, Abreu, Vítor Gaspar, Castiglia «cap» (L 118'), Mesiano, Martinho, Legas, Abel (L 118') e Silva Pereira
Treinador: Castiglia

ACADÉMICA: Ramin, Torres, Wilson, Melo, Abreu, Gil «cap», Pérides, Faia, André, Macedo e Bentes
Treinador: Alberto Gomes

ACADÉMICA – 3 VFC Setúbal – 1

TAÇA DE PORTUGAL, OITAVOS DE FINAL, 15-5-1955 (DOM, 16:00)
Estádio Municipal de Coimbra, Coimbra **Árbitro:** Luís Magalhães (Lisboa) **Golos:** 1-0 (Duarte 25'); 2-0 (Abreu 40'); 2-1 (Casaca 60'); 3-1 (Torres 63', gp)

ACADÉMICA: Ramin, Torres, Wilson, Melo, Pérides, Gil «cap», Duarte, Faia, André, Abreu e Bentes
Treinador: Alberto Gomes

VFC Setúbal: Batista, Jacinto, Emídio Graça, Manuel Joaquim, Vaz, Orlando, Soares, Pinto de Almeida «cap», Rosário, Casaca e Rosa
Treinador: Janos Biri

ACADÉMICA – 2 VFC Setúbal – 2 (AP)

TAÇA DE PORTUGAL, OITAVOS DE FINAL, 29-5-1955 (DOM, 17:00)
Estádio Municipal de Coimbra, Coimbra **Árbitro:** Inocêncio Calabote (Évora) **Golos:** 1-0 (Bentes 10'); 1-1 (Rosário 21'); 2-1 (Duarte 74'); 2-2 (Barbosa 78') **Obs:** Jogo de repetição, posteriormente anulado pela FPF, revogando a anterior decisão

ACADÉMICA: Ramin (Rogério 85'), Torres, Wilson, Melo, Pérides, Gil «cap», Duarte, Faia, André, Abreu e Bentes
Treinador: Alberto Gomes

VFC Setúbal: Batista, Jacinto, Emídio Graça, Manuel Joaquim, Vaz, Orlando, Inácio, Soares, Rosário, Pinto de Almeida «cap» e Barbosa
Treinador: Janos Biri

ACADÉMICA – 1 CF "Os Belenenses" – 0 (AP)

TAÇA DE PORTUGAL, QUARTOS DE FINAL, 1-6-1955 (QUA, 18:00)
Campo do Bairro das Covas, Torres Vedras
Árbitro: Evaristo Silva (Leiria)
Golo: 1-0 (Duarte 116')

ACADÉMICA: Ramin, Nuno, Melo, Pérides, Wilson, Gil «cap», Duarte, Faia, André, Bagorro e Bentes
Treinador: Alberto Gomes

CF "Os Belenenses": José Pereira, Pires, António Tito, Carlos Silva, Figueiredo «cap», Vicente, Di Pace, Dimas, Matateu, Perez e Tito
Treinador: Fernando Riera

SL Benfica – 6 ACADÉMICA – 0

TAÇA DE PORTUGAL, MEIAS FINAIS, 5-6-1955 (DOM, 17:00)
Campo Alfredo de Aguiar, Santarém **Árbitro:** Abel da Costa (Porto)
Golos: 1-0 (Coluna 16'); 2-0 (Arsénio 19'); 3-0 (Águas 55'); 4-0 (Fernando Caiado 63'); 5-0 (Águas 80'); 6-0 (Arsénio 85')

SL Benfica: Costa Pereira, Jacinto, Artur, Ângelo, Fernando Caiado «cap», Monteiro, Zezinho, Arsénio, Águas, Coluna e Palmeiro
Treinador: Otto Glória

ACADÉMICA: Ramin (Rogério 84'), Nuno, Wilson, Melo, Pérides, Gil «cap», Duarte, Bagorro, André, Faia e Bentes
Treinador: Alberto Gomes

ÉPOCA 1955-1956

1ª DIVISÃO: 13º LUGAR (LIGUILHA E MANUTENÇÃO)
TAÇA DE PORTUGAL: OITAVOS DE FINAL

JOGOS EFECTUADOS

	J	V	E	D	GM	GS
CASA	15	9	2	4	30	21
FORA	15	1	2	12	13	34
TOTAL	30	10	4	16	43	55

CF "Os Belenenses" – 3 ACADÉMICA – 1

1ª DIVISÃO, 1ª JORNADA, 18-9-1955 (DOM, 16:00)
Estádio Nacional, Lisboa **Árbitro:** Vítor Pinto Coelho (Algarve)
Golos: 1-0 (Matateu 25'); 2-0 (André 29'); 3-0 (Tito 49'); 3-1 (Torres 90', gp)

CF "Os Belenenses": José Pereira, Pires, Figueiredo «cap», Moreira, Carlos Silva, Vicente, Di Pace, Matateu, André (L 80'), Perez e Tito
Treinador: Fernando Riera

ACADÉMICA: Capela, Torres, Wilson, Melo, Pérides, Gil «cap», Vaccari, Nelo, Faia, Malícia e Bentes (E 84')
Treinador: Alberto Gomes

ACADÉMICA – 3 GD C.U.F. – 4

1ª DIVISÃO, 2ª JORNADA, 25-9-1955 (DOM, 16:00)
Estádio Municipal de Coimbra, Coimbra **Árbitro:** José Correia da Costa (Porto) **Golos:** 0-1 (Aureliano 4'); 1-1 (Faia 9'); 1-2 (Arsénio 30'); 1-3 (Aureliano 46'); 1-4 (Arsénio 48'); 2-4 (Malícia 54'); 3-4 (Torres 75', gp)

ACADÉMICA: Capela (Cristóvão 48'), Torres, Wilson «cap», Melo, Pérides, Gil, Frias, Faia, Malícia, Vaccari e Romão
Treinador: Alberto Gomes

GD C.U.F.: Libânio, Pedro Gomes, Palma, Celestino «cap», Orlando, João Vale, Pedro Duarte, Arsénio, Sérgio, Vasques e Aureliano
Treinador: Umberto Buchelli

SCU Torreense – 2 ACADÉMICA – 0

1ª DIVISÃO, 3ª JORNADA, 2-10-1955 (DOM, 15:00)
Campo do Bairro das Covas, Torres Vedras
Árbitro: Raul Martins (Lisboa)
Golos: 1-0 (Pina 6'); 2-0 (José da Costa 34')

SCU Torreense: Gama, Amílcar, Forneri «cap», Mergulho, Belén, Gonçalves, Carlos Alberto, José da Costa, João Mendonça, Matos e Pina
Treinador: Oscar Tellechea

ACADÉMICA: Ramin, Nuno, Torres, Melo, Abreu, Gil «cap», Frias, Pérides, Faia, Malícia e Tomané
Treinador: Alberto Gomes

ACADÉMICA – 2 VFC Setúbal – 1

1ª DIVISÃO, 4ª JORNADA, 9-10-1955 (DOM, 16:00)
Estádio Municipal de Coimbra, Coimbra
Árbitro: Vieira da Costa (Porto)
Golos: 1-0 (Bentes 50'); 2-0 (Alcino 57'); 2-1 (Miguel 62')

ACADÉMICA: Ramin, Nuno, Torres, Melo, Abreu, Gil «cap», Duarte, Malícia, Alcino, Pérides e Bentes (L 45')
Treinador: Nana

VFC Setúbal: Batista (Zeferino 50'), Jacinto, Emídio Graça, Orlando, Vaz, Pinto de Almeida «cap», Soares, Casaca, Fernandes, Miguel e Hilário
Treinador: Rino Martini

1955-1956

Atlético CP – 4 ACADÉMICA – 2

1ª DIVISÃO, 5ª JORNADA, 16-10-1955 (DOM, 15:00)
Campo da Tapadinha, Lisboa **Árbitro:** Fernando Valério (Setúbal)
Golos: 0-1 (Pérides 36'); 0-2 (Malícia 46'); 1-2 (Germano 62');
2-2 (Castiglia 67'); 3-2 (Mesiano 79'); 4-2 (Orlando 82')

Atlético CP: Correia, Valente Marques, Vítor Lopes, Barreiro, Tomé, Castiglia «cap», Mesiano, Germano, Orlando, Álvaro e Rosário
Treinador: Szukich Szego

ACADÉMICA: Ramin, Nuno, Torres, Melo (L 70'), Abreu, Gil, Malícia, Faia, Wilson «cap», Pérides e Duarte
Treinador: Nana

ACADÉMICA – 4 SC Braga – 1

1ª DIVISÃO, 6ª JORNADA, 23-10-1955 (DOM, 15:00)
Estádio Municipal de Coimbra, Coimbra **Árbitro:** Vítor Pinto Coelho (Algarve) **Golos:** 1-0 (Torres 14', gp); 2-0 (Faia 35'); 3-0 (Bentes 44'); 3-1 (Batista 53'); 4-1 (Ramalho 79') **Obs:** A partir desta jornada deixou de ser permitida a substituição do guarda-redes

ACADÉMICA: Ramin, Torres, Wilson «cap», Melo, Abreu, Gil, Duarte, Faia, Ramalho, Pérides e Bentes (L 45')
Treinador: Nana

SC Braga: Faria, Antunes, Palmeira, Frade, Armando Costa, Vítor Gaspar, Batista, Passos, Garófalo, Gabriel e Alcibíades
Treinador: Mário Imbelloni

SL Benfica – 4 ACADÉMICA – 0

1ª DIVISÃO, 7ª JORNADA, 30-10-1955 (DOM, 15:00)
Estádio da Luz, Lisboa
Árbitro: Jacques Matias (Setúbal)
Golos: 1-0 (Águas 65'); 2-0 (Palmeiro 68'); 3-0 (Palmeiro 80');
4-0 (Águas 87')

SL Benfica: Costa Pereira, Jacinto, Ângelo, Fernando Caiado «cap», Artur, Alfredo, Calado, Águas, Coluna, Pegado e Palmeiro
Treinador: Otto Glória

ACADÉMICA: Ramin, Abreu, Wilson «cap», Melo (L 78'), Pérides, Torres, Frias, Faia, Alcino, Gil e Vaccari (L 88')
Treinador: Nana

ACADÉMICA – 3 FC Barreirense – 1

1ª DIVISÃO, 8ª JORNADA, 6-11-1955 (DOM, 15:00)
Estádio Municipal de Coimbra, Coimbra
Árbitro: Vieira da Costa (Porto) **Golos:** 0-1 (Nuno 12', pb);
1-1 (Abreu 30'); 2-1 (Vaccari 33'); 3-1 (Faia 83')

ACADÉMICA: Ramin, Torres, Wilson «cap», Nuno, Abreu, Gil, Pérides, Malícia, Faia, Vaccari e Duarte
Treinador: Cândido de Oliveira

FC Barreirense: Pinheiro, Faneca, Silvino, Carlos Silva «cap», Duarte, Vasques, José Augusto, Correia, Grilo, Viegas e Pinto
Treinador: Josef Fabian

Caldas SC – 2 ACADÉMICA – 1

1ª DIVISÃO, 9ª JORNADA, 13-11-1955 (DOM, 15:00)
Campo da Mata, Caldas da Rainha **Árbitro:** Joaquim Campos (Lisboa)
Golos: 0-1 (Faia 62'); 1-1 (António Pedro 69');
2-1 (António Pedro 75', gp)

Caldas SC: Rita, Amaro, Piteira, Fragateiro, Amorim, Romero, Vilaverde, António Pedro «cap», Bispo, Martinho e Anacleto
Treinador: Josef Szabo

ACADÉMICA: Ramin, Torres, Wilson «cap», Nuno, Abreu, Malícia, Pérides, Vaccari, Faia, Ramalho e Bentes
Treinador: Cândido de Oliveira

ACADÉMICA – 1 LGC Évora – 2

1ª DIVISÃO, 10ª JORNADA, 27-11-1955 (DOM, 15:00)
Estádio Municipal de Coimbra, Coimbra
Árbitro: Hermínio Soares (Lisboa)
Golos: 1-0 (Faia 9'); 1-1 (José da Costa 20'); 1-2 (Bastos 52')

ACADÉMICA: Ramin, Torres, Wilson «cap», Melo, Abreu, Malícia, Pérides, Faia, Vaccari, Gil e Joseph Wilson
Treinador: Cândido de Oliveira

LGC Évora: Vital, Polido «cap», Falé, Teotónio, José da Costa, Vicente, Bastos, Vieira, Patalino, Caraça e José Pedro
Treinador: Severiano Correia

Sporting CP – 2 ACADÉMICA – 1

1ª DIVISÃO, 11ª JORNADA, 4-12-1955 (DOM, 15:00)
Campo da Tapadinha, Lisboa
Árbitro: Mário Garcia (Aveiro)
Golos: 0-1 (Faia 5', gp); 1-1 (Quim 56'); 2-1 (Vasques 75')

Sporting CP: Carlos Gomes, Pacheco, Galaz, Gallleu, Passos «cap», Juca, Vasques, Travassos, Walter, Quim e Martins
Treinador: Alejandro Scopelli

ACADÉMICA: Ramin, Nuno, Torres, Melo, Abreu (L 80'), Pérides, Vaccari, Faia, Wilson «cap», Malícia e Duarte
Treinador: Cândido de Oliveira

SC Covilhã – 3 ACADÉMICA – 0

1ª DIVISÃO, 12ª JORNADA, 11-12-1955 (DOM, 15:00)
Campo José dos Santos Pinto, Covilhã
Árbitro: Jacques Matias (Setúbal) **Golos:** 1-0 (Carlos Ferreira 36');
2-0 (Pires 42'); 3-0 (Suarez 76') **Obs:** O atleta da Académica, Vaccari, abandonou o campo aos 76 minutos, justificando-se posteriormente com as más condições climatéricas

SC Covilhã: Rita, Hélder, Couceiro, Martin, Amílcar Cavém «cap», Cabrita, Carlos Ferreira, Janos, Suarez, Pires e Justino
Treinador: Janos Szabo

ACADÉMICA: Capela, Nuno, Melo, Gil, Wilson «cap», Pérides, Vaccari, Delfino, Faia, Malícia e Bentes
Treinador: Cândido de Oliveira

ACADÉMICA – 1 FC Porto – 2

1ª DIVISÃO, 13ª JORNADA, 8-1-1956 (DOM, 15:00)
Estádio Municipal de Coimbra, Coimbra
Árbitro: Joaquim Campos (Lisboa)
Golos: 0-1 (Jaburu 5'); 0-2 (José Maria 34'); 1-2 (Faia 85', gp)

ACADÉMICA: Ramin, Nuno, Wilson «cap», Melo, Torres, Gil, Vaccari, Faia, Pérides, Malícia e Bentes
Treinador: Cândido de Oliveira

FC Porto: Pinho, Virgílio «cap», Arcanjo, Osvaldo, Pedroto, Monteiro da Costa, Hernâni, Gastão, Jaburu, Teixeira e José Maria
Treinador: Dorival Yustrich

ACADÉMICA – 0 CF "Os Belenenses" – 5

1ª DIVISÃO, 14ª JORNADA, 15-1-1956 (DOM, 15:00)
Estádio Municipal de Coimbra, Coimbra **Árbitro:** Jacques Matias (Setúbal) **Golos:** 0-1 (Matateu 20'); 0-2 (Di Pace 23'); 0-3 (Di Pace 37'); 0-4 (Di Pace 75'); 0-5 (Dimas 82')

ACADÉMICA: Ramin, Nuno, Melo, Abreu (E 65'), Wilson «cap», Gil, Faia, Torres, Pérides, Malícia e Bentes
Treinador: Cândido de Oliveira

CF "Os Belenenses": José Pereira, Pires, Moreira, Pellejero, Figueiredo «cap», Vicente, Di Pace, Matateu, Perez, Carlos Silva e Dimas
Treinador: Fernando Riera

GD C.U.F. – 1 ACADÉMICA – 0

1ª DIVISÃO, 15ª JORNADA, 22-1-1956 (DOM, 15:00)
Campo de Santa Bárbara, Barreiro
Árbitro: Alfredo Louro (Lisboa)
Golo: 1-0 (João Vale 65')

GD C.U.F.: Libânio, Pedro Gomes, Celestino «cap», Orlando, Palma, João Vale, Pedro Duarte, Vasques, Sérgio, Luís e João Mário
Treinador: Umberto Buchelli

ACADÉMICA: Ramin, Torres, Melo, Pérides, Wilson «cap», Malícia, Faia, Romão, Mota, Gil e Bentes
Treinador: Cândido de Oliveira

ACADÉMICA – 4 SCU Torreense – 1

1ª DIVISÃO, 16ª JORNADA, 29-1-1956 (DOM, 15:00)
Estádio Municipal de Coimbra, Coimbra
Árbitro: Curinha de Sousa (Portalegre)
Golos: 1-0 (Faia 22'); 2-0 (Gil 25'); 3-0 (Pérides 58'); 3-1 (Inácio 82');
4-1 (Duarte 87')

ACADÉMICA: Ramin, Torres, Melo, Malícia, Wilson, Pérides, Duarte, Romão, Gil «cap», Faia e Bentes
Treinador: Cândido de Oliveira

SCU Torreense: Gama, Inácio, Fernandes, Belén, Forneri «cap», Gonçalves, Carlos Alberto, Matos, João Mendonça, Fernando Mendonça e Pina
Treinador: Oscar Tellechea

VFC Setúbal – 2 ACADÉMICA – 1

1ª DIVISÃO, 17ª JORNADA, 5-2-1956 (DOM, 15:00)
Campo dos Arcos, Setúbal
Árbitro: Jaime Pires (Lisboa)
Golos: 0-1 (Faia 29'); 1-1 (Casaca 55'); 2-1 (Casaca 77')

VFC Setúbal: José Graça, Vaz, Orlando, Hilário, Emídio Graça, Pinto de Almeida «cap», Soares, Casaca, Fernandes, Miguel e Corona
Treinador: Rino Martini

ACADÉMICA: Ramin, Torres, Melo, Malícia, Wilson «cap», Pérides, Duarte, Romão, Gil (L 16'), Faia e Bentes
Treinador: Cândido de Oliveira

ACADÉMICA – 2 Atlético CP – 1

1ª DIVISÃO, 18ª JORNADA, 12-2-1956 (DOM, 15:00)
Estádio Municipal de Coimbra, Coimbra
Árbitro: Vieira da Costa (Porto)
Golos: 0-1 (Wilson 42', pb); 1-1 (Faia 44'); 2-1 (Faia 61')

ACADÉMICA: Ramin, Torres, Wilson «cap», Melo, Abreu, Malícia, Duarte, Pérides, Lemos, Faia e Bentes
Treinador: Cândido de Oliveira

Atlético CP: Ernesto, Tomé, Armando Carneiro «cap», Barreiro, Orlando, Castiglia, Rosário, Martinho, Quaresma, Legas e Abel
Treinador: Szukich Szego

SC Braga – 1 ACADÉMICA – 3

1ª DIVISÃO, 19ª JORNADA, 19-2-1956 (DOM, 15:00)
Estádio 28 de Maio, Braga **Árbitro:** Eduardo Gouveia (Lisboa)
Golos: 0-1 (Wilson 46'); 1-1 (Gabriel 59'); 1-2 (Faia 66'); 1-3 (Faia 71')
Obs: José Maria Vieira (SC Braga) ocupou o lugar de guarda-redes, após lesão de Faria

SC Braga: Faria (L 85'), José Maria Azevedo, José Maria Vieira, Frade, Antunes, Armando Costa, Batista, Vélez, Imbelloni, Gabriel e Garófalo
Treinador: Eduardo Viso

ACADÉMICA: Ramin, Nuno, Wilson «cap», Torres, Pérides, Melo, Duarte, Abreu, Malícia, Faia e Bentes
Treinador: Cândido de Oliveira

1956-1957

ACADÉMICA – 1 SL Benfica – 0
1ª DIVISÃO, 20ª JORNADA, 26-2-1956 (DOM, 15:00)
Estádio Municipal de Coimbra, Coimbra
Árbitro: Júlio Braga Barros (Leiria)
Golo: 1-0 (Faia 84')

ACADÉMICA: Ramin, Nuno, Melo, Malícia, Torres, Wilson «cap», Pérides, Duarte, Abreu, Faia e Bentes
Treinador: Cândido de Oliveira

SL Benfica: Costa Pereira, Artur, Jacinto «cap», Ângelo, Calado, Alfredo, Garrido, Águas, Coluna, Salvador e Cavém
Treinador: Otto Glória

FC Barreirense – 3 ACADÉMICA – 1
1ª DIVISÃO, 21ª JORNADA, 4-3-1956 (DOM, 15:00)
Campo D. Manuel de Melo, Barreiro **Árbitro:** Joaquim Campos (Lisboa) **Golos:** 1-0 (Vasques 40'); 2-0 (Oñoro 53'); 2-1 (Faia 59'); 3-1 (José Augusto 75') **Obs:** Malícia (Académica) ocupou o lugar de guarda-redes, por impedimento temporário de Ramin (lesionado), entre os 15 e os 45 minutos de jogo
FC Barreirense: Isidoro, Faneca, Silvino, Carlos Silva «cap», Diamantino, Ricardo Vale, Amândio, Oñoro, José Augusto, Vasques e Fabian
Treinador: Josef Fabian

ACADÉMICA: Ramin, Nuno, Wilson «cap», Melo, Torres, Malícia, Duarte, Pérides, Abreu, Faia e Bentes
Treinador: Cândido de Oliveira

ACADÉMICA – 2 Caldas SC – 2
1ª DIVISÃO, 22ª JORNADA, 11-3-1956 (DOM, 15:00)
Estádio Municipal de Coimbra, Coimbra **Árbitro:** Curinha de Sousa (Portalegre) **Golos:** 0-1 (Martinho 11'); 0-2 (Martinho 27'); 1-2 (Wilson 42') 2-2 (Abreu 52') **Obs:** A Académica jogou com camisolas brancas, calções e meias pretas
ACADÉMICA: Ramin, Nuno, Wilson «cap», Melo, Torres, Malícia, Duarte, Pérides, Abreu, Faia e Bentes
Treinador: Cândido de Oliveira

Caldas SC: Rita, Amaro, Leandro «cap», Fragateiro, Romero, António Pedro, Orlando, Romeu, Bispo, Martinho e Lenine
Treinador: Josef Szabo

LGC Évora – 1 ACADÉMICA – 1
1ª DIVISÃO, 23ª JORNADA, 18-3-1956 (DOM, 15:00)
Campo Estrela, Évora
Árbitro: Raul Martins (Lisboa)
Golos: 1-0 (José Pedro 2'); 1-1 (Abreu 62')

LGC Évora: Vital, Polido «cap», Longo, José da Costa, Falé, Vicente, Flora, Marciano, Caraça, Vieira e José Pedro
Treinador: Severiano Correia

ACADÉMICA: Ramin, Nuno, Melo, Malícia, Torres, Wilson «cap», Pérides, Duarte, Abreu, Faia e Mota
Treinador: Cândido de Oliveira

ACADÉMICA – 1 Sporting CP – 1
1ª DIVISÃO, 24ª JORNADA, 15-4-1956 (DOM, 16:00)
Estádio Municipal de Coimbra, Coimbra
Árbitro: Abel da Costa (Porto)
Golos: 1-0 (Pérides 19'); 1-1 (Travassos 64')

ACADÉMICA: Ramin, Nuno, Melo, Malícia, Torres, Wilson «cap», Pérides, Duarte, Abreu, Faia e Vaccari
Treinador: Cândido de Oliveira

Sporting CP: Carlos Gomes, Caldeira, Pacheco, Walter, Passos «cap», Juca, Rocha, Vasques, Miltinho, Travassos e Martins
Treinador: Alejandro Scopelli

ACADÉMICA – 1 SC Covilhã – 0
1ª DIVISÃO, 25ª JORNADA, 22-4-1956 (DOM, 16:00)
Estádio Municipal de Coimbra, Coimbra
Árbitro: José Correia da Costa (Porto)
Golo: 1-0 (Torres 40', gp)

ACADÉMICA: Ramin, Nuno, Melo, Malícia, Torres, Wilson «cap», Pérides, Duarte, Abreu, Faia e Vaccari
Treinador: Cândido de Oliveira

SC Covilhã: Rita, Hélder, Amílcar Cavém «cap», Couceiro, Martin, Cabrita, Carlos Ferreira, Manteigueiro, Suarez, Pires e Vinagre
Treinador: Janos Szabo

FC Porto – 3 ACADÉMICA – 0
1ª DIVISÃO, 26ª JORNADA, 29-4-1956 (DOM, 16:00)
Estádio das Antas, Porto
Árbitro: Amadeu Martins (Braga)
Golos: 1-0 (Hernâni 63', gp); 2-0 (Teixeira 67'); 3-0 (Teixeira 74')

FC Porto: Pinho, Virgílio «cap», Arcanjo, Osvaldo, Pedroto, Monteiro da Costa, Hernâni, Gastão, Jaburu, Teixeira e Perdigão
Treinador: Dorival Yustrich

ACADÉMICA: Ramin, Nuno, Torres, Wilson «cap», Pérides, Melo, Duarte, Faia, Vaccari, Malícia e Bentes
Treinador: Cândido de Oliveira

ACADÉMICA – 4 Leixões SC – 0
TAÇA DE PORTUGAL, 1/16 DE FINAL, 2-5-1956 (QUA, 17:00)
Estádio Municipal de Coimbra, Coimbra **Árbitro:** Fernando Valério (Setúbal) **Golos:** 1-0 (Pérides 62'); 2-0 (Torres 75', gp); 3-0 (Wilson 84'); 4-0 (Torres 86', gp)

ACADÉMICA: Ramin, Nuno, Wilson «cap», Melo, Malícia, Torres, Duarte, Faia, Vaccari, Pérides e Bentes
Treinador: Cândido de Oliveira

Leixões SC: Martin, Fragata, Mesquita, Joaquim, Joaquim Oliveira, Barbosa, Romão, Correia, Barros, Manuel Oliveira (E 68') e Nunes
Treinador: Costa Pereira

FC Porto – 2 ACADÉMICA – 1
TAÇA DE PORTUGAL, OITAVOS DE FINAL, 6-5-1956 (DOM, 17:00)
Estádio das Antas, Porto
Árbitro: Manuel Lousada (Santarém)
Golos: 1-0 (Jaburu 18'); 2-0 (Jaburu 47'); 2-1 (Gil 59')

FC Porto: Pinho, Virgílio «cap», Arcanjo, Albano Sarmento, Eleutério, Monteiro da Costa, Hernâni, Gastão, Jaburu, Teixeira e Perdigão
Treinador: Dorival Yustrich

ACADÉMICA: Ramin, Nuno, Marta, Melo, Torres, Malícia, Duarte, Faia, Gil «cap», Pérides e Bentes
Treinador: Cândido de Oliveira

VSC Guimarães – 1 ACADÉMICA – 1
LIGUILHA, 1ª MÃO, 17-6-1956 (DOM, 17:00)
Campo da Amorosa, Guimarães
Árbitro: Eduardo Gouveia (Lisboa)
Golos: 1-0 (Ernesto 28'); 1-1 (Pérides 60')

VSC Guimarães: Silva, Virgílio, Silveira «cap», Cerqueira, Cesário, Rosato, Benje, Rinaldi, Ernesto, Rola e Lutero
Treinador: Fernando Vaz

ACADÉMICA: Ramin, Marta, Wilson «cap», Melo, Torres, Malícia, Duarte, Faia, Gil, Pérides e Bentes
Treinador: Cândido de Oliveira

ACADÉMICA – 1 VSC Guimarães – 0
LIGUILHA, 2ª MÃO, 24-6-1956 (DOM, 17:00)
Estádio Municipal de Coimbra, Coimbra
Árbitro: Abel da Costa (Porto)
Golo: 1-0 (Faia 32')

ACADÉMICA: Ramin, Marta, Melo, Wilson «cap», Torres, Malícia, Duarte, Faia, Gil, Pérides e Bentes
Treinador: Cândido de Oliveira

VSC Guimarães: Silva, Virgílio, Cerqueira, Cesário, Silveira «cap», Rosato, Rola, Rinaldi, Ernesto (L 15'), Daniel e Benje
Treinador: Fernando Vaz

ÉPOCA 1956-1957

1ª DIVISÃO: 6º LUGAR (MANUTENÇÃO)
TAÇA DE PORTUGAL: QUARTOS DE FINAL

JOGOS EFECTUADOS

	J	V	E	D	GM	GS
CASA	16	11	4	1	42	14
FORA	16	4	2	10	20	32
TOTAL	32	15	6	11	62	46

Sporting CP – 1 ACADÉMICA – 3
1ª DIVISÃO, 1ª JORNADA, 11-9-1956 (TER, 21:30)
Estádio José Alvalade, Lisboa
Árbitro: Fernando Valério (Setúbal) **Golos:** 0-1 (Bentes 9'); 0-2 (Rocha 32'); 1-2 (Hugo 73'); 1-3 (André 82')

Sporting CP: Carlos Gomes, Pérides, Couceiro, Osvaldinho, Passos «cap», Juca, Hugo, Miltinho, Pompeu, Travassos e Martins
Treinador: Abel Picabêa

ACADÉMICA: Ramin, Marta, Torres, Melo, Malícia, Wilson «cap», Duarte, Rocha, André, Mota e Bentes
Treinador: Cândido de Oliveira

ACADÉMICA – 0 SC Covilhã – 0
1ª DIVISÃO, 2ª JORNADA, 16-9-1956 (DOM, 16:00)
Estádio Municipal de Coimbra, Coimbra
Árbitro: Raul Martins (Lisboa)

ACADÉMICA: Ramin, Marta, Torres, Melo, Malícia, Wilson «cap», Duarte, Rocha, André, Mota e Bentes
Treinador: Cândido de Oliveira

SC Covilhã: Cachopo, Hélder, Amílcar Cavém «cap», Moreira, Martin, Cabrita, Pires, Carlos Ferreira, Suarez, Mascaró e Vinagre
Treinador: Janos Szabo

FC Porto – 5 ACADÉMICA – 1
1ª DIVISÃO, 3ª JORNADA, 30-9-1956 (DOM, 16:30)
Estádio das Antas, Porto **Árbitro:** Hermínio Soares (Lisboa)
Golos: 1-0 (Hernâni 17'); 2-0 (Hernâni 63', gp); 3-0 (Carlos Duarte 68'); 4-0 (Carlos Duarte 80'); 5-0 (Hernâni 85'); 5-1 (André 90')

FC Porto: Acúrsio, Virgílio, Arcanjo, Osvaldo, Pedroto, Monteiro da Costa, Carlos Duarte, Hernâni «cap», Jaburu, Perdigão e José Maria
Treinador: Flávio Costa

ACADÉMICA: Ramin, Marta, Torres, Melo, Malícia, Wilson «cap», Duarte, Rocha, André, Mota e Bentes
Treinador: Cândido de Oliveira

ACADÉMICA – 8 GD C.U.F. – 1

1ª DIVISÃO, 4ª JORNADA, 7-10-1956 (DOM, 15:00)
Estádio Municipal de Coimbra, Coimbra **Árbitro:** Eduardo Gouveia
(Lisboa) **Golos:** 1-0 (André 9'); 2-0 (Bentes 28'); 3-0 (André 33'); 4-0
(Bentes 43'); 5-0 (André 50'); 6-0 (Wilson 61'); 7-0 (Bentes 77'); 7-1
(Arsénio 83'); 8-1 (Samuel 84')

ACADÉMICA: Ramin, Marta, Torres, Melo, Malícia, Wilson «cap»,
Samuel, Rocha, André, Mota e Bentes
Treinador: Cândido de Oliveira

GD C.U.F.: José Maria, Pedro Gomes, José Carreira, João Vale,
Orlando, Carlos Alberto, Pedro Duarte, José Luís, Bispo,
Arsénio «cap» e Miguel
Treinador: Janos Biri

Caldas SC – 1 ACADÉMICA – 0

1ª DIVISÃO, 5ª JORNADA, 14-10-1956 (DOM, 15:00)
Campo da Mata, Caldas da Rainha
Árbitro: Abel Macedo Pires (Lisboa)
Golo: 1-0 (António Pedro 30')

Caldas SC: Rita, Rogério, Abel, Fragateiro, Saraiva, Romero, Romeu,
António Pedro «cap», Janita, Garófalo e Sarrazola
Treinador: Fernando Vaz

ACADÉMICA: Ramin, Marta, Torres, Melo, Abreu, Wilson «cap»,
Samuel, André, Malícia, Mota e Rocha
Treinador: Cândido de Oliveira

ACADÉMICA – 1 CF "Os Belenenses" – 1

1ª DIVISÃO, 6ª JORNADA, 21-10-1956 (DOM, 15:00)
Estádio Municipal de Coimbra, Coimbra
Árbitro: Francisco Guerra (Porto)
Golos: 0-1 (Dimas 48'); 1-1 (Wilson 60')

ACADÉMICA: Ramin, Marta, Torres, Melo, Malícia, Wilson «cap»,
Samuel, André, Rocha, Mota e Bentes
Treinador: Cândido de Oliveira

CF "Os Belenenses": José Pereira, Pires, Figueiredo «cap», Moreira,
Pellejero, Vicente, Dimas, Di Pace, Carlos Silva, Matateu e Tito
Treinador: Fernando Riera

Atlético CP – 1 ACADÉMICA – 0

1ª DIVISÃO, 7ª JORNADA, 28-10-1956 (DOM, 15:00)
Campo da Tapadinha, Lisboa
Árbitro: Libertino Domingues (Setúbal)
Golo: 1-0 (Quaresma 47')

Atlético CP: Correia, Pita, Gonçalves, Barreiro, Oliveira, Legas,
Mesiano, Quaresma, Armando Carneiro «cap», Martinez e Ferrão
Treinador: Severiano Correia

ACADÉMICA: Ramin, Marta, Torres, Melo, Malícia, Wilson «cap»,
Samuel, Mota, André, Gil e Bentes
Treinador: Cândido de Oliveira

ACADÉMICA – 2 C Oriental Lisboa – 1

1ª DIVISÃO, 8ª JORNADA, 4-11-1956 (DOM, 15:00)
Estádio Municipal de Coimbra, Coimbra
Árbitro: Amadeu Martins (Braga)
Golos: 0-1 (Morais 33'); 1-1 (Bentes 44'); 2-1 (Torres 69', gp)

ACADÉMICA: Ramin, Nuno, Torres, Melo, Malícia, Wilson «cap»,
Duarte, André, Rocha, Mota e Bentes
Treinador: Cândido de Oliveira

C Oriental Lisboa: Edmundo, Morais, Luz, Capelo, Cordeiro,
Fernandes, Mendes, Leitão «cap», Hidalgo, Rogério e Orlando
Treinador: Lorenzo Ausina

VFC Setúbal – 3 ACADÉMICA – 1

1ª DIVISÃO, 9ª JORNADA, 11-11-1956 (DOM, 15:00)
Campo dos Arcos, Setúbal **Árbitro:** Clemente Henriques (Porto)
Golos: 1-0 (Fernandes 43'); 1-1 (Bentes 52'); 2-1 (Vasques 60');
3-1 (Fernandes 68')

VFC Setúbal: Mourinho, Jacinto, Emídio Graça, Orlando, Vaz, Pinto
de Almeida «cap», Soares, Casaca, Fernandes, Miguel e Vasques
Treinador: Umberto Buchelli

ACADÉMICA: Ramin, Nuno, Torres, Melo, Malícia, Marta, Samuel,
André, Wilson «cap», Mota e Bentes
Treinador: Cândido de Oliveira

ACADÉMICA – 2 FC Barreirense – 2

1ª DIVISÃO, 10ª JORNADA, 18-11-1956 (DOM, 15:00)
Estádio Municipal de Leiria, Leiria **Árbitro:** Jaime Pires (Lisboa)
Golos: 1-0 (André 25'); 2-0 (André 59'); 2-1 (José Augusto 60'); 2-2
(Faia 76') **Obs:** Jogo disputado no estádio Municipal de Leiria,
devido a interdição do Municipal de Coimbra

ACADÉMICA: Ramin, Marta, Melo, Malícia, Torres, Wilson «cap»,
Samuel, André, Rocha, Mota e Bentes
Treinador: Cândido de Oliveira

FC Barreirense: Isidoro, Abrantes, Carlos Silva, Duarte, Pinto,
Vasques, José Ferreira, Correia, José Augusto, Faia «cap» e Fabian
Treinador: Josef Fabian

SCU Torreense – 2 ACADÉMICA – 1

1ª DIVISÃO, 11ª JORNADA, 25-11-1956 (DOM, 15:00)
Campo do Bairro das Covas, Torres Vedras **Árbitro:** Fernando
Valério (Setúbal) **Golos:** 1-0 (João Mendonça 32'); 1-1 (Torres 40',
gp); 2-1 (Matos 65', gp)

SCU Torreense: Gama, Amílcar, Forneri «cap», Fernandes, Belén,
Gonçalves, Morais, José da Costa, João Mendonça, Matos e Hilário
Treinador: Cândido Tavares

ACADÉMICA: Ramin, Marta, Torres (E 48'), Melo, Malícia,
Wilson «cap», Samuel, Arlindo, Rocha, André e Bentes
Treinador: Cândido de Oliveira

LGC Évora – 3 ACADÉMICA – 1

1ª DIVISÃO, 12ª JORNADA, 2-12-1956 (DOM, 15:00)
Campo Estrela, Évora **Árbitro:** Hermínio Soares (Lisboa)
Golos: 0-1 (Samuel 38'); 1-1 (Vicente 43'); 2-1 (Caraça 77');
3-1 (Batalha 85')

LGC Évora: Vital, Polido «cap», Vicente, Vieira, Falé, Athos, Fialho,
Flora, Caraça, José da Costa e Batalha
Treinador: Otto Bumbel

ACADÉMICA: Ramin, Nuno, Melo, Malícia, Marta, Abreu, Duarte,
Samuel, André, Rocha e Bentes «cap»
Treinador: Cândido de Oliveira

ACADÉMICA – 0 SL Benfica – 0

1ª DIVISÃO, 13ª JORNADA, 9-12-1956 (DOM, 15:00)
Estádio Municipal de Coimbra, Coimbra
Árbitro: Inocêncio Calabote (Évora)

ACADÉMICA: Ramin, Marta, Wilson «cap», Melo, Malícia, Abreu,
Duarte, Samuel, Mota, Rocha e Bentes
Treinador: Cândido de Oliveira

SL Benfica: Bastos, Artur, Jacinto, Zezinho, Pegado, Alfredo,
Fernando Caiado «cap», Águas, Coluna, Salvador e Cavém
Treinador: Otto Glória

ACADÉMICA – 2 Sporting CP – 0

1ª DIVISÃO, 14ª JORNADA, 16-12-1956 (DOM, 15:00)
Estádio Municipal de Coimbra, Coimbra
Árbitro: Manuel Lousada (Santarém)
Golos: 1-0 (Samuel 65'); 2-0 (André 70')

ACADÉMICA: Ramin, Marta, Melo, Malícia, Wilson «cap», Abreu,
Duarte, Samuel, André, Rocha e Bentes
Treinador: Cândido de Oliveira

Sporting CP: Carlos Gomes, Caldeira, Passos «cap», Juca, Pacheco,
Pérides, Hugo, Vasques (E 63'), Travassos, Pompeu e Martins
Treinador: Abel Picabêa

SC Covilhã – 0 ACADÉMICA – 1

1ª DIVISÃO, 15ª JORNADA, 23-12-1956 (DOM, 15:00)
Campo José dos Santos Pinto, Covilhã
Árbitro: Abel da Costa (Porto)
Golo: 0-1 (Bentes 89')

SC Covilhã: Albertino, Hélder, Amílcar Cavém «cap», Lourenço,
Martin, Cabrita, Manteigueiro, Nagy, Suarez, Carlos Ferreira
e Amílcar
Treinador: Janos Szabo

ACADÉMICA: Ramin, Marta, Wilson «cap», Melo, Malícia, Abreu,
Duarte, Samuel, André, Rocha e Bentes
Treinador: Cândido de Oliveira

ACADÉMICA – 0 FC Porto – 3

1ª DIVISÃO, 16ª JORNADA, 30-12-1956 (DOM, 15:00)
Estádio Municipal de Coimbra, Coimbra
Árbitro: Joaquim Campos (Lisboa)
Golos: 0-1 (Hernâni 15'); 0-2 (Perdigão 45'); 0-3 (Hernâni 60', gp)

ACADÉMICA: Ramin, Marta, Wilson «cap», Melo, Malícia, Torres,
Samuel, Rocha, Abreu, André e Bentes
Treinador: Cândido de Oliveira

FC Porto: Pinho, Virgílio «cap», Arcanjo, Osvaldo, Pedroto,
Monteiro da Costa, Carlos Duarte, Hernâni, Jaburu, Albano
Sarmento e Perdigão
Treinador: Flávio Costa

GD C.U.F. – 2 ACADÉMICA – 1

1ª DIVISÃO, 17ª JORNADA, 6-1-1957 (DOM, 15:00)
Campo D. Manuel de Melo, Barreiro
Árbitro: Hermínio Soares (Lisboa)
Golos: 1-0 (Bispo 45'); 1-1 (Bentes 50'); 2-1 (Arsénio 86')

GD C.U.F.: Libânio, Pedro Gomes, João Vale, Orlando, Palma, José
Luís, Gastão, Bispo, Pireza, Arsénio «cap» e Luís
Treinador: Janos Biri

ACADÉMICA: Cristóvão, Torres, Marta, Malícia, Wilson «cap»,
Abreu, Mota, Samuel, André, Rocha e Bentes
Treinador: Cândido de Oliveira

ACADÉMICA – 4 Caldas SC – 0

1ª DIVISÃO, 18ª JORNADA, 13-1-1957 (DOM, 15:00)
Estádio Municipal de Coimbra, Coimbra
Árbitro: Raul Martins (Lisboa) **Golos:** 1-0 (Abel 17', pb);
2-0 (Duarte 33'); 3-0 (Duarte 83'); 4-0 (Samuel 87')

ACADÉMICA: Ramin, Marta, Wilson «cap», Melo, Malícia, Abreu,
Duarte, Samuel, André, Rocha e Bentes
Treinador: Cândido de Oliveira

Caldas SC: Vítor, Rogério, Saraiva, Abel, Amaro, Romero, Anacleto,
António Pedro «cap», Janita, Orlando e Sarrazola
Treinador: Fernando Vaz

1956-1957

1956-1957

CF "Os Belenenses" – 3 ACADÉMICA – 2

1ª DIVISÃO, 19ª JORNADA, 20-1-1957 (DOM, 15:00)
Estádio do Restelo, Lisboa **Árbitro:** Manuel Lousada (Santarém)
Golos: 1-0 (Matateu 30'); 2-0 (Marta 40', pb); 2-1 (André 49', gp); 2-2 (Samuel 54'); 3-2 (Matateu 65')

CF "Os Belenenses": José Pereira, Vicente, Moreira, Pellejero, Paz, Lídio, Di Pace «cap», Matateu, Perez, Bezerra e Tito
Treinador: Fernando Riera

ACADÉMICA: Cristóvão, Marta, Wilson «cap», Melo, Malícia, Abreu, Duarte, Samuel, André, Rocha e Costa
Treinador: Cândido de Oliveira

ACADÉMICA – 2 Atlético CP – 0

1ª DIVISÃO, 20ª JORNADA, 27-1-1957 (DOM, 15:00)
Estádio Municipal de Coimbra, Coimbra
Árbitro: Clemente Henriques (Porto)
Golos: 1-0 (Duarte 11'); 2-0 (André 89')

ACADÉMICA: Cristóvão, Marta, Wilson «cap», Melo, Malícia, Abreu, Duarte, Samuel, André, Rocha e Bentes
Treinador: Cândido de Oliveira

Atlético CP: Sebastião, Tomé, Gonçalves, Barreiro, Oliveira, Orlando, Mesiano, Armando Carneiro «cap», Martinez, Castiglia e Martinho II
Treinador: Severiano Correia

C Oriental Lisboa – 0 ACADÉMICA – 2

1ª DIVISÃO, 21ª JORNADA, 3-2-1957 (DOM, 15:00)
Campo Eng. Carlos Salema, Lisboa
Árbitro: Inocêncio Calabote (Évora)
Golos: 0-1 (Bentes 47'); 0-2 (Samuel 64')

C Oriental Lisboa: Soares, Fernandes, Luz, Orlando, Cordeiro, Mendes, Neves Pires, Leitão «cap», Hidalgo, Grilo e Rogério
Treinador: Lorenzo Ausina

ACADÉMICA: Cristóvão, Marta, Wilson «cap», Melo, Malícia, Abreu, Duarte, Samuel, André, Rocha e Bentes
Treinador: Cândido de Oliveira

ACADÉMICA – 2 VFC Setúbal – 0

1ª DIVISÃO, 22ª JORNADA, 10-2-1957 (DOM, 15:00)
Estádio Municipal de Coimbra, Coimbra
Árbitro: José Correia da Costa (Porto)
Golos: 1-0 (Samuel 75'); 2-0 (Samuel 80')

ACADÉMICA: Cristóvão, Marta, Wilson «cap», Melo, Malícia, Abreu, Duarte, Samuel, André, Rocha e Bentes
Treinador: Cândido de Oliveira

VFC Setúbal: Mourinho, Jacinto, Emídio Graça «cap», Orlando, Soares, Casaca, Corona, Miguel, Jacinto Tavares, Fernandes e Serra
Treinador: Umberto Buchelli

FC Barreirense – 2 ACADÉMICA – 3

1ª DIVISÃO, 23ª JORNADA, 24-2-1957 (DOM, 15:00)
Campo D. Manuel de Melo, Barreiro **Árbitro:** Raul Martins (Lisboa)
Golos: 0-1 (André 14'); 0-2 (André 54'); 1-2 (José Augusto 65'); 1-3 (André 78'); 2-3 (Faia 83')

FC Barreirense: Pinheiro, Faneca, Silvino, Pinto, Duarte, Vasques, José Augusto, Correia, Oñoro, Faia «cap» e Vitorino
Treinador: Josef Fabian

ACADÉMICA: Cristóvão, Marta, Melo, Malícia, Wilson «cap», Abreu, Duarte, Samuel, André, Rocha e Costa
Treinador: Cândido de Oliveira

ACADÉMICA – 4 SCU Torreense – 0

1ª DIVISÃO, 24ª JORNADA, 10-3-1957 (DOM, 15:00)
Estádio Municipal de Coimbra, Coimbra **Árbitro:** Abel da Costa (Porto) **Golos:** 1-0 (Samuel 13'); 2-0 (Rocha 20'); 3-0 (Samuel 24'); 4-0 (André 85')

ACADÉMICA: Cristóvão, Marta, Melo, Malícia, Wilson «cap», Abreu, Duarte, Samuel, Rocha, André e Bentes
Treinador: Cândido de Oliveira

SCU Torreense: Gama, Mergulho, Fernandes, Gonçalves, António Manuel «cap», Forneri, Carlos Alberto, José da Costa, João Mendonça, Hilário e Morais
Treinador: Cândido Tavares

ACADÉMICA – 2 LGC Évora – 0

1ª DIVISÃO, 25ª JORNADA, 17-3-1957 (DOM, 15:00)
Estádio Municipal de Coimbra, Coimbra
Árbitro: Jaime Pires (Lisboa)
Golos: 1-0 (André 25'); 2-0 (Duarte 30')

ACADÉMICA: Cristóvão, Marta, Nuno, Malícia, Wilson «cap», Abreu, Duarte, Samuel, Rocha, André e Bentes
Treinador: Cândido de Oliveira

LGC Évora: Vital, Polido «cap», Vicente, Vieirinha, Falé, Athos, Fialho, Ângelo, Flora, Quinito e Batalha
Treinador: Otto Bumbel

SL Benfica – 2 ACADÉMICA – 0

1ª DIVISÃO, 26ª JORNADA, 31-3-1957 (DOM, 15:00)
Estádio da Luz, Lisboa
Árbitro: Inocêncio Calabote (Évora)
Golos: 1-0 (Pegado 52'); 2-0 (Cavém 56')

SL Benfica: Bastos, Calado, Ângelo «cap», Pegado, Serra, Alfredo, Palmeiro Antunes, Zezinho (E 71'), Águas, Salvador e Cavém
Treinador: Otto Glória

ACADÉMICA: Cristóvão, Marta, Melo, Malícia, Torres, Abreu, Duarte, Samuel, Rocha, André (E 71') e Bentes «cap»
Treinador: Cândido de Oliveira

SGS "Os Leões" – 0 ACADÉMICA – 0

TAÇA DE PORTUGAL, 1/16 DE FINAL, 7-4-1957 (DOM, 16:00)
Campo Alfredo de Aguiar, Santarém
Árbitro: Joaquim Campos (Lisboa)

SGS "Os Leões": Oliveira Martins, Matos, Cassielles, Teodósio, Leça, Jaime, Paxim, Garnacho, Balugas, Batista e Leonel
Treinador: António Faustino

ACADÉMICA: Cristóvão, Marta, Torres, Melo, Malícia, Vilela, Duarte, Samuel, Orlando Vieira, Mota e Bentes «cap»
Treinador: Cândido de Oliveira

ACADÉMICA – 4 SGS "Os Leões" – 0

TAÇA DE PORTUGAL, 1/16 DE FINAL, 14-4-1957 (DOM, 16:00)
Estádio Municipal de Coimbra, Coimbra **Árbitro:** Jovino Pinto (Porto) **Golos:** 1-0 (André 20'); 2-0 (Bentes 40'); 3-0 (Malícia 87'); 4-0 (Abreu 90', gp)

ACADÉMICA: Cristóvão, Marta, Torres, Abreu, Malícia, Vilela, Duarte, Samuel, André, Rocha e Bentes «cap»
Treinador: Cândido de Oliveira

SGS "Os Leões": Oliveira Martins, Matos, Cassielles, Teodósio (E 89'), Leça (E 89'), Jaime, Batista, Óscar, Garnacho, Balugas e Paxim
Treinador: António Faustino

CS Marítimo – 2 ACADÉMICA – 2

TAÇA DE PORTUGAL, OITAVOS DE FINAL, 21-4-1957 (DOM, 17:30)
Campo do Liceu, Funchal **Árbitro:** Clemente Henriques (Porto)
Auxiliares: Armando Faria e António Azevedo **Golos:** 1-0 (Raul Tremura 3'); 2-0 (Chino 27'); 2-1 (Torres 55'); 2-2 (Rocha 60')

CS Marítimo: Gorrin, Mário Paixão, Américo, Agostinho, Álvaro, Jorge de Abreu, Viveiros, José de Abreu, Chino, Raul Tremura «cap» e Raul de Sousa
Treinador: Juan Carlos Fonda

ACADÉMICA: Cristóvão, Marta, Abreu, Malícia, Torres, Vilela, Duarte, Samuel, Rocha, André e Bentes «cap»
Treinador: Cândido de Oliveira

ACADÉMICA – 4 CS Marítimo – 3

TAÇA DE PORTUGAL, OITAVOS DE FINAL, 25-4-1957 (QUI, 18:00)
Estádio Municipal de Coimbra, Coimbra **Árbitro:** Joaquim Campos (Lisboa) **Golos:** 1-0 (Duarte 9'); 2-0 (André 19'); 3-0 (André 21'); 3-1 (Raul Tremura 27'); 3-2 (José de Abreu 31'); 3-3 (Chino 44'); 4-3 (André 82')

ACADÉMICA: Cristóvão, Marta, Abreu, Malícia, Torres, Vilela, Duarte, Samuel, Rocha, André e Bentes «cap»
Treinador: Cândido de Oliveira

CS Marítimo: Gorrin, Mário Paixão, Américo, Augusto Sousa, Álvaro, Jorge de Abreu, Camarão, José de Abreu, Chino, Raul Tremura «cap» e Raul de Sousa
Treinador: Juan Carlos Fonda

FC Barreirense – 5 ACADÉMICA – 2

TAÇA DE PORTUGAL, QUARTOS DE FINAL, 28-4-1957 (DOM, 16:00)
Campo D. Manuel de Melo, Barreiro **Árbitro:** Francisco Guerra (Porto) **Golos:** 1-0 (Correia 4'); 1-1 (Rocha 29'); 2-1 (José Augusto 40'); 3-1 (Oñoro 41'); 4-1 (Madeira 60'); 4-2 (Duarte 75'); 5-2 (José Augusto 77')

FC Barreirense: Pinheiro, Abrantes, Rodrigues, Duarte, Silvino, Afonso, Oñoro, Correia, José Augusto, Faia «cap» e Madeira
Treinador: José João

ACADÉMICA: Cristóvão, Marta, Torres, Nuno, Abreu, Malícia, Duarte, Samuel, Rocha (E 31'), André e Bentes «cap»
Treinador: Cândido de Oliveira

ACADÉMICA – 5 FC Barreirense – 3

TAÇA DE PORTUGAL, QUARTOS DE FINAL, 5-5-1957 (DOM, 16:00)
Estádio Municipal de Coimbra, Coimbra **Árbitro:** Jaime Pires (Lisboa) **Golos:** 1-0 (Duarte 12'); 2-0 (André 15'); 2-1 (Faia 17'); 3-1 (André 30'); 4-1 (André 49'); 4-2 (Faia 63'); 5-2 (André 77'); 5-3 (Faia 79')

ACADÉMICA: Cristóvão, Bento, Melo «cap», Malícia, Marta, Vilela, Duarte, Mota, Samuel, André e Costa
Treinador: Cândido de Oliveira

FC Barreirense: Pinheiro, Abrantes, Rodrigues, Duarte, Silvino, Afonso, Oñoro, Correia, José Augusto, Faia «cap» e Madeira
Treinador: José João

ÉPOCA 1957-1958

1ª DIVISÃO: 9º LUGAR (MANUTENÇÃO)
TAÇA DE PORTUGAL: QUARTOS DE FINAL

JOGOS EFECTUADOS

	J	V	E	D	GM	GS
CASA	15	7	3	5	28	16
FORA	15	4	1	10	21	29
TOTAL	30	11	4	15	49	45

CF "Os Belenenses" – 2 ACADÉMICA – 0

1ª DIVISÃO, 1ª JORNADA, 8-9-1957 (DOM, 16:00)
Estádio do Restelo, Lisboa
Árbitro: Fernando Valério (Setúbal)
Golos: 1-0 (Matateu 26'); 2-0 (Tito 71')

CF "Os Belenenses": Ramin, Pires, Figueiredo «cap», Moreira, Edison, Vicente, Dimas, Matateu, Suarez, Inácio e Tito
Treinador: Augusto Costa

ACADÉMICA: Teixeira, Bento, Wilson «cap», Marta, Malícia, Abreu, Duarte, Miranda, Samuel, André e Bentes
Treinador: Cândido de Oliveira

ACADÉMICA – 0 Sporting CP – 1

1ª DIVISÃO, 2ª JORNADA, 15-9-1957 (DOM, 16:00)
Estádio Municipal de Coimbra, Coimbra
Árbitro: Francisco Guerra (Porto)
Golo: 0-1 (Travassos 35')

ACADÉMICA: Teixeira, Bento, Wilson «cap», Marta, Malícia, Abreu, Curado, Samuel, Rocha, André e Bentes
Treinador: Cândido de Oliveira

Sporting CP: Carlos Gomes, Caldeira, Pacheco, Julius, Galaz, Osvaldinho, Hugo, Vadinho, Martins, Travassos «cap» e Pompeu
Treinador: Enrique Fernandez

GD C.U.F. – 2 ACADÉMICA – 4

1ª DIVISÃO, 3ª JORNADA, 22-9-1957 (DOM, 16:00)
Campo de Santa Bárbara, Barreiro **Árbitro:** Abel Macedo Pires (Lisboa) **Golos:** 0-1 (André 13'); 1-1 (Orlando 17'); 1-2 (Bentes 66'); 1-3 (Rocha 70'); 1-4 (André 72'); 2-4 (Arsénio 82', gp)

GD C.U.F.: José Maria, José Luís, Palma, João Vale, Oliveira, Orlando, Barriga, Campos, Arsénio «cap», Luís e Gastão
Treinador: Cândido Tavares

ACADÉMICA: Teixeira, Marta, Wilson «cap», Nuno, Malícia, Abreu, Jorge Humberto, Samuel, Rocha, André e Bentes
Treinador: Cândido de Oliveira

ACADÉMICA – 1 SCU Torreense – 0

1ª DIVISÃO, 4ª JORNADA, 29-9-1957 (DOM, 16:00)
Estádio Municipal de Coimbra, Coimbra
Árbitro: Clemente Henriques (Porto)
Golo: 1-0 (Abreu 75', gp)

ACADÉMICA: Teixeira, Marta, Wilson «cap», Nuno, Malícia, Abreu, Jorge Humberto, Samuel, Rocha, André e Bentes
Treinador: Cândido de Oliveira

SCU Torreense: Montero, Amílcar, Forneri, Fernandes «cap», Rui André, Monteiro, Mário, Rodolfo, Coelho, Hilário e Morais
Treinador: Marcial Camiruaga

SC Salgueiros – 2 ACADÉMICA – 3

1ª DIVISÃO, 5ª JORNADA, 6-10-1957 (DOM, 15:00)
Campo Eng. Vidal Pinheiro, Porto **Árbitro:** Jaime Pires (Lisboa)
Golos: 0-1 (André 7'); 1-1 (Benje 26', gp); 2-1 (Lalo 39'); 2-2 (Évora 61'); 2-3 (Évora 79')

SC Salgueiros: Barrigana, Gualdino, Longo, Carvalho «cap», Porcel, Tito Blanco, Lalo, Eleutério, Teixeira, Taí e Benje
Treinador: Juan Arétio

ACADÉMICA: Teixeira, Marta, Wilson «cap», Nuno, Malícia, Bento, Évora, Samuel, Rocha, André e Bentes
Treinador: Cândido de Oliveira

ACADÉMICA – 6 VFC Setúbal – 1

1ª DIVISÃO, 6ª JORNADA, 13-10-1957 (DOM, 15:00)
Estádio Municipal de Coimbra, Coimbra **Árbitro:** Joaquim Campos (Lisboa) **Golos:** 1-0 (Samuel 5'); 2-0 (André 9'); 3-0 (Bentes 41'); 4-0 (Rocha 42'); 5-0 (Samuel 48'); 5-1 (Fernandes 79', gp); 6-1 (André 86')

ACADÉMICA: Teixeira, Torres, Marta, Malícia, Wilson «cap», Abreu, Évora, Samuel, Rocha, André e Bentes
Treinador: Cândido de Oliveira

VFC Setúbal: Mourinho, Soares, Manuel Joaquim, Vaz, Barragon, Emídio Graça «cap», Inácio, Casaca (L 23'), Jacinto Tavares, Fernandes e Floriano
Treinador: Umberto Buchelli

SL Benfica – 3 ACADÉMICA – 1

1ª DIVISÃO, 7ª JORNADA, 20-10-1957 (DOM, 15:00)
Estádio da Luz, Lisboa **Árbitro:** Inocêncio Calabote (Évora)
Golos: 1-0 (Salvador 15', gp); 2-0 (Azevedo 22'); 3-0 (Coluna 53'); 3-1 (Rocha 85')

SL Benfica: Costa Pereira, Zezinho, Ângelo «cap», Pegado, Artur, Alfredo, Palmeiro Antunes, Coluna, Salvador, Azevedo e Palmeiro
Treinador: Otto Glória

ACADÉMICA: Teixeira, Torres, Marta, Malícia, Wilson «cap», Abreu, Miranda, Samuel, Rocha, André e Bentes
Treinador: Cândido de Oliveira

ACADÉMICA – 3 C Oriental Lisboa – 1

1ª DIVISÃO, 8ª JORNADA, 27-10-1957 (DOM, 15:00)
Estádio Municipal de Coimbra, Coimbra **Árbitro:** Abel da Costa (Porto) **Golos:** 1-0 (André 4'); 1-1 (Almeida 8'); 2-1 (Bentes 80'); 3-1 (André 84')

ACADÉMICA: Teixeira, Marta, Abreu, Malícia, Wilson «cap», Bento, Miranda, Samuel, Rocha, André e Bentes
Treinador: Cândido de Oliveira

C Oriental Lisboa: Edmundo, Morais, Portas, Cordeiro, Luz, Garcia, Almeida, Leitão, Garófalo, Mendes e Rogério «cap»
Treinador: Janos Biri

FC Barreirense – 4 ACADÉMICA – 1

1ª DIVISÃO, 9ª JORNADA, 3-11-1957 (DOM, 15:00)
Campo D. Manuel de Melo, Barreiro **Árbitro:** Raul Martins (Lisboa) **Golos:** 1-0 (Oñoro 17'); 2-0 (Oñoro 19'); 3-0 (Faia 21', gp); 3-1 (André 46'); 4-1 (Pimenta 47')

FC Barreirense: Bráulio, Faneca, Abrantes, Lança, Silvino, Vasques, Oñoro, Alves, José Augusto, Faia «cap» e Pimenta
Treinador: Lorenzo Ausina

ACADÉMICA: Teixeira, Marta, Abreu, Malícia, Wilson «cap», Bento, Duarte, Samuel, Rocha, André e Bentes
Treinador: Cândido de Oliveira

ACADÉMICA – 1 Caldas SC – 1

1ª DIVISÃO, 10ª JORNADA, 10-11-1957 (DOM, 15:00)
Estádio Municipal de Coimbra, Coimbra
Árbitro: Eduardo Gouveia (Lisboa)
Golos: 1-0 (André 51'); 1-1 (Fragateiro 56')

ACADÉMICA: Teixeira, Marta, Manecas, Abreu, Wilson «cap», Bento, Jorge Humberto, Samuel, Rocha, André e Bentes
Treinador: Cândido de Oliveira

Caldas SC: Vítor, Amaro, Feliciano, Orlando, Saraiva, Fragateiro, Vital, Anacleto, Janita, Romeu e Rogério
Treinador: Janos Hrotko

FC Porto – 4 ACADÉMICA – 2

1ª DIVISÃO, 11ª JORNADA, 17-11-1957 (DOM, 15:00)
Estádio das Antas, Porto **Árbitro:** Hermínio Soares (Lisboa)
Golos: 1-0 (Teixeira 18'); 1-1 (Miranda 49'); 2-1 (Hernâni 69'); 2-2 (Miranda 70'); 3-2 (Hernâni 74'); 4-2 (Hernâni 87')

FC Porto: Acúrsio, Ângelo Sarmento, Arcanjo, Barbosa, Lito, Monteiro da Costa «cap», Carlos Duarte, Gastão, Osvaldo Silva, Teixeira e Hernâni
Treinador: Dorival Yustrich

ACADÉMICA: Cristóvão, Marta, Wilson «cap», Manecas, Torres, Abreu, Gil, Miranda, Rocha, André e Bentes
Treinador: Cândido de Oliveira

SC Braga – 1 ACADÉMICA – 3

1ª DIVISÃO, 12ª JORNADA, 24-11-1957 (DOM, 15:00)
Estádio 28 de Maio, Braga **Árbitro:** Mário Garcia (Aveiro)
Golos: 1-0 (Ferreirinha 6', gp); 1-1 (André 12'); 1-2 (Abreu 37', gp); 1-3 (Miranda 89')

SC Braga: Cesário, Antunes «cap», José Maria Azevedo, Passos (E 43'), Calheiros, Armando Costa, Francisco Mendonça, Ferreirinha, João Mendonça, Jorge Mendonça e Fernando Mendonça
Treinador: Janos Szabo

ACADÉMICA: Teixeira, Marta, Manecas, Torres, Abreu, Wilson «cap», Gil, Miranda, Rocha, André e Bentes
Treinador: Cândido de Oliveira

ACADÉMICA – 0 LGC Évora – 1

1ª DIVISÃO, 13ª JORNADA, 1-12-1957 (DOM, 15:00)
Estádio Municipal de Coimbra, Coimbra
Árbitro: Abel da Costa (Porto)
Golo: 0-1 (Caraça 60')

ACADÉMICA: Teixeira, Marta, Manecas, Torres, Wilson «cap», Abreu, Gil, Miranda, Rocha, André e Bentes
Treinador: Cândido de Oliveira

LGC Évora: Vital, Polido, Garcia, Marciano, Falé, Athos «cap», Fialho, Flora, Cardona, Caraça e José Pedro
Treinador: Otto Bumbel

ACADÉMICA – 2 CF "Os Belenenses" – 2

1ª DIVISÃO, 14ª JORNADA, 8-12-1957 (DOM, 15:00)
Estádio Municipal de Coimbra, Coimbra **Árbitro:** Mário Mendonça (Évora) **Golos:** 1-0 (Bentes 14'); 2-0 (Abreu 24', gp); 2-1 (Paz 64', gp); 2-2 (Matateu 86')

ACADÉMICA: Teixeira, Marta, Manecas, Torres, Wilson «cap», Abreu, Samuel, Miranda, Rocha, André e Bentes
Treinador: Cândido de Oliveira

CF "Os Belenenses": José Pereira, Rosendo, Pires «cap», Carlos Silva, Paz, Vicente, Milton, Wilson, Matateu, Di Pace e Tito
Treinador: Helénio Herrera

1957-1958

Sporting CP – 1 ACADÉMICA – 1
1ª DIVISÃO, 15ª JORNADA, 15-12-1957 (DOM, 15:00)
Estádio José Alvalade, Lisboa
Árbitro: Fernando Valério (Setúbal)
Golos: 1-0 (Martins 11', gp); 1-1 (Abreu 25', gp)

Sporting CP: Carlos Gomes, Caldeira, Galaz, Pacheco, Julius, Osvaldinho, Hugo, Pérides, Vadinho, Travassos «cap» e Martins
Treinador: Enrique Fernandez

ACADÉMICA: Teixeira, Marta, Wilson «cap», Manecas, Malícia, Torres, Abreu, Miranda, Rocha, André e Bentes
Treinador: Cândido de Oliveira

ACADÉMICA – 1 GD C.U.F. – 0
1ª DIVISÃO, 16ª JORNADA, 29-12-1957 (DOM, 15:00)
Estádio Municipal de Coimbra, Coimbra
Árbitro: Clemente Henriques (Porto)
Golo: 1-0 (Malícia 90')

ACADÉMICA: Teixeira, Marta, Wilson «cap», Manecas, Malícia, Torres, Samuel, Miranda, Rocha, André e Bentes
Treinador: Cândido de Oliveira

GD C.U.F.: Gama, José Luís, Palma, Durand, Carlos Alberto, João Vale, Rodrigues, Orlando, Arsénio «cap», Valdemar e Gastão
Treinador: Cândido Tavares

SCU Torreense – 2 ACADÉMICA – 1
1ª DIVISÃO, 17ª JORNADA, 5-1-1958 (DOM, 15:00)
Campo do Bairro das Covas, Torres Vedras
Árbitro: Mário Garcia (Aveiro)
Golos: 0-1 (André 14'); 1-1 (Mário 24'); 2-1 (Morais 76')

SCU Torreense: Montero, Amílcar «cap», Forneri, Mergulho, José da Costa, Hilário, Mário, Galileu, Cárcamo (L 37'), Saldanha e Morais
Treinador: Marcial Camiruaga

ACADÉMICA: Teixeira, Marta, Wilson «cap», Manecas, Abreu, Torres, Jorge Humberto, Bento, Rocha, André e Bentes
Treinador: Cândido de Oliveira

ACADÉMICA – 3 SC Salgueiros – 1
1ª DIVISÃO, 18ª JORNADA, 12-1-1958 (DOM, 15:00)
Estádio Municipal de Coimbra, Coimbra
Árbitro: Joaquim Campos (Lisboa)
Golos: 1-0 (André 38'); 1-1 (Rosa 67'); 2-1 (Rocha 79'); 3-1 (André 81')

ACADÉMICA: Cristóvão, Marta, Manecas, Torres, Wilson «cap», Abreu, Jorge Humberto, Samuel, Rocha, André e Bentes
Treinador: Cândido de Oliveira

SC Salgueiros: Barrigana, Longo, Chau, Porcel, Mário «cap», Gualdino, Sampaio, Rosa, Benje, Teixeira e Lalo
Treinador: Juan Arétio

VFC Setúbal – 1 ACADÉMICA – 0
1ª DIVISÃO, 19ª JORNADA, 19-1-1958 (DOM, 15:00)
Campo dos Arcos, Setúbal
Árbitro: Hermínio Soares (Lisboa)
Golo: 1-0 (Bastos 54')

VFC Setúbal: Libânio, Soares, Emídio Graça «cap», Manuel Joaquim, Orlando, Vaz, Inácio, Casaca, Fernandes, Miguel e Bastos
Treinador: Umberto Buchelli

ACADÉMICA: Teixeira, Marta, Manecas, Torres, Wilson «cap», Abreu, Malícia, Samuel, Rocha, André e Bentes
Treinador: Cândido de Oliveira

ACADÉMICA – 0 SL Benfica – 1
1ª DIVISÃO, 20ª JORNADA, 26-1-1958 (DOM, 15:00)
Estádio Municipal de Coimbra, Coimbra
Árbitro: Clemente Henriques (Porto)
Golo: 0-1 (Cavém 59')

ACADÉMICA: Teixeira, Marta, Manecas, Torres, Wilson «cap», Abreu, Malícia, Samuel, Rocha, André e Bentes
Treinador: Cândido de Oliveira

SL Benfica: Bastos, Ferreira, Serra, Zezinho, Hélder, Alfredo, Santana, Coluna, Águas «cap», Salvador e Cavém
Treinador: Otto Glória

C Oriental Lisboa – 1 ACADÉMICA – 3
1ª DIVISÃO, 21ª JORNADA, 2-2-1958 (DOM, 15:00)
Campo Eng. Carlos Salema, Lisboa
Árbitro: Fernando Valério (Setúbal)
Golos: 0-1 (Rocha 52'); 0-2 (Gil 60'); 0-3 (André 79'); 1-3 (Almeida 83')

C Oriental Lisboa: Soares, Morais, Capelo «cap», Cordeiro, Luz, Mendes, Almeida, Garófalo, Di Bastian (L 76'), Martinho e Pina
Treinador: Isidoro Conde

ACADÉMICA: Teixeira, Marta, Manecas, Malícia, Wilson «cap», Torres, Évora, Gil, Rocha, André e Bentes
Treinador: Cândido de Oliveira

ACADÉMICA – 4 FC Barreirense – 0
1ª DIVISÃO, 22ª JORNADA, 23-2-1958 (DOM, 15:00)
Estádio Municipal de Coimbra, Coimbra **Árbitro:** Décio de Freitas (Lisboa) **Golos:** 1-0 (André 22'); 2-0 (André 23'); 3-0 (Rocha 47'); 4-0 (André 73')

ACADÉMICA: Teixeira, Marta, Wilson «cap», Manecas, Malícia, Torres, Miranda, Gil, Rocha, André e Bentes
Treinador: Cândido de Oliveira

FC Barreirense: Isidoro, Faneca, Pinto, Abrantes, Lança, Silvino «cap», Oñoro, Corona, José Augusto, Faia e Vasques
Treinador: Lorenzo Ausina

Caldas SC – 2 ACADÉMICA – 1
1ª DIVISÃO, 23ª JORNADA, 2-3-1958 (DOM, 15:00)
Campo da Mata, Caldas da Rainha
Árbitro: Abel da Costa (Porto)
Golos: 1-0 (João 23'); 2-0 (Lenine 39'); 2-1 (Gil 84')

Caldas SC: Vítor, Amaro, Fragateiro, Anacleto, Saraiva, Orlando, João, António Pedro «cap», Janita, Callichio e Lenine
Treinador: Janos Hrotko

ACADÉMICA: Teixeira, Marta, Manecas, Malícia, Wilson «cap», Torres, Miranda, Gil, Rocha, André e Bentes
Treinador: Cândido de Oliveira

ACADÉMICA – 0 FC Porto – 1
1ª DIVISÃO, 24ª JORNADA, 9-3-1958 (DOM, 15:00)
Estádio Municipal de Coimbra, Coimbra
Árbitro: Raul Martins (Lisboa)
Golo: 0-1 (Osvaldo Silva 58')

ACADÉMICA: Teixeira, Marta, Manecas, Malícia, Wilson «cap», Torres, Samuel, Gil, Rocha, André e Bentes
Treinador: Cândido de Oliveira

FC Porto: Acúrsio, Virgílio, Arcanjo, Barbosa, Pedroto, Monteiro da Costa «cap», Carlos Duarte, Gastão, Osvaldo Silva, Teixeira e Hernâni
Treinador: Dorival Yustrich

ACADÉMICA – 4 SC Braga – 4
1ª DIVISÃO, 25ª JORNADA, 16-3-1958 (DOM, 15:00)
Estádio Municipal de Coimbra, Coimbra **Árbitro:** Abel Macedo Pires (Lisboa) **Golos:** 0-1 (Jorge Mendonça 8'); 1-1 (Curado 32'); 2-1 (André 44'); 3-1 (Rocha 53'); 3-2 (Rafael 54'); 3-3 (Jorge Mendonça 60'); 4-3 (Curado 76'); 4-4 (Calheiros 88')

ACADÉMICA: Teixeira, Marta, Manecas, Malícia, Bento, Torres, Bentes «cap», Gil, Curado, André e Rocha
Treinador: Cândido de Oliveira

SC Braga: Nogueira, Armando Costa, José Maria Azevedo, Passos «cap», Calheiros, Pinto Vieira, Rafael, Ferreirinha, João, Jorge Mendonça e Fernando Mendonça
Treinador: Janos Szabo

LGC Évora – 1 ACADÉMICA – 0
1ª DIVISÃO, 26ª JORNADA, 23-3-1958 (DOM, 15:00)
Campo Estrela, Évora
Árbitro: Joaquim Campos (Lisboa)
Golo: 1-0 (Flora 24')

LGC Évora: Vital, Polido, Paixão, Athos, Falé, Vicente, Fialho, Flora, Cardona, José Pedro e Batalha
Treinador: Otto Bumbel

ACADÉMICA: Teixeira, Marta, Manecas, Malícia, Wilson «cap», Torres, Bentes, Curado, Samuel, André e Rocha
Treinador: Cândido de Oliveira

ACADÉMICA – 3 C Oriental Lisboa – 0
TAÇA DE PORTUGAL, OITAVOS DE FINAL, 30-3-1958 (DOM, 15:00)
Estádio Municipal de Coimbra, Coimbra
Árbitro: Abel da Costa (Porto)
Golos: 1-0 (Malícia 14'); 2-0 (Wilson 67'); 3-0 (Luso 75')

ACADÉMICA: Cristóvão, Marta, Manecas (L 30'), Malícia, Wilson «cap», Torres, Luso, Curado, Abreu, Samuel e Bentes
Treinador: Cândido de Oliveira

C Oriental Lisboa: Soares, Servo, Luz, Morais «cap», Cordeiro, Ribeiro, Moreira, Garófalo, Boticas, Garcia e Postiço
Treinador: Isidoro Conde

C Oriental Lisboa – 2 ACADÉMICA – 1
TAÇA DE PORTUGAL, OITAVOS DE FINAL, 6-4-1958 (DOM, 16:00)
Campo Eng. Carlos Salema, Lisboa
Árbitro: Inocêncio Calabote (Évora)
Golos: 1-0 (Moreira 21'); 2-0 (Mendes 23'); 2-1 (Luso 71')

C Oriental Lisboa: Soares, Servo, Luz, Morais «cap», Cordeiro, Ribeiro, Moreira, Garófalo, Boticas, Mendes e Postiço
Treinador: Isidoro Conde

ACADÉMICA: Cristóvão, Marta, Wilson «cap», Samuel, Malícia, Torres, Luso, Curado, Correia Branco, André e Bentes
Treinador: Cândido de Oliveira

SL Benfica – 1 ACADÉMICA – 0
TAÇA DE PORTUGAL, QUARTOS DE FINAL, 20-4-1958 (DOM, 16:00)
Estádio da Luz, Lisboa
Árbitro: Abel da Costa (Porto)
Golo: 1-0 (Coluna 30')

SL Benfica: Bastos, Araújo, Alfredo, Ângelo, Pegado, Mário João, Palmeiro, Coluna, Águas, Fernando Caiado «cap» e Cavém
Treinador: Otto Glória

ACADÉMICA: Cristóvão, Marta, Torres, Bento, Malícia, Wilson «cap», Luso, Curado, Jorge Humberto, Rocha e Bentes
Treinador: Cândido de Oliveira

ÉPOCA 1958-1959

1ª DIVISÃO: 10º LUGAR (MANUTENÇÃO)
TAÇA DE PORTUGAL: OITAVOS DE FINAL

JOGOS EFECTUADOS

	J	V	E	D	GM	GS
CASA	15	9	2	4	35	16
FORA	15	2	3	10	17	36
TOTAL	30	11	5	14	52	52

ACADÉMICA – 0 SL Benfica – 2
TAÇA DE PORTUGAL, QUARTOS DE FINAL, 27-4-1958 (DOM, 16:00)
Estádio Municipal de Coimbra, Coimbra
Árbitro: Inocêncio Calabote (Évora)
Golos: 0-1 (Coluna 78'); 0-2 (Águas 86')

ACADÉMICA: Cristóvão, Marta, Torres, Bento, Malícia, Wilson «cap», Samuel, Curado, Jorge Humberto, Rocha e Bentes
Treinador: Cândido de Oliveira

SL Benfica: Bastos, Araújo, Alfredo, Ângelo, Pegado, Mário João, Palmeiro, Coluna, Águas «cap», Azevedo e Cavém
Treinador: Otto Glória

SCU Torreense – 2 ACADÉMICA – 1
1ª DIVISÃO, 1ª JORNADA, 14-9-1958 (DOM, 16:00)
Campo do Bairro das Covas, Torres Vedras **Árbitro:** Jovino Pinto (Porto) **Golos:** 1-0 (Mário 40'); 2-0 (Vítor Machado 55'); 2-1 (Torres 86', gp) **Obs:** A partir desta época voltou a ser permitida a substituição do guarda-redes

SCU Torreense: Montero, Amílcar «cap», António Manuel, Bernardes, Hélder, José da Costa (E 77'), Mário, Isidro, Azevedo, Saldanha e Vítor Machado **Treinador:** Evaristo Silva

ACADÉMICA: Cristóvão, Marta, Wilson «cap», Araújo, Malícia (E 42'), Torres, Jorge Humberto, Chipenda, Samuel, André e Bentes
Treinador: Janos Biri

ACADÉMICA – 2 SC Covilhã – 1
1ª DIVISÃO, 2ª JORNADA, 21-9-1958 (DOM, 16:00)
Estádio Municipal de Coimbra, Coimbra **Árbitro:** Eduardo Gouveia (Lisboa) **Auxiliares:** Joaquim Campos e Hermínio Soares
Golos: 1-0 (André 11'); 2-0 (André 47'); 2-1 (Suarez 54')

ACADÉMICA: Cristóvão (Gomes da Silva 79'), Manecas, Wilson «cap», Araújo, Abreu, Gil, Jorge Humberto, Miranda, Samuel, André e Bentes
Treinador: Janos Biri

SC Covilhã: Rita, Hélder, Lourenço, Couceiro, Lãzinha, Cabrita «cap», Manteigueiro, Lorenzi, Suarez, Martinho e Óscar Silva
Treinador: Janos Zorgo

SL Benfica – 5 ACADÉMICA – 0
1ª DIVISÃO, 3ª JORNADA, 28-9-1958 (DOM, 16:00)
Estádio da Luz, Lisboa **Árbitro:** Clemente Henriques (Porto)
Golos: 1-0 (Cavém 20'); 2-0 (Águas 34'); 3-0 (Águas 51'); 4-0 (Cavém 58'); 5-0 (Águas 84')

SL Benfica: Costa Pereira, Ferreira, Artur, Zezinho, Fernando Caiado, Alfredo, Cavém, Coluna, Águas «cap», Salvador e Mendes
Treinador: Otto Glória

ACADÉMICA: Arménio, Abreu, Wilson «cap», Araújo, Malícia, Torres, Évora, Gil, Samuel, André e Jorge Humberto
Treinador: Janos Biri

ACADÉMICA – 1 CF "Os Belenenses" – 2
1ª DIVISÃO, 4ª JORNADA, 5-10-1958 (DOM, 15:00)
Estádio Municipal de Coimbra, Coimbra
Árbitro: Aniceto Nogueira (Porto)
Golos: 0-1 (Yaúca 6'); 0-2 (Yaúca 10'); 1-2 (André 76')

ACADÉMICA: Arménio, Abreu, Torres, Manecas, Malícia, Wilson «cap», Jorge Humberto, Chipenda, Samuel, André e Castro
Treinador: Janos Biri

CF "Os Belenenses": José Pereira, Pires «cap», Figueiredo, Moreira, Carlos Silva, Vicente, Dimas, Yaúca, Martinho, Matateu e Tito
Treinador: Fernando Vaz

FC Barreirense – 2 ACADÉMICA – 1
1ª DIVISÃO, 5ª JORNADA, 12-10-1958 (DOM, 15:00)
Campo D. Manuel de Melo, Barreiro **Árbitro:** Joaquim Campos (Lisboa) **Auxiliares:** Eduardo Gouveia e Hermínio Soares
Golos: 1-0 (Oñoro 1'); 2-0 (José Augusto 35'); 2-1 (Rui Maia 66')

FC Barreirense: Bráulio, Faneca, Silvino, Abrantes, Pinto, Vasques, Oñoro, Correia, José Augusto, Faia «cap» e Madeira
Treinador: Oscar Tellechea

ACADÉMICA: Teixeira, Marta, Torres, Manecas, Abreu (L 45'), Wilson «cap», Chipenda, Rui Maia, Malícia, André e Jorge Humberto
Treinador: Janos Biri

ACADÉMICA – 1 SC Braga – 1
1ª DIVISÃO, 6ª JORNADA, 19-10-1958 (DOM, 15:00)
Estádio Municipal de Coimbra, Coimbra
Árbitro: Abel da Costa (Porto)
Golos: 0-1 (Fernando Mendonça 18'); 1-1 (Bentes 75')

ACADÉMICA: Teixeira, Marta, Torres, Manecas, Malícia, Wilson «cap», Chipenda, Bouçon, Rui Maia, André e Bentes
Treinador: Janos Biri

SC Braga: Faria, Armando Costa, Narciso, José Maria Azevedo, Passos «cap», Trenque, Rafael, Ferreirinha, Teixeira, Fernando Mendonça e José Maria Matos
Treinador: José Valle

FC Porto – 1 ACADÉMICA – 1
1ª DIVISÃO, 7ª JORNADA, 26-10-1958 (DOM, 15:00)
Estádio das Antas, Porto **Árbitro:** Eduardo Gouveia (Lisboa)
Auxiliares: Joaquim Campos e Hermínio Soares
Golos: 1-0 (Hernâni 23'); 1-1 (Rui Maia 73')

FC Porto: Pinho, Ângelo Sarmento, Arcanjo, Barbosa, Luís Roberto, Monteiro da Costa «cap», Carlos Duarte, Gastão, Osvaldo Silva, Teixeira e Hernâni
Treinador: Otto Bumbel

ACADÉMICA: Teixeira, Marta, Wilson «cap», Manecas, Malícia, Torres, Chipenda, Bouçon, Rui Maia, André e Bentes
Treinador: Janos Biri

ACADÉMICA – 2 VFC Setúbal – 3
1ª DIVISÃO, 8ª JORNADA, 2-11-1958 (DOM, 15:00)
Estádio Municipal de Coimbra, Coimbra **Árbitro:** Clemente Henriques (Porto) **Golos:** 0-1 (Inácio 11'); 1-1 (Chipenda 23'); 2-1 (Wilson 31'); 2-2 (Virgílio 40'); 2-3 (Fernandes 83')

ACADÉMICA: Teixeira, Marta, Wilson «cap», Manecas, Malícia, Torres, Chipenda, Rui Maia, Rocha, André e Bentes
Treinador: Janos Biri

VFC Setúbal: Justino, Soares, Vaz «cap», Manuel Joaquim, Casaca, Alfredo, Inácio, Miguel, João Mendonça, Fernandes e Virgílio
Treinador: Umberto Buchelli

LGC Évora – 5 ACADÉMICA – 1
1ª DIVISÃO, 9ª JORNADA, 9-11-1958 (DOM, 15:00)
Campo Estrela, Évora **Árbitro:** Manuel Barulho (Setúbal)
Golos: 1-0 (Caraça 20'); 1-1 (Chipenda 43'); 2-1 (Caraça 51'); 3-1 (Fialho 76'); 4-1 (Fialho 78', gp); 5-1 (José Pedro 86')

LGC Évora: Vital, Teotónio, Falé «cap», Narciso, Olmedo, Garcia, Fialho, Quinito, Caraça, Batalha e José Pedro
Treinador: Lorenzo Ausina

ACADÉMICA: Teixeira, Marta, Torres, Manecas, Malícia, Wilson «cap», Chipenda, Samuel, Rocha (E 75'), André e Bentes
Treinador: Mário Wilson

ACADÉMICA – 1 Sporting CP – 0
1ª DIVISÃO, 10ª JORNADA, 30-11-1958 (DOM, 15:00)
Estádio Municipal de Coimbra, Coimbra
Árbitro: Reinaldo Silva (Leiria)
Golo: 1-0 (Bentes 86')

ACADÉMICA: Teixeira, Marta, Bento, Malícia, Wilson «cap», Torres, Chipenda, Jorge Humberto, Samuel, André e Bentes
Treinador: Otto Bumbel

Sporting CP: Octávio de Sá (Alves Pereira 45'), Caldeira, Galaz, Pacheco, Julius, França, Hugo, Vasques «cap», Diego, Fernando Mendes e Caraballo
Treinador: Enrique Fernandez

GD C.U.F. – 1 ACADÉMICA – 0
1ª DIVISÃO, 11ª JORNADA, 7-12-1958 (DOM, 15:00)
Campo de Santa Bárbara, Barreiro
Árbitro: Abel Macedo Pires (Lisboa)
Golo: 1-0 (Carlos Alberto 42')

GD C.U.F.: José Maria, Durand, Palma, Abalroado, Oliveira, Carlos Alberto, Rodrigues, Moreira, Arsénio «cap», Gastão e Uria
Treinador: Cândido Tavares

ACADÉMICA: Teixeira, Araújo, Marta, Bento, Malícia, Torres «cap», Rocha, Jorge Humberto, Samuel, André e Bentes
Treinador: Otto Bumbel

ACADÉMICA – 2 VSC Guimarães – 2
1ª DIVISÃO, 12ª JORNADA, 14-12-1958 (DOM, 15:00)
Estádio Municipal de Coimbra, Coimbra **Árbitro:** Jovino Pinto (Porto) **Golos:** 0-1 (Bento 17', pb); 1-1 (Bentes 35'); 1-2 (Edmur 41'); 2-2 (Bentes 88')

ACADÉMICA: Teixeira, Araújo, Marta, Bento, Malícia, Torres «cap», Chipenda, Jorge Humberto, Samuel, André e Bentes
Treinador: Otto Bumbel

VSC Guimarães: Sebastião, Virgílio, Silveira «cap», Daniel, Barros, João da Costa, Bártolo, Edmur, Romeu, Carlos Alberto e Rola
Treinador: Mariano Amaro

Caldas SC – 2 ACADÉMICA – 1
1ª DIVISÃO, 13ª JORNADA, 21-12-1958 (DOM, 15:00)
Campo da Mata, Caldas da Rainha **Árbitro:** Eduardo Gouveia (Lisboa) **Auxiliares:** Joaquim Campos e Hermínio Soares
Golos: 0-1 (Jorge Humberto 3'); 1-1 (Lenine 41'); 2-1 (Lenine 54')

Caldas SC: Rita, Amaro, Pastorinha, Rogério, Anacleto, Orlando, João, Sarrazola, Saraiva, António Pedro «cap» e Lenine
Treinador: Josef Fabian

ACADÉMICA: Teixeira, Marta, Wilson «cap», Bento, Malícia, Torres, Samuel, Jorge Humberto, Rocha, André e Bentes
Treinador: Otto Bumbel

1958-1959

ACADÉMICA – 5 SCU Torreense – 0

1ª DIVISÃO, 14ª JORNADA, 28-12-1958 (DOM, 15:00)
Estádio Municipal de Coimbra, Coimbra **Árbitro:** Júlio Braga Barros (Leiria) **Golos:** 1-0 (Jorge Humberto 4'); 2-0 (Torres 21', gp); 3-0 (Torres 29', gp); 4-0 (Miranda 34'); 5-0 (Rocha 36')

ACADÉMICA: Teixeira, Marta, Wilson «cap», Araújo, Malícia, Torres, Chipenda, Jorge Humberto, Rocha, Miranda e Bentes
Treinador: Otto Bumbel

SCU Torreense: Montero, António Costa, António Manuel «cap», Bernardes, Hélder, José da Costa, Isidro, Saldanha, Azevedo, Vítor e Bezerra
Treinador: Evaristo Silva

SC Covilhã – 3 ACADÉMICA – 1

1ª DIVISÃO, 15ª JORNADA, 4-1-1959 (DOM, 15:00)
Campo José dos Santos Pinto, Covilhã **Árbitro:** Joaquim Campos (Lisboa) **Auxiliares:** Eduardo Gouveia e Hermínio Soares
Golos: 1-0 (Gabriel 4'); 2-0 (Martinho 26'); 2-1 (Chipenda 55'); 3-1 (Óscar Silva 89')

SC Covilhã: Rita, Nicolau, Lourenço, Couceiro, Martinho, Cabrita «cap», Manteigueiro, Gabriel, Suarez, Lorenzi e Óscar Silva
Treinador: Janos Zorgo

ACADÉMICA: Teixeira, Araújo, Marta, Manecas (L 43'), Gil «cap», Bento, Chipenda, Miranda, Jorge Humberto, Rocha e Curado
Treinador: Otto Bumbel

ACADÉMICA – 0 SL Benfica – 3

1ª DIVISÃO, 16ª JORNADA, 11-1-1959 (DOM, 15:00)
Estádio Municipal de Coimbra, Coimbra
Árbitro: Mário Mendonça (Vila Real)
Golos: 0-1 (Mendes 30'); 0-2 (Mendes 48'); 0-3 (Cavém 88')

ACADÉMICA: Teixeira, Araújo, Marta, Bento, Gil, Torres «cap», Chipenda, Jorge Humberto, Rocha, André e Samuel
Treinador: Otto Bumbel

SL Benfica: Costa Pereira, Serra, Artur, Ângelo, Neto, Alfredo, Chino, Coluna, Águas «cap», Mendes e Cavém
Treinador: Otto Glória

CF "Os Belenenses" – 3 ACADÉMICA – 1

1ª DIVISÃO, 17ª JORNADA, 18-1-1959 (DOM, 15:00)
Estádio do Restelo, Lisboa **Árbitro:** Isidro Fragoso (Santarém)
Golos: 0-1 (André 13'); 1-1 (Matateu 55'); 2-1 (Tonho 64', gp); 3-1 (Martinho 67')

CF "Os Belenenses": José Pereira, Pires, Figueiredo, Carlos Silva, Vicente, Carlos Manuel Silva, Dimas, Yaúca, Martinho, Matateu e Tonho
Treinador: Fernando Vaz

ACADÉMICA: Gomes da Silva, Araújo, Bento, Gil, Marta, Torres «cap», Samuel, Jorge Humberto, Rocha, André e Bentes
Treinador: Otto Bumbel

ACADÉMICA – 3 FC Barreirense – 2

1ª DIVISÃO, 18ª JORNADA, 25-1-1959 (DOM, 15:00)
Estádio Municipal de Coimbra, Coimbra **Árbitro:** Décio de Freitas (Lisboa) **Golos:** 1-0 (André 26'); 2-0 (André 31'); 3-0 (Jorge Humberto 34'); 3-1 (José Augusto 45'); 3-2 (José Augusto 74')

ACADÉMICA: Gomes da Silva, Araújo, Bento, Gil, Marta, Torres «cap», Bouçon, Jorge Humberto, Rocha, André e Bentes
Treinador: Otto Bumbel

FC Barreirense: Bráulio, Faneca, Abrantes, Lança, Pinto, Arturo, Júlio Freire, Correia, José Augusto, Faia «cap» e Godoy
Treinador: Oscar Tellechea

SC Braga – 1 ACADÉMICA – 1

1ª DIVISÃO, 19ª JORNADA, 1-2-1959 (DOM, 15:00)
Estádio 28 de Maio, Braga
Árbitro: Clemente Henriques (Porto)
Golos: 0-1 (Chipenda 38'); 1-1 (José Maria Matos 71')

SC Braga: Cesário (Nogueira 23'), Armando Costa, Calheiros, José Maria Azevedo, Passos «cap», Trenque, José Maria Matos, Ferreirinha, Teixeira, Amador e Fernando Mendonça
Treinador: José Valle

ACADÉMICA: Gomes da Silva, Araújo, Marta, Juca, Abreu, Torres «cap», Chipenda, Jorge Humberto, Rocha, Gil e Samuel
Treinador: Otto Bumbel

ACADÉMICA – 0 FC Porto – 1

1ª DIVISÃO, 20ª JORNADA, 8-2-1959 (DOM, 15:00)
Estádio Municipal de Coimbra, Coimbra **Árbitro:** Hermínio Soares (Lisboa) **Auxiliares:** Eduardo Gouveia e Joaquim Campos
Golo: 0-1 (Teixeira 89')

ACADÉMICA: Gomes da Silva, Araújo, Marta, Juca, Abreu, Torres «cap», Chipenda, Jorge Humberto, Rocha, André e Samuel
Treinador: Otto Bumbel

FC Porto: Acúrsio, Virgílio, Arcanjo, Barbosa, Luís Roberto, Monteiro da Costa «cap», Carlos Duarte, Hernâni, Noé, Teixeira e Perdigão
Treinador: Béla Guttmann

VFC Setúbal – 1 ACADÉMICA – 0

1ª DIVISÃO, 21ª JORNADA, 15-2-1959 (DOM, 15:00)
Campo dos Arcos, Setúbal
Árbitro: Viriato Maximiano (Lisboa)
Golo: 1-0 (Miguel 9')

VFC Setúbal: Justino, Polido, Vaz «cap», Manuel Joaquim, Alfredo, Serra, Inácio, Miguel, João Mendonça, Fernandes e Virgílio
Treinador: Umberto Buchelli

ACADÉMICA: Cristóvão, Araújo, Marta, Juca, Abreu, Torres «cap», Chipenda, Jorge Humberto, Rocha, André e Samuel
Treinador: Otto Bumbel

ACADÉMICA – 1 LGC Évora – 0

1ª DIVISÃO, 22ª JORNADA, 22-2-1959 (DOM, 15:00)
Estádio Municipal de Coimbra, Coimbra
Árbitro: Ant. Costa Martins (Porto)
Golo: 1-0 (Abreu 30')

ACADÉMICA: Cristóvão, Araújo, Marta, Bento, Abreu, Torres «cap», Rocha, Bouçon, Jorge Humberto, Samuel e Bentes
Treinador: Otto Bumbel

LGC Évora: Vital, Teotónio, Falé «cap», Paixão, Olmedo, Garcia, Flora, Narciso, Caraça, Marciano e José Pedro
Treinador: Lorenzo Ausina

Sporting CP – 1 ACADÉMICA – 1

1ª DIVISÃO, 23ª JORNADA, 1-3-1959 (DOM, 15:00)
Estádio José Alvalade, Lisboa
Árbitro: Clemente Henriques (Porto)
Golos: 1-0 (Tomé 35'); 1-1 (Chipenda 70')

Sporting CP: Octávio de Sá, Lino, Hilário, Julius, Morato, Fernando Mendes, Hugo, Ferreira Pinto, Tomé, Travassos «cap» e Quim
Treinador: Enrique Fernandez

ACADÉMICA: Cristóvão, Araújo, Marta, Bento, Wilson «cap», Torres, Chipenda, Jorge Humberto, Rocha, André e Samuel
Treinador: Otto Bumbel

ACADÉMICA – 2 GD C.U.F. – 0

1ª DIVISÃO, 24ª JORNADA, 8-3-1959 (DOM, 15:00)
Estádio Municipal de Coimbra, Coimbra
Árbitro: Décio de Freitas (Lisboa)
Golos: 1-0 (Bentes 63'); 2-0 (Miranda 86')

ACADÉMICA: Cristóvão, Araújo, Marta, Bento, Wilson «cap», Torres, Chipenda, Rocha, Miranda, André e Bentes
Treinador: Otto Bumbel

GD C.U.F.: Gama, Abalroado, Palma, Durand, Oliveira, Pimentel, Rodrigues, Orlando, Bispo, Carlos Alberto e Uria
Treinador: Cândido Tavares

VSC Guimarães – 4 ACADÉMICA – 5

1ª DIVISÃO, 25ª JORNADA, 15-3-1959 (DOM, 15:00)
Campo da Amorosa, Guimarães **Árbitro:** João Pinto Ferreira (Porto) **Golos:** 1-0 (Rola 13'); 1-1 (André 28'); 1-2 (Chipenda 35'); 1-3 (André 44'); 1-4 (Miranda 47'); 2-4 (Edmur 49'); 3-4 (Carlos Alberto 55'); 4-4 (Carlos Alberto 84'); 4-5 (Chipenda 86')

VSC Guimarães: Sebastião, Daniel, Silveira «cap», Abel, Barros, Virgílio, Bártolo, Edmur, Romeu, Carlos Alberto e Rola
Treinador: Mariano Amaro

ACADÉMICA: Cristóvão, Araújo, Marta, Juca, Samuel, Torres «cap», Duarte, Chipenda, Miranda, André e Rocha
Treinador: Otto Bumbel

ACADÉMICA – 11 Caldas SC – 0

1ª DIVISÃO, 26ª JORNADA, 22-3-1959 (DOM, 15:00)
Estádio Municipal de Coimbra, Coimbra **Árbitro:** Hermínio Soares (Lisboa) **Auxiliares:** Eduardo Gouveia e Joaquim Campos **Golos:** 1-0 (Chipenda 2'); 2-0 (Chipenda 8'); 3-0 (Chipenda 10'); 4-0 (Duarte 21'); 5-0 (Chipenda 33'); 6-0 (Duarte 44'); 7-0 (Rocha 47'); 8-0 (André 49'); 9-0 (Duarte 54'); 10-0 (Miranda 58'); 11-0 (Rocha 86')

ACADÉMICA: Cristóvão, Delfino, Bento, Samuel, Marta, Torres «cap», Duarte, Chipenda, Miranda, André e Rocha
Treinador: Otto Bumbel

Caldas SC: Vítor, Anacleto, Rogério, Pastorinha, Saraiva, Orlando, João, Garnacho, António Pedro «cap», Mateus e Lenine
Treinador: Josef Fabian

Portimonense SC – 2 ACADÉMICA – 3

TAÇA DE PORTUGAL, 1/16 DE FINAL, 3-5-1959 (DOM, 16:00)
Estádio do Portimonense, Portimão **Árbitro:** Francisco Guiomar (Beja) **Golos:** 1-0 (Camarinha 5'); 1-1 (Miranda 15'); 1-2 (Miranda 18'); 1-3 (Bentes 61'); 2-3 (Camarinha 89')

Portimonense SC: Daniel, Luz, António Coelho, Rebelo, Arquimínio «cap», André Coelho, Camarinha, Jorge, Romão, Martin e Alexandrino
Treinador: Vicente di Paola

ACADÉMICA: Cristóvão, Araújo, Wilson «cap», Marta, Samuel, Torres, Bentes, Chipenda, Miranda, André e Rocha
Treinador: Otto Bumbel

ACADÉMICA – 1 Portimonense SC – 0

TAÇA DE PORTUGAL, 1/16 DE FINAL, 10-5-1959 (DOM, 16:00)
Estádio Municipal de Coimbra, Coimbra
Árbitro: António Calheiros (Lisboa)
Golo: 1-0 (Duarte 87')

ACADÉMICA: Cristóvão, Araújo, Wilson «cap», Marta, Samuel, Torres, Duarte, Chipenda, Miranda, André e Rocha
Treinador: Otto Bumbel

Portimonense SC: Daniel, Luz, António Coelho, Rebelo, Arquimínio «cap», Alberto, Camarinha, Jorge, Romão, Martin e Alexandrino
Treinador: Vicente di Paola

ACADÉMICA – 3 Sporting CP – 1

TAÇA DE PORTUGAL, OITAVOS DE FINAL, 24-5-1959 (DOM, 16:00)
Estádio Municipal de Coimbra, Coimbra
Árbitro: Domingos Mota (Porto)
Golos: 1-0 (Samuel 48'); 2-0 (André 73'); 3-0 (Chipenda 77'); 3-1 (Diego 80')

ACADÉMICA: Cristóvão, Araújo, Torres, Bento, Samuel, Wilson «cap», Rocha, Chipenda, Miranda, André e Bentes
Treinador: Otto Bumbel

Sporting CP: Octávio de Sá, Lino, Morato, Hilário, Fernando Mendes, Osvaldinho, Hugo, Diego, Vadinho, Travassos «cap» e João Morais
Treinador: Mário Imbelloni

Sporting CP – 3 ACADÉMICA – 0

TAÇA DE PORTUGAL, OITAVOS DE FINAL, 28-5-1959 (QUI, 16:00)
Estádio José Alvalade, Lisboa
Árbitro: Encarnação Salgado (Setúbal)
Golos: 1-0 (Hugo 3'); 2-0 (Diego 35'); 3-0 (Hugo 50')

Sporting CP: Octávio de Sá, Lino, Morato, Hilário, Fernando Mendes, Osvaldinho, Hugo, Diego, Vadinho, Pérides e João Morais
Treinador: Mário Imbelloni

ACADÉMICA: Cristóvão, Araújo, Marta, Bento, Wilson «cap», Torres, Chipenda, Samuel, Miranda, Rocha e Bentes
Treinador: Otto Bumbel

ÉPOCA 1959-1960

1ª DIVISÃO: 6º LUGAR (MANUTENÇÃO)
TAÇA DE PORTUGAL: 1/32 DE FINAL

JOGOS EFECTUADOS

	J	V	E	D	GM	GS
CASA	14	6	5	3	25	16
FORA	14	3	4	7	16	28
TOTAL	28	9	9	10	41	44

ACADÉMICA – 1 FC Porto – 0

1ª DIVISÃO, 1ª JORNADA, 20-9-1959 (DOM, 16:00)
Estádio Municipal de Coimbra, Coimbra
Árbitro: Joaquim Campos (Lisboa) **Auxiliares:** Hermínio Soares e Eduardo Gouveia **Golo:** 1-0 (Bentes 2')

ACADÉMICA: Maló, Araújo, Wilson «cap», Juca, Abreu, Torres, Rocha, Jorge Humberto, Samuel, Nuno e Bentes
Treinador: Oscar Montez

FC Porto: Acúrsio, Virgílio, Arcanjo, Barbosa, Luís Roberto, Monteiro da Costa «cap», Gastão, Hernâni, Ferreirinha, Teixeira e Morais
Treinador: Hector Puricelli

Sporting CP – 2 ACADÉMICA – 1

1ª DIVISÃO, 2ª JORNADA, 27-9-1959 (DOM, 16:00)
Estádio José Alvalade, Lisboa **Árbitro:** Francisco Guerra (Porto) **Auxiliares:** Abel da Costa e Clemente Henriques **Golos:** 1-0 (Fernando Mendes 57'); 1-1 (Jorge Humberto 61'); 2-1 (Fernando 65')

Sporting CP: Octávio de Sá, Lino, Hilário, Julius, Galaz, Fernando Mendes, Hugo «cap», Fernando, Pérides, Diego e João Morais
Treinador: Fernando Vaz

ACADÉMICA: Maló, Araújo, Wilson «cap», Mesquita, Abreu, Torres, Miranda, Jorge Humberto, Samuel, Malícia e Bentes
Treinador: Oscar Montez

ACADÉMICA – 8 Leixões SC – 1

1ª DIVISÃO, 3ª JORNADA, 4-10-1959 (DOM, 15:00)
Estádio Municipal de Coimbra, Coimbra **Árbitro:** Raul Martins (Lisboa) **Auxiliares:** António Calheiros e Décio de Freitas
Golos: 1-0 (Nuno 7'); 2-0 (Gonçalves 10'); 3-0 (Samuel 27'); 4-0 (Nuno 31'); 5-0 (Gonçalves 49'); 6-0 (Nuno 54'); 7-0 (Miranda 56'); 7-1 (Silva 58'); 8-1 (Nuno 85')

ACADÉMICA: Maló (Gomes da Silva 74'), Araújo, Wilson «cap», Juca, Malícia, Torres, Rocha, Miranda, Samuel, Gonçalves e Nuno
Treinador: Oscar Montez

Leixões SC: Rosas (Roldão 45'), Santana «cap», Raul Machado, Raul Oliveira, Auleta, Ventura, Carlos Alberto, Osvaldo Silva, Jaburu, Silva e Nunes
Treinador: José Valle

CF "Os Belenenses" – 1 ACADÉMICA – 2

1ª DIVISÃO, 4ª JORNADA, 11-10-1959 (DOM, 15:00)
Estádio do Restelo, Lisboa **Árbitro:** José Alexandre (Santarém)
Auxiliares: Manuel Lousada e Manuel Amaral
Golos: 0-1 (Nuno 15'); 1-1 (Matateu 29'); 1-2 (Nuno 74')

CF "Os Belenenses": José Pereira, Pires, Moreira, Marciano, Figueiredo, Vicente «cap», Dimas, Yaúca, Tonho (E 84'), Matateu e Cunha Velho
Treinador: Otto Glória

ACADÉMICA: Maló, Araújo, Mesquita, Malícia, Wilson «cap», Torres, Rocha, Jorge Humberto, Samuel (E 84'), Miranda e Nuno
Treinador: Oscar Montez

ACADÉMICA – 0 VFC Setúbal – 0

1ª DIVISÃO, 5ª JORNADA, 18-10-1959 (DOM, 15:00)
Estádio Municipal de Coimbra, Coimbra
Árbitro: Jaime Pires (Lisboa)
Auxiliares: Carlos Dinis e Anacleto Gomes

ACADÉMICA: Maló, Araújo, Mesquita, Malícia, Wilson «cap», Juca, Rui Maia, Jorge Humberto, Miranda, Gonçalves e Nuno
Treinador: Oscar Montez

VFC Setúbal: Mourinho, Soares, Sidney, Manuel Joaquim, Casaca, Alfredo, Mateus, Bira, Jacinto, Miguel «cap» e Virgílio
Treinador: Janos Tatrai

SC Braga – 2 ACADÉMICA – 0

1ª DIVISÃO, 6ª JORNADA, 25-10-1959 (DOM, 15:00)
Estádio 28 de Maio, Braga **Árbitro:** Domingos Mota (Porto)
Auxiliares: Ant. Costa Martins e Caetano Nogueira
Golos: 1-0 (José Maria Matos 60'); 2-0 (Passos 62')

SC Braga: Faria, Armando Costa, Calheiros, Narciso, Trenque, Pinto Vieira, Vélez, Passos «cap», Teixeira, Fernando Mendonça e José Maria Matos
Treinador: Janos Szabo

ACADÉMICA: Maló, Araújo, Wilson «cap», Mesquita, Abreu, Torres, Rocha, Jorge Humberto, Samuel, José Júlio e Nuno
Treinador: Oscar Montez

ACADÉMICA – 1 LGC Évora – 1

1ª DIVISÃO, 7ª JORNADA, 1-11-1959 (DOM, 15:00)
Estádio Municipal de Coimbra, Coimbra **Árbitro:** Décio de Freitas (Lisboa) **Auxiliares:** António Calheiros e Raul Martins
Golos: 0-1 (Manuel Jorge 72'); 1-1 (Nuno 77')

ACADÉMICA: Maló, Araújo, Wilson «cap», Mesquita, Samuel, Torres, Júlio Freire, Jorge Humberto, Rocha, José Júlio e Nuno
Treinador: Oscar Montez

LGC Évora: Vital, Teotónio, Falé, Narciso, Inácio, Vicente «cap», Flora, Manuel Jorge, Ivson, Caraça e José Pedro
Treinador: Lorenzo Ausina

Boavista FC – 1 ACADÉMICA – 3

1ª DIVISÃO, 8ª JORNADA, 15-11-1959 (DOM, 15:00)
Campo do Bessa, Porto **Árbitro:** Mário Mendonça (Vila Real)
Auxiliares: Henrique Silva e Pereira de Matos
Golos: 0-1 (Torres 16', gp); 1-1 (Alcino 36', gp); 1-2 (Torres 48', gp); 1-3 (Jorge Humberto 89')

Boavista FC: Levi, Franco, Artur, Alcino «cap», Manero, Torres, Adriano, Mário Campos, Kovacs, Garcia e Germano
Treinador: Gyula Reiner

ACADÉMICA: Maló, Araújo, Mesquita, Malícia, Wilson «cap», Torres, Rocha, Jorge Humberto, Samuel, Chipenda e Nuno
Treinador: Oscar Montez

ACADÉMICA – 0 SL Benfica – 2

1ª DIVISÃO, 9ª JORNADA, 22-11-1959 (DOM, 15:00)
Estádio Municipal de Coimbra, Coimbra **Árbitro:** Clemente Henriques (Porto) **Auxiliares:** Francisco Guerra e Abel da Costa
Golos: 0-1 (Águas 63'); 0-2 (José Augusto 77')

ACADÉMICA: Maló, Araújo, Mesquita, Malícia, Wilson «cap», Torres, Rocha, Jorge Humberto, Samuel (L 71'), Chipenda e Nuno
Treinador: Oscar Montez

SL Benfica: Costa Pereira, Serra, Saraiva, Mário João, Neto, Cruz, José Augusto, Santana, Águas «cap», Coluna e Cavém
Treinador: Béla Guttmann

ACADÉMICA – 1 SC Olhanense – 0

TAÇA DE PORTUGAL, 1/32 DE FINAL, 29-11-1959 (DOM, 15:00)
Estádio Municipal de Coimbra, Coimbra **Árbitro:** Júlio Braga Barros (Leiria) **Auxiliares:** Saldanha Ribeiro e Reinaldo Silva
Golo: 1-0 (Curado 21')

ACADÉMICA: Maló, Araújo, Wilson «cap», Mesquita, Malícia, Torres, Rocha, Jorge Humberto, Curado, Gaio e José Júlio
Treinador: Oscar Montez

SC Olhanense: Abade, Ezequiel, Luciano, Rui, Casaca, Reina, Parra «cap», Madeira, Gancho, André e Varandas
Treinador: Artur Quaresma

SC Covilhã – 4 ACADÉMICA – 0

1ª DIVISÃO, 10ª JORNADA, 6-12-1959 (DOM, 15:00)
Campo José dos Santos Pinto, Covilhã **Árbitro:** Aniceto Nogueira (Porto) **Auxiliares:** Jovino Pinto e João Pinto Ferreira **Golos:** 1-0 (Ilo Caldas 15'); 2-0 (Walter 50'); 3-0 (Ilo Caldas 57'); 4-0 (Walter 69')

SC Covilhã: Rita, Pires, Couceiro «cap», Lãzinha, Lourenço, Martinho, Ilo Caldas, Gabriel, Suarez, Walter e Amílcar
Treinador: Janos Zorgo

ACADÉMICA: Maló, Araújo, Mesquita, Malícia, Wilson «cap», Torres, José Júlio, Jorge Humberto, Curado, Rocha e Nuno
Treinador: Oscar Montez

ACADÉMICA – 1 Atlético CP – 0

1ª DIVISÃO, 11ª JORNADA, 13-12-1959 (DOM, 15:00)
Estádio Municipal de Coimbra, Coimbra **Árbitro:** Edmundo de Carvalho (Aveiro) **Auxiliares:** Eduardo Peixinho e Maia Soares
Golo: 1-0 (Mesquita 37')

ACADÉMICA: Maló, Araújo, Mesquita, Malícia, Wilson «cap», Torres, Gonçalves, Jorge Humberto, Curado, Rocha e José Júlio
Treinador: Oscar Montez

Atlético CP: Ramin, Ferreira, Germano «cap», Nunes, Coelho, Tomé, Angeja, Apolinário, Puché, Brandão e Tito
Treinador: Manolo Ibañez

1959-1960

1959-1960

GD C.U.F. – 1 ACADÉMICA – 1
1ª DIVISÃO, 12ª JORNADA, 20-12-1959 (DOM, 15:00)
Campo D. Manuel de Melo, Barreiro
Árbitro: Virgílio Leitão (Lisboa)
Auxiliares: Alfredo Louro e Jaime Batista
Golos: 0-1 (Chipenda 53'); 1-1 (Pedro Silva 63', gp)

GD C.U.F.: José Maria, Orlando «cap», Jeremias, Durand, Oliveira, José Luís, Costa, Pedro Silva, Quaresma, Salvador e Uria
Treinador: Cândido Tavares

ACADÉMICA: Maló, Araújo, Mesquita, Malícia, Wilson «cap», Torres, Duarte, Curado, Chipenda, Miranda e Nuno
Treinador: Oscar Montez

SC Olhanense – 3 ACADÉMICA – 0
TAÇA DE PORTUGAL, 1/32 DE FINAL, 27-12-1959 (DOM, 15:00)
Campo Padinha, Olhão **Árbitro:** Eduardo Gouveia (Lisboa)
Auxiliares: Joaquim Campos e Hermínio Soares
Golos: 1-0 (André 22'); 2-0 (Casaca 68'); 3-0 (Campos 88')

SC Olhanense: Abade, Ezequiel, Luciano, Rui, Casaca, Reina, Vinício, Parra «cap», Campos, André e Pili
Treinador: Artur Quaresma

ACADÉMICA: Maló, Araújo, Torres «cap», Mesquita, Curado, Abreu, Duarte, Miranda, Chipenda, Jorge Humberto e Nuno
Treinador: Oscar Montez

ACADÉMICA – 0 VSC Guimarães – 0
1ª DIVISÃO, 13ª JORNADA, 3-1-1960 (DOM, 15:00)
Estádio Municipal de Coimbra, Coimbra
Árbitro: João Pinto Ferreira (Porto)
Auxiliares: Jovino Pinto e Aniceto Nogueira

ACADÉMICA: Maló, Araújo, Wilson «cap», Mesquita, Malícia, Torres, Duarte, Chipenda, Curado, Miranda e Rocha
Treinador: Oscar Montez

VSC Guimarães: Pinho, Caiçara, Silveira, Abel «cap», Barros, João da Costa, Bártolo, Edmur, Celu, Romeu e Azevedo
Treinador: Umberto Buchelli

FC Porto – 3 ACADÉMICA – 1
1ª DIVISÃO, 14ª JORNADA, 10-1-1960 (DOM, 15:00)
Estádio das Antas, Porto **Árbitro:** Amadeu Martins (Braga)
Auxiliares: João Vaz e Carlos Silva
Golos: 1-0 (Noé 3'); 2-0 (Teixeira 12'); 2-1 (Wilson 27'); 3-1 (Noé 37')

FC Porto: Acúrsio, Virgílio, Paula, Barbosa, Luís Roberto, Monteiro da Costa «cap», Morais, Teixeira, Noé, Montaño e Humaitá
Treinador: Fernando Daucik

ACADÉMICA: Maló, Araújo, Wilson «cap», Mesquita, Malícia, Torres, Gonçalves, Chipenda, Curado, Miranda e Rocha
Treinador: Oscar Montez

ACADÉMICA – 2 Sporting CP – 2
1ª DIVISÃO, 15ª JORNADA, 17-1-1960 (DOM, 15:00)
Estádio Municipal de Coimbra, Coimbra **Árbitro:** Ant. Costa Martins (Porto) **Auxiliares:** Domingos Mota e Caetano Nogueira
Golos: 1-0 (José Júlio 25'); 1-1 (Hugo 42'); 1-2 (Faustino 62'); 2-2 (Wilson 87')

ACADÉMICA: Maló, Araújo, Wilson «cap», Mesquita, Curado, Torres, Jorge Humberto, Rocha, Chipenda, Miranda e José Júlio
Treinador: Oscar Montez

Sporting CP: Octávio de Sá, Hilário, Lúcio, Morato, Julius, Fernando Mendes «cap», Hugo, Ferreira Pinto, Vadinho, Faustino e Seminário
Treinador: Fernando Vaz

Leixões SC – 1 ACADÉMICA – 1
1ª DIVISÃO, 16ª JORNADA, 24-1-1960 (DOM, 15:00)
Campo de Santana, Matosinhos
Árbitro: Joaquim Campos (Lisboa)
Auxiliares: Hermínio Soares e Eduardo Gouveia
Golos: 0-1 (Jorge Humberto 68'); 1-1 (Manuel Oliveira 89')

Leixões SC: Rosas, Joaquim Pacheco, Raul Machado, Raul Oliveira, Ventura, Carlos Alberto, Medeiros, Osvaldo Silva, Jaburu, Manuel Oliveira «cap» e Nunes
Treinador: José Valle

ACADÉMICA: Maló, Araújo, Abreu, Mesquita, Curado, Torres «cap», Jorge Humberto, Chipenda, Samuel, Miranda e Rocha
Treinador: Oscar Montez

ACADÉMICA – 0 CF "Os Belenenses" – 5
1ª DIVISÃO, 17ª JORNADA, 7-2-1960 (DOM, 15:00)
Estádio Municipal de Coimbra, Coimbra **Árbitro:** Aniceto Nogueira (Porto) **Auxiliares:** Jovino Pinto e João Pinto Ferreira
Golos: 0-1 (Chaves 1'); 0-2 (Estêvão 4'); 0-3 (Estêvão 47'); 0-4 (Estêvão 62'); 0-5 (Matateu 79')

ACADÉMICA: Maló, Araújo, Abreu, Mesquita, Curado, Torres «cap», Jorge Humberto, José Júlio, Samuel, Miranda e Rocha
Treinador: Oscar Montez

CF "Os Belenenses": José Pereira, Pires, Paz, Rosendo, Marciano, Vicente «cap», Dimas, Yaúca, Chaves, Matateu e Estêvão
Treinador: Otto Glória

VFC Setúbal – 1 ACADÉMICA – 1
1ª DIVISÃO, 18ª JORNADA, 14-2-1960 (DOM, 15:00)
Campo dos Arcos, Setúbal **Árbitro:** Joaquim Campos (Lisboa)
Auxiliares: Hermínio Soares e Eduardo Gouveia
Golos: 0-1 (Jorge Humberto 49'); 1-1 (Mateus 77')

VFC Setúbal: Mourinho, Polido, Vaz «cap», Manuel Joaquim, Casaca, Alfredo, Inácio, Bira, Pompeu, Miguel e Mateus
Treinador: Severiano Correia

ACADÉMICA: Maló, Araújo, Torres «cap», Juca, Hélder Lino, Curado, Jorge Humberto, Chipenda, Duarte, Gaio e Rocha
Treinador: Oscar Montez

ACADÉMICA – 0 SC Braga – 0
1ª DIVISÃO, 19ª JORNADA, 21-2-1960 (DOM, 15:00)
Estádio Municipal de Coimbra, Coimbra
Árbitro: Eduardo Gouveia (Lisboa)
Auxiliares: Joaquim Campos e Hermínio Soares

ACADÉMICA: Maló, Araújo, Torres «cap», Juca, Hélder Lino, Curado, Duarte, Chipenda, Gonçalves, Jorge Humberto e Rocha
Treinador: Oscar Montez

SC Braga: Faria, José Maria Azevedo, Calheiros, Narciso, Armando Costa, Trenque, José Maria Matos «cap», Teixeira, Caraballo, Passos e Fernando Mendonça
Treinador: José Maria Vieira

LGC Évora – 1 ACADÉMICA – 0
1ª DIVISÃO, 20ª JORNADA, 6-3-1960 (DOM, 15:00)
Campo Estrela, Évora **Árbitro:** Henrique Silva (Lisboa)
Auxiliares: Viriato Maximiano e Carlos Dinis
Golo: 1-0 (Ivson 60')

LGC Évora: Vital, Teotónio, Falé «cap», Paixão, Joab, Vicente, Fialho, Caraça, Manuel Jorge, Ivson e José Pedro
Treinador: Janos Biri

ACADÉMICA: Maló, Araújo, Marta, Juca, Curado, Torres «cap», Jorge Humberto, Duarte, Chipenda, Gaio e Rocha
Treinador: Oscar Montez

ACADÉMICA – 6 Boavista FC – 2
1ª DIVISÃO, 21ª JORNADA, 13-3-1960 (DOM, 15:00)
Estádio Municipal de Coimbra, Coimbra **Árbitro:** Raul Martins (Lisboa) **Auxiliares:** António Calheiros e Décio de Freitas
Golos: 1-0 (Jorge Humberto 2'); 2-0 (Rocha 49'); 3-0 (Miranda 50'); 4-0 (Miranda 65'); 5-0 (Miranda 76'); 6-0 (Miranda 84'); 6-1 (Garcia 86'); 6-2 (Alcino 88')

ACADÉMICA: Maló, Araújo, Marta, Mesquita, Curado, Torres «cap», Jorge Humberto, Chipenda, Gaio, Miranda e Rocha
Treinador: Oscar Montez

Boavista FC: Levi, Artur, Manero, Franco, Mário Campos, Alcino «cap», Garcia, Guilherme, Adriano, Kovacs e Monzon
Treinador: Porcell

SL Benfica – 5 ACADÉMICA – 1
1ª DIVISÃO, 22ª JORNADA, 20-3-1960 (DOM, 15:00)
Estádio da Luz, Lisboa **Árbitro:** Encarnação Salgado (Setúbal)
Auxiliares: Inácio Tereso e Marcos Lobato **Golos:** 1-0 (José Augusto 5'); 1-1 (Miranda 38'); 2-1 (Coluna 76'); 3-1 (José Augusto 80'); 4-1 (Santana 81'); 5-1 (Águas 83')

SL Benfica: Costa Pereira, Zezinho, Artur «cap», Ângelo, Neto, Cruz, José Augusto, Santana, Águas, Coluna e Cavém
Treinador: Béla Guttmann

ACADÉMICA: Maló, Araújo, Marta, Mesquita, Curado, Torres «cap», Jorge Humberto, Chipenda, Gaio, Miranda e Rocha
Treinador: Oscar Montez

ACADÉMICA – 5 SC Covilhã – 1
1ª DIVISÃO, 23ª JORNADA, 3-4-1960 (DOM, 16:00)
Estádio Municipal de Coimbra, Coimbra **Árbitro:** Viriato Maximiano (Lisboa) **Auxiliares:** Henrique Silva e Carlos Dinis
Golos: 1-0 (Miranda 10'); 2-0 (Jorge Humberto 18'); 3-0 (Chipenda 29'); 3-1 (Suarez 36'); 4-1 (Rocha 42'); 5-1 (Chipenda 51')

ACADÉMICA: Maló, Araújo, Mesquita, Curado, Marta, Torres «cap», Jorge Humberto, Chipenda, Samuel, Miranda e Rocha
Treinador: Oscar Montez

SC Covilhã: Rita, Hélder, Couceiro «cap», Lãzinha, Lourenço, Pires, Manteigueiro, Martinho, Suarez, Ilo Caldas e Amílcar
Treinador: Janos Zorgo

Atlético CP – 2 ACADÉMICA – 2
1ª DIVISÃO, 24ª JORNADA, 10-4-1960 (DOM, 16:00)
Campo da Tapadinha, Lisboa **Árbitro:** Aniceto Nogueira (Porto)
Auxiliares: Jovino Pinto e João Pinto Ferreira **Golos:** 0-1 (Jorge Humberto 1'); 1-1 (Orlando 35'); 1-2 (Chipenda 43'); 2-2 (Carlos Gomes 71')

Atlético CP: Ramin, Fernando Ferreira, Germano «cap», Nunes, Tomé, Orlando, Angeja, Carlos Gomes, Albano, Puché e Tito
Treinador: Manolo Ibañez

ACADÉMICA: Maló, Araújo, Mesquita, Curado, Marta, Torres «cap», Jorge Humberto, Chipenda, Samuel, Nuno e Rocha
Treinador: Oscar Montez

ACADÉMICA – 0 GD C.U.F. – 2
1ª DIVISÃO, 25ª JORNADA, 15-5-1960 (DOM, 16:00)
Estádio Municipal de Coimbra, Coimbra **Árbitro:** Jovino Pinto (Porto) **Auxiliares:** Aniceto Nogueira e João Pinto Ferreira
Golos: 0-1 (Bispo 23'); 0-2 (Salvador 72')

ACADÉMICA: Maló, Araújo, Marta, Juca, Curado (L 27'), Torres «cap», Jorge Humberto, Gaio, Chipenda, Miranda e Nuno
Treinador: Oscar Montez

GD C.U.F.: José Maria, Orlando «cap», Palma, Abalroado, José Luís, Oliveira, Pedro Silva, Salvador, Bispo, Faia e Uria
Treinador: Fernando Vaz

VSC Guimarães – 1 ACADÉMICA – 3

1ª DIVISÃO, 26ª JORNADA, 29-5-1960 (DOM, 16:00)
Campo da Amorosa, Guimarães **Árbitro:** Clemente Henriques (Porto) **Auxiliares:** Francisco Guerra e Abel da Costa **Golos:** 1-0 (Edmur 3', gp); 1-1 (Miranda 5'); 1-2 (Rocha 23'); 1-3 (Miranda 75')

VSC Guimarães: Pinho, Caiçara, Silveira «cap», Daniel, Barros, João da Costa, Bártolo, Carlos Alberto, Edmur, Romeu e Rola
Treinador: Umberto Buchelli

ACADÉMICA: Maló, Marta, Wilson «cap», Araújo, Juca, Torres, Jorge Humberto, Rocha, Gonçalves, Miranda e José Júlio
Treinador: Oscar Montez

ÉPOCA 1960-1961

1ª DIVISÃO: 7º LUGAR (MANUTENÇÃO)
TAÇA DE PORTUGAL: 1/32 DE FINAL

JOGOS EFECTUADOS

	J	V	E	D	GM	GS
CASA	14	6	4	4	18	12
FORA	14	4	3	7	16	22
TOTAL	28	10	7	11	34	34

ACADÉMICA – 0 GD C.U.F. – 0

1ª DIVISÃO, 1ª JORNADA, 18-9-1960 (DOM, 16:00)
Estádio Municipal de Coimbra, Coimbra
Árbitro: Carlos Dinis (Lisboa)

ACADÉMICA: Maló, Marta, Wilson «cap», Mesquita, Curado, Torres, Jorge Humberto, Rocha, Miranda, Samuel e Duarte
Treinador: Mário Imbelloni

GD C.U.F.: José Maria, Orlando «cap», Palma, Abalroado, José Carlos, Oliveira, João Gomes, Salvador, Faia, Carlos Alberto e Palmeiro Antunes
Treinador: Fernando Vaz

SL Benfica – 4 ACADÉMICA – 1

1ª DIVISÃO, 2ª JORNADA, 25-9-1960 (DOM, 16:00)
Estádio da Luz, Lisboa **Árbitro:** João Pinto Ferreira (Porto) **Auxiliares:** Abel da Costa e Gomes da Silva
Golos: 1-0 (Cavém 10'); 2-0 (Cavém 15'); 3-0 (José Augusto 27'); 3-1 (Jorge Humberto 29'); 4-1 (Torres 83')

SL Benfica: Costa Pereira, Mário João, Germano, Cruz, Saraiva, Neto, José Augusto, Santana, Torres, Coluna «cap» e Cavém
Treinador: Béla Guttmann

ACADÉMICA: Maló, Marta, Wilson «cap», Mesquita, Malícia, Torres, Jorge Humberto, Samuel, Abreu, Miranda e Rocha
Treinador: Mário Imbelloni

VSC Guimarães – 2 ACADÉMICA – 0

1ª DIVISÃO, 4ª JORNADA, 16-10-1960 (DOM, 15:00)
Campo da Amorosa, Guimarães **Árbitro:** Aniceto Nogueira (Porto) **Auxiliares:** Caetano Nogueira e Ant. Joaquim Braga
Golos: 1-0 (Azevedo 63'); 2-0 (Romeu 87')

VSC Guimarães: Silva, Caiçara, Silveira «cap», Virgílio, João da Costa, Trenque, Azevedo, Ferreirinha, Ernesto, Romeu e Rola
Treinador: Artur Quaresma

ACADÉMICA: Maló, Marta, Wilson «cap», Mesquita, França, Torres, Rocha, Chipenda, Jorge Humberto, Miranda e Nuno
Treinador: Mário Imbelloni

ACADÉMICA – 3 SC Braga – 1

1ª DIVISÃO, 5ª JORNADA, 23-10-1960 (DOM, 15:00)
Estádio Municipal de Coimbra, Coimbra **Árbitro:** Viriato Maximiano (Lisboa) **Golos:** 1-0 (Torres 9', gp); 2-0 (Jorge Humberto 19'); 3-0 (Jorge Humberto 23'); 3-1 (Carlos 34')

ACADÉMICA: Maló, Marta, Wilson «cap», Mesquita, França, Torres, Rocha, Chipenda, Jorge Humberto, Miranda e Nuno
Treinador: Mário Imbelloni

SC Braga: Franklin, Daniel Szabo, Narciso, José Maria Azevedo, Marciano, Pinto Vieira «cap», Francisco Mendonça, Rafael, Carlos, Livinho e Teixeira
Treinador: Josef Szabo

SC Salgueiros – 1 ACADÉMICA – 3

1ª DIVISÃO, 6ª JORNADA, 30-10-1960 (DOM, 15:00)
Campo Eng. Vidal Pinheiro, Porto **Árbitro:** António Calheiros (Lisboa) **Golos:** 1-0 (Ivson 8'); 1-1 (Jorge Humberto 12'); 1-2 (Miranda 35'); 1-3 (Miranda 88')

SC Salgueiros: Pinho, Ferreirinha, Gabriel, Sampaio, Chau «cap», Mario Campos, Lalo, Chico, Ivson, Caraballo e Dario
Treinador: Artur Baeta

ACADÉMICA: Maló, Marta, Wilson «cap», Mesquita, França, Torres, Rocha, Chipenda, Jorge Humberto, Miranda e Almeida
Treinador: Mário Imbelloni

ACADÉMICA – 0 Sporting CP – 1

1ª DIVISÃO, 3ª JORNADA, 6-11-1960 (DOM, 15:00)
Estádio Municipal de Coimbra, Coimbra **Árbitro:** Ant. Costa Martins (Porto) **Auxiliares:** Domingos Mota e Pedro Santos
Golo: 0-1 (Seminário 84')

ACADÉMICA: Maló, Marta, Wilson «cap», Araújo, França, Torres, Rocha, Chipenda, Jorge Humberto, Miranda e Gonçalves
Treinador: Mário Imbelloni

Sporting CP: Aníbal, Lino, Morato, Hilário, Fernando Mendes «cap», Julius, Hugo, Fernando, Figueiredo, Géo e Seminário
Treinador: Alfredo Gonzalez

ACADÉMICA – 2 FC Porto – 1

1ª DIVISÃO, 7ª JORNADA, 13-11-1960 (DOM, 15:00)
Estádio Municipal de Coimbra, Coimbra **Árbitro:** Manuel Lousada (Santarém) **Auxiliares:** Manuel Amaral e José Alexandre
Golos: 1-0 (Rocha 4'); 1-1 (Morais 51'); 2-1 (Gonçalves 81')

ACADÉMICA: Maló, Marta, Araújo, Samuel, Wilson «cap», Torres, Rocha, Chipenda, Jorge Humberto, Miranda e Gonçalves
Treinador: Mário Imbelloni

FC Porto: Acúrsio, Virgílio «cap», Paula, Albano Sarmento, Monteiro da Costa, Dicão, Carlos Duarte, Hernâni, Teixeira, Ivan e Morais
Treinador: Otto Vieira

Leixões SC – 1 ACADÉMICA – 1

1ª DIVISÃO, 8ª JORNADA, 20-11-1960 (DOM, 15:00)
Campo de Santana, Matosinhos **Árbitro:** Hermínio Soares (Lisboa) **Auxiliares:** Carlos Dinis e Viriato Maximiano
Golos: 0-1 (Miranda 16'); 1-1 (Silva 90')

Leixões SC: Rosas, Santana, Raul Machado «cap», Joaquim Pacheco, Silva, Carlos Alberto, Albertino, Ventura, Jaburu, Osvaldo Silva e Nunes
Treinador: José Valle

ACADÉMICA: Maló, Marta, Wilson «cap», Araújo, Samuel, Torres, Rocha, Chipenda, Jorge Humberto, Miranda e Gonçalves
Treinador: Mário Imbelloni

ACADÉMICA – 4 SC Covilhã – 2

1ª DIVISÃO, 9ª JORNADA, 27-11-1960 (DOM, 15:00)
Estádio Municipal de Coimbra, Coimbra **Árbitro:** Clemente Henriques (Porto) **Auxiliares:** Francisco Guerra e Manuel Teixeira
Golos: 0-1 (Wilson 29', pb); 0-2 (Amílcar 37'); 1-2 (Rocha 57'); 2-2 (Jorge Humberto 63'); 3-2 (Miranda 74'); 4-2 (Miranda 80')

ACADÉMICA: Maló, Marta, Araújo, França, Wilson «cap», Torres, Samuel, Chipenda, Jorge Humberto, Miranda e Rocha
Treinador: Mário Imbelloni

SC Covilhã: Rita (Alves Pereira 80'), Hélder, Valente, Lãzinha, Couceiro «cap» (E 63'), Pérides, Martinho, Manteigueiro, Suarez, Walter e Amílcar
Treinador: Marcial Camiruaga

Atlético CP – 3 ACADÉMICA – 1

1ª DIVISÃO, 10ª JORNADA, 4-12-1960 (DOM, 15:00)
Campo da Tapadinha, Lisboa
Árbitro: José Alexandre (Santarém) **Golos:** 1-0 (Angeja 7'); 1-1 (Jorge Humberto 34'); 2-1 (Tito 39'); 3-1 (Tito 42')

Atlético CP: Bastos, Leonel, Vítor Lopes, Gonzalez, Brandão, Orlando «cap», Angeja, Vieira Dias, Pedro Silva, Carlos Gomes e Tito
Treinador: Manolo Ibañez

ACADÉMICA: Maló, Marta, Araújo, França, Wilson «cap», Torres, Samuel, Chipenda, Jorge Humberto, Miranda e Rocha
Treinador: Mário Imbelloni

ACADÉMICA – 0 CF "Os Belenenses" – 1

1ª DIVISÃO, 11ª JORNADA, 11-12-1960 (DOM, 15:00)
Estádio Municipal de Coimbra, Coimbra **Árbitro:** Abel da Costa (Porto) **Auxiliares:** João Pinto Ferreira e Gomes da Silva
Golo: 0-1 (Matateu 39')

ACADÉMICA: Maló, Marta, Araújo, Samuel, Wilson «cap», Torres, Mota, Chipenda, Jorge Humberto, Miranda e Rocha
Treinador: Mário Imbelloni

CF "Os Belenenses": José Pereira, Rosendo, Pires, Paz, Vicente «cap», Manuel Castro, Carvalho, Yaúca, Tonho, Matateu e Estêvão
Treinador: Otto Glória

ACADÉMICA – 0 LGC Évora – 0

1ª DIVISÃO, 12ª JORNADA, 18-12-1960 (DOM, 15:00)
Estádio Municipal de Coimbra, Coimbra
Árbitro: Aniceto Nogueira (Porto)
Auxiliares: Caetano Nogueira e Ant. Joaquim Braga

ACADÉMICA: Maló, Araújo, Wilson «cap», Mesquita, Malícia, Torres, Mota, Juca, Rocha, Jorge Humberto e Miranda
Treinador: Mário Imbelloni

LGC Évora: Vital, Teotónio, Falé «cap», Narciso, Mitó, Piscas, Adelino, Joab, Neco, Caraça e José Pedro
Treinador: Trindade dos Santos

FC Barreirense – 0 ACADÉMICA – 2

1ª DIVISÃO, 13ª JORNADA, 1-1-1961 (DOM, 15:00)
Campo D. Manuel de Melo, Barreiro
Árbitro: Júlio Braga Barros (Leiria)
Golos: 0-1 (Miranda 56'); 0-2 (Rocha 81')

FC Barreirense: Isidoro, Etelvino, Faneca, Pimenta, Pataca, Lança «cap», Madeira, Correia, Mascarenhas, Hélder Lino e Lito
Treinador: José João

ACADÉMICA: Maló, Marta, Wilson «cap», Araújo, França, Torres, Chipenda, Gonçalves, Rocha, Miranda e Almeida
Treinador: Mário Imbelloni

1960-1961

1960-1961

GD C.U.F. – 2 ACADÉMICA – 0

1ª DIVISÃO, 14ª JORNADA, 8-1-1961 (DOM, 15:00)
Campo de Santa Bárbara, Barreiro
Árbitro: Manuel Fortunato (Évora)
Golos: 1-0 (Salvador 41'); 2-0 (Medeiros 51')

GD C.U.F.: José Maria, José Luís, Palma «cap», Abalroado, José Carlos, Oliveira, Álvaro, Faia, Medeiros, Salvador e Uria
Treinador: Fernando Vaz

ACADÉMICA: Maló, Araújo, Mesquita, França, Wilson «cap», Torres, Jorge Humberto, Gonçalves, Rocha, Miranda e Almeida
Treinador: Mário Imbelloni

ACADÉMICA – 0 SL Benfica – 2

1ª DIVISÃO, 15ª JORNADA, 15-1-1961 (DOM, 15:00)
Estádio Municipal de Coimbra, Coimbra **Árbitro:** Marcos Lobato (Setúbal) **Auxiliares:** Mário Mendonça e Virgílio Batista
Golos: 0-1 (José Augusto 72'); 0-2 (José Augusto 79')

ACADÉMICA: Maló, Curado, Wilson «cap», Araújo, França, Torres, Jorge Humberto, Rocha, Miranda, Assis e Almeida
Treinador: Mário Imbelloni

SL Benfica: Costa Pereira, Serra, Germano, Ângelo, Neto, Cruz, José Augusto, Santana, Águas «cap», Coluna e Cavém
Treinador: Béla Guttmann

Sporting CP – 1 ACADÉMICA – 0

1ª DIVISÃO, 16ª JORNADA, 22-1-1961 (DOM, 15:00)
Estádio José Alvalade, Lisboa **Árbitro:** Mário Mendonça (Setúbal)
Auxiliares: Marcos Lobato e Virgílio Batista
Golo: 1-0 (Géo 73')

Sporting CP: Aníbal, Lino, Hilário, Fernando Mendes «cap», Morato, Julius, João Morais, Faustino, Fernando, Diego e Géo
Treinador: Alfredo Gonzalez

ACADÉMICA: Maló, Curado, Wilson «cap», Araújo, França, Torres, Rocha, Samuel, Jorge Humberto, Assis e Almeida
Treinador: Mário Imbelloni

FC Barreirense – 4 ACADÉMICA – 2

TAÇA DE PORTUGAL, 1/32 DE FINAL, 29-1-1961 (DOM, 15:00)
Campo D. Manuel de Melo, Barreiro **Árbitro:** Raul Martins (Lisboa)
Golos: 0-1 (Gaio 4'); 1-1 (Lito 22'); 1-2 (Gaio 27'); 2-2 (Júlio Freire 36'); 3-2 (Mascarenhas 67'); 4-2 (Faneca 75')

FC Barreirense: Isidoro (Trancas 45'), Etelvino, Silvino, Pimenta, Lança, Faneca «cap», Júlio Freire, Madeira, Correia, Mascarenhas e Lito
Treinador: António Pinto

ACADÉMICA: Maló, Curado, Wilson «cap», Mesquita, Samuel (E 48'), Torres, Rocha, Assis, Gaio, Miranda e Almeida
Treinador: Mário Imbelloni

ACADÉMICA – 2 VSC Guimarães – 1

1ª DIVISÃO, 17ª JORNADA, 5-2-1961 (DOM, 15:00)
Estádio Municipal de Coimbra, Coimbra
Árbitro: Eduardo Gouveia (Lisboa) **Golos:** 1-0 (Jorge Humberto 30'); 2-0 (Rocha 49'); 2-1 (Caiçara 84')

ACADÉMICA: Maló, Curado, Araújo, França, Wilson «cap», Torres, Rocha, Assis, Jorge Humberto, Miranda e Almeida
Treinador: Mário Imbelloni

VSC Guimarães: Silva, Caiçara, Silveira «cap», Daniel, Trenque, Virgílio, Bártolo, Pedras, Edmur, Romeu e Azevedo
Treinador: Artur Quaresma

SC Braga – 0 ACADÉMICA – 2

1ª DIVISÃO, 18ª JORNADA, 12-2-1961 (DOM, 15:00)
Estádio 28 de Maio, Braga **Árbitro:** Clemente Henriques (Porto)
Auxiliares: Francisco Guerra e Manuel Teixeira
Golos: 0-1 (Miranda 88'); 0-2 (José Júlio 90')

SC Braga: Freitas, Daniel Szabo, Narciso, José Maria Azevedo, Pinto Vieira, Armando Costa «cap», Rafael, Marciano, Teixeira, Livinho e Carlos
Treinador: Josef Szabo

ACADÉMICA: Maló, Curado, Araújo, França, Wilson «cap», Torres, Rocha, Assis, Chipenda, Miranda e José Júlio
Treinador: Mário Imbelloni

ACADÉMICA – 2 SC Salgueiros – 0

1ª DIVISÃO, 19ª JORNADA, 19-2-1961 (DOM, 15:00)
Estádio Municipal de Coimbra, Coimbra
Árbitro: Joaquim Campos (Lisboa)
Golos: 1-0 (Torres 34', gp); 2-0 (Torres 88', gp)

ACADÉMICA: Maló, Curado, Araújo, França, Marta, Torres «cap», Rocha, Gaio, Chipenda, Miranda e Almeida
Treinador: Mário Imbelloni

SC Salgueiros: Pinho, Gabriel, Sampaio, Mário Campos, Ribeiro, Chau «cap», Lalo, Chico, Caraballo, Carlos Alberto e Dário
Treinador: Artur Baeta

ACADÉMICA – 1 FC Barreirense – 1

TAÇA DE PORTUGAL, 1/32 DE FINAL, 26-2-1961 (DOM, 15:00)
Estádio Municipal de Coimbra, Coimbra **Árbitro:** Clemente Henriques (Porto) **Auxiliares:** Francisco Guerra e Manuel Teixeira
Golos: 0-1 (Lito 27'); 1-1 (Gaio 52')

ACADÉMICA: Maló, Curado, Wilson «cap», Araújo, França, Torres, Rocha, Chipenda, Abreu, Gaio e Nuno
Treinador: Mário Imbelloni

FC Barreirense: Bráulio, Etelvino, Silvino, Pimenta, Lança, Faneca «cap», Madeira, Correia, Amílcar, Mascarenhas e Lito
Treinador: António Pinto

FC Porto – 0 ACADÉMICA – 1

1ª DIVISÃO, 20ª JORNADA, 5-3-1961 (DOM, 15:00)
Estádio das Antas, Porto
Árbitro: Hermínio Soares (Lisboa)
Golo: 0-1 (Nuno 54')

FC Porto: Américo, Virgílio «cap», Arcanjo, Paula, Luís Roberto (L 25'), Monteiro da Costa, Carlos Duarte, Hernâni, Noé, Teixeira e Serafim
Treinador: Otto Vieira

ACADÉMICA: Maló, Curado, Wilson «cap», Araújo, Samuel, Torres, Assis, Chipenda, Jorge Humberto, Rocha e Nuno
Treinador: Mário Imbelloni

ACADÉMICA – 1 Leixões SC – 1

1ª DIVISÃO, 21ª JORNADA, 12-3-1961 (DOM, 15:00)
Estádio Municipal de Coimbra, Coimbra
Árbitro: Manuel Lousada (Santarém)
Golos: 0-1 (Medeiros 56'); 1-1 (Jorge Humberto 58')

ACADÉMICA: Maló, Curado, Wilson «cap», Araújo, Samuel, Torres, Assis, Chipenda, Jorge Humberto, Rocha e Nuno
Treinador: Mário Imbelloni

Leixões SC: Roldão, Santana, Raul Machado «cap», Jacinto, Carlos Alberto, Silva, Medeiros (L 84'), Gomes, Manuel Oliveira, Ventura e Osvaldo Silva
Treinador: Joaquim Pacheco

SC Covilhã – 1 ACADÉMICA – 1

1ª DIVISÃO, 22ª JORNADA, 9-4-1961 (DOM, 16:00)
Campo José dos Santos Pinto, Covilhã
Árbitro: Joaquim Campos (Lisboa)
Golos: 1-0 (Manteigueiro 54'); 1-1 (Samuel 62')

SC Covilhã: Rita, Hélder, Lourenço, Couceiro «cap», Martin, Lãzinha, Manteigueiro, Pérides, Coreles, Walter e Amílcar
Treinador: Janos Szabo

ACADÉMICA: Maló, Curado, Wilson «cap», Araújo, Bacala, Torres, Rocha, França, Jorge Humberto, Samuel e Nuno
Treinador: Mário Imbelloni

ACADÉMICA – 0 Atlético CP – 1

1ª DIVISÃO, 23ª JORNADA, 23-4-1961 (DOM, 16:00)
Estádio Municipal de Coimbra, Coimbra **Árbitro:** Aniceto Nogueira (Porto) **Auxiliares:** Caetano Nogueira e Ant. Joaquim Braga
Golo: 0-1 (Brandão 26')

ACADÉMICA: Maló, Curado, Wilson «cap», Araújo, Bacala, Torres, Rocha, Samuel, Jorge Humberto, França e Nuno
Treinador: Mário Imbelloni

Atlético CP: Bastos, Leonel, Fernando Ferreira, Nunes, Vieira Dias, Orlando «cap», Pinho, Brandão, Pedro Silva, Carlos Gomes e Angeja
Treinador: Manolo Ibañez

CF "Os Belenenses" – 2 ACADÉMICA – 2

1ª DIVISÃO, 24ª JORNADA, 30-4-1961 (DOM, 16:00)
Estádio do Restelo, Lisboa **Árbitro:** Encarnação Salgado (Setúbal) **Auxiliares:** Mário Fragata e Inácio Tereso **Golos:** 1-0 (Yaúca 25'); 2-0 (Yaúca 69'); 2-1 (Jorge Humberto 72'); 2-2 (Nuno 81')

CF "Os Belenenses": José Pereira, Moreira, Alfredo, Manuel Castro, Vicente «cap», Rosendo, Feijão, Yaúca, Tonho, Vítor Silva e Chaves
Treinador: Henrique Vega

ACADÉMICA: Maló, Curado, Wilson «cap», Araújo, Bacala, Torres, Rocha, França, Jorge Humberto, Miranda e Nuno
Treinador: Mário Imbelloni

LGC Évora – 1 ACADÉMICA – 0

1ª DIVISÃO, 25ª JORNADA, 14-5-1961 (DOM, 16:00)
Campo Estrela, Évora
Árbitro: Hermínio Soares (Lisboa)
Golo: 1-0 (José Pedro 45')

LGC Évora: Vital, Teotónio, Falé «cap», Paixão, Piscas, Vicente, Adelino, Joab, Caraça, José Pedro e Vaz
Treinador: Umberto Buchelli

ACADÉMICA: Maló, Curado, Wilson «cap», Araújo, Bacala, Torres, Rocha, França, Jorge Humberto, Mota e Nuno
Treinador: Mário Imbelloni

ACADÉMICA – 3 FC Barreirense – 0

1ª DIVISÃO, 26ª JORNADA, 28-5-1961 (DOM, 16:00)
Estádio Municipal de Coimbra, Coimbra **Árbitro:** Júlio Braga Barros (Leiria) **Auxiliares:** Saldanha Ribeiro e Carmo dos Santos
Golos: 1-0 (Jorge Humberto 50'); 2-0 (Nuno 60'); 3-0 (França 89')

ACADÉMICA: Américo, Curado, Marta, Leonel Abreu, França, Abreu «cap», José Júlio, Assis, Jorge Humberto, Mota e Nuno
Treinador: Mário Imbelloni

FC Barreirense: Trancas, Faneca «cap», Bandeira, Silvino, Lança, Carlos, Amílcar, Luís Mira, Mascarenhas, Lito e Adolfo
Treinador: António Pinto

ÉPOCA 1961-1962

1ª DIVISÃO: 10º LUGAR (MANUTENÇÃO)
TAÇA DE PORTUGAL: OITAVOS DE FINAL

JOGOS EFECTUADOS

	J	V	E	D	GM	GS
CASA	16	9	2	5	38	18
FORA	16	2	3	11	14	46
TOTAL	32	11	5	16	52	64

SC Salgueiros – 1 ACADÉMICA – 2

1ª DIVISÃO, 1ª JORNADA, 24-9-1961 (DOM, 16:00)
Campo Eng. Vidal Pinheiro, Porto
Árbitro: João Alvares do Vale (Braga)
Golos: 0-1 (Rocha 4'); 1-1 (Dário 7'); 1-2 (Gaio 9')

SC Salgueiros: Vieira, Sampaio, Ribeiro, Chau «cap», Taco, Benje, Lela, Silva Pereira, Edgar, Mário Campos e Dário
Treinador: Artur Baeta

ACADÉMICA: Maló, Curado, Wilson «cap», Araújo, Abreu, Bacala, Rocha, Gaio, Chipenda, Miranda e Nuno
Treinador: Alberto Gomes

ACADÉMICA – 1 SC Olhanense – 2

1ª DIVISÃO, 2ª JORNADA, 1-10-1961 (DOM, 15:00)
Estádio Municipal de Coimbra, Coimbra
Árbitro: Reinaldo Silva (Leiria)
Golos: 0-1 (Campos 33'); 1-1 (Gaio 49'); 1-2 (Madeira 57')

ACADÉMICA: Maló, Curado, Torres «cap», Araújo, Moreira, Abreu, Rocha, Gaio, Chipenda, Miranda e Nuno
Treinador: Alberto Gomes

SC Olhanense: Filhó, Alfredo «cap», Luciano, Nunes, Reina, Rui, Matias, Madeira, Campos, Mateus e Armando
Treinador: Francisco André

SC Covilhã – 1 ACADÉMICA – 2

1ª DIVISÃO, 3ª JORNADA, 15-10-1961 (DOM, 15:00)
Campo José dos Santos Pinto, Covilhã **Árbitro:** Crisogno Lopes (Santarém) **Auxiliares:** Manuel Lousada e Manuel Calado
Golos: 0-1 (Gaio 7'); 1-1 (Manteigueiro 70'); 1-2 (José Júlio 71')

SC Covilhã: Alves Pereira, Lourenço, Carlos Alberto, Couceiro «cap», Patiño, Lãzinha, Manteigueiro, Chacho, Adriano, Martinho e Palmeiro Antunes
Treinador: Janos Szabo

ACADÉMICA: Américo, Leonel Abreu, Wilson «cap», Araújo, Abreu, Torres, Crispim, Gaio, Rocha, Curado e José Júlio
Treinador: Alberto Gomes

ACADÉMICA – 2 CF "Os Belenenses" – 1

1ª DIVISÃO, 4ª JORNADA, 29-10-1961 (DOM, 15:00)
Estádio Municipal de Coimbra, Coimbra
Árbitro: Júlio Braga Barros (Leiria)
Golos: 1-0 (Gaio 4'); 2-0 (Lourenço 18'); 2-1 (Yaúca 38')

ACADÉMICA: Américo, Curado, Araújo, Abreu, Wilson «cap», Torres, Crispim, Lourenço, Rocha, Gaio e José Júlio
Treinador: Alberto Gomes

CF "Os Belenenses": José Pereira, Cordeiro, Cravo, Ferreira, Pires, Vicente «cap», Yaúca, Vítor Silva, Matateu, Salvador e Estêvão
Treinador: Enrique Vega

ACADÉMICA – 3 SL Benfica – 1

1ª DIVISÃO, 5ª JORNADA, 5-11-1961 (DOM, 15:00)
Estádio Municipal de Coimbra, Coimbra
Árbitro: Porfírio da Silva (Aveiro)
Golos: 0-1 (Coluna 20'); 1-1 (Abreu 32'); 2-1 (Gaio 50'); 3-1 (Gaio 81')

ACADÉMICA: Américo, Curado, Araújo, Abreu, Wilson «cap», Torres, Crispim, Lourenço, Rocha, Gaio e José Júlio
Treinador: Alberto Gomes

SL Benfica: Costa Pereira, Ângelo, Humberto Fernandes, Mário João, Serra, Cruz, José Augusto, Eusébio, Águas «cap», Coluna e Cavém
Treinador: Béla Guttmann

LGC Évora – 5 ACADÉMICA – 0

1ª DIVISÃO, 6ª JORNADA, 12-11-1961 (DOM, 15:00)
Campo Estrela, Évora **Árbitro:** Dias Nunes (Algarve)
Golos: 1-0 (Walter 20'); 2-0 (Tonho 48'); 3-0 (Adelino 60'); 4-0 (José Pedro 77'); 5-0 (Adelino 87')

LGC Évora: Vital, Piscas, Falé «cap», Paixão, Sosa (E 60'), Vicente, Adelino, Tonho, Walter, Miguel e José Pedro
Treinador: Umberto Buchelli

ACADÉMICA: Américo, Curado, Wilson «cap», Araújo, Abreu, Torres, Crispim, Lourenço, Rocha, Gaio e José Júlio
Treinador: Alberto Gomes

ACADÉMICA – 0 FC Porto – 2

1ª DIVISÃO, 7ª JORNADA, 19-11-1961 (DOM, 15:00)
Estádio Municipal de Coimbra, Coimbra
Árbitro: Manuel Lousada (Santarém)
Golos: 0-1 (Serafim 49'); 0-2 (Serafim 59')

ACADÉMICA: Américo, Almeida, Leonel Abreu, Abreu, Wilson «cap», Torres, Crispim, Lourenço, Rocha, Gaio e José Júlio
Treinador: Alberto Gomes

FC Porto: Américo, Virgílio «cap», Mesquita, Ivan, Arcanjo, Paula, Carlos Duarte, Custódio Pinto, Azumir, Hernâni e Serafim
Treinador: Jorge Orth

Atlético CP – 2 ACADÉMICA – 2

TAÇA DE PORTUGAL, 1/32 DE FINAL, 26-11-1961 (DOM, 15:00)
Campo da Tapadinha, Lisboa **Árbitro:** Encarnação Salgado (Setúbal) **Golos:** 0-1 (José Júlio 10'); 1-1 (Moreira 23'); 1-2 (Lourenço 42'); 2-2 (Moreira 49')

Atlético CP: Pinho, Leonel, Luz, Saturnino, Inácio «cap», Trenque, Moreira, Carlos Alberto, Carlos Gomes, Peres e Pedro Silva
Treinador: José Valle

ACADÉMICA: Américo, Almeida, Leonel Abreu, Moreira, Wilson «cap», Marta, Crispim, Lourenço, Rocha, Gaio e José Júlio
Treinador: Alberto Gomes

Atlético CP – 3 ACADÉMICA – 0

1ª DIVISÃO, 8ª JORNADA, 3-12-1961 (DOM, 15:00)
Campo da Tapadinha, Lisboa
Árbitro: Samuel Abreu (Santarém)
Golos: 1-0 (Palmeiro 30'); 2-0 (Carlos Gomes 67'); 3-0 (Palmeiro 77')

Atlético CP: Pinho (Bandola 4'), Leonel, Luz, Vasconcelos, Trenque, Inácio «cap», Moreira, Carlos Alberto, Carlos Gomes, Peres e Palmeiro
Treinador: José Valle

ACADÉMICA: Américo, Almeida, Wilson «cap», Leonel Abreu, Moreira, Marta, Crispim, Lourenço, Rocha, Gaio e José Júlio (L 40')
Treinador: Alberto Gomes

ACADÉMICA – 0 GD C.U.F. – 1

1ª DIVISÃO, 9ª JORNADA, 10-12-1961 (DOM, 15:00)
Estádio Municipal de Coimbra, Coimbra
Árbitro: João Pinto Ferreira (Porto)
Golo: 0-1 (Vieira Dias 18')

ACADÉMICA: Américo, Almeida, Leonel Abreu, Bacala, Wilson «cap», Marta, Crispim, Lourenço, Rocha, Gaio e Nuno
Treinador: Alberto Gomes

GD C.U.F.: José Maria, José Luís, Abalroado, José Carlos, Durand, Oliveira «cap», Álvaro, Faia, Medeiros, Vieira Dias e Uria
Treinador: Fernando Vaz

VSC Guimarães – 3 ACADÉMICA – 0

1ª DIVISÃO, 10ª JORNADA, 17-12-1961 (DOM, 15:00)
Campo da Amorosa, Guimarães
Árbitro: Clemente Henriques (Porto)
Golos: 1-0 (Amaro 58'); 2-0 (Amaro 68'); 3-0 (Pedras 81')

VSC Guimarães: Ramin, Caiçara, Silveira «cap», Freitas, João da Costa, Virgílio, Romeu, Ferreirinha, Amaro, Pedras e Augusto Silva
Treinador: Artur Quaresma

ACADÉMICA: Américo, Almeida, Leonel Abreu, Moreira, Wilson «cap», Marta, Crispim, Lourenço, Rocha, Gaio e Betinho
Treinador: Alberto Gomes

ACADÉMICA – 7 SC Beira-Mar – 1

1ª DIVISÃO, 11ª JORNADA, 24-12-1961 (DOM, 15:00)
Estádio Municipal de Coimbra, Coimbra **Árbitro:** Júlio Braga Barros (Leiria) **Golos:** 1-0 (Almeida 6'); 2-0 (Lourenço 8'); 3-0 (Gaio 16'); 4-0 (Almeida 27'); 4-1 (Ribeiro 35'); 5-1 (Lourenço 58'); 6-1 (Rocha 68', gp); 7-1 (Gaio 88')

ACADÉMICA: Américo, Marta, Araújo, Moreira, Wilson «cap», França, Crispim, Lourenço, Rocha, Gaio e Almeida
Treinador: Alberto Gomes

SC Beira-Mar: Violas, Valente «cap», Moreira, Amândio, Evaristo, Jurado, Miguel, Ribeiro, Paulino, Garcia e Azevedo
Treinador: Anselmo Pisa

ACADÉMICA – 2 Atlético CP – 0

TAÇA DE PORTUGAL, 1/32 DE FINAL, 31-12-1961 (DOM, 15:00)
Estádio Municipal de Coimbra, Coimbra
Árbitro: Francisco Guerra (Porto)
Golos: 1-0 (Gaio 24'); 2-0 (Gaio 35')

ACADÉMICA: Américo, Marta, Araújo, Moreira, Wilson «cap», França, Crispim, Lourenço, Rocha (L 89'), Gaio e Almeida
Treinador: Alberto Gomes

Atlético CP: Carlos Gomes, Leonel, Vasconcelos, Inácio «cap», Luz, Trenque, Moreira, Carlos Alberto, Carlos Gomes, Peres e Palmeiro
Treinador: José Valle

Sporting CP – 4 ACADÉMICA – 0

1ª DIVISÃO, 12ª JORNADA, 7-1-1962 (DOM, 15:00)
Estádio José Alvalade, Lisboa
Árbitro: Inácio Terezo (Setúbal)
Golos: 1-0 (João Morais 29'); 2-0 (Diego 42'); 3-0 (Hugo 69'); 4-0 (Pérides 72')

Sporting CP: Carvalho, Lino, Morato, Hilário, Pérides, Fernando Mendes «cap», Hugo, Figueiredo, Monteiro, Diego e João Morais
Treinador: Juca

ACADÉMICA: Américo, Marta, Wilson «cap», Araújo, França, Abreu, Crispim, Lourenço, Rocha, Gaio e Almeida
Treinador: Alberto Gomes

1961-1962

ACADÉMICA – 5 Leixões SC – 2
1ª DIVISÃO, 13ª JORNADA, 14-1-1962 (DOM, 15:00)
Estádio Municipal de Coimbra, Coimbra **Árbitro:** Reinaldo Silva (Leiria) **Golos:** 1-0 (Lourenço 7'); 2-0 (Lourenço 24'); 3-0 (Gaio 46'); 4-0 (Gaio 53'); 5-0 (Lourenço 75'); 5-1 (Ernesto 76'); 5-2 (Osvaldo Silva 88')

ACADÉMICA: Américo, Marta, Araújo (E 44'), Moreira, Wilson «cap», França, Crispim, Lourenço, Rocha, Gaio e Almeida
Treinador: Alberto Gomes

Leixões SC: Roldão (Rosas 45'), Rocha, Joaquim Pacheco «cap», Ventura, Santana, Raul Machado, Medeiros, Osvaldo Silva, Ernesto, Chico (E 44') e Gomes
Treinador: Filpo Nuñez

ACADÉMICA – 8 SC Salgueiros – 1
1ª DIVISÃO, 14ª JORNADA, 21-1-1962 (DOM, 15:00)
Estádio Municipal de Coimbra, Coimbra **Árbitro:** Carlos Paula (Aveiro) **Golos:** 1-0 (Crispim 3'); 2-0 (Crispim 15'); 3-0 (Crispim 19'); 4-0 (Gaio 36'); 5-0 (Gaio 52'); 6-0 (Gaio 61', gp); 7-0 (Gaio 62'); 7-1 (Benje 65', gp); 8-1 (Gaio 82')

ACADÉMICA: Américo, Marta, Leonel Abreu, Moreira, Wilson «cap», França, Crispim, Lourenço, Rocha, Gaio e Almeida
Treinador: Alberto Gomes

SC Salgueiros: Arsénio, Sampaio, Taco, Morais, Chau «cap», Benje, Lela, Dário, Ribeiro, Silva Pereira e Taí
Treinador: Artur Baeta

ACADÉMICA – 3 SC Farense – 1
TAÇA DE PORTUGAL, 1/16 DE FINAL, 28-1-1962 (DOM, 15:00)
Estádio Municipal de Coimbra, Coimbra
Árbitro: Aniceto Nogueira (Porto) **Golos:** 1-0 (Almeida 55'); 2-0 (Lourenço 57'); 2-1 (Djunga 60'); 3-1 (Gaio 86')

ACADÉMICA: Américo, Marta, Wilson «cap», Araújo, Moreira, França, Crispim, Lourenço, Rocha, Gaio e Almeida
Treinador: Alberto Gomes

SC Farense: Calotas, Chaby, Bentinho, Vítor, Tino, Dias, Apolinário, Vinagre, Djunga, Júlio e Tabeta
Treinador: Juan Cabrera

SC Olhanense – 2 ACADÉMICA – 2
1ª DIVISÃO, 15ª JORNADA, 4-2-1962 (DOM, 15:00)
Campo Padinha, Olhão **Árbitro:** Raul Martins (Lisboa)
Auxiliares: António Calheiros e Jesus
Golos: 1-0 (Cardoso 33'); 1-1 (Gaio 49'); 2-1 (Campos 51'); 2-2 (Almeida 75')

SC Olhanense: Paulo, Alfredo «cap», Luciano, Nunes, Reina, Rui, Armando, Campos, Cardoso, Mateus e Ludgero
Treinador: Francisco André

ACADÉMICA: Américo, Marta, Wilson «cap», Araújo, Moreira, França, Crispim, Lourenço, Rocha, Gaio e Almeida
Treinador: Alberto Gomes

ACADÉMICA – 0 SC Covilhã – 0
1ª DIVISÃO, 16ª JORNADA, 11-2-1962 (DOM, 15:00)
Estádio Municipal de Coimbra, Coimbra
Árbitro: Clemente Henriques (Porto)

ACADÉMICA: Américo, Marta, Wilson «cap», Araújo, Curado, França, Crispim, Lourenço, Rocha, Gaio e Almeida
Treinador: Alberto Gomes

SC Covilhã: Rita, Patiño, Amílcar Cavém, Lourenço, Lãzinha «cap», Carlos Alberto, Palmeiro Antunes, Manteigueiro, Adventino, Chacho e Amílcar
Treinador: Mariano Amaro

CF "Os Belenenses" – 2 ACADÉMICA – 0
1ª DIVISÃO, 17ª JORNADA, 18-2-1962 (DOM, 15:00)
Estádio do Restelo, Lisboa
Árbitro: Curinha de Sousa (Portalegre)
Golos: 1-0 (Yaúca 29'); 2-0 (Peres 34')

CF "Os Belenenses": José Pereira, Rosendo, Manuel Castro, Cordeiro, Paz, Vicente, Yaúca, Carvalho, Vítor Silva, Matateu «cap» e Peres
Treinador: Bernardo Soares

ACADÉMICA: Américo, Marta, Araújo, França, Wilson «cap», Torres, Curado, Lourenço, Rocha, Gaio e Almeida
Treinador: Alberto Gomes

SC Farense – 2 ACADÉMICA – 1
TAÇA DE PORTUGAL, 1/16 DE FINAL, 25-2-1962 (DOM, 15:00)
Estádio São Luís, Faro
Árbitro: Eduardo Gouveia (Lisboa)
Golos: 1-0 (Júlio 35'); 2-0 (Tabeta 60'); 2-1 (Lourenço 85')

SC Farense: Mário «cap», Tino, Ventura, Reina, Chaby, Dias, Júlio, Vinagre, Djunga, Vítor e Tabeta
Treinador: Juan Cabrera

ACADÉMICA: Américo, Marta, Torres «cap», Araújo, França, Curado, Crispim, Lourenço, Rocha, Gaio e Almeida
Treinador: Alberto Gomes

SL Benfica – 4 ACADÉMICA – 2
1ª DIVISÃO, 18ª JORNADA, 4-3-1962 (DOM, 15:00)
Estádio da Luz, Lisboa **Árbitro:** Mário Mendonça (Setúbal)
Golos: 1-0 (Américo 11', pb); 1-1 (Crispim 33'); 2-1 (Águas 55'); 3-1 (Eusébio 68'); 3-2 (Gaio 79'); 4-2 (José Augusto 88')

SL Benfica: Costa Pereira, Mário João, Saraiva, Ângelo, Cavém, Cruz, José Augusto, Eusébio, Águas «cap», Coluna e Simões
Treinador: Béla Guttmann

ACADÉMICA: Américo, Marta (E 44'), Torres «cap», Araújo, França, Curado, Crispim, Lourenço, Rocha, Gaio e Almeida
Treinador: Alberto Gomes

ACADÉMICA – 2 LGC Évora – 0
1ª DIVISÃO, 19ª JORNADA, 11-3-1962 (DOM, 15:00)
Estádio Municipal de Coimbra, Coimbra
Árbitro: Eduardo Gouveia (Lisboa)
Golos: 1-0 (Vicente 67', pb); 2-0 (Lourenço 89')

ACADÉMICA: Américo, Curado, Leonel Abreu, França, Torres «cap», Abreu, Crispim, Lourenço, Rocha, Gaio e Almeida
Treinador: Alberto Gomes

LGC Évora: Vital, Sosa, Paixão, Caraça, Falé «cap», Vicente, Adelino, Tonho, Walter (E 80'), Fialho e José Pedro
Treinador: Otto Bumbel

FC Porto – 1 ACADÉMICA – 0
1ª DIVISÃO, 20ª JORNADA, 18-3-1962 (DOM, 15:00)
Estádio das Antas, Porto
Árbitro: Raul Martins (Lisboa)
Golo: 1-0 (Azumir 32', gp)

FC Porto: Américo, Virgílio «cap», Arcanjo, Barbosa, Ivan, Paula, Jaime, Custódio Pinto, Azumir, Hernâni e Serafim
Treinador: Francisco Reboredo

ACADÉMICA: Américo, Curado, Wilson «cap», Araújo, França, Torres, Crispim, Lourenço, Rocha, Gaio e Almeida
Treinador: Alberto Gomes

VSC Guimarães – 4 ACADÉMICA – 0
TAÇA DE PORTUGAL, OITAVOS DE FINAL, 25-3-1962 (DOM, 15:00)
Campo da Amorosa, Guimarães **Árbitro:** Abel da Costa (Porto)
Golos: 1-0 (Ferreirinha 20'); 2-0 (Pedras 23'); 3-0 (Silva 51'); 4-0 (Ferreirinha 85')

VSC Guimarães: Ramin, Mário, Freitas, João da Costa, Silveira «cap», Virgílio, Augusto Silva, Ferreirinha, Silva, Pedras e Nunes
Treinador: Francisco Rola

ACADÉMICA: Américo, Curado, Araújo, França, Wilson «cap», Torres, Crispim, Lourenço, Rocha, Gaio e Almeida
Treinador: Alberto Gomes

ACADÉMICA – 2 Atlético CP – 2
1ª DIVISÃO, 21ª JORNADA, 1-4-1962 (DOM, 16:00)
Estádio Municipal de Coimbra, Coimbra
Árbitro: Francisco Guerra (Porto) **Golos:** 0-1 (Carlos Gomes 19'); 1-1 (Gaio 24'); 1-2 (Palmeiro 47', gp); 2-2 (Gaio 75')

ACADÉMICA: Américo, Curado, Araújo, França, Wilson «cap», Torres, Crispim, Lourenço, Mota, Gaio e Almeida
Treinador: Alberto Gomes

Atlético CP: Bandola, Fernando Ferreira, Saturnino, Trenque, Orlando, Inácio «cap», Moreira, Peres, Carlos Gomes, Pinho e Palmeiro
Treinador: José Valle

GD C.U.F. – 6 ACADÉMICA – 2
1ª DIVISÃO, 22ª JORNADA, 8-4-1962 (DOM, 16:00)
Campo de Santa Bárbara, Barreiro **Árbitro:** Raul Martins (Lisboa)
Golos: 0-1 (Gaio 22'); 1-1 (Medeiros 26'); 2-1 (Medeiros 48'); 3-1 (Álvaro 49'); 4-1 (Medeiros 65'); 4-2 (Gaio 70'); 5-2 (Álvaro 78'); 6-2 (Uria 87')

GD C.U.F.: José Maria, Durand, Palma, Abalroado, Carlos Silva, Oliveira «cap», Álvaro, Vieira Dias, Medeiros, Carlos Alberto e Uria
Treinador: Fernando Vaz

ACADÉMICA: Américo, Marta, Wilson «cap», Araújo, França, Torres, Crispim, Chipenda, Rocha, Gaio e Nuno
Treinador: Alberto Gomes

ACADÉMICA – 3 VSC Guimarães – 0
1ª DIVISÃO, 23ª JORNADA, 15-4-1962 (DOM, 16:00)
Estádio Municipal de Coimbra, Coimbra
Árbitro: Décio de Freitas (Lisboa)
Golos: 1-0 (João da Costa 12', pb); 2-0 (Gaio 20'); 3-0 (Almeida 89')

ACADÉMICA: Américo, Leonel Abreu, Torres «cap», Araújo, França, Marta, Crispim, Lourenço, Rocha, Gaio e Almeida
Treinador: Alberto Gomes

VSC Guimarães: Ramin, Caiçara, Silveira «cap», Freitas, João da Costa, Virgílio, Augusto Silva, Pedras, Amaro, Ferreirinha e Nunes
Treinador: Francisco Rola

ACADÉMICA – 0 VSC Guimarães – 1
TAÇA DE PORTUGAL, OITAVOS DE FINAL, 22-4-1962 (DOM, 16:00)
Estádio Municipal de Coimbra, Coimbra
Árbitro: Joaquim Campos (Lisboa)
Golo: 0-1 (Augusto Silva 85')

ACADÉMICA: Américo, Leonel Abreu, Araújo, França, Torres «cap», Marta, Crispim, Lourenço, Rocha, Gaio e Almeida
Treinador: Alberto Gomes

VSC Guimarães: Ramin (Varatojo 68'), Caiçara, Freitas, João da Costa, Silveira, Virgílio, Silva, Ferreirinha, Amaro, Augusto Silva e Rola «cap»
Treinador: Francisco Rola

ACADÉMICA – 0 Sporting CP – 3

1ª DIVISÃO, 25ª JORNADA, 20-5-1962 (DOM, 16:00)
Estádio Municipal de Coimbra, Coimbra
Árbitro: Reinaldo Silva (Leiria)
Golos: 0-1 (Diego 32'); 0-2 (Hugo 53'); 0-3 (Hugo 78')

ACADÉMICA: Américo, Marta, Torres «cap», Araújo, Moreira, Curado, Crispim, Lourenço, Rocha, Gaio e Almeida
Treinador: Alberto Gomes

Sporting CP: Libânio, Álvaro Alexandre, Lúcio, Hilário, Fernando Mendes «cap», Julius, Hugo, Figueiredo, Diego, Géo e João Morais
Treinador: Juca

CAF Viseu – 1 ACADÉMICA – 2

TAÇA DE PORTUGAL, 1/32 DE FINAL, 30-9-1962 (DOM, 16:00)
Estádio do Fontelo, Viseu
Árbitro: Ant. Costa Martins (Porto)
Golos: 0-1 (Jorge 2'); 1-1 (Carvalho 46'); 1-2 (Zeca 87')

CAF Viseu: Hélder, Mário, Silvino, Vítor, Óscar, Silvério «cap», Raul, Ramiro II, Carvalho, Martinez e João Pereira
Treinador: Juan Callichio

ACADÉMICA: Américo, Marta, Wilson «cap», Almeida, Gervásio, Torres, Crispim, Jorge, Gaio, Oliveira Duarte e Zeca
Treinador: José Maria Pedroto

SL Benfica – 5 ACADÉMICA – 1

1ª DIVISÃO, 2ª JORNADA, 28-10-1962 (DOM, 15:00)
Estádio da Luz, Lisboa **Árbitro:** Mário Mendonça (Setúbal)
Golos: 1-0 (Torres 7'); 2-0 (Torres 22'); 3-0 (José Augusto 47'); 4-0 (Cavém 68'); 5-0 (Eusébio 80'); 5-1 (Gaio 82')

SL Benfica: Costa Pereira, Ângelo, Humberto Fernandes, Raul Machado, Cruz, Coluna «cap», Cavém, José Augusto, Eusébio, Torres e Simões
Treinador: Fernando Riera

ACADÉMICA: Maló, Leonel Abreu, Curado, António Castro, Rui Rodrigues, Torres «cap», Crispim, Jorge, Gaio, Gervásio e Rocha
Treinador: José Maria Pedroto

SC Beira-Mar – 1 ACADÉMICA – 1

1ª DIVISÃO, 24ª JORNADA, 23-5-1962 (QUA, 18:00)
Estádio Mário Duarte, Aveiro **Árbitro:** Abel da Costa (Porto)
Golos: 1-0 (Diego 25'); 1-1 (Lourenço 33') **Obs:** Jogo inicialmente marcado para o dia 13 de Maio, adiado por decisão ministerial, devido a ameaça de falta de comparência da Académica, em consequência das lutas estudantis

SC Beira-Mar: Bastos, Moreira, Girão, Valente «cap», Marçal, Jurado, Miguel, Garcia, Diego, Chaves e Azevedo
Treinador: Oscar Tellechea

ACADÉMICA: Américo, Marta, Araújo, Moreira, Torres «cap», Curado, Crispim, Jorge, Rocha, Gaio e Lourenço
Treinador: Alberto Gomes

SG Sacavenense – 0 ACADÉMICA – 1

TAÇA DE PORTUGAL, 1/16 DE FINAL, 7-10-1962 (DOM, 15:00)
Campo do Sacavenense, Sacavém
Árbitro: Reinaldo Silva (Leiria)
Golo: 0-1 (Gaio 73')

SG Sacavenense: Casimiro, José Fernandes, Mota, Jorge, Américo, José Martinho «cap», Macedo, Inácio, Romão, Mega e Rocha
Treinador: Tavares Pereira

ACADÉMICA: Américo, Marta, Wilson «cap», Almeida, Gervásio, Torres, Crispim, Jorge, Gaio, Oliveira Duarte e Zeca
Treinador: José Maria Pedroto

ACADÉMICA – 4 GD C.U.F. – 1

1ª DIVISÃO, 3ª JORNADA, 11-11-1962 (DOM, 15:00)
Estádio Municipal de Coimbra, Coimbra
Árbitro: Clemente Henriques (Porto)
Golos: 1-0 (Lourenço 32'); 1-1 (Medeiros 52'); 2-1 (Gaio 57'); 3-1 (Lourenço 67'); 4-1 (Lourenço 74')

ACADÉMICA: Maló, Piscas, Almeida, Rui Rodrigues, Curado, Torres «cap», Crispim, Rocha, Lourenço, Gaio e Assis
Treinador: José Maria Pedroto

GD C.U.F.: Guimarães, José Luís, Abalroado, Mário João, Palma, Oliveira «cap», Correia, Carlos Alberto, Medeiros, Álvaro e Vieira Dias
Treinador: Anselmo Pisa

Leixões SC – 5 ACADÉMICA – 0

1ª DIVISÃO, 26ª JORNADA, 27-5-1962 (DOM, 16:00)
Campo de Santana, Matosinhos **Árbitro:** Hermínio Soares (Lisboa)
Golos: 1-0 (Gomes 20'); 2-0 (Osvaldo Silva 32'); 3-0 (Manuel Oliveira 47'); 4-0 (Ventura 64'); 5-0 (Gomes 69')

Leixões SC: Rosas, Santana «cap», Raul Oliveira, Jacinto, Raul Machado, Joaquim Pacheco, Patela, Osvaldo Silva, Manuel Oliveira, Ventura e Gomes
Treinador: Filpo Nuñez

ACADÉMICA: Américo (Gomes da Silva 50'), Marta, Araújo, Moreira (E 27'), Torres «cap», Curado (E 26'), Crispim, Jorge, Rocha, Gaio e Lourenço
Treinador: Alberto Gomes

ACADÉMICA – 2 SG Sacavenense – 3

TAÇA DE PORTUGAL, 1/16 DE FINAL, 14-10-1962 (DOM, 15:00)
Estádio Municipal de Coimbra, Coimbra **Árbitro:** Carlos Paula (Aveiro) **Golos:** 1-0 (Rocha 7'); 1-1 (Macedo 27'); 1-2 (Romão 62'); 2-2 (Lourenço 68'); 2-3 (Romão 82')

ACADÉMICA: Américo, Marta, Almeida, Oliveira Duarte, Wilson «cap» (L 60'), Curado, Crispim, Jorge, Lourenço, Gaio e Rocha
Treinador: José Maria Pedroto

SG Sacavenense: Casimiro, José Fernandes, Aníbal, Américo, Mota, José Martinho «cap», Macedo (E 88'), Inácio, Romão, Mega e Rocha
Treinador: Tavares Pereira

VFC Setúbal – 2 ACADÉMICA – 3

1ª DIVISÃO, 4ª JORNADA, 18-11-1962 (DOM, 15:00)
Estádio do Bonfim, Setúbal **Árbitro:** Aníbal de Oliveira (Lisboa)
Golos: 1-0 (Pompeu 16'); 1-1 (Rocha 35'); 2-1 (Pompeu 49'); 2-2 (Assis 53'); 2-3 (Lourenço 88')

VFC Setúbal: Mourinho «cap», Polido, Torpes, João Resende, Jaime Graça, Carriço, Quim, José de Melo, Pompeu, Mateus e Teixeira
Treinador: Filpo Nuñez

ACADÉMICA: Maló, Piscas, Curado, Almeida, Rui Rodrigues, Torres «cap», Crispim, Rocha, Lourenço, Gaio e Assis
Treinador: José Maria Pedroto

ÉPOCA 1962-1963

1ª DIVISÃO: 10º LUGAR (MANUTENÇÃO)
TAÇA DE PORTUGAL: OITAVOS DE FINAL

JOGOS EFECTUADOS

	J	V	E	D	GM	GS
CASA	16	9	1	6	50	22
FORA/N	17	4	2	11	21	38
TOTAL	33	13	3	17	71	60

ACADÉMICA – 4 SG Sacavenense – 1

TAÇA DE PORTUGAL, 1/16 DE FINAL, 16-10-1962 (TER, 15:00)
Campo da Mata, Caldas da Rainha **Árbitro:** Júlio Braga Barros (Leiria) **Golos:** 1-0 (Rocha 8', gp); 1-1 (José Martinho 34', gp); 2-1 (Lourenço 35'); 3-1 (Gaio 49'); 4-1 (Lourenço 89')

ACADÉMICA: Maló, Marta, Curado, Almeida (E 76'), Oliveira Duarte (E 53'), António Castro, Rosales, Jorge (L 70'), Lourenço, Gaio e Rocha «cap»
Treinador: José Maria Pedroto

SG Sacavenense: Casimiro, José Fernandes, Mota, Aníbal, Francisco, José Martinho «cap», Licas, Inácio (E 70'), Romão (E 53'), Mega e Rocha
Treinador: Tavares Pereira

ACADÉMICA – 6 Atlético CP – 0

1ª DIVISÃO, 5ª JORNADA, 25-11-1962 (DOM, 15:00)
Estádio Municipal de Coimbra, Coimbra **Árbitro:** Edmundo de Carvalho (Aveiro) **Golos:** 1-0 (Gaio 6'); 2-0 (Gaio 24'); 3-0 (Crispim 26'); 4-0 (Lourenço 47'); 5-0 (Gaio 49'); 6-0 (Lourenço 70')

ACADÉMICA: Maló, Curado, Wilson «cap», Almeida, Rui Rodrigues, Piscas, Crispim, Gaio, Lourenço, Rocha e Assis
Treinador: José Maria Pedroto

Atlético CP: Bastos (Bandola 50'), Sidónio, Fernando Ferreira, Craveiro, Guilherme, Inácio «cap», Palmeiro, Carlos Gomes, Mendes, Salvador e Angeja
Treinador: Oscar Montez

ACADÉMICA – 10 CAF Viseu – 1

TAÇA DE PORTUGAL, 1/32 DE FINAL, 23-9-1962 (DOM, 16:00)
Estádio Municipal de Coimbra, Coimbra **Árbitro:** Porfírio da Silva (Aveiro) **Golos:** 1-0 (Gaio 1'); 2-0 (Rocha 10', gp); 3-0 (Gaio 29'); 4-0 (Lourenço 35'); 5-0 (Rocha 40'); 6-0 (Lourenço 47'); 7-0 (Gaio 48'); 8-0 (Lourenço 60'); 9-0 (Rocha 65', gp); 9-1 (Raul 80'); 10-1 (Gaio 87')

ACADÉMICA: Américo, Marta, Leonel Abreu, Almeida, Wilson «cap», Torres, Crispim, Jorge, Lourenço, Gaio e Rocha
Treinador: José Maria Pedroto

CAF Viseu: Hélder, Mário, Vítor, Óscar, Silvino, Ramiro II, Raul, Martinez, Carvalho, Silvério «cap» e João Pereira
Treinador: Juan Callichio

ACADÉMICA – 1 SC Olhanense – 0

1ª DIVISÃO, 1ª JORNADA, 21-10-1962 (DOM, 15:00)
Estádio Municipal de Coimbra, Coimbra
Árbitro: Abel da Costa (Porto)
Golo: 1-0 (Rui 26', pb)

ACADÉMICA: Maló, Marta, Leonel Abreu, Rui Rodrigues, Curado, Torres «cap», Crispim, Jorge, Lourenço, Gaio e Rocha
Treinador: José Maria Pedroto

SC Olhanense: Paulo, Luciano, Nunes, Madeira, Rui, Reina «cap», Matias, Tonho, Campos, Walter e Ludgero (L 35')
Treinador: Joaquim Paulo

Leixões SC – 1 ACADÉMICA – 1

1ª DIVISÃO, 6ª JORNADA, 2-12-1962 (DOM, 15:00)
Campo de Santana, Matosinhos
Árbitro: Joaquim Campos (Lisboa)
Golos: 0-1 (Lourenço 28'); 1-1 (Azevedo 40')

Leixões SC: Jaguaré, Santana «cap», Raul Oliveira, Ventura, Ribeiro, Narciso, Azevedo, Edmur, Manuel Oliveira, Ferreirinha e Gomes
Treinador: Lourival Lorenzi

ACADÉMICA: Maló, Curado, Almeida, Rui Rodrigues, Wilson «cap», Piscas, Crispim, Rocha, Lourenço, Gaio e Assis
Treinador: José Maria Pedroto

ACADÉMICA – 8 CD Feirense – 0

1ª DIVISÃO, 7ª JORNADA, 9-12-1962 (DOM, 15:00)
Estádio Municipal de Coimbra, Coimbra **Árbitro:** Eduardo Gouveia (Lisboa) **Golos:** 1-0 (Gaio 3'); 2-0 (Gaio 19'); 3-0 (Lourenço 50'); 4-0 (Lourenço 67'); 5-0 (Almeida 72'); 6-0 (Lourenço 74'); 7-0 (Lourenço 83'); 8-0 (Lourenço 85', gp)

ACADÉMICA: Maló, Curado, Almeida, Moreira, Wilson «cap», Piscas, Crispim, Rocha, Lourenço, Gaio e Assis
Treinador: José Maria Pedroto

CD Feirense: Martin (Garupa 41'), Dinis, Jambane, Silva, Aurélio, Campanhã (L 73'), Medeiros, Brandão, Marciano, Rui Maia e Eduardo
Treinador: Artur Baeta

VSC Guimarães – 2 ACADÉMICA – 1

1ª DIVISÃO, 8ª JORNADA, 23-12-1962 (DOM, 15:00)
Campo da Amorosa, Guimarães
Árbitro: João Pinto Ferreira (Porto)
Golos: 1-0 (Lua 14'); 1-1 (Rocha 56'); 2-1 (Mendes 74')

VSC Guimarães: Roldão, Caiçara, Manuel Pinto, Daniel, Fonseca, Virgílio «cap», Castro, Peres, Lua, Mendes e Armando
Treinador: José Valle

ACADÉMICA: Maló, Curado, Wilson «cap», Almeida, Rui Rodrigues, Piscas, Crispim, Rocha, Lourenço, Gaio e Assis
Treinador: José Maria Pedroto

ACADÉMICA – 4 Sporting CP – 3

1ª DIVISÃO, 9ª JORNADA, 30-12-1962 (DOM, 15:00)
Estádio Municipal de Coimbra, Coimbra **Árbitro:** Clemente Henriques (Porto) **Golos:** 1-0 (Lourenço 1'); 2-0 (Lourenço 3'); 2-1 (Monteiro 17'); 3-1 (Gaio 38'); 3-2 (João Morais 60'); 4-2 (Lourenço 70'); 4-3 (Carlos Manuel 87')

ACADÉMICA: Maló, Curado, Wilson «cap», Almeida, Piscas, Torres, Crispim, Rocha, Lourenço, Gaio e Assis
Treinador: José Maria Pedroto

Sporting CP: Libânio, Lino «cap», Morato, Hilário, Lúcio, Júlio, Carlos Manuel, José Carlos, Osvaldo Silva, Monteiro e João Morais
Treinador: Juca

FC Barreirense – 1 ACADÉMICA – 0

1ª DIVISÃO, 10ª JORNADA, 6-1-1963 (DOM, 15:00)
Campo D. Manuel de Melo, Barreiro **Árbitro:** Raul Martins (Lisboa)
Auxiliares: António Calheiros e João Banheiro
Golo: 1-0 (Almeida 65', pb)

FC Barreirense: Bráulio, Faneca «cap», Graça, Pimenta, Bandeira, Lança, Batista, Cabral, Ludovico, Garrido e Faustino
Treinador: Armando Ferreira

ACADÉMICA: Maló, Curado, Wilson «cap», Almeida, Piscas, Torres, Crispim, Rocha, Lourenço, Gaio e Assis
Treinador: José Maria Pedroto

ACADÉMICA – 1 LGC Évora – 3

1ª DIVISÃO, 11ª JORNADA, 13-1-1963 (DOM, 15:00)
Estádio Municipal de Coimbra, Coimbra
Árbitro: Décio de Freitas (Lisboa) **Golos:** 0-1 (Vítor Silva 4'); 1-1 (Gaio 7'); 1-2 (Pinho 14'); 1-3 (José Pedro 21')

ACADÉMICA: Maló, Curado, Wilson «cap», Almeida, Rui Rodrigues, Piscas, Crispim (E 76'), Rocha, Lourenço, Gaio e Assis
Treinador: José Maria Pedroto

LGC Évora: Vital, Mitó, Vicente, Cordeiro, Paixão «cap», Lima, Pinho, Vítor Silva, José Pedro, Sosa e Vaz
Treinador: Josef Fabian

CF "Os Belenenses" – 3 ACADÉMICA – 1

1ª DIVISÃO, 12ª JORNADA, 20-1-1963 (DOM, 15:00)
Estádio do Restelo, Lisboa
Árbitro: Manuel Lousada (Santarém)
Golos: 1-0 (Peres 13'); 2-0 (Yaúca 59'); 2-1 (Piscas 61'); 3-1 (Palico 63')

CF "Os Belenenses": José Pereira, Rosendo, Paz, Pires, Pelezinho, Vicente, Yaúca, Adelino, Palico «cap», Peres e Estêvão
Treinador: Fernando Vaz

ACADÉMICA: Maló (Viegas 68'), Curado, Wilson «cap», António Castro, Rui Rodrigues, Piscas, Jorge, Rocha, Lourenço, Gaio e Assis
Treinador: José Maria Pedroto

ACADÉMICA – 0 FC Porto – 2

1ª DIVISÃO, 13ª JORNADA, 27-1-1963 (DOM, 15:00)
Estádio Municipal de Coimbra, Coimbra
Árbitro: Hermínio Soares (Lisboa)
Golos: 0-1 (Jaime 12'); 0-2 (Azumir 72')

ACADÉMICA: Viegas, Curado, Wilson «cap», António Castro, Zeca, Piscas, Crispim, Rocha, Lourenço, Gaio e Oliveira Duarte
Treinador: José Maria Pedroto

FC Porto: Américo, Festa, Mesquita, Joaquim Jorge, Arcanjo «cap», Paula, Carlos Duarte, Custódio Pinto, Azumir, Jaime e Serafim
Treinador: Jeno Kalmar

SC Olhanense – 3 ACADÉMICA – 0

1ª DIVISÃO, 14ª JORNADA, 3-2-1963 (DOM, 15:00)
Campo Padinha, Olhão
Árbitro: Marcos Lobato (Setúbal)
Golos: 1-0 (Madeira 19'); 2-0 (Tonho 23'); 3-0 (Tonho 58')

SC Olhanense: Filhó, Rui, Luciano «cap», Nunes, Madeira, Reina, Matias, Campos, Tonho, Casaca e Walter
Treinador: Fernando Casaca

ACADÉMICA: Viegas, Curado, Wilson «cap», António Castro, Piscas, Torres, Crispim, Jorge, Gaio, Rocha e Zeca
Treinador: José Maria Pedroto

ACADÉMICA – 0 SL Benfica – 2

1ª DIVISÃO, 15ª JORNADA, 10-2-1963 (DOM, 15:00)
Estádio Municipal de Coimbra, Coimbra
Árbitro: Encarnação Salgado (Setúbal)
Golos: 0-1 (Eusébio 30'); 0-2 (Eusébio 66', gp)

ACADÉMICA: Viegas, Curado, Marta, Piscas, Wilson «cap», Torres, Rocha, Gaio, Jorge, Lourenço e Assis
Treinador: José Maria Pedroto

SL Benfica: Costa Pereira, Jacinto, Raul Machado, Cruz, Coluna «cap», Cavém, José Augusto, Santana, Eusébio, Torres e Simões
Treinador: Fernando Riera

GD C.U.F. – 2 ACADÉMICA – 0

1ª DIVISÃO, 16ª JORNADA, 17-2-1963 (DOM, 15:00)
Campo de Santa Bárbara, Barreiro **Árbitro:** Eduardo Gouveia (Lisboa) **Auxiliares:** Fernando Martins e Anacleto Gomes
Golos: 1-0 (Ferreira Pinto 50'); 2-0 (Carlos Alberto 88')

GD C.U.F.: José Maria, Durand, Palma «cap», Abalroado, Carlos Alberto, Mário João, Álvaro, Ferreira Pinto, Medeiros, Vieira Dias e Uria
Treinador: Manuel de Oliveira

ACADÉMICA: Viegas, Curado, Torres «cap», Marta, Moreira, Piscas, Crispim, Rocha, Gaio, Lourenço e Assis
Treinador: José Maria Pedroto

ACADÉMICA – 2 VFC Setúbal – 1

1ª DIVISÃO, 17ª JORNADA, 24-2-1963 (DOM, 15:00)
Estádio Municipal de Coimbra, Coimbra
Árbitro: Clemente Henriques (Porto) **Golos:** 1-0 (Rocha 22'); 1-1 (José de Melo 35'); 2-1 (Manuel Duarte 68')

ACADÉMICA: Viegas, Marta, Leonel Abreu, Moreira, Torres «cap», Piscas, Crispim, Manuel Duarte, Gaio, Rocha e Assis
Treinador: José Maria Pedroto

VFC Setúbal: Mourinho, Polido, Emídio Graça «cap», Jaime Graça, Torpes, Alfredo, Conceição, José Maria, Pepe, José de Melo e Quim
Treinador: Filpo Nuñez

Atlético CP – 1 ACADÉMICA – 0

1ª DIVISÃO, 18ª JORNADA, 3-3-1963 (DOM, 15:00)
Campo da Tapadinha, Lisboa **Árbitro:** João Calado (Santarém)
Auxiliares: António Rodrigues e Manuel Arganil
Golo: 1-0 (Orlando 79')

Atlético CP: Bandola, Leonel, Orlando «cap», Fernando Ferreira, Luz, Sidónio, Angeja, Guilherme, Vasconcelos, Craveiro e Palmeiro
Treinador: Carlos Batista

ACADÉMICA: Viegas, Curado, Wilson «cap», Marta, Rui Rodrigues, Torres, Crispim, Manuel Duarte, Gaio, Rocha e Piscas
Treinador: José Maria Pedroto

ACADÉMICA – 1 Leixões SC – 1

1ª DIVISÃO, 19ª JORNADA, 10-3-1963 (DOM, 15:00)
Estádio Municipal de Coimbra, Coimbra
Árbitro: Eduardo Gouveia (Lisboa)
Golos: 1-0 (Manuel Duarte 4'); 1-1 (Abraão 46')

ACADÉMICA: Viegas, Curado, Marta, Rui Rodrigues, Torres «cap», Piscas, Crispim, Manuel Duarte, Gaio, Rocha e Assis
Treinador: José Maria Pedroto

Leixões SC: António Nicolau, Santana «cap», Raul Oliveira, Narciso, Marçal, Agostinho Ribeiro, Abraão, Edmur, Manuel Oliveira, Ventura e Gomes
Treinador: Lourival Lorenzi

CD Feirense – 2 ACADÉMICA – 1

1ª DIVISÃO, 20ª JORNADA, 17-3-1963 (DOM, 15:00)
Estádio Marcolino de Castro, Santa Maria da Feira
Árbitro: João Pinto Ferreira (Porto)
Golos: 0-1 (Gaio 43'); 1-1 (Marciano 44'); 2-1 (Brandão 59')

CD Feirense: Zeferino, Jambane, Aurélio, Ernesto, Gonzalez, Campanhã, Medeiros, Brandão, Rui Maia, Marciano e Ramalho «cap»
Treinador: Artur Baeta

ACADÉMICA: Viegas, Curado, António Castro, Rui Rodrigues, Wilson «cap», Piscas, Rocha, Jorge, Lourenço, Gaio e Oliveira Duarte
Treinador: José Maria Pedroto

ACADÉMICA – 0 VSC Guimarães – 2

1ª DIVISÃO, 21ª JORNADA, 24-3-1963 (DOM, 15:00)
Estádio Municipal de Coimbra, Coimbra
Árbitro: Francisco Guerra (Porto)
Golos: 0-1 (Lua 39'); 0-2 (Lua 47')

ACADÉMICA: Maló, Marta, Curado, António Castro, Gervásio, Piscas, Rocha «cap», Jorge, Lourenço, Gaio e Assis
Treinador: José Maria Pedroto

VSC Guimarães: Zeca Santos, Mário, Silveira «cap», Daniel, Manuel Pinto, Virgílio, Romeu, Peres, Lua, Mendes e Armando
Treinador: José Valle

Sporting CP – 5 ACADÉMICA – 1

1ª DIVISÃO, 22ª JORNADA, 31-3-1963 (DOM, 15:00)
Estádio José Alvalade, Lisboa **Árbitro:** João Calado (Santarém)
Auxiliares: António Rodrigues e Manuel Arganil **Golos:** 1-0 (Géo 3'); 2-0 (João Morais 20'); 3-0 (Géo 23'); 4-0 (Figueiredo 43'); 5-0 (João Morais 48'); 5-1 (Lourenço 82')

Sporting CP: Carvalho, Pedro Gomes, Lúcio, Hilário, Fernando Mendes «cap», José Carlos, Augusto, Osvaldo Silva, Figueiredo, Géo e João Morais
Treinador: Juca

ACADÉMICA: Maló, Marta, Wilson «cap», António Castro, Piscas, Curado, Crispim, Gaio, Lourenço, Rocha e Assis
Treinador: José Maria Pedroto

ACADÉMICA – 2 VSC Guimarães – 1

TAÇA DE PORTUGAL, OITAVOS DE FINAL, 19-5-1963 (DOM, 16:00)
Estádio Municipal de Coimbra, Coimbra
Árbitro: Eduardo Gouveia (Lisboa)
Golos: 1-0 (Gaio 43'); 2-0 (Lourenço 60'); 2-1 (Lua 63')

ACADÉMICA: Maló (Américo 65'), Curado, Torres «cap», Leonel Abreu, Rui Rodrigues, Piscas, Crispim, Gaio, Lourenço, Oliveira Duarte e Assis
Treinador: José Maria Pedroto

VSC Guimarães: Roldão, Caiçara, Silveira «cap», Freitas, Manuel Pinto, Daniel, Paulino, Lua, Mendes, Peres e Armando
Treinador: José Valle

Varzim SC – 1 ACADÉMICA – 0

TAÇA DE PORTUGAL, 1/16 DE FINAL, 6-10-1963 (DOM, 15:00)
Estádio do Varzim Sport Clube, Póvoa de Varzim
Árbitro: Manuel Lousada (Santarém)
Golo: 1-0 (Noé 43')

Varzim SC: Justino, Fernando Ferreira, Sidónio, Fonseca, Quim, Geninho, Jorge «cap», Fernando, Noé, Salvador e Rogério
Treinador: Artur Quaresma

ACADÉMICA: Maló, Curado, Cagica Rapaz, António Castro, Vítor Campos, Piscas, Rocha «cap», Rui Rodrigues, Gaio, Almeida e Zeca
Treinador: José Maria Pedroto

ACADÉMICA – 8 FC Barreirense – 0

1ª DIVISÃO, 23ª JORNADA, 7-4-1963 (DOM, 16:00)
Estádio Municipal de Coimbra, Coimbra **Árbitro:** Manuel Lousada (Santarém) **Golos:** 1-0 (Lourenço 15'); 2-0 (Lourenço 28'); 3-0 (Lourenço 30'); 4-0 (Lourenço 35'); 5-0 (Rui Rodrigues 68'); 6-0 (Lourenço 69'); 7-0 (Gaio 70'); 8-0 (Lourenço 87')

ACADÉMICA: Maló, Curado, Wilson «cap», Leonel Abreu, Rui Rodrigues, Piscas, Crispim, Gaio, Lourenço, Rocha e Assis
Treinador: José Maria Pedroto

FC Barreirense: Bráulio (Trancas 41'), Faneca, Silvino «cap», Pimenta, Bandeira, Lança, Isidro, Cabral, Ludovico, Luís Mira e Faustino
Treinador: Miguel Vinueza

VSC Guimarães – 3 ACADÉMICA – 1

TAÇA DE PORTUGAL, OITAVOS DE FINAL, 26-5-1963 (DOM, 16:00)
Campo da Amorosa, Guimarães **Árbitro:** Clemente Henriques (Porto) **Golos:** 0-1 (Manuel Duarte 3'); 1-1 (Lua 6'); 2-1 (Armando 10'); 3-1 (Mendes 31')

VSC Guimarães: Roldão, Caiçara, Silveira «cap», Mário, Manuel Pinto, Daniel, Paulino, Lua, Mendes, Peres e Armando
Treinador: José Valle

ACADÉMICA: Maló, Curado, Torres «cap», Leonel Abreu, Marta, Piscas, Crispim, Gaio, Manuel Duarte, Oliveira Duarte e Assis
Treinador: José Maria Pedroto

ACADÉMICA – 0 Varzim SC – 0

TAÇA DE PORTUGAL, 1/16 DE FINAL, 13-10-1963 (DOM, 15:00)
Estádio Municipal de Coimbra, Coimbra
Árbitro: Hermínio Soares (Lisboa)

ACADÉMICA: Maló, Curado, António Castro, Vítor Campos, Torres «cap», Piscas, Rocha, Manuel Duarte, Rui Rodrigues, Gaio e Almeida
Treinador: José Maria Pedroto

Varzim SC: Justino, Fernando Ferreira, Sidónio, Fonseca, Quim, Geninho, Jorge «cap», Fernando, Noé, Salvador e Rogério
Treinador: Artur Quaresma

LGC Évora – 3 ACADÉMICA – 3

1ª DIVISÃO, 24ª JORNADA, 28-4-1963 (DOM, 16:00)
Campo Estrela, Évora **Árbitro:** Hermínio Soares (Lisboa)
Golos: 1-0 (Caraça 11'); 1-1 (Gaio 23'); 1-2 (Lourenço 52'); 2-2 (Caraça 61'); 3-2 (José Pedro 65'); 3-3 (Gaio 68')

LGC Évora: Vital, Teotónio, Paixão, Lima, Sosa, Vicente, Pinho, Vítor Silva, José Pedro, Caraça «cap» e Vaz
Treinador: Josef Fabian

ACADÉMICA: Maló, Curado, Torres «cap», Leonel Abreu, Rui Rodrigues, Piscas, Crispim, Gaio, Lourenço, Rocha e Assis
Treinador: José Maria Pedroto

ÉPOCA 1963-1964

1ª DIVISÃO: 9º LUGAR (MANUTENÇÃO)
TAÇA DE PORTUGAL: 1/16 DE FINAL

JOGOS EFECTUADOS

	J	V	E	D	GM	GS
CASA	18	12	1	5	45	21
FORA	19	5	4	10	29	35
TOTAL	37	17	5	15	74	56

ACADÉMICA – 2 Varzim SC – 0

1ª DIVISÃO, 1ª JORNADA, 20-10-1963 (DOM, 15:00)
Estádio Municipal de Coimbra, Coimbra
Árbitro: Aníbal de Oliveira (Lisboa)
Golos: 1-0 (Rui Rodrigues 31'); 2-0 (Gaio 52')

ACADÉMICA: Maló, Curado, Manuel Castro, Rui Rodrigues, Torres «cap», Piscas, Zeca, Jorge, Rocha, Gaio e Oliveira Duarte
Treinador: José Maria Pedroto

Varzim SC: Justino, Fernando Ferreira, Sidónio, Fonseca, Quim, Geninho, Jorge «cap», Fernando, Noé, Salvador e Rogério
Treinador: Artur Quaresma

ACADÉMICA – 1 CF "Os Belenenses" – 2

1ª DIVISÃO, 25ª JORNADA, 5-5-1963 (DOM, 16:00)
Estádio Municipal de Coimbra, Coimbra
Árbitro: Clemente Henriques (Porto)
Golos: 0-1 (Yaúca 31'); 0-2 (Yaúca 61'); 1-2 (Gaio 70')

ACADÉMICA: Maló, Curado, Torres «cap», Leonel Abreu, Rui Rodrigues, Piscas, Crispim, Gaio, Lourenço, Zeca e Assis
Treinador: José Maria Pedroto

CF "Os Belenenses": José Pereira, Rosendo, Paz, Alberto Luís, Pelezinho, Vicente, Abdul, Adelino, Yaúca, Palico «cap» e Peres
Treinador: Fernando Vaz

ACADÉMICA – 6 Leça FC – 1

TAÇA DE PORTUGAL, 1/32 DE FINAL, 22-9-1963 (DOM, 16:00)
Estádio Municipal de Coimbra, Coimbra **Árbitro:** Júlio Braga Barros (Leiria) **Golos:** 1-0 (Zeca 5'); 1-1 (Martinho 16'); 2-1 (Manuel Duarte 22'); 3-1 (Rocha 23'); 4-1 (Manuel Duarte 30'); 5-1 (Gaio 51'); 6-1 (Rui Rodrigues 78')

ACADÉMICA: Maló, Curado, Leonel Abreu, Rui Rodrigues, Torres «cap», Piscas, Zeca, Manuel Duarte, Rocha, Gaio e Oliveira Duarte
Treinador: José Maria Pedroto

Leça FC: Jaguaré (José Henriques 57'), Gentil, Pinhal, Albano «cap», Garcia, Martinho, Campota, Rocha, Pedro, Feijão e Rato
Treinador: Costa Pereira

VFC Setúbal – 4 ACADÉMICA – 0

1ª DIVISÃO, 2ª JORNADA, 27-10-1963 (DOM, 15:00)
Estádio do Bonfim, Setúbal
Árbitro: Salvador Garcia (Lisboa)
Golos: 1-0 (José Maria 13'); 2-0 (Carlos Manuel 40'); 3-0 (José Maria 59'); 4-0 (Expedito 75')

VFC Setúbal: Mourinho «cap», Polido, Valente, Jaime Graça, Morato, Herculano, Quim, Carlos Manuel, José Maria, Teixeira e Expedito
Treinador: Francisco Reboredo

ACADÉMICA: Maló, Curado, Manuel Castro, Rui Rodrigues, Torres «cap», Piscas, Almeida, Jorge, Rocha, Gaio e Oliveira Duarte
Treinador: José Maria Pedroto

FC Porto – 3 ACADÉMICA – 1

1ª DIVISÃO, 26ª JORNADA, 12-5-1963 (DOM, 16:00)
Estádio das Antas, Porto **Árbitro:** Manuel Lousada (Santarém)
Golos: 1-0 (Carlos Batista 4'); 2-0 (Azumir 14'); 2-1 (Gaio 41'); 3-1 (Azumir 89')

FC Porto: Américo (Rui 45'), Festa, Arcanjo «cap», Mesquita, Jorge Gomes, Paula, Jaime, Carlos Batista, Azumir, Custódio Pinto e Serafim
Treinador: Jeno Kalmar

ACADÉMICA: Maló, Curado, Torres «cap», Leonel Abreu, Rui Rodrigues, Piscas, Crispim, Gaio, Lourenço, Rocha e Assis
Treinador: José Maria Pedroto

Leça FC – 0 ACADÉMICA – 0

TAÇA DE PORTUGAL, 1/32 DE FINAL, 29-9-1963 (DOM, 16:00)
Campo de Leça, Leça da Palmeira
Árbitro: Manuel Valente (Aveiro)

Leça FC: José Henriques, Gentil, Peixoto, Pinhal, Albano «cap», Feijão, Campota, Rocha, Pedro, Martinho e Rato
Treinador: Costa Pereira

ACADÉMICA: Maló, Curado, Torres «cap», António Castro, Piscas, Cagica Rapaz, Manuel Duarte, Rocha, Gaio, Jorge e Almeida
Treinador: José Maria Pedroto

ACADÉMICA – 3 SC Olhanense – 1

1ª DIVISÃO, 3ª JORNADA, 3-11-1963 (DOM, 15:00)
Estádio Municipal de Coimbra, Coimbra
Árbitro: Francisco Guerra (Porto) **Golos:** 1-0 (Gaio 29'); 1-1 (Saldanha 41'); 2-1 (Rocha 47'); 3-1 (Manuel Duarte 76')

ACADÉMICA: Maló, Curado, Torres «cap», Piscas, Manuel Castro, Rui Rodrigues, Rocha, Almeida, Manuel Duarte, Gaio e Oliveira Duarte
Treinador: José Maria Pedroto

SC Olhanense: Filhó, Alfredo, Marciano, Reina «cap», Nunes, Madeira, Inácio, Matias, Campos, Gancho e Saldanha
Treinador: Armando Carneiro

1963-1964

SL Benfica – 3 ACADÉMICA – 0
1ª DIVISÃO, 4ª JORNADA, 10-11-1963 (DOM, 15:00)
Estádio da Luz, Lisboa
Árbitro: Clemente Henriques (Porto)
Golos: 1-0 (José Augusto 28'); 2-0 (Santana 81'); 3-0 (Coluna 90')

SL Benfica: Costa Pereira, Cavém, Luciano, Cruz, Coluna «cap», Raul Machado, José Augusto, Santana, Yaúca, Eusébio e Simões
Treinador: Lajos Czeizler

ACADÉMICA: Maló, Curado, Cagica Rapaz, Rui Rodrigues, Torres «cap», Piscas, Almeida, Teixeira, Rocha, Gaio e Oliveira Duarte
Treinador: José Maria Pedroto

Seixal FC – 0 ACADÉMICA – 1
1ª DIVISÃO, 5ª JORNADA, 17-11-1963 (DOM, 15:00)
Campo do Bravo, Seixal
Árbitro: Joaquim Campos (Lisboa)
Golo: 0-1 (Lourenço 29')

Seixal FC: Vítor Manuel, Aurélio, Hermenegildo, Caldeira, Aniceto «cap», Oñoro, Cambalacho, José Carlos, Necas, João Pereira e Carvalho
Treinador: Angel Oñoro

ACADÉMICA: Maló (Viegas 45'), Curado, Manuel Castro, Rui Rodrigues, Torres «cap», Piscas, Almeida, Gaio, Lourenço, Rocha e Oliveira Duarte
Treinador: José Maria Pedroto

ACADÉMICA – 3 FC Barreirense – 0
1ª DIVISÃO, 6ª JORNADA, 24-11-1963 (DOM, 15:00)
Estádio Municipal de Coimbra, Coimbra
Árbitro: Eduardo Gouveia (Lisboa)
Golos: 1-0 (Rocha 40'); 2-0 (Almeida 60'); 3-0 (Lourenço 88')

ACADÉMICA: Viegas, Curado, Manuel Castro, Rui Rodrigues, Cagica Rapaz, Piscas, Almeida, Lourenço, Rocha «cap», Gaio e Oliveira Duarte
Treinador: José Maria Pedroto

FC Barreirense: Evaristo, Candeias, Carlos, Cabral, Silvino «cap», José António, Garrido, Testas, Ludovico, Nogueira e Costa
Treinador: Josef Szabo

FC Porto – 1 ACADÉMICA – 1
1ª DIVISÃO, 7ª JORNADA, 1-12-1963 (DOM, 15:00)
Estádio das Antas, Porto
Árbitro: Aníbal de Oliveira (Lisboa)
Golos: 1-0 (Nóbrega 28'); 1-1 (Manuel Duarte 37')

FC Porto: Américo, Festa, Atraca, Custódio Pinto, Almeida, Paula, Carlos Duarte «cap», Hernâni, Jaime, Carlos Batista e Nóbrega
Treinador: Otto Glória

ACADÉMICA: Viegas, Curado, Manuel Castro, Cagica Rapaz, Torres «cap», Piscas, Teixeira, Rui Rodrigues, Rocha, Vítor Campos e Manuel Duarte
Treinador: José Maria Pedroto

ACADÉMICA – 1 CF "Os Belenenses" – 0
1ª DIVISÃO, 8ª JORNADA, 8-12-1963 (DOM, 15:00)
Estádio Municipal de Coimbra, Coimbra
Árbitro: Clemente Henriques (Porto)
Golo: 1-0 (Torres 55', gp)

ACADÉMICA: Américo, Curado, Manuel Castro, Vítor Campos, Torres «cap», Piscas, Almeida, Manuel Duarte, Rocha, Teixeira e Oliveira Duarte
Treinador: José Maria Pedroto

CF "Os Belenenses": Nascimento, Rosendo, Alberto Luís, Vicente, Paz «cap», Pelezinho, Angeja, Adelino, Estêvão, Peres (L 72') e Godinho
Treinador: Fernando Vaz

VSC Guimarães – 2 ACADÉMICA – 1
1ª DIVISÃO, 9ª JORNADA, 15-12-1963 (DOM, 15:00)
Campo da Amorosa, Guimarães
Árbitro: João Pinto Ferreira (Porto)
Golos: 1-0 (Teodoro 7'); 2-0 (Teodoro 14'); 2-1 (Manuel Duarte 75')

VSC Guimarães: Dionísio, Caiçara, Silveira «cap», Daniel, Manuel Pinto, Artur, Paulino, Rodrigo, Teodoro, Peres e Mendes
Treinador: José Valle

ACADÉMICA: Américo, Curado, Torres «cap», Cagica Rapaz, Manuel Castro, Piscas, Vítor Campos, Teixeira, Rui Rodrigues, Rocha e Manuel Duarte
Treinador: José Maria Pedroto

ACADÉMICA – 0 Sporting CP – 3
1ª DIVISÃO, 10ª JORNADA, 22-12-1963 (DOM, 15:00)
Estádio Municipal de Coimbra, Coimbra **Árbitro:** Aniceto Nogueira (Porto) **Golos:** 0-1 (Osvaldo Silva 34'); 0-2 (Figueiredo 43'); 0-3 (João Morais 45')

ACADÉMICA: Américo, Curado, Manuel Castro, Vítor Campos, Torres «cap», Piscas, Almeida, Lourenço, Rocha, Manuel Duarte e Oliveira Duarte
Treinador: José Maria Pedroto

Sporting CP: Carvalho, Pedro Gomes, Lúcio, Hilário, Pérides, Fernando Mendes «cap», Osvaldo Silva, Louro, Figueiredo, Géo e João Morais
Treinador: Gentil Cardoso

LGC Évora – 2 ACADÉMICA – 1
1ª DIVISÃO, 11ª JORNADA, 29-12-1963 (DOM, 15:00)
Campo Estrela, Évora
Árbitro: Hermínio Soares (Lisboa)
Golos: 1-0 (José Pedro 7'); 2-0 (Coutinho 51'); 2-1 (Almeida 56')

LGC Évora: Vital, Teotónio, Vaz, Mitó, Falé, Cordeiro, Faustino, Índio, Coutinho, Caraça «cap» e José Pedro
Treinador: Janos Hrotko

ACADÉMICA: Américo, Curado, Manuel Castro, Rui Rodrigues, Torres «cap», Piscas, Almeida, Gaio, Teixeira, Vítor Campos e Oliveira Duarte
Treinador: José Maria Pedroto

ACADÉMICA – 2 GD C.U.F. – 1
1ª DIVISÃO, 12ª JORNADA, 5-1-1964 (DOM, 15:00)
Estádio Municipal de Coimbra, Coimbra
Árbitro: Manuel Lousada (Santarém)
Golos: 1-0 (Teixeira 47'); 1-1 (Mário João 48'); 2-1 (Teixeira 65')

ACADÉMICA: Américo, Curado, Manuel Castro, Rui Rodrigues, Torres «cap», Piscas, Almeida, Manuel Duarte, Teixeira, Vítor Campos e Oliveira Duarte
Treinador: José Maria Pedroto

GD C.U.F.: José Maria, Resende, Abalroado, Vieira Dias, Durand, Mário João «cap», Madeira, Ferreira Pinto, Medeiros, Carlos Alberto e Uria
Treinador: Manuel de Oliveira

Leixões SC – 1 ACADÉMICA – 1
1ª DIVISÃO, 13ª JORNADA, 12-1-1964 (DOM, 15:00)
Estádio do Mar, Matosinhos **Árbitro:** Mário Costa (Braga)
Auxiliares: Amadeu Martins e José Azevedo
Golos: 1-0 (Wagner 6'); 1-1 (Almeida 43')

Leixões SC: António Nicolau, Santana «cap», Ribeiro, Raul Oliveira, Ventura, Narciso, Esteves, Wagner, Soares, Veiga e Abraão
Treinador: José Carlos Bauer

ACADÉMICA: Américo, Curado, Torres «cap», Manuel Castro, Rui Rodrigues, Piscas, Almeida, Teixeira, Vítor Campos, Lourenço e Oliveira Duarte
Treinador: José Maria Pedroto

Varzim SC – 4 ACADÉMICA – 1
1ª DIVISÃO, 14ª JORNADA, 19-1-1964 (DOM, 15:00)
Estádio do Varzim Sport Clube, Póvoa de Varzim **Árbitro:** Manuel Lousada (Santarém) **Auxiliares:** José Pereira e Freitas Maia
Golos: 1-0 (Fernando 14'); 2-0 (Noé 58'); 3-0 (Fernando 60'); 3-1 (Lourenço 83'); 4-1 (Pacheco 84')

Varzim SC: Justino, Fernando Ferreira, Sidónio, Fonseca, Quim, Salvador, Isidro, Fernando, Noé «cap», Pacheco e Rogério
Treinador: Artur Quaresma

ACADÉMICA: Américo (Viegas 47'), Curado, Manuel Castro, Rui Rodrigues, Torres «cap», Piscas, Almeida, Lourenço, Teixeira, Vítor Campos e Oliveira Duarte
Treinador: José Maria Pedroto

ACADÉMICA – 2 VFC Setúbal – 0
1ª DIVISÃO, 15ª JORNADA, 26-1-1964 (DOM, 15:00)
Estádio Municipal de Coimbra, Coimbra
Árbitro: Hermínio Soares (Lisboa)
Golos: 1-0 (Oliveira Duarte 35'); 2-0 (Lourenço 47')

ACADÉMICA: Viegas, Curado, Manuel Castro, Rui Rodrigues, Torres «cap», Piscas, Lourenço, Teixeira, Crispim, Vítor Campos e Oliveira Duarte
Treinador: José Maria Pedroto

VFC Setúbal: Mourinho «cap», Polido, Valente, Herculano, Morato, Jaime Graça, Quim, Carlos Manuel, José Maria, Teixeira e Mateus
Treinador: Francisco Reboredo

SC Olhanense – 2 ACADÉMICA – 2
1ª DIVISÃO, 16ª JORNADA, 2-2-1964 (DOM, 15:00)
Campo Padinha, Olhão
Árbitro: Eduardo Gouveia (Lisboa)
Golos: 1-0 (Gancho 35'); 1-1 (Oliveira Duarte 59'); 1-2 (Gaio 63'); 2-2 (Parra 70')

SC Olhanense: Martin, Alexandrino, Rui, Reina «cap», Nunes, Madeira, Espírito Santo, Matias, Mendes, Parra e Gancho
Treinador: Ruperto Garcia

ACADÉMICA: Viegas, Curado, Torres «cap», Piscas, Manuel Castro, Rui Rodrigues, Vítor Campos, Crispim, Lourenço, Gaio e Oliveira Duarte
Treinador: José Maria Pedroto

ACADÉMICA – 1 SL Benfica – 5
1ª DIVISÃO, 17ª JORNADA, 9-2-1964 (DOM, 15:00)
Estádio Municipal de Coimbra, Coimbra **Árbitro:** Francisco Guerra (Porto) **Golos:** 0-1 (Torres 16'); 0-2 (Yaúca 31'); 1-2 (Oliveira Duarte 41'); 1-3 (Yaúca 61'); 1-4 (Eusébio 67'); 1-5 (Eusébio 81')

ACADÉMICA: Viegas, Curado, Manuel Castro, Torres «cap», Piscas, Rui Rodrigues, Crispim, Lourenço, Gaio, Vítor Campos e Oliveira Duarte
Treinador: José Maria Pedroto

SL Benfica: Costa Pereira, Cavém, Luciano, Cruz, Neto, Coluna «cap», José Augusto, Yaúca, Torres, Eusébio e Simões
Treinador: Lajos Czeizler

ACADÉMICA – 7 Seixal FC – 1
1ª DIVISÃO, 18ª JORNADA, 16-2-1964 (DOM, 15:00)
Estádio Municipal de Coimbra, Coimbra **Árbitro:** Décio de Freitas (Lisboa) **Golos:** 1-0 (Gaio 32'); 2-0 (Oliveira Duarte 44'); 3-0 (Gaio 46'); 4-0 (Rui Rodrigues 52'); 5-0 (Torres 60', gp); 6-0 (Gaio 61'); 6-1 (Torres 65', pb); 7-1 (Torres 77', gp)

ACADÉMICA: Curado, Manuel Castro, Rui Rodrigues, Torres «cap», Piscas, Zeca, Lourenço, Gaio, Vítor Campos e Oliveira Duarte
Treinador: José Maria Pedroto

Seixal FC: Vítor Manuel, António José, Hermenegildo, Caldeira, Aniceto «cap», Serra Coelho, Presumido, José Carlos, Necas, João Pereira e Feijão
Treinador: Angel Oñoro

FC Barreirense – 3 ACADÉMICA – 4

1ª DIVISÃO, 19ª JORNADA, 23-2-1964 (DOM, 15:00)
Campo D. Manuel de Melo, Barreiro **Árbitro:** Hermínio Soares (Lisboa) **Golos:** 0-1 (Teixeira 2'); 0-2 (Lourenço 5'); 1-2 (Costa 15'); 2-2 (Ludovico 22'); 3-2 (Adolfo 52'); 3-3 (Rui Rodrigues 60'); 3-4 (Oliveira Duarte 83')

FC Barreirense: Bráulio, Faneca, Carlos, Canário, Silvino «cap», Lança, Garrido, Ludovico, Adolfo, José António e Costa
Treinador: Pessoa Duarte

ACADÉMICA: Viegas, Curado, Manuel Castro, Rui Rodrigues, Torres «cap», Piscas, Zeca, Teixeira, Lourenço, Vítor Campos e Oliveira Duarte
Treinador: José Maria Pedroto

ACADÉMICA – 1 FC Porto – 2

1ª DIVISÃO, 20ª JORNADA, 1-3-1964 (DOM, 15:00)
Estádio Municipal de Coimbra, Coimbra **Árbitro:** Américo Barradas (Lisboa) **Golos:** 0-1 (Curado 20', pb); 1-1 (Oliveira Duarte 30'); 1-2 (Nóbrega 55')

ACADÉMICA: Viegas, Curado, Torres «cap», Marques, Manuel Castro, Piscas, Rocha, Zeca, Teixeira, Vítor Campos e Oliveira Duarte
Treinador: José Maria Pedroto

FC Porto: Américo, Almeida, Arcanjo, Paula, Festa, Rolando, Hernâni «cap», Jaime, Custódio Pinto, Valdir e Nóbrega
Treinador: Otto Glória

CF "Os Belenenses" – 0 ACADÉMICA – 2

1ª DIVISÃO, 21ª JORNADA, 8-3-1964 (DOM, 15:00)
Estádio do Restelo, Lisboa
Árbitro: Marcos Lobato (Setúbal)
Golos: 0-1 (Manuel Duarte 14'); 0-2 (Oliveira Duarte 84')

CF "Os Belenenses": Nascimento, Rosendo «cap», Rodrigues, Vicente, Abdul, Alberto Luís, Adelino, Pelezinho, João Carlos, Peres e Godinho
Treinador: Fernando Vaz

ACADÉMICA: Viegas, Curado, Manuel Castro, Rui Rodrigues, Torres «cap», Piscas, Crispim, Manuel Duarte, Gaio, Vítor Campos e Oliveira Duarte
Treinador: José Maria Pedroto

ACADÉMICA – 0 VSC Guimarães – 3

1ª DIVISÃO, 22ª JORNADA, 15-3-1964 (DOM, 15:00)
Estádio Municipal de Coimbra, Coimbra
Árbitro: Francisco Guerra (Porto)
Golos: 0-1 (Castro 43'); 0-2 (Rodrigo 72'); 0-3 (Caiçara 83')

ACADÉMICA: Viegas, Curado, Manuel Castro, Rui Rodrigues, Torres «cap», Piscas, Crispim, Gaio, Manuel Duarte, Vítor Campos e Oliveira Duarte
Treinador: José Maria Pedroto

VSC Guimarães: Roldão, Caiçara, Freitas, João da Costa, Manuel Pinto, Virgílio, Castro, Teodoro, Rodrigo, Peres «cap» e Paulino
Treinador: José Valle

Sporting CP – 1 ACADÉMICA – 0

1ª DIVISÃO, 23ª JORNADA, 22-3-1964 (DOM, 15:00)
Estádio José Alvalade, Lisboa
Árbitro: Porfírio da Silva (Aveiro)
Golo: 1-0 (Figueiredo 65')

Sporting CP: Carvalho, Pedro Gomes, Alexandre Batista, Hilário, Fernando Mendes «cap», José Carlos, Figueiredo, Osvaldo Silva, Mascarenhas, Géo e João Morais
Treinador: Francisco Reboredo

ACADÉMICA: Viegas, Leonel Abreu, Manuel Castro, Piscas, Torres «cap» (E 85'), António Castro, Crispim, Teixeira, Manuel Duarte, Vítor Campos e Oliveira Duarte
Treinador: José Maria Pedroto

ACADÉMICA – 3 LGC Évora – 0

1ª DIVISÃO, 24ª JORNADA, 5-4-1964 (DOM, 16:00)
Estádio Municipal de Coimbra, Coimbra **Árbitro:** Aníbal de Oliveira (Lisboa) **Auxiliares:** Fernando Aragão e Fernando Gomes
Golos: 1-0 (Lourenço 2'); 2-0 (Oliveira Duarte 55'); 3-0 (Vítor Campos 63')

ACADÉMICA: Viegas, Leonel Abreu, Manuel Castro, Vítor Campos, Cagica Rapaz, Piscas, Crispim, Lourenço, Rocha «cap», Teixeira e Oliveira Duarte
Treinador: José Maria Pedroto

LGC Évora: Vital, Teotónio, Mitó, Cordeiro, Paixão, Caraça «cap», Faustino, Coró, Coutinho, Índio e José Pedro
Treinador: Miguel Bertral

GD C.U.F. – 6 ACADÉMICA – 2

1ª DIVISÃO, 25ª JORNADA, 12-4-1964 (DOM, 16:00)
Campo de Santa Bárbara, Barreiro **Árbitro:** Hermínio Soares (Lisboa) **Golos:** 1-0 (Medeiros 6'); 2-0 (Leonel Abreu 12', pb); 2-1 (Lourenço 44'); 3-1 (Medeiros 48'); 4-1 (Medeiros 51'); 5-1 (Ferreira Pinto 53'); 5-2 (Rui Rodrigues 55'); 6-2 (Medeiros 60')

GD C.U.F.: José Maria, Durand, Palma «cap», Abalroado, Vieira Dias, Mário João, Madeira, Ferreira Pinto, Medeiros, Assis e Uria
Treinador: Manuel de Oliveira

ACADÉMICA: Viegas, Leonel Abreu, Cagica Rapaz, Manuel Castro, Rui Rodrigues, Piscas, Crispim, Gaio, Rocha «cap», Lourenço e Vítor Campos
Treinador: José Maria Pedroto

ACADÉMICA – 2 Leixões SC – 3

1ª DIVISÃO, 26ª JORNADA, 19-4-1964 (DOM, 16:00)
Estádio Municipal de Coimbra, Coimbra **Árbitro:** Fernando Martins (Lisboa) **Golos:** 0-1 (Esteves 61'); 1-1 (Lourenço 64'); 1-2 (Esteves 75'); 1-3 (Veiga 83'); 2-3 (Rui Rodrigues 84', gp)

ACADÉMICA: Viegas, Curado «cap», Manuel Castro, Rui Rodrigues, Cagica Rapaz, Piscas, Crispim, Gaio, Lourenço, Vítor Campos e Oliveira Duarte
Treinador: José Maria Pedroto

Leixões SC: Rosas, Geraldinho, Ribeiro, Raul Oliveira, Ventura «cap», Marçal, Esteves, Veiga, Wagner, Bené e Abraão
Treinador: José Carlos Bauer

ACADÉMICA – 4 LFC Vildemoinhos – 0

TAÇA RIBEIRO DOS REIS, 1ª JORNADA, 24-5-1964 (DOM, 16:00)
Estádio Municipal de Coimbra, Coimbra **Árbitro:** Gervásio Togeira (Leiria) **Golos:** 1-0 (Manuel Duarte 34'); 2-0 (Gaio 54'); 3-0 (Oliveira Duarte 83'); 4-0 (Manuel Duarte 88')

ACADÉMICA: Maló, Curado, Marques, Rui Rodrigues, Cagica Rapaz, António Castro, Rocha «cap», Manuel Duarte, Gaio, Gervásio e Oliveira Duarte
Treinador: José Maria Pedroto

LFC Vildemoinhos: Jorge, Amaral (E 67'), António Alfredo, Sousa, Ângelo, Rodrigues, Carlitos, Ferreira, João Carlos, Mirita e Pinheiro
Treinador: Mascaró

GD Peniche – 2 ACADÉMICA – 1

TAÇA RIBEIRO DOS REIS, 2ª JORNADA, 31-5-1964 (DOM, 16:00)
Campo do Baluarte, Peniche
Árbitro: Salvador Garcia (Lisboa)
Golos: 1-0 (Totói 51'); 2-0 (Lino 64'); 2-1 (Rocha 80')

GD Peniche: Balacó, Medeiros, Varela, Rubin, Carlos Ferreira, Lídio, Correia Dias, Lino, Jóia, Perez «cap» e Totói
Treinador: Ricardo Perez

ACADÉMICA: Maló, Curado, Cagica Rapaz, Marques, Gervásio, António Castro, Rocha «cap», Manuel Duarte, Gaio, Vítor Campos e Oliveira Duarte
Treinador: José Maria Pedroto

SC Covilhã – 2 ACADÉMICA – 1

TAÇA RIBEIRO DOS REIS, 3ª JORNADA, 7-6-1964 (DOM, 17:00)
Campo José dos Santos Pinto, Covilhã
Árbitro: João Pinto Ferreira (Porto)
Golos: 0-1 (Manuel Duarte 25'); 1-1 (Osvaldo 58'); 2-1 (Carvalho 68')

SC Covilhã: Arnaldo, Leite, Graça, Maçarico, Bio, Lãzinha «cap», Hugo, Manteigueiro, Osvaldo, Madaleno e Carvalho
Treinador: Oscar Tellechea

ACADÉMICA: Maló, Curado «cap», Gervásio, Marques, Cagica Rapaz, António Castro, Crispim, Manuel Duarte, Gaio, Rui Rodrigues e Vítor Campos
Treinador: José Maria Pedroto

ACADÉMICA – 7 UD Oliveirense – 1

TAÇA RIBEIRO DOS REIS, 4ª JORNADA, 14-6-1964 (DOM, 17:00)
Estádio Municipal de Coimbra, Coimbra **Árbitro:** Francisco Guerra (Porto) **Golos:** 1-0 (Teixeira 2'); 2-0 (Gaio 5'); 3-0 (Gaio 19'); 4-0 (Rocha 20'); 5-0 (Teixeira 22', pb); 5-1 (Ferreira 70'); 6-1 (Crispim 78'); 7-1 (Teixeira 85')

ACADÉMICA: Maló, Curado, António Castro, Marques, Gervásio, Rui Rodrigues, Crispim, Gaio, Rocha «cap», Teixeira e Oliveira Duarte
Treinador: Mário Torres

UD Oliveirense: Teixeira, Vítor, Armindo, André «cap», Branca, Costa, Ferreira, Resende, Lucídio, Correia e Valente
Treinador: Rui Maia

AD Sanjoanense – 0 ACADÉMICA – 7

TAÇA RIBEIRO DOS REIS, 5ª JORNADA, 21-6-1964 (DOM, 17:00)
Estádio Conde Dias Garcia, São João da Madeira **Árbitro:** Jovino Pinto (Porto) **Golos:** 0-1 (Teixeira 10'); 0-2 (Oliveira Duarte 16'); 0-3 (Oliveira Duarte 33'); 0-4 (Gaio 68'); 0-5 (Oliveira Duarte 79'); 0-6 (Teixeira 80'); 0-7 (Rocha 82')

AD Sanjoanense: Sardinha, Oliveira, Augusto, Almeida, Gaspar, Faria, Lima, Ivan, Castro, Macedo e Bauer
Treinador: Manolo Ibáñez

ACADÉMICA: Maló, Curado, Marta, António Castro, Gervásio, Rui Rodrigues, Crispim, Gaio, Rocha «cap», Teixeira e Oliveira Duarte
Treinador: Mário Torres

ACADÉMICA – 1 SC Beira-Mar – 0

TAÇA RIBEIRO DOS REIS, 6ª JORNADA, 28-6-1964 (DOM, 17:00)
Estádio Municipal de Coimbra, Coimbra
Árbitro: Júlio Braga Barros (Leiria)
Golo: 1-0 (Gaio 5')

ACADÉMICA: Maló, Curado, António Castro, Gervásio, Marta, Rui Rodrigues, Crispim, Gaio, Rocha «cap», Teixeira e Oliveira Duarte
Treinador: Mário Torres

SC Beira-Mar: Rocha, Girão, Evaristo, Brandão, Liberal «cap», Juliano, Miguel, Nené, Diego, Fernando e José Manuel
Treinador: Bernabé Puertas

AC Marinhense – 1 ACADÉMICA – 4

TAÇA RIBEIRO DOS REIS, 7ª JORNADA, 5-7-1964 (DOM, 18:00)
Campo da Portela, Marinha Grande **Árbitro:** Manuel Neto (Lisboa) **Auxiliares:** Mendonça Rocha e Jaime Batista
Golos: 0-1 (Gaio 14'); 0-2 (Gaio 28'); 1-2 (Pinto 30'); 1-3 (Gaio 31'); 1-4 (Teixeira 87')

AC Marinhense: Serrano, Moisés, Pinto «cap», Luís, Zequinha, Reis, Duarte, Telmo, Carapinha, Cunha Velho e Joaquim Cardoso
Treinador: Fernando Pinto

ACADÉMICA: Maló, Curado, Marta, António Castro, Gervásio, Rui Rodrigues, Crispim, Gaio, Rocha «cap», Teixeira e Oliveira Duarte
Treinador: Mário Torres

ÉPOCA 1964-1965

1ª DIVISÃO: 4º LUGAR (MANUTENÇÃO)
TAÇA DE PORTUGAL: 1/16 DE FINAL

JOGOS EFECTUADOS

	J	V	E	D	GM	GS
CASA	15	9	2	4	44	18
FORA	15	9	0	6	24	24
TOTAL	30	18	2	10	68	42

ACADÉMICA – 9 SC Beira-Mar – 0

TAÇA DE PORTUGAL, 1/32 DE FINAL, 13-9-1964 (DOM, 17:00)
Estádio Municipal de Coimbra, Coimbra **Árbitro:** Júlio Braga Barros (Leiria) **Golos:** 1-0 (Rui Rodrigues 6'); 2-0 (Manuel António 12'); 3-0 (Teixeira 23'); 4-0 (Torres 44', gp); 5-0 (Manuel António 50'); 6-0 (Rocha 70'); 7-0 (Manuel António 78'); 8-0 (Teixeira 83'); 9-0 (Teixeira 88')

ACADÉMICA: Viegas, Curado, Torres «cap», Marques, Rui Rodrigues, Manuel Castro, Crispim, Manuel António, Teixeira, Rocha e Oliveira Duarte
Treinador: Mário Wilson

SC Beira-Mar: Gonçalves (Vítor 23'), Girão, Liberal «cap», Evaristo, Brandão, Juliano, Miguel, Garcia, Gaio, Fernando e Correia
Treinador: Pedro Costa

SC Beira-Mar – 0 ACADÉMICA – 1

TAÇA DE PORTUGAL, 1/32 DE FINAL, 20-9-1964 (DOM, 17:00)
Estádio Mário Duarte, Aveiro
Árbitro: Fernando Velez (Santarém)
Golo: 0-1 (Torres 82', gp)

SC Beira-Mar: Gonçalves, Girão, Liberal «cap», Evaristo, Brandão, Jacinto, Miguel, Garcia, Gaio, Fernando e José Manuel
Treinador: Pedro Costa

ACADÉMICA: Viegas, Manuel Castro, Torres «cap», Marques, Rui Rodrigues, Gervásio, Rocha, Crispim, Teixeira, Manuel António e Oliveira Duarte (E 67')
Treinador: Mário Wilson

VSC Guimarães – 1 ACADÉMICA – 0

TAÇA DE PORTUGAL, 1/16 DE FINAL, 27-9-1964 (DOM, 17:00)
Campo da Amorosa, Guimarães
Árbitro: Francisco Guerra (Porto)
Golo: 1-0 (Castro 29')

VSC Guimarães: Roldão, Caiçara, Manuel Pinto, Virgílio, Daniel, Inácio, Peres «cap», Moreira, Mendes, Rodrigo e Castro
Treinador: José Valle

ACADÉMICA: Viegas, Manuel Castro, Torres «cap», Curado, Marques, Rui Rodrigues, Gervásio, Crispim, Teixeira, Manuel António e Rocha
Treinador: Mário Wilson

ACADÉMICA – 0 VSC Guimarães – 1

TAÇA DE PORTUGAL, 1/16 DE FINAL, 4-10-1964 (DOM, 15:00)
Estádio Municipal de Coimbra, Coimbra
Árbitro: Hermínio Soares (Lisboa)
Golo: 0-1 (Mendes 50')

ACADÉMICA: Viegas, Manuel Castro, Torres «cap», Curado, Marques, Rui Rodrigues, Rocha, Crispim, Manuel António, Teixeira e Oliveira Duarte
Treinador: Mário Wilson

VSC Guimarães: Roldão, Caiçara, Manuel Pinto, Virgílio, Daniel, Inácio, Peres «cap», Moreira, Mendes, Rodrigo e Castro
Treinador: José Valle

GD C.U.F. – 3 ACADÉMICA – 1

1ª DIVISÃO, 1ª JORNADA, 11-10-1964 (DOM, 15:00)
Campo de Santa Bárbara, Barreiro **Árbitro:** Salvador Garcia (Lisboa) **Golos:** 0-1 (Rocha 30'); 1-1 (Fernando 38'); 2-1 (Fernando 39'); 3-1 (Vieira Dias 60')

GD C.U.F.: José Maria, Durand, Palma «cap», Mário João, Abalroado, Vieira Dias, Ferreira Pinto, Álvaro, Fernando, Medeiros e Espírito Santo
Treinador: Manuel de Oliveira

ACADÉMICA: Viegas, Manuel Castro, Torres «cap», Curado, Marques, Rui Rodrigues, Gervásio, Crispim, Manuel António, Rocha e Oliveira Duarte
Treinador: Mário Wilson

ACADÉMICA – 2 SCU Torreense – 0

1ª DIVISÃO, 2ª JORNADA, 18-10-1964 (DOM, 15:00)
Estádio Municipal de Coimbra, Coimbra
Árbitro: Edmundo de Carvalho (Aveiro)
Golos: 1-0 (Torres 21', gp); 2-0 (Manuel António 71')

ACADÉMICA: Viegas, Manuel Castro, Torres «cap», Curado, Marques, Rui Rodrigues, Gervásio, Crispim, Manuel António, Teixeira e Rocha
Treinador: Mário Wilson

SCU Torreense: Pais, Hermínio, Humberto, Carlos António, Alfredo, Nuno, Morais, Ninéu, Serafim, José da Costa «cap» e Coutinho
Treinador: Janos Zorgo

ACADÉMICA – 2 SC Braga – 1

1ª DIVISÃO, 3ª JORNADA, 25-10-1964 (DOM, 15:00)
Estádio Municipal de Coimbra, Coimbra **Árbitro:** Aniceto Nogueira (Porto) **Auxiliares:** Caetano Nogueira e Elísio Marques
Golos: 0-1 (Bino 18'); 1-1 (Manuel António 31'); 2-1 (Gervásio 85')

ACADÉMICA: Viegas, Manuel Castro, Vieira Nunes, Curado, Marques, Rui Rodrigues, Gervásio, Crispim, Manuel António, Rocha «cap» e Oliveira Duarte
Treinador: Mário Wilson

SC Braga: Armando Pereira, Armando Costa «cap», Leiria, Coimbra, José Maria Azevedo, Canário, Ferreirinha, Quim, Sim-Sim, Morais e Bino
Treinador: António Teixeira

CF "Os Belenenses" – 3 ACADÉMICA – 0

1ª DIVISÃO, 4ª JORNADA, 1-11-1964 (DOM, 15:00)
Estádio do Restelo, Lisboa
Árbitro: Marcos Lobato (Setúbal)
Golos: 1-0 (Lira 16'); 2-0 (Peres 31'); 3-0 (Peres 84')

CF "Os Belenenses": José Pereira «cap», Rodrigues, Ribeiro, Vicente, Alberto Luís, Abdul, Virgílio, Adelino, Lira, Peres e Godinho
Treinador: Franz Fuchs

ACADÉMICA: Viegas, Curado, Manuel Castro, Torres «cap», Marques, Vieira Nunes, Rui Rodrigues, Crispim, Manuel António, Gervásio e Rocha
Treinador: Mário Wilson

ACADÉMICA – 2 SL Benfica – 2

1ª DIVISÃO, 5ª JORNADA, 8-11-1964 (DOM, 15:00)
Estádio Municipal de Coimbra, Coimbra **Árbitro:** Virgílio Batista (Setúbal) **Golos:** 0-1 (Eusébio 6'); 1-1 (Manuel António 28'); 1-2 (Eusébio 36'); 2-2 (Cruz 61', pb)

ACADÉMICA: Viegas, Curado, Manuel Castro, Torres «cap», Vítor Campos, Marques, Rui Rodrigues, Rocha, Crispim, Manuel António e Oliveira Duarte
Treinador: Mário Wilson

SL Benfica: Costa Pereira, Cavém, Germano, Cruz, Ângelo, Neto, Coluna «cap», José Augusto, Torres, Eusébio e Serafim
Treinador: Elek Schwartz

FC Porto – 1 ACADÉMICA – 2

1ª DIVISÃO, 6ª JORNADA, 22-11-1964 (DOM, 15:00)
Estádio das Antas, Porto **Árbitro:** Saldanha Ribeiro (Leiria)
Golos: 1-0 (Custódio Pinto 14'); 1-1 (Jorge Humberto 46'); 1-2 (Manuel António 60')

FC Porto: Américo «cap», Festa, Almeida, Arcanjo, Atraca, Rolando, Custódio Pinto (L 89'), Naftal, Carlos Batista, Valdir e Nóbrega
Treinador: Otto Glória

ACADÉMICA: Viegas, Manuel Castro, Torres «cap», Vieira Nunes, Marques, Vítor Campos, Rui Rodrigues, Rocha, Crispim, Manuel António e Jorge Humberto
Treinador: Mário Wilson

ACADÉMICA – 5 Varzim SC – 1

1ª DIVISÃO, 7ª JORNADA, 29-11-1964 (DOM, 15:00)
Estádio Municipal de Coimbra, Coimbra
Árbitro: Joaquim Campos (Lisboa) **Golos:** 1-0 (Jorge Humberto 2'); 2-0 (Rocha 16'); 3-0 (Manuel António 23'); 3-1 (Noé 50'); 4-1 (Oliveira Duarte 61'); 5-1 (Crispim 74')

ACADÉMICA: Maló, Manuel Castro, Torres «cap», Rui Rodrigues, Marques, Vítor Campos, Rocha, Crispim, Manuel António, Jorge Humberto (L 23') e Oliveira Duarte
Treinador: Mário Wilson

Varzim SC: Justino, Fernando Ferreira, Quim, Fonseca, Salvador, Jorge Gomes, Aleixo, Rogério, Jorge, Nelson e Noé «cap»
Treinador: Artur Quaresma

VFC Setúbal – 1 ACADÉMICA – 2

1ª DIVISÃO, 8ª JORNADA, 6-12-1964 (DOM, 15:00)
Estádio do Bonfim, Setúbal **Árbitro:** Salvador Garcia (Lisboa)
Golos: 1-0 (José Maria 28'); 1-1 (Vítor Campos 46'); 1-2 (Carlos Cardoso 87', pb)

VFC Setúbal: Mourinho, Conceição, Torpes, Herculano, Carriço, Carlos Cardoso, Augusto, Jaime Graça «cap», Armando, José Maria e Carlos Manuel
Treinador: Fernando Vaz

ACADÉMICA: Maló, Curado, Torres «cap», Manuel Castro, Marques, Rui Rodrigues, Vítor Campos, Rocha, Crispim, Manuel António e Oliveira Duarte
Treinador: Mário Wilson

ACADÉMICA – 5 Seixal FC – 0

1ª DIVISÃO, 9ª JORNADA, 13-12-1964 (DOM, 15:00)
Estádio Municipal de Coimbra, Coimbra **Árbitro:** Francisco Guerra (Porto) **Golos:** 1-0 (Rui Rodrigues 32'); 2-0 (Oliveira Duarte 36'); 3-0 (Manuel António 50'); 4-0 (Manuel António 66'); 5-0 (Manuel António 80')

ACADÉMICA: Maló, Curado, Torres «cap», Manuel Castro, Marques, Rui Rodrigues, Vítor Campos, Rocha, Crispim, Manuel António e Oliveira Duarte
Treinador: Mário Wilson

Seixal FC: José Henriques (Godinho 67'), Quim, Rocha, Jeremias, Hermenegildo, Carlos Alberto, Caldeira, Cambalacho «cap», Jorge, Teles e Romeu
Treinador: João Mário Jordão

VSC Guimarães – 1 ACADÉMICA – 0

1ª DIVISÃO, 10ª JORNADA, 20-12-1964 (DOM, 15:00)
Campo da Amorosa, Guimarães **Árbitro:** Aniceto Nogueira (Porto) **Auxiliares:** Caetano Nogueira e Elísio Marques
Golo: 1-0 (Paulino 62')

VSC Guimarães: Roldão, Mário, Manuel Pinto, Virgílio «cap», Daniel, João da Costa, Inácio, Paulino, Mendes, Rodrigo (E 89') e Castro
Treinador: José Valle

ACADÉMICA: Maló, Curado, Torres «cap», Manuel Castro, Marques, Rui Rodrigues, Gervásio, Crispim, Manuel António, Jorge Humberto e Rocha **Treinador:** Mário Wilson

ACADÉMICA – 3 LGC Évora – 0

1ª DIVISÃO, 11ª JORNADA, 27-12-1964 (DOM, 15:00)
Estádio Municipal de Coimbra, Coimbra
Árbitro: Henrique Silva (Lisboa) **Golos:** 1-0 (Rui Rodrigues 6'); 2-0 (Manuel António 58'); 3-0 (Crispim 79')

ACADÉMICA: Maló, Curado, Torres «cap», Manuel Castro, Marques, Rui Rodrigues, Rocha, Crispim, Manuel António, Jorge Humberto e Oliveira Duarte
Treinador: Mário Wilson

LGC Évora: Vital, Mitó «cap», Falé, Abegoria, Paixão, Cordeiro, José Pedro, Morais, José Maria, Orfeu e Vaz
Treinador: Miguel Bertral

Sporting CP – 2 ACADÉMICA – 4

1ª DIVISÃO, 12ª JORNADA, 3-1-1965 (DOM, 15:00)
Estádio José Alvalade, Lisboa **Árbitro:** Francisco Guerra (Porto)
Golos: 0-1 (Manuel António 8'); 0-2 (Manuel Castro 10'); 0-3 (Jorge Humberto 31'); 1-3 (Lourenço 34'); 2-3 (Serra 42'); 2-4 (Manuel António 85')

Sporting CP: Carvalho, Lino (E 44'), Alfredo, Hilário, Pedro Gomes «cap», José Carlos, Osvaldo Silva, Carlitos, Lourenço, Ferreira Pinto e Serra
Treinador: Josef Szabo

ACADÉMICA: Maló, Curado, Torres «cap», Manuel Castro (L 44'), Marques, Rui Rodrigues, Rocha, Crispim, Manuel António, Jorge Humberto e Oliveira Duarte
Treinador: Mário Wilson

ACADÉMICA – 5 Leixões SC – 3

1ª DIVISÃO, 13ª JORNADA, 10-1-1965 (DOM, 15:00)
Estádio Municipal de Coimbra, Coimbra **Árbitro:** Joaquim Campos (Lisboa) **Golos:** 1-0 (Rui Rodrigues 21'); 1-1 (Esteves 24'); 1-2 (Manuel Duarte 28'); 2-2 (Oliveira Duarte 55'); 3-2 (Jorge Humberto 74'); 4-2 (Oliveira Duarte 78'); 5-2 (Manuel António 79'); 5-3 (Manuel Duarte 89')

ACADÉMICA: Maló, Vieira Nunes, Torres «cap», Rui Rodrigues, Marques, Rocha, Vítor Campos, Crispim, Manuel António, Jorge Humberto (L 82') e Oliveira Duarte
Treinador: Mário Wilson

Leixões SC: António Nicolau (Rosas 81'), Geraldinho, Santana «cap», Narciso, Raul Oliveira, Ventura, Bené, Wagner, Manuel Duarte, Esteves e Carlos Duarte
Treinador: José Maria Pedroto

ACADÉMICA – 1 GD C.U.F. – 2

1ª DIVISÃO, 14ª JORNADA, 17-1-1965 (DOM, 15:00)
Estádio Municipal de Coimbra, Coimbra **Árbitro:** Décio de Freitas (Lisboa) **Golos:** 0-1 (Uria 50'); 0-2 (Ferreira Pinto 59'); 1-2 (Manuel António 90')

ACADÉMICA: Maló, Curado, Vieira Nunes, Torres «cap», Marques, Rui Rodrigues, Rocha, Crispim, Manuel António, Vítor Campos e Oliveira Duarte
Treinador: Mário Wilson

GD C.U.F.: José Maria, Bambo, Durand, Medeiros, Mário João «cap», Vieira Dias, Espírito Santo, Madeira, Álvaro, Ferreira Pinto e Uria
Treinador: Manuel de Oliveira

SCU Torreense – 0 ACADÉMICA – 3

1ª DIVISÃO, 15ª JORNADA, 31-1-1965 (DOM, 15:00)
Campo do Bairro das Covas, Torres Vedras
Árbitro: Saldanha Ribeiro (Leiria)
Golos: 0-1 (Rocha 2'); 0-2 (Rocha 38'); 0-3 (Vítor Campos 83')

SCU Torreense: Pais, Morais, Humberto, Carlos António «cap», Alfredo, Cabral, Belchior, Pedro, Ninéu, Serafim e Narciso
Treinador: Janos Zorgo

ACADÉMICA: Maló, Curado, Torres «cap», Rui Rodrigues, Marques, Gervásio, Rocha, Vítor Campos, Crispim, Manuel António e Oliveira Duarte
Treinador: Mário Wilson

SC Braga – 2 ACADÉMICA – 3

1ª DIVISÃO, 16ª JORNADA, 7-2-1965 (DOM, 15:00)
Estádio 28 de Maio, Braga **Árbitro:** Francisco Guerra (Porto)
Golos: 0-1 (Vítor Campos 40'); 1-1 (Morais 55'); 1-2 (Gervásio 77'); 2-2 (Ferreirinha 85', gp); 2-3 (Manuel António 86')

SC Braga: Moreira, Coimbra, Leiria, Morais Rodrigues, José Maria Azevedo, Armando Costa, Ferreirinha «cap», Júlio Teixeira, Dourado, Morais e Bino
Treinador: António Teixeira

ACADÉMICA: Maló, Curado, Torres «cap», Rui Rodrigues, Marques, Gervásio, Rocha, Vítor Campos, Crispim, Manuel António e Oliveira Duarte
Treinador: Mário Wilson

ACADÉMICA – 4 CF "Os Belenenses" – 1

1ª DIVISÃO, 17ª JORNADA, 14-2-1965 (DOM, 15:00)
Estádio Municipal de Coimbra, Coimbra **Árbitro:** João Pinto Ferreira (Porto) **Golos:** 1-0 (Rocha 22'); 2-0 (Manuel António 46'); 3-0 (Manuel António 53'); 4-0 (Vítor Campos 62'); 4-1 (Alberto Luís 89')

ACADÉMICA: Maló, Curado, Torres «cap», Rui Rodrigues, Marques, Rocha, Vítor Campos, Crispim, Manuel António, Jorge Humberto e Oliveira Duarte
Treinador: Mário Wilson

CF "Os Belenenses": José Pereira «cap», Rosendo, Caneira, Vicente, Rodrigues, Pelezinho, Alberto Luís, Lira, Palico, Peres e Godinho
Treinador: Mariano Amaro

SL Benfica – 3 ACADÉMICA – 0

1ª DIVISÃO, 18ª JORNADA, 20-2-1965 (SAB, 21:45)
Estádio da Luz, Lisboa
Árbitro: Francisco Guerra (Porto)
Golos: 1-0 (Torres 13'); 2-0 (Eusébio 62'); 3-0 (Torres 68')

SL Benfica: Nascimento, Cavém, Luciano, Raul Machado, Cruz, Neto, José Augusto «cap», Simões, Torres, Eusébio e Pedras
Treinador: Elek Schwartz

ACADÉMICA: Maló, Curado, Torres «cap», Rui Rodrigues, Marques, Vítor Campos, Rocha, Crispim, Manuel António, Jorge Humberto e Oliveira Duarte
Treinador: Mário Wilson

ACADÉMICA – 1 FC Porto – 4

1ª DIVISÃO, 19ª JORNADA, 28-2-1965 (DOM, 15:00)
Estádio Municipal de Coimbra, Coimbra **Árbitro:** Aníbal de Oliveira (Lisboa) **Golos:** 1-0 (Rocha 7'); 1-1 (Nóbrega 13'); 1-2 (Mesquita 19', pb); 1-3 (Naftal 37'); 1-4 (Jaime 85')

ACADÉMICA: Maló, Curado, Torres «cap», Mesquita, Rui Rodrigues, Vítor Campos, Rocha, Crispim, Manuel António, Jorge Humberto e Oliveira Duarte
Treinador: Mário Wilson

FC Porto: Rui, Festa, Alípio, Atraca, Almeida, Rolando, Jaime, Carlos Manuel, Naftal, Custódio Pinto «cap» e Nóbrega
Treinador: Otto Glória

Varzim SC – 0 ACADÉMICA – 2

1ª DIVISÃO, 20ª JORNADA, 7-3-1965 (DOM, 15:00)
Estádio do Varzim Sport Clube, Póvoa de Varzim
Árbitro: Barros de Araújo (Vila Real)
Golos: 0-1 (Jorge Humberto 30'); 0-2 (Jorge Humberto 46')

Varzim SC: Justino, Fernando Ferreira, Geninho, Salvador, Sidónio, João Pereira, Aleixo, Jorge, Nelson, Noé «cap» e Rogério
Treinador: Artur Quaresma

ACADÉMICA: Maló, Curado, Torres «cap», Rui Rodrigues, Mesquita, Crispim, Gervásio, Vítor Campos, Manuel António, Jorge Humberto e Oliveira Duarte
Treinador: Mário Wilson

ACADÉMICA – 1 VFC Setúbal – 1

1ª DIVISÃO, 21ª JORNADA, 14-3-1965 (DOM, 15:00)
Estádio Municipal de Coimbra, Coimbra **Árbitro:** João Pinto Ferreira (Porto) **Auxiliares:** Gomes da Silva e Armando Faria
Golos: 1-0 (Vítor Campos 32'); 1-1 (José Maria 38')

ACADÉMICA: Maló, Mesquita, Curado, Torres «cap», Marques, Rui Rodrigues, Gervásio, Rocha, Vítor Campos, Manuel António e Jorge Humberto
Treinador: Mário Wilson

VFC Setúbal: Mourinho, Conceição, Emídio Graça, Herculano, Carriço, Carlos Cardoso, Augusto, Jaime Graça «cap», José Maria, Carlos Manuel e Quim
Treinador: Fernando Vaz

Seixal FC – 1 ACADÉMICA – 3

1ª DIVISÃO, 22ª JORNADA, 21-3-1965 (DOM, 15:00)
Campo do Bravo, Seixal **Árbitro:** Hermínio Soares (Lisboa)
Golos: 0-1 (Jorge Humberto 22'); 0-2 (Manuel António 70'); 0-3 (Jorge Humberto 74'); 1-3 (Carlos Alberto 84')

Seixal FC: Godinho, Quim, Aniceto, Jeremias, Hermenegildo, Caldeira, Teles, Romeu, Carlos Alberto, Cambalacho e Carvalho «cap»
Treinador: João Mário Jordão

ACADÉMICA: Maló, Curado, Torres «cap», Rui Rodrigues, Mesquita, Gervásio, Vítor Campos, Crispim, Manuel António, Jorge Humberto e Rocha
Treinador: Mário Wilson

ACADÉMICA – 1 VSC Guimarães – 2

1ª DIVISÃO, 23ª JORNADA, 28-3-1965 (DOM, 15:00)
Estádio Municipal de Coimbra, Coimbra
Árbitro: Mário Mendonça (Setúbal)
Golos: 0-1 (Rodrigo 9'); 0-2 (Mendes 10'); 1-2 (Manuel António 78')

ACADÉMICA: Maló, Mesquita, Curado, Torres «cap», Marques, Rui Rodrigues, Rocha, Crispim, Manuel António, Jorge Humberto e Oliveira Duarte
Treinador: Mário Wilson

VSC Guimarães: Roldão, Gualter, Manuel Pinto, Virgílio, Daniel, Osvaldinho, Peres «cap», Paulino, Castro, Rodrigo e Mendes
Treinador: José Valle

LGC Évora – 1 ACADÉMICA – 2

1ª DIVISÃO, 24ª JORNADA, 4-4-1965 (DOM, 16:00)
Campo Estrela, Évora **Árbitro:** Décio de Freitas (Lisboa)
Golos: 0-1 (Manuel António 54'); 0-2 (Jorge Humberto 57'); 1-2 (José Maria 68')

LGC Évora: Vital, Teotónio, Falé, Paixão, Abegoria, Cordeiro, Mitó «cap», Morais, José Maria, José Pedro e Vaz
Treinador: Miguel Bertral

ACADÉMICA: Maló, Curado, Torres «cap», Rui Rodrigues, Marques, Gervásio, Rocha, Crispim, Manuel António, Jorge Humberto e Oliveira Duarte
Treinador: Mário Wilson

ACADÉMICA – 3 Sporting CP – 0

1ª DIVISÃO, 25ª JORNADA, 2-5-1965 (DOM, 16:00)
Estádio Municipal de Coimbra, Coimbra **Árbitro:** Manuel Lousada (Santarém) **Auxiliares:** José Pereira e António Verniz
Golos: 1-0 (Vítor Campos 30'); 2-0 (Jorge Humberto 66'); 3-0 (Jorge Humberto 70')

ACADÉMICA: Maló, Curado, Torres «cap», Rui Rodrigues, Marques, Gervásio, Vítor Campos, Crispim, Manuel António, Jorge Humberto e Oliveira Duarte **Treinador:** Mário Wilson

Sporting CP: Carvalho, Pedro Gomes, Alfredo, Hilário, Alexandre Batista, José Carlos «cap», Carlitos, Serra (L 85'), Lourenço, Ferreira Pinto e Osvaldo Silva
Treinador: Josef Szabo

ÉPOCA 1965-1966

1ª DIVISÃO: 6º LUGAR (MANUTENÇÃO)
TAÇA DE PORTUGAL: 1/32 DE FINAL

JOGOS EFECTUADOS

	J	V	E	D	GM	GS
CASA	13	6	3	4	33	18
FORA	14	3	5	6	26	34
TOTAL	27	9	8	10	59	52

Leixões SC – 5 ACADÉMICA – 1

1ª DIVISÃO, 26ª JORNADA, 9-5-1965 (DOM, 16:00)
Estádio do Mar, Matosinhos **Árbitro:** Saldanha Ribeiro (Leiria)
Golos: 1-0 (Esteves 3'); 2-0 (Manuel Duarte 10'); 3-0 (Wagner 23'); 4-0 (Esteves 63'); 5-0 (Manuel Oliveira 75'); 5-1 (Manuel António 86')

Leixões SC: Crista, Geraldinho, Santana «cap», Marçal, Raul Oliveira, Ventura, Mateus, Wagner (E 71'), Manuel Duarte, Manuel Oliveira e Esteves
Treinador: Ruperto Garcia

ACADÉMICA: Maló, Curado, Vieira Nunes, Piscas, Marques, Rui Rodrigues, Rocha «cap» (E 71'), Crispim, Manuel António, Jorge Humberto e Oliveira Duarte
Treinador: Mário Wilson

ACADÉMICA – 2 SL Benfica – 2

1ª DIVISÃO, 1ª JORNADA, 12-9-1965 (DOM, 17:00)
Estádio Municipal de Coimbra, Coimbra **Árbitro:** Francisco Guerra (Porto) **Golos:** 0-1 (Eusébio 15'); 1-1 (Ernesto 20'); 1-2 (Eusébio 41'); 2-2 (Vítor Campos 43')

ACADÉMICA: Viegas, Curado, Torres «cap», Piscas, Marques, Rui Rodrigues, Gervásio, Crispim, Ernesto, Artur Jorge e Vítor Campos
Treinador: Mário Wilson

SL Benfica: Costa Pereira, Cavém, Calado, Augusto Silva, Ferreira Pinto, Jacinto, José Augusto, Eusébio, Torres, Coluna «cap» e Simões
Treinador: Béla Guttmann

SC Braga – 2 ACADÉMICA – 3

1ª DIVISÃO, 2ª JORNADA, 19-9-1965 (DOM, 16:00)
Estádio 28 de Maio, Braga **Árbitro:** Edmundo de Carvalho (Aveiro)
Auxiliares: Henrique Costa e Joaquim Freire
Golos: 0-1 (Artur Jorge 5'); 1-1 (Estêvão 15'); 1-2 (Ernesto 55'); 2-2 (Estêvão 71'); 2-3 (Crispim 88')

SC Braga: Armando Pereira, Armando Costa, Juvenal, Coimbra, José Maria Azevedo «cap», Sim-Sim, Luciano, Bino, Perrichon, Canário e Estêvão
Treinador: José Valle

ACADÉMICA: Viegas, Curado, Torres «cap», Piscas, Marques, Rui Rodrigues, Gervásio, Crispim, Ernesto, Artur Jorge e Vítor Campos
Treinador: Mário Wilson

ACADÉMICA – 4 VFC Setúbal – 1

1ª DIVISÃO, 3ª JORNADA, 26-9-1965 (DOM, 16:00)
Estádio Municipal de Coimbra, Coimbra
Árbitro: Aníbal de Oliveira (Lisboa)
Golos: 1-0 (Ernesto 32'); 2-0 (Ernesto 63'); 2-1 (Carlos Cardoso 73'); 3-1 (Artur Jorge 79'); 4-1 (Rocha 87')

ACADÉMICA: Maló, Curado, Torres «cap», Gervásio, Marques, Rui Rodrigues, Vítor Campos, Crispim, Ernesto, Artur Jorge e Rocha
Treinador: Mário Wilson

VFC Setúbal: Mourinho, Conceição, Leiria, Herculano, Carriço (E 83'), Carlos Cardoso, Augusto, Armando, Pedro, Jaime Graça «cap» e Nelson Faria
Treinador: Fernando Vaz

CF "Os Belenenses" – 3 ACADÉMICA – 1

1ª DIVISÃO, 4ª JORNADA, 3-10-1965 (DOM, 15:00)
Estádio do Restelo, Lisboa **Árbitro:** Marcos Lobato (Setúbal)
Golos: 1-0 (Pelezinho 12'); 1-1 (Torres 30', gp); 2-1 (Ramos 52'); 3-1 (Carlos Pedro 61', gp)

CF "Os Belenenses": José Pereira, Rodrigues «cap», Quaresma, Vicente, Alberto Luís, Pelezinho, Cardoso, Adelino, Teodoro, Carlos Pedro e Ramos
Treinador: Jorge Vieira

ACADÉMICA: Maló, Curado, Torres «cap», Rui Rodrigues, Marques, Gervásio, Vítor Campos, Crispim, Ernesto, Artur Jorge e Rocha
Treinador: Mário Wilson

VSC Guimarães – 3 ACADÉMICA – 2

1ª DIVISÃO, 5ª JORNADA, 10-10-1965 (DOM, 15:00)
Estádio Municipal de Guimarães, Guimarães **Árbitro:** Joaquim Campos (Lisboa) **Golos:** 1-0 (Castro 23'); 1-1 (Ernesto 27'); 2-1 (Djalma 56'); 3-1 (Djalma 74'); 3-2 (Artur Jorge 89')

VSC Guimarães: Dionísio, Gualter, Manuel Pinto, Joaquim Jorge, Daniel, Ribeiro, Peres «cap», Castro, Djalma, Morais e Vieira
Treinador: Jean Luciano

ACADÉMICA: Viegas, Curado, Torres «cap», Rui Rodrigues, Marques, Gervásio, Vítor Campos, Jorge Humberto, Ernesto, Artur Jorge e Rocha
Treinador: Mário Wilson

ACADÉMICA – 1 GD C.U.F. – 1

1ª DIVISÃO, 6ª JORNADA, 17-10-1965 (DOM, 15:00)
Estádio Municipal de Coimbra, Coimbra **Árbitro:** João Pinto Ferreira (Porto) **Auxiliares:** Moreira Tavares e Armando Faria
Golos: 0-1 (Vasconcelos 42'); 1-1 (Artur Jorge 80')

ACADÉMICA: Viegas, Curado, Torres «cap», Rui Rodrigues, Marques, Gervásio, Vítor Campos, Crispim, Ernesto, Artur Jorge e Rocha
Treinador: Mário Wilson

GD C.U.F.: Vítor Manuel, Bambo, Durand, Medeiros, Abalroado, Mário João, Vieira Dias «cap», Madeira, Vasconcelos, Espírito Santo e Assis
Treinador: Manuel de Oliveira

FC Porto – 4 ACADÉMICA – 3

1ª DIVISÃO, 7ª JORNADA, 14-11-1965 (DOM, 15:00)
Estádio das Antas, Porto **Árbitro:** Salvador Garcia (Lisboa)
Golos: 1-0 (Amaury 11'); 1-1 (Rocha 30', gp); 2-1 (Amaury 35'); 2-2 (Artur Jorge 61'); 3-2 (Amaury 85'); 4-2 (Carlos Manuel 86'); 4-3 (Ernesto 89')

FC Porto: Rui, Festa «cap», Almeida, Valdemar, Atraca, Custódio Pinto, Ernesto (E 81'), Jaime, Amaury, Carlos Manuel e Nóbrega
Treinador: Flávio Costa

ACADÉMICA: Viegas, Curado, Bernardo, Torres «cap» (L 14'), Marques, Rui Rodrigues, Gervásio, Rocha, Vítor Campos (E 81'), Artur Jorge e Ernesto
Treinador: Mário Wilson

CD Cova da Piedade – 4 ACADÉMICA – 1

TAÇA DE PORTUGAL, 1/32 DE FINAL, 21-11-1965 (DOM, 15:00)
Campo Silva Nunes, Cova da Piedade **Árbitro:** Aníbal de Oliveira (Lisboa) **Golos:** 1-0 (Mega 14'); 2-0 (António Luís 28'); 3-0 (Torres 42'); 3-1 (Ernesto 49'); 4-1 (Carlos Ferreira 64')
Obs: Repetição do jogo que fora interrompido a 7 de Novembro, aos 36 minutos (0-0), devido ao mau tempo

CD Cova da Piedade: Gomes, Castro «cap», Cravo, Inácio, João Resende, Mega, João Pereira, Torres, Carlos Ferreira, António Luís e Feijão **Treinador:** Jacinto

ACADÉMICA: Viegas, Curado, Vieira Nunes, Rui Rodrigues, Bernardo, Gervásio, Rocha «cap», Crispim, Ernesto, Artur Jorge e Celestino
Treinador: Mário Wilson

ACADÉMICA – 2 Varzim SC – 2

1ª DIVISÃO, 8ª JORNADA, 28-11-1965 (DOM, 15:00)
Estádio Municipal de Coimbra, Coimbra **Árbitro:** Júlio Braga Barros (Leiria) **Golos:** 0-1 (Nunes Pinto 2'); 1-1 (Ernesto 30'); 1-2 (Nunes Pinto 43'); 2-2 (Mário Campos 60')

ACADÉMICA: Maló, Bernardo, Curado, Rui Rodrigues, Marques, Gervásio, Rocha «cap», Mário Campos, Artur Jorge, Ernesto e Jorge Humberto
Treinador: Mário Wilson

Varzim SC: Morales, Fernando Ferreira, Quim, Salvador, Sidónio, Carmo Pais, Aleixo, Vítor Silva, Nunes Pinto, Rodrigo e Rogério «cap»
Treinador: José Maria Pedroto

LGC Évora – 1 ACADÉMICA – 1

1ª DIVISÃO, 9ª JORNADA, 5-12-1965 (DOM, 15:00)
Campo Estrela, Évora
Árbitro: Marcos Lobato (Setúbal)
Golos: 1-0 (Chico 2'); 1-1 (Jorge Humberto 15')

LGC Évora: Vital, Teotónio, Falé, Paixão «cap», Vaz, Cordeiro, Anacleto, Louro, Simões, Chico e Coró
Treinador: Janos Biri

ACADÉMICA: Viegas, Bernardo, Curado, Rui Rodrigues, Marques, Gervásio, Rocha «cap», Vítor Campos, Artur Jorge, Ernesto e Jorge Humberto
Treinador: Mário Wilson

ACADÉMICA – 1 Sporting CP – 2

1ª DIVISÃO, 10ª JORNADA, 12-12-1965 (DOM, 15:00)
Estádio Municipal de Coimbra, Coimbra **Árbitro:** João Pinto Ferreira (Porto) **Golos:** 1-0 (Jorge Humberto 21'); 1-1 (Figueiredo 65'); 1-2 (Figueiredo 88')

ACADÉMICA: Viegas, Bernardo, Curado, Rui Rodrigues, Marques, Gervásio, Rocha «cap», Ernesto, Artur Jorge, Jorge Humberto e Vítor Campos
Treinador: Mário Wilson

Sporting CP: Carvalho, João Morais, Caló, Hilário, Dani, José Carlos «cap», Ferreira Pinto, Lourenço, Figueiredo, Peres e Osvaldo Silva
Treinador: Juca

SC Beira-Mar – 1 ACADÉMICA – 5

1ª DIVISÃO, 11ª JORNADA, 19-12-1965 (DOM, 15:00)
Estádio Mário Duarte, Aveiro **Árbitro:** Décio de Freitas (Lisboa)
Golos: 0-1 (Ernesto 1'); 0-2 (Vítor Campos 3'); 1-2 (Garcia 15'); 1-3 (Artur Jorge 53'); 1-4 (Ernesto 57'); 1-5 (Crispim 76')

SC Beira-Mar: Pais, João da Costa, Evaristo «cap», Marçal, Pinho, Brandão, Abdul, Miguel, Diego, Garcia e Nartanga
Treinador: Artur Quaresma

ACADÉMICA: Viegas, Curado, Bernardo, Rui Rodrigues, Marques, Gervásio, Rocha «cap», Crispim, Ernesto, Artur Jorge e Vítor Campos
Treinador: Mário Wilson

ACADÉMICA – 2 FC Barreirense – 1

1ª DIVISÃO, 12ª JORNADA, 26-12-1965 (DOM, 15:00)
Estádio Municipal de Coimbra, Coimbra
Árbitro: Salvador Garcia (Lisboa)
Golos: 1-0 (Ernesto 4'); 1-1 (Rui Rodrigues 38', pb); 2-1 (Artur Jorge 50')

ACADÉMICA: Viegas, Bernardo, Curado, Rui Rodrigues, Marques, Gervásio, Rocha «cap», Ernesto, Artur Jorge, Jorge Humberto e Vítor Campos **Treinador:** Mário Wilson

FC Barreirense: Casimiro, Faustino, Faneca «cap», Bandeira, Adolfo, Luís Mira, Fonseca, Testas, Ludovico, Azumir e Rogério
Treinador: Josef Fabian

Leixões SC – 1 ACADÉMICA – 1

1ª DIVISÃO, 13ª JORNADA, 2-1-1966 (DOM, 15:00)
Estádio do Mar, Matosinhos
Árbitro: Mário Mendonça (Setúbal)
Golos: 1-0 (Esteves 48'); 1-1 (Jorge Humberto 89')

Leixões SC: Rosas, Geraldinho, Manuel Moreira, Santana, Raul Oliveira, Ventura «cap», Bené, Esteves, Wagner, Manuel Duarte e Quim
Treinador: Manuel de Oliveira

ACADÉMICA: Viegas, Bernardo, Curado, Rui Rodrigues, Marques, Gervásio, Rocha «cap», Ernesto, Artur Jorge, Jorge Humberto e Vítor Campos (L 86')
Treinador: Mário Wilson

SL Benfica – 4 ACADÉMICA – 0

1ª DIVISÃO, 14ª JORNADA, 9-1-1966 (DOM, 15:00)
Estádio da Luz, Lisboa **Árbitro:** Virgílio Batista (Setúbal)
Golos: 1-0 (Simões 2'); 2-0 (Eusébio 50'); 3-0 (José Augusto 75'); 4-0 (Simões 89')

SL Benfica: Costa Pereira, Cavém, Raul Machado, Cruz, Ferreira Pinto, Coluna «cap», Simões, Nelson, José Augusto, Eusébio (L 79') e Serafim
Treinador: Béla Guttmann

ACADÉMICA: Viegas, Bernardo, Curado, Rui Rodrigues, Marques, Gervásio, Rocha «cap», Ernesto, Artur Jorge, Jorge Humberto e Vítor Campos
Treinador: Mário Wilson

ACADÉMICA – 1 SC Braga – 2

1ª DIVISÃO, 15ª JORNADA, 16-1-1966 (DOM, 15:00)
Estádio Municipal de Coimbra, Coimbra
Árbitro: Marcos Lobato (Setúbal)
Golos: 0-1 (Perrichon 16'); 0-2 (Bino 46'); 1-2 (Gervásio 74', gp)

ACADÉMICA: Viegas, Bernardo, Rui Rodrigues, Piscas, Curado, Gervásio, Rocha «cap», Crispim, Ernesto, Artur Jorge e Jorge Humberto
Treinador: Mário Wilson

SC Braga: Armando Pereira, Sim-Sim «cap», José Manuel, Coimbra, José Maria Azevedo, Juvenal, Armando Costa, Bino, Adão, Perrichon e Estêvão
Treinador: José Valle

VFC Setúbal – 2 ACADÉMICA – 2

1ª DIVISÃO, 16ª JORNADA, 23-1-1966 (DOM, 15:00)
Estádio do Bonfim, Setúbal **Árbitro:** Aníbal de Oliveira (Lisboa)
Auxiliares: Carlos Bica e Eugénio Crespo **Golos:** 0-1 (Ernesto 1'); 0-2 (Artur Jorge 14'); 1-2 (José Maria 31'); 2-2 (Carlos Manuel 74')

VFC Setúbal: Mourinho, Conceição, Torpes, Leiria, Carriço, Jaime Graça «cap», Augusto, Armando, José Maria, Carlos Manuel e Quim
Treinador: Fernando Vaz

ACADÉMICA: Viegas, Bernardo, Rui Rodrigues, Curado, Celestino, Gervásio, Rocha «cap», Toni, Ernesto, Artur Jorge e Jorge Humberto
Treinador: Mário Wilson

ACADÉMICA – 0 CF "Os Belenenses" – 1

1ª DIVISÃO, 17ª JORNADA, 30-1-1966 (DOM, 15:00)
Estádio Municipal de Coimbra, Coimbra
Árbitro: Manuel Lousada (Santarém)
Golo: 0-1 (Adelino 61')

ACADÉMICA: Viegas, Bernardo, Rui Rodrigues, Curado, Celestino, Vítor Campos, Gervásio, Rocha «cap», Ernesto, Artur Jorge e Jorge Humberto
Treinador: Mário Wilson

CF "Os Belenenses": José Pereira, Rodrigues «cap», Quaresma, Vicente, Sá Pinto, Cardoso, Adelino, Lobo, Ribeiro, Carlos Pedro e Alfredo
Treinador: Ricardo Perez

ACADÉMICA – 7 VSC Guimarães – 2

1ª DIVISÃO, 18ª JORNADA, 6-2-1966 (DOM, 15:00)
Estádio Municipal de Coimbra, Coimbra **Árbitro:** Porfírio da Silva (Aveiro) **Golos:** 1-0 (Vítor Campos 13'); 2-0 (Vítor Campos 18'); 2-1 (Peres 26'); 2-2 (Peres 46'); 3-2 (Rocha 50'); 4-2 (Vítor Campos 56'); 5-2 (Ernesto 61'); 6-2 (Gervásio 79'); 7-2 (Ernesto 83')

ACADÉMICA: Maló, Bernardo, Rui Rodrigues, Curado, Celestino, Vítor Campos, Gervásio, Rocha «cap», Ernesto, Artur Jorge e Crispim
Treinador: Mário Wilson

VSC Guimarães: Dionísio, Gualter, Joaquim Jorge, Artur, Daniel, Morais, Peres «cap», Paulino, Djalma, Mendes e Vieira
Treinador: Jean Luciano

GD C.U.F. – 1 ACADÉMICA – 1

1ª DIVISÃO, 19ª JORNADA, 13-2-1966 (DOM, 15:00)
Estádio Alfredo da Silva, Lavradio **Árbitro:** Aniceto Nogueira (Porto) **Auxiliares:** Manuel Teixeira e Ramiro Simões
Golos: 0-1 (Ernesto 30'); 1-1 (Vasconcelos 75')

GD C.U.F.: José Maria, Jeremias, Cagica Rapaz, Bambo, Abalroado, Mário João, Vieira Dias «cap», Madeira, Monteiro, Espírito Santo e Vasconcelos
Treinador: João Mário Jordão

ACADÉMICA: Maló, Bernardo, Curado, Rui Rodrigues, Marques, Gervásio, Rocha «cap», Crispim, Ernesto, Artur Jorge e Vítor Campos
Treinador: Mário Wilson

ACADÉMICA – 0 FC Porto – 3

1ª DIVISÃO, 20ª JORNADA, 20-2-1966 (DOM, 15:00)
Estádio Municipal de Coimbra, Coimbra **Árbitro:** Décio de Freitas (Lisboa) **Auxiliares:** Raul Santos e Manuel Ferreira
Golos: 0-1 (Jaime 3'); 0-2 (Amaury 40'); 0-3 (Nóbrega 88')

ACADÉMICA: Maló, Bernardo, Curado, Rui Rodrigues, Celestino, Gervásio, Rocha «cap», Ernesto, Jorge Humberto, Artur Jorge e Vítor Campos
Treinador: Mário Wilson

FC Porto: Américo, Festa «cap», Almeida, Valdemar, Atraca, Custódio Pinto, Ernesto, Jaime, Amaury, Carlos Manuel e Nóbrega
Treinador: Flávio Costa

Varzim SC – 1 ACADÉMICA – 2

1ª DIVISÃO, 21ª JORNADA, 27-2-1966 (DOM, 15:00)
Estádio do Varzim Sport Clube, Póvoa de Varzim
Árbitro: Edmundo de Carvalho (Aveiro) **Auxiliares:** Abílio Vilaça e Joaquim Freire **Golos:** 0-1 (Artur Jorge 17'); 0-2 (Artur Jorge 39'); 1-2 (Sidónio 63', gp)

Varzim SC: Morales, Fernando Ferreira, Quim, Salvador, Sidónio, Carmo Pais, Aleixo, Vítor Silva, Jorge, Rodrigo e Rogério «cap»
Treinador: José Maria Pedroto

ACADÉMICA: Maló, Bernardo, Curado, Rui Rodrigues, Celestino, Gervásio, Rocha «cap», Crispim, Ernesto, Artur Jorge e Vítor Campos
Treinador: Mário Wilson

ACADÉMICA – 5 LGC Évora – 0

1ª DIVISÃO, 22ª JORNADA, 6-3-1966 (DOM, 15:00)
Estádio Municipal de Coimbra, Coimbra **Árbitro:** Aniceto Nogueira (Porto) **Auxiliares:** Elísio Marques e Armando Faria
Golos: 1-0 (Ernesto 4'); 2-0 (Rocha 17'); 3-0 (Artur Jorge 31'); 4-0 (Crispim 37'); 5-0 (Artur Jorge 87')

ACADÉMICA: Maló (Brassard 60'), Bernardo, Curado, Rui Rodrigues, Celestino, Gervásio, Rocha «cap», Crispim, Ernesto, Artur Jorge e Vítor Campos
Treinador: Mário Wilson

LGC Évora: Vital, Teotónio, Falé, Paixão «cap», Morato, Mitó, Cordeiro, Vaz, Louro, Simões e Chico
Treinador: Janos Biri

Sporting CP – 5 ACADÉMICA – 2

1ª DIVISÃO, 23ª JORNADA, 27-3-1966 (DOM, 15:00)
Estádio José Alvalade, Lisboa **Árbitro:** Mário Mendonça (Setúbal) **Auxiliares:** Barão Primo e Ilídio Matos **Golos:** 1-0 (João Morais 35', gp); 2-0 (Peres 39', gp); 2-1 (Gervásio 42'); 3-1 (Figueiredo 49'); 4-1 (Figueiredo 71'); 4-2 (Artur Jorge 77'); 5-2 (Figueiredo 79')

Sporting CP: Carvalho, João Morais, Alexandre Batista, Hilário, Pedro Gomes, José Carlos «cap», Carlitos, Lourenço, Figueiredo, Peres e Oliveira Duarte
Treinador: Juca

ACADÉMICA: Maló (Brassard 80'), Bernardo, Celestino, Rui Rodrigues, Curado, Gervásio, Rocha «cap», Crispim, Ernesto, Artur Jorge e Vítor Campos
Treinador: Mário Wilson

ACADÉMICA – 5 SC Beira-Mar – 0

1ª DIVISÃO, 24ª JORNADA, 3-4-1966 (DOM, 16:00)
Estádio Municipal de Coimbra, Coimbra **Árbitro:** Virgílio Batista (Setúbal) **Auxiliares:** Jaime Costa e Álvaro Neves
Golos: 1-0 (Rocha 19'); 2-0 (Ernesto 33'); 3-0 (Rocha 69'); 4-0 (Vítor Campos 80'); 5-0 (Celestino 85')

ACADÉMICA: Maló (Brassard 81'), Bernardo, Torres «cap», Rui Rodrigues, Celestino, Gervásio, Rocha, Crispim, Ernesto, Artur Jorge e Vítor Campos
Treinador: Mário Wilson

SC Beira-Mar: Pais, Garcia, Evaristo «cap», Marçal, Pinho, Brandão, Abdul, Carlos Alberto, Diego, Nartanga e Azevedo
Treinador: Artur Quaresma

FC Barreirense – 2 ACADÉMICA – 2

1ª DIVISÃO, 25ª JORNADA, 24-4-1966 (DOM, 16:00)
Campo D. Manuel de Melo, Barreiro **Árbitro:** Rosa Nunes (Algarve) **Auxiliares:** Rosendo Santos e Odílio Raimundo
Golos: 1-0 (Mascarenhas 3'); 1-1 (Ernesto 50'); 1-2 (Rocha 55', gp); 2-2 (Adolfo 72')

FC Barreirense: Bráulio «cap», Faneca, Bandeira, Adolfo, Faustino, Nogueira, Fonseca, Rico, Mascarenhas, Ludovico e Azumir
Treinador: Bráulio Garcia

ACADÉMICA: Maló, Bernardo, Curado, Rui Rodrigues, Celestino, Gervásio, Rocha «cap», Crispim, Ernesto, Artur Jorge e Vítor Campos
Treinador: Mário Wilson

ACADÉMICA – 3 Leixões SC – 1

1ª DIVISÃO, 26ª JORNADA, 1-5-1966 (DOM, 16:00)
Estádio Municipal de Coimbra, Coimbra **Árbitro:** Marcos Lobato (Setúbal) **Auxiliares:** José Garcia e Amaro da Silva
Golos: 1-0 (Gervásio 59'); 1-1 (Manuel Duarte 72'); 2-1 (Ernesto 81'); 3-1 (Rocha 83')

ACADÉMICA: Brassard, Bernardo, Rui Rodrigues, Curado, Celestino, Gervásio, Rocha «cap», Crispim, Ernesto, Artur Jorge e Vítor Campos
Treinador: Mário Wilson

Leixões SC: Rosas, Geraldinho, Henrique Nicolau, Rocha, Raul Oliveira, Ventura «cap», Pereira, Bené, Wagner, Manuel Duarte e Esteves
Treinador: Manuel de Oliveira

1965-1966

ÉPOCA 1966-1967

1ª DIVISÃO: 2º LUGAR (MANUTENÇÃO)
TAÇA DE PORTUGAL: FINAL

JOGOS EFECTUADOS

	J	V	E	D	GM	GS
CASA	18	15	1	2	56	14
FORA/N	19	11	3	5	31	19
TOTAL	37	26	4	7	87	33

Atlético CP – 0   ACADÉMICA – 2

1ª DIVISÃO, 1ª JORNADA, 18-9-1966 (DOM, 16:00)
Campo da Tapadinha, Lisboa
Árbitro: Marcos Lobato (Setúbal)
Golos: 0-1 (Artur Jorge 12'); 0-2 (Artur Jorge 35')

Atlético CP: Gaspar, Valdemar, João Carlos, Candeias «cap», Lobo, Fagundes, Rafael, Tito, Matateu, Marinho e Angeja
Treinador: Angel Oñoro

ACADÉMICA: Maló, Bernardo, Curado, Manuel Castro, Celestino, Gervásio, Rocha «cap», Mário Campos, Ernesto, Artur Jorge e Vítor Campos
Treinador: Mário Wilson

ACADÉMICA – 2   GD C.U.F. – 3

1ª DIVISÃO, 2ª JORNADA, 25-9-1966 (DOM, 16:00)
Estádio Municipal de Coimbra, Coimbra **Árbitro:** Francisco Guerra (Porto) **Auxiliares:** Fernando Ventura e Custódio Silva
Golos: 0-1 (Fernando 26'); 1-1 (Rocha 48', gp); 1-2 (Fernando 58'); 2-2 (Artur Jorge 59'); 2-3 (Fernando 77')

ACADÉMICA: Maló, Curado, Manuel Castro, Rui Rodrigues, Celestino, Gervásio, Rocha «cap», Crispim, Ernesto, Artur Jorge e Vítor Campos
Treinador: Mário Wilson

GD C.U.F.: José Maria, Bambo, Durand, Medeiros, Abalroado, Mário João, Vieira Dias «cap», Madeira, Monteiro, Fernando e Uria
Treinador: João Mário Jordão

ACADÉMICA – 2   SC Braga – 1

1ª DIVISÃO, 3ª JORNADA, 2-10-1966 (DOM, 15:00)
Estádio Municipal de Coimbra, Coimbra **Árbitro:** Henrique Silva (Lisboa) **Auxiliares:** António Rocha e Diamantino Vidal **Golos:** 1-0 (Vítor Campos 35'); 1-1 (Perrichon 50'); 2-1 (Artur Jorge 89')

ACADÉMICA: Maló, Bernardo, Curado, Manuel Castro, Celestino, Rui Rodrigues, Vítor Campos, Mário Campos, Ernesto, Artur Jorge e Rocha «cap»
Treinador: Mário Wilson

SC Braga: Armando Pereira, José Maria Azevedo «cap», Ribeiro, Coimbra, José Manuel, Mário, Neto, Bino, Perrichon, Luciano e Estêvão
Treinador: Fernando Caiado

FC Porto – 1   ACADÉMICA – 1

1ª DIVISÃO, 4ª JORNADA, 9-10-1966 (DOM, 15:00)
Estádio das Antas, Porto **Árbitro:** Salvador Garcia (Lisboa)
Auxiliares: Jaime Batista e Mário Figueiredo
Golos: 1-0 (Ernesto 70'); 1-1 (Ernesto 80')

FC Porto: Rui, Festa, Almeida, Rolando, Sucena, Custódio Pinto «cap», Ernesto, Jaime, Djalma, Silva e Nóbrega
Treinador: José Maria Pedroto

ACADÉMICA: Maló, Bernardo, Curado, Rui Rodrigues, Celestino, Gervásio, Rocha «cap», Vítor Campos, Mário Campos, Ernesto e Artur Jorge
Treinador: Mário Wilson

ACADÉMICA – 5   AD Sanjoanense – 3

1ª DIVISÃO, 5ª JORNADA, 16-10-1966 (DOM, 15:00)
Estádio Municipal de Coimbra, Coimbra **Árbitro:** Décio de Freitas (Lisboa) **Auxiliares:** Carlos Bica e Raul Romão **Golos:** 1-0 (Ernesto 21'); 2-0 (Ernesto 23'); 3-0 (Artur Jorge 43'); 4-0 (Artur Jorge 48'); 5-0 (Artur Jorge 57'); 5-1 (Grilo 58'); 5-2 (Grilo 76'); 5-3 (Alvarez 82')

ACADÉMICA: Maló, Bernardo, Curado, Rui Rodrigues, Celestino, Gervásio, Rocha «cap», Mário Campos, Ernesto, Artur Jorge e Vítor Campos
Treinador: Mário Wilson

AD Sanjoanense: Arsénio (Pimenta 28'), Freitas, Teodoro, Jambane, Almeida «cap», João Pereira, Perídis, Alvarez, Walter, Louro e Grilo
Treinador: Monteiro da Costa

SL Benfica – 2   ACADÉMICA – 1

1ª DIVISÃO, 6ª JORNADA, 23-10-1966 (DOM, 15:00)
Estádio da Luz, Lisboa **Árbitro:** Manuel Fortunato (Évora)
Auxiliares: Hélder Silva e José Vidigal **Golos:** 1-0 (Celestino 2', pb); 1-1 (Artur Jorge 12'); 2-1 (José Augusto 87')

SL Benfica: Nascimento, Cavém, Raul Machado, Jacinto, Cruz, Nelson, Coluna «cap», José Augusto, Torres, Eusébio e Simões
Treinador: Fernando Riera

ACADÉMICA: Maló, Bernardo, Curado, Rui Rodrigues, Celestino, Gervásio, Rocha «cap», Brasfemes, Ernesto, Artur Jorge e Vítor Campos
Treinador: Mário Wilson

UD Oliveirense – 4   ACADÉMICA – 3

TAÇA DE PORTUGAL, 1/32 DE FINAL, 30-10-1966 (DOM, 15:00)
Campo Carlos Osório, Oliveira de Azeméis **Árbitro:** Júlio Braga Barros (Leiria) **Auxiliares:** António Garrido e Virgílio Salvador
Golos: 0-1 (Vítor Campos 7'); 1-1 (Vaz 31'); 2-1 (Valdemiro 37'); 3-1 (Ilídio 59'); 4-1 (André 66'); 4-2 (Neves 68', pb); 4-3 (Mário Campos 69')

UD Oliveirense: Ferdinando, Neves, Cereja, Costa, Costa Leite, André «cap», Ilídio, Arlindo, Vaz, Valdemiro e Ferreira
Treinador: Serafim das Neves

ACADÉMICA: Viegas, Bernardo, Curado, Vieira Nunes, Celestino, Gervásio (L 43'), Rui Rodrigues, Mário Campos, Ernesto, Vítor Campos e Rocha «cap» **Treinador:** Mário Wilson

---

ACADÉMICA – 3   UD Oliveirense – 0

TAÇA DE PORTUGAL, 1/32 DE FINAL, 6-11-1966 (DOM, 15:00)
Estádio Municipal de Coimbra, Coimbra
Árbitro: Manuel Teixeira (Porto)
Golos: 1-0 (Artur Jorge 28'); 2-0 (Artur Jorge 54'); 3-0 (Serafim 81')

ACADÉMICA: Maló, Celestino, Curado, Rui Rodrigues, Marques, Vítor Campos, Rocha «cap», Mário Campos, Ernesto, Artur Jorge e Serafim
Treinador: Mário Wilson

UD Oliveirense: Ferdinando, Neves, Cereja, Costa, Costa Leite, André «cap», Ilídio, Arlindo, Vaz, Valente e Ferreira
Treinador: Serafim das Neves

ACADÉMICA – 3   VFC Setúbal – 0

1ª DIVISÃO, 7ª JORNADA, 20-11-1966 (DOM, 15:00)
Estádio Municipal de Coimbra, Coimbra **Árbitro:** Aníbal de Oliveira (Lisboa) **Auxiliares:** Fernando Aragão e Fernando Gomes
Golos: 1-0 (Artur Jorge 26'); 2-0 (Artur Jorge 37'); 3-0 (Artur Jorge 77')

ACADÉMICA: Maló, Celestino, Curado, Rui Rodrigues, Marques, Vítor Campos, Rocha «cap», Crispim, Ernesto, Artur Jorge e Serafim
Treinador: Mário Wilson

VFC Setúbal: Vital, Conceição, Torpes, Leiria, Carlos Cardoso, Tomé, Pedras, Guerreiro, José Maria, Carlos Manuel «cap» e Jacinto João
Treinador: Fernando Vaz

CF "Os Belenenses" – 0   ACADÉMICA – 1

1ª DIVISÃO, 8ª JORNADA, 27-11-1966 (DOM, 11:00)
Estádio do Restelo, Lisboa
Árbitro: Encarnação Salgado (Setúbal)
Golo: 0-1 (Ernesto 70')

CF "Os Belenenses": José Pereira, Bernardino, Quaresma «cap», Cardoso, Sá Pinto, Canário, Adelino, Quim, Lira, Carlos Pedro e Godinho
Treinador: Ricardo Perez

ACADÉMICA: Maló, Celestino, Curado, Rui Rodrigues, Marques, Vítor Campos, Rocha «cap», Crispim, Ernesto, Artur Jorge e Serafim
Treinador: Mário Wilson

ACADÉMICA – 5   SC Beira-Mar – 0

1ª DIVISÃO, 9ª JORNADA, 4-12-1966 (DOM, 15:00)
Estádio Municipal de Coimbra, Coimbra **Árbitro:** Marcos Lobato (Setúbal) **Auxiliares:** Sebastião Pássaro e José Garcia
Golos: 1-0 (Ernesto 5'); 2-0 (Gervásio 8'); 3-0 (Artur Jorge 30'); 4-0 (Ernesto 38'); 5-0 (Ernesto 53')

ACADÉMICA: Maló, Celestino, Curado, Rui Rodrigues, Marques, Gervásio, Rocha «cap», Crispim, Ernesto, Artur Jorge e Vítor Campos
Treinador: Mário Wilson

SC Beira-Mar: Oliveira (Vítor 45'), Loura, Evaristo «cap», Piscas, Garcia, Brandão, Abdul, Pena, Gaio, Nartanga e Almeida
Treinador: Artur Quaresma

VSC Guimarães – 0   ACADÉMICA – 1

1ª DIVISÃO, 10ª JORNADA, 11-12-1966 (DOM, 15:00)
Estádio Municipal de Guimarães, Guimarães
Árbitro: Júlio Braga Barros (Leiria)
Golo: 0-1 (Vítor Campos 48')

VSC Guimarães: Roldão, Gualter, Manuel Pinto, Joaquim Jorge, Costeado, Silva, Ribeiro, Manafá, Peres «cap», Mendes e Lázaro
Treinador: Jean Luciano

ACADÉMICA: Maló, Celestino, Curado, Rui Rodrigues, Marques, Gervásio, Rocha «cap», Crispim, Ernesto, Artur Jorge e Vítor Campos **Treinador:** Mário Wilson

---

ACADÉMICA – 2   Leixões SC – 1

1ª DIVISÃO, 11ª JORNADA, 18-12-1966 (DOM, 15:00)
Estádio Municipal de Coimbra, Coimbra **Árbitro:** Aníbal de Oliveira (Lisboa) **Auxiliares:** Fernando Aragão e Fernando Gomes **Golos:** 0-1 (João Carlos 7'); 1-1 (Artur Jorge 56'); 2-1 (Ernesto 79')

ACADÉMICA: Maló, Celestino, Curado, Rui Rodrigues, Marques, Gervásio, Rocha «cap», Crispim, Ernesto, Artur Jorge e Vítor Campos
Treinador: Mário Wilson

Leixões SC: Rosas, Geraldinho, Manuel Moreira «cap», Adriano, Raul Oliveira, Gentil, Arnaldo, João Carlos, Bené, Wagner e Esteves
Treinador: Manuel de Oliveira

Varzim SC – 1   ACADÉMICA – 3

1ª DIVISÃO, 12ª JORNADA, 1-1-1967 (DOM, 15:00)
Estádio do Varzim Sport Clube, Póvoa de Varzim
Árbitro: Salvador Garcia (Lisboa) **Auxiliares:** Fernando Aragão e Fernando Gomes **Golos:** 0-1 (Celestino 37'); 0-2 (Artur Jorge 50'); 1-2 (Valdir 80'); 1-3 (Rocha 88')

Varzim SC: Justino, Fernando Ferreira, Quim, Salvador, Sidónio, Manuel José, Aleixo, Rogério «cap», Catricoto, Valdir e Jorge
Treinador: José Valle

ACADÉMICA: Maló, Celestino, Curado, Rui Rodrigues, Marques, Crispim, Gervásio, Rocha «cap», Ernesto, Artur Jorge e Vítor Campos
Treinador: Mário Wilson

ACADÉMICA – 1 Sporting CP – 0

1ª DIVISÃO, 13ª JORNADA, 8-1-1967 (DOM, 15:00)
Estádio Municipal de Coimbra, Coimbra **Árbitro:** João Pinto Ferreira (Porto) **Auxiliares:** António Costa e Jaime Loureiro
Golo: 1-0 (Artur Jorge 64')

ACADÉMICA: Maló, Celestino, Curado, Rui Rodrigues, Marques, Crispim, Gervásio, Rocha «cap», Ernesto, Artur Jorge e Vítor Campos
Treinador: Mário Wilson

Sporting CP: Carvalho, João Morais, Caló, José Carlos «cap», Hilário, Gonçalves, Sitoe, Carlitos, Manaca, Manuel Duarte e Porfírio
Treinador: Fernando Argila

Leça FC – 1 ACADÉMICA – 2

TAÇA DE PORTUGAL, 1/16 DE FINAL, 15-1-1967 (DOM, 15:00)
Campo de Leça, Leça da Palmeira **Árbitro:** Manuel Lousada (Santarém) **Auxiliares:** Graça da Silva e José Pereira **Golos:** 0-1 (Artur Jorge 32'); 0-2 (Artur Jorge 33'); 1-2 (Martinho 34', gp)

Leça FC: José Henriques «cap», Gentil, António Rocha, José Rocha, Pinhal, Leite, Serrão, Vaz, Ramos, Martinho e Santos
Treinador: António Lessa

ACADÉMICA: Maló, Bernardo, Manuel Castro, Vieira Nunes, Celestino, Gervásio «cap», Vítor Campos, Mário Campos, Ernesto, Artur Jorge e Serafim
Treinador: Mário Wilson

ACADÉMICA – 9 Leça FC – 2

TAÇA DE PORTUGAL, 1/16 DE FINAL, 29-1-1967 (DOM, 15:00)
Estádio Municipal de Coimbra, Coimbra **Árbitro:** Salvador Garcia (Lisboa) **Auxiliares:** Eugénio Batista e Mário Figueiredo
Golos: 1-0 (Artur Jorge 2'); 2-0 (Ernesto 12'); 3-0 (Artur Jorge 19'); 4-0 (Ernesto 36'); 5-0 (Artur Jorge 57', gp); 6-0 (Artur Jorge 64'); 7-0 (Ernesto 67'); 8-0 (Artur Jorge 69'); 8-1 (Martinho 71'); 8-2 (Semedo 73'); 9-2 (Ernesto 84')

ACADÉMICA: Maló (Viegas 66'), Bernardo, Curado, Rui Rodrigues, Marques, Vítor Campos, Rocha «cap», Crispim, Ernesto, Artur Jorge e Serafim
Treinador: Mário Wilson

Leça FC: José Henriques «cap», Gentil, António Rocha, José Rocha, Peixoto, Serrão, Ferrinha, Vaz, Ramos, Martinho e Semedo
Treinador: António Lessa

ACADÉMICA – 1 Atlético CP – 0

1ª DIVISÃO, 14ª JORNADA, 5-2-1967 (DOM, 15:00)
Estádio Municipal de Coimbra, Coimbra **Árbitro:** Diogo Manso (Braga) **Auxiliares:** Fulgêncio Rodrigues e Valdemar Azevedo
Golo: 1-0 (Mário Campos 51')

ACADÉMICA: Maló, Celestino, Vieira Nunes, Rui Rodrigues, Marques, Crispim, Gervásio, Mário Campos, Ernesto, Artur Jorge e Rocha «cap»
Treinador: Mário Wilson

Atlético CP: Botelho, Américo, João Carlos, Candeias «cap», Angeja, Lobo, Seminário (L 86'), Rafael, Vicente, Matateu e Cravo
Treinador: Angel Oñoro

GD C.U.F. – 0 ACADÉMICA – 2

1ª DIVISÃO, 15ª JORNADA, 12-2-1967 (DOM, 15:00)
Estádio Alfredo da Silva, Lavradio **Árbitro:** Rosa Nunes (Algarve) **Auxiliares:** João de Matos e Odílio Raimundo
Golos: 0-1 (Artur Jorge 10'); 0-2 (Ernesto 65')

GD C.U.F.: José Maria, Bambo, Américo, Cagica Rapaz, Abalroado, Jeremias, Espírito Santo, Vieira Dias «cap», Monteiro, Fernando e Quim
Treinador: João Mário Jordão

ACADÉMICA: Maló, Celestino, Curado, Rui Rodrigues, Marques, Gervásio, Rocha «cap», Crispim, Ernesto, Artur Jorge e Vítor Campos **Treinador:** Mário Wilson

SC Braga – 1 ACADÉMICA – 3

1ª DIVISÃO, 16ª JORNADA, 19-2-1967 (DOM, 15:00)
Estádio 28 de Maio, Braga **Árbitro:** Aníbal de Oliveira (Lisboa) **Auxiliares:** Fernando Aragão e Fernando Gomes
Golos: 0-1 (Serafim 28'); 1-1 (Adão 54'); 1-2 (Artur Jorge 72'); 1-3 (Artur Jorge 78')

SC Braga: Armando Pereira, José Maria Azevedo «cap», Ribeiro, Coimbra, José Manuel, Mário, Luciano, Bino, Perrichon (E 65'), Adão e Estêvão
Treinador: Fernando Caiado

ACADÉMICA: Maló, Celestino, Curado, Rui Rodrigues, Marques, Gervásio, Rocha «cap», Ernesto, Artur Jorge, Vítor Campos e Serafim
Treinador: Mário Wilson

ACADÉMICA – 0 FC Porto – 0

1ª DIVISÃO, 17ª JORNADA, 26-2-1967 (DOM, 15:00)
Estádio Municipal de Coimbra, Coimbra
Árbitro: Décio de Freitas (Lisboa)
Auxiliares: Carlos Bica e Raul Romão

ACADÉMICA: Maló, Celestino, Curado, Rui Rodrigues, Marques, Gervásio «cap», Vítor Campos, Crispim, Ernesto, Artur Jorge e Serafim
Treinador: Mário Wilson

FC Porto: Américo, Alípio, Valdemar, Rolando, Atraca, Gomes, Custódio Pinto «cap», Ernesto, Bernardo da Velha, Djalma e Nóbrega
Treinador: José Maria Pedroto

AD Sanjoanense – 1 ACADÉMICA – 0

1ª DIVISÃO, 18ª JORNADA, 5-3-1967 (DOM, 16:00)
Estádio Conde Dias Garcia, São João da Madeira
Árbitro: Salvador Garcia (Lisboa)
Auxiliares: Faro Cal e Mário Figueiredo
Golo: 1-0 (Macedo 67')

AD Sanjoanense: Arsénio, Freitas, Saturnino, Álvaro Alexandre (E 90'+4'), Almeida «cap», Moreira, Jambane, Alvarez, Louro, Walter e Macedo
Treinador: Monteiro da Costa

ACADÉMICA: Maló, Celestino, Curado, Rui Rodrigues, Marques, Crispim, Gervásio «cap», Vítor Campos, Ernesto, Artur Jorge e Serafim
Treinador: Mário Wilson

ACADÉMICA – 0 SL Benfica – 1

1ª DIVISÃO, 19ª JORNADA, 12-3-1967 (DOM, 15:00)
Estádio Municipal de Coimbra, Coimbra **Árbitro:** Júlio Braga Barros (Leiria) **Auxiliares:** Virgílio Salvador e Feliz dos Santos
Golo: 0-1 (Nelson 52')

ACADÉMICA: Maló, Celestino, Curado (L 36'), Rui Rodrigues, Marques, Gervásio, Vítor Campos, Rocha «cap», Ernesto, Artur Jorge e Serafim
Treinador: Mário Wilson

SL Benfica: Costa Pereira, Cavém, Raul Machado, Jacinto, Cruz, Jaime Graça, Coluna «cap», José Augusto, Nelson, Eusébio e Simões **Treinador:** Fernando Riera

VFC Setúbal – 0 ACADÉMICA – 1

1ª DIVISÃO, 20ª JORNADA, 19-3-1967 (DOM, 15:00)
Estádio Alfredo da Silva, Lavradio **Árbitro:** Henrique Silva (Lisboa) **Auxiliares:** Bento Borges e Diamantino Vidal
Golo: 0-1 (Vítor Campos 7')

VFC Setúbal: Vital, Conceição, Torpes, Leiria, Rebelo, Tomé, Pedras, Quim «cap», Augusto, José Maria e Jacinto João
Treinador: Fernando Vaz

ACADÉMICA: Maló, Bernardo, Vieira Nunes, Rui Rodrigues, Celestino, Gervásio, Rocha «cap», Crispim, Ernesto, Artur Jorge e Vítor Campos **Treinador:** Mário Wilson

ACADÉMICA – 6 CF "Os Belenenses" – 0

1ª DIVISÃO, 21ª JORNADA, 2-4-1967 (DOM, 16:00)
Estádio Municipal de Coimbra, Coimbra **Árbitro:** Marcos Lobato (Setúbal) **Auxiliares:** Amândio Silva e José Garcia **Golos:** 1-0 (Artur Jorge 23'); 2-0 (Celestino 38'); 3-0 (Artur Jorge 55'); 4-0 (Artur Jorge 79'); 5-0 (Artur Jorge 81'); 6-0 (Vítor Campos 89')

ACADÉMICA: Maló, Celestino, Vieira Nunes, Rui Rodrigues, Marques, Gervásio, Vítor Campos, Rocha «cap», Ernesto, Artur Jorge e Serafim
Treinador: Mário Wilson

CF "Os Belenenses": Gomes, Rodrigues «cap», Quaresma, Cardoso, Bernardino, Carlos Pedro, Adelino, Godinho, Fernando, Ramos e Simões
Treinador: Ricardo Perez

SC Beira-Mar – 0 ACADÉMICA – 3

1ª DIVISÃO, 22ª JORNADA, 9-4-1967 (DOM, 16:00)
Estádio Mário Duarte, Aveiro **Árbitro:** Salvador Garcia (Lisboa) **Auxiliares:** Joaquim Branco e Mário Figueiredo **Golos:** 0-1 (Ernesto 52'); 0-2 (Artur Jorge 64'); 0-3 (Artur Jorge 83', gp)

SC Beira-Mar: Vítor, Marçal, Evaristo «cap», Piscas, Camarão, Brandão, Joca, Abdul, Pena, Diego e Gaio
Treinador: António Lemos

ACADÉMICA: Maló, Celestino, Vieira Nunes, Rui Rodrigues, Marques, Gervásio, Vítor Campos, Rocha «cap», Ernesto, Artur Jorge e Serafim
Treinador: Mário Wilson

ACADÉMICA – 2 VSC Guimarães – 1

1ª DIVISÃO, 23ª JORNADA, 16-4-1967 (DOM, 16:00)
Estádio Municipal de Coimbra, Coimbra
Árbitro: Décio de Freitas (Lisboa)
Auxiliares: Nemésio de Castro e Raul Romão
Golos: 0-1 (Mendes 7'); 1-1 (Serafim 53'); 2-1 (Serafim 89')

ACADÉMICA: Maló, Celestino, Vieira Nunes, Rui Rodrigues, Marques, Gervásio «cap», Vítor Campos, Crispim, Ernesto, Artur Jorge e Serafim
Treinador: Mário Wilson

VSC Guimarães: Roldão, Gualter, Manuel Pinto «cap», Joaquim Jorge, Costeado, Artur, Ribeiro, Silva, Manafá, Mendes e Castro
Treinador: Jean Luciano

Leixões SC – 1 ACADÉMICA – 1

1ª DIVISÃO, 24ª JORNADA, 23-4-1967 (DOM, 16:00)
Estádio do Mar, Matosinhos **Árbitro:** Saldanha Ribeiro (Leiria) **Auxiliares:** Porém Luís e José Luciano
Golos: 1-0 (Morais Alves 42'); 1-1 (Ernesto 46')

Leixões SC: Rosas (António Nicolau 60'), Adriano, Henrique Nicolau, Manuel Moreira «cap», Raul Oliveira, João Carlos, Bené, Gentil, Wagner, Horácio e Morais Alves
Treinador: Manuel de Oliveira

ACADÉMICA: Maló, Celestino, Vieira Nunes, Rui Rodrigues, Marques, Gervásio, Vítor Campos, Rocha «cap», Ernesto, Artur Jorge e Serafim **Treinador:** Mário Wilson

ACADÉMICA – 2 Varzim SC – 1

1ª DIVISÃO, 25ª JORNADA, 30-4-1967 (DOM, 16:00)
Estádio Municipal de Coimbra, Coimbra **Árbitro:** Manuel Lousada (Santarém) **Auxiliares:** Diamantino Carmona e José Pereira **Golos:** 1-0 (Ernesto 57'); 1-1 (Jorge 63'); 2-1 (Artur Jorge 84')

ACADÉMICA: Maló, Celestino, Vieira Nunes, Rui Rodrigues, Marques, Gervásio, Vítor Campos, Rocha «cap», Ernesto, Artur Jorge e Serafim
Treinador: Mário Wilson

Varzim SC: Benje, Fernando Ferreira «cap», Quim, Salvador, Catinana, Manuel José, Jorge, Sousa, Ildebrando, Nunes Pinto e Vítor Silva **Treinador:** José Valle

1966-1967

1967-1968

Sporting CP – 0 ACADÉMICA – 0
1ª DIVISÃO, 26ª JORNADA, 7-5-1967 (DOM, 16:00)
Estádio José Alvalade, Lisboa
Árbitro: Marcos Lobato (Setúbal)
Auxiliares: Sebastião Pássaro e Amândio Silva

Sporting CP: Damas, João Morais, Armando, José Carlos «cap», Hilário, José Morais, Gonçalves, Sitoe, Manuel Duarte, Lourenço e Peres **Treinador:** Armando Ferreira

ACADÉMICA: Maló, Celestino, Vieira Nunes, Rui Rodrigues, Marques, Crispim, Toni, Rocha «cap», Artur Jorge, Serafim e Vítor Campos
Treinador: Mário Wilson

ACADÉMICA – 7 A.S.A. – 0
TAÇA DE PORTUGAL, OITAVOS DE FINAL, 14-5-1967 (DOM, 16:00)
Estádio Municipal de Coimbra, Coimbra **Árbitro:** Salvador Garcia (Lisboa) **Auxiliares:** Joaquim Branco e Mário Figueiredo
Golos: 1-0 (Celestino 3'); 2-0 (Serafim 14', gp); 3-0 (Ernesto 36'); 4-0 (Vítor Campos 59'); 5-0 (Artur Jorge 75'); 6-0 (Ernesto 81'); 7-0 (Serafim 83') **Obs:** ASA – Atlético Sport Aviação (Luanda)

ACADÉMICA: Maló, Celestino, Vieira Nunes, Rui Rodrigues, Marques, Vítor Campos, Rocha «cap», Crispim, Ernesto, Artur Jorge e Serafim
Treinador: Mário Wilson

A.S.A.: Cerqueira, Justino, Canavarro, Cardona (E 59'), Armindo, Jorge Prado, Frade «cap», Inguila, Leonel, Eduardo e Dinis
Treinador: Humberto Frade

A.S.A. – 1 ACADÉMICA – 2
TAÇA DE PORTUGAL, OITAVOS DE FINAL, 21-5-1967 (DOM, 16:00)
Campo Grande, Lisboa
Árbitro: Aníbal de Oliveira (Lisboa)
Auxiliares: Fernando Aragão e Fernando Gomes
Golos: 0-1 (Silvestre 2'); 0-2 (Rodrigo 33'); 1-2 (Dinis 46')

A.S.A.: Xavier, Justino «cap», Canavarro, Inguila, Faria, Armindo, Leonel, Eduardo, Carlos Prado, Dinis e Jorge Prado
Treinador: Humberto Frade

ACADÉMICA: Brassard (Pinheiro 45'), Bernardo, Belo, Pedrosa, Feliz, Silvestre, Toni, Mário Campos «cap», Luís Eugénio, Rodrigo e Brasfemes
Treinador: Mário Wilson

ACADÉMICA – 2 SL Benfica – 0
TAÇA DE PORTUGAL, QUARTOS DE FINAL, 11-6-1967 (DOM, 17:00)
Estádio Municipal de Coimbra, Coimbra **Árbitro:** João Pinto Ferreira (Porto) **Auxiliares:** Gomes da Silva e Jaime Loureiro
Golos: 1-0 (Ernesto 36'); 2-0 (Ernesto 88')

ACADÉMICA: Maló, Celestino, Rui Rodrigues, Vieira Nunes, Marques, Rocha «cap», Vítor Campos, Crispim, Ernesto, Artur Jorge e Serafim
Treinador: Mário Wilson

SL Benfica: José Henrique, Cavém «cap», Malta da Silva, Paula, Adolfo, Santana, Ferreira Pinto, Simões, Yaúca, Calado e Diamantino
Treinador: Fernando Riera

SL Benfica – 2 ACADÉMICA – 1
TAÇA DE PORTUGAL, QUARTOS DE FINAL, 18-6-1967 (DOM, 21:45)
Estádio da Luz, Lisboa
Árbitro: Marcos Lobato (Setúbal)
Golos: 0-1 (Serafim 5'); 1-1 (Eusébio 33'); 2-1 (Calado 53')

SL Benfica: José Henrique, Cavém «cap», Raul Machado, Jacinto, Adolfo, Jaime Graça, Calado, Yaúca, José Augusto, Eusébio e Simões
Treinador: Fernando Riera

ACADÉMICA: Maló, Celestino, Rui Rodrigues, Vieira Nunes, Marques, Toni, Rocha «cap», Crispim, Ernesto, Serafim e Vítor Campos
Treinador: Mário Wilson

SC Braga – 1 ACADÉMICA – 2
TAÇA DE PORTUGAL, MEIAS FINAIS, 25-6-1967 (DOM, 18:00)
Estádio 28 de Maio, Braga **Árbitro:** Manuel Lousada (Santarém)
Auxiliares: Diamantino Carmona e Graça da Silva
Golos: 0-1 (Artur Jorge 13'); 1-1 (Adão 28'); 1-2 (Ernesto 85')

SC Braga: Armando Pereira, José Maria Azevedo «cap», Ribeiro, Ramiro, José Manuel, Bino, Mário, Luciano, Estêvão, Perrichon e Adão **Treinador:** Fernando Caiado

ACADÉMICA: Maló (Brassard 45'), Celestino, Rui Rodrigues, Vieira Nunes, Marques, Toni, Rocha «cap», Crispim, Ernesto, Artur Jorge e Vítor Campos
Treinador: Mário Wilson

ACADÉMICA – 4 SC Braga – 1
TAÇA DE PORTUGAL, MEIAS FINAIS, 2-7-1967 (DOM, 18:00)
Estádio Municipal de Coimbra, Coimbra
Árbitro: Décio de Freitas (Lisboa) **Auxiliares:** Carlos Bica e Raul Romão **Golos:** 0-1 (Mário 5'); 1-1 (Marques 7'); 2-1 (Ernesto 18'); 3-1 (Artur Jorge 85'); 4-1 (Ernesto 86')

ACADÉMICA: Maló, Celestino, Rui Rodrigues, Vieira Nunes, Marques, Toni, Rocha «cap», Crispim, Ernesto, Artur Jorge e Vítor Campos
Treinador: Mário Wilson

SC Braga: Armando Pereira, José Maria Azevedo «cap», Ribeiro, Ramiro, José Manuel, Mário (E 40'), Luciano, Bino, Estêvão, Perrichon e Adão **Treinador:** Fernando Caiado

VFC Setúbal – 3 ACADÉMICA – 2 (AP) [TV]
TAÇA DE PORTUGAL, FINAL, 9-7-1967 (DOM, 17:30)
Estádio Nacional, Lisboa **Árbitro:** Salvador Garcia (Lisboa)
Auxiliares: Faro Cal e Joaquim Branco **Golos:** 0-1 (Celestino 5'); 1-1 (José Maria 43'); 2-1 (Guerreiro 97'); 2-2 (Ernesto 117'); 3-2 (Jacinto João 144') **Obs:** Resultado obtido após 54 minutos de prolongamento, com a obtenção do golo de desempate

VFC Setúbal: Vital, Conceição «cap», Leiria, Herculano, Carriço, Tomé, Pedras, Vítor Batista, Guerreiro, José Maria e Jacinto João
Treinador: Fernando Vaz

ACADÉMICA: Maló, Celestino, Rui Rodrigues, Vieira Nunes, Marques, Toni, Rocha «cap», Crispim, Ernesto, Artur Jorge e Vítor Campos
Treinador: Mário Wilson

ÉPOCA 1967-1968

1ª DIVISÃO: 4º LUGAR (MANUTENÇÃO E T. FEIRAS)
TAÇA DE PORTUGAL: OITAVOS DE FINAL

JOGOS EFECTUADOS

	J	V	E	D	GM	GS
CASA	16	13	2	1	44	7
FORA	16	5	3	8	25	25
TOTAL	32	18	5	9	69	32

FC Tirsense – 0 ACADÉMICA – 4
1ª DIVISÃO, 1ª JORNADA, 10-9-1967 (DOM, 16:00)
Estádio Abel Alves de Figueiredo, Santo Tirso **Árbitro:** Porfírio da Silva (Aveiro) **Auxiliares:** Bastos Ferreira e Bastos Madalena
Golos: 0-1 (Artur Jorge 48'); 0-2 (Artur Jorge 53'); 0-3 (Mário Campos 58'); 0-4 (Artur Jorge 86')

FC Tirsense: David, Luís Pinto, Cristóvão, Virgílio, Viana, Sebastião, Ferreirinha «cap», Carlos Manuel, Silva, Naftal e Amândio
Treinador: Ferreirinha

ACADÉMICA: Maló, Celestino, Rui Rodrigues «cap», Vieira Nunes, Marques, Toni, Mário Campos, Crispim, Ernesto, Artur Jorge e Vítor Campos
Treinador: Mário Wilson

ACADÉMICA – 1 GD C.U.F. – 0
1ª DIVISÃO, 2ª JORNADA, 17-9-1967 (DOM, 16:00)
Estádio Municipal de Coimbra, Coimbra **Árbitro:** João Pinto Ferreira (Porto) **Auxiliares:** Gomes da Silva e Tomás da Costa
Golo: 1-0 (Celestino 32')

ACADÉMICA: Maló, Celestino, Rui Rodrigues «cap», Vieira Nunes, Marques, Toni, Mário Campos, Crispim, Ernesto, Artur Jorge e Vítor Campos **Treinador:** Mário Wilson

GD C.U.F.: Vítor Manuel, Bambo, Américo, Espírito Santo, Abalroado, Mário João, Vieira Dias «cap», Pedro, Monteiro, Fernando e Rogério
Treinador: João Mário Jordão

AD Sanjoanense – 0 ACADÉMICA – 0
1ª DIVISÃO, 3ª JORNADA, 24-9-1967 (DOM, 16:00)
Estádio Conde Dias Garcia, São João da Madeira
Árbitro: Aníbal de Oliveira (Lisboa)
Auxiliares: Fernando Aragão e Oliveira Pinto

AD Sanjoanense: Benje, Freitas, Saturnino, Jambane, Almeida «cap», Ferreira Pinto, Moreira, Alvarez, Walter, José Carlos e Vítor Silva
Treinador: Monteiro da Costa

ACADÉMICA: Maló, Celestino, Rui Rodrigues, Vieira Nunes, Marques, Toni, Mário Campos, Crispim, Ernesto, Artur Jorge e Rocha «cap» **Treinador:** Mário Wilson

ACADÉMICA – 5 SC Braga – 1
1ª DIVISÃO, 4ª JORNADA, 1-10-1967 (DOM, 15:00)
Estádio Municipal de Coimbra, Coimbra **Árbitro:** Saldanha Ribeiro (Leiria) **Auxiliares:** Virgílio Salvador e José Agostinho
Golos: 1-0 (Crispim 4'); 2-0 (Ernesto 10'); 3-0 (Ernesto 28'); 4-0 (Ernesto 58'); 5-0 (Ernesto 69'); 5-1 (Rendeiro 76')

ACADÉMICA: Maló, Celestino, Rui Rodrigues, Vieira Nunes, Marques, Toni, Mário Campos, Crispim, Ernesto, Artur Jorge e Rocha «cap»
Treinador: Mário Wilson

SC Braga: Armando Pereira, Agostinho, Alípio, Ribeiro «cap», José Manuel, Carlos Batista, Estêvão, Bino, Rendeiro, Adão e Arlindo
Treinador: José Valle

ACADÉMICA – 4 CD Torres Novas – 0
TAÇA DE PORTUGAL, 1/32 DE FINAL, 8-10-1967 (DOM, 15:00)
Estádio Municipal de Coimbra, Coimbra **Árbitro:** Fernando Leite (Porto) **Auxiliares:** Fernando Monteiro e Alfredo Lucas
Golos: 1-0 (Artur Jorge 14'); 2-0 (Ernesto 18'); 3-0 (Artur Jorge 55'); 4-0 (Gervásio 83')

ACADÉMICA: Brassard, Celestino, Rui Rodrigues, Vieira Nunes, Marques, Toni, Gervásio, Crispim, Ernesto, Artur Jorge e Rocha «cap»
Treinador: Mário Wilson

CD Torres Novas: Casimiro, Adelino, Carvalho, Correia, Joaquim Bruno, Florival, Gamboa, Maia, Hugo «cap», Brás e Nogueira
Treinador: Janos Szabo

CD Torres Novas – 2 ACADÉMICA – 6
TAÇA DE PORTUGAL, 1/32 DE FINAL, 15-10-1967 (DOM, 15:00)
Almonda Parque, Torres Novas **Árbitro:** Décio de Freitas (Lisboa)
Golos: 0-1 (Artur Jorge 1'); 1-1 (Nogueira 3', gp); 1-2 (Artur Jorge 38'); 1-3 (Artur Jorge 45'); 1-4 (Artur Jorge 53', gp); 1-5 (Artur Jorge 75'); 2-5 (Gamboa 80'); 2-6 (Artur Jorge 89')

CD Torres Novas: Casimiro, Simões, Carvalho, Correia, Joaquim Bruno, Nogueira, Gamboa, Hugo «cap», Brás, Borges e Maia
Treinador: Janos Szabo

ACADÉMICA: Brassard, Celestino, Rui Rodrigues, Vieira Nunes, Marques, Toni, Gervásio, Vítor Campos, Ernesto, Artur Jorge e Rocha «cap»
Treinador: Mário Wilson

ACADÉMICA – 2 Sporting CP – 0

1ª DIVISÃO, 5ª JORNADA, 22-10-1967 (DOM, 15:00)
Estádio Municipal de Coimbra, Coimbra **Árbitro:** Caetano Nogueira (Porto) **Auxiliares:** Justino Vasconcelos e Rui Teixeira
Golos: 1-0 (Ernesto 39'); 2-0 (Ernesto 72')

ACADÉMICA: Maló, Celestino, Rui Rodrigues, Vieira Nunes, Marques, Toni, Gervásio, Crispim, Ernesto, Artur Jorge e Rocha «cap»
Treinador: Mário Wilson

Sporting CP: Carvalho, Barnabé, Armando, José Carlos «cap», Hilário, Barão, Alexandre Batista, Carlitos, Lourenço, Marinho e Peres
Treinador: Fernando Caiado

FC Porto – 1 ACADÉMICA – 0

1ª DIVISÃO, 6ª JORNADA, 29-10-1967 (DOM, 15:00)
Estádio das Antas, Porto **Árbitro:** Manuel Lousada (Santarém) **Auxiliares:** Diamantino Carmona e José Pereira
Golo: 1-0 (Manuel António 48')

FC Porto: Américo, Festa, Valdemar, Atraca, Sucena, Mário, Custódio Pinto «cap», Gomes, Manuel António (L 84'), Djalma e Nóbrega
Treinador: José Maria Pedroto

ACADÉMICA: Maló (Brassard 30'), Celestino, Rui Rodrigues, Vieira Nunes, Marques, Toni, Gervásio, Crispim, Ernesto, Artur Jorge e Rocha «cap»
Treinador: Mário Wilson

ACADÉMICA – 5 Varzim SC – 0

1ª DIVISÃO, 7ª JORNADA, 5-11-1967 (DOM, 15:00)
Estádio Municipal de Coimbra, Coimbra **Árbitro:** José Alexandre (Santarém) **Auxiliares:** João Carvalho e Armando Matos
Golos: 1-0 (Artur Jorge 13'); 2-0 (Artur Jorge 52'); 3-0 (Ernesto 75', gp); 4-0 (Ernesto 79'); 5-0 (Ernesto 89')

ACADÉMICA: Brassard, Celestino, Rui Rodrigues «cap», Vieira Nunes, Marques, Toni, Gervásio, Crispim, Ernesto, Artur Jorge e Vítor Campos
Treinador: Mário Wilson

Varzim SC: José Luís, Fernando Ferreira «cap», Quim I, Salvador, Sidónio, Serrão, Piscas, Marques, Quim II, Rico e Nunes Pinto
Treinador: Ricardo Perez

VSC Guimarães – 2 ACADÉMICA – 0

1ª DIVISÃO, 8ª JORNADA, 3-12-1967 (DOM, 15:00)
Estádio Municipal de Guimarães, Guimarães **Árbitro:** Aníbal de Oliveira (Lisboa) **Auxiliares:** Fernando Aragão e Oliveira Pinto
Golos: 1-0 (Manuel Pinto 66', gp); 2-0 (Mendes 89')

VSC Guimarães: Roldão, Costeado, Manuel Pinto, Joaquim Jorge, Daniel, Artur, Peres «cap», Augusto, Manuel, Mendes e Lázaro
Treinador: Juca

ACADÉMICA: Brassard, Celestino (E 77'), Belo, Vieira Nunes, Marques, Gervásio, Rocha «cap», Crispim, Ernesto, Artur Jorge e Vítor Campos
Treinador: Mário Wilson

ACADÉMICA – 2 FC Barreirense – 0

1ª DIVISÃO, 9ª JORNADA, 10-12-1967 (DOM, 15:00)
Estádio Municipal de Coimbra, Coimbra **Árbitro:** Porfírio da Silva (Aveiro) **Auxiliares:** António Bastos e Manuel Barros
Golos: 1-0 (Rocha 1'); 2-0 (Ernesto 31')

ACADÉMICA: Brassard, Pedrosa, Rui Rodrigues, Vieira Nunes, Marques, Toni (L 32'), Gervásio, Rocha «cap», Mário Campos, Ernesto e Artur Jorge
Treinador: Mário Wilson

FC Barreirense: Libânio, Faneca «cap», Bandeira, Redol, Patrício, Montóia, Luís Mira, Testas, José João, José Carlos e Ludovico
Treinador: Vieirinha

SL Benfica – 3 ACADÉMICA – 1

1ª DIVISÃO, 10ª JORNADA, 24-12-1967 (DOM, 15:00)
Estádio da Luz, Lisboa **Árbitro:** João Calado (Santarém) **Auxiliares:** António Rodrigues e Manuel Arganil
Golos: 1-0 (Torres 39'); 1-1 (Artur Jorge 41'); 2-1 (Eusébio 62'); 3-1 (Torres 77')

SL Benfica: José Henrique, Cavém, Raul Machado, Jacinto, Cruz, Jaime Graça, Coluna «cap», José Augusto, Torres, Eusébio e Simões
Treinador: Fernando Cabrita

ACADÉMICA: Brassard, Celestino, Rui Rodrigues, Vieira Nunes, Marques, Quinito, Gervásio «cap», Mário Campos, Ernesto, Artur Jorge e Vítor Campos
Treinador: Mário Wilson

ACADÉMICA – 3 VFC Setúbal – 0

1ª DIVISÃO, 11ª JORNADA, 31-12-1967 (DOM, 15:00)
Estádio Municipal de Coimbra, Coimbra **Árbitro:** João Gomes (Porto) **Auxiliares:** Pimentel Garcia e Gomes Pinhal
Golos: 1-0 (Artur Jorge 11'); 2-0 (Ernesto 28'); 3-0 (Ernesto 87')

ACADÉMICA: Brassard, Celestino, Rui Rodrigues, Vieira Nunes, Marques, Gervásio, Mário Campos, Rocha «cap», Ernesto, Artur Jorge e Vítor Campos
Treinador: Mário Wilson

VFC Setúbal: Vital, Conceição «cap», Torpes, Herculano, Carriço, Armando, Pedras, Tomé, Vítor Batista, Guerreiro e Jacinto João
Treinador: Fernando Vaz

CF "Os Belenenses" – 3 ACADÉMICA – 2

1ª DIVISÃO, 12ª JORNADA, 7-1-1968 (DOM, 11:00)
Estádio do Restelo, Lisboa **Árbitro:** Manuel Fortunato (Évora)
Golos: 1-0 (Fernando 11'); 1-1 (Artur Jorge 46'); 1-2 (Artur Jorge 60'); 2-2 (Ernesto 62'); 3-2 (Ernesto 73')

CF "Os Belenenses": Gomes, Rodrigues «cap», Quaresma, Cardoso, Esteves, Freitas, Luciano, Caetano, Ernesto, Simões e Fernando
Treinador: Manuel de Oliveira

ACADÉMICA: Brassard (Viegas 72'), Celestino, Rui Rodrigues, Vieira Nunes, Marques, Gervásio, Mário Campos, Rocha «cap», Ernesto, Artur Jorge e Vítor Campos
Treinador: Mário Wilson

ACADÉMICA – 2 Leixões SC – 1

1ª DIVISÃO, 13ª JORNADA, 14-1-1968 (DOM, 15:00)
Estádio Municipal de Coimbra, Coimbra **Árbitro:** Henrique Silva (Lisboa) **Auxiliares:** António Rocha e Guedes Jorge
Golos: 0-1 (Horácio 8'); 1-1 (Artur Jorge 53'); 2-1 (Artur Jorge 54')

ACADÉMICA: Maló, Celestino, Rui Rodrigues, Vieira Nunes (L 20'), Marques, Gervásio, Mário Campos, Rocha «cap», Ernesto, Artur Jorge e Vítor Campos
Treinador: Mário Wilson

Leixões SC: Fonseca, Geraldinho, Henrique Nicolau, Adriano, Raul Oliveira «cap», Júlio Teixeira, Bené, Praia, Chico, Horácio e Neca
Treinador: António Teixeira

FC Tirsense – 3 ACADÉMICA – 1

TAÇA DE PORTUGAL, 1/16 DE FINAL, 21-1-1968 (DOM, 15:00)
Estádio Abel Alves de Figueiredo, Santo Tirso **Árbitro:** Décio de Freitas (Lisboa) **Auxiliares:** Raul Romão e Raul Santos **Golos:** 0-1 (Artur Jorge 5'); 1-1 (Silva 19'); 2-1 (Acácio 37'); 3-1 (Silva 70')

FC Tirsense: Rui, Sebastião, Cristóvão «cap», Luís Pinto, Viana, Carlos Manuel, Ernesto, Amândio, Teixeira, Silva e Acácio
Treinador: Ferreirinha

ACADÉMICA: Maló, Celestino, Rui Rodrigues, Belo, Marques, Gervásio, Rocha «cap», Mário Campos, Ernesto, Artur Jorge e Vítor Campos
Treinador: Mário Wilson

ACADÉMICA – 5 FC Tirsense – 0

TAÇA DE PORTUGAL, 1/16 DE FINAL, 28-1-1968 (DOM, 15:00)
Estádio Municipal de Coimbra, Coimbra **Árbitro:** Diogo Manso (Braga) **Auxiliares:** Cláudio Faria e Jorge Peixoto
Golos: 1-0 (Artur Jorge 8'); 2-0 (Artur Jorge 28'); 3-0 (Ernesto 54'); 4-0 (Rocha 59'); 5-0 (Gervásio 64')

ACADÉMICA: Maló (Brassard 40'), Celestino, Rui Rodrigues, Pedrosa, Marques, Gervásio, Rocha «cap», Mário Campos, Ernesto, Artur Jorge e Vítor Campos
Treinador: Mário Wilson

FC Tirsense: Rui, Sebastião, Cristóvão «cap», Luís Pinto, Viana, Carlos Manuel (E 83'), Ernesto, Amândio, Teixeira, Silva e Acácio
Treinador: Ferreirinha

ACADÉMICA – 4 FC Tirsense – 1

1ª DIVISÃO, 14ª JORNADA, 4-2-1968 (DOM, 15:00)
Estádio Municipal de Coimbra, Coimbra **Árbitro:** Salvador Garcia (Lisboa) **Auxiliares:** Manuel Pinho e Joaquim Branco
Golos: 1-0 (Artur Jorge 12'); 1-1 (Teixeira 13'); 2-1 (Ernesto 19'); 3-1 (Ernesto 48'); 4-1 (Artur Jorge 75')

ACADÉMICA: Brassard, Celestino, Rui Rodrigues, Pedrosa, Marques, Gervásio, Rocha «cap», Mário Campos, Ernesto, Artur Jorge e Vítor Campos
Treinador: Mário Wilson

FC Tirsense: Américo, Sebastião, Cristóvão, Luís Pinto, Viana, Acácio, Ferreirinha «cap», Teixeira, Silva, Naftal e Amândio
Treinador: Ferreirinha

GD C.U.F. – 0 ACADÉMICA – 3

1ª DIVISÃO, 15ª JORNADA, 11-2-1968 (DOM, 15:00)
Estádio Alfredo da Silva, Lavradio **Árbitro:** Henrique Silva (Lisboa) **Auxiliares:** António Rocha e Guedes Jorge **Golos:** 0-1 (Artur Jorge 33'); 0-2 (Artur Jorge 44'); 0-3 (Artur Jorge 66', gp)

GD C.U.F.: Vítor Cabral, Pedro, Américo, Medeiros, Abalroado «cap», Vieira Dias, Monteiro, Madeira, Fernando, Capitão-Mor e Rogério
Treinador: Joaquim Meirim

ACADÉMICA: Brassard, Celestino, Rui Rodrigues, Pedrosa, Marques, Gervásio, Rocha «cap», Mário Campos, Ernesto, Artur Jorge e Vítor Campos
Treinador: Mário Wilson

ACADÉMICA – 3 AD Sanjoanense – 0

1ª DIVISÃO, 16ª JORNADA, 18-2-1968 (DOM, 15:00)
Estádio Municipal de Coimbra, Coimbra **Árbitro:** Ismael Baltazar (Setúbal) **Auxiliares:** Barão Primo e António Rodrigues
Golos: 1-0 (Rocha 1'); 2-0 (Artur Jorge 30'); 3-0 (Ernesto 81')

ACADÉMICA: Brassard, Celestino, Rui Rodrigues, Gervásio, Marques, Quinito, Rocha «cap», Mário Campos, Ernesto, Artur Jorge e Vítor Campos
Treinador: Mário Wilson

AD Sanjoanense: Benje (Arsénio 87'), Jambane, Saturnino, Álvaro Alexandre, Almeida «cap», Ferreira Pinto, Moreira, Alvarez, Quincas, Walter e Macedo
Treinador: Monteiro da Costa

SC Braga – 1 ACADÉMICA – 1

1ª DIVISÃO, 17ª JORNADA, 25-2-1968 (DOM, 15:00)
Estádio 28 de Maio, Braga **Árbitro:** Fernando Leite (Porto) **Auxiliares:** Fernando Monteiro e Alfredo Lucas
Golos: 0-1 (Ernesto 22'); 1-1 (Estêvão 72')

SC Braga: Armando Pereira, José Maria Azevedo, Juvenal, Agostinho, José Manuel, Carlos Batista, Fernando Batista, Bino, Palmeira, Adão e Estêvão «cap»
Treinador: José Maria Vieira

ACADÉMICA: Brassard, Celestino, Rui Rodrigues, Gervásio, Marques, Mário Campos, Toni, Rocha «cap», Ernesto, Artur Jorge e Vítor Campos
Treinador: Mário Wilson

1968-1969

Sporting CP – 3 ACADÉMICA – 1

1ª DIVISÃO, 18ª JORNADA, 3-3-1968 (DOM, 16:00)
Estádio José Alvalade, Lisboa **Árbitro:** Mário Alves (Beja)
Golos: 1-0 (Lourenço 5', gp); 2-0 (Marinho 34'); 3-0 (Lourenço 37');
3-1 (Ernesto 50')

Sporting CP: Carvalho, Pedro Gomes, Armando, José Carlos «cap», Hilário, Barão, Dani, Lourenço, Marinho, Figueiredo e Manuel Duarte
Treinador: Fernando Caiado

ACADÉMICA: Maló, Celestino, Rui Rodrigues, Gervásio, Marques, Toni, Rocha «cap», Crispim, Ernesto, Artur Jorge (E 50') e Vítor Campos
Treinador: Mário Wilson

ACADÉMICA – 1 FC Porto – 1

1ª DIVISÃO, 19ª JORNADA, 10-3-1968 (DOM, 15:00)
Estádio Municipal de Coimbra, Coimbra **Árbitro:** Saldanha Ribeiro (Leiria) **Auxiliares:** José Agostinho e Miguel Salvador
Golos: 0-1 (Djalma 23'); 1-1 (Artur Jorge 85')

ACADÉMICA: Maló, Celestino, Rui Rodrigues, Gervásio, Marques, Toni, Rocha «cap», Mário Campos, Ernesto, Artur Jorge e Vítor Campos
Treinador: Mário Wilson

FC Porto: Américo, Fernando, Bernardo da Velha, Valdemar, Atraca, Gomes, Custódio Pinto «cap», Lisboa, Manuel António, Djalma e Nóbrega
Treinador: José Maria Pedroto

VFC Setúbal – 2 ACADÉMICA – 0

TAÇA DE PORTUGAL, OITAVOS DE FINAL, 17-3-1968 (DOM, 15:00)
Estádio do Bonfim, Setúbal
Árbitro: Décio de Freitas (Lisboa)
Golos: 1-0 (Jacinto João 51'); 2-0 (Jacinto João 57')

VFC Setúbal: Vital, Conceição «cap», Carlos Cardoso, Herculano (L 85'), Carriço, Tomé, José Maria, Pedras, Guerreiro, Petita e Jacinto João
Treinador: Fernando Vaz

ACADÉMICA: Maló, Celestino, Rui Rodrigues, Gervásio, Marques, Toni, Mário Campos, Rocha «cap», Ernesto, Artur Jorge e Vítor Campos
Treinador: Mário Wilson

ACADÉMICA – 0 VFC Setúbal – 1

TAÇA DE PORTUGAL, OITAVOS DE FINAL, 24-3-1968 (DOM, 15:00)
Estádio Municipal de Coimbra, Coimbra **Árbitro:** Caetano Nogueira (Porto) **Auxiliares:** Rui Teixeira e Justino Vasconcelos
Golo: 0-1 (Pedras 72')

ACADÉMICA: Maló, Celestino, Rui Rodrigues, Belo, Marques, Toni, Gervásio «cap», Mário Campos, Ernesto, Artur Jorge e Vítor Campos
Treinador: Mário Wilson

VFC Setúbal: Vital, Conceição «cap», Leiria, Carlos Cardoso, Carriço, Tomé, José Maria, Pedras, Guerreiro, Petita e Jacinto João
Treinador: Fernando Vaz

Varzim SC – 2 ACADÉMICA – 3

1ª DIVISÃO, 20ª JORNADA, 31-3-1968 (DOM, 15:00)
Estádio do Varzim Sport Clube, Póvoa de Varzim
Árbitro: Maximino Afonso (Lisboa)
Golos: 0-1 (Artur Jorge 29'); 1-1 (Campinense 30');
1-2 (Artur Jorge 40'); 2-2 (Campinense 44'); 2-3 (Artur Jorge 62')

Varzim SC: Castro, Fernando Ferreira, Quim, Salvador, Sidónio «cap», Serrão, Marques, Rico, Campinense, Nunes Pinto e Leonardo
Treinador: Ricardo Perez

ACADÉMICA: Brassard, Celestino, Rui Rodrigues, Belo, Marques, Toni, Gervásio «cap», Mário Campos, Ernesto, Artur Jorge e Vítor Campos **Treinador:** Mário Wilson

ACADÉMICA – 3 VSC Guimarães – 0

1ª DIVISÃO, 21ª JORNADA, 7-4-1968 (DOM, 16:00)
Estádio Municipal de Coimbra, Coimbra **Árbitro:** Marcos Lobato (Setúbal) **Auxiliares:** Amândio Silva e José Garcia
Golos: 1-0 (Artur Jorge 24'); 2-0 (Ernesto 39'); 3-0 (Artur Jorge 48')

ACADÉMICA: Maló (Pinheiro 24'), Celestino, Rui Rodrigues, Belo, Marques, Toni, Gervásio «cap», Mário Campos, Ernesto, Artur Jorge e Vítor Campos
Treinador: Mário Wilson

VSC Guimarães: Roldão, Gualter, Manuel Pinto, Joaquim Jorge, Costeado, Artur, Augusto, Silva, Peres «cap», Mendes e Lázaro
Treinador: Juca

FC Barreirense – 1 ACADÉMICA – 1

1ª DIVISÃO, 22ª JORNADA, 14-4-1968 (DOM, 16:00)
Campo D. Manuel de Melo, Barreiro
Árbitro: Rosa Nunes (Algarve)
Golos: 0-1 (Artur Jorge 71'); 1-1 (Eusébio 84')

FC Barreirense: Bento, Faneca «cap», Candeias, Bandeira, Redol, Patrício, Garrido, José João, Testas, Eusébio e José Carlos
Treinador: Vieirinha

ACADÉMICA: Brassard, Celestino, Rui Rodrigues, Belo, Marques, Toni, Gervásio, Rocha «cap», Ernesto, Artur Jorge e Vítor Campos
Treinador: Mário Wilson

ACADÉMICA – 1 SL Benfica – 1

1ª DIVISÃO, 23ª JORNADA, 21-4-1968 (DOM, 16:00)
Estádio Municipal de Coimbra, Coimbra
Árbitro: Manuel Fortunato (Évora)
Auxiliares: Manuel Galvão e José Vidigal
Golos: 0-1 (Jacinto 21'); 1-1 (Artur Jorge 60')

ACADÉMICA: Brassard, Celestino, Rui Rodrigues, Belo, Marques, Toni, Gervásio «cap», Mário Campos, Ernesto, Artur Jorge e Vítor Campos
Treinador: Mário Wilson

SL Benfica: José Henrique, Adolfo, Raul Machado, Humberto Fernandes, Cruz, Jacinto, Coluna «cap», José Augusto, Yaúca, Torres e Simões
Treinador: Otto Glória

VFC Setúbal – 2 ACADÉMICA – 0

1ª DIVISÃO, 24ª JORNADA, 28-4-1968 (DOM, 16:00)
Estádio do Bonfim, Setúbal
Árbitro: Henrique Silva (Lisboa)
Golos: 1-0 (José Maria 6'); 2-0 (José Maria 20')

VFC Setúbal: Vital, Conceição «cap», Carlos Cardoso, Herculano, Carriço, Armando, José Maria, Pedras, Guerreiro, Petita e Arcanjo
Treinador: Fernando Vaz

ACADÉMICA: Brassard, Celestino, Rui Rodrigues, Belo, Marques, Toni, Gervásio, Rocha «cap», Ernesto, Artur Jorge e Vítor Campos
Treinador: Mário Wilson

ACADÉMICA – 3 CF "Os Belenenses" – 1

1ª DIVISÃO, 25ª JORNADA, 4-5-1968 (SAB, 18:00)
Estádio Municipal de Coimbra, Coimbra **Árbitro:** Ismael Baltazar (Setúbal) **Auxiliares:** Barão Primo e António Rodrigues
Golos: 1-0 (Artur Jorge 36'); 2-0 (Gervásio 42'); 3-0 (Artur Jorge 55'); 3-1 (Sérgio 88')

ACADÉMICA: Brassard, Celestino, Rui Rodrigues, Belo, Marques, Gervásio, Rocha «cap», Mário Campos, Ernesto, Artur Jorge e Vítor Campos
Treinador: Mário Wilson

CF "Os Belenenses": Serrano, Rodrigues «cap», Quaresma, Cardoso, Assis, Esteves, Luciano, Lua, Ernesto, Sérgio e Godinho
Treinador: Manuel de Oliveira

Leixões SC – 0 ACADÉMICA – 2

1ª DIVISÃO, 26ª JORNADA, 12-5-1968 (DOM, 16:00)
Estádio do Mar, Matosinhos **Árbitro:** Saldanha Ribeiro (Leiria)
Auxiliares: José Agostinho e Joaquim Pinto
Golos: 0-1 (Ernesto 47'); 0-2 (Artur Jorge 87')

Leixões SC: Fonseca, Geraldinho, Manuel Moreira «cap», Adriano, Raul Oliveira, Gentil, Bené, Praia, Chico, Horácio e Neca
Treinador: António Teixeira

ACADÉMICA: Brassard, Celestino, Rui Rodrigues, Belo, Marques, Gervásio, Toni, Rocha «cap», Ernesto, Artur Jorge e Vítor Campos
Treinador: Mário Wilson

ÉPOCA 1968-1969

1ª DIVISÃO: 6º LUGAR (MANUTENÇÃO E T. TAÇAS)
TAÇA DE PORTUGAL: FINAL

JOGOS EFECTUADOS

	J	V	E	D	GM	GS
CASA	18	13	3	2	43	14
FORA/N	19	7	3	9	29	26
TOTAL	37	20	6	11	72	40

ACADÉMICA – 2 VFC Setúbal – 1

1ª DIVISÃO, 1ª JORNADA, 8-9-1968 (DOM, 16:00)
Estádio Municipal de Coimbra, Coimbra **Árbitro:** Saldanha Ribeiro (Leiria) **Auxiliares:** Joaquim Pinto e Silva Correia **Golos:** 1-0 (Gervásio 31'); 2-0 (Manuel António 49'); 2-1 (Figueiredo 83')
Obs: A partir desta época passaram a ser permitidas duas substituições por equipa

ACADÉMICA: Maló, Curado, Rui Rodrigues, Belo, Marques, Rocha «cap» (Mário Campos 32'), Gervásio «sc», Vítor Campos (Vieira Nunes 65'), Manuel António, Artur Jorge e Peres
Treinador: Mário Wilson

VFC Setúbal: Vital, Conceição «cap», Carlos Cardoso, Herculano, Carriço, Tomé, José Maria, Vítor Batista, Arcanjo (Wagner 53'), Petita (Figueiredo 53') e Jacinto João
Treinador: Fernando Vaz

AD Sanjoanense – 0 ACADÉMICA – 1

1ª DIVISÃO, 2ª JORNADA, 15-9-1968 (DOM, 16:00)
Estádio Conde Dias Garcia, São João da Madeira **Árbitro:** Caetano Nogueira (Porto) **Auxiliares:** Rui Teixeira e Aníbal Franquinho
Golo: 0-1 (Peres 8')

AD Sanjoanense: Fidalgo, Freitas (Jambane 45'), Caneira, Zequinha, Almeida «cap», Carlitos (Orlando 59'), Ferreira Pinto, Moreira, Manaca, Adé e Morais Alves
Treinador: Manuel de Oliveira

ACADÉMICA: Viegas, Curado, Rui Rodrigues, Vieira Nunes, Marques, Gervásio «cap», Vítor Campos, Peres, Manuel António, Artur Jorge e Serafim (Rocha 45')
Treinador: Mário Wilson

ACADÉMICA – 5 Leixões SC – 0

1ª DIVISÃO, 3ª JORNADA, 22-9-1968 (DOM, 16:00)
Estádio Municipal de Coimbra, Coimbra **Árbitro:** Joaquim Campos (Lisboa) **Auxiliares:** José Rolo e Joaquim Cordeiro
Golos: 1-0 (Manuel António 10'); 2-0 (Gervásio 11'); 3-0 (Artur Jorge 37'); 4-0 (Manuel António 67'); 5-0 (Artur Jorge 89')

ACADÉMICA: Viegas, Curado, Rui Rodrigues, Vieira Nunes, Marques, Gervásio «sc», Vítor Campos, Rocha «cap» (Mário Campos 70'), Manuel António, Artur Jorge e Peres (Serafim 62')
Treinador: Mário Wilson

Leixões SC: Fonseca, Geraldinho, Adriano, Raul Oliveira «cap», Henrique Nicolau, Gentil, Bené, Barros (Albertino 65'), Ricardo, Horácio e Neca **Treinador:** José Águas

Varzim SC – 1 ACADÉMICA – 2
1ª DIVISÃO, 4ª JORNADA, 29-9-1968 (DOM, 16:00)
Estádio das Antas, Porto **Árbitro:** Diogo Manso (Braga) **Auxiliares:** Jorge Peixoto e António Duarte **Golos:** 1-0 (Diamantino 11'); 1-1 (Manuel António 25'); 1-2 (Peres 47') **Obs:** Jogo disputado no Estádio das Antas, devido a interdição do estádio do Varzim SC

Varzim SC: José Luís, Fernando Ferreira, Albino, Salvador, Sidónio «cap», Rico, Aleixo, Marques (Quim II 80'), Nunes Pinto (Camolas 54'), Valdir e Diamantino
Treinador: Monteiro da Costa

ACADÉMICA: Viegas, Curado, Rui Rodrigues, Vieira Nunes, Marques, Gervásio «sc», Vítor Campos, Rocha «cap» (Mário Campos 68'), Manuel António, Artur Jorge e Peres (Serafim 73')
Treinador: Mário Wilson

Olympique Lyon – 1 ACADÉMICA – 0
TAÇA DAS CID. COM FEIRA, 1/32 DE FINAL, 2-10-1968 (QUA, 20:30)
Estádio Municipal de Gerland, Lyon (França)
Árbitro: Moscardo (Luxemburgo)
Auxiliares: Queundeville e Weber
Golo: 1-0 (Guy 82')

Olympique Lyon: Chaveau, Desgeorges, Glyzinski, Flohic, Nouzaret, Maison (L'homme 13'), Perrin, Lekkak, Guy, Felix e Rambert «cap»
Treinador: Aimé Mignot

ACADÉMICA: Viegas, Curado, Rui Rodrigues, Vieira Nunes, Marques, Mário Campos, Gervásio «cap», Vítor Campos, Peres, Manuel António e Artur Jorge **Treinador:** Mário Wilson

ACADÉMICA – 4 Atlético CP – 2
1ª DIVISÃO, 5ª JORNADA, 6-10-1968 (DOM, 15:00)
Estádio Municipal de Coimbra, Coimbra **Árbitro:** Fernando Leite (Porto) **Auxiliares:** Alfredo Lucas e Fernando Monteiro
Golos: 1-0 (Peres 3'); 1-1 (Tito 6'); 1-2 (Tito 8'); 2-2 (Peres 38'); 3-2 (Gervásio 48', gp); 4-2 (Artur Jorge 89')

ACADÉMICA: Viegas, Curado, Rui Rodrigues, Vieira Nunes, Marques, Gervásio «sc», Vítor Campos, Rocha «cap» (Mário Campos 62'), Manuel António, Artur Jorge e Peres
Treinador: Mário Wilson

Atlético CP: Botelho, Valdemar, João Carlos, Candeias, Murraças, Fernando Mendes (Simões 61'), Pinhal, Fagundes «cap», Seminário (Raul 71'), Tito e Raimundo
Treinador: Peres Bandeira

ACADÉMICA – 1 Olympique Lyon – 0 (AP)
TAÇA DAS CID. COM FEIRA, 1/32 DE FINAL, 9-10-1968 (QUA, 21:45)
Estádio Municipal de Coimbra, Coimbra **Árbitro:** Adolfo Bueno (Espanha) **Auxiliares:** Soto Montevinez e Martin Alvarez
Golo: 1-0 (Manuel António 76') **Obs:** A eliminatória foi decidida a favor do Olympique de Lyon por moeda ao ar

ACADÉMICA: Viegas, Belo (Mário Campos 72'), Rui Rodrigues, Vieira Nunes, Curado, Gervásio, Vítor Campos, Rocha «cap», Manuel António, Artur Jorge e Peres (Quim 94')
Treinador: Mário Wilson

Olympique Lyon: Chaveau, Glyzinski, Desgeorges, Flohic, Nouzaret, Perrin, Maison, Lekkak, Guy, Felix (L'homme 60') e Rambert «cap»
Treinador: Aimé Mignot

Sporting CP – 3 ACADÉMICA – 0
1ª DIVISÃO, 6ª JORNADA, 13-10-1968 (DOM, 15:00)
Estádio José Alvalade, Lisboa
Árbitro: Marcos Lobato (Setúbal)
Golos: 1-0 (Lourenço 35'); 2-0 (Lourenço 41'); 3-0 (Chico 77')

Sporting CP: Damas, Celestino, Armando, José Carlos «cap», Hilário, Gonçalves, José Morais, Chico, Ernesto, Lourenço e Pedras
Treinador: Fernando Caiado

ACADÉMICA: Viegas, Belo (Marques 45'), Rui Rodrigues, Vieira Nunes, Curado, Gervásio (Mário Campos 45'), Vítor Campos, Rocha «cap», Manuel António, Artur Jorge e Peres
Treinador: Mário Wilson

ACADÉMICA – 1 VSC Guimarães – 1
1ª DIVISÃO, 7ª JORNADA, 3-11-1968 (DOM, 15:00)
Estádio Municipal de Coimbra, Coimbra **Árbitro:** Aníbal de Oliveira (Lisboa) **Auxiliares:** Fernando Aragão e Oliveira Pinto
Golos: 0-1 (Augusto 21'); 1-1 (Gervásio 31', gp)

ACADÉMICA: Viegas, Curado, Belo, Vieira Nunes, Marques, Gervásio «sc», Vítor Campos, Rocha «cap» (Serafim 53'), Manuel António, Artur Jorge e Peres (Mário Campos 65')
Treinador: Mário Wilson

VSC Guimarães: Rodrigues, Gualter, Joaquim Jorge, Manuel Pinto, Costeado, Peres «cap», Artur, Zezinho, Mendes, Carlos Manuel (Manuel 65') e Augusto
Treinador: Jorge Vieira

GD C.U.F. – 4 ACADÉMICA – 3
1ª DIVISÃO, 8ª JORNADA, 10-11-1968 (DOM, 15:00)
Estádio Alfredo da Silva, Lavradio **Árbitro:** Fernando Martins (Lisboa) **Auxiliares:** Fernando Lage e Daniel Castro
Golos: 0-1 (Artur Jorge 4'); 0-2 (Manuel António 10'); 1-2 (Fernando 34'); 2-2 (Fernando 50'); 2-3 (Gervásio 63', gp); 3-3 (Monteiro 69'); 4-3 (Pedro 87')

GD C.U.F.: Vítor Cabral, Bambo, Cagica Rapaz (Sério 20'), Medeiros, Abalroado, Pedro, Arnaldo, Vieira Dias, Capitão-Mor (Rogério 36'), Fernando «cap» e Monteiro
Treinador: Costa Pereira

ACADÉMICA: Viegas, Belo, Vieira Nunes, Rui Rodrigues, Curado, Gervásio «sc», Vítor Campos, Rocha «cap» (Mário Campos 56'), Manuel António, Artur Jorge e Peres **Treinador:** Mário Wilson

UFCI Tomar – 2 ACADÉMICA – 1
1ª DIVISÃO, 9ª JORNADA, 17-11-1968 (DOM, 15:00)
Estádio do Municipal de Tomar, Tomar **Árbitro:** Henrique Silva (Lisboa) **Auxiliares:** Pedro Quaresma e António Rocha
Golos: 1-0 (Leitão 9'); 2-0 (Totói 17'); 2-1 (Manuel António 90')

UFCI Tomar: Arsénio, Kiki, Faustino, Dui, Santos (Barnabé 70'), Ferreira Pinto «cap», Cláudio, Bilreiro, Leitão, Alberto e Totói
Treinador: Oscar Tellechea

ACADÉMICA: Viegas, Curado, Vieira Nunes, Rui Rodrigues, Marques (Agostinho 57'), Gervásio, Vítor Campos (Quim 73'), Rocha «cap», Manuel António, Artur Jorge e Peres
Treinador: Mário Wilson

ACADÉMICA – 2 FC Porto – 4
1ª DIVISÃO, 10ª JORNADA, 24-11-1968 (DOM, 15:00)
Estádio Municipal de Coimbra, Coimbra **Árbitro:** Ismael Baltazar (Setúbal) **Auxiliares:** Barão Primo e António Rodrigues **Golos:** 1-0 (Peres 2'); 1-1 (Custódio Pinto 14'); 1-2 (Custódio Pinto 47'); 1-3 (Custódio Pinto 53'); 1-4 (Djalma 72'); 2-4 (Manuel António 88')

ACADÉMICA: Viegas, Belo, Vieira Nunes, Rui Rodrigues, Curado, Gervásio (Mário Campos 70'), Vítor Campos (Agostinho 57'), Rocha «cap», Manuel António, Artur Jorge e Peres
Treinador: Mário Wilson

FC Porto: Américo, Bernardo da Velha, Valdemar, Atraca «cap», Sucena, Rolando, Pavão, Lisboa, Djalma (Vítor Gomes 73'), Custódio Pinto (Chico Gordo 73') e Nóbrega
Treinador: José Maria Pedroto

SL Benfica – 3 ACADÉMICA – 2
1ª DIVISÃO, 11ª JORNADA, 1-12-1968 (DOM, 15:00)
Estádio da Luz, Lisboa **Árbitro:** Francisco Lobo (Setúbal)
Golos: 1-0 (Torres 19'); 1-1 (Gervásio 29', gp); 1-2 (Raul Machado 60', pb); 2-2 (Praia 74'); 3-2 (Praia 90')

SL Benfica: José Henrique, Jacinto, Humberto Coelho, Raul Machado, Cruz, Toni, Coluna «cap», Praia, Torres, Eusébio (José Augusto 60') e Simões (Manuel José 71')
Treinador: Otto Glória

ACADÉMICA: Viegas, Curado (Agostinho 82'), Carlos Alhinho, Belo, Gervásio «cap», Mário Campos, Rui Rodrigues (Rocha 75'), Vítor Campos, Manuel António, Artur Jorge e Peres
Treinador: João Maló

ACADÉMICA – 2 CF "Os Belenenses" – 0
1ª DIVISÃO, 12ª JORNADA, 15-12-1968 (DOM, 15:00)
Estádio Municipal de Coimbra, Coimbra **Árbitro:** Caetano Nogueira (Porto) **Auxiliares:** Rui Teixeira e Aníbal Franquinho
Golos: 1-0 (Artur Jorge 27'); 2-0 (Peres 36')

ACADÉMICA: Viegas, Agostinho, Carlos Alhinho, Vieira Nunes, Gervásio «cap», Rui Rodrigues, Nene, Mário Campos, Manuel António, Artur Jorge e Peres
Treinador: João Maló

CF "Os Belenenses": Mourinho, Quaresma, Rodrigues «cap», Murça, Freitas, Esteves, Luciano, Godinho, Sérgio, Ernesto (Laurindo 53') e Saporiti (Valter 75')
Treinador: Angel Zubieta

SC Braga – 0 ACADÉMICA – 0
1ª DIVISÃO, 13ª JORNADA, 22-12-1968 (DOM, 15:00)
Estádio 28 de Maio, Braga
Árbitro: Porfírio da Silva (Aveiro)
Auxiliares: Vicente Fernando e Manuel Bastos

SC Braga: Armando Pereira, José Maria Azevedo, Juvenal, Coimbra «cap», José Manuel, Carlos Batista (Alípio 34'), Bino, Palmeira, Rendeiro, Luporini (Arlindo 34') e Estêvão
Treinador: Artur Quaresma

ACADÉMICA: Viegas, Agostinho, Carlos Alhinho, Vieira Nunes, Gervásio «cap», Rui Rodrigues, Nene, Mário Campos, Manuel António, Artur Jorge e Peres **Treinador:** João Maló

VFC Setúbal – 2 ACADÉMICA – 1
1ª DIVISÃO, 14ª JORNADA, 29-12-1968 (DOM, 15:00)
Estádio do Bonfim, Setúbal
Árbitro: Fernando Leite (Porto)
Golos: 0-1 (Manuel António 5'); 1-1 (Guerreiro 51'); 2-1 (Arcanjo 59')

VFC Setúbal: Vital, Conceição «cap», Carlos Cardoso, Alfredo, Carriço, Wagner, José Maria, Guerreiro (Tomé 45'), Figueiredo, Arcanjo (Armando 45') e Jacinto João
Treinador: Fernando Vaz

ACADÉMICA: Viegas, Gervásio «cap», Carlos Alhinho, Vieira Nunes, Araújo, Rui Rodrigues, Nene, Mário Campos, Manuel António, Artur Jorge (Quim 83') e Serafim (Quinito 65')
Treinador: João Maló

ACADÉMICA – 2 AD Sanjoanense – 0
1ª DIVISÃO, 15ª JORNADA, 5-1-1969 (DOM, 15:00)
Estádio Municipal de Coimbra, Coimbra **Árbitro:** Jovino Pinto (Porto) **Auxiliares:** Joaquim Dinis e António Teixeira
Golos: 1-0 (Peres 49'); 2-0 (Rui Rodrigues 85')

ACADÉMICA: Viegas, Gervásio «cap», Carlos Alhinho, Vieira Nunes, Araújo, Rui Rodrigues, Nene, Mário Campos, Manuel António, Quim (Artur Jorge 77') e Peres
Treinador: João Maló

AD Sanjoanense: Fidalgo, Freitas, Caneira, Zequinha, Almeida «cap», Jambane, Orlando, Carlitos, Manaca, Louro e Adé (Videira 65')
Treinador: Manuel de Oliveira

Leixões SC – 1 ACADÉMICA – 1
1ª DIVISÃO, 16ª JORNADA, 19-1-1969 (DOM, 15:00)
Estádio do Mar, Matosinhos **Árbitro:** Marcos Lobato (Setúbal)
Auxiliares: Darwin Borges e José Garcia
Golos: 0-1 (Manuel António 40'); 1-1 (Neca 64')

Leixões SC: Fonseca, Geraldinho «cap», Adriano, Henrique Nicolau, Raul Oliveira, Gentil, Bené, Albertino (Lázaro 61'), Calado, Horácio e Neca
Treinador: José Águas

ACADÉMICA: Viegas, Gervásio «cap», Carlos Alhinho, Vieira Nunes, Araújo, Rui Rodrigues, Nene, Mário Campos (Crispim 72'), Manuel António, Quim (Artur Jorge 45') e Peres
Treinador: João Maló

1968-1969

ACADÉMICA – 0 Varzim SC – 0

1ª DIVISÃO, 17ª JORNADA, 26-1-1969 (DOM, 15:00)
Estádio Municipal de Coimbra, Coimbra
Árbitro: Américo Barradas (Lisboa)
Auxiliares: António Ferreira e César Reigadas

ACADÉMICA: Viegas, Curado, Carlos Alhinho, Vieira Nunes, Gervásio «cap», Rui Rodrigues, Nene, Mário Campos, Manuel António, Artur Jorge e Quinito (Crispim 77')
Treinador: João Maló

Varzim SC: Benje, Fernando Ferreira, Quim, Salvador, Sidónio «cap», Rico, Carmo Pais, Aleixo, Camolas, Nelson e Diamantino (Nunes Pinto 77')
Treinador: Monteiro da Costa

Atlético CP – 0 ACADÉMICA – 4

1ª DIVISÃO, 18ª JORNADA, 2-2-1969 (DOM, 15:00)
Campo da Tapadinha, Lisboa **Árbitro:** Henrique Costa (Aveiro)
Auxiliares: Pereira de Almeida e Manuel Campino
Golos: 0-1 (Tito Costa 15', pb); 0-2 (Manuel António 47'); 0-3 (Rui Rodrigues 71'); 0-4 (Manuel António 73')

Atlético CP: Botelho, Durand, João Carlos, Tito Costa, Murraças, Fagundes «cap», Pinhal (José do Carmo 69'), Canário, Seminário, Tito e Raimundo **Treinador:** Peres Bandeira

ACADÉMICA: Viegas, Curado, Carlos Alhinho, Vieira Nunes, Gervásio «cap», Rui Rodrigues, Nene, Mário Campos, Manuel António, Peres e Vítor Campos
Treinador: João Maló

ACADÉMICA – 2 SC Farense – 0

TAÇA DE PORTUGAL, 1/32 DE FINAL, 9-2-1969 (DOM, 15:00)
Estádio Municipal de Coimbra, Coimbra **Árbitro:** João Gomes (Porto) **Auxiliares:** Fernando Alberto e Tomás Matos
Golos: 1-0 (Nene 26'); 2-0 (Peres 30')

ACADÉMICA: Brassard, Gervásio «cap», Carlos Alhinho, Vieira Nunes, Araújo, Rui Rodrigues (Mário Campos 87'), Nene, Crispim, Manuel António, Peres e Vítor Campos
Treinador: João Maló

SC Farense: Calotas, José António, Torpes, Manhita, Lampreia, Marcelo, Nunes, Pedro, Nelson, Ludovico (Borges 63') e Testas «cap»
Treinador: Vieirinha

ACADÉMICA – 1 Sporting CP – 0

1ª DIVISÃO, 19ª JORNADA, 16-2-1969 (DOM, 15:00)
Estádio Municipal de Coimbra, Coimbra **Árbitro:** Francisco Lobo (Setúbal) **Auxiliares:** José Franco e Joaquim Palmela
Golo: 1-0 (Manuel António 63')

ACADÉMICA: Viegas, Curado, Carlos Alhinho, Vieira Nunes, Gervásio «cap», Rui Rodrigues, Nene, Mário Campos, Manuel António, Peres (Crispim 85') e Vítor Campos (Rocha 81')
Treinador: João Maló

Sporting CP: Damas, Celestino, Armando, Alexandre Batista «cap», Pedro Gomes, João Carlos, Pedras, Chico, Ernesto, Lourenço (Marinho 45') e José Morais
Treinador: Armando Ferreira

VSC Guimarães – 2 ACADÉMICA – 1

1ª DIVISÃO, 20ª JORNADA, 23-2-1969 (DOM, 15:00)
Estádio Municipal de Guimarães, Guimarães **Árbitro:** João Calado (Santarém) **Auxiliares:** António Rodrigues e Manuel Arganil
Golos: 0-1 (Manuel António 37'); 1-1 (Silva 77'); 2-1 (Vieira 79')

VSC Guimarães: Rodrigues, Gualter, Manuel Pinto, Joaquim Jorge, Costeado, Artur (Silva 75'), Peres «cap», Augusto, Zezinho (Vieira 58'), Manuel e Mendes
Treinador: Jorge Vieira

ACADÉMICA: Viegas, Curado, Carlos Alhinho, Vieira Nunes, Gervásio, Rui Rodrigues, Nene, Mário Campos, Manuel António, Vítor Campos e Rocha «cap»
Treinador: João Maló

ACADÉMICA – 1 GD C.U.F. – 1

1ª DIVISÃO, 21ª JORNADA, 2-3-1969 (DOM, 15:00)
Estádio Municipal de Coimbra, Coimbra
Árbitro: Caetano Nogueira (Porto)
Golos: 0-1 (Monteiro 9'); 1-1 (Manuel António 90')

ACADÉMICA: Viegas, Curado (Artur 77'), Carlos Alhinho, Vieira Nunes, Gervásio, Rui Rodrigues, Nene, Mário Campos (E 44'), Manuel António, Vítor Campos e Rocha «cap»
Treinador: João Maló

GD C.U.F.: Vítor Cabral, Bambo, Vítor Marques, Medeiros, Castro, Pedro «cap», Sério, Arnaldo, Monteiro, Capitão-Mor e Fernando
Treinador: Costa Pereira

SGS "Os Leões" – 1 ACADÉMICA – 6

TAÇA DE PORTUGAL, 1/16 DE FINAL, 9-3-1969 (DOM, 15:00)
Campo Alfredo de Aguiar, Santarém **Árbitro:** João Gomes (Porto)
Auxiliares: Fernando Alberto e Tomás Matos **Golos:** 0-1 (Jaime 19', pb); 0-2 (Manuel António 38'); 0-3 (Vítor Campos 47'); 0-4 (Manuel António 53'); 0-5 (Rui Rodrigues 68'); 1-5 (Medeiros 76'); 1-6 (Manuel António 84')

SGS "Os Leões": Carlos Nunes (Marujo 50'), Jaime «cap», Canavarro, Spínola (Ernesto 45'), Tito, Isidro, Medeiros, Carlos Torgal, Mário, João e Abílio **Treinador:** Veríssimo Alves

ACADÉMICA: Viegas, Curado, Carlos Alhinho, Vieira Nunes, Gervásio, Rui Rodrigues, Nene, Vítor Campos (Agostinho 65'), Crispim (Peres 72'), Manuel António e Rocha «cap»
Treinador: João Maló

ACADÉMICA – 4 UFCI Tomar – 0

1ª DIVISÃO, 22ª JORNADA, 16-3-1969 (DOM, 15:00)
Estádio Municipal de Coimbra, Coimbra **Árbitro:** Fernando Leite (Porto) **Auxiliares:** Fernando Monteiro e Fernando Costa
Golos: 1-0 (Rocha 5'); 2-0 (Rui Rodrigues 29'); 3-0 (Manuel António 41'); 4-0 (Manuel António 78')

ACADÉMICA: Viegas, Curado, Carlos Alhinho, Vieira Nunes, Gervásio, Rui Rodrigues (Silvestre 65'), Nene, Rocha «cap», Quinito, Manuel António e Peres (Luís Eugénio 82')
Treinador: João Maló

UFCI Tomar: Conhé, Kiki, Caló, Faustino, Barnabé, Ferreira Pinto «cap», Lecas (Dui 65'), Santos (Bilreiro 45'), Alberto, Cláudio e Totói
Treinador: Oscar Tellechea

FC Porto – 0 ACADÉMICA – 1

1ª DIVISÃO, 23ª JORNADA, 23-3-1969 (DOM, 15:00)
Estádio das Antas, Porto **Árbitro:** Rogério Moreira (Braga)
Auxiliares: António Costa e Domingos Sousa
Golo: 0-1 (Manuel António 19')

FC Porto: Rui, Atraca, Almeida (Sousa 45'), Valdemar, Leopoldo «cap», Lisboa (Vítor Gomes 57'), Rolando, Pavão, Bernardo da Velha, Djalma e Nóbrega
Treinador: José Maria Pedroto

ACADÉMICA: Viegas, Curado, Carlos Alhinho, Vieira Nunes, Gervásio, Crispim (Silvestre 88'), Quinito, Nene, Peres, Manuel António e Rocha «cap»
Treinador: João Maló

ACADÉMICA – 0 SL Benfica – 2

1ª DIVISÃO, 24ª JORNADA, 30-3-1969 (DOM, 15:00)
Estádio Municipal de Coimbra, Coimbra **Árbitro:** Ismael Baltazar (Setúbal) **Auxiliares:** Barão Primo e António Rodrigues
Golos: 0-1 (Eusébio 69'); 0-2 (Eusébio 84')

ACADÉMICA: Viegas, Curado, Carlos Alhinho (Pedrosa 26'), Vieira Nunes, Gervásio, Rui Rodrigues, Nene, Quinito (Crispim 74'), Peres, Manuel António e Rocha «cap»
Treinador: João Maló

SL Benfica: José Henrique, Adolfo, Humberto Coelho, Zeca, Cruz, Toni (Nené 64'), Jacinto, José Augusto «cap», Praia, Eusébio e Simões
Treinador: Otto Glória

CF "Os Belenenses" – 1 ACADÉMICA – 1

1ª DIVISÃO, 25ª JORNADA, 20-4-1969 (DOM, 21:45)
Estádio do Restelo, Lisboa
Árbitro: Rosa Nunes (Algarve)
Golos: 0-1 (Peres 4'); 1-1 (Saporiti 11')

CF "Os Belenenses": Mourinho, Rodrigues «cap», Murça, Quaresma, Esteves, Cardoso, Luciano, Laurindo, Saporiti (Valter 45'), Ernesto e Godinho
Treinador: Mário Wilson

ACADÉMICA: Viegas, Curado, Belo, Vieira Nunes, Gervásio «cap», Rui Rodrigues, Quinito (Nene 45'), Crispim, Peres, Manuel António e Mário Campos
Treinador: João Maló

ACADÉMICA – 6 SC Braga – 2

1ª DIVISÃO, 26ª JORNADA, 27-4-1969 (DOM, 16:00)
Estádio Municipal de Coimbra, Coimbra **Árbitro:** Henrique Silva (Lisboa) **Auxiliares:** Pedro Quaresma e António Rocha **Golos:** 1-0 (Peres 25'), 2-0 (Manuel António 34'); 2-1 (Luporini 49'); 2-2 (Arlindo 55'); 3-2 (Vítor Campos 75'); 4-2 (Manuel António 79'); 5-2 (Vítor Campos 85'); 6-2 (Vítor Campos 87')

ACADÉMICA: Viegas, Curado, Rui Rodrigues, Belo, Gervásio, Mário Campos, Nene, Crispim (Agostinho 71'), Manuel António «cap», Peres e Vítor Campos **Treinador:** João Maló

SC Braga: Armando Pereira «cap», Xavier, Juvenal, Alípio, Joquinha, Rui Ernesto, Palmeira, Artur Jorge, Luporini, Arlindo e Estêvão
Treinador: Artur Quaresma

ACADÉMICA – 4 Ferroviários – 1

TAÇA DE PORTUGAL, OITAVOS DE FINAL, 10-5-1969 (SAB, 17:00)
Estádio Municipal de Coimbra, Coimbra **Árbitro:** Henrique Costa (Aveiro) **Auxiliares:** Pereira de Almeida e Manuel Campino
Golos: 1-0 (Peres 8'); 2-0 (Artur 9', pb); 2-1 (Baltasar 18'); 3-1 (Nene 83'); 4-1 (Mário Campos 90')

ACADÉMICA: Viegas, Curado, Vieira Nunes, Belo, Marques, Rui Rodrigues «cap», Nene, Mário Campos, Luís Eugénio (Quinito 67'), Peres e Vítor Campos (Silvestre 27')
Treinador: João Maló

Ferroviários: Carlos, Rodrigues «cap», Eduardo, Artur, Jacinto, Ambasse (Raimundo 38'), Nelson (Jorge Cunha 52'), Mombaça, Romano, Baltasar e Ildebrando
Treinador: Serafim Batista

Ferroviários – 0 ACADÉMICA – 1

TAÇA DE PORTUGAL, OITAVOS DE FINAL, 17-5-1969 (SAB, 21:45)
Estádio Municipal de Coimbra, Coimbra
Árbitro: Manuel Lousada (Santarém)
Golo: 0-1 (Mário Campos 63')

Ferroviários: Carlos, Rodrigues «cap», Eduardo, Artur, Jacinto, Baltasar, Ambasse (Mombaça 61'), Jorge Cunha, Ildebrando, Raimundo e Romano
Treinador: Serafim Batista

ACADÉMICA: Viegas, Curado, Vieira Nunes, Belo, Marques, Rui Rodrigues, Gervásio (Serafim 45'), Mário Campos, Peres, Rocha «cap» e Nene
Treinador: Francisco Andrade

VSC Guimarães – 2 ACADÉMICA – 1

TAÇA DE PORTUGAL, QUARTOS DE FINAL, 25-5-1969 (DOM, 16:00)
Estádio Municipal de Guimarães, Guimarães **Árbitro:** Francisco Lobo (Setúbal) **Auxiliares:** Valdemar Nogueira e Serapião Reis
Golos: 0-1 (Peres 5'); 1-1 (Marques 6', pb); 2-1 (Peres 90')

VSC Guimarães: Rodrigues (Roldão 65'), Gualter, Manuel Pinto, Joaquim Jorge, Costeado, Artur (Silva 68'), Augusto, Peres «cap», Carlos Manuel, Manuel e Mendes
Treinador: Jorge Vieira

ACADÉMICA: Viegas, Curado, Vieira Nunes, Belo, Marques, Mário Campos, Rui Rodrigues, Nene, Vítor Campos, Rocha «cap» e Peres
Treinador: Francisco Andrade

ACADÉMICA – 5 VSC Guimarães – 0

TAÇA DE PORTUGAL, QUARTOS DE FINAL, 1-6-1969 (DOM, 16:00)
Estádio Municipal de Coimbra, Coimbra **Árbitro:** Fernando Leite (Porto) **Auxiliares:** Fernando Costa e Fernando Monteiro
Golos: 1-0 (Mário Campos 10'); 2-0 (Manuel António 32');
3-0 (Manuel António 61'); 4-0 (Gervásio 68'); 5-0 (Vítor Campos 81')

ACADÉMICA: Viegas, Curado, Vieira Nunes, Belo, Marques, Mário Campos, Gervásio «cap», Rui Rodrigues (Rocha 79'), Nene, Manuel António e Vítor Campos
Treinador: Francisco Andrade

VSC Guimarães: Rodrigues, Gualter, Manuel Pinto (Silva 68'), Joaquim Jorge, Costeado, Carlos Manuel, Artur, Augusto, Peres «cap», Manuel e Mendes
Treinador: Jorge Vieira

Sporting CP – 1 ACADÉMICA – 2

TAÇA DE PORTUGAL, MEIAS FINAIS, 8-6-1969 (DOM, 17:00)
Estádio José Alvalade, Lisboa
Árbitro: Marcos Lobato (Setúbal)
Golos: 0-1 (Peres 20'); 1-1 (José Morais 74'); 1-2 (Nene 86')

Sporting CP: Damas, Pedro Gomes, Armando, José Carlos «cap», Hilário, José Morais, Pedras, Chico, Lourenço (Gonçalves 45'), Marinho e Oliveira Duarte
Treinador: Fernando Vaz

ACADÉMICA: Viegas, Gervásio «cap», Vieira Nunes, Belo, Marques, Rui Rodrigues, Nene, Peres (Rocha 49'), Mário Campos (Crispim 85'), Manuel António e Vítor Campos
Treinador: Francisco Andrade

ACADÉMICA – 1 Sporting CP – 0

TAÇA DE PORTUGAL, MEIAS FINAIS, 15-6-1969 (DOM, 17:00)
Estádio Municipal de Coimbra, Coimbra **Árbitro:** José Alexandre (Santarém) **Auxiliares:** Palmeiro Afonso e Mário Luís
Golo: 1-0 (Manuel António 73')

ACADÉMICA: Viegas, Curado, Vieira Nunes, Belo, Marques, Mário Campos (Rocha 81'), Rui Rodrigues, Gervásio «cap», Vítor Campos (Peres 66'), Manuel António e Nene
Treinador: Francisco Andrade

Sporting CP: Damas, Pedro Gomes, Alexandre Batista, José Carlos «cap», Hilário, Gonçalves, Pedras, Chico (Barão 70'), Marinho, Lourenço e Oliveira Duarte (José Morais 45')
Treinador: Fernando Vaz

SL Benfica – 2 ACADÉMICA – 1 (AP)

TAÇA DE PORTUGAL, FINAL, 22-6-1969 (DOM, 17:00)
Estádio Nacional, Lisboa **Árbitro:** Ismael Baltazar (Setúbal)
Auxiliares: Barão Primo e António Rodrigues
Golos: 0-1 (Manuel António 81'); 1-1 (Simões 85'); 2-1 (Eusébio 109')

SL Benfica: José Henrique, Malta da Silva, Humberto Coelho, Zeca, Adolfo, Toni (José Augusto 71'), Coluna «cap», Jaime Graça, Abel (Torres 45'), Eusébio e Simões
Treinador: Otto Glória

ACADÉMICA: Viegas, Gervásio «cap», Vieira Nunes, Belo, Marques, Rui Rodrigues, Nene, Vítor Campos (Rocha 90'), Mário Campos, Manuel António e Peres (Serafim 68')
Treinador: Francisco Andrade

ÉPOCA 1969-1970

1ª DIVISÃO: 10º LUGAR (MANUTENÇÃO)
TAÇA DE PORTUGAL: OITAVOS DE FINAL

JOGOS EFECTUADOS

	J	V	E	D	GM	GS
CASA	23	13	4	6	58	20
FORA/N	26	8	6	12	38	47
TOTAL	49	21	10	18	96	67

ACADÉMICA – 1 FC Barreirense – 3

1ª DIVISÃO, 1ª JORNADA, 7-9-1969 (DOM, 16:00)
Estádio Municipal de Coimbra, Coimbra **Árbitro:** Fernando Leite (Porto) **Auxiliares:** Fernando Monteiro e Fernando Costa
Golos: 0-1 (Rogério 8'); 0-2 (Serafim 27'); 0-3 (José Carlos 40');
1-3 (Rui Rodrigues 85')

ACADÉMICA: Brassard, Curado, Rui Rodrigues «sc», Belo, Marques, Gervásio «cap» (Carlos Alhinho 39'), Nene, Mário Campos, Manuel António (Rocha 45'), Vala e Vítor Campos
Treinador: Francisco Andrade

FC Barreirense: Bento, Murraças, Aleixo, Bandeira, Patrício, Luís Mira, Rogério, João Carlos, José Carlos «cap», Serafim e Malagueta
Treinador: Manuel de Oliveira

FC Porto – 3 ACADÉMICA – 3

1ª DIVISÃO, 2ª JORNADA, 14-9-1969 (DOM, 16:00)
Estádio das Antas, Porto **Árbitro:** Joaquim Campos (Lisboa)
Auxiliares: Francisco Gomes e César Reigadas **Golos:** 1-0 (Custódio Pinto 20'); 1-1 (Manuel António 32'); 2-1 (Chico 40'); 2-2 (Manuel António 48'); 2-3 (Nene 53'); 3-3 (Lisboa 87')

FC Porto: Aníbal, Gualter, Rolando «cap», Vieira Nunes, Leopoldo (Sucena 83'), Pavão, Gomes, Lisboa, Chico (Seninho 77'), Custódio Pinto e Nóbrega
Treinador: Elek Schwartz

ACADÉMICA: Brassard, Curado, Belo, Carlos Alhinho, Araújo, Mário Campos, Rui Rodrigues, Gervásio «cap», Vítor Campos, Manuel António e Nene
Treinador: Francisco Andrade

ACADÉMICA – 0 Kuopion Palloseura – 0

TAÇA DAS TAÇAS, 1/16 DE FINAL, 17-9-1969 (QUA, 21:45)
Estádio Municipal de Coimbra, Coimbra
Árbitro: Hans-Joachim Weyland (R.F.A.)
Auxiliares: Hillerand e Kohler

ACADÉMICA: Maló, Curado, Belo, Carlos Alhinho, Araújo, Gervásio «cap», Rui Rodrigues (Rocha 57'), Mário Campos, Manuel António, Nene e Vítor Campos (Vítor Gomes 57')
Treinador: Francisco Andrade

Kuopion Palloseura: Pertti Hänninen, Hannu Raatikainen, Matti Väänänen, Matti Terästö, Jaakko Marttila, Antero Kostilainen «cap», Eero Rissanen, Janne Ilvetsalo, Ari Savolainen, Teuvo Korpinen (Matti Tirkkonen 76') e Pekka Louesola
Treinador: Veikko Jokinen

ACADÉMICA – 3 Varzim SC – 0

1ª DIVISÃO, 3ª JORNADA, 21-9-1969 (DOM, 16:00)
Estádio Municipal de Coimbra, Coimbra **Árbitro:** Marcos Lobato (Setúbal) **Auxiliares:** Aníbal Costa e António Amaro
Golos: 1-0 (Nene 7'); 2-0 (Nene 34'); 3-0 (Gervásio 79', gp)

ACADÉMICA: Maló, Curado, Belo (Artur 55'), Carlos Alhinho, Araújo, Gervásio «cap», Rui Rodrigues, Vítor Gomes, Mário Campos, Manuel António e Nene
Treinador: Francisco Andrade

Varzim SC: Benje, Pena, Quim, Salvador, Sidónio «cap», Serrão, Rico, Valdir, Sousa, Nunes Pinto e Marques (Fernando Ferreira 45')
Treinador: Joaquim Meirim

SL Benfica – 3 ACADÉMICA – 0

1ª DIVISÃO, 4ª JORNADA, 27-9-1969 (SAB, 21:45)
Estádio da Luz, Lisboa
Árbitro: João Nogueira (Setúbal)
Golos: 1-0 (Torres 22'); 2-0 (Eusébio 27'); 3-0 (Torres 68')

SL Benfica: José Henrique, Malta da Silva, Humberto Coelho, Zeca, Adolfo, Toni, Coluna «cap», Simões, Torres (José Augusto 75'), Eusébio (Artur Jorge 66') e Diamantino
Treinador: Otto Glória

ACADÉMICA: Maló, Curado, Belo, Carlos Alhinho, Araújo, Gervásio «cap», Rui Rodrigues, Mário Campos, Manuel António (Serafim 62'), Nene e Vítor Campos
Treinador: Francisco Andrade

Kuopion Palloseura – 0 ACADÉMICA – 1

TAÇA DAS TAÇAS, 1/16 DE FINAL, 1-10-1969 (QUA, 15:00)
Estádio Väinölänniemi, Kuopio (Finlândia)
Árbitro: J. S. Dorphons (Holanda)
Golo: 0-1 (Nene 65')

Kuopion Palloseura: Pertti Hänninen, Hannu Raatikainen, Matti Terästö, Jouko Suomalainen, Jaakko Marttila (Ari Heiskanen 59'), Eero Rissanen, Jarmo Flink, Matti Väänänen, Antero Kostilainen «cap», Janne Ilvetsalo e Pekka Louesola **Treinador:** Veikko Jokinen

ACADÉMICA: Maló (Brassard 79'), Curado, Belo, Carlos Alhinho, Araújo, Gervásio «cap», Rui Rodrigues, Mário Campos, Manuel António, Nene e Vítor Gomes
Treinador: Francisco Andrade

ACADÉMICA – 3 VSC Guimarães – 3

1ª DIVISÃO, 5ª JORNADA, 19-10-1969 (DOM, 15:00)
Estádio Municipal de Coimbra, Coimbra **Árbitro:** Manuel Fortunato (Évora) **Auxiliares:** Manuel Filipe e José Guerra
Golos: 1-0 (Rui Rodrigues 12'); 2-0 (Nene 18'); 2-1 (Manuel 39');
2-2 (Manuel 43'); 3-2 (Manuel António 64'); 3-3 (Manuel 86')

ACADÉMICA: Viegas, Curado, Belo, Carlos Alhinho, Araújo, Mário Campos, Gervásio «cap», Rui Rodrigues, Manuel António, Nene e Vítor Gomes (Serafim 45')
Treinador: Francisco Andrade

VSC Guimarães: Roldão, Bernardo da Velha, Manuel Pinto, Joaquim Jorge, Costeado, Artur, Peres «cap», Bilreiro (Augusto 75'), Manuel, Mendes e Carlos Manuel (Zezinho 69')
Treinador: Fernando Caiado

CF "Os Belenenses" – 1 ACADÉMICA – 2

1ª DIVISÃO, 6ª JORNADA, 26-10-1969 (DOM, 15:00)
Estádio do Restelo, Lisboa
Árbitro: César Correia (Algarve)
Golos: 0-1 (Manuel António 4'); 1-1 (Godinho 51'); 1-2 (Nene 83')

CF "Os Belenenses": Mourinho, Assis, Quaresma «cap», Freitas, Murça, Luciano, Cardoso (Valter 45'), Laurindo (Estêvão 85'), Camolas, Saporiti e Godinho
Treinador: Mário Wilson

ACADÉMICA: Viegas, Curado, Belo, Carlos Alhinho, Araújo, Mário Campos, Gervásio «cap», Rui Rodrigues, Artur, Manuel António e Nene
Treinador: Francisco Andrade

Leixões SC – 1 ACADÉMICA – 0

1ª DIVISÃO, 7ª JORNADA, 9-11-1969 (DOM, 15:00)
Estádio do Mar, Matosinhos **Árbitro:** Ilídio Cacho (Lisboa)
Auxiliares: António Florindo e Nemésio de Castro
Golo: 1-0 (Esteves 15')

Leixões SC: Ferreira, Barros (E 86'), Adriano, Raul Machado, Geraldinho «cap», Gentil, Bené, Quim, Esteves, Horácio (E 75') e Neca
Treinador: António Teixeira

ACADÉMICA: Viegas, Artur, Belo, Carlos Alhinho, Araújo, Gervásio «cap», Rui Rodrigues (E 75'), Mário Campos, Manuel António, Nene e Vítor Campos (Vala 72')
Treinador: Juca

FC Magdeburg – 1 ACADÉMICA – 0

TAÇA DAS TAÇAS, OITAVOS DE FINAL, 12-11-1969 (QUA, 14:00)
Estádio Ernst Grube, Magdeburg (R. D. Alemanha) **Árbitro:** Frede Hansen (Dinamarca) **Auxiliares:** Erling Hansen e T. Nilsen
Golo: 1-0 (Sparwasser 40')

FC Magdeburg: Moldenhauer, Sykora (Oelze 73'), Fronzeck, Ohm, Retschlag, Kubisch, Seguin, Walter «cap», Sparwasser, Abraham e Herrmann
Treinador: Heinz Krügel

ACADÉMICA: Viegas, Artur, Belo, Carlos Alhinho, Araújo, Gervásio «cap», Rui Rodrigues, Mário Campos, Manuel António, Nene e Vítor Campos
Treinador: Juca

1969-1970

1969-1970

ACADÉMICA – 1 GD C.U.F. – 0

1ª DIVISÃO, 8ª JORNADA, 16-11-1969 (DOM, 15:00)
Estádio Municipal de Coimbra, Coimbra
Árbitro: António Costa (Porto)
Golo: 1-0 (Manuel António 44')

ACADÉMICA: Viegas, Artur, Belo, Carlos Alhinho, Araújo, Gervásio «cap», Nene, Vítor Campos, Mário Campos, Manuel António e Vala (Vítor Gomes 69')
Treinador: Juca

GD C.U.F.: Vítor Cabral, Bambo, Vítor Marques, Medeiros, Castro, Armando (Pedro 22'), José António, Arnaldo, Rogério (Capitão-Mor 55'), Monteiro e Fernando «cap»
Treinador: Costa Pereira

Boavista FC – 2 ACADÉMICA – 2

1ª DIVISÃO, 9ª JORNADA, 23-11-1969 (DOM, 15:00)
Estádio do Bessa, Porto **Árbitro:** Américo Barradas (Lisboa)
Golos: 1-0 (Moinhos 10'); 1-1 (Mário Campos 32'); 1-2 (Manuel António 39'); 2-2 (Celso 84')

Boavista FC: Quim, Alfredo «cap», Mário João, Pinha (Barbosa 45'), Valongo (Germano 71'), Alexandre, Moinhos, Celso, Moura, Lemos e Zeca Pereira
Treinador: António Gama

ACADÉMICA: Viegas, Artur, Carlos Alhinho, Rui Rodrigues, Araújo, Nene, Gervásio «cap» (E 86'), Vítor Campos, Mário Campos, Manuel António e Serafim (Rocha 72', «sc»)
Treinador: Juca

ACADÉMICA – 2 FC Magdeburg – 0

TAÇA DAS TAÇAS, OITAVOS DE FINAL, 26-11-1969 (QUA, 21:00)
Estádio Municipal de Coimbra, Coimbra **Árbitro:** Francesco Francescon (Itália) **Auxiliares:** Giuseppe Muretto e Moito Campanini **Golos:** 1-0 (Carlos Alhinho 13'); 2-0 (Mário Campos 40')

ACADÉMICA: Viegas, Artur, Rui Rodrigues (Rocha 19'), Carlos Alhinho, Araújo, Gervásio «cap», Vítor Campos, Mário Campos, Manuel António, Nene e Serafim
Treinador: Juca

FC Magdeburg: Moldenhauer, Zapf «cap», Kubisch, Ohm, Fronzeck, Sykora, Hang (Hansen 86'), Abraham, Herrmann, Walter e Sparwasser
Treinador: Heinz Krügel

ACADÉMICA – 3 Sporting CP – 0

1ª DIVISÃO, 10ª JORNADA, 30-11-1969 (DOM, 15:00)
Estádio Municipal de Coimbra, Coimbra **Árbitro:** César Correia (Algarve) **Auxiliares:** Manuel Poeira e Jacinto Lourenço **Golos:** 1-0 (Nene 4'); 2-0 (Manuel António 39'); 3-0 (Manuel António 67')

ACADÉMICA: Maló, Artur, Carlos Alhinho, Belo, Araújo, Rocha «cap», Vítor Campos, Mário Campos, Manuel António, Nene (Fagundes 82') e Serafim
Treinador: Juca

Sporting CP: Damas, Pedro Gomes, Caló, José Carlos «cap», Celestino, Gonçalves (Manaca 63'), Peres, Nelson, Lourenço (José Morais 45'), Marinho e Dinis
Treinador: Fernando Vaz

SC Braga – 1 ACADÉMICA – 1

1ª DIVISÃO, 11ª JORNADA, 14-12-1969 (DOM, 15:00)
Estádio 28 de Maio, Braga
Árbitro: Porfírio da Silva (Aveiro)
Golos: 0-1 (Manuel António 3'); 1-1 (Mário 66')

SC Braga: Armando Pereira «cap», Agostinho, Alípio, Leiria, Branco, Carlos Batista, Mário, Palmeira, Arlindo, Rendeiro e Bino
Treinador: Frederico Passos

ACADÉMICA: Brassard, Artur, Carlos Alhinho, Belo, Araújo, Rocha «cap», Vítor Campos, Mário Campos, Manuel António, Nene e Serafim
Treinador: Juca

ACADÉMICA – 0 VFC Setúbal – 3

1ª DIVISÃO, 12ª JORNADA, 21-12-1969 (DOM, 15:00)
Estádio Municipal de Coimbra, Coimbra **Árbitro:** Fernando Martins (Lisboa) **Auxiliares:** Henrique Mendes e Daniel Castro
Golos: 0-1 (Tomé 35'); 0-2 (Jacinto João 68'); 0-3 (Guerreiro 75')

ACADÉMICA: Viegas, Artur, Carlos Alhinho, Belo, Araújo, Mário Campos, Rocha «cap» (Simões 75'), Vítor Campos, Manuel António, Nene e Serafim (Gervásio 45', «sc»)
Treinador: Juca

VFC Setúbal: Vital, Conceição «cap», Carlos Cardoso, Alfredo, Carriço, Tomé, Wagner, José Maria, Jacinto João, Guerreiro (Vítor Batista 79') e Arcanjo (Figueiredo 79')
Treinador: José Maria Pedroto

UFCI Tomar – 1 ACADÉMICA – 0

1ª DIVISÃO, 13ª JORNADA, 28-12-1969 (DOM, 15:00)
Estádio do Municipal de Tomar, Tomar **Árbitro:** João Nogueira (Setúbal) **Auxiliares:** Heitor Baltazar e Rufino Pinto
Golo: 1-0 (Vieira 9')

UFCI Tomar: Conhé, Barnabé (Kiki 80'), Faustino «cap», Ferreira Pinto, Carlos Pereira, Manuel José, João Carlos, Cláudio, Leitão, Tito e Vieira (Totói 56')
Treinador: Oscar Tellechea

ACADÉMICA: Viegas, Artur, Carlos Alhinho, Belo, Araújo (Vala 75'), Gervásio «cap», Vítor Campos, Mário Campos (Rocha 75'), Manuel António, Nene e Serafim
Treinador: Juca

FC Barreirense – 4 ACADÉMICA – 1

1ª DIVISÃO, 14ª JORNADA, 4-1-1970 (DOM, 15:00)
Campo D. Manuel de Melo, Barreiro **Árbitro:** Rosa Nunes (Algarve) **Auxiliares:** Odílio Raimundo e José Ventura
Golos: 0-1 (Gervásio 1'); 1-1 (João Carlos 24'); 2-1 (Bento 49'); 3-1 (Luís Mira 79'); 4-1 (João Carlos 80')

FC Barreirense: Bento, Candeias, Almeida, Bandeira, Murraças (Patrício 75'), Luís Mira, João Carlos «cap», José João, Farias, Serafim e Rogério (Aleixo 83')
Treinador: Manuel de Oliveira

ACADÉMICA: Viegas, Artur, Carlos Alhinho, Belo, Araújo (Serafim 68'), Rui Rodrigues, Gervásio «cap», Vítor Campos, Mário Campos, Manuel António e Nene
Treinador: Juca

ACADÉMICA – 1 FC Porto – 2

1ª DIVISÃO, 15ª JORNADA, 18-1-1970 (DOM, 15:00)
Estádio Municipal de Coimbra, Coimbra **Árbitro:** Ismael Baltazar (Setúbal) **Auxiliares:** José António e António Rodrigues
Golos: 0-1 (Chico 12'); 1-1 (Artur 26'); 1-2 (Custódio Pinto 45', gp)

ACADÉMICA: Brassard, Artur, Carlos Alhinho, Belo, Araújo, Rui Rodrigues, Gervásio «cap», Vítor Campos, Manuel António, Nene e Serafim (Mário Campos 45')
Treinador: Juca

FC Porto: Vaz, Acácio, Valdemar, Vieira Nunes, Sucena, Pavão «cap», Gomes, Nóbrega, Custódio Pinto, Ronaldo (Ricardo 72') e Chico
Treinador: Vieirinha

Varzim SC – 2 ACADÉMICA – 2

1ª DIVISÃO, 16ª JORNADA, 25-1-1970 (DOM, 15:00)
Estádio do Varzim Sport Clube, Póvoa de Varzim **Árbitro:** Carlos Monteiro (Setúbal) **Auxiliares:** Lino de Oliveira e Américo Cruz
Golos: 0-1 (Nene 2'); 0-2 (Manuel António 24'); 1-2 (Nunes Pinto 56'); 2-2 (Sousa 82')

Varzim SC: Benje, Fernando Ferreira, Quim, Salvador, Sidónio «cap», Serrão, Aleixo, Marques (Rico 45', Valdir 53'), Pena, Sousa e Nunes Pinto
Treinador: Joaquim Meirim

ACADÉMICA: Brassard, Artur, Carlos Alhinho, Rui Rodrigues, Araújo, Gervásio «cap», Nene, Mário Campos, Vítor Campos, Manuel António e Serafim (Vala 84')
Treinador: Juca

ACADÉMICA – 0 SL Benfica – 2

1ª DIVISÃO, 17ª JORNADA, 1-2-1970 (DOM, 15:00)
Estádio Municipal de Coimbra, Coimbra **Árbitro:** Fernando Leite (Porto) **Auxiliares:** Acácio Tentúgal e Fernando Costa
Golos: 0-1 (Artur 38', pb); 0-2 (Eusébio 75')

ACADÉMICA: Brassard, Artur, Carlos Alhinho, Rui Rodrigues, Araújo, Mário Campos, Gervásio «cap», Vítor Campos, Manuel António, Nene e Serafim (Rocha 70')
Treinador: Juca

SL Benfica: José Henrique, Jacinto, Humberto Coelho, Coluna «cap», Adolfo, Toni (Calado 45'), Jaime Graça, Abel, Artur Jorge, Eusébio e Simões
Treinador: Otto Glória

VSC Guimarães – 4 ACADÉMICA – 0

1ª DIVISÃO, 18ª JORNADA, 8-2-1970 (DOM, 15:00)
Estádio Municipal de Guimarães, Guimarães **Árbitro:** Henrique Costa (Aveiro) **Auxiliares:** Pereira de Almeida e Manuel Campino
Golos: 1-0 (Mendes 6'); 2-0 (Manuel 64'); 3-0 (Osvaldinho 66'); 4-0 (Augusto 82')

VSC Guimarães: Rodrigues, Costeado, Manuel Pinto, Joaquim Jorge, Silva, Artur, Peres «cap», Osvaldinho (Augusto 75'), Zezinho, Mendes e Manuel
Treinador: Fernando Caiado

ACADÉMICA: Cardoso, Artur, Carlos Alhinho, Belo, Araújo, Mário Campos, Rui Rodrigues «sc», Gervásio (Simões 75'), Nene, Serafim e Rocha «cap» (Vala 75')
Treinador: Juca

ACADÉMICA – 1 GD "Os Nazarenos" – 0

TAÇA DE PORTUGAL, 1/16 DE FINAL, 15-2-1970 (DOM, 15:00)
Estádio Municipal de Coimbra, Coimbra **Árbitro:** Marcos Lobato (Setúbal) **Auxiliares:** António Amado e Aníbal Costa
Golo: 1-0 (Mário Campos 16')

ACADÉMICA: Cardoso, Artur, Carlos Alhinho, Rui Rodrigues, Araújo, Gervásio «cap» (Rocha 68', «sc»), Vítor Campos, Mário Campos, António Jorge, Nene e Serafim
Treinador: Juca

GD "Os Nazarenos": Grilo, Duarte, Mário, Viriato, Consciência, Quim, Maximiano «cap», Cavém, Rousseau, Pinho e Feijão (Maranhão 45')
Treinador: Domiciano Cavém

ACADÉMICA – 3 CF "Os Belenenses" – 0

1ª DIVISÃO, 19ª JORNADA, 22-2-1970 (DOM, 15:00)
Estádio Municipal de Coimbra, Coimbra **Árbitro:** Saldanha Ribeiro (Leiria) **Golos:** 1-0 (Serafim 9'); 2-0 (Mário Campos 69'); 3-0 (Nene 75')

ACADÉMICA: Cardoso, Artur, Carlos Alhinho, Rui Rodrigues, Belo (Marques 30'), Rocha «cap», Nene, Vítor Campos, Mário Campos, António Jorge e Serafim
Treinador: Juca

CF "Os Belenenses": Serrano, Rodrigues «cap», Quaresma (Esteves 51'), Freitas, Murça, Carlos Serafim, Estêvão, Luciano (Gomes 71'), Laurindo, Saporiti e Valter (E 64')
Treinador: Mário Wilson

ACADÉMICA – 5 Leixões SC – 1

1ª DIVISÃO, 20ª JORNADA, 28-2-1970 (SAB, 21:45)
Estádio Municipal de Coimbra, Coimbra **Árbitro:** Rogério Moreira (Braga) **Auxiliares:** António Costa e Domingos Sousa **Golos:** 0-1 (Horácio 19'); 1-1 (António Jorge 45'); 2-1 (António Jorge 46'); 3-1 (Geraldinho 69', pb); 4-1 (Gervásio 75'); 5-1 (Serafim 90')

ACADÉMICA: Cardoso, Artur, Carlos Alhinho, Rui Rodrigues, Marques, Mário Campos, Gervásio, Vítor Campos, António Jorge (Vítor Gomes 80'), Rocha «cap» e Serafim
Treinador: Juca

Leixões SC: Ferreira, Adriano, Peixoto, Henrique Nicolau, Geraldinho «cap», Barros, Esteves, Bené, Quim, Horácio e Neca
Treinador: António Teixeira

ACADÉMICA – 0 Manchester City – 0 (TV)

TAÇA DAS TAÇAS, QUARTOS DE FINAL, 4-3-1970 (QUA, 21:45)
Estádio Municipal de Coimbra, Coimbra
Árbitro: Robert Shaut (Bélgica)
Auxiliares: Joseph Vermeylen e Leon Leonard

ACADÉMICA: Cardoso, Artur, Rui Rodrigues, Carlos Alhinho, Marques, Rocha «cap», Vítor Campos (Gervásio 64'), Nene, Mário Campos, António Jorge e Serafim
Treinador: Juca

Manchester City: Joe Corrigan, Tony Book «cap» (George Heslop 67'), Mike Doyle, Tommy Booth, Arthur Mann, Colin Bell, Glyn Pardoe, Alan Oakes, Francis Lee, Mike Summerbee e Neil Young
Treinador: Joe Mercer

GD C.U.F. – 1 ACADÉMICA – 1

1ª DIVISÃO, 21ª JORNADA, 8-3-1970 (DOM, 15:00)
Estádio Alfredo da Silva, Lavradio **Árbitro:** Manuel Fortunato (Évora) **Auxiliares:** José Guerra e Artur Mendes
Golos: 0-1 (Serafim 44'); 1-1 (Arnaldo 89')

GD C.U.F.: Vítor Cabral, José António (Capitão-Mor 45'), Américo, Vítor Marques, Bambo, Pedro «cap», Arnaldo, Madeira, Monteiro, Fernando e Louro (Sério 45')
Treinador: Carlos Silva

ACADÉMICA: Cardoso, Artur, Rui Rodrigues, Carlos Alhinho, Marques (Araújo 75'), Rocha «cap» (Gervásio 75', «sc»), Vítor Campos, Nene, Mário Campos, António Jorge e Serafim
Treinador: Juca

ACADÉMICA – 4 Boavista FC – 1

1ª DIVISÃO, 22ª JORNADA, 14-3-1970 (SAB, 21:45)
Estádio Municipal de Coimbra, Coimbra **Árbitro:** Marcos Lobato (Setúbal) **Auxiliares:** António Amado e Aníbal Costa
Golos: 0-1 (Lemos 13'); 1-1 (Rocha 14'); 2-1 (Nene 38'); 3-1 (Nene 55'); 4-1 (Serafim 59', gp)

ACADÉMICA: Cardoso, Artur, Rui Rodrigues «sc», Carlos Alhinho, Araújo, Rocha «cap» (Gervásio 63', «sc»), Vítor Campos (Manuel António 65'), Nene, Mário Campos, António Jorge e Serafim
Treinador: Juca

Boavista FC: Quim, Valongo, Mário João, Barbosa «cap» (Pinha 45'), Albano, Moinhos, Alexandre, Celso, Zeca Pereira, Lemos e Moura
Treinador: Miguel Arcanjo

Manchester City – 1 ACADÉMICA – 0 (AP)

TAÇA DAS TAÇAS, QUARTOS DE FINAL, 18-3-1970 (QUA, 19:45)
Maine Road, Manchester (Inglaterra) **Árbitro:** Gotcho Rousseau (Bulgária) **Auxiliares:** Todor Betchirov e Iuben Radountchev
Golo: 1-0 (Tony Towers 120')

Manchester City: Joe Corrigan, Tony Book «cap», Arthur Mann, Tommy Booth, George Heslop (Tony Towers 45'), Alan Oakes, Mike Doyle, Colin Bell (Chris Glennon 45'), Francis Lee, Neil Young e Glyn Pardoe **Treinador:** Joe Mercer

ACADÉMICA: Cardoso, Artur, Rui Rodrigues, Carlos Alhinho, Marques, Rocha «cap» (Gervásio 93', «sc»), Vítor Campos, Nene, Mário Campos (António Jorge 117'), Manuel António e Serafim
Treinador: Juca

GD "Os Nazarenos" – 1 ACADÉMICA – 4

TAÇA DE PORTUGAL, 1/16 DE FINAL, 22-3-1970 (DOM, 15:00)
Campo da Comissão Municipal de Turismo, Nazaré **Árbitro:** Henrique Silva (Lisboa) **Auxiliares:** Pedro Quaresma e Guedes Jorge **Golos:** 0-1 (António Jorge 17'); 0-2 (Manuel António 59'); 1-2 (Cavém 79'); 1-3 (António Jorge 85'); 1-4 (António Jorge 89')

GD "Os Nazarenos": Grilo, Lazarino, Mário, Viriato, Consciência, Gregório (Artur 48'), Cavém «cap», Quim, Rousseau, Pinho e Maranhão (Feijão 45')
Treinador: Domiciano Cavém

ACADÉMICA: Cardoso, Artur, Carlos Alhinho, Rui Rodrigues, Marques, Vítor Gomes, Gervásio «cap», Vítor Campos, Manuel António (José Manuel 68'), António Jorge e Serafim
Treinador: Juca

Sporting CP – 2 ACADÉMICA – 1

1ª DIVISÃO, 23ª JORNADA, 29-3-1970 (DOM, 15:00)
Estádio José Alvalade, Lisboa **Árbitro:** Francisco Lobo (Setúbal)
Auxiliares: Valdemar Nogueira e Serapião Reis
Golos: 0-1 (Nene 30'); 1-1 (Pedras 77'); 2-1 (Dinis 81')

Sporting CP: Damas, Pedro Gomes, Hilário, Gonçalves (Pedras 45'), Caló, José Carlos «cap», Chico (Lourenço 59'), Nelson, Marinho, Peres e Dinis
Treinador: Fernando Vaz

ACADÉMICA: Cardoso, Artur, Carlos Alhinho, Rui Rodrigues, Marques, Rocha «cap» (Gervásio 74', «sc»), Nene, Vítor Campos, Vítor Gomes, Manuel António e Serafim
Treinador: Juca

ACADÉMICA – 0 SC Braga – 1

1ª DIVISÃO, 24ª JORNADA, 5-4-1970 (DOM, 16:00)
Estádio Municipal de Coimbra, Coimbra **Árbitro:** Américo Barradas (Lisboa) **Auxiliares:** Lopes Martins e António Ferreira
Golo: 0-1 (Arlindo 85')

ACADÉMICA: Cardoso, Artur, Carlos Alhinho, Rui Rodrigues, Araújo, Gervásio «cap», Nene, Vítor Campos, Vítor Gomes, Manuel António (José Manuel 80') e Serafim (António Jorge 45')
Treinador: Juca

SC Braga: Armando Pereira, Agostinho «cap», Lua, Leiria, José Manuel, Carlos Batista, Bino, Fernando (Sobral 83'), Palmeira, Rendeiro (Arlindo 52') e Adão
Treinador: Joaquim Coimbra

VFC Setúbal – 5 ACADÉMICA – 1

1ª DIVISÃO, 25ª JORNADA, 12-4-1970 (DOM, 16:00)
Estádio do Bonfim, Setúbal **Árbitro:** João Gomes (Porto)
Golos: 1-0 (Tomé 11'); 2-0 (Guerreiro 12'); 2-1 (Serafim 16'); 3-1 (Jacinto João 28'); 4-1 (Vítor Batista 49'); 5-1 (Guerreiro 89')

VFC Setúbal: Torres, Conceição «cap», Carlos Cardoso, Correia, Carriço, Tomé (José Rocha 72'), José Maria, Wagner, Vítor Batista, Guerreiro e Jacinto João (Petita 80')
Treinador: José Maria Pedroto

ACADÉMICA: Cardoso, Artur, Carlos Alhinho, Rui Rodrigues, Araújo, Gervásio «cap», Nene, Vítor Campos, Vítor Gomes (Vala 72'), António Jorge e Serafim (José Manuel 72')
Treinador: Juca

ACADÉMICA – 4 UFCI Tomar – 0

1ª DIVISÃO, 26ª JORNADA, 19-4-1970 (DOM, 16:00)
Estádio Municipal de Coimbra, Coimbra **Árbitro:** Carlos Monteiro (Setúbal) **Auxiliares:** Lino de Oliveira e Américo Cruz
Golos: 1-0 (Mário Campos 1'); 2-0 (Rui Rodrigues 48'); 3-0 (António Jorge 78'); 4-0 (António Jorge 89')

ACADÉMICA: Cardoso (Abrantes 4'), Feliz, Carlos Alhinho, Rui Rodrigues, Marques, Mário Campos (Vítor Gomes 68'), Rocha «cap», Vítor Campos, António Jorge, Nene e Serafim
Treinador: Juca

UFCI Tomar: Fernando (Conhé 50'), Faustino «cap», João Carlos, Dui, Carlos Pereira, Raul, Ferreira Pinto, Manuel José, Vieira (Totói 71'), Tito e Leitão
Treinador: Fernando Cabrita

ACADÉMICA – 0 Sporting CP – 1

TAÇA DE PORTUGAL, OITAVOS DE FINAL, 26-4-1970 (DOM, 16:00)
Estádio Municipal de Coimbra, Coimbra **Árbitro:** António Costa (Porto) **Auxiliares:** Adelino Pinto e Fernando Carvalho
Golo: 0-1 (Marinho 44')

ACADÉMICA: Abrantes, Artur, Rui Rodrigues, Belo, Marques, Rocha «cap», Vítor Campos, Mário Campos (E 50'), Nene, António Jorge e Serafim (Gervásio 3')
Treinador: Juca

Sporting CP: Damas, Pedro Gomes, Caló, José Carlos «cap», Hilário, Alexandre Batista (E 28'), Manaca (Gonçalves 58'), Marinho (Lourenço 75'), Nelson, Peres e Dinis
Treinador: Fernando Vaz

Sporting CP – 3 ACADÉMICA – 0

TAÇA DE PORTUGAL, OITAVOS DE FINAL, 3-5-1970 (DOM, 16:00)
Estádio José Alvalade, Lisboa **Árbitro:** Rosa Nunes (Algarve)
Auxiliares: Odílio Raimundo e José Ventura
Golos: 1-0 (Peres 36'); 2-0 (Peres 40', gp); 3-0 (Nelson 52')

Sporting CP: Damas, Pedro Gomes, Caló, José Carlos «cap», Hilário, Gonçalves (Chico 60'), Peres, Nelson, Marinho, Lourenço (Manaca 55') e Dinis
Treinador: Fernando Vaz

ACADÉMICA: Abrantes, Artur, Carlos Alhinho (E 40'), Rui Rodrigues, Araújo, Rocha «cap» (Feliz 68'), Gervásio «sc», Vítor Campos (Belo 45'), Vítor Gomes (E 39'), Manuel António e Nene **Treinador:** Juca

Tramagal SU – 0 ACADÉMICA – 4

TAÇA RIBEIRO DOS REIS, 1ª JORNADA, 10-5-1970 (DOM, 16:00)
Campo Com. Duarte Ferreira, Tramagal **Árbitro:** Ismael Baltazar (Setúbal) **Golos:** 0-1 (António Jorge 14'); 0-2 (Manuel António 48'); 0-3 (José Manuel 61'); 0-4 (Luís Eugénio 89')

Tramagal SU: Bonito, Mateus «cap», Rui, Ivo Armando, Armando Lopes, Mendes, João Batista, Capeto (Silva 45', Vítor 80'), Ferreira Pinto, Pedra e Cunha
Treinador: Emídio Graça

ACADÉMICA: Abrantes, Artur, Belo, Feliz, Araújo, Gervásio «cap», Vala, José Manuel (Crispim 45'), Manuel António, Nene e António Jorge (Luís Eugénio 45')
Treinador: Juca

ACADÉMICA – 6 GD Peniche – 0

TAÇA RIBEIRO DOS REIS, 2ª JORNADA, 17-5-1970 (DOM, 16:00)
Estádio Municipal de Coimbra, Coimbra **Árbitro:** Adelino Antunes (Lisboa) **Golos:** 1-0 (José Manuel 9'); 2-0 (Manuel António 12'); 3-0 (Serafim 39'); 4-0 (Serafim 45', gp); 5-0 (Manuel António 58'); 6-0 (Manuel António 67')

ACADÉMICA: Abrantes, Artur, Rui Rodrigues «sc», José Freixo, Feliz, Gervásio «cap» (Simões 68'), Nene, Vítor Gomes (Luís Eugénio 82'), Manuel António, José Manuel e Serafim
Treinador: Juca

GD Peniche: Tavares, Borges, Roxo, Carolino, Rubi, Hernâni, Carapinha «cap», Cunha Velho (Honório 45'), Vicente, Figueira e Eusébio (Luís 66')
Treinador: Balacó

ACADÉMICA – 7 CD Torres Novas – 0

TAÇA RIBEIRO DOS REIS, 3ª JORNADA, 24-5-1970 (DOM, 16:00)
Estádio Municipal de Coimbra, Coimbra **Árbitro:** Joaquim Freire (Aveiro) **Golos:** 1-0 (Manuel António 6'); 2-0 (José Manuel 9'); 3-0 (Manuel António 27'); 4-0 (Manuel António 44'); 5-0 (Serafim 52'); 6-0 (Serafim 78', gp); 7-0 (Serafim 85')

ACADÉMICA: Abrantes, Artur, Carlos Alhinho, Rui Rodrigues «sc», Feliz, Rocha «cap» (Vítor Campos 45'), Nene, Mário Campos (Vítor Gomes 45'), Manuel António, José Manuel e Serafim
Treinador: Juca

CD Torres Novas: Casimiro, Tuna, Bragança, Simões, Zeca, Nogueira «cap», Hugo (Sá Pinto 58'), Vicente, Fragata (Cesarino 45'), Real e Serranito
Treinador: Janos Szabo

UD Santarém – 1 ACADÉMICA – 5

TAÇA RIBEIRO DOS REIS, 4ª JORNADA, 31-5-1970 (DOM, 17:00)
Campo Chã das Padeiras, Santarém **Árbitro:** Sebastião Pássaro (Setúbal) **Golos:** 1-0 (Medeiros 10', gp); 1-1 (Serafim 24'); 1-2 (José Manuel 44'); 1-3 (Serafim 47'); 1-4 (Manuel António 50'); 1-5 (Manuel António 85')

UD Santarém: Marujo, Rogério, Carlos Torgal «cap», Spínola, Joaquim José (Valente 54'), Medeiros, Carlitos, Vítor António, Barreira, Inácio e Armando (Néo 31')
Treinador: Janos Hrotko

ACADÉMICA: Abrantes, Artur, Carlos Alhinho, Rui Rodrigues, Feliz, Gervásio «cap», Vítor Campos, Mário Campos (Vítor Gomes 66'), Manuel António, José Manuel (António Jorge 76') e Serafim
Treinador: Juca

1969-1970

1970-1971

ACADÉMICA – 3 AC Marinhense – 3

TAÇA RIBEIRO DOS REIS, 5ª JORNADA, 7-6-1970 (DOM, 17:00)
Estádio Municipal de Coimbra, Coimbra **Árbitro:** João Nogueira (Setúbal) **Golos:** 0-1 (Vítor Manuel 18'); 1-1 (Artur 26'); 1-2 (Vítor Manuel 38'); 1-3 (Pinho 50'); 2-3 (Manuel António 73'); 3-3 (Vítor Gomes 80')

ACADÉMICA: Abrantes, Artur, Carlos Alhinho, Rui Rodrigues, Feliz, Gervásio «cap», Mário Campos (Vítor Gomes 45'), Vítor Campos (Rocha 45'), Manuel António, José Manuel e Serafim
Treinador: Juca

AC Marinhense: Leonel, Cardoso, Cartaxo, Craveiro, Moisés, Parada «cap», Leitão, Cunha Velho, Alvarito (Velhinha 78'), Pinho e Vítor Manuel
Treinador: Fernando Pinto

ACADÉMICA – 5 Tramagal SU – 0

TAÇA RIBEIRO DOS REIS, 6ª JORNADA, 14-6-1970 (DOM, 17:00)
Estádio Municipal de Coimbra, Coimbra **Árbitro:** Francisco Rodrigues (Leiria) **Golos:** 1-0 (Manuel António 6'); 2-0 (Manuel António 39'); 3-0 (Manuel António 55'); 4-0 (Manuel António 81'); 5-0 (Manuel António 89')

ACADÉMICA: Abrantes, Artur, Carlos Alhinho, Rui Rodrigues, Feliz, Gervásio «cap», Nene, Vítor Gomes, Manuel António, José Manuel (Vítor Campos 45') e Serafim (António Jorge 45')
Treinador: Juca

Tramagal SU: Félix (Bonito 25'), Mateus «cap», Rui, Ivo Armando, Vítor (Armando Lopes 45'), Capeto, Pedra, João Batista, Sampaio, Ferreira Pinto e Cunha
Treinador: Emídio Graça

GD Peniche – 4 ACADÉMICA – 2

TAÇA RIBEIRO DOS REIS, 7ª JORNADA, 21-6-1970 (DOM, 17:00)
Campo do Baluarte, Peniche **Árbitro:** Francisco Lobo (Setúbal) **Auxiliares:** Valdemar Nogueira e Serapião Reis
Golos: 1-0 (Vicente 15'); 2-0 (Campinense 28'); 3-0 (Campinense 47'); 3-1 (Roxo 50', pb); 3-2 (Carolino 60', pb); 4-2 (Campinense 70')

GD Peniche: Tavares, Borges, Roxo, Carolino, Rubi, Vicente, Carapinha «cap», Figueira, Campinense, Eusébio e Honório (Luís 45')
Treinador: Balacó

ACADÉMICA: Abrantes, Gervásio «cap», Rui Rodrigues, Belo, Feliz, Vítor Campos, Nene, Mário Campos, Manuel António, José Manuel (António Jorge 45') e Serafim
Treinador: Juca

CD Torres Novas – 1 ACADÉMICA – 2

TAÇA RIBEIRO DOS REIS, 8ª JORNADA, 28-6-1970 (DOM, 17:00)
Estádio Municipal de Torres Novas, Torres Novas
Árbitro: Carlos Monteiro (Setúbal)
Golos: 0-1 (Nene 5'); 1-1 (Nogueira 61'); 1-2 (Gervásio 81')

CD Torres Novas: Casimiro, Tuna (Bragança 77'), Simões, Alfredo, Zeca, Sá Pinto, Vicente, Nogueira «cap», Fragata (Maia 45'), Real e Serranito (E 83')
Treinador: Janos Szabo

ACADÉMICA: Abrantes, Artur, Carlos Alhinho, Rui Rodrigues, Feliz, Gervásio «cap», Nene, Mário Campos, António Jorge (Serafim 45'), Luís Eugénio (Simões 45') e Vítor Campos
Treinador: Juca

ACADÉMICA – 6 UD Santarém – 0

TAÇA RIBEIRO DOS REIS, 9ª JORNADA, 5-7-1970 (DOM, 17:00)
Campo da Arregaça, Coimbra **Árbitro:** Virgílio Salvador (Leiria)
Golos: 1-0 (Manuel António 1'); 2-0 (Mário Campos 34'); 3-0 (Serafim 58'); 4-0 (Simões 59'); 5-0 (António Jorge 68'); 6-0 (Serafim 71')

ACADÉMICA: Abrantes, Gervásio, Carlos Alhinho, Rui Rodrigues, Feliz, Rocha «cap», Vítor Campos, Serafim, Mário Campos (Simões 45'), António Jorge e Manuel António (Reis 45')
Treinador: Juca

UD Santarém: Marujo, Carlitos, Rogério, Joaquim José, Spínola, Tito (Mário 45'), Inácio, Medeiros «cap», Vítor António (Luís Fernandes 45'), Marcelo e Barreira
Treinador: Janos Hrotko

AC Marinhense – 2 ACADÉMICA – 2

TAÇA RIBEIRO DOS REIS, 10ª JORNADA, 12-7-1970 (DOM, 17:00)
Campo da Portela, Marinha Grande **Árbitro:** Maximino Afonso (Lisboa) **Golos:** 1-0 (Manaça 12'); 1-1 (Serafim 33'); 1-2 (Serafim 39'); 2-2 (Cardoso 43', gp)

AC Marinhense: Leonel, Cardoso, Cunha Velho, Craveiro, Moisés, Parada «cap», Carapinha, Leitão, Alvarito (Cartaxo 45'), Manaça e Velhinha (Coelho 45')
Treinador: Fernando Pinto

ACADÉMICA: Brassard, Curado, José Freixo, Belo, Marques «sc», Fagundes (Alcides 45'), Vala, Crispim «cap» (Luís Eugénio 45'), Reis, Simões e Serafim
Treinador: Juca

ACADÉMICA – 1 CF "Os Belenenses" – 0

TAÇA RIB. DOS REIS, QUARTOS DE FINAL, 15-7-1970 (QUA, 17:30)
Estádio Municipal de Leiria, Leiria
Árbitro: António Garrido (Leiria)
Golo: 1-0 (Serafim 12')

ACADÉMICA: Abrantes, Curado, Carlos Alhinho, Belo, Feliz, Gervásio «cap», Simões (Fagundes 80'), Crispim, Manuel António, António Jorge (Vala 45') e Serafim
Treinador: Juca

CF "Os Belenenses": Mourinho, Rodrigues «cap», Freitas, Quaresma, Assis, Quinito, Carlos Serafim, Estêvão, Ernesto, Gomes (Canário 45') e Godinho (Camolas 77')
Treinador: Mário Wilson

ACADÉMICA – 2 SC Salgueiros – 1

TAÇA RIBEIRO DOS REIS, MEIAS FINAIS, 19-7-1970 (DOM, 17:30)
Estádio Mário Duarte, Aveiro
Árbitro: Ernesto Borrego (Viseu)
Golos: 0-1 (José da Costa 12'); 1-1 (Reis 52'); 2-1 (Reis 73')

ACADÉMICA: Abrantes, Curado, Carlos Alhinho, Belo, Feliz, Fagundes, Simões, Crispim «cap», Reis, António Jorge (Luís Eugénio 81') e Serafim
Treinador: Juca

SC Salgueiros: Melo, Taco, Gabriel «cap», Edgar, Simão, José da Costa, Santino, Mendes, Reis, Varela (Ferreira 82') e Monteiro
Treinador: António Gama

VFC Setúbal – 2 ACADÉMICA – 1

TAÇA RIBEIRO DOS REIS, FINAL, 22-7-1970 (QUA, 17:30)
Campo da Tapadinha, Lisboa **Árbitro:** Carlos Dinis (Lisboa)
Golos: 1-0 (Figueiredo 17'); 1-1 (António Jorge 68'); 2-1 (Amâncio 85')

VFC Setúbal: Vital, José Lino, José Mendes «cap», Artur, Rebelo, Raul Vítor, Octávio, José Rocha, Arnaldo, Figueiredo (César 86') e Amâncio
Treinador: José Maria Pedroto

ACADÉMICA: Abrantes, Curado, Carlos Alhinho, Belo, Feliz, Fagundes, Simões, Crispim «cap», Reis (António Jorge 45'), Manuel António e Serafim
Treinador: Juca

ÉPOCA 1970-1971

1ª DIVISÃO: 5º LUGAR (MANUTENÇÃO E T. UEFA)
TAÇA DE PORTUGAL: 1/16 DE FINAL

JOGOS EFECTUADOS

	J	V	E	D	GM	GS
CASA	18	14	4	0	44	9
FORA/N	22	8	5	9	27	27
TOTAL	40	22	9	9	71	36

Leixões SC – 0 ACADÉMICA – 0

1ª DIVISÃO, 1ª JORNADA, 13-9-1970 (DOM, 16:00)
Estádio do Mar, Matosinhos
Árbitro: António Garrido (Leiria)
Auxiliares: José Alexandre e Armando Carmo

Leixões SC: Tibi, Celestino (Peixoto 78'), Adriano, Henrique Nicolau, Raul Oliveira «cap», Esteves, Vaqueiro, Gentil, Fernando, Horácio e Jesus (Eliseu 45')
Treinador: António Medeiros

ACADÉMICA: Melo, Artur, Carlos Alhinho, Rui Rodrigues, Feliz, Mário Campos (Oliveira Duarte 45'), Gervásio «cap», Vítor Campos, Serafim, Manuel António e José Manuel (Prieto 74')
Treinador: Juca

ACADÉMICA – 1 VFC Setúbal – 0

1ª DIVISÃO, 2ª JORNADA, 20-9-1970 (DOM, 16:00)
Estádio Municipal de Coimbra, Coimbra
Árbitro: João Gomes (Porto)
Golo: 1-0 (Manuel António 36')

ACADÉMICA: Melo, Artur, Carlos Alhinho, Rui Rodrigues, Araújo, Crispim (Simões 78'), Gervásio «cap», Vítor Campos, Manuel António, Prieto (Serafim 59') e Oliveira Duarte
Treinador: Juca

VFC Setúbal: Torres, Rebelo, Carlos Cardoso «cap», José Mendes, Carriço, Pedro (Arcanjo 57'), Wagner, José Maria, Guerreiro, Vítor Batista (Barão 57') e Jacinto João
Treinador: José Maria Pedroto

Varzim SC – 2 ACADÉMICA – 1

1ª DIVISÃO, 3ª JORNADA, 27-9-1970 (DOM, 16:00)
Estádio do Varzim Sport Clube, Póvoa de Varzim
Árbitro: João Calado (Santarém) **Auxiliares:** António Rodrigues e Manuel Arganil **Golos:** 1-0 (Nunes Pinto 5'); 1-1 (José Manuel 21'); 2-1 (Sousa 75')

Varzim SC: José Luís, Acácio, Quim, Salvador, Sidónio «cap», Gamboa, Serrão, Rico (Catricoto 77'), Marques (Sousa 45'), Nelson e Nunes Pinto
Treinador: Rodrigues Dias

ACADÉMICA: Melo, Artur, Carlos Alhinho, Rui Rodrigues, Araújo, Crispim (Simões 75'), Gervásio «cap», Vítor Campos, Manuel António, José Manuel (Serafim 70') e Oliveira Duarte
Treinador: Juca

ACADÉMICA – 3 SC Farense – 1

1ª DIVISÃO, 4ª JORNADA, 4-10-1970 (DOM, 15:00)
Estádio Municipal de Coimbra, Coimbra **Árbitro:** Ilídio Cacho (Lisboa) **Golos:** 1-0 (António Jorge 30'); 2-0 (Rui Rodrigues 40'); 2-1 (Valdir 43'); 3-1 (António Jorge 83')

ACADÉMICA: Melo, Artur, Carlos Alhinho, Rui Rodrigues, Feliz, Gervásio «sc», Rocha «cap» (Mário Campos 69'), Oliveira Duarte (Serafim 69'), Manuel António, António Jorge e Vítor Campos
Treinador: Juca

SC Farense: Barroca, Assis, Bastos, Caneira, Atraca «cap» (Testas 71'), Ferreira Pinto, Dani (Correia 45'), Nunes, Valdir, Ernesto e Sitoe
Treinador: Manuel de Oliveira

ACADÉMICA – 5 GD C.U.F. – 1

1ª DIVISÃO, 5ª JORNADA, 18-10-1970 (DOM, 15:00)
Estádio Municipal de Coimbra, Coimbra **Árbitro:** Henrique Silva (Lisboa) **Auxiliares:** Pedro Quaresma e Guedes Jorge **Golos:** 1-0 (Manuel António 13'); 1-1 (Medeiros 34'); 2-1 (Gervásio 38'); 3-1 (Manuel António 50'); 4-1 (Serafim 81'); 5-1 (António Jorge 88')

ACADÉMICA: Melo, Artur, Carlos Alhinho, Rui Rodrigues, Feliz, Mário Campos, Gervásio «cap», Vítor Campos, Manuel António (Prieto 76'), António Jorge e Oliveira Duarte (Serafim 37')
Treinador: Juca

GD C.U.F.: Conhé, Rodrigues, Vítor Marques, Medeiros «cap», Esteves, Neto (Sério 45'), Vítor Pereira, Arnaldo, Manuel Fernandes, Fernando e Monteiro (Capitão-Mor 55')
Treinador: Carlos Silva

Sporting CP – 1 ACADÉMICA – 0

1ª DIVISÃO, 6ª JORNADA, 25-10-1970 (DOM, 15:00)
Estádio José Alvalade, Lisboa **Árbitro:** João Nogueira (Setúbal)
Auxiliares: Rufino Pinto e Porfírio Vieira
Golo: 1-0 (Marinho 56')

Sporting CP: Damas, Pedro Gomes, Alexandre Batista, José Carlos «cap» (Laranjeira 58'), Hilário, Gonçalves, Manaca, Marinho, Nelson, Lourenço e Dinis (Mosquera 45')
Treinador: Fernando Vaz

ACADÉMICA: Melo, Artur, Carlos Alhinho, Rui Rodrigues, Feliz, Mário Campos (Rocha 70'), Gervásio «cap», Vítor Campos, Manuel António, António Jorge e Serafim
Treinador: Juca

ACADÉMICA – 3 Boavista FC – 1

1ª DIVISÃO, 7ª JORNADA, 1-11-1970 (DOM, 15:00)
Estádio Municipal de Coimbra, Coimbra **Árbitro:** Maximino Afonso (Lisboa) **Auxiliares:** Américo de Oliveira e Beirão Coelho
Golos: 1-0 (Manuel António 19'); 1-1 (Alexandre 24'); 2-1 (José Manuel 81'); 3-1 (Manuel António 85')

ACADÉMICA: Melo, Artur, Carlos Alhinho, Rui Rodrigues, Feliz, Gervásio «cap» (Rocha 70', «sc»), Mário Campos, Vítor Campos, Manuel António, António Jorge (José Manuel 75') e Serafim
Treinador: Juca

Boavista FC: Quim, Gaspar, Mário João, Alberto, Barbosa «cap», Fraguito, Taí, Celso, Juvenal, Moinhos e Alexandre (Augusto 85')
Treinador: Fernando Caiado

VSC Guimarães – 1 ACADÉMICA – 2

1ª DIVISÃO, 8ª JORNADA, 8-11-1970 (DOM, 15:00)
Estádio 28 de Maio, Braga **Árbitro:** Américo Barradas (Lisboa)
Auxiliares: Lopes Martins e António Ferreira **Golos:** 0-1 (António Jorge 7'); 0-2 (António Jorge 40'); 1-2 (Gouveia 88')
Obs: Jogo disputado em Braga, devido a interdição do estádio Municipal de Guimarães

VSC Guimarães: Rodrigues, Artur, Herculano, Joaquim Jorge, Costeado (E 89'), Bernardo da Velha, Peres «cap», Osvaldinho, Zezinho (Cartucho 53'), Ibraim (Gouveia 76') e Ademir
Treinador: Jorge Vieira

ACADÉMICA: Melo, Artur, Carlos Alhinho, Rui Rodrigues, Feliz, Mário Campos, Gervásio «cap», Vítor Campos, Manuel António, António Jorge e Oliveira Duarte (Serafim 28') **Treinador:** Juca

ACADÉMICA – 3 FC Porto – 2

1ª DIVISÃO, 9ª JORNADA, 15-11-1970 (DOM, 15:00)
Estádio Municipal de Coimbra, Coimbra **Árbitro:** Francisco Lobo (Setúbal) **Auxiliares:** Serapião Reis e Marques Pires **Golos:** 0-1 (Carlos Alhinho 30', pb); 0-2 (Custódio Pinto 42'); 1-2 (Manuel António 62'); 2-2 (António Jorge 64'); 3-2 (Serafim 70')

ACADÉMICA: Melo, Artur, Carlos Alhinho, Rui Rodrigues, Feliz, Mário Campos, Gervásio «cap» (Rocha 45', «sc»), Vítor Campos, Oliveira Duarte (Serafim 45'), Manuel António e António Jorge
Treinador: Juca

FC Porto: Armando Pereira, Gualter, Manhiça, Vieira Nunes, Rolando, Pavão «cap», Custódio Pinto (Ricardo 77'), Bené, Abel, Lemos e Nóbrega
Treinador: António Teixeira

CF "Os Belenenses" – 0 ACADÉMICA – 2

1ª DIVISÃO, 10ª JORNADA, 22-11-1970 (DOM, 15:00)
Estádio do Restelo, Lisboa
Árbitro: César Correia (Algarve)
Golos: 0-1 (Prieto 61'); 0-2 (Rui Rodrigues 67')

CF "Os Belenenses": Mourinho, Pena, Quaresma «cap», João Cardoso, Murça, Quinito (Virgílio 62'), Canhoto, Laurindo, Ernesto (Carlos Serafim 62'), Arlindo e Godinho
Treinador: Joaquim Meirim

ACADÉMICA: Melo, Artur, Carlos Alhinho, Rui Rodrigues, Feliz, Mário Campos, Gervásio «cap», Vítor Campos, Manuel António (Prieto 20'), António Jorge e Serafim
Treinador: Juca

ACADÉMICA – 3 FC Tirsense – 1

1ª DIVISÃO, 11ª JORNADA, 29-11-1970 (DOM, 15:00)
Estádio Municipal de Coimbra, Coimbra **Árbitro:** Ismael Baltazar (Setúbal) **Auxiliares:** José António e António Rodrigues
Golos: 1-0 (António Jorge 7'); 2-0 (Mário Campos 23'); 3-0 (Prieto 31'); 3-1 (António Luís 35')

ACADÉMICA: Melo, Artur, Carlos Alhinho, Rui Rodrigues, Feliz, Mário Campos, Gervásio «cap», Vítor Campos, Prieto, António Jorge e Serafim
Treinador: Juca

FC Tirsense: Ferreira (Zeferino 33'), Sebastião, Cristóvão «cap», Madeira, Festa, Francisco Batista, Araponga, Ernesto, Amaral (Jóia 55'), António Luís e Feliciano
Treinador: Orlando Ramin

FC Barreirense – 0 ACADÉMICA – 0

1ª DIVISÃO, 12ª JORNADA, 6-12-1970 (DOM, 15:00)
Campo D. Manuel de Melo, Barreiro
Árbitro: Rosa Nunes (Algarve)
Auxiliares: Odílio Raimundo e Pedro Rodrigues

FC Barreirense: Bento, Murraças, Bandeira, João Carlos «cap», Patrício, Valter, Luis Mira, José João, José Carlos (Rogério 77'), Câmpora e Serafim
Treinador: Artur Quaresma

ACADÉMICA: Melo, Artur, Carlos Alhinho, Rui Rodrigues, Feliz, Mário Campos, Gervásio «cap», Vítor Campos, Serafim (Prieto 72'), Manuel António e António Jorge
Treinador: Juca

ACADÉMICA – 0 SL Benfica – 0

1ª DIVISÃO, 13ª JORNADA, 13-12-1970 (DOM, 15:00)
Estádio Municipal de Coimbra, Coimbra
Árbitro: António Garrido (Leiria)
Auxiliares: José Alexandre e Manuel Reis

ACADÉMICA: Melo, Artur, Carlos Alhinho, Rui Rodrigues, Feliz, Mário Campos, Gervásio «cap», Vítor Campos, Oliveira Duarte (Serafim 45'), Manuel António e António Jorge (Prieto 63')
Treinador: Juca

SL Benfica: José Henrique, Malta da Silva, Humberto Coelho, Zeca, Adolfo, Vítor Martins, Calado (Torres 54'), Jaime Graça, Artur Jorge, Eusébio e Simões «cap» **Treinador:** Jimmy Hagan

ACADÉMICA – 2 Leixões SC – 1

1ª DIVISÃO, 14ª JORNADA, 20-12-1970 (DOM, 15:00)
Estádio Municipal de Coimbra, Coimbra
Árbitro: Augusto Bailão (Lisboa) **Golos:** 0-1 (Horácio 44'); 1-1 (Manuel António 47'); 2-1 (Manuel António 80')

ACADÉMICA: Melo, Artur, Carlos Alhinho, Rui Rodrigues, Feliz, Mário Campos, Gervásio «cap» (Rocha 45', «sc»), Vítor Campos, Manuel António, António Jorge (Oliveira Duarte 65') e Serafim
Treinador: Juca

Leixões SC: Tibi, Celestino, Adriano «cap», Raul Oliveira, Henrique Nicolau, Gentil, Geraldinho (Eliseu 75'), Vaqueiro, Esteves, Horácio e Jesus (Fernando 75')
Treinador: António Medeiros

VFC Setúbal – 3 ACADÉMICA – 1

1ª DIVISÃO, 15ª JORNADA, 27-12-1970 (DOM, 15:00)
Estádio do Bonfim, Setúbal **Árbitro:** Carlos Dinis (Lisboa)
Golos: 1-0 (Guerreiro 34'); 2-0 (Guerreiro 41'); 3-0 (Jacinto João 85'); 3-1 (Gervásio 88')

VFC Setúbal: Torres, Rebelo, Carlos Cardoso «cap», José Mendes, Carriço, Octávio, José Maria (Pedro 71'), Wagner, Guerreiro, Vítor Batista e Jacinto João
Treinador: José Maria Pedroto

ACADÉMICA: Melo, Artur, Carlos Alhinho, Rui Rodrigues, Feliz, Mário Campos, Gervásio «cap», Vítor Campos, Serafim (Rocha 71'), Manuel António e Prieto (António Jorge 45')
Treinador: Juca

ACADÉMICA – 4 Varzim SC – 0

1ª DIVISÃO, 16ª JORNADA, 3-1-1971 (DOM, 15:00)
Estádio Municipal de Coimbra, Coimbra **Árbitro:** António Espanhol (Leiria) **Golos:** 1-0 (Serafim 3'); 2-0 (Serafim 39'); 3-0 (Manuel António 71'); 4-0 (Mário Campos 89')

ACADÉMICA: Melo, Artur, Carlos Alhinho, Rui Rodrigues, Feliz, Mário Campos, Rocha «cap», Vítor Campos, Manuel António, Serafim e Oliveira Duarte (António Jorge 58')
Treinador: Juca

Varzim SC: José Luís, Acácio, Quim, Salvador, Sidónio «cap», Serrão (Zegre 64'), Aleixo, Rico (Marques 64'), Nelson, Nunes Pinto e Sousa
Treinador: Rodrigues Dias

SC Farense – 2 ACADÉMICA – 2

1ª DIVISÃO, 17ª JORNADA, 24-1-1971 (DOM, 15:00)
Estádio São Luís, Faro **Árbitro:** Mário Alves (Beja) **Auxiliares:** Joaquim Rosa e Acácio Caraça **Golos:** 1-0 (Dani 35'); 1-1 (Serafim 46'); 1-2 (Serafim 84'); 2-2 (Testas 86', gp)

SC Farense: Barroca, Assis, Bastos, Caneira, Atraca «cap», Nunes, Dani, Sitoe (Testas 68'), Nelson (Correia 57'), Valdir e Ernesto
Treinador: Manuel de Oliveira

ACADÉMICA: Melo, Artur, Carlos Alhinho, Rui Rodrigues, Feliz, Mário Campos, Gervásio «cap», Vítor Campos, Manuel António (António Jorge 77'), José Manuel (Oliveira Duarte 40') e Serafim
Treinador: Juca

GD C.U.F. – 2 ACADÉMICA – 1

1ª DIVISÃO, 18ª JORNADA, 31-1-1971 (DOM, 15:00)
Estádio Alfredo da Silva, Lavradio **Árbitro:** Joaquim Freire (Aveiro)
Auxiliares: Raul Oliveira e Manuel Figueiredo
Golos: 1-0 (Fernando 43'); 2-0 (Eduardo 53'); 2-1 (José Manuel 90'+2')

GD C.U.F.: Conhé, Bambo, Rodrigues, Américo, Castro (Esteves 84'), Medeiros «cap» (Vítor Marques 88'), Fernando, Arnaldo, Manuel Fernandes, Eduardo e Capitão-Mor
Treinador: Carlos Silva

ACADÉMICA: Melo, Artur, Carlos Alhinho, Rui Rodrigues, Feliz, Mário Campos (E 44'), Gervásio «cap», Vítor Campos, Oliveira Duarte (Simões 45', José Manuel 82'), Manuel António e Serafim
Treinador: Juca

ACADÉMICA – 0 Sporting CP – 0

1ª DIVISÃO, 19ª JORNADA, 7-2-1971 (DOM, 15:00)
Estádio Municipal de Coimbra, Coimbra
Árbitro: César Correia (Algarve)

ACADÉMICA: Melo (E 89'), Artur, Carlos Alhinho, Rui Rodrigues, Feliz, Gervásio «cap», Vítor Campos, Serafim, Crispim (Oliveira Duarte 75', Cardoso 89'), Manuel António e António Jorge
Treinador: Juca

Sporting CP: Damas, Celestino, Caló, José Carlos «cap», Hilário, Tomé (Alexandre Batista 73'), Peres, Chico, Nelson, Marinho (Gonçalves 45') e Dinis
Treinador: Fernando Vaz

Boavista FC – 0 ACADÉMICA – 1

1ª DIVISÃO, 20ª JORNADA, 20-2-1971 (SAB, 16:00)
Estádio do Bessa, Porto **Árbitro:** Ernesto Borrego (Viseu)
Auxiliares: Afonso Costa e Fernando Silva
Golo: 0-1 (António Jorge 40')

Boavista FC: Rui Paulino, Gaspar, Mário João, Lino, Alberto, Fraguito, Jorge Félix, Celso, Juvenal, Moinhos e Moura «cap» (Zeca Pereira 61')
Treinador: Fernando Caiado

ACADÉMICA: Cardoso, Artur, Carlos Alhinho, Rui Rodrigues, Feliz, Crispim, Gervásio «cap», Vítor Campos, António Jorge, Manuel António e Serafim
Treinador: Juca

1970-1971

1970-1971

ACADÉMICA – 1 VSC Guimarães – 0

1ª DIVISÃO, 21ª JORNADA, 28-2-1971 (DOM, 15:00)
Estádio Municipal de Coimbra, Coimbra **Árbitro:** João Calado (Santarém) **Auxiliares:** António Rodrigues e Alberto Galinha
Golo: 1-0 (Artur 62')

ACADÉMICA: Cardoso, Artur (Araújo 81'), Carlos Alhinho, Rui Rodrigues, Feliz, Crispim, Gervásio «cap», Vítor Campos, Manuel António, António Jorge e Serafim
Treinador: Juca

VSC Guimarães: Rodrigues, Costeado, Artur, Herculano, Silva, Ângelo (Duarte 75'), Augusto, Osvaldinho, Zezinho, Mendes «cap» (Ibraim 66') e Ademir
Treinador: Peres

FC Porto – 0 ACADÉMICA – 0

1ª DIVISÃO, 22ª JORNADA, 21-3-1971 (DOM, 15:00)
Estádio das Antas, Porto
Árbitro: Ismael Baltazar (Setúbal)
Auxiliares: José António e António Rodrigues

FC Porto: Rui, Gualter, Armando, Rolando, Valdemar, Custódio Pinto, Pavão «cap», Bené, Abel, Lemos e Nóbrega (Ricardo 68')
Treinador: António Teixeira

ACADÉMICA: Melo, Artur, Carlos Alhinho, Rui Rodrigues, Araújo, Mário Campos, Gervásio «cap», Vítor Campos, Manuel António, António Jorge e Serafim
Treinador: Juca

ACADÉMICA – 0 CF "Os Belenenses" – 0

1ª DIVISÃO, 23ª JORNADA, 28-3-1971 (DOM, 15:00)
Estádio Municipal de Coimbra, Coimbra
Árbitro: Francisco Lobo (Setúbal)
Auxiliares: Valdemar Nogueira e Serapião Reis

ACADÉMICA: Melo, Artur (Araújo 62'), Carlos Alhinho, Rui Rodrigues, Feliz, Gervásio «cap», Vítor Campos, Mário Campos, Manuel António, António Jorge (Oliveira Duarte 45') e Serafim
Treinador: Juca

CF "Os Belenenses": Mourinho, Pena, Freitas, João Cardoso, Murça, Quinito «cap», Carlos Serafim, Estêvão, Laurindo, Djalma (Virgílio 85') e Ernesto
Treinador: Mourinho Félix

FC Tirsense – 1 ACADÉMICA – 0

1ª DIVISÃO, 24ª JORNADA, 4-4-1971 (DOM, 15:00)
Estádio Abel Alves de Figueiredo, Santo Tirso
Árbitro: Augusto Bailão (Lisboa) **Auxiliares:** Manuel Amiguinho e Videira de Sousa **Golo:** 1-0 (Carlos Manuel 15')

FC Tirsense: Ricardo, Sebastião, Cristóvão «cap», Madeira, Festa, Francisco Batista, Carlos Manuel, Ernesto, António Luís (Amândio 88'), Manuel e Mário (Amaral 81')
Treinador: Mário Wilson

ACADÉMICA: Melo, Artur, Carlos Alhinho, Rui Rodrigues, Feliz (Crispim 72'), Gervásio «cap», Vítor Campos, Mário Campos, Manuel António, António Jorge (José Manuel 45') e Serafim
Treinador: Juca

ACADÉMICA – 2 FC Barreirense – 0

1ª DIVISÃO, 25ª JORNADA, 25-4-1971 (DOM, 16:00)
Estádio Municipal de Coimbra, Coimbra
Árbitro: António Garrido (Leiria)
Golos: 1-0 (Gervásio 48', gp); 2-0 (Manuel António 71')

ACADÉMICA: Melo, Artur, Carlos Alhinho, Rui Rodrigues, Feliz, Gervásio «cap», Vítor Campos, Mário Campos, José Manuel (Manuel António 45'), Serafim e Oliveira Duarte (Vala 74')
Treinador: Juca

FC Barreirense: Bento, João Carlos «cap», Almeida, Bandeira, Patrício, Valter, Luís Mira, Câmpora, José João, Serafim (José Carlos 80') e Rogério
Treinador: Artur Quaresma

SL Benfica – 5 ACADÉMICA – 1

1ª DIVISÃO, 26ª JORNADA, 2-5-1971 (DOM, 16:00)
Estádio da Luz, Lisboa **Árbitro:** Fernando Leite (Porto)
Golos: 1-0 (Eusébio 8'); 2-0 (Nené 15'); 2-1 (Carlos Alhinho 30'); 3-1 (Nené 60'); 4-1 (Artur Jorge 81'); 5-1 (Artur Jorge 89')

SL Benfica: José Henrique, Malta da Silva, Humberto Coelho, Zeca (Messias 72'), Adolfo (Matine 77'), Jaime Graça, Vítor Martins, Nené, Artur Jorge, Eusébio e Simões «cap»
Treinador: Jimmy Hagan

ACADÉMICA: Melo, Artur, Carlos Alhinho, Rui Rodrigues, Feliz, Gervásio «cap», Vítor Campos, Oliveira Duarte (José Manuel 63'), Mário Campos (Crispim 63'), Manuel António e Serafim
Treinador: Juca

SC Beira-Mar – 1 ACADÉMICA – 1

TAÇA RIBEIRO DOS REIS, 1ª JORNADA, 9-5-1971 (DOM, 16:00)
Estádio Mário Duarte, Aveiro
Árbitro: Armando Paraty (Porto)
Golos: 0-1 (Vala 10'); 1-1 (Nelinho 63')

SC Beira-Mar: César, Jerónimo, Marçal «cap», Soares, Almeida, Abdul (Cândido 78'), Cleo, Eduardo, Nelinho, Colorado e Lázaro (Alfredo 56')
Treinador: Couceiro Figueira

ACADÉMICA: Melo (Cardoso 52'), Feliz, Belo, Gervásio «cap», Marques, Vala, Vítor Campos, Crispim, Manuel António, Serafim e Oliveira Duarte (António Jorge 45')
Treinador: Juca

GD Sesimbra – 2 ACADÉMICA – 0

TAÇA DE PORTUGAL, 1/16 DE FINAL, 16-5-1971 (DOM, 16:00)
Campo da Vila Amália, Sesimbra **Árbitro:** Ilídio Cacho (Lisboa)
Auxiliares: João Gaspar e Francisco Pinheiro
Golos: 1-0 (Eduardo 4'); 2-0 (Julião 11')

GD Sesimbra: Carlos Alberto, Artur «cap», Fragata, Joaquim Alexandre, Floriano (Áureo 61'), Canário, Francisco Mário, Santana, Julião, Eduardo e Joaquim Manuel (Piedade 68')
Treinador: Tavares Pereira

ACADÉMICA: Cardoso, Feliz, Carlos Alhinho, Rui Rodrigues, Marques, Crispim (Vala 57'), Gervásio «cap», Vítor Campos, Manuel António (José Manuel 45'), Serafim e António Jorge
Treinador: Juca

CFU Lamas – 1 ACADÉMICA – 3

TAÇA RIBEIRO DOS REIS, 2ª JORNADA, 19-5-1971 (QUA, 21:00)
Estádio Com. Henrique de Amorim, Santa Maria de Lamas
Árbitro: Melo Acúrsio (Porto) **Golos:** 0-1 (José Manuel 44'); 1-1 (Carlos Silva 51'); 1-2 (António Jorge 64'); 1-3 (Serafim 84')

CFU Lamas: Domingos, Neves, Redol, Chico «cap», Amadeu Daniel, Rui Manuel, Romão, Amadeu, Nery, Bastos (Pinho 82') e Carlos Silva
Treinador: Nelo Barros

ACADÉMICA: Cardoso, Bernardo, Lynce, José Freixo, Marques «cap», Simões, Oliveira Duarte, António Jorge, José Manuel, Vala (Vítor Gomes 45') e Serafim
Treinador: Juca

CD Gouveia – 0 ACADÉMICA – 1

TAÇA RIBEIRO DOS REIS, 4ª JORNADA, 30-5-1971 (DOM, 16:00)
Campo de Santa Cecília, São Romão
Árbitro: Fernando Leite (Porto)
Golo: 0-1 (José Manuel 48')

CD Gouveia: Gorito, Macalene, Maçarico «cap», Amílcar, Carlos Franco (Biker 71'), Jorge Gomes, Margarido, Faria, Virgílio (Carlos Cardoso 45'), Amaral e António Cardoso
Treinador: Bento Couceiro

ACADÉMICA: Cardoso, Bernardo, Lynce (Gervásio 68'), José Freixo, Marques «cap», Simões, Vala, Oliveira Duarte (Vítor Gomes 45'), António Jorge, José Manuel e Serafim
Treinador: Juca

ACADÉMICA – 1 CFU Coimbra – 1

TAÇA RIBEIRO DOS REIS, 3ª JORNADA, 2-6-1971 (QUA, 21:30)
Estádio Municipal de Coimbra, Coimbra
Árbitro: Joaquim Freire (Aveiro)
Golos: 1-0 (Simões 19'); 1-1 (Valdemar 80')

ACADÉMICA: Cardoso, Artur, José Freixo, Rui Rodrigues, Bernardo, Simões (Gervásio 65'), Vala, Mário Campos «cap», António Jorge, José Manuel (Reis 75') e Serafim
Treinador: Juca

CFU Coimbra: Melo, Batista, Seabra, Carlos, Valdemar, Niza, Almeida, Brasfemes, Zeca, Congo (José Vítor 45') e José Carlos «cap»
Treinador: Miguel Arcanjo

ACADÉMICA – 5 AD Sanjoanense – 1

TAÇA RIBEIRO DOS REIS, 5ª JORNADA, 5-6-1971 (SAB, 21:30)
Estádio Municipal de Coimbra, Coimbra **Árbitro:** António Espanhol (Leiria) **Golos:** 1-0 (Manuel António 7'); 2-0 (José Manuel 14'); 3-0 (Vítor Campos 48'); 4-0 (Vala 51'); 5-0 (José Manuel 61'); 5-1 (Adé 78')

ACADÉMICA: Cardoso (Aníbal 62'), Artur, José Freixo, Rui Rodrigues, Bernardo, Gervásio «cap», Vala, Vítor Campos, Mário Campos (Vítor Gomes 45'), Manuel António e José Manuel
Treinador: Juca

AD Sanjoanense: António Pedro (Manuel 51'), Vítor, Azevedo, Queirós, Durbalino, Faria, Narcílio, Ernesto, Orlando (Tavares 58'), Adé «cap» e Videira
Treinador: Monteiro da Costa

ACADÉMICA – 3 SC Beira-Mar – 0

TAÇA RIBEIRO DOS REIS, 6ª JORNADA, 12-6-1971 (SAB, 21:30)
Estádio Municipal de Coimbra, Coimbra **Árbitro:** Saldanha Ribeiro (Leiria) **Golos:** 1-0 (Manuel António 48'); 2-0 (José Manuel 79'); 3-0 (Carlos Alhinho 86')

ACADÉMICA: Cardoso, Artur, Carlos Alhinho, José Freixo, Feliz, Simões, Vala, Vítor Campos «cap» (Serafim 66'), Vítor Gomes, Manuel António «sc» e José Manuel (Reis 77')
Treinador: Juca

SC Beira-Mar: César, Jerónimo, Marçal, Soares, Almeida, Abdul, Cleo (Cândido 45'), Eduardo, Nelinho «cap», Colorado e Lázaro
Treinador: Couceiro Figueira

ACADÉMICA – 5 CFU Lamas – 0

TAÇA RIBEIRO DOS REIS, 7ª JORNADA, 19-6-1971 (SAB, 21:30)
Estádio Municipal de Coimbra, Coimbra
Árbitro: João Gomes (Porto) **Golos:** 1-0 (Manuel António 10'); 2-0 (José Manuel 13'); 3-0 (Manuel António 46'); 4-0 (José Manuel 56'); 5-0 (Manuel António 87')

ACADÉMICA: Cardoso, Artur, Bernardo, José Freixo, Araújo, Simões, Vala (Reis 68'), Vítor Gomes (Serafim 40'), Manuel António, José Manuel e Vítor Campos «cap»
Treinador: Juca

CFU Lamas: Domingos (Américo 45'), Neves, Redol, Chico «cap», Amadeu Daniel, Rui Manuel, Romão, Amadeu, Nery, Bastos (Pinho 60') e Carlos Silva
Treinador: Nelo Barros

CFU Coimbra – 0 ACADÉMICA – 2

TAÇA RIBEIRO DOS REIS, 8ª JORNADA, 26-6-1971 (SAB, 21:30)
Campo da Arregaça, Coimbra
Árbitro: Américo Barradas (Lisboa)
Golos: 0-1 (Vala 7'); 0-2 (Manuel António 87')

CFU Coimbra: Rasteiro, Batista, Seabra, Carlos, Niza, Zeca, Zequinha (José Vítor 75'), Almeida, Congo (Chipenhe 83'), José Carlos «cap» e Cruz
Treinador: Miguel Arcanjo

ACADÉMICA: Cardoso, Artur, Bernardo, José Freixo, Araújo, Simões, Vala, Crispim, Vítor Campos «cap», Manuel António e José Manuel (Serafim 68')
Treinador: Juca

ÉPOCA 1971-1972

1ª DIVISÃO: 15º LUGAR (DESPROMOÇÃO)
TAÇA DE PORTUGAL: 1/16 DE FINAL

JOGOS EFECTUADOS

	J	V	E	D	GM	GS
CASA	17	5	4	8	20	22
FORA	16	2	3	11	11	25
TOTAL	33	7	7	19	31	47

ACADÉMICA – 3 CD Gouveia – 0

TAÇA RIBEIRO DOS REIS, 9ª JORNADA, 3-7-1971 (SAB, 21:30)
Estádio Municipal de Coimbra, Coimbra **Árbitro:** Ernesto Borrego (Viseu) **Auxiliares:** Afonso Costa e Fernando Silva **Golos:** 1-0 (Gregório 14'); 2-0 (Manuel António 16'); 3-0 (Gregório 38')

ACADÉMICA: Cardoso, Artur (Bernardo 65'), José Freixo, Belo, Feliz, Gervásio «cap», Vala, Vítor Campos, Gregório, Manuel António (Serafim 70') e José Manuel
Treinador: Juca

CD Gouveia: Gorito, Macalene, Maçarico «cap», Toipa, Carlos Franco, Jorge Gomes, Amaral, Faria, Margarido, Virgílio e António Cardoso
Treinador: Bento Couceiro

AD Sanjoanense – 2 ACADÉMICA – 7

TAÇA RIBEIRO DOS REIS, 10ª JORNADA, 11-7-1971 (DOM, 11:00)
Estádio Conde Dias Garcia, São João da Madeira **Árbitro:** Francisco Rodrigues (Leiria) **Golos:** 0-1 (Gregório 16'); 1-1 (Orlando 21'); 1-2 (Vala 34'); 1-3 (Gregório 37'); 1-4 (Oliveira Duarte 43'); 1-5 (José Freixo 53'); 2-5 (Faria 57'); 2-6 (Gregório 62'); 2-7 (Serafim 89')

AD Sanjoanense: Manuel (António Pedro 63'), Martins, Azevedo, Queirós, Vítor, Faria, Narcílio, Ernesto, Adé «cap», Orlando e Tavares (Correia 45')
Treinador: Monteiro da Costa

ACADÉMICA: Cardoso, Artur, Carlos Alhinho, José Freixo, Bernardo (Vítor Manuel 45'), Simões, Vala (Reis 45'), Oliveira Duarte «cap», José Manuel, Gregório e Serafim
Treinador: Juca

ACADÉMICA – 2 Leixões SC – 1 (AP)

TAÇA RIB. DOS REIS, QUARTOS DE FINAL, 14-7-1971 (QUA, 17:30)
Estádio Conde Dias Garcia, São João da Madeira **Árbitro:** Porfírio da Silva (Aveiro) **Auxiliares:** Vicente Fernando e Fernão Oliveira **Golos:** 1-0 (Carlos Alhinho 117'); 1-1 (Esteves 118'); 2-1 (Carlos Alhinho 143') **Obs:** Resultado obtido após 53 minutos de prolongamento, com a obtenção do golo de desempate

ACADÉMICA: Cardoso, Artur, Carlos Alhinho, Feliz, Bernardo, Gervásio «cap», Vala, Vítor Campos, Oliveira Duarte (Manuel António 45'), Gregório e José Manuel (Simões 120')
Treinador: Juca

Leixões SC: Tibi, Celestino, Adriano «cap», Peixoto, Raul Oliveira, Vaqueiro (Cacheira 104'), Geraldinho, Teixeira, Vítor Oliveira (Fernando 58'), Horácio e Esteves
Treinador: António Medeiros

SC Braga – 2 ACADÉMICA – 0

TAÇA RIBEIRO DOS REIS, MEIAS FINAIS, 18-7-1971 (DOM, 17:30)
Estádio Conde Dias Garcia, São João da Madeira
Árbitro: Armando Paraty (Porto)
Golos: 1-0 (Palmeira 53'); 2-0 (Lua 68')

SC Braga: Antenor, Agostinho, Leiria, Cibrão, José Manuel, Carlos Batista «cap», Miranda, Bino, Palmeira, Alidu (Sobral 45') e Lua
Treinador: Lua

ACADÉMICA: Cardoso, Artur, Carlos Alhinho, José Freixo, Bernardo, Gervásio «cap», Vala (Reis 58'), Vítor Campos, José Manuel (Oliveira Duarte 58'), Gregório e Serafim
Treinador: Juca

FC Barreirense – 1 ACADÉMICA – 0

TAÇA RIBEIRO DOS REIS, 3º/4º, 21-7-1971 (QUA, 20:00)
Estádio do Restelo, Lisboa
Árbitro: Maximino Afonso (Lisboa) **Auxiliares:** Américo de Oliveira e Beirão Coelho **Golo:** 1-0 (José Carlos 47')

FC Barreirense: Bento, Murraças, Luís Mira, Bandeira «cap», Patrício, Valter, Vicente, José João, José Carlos, Câmpora e Serafim
Treinador: Artur Quaresma

ACADÉMICA: Cardoso, Artur, Carlos Alhinho, Belo, Feliz, Simões, Vala, Gregório, Oliveira Duarte «cap», José Manuel (Reis 32') e Serafim
Treinador: Juca

ACADÉMICA – 0 Atlético CP – 2

1ª DIVISÃO, 1ª JORNADA, 11-9-1971 (SAB, 21:45)
Estádio Municipal de Coimbra, Coimbra **Árbitro:** Manuel Fortunato (Évora) **Auxiliares:** Manuel Filipe e Antas Godinho
Golos: 0-1 (Álvaro 22'); 0-2 (Raimundo 60')

ACADÉMICA: Melo, Feliz, Carlos Alhinho, Simões, Marques, Mário Campos, Gervásio «cap», Vítor Campos (Vala 66'), Manuel António, Raul Águas (Gregório 66') e Serafim
Treinador: Juca

Atlético CP: Carvalho, Bernardo, Vítor Alves, Candeias, Esmoriz, Vieira (Nogueira 66'), Semedo «cap», Orlando (Fagundes 82'), Leitão, Álvaro e Raimundo
Treinador: Peres Bandeira

Wolverhampton – 3 ACADÉMICA – 0

TAÇA UEFA, 1/32 DE FINAL, 15-9-1971 (QUA, 19:30)
Molineux Park, Wolverhampton (Inglaterra)
Árbitro: Istvan Zsolt (Hungria) **Auxiliares:** C. Robinson e D. Rogers
Golos: 1-0 (Francis Munro 29'); 2-0 (Dave Wagstaffe 62'); 3-0 (Derek Dougan 80')

Wolverhampton: Phil Parkes, Bernard Shaw, Francis Munro, John McAlle, Derek Parkin, Alan Sunderland, Mike Bailey «cap», Mike O'Grady, John Richards, Derek Dougan e Dave Wagstaffe
Treinador: Bill McGarry

ACADÉMICA: Melo, Feliz, Carlos Alhinho, Belo, Marques, Simões, Mário Campos, Gervásio «cap», Vítor Campos, Manuel António (Oliveira Duarte 71') e Serafim
Treinador: Juca

CF "Os Belenenses" – 0 ACADÉMICA – 1

1ª DIVISÃO, 3ª JORNADA, 26-9-1971 (DOM, 16:00)
Estádio do Restelo, Lisboa
Árbitro: Francisco Lobo (Setúbal)
Golo: 0-1 (Manuel António 43')

CF "Os Belenenses": Mourinho, Murça, Quaresma «cap», Freitas, João Cardoso, Pedro, Carlos Jorge, Luís Carlos (Ernesto 30'), Godinho, Carlos Serafim (Zezinho 70') e Laurindo
Treinador: Zezé Moreira

ACADÉMICA: Melo, Feliz, Carlos Alhinho, Simões, Marques (Martinho 77'), Mário Campos, Gervásio «cap», Vítor Campos, Manuel António, Raul Águas (Gregório 60') e Serafim
Treinador: Juca

ACADÉMICA – 1 Wolverhampton – 4

TAÇA UEFA, 1/32 DE FINAL, 29-9-1971 (QUA, 21:45)
Estádio Municipal de Coimbra, Coimbra **Árbitro:** Laurens Van Ravens (Holanda) **Auxiliares:** Armando Paraty e António Garrido
Golos: 1-0 (Manuel António 16'); 1-1 (Derek Dougan 26'); 1-2 (John McAlle 61'); 1-3 (Derek Dougan 72'); 1-4 (Derek Dougan 88')

ACADÉMICA: Melo (Cardoso 82'), Feliz, Carlos Alhinho, Simões, Marques, Gervásio «cap», Vítor Campos, Mário Campos, Manuel António, Serafim e Oliveira Duarte **Treinador:** Juca

Wolverhampton: Phil Parkes, Bernard Shaw, John McAlle, Gerry Taylor, Derek Parkin, Mike O'Grady, Mike Bailey «cap», Danny Hegan (V 50'), Derek Dougan, Jim McCalliog e Dave Wagstaffe
Treinador: Bill McGarry

ACADÉMICA – 4 VSC Guimarães – 1

1ª DIVISÃO, 4ª JORNADA, 3-10-1971 (DOM, 15:00)
Estádio Municipal de Coimbra, Coimbra **Árbitro:** Armando Paraty (Porto) **Auxiliares:** António Salgado e António Morais **Golos:** 1-0 (Carlos Alhinho 4'); 2-0 (Manuel António 34'); 3-0 (Manuel António 66'); 3-1 (Manuel Pinto 73', gp); 4-1 (Raul Águas 86')

ACADÉMICA: Melo, Feliz, Carlos Alhinho, Simões, Araújo, Gervásio «cap», Vítor Campos, Mário Campos, Manuel António, Serafim e Oliveira Duarte (Raul Águas 45')
Treinador: Juca

VSC Guimarães: Rodrigues, Costeado, Manuel Pinto «cap», Joaquim Jorge (Leal 46'), Osvaldinho, Artur (Ribeiro 45'), Custódio Pinto, Hélder Ernesto, Jorge Gonçalves, Tito e Ibraim
Treinador: Mário Wilson

Sporting CP – 1 ACADÉMICA – 0

1ª DIVISÃO, 5ª JORNADA, 16-10-1971 (SAB, 21:45)
Estádio José Alvalade, Lisboa
Árbitro: Sebastião Pássaro (Setúbal) **Auxiliares:** Tito Lívio e António Loureiro **Golo:** 1-0 (Nelson 70')

Sporting CP: Damas, Laranjeira, Caló, José Carlos «cap», Hilário, Peres (Tomé 76'), Gonçalves (Chico 45'), Nelson, Lourenço, Yazalde e Dinis
Treinador: Fernando Vaz

ACADÉMICA: Melo, Brasfemes, Carlos Alhinho, Simões (Belo 45'), Araújo, Gervásio «cap», Vítor Campos, Mário Campos, Manuel António, Serafim e Vala (Raul Águas 78')
Treinador: Juca

ACADÉMICA – 0 SC Farense – 0

1ª DIVISÃO, 6ª JORNADA, 24-10-1971 (DOM, 15:00)
Estádio Municipal de Coimbra, Coimbra
Árbitro: Américo Barradas (Lisboa)
Auxiliares: Joaquim Candeias e António Ferreira

ACADÉMICA: Melo, Brasfemes, Carlos Alhinho, Belo, Araújo, Gervásio «cap», Vítor Campos, Vala (Raul Águas 26'), Mário Campos, Manuel António e Serafim (Oliveira Duarte 34')
Treinador: Juca

SC Farense: Benje, Conceição, João Almeida, Atraca «cap», Assis, Ferreira Pinto, Sério, Sobral (Testas 76'), Farias (Ernesto 67'), Adilson e Mirobaldo
Treinador: Manuel de Oliveira

FC Porto – 2 ACADÉMICA – 3

1ª DIVISÃO, 7ª JORNADA, 31-10-1971 (DOM, 15:00)
Estádio das Antas, Porto **Árbitro:** Ernesto Borrego (Viseu) **Auxiliares:** Afonso Costa e Fernando Silva **Golos:** 0-1 (Manuel António 2'); 1-1 (Flávio 8'); 2-1 (Bené 18'); 2-2 (Mário Campos 36'); 2-3 (Manuel António 88')

FC Porto: Rui, Gualter, Manhiça (Leopoldo 45'), Rolando, Valdemar, Ricardo (Rodrigo 76'), Pavão «cap», Bené, Flávio, Abel e Lemos
Treinador: António Teixeira

ACADÉMICA: Melo, Brasfemes, Carlos Alhinho, José Freixo, Araújo, Mário Campos, Gervásio «cap», Vítor Campos, Vala, Oliveira Duarte (Gregório 76') e Manuel António
Treinador: Juca

ACADÉMICA – 0 GD C.U.F. – 1

1ª DIVISÃO, 8ª JORNADA, 7-11-1971 (DOM, 15:00)
Estádio Municipal de Coimbra, Coimbra **Árbitro:** Maximino Afonso (Lisboa) **Auxiliares:** Américo de Oliveira e Beirão Coelho
Golo: 0-1 (Manuel Fernandes 28')

ACADÉMICA: Melo, Brasfemes, Carlos Alhinho, José Freixo, Araújo, Mário Campos (Gregório 67'), Gervásio «cap», Vítor Campos, Vala, Oliveira Duarte (Raul Águas 67') e Manuel António **Treinador:** Juca

GD C.U.F.: Conhé, José António, Rodrigues, Américo, Esteves, Vítor Gomes, Arnaldo, Fernando «cap», Manuel Fernandes, Capitão-Mor (Vieira 45') e Monteiro
Treinador: Fernando Caiado

1971-1972

Leixões SC – 1 ACADÉMICA – 0

1ª DIVISÃO, 2ª JORNADA, 14-11-1971 (DOM, 15:00)
Estádio das Antas, Porto **Árbitro:** Augusto Bailão (Lisboa)
Auxiliares: Fernando Correia e Fernando Tavares
Golo: 1-0 (Horácio 6') **Obs:** Jogo disputado no estádio das Antas devido a interdição do estádio do Mar

Leixões SC: Tibi, Celestino (Salvador 45'), Adriano «cap», Henrique Nicolau, Raul Oliveira, Esteves, Gentil, Neca, Cacheira, Joaquinzinho e Horácio (Fernando 55')
Treinador: Couceiro Figueira

ACADÉMICA: Melo, Brasfemes, Carlos Alhinho, José Freixo, Marques, Mário Campos (Vítor Gomes 49'), Gervásio «cap», Vítor Campos, Vala, Manuel António e Oliveira Duarte (Gregório 36')
Treinador: Juca

VFC Setúbal – 1 ACADÉMICA – 0

1ª DIVISÃO, 9ª JORNADA, 28-11-1971 (DOM, 15:00)
Estádio do Bonfim, Setúbal **Árbitro:** Saldanha Ribeiro (Leiria)
Golo: 1-0 (Arcanjo 90'+3') **Obs:** A partir desta jornada, as sanções disciplinares passaram a ser antecedidas da amostragem de cartões por parte dos árbitros

VFC Setúbal: Vaz, Rebelo, José Mendes «cap», Correia, Carriço, Octávio, Matine (Arcanjo 75'), José Maria, Guerreiro, Torres e Jacinto João (Praia 75')
Treinador: José Maria Pedroto

ACADÉMICA: Melo (Cardoso 71'), Brasfemes, Carlos Alhinho, Simões, Feliz, Mário Campos, Vala, Gervásio «cap», Vítor Campos, Manuel António e Gregório (José Manuel 80')
Treinador: Juca

ACADÉMICA – 0 SC Beira-Mar – 1

1ª DIVISÃO, 10ª JORNADA, 5-12-1971 (DOM, 15:00)
Estádio Municipal de Coimbra, Coimbra
Árbitro: Carlos Dinis (Lisboa)
Golo: 0-1 (Nelinho 15')

ACADÉMICA: Cardoso, Brasfemes, Carlos Alhinho, Simões, Marques, Mário Campos, Vala, Gervásio «cap», Raul Águas, Manuel António e Serafim (Gregório 45') **Treinador:** Juca

SC Beira-Mar: César, Jerónimo, Marques «cap», Soares, Severino, Inguila, Colorado, Almeida (Carmo Pais 80'), Nelinho, Adé e Alemão **Treinador:** Dante Bianchi

FC Tirsense – 1 ACADÉMICA – 0

1ª DIVISÃO, 11ª JORNADA, 12-12-1971 (DOM, 15:00)
Estádio Abel Alves de Figueiredo, Santo Tirso **Árbitro:** António Garrido (Leiria) **Auxiliares:** Evaristo Faustino e Júlio Dinis
Golo: 1-0 (Chico Gordo 53')

FC Tirsense: Barrigana, Sebastião, Luís Pinto, Cristóvão «cap», Viana, Ernesto, Albano (Carlos Manuel 49'), Amândio, António Luís, Chico Gordo e Manuel
Treinador: António Medeiros

ACADÉMICA: Cardoso, Martinho, Carlos Alhinho, José Freixo, Marques, Mário Campos, Vala, Gervásio «cap», Gregório, Raul Águas e Serafim (José Manuel 63')
Treinador: Juca

ACADÉMICA – 0 SL Benfica – 3

1ª DIVISÃO, 12ª JORNADA, 19-12-1971 (DOM, 15:00)
Estádio Municipal de Coimbra, Coimbra
Árbitro: Ismael Baltazar (Setúbal) **Golos:** 0-1 (Artur Jorge 62'); 0-2 (Artur Jorge 70'); 0-3 (Eusébio 83')

ACADÉMICA: Melo, Martinho, Carlos Alhinho, Simões, Marques, Mário Campos, Gervásio «cap» (Vala 13', Oliveira Duarte 77'), Vítor Campos «sc», Vítor Gomes, Raul Águas e Serafim
Treinador: Juca

SL Benfica: José Henrique, Malta da Silva, Humberto Coelho, Rui Rodrigues, Artur, Jaime Graça, Eusébio, Simões «cap», Artur Jorge, Vítor Batista e Nené
Treinador: Jimmy Hagan

UFCI Tomar – 2 ACADÉMICA – 1

1ª DIVISÃO, 13ª JORNADA, 26-12-1971 (DOM, 15:00)
Estádio do Municipal de Tomar, Tomar **Árbitro:** Adelino Antunes (Lisboa) **Golos:** 0-1 (Manuel António 3'); 1-1 (Manuel José 17', gp); 2-1 (Bolota 60')

UFCI Tomar: Nascimento, Kiki, Faustino «cap», João Carlos, Barnabé, Manuel José, Calado, Cardoso, Pavão, Bolota e Camolas (Fernando 69')
Treinador: Fernando Cabrita

ACADÉMICA: Melo, Brasfemes (Luís Eugénio 83'), Carlos Alhinho, Belo, Feliz, Mário Campos, Simões, Vítor Campos «cap», Manuel António, Serafim e Oliveira Duarte (Vala 60')
Treinador: Juca

ACADÉMICA – 3 Boavista FC – 1

1ª DIVISÃO, 14ª JORNADA, 2-1-1972 (DOM, 15:00)
Estádio Municipal de Coimbra, Coimbra **Árbitro:** João Nogueira (Setúbal) **Auxiliares:** Rufino Pinto e Porfírio Vieira
Golos: 1-0 (Vítor Campos 12'); 2-0 (Serafim 18'); 2-1 (Moura 52'); 3-1 (Manuel António 89')

ACADÉMICA: Melo, Brasfemes, Carlos Alhinho, Belo, Feliz, Mário Campos, Simões, Vítor Campos «cap», Manuel António, Serafim e Oliveira Duarte (Luís Eugénio 55')
Treinador: Juca

Boavista FC: Vítor Cabral, Bernardo da Velha, Mário João, Lino, Alberto, Fraguito, Barbosa «cap», Jorge Félix, Celso, Moinhos e Moura
Treinador: Jaime Garcia

FC Barreirense – 3 ACADÉMICA – 1

1ª DIVISÃO, 15ª JORNADA, 17-1-1972 (SEG, 15:00)
Campo D. Manuel de Melo, Barreiro **Árbitro:** Fernando Gomes (Lisboa) **Auxiliares:** Fernando Correia e Ferreira Pinto **Golos:** 1-0 (Rogério 19'); 2-0 (Câmpora 39'); 3-0 (Rogério 49'); 3-1 (Luís Eugénio 62') **Obs:** Repetição do jogo que fora interrompido na véspera, aos 43 minutos (0-0), devido ao mau tempo. Posteriormente anulado pela FPF, em consequência de protesto da Académica

FC Barreirense: Bento, Romão, Alegria (Bandeira 28'), Luís Mira «cap», Patrício, João Carlos, Valter, José João (Carlos Mira 69'), Serafim, Câmpora e Rogério **Treinador:** Carlos Silva

ACADÉMICA: Melo, Cano Brito, Silvestre, Belo, Feliz, Mário Campos, Simões, Vítor Campos «cap», Luís Eugénio, Manuel António (V 39') e Oliveira Duarte (Gregório 45') **Treinador:** Juca

Atlético CP – 1 ACADÉMICA – 1

1ª DIVISÃO, 16ª JORNADA, 23-1-1972 (DOM, 11:00)
Campo da Tapadinha, Lisboa
Árbitro: António Espanhol (Leiria)
Golos: 1-0 (Raimundo 44'); 1-1 (Luís Eugénio 45')

Atlético CP: Gaspar, Esmoriz, Bernardo, Candeias, Baltasar, Pedras «cap», Semedo, Vasques, Rui, Raimundo e Vieira (Nogueira 50')
Treinador: Ted Smith

ACADÉMICA: Melo, Cano Brito, José Freixo, Belo, Feliz, Mário Campos, Simões, Vítor Campos «cap», Luís Eugénio, Gregório e Vala (Oliveira Duarte 70')
Treinador: Juca

ACADÉMICA – 0 Leixões SC – 0

1ª DIVISÃO, 17ª JORNADA, 30-1-1972 (DOM, 15:00)
Estádio Municipal de Coimbra, Coimbra
Árbitro: Maximino Afonso (Lisboa)
Auxiliares: Américo de Oliveira e Beirão Coelho

ACADÉMICA: Melo, Cano Brito, Carlos Alhinho, Belo, Feliz, Mário Campos, Vala, Vítor Campos «cap», Vítor Gomes (Simões 21'), Luís Eugénio e José Manuel (Oliveira Duarte 70')
Treinador: Juca

Leixões SC: Tibi, Celestino, Adriano «cap», Teixeira, Raul Oliveira, Gentil, Joaquinzinho, Esteves, Vaqueiro (Geraldinho 86'), Horácio e Fernando (Neca 69')
Treinador: Janos Hrotko

ACADÉMICA – 2 CF "Os Belenenses" – 0

1ª DIVISÃO, 18ª JORNADA, 6-2-1972 (DOM, 15:00)
Estádio Municipal de Coimbra, Coimbra **Árbitro:** João Nogueira (Setúbal) **Auxiliares:** Rufino Pinto e Porfírio Vieira
Golos: 1-0 (Carlos Alhinho 15'); 2-0 (Raul Águas 89')

ACADÉMICA: Melo, Cano Brito, Carlos Alhinho, Belo, Feliz, Mário Campos, Simões, Vítor Campos «cap», Raul Águas, Vala (Gregório 67') e Costa (Oliveira Duarte 67')
Treinador: Juca

CF "Os Belenenses": Mourinho, Murça, Quaresma «cap», Freitas, Amaral, Quinito (Pedro 70'), Estêvão, Zezinho (Carlos Jorge 59'), Laurindo, Luís Carlos e Godinho
Treinador: Zezé Moreira

VSC Guimarães – 0 ACADÉMICA – 0

1ª DIVISÃO, 19ª JORNADA, 13-2-1972 (DOM, 15:00)
Estádio Municipal de Guimarães, Guimarães
Árbitro: Ismael Baltazar (Setúbal)
Auxiliares: Barão Primo e António Rodrigues

VSC Guimarães: Gomes, Costeado, Manuel Pinto «cap», José Carlos, Osvaldinho, Hélder Ernesto, Custódio Pinto, Silva, Jorge Gonçalves, Tito e Ibraim (Manafá 45')
Treinador: Mário Wilson

ACADÉMICA: Melo, Cano Brito, Carlos Alhinho, Belo, Feliz, Mário Campos (Brasfemes 85'), Simões, Vítor Campos «cap», Raul Águas, Manuel António (Gregório 75') e Costa
Treinador: Juca

ACADÉMICA – 3 Sporting CP – 3

1ª DIVISÃO, 20ª JORNADA, 20-2-1972 (DOM, 15:00)
Estádio Municipal de Coimbra, Coimbra
Árbitro: Francisco Lobo (Setúbal)
Golos: 1-0 (Manuel António 7'); 1-1 (Dinis 8'); 2-1 (Manuel António 19'); 3-1 (Manuel António 48'); 3-2 (Chico 60'); 3-3 (Nando 89')

ACADÉMICA: Melo, Cano Brito, Carlos Alhinho, Belo, Feliz, Mário Campos, Simões, Vítor Campos «cap», Raul Águas, Manuel António e Costa **Treinador:** Juca

Sporting CP: Damas, Pedro Gomes, Caló, José Carlos «cap», Hilário, Manaca, Tomé (Nelson 67'), Peres, Chico, Yazalde (Nando 80') e Dinis **Treinador:** Mário Lino

SC Farense – 4 ACADÉMICA – 2

1ª DIVISÃO, 21ª JORNADA, 27-2-1972 (DOM, 15:00)
Estádio São Luís, Faro **Árbitro:** Henrique Silva (Lisboa)
Golos: 1-0 (Ernesto 27'); 1-1 (Raul Águas 29'); 1-2 (Manuel António 42'); 2-2 (Mirobaldo 49'); 3-2 (Mirobaldo 59'); 4-2 (Sério 73')

SC Farense: Rodrigues Pereira, Conceição, João Almeida, Atraca «cap», Assis, Sério, Testas, Mirobaldo, Adilson, Ernesto (Panhufa 45') e Sobral (Chico Zé 73')
Treinador: Manuel de Oliveira

ACADÉMICA: Melo, Cano Brito, Carlos Alhinho (Vala 60'), Belo, Feliz (Brasfemes 52'), Mário Campos, Simões, Vítor Campos «cap», Raul Águas, Manuel António e Costa
Treinador: Juca

ACADÉMICA – 1 VSC Guimarães – 2

TAÇA DE PORTUGAL, 1/16 DE FINAL, 5-3-1972 (DOM, 15:00)
Estádio Municipal de Coimbra, Coimbra **Árbitro:** Saldanha Ribeiro (Leiria) **Auxiliares:** Armando Carmo e Manuel Ferreira
Golos: 1-0 (Raul Águas 6'); 1-1 (Tito 11'); 1-2 (Jorge Gonçalves 36')

ACADÉMICA: Melo, Cano Brito (Vítor Gomes 75'), Carlos Alhinho, Belo, Feliz, Mário Campos, Simões, Vítor Campos «cap», Raul Águas, Manuel António (Serafim 67') e Costa
Treinador: Juca

VSC Guimarães: Gomes, Costeado, José Carlos, Joaquim Jorge, Osvaldinho, Manafá (Cartucho 75'), Custódio Pinto, Manuel Pinto «cap», Hélder Ernesto, Jorge Gonçalves e Tito
Treinador: Mário Wilson

ÉPOCA 1972-1973

2ª DIVISÃO: VENCEDOR (PROMOÇÃO)
TAÇA DE PORTUGAL: OITAVOS DE FINAL

JOGOS EFECTUADOS

	J	V	E	D	GM	GS
CASA	19	18	1	0	71	6
FORA/N	17	9	4	4	23	12
TOTAL	36	27	5	4	94	18

ACADÉMICA – 0 FC Porto – 1

1ª DIVISÃO, 22ª JORNADA, 12-3-1972 (DOM, 15:00)
Estádio Municipal de Coimbra, Coimbra **Árbitro:** Augusto Bailão (Lisboa) **Auxiliares:** Fernando Correia e Raul Ferreira
Golo: 0-1 (Abel 49')

ACADÉMICA: Melo, Brasfemes, Carlos Alhinho, Belo, Martinho, Mário Campos, Vítor Campos «cap», Simões, Manuel António, Raul Águas e Costa (Serafim 37')
Treinador: Juca

FC Porto: Rui, Gualter, Valdemar, Rolando, Leopoldo (Seninho 45'), Pavão «cap», Oliveira, Rodolfo, Abel, Flávio e Lemos (Costa Almeida 71')
Treinador: António Feliciano

GD C.U.F. – 2 ACADÉMICA – 2 (TV)

1ª DIVISÃO, 23ª JORNADA, 19-3-1972 (DOM, 11:00)
Estádio Alfredo da Silva, Lavradio
Árbitro: Carlos Dinis (Lisboa)
Auxiliares: Orlando de Sousa e Carlos Alves
Golos: 0-1 (Vala 19'); 1-1 (Manuel Fernandes 48'); 1-2 (Vala 80'); 2-2 (Juvenal 85')

GD C.U.F.: Conhé, José António, Castro, Américo, Esteves, Fernando «cap», Arnaldo, Vítor Gomes, Manuel Fernandes, Monteiro (Vieira 76') e Juvenal
Treinador: Fernando Caiado

ACADÉMICA: Melo, Brasfemes, Carlos Alhinho, Belo, Martinho, Mário Campos, Gervásio «cap», Vala, Raul Águas, Manuel António (Gregório 81') e Costa **Treinador:** Juca

ACADÉMICA – 0 VFC Setúbal – 2

1ª DIVISÃO, 24ª JORNADA, 26-3-1972 (DOM, 15:00)
Estádio Municipal de Coimbra, Coimbra
Árbitro: António Espanhol (Leiria)
Golos: 0-1 (Torres 70', gp); 0-2 (Torres 73')

ACADÉMICA: Melo, Brasfemes, Carlos Alhinho, Belo, Martinho, Mário Campos, Gervásio «cap», Vala, Raul Águas, Manuel António (Serafim 60') e Costa **Treinador:** Juca

VFC Setúbal: Vaz, Rebelo, Carlos Cardoso «cap», José Mendes, Carriço, Octávio, José Maria, Matine, Torres (Guerreiro 81'), Arcanjo (Praia 77') e Jacinto João **Treinador:** José Maria Pedroto

SC Beira-Mar – 1 ACADÉMICA – 0

1ª DIVISÃO, 25ª JORNADA, 9-4-1972 (DOM, 16:00)
Estádio Mário Duarte, Aveiro
Árbitro: Francisco Lobo (Setúbal)
Golo: 1-0 (Nelinho 69')

SC Beira-Mar: Domingos, Jerónimo, Marques, Soares, Severino, Cleo, Inguila, Colorado, Nelinho, Eduardo «cap» e Almeida
Treinador: Armindo Teto

ACADÉMICA: Melo, Cano Brito (José Freixo 67'), Carlos Alhinho, Gervásio «cap», Martinho, Mário Campos, Vítor Campos, Vala (Simões 84'), Vítor Gomes, Manuel António e Serafim
Treinador: Jorge Humberto

ACADÉMICA – 1 FC Tirsense – 1

1ª DIVISÃO, 26ª JORNADA, 16-4-1972 (DOM, 16:00)
Estádio Universitário de Coimbra, Coimbra **Árbitro:** António Garrido (Leiria) **Auxiliares:** Evaristo Faustino e Júlio Dinis
Golos: 1-0 (Gervásio 26'); 1-1 (Carlos Alhinho 49', pb)
Obs: Jogo disputado no estádio Universitário de Coimbra, devido a interdição do Municipal

ACADÉMICA: Melo, Brasfemes, Carlos Alhinho, José Freixo, Martinho, Gervásio «cap», Mário Campos, Vítor Campos (Vala 58'), Manuel António, Luís Eugénio e Costa (Serafim 72')
Treinador: Jorge Humberto

FC Tirsense: Barrigana, Albano (Amândio 73'), Cristóvão «cap», Luís Pinto, Festa, Francisco Batista, Amaral, Carlos Manuel, Ernesto, Evaldo (António Luís 51') e Chico Gordo
Treinador: Samuel Veiga

SL Benfica – 3 ACADÉMICA – 1

1ª DIVISÃO, 27ª JORNADA, 7-5-1972 (DOM, 16:00)
Estádio da Luz, Lisboa **Árbitro:** Manuel Fortunato (Évora)
Golos: 1-0 (Vítor Batista 23'); 2-0 (Artur Jorge 31'); 3-0 (Artur Jorge 43'); 3-1 (Gervásio 67', gp)

SL Benfica: José Henrique, Artur, Humberto Coelho, Messias, Adolfo, Jaime Graça «cap», Eusébio, Toni, Nené, Artur Jorge e Vítor Batista
Treinador: Jimmy Hagan

ACADÉMICA: Melo, Brasfemes, Carlos Alhinho, Belo, Martinho, Mário Campos, Gregório (Vala 45'), Gervásio «cap», Vítor Campos (Simões 62'), Manuel António e Costa
Treinador: Fernando Vaz

ACADÉMICA – 3 UFCI Tomar – 0

1ª DIVISÃO, 28ª JORNADA, 14-5-1972 (DOM, 16:00)
Estádio Universitário de Coimbra, Coimbra **Árbitro:** João Nogueira (Setúbal) **Auxiliares:** Rufino Pinto e Porfírio Vieira
Golos: 1-0 (Carlos Alhinho 11'); 2-0 (Gervásio 61', gp); 3-0 (Manuel António 89') **Obs:** Jogo disputado no estádio Universitário de Coimbra, devido a interdição do Municipal

ACADÉMICA: Melo, Brasfemes, Carlos Alhinho, Belo, Simões, Gervásio «cap», Mário Campos, Vítor Campos, Manuel António, Vala e Costa
Treinador: Fernando Vaz

UFCI Tomar: Silva Morais, Kiki, Cardoso, Faustino «cap», Barnabé, Pavão, Manuel José, Calado, Fernando (V 84'), Bolota e Camolas (Totói 68') **Treinador:** Fernando Cabrita

Boavista FC – 2 ACADÉMICA – 0

1ª DIVISÃO, 29ª JORNADA, 21-5-1972 (DOM, 16:00)
Estádio do Lima, Porto **Árbitro:** Francisco Lobo (Setúbal)
Auxiliares: Valdemar Nogueira e Serapião Reis
Golos: 1-0 (Jorge Félix 45'); 2-0 (Fraguito 68')

Boavista FC: Vítor Cabral, Bernardo da Velha, Mário João, Amândio, Lino, Aleixo, Celso, Jorge Félix, Fraguito, Moura «cap» e Moinhos **Treinador:** Dante Bianchi

ACADÉMICA: Melo (Cardoso 45'), Brasfemes, Carlos Alhinho, Belo, Simões, Gervásio «cap», Mário Campos, Vítor Campos, Manuel António, Vala (Vítor Gomes 61') e Costa **Treinador:** Fernando Vaz

FC Barreirense – 1 ACADÉMICA – 0

1ª DIVISÃO, 15ª JORNADA, 24-5-1972 (QUA, 16:00)
Campo D. Manuel de Melo, Barreiro
Árbitro: António Garrido (Leiria)
Auxiliares: Evaristo Faustino e Júlio Dinis
Golo: 1-0 (Câmpora 19') **Obs:** Jogo de repetição

FC Barreirense: Bento, Romão, Carlos Mira, Bandeira, Patrício, João Carlos (Cruz 68'), Luís Mira «cap», José João, Serafim, Câmpora (José Augusto 84') e Malagueta
Treinador: Carlos Silva

ACADÉMICA: Cardoso, Martinho, Carlos Alhinho, Belo, Simões, Gervásio «cap», Mário Campos, Vítor Campos, Manuel António, Luís Eugénio (Vítor Gomes 45') e Costa (Vala 69')
Treinador: Fernando Vaz

ACADÉMICA – 2 FC Barreirense – 0

1ª DIVISÃO, 30ª JORNADA, 28-5-1972 (DOM, 16:00)
Estádio Municipal de Coimbra, Coimbra
Árbitro: Fernando Leite (Porto)
Auxiliares: Vítor Hugo e Joaquim de Jesus
Golos: 1-0 (Gervásio 63'); 2-0 (Vala 81')

ACADÉMICA: Cardoso, Martinho, Carlos Alhinho, Belo (Vala 45'), Simões, Gervásio «cap», Mário Campos, Gregório, Manuel António, Raul Águas e Serafim (Vítor Gomes 64')
Treinador: Fernando Vaz

FC Barreirense: Bento, Romão, Carlos Mira, Bandeira, Patrício, João Carlos, Luís Mira «cap», José João, Serafim (José Augusto 60'), Câmpora (Massas 71') e Malagueta
Treinador: Carlos Silva

ACADÉMICA – 1 FC Penafiel – 0

2ª DIVISÃO, ZONA NORTE, 1ª JORNADA, 10-9-1972 (DOM, 16:00)
Estádio Municipal de Coimbra, Coimbra
Árbitro: Ernesto Borrego (Viseu)
Auxiliares: José Duarte e Augusto Prata
Golo: 1-0 (Manuel António 87')

ACADÉMICA: Melo, Gregório, José Freixo, Simões, Brasfemes, Gervásio «cap» (Cano Brito 74'), Vítor Campos «sc», Vala, Manuel António, António Jorge e Costa (Serafim 45')
Treinador: Fernando Vaz

FC Penafiel: Castro, Gaspar, José Carlos, Almeida, Simão, Alberto, Cerqueira, Silva Pereira «cap», Nelson, Betinho (Gil 81') e Pedro
Treinador: Frederico Passos

AD Fafe – 3 ACADÉMICA – 2

2ª DIVISÃO, ZONA NORTE, 2ª JORNADA, 17-9-1972 (DOM, 16:00)
Parque Municipal, Fafe **Árbitro:** Jaime Loureiro (Porto)
Golos: 1-0 (Cláudio 13', gp); 2-0 (Daniel Lopes 24'); 2-1 (Vítor Campos 63'); 2-2 (Manuel António 69'); 3-2 (Manuel Duarte 82')

AD Fafe: Quim, Lopes, Costa «cap», Cláudio, Leitão, Raul, Albano (Rui Castro 65'), Edgar, Quim Santos, Daniel Lopes (Daniel 87') e Manuel Duarte **Treinador:** Artur Quaresma

ACADÉMICA: Melo (Nini 18'), Gregório, José Freixo, Simões, Brasfemes (Gervásio 55'), Vítor Manuel, Vala, Vítor Campos «cap», Manuel António, António Jorge e Serafim **Treinador:** Fernando Vaz

ACADÉMICA – 8 SC Vilar Formoso – 0

TAÇA DE PORTUGAL, 1/128 DE FINAL, 24-9-1972 (DOM, 16:00)
Estádio Municipal de Coimbra, Coimbra **Árbitro:** Manuel Gonçalves (Leiria) **Auxiliares:** Manuel Pinho e Joaquim Pinho
Golos: 1-0 (Pinho 25'); 2-0 (Vala 26', gp); 3-0 (Pinho 34'); 4-0 (Manuel António 34'); 5-0 (Pinho 49'); 6-0 (António Jorge 73'); 7-0 (Vala 75'); 8-0 (Manuel António 85')

ACADÉMICA: Cardoso, Gregório, Vítor Manuel, Belo «sc», Martinho, Vítor Campos «cap» (Cano Brito 45'), Vala, Costa, Pinho, Manuel António e António Jorge (Brasfemes 75')
Treinador: Fernando Vaz

SC Vilar Formoso: Liberto, Valentim (Urbano 63'), Cardoso, Martins, Alfredo, Nagui, Fausto (Amaral 80'), José Maria, Agostinho «cap», Zeca e Madaleno
Treinador: João Fernandes

ACADÉMICA – 9 AD Ovarense – 0

TAÇA DE PORTUGAL, 1/64 DE FINAL, 1-10-1972 (DOM, 15:00)
Estádio Universitário de Coimbra, Coimbra **Árbitro:** Júlio Bastos da Silva (Porto) **Auxiliares:** António Ferreira e Duarte Silva
Golos: 1-0 (Pinho 20'); 2-0 (Pinho 24'); 3-0 (Manuel António 29'); 4-0 (Costa 35'); 5-0 (Pinho 47'); 6-0 (Costa 74'); 7-0 (Vala 77'); 8-0 (Pinho 86'); 9-0 (Manuel António 87')

ACADÉMICA: Cardoso, Gregório, José Freixo (Vítor Campos 45'), Belo «cap», Simões, Vítor Manuel, Vala, Pinho, Manuel António, António Jorge (Oliveira Duarte 58') e Costa
Treinador: Fernando Vaz

AD Ovarense: Figueiredo, Rogério, Feliciano «cap» (Mulatinho 14'), Pinho, Humaitá, Américo (Kiki 45'), Teles, Santos, Arlindo, Pepe e João Pereira
Treinador: Miguel Arcanjo

1972-1973

ACADÉMICA – 1 SC Braga – 0
2ª DIVISÃO, ZONA NORTE, 3ª JORNADA, 8-10-1972 (DOM, 15:00)
Estádio Municipal de Coimbra, Coimbra
Árbitro: Armando Paraty (Porto)
Golo: 1-0 (Manuel António 87')

ACADÉMICA: Melo, Gregório, José Freixo, Vítor Manuel, Simões, Vítor Campos «cap» (Serafim 67'), Vala, Costa, Pinho, Manuel António «sc» e António Jorge (Gervásio 45')
Treinador: Fernando Vaz

SC Braga: Antenor, Agostinho «cap», Fernando, José Manuel, Serafim, Garcia, Luís Manuel, Bino, Carlos Batista, Arlindo (Alidu 67') e Palmeira
Treinador: Nelo Barros

AD Sanjoanense – 0 ACADÉMICA – 2
2ª DIVISÃO, ZONA NORTE, 4ª JORNADA, 15-10-1972 (DOM, 15:00)
Estádio Conde Dias Garcia, São João da Madeira
Árbitro: Melo Acúrsio (Porto)
Golos: 0-1 (Pinho 3'); 0-2 (Vala 83')

AD Sanjoanense: Frederico, Leonel, Queirós, Almeida «cap» (Martins 59'), Orlando, Maia (José Domingos 53'), Ernesto, Videira, Rocha, Vasco e Serafim
Treinador: Joaquim Coimbra

ACADÉMICA: Melo, Gregório, José Freixo, Belo «sc», Simões, Vítor Manuel, Vítor Campos «cap» (Gervásio 62'), Manuel António, Pinho, Vala e Costa (Martinho 80')
Treinador: Fernando Vaz

ACADÉMICA – 2 GD Riopele – 0
2ª DIVISÃO, ZONA NORTE, 5ª JORNADA, 22-10-1972 (DOM, 15:00)
Estádio Municipal de Coimbra, Coimbra
Árbitro: Moreira Tavares (Porto)
Golos: 1-0 (Manuel António 30'); 2-0 (Manuel António 35')

ACADÉMICA: Melo, Gregório, Vítor Manuel, Belo, Simões, Vítor Campos «sc», Gervásio «cap» (Martinho 65'), Costa (Oliveira Duarte 30'), Manuel António, Pinho e Vala
Treinador: Fernando Vaz

GD Riopele: Raimundo, Joca, Orlando «cap», Abreu, Teixeira, Vieira (Austrino 73'), Virgílio, Barros, Feliciano, Piruta e Fausto (Armando 67')
Treinador: Ferreirinha

SC Espinho – 0 ACADÉMICA – 2
2ª DIVISÃO, ZONA NORTE, 6ª JORNADA, 29-10-1972 (DOM, 15:00)
Campo da Avenida, Espinho
Árbitro: Carlos Dinis (Lisboa)
Golos: 0-1 (Gervásio 85'); 0-2 (Manuel António 89')

SC Espinho: Luz, Ribeirinho, Simplício, Gonçalves, Gomes, Ribeiro, Cálix (João Carlos 76'), Meireles «cap», Augusto, Louro (Henrique 84') e Júlio
Treinador: Monteiro da Costa

ACADÉMICA: Melo, Martinho (Bacanhim 88'), Belo, Gervásio «cap», Simões, Gregório, Vítor Manuel, Manuel António, Pinho, Vala e Vítor Campos (António Jorge 67')
Treinador: Fernando Vaz

ACADÉMICA – 3 Varzim SC – 0
2ª DIVISÃO, ZONA NORTE, 7ª JORNADA, 5-11-1972 (DOM, 15:00)
Estádio Municipal de Coimbra, Coimbra
Árbitro: Armando Castro (Lisboa)
Golos: 1-0 (Gervásio 41'); 2-0 (Vala 51'); 3-0 (Pinho 89')

ACADÉMICA: Melo, Martinho, Gervásio «cap», Bacanhim, Simões, Gregório (António Jorge 75'), Vítor Manuel, Vítor Campos, Manuel António (Costa 12'), Pinho e Vala
Treinador: Fernando Vaz

Varzim SC: Sousa, Basílio, Quim, Artur, Sidónio «cap», Salvador (Álvaro 24'), Alves, José António, Sousa II, Luís Carlos e Jesus
Treinador: Manuel Puga

SC Salgueiros – 1 ACADÉMICA – 3
2ª DIVISÃO, ZONA NORTE, 8ª JORNADA, 12-11-1972 (DOM, 15:00)
Campo Eng. Vidal Pinheiro, Porto **Árbitro:** Adelino Antunes (Lisboa) **Golos:** 1-0 (Monteiro 11'); 1-1 (Pinho 46'); 1-2 (Manuel António 70'); 1-3 (Guilherme 78', pb)

SC Salgueiros: Quim, Braga, Vieira, Guilherme, Íncio, Mendes, José da Costa, Elvino (Francisco Batista 68'), Reis «cap», Paiva (Marante 75') e Monteiro
Treinador: Júlio Teixeira

ACADÉMICA: Melo, Gregório, Gervásio «cap», Bacanhim, Simões, Vítor Manuel (António Jorge 45'), Vítor Campos, Vala, Manuel António, Pinho (Martinho 77') e Costa
Treinador: Fernando Vaz

ACADÉMICA – 6 FC Tirsense – 0
2ª DIVISÃO, ZONA NORTE, 9ª JORNADA, 19-11-1972 (DOM, 15:00)
Estádio Universitário de Coimbra, Coimbra **Árbitro:** Augusto Bailão (Lisboa) **Golos:** 1-0 (Manuel António 4'); 2-0 (Manuel António 24'); 3-0 (Vala 28'); 4-0 (Vítor Campos 30'); 5-0 (Pinho 56'); 6-0 (Gervásio 76')

ACADÉMICA: Melo, Gregório, Gervásio «cap», Bacanhim, Simões, Vítor Manuel (Martinho 71'), Vítor Campos, Manuel António, Pinho, Vala (Serafim 60') e Costa (V 63')
Treinador: Fernando Vaz

FC Tirsense: Zeferino (Pedro 30'), Sebastião (Vítor 45'), Cristóvão «cap», Baldeira, Viana, Carlos Manuel, Araponga, Jó, Vasco, Manuel e Amândio
Treinador: Samuel Veiga

Vilanovense FC – 1 ACADÉMICA – 1
2ª DIVISÃO, ZONA NORTE, 10ª JORNADA, 26-11-1972 (DOM, 15:00)
Parque Soares dos Reis, Vila Nova de Gaia
Árbitro: Joaquim Freire (Aveiro)
Golos: 1-0 (João Pedro 32'); 1-1 (Manuel António 65')

Vilanovense FC: Ricardo, Lau (V 40'), Fernando «cap», Edgar, Neca, Santino, Gomes, João Pedro (Sampaio 76'), Capindiça, Teixeira e Saloa (Artur 45')
Treinador: Manuel Gabriel

ACADÉMICA: Melo, Martinho, Gervásio «cap», Bacanhim, Simões, Gregório, Vítor Manuel (António Jorge 45'), Vítor Campos, Manuel António, Pinho e Vala
Treinador: Fernando Vaz

FC Famalicão – 0 ACADÉMICA – 2
2ª DIVISÃO, ZONA NORTE, 11ª JORNADA, 3-12-1972 (DOM, 15:00)
Campo dos Bargos, Vila Nova de Famalicão **Árbitro:** António Garrido (Leiria) **Auxiliares:** Evaristo Faustino e Júlio Dinis
Golos: 0-1 (António Jorge 45'); 0-2 (Pinho 86')

FC Famalicão: Paulo, Gamboa, Vítor Lopes «cap», Albino, Iria, Moreira, Vilas, Peixoto, Vital, Miranda (Leal 64') e Egídio (Valdemar 79')
Treinador: José Maria Vieira

ACADÉMICA: Melo, Gregório, Gervásio «cap», Bacanhim, Simões, Vítor Campos, Oliveira Duarte (Martinho 59'), Manuel António, Pinho, Vala e António Jorge (Vítor Manuel 75')
Treinador: Fernando Vaz

ACADÉMICA – 3 UD Oliveirense – 1
2ª DIVISÃO, ZONA NORTE, 12ª JORNADA, 10-12-1972 (DOM, 15:00)
Estádio Municipal de Coimbra, Coimbra **Árbitro:** Fernando Leite (Porto) **Auxiliares:** Joaquim de Jesus e Jesus Ferreira
Golos: 1-0 (Manuel António 37'); 2-0 (Gervásio 65', gp); 2-1 (Joaquinzinho 79'); 3-1 (Vala 84')

ACADÉMICA: Melo, Gregório, Gervásio «cap», Bacanhim, Simões, Vítor Campos, Vala, Oliveira Duarte (Vítor Manuel 66') Manuel António, Pinho e António Jorge (Martinho 45')
Treinador: Fernando Vaz

UD Oliveirense: Saavedra, Inácio, Hernâni «cap», Joaquim Jorge, Silva, Arcílio, Joaquinzinho, Cereja, Dário (Itamara 66'), Vítor Armada e La-Salette
Treinador: Osvaldo Cambalacho

CFU Lamas – 1 ACADÉMICA – 1
2ª DIVISÃO, ZONA NORTE, 13ª JORNADA, 17-12-1972 (DOM, 15:00)
Estádio Com. Henrique de Amorim, Santa Maria de Lamas
Árbitro: Ernesto Borrego (Viseu) **Auxiliares:** José Duarte e Augusto Prata **Golos:** 1-0 (Amadeu 73'); 1-1 (Gregório 90'+3')

CFU Lamas: Delfim, Neves, Redol «cap», Chico, Avelino Sousa, Lula, Teixeira, Amadeu, Nery, Joca (Duarte 60') e Carlos Silva
Treinador: Vieira Pinto

ACADÉMICA: Melo, Gregório, Gervásio «cap», Bacanhim, Simões, Vítor Campos, Vala, Manuel António, Pinho (Belo 81'), António Jorge e Oliveira Duarte (Costa 45')
Treinador: Fernando Vaz

ACADÉMICA – 3 Almada AC – 0
TAÇA DE PORTUGAL, 1/32 DE FINAL, 23-12-1972 (SAB, 21:45)
Estádio Municipal de Coimbra, Coimbra
Árbitro: Melo Acúrsio (Porto) **Golos:** 1-0 (António Jorge 57'); 2-0 (Manuel António 70'); 3-0 (Gervásio 75')

ACADÉMICA: Melo, Bacanhim, Gervásio «cap», Simões, Gregório, Vítor Campos (Mário Campos 75'), Vala, Manuel António, Pinho (Vítor Manuel 45'), António Jorge e Costa
Treinador: Fernando Vaz

Almada AC: Carlos Nunes, Cruz, Peixoto, Rema «cap» (Figueiredo 83'), Rebelo, Artur José, Patrício, Mário (Paz 78'), Zegre, Henrique e Páscoa
Treinador: Janos Zorgo

ACADÉMICA – 5 SC Covilhã – 1
2ª DIVISÃO, ZONA NORTE, 14ª JORNADA, 30-12-1972 (SAB, 21:45)
Estádio Municipal de Coimbra, Coimbra **Árbitro:** Jaime Loureiro (Porto) **Golos:** 1-0 (Vítor Campos 20'); 2-0 (Manuel António 35'); 3-0 (Vala 48'); 3-1 (Fazenda 49'); 4-1 (Vala 57'); 5-1 (António Jorge 61')

ACADÉMICA: Melo, Gregório (Mário Campos 57'), Bacanhim, Gervásio «cap», Simões, Vítor Campos, Vala, Oliveira Duarte (Pinho 45'), Manuel António, António Jorge e Costa
Treinador: Fernando Vaz

SC Covilhã: Giesteira, Prata, Leite, Alípio, Coimbra, Gaspar, Velho, Madaleno «cap», Justiniano (V 55'), Babá e Fazenda
Treinador: Dieste

Gil Vicente FC – 0 ACADÉMICA – 1
2ª DIVISÃO, ZONA NORTE, 15ª JORNADA, 7-1-1973 (DOM, 15:00)
Campo Adelino Ribeiro Novo, Barcelos
Árbitro: Porfírio da Silva (Aveiro)
Golo: 0-1 (Manuel António 20')

Gil Vicente FC: Gomes, Feijão, Cibrão, Martinho, Murraças «cap», Augusto, Simões, Vieira (Sá Pereira 56'), Campinense, Testas e Russo (António Maria 63')
Treinador: Joaquim Meirim

ACADÉMICA: Melo, Gregório, Bacanhim, Gervásio «cap», Simões, Vítor Manuel, Oliveira Duarte (Pinho 45'), Manuel António, António Jorge (Mário Campos 63'), Vala e Costa
Treinador: Fernando Vaz

FC Penafiel – 0 ACADÉMICA – 1
2ª DIVISÃO, ZONA NORTE, 16ª JORNADA, 14-1-1973 (DOM, 15:00)
Estádio Municipal de Penafiel, Penafiel **Árbitro:** Henrique Silva (Lisboa) **Auxiliares:** António Rocha e Guedes Jorge
Golo: 0-1 (Manuel António 80')

FC Penafiel: Melo, Teófilo, José Carlos, Almeida, Simão, Cerqueira, Silva Pereira «cap», Nelson, Betinho (Ricardo 70'), Gil e Catricoto
Treinador: Frederico Passos

ACADÉMICA: Melo, Gregório, Bacanhim, Belo «sc», Simões, Brasfemes, Vítor Campos «cap» (Martinho 70'), António Jorge (Pinho 76'), Manuel António, Vala e Costa
Treinador: Fernando Vaz

ACADÉMICA – 3 AD Fafe – 1

2ª DIVISÃO, ZONA NORTE, 17ª JORNADA, 21-1-1973 (DOM, 15:00)
Estádio Municipal de Coimbra, Coimbra **Árbitro:** Carlos Dinis (Lisboa) **Golos:** 1-0 (Pinho 65'); 2-0 (Manuel António 67'); 3-0 (Gregório 70'); 3-1 (Manuel Duarte 86')

ACADÉMICA: Melo, Brasfemes, Bacanhim, Belo, Simões, Mário Campos (Pinho 45'), Vítor Campos «cap», Oliveira Duarte (Gregório 61'), Vala, Manuel António e Costa
Treinador: Fernando Vaz

AD Fafe: Germano, Lopes, Costa «cap», Cláudio, Raul, Leitão, Edgar (Cândido 85'), Albano, Daniel Lopes, Quim Santos (Dantas 75') e Manuel Duarte
Treinador: Artur Quaresma

SC Braga – 0 ACADÉMICA – 0

2ª DIVISÃO, ZONA NORTE, 18ª JORNADA, 28-1-1973 (DOM, 15:00)
Campo João Soares Vieira, Merelim São Pedro (Braga)
Árbitro: Fernando Leite (Porto)
Obs: Jogo disputado em Merelim São Pedro (Braga), devido a interdição do estádio 28 de Maio, em Braga

SC Braga: Antenor, Agostinho «cap», Fernando, José Manuel, Serafim, Nabo, Carlos Batista (Luís Manuel 65'), Palmeira, Arlindo, Ramos e Bino
Treinador: Nelo Barros

ACADÉMICA: Melo, Gregório, Bacanhim, Belo «sc», Simões, Vítor Campos «cap» (Brasfemes 45'), Vala, Manuel António, Pinho (José Freixo 60'), António Jorge e Costa
Treinador: Fernando Vaz

ACADÉMICA – 2 AD Sanjoanense – 0

2ª DIVISÃO, ZONA NORTE, 19ª JORNADA, 4-2-1973 (DOM, 15:00)
Estádio Municipal de Coimbra, Coimbra
Árbitro: Mário Vidreiro (Lisboa)
Golos: 1-0 (Vala 24'); 2-0 (António Jorge 80')

ACADÉMICA: Melo, Gregório, Bacanhim, Gervásio «cap», Simões, Mário Campos (Brasfemes 55'), Vala, Vítor Campos (Pinho 45'), Manuel António, António Jorge e Costa
Treinador: Fernando Vaz

AD Sanjoanense: Frederico, Almeida «cap» (António Moreira 30'), Martins, Queirós, Faria, Leonel, Videira, Vasco (Orlando 45'), Maia, Rocha e Carlos Sousa
Treinador: Joaquim Coimbra

GD Riopele – 1 ACADÉMICA – 0

2ª DIVISÃO, ZONA NORTE, 20ª JORNADA, 11-2-1973 (DOM, 15:00)
Campo José Dias de Oliveira, Pousada de Saramagos
Árbitro: Raul Nazaré (Setúbal) **Auxiliares:** Américo Lopes e Henrique Jorge **Golo:** 1-0 (Vieira 27')

GD Riopele: Raimundo, Joca, Orlando «cap», Vitorino, Teixeira, Abreu (Armando 85'), Barros, Remígio, Piruta, Feliciano e Vieira (Fausto 88')
Treinador: Ferreirinha

ACADÉMICA: Melo, Gregório, Bacanhim, José Freixo (Pinho 55'), Martinho, Gervásio «cap», Vítor Campos (Brasfemes 45'), Vala, Manuel António, António Jorge e Costa
Treinador: Fernando Vaz

ACADÉMICA – 0 SC Espinho – 0

2ª DIVISÃO, ZONA NORTE, 21ª JORNADA, 24-2-1973 (SAB, 21:45)
Estádio Municipal de Coimbra, Coimbra
Árbitro: Adelino Antunes (Lisboa)

ACADÉMICA: Melo, Brasfemes (Gregório 60'), Bacanhim, Belo, Martinho, Oliveira Duarte, Gervásio «cap», Costa, Manuel António, Vala e Serafim (António Jorge 45') **Treinador:** Fernando Vaz

SC Espinho: Luz, Ribeirinho, Simplício, Gonçalves, Gomes, Cálix «cap», João Carlos, Meireles (Fernando Gonçalves 64'), Teixeirinha (Momade 62'), Louro e Júlio
Treinador: Padrão

Varzim SC – 1 ACADÉMICA – 0

2ª DIVISÃO, ZONA NORTE, 22ª JORNADA, 4-3-1973 (DOM, 15:00)
Estádio do Varzim Sport Clube, Póvoa de Varzim
Árbitro: António Garrido (Leiria) **Auxiliares:** Evaristo Faustino e António Passos **Golo:** 1-0 (Serrão 50')

Varzim SC: Sousa, Serrão, Salvador, Artur, Sidónio «cap», José António, Alves, Luís Carlos, Capellini (Albano 74'), Carlos Alberto e Álvaro
Treinador: Sidónio

ACADÉMICA: Melo, Gregório, Bacanhim, Gervásio «cap», Simões, Mário Campos (Vítor Campos 62'), Vala, Costa, Manuel António, Pinho e António Jorge (Luís Eugénio 66')
Treinador: Fernando Vaz

ACADÉMICA – 4 SC Salgueiros – 0

2ª DIVISÃO, ZONA NORTE, 23ª JORNADA, 11-3-1973 (DOM, 15:00)
Estádio Municipal de Coimbra, Coimbra **Árbitro:** Maximino Afonso (Lisboa) **Golos:** 1-0 (Vítor Campos 2'); 2-0 (Pinho 50'); 3-0 (Manuel António 54'); 4-0 (Mário Campos 88')

ACADÉMICA: Melo, Gregório, Bacanhim, Gervásio «cap», Simões, Mário Campos, Vítor Campos, Vala (Oliveira Duarte 69'), Manuel António, António Jorge (Pinho 45') e Costa
Treinador: Fernando Vaz

SC Salgueiros: Quim, Braga, Íncio, Mendes, Nelito, Francisco Batista, Reis «cap», Elvino, José da Costa (Jorge 59'), Monteiro e Vítor (Marante 71')
Treinador: Trindade Guedes

ACADÉMICA – 6 SC Braga – 1

TAÇA DE PORTUGAL, 1/16 DE FINAL, 18-3-1973 (DOM, 15:00)
Estádio Municipal de Coimbra, Coimbra **Árbitro:** Armando Paraty (Porto) **Golos:** 0-1 (Luís Manuel 13'); 1-1 (Pinho 19'); 2-1 (Manuel António 35'); 3-1 (Vala 37'); 4-1 (Mário Campos 54'); 5-1 (Manuel António 69'); 6-1 (Gregório 80')

ACADÉMICA: Melo, Martinho, Bacanhim, Gervásio «cap», Gregório, Mário Campos, Vítor Campos (Oliveira Duarte 71') Vala, Manuel António (António Jorge 71'), Pinho e Costa
Treinador: Fernando Vaz

SC Braga: Manuel Silva, Agostinho «cap», José Carlos (Neca 43'), José Manuel, Serafim, Bino, Marinho (José Maria 77'), Luís Manuel, Ramos, Palmeira e Nabo
Treinador: Nelo Barros

FC Tirsense – 0 ACADÉMICA – 3

2ª DIVISÃO, ZONA NORTE, 24ª JORNADA, 25-3-1973 (DOM, 15:00)
Estádio Abel Alves de Figueiredo, Santo Tirso
Árbitro: Augusto Bailão (Lisboa)
Golos: 0-1 (Vala 62'); 0-2 (Vala 79'); 0-3 (Manuel António 87')

FC Tirsense: Zeferino, Sebastião, Cristóvão «cap», Festa, Viana, Carlos Manuel (Avelino 23'), Amândio, Vítor, Jó, Manuel e Araponga
Treinador: Júlio Teixeira

ACADÉMICA: Cardoso, Gregório, Bacanhim, Gervásio «cap», Simões, Mário Campos, Vítor Campos, Manuel António, Pinho, Vala e Costa
Treinador: Fernando Vaz

FC Barreirense – 3 ACADÉMICA – 1

TAÇA DE PORTUGAL, OITAVOS DE FINAL, 8-4-1973 (DOM, 16:00)
Campo D. Manuel de Melo, Barreiro **Árbitro:** Manuel Fortunato (Évora) **Auxiliares:** Manuel Figo e José Rasga
Golos: 1-0 (Nelson Faria 13'); 1-1 (Patrício 22', pb); 2-1 (João Carlos 64'); 3-1 (Serafim 84') **Obs:** António Jorge (Académica) ocupou o lugar de guarda-redes, após expulsão de Melo

FC Barreirense: Abrantes, Romão, Luís Mira «cap», Bandeira (Carlos Mira 12'), Patrício, Valter, Nelson Faria (João Carlos 58'), José João, Serafim, Rogério e Piloto **Treinador:** Carlos Silva

ACADÉMICA: Melo (V 86'), Gregório, Bacanhim, Gervásio «cap», Simões, Mário Campos, Vítor Campos (António Jorge 73'), Vala, Manuel António, Pinho e Costa (Oliveira Duarte 24')
Treinador: Fernando Vaz

ACADÉMICA – 2 Vilanovense FC – 0

2ª DIVISÃO, ZONA NORTE, 25ª JORNADA, 15-4-1973 (DOM, 16:00)
Estádio Municipal de Coimbra, Coimbra **Árbitro:** Ismael Baltazar (Setúbal) **Auxiliares:** José António e António Rodrigues
Golos: 1-0 (Manuel António 5'); 2-0 (Vala 52')

ACADÉMICA: Cardoso, Gregório, Bacanhim, Gervásio «cap», Simões, Mário Campos, Vítor Campos (Serafim 80'), Vala, Manuel António, Pinho e Oliveira Duarte (Brasfemes 72')
Treinador: Fernando Vaz

Vilanovense FC: Ricardo, Artur, Fernando «cap», Lau, Vieira, Santino, Gomes, Capindiça (Ferreira 75'), Naftal, Teixeira e João Pedro (César 75')
Treinador: Armando Oliveira

ACADÉMICA – 5 FC Famalicão – 1

2ª DIVISÃO, ZONA NORTE, 26ª JORNADA, 22-4-1973 (DOM, 16:00)
Estádio Municipal de Coimbra, Coimbra **Árbitro:** Ernesto Borrego (Viseu) **Auxiliares:** José Duarte e Augusto Prata
Golos: 1-0 (Pinho 8'); 2-0 (Pinho 20'); 3-0 (Vítor Campos 42'); 4-0 (Pinho 47'); 4-1 (Vilas 54'); 5-1 (Manuel António 57')

ACADÉMICA: Melo, Gregório, Bacanhim, Gervásio «cap» (José Freixo 58'), Simões, Mário Campos, Vítor Campos «sc», Vala, Manuel António, Pinho e Oliveira Duarte (António Jorge 66')
Treinador: Fernando Vaz

FC Famalicão: Paulo, Caetano (Leal 30'), Iria, Valdemar, Albino, Gamboa, Egídio, Vital, Peixoto, Vilas e Manuel João (Leonardo 85')
Treinador: Ruperto Garcia

UD Oliveirense – 0 ACADÉMICA – 0

2ª DIVISÃO, ZONA NORTE, 27ª JORNADA, 29-4-1973 (DOM, 16:00)
Campo Carlos Osório, Oliveira de Azeméis
Árbitro: Manuel Vicente (Vila Real)

UD Oliveirense: Saavedra, Inácio, Cereja, Joaquim Jorge, Arcílio, Joaquinzinho, João da Costa, Arlindo, Itamara, La-Salette «cap» e Vítor Armada
Treinador: Joaquim Jorge

ACADÉMICA: Melo, Martinho, Bacanhim, Belo «cap», Simões, José Freixo, Luís Eugénio (Valido 73'), José Manuel, António Jorge, Oliveira Duarte e Serafim (Brasfemes 61')
Treinador: Fernando Vaz

ACADÉMICA – 6 CFU Lamas – 1

2ª DIVISÃO, ZONA NORTE, 28ª JORNADA, 6-5-1973 (DOM, 16:00)
Estádio Municipal de Coimbra, Coimbra **Árbitro:** Adelino Antunes (Lisboa) **Golos:** 1-0 (Vala 1'); 2-0 (Manuel António 5'); 3-0 (Gregório 40'); 4-0 (Manuel António 46'); 5-0 (Vala 63'); 5-1 (Nery 69'); 6-1 (Manuel António 88')

ACADÉMICA: Cardoso, Gregório (Martinho 71'), Bacanhim, Belo, Simões, Mário Campos, Vítor Campos «cap», Vala, Manuel António, José Manuel (Oliveira Duarte 69') e Pinho (V 55')
Treinador: Marques

CFU Lamas: Delfim, Neves (V 55'), Redol «cap», Chico, Avelino Sousa, Mendes (Lula 45'), Teixeira, Nery, Charoco, Abílio (Amadeu 68') e Carlos Silva
Treinador: Júlio Pereira

SC Covilhã – 1 ACADÉMICA – 3

2ª DIVISÃO, ZONA NORTE, 29ª JORNADA, 13-5-1973 (DOM, 16:00)
Campo José dos Santos Pinto, Covilhã
Árbitro: Augusto Bailão (Lisboa)
Golos: 0-1 (Valido 62'); 1-1 (Valido 65', pb); 1-2 (José Manuel 73'); 1-3 (Brasfemes 87')

SC Covilhã: Giesteira, Prata, Leite «cap», Alípio, Coimbra, Gaspar, Justiniano, Pereira, Paulo Veloso, Babá e Madaleno
Treinador: Álvaro Madaleno

ACADÉMICA: Cardoso, Valido, Belo «cap», José Freixo, Martinho, Brasfemes, Luís Eugénio (Sérgio 79'), Oliveira Duarte, José Manuel, Vala e Serafim
Treinador: Marques

1972-1973

1973-1974

ACADÉMICA – 2 Gil Vicente FC – 0

2ª DIVISÃO, ZONA NORTE, 30ª JORNADA, 20-5-1973 (DOM, 16:00)
Estádio Municipal de Coimbra, Coimbra **Árbitro:** Armando Castro (Lisboa) **Auxiliares:** Lúcio Moreira e Carlos de Oliveira
Golos: 1-0 (Vala 13'); 2-0 (José Manuel 29')

ACADÉMICA: Melo, Gregório, José Freixo, Gervásio «cap» (Luís Eugénio 70'), Simões, Mário Campos, Vítor Campos «sc», Vala, Manuel António, José Manuel e Costa (Oliveira Duarte 44')
Treinador: Fernando Vaz

Gil Vicente FC: Figueiredo (Neto 62'), Cibrão, Lua, Martinho, Murraças «cap», António Maria, Augusto, Vieira, Carlos Alberto, Abelardo e Testas (Russo 34')
Treinador: Joaquim Meirim

ACADÉMICA – 1 SC Olhanense – 0

2ª DIVISÃO, FINAL, 3-6-1973 (DOM, 17:00)
Estádio do Bonfim, Setúbal
Árbitro: Manuel Fortunato (Évora)
Golo: 1-0 (Manuel António 81')

ACADÉMICA: Melo, Gregório, José Freixo, Gervásio «cap», Simões, Mário Campos (António Jorge 71'), Vítor Campos, Oliveira Duarte (Brasfemes 81'), Manuel António, José Manuel e Vala
Treinador: Fernando Vaz

SC Olhanense: Barroca, Alexandrino, Fernando, Reina «cap», Zezé, Balecas, Diamantino, João Poeira, Ademir, Renato e Carlos Poeira (Guta 82')
Treinador: Artur Santos

ÉPOCA 1973-1974

1ª DIVISÃO: 10º LUGAR (MANUTENÇÃO)
TAÇA DE PORTUGAL: 1/16 DE FINAL

JOGOS EFECTUADOS

	Jº	V	E	D	GM	GS
CASA	15	7	4	4	24	16
FORA	16	1	3	12	7	32
TOTAL	31	8	7	16	31	48

FC Barreirense – 1 ACADÉMICA – 0

1ª DIVISÃO, 1ª JORNADA, 9-9-1973 (DOM, 16:00)
Campo D. Manuel de Melo, Barreiro
Árbitro: Augusto Bailão (Lisboa)
Auxiliares: Raul Ferreira e Fernando Correia
Golo: 1-0 (Fontoura 73')

FC Barreirense: Abrantes, Mendes, Carlos Mira, Bandeira «cap», Patrício, João Carlos, Valter, José João, Serafim (Marcos 58'), Fontoura e Piloto
Treinador: Sousa Arantes

ACADÉMICA: Melo, Gregório, Sá, Gervásio «cap», José Freixo, Vítor Campos (Martinho 78'), Mário Campos (António Jorge 45'), Vala, Manuel António, José Manuel e Rogério
Treinador: Fernando Vaz

ACADÉMICA – 0 VFC Setúbal – 3

1ª DIVISÃO, 2ª JORNADA, 16-9-1973 (DOM, 16:00)
Estádio Municipal de Coimbra, Coimbra **Árbitro:** Carlos Dinis (Lisboa) **Auxiliares:** Carlos Alves e Orlando de Sousa
Golos: 0-1 (Duda 11'); 0-2 (Torres 19'); 0-3 (Torres 58')

ACADÉMICA: Melo, José Freixo, Belo, Gervásio «cap», Gregório, Vítor Campos, Mário Campos (Pinho 23'), Rogério, Norton de Matos (Brasfemes 74'), Manuel António e Vala
Treinador: Fernando Vaz

VFC Setúbal: Torres, Lino, Carlos Cardoso «cap», José Mendes, Carriço, Octávio, José Maria (Câmpora 45'), Matine, José Torres (Cipó 63'), Duda e Jacinto João
Treinador: José Maria Pedroto

Boavista FC – 2 ACADÉMICA – 0

1ª DIVISÃO, 3ª JORNADA, 22-9-1973 (SAB, 17:00)
Estádio do Bessa, Porto **Árbitro:** Ernesto Borrego (Viseu)
Auxiliares: José Duarte e Augusto Prata
Golos: 1-0 (Zezinho 13'); 2-0 (Salvador 46', gp)

Boavista FC: Barrigana, Lobo, Mário João, Amândio, Taí, Zezinho (Rubens 77'), Branco, Barbosa «cap», Acácio, Rufino e Salvador (Moura 64')
Treinador: Aimoré Moreira

ACADÉMICA: Melo, Brasfemes, José Freixo, Bacanhim, Martinho, Gervásio «cap», Gregório (Vala 33'), Vítor Campos, António Jorge, Manuel António e Pinho (Norton de Matos 55')
Treinador: Fernando Vaz

ACADÉMICA – 2 Leixões SC – 0

1ª DIVISÃO, 4ª JORNADA, 30-9-1973 (DOM, 16:00)
Estádio Municipal de Coimbra, Coimbra **Árbitro:** Francisco Lobo (Setúbal) **Auxiliares:** João Esteves e Valdemar Nogueira
Golos: 1-0 (Vala 13'); 2-0 (Gervásio 60', gp)

ACADÉMICA: Melo, Gregório, Bacanhim, Gervásio «cap», Simões, Vítor Campos, Vala, Costa, Norton de Matos, Manuel António e Pinho
Treinador: Fernando Vaz

Leixões SC: Alberto, Henrique, Adriano «cap», Teixeira, Raul Oliveira, Eliseu (Neca 45'), Jorge Félix, Montóia, Vítor Oliveira, Horácio e Vaqueiro
Treinador: António Teixeira

CF "Os Belenenses" – 6 ACADÉMICA – 0

1ª DIVISÃO, 5ª JORNADA, 7-10-1973 (DOM, 15:00)
Estádio do Restelo, Lisboa **Árbitro:** Jaime Loureiro (Porto)
Auxiliares: Ribeiro Marques e Acácio Amorim
Golos: 1-0 (Gonzalez 5'); 2-0 (Toninho 52'); 3-0 (Toninho 58'); 4-0 (Luís Carlos 65'); 5-0 (Quaresma 70'); 6-0 (Gonzalez 89')

CF "Os Belenenses": Mourinho, Murça, Calado, Freitas, Pietra, Eliseu, Quaresma «cap», Godinho (Quinito 68'), Luís Carlos (Ramalho 73'), Toninho e Gonzalez
Treinador: Alejandro Scopelli

ACADÉMICA: Melo, Martinho, Bacanhim, José Freixo, Simões (Brasfemes 73'), Vítor Campos «cap», Gregório, Costa (Rogério 30'), Norton de Matos, Manuel António e Vala
Treinador: Fernando Vaz

ACADÉMICA – 3 C Oriental Lisboa – 0

1ª DIVISÃO, 6ª JORNADA, 21-10-1973 (DOM, 15:00)
Estádio Municipal de Coimbra, Coimbra **Árbitro:** José Luís Tavares (Setúbal) **Auxiliares:** Guilherme Almeida e Jerónimo Gomes
Golos: 1-0 (António Jorge 10'); 2-0 (Vala 30'); 3-0 (Gervásio 61', gp)

ACADÉMICA: Melo, Brasfemes (Sá 85'), Bacanhim, Gervásio «cap» (Belo 68'), Simões, Vítor Campos (V 43'), Gregório, Vala, António Jorge, Manuel António «sc» e Rogério
Treinador: Fernando Vaz

C Oriental Lisboa: Gomes, Almeida, Zeca, José Manuel «cap», Leonel, Armando (V 37'), Luciano, Quim, Armando Luís, Artur (Madeira 60') e Sapinho (Móia 45')
Treinador: Pedro Gomes

SC Farense – 4 ACADÉMICA – 1

1ª DIVISÃO, 7ª JORNADA, 28-10-1973 (DOM, 15:00)
Estádio São Luís, Faro **Árbitro:** Américo Barradas (Lisboa)
Auxiliares: João Sardela e Joaquim Simões **Golos:** 1-0 (Mirobaldo 6'); 2-0 (Manuel Fernandes 40'); 3-0 (Adilson 75'); 3-1 (Vala 77'); 4-1 (Adilson 83')

SC Farense: Benje, Assis, João Almeida «cap», Alexandre Alhinho, Lampreia (Caneira 87'), Pedro (Adilson 45'), Manuel José, Sobral, Manuel Fernandes, Farias e Mirobaldo
Treinador: Carlos Silva

ACADÉMICA: Melo, Brasfemes, Bacanhim (Belo 45'), Gervásio «cap», Simões, Gregório, Vala, Costa, Rogério, António Jorge e José Manuel (Pinho 70')
Treinador: Fernando Vaz

ACADÉMICA – 1 GD C.U.F. – 2 [TV]

1ª DIVISÃO, 8ª JORNADA, 3-11-1973 (SAB, 19:00)
Estádio Municipal de Coimbra, Coimbra **Árbitro:** Moreira Tavares (Porto) **Auxiliares:** Constantino Ribeiro e David Moreira **Golos:** 1-0 (Vala 34'); 1-1 (Manuel Fernandes 51'); 1-2 (Manuel Fernandes 65')

ACADÉMICA: Melo, Brasfemes, Bacanhim, Gervásio «cap», Simões, Gregório, Vala, Costa, Norton de Matos (Pinho 45'), Manuel António e Rogério
Treinador: Fernando Vaz

GD C.U.F.: Conhé, José António, Castro, Quaresma, Esteves, Vítor Pereira, Arnaldo «cap», Vítor Gomes, Manuel Fernandes, Capitão-Mor e Juvenal
Treinador: Fernando Caiado

CD Montijo – 1 ACADÉMICA – 0

1ª DIVISÃO, 9ª JORNADA, 18-11-1973 (DOM, 15:00)
Campo Eng. Luís Almeida Fidalgo, Montijo
Árbitro: Manuel Fortunato (Évora)
Golo: 1-0 (Celestino 85', gp)

CD Montijo: Luís Filipe, Celestino «cap», Moreira, Carolino, Rangel, Louceiro, Alves, Porfírio (Rachão 72'), Gijo, Afonso (Antoninho 72') e Eurico
Treinador: Caraballo

ACADÉMICA: Gaspar, Brasfemes, Sá, Simões, Gregório, Gervásio «cap», Vala, Costa, Daniel (Manuel António 45'), António Jorge e Rogério (Cano Brito 66')
Treinador: Fernando Vaz

ACADÉMICA – 1 FC Porto – 1

1ª DIVISÃO, 10ª JORNADA, 25-11-1973 (DOM, 15:00)
Estádio Municipal de Coimbra, Coimbra **Árbitro:** Ismael Baltazar (Setúbal) **Auxiliares:** José António e António Rodrigues
Golos: 1-0 (António Jorge 19'); 1-1 (Abel 50')

ACADÉMICA: Melo, Brasfemes, Gervásio «cap», Simões, Sá, Mário Campos (Gregório 45'), Vítor Campos (Belo 76'), Costa, António Jorge, Vala e Rogério
Treinador: Fernando Vaz

FC Porto: Tibi, Rodolfo (Leopoldo 73'), Rolando «cap», Ronaldo, Guedes, Pavão, Bené, Rodrigo, Marco Aurélio, Ricardo e Abel
Treinador: Béla Guttmann

VSC Guimarães – 1 ACADÉMICA – 0

1ª DIVISÃO, 11ª JORNADA, 2-12-1973 (DOM, 15:00)
Estádio Municipal de Guimarães, Guimarães **Árbitro:** Joaquim Freire (Aveiro) **Auxiliares:** Vieira da Silva e Evangelista Jorge
Golo: 1-0 (Rui Batista 12')

VSC Guimarães: Rodrigues, Costeado, Manuel Pinto «cap», Artur, Osvaldinho, Ernesto (Silva 87'), Custódio Pinto, Abreu, Rodrigo (Romeu 87'), Rui Batista e Tito
Treinador: Mário Wilson

ACADÉMICA: Melo, Brasfemes, Belo (Manuel António 45'), Simões, Sá, Vítor Campos, Gervásio «cap», Costa, Vala, António Jorge (Norton de Matos 65') e Rogério
Treinador: Fernando Vaz

ACADÉMICA – 2 SL Benfica – 0

1ª DIVISÃO, 12ª JORNADA, 9-12-1973 (DOM, 15:00)
Estádio Municipal de Coimbra, Coimbra **Árbitro:** Sebastião Pássaro (Setúbal) **Auxiliares:** António Loureiro e Ezequiel Feijão
Golos: 1-0 (Gervásio 31'); 2-0 (Vítor Campos 75')

ACADÉMICA: Melo, Brasfemes, Belo, Gervásio «cap», Simões, Vítor Campos, Gregório, Costa, Vala, Manuel António e Rogério
Treinador: Fernando Vaz

SL Benfica: José Henrique, Malta da Silva, Humberto Coelho, Messias, Artur, Toni, Vítor Martins (Diamantino 74'), Simões «cap», Nené, Eusébio e Jordão
Treinador: Fernando Cabrita

1973-1974

Sporting CP – 3 ACADÉMICA – 0

1ª DIVISÃO, 13ª JORNADA, 16-12-1973 (DOM, 15:00)
Estádio José Alvalade, Lisboa **Árbitro:** César Correia (Algarve)
Auxiliares: Odílio Raimundo e António Sequeira
Golos: 1-0 (Marinho 33'); 2-0 (Yazalde 55', gp); 3-0 (Yazalde 84')

Sporting CP: Damas «cap», Manaca, Bastos, Carlos Alhinho, Carlos Pereira, Nelson, Vagner, Chico, Marinho, Yazalde e Dinis
Treinador: Mário Lino

ACADÉMICA: Melo, Brasfemes, Belo, Gervásio «cap», Simões (Cano Brito 38'), José Freixo, Vítor Campos (António Jorge 73'), Gregório, Vala, Manuel António e Rogério
Treinador: Fernando Vaz

SC Beira-Mar – 1 ACADÉMICA – 1

1ª DIVISÃO, 14ª JORNADA, 23-12-1973 (DOM, 15:00)
Estádio Mário Duarte, Aveiro **Árbitro:** Nemésio de Castro (Lisboa)
Auxiliares: António Cortês e Fernando Vilas
Golos: 1-0 (Edson 52'); 1-1 (António Jorge 55')

SC Beira-Mar: Arménio, Ramalho, Inguila, Soares, Severino «cap», Babá, José Júlio (Colorado 71'), Almeida, Alemão, Edson e Lázaro (Cleo 54')
Treinador: Frederico Passos

ACADÉMICA: Melo, Brasfemes, Belo, Gervásio «cap», Martinho, Vítor Campos, José Freixo, Gregório, Vala (António Jorge 34', Pinho 55'), Manuel António e Rogério
Treinador: Fernando Vaz

ACADÉMICA – 1 SC Olhanense – 1 (TV)

1ª DIVISÃO, 15ª JORNADA, 29-12-1973 (SAB, 16:00)
Estádio Municipal de Coimbra, Coimbra **Árbitro:** Júlio Bastos da Silva (Porto) **Auxiliares:** Duarte Silva e António Ferreira
Golos: 1-0 (Vala 7'); 1-1 (Rocha 48')

ACADÉMICA: Melo, Brasfemes, Belo, Gervásio «cap», Martinho, Vítor Campos, Gregório, Vala (José Freixo 67'), Norton de Matos (Pinho 45'), Manuel António e Rogério
Treinador: Fernando Vaz

SC Olhanense: Arnaldo, Alexandrino, Guaracy, Lutucuta, Zezé «cap», Dacunto, Poeira (Reina 80'), Rocha, Dario, Renato e Ademir
Treinador: Manuel de Oliveira

ACADÉMICA – 6 FC Barreirense – 1

1ª DIVISÃO, 16ª JORNADA, 6-1-1974 (DOM, 15:00)
Estádio Municipal de Coimbra, Coimbra **Árbitro:** Armando Castro (Lisboa) **Auxiliares:** Carlos de Oliveira e Eugénio Pinto
Golos: 1-0 (Rogério 12'); 2-0 (Norton de Matos 14'); 3-0 (Vala 17'); 3-1 (Serafim 41'); 4-1 (Vala 65'); 5-1 (Gregório 68'); 6-1 (Rogério 88')

ACADÉMICA: Melo, Brasfemes, Belo, Gervásio «cap», Cano Brito, Vítor Campos (Serrano 78'), Gregório, Costa (Vítor Manuel 45'), Norton de Matos, Vala e Rogério
Treinador: Fernando Vaz

FC Barreirense: Abrantes, Romão, Carlos Mira, Bandeira, Cruz, Fontoura, Luís Mira «cap», José João, Serafim, Marcos e Piloto
Treinador: Juca

VFC Setúbal – 3 ACADÉMICA – 0

1ª DIVISÃO, 17ª JORNADA, 13-1-1974 (DOM, 15:00)
Estádio do Bonfim, Setúbal **Árbitro:** Mário Alves (Beja) **Auxiliares:** Joaquim Rosa e Acácio Caraça **Golos:** 1-0 (José Torres 12'); 2-0 (José Torres 37'); 3-0 (José Torres 82')

VFC Setúbal: Torres, Rebelo, Carlos Cardoso «cap», José Mendes, Carriço, Octávio, Matine, José Maria (Câmpora 66'), Duda (Cipó 83'), José Torres e Jacinto João
Treinador: José Augusto

ACADÉMICA: Melo, Brasfemes, Belo, Gervásio «cap», Cano Brito, Norton de Matos, Vítor Campos, Costa, Rogério, Vala e Gregório
Treinador: Fernando Vaz

ACADÉMICA – 2 Boavista FC – 1

1ª DIVISÃO, 18ª JORNADA, 20-1-1974 (DOM, 15:00)
Estádio Municipal de Coimbra, Coimbra **Árbitro:** Inácio de Ameida (Setúbal) **Auxiliares:** Darwin Borges e Vítor Marcelino
Golos: 1-0 (Rogério 39'); 2-0 (Rogério 72'); 2-1 (Barbosa 85')

ACADÉMICA: Melo, Brasfemes, Belo, Gervásio «cap», Simões, Vítor Campos, Gregório, Costa (Manuel António 55'), Norton de Matos, Vala (José Freixo 85') e Rogério
Treinador: Fernando Vaz

Boavista FC: Barrigana, Wilson, Mário João, Amândio, Trindade, Branco, Barbosa «cap», Taí (Moura 67'), Zezinho, Rufino (Acácio 57') e Salvador
Treinador: Aimoré Moreira

Leixões SC – 1 ACADÉMICA – 0

1ª DIVISÃO, 19ª JORNADA, 10-2-1974 (DOM, 15:00)
Estádio do Mar, Matosinhos **Árbitro:** Manuel Vicente (Vila Real)
Auxiliares: Sequeira Teles e Joaquim Fonseca
Golo: 1-0 (Teixeira 44')

Leixões SC: Alberto, Teixeira, Adriano «cap», Gentil, Raul Oliveira, Jorge Félix, Eliseu, Montóia (Henrique Nicolau 85'), Vaqueiro, Cacheira (Esteves 61') e Neca
Treinador: António Teixeira

ACADÉMICA: Melo, Brasfemes (António Jorge 81'), José Freixo, Gervásio «cap», Simões, Serrano, Gregório, Vítor Campos, Norton de Matos (Vala 45'), Manuel António e Rogério
Treinador: Fernando Vaz

ACADÉMICA – 0 CF "Os Belenenses" – 0

1ª DIVISÃO, 20ª JORNADA, 17-2-1974 (DOM, 15:00)
Estádio Municipal de Coimbra, Coimbra
Árbitro: Melo Acúrsio (Porto)
Auxiliares: Fernando Moura e Firmino de Carvalho

ACADÉMICA: Melo, Brasfemes, Belo, Gervásio «cap», Simões, Serrano, Vítor Campos, Costa (António Jorge 72'), Manuel António (Norton de Matos 45'), Gregório e Rogério
Treinador: Fernando Vaz

CF "Os Belenenses": Ruas, Murça, Calado, Freitas, Pietra, Eliseu, Quaresma «cap», Godinho, Quinito, Luís Carlos e Gonzalez
Treinador: Alejandro Scopelli

C Oriental Lisboa – 0 ACADÉMICA – 3

1ª DIVISÃO, 21ª JORNADA, 24-2-1974 (DOM, 15:00)
Campo Eng. Carlos Salema, Lisboa **Árbitro:** Moreira Tavares (Porto) **Auxiliares:** Constantino Ribeiro e David Moreira **Golos:** 0-1 (Gervásio 45', gp); 0-2 (Manuel António 76'); 0-3 (Vala 89')

C Oriental Lisboa: Azevedo, Ventura, Amílcar «cap», Zeca, José Manuel (Luciano 57'), José Carlos (Armando 21'), Artur, Quim, Armando Luís, Móia e Sapinho
Treinador: Pedro Gomes

ACADÉMICA: Gaspar, Brasfemes, Belo, Gervásio «cap», Simões, Serrano (José Freixo 73'), Vítor Campos, Costa, Manuel António, Gregório e Rogério (Vala 35')
Treinador: Fernando Vaz

ACADÉMICA – 1 SC Farense – 0

1ª DIVISÃO, 22ª JORNADA, 3-3-1974 (DOM, 15:00)
Estádio Municipal de Coimbra, Coimbra
Árbitro: Sebastião Pássaro (Setúbal)
Golo: 1-0 (Vala 49')

ACADÉMICA: Gaspar, Brasfemes, Belo, Gervásio «cap», José Freixo, Vítor Campos, Serrano (Norton de Matos 73'), Vala, Costa, Gregório e Manuel António
Treinador: Fernando Vaz

SC Farense: Rui Paulino, Caneira, João Almeida «cap», Sério, Lampreia, Alexandre Alhinho (Sobral 26'), Pena, Florival, Manuel Almeida, Mirobaldo (Manuel José 45') e Adilson
Treinador: Carlos Silva

GD C.U.F. – 0 ACADÉMICA – 0 (TV)

1ª DIVISÃO, 23ª JORNADA, 9-3-1974 (SAB, 15:00)
Estádio Alfredo da Silva, Lavradio
Árbitro: Adelino Antunes (Lisboa)
Auxiliares: Carlos Trindade e Silva Zenha

GD C.U.F.: Conhé, José António, Vicente (Américo 45'), Quaresma, Esteves, Arnaldo «cap», Vítor Pereira, Vítor Gomes, José Domingos, Manuel Fernandes e Juvenal
Treinador: Fernando Caiado

ACADÉMICA: Gaspar, Brasfemes, Belo, Gervásio «cap», Simões, Gregório (Manuel António 45'), Vítor Campos (José Freixo 64'), Serrano, Vala, António Jorge e Costa
Treinador: Fernando Vaz

ACADÉMICA – 1 CD Montijo – 2

1ª DIVISÃO, 24ª JORNADA, 17-3-1974 (DOM, 15:00)
Estádio Municipal de Coimbra, Coimbra **Árbitro:** Manuel Vicente (Vila Real) **Auxiliares:** Sequeira Teles e Joaquim Fonseca
Golos: 1-0 (Manuel António 37'); 1-1 (Eurico 50'); 1-2 (Carolino 65')

ACADÉMICA: Gaspar, Brasfemes, Belo, Simões, Gregório, Vítor Campos «cap», Serrano (Botelho de Melo 68'), Costa, Manuel António, António Jorge (Vala 45') e Rogério
Treinador: Fernando Vaz

CD Montijo: José Martins, Patrício (Bambo 75'), Fernandes, Carolino «cap», Rangel, Louceiro, Alves, Cardoso, Eurico, Francisco Mário (Charoco 76') e Gijo
Treinador: Caraballo

FC Porto – 1 ACADÉMICA – 0

1ª DIVISÃO, 25ª JORNADA, 24-3-1974 (DOM, 15:00)
Estádio das Antas, Porto **Árbitro:** Saldanha Ribeiro (Leiria)
Auxiliares: Domingos Galaio e Carlos Gomes
Golo: 1-0 (Oliveira 25')

FC Porto: Tibi, Rodolfo, Ronaldo, Rolando «cap», Guedes, Celso, Bené (Rodrigo 76'), Cubillas, Oliveira, Abel e Nóbrega
Treinador: Monteiro da Costa

ACADÉMICA: Melo, Brasfemes, Belo, José Freixo, Simões, Serrano, Vítor Campos «cap», Vala, Costa, Gregório e António Jorge
Treinador: Crispim

ACADÉMICA – 2 VSC Guimarães – 1 (TV)

1ª DIVISÃO, 26ª JORNADA, 31-3-1974 (DOM, 17:30)
Estádio Municipal de Coimbra, Coimbra **Árbitro:** Augusto Bailão (Lisboa) **Auxiliares:** Fernando Correia e Carlos Duarte
Golos: 1-0 (Vala 23', gp); 2-0 (António Jorge 37'); 2-1 (Tito 42')

ACADÉMICA: Melo, Brasfemes, Belo, José Freixo, Simões, Serrano (Norton de Matos 71'), Vítor Campos «cap», Vala, Costa, Gregório (Pinho 66') e António Jorge
Treinador: Crispim

VSC Guimarães: Rodrigues, Artur «cap», Manafá, José Carlos, Osvaldinho, Ernesto, Custódio Pinto, Abreu, Silva, Tito e Ibraim
Treinador: Mário Wilson

SC Salgueiros – 3 ACADÉMICA – 2 (AP)

TAÇA DE PORTUGAL, 1/16 DE FINAL, 6-4-1974 (SAB, 17:00)
Campo Eng. Vidal Pinheiro, Porto **Árbitro:** Porém Luís (Leiria)
Auxiliares: Vítor Manuel e Henrique Simões **Golos:** 0-1 (Vala 59'); 1-1 (Serrão 61'); 2-1 (Monteiro 95'); 3-1 (Monteiro 106'); 3-2 (Vala 110')

SC Salgueiros: Quim, Jorge, Braga, Mendes, Acácio, Reis «cap», Elvino, Nelito (José da Costa 90'), Serrão, Monteiro e Vítor
Treinador: Artur Quaresma

ACADÉMICA: Melo, Brasfemes, Belo, José Freixo, Simões, Vítor Campos «cap», Vala, Costa, Norton de Matos (Pinho 45'), Gregório e António Jorge (Daniel 82')
Treinador: Crispim

SL Benfica – 5 ACADÉMICA – 0

1ª DIVISÃO, 27ª JORNADA, 21-4-1974 (DOM, 16:00)
Estádio da Luz, Lisboa **Árbitro:** César Correia (Algarve)
Auxiliares: Odílio Raimundo e António Sequeira
Golos: 1-0 (Brasfemes 6', pb); 2-0 (Nené 23'); 3-0 (Vítor Batista 50');
4-0 (Toni 68'); 5-0 (José Pedro 86')

SL Benfica: Bento, Artur, Humberto Coelho, Rui Rodrigues, Adolfo,
Vítor Martins, Toni, Simões «cap» (José Pedro 64'), Nené,
Jordão e Vítor Batista
Treinador: Fernando Cabrita

ACADÉMICA: Melo, Brasfemes, Bacanhim, José Freixo, Martinho,
Serrano, Vítor Campos «cap», Vala, Costa, Manuel António e
António Jorge (Norton de Matos 25', Daniel 53')
Treinador: Crispim

ACADÉMICA – 1 Sporting CP – 3

1ª DIVISÃO, 28ª JORNADA, 5-5-1974 (DOM, 16:00)
Estádio Municipal de Coimbra, Coimbra **Árbitro:** Porém Luís
(Leiria) **Auxiliares:** Vítor Manuel e Henrique Simões
Golos: 0-1 (Yazalde 16'); 0-2 (Nelson 42'); 1-2 (Belo 63');
1-3 (Baltasar 75')

ACADÉMICA: Melo, Brasfemes, Belo, Gervásio «cap», Simões,
Serrano, Vítor Campos, Vala, Manuel António, Gregório (Norton de
Matos 45') e Costa
Treinador: Crispim

Sporting CP: Damas «cap», Manaca, Bastos, Carlos Alhinho, Carlos
Pereira, Nelson, Vagner, Baltasar (Paulo Rocha 75'), Marinho,
Yazalde e Dé (Chico 66')
Treinador: Mário Lino

ACADÉMICA – 1 SC Beira-Mar – 1

1ª DIVISÃO, 29ª JORNADA, 12-5-1974 (DOM, 16:00)
Estádio Municipal de Coimbra, Coimbra **Árbitro:** Ismael Baltazar
(Setúbal) **Auxiliares:** José António e António Rodrigues
Golos: 1-0 (Vala 6'); 1-1 (Brasfemes 20', pb)

ACADÉMICA: Melo, Brasfemes, Belo, Gervásio «cap», Simões,
Serrano, Vítor Campos, Vala, Manuel António, António Jorge
(Gregório 33', Norton de Matos 77') e Costa
Treinador: Crispim

SC Beira-Mar: Arménio, Ramalho, Inguila, Soares «cap», Marques,
José Júlio, Cleo, Babá, Almeida (Edson 89'), Adé e Alemão
Treinador: Frederico Passos

SC Olhanense – 0 ACADÉMICA – 0

1ª DIVISÃO, 30ª JORNADA, 19-5-1974 (DOM, 16:00)
Campo Padinha, Olhão
Árbitro: Carlos Dinis (Lisboa)
Auxiliares: Orlando de Sousa e Carlos Lebre

SC Olhanense: Arnaldo, Alexandrino, Fernando, Guaracy, Amaral,
Lo Bello, Dacunto (Hélder 82'), João Poeira, José Rocha (Balecas
72'), Renato «cap» e Dario
Treinador: Manuel de Oliveira

ACADÉMICA: Melo (Cardoso 72'), Brasfemes, Belo, Bacanhim,
Simões, Serrano, Vítor Campos «cap», Vala (Gregório 62'),
Manuel António, Pinho e Costa
Treinador: Crispim

ÉPOCA 1974-1975

1ª DIVISÃO: 14º LUGAR (LIGUILHA E MANUTENÇÃO)
TAÇA DE PORTUGAL: 1/16 DE FINAL

JOGOS EFECTUADOS

	J	V	E	D	GM	GS
CASA	19	7	4	8	26	25
FORA	18	2	4	12	15	31
TOTAL	37	9	8	20	41	56

ACADÉMICO – 0 C Oriental Lisboa – 1

1ª DIVISÃO, 1ª JORNADA, 8-9-1974 (DOM, 16:00)
Estádio Municipal de Coimbra, Coimbra **Árbitro:** Armando Paraty
(Porto) **Auxiliares:** Armando Faria e José Guedes
Golo: 0-1 (Monteiro 3')

ACADÉMICO: Cardoso, Brasfemes (Gregório 70'), Belo, José Freixo,
Araújo, Mário Campos, Gervásio «cap», Costa, Manuel António,
Rogério (Vítor Campos 50') e Vala
Treinador: Francisco Andrade

C Oriental Lisboa: Azevedo, João António, Amílcar, Américo,
Almeida, José Carlos «cap», Armando Luís, Quim, Armando
(Mateus 45'), Artur (José Manuel 75') e Monteiro
Treinador: Carlos Silva

Sporting CP – 1 ACADÉMICO – 0

1ª DIVISÃO, 2ª JORNADA, 14-9-1974 (SAB, 21:30)
Estádio José Alvalade, Lisboa
Árbitro: Manuel Poeira (Algarve)
Auxiliares: José Florêncio e José Machado
Golo: 1-0 (Dé 49')

Sporting CP: Damas, Manaca, Zezinho (Bastos 65'), Carlos Alhinho,
Baltasar, Nelson, Vagner «cap», Paulo Rocha, Dé, Yazalde (Joaquim
Rocha 71') e Dinis
Treinador: Osvaldo Silva

ACADÉMICO: Cardoso, Brasfemes, Belo, José Freixo, Araújo, Vítor
Campos (Gregório 77'), Gervásio «cap», Costa, Manuel António,
António Jorge e Vala (Rogério 82')
Treinador: Francisco Andrade

ACADÉMICO – 2 CF "Os Belenenses" – 1

1ª DIVISÃO, 3ª JORNADA, 22-9-1974 (DOM, 16:00)
Estádio Municipal de Coimbra, Coimbra **Árbitro:** Moreira Tavares
(Porto) **Auxiliares:** Constantino Ribeiro e David Moreira
Golos: 1-0 (Vala 9'); 1-1 (Godinho 40'); 2-1 (Vala 69')

ACADÉMICO: Cardoso, Brasfemes (Cano Brito 45'), Belo, José
Freixo, Araújo, Vítor Campos (Botelho de Melo 35'), Gervásio
«cap», Vala, Manuel António, António Jorge e Rogério
Treinador: Francisco Andrade

CF "Os Belenenses": Melo, Pietra, Pereira, Freitas, João Cardoso
(Pincho 79'), Quaresma «cap» (Ernesto 45'), Isidro, Godinho,
Quinito, Ramalho e Gonzalez
Treinador: Peres Bandeira

SC Olhanense – 3 ACADÉMICO – 1

1ª DIVISÃO, 4ª JORNADA, 29-9-1974 (DOM, 16:00)
Estádio São Luís, Faro **Árbitro:** Lopes Martins (Lisboa) **Auxiliares:**
Euclides Marques e Monteiro Alves **Golos:** 0-1 (Gervásio 54', gp);
1-1 (Rui Lopes 68'); 2-1 (Hélder 72'); 3-1 (Rui Lopes 77', gp) **Obs:** Jogo
disputado em Faro, devido a interdição do campo Padinha, em Olhão

SC Olhanense: João Luís, João Poeira (Alexandrino 51'), Reina,
Guaracy, Amaral, Jesus, Lo Bello, José Rocha, Rui Lopes, Renato
«cap» (Hélder 66') e Ademir
Treinador: Manuel de Oliveira

ACADÉMICO: Cardoso, Brasfemes, Belo, José Freixo, Araújo, Vítor
Manuel, Gervásio «cap», Vala, Daniel (Mário Wilson 69'), António
Jorge (Botelho de Melo 61') e Costa
Treinador: Francisco Andrade

SL Benfica – 4 ACADÉMICO – 0

1ª DIVISÃO, 5ª JORNADA, 6-10-1974 (DOM, 21:30)
Estádio da Luz, Lisboa **Árbitro:** Ismael Baltazar (Setúbal)
Auxiliares: António Rodrigues e Vítor Costa **Golos:** 1-0 (Moinhos
8'); 2-0 (Jordão 31'); 3-0 (Moinhos 60'); 4-0 (Moinhos 64')

SL Benfica: Bento, Artur, Humberto Coelho, Barros, Adolfo, Vítor
Martins, Toni, Simões «cap», Nené (Ibraim 70'), Jordão (Vítor
Batista 66') e Moinhos
Treinador: Milorad Pavic

ACADÉMICO: Cardoso, Brasfemes, Belo, José Freixo, Araújo,
Gervásio «cap», Mário Campos (António Jorge 57'), Serrano (Vítor
Manuel 69'), Vala, Gregório e Costa
Treinador: Francisco Andrade

ACADÉMICO – 1 FC Porto – 2

1ª DIVISÃO, 6ª JORNADA, 13-10-1974 (DOM, 15:00)
Estádio Municipal de Coimbra, Coimbra **Árbitro:** Carlos Dinis
(Lisboa) **Auxiliares:** Fernando Correia e Orlando de Sousa
Golos: 0-1 (Cubillas 27'); 0-2 (Cubillas 39'); 1-2 (Pinho 54')

ACADÉMICO: Cardoso, Brasfemes (Mário Campos 85'), Belo, José
Freixo, Araújo, Serrano, Gervásio «cap», Vala (António Jorge 63'),
Pinho, Rogério e Costa
Treinador: Francisco Andrade

FC Porto: Tibi, Murça, Rolando «cap», Teixeira, Simões, Vieira
Nunes, Oliveira, Rodolfo, Lemos (Abel 61'), Cubillas e Laurindo
Treinador: Aimoré Moreira

VSC Guimarães – 3 ACADÉMICO – 1

1ª DIVISÃO, 7ª JORNADA, 20-10-1974 (DOM, 15:00)
Estádio Municipal de Guimarães, Guimarães **Árbitro:** João Gomes
(Porto) **Auxiliares:** Amorim da Silva e Gomes Pinhal
Golos: 1-0 (Romeu 17'); 2-0 (Tito 21'); 3-0 (Pedrinho 32');
3-1 (Mário Wilson 45')

VSC Guimarães: Rodrigues, Ramalho, Rui Rodrigues, Torres,
Osvaldinho, Ernesto (Pedroto 45'), Custódio Pinto «cap», Abreu
(Artur 64'), Romeu, Tito e Pedrinho
Treinador: Mário Wilson

ACADÉMICO: Cardoso, Brasfemes (Mário Wilson 22'), Belo, José
Freixo, Araújo, Gervásio «cap», Mário Campos, Pinho, Manuel
António, Vala (Rogério 56') e Serrano
Treinador: Francisco Andrade

ACADÉMICO – 1 VFC Setúbal – 2

1ª DIVISÃO, 8ª JORNADA, 27-10-1974 (DOM, 15:00)
Estádio Municipal de Coimbra, Coimbra **Árbitro:** Armando Castro
(Lisboa) **Auxiliares:** Carlos de Oliveira e Lúcio Moreira
Golos: 1-0 (Pinho 9'); 1-1 (Arnaldo 29'); 1-2 (Torres 67')

ACADÉMICO: Cardoso, Brasfemes, Belo, Gervásio «cap», Araújo,
Mário Wilson, Gregório (Vítor Manuel 45'), Rogério (António Jorge
71'), Vala, Pinho e Costa
Treinador: Francisco Andrade

VFC Setúbal: Vaz, Rebelo, Carlos Cardoso «cap», José Mendes,
Caíca, César, Octávio, Lito, Arnaldo (Torres 65'),
Duda e Jacinto João
Treinador: José Augusto

Atlético CP – 1 ACADÉMICO – 0

1ª DIVISÃO, 9ª JORNADA, 3-11-1974 (DOM, 15:00)
Campo da Tapadinha, Lisboa **Árbitro:** Inácio de Ameida (Setúbal)
Auxiliares: Darwin Borges e João Luz
Golo: 1-0 (Guerreiro 78')

Atlético CP: Gaspar, Esmoriz, Caló, Candeias «cap», Franque,
Jailson, Vasques, Guerreiro, Nogueira, Prieto (Amaral 45')
e Avelar (Moniz 75')
Treinador: Fernando Vaz

ACADÉMICO: Cardoso, Brasfemes, Belo, José Freixo, Araújo,
Gervásio «cap», Mário Wilson (Serrano 81'), Rogério (Botelho de
Melo 81'), Vala, Pinho e Costa
Treinador: Francisco Andrade

ACADÉMICO – 3 UFCI Tomar – 1

1ª DIVISÃO, 10ª JORNADA, 24-11-1974 (DOM, 15:00)
Estádio Municipal de Coimbra, Coimbra **Árbitro:** Guilherme Alves
(Porto) **Auxiliares:** António Resende e Mário Pinto **Golos:** 1-0
(Martinho 15'); 1-1 (Bolota 42'); 2-1 (Manecas 64'); 3-1 (Manecas 83')

ACADÉMICO: Melo, Brasfemes, Bacanhim, Martinho, Araújo,
Serrano, Vala «cap», Costa, Manecas, Pinho e Rogério
(Botelho de Melo 65')
Treinador: Francisco Andrade

UFCI Tomar: Quim Pereira, Carvalho, Florival, Faustino, Fernandes,
Calado, Raul Águas «cap», Pavão (Barrinha 72'), N'Habola
(Fernando 58'), Bolota e Camolas
Treinador: Artur Santos

SC Farense – 3 ACADÉMICO – 0

1ª DIVISÃO, 11ª JORNADA, 1-12-1974 (DOM, 15:00)
Estádio São Luís, Faro **Árbitro**: Porfírio Alves (Lisboa)
Auxiliares: Oliveira Silva e Rogério de Carvalho
Golos: 1-0 (Mirobaldo 39'); 2-0 (Farias 42'); 3-0 (Duarte 86')

SC Farense: Benje, Caneira, João Almeida «cap», Sério, Lampreia, Amâncio, Manuel José (Duarte 75'), Manuel Almeida, Adilson (Domingos 75'), Mirobaldo e Farias
Treinador: Mário Lino

ACADÉMICO: Melo, Martinho, José Freixo (Botelho de Melo 67'), Bacanhim, Feliz, Brasfemes (Serrano 67'), Gervásio «cap», Mário Wilson, Vala, Manecas e António Jorge
Treinador: Francisco Andrade

ACADÉMICO – 0 Leixões SC – 1

1ª DIVISÃO, 12ª JORNADA, 8-12-1974 (DOM, 15:00)
Estádio Municipal de Coimbra, Coimbra **Árbitro**: Nemésio de Castro (Lisboa) **Auxiliares**: António Cortês e Fernando Vilas
Golo: 0-1 (Horácio 60')

ACADÉMICO: Melo, Brasfemes (António Jorge 59'), Bacanhim (José Freixo 71'), Gervásio «cap», Serrano, Martinho, Mário Wilson, Vala, Manecas, Pinho e Costa
Treinador: Francisco Andrade

Leixões SC: Alberto, Américo (AA 53'), Montóia, Raul Oliveira, Esteves «cap», Albertino, Cacheira, Pelé, Horácio (Vaqueiro 76'), Eliseu e Porfírio (Lapas 87')
Treinador: Filpo Nuñez

Boavista FC – 1 ACADÉMICO – 0

1ª DIVISÃO, 13ª JORNADA, 14-12-1974 (SAB, 16:00)
Estádio do Bessa, Porto **Árbitro**: Ernesto Borrego (Viseu)
Auxiliares: Augusto Prata e José Gouveia
Golo: 1-0 (Francisco Mário 15')

Boavista FC: Barrigana, Carolino, Mário João «cap», Amândio, Lobo, Branco, Alves, Acácio, Francisco Mário, Salvador e Mané (Taí 45')
Treinador: José Maria Pedroto

ACADÉMICO: Melo, Brasfemes, Bacanhim, Martinho, Feliz, Gervásio «cap», José Freixo, Vala, Manuel António (Manecas 45'), Pinho (António Jorge 71') e Costa
Treinador: Francisco Andrade

ACADÉMICO – 2 SC Espinho – 1

1ª DIVISÃO, 14ª JORNADA, 22-12-1974 (DOM, 15:00)
Estádio Municipal de Coimbra, Coimbra **Árbitro**: Manuel Vicente (Vila Real) **Auxiliares**: Carlos Teles e Joaquim Fonseca
Golos: 1-0 (Manecas 9'); 2-0 (Manuel António 29'); 2-1 (Telé 51')

ACADÉMICO: Melo, Brasfemes, Belo, Bacanhim, Araújo, Gervásio «cap», Vala (José Freixo 63'), Costa, Manecas, Pinho (Mário Wilson 82') e Manuel António
Treinador: Francisco Andrade

SC Espinho: Aníbal, Bernardo da Velha, Simplício «cap», Washington, Valdemar, Ferreira da Costa, Meireles, Júlio (João Carlos 45'), Augusto (Peres 74'), Gaúcho e Telé
Treinador: Fernando Caiado

GD C.U.F. – 0 ACADÉMICO – 0

1ª DIVISÃO, 15ª JORNADA, 28-12-1974 (SAB, 16:00)
Estádio Alfredo da Silva, Lavradio
Árbitro: César Correia (Algarve)
Auxiliares: João Gralho e Odílio Raimundo

GD C.U.F.: Castanheira, Quaresma, Vítor Marques, Vicente, Esteves, Vítor Pereira (José Domingos 63'), Vítor Gomes, Arnaldo «cap», João Pedro, Capitão-Mor (Eduardo 71') e Leitão
Treinador: Fernando Oliveira

ACADÉMICO: Melo, Brasfemes, Belo, Bacanhim, Araújo, Gervásio «cap», Alcino, Costa, Manecas, Pinho (José Freixo 85') e Manuel António (Vala 67')
Treinador: Francisco Andrade

C Oriental Lisboa – 2 ACADÉMICO – 2

1ª DIVISÃO, 16ª JORNADA, 5-1-1975 (DOM, 15:00)
Campo Eng. Carlos Salema, Lisboa **Árbitro**: Ismael Baltazar (Setúbal) **Auxiliares**: António Rodrigues e Vítor Costa **Golos**: 0-1 (Costa 16'); 0-2 (Vala 40'); 1-2 (Monteiro 46'); 2-2 (José Carlos 47')

C Oriental Lisboa: Azevedo, Armando, Baltasar, Américo, Almeida, Amílcar (Semedo 75'), José Carlos «cap», Mateus, Sapinho (Madeira 39'), Artur e Monteiro
Treinador: Ludgero Ramalho

ACADÉMICO: Melo, Brasfemes, Belo, Bacanhim, Araújo, Gervásio «cap», Alcino, Vala, Costa (José Freixo 79') Manecas (António Jorge 84') e Manuel António
Treinador: Francisco Andrade

ACADÉMICO – 1 Sporting CP – 3

1ª DIVISÃO, 17ª JORNADA, 12-1-1975 (DOM, 15:00)
Estádio Municipal de Coimbra, Coimbra **Árbitro**: Armando Paraty (Porto) **Auxiliares**: Armando Faria e José Guedes **Golos**: 1-0 (Costa 10'); 1-1 (Nelson 24'); 1-2 (Yazalde 34'); 1-3 (Nelson 69')

ACADÉMICO: Melo, Brasfemes (António Jorge 76'), José Freixo, Bacanhim (Vítor Campos 45'), Araújo, Gervásio «cap», Alcino, Costa, Manecas, Manuel António e Vala
Treinador: Francisco Andrade

Sporting CP: Damas, Manaca, Bastos, Carlos Alhinho, Carlos Pereira, Nelson, Vagner «cap», Fraguito (Paulo Rocha 62'), Marinho, Yazalde e Dinis (V 13')
Treinador: Fernando Riera

CF "Os Belenenses" – 1 ACADÉMICO – 3

1ª DIVISÃO, 18ª JORNADA, 19-1-1975 (DOM, 11:00)
Estádio do Restelo, Lisboa **Árbitro**: Melo Acúrsio (Porto)
Auxiliares: Fernando Moura e Firmino de Carvalho
Golos: 0-1 (Sambinha 44', pb); 0-2 (Manuel António 55');
0-3 (Manuel António 68'); 1-3 (Gonzalez 80')

CF "Os Belenenses": Melo (Figueiredo 61'), Sambinha, Pereira, Freitas, João Cardoso, Pietra, Quinito (Isidro 45'), Ernesto, Alfredo, Godinho «cap» e Gonzalez
Treinador: Peres Bandeira

ACADÉMICO: Melo, Brasfemes, José Freixo, Gervásio «cap», Araújo, Alcino, Vítor Campos, Costa (Serrano 89'), Manecas (Pinho 79'), Manuel António e Vala
Treinador: Francisco Andrade

ACADÉMICO – 3 SC Olhanense – 1

1ª DIVISÃO, 19ª JORNADA, 26-1-1975 (DOM, 15:00)
Estádio Municipal de Coimbra, Coimbra **Árbitro**: João Gomes (Porto) **Auxiliares**: Amorim da Silva e Gomes Pinhal
Golos: 1-0 (Gervásio 24', gp); 1-1 (Ademir 30'); 2-1 (Manuel António 45'); 3-1 (Vala 89')

ACADÉMICO: Melo, Brasfemes, José Freixo, Gervásio «cap», Araújo, Alcino (Serrano 44'), Vítor Campos (Vítor Manuel 80'), Costa, Manecas, Manuel António e Vala
Treinador: Francisco Andrade

SC Olhanense: Arnaldo, Alexandrino «cap», Fernando (Renato 45'), Guaracy, Amaral (V 24'), Rocha, Lo Bello, Poeira, Rui Lopes (Hélder 62'), Ademir e Jesus
Treinador: Manuel de Oliveira

ACADÉMICO – 0 SL Benfica – 0

1ª DIVISÃO, 20ª JORNADA, 2-2-1975 (DOM, 15:00)
Estádio Municipal de Coimbra, Coimbra
Árbitro: Manuel Vicente (Vila Real)
Auxiliares: Carlos Teles e Joaquim Fonseca

ACADÉMICO: Melo, Brasfemes, José Freixo, Gervásio «cap», Martinho, Alcino (Serrano 63'), Vítor Campos (Rogério 81'), Costa, Manecas, Manuel António e Vala
Treinador: Francisco Andrade

SL Benfica: José Henrique, Artur, Humberto Coelho «cap», Messias, Barros, Vítor Martins, Toni, Vítor Batista, Nené, Artur Jorge (Moinhos 66') e Diamantino
Treinador: Milorad Pavic

FC Porto – 2 ACADÉMICO – 0

1ª DIVISÃO, 21ª JORNADA, 9-2-1975 (DOM, 15:00)
Estádio das Antas, Porto **Árbitro**: Joaquim Freire (Aveiro)
Auxiliares: Amilcar Reis e Gomes da Costa
Golos: 1-0 (Oliveira 3'); 2-0 (Oliveira 84')

FC Porto: Tibi, Murça, Rolando «cap», Simões, Gabriel, Vieira Nunes, Oliveira, Ailton, Lemos (Júlio 81'), Gomes e Cubillas
Treinador: Aimoré Moreira

ACADÉMICO: Melo, Brasfemes, José Freixo, Gervásio «cap», Martinho, Alcino, Vítor Campos (Mário Campos 76'), Vala (Serrano 70'), Manecas, Manuel António e Costa
Treinador: Francisco Andrade

ACADÉMICO – 3 VSC Guimarães – 3

1ª DIVISÃO, 22ª JORNADA, 16-2-1975 (DOM, 15:00)
Estádio Municipal de Coimbra, Coimbra **Árbitro**: Amândio Silva (Setúbal) **Auxiliares**: José Duarte e José Neto **Golos**: 1-0 (Manecas 14'); 1-1 (Pedrinho 52'); 1-2 (Jeremias 62'); 1-3 (Jeremias 65'); 2-3 (Manecas 70'); 3-3 (Vala 81')

ACADÉMICO: Melo, Brasfemes, José Freixo, Gervásio «cap», Martinho, Alcino (Rogério 61'), Vítor Campos (Serrano 57'), Vala, Manecas, Manuel António e Costa
Treinador: Francisco Andrade

VSC Guimarães: Rodrigues, Ramalho, Rui Rodrigues, Torres, Osvaldinho, Pedrinho, Custódio Pinto «cap», Almiro, Romeu (Alfredo 72'), Tito (Jorge Gonçalves 89') e Jeremias
Treinador: Mário Wilson

VFC Setúbal – 2 ACADÉMICO – 0

1ª DIVISÃO, 23ª JORNADA, 23-2-1975 (DOM, 15:00)
Estádio Alfredo da Silva, Lavradio **Árbitro**: Lopes Martins (Lisboa)
Auxiliares: Euclides Marques e Monteiro Alves **Golos**: 1-0 (Brasfemes 14', pb); 2-0 (Vicente 82') **Obs**: Jogo disputado no Lavradio, devido a interdição do estádio do Bonfim, em Setúbal

VFC Setúbal: Vaz, João Cardoso, Fernando (Câmpora 26'), Carlos Cardoso «cap», Caíca, Octávio, José Maria, Matine, Vicente, Duda e César (Bio 70')
Treinador: José Torres

ACADÉMICO: Melo, Brasfemes, José Freixo, Gervásio «cap», Martinho, Alcino (Rogério 66'), Vítor Campos (Serrano 45'), Vala, Manecas, Manuel António e Costa
Treinador: Francisco Andrade

ACADÉMICO – 0 Atlético CP – 0

1ª DIVISÃO, 24ª JORNADA, 2-3-1975 (DOM, 15:00)
Estádio Municipal de Coimbra, Coimbra
Árbitro: Américo Borges (Porto)
Auxiliares: Albano Carvalho e Pinto Bessa

ACADÉMICO: Melo, Brasfemes, Bacanhim, Gervásio «cap», Araújo (Pinho 79'), Serrano, Vala, Costa (Vítor Campos 82'), Manecas, Manuel António e Rogério
Treinador: Francisco Andrade

Atlético CP: Lapa, Esmoriz, Candeias «cap», Caló, Franque, Jailson, José Eduardo, Belchior (Guerreiro 45'), Moniz (Luís Horta 84'), Nogueira e Arcanjo
Treinador: Carlos Silva

UFCI Tomar – 1 ACADÉMICO – 4

1ª DIVISÃO, 25ª JORNADA, 16-3-1975 (DOM, 15:00)
Estádio 25 de Abril, Tomar **Árbitro**: Moreira Tavares (Porto)
Auxiliares: Constantino Ribeiro e David Moreira
Golos: 0-1 (Gervásio 3'); 0-2 (Costa 37'); 0-3 (Gervásio 39');
1-3 (Raul Águas 40'); 1-4 (Manuel António 50')

UFCI Tomar: Silva Morais, Raul (Carvalho 59'), Calado, Faustino, Fernandes, Barrinha (Camolas 59'), Raul Águas «cap», Florival, Pavão, Bolota e N'Habola
Treinador: Artur Santos

ACADÉMICO: Melo, Brasfemes, Belo, José Freixo, Araújo, Gregório, Gervásio «cap», Vítor Campos, Manuel António (Manecas 77'), Rogério (Vala 77') e Costa
Treinador: Crispim

1975-1976

ACADÉMICO – 2 SC Farense – 0
1ª DIVISÃO, 26ª JORNADA, 23-3-1975 (DOM, 15:00)
Estádio Municipal de Coimbra, Coimbra **Árbitro:** Augusto Bailão (Lisboa) **Auxiliares:** Carlos Duarte e Fernando Correia
Golos: 1-0 (Belo 44'); 2-0 (Costa 90')

ACADÉMICO: Melo, Brasfemes, Belo, José Freixo, Araújo, Gregório (Vala 81'), Gervásio «cap», Vítor Campos, Manuel António (Manecas 68'), Rogério e Costa
Treinador: Crispim

SC Farense: José Armando, Caneira, Lampreia (AA 81'), Manuel José «cap», Viola, Duarte, Amâncio, Domingos, Adilson, Mirobaldo (Chico Zé 29') e Manuel Almeida (Farias 71')
Treinador: Mário Lino

Leixões SC – 2 ACADÉMICO – 1
1ª DIVISÃO, 27ª JORNADA, 30-3-1975 (DOM, 15:00)
Estádio do Mar, Matosinhos **Árbitro:** Carlos Dinis (Lisboa) **Auxiliares:** Carlos Pedro e Orlando de Sousa
Golos: 0-1 (Costa 21'); 1-1 (Eliseu 51'); 2-1 (Eliseu 68')

Leixões SC: Alberto, Cacheira, Montóia «cap», Esteves, Raul Oliveira, Albertino, Vaqueiro, Frasco, Fernando (Porfírio 81'), Horácio e Eliseu
Treinador: Filpo Nuñez

ACADÉMICO: Melo, Brasfemes, Belo, José Freixo, Araújo, Gregório (Vala 69'), Gervásio «cap», Vítor Campos, Manuel António (António Jorge 74'), Rogério e Costa
Treinador: Crispim

ACADÉMICO – 1 Sporting CP – 4
TAÇA DE PORTUGAL, 1/16 DE FINAL, 6-4-1975 (DOM, 16:00)
Estádio Municipal de Coimbra, Coimbra **Árbitro:** Porém Luís (Leiria) **Auxiliares:** Azoia Monteiro e Domingos Galaio
Golos: 0-1 (Tomé 36'); 0-2 (Dinis 62'); 1-2 (Vala 66'); 1-3 (Yazalde 79'); 1-4 (Yazalde 84')

ACADÉMICO: Melo, Martinho, Belo, José Freixo, Araújo, Gregório (António Jorge 73'), Gervásio «cap», Vítor Campos, Manecas, Manuel António e Rogério (Vala 45')
Treinador: Crispim

Sporting CP: Damas, Tomé (Inácio 85'), Bastos, Carlos Alhinho, Carlos Pereira, Nelson, Vagner «cap» (Paulo Rocha 73'), Fraguito, Marinho, Yazalde e Dinis
Treinador: Fernando Riera

ACADÉMICO – 1 Boavista FC – 2
1ª DIVISÃO, 28ª JORNADA, 13-4-1975 (DOM, 16:00)
Estádio Municipal de Coimbra, Coimbra **Árbitro:** José Luís Tavares (Setúbal) **Auxiliares:** Guilherme Almeida e Jerónimo Gomes
Golos: 0-1 (Salvador 18'); 0-2 (Melo 36', pb); 1-2 (Manecas 43')

ACADÉMICO: Melo, Brasfemes, Belo, José Freixo, Araújo, Gregório (Vala 56'), Gervásio «cap», Vítor Campos, Manecas, Rogério (Manuel António 70') e Costa
Treinador: Crispim

Boavista FC: Botelho, Trindade, Mário João «cap», Amândio, Taí, Celso, Alves, Francisco Mário, Mané, Salvador e Acácio
Treinador: José Maria Pedroto

SC Espinho – 1 ACADÉMICO – 1
1ª DIVISÃO, 29ª JORNADA, 4-5-1975 (DOM, 16:00)
Campo da Avenida, Espinho **Árbitro:** Américo Barradas (Lisboa) **Auxiliares:** João Sardela e Raul Ferreira
Golos: 0-1 (Manecas 11'); 1-1 (Bernardo da Velha 42')

SC Espinho: Aníbal, Bernardo da Velha, Washington (Acácio 63'), Valdemar, Meireles «cap», João Carlos, Ferreira da Costa, Hélder Ernesto, Gaúcho (Augusto 45'), Telé e Malagueta
Treinador: Fernando Caiado

ACADÉMICO: Melo, Brasfemes, Bacanhim, José Freixo, Araújo, Gervásio «cap», Serrano (Gregório 75'), Vala, Manecas, Daniel (António Jorge 63') e Vítor Campos
Treinador: Crispim

ACADÉMICO – 1 GD C.U.F. – 2
1ª DIVISÃO, 30ª JORNADA, 11-5-1975 (DOM, 16:00)
Estádio Municipal de Coimbra, Coimbra **Árbitro:** Joaquim Freire (Aveiro) **Auxiliares:** Amilcar Reis e Gomes da Costa
Golos: 1-0 (Manecas 14'); 1-1 (Arnaldo 77'); 1-2 (Eduardo 87')

ACADÉMICO: Hélder, Brasfemes, Bacanhim, José Freixo «cap», Martinho, Serrano, Vítor Manuel, Mário Wilson (Vala 81'), Manecas, Daniel e Rogério (António Jorge 39')
Treinador: Crispim

GD C.U.F.: Castanheira, Vieira, Arnaldo «cap», Castro, Vicente, Vítor Pereira (Esteves 45'), João Pedro, Leitão, Manuel Fernandes, Capitão-Mor (Eduardo 45') e José Domingos
Treinador: Fernando Oliveira

C Oriental Lisboa – 1 ACADÉMICO – 1
LIGUILHA, 1ª JORNADA, 8-6-1975 (DOM, 17:00)
Campo Eng. Carlos Salema, Lisboa **Árbitro:** Porém Luís (Leiria) **Auxiliares:** Azoia Monteiro e Domingos Galaio
Golos: 0-1 (Vala 12'); 1-1 (Faustino 60')

C Oriental Lisboa: Azevedo, José Manuel, Baltasar, Américo, Almeida, Faustino, José Carlos «cap», Quim, Carrapito (Monteiro 67'), Madeira (Luciano 45') e Sapinho
Treinador: João Faia

ACADÉMICO: Melo, Brasfemes, Belo, José Freixo, Araújo, Mário Campos (Gregório 75'), Vítor Campos «cap», Vala, Costa, Pinho e António Jorge (AA 63')
Treinador: Crispim

ACADÉMICO – 1 SC Beira-Mar – 1
LIGUILHA, 2ª JORNADA, 11-6-1975 (QUA, 17:00)
Estádio Municipal de Coimbra, Coimbra **Árbitro:** Armando Paraty (Porto) **Auxiliares:** Armando Faria e José Guedes **Golos:** 1-0 (Daniel 3'); 1-1 (Brasfemes 56', pb) **Obs:** Soares (Beira-Mar) ocupou o lugar de guarda-redes, após expulsão de Domingos

ACADÉMICO: Melo, Brasfemes, Belo, José Freixo «sc», Araújo, Vítor Campos «cap» (Gervásio 65'), Mário Campos (Gregório 65'), Vala, Pinho, Daniel e Costa
Treinador: Crispim

SC Beira-Mar: Domingos (V 71'), Marques, Inguila, Severino, José Júlio, Soares «cap», Cândido, Edson, Jorge (Vítor 60'), Rodrigo (Miranda 55') e Almeida
Treinador: Frederico Passos

ACADÉMICO – 3 FC Barreirense – 0
LIGUILHA, 3ª JORNADA, 15-6-1975 (DOM, 17:00)
Estádio Municipal de Coimbra, Coimbra **Árbitro:** Mário Graça (Porto) **Auxiliares:** Augusto Adriano e Óscar Neiva
Golos: 1-0 (Manuel António 65'); 2-0 (Vítor Campos 69'); 3-0 (Manuel António 90')

ACADÉMICO: Melo, Brasfemes, Belo, José Freixo, Araújo, Gervásio «cap», Vala, Mário Campos (Gregório 45'), Manuel António, Daniel (Pinho 62') e Vítor Campos
Treinador: Crispim

FC Barreirense: Abrantes, Romão, Cansado, Carlos Mira, Patrício «cap», Bailão (Mário 70'), Serra (Pinto 70'), João Carlos, José João, Serafim e Piloto
Treinador: Luís Mira

ACADÉMICO – 1 C Oriental Lisboa – 0
LIGUILHA, 4ª JORNADA, 22-6-1975 (DOM, 17:00)
Estádio Municipal de Coimbra, Coimbra **Árbitro:** Jaime Loureiro (Porto) **Auxiliares:** Acácio Amorim e Luís Mendes
Golo: 1-0 (Manuel António 69')

ACADÉMICO: Melo, Brasfemes, Belo, José Freixo, Araújo, Vítor Campos «sc», Gervásio «cap» (Gregório 45'), Vala, Manuel António, António Jorge (Daniel 88') e Costa
Treinador: Crispim

C Oriental Lisboa: Azevedo, Baltasar, Armando, Mateus, Semedo, Almeida, Faustino (Armando Luís 76'), Quim, Luciano «cap» (Artur 71'), Monteiro e Sapinho
Treinador: João Faia

SC Beira-Mar – 2 ACADÉMICO – 1
LIGUILHA, 5ª JORNADA, 29-6-1975 (DOM, 17:00)
Estádio Mário Duarte, Aveiro **Árbitro:** Moreira Tavares (Porto) **Auxiliares:** Constantino Ribeiro e David Moreira
Golos: 1-0 (Rodrigo 18'); 1-1 (Manuel António 21'); 2-1 (Zezinho 74')

SC Beira-Mar: Domingos, Inguila, Marques, José Júlio, Soares «cap», Severino, Cândido (Miranda 62'), Rodrigo, Zezinho (Quim 83'), Edson e Almeida
Treinador: Frederico Passos

ACADÉMICO: Melo, Brasfemes (V 85'), Belo, José Freixo, Araújo, Vítor Campos «sc», Gervásio «cap» (Gregório 45'), Vala, Manuel António, António Jorge (Daniel 83') e Costa
Treinador: Crispim

FC Barreirense – 1 ACADÉMICO – 0
LIGUILHA, 6ª JORNADA, 6-7-1975 (DOM, 17:00)
Campo D. Manuel de Melo, Barreiro **Árbitro:** Guilherme Alves (Porto) **Auxiliares:** António Resende e Mário Pinto
Golo: 1-0 (Serafim 38')

FC Barreirense: Abrantes, Romão, Cansado, Carlos Mira, Patrício «cap», Bailão, Serra (Mário 61'), João Carlos, Pinto (Charoco 45'), Serafim e Piloto
Treinador: Luís Mira

ACADÉMICO: Melo, Martinho, Belo, José Freixo, Araújo, Gervásio «cap», Vítor Campos, Vala, Daniel (Gregório 87'), Rogério e Costa
Treinador: Crispim

ÉPOCA 1975-1976

1ª DIVISÃO: 11º LUGAR (MANUTENÇÃO)
TAÇA DE PORTUGAL: 1/16 DE FINAL

JOGOS EFECTUADOS

	J	V	E	D	GM	GS
CASA	15	6	3	6	20	18
FORA	16	1	6	9	12	31
TOTAL	31	7	9	15	32	49

VFC Setúbal – 3 ACADÉMICO – 1
1ª DIVISÃO, 1ª JORNADA, 7-9-1975 (DOM, 16:00)
Estádio do Bonfim, Setúbal **Árbitro:** Adelino Antunes (Lisboa) **Auxiliares:** Carlos Trindade e Silva Zenha **Golos:** 0-1 (Vala 10'); 1-1 (Edson 14'); 2-1 (Rebelo 75'); 3-1 (Rebelo 89')

VFC Setúbal: Torres, Lino, Sabú, Matine, Rebelo «cap», Jaime Graça, Manaca, José Maria (Caíca 64'), Edson, Alfredo e Lito (Formosinho 75')
Treinador: Mário Lino

ACADÉMICO: Marrafa, Martinho (Belo 55'), José Freixo, Alexandre Alhinho, Araújo, Gregório, Gervásio «cap», Mário Campos (Rogério 75'), Manuel António, Vala e Costa
Treinador: Crispim

ACADÉMICO – 1 FC Porto – 1
1ª DIVISÃO, 2ª JORNADA, 14-9-1975 (DOM, 16:00)
Estádio Municipal de Coimbra, Coimbra **Árbitro:** Carlos Dinis (Lisboa) **Auxiliares:** Carlos Pedro e Orlando de Sousa
Golos: 1-0 (Gervásio 73', gp); 1-1 (Cubillas 89')

ACADÉMICO: Marrafa, Belo, José Freixo, Alexandre Alhinho, Martinho, Gregório, Gervásio «cap», Mário Campos, António Jorge, Vala e Costa
Treinador: Crispim

FC Porto: Tibi, Murça, Ronaldo, Simões, Gabriel, Octávio (Júlio 72'), Teixeira (Seninho 62'), Cubillas, Oliveira «cap», Gomes e Dinis
Treinador: Stankovic

UFCI Tomar – 2 ACADÉMICO – 1

1ª DIVISÃO, 3ª JORNADA, 21-9-1975 (DOM, 16:00)
Estádio 25 de Abril, Tomar **Árbitro**: Fernando Alberto (Porto)
Auxiliares: Luís Mendes e Manuel Peneda
Golos: 0-1 (Vala 34'); 1-1 (Camolas 35'); 2-1 (Bolota 88')

UFCI Tomar: Silva Morais, Kiki, Zeca, Faustino «cap», Carvalho, Barrinha (Fernando 60'), Pavão, Florival, Camolas, Sarmento (Cardoso 71') e Bolota
Treinador: Francisco Andrade

ACADÉMICO: Marrafa, Brasfemes, José Freixo, Alexandre Alhinho, Martinho, Gregório (Vítor Manuel 45'), Gervásio «cap», Mário Campos, António Jorge, Vala (AA 36') e Costa
Treinador: Crispim

ACADÉMICO – 2 SL Benfica – 4

1ª DIVISÃO, 4ª JORNADA, 28-9-1975 (DOM, 16:00)
Estádio Municipal de Coimbra, Coimbra **Árbitro**: Inácio de Ameida (Setúbal) **Auxiliares**: Carlos Valente e João Augusto
Golos: 0-1 (Jordão 14'); 0-2 (Moinhos 18'); 1-2 (Vala 27'); 2-2 (Vala 35'); 2-3 (Shéu 45'); 2-4 (Toni 85')

ACADÉMICO: Marrafa, Brasfemes (Belo 20'), José Freixo, Alexandre Alhinho, Martinho, Gervásio «cap», Vítor Manuel, Mário Campos (Manuel António 75'), António Jorge, Vala e Costa
Treinador: Crispim

SL Benfica: Bento, Artur, António Bastos Lopes, Eurico, Barros, Vítor Martins, Toni «cap», Shéu, Nené, Jordão e Moinhos
Treinador: Mário Wilson

ACADÉMICO – 0 CF "Os Belenenses" – 2

1ª DIVISÃO, 5ª JORNADA, 5-10-1975 (DOM, 15:00)
Estádio Municipal de Coimbra, Coimbra **Árbitro**: Moreira Tavares (Porto) **Auxiliares**: António Guedes e David Moreira
Golos: 0-1 (Gonzalez 4'); 0-2 (Artur Jorge 27')

ACADÉMICO: Marrafa, Belo «sc», José Freixo, Alexandre Alhinho, Martinho, Gervásio «cap» (Daniel 54'), Vítor Manuel, Mário Campos (Gregório 45'), Manuel António, António Jorge e Costa
Treinador: Crispim

CF "Os Belenenses": Melo, Sambinha, Quaresma «cap», Freitas, João Cardoso, Pietra, Isidro (Lima 45'), Pincho, Vasques (Ramalho 69'), Artur Jorge e Gonzalez
Treinador: Peres Bandeira

SC Farense – 3 ACADÉMICO – 0

1ª DIVISÃO, 6ª JORNADA, 12-10-1975 (DOM, 15:00)
Estádio São Luís, Faro **Árbitro**: Augusto Bailão (Lisboa)
Auxiliares: Carlos Duarte e Fernando Correia
Golos: 1-0 (Domingos 1'); 2-0 (Jacques 52'); 3-0 (Mirobaldo 77')

SC Farense: Benje, Jaime, João Almeida «cap» (Manuel Almeida 45'), Viola, Cardoso, Amâncio, Manuel José, Chico Zé, Domingos, Mirobaldo e Jacques
Treinador: Pedro Gomes

ACADÉMICO: Hélder, Belo «sc», José Freixo, Alexandre Alhinho, Martinho, Gregório (Águas 70'), Vítor Manuel, Mário Campos «cap» (Manuel António 75'), Costa, Daniel e Vala
Treinador: Crispim

ACADÉMICO – 1 SC Braga – 0

1ª DIVISÃO, 7ª JORNADA, 19-10-1975 (DOM, 15:00)
Estádio Municipal de Coimbra, Coimbra **Árbitro**: Porfírio Alves (Lisboa) **Auxiliares**: Ferreira Pinho e Rogério de Carvalho
Golo: 1-0 (Costa 79')

ACADÉMICO: Hélder, Brasfemes, José Freixo, Alexandre Alhinho, Araújo, Mário Campos «cap» (Manuel António 77'), Vítor Manuel, Freitas, Gregório, Vala «sc» e Costa
Treinador: Crispim

SC Braga: Valter (Gaspar 63'), Mendes, Serra, Fernando «cap», Vilaça, Garcia, Marques, Marinho, Nogueira, Marconi (Canavarro 58') e Chico Gordo
Treinador: José Carlos

GD C.U.F. – 0 ACADÉMICO – 0

1ª DIVISÃO, 8ª JORNADA, 26-10-1975 (DOM, 15:00)
Estádio Alfredo da Silva, Lavradio
Árbitro: Lopes Martins (Lisboa)
Auxiliares: Euclides Marques e Monteiro Alves

GD C.U.F.: Castanheira, Vieira, Vicente (Niza 78'), Quaresma (Gomes 28'), Esteves «cap», Vítor Pereira, João Pedro, Nelson, Eduardo, Arnaldo e Araújo
Treinador: Mário João

ACADÉMICO: Hélder, Brasfemes, José Freixo, Alexandre Alhinho, Araújo, Mário Campos «cap», Vítor Manuel, Freitas, Gregório (Rogério 76'), Manuel António (Daniel 76') e Costa
Treinador: Crispim

ACADÉMICO – 1 Sporting CP – 4

1ª DIVISÃO, 9ª JORNADA, 2-11-1975 (DOM, 15:00)
Estádio Municipal de Coimbra, Coimbra **Árbitro**: Guilherme Alves (Porto) **Auxiliares**: António Resende e Mário Pinto
Golos: 0-1 (Manuel Fernandes 30'); 0-2 (Nelson 44'); 1-2 (Gregório 75'); 1-3 (Manuel Fernandes 80'); 1-4 (Jesus 89')

ACADÉMICO: Hélder, Brasfemes, José Freixo, Alexandre Alhinho, Araújo (Belo 62'), Gervásio «cap», Mário Campos (Daniel 75'), Vítor Manuel, Gregório, Manuel António e Freitas
Treinador: Crispim

Sporting CP: Damas «cap», Inácio, Zezinho, José Mendes, Da Costa, Nelson, Valter, Fraguito, Marinho (Jesus 84'), Manuel Fernandes e Chico (Vítor Gomes 84')
Treinador: Juca

Boavista FC – 4 ACADÉMICO – 2

1ª DIVISÃO, 10ª JORNADA, 22-11-1975 (SAB, 15:00)
Estádio do Bessa, Porto **Árbitro**: Nemésio de Castro (Lisboa)
Auxiliares: Gabriel Arruda e Fernando Vilas
Golos: 1-0 (Taí 11'); 2-0 (Mané 13'); 2-1 (Freitas 30'); 3-1 (Mané 40'); 4-1 (Zezinho 67'); 4-2 (Gregório 85')

Boavista FC: Botelho, Alberto, Mário João «cap», Carolino, Taí, Celso (Barbosa 31'), Alves, Francisco Mário, Mané, Salvador e Acácio (Zezinho 57')
Treinador: José Maria Pedroto

ACADÉMICO: Hélder, Belo, José Freixo (Maia 45'), Alexandre Alhinho, Araújo, Brasfemes, Mário Campos «cap», Manuel António, Gregório, Vala e Freitas (Daniel 61')
Treinador: Crispim

ACADÉMICO – 2 Leixões SC – 0

1ª DIVISÃO, 11ª JORNADA, 7-12-1975 (DOM, 15:00)
Estádio Municipal de Coimbra, Coimbra **Árbitro**: Raul Nazaré (Setúbal) **Auxiliares**: António Jorge e Henrique José
Golos: 1-0 (Vala 14'); 2-0 (Frasco 90'+3', pb)

ACADÉMICO: Hélder, Brasfemes, José Freixo, Alexandre Alhinho, Araújo, Gervásio «cap», Mário Campos, Vala (Manuel António 87'), Maia (Rogério 61'), Gregório e Freitas
Treinador: Crispim

Leixões SC: Lúcio, José Manuel, Adriano, Vaqueiro «cap», Raul Oliveira, Frasco, Bené, Eliseu (V 82'), Albertino, Esteves e Fernando (V 82')
Treinador: Janos Hrotko

SC Beira-Mar – 1 ACADÉMICO – 0

1ª DIVISÃO, 12ª JORNADA, 14-12-1975 (DOM, 15:00)
Estádio Mário Duarte, Aveiro **Árbitro**: Leitão Soares (Leiria)
Auxiliares: António Freitas e José Venâncio
Golo: 1-0 (Sousa 71')

SC Beira-Mar: Rola, Marques (Cândido 45'), Inguila, Soares «cap», Almeida, Guedes, Quim (Jorge 61'), Rodrigo, Manecas, Sapinho e Sousa
Treinador: Fernando Vaz

ACADÉMICO: Hélder, Brasfemes, José Freixo, Alexandre Alhinho, Araújo, Gervásio «cap», Mário Campos, Vala (António Jorge 77'), Maia, Gregório e Freitas (Rogério 45')
Treinador: Crispim

ACADÉMICO – 0 Atlético CP – 1

1ª DIVISÃO, 13ª JORNADA, 21-12-1975 (DOM, 15:00)
Estádio Municipal de Coimbra, Coimbra **Árbitro**: Jaime Loureiro (Porto) **Auxiliares**: Acácio Amorim e Armando Pacheco
Golo: 0-1 (Fernando Martins 29')

ACADÉMICO: Hélder, Brasfemes, José Freixo, Alexandre Alhinho, Araújo, Mário Campos «cap», Vala, Manuel António, Maia (Rogério 45'), Gregório e Freitas (Vítor Manuel 70')
Treinador: Crispim

Atlético CP: Lapa, Coelho, Luís Horta, Candeias «cap», Franque, Mário Wilson (Fernando Alves 70'), José Eduardo, Baltasar, Fernando Martins, Amaral (Avelar 19') e Prieto
Treinador: Carlos Silva

GD Estoril-Praia – 0 ACADÉMICO – 0

1ª DIVISÃO, 14ª JORNADA, 27-12-1975 (SAB, 15:00)
Estádio António Coimbra da Mota, Estoril
Árbitro: José Luís Tavares (Setúbal)
Auxiliares: Guilherme Almeida e Jerónimo Gomes

GD Estoril-Praia: Ruas, Vieira, João Carlos, Amílcar, Carlos Pereira, Eurico, Nelson Reis, Quim, Norberto, Clésio e Cepeda «cap» (Torres 55')
Treinador: António Medeiros

ACADÉMICO: Hélder, Brasfemes, José Freixo, Alexandre Alhinho, Araújo, Mário Campos, Gervásio «cap», Manuel António, Vítor Manuel, Gregório e João Carvalho (Daniel 82')
Treinador: Crispim

ACADÉMICO – 1 VSC Guimarães – 2

1ª DIVISÃO, 15ª JORNADA, 4-1-1976 (DOM, 15:00)
Estádio Municipal de Coimbra, Coimbra **Árbitro**: Américo Barradas (Lisboa) **Auxiliares**: João Sardela e Joaquim Simões
Golos: 0-1 (Tito 40'); 0-2 (Almiro 42'); 1-2 (Gregório 85')

ACADÉMICO: Hélder, Brasfemes, José Freixo, Alexandre Alhinho, Araújo, Mário Campos, Gervásio «cap», Vítor Manuel (Maia 71'), João Carvalho (Manuel António 59'), Gregório e Rogério
Treinador: Crispim

VSC Guimarães: Sousa, Alfredo, José Carlos, Torres «cap», Osvaldinho, Pedroto, Abreu, Almiro, Pedrinho (Abel 77'), Tito e Rui Lopes
Treinador: Fernando Caiado

ACADÉMICO – 0 VFC Setúbal – 0

1ª DIVISÃO, 16ª JORNADA, 11-1-1976 (DOM, 15:00)
Estádio Municipal de Coimbra, Coimbra
Árbitro: Guilherme Alves (Porto)
Auxiliares: António Resende e Mário Pinto

ACADÉMICO: Hélder, Brasfemes, José Freixo, Alexandre Alhinho, Araújo, Mário Campos, Gervásio «cap», Manuel António, João Carvalho (António Jorge 45'), Gregório e Rogério (Maia 70')
Treinador: Crispim

VFC Setúbal: Torres, Lino, Rebelo, Carvalho (Matine 45'), Carlos Cardoso «cap», Sabú, Manaca, Lito, José Maria (Jaime Graça 76'), Wagner e Arcanjo
Treinador: Mário Lino

FC Porto – 5 ACADÉMICO – 1

1ª DIVISÃO, 17ª JORNADA, 18-1-1976 (DOM, 15:00)
Estádio das Antas, Porto **Árbitro**: Manuel Vicente (Vila Real)
Auxiliares: Carlos Teles e Joaquim Fonseca **Golos**: 1-0 (Octávio 38'); 2-0 (Dinis 61'); 3-0 (Cubillas 64'); 4-0 (José Freixo 74', pb); 4-1 (Gregório 78'); 5-1 (Cubillas 81')

FC Porto: Rui, Teixeira (Murça 45'), Ronaldo, Carlos Alhinho, Gabriel, Ademir, Cubillas «cap», Octávio, Gomes (Júlio 59'), Seninho e Dinis
Treinador: Stankovic

ACADÉMICO: Hélder, Brasfemes, José Freixo, Alexandre Alhinho, Araújo, Mário Campos, Gervásio «cap», Vala (Vítor Manuel 76'), Manuel António (Rogério 67'), Gregório e Vítor Campos
Treinador: Crispim

1975-1976

ACADÉMICO – 2 UFCI Tomar – 1

1ª DIVISÃO, 18ª JORNADA, 25-1-1976 (DOM, 15:00)
Estádio Municipal de Coimbra, Coimbra **Árbitro:** Mário Graça (Porto) **Auxiliares:** Augusto Adriano e Óscar Neiva
Golos: 1-0 (Manuel António 14'); 1-1 (Bolota 41'); 2-1 (Vala 49')

ACADÉMICO: Hélder, Brasfemes, José Freixo, Alexandre Alhinho, Araújo, Gervásio «cap», Camilo, Mário Campos (Vala 45'), Gregório, Manuel António (João Carvalho 65') e Vítor Campos
Treinador: Crispim

UFCI Tomar: Silva Morais, Kiki, Calado (Romão 45'), Faustino «cap», Zeca, Cardoso, Barrinha (Pavão 32'), Florival, Camolas, Bolota (V 78') e Sarmento
Treinador: Francisco Andrade

SL Benfica – 4 ACADÉMICO – 0

1ª DIVISÃO, 19ª JORNADA, 1-2-1976 (DOM, 15:00)
Estádio da Luz, Lisboa **Árbitro:** Manuel Poeira (Algarve) **Auxiliares:** José Florêncio e Fernando Rodrigues **Golos:** 1-0 (Nené 47'); 2-0 (Jordão 57', gp); 3-0 (Jordão 64'); 4-0 (Shéu 88')

SL Benfica: José Henrique, Artur, Barros, Messias (Eurico 77'), António Bastos Lopes, Toni «cap», Shéu, Diamantino, Nené, Jordão e Moinhos
Treinador: Mário Wilson

ACADÉMICO: Hélder, Brasfemes, José Freixo, Alexandre Alhinho, Araújo, Mário Campos, Gervásio «cap», Camilo, Gregório, Vítor Campos (Vala 83') e Costa (João Carvalho 65')
Treinador: Crispim

CF "Os Belenenses" – 0 ACADÉMICO – 0

1ª DIVISÃO, 20ª JORNADA, 8-2-1976 (DOM, 15:00)
Estádio do Restelo, Lisboa
Árbitro: Rosa Santos (Beja)
Auxiliares: Francisco Lobo e Joaquim Rosa

CF "Os Belenenses": Melo, Esmoriz, Quaresma «cap», Freitas, João Cardoso, Isidro, José Rocha (Pincho 78'), Leitão, Vasques (Ramalho 78'), Artur Jorge e Gonzalez
Treinador: Peres Bandeira

ACADÉMICO: Hélder, Brasfemes, José Freixo, Alexandre Alhinho, Araújo, Mário Campos (Vala 45'), Gervásio «cap», Camilo, Gregório, Joaquim Rocha e Costa (Vítor Campos 69')
Treinador: Crispim

ACADÉMICO – 4 SC Farense – 0

1ª DIVISÃO, 21ª JORNADA, 15-2-1976 (DOM, 15:00)
Estádio Municipal de Coimbra, Coimbra **Árbitro:** Fernando Alberto (Porto) **Auxiliares:** Luís Mendes e Manuel Peneda **Golos:** 1-0 (Vala 18'); 2-0 (Joaquim Rocha 38'); 3-0 (Vala 65'); 4-0 (Camilo 89')

ACADÉMICO: Hélder, Brasfemes, Gervásio «cap», Alexandre Alhinho, Araújo, Mário Campos (Vítor Campos 71'), Camilo, Vala, Gregório, Joaquim Rocha e Costa
Treinador: Crispim

SC Farense: José Armando, Assis, Jaime, Sério, Cardoso, Manuel José «cap», Manuel Fernandes (Domingos 45'), Carlos Pereira, Chico Zé, Mirobaldo e Sobral (Jacques 45')
Treinador: Pedro Gomes

SC Braga – 1 ACADÉMICO – 0

1ª DIVISÃO, 22ª JORNADA, 22-2-1976 (DOM, 15:00)
Estádio 1º de Maio, Braga **Árbitro:** João Gomes (Porto)
Auxiliares: Gomes Pinhal e Francisco Cunha
Golo: 1-0 (Vítor Campos 67', pb)

SC Braga: Valter, Mendes, Fernando «cap», Serra, Artur, Pinto, Marinho, Marconi, Chico Gordo, Nogueira (Garcia 78') e Canavarro
Treinador: José Carlos

ACADÉMICO: Hélder, Brasfemes, Gervásio «cap», Alexandre Alhinho, Araújo, Vítor Campos (Manuel António 75'), Camilo, Vala, Gregório, Joaquim Rocha e Costa
Treinador: Crispim

ACADÉMICO – 4 GD C.U.F. – 1

1ª DIVISÃO, 23ª JORNADA, 7-3-1976 (DOM, 15:00)
Estádio Municipal de Coimbra, Coimbra **Árbitro:** Jaime Loureiro (Porto) **Auxiliares:** Crispim de Sousa e Carlos Silva
Golos: 1-0 (Joaquim Rocha 33'); 2-0 (Joaquim Rocha 35'); 3-0 (Gregório 41'); 4-0 (Mário Campos 77'); 4-1 (Arnaldo 83')

ACADÉMICO: Hélder, Brasfemes, José Freixo, Alexandre Alhinho, Araújo, Mário Campos (Freitas 78'), Gervásio «cap» (Águas 78'), Vala «sc», Gregório, Joaquim Rocha e Rogério
Treinador: Crispim

GD C.U.F.: Conhé, Vieira, Castro, Vicente, Esteves «cap», Vítor Pereira, Frederico (Araújo 39'), Jorge Antunes, Eduardo (Jorge Manuel 45'), Arnaldo e Juvenal
Treinador: Mário João

Sporting CP – 3 ACADÉMICO – 3

1ª DIVISÃO, 24ª JORNADA, 13-3-1976 (SAB, 16:00)
Estádio José Alvalade, Lisboa **Árbitro:** Américo Borges (Porto) **Auxiliares:** Albano Carvalho e Pinto Bessa **Golos:** 0-1 (Rogério 3'); 0-2 (Vala 6'); 1-2 (Manuel Fernandes 17'); 1-3 (Joaquim Rocha 23'); 2-3 (Manuel Fernandes 69'); 3-3 (Manuel Fernandes 71', gp)

Sporting CP: Damas «cap» (Matos 29'), Tomé, Laranjeira, José Mendes, Da Costa, Nelson, Baltasar, Fraguito, Marinho, Manuel Fernandes e Palhares
Treinador: Juca

ACADÉMICO: Hélder, Brasfemes, José Freixo, Gervásio «cap», Araújo, Mário Campos, Vítor Campos, Vala, Gregório, Joaquim Rocha e Rogério (Belo 74')
Treinador: Crispim

ACADÉMICO – 0 Boavista FC – 1

1ª DIVISÃO, 25ª JORNADA, 21-3-1976 (DOM, 15:00)
Estádio Municipal de Coimbra, Coimbra **Árbitro:** Carlos Dinis (Lisboa) **Auxiliares:** Carlos Pedro e Orlando de Sousa
Golo: 0-1 (Vítor Campos 80', pb)

ACADÉMICO: Hélder, Brasfemes, Alexandre Alhinho, Gervásio «cap», Araújo, Mário Campos (Vítor Campos 75'), Camilo, Vala (Maia 85'), Gregório, Joaquim Rocha e Rogério
Treinador: Crispim

Boavista FC: Botelho, Barbosa, Mário João «cap», Alberto, Trindade, Celso, Alves, Francisco Mário, Zezinho (Mané 45'), Salvador e Acácio (Jorge 80')
Treinador: José Maria Pedroto

CF "Os Belenenses" – 2 ACADÉMICO – 0

TAÇA DE PORTUGAL, 1/16 DE FINAL, 27-3-1976 (SAB, 16:00)
Estádio do Restelo, Lisboa **Árbitro:** Francisco Lobo (Setúbal)
Auxiliares: Arlindo Rodrigues e Valdemar Nogueira
Golos: 1-0 (Vasques 72'); 2-0 (João Cardoso 82')

CF "Os Belenenses": Melo, Sambinha, Quaresma «cap», Esmoriz, João Cardoso (Lima 86'), José Rocha, Pincho, Godinho, Vasques (Ramalho 87'), Artur Jorge e Gonzalez
Treinador: Peres Bandeira

ACADÉMICO: Hélder, Martinho, José Freixo, Belo, Paulo Costa, Gregório, Gervásio «cap» (Maia 77'), Freitas, João Carvalho, Manuel António «sc» e Rogério
Treinador: Crispim

Leixões SC – 0 ACADÉMICO – 1

1ª DIVISÃO, 26ª JORNADA, 4-4-1976 (DOM, 16:00)
Estádio do Mar, Matosinhos **Árbitro:** Manuel Vicente (Vila Real)
Auxiliares: Carlos Teles e Joaquim Fonseca
Golo: 0-1 (Vala 33')

Leixões SC: Lúcio, José Manuel, Adriano, Murraças, Frasco, Bené, Eliseu (Barbosa 45'), Sidon (Serrano 43'), Esteves, Vaqueiro «cap» e Fernando
Treinador: Janos Hrotko

ACADÉMICO: Hélder, Brasfemes, José Freixo, Alexandre Alhinho, Araújo, Gregório, Gervásio «cap», Camilo (Manuel António 83'), Vala, Joaquim Rocha e Rogério (Vítor Campos 66')
Treinador: Crispim

ACADÉMICO – 1 SC Beira-Mar – 1

1ª DIVISÃO, 27ª JORNADA, 11-4-1976 (DOM, 16:00)
Estádio Municipal de Coimbra, Coimbra **Árbitro:** Porfírio Alves (Lisboa) **Auxiliares:** Ferreira Pinho e Rogério de Carvalho
Golos: 1-0 (Joaquim Rocha 41'); 1-1 (Sousa 72')

ACADÉMICO: Hélder, Brasfemes, José Freixo, Belo, Araújo, Gervásio «cap», Camilo, Vala (Manuel António 80'), Gregório, Joaquim Rocha e Rogério (Vítor Campos 75')
Treinador: Crispim

SC Beira-Mar: Domingos, Marques (Zezinho 31'), Inguila, Soares «cap», Almeida, Rodrigo, Guedes, Quim, Laurindo (Manecas 67'), Sousa e Sapinho
Treinador: Fernando Vaz

Atlético CP – 0 ACADÉMICO – 0

1ª DIVISÃO, 28ª JORNADA, 9-5-1976 (DOM, 16:00)
Campo da Tapadinha, Lisboa
Árbitro: Francisco Lobo (Setúbal)
Auxiliares: Arlindo Rodrigues e Valdemar Nogueira

Atlético CP: Barbosa, Coelho, Luís Horta, Candeias «cap», Franque, Mário Wilson, Baltasar, Belchior, Guerreiro, Prieto (Avelar 74') e Seidi (Fernando Martins 45')
Treinador: Carlos Silva

ACADÉMICO: Hélder, Martinho, José Freixo, Alexandre Alhinho, Araújo, Gervásio «cap», Camilo, Mário Campos, Gregório, Joaquim Rocha e Maia (Rogério 64')
Treinador: Crispim

ACADÉMICO – 1 GD Estoril-Praia – 0

1ª DIVISÃO, 29ª JORNADA, 23-5-1976 (DOM, 16:00)
Estádio Municipal de Coimbra, Coimbra **Árbitro:** Porém Luís (Leiria) **Auxiliares:** Azoia Monteiro e Domingos Galaio
Golo: 1-0 (Rogério 51')

ACADÉMICO: Hélder, Brasfemes, José Freixo, Alexandre Alhinho, Araújo, Mário Campos (Manuel António 45'), Gervásio «cap», Camilo, Gregório, Joaquim Rocha e Rogério
Treinador: Crispim

GD Estoril-Praia: Rui Paulino, Vieira, João Carlos «cap», Amílcar, Carlos Pereira, Nelson Reis, Torres, Quim (Canário 74'), Norton de Matos (Eurico 45'), Norberto e Cepeda
Treinador: António Medeiros

VSC Guimarães – 3 ACADÉMICO – 3

1ª DIVISÃO, 30ª JORNADA, 30-5-1976 (DOM, 16:00)
Estádio Municipal de Guimarães, Guimarães **Árbitro:** Leitão Soares (Leiria) **Auxiliares:** António Freitas e José Venâncio
Golos: 0-1 (Rogério 39'); 1-1 (Rui Lopes 47'); 2-1 (Almiro 68'); 3-1 (Tito 72'); 3-2 (Rogério 78'); 3-3 (Camilo 81')

VSC Guimarães: Sousa, Alfredo, Rui Rodrigues «cap», Torres, Osvaldinho, Ferreira da Costa (Pedroto 69'), Abreu, Almiro, Pedrinho, Tito e Rui Lopes
Treinador: Fernando Caiado

ACADÉMICO: Hélder, Brasfemes, José Freixo, Alexandre Alhinho, Araújo, Gervásio «cap», Camilo, Gregório (Vítor Campos 79'), Manuel António (Mário Campos 73'), Joaquim Rocha e Rogério
Treinador: Crispim

ÉPOCA 1976-1977

1ª DIVISÃO: 5º LUGAR (MANUTENÇÃO)
TAÇA DE PORTUGAL: 1/32 DE FINAL

JOGOS EFECTUADOS

	J	V	E	D	GM	GS
CASA	19	11	5	3	29	13
FORA	19	6	3	10	12	21
TOTAL	38	17	8	13	41	34

ACADÉMICO – 3 VFC Setúbal – 0

1ª DIVISÃO, 1ª JORNADA, 5-9-1976 (DOM, 16:00)
Estádio Municipal de Coimbra, Coimbra **Árbitro**: Melo Acúrsio (Porto) **Auxiliares**: Armando Pacheco e Manuel Novo
Golos: 1-0 (Gervásio 57', gp); 2-0 (Rachão 72'); 3-0 (Vala 89')

ACADÉMICO: Marrafa, Martinho, Rui Rodrigues, José Freixo, Araújo, Gervásio «cap», Freitas (Vala 45'), Gregório, Joaquim Rocha, Rachão (Vítor Manuel 85') e Rogério
Treinador: Juca

VFC Setúbal: Vaz, Rebelo, Carlos Cardoso «cap», João Cardoso, Lino, Wagner, Tomé (Lito 60'), Jaime Graça, Mirobaldo, Jacinto João (Formosinho 45') e Diamantino
Treinador: Fernando Vaz

Boavista FC – 4 ACADÉMICO – 1

1ª DIVISÃO, 2ª JORNADA, 11-9-1976 (SAB, 17:00)
Estádio do Bessa, Porto **Árbitro:** Nemésio de Castro (Lisboa)
Auxiliares: António Cortês e Manuel Ferreira
Golos: 1-0 (Francisco Mário 30'); 2-0 (Gervásio 36', pb); 3-0 (Albertino 73'); 4-0 (Albertino 75'); 4-1 (Vala 77')

Boavista FC: Botelho, Trindade, Mário João «cap», Artur, Amaral (Carolino 79'), Francisco Mário, Barbosa (Branco 79'), Albertino, Nogueira, Mané e Salvador
Treinador: Mário Wilson

ACADÉMICO: Marrafa, Belo (Mário Campos 45'), Rui Rodrigues, José Freixo, Martinho, Gregório, Gervásio «cap», Vala, Rachão (Manuel António 45'), Joaquim Rocha e Rogério
Treinador: Juca

ACADÉMICO – 3 CF "Os Belenenses" – 1

1ª DIVISÃO, 3ª JORNADA, 19-9-1976 (DOM, 16:00)
Estádio Municipal de Coimbra, Coimbra **Árbitro:** Mário Graça (Porto) **Auxiliares:** Augusto Adriano e Óscar Neiva
Golos: 1-0 (Joaquim Rocha 58'); 2-0 (Joaquim Rocha 61'); 2-1 (Alfredo 70'); 3-1 (Manuel António 81')

ACADÉMICO: Marrafa, Brasfemes, Rui Rodrigues, Alexandre Alhinho, Martinho, Mário Campos, Gervásio «cap», Vala (Rachão 15'), Costa (Manuel António 77'), Gregório e Joaquim Rocha
Treinador: Juca

CF "Os Belenenses": Melo, Sambinha (Johny 67'), Quaresma «cap», Luís Horta (Nelito 29'), Cardoso, Esmoriz, Isidro, José Rocha, Pincho, Alfredo e Gonzalez
Treinador: Carlos Silva

SL Benfica – 1 ACADÉMICO – 0

1ª DIVISÃO, 4ª JORNADA, 25-9-1976 (SAB, 21:30)
Estádio da Luz, Lisboa **Árbitro:** António Garrido (Leiria)
Auxiliares: Vítor Serra e Angelino Santos
Golo: 1-0 (Chalana 53')

SL Benfica: Bento, Barros, Artur (V 39'), António Bastos Lopes, Pietra, Toni «cap», Vítor Martins, Chalana, Nené, Vítor Batista e Moinhos (Romeu 71')
Treinador: John Mortimore

ACADÉMICO: Marrafa, Brasfemes, Rui Rodrigues, Alexandre Alhinho, Belo (Rogério 75'), Mário Campos, Gervásio «cap», Rachão, Costa (Manuel António 64'), Gregório e Joaquim Rocha
Treinador: Juca

ACADÉMICO – 2 VSC Guimarães – 1

1ª DIVISÃO, 5ª JORNADA, 3-10-1976 (DOM, 15:00)
Estádio Municipal de Coimbra, Coimbra **Árbitro:** Guilherme Alves (Porto) **Auxiliares:** António Resende e Mário Pinto
Golos: 0-1 (Tito 3'); 1-1 (Joaquim Rocha 13'); 2-1 (Joaquim Rocha 55')

ACADÉMICO: Marrafa, Brasfemes, Rui Rodrigues, Alexandre Alhinho, Paulo Costa, Gervásio «cap», Gregório, Mário Campos (Manuel António 65'), Vala (Vítor Manuel 65'), Joaquim Rocha e Costa **Treinador:** Juca

VSC Guimarães: Rodrigues, Ramalho, Celton, Torres «cap», Alfredo, Ferreira da Costa, Abreu (Dinho 45'), Tito, Pedroto, Pedrinho (Osvaldinho 65') e Mário Ventura
Treinador: Fernando Caiado

Portimonense SC – 1 ACADÉMICO – 0

1ª DIVISÃO, 6ª JORNADA, 24-10-1976 (DOM, 15:00)
Estádio do Portimonense, Portimão **Árbitro:** Augusto Bailão (Lisboa) **Auxiliares:** Carlos Duarte e Fernando Correia
Golo: 1-0 (Florival 38')

Portimonense SC: Silva Morais, José Eduardo, Sério «cap», Juvenal, Adolfo, Matine, Florival, Hélder, Hilton, Perez (Airton 70') e Sapinho
Treinador: Mário Nunes

ACADÉMICO: Hélder, Brasfemes, Rui Rodrigues, Alexandre Alhinho, Paulo Costa, Mário Campos (Manuel António 45'), Gervásio «cap», Vala (Rachão 72'), Gregório, Joaquim Rocha e Costa **Treinador:** Juca

ACADÉMICO – 0 Leixões SC – 0

1ª DIVISÃO, 7ª JORNADA, 31-10-1976 (DOM, 15:00)
Estádio Municipal de Coimbra, Coimbra
Árbitro: Lopes Martins (Lisboa)
Auxiliares: Euclides Marques e Monteiro Alves

ACADÉMICO: Hélder, Brasfemes (Gregório 55'), Rui Rodrigues, Alexandre Alhinho, Araújo, Gervásio «cap», Mário Campos, Vala (Camegim 79'), Manuel António, Joaquim Rocha e Costa
Treinador: Juca

Leixões SC: Benje, José Manuel «cap», Adriano, Guilherme, Jacinto, Sá (Varela 71'), Frasco, Josefá, Zezé, Bailão e Fernando (Costa Almeida 63')
Treinador: Joaquim Meirim

SC Beira-Mar – 1 ACADÉMICO – 2

1ª DIVISÃO, 8ª JORNADA, 7-11-1976 (DOM, 15:00)
Estádio Mário Duarte, Aveiro **Árbitro:** Jaime Loureiro (Porto)
Auxiliares: Acácio Amorim e Ribeiro Marques
Golos: 0-1 (Camegim 11'); 1-1 (Garcês 22'); 1-2 (Camegim 74')

SC Beira-Mar: Jesus, Marques (Manecas 75'), Quaresma, Soares «cap», Guedes, Manuel José, Rodrigo, Sobral, Sousa, Abel e Garcês (Zezinho 55')
Treinador: Manuel de Oliveira

ACADÉMICO: Hélder, Brasfemes (Vala 80'), Rui Rodrigues, Alexandre Alhinho, Araújo, Gervásio «cap», Mário Campos, Rachão, Camegim, Manuel António (Gregório 45') e Costa
Treinador: Juca

ACADÉMICO – 2 CD Montijo – 1

1ª DIVISÃO, 9ª JORNADA, 21-11-1976 (DOM, 15:00)
Estádio Municipal de Coimbra, Coimbra **Árbitro:** Fernando Alberto (Porto) **Auxiliares:** Luís Mendes e Manuel Peneda
Golos: 1-0 (Camegim 43'); 1-1 (Gijo 61'); 2-1 (Manuel António 83')

ACADÉMICO: Hélder, Brasfemes (Joaquim Rocha 64'), José Freixo, Alexandre Alhinho, Araújo, Gervásio «cap», Mário Campos, Rachão (Gregório 79'), Camegim, Manuel António e Costa
Treinador: Juca

CD Montijo: Abrantes, Rodrigues Dias, Carlos Pereira, Candeias, Celestino «cap», Louceiro, Fonseca (Júlio 62'), Evaristo, Gijo, Arnaldo e Bolota
Treinador: José Moniz

ACADÉMICO – 3 SC Lamego – 1

TAÇA DE PORTUGAL, 1/64 DE FINAL, 28-11-1976 (DOM, 15:00)
Estádio Municipal de Coimbra, Coimbra **Árbitro:** Américo Barradas (Lisboa) **Auxiliares:** João Sardela e Joaquim Simões
Golos: 1-0 (Manuel António 2'); 1-1 (Augusto 5'); 2-1 (Manuel António 29'); 3-1 (Joaquim Rocha 64')

ACADÉMICO: Hélder, Brasfemes, José Freixo, Alexandre Alhinho, Paulo Costa, Gervásio «cap», Mário Campos (Gregório 58'), Rachão (Vala 58'), Camegim, Manuel António e Joaquim Rocha
Treinador: Juca

SC Lamego: Alexandre, João Manuel, Festa «cap» (Botelho 62'), Guilherme, Salvador, Chico Caride (Vítor 68'), António Caride, Bené, Augusto, Ademir e Félix
Treinador: Bené

FC Porto – 2 ACADÉMICO – 0

1ª DIVISÃO, 10ª JORNADA, 11-12-1976 (SAB, 15:00)
Estádio das Antas, Porto **Árbitro:** Marques Pires (Setúbal)
Auxiliares: Francisco Periquito e Rui Santiago
Golos: 1-0 (Seninho 4'); 2-0 (Júlio 88')

FC Porto: Torres, Gabriel, Teixeira, Freitas (Simões 71'), Taí, Octávio, Cubillas «cap», Celso, Seninho, Oliveira (Júlio 45') e Duda
Treinador: José Maria Pedroto

ACADÉMICO: Marrafa, Brasfemes, José Freixo, Alexandre Alhinho, Paulo Costa, Gervásio «cap», Mário Campos (Gregório 64'), Rachão, Vala, Manuel António e Camegim
Treinador: Juca

ACADÉMICO – 0 Atlético CP – 0

1ª DIVISÃO, 11ª JORNADA, 19-12-1976 (DOM, 15:00)
Estádio Municipal de Coimbra, Coimbra
Árbitro: Inácio de Ameida (Setúbal)
Auxiliares: Carlos Valente e José Duarte

ACADÉMICO: Marrafa, Brasfemes, José Freixo, Alexandre Alhinho, Araújo, Gervásio «cap», Mário Campos, Vala, Manuel António (Joaquim Rocha 45'), Camegim e Rogério (Gregório 59')
Treinador: Juca

Atlético CP: Azevedo, Coelho, Tozé, Cardoso, Franque, Rui Silva, Mário Wilson «cap», Costa (Baltasar 45'), Avelar, Luís Filipe e Norton de Matos
Treinador: Caraballo

SC Olhanense – 2 ACADÉMICO – 1 (AP)

TAÇA DE PORTUGAL, 1/32 DE FINAL, 29-12-1976 (QUA, 15:00)
Campo Padinha, Olhão **Árbitro:** Ismael Baltazar (Setúbal)
Auxiliares: António Rodrigues e Aurélio Marques
Golos: 1-0 (Balecas 30'); 1-1 (Gervásio 40'); 2-1 (Sanina 110')

SC Olhanense: João Luís, Filinto, Miguel, Manuel Pedro, Manuel Bom, Soares «cap», Caixinha (Rubério 75'), Sanina, Balecas (Morais 78'), Paulo e Carlos Manuel
Treinador: Janos Hrotko

ACADÉMICO: Marrafa, Brasfemes, José Freixo, Alexandre Alhinho, Araújo, Gervásio «cap» (V 109'), Mário Campos (Rachão 68'), Vala (Rogério 35'), Manuel António «sc», Joaquim Rocha e Costa
Treinador: Juca

Sporting CP – 2 ACADÉMICO – 0

1ª DIVISÃO, 12ª JORNADA, 5-1-1977 (QUA, 21:00)
Estádio José Alvalade, Lisboa **Árbitro:** Moreira Tavares (Porto)
Auxiliares: Mendes da Costa e Sousa Ferreira
Golos: 1-0 (Manuel Fernandes 10'); 2-0 (Manuel Fernandes 17')

Sporting CP: Conhé, Inácio (Vítor Gomes 60'), Laranjeira «cap», José Mendes, Da Costa, Valter, Fraguito, Baltasar, Marinho, Manuel Fernandes (Manoel 82') e Palhares
Treinador: Jimmy Hagan

ACADÉMICO: Marrafa, Brasfemes, José Freixo «cap», Alexandre Alhinho, Martinho, Vítor Manuel (Manuel António 45'), Gregório (Freitas 82'), Vala, Costa, Joaquim Rocha e Rogério
Treinador: Juca

1976-1977

ACADÉMICO – 0 SC Braga – 1

1ª DIVISÃO, 13ª JORNADA, 9-1-1977 (DOM, 15:00)
Estádio Municipal de Coimbra, Coimbra **Árbitro:** Graça Oliva (Lisboa) **Auxiliares:** José Correia e José Joel
Golo: 0-1 (Paulo Rocha 68')

ACADÉMICO: Marrafa, Brasfemes, José Freixo, Alexandre Alhinho, Martinho (Manuel António 75'), Gervásio «cap», Vala (Camegim 65'), Rogério, Gregório, Joaquim Rocha e Costa
Treinador: Juca

SC Braga: Fidalgo, Artur, Ronaldo, Serra, Manaca, Pinto, Chico, Marinho, Zezinho, Paulo Rocha (Mendes 78') e Garcia «cap» (Beck 86')
Treinador: Mário Lino

GD Estoril-Praia – 0 ACADÉMICO – 1

1ª DIVISÃO, 14ª JORNADA, 16-1-1977 (DOM, 15:00)
Estádio António Coimbra da Mota, Estoril **Árbitro:** José Luís Tavares (Setúbal) **Auxiliares:** Romeu Franganito e Jerónimo Gomes
Golo: 0-1 (Joaquim Rocha 57')

GD Estoril-Praia: Ferro, Fernando, João Carlos, Amílcar, Carlos Pereira «cap», Manuel Fernandes (Quim 63'), Torres, Eurico, Móia, Clésio e Cepeda (Óscar 30')
Treinador: António Medeiros

ACADÉMICO: Hélder, Brasfemes, José Freixo, Alexandre Alhinho, Martinho, Gregório, Mário Campos «cap», Rachão, Costa, Manuel António e Joaquim Rocha
Treinador: Juca

ACADÉMICO – 1 Varzim SC – 0

1ª DIVISÃO, 15ª JORNADA, 23-1-1977 (DOM, 15:00)
Estádio Municipal de Coimbra, Coimbra **Árbitro:** Américo Barradas (Lisboa) **Auxiliares:** João Sardela e Joaquim Simões
Golo: 1-0 (Joaquim Rocha 68')

ACADÉMICO: Hélder, Brasfemes (Rogério 67'), José Freixo, Alexandre Alhinho (Belo 62'), Martinho, Gregório, Rachão, Vala, Costa, Manuel António «cap» e Joaquim Rocha
Treinador: Juca

Varzim SC: Freitas, Cacheira, Festas, Albino, Leopoldo «cap», Manafá, Eliseu, Jarbas, Marco Aurélio, João e Montóia (Ibraim 72')
Treinador: António Teixeira

VFC Setúbal – 0 ACADÉMICO – 2

1ª DIVISÃO, 16ª JORNADA, 30-1-1977 (DOM, 15:00)
Estádio do Bonfim, Setúbal **Árbitro:** Nemésio de Castro (Lisboa) **Auxiliares:** Gabriel Arruda e Fernando Vilas
Golos: 0-1 (Camegim 9'); 0-2 (Joaquim Rocha 70')

VFC Setúbal: Vaz, Lino, Carlos Cardoso «cap», Sabú, Rebelo (Diamantino 45'), Tomé, Caíca, Wagner (Quim 61'), Jacinto João, Arcanjo e Formosinho
Treinador: Fernando Vaz

ACADÉMICO: Hélder, Brasfemes (Rogério 66'), José Freixo, Alexandre Alhinho, Martinho, Gregório, Mário Campos «cap», Rachão, Costa, Camegim e Joaquim Rocha
Treinador: Juca

ACADÉMICO – 3 Boavista FC – 1

1ª DIVISÃO, 17ª JORNADA, 6-2-1977 (DOM, 15:00)
Estádio Municipal de Coimbra, Coimbra **Árbitro:** Adelino Antunes (Lisboa) **Auxiliares:** Carlos Trindade e Silva Zenha
Golos: 1-0 (Gregório 12'); 1-1 (Nogueira 45', gp); 2-1 (Joaquim Rocha 45'+6'); 3-1 (Gervásio 75', gp)

ACADÉMICO: Hélder, Brasfemes, José Freixo «sc», Alexandre Alhinho, Martinho, Gregório, Mário Campos «cap» (Rogério 78'), Rachão (Gervásio 67'), Costa, Camegim e Joaquim Rocha
Treinador: Juca

Boavista FC: Botelho, Trindade, Mário João «cap», Carolino, Artur, Barbosa, Francisco Mário, Nogueira, Jorge Gomes (Vítor Pereira 39', Praia 64'), Mané e Celso Pita
Treinador: Mário Wilson

CF "Os Belenenses" – 1 ACADÉMICO – 0

1ª DIVISÃO, 18ª JORNADA, 13-2-1977 (DOM, 15:00)
Estádio do Restelo, Lisboa **Árbitro:** Armando Paraty (Porto) **Auxiliares:** Teixeira Ribeiro e José Guedes
Golo: 1-0 (Vasques 6')

CF "Os Belenenses": Melo, Sambinha, Quaresma «cap» (Lima 45'), Luís Horta, Cardoso, Esmoriz, Isidro, Godinho, Vasques, Artur Jorge e Nelito (Pincho 60')
Treinador: Carlos Silva

ACADÉMICO: Hélder, Brasfemes, José Freixo «sc», Alexandre Alhinho, Martinho, Gregório, Mário Campos «cap» (Gervásio 23'), Rachão (Rogério 60'), Camegim, Joaquim Rocha e Costa
Treinador: Juca

ACADÉMICO – 0 SL Benfica – 1

1ª DIVISÃO, 19ª JORNADA, 27-2-1977 (DOM, 15:00)
Estádio Municipal de Coimbra, Coimbra **Árbitro:** Jaime Loureiro (Porto) **Auxiliares:** Acácio Amorim e Ribeiro Marques
Golo: 0-1 (Chalana 36')

ACADÉMICO: Hélder, Brasfemes, José Freixo «sc», Alexandre Alhinho, Martinho, Gregório, Mário Campos «cap» (Vala 58'), Rachão (Rogério 63'), Camegim, Joaquim Rocha e Costa
Treinador: Juca

SL Benfica: Bento, António Bastos Lopes, Eurico, Carlos Alhinho (V 69'), Alberto, José Luís (Moinhos 70'), Shéu, Vítor Martins «cap», Nelinho (Toni 55'), Nené e Chalana
Treinador: John Mortimore

VSC Guimarães – 0 ACADÉMICO – 0

1ª DIVISÃO, 20ª JORNADA, 6-3-1977 (DOM, 15:00)
Estádio Municipal de Guimarães, Guimarães
Árbitro: Francisco Lobo (Setúbal)
Auxiliares: Arlindo Rodrigues e Valdemar Nogueira

VSC Guimarães: Rodrigues, Alfredo, Ramalho, Torres «cap», Osvaldinho, Pedroto, Almiro, Abreu, Ferreira da Costa (Dinho 61'), Tito e Pedrinho
Treinador: Fernando Caiado

ACADÉMICO: Hélder, Brasfemes, José Freixo, Alexandre Alhinho, Martinho, Gregório, Mário Campos «cap», Vala (Camegim 78'), Rachão, Joaquim Rocha e Rogério
Treinador: Juca

ACADÉMICO – 3 Portimonense SC – 2

1ª DIVISÃO, 21ª JORNADA, 20-3-1977 (DOM, 15:00)
Estádio Municipal de Coimbra, Coimbra **Árbitro:** Melo Acúrsio (Porto) **Auxiliares:** Armando Pacheco e Manuel Novo
Golos: 1-0 (Joaquim Rocha 5'); 1-1 (Perez 34'); 2-1 (Rachão 48'); 3-1 (Rachão 58'); 3-2 (Sapinho 77')

ACADÉMICO: Hélder, Brasfemes, José Freixo «sc», Alexandre Alhinho, Martinho, Mário Campos «cap» (Gervásio 75'), Rachão, Gregório, Camegim, Joaquim Rocha e Costa
Treinador: Juca

Portimonense SC: Silva Morais, José Eduardo, Sério «cap», Florival, Adolfo, Sota (Custódio 8', Hilton 70'), Matine, Perez, Jailson, Hélder e Sapinho
Treinador: José Augusto

Leixões SC – 1 ACADÉMICO – 2

1ª DIVISÃO, 22ª JORNADA, 26-3-1977 (SAB, 16:00)
Estádio do Mar, Matosinhos **Árbitro:** José Luís Tavares (Setúbal) **Auxiliares:** Romeu Franganito e Jerónimo Gomes **Golos:** 1-0 (Fernando 13'); 1-1 (Joaquim Rocha 58'); 1-2 (Joaquim Rocha 78')

Leixões SC: Benje, José Manuel «cap», Adriano, Guilherme, Jacinto (Nelinho 45'), Bóia, Frasco, Bailão, Fernando, Zezé e Ribeiro (Folha 61')
Treinador: João Mota

ACADÉMICO: Hélder, Brasfemes (Vala 45'), José Freixo «sc», Alexandre Alhinho, Martinho, Gregório, Mário Campos «cap» (Manuel António 45'), Rachão, Camegim, Joaquim Rocha e Costa
Treinador: Juca

ACADÉMICO – 0 SC Beira-Mar – 0

1ª DIVISÃO, 23ª JORNADA, 3-4-1977 (DOM, 16:00)
Estádio Municipal de Coimbra, Coimbra
Árbitro: Américo Barradas (Lisboa)
Auxiliares: João Sardela e Joaquim Simões

ACADÉMICO: Hélder, Brasfemes (Vala 45'), José Freixo «sc», Alexandre Alhinho, Martinho, Mário Campos «cap» (Rogério 45'), Rachão, Gregório, Camegim, Joaquim Rocha e Costa
Treinador: Juca

SC Beira-Mar: Domingos, Poeira, Quaresma, Soares «cap», Guedes, Carvalho (Manecas 81'), Manuel José, Sousa, Garcês, Abel (Vítor 87') e Rodrigo
Treinador: Joaquim Meirim

CD Montijo – 0 ACADÉMICO – 0

1ª DIVISÃO, 24ª JORNADA, 17-4-1977 (DOM, 16:00)
Campo Eng. Luís Almeida Fidalgo, Montijo
Árbitro: Augusto Bailão (Lisboa)
Auxiliares: Carlos Duarte e Fernando Correia

CD Montijo: Abrantes, Rodrigues Dias, Carlos Pereira, Candeias, Celestino «cap», Louceiro, Arnaldo, Rolo, Fonseca (Faria 58'), Gijo e Bolota
Treinador: Espírito Santo

ACADÉMICO: Hélder, Brasfemes, José Freixo, Alexandre Alhinho, Martinho, Gervásio «cap», Rachão, Gregório, Camegim, Joaquim Rocha e Rogério
Treinador: Juca

ACADÉMICO – 0 FC Porto – 0

1ª DIVISÃO, 25ª JORNADA, 24-4-1977 (DOM, 16:00)
Estádio Municipal de Coimbra, Coimbra
Árbitro: Lopes Martins (Lisboa)
Auxiliares: Euclides Marques e Monteiro Alves

ACADÉMICO: Hélder, Brasfemes, José Freixo, Alexandre Alhinho, Martinho, Gregório, Gervásio «cap», Rachão, Joaquim Rocha, Vala (Rogério 68') e Costa
Treinador: Juca

FC Porto: Torres, Gabriel, Teixeira, Simões, Murça (Seninho 30'), Octávio, Rodolfo, Taí, Gomes, Duda e Oliveira «cap»
Treinador: José Maria Pedroto

Atlético CP – 0 ACADÉMICO – 1

1ª DIVISÃO, 26ª JORNADA, 30-4-1977 (SAB, 16:00)
Campo da Tapadinha, Lisboa **Árbitro:** César Correia (Algarve) **Auxiliares:** João Gralho e Odílio Raimundo
Golo: 0-1 (Joaquim Rocha 51')

Atlético CP: Azevedo, Coelho, Tozé, Franque «cap», Costa, Melo, Cardoso, Franklin (José Maria 70'), Rui Silva (Avelar 70'), Luís Filipe e Norton de Matos
Treinador: Artur Santos

ACADÉMICO: Hélder, Brasfemes, José Freixo, Alexandre Alhinho, Martinho, Gregório (Mário Campos 70'), Gervásio «cap», Rachão (Rogério 45'), Camegim, Joaquim Rocha e Costa
Treinador: Juca

ACADÉMICO – 2 Sporting CP – 1

1ª DIVISÃO, 27ª JORNADA, 8-5-1977 (DOM, 16:00)
Estádio Municipal de Coimbra, Coimbra **Árbitro:** Porém Luís (Leiria) **Auxiliares:** Azoia Monteiro e António Freitas **Golos:** 1-0 (Joaquim Rocha 40'); 1-1 (Freire 45'); 2-1 (Da Costa 67', pb)

ACADÉMICO: Hélder, Brasfemes, José Freixo, Alexandre Alhinho, Martinho, Gervásio «cap», Rachão, Gregório, Rogério, Joaquim Rocha e Costa
Treinador: Juca

Sporting CP: Matos, Inácio, Laranjeira «cap», José Mendes, Da Costa, Barão, Valter, Vítor Gomes, Marinho, Keita (Freire 23') e Manuel Fernandes (Zezinho 79')
Treinador: Jimmy Hagan

SC Braga – 2 ACADÉMICO – 0

1ª DIVISÃO, 28ª JORNADA, 15-5-1977 (DOM, 16:00)
Estádio 1º de Maio, Braga **Árbitro:** Guilherme Alves (Porto)
Auxiliares: António Resende e Rocha Almeida
Golos: 1-0 (Marconi 5'); 2-0 (Caio 26')

SC Braga: Fidalgo (João 83'), Mendes, Vilaça, Beck, Fernando «cap», Ronaldo, Zezinho, Marconi, Caio, Marinho (Paulo Rocha 45') e Garcia
Treinador: Mário Lino

ACADÉMICO: Hélder, Martinho, José Freixo «sc», Vítor Manuel, Araújo (Vala 45'), Mário Campos «cap» (Manuel António 45'), Gregório, Rogério, Joaquim Rocha, Rachão e Costa
Treinador: Juca

ACADÉMICO – 1 GD Estoril-Praia – 0

1ª DIVISÃO, 29ª JORNADA, 22-5-1977 (DOM, 16:00)
Estádio Municipal de Coimbra, Coimbra **Árbitro:** Francisco Lobo (Setúbal) **Auxiliares:** Arlindo Rodrigues e Valdemar Nogueira
Golo: 1-0 (Rogério 62')

ACADÉMICO: Hélder, Brasfemes (Mário Campos 67'), José Freixo, Alexandre Alhinho, Martinho, Gervásio «cap», Rachão (Vala 60'), Rogério, Gregório, Joaquim Rocha e Costa
Treinador: Juca

GD Estoril-Praia: Rui Paulino, Vieira, Zuledo, Fernando, Peixoto, Óscar, Torres (Gaspar 65'), Nelson Reis (Laranjeira 77'), Fernando Martins, Clésio e Cepeda «cap»
Treinador: José Bastos

Varzim SC – 1 ACADÉMICO – 0

1ª DIVISÃO, 30ª JORNADA, 29-5-1977 (DOM, 16:00)
Estádio Conde Dias Garcia, São João da Madeira **Árbitro:** Inácio de Ameida (Setúbal) **Auxiliares:** Carlos Valente e José Duarte
Golo: 1-0 (Marco Aurélio 9') **Obs:** Jogo disputado em São João da Madeira, devido a interdição do estádio do Varzim SC

Varzim SC: Fonseca, Lima Pereira, Washington, Albino, Leopoldo «cap», Eliseu, Festas, João, Montóia, Horácio e Marco Aurélio (Jarbas 88')
Treinador: António Teixeira

ACADÉMICO: Hélder, Brasfemes (Manuel António 68'), José Freixo «sc», Alexandre Alhinho, Martinho, Gregório, Gervásio «cap» (Vala 45'), Rachão, Costa (V 90'), Joaquim Rocha e Rogério
Treinador: Juca

SC Beira-Mar – 1 ACADÉMICO – 1

TAÇA F.P.F., 1ª JORNADA, 4-6-1977 (SAB, 18:00)
Estádio Mário Duarte, Aveiro **Árbitro:** Armando Paraty (Porto)
Auxiliares: Teixeira Ribeiro e José Guedes
Golos: 1-0 (Garcês 43'); 1-1 (Camegim 54')

SC Beira-Mar: Jesus, Manecas, Guedes, Soares «cap», Poeira, Carvalho, Manuel José, Jorge (Zezinho 71'), Sousa, Garcês e Rodrigo
Treinador: Joaquim Meirim

ACADÉMICO: Hélder, Martinho, Rui Rodrigues «sc», Alexandre Alhinho, Paulo Costa, Gregório, Vala «cap» (Camegim 33'), Rachão, Vítor Manuel, Joaquim Rocha e Rogério
Treinador: Juca

ACADÉMICO – 0 FC Porto – 1

TAÇA F.P.F., 2ª JORNADA, 7-6-1977 (TER, 21:30)
Estádio Municipal de Coimbra, Coimbra **Árbitro:** Porém Luís (Leiria) **Auxiliares:** Azoia Monteiro e Jorge Fachada
Golo: 0-1 (Duda 25')

ACADÉMICO: Hélder, Martinho, Rui Rodrigues «cap», Alexandre Alhinho, Paulo Costa (Freitas 60'), Vítor Manuel (Mário Campos 45'), Gregório, Rachão, Camegim, Joaquim Rocha e Rogério
Treinador: Juca

FC Porto: Torres, Gabriel, Simões, Freitas, Murça, Octávio, Rodolfo «cap», Taí, Seninho, Duda (Oliveira 45', Celso 76') e Ademir
Treinador: José Maria Pedroto

ACADÉMICO – 5 SC Beira-Mar – 1

TAÇA F.P.F., 4ª JORNADA, 16-6-1977 (QUI, 21:00)
Estádio Municipal de Coimbra, Coimbra **Árbitro:** Jaime Loureiro (Porto) **Auxiliares:** Acácio Amorim e Ribeiro Marques
Golos: 1-0 (Rogério 43'); 2-0 (Joaquim Rocha 51'); 3-0 (Freitas 60'); 4-0 (Rogério 67'); 4-1 (Carvalho 75'); 5-1 (Freitas 82')

ACADÉMICO: Hélder, Martinho, Rui Rodrigues, Alexandre Alhinho (José Freixo 72'), Paulo Costa, Mário Campos «cap», Gregório (Freitas 45'), Camegim, Joaquim Rocha, Rogério e Costa
Treinador: Juca

SC Beira-Mar: Domingos, Manecas, Guedes, Soares «cap», Poeira (Quaresma 45'), Carvalho, Manuel José, Rodrigo, Sousa, Zezinho e Jorge (Cremildo 60')
Treinador: Joaquim Meirim

FC Porto – 2 ACADÉMICO – 0

TAÇA F.P.F., 5ª JORNADA, 19-6-1977 (DOM, 17:00)
Estádio das Antas, Porto **Árbitro:** António Garrido (Leiria)
Auxiliares: Firmino Alves e Rui Gião
Golos: 1-0 (Duda 68'); 2-0 (Seninho 82')

FC Porto: Torres, Gabriel, Simões, Freitas (Teixeira 66'), Murça, Rodolfo «cap», Celso, Octávio, Seninho, Duda e Ademir (Oliveira 45')
Treinador: José Maria Pedroto

ACADÉMICO: Hélder, Martinho, José Freixo, Alexandre Alhinho, Araújo, Freitas (Rachão 73'), Mário Campos «cap», Rogério, Costa, Camegim e Joaquim Rocha
Treinador: Juca

Boavista FC – 0 ACADÉMICO – 1

TAÇA F.P.F., 3ª JORNADA, 22-6-1977 (QUA, 18:30)
Estádio do Bessa, Porto **Árbitro:** Manuel Vicente (Vila Real)
Auxiliares: Carlos Teles e Joaquim Fonseca
Golo: 0-1 (Joaquim Rocha 71')

Boavista FC: Serafim, Vítor Pereira, Mário João «cap», Artur, Amaral, Francisco Mário, Jorge Gomes, Barbosa (Acácio 61'), Celso Pita, Mané (Praia 45') e Salvador
Treinador: Fernando Caiado

ACADÉMICO: Hélder, Martinho, José Freixo, Rui Rodrigues, Araújo, Freitas (Rachão 45'), Mário Campos «cap», Rogério, Costa, Camegim e Joaquim Rocha
Treinador: Juca

ACADÉMICO – 1 Boavista FC – 1

TAÇA F.P.F., 6ª JORNADA, 25-6-1977 (SAB, 21:00)
Estádio Municipal de Coimbra, Coimbra **Árbitro:** Marques Pires (Setúbal) **Auxiliares:** Henrique Jorge e Rui Santiago
Golos: 0-1 (Artur 71', gp); 1-1 (Rui Rodrigues 78', gp)

ACADÉMICO: Hélder, Martinho, Rui Rodrigues «sc», Alexandre Alhinho, Paulo Costa, Freitas (Vala 45'), Mário Campos «cap» (Manuel António 71'), Rogério, Rachão, Joaquim Rocha e Costa
Treinador: Juca

Boavista FC: Serafim, Vítor Pereira, Alberto, Artur, Amaral, Barbosa «cap» (Trindade 85'), Francisco Mário, Acácio, Jorge Gomes, Celso Pita e Salvador (Branco 78')
Treinador: Fernando Caiado

ÉPOCA 1977-1978

1ª DIVISÃO: 8º LUGAR (MANUTENÇÃO)
TAÇA DE PORTUGAL: 1/64 DE FINAL

JOGOS EFECTUADOS

	J	V	E	D	GM	GS
CASA	16	9	2	5	28	22
FORA	15	2	2	11	13	28
TOTAL	31	11	4	16	41	50

GD Riopele – 2 ACADÉMICO – 0

1ª DIVISÃO, 1ª JORNADA, 3-9-1977 (SAB, 16:00)
Campo José Dias de Oliveira, Pousada de Saramagos
Árbitro: Manuel Vicente (Vila Real) **Auxiliares:** Carlos Teles e Joaquim Fonseca **Golos:** 1-0 (Piruta 9'); 2-0 (Orlando Fonseca 74')

GD Riopele: Matos, Joca, Fonseca, Vitorino, Teixeira, Jó, Luís Pereira, Barros, Orlando Fonseca, Piruta «cap» e António Luís (Neca 76')
Treinador: Ferreirinha

ACADÉMICO: Hélder, Brasfemes (Freitas 45'), José Freixo, Belo «cap», Paulo Costa, Vala, Gregório, Miguel, Joaquim Rocha, Rogério e Costa (Camegim 45')
Treinador: Juca

ACADÉMICO – 1 Sporting CP – 5

1ª DIVISÃO, 2ª JORNADA, 11-9-1977 (DOM, 16:00)
Estádio Municipal de Coimbra, Coimbra **Árbitro:** Mário Luís (Santarém) **Auxiliares:** José Graça e José Lourenço **Golos:** 0-1 (Keita 12'); 0-2 (Manuel Fernandes 22'); 0-3 (Jordão 48'); 0-4 (Keita 52'); 0-5 (Jordão 60'); 1-5 (Joaquim Rocha 63')

ACADÉMICO: Hélder, Brasfemes, Martinho, Gervásio «cap», Paulo Costa, Gregório, Camilo, Vala (Miguel 86'), Costa, Joaquim Rocha e Rogério (Camegim 86')
Treinador: Juca

Sporting CP: Botelho, Artur (Freire 85'), Laranjeira «cap», Manaca, Da Costa, Fraguito, Vítor Gomes, Baltasar, Manuel Fernandes, Keita (Ailton 64') e Jordão
Treinador: Paulo Emílio

CF "Os Belenenses" – 2 ACADÉMICO – 0

1ª DIVISÃO, 3ª JORNADA, 17-9-1977 (SAB, 17:00)
Estádio do Restelo, Lisboa **Árbitro:** Marques Pires (Setúbal)
Auxiliares: Francisco Periquito e Rui Santiago
Golos: 1-0 (Artur Jorge 56'); 2-0 (Clésio 77')

CF "Os Belenenses": Rui Paulino, Sambinha, Luís Horta, Alexandre Alhinho, Carlos Pereira, Esmoriz, Isidro, Norton de Matos (Amaral 82'), Vasques, Artur Jorge «cap» e Clésio
Treinador: António Medeiros

ACADÉMICO: Marrafa, Brasfemes (Camegim 71'), José Freixo, Gervásio «cap», Martinho, Gregório, Camilo, Vala, Joaquim Rocha (Miguel 82'), Rogério e Costa
Treinador: Juca

ACADÉMICO – 1 VSC Guimarães – 3

1ª DIVISÃO, 4ª JORNADA, 25-9-1977 (DOM, 16:00)
Estádio Municipal de Coimbra, Coimbra **Árbitro:** Nemésio de Castro (Lisboa) **Auxiliares:** Gabriel Arruda e Fernando Vilas
Golos: 1-0 (Rogério 10'); 1-1 (Abreu 30', gp); 1-2 (Mané 58'); 1-3 (Pedrinho 63')

ACADÉMICO: Hélder, Brasfemes (Jorge Oliveira 67'), José Freixo, Gervásio «cap», Martinho, Gregório, Camilo, Vala (Camegim 45'), Joaquim Rocha, Rogério e Costa
Treinador: Juca

VSC Guimarães: Melo, Ramalho, Torres, Soares, Alfredo, Pedrinho, Abreu, Almiro, Mário Ventura (Ferreira da Costa 51'), Tito «cap» e Mané
Treinador: Mário Wilson

Varzim SC – 1 ACADÉMICO – 0

1ª DIVISÃO, 5ª JORNADA, 16-10-1977 (DOM, 15:00)
Estádio do Varzim Sport Clube, Póvoa de Varzim
Árbitro: Leitão Soares (Leiria) **Auxiliares:** Batista Ferreira e Fernando João **Golo:** 1-0 (Jarbas 33')

Varzim SC: Tibi, Cacheira, Guedes, Albino, Leopoldo «cap», João, Eliseu, Marques (Lima Pereira 60'), Marco Aurélio, Jarbas e Horácio (Festas 85')
Treinador: António Teixeira

ACADÉMICO: Marrafa, Brasfemes, José Freixo, Belo, Paulo Costa, Gregório, Gervásio «cap», Camilo, Joaquim Rocha, Rogério (Camegim 53') e Costa
Treinador: Juca

1977-1978

ACADÉMICO – 3 Boavista FC – 2

1ª DIVISÃO, 6ª JORNADA, 23-10-1977 (DOM, 15:00)
Estádio Municipal de Coimbra, Coimbra
Árbitro: Lopes Martins (Lisboa)
Auxiliares: Euclides Marques e Raul Martins
Golos: 1-0 (Joaquim Rocha 3'); 2-0 (Joaquim Rocha 31');
2-1 (Moinhos 39'); 3-1 (Camegim 47'); 3-2 (Salvador 68')

ACADÉMICO: Marrafa, Brasfemes, José Freixo, Belo, Paulo Costa, Gregório, Gervásio «cap», Camilo, Costa (Freitas 70'), Joaquim Rocha e Camegim **Treinador:** Juca

Boavista FC: Matos, Trindade, Amândio, Artur, Alberto «cap» (Paris 64'), Francisco Mário, Barbosa, Albertino, Jorge Gomes (Gomes 60'), Moinhos e Salvador
Treinador: Fernando Caiado

SC Espinho – 4 ACADÉMICO – 1

1ª DIVISÃO, 7ª JORNADA, 6-11-1977 (DOM, 15:00)
Campo da Avenida, Espinho **Árbitro:** Guilherme Alves (Porto)
Auxiliares: Carlos Rocha e Rocha Almeida
Golos: 1-0 (Reis 31'); 2-0 (Canavarro 40'); 2-1 (Gervásio 45');
3-1 (Móia 51'); 4-1 (Canavarro 82')

SC Espinho: Gaspar, Coelho, Raul, Gonçalves, Amaral, Acácio, Manuel José «cap», João Carlos (Carvalho 70'), Móia (Zezinho 75'), Reis e Canavarro **Treinador:** Mário Morais

ACADÉMICO: Marrafa, Brasfemes, José Freixo, Belo (Camegim 61'), Paulo Costa, Gregório (Freitas 80'), Gervásio «cap», Camilo, Rogério, Joaquim Rocha e Costa
Treinador: Juca

ACADÉMICO – 0 CD Aves – 1

TAÇA DE PORTUGAL, 1/64 DE FINAL, 13-11-1977 (DOM, 15:00)
Estádio Municipal de Coimbra, Coimbra **Árbitro:** Manuel Vicente (Vila Real) **Auxiliares:** Carlos Teles e Joaquim Fonseca
Golo: 0-1 (Carvalho 40')

ACADÉMICO: Marrafa, Brasfemes (Camegim 41'), Vítor Manuel, José Freixo, Camilo, Gregório, Gervásio «cap», Rogério, Jorge Oliveira, Joaquim Rocha e Costa
Treinador: Juca

CD Aves: Paquete, Valente, Júlio, Kentuky, Raul «cap», Carvalho, Lavador (Manuel 89'), Sá, Esteves, Capellini e Tarcísio
Treinador: João Esteves

ACADÉMICO – 3 Portimonense SC – 1

1ª DIVISÃO, 8ª JORNADA, 20-11-1977 (DOM, 15:00)
Estádio Municipal de Coimbra, Coimbra **Árbitro:** Melo Acúrsio (Porto) **Auxiliares:** Armando Pacheco e Manuel Novo
Golos: 1-0 (Camegim 34'); 1-1 (Sapinho 46');
2-1 (Joaquim Rocha 78'); 3-1 (Joaquim Rocha 87')

ACADÉMICO: Marrafa, Brasfemes, José Freixo, Rui Rodrigues, Gregório, Camilo (Freitas 84'), Gervásio «cap», Rogério, Costa, Camegim e Joaquim Rocha
Treinador: Juca

Portimonense SC: Avelino, José Eduardo, João Cardoso, Sério «cap», Soares, Sota, Fernando (Manuel Fernandes 75'), Tião, Diamantino, Nelson e Sapinho
Treinador: Mário Lino

SL Benfica – 3 ACADÉMICO – 1

1ª DIVISÃO, 9ª JORNADA, 27-11-1977 (DOM, 15:00)
Estádio da Luz, Lisboa **Árbitro:** Albino Rodrigues (Funchal)
Auxiliares: Jorge Pereira e Vasco Silva **Golos:** 1-0 (Vítor Batista 15');
2-0 (Nené 19'); 3-0 (Nené 44'); 3-1 (Freitas 70')

SL Benfica: Bento, António Bastos Lopes (Pereirinha 82'), Humberto Coelho, Eurico, Alberto, Toni «cap», Pietra, Shéu, Nené, Vítor Batista e Chalana
Treinador: John Mortimore

ACADÉMICO: Marrafa, Brasfemes, José Freixo, Rui Rodrigues, Gregório, Freitas, Gervásio «cap», Camilo, Costa, Joaquim Rocha e Rogério (Vala 45')
Treinador: Juca

ACADÉMICO – 4 CS Marítimo – 1

1ª DIVISÃO, 10ª JORNADA, 4-12-1977 (DOM, 15:00)
Estádio Municipal de Coimbra, Coimbra **Árbitro:** Ferreira Monteiro (Coimbra) **Auxiliares:** Correia Gaspar e Ernesto Forte **Golos:** 1-0 (Costa 13'); 2-0 (Costa 38'); 3-0 (Costa 49'); 3-1 (Ângelo 56');
4-1 (Joaquim Rocha 90') **Obs:** O árbitro foi recrutado na assistência, devido a falta do juiz nomeado (Pedro Quaresma de Lisboa), que aderiu à greve dos árbitros

ACADÉMICO: Marrafa, Brasfemes, José Freixo, Rui Rodrigues, Gregório, Camilo, Gervásio «cap», Rogério (Vala 82'), Camegim (Freitas 36'), Joaquim Rocha e Costa **Treinador:** Juca

CS Marítimo: Amaral, Franque, Eduardo Luís, Arnaldo Gonçalves, Olavo, Calisto (Ângelo 31'), Nelson «cap», Canan, Tininho, Noémio (Arnaldo Carvalho 45') e Djair
Treinador: Pedro Gomes

ACADÉMICO – 0 SC Braga – 1

1ª DIVISÃO, 11ª JORNADA, 11-12-1977 (DOM, 15:00)
Estádio Municipal de Coimbra, Coimbra **Árbitro:** Manuel Veiga (Coimbra) **Auxiliares:** Ferreira Afonso e Pereira Santos
Golo: 0-1 (Chico Gordo 69') **Obs:** O árbitro foi recrutado na assistência, devido à falta do juíz nomeado (Inácio de Almeida de Setúbal) que aderiu à greve dos árbitros

ACADÉMICO: Marrafa, Brasfemes (Miguel 83'), José Freixo, Rui Rodrigues, Gregório, Gervásio «cap», Camilo, Vala, Freitas (Camegim 45'), Joaquim Rocha e Costa **Treinador:** Juca

SC Braga: João, Mendes, Fernando «cap», Ronaldo, João Cardoso, Paulo Rocha, Marinho, Rodrigo, Nelinho (Pinho 83'), Chico Gordo e Lito (Artur 80')
Treinador: Mário Imbelloni

VFC Setúbal – 1 ACADÉMICO – 2

1ª DIVISÃO, 12ª JORNADA, 18-12-1977 (DOM, 15:00)
Estádio do Bonfim, Setúbal **Árbitro:** Alder Dante (Santarém)
Auxiliares: Batista Fernandes e Eduardo Faria **Golos:** 1-0 (Jacinto João 17'); 1-1 (Joaquim Rocha 50'); 1-2 (Joaquim Rocha 83')

VFC Setúbal: Vaz, Rebelo «cap», Narciso, Martin, Caíca, Vítor Madeira, Rachão, Libânio (Wagner 57'), Palhares (Quim 71'), Mirobaldo e Jacinto João
Treinador: Fernando Vaz

ACADÉMICO: Marrafa, Brasfemes, José Freixo, Rui Rodrigues, Gregório, Gervásio «cap», Camilo, Camegim, Rogério, Joaquim Rocha e Costa **Treinador:** Juca

ACADÉMICO – 1 GD Estoril-Praia – 0

1ª DIVISÃO, 13ª JORNADA, 15-1-1978 (DOM, 15:00)
Estádio Municipal de Coimbra, Coimbra **Árbitro:** Mário Luís (Santarém) **Auxiliares:** José Graça e José Lourenço
Golo: 1-0 (Fernando 6', pb)

ACADÉMICO: Marrafa, Brasfemes, José Freixo, Rui Rodrigues, Gregório, Gervásio «cap», Camilo, Rogério, Camegim (Miguel 68'), Joaquim Rocha e Freitas (Vala 45')
Treinador: Juca

GD Estoril-Praia: Ferro, Vieira, Fernando, Amílcar «cap», Peixoto (Abrantes 17'), Paris, Óscar, Santinho (Fernando Martins 68'), Quim, Salvado e Cepeda
Treinador: José Torres

FC Porto – 4 ACADÉMICO – 2

1ª DIVISÃO, 14ª JORNADA, 22-1-1978 (DOM, 15:00)
Estádio das Antas, Porto **Árbitro:** Rosa Santos (Beja) **Auxiliares:** Francisco Lobo e Joaquim Rosa **Golos:** 0-1 (Costa 23');
1-1 (Ademir 26'); 2-1 (Seninho 44'); 3-1 (Duda 82'); 4-1 (Oliveira 85');
4-2 (Gregório 88')

FC Porto: Fonseca, Gabriel, Simões, Freitas, Murça, Rodolfo «cap», Celso, Ademir, Seninho, Duda e Oliveira
Treinador: José Maria Pedroto

ACADÉMICO: Marrafa, Brasfemes, José Freixo, Rui Rodrigues, Gregório, Freitas (Miguel 73'), Gervásio «cap», Camilo (Camegim 83'), Rogério, Joaquim Rocha e Costa
Treinador: Juca

ACADÉMICO – 3 CD Feirense – 1

1ª DIVISÃO, 15ª JORNADA, 29-1-1978 (DOM, 15:00)
Estádio Municipal de Coimbra, Coimbra
Árbitro: Joaquim Gonçalves (Porto)
Auxiliares: Hernâni Silva e Silva Pinto
Golos: 1-0 (Joaquim Rocha 14'); 2-0 (Costa 38'); 3-0 (Gervásio 40');
3-1 (Serginho 71')

ACADÉMICO: Marrafa, Brasfemes, José Freixo «sc», Rui Rodrigues, Gregório, Gervásio «cap» (Vala 68'), Camilo (Miguel 45'), Rogério, Freitas, Joaquim Rocha e Costa **Treinador:** Juca

CD Feirense: Silva Morais, Babalito, Seminário, Brito, Sobreiro, Acácio (Ezequiel 66'), Portela (Cipó 43'), Zequinha, Henrique, José Domingos e Serginho «cap»
Treinador: João Mota

ACADÉMICO – 3 GD Riopele – 1

1ª DIVISÃO, 16ª JORNADA, 12-2-1978 (DOM, 15:00)
Estádio Municipal de Coimbra, Coimbra **Árbitro:** Augusto Bailão (Lisboa) **Auxiliares:** Raul Ferreira e Fernando Correia
Golos: 1-0 (Freitas 10'); 2-0 (Camegim 28'); 2-1 (Jesus 30');
3-1 (Joaquim Rocha 89')

ACADÉMICO: Marrafa, Brasfemes, José Freixo, Rui Rodrigues, Gregório, Gervásio «cap», Camilo, Rogério (Vala 38'), Camegim (Miguel 36'), Joaquim Rocha e Freitas **Treinador:** Juca

GD Riopele: Matos, Joca, Vitorino, Ederson, Teixeira, Piruta (Garcês 70'), Luís Pereira «cap», Pio, Orlando Fonseca, Jesus e António Luís (Ary 58')
Treinador: Ferreirinha

Sporting CP – 2 ACADÉMICO – 1

1ª DIVISÃO, 17ª JORNADA, 18-2-1978 (SAB, 15:30)
Estádio José Alvalade, Lisboa **Árbitro:** Mário Graça (Porto)
Auxiliares: Augusto Adriano e Óscar Neiva **Golos:** 1-0 (Manuel Fernandes 30', gp); 1-1 (Costa 47'); 2-1 (Manoel 86')

Sporting CP: Botelho, Artur, Laranjeira «cap», Inácio, Manaca, Fraguito (Keita 61'), Vítor Gomes (Cerdeira 61'), Barão, Manoel, Manuel Fernandes e Freire
Treinador: Rodrigues Dias

ACADÉMICO: Hélder, Brasfemes, José Freixo, Belo, Gregório, Gervásio «cap», Camilo, Vala, Freitas, Joaquim Rocha (Jorge Oliveira 33') e Costa **Treinador:** Juca

ACADÉMICO – 0 CF "Os Belenenses" – 0

1ª DIVISÃO, 18ª JORNADA, 26-2-1978 (DOM, 15:00)
Estádio Municipal de Coimbra, Coimbra
Árbitro: Armando Paraty (Porto)
Auxiliares: Teixeira Ribeiro e José Guedes

ACADÉMICO: Hélder, Brasfemes, Rui Rodrigues «cap», José Freixo, Gregório, Gervásio, Camilo, Vala, Freitas, Camegim e Jorge Oliveira (Miguel 59')
Treinador: Juca

CF "Os Belenenses": Rui Paulino, Sambinha, Luís Horta, Alexandre Alhinho, Carlos Pereira, Esmoriz, Vasques «cap», Norton de Matos, Amaral, Clésio e Drissa (Carneirinho 45', Guilherme 78')
Treinador: António Medeiros

VSC Guimarães – 1 ACADÉMICO – 1

1ª DIVISÃO, 19ª JORNADA, 12-3-1978 (DOM, 15:00)
Estádio Municipal de Guimarães, Guimarães **Árbitro:** Graça Oliva (Lisboa) **Auxiliares:** Purificação Correia e Lopes Francisco
Golos: 1-0 (Romeu 64'); 1-1 (Camilo 90')

VSC Guimarães: Melo, Ramalho (Pedrinho 88'), Torres, Soares, Alfredo, Ferreira da Costa, Almiro, Abreu, Romeu, Tito «cap» e Mário Ventura
Treinador: Mário Wilson

ACADÉMICO: Hélder, Brasfemes, Rui Rodrigues «cap», José Freixo, Gregório, Freitas (Camegim 75'), Gervásio (Vala 80'), Camilo, Rogério, Joaquim Rocha e Costa
Treinador: Juca

ACADÉMICO – 3 Varzim SC – 1

1ª DIVISÃO, 20ª JORNADA, 19-3-1978 (DOM, 15:00)
Estádio Municipal de Coimbra, Coimbra **Árbitro:** Alder Dante (Santarém) **Auxiliares:** Batista Fernandes e Eduardo Faria
Golos: 1-0 (Joaquim Rocha 32'); 1-1 (Jarbas 48'); 2-1 (Gervásio 80', gp); 3-1 (Joaquim Rocha 90')

ACADÉMICO: Hélder, Brasfemes, Rui Rodrigues «cap», José Freixo, Gregório, Camegim (Freitas 65'), Gervásio, Camilo, Rogério (Vala 45'), Joaquim Rocha e Costa
Treinador: Juca

Varzim SC: Tibi, Cacheira «cap», Lima Pereira, Festas, Guedes, João, Eliseu, Marco Aurélio, Marques (Montóia 59'), Júlio e Jarbas
Treinador: António Teixeira

Boavista FC – 1 ACADÉMICO – 1

1ª DIVISÃO, 21ª JORNADA, 1-4-1978 (SAB, 16:00)
Estádio do Bessa, Porto **Árbitro:** Evaristo Faustino (Leiria) **Auxiliares:** José Filipe e Manuel Ramos
Golos: 0-1 (Joaquim Rocha 48', gp); 1-1 (Moinhos 87')

Boavista FC: Matos, Amândio, Mário João «cap», Carolino, Artur, Francisco Mário, Freitas Lino (Almeida 57'), Salvador Alves, Moinhos, Albertino e Salvador
Treinador: Jimmy Hagan

ACADÉMICO: Hélder, Brasfemes, Rui Rodrigues «cap», José Freixo, Gregório, Camilo, Vítor Manuel (Belo 89'), Vala, Freitas, Joaquim Rocha (Camegim 48') e Costa
Treinador: Juca

ACADÉMICO – 2 SC Espinho – 0

1ª DIVISÃO, 22ª JORNADA, 9-4-1978 (DOM, 16:00)
Estádio Municipal de Coimbra, Coimbra **Árbitro:** Lopes Martins (Lisboa) **Auxiliares:** Rogério de Carvalho e Euclides Marques
Golos: 1-0 (Rui Rodrigues 37'); 2-0 (Costa 80')

ACADÉMICO: Hélder, Brasfemes, Rui Rodrigues «cap», José Freixo, Gregório, Camilo, Gervásio, Vala, Freitas, Camegim e Costa
Treinador: Juca

SC Espinho: Gaspar, Coelho, Manuel José «cap», Raul, Amaral, João Carlos (Zezinho 67'), Carvalho, Acácio, Malagueta, Canavarro e Reis
Treinador: Mário Morais

Portimonense SC – 1 ACADÉMICO – 0

1ª DIVISÃO, 23ª JORNADA, 16-4-1978 (DOM, 16:00)
Estádio do Portimonense, Portimão **Árbitro:** Pedro Quaresma (Lisboa) **Auxiliares:** António Rocha e Luís Mónica
Golo: 1-0 (Nelson 65')

Portimonense SC: Jorge, César, João Cardoso, Paulo César, Soares, Fernando, Sota «cap» (Diamantino 45'), Tião, Nelson, Sapinho (Perez 76') e Arnaldo
Treinador: Mário Lino

ACADÉMICO: Hélder, Belo, Rui Rodrigues «cap», José Freixo, Gregório, Freitas, Camilo, Gervásio, Vala (Vítor Manuel 75'), Jorge Oliveira (Mesquita 76') e Costa
Treinador: Juca

ACADÉMICO – 0 SL Benfica – 3

1ª DIVISÃO, 24ª JORNADA, 30-4-1978 (DOM, 16:00)
Estádio Municipal de Coimbra, Coimbra **Árbitro:** César Correia (Algarve) **Auxiliares:** Luís Frade e Odílio Raimundo
Golos: 0-1 (José Luís 61'); 0-2 (José Luís 69'); 0-3 (Nené 74')

ACADÉMICO: Hélder, Brasfemes, Rui Rodrigues «cap», José Freixo, Gregório, Freitas, Camilo, Gervásio, Vala, Joaquim Rocha e Rogério
Treinador: Juca

SL Benfica: Bento, António Bastos Lopes, Humberto Coelho, Eurico, Alberto, Pietra (Pereirinha 85'), Toni «cap», Shéu, José Luís, Nené e Chalana
Treinador: John Mortimore

CS Marítimo – 2 ACADÉMICO – 0

1ª DIVISÃO, 25ª JORNADA, 7-5-1978 (DOM, 16:00)
Estádio dos Barreiros, Funchal **Árbitro:** Vitorino Gonçalves (Aveiro) **Auxiliares:** Adriano Costa e Francisco Silva
Golos: 1-0 (Nelson 25'); 2-0 (Djair 65')

CS Marítimo: Quim, Olavo, Noémio, Eduardo Luís, Rui, Valter, Ângelo, Nelson (Canan 62'), Eduardinho «cap», Peter e Djair (Norberto 74')
Treinador: Fernando Vaz

ACADÉMICO: Marrafa, Brasfemes, Rui Rodrigues «cap», José Freixo, Gregório, Freitas (Rogério 40'), Camilo, Gervásio, Vala (Jorge Oliveira 67'), Joaquim Rocha e Costa
Treinador: Juca

SC Braga – 2 ACADÉMICO – 0

1ª DIVISÃO, 26ª JORNADA, 14-5-1978 (DOM, 16:00)
Estádio 1º de Maio, Braga **Árbitro:** Raul Nazaré (Setúbal) **Auxiliares:** António Jorge e José Martins
Golos: 1-0 (Rodrigo 9'); 2-0 (Chico Faria 84')

SC Braga: Conhé, Artur, Fernando «cap», Ronaldo, João Cardoso (Vilaça 32'), Chico Faria, Pinto (Paulo Rocha 75'), Rodrigo, Nelinho, Chico Gordo e Lito
Treinador: Mário Imbelloni

ACADÉMICO: Marrafa «sc», Brasfemes, Rui Rodrigues «cap» (Belo 45', Jaderson 74'), José Freixo, Gregório, Camilo, Gervásio, Vala, Rogério, Joaquim Rocha e Costa
Treinador: Juca

ACADÉMICO – 4 VFC Setúbal – 2

1ª DIVISÃO, 27ª JORNADA, 21-5-1978 (DOM, 16:00)
Estádio Municipal de Coimbra, Coimbra **Árbitro:** Fernando Alberto (Porto) **Auxiliares:** Luís Mendes e Pedro Alves **Golos:** 1-0 (Joaquim Rocha 15'); 2-0 (Freitas 54'); 3-0 (Costa 58'); 4-0 (Rogério 60'); 4-1 (Vítor Madeira 77'); 4-2 (Vítor Madeira 87')

ACADÉMICO: Marrafa «sc», Brasfemes, Rui Rodrigues «cap» (Vítor Manuel 87'), José Freixo, Gregório, Camilo (Miguel 87'), Gervásio, Freitas, Rogério, Joaquim Rocha e Costa
Treinador: Juca

VFC Setúbal: Jorge, Rebelo «cap», Francisco Silva, José Mendes, Caíça, Tomé, Narciso (Cabumba 55'), Rachão, Vítor Madeira, Mirobaldo e Palhares
Treinador: Carlos Cardoso

GD Estoril-Praia – 2 ACADÉMICO – 0

1ª DIVISÃO, 28ª JORNADA, 28-5-1978 (DOM, 16:00)
Estádio António Coimbra da Mota, Estoril **Árbitro:** Porém Luís (Leiria) **Auxiliares:** Azoia Monteiro e Jorge Fachada
Golos: 1-0 (Óscar 9'); 2-0 (Torres 85')

GD Estoril-Praia: Ferro, Fernando, Paris, Amílcar, Peixoto, Óscar, Santinho, Torres, Fernando Martins, Salvado (Abrantes 77') e Cepeda «cap» (Quim 64')
Treinador: José Bastos

ACADÉMICO: Marrafa «sc», Brasfemes (Miguel 73'), Rui Rodrigues «cap» (Vala 68'), José Freixo, Gregório, Camilo, Gervásio, Rogério, Freitas, Joaquim Rocha e Costa
Treinador: Juca

ACADÉMICO – 0 FC Porto – 0

1ª DIVISÃO, 29ª JORNADA, 4-6-1978 (DOM, 17:00)
Estádio Municipal de Coimbra, Coimbra
Árbitro: Mário Luís (Santarém)
Auxiliares: José Graça e José Lourenço

ACADÉMICO: Hélder, Brasfemes, Vítor Manuel, José Freixo, Gregório, Freitas, Camilo, Gervásio «cap», Rogério, Joaquim Rocha e Costa
Treinador: Juca

FC Porto: Fonseca, Gabriel, Simões, Freitas, Murça, Rodolfo «cap», Octávio, Ademir, Oliveira (Vital 82'), Duda (Seninho 62') e Gomes
Treinador: José Maria Pedroto

CD Feirense – 0 ACADÉMICO – 4

1ª DIVISÃO, 30ª JORNADA, 11-6-1978 (DOM, 17:00)
Estádio Marcolino de Castro, Santa Maria da Feira **Árbitro:** Graça Oliva (Lisboa) **Auxiliares:** José Correia e Lopes Francisco
Golos: 0-1 (Joaquim Rocha 9'); 0-2 (Costa 18'); 0-3 (Costa 65'); 0-4 (Gregório 80')

CD Feirense: Pinto, Portela (Babalito 62'), Cândido, Brito, Sobreiro «cap», Acácio, Zequinha, Henrique, Ezequiel (Lino 82'), Ramalho e Bites
Treinador: João Mota

ACADÉMICO: Hélder, Brasfemes, Vítor Manuel, José Freixo, Gregório, Freitas (Martinho 45'), Camilo, Gervásio «cap», Rogério (Miguel 70'), Joaquim Rocha e Costa
Treinador: Juca

ÉPOCA 1978-1979

1ª DIVISÃO: 15º LUGAR (DESPROMOÇÃO)
TAÇA DE PORTUGAL: QUARTOS DE FINAL

JOGOS EFECTUADOS

	J	V	E	D	GM	GS
CASA	20	9	5	6	32	20
FORA	16	0	4	12	3	25
TOTAL	36	9	9	18	35	45

ACADÉMICO – 0 GD Estoril-Praia – 0

1ª DIVISÃO, 1ª JORNADA, 27-8-1978 (DOM, 21:00)
Estádio Municipal de Coimbra, Coimbra
Árbitro: Joaquim Gonçalves (Porto)
Auxiliares: Hernâni Silva e Silva Pinto

ACADÉMICO: Hélder, Brasfemes, Rui Rodrigues, Vítor Manuel, Martinho, Gregório, Gervásio «cap», Rogério, Aquiles, Cavaleiro (Nicolau 67') e Freitas (Miguel 74')
Treinador: Juca

GD Estoril-Praia: Ruas, Pedroso, Fernando, Amílcar, Peixoto «cap», Torres, Santinho (Vitinha 70'), José António, Fernando Martins, Marinho e Fonseca (Galhofas 70')
Treinador: José Bastos

FC Famalicão – 0 ACADÉMICO – 0

1ª DIVISÃO, 2ª JORNADA, 3-9-1978 (DOM, 16:00)
Estádio Municipal de Famalicão, Vila Nova de Famalicão
Árbitro: Nemésio de Castro (Lisboa)
Auxiliares: Gabriel Arruda e Fernando Vilas

FC Famalicão: Tibi, Eduardo, Virgílio, José Albino, Jacinto, Duarte, Ruca (Acácio 71'), Vítor Oliveira «cap», Jacques, Tito e Carraça (Branco 71')
Treinador: Mário Imbelloni

ACADÉMICO: Hélder, Rui Rodrigues, Vítor Manuel, Martinho, Gregório, Gervásio «cap», Miguel, Aquiles (Nicolau 88'), Caetano (Cavaleiro 38') e Freitas
Treinador: Juca

ACADÉMICO – 3 SC Beira-Mar – 0

1ª DIVISÃO, 3ª JORNADA, 10-9-1978 (DOM, 16:00)
Estádio Municipal de Coimbra, Coimbra **Árbitro:** Evaristo Faustino (Leiria) **Auxiliares:** António Freitas e Manuel Ramos
Golos: 1-0 (Gregório 39'); 2-0 (Camilo 57'); 3-0 (Aquiles 63')

ACADÉMICO: Hélder, Brasfemes, Rui Rodrigues, Vítor Manuel, Martinho, Camilo (Caetano 78'), Gervásio «cap», Miguel (Aquiles 28'), Freitas, Nicolau e Gregório
Treinador: Juca

SC Beira-Mar: Peres, Manecas «cap», Quaresma, Sabú, Soares, Vala, Sousa, Veloso (Cambraia 61'), Garcês (Germano 45'), Camegim e Keita
Treinador: Fernando Cabrita

1978-1979

1978-1979

CAF Viseu – 1 ACADÉMICO – 0

1ª DIVISÃO, 4ª JORNADA, 17-9-1978 (DOM, 16:00)
Estádio do Fontelo, Viseu **Árbitro:** Mário Luís (Santarém)
Auxiliares: José Graça e José Lourenço
Golo: 1-0 (Joaquim Rocha 40')

CAF Viseu: Vaz «cap», Fred (Pelezinho 62'), Nado, José Freixo, Chico Santos, Penteado, Brandão, Rachão (Bastos 62'), Albasini, Joaquim Rocha e Paulista
Treinador: Mário Morais

ACADÉMICO: Hélder, Brasfemes (Caetano 75'), Rui Rodrigues, Vítor Manuel, Martinho, Gervásio «cap», Camilo, Aquiles, Gregório, Nicolau e Freitas (Rogério 45')
Treinador: Juca

ACADÉMICO – 2 FC Barreirense – 1

1ª DIVISÃO, 5ª JORNADA, 24-9-1978 (DOM, 16:00)
Estádio Municipal de Coimbra, Coimbra **Árbitro:** Armando Paraty (Porto) **Auxiliares:** Pereira Bernardo e Pereira da Silva **Golos:** 0-1 (Carlos Manuel 6'); 1-1 (Gervásio 23', gp); 2-1 (Nicolau 28')

ACADÉMICO: Hélder, Brasfemes, Rui Rodrigues, Vítor Manuel, Martinho, Gregório, Gervásio «cap», Freitas, Aquiles (Miguel 61'), Nicolau e Rogério
Treinador: Juca

FC Barreirense: Jorge «cap», Trindade, Frederico, Cansado, Amaral (Lóia 75'), Pavão, Carlos Manuel, Araújo, Praia (Andrade 49'), Coentro Faria e Arnaldo
Treinador: Manuel de Oliveira

FC Porto – 3 ACADÉMICO – 0

1ª DIVISÃO, 6ª JORNADA, 15-10-1978 (DOM, 15:00)
Estádio das Antas, Porto **Árbitro:** Azevedo Duarte (Braga)
Auxiliares: Fortunato Azevedo e Sousa Noversa
Golos: 1-0 (Oliveira 25'); 2-0 (Lima Pereira 51'); 3-0 (Gomes 55')

FC Porto: Torres, Gabriel, Lima Pereira (Freitas 58'), Teixeira, Murça, Frasco, Rodolfo, Costa (Vital 45'), Oliveira «cap», Gomes e Marco Aurélio
Treinador: José Maria Pedroto

ACADÉMICO: Hélder, Brasfemes (Cavaleiro 72'), Teves, Vítor Manuel, Martinho, Aquiles (Caetano 72'), Gregório, Gervásio «cap», Rogério, Nicolau e Freitas
Treinador: Juca

ACADÉMICO – 0 SL Benfica – 2

1ª DIVISÃO, 7ª JORNADA, 22-10-1978 (DOM, 15:00)
Estádio Municipal de Coimbra, Coimbra **Árbitro:** Fernando Alberto (Porto) **Auxiliares:** Luís Mendes e Manuel Peneda
Golos: 0-1 (Reinaldo 2'); 0-2 (Alves 34')

ACADÉMICO: Hélder, Brasfemes, Teves, Vítor Manuel, Martinho, Gregório, Gervásio «cap», Rogério, Nicolau, Freitas e Aquiles (Abrantes 45', Miguel 83')
Treinador: Juca

SL Benfica: Bento, Pietra (Pereirinha 78'), Humberto Coelho, Carlos Alhinho, Alberto, Toni «cap», Shéu, Alves (Mário Wilson 80'), Nené, Reinaldo e Chalana
Treinador: John Mortimore

SC Braga – 3 ACADÉMICO – 0

1ª DIVISÃO, 8ª JORNADA, 29-10-1978 (DOM, 18:30)
Estádio 1º de Maio, Braga **Árbitro:** Vitorino Gonçalves (Aveiro)
Auxiliares: Adriano Costa e Francisco Silva
Golos: 1-0 (Chico Faria 11'); 2-0 (Chico Faria 35'); 3-0 (Lito 86')

SC Braga: Conhé, Artur Correia, Serra «cap», João Cardoso, Vilaça (Mendes 69'), Paulo Rocha, José Artur, Garcia, Nelinho, Chico Faria (Fontes 67') e Lito
Treinador: Fernando Caiado

ACADÉMICO: Hélder, Brasfemes, Teves, Vítor Manuel, Martinho, Gregório, Gervásio «cap», Rogério, Miguel (Cavaleiro 77'), Nicolau e Freitas (Aquiles 38')
Treinador: Juca

ACADÉMICO – 3 CF "Os Belenenses" – 1   (TV)

1ª DIVISÃO, 9ª JORNADA, 5-11-1978 (DOM, 18:30)
Estádio Municipal de Coimbra, Coimbra **Árbitro:** Aventino Ferreira (Braga) **Auxiliares:** José Alves e José Queirós **Golos:** 1-0 (Rogério 8'); 1-1 (Lincoln 10'); 2-1 (Gervásio 35', gp); 3-1 (Gregório 51')

ACADÉMICO: Marrafa, Brasfemes, Vítor Manuel, Manafá, Martinho, Gregório, Gervásio «cap», Rogério, Aquiles, Cavaleiro (Nicolau 77') e Caetano (Freitas 39')
Treinador: Juca

CF "Os Belenenses": Delgado, Sambinha, Luís Horta, Alexandre Alhinho, Carlos Pereira, Vasques «cap», Isidro (Carneirinho 60'), Esmoriz, Clésio, Lincoln (Eurico 37') e Cepeda
Treinador: António Medeiros

CS Marítimo – 0 ACADÉMICO – 0

1ª DIVISÃO, 10ª JORNADA, 19-11-1978 (DOM, 16:00)
Estádio dos Barreiros, Funchal
Árbitro: César Correia (Algarve)
Auxiliares: Luís Frade e Odílio Raimundo

CS Marítimo: Quim, Eduardo Luís, Olavo, Noémio, Osvaldinho, Valter, Vítor Gomes, Eduardinho «cap» (Rui 69'), Roberto, China e Djair (Arnaldo Silva 45')
Treinador: Fernando Vaz

ACADÉMICO: Marrafa, Brasfemes, Vítor Manuel, Manafá, Martinho, Gregório, Gervásio «cap», Rogério, Aquiles (Miguel 71'), Cavaleiro e Caetano (Freitas 45')
Treinador: Juca

VFC Setúbal – 1 ACADÉMICO – 0   (TV)

1ª DIVISÃO, 11ª JORNADA, 3-12-1978 (DOM, 18:30)
Estádio do Bonfim, Setúbal **Árbitro:** Albino Rodrigues (Funchal)
Auxiliares: Gregório Fernandes e Teixeira Dória
Golo: 1-0 (Narciso 17')

VFC Setúbal: Silvino, José Lino, José Mendes, Martin, Quim, Pedrinho, Jacinto João «cap» (Francisco Silva 83'), José Luís, Vítor Madeira, Narciso e Palhares
Treinador: Carlos Cardoso

ACADÉMICO: Marrafa, Brasfemes, Vítor Manuel, Manafá, Martinho, Gregório, Gervásio «cap», Rogério (Nicolau 61'), Caetano (Freitas 26'), Cavaleiro e Aquiles
Treinador: Juca

ACADÉMICO – 1 Varzim SC – 1   ⇧ (TV)

1ª DIVISÃO, 12ª JORNADA, 10-12-1978 (DOM, 18:30)
Estádio Municipal de Coimbra, Coimbra **Árbitro:** Vítor Correia (Lisboa) **Auxiliares:** João Vinagre e Pinto Beja
Golos: 0-1 (Francisco Mário 34'); 1-1 (Brasfemes 57')

ACADÉMICO: Marrafa, Brasfemes, Vítor Manuel, Manafá, Martinho, Gregório, Gervásio «cap», Miguel, Aquiles, Cavaleiro e Freitas (Nicolau 68')
Treinador: Juca

Varzim SC: Jesus, Cacheira «cap», Washington, Montóia, Guedes, Festas, João, Pinto, Francisco Mário (Horácio 68'), Jarbas e José Domingos (Paris 83')
Treinador: António Teixeira

Boavista FC – 1 ACADÉMICO – 0

1ª DIVISÃO, 13ª JORNADA, 16-12-1978 (SAB, 15:00)
Estádio do Bessa, Porto **Árbitro:** António Ferreira (Lisboa)
Auxiliares: Pires Alves e Romão Neves
Golo: 1-0 (Jorge Gomes 50')

Boavista FC: Matos, Babalito, Mário João, Artur «cap», Taí, Albertino, Barbosa (Eliseu 79'), Nogueira, Moinhos, Jorge Gomes e Salvador
Treinador: Jimmy Hagan

ACADÉMICO: Marrafa, Brasfemes (Caetano 73'), Vítor Manuel, Manafá, Martinho, Gregório, Gervásio «cap», Miguel, Aquiles, Cavaleiro (Nicolau 73') e Freitas
Treinador: Juca

ACADÉMICO – 0 Sporting CP – 0

1ª DIVISÃO, 14ª JORNADA, 23-12-1978 (SAB, 15:00)
Estádio Municipal de Coimbra, Coimbra
Árbitro: Azevedo Duarte (Braga)
Auxiliares: Fortunato Azevedo e Sousa Noversa

ACADÉMICO: Marrafa, Brasfemes, Vítor Manuel, Manafá, Martinho, Gregório, Gervásio «cap», Rogério (Miguel 81'), Freitas, Cavaleiro (Aquiles 71') e Nicolau
Treinador: Juca

Sporting CP: Botelho, Artur, Laranjeira, Bastos, Inácio, Marinho, Ademar, Ailton, Baltasar, Keita «cap» e Vítor Manuel (Freire 71')
Treinador: Milorad Pavic

GD Estoril-Praia – 1 ACADÉMICO – 0

1ª DIVISÃO, 16ª JORNADA, 7-1-1979 (DOM, 15:00)
Estádio António Coimbra da Mota, Estoril **Árbitro:** Manuel Poeira (Algarve) **Auxiliares:** José Florêncio e José Machado
Golo: 1-0 (José António 87')

GD Estoril-Praia: Abrantes, Pedroso, Torres, Amílcar, Peixoto «cap», Fernando, Santinho (Vitinha 45'), José António, Salvado, Marinho (Galhofas 74') e Fonseca
Treinador: José Bastos

ACADÉMICO: Marrafa, Brasfemes, Vítor Manuel, Manafá, Martinho (Miguel 56'), Gregório, Gervásio «cap», Rogério, Freitas, Cavaleiro (Abrantes 45') e Nicolau
Treinador: Juca

ACADÉMICO – 4 CFU Lamas – 0   ⇧

TAÇA DE PORTUGAL, 1/64 DE FINAL, 13-1-1979 (SAB, 15:00)
Estádio Municipal de Coimbra, Coimbra **Árbitro:** Evaristo Faustino (Leiria) **Auxiliares:** José Filipe e Manuel Ramos **Golos:** 1-0 (Nicolau 6'); 2-0 (Aquiles 15'); 3-0 (Nicolau 24'); 4-0 (Aquiles 53')

ACADÉMICO: Hélder, Brasfemes, Vítor Manuel (Belo 75'), Manafá, Gregório, Miguel (Cavaleiro 75'), Gervásio «cap», Rogério, Aquiles, Nicolau e Freitas
Treinador: Juca

CFU Lamas: Cardoso, Cadete, Quim Belinha, Chico «cap», Vivas (Edmundo 45'), Ricardo, Rui Manuel, Leo, Babá, Aires (Coimbra 45') e Pinto da Rocha
Treinador: Francisco Batista

ACADÉMICO – 0 FC Famalicão – 2

1ª DIVISÃO, 17ª JORNADA, 21-1-1979 (DOM, 15:00)
Estádio Municipal de Coimbra, Coimbra **Árbitro:** Graça Oliva (Lisboa) **Auxiliares:** Purificação Correia e Lopes Francisco
Golos: 0-1 (Vítor Oliveira 3'); 0-2 (Vítor Oliveira 82')

ACADÉMICO: Hélder, Manafá, Herculano (Cavaleiro 45'), Vítor Manuel, Gregório, Miguel, Gervásio «cap», Rogério, Aquiles (Caetano 67'), Nicolau e Freitas
Treinador: Juca

FC Famalicão: Tibi, José Albino, José Eduardo, Virgílio, Jacinto, Fragoso, Duarte, Branco, Vítor Oliveira «cap», Jacques e Lula (Ruca 67')
Treinador: Mário Imbelloni

SC Beira-Mar – 1 ACADÉMICO – 0

1ª DIVISÃO, 18ª JORNADA, 28-1-1979 (DOM, 15:00)
Estádio Mário Duarte, Aveiro **Árbitro:** Marques Pires (Setúbal)
Auxiliares: Francisco Periquito e Rui Santiago
Golo: 1-0 (Germano 52')

SC Beira-Mar: Padrão, Manecas «cap», Lima, Sabú, Soares, Veloso, Sousa, Vala (Keita 67'), Niromar, Garcês (Camegim 45') e Germano
Treinador: Fernando Cabrita

ACADÉMICO: Marrafa, Belo, Manafá, Vítor Manuel, Gregório, Miguel (Caetano 80'), Gervásio «cap», Rogério, Aquiles (Cavaleiro 67'), Nicolau e Freitas
Treinador: Juca

SC Olhanense – 0 ACADÉMICO – 0 (AP)

TAÇA DE PORTUGAL, 1/32 DE FINAL, 4-2-1979 (DOM, 15:00)
Campo Padinha, Olhão
Árbitro: Raul Nazaré (Setúbal)
Auxiliares: António Jorge e José Martins

SC Olhanense: João Luís, Morais, Miguel, Fenando Bom, Salas, Luciano (Balecas 57'), Almeida «cap», João Poeira, Ruas (Farias 53'), Hilton e Sanina **Treinador:** Almeida

ACADÉMICO: Marrafa, Belo, Manafá, Vítor Manuel, Gregório, Miguel (Gomes 90'), Gervásio «cap», Caetano (Cavaleiro 75'), Rogério, Nicolau e Freitas
Treinador: Juca

ACADÉMICO – 4 CAF Viseu – 0

1ª DIVISÃO, 19ª JORNADA, 11-2-1979 (DOM, 15:00)
Estádio Municipal de Coimbra, Coimbra **Árbitro:** Fernando Alberto (Porto) **Auxiliares:** Luís Mendes e Manuel Peneda
Golos: 1-0 (Nicolau 22'); 2-0 (Nicolau 47'); 3-0 (Eldon 59'); 4-0 (Rogério Nobres 73')

ACADÉMICO: Marrafa, Manafá (Miguel 74'), Marcos (Teves 45'), Vítor Manuel, Gregório, Rogério Nobres, Gervásio «cap», Rogério, Freitas, Eldon e Nicolau
Treinador: Juca

CAF Viseu: Vaz (Cardoso 74'), Amadeu, José Freixo, Teixeira, Santos, Alfredo, Orivaldo, Penteado, Basto «cap», Ramon (Vinagre 89') e Joaquim Rocha
Treinador: Gustavo Silva

ACADÉMICO – 3 SC Olhanense – 0

TAÇA DE PORTUGAL, 1/32 DE FINAL, 14-2-1979 (QUA, 21:30)
Estádio Municipal de Coimbra, Coimbra
Árbitro: Américo Borges (Porto)
Auxiliares: Álvaro Magalhães e António Cunha
Golos: 1-0 (Nicolau 7'); 2-0 (Fernando Bom 60', pb); 3-0 (Eldon 78')

ACADÉMICO: Marrafa, Manafá, Teves, Vítor Manuel, Gregório, Gervásio «cap», Cavaleiro (Miguel 45'), Eldon, Nicolau, Rogério Nobres e Rogério (Caetano 77') **Treinador:** Juca

SC Olhanense: João Luís, Morais, Miguel, Fernando Bom (Filinto 64'), Salas, João Poeira, Almeida «cap», Luciano (Balecas 70'), Domingos, Hilton e Ruas
Treinador: Vinueza

FC Barreirense – 1 ACADÉMICO – 0

1ª DIVISÃO, 20ª JORNADA, 18-2-1979 (DOM, 15:00)
Campo D. Manuel de Melo, Barreiro **Árbitro:** Manuel Poeira (Algarve) **Auxiliares:** José Florêncio e José Machado
Golo: 1-0 (Arnaldo 77', gp)

FC Barreirense: Jorge «cap», Romão, Frederico, Cansado, Lóia, Carlos Alberto (Trindade 82'), Pavão, Arnaldo, Carlos Manuel, Araújo (Índio 56') e Júlio
Treinador: José Augusto

ACADÉMICO: Marrafa, Manafá (Abrantes 86'), Teves, Vítor Manuel, Gregório, Miguel (Cavaleiro 77'), Gervásio «cap», Rogério Nobres, Nicolau, Eldon e Rogério
Treinador: Juca

ACADÉMICO – 3 CAD "O Elvas" – 2

TAÇA DE PORTUGAL, 1/16 DE FINAL, 24-2-1979 (SAB, 15:30)
Estádio Municipal de Coimbra, Coimbra **Árbitro:** Pedro Quaresma (Lisboa) **Auxiliares:** António Rocha e Luís Mónica
Golos: 0-1 (Nelito 9'); 1-1 (Eldon 24'); 2-1 (Nicolau 42'); 3-1 (Nicolau 60'); 3-2 (Nelito 71')

ACADÉMICO: Marrafa, Gregório, Manafá, Vítor Manuel, Martinho, Camilo (Miguel 78'), Gervásio «cap», Rogério Nobres, Eldon, Nicolau e Rogério (Freitas 81')
Treinador: Juca

CAD "O Elvas": Conde, João, Fernando, Lomelino «cap», Gomes, Nana, Perdigão, José Maria, Portela, Cabral e Nelito
Treinador: Jacinto Marques

VSC Guimarães – 3 ACADÉMICO – 0

1ª DIVISÃO, 15ª JORNADA, 27-2-1979 (TER, 15:30)
Estádio Municipal de Guimarães, Guimarães **Árbitro:** Porém Luís (Leiria) **Auxiliares:** António Freitas e Jorge Fachada
Golos: 1-0 (Jeremias 15'); 2-0 (Romeu 35'); 3-0 (Jeremias 89')
Obs: Jogo inicialmente marcado para 30 de Dezembro, adiado devido ao mau tempo

VSC Guimarães: Melo, Ramalho, Manaca, Torres «cap», Alfredo, Ferreira da Costa, Pedroto, Abreu, Mané (Dinho 88'), Jeremias e Romeu **Treinador:** Mário Wilson

ACADÉMICO: Marrafa, Gregório «sc», Teves, Vítor Manuel, Martinho, Camilo (Freitas 73'), Gervásio «cap» (Miguel 69'), Rogério Nobres, Eldon, Nicolau e Rogério
Treinador: Juca

ACADÉMICO – 0 FC Porto – 3

1ª DIVISÃO, 21ª JORNADA, 4-3-1979 (DOM, 15:00)
Estádio Municipal de Coimbra, Coimbra **Árbitro:** César Correia (Algarve) **Auxiliares:** Luís Frade e Odílio Raimundo
Golos: 0-1 (Gomes 50'); 0-2 (Gomes 52'); 0-3 (Vital 81')

ACADÉMICO: Marrafa, Gregório, Manafá, Vítor Manuel, Martinho (Camilo 45'), Freitas, Miguel (Nicolau 65'), Gervásio «cap», Rogério Nobres, Rogério e Eldon
Treinador: Juca

FC Porto: Fonseca, Gabriel, Simões, Teixeira, Murça, Oliveira «cap» (Vital 45'), Rodolfo, Frasco (Óscar 72'), Costa, Duda e Gomes
Treinador: José Maria Pedroto

SL Benfica – 6 ACADÉMICO – 1

1ª DIVISÃO, 22ª JORNADA, 11-3-1979 (DOM, 15:00)
Estádio da Luz, Lisboa **Árbitro:** José Luís Tavares (Setúbal)
Auxiliares: Fernando Reis e Manuel Amendoeira
Golos: 1-0 (Nené 7'); 2-0 (Nené 40'); 3-0 (Alves 46'); 3-1 (Eldon 47'); 4-1 (Nené 59'); 5-1 (Nené 65'); 6-1 (Nené 89')

SL Benfica: Bento, António Bastos Lopes, Humberto Coelho, Eurico, Alberto, Toni «cap», Shéu, Alves, Nené, Reinaldo (Jorge 45') e Chalana **Treinador:** John Mortimore

ACADÉMICO: Marrafa, Gregório «cap», Manafá, Vítor Manuel, Teves, Marcos (Abrantes 45'), Freitas, Miguel (Nicolau 45'), Camilo, Rogério Nobres e Eldon
Treinador: Juca

ACADÉMICO – 4 CD Cova da Piedade – 0

TAÇA DE PORTUGAL, OITAVOS DE FINAL, 18-3-1979 (DOM, 15:00)
Estádio Municipal de Coimbra, Coimbra **Árbitro:** Adélio Pinto (Porto) **Auxiliares:** Augusto Batista e Silva Costa **Golos:** 1-0 (Gomes 5'); 2-0 (Freitas 46'); 3-0 (Nicolau 86'); 4-0 (Gregório 88')

ACADÉMICO: Marrafa, Martinho, Manafá, Vítor Manuel, Gregório «cap», Gomes, Camilo, Rogério Nobres (Miguel 60'), Nicolau, Eldon (Aquiles 68') e Freitas
Treinador: Juca

CD Cova da Piedade: Cardoso, Paulo, Cabrita, Alberto «cap», Mário, Quim Santos, Vítor Silva (Júlio 65') e Adriano, Alfredo, José Maria e Juvenal
Treinador: Vieira Dias

ACADÉMICO – 0 SC Braga – 1

1ª DIVISÃO, 23ª JORNADA, 25-3-1979 (DOM, 18:30)
Estádio Municipal de Coimbra, Coimbra **Árbitro:** Lopes Martins (Lisboa) **Auxiliares:** Euclides Marques e Monteiro Alves
Golo: 0-1 (Chico Gordo 44')

ACADÉMICO: Marrafa, Martinho, Manafá, Vítor Manuel, Gregório, Miguel (Nicolau 45'), Gervásio «cap», Rogério Nobres, Aquiles (Gomes 83'), Eldon e Freitas
Treinador: Juca

SC Braga: Conhé, Ronaldo, Artur Correia, Serra, Mendes, Quinito, José Artur, Garcia «cap», Nelinho (Fontes 69'), Chico Gordo e Lito
Treinador: Fernando Caiado

CF "Os Belenenses" – 2 ACADÉMICO – 1

1ª DIVISÃO, 24ª JORNADA, 1-4-1979 (DOM, 19:30)
Estádio do Restelo, Lisboa
Árbitro: Alder Dante (Santarém)
Auxiliares: Batista Fernandes e Eduardo Faria
Golos: 0-1 (Freitas 5'); 1-1 (Cepeda 12'); 2-1 (Amaral 75')

CF "Os Belenenses": Delgado, Sambinha (Vasques 63'), Lima, Luís Horta, Carlos Pereira «cap», Eurico, Esmoriz, Hertz, Clésio, Amaral e Cepeda **Treinador:** António Medeiros

ACADÉMICO: Marrafa, Belo, Manafá, Vítor Manuel, Gregório «sc», Miguel, Gervásio «cap» (V 76'), Caetano (Abrantes 85'), Rogério Nobres, Nicolau e Freitas
Treinador: Juca

ACADÉMICO – 1 CS Marítimo – 3

1ª DIVISÃO, 25ª JORNADA, 8-4-1979 (DOM, 16:00)
Estádio Municipal de Coimbra, Coimbra **Árbitro:** Aventino Ferreira (Braga) **Auxiliares:** José Alves e José Queirós **Golos:** 0-1 (China 5'); 0-2 (China 13'); 0-3 (Vítor Gomes 51'); 1-3 (Rogério 89')

ACADÉMICO: Marrafa, Brasfemes «sc», Manafá, Vítor Manuel, Martinho, Gregório «cap» (Rogério 45'), Gomes, Rogério Nobres, Freitas, Eldon e Nicolau (Abrantes 67')
Treinador: Juca

CS Marítimo: Quim, Olavo, Noémio, Eduardo Luís, Arnaldo Carvalho, Valter, Vítor Gomes, Eduardinho «cap», China, Arnaldo Silva e Djair (Roberto 73')
Treinador: Manuel de Oliveira

ACADÉMICO – 1 Boavista FC – 3

TAÇA DE PORTUGAL, QUARTOS DE FINAL, 22-4-1979 (DOM, 16:00)
Estádio Municipal de Coimbra, Coimbra **Árbitro:** Américo Barradas (Setúbal) **Auxiliares:** António Rodrigues e Aurélio Marques **Golos:** 0-1 (Jorge Gomes 10'); 0-2 (Albertino 44', gp); 0-3 (Albertino 69', gp); 1-3 (Gregório 72', gp) **Obs:** Jogo anulado pela FPF, em consequência de protesto do Académico

ACADÉMICO: Marrafa, Brasfemes, Belo, Teves, Gregório «cap», Gomes, Camilo (Aquiles 25'), Rogério Nobres, Freitas (Luís Cláudio 71'), Eldon e Rogério **Treinador:** Juca

Boavista FC: Matos, Barbosa, Mário João, Artur «cap», Taí, Eliseu, Albertino, José Manuel, Moinhos (Queiró 64'), Jorge Gomes e Salvador
Treinador: Jimmy Hagan

ACADÉMICO – 0 VFC Setúbal – 0

1ª DIVISÃO, 26ª JORNADA, 13-5-1979 (DOM, 16:00)
Estádio Municipal de Coimbra, Coimbra
Árbitro: Vítor Correia (Lisboa)
Auxiliares: João Vinagre e Manuel Almeida

ACADÉMICO: Hélder, Brasfemes «sc», Manafá, Vítor Manuel, Gregório «cap» (Belo 59'), Camilo, Gomes, Rogério Nobres, Aquiles, Eldon (Cavaleiro 72') e Freitas
Treinador: Juca

VFC Setúbal: Silvino, Rebelo, Francisco Silva, Martin, José Luís, Narciso, Pedrinho, Chico, Vítor Batista «cap», Mário Ventura (Formosinho 54') e Vítor Madeira (Mirobaldo 81')
Treinador: Rui Silva

Varzim SC – 1 ACADÉMICO – 1

1ª DIVISÃO, 27ª JORNADA, 27-5-1979 (DOM, 16:00)
Estádio do Varzim Sport Clube, Póvoa de Varzim
Árbitro: António Rodrigues (Santarém)
Auxiliares: Armando Amaro e Luís Marcão
Golos: 1-0 (João 38'); 1-1 (Gregório 44')

Varzim SC: Jesus, Cacheira «cap», Montóia, Albino (Leopoldo 45', Brandão 84'), Guedes, João, Festas, Pinto, José Domingos, Horácio e Jarbas
Treinador: António Teixeira

ACADÉMICO: Hélder, Brasfemes, Manafá, Vítor Manuel, Martinho (Cavaleiro 80'), Gregório «cap», Camilo, Gomes, Rogério (Gervásio 71'), Eldon (AA 63') e Freitas
Treinador: Juca

1979-1980

ACADÉMICO – 1 Boavista FC – 0
1ª DIVISÃO, 28ª JORNADA, 3-6-1979 (DOM, 17:00)
Estádio Municipal de Coimbra, Coimbra
Árbitro: Inácio de Ameida (Setúbal)
Auxiliares: José Janeiro e José Duarte
Golo: 1-0 (Rogério Nobres 54')

ACADÉMICO: Hélder, Brasfemes, Manafá, Vítor Manuel, Martinho, Camilo, Gomes (Gervásio 20', Aquiles 62'), Rogério, Gregório «cap», Rogério Nobres e Freitas **Treinador:** Juca

Boavista FC: Matos, Barbosa, Mário João, Artur «cap», Austrino, Roni (Moinhos 57'), Albertino, Salvador, José Manuel (Eliseu 77'), Jorge Gomes e Júlio
Treinador: Jimmy Hagan

ACADÉMICO – 1 Boavista FC – 2
TAÇA DE PORTUGAL, QUARTOS DE FINAL, 7-6-1979 (QUI, 17:00)
Estádio Municipal de Coimbra, Coimbra **Árbitro:** António Garrido (Leiria) **Auxiliares:** Virgílio Alves e José Rosa **Golos:** 0-1 (Salvador 8'); 0-2 (Moinhos 27'); 1-2 (Eldon 46') **Obs:** Jogo de repetição

ACADÉMICO: Hélder, Brasfemes (Nicolau 62'), Manafá, Vítor Manuel, Martinho, Camilo (Eldon 14'), Gomes, Rogério, Gregório «cap», Rogério Nobres e Freitas
Treinador: Juca

Boavista FC: Matos, Barbosa, Mário João, Artur «cap», Taí, Albertino, Moinhos, Eliseu (Amândio 56'), Júlio, Jorge Gomes e Salvador
Treinador: Jimmy Hagan

Sporting CP – 1 ACADÉMICO – 0
1ª DIVISÃO, 29ª JORNADA, 10-6-1979 (DOM, 17:00)
Estádio José Alvalade, Lisboa **Árbitro:** Evaristo Faustino (Leiria)
Auxiliares: José Filipe e Manuel Ramos
Golo: 1-0 (Zandonaide 41')

Sporting CP: Botelho, Bastos, Laranjeira, Meneses, Inácio «cap», Ademar, Fraguito, Zandonaide (Baltasar 82'), Vítor Manuel (Marinho 45'), Manoel e Jordão
Treinador: Milorad Pavic

ACADÉMICO: Hélder, Brasfemes (V 61'), Manafá, Vítor Manuel, Martinho, Gregório «cap», Gomes (Nicolau 78'), Rogério, Freitas (Miguel 65'), Eldon e Rogério Nobres
Treinador: Juca

ACADÉMICO – 2 VSC Guimarães – 2
1ª DIVISÃO, 30ª JORNADA, 17-6-1979 (DOM, 17:00)
Estádio Municipal de Coimbra, Coimbra
Árbitro: Armando Paraty (Porto)
Auxiliares: Pereira Bernardo e Pereira da Silva
Golos: 0-1 (Mané 29'); 0-2 (Almiro 56'); 1-2 (Cavaleiro 74'); 2-2 (Cavaleiro 77')

ACADÉMICO: Hélder, Gregório «sc», Manafá, Vítor Manuel, Martinho, Miguel, Gervásio «cap» (Gomes 44'), Aquiles, Cavaleiro, Rogério e Freitas (Nicolau 61') **Treinador:** Juca

VSC Guimarães: Rodrigues, Ramalho, Manaca, Torres «cap», Alfredo, Pedroto (Salvador 8'), Almiro, Abreu, Ferreira da Costa, Gomes (Vicente 33') e Mané
Treinador: Daniel Barreto

ÉPOCA 1979-1980

2ª DIVISÃO, ZONA CENTRO: 1º LUGAR (PROMOÇÃO)
TAÇA DE PORTUGAL: 1/32 DE FINAL

JOGOS EFECTUADOS

	J	V	E	D	GM	GS
CASA	20	16	3	1	46	6
FORA	18	6	9	3	24	15
TOTAL	38	22	12	4	70	21

Caldas SC – 1 ACADÉMICO – 4
2ª DIVISÃO, ZONA CENTRO, 1ª JORNADA, 9-9-1979 (DOM, 16:00)
Campo da Mata, Caldas da Rainha
Árbitro: Augusto Bailão (Lisboa)
Auxiliares: Raul Ferreira e Carlos Jesus
Golos: 0-1 (Eldon 21'); 0-2 (Eldon 36'); 0-3 (Cavaleiro 37'); 1-3 (Valdir 44'); 1-4 (Eldon 61')

Caldas SC: Fortunato, Graciano, Custódio «cap», Leal, Eduardo, Nuno, Mário, Orlando (Fragoso 80'), Gomes, Valdir e Airton (Marques 45') **Treinador:** Quim Teixeira

ACADÉMICO: Marrafa, Brasfemes, Cardoso, José Manuel, Martinho «cap», Álvaro, Camilo, Gomes (Rogério Nobres 45'), Eldon, Freitas e Cavaleiro (Aquiles 75')
Treinador: Pedro Gomes

ACADÉMICO – 4 Naval 1º Maio – 0
2ª DIVISÃO, ZONA CENTRO, 2ª JORNADA, 16-9-1979 (DOM, 16:00)
Estádio Municipal de Coimbra, Coimbra **Árbitro:** Fernando Alberto (Porto) **Auxiliares:** Luís Mendes e Manuel Peneda **Golos:** 1-0 (Cavaleiro 18'); 2-0 (Eldon 38'); 3-0 (Freitas 51'); 4-0 (Aquiles 84')

ACADÉMICO: Marrafa, Brasfemes, Cardoso, José Manuel, Martinho «cap», Álvaro, Camilo (Rogério Nobres 45'), Gomes, Eldon, Freitas e Cavaleiro (Aquiles 70')
Treinador: Pedro Gomes

Naval 1º Maio: Arménio, Cortesão, Amândio (Tirone 67'), João Gonçalves, João Maria, Nãnã, Alcino, Couceiro (Ceia Lima 60'), Caldeira «cap», Elísio e Paredes
Treinador: Couceiro Figueira

GD Mangualde – 1 ACADÉMICO – 2
2ª DIVISÃO, ZONA CENTRO, 3ª JORNADA, 22-9-1979 (SAB, 16:00)
Campo Conde de Anadia, Mangualde **Árbitro:** Manuel Vicente (Vila Real) **Auxiliares:** Carlos Teles e Joaquim Fonseca
Golos: 0-1 (Eldon 48'); 0-2 (Rogério Nobres 76'); 1-2 (Bicker 85')

GD Mangualde: Maia, Costa «cap», Pedro, Allan, Almeida, Américo, João Cruz (Raul 74'), Egídio, Bicker, Luís Filipe e Jaime
Treinador: Juan Callichio

ACADÉMICO: Marrafa, Brasfemes, Cardoso, José Manuel, Martinho «cap», Álvaro, Camilo, Rogério Nobres, Eldon, Freitas e Cavaleiro (Aquiles 67')
Treinador: Pedro Gomes

ACADÉMICO – 2 SCE Portalegre – 1
2ª DIVISÃO, ZONA CENTRO, 4ª JORNADA, 30-9-1979 (DOM, 16:00)
Estádio Municipal de Coimbra, Coimbra
Árbitro: Américo Borges (Porto)
Auxiliares: Álvaro Magalhães e António Cunha
Golos: 1-0 (Freitas 3'); 1-1 (Orivaldo 34'); 2-1 (Aquiles 90')

ACADÉMICO: Marrafa, Brasfemes, Cardoso, José Manuel, Martinho «cap», Álvaro, Camilo, Gomes (Aquiles 45'), Freitas, Eldon e Rogério Nobres **Treinador:** Pedro Gomes

SCE Portalegre: Chapelli, Romeu, Alcino, Jaime, Carlos Manuel, Álvaro, João Paulo, Falcão (Rui 80'), Orivaldo, Betinho «cap» e Orlando (Belo 86')
Treinador: Orivaldo Nascimento

ACADÉMICO – 2 CAF Viseu – 0
TAÇA DE PORTUGAL, 1ª FASE, 6-10-1979 (SAB, 15:00)
Estádio Municipal de Coimbra, Coimbra **Árbitro:** Azevedo Duarte (Braga) **Auxiliares:** Fortunato Azevedo e Pinheiro Gonçalves
Golos: 1-0 (Aquiles 57'); 2-0 (Freitas 85')

ACADÉMICO: Melo, Brasfemes, Cardoso, José Manuel, Martinho «cap», Álvaro, Camilo, Rogério Nobres (Araújo 45'), Aquiles (Cavaleiro 86'), Eldon e Freitas
Treinador: Pedro Gomes

CAF Viseu: José Pereira, José Manuel, Arnaldo, Emanuel, Sobreiro, Chico Santos, Albasini, Rodrigo «cap» (Índio 73'), Águas (Penteado 60'), N'Habola e Nelito
Treinador: José Moniz

Oliveira do Bairro SC – 2 ACADÉMICO – 3
2ª DIVISÃO, ZONA CENTRO, 5ª JORNADA, 14-10-1979 (DOM, 15:00)
Campo de São Sebastião, Oliveira do Bairro **Árbitro:** Armando Paraty (Porto) **Auxiliares:** Pereira Bernardo e Pereira da Silva
Golos: 0-1 (Eldon 8'); 1-1 (Henrique 28', gp); 2-1 (Teixeira 50'); 2-2 (Álvaro 66'); 2-3 (Eldon 75') **Obs:** Jogo anulado pela FPF, em consequência do protesto do Oliveira do Bairro SC

Oliveira do Bairro SC: Rafael, Amílcar (V 29'), Mendonça, Sarrô, Marques, Niza, Raul Águas, César, José Carlos, Henrique «cap» (Flávio 60') e Teixeira (Marabuto 70') **Treinador:** Custódio Pinto

ACADÉMICO: Melo, Araújo, Cardoso, José Manuel, Martinho «cap», Álvaro, Camilo, Aquiles, Eldon, Freitas e Rogério Nobres
Treinador: Pedro Gomes

ACADÉMICO – 5 UFCI Tomar – 0
2ª DIVISÃO, ZONA CENTRO, 6ª JORNADA, 21-10-1979 (DOM, 15:00)
Estádio Municipal de Coimbra, Coimbra **Árbitro:** Graça Oliva (Lisboa) **Auxiliares:** Pinto Correia e Lopes Francisco
Golos: 1-0 (Aquiles 10'); 2-0 (Eldon 53'); 3-0 (Aquiles 76'); 4-0 (Aquiles 85'); 5-0 (Eldon 89')

ACADÉMICO: Melo, Brasfemes, Cardoso, Martinho «cap», Araújo, Álvaro (Nicolau 79'), Gomes, Rogério Nobres (Camilo 45'), Aquiles, Eldon e Freitas
Treinador: Pedro Gomes

UFCI Tomar: Vital, Sérgio «cap», Graça, Carvalhito, Varela, Godinho, Amenga, José João, Mulatinho (Simões 35'), Jorge Pinto (Abreu 63') e José Luís
Treinador: António Gama

GC Alcobaça – 1 ACADÉMICO – 1
2ª DIVISÃO, ZONA CENTRO, 7ª JORNADA, 28-10-1979 (DOM, 15:00)
Estádio Municipal de Alcobaça, Alcobaça **Árbitro:** Lopes Martins (Lisboa) **Auxiliares:** Euclides Marques e Monteiro Alves
Golos: 1-0 (Caetano 1'); 1-1 (Camilo 60')

GC Alcobaça: Domingos, Belo «cap», Coelho, José Rui, José António, Tozé, Pires, Dino, Bragança, Adriano (Pereira 61') e Caetano (Rolo 85')
Treinador: José Adelino

ACADÉMICO: Melo, Brasfemes, José Manuel, Martinho «cap», Araújo, Álvaro, Camilo, Cardoso (Nicolau 65'), Aquiles (Henrique 83'), Eldon (V 19') e Freitas
Treinador: Pedro Gomes

ACADÉMICO – 3 CFU Coimbra – 0
2ª DIVISÃO, ZONA CENTRO, 8ª JORNADA, 11-11-1979 (DOM, 15:00)
Estádio Municipal de Coimbra, Coimbra **Árbitro:** Alder Dante (Santarém) **Auxiliares:** Batista Fernandes e Gama Henriques
Golo: 1-0 (Nicolau 62') **Obs:** Jogo interrompido aos 64 minutos (1-0), devido à invasão de campo. A FPF atribuiu a vitória ao Académico por 3-0

ACADÉMICO: Melo, Brasfemes, José Manuel, Martinho «cap», Araújo, Gomes (Henrique 45'), Camilo, Cardoso, Cavaleiro, Nicolau e Freitas **Treinador:** Pedro Gomes

CFU Coimbra: Valdemar, Pereira, Machado, Feliz «cap», Seabra, Vala, Ratinho, Damião, Jorge Oliveira, Ribeiro (V 64') e Mansinha
Treinador: António Curado

CAF Viseu – 0 ACADÉMICO – 0
2ª DIVISÃO, ZONA CENTRO, 9ª JORNADA, 18-11-1979 (DOM, 15:00)
Estádio do Fontelo, Viseu
Árbitro: Mário Luís (Santarém)
Auxiliares: José Graça e José Lourenço

CAF Viseu: Hélder, Sobreiro, Arnaldo, Emanuel, Chico Santos, Águas, Ramon (Gerúsio 75'), Ângelo, Rodrigo «cap», Nelito e N'Habola
Treinador: José Moniz

ACADÉMICO: Melo, Brasfemes, José Manuel, Martinho «cap», Araújo, Álvaro, Camilo (Rogério Nobres 62'), Cardoso, Cavaleiro (Aquiles 73'), Nicolau e Freitas
Treinador: Pedro Gomes

ACADÉMICO – 5 GD Portalegrense – 1

TAÇA DE PORTUGAL, 1/64 DE FINAL, 1-12-1979 (SAB, 15:00)
Estádio Municipal de Coimbra, Coimbra **Árbitro:** Adélio Pinto (Porto) **Auxiliares:** Augusto Batista e Silva Costa **Golos:** 1-0 (Nicolau 27'); 2-0 (Nicolau 35'); 3-0 (Álvaro 48'); 4-0 (Rogério Nobres 74'); 5-0 (Aquiles 83'); 5-1 (Rodrigues 89')

ACADÉMICO: Melo, Brasfemes, José Manuel, Martinho «cap», Araújo, Álvaro (Henrique 74'), Rogério Nobres, Cardoso (Gomes 76'), Aquiles, Nicolau e Freitas
Treinador: Pedro Gomes

GD Portalegrense: Figueiredo, João, Catinana «cap», Dorinho, Rodrigues, Humaitá, Curinha, Gilberto, Batista, Adérito e Albertino (Matos 60')
Treinador: Catinana

ACADÉMICO – 3 SC Covilhã – 0

2ª DIVISÃO, ZONA CENTRO, 10ª JORNADA, 9-12-1979 (DOM, 15:00)
Estádio Municipal de Coimbra, Coimbra **Árbitro:** Marques Pires (Setúbal) **Auxiliares:** Francisco Periquito e Rui Santiago **Golos:** 1-0 (Aquiles 43'); 2-0 (Eldon 75'); 3-0 (Álvaro 82')

ACADÉMICO: Marrafa, Brasfemes, José Manuel, Martinho «cap», Araújo, Álvaro, Rogério Nobres (Eldon 45'), Cardoso, Aquiles (Gomes 62'), Nicolau e Freitas
Treinador: Pedro Gomes

SC Covilhã: Paulino, Coimbra (Luciano 56'), Baixa «cap», Vítor, Brito, Ferreira, Velho, Quim, Pincho (Girão 55'), Ruas e Ramalho
Treinador: José Domingos

GD Portalegrense – 0 ACADÉMICO – 2

2ª DIVISÃO, ZONA CENTRO, 11ª JORNADA, 15-12-1979 (SAB, 15:00)
Estádio Municipal de Portalegre, Portalegre **Árbitro:** Raul Nazaré (Setúbal) **Auxiliares:** Lopes Galrinho e José Martins
Golos: 0-1 (Eldon 42'); 0-2 (Eldon 84')

GD Portalegrense: Figueiredo, Gilberto, Catinana «cap» (Jorge 53'), Dorinho, Rodrigues, Curinha, José Maria, Albertino, Batista, Adérito e Matos (Humaitá 83')
Treinador: Catinana

ACADÉMICO: Melo, Brasfemes, José Manuel, Martinho «cap», Araújo, Álvaro, Rogério Nobres (Cavaleiro 77'), Nicolau, Eldon, Freitas e Cardoso
Treinador: Pedro Gomes

ACADÉMICO – 0 Varzim SC – 0 (AP)

TAÇA DE PORTUGAL, 1/32 DE FINAL, 23-12-1979 (DOM, 15:00)
Estádio Municipal de Coimbra, Coimbra
Árbitro: Raul Ribeiro (Aveiro)
Auxiliares: Fernando Alves e Santos Júnior

ACADÉMICO: Melo, Brasfemes, José Manuel, Martinho «cap», Araújo (Rogério Nobres 100'), Álvaro, Cardoso, Freitas, Henrique (Aquiles 75'), Nicolau e Eldon **Treinador:** Pedro Gomes

Varzim SC: Jesus, Vitoriano, Torres, Montóia (Horácio 90'), Cacheira, Albino, Pinto, Formosinho, José Domingos, Brandão (Palhares 79') e João «cap»
Treinador: António Teixeira

Varzim SC – 1 ACADÉMICO – 0

TAÇA DE PORTUGAL, 1/32 DE FINAL, 27-12-1979 (QUI, 15:00)
Estádio Varzim Sport Club, Póvoa de Varzim **Árbitro:** Vitorino Gonçalves (Aveiro) **Auxiliares:** Adriano Costa e Evangelista Jorge
Golo: 1-0 (Brandão 90')

Varzim SC: Jesus, Vitoriano, Torres, Albino, Teixeira, Pinto, Formosinho, João «cap», Brandão, José Domingos e Horácio
Treinador: António Teixeira

ACADÉMICO: Melo, Brasfemes, José Manuel, Martinho «cap», Araújo, Álvaro, Cardoso, Freitas (Aquiles 55'), Henrique, Nicolau e Eldon
Treinador: Pedro Gomes

ACADÉMICO – 1 UD Oliveirense – 0

2ª DIVISÃO, ZONA CENTRO, 12ª JORNADA, 30-12-1979 (DOM, 15:00)
Estádio Municipal de Coimbra, Coimbra **Árbitro:** António Ferreira (Lisboa) **Auxiliares:** Pires Alves e Romão Neves
Golo: 1-0 (Eldon 70')

ACADÉMICO: Melo, Brasfemes (Gomes 68'), José Manuel, Martinho «cap», Araújo, Álvaro, Henrique (Aquiles 68'), Freitas, Nicolau, Eldon e Cardoso
Treinador: Pedro Gomes

UD Oliveirense: Frederico, Queirós, Isalmar «cap», Eduardo, Duarte, Narcílio (Durbalino 68'), Moreira, Amadeu, Alidú, Zé Carlos e João
Treinador: Joaquim Teixeira

UD Santarém – 1 ACADÉMICO – 1

2ª DIVISÃO, ZONA CENTRO, 13ª JORNADA, 6-1-1980 (DOM, 15:00)
Campo Chã das Padeiras, Santarém
Árbitro: Ezequiel Feijão (Setúbal)
Golos: 0-1 (Henrique 29'); 1-1 (João Carvalho 52')

UD Santarém: Rui, Galveias «cap», Armando, Conceição, Vital, Jorge Hipólito, Albino, Pedro, Costa (Jorge Coutinho 35'), Enoch (Artur 78') e João Carvalho
Treinador: António Medeiros

ACADÉMICO: Melo, Brasfemes, José Manuel, Cardoso, Martinho «cap», Álvaro, Camilo (Aquiles 68'), Henrique, Eldon, Freitas e Nicolau
Treinador: Pedro Gomes

Oliveira do Bairro SC – 3 ACADÉMICO – 3

2ª DIVISÃO, ZONA CENTRO, 5ª JORNADA, 13-1-1980 (DOM, 15:00)
Campo de São Sebastião, Oliveira do Bairro **Árbitro:** António Garrido (Leiria) **Auxiliares:** Leandro de Sousa e José Rosa **Golos:** 0-1 (Freitas 39'); 1-1 (Raul Águas 45'); 1-2 (Camilo 49'); 2-2 (Flávio 51'); 3-2 (Sarrô 57'); 3-3 (Nicolau 68') **Obs:** Jogo de repetição

Oliveira do Bairro SC: Rafael, Amílcar, Hélder, Marques, Sarrô, Niza, César, Henrique «cap» (Marabuto 65'), Flávio, José Carlos (Mendonça 30') e Raul Águas
Treinador: Custódio Pinto

ACADÉMICO: Melo, Brasfemes, José Manuel, Cardoso, Araújo «cap», Álvaro (Nicolau 65'), Gomes, Camilo, Eldon, Freitas e Henrique (Cavaleiro 89')
Treinador: Pedro Gomes

ACADÉMICO – 9 SCU Torreense – 0

2ª DIVISÃO, ZONA CENTRO, 14ª JORNADA, 20-1-1980 (DOM, 15:00)
Estádio Municipal de Coimbra, Coimbra **Árbitro:** António Rodrigues (Santarém) **Auxiliares:** Armando Amaro e Luís Marcão
Golos: 1-0 (Freitas 13'); 2-0 (Nicolau 21'); 3-0 (Nicolau 51'); 4-0 (Freitas 53'); 5-0 (Cavaleiro 54'); 6-0 (Nicolau 69'); 7-0 (Cavaleiro 71'); 8-0 (Nicolau 79'); 9-0 (Freitas 80')

ACADÉMICO: Melo, Brasfemes, José Manuel, Martinho «cap», Araújo (Gomes 65'), Álvaro, Camilo, Cardoso, Henrique (Cavaleiro 45'), Nicolau e Freitas **Treinador:** Pedro Gomes

SCU Torreense: Massas, Quim «cap», Brás, Simão, Margaça, Ernesto, Laranjeira (Ferreira 61'), Albino, Umbelino, Toínha e Flora (Rui Assunção 81')
Treinador: Garrido

GD "Os Nazarenos" – 1 ACADÉMICO – 1

2ª DIVISÃO, ZONA CENTRO, 15ª JORNADA, 27-1-1980 (DOM, 15:00)
Campo da Comissão Municipal de Turismo, Nazaré **Árbitro:** Alves Marques (Setúbal) **Auxiliares:** Luís Nunes e Florival Carapinha
Golos: 0-1 (Eldon 28'); 1-1 (Perez 59')

GD "Os Nazarenos": Lapa, Pascoal, Feijão, Vigia «cap», Gato, Viola, José Parracho, Lúcio (Luciano 45'), Vasco, Lourenço (Estrela 45') e Perez
Treinador: Vieirinha

ACADÉMICO: Melo, Brasfemes, José Manuel, Martinho «cap», Araújo, Álvaro, Camilo, Nicolau (Cavaleiro 88'), Eldon, Freitas e Cardoso (Henrique 81')
Treinador: Pedro Gomes

ACADÉMICO – 1 Caldas SC – 0

2ª DIVISÃO, ZONA CENTRO, 16ª JORNADA, 3-2-1980 (DOM, 15:00)
Estádio Municipal de Coimbra, Coimbra **Árbitro:** Augusto Bailão (Lisboa) **Auxiliares:** Raul Ferreira e Carlos Jesus
Golo: 1-0 (Aquiles 63')

ACADÉMICO: Melo, Brasfemes, José Manuel, Martinho «cap», Araújo, Álvaro, Camilo (Aquiles 45'), Cardoso, Nicolau, Eldon e Freitas
Treinador: Pedro Gomes

Caldas SC: Evaristo, Graciano, Custódio «cap», Leal, Jean Paul, Pedro (Orlando 74'), Valdir, Mário, Eduardo, Marques e Cecílio (Fragoso 69')
Treinador: Quim Teixeira

Naval 1º Maio – 1 ACADÉMICO – 5

2ª DIVISÃO, ZONA CENTRO, 17ª JORNADA, 24-2-1980 (DOM, 15:00)
Estádio José Bento Pessoa, Figueira da Foz **Árbitro:** Celestino Alexandre (Vila Real) **Auxiliares:** Francisco Pereira e Francisco Peixoto **Golos:** 0-1 (Aquiles 33'); 0-2 (Nicolau 40'); 0-3 (Freitas 49'); 0-4 (Aquiles 67'); 0-5 (Aquiles 75'); 1-5 (Quintino 82', gp)

Naval 1º Maio: Arménio, Nãnã, João Gonçalves, Couceiro, Tirone «cap», Segura, Quintino, Ceia Lima, Paredes, Genildo (Caldeira 56') e Rebelo (Nobre 45')
Treinador: Couceiro Figueira

ACADÉMICO: Melo «cap», Brasfemes, Álvaro, José Manuel (Cavaleiro 57'), Cardoso, Gomes, Henrique, Aquiles, Nicolau, Rogério Nobres (Rogério 73') e Freitas
Treinador: Pedro Gomes

ACADÉMICO – 2 GD Mangualde – 0

2ª DIVISÃO, ZONA CENTRO, 18ª JORNADA, 2-3-1980 (DOM, 15:00)
Estádio Municipal de Coimbra, Coimbra **Árbitro:** Joaquim Gonçalves (Porto) **Auxiliares:** Carlos Carvalho e Silva Pinto
Golos: 1-0 (Nicolau 60'); 2-0 (Eldon 70')

ACADÉMICO: Melo, Brasfemes (Cavaleiro 85'), Martinho «cap», Álvaro, Cardoso, Gomes, Camilo (Henrique 86'), Aquiles, Eldon, Nicolau e Freitas
Treinador: Pedro Gomes

GD Mangualde: Maia, Costa «cap» (V 61'), Almendra, Bicker, Allan, Almeida, Egídio, Pedro, Raul, Américo (João Carlos 82') e Osvaldo (João Cruz 82')
Treinador: António Gama

SCE Portalegre – 0 ACADÉMICO – 1

2ª DIVISÃO, ZONA CENTRO, 19ª JORNADA, 16-3-1980 (DOM, 15:00)
Estádio Municipal de Portalegre, Portalegre
Árbitro: Manuel Poeira (Algarve)
Auxiliares: José Florêncio e José Machado
Golo: 0-1 (Camilo 67')

SCE Portalegre: Chapelli, Rui, Alcino, Semedo, Carlinhos, Jaime (Falcão 55'), Álvaro, Louro «cap», Betinho, Orivaldo e Formiga (Boto 80') **Treinador:** Orivaldo Nascimento

ACADÉMICO: Melo, Brasfemes (Gomes 89'), Martinho «cap», Cardoso, Araújo, Álvaro, Camilo, Nicolau, Eldon, Freitas e Henrique (Aquiles 70')
Treinador: Pedro Gomes

ACADÉMICO – 1 Oliveira do Bairro SC – 0

2ª DIVISÃO, ZONA CENTRO, 20ª JORNADA, 23-3-1980 (DOM, 15:00)
Estádio Municipal de Coimbra, Coimbra **Árbitro:** António Rodrigues (Santarém) **Auxiliares:** Armando Amaro e Luís Marcão
Golo: 1-0 (Nicolau 21')

ACADÉMICO: Melo, Álvaro, Martinho «cap», Cardoso, Araújo, Gomes, Camilo, Freitas, Nicolau, Eldon (AA 89') e Henrique (Aquiles 67')
Treinador: Pedro Gomes

Oliveira do Bairro SC: Rafael, Amílcar, Hélder, Marques, Cândido, Niza (AA 44'), Mendonça «cap», Henrique (Marçal 82'), José Carlos, Teixeira (Marabuto 70') e Raul Águas
Treinador: Custódio Pinto

1979-1980

1979-1980

UFCI Tomar – 0 ACADÉMICO – 0

2ª DIVISÃO, ZONA CENTRO, 21ª JORNADA, 30-3-1980 (DOM, 15:00)
Estádio 25 de Abril, Tomar
Árbitro: Ezequiel Feijão (Setúbal)

UFCI Tomar: Vital, Graça, Sérgio «cap», Varela, Godinho, Martinho, José João, Simões (Abreu 70'), Boavida, Carvalho e José Luís
Treinador: António Porcell

ACADÉMICO: Melo, Álvaro, Martinho «cap», Cardoso, Araújo, Gomes (Cavaleiro 73'), Camilo, Rogério Nobres (Miguel 25'), Nicolau, Aquiles e Henrique
Treinador: Pedro Gomes

ACADÉMICO – 2 GC Alcobaça – 1

2ª DIVISÃO, ZONA CENTRO, 22ª JORNADA, 13-4-1980 (DOM, 16:00)
Estádio Municipal de Coimbra, Coimbra **Árbitro:** Carlos Lima (Porto) **Auxiliares:** Eduardo Gonçalves e Gabriel Zeferino
Golos: 1-0 (Aquiles 17'); 1-1 (Germano 45'); 2-1 (Aquiles 66')

ACADÉMICO: Melo, Araújo, Martinho «cap», José Manuel, Cardoso, Álvaro, Miguel (Gomes 87'), Freitas, Henrique (Rogério 72'), Aquiles e Nicolau
Treinador: Pedro Gomes

GC Alcobaça: Domingos, Tozé, Troia, Germano, Coelho, Adriano, Dino «cap» (Bragança 72'), Pires (Maranhão 45'), Paiva, Rolo e Pereira
Treinador: Artur Santos

CFU Coimbra – 0 ACADÉMICO – 0

2ª DIVISÃO, ZONA CENTRO, 23ª JORNADA, 20-4-1980 (DOM, 16:00)
Estádio Municipal de Coimbra, Coimbra
Árbitro: Inácio de Ameida (Setúbal)
Auxiliares: José Janeiro e José Duarte

CFU Coimbra: Veloso, Coelho, Bacanhim, Feliz «cap», Seabra, Machado, Damião (Pereira 87'), Vala, Ribeiro, Ratinho (Jorge Oliveira 41') e Moinhos
Treinador: David Costa

ACADÉMICO: Melo, Araújo, Martinho «cap», José Manuel, Cardoso, Álvaro, Miguel (Brasfemes 80'), Freitas, Henrique (Rogério 45'), Aquiles e Nicolau
Treinador: Pedro Gomes

ACADÉMICO – 0 CAF Viseu – 1

2ª DIVISÃO, ZONA CENTRO, 24ª JORNADA, 27-4-1980 (DOM, 16:00)
Estádio Municipal de Coimbra, Coimbra
Árbitro: Ezequiel Feijão (Setúbal)
Auxiliares: Moita Pato e Rui Ferreira
Golo: 0-1 (N'Habola 80')

ACADÉMICO: Melo, Brasfemes, Martinho «cap», Cardoso, Araújo, Álvaro, Miguel (Gomes 71'), Rogério, Freitas (Henrique 80'), Aquiles e Nicolau
Treinador: Pedro Gomes

CAF Viseu: Hélder, José Manuel, Emanuel, Arnaldo «cap», Sobreiro, Ângelo (Ramon 67'), Penteado, Ivaldo, Águas, N'Habola e Gerúsio (Simões 82')
Treinador: José Moniz

SC Covilhã – 1 ACADÉMICO – 0

2ª DIVISÃO, ZONA CENTRO, 25ª JORNADA, 11-5-1980 (DOM, 16:00)
Campo José dos Santos Pinto, Covilhã **Árbitro:** António Ferreira (Lisboa) **Auxiliares:** Pires Alves e Romão Neves
Golo: 1-0 (Ruas 67')

SC Covilhã: Paulino, Luciano, Baixa «cap», Vítor (Girão 65'), Coimbra, Ferreira, Velho, Quim, Ramalho (Brito 76'), Ruas e Pincho
Treinador: José Domingos

ACADÉMICO: Melo, Brasfemes (Henrique 57'), Martinho «cap», José Manuel, Araújo, Cardoso, Álvaro, Miguel (Rogério 71'), Freitas, Aquiles e Nicolau
Treinador: Pedro Gomes

ACADÉMICO – 1 GD Portalegrense – 0

2ª DIVISÃO, ZONA CENTRO, 26ª JORNADA, 18-5-1980 (DOM, 16:00)
Estádio Municipal de Coimbra, Coimbra **Árbitro:** Vítor Correia (Lisboa) **Auxiliares:** João Vinagre e Pinto Beja
Golo: 1-0 (Eldon 59')

ACADÉMICO: Melo, Brasfemes, Martinho «cap», José Manuel, Araújo, Henrique (Aquiles 45'), Cardoso, Álvaro, Nicolau (Rogério 78'), Freitas e Eldon
Treinador: Pedro Gomes

GD Portalegrense: Figueiredo, Vitorino, Catinana «cap», Jorge, Gilberto (Dorinho 75'), Pináculo, Humaitá, Curinha, José Maria, Batista e Matos
Treinador: Catinana

UD Oliveirense – 0 ACADÉMICO – 2

2ª DIVISÃO, ZONA CENTRO, 27ª JORNADA, 25-5-1980 (DOM, 16:00)
Campo Carlos Osório, Oliveira de Azeméis **Árbitro:** Amândio Silva (Setúbal) **Auxiliares:** Diamantino Rodrigues e Fernando Manuel
Golos: 0-1 (Miguel 62'); 0-2 (Nicolau 80')

UD Oliveirense: Frederico, Queirós, Isalmar «cap», Eduardo, Duarte, Narcílio, Eduardo Sousa (Alidú 45'), Amadeu, Zé Carlos, Chico e Salvador (João 60')
Treinador: Joaquim Teixeira

ACADÉMICO: Melo, Brasfemes, Martinho «cap», José Manuel, Araújo, Álvaro, Camilo (Miguel 57'), Nicolau (Aquiles 89'), Eldon, Freitas e Cardoso
Treinador: Pedro Gomes

ACADÉMICO – 0 UD Santarém – 0

2ª DIVISÃO, ZONA CENTRO, 28ª JORNADA, 1-6-1980 (DOM, 17:00)
Estádio Municipal de Coimbra, Coimbra
Árbitro: Joaquim Gonçalves (Porto)
Auxiliares: Carlos Carvalho e Silva Pinto

ACADÉMICO: Melo, Brasfemes, Martinho «cap», José Manuel, Araújo, Álvaro, Miguel (Camilo 45'), Nicolau, Eldon, Freitas e Rogério (Aquiles 61')
Treinador: Pedro Gomes

UD Santarém: Rui, Galveias «cap», Armando, Conceição, Almeida, Jorge Hipólito (Vítor Rosa 44'), Henrique, Albano, Jorge Coutinho, João Carvalho e Pedro
Treinador: António Medeiros

SCU Torreense – 0 ACADÉMICO – 0

2ª DIVISÃO, ZONA CENTRO, 29ª JORNADA, 5-6-1980 (QUI, 17:00)
Campo Manuel Marques, Torres Vedras
Árbitro: Marques Pires (Setúbal)
Auxiliares: Francisco Periquito e Rui Santiago

SCU Torreense: Massas, Quim, Simão, Abreu «cap», Margaça (Janita 56'), Ernesto (Umbelino 28'), Laranjeira, Brás, Sarreira, Toínha e Flora
Treinador: Fernando Vaz

ACADÉMICO: Melo, Araújo, Martinho «cap», José Manuel, Cardoso, Gomes, Camilo, Álvaro, Freitas (Miguel 88'), Eldon e Nicolau (Aquiles 75')
Treinador: Pedro Gomes

ACADÉMICO – 1 GD "Os Nazarenos" – 0

2ª DIVISÃO, ZONA CENTRO, 30ª JORNADA, 8-6-1980 (DOM, 17:00)
Estádio Municipal de Coimbra, Coimbra
Árbitro: Graça Oliva (Lisboa)
Auxiliares: Pinto Correia e Lopes Francisco
Golo: 1-0 (Eldon 52')

ACADÉMICO: Melo, Brasfemes (Aquiles 78'), Martinho «cap», José Manuel, Araújo, Cardoso, Gomes (Álvaro 64'), Camilo, Freitas, Eldon e Nicolau
Treinador: Pedro Gomes

GD "Os Nazarenos": Lapa, Pinho, Perez, Vigia «cap», António Parracho, Pascoal, Lúcio, Viola, José Parracho, Faria e Estrela
Treinador: Vieirinha

Amora FC – 3 ACADÉMICO – 1

2ª DIVISÃO, FASE FINAL, 2ª JORNADA, 18-6-1980 (QUA, 17:00)
Campo da Medideira, Amora **Árbitro:** Nemésio de Castro (Lisboa)
Auxiliares: Joaquim Moreira e Fernando Vilas
Golos: 1-0 (Vítor 33'); 2-0 (Joel 40'); 2-1 (Eldon 46'); 3-1 (Vieira 58')

Amora FC: Carlos Alberto, Hélder, Albuquerque «cap», Carlos Mira, Peixoto, Milton, Veiga (Vieira 45'), Tateu (Cruz 76'), Arnaldo, Joel e Vítor
Treinador: Mourinho Félix

ACADÉMICO: Melo «cap», Álvaro, José Manuel, Redondo, Cardoso, Freitas (Henrique 71'), Aquiles, Miguel, Eldon, Nicolau e Rogério (Luís Freixo 62')
Treinador: Pedro Gomes

FC Penafiel – 1 ACADÉMICO – 1

2ª DIVISÃO, FASE FINAL, 3ª JORNADA, 22-6-1980 (DOM, 17:00)
Estádio 25 de Abril, Penafiel **Árbitro:** António Rodrigues (Santarém) **Auxiliares:** Armando Amaro e Luís Marcão
Golos: 0-1 (Aquiles 48'); 1-1 (Babá 69')

FC Penafiel: Cerqueira, Alberto, Ramos, Kikas, Carriço, Valter, Mascarenhas (Maia 56'), Belo (Babá 68'), Barbosa, Abel «cap» e Faia
Treinador: Luís Miguel

ACADÉMICO: Marrafa, Álvaro, Martinho «cap», José Manuel, Redondo, Aquiles (Miguel 59'), Henrique, Cardoso, Nicolau, Eldon e Rogério (Rogério Nobres 87')
Treinador: Pedro Gomes

ACADÉMICO – 1 Amora FC – 1

2ª DIVISÃO, FASE FINAL, 5ª JORNADA, 29-6-1980 (DOM, 17:00)
Estádio Municipal de Coimbra, Coimbra **Árbitro:** António Garrido (Leiria) **Auxiliares:** Leandro de Sousa e José Rosa
Golos: 1-0 (Nicolau 13'); 1-1 (Hélder 74')

ACADÉMICO: Marrafa, Álvaro, José Manuel, Redondo, Martinho II, Gomes, Henrique (Rogério Nobres 45', Miguel 69'), Freitas, Nicolau, Aquiles e Rogério «cap»
Treinador: Pedro Gomes

Amora FC: Carlos Alberto, Hélder, Albuquerque «cap», Carlos Mira, Peixoto, Milton, Veiga (Vieira 45'), Tateu, Arnaldo, Vítor (Nando 68') e Joel
Treinador: Mourinho Félix

ACADÉMICO – 3 FC Penafiel – 1

2ª DIVISÃO, FASE FINAL, 6ª JORNADA, 5-7-1980 (SAB, 21:30)
Estádio Municipal de Coimbra, Coimbra **Árbitro:** Raul Ribeiro (Aveiro) **Auxiliares:** Fernando Alves e Santos Júnior **Golos:** 1-0 (Nicolau 28'); 1-1 (Arlindo 44'); 2-1 (Rogério 78'); 3-1 (Freitas 88')

ACADÉMICO: Viçoso, Álvaro (Martinho II 59'), José Manuel, Redondo, Martinho «cap», Henrique (Miguel 59'), Gomes, Rogério, Aquiles, Nicolau e Freitas
Treinador: Pedro Gomes

FC Penafiel: Luz, Moreira (César 65'), Kikas, Almeida «cap», Alberto, Belo, Mascarenhas, Babo, Arlindo, Barreira (Nelson 75') e Babá
Treinador: Luís Miguel

ÉPOCA 1980-1981

1ª DIVISÃO: 16º LUGAR (DESPROMOÇÃO)
TAÇA DE PORTUGAL: 1/16 DE FINAL

JOGOS EFECTUADOS

	J	V	E	D	GM	GS
CASA	17	6	4	7	23	18
FORA	16	0	2	14	4	43
TOTAL	33	6	6	21	27	61

CF "Os Belenenses" – 0 ACADÉMICO – 0

1ª DIVISÃO, 1ª JORNADA, 23-8-1980 (SAB, 21:30)
Estádio do Restelo, Lisboa
Árbitro: António Rodrigues (Santarém)
Auxiliares: Guilherme Anastácio e Armando Amaro

CF "Os Belenenses": Delgado, Lima, Amílcar, Tozé, Carlos Pereira «cap», Nogueira, Isidro, Baltasar (Pinto da Rocha 45'), Gonzalez, Djão e Moisés
Treinador: Peres Bandeira

ACADÉMICO: Mendes, Pedroso, Santana, José Manuel, Martinho «cap», Óscar (Cardoso 68'), Camilo, Álvaro, Rosário (Rosado 73'), Eldon e Parente
Treinador: Francisco Andrade

ACADÉMICO – 1 VFC Setúbal – 1

1ª DIVISÃO, 2ª JORNADA, 31-8-1980 (DOM, 16:00)
Estádio Municipal de Coimbra, Coimbra **Árbitro:** Manuel Vicente (Vila Real) **Auxiliares:** Carlos Teles e Joaquim Fonseca
Golos: 0-1 (Dario 68'); 1-1 (Eldon 77')

ACADÉMICO: Mendes, Pedroso (Mário Wilson 66'), Santana, José Manuel, Martinho «cap», Óscar, Camilo (Aquiles 70'), Álvaro, Eldon, Parente e Rosário
Treinador: Francisco Andrade

VFC Setúbal: Silvino, Vieira, José Lino (Francisco Silva 72'), Teixeira, Martin, Octávio «cap», Jesus, Marco Aurélio (Artur Neto 45'), Chico Gordo, Vítor Madeira e Dario
Treinador: Rodrigues Dias

SC Espinho – 1 ACADÉMICO – 1

1ª DIVISÃO, 3ª JORNADA, 7-9-1980 (DOM, 16:00)
Campo da Avenida, Espinho
Árbitro: Américo Lopes (Setúbal)
Auxiliares: Joaquim Silva e Ribeiro Gomes
Golos: 0-1 (Eldon 13'); 1-1 (João Carlos 57')

SC Espinho: Serrão, Coelho, José Freixo, Amândio, Raul, João Carlos, Vítor Oliveira, Rodrigo (Belinha 32'), Moinhos (Canavarro 65'), Santos e Reis «cap» **Treinador:** Manuel José

ACADÉMICO: Melo, Pedroso, Santana, José Manuel, Tomás (Cardoso 85'), Martinho «cap», Óscar, Camilo (Mário Wilson 52'), Álvaro, Eldon e Rosário
Treinador: Francisco Andrade

ACADÉMICO – 0 Boavista FC – 0

1ª DIVISÃO, 4ª JORNADA, 13-9-1980 (SAB, 21:15)
Estádio Municipal de Coimbra, Coimbra
Árbitro: José Lourenço (Braga)
Auxiliares: Fernando Cibrão e Joaquim Lourenço

ACADÉMICO: Melo, Tomás, Cardoso (Freitas 61'), José Manuel, Martinho «cap», Óscar, Mário Wilson, Álvaro, Parente (Nicolau 76'), Eldon e Rosário **Treinador:** Francisco Andrade

Boavista FC: Matos, Queiró, Adão, Artur «cap», Cacheira, Bravo (Almeida 76'), Barbosa, Ailton, Palhares, Júlio e Eliseu
Treinador: António Teixeira

Varzim SC – 2 ACADÉMICO – 0

1ª DIVISÃO, 5ª JORNADA, 20-9-1980 (SAB, 16:00)
Estádio Varzim Sport Club, Póvoa de Varzim **Árbitro:** Graça Oliva (Lisboa) **Auxiliares:** Carlos Esteves e Pinto Correia
Golos: 1-0 (André 68'); 2-0 (André 70')

Varzim SC: Jesus, Vitoriano, Torres, Serra, Guedes, André, José Domingos, Pinto «cap», Valdemar (Manuel Borges 71'), Toni (Formosinho 69') e António Borges
Treinador: José Carlos

ACADÉMICO: Melo, Pedroso, Santana, José Manuel, Martinho «cap», Óscar (Rosário 71'), Tomás, Álvaro, Parente (Nicolau 73'), Eldon e Cardoso
Treinador: Francisco Andrade

ACADÉMICO – 1 SC Braga – 2

1ª DIVISÃO, 6ª JORNADA, 28-9-1980 (DOM, 16:00)
Estádio Municipal de Coimbra, Coimbra **Árbitro:** Pedro Quaresma (Lisboa) **Auxiliares:** Augusto Fernandes e Luís Mónica
Golos: 0-1 (Jacques 12'); 1-1 (Nicolau 16'); 1-2 (Jacques 26')

ACADÉMICO: Mendes, Pedroso (Aquiles 45'), Cardoso, José Manuel, Martinho «cap» (Tomás 69'), Óscar, Camilo «sc», Álvaro, Parente, Nicolau e Eldon
Treinador: Francisco Andrade

SC Braga: Valter, Artur, Luís Horta, Nelito, João Cardoso, Duarte, Iglésias (Germano 57'), Malheiro (Cavungi 45'), Chico Faria «cap», Jacques e Vilaça
Treinador: Mário Lino

SL Benfica – 4 ACADÉMICO – 0

1ª DIVISÃO, 7ª JORNADA, 19-10-1980 (DOM, 15:00)
Estádio da Luz, Lisboa **Árbitro:** Amândio Silva (Setúbal) **Auxiliares:** Diamantino Rodrigues e Fernando Manuel **Golos:** 1-0 (César 47'); 2-0 (Alves 59', gp); 3-0 (Vital 67'); 4-0 (César 71')

SL Benfica: Bento, António Bastos Lopes (Vital 31'), Frederico, Laranjeira, Pietra, Carlos Manuel (Veloso 69'), Alves, Shéu, José Luís, César e Nené «cap»
Treinador: Lajos Barotti

ACADÉMICO: Melo, Rosário (Nicolau 57'), Tomás, Santana, José Manuel, Cardoso, Óscar, Camilo «cap», Álvaro, Henrique (Parente 33') e Eldon
Treinador: Francisco Andrade

ACADÉMICO – 1 Portimonense SC – 0

1ª DIVISÃO, 8ª JORNADA, 26-10-1980 (DOM, 15:00)
Estádio Municipal de Coimbra, Coimbra
Árbitro: Lopes Martins (Lisboa)
Auxiliares: Júlio Martins e Mário Mano
Golo: 1-0 (Óscar 7')

ACADÉMICO: Melo, Tomás, Santana, José Manuel, Cardoso, Óscar, Camilo «cap», Álvaro, Eldon (Henrique 89'), Nicolau, Rosário (Parente 52') **Treinador:** Francisco Andrade

Portimonense SC: Conhé, Rodrigues Dias, Guilherme, Quaresma, Murça, Carlos Alberto, Valter, Vítor Gomes «cap» (Tião 63'), Rachão (Amaral 45'), Paulo Campos e Peter
Treinador: Manuel de Oliveira

Amora FC – 6 ACADÉMICO – 0

1ª DIVISÃO, 9ª JORNADA, 2-11-1980 (DOM, 15:00)
Campo da Medideira, Amora **Árbitro:** António Costa (Viana do Castelo) **Auxiliares:** Arménio Araújo e José Adamastor **Golos:** 1-0 (Diamantino 24'); 2-0 (Jorge Silva 58'); 3-0 (Figueiredo 73'); 4-0 (Jorge Silva 79'); 5-0 (Pereirinha 85'); 6-0 (Jorge Silva 90')

Amora FC: Jorge, Rebelo, Figueiredo, José Mendes, Hélder (Peixoto 82'), Narciso, Pinto, Arnaldo «cap», Pereirinha, Jorge Silva e Diamantino (Manuel Fernandes 75') **Treinador:** Mourinho Félix

ACADÉMICO: Melo, Tomás, José Manuel, Cardoso (Parente 59'), Martinho «cap», Óscar, Camilo (Rosário 24'), Mário Wilson, Álvaro, Eldon e Nicolau
Treinador: Mário Wilson

ACADÉMICO – 2 FC Penafiel – 0

1ª DIVISÃO, 10ª JORNADA, 9-11-1980 (DOM, 15:00)
Estádio Municipal de Coimbra, Coimbra **Árbitro:** António Ferreira (Lisboa) **Auxiliares:** Pires Alves e Romão Neves
Golos: 1-0 (Nicolau 43'); 2-0 (Nicolau 67')

ACADÉMICO: Melo, Pedroso (Cardoso 87'), Martinho «cap», Santana, Álvaro, Óscar, Camilo, Aquiles, Mário Wilson, Rosário (Freitas 67') e Nicolau
Treinador: Mário Wilson

FC Penafiel: Luz, Ferro, Santos, Kikas, Artur, Branco (Faia 45'), Valter, Garcia, Abel «cap» (Barbosa 60'), Oliveira e Babá
Treinador: António Oliveira

ACADÉMICO – 0 FC Porto – 0

1ª DIVISÃO, 11ª JORNADA, 22-11-1980 (SAB, 19:00)
Estádio Municipal de Coimbra, Coimbra
Árbitro: César Correia (Algarve)
Auxiliares: Luís Frade e António Sequeira

ACADÉMICO: Melo, Pedroso, Martinho «cap», Santana, Álvaro, Óscar, Mário Wilson (Aquiles 73'), Cardoso, Rosário (José Manuel 86'), Eldon e Nicolau
Treinador: Mário Wilson

FC Porto: Fonseca, Gabriel, Simões, Freitas, Teixeira, Frasco, Rodolfo «cap», Romeu, Sousa (Niromar 58'), Walsh e Costa
Treinador: Herman Stessl

CAF Viseu – 2 ACADÉMICO – 1

1ª DIVISÃO, 12ª JORNADA, 30-11-1980 (DOM, 15:00)
Estádio do Fontelo, Viseu **Árbitro:** Fernando Alberto (Porto) **Auxiliares:** Carlos Carvalho e Crispim de Sousa
Golos: 1-0 (Inaldo 32'); 1-1 (Eldon 60'); 2-1 (Flávio 70')

CAF Viseu: José Pereira, José Manuel, Sobreiro, Simões, Emanuel, Águas (Flávio 72'), Moreira, Inaldo, Gerúsio (Baltasar 85'), Arnaldo e Rodrigo «cap» (AA 86')
Treinador: José Moniz

ACADÉMICO: Melo, Pedroso, Martinho «cap», Santana, Cardoso, Óscar (Parente 72'), Álvaro, Eldon, Nicolau, Mário Wilson e Rosário (Aquiles 45')
Treinador: Mário Wilson

ACADÉMICO – 1 CS Marítimo – 0

1ª DIVISÃO, 13ª JORNADA, 8-12-1980 (SEG, 15:00)
Estádio Municipal de Coimbra, Coimbra **Árbitro:** Graça Oliva (Lisboa) **Auxiliares:** Purificação Correia e Pinto Correia
Golo: 1-0 (Nicolau 67') **Obs:** Jogo inicialmente marcado para 6 de Dezembro, adiado devido ao falecimento do Primeiro-Ministro, Sá Carneiro, a 4 de Dezembro. O treinador do Marítimo retirou do campo José Pedro aos 80 minutos

ACADÉMICO: Melo, Álvaro, Martinho «cap», José Manuel, Pedroso (Freitas 65'), Mário Wilson (Parente 27'), Cardoso, Aquiles, Eldon, Nicolau e Rosário **Treinador:** Mário Wilson

CS Marítimo: Ferro, Olavo, Eduardo Luís «cap», Quim Manuel, Arnaldo Carvalho, José Pedro, Mário Ventura, Humberto, Xavier (Mané 71'), Móia (Fernando Martins 45') e Toninho Metralha
Treinador: António Medeiros

VSC Guimarães – 1 ACADÉMICO – 0

1ª DIVISÃO, 14ª JORNADA, 21-12-1980 (DOM, 15:00)
Estádio Municipal de Guimarães, Guimarães **Árbitro:** Armando Paraty (Porto) **Auxiliares:** Joaquim Gonçalves e Vitorino Gonçalves
Golo: 1-0 (Mundinho 36')

VSC Guimarães: Damas, Ramalho, Tozé, Barrinha, Nivaldo, Abreu «cap», Festas (Carvalho 60'), Ferreira da Costa, Mundinho (Fonseca 79'), Blanker e Ribeiro **Treinador:** José Maria Pedroto

ACADÉMICO: Melo, Álvaro, Martinho «cap», José Manuel, Pedroso, Santana (Mário Wilson 60'), Cardoso, Aquiles, Eldon, Nicolau e Parente (Rosário 75')
Treinador: Mário Wilson

1980-1981

ACADÉMICO – 1 Sporting CP – 2 (TV)

1ª DIVISÃO, 15ª JORNADA, 27-12-1980 (SAB, 19:00)
Estádio Municipal de Coimbra, Coimbra **Árbitro:** Joaquim Gonçalves (Porto) **Auxiliares:** Soares Dias e Silva Pinto
Golos: 0-1 (Freire 76'); 0-2 (Manuel Fernandes 87'); 1-2 (Eldon 89')

ACADÉMICO: Melo, Álvaro, Martinho «cap», José Manuel, Cardoso (Freitas 85'), Óscar (Parente 65'), Aquiles, Mário Wilson, Eldon, Nicolau e Rosário
Treinador: Mário Wilson

Sporting CP: Vaz, Barão, Inácio, Carlos Xavier, Eurico, Fraguito, Freire, Ademar, Manuel Fernandes «cap» (Zezinho 88'), Manoel (Esmoriz 65') e Jordão
Treinador: Radisic

ACADÉMICO – 6 Neves FC – 1

TAÇA DE PORTUGAL, 1/32 DE FINAL, 31-1-1981 (SAB, 15:00)
Estádio Universitário de Coimbra, Coimbra **Árbitro:** Vítor Correia (Lisboa) **Auxiliares:** Pinto Beja e João Vinagre **Golos:** 1-0 (Mário Wilson 11'); 2-0 (Eldon 21'); 2-1 (Ferreira 36'); 3-1 (Mário Wilson 73'); 4-1 (Eldon 76'); 5-1 (Nicolau 89'); 6-1 (Nicolau 90')

ACADÉMICO: Mendes, Álvaro (Martinho 29'), José Manuel, Carolino, Pedroso, Parente, Mário Wilson, Camilo «cap», Eldon, Nicolau e Rosário (Freitas 83')
Treinador: Mário Wilson

Neves FC: Alpoim, Manuel, Carlos, Amaro «cap», Costa Gomes (Augusto 63'), Jaime Rêgo, Bertinho, Rui Amorim (Vumbi 82'), Ferreira, Junipo e Serginho
Treinador: Domingos Gonçalves

ACADÉMICO – 0 SL Benfica – 2

1ª DIVISÃO, 22ª JORNADA, 8-3-1981 (DOM, 15:00)
Estádio Municipal de Coimbra, Coimbra **Árbitro:** Azevedo Duarte (Braga) **Auxiliares:** Cunha Antunes e Pinheiro Gonçalves
Golos: 0-1 (Nené 37'); 0-2 (Nené 48')

ACADÉMICO: Melo «cap», Tomás, Dani, Santana, Pedroso, Parente, Álvaro, Mário Wilson, Rosário (Henrique 58'), Eldon e Nicolau
Treinador: Mário Wilson

SL Benfica: Bento, Veloso, Laranjeira, Frederico (António Bastos Lopes 10'), Pietra, Carlos Manuel, Shéu, Chalana, Reinaldo, Alves (Jorge Gomes 80') e Nené «cap»
Treinador: Lajos Barotti

ACADÉMICO – 5 FC Alverca – 1

TAÇA DE PORTUGAL, 1/64 DE FINAL, 4-1-1981 (DOM, 15:00)
Estádio Municipal de Coimbra, Coimbra **Árbitro:** António Rodrigues (Santarém) **Auxiliares:** Jorge Beirão e Luís Marcão
Golos: 1-0 (Aquiles 7'); 1-1 (Fifas 9'); 2-1 (Nicolau 26'); 3-1 (Nicolau 46'); 4-1 (Eldon 80'); 5-1 (Eldon 89')

ACADÉMICO: Melo (Mendes 52'), Álvaro, Martinho «cap» (Cardoso 66'), José Manuel «sc», Tomás, Parente, Aquiles, Mário Wilson, Eldon, Nicolau e Freitas
Treinador: Mário Wilson

FC Alverca: Rodrigues, Henrique, Quim, Domingos «cap», José Carlos, Teixeira, Sany, Caracol (Quinito 67'), Fifas, Pontes (V 82') e Tomé
Treinador: Osvaldo Silva

Boavista FC – 4 ACADÉMICO – 0

1ª DIVISÃO, 19ª JORNADA, 7-2-1981 (SAB, 15:00)
Estádio do Bessa, Porto **Árbitro:** Américo Lopes (Setúbal) **Auxiliares:** Manuel Sousa e Ribeiro Gomes **Golos:** 1-0 (Folha 9'); 2-0 (Folha 50'); 3-0 (Folha 62'); 4-0 (Folha 65')

Boavista FC: Matos, Queirós, Adão (Paulo César 53'), Artur «cap», Cacheira, Almeida (Barbosa 81'), Eliseu, Ailton, Júlio, Folha e Palhares
Treinador: Henrique Calisto

ACADÉMICO: Melo «cap», Pedroso, José Manuel, Santana, Cardoso, Óscar (Toninho 68'), Álvaro, Camilo (Parente 45'), Eldon, Nicolau e Rosário
Treinador: Mário Wilson

Portimonense SC – 4 ACADÉMICO – 0

1ª DIVISÃO, 23ª JORNADA, 15-3-1981 (DOM, 15:00)
Estádio do Portimonense, Portimão **Árbitro:** Marques Pires (Setúbal) **Auxiliares:** Rui Santiago e José Furão **Golos:** 1-0 (Jailson 3'); 2-0 (Jailson 6'); 3-0 (José Rafael 54'); 4-0 (Tião 63')

Portimonense SC: Conhé, César, João Cardoso, Rodrigues Dias, Murça, Carlos Alberto «cap», Valter, Peter, Jailson (Rachão 64'), Paulo Campos (José Rafael 9') e Tião
Treinador: Manuel de Oliveira

ACADÉMICO: Melo «cap», Álvaro, Dani, Santana, Pedroso, Cardoso, Rosado (Parente 74'), Mário Wilson, Eldon, Nicolau e Aquiles (Toninho 59')
Treinador: Mário Wilson

ACADÉMICO – 0 CF "Os Belenenses" – 2

1ª DIVISÃO, 16ª JORNADA, 11-1-1981 (DOM, 15:00)
Estádio Municipal de Coimbra, Coimbra **Árbitro:** Amândio Silva (Setúbal) **Auxiliares:** Diamantino Rodrigues e Fernando Manuel
Golos: 0-1 (Nogueira 9'); 0-2 (Djão 62')

ACADÉMICO: Melo (Mendes 10'), Álvaro, Martinho «cap» (Camilo 45'), José Manuel «sc», Cardoso, Parente, Aquiles, Mário Wilson, Eldon, Nicolau e Rosário
Treinador: Mário Wilson

CF "Os Belenenses": Delgado, Lima (Sambinha 69'), Alexandre Alhinho, Amílcar, Carlos Pereira «cap» (Isidro 35'), Baltasar, Cepeda, Nogueira, Eurico, Alfredo e Djão
Treinador: Jimmy Hagan

ACADÉMICO – 0 Varzim SC – 1 (TV)

1ª DIVISÃO, 20ª JORNADA, 14-2-1981 (SAB, 19:00)
Estádio Municipal de Coimbra, Coimbra **Árbitro:** José Luís Tavares (Setúbal) **Auxiliares:** Amaro Matos e Manuel Amendoeira
Golo: 0-1 (João 84')

ACADÉMICO: Melo «sc», Álvaro, Carolino, Santana, Martinho «cap» (Parente 65'), Aquiles (Toninho 78'), Mário Wilson, Óscar, Eldon, Nicolau e Rosário
Treinador: Mário Wilson

Varzim SC: Jesus, Vitoriano, Albino, Serra, Guedes, Adão, Pinto «cap», Formosinho, Brandão (Valdemar 73'), João e António Borges
Treinador: José Carlos

ACADÉMICO – 1 Amora FC – 1

1ª DIVISÃO, 24ª JORNADA, 22-3-1981 (DOM, 15:00)
Estádio Municipal de Coimbra, Coimbra **Árbitro:** Fernando Alberto (Porto) **Auxiliares:** Carlos Carvalho e Crispim de Sousa
Golos: 1-0 (Eldon 51'); 1-1 (Narciso 65')

ACADÉMICO: Melo, Álvaro, Santana, Carolino, Martinho «cap», Aquiles (Óscar 75'), Rosado, Mário Wilson, Cardoso (Parente 45'), Eldon e Nicolau
Treinador: Mário Wilson

Amora FC: Jorge, Hélder, Arnaldo «cap», Figueiredo, Pereirinha, Francisco Mário (Alberto 33'), Manuel Fernandes, Pinto, Vítor Manuel, Narciso e Diamantino (Marlon 77')
Treinador: José Moniz

VFC Setúbal – 2 ACADÉMICO – 0 (TV)

1ª DIVISÃO, 17ª JORNADA, 18-1-1981 (DOM, 19:00)
Estádio do Bonfim, Setúbal **Árbitro:** Lopes Martins (Lisboa)
Auxiliares: Júlio Martins e Mário Mano
Golos: 1-0 (Chico Gordo 31'); 2-0 (Vítor Madeira 36')

VFC Setúbal: Amaral, Vieira, Sobrinho (Cabumba 77'), Teixeirinha, Francisco Silva, Octávio «cap», Garcês, Marco Aurélio, Chico Gordo, Vítor Madeira (Fernando Cruz 73') e Dario
Treinador: Rodrigues Dias

ACADÉMICO: Melo «cap», Pedroso, José Manuel, Santana, Álvaro, Cardoso (Óscar 45'), Tomás (Henrique 62'), Parente, Camilo, Eldon e Nicolau
Treinador: Mário Wilson

SC Braga – 1 ACADÉMICO – 0 (TV)

1ª DIVISÃO, 21ª JORNADA, 21-2-1981 (SAB, 19:00)
Estádio 1º de Maio, Braga **Árbitro:** Armando Paraty (Porto)
Auxiliares: Joaquim Gonçalves e Vitorino Gonçalves
Golo: 1-0 (Jacques 31', gp)

SC Braga: Valter, Artur, Dito, Luís Horta, João Cardoso, Iglésias, Paulo Rocha, Duarte (Germano 71'), Malheiro (Joy 80'), Chico Faria «cap» e Jacques
Treinador: Mário Lino

ACADÉMICO: Melo «cap», Álvaro, Carolino, Santana, Pedroso, Parente, Mário Wilson, Henrique, Eldon, Nicolau e Rosário
Treinador: Mário Wilson

FC Penafiel – 2 ACADÉMICO – 1

1ª DIVISÃO, 25ª JORNADA, 5-4-1981 (DOM, 16:00)
Estádio 25 de Abril, Penafiel **Árbitro:** Augusto Bailão (Lisboa)
Auxiliares: Raul Ferreira e Carlos Jesus
Golos: 1-0 (Babá 47'); 2-0 (Abel 77'); 2-1 (Eldon 84')

FC Penafiel: Luz, Carriço, Santos, Kikas, Artur, Branco (Valter 84'), Coimbra (Faia 38'), Garcia, Babá, Oliveira e Abel «cap»
Treinador: António Oliveira

ACADÉMICO: Mendes, Redondo, Carolino, Dani, Tomás, Álvaro, Parente, Mário Wilson «cap», Eldon, Toninho e Freitas
Treinador: Mário Wilson

ACADÉMICO – 3 SC Espinho – 1

1ª DIVISÃO, 18ª JORNADA, 25-1-1981 (DOM, 15:00)
Estádio Municipal de Coimbra, Coimbra **Árbitro:** Albino Rodrigues (Funchal) **Auxiliares:** José Lopes e Teixeira Dória
Golos: 1-0 (Nicolau 21'); 2-0 (Eldon 76', gp); 3-0 (Eldon 79'); 3-1 (Moinhos 85')

ACADÉMICO: Melo «cap», Álvaro, José Manuel, Santana, Pedroso, Aquiles, Mário Wilson, Camilo, Eldon, Nicolau e Rosário (Parente 89')
Treinador: Mário Wilson

SC Espinho: Serrão, Jacinto (Canavarro 51'), José Freixo, Pinto Ribeiro, Raul, Ruben (Santos 28'), João Carlos, Reis «cap», Carvalho, Vitorino e Moinhos
Treinador: Manuel José

UD Leiria – 1 ACADÉMICO – 0

TAÇA DE PORTUGAL, 1/16 DE FINAL, 1-3-1981 (DOM, 15:00)
Estádio Dr. Magalhães Pessoa, Leiria **Árbitro:** Mário Luís (Santarém) **Auxiliares:** José Graça e Eduardo Agostinho
Golo: 1-0 (Miguel 20')

UD Leiria: Álvaro, Dinis «cap», Germano, Nascimento, Araújo, Miguel (Varela 75'), Carlos Alberto, Freitas, N'Habola, Cremildo e Vítor Manuel
Treinador: Pedro Gomes

ACADÉMICO: Melo «cap», Pedroso, Carolino (Camilo 70'), Santana, Cardoso, Álvaro, Mário Wilson, Henrique (Aquiles 30', AA 87'), Parente, Eldon e Nicolau
Treinador: Mário Wilson

FC Porto – 7 ACADÉMICO – 0

1ª DIVISÃO, 26ª JORNADA, 12-4-1981 (DOM, 16:00)
Estádio das Antas, Porto **Árbitro:** Raul Ribeiro (Aveiro)
Auxiliares: Fernando Alves e Carlos Silva **Golos:** 1-0 (Walsh 21'); 2-0 (Walsh 33'); 3-0 (Jaime Pacheco 54'); 4-0 (Walsh 77'); 5-0 (Walsh 79'); 6-0 (Sousa 80'); 7-0 (Niromar 89')

FC Porto: Tibi, Gabriel, Simões, Freitas, Lima Pereira, Jaime Magalhães, Rodolfo «cap», Jaime Pacheco, Sousa, Walsh e Costa (Niromar 69')
Treinador: Herman Stessl

ACADÉMICO: Mendes, Álvaro, Carolino, Dani, Tomás, Rosado, Parente, Mário Wilson «cap», Eldon, Toninho e Freitas
Treinador: Mário Wilson

ACADÉMICO – 0 CAF Viseu – 2

1ª DIVISÃO, 27ª JORNADA, 3-5-1981 (DOM, 16:00)
Estádio Municipal de Coimbra, Coimbra **Árbitro:** Alfredo Basílio (Lisboa) **Auxiliares:** João Martins e Pena da Silva
Golos: 0-1 (Dinho 12'); 0-2 (Simões 47')

ACADÉMICO: Mendes, Pedroso, Redondo, Dani, Tomás, Rosado, Parente, Mário Wilson «cap», Toninho, Freitas (Aquiles 59') e Henrique (Rosário 70')
Treinador: Mário Wilson

CAF Viseu: Hélder, José Manuel, Simões, Fernando, Sobreiro, Águas, Chico Santos, Rodrigo «cap», Flávio, Vinagre (Emanuel 27') e Dinho (Ramalho 89')
Treinador: António Teixeira

CS Marítimo – 3 ACADÉMICO – 1

1ª DIVISÃO, 28ª JORNADA, 17-5-1981 (DOM, 16:00)
Estádio dos Barreiros, Funchal **Árbitro:** António Rodrigues (Santarém) **Auxiliares:** Jorge Beirão e Luís Marcão
Golos: 1-0 (Eduardinho 11'); 2-0 (Pedroto 24'); 2-1 (Toninho 36'); 3-1 (Rui Lopes 37')

CS Marítimo: Quim, Humberto, Quim Manuel, Eduardo Luís «cap», Arnaldo Carvalho, Pedroto, Hilário (Xavier 84'), Eduardinho (Mário Ventura 85'), José Pedro, Rui Lopes e Fernando Martins
Treinador: Ângelo Gomes

ACADÉMICO: Mendes, Tomás, Santana, Dani (Redondo 45'), Pedroso, Parente, Rosado, Mário Wilson «cap», Aquiles, Toninho, Rosário (Henrique 75')
Treinador: Mário Wilson

ACADÉMICO – 1 VSC Guimarães – 2

1ª DIVISÃO, 29ª JORNADA, 24-5-1981 (DOM, 16:00)
Estádio Municipal de Coimbra, Coimbra **Árbitro:** António Ferreira (Lisboa) **Auxiliares:** Pires Alves e Romão Neves
Golos: 0-1 (Blanker 60'); 0-2 (Fonseca 80'); 1-2 (Parente 89')

ACADÉMICO: Mendes, Tomás, Santana, Álvaro (Rosário 82'), Pedroso, Parente, Mário Wilson «cap», Rosado, Cardoso, Aquiles e Toninho
Treinador: Mário Wilson

VSC Guimarães: Melo, Barrinha, Ramalho, Tozé, Nivaldo, Gregório, Ferreira da Costa (Ribeiro 45'), Joaquim Rocha, Abreu «cap», Fonseca e Blanker (Salvador 77')
Treinador: José Maria Pedroto

Sporting CP – 3 ACADÉMICO – 0

1ª DIVISÃO, 30ª JORNADA, 31-5-1981 (DOM, 16:00)
Estádio José Alvalade, Lisboa **Árbitro:** Ezequiel Feijão (Setúbal) **Auxiliares:** Moita Pato e Jaquelino Bernardo
Golos: 1-0 (Jordão 11'); 2-0 (Manoel 46'); 3-0 (Jordão 87', gp)

Sporting CP: Carlos Ferreira, José Eduardo, Carlos Xavier (Mário Jorge 80'), Eurico, Ademar, Freire, Meneses, Lito (Esmoriz 73'), Manuel Fernandes «cap», Jordão e Manoel
Treinador: Radisic

ACADÉMICO: Mendes, Tomás, Santana, Redondo, Pedroso, Parente, Cardoso, Álvaro (Camilo 45'), Rosário (Beto 73'), Aquiles «cap» e Toninho
Treinador: Vítor Manuel

ÉPOCA 1981-1982

2ª DIVISÃO, ZONA CENTRO: 2º LUGAR
(LIGUILHA E MANUTENÇÃO)
TAÇA DE PORTUGAL: 1/64 DE FINAL

JOGOS EFECTUADOS

	J	V	E	D	GM	GS
CASA	16	13	1	2	43	5
FORA	15	5	9	1	16	9
TOTAL	31	18	10	3	59	14

Oliveira do Bairro SC – 0 ACADÉMICO – 0

2ª DIVISÃO, ZONA CENTRO, 1ª JORNADA, 20-9-1981 (DOM, 16:00)
Campo de São Sebastião, Oliveira do Bairro
Árbitro: Evaristo Faustino (Leiria)
Auxiliares: Rui de Carvalho e Vítor Santos

Oliveira do Bairro SC: Rafael, Amílcar, Hélder, Marques, Sarrô «cap», Niza, Herculano, Sérgio, Marabuto (Henrique 63'), Raul Águas e José Augusto (Mendonça 86')
Treinador: Francisco Andrade

ACADÉMICO: Gaspar, Tomás, Santana, José Freixo «cap», Germano, Parente (Aquiles 57'), Rosado, Camegim, Nicolau, Eldon e Ibraim (Mário Wilson 45')
Treinador: Mário Wilson

ACADÉMICO – 0 SC Beira-Mar – 0

2ª DIVISÃO, ZONA CENTRO, 2ª JORNADA, 27-9-1981 (DOM, 15:00)
Estádio Municipal de Coimbra, Coimbra
Árbitro: Lopes Martins (Lisboa)
Auxiliares: Joaquim Moreira e Mário Mano

ACADÉMICO: Gaspar, Tomás (Mário Wilson 45'), Santana, José Freixo «cap», Germano, Parente, Rosado, Camegim (Aquiles 70'), Nicolau, Eldon e Ibraim
Treinador: Mário Wilson

SC Beira-Mar: Walter, Silva, Joca, Celton, Marques, Cambraia «cap» (Manuel Dias 72'), Quim, Guedes, José Carlos (Jordão 72'), Tomé e Américo
Treinador: Vieirinha

CFU Coimbra – 0 ACADÉMICO – 0

2ª DIVISÃO, ZONA CENTRO, 3ª JORNADA, 4-10-1981 (DOM, 15:00)
Estádio Municipal de Coimbra, Coimbra
Árbitro: Joaquim Gonçalves (Porto)
Auxiliares: Soares Dias e Silva Pinto

CFU Coimbra: Serrão, Carlos Ferreira, Machado «cap», Sanô, Coelho, Vítor Urbano (Moinhos 69'), Damião, Alexandre, Freitas, Ruas e Toninho (Cavaleiro 73')
Treinador: Rui Rodrigues

ACADÉMICO: Gaspar, Tomás, Santana, José Freixo «cap», Germano, Parente (Camegim 78'), Rosado (Henrique 78'), Mário Wilson, Nicolau, Eldon e Ibraim
Treinador: Vítor Manuel

ACADÉMICO – 4 SC Covilhã – 0

2ª DIVISÃO, ZONA CENTRO, 4ª JORNADA, 11-10-1981 (DOM, 15:00)
Estádio Municipal de Coimbra, Coimbra **Árbitro:** Raul Ribeiro (Aveiro) **Auxiliares:** Fernando Alves e Carlos Silva **Golos:** 1-0 (Eldon 13', gp); 2-0 (Camegim 18'); 3-0 (Camegim 40'); 4-0 (Ibraim 85')

ACADÉMICO: Gaspar, Parente, Santana, José Freixo «cap», Germano, Aquiles (Henrique 72'), Rosado, Mário Wilson (Camilo 85'), Camegim, Eldon e Ibraim
Treinador: Vítor Manuel

SC Covilhã: Serra, Girão (Evandro 45'), Baixa «cap», Jaime, Coimbra, Ernesto, Mendes, Manaca (Velho 72'), Zaia, Nelinho e Maurício
Treinador: José Henriques

UD Oliveirense – 0 ACADÉMICO – 1

2ª DIVISÃO, ZONA CENTRO, 5ª JORNADA, 18-10-1981 (DOM, 15:00)
Campo Carlos Osório, Oliveira de Azeméis **Árbitro:** Aventino Ferreira (Braga) **Auxiliares:** Domingos Gonçalves e José Queirós
Golo: 0-1 (Aquiles 4')

UD Oliveirense: Frederico, Vítor, Leite, Eduardo «cap», Gilberto, Eduardo Sousa, Luís Filipe, Costa Almeida (Vítor Gomes 55'), Craveiro, João (Zequinha 78') e Chico
Treinador: Custódio Pinto

ACADÉMICO: Gaspar, Parente, Santana, José Freixo «cap», Germano, Aquiles (Tomás 75'), Rosado, Mário Wilson (Redondo 89'), Camegim, Eldon e Ibraim
Treinador: Vítor Manuel

ACADÉMICO – 3 UD Rio Maior – 0

2ª DIVISÃO, ZONA CENTRO, 6ª JORNADA, 1-11-1981 (DOM, 15:00)
Estádio Municipal de Coimbra, Coimbra **Árbitro:** Graça Oliva (Lisboa) **Auxiliares:** Purificação Correia e Pinto Correia
Golos: 1-0 (Eldon 38'); 2-0 (Eldon 40'); 3-0 (Eldon 63')

ACADÉMICO: Gaspar, Parente, Santana, José Freixo «cap», Germano, Aquiles (Tomás 85'), Rosado, Mário Wilson, Camegim, Eldon e Ibraim (Nicolau 66')
Treinador: Vítor Manuel

UD Rio Maior: Vital, Coelho, Brites, Custódio «cap», José António, Valdir, Pedro Delgado (Oliveira Duarte 56'), Jean Paul (Brito Lopes 40'), Fumito, Grilo e Rufino
Treinador: Carlos Canário

GC Alcobaça – 0 ACADÉMICO – 0

2ª DIVISÃO, ZONA CENTRO, 7ª JORNADA, 8-11-1981 (DOM, 15:00)
Estádio Municipal de Alcobaça, Alcobaça
Árbitro: Ezequiel Feijão (Setúbal)
Auxiliares: Moita Pato e Jaquelino Bernardo

GC Alcobaça: Domingos, José Rui, Florival, Alberto «cap», José Carlos, Dedeu (Paulo César 71'), Romão (Sabú 75'), Modas, Álvaro, João Cabral e Marconi
Treinador: Dinis Vital

ACADÉMICO: Gaspar, Parente, Santana, José Freixo «cap», Germano, Aquiles, Rosado, Mário Wilson, Camegim, Eldon e Ibraim
Treinador: Vítor Manuel

ACADÉMICO – 2 RD Águeda – 0

2ª DIVISÃO, ZONA CENTRO, 8ª JORNADA, 15-11-1981 (DOM, 15:00)
Estádio Municipal de Coimbra, Coimbra **Árbitro:** Marques Pires (Setúbal) **Auxiliares:** José Furão e Rui Santiago
Golos: 1-0 (Rosado 47'); 2-0 (Eldon 82')

ACADÉMICO: Gaspar, Parente, Santana, José Freixo «cap», Germano, Aquiles (Tomás 84'), Rosado (Redondo 88'), Mário Wilson, Camegim, Eldon e Ibraim
Treinador: Vítor Manuel

RD Águeda: Manuel Joaquim «cap», Ramalheira, Mendes, Isalmar, Sá Pereira, António Jorge (Rocha 61'), Berto (Ruca 73'), Cândido, Arnaldo José, Toninho e Nando
Treinador: Hilário da Conceição

ACADÉMICO – 0 FC Penafiel – 1 (AP)

TAÇA DE PORTUGAL, 1/64 DE FINAL, 22-11-1981 (DOM, 15:00)
Estádio Municipal de Coimbra, Coimbra **Árbitro:** Raul Ribeiro (Aveiro) **Auxiliares:** Fernando Alves e Carlos Silva
Golo: 0-1 (Artur 113')

ACADÉMICO: Gaspar, Parente, Santana, José Freixo «cap», Germano, Aquiles (Nicolau 76'), Rosado, Mário Wilson (Dani 115'), Camegim, Eldon e Ibraim
Treinador: Mário Wilson

FC Penafiel: Luz, José Manuel, Leonel, Kikas «cap», Artur, Fernando, Branco, Carriço, Babo (Garcia 45'), Ferreira da Costa e João (Jarbas 70')
Treinador: Cassiano Gouveia

GD Portalegrense – 1 ACADÉMICO – 3

2ª DIVISÃO, ZONA CENTRO, 9ª JORNADA, 6-12-1981 (DOM, 15:00)
Estádio Municipal de Portalegre, Portalegre **Árbitro:** César Correia (Algarve) **Auxiliares:** Luís Frade e António Sequeira **Golos:** 1-0 (Formiga 15'); 1-1 (Camegim 44'); 1-2 (Eldon 70'); 1-3 (Camegim 79')

GD Portalegrense: Sílvio, Rui «cap», Ferreira, Nado, Rodrigues, Artur (Fidalgo 32'), Lopes, José Maria, Liberalino (Dorinho 32'), Calado e Formiga
Treinador: Orivaldo Nascimento

ACADÉMICO: Gaspar, Redondo (Nicolau 45'), Santana, José Freixo «cap», Tomás, Aquiles, Rosado, Mário Wilson, Camegim, Eldon e Parente
Treinador: Mário Wilson

1981-1982

ACADÉMICO – 5 UD Santarém – 0

2ª DIVISÃO, ZONA CENTRO, 10ª JORNADA, 13-12-1981 (DOM, 15:00)
Estádio Municipal de Coimbra, Coimbra **Árbitro:** António Garrido (Leiria) **Auxiliares:** Leandro de Sousa e Armando Sargaço
Golos: 1-0 (Mário Wilson 23'); 2-0 (Parente 35'); 3-0 (Eldon 65'); 4-0 (Ibraim 87'); 5-0 (Eldon 88')

ACADÉMICO: Gaspar, Parente, Santana, José Freixo «cap», Tomás, Aquiles (Henrique 61'), Rosado (Dani 76'), Mário Wilson, Camegim, Eldon e Ibraim
Treinador: Mário Wilson

UD Santarém: Gorriz, Pedro, Horácio, Rogério «cap», José António, Crespo, Henrique, Jardim (Rosário 45'), Martins, Milheiro e Henriques
Treinador: Barroca

ACADÉMICO – 6 SB Castelo Branco – 0

2ª DIVISÃO, ZONA CENTRO, 11ª JORNADA, 27-12-1981 (DOM, 15:00)
Estádio Municipal de Coimbra, Coimbra **Árbitro:** Adélio Pinto (Porto) **Auxiliares:** Augusto Batista e Silva Costa
Golos: 1-0 (Eldon 1'); 2-0 (Camegim 11'); 3-0 (Mário Wilson 28'); 4-0 (Mário Wilson 46'); 5-0 (Eldon 67', gp); 6-0 (Ibraim 87')

ACADÉMICO: Gaspar, Aquiles, Santana, José Freixo «cap», Tomás, Henrique (Germano 67'), Parente, Mário Wilson, Camegim (Nicolau 67'), Eldon e Ibraim
Treinador: Mário Wilson

SB Castelo Branco: Rogério, João Andrade (Carlitos 45'), Carlos «cap», Margaça, Sequeira, Salavessa, Ângelo, Adérito, Prieto, Vieira e José Luís
Treinador: Jaime Graça

SL Cartaxo – 1 ACADÉMICO – 1

2ª DIVISÃO, ZONA CENTRO, 12ª JORNADA, 3-1-1982 (DOM, 15:00)
Campo das Pratas, Cartaxo **Árbitro:** Alfredo Basílio (Lisboa) **Auxiliares:** Jorge Coroado e Pena da Silva
Golos: 0-1 (Camegim 48'); 1-1 (Rui Paulo 75')

SL Cartaxo: Costa, Fernando José «cap», Diogo, Vital, Pego, Mira, Orlando, Brito, Baldé, Bartolomeu e Gabriel (Rui Paulo 72')
Treinador: Fernando Amaral

ACADÉMICO: Gaspar, Tomás (Rosado 60'), Santana, José Freixo «cap», Germano, Aquiles, Parente, Mário Wilson, Camegim, Eldon e Ibraim
Treinador: Mário Wilson

ACADÉMICO – 4 AD Guarda – 1

2ª DIVISÃO, ZONA CENTRO, 13ª JORNADA, 17-1-1982 (DOM, 15:00)
Estádio Municipal de Coimbra, Coimbra **Árbitro:** Fernando Alberto (Porto) **Auxiliares:** Pedro Alves e Crispim de Sousa
Golos: 1-0 (Mário Wilson 23'); 2-0 (Rosado 41'); 3-0 (Eldon 54', gp); 3-1 (Segura 65'); 4-1 (Eldon 87')

ACADÉMICO: Gaspar, Parente, Santana, José Freixo «cap», Germano, Aquiles (Rui Vala 69'), Rosado, Mário Wilson, Camegim, Eldon e Ibraim
Treinador: Mário Wilson

AD Guarda: Ernesto, Casas, Rosa, José Arrifano «cap», Júlio, Gaspar, Mocho, Marito (Segura 52'), Fernando, Humberto (Ulisses 45') e Rebelo
Treinador: Raul Machado

GD Peniche – 1 ACADÉMICO – 1

2ª DIVISÃO, ZONA CENTRO, 14ª JORNADA, 24-1-1982 (DOM, 15:00)
Campo do Baluarte, Peniche **Árbitro:** Lopes Martins (Lisboa) **Auxiliares:** Joaquim Moreira e Mário Mano
Golos: 0-1 (Eldon 52'); 1-1 (Edvaldo 59')

GD Peniche: Tavares, Horácio, Furtado «cap», Canena, Pejapes, Santos, Moreno, Sardinheiro, Fernando Duarte, Edvaldo (Nelson 85') e Maurício
Treinador: Quim Teixeira

ACADÉMICO: Gaspar, Tomás, Parente, José Freixo «cap», Germano, Henrique (Dani 70'), Rosado, Mário Wilson, Camegim, Eldon e Ibraim (Beto 67')
Treinador: Mário Wilson

ACADÉMICO – 1 GD "Os Nazarenos" – 0

2ª DIVISÃO, ZONA CENTRO, 15ª JORNADA, 31-1-1982 (DOM, 15:00)
Estádio Municipal de Coimbra, Coimbra **Árbitro:** Joaquim Gonçalves (Porto) **Auxiliares:** Soares Dias e Silva Pinto
Golo: 1-0 (Camegim 2')

ACADÉMICO: Gaspar, Parente, Santana, José Freixo «cap», Germano, Aquiles, Rosado, Mário Wilson, Camegim, Eldon e Henrique (Tomás 67')
Treinador: Mário Wilson

GD "Os Nazarenos": Lapa «cap», Tozé, Gato, Viola (Vasco 81'), Juvenal, Mário, Pascoal (Faria 45'), Ferrinho, Quintino, João Carvalho e Zé Francisco
Treinador: António Pedro

ACADÉMICO – 2 Oliveira do Bairro SC – 0

2ª DIVISÃO, ZONA CENTRO, 16ª JORNADA, 7-2-1982 (DOM, 15:00)
Estádio Municipal de Coimbra, Coimbra **Árbitro:** Adélio Pinto (Porto) **Auxiliares:** Augusto Batista e Silva Costa
Golos: 1-0 (Rosado 20'); 2-0 (Eldon 68')

ACADÉMICO: Gaspar, Parente, Santana, José Freixo «cap», Germano, Aquiles (Tomás 45'), Rosado, Mário Wilson (Henrique 72'), Camegim, Eldon e Ibraim
Treinador: Mário Wilson

Oliveira do Bairro SC: Rafael, Amílcar, Marques, Mendonça, Sarrô, Amorim (Marabuto 62'), Herculano, Cardoso, Henrique «cap» (José Augusto 54'), Niza e Raul Águas
Treinador: Francisco Andrade

SC Beira-Mar – 1 ACADÉMICO – 1

2ª DIVISÃO, ZONA CENTRO, 17ª JORNADA, 14-2-1982 (DOM, 15:00)
Estádio Mário Duarte, Aveiro **Árbitro:** António Costa (Viana do Castelo) **Auxiliares:** Arménio Araújo e José Adamastor
Golos: 1-0 (José Carlos 24'); 1-1 (Ibraim 62')

SC Beira-Mar: Walter, Silva (AA 84'), Joca, Cansado, Marques, Cambraia «cap», Quim, Nogueira (Manuel Dias 75'), José Carlos, Toni e Américo
Treinador: Vieirinha

ACADÉMICO: Gaspar, Parente, Santana, José Freixo «cap», Germano, Aquiles, Rosado, Mário Wilson (Tomás 85'), Camegim, Eldon e Ibraim
Treinador: Mário Wilson

ACADÉMICO – 5 CFU Coimbra – 1

2ª DIVISÃO, ZONA CENTRO, 18ª JORNADA, 28-2-1982 (DOM, 15:00)
Estádio Municipal de Coimbra, Coimbra **Árbitro:** António Ferreira (Lisboa) **Auxiliares:** Euclides Marques e Gomes Heitor
Golos: 1-0 (Rosado 1'); 2-0 (Camegim 31'); 3-0 (Camegim 81'); 4-0 (Ibraim 85'); 4-1 (Cavaleiro 87'); 5-1 (Ibraim 90')

ACADÉMICO: Gaspar, Parente, Santana, José Freixo «cap», Germano, Henrique (Tomás 55'), Rosado, Mário Wilson (Dani 80'), Camegim, Eldon e Ibraim
Treinador: Mário Wilson

CFU Coimbra: Serrão, Pereira, Vítor Duarte, Machado «cap», Sanô, Coelho (Moinhos 45', AA 84'), Alexandre, Vítor Urbano, Toninho (Quim Jorge 51'), Cavaleiro e Freitas
Treinador: José Domingos

SC Covilhã – 1 ACADÉMICO – 1

2ª DIVISÃO, ZONA CENTRO, 19ª JORNADA, 7-3-1982 (DOM, 15:00)
Campo José dos Santos Pinto, Covilhã **Árbitro:** Alder Dante (Santarém) **Auxiliares:** Batista Fernandes e Marques Pais
Golos: 0-1 (Eldon 3'); 1-1 (Manaca 59')

SC Covilhã: Martins, Luciano, Baixa «cap», Salcedas, Coimbra, Velho, Mendes, Lima (Madaleno 66'), Ernesto, Nelinho e Manaca
Treinador: Hilário da Conceição

ACADÉMICO: Gaspar, Tomás, Santana, Parente, Germano, Aquiles, Rosado, Mário Wilson «cap», Camegim, Eldon e Ibraim (Nicolau 77')
Treinador: Mário Wilson

ACADÉMICO – 3 UD Oliveirense – 0

2ª DIVISÃO, ZONA CENTRO, 20ª JORNADA, 21-3-1982 (DOM, 15:00)
Estádio Municipal de Coimbra, Coimbra **Árbitro:** Amândio Silva (Setúbal) **Auxiliares:** Diamantino Rodrigues e Fernando Manuel
Golos: 1-0 (Camegim 27'); 2-0 (Vítor 37', pb); 3-0 (Eldon 87')

ACADÉMICO: Gaspar, Aquiles, Santana, José Freixo «cap», Tomás, Henrique (Dani 79'), Parente, Mário Wilson, Camegim, Eldon e Ibraim
Treinador: Mário Wilson

UD Oliveirense: Bairrada, Vítor, Eduardo «cap» (João 70'), Lopes, Gilberto, Leite, Vítor Gomes, Luís Filipe (Zezinho 41'), Zé Carlos, Craveiro e Icar
Treinador: Custódio Pinto

UD Rio Maior – 1 ACADÉMICO – 1

2ª DIVISÃO, ZONA CENTRO, 21ª JORNADA, 28-3-1982 (DOM, 16:00)
Campo Pá da Ribeira, Rio Maior **Árbitro:** Américo Oliveira (Lisboa) **Auxiliares:** Joaquim Moreira e Rogério de Carvalho
Golos: 1-0 (Fumito 59'); 1-1 (Rosado 63')

UD Rio Maior: Vital, Coelho (Grilo 45'), Brites, Armando, José António, Custódio «cap», Pedro Delgado, Elias, Brito Lopes, Rufino (Jean Paul 88') e Fumito
Treinador: Jesualdo Ferreira

ACADÉMICO: Gaspar, Parente, Santana, José Freixo «cap», Germano, Aquiles, Rosado, Mário Wilson (Dani 84'), Camegim, Eldon e Ibraim (Nicolau 73')
Treinador: Mário Wilson

ACADÉMICO – 1 GC Alcobaça – 2

2ª DIVISÃO, ZONA CENTRO, 22ª JORNADA, 4-4-1982 (DOM, 16:00)
Estádio Municipal de Coimbra, Coimbra **Árbitro:** António Rodrigues (Santarém) **Auxiliares:** Jorge Beirão e Luís Marcão
Golos: 1-0 (Camegim 50'); 1-1 (Nelito 67'); 1-2 (Marconi 70')

ACADÉMICO: Gaspar, Parente, Santana, José Freixo «cap», Germano, Aquiles, Rosado, Mário Wilson (Tomás 52', Nicolau 75'), Camegim, Eldon e Ibraim
Treinador: Mário Wilson

GC Alcobaça: Domingos, Modas (Dedeu 55'), Florival (V 61'), Alberto «cap», José Carlos, Romão (João Cabral 55'), Álvaro, José Rui, Nelito, Quim e Marconi
Treinador: Dinis Vital

RD Águeda – 1 ACADÉMICO – 0

2ª DIVISÃO, ZONA CENTRO, 23ª JORNADA, 18-4-1982 (DOM, 16:00)
Estádio Municipal de Águeda, Águeda **Árbitro:** Raul Nazaré (Setúbal) **Auxiliares:** Manuel Piteira e José Martins
Golo: 1-0 (Arnaldo José 88')

RD Águeda: Manuel Joaquim, Simão, Mendes (AA 80'), Isalmar «cap», Sá Pereira, Marcos, Ruca, Pingas (Berto 45'), Nando, Arnaldo José e Vermelhinho
Treinador: Cassiano Gouveia

ACADÉMICO: Gaspar, Aquiles (Tomás 78'), Parente, Santana, Germano, Rosado, Camilo «cap», Mário Wilson (Nicolau 45'), Camegim, Eldon e Ibraim
Treinador: Mário Wilson

ACADÉMICO – 1 GD Portalegrense – 0

2ª DIVISÃO, ZONA CENTRO, 24ª JORNADA, 25-4-1982 (DOM, 16:00)
Estádio Municipal de Coimbra, Coimbra **Árbitro:** Carlos Lima (Porto) **Auxiliares:** Eduardo Gonçalves e Gabriel Zeferino
Golo: 1-0 (Eldon 85', gp)

ACADÉMICO: Gaspar, Parente, José Freixo «cap», Santana (Dani 77'), Tomás, Camilo, Aquiles, Camegim, Nicolau (Henrique 35', V 89'), Eldon e Ibraim
Treinador: Mário Wilson

GD Portalegrense: Sílvio, Rui «cap», Dorinho (V 89'), Nado, Rodrigues, Gilberto (AA 80'), Ferreira, José Maria, Artur, Liberalino e Fidalgo (Formiga 30')
Treinador: Orivaldo Nascimento

UD Santarém – 1 ACADÉMICO – 2

2ª DIVISÃO, ZONA CENTRO, 25ª JORNADA, 2-5-1982 (DOM, 16:00)
Campo Chã das Padeiras, Santarém **Árbitro:** Lopes Martins (Lisboa) **Auxiliares:** João Guilherme e Marçal Estêvão
Golos: 0-1 (Camegim 35'); 1-1 (Crespo 62'); 1-2 (Camegim 88')

UD Santarém: Gorriz, Pelarigo, Rogério «cap», Conceição, Caldeiras (Pedro 55'), Jardim, José António, Crespo, Henriques, Henrique (Mourinha 66') e Horácio Martins **Treinador:** Barroca

ACADÉMICO: Gaspar, Parente, José Freixo «cap», Santana, Germano, Camilo (Nicolau 69'), Rosado, Aquiles, Eldon, Camegim e Ibraim (Mário Wilson 65')
Treinador: Mário Wilson

SB Castelo Branco – 1 ACADÉMICO – 2

2ª DIVISÃO, ZONA CENTRO, 26ª JORNADA, 9-5-1982 (DOM, 16:00)
Estádio do Vale do Romeiro, Castelo Branco
Árbitro: Mário Luís (Santarém) **Auxiliares:** José Graça e José Gameiro
Golos: 0-1 (Camegim 24'); 1-1 (Leonardo 31'); 1-2 (Rosado 37')

SB Castelo Branco: Massas, Salavessa, Carlos «cap», Margaça, Sequeira, Leonardo, Xavier (Varão 45'), Artur Semedo, Prieto (Nuno 57'), Pincho e Vieira **Treinador:** Jaime Graça

ACADÉMICO: Gaspar, Tomás, José Freixo «cap», Santana, Germano, Camilo (Redondo 80'), Rosado, Mário Wilson, Eldon, Camegim e Parente (Ibraim 70') **Treinador:** Mário Wilson

ACADÉMICO – 5 SL Cartaxo – 0

2ª DIVISÃO, ZONA CENTRO, 27ª JORNADA, 16-5-1982 (DOM, 16:00)
Estádio Municipal de Coimbra, Coimbra
Árbitro: Vítor Correia (Lisboa)
Auxiliares: Pinto Beja e Lopes Francisco
Golos: 1-0 (Eldon 43'); 2-0 (Eldon 80'); 3-0 (Rosado 81'); 4-0 (Camilo 85'); 5-0 (Eldon 88', gp)

ACADÉMICO: Gaspar, Parente, José Freixo «cap», Santana, Germano, Rosado, Mário Wilson, Aquiles (Camilo 75'), Eldon, Camegim e Ibraim **Treinador:** Mário Wilson

SL Cartaxo: Costa, Andrade, Zequinha, Pascoal, Pego «cap», Paulo (Manuel 82'), Cruz, Gabriel, Brito, Bartolomeu e Rui Paulo (Ramiro 59')
Treinador: Carlos Canário

AD Guarda – 0 ACADÉMICO – 0

2ª DIVISÃO, ZONA CENTRO, 28ª JORNADA, 23-5-1982 (DOM, 16:00)
Campo Dr. Marques Fernandes, Celorico da Beira
Árbitro: Manuel Vicente (Vila Real) **Auxiliares:** Carlos Teles e Joaquim Fonseca **Obs:** Jogo disputado em Celorico da Beira, devido a interdição do estádio Municipal da Guarda. O Académico apresentou declaração de protesto

AD Guarda: Melo, Marito, Rosa, José Arrifano «cap», Júlio, Segura (Norberto 73'), Gaspar, Mário Arrifano, Mocho, Humberto e Gama (Ulisses 11')
Treinador: João Abel

ACADÉMICO: Gaspar, Parente, José Freixo «cap», Santana, Germano, Camilo, Rosado, Mário Wilson (Henrique 65'), Eldon, Camegim e Ibraim (Nicolau 51')
Treinador: Mário Wilson

ACADÉMICO – 1 GD Peniche – 0

2ª DIVISÃO, ZONA CENTRO, 29ª JORNADA, 30-5-1982 (DOM, 16:00)
Estádio Municipal de Coimbra, Coimbra **Árbitro:** Aventino Ferreira (Braga) **Auxiliares:** Joaquim Lourenço e José Queirós
Golo: 1-0 (Camilo 89')

ACADÉMICO: Gaspar, Parente, José Freixo «cap», Santana, Germano, Aquiles, Rosado, Mário Wilson (Henrique 80'), Nicolau (Camilo 55'), Camegim e Ibraim
Treinador: Mário Wilson

GD Peniche: Rodrigues, Horácio, Furtado «cap», Canena (Edison 83'), Pejares, António Luís, Sardinheiro, Santos (AA 89'), Edvaldo, José Manuel e Maurício
Treinador: Jacinto do Carmo

GD "Os Nazarenos" – 0 ACADÉMICO – 3

2ª DIVISÃO, ZONA CENTRO, 30ª JORNADA, 6-6-1982 (DOM, 17:00)
Campo da Comissão Municipal de Turismo, Nazaré **Árbitro:** Alder Dante (Santarém) **Auxiliares:** Batista Fernandes e Marques Pais
Golos: 0-1 (Eldon 51'); 0-2 (Camegim 61'); 0-3 (Camegim 75')

GD "Os Nazarenos": Lapa «cap», Pascoal (Faria 45'), Gato, Viola, Petana, Mário, Tozé, Zé Francisco (Luciano 75'), Clésio, João Carvalho e Quintino **Treinador:** José Adelino

ACADÉMICO: Gaspar, Parente, José Freixo «cap», Santana, Germano, Aquiles, Rosado, Mário Wilson, Eldon, Camegim (Ibraim 80') e Camilo
Treinador: Mário Wilson

AD Guarda – 0 ACADÉMICO – 3

2ª DIVISÃO, ZONA CENTRO, 28ª JORNADA, 13-6-1982 (DOM, 17:00)
Campo Dr. Marques Fernandes, Celorico da Beira **Árbitro:** Marques Pires (Setúbal) **Auxiliares:** Francisco Periquito e Rui Santiago
Golos: 0-1 (Aquiles 9'); 0-2 (Eldon 24'); 0-3 (Camegim 54')
Obs: Jogo de repetição, disputado em Celorico da Beira, devido a interdição do estádio Municipal da Guarda. Posteriormente anulado, em consequência de protesto da AD Guarda

AD Guarda: Melo, Marito, Rosa, Arrifano «cap», Júlio (AA 28'), Gaspar, Segura (V 31'), Ulisses, Rebelo, Mário Arrifano (Gama 45') e Humberto **Treinador:** João Abel

ACADÉMICO: Gaspar, Tomás, Santana, Parente, Germano, Aquiles (Rui Vala 62'), Camilo, Rosado, Mário Wilson (Ibraim 79'), Eldon e Camegim **Treinador:** Mário Wilson

ACADÉMICO – 3 CS Marítimo – 2

2ª DIVISÃO, FASE FINAL, 3ª JORNADA, 16-6-1982 (QUA, 18:30)
Estádio Municipal de Coimbra, Coimbra **Árbitro:** António Costa (Viana do Castelo) **Auxiliares:** Arménio Araújo e José Adamastor
Golos: 1-0 (Eldon 11'); 2-0 (Eldon 26'); 3-0 (Eldon 27'); 3-1 (Eduardinho 33'); 3-2 (Beca 38') **Obs:** Jogo anulado pela FPF, em consequência de revogação de decisão anterior

ACADÉMICO: Gaspar, Parente, Santana, José Freixo «cap», Germano, Aquiles, Rosado, Mário Wilson (Camilo 45'), Eldon, Camegim e Ibraim (Rui Vala 48') **Treinador:** Mário Wilson

CS Marítimo: Quim, Olavo, Humberto, Eduardo Luís «cap», Arnaldo Carvalho (Fernando Marques 74'), Eduardinho (Hilário 70'), José Pedro, Xavier, Beca, Mário Ventura e Toninho Metralha **Treinador:** Ângelo Gomes

Varzim SC – 2 ACADÉMICO – 1

2ª DIVISÃO, FASE FINAL, 1ª JORNADA, 20-6-1982 (DOM, 17:00)
Estádio Varzim Sport Club, Póvoa de Varzim **Árbitro:** Agostinho Santos (Leiria) **Auxiliares:** António Fortunato e Joaquim Coelho
Golos: 0-1 (Camegim 15'); 1-1 (Toni 17'); 2-1 (Valdemar 89')
Obs: Jogo anulado pela FPF, em consequência de revogação de decisão anterior

Varzim SC: Djair, Vitoriano, Washington, Adão, Torres, Albino «cap», Toni, Quinito, André, Valdemar e Brandão
Treinador: António Teixeira

ACADÉMICO: Gaspar, Parente, Santana, José Freixo «cap», Germano, Aquiles, Rosado, Mário Wilson (Tomás 86'), Eldon (Nicolau 50'), Camegim e Rui Vala
Treinador: Mário Wilson

ÉPOCA 1982-1983

2ª DIVISÃO, ZONA CENTRO: 2º LUGAR
(LIGUILHA E MANUTENÇÃO)
TAÇA DE PORTUGAL: MEIAS FINAIS

JOGOS EFECTUADOS

	J	V	E	D	GM	GS
CASA	25	20	1	4	70	23
FORA	24	9	8	7	36	42
TOTAL	49	29	9	11	106	65

FC Penafiel – 2 ACADÉMICO – 1

LIGUILHA, 1ª JORNADA, 18-8-1982 (QUA, 18:30)
Estádio 25 de Abril, Penafiel **Árbitro:** António Rodrigues (Santarém) **Auxiliares:** Jorge Beirão e Jorge Mateus
Golos: 1-0 (Chico Faria 66'); 2-0 (Fernando 70'); 2-1 (Ibraim 89')

FC Penafiel: Aníbal, José Manuel, Paulo César, Fernando, Branco, Ferreira da Costa «cap», Esmoriz (Leonel 65'), João, Chico Faria, Sanhá (Maia 65') e Jairo **Treinador:** António Medeiros

ACADÉMICO: Jacinto João, Parente, Jorge, José Freixo «cap», Germano, Aquiles (Ibraim 63'), Rosado, Freitas (Mário Wilson 71'), Camegim, Eldon e Marconi
Treinador: Mário Wilson

ACADÉMICO – 2 SC Farense – 1

LIGUILHA, 2ª JORNADA, 22-8-1982 (DOM, 18:30)
Estádio Municipal de Coimbra, Coimbra
Árbitro: António Ferreira (Lisboa)
Auxiliares: Euclides Marques e Armando Roque
Golos: 1-0 (Marconi 8'); 2-0 (Eldon 10'); 2-1 (Vital 51')

ACADÉMICO: Jacinto João, Parente, Jorge, José Freixo «cap», Germano, Freitas, Rosado, Marconi, Eldon, Camegim (Luís Horta 70') e Ibraim (Aquiles 55') **Treinador:** Mário Wilson

SC Farense: Jorge, César «cap», Meneses, Leonardo, Vilaça, Alexandre Alhinho (Óscar 45'), Mário Ventura, Paulo Campos, Skoda (Alberto 78'), Joel e Vital **Treinador:** Artur Santos

ACADÉMICO – 4 SC Salgueiros – 1

LIGUILHA, 3ª JORNADA, 25-8-1982 (QUA, 18:30)
Estádio Municipal de Coimbra, Coimbra **Árbitro:** António Costa (Viana do Castelo) **Auxiliares:** Sousa Alves e José Adamastor
Golos: 1-0 (Eldon 12'); 2-0 (Camegim 14'); 2-1 (Jorginho 24'); 3-1 (Marconi 27'); 4-1 (Eldon 32')

ACADÉMICO: Jacinto João, Parente, Jorge (Luís Horta 36') José Freixo «cap», Germano, Freitas, Rosado, Marconi, Eldon, Camegim e Ibraim (Aquiles 57') **Treinador:** Mário Wilson

SC Salgueiros: Barradas, Costeado, Mariano «cap», Soares (Carvalho 38'), Peres, Luís Pereira, Silva, Jorginho, Joy (Tozé 38'), Constantino e Santos
Treinador: Henrique Calisto

ACADÉMICO – 1 FC Penafiel – 0

LIGUILHA, 4ª JORNADA, 29-8-1982 (DOM, 18:00)
Estádio Municipal de Coimbra, Coimbra
Árbitro: Carlos Valente (Setúbal)
Auxiliares: Carlos Cortiço e Jacinto Roque
Golo: 1-0 (Eldon 35')

ACADÉMICO: Jacinto João, Parente, Luís Horta (Tomás 17'), José Freixo «cap», Germano, Freitas, Rosado, Marconi, Eldon, Camegim e Ibraim (Aquiles 64')
Treinador: Mário Wilson

FC Penafiel: Aníbal, José Manuel, Paulo César, Fernando (V 89'), Leonel, Ferreira da Costa «cap», Branco, João, Chico Faria, Sanhá e Meireles (Maia 45')
Treinador: António Medeiros

SC Farense – 6 ACADÉMICO – 0

LIGUILHA, 5ª JORNADA, 1-9-1982 (QUA, 18:30)
Estádio São Luís, Faro **Árbitro:** Marques Pires (Setúbal)
Auxiliares: Francisco Periquito e Rui Santiago
Golos: 1-0 (Paulo Campos 12'); 2-0 (Joel 30'); 3-0 (Parente 34', pb); 4-0 (Meneses 39', gp); 5-0 (Joel 57'); 6-0 (Joel 67')

SC Farense: Tavares, César «cap», Meneses, Leonardo, Vilaça, Óscar (Rogério 70'), Alexandre Alhinho, Joel, Mário Ventura, Paulo Campos e Vital (Skoda 60')
Treinador: Artur Santos

ACADÉMICO: Jacinto João, Parente, Jorge, José Freixo «cap», Germano, Freitas, Rosado, Marconi, Eldon (Rui Vala 43'), Camegim (Ibraim 44') e Aquiles
Treinador: Mário Wilson

1982-1983

1982-1983

SC Salgueiros – 1 ACADÉMICO – 0
LIGUILHA, 6ª JORNADA, 5-9-1982 (DOM, 18:00)
Campo Eng. Vidal Pinheiro, Porto **Árbitro:** Lopes Martins (Lisboa)
Auxiliares: João Guilherme e Antunes Santos
Golo: 1-0 (Santos 81')

SC Salgueiros: Barradas, Costeado, Mariano «cap», Carvalho, Peres (Soares 83'), Luís Pereira, Silva, Jorginho, Santos Cardoso (Santos 61'), Constantino e Joy
Treinador: Henrique Calisto

ACADÉMICO: Jacinto João, Tomás, Parente, José Freixo «cap», Germano, Aquiles (Redondo 73', Ibraim 83'), Freitas, Rosado, Marconi, Eldon e Camegim
Treinador: Mário Wilson

UD Leiria – 1 ACADÉMICO – 3
2ª DIVISÃO, ZONA CENTRO, 1ª JORNADA, 19-9-1982 (DOM, 16:00)
Estádio Dr. Magalhães Pessoa, Leiria **Árbitro:** José Guedes (Porto)
Auxiliares: Alberto Silva e Carvalho Araújo **Golos:** 0-1 (Eldon 6'); 1-1 (Tonanha 25', gp); 1-2 (Camegim 29'); 1-3 (Eldon 50')

UD Leiria: Álvaro, Martinho, José Manuel, Germano «cap», Cardoso, José Rocha (Tininho 57'), Alberto, João Carvalho (Hernâni 57'), Rogério, Jerónimo e Tonanha
Treinador: Tomé

ACADÉMICO: Jacinto João, Parente, Luís Horta, José Freixo «cap», Germano, Aquiles, Freitas (Ibraim 70'), Rosado (Tomás 80'), Marconi, Eldon e Camegim
Treinador: Mário Wilson

ACADÉMICO – 5 SC Covilhã – 0
2ª DIVISÃO, ZONA CENTRO, 2ª JORNADA, 26-9-1982 (DOM, 15:00)
Estádio Municipal de Coimbra, Coimbra **Árbitro:** António Garrido (Leiria) **Auxiliares:** Leandro de Sousa e Mário Sargaço
Golos: 1-0 (Eldon 7'); 2-0 (Luís Horta 45'); 3-0 (Camegim 46'); 4-0 (Eldon 58', gp); 5-0 (Eldon 78')
ACADÉMICO: Jacinto João, Parente, Luís Horta, José Freixo «cap», Germano, Freitas, Marconi, Paulo Ferreira, Eldon, Camegim (Mário Wilson 66') e Ibraim (Aquiles 32')
Treinador: Mário Wilson

SC Covilhã: Carlos Ferreira, Luciano, Pereira, Salcedas, Coimbra «cap», Pedro Delgado (José Carlos 66'), Mendes, Nogueira, Manaca, Bartolomeu e Humberto (Maurício 58')
Treinador: Hilário da Conceição

ACADÉMICO – 3 GD "Os Nazarenos" – 0
2ª DIVISÃO, ZONA CENTRO, 3ª JORNADA, 3-10-1982 (DOM, 15:00)
Estádio Municipal de Coimbra, Coimbra **Árbitro:** Joaquim Gonçalves (Porto) **Auxiliares:** Soares Dias e Silva Pinto
Golos: 1-0 (Eldon 6'); 2-0 (Eldon 14'); 3-0 (Camegim 70')

ACADÉMICO: Jacinto João, Parente, Luís Horta, José Freixo «cap», Germano, Freitas, Paulo Ferreira, Marconi (Mário Wilson 64'), Eldon, Camegim e Aquiles (Rui Vala 83')
Treinador: Mário Wilson

GD "Os Nazarenos": Lapa, Jaime, Carlos Alberto, Juvenal (Bragança 75'), Gomes, Leal, Chico (Quintino 45'), Airton, Tozé, Clésio «cap» e Petana
Treinador: José Adelino

CD Estarreja – 0 ACADÉMICO – 0
2ª DIVISÃO, ZONA CENTRO, 4ª JORNADA, 17-10-1982 (DOM, 15:00)
Campo Dr. Tavares da Silva, Estarreja
Árbitro: Agostinho Santos (Leiria)
Auxiliares: João Silva e Joaquim Coelho

CD Estarreja: Balseiro, Geninho, António Santos «cap», Carlos Manuel, Hermínio, José Santos, Fausto Leite, Miranda, Armindo, Cardoso e Sadjá (Ramalho 87')
Treinador: António Miranda

ACADÉMICO: Jacinto João, Parente, Luís Horta, José Freixo «cap», Germano, Mário Wilson (Aquiles 32'), Rosado, Freitas, Marconi, Eldon e Camegim
Treinador: Mário Wilson

ACADÉMICO – 1 RD Águeda – 4
2ª DIVISÃO, ZONA CENTRO, 5ª JORNADA, 24-10-1982 (DOM, 15:00)
Estádio Municipal de Coimbra, Coimbra **Árbitro:** Adélio Pinto (Porto) **Auxiliares:** Augusto Batista e Silva Costa
Golos: 0-1 (Cambraia 31'); 0-2 (Ica 44'); 0-3 (Jorginho 52'); 1-3 (Aquiles 58'); 1-4 (Cambraia 73')

ACADÉMICO: Jacinto João, Parente, Luís Horta (Paulo Ferreira 61'), José Freixo «cap», Germano, Freitas, Rosado, Marconi, Aquiles, Eldon (Eduardo 76') e Camegim
Treinador: Mário Wilson

RD Águeda: Justino, José Carlos, Isalmar «cap», Jorginho, Simão, Cândido, Cambraia, Craveiro, Ica, Nando (Rocha 73') e António Jorge (Berto 70')
Treinador: José Carlos

Anadia FC – 0 ACADÉMICO – 1
2ª DIVISÃO, ZONA CENTRO, 6ª JORNADA, 31-10-1982 (DOM, 15:00)
Campo Pequito Rebelo, Anadia **Árbitro:** Azevedo Duarte (Braga)
Auxiliares: Cunha Antunes e Pinheiro Gonçalves
Golo: 0-1 (Freitas 37')

Anadia FC: Valdemar, Ramalheira, Lindolfo, Adriano «cap», Jorge Álvaro, Pedro Maria, Amado (Valério 45'), Godinho (Orlando 75'), Paredes, Almeida e Cosme
Treinador: António Curado

ACADÉMICO: Jacinto João, Parente (V 72'), Luís Horta, José Freixo «cap», Germano, Freitas, Rosado, Aquiles, Eldon, Camegim (Tomás 70') e Marconi
Treinador: Mário Wilson

ACADÉMICO – 6 Vasco da Gama AC – 0
TAÇA DE PORTUGAL, 1/64 DE FINAL, 6-11-1982 (SAB, 15:00)
Estádio Municipal de Coimbra, Coimbra **Árbitro:** Isidro Santos (Porto) **Auxiliares:** Domingos Barbosa e Serafim Cardoso
Golos: 1-0 (Freitas 23'); 2-0 (Eldon 26'); 3-0 (Eldon 36', gp); 4-0 (Eldon 44'); 5-0 (Camegim 46'); 6-0 (Camegim 88')
ACADÉMICO: Jacinto João, Tomás, Redondo, José Freixo «cap», Germano, Freitas, Rosado (Paulo Ferreira 45'), Marconi, Aquiles, Eldon (Camilo 62') e Camegim
Treinador: Mário Wilson

Vasco da Gama AC: Gama, Januário, Terrível, Toca, Belchior «cap», Fan, Silvério, Leonardo (Alves 54'), Rui, René e Alfredo (Artur 45')
Treinador: Almir

ACADÉMICO – 2 SCU Torreense – 0
2ª DIVISÃO, ZONA CENTRO, 7ª JORNADA, 14-11-1982 (DOM, 15:00)
Estádio Municipal de Coimbra, Coimbra **Árbitro:** Raul Nazaré (Setúbal) **Auxiliares:** Lopes Galrinho e José Martins
Golos: 1-0 (Eldon 69'); 2-0 (Eldon 76')

ACADÉMICO: Jacinto João, Parente, Luís Horta, José Freixo «cap», Germano, Freitas, Rosado, Marconi, Aquiles, Eldon e Camegim (Camilo 53')
Treinador: Mário Wilson

SCU Torreense: Quim, António Carlos (Gomes 63'), António Augusto, Armando, Bancaleiro, Rui, Janita, Mário «cap», Toínha, Rolão e Álvaro
Treinador: Jesualdo Ferreira

SB Castelo Branco – 2 ACADÉMICO – 2
2ª DIVISÃO, ZONA CENTRO, 8ª JORNADA, 21-11-1982 (DOM, 15:00)
Estádio do Vale do Romeiro, Castelo Branco **Árbitro:** Ezequiel Feijão (Setúbal) **Auxiliares:** Moita Pato e Rui Ferreira
Golos: 1-0 (Nelson Moutinho 15'); 1-1 (Marconi 23'); 1-2 (Eldon 37'); 2-2 (Nelson Moutinho 52')

SB Castelo Branco: Guimarães, Salavessa, Carlos «cap», Ferrinho (Nuno 45'), Franque, Margaça, Artur Semedo, Ângelo, Nelson Moutinho, José Domingos e Varão
Treinador: Jaime Graça

ACADÉMICO: Jacinto João, Parente, Luís Horta, José Freixo «cap», Germano, Freitas, Rosado, Paulo Ferreira, Eldon, Camilo (Tomás 74') e Marconi
Treinador: Mário Wilson

ACADÉMICO – 2 UD Rio Maior – 0
2ª DIVISÃO, ZONA CENTRO, 9ª JORNADA, 28-11-1982 (DOM, 15:00)
Estádio Municipal de Coimbra, Coimbra **Árbitro:** Pedro Quaresma (Lisboa) **Auxiliares:** Augusto Fernandes e Carlos Amorim
Golos: 1-0 (Eldon 32'); 2-0 (Eldon 39')

ACADÉMICO: Jacinto João, Tomás, Parente, José Freixo «cap», Germano, Freitas, Rosado (Eduardo 59'), Camilo, Eldon, Paulo Ferreira e Marconi
Treinador: Mário Wilson

UD Rio Maior: Costa, Coelho, Edson, Vital «cap», José António (Mário 45'), Elias, Semedo, Jorge, Perez, Gabriel Barra (Paulo Barra 69') e Guedes
Treinador: Vieirinha

CFU Coimbra – 2 ACADÉMICO – 3
2ª DIVISÃO, ZONA CENTRO, 10ª JORNADA, 5-12-1982 (DOM, 15:00)
Estádio Municipal de Coimbra, Coimbra **Árbitro:** Fernando Alberto (Porto) **Auxiliares:** Pedro Alves e Crispim de Sousa
Golos: 1-0 (Canavarro 10', gp); 2-0 (Canavarro 32'); 2-1 (Eldon 40', gp); 2-2 (Marconi 43'); 2-3 (Camilo 84')

CFU Coimbra: Arménio, Carlos Ferreira, Vítor Duarte, Sérgio Álvaro, Coelho (Taborda 87'), Dani, Alexandre (Ruas 66'), Ramon, José Carlos «cap», Cavaleiro e Canavarro
Treinador: Francisco Andrade

ACADÉMICO: Jacinto João, Tomás, Parente, José Freixo «cap», Germano, Freitas, Paulo Ferreira, Camilo, Rosado (Aquiles 35'), Eldon e Marconi
Treinador: Mário Wilson

ACADÉMICO – 4 Rio Ave FC – 0
TAÇA DE PORTUGAL, 1/32 DE FINAL, 11-12-1982 (SAB, 15:00)
Estádio Municipal de Coimbra, Coimbra **Árbitro:** Américo Oliveira (Lisboa) **Auxiliares:** Joaquim Moreira e Rogério de Carvalho
Golos: 1-0 (Eldon 18'); 2-0 (Eldon 67'); 3-0 (Marconi 85'); 4-0 (Camilo 88')
ACADÉMICO: Jacinto João, Tomás, Parente, José Freixo «cap», Germano, Freitas, Paulo Ferreira, Camilo, Aquiles, Eldon e Marconi
Treinador: Mário Wilson

Rio Ave FC: Alfredo, Sérgio, Tozé, Santana, Santos, Luís Saura, Adérito «cap», Carvalho (Casaca 28'), Pires, N'Habola e Pinto (Cabumba 55')
Treinador: Quinito

ACADÉMICO – 5 SCE Portalegre – 1
2ª DIVISÃO, ZONA CENTRO, 11ª JORNADA, 19-12-1982 (DOM, 15:00)
Estádio Municipal de Coimbra, Coimbra **Árbitro:** Vítor Correia (Lisboa) **Auxiliares:** Jorge Figueiredo e Pinto Beja
Golos: 1-0 (Eldon 13'); 2-0 (Marconi 33'); 3-0 (Eldon 50'); 4-0 (Dorinho 62', pb); 5-0 (Eldon 70'); 5-1 (Galhofas 73')

ACADÉMICO: Jacinto João, Tomás, Parente, José Freixo «cap», Germano, Freitas, Paulo Ferreira, Camilo (Mário Wilson 68'), Aquiles (Rosado 45'), Eldon e Marconi
Treinador: Mário Wilson

SCE Portalegre: Ernesto, Gilberto, Jorge, Semedo (Costa Almeida 45'), Fausto, Dorinho, Curinha, Betinho, Galhofas, Álvaro «cap» e Arlindo (Rui 57')
Treinador: Catinana

GD Peniche – 1 ACADÉMICO – 1
2ª DIVISÃO, ZONA CENTRO, 12ª JORNADA, 2-1-1983 (DOM, 15:00)
Campo do Baluarte, Peniche **Árbitro:** Marques Pires (Setúbal)
Auxiliares: Francisco Periquito e Rui Santiago
Golos: 1-0 (Paulino 5', gp); 1-1 (Marconi 57')

GD Peniche: Rodrigues, Duarte, Horácio, Mário, Furtado «cap», Paulino, José Francisco, Sardinheiro, Pereira, Jordão (Santos 45') e Fumito
Treinador: Júlio Amador

ACADÉMICO: Jacinto João, Tomás, Parente, José Freixo «cap», Germano, Freitas, Paulo Ferreira (Mário Wilson 45'), Camilo, Rosado, Eldon e Marconi
Treinador: Mário Wilson

ACADÉMICO – 3 SC Beira-Mar – 2

2ª DIVISÃO, ZONA CENTRO, 13ª JORNADA, 9-1-1983 (DOM, 15:00)
Estádio Municipal de Coimbra, Coimbra **Árbitro:** António Rodrigues (Santarém) **Auxiliares:** Jorge Beirão e Jorge Mateus
Golos: 1-0 (Marconi 13'); 2-0 (Eldon 24'); 2-1 (Jorge Silvério 40'); 2-2 (Chico Gordo 76', gp); 3-2 (Rosado 88')

ACADÉMICO: Jacinto João, Tomás, Parente, José Freixo «cap», Germano, Freitas (Camegim 66'), Camilo, Rosado, Paulo Ferreira, Eldon e Marconi
Treinador: Mário Wilson

SC Beira-Mar: Serrão, Silva, Vítor, Manecas, Manuel Dias «cap», Nogueira (Américo 72'), Ramos, Quim (Arnaldo Silva 38'), José Carlos, Jorge Silvério e Chico Gordo
Treinador: Francisco Batista

Oliveira do Bairro SC – 1 ACADÉMICO – 3

2ª DIVISÃO, ZONA CENTRO, 14ª JORNADA, 16-1-1983 (DOM, 15:00)
Campo de São Sebastião, Oliveira do Bairro **Árbitro:** Aventino Ferreira (Braga) **Auxiliares:** Domingos Gonçalves e José Queirós
Golos: 0-1 (Eldon 10'); 0-2 (Eldon 80'); 1-2 (Moita 87'); 1-3 (Eldon 89')

Oliveira do Bairro SC: Rafael, Amorim, Hélder, Marques, Sarrô, José António, Herculano (Amílcar 45'), Henrique «cap» (Moita 77'), Toninho, José Augusto e Zé-Zip **Treinador:** Rui Rodrigues

ACADÉMICO: Jacinto João, Tomás, Parente, José Freixo «cap», Germano, Freitas, Camilo, Rosado, Paulo Ferreira, Eldon e Marconi
Treinador: Mário Wilson

VSC Guimarães – 0 ACADÉMICO – 0 (AP)

TAÇA DE PORTUGAL, 1/16 DE FINAL, 23-1-1983 (DOM, 15:00)
Estádio Municipal de Guimarães, Guimarães
Árbitro: Isidro Santos (Porto)
Auxiliares: Domingos Barbosa e Serafim Cardoso

VSC Guimarães: Silvino, Gregório, Amândio, Barrinha, Laureta, Pedroto, Nivaldo (Lúcio 82'), Abreu «cap», Fonseca, Paulo Ricardo e Joaquim Rocha
Treinador: Manuel José

ACADÉMICO: Jacinto João, Tomás, Parente, José Freixo «cap», Germano, Paulo Ferreira, Camilo (Redondo 98'), Rosado, Freitas (Rui Vala 96'), Eldon e Marconi
Treinador: Mário Wilson

ACADÉMICO – 2 CAF Viseu – 1

2ª DIVISÃO, ZONA CENTRO, 15ª JORNADA, 30-1-1983 (DOM, 15:00)
Estádio Municipal de Coimbra, Coimbra
Árbitro: Carlos Valente (Setúbal)
Auxiliares: Carlos Cortiço e Jacinto Roque
Golos: 0-1 (Borga 10'); 1-1 (Eldon 36'); 2-1 (Eldon 39', gp)

ACADÉMICO: Jacinto João (Viçoso 87'), Tomás, Parente, José Freixo «cap», Germano, Freitas, Camilo, Rosado, Paulo Ferreira, Eldon e Marconi (Aquiles 84')
Treinador: Mário Wilson

CAF Viseu: Luís Almeida, Vinagre, Toni, Armindo, Sobreiro, Rodrigo «cap», Borga, Cunha (Moreira 54'), Penteado, Hermínio e Grilo (Vitó 45')
Treinador: Hilário da Conceição

ACADÉMICO – 0 UD Leiria – 3

2ª DIVISÃO, ZONA CENTRO, 16ª JORNADA, 6-2-1983 (DOM, 15:00)
Estádio Municipal de Coimbra, Coimbra **Árbitro:** António Ferreira (Lisboa) **Auxiliares:** Euclides Marques e Armando Roque
Golo: 0-1 (Vítor Manuel 86') **Obs:** Jogo interrompido aos 87 minutos (0-1), devido a invasão de campo. A FPF atribuiu a vitória à UD Leiria por 3-0

ACADÉMICO: Joel, Tomás, Parente, José Freixo «cap», Germano, Paulo Ferreira, Rosado, Freitas (V 57'), Camilo, Eldon e Marconi (Aquiles 61') **Treinador:** Mário Wilson

UD Leiria: Álvaro, Cremildo, Canena, José Manuel (João Carvalho 66'), Cardoso, Tininho, Alberto, Germano «cap», Vítor Manuel, Rogério (Donizetti Tonanha 74') e Jerónimo
Treinador: José Rocha

SC Covilhã – 2 ACADÉMICO – 5

2ª DIVISÃO, ZONA CENTRO, 17ª JORNADA, 13-2-1983 (DOM, 15:00)
Campo José dos Santos Pinto, Covilhã **Árbitro:** Manuel dos Santos (Porto) **Auxiliares:** Artur de Sousa e Carlos Adelino
Golos: 0-1 (Eldon 10'); 0-2 (Eldon 20'); 1-2 (Pedro Delgado 39'); 1-3 (Eldon 48'); 2-3 (Coimbra 52'); 2-4 (Marconi 54'); 2-5 (Eldon 62')

SC Covilhã: Carlos Ferreira (Martins 65'), Luciano, Mendes, Salcedas, Coimbra «cap», José Carlos, Nelinho, Pedro Delgado (Velho 45'), Alberto Delgado, Manaca e Tomás Ferreira
Treinador: José Domingos

ACADÉMICO: Jacinto João, Tomás, Parente, José Freixo «cap», Germano, Aquiles, Camilo, Rosado, Eldon (Beto 70'), Paulo Ferreira e Marconi (Rui Vala 79')
Treinador: Mário Wilson

ACADÉMICO – 3 VSC Guimarães – 2

TAÇA DE PORTUGAL, 1/16 DE FINAL, 15-2-1983 (TER, 15:00)
Estádio Municipal de Coimbra, Coimbra **Árbitro:** Manuel Abreu (Santarém) **Auxiliares:** José Bairrada e Oliveira Nunes
Golos: 1-0 (Tomás 9'); 2-0 (Eldon 61'); 2-1 (Gregório 69', gp); 2-2 (Joaquim Rocha 73'); 3-2 (Eldon 89', gp)

ACADÉMICO: Jacinto João, Tomás, Parente, José Freixo «cap», Germano, Aquiles, Rui Vala, Rosado, Paulo Ferreira, Eldon e Marconi **Treinador:** Mário Wilson

VSC Guimarães: Silvino, Ramalho «cap», Murça, Barrinha, Gregório, Nivaldo, Pedroto (Joaquim Rocha 45'), Paquito, Fonseca, Lúcio e Paulo Ricardo
Treinador: Manuel José

ACADÉMICO – 4 CF Esperança de Lagos – 1

TAÇA DE PORTUGAL, OITAVOS DE FINAL, 20-2-1983 (DOM, 15:00)
Estádio Municipal de Coimbra, Coimbra **Árbitro:** Isidro Santos (Porto) **Auxiliares:** Domingos Barbosa e Serafim Cardoso
Golos: 1-0 (Eldon 21'); 2-0 (Eldon 53'); 3-0 (Rosado 58'); 4-0 (Camegim 78'); 4-1 (Luís Manuel 84')

ACADÉMICO: Jacinto João, Tomás, Parente, José Freixo «cap», Germano, Freitas, Aquiles, Rosado, Paulo Ferreira, Eldon e Marconi (Camegim 77')
Treinador: Mário Wilson

CF Esperança de Lagos: Carlos Alberto, Hélder, Romão, Nascimento «cap» (Maia 54'), Sota, Edmundo, Simões (Ucha 65'), Zequinha, Amenga, Luís Manuel e Vítor
Treinador: Benvindo Assis

GD "Os Nazarenos" – 0 ACADÉMICO – 0

2ª DIVISÃO, ZONA CENTRO, 18ª JORNADA, 26-2-1983 (SAB, 15:00)
Campo da Comissão Municipal de Turismo, Nazaré
Árbitro: Silva Pereira (Porto)
Auxiliares: Augusto Adriano e Leonardo Semblano

GD "Os Nazarenos": Lapa, Tozé, Juvenal, Leal, Gato (Arlindo 37'), Gomes, Vasco (Airton 72'), Petana, Clésio «cap», Bragança e Chico
Treinador: Quim Teixeira

ACADÉMICO: Jacinto João, Tomás, Parente, José Freixo «cap», Germano, Freitas, Aquiles, Rosado (Rui Vala 65'), Paulo Ferreira (Camegim 45'), Eldon e Marconi
Treinador: Mário Wilson

ACADÉMICO – 3 CD Estarreja – 0

2ª DIVISÃO, ZONA CENTRO, 19ª JORNADA, 6-3-1983 (DOM, 15:00)
Estádio Municipal de Coimbra, Coimbra
Árbitro: Manuel Nogueira (Porto)
Auxiliares: Albino Nogueira e Jorge Campos
Golos: 1-0 (Parente 12'); 2-0 (Eldon 29'); 3-0 (Eldon 57')

ACADÉMICO: Jacinto João, Tomás, Parente, José Freixo «cap» (Luís Horta 64'), Germano, Paulo Ferreira (Aquiles 72'), Camilo «sc», Rosado, Freitas, Eldon e Marconi **Treinador:** Mário Wilson

CD Estarreja: Balseiro, Geninho, Carlos Manuel «cap», Fausto Leite, Hermínio, Claudemiro (Armindo 65'), Gaspar, José Santos, Miranda, Cardoso e Sadjá (Castanheira 45')
Treinador: António Miranda

RD Águeda – 0 ACADÉMICO – 0

2ª DIVISÃO, ZONA CENTRO, 20ª JORNADA, 13-3-1983 (DOM, 15:00)
Estádio Municipal de Águeda, Águeda
Árbitro: Rosa Santos (Beja)
Auxiliares: Francisco Lobo e Joaquim Rosa

RD Águeda: Justino, Simão, Isalmar «cap», Jorginho, Sá Pereira (José Carlos 70'), Cambraia, Belo, Craveiro, Ica, Nando e António Jorge (Cândido 70')
Treinador: José Carlos

ACADÉMICO: Jacinto João, Tomás, Parente, José Freixo «cap», Germano, Luís Horta, Camilo, Rosado (Camegim 76'), Aquiles (Paulo Ferreira 67'), Eldon e Marconi
Treinador: Mário Wilson

ACADÉMICO – 3 Anadia FC – 0

2ª DIVISÃO, ZONA CENTRO, 21ª JORNADA, 20-3-1983 (DOM, 15:00)
Estádio Municipal de Coimbra, Coimbra **Árbitro:** Mário Luís (Santarém) **Auxiliares:** Rui Caniço e Eduardo Agostinho
Golos: 1-0 (Camilo 39'); 2-0 (Camilo 46'); 3-0 (Eldon 60')

ACADÉMICO: Jacinto João, Tomás, Luís Horta, José Freixo «cap», Germano, Freitas, Camilo, Rosado (Mário Wilson 67') Paulo Ferreira (Aquiles 45'), Eldon e Marconi **Treinador:** Mário Wilson

Anadia FC: Valdemar, Ramalheira (Orlando 45'), Mendonça, Adriano «cap», Jorge Álvaro, Araújo, Valério, Godinho, Paredes (Mário Jorge 72'), Pedro Maria e Cosme
Treinador: António Curado

SCU Torreense – 1 ACADÉMICO – 2

2ª DIVISÃO, ZONA CENTRO, 22ª JORNADA, 27-3-1983 (DOM, 16:00)
Campo Manuel Marques, Torres Vedras **Árbitro:** Carlos Valente (Setúbal) **Auxiliares:** Carlos Cortiço e Jacinto Roque
Golos: 0-1 (Camilo 21'); 1-1 (Nuno 83', gp); 1-2 (Parente 88')

SCU Torreense: Quim, Faria, António Augusto, Bancaleiro (Josefá 72'), Hélder, Rolão, Janita, Mário «cap», Rui (Nuno 45'), Gomes e Galvanito
Treinador: Jesualdo Ferreira

ACADÉMICO: Jacinto João, Tomás, Parente, José Freixo «cap», Germano, Mário Wilson (Aquiles 72'), Freitas, Camilo, Rosado (Camegim 45'), Eldon e Marconi
Treinador: Mário Wilson

CA Arcos de Valdevez – 1 ACADÉMICO – 2 (AP)

TAÇA DE PORTUGAL, QUARTOS DE FINAL, 2-4-1983 (SAB, 16:00)
Campo da Coutada, Arcos de Valdevez **Árbitro:** Aventino Ferreira (Braga) **Auxiliares:** Domingos Gonçalves e José Queirós
Golos: 1-0 (Xavier 29'); 1-1 (Parente 90'+3'); 1-2 (Paulo Ferreira 116')
Obs: Jogo disputado em Arcos de Valdevez, devido a interdição do estádio Municipal de Coimbra

CA Arcos de Valdevez: José Manuel, Carlos Alves, Artur Santos, Aristides «cap», Freitas, Raimundo, Toninho (Escurinho 100'), Bino, Xavier (Tó Veiga 78'), Ruca e Carlitos
Treinador: Fernando Neto

ACADÉMICO: Jacinto João, Tomás, Parente, Luís Horta (AA 118'), Germano, Mário Wilson (Camegim 45'), Camilo «cap», Freitas, Rosado (Paulo Ferreira 45'), Eldon e Marconi
Treinador: Mário Wilson

ACADÉMICO – 3 SB Castelo Branco – 1

2ª DIVISÃO, ZONA CENTRO, 23ª JORNADA, 10-4-1983 (DOM, 16:00)
Estádio Universitário de Coimbra, Coimbra **Árbitro:** Fernando Alberto (Porto) **Auxiliares:** Pedro Alves e Crispim de Sousa
Golos: 1-0 (Camilo 18'); 2-0 (Marconi 45'); 3-0 (Eldon 54'); 3-1 (Nelson Moutinho 73') **Obs:** Jogo disputado no estádio Universitário de Coimbra, devido a interdição do Municipal

ACADÉMICO: Jacinto João, Tomás, Parente, José Freixo «cap» (Luís Horta 59'), Germano, Rosado (Mário Wilson 64'), Camilo «sc», Freitas, Paulo Ferreira, Eldon e Marconi **Treinador:** Mário Wilson

SB Castelo Branco: Guimarães, Ramalho, Carlos «cap», Margaça, Franque, Ângelo, Roberto, Vieira, Artur Semedo, Nelson Moutinho e José Domingos (Varão 78')
Treinador: Jaime Graça

UD Rio Maior – 3 ACADÉMICO – 3

2ª DIVISÃO, ZONA CENTRO, 24ª JORNADA, 17-4-1983 (DOM, 16:00)
Campo Pá da Ribeira, Rio Maior **Árbitro:** Raul Nazaré (Setúbal)
Auxiliares: António Jorge e José Martins **Golos:** 0-1 (Aquiles 34');
1-1 (Edson 35'); 1-2 (Parente 45'+2'); 2-2 (Paulo Barra 58');
3-2 (Gabriel Barra 75'); 3-3 (Eldon 90'+4', gp)

UD Rio Maior: Costa, Vital «cap», Soares, Edson, José António, Tó Rei, Jorge (Semedo 80'), Paulo Barra, Gabriel Barra (Mário 82'), Perez e Elias
Treinador: Barroca

ACADÉMICO: Jacinto João, Parente, José Freixo «cap», Luís Horta, Germano, Aquiles, Camilo (Paulo Ferreira 63'), Rosado, Eldon, Camegim e Marconi
Treinador: Mário Wilson

ACADÉMICO – 5 CFU Coimbra – 1

2ª DIVISÃO, ZONA CENTRO, 25ª JORNADA, 24-4-1983 (DOM, 16:00)
Estádio Municipal de Coimbra, Coimbra
Árbitro: Pedro Quaresma (Lisboa)
Auxiliares: Augusto Fernandes e Carlos Amorim
Golos: 1-0 (Marconi 8'); 2-0 (Camilo 11'); 3-0 (Parente 13');
4-0 (Marconi 57'); 5-0 (Eldon 74'); 5-1 (Ruas 83')

ACADÉMICO: Jacinto João (Joel 80'), Tomás, Parente, José Freixo «cap», Germano, Aquiles, Camilo (Mário Wilson 74'), Rosado, Eldon, Camegim e Marconi **Treinador:** Mário Wilson

CFU Coimbra: Rebelo, Carlos Ferreira, Vítor Duarte, Sérgio Álvaro, Coelho, Cardoso (Sérgio Paulo 62'), Alexandre, Damião «cap», Ramon, Toninho (Ruas 17') e Cavaleiro
Treinador: Francisco Andrade

SCE Portalegre – 1 ACADÉMICO – 2

2ª DIVISÃO, ZONA CENTRO, 26ª JORNADA, 1-5-1983 (DOM, 17:00)
Estádio Municipal de Portalegre, Portalegre **Árbitro:** João Rosa (Évora) **Auxiliares:** António Gois e Jorge Banha **Golos:** 1-0 (Betinho 8'); 1-1 (Rosado 55'); 1-2 (Eldon 83')

SCE Portalegre: Matela, Gilberto, Catinana, Semedo, Fausto (Galhofas 70'), Curinha (Louro 78'), Jorge, Betinho, Álvaro «cap», Carapinha e Arlindo **Treinador:** Catinana

ACADÉMICO: Jacinto João, Tomás (Mário Wilson 81'), Parente, José Freixo «cap», Germano, Aquiles, Camilo, Rosado, Freitas (Paulo Ferreira 45'), Eldon e Marconi
Treinador: Mário Wilson

FC Porto – 9 ACADÉMICO – 1

TAÇA DE PORTUGAL, MEIAS FINAIS, 8-5-1983 (DOM, 16:00)
Estádio das Antas, Porto **Árbitro:** Lopes Martins (Lisboa)
Auxiliares: João Guilherme e Vaz da Costa
Golos: 1-0 (Gomes 8'); 2-0 (Gomes 14'); 3-0 (Costa 19'); 4-0 (Gomes 27'); 5-0 (Frasco 39'); 6-0 (Jacques 54'); 6-1 (Luís Horta 59', gp); 7-1 (Jacques 72'); 8-1 (Gomes 87', gp); 9-1 (João Pinto 90')

FC Porto: Zé Beto, João Pinto, Lima Pereira, Eurico, Jaime Pacheco, Frasco (Quinito 78'), Sousa, Costa, Gomes «cap», Jacques e Walsh (Jaime Magalhães 45') **Treinador:** José Maria Pedroto

ACADÉMICO: Jacinto João, Tomás (Redondo 45'), Parente, José Freixo «cap» (Mário Wilson 45'), Germano, Luís Horta, Aquiles, Camilo «sc», Rosado, Freitas e Marconi
Treinador: Mário Wilson

ACADÉMICO – 2 GD Peniche – 1

2ª DIVISÃO, ZONA CENTRO, 27ª JORNADA, 15-5-1983 (DOM, 16:00)
Estádio Municipal de Coimbra, Coimbra **Árbitro:** Joaquim Gonçalves (Porto) **Auxiliares:** Augusto Batista e Silva Pinto **Golos:** 1-0 (Freitas 40'); 1-1 (Fernando Duarte 45', gp); 2-1 (Parente 87')

ACADÉMICO: Jacinto João, Redondo (Mário Wilson 67'), Parente, Luís Horta, Germano, Paulo Ferreira (Freitas 33'), Camilo «cap», Rosado, Camegim (V 89'), Eldon e Marconi
Treinador: Mário Wilson

GD Peniche: Rodrigues, Pejapes, Paulino, Horácio, Furtado «cap», Moreno, José Francisco, Sardinheiro (V 89'), Fernando Duarte (Pereira 80'), Santos (Mário 62') e Duarte
Treinador: Júlio Amador

SC Beira-Mar – 3 ACADÉMICO – 2

2ª DIVISÃO, ZONA CENTRO, 28ª JORNADA, 22-5-1983 (DOM, 16:00)
Estádio Mário Duarte, Aveiro **Árbitro:** Mário Luís (Santarém)
Auxiliares: Rui Caniço e Eduardo Agostinho
Golos: 1-0 (Nogueira 5'); 2-0 (José Carlos 7'); 3-0 (Jorge Silvério 16');
3-1 (Camilo 21'); 3-2 (Parente 69')

SC Beira-Mar: Valter, Manuel Dias «cap», Ramos, Vítor, Manecas, José Ribeiro, Silva, Rodrigo, Nogueira (Gamelas 75'), José Carlos e Jorge Silvério (Arnaldo Silva 83')
Treinador: Rui Rodrigues

ACADÉMICO: Jacinto João, Jorge (Paulo Ferreira 13'), Parente, Luís Horta, Germano, Camilo «cap», Rosado, Aquiles, Freitas (Mário Wilson 45'), Eldon e Marconi
Treinador: Mário Wilson

ACADÉMICO – 6 Oliveira do Bairro SC – 1

2ª DIVISÃO, ZONA CENTRO, 29ª JORNADA, 29-5-1983 (DOM, 16:00)
Estádio Universitário de Coimbra, Coimbra **Árbitro:** Graça Oliva (Leiria) **Auxiliares:** Leandro de Sousa e Manuel Vicente
Golos: 1-0 (Tomás 7'); 2-0 (Eldon 23'); 3-0 (Parente 41'); 4-0 (Aquiles 52'); 5-0 (Eldon 65'); 5-1 (José Freixo 73', pb); 6-1 (Eldon 85')
Obs: Jogo disputado no estádio Universitário de Coimbra, devido a interdição do Municipal

ACADÉMICO: Jacinto João, Tomás, Parente, José Freixo «cap», Germano, Camilo (Mário Wilson 60'), Rosado, Aquiles (Paulo Ferreira 83'), Freitas, Eldon e Marconi **Treinador:** Mário Wilson

Oliveira do Bairro SC: Rafael, Amorim, César, Aristides, Amílcar, Pingas, José António, Henrique «cap», Herculano, Toninho e Nelson (Zé-Zip 54')
Treinador: Henrique Tomás

CAF Viseu – 0 ACADÉMICO – 2

2ª DIVISÃO, ZONA CENTRO, 30ª JORNADA, 5-6-1983 (DOM, 17:00)
Estádio do Fontelo, Viseu **Árbitro:** Vítor Correia (Lisboa)
Auxiliares: Jorge Figueiredo e Lopes Francisco
Golos: 0-1 (Freitas 37'); 0-2 (Eldon 58')

CAF Viseu: Mateus, Sobreiro (Vinagre 45'), Armindo, José João, Pais, Toni, Rodrigo «cap», Penteado, Hermínio, Cunha (Chico 68') e Borga **Treinador:** Hilário da Conceição

ACADÉMICO: Jacinto João, Tomás, Parente (Jorge 45'), Luís Horta, Germano, Aquiles, Camilo «cap», Rosado, Freitas, Eldon e Marconi (Camegim 24')
Treinador: Mário Wilson

SC Espinho – 1 ACADÉMICO – 0

LIGUILHA, 2ª JORNADA, 15-6-1983 (QUA, 17:00)
Campo da Avenida, Espinho
Árbitro: José Guedes (Porto)
Auxiliares: Alberto Silva e Fernando Pacheco
Golo: 1-0 (Babá 87')

SC Espinho: Mendes, Vivas (David 58'), Serra, Balacó, Raul «cap», Dinis, João Carlos, Carvalho (Pinto da Rocha 63'), Móia, Vitorino e Babá **Treinador:** Álvaro Carolino

ACADÉMICO: Jacinto João, Tomás, Parente, Luís Horta, Germano, Aquiles, Camilo «cap», Rosado, Camegim, Eldon e Marconi
Treinador: Mário Wilson

ACADÉMICO – 1 LGC Évora – 2

LIGUILHA, 3ª JORNADA, 18-6-1983 (SAB, 21:30)
Estádio Municipal de Coimbra, Coimbra **Árbitro:** Fernando Alberto (Porto) **Auxiliares:** Pedro Alves e Crispim de Sousa
Golos: 0-1 (Amauri 21'); 0-2 (Amauri 38'); 1-2 (Luís Horta 48', gp)

ACADÉMICO: Jacinto João, Tomás (Paulo Ferreira 30'), Parente, Luís Horta (Mário Wilson 67'), Germano, Aquiles, Camilo «cap», Rosado, Camegim, Freitas e Marconi
Treinador: Mário Wilson

LGC Évora: Vital, Matateu, José Carlos, Paulo César, Quim, José Chico «cap», Dedeu, Amauri (Kikas 62'), Paulo Ferreira (Carvalho 65'), Manuel Fernandes e Cândido
Treinador: Dinis Vital

ACADÉMICO – 0 FC Vizela – 0

LIGUILHA, 1ª JORNADA, 20-6-1983 (SEG, 17:00)
Estádio Municipal de Coimbra, Coimbra
Árbitro: Santos Ruivo (Santarém)
Auxiliares: João Branco e Silva Nunes

ACADÉMICO: Jacinto João, Tomás, Parente, Paulo Ferreira, Redondo, Mário Wilson, Aquiles «cap», Rosado, Freitas, Eldon e Marconi
Treinador: Mário Wilson

FC Vizela: Sérgio, Roque, Teixeira «cap», Miguel, Berto, Mendes, Perrichon, Baltasar (Rochinha 78'), Joanico, Cartucho (Nelinho 68') e Faria
Treinador: Nelo Barros

FC Vizela – 3 ACADÉMICO – 1

LIGUILHA, 4ª JORNADA, 26-6-1983 (DOM, 17:00)
Campo Agostinho de Lima, Caldas de Vizela
Árbitro: Alder Dante (Santarém)
Auxiliares: Batista Fernandes e Marques Pais
Golos: 1-0 (Cartucho 21'); 1-1 (Eldon 31'); 2-1 (Cartucho 40', gp); 3-1 (Mendes 54', gp)

FC Vizela: Sérgio, Roque, Teixeira «cap», Miguel, Mendes, Perrichon, Baltasar, Joanico, Faria (Rochinha 72'), Vítor (Nelinho 85') e Cartucho **Treinador:** Nelo Barros

ACADÉMICO: Jacinto João, Tomás, Parente, Paulo Ferreira, Germano, Camegim, Rosado, Mário Wilson «cap», Freitas, Eldon (Luís Horta 45') e Marconi
Treinador: Mário Wilson

ACADÉMICO – 0 SC Espinho – 1

LIGUILHA, 5ª JORNADA, 29-6-1983 (QUA, 17:00)
Estádio Municipal de Coimbra, Coimbra
Árbitro: Raul Nazaré (Setúbal)
Auxiliares: António Jorge e José Martins
Golo: 0-1 (Babá 86')

ACADÉMICO: Jacinto João, Tomás, Parente, Paulo Ferreira, Germano, Aquiles «cap», Mário Wilson, Rosado, Freitas, Camegim e Eldon (Marconi 45') **Treinador:** Mário Wilson

SC Espinho: Mendes, Dinis, Balacó, Serra, Raul «cap», João Carlos, Carvalho, Pinto da Rocha, David (Babá 61'), Vitorino e Moinhos (Móia 53')
Treinador: Álvaro Carolino

LGC Évora – 2 ACADÉMICO – 2

LIGUILHA, 6ª JORNADA, 3-7-1983 (DOM, 17:00)
Campo Estrela, Évora **Árbitro:** Américo Barradas (Setúbal)
Auxiliares: Aurélio Marques e Santos Gomes
Golos: 1-0 (Cândido 15'); 2-0 (Cândido 22'); 2-1 (Camegim 57');
2-2 (Rosado 72')

LGC Évora: Vital, Matateu, José Carlos, José Chico «cap», José Manuel, Manuel Fernandes (Paulo César 32'), Dedeu, Kikas, Américo (Russo 63'), Cândido e Paulo **Treinador:** Dinis Vital

ACADÉMICO: Joel, Tomás, Paulo Ferreira, Parente, Germano, Aquiles «cap», Rosado, Rui Ferreira (Filipe 71'), Marconi (Beto 56'), Camegim e Eduardo
Treinador: Mário Wilson

ÉPOCA 1983-1984

2ª DIVISÃO, ZONA CENTRO: 1º LUGAR (PROMOÇÃO)
TAÇA DE PORTUGAL: 1/64 DE FINAL

JOGOS EFECTUADOS

	J	V	E	D	GM	GS
CASA	18	14	3	1	44	14
FORA	18	6	6	6	23	22
TOTAL	36	20	9	7	67	36

ACADÉMICO – 1 Anadia FC – 0

2ª DIVISÃO, ZONA CENTRO, 1ª JORNADA, 18-9-1983 (DOM, 16:00)
Estádio Municipal de Coimbra, Coimbra **Árbitro:** Manuel Nogueira (Porto) **Auxiliares:** Albino Nogueira e Jorge Campos
Golo: 1-0 (Reis 78')

ACADÉMICO: Marrafa, Ângelo, Isalmar, Redondo (Coimbra 62'), Germano, Aquiles, Camilo «cap», Parente, Reis, Camegim e Cosme (Paulo Ferreira 45')
Treinador: Vasco Gervásio

Anadia FC: Valdemar, Vicente, Jorge (Bé 20'), João Gonçalves, Adriano «cap» (Rui Vala 12'), Sérgio, Fernando, Quim Jorge, Paredes, Eduardo e Ribeiro
Treinador: António Curado

UFCI Tomar – 2 ACADÉMICO – 2

2ª DIVISÃO, ZONA CENTRO, 2ª JORNADA, 25-9-1983 (DOM, 15:00)
Estádio 25 de Abril, Tomar **Árbitro:** Marques Pires (Setúbal)
Auxiliares: Fernando Rebocho e Rui Santiago **Golos:** 0-1 (Ribeiro 14'); 1-1 (Galhofas 42'); 1-2 (Ribeiro 56'); 2-2 (Bolota 67', gp)

UFCI Tomar: Carlos Alberto, Crisanto, Albano, Rafael, Franque, Graça, Bolota «cap», João Santos (Baía 30'), Bernardino, Fernandes (Henrique 65') e Galhofas
Treinador: Vieira Nunes

ACADÉMICO: Marrafa, Ângelo, Isalmar, Redondo, Germano, Aquiles (Jorge Oliveira 45'), Camilo «cap» (Cosme 75'), Ribeiro, Parente «sc», Reis e Camegim
Treinador: Vasco Gervásio

ACADÉMICO – 3 SC Beira-Mar – 0

2ª DIVISÃO, ZONA CENTRO, 3ª JORNADA, 2-10-1983 (DOM, 15:00)
Estádio Municipal de Coimbra, Coimbra **Árbitro:** José Guedes (Porto) **Auxiliares:** Alberto Silva e Vitorino Gonçalves
Golos: 1-0 (Reis 58'); 2-0 (Camegim 68'); 3-0 (Camegim 71')

ACADÉMICO: Marrafa, Tomás (Jorge Oliveira 45'), Isalmar, Porfírio, Germano, Camilo «cap», Ribeiro, Parente, Aquiles, Reis (Coimbra 65') e Camegim
Treinador: Vasco Gervásio

SC Beira-Mar: Carlos Alberto, Manuel Dias, Passos, José Carlos, Manecas, Vítor «cap» (Paulo Barreto 63'), Silva, Manuel José (José Ribeiro 63'), Edgar, Germano e Jorge Silvério
Treinador: Conhé

Naval 1º Maio – 0 ACADÉMICO – 1

2ª DIVISÃO, ZONA CENTRO, 4ª JORNADA, 9-10-1983 (DOM, 15:00)
Estádio José Bento Pessoa, Figueira da Foz **Árbitro:** Graça Oliva (Leiria) **Auxiliares:** Castela Parreira e Manuel Vicente
Golo: 0-1 (Ribeiro 18')

Naval 1º Maio: Manuel Joaquim, Moniz, Vítor Moço, José Freixo, João Maria, Barracho, Pelicano «cap», Quintino (Tó Graça 80'), Serra (Luís Pinto 70'), Augusto e Edvaldo
Treinador: José Alberto Nogueira

ACADÉMICO: Marrafa, Parente, Isalmar, Redondo, Germano, Aquiles, Camilo «cap», Jorge Oliveira, Ribeiro (Rui Ferreira 72'), Camegim e Reis (Paulo Ferreira 72')
Treinador: Vasco Gervásio

ACADÉMICO – 2 SCU Torreense – 0

2ª DIVISÃO, ZONA CENTRO, 5ª JORNADA, 16-10-1983 (DOM, 15:00)
Estádio Municipal de Coimbra, Coimbra **Árbitro:** Silva Pereira (Porto) **Auxiliares:** Artur Pinto e Augusto Adriano
Golos: 1-0 (Coimbra 44'); 2-0 (Coimbra 89')

ACADÉMICO: Marrafa, Tomás, Isalmar, Redondo, Germano, Alexandre (Parente 57'), Camilo «cap», Jorge Oliveira (Aquiles 57'), Ribeiro, Coimbra e Camegim
Treinador: Vasco Gervásio

SCU Torreense: Jorge, António Carlos, António Augusto, Mário João (Armando 50'), Toni, Rolão, Tozé, Mário «cap», Júlio, Diallo (Álvaro 45') e Arnaldo Silva
Treinador: Jesualdo Ferreira

SC Covilhã – 1 ACADÉMICO – 2

2ª DIVISÃO, ZONA CENTRO, 6ª JORNADA, 23-10-1983 (DOM, 15:00)
Campo José dos Santos Pinto, Covilhã **Árbitro:** António Rodrigues (Santarém) **Auxiliares:** Jorge Beirão e Luís Marcão
Golos: 0-1 (Camilo 49', gp); 0-2 (Coimbra 65'); 1-2 (Penteado 66')

SC Covilhã: Martins, Nelinho, Pereira «cap», Johny (Maurício 63'), Salcedas, Pedro Delgado (Costa Almeida 61'), Nogueira, Alberto Delgado, Quim Brito, Penteado e César Brito **Treinador:** José Domingos

ACADÉMICO: Marrafa, Tomás, Alcino, Redondo, Germano, Alexandre, Camilo «cap», Jorge Oliveira, Ribeiro, Coimbra (Reis 80') e Camegim (Porfírio 67')
Treinador: Vasco Gervásio

ACADÉMICO – 1 SB Castelo Branco – 0

2ª DIVISÃO, ZONA CENTRO, 7ª JORNADA, 30-10-1983 (DOM, 15:00)
Estádio Municipal de Coimbra, Coimbra **Árbitro:** Vítor Correia (Lisboa) **Auxiliares:** Gomes Heitor e Pinto Beja
Golo: 1-0 (Camegim 76')

ACADÉMICO: Marrafa, Tomás, Alcino, Redondo, Germano, Alexandre (Aquiles 60'), Camilo «cap», Parente (Reis 45'), Ribeiro, Coimbra e Camegim
Treinador: Vasco Gervásio

SB Castelo Branco: Gaspar, Margaça «cap» (Zé Tó 84'), Edison, João Cardoso, Vieira, Artur Semedo, Narciso, Mendes, Ulisses, Mané (Ramalho 77') e Chainho
Treinador: Jaime Graça

FC Barreirense – 1 ACADÉMICO – 1 (AP)

TAÇA DE PORTUGAL, 1/64 DE FINAL, 6-11-1983 (DOM, 15:00)
Campo D. Manuel de Melo, Barreiro **Árbitro:** Graça Oliva (Leiria)
Auxiliares: Castela Parreira e Manuel Vicente
Golos: 0-1 (Coimbra 38'); 1-1 (Rogério 88', gp)

FC Barreirense: Neno, Manuel, Lima, Luís Horta, Nelson, Mário Gomes, Hilário «cap», Adérito (Marinho 75'), Paulo Jorge (Russiano 58'), Luís Filipe e Rogério
Treinador: Peres Bandeira

ACADÉMICO: Vítor Nóvoa, Tomás (V 89'), Isalmar, Porfírio (AA 109'), Ângelo, Aquiles (Alexandre 70'), Parente «cap», Reis, Ribeiro (Jorge Oliveira 70'), Coimbra e Camegim
Treinador: Vasco Gervásio

ACADÉMICO – 1 FC Barreirense – 2

TAÇA DE PORTUGAL, 1/64 DE FINAL, 12-11-1983 (SAB, 15:00)
Estádio Municipal de Coimbra, Coimbra **Árbitro:** Castanheira Grilo (Aveiro) **Auxiliares:** Carlos Santos e Feliciano Lopes
Golos: 0-1 (Luís Filipe 69'); 1-1 (Camegim 72'); 1-2 (Russiano 88')

ACADÉMICO: Vítor Nóvoa, Parente «cap», Isalmar, Porfírio, Ângelo, Alexandre (Aquiles 32'), Reis, Ribeiro, Toni (Germano 32'), Coimbra e Camegim
Treinador: Vasco Gervásio

FC Barreirense: Neno, Lima, Couceiro, Luís Horta, Nelson, Mário Gomes, Hilário «cap», Adérito (Matos 82'), Paulo Jorge, Russiano e Luís Filipe
Treinador: Peres Bandeira

GD Peniche – 2 ACADÉMICO – 1

2ª DIVISÃO, ZONA CENTRO, 8ª JORNADA, 20-11-1983 (DOM, 15:00)
Campo do Baluarte, Peniche **Árbitro:** Mário Luís (Santarém)
Auxiliares: Agnelo Alexandre e António Rola
Golos: 1-0 (Forbs 5'); 1-1 (Coimbra 85'); 2-1 (Furtado 90')

GD Peniche: Tavares, Horácio, Furtado «cap», Manaca, Paulino, Manã (Moreno 67'), Eco (AA 62'), Santos, Maia, Américo e Forbs
Treinador: Manaca

ACADÉMICO: Marrafa, Tomás, Isalmar (Reis 64'), Redondo, Germano, Ângelo (Aquiles 45'), Camilo «cap», Ribeiro, Coimbra, Camegim e Parente (AA 68')
Treinador: Vasco Gervásio

ACADÉMICO – 4 Caldas SC – 0

2ª DIVISÃO, ZONA CENTRO, 9ª JORNADA, 27-11-1983 (DOM, 15:00)
Estádio Municipal de Coimbra, Coimbra **Árbitro:** Celestino Alexandre (Vila Real) **Auxiliares:** Carlos Roçadas e Justino Campos
Golos: 1-0 (Coimbra 46'); 2-0 (Coimbra 68'); 3-0 (Reis 81'); 4-0 (Camegim 82')

ACADÉMICO: Marrafa, Tomás, Isalmar, Redondo (Reis 45'), Ângelo, Aquiles, Camilo «cap», Ribeiro, Coimbra, Camegim e Parente (Paulo Ferreira 74')
Treinador: Vasco Gervásio

Caldas SC: Carlos Vicente, Eduardo «cap», Graciano, Custódio, Justiniano, Viola, Grilo, Jorge (Farid 52'), Faria (Quim 61'), Delfim e Borga
Treinador: Fidalgo Antunes

GC Alcobaça – 1 ACADÉMICO – 0

2ª DIVISÃO, ZONA CENTRO, 10ª JORNADA, 4-12-1983 (DOM, 15:00)
Estádio Municipal de Alcobaça, Alcobaça **Árbitro:** Rosa Santos (Beja) **Auxiliares:** Francisco Lobo e Marcolino Batista
Golo: 1-0 (Cavungi 22')

GC Alcobaça: Jorge, Damas, Russo, José Rui «cap», Edgar, Cavungi (Marinho 60'), Álvaro, Andrade (Mário Ventura 80'), Tonanha, Alberto e Reinaldo
Treinador: Dinis Vital

ACADÉMICO: Marrafa, Tomás, Isalmar, Redondo, Ângelo (Toni 68'), Aquiles (João Vieira 75'), Reis, Ribeiro, Coimbra, Camegim e Parente «cap»
Treinador: Vasco Gervásio

ACADÉMICO – 2 UD Leiria – 1

2ª DIVISÃO, ZONA CENTRO, 11ª JORNADA, 11-12-1983 (DOM, 15:00)
Estádio Municipal de Coimbra, Coimbra **Árbitro:** Joaquim Gonçalves (Porto) **Auxiliares:** Soares Dias e Silva Pinto
Golos: 0-1 (Rui 46'); 1-1 (Camegim 47'); 2-1 (Camegim 72')

ACADÉMICO: Marrafa, Parente «cap», Isalmar, Redondo, Tomás, Aquiles (Toni 65'), Nilson Dias (Cosme 74'), Reis, Ribeiro, Coimbra e Camegim
Treinador: Vasco Gervásio

UD Leiria: Luís, Martinho «cap», Ferrinho, Patan, Cardoso, Caíca (Herédia 74'), Esmoriz, José Domingos (Tininho 11'), João Carvalho (V 47'), Jerónimo e Rui
Treinador: Cassiano Gouveia

CAD "O Elvas" – 1 ACADÉMICO – 1

2ª DIVISÃO, ZONA CENTRO, 12ª JORNADA, 18-12-1983 (DOM, 15:00)
Estádio Municipal de Elvas, Elvas **Árbitro:** Ezequiel Feijão (Setúbal)
Auxiliares: João da Luz e Rui Ferreira
Golos: 0-1 (Coimbra 63'); 1-1 (Marinho 75')

CAD "O Elvas": Tozé, João (Álvaro 45'), Manuel Correia, Alcino, Ribeiro, José Carlos, Libânio, Agatão, Canan «cap», Marinho e José Fernando
Treinador: Carlos Cardoso

ACADÉMICO: Marrafa, Parente «cap», Isalmar, Redondo, Tomás, Aquiles, Nilson Dias (João Vieira 13'), Reis, Coimbra, Camegim (Ribeiro 68') e Cosme
Treinador: Vasco Gervásio

ACADÉMICO – 5 UD Rio Maior – 0

2ª DIVISÃO, ZONA CENTRO, 13ª JORNADA, 8-1-1984 (DOM, 15:00)
Estádio Municipal de Coimbra, Coimbra **Árbitro:** Manuel Nogueira (Porto) **Auxiliares:** Albino Nogueira e Jorge Campos
Golos: 1-0 (José António 14', pb); 2-0 (Camegim 55');
3-0 (Coimbra 64'); 4-0 (Coimbra 75'); 5-0 (Aquiles 89')

ACADÉMICO: Marrafa, Parente «cap», Isalmar, Redondo, Tomás, Aquiles, Reis, João Vieira (Camilo 60'), Coimbra, Camegim e Cosme (Ribeiro 66')
Treinador: Vasco Gervásio

UD Rio Maior: Costa, Coelho, Vital, Leal, Soares (Vasco 45'), José António, Tó Rei, Jorge «cap» (Mauro 63'), Gabriel Barra, Bandeira e Elias
Treinador: Hélder Pereira

ACADÉMICO – 3 CFU Coimbra – 1

2ª DIVISÃO, ZONA CENTRO, 14ª JORNADA, 15-1-1984 (DOM, 15:00)
Estádio Municipal de Coimbra, Coimbra **Árbitro:** Fernando Alberto (Porto) **Auxiliares:** José Ferreira e Pinheiro Teixeira **Golos:** 1-0 (Coimbra 38'); 2-0 (Camegim 44'); 2-1 (Jaime Graça 66');
3-1 (Reis 69')

ACADÉMICO: Marrafa, Parente «sc», Isalmar, Redondo, Tomás, Aquiles, Camilo «cap» (Jorge Oliveira 71'), Reis (Porfírio 85'), Ribeiro, Coimbra e Camegim
Treinador: Vasco Gervásio

CFU Coimbra: Luís Almeida, Cardoso, Vítor Duarte, Sérgio Álvaro, Coelho, Sérgio Paulo (Freitas 45'), Damião «cap», Sardinheiro, Ruas (Toninho 79'), Cavaleiro e Jaime Graça
Treinador: Francisco Andrade

AD Guarda – 1 ACADÉMICO – 1

2ª DIVISÃO, ZONA CENTRO, 15ª JORNADA, 22-1-1984 (DOM, 15:00)
Estádio Municipal de Guarda, Guarda **Árbitro:** Isidro Santos (Porto) **Auxiliares:** Domingos Barbosa e João Mesquita
Golos: 1-0 (Jordão 16'); 1-1 (Nilson Dias 34')

AD Guarda: Melo, Rui Vieira, Rosa «cap», Gaspar, Gilberto, Velho, Graça, Manaca (Segura 79'), Humberto, Mocho (V 29') e Jordão (Armando 64')
Treinador: Jacinto Mestre

ACADÉMICO: Marrafa, Parente, Isalmar, Redondo, Tomás, Reis, Camilo «cap», Ribeiro, Coimbra (Porfírio 89'), Camegim (Toni 62') e Nilson Dias
Treinador: Vasco Gervásio

Anadia FC – 1 ACADÉMICO – 3

2ª DIVISÃO, ZONA CENTRO, 16ª JORNADA, 5-2-1984 (DOM, 15:00)
Campo Pequito Rebelo, Anadia **Árbitro:** António Rodrigues (Santarém) **Auxiliares:** Jorge Beirão e Luís Marcão
Golos: 0-1 (Camegim 8'); 0-2 (Nilson Dias 75'); 1-2 (Rui Vala 79'); 1-3 (Coimbra 89')

Anadia FC: Valdemar, Vicente, Fernando «cap», João Gonçalves (Quim Jorge 81'), Nana, Ribeiro, Bé (Elísio 84'), Rui Vala, Paredes, Almeida e Eduardo
Treinador: Adriano Domingues

ACADÉMICO: Marrafa, Parente, Isalmar (Germano 45'), Redondo, Tomás, Aquiles, Camilo «cap», Ribeiro, Coimbra, Camegim (Nilson Dias 72') e Reis
Treinador: Vasco Gervásio

ACADÉMICO – 1 UFCI Tomar – 1

2ª DIVISÃO, ZONA CENTRO, 17ª JORNADA, 12-2-1984 (DOM, 15:00)
Estádio Municipal de Coimbra, Coimbra **Árbitro:** Adão Mendes (Braga) **Auxiliares:** Alfredo Ferreira e David Coelho
Golos: 1-0 (Ribeiro 7'); 1-1 (Simões 49', gp)

ACADÉMICO: Marrafa, Tomás, Parente, Redondo (Toni 68'), Germano (Cosme 26'), Alexandre, Camilo «cap», Reis, Coimbra, Nilson Dias e Ribeiro
Treinador: Vasco Gervásio

UFCI Tomar: Joel, Crisanto, Albano, Rafael, Franque «cap», Alcídio (Ferreira 36'), Baía, Graça, Simões, Galhofas e Fernandes (Filipe 89')
Treinador: Vieira Nunes

SC Beira-Mar – 0 ACADÉMICO – 2

2ª DIVISÃO, ZONA CENTRO, 18ª JORNADA, 19-2-1984 (DOM, 15:00)
Estádio Mário Duarte, Aveiro **Árbitro:** Azevedo Duarte (Braga) **Auxiliares:** Sousa Noversa e Pinheiro Gonçalves
Golos: 0-1 (Camilo 12', gp); 0-2 (Camilo 31')

SC Beira-Mar: Carlos Alberto, Silva, Passos, José Carlos, Manecas «cap», Toni (Rui Neves 45'), Nogueira (Manuel Dias 63'), Manuel José, Moisés, Germano e Jorge Silvério
Treinador: Vítor Urbano

ACADÉMICO: Marrafa, Ângelo (Porfírio 49'), Parente, Redondo, Tomás, Aquiles (Toni 64'), Camilo «cap», Reis, Coimbra, Camegim e Ribeiro
Treinador: Vasco Gervásio

ACADÉMICO – 3 Naval 1º Maio – 1

2ª DIVISÃO, ZONA CENTRO, 19ª JORNADA, 26-2-1984 (DOM, 15:00)
Estádio Municipal de Coimbra, Coimbra **Árbitro:** Constantino Ribeiro (Porto) **Auxiliares:** António Moreira e Pedro Cabral
Golos: 1-0 (Nilson Dias 3'); 1-1 (Edvaldo 38', gp); 2-1 (Coimbra 87'); 3-1 (Nilson Dias 90')

ACADÉMICO: Marrafa, Ângelo, Parente «cap», Redondo, Tomás, Aquiles (Toni 45'), Reis, Coimbra, Camegim (Paulo Ferreira 45'), Nilson Dias e Ribeiro
Treinador: Vasco Gervásio

Naval 1º Maio: Manuel Joaquim, Jorge Alves, Vítor Moço, José Freixo, João Maria, Tó Graça (Augusto 70'), Luís Freixo, Barracho, Pelicano «cap», Gato (Quim Zé 61') e Edvaldo
Treinador: José Freixo

SCU Torreense – 0 ACADÉMICO – 0

2ª DIVISÃO, ZONA CENTRO, 20ª JORNADA, 3-3-1984 (SAB, 16:00)
Campo Manuel Marques, Torres Vedras
Árbitro: Mário Luís (Santarém)
Auxiliares: Agnelo Alexandre e António Rola

SCU Torreense: Jorge, Toni, Mário João, António Augusto, Júlio, Mário «cap», Tozé, Rolão, Alegre (Nuno 70'), Toínha e Álvaro
Treinador: Jesualdo Ferreira

ACADÉMICO: Marrafa, Ângelo, Parente «cap», Redondo, Tomás, Toni (Paulo Ferreira 59'), Reis, Nilson Dias, Ribeiro, Coimbra (João Vieira 86') e Camegim
Treinador: Vasco Gervásio

ACADÉMICO – 1 SC Covilhã – 1

2ª DIVISÃO, ZONA CENTRO, 21ª JORNADA, 11-3-1984 (DOM, 15:00)
Estádio Municipal de Coimbra, Coimbra **Árbitro:** Isidro Santos (Porto) **Auxiliares:** Domingos Barbosa e João Mesquita
Golos: 1-0 (Camegim 13'); 1-1 (Nelinho 30')

ACADÉMICO: Marrafa, Ângelo, Parente «cap», Redondo (Porfírio 62'), Tomás, Toni, Reis, Ribeiro (Cosme 37'), Nilson Dias, Coimbra e Camegim
Treinador: Vasco Gervásio

SC Covilhã: Balseiro, Salcedas, Johny, José Carlos, Escurinho, Quim Brito, Nelinho «cap», Pedro Delgado, Penteado, Nogueira (Coimbra 85') e Alberto Delgado (César Brito 60')
Treinador: José Domingos

SB Castelo Branco – 2 ACADÉMICO – 1

2ª DIVISÃO, ZONA CENTRO, 22ª JORNADA, 18-3-1984 (DOM, 15:00)
Estádio do Vale do Romeiro, Castelo Branco **Árbitro:** Veiga Trigo (Beja) **Auxiliares:** Teixeira Correia e Manuel Burrica **Golos:** 1-0 (Henrique 70'); 1-1 (Nilson Dias 80'); 2-1 (Artur Semedo 86')

SB Castelo Branco: Rogério, Margaça «cap», Semedo, João Cardoso, Vieira, Ramalho, Artur Semedo, Narciso, Henrique (Mendes Júnior 87'), Ulisses e Penedo (Chainho 75')
Treinador: Jaime Graça

ACADÉMICO: Marrafa, Ângelo, Alcino (Toni 71'), Parente, Tomás, Aquiles (Nilson Dias 71'), Ribeiro, Camilo «cap», Coimbra, Camegim e Reis
Treinador: Vasco Gervásio

ACADÉMICO – 3 GD Peniche – 1

2ª DIVISÃO, ZONA CENTRO, 23ª JORNADA, 25-3-1984 (DOM, 16:00)
Estádio Municipal de Coimbra, Coimbra **Árbitro:** Fernando Alberto (Porto) **Auxiliares:** José Ferreira e Pinheiro Teixeira **Golos:** 1-0 (Coimbra 46'); 2-0 (Camilo 47'); 3-0 (Coimbra 79'); 3-1 (Eco 89')

ACADÉMICO: Marrafa, Ângelo (Redondo 57'), Alcino, Parente, Tomás, Aquiles, Camilo «cap», Jorge Oliveira (Nilson Dias 85'), Ribeiro, Coimbra e Camegim
Treinador: Vasco Gervásio

GD Peniche: Tavares, Moreno, Furtado «cap», Manaca (Manan 75'), Horácio, Paulino, José Francisco, Santos, Eco, Américo (Maia 61') e Forbs
Treinador: Manaca

Caldas SC – 1 ACADÉMICO – 0

2ª DIVISÃO, ZONA CENTRO, 24ª JORNADA, 1-4-1984 (DOM, 16:00)
Campo da Mata, Caldas da Rainha **Árbitro:** Vitorino Gonçalves (Aveiro) **Auxiliares:** Ângelo Santos e Tavares da Silva
Golo: 1-0 (Farid 20')

Caldas SC: Carlos Vicente, José da Silva, Hélder, Eduardo «cap», Justiniano, Viola, Delfim (Faria 85'), Borga, Vitinha, Grilo e Farid (Quim 60')
Treinador: Barroca

ACADÉMICO: Marrafa, Ângelo (Redondo 36', Nilson Dias 63'), Parente, Isalmar, Tomás, Aquiles, Camilo «cap», Jorge Oliveira, Ribeiro, Coimbra e Camegim
Treinador: Vasco Gervásio

ACADÉMICO – 2 GC Alcobaça – 1

2ª DIVISÃO, ZONA CENTRO, 25ª JORNADA, 8-4-1984 (DOM, 16:00)
Estádio Municipal de Coimbra, Coimbra **Árbitro:** Marques Pires (Setúbal) **Auxiliares:** Fernando Rebocho e Rui Santiago
Golos: 0-1 (Marinho 21'); 1-1 (Camegim 42'); 2-1 (Coimbra 84')

ACADÉMICO: Marrafa, Ângelo (Reis 71'), Parente, Isalmar, Tomás, Aquiles, Camilo «cap», Jorge Oliveira, Ribeiro, Coimbra e Camegim (Nilson Dias 64')
Treinador: Vasco Gervásio

GC Alcobaça: Domingos, Damas, Edgar, Rosado, José Rui, Álvaro, Modas «cap» (Cavungi 80'), Alberto, Tonanha, Marinho e Reinaldo (Lelo 67')
Treinador: Dinis Vital

UD Leiria – 0 ACADÉMICO – 0

2ª DIVISÃO, ZONA CENTRO, 26ª JORNADA, 15-4-1984 (DOM, 16:00)
Estádio Dr. Magalhães Pessoa, Leiria **Árbitro:** Joaquim Rodrigues (Leiria) **Auxiliares:** Rodrigo Viana e Silvestre Costa **Obs:** O árbitro foi recrutado na assistência, devido a falta do juiz nomeado (Pimenta Alves de Braga) que aderiu à greve dos árbitros

UD Leiria: Luís, Martinho «cap», Canena, Patan, Cardoso (Dilson 69'), Ferrinho (Esmoriz 76'), Jerónimo, Tininho, Rui, José Domingos e João Carvalho
Treinador: Fernando Peres

ACADÉMICO: Marrafa, Ângelo, Parente «cap», Isalmar, Redondo, Alexandre, Reis, Camilo 73'), Jorge Oliveira (Camegim 89'), Tomás, Nilson Dias e Ribeiro
Treinador: Vasco Gervásio

ACADÉMICO – 2 CAD "O Elvas" – 0

2ª DIVISÃO, ZONA CENTRO, 27ª JORNADA, 21-4-1984 (SAB, 16:00)
Estádio Municipal de Coimbra, Coimbra **Árbitro:** Xavier de Oliveira (Porto) **Auxiliares:** Cândido Campelo e Machado Cardoso
Golos: 1-0 (Camegim 64'); 2-0 (Camilo 72')

ACADÉMICO: Marrafa, Ângelo, Parente, Isalmar, Tomás, Alexandre (Aquiles 61'), Camilo «cap», Ribeiro, Jorge Oliveira, Coimbra (Reis 70') e Camegim
Treinador: Vasco Gervásio

CAD "O Elvas": Tozé, Ribeiro, Manuel Correia, José Carlos, Beto, Agatão, Álvaro, José Fernando, Marinho (Brilha 70'), Canan «cap» (Libânio 70') e Carapinha
Treinador: Carlos Cardoso

UD Rio Maior – 1 ACADÉMICO – 4

2ª DIVISÃO, ZONA CENTRO, 28ª JORNADA, 29-4-1984 (DOM, 16:00)
Campo Pá da Ribeira, Rio Maior **Árbitro:** Raul Nazaré (Setúbal)
Auxiliares: António Jorge e Lopes Galrinho **Golos:** 1-0 (Mauro 8');
1-1 (Coimbra 19'); 1-2 (Reis 58'); 1-3 (Reis 61'); 1-4 (Toni 83')

UD Rio Maior: Costa, Patrício (Canudo 66'), Soares, Coelho, José
António, Mauro, Tó Rei, Paulo Barra, Vasco, Jorge «cap» e Gabriel
Barra (Artur 74')
Treinador: Hélder Pereira

ACADÉMICO: Vítor Nóvoa, Ângelo, Parente «sc», Isalmar, Tomás,
Aquiles, Camilo «cap» (Alexandre 28'), Ribeiro, Coimbra, Camegim
(Toni 81') e Reis
Treinador: Vasco Gervásio

CFU Coimbra – 2 ACADÉMICO – 3

2ª DIVISÃO, ZONA CENTRO, 29ª JORNADA, 6-5-1984 (DOM, 16:00)
Estádio Municipal de Coimbra, Coimbra **Árbitro:** Azevedo Duarte
(Braga) **Auxiliares:** Sousa Noversa e Pinheiro Gonçalves
Golos: 1-0 (Sardinheiro 2'); 1-1 (Coimbra 33'); 1-2 (Reis 36', gp);
1-3 (Ribeiro 40'); 2-3 (Pedro Maria 79')

CFU Coimbra: Arménio, Orlando, Vítor Duarte «cap», Sérgio
Álvaro, Sérgio Paulo, Marcos, Toninho, Sardinheiro, Freitas (Ruas
63'), Cavaleiro (Pedro Maria 74') e Jaime Graça
Treinador: Francisco Andrade

ACADÉMICO: Vítor Nóvoa, Ângelo, Parente «cap», Isalmar, Tomás,
Aquiles, Alexandre (Nilson Dias 30'), Reis (João Vieira 68'), Ribeiro,
Coimbra e Camegim
Treinador: Vasco Gervásio

ACADÉMICO – 4 AD Guarda – 0

2ª DIVISÃO, ZONA CENTRO, 30ª JORNADA, 13-5-1984 (DOM, 16:00)
Estádio Municipal de Coimbra, Coimbra **Árbitro:** Carlos Carvalho
(Porto) **Auxiliares:** Joaquim Teixeira e Fernando Pinto
Golos: 1-0 (Nilson Dias 9'); 2-0 (Camegim 39'); 3-0 (Ribeiro 58');
4-0 (Ribeiro 81')

ACADÉMICO: Viçoso, Tomás, Parente «cap», Isalmar (Porfírio 60'),
Rui Mendonça, Azenha, Rui Ferreira (Filipe 45'), Reis, Ribeiro,
Camegim e Nilson Dias
Treinador: Vasco Gervásio

AD Guarda: Melo, Gaspar, Rosa, Arrifano «cap» (Rebelo 60'),
Gilberto, Rui Vieira, Velho (Agostinho 55'), Canário, Matos,
Humberto e Mocho
Treinador: Jacinto Mestre

FC Vizela – 4 ACADÉMICO – 1

2ª DIVISÃO, FASE FINAL, 2ª JORNADA, 27-5-1984 (DOM, 16:00)
Campo Agostinho de Lima, Caldas de Vizela **Árbitro:** Joaquim
Gonçalves (Porto) **Auxiliares:** Soares Dias e Silva Pinto
Golos: 1-0 (Berto 9'); 2-0 (Baltasar 19'); 2-1 (Reis 60'); 3-1 (Faria 63');
4-1 (Cartucho 90', gp)

FC Vizela: Sérgio (Barreira 70'), Toni, Miguel, Roque, Berto,
Perrichon, Rochinha, Baltasar, Faria, Cartucho «cap» e Maurício
Treinador: Nelo Barros

ACADÉMICO: Vítor Nóvoa, Ângelo, Redondo, Isalmar, Tomás,
Aquiles, Porfírio (Jorge Oliveira 45'), Reis «cap», Ribeiro, Coimbra e
Camegim
Treinador: Vasco Gervásio

CF "Os Belenenses" – 2 ACADÉMICO – 0

2ª DIVISÃO, FASE FINAL, 3ª JORNADA, 3-6-1984 (DOM, 17:00)
Estádio do Restelo, Lisboa **Árbitro:** Francisco Silva (Algarve)
Auxiliares: Alexandre Afonso e Martins Gravanita
Golos: 1-0 (Djão 23'); 2-0 (Joel 36')

CF "Os Belenenses": Justino, Pereirinha, José António «cap»,
Quaresma, Sambinha, Jaime, Dudu, Ruben (Meneses 81'), Jorge,
Joel e Djão (Vital 72')
Treinador: Jimmy Melia

ACADÉMICO: Vítor Nóvoa, Ângelo, Porfírio, Isalmar, Germano,
Aquiles «cap», João Vieira (Alexandre 78'), Reis, Ribeiro, Coimbra e
Toni (Nilson Dias 45')
Treinador: Vasco Gervásio

ACADÉMICO – 3 FC Vizela – 2

2ª DIVISÃO, FASE FINAL, 5ª JORNADA, 17-6-1984 (DOM, 15:00)
Estádio Municipal de Coimbra, Coimbra **Árbitro:** José Guedes
(Porto) **Auxiliares:** Alberto Silva e Vitorino Gonçalves
Golos: 0-1 (Faria 31'); 0-2 (Guerra 50'); 1-2 (Ribeiro 52');
2-2 (Coimbra 58'); 3-2 (Coimbra 80')

ACADÉMICO: Vítor Nóvoa, Ângelo, Porfírio, Isalmar, Tomás,
Alexandre (Rui Ferreira 45'), João Vieira (Toni 64'), Aquiles «cap»,
Ribeiro, Coimbra e Nilson Dias
Treinador: Vasco Gervásio

FC Vizela: Miguel Ferreira, Guta, Miguel, Teixeira «cap», Berto,
Perrichon (Jorge 61'), Rochinha, Baltasar (Manuel Rocha 45'),
Adélio, Faria e Guerra
Treinador: Nelo Barros

ACADÉMICO – 3 CF "Os Belenenses" – 3

2ª DIVISÃO, FASE FINAL, 6ª JORNADA, 21-6-1984 (QUI, 17:00)
Estádio Municipal de Coimbra, Coimbra **Árbitro:** Graça Oliva
(Leiria) **Auxiliares:** António Fontes e Manuel Vicente
Golos: 1-0 (Nilson Dias 12'); 1-1 (Joel 24'); 1-2 (Joel 35', gp);
2-2 (Coimbra 49'); 3-2 (José António 57', pb); 3-3 (Meneses 89', gp)

ACADÉMICO: Vítor Nóvoa, Ângelo, Redondo, Isalmar, Tomás,
Aquiles «cap», Rui Ferreira (Germano 62'), Reis, Ribeiro, Coimbra e
Nilson Dias (Toni 22')
Treinador: Vasco Gervásio

CF "Os Belenenses": Figueiredo, Pereirinha (Hélder 45'), José
António «cap», Meneses, Sambinha, Carraça (Rocha 62'), Ruben,
Edmilson, Jorge, Joel e Vital
Treinador: Raul Figueiredo

ÉPOCA 1984-1985

1ª DIVISÃO: 7º LUGAR (MANUTENÇÃO)
TAÇA DE PORTUGAL: OITAVOS DE FINAL

JOGOS EFECTUADOS

	J	V	E	D	GM	GS
CASA	17	9	4	4	34	17
FORA	18	6	2	10	27	36
TOTAL	35	15	6	14	61	53

FC Penafiel – 0 ACADÉMICA – 3

1ª DIVISÃO, 1ª JORNADA, 25-8-1984 (SAB, 17:00)
Estádio da Mata Real, Paços de Ferreira **Árbitro:** Santos Ruivo
(Santarém) **Auxiliares:** Fernando Ascenso e João Diogo
Golos: 0-1 (Ribeiro 9'); 0-2 (Rolão 57'); 0-3 (Reis 70')

FC Penafiel: Trindade, José Madureira, Figueiredo, Fernando, Chico
Leal, Babo (Tozé 45'), Branco (Elias 32'), Ferreira da Costa «cap»,
Afonso, Babá e Xavier
Treinador: Manuel Barbosa

ACADÉMICA: Vítor Nóvoa, Tomás, Francisco Silva, Kikas,
Germano, Rolão, Artur Semedo, Reis, Ribeiro «cap», Nilson Dias
(Pedro Xavier 67') e Álvaro (Flávio 67')
Treinador: Jesualdo Ferreira

ACADÉMICA – 2 Sporting CP – 3

1ª DIVISÃO, 2ª JORNADA, 2-9-1984 (DOM, 17:00)
Estádio Municipal de Coimbra, Coimbra **Árbitro:** Fernando Alberto
(Porto) **Auxiliares:** José Ferreira e Pedro Alves
Golos: 1-0 (Reis 16'); 1-1 (Manuel Fernandes 52'); 1-2 (Mário Jorge
66'); 2-2 (Reis 75'); 2-3 (Sousa 77')

ACADÉMICA: Vítor Nóvoa (Jorge 66'), Carlos Ribeiro, Francisco
Silva, Kikas, Tomás, Rolão, Artur Semedo, Reis, Flávio (Ângelo 57'),
Pedro Xavier e Ribeiro «cap»
Treinador: Jesualdo Ferreira

Sporting CP: Damas, Carlos Xavier, Zezinho, Venâncio, Mário
Jorge, Virgílio, Manuel Fernandes «cap», Sousa, Jaime Pacheco, Lito
e Eldon (Oceano 72')
Treinador: John Toshack

CF "Os Belenenses" – 4 ACADÉMICA – 1

1ª DIVISÃO, 3ª JORNADA, 16-9-1984 (DOM, 17:00)
Estádio do Restelo, Lisboa **Árbitro:** Joaquim Gonçalves (Porto)
Auxiliares: Ribeiro Pinto e Silva Pinto **Golos:** 1-0 (Djão 31'); 2-0
(Ronnie 57'); 3-0 (Djão 58'); 4-0 (Djão 73', gp); 4-1 (Pedro Xavier 86')

CF "Os Belenenses": Justino, Pereirinha, José António «cap»,
Alberto Bastos Lopes (V 60'), Artur, Ronnie, Ruben, Dudu, Jorge
(Norton de Matos 79'), Jaime e Djão
Treinador: Jimmy Melia

ACADÉMICA: Vítor Nóvoa, Carlos Ribeiro, Francisco Silva (V 60'),
Kikas, Tomás, Rolão, Artur Semedo (António Augusto 63'), Reis,
Ângelo (Nilson Dias 45'), Pedro Xavier e Ribeiro «cap»
Treinador: Jesualdo Ferreira

ACADÉMICA – 1 FC Vizela – 3

1ª DIVISÃO, 4ª JORNADA, 23-9-1984 (DOM, 17:00)
Estádio Municipal de Coimbra, Coimbra **Árbitro:** Francisco
Passeiro (Lisboa) **Auxiliares:** João Sardela e Mário Mano
Golos: 0-1 (Nelito 28'); 1-1 (Pedro Xavier 45'); 1-2 (Nelito 58');
1-3 (António Barbosa 87')

ACADÉMICA: Vítor Nóvoa, Carlos Ribeiro (Flávio 45'), António
Augusto, Kikas, Tomás, Rolão, Artur Semedo, Reis, Nilson Dias,
Pedro Xavier e Ribeiro «cap»
Treinador: Jesualdo Ferreira

FC Vizela: Sérgio, Toni (Roque 79'), Russo, Manuel Correia, José
Carlos, Fernando Jorge (Adélio 59'), António Barbosa, Nelito, Faria
«cap», Pita e Maurício
Treinador: José Romão

SC Braga – 2 ACADÉMICA – 0

1ª DIVISÃO, 5ª JORNADA, 29-9-1984 (SAB, 16:00)
Estádio 1º de Maio, Braga **Árbitro:** José Guedes (Porto)
Auxiliares: Albino Monteiro e António Capela
Golos: 1-0 (Fontes 31'); 2-0 (Artur 75')

SC Braga: Hélder, Artur, Dito «cap», Nelito, Vítor Santos, Serra,
Zinho, Spencer, Fontes, Jorge Gomes e Quim Alberto (José Luís 22',
Sérgio Pinto 74')
Treinador: Quinito

ACADÉMICA: Marrafa, Tomás, António Augusto, Kikas, Germano,
Rolão, Artur Semedo (Ângelo 60'), Reis, Pedro Xavier, Flávio (Nilson
Dias 45') e Ribeiro «cap»
Treinador: Jesualdo Ferreira

ACADÉMICA – 0 FC Porto – 3

1ª DIVISÃO, 6ª JORNADA, 7-10-1984 (DOM, 15:00)
Estádio Municipal de Coimbra, Coimbra **Árbitro:** Azevedo Duarte
(Braga) **Auxiliares:** Cunha Antunes e Sousa Gomes **Golos:** 0-1
(Jaime Magalhães 24'); 0-2 (Vermelhinho 26'); 0-3 (Gomes 63')

ACADÉMICA: Marrafa, Carlos Ribeiro (Tozé 80'), Francisco Silva,
Kikas, Germano, Rolão, Artur Semedo, Reis (Álvaro 64'), Pedro
Xavier, Flávio e Ribeiro «cap»
Treinador: Jesualdo Ferreira

FC Porto: Zé Beto, João Pinto, Lima Pereira, Eurico, Inácio, Frasco
(Quinito 80'), Jaime Magalhães, Quim, Futre (Ademar 58'), Gomes
«cap» e Vermelhinho
Treinador: Artur Jorge

Rio Ave FC – 1 ACADÉMICA – 0

1ª DIVISÃO, 7ª JORNADA, 21-10-1984 (DOM, 15:00)
Estádio do Rio Ave Futebol Clube, Vila do Conde **Árbitro:** Manuel
Correia (Funchal) **Auxiliares:** Marques da Silva e Eliseu Olim
Golo: 1-0 (Pires 90')

Rio Ave FC: Alberto, Carvalho, Antero, Brito, Duarte «cap», Juanico,
Sheridan (Virgílio 58'), Carlos Manuel (Rui Lopes 39'), Pires, Álvaro
e Chico Faria
Treinador: Mourinho Félix

ACADÉMICA: Marrafa, Tomás, Francisco Silva, Kikas, Germano,
Tozé (António Augusto 78'), Artur Semedo, Carlos Ribeiro (AA 79'),
Rolão, Ribeiro «cap» e Pedro Xavier (Flávio 89')
Treinador: Jesualdo Ferreira

1984-1985

1984-1985

ACADÉMICA – 1 Boavista FC – 1
1ª DIVISÃO, 8ª JORNADA, 28-10-1984 (DOM, 15:00)
Estádio Municipal de Coimbra, Coimbra
Árbitro: Carlos Valente (Setúbal)
Auxiliares: Carlos Cortiço e Jacinto Roque
Golos: 1-0 (Pedro Xavier 15'); 1-1 (Carlinhos 65')

ACADÉMICA: Marrafa, Tomás, Francisco Silva, Kikas, Germano, Rolão (Nilson Dias 70'), Carlos Ribeiro, Reis (Artur Semedo 68'), Flávio, Ribeiro «cap» e Pedro Xavier
Treinador: Vítor Manuel

Boavista FC: Alfredo, Queiró, Frederico, Adão «cap» (AA 52'), Phil Walker (Vitorino 64'), Almeida (Coelho 64'), Parente, Carlinhos, José Rafael, Filipovic e Palhares
Treinador: Mário Wilson

SL Benfica – 3 ACADÉMICA – 2
1ª DIVISÃO, 9ª JORNADA, 3-11-1984 (SAB, 15:00)
Estádio da Luz, Lisboa **Árbitro:** Manuel dos Santos (Porto)
Auxiliares: Fernando Ilídio e Carlos Adelino
Golos: 0-1 (Ribeiro 16'); 1-1 (Manniche 29', gp); 2-1 (Diamantino 48'); 3-1 (Carlos Manuel 72'); 3-2 (Ribeiro 75')

SL Benfica: Bento «cap», Pietra, Oliveira, Samuel, Álvaro, Carlos Manuel, Shéu, Wando, Diamantino, Jorge Silva e Manniche
Treinador: Pal Csernai

ACADÉMICA: Marrafa, Carlos Ribeiro, Francisco Silva, Kikas, Germano, Rolão, Reis (Nilson Dias 78'), Tomás, Flávio, Ribeiro «cap» e Pedro Xavier **Treinador:** Vítor Manuel

ACADÉMICA – 0 VFC Setúbal – 0
1ª DIVISÃO, 10ª JORNADA, 18-11-1984 (DOM, 15:00)
Estádio Municipal de Coimbra, Coimbra
Árbitro: Sepa Santos (Lisboa)
Auxiliares: Carlos Pires e Cardita Sobral

ACADÉMICA: Marrafa, Carlos Ribeiro, Francisco Silva, Kikas, Germano, Rolão (Camilo 75'), Reis (Nilson Dias 76'), Tomás, Flávio, Ribeiro «cap» e Pedro Xavier
Treinador: Vítor Manuel

VFC Setúbal: Jorge, Mota, Vicente, Artur, Sobrinho, Vitinha, Teixeira, Nascimento «cap», Cerdeira, Roçadas (Aparício 80') e Freire (César 54')
Treinador: Manuel de Oliveira

VSC Guimarães – 2 ACADÉMICA – 1
1ª DIVISÃO, 11ª JORNADA, 25-11-1984 (DOM, 15:00)
Estádio Municipal de Guimarães, Guimarães **Árbitro:** Santos Ruivo (Santarém) **Auxiliares:** Rosário Rodrigues e João Diogo
Golos: 0-1 (Nilson Dias 30'); 1-1 (Miguel 35'); 2-1 (Paulo Ricardo 80')

VSC Guimarães: Neno, Rui Vieira, Teixeirinha, Valério, Laureta, Isima, Paquito, Miguel, Tozé, Gregório «cap» (Hilário 88') e Paulo Ricardo
Treinador: Raymond Ghoetals

ACADÉMICA: Marrafa, Tomás, Francisco Silva (Camilo 25'), Kikas, Germano, Porfírio, Ângelo, Flávio, Ribeiro «cap», Nilson Dias (Barry 55') e Pedro Xavier
Treinador: Vítor Manuel

ACADÉMICA – 1 Portimonense SC – 0
1ª DIVISÃO, 12ª JORNADA, 2-12-1984 (DOM, 15:00)
Estádio Municipal de Coimbra, Coimbra **Árbitro:** Carlos Esteves (Lisboa) **Auxiliares:** Joaquim Moreira e Rogério de Carvalho
Golo: 1-0 (Flávio 55')

ACADÉMICA: Marrafa, Carlos Ribeiro, Porfírio, Kikas, Germano, Rolão, Tomás, Reis (Barry 45'), Flávio (António Augusto 85'), Ribeiro «cap» e Pedro Xavier
Treinador: Vítor Manuel

Portimonense SC: Mendes, Dinis, Balacó, Simões «cap», Teixeirinha (Moisés 62'), Luís Saura (José Alhinho 45'), Carvalho, Vítor Oliveira, Luís Reina, Alain e Cadorin
Treinador: Manuel José

ACADÉMICA – 10 CF "Os Vilanovenses" – 1
TAÇA DE PORTUGAL, 1/64 DE FINAL, 9-12-1984 (DOM, 15:00)
Estádio Municipal de Coimbra, Coimbra **Árbitro:** Hernâni Silva (Porto) **Auxiliares:** António Cardoso e Alcino Sabença **Golos:** 0-1 (Cunha 4'); 1-1 (Pedro Xavier 8'); 2-1 (Barry 18'); 3-1 (Reis 24', gp); 4-1 (Barry 26'); 5-1 (Reis 36', gp); 6-1 (Ribeiro 49'); 7-1 (Ribeiro 52'); 8-1 (Pedro Xavier 61'); 9-1 (Pedro Xavier 68'); 10-1 (Reis 82')

ACADÉMICA: Vítor Nóvoa, Carlos Ribeiro (António Augusto 45'), Tomás, Porfírio, Germano, Rolão (Reinaldo 74'), Reis, Flávio, Ribeiro «cap», Pedro Xavier e Barry
Treinador: Vítor Manuel

CF "Os Vilanovenses": Nuno, Manuel, Joca «cap», Tonito Abrantes, Carlos, Figueiredo, Mário, Cardoso (José Mendes 28'), Vítor, Pisoeiro e Cunha (Lúcio 45')
Treinador: Bento Couceiro

ACADÉMICA – 2 SC Farense – 0
1ª DIVISÃO, 13ª JORNADA, 16-12-1984 (DOM, 15:00)
Estádio Municipal de Coimbra, Coimbra **Árbitro:** António Costa (Viana do Castelo) **Auxiliares:** José Amorim e Fernando Pereira
Golos: 1-0 (Rolão 50'); 2-0 (Rolão 87')

ACADÉMICA: Marrafa, Carlos Ribeiro, Porfírio, Kikas, Germano, Rolão (Artur Semedo 89'), Tomás «sc», Flávio, Ribeiro «cap» (Reis 88'), Barry e Pedro Xavier **Treinador:** Vítor Manuel

SC Farense: Amaral, Quim Manuel (Herbert 62'), Quaresma, Leonardo, Bukovac (AA 80'), Hernâni, Nelson Borges, Carraça, Paco Fortes, Fernando Martins e Gil «cap» **Treinador:** Fernando Mendes

SC Salgueiros – 0 ACADÉMICA – 1
1ª DIVISÃO, 14ª JORNADA, 23-12-1984 (DOM, 15:00)
Campo Eng. Vidal Pinheiro, Porto
Árbitro: Vítor Correia (Lisboa)
Auxiliares: Lopes Francisco e Pinto Beja
Golo: 0-1 (Barry 28')

SC Salgueiros: Madureira, Germano, Gilberto, Paris (Santos Cardoso 37'), Matias, Janita, Joy (Penteado 61'), Jorginho «cap», António Manuel, Tonanha e Armando
Treinador: Henrique Calisto

ACADÉMICA: Marrafa, Tomás, Francisco Silva, Porfírio, Kikas, Germano, Rolão (Artur Semedo 59'), Flávio, Ribeiro «cap», Barry e Pedro Xavier (Reis 76')
Treinador: Vítor Manuel

ACADÉMICA – 0 Varzim SC – 0
1ª DIVISÃO, 15ª JORNADA, 29-12-1984 (SAB, 21:00)
Estádio Municipal de Coimbra, Coimbra
Árbitro: Francisco Silva (Algarve)
Auxiliares: Martins Gravanita e Alexandre Afonso

ACADÉMICA: Marrafa, Tomás, Francisco Silva, Porfírio, Kikas, Germano, Rolão (Reinaldo 77'), Flávio, Ribeiro «cap», Barry (Reis 24') e Pedro Xavier
Treinador: Vítor Manuel

Varzim SC: Lúcio, Bandeirinha, José Maria, Lima Pereira, Rodolfo, Bobó, Valdemar (Manuelzinho 76'), Sérgio, Fonseca, Vata e Adão «cap»
Treinador: José Alberto Torres

Leixões SC – 2 ACADÉMICA – 2 (AP)
TAÇA DE PORTUGAL, 1/32 DE FINAL, 6-1-1985 (DOM, 15:00)
Estádio do Mar, Matosinhos **Árbitro:** Raul Ribeiro (Aveiro) **Auxiliares:** Virgílio Figueiredo e Carlos Silva **Golos:** 0-1 (Nilson Dias 57'); 1-1 (Eliseu 89', gp); 1-2 (Pedro Xavier 92'); 2-2 (Licínio 113')

Leixões SC: Nunes, Paulo Henrique, Licínio, Alfredo Murça, João Paulo (Rui Neves 64'), Toni, Henrique, Eliseu, Cavungi (Quim 73'), Albertino «cap» e Alberto Delgado
Treinador: Fernando Duarte

ACADÉMICA: Vítor Nóvoa, António Augusto, Francisco Silva, Porfírio, Germano, Artur Semedo, Reis «sc», Camilo «cap» (Rolão 45'), Álvaro, Pedro Xavier e Nilson Dias (Reinaldo 85')
Treinador: Vítor Manuel

ACADÉMICA – 2 Leixões SC – 1 (AP)
TAÇA DE PORTUGAL, 1/32 DE FINAL, 9-1-1985 (QUA, 21:00)
Estádio Municipal de Coimbra, Coimbra
Árbitro: Francisco Passeiro (Lisboa)
Auxiliares: Jorge Ventura e Mário Mano
Golos: 1-0 (Nilson Dias 21'); 1-1 (Alberto Delgado 28'); 2-1 (Nilson Dias 104')

ACADÉMICA: Vítor Nóvoa, António Augusto, Francisco Silva, Porfírio, Germano, Rolão, Artur Semedo (Ribeiro 90'), Reis «cap», Álvaro (Reinaldo 45'), Pedro Xavier e Nilson Dias
Treinador: Vítor Manuel

Leixões SC: Nunes, Paulo Henrique, Licínio, Alfredo Murça, João Paulo (Rui Neves 90'), Toni, Henrique, Eliseu, Alberto Delgado, Albertino «cap» e Cavungi (Freitinhas 67')
Treinador: Fernando Duarte

ACADÉMICA – 5 FC Penafiel – 0
1ª DIVISÃO, 16ª JORNADA, 13-1-1985 (DOM, 15:00)
Estádio Municipal de Coimbra, Coimbra **Árbitro:** Gil Rosa (Setúbal) **Auxiliares:** Belmiro Oliveira e Arménio Rodrigues
Golos: 1-0 (Porfírio 31'); 2-0 (Fernando 55', pb); 3-0 (Pedro Xavier 57'); 4-0 (Pedro Xavier 63'); 5-0 (Ribeiro 85')

ACADÉMICA: Marrafa, Tomás, Francisco Silva, Porfírio, Kikas (Reinaldo 86'), Germano, Rolão, Flávio, Ribeiro «cap», Nilson Dias (Artur Semedo 78') e Pedro Xavier **Treinador:** Vítor Manuel

FC Penafiel: Trindade, José Madureira, Bruno, Fernando, Vilaça, Elias, Branco, Ferreira da Costa «cap», Babo (Tozé 59') e Afonso e Jason **Treinador:** Manuel Barbosa

Sporting CP – 4 ACADÉMICA – 4
1ª DIVISÃO, 17ª JORNADA, 20-1-1985 (DOM, 15:00)
Estádio José Alvalade, Lisboa **Árbitro:** Gonçalo Silva (Braga)
Auxiliares: Armando Peixoto e Serafim Rodrigues
Golos: 0-1 (Ribeiro 24'); 1-1 (Saucedo 31'); 2-1 (Manuel Fernandes 35'); 3-1 (Manuel Fernandes 41'); 3-2 (Reinaldo 54'); 4-2 (Saucedo 67', gp); 4-3 (Reinaldo 75'); 4-4 (Ribeiro 83')

Sporting CP: Damas, Virgílio, Carlos Xavier, Morato, Venâncio (Germano 84'), Mário Jorge, Sousa, Litos, Manuel Fernandes «cap», Saucedo e Jordão (Eldon 78')
Treinador: John Toshack

ACADÉMICA: Marrafa, Tomás, Francisco Silva, Porfírio, Kikas (Reinaldo 41'), Germano, Rolão, Artur Semedo (Ângelo 45'), Flávio, Ribeiro «cap» e Pedro Xavier
Treinador: Vítor Manuel

ACADÉMICA – 0 CF "Os Belenenses" – 0
1ª DIVISÃO, 18ª JORNADA, 27-1-1985 (DOM, 15:00)
Estádio Municipal de Coimbra, Coimbra
Árbitro: Silva Pereira (Porto)
Auxiliares: Augusto Adriano e José Ribeiro

ACADÉMICA: Marrafa, Tomás, Francisco Silva, Porfírio, Germano, Rolão, Ângelo (Barry 68'), Flávio, Reinaldo (Nilson Dias 68'), Ribeiro «cap» e Pedro Xavier
Treinador: Vítor Manuel

CF "Os Belenenses": Melo, Murça, Meneses, Hélder, Artur, José António «cap», Jaime (Dudu 71'), Ronnie (Norton de Matos 84'), Ruben, David Byrne e Djão
Treinador: Jimmy Melia

SG Sacavenense – 0 ACADÉMICA – 1
TAÇA DE PORTUGAL, 1/16 DE FINAL, 2-2-1985 (SAB, 15:00)
Campo do Sacavenense, Sacavém **Árbitro:** Veiga Trigo (Beja)
Auxiliares: João Crujo e Manuel Burrica
Golo: 0-1 (Nilson Dias 75')

SG Sacavenense: José Miguel, Manuel (Luís Pereira 78'), Rui Canito, Luís Costa, Serrote, Resende «cap», Vaz, Lourenço, Quim, Rogério e Craveiro
Treinador: Quim

ACADÉMICA: Vítor Nóvoa, Ângelo, Francisco Silva, Porfírio, Germano (António Augusto 78'), Rolão, Camilo «cap», Flávio, Pedro Xavier, Barry e Nilson Dias (Artur Semedo 84')
Treinador: Vítor Manuel

FC Vizela – 1 ACADÉMICA – 2

1ª DIVISÃO, 19ª JORNADA, 16-2-1985 (SAB, 15:00)
Estádio Municipal de Guimarães, Guimarães **Árbitro:** Joaquim Gonçalves (Porto) **Auxiliares:** Ribeiro Pinto e Silva Pinto
Golos: 1-0 (Faria 56', gp); 1-1 (Reinaldo 78'); 1-2 (Flávio 86', gp)
Obs: Jogo obrigatoriamente disputado em campo relvado

FC Vizela: Sérgio, Toni, Russo, Manuel Correia, José Carlos, Perrichon (Nelito 85'), Fernando Jorge, Salvador, Faria «cap», Pita e Maurício (Guerra 67')
Treinador: José Romão

ACADÉMICA: Marrafa, Tomás, Francisco Silva, Porfírio, Germano, Rolão, Sciascia (Camilo 62'), Flávio, Barry (Reinaldo 55'), Ribeiro «cap» e Pedro Xavier
Treinador: Vítor Manuel

ACADÉMICA – 2 SC Braga – 1

1ª DIVISÃO, 20ª JORNADA, 3-3-1985 (DOM, 15:00)
Estádio Municipal de Coimbra, Coimbra **Árbitro:** Isidro Santos (Porto) **Auxiliares:** Domingos Barbosa e Armindo Malheiro **Golos:** 1-0 (Pedro Xavier 20'); 1-1 (José Abrantes 51'); 2-1 (Pedro Xavier 68')

ACADÉMICA: Marrafa, Ângelo (Camilo 81'), Francisco Silva, Porfírio, Germano, Rolão, Tomás, Sciascia (Reinaldo 45'), Flávio, Ribeiro «cap» e Pedro Xavier
Treinador: Vítor Manuel

SC Braga: Valter, Artur, Dito «cap» (V 68'), Guedes, Vítor Santos, Serra, Spencer, Zinho, Jorge (Quim Alberto 60'), Reinaldo (Fontes 76') e José Abrantes
Treinador: Quinito

FC Porto – 4 ACADÉMICA – 1

1ª DIVISÃO, 21ª JORNADA, 10-3-1985 (DOM, 15:00)
Estádio das Antas, Porto **Árbitro:** Carlos Esteves (Lisboa) **Auxiliares:** Joaquim Moreira e Rogério de Carvalho
Golos: 0-1 (Pedro Xavier 34'); 1-1 (Gomes 39', gp); 2-1 (Gomes 44'); 3-1 (Jaime Magalhães 53'); 4-1 (Futre 81')

FC Porto: Zé Beto, João Pinto, Lima Pereira, Eurico, Inácio (Quinito 35'), Jaime Magalhães (Costa 70'), Vermelhinho, André, Quim, Futre e Gomes «cap»
Treinador: Artur Jorge

ACADÉMICA: Marrafa, Carlos Ribeiro, Francisco Silva, Porfírio, Germano (Sciascia 45'), Artur Semedo (Nilson Dias 56'), Rolão, Tomás «cap», Flávio, Reinaldo e Pedro Xavier
Treinador: Vítor Manuel

Varzim SC – 2 ACADÉMICA – 1

TAÇA DE PORTUGAL, OITAVOS DE FINAL, 17-3-1985 (DOM, 15:00)
Estádio Varzim Sport Club, Póvoa de Varzim **Árbitro:** Vítor Correia (Lisboa) **Auxiliares:** Gomes Heitor e Pinto Beja
Golos: 1-0 (Bobó 19'); 2-0 (Bobó 29'); 2-1 (Reinaldo 35')

Varzim SC: Lúcio, Bandeirinha, Dias, Lima Pereira, Paulo Pires, Fonseca, Bobó, Manuelzinho, Adão «cap», Vata e Folha (Valdemar 71')
Treinador: Mourinho Félix

ACADÉMICA: Vítor Nóvoa, Carlos Ribeiro (Artur Semedo 71'), Francisco Silva, Porfírio, Germano (Nilson Dias 29'), Rolão, Ribeiro «cap», Tomás, Flávio, Reinaldo e Pedro Xavier
Treinador: Vítor Manuel

ACADÉMICA – 2 Rio Ave FC – 1

1ª DIVISÃO, 22ª JORNADA, 24-3-1985 (DOM, 15:00)
Estádio Municipal de Coimbra, Coimbra **Árbitro:** Alder Dante (Santarém) **Auxiliares:** Carlos Neves e Carlos Santana **Golos:** 1-0 (Pedro Xavier 17'); 1-1 (Virgílio 54'); 2-1 (Francisco Silva 56')

ACADÉMICA: Marrafa, Carlos Ribeiro (Camilo 78'), Francisco Silva, Porfírio, Germano, Tomás «sc», Rolão, Flávio, Nilson Dias, Ribeiro «cap» (Reinaldo 69') e Pedro Xavier
Treinador: Vítor Manuel

Rio Ave FC: Alberto, Sérgio, Antero (Chico Faria 64'), Brito, Duarte «cap», Santana, Virgílio, Juanico, Álvaro, Pires e Pinto (Rui Lopes 62')
Treinador: Mário Reis

Boavista FC – 2 ACADÉMICA – 0

1ª DIVISÃO, 23ª JORNADA, 30-3-1985 (SAB, 16:00)
Estádio do Bessa, Porto **Árbitro:** Francisco Passeiro (Lisboa) **Auxiliares:** João Sardela e Aguinaldo Neves
Golos: 1-0 (Phil Walker 44'); 2-0 (Filipovic 73')

Boavista FC: Alfredo, Queiró, Frederico, Adão «cap», Palhares (Teixeira 76'), Phil Walker, Almeida, Parente, Casaca, José Pedro e Filipovic (José Rafael 82')
Treinador: João Alves

ACADÉMICA: Marrafa, Carlos Ribeiro, Francisco Silva, Porfírio, Ângelo (Reinaldo 45'), Tomás, Rolão, Flávio, Nilson Dias (Artur Semedo 72'), Ribeiro «cap» e Pedro Xavier
Treinador: Vítor Manuel

ACADÉMICA – 1 SL Benfica – 2

1ª DIVISÃO, 24ª JORNADA, 14-4-1985 (DOM, 16:00)
Estádio Municipal de Coimbra, Coimbra **Árbitro:** Azevedo Duarte (Braga) **Auxiliares:** Cunha Antunes e Sousa Gomes
Golos: 0-1 (Manniche 30', gp); 1-1 (Ribeiro 47'); 1-2 (Pietra 57')

ACADÉMICA: Marrafa, Carlos Ribeiro, Francisco Silva, Porfírio, Germano (Sciascia 45'), Tomás, Rolão, Flávio, Barry (Reinaldo 61'), Ribeiro «cap» e Pedro Xavier
Treinador: Vítor Manuel

SL Benfica: Bento «cap», Pietra, António Bastos Lopes, Oliveira, Álvaro, Nunes, José Luís, Carlos Manuel, Diamantino, Jorge Silva (Wando 73') e Manniche
Treinador: Pal Csernai

VFC Setúbal – 5 ACADÉMICA – 1

1ª DIVISÃO, 25ª JORNADA, 21-4-1985 (DOM, 16:00)
Estádio do Bonfim, Setúbal **Árbitro:** Xavier de Oliveira (Porto) **Auxiliares:** Adriano Rodrigues e Teixeira da Silva **Golos:** 1-0 (César 16'); 2-0 (Nascimento 32'); 3-0 (Jorge Plácido 36'); 4-0 (Aparício 52'); 4-1 (Barry 87'); 5-1 (César 89', gp)

VFC Setúbal: Jorge, Mota, Barrinha, Edmundo, Sobrinho, Vitinha, Nascimento «cap», Formosinho (Vicente 59'), Aparício, César e Jorge Plácido (Freire 64')
Treinador: Manuel de Oliveira

ACADÉMICA: Marrafa, Carlos Ribeiro (Reinaldo 40'), Francisco Silva, Porfírio, Germano, Tomás (Barry 40'), Rolão, Flávio, Sciascia, Ribeiro «cap» e Pedro Xavier
Treinador: Vítor Manuel

ACADÉMICA – 3 VSC Guimarães – 1

1ª DIVISÃO, 26ª JORNADA, 28-4-1985 (DOM, 16:00)
Estádio Municipal de Coimbra, Coimbra **Árbitro:** Manuel dos Santos (Porto) **Auxiliares:** Fernando Ilídio e Carlos Adelino **Golos:** 1-0 (Ribeiro 25'); 2-0 (Flávio 28'); 3-0 (Pedro Xavier 33'); 3-1 (Tincho 75')

ACADÉMICA: Marrafa, Carlos Ribeiro, Francisco Silva, Porfírio, Germano, Tomás, Sciascia (Kikas 76'), Rolão (Reinaldo 84'), Flávio, Ribeiro «cap» e Pedro Xavier
Treinador: Vítor Manuel

VSC Guimarães: Neno, Miguel, Costeado, Valério, Soeiro (Paulo Ricardo 45'), Laureta «cap», Paquito, Hilário, Zezé (Tincho 62'), César e Roldão
Treinador: Raymond Ghoetals

Portimonense SC – 2 ACADÉMICA – 1

1ª DIVISÃO, 27ª JORNADA, 12-5-1985 (DOM, 16:00)
Estádio do Portimonense, Portimão **Árbitro:** Joaquim Gonçalves (Porto) **Auxiliares:** Ribeiro Pinto e Fernando Nunes
Golos: 1-0 (Rui Águas 1'); 2-0 (Pedroto 27'); 2-1 (Ribeiro 62')

Portimonense SC: Vital, Luís Saura (José Alhinho 68'), Balacó, Simões «cap», Teixeirinha, Pedroto, Carvalho, Abreu, Luís Reina, Rui Águas e Júlio (Alain 60')
Treinador: Manuel José

ACADÉMICA: Marrafa, Carlos Ribeiro (Nilson Dias 17'), Francisco Silva, Porfírio, Germano (Reinaldo 40'), Tomás, Sciascia, Rolão, Flávio, Ribeiro «cap» e Pedro Xavier
Treinador: Vítor Manuel

SC Farense – 0 ACADÉMICA – 2

1ª DIVISÃO, 28ª JORNADA, 19-5-1985 (DOM, 16:00)
Estádio São Luís, Faro **Árbitro:** Rosa Santos (Beja) **Auxiliares:** Joaquim Madeira e José Manuel
Golos: 0-1 (Flávio 44'); 0-2 (Ribeiro 47')

SC Farense: Amaral, Bio (Gil 45'), Javi (Julinho 75'), Quaresma, Carraça «cap», Rogério, Hernâni, Nelson Borges, Mário Wilson, Paco Fortes e Rui Lopes
Treinador: Fernando Mendes

ACADÉMICA: Vítor Nóvoa, Tomás, Francisco Silva, Porfírio, Germano, Rolão, Sciascia (Nilson Dias 69'), Flávio, Ribeiro «cap», Reinaldo (Artur Semedo 80') e Pedro Xavier
Treinador: Vítor Manuel

ACADÉMICA – 2 SC Salgueiros – 0

1ª DIVISÃO, 29ª JORNADA, 26-5-1985 (DOM, 16:00)
Estádio Municipal de Coimbra, Coimbra **Árbitro:** Raul Ribeiro (Aveiro) **Auxiliares:** Virgílio Figueiredo e Carlos Silva
Golos: 1-0 (Ribeiro 15'); 2-0 (Pedro Xavier 66')

ACADÉMICA: Vítor Nóvoa, Tomás, Francisco Silva, Porfírio, Germano, Rolão, Sciascia, Flávio, Ribeiro «cap», Reinaldo (Nilson Dias 45') e Pedro Xavier (Ângelo 78')
Treinador: Vítor Manuel

SC Salgueiros: Madureira, Casimiro, Matias, Germano «cap», João Gouveia, Janita (António Manuel 73'), Zé Manuel, Tonanha, Rui França (Constantino 57'), Jorginho e Armando
Treinador: Henrique Calisto

Varzim SC – 2 ACADÉMICA – 4

1ª DIVISÃO, 30ª JORNADA, 2-6-1985 (DOM, 17:00)
Estádio Varzim Sport Club, Póvoa de Varzim **Árbitro:** Francisco Gonçalo (Braga) **Auxiliares:** Armando Peixoto e Serafim Rodrigues
Golos: 0-1 (Pedro Xavier 10'); 0-2 (Reinaldo 30'); 1-2 (Folha 44'); 1-3 (Pedro Xavier 58'); 2-3 (Fonseca 62'); 2-4 (Nilson Dias 67')

Varzim SC: Dias Graça, Lito, Lima Pereira, Paulo Pires, Vítor Manuel (Júlio Sérgio 30'), Rodolfo Coutinho, Fonseca, Miranda, Bobó, Folha «cap» e Magalão
Treinador: Mourinho Félix

ACADÉMICA: Vítor Nóvoa, Tomás, Francisco Silva, Porfírio, Germano, Rolão «sc», Sciascia, Flávio, Ribeiro «cap» (Reis 79'), Reinaldo (Nilson Dias 59') e Pedro Xavier
Treinador: Vítor Manuel

ÉPOCA 1985-1986

1ª DIVISÃO: 10º LUGAR (MANUTENÇÃO)
TAÇA DE PORTUGAL: QUARTOS DE FINAL

JOGOS EFECTUADOS

	J	V	E	D	GM	GS
CASA	20	11	4	5	25	13
FORA	15	2	3	10	10	27
TOTAL	35	13	7	15	35	40

ACADÉMICA – 1 GD Chaves – 1

1ª DIVISÃO, 1ª JORNADA, 25-8-1985 (DOM, 17:00)
Estádio Municipal de Coimbra, Coimbra **Árbitro:** Joaquim Gonçalves (Porto) **Auxiliares:** Ribeiro Pinto e Silva Pinto
Golos: 1-0 (Barry 55'); 1-1 (César 79')

ACADÉMICA: Marrafa, Orlando (Mito 45'), Francisco Silva, Porfírio, Germano, Luís Manuel (Kikas 83'), Rolão, Tomás «cap», Reinaldo, Barry e Pedro Xavier
Treinador: Vítor Manuel

GD Chaves: Fonseca, Vivas, Amândio, Carvalhal, Raul, António Borges «cap», Paulo Rocha, Ferreira da Costa, Kiki (V 32'), Jorge Silva (César 64') e Jorge Plácido (Pio 35')
Treinador: Raul Águas

SC Braga – 3 ACADÉMICA – 1

1ª DIVISÃO, 2ª JORNADA, 31-8-1985 (SAB, 17:00)
Estádio 1º de Maio, Braga **Árbitro:** Ezequiel Feijão (Setúbal)
Auxiliares: Manuel Piteira e Rui Ferreira **Golos:** 1-0 (Serra 30'); 2-0 (José Abrantes 46'); 2-1 (Reinaldo 65'); 3-1 (Fontes 75')

SC Braga: Hélder, Artur «cap», Dito, Guedes, Palhares, Serra (Barbosa 79'), Zinho, Spencer, José Abrantes (Fontes 70'), Jacques e Vítor Santos
Treinador: Henrique Calisto

ACADÉMICA: Marrafa (Fernando 44'), Orlando (Reinaldo 60'), Francisco Silva, Porfírio, Germano, Tomás «cap», Rolão, Mito, Flávio, Barry e Pedro Xavier
Treinador: Vítor Manuel

Portimonense SC – 2 ACADÉMICA – 2

1ª DIVISÃO, 3ª JORNADA, 7-9-1985 (SAB, 17:00)
Estádio do Portimonense, Portimão **Árbitro:** João Rosa (Évora)
Auxiliares: Francisco Zambujinho e Carlos Ramalho
Golos: 0-1 (Barry 26'); 0-2 (Flávio 55'); 1-2 (Pita 75'); 2-2 (Pita 80')

Portimonense SC: Vital, Dinis, Balacó «cap», José Alhinho, Teixeirinha, Carvalho, Barão (Luís Reina 57'), Nivaldo, Skoda (Pita 34'), Cadorin e Freire
Treinador: Vítor Oliveira

ACADÉMICA: Vítor Nóvoa, Tomás «cap», Francisco Silva, Porfírio, Germano, Rolão, Sciascia, Mito (Orlando 66'), Flávio, Barry (Luís Manuel 84') e Pedro Xavier
Treinador: Vítor Manuel

ACADÉMICA – 0 CF "Os Belenenses" – 0

1ª DIVISÃO, 4ª JORNADA, 15-9-1985 (DOM, 17:00)
Estádio Municipal de Coimbra, Coimbra
Árbitro: José Guedes (Porto)
Auxiliares: Joaquim Aldino e António Capela

ACADÉMICA: Vítor Nóvoa, Tomás «cap», Francisco Silva, Porfírio, Germano, Rolão, Sciascia, Mito, Flávio (Luís Manuel 85'), Barry (Reinaldo 80') e Pedro Xavier
Treinador: Vítor Manuel

CF "Os Belenenses": Jorge Martins, Sobrinho, José António «cap», Hélder, Artur, Kostov, Jaime (Norton de Matos 81'), Paulo Monteiro (Murça 76'), Jorge, Joel e Ademar
Treinador: Jimmy Melia

Sporting CP – 2 ACADÉMICA – 0

1ª DIVISÃO, 5ª JORNADA, 28-9-1985 (SAB, 21:00)
Estádio José Alvalade, Lisboa **Árbitro:** Azevedo Duarte (Braga)
Auxiliares: Joaquim Ferreira e Pinto Pereira
Golos: 1-0 (Mário Jorge 34'); 2-0 (Saucedo 72')

Sporting CP: Damas, Gabriel (Saucedo 27'), Duílio, Morato, Fernando Mendes, Litos, Jaime Pacheco, Mário Jorge, Sousa, Manuel Fernandes «cap» e Jordão (Carlos Xavier 70')
Treinador: Manuel José

ACADÉMICA: Vítor Nóvoa, Tomás «cap», Francisco Silva, Porfírio, Germano, Rolão, Sciascia (Bandeirinha 70'), Mito, Flávio (Reinaldo 64'), Barry e Pedro Xavier
Treinador: Vítor Manuel

ACADÉMICA – 1 Boavista FC – 1

1ª DIVISÃO, 6ª JORNADA, 5-10-1985 (SAB, 15:00)
Estádio Municipal de Coimbra, Coimbra **Árbitro:** Carlos Valente (Setúbal) **Auxiliares:** Carlos Cortiço e Jacinto Roque
Golos: 0-1 (Tonanha 43'); 1-1 (Reinaldo 70')

ACADÉMICA: Vítor Nóvoa, Bandeirinha, Francisco Silva, Porfírio, Germano (Reinaldo 45'), Mito, Sciascia (Barry 45'), Tomás «cap», Flávio, Rolão e Pedro Xavier
Treinador: Vítor Manuel

Boavista FC: Alfredo, Jaime, Adão, Frederico, Caetano, Tonanha, Quinito, Phil Walker «cap», Ribeiro (Coelho 71'), José Rafael (Pires 50') e Casaca
Treinador: João Alves

FC Porto – 3 ACADÉMICA – 0

1ª DIVISÃO, 7ª JORNADA, 19-10-1985 (SAB, 21:30)
Estádio das Antas, Porto **Árbitro:** Sepa Santos (Lisboa)
Auxiliares: Cardita Sobral e Carlos Pires
Golos: 1-0 (Gomes 3'); 2-0 (Lima Pereira 20'); 3-0 (Laureta 51')

FC Porto: Zé Beto, João Pinto, Lima Pereira, Celso, Inácio, Semedo (Walsh 70'), Frasco, André, Laureta, Gomes «cap» e Juary (Vermelhinho 59')
Treinador: Artur Jorge

ACADÉMICA: Vítor Nóvoa, Bandeirinha, Francisco Silva, Porfírio, Orlando (Reinaldo 34'), Tomás «cap», Mito, Sciascia (Barry 34'), Flávio, Rolão e Pedro Xavier
Treinador: Vítor Manuel

ACADÉMICA – 1 CS Marítimo – 0

1ª DIVISÃO, 8ª JORNADA, 27-10-1985 (DOM, 15:00)
Estádio Municipal de Coimbra, Coimbra **Árbitro:** Heliodoro Saraiva (Setúbal) **Auxiliares:** Carlos Seca e Carlos Alberto
Golo: 1-0 (Rolão 8')

ACADÉMICA: Vítor Nóvoa, Bandeirinha, Francisco Silva, Porfírio, Tomás «cap», Rolão (Reinaldo 80'), Mito (Orlando 72'), Sciascia, Flávio, Pedro Xavier e Barry
Treinador: Vítor Manuel

CS Marítimo: Quim, Matos, Quim Nunes, Bráulio, Arnaldo Carvalho «cap», Adérito, Duarte (Camacho 58'), José Francisco, Sylvanus, Tozé e João Paulo (Blagojevic 30')
Treinador: António Oliveira

VSC Guimarães – 1 ACADÉMICA – 1

1ª DIVISÃO, 9ª JORNADA, 3-11-1985 (DOM, 15:00)
Estádio Municipal de Guimarães, Guimarães **Árbitro:** Júlio Dinis (Leiria) **Auxiliares:** Franquelim Inácio e Mário Margarido
Golos: 0-1 (Pedro Xavier 32'); 1-1 (Teixeirinha 51')

VSC Guimarães: Jesus, Costeado (Russiano 45'), Valério, Teixeirinha «cap», Miguel, Nascimento, Costa, Adão, Horácio, Paulinho Cascavel e Roldão (Bobó 65')
Treinador: António Morais

ACADÉMICA: Vítor Nóvoa, Bandeirinha, Francisco Silva, Kikas, Porfírio (AA 53'), Orlando, Tomás «cap», Rolão (Reinaldo 71'), Mito, Flávio (Luís Manuel 71') e Pedro Xavier
Treinador: Vítor Manuel

ACADÉMICA – 1 VFC Setúbal – 1

1ª DIVISÃO, 10ª JORNADA, 10-11-1985 (DOM, 15:00)
Estádio Municipal de Coimbra, Coimbra **Árbitro:** Xavier de Oliveira (Porto) **Auxiliares:** Adriano Rodrigues e Teixeira da Silva
Golos: 1-0 (Pedro Xavier 62'); 1-1 (César 80')

ACADÉMICA: Vítor Nóvoa, Bandeirinha, António Augusto, Kikas, Orlando, Rolão, Tomás «cap», Mito, Germano (Barry 59'), Flávio (Reinaldo 75') e Pedro Xavier
Treinador: Vítor Manuel

VFC Setúbal: Crispim, Zezinho, Mota «cap», Vicente, Edmundo, José Carlos (Jason 68'), Vitinha, Formosinho, Baltasar, Fernando Cruz (César 45') e Carraça
Treinador: Manuel de Oliveira

ACADÉMICA – 2 CD Cova da Piedade – 1

TAÇA DE PORTUGAL, 1/64 DE FINAL, 17-11-1985 (DOM, 15:00)
Estádio Municipal de Coimbra, Coimbra **Árbitro:** Isidro Santos (Porto) **Auxiliares:** Joaquim Bessa e Armindo Malheiro
Golos: 1-0 (Barry 16'); 2-0 (Barry 54'); 2-1 (Jorge Marques 56')

ACADÉMICA: Vítor Nóvoa, Bandeirinha, António Augusto (Tomás 45'), Kikas, Orlando, Luís Manuel, Mito, Germano «cap», Reinaldo (Flávio 68'), Barry e Pedro Xavier
Treinador: Vítor Manuel

CD Cova da Piedade: Araújo, Casimiro, Moutinho, Alberto «cap», Jorge Marques, Caracol (Vicente 70'), Hélio, Cavungi, Larsen, Hernâni e Coentro Faria
Treinador: António Bernardo

SC Covilhã – 0 ACADÉMICA – 1

1ª DIVISÃO, 11ª JORNADA, 24-11-1985 (DOM, 15:00)
Estádio 25 de Abril, Tomar **Árbitro:** Vítor Correia (Lisboa)
Auxiliares: Gomes Heitor e Pinto Beja **Golo:** 0-1 (Orlando 73')
Obs: Jogo obrigatoriamente disputado em campo relvado

SC Covilhã: Jacinto João, Margaça, Pereira «cap», Germano, Quim Brito (Maurício 77'), Real, Penteado (Ademir 75'), Artur Semedo, Inácio Brito, Nelinho e Emanuel
Treinador: Vieira Nunes

ACADÉMICA: Vítor Nóvoa, Bandeirinha, Francisco Silva, Kikas, Orlando, Rolão (Luís Manuel 67'), Tomás «cap», Mito, Barry (Reinaldo 67'), Flávio e Pedro Xavier
Treinador: Vítor Manuel

ACADÉMICA – 0 SL Benfica – 1

1ª DIVISÃO, 12ª JORNADA, 1-12-1985 (DOM, 15:00)
Estádio Municipal de Coimbra, Coimbra **Árbitro:** Fernando Alberto (Porto) **Auxiliares:** Pedro Alves e Crispim de Sousa
Golo: 0-1 (Nené 47')

ACADÉMICA: Vítor Nóvoa, Orlando (Reinaldo 54'), Francisco Silva, Kikas, Germano, Tomás «cap», Bandeirinha, Mito, João Carlos (Barry 54'), Flávio e Pedro Xavier
Treinador: Vítor Manuel

SL Benfica: Bento «cap», Veloso, Samuel, António Bastos Lopes, Álvaro, Shéu, Wando (Vítor Duarte 82'), Carlos Manuel, Diamantino, Nené (Pietra 68') e Manniche
Treinador: John Mortimore

SC Salgueiros – 2 ACADÉMICA – 0

1ª DIVISÃO, 13ª JORNADA, 8-12-1985 (DOM, 15:00)
Campo Eng. Vidal Pinheiro, Porto **Árbitro:** Mário Luís (Santarém)
Auxiliares: Rui Caniço e João Pedro
Golos: 1-0 (Gilberto 28'); 2-0 (Armando 80')

SC Salgueiros: Madureira, Edgar, Mariano, Matias, Casimiro, Gilberto (Álvaro 89'), Festas, Jorginho «cap», Rui França, Berto (Carlos Brito 74') e Armando
Treinador: Humberto Coelho

ACADÉMICA: Vítor Nóvoa, Tomás «cap» (Jorge Paixão 63'), Francisco Silva, Kikas «sc», Bandeirinha, Rolão, Reinaldo (João Carlos 70'), Mito, Flávio, Barry e Pedro Xavier
Treinador: Vítor Manuel

ACADÉMICA – 2 FC Marco – 0

TAÇA DE PORTUGAL, 1/32 DE FINAL, 14-12-1985 (SAB, 15:00)
Estádio Municipal de Coimbra, Coimbra **Árbitro:** José Alves (Braga)
Auxiliares: José Silva e Francisco Rocha
Golos: 1-0 (Pedro Xavier 54'); 2-0 (Daniel 56', pb)

ACADÉMICA: Vítor Nóvoa, Bandeirinha, António Augusto, Kikas, Porfírio «cap», Rolão, Mito, Flávio, João Carlos (Tomás 85'), Reinaldo e Pedro Xavier
Treinador: Vítor Manuel

FC Marco: Machado, Cardoso «cap» (Félix 73'), Barbosa, Carvalho, Trinta, Daniel, Valente, Campos, Santos, Filipe e Patena (Quim 70')
Treinador: Fernando Pereira

ACADÉMICA – 1 FC Penafiel – 0

1ª DIVISÃO, 14ª JORNADA, 22-12-1985 (DOM, 15:00)
Estádio Municipal de Coimbra, Coimbra **Árbitro:** Francisco Gonçalo (Braga) **Auxiliares:** Armando Peixoto e João Labita
Golo: 1-0 (Rolão 73')

ACADÉMICA: Vítor Nóvoa, Bandeirinha, Francisco Silva, Kikas, Germano (Barry 45'), Tomás «cap», Rolão (Orlando 77'), Mito, Flávio, Reinaldo e Pedro Xavier
Treinador: Vítor Manuel

FC Penafiel: Trindade, Alberto Bastos Lopes, Figueiredo, Teixeira, José Madureira, Bruno «cap» (Sanhá 45'), Babo, Paulo Campos, Elias (Meireles 77'), Afonso e Tozé
Treinador: Fernando Cabrita

CD Aves – 2 ACADÉMICA – 1

1ª DIVISÃO, 15ª JORNADA, 29-12-1985 (DOM, 15:00)
Estádio do Clube Desportivo das Aves, Vila das Aves **Árbitro:** Vítor Correia (Lisboa) **Auxiliares:** Tavares da Silva e Pinto Beja
Golos: 0-1 (Pedro Xavier 56'); 1-1 (Carlinhos 83'); 2-1 (Ruca 90', gp)

CD Aves: Silvino, Ventura (Ruben 23'), Antero, Carlinhos «cap», Claudemiro, Ruca, Silva, Edmur (Rui Alberto 69'), Vieira, Alain e Luís Filipe
Treinador: Neca

ACADÉMICA: Vítor Nóvoa, Bandeirinha, Francisco Silva, Kikas, Porfírio, Germano, Tomás «cap», Rolão (Reinaldo 75'), Mito, Flávio e Pedro Xavier
Treinador: Vítor Manuel

GD Chaves – 2 ACADÉMICA – 0

1ª DIVISÃO, 16ª JORNADA, 5-1-1986 (DOM, 15:00)
Estádio Municipal de Chaves, Chaves **Árbitro:** Fortunato Azevedo (Braga) **Auxiliares:** Leite Silva e Neves Fernandes
Golos: 1-0 (Jorge Plácido 58'); 2-0 (Kiki 87')

GD Chaves: Padrão, Vivas, Carvalhal, Pio, Raul, Paulo Rocha, Ferreira da Costa, Kiki, António Borges «cap», Jorge Silva (César 57') e Jorge Plácido (Júlio Sérgio 81')
Treinador: Raul Águas

ACADÉMICA: Vítor Nóvoa, Bandeirinha, Francisco Silva, Kikas (Sciascia 72'), Orlando (Reinaldo 65'), Tomás «cap», Rolão, Mito, Germano, Flávio e Pedro Xavier
Treinador: Vítor Manuel

ACADÉMICA – 1 SC Braga – 0

1ª DIVISÃO, 17ª JORNADA, 12-1-1986 (DOM, 15:00)
Estádio Municipal de Coimbra, Coimbra **Árbitro:** Manuel dos Santos (Porto) **Auxiliares:** Azevedo Lopes e José Ferreira
Golo: 1-0 (Bandeirinha 41', gp)

ACADÉMICA: Vítor Nóvoa, Orlando, Francisco Silva, Kikas, Germano, Tomás «cap», Bandeirinha (Sciascia 70'), Mito, Rolão (Barry 33'), Flávio e Pedro Xavier
Treinador: Vítor Manuel

SC Braga: Barradas, Dito, Artur «cap», Nelito, Ernesto (Lito 51'), Spencer (Oliveira 66'), Serra, Zinho, Vítor Santos, Jorge Gomes e Fontes
Treinador: Frederico Passos

ACADÉMICA – 1 Portimonense SC – 0

1ª DIVISÃO, 18ª JORNADA, 19-1-1986 (DOM, 15:00)
Estádio Municipal de Coimbra, Coimbra **Árbitro:** Joaquim Gonçalves (Porto) **Auxiliares:** Silva Pinto e Fernando Nunes
Golo: 1-0 (Pedro Xavier 43')

ACADÉMICA: Vítor Nóvoa, Bandeirinha (Sciascia 82'), Francisco Silva, Kikas, Porfírio, Germano, Tomás «cap», Mito (Barry 82'), Rolão, Flávio e Pedro Xavier
Treinador: Vítor Manuel

Portimonense SC: Vital, Dinis, Simões «cap», Leonardo, Teixeirinha, Barão (Pedroto 45'), Carvalho (Moisés 69'), Skoda, Freire, Pita e Cadorin
Treinador: Vítor Oliveira

ACADÉMICA – 2 Almada AC – 0

TAÇA DE PORTUGAL, 1/16 DE FINAL, 25-1-1986 (SAB, 15:00)
Estádio Municipal de Coimbra, Coimbra **Árbitro:** António Marçal (Lisboa) **Auxiliares:** Alfredo Alexandre e Francisco Goulão
Golos: 1-0 (Sciascia 55'); 2-0 (Pedro Xavier 76')

ACADÉMICA: Marrafa, Orlando, Kikas, Porfírio, Germano «cap», Sciascia, Rolão, Mito (Arménio 75'), Flávio, Jorge Paixão (Barry 59') e Pedro Xavier
Treinador: Vítor Manuel

Almada AC: Carlos Tavares, Bartolomeu, Arlindo, Nuno, Brito, Agostinho, Vítor, João Quim, Moura «cap», Simões (Luís Alberto 59') e Candeias (Peixoto 70')
Treinador: Vítor Godinho

CF "Os Belenenses" – 1 ACADÉMICA – 2

1ª DIVISÃO, 19ª JORNADA, 2-2-1986 (DOM, 15:00)
Estádio do Restelo, Lisboa **Árbitro:** Manuel Nogueira (Porto) **Auxiliares:** Manuel Valentim e Jorge Campos **Golos:** 0-1 (Pedro Xavier 13'); 1-1 (Paulo Monteiro 45', gp); 1-2 (Pedro Xavier 67')

CF "Os Belenenses": Jorge Martins, José António «cap», Murça, Sobrinho, Artur, Canito (Djão 37'), Jaime, Paulo Monteiro, Kostov (Norton de Matos 76'), Joel e Jorge Silva
Treinador: Henri Depireux

ACADÉMICA: Vítor Nóvoa, Bandeirinha, António Augusto, Kikas, Porfírio, Germano, Rolão (Barry 89'), Tomás «cap», Mito (Sciascia 85'), Flávio e Pedro Xavier
Treinador: Vítor Manuel

ACADÉMICA – 1 Sporting CP – 4

1ª DIVISÃO, 20ª JORNADA, 9-2-1986 (DOM, 15:00)
Estádio Municipal de Coimbra, Coimbra **Árbitro:** Carlos Valente (Setúbal) **Auxiliares:** Carlos Cortiço e Jacinto Roque
Golos: 0-1 (Meade 5'); 0-2 (Meade 46'); 1-2 (Pedro Xavier 59', gp); 1-3 (Meade 65'); 1-4 (Manuel Fernandes 74')

ACADÉMICA: Vítor Nóvoa, Bandeirinha, António Augusto, Kikas, Porfírio (Barry 54'), Germano (Sciascia 74'), Rolão, Tomás «cap», Mito, Flávio e Pedro Xavier
Treinador: Vítor Manuel

Sporting CP: Damas, Gabriel, Duílio, Morato, Fernando Mendes, Virgílio, Forbs (Carlos Xavier 41'), Jaime Pacheco, Mário Jorge, Manuel Fernandes «cap» e Meade
Treinador: Manuel José

ACADÉMICA – 1 VSC Guimarães – 0

TAÇA DE PORTUGAL, OITAVOS DE FINAL, 12-2-1986 (QUA, 15:00)
Estádio Municipal de Coimbra, Coimbra **Árbitro:** Vítor Correia (Lisboa) **Auxiliares:** Gomes Heitor e Pinto Beja
Golo: 1-0 (Pedro Xavier 75')

ACADÉMICA: Vítor Nóvoa, Bandeirinha, António Augusto, Kikas, Porfírio, Germano, Rolão, Tomás «cap», Mito (Sciascia 73'), Flávio (Orlando 89') e Pedro Xavier
Treinador: Vítor Manuel

VSC Guimarães: Jesus, Costeado, Miguel, Tozé, Gregório «cap», Valério (Russiano 80'), Rui Vieira (Horácio 73'), Nascimento, Bobó, Adão e Paulinho Cascavel
Treinador: António Morais

Boavista FC – 4 ACADÉMICA – 0

1ª DIVISÃO, 21ª JORNADA, 15-2-1986 (SAB, 15:00)
Estádio do Bessa, Porto **Árbitro:** Rosa Santos (Beja) **Auxiliares:** Joaquim Madeira e José Manuel **Golos:** 1-0 (Casaca 27'); 2-0 (Frederico 57'); 3-0 (Ribeiro 86'); 4-0 (Agatão 89')

Boavista FC: Alfredo, Jaime, Adão «cap», Frederico, Queiró, Casaca (Pires 82'), Agatão, Phil Walker, Ribeiro, José Rafael (Filipovic 70') e Tonanha
Treinador: João Alves

ACADÉMICA: Marrafa, Bandeirinha, António Augusto, Kikas, Porfírio, Germano, Rolão (Barry 37'), Tomás «cap», Mito (Sciascia 45'), Flávio e Pedro Xavier
Treinador: Vítor Manuel

ACADÉMICA – 1 FC Porto – 2

1ª DIVISÃO, 22ª JORNADA, 23-2-1986 (DOM, 15:00)
Estádio Municipal de Coimbra, Coimbra **Árbitro:** Raul Ribeiro (Aveiro) **Auxiliares:** Virgílio Figueiredo e Carlos Silva
Golos: 0-1 (Futre 43'); 1-1 (Rolão 47'); 1-2 (André 90'+2', gp)

ACADÉMICA: Vítor Nóvoa, Bandeirinha, António Augusto, Kikas, Porfírio, Rolão, Sciascia (Barry 67'), Tomás «cap», Mito, Flávio (João Carlos 88') e Pedro Xavier
Treinador: Vítor Manuel

FC Porto: Mlynarczyk, Vitoriano, Eduardo Luís, Festas, Inácio (Juary 54'), Frasco, André, Quim, Madjer, Gomes «cap» (Vermelhinho 54') e Futre
Treinador: Artur Jorge

CS Marítimo – 2 ACADÉMICA – 1

1ª DIVISÃO, 23ª JORNADA, 2-3-1986 (DOM, 15:00)
Estádio dos Barreiros, Funchal **Árbitro:** Alder Dante (Santarém) **Auxiliares:** Carlos Neves e Rogério Maia **Golos:** 0-1 (Sciascia 30'); 1-1 (Osvaldo 71', gp); 2-1 (Van der Horst 81')

CS Marítimo: Quim, Ernesto, Russo, Quim Nunes, Arnaldo Carvalho «cap» (Oliveira 45'), Blagojevic (Van der Horst 76'), Adérito, Sylvanus, Osvaldo, Roçadas e Vítor Madeira
Treinador: António Oliveira

ACADÉMICA: Vítor Nóvoa, Bandeirinha, António Augusto (Barry 82'), Kikas, Porfírio, Orlando (João Carlos 82'), Rolão, Sciascia, Tomás «cap», Flávio e Pedro Xavier
Treinador: Vítor Manuel

ACADÉMICA – 2 VSC Guimarães – 0

1ª DIVISÃO, 24ª JORNADA, 9-3-1986 (DOM, 15:00)
Estádio Municipal de Coimbra, Coimbra **Árbitro:** António Marçal (Lisboa) **Auxiliares:** Alfredo Alexandre e Francisco Goulão
Golos: 1-0 (Mito 36'); 2-0 (Barry 58')

ACADÉMICA: Vítor Nóvoa, Bandeirinha, Kikas, Porfírio, Tomás «cap», Rolão, Sciascia (Germano 77'), Mito, Flávio, Pedro Xavier e Barry (João Carlos 88')
Treinador: Vítor Manuel

VSC Guimarães: Jesus, Miguel, Rui Vieira, Valério (Adão 62'), Tozé, Gregório «cap», Bobó, Nascimento, Costa (Horácio 72'), Roldão e Paulinho Cascavel
Treinador: António Morais

ACADÉMICA – 0 FC Penafiel – 1 (AP)

TAÇA DE PORTUGAL, QUARTOS DE FINAL, 12-3-1986 (QUA, 15:00)
Estádio Municipal de Coimbra, Coimbra **Árbitro:** João Rosa (Évora) **Auxiliares:** Francisco Zambujinho e Carlos Ramalho
Golo: 0-1 (Alberto Bastos Lopes 104')

ACADÉMICA: Vítor Nóvoa, Bandeirinha, Kikas, Porfírio, Tomás «cap», Rolão, Sciascia (Germano 67'), Mito, Flávio, Pedro Xavier e Barry (Luís Manuel 98')
Treinador: Vítor Manuel

FC Penafiel: Cerqueira, José Madureira, Figueiredo, Alberto Bastos Lopes, Teixeira, Bruno «cap», Babo, Paulo Campos, Caetano (Sanhá 98'), Afonso e Da Silva (Elias 78')
Treinador: Fernando Cabrita

VFC Setúbal – 1 ACADÉMICA – 0

1ª DIVISÃO, 25ª JORNADA, 16-3-1986 (DOM, 15:00)
Estádio do Bonfim, Setúbal **Árbitro:** Joaquim Gonçalves (Porto) **Auxiliares:** Ribeiro Pinto e Silva Pinto
Golo: 1-0 (César 78')

VFC Setúbal: Miguel, Mota «cap», João Mendes, Zezinho, Vicente, Vitinha, Celso (Barrinha 68'), Teixeira, Fernando Cruz, César e Carraça (Jesus 59')
Treinador: Fernando Tomé

ACADÉMICA: Vítor Nóvoa, Tomás «cap», Kikas, Porfírio, Orlando, Sciascia (Luís Manuel 61'), Flávio, Germano, Mito, Rolão (Barry 72') e Pedro Xavier
Treinador: Vítor Manuel

ACADÉMICA – 4 SC Covilhã – 0

1ª DIVISÃO, 26ª JORNADA, 23-3-1986 (DOM, 15:00)
Estádio Municipal de Coimbra, Coimbra **Árbitro:** Santos Ruivo (Santarém) **Auxiliares:** António Estronca e João Catraia **Golos:** 1-0 (Rolão 25'); 2-0 (Barry 57'); 3-0 (Pedro Xavier 74'); 4-0 (Barry 80')

ACADÉMICA: Vítor Nóvoa, Bandeirinha, Kikas (António Augusto 81'), Porfírio, Germano, Rolão, Tomás «cap», Mito (Sciascia 79'), Flávio, Barry e Pedro Xavier
Treinador: Vítor Manuel

SC Covilhã: Jacinto João, Joanito, Margaça, Germano, Paulo Roberto, Jorge Tavares (Emanuel 40'), Artur Semedo, Real, Vítor Santos, Nelinho «cap» e Maurício (Inácio Brito 59')
Treinador: Vieira Nunes

1985-1986

1986-1987

SL Benfica – 1 ACADÉMICA – 0

1ª DIVISÃO, 27ª JORNADA, 29-3-1986 (SAB, 15:00)
Estádio da Luz, Lisboa **Árbitro:** Manuel Correia (Funchal)
Auxiliares: Fernando Luís e Marques da Silva
Golo: 1-0 (Rolão 74', pb)

SL Benfica: Neno, Veloso, Oliveira, Samuel (António Bastos Lopes 20', Nené 65'), Pietra, Diamantino, Shéu «cap», Nunes, Wando, Manniche e Rui Águas
Treinador: John Mortimore

ACADÉMICA: Vítor Nóvoa, Bandeirinha, Kikas «sc», Porfírio (António Augusto 44'), Germano, Rolão, Tomás «cap» (Francisco Silva 73'), Mito, Flávio, Barry e Pedro Xavier
Treinador: Vítor Manuel

ACADÉMICA – 3 SC Salgueiros – 0

1ª DIVISÃO, 28ª JORNADA, 6-4-1986 (DOM, 16:00)
Estádio Municipal de Coimbra, Coimbra **Árbitro:** Sepa Santos (Lisboa) **Auxiliares:** Ildefonso Gomes e Carlos Pires
Golos: 1-0 (Pedro Xavier 4'); 2-0 (Barry 9'); 3-0 (Matias 12', pb)

ACADÉMICA: Vítor Nóvoa, Bandeirinha, Kikas, António Augusto, Germano, Rolão, Tomás «cap», Mito, Flávio (Orlando 76'), Barry (Reinaldo 84') e Pedro Xavier
Treinador: Vítor Manuel

SC Salgueiros: Madureira, Rui França (Carlos Brito 80'), Edgar, Mariano, Matias, Casimiro, Janita, Gilberto (Júlio 20'), Festas, Jorginho «cap» e Zé Manuel
Treinador: Humberto Coelho

FC Penafiel – 1 ACADÉMICA – 1

1ª DIVISÃO, 29ª JORNADA, 13-4-1986 (DOM, 16:00)
Estádio 25 de Abril, Penafiel **Árbitro:** Raul Nazaré (Setúbal)
Auxiliares: António Jorge e José Martins
Golos: 0-1 (Bandeirinha 5'); 1-1 (Babá 60')

FC Penafiel: Cerqueira, Carlos Alberto (Babá 45'), José Madureira (Caetano 71'), Figueiredo «cap», Teixeira, Babo, Elias, Afonso, Paulo Campos, Sanhá e Tozé
Treinador: Joaquim Jorge

ACADÉMICA: Vítor Nóvoa, Bandeirinha, Kikas, António Augusto, Germano (Francisco Silva 63'), Rolão, Tomás «cap», Mito, Flávio, Barry (Luís Manuel 70') e Pedro Xavier
Treinador: Vítor Manuel

ACADÉMICA – 0 CD Aves – 1

1ª DIVISÃO, 30ª JORNADA, 20-4-1986 (DOM, 16:00)
Estádio Municipal de Coimbra, Coimbra **Árbitro:** Mário Luís (Santarém) **Auxiliares:** Rui Caniço e João Pedro
Golo: 0-1 (Silva 90')

ACADÉMICA: Vítor Nóvoa, Bandeirinha, Francisco Silva, Kikas (Jorge Paixão 75'), Orlando, António Augusto, Rolão, Tomás «cap», Mito, Flávio e Pedro Xavier
Treinador: Vítor Manuel

CD Aves: Silvino, Silva, Antero, José Augusto, Claudemiro, Carlinhos «cap», Ruca (Marcos 79'), Rui Manuel, Vieira, Alain e Luís Filipe
Treinador: Neca

ÉPOCA 1986-1987

1ª DIVISÃO: 10º LUGAR (MANUTENÇÃO)
TAÇA DE PORTUGAL: 1/64 DE FINAL

JOGOS EFECTUADOS

	J	V	E	D	GM	GS
CASA	15	6	7	2	15	9
FORA	16	1	5	10	8	27
TOTAL	31	7	12	12	23	36

Boavista FC – 0 ACADÉMICA – 0

1ª DIVISÃO, 1ª JORNADA, 23-8-1986 (SAB, 17:00)
Campo Eng. Vidal Pinheiro, Porto **Árbitro:** João Rosa (Évora)
Auxiliares: Francisco Zambujinho e Carlos Ramalho
Obs: Jogo disputado no campo Eng. Vidal Pinheiro, devido a renovação do relvado do Bessa

Boavista FC: Alfredo, Jaime, Adão, Frederico «cap» (Pedro Barny 9'), Caetano, Casaca, Agatão, Phil Walker, Ribeiro (José Augusto 45'), Tonanha e José Rafael
Treinador: João Alves

ACADÉMICA: Vítor Nóvoa, Tomás «cap», António Augusto, Porfírio, Germano, Carlos Xavier, Quinito (Tozé 76'), Mito, Flávio, Reinaldo (Rolão 72') e Pedro Xavier
Treinador: Vítor Manuel

ACADÉMICA – 1 Portimonense SC – 0

1ª DIVISÃO, 2ª JORNADA, 31-8-1986 (DOM, 17:00)
Estádio Municipal de Coimbra, Coimbra **Árbitro:** Fernando Alberto (Porto) **Auxiliares:** Pedro Alves e Carlos Adelino
Golo: 1-0 (Barry 72')

ACADÉMICA: Vítor Nóvoa, Tomás «cap», António Augusto (Russiano 32'), Porfírio, Germano, Carlos Xavier, Quinito (Barry 67'), Mito, Flávio, Reinaldo e Pedro Xavier
Treinador: Vítor Manuel

Portimonense SC: Mendes, João Reina, Balacó, Leonardo, Teixeirinha, Augusto, Skoda, Barão «cap», Forbs, Padinha (Santis 65') e Pacheco (Luís Reina 77')
Treinador: Vítor Oliveira

CF "Os Belenenses" – 3 ACADÉMICA – 0

1ª DIVISÃO, 3ª JORNADA, 7-9-1986 (DOM, 17:00)
Estádio do Restelo, Lisboa **Árbitro:** José Guedes (Porto)
Auxiliares: Agostinho Moura e Novais de Pinho
Golos: 1-0 (Mapuata 33'); 2-0 (Mapuata 39'); 3-0 (Djão 51')

CF "Os Belenenses": Jorge Martins, José António «cap», Carlos Ribeiro, Sobrinho, Artur, Alberto, Jaime, Silvério (Paulo Monteiro 67'), Jorge Silva, Djão e Mapuata (Teixeira 82')
Treinador: Henri Depireux

ACADÉMICA: Vítor Nóvoa, Tomás «cap» (Tozé 58'), António Augusto, Porfírio, Germano «sc», Carlos Xavier, Quinito, Mito, Flávio, Reinaldo (Barry 45') e Pedro Xavier
Treinador: Vítor Manuel

ACADÉMICA – 0 Sporting CP – 2

1ª DIVISÃO, 4ª JORNADA, 13-9-1986 (SAB, 17:00)
Estádio Municipal de Coimbra, Coimbra **Árbitro:** Fortunato Azevedo (Braga) **Auxiliares:** Leite Silva e Neves Fernandes
Golos: 0-1 (Meade 10'); 0-2 (Negrete 40')

ACADÉMICA: Vítor Nóvoa, Tomás «cap», António Augusto (Barry 45'), Porfírio, Germano, Rolão, Carlos Xavier, Quinito (Tozé 61'), Mito, Flávio e Pedro Xavier
Treinador: Vítor Manuel

Sporting CP: Vital, Gabriel, Venâncio, Morato, Fernando Mendes, Mário (Duílio 82'), Negrete, Oceano, Zinho, Manuel Fernandes «cap» (Mário Jorge 61') e Meade
Treinador: Manuel José

SC Braga – 0 ACADÉMICA – 0

1ª DIVISÃO, 5ª JORNADA, 21-9-1986 (DOM, 17:00)
Estádio 1º de Maio, Braga
Árbitro: Joaquim Gonçalves (Porto)
Auxiliares: Ribeiro Pinto e Fernando Nunes

SC Braga: Barradas, Alberto Bastos Lopes, Toni, Carvalhal, Vítor Santos «cap», Abreu, Serra, Borges, Jorge Gomes, Mirinho (Traoré 71') e Jacques (Saucedo 45')
Treinador: Humberto Coelho

ACADÉMICA: Vítor Nóvoa, Tomás «cap», Carlos Xavier, Porfírio, Germano, Tozé, Russiano (Reinaldo 45'), Quinito (Mounsif 64'), Mito, Flávio e Pedro Xavier
Treinador: Vítor Manuel

ACADÉMICA – 1 FC Porto – 3

1ª DIVISÃO, 6ª JORNADA, 28-9-1986 (DOM, 15:00)
Estádio Municipal de Coimbra, Coimbra **Árbitro:** Sepa Santos (Lisboa) **Auxiliares:** Ildefonso Gomes e Carlos Pires
Golos: 0-1 (Gomes 12'); 1-1 (Pedro Xavier 33'); 1-2 (Gomes 55'); 1-3 (André 56', gp)

ACADÉMICA: Vítor Nóvoa, Tomás «cap», Carlos Xavier, Porfírio, Germano, Mito (Barry 63'), Rolão (Russiano 69'), Quinito, Tozé, Flávio e Pedro Xavier
Treinador: Vítor Manuel

FC Porto: Zé Beto, João Pinto, Celso, Eduardo Luís, Bandeirinha, Frasco (Jaime Magalhães 45'), André, Jaime Pacheco, Quim, Madjer (Paulo Ricardo 31') e Gomes «cap»
Treinador: Artur Jorge

Varzim SC – 2 ACADÉMICA – 0

1ª DIVISÃO, 7ª JORNADA, 5-10-1986 (DOM, 15:00)
Estádio Varzim Sport Club, Póvoa de Varzim **Árbitro:** António Marçal (Lisboa) **Auxiliares:** Alfredo Alexandre e Francisco Goulão
Golos: 1-0 (Soares 23'); 2-0 (Rui Barros 89')

Varzim SC: Lúcio «cap», Paulo Pires, Quim, Brito, Lito, Miranda (André 45'), Soares, Rui Barros, Manuelzinho, Vata (Flávio 61') e Lufemba
Treinador: Henrique Calisto

ACADÉMICA: Vítor Nóvoa, Tomás «cap», Carlos Xavier (Barry 69'), Porfírio, Germano, Quinito (Reinaldo 57'), Tozé, Mito, Rolão, Flávio e Pedro Xavier
Treinador: Vítor Manuel

ACADÉMICA – 1 CS Marítimo – 1

1ª DIVISÃO, 8ª JORNADA, 19-10-1986 (DOM, 15:00)
Estádio Municipal de Coimbra, Coimbra **Árbitro:** Carlos Carvalho (Porto) **Auxiliares:** Teixeira Leite e Mário Rui
Golos: 1-0 (Reinaldo 17'); 1-1 (Artur Semedo 64')

ACADÉMICA: Vítor Nóvoa, Tomás «cap», Carlos Xavier, Porfírio (Tozé 67'), Germano, Rolão, Quinito, Mito, Flávio, Barry (Mounsif 73') e Reinaldo
Treinador: Vítor Manuel

CS Marítimo: Valente, Aurélio, Carlos Jorge, Valério, Teixeirinha (Eldon 45'), Osvaldo, Artur Semedo, Nunes, Colin Hill, Gregório «cap» e Paquito (Bobó 68')
Treinador: Stefan Lundin

SC Farense – 1 ACADÉMICA – 2

1ª DIVISÃO, 9ª JORNADA, 2-11-1986 (DOM, 15:00)
Estádio São Luís, Faro **Árbitro:** Vítor Correia (Lisboa)
Auxiliares: Tavares da Silva e Gomes Heitor
Golos: 0-1 (Porfírio 7'); 1-1 (Jorge Andrade 47'); 1-2 (Flávio 72')

SC Farense: Delgado, António Andrade, Carlos Pereira, Vítor Duarte, Quim Manuel, Vítor Santos (Pereirinha 45'), Ciro (Cabral 64'), Paco Fortes «cap», Pires, Jorge Andrade e Nando
Treinador: Cláudio Garcia

ACADÉMICA: Vítor Nóvoa, Tomás «cap», Carlos Xavier, Porfírio, Germano, Rolão, Quinito, Mito, Tozé (António Augusto 75'), Barry (Flávio 64') e Reinaldo
Treinador: Vítor Manuel

ACADÉMICA – 1 CAD "O Elvas" – 1

1ª DIVISÃO, 10ª JORNADA, 9-11-1986 (DOM, 15:00)
Estádio Municipal de Coimbra, Coimbra **Árbitro:** Xavier de Oliveira (Porto) **Auxiliares:** Adriano Rodrigues e Teixeira da Silva
Golos: 0-1 (Miguel 6'); 1-1 (Porfírio 71')

ACADÉMICA: Vítor Nóvoa, Tomás «cap», Carlos Xavier (Russiano 45'), Porfírio, Germano, Rolão, Quinito, Mito (António Augusto 22'), Flávio, Barry e Reinaldo
Treinador: Vítor Manuel

CAD "O Elvas": Crispim, Covelo, Mota, José Carlos «cap», Ribeiro, José Manuel, Nélio (Horácio 69'), Miguel (V 44'), Amadeu, Roberto e Carrasco (Ferrinho 59')
Treinador: Carlos Cardoso

SL Benfica – 2 ACADÉMICA – 0

1ª DIVISÃO, 11ª JORNADA, 16-11-1986 (DOM, 15:00)
Estádio da Luz, Lisboa **Árbitro:** Manuel Nogueira (Porto)
Auxiliares: José Ribeiro e Jorge Campos
Golos: 1-0 (Chiquinho 75'); 2-0 (Diamantino 83')

SL Benfica: Neno, Veloso, Oliveira, Dito, Álvaro, Diamantino «cap», Zivkovic (Nunes 45'), Carlos Manuel, Manniche, Rui Águas e César Brito (Chiquinho 62')
Treinador: John Mortimore

ACADÉMICA: Pedro Espinha, Tomás «cap», António Augusto, Porfírio, Germano, Carlos Xavier, Quinito, Mito, Tozé (Flávio 62'), Rolão (Barry 57') e Reinaldo
Treinador: Vítor Manuel

CF Oliveira do Douro – 2 ACADÉMICA – 1

TAÇA DE PORTUGAL, 1/64 DE FINAL, 23-11-1986 (DOM, 15:00)
Campo de Santiago, Oliveira do Douro **Árbitro:** Fortunato Azevedo (Braga) **Auxiliares:** Leite Silva e Neves Fernandes
Golos: 0-1 (Flávio 34'); 1-1 (Juvenal 45'); 2-1 (José Augusto 86')

CF Oliveira do Douro: Veloso, Brito, Chico «cap», Tavares, Mário Ramos, Adriano (Caetano 75'), Carlos Gomes, Camará, José Augusto, Augusto (Rola 32') e Juvenal
Treinador: Celestino Rocha

ACADÉMICA: Pedro Espinha, Carlos Xavier, António Augusto, Porfírio, Germano «cap», Rolão (Reinaldo 45'), Mito, Tozé, Flávio, Mounsif e Barry
Treinador: Vítor Manuel

ACADÉMICA – 1 VSC Guimarães – 1

1ª DIVISÃO, 12ª JORNADA, 30-11-1986 (DOM, 15:00)
Estádio Municipal de Coimbra, Coimbra **Árbitro:** Francisco Silva (Algarve) **Auxiliares:** Trindade Rocha e Rui Silva
Golos: 1-0 (Quinito 16'); 1-1 (Paulinho Cascavel 28')

ACADÉMICA: Vítor Nóvoa, Tomás «cap», Carlos Xavier, Porfírio, Germano, Rolão, Mito, Quinito, Tozé (Barry 71'), Pedro Xavier e Reinaldo (Flávio 71')
Treinador: Vítor Manuel

VSC Guimarães: Jesus «cap», Costeado, Miguel, Nené, Carvalho, Nascimento, N'Dinga, Ademir (N'Kama 65'), Adão (Heitor 65'), Paulinho Cascavel e Roldão
Treinador: Marinho Peres

GD Chaves – 1 ACADÉMICA – 1

1ª DIVISÃO, 13ª JORNADA, 7-12-1986 (DOM, 15:00)
Estádio Municipal de Chaves, Chaves **Árbitro:** José Garcia (Setúbal) **Auxiliares:** Carlos Rendeiro e Rui Branco
Golos: 0-1 (Quinito 31'); 1-1 (Radi 38')

GD Chaves: Padrão, Jorginho, Edgar, Garrido, Cerqueira, Gilberto (David 73'), Luís Saura, Diamantino «cap», Radi, Jorge Silva e Jorge Plácido (César 73')
Treinador: Raul Águas

ACADÉMICA: Vítor Nóvoa, Rolão, Tomás «cap», Carlos Xavier, Germano, Mito, Marito (Barry 72'), Quinito, Tozé, Flávio e Reinaldo
Treinador: Vítor Manuel

ACADÉMICA – 2 Rio Ave FC – 0

1ª DIVISÃO, 14ª JORNADA, 14-12-1986 (DOM, 15:00)
Estádio Municipal de Coimbra, Coimbra **Árbitro:** Azevedo Duarte (Braga) **Auxiliares:** Vilaça de Sá e Pinto Pereira
Golos: 1-0 (Rolão 13'); 2-0 (Reinaldo 34')

ACADÉMICA: Vítor Nóvoa, Rolão, Tomás «cap», Carlos Xavier, Germano, Mito, Marito (Russiano 63'), Barry, Flávio, Mounsif (João Carlos 76') e Reinaldo
Treinador: Vítor Manuel

Rio Ave FC: Figueiredo, Santos, Sérgio «cap», Santana, Carvalho, Juanico, Jaime Graça, Hernâni (Rubens 64'), Carlos Manuel (Bragança 72'), Álvaro e Chico Faria
Treinador: António Morais

SC Salgueiros – 2 ACADÉMICA – 1

1ª DIVISÃO, 15ª JORNADA, 27-12-1986 (SAB, 15:00)
Campo Eng. Vidal Pinheiro, Porto **Árbitro:** Rosa Santos (Beja)
Auxiliares: José Manuel e Marcolino Batista **Golos:** 1-0 (António Augusto 45', pb); 2-0 (Armando 47'); 2-1 (Barry 55')

SC Salgueiros: Madureira, José Madureira, Mariano, Matias, França, João (Romeu 57'), Festas, Santos Cardoso, Jorginho «cap», Armando e Walsh
Treinador: Rodolfo Reis

ACADÉMICA: Vítor Nóvoa, Rolão, Tomás «cap», Carlos Xavier, Germano, Mito, Marito (João Carlos 45'), Tozé (António Augusto 40'), Quinito, Flávio e Barry
Treinador: Vítor Manuel

ACADÉMICA – 2 Boavista FC – 0

1ª DIVISÃO, 16ª JORNADA, 4-1-1987 (DOM, 15:00)
Estádio Municipal de Coimbra, Coimbra **Árbitro:** Ezequiel Feijão (Setúbal) **Auxiliares:** Neto Afonso e Rui Ferreira
Golos: 1-0 (Flávio 28'); 2-0 (Quinito 45')

ACADÉMICA: Vítor Nóvoa, Rolão, Tomás «cap», Carlos Xavier, Germano, Mito, Marito, Barry, Quinito (Rocha 81'), Flávio e Mounsif (João Carlos 67')
Treinador: Vítor Manuel

Boavista FC: Hubart, Queiró, Pedro Barny, Frederico «cap», Caetano (Ricardo 45'), Casaca, Agatão (Parente 33'), Phil Walker, José Augusto, José Rafael e Coelho
Treinador: João Alves

Portimonense SC – 2 ACADÉMICA – 0

1ª DIVISÃO, 17ª JORNADA, 11-1-1987 (DOM, 15:00)
Estádio do Portimonense, Portimão **Árbitro:** João Rosa (Évora)
Auxiliares: Francisco Zambujinho e Carlos Ramalho
Golos: 1-0 (Alain 7'); 2-0 (Salomão 85')

Portimonense SC: Mendes, Barão «cap», Simões, Balacó, Teixeirinha, Augusto, Nivaldo (Salomão 61'), Skoda, Alain, Zé Tó (Forbs 61') e Pacheco
Treinador: Vítor Oliveira

ACADÉMICA: Vítor Nóvoa, Rolão, Tomás «cap», Carlos Xavier, Germano, Mito (João Carlos 75'), Marito (Reinaldo 63'), Barry, Quinito, Flávio e Mounsif
Treinador: Vítor Manuel

ACADÉMICA – 3 CF "Os Belenenses" – 1

1ª DIVISÃO, 18ª JORNADA, 25-1-1987 (DOM, 21:00)
Estádio Municipal de Coimbra, Coimbra **Árbitro:** José Alves (Braga)
Auxiliares: João Martins e José Gonçalves **Golos:** 0-1 (Mladenov 11'); 1-1 (Reinaldo 23'); 2-1 (Quinito 57', gp); 3-1 (Marito 73')

ACADÉMICA: Vítor Nóvoa, Rolão, Tomás «cap» (Porfírio 84'), Carlos Xavier, Germano «sc», Mito, Marito, Barry, Quinito (Tozé 86'), Flávio e Reinaldo
Treinador: Vítor Manuel

CF "Os Belenenses": Jorge Martins, José António «cap» (Galo 28'), Carlos Ribeiro, Teixeira (Paulo Monteiro 66'), Sobrinho, Artur, Jaime, Murça, Djão, Mapuata e Mladenov
Treinador: Henri Depireux

Sporting CP – 1 ACADÉMICA – 1

1ª DIVISÃO, 19ª JORNADA, 29-1-1987 (QUI, 21:00)
Estádio José Alvalade, Lisboa **Árbitro:** Alder Dante (Santarém)
Auxiliares: Carlos Neves e Fernando Vacas
Golos: 1-0 (Zinho 23'); 1-1 (Reinaldo 65')

Sporting CP: Vital, Virgílio, Venâncio, Morato, Mário Jorge, Zinho, Oceano, Litos (Marlon Brandão 68'), Meade, Manuel Fernandes «cap» (Lima 63') e Houtman
Treinador: Marinho

ACADÉMICA: Vítor Nóvoa, Rolão, Tomás «cap», Carlos Xavier, Germano, Mito (Porfírio 78'), Marito, Barry, Quinito, Flávio e Reinaldo (Mounsif 75')
Treinador: Vítor Manuel

ACADÉMICA – 0 SC Braga – 0

1ª DIVISÃO, 20ª JORNADA, 22-2-1987 (DOM, 21:00)
Estádio Municipal de Coimbra, Coimbra
Árbitro: Carlos Valente (Setúbal)
Auxiliares: Carlos Cortiço e Jacinto Roque

ACADÉMICA: Vítor Nóvoa, Rolão, Tomás «cap», Carlos Xavier, Germano (João Carlos 79'), Mito, Marito, Barry (Tozé 79'), Quinito, Flávio e Reinaldo
Treinador: Vítor Manuel

SC Braga: Barradas, Toni (Alberto Bastos Lopes 75'), Nelito, Carvalhal, Ernesto, Serra (Vinícius 77'), Abreu, Spencer, Vítor Santos «cap», Jorge Gomes e Paulo Henrique
Treinador: Manuel José

FC Porto – 1 ACADÉMICA – 0

1ª DIVISÃO, 21ª JORNADA, 28-2-1987 (SAB, 15:00)
Estádio das Antas, Porto **Árbitro:** João Rosa (Évora)
Auxiliares: Francisco Zambujinho e Carlos Ramalho
Golo: 1-0 (Madjer 85')

FC Porto: Zé Beto, João Pinto, Celso (Casagrande 63'), Eduardo Luís, Laureta, Frasco, Jaime Magalhães (Madjer 45'), André, Sousa, Gomes «cap» e Futre
Treinador: Artur Jorge

ACADÉMICA: Vítor Nóvoa, Rolão, Tomás «cap», Carlos Xavier, Flávio, Mito, Marito (Russiano 76'), Barry, Quinito (João Carlos 70'), Tozé e Reinaldo
Treinador: Vítor Manuel

ACADÉMICA – 0 Varzim SC – 0

1ª DIVISÃO, 22ª JORNADA, 15-3-1987 (DOM, 16:00)
Estádio Municipal de Coimbra, Coimbra
Árbitro: Carlos Esteves (Lisboa)
Auxiliares: Alberto Pinheiro e Vaz da Costa

ACADÉMICA: Vítor Nóvoa, Rolão, Tomás «cap», Carlos Xavier, Tozé (Mounsif 45'), Mito, Marito (Russiano 68'), Barry, Quinito, Flávio e Reinaldo
Treinador: Vítor Manuel

Varzim SC: Lúcio «cap», Paulo Pires, Quim, Brito, André, José Maria, Rui Barros (Belmiro 84'), Soares, Lufemba, Manuelzinho e Vata (Augusto 68')
Treinador: Henrique Calisto

CS Marítimo – 3 ACADÉMICA – 1

1ª DIVISÃO, 23ª JORNADA, 22-3-1987 (DOM, 16:00)
Estádio dos Barreiros, Funchal **Árbitro:** Fernando Alberto (Porto)
Auxiliares: Pedro Alves e Carlos Adelino **Golos:** 1-0 (Teixeirinha 31'); 2-0 (Marquinhos 35'); 3-0 (Serginho 47'); 3-1 (Quinito 88', gp)

CS Marítimo: Quim, Teixeirinha, Matos, Valério, Gregório «cap», Bobó (Carlos Jorge 87'), Artur Semedo, Marquinhos, Colin Hill, Eldon e Serginho (Paquito 59')
Treinador: Manuel de Oliveira

ACADÉMICA: Vítor Nóvoa, Rolão, Porfírio «cap», Carlos Xavier, Orlando (Mounsif 45'), Mito, Marito, Quinito, Tozé (João Carlos 68'), Flávio e Reinaldo
Treinador: Vítor Manuel

ACADÉMICA – 1 SC Farense – 0

1ª DIVISÃO, 24ª JORNADA, 5-4-1987 (DOM, 16:00)
Estádio Municipal de Coimbra, Coimbra **Árbitro:** Heliodoro Saraiva (Setúbal) **Auxiliares:** Carlos Seca e Carlos Alberto
Golo: 1-0 (Carlos Xavier 61', gp)

ACADÉMICA: Vítor Nóvoa, Rolão, Tomás «cap», Carlos Xavier, Germano, Mito, Marito, Barry, Flávio (Mounsif 82'), Pedro Xavier (Tozé 80') e Reinaldo
Treinador: Vítor Manuel

SC Farense: Celso, Carlos Pereira, Vítor Duarte, Nilson, Germano (Nando 74'), António Andrade, Pereirinha, Pires (V 88'), Paco Fortes «cap», Ciro (Orlando 45') e Peter
Treinador: Cláudio Garcia

1986-1987

ÉPOCA 1987-1988

1ª DIVISÃO: 16º LUGAR (DESPROMOÇÃO)
TAÇA DE PORTUGAL: 1/64 DE FINAL

JOGOS EFECTUADOS

	J	V	E	D	GM	GS
CASA	19	7	9	3	22	16
FORA	20	2	6	12	11	31
TOTAL	39	9	15	15	33	47

CAD "O Elvas" – 1 ACADÉMICA – 1

1ª DIVISÃO, 25ª JORNADA, 12-4-1987 (DOM, 16:00)
Estádio Municipal de Elvas, Elvas **Árbitro:** Xavier de Oliveira (Porto) **Auxiliares:** Adriano Rodrigues e Teixeira da Silva
Golos: 1-0 (Carrasco 53'); 1-1 (Reinaldo 58')

CAD "O Elvas": Crispim, Ferrinho, Carapinha, Mota, Ribeiro «cap», Horácio (Amadeu 67'), Nélio, Bule (José Manuel 84'), Beto, Roberto e Carrasco
Treinador: António Medeiros

ACADÉMICA: Vítor Nóvoa, Rolão, Tomás «cap», Carlos Xavier, Germano, Mito, Marito, Barry, Quinito, Pedro Xavier (Flávio 33', Russiano 86') e Reinaldo
Treinador: Vítor Manuel

ACADÉMICA – 0 SL Benfica – 0

1ª DIVISÃO, 26ª JORNADA, 26-4-1987 (DOM, 16:00)
Estádio Municipal de Coimbra, Coimbra
Árbitro: Fortunato Azevedo (Braga)
Auxiliares: Leite Silva e Neves Fernandes

ACADÉMICA: Vítor Nóvoa, Rolão, Tomás «cap», Carlos Xavier, Germano, Mito, Marito, Barry, Quinito (Porfírio 88'), Flávio e Reinaldo
Treinador: Vítor Manuel

SL Benfica: Silvino, Samuel, Edmundo, Dito, Veloso, Chiquinho (Manniche 87'), Carlos Manuel, Shéu «cap», Tueba, Rui Águas e Wando (Nunes 71')
Treinador: John Mortimore

VSC Guimarães – 2 ACADÉMICA – 0

1ª DIVISÃO, 27ª JORNADA, 3-5-1987 (DOM, 16:00)
Estádio Municipal de Guimarães, Guimarães **Árbitro:** Santos Ruivo (Santarém) **Auxiliares:** Cristóvão Justo e João Catraia
Golos: 1-0 (Paulinho Cascavel 29'); 2-0 (N'Kama 39')

VSC Guimarães: Jesus «cap», Miguel, Costeado, Tozé, Adão, Nascimento, Ademir (Basílio 77'), Carvalho, N'Kama (Basaúla 82'), Paulinho Cascavel e Roldão
Treinador: Marinho Peres

ACADÉMICA: Vítor Nóvoa, Rolão, Tomás «cap», Porfírio, Germano (Mounsif 72'), Russiano (Pedro Xavier 45'), Mito, Marito, Barry, Flávio e Reinaldo
Treinador: Vítor Manuel

ACADÉMICA – 2 GD Chaves – 0

1ª DIVISÃO, 28ª JORNADA, 17-5-1987 (DOM, 16:00)
Estádio Municipal de Coimbra, Coimbra **Árbitro:** José Guedes (Porto) **Auxiliares:** Agostinho Moura e Silva Pinto
Golos: 1-0 (Barry 17'); 2-0 (Germano 87')

ACADÉMICA: Vítor Nóvoa, Rolão, Tomás «cap», Porfírio, Germano, Mito, Marito, Quinito (Flávio 76'), Barry, Reinaldo e Pedro Xavier (António Augusto 81')
Treinador: Vítor Manuel

GD Chaves: Padrão, Gilberto, Garrido, Raul, Cerqueira (César 66'), Radi, David, Edgar 45'), Diamantino «cap», Júlio Sérgio, Jorge Silva e Jorge Plácido
Treinador: Raul Águas

Rio Ave FC – 4 ACADÉMICA – 0

1ª DIVISÃO, 29ª JORNADA, 24-5-1987 (DOM, 16:00)
Estádio do Rio Ave Futebol Clube, Vila do Conde **Árbitro:** Ezequiel Feijão (Setúbal) **Auxiliares:** Rui Ferreira e Neto Afonso
Golos: 1-0 (Moreira de Sá 27'); 2-0 (Chico Faria 43'); 3-0 (Jaime Graça 83'); 4-0 (Jaime Graça 85')

Rio Ave FC: Figueiredo, Carvalho, Sérgio «cap», Antero, Paulo César, Marinho, Juanico, Hernâni (Nando 70'), Álvaro, Chico Faria e Moreira de Sá (Jaime Graça 75')
Treinador: António Morais

ACADÉMICA: Tó Luís, Rolão, Tomás «cap», Porfírio (Mounsif 45'), Germano, Mito, Marito, Quinito, Barry, Reinaldo e Pedro Xavier (Rocha 70')
Treinador: Vítor Manuel

ACADÉMICA – 0 SC Salgueiros – 0

1ª DIVISÃO, 30ª JORNADA, 31-5-1987 (DOM, 16:00)
Estádio Municipal de Coimbra, Coimbra
Árbitro: Alder Dante (Santarém)
Auxiliares: Fernando Vacas e Matias Bento

ACADÉMICA: Vítor Nóvoa, Rolão, Tomás «cap», Porfírio, Germano, Barry, Quinito (António Augusto 86'), Mito, Marito, Reinaldo e Pedro Xavier (Flávio 78')
Treinador: Vítor Manuel

SC Salgueiros: Madureira, Mariano, Oliveira, Matias, Romeu (Maurício 66'), Casimiro, Rui França, José Manuel, Jorginho «cap», Armando e Walsh (Carlos Brito 60')
Treinador: Fernando Festas

VFC Setúbal – 3 ACADÉMICA – 0

1ª DIVISÃO, 1ª JORNADA, 23-8-1987 (DOM, 17:00)
Estádio do Bonfim, Setúbal **Árbitro:** José Guedes (Porto)
Auxiliares: Agostinho Moura e Armindo Malheiro
Golos: 1-0 (José Rafael 66'); 2-0 (Aparício 70'); 3-0 (Aparício 82')

VFC Setúbal: Meszaros, Crisanto, Quim, Zezinho, Vítor Madeira «cap», Paulo Roberto, Hernâni, Manuel Fernandes, Flávio (Fidalgo 56'), José Rafael e Aparício
Treinador: Malcom Allison

ACADÉMICA: Vítor Nóvoa, Rolão, Simões, Tomás «cap», Porfírio, Barry, Mito, Quinito (Jorge 64'), Germano, Pedro Xavier (Eldon 58') e Reinaldo
Treinador: Vítor Manuel

ACADÉMICA – 2 Portimonense SC – 1

1ª DIVISÃO, 2ª JORNADA, 30-8-1987 (DOM, 17:00)
Estádio Municipal de Coimbra, Coimbra **Árbitro:** Alder Dante (Santarém) **Auxiliares:** Matias Bento e Fernando Vacas
Golos: 1-0 (Reinaldo 16'); 1-1 (Simões 44', pb); 2-1 (Barry 76')

ACADÉMICA: Vítor Nóvoa, Tomás «cap», Simões (Baltasar 67'), Germano, Mito, Marito, Barry, Quinito, Jorge (Eldon 45'), Pedro Xavier e Reinaldo
Treinador: Vítor Manuel

Portimonense SC: Peres, José Carlos, Major, Leonardo, Teixeira, Nivaldo «cap», Pires (Aurélio 56'), Skoda, Diop, Zé Tó (José Pedro 75') e Forbs
Treinador: Paulo Roberto

CS Marítimo – 2 ACADÉMICA – 1

1ª DIVISÃO, 3ª JORNADA, 6-9-1987 (DOM, 16:00)
Estádio dos Barreiros, Funchal **Árbitro:** Francisco Silva (Algarve)
Auxiliares: Trindade Rocha e Rui Silva
Golos: 1-0 (Paulo Ricardo 7'); 2-0 (Sidney 43'); 2-1 (Cadorin 84')

CS Marítimo: Everton, Matos, Teixeirinha, Oliveira «cap», Andrade, Bobó, Vadinho (Ricardo Aguiar 63'), Nunes, Sidney (Marquinhos 79'), Jorge Silva e Paulo Ricardo
Treinador: Manuel de Oliveira

ACADÉMICA: Vítor Nóvoa, Rolão (Cadorin 35'), Tomás «cap», Porfírio, Germano (Baltasar 45'), Mito, Marito, Quinito, Reinaldo, Eldon e Pedro Xavier
Treinador: Vítor Manuel

ACADÉMICA – 1 Sporting CP – 1

1ª DIVISÃO, 4ª JORNADA, 12-9-1987 (SAB, 17:00)
Estádio Municipal de Coimbra, Coimbra **Árbitro:** Veiga Trigo (Beja)
Auxiliares: João Crujo e Manuel Burrica
Golos: 1-0 (Quinito 50'); 1-1 (João Luís 87')

ACADÉMICA: Vítor Nóvoa, Tomás «cap», Mota, Porfírio, Germano, Mito, Marito (Rocha 79'), Quinito, Baltasar (Cadorin 60'), Reinaldo e Pedro Xavier
Treinador: Vítor Manuel

Sporting CP: Rui Correia, João Luís, Venâncio «cap», Duílio, Vítor Santos, Oceano, Marlon Brandão (Litos 75'), Mário, Cadete (Mário Jorge 66'), Paulinho Cascavel e Silvinho
Treinador: Keith Burkinshaw

CAD "O Elvas" – 1 ACADÉMICA – 1

1ª DIVISÃO, 5ª JORNADA, 27-9-1987 (DOM, 15:00)
Estádio Municipal de Elvas, Elvas **Árbitro:** Azevedo Duarte (Braga)
Auxiliares: Augusto Duarte e Pinto Pereira
Golos: 1-0 (Bartolomeu 20'); 1-1 (Quinito 59', gp)

CAD "O Elvas": Domingos, Ribeiro «cap», Soeiro, Bráulio, Simões (Alberto 83'), Juanito, Horácio (Clóvis 66'), Basaúla, Beto, Mário Gomes e Bartolomeu
Treinador: Mário Nunes

ACADÉMICA: Vítor Nóvoa, Mota, Tomás «cap», Porfírio, Dimas (Simões 78'), Mito, Marito, Quinito, Baltasar, Cadorin (Eldon 70') e Reinaldo
Treinador: Vítor Manuel

ACADÉMICA – 1 GD Chaves – 1

1ª DIVISÃO, 6ª JORNADA, 4-10-1987 (DOM, 15:00)
Estádio Municipal de Coimbra, Coimbra **Árbitro:** João Rosa (Évora)
Auxiliares: Francisco Zambujinho e Ricardo Lima
Golos: 0-1 (Radi 37'); 1-1 (Eldon 38')

ACADÉMICA: Vítor Nóvoa, Mota, Tomás «cap», Porfírio, Dimas, Marito, Quinito (Barry 63'), Reinaldo, Mito, Cadorin (Pedro Xavier 55') e Eldon
Treinador: Vítor Manuel

GD Chaves: Padrão, Cerqueira, Garrido, Jorginho, Rogério (Vicente 80'), Gilberto, Diamantino «cap», Radi, David, Serra (Júlio Sérgio 61') e Vermelhinho
Treinador: Raul Águas

SC Salgueiros – 0 ACADÉMICA – 0

1ª DIVISÃO, 7ª JORNADA, 11-10-1987 (DOM, 15:00)
Campo Eng. Vidal Pinheiro, Porto
Árbitro: Francisco Caroço (Portalegre)
Auxiliares: Adelino Figueiredo e Parra Casimiro

SC Salgueiros: Madureira, Casimiro, Pedro, Matias, Jorginho, Oliveira (Luís Filipe 56'), Rui França, Carlos Brito, Santos Cardoso (Constantino 78'), Pita e Tonanha «cap»
Treinador: Fernando Festas

ACADÉMICA: Vítor Nóvoa, Mota, Simões, Porfírio, Dimas, Tomás «cap», Marito, Mito, Quinito (Pedro Xavier 61'), Barry (Eldon 45') e Reinaldo
Treinador: Vítor Manuel

ACADÉMICA – 1 FC Penafiel – 1

1ª DIVISÃO, 8ª JORNADA, 18-10-1987 (DOM, 15:00)
Estádio Municipal de Coimbra, Coimbra **Árbitro:** Vítor Correia (Lisboa) **Auxiliares:** Carlos de Matos e Carlos Correia
Golos: 1-0 (Marito 12'); 1-1 (César 53', gp)

ACADÉMICA: Vítor Nóvoa, Mota, Simões (Eldon 66'), Porfírio «sc», Dimas, Tomás «cap» (Rolão 18'), Marito, Mito, Quinito, Pedro Xavier e Reinaldo
Treinador: Vítor Manuel

FC Penafiel: Amaral, Bio, Vasco, Manuel Correia, Mário Augusto, César (Rosado 70'), Caetano (Alain 82'), Elias «cap», Rui Manuel, Amâncio e Djão
Treinador: José Romão

Rio Ave FC – 2 ACADÉMICA – 1

1ª DIVISÃO, 9ª JORNADA, 25-10-1987 (DOM, 15:00)
Estádio do Rio Ave Futebol Clube, Vila do Conde **Árbitro:** Pinto Correia (Lisboa) **Auxiliares:** António Silva e Moisés Ferreira
Golos: 1-0 (Roberto 3'); 2-0 (Isaías 63'); 2-1 (Porfírio 75')

Rio Ave FC: Figueiredo, Chico Zé, Antero, Paulo César, Nando, Lourival (V 82'), Carrasco (Jaime Graça 61'), Marinho, Isaías, Álvaro «cap» e Roberto (Jairo 61')
Treinador: Mário Juliatto

ACADÉMICA: Vítor Nóvoa, Mota, Rocha, Porfírio «cap», Dimas, Mito, Rolão (Eldon 61'), Quinito, Jorge (Cadorin 61'), Marito e Pedro Xavier
Treinador: Vítor Manuel

ACADÉMICA – 2 SC Espinho – 2

1ª DIVISÃO, 10ª JORNADA, 1-11-1987 (DOM, 15:00)
Estádio Municipal de Coimbra, Coimbra **Árbitro:** José Martinho (Setúbal) **Auxiliares:** Aníbal Romão e Vítor Albino **Golos:** 0-1 (Ivan 44'); 1-1 (Marito 57'); 1-2 (Nelo 67'); 2-2 (Porfírio 69')

ACADÉMICA: Vítor Nóvoa, Mota, Rocha (António Luís 45'), Porfírio «cap», Dimas, Mito, Rolão (Eldon 45'), Quinito, Jorge, Marito e Pedro Xavier (V 34')
Treinador: Vítor Manuel

SC Espinho: Silvino, Ralph «cap», Artur, N'Kongolo, Nito, Alemão, Luís Manuel, Nelo, Aziz (Carvalho 55'), Marcos António (V 34') e Ivan (Marcão 69')
Treinador: Quinito

SC Olhanense – 5 ACADÉMICA – 1

TAÇA DE PORTUGAL, 1/64 DE FINAL, 21-11-1987 (SAB, 15:00)
Estádio José Arcanjo, Olhão **Árbitro:** Rosa Santos (Beja)
Auxiliares: José Manuel e José Balsinha
Golos: 1-0 (Carlos Reis 11'); 2-0 (Paulo Silva 30'); 3-0 (Carlos Reis 39'); 3-1 (Cadorin 57'); 4-1 (João Reina 80'); 5-1 (Aldeias 89')

SC Olhanense: Tozé, Edgar (V 84'), Dinis, Herculano, Tito «cap», Rui Esteves, Carlos Reis, Miguel, Raul Megia (João Reina 45'), Aldeias e Paulo Silva (Floris 74')
Treinador: Álvaro Carolino

ACADÉMICA: Vítor Nóvoa, Mota, Tomás «cap», Porfírio, Dimas (Cadorin 40'), Marito, Mito, Quinito, Rolão (António Luís 55'), Eldon e Reinaldo
Treinador: Vítor Manuel

ACADÉMICA – 2 SC Braga – 1

1ª DIVISÃO, 12ª JORNADA, 29-11-1987 (DOM, 15:00)
Estádio Municipal de Coimbra, Coimbra **Árbitro:** José Guedes (Porto) **Auxiliares:** Agostinho Moura e Amorim Ribeiro **Golos:** 0-1 (Paulo Henrique 26'); 1-1 (Pedro Xavier 65'); 2-1 (Pedro Xavier 80')

ACADÉMICA: Valente, Mota, Tomás «cap» (V 88'), Porfírio (Barry 45'), Germano «sc», Mito, Marito, Quinito, Baltasar (Reinaldo 45'), Eldon e Pedro Xavier
Treinador: Vítor Manuel

SC Braga: Velinov, Vítor Duarte, Nelito «cap», Carvalho, Ernesto, Valtinho, Toni, Gersinho (Kiki 55'), Paulo Henrique (V 88'), Santos e Vinícius (Zinho 70')
Treinador: Manuel José

SC Farense – 2 ACADÉMICA – 0

1ª DIVISÃO, 11ª JORNADA, 6-12-1987 (DOM, 15:00)
Estádio São Luís, Faro **Árbitro:** António Marçal (Lisboa)
Auxiliares: Francisco Lucas e Francisco Goulão
Golos: 1-0 (Fernando Cruz 55'); 2-0 (Vitinha 58')

SC Farense: Tavares, Nando, Paulito, Luisão, Pereirinha «cap», Vitinha, Orlando (Ribeiro 45'), Ademar, Formosinho, Fernando Cruz e Spassov (Paco Fortes 45')
Treinador: José Augusto

ACADÉMICA: Vítor Nóvoa, Mota, Simões (Eldon 64'), Porfírio «cap», Dimas, Mito, Marito, Quinito, Baltasar (Barry 20'), Reinaldo e Pedro Xavier
Treinador: Vítor Manuel

ACADÉMICA – 2 SL Benfica – 4

1ª DIVISÃO, 13ª JORNADA, 13-12-1987 (DOM, 15:00)
Estádio Municipal de Coimbra, Coimbra **Árbitro:** Carlos Valente (Setúbal) **Auxiliares:** Carlos Cortiço e Jorge Garcia
Golos: 0-1 (Magnusson 13'); 0-2 (Magnusson 17'); 0-3 (Magnusson 21'); 1-3 (Quinito 36', gp); 2-3 (Quinito 54'); 2-4 (Mozer 71')

ACADÉMICA: Vítor Nóvoa, Rolão (Eldon 35'), Tomás «cap» (Dimas 64'), Porfírio «sc», Germano, Mito, Marito, Quinito, Barry, Reinaldo e Pedro Xavier
Treinador: Vítor Manuel

SL Benfica: Silvino, Carlos Pereira, Dito, Mozer, Álvaro «cap», Elzo, Chiquinho (Tueba 60'), Nunes, Wando (Shéu 88'), Rui Águas e Magnusson
Treinador: Toni

CF "Os Belenenses" – 1 ACADÉMICA – 0

1ª DIVISÃO, 14ª JORNADA, 20-12-1987 (DOM, 15:00)
Estádio do Restelo, Lisboa **Árbitro:** Ezequiel Feijão (Setúbal)
Auxiliares: Hélio Pereira e Neto Afonso
Golo: 1-0 (Chico Faria 56')

CF "Os Belenenses": Jorge Martins, Galo, Sobrinho, José Mário, Artur, Jaime, Teixeira, Juanico, Luís Reina (Chico Faria 45'), Mapuata (Chiquinho 84') e Mladenov «cap»
Treinador: Marinho Peres

ACADÉMICA: Vítor Nóvoa, Rolão (António Luís 70'), Simões (Eldon 60'), Porfírio, Germano «cap», Mito, Marito, Quinito, Barry, Reinaldo e Pedro Xavier
Treinador: Vítor Manuel

ACADÉMICA – 1 VSC Guimarães – 0

1ª DIVISÃO, 15ª JORNADA, 3-1-1988 (DOM, 15:00)
Estádio Municipal de Coimbra, Coimbra **Árbitro:** Pinto Correia (Lisboa) **Auxiliares:** António Silva e Moisés Ferreira
Golo: 1-0 (Pedro Xavier 90'+2')

ACADÉMICA: Vítor Nóvoa, Mota, Simões (Tomás 77'), Porfírio «cap», Dimas, Barry, Mito, Marito, Quinito, Reinaldo (Rolão 71') e Pedro Xavier
Treinador: Vítor Manuel

VSC Guimarães: Jesus «cap», Miguel, Costeado, Bené, Carvalho (V 87'), Nascimento (Rui Vieira 23'), René (N'Dinga 45'), Adão, Ademir, Kipulu e Caio
Treinador: António Oliveira

Boavista FC – 1 ACADÉMICA – 0

1ª DIVISÃO, 16ª JORNADA, 10-1-1988 (DOM, 15:00)
Estádio do Bessa, Porto **Árbitro:** António Marçal (Lisboa)
Auxiliares: Francisco Lucas e Francisco Goulão
Golo: 1-0 (Jorge Andrade 10')

Boavista FC: Alfredo, Queiró, Valério, Frederico, Marcos António, Phil Walker, Parente «cap» (João Medeiros 77'), Holmberg, Monteiro, Rubens Feijão (Chiquinho Carioca 45') e Jorge Andrade
Treinador: Pepe

ACADÉMICA: Vítor Nóvoa, Mota (Tomás 85'), Simões, Porfírio «cap», Dimas, Barry, Mito, Marito, Quinito, António Luís (Rolão 69') e Pedro Xavier
Treinador: Vítor Manuel

ACADÉMICA – 1 Varzim SC – 0

1ª DIVISÃO, 17ª JORNADA, 17-1-1988 (DOM, 15:00)
Estádio Municipal de Coimbra, Coimbra **Árbitro:** José Filipe (Algarve) **Auxiliares:** Arménio Estorninho e Francisco Marreiros
Golo: 1-0 (Marito 73')

ACADÉMICA: Vítor Nóvoa, Mota, Simões, Porfírio «cap», Dimas, Barry, Mito, Marito, Quinito (Jorge 57'), António Luís (Rolão 57') e Pedro Xavier
Treinador: Vítor Manuel

Varzim SC: Lúcio, Paulo Pires, Festas, Quim, André, José Maria, Paquito, Jó (Augusto 59'), Lito «cap», Miranda e Nivaldo Ramos (Brito 70')
Treinador: Henrique Calisto

FC Porto – 1 ACADÉMICA – 0

1ª DIVISÃO, 18ª JORNADA, 24-1-1988 (DOM, 15:00)
Estádio das Antas, Porto **Árbitro:** João Rosa (Évora)
Auxiliares: Francisco Zambujinho e Ricardo Lima
Golo: 1-0 (Gomes 20')

FC Porto: Mlynarczyk, João Pinto, Geraldão, Celso, Inácio, André, Jaime Magalhães (Quim 64'), Jaime Pacheco, Sousa, Semedo (Rui Barros 58') e Gomes «cap»
Treinador: Tomislav Ivic

ACADÉMICA: Vítor Nóvoa, Mota, Simões, Porfírio «sc», Dimas (Jorge 77'), Barry, Tomás «cap» (Rolão 77'), Mito, Quinito, Pedro Xavier e Marito
Treinador: Vítor Manuel

ACADÉMICA – 1 SC Covilhã – 1

1ª DIVISÃO, 19ª JORNADA, 31-1-1988 (DOM, 15:00)
Estádio Municipal de Coimbra, Coimbra **Árbitro:** José Garcia (Setúbal) **Auxiliares:** João Rosa e Valdemar Custódio
Golos: 0-1 (Celso Maciel 26'); 1-1 (Pedro Xavier 45')

ACADÉMICA: Vítor Nóvoa, Mota, Simões, Porfírio «sc», Dimas, Barry, Tomás «cap» (Rolão 65'), Mito, Quinito (Reinaldo 67'), Pedro Xavier e Marito
Treinador: Vítor Manuel

SC Covilhã: Barradas, Gregório, Joanito «cap», Germano (V 73'), João Gouveia, António Borges, Carlos Alberto, Celso Maciel (Marcelino 71'), Kaloga (Jorge Coutinho 45'), Saucedo e Jacques
Treinador: Vieira Nunes

ACADÉMICA – 0 VFC Setúbal – 0

1ª DIVISÃO, 20ª JORNADA, 7-2-1988 (DOM, 15:00)
Estádio Municipal de Coimbra, Coimbra
Árbitro: Sepa Santos (Lisboa)
Auxiliares: Ildefonso Gomes e Carlos Pires

ACADÉMICA: Vítor Nóvoa, Mota, Simões (Cadorin 36'), Tomás «cap», Dimas, Rolão (Baltasar 60'), Barry, Mito, Quinito, Pedro Xavier e Marito
Treinador: Vítor Manuel

VFC Setúbal: Meszaros, Quim, Zezinho, Eurico «cap», Fidalgo, Paulo Roberto, Rui Pedro, Vítor Madeira (Maside 71'), José Rafael, Jordão e Lazar
Treinador: Malcom Allison

Portimonense SC – 1 ACADÉMICA – 1

1ª DIVISÃO, 21ª JORNADA, 13-2-1988 (SAB, 15:00)
Estádio do Portimonense, Portimão **Árbitro:** Vítor Correia (Lisboa)
Auxiliares: Carlos de Matos e Carlos Correia
Golos: 1-0 (José Pedro 9'); 1-1 (Pedro Xavier 25')

Portimonense SC: Peres, José Carlos, Aurélio, Leonardo, Décio (Teixeirinha 45'), Pires, Barão «cap», Sorensen, César Brito, Forbs e José Pedro (Skoda 69')
Treinador: Manuel Cajuda

ACADÉMICA: Vítor Nóvoa, Mota, Tomás «cap», Barry, Dimas, Rolão, Mito, Quinito (João Mendes 88'), Reinaldo (Sabará 83'), Pedro Xavier e Marito
Treinador: Vítor Manuel

ACADÉMICA – 2 CS Marítimo – 0

1ª DIVISÃO, 22ª JORNADA, 20-2-1988 (SAB, 15:00)
Estádio Municipal de Coimbra, Coimbra **Árbitro:** José Guedes (Porto) **Auxiliares:** Agostinho Moura e Armindo Malheiro
Golos: 1-0 (Dimas 70'); 2-0 (Eldon 80')

ACADÉMICA: Vítor Nóvoa, Mota (Sabará 62'), Tomás «cap», Porfírio, Dimas, Barry, Marito (V 53'), Rolão (Eldon 45'), Mito, Quinito e Pedro Xavier
Treinador: Vítor Manuel

CS Marítimo: Everton, Matos, Oliveira «cap», Teixeirinha, Arnaldo Carvalho, Nunes, José Luís, Artur Semedo, Andrade (Bobó 45', V 53'), Carlos Duarte (Amarildo 64') e Jorge Silva
Treinador: Ferreira da Costa

1987-1988

1987-1988

Sporting CP – 4 ACADÉMICA – 0

1ª DIVISÃO, 23ª JORNADA, 27-2-1988 (SAB, 17:00)
Estádio José Alvalade, Lisboa **Árbitro:** Fortunato Azevedo (Braga)
Auxiliares: Leite Silva e Lopes Araújo
Golos: 1-0 (Paulinho Cascavel 51'); 2-0 (Marlon Brandão 65');
3-0 (Mário 81'); 4-0 (Houtman 86')

Sporting CP: Rui Correia, João Luís, Venâncio «cap», Duílio, Vítor Santos, Marlon Brandão, Oceano, Carlos Xavier, Mário, Silvinho (Tony Sealy 75') e Paulinho Cascavel (Houtman 83')
Treinador: António Morais

ACADÉMICA: Vítor Nóvoa, Mota (Jorge 30'), Tomás «cap», Porfírio (Eldon 52'), Dimas, Rolão, Quinito, Barry, Mito, Pedro Xavier e Reinaldo
Treinador: Vítor Manuel

ACADÉMICA – 0 CAD "O Elvas" – 0

1ª DIVISÃO, 24ª JORNADA, 6-3-1988 (DOM, 15:00)
Estádio Municipal de Coimbra, Coimbra
Árbitro: Fernando Alberto (Porto)
Auxiliares: Pedro Alves e Carlos Adelino

ACADÉMICA: Vítor Nóvoa, Rolão, Tomás «cap», Mito, Dimas, Barry, Marito, Quinito (Eldon 57'), Jorge, Pedro Xavier e Reinaldo (Sabará 70')
Treinador: Vítor Manuel

CAD "O Elvas": Domingos, Castro, Soeiro, Bráulio, Guto, Simões, Beto, Horácio «cap», Mário Gomes (Alberto 67'), Bassaúla e Bartolomeu (José Manuel 85')
Treinador: Vieira Nunes

GD Chaves – 1 ACADÉMICA – 1

1ª DIVISÃO, 25ª JORNADA, 13-3-1988 (DOM, 15:00)
Estádio Municipal de Chaves, Chaves **Árbitro:** Manuel Nogueira (Porto) **Auxiliares:** José Ribeiro e Neves da Silva
Golos: 0-1 (Reinaldo 61'); 1-1 (César 80')

GD Chaves: Padrão, Cerqueira (Júlio Sérgio 67'), Vicente, Jorginho, Rogério, Gilberto, Serra, Radi «cap», David, Vermelhinho e Slavkov (César 67')
Treinador: Raul Águas

ACADÉMICA: Vítor Nóvoa, Rolão, Tomás «cap», Simões, Dimas, Barry (Rocha 32'), Cadorin (Marito 63'), Quinito, Mito, Pedro Xavier e Reinaldo
Treinador: Camilo

ACADÉMICA – 3 SC Salgueiros – 0

1ª DIVISÃO, 26ª JORNADA, 20-3-1988 (DOM, 15:00)
Estádio Municipal de Coimbra, Coimbra **Árbitro:** Teixeira Dória (Funchal) **Auxiliares:** Filipe Aguiar e José Encarnação
Golos: 1-0 (Mito 55'); 2-0 (Quinito 63'); 3-0 (Eldon 85')

ACADÉMICA: Vítor Nóvoa, Rolão, Porfírio (Pedro Xavier 36'), Simões, Tomás «cap», Marito, Quinito, Mito (Cadorin 64'), Dimas, Eldon e Reinaldo
Treinador: António Oliveira

SC Salgueiros: Madureira, Ferreirinha (Constantino 62'), Pedro, Carlos Brito, Casimiro, Oliveira, João, Rui França, Santos Cardoso «cap», Luís Filipe e Pita
Treinador: António Fidalgo

FC Penafiel – 2 ACADÉMICA – 1

1ª DIVISÃO, 27ª JORNADA, 26-3-1988 (SAB, 15:00)
Estádio 25 de Abril, Penafiel **Árbitro:** Carlos Valente (Setúbal)
Auxiliares: Jorge Garcia e Luís Salgado
Golos: 1-0 (Amâncio 48'); 1-1 (Quinito 83', gp); 2-1 (César 87', gp)

FC Penafiel: Amaral, Bio, Manuel Correia, Vasco, Cabral, Sérgio Pinto (Alain 51'), Elías «cap», Rui Manuel, Caetano, César e Amâncio (Rosado 84')
Treinador: José Romão

ACADÉMICA: Vítor Nóvoa, Tomás «cap», Simões, Porfírio, Dimas, Rocha (Eldon 54', V 88'), Marito (Pedro Xavier 57'), Quinito, Mito, Reinaldo e Rolão
Treinador: António Oliveira

ACADÉMICA – 1 Rio Ave FC – 3

1ª DIVISÃO, 28ª JORNADA, 2-4-1988 (SAB, 16:00)
Estádio Municipal de Coimbra, Coimbra **Árbitro:** António Marçal (Lisboa) **Auxiliares:** Francisco Lucas e Francisco Goulão **Golos:** 0-1 (Isaías 75'); 0-2 (Jaime Graça 78'); 1-2 (Reinaldo 81'); 1-3 (Isaías 85')

ACADÉMICA: Vítor Nóvoa, Tomás «cap», Simões, Porfírio (Sabará 75'), Dimas, Mito, Marito (Cadorin 45'), Rolão, Quinito, Pedro Xavier e Reinaldo
Treinador: António Oliveira

Rio Ave FC: Pimenta, Chico Zé, Antero, Santana, Paulo César, Carlos Manuel, Lourival, Isaías, Nando, Jaime Graça (Carrasco 86') e Álvaro «cap» (Bragança 83')
Treinador: Mário Reis

SC Espinho – 0 ACADÉMICA – 2

1ª DIVISÃO, 29ª JORNADA, 9-4-1988 (SAB, 16:00)
Campo da Avenida, Espinho **Árbitro:** Vítor Correia (Lisboa)
Auxiliares: Tavares da Silva e Fernando Castro
Golos: 0-1 (Cadorin 52'); 0-2 (Cadorin 90')

SC Espinho: Silvino, N'Kongolo, Eliseu, Amândio «cap», Nito, Nelo, Pingo, Marcos António (Luís Manuel 53'), Vitorino (Ivan 56'), Walsh e Ado
Treinador: Quinito

ACADÉMICA: Vítor Nóvoa, Mota, Simões, Porfírio, Dimas, Barry (Rocha 74'), Reinaldo, Tomás «cap», Mito, Marito e Pedro Xavier (Cadorin 45')
Treinador: António Oliveira

ACADÉMICA – 2 SC Farense – 0

1ª DIVISÃO, 30ª JORNADA, 17-4-1988 (DOM, 16:00)
Estádio Municipal de Coimbra, Coimbra **Árbitro:** Fortunato Azevedo (Braga) **Auxiliares:** Leite Silva e Lopes Araújo
Golos: 1-0 (Ademar 3', pb); 2-0 (Eldon 39')

ACADÉMICA: Vítor Nóvoa, Mota, Mito, Porfírio, Dimas, Marito, Barry, Quinito (Rocha 55'), Tomás «cap», Eldon e Reinaldo (Cadorin 45')
Treinador: António Oliveira

SC Farense: Tavares, Nando, Paulito, Mariano, Nelo, Ademar, Vitinha (Marco 25'), Formosinho, Paco Fortes «cap», Barrocal (Fernando Cruz 25') e Helinho
Treinador: José Augusto

SC Braga – 1 ACADÉMICA – 0

1ª DIVISÃO, 31ª JORNADA, 24-4-1988 (DOM, 16:00)
Estádio 1º de Maio, Braga **Árbitro:** Manuel Nogueira (Porto)
Auxiliares: José Ribeiro e Neves da Silva
Golo: 1-0 (Vinícius 54')

SC Braga: Hélder, Toni «cap», Moroni, Vítor Duarte, Laureta, Paulo Henrique (Gersinho 87'), Vítor Santos, Carvalhal (Zinho 45'), Kostadinov, Vinícius e Jorge Gomes
Treinador: Vítor Manuel

ACADÉMICA: Vítor Nóvoa, Mota, Simões, Porfírio, Dimas, Barry, Tomás «cap», Reinaldo, Quinito (Rolão 58'), Marito e Eldon (Cadorin 45')
Treinador: António Oliveira

SL Benfica – 1 ACADÉMICA – 1

1ª DIVISÃO, 32ª JORNADA, 30-4-1988 (SAB, 16:00)
Estádio da Luz, Lisboa **Árbitro:** Rosa Santos (Beja) **Auxiliares:** José Manuel e José Balsinha
Golos: 1-0 (Wando 58'); 1-1 (Rocha 90')

SL Benfica: Silvino, Veloso, Dito, Edmundo, Fonseca, Elzo (Shéu 71'), Augusto (Pacheco 45'), Chiquinho, Chalana «cap», Wando e Tó Portela
Treinador: Toni

ACADÉMICA: Vítor Nóvoa, Mota (Rolão 60'), Mito, Porfírio, Dimas, Rocha, Quinito, Barry, Tomás «cap», Reinaldo e Pedro Xavier (Cadorin 60')
Treinador: António Oliveira

ACADÉMICA – 0 CF "Os Belenenses" – 0

1ª DIVISÃO, 33ª JORNADA, 8-5-1988 (DOM, 16:00)
Estádio Municipal de Coimbra, Coimbra
Árbitro: Francisco Silva (Algarve)
Auxiliares: José Albino e José Amorim

ACADÉMICA: Vítor Nóvoa, Mota (Rolão 45'), Mito, Porfírio, Dimas, Barry, Rocha (Cadorin 65'), Marito, Tomás «cap», Reinaldo e Pedro Xavier
Treinador: António Oliveira

CF "Os Belenenses": Jorge Martins, Sobrinho, Baidek, José António «cap», Artur, Paulo Monteiro, Juanico, Teixeira, Chiquinho, Chico Faria (Jorge Silva 86') e Mladenov (Mapuata 78')
Treinador: Marinho Peres

VSC Guimarães – 3 ACADÉMICA – 0

1ª DIVISÃO, 34ª JORNADA, 15-5-1988 (DOM, 16:00)
Estádio Municipal de Guimarães, Guimarães **Árbitro:** Sepa Santos (Lisboa) **Auxiliares:** Ildefonso Gomes e Carlos Pires **Golos:** 1-0 (Ademir 25', gp); 2-0 (Décio António 43'); 3-0 (Décio António 76')

VSC Guimarães: Jesus «cap», Costeado, Miguel, Nené, Carvalho, Nascimento, N'Dinga, Ademir, Adão, Décio António e Caio Júnior (Rui Vieira 77')
Treinador: José Alberto Torres

ACADÉMICA: Vítor Nóvoa, Mota (Marito 35'), Mito, Porfírio, Dimas, Rolão, Rocha, Quinito (Cadorin 45'), Tomás «cap», Reinaldo e Pedro Xavier
Treinador: António Oliveira

ACADÉMICA – 0 Boavista FC – 0

1ª DIVISÃO, 35ª JORNADA, 21-5-1988 (SAB, 16:00)
Estádio Municipal de Coimbra, Coimbra
Árbitro: Veiga Trigo (Beja)
Auxiliares: João Crujo e Manuel Burrica

ACADÉMICA: Vítor Nóvoa, Mota (Eldon 61'), Mito, Porfírio, Dimas, Barry (Pedro Xavier 68'), Rolão, Marito, Quinito, Tomás «cap» e Reinaldo
Treinador: António Oliveira

Boavista FC: Alfredo, Valdir, Jaime, Valério, Caetano, Marcos António, Phil Walker, Parente «cap», Casaca, Medeiros (Armando 68') e Chiquinho Carioca (Monteiro 45')
Treinador: Pepe

Varzim SC – 0 ACADÉMICA – 0

1ª DIVISÃO, 36ª JORNADA, 29-5-1988 (DOM, 16:00)
Estádio Municipal de Famalicão, Vila Nova de Famalicão
Árbitro: Vítor Correia (Lisboa) **Auxiliares:** Carlos de Matos e Tavares da Silva **Obs:** Jogo disputado em Famalicão, devido a interdição do estádio do Varzim SC

Varzim SC: Lúcio, Augusto, Vitoriano «cap», Quim, André, José Maria, Miranda (Paquito 77'), Joaquim Soares, Lito (Maluka 68'), Nivaldo Ramos e Vata
Treinador: Henrique Calisto

ACADÉMICA: Vítor Nóvoa, Mota, Simões, Mito, Dimas, Barry, Rolão, Marito (Cadorin 69'), Quinito (Sabará 78'), Tomás «cap» e Reinaldo
Treinador: António Oliveira

ACADÉMICA – 0 FC Porto – 1

1ª DIVISÃO, 37ª JORNADA, 2-6-1988 (QUI, 16:00)
Estádio Municipal de Coimbra, Coimbra **Árbitro:** Bento Marques (Évora) **Auxiliares:** António Figo e António Manuel
Golo: 0-1 (Raudnei 79')

ACADÉMICA: Vítor Nóvoa, Mota, Mito, Porfírio, Dimas, Barry, Rolão, Marito (Cadorin 78'), Quinito, Tomás «cap» e Reinaldo (Pedro Xavier 57')
Treinador: António Oliveira

FC Porto: Zé Beto, Fernando Couto, Lima Pereira «cap», Eduardo Luís, Inácio, Bandeirinha, Frasco, Sousa (Jaime Pacheco 70'), Quim, Jorge Plácido e Domingos (Raudnei 70')
Treinador: Tomislav Ivic

SC Covilhã – 0 ACADÉMICA – 1

1ª DIVISÃO, 38ª JORNADA, 5-6-1988 (DOM, 17:00)
Estádio José dos Santos Pinto, Covilhã **Árbitro:** Jorge Coroado (Lisboa) **Auxiliares:** António de Sousa e Jorge Correia
Golo: 0-1 (Eldon 44')

SC Covilhã: Balseiro, Gabriel (Paulo Monteiro 70'), Germano, Marcelino, João Gouveia «cap», Mesquita, Craveiro, Celso Maciel (Babá 45'), Pedro Moiteiro, Hermano e Biri
Treinador: Albertino

ACADÉMICA: Vítor Nóvoa, Mota, Porfírio, Simões, Dimas, Rolão (Pedro Xavier 45'), Mito, Quinito, Tomás «cap», Reinaldo e Eldon (António Luís 69')
Treinador: António Oliveira

ÉPOCA 1988-1989

2ª DIVISÃO, ZONA CENTRO: 2º LUGAR (MANUTENÇÃO)
TAÇA DE PORTUGAL: 1/16 DE FINAL

JOGOS EFECTUADOS

	J	V	E	D	GM	GS
CASA	19	14	4	1	44	11
FORA	20	10	7	3	27	14
TOTAL	39	24	11	4	71	25

ACADÉMICA – 1 Oliveira do Bairro SC – 1

2ª DIVISÃO, ZONA CENTRO, 1ª JORNADA, 18-9-1988 (DOM, 17:00)
Estádio Municipal de Coimbra, Coimbra **Árbitro:** Alder Dante (Santarém) **Auxiliares:** Matias Bento e Fernando Vacas
Golos: 1-0 (Rubens Feijão 46'); 1-1 (Bé 53')

ACADÉMICA: Vítor Nóvoa, Mota, Tomás «cap», João Mendes, Dimas, Rolão, Rubens Feijão, Mito, Barry (Marcelo 70'), Reinaldo e Eldon
Treinador: António Oliveira

Oliveira do Bairro SC: Tó Luís, Amorim «cap», Sérgio, José Augusto, Tozé, Afonso (Dani 79'), José António, Cardoso, Orlando, Amílcar e Bé (Pinto 64')
Treinador: António Augusto

GD Portalegrense – 1 ACADÉMICA – 1

2ª DIVISÃO, ZONA CENTRO, 2ª JORNADA, 25-9-1988 (DOM, 15:00)
Estádio Municipal de Portalegre, Portalegre **Árbitro:** Bento Marques (Évora) **Auxiliares:** António Figo e António Manuel
Golos: 1-0 (Aventino 17'); 1-1 (Rubens Feijão 18', gp)

GD Portalegrense: Borja, Pereira (Rogério 70'), Semedo, Alberto, Costa, Dorinho, Carlinhos «cap», Aventino, José Fernando, Curinha e Rui (Tutas 53')
Treinador: João Cardoso

ACADÉMICA: Vítor Nóvoa, Mota, Tomás «cap», João Mendes, Dimas, Rolão, Rubens Feijão (Marcelo 61'), Mito, Barry, Reinaldo e Eldon (Rocha 61')
Treinador: António Oliveira

ACADÉMICA – 1 CFU Lamas – 0

2ª DIVISÃO, ZONA CENTRO, 3ª JORNADA, 2-10-1988 (DOM, 15:00)
Estádio Municipal de Coimbra, Coimbra **Árbitro:** Soares Dias (Porto) **Auxiliares:** Eduardo Gonçalves e Carlos Vigário
Golo: 1-0 (Eldon 45')

ACADÉMICA: Vítor Nóvoa, Mota, Tomás «cap», Marcelino, João Mendes (Marito 32'), Mito, Rolão, Rubens Feijão, Dimas, Eldon (Rocha 49') e Reinaldo
Treinador: António Oliveira

CFU Lamas: Castro, Octávio, Simões, Cruz, Paulinho, Nogueira, Pinto da Rocha, Du (Quim Santos 85'), Grilo, Cardoso «cap» e Paulo Silva (Lino 70')
Treinador: João Ricardo

GD Mealhada – 1 ACADÉMICA – 1 (AP)

TAÇA DE PORTUGAL, 1/128 DE FINAL, 5-10-1988 (QUA, 15:00)
Campo Dr. Américo Couto, Mealhada
Árbitro: José Silvano (Vila Real)
Golos: 0-1 (Marcelo 59'); 1-1 (Pá 88')

GD Mealhada: Mendes, Geitoeira, Falcão (Falcãozinho 30'), Vicente, Arinto, Chico, José Rebelo (Cerezo 66'), Pá, Mamede «cap», José Pedro e Gil
Treinador: Henrique Tomás

ACADÉMICA: Vítor Nóvoa, Mota, Dimas, Simões, Marcelino, Daniel, Rocha, Mito (Marito 88'), Marcelo (Reinaldo 70'), Tomás «cap» e Stephen
Treinador: António Oliveira

CD Estarreja – 0 ACADÉMICA – 1

2ª DIVISÃO, ZONA CENTRO, 4ª JORNADA, 9-10-1988 (DOM, 15:00)
Campo Dr. Tavares da Silva, Estarreja **Árbitro:** Sepa Santos (Lisboa) **Auxiliares:** Ildefonso Gomes e Carlos Pires
Golo: 0-1 (Stephen 10', gp)

CD Estarreja: Castro, Bernardo, Trindade Guedes, Nuno, Fernando «cap», Coelho (Lobão 71'), Gomes, Rui Leite (Gonçalo 62'), Augusto, Filipe e Seabra
Treinador: Alberto Sachse

ACADÉMICA: Vítor Nóvoa, Mota, Simões, Marcelino, Dimas, Daniel, Rocha, Mito, Marcelo (Pedro Moiteiro 80'), Tomás «cap» e Stephen
Treinador: António Oliveira

ACADÉMICA – 2 GD Mealhada – 0

TAÇA DE PORTUGAL, 1/128 DE FINAL, 12-10-1988 (QUA, 21:00)
Estádio Municipal de Coimbra, Coimbra **Árbitro:** Castela Parreira (Leiria) **Auxiliares:** António Pinto e Fernando Vilela
Golos: 1-0 (Reinaldo 30'); 2-0 (Rubens Feijão 89')

ACADÉMICA: Vítor Nóvoa, Mota, Marcelino, Simões, Dimas, Rocha, Daniel, Mito (Rubens Feijão 88'), Tomás «cap», Stephen (Pedro Moiteiro 68') e Reinaldo
Treinador: António Oliveira

GD Mealhada: Mendes, Geitoeira, Vicente, Pá, Arinto «cap», Falcãozinho, Chico (Cerezo 74'), Mamede, José Pedro, Abrantes (Carrana 60') e Gil
Treinador: Henrique Tomás

ACADÉMICA – 0 Caldas SC – 0

2ª DIVISÃO, ZONA CENTRO, 5ª JORNADA, 16-10-1988 (DOM, 15:00)
Estádio Municipal de Coimbra, Coimbra
Árbitro: Adão Mendes (Braga)
Auxiliares: Alfredo Ferreira e José Fernandes

ACADÉMICA: Vítor Nóvoa, Mota, Simões, Marcelino, Dimas (Rubens Feijão 57'), Rocha, Mito (Pedro Moiteiro 64'), Daniel, Tomás «cap», Stephen e Reinaldo
Treinador: António Oliveira

Caldas SC: Luís Vasco, Walter, Rui Dias, Wilson, Nucha, Silvino, Grilo «cap» (Vala 62'), Rui Carlos, Jeremias (Vítor Sousa 68'), Nicolau e Paulo Simões
Treinador: Jaime Graça

UD Leiria – 1 ACADÉMICA – 2

2ª DIVISÃO, ZONA CENTRO, 6ª JORNADA, 23-10-1988 (DOM, 15:00)
Estádio Dr. Magalhães Pessoa, Leiria **Árbitro:** Ezequiel Feijão (Setúbal) **Auxiliares:** Hélio Pereira e Neto Afonso **Golos:** 0-1 (Rubens Feijão 2'); 1-1 (Wassan 48', gp); 1-2 (Faria 79', pb)

UD Leiria: Ferreira, Leonel, Faria «cap», Paulo Duarte, Marco, Adelino (Nuno Joaquim 67'), Sá, Wassan, Artur, Cicinho (Afonso Alves 75') e Maciel
Treinador: Eliseu Ramalho

ACADÉMICA: Vítor Nóvoa, Mota, Rolão (Rolão 26'), Simões, Marcelino, Dimas, Daniel, Mito, Tomás «cap», Stephen, Reinaldo e Rubens Feijão (Eldon 75')
Treinador: António Oliveira

ACADÉMICA – 2 CF "Os Marialvas" – 0

2ª DIVISÃO, ZONA CENTRO, 7ª JORNADA, 29-10-1988 (SAB, 15:00)
Estádio Municipal de Coimbra, Coimbra **Árbitro:** Veiga Trigo (Beja) **Auxiliares:** João Crujo e Manuel Burrica
Golos: 1-0 (Rubens Feijão 21'); 2-0 (Reinaldo 32')

ACADÉMICA: Vítor Nóvoa, Simões, Mota, Marcelino, Dimas, Tomás «cap» (Rolão 63'), Mito «sc», Daniel, Rubens Feijão (Marito 57'), Stephen e Reinaldo
Treinador: António Oliveira

CF "Os Marialvas": João Paulo, Ben-Hur, Simões «cap», Teixeira, Canário (Ruca 67'), Bravo (Lopes 35'), Fanfali, Bruno, Ventura (AA 88'), Dario e Neto
Treinador: Artur Ferreira

SC Vianense – 0 ACADÉMICA – 1

TAÇA DE PORTUGAL, 1/64 DE FINAL, 1-11-1988 (TER, 15:00)
Estádio Dr. José de Matos, Viana do Castelo **Árbitro:** Alexandre Gonçalves (Porto) **Auxiliares:** Belarmino Aleixo e Lopes Cardoso
Golo: 0-1 (Rubens Feijão 35')

SC Vianense: Rui Silva, Pica, Albano, Pedro «cap», Messias, Silva, Cunha, Elias, Zaíca (Pelé 70'), António Alberto e Paulo Fernandes (Álvaro 70')
Treinador: José Domingos

ACADÉMICA: Vítor Nóvoa, Mota, Simões, Marcelino, Dimas, Daniel, Mito «sc», Tomás «cap» (Marito 78'), Rubens Feijão (Rocha 86'), Stephen e Reinaldo
Treinador: António Oliveira

CD Luso – 2 ACADÉMICA – 2

2ª DIVISÃO, ZONA CENTRO, 8ª JORNADA, 6-11-1988 (DOM, 15:00)
Campo Jorge Manuel, Luso **Árbitro:** José Guedes (Porto) **Auxiliares:** Agostinho Moura e Carvalho Araújo
Golos: 1-0 (Luís Pereira 17'); 1-1 (Rubens Feijão 39'); 1-2 (Reinaldo 41'); 2-2 (Alcino 61', gp)

CD Luso: Rafael, Toca, Alcino «cap», Nelo, Durães (Ramos 45'), Luís Pereira, Ângelo, Ibáñez, Larsen, Alexandre (Gualter 45') e Bala
Treinador: Gregório Freixo

ACADÉMICA: Vítor Nóvoa, Mota (Marito 67'), Dimas, Simões, Marcelino, Daniel, Mito, Rubens Feijão (Eldon 62'), Reinaldo, Tomás «cap» e Stephen
Treinador: António Oliveira

ACADÉMICA – 2 RD Águeda – 2

2ª DIVISÃO, ZONA CENTRO, 9ª JORNADA, 13-11-1988 (DOM, 15:00)
Estádio Municipal de Coimbra, Coimbra **Árbitro:** Pinto Correia (Lisboa) **Auxiliares:** Hélio Santos e Moisés Ferreira
Golos: 1-0 (Rubens Feijão 5'); 1-1 (Queta 10'); 2-1 (Rubens Feijão 15', gp); 2-2 (Jorge Marques 55')

ACADÉMICA: Vítor Nóvoa, Mota, Tomás «cap», Marcelino, Dimas, Mito, Marito, Daniel (Barry 31'), Stephen, Rubens Feijão (Eldon 66') e Reinaldo
Treinador: António Oliveira

RD Águeda: Pais, Arsénio, Amadeu «cap», Petana, Manarte, Guimarães, Carlos Miguel (Vítor Manuel 69'), Queta, Formiga, Jorge Marques e Reginaldo (Flávio 77')
Treinador: José Carlos

SC Covilhã – 2 ACADÉMICA – 1

2ª DIVISÃO, ZONA CENTRO, 10ª JORNADA, 19-11-1988 (SAB, 15:00)
Estádio José dos Santos Pinto, Covilhã **Árbitro:** Fernando Costa (Lisboa) **Auxiliares:** António Santos e Carlos Basílio
Golos: 1-0 (Mesquita 30'); 1-1 (Mito 43'); 2-1 (Cesário 45')

SC Covilhã: Ricardo, Mesquita, Cesário, Licínio «cap», Sérgio, Joanito, Leandro (João Reina 81'), Xana, Biri, Magalão (Manuelzinho 89') e Mirinho
Treinador: Albertino

ACADÉMICA: Vítor Nóvoa, Mota (Zé Paulo 75'), Marcelino, Dimas, Tomás «cap», Marito (Eldon 45'), Rolão, Barry, Mito, Rubens Feijão e Reinaldo
Treinador: Crispim

ACADÉMICA – 1 SCE Portalegre – 1

2ª DIVISÃO, ZONA CENTRO, 11ª JORNADA, 26-11-1988 (SAB, 15:00)
Estádio Municipal de Coimbra, Coimbra **Árbitro:** Aníbal Pereira (Porto) **Auxiliares:** Eduardo Sequeira e Manuel Fortes
Golos: 0-1 (Rocha 23', pb); 1-1 (Marcelino 65')

ACADÉMICA: Valente, Mota, Rocha (Eldon 41'), Marcelino, Dimas, Rolão (Marito 45'), Barry, Mito «cap», Rubens Feijão, Marcelo e Reinaldo
Treinador: Crispim

SCE Portalegre: José Pedro, José Carlos, Cid, José António, Artur (Pedro Álvaro 34'), Betinho «cap» (Pedro Álvaro 67'), Manaca, Elói, Ermilson, Toni e Nuno
Treinador: José Figueiredo

CD Feirense – 0 ACADÉMICA – 0

2ª DIVISÃO, ZONA CENTRO, 12ª JORNADA, 3-12-1988 (SAB, 15:00)
Estádio Marcolino de Castro, Santa Maria da Feira
Árbitro: Vítor Correia (Lisboa)
Auxiliares: Carlos de Matos e Carlos Correia

CD Feirense: Rufino, Licínio, Quim Zé, Miguel, Pinto (José Augusto 71'), Rendeiro, Manuel António, Artur «cap», Couto (Pedro Martins 78'), Ribeiro e Quitó
Treinador: Henrique Nunes

ACADÉMICA: Valente, Mito, Mota, Marcelino, Dimas, Daniel, Barry, Tomás «cap», Marito, Rubens Feijão (Reinaldo 88') e Rolão
Treinador: Crispim

ACADÉMICA – 2 CD Lousanense – 0

2ª DIVISÃO, ZONA CENTRO, 13ª JORNADA, 11-12-1988 (DOM, 15:00)
Estádio Municipal de Coimbra, Coimbra **Árbitro:** Xavier de Oliveira (Porto) **Auxiliares:** Adriano Rodrigues e Teixeira da Silva
Golos: 1-0 (Rubens Feijão 25'); 2-0 (Eldon 68')

ACADÉMICA: Valente, Mito, Mota, Marcelino, Dimas, Marito, Tomás «cap», Rolão (Barry 45'), Rubens Feijão, Eldon e Reinaldo (Stephen 80')
Treinador: Henrique Calisto

CD Lousanense: Massas, Aniceto, Zé Armando «cap», Barbosa, Luís Martins, Carlos Costa, Vítor Sá, Armando (Babá 60'), Pedro Santos, Gadelha (Peixinho 64') e Alex
Treinador: Niza

GD Peniche – 0 ACADÉMICA – 0

2ª DIVISÃO, ZONA CENTRO, 14ª JORNADA, 18-12-1988 (DOM, 15:00)
Campo do Baluarte, Peniche
Árbitro: Fernando Alberto (Porto)
Auxiliares: Pedro Alves e Luís Aguiar

GD Peniche: Titó, Tuna, Paulino «cap», Miguel Ângelo, Paulo Bombas, Ilídio, Ricardo Jesus, Calhau, Luís Filipe (Cabral 74'), Lubeta e João Silva (Kaloga 83')
Treinador: Mário Lino

ACADÉMICA: Valente, Mota, Dimas, Tomás «cap», Marcelino, Barry (Rocha 71'), Daniel, Mito, Eldon (Rubens Feijão 79'), Marito e Reinaldo
Treinador: Henrique Calisto

CF "Os Marialvas" – 0 ACADÉMICA – 1

TAÇA DE PORTUGAL, 1/32 DE FINAL, 21-12-1988 (QUA, 15:00)
Estádio Municipal de Cantanhede, Cantanhede **Árbitro:** Miranda de Sousa (Porto) **Auxiliares:** Alfredo Manuel e José Ferreira
Golo: 0-1 (Eldon 74')

CF "Os Marialvas": José Manuel, Simões «cap», Ben-Hur, Teixeira, Canário, Ventura (Escurinho 80'), Fanfali, Bruno, Serginho, Neto (Dario 74') e Lopes
Treinador: Artur Ferreira

ACADÉMICA: Valente, Mota, Dimas, Simões, Marcelino, Tomás «cap», Mito, Rubens Feijão (Jorge Costa 76'), Eldon (Daniel 88'), Marito e Reinaldo
Treinador: Henrique Calisto

ACADÉMICA – 2 AC Marinhense – 0

2ª DIVISÃO, ZONA CENTRO, 15ª JORNADA, 31-12-1988 (SAB, 15:00)
Estádio Municipal de Coimbra, Coimbra **Árbitro:** Adão Mendes (Braga) **Auxiliares:** Alfredo Ferreira e José Fernandes
Golos: 1-0 (Rubens Feijão 20', gp); 2-0 (Eldon 49')

ACADÉMICA: Valente, Mota, Simões, Marcelino, Dimas (Stephen 45'), Marito, Mito, Rubens Feijão, Tomás «cap», Reinaldo (Barry 63') e Eldon
Treinador: Henrique Calisto

AC Marinhense: Guedes, Neves, Penetra, Osmar, Fonseca, Ramos (Rousseau 50'), Batalha, Ricardo «cap», Gemada, Spencer (Wagner 72') e Valdemar (V 20')
Treinador: Fernando Pinto

GD Mangualde – 0 ACADÉMICA – 2

2ª DIVISÃO, ZONA CENTRO, 16ª JORNADA, 7-1-1989 (SAB, 15:00)
Campo Conde de Anadia, Mangualde **Árbitro:** Mário Leal (Leiria)
Auxiliares: António Sequeira e Carlos Piedade
Golos: 0-1 (Eldon 60'); 0-2 (Jones 78')

GD Mangualde: João Paulo, Silvério, Humberto, Armindo, Vassalo, Artur (Jorge Vieira 73'), Aldeias, Guilherme «cap», Melo (Araújo 61'), Sambaro e Hermínio
Treinador: Vieira Nunes

ACADÉMICA: Valente, Mota, Simões, Marcelino, Dimas, Barry (Jones 45'), Rolão, Tomás «cap», Mito, Eldon e Marito (Jorge Costa 76')
Treinador: Henrique Calisto

ACADÉMICA – 0 FC Porto – 1

TAÇA DE PORTUGAL, 1/16 DE FINAL, 10-1-1989 (TER, 21:00)
Estádio Municipal de Coimbra, Coimbra **Árbitro:** Ezequiel Feijão (Setúbal) **Auxiliares:** Hélio Pereira e Neto Afonso
Golo: 0-1 (Rui Águas 24')

ACADÉMICA: Valente, Mota, Simões, Marcelino, Jorge Costa, Marito, Rolão (Rubens Feijão 55'), Tomás «cap», Mito, Barry e Eldon (Jones 12')
Treinador: Henrique Calisto

FC Porto: Zé Beto, João Pinto «cap», Paulo Pereira, Dito, Branco, Bandeirinha, Sousa (Vermelhinho 74'), André, Semedo, Madjer e Rui Águas (Domingos 88')
Treinador: Artur Jorge

ACADÉMICA – 4 GD Mealhada – 1

2ª DIVISÃO, ZONA CENTRO, 17ª JORNADA, 15-1-1989 (DOM, 15:00)
Estádio Municipal de Coimbra, Coimbra **Árbitro:** João Simãozinho (Leiria) **Auxiliares:** Orlando Valério e Soeiro da Silva
Golos: 1-0 (Jones 11'); 2-0 (Mito 13'); 3-0 (Jones 19', gp); 4-0 (Rubens Feijão 39'); 4-1 (Gil 55')

ACADÉMICA: Valente, Mota, Marcelino, Simões, Dimas, Mito (Rubens Feijão 25'), Tomás «cap», Barry, Rolão 66'), Marito, Jones e Reinaldo
Treinador: Henrique Calisto

GD Mealhada: Mendes, Geitoeira, Pá, Vicente, Arinto, Chico, Falcãozinho, José Pedro (Rebelo 70'), Mamede «cap», Carrana (Miguel 42') e Gil
Treinador: Francisco Andrade

Oliveira do Bairro SC – 0 ACADÉMICA – 2

2ª DIVISÃO, ZONA CENTRO, 18ª JORNADA, 22-1-1989 (DOM, 15:00)
Campo de São Sebastião, Oliveira do Bairro **Árbitro:** Manuel Nogueira (Porto) **Auxiliares:** José Ribeiro e Neves da Silva
Golos: 0-1 (Jones 24'); 0-2 (Eldon 49')

Oliveira do Bairro SC: Tó Luís, Amorim «cap», Sérgio, José Augusto, Tozé, Cardoso (Amílcar 57'), Afonso, José António (Pinto 67'), Armando, Bé e Dani
Treinador: Sarrô

ACADÉMICA: Valente, Mota, Dimas, Simões (Rubens Feijão 80'), Marcelino, Tomás «cap», Barry (Coelho 57'), Jones, Eldon, Marito e Jorge Costa
Treinador: Henrique Calisto

ACADÉMICA – 3 GD Portalegrense – 0

2ª DIVISÃO, ZONA CENTRO, 19ª JORNADA, 29-1-1989 (DOM, 15:00)
Estádio Municipal de Coimbra, Coimbra **Árbitro:** Carlos Carvalho (Porto) **Auxiliares:** Pinto Carneiro e Mário Rui
Golos: 1-0 (Nozes 12', pb); 2-0 (Eldon 22'); 3-0 (Rubens Feijão 50')

ACADÉMICA: Valente, Mota, Simões, Marcelino, Dimas, Marito, Tomás «cap», Jorge Costa (Rubens Feijão 45'), Reinaldo (Coelho 63'), Eldon e Jones
Treinador: Henrique Calisto

GD Portalegrense: Matela, Carlinhos, Alberto, Nozes «cap», Boavida (Costa 62'), Dorinho, Aventino, Nando, Curinha (Paulo 68'), Rui e José Fernando
Treinador: João Cardoso

CFU Lamas – 2 ACADÉMICA – 0

2ª DIVISÃO, ZONA CENTRO, 20ª JORNADA, 4-2-1989 (SAB, 15:00)
Estádio Com. Henrique de Amorim, Santa Maria de Lamas **Árbitro:** Fortunato Azevedo (Braga) **Auxiliares:** Leite Silva e Valdemar Lopes **Golos:** 1-0 (Paulo Silva 7'); 2-0 (Vivas 38')

CFU Lamas: Castro, Simões, Vivas, Cruz, Paulinho (Redol 86'), Cardoso «cap», Paulo Silva, Du, Nogueira, Grilo (AA 57') e Lino (José Manuel 78')
Treinador: João Ricardo

ACADÉMICA: Valente, Mota, Dimas, Simões, Marcelino, Tomás «cap», Mito, Rubens Feijão (Reinaldo 45'), Eldon, Marito e Barry (Jones 45')
Treinador: Henrique Calisto

ACADÉMICA – 5 CD Estarreja – 0

2ª DIVISÃO, ZONA CENTRO, 21ª JORNADA, 7-2-1989 (TER, 15:00)
Estádio Municipal de Coimbra, Coimbra **Árbitro:** Evaristo Faustino (Leiria) **Auxiliares:** José Fernandes e Licínio Santos
Golos: 1-0 (Eldon 24'); 2-0 (Eldon 42'); 3-0 (Eldon 47'); 4-0 (Reinaldo 62'); 5-0 (Marcelino 82')

ACADÉMICA: Valente, Rolão, Simões, Marcelino, Dimas, Marito, Tomás «cap», Mito, Reinaldo, Jones e Eldon
Treinador: Henrique Calisto

CD Estarreja: Castro, Bernardo (Lobão 45'), Barbosa, António Joaquim, Vítor (Luciano 50'), Gonçalo, Coelho, Cabral, João Luís, Fernando «cap» e Zequinha
Treinador: Américo Patrício

Caldas SC – 0 ACADÉMICA – 1

2ª DIVISÃO, ZONA CENTRO, 22ª JORNADA, 19-2-1989 (DOM, 15:00)
Campo da Mata, Caldas da Rainha **Árbitro:** José Pratas (Évora)
Auxiliares: António Matos e Lopes da Silva
Golo: 0-1 (Eldon 47')

Caldas SC: Luís Vasco, Walter, Rui Dias «cap», Graciano, Nucha, Silvino (Fredy 63'), Wilson (Bernardino 60'), Rui Carlos, Nicolau, Jeremias e Paulo Simões
Treinador: Jaime Graça

ACADÉMICA: Valente, Mota, Dimas, Jorge Costa, Marcelino, Tomás «cap», Coelho (Daniel 45'), Mito, Eldon, Marito e Reinaldo (Pedro Moiteiro 86')
Treinador: Henrique Calisto

ACADÉMICA – 2 UD Leiria – 1

2ª DIVISÃO, ZONA CENTRO, 23ª JORNADA, 26-2-1989 (DOM, 15:00)
Estádio Municipal de Coimbra, Coimbra **Árbitro:** António Marçal (Lisboa) **Auxiliares:** Alfredo Alexandre e Francisco Goulão
Golos: 1-0 (Reinaldo 16'); 1-1 (Cicinho 35'); 2-1 (Mito 62')

ACADÉMICA: Valente, Mota, Simões, Marcelino, Dimas, Marito, Tomás «cap» (Jorge Costa 65'), Mito «sc», Reinaldo (Coelho 45'), Jones e Eldon
Treinador: Henrique Calisto

UD Leiria: Ferreira, Borges, Paulo Duarte, Afonso Alves, Costa, Faria «cap», Sá (Hernâni 67'), Wassan (AA 68'), Cicinho, Artur e Maciel
Treinador: José Dinis

CF "Os Marialvas" – 1 ACADÉMICA – 0

2ª DIVISÃO, ZONA CENTRO, 24ª JORNADA, 4-3-1989 (SAB, 15:00)
Estádio Municipal de Cantanhede, Cantanhede **Árbitro:** Vítor Correia (Lisboa) **Auxiliares:** Carlos de Matos e Tavares da Silva
Golo: 1-0 (Serginho 76')

CF "Os Marialvas": José Manuel, Simões «cap», Ben-Hur, Teixeira, Zedilson (Bravo 77'), Fanfali (Neto 75'), Ventura, Bruno, Dario, Serginho e Lopes
Treinador: Artur Ferreira

ACADÉMICA: Valente, Mota, Simões, Marcelino, Dimas, Marito, Mito «sc», Eldon (Jones 56'), Tomás «cap» (Rolão 61'), Rubens Feijão e Stephen
Treinador: Henrique Calisto

ACADÉMICA – 3 CD Luso – 2

2ª DIVISÃO, ZONA CENTRO, 25ª JORNADA, 11-3-1989 (SAB, 15:00)
Estádio Municipal de Coimbra, Coimbra **Árbitro:** Castela Parreira (Leiria) **Auxiliares:** António Pinto e Fernando Vilela
Golos: 0-1 (Ibáñez 4'); 1-1 (Rubens Feijão 44'); 2-1 (Mito 54'); 2-2 (Larsen 76'); 3-2 (Rubens Feijão 90')

ACADÉMICA: Valente, Rolão (Marcelo 79'), Dimas, Porfírio, Marcelino, Jorge Costa (Jones 32'), Mito «cap», Rubens Feijão, Eldon, Marito e Reinaldo
Treinador: Henrique Calisto

CD Luso: Hassan, Várzeas, Alcino «cap», Nelo, Durães, Toca, Alexandre, Gualter, Luís Pereira (Paulo Costa 55'), Ângelo (Larsen 66') e Ibáñez
Treinador: Gregório Freixo

RD Águeda – 1 ACADÉMICA – 1

2ª DIVISÃO, ZONA CENTRO, 26ª JORNADA, 19-3-1989 (DOM, 15:00)
Estádio Municipal de Águeda, Águeda **Árbitro:** Pinto Correia (Lisboa) **Auxiliares:** António Silva e Moisés Ferreira
Golos: 1-0 (Rocha 71'); 1-1 (Jones 84')

RD Águeda: Zé Nuno, Arsénio, Vítor Manuel, Amadeu, Manarte (Rocha 67'), Reginaldo (Petana 80'), Guimarães, Queta, Zequinha, Jorge Marques e Formiga «cap» **Treinador:** Sá Pereira

ACADÉMICA: Valente, Mota, Dimas, Porfírio (Eldon 76'), Marcelino, Tomás «cap», Mito (Coelho 55'), Rubens Feijão, Jones, Marito e Reinaldo
Treinador: Henrique Calisto

ACADÉMICA – 2 SC Covilhã – 1

2ª DIVISÃO, ZONA CENTRO, 27ª JORNADA, 24-3-1989 (SEX, 15:00)
Estádio Municipal de Coimbra, Coimbra **Árbitro:** Mário Leal (Leiria) **Auxiliares:** António Sequeira e Carlos Piedade
Golos: 1-0 (Rubens Feijão 7'); 2-0 (Mito 20'); 2-1 (Manuelzinho 73')

ACADÉMICA: Vítor Nóvoa, Mota, Marcelino, Mito, Dimas, Marito, Rubens Feijão, Tomás «cap», Barry (Coelho 45'), Jones e Reinaldo (Eldon 66')
Treinador: Henrique Calisto

SC Covilhã: Tozé, Marinho, Joanito, Licínio «cap», Mesquita (Serra Vicente 73'), Leandro, Xana (AA 90'), Silva (Fabião 66'), Manuelzinho, Biri e Magalão
Treinador: João Salcedas

SCE Portalegre – 1 ACADÉMICA – 2

2ª DIVISÃO, ZONA CENTRO, 28ª JORNADA, 2-4-1989 (DOM, 16:00)
Estádio Municipal de Portalegre, Portalegre **Árbitro:** Sepa Santos (Lisboa) **Auxiliares:** Ildefonso Gomes e Carlos Pires
Golos: 1-0 (Pana 44'); 1-1 (Rubens Feijão 46'); 1-2 (Reinaldo 62')

SCE Portalegre: José Pedro, Elói, José Carlos, Betinho «cap», Artur, Araújo, Nuno (Pedro Álvaro 57'), Manaca, Siúna, Pana (AA 65') e Inácio Brito (Fonseca 68')
Treinador: Jorge Almeida

ACADÉMICA: Vítor Nóvoa, Mota, Dimas, Mito, Marcelino, Tomás «cap», Coelho, Rubens Feijão, Jones (Barry 72'), Marito e Reinaldo (Eldon 77')
Treinador: Henrique Calisto

ACADÉMICA – 1 CD Feirense – 0

2ª DIVISÃO, ZONA CENTRO, 29ª JORNADA, 9-4-1989 (DOM, 16:00)
Estádio Municipal de Coimbra, Coimbra **Árbitro:** Alder Dante (Santarém) **Auxiliares:** Matias Bento e Fernando Vacas
Golo: 1-0 (Marcelino 85')

ACADÉMICA: Vítor Nóvoa, Mito, Mota (Eldon 62'), Tomás «cap», Marcelino, Jorge Costa (Coelho 45'), Marito, Rubens Feijão, Dimas, Reinaldo e Jones
Treinador: Henrique Calisto

CD Feirense: Rufino, Licínio, Miguel, Quim Zé, Pinto, José Augusto «cap» (AA 59'), Artur, Couto, Rendeiro, Quitó (Pina 45') e Ribeiro (Pedro Martins 61')
Treinador: Henrique Nunes

CD Lousanense – 0 ACADÉMICA – 4

2ª DIVISÃO, ZONA CENTRO, 30ª JORNADA, 16-4-1989 (DOM, 16:00)
Campo Dr. José Pinto de Aguiar, Lousã **Árbitro:** Miranda de Sousa (Porto) **Auxiliares:** Alfredo Manuel e José Ferreira
Golos: 0-1 (Eldon 45'); 0-2 (Rubens Feijão 49'); 0-3 (Pedro Moiteiro 64'); 0-4 (Dimas 68')

CD Lousanense: Massas, Armando, Zé Armando «cap» (Tuca 53'), Barbosa, Luís Martins, Vítor Sá, Pedro Santos, Carlos Costa, Peixinho, Gadelha (Alex 53') e Babá
Treinador: Niza

ACADÉMICA: Vítor Nóvoa, Mota, Dimas, Jorge Costa, Marcelino, Tomás «cap», Mito, Rubens Feijão (Pedro Moiteiro 53'), Eldon, Marito e Jones (Marcelo 75')
Treinador: Henrique Calisto

ACADÉMICA – 8 GD Peniche – 1

2ª DIVISÃO, ZONA CENTRO, 31ª JORNADA, 30-4-1989 (DOM, 16:00)
Estádio Municipal de Coimbra, Coimbra **Árbitro:** Xavier de Oliveira (Porto) **Auxiliares:** Adriano Rodrigues e Teixeira da Silva
Golos: 1-0 (Rubens Feijão 11'); 2-0 (Rubens Feijão 51'); 3-0 (Rubens Feijão 57'); 4-0 (Eldon 61'); 5-0 (Marcelino 62'); 6-0 (Rubens Feijão 70'); 7-0 (Mito 76'); 7-1 (Mofondo 81'); 8-1 (Reinaldo 84')

ACADÉMICA: Vítor Nóvoa, Mota, Marcelino, Mito, Dimas, Marito (Reinaldo 45'), Tomás «cap», Jones (Coelho 70'), Jorge Costa, Rubens Feijão e Eldon **Treinador:** Henrique Calisto

GD Peniche: Titó, Tuna, Miguel Ângelo, Paulo Bombas, Paulino «cap», Ilídio, Luís Filipe, Ricardo Jesus (Mofondo 45'), Calhau, Tatão e Lupeta (Trindade 64')
Treinador: Mário Lino

AC Marinhense – 0 ACADÉMICA – 3

2ª DIVISÃO, ZONA CENTRO, 32ª JORNADA, 7-5-1989 (DOM, 16:00)
Campo da Portela, Marinha Grande **Árbitro:** Carlos Valente (Setúbal) **Auxiliares:** Luís Salgado e Jorge Garcia
Golos: 0-1 (Reinaldo 3'); 0-2 (Reinaldo 60'); 0-3 (Jones 84', gp)

AC Marinhense: Guedes, Penetra, Neves, Osmar, Sousa (Nuno 65'), Ricardo «cap», Valdemar, Rui Pedro (Rui Dias 65'), Batalha, Gemada e Wagner
Treinador: José João

ACADÉMICA: Vítor Nóvoa «cap», Mota, Marcelino, Mito, Jorge Costa, Daniel, Reinaldo, Rubens Feijão (Coelho 70'), Jones, Dimas e Eldon (Marcelo 74')
Treinador: Henrique Calisto

ACADÉMICA – 3 GD Mangualde – 0

2ª DIVISÃO, ZONA CENTRO, 33ª JORNADA, 14-5-1989 (DOM, 16:00)
Estádio Municipal de Coimbra, Coimbra **Árbitro:** Jorge Coroado (Lisboa) **Auxiliares:** António de Sousa e João Gil **Golos:** 1-0 (Rubens Feijão 20'); 2-0 (Reinaldo 45'); 3-0 (Rubens Feijão 56', gp)

ACADÉMICA: Vítor Nóvoa «cap», Mota, Mito, Marcelino, Dimas, Reinaldo, Daniel, Jorge Costa, Jones (Jorge 66'), Rubens Feijão e Eldon (Marcelo 76')
Treinador: Henrique Calisto

GD Mangualde: Nery, Silvério, Lopes, Armindo, Vassalo, Artur, Guilherme «cap», Aldeias, Matos (Vieira 45'), Araújo (Sambaro 62') e Hermínio
Treinador: Vieira Nunes

GD Mealhada – 2 ACADÉMICA – 2

2ª DIVISÃO, ZONA CENTRO, 34ª JORNADA, 21-5-1989 (DOM, 16:00)
Campo Dr. Américo Couto, Mealhada **Árbitro:** António Marçal (Lisboa) **Auxiliares:** Alfredo Alexandre e Francisco Goulão
Golos: 1-0 (Falcãozinho 13'); 1-1 (Jones 36'); 1-2 (Marcelo 70'); 2-2 (Carrana 84')

GD Mealhada: Mendes, Geitoeira, Pá, Vicente, Cuca, Falcãozinho, Mamede «cap», Chico (Abrantes 37'), José Pedro (V 76'), Matias (Miguel 73') e Carrana
Treinador: Francisco Andrade

ACADÉMICA: Vítor Nóvoa «cap», Mota (Marcelo 24'), Marcelino, Mito, Dimas, Daniel (V 76'), Coelho, Jorge Costa, Jones (Jorge 73'), Reinaldo e Eldon
Treinador: Henrique Calisto

ÉPOCA 1989-1990

2ª DIVISÃO, ZONA CENTRO: 4º LUGAR (MANUTENÇÃO)
TAÇA DE PORTUGAL: 1/128 DE FINAL

JOGOS EFECTUADOS

	J	V	E	D	GM	GS
CASA	17	14	1	2	38	10
FORA	18	5	4	9	17	26
TOTAL	35	19	5	11	55	36

CF "Os Marialvas" – 1 ACADÉMICA – 1

2ª DIVISÃO, ZONA CENTRO, 1ª JORNADA, 10-9-1989 (DOM, 17:00)
Estádio José Bento Pessoa, Figueira da Foz
Árbitro: Jorge Coroado (Lisboa)
Auxiliares: António de Sousa e João Gil
Golos: 1-0 (Serginho 7'); 1-1 (Dimas 49')

CF "Os Marialvas": Paulo Brás, Simões «cap», Bravo, Pereira, Nini, Brazete, Ventura, Luz, Lopes, Manique e Serginho (Sena 87')
Treinador: José Marconi

ACADÉMICA: Vítor Nóvoa, Mota (Jorge Costa 13'), Mito, Paquete, Dimas, Fernando Couto, Tomás «cap», Jones (Meireles 73'), Jorge, Eldon e Reinaldo
Treinador: Henrique Calisto

CD Luso – 2 ACADÉMICA – 0

TAÇA DE PORTUGAL, 1/128 DE FINAL, 17-9-1989 (DOM, 17:00)
Campo Jorge Manuel, Luso **Árbitro:** Miranda de Sousa (Porto)
Auxiliares: Alfredo Manuel e Cerejo Moutinho
Golos: 1-0 (Alimo 17'); 2-0 (Bé 37')

CD Luso: Meireles, Várzeas «cap» (Melícias 90'), Sérgio, Paganini, Durães, João Paulo Gomes, Bé (Ibáñez 77'), Paulo Moço, Paulo Barra (AA 85'), Alimo e Ali Queta
Treinador: Henrique Tomás

ACADÉMICA: Vítor Nóvoa, Abel Silva, Paquete (Meireles 45'), Fernando Couto, Dimas, Tomás «cap», Mito, Jones, Jorge (Real 39'), Reinaldo e Eldon
Treinador: Henrique Calisto

ACADÉMICA – 4 GD Mangualde – 0

2ª DIVISÃO, ZONA CENTRO, 2ª JORNADA, 24-9-1989 (DOM, 15:00)
Estádio Municipal de Coimbra, Coimbra **Árbitro:** João Mesquita (Porto) **Auxiliares:** Casimiro Martins e José Magalhães
Golos: 1-0 (Toninho Cruz 1'); 2-0 (Reinaldo 33'); 3-0 (Toninho Cruz 35'); 4-0 (Reinaldo 57')

ACADÉMICA: Vítor Nóvoa, Mito, Abel Silva, Fernando Couto (Jones 62'), Dimas, Tomás «cap», Jorge Costa, Coelho (Jorge 62'), Toninho Cruz, Marinov e Reinaldo
Treinador: Henrique Calisto

GD Mangualde: Nery, Silvério, Armindo «cap», Rui Costa, Chiquinho (Lopes 44'), Jó, Gaio, Farinha, Braga, Saura e Rui Barbosa
Treinador: Fernando Reis

1989-1990

SC Espinho – 2 ACADÉMICA – 0

2ª DIVISÃO, ZONA CENTRO, 3ª JORNADA, 15-10-1989 (DOM, 15:00)
Estádio Com. Manuel de Oliveira Violas, Espinho **Árbitro:** Vítor Correia (Lisboa) **Auxiliares:** Carlos de Matos e Fernando Castro
Golos: 1-0 (Ivan 21'); 2-0 (N'Kongolo 77')

SC Espinho: Matos, Eliseu «cap», Sousa, N'Kongolo, Nito, Nelo (Zezé Gomes 62'), Aziz (Rui Neves 70'), Rui Filipe, Marcos António, Ivan e Ado
Treinador: Amândio Barreiras

ACADÉMICA: Vítor Nóvoa, Abel Silva, Paquete, Fernando Couto, Dimas (Rubens Feijão 45'), Toninho Cruz, Coelho (Meireles 40'), Rocha, Mito «cap», Jones e Real
Treinador: Henrique Calisto

ACADÉMICA – 5 SC Covilhã – 2

2ª DIVISÃO, ZONA CENTRO, 4ª JORNADA, 22-10-1989 (DOM, 15:00)
Estádio Municipal de Coimbra, Coimbra **Árbitro:** Adão Mendes (Braga) **Auxiliares:** Alfredo Ferreira e José Fernandes
Golos: 1-0 (Jones 16'); 2-0 (Eldon 20'); 2-1 (Perrichon 22'); 3-1 (Mito 30'); 4-1 (Eldon 57'); 5-1 (Eldon 73'); 5-2 (Sessay 85')

ACADÉMICA: Vítor Nóvoa, Fernando Couto, Abel Silva, Paquete, Dimas, Real, Toninho Cruz (Rocha 67'), Mito «cap», Jorge, Eldon e Jones (Marinov 77')
Treinador: Henrique Calisto

SC Covilhã: Mendes «cap», Vítor Ova, Marinho, Virgílio (N'Kama 45'), José Alhinho, Quim Brito, Perrichon, Sessay, Álvaro, Kerimov e Jaime Graça
Treinador: Mourinho Félix

SC Salgueiros – 4 ACADÉMICA – 0

2ª DIVISÃO, ZONA CENTRO, 5ª JORNADA, 29-10-1989 (DOM, 15:00)
Campo Eng. Vidal Pinheiro, Porto **Árbitro:** Carlos Valente (Setúbal) **Auxiliares:** Carlos Cortiço e Jorge Garcia **Golos:** 1-0 (Tozé 7'); 2-0 (Tozé 32'); 3-0 (Tozé 44'); 4-0 (Álvaro Soares 59')

SC Salgueiros: Madureira, Carlos Brito, Dragan, Pedro, Mário, Álvaro Maciel, Rui França «cap», Soares, Nikolic, Álvaro Soares (Constantino 66') e Tozé (Miguel 71')
Treinador: Zoran Filipovic

ACADÉMICA: Vítor Nóvoa, Fernando Couto, Abel Silva, Paquete, Tomás «cap» (Rocha 68'), Real (Marinov 20'), Toninho Cruz, Mito «sc», Dimas, Jones (AA 41') e Eldon
Treinador: Henrique Calisto

ACADÉMICA – 3 Caldas SC – 1

2ª DIVISÃO, ZONA CENTRO, 6ª JORNADA, 5-11-1989 (DOM, 15:00)
Estádio Municipal de Coimbra, Coimbra **Árbitro:** Henrique Santos (Santarém) **Auxiliares:** Silva Nunes e Vítor Custódio **Golos:** 1-0 (Eldon 21'); 2-0 (Dimas 43'); 3-0 (Eldon 71'); 3-1 (Rui Carlos 74')

ACADÉMICA: Vítor Nóvoa, Mota, Dimas, Jorge Costa, Tomás «cap», Toninho Cruz, Meireles, Mito, Eldon (Abel Silva 81'), Jones (Marinov 45') e Reinaldo
Treinador: Henrique Calisto

Caldas SC: Jorge, Walter, Graciano, Beto, Vala «cap», Wilson (Silvino 85'), Oliveira, Marroco, Jeremias (João Paulo 45'), Rui Carlos e Paulo Simões
Treinador: Jaime Graça

UR Mirense – 1 ACADÉMICA – 2

2ª DIVISÃO, ZONA CENTRO, 7ª JORNADA, 19-11-1989 (DOM, 15:00)
Estádio UR Mirense, Mira de Aire **Árbitro:** José Silvano (Vila Real) **Auxiliares:** António Guedes e Sebastião Campos **Golos:** 0-1 (Eldon 56'); 1-1 (Sérgio Lavos 60'); 1-2 (Fernando Couto 83')

UR Mirense: Rui Valentim, Kikas, Rebelo (Magalhães 45'), Penetra, Serginho, Sérgio Lavos, Xavier, Cabumba «cap», Álvaro Pedro, Toni (Cabé 80') e Casquilha
Treinador: Vítor Manuel Gomes

ACADÉMICA: Vítor Nóvoa, Mota, Tomás «cap», Dimas, Jorge Costa, Toninho Cruz (Marinov 70'), Rocha, Rubens Feijão (Fernando Couto 18'), Eldon, Mito e Reinaldo
Treinador: Henrique Calisto

ACADÉMICA – 1 RD Águeda – 1

2ª DIVISÃO, ZONA CENTRO, 8ª JORNADA, 26-11-1989 (DOM, 15:00)
Estádio Municipal de Coimbra, Coimbra **Árbitro:** António Marçal (Lisboa) **Auxiliares:** Alfredo Alexandre e Francisco Goulão
Golos: 1-0 (Eldon 70'); 1-1 (N'Goma 83')

ACADÉMICA: Vítor Nóvoa, Mota, Tomás «cap», Dimas, Jorge Costa, Toninho Cruz (China 45'), Rocha, Mito, Rubens Feijão (Jones 45'), Eldon e Reinaldo (V 29')
Treinador: Henrique Calisto

RD Águeda: Figueiras, Carlos Manuel, Paulo César, Manarte, Edilson (V 28'), Queta, Carvalho «cap», Jesus (N'Goma 72'), João, Cabumba e Fernando (Tomé 66')
Treinador: José Rachão

ACADÉMICA – 4 AD Guarda – 2

2ª DIVISÃO, ZONA CENTRO, 9ª JORNADA, 3-12-1989 (DOM, 15:00)
Estádio Municipal de Coimbra, Coimbra **Árbitro:** Fortunato Azevedo (Braga) **Auxiliares:** Leite Silva e Valdemar Lopes
Golos: 1-0 (Dimas 19'); 1-1 (Pedro Moiteiro 25'); 2-1 (Tomás 36', gp); 3-1 (Dimas 44'); 3-2 (Duca 84'); 4-2 (Rubens Feijão 89')

ACADÉMICA: Vítor Nóvoa, Mota, Tomás «cap», Jorge Costa, Dimas, China, Mito, Rocha, Toninho Cruz (Fernando Couto 60'), Eldon (Rubens Feijão 82') e Meireles
Treinador: Henrique Calisto

AD Guarda: Melo, Tozé, Eugénio (V 69'), Guedes, Ferreirinha «cap», Hamilton, Berto, Marcelo, Duca, Cissinho (Paulo João 30') e Pedro Moiteiro
Treinador: Carlos Simões

CAF Viseu – 1 ACADÉMICA – 1

2ª DIVISÃO, ZONA CENTRO, 10ª JORNADA, 16-12-1989 (SAB, 15:00)
Estádio do Fontelo, Viseu **Árbitro:** Xavier de Oliveira (Porto) **Auxiliares:** Adriano Rodrigues e Teixeira da Silva
Golos: 0-1 (Rubens Feijão 6'); 1-1 (Fanfali 17')

CAF Viseu: Paulo Renato, Fanfali, Paulo Viana (Leça 80'), Zé Duarte, Faria, Falica, Márcio (Quim 65'), João Manuel, João Medeiros, Abel «cap» e Herbert
Treinador: Álvaro Carolino

ACADÉMICA: Vítor Nóvoa, Mota, Dimas (Real 81'), Tomás «cap», Fernando Couto (AA 89'), Rocha, Jorge Costa, Mito, Eldon, Rubens Feijão e China (Reinaldo 65')
Treinador: Henrique Calisto

ACADÉMICA – 2 CFU Lamas – 0

2ª DIVISÃO, ZONA CENTRO, 11ª JORNADA, 23-12-1989 (SAB, 15:00)
Estádio Municipal de Coimbra, Coimbra **Árbitro:** Jorge Coroado (Lisboa) **Auxiliares:** António de Sousa e João Gil
Golos: 1-0 (Marinov 42'); 2-0 (Dimas 47')

ACADÉMICA: Vítor Nóvoa, Mota, Tomás «cap», Rocha, Jorge Costa, Mito, Eldon (Coelho 72'), Rubens Feijão, Marinov e China
Treinador: Henrique Calisto

CFU Lamas: Tozé, Carlinhos, Simões, Cruz, David, Ramalho (Neninho 62'), Du «cap», Paulo Silva, Nogueira, Pinto da Rocha (Miranda 45') e Maciel
Treinador: João Ricardo

Oliveira do Bairro SC – 1 ACADÉMICA – 2

2ª DIVISÃO, ZONA CENTRO, 12ª JORNADA, 30-12-1989 (SAB, 15:00)
Campo de São Sebastião, Oliveira do Bairro **Árbitro:** Miranda de Sousa (Porto) **Auxiliares:** Alfredo Manuel e Cerejo Moutinho
Golos: 1-0 (Rodrigues 47'); 1-1 (Eldon 60'); 1-2 (Eldon 85')

Oliveira do Bairro SC: Mário Júlio, Amorim «cap», Gomes, Nelson, Neil, Jorge Silva, José António, Chico (Paulo Matos 76'), Amílcar, José Maria (Ulisses 71') e Rodrigues
Treinador: Alcides Coimbra

ACADÉMICA: Vítor Nóvoa, Mota, Dimas (Reinaldo 60'), Tomás «cap», Rocha, Fernando Couto, Mito, Eldon (Real 88'), Rubens Feijão, Marinov e China
Treinador: Henrique Calisto

ACADÉMICA – 1 SB Castelo Branco – 0

2ª DIVISÃO, ZONA CENTRO, 13ª JORNADA, 7-1-1990 (DOM, 15:00)
Estádio Municipal de Coimbra, Coimbra **Árbitro:** Vítor Pereira (Lisboa) **Auxiliares:** Aníbal Matos e Amaral Dias
Golo: 1-0 (Marinov 59')

ACADÉMICA: Vítor Nóvoa, Mota, Tomás «cap», Fernando Couto, Dimas, China (Jorge Costa 83'), Rocha, Mito, Rubens Feijão (Meireles 69'), Marinov e Reinaldo
Treinador: Henrique Calisto

SB Castelo Branco: Vítor Alves, Amadeu, Quim Manuel «cap», Rui Melo, Fernando Marques (Cobra 64'), Chico, Peres, Luís Filipe (Tozé 30'), Russiano, Jorge Humberto e Craveiro
Treinador: Manuel Quaresma

UD Oliveirense – 1 ACADÉMICA – 1

2ª DIVISÃO, ZONA CENTRO, 14ª JORNADA, 14-1-1990 (DOM, 15:00)
Estádio Carlos Osório, Oliveira de Azeméis **Árbitro:** Manuel Nogueira (Porto) **Auxiliares:** José Ribeiro e Júlio Amâncio
Golos: 1-0 (Ferrinho 10'); 1-1 (Rubens Feijão 44')

UD Oliveirense: Castro, João «cap», Vivas, Amorim, Licínio, Leandro, Ferrinho, Paulo (Ronaldo 80'), Cardoso (Rildo 12'), Grilo e Jesus
Treinador: Edmundo Duarte

ACADÉMICA: Vítor Nóvoa, Mota, Dimas, Tomás «cap», Rocha, Fernando Couto, Mito, Eldon, Rubens Feijão (Reinaldo 59'), Marinov (Meireles 71') e China
Treinador: Henrique Calisto

ACADÉMICA – 3 GD Peniche – 0

2ª DIVISÃO, ZONA CENTRO, 15ª JORNADA, 21-1-1990 (DOM, 15:00)
Estádio Municipal de Coimbra, Coimbra **Árbitro:** Alexandre Morgado (Porto) **Auxiliares:** Ferreira Aleixo e Lopes Cardoso
Golos: 1-0 (Fernando Couto 19'); 2-0 (Reinaldo 49'); 3-0 (Reinaldo 74')

ACADÉMICA: Vítor Nóvoa, Abel Silva, Dimas, Fernando Couto, Tomás «cap», Toninho Cruz (Jorge 45'), Mito (Daniel 76'), Real, Meireles, Marinov e Reinaldo
Treinador: Henrique Calisto

GD Peniche: Jorge Correia, Ribeiro, Ulisses «cap», Barros, Sérgio, Paulo Bombas, Calhau (João Mendes 68'), Brito, Ilídio, Kaloga (Babá 51') e Abadia
Treinador: Artur Ferreira

UD Leiria – 2 ACADÉMICA – 1

2ª DIVISÃO, ZONA CENTRO, 16ª JORNADA, 28-1-1990 (DOM, 15:00)
Estádio Dr. Magalhães Pessoa, Leiria **Árbitro:** Carlos Valente (Setúbal) **Auxiliares:** Carlos Cortiço e Luís Salgado
Golos: 1-0 (Celso Maciel 27'); 1-1 (Jones 84', gp); 2-1 (Bugre 86')

UD Leiria: Peres, Marlon Alves «cap», José Ribeiro, Joanito, Celso Maciel, Adão, Mariano, Jorge Silva (Craveiro 77'), Bugre, Luís Fernando e Rosário (Paulo Duarte 65')
Treinador: Nivaldo Silva

ACADÉMICA: Vítor Nóvoa, Mota (Abel Silva 73'), Dimas, Fernando Couto, Tomás «cap», Tozé, Mito, China (Jones 37'), Daniel, Reinaldo e Marinov
Treinador: Henrique Calisto

ACADÉMICA – 5 CD Lousanense – 0

2ª DIVISÃO, ZONA CENTRO, 17ª JORNADA, 10-2-1990 (SAB, 15:00)
Estádio Municipal de Coimbra, Coimbra **Árbitro:** António Rola (Santarém) **Auxiliares:** Renato Pinto e João Aurélio
Golos: 1-0 (Meireles 26'); 2-0 (Meireles 29'); 3-0 (Real 44'); 4-0 (Eldon 77'); 5-0 (Eldon 88')

ACADÉMICA: Vítor Nóvoa, Mota, Mito, Fernando Couto, Tozé, Tomás «cap», China, Real (Rubens Feijão 54'), Coelho (Eldon 69'), Meireles e Reinaldo
Treinador: Henrique Calisto

CD Lousanense: Eduardo, Tuca, Luís Duarte, Alcino «cap», Toca, Gervásio, Paulo Antunes, Vítor Meneses, Carlos Costa (Vítor Sá 43'), Raquete e Dario (Peixinho 72')
Treinador: Francisco Andrade

ACADÉMICA – 0 CF "Os Marialvas" – 1

2ª DIVISÃO, ZONA CENTRO, 18ª JORNADA, 18-2-1990 (DOM, 15:00)
Estádio Municipal de Coimbra, Coimbra **Árbitro:** Xavier de Oliveira (Porto) **Auxiliares:** Adriano Rodrigues e Teixeira da Silva
Golo: 0-1 (Gil 77')

ACADÉMICA: Vítor Nóvoa, Mota, Mito, Fernando Couto, Tozé (Rubens Feijão 45'), Tomás «cap», China, Daniel, Coelho (Eldon 45'), Meireles e Reinaldo
Treinador: Henrique Calisto

CF "Os Marialvas": Paulo Brás, Simões «cap», Nini, Bravo, Pereira, Hélder, Gil, Samuel, Luz, Vítor Capucho (AA 61') e Lopes (Pedro 89')
Treinador: Fernando Festas

Caldas SC – 1 ACADÉMICA – 0

2ª DIVISÃO, ZONA CENTRO, 23ª JORNADA, 25-3-1990 (DOM, 16:00)
Campo da Mata, Caldas da Rainha **Árbitro:** Soares Dias (Porto) **Auxiliares:** Eduardo Gonçalves e Carlos Vigário
Golo: 1-0 (Jeremias 76')

Caldas SC: Jorge, Walter, Luís Miguel, Beto, Vala «cap», Wilson, Oliveira, Marroco, Rui Carlos, Jeremias (AA 89') e Paulo Simões
Treinador: Jaime Graça

ACADÉMICA: Tó Luís, Rocha, Mito «cap», Fernando Couto, Tozé (Eldon 65'), Tomás, China (Coelho 65'), Jorge Costa, Real, Reinaldo e Rubens Feijão
Treinador: Henrique Calisto

CFU Lamas – 0 ACADÉMICA – 1

2ª DIVISÃO, ZONA CENTRO, 28ª JORNADA, 25-4-1990 (QUA, 16:00)
Estádio Com. Henrique de Amorim, Santa Maria de Lamas **Árbitro:** Soares Dias (Porto) **Auxiliares:** Eduardo Gonçalves e Carlos Vigário **Golo:** 0-1 (Abel 32')

CFU Lamas: Marco Paulo, Carlinhos, Simões «cap», Cruz, Paulo Alves, Miranda, Neninho, Paulo Silva (Guto 45'), Nogueira, Rui Miguel (Ramalho 67') e Maciel
Treinador: João Ricardo

ACADÉMICA: Tó Luís, Abel Silva, Tomás, Jorge Costa, Dimas, Mito «cap», Mota, Real, Coelho, China (Reinaldo 65') e Marinov (Tozé 73')
Treinador: José Alberto Costa

GD Mangualde – 1 ACADÉMICA – 3

2ª DIVISÃO, ZONA CENTRO, 19ª JORNADA, 24-2-1990 (SAB, 15:00)
Complexo Desportivo de Canas de Senhorim **Árbitro:** Vítor Correia (Lisboa) **Auxiliares:** Carlos de Matos e Fernando Castro **Golos:** 0-1 (Meireles 56'); 0-2 (China 58', gp); 0-3 (Reinaldo 72'); 1-3 (Jó 74', gp)

GD Mangualde: Nery, Silvério, Armindo «cap», Batista, Farinha, Aldeias, Jó, Gaio (Dodat 63'), Artur, Saura e Mirinho
Treinador: Fernando Reis

ACADÉMICA: Vítor Nóvoa, Abel Silva, Mito, Fernando Couto, Mota, Tomás «cap», China (Daniel 76'), Jorge Costa, Real, Reinaldo (Rubens Feijão 84') e Meireles
Treinador: Henrique Calisto

ACADÉMICA – 0 UR Mirense – 2

2ª DIVISÃO, ZONA CENTRO, 24ª JORNADA, 31-3-1990 (SAB, 16:00)
Estádio Municipal de Coimbra, Coimbra **Árbitro:** Sepa Santos (Lisboa) **Auxiliares:** Ildefonso Gomes e Carlos Pires
Golos: 0-1 (Kikas 47'); 0-2 (Kikas 88')

ACADÉMICA: Tó Luís, Rocha, Mito «cap», Jorge Costa, Tozé, Tomás, Reinaldo (Toninho Cruz 45'), Real, China, Coelho (Rubens Feijão 57') e Meireles
Treinador: José Alberto Costa

UR Mirense: Seiça «cap», Kikas, Penetra, Magalhães, Serginho, Sérgio Lavos, Xavier, Paulo (Toni 36'), Cabumba, Casquilha e Cabé
Treinador: Vítor Manuel Gomes

ACADÉMICA – 2 Oliveira do Bairro SC – 0

2ª DIVISÃO, ZONA CENTRO, 29ª JORNADA, 29-4-1990 (DOM, 16:00)
Estádio Municipal de Coimbra, Coimbra **Árbitro:** Alexandre Morgado (Porto) **Auxiliares:** Ferreira Aleixo e Lopes Cardoso
Golos: 1-0 (Marinov 20'); 2-0 (Abel 86')

ACADÉMICA: Tó Luís, Abel Silva, Tomás, Jorge Costa, Dimas, Mito «cap», Mota, Real, Coelho, Meireles (Eldon 63') e Marinov
Treinador: José Alberto Costa

Oliveira do Bairro SC: Mário Júlio, Amorim «cap», Neil, Jorge Silva, Nelson, Chico, Raul, José António, Luís Miguel (Zelay 70'), Amílcar e José Maria (Toninho 45')
Treinador: César Rosa

ACADÉMICA – 2 SC Espinho – 1

2ª DIVISÃO, ZONA CENTRO, 20ª JORNADA, 4-3-1990 (DOM, 15:00)
Estádio Municipal de Coimbra, Coimbra **Árbitro:** Francisco Silva (Algarve) **Auxiliares:** António Pincho e Arménio Estorninho
Golos: 1-0 (Rubens Feijão 26'); 1-1 (Alemão 62'); 2-1 (Real 83')

ACADÉMICA: Vítor Nóvoa, Abel Silva, Mito, Fernando Couto, Mota (Rubens Feijão 18'), Tomás «cap», China, Jorge Costa, Real, Reinaldo (Daniel 45') e Meireles
Treinador: Henrique Calisto

SC Espinho: Matos, Eliseu «cap», Alemão, N'Kongolo, Nito, Rui Filipe, Aziz, Zezé Gomes, Ado, Marcos António e Rui Neves (Vitorino 55')
Treinador: Amândio Barreiras

RD Águeda – 0 ACADÉMICA – 0

2ª DIVISÃO, ZONA CENTRO, 25ª JORNADA, 8-4-1990 (DOM, 16:00)
Estádio Municipal de Águeda, Águeda
Árbitro: Bento Marques (Évora)
Auxiliares: António Figo e António Manuel

RD Águeda: Figueiras, Carlos Manuel, Carmindo, Queta, Manarte, Jesus, João, Arsénio «cap», Tomé (Cabumba 80'), Rui Lopes e Fernando (José Maria 71')
Treinador: José Rachão

ACADÉMICA: Tó Luís, Rocha, Mito «cap», Jorge Costa, Tozé, Tomás, Reinaldo, Real, China (Rubens Feijão 88'), Daniel e Meireles (Toninho Cruz 60')
Treinador: José Alberto Costa

SB Castelo Branco – 2 ACADÉMICA – 1

2ª DIVISÃO, ZONA CENTRO, 30ª JORNADA, 6-5-1990 (DOM, 16:00)
Estádio do Vale do Romeiro, Castelo Branco **Árbitro:** Jorge Coroado (Lisboa) **Auxiliares:** João Ferreira e João Gil
Golos: 1-0 (Dito 17'); 1-1 (Coelho 20'); 2-1 (Dito 81')

SB Castelo Branco: Vítor Alves, Amadeu, Quim Manuel «cap», César Vaz, Ramalho, Chico, Russiano (Celestino 78'), Peres, Luís Filipe, Cobra (Marioni 84') e Dito
Treinador: Mourinho Félix

ACADÉMICA: Tó Luís, Jorge Costa (Eldon 84'), Tomás (AA 72'), Fernando Couto, Dimas, Mota, Mito «cap», Real, Tozé, Marinov (China 65') e Coelho
Treinador: José Alberto Costa

SC Covilhã – 2 ACADÉMICA – 1

2ª DIVISÃO, ZONA CENTRO, 21ª JORNADA, 11-3-1990 (DOM, 15:00)
Estádio José dos Santos Pinto, Covilhã **Árbitro:** Vítor Pereira (Lisboa) **Auxiliares:** Luís Correia e Amaral Dias
Golos: 1-0 (Virgílio 5'); 1-1 (Real 21'); 2-1 (N'Kama 56')

SC Covilhã: Nuno, Leonardo «cap», Marinho, Virgílio, José Alhinho, Quim Brito, Álvaro, Sessay, Kerimov (Perrichon 90'), Horácio Brito (Jaime Graça 55') e N'Kama
Treinador: Vieira Nunes

ACADÉMICA: Vítor Nóvoa, Abel Silva (Toninho Cruz 75'), Mito «cap», Fernando Couto, Tozé, Tomás (Eldon 64'), China, Jorge Costa, Real, Rubens Feijão e Meireles
Treinador: Henrique Calisto

AD Guarda – 2 ACADÉMICA – 0

2ª DIVISÃO, ZONA CENTRO, 26ª JORNADA, 14-4-1990 (SAB, 16:00)
Estádio Municipal de Guarda, Guarda **Árbitro:** Veiga Trigo (Beja) **Auxiliares:** João Crujo e Manuel Burrica
Golos: 1-0 (João Carlos 49'); 2-0 (José Carlos 76')

AD Guarda: Rui Sá, Aníbal, Berto «cap», Guedes (Paulo João 77'), Tozé, Hamilton, José Carlos, João Carlos, Duca, Cissinho e Gilberto
Treinador: Carlos Simões

ACADÉMICA: Tó Luís, Abel Silva, Jorge Costa, Mito «cap», Tozé, Tomás (Rubens Feijão 60'), Rocha, Real, Meireles (Eldon 45'), Reinaldo e Coelho
Treinador: José Alberto Costa

ACADÉMICA – 2 UD Oliveirense – 0

2ª DIVISÃO, ZONA CENTRO, 31ª JORNADA, 13-5-1990 (DOM, 16:00)
Estádio Municipal de Coimbra, Coimbra **Árbitro:** José Filipe (Algarve) **Auxiliares:** Artur Cadilhe e Francisco Marreiros
Golos: 1-0 (Marinov 64'); 2-0 (Dimas 86')

ACADÉMICA: Tó Luís, Jorge Costa, Abel Silva (Meireles 20'), Fernando Couto, Dimas, Mota, Mito «cap», Real (Jorge 61'), Marinov, China e Coelho
Treinador: José Alberto Costa

UD Oliveirense: Castro, Zé Nando, Amorim, Licínio, Adolfo, Vivas, Ferro (Jesus 71'), Cardoso «cap», Vitinha, Nuno (Leandro 37') e Ronaldo
Treinador: Pedro Gomes

ACADÉMICA – 1 SC Salgueiros – 0

2ª DIVISÃO, ZONA CENTRO, 22ª JORNADA, 18-3-1990 (DOM, 15:00)
Estádio Municipal de Coimbra, Coimbra **Árbitro:** José Filipe (Algarve) **Auxiliares:** Artur Cadilhe e Francisco Marreiros
Golo: 1-0 (Tomás 61')

ACADÉMICA: Tó Luís, Rocha, Mito «cap», Fernando Couto, Tozé, Tomás, China (Reinaldo 58'), Jorge Costa, Real, Meireles e Rubens Feijão (Jones 85')
Treinador: Henrique Calisto

SC Salgueiros: Madureira, Dragan, Pedro, Carlos Brito, Álvaro Maciel, Milovac (Miguel 66'), Soares, Jorginho «cap» (Nikolic 60'), Álvaro Soares, Tozé e Rui França
Treinador: Zoran Filipovic

ACADÉMICA – 1 CAF Viseu – 0

2ª DIVISÃO, ZONA CENTRO, 27ª JORNADA, 22-4-1990 (DOM, 16:00)
Estádio Municipal de Coimbra, Coimbra **Árbitro:** Miranda de Sousa (Porto) **Auxiliares:** Alfredo Manuel e Cerejo Moutinho
Golo: 1-0 (Marinov 38')

ACADÉMICA: Tó Luís, Abel Silva, Tomás, Jorge Costa, Dimas, Mito «cap», Rocha (Mota 43'), Real, Coelho, China (Reinaldo 84') e Marinov
Treinador: José Alberto Costa

CAF Viseu: Paulino «cap», Fanfali, Moniz, Faria, Paulo Viana, Falica (Márcio 45'), Rui Pedro (Leça 45'), Abel, João Manuel, Herbert e João Medeiros
Treinador: Álvaro Carolino

GD Peniche – 0 ACADÉMICA – 2

2ª DIVISÃO, ZONA CENTRO, 32ª JORNADA, 20-5-1990 (DOM, 16:00)
Campo da Mata, Caldas da Rainha **Árbitro:** Paulo Paraty (Porto) **Auxiliares:** Jorge Garcia e José Leirós
Golos: 0-1 (Meireles 23'); 0-2 (Marinov 71')

GD Peniche: Kalpouschov, Ribeiro, Sérgio, Rui Rodrigues, Barros (Babá 83'), Ulisses «cap», Totó, Kaloga, Pompílio (João Mendes 72'), Tatão e Rui Madeira
Treinador: Ulisses Morais

ACADÉMICA: Tó Luís, Mota, Mito «cap», Jorge Costa, Dimas, Tozé, Meireles, Coelho, Marinov, Eldon (Toninho Cruz 65') e Jorge
Treinador: José Alberto Costa

1990-1991

ACADÉMICA – 2 UD Leiria – 0
2ª DIVISÃO, ZONA CENTRO, 33ª JORNADA, 26-5-1990 (SAB, 16:00)
Estádio Municipal de Coimbra, Coimbra **Árbitro:** Veiga Trigo (Beja)
Auxiliares: João Crujo e Manuel Burrica
Golos: 1-0 (Coelho 78'); 2-0 (Dimas 90')

ACADÉMICA: Tó Luís, Mota, Jorge Costa, Tomás, Tozé, Meireles (Toninho Cruz 89'), Mito «cap», Dimas, Coelho, Marinov (Real 80') e Jorge
Treinador: José Alberto Costa

UD Leiria: Peres, Joanito, Borges (Craveiro 65'), Paulo Duarte, José Ribeiro, Nivaldo «cap», Marlon Alves, Mariano, Jorge Silva (Bugre 54'), Rosário (V 88') e Celso Maciel (AA 87')
Treinador: Eurico Gomes

CD Lousanense – 3 ACADÉMICA – 1
2ª DIVISÃO, ZONA CENTRO, 34ª JORNADA, 2-6-1990 (SAB, 16:00)
Campo Dr. José Pinto de Aguiar, Lousã **Árbitro:** Amilcar Dias (Porto) **Auxiliares:** Augusto Mendes e José Pereira **Golos:** 0-1 (Tomás 44', gp); 1-1 (Carlos Costa 61'); 2-1 (Dario 70'); 3-1 (Dario 89')

CD Lousanense: Juranir, Toca, Luís Duarte, Palancha, Aniceto, Paulo Antunes, Carlos Costa, Vítor Sá «cap», Peixinho, Gadelha (Dario 58') e Pedro Santos (Gervásio 87')
Treinador: Francisco Andrade

ACADÉMICA: Tó Luís, Mota (Eldon 76'), Fernando Couto, Tomás, Tozé (Toninho Cruz 76'), Meireles, Mito «cap», Dimas, Coelho, Marinov e Jorge
Treinador: José Alberto Costa

ÉPOCA 1990-1991

2ª DIVISÃO DE HONRA: 6º LUGAR (MANUTENÇÃO)
TAÇA DE PORTUGAL: 1/16 DE FINAL

JOGOS EFECTUADOS

	J	V	E	D	GM	GS
CASA	20	12	5	3	27	10
FORA	21	7	5	9	22	27
TOTAL	41	19	10	12	49	37

ACADÉMICA – 1 CAF Viseu – 0
2ª DIVISÃO DE HONRA, 1ª JORNADA, 19-8-1990 (DOM, 17:00)
Estádio Municipal de Coimbra, Coimbra **Árbitro:** Fortunato Azevedo (Braga) **Auxiliares:** Leite Silva e Valdemar Lopes
Golo: 1-0 (Latapy 30')

ACADÉMICA: Tó Luís, Mota «cap», Alfaia (Tozé 69'), Joanito, Real, Zé Paulo, Vicente, Latapy (Paulo Antunes 63'), Rocha, Marcelo e Paulo Simões
Treinador: José Alberto Costa

CAF Viseu: José Miguel, Arsénio, Perduv, Albuquerque «cap», Falica (Carlos Manuel 76'), João Manuel, Queta, Resende (Cândido 40'), Zé Nando, Herbert e João
Treinador: José Rachão

SCU Torreense – 0 ACADÉMICA – 1
2ª DIVISÃO DE HONRA, 2ª JORNADA, 26-8-1990 (DOM, 17:00)
Campo Manuel Marques, Torres Vedras **Árbitro:** José Filipe (Algarve) **Auxiliares:** Artur Cadilhe e Francisco Marreiros
Golo: 0-1 (Zé Paulo 86')

SCU Torreense: Jorge «cap», Sérgio Santos, Couceiro, Bighetti, Andrade, Toínha, Damas, Padinha (Chiquinho 60'), Baltasar, Luís Fernando e Rosário
Treinador: João Barnabé

ACADÉMICA: Tó Luís, Mota «cap», Joanito, Alfaia, Vicente, Real, Rocha, Zé Paulo, Latapy (Paulo Antunes 71'), Marcelo (Casquilha 71') e Paulo Simões
Treinador: José Alberto Costa

ACADÉMICA – 3 GD Estoril-Praia – 0
2ª DIVISÃO DE HONRA, 3ª JORNADA, 2-9-1990 (DOM, 17:00)
Estádio Municipal de Coimbra, Coimbra **Árbitro:** João Mesquita (Porto) **Auxiliares:** Eduardo Sequeira e José Magalhães
Golos: 1-0 (Rocha 9'); 2-0 (Latapy 30'); 3-0 (Paulo Antunes 64')

ACADÉMICA: Tó Luís, Mota «cap», Joanito, Alfaia, Real, Vicente, Zé Paulo, Rocha, Latapy (Casquilha 83'), Marcelo (Paulo Antunes 57') e Paulo Simões
Treinador: José Alberto Costa

GD Estoril-Praia: Carlos Ferreira, José Carlos, Mário Tito, Martins, Borreicho, Pedro «cap», Vitinha, Lázaro (Hélder 45'), João Pires (AA 70'), Rosário (Monteiro 64') e Tomé
Treinador: Fernando Santos

LFC V. R. S. António – 0 ACADÉMICA – 0
2ª DIVISÃO DE HONRA, 4ª JORNADA, 16-9-1990 (DOM, 17:00)
Estádio Municipal de Vila Real de Santo António
Árbitro: Carlos Valente (Setúbal)
Auxiliares: João Esteves e Jorge Garcia

LFC V. R. S. António: Avelino, Farrajota, Herculano, Jorge «cap», Carrada, Augusto, Paulinho, Álvaro, Vivaldo, Jacques e Maarten (Bugre 45', Fernandes 62')
Treinador: Carlos Sério

ACADÉMICA: Tó Luís, Mota «cap», Joanito, Alfaia, Real, Vicente, Zé Paulo, Rocha, Latapy (Lewis 73'), Marcelo (Paulo Antunes 45') e Paulo Simões
Treinador: José Alberto Costa

ACADÉMICA – 2 Leixões SC – 1
2ª DIVISÃO DE HONRA, 5ª JORNADA, 23-9-1990 (DOM, 17:00)
Estádio Municipal de Coimbra, Coimbra **Árbitro:** Pinto Correia (Lisboa) **Auxiliares:** Hélio Santos e Moisés Ferreira
Golos: 0-1 (Edward 33'); 1-1 (Lewis 58'); 2-1 (Latapy 82', gp)

ACADÉMICA: Tó Luís, Mota «cap», Joanito, Alfaia, Real, Vicente (Paulo Antunes 45'), Zé Paulo, Rocha, Latapy, Lewis e Paulo Simões (Marcelo 45')
Treinador: José Alberto Costa

Leixões SC: Nunes, Mesquita, Amarildo «cap», Chico, André, Manuel Jorge, Noverça (Sotirov 64'), Holmberg, Zé Manuel (João Gomes 45'), Rui Jorge e Edward
Treinador: Amândio Barreiras

FC Paços de Ferreira – 1 ACADÉMICA – 0
2ª DIVISÃO DE HONRA, 6ª JORNADA, 30-9-1990 (DOM, 15:00)
Estádio da Mata Real, Paços de Ferreira **Árbitro:** Ezequiel Feijão (Setúbal) **Auxiliares:** Neto Afonso e Rui Ferreira
Golo: 1-0 (Radi 88')

FC Paços de Ferreira: Caldas, Monteiro, Sérgio Cruz, Ricardo, Mota, Quim «cap», Nuno (Borges 75'), Julian (Radi 64'), Carvalho, Moreira e Duca
Treinador: Vítor Oliveira

ACADÉMICA: Tó Luís, Mota «cap», Joanito, Alfaia, Real, Paulo Antunes, Zé Paulo, Rocha, Latapy (Maurício 89'), Lewis (Marcelo 69') e Paulo Simões
Treinador: José Alberto Costa

ACADÉMICA – 1 CD Feirense – 0
2ª DIVISÃO DE HONRA, 7ª JORNADA, 6-10-1990 (SAB, 15:00)
Estádio Municipal de Coimbra, Coimbra **Árbitro:** Miranda de Sousa (Porto) **Auxiliares:** Alfredo Manuel e Cerejo Moutinho
Golo: 1-0 (Marcelo 69')

ACADÉMICA: Tó Luís, Mota «cap», Joanito, Alfaia, Real (Marcelo 45'), Paulo Antunes, Zé Paulo, Rocha, Paulo Simões, Latapy (Mariano 75') e Lewis
Treinador: José Alberto Costa

CD Feirense: Vítor Alves, Adão, Licínio (Carlos Rui 71'), Daniel, Miguel «cap», Pinto, Quitó, Júlio Sérgio, Quim, Manuel António (Pedro Martins 81') e Ribeiro
Treinador: Álvaro Carolino

SB Castelo Branco – 2 ACADÉMICA – 0
2ª DIVISÃO DE HONRA, 8ª JORNADA, 21-10-1990 (DOM, 15:00)
Estádio do Vale do Romeiro, Castelo Branco **Árbitro:** Adão Mendes (Braga) **Auxiliares:** Armando Peixoto e José António
Golos: 1-0 (Mota 62', pb); 2-0 (Zarro 80')

SB Castelo Branco: Carlos, Chico, Dadá (Batista 55'), César Vaz, Amadeu, Chiquinho, Nunes, Peres «cap» (Zarro 77'), Luís Filipe, Artur Jorge e Dito
Treinador: Bernardino Pedroto

ACADÉMICA: Tó Luís, Mota «cap» (Mariano 68'), Joanito «sc», Maurício, Alfaia, Real, Paulo Antunes, Zé Paulo, Rocha, Latapy (Marcelo 68') e Lewis
Treinador: José Alberto Costa

ACADÉMICA – 3 Louletano DC – 1
2ª DIVISÃO DE HONRA, 9ª JORNADA, 28-10-1990 (DOM, 15:00)
Estádio Municipal de Coimbra, Coimbra **Árbitro:** Carlos Carvalho (Porto) **Auxiliares:** Pinto Carneiro e Sérgio Pereira **Golos:** 1-0 (Lewis 54'); 1-1 (João Cláudio 58'); 2-1 (Marcelo 68'); 3-1 (Lewis 69')

ACADÉMICA: Tó Luís, Mota «cap», Joanito, Alfaia, Barreto (Marcelo 45'), Zé Paulo, Maurício (Paulo Antunes 62'), Rocha, Real, Latapy e Lewis
Treinador: José Alberto Costa

Louletano DC: Carlos Pereira, Pagani, Milton Mendes, Dias, Quim Alberto (AA 72'), Ferrinho, Henrique «cap», Zé Albano (V 69'), João Cláudio, Paulo Ribeiro (Carlos Ferreira 65') e Tó Manuel (Telmo Pinto 75') **Treinador:** Luís Flávio

Portimonense SC – 2 ACADÉMICA – 3
2ª DIVISÃO DE HONRA, 10ª JORNADA, 1-11-1990 (QUI, 15:00)
Estádio do Portimonense, Portimão **Árbitro:** Jorge Coroado (Lisboa) **Auxiliares:** João Carreira e David Francisco
Golos: 0-1 (Latapy 10'); 0-2 (Lewis 12'); 1-2 (Voynov 30'); 1-3 (Latapy 87'); 2-3 (Guetov 89', gp)

Portimonense SC: Miguel, Marlon Alves, Floris, Bezinski, Chico Zé «cap», Vítor, José Pedro, Guetov, Vado, Voynov e Paulo Ricardo
Treinador: Luís Jouber

ACADÉMICA: Tó Luís, Mota «cap», Joanito, Alfaia, Barreto, Rocha, Real, Vicente, Zé Paulo, Latapy (Paulo Antunes 89') e Lewis (Marcelo 65')
Treinador: José Alberto Costa

ACADÉMICA – 2 RD Águeda – 0
2ª DIVISÃO DE HONRA, 11ª JORNADA, 4-11-1990 (DOM, 15:00)
Estádio Municipal de Coimbra, Coimbra **Árbitro:** José Silvano (Vila Real) **Auxiliares:** Guedes de Carvalho e Sousa Pinto
Golos: 1-0 (Real 16'); 2-0 (Lewis 25')

ACADÉMICA: Tó Luís, Mota «cap», Joanito, Alfaia, Barreto, Zé Paulo, Rocha, Latapy (Mariano 68'), Real (Paulo Antunes 56'), Lewis e Marcelo
Treinador: José Alberto Costa

RD Águeda: Rui Valentim, Jesus «cap», Castro, Vítor Manuel, Belmiro (Jó 45'), Mauro, Marinov, N'Goma, Augusto, Luís Reina (Constantino 42') e Bira
Treinador: Mário Wilson

Varzim SC – 0 ACADÉMICA – 0
2ª DIVISÃO DE HONRA, 12ª JORNADA, 11-11-1990 (DOM, 15:00)
Estádio Varzim Sport Club, Póvoa de Varzim
Árbitro: Fortunato Azevedo (Braga)
Auxiliares: Leite Silva e Valdemar Lopes

Varzim SC: Zé Carlos, Graça, Celestino, José Luís, Lito «cap», Martins, Tozé, José Maria (Ibuka 45'), Ebongué, Horácio (Paulo Oliveira 83') e Jussié
Treinador: Henrique Calisto

ACADÉMICA: Tó Luís, Mota «cap», Joanito, Alfaia, Barreto, Maurício, Zé Paulo (AA 89'), Rocha, Real, Latapy (Marcelo 56') e Lewis
Treinador: José Alberto Costa

ACADÉMICA – 0 CAD "O Elvas" – 2

2ª DIVISÃO DE HONRA, 13ª JORNADA, 18-11-1990 (DOM, 15:00)
Estádio Municipal de Coimbra, Coimbra **Árbitro:** António Marçal (Lisboa) **Auxiliares:** Alfredo Alexandre e Luís Vital
Golos: 0-1 (Paulo Tomás 49'); 0-2 (Rui Pedro 79')

ACADÉMICA: Tó Luís, Mota «cap» (Paulo Simões 59'), Joanito «sc», Alfaia, Barreto, Maurício (Marcelo 45'), Paulo Antunes, Latapy, Rocha, Real e Lewis
Treinador: José Alberto Costa

CAD "O Elvas": Elísio, Ribeiro «cap», Juanito, José Rui, Paulo Tomás, Rui Pedro, Bigu, João Paulo, Sérgio Pinto (Fernando Costa 84'), Monteiro e Quintas (Décio António 73')
Treinador: Manuel Cajuda

FC Barreirense – 1 ACADÉMICA – 1

2ª DIVISÃO DE HONRA, 14ª JORNADA, 25-11-1990 (DOM, 15:00)
Campo D. Manuel de Melo, Barreiro **Árbitro:** Miranda de Sousa (Porto) **Auxiliares:** Alfredo Manuel e Cerejo Moutinho
Golos: 1-0 (António José 16'); 1-1 (Lewis 50')

FC Barreirense: Quim, Matos, Luís Miguel, Nuno Vacas (José Monteiro 58'), Pascoal, Ricardo Jorge, Hilário «cap» (Paulo Brites 41'), Kalonda, Formiga, António José e Cabumba
Treinador: Gabriel Mendes

ACADÉMICA: Tó Luís, Mota «cap», Joanito, Maurício, Barreto (Paulo Simões 42'), Paulo Antunes, Zé Paulo, Rocha, Real, Casquilha (Marcelo 75') e Lewis
Treinador: José Alberto Costa

ACADÉMICA – 3 SC Freamunde – 0

2ª DIVISÃO DE HONRA, 15ª JORNADA, 1-12-1990 (SAB, 15:00)
Estádio Municipal de Coimbra, Coimbra **Árbitro:** Vítor Pereira (Lisboa) **Auxiliares:** Florival Corado e Amaral Dias **Golos:** 1-0 (Lewis 17'); 2-0 (Casquilha 42', gp); 3-0 (Paulo Antunes 43')

ACADÉMICA: Tó Luís, Mota «cap» (Real 65'), Joanito «sc», Maurício, Tozé, Paulo Antunes, Zé Paulo, Rocha, Paulo Simões, Casquilha e Lewis (Latapy 72')
Treinador: José Alberto Costa

SC Freamunde: Sardinha, Norberto (Edvaldo 65'), Carlos (V 85'), Pedro Barbosa (Américo 22'), Santos «cap», Marcos António, Tiago, Ramon, Zé Rodas, Luís Filipe e Paulo Fernando
Treinador: Jorge Regadas

UD Leiria – 1 ACADÉMICA – 0

2ª DIVISÃO DE HONRA, 16ª JORNADA, 9-12-1990 (DOM, 15:00)
Estádio Dr. Magalhães Pessoa, Leiria **Árbitro:** Rosa Santos (Beja) **Auxiliares:** Carlos Vidonho e Marcolino Batista
Golo: 1-0 (Cobra 5')

UD Leiria: Peres, Carlos Fonseca, Paulo Duarte, Marcelino, Justiniano, Mota «cap», Vitinha, Paulo Jorge, Zezé Gomes (Simões 20'), Cobra (César 85') e Nivaldo Ramos
Treinador: Nivaldo Silva

ACADÉMICA: Tó Luís, Mota «cap», Joanito, Chico Nikita, Tozé, Paulo Antunes, Zé Paulo, Rocha, Paulo Simões (Clint 45'), Casquilha e Lewis
Treinador: José Alberto Costa

SC Esmoriz – 1 ACADÉMICA – 4

TAÇA DE PORTUGAL, 1/64 DE FINAL, 16-12-1990 (DOM, 15:00)
Campo da Barrinha, Esmoriz **Árbitro:** Carlos Carvalho (Porto) **Auxiliares:** Pinto Carneiro e Sérgio Pereira
Golos: 0-1 (Paulo Antunes 15'); 1-1 (José Carlos 30', gp); 1-2 (Paulo Antunes 80'); 1-3 (Marcelo 85'); 1-4 (Chico Nikita 89')

SC Esmoriz: Pascoal, Marques, José Carlos, Sílvio «cap», Paulo (Fausto 84'), José Guilherme, Armando, Paulo Conde, Amorim, Rocha e Sani
Treinador: Valentim Parra

ACADÉMICA: Tó Luís, Walter, Maurício, Chico Nikita, Tozé, Paulo Antunes, Zé Paulo, Rocha «cap», Casquilha (Mariano 88'), Latapy (Coelho 45') e Marcelo
Treinador: José Alberto Costa

ACADÉMICA – 3 FC Maia – 1

2ª DIVISÃO DE HONRA, 17ª JORNADA, 23-12-1990 (DOM, 15:00)
Estádio Municipal de Coimbra, Coimbra **Árbitro:** Veiga Trigo (Beja) **Auxiliares:** João Crujo e Manuel Burrica **Golos:** 1-0 (Casquilha 8'); 2-0 (Lewis 48'); 3-0 (Lewis 55'); 3-1 (Poças 61', gp)

ACADÉMICA: Tó Luís, Mota «cap», Joanito, Maurício (Real 51'), Tozé, Paulo Antunes, Zé Paulo, Rocha (Mariano 45'), Latapy, Casquilha e Lewis
Treinador: José Alberto Costa

FC Maia: Ricardo, Cardoso, Tavares, Paulo Guilherme (Elísio 45'), Poças, Careca, Fonseca «cap», Oliveira (Canhoto 57'), Celestino, Fua e Meireles
Treinador: Lima Pereira

SC Espinho – 3 ACADÉMICA – 0

2ª DIVISÃO DE HONRA, 18ª JORNADA, 30-12-1990 (DOM, 15:00)
Estádio Com. Manuel de Oliveira Violas, Espinho **Árbitro:** Pinto Correia (Lisboa) **Auxiliares:** Hélio Santos e Moisés Ferreira
Golos: 1-0 (Fernando Cruz 32'); 2-0 (Fernando Cruz 77'); 3-0 (Marcos António 79', gp)

SC Espinho: Pudar, Nené, Sousa, Ernesto, Eliseu «cap», Nelo, Marcos António, Flávio, Vermelhinho (João Couto 81'), Ado (Ivan 62') e Fernando Cruz
Treinador: Manuel José

ACADÉMICA: Tó Luís, Joanito, Mota «cap», Alfaia, Chico Nikita, Tozé, Paulo Antunes, Zé Paulo (Coelho 68'), Latapy (Marcelo 56'), Real e Lewis
Treinador: José Alberto Costa

ACADÉMICA – 0 CD Aves – 0

2ª DIVISÃO DE HONRA, 19ª JORNADA, 5-1-1991 (SAB, 15:00)
Estádio Municipal de Coimbra, Coimbra
Árbitro: Adão Mendes (Braga)
Auxiliares: Armando Peixoto e Francisco Abreu

ACADÉMICA: Tó Luís, Joanito, Real (Coelho 51'), Alfaia, Germano, Mariano, Paulo Antunes, Mota «cap», Latapy (Marcelo 51'), Tozé e Lewis
Treinador: José Alberto Costa

CD Aves: Carlos Alberto, Almir, Petana, Vieira, Claudemiro «cap», Wilson (Vítor 63'), Neves, Guimarães (AA 89'), Beijoca, Cunha (Sérgio 85') e Rui Alberto
Treinador: Machado Kentucky

CAF Viseu – 2 ACADÉMICA – 0

2ª DIVISÃO DE HONRA, 20ª JORNADA, 20-1-1991 (DOM, 15:30)
Estádio do Fontelo, Viseu **Árbitro:** Alexandre Morgado (Porto) **Auxiliares:** Ferreira Aleixo e José Arnaldo
Golos: 1-0 (Zé Duarte 52'); 2-0 (Sotil 65')

CAF Viseu: José Miguel, Albuquerque «cap», Zé Duarte, Perduv, Zé Nando, Falica, João Manuel, Zé da Rocha (Cândido 80'), Sotil (Herbert 86'), Alain e Resende
Treinador: José Rachão

ACADÉMICA: Tó Luís, Walter (Coelho 57'), Joanito «cap», Alfaia, Germano, Paulo Antunes, Mariano, Rocha, Casquilha, Latapy (Zé Paulo 72') e Lewis
Treinador: Vasco Gervásio

ACADÉMICA – 1 SCU Torreense – 0

2ª DIVISÃO DE HONRA, 21ª JORNADA, 26-1-1991 (SAB, 15:00)
Estádio Municipal de Coimbra, Coimbra **Árbitro:** Bento Marques (Évora) **Auxiliares:** António Figo e António Manuel
Golo: 1-0 (Latapy 21', gp)

ACADÉMICA: Tó Luís, Mota «cap», Joanito, Alfaia, Germano, Zé Paulo, Mariano (Paulo Antunes 61'), Rocha, Latapy (Chico Nikita 75'), Casquilha e Lewis
Treinador: Vasco Gervásio

SCU Torreense: Jorge, Sérgio Santos, Margaça «cap», Bighetti, Andrade, Damas, Evandro (Paquito 68'), Bruno, Padinha, Chiquinho (Tó Portela 59') e Rosário
Treinador: Eurico Gomes

CD Alcains – 1 ACADÉMICA – 3

TAÇA DE PORTUGAL, 1/32 DE FINAL, 30-1-1991 (QUA, 15:00)
Campo Trigueiros de Aragão, Alcains **Árbitro:** Ezequiel Feijão (Setúbal) **Auxiliares:** Neto Afonso e Rui Ferreira **Golos:** 0-1 (Lewis 31'); 0-2 (Mariano 78'); 0-3 (Mariano 86'); 1-3 (Tó Manuel 87')

CD Alcains: Paulo Rey, Machado, Tó Alves «cap», Pacheco, Esfarrapa, Lino, Embirra (Batista 57'), Vítor Hugo, Lima (Rogério 45'), Flávio e Tó Manuel
Treinador: Orivaldo Nascimento

ACADÉMICA: Pedro Roma, Walter, Maurício, Chico Nikita, Tozé, Paulo Antunes (Mariano 58'), Zé Paulo, Rocha «cap», Coelho (Paulo Simões 62'), Casquilha e Lewis
Treinador: Vasco Gervásio

GD Estoril-Praia – 1 ACADÉMICA – 2

2ª DIVISÃO DE HONRA, 22ª JORNADA, 3-2-1991 (DOM, 15:30)
Estádio António Coimbra da Mota, Estoril **Árbitro:** Carlos Carvalho (Porto) **Auxiliares:** Pinto Carneiro e Sérgio Pereira
Golos: 1-0 (Hélder 43'); 1-1 (Lewis 45'); 1-2 (Paulo Antunes 76')

GD Estoril-Praia: Carlos Ferreira, José Carlos, Martins, Mário Tito, Pedro «cap» (Carlitos 64'), Vitinha, Lázaro, Mário Jorge (Rosário 77'), Hélder, Marinho e João Pires
Treinador: Fernando Santos

ACADÉMICA: Tó Luís, Mota «cap», Joanito, Alfaia, Germano, Rocha, Zé Paulo, Mariano (Paulo Antunes 61'), Latapy, Casquilha (Coelho 73') e Lewis
Treinador: Vasco Gervásio

RD Águeda – 0 ACADÉMICA – 3

2ª DIVISÃO DE HONRA, 30ª JORNADA, 17-2-1991 (DOM, 15:00)
Estádio Municipal de Águeda, Águeda **Árbitro:** Fernando Correia (Lisboa) **Auxiliares:** Moreira Miguel e João Coimbra
Golos: 0-1 (Zé Paulo 34'); 0-2 (Casquilha 68'); 0-3 (Marcelo 89')

RD Águeda: Amaral «cap», Vítor Manuel (V 67'), Castro, Nilson (Jó 69'), Mauro, Constantino, Belmiro, Luís Reina, Marinov (André Saura 45'), N'Goma e Bira
Treinador: Mário Wilson

ACADÉMICA: Tó Luís, Mota «cap», Joanito, Alfaia, Germano, Rocha, Zé Paulo, Mariano (Paulo Antunes 79'), Latapy, Casquilha e Lewis (Marcelo 85')
Treinador: Vasco Gervásio

ACADÉMICA – 1 LFC V. R. S. António – 1

2ª DIVISÃO DE HONRA, 23ª JORNADA, 23-2-1991 (SAB, 15:00)
Estádio Municipal de Coimbra, Coimbra **Árbitro:** Carlos Valente (Setúbal) **Auxiliares:** João Esteves e Jorge Garcia
Golos: 0-1 (Cal 3'); 1-1 (Latapy 16', gp)

ACADÉMICA: Tó Luís, Mota «cap» (Maurício 75'), Joanito «sc», Alfaia (Paulo Simões 65'), Germano, Rocha, Zé Paulo, Mariano, Latapy, Casquilha e Lewis
Treinador: Vasco Gervásio

LFC V. R. S. António: Avelino, Carrada, Herculano, Farrajota, Joaquim, Augusto, Paulinho «cap», Craveiro (Álvaro 64'), Vivaldo, Maarten (Marco 80') e Cal
Treinador: João Vasques

ACADÉMICA – 1 Boavista FC – 3

TAÇA DE PORTUGAL, 1/16 DE FINAL, 27-2-1991 (QUA, 15:00)
Estádio Municipal de Coimbra, Coimbra **Árbitro:** Sepa Santos (Lisboa) **Auxiliares:** Ildefonso Gomes e Carlos Pires **Golos:** 1-0 (Coelho 7'); 1-1 (Ademir 25'); 1-2 (Ademir 39'); 1-3 (Ademir 69')

ACADÉMICA: Tó Luís, Mota «cap», Joanito, Alfaia, Germano, Rocha, Zé Paulo, Mariano (Paulo Antunes 70'), Latapy, Coelho (Marcelo 62') e Lewis
Treinador: Vasco Gervásio

Boavista FC: Hubart, Paulo Sousa, Garrido «cap» (Jaime Alves 77'), Pedro Barny, Caetano, Bobó, Jaime Cerqueira, Carlos Manuel, Nelo (Denilson 68'), Ademir e Nelson
Treinador: Raul Águas

1990-1991

1990-1991

Leixões SC – 2 ACADÉMICA – 0

2ª DIVISÃO DE HONRA, 24ª JORNADA, 3-3-1991 (DOM, 15:00)
Estádio do Mar, Matosinhos **Árbitro:** António Marçal (Lisboa)
Auxiliares: Alfredo Alexandre e Luís Vital
Golos: 1-0 (Edward 39'); 2-0 (Roberto 41')

Leixões SC: Nunes, Amarildo «cap», Mesquita (Luís Saura 87'), Tozé, Casimiro, Holmberg, André, Manuel Jorge (Chico 60'), Zé Manuel, Roberto e Edward
Treinador: Henrique Calisto

ACADÉMICA: Tó Luís, Mota «cap», Joanito, Alfaia, Germano, Rocha, Zé Paulo, Mariano (Paulo Antunes 53'), Latapy (Marcelo 53'), Coelho e Lewis
Treinador: Vasco Gervásio

ACADÉMICA – 0 FC Paços de Ferreira – 1

2ª DIVISÃO DE HONRA, 25ª JORNADA, 10-3-1991 (DOM, 15:00)
Estádio Municipal de Coimbra, Coimbra **Árbitro:** Vítor Correia (Lisboa) **Auxiliares:** Carlos de Matos e Fernando Castro
Golo: 0-1 (Nuno 47')

ACADÉMICA: Tó Luís, Mota «cap», Joanito, Alfaia (Latapy 49'), Tozé, Rocha, Paulo Antunes, Zé Paulo, Coelho (Casquilha 52'), Lewis e Marcelo
Treinador: Vasco Gervásio

FC Paços de Ferreira: Caldas, Monteiro, Sérgio Cruz, Adalberto, Mota, Quim «cap», Nuno, Agostinho (Ricardo 61'), Carvalho, Moreira (Dionísio 75') e Duca
Treinador: Vítor Oliveira

CD Feirense – 2 ACADÉMICA – 2

2ª DIVISÃO DE HONRA, 26ª JORNADA, 13-3-1991 (QUA, 21:00)
Estádio Marcolino de Castro, Santa Maria da Feira
Árbitro: Francisco Caroço (Portalegre) **Auxiliares:** Adelino Figueiredo e Parra Casimiro **Golos:** 0-1 (Marcelo 69'); 0-2 (Maurício 72'); 1-2 (João Medeiros 83'); 2-2 (Ribeiro 89')

CD Feirense: Vítor Alves, António Lima Pereira (Adão 9'), Daniel, Miguel, Rendeiro, Pinto, Júlio Sérgio, Artur «cap», Manuel António, Quim (João Medeiros 55') e Ribeiro
Treinador: Pedro Nery

ACADÉMICA: Tó Luís, Mota «cap», Maurício, Chico Nikita, Alfaia, Tozé, Rocha, Zé Paulo, Lewis (Coelho 88'), Marcelo e Casquilha (Paulo Antunes 85')
Treinador: Vasco Gervásio

ACADÉMICA – 0 SB Castelo Branco – 0

2ª DIVISÃO DE HONRA, 27ª JORNADA, 16-3-1991 (SAB, 15:00)
Estádio Municipal de Coimbra, Coimbra
Árbitro: Rosa Santos (Beja)
Auxiliares: Carlos Vidonho e Marcolino Batista

ACADÉMICA: Tó Luís, Mota «cap», Maurício, Chico Nikita (AA 89'), Tozé (Coelho 55'), Paulo Antunes, Rocha, Zé Paulo, Lewis, Marcelo e Casquilha
Treinador: Vasco Gervásio

SB Castelo Branco: Carlos, Chico, Amadeu, César Vaz, Tozé, Chiquinho (AA 66'), Nunes (Batista 45'), Peres «cap», Luís Filipe, Artur Jorge (Zarro 54') e Dito
Treinador: Bernardino Pedroto

Louletano DC – 0 ACADÉMICA – 0

2ª DIVISÃO DE HONRA, 28ª JORNADA, 24-3-1991 (DOM, 15:00)
Estádio Municipal de Loulé, Loulé
Árbitro: Vítor Pereira (Lisboa)
Auxiliares: Luís Correia e Amaral Dias

Louletano DC: Carlos Pereira, Ferrinho, Pagani, Dias (V 71'), Gonçalves, Gomes, Zé Albano (Mauricinho 28'), Henrique «cap», Quim Alberto (Marcelo 45'), Carlos Ferreira e Gilson
Treinador: Joaquim Teixeira

ACADÉMICA: Tó Luís, Mota «cap», Maurício, Chico Nikita, Tozé, Paulo Antunes, Rocha, Zé Paulo, Lewis, Casquilha (Marcelo 80') e Latapy (Paulo Simões 68')
Treinador: Vasco Gervásio

ACADÉMICA – 0 Portimonense SC – 0

2ª DIVISÃO DE HONRA, 29ª JORNADA, 30-3-1991 (SAB, 15:00)
Estádio Municipal de Coimbra, Coimbra
Árbitro: Carlos Calheiros (Viana do Castelo)
Auxiliares: Amândio Calheiros e Augusto Calheiros

ACADÉMICA: Tó Luís, Mota «cap», Maurício, Chico Nikita, Tozé, Paulo Antunes (Mariano 61'), Rocha, Zé Paulo, Lewis, Casquilha e Latapy (Marcelo 45')
Treinador: Vasco Gervásio

Portimonense SC: Miguel, Marlon Alves, Aurélio, Bezinski, Cabral, Floris, Rui Manuel, Adalberto (Skoda 72'), Vado, José Pedro «cap» e Paulo Ricardo (Luciano 72')
Treinador: Carlos Alhinho

ACADÉMICA – 0 Varzim SC – 0

2ª DIVISÃO DE HONRA, 31ª JORNADA, 6-4-1991 (SAB, 16:00)
Estádio Municipal de Coimbra, Coimbra
Árbitro: Fernando Correia (Lisboa)
Auxiliares: Moreira Miguel e João Coimbra

ACADÉMICA: Tó Luís, Mota «cap» (Paulo Antunes 63'), Maurício, Chico Nikita, Tozé «sc», Mariano, Rocha (Real 56'), Latapy, Zé Paulo, Lewis e Marcelo
Treinador: Vasco Gervásio

Varzim SC: Zé Carlos, Martins, Graça, Celestino, Lito «cap», Satiro, Jussié (Edmilson 63'), José Maria (Tozé 55'), Ibuka, Gil e Paulo Oliveira
Treinador: Eurico Gomes

CAD "O Elvas" – 1 ACADÉMICA – 0

2ª DIVISÃO DE HONRA, 32ª JORNADA, 14-4-1991 (DOM, 16:00)
Estádio Municipal de Elvas, Elvas **Árbitro:** Mário Leal (Leiria)
Auxiliares: António Sequeira e José Santos
Golo: 1-0 (João Paulo 32')

CAD "O Elvas": Elísio, Ribeiro «cap», Guto, José Rui, Fernando Costa, Juanito, Paulo Tomás, Rui Pedro, Quintas, João Paulo (Sérgio Pinto 68') e Monteiro (João Carlos 89') **Treinador:** Arménio Carapinha

ACADÉMICA: Tó Luís, Mota «cap», Maurício, Chico Nikita, Tozé, Rocha, Alfaia (Lewis 39'), Paulo Antunes, Real (Latapy 68'), Casquilha e Marcelo
Treinador: Vasco Gervásio

ACADÉMICA – 4 FC Barreirense – 0

2ª DIVISÃO DE HONRA, 33ª JORNADA, 21-4-1991 (DOM, 16:00)
Estádio Municipal de Coimbra, Coimbra **Árbitro:** Alexandre Morgado (Porto) **Auxiliares:** Ferreira Aleixo e José Arnaldo **Golos:** 1-0 (Lewis 3'); 2-0 (Paulo Simões 52'); 3-0 (Real 87'); 4-0 (Lewis 90')

ACADÉMICA: Tó Luís, Mota «cap», Maurício, Chico Nikita, Tozé, Rocha, Paulo Antunes (Zé Paulo 56'), Mariano, Paulo Simões (Real 70'), Latapy e Lewis
Treinador: Vasco Gervásio

FC Barreirense: Quim, Matos, Pascoal, Luís Miguel, Diogo I, Paiva, Formiga «cap», Diogo II (Cabumba 51'), Ricardo Jorge (António José 79'), Pedro Miguel e Silvinho
Treinador: José Araújo

SC Freamunde – 4 ACADÉMICA – 0

2ª DIVISÃO DE HONRA, 34ª JORNADA, 28-4-1991 (DOM, 16:00)
Estádio do Sport Clube Freamunde, Freamunde **Árbitro:** Vítor Pereira (Lisboa) **Auxiliares:** Luís Correia e Amaral Dias
Golos: 1-0 (Paulo Fernando 14'); 2-0 (Pedro Barbosa 32'); 3-0 (Zé Rodas 50'); 4-0 (Pedro Barbosa 75')

SC Freamunde: Sardinha, Batista, Carlos, Donizetti, Santos «cap», Pedro Barbosa, David (Luís Filipe 81'), Marcos António, Paulo Fernando (Rui Pacheco 59'), Zé Rodas e Ramon
Treinador: Jorge Regadas

ACADÉMICA: Tó Luís, Mota «cap», Maurício (Zé Paulo 49'), Chico Nikita, Tozé, Rocha, Paulo Antunes, Mariano, Paulo Simões, Latapy (Casquilha 45') e Lewis
Treinador: Vasco Gervásio

ACADÉMICA – 1 UD Leiria – 0

2ª DIVISÃO DE HONRA, 35ª JORNADA, 5-5-1991 (DOM, 16:00)
Estádio Municipal de Coimbra, Coimbra **Árbitro:** Pinto Correia (Lisboa) **Auxiliares:** Hélio Santos e Moisés Ferreira
Golo: 1-0 (Maurício 71')

ACADÉMICA: Tó Luís «sc», Mota «cap» (Walter 45'), Maurício, Chico Nikita, Tozé, Vicente, Zé Paulo, Mariano, Paulo Simões, Casquilha e Marcelo (Real 75')
Treinador: Vasco Gervásio

UD Leiria: Figueiras, Carlos Fonseca, Paulo Duarte «cap», Marcelino, Beto, Mota (Juvenal 75'), Barrocal, Paulo Jorge, Augusto (Zezé Gomes 75'), César e Cobra
Treinador: Amândio Barreiras

FC Maia – 3 ACADÉMICA – 2

2ª DIVISÃO DE HONRA, 36ª JORNADA, 12-5-1991 (DOM, 16:00)
Estádio Prof. Dr. Vieira de Carvalho, Maia **Árbitro:** Vítor Correia (Lisboa) **Auxiliares:** Carlos de Matos e Fernando Castro
Golos: 0-1 (Casquilha 23'); 1-1 (Pedrosa 43', gp); 1-2 (Lewis 61'); 2-2 (Meireles 73'); 3-2 (Canhoto 76')

FC Maia: Pimenta, Celestino, Tavares, Elísio, Poças (Abel 35'), Fua, Jorge «cap», Pedrosa (Careca 56'), Sérgio Lavos, Meireles e Canhoto
Treinador: Nicolau Vaqueiro

ACADÉMICA: Tó Luís «cap», Walter, Vicente (Paulo Antunes 75'), Maurício, Chico Nikita, Tozé, Zé Paulo, Mariano (Latapy 77'), Paulo Simões, Casquilha e Lewis
Treinador: Vasco Gervásio

ACADÉMICA – 1 SC Espinho – 0

2ª DIVISÃO DE HONRA, 37ª JORNADA, 19-5-1991 (DOM, 16:00)
Estádio Municipal de Coimbra, Coimbra **Árbitro:** Carlos Valente (Setúbal) **Auxiliares:** João Esteves e Jorge Garcia
Golo: 1-0 (Paulo Antunes 48')

ACADÉMICA: Pedro Roma, Walter, Alfaia, Chico Nikita, Tozé «cap», Paulo Antunes (Rocha 77'), Real, Vicente, Paulo Simões, Mariano e Casquilha (Mickey 88')
Treinador: Vasco Gervásio

SC Espinho: Pudar, Vitinha, N'Kongolo, Nené, Sousa, Zinho, Nelo, Vermelhinho (Filó 72'), Flávio, Vitorino «cap» (Bessa 59') e Ivan
Treinador: Manuel José

CD Aves – 0 ACADÉMICA – 1

2ª DIVISÃO DE HONRA, 38ª JORNADA, 26-5-1991 (DOM, 16:00)
Estádio do Clube Desportivo das Aves, Vila das Aves
Árbitro: Serafim Alvito (Évora) **Auxiliares:** Joaquim Manuel e Manuel Jacinto **Golo:** 0-1 (Mariano 31', gp)

CD Aves: Carlos Alberto, Almir (Jonas 45'), Petana, Sérgio, Claudemiro «cap», Vieira, Cunha (Abente 71'), Rui Alberto, Vítor, Guimarães e Filipe
Treinador: António Jesus

ACADÉMICA: Tó Luís, Walter, Joanito «cap», Chico Nikita (Mota 79'), Tozé, Vicente, Mariano (Rocha 64'), Real, Casquilha, Paulo Antunes e Paulo Simões
Treinador: Vasco Gervásio

ÉPOCA 1991-1992

2ª DIVISÃO DE HONRA: 6º LUGAR (MANUTENÇÃO)
TAÇA DE PORTUGAL: 1/32 DE FINAL

JOGOS EFECTUADOS						
	J	V	E	D	GM	GS
CASA	18	11	6	1	27	6
FORA	18	3	5	10	11	20
TOTAL	36	14	11	11	38	26

AD Ovarense – 1 ACADÉMICA – 2

2ª DIVISÃO DE HONRA, 1ª JORNADA, 1-9-1991 (DOM, 17:00)
Estádio Marques da Silva, Ovar **Árbitro:** Cunha Antunes (Braga)
Auxiliares: Domingos Rodrigues e Luís Ferreira
Golos: 0-1 (Mendes 15'); 0-2 (Lewis 62'); 1-2 (Rochinha 85')

AD Ovarense: Titó, Zé Castro, Eurico, Joca, Casimiro, Quinito (Teixeirinha 69'), Luís Manuel «cap», Ferreirinha (Décio 62'), Rochinha, Duca e Penteado
Treinador: António Frasco

ACADÉMICA: Pedro Roma, Crisanto, Grosso, Perduv «cap», Marcelino, Falica, Zé Paulo (Paulo Antunes 90'), Rocha, Latapy, Lewis e Mendes (Emanuel 86')
Treinador: José Rachão

ACADÉMICA – 1 Portimonense SC – 0

2ª DIVISÃO DE HONRA, 2ª JORNADA, 15-9-1991 (DOM, 17:00)
Estádio Municipal de Coimbra, Coimbra **Árbitro:** Carlos Carvalho (Porto) **Auxiliares:** Pinto Carneiro e Eduardo Rodrigues
Golo: 1-0 (Mendes 88')

ACADÉMICA: Pedro Roma, Crisanto, Grosso, Perduv «cap», Marcelino, Falica (Paulo Antunes 55'), Zé Paulo (Emanuel 69'), Zé do Carmo, Latapy, Lewis e Mendes
Treinador: José Rachão

Portimonense SC: Koleff, Marlon Alves, Major (José Alhinho 69'), Chico Nikita, Cabral «cap», Bezinski, Gervino (Pedro Costa 64'), Fernando, Luís Tomás, Adalberto e Roberto
Treinador: Pablo Centrone

ACADÉMICA – 2 Rio Ave FC – 1

2ª DIVISÃO DE HONRA, 3ª JORNADA, 22-9-1991 (DOM, 17:00)
Estádio Municipal de Coimbra, Coimbra **Árbitro:** Veiga Trigo (Beja)
Auxiliares: João Crujo e Manuel Burrica
Golos: 0-1 (Tulipa 46'); 1-1 (Zé do Carmo 89'); 2-1 (Lewis 90')

ACADÉMICA: Pedro Roma, Crisanto, Grosso (Paulo Antunes 54'), Perduv «cap» (Emanuel 77'), Marcelino, Zé do Carmo, Zé Paulo, Rocha «sc», Latapy, Lewis e Mendes
Treinador: José Rachão

Rio Ave FC: Joel, Gabriel, Carlos Brito «cap», Alfaia, Rui Jorge, Eusébio, Paulinho Santos, Tulipa, Bino, Gamboa e Luciano (Bragança 54', Freitas 85')
Treinador: Augusto Inácio

FC Tirsense – 1 ACADÉMICA – 0

2ª DIVISÃO DE HONRA, 4ª JORNADA, 29-9-1991 (DOM, 15:00)
Complexo Desportivo do Monte da Forca, Vila Real **Árbitro:** Fortunato Azevedo (Braga) **Auxiliares:** Leite Silva e Valdemar Lopes
Golo: 1-0 (Silvinho 37') **Obs:** Jogo disputado em Vila Real, devido a interdição do estádio Abel Alves de Figueiredo, em Santo Tirso

FC Tirsense: Acácio, José Luís, Paulo Pires, Batista, Jorge «cap», Elias, Cabral, Caetano, Neco (Alain 79'), Silvinho e Paulo Alves (Festas 74')
Treinador: Rodolfo Reis

ACADÉMICA: Pedro Roma, Crisanto, Grosso, Perduv «cap», Marcelino (Emanuel 73'), Falica, Zé do Carmo, Zé Paulo, Rocha (Mendes 56', V 89'), Latapy e Lewis
Treinador: José Rachão

ACADÉMICA – 4 SC Espinho – 0

2ª DIVISÃO DE HONRA, 5ª JORNADA, 5-10-1991 (SAB, 15:00)
Estádio Municipal de Coimbra, Coimbra **Árbitro:** Carlos Valente (Setúbal) **Auxiliares:** João Esteves e Jorge Garcia **Golos:** 1-0 (Zé do Carmo 1'); 2-0 (Lewis 5'); 3-0 (Emanuel 14'); 4-0 (Zé do Carmo 51')

ACADÉMICA: Pedro Roma, Crisanto, Perduv «cap», Marcelino, Grosso, Falica, Latapy (Rocha 79'), Zé do Carmo, Zé Paulo (Paulo Antunes 62'), Emanuel e Lewis
Treinador: José Rachão

SC Espinho: Silvino, Orlando, Vítor, N'Kongolo, Cerqueira, Nelo «cap», Zinho, Zezé Gomes, Marcos António (Kipulu 45'), Zé Albano e Ivan
Treinador: Quinito

CF "Os Belenenses" – 3 ACADÉMICA – 0

2ª DIVISÃO DE HONRA, 6ª JORNADA, 20-10-1991 (DOM, 15:00)
Estádio do Restelo, Lisboa **Árbitro:** José Pratas (Évora)
Auxiliares: José Serra e Lopes da Silva **Golos:** 1-0 (Sadkov 36', gp); 2-0 (Mauro Airez 51'); 3-0 (Paulo Monteiro 88')

CF "Os Belenenses": Pedro Espinha, Guto, Galo, Edmundo (Teixeira 61'), Jorge Marques, Carlos Miguel, Jaime «cap», Emerson, Sadkov, Mauro Airez e Paulo Sérgio (Paulo Monteiro 85')
Treinador: Abel Braga

ACADÉMICA: Pedro Roma, Crisanto, Perduv «cap», Marcelino, Grosso, Falica (Emanuel 56'), Rocha (Paulo Antunes 17'), Zé do Carmo, Latapy, Lewis e Mendes
Treinador: José Rachão

ACADÉMICA – 4 CFE Amadora – 1

2ª DIVISÃO DE HONRA, 7ª JORNADA, 27-10-1991 (DOM, 15:00)
Estádio Municipal de Coimbra, Coimbra **Árbitro:** Bento Marques (Évora) **Auxiliares:** Fonseca Franco e António Manuel **Golos:** 1-0 (Emanuel 25'); 2-0 (Latapy 54'); 3-0 (Zé do Carmo 71'); 3-1 (Chalana 74', gp); 4-1 (Latapy 81')

ACADÉMICA: Pedro Roma, Crisanto, Perduv «cap», Marcelino, Grosso, Falica, Gomes, Zé do Carmo, Latapy, Emanuel (Serralha 86') e Lewis (Mendes 86')
Treinador: José Rachão

CFE Amadora: Vital, Couceiro (N'Goma 70'), Rebelo «cap», Rotti, Valério, Dimas, Alexandre Nunes (João Luís 36'), Agatão, Chalana, Vata e Baroti
Treinador: Jesualdo Ferreira

Louletano DC – 0 ACADÉMICA – 0

2ª DIVISÃO DE HONRA, 8ª JORNADA, 3-11-1991 (DOM, 15:00)
Estádio Municipal de Loulé, Loulé
Árbitro: Vítor Correia (Lisboa)
Auxiliares: Teixeira Ribeiro e Fernando Castro

Louletano DC: Carlos Pereira, Bruno, Luís Cláudio, Pagani, Gonçalves, Mota, Larsen (Domingos Gomes 69'), Rui Esteves, Henrique «cap», Carlitos (Zugic 54') e Horácio
Treinador: Mário Nunes

ACADÉMICA: Pedro Roma, Crisanto, Perduv «cap», Marcelino, Grosso, Falica, Gomes, Zé do Carmo, Latapy, Emanuel (Mendes 89') e Lewis
Treinador: José Rachão

ACADÉMICA – 2 SC Olhanense – 0

2ª DIVISÃO DE HONRA, 9ª JORNADA, 10-11-1991 (DOM, 15:00)
Estádio Municipal de Coimbra, Coimbra **Árbitro:** Isidoro Rodrigues (Viseu) **Auxiliares:** Joaquim Rodrigues e Celso Oliveira
Golos: 1-0 (Latapy 60', gp); 2-0 (Latapy 64')

ACADÉMICA: Pedro Roma, Crisanto (V 69'), Perduv «cap», Marcelino, Grosso, Falica, Latapy, Zé do Carmo, Mendes (Gomes 75'), Emanuel e Lewis
Treinador: José Rachão

SC Olhanense: Mendes, Kiko, Bilro, Morgado, Paulo Renato (Rui Fonseca 80'), Filipe (Plati 74'), Hernâni (V 61'), Luís Reina, Vivas, Edinho e Ricardo «cap»
Treinador: José Rocha

ACADÉMICA – 1 Varzim SC – 0 (AP)

TAÇA DE PORTUGAL, 1/64 DE FINAL, 17-11-1991 (DOM, 15:00)
Estádio Municipal de Coimbra, Coimbra **Árbitro:** Cunha Antunes (Braga) **Auxiliares:** Domingos Rodrigues e Luís Ferreira
Golo: 1-0 (Emanuel 91')

ACADÉMICA: Pedro Roma, Rocha (Paulo Antunes 28'), Perduv «cap», Marcelino, Grosso, Falica (Mendes 85'), Latapy, Zé do Carmo, Gomes, Emanuel e Lewis
Treinador: José Rachão

Varzim SC: Lúcio «cap», Carlitos (Paulão 74'), Chiquinho, Celestino, Tozé, Toninho, Batista, Paulo Lima Pereira (Martins 65'), Ibuka, Ebongué e Paulo Ricardo
Treinador: Bernardino Pedroto

CD Feirense – 1 ACADÉMICA – 1

2ª DIVISÃO DE HONRA, 10ª JORNADA, 24-11-1991 (DOM, 15:00)
Estádio Marcolino de Castro, Santa Maria da Feira **Árbitro:** Jorge Coroado (Lisboa) **Auxiliares:** João Carreira e João Coimbra
Golos: 0-1 (Lewis 43'); 1-1 (Júlio Sérgio 71', gp)

CD Feirense: Vítor Alves, Miguel, Quitó, Armindo Santos, Rifa, Pedro Martins, Artur «cap», Júlio Sérgio, Miguel Bruno, Marcelo e Ribeiro (Daniel 73')
Treinador: Henrique Nunes

ACADÉMICA: Pedro Roma, Crisanto, Perduv «cap», Marcelino, Grosso, Zé do Carmo, Gomes, Falica, Latapy, Lewis e Emanuel (Mendes 90')
Treinador: José Rachão

ACADÉMICA – 3 UD Leiria – 0

2ª DIVISÃO DE HONRA, 11ª JORNADA, 1-12-1991 (DOM, 15:00)
Estádio Municipal de Coimbra, Coimbra **Árbitro:** João Mesquita (Porto) **Auxiliares:** Eduardo Sequeira e José Magalhães
Golos: 1-0 (Lewis 2'); 2-0 (Emanuel 5'); 3-0 (Mendes 88')

ACADÉMICA: Pedro Roma, Crisanto, Perduv «cap», Marcelino, Grosso, Zé do Carmo, Gomes, Latapy (Mendes 87'), Falica, Lewis (Germano 89') e Emanuel
Treinador: José Rachão

UD Leiria: Álvaro, Crespo (Roberto 60'), Serginho, Sousa, Leonel, Holmberg, Barrocal «cap» (Paulo Jorge 60'), Abel, Beto, Chiquinho Carioca e Pedro Miguel
Treinador: Amândio Barreiras

Leixões SC – 1 ACADÉMICA – 0

2ª DIVISÃO DE HONRA, 12ª JORNADA, 8-12-1991 (DOM, 15:00)
Estádio do Mar, Matosinhos **Árbitro:** Rosa Santos (Beja)
Auxiliares: Carlos Vidonho e Marcolino Batista
Golo: 1-0 (Monteiro 4', gp)

Leixões SC: José Carlos, Mesquita, Jorge Costa, Denilson, Rui Manuel, Tozé «cap», Rui Teigão (Lai 75', V 89'), Monteiro, Zé Manuel, Erasmo e Garibaldov (André 59')
Treinador: Manuel Barbosa

ACADÉMICA: Pedro Roma, Crisanto, Perduv «cap» (V 89'), Marcelino «sc», Grosso, Falica (Serralha 70'), Zé do Carmo, Gomes (Emanuel 56'), Latapy, Mendes e Lewis
Treinador: José Rachão

GD Chaves – 1 ACADÉMICA – 0

TAÇA DE PORTUGAL, 1/32 DE FINAL, 15-12-1991 (DOM, 15:00)
Estádio Municipal de Chaves, Chaves **Árbitro:** Xavier de Oliveira (Porto) **Auxiliares:** Adriano Rodrigues e Augusto Rocha
Golo: 1-0 (Manuel Correia 60')

GD Chaves: Rui Correia, Vicente (Marito 58'), Paulo Alexandre, Filgueira, Lino, Manuel Correia, Gilberto, Lila, David «cap», Santos (Karoglan 45') e Saavedra
Treinador: José Romão

ACADÉMICA: Pedro Roma, Crisanto, Palancha, Marcelino «sc», Grosso, Gomes, Falica (Emanuel 69'), Zé do Carmo, Rocha «cap» (Zé d'Angola 69'), Latapy e Lewis
Treinador: José Rachão

1991-1992

ACADÉMICA – 0 CD Aves – 0

2ª DIVISÃO DE HONRA, 13ª JORNADA, 22-12-1991 (DOM, 15:00)
Estádio Municipal de Coimbra, Coimbra
Árbitro: Carlos Valente (Setúbal)
Auxiliares: João Esteves e Jorge Garcia

ACADÉMICA: Pedro Roma, Crisanto, Palancha, Marcelino «sc», Grosso, Rocha «cap» (Mendes 45'), Gomes, Latapy, Zé do Carmo, Emanuel e Lewis
Treinador: José Rachão

CD Aves: Carlos Alberto, Dragan, Bino, Sérgio «cap», Claudemiro, Costa, Vitinha (Túbia 72'), Vítor, Pingo, Quim (Filipe 77') e Rui Neves
Treinador: Ferreirinha

CD Nacional – 0 ACADÉMICA – 0

2ª DIVISÃO DE HONRA, 14ª JORNADA, 28-12-1991 (SAB, 16:00)
Estádio dos Barreiros, Funchal
Árbitro: Vítor Pereira (Lisboa)
Auxiliares: Luís Correia e Amaral Dias

CD Nacional: Amândio, Tininho, Paulo Roberto, Ramos, Hélio, Nunes, António Miguel, Barreto, Paulito «cap» (Duarte Nuno 65'), Roberto Carlos e Aparício (Celso Maciel 62')
Treinador: Rolão Preto

ACADÉMICA: Pedro Roma, Crisanto, Perduv «cap», Marcelino, Grosso, Falica, Gomes, Zé do Carmo, Emanuel, Latapy e Lewis
Treinador: José Rachão

ACADÉMICA – 0 SB Castelo Branco – 0

2ª DIVISÃO DE HONRA, 15ª JORNADA, 5-1-1992 (DOM, 15:00)
Estádio Municipal de Coimbra, Coimbra
Árbitro: Fernando Correia (Lisboa)
Auxiliares: João Ferreira e João Coimbra

ACADÉMICA: Pedro Roma, Crisanto, Perduv «cap», Marcelino, Grosso, Falica, Latapy (Mendes 71', AA 87'), Gomes (Paulo Antunes 45'), Zé do Carmo, Emanuel e Lewis
Treinador: José Rachão

SB Castelo Branco: Tavares, Carlos Vaz, Babá, César Vaz «cap», Ricardo, Quim Berto, Gil (Nunes 89'), Chico, Oliva, Sessay e Zarro (Luís Filipe 65')
Treinador: Quim Manuel

VFC Setúbal – 0 ACADÉMICA – 2

2ª DIVISÃO DE HONRA, 16ª JORNADA, 19-1-1992 (DOM, 15:00)
Estádio do Bonfim, Setúbal **Árbitro:** Jorge Coroado (Lisboa)
Auxiliares: João Carreira e David Francisco
Golos: 0-1 (Lewis 23'); 0-2 (Zé d'Angola 86')

VFC Setúbal: Paulo Sérgio, Jorge Ferreira (AA 88'), Branko, Figueiredo, Quim, Gil, Hélio «cap» (V 60'), Ali Hassan (Beto 45'), Paulo Gomes, Jorge Silva (Amândio 65') e Bajovic
Treinador: Raul Águas

ACADÉMICA: Pedro Roma, Crisanto, Palancha, Marcelino «cap», Grosso (AA 69'), Falica, Zé do Carmo, Gomes, Zé d'Angola, Latapy (Mendes 89') e Lewis
Treinador: José Rachão

ACADÉMICA – 3 CAF Viseu – 0

2ª DIVISÃO DE HONRA, 17ª JORNADA, 26-1-1992 (DOM, 15:00)
Estádio Municipal de Coimbra, Coimbra **Árbitro:** Vítor Pereira (Lisboa) **Auxiliares:** Pedro Proença e Amaral Dias
Golos: 1-0 (Mendes 44'); 2-0 (Mendes 51'); 3-0 (Mendes 73')

ACADÉMICA: Pedro Roma, Crisanto, Palancha, Marcelino «cap», Gomes, Falica (AA 23'), Zé do Carmo (Grosso 89'), Zé d'Angola, Latapy, Mendes e Lewis (Tozé 85')
Treinador: José Rachão

CAF Viseu: Paulo Renato, Bio (Pinha 45'), Matos, Albuquerque, Zé Duarte (V 61'), Tiago, Rogério Sousa, João Manuel «cap», Jorginho (Alain 57'), Herbert e Miguel
Treinador: Carlos Alhinho

ACADÉMICA – 2 AD Ovarense – 0

2ª DIVISÃO DE HONRA, 18ª JORNADA, 2-2-1992 (DOM, 15:00)
Estádio Municipal de Coimbra, Coimbra **Árbitro:** Fortunato Azevedo (Braga) **Auxiliares:** Leite Silva e Valdemar Lopes
Golos: 1-0 (Emanuel 63'); 2-0 (Latapy 80')

ACADÉMICA: Pedro Roma, Crisanto, Palancha, Marcelino «cap», Grosso (Emanuel 55'), Zé do Carmo, Latapy, Gomes, Zé d'Angola, Mendes (Falica 87') e Lewis
Treinador: José Rachão

AD Ovarense: Bizarro, Eduardo Luís, Eurico (AA 64'), Duílio «cap», Casimiro, Peres, Toni (Rubens Feijão 66'), Luís Manuel, Quinito, Rochinha (Penteado 66') e Maiamba
Treinador: Manuel Fernandes

Portimonense SC – 1 ACADÉMICA – 0

2ª DIVISÃO DE HONRA, 19ª JORNADA, 9-2-1992 (DOM, 15:00)
Estádio do Portimonense, Portimão **Árbitro:** Veiga Trigo (Beja)
Auxiliares: João Crujo e Manuel Burrica
Golo: 1-0 (Skoda 24', gp)

Portimonense SC: João, Chico Zé, Aurélio, Chico Nikita, Cartaxo, Marlon Alves, Luís Tomás, Skoda, Cabral «cap», Pelé (Pedro Costa 21') e Roberto
Treinador: Amílcar Fonseca

ACADÉMICA: Pedro Roma, Crisanto, Palancha, Marcelino «cap», Grosso, Falica (Mendes 73'), Gomes (Emanuel 31'), Zé do Carmo, Latapy, Zé d'Angola e Lewis
Treinador: José Rachão

Rio Ave FC – 2 ACADÉMICA – 2

2ª DIVISÃO DE HONRA, 20ª JORNADA, 16-2-1992 (DOM, 15:00)
Estádio do Rio Ave Futebol Clube, Vila do Conde **Árbitro:** Mário Leal (Leiria) **Auxiliares:** António Sequeira e José Santos **Golos:** 0-1 (Latapy 13', gp); 0-2 (Lewis 26'); 1-2 (Toni 34'); 2-2 (Toni 71')

Rio Ave FC: Joel, Gabriel, Farrajota, Eusébio, Rui Jorge, Bino, Paulinho Santos «cap», Bragança, Tulipa, Gamboa (Luciano 29') e Toni
Treinador: Augusto Inácio

ACADÉMICA: Pedro Roma, Crisanto, Palancha, Marcelino «cap», Grosso, Zé do Carmo, Falica, Gomes (Emanuel 77'), Latapy, Zé d'Angola (AA 68') e Lewis
Treinador: José Rachão

ACADÉMICA – 0 FC Tirsense – 0

2ª DIVISÃO DE HONRA, 21ª JORNADA, 23-2-1992 (DOM, 15:00)
Estádio Municipal de Coimbra, Coimbra
Árbitro: Fernando Correia (Lisboa)
Auxiliares: João Ferreira e José Sena

ACADÉMICA: Pedro Roma (V 62'), Crisanto, Palancha, Marcelino «cap», Grosso, Zé do Carmo, Falica (Mendes 52'), Gomes, Latapy, Zé d'Angola (Tó Luís 62') e Lewis
Treinador: José Rachão

FC Tirsense: Acácio, Paulo Pires, José Luís, Batista, Jorge «cap», Cabral (Alain 56'), Elias, Caetano, Rui Manuel, Dreiffus (Paulo Alves 77') e Silvinho
Treinador: Rodolfo Reis

SC Espinho – 2 ACADÉMICA – 0

2ª DIVISÃO DE HONRA, 22ª JORNADA, 29-2-1992 (SAB, 15:00)
Estádio Com. Manuel de Oliveira Violas, Espinho **Árbitro:** Jorge Coroado (Lisboa) **Auxiliares:** Fernando Castro e David Francisco
Golos: 1-0 (Marcos António 22', gp); 2-0 (Vítor Silva 41')

SC Espinho: Silvino, Vítor Silva, Cerqueira, Eliseu «cap», Zinho, Marcos António, Rui Manuel, Zé Albano (Kipulu 83'), Zezé Gomes, Ado e Ivan (Nelo 88')
Treinador: Quinito

ACADÉMICA: Tó Luís, Crisanto, Perduv «cap», Marcelino, Grosso (Mendes 31'), Falica (Tozé 63'), Rocha, Gomes, Latapy, Zé do Carmo e Lewis
Treinador: José Rachão

ACADÉMICA – 0 CF "Os Belenenses" – 1

2ª DIVISÃO DE HONRA, 23ª JORNADA, 8-3-1992 (DOM, 15:00)
Estádio Municipal de Coimbra, Coimbra **Árbitro:** José Silvano (Vila Real) **Auxiliares:** Guedes de Carvalho e Sousa Pinto
Golo: 0-1 (Taira 47')

ACADÉMICA: Pedro Roma, Crisanto, Palancha, Marcelino «cap», Tozé, Rocha (Zé d'Angola 52'), Zé do Carmo, Gomes (Emanuel 63'), Latapy, Lewis e Mendes
Treinador: José Rachão

CF "Os Belenenses": Pedro Espinha, Paulo Monteiro, Guto, Teixeira, Nito, Emerson, Taira «cap», Luís Gustavo, Mauro Airez, Gonçalves (Carlos Miguel 61') e Paulo Sérgio (Edmundo 89')
Treinador: Abel Braga

CFE Amadora – 1 ACADÉMICA – 2

2ª DIVISÃO DE HONRA, 24ª JORNADA, 15-3-1992 (DOM, 15:00)
Estádio José Gomes, Amadora **Árbitro:** Juvenal Silvestre (Setúbal)
Auxiliares: Carlos Fernandes e Luís Santos
Golos: 0-1 (Emanuel 15'); 0-2 (Latapy 68'); 1-2 (João Luís 83')

CFE Amadora: Miguel Ângelo, Rui Neves, Valério, Abel Xavier, Dimas, Agatão, Rebelo «cap», Alexandre Nunes, Baroti (Sérgio 11'), Padinha (Vata 45') e João Luís
Treinador: Joaquim Teixeira

ACADÉMICA: Pedro Roma, Crisanto, Palancha, Marcelino «cap», Tozé, Falica, Rocha, Zé do Carmo, Emanuel (Mendes 87'), Latapy e Lewis (Gomes 89')
Treinador: José Rachão

ACADÉMICA – 1 Louletano DC – 0

2ª DIVISÃO DE HONRA, 25ª JORNADA, 21-3-1992 (SAB, 15:00)
Estádio Municipal de Coimbra, Coimbra **Árbitro:** Bento Marques (Évora) **Auxiliares:** Fonseca Franco e António Manuel
Golo: 1-0 (Mendes 76')

ACADÉMICA: Pedro Roma, Crisanto, Palancha, Marcelino «cap», Tozé, Rocha, Zé d'Angola (Mendes 45'), Zé do Carmo, Emanuel (Falica 78'), Latapy e Lewis
Treinador: José Rachão

Louletano DC: Amaral, Bruno, Luís Cláudio, Pagani, Gonçalves, Larsen (Mota 75'), Henrique «cap», Juanito (Zugic 61'), Carlitos, Paulo Ribeiro e Horácio
Treinador: Mário Nunes

SC Olhanense – 0 ACADÉMICA – 0

2ª DIVISÃO DE HONRA, 26ª JORNADA, 5-4-1992 (DOM, 16:00)
Estádio José Arcanjo, Olhão
Árbitro: Pinto Correia (Lisboa)
Auxiliares: Carlos de Matos e Ricardo Santos

SC Olhanense: Ivo, Filipe, João Paulo, Nilson, Paulo Renato (Luís Reina 75'), Bilro, Augusto, Rogério, Hernâni, Ricardo «cap» e Edinho
Treinador: Ricardo Formosinho

ACADÉMICA: Pedro Roma, Crisanto, Palancha, Marcelino «cap», Tozé, Rocha, Zé do Carmo, Falica, Emanuel, Latapy e Lewis
Treinador: José Rachão

ACADÉMICA – 0 CD Feirense – 0

2ª DIVISÃO DE HONRA, 27ª JORNADA, 12-4-1992 (DOM, 16:00)
Estádio Municipal de Coimbra, Coimbra
Árbitro: Carlos Carvalho (Porto)
Auxiliares: Pinto Carneiro e Eduardo Rodrigues

ACADÉMICA: Pedro Roma, Crisanto, Palancha, Marcelino «cap», Grosso (Serralha 67'), Rocha, Zé do Carmo, Falica (Zé d'Angola 51'), Tozé, Mendes e Emanuel
Treinador: José Rachão

CD Feirense: Vítor Alves, Daniel (Manuel António 45'), Miguel, Armando Santos, Rifa (Pinto 73'), Pedro Martins (AA 85'), Quitó, Artur «cap», Couto, Miguel Bruno e Marcelo
Treinador: Henrique Nunes

UD Leiria – 1 ACADÉMICA – 0

2ª DIVISÃO DE HONRA, 28ª JORNADA, 18-4-1992 (SAB, 16:00)
Estádio Dr. Magalhães Pessoa, Leiria **Árbitro:** Juvenal Silvestre
(Setúbal) **Auxiliares:** Carlos Fernandes e Luís Santos
Golo: 1-0 (Pedro Miguel 87')

UD Leiria: Álvaro, Beto «cap», Serginho, Sousa, Leonel (José Luís 73'), Holmberg, Mário Artur, Abel, Chiquinho Carioca, Pedro Miguel e Roberto (Ricardo Machado 77')
Treinador: Amândio Barreiras

ACADÉMICA: Pedro Roma, Crisanto (V 40'), Palancha, Marcelino «cap», Grosso, Rocha, Zé do Carmo, Falica (Serralha 87'), Zé d'Angola, Tozé e Emanuel (Mendes 74')
Treinador: José Rachão

ACADÉMICA – 0 Leixões SC – 0

2ª DIVISÃO DE HONRA, 29ª JORNADA, 26-4-1992 (DOM, 16:00)
Estádio Municipal de Coimbra, Coimbra
Árbitro: Lourenço Ferreira (Leiria)
Auxiliares: Jorge Martinho e António Pinto

ACADÉMICA: Pedro Roma, Rocha, Palancha, Marcelino «cap», Tozé, Falica (Paulo Antunes 57'), Zé do Carmo, Latapy, Zé d'Angola (Emanuel 52'), Mendes e Lewis
Treinador: José Rachão

Leixões SC: José Carlos, Mesquita, Jorge Costa, Denilson, Álvaro, Rui Manuel, Tozé «cap», Monteiro (André 62'), Erasmo, Lai e Casimiro (Ricardo Lopes 67')
Treinador: Manuel Barbosa

CD Aves – 2 ACADÉMICA – 1

2ª DIVISÃO DE HONRA, 30ª JORNADA, 3-5-1992 (DOM, 16:00)
Estádio do Clube Desportivo das Aves, Vila das Aves **Árbitro:** Vítor Pereira (Lisboa) **Auxiliares:** Luís Correia e Amaral Dias
Golos: 1-0 (Rui Neves 40'); 1-1 (Emanuel 80'); 2-1 (Rui Neves 83', gp)

CD Aves: Carlos Alberto, Dragan, Bino, Sérgio «cap», Filipe, Pelé (Vítor 70'), Quim, Pingo (Almir 62'), Rui Neves, Vitinha e Túbia
Treinador: Ferreirinha

ACADÉMICA: Pedro Roma, Rocha, Palancha, Marcelino «cap», Grosso (Zé d'Angola 65'), Zé do Carmo, Paulo Antunes (Emanuel 45'), Tozé, Latapy, Mendes e Lewis
Treinador: José Rachão

ACADÉMICA – 3 CD Nacional – 2

2ª DIVISÃO DE HONRA, 31ª JORNADA, 10-5-1992 (DOM, 16:00)
Estádio Municipal de Coimbra, Coimbra **Árbitro:** Fernando Correia (Lisboa) **Auxiliares:** João Ferreira e João Coimbra
Golos: 1-0 (Lewis 3'); 2-0 (Lewis 11'); 2-1 (Aparício 37'); 3-1 (Lewis 43'); 3-2 (Roberto Carlos 55')

ACADÉMICA: Pedro Roma, Crisanto, Palancha, Marcelino «cap», Tozé, Rui Moço (Gomes 58'), Rocha, Zé do Carmo, Emanuel, Latapy e Lewis (Zé d'Angola 87')
Treinador: José Rachão

CD Nacional: Pimenta, Tininho (AA 63'), Hélio (Miguel Simão 45'), Zdravkov, Ramos (Muchacho 57'), Vieira, António Miguel, Paulito «cap», Barreto, Roberto Carlos e Aparício
Treinador: Rolão Preto

SB Castelo Branco – 1 ACADÉMICA – 0

2ª DIVISÃO DE HONRA, 32ª JORNADA, 17-5-1992 (DOM, 16:00)
Estádio do Vale do Romeiro, Castelo Branco **Árbitro:** Carlos Carvalho (Porto) **Auxiliares:** Eduardo Rodrigues e Pinto Carneiro
Golo: 1-0 (Entchev 16')

SB Castelo Branco: Tavares, Babá, Chico, César Vaz, Quim Berto, Peres «cap», Zarro, Nunes (Carlos Vaz 72'), Sessay, Entchev e Dito (M'Bouh 59')
Treinador: Bernardino Pedroto

ACADÉMICA: Pedro Roma, Crisanto, Palancha (Rui Moço 50'), Marcelino «cap», Tozé, Rocha, Zé do Carmo, Gomes, Emanuel (Zé d'Angola 50'), Latapy e Lewis
Treinador: José Rachão

ACADÉMICA – 1 VFC Setúbal – 1

2ª DIVISÃO DE HONRA, 33ª JORNADA, 23-5-1992 (SAB, 16:00)
Estádio Municipal de Coimbra, Coimbra **Árbitro:** Miranda de Sousa (Porto) **Auxiliares:** Júlio Amâncio e Joaquim Bessa
Golos: 0-1 (Amadeu 22'); 1-1 (Latapy 58')

ACADÉMICA: Pedro Roma, Walter, Palancha, Marcelino «cap», Tozé (Grosso 72'), Rocha, Zé do Carmo, Gomes (Rui Moço 45'), Emanuel, Latapy e Lewis
Treinador: José Rachão

VFC Setúbal: Paulo Sérgio, Amadeu, Quim, Jorge Ferreira, Branko, Diamantino «cap» (Amâncio 89'), Ali Hassan (Jorge Silva 68'), Nando, Nunes, Gil e Yekini
Treinador: Wagner

CAF Viseu – 2 ACADÉMICA – 1

2ª DIVISÃO DE HONRA, 34ª JORNADA, 31-5-1992 (DOM, 16:00)
Estádio do Fontelo, Viseu **Árbitro:** João Mesquita (Porto)
Auxiliares: Eduardo Sequeira e José Magalhães
Golos: 0-1 (Serralha 20'); 1-1 (Pinha 84'); 2-1 (Faria 88')

CAF Viseu: José Miguel, Bio, Zé Duarte, Faria, Kappa, Vítor, Luís Saura (Matos 73'), João Manuel «cap», Caica, Nimanda (Pinha 45') e Carlos Ferreira
Treinador: Carlos Alhinho

ACADÉMICA: Tó Luís, Walter, Palancha, Marcelino «cap», Grosso, Rocha, Zé do Carmo, Gomes (Germano 67'), Serralha, Zé d'Angola (Mendes 67') e Rui Moço
Treinador: José Rachão

ÉPOCA 1992-1993

2ª DIVISÃO DE HONRA: 4º LUGAR (MANUTENÇÃO)
TAÇA DE PORTUGAL: 1/16 DE FINAL

JOGOS EFECTUADOS

	J	V	E	D	GM	GS
CASA	18	14	3	1	39	11
FORA	19	7	4	8	25	32
TOTAL	37	21	7	9	64	43

AD Ovarense – 1 ACADÉMICA – 2

2ª DIVISÃO DE HONRA, 1ª JORNADA, 23-8-1992 (DOM, 17:00)
Estádio Marques da Silva, Ovar **Árbitro:** Vítor Pereira (Lisboa)
Auxiliares: Pedro Proença e Amaral Dias
Golos: 1-0 (Tomé 21'); 1-1 (Fua 72'); 1-2 (João Manuel 79')

AD Ovarense: Titó (Nelson 45'), Faria, Eurico, Perduv, Casimiro, Alexandre Nunes, Vitinha, Quinito «cap», Tomé, Fernando Gomes (Sérgio 56') e Tiago
Treinador: Joaquim Teixeira

ACADÉMICA: Tó Luís, Walter, Tozé, Carlos Pedro (Fua 56'), Marcelino, Rocha «cap», João Manuel, Zé do Carmo, Latapy, Lewis e Leandro (Zé Duarte 89')
Treinador: José Rachão

ACADÉMICA – 2 CD Nacional – 1

2ª DIVISÃO DE HONRA, 2ª JORNADA, 30-8-1992 (DOM, 17:00)
Estádio Municipal de Coimbra, Coimbra **Árbitro:** Monteiro da Silva (Braga) **Auxiliares:** Henrique Santos e Manuel Silva
Golos: 1-0 (Leandro 17'); 2-0 (Lewis 27'); 2-1 (Roberto Carlos 34')

ACADÉMICA: Tó Luís, Walter (Fua 83'), Tozé, Carlos Pedro, Marcelino, Rocha «cap», João Manuel, Zé do Carmo, Latapy, Lewis e Leandro
Treinador: José Rachão

CD Nacional: Hélder, Bruno Xavier, Festas, Paulito «cap», Barreto, Ramos, Márcio (Chiquinho 75'), Vieira (Muchacho 66'), Henrique, António Miguel e Roberto Carlos
Treinador: Rolão Preto

VFC Setúbal – 5 ACADÉMICA – 1

2ª DIVISÃO DE HONRA, 3ª JORNADA, 6-9-1992 (DOM, 17:00)
Estádio do Bonfim, Setúbal **Árbitro:** Lourenço Ferreira (Leiria)
Auxiliares: Jorge Martinho e António Pinto
Golos: 1-0 (Yekini 20'); 2-0 (Diamantino 31'); 3-0 (Yekini 41'); 4-0 (Yekini 66'); 4-1 (Latapy 82'); 5-1 (Clint 89')

VFC Setúbal: Zé Carlos, Crisanto, Elísio, Quim, Figueiredo, Hélio, Jaime (Chiquinho Conde 71'), Sessay, Rui Carlos, Diamantino «cap» (Clint 80') e Yekini
Treinador: Raul Águas

ACADÉMICA: Tó Luís, Rocha «cap», Marcelino, Falica (Leandro 40'), João Manuel, Justiniano (Tozé 45'), Fua, Carlos Pedro, Latapy, Zé do Carmo e Lewis
Treinador: José Rachão

ACADÉMICA – 1 SC Campomaiorense – 0

2ª DIVISÃO DE HONRA, 4ª JORNADA, 13-9-1992 (DOM, 17:00)
Estádio Municipal de Coimbra, Coimbra **Árbitro:** Paulo Paraty (Porto) **Auxiliares:** Jorge Garcia e José Cardinal
Golo: 1-0 (Carlos Pedro 11')

ACADÉMICA: Vítor Alves, Walter, Zé Duarte, Carlos Pedro, Marcelino, Rocha «cap», João Manuel, Zé do Carmo, Latapy (Fua 66'), Lewis e Leandro (Justiniano 78')
Treinador: José Rachão

SC Campomaiorense: Vítor, Litos (Pedro Xavier 56'), Octaviano, Gil, Azinhais (Juvenal 37'), Lito, Juanito, Sousa, Quim, Nico «cap» e Kostic
Treinador: Álvaro Carolino

FC Penafiel – 2 ACADÉMICA – 4

2ª DIVISÃO DE HONRA, 5ª JORNADA, 20-9-1992 (DOM, 17:00)
Estádio 25 de Abril, Penafiel **Árbitro:** Fortunato Azevedo (Braga)
Auxiliares: Leite Silva e Valdemar Lopes
Golos: 0-1 (Tozé 35'); 1-1 (Reinaldo 41'); 1-2 (Lewis 44'); 1-3 (Latapy 51'); 2-3 (Renato 52'); 2-4 (Lewis 86')

FC Penafiel: João Viva, Isaías (Gil 71'), Bio, Mota, Nando, Valente (João Paulo 45'), Júlio Sérgio, Adão «cap», Reinaldo, Coelho e Renato
Treinador: Carlos Garcia

ACADÉMICA: Vítor Alves, Walter, Zé Duarte, Carlos Pedro, Marcelino, Rocha «cap», João Manuel, Tozé, Zé do Carmo, Latapy (Fua 89') e Lewis
Treinador: José Rachão

ACADÉMICA – 3 FC Felgueiras – 0

2ª DIVISÃO DE HONRA, 6ª JORNADA, 27-9-1992 (DOM, 16:00)
Estádio Municipal de Coimbra, Coimbra **Árbitro:** Serafim Alvito (Évora) **Auxiliares:** Joaquim Manuel e Manuel Jacinto
Golos: 1-0 (Zé do Carmo 7'); 2-0 (Latapy 18'); 3-0 (Latapy 70')

ACADÉMICA: Vítor Alves, Walter, Zé Duarte, Carlos Pedro, Marcelino, Rocha «cap», João Manuel, Tozé (Leandro 82'), Zé do Carmo, Latapy (Fua 78') e Lewis
Treinador: José Rachão

FC Felgueiras: Lopes, Acácio, Camilo, Toninho Cruz, António Lima Pereira «cap», Rodolfo Coutinho (Larsen 45'), Bonamigo, João, Célio (Moreira 45', AA 89'), Bragança e Moke
Treinador: Mário Reis

CFU Madeira – 2 ACADÉMICA – 1

2ª DIVISÃO DE HONRA, 7ª JORNADA, 3-10-1992 (SAB, 16:00)
Estádio dos Barreiros, Funchal **Árbitro:** Carlos Carvalho (Porto)
Auxiliares: Pinto Carneiro e Eduardo Rodrigues
Golos: 0-1 (Lewis 26'); 1-1 (Beto 37'); 2-1 (Pedro Paulo 81')

CFU Madeira: Zivanovic, Nelinho «cap», Marco Aurélio, Ricardo Jorge, Baía, Hermê, Carlos Manuel, Chico Nelo (Jovo 70'), Pedro Paulo, Sérgio Lavos e Beto (Lepi 64')
Treinador: Rui Mâncio

ACADÉMICA: Vítor Alves, Walter, Zé Duarte, Carlos Pedro, Marcelino, Rocha «cap» (Fua 82'), João Manuel, Tozé, Zé do Carmo «sc», Latapy e Lewis (Leandro 54')
Treinador: José Rachão

1992-1993

1992-1993

ACADÉMICA – 1 UD Leiria – 0

2ª DIVISÃO DE HONRA, 8ª JORNADA, 18-10-1992 (DOM, 16:00)
Estádio Municipal de Coimbra, Coimbra **Árbitro:** José Filipe (Algarve) **Auxiliares:** Artur Cadilhe e Francisco Marreiros
Golo: 1-0 (Leandro 89')

ACADÉMICA: Vítor Alves, Walter, Zé Duarte, Marcelino, Rocha «cap», Fua, João Manuel, Tozé (Hristo 67'), Zé do Carmo, Latapy e Leandro
Treinador: José Rachão

UD Leiria: Álvaro, Marlon Alves (Abel 45'), José Rui, César Vaz «cap», Leonel, Kimmel, Gervino, Beto, Chquinho Carioca (Quintas 79'), Peter e Santos
Treinador: Amândio Barreiras

CD Feirense – 2 ACADÉMICA – 2

2ª DIVISÃO DE HONRA, 9ª JORNADA, 25-10-1992 (DOM, 16:00)
Estádio Marcolino de Castro, Santa Maria da Feira **Árbitro:** João Simãozinho (Leiria) **Auxiliares:** Miguel Silva e Vieira de Almeida
Golos: 0-1 (Latapy 2'); 0-2 (João Manuel 38'); 1-2 (Carlos Costa 43'); 2-2 (Alex 67')

CD Feirense: Juranir, Paulo Sérgio, Pedro Miguel, Armando Santos, Pina (Miguel Simão 41'), Pedro Martins, Artur «cap», Soares, Carlos Costa, Mendes (Ribeiro 79') e Alex
Treinador: António Frasco

ACADÉMICA: Vítor Alves, Walter, Zé Duarte, Marcelino, Rocha «cap», Carlos Pedro (Fua 74'), João Manuel (AA 84'), Tozé (Hristo 74'), Zé do Carmo, Latapy e Leandro
Treinador: José Rachão

ACADÉMICA – 5 AD Ala-Arriba – 0

TAÇA DE PORTUGAL, 1/64 DE FINAL, 1-11-1992 (DOM, 16:00)
Estádio Municipal de Coimbra, Coimbra **Árbitro:** Carlos Carvalho (Porto) **Auxiliares:** Carlos Costa e Eduardo Rodrigues
Golos: 1-0 (Fua 17'); 2-0 (Carlos Pedro 69'); 3-0 (Lewis 84'); 4-0 (Hristo 87'); 5-0 (Marcelino 90')

ACADÉMICA: Tó Luís, Walter, Tozé, Marcelino, Zé do Carmo, Carlos Pedro, João Manuel, Hristo, Rocha «cap», Fua e Leandro (Lewis 65')
Treinador: José Rachão

AD Ala-Arriba: Vitó (Paulo Viegas 22'), Ravara (AA 73'), Jó, Rui Silva (AA 89'), Viegas, Amadeu, Samuel (Jeremias 59'), Lourenço «cap», Eduardo Meneses, Gato e Paulo Domingos
Treinador: João Pereira

ACADÉMICA – 1 Louletano DC – 0

2ª DIVISÃO DE HONRA, 10ª JORNADA, 8-11-1992 (DOM, 16:00)
Estádio Municipal de Coimbra, Coimbra **Árbitro:** Fortunato Azevedo (Braga) **Auxiliares:** Leite Silva e Valdemar Lopes
Golo: 1-0 (Fua 89')

ACADÉMICA: Vítor Alves, Walter (Tozé 45'), Zé Duarte, Zé do Carmo, Marcelino, Rocha «cap», Carlos Pedro (Leandro 62'), Fua, João Manuel, Latapy e Lewis
Treinador: José Rachão

Louletano DC: Ivo, Augusto (Marco 65'), João Carlos, Pagani «cap», Idalécio, João Paulo (AA 70'), Branco, Pedro, Cristóvão (Paulo Pilar 88'), Fernando Cruz e Rosário
Treinador: Ricardo Formosinho

Amora FC – 2 ACADÉMICA – 1

2ª DIVISÃO DE HONRA, 11ª JORNADA, 15-11-1992 (DOM, 16:00)
Estádio da Medideira, Amora **Árbitro:** Neves Fernandes (Braga)
Auxiliares: Jorge Pinto e Armando Lemos
Golos: 1-0 (Helinho 17', gp); 2-0 (Osmar 24'); 2-1 (Leandro 53')

Amora FC: Justino, Raul, Rui Melo «cap», Quim, José Joaquim, Tó Sá (Alberto 64'), Helinho, Paulo Jorge, Casquilha (AA 85'), Rui Maside e Osmar (Jorge Silva 83')
Treinador: Jorge Jesus

ACADÉMICA: Vítor Alves, Walter (Leandro 25'), Zé Duarte (Tozé 76'), Zé do Carmo, Marcelino, Rocha «cap», Carlos Pedro, Fua, João Manuel (V 57'), Latapy e Lewis
Treinador: José Rachão

ACADÉMICA – 2 CFE Amadora – 1

2ª DIVISÃO DE HONRA, 12ª JORNADA, 22-11-1992 (DOM, 16:00)
Estádio Municipal de Coimbra, Coimbra **Árbitro:** José Pratas (Évora) **Auxiliares:** José Serra e Lopes da Silva
Golos: 0-1 (Rebelo 19'); 1-1 (Zé Duarte 66'); 2-1 (Leandro 76')

ACADÉMICA: Vítor Alves, Walter, Zé Duarte, Marcelino, Rocha «cap», Fua, Tozé, Zé do Carmo, Leandro (Carlos Pedro 83'), Latapy e Lewis
Treinador: José Rachão

CFE Amadora: Carlos, Abel Xavier, Edmundo, Frederico, Fonseca (Rui Neves 38'), Paulão, Zezé Gomes, Rebelo «cap», Ricardo Lopes (Baroti 70'), Ivan e Caio Júnior
Treinador: João Alves

FC Tirsense – 2 ACADÉMICA – 3 (AP)

TAÇA DE PORTUGAL, 1/32 DE FINAL, 29-11-1992 (DOM, 16:00)
Estádio Abel Alves de Figueiredo, Santo Tirso **Árbitro:** Monteiro da Silva (Braga) **Auxiliares:** Henrique Santos e Manuel Silva
Golos: 1-0 (Jorge 38'); 1-1 (Latapy 46'); 1-2 (Latapy 49'); 2-2 (Silvinho 72'); 2-3 (Carlos Pedro 105')

FC Tirsense: José Carlos, Valério, Paulo Pires «cap» (Marco 56'), Batista, Tozé (Trindade 65'), Jorge, Dreiffus, João Mário (V 104'), Rui Manuel, Vinícius e Silvinho
Treinador: Rodolfo Reis

ACADÉMICA: Tó Luís, Walter, Zé Duarte, Marcelino, Rocha «cap», João Manuel, Tozé (Fua 97'), Zé do Carmo (Falica 115'), Carlos Pedro, Latapy e Leandro
Treinador: José Rachão

SCU Torreense – 2 ACADÉMICA – 0

2ª DIVISÃO DE HONRA, 13ª JORNADA, 6-12-1992 (DOM, 16:00)
Campo Manuel Marques, Torres Vedras **Árbitro:** Martins dos Santos (Porto) **Auxiliares:** Pereira Fernandes e Jorge Neiva
Golos: 1-0 (Rui Esteves 47'); 2-0 (Rui Esteves 80')

SCU Torreense: Elísio, Narciso, Damas «cap» (Rosário 67'), Mota, Andrade (Sérgio Santos 28'), Bené, Rui Esteves, Evandro, Baltasar, Dragolov e Ricardo
Treinador: Manuel Cajuda

ACADÉMICA: Vítor Alves, Walter (Carlos Pedro 52'), Zé Duarte, Marcelino, Rocha «cap», Fua, Tozé (Lewis 52'), Zé do Carmo, João Manuel, Latapy e Leandro
Treinador: José Rachão

ACADÉMICA – 1 Rio Ave FC – 1

2ª DIVISÃO DE HONRA, 14ª JORNADA, 13-12-1992 (DOM, 16:00)
Estádio Municipal de Coimbra, Coimbra **Árbitro:** Vítor Pereira (Lisboa) **Auxiliares:** Fernando Valente e Amaral Dias
Golos: 1-0 (Farrajota 7', pb); 1-1 (Spassov 70')

ACADÉMICA: Vítor Alves, Walter (Fua 74'), Zé Duarte, Marcelino, Rocha «cap», Carlos Pedro (Tozé 80'), João Manuel, Zé do Carmo, Leandro, Latapy e Lewis
Treinador: José Rachão

Rio Ave FC: Joel, Gabriel, Carlos Brito «cap», Farrajota, Rifa, Quim (Pelé 52'), Eusébio, Barroso, Morgado (Miguel Barros 77'), Gama e Spassov
Treinador: Vieira Nunes

Leixões SC – 0 ACADÉMICA – 0

2ª DIVISÃO DE HONRA, 15ª JORNADA, 20-12-1992 (DOM, 16:00)
Estádio do Mar, Matosinhos
Árbitro: João Simãozinho (Leiria)
Auxiliares: Miguel Silva e Vieira de Almeida

Leixões SC: Caldas, Jorge Costa «cap», Sérgio Nunes (Ricardo Nascimento 57'), Eduardo, Mesquita, Monteiro, André, Popovic, Edward, Lai e Noverça (João Medeiros 69')
Treinador: Nicolau Vaqueiro

ACADÉMICA: Tó Luís, Tozé, Zé Duarte, Marcelino, Rocha «cap», Carlos Pedro, João Manuel, Zé do Carmo, Falica, Latapy e Lewis (Leandro 68')
Treinador: José Rachão

Sporting CP – 2 ACADÉMICA – 0

TAÇA DE PORTUGAL, 1/16 DE FINAL, 27-12-1992 (DOM, 16:00)
Estádio José Alvalade, Lisboa **Árbitro:** José Rufino (Algarve)
Auxiliares: Gilberto Bento e José Teixeira
Golos: 1-0 (Balakov 30', gp); 2-0 (Iordanov 41')

Sporting CP: Ivkovic, Nelson, Peixe, Pedro Barny, Leal, Valckx, Figo, Balakov, Cherbakov (Amaral 77'), Cadete «cap» e Iordanov (Capucho 77')
Treinador: Bobby Robson

ACADÉMICA: Tó Luís, Walter (Fua 57'), Zé Duarte, Marcelino, Rocha «cap», Carlos Pedro, Tozé, João Manuel, Zé do Carmo, Latapy e Lewis (Hristo 68')
Treinador: José Rachão

CD Aves – 1 ACADÉMICA – 1

2ª DIVISÃO DE HONRA, 16ª JORNADA, 3-1-1993 (DOM, 16:00)
Estádio do Clube Desportivo das Aves, Vila das Aves **Árbitro:** Bento Marques (Évora) **Auxiliares:** Fonseca Franco e António Manuel
Golos: 1-0 (Vítor 25'); 1-1 (Lewis 36')

CD Aves: Carlos Alberto, Dragan, Bino, Sérgio «cap», Carlitos, Pelé, Vítor, Luís Miguel, Emanuel, Vitinha (Rui Alberto 52') e Túbia
Treinador: Henrique Nunes

ACADÉMICA: Tó Luís, Walter, Zé Duarte, Falica, Rocha «cap», Carlos Pedro, Tozé, João Manuel, Zé do Carmo, Latapy (Marcelino 89') e Lewis (Fua 80')
Treinador: José Rachão

ACADÉMICA – 3 SB Castelo Branco – 1

2ª DIVISÃO DE HONRA, 17ª JORNADA, 10-1-1993 (DOM, 16:00)
Estádio Municipal de Coimbra, Coimbra **Árbitro:** Alexandre Morgado (Porto) **Auxiliares:** Jorge Humberto e José Arnaldo **Golos:** 0-1 (Radi 12'); 1-1 (Zé Duarte 26'); 2-1 (Lewis 43'); 3-1 (Lewis 64')

ACADÉMICA: Tó Luís, Walter (Lewis 20'), Zé Duarte, Rocha «cap» (Falica 74'), Tozé, Zé do Carmo «sc», Zé da Rocha, João Manuel, Fua, Latapy e Leandro
Treinador: José Rachão

SB Castelo Branco: Gorriz, Filipe (Martinho 76'), Tó Manuel, Radi, Luís Filipe (AA 59'), Gil, Chico, Real «cap», Abel Campos, Entchev (Dimov 63') e Ricardo
Treinador: António Fidalgo

ACADÉMICA – 2 AD Ovarense – 1

2ª DIVISÃO DE HONRA, 18ª JORNADA, 31-1-1993 (DOM, 16:00)
Estádio Municipal de Coimbra, Coimbra **Árbitro:** José Filipe (Algarve) **Auxiliares:** Artur Cadilhe e Francisco Marreiros
Golos: 1-0 (Zé Duarte 15'); 2-0 (Fua 26'); 2-1 (Vitinha 89')

ACADÉMICA: Tó Luís, Walter, Zé Duarte, Tozé, Rocha «cap», Carlos Pedro, Fua, João Manuel, Zé do Carmo, Latapy (Falica 70') e Lewis (Leandro 70')
Treinador: José Rachão

AD Ovarense: Nelson, Eurico, Moroni, Faria, Casimiro, Alexandre Nunes, Quinito «cap» (Tomé 64'), Rochinha (Vitinha 45'), Fernando Gomes, Sérgio e Tiago
Treinador: Eduardo Luís

CD Nacional – 0 ACADÉMICA – 0

2ª DIVISÃO DE HONRA, 19ª JORNADA, 6-2-1993 (SAB, 16:00)
Estádio dos Barreiros, Funchal
Árbitro: Lourenço Ferreira (Leiria)
Auxiliares: Jorge Martinho e António Pinto

CD Nacional: Hélder, Bruno, Festas, Ramos, Barreto, Marco, Vieira «cap», Henrique (Costa 66'), António Miguel, Roberto Carlos e Márcio (Edel 84')
Treinador: Joaquim Teixeira

ACADÉMICA: Tó Luís, Walter, Zé Duarte, Tozé (Fua 74'), Rocha «cap», Carlos Pedro, Falica, João Manuel, Zé do Carmo, Latapy e Lewis (Hristo 90')
Treinador: José Rachão

ACADÉMICA – 3 VFC Setúbal – 5

2ª DIVISÃO DE HONRA, 20ª JORNADA, 14-2-1993 (DOM, 16:00)
Estádio Municipal de Coimbra, Coimbra **Árbitro:** Pinto Correia (Lisboa) **Auxiliares:** Carlos de Matos e Gregório Cabo **Golos:** 0-1 (Yekini 11'); 0-2 (Paulo Gomes 49'); 0-3 (Yekini 58'); 1-3 (Fua 67'); 2-3 (Hristo 69'); 3-3 (Hristo 74'); 3-4 (Yekini 76'); 3-5 (Yekini 89')

ACADÉMICA: Tó Luís, Walter (Leandro 38'), Zé Duarte, Tozé, Rocha «cap», Carlos Pedro (Hristo 63'), Fua, João Manuel, Zé do Carmo, Latapy e Lewis
Treinador: José Rachão

VFC Setúbal: Zé Carlos, Crisanto, Elísio, Quim, Rui Carlos, Eric, Hélio «cap», Paulo Gomes (Pica 71'), Sessay, Chiquinho Conde (Clint 70') e Yekini
Treinador: Raul Águas

SC Campomaiorense – 1 ACADÉMICA – 2

2ª DIVISÃO DE HONRA, 21ª JORNADA, 28-2-1993 (DOM, 16:00)
Estádio Capitão César Correia, Campo Maior **Árbitro:** João Mesquita (Porto) **Auxiliares:** Eduardo Sequeira e Casimiro Martins **Golos:** 0-1 (Latapy 60'); 0-2 (Fua 68'); 1-2 (Sousa 90')

SC Campomaiorense: Pestalic, Lito, Octaviano, Aurélio, Azinhais «cap», Seca (Nico 62'), Gil, Luís Cordeiro (Kostic 67'), Juvenal, Sousa e Quim
Treinador: Carlos Simões

ACADÉMICA: Tó Luís, Walter, Zé Duarte (Marcelino 84'), Tozé, Paredão, Rocha «cap», Falica, Fua, João Manuel (Zé do Carmo 55'), Latapy e Hristo
Treinador: José Rachão

ACADÉMICA – 4 FC Penafiel – 0

2ª DIVISÃO DE HONRA, 22ª JORNADA, 7-3-1993 (DOM, 16:00)
Estádio Municipal de Coimbra, Coimbra **Árbitro:** Jorge Coroado (Lisboa) **Auxiliares:** Fernando Castro e Joaquim Marcelino **Golos:** 1-0 (Falica 39'); 2-0 (Hristo 55'); 3-0 (Latapy 60'); 4-0 (Rocha 65')

ACADÉMICA: Tó Luís, Walter, Zé Duarte, Tozé, Paredão, Rocha «cap», Falica, Fua, Zé do Carmo (Carlos Pedro 85'), Latapy (Leandro 75') e Hristo
Treinador: José Rachão

FC Penafiel: João Viva, Paulinho, Isaías, Vasco, Nando, Gena (Vítor 55'), Edu, Mário Augusto (Júlio Sérgio 78'), Adão «cap», Reinaldo e Coelho
Treinador: Carlos Garcia

FC Felgueiras – 4 ACADÉMICA – 0

2ª DIVISÃO DE HONRA, 23ª JORNADA, 14-3-1993 (DOM, 16:00)
Estádio Dr. Machado de Matos, Felgueiras **Árbitro:** Carlos Valente (Setúbal) **Auxiliares:** João Esteves e Jorge Garcia **Golos:** 1-0 (Moke 47'); 2-0 (Bragança 55'); 3-0 (António Lima Pereira 81'); 4-0 (Lopes da Silva 89')

FC Felgueiras: Lopes, Acácio, Camilo, Toninho Cruz, Rodolfo Coutinho, António Lima Pereira «cap», Lopes da Silva, José Augusto, Célio (Frank 77'), Bragança (Ramon 86') e Moke
Treinador: Mário Reis

ACADÉMICA: Tó Luís, Walter, Zé Duarte, Marcelino (Lewis 56'), Tozé (Zé do Carmo 56'), Paredão, Rocha «cap», Falica, Fua (AA 70'), Latapy e Hristo
Treinador: José Rachão

ACADÉMICA – 1 CFU Madeira – 1

2ª DIVISÃO DE HONRA, 24ª JORNADA, 21-3-1993 (DOM, 16:00)
Estádio Municipal de Coimbra, Coimbra **Árbitro:** António Rola (Santarém) **Auxiliares:** Carlos Faustino e Manuel Laurentino **Golos:** 1-0 (Lewis 20'); 1-1 (Manu 33')

ACADÉMICA: Tó Luís, Zé da Rocha (Hristo 45'), Zé Duarte, Marcelino (Leandro 63'), Tozé, Zé do Carmo, Rocha «cap», João Manuel, Fua, Latapy e Lewis
Treinador: José Rachão

CFU Madeira: Zivanovic, Vicente, Marco Aurélio «cap», Dragan, Baía, Hermê, Rui Sérgio, Chico Nelo, Jovo (Pedro Paulo 76'), Manu e Lepi (Beto 56')
Treinador: Ernesto Paulo

UD Leiria – 0 ACADÉMICA – 2

2ª DIVISÃO DE HONRA, 25ª JORNADA, 28-3-1993 (DOM, 16:00)
Estádio Dr. Magalhães Pessoa, Leiria **Árbitro:** Veiga Trigo (Beja) **Auxiliares:** João Crujo e Manuel Burrica
Golos: 0-1 (Leonel 44', pb); 0-2 (Latapy 46', gp)

UD Leiria: Álvaro, José Rui (AA 87'), Kimmel (V 43'), César Vaz «cap», Leonel (Beto 53'), Abel, Holmberg, Santos (Ricardo Machado 53'), Chiquinho Carioca, Quintas e Peter
Treinador: Luís Campos

ACADÉMICA: Tó Luís, Walter, Zé Duarte, Tozé, Rocha «cap», João Manuel, Zé do Carmo, Fua, Leandro, Latapy e Hristo
Treinador: José Rachão

ACADÉMICA – 2 CD Feirense – 0

2ª DIVISÃO DE HONRA, 26ª JORNADA, 4-4-1993 (DOM, 17:00)
Estádio Municipal de Coimbra, Coimbra **Árbitro:** Carlos Calheiros (Viana do Castelo) **Auxiliares:** Amândio Calheiros e Augusto Calheiros **Golos:** 1-0 (Tozé 18'); 2-0 (Leandro 65')

ACADÉMICA: Tó Luís, Walter, Zé Duarte, Tozé, Rocha «cap», João Manuel, Zé do Carmo, Fua, Leandro, Latapy (Lewis 82') e Hristo (Carlos Pedro 73')
Treinador: José Rachão

CD Feirense: Juranir, Zé Carlos, Daniel (AA 72'), Armando Santos, David, Pina (Mendes 59'), Pedro Martins, Artur «cap», Soares (Ribeiro 29'), Carlos Costa e Alex
Treinador: Amândio Barreiras

Louletano DC – 1 ACADÉMICA – 2

2ª DIVISÃO DE HONRA, 27ª JORNADA, 10-4-1993 (SAB, 16:00)
Estádio Municipal de Loulé, Loulé **Árbitro:** Vítor Pereira (Lisboa) **Auxiliares:** Pedro Proença e Amaral Dias
Golos: 0-1 (Latapy 74'); 0-2 (Latapy 86'); 1-2 (Melo 89')

Louletano DC: Ivo, César (Augusto 74'), João Carlos, Pagani «cap», Álvaro Pedro, João Paulo, Branco, Melo, Cristóvão, Paulo Pilar (Paulo Cavaco 80') e Rosário
Treinador: Ricardo Formosinho

ACADÉMICA: Tó Luís, Walter, Zé Duarte, Tozé, Rocha «cap», João Manuel, Zé do Carmo (AA 63'), Fua (Falica 89'), Leandro, Latapy e Hristo (Carlos Pedro 45')
Treinador: José Rachão

ACADÉMICA – 4 Amora FC – 0

2ª DIVISÃO DE HONRA, 28ª JORNADA, 18-4-1993 (DOM, 17:00)
Estádio Municipal de Coimbra, Coimbra **Árbitro:** José Pratas (Évora) **Auxiliares:** José Serra e Lopes da Silva
Golos: 1-0 (Fua 11'); 2-0 (Leandro 16'); 3-0 (Latapy 41'); 4-0 (Fua 76')

ACADÉMICA: Tó Luís, Walter, Zé Duarte, Tozé, Rocha «cap», João Manuel, Zé do Carmo, Fua, Leandro, Latapy (Carlos Pedro 79') e Hristo (Lewis 69')
Treinador: José Rachão

Amora FC: Vítor Pereira, Tó Sá, Rui Melo «cap», Raul (V 28'), Sérgio Camacho, Helinho, Casquilha (Quim 38'), Rui Maside (Osmar 45'), Jorge Silva, Sérgio Gomes e Macaé
Treinador: José Augusto

CFE Amadora – 2 ACADÉMICA – 1

2ª DIVISÃO DE HONRA, 29ª JORNADA, 2-5-1993 (DOM, 17:00)
Estádio José Gomes, Amadora **Árbitro:** Soares Dias (Porto) **Auxiliares:** Carlos Alberto e Pinto Miranda **Golos:** 0-1 (Leandro 51'); 1-1 (Abel Xavier 66', gp); 2-1 (Abel Xavier 87')

CFE Amadora: Carlos, Calado (Zé Albano 53'), Frederico «cap», Edmundo, Fonseca, Agatão, Abel Xavier, Zezé Gomes, Ricardo Lopes (Paulo Ferreira 76'), Caio Júnior e João Luís
Treinador: João Alves

ACADÉMICA: Tó Luís, Walter, Zé Duarte, Tozé, Rocha «cap» (Lewis 89'), João Manuel, Zé do Carmo «sc», Fua, Leandro, Latapy e Hristo (Carlos Pedro 66')
Treinador: José Rachão

ACADÉMICA – 3 SCU Torreense – 0

2ª DIVISÃO DE HONRA, 30ª JORNADA, 8-5-1993 (SAB, 17:00)
Estádio Municipal de Coimbra, Coimbra **Árbitro:** Martins dos Santos (Porto) **Auxiliares:** Pereira Fernandes e Jorge Neiva
Golos: 1-0 (Lewis 74'); 2-0 (Latapy 78'); 3-0 (Lewis 89')

ACADÉMICA: Tó Luís, Walter, Zé Duarte, Tozé, Rocha «cap», João Manuel (AA 83'), Zé do Carmo, Fua, Leandro (Carlos Pedro 76'), Latapy e Hristo (Lewis 53')
Treinador: José Rachão

SCU Torreense: Elísio, Narciso (AA 82'), Mota, Andrade, Sérgio Santos, Bruno, Rui Esteves (Paulo Tomás 82'), Evandro, Baltasar «cap», Rosário e Ricardo (Vata 76')
Treinador: Rui Mâncio

Rio Ave FC – 0 ACADÉMICA – 1

2ª DIVISÃO DE HONRA, 31ª JORNADA, 16-5-1993 (DOM, 17:00)
Estádio do Rio Ave Futebol Clube, Vila do Conde **Árbitro:** Carlos Valente (Setúbal) **Auxiliares:** João Esteves e Jorge Garcia
Golo: 0-1 (Lewis 73')

Rio Ave FC: Sérgio, Carlos Brito «cap», Eusébio, Farrajota (Pelé 57'), Morgado, Gamboa (V 77'), Camberra, Barroso, Quim, Spassov e Miguel Barros (Gama 28')
Treinador: Vieira Nunes

ACADÉMICA: Tó Luís, Walter, Zé Duarte, Tozé, Rocha «cap», João Manuel, Zé do Carmo, Fua, Leandro (Falica 78'), Latapy e Lewis
Treinador: José Rachão

ACADÉMICA – 1 Leixões SC – 0

2ª DIVISÃO DE HONRA, 32ª JORNADA, 23-5-1993 (DOM, 17:00)
Estádio Municipal de Coimbra, Coimbra **Árbitro:** Donato Ramos (Viseu) **Auxiliares:** José Quadros e Horácio Rodrigues
Golo: 1-0 (Lewis 28')

ACADÉMICA: Tó Luís, Walter, Zé Duarte, Tozé, Rocha «cap», João Manuel, Zé do Carmo (Falica 87'), Fua, Leandro, Latapy e Lewis
Treinador: José Rachão

Leixões SC: Correia, Mesquita, Jorge Costa «cap», Sérgio Nunes, Eduardo, Monteiro (AA 62'), Túlio, Álvaro (Popovic 40'), Erasmo, Ricardo Nascimento (Lai 40') e Noverça
Treinador: Nicolau Vaqueiro

ACADÉMICA – 0 CD Aves – 0

2ª DIVISÃO DE HONRA, 33ª JORNADA, 30-5-1993 (DOM, 17:00)
Estádio Municipal de Coimbra, Coimbra
Árbitro: António Rola (Santarém)
Auxiliares: Carlos Faustino e Manuel Laurentino

ACADÉMICA: Tó Luís, Walter (Carlos Pedro 88'), Zé Duarte, Tozé, Rocha «cap», João Manuel, Zé do Carmo (Hristo 59'), Fua, Leandro, Latapy e Lewis
Treinador: José Rachão

CD Aves: Batista, Dragan, Costa Pinto, Sérgio «cap», Carvalho, Pelé, Vítor, Vitinha (Carlitos 44'), Túbia, Ebongué (Quim Alberto 63') e Luís Miguel
Treinador: Henrique Nunes

SB Castelo Branco – 3 ACADÉMICA – 2

2ª DIVISÃO DE HONRA, 34ª JORNADA, 6-6-1993 (DOM, 17:00)
Estádio do Vale do Romeiro, Castelo Branco **Árbitro:** João Mesquita (Porto) **Auxiliares:** Casimiro Martins e José Magalhães **Golos:** 1-0 (Ricardo 42'); 1-1 (Leandro 46'); 1-2 (Leandro 52'); 2-2 (Martinho 81'); 3-2 (Martinho 82')

SB Castelo Branco: Gorriz, Zarro, Chico «cap», Radi, Grosso, Dimov, Abel Campos (Gil 74'), Miguel Vaz, António Costa (Martinho 74'), Ricardo e Luís Filipe
Treinador: Pedro Gomes

ACADÉMICA: Tó Luís, Walter (Leandro 45'), Zé Duarte, Tozé, Rocha «cap» (Zé da Rocha 45'), João Manuel, Zé do Carmo «sc», Fua (V 36'), Hristo, Latapy e Lewis
Treinador: José Rachão

ÉPOCA 1993-1994

2ª DIVISÃO DE HONRA: 5º LUGAR (MANUTENÇÃO)
TAÇA DE PORTUGAL: 1/32 DE FINAL

JOGOS EFECTUADOS

	J	V	E	D	GM	GS
CASA	18	14	2	2	28	5
FORA	18	4	2	12	13	28
TOTAL	36	18	4	14	41	33

SC Campomaiorense – 3 ACADÉMICA – 0

2ª DIVISÃO DE HONRA, 1ª JORNADA, 22-8-1993 (DOM, 17:00)
Estádio Capitão César Correia, Campo Maior **Árbitro:** Martins dos Santos (Porto) **Auxiliares:** Pereira Fernandes e Jorge Neiva
Golos: 1-0 (Jairo 71'); 2-0 (Sousa 87'); 3-0 (Moke 89')

SC Campomaiorense: Pestalic, Jorge Neves, Octaviano, Aurélio, Azinhais, Joel (Jairo 45'), Sousa, Quim «cap», Ricardo, Juvenal (Gila 77') e Moke (AA 89')
Treinador: António Fidalgo

ACADÉMICA: Vítor Alves, Walter, Vítor Duarte, Rocha «cap», Tozé, Ricardo (Mickey 68'), Zé do Carmo, Carlos Pedro, Baroti (Nuno Luís 79'), Latapy e Lewis
Treinador: Vítor Manuel

ACADÉMICA – 0 FC Felgueiras – 0

2ª DIVISÃO DE HONRA, 2ª JORNADA, 29-8-1993 (DOM, 17:00)
Estádio Municipal de Coimbra, Coimbra
Árbitro: Marques da Silva (Funchal)
Auxiliares: Manuel Neves e Pita da Silva

ACADÉMICA: Vítor Alves, Walter, Vítor Duarte, Rocha «cap», Tozé, Ricardo (Paulo Vida 39'), Zé do Carmo, Carlos Pedro, Baroti (Nuno Luís 63'), Latapy e Lewis
Treinador: Vítor Manuel

FC Felgueiras: Elísio, Crisanto, Acácio, António Lima Pereira «cap», Tiano, Tozé, Paulo Lima Pereira, Bragança, Erasmo (Moreira de Sá 85'), Sérgio Luís e Washington (Vicente 45')
Treinador: Rodolfo Reis

Leça FC – 1 ACADÉMICA – 3

2ª DIVISÃO DE HONRA, 3ª JORNADA, 12-9-1993 (DOM, 17:00)
Estádio do Leça Futebol Clube, Leça da Palmeira **Árbitro:** António Rola (Santarém) **Auxiliares:** Carlos Faustino e Manuel Laurentino
Golos: 0-1 (Lewis 19'); 1-1 (Fernandes 28'); 1-2 (Ricardo 57'); 1-3 (Lewis 63')

Leça FC: Paulo Brás, Dusko, Orlando (Tião 67'), Adalberto, Jarrais, Armando, Fernandes «cap», Stilic, Markovic (Vítor Marques 78'), Serifo e Constantino
Treinador: António Frasco

ACADÉMICA: Sérgio, Walter, Vítor Duarte, Rocha «cap», Tozé, Ricardo (Baroti 59'), Zé do Carmo, Carlos Pedro, Nuno Luís, Latapy e Lewis (Zé Duarte 83')
Treinador: Vítor Manuel

ACADÉMICA – 1 Portimonense SC – 0

2ª DIVISÃO DE HONRA, 4ª JORNADA, 19-9-1993 (DOM, 17:00)
Estádio Municipal de Coimbra, Coimbra **Árbitro:** Soares Dias (Porto) **Auxiliares:** Carlos Alberto e Pinto Miranda
Golo: 1-0 (Ricardo 88')

ACADÉMICA: Sérgio, Walter (Ricardo 64'), Vítor Duarte, Rocha «cap», Tozé, João Manuel, Zé do Carmo (Fernando 60'), Carlos Pedro, Nuno Luís, Latapy e Lewis
Treinador: Vítor Manuel

Portimonense SC: Dragan, Cartaxo, Duílio «cap», Milan, Chico Nikita, Nuno Valente (AA 62'), Hernâni, Edinho, Delgado, Guedes (Adriano 18', Paulo Pilar 82') e Lopes
Treinador: Amílcar Fonseca

AD Ovarense – 3 ACADÉMICA – 1

2ª DIVISÃO DE HONRA, 5ª JORNADA, 26-9-1993 (DOM, 16:00)
Estádio Marques da Silva, Ovar **Árbitro:** António Marçal (Lisboa) **Auxiliares:** Albertino Rodrigues e Luís Vital **Golos:** 0-1 (Lewis 5'); 1-1 (Tiago 35'); 2-1 (Nilton 43'); 3-1 (Moroni 54', gp)

AD Ovarense: Vladan, Casimiro, Eurico, Moroni, Tiago, Quim, Sérgio, Costa, Nilton (Alain Leon 79'), Quinito «cap» (Mariano 73') e João Paulo
Treinador: Eduardo Luís

ACADÉMICA: Sérgio, Walter, Vítor Duarte, Zé Duarte (Ricardo 57'), Tozé, João Manuel (Fernando 45'), Zé do Carmo «cap», Carlos Pedro, Nuno Luís, Latapy e Lewis
Treinador: Vítor Manuel

ACADÉMICA – 0 CD Aves – 0

2ª DIVISÃO DE HONRA, 6ª JORNADA, 3-10-1993 (DOM, 16:00)
Estádio Municipal de Coimbra, Coimbra
Árbitro: Cunha Antunes (Braga)
Auxiliares: Luís Ferreira e Pinto Rocha

ACADÉMICA: Sérgio, Walter, Vítor Duarte (Mickey 81'), Rocha «cap», Baroti (Carlos Pedro 62'), Ricardo, Zé do Carmo, Fernando, Nuno Luís, Latapy e Lewis
Treinador: Vítor Manuel

CD Aves: Batista, Picão, Sérgio «cap», Dragan, Daniel, Eduardo, Luís Miguel, Júlio Sérgio, Vitinha (Lav 80'), Luís Carlos (Miguel 55') e Túbia
Treinador: Henrique Nunes

SCU Torreense – 0 ACADÉMICA – 1

2ª DIVISÃO DE HONRA, 7ª JORNADA, 17-10-1993 (DOM, 16:00)
Campo Manuel Marques, Torres Vedras **Árbitro:** João Mesquita (Porto) **Auxiliares:** João Almeida e José Magalhães
Golo: 0-1 (Latapy 32')

SCU Torreense: Jovanovic, Sérgio Camacho (Sérgio Santos 56'), Rui Melo, João Mota, Baía, Bruno «cap», Hélder (Calila 50'), Horácio, Chiquinho, Omer e Sérgio Pedro
Treinador: Rui Mâncio

ACADÉMICA: Sérgio, Nuno Luís, Rocha «cap», Vítor Duarte, Zé Duarte, Tozé, Fernando (Ricardo 87'), Zé do Carmo, Mito (Carlos Pedro 65'), Latapy e Lewis
Treinador: Vítor Manuel

ACADÉMICA – 1 Rio Ave FC – 0

2ª DIVISÃO DE HONRA, 8ª JORNADA, 24-10-1993 (DOM, 16:00)
Estádio Municipal de Coimbra, Coimbra **Árbitro:** Vítor Pereira (Lisboa) **Auxiliares:** Fernando Valente e Amaral Dias
Golo: 1-0 (Fernando 49')

ACADÉMICA: Sérgio, Nuno Luís, Rocha «cap», Vítor Duarte, Zé Duarte, Tozé, Fernando, Zé do Carmo, Mito (Carlos Pedro 75'), Latapy (Ricardo 82') e Lewis
Treinador: Vítor Manuel

Rio Ave FC: Jorge Silva, Gabriel, Valério, Carlos Brito «cap», Farrajota (Pelé 56'), Carvalho (Quim 66'), Falica, Resende, Gamboa, Clint e Gama
Treinador: José Rachão

CAF Viseu – 1 ACADÉMICA – 2

2ª DIVISÃO DE HONRA, 9ª JORNADA, 31-10-1993 (DOM, 16:00)
Estádio do Fontelo, Viseu **Árbitro:** Fortunato Azevedo (Braga) **Auxiliares:** Júlio Loureiro e Valdemar Lopes **Golos:** 0-1 (Fernando 57'); 0-2 (Zé do Carmo 72'); 1-2 (Arsénio 78', gp)

CAF Viseu: Augusto, Sérgio (Mauro 68'), Nilson, Beto, Arsénio, Moustapha, Luís Vouzela, Paulo Fernando (Ali Hassan 77'), Besirovic, João Luís «cap» e Zé d'Angola
Treinador: José Moniz

ACADÉMICA: Sérgio, Nuno Luís, Rocha «cap», Vítor Duarte, Zé Duarte, Tozé, Fernando, Zé do Carmo, Mito (Carlos Pedro 80'), Latapy e Lewis (Ricardo 82')
Treinador: Vítor Manuel

ACADÉMICA – 2 SC Campomaiorense – 1

TAÇA DE PORTUGAL, 1/64 DE FINAL, 7-11-1993 (DOM, 16:00)
Estádio Municipal de Coimbra, Coimbra **Árbitro:** Paulo Costa (Porto) **Auxiliares:** Paulo Graciano e Eduardo Ferreira
Golos: 1-0 (Latapy 5'); 1-1 (Juvenal 60'); 2-1 (Tozé 66')

ACADÉMICA: Sérgio, Nuno Luís, Palancha (Paulo Vida 63'), Vítor Duarte, Zé Duarte, Tozé, Fernando (Carlos Pedro 75'), Zé do Carmo «cap», Mito, Latapy e Ricardo
Treinador: Vítor Manuel

SC Campomaiorense: Pestalic, Paulinho (Rui Jorge 70'), Aurélio (AA 80'), Octaviano, Jorge Neves, Joel, Jairo, Sousa, Quim «cap» (Jordão 77'), Juvenal e Moke
Treinador: António Fidalgo

ACADÉMICA – 2 FC Penafiel – 0

2ª DIVISÃO DE HONRA, 10ª JORNADA, 21-11-1993 (DOM, 16:00)
Estádio Municipal de Coimbra, Coimbra **Árbitro:** José Filipe (Algarve) **Auxiliares:** Artur Cadilhe e Luís Morgado
Golos: 1-0 (Latapy 51'); 2-0 (Ricardo 63')

ACADÉMICA: Sérgio, Nuno Luís, Rocha «cap», Zé Duarte, Tozé, Fernando, Zé do Carmo (Carlos Pedro 45'), Mito (Vítor Duarte 75'), Latapy, Ricardo e Lewis
Treinador: Vítor Manuel

FC Penafiel: João Viva, Isaías, Ricardo Martins, Luís Cláudio (Caíca 82'), Joca, Fernando, Zé Armindo, José Augusto, Adão «cap», Sérgio Conceição (Paulo Antunes 72') e Ricardo
Treinador: Mário Nunes

ACADÉMICA – 1 Leixões SC – 0

2ª DIVISÃO DE HONRA, 11ª JORNADA, 28-11-1993 (DOM, 16:00)
Estádio Municipal de Coimbra, Coimbra **Árbitro:** António Rola (Santarém) **Auxiliares:** Carlos Faustino e Manuel Laurentino
Golo: 1-0 (Zé Duarte 88')

ACADÉMICA: Sérgio, Nuno Luís (João Manuel 64'), Rocha «cap», Zé Duarte, Carlos Pedro, Fernando, Zé do Carmo, Mito, Latapy, Ricardo (Paulo Vida 54') e Lewis
Treinador: Vítor Manuel

Leixões SC: Correia, Mesquita «cap», Moura (AA 83'), Sérgio Nunes, Barriga, Mozer, Rui Teigão, Pinheiro (Zé Manuel 67'), Túlio, Chico e Mendes (Carlos Eduardo 82')
Treinador: Vieira Nunes

LFC Lourosa – 2 ACADÉMICA – 0

TAÇA DE PORTUGAL, 1/32 DE FINAL, 5-12-1993 (DOM, 16:00)
Estádio do Lusitânia, Lourosa **Árbitro:** António Marçal (Lisboa) **Auxiliares:** Albertino Rodrigues e Luís Vital
Golos: 1-0 (Simone 51'); 2-0 (Lourenço 88')

LFC Lourosa: Tibi, Carlinhos, Ben-Hur, Pinhal, João Gomes, Castro «cap», Vítor, Pana, China (Rosário 63'), Basílio e Simone (Lourenço 87')
Treinador: António Luís

ACADÉMICA: Sérgio, Walter (Baroti 65'), Zé Duarte, Rocha «cap», Tozé (Zé do Carmo 60'), João Manuel, Mito, Carlos Pedro (AA 89'), Paulo Vida, Latapy e Fernando
Treinador: Vítor Manuel

SC Espinho – 1 ACADÉMICA – 1

2ª DIVISÃO DE HONRA, 12ª JORNADA, 11-12-1993 (SAB, 16:00)
Estádio Com. Manuel de Oliveira Violas, Espinho **Árbitro:** Lucílio Batista (Setúbal) **Auxiliares:** João Domingos e José Peixoto
Golos: 0-1 (Amadeu 24', pb); 1-1 (Ado 64', gp)

SC Espinho: Ivo, Amadeu, Castro, Slagalo, Andrade, Januário, Sérgio, Rui Manuel «cap» (Cardoso 76'), Nascimento (Miranda 31'), Ado e Leandro
Treinador: Norton de Matos

ACADÉMICA: Sérgio, Walter, Rocha «cap» (V 70'), Vítor Duarte, Zé Duarte, Tozé, Zé do Carmo «sc», Mito, Paulo Vida (João Manuel 74'), Latapy e Lewis (Ricardo 56')
Treinador: Vítor Manuel

ACADÉMICA – 3 Louletano DC – 0

2ª DIVISÃO DE HONRA, 13ª JORNADA, 19-12-1993 (DOM, 16:00)
Estádio Municipal de Coimbra, Coimbra **Árbitro:** Miranda de Sousa (Porto) **Auxiliares:** Júlio Amâncio e Augusto Rocha
Golos: 1-0 (Latapy 17'); 2-0 (Lewis 84'); 3-0 (Latapy 89')

ACADÉMICA: Sérgio, Walter, Palancha, Zé Duarte, Tozé «cap», Carlos Pedro, João Manuel, Ricardo (Mickey 74'), Latapy, Lewis e Paulo Vida (Fernando 65')
Treinador: Vítor Manuel

Louletano DC: Dadinho, César, Tó Manuel, Pagani «cap», Idalécio, Álvaro Pedro, Telmo Pinto, Baltasar, Helinho (Cristóvão 25'), Branco e Rosário (Paulo Almeida 52')
Treinador: Ricardo Formosinho

FC Tirsense – 3 ACADÉMICA – 0

2ª DIVISÃO DE HONRA, 14ª JORNADA, 30-12-1993 (QUI, 16:00)
Estádio Abel Alves de Figueiredo, Santo Tirso **Árbitro:** Pinto Correia (Lisboa) **Auxiliares:** Gregório Cabo e Carlos de Matos
Golos: 1-0 (Marcelo 8'); 2-0 (Caetano 44'); 3-0 (Marcelo 50')

FC Tirsense: José Carlos, Mota, Batista, Paredão, Jorge (Ozan 67'), Tozé, Fernando Gomes (Cabral 57'), Evandro, Rui Manuel, Caetano «cap» e Marcelo
Treinador: Eurico Gomes

ACADÉMICA: Sérgio, Walter (Paulo Vida 56'), Palancha, Vítor Duarte (Zé do Carmo 32'), Zé Duarte, Tozé «cap», João Manuel, Mito, Fernando, Latapy e Lewis
Treinador: Vítor Manuel

ACADÉMICA – 0 UD Leiria – 1

2ª DIVISÃO DE HONRA, 15ª JORNADA, 9-1-1994 (DOM, 16:00)
Estádio Municipal de Coimbra, Coimbra **Árbitro:** José Pratas (Évora) **Auxiliares:** José Serra e Lopes da Silva
Golo: 0-1 (Dias 87')

ACADÉMICA: Sérgio, João Manuel, Rocha «cap», Zé Duarte, Tozé, Mito, Zé do Carmo, Ricardo (Walter 80'), Latapy, Lewis e Paulo Vida (Fernando 58')
Treinador: Vítor Manuel

UD Leiria: Álvaro, Bilro «cap», Crespo, Luís Miguel, Leonel, Kimmel, Mário Artur (Sérgio China 76'), Abel, Gervino, Reinaldo e Pedro Miguel (Dias 63')
Treinador: Manuel Cajuda

GD Chaves – 1 ACADÉMICA – 1

2ª DIVISÃO DE HONRA, 16ª JORNADA, 16-1-1994 (DOM, 16:00)
Estádio Municipal de Chaves, Chaves **Árbitro:** Soares Dias (Porto) **Auxiliares:** Carlos Alberto e Pinto Miranda
Golos: 1-0 (Beto 4'); 1-1 (Paulo Vida 75')

GD Chaves: Orlando, Agostinho, Paulo Henrique, Manuel Correia, Lino, Wallace, Serginho, David «cap», Beto, Vukovic (Edu 55') e Vinícius (Valter 60')
Treinador: Carlos Garcia

ACADÉMICA: Sérgio, Walter, Rocha «cap», Zé Duarte, Tozé, Mito, Zé do Carmo (Carlos Pedro 45'), João Manuel, Latapy, Lewis e Ricardo (Paulo Vida 61')
Treinador: Vítor Manuel

ACADÉMICA – 1 CD Nacional – 0

2ª DIVISÃO DE HONRA, 17ª JORNADA, 23-1-1994 (DOM, 16:00)
Estádio Municipal de Coimbra, Coimbra **Árbitro:** António Rola (Santarém) **Auxiliares:** Carlos Faustino e Manuel Laurentino
Golo: 1-0 (Latapy 51')

ACADÉMICA: Sérgio, Walter, Rocha «cap», Zé Duarte, Tozé (V 28'), Mito, João Manuel, Latapy, Lewis (Ricardo 76'), Paulo Vida (Carlos Pedro 45') e Fernando
Treinador: Vítor Manuel

CD Nacional: Pimenta, Paulito, Festas, Babá «cap» (AA 35'), Marco, Barreto, Edmilson, Marquinhos (Ramos 78'), Luís Carlos (Muchacho 66'), Roberto Carlos e Silvinho
Treinador: João Pinheiro

ACADÉMICA – 3 SC Campomaiorense – 1

2ª DIVISÃO DE HONRA, 18ª JORNADA, 6-2-1994 (DOM, 16:00)
Estádio Municipal de Coimbra, Coimbra **Árbitro:** José Júlio da Silva (Setúbal) **Auxiliares:** Eugénio Palácios e Hora Rolo
Golos: 1-0 (Lewis 3'); 1-1 (Moke 9'); 2-1 (Chico Faria 57'); 3-1 (Chico Faria 65', gp)

ACADÉMICA: Sérgio, Walter, Rocha «cap», Zé Duarte, Nuno Luís (Fernando 54', V 64'), Mito, João Manuel, Latapy, Carlos Pedro, Chico Faria (Zé do Carmo 70') e Lewis
Treinador: Vítor Manuel

SC Campomaiorense: Pestalic, Gila, Octaviano (AA 89'), Aurélio, Azinhais, Joel, Sousa, Quim «cap» (Jordão 59'), Lito (Ricardo 66'), Juvenal e Moke
Treinador: Manuel Fernandes

FC Felgueiras – 3 ACADÉMICA – 1

2ª DIVISÃO DE HONRA, 19ª JORNADA, 12-2-1994 (SAB, 16:00)
Estádio Dr. Machado de Matos, Felgueiras **Árbitro:** Carlos Calheiros (Viana do Castelo) **Auxiliares:** Amândio Calheiros e Augusto Calheiros **Golos:** 1-0 (Coelho 16', gp); 2-0 (Coelho 20'); 3-0 (Zé Duarte 71', pb); 3-1 (Chico Faria 81', gp)

FC Felgueiras: Lopes, Crisanto, Acácio, Sérgio Luís, Quim, Tiano, João, Vicente, Bragança «cap» (Paulo Lima Pereira 89'), Erasmo (Frank 67') e Coelho
Treinador: Jorge Jesus

ACADÉMICA: Sérgio, Walter, Rocha «cap», Zé Duarte, Nuno Luís (Baroti 45'), Mito, João Manuel, Latapy (Paulo Vida 62'), Carlos Pedro, Chico Faria e Lewis
Treinador: Vítor Manuel

ACADÉMICA – 4 Leça FC – 0

2ª DIVISÃO DE HONRA, 20ª JORNADA, 20-2-1994 (DOM, 16:00)
Estádio Municipal de Coimbra, Coimbra **Árbitro:** António Marçal (Lisboa) **Auxiliares:** Vítor Alves e Luís Vital
Golos: 1-0 (Paulo Vida 35'); 2-0 (Paulo Vida 51'); 3-0 (Chico Faria 56', gp); 4-0 (João Manuel 78')

ACADÉMICA: Sérgio, Walter, Tozé, Zé Duarte, Rocha «cap», João Manuel, Mito (Zé do Carmo 63'), Latapy, Baroti, Chico Faria (Ricardo 75') e Paulo Vida
Treinador: Vítor Manuel

Leça FC: Paulo Brás, Orlando, Bravo (Moreira de Sá 45'), Rui Alexandre, Alfaia, Fernandes «cap» (Markovic 55'), Cao, Armando, Paulo Jorge, Stilic e Serifo
Treinador: Joaquim Teixeira

Portimonense SC – 1 ACADÉMICA – 0

2ª DIVISÃO DE HONRA, 21ª JORNADA, 27-2-1994 (DOM, 16:00)
Estádio do Portimonense, Portimão **Árbitro:** Paulo Costa (Porto) **Auxiliares:** Paulo Januário e Cerejo Moutinho
Golo: 1-0 (Paulo Pilar 39')

Portimonense SC: Dragan, Cartaxo, Duílio «cap», Milan, Chico Nikita, Nuno Valente, Hernâni, Paulo Pilar, Stevan (Edin 79'), Pedro Costa e Lopes (Adriano 86')
Treinador: Amílcar Fonseca

ACADÉMICA: Sérgio, Walter (Chico Faria 65'), Tozé, Zé Duarte, Rocha «cap», João Manuel, Mito (Ricardo 45'), Zé do Carmo, Nuno Luís, Baroti e Latapy
Treinador: Vítor Manuel

ACADÉMICA – 2 AD Ovarense – 0

2ª DIVISÃO DE HONRA, 22ª JORNADA, 6-3-1994 (DOM, 16:00)
Estádio Municipal de Coimbra, Coimbra **Árbitro:** Carlos Valente (Setúbal) **Auxiliares:** João Esteves e Luís Salgado
Golos: 1-0 (Chico Faria 22'); 2-0 (Mito 49')

ACADÉMICA: Sérgio, Walter, Rocha «cap», Zé Duarte, Tozé, Mito (Nuno Luís 72'), João Manuel, Latapy, Paulo Vida, Chico Faria (Zé do Carmo 77') e Lewis
Treinador: Vítor Manuel

AD Ovarense: Nelson, Vitinha, Gil, Moroni (Nilton 71'), Faria, Tiago, Sérgio, Quinito «cap», João Paulo (Paulo Ribeiro 56'), Nando e Alain Leon
Treinador: Eduardo Luís

CD Aves – 0 ACADÉMICA – 1

2ª DIVISÃO DE HONRA, 23ª JORNADA, 13-3-1994 (DOM, 16:00)
Estádio do Clube Desportivo das Aves, Vila das Aves **Árbitro:** Jorge Coroado (Lisboa) **Auxiliares:** Fernando Castro e Pedro Henriques
Golo: 0-1 (Fernando 79')

CD Aves: Batista, Picão, Dragan, Costa Pinto, Marco, Marcos António, Artur Jorge (Pelé 57'), Júlio Sérgio, Vitinha «cap», Lav e Túbia (Luís Miguel 72')
Treinador: Henrique Nunes

ACADÉMICA: Sérgio, Walter, Rocha «cap», Vítor Duarte, Baroti (Nuno Luís 72'), Mito, João Manuel, Latapy, Paulo Vida, Chico Faria (Fernando 72') e Lewis
Treinador: Vítor Manuel

ACADÉMICA – 3 SCU Torreense – 0

2ª DIVISÃO DE HONRA, 24ª JORNADA, 20-3-1994 (DOM, 16:00)
Estádio Municipal de Coimbra, Coimbra **Árbitro:** José Leirós (Porto) **Auxiliares:** Aníbal Martins e Devesa Neto
Golos: 1-0 (Lewis 25'); 2-0 (Lewis 41'); 3-0 (Tozé 61')

ACADÉMICA: Sérgio, Walter, Vítor Duarte, Zé Duarte, Tozé «cap», Mito, João Manuel, Latapy, Paulo Vida (Fernando 70'), Chico Faria (Zé do Carmo 64') e Lewis
Treinador: Vítor Manuel

SCU Torreense: Jovanovic, Sérgio Camacho, Rui Melo, Jorge Mota, Baía, Bruno «cap», João Mota, Calila (Sérgio Pedro 69'), Sérgio Santos (Gustavo 59'), Vitomir e Chiquinho
Treinador: Rui Mâncio

Rio Ave FC – 2 ACADÉMICA – 1

2ª DIVISÃO DE HONRA, 25ª JORNADA, 27-3-1994 (DOM, 17:00)
Estádio do Rio Ave Futebol Clube, Vila do Conde **Árbitro:** Vítor Pereira (Lisboa) **Auxiliares:** Fernando Valente e Amaral Dias
Golos: 1-0 (Clint 36'); 2-0 (Pelé 52'); 2-1 (Zé Duarte 68')

Rio Ave FC: Jorge Silva, Gabriel, Valério, Carlos Brito «cap», Pelé, Zé da Rocha, Camberra, Falica, Gamboa (Gama 38'), Clint e Toni (Quim 83')
Treinador: Quinito

ACADÉMICA: Sérgio (Vítor Alves 37'), Walter, Rocha «cap», Zé Duarte, Tozé, Mito, Nuno Luís (Fernando 53'), João Manuel, Baroti, Paulo Vida e Chico Faria
Treinador: Vítor Manuel

ACADÉMICA – 2 CAF Viseu – 0

2ª DIVISÃO DE HONRA, 26ª JORNADA, 10-4-1994 (DOM, 17:00)
Estádio Municipal de Coimbra, Coimbra **Árbitro:** Juvenal Silvestre (Setúbal) **Auxiliares:** Carlos Fernandes e Luís Santos
Golos: 1-0 (Paulo Vida 7'); 2-0 (Fernando 50')

ACADÉMICA: Vítor Alves, Walter, Rocha «cap», Zé Duarte, Tozé, Mito (Carlos Pedro 78'), João Manuel, Latapy (Baroti 69'), Fernando, Paulo Vida e Lewis
Treinador: Vítor Manuel

CAF Viseu: José Miguel, Arsénio, Beto, Ali Hassan, Sérgio, Quim «cap», Chalana, Besirovic (João Luís 57'), Mauro, Zé d'Angola (Marcelo 57') e Cobra
Treinador: Manuel Barbosa

FC Penafiel – 2 ACADÉMICA – 0

2ª DIVISÃO DE HONRA, 27ª JORNADA, 17-4-1994 (DOM, 17:00)
Estádio 25 de Abril, Penafiel **Árbitro:** Fortunato Azevedo (Braga) **Auxiliares:** Júlio Loureiro e Valdemar Lopes
Golos: 1-0 (Isaías 50'); 2-0 (Zé Armindo 85')

FC Penafiel: João Viva, Isaías «cap», Ricardo Martins, Joca, Fernando, Queta, Reisinho (António Cláudio 72'), Zé Armindo, José Augusto, Sérgio Conceição (Caíca 89') e Paulo Antunes
Treinador: Luís Miguel

ACADÉMICA: Vítor Alves, Walter, Rocha «cap» (Zé do Carmo 57'), Zé Duarte, Vítor Duarte, Tozé «sc», João Manuel, Latapy, Fernando, Paulo Vida (Chico Faria 55') e Lewis
Treinador: Vítor Manuel

1993-1994

1994-1995

Leixões SC – 1 ACADÉMICA – 0

2ª DIVISÃO DE HONRA, 28ª JORNADA, 25-4-1994 (SEG, 17:00)
Estádio do Mar, Matosinhos **Árbitro:** Pinto Correia (Lisboa)
Auxiliares: Carlos de Matos e Gregório Cabo
Golo: 1-0 (Nuno Miguel 75')

Leixões SC: Correia, Mesquita «cap», Eduardo, Sérgio Nunes, Zé Manuel, Rosário, Monteiro, Mozer (Nuno Miguel 64'), Tueba, Aparício (Mendes 50') e Noverça
Treinador: Henrique Calisto

ACADÉMICA: Vítor Alves, Nuno Luís, Rocha «cap», Zé Duarte (Vítor Duarte 18'), Tozé, Mito, João Manuel, Carlos Pedro, Fernando (Ricardo 45'), Chico Faria e Baroti
Treinador: Vítor Manuel

ACADÉMICA – 1 SC Espinho – 0

2ª DIVISÃO DE HONRA, 29ª JORNADA, 30-4-1994 (SAB, 17:00)
Estádio Municipal de Coimbra, Coimbra **Árbitro:** Jorge Coroado (Lisboa) **Auxiliares:** Fernando Castro e Joaquim Marcelino
Golo: 1-0 (Tozé 51')

ACADÉMICA: Vítor Alves, Nuno Luís, Rocha «cap», Vítor Duarte, Tozé, Mito, João Manuel, Latapy, Ricardo (Walter 72'), Lewis e Baroti (Zé do Carmo 56')
Treinador: Vítor Manuel

SC Espinho: Ivo, Amadeu, Slagalo, Andrade, Cerqueira, Zinho «cap» (Miranda 61'), Vítor Santos, Rui Manuel (Rui Ferreira 80'), Cardoso, Ado e Leandro
Treinador: Norton de Matos

Louletano DC – 2 ACADÉMICA – 1

2ª DIVISÃO DE HONRA, 30ª JORNADA, 8-5-1994 (DOM, 17:00)
Estádio Municipal de Loulé, Loulé **Árbitro:** Carlos Calheiros (Viana do Castelo) **Auxiliares:** Amândio Calheiros e Augusto Calheiros
Golos: 1-0 (Roberto 6'); 1-1 (Tozé 24'); 2-1 (Branco 65')

Louletano DC: Rogério, Paulo Pais, Pagani «cap», João Carlos, Álvaro Pedro, João Paulo, Cristóvão (Idalécio 69'), Baltasar, Roberto (Tó Manuel 87'), Branco e Telmo Pinto
Treinador: Manuel Balela

ACADÉMICA: Vítor Alves, Nuno Luís (Lewis 67'), Rocha «cap», Vítor Duarte, Tozé, Mito (Chico Faria 20'), João Manuel, Latapy, Ricardo, Carlos Pedro e Baroti
Treinador: Vítor Manuel

ACADÉMICA – 2 FC Tirsense – 1

2ª DIVISÃO DE HONRA, 31ª JORNADA, 15-5-1994 (DOM, 17:00)
Estádio Municipal de Coimbra, Coimbra
Árbitro: Carlos Valente (Setúbal)
Auxiliares: João Esteves e Jorge Garcia
Golos: 1-0 (Latapy 43'); 2-0 (Ricardo 57'); 2-1 (Rui Manuel 60')

ACADÉMICA: Vítor Alves, Walter, Rocha «cap», Zé Duarte, Tozé, Mito, João Manuel, Zé do Carmo, Ricardo (Fernando 77'), Latapy e Lewis (Nuno Luís 81') **Treinador:** Vítor Manuel

FC Tirsense: José Carlos, Mota, Batista, Paredão, Cabral, Tozé, Redondo, Evandro (Fernando Gomes 69'), Rui Manuel, Caetano «cap» e Ozan (Marcelo 45') **Treinador:** Eurico Gomes

UD Leiria – 1 ACADÉMICA – 0

2ª DIVISÃO DE HONRA, 32ª JORNADA, 22-5-1994 (DOM, 17:00)
Estádio Dr. Magalhães Pessoa, Leiria **Árbitro:** José Pratas (Évora)
Auxiliares: José Serra e Lopes da Silva
Golo: 1-0 (Luís Miguel 19')

UD Leiria: Ferreira, Crespo, Leonel, Luís Miguel, Bilro «cap», Kimmel, Gervino, Sérgio China (Mário Artur 61'), Reinaldo (Quintas 85'), Abel e Pedro Miguel
Treinador: Manuel Cajuda

ACADÉMICA: Vítor Alves, Nuno Luís (Chico Faria 57'), Rocha «cap», Zé Duarte, Tozé (V 73'), Mito, João Manuel, Zé do Carmo, Ricardo (Paulo Vida 59'), Latapy e Lewis
Treinador: Vítor Manuel

ACADÉMICA – 0 GD Chaves – 1

2ª DIVISÃO DE HONRA, 33ª JORNADA, 29-5-1994 (DOM, 17:00)
Estádio Municipal de Coimbra, Coimbra **Árbitro:** Bento Marques (Évora) **Auxiliares:** Fonseca Franco e António Manuel
Golo: 0-1 (Gilmar 77')

ACADÉMICA: Vítor Alves, Mickey, Rocha «cap», Zé Duarte, Baroti (Paulo Vida 65'), Mito, João Manuel, Zé do Carmo, Ricardo, Latapy (Chico Faria 76') e Lewis
Treinador: Vítor Manuel

GD Chaves: Jesus, Paulinho (Beto 57'), Paulo Alexandre, Manuel Correia, Lino, Carvalhal (João Pedro 74'), Serra, Agostinho, David «cap», Gilmar e Vinícius
Treinador: António Jesus

CD Nacional – 1 ACADÉMICA – 0

2ª DIVISÃO DE HONRA, 34ª JORNADA, 2-6-1994 (QUI, 17:00)
Campo da Imaculada Conceição, Funchal **Árbitro:** Cunha Antunes (Braga) **Auxiliares:** Luís Ferreira e Pinto Rocha
Golo: 1-0 (Silvinho 61')

CD Nacional: Pimenta, Ramos, Festas, Silvano, Babá (Vieira 50'), Barreto, Marco, Edmilson (Muchacho 85'), Silvinho, Roberto Carlos «cap» e Luís Carlos
Treinador: José Rachão

ACADÉMICA: Vítor Alves (Pedro Jesus 72'), João Manuel, Palancha, Vítor Duarte, Kiki, Rocha «cap», Mickey, Zé do Carmo (João Campos 45'), Carlos Pedro, Paulo Vida e Ricardo
Treinador: Vítor Manuel

ÉPOCA 1994-1995

2ª DIVISÃO DE HONRA: 7º LUGAR (MANUTENÇÃO)
TAÇA DE PORTUGAL: 1/16 DE FINAL

JOGOS EFECTUADOS

	J	V	E	D	GM	GS
CASA	18	11	3	4	29	15
FORA	19	4	6	9	17	27
TOTAL	37	15	9	13	46	42

Amora FC – 4 ACADÉMICA – 2

2ª DIVISÃO DE HONRA, 1ª JORNADA, 21-8-1994 (DOM, 17:00)
Estádio da Medideira, Amora **Árbitro:** José Rufino (Algarve)
Auxiliares: Gilberto Bento e José Teixeira **Golos:** 1-0 (Sérgio Gomes 2'); 1-1 (Fernando 12'); 2-1 (Sérgio Gomes 17'); 3-1 (Rildon 77'); 3-2 (Febras 84'); 4-2 (Sérgio Gomes 85') **Obs:** A partir desta época, passaram a ser permitidas três substituições, desde que uma delas seja a do guarda-redes

Amora FC: Vítor Pereira, Bruno Xavier, Marlon Alves, Raul, Casimiro, João Paulo, Sérgio Gomes, Major (Pedra 89'), Rildon, Jaime «cap» (Gil 88') e Osmar **Treinador:** Ricardo Formosinho

ACADÉMICA: Vítor Alves, Arsénio, Kiki, Rocha «cap», Rui Carlos, Mito, Mickey, Fernando (Febras 62'), João Manuel, Carlos Pedro (João Campos 77') e Batista **Treinador:** Vieira Nunes

ACADÉMICA – 0 SC Campomaiorense – 1

2ª DIVISÃO DE HONRA, 2ª JORNADA, 28-8-1994 (DOM, 17:00)
Estádio Municipal de Coimbra, Coimbra **Árbitro:** António Rola (Santarém) **Auxiliares:** Carlos Faustino e Artur Fernandes
Golo: 0-1 (Rudi 79', gp)

ACADÉMICA: Vítor Alves, Arsénio, Palancha, Laureta, Rui Carlos, Mickey, Rocha «cap», Fernando (Carlos Pedro 69'), João Manuel, Besirovic (Batista 75') e Febras
Treinador: Vieira Nunes

SC Campomaiorense: Du, Lito, Eurico, Octaviano, Azinhais (Jorge Silvério 65'), Gila, Quim «cap», Zezé Gomes (Sousa 45', V 72'), Joel, Rudi e Zé Albano
Treinador: Manuel Fernandes

ACADÉMICA – 1 GD Estoril-Praia – 1

2ª DIVISÃO DE HONRA, 3ª JORNADA, 11-9-1994 (DOM, 17:00)
Estádio Municipal de Coimbra, Coimbra **Árbitro:** Monteiro da Silva (Braga) **Auxiliares:** Henrique Santos e Manuel Silva
Golos: 0-1 (Jairo 44'); 1-1 (João Manuel 59', gp)

ACADÉMICA: Vítor Alves, Arsénio, Palancha, Laureta, Rui Carlos, Mito (Fernando 45'), Rocha «cap» (Mickey 56'), Carlos Pedro, João Manuel «sc», Besirovic e Nenad
Treinador: Vieira Nunes

GD Estoril-Praia: Carlos Pereira, José Carlos, Martins «cap», Andrade, Calçoa, Borreicho, Jairo (Vidigal 62'), Paulo Jorge, Sérgio Ozan (Marco Paulo 73'), Toni Vidigal e Voynov
Treinador: Carlos Manuel

SC Espinho – 0 ACADÉMICA – 0

2ª DIVISÃO DE HONRA, 4ª JORNADA, 18-9-1994 (DOM, 17:00)
Estádio Com. Manuel de Oliveira Violas, Espinho
Árbitro: Carvalho Araújo (Porto)
Auxiliares: Aníbal Gonçalves e Joaquim Alves

SC Espinho: Luís Manuel, Amadeu, Duka, Cerqueira «cap», Kappa, Cardoso, Diogo (AA 62'), Beto, Artur Jorge (Cândido 69'), Aziz (Vítor Santos 82') e Bolinhas
Treinador: Norton de Matos

ACADÉMICA: Pedro Roma, Arsénio, Rocha «cap», Zé Duarte, Laureta, Mito, Carlos Pedro, João Manuel, Dragan (Fernando 48'), Tozé (Mickey 60') e Nenad
Treinador: Vieira Nunes

ACADÉMICA – 1 Rio Ave FC – 0

2ª DIVISÃO DE HONRA, 5ª JORNADA, 25-9-1994 (DOM, 15:00)
Estádio Municipal de Coimbra, Coimbra **Árbitro:** Vítor Pereira (Lisboa) **Auxiliares:** Duarte Gomes e Amaral Dias
Golo: 1-0 (Febras 66')

ACADÉMICA: Pedro Roma, Arsénio (Febras 51'), Rocha «cap», Zé Duarte, Laureta, Mito, Carlos Pedro, João Manuel, Besirovic, Mickey e Nenad (Rui Carlos 80')
Treinador: Vieira Nunes

Rio Ave FC: Jorge Silva, Litos (Luís Cassule 68'), Carlos Brito «cap», Valério, Gabriel, Gamboa, Camberra (Ramon 72'), Carlos Miguel, Omer, Gama e Resende
Treinador: Abel Braga

FC Penafiel – 0 ACADÉMICA – 2

2ª DIVISÃO DE HONRA, 6ª JORNADA, 1-10-1994 (SAB, 15:00)
Estádio 25 de Abril, Penafiel
Árbitro: António Marçal (Lisboa)
Auxiliares: Vítor Alves e Luís Vital
Golos: 0-1 (Fernando 72'); 0-2 (Nenad 76')

FC Penafiel: João Viva (Emanuel 89'), José Carlos, Joca «cap», Bruno (V 85'), Ricardo, Tsoumou (José Augusto 63'), Elias, Teixeira (Adão 59'), Agostinho, Janovic e Gringo **Treinador:** Henrique Nunes

ACADÉMICA: Pedro Roma, Arsénio, Laureta, Rocha «cap», Zé Duarte, Mito (Rui Carlos 71'), Mickey, Febras (Fernando 51'), Nenad, Besirovic e Carlos Pedro **Treinador:** Vieira Nunes

ACADÉMICA – 1 FC Famalicão – 2

2ª DIVISÃO DE HONRA, 7ª JORNADA, 16-10-1994 (DOM, 15:00)
Estádio Municipal de Coimbra, Coimbra **Árbitro:** Jorge Coroado (Lisboa) **Auxiliares:** Pedro Ruben e Pedro Henriques
Golos: 1-0 (Carlos Pedro 5'); 1-1 (Carlos Fonseca 55'); 1-2 (Tito 88')

ACADÉMICA: Pedro Roma, Arsénio, Laureta (Mickey 62', V 87'), Rocha «cap», Zé Duarte, Mito, João Manuel, Fernando (Febras 73'), Batista, Besirovic e Carlos Pedro
Treinador: Vieira Nunes

FC Famalicão: Pinho, Carlos Fonseca «cap», Rosado, Vieira, Tito, Tiaguito, Paulo Miranda (Berto Machado 45'), Paiva, Honi Serge, Ricardo (Peixoto 71') e Miro
Treinador: Francisco Vital

Portimonense SC – 1 ACADÉMICA – 0

2ª DIVISÃO DE HONRA, 8ª JORNADA, 23-10-1994 (DOM, 15:00)
Estádio do Portimonense, Portimão **Árbitro:** Paulo Costa (Porto)
Auxiliares: Paulo Januário e Cerejo Moutinho
Golo: 1-0 (Zé Nando 41')

Portimonense SC: Gonçalo, José Carlos, Milan, Parreira «cap», Armando, Duílio, Cartaxo, Hernâni, Lopes (Delgado 87'), Zé Nando e Zoran (Popov 81')
Treinador: José Torres

ACADÉMICA: Pedro Roma, Arsénio, Laureta, Rocha «cap», Zé Duarte, Mito (Calila 67'), João Manuel, João Campos, Fernando, Carlos Pedro e Tozé (Febras 45')
Treinador: Vieira Nunes

ACADÉMICA – 2 CD Nacional – 1

2ª DIVISÃO DE HONRA, 9ª JORNADA, 30-10-1994 (DOM, 15:00)
Estádio Municipal de Coimbra, Coimbra **Árbitro:** João Mesquita (Porto) **Auxiliares:** Gomes da Costa e José Magalhães
Golos: 0-1 (Zoran 10'); 1-1 (João Manuel 31', gp); 2-1 (Febras 63')

ACADÉMICA: Vítor Alves, Arsénio, Laureta, Rocha «cap», Rui Carlos, Mito, João Manuel, Febras (Fernando 74'), Nenad (Dragan 89'), Besirovic e Carlos Pedro
Treinador: Vieira Nunes

CD Nacional: Jovanovic, Sérgio Santos, Babá, Jorge Mota, Baía, Marco «cap», Sérgio Pedro, Chiquinho (Marquinhos 68'), Zoran, Juvenal e Luís Alves (António Miguel 62')
Treinador: Rui Mâncio

Palmelense FC – 0 ACADÉMICA – 2

TAÇA DE PORTUGAL, 1/64 DE FINAL, 6-11-1994 (DOM, 15:00)
Estádio Alfredo da Silva, Lavradio **Árbitro:** José Pratas (Évora)
Auxiliares: José Serra e José Espada
Golos: 0-1 (Batista 70'); 0-2 (Batista 85')
Obs: Jogo obrigatoriamente disputado em campo relvado

Palmelense FC: Godinho, Maia, Quental, Barbosa, Claude (Tiago 76'), Júlio, Gamboa «cap», Venâncio, Luís Mira, Hugo (Nobre 58') e Paulo Jorge
Treinador: Américo Martins

ACADÉMICA: Vítor Alves, Mickey, Tozé, Zé Duarte, Rui Carlos, Mito, João Manuel «cap», Besirovic, Fernando, Dragan (Batista 64') e Rui Campos (Febras 51')
Treinador: Vieira Nunes

AD Ovarense – 0 ACADÉMICA – 0

2ª DIVISÃO DE HONRA, 10ª JORNADA, 20-11-1994 (DOM, 15:00)
Estádio Marques da Silva, Ovar
Árbitro: Miranda de Sousa (Porto)
Auxiliares: Júlio Amâncio e Augusto Rocha

AD Ovarense: Nelson, Casimiro, José Luís, Faria, João Paulo, Quinito «cap», Chico Nelo (Artur Alexandre 73'), José Alves, Tomé (Nilton 58'), Sousa e Paulo Ribeiro
Treinador: Adelino Teixeira

ACADÉMICA: Vítor Alves, Arsénio (Dragan 76'), Laureta, Zé Duarte, Rui Carlos, Rocha «cap», João Manuel, Mito (Carlos Pedro 50'), Batista, Besirovic e Mickey
Treinador: Vieira Nunes

ACADÉMICA – 3 SCU Torreense – 0

2ª DIVISÃO DE HONRA, 11ª JORNADA, 27-11-1994 (DOM, 15:00)
Estádio Municipal de Coimbra, Coimbra **Árbitro:** Juvenal Silvestre (Setúbal) **Auxiliares:** Carlos Fernandes e Luís Santos
Golos: 1-0 (Febras 43'); 2-0 (Dragan 48'); 3-0 (Batista 89')

ACADÉMICA: Vítor Alves, Arsénio, Laureta, Zé Duarte, Rocha «cap», João Manuel, Mickey, Carlos Pedro (Febras 31'), Nenad 69'), Batista, Besirovic e Dragan
Treinador: Vieira Nunes

SCU Torreense: Elísio, Camacho, Carlos Manuel, Rui Melo «cap» (Padinha 75'), Dito (V 49'), João Mota, Ramirez, Gonçalves, Célio, Driss (Pingo 58') e Vitinha
Treinador: Toinha

CD Feirense – 3 ACADÉMICA – 0

2ª DIVISÃO DE HONRA, 12ª JORNADA, 1-12-1994 (QUI, 15:00)
Estádio Marcolino de Castro, Santa Maria da Feira **Árbitro:** Paulo Costa (Porto) **Auxiliares:** Paulo Januário e Cerejo Moutinho
Golos: 1-0 (Celestino 26'); 2-0 (Quitó 27'); 3-0 (Artur 60')

CD Feirense: Paulo Jorge, Celestino, Armando Santos, Xavier, Justiniano, José Monteiro, Júlio Sérgio, Chico Carioca (Chico Lopes 52'), Artur «cap» (Basílio 74'), António Luís e Quitó
Treinador: Henrique Nunes

ACADÉMICA: Vítor Alves, Arsénio (Carlos Pedro 45'), Laureta, Zé Duarte, Rocha «cap», João Manuel, Mito, Mickey, Nenad (Fernando 33'), Batista e Besirovic
Treinador: Vieira Nunes

ACADÉMICA – 3 SC Campomaiorense – 2 (AP)

TAÇA DE PORTUGAL, 1/32 DE FINAL, 4-12-1994 (DOM, 15:00)
Estádio Municipal de Coimbra, Coimbra **Árbitro:** Mário Leal (Leiria) **Auxiliares:** António Sequeira e José Santos
Golos: 0-1 (Rudi 69'); 1-1 (Calila 72'); 1-2 (Jorge Silvério 94', gp); 2-2 (Calila 104'); 3-2 (Besirovic 109')

ACADÉMICA: Vítor Alves, Arsénio (Fernando 93'), Rui Carlos, Tozé, Zé Duarte, Rocha «cap», João Manuel, Mito (Calila 45'), Mickey, Nenad e Besirovic
Treinador: Vieira Nunes

SC Campomaiorense: Paulo Renato, Nuno Luís, Eurico, Aurélio, Gila, Manguinhas (Quim 83'), Arriaga «cap», Sousa, Emanuel (Rudi 31', AA 71'), Jorge Silvério e Zé Albano
Treinador: Manuel Fernandes

ACADÉMICA – 4 CFU Lamas – 1

2ª DIVISÃO DE HONRA, 13ª JORNADA, 11-12-1994 (DOM, 15:00)
Estádio Municipal de Coimbra, Coimbra **Árbitro:** José Pratas (Évora) **Auxiliares:** José Serra e José Espada **Golos:** 1-0 (Tozé 33'); 2-0 (Mickey 42'); 3-0 (João Manuel 65', gp); 3-1 (Monteiro 82'); 4-1 (João Manuel 89')

ACADÉMICA: Vítor Alves, Arsénio (Laureta 79'), Rui Carlos, Tozé, Palancha, Rocha «cap», João Manuel, Nenad (Fernando 74'), Mickey, Calila e Besirovic
Treinador: Vieira Nunes

CFU Lamas: Dagoberto, Rui Óscar (Edgar 49'), Tozé Marques, Lukovic, Beto (AA 72'), Jorge Silva «cap» (Bessa 45'), Neves, Da Silva, Mendes, Carlos Filipe e Monteiro
Treinador: José Piruta

CD Aves – 0 ACADÉMICA – 2

2ª DIVISÃO DE HONRA, 14ª JORNADA, 17-12-1994 (SAB, 15:00)
Estádio do Clube Desportivo das Aves, Vila das Aves **Árbitro:** Bento Marques (Évora) **Auxiliares:** Fonseca Franco e António Manuel
Golos: 0-1 (Garrido 40', pb); 0-2 (Besirovic 80')

CD Aves: Batista, Picão, Costa Pinto, Garrido, Eduardo, Matias, Quim da Costa (Miguel 53'), Vitinha «cap» (Rui França 65'), Joy, Tobias e Luís Miguel
Treinador: Claudemiro Martins

ACADÉMICA: Vítor Alves, Arsénio, Laureta, Zé Duarte, Rui Carlos, Rocha «cap», João Manuel, Mickey, Nenad (Fernando 82'), Besirovic e Dragan (Calila 62')
Treinador: Vieira Nunes

CAF Viseu – 1 ACADÉMICA – 0

TAÇA DE PORTUGAL, 1/16 DE FINAL, 23-12-1994 (SEX, 15:00)
Estádio do Fontelo, Viseu **Árbitro:** Miranda de Sousa (Porto)
Auxiliares: Júlio Amâncio e Augusto Rocha
Golo: 1-0 (Zezinho 70')

CAF Viseu: Augusto, Sérgio «cap», Cartaxo, Nilson, Rui Manuel, Gerson, Lage, Luís Vouzela (Ali Hassan 75'), Chalana (Reginaldo 61'), Zé d'Angola e Zezinho
Treinador: João Cavaleiro

ACADÉMICA: Pedro Roma, Arsénio (Calila 73'), Laureta, Zé Duarte, Rui Carlos, Rocha «cap», Carlos Pedro, Mickey, Nenad, Besirovic e Dragan (Febras 53')
Treinador: Vieira Nunes

ACADÉMICA – 2 FC Paços de Ferreira – 0

2ª DIVISÃO DE HONRA, 15ª JORNADA, 8-1-1995 (DOM, 15:00)
Estádio Municipal de Coimbra, Coimbra **Árbitro:** Vítor Pereira (Lisboa) **Auxiliares:** Duarte Gomes e Amaral Dias
Golos: 1-0 (João Manuel 9'); 2-0 (Mickey 25')

ACADÉMICA: Vítor Alves, Mickey, Tozé, Zé Duarte, Rui Carlos, Rocha «cap», João Manuel, Mito, Fernando (Febras 72'), Besirovic e Calila (João Pires 86')
Treinador: Vieira Nunes

FC Paços de Ferreira: Nuno Neto, Chico Montalegre, Ricardo Jorge, César Vaz, Bosinoski «cap», Falica, Sessay, Lalic, Tico (Yulian 57'), Vítor Vieira e José Maria (Valdney 53')
Treinador: Raul Águas

FC Felgueiras – 2 ACADÉMICA – 0

2ª DIVISÃO DE HONRA, 16ª JORNADA, 15-1-1995 (DOM, 15:00)
Estádio Dr. Machado de Matos, Felgueiras **Árbitro:** Monteiro da Silva (Braga) **Auxiliares:** Henrique Santos e Manuel Silva
Golos: 1-0 (Lopes da Silva 28', gp); 2-0 (Coelho 81')

FC Felgueiras: Lopes, Crisanto, Acácio, Lopes da Silva, António Lima Pereira «cap», Vicente, Miguel Lima Pereira (João 63'), José Joaquim, Alexandre, Clint e Lewis (Coelho 56')
Treinador: Jorge Jesus

ACADÉMICA: Vítor Alves, Mickey, Tozé, Zé Duarte, Palancha, Rocha «cap», João Manuel, Mito (Arsénio 45'), Laureta, Besirovic e Calila (Febras 33')
Treinador: Vieira Nunes

ACADÉMICA – 1 Leça FC – 1

2ª DIVISÃO DE HONRA, 17ª JORNADA, 22-1-1995 (DOM, 15:00)
Estádio Municipal de Coimbra, Coimbra **Árbitro:** Manuel Sineiro (Aveiro) **Auxiliares:** Albino Anjos e Silvino Delgado
Golos: 0-1 (Jarrais 13'); 1-1 (Tozé 23')

ACADÉMICA: Vítor Alves, Arsénio (Capitão 84'), Zé Duarte, Rui Carlos, Tozé, Rocha «cap», João Manuel, Mickey, Fernando, Besirovic e Febras (Nenad 78')
Treinador: Vieira Nunes

Leça FC: Vladan, Orlando, Festas «cap», Alfaia, Nando, Cao, Sérgio Conceição, Jordão, Earl (Ricardo 79'), Cristóvão (Serifo 38') e Jarrais
Treinador: Joaquim Teixeira

ACADÉMICA – 2 Amora FC – 0

2ª DIVISÃO DE HONRA, 18ª JORNADA, 29-1-1995 (DOM, 15:00)
Estádio Municipal de Coimbra, Coimbra **Árbitro:** Paulo Paraty (Porto) **Auxiliares:** Jorge Garcia e José Cardinal
Golos: 1-0 (Mickey 69', gp); 2-0 (Rui Carlos 77')

ACADÉMICA: Vítor Alves, Arsénio, Palancha (Febras 56'), Rui Carlos, Tozé, Rocha «cap», João Manuel, Mickey, Fernando, Besirovic e Capitão (João Pires 67')
Treinador: Vieira Nunes

Amora FC: Vítor Pereira, Bruno Xavier «cap», Alfredo Bóia, Parfait, Raul, Major, João Paulo, Rui Maside (Jaime 32'), Simone (Marcelo 52'), Osmar e Matias (AA 30')
Treinador: José Rachão

SC Campomaiorense – 3 ACADÉMICA – 1

2ª DIVISÃO DE HONRA, 19ª JORNADA, 5-2-1995 (DOM, 15:00)
Estádio Capitão César Correia, Campo Maior **Árbitro:** José Rufino (Algarve) **Auxiliares:** Gilberto Bento e Francisco Marreiros
Golos: 0-1 (Rui Carlos 55'); 1-1 (Zezé Gomes 58'); 2-1 (Rudi 70'); 3-1 (Zé Albano 79')

SC Campomaiorense: Paulo Renato, Nuno Luís, Lito, Octaviano, Arriaga «cap», Gila, Quim (René 68'), Sousa (Zezé Gomes 56'), Sérgio, Rudi e Zé Albano
Treinador: Manuel Fernandes

ACADÉMICA: Vítor Alves, Mickey, Laureta, Zé Duarte, Rui Carlos, Rocha «cap», João Manuel, Mito, Fernando, Rui Campos (Febras 72') e Capitão (João Pires 45')
Treinador: Vieira Nunes

1994-1995

1994-1995

GD Estoril-Praia – 2 ACADÉMICA – 2
2ª DIVISÃO DE HONRA, 20ª JORNADA, 12-2-1995 (DOM, 15:30)
Estádio António Coimbra da Mota, Estoril **Árbitro:** Paulo Costa (Porto) **Auxiliares:** Paulo Januário e Cerejo Moutinho
Golos: 1-0 (Andrade 24'); 1-1 (Calila 48'); 1-2 (Rui Carlos 79'); 2-2 (Calçoa 90'+5', gp)

GD Estoril-Praia: Paulo Morais, José Carlos, Martins «cap», Andrade, Calçoa, Vidigal, Passos, Paulo Jorge, Pedro Brás (Ronaldo 71'), Toni Vidigal e Jairo (Marco Paulo 55')
Treinador: Carlos Manuel

ACADÉMICA: Vítor Alves, Rui Campos, Tozé, Palancha, Rui Carlos, Rocha «cap», João Manuel, Mickey, Fernando (Febras 88'), Besirovic e Calila (Zé Duarte 81')
Treinador: Vieira Nunes

ACADÉMICA – 1 SC Espinho – 0
2ª DIVISÃO DE HONRA, 21ª JORNADA, 19-2-1995 (DOM, 15:00)
Estádio Municipal de Coimbra, Coimbra **Árbitro:** João Mesquita (Porto) **Auxiliares:** Casimiro Martins e José Magalhães
Golo: 1-0 (Mickey 21')

ACADÉMICA: Vítor Alves, Rui Campos, Tozé, Palancha, Rui Carlos, Mito (João Campos 55'), João Manuel «cap», Mickey, Fernando (Febras 81'), Besirovic e Calila
Treinador: Vieira Nunes

SC Espinho: Luís Manuel, Pedro, Duka, Slagalo, Eusébio, Filó (Beto 45'), Cândido, Cardoso, Artur Jorge, Aziz «cap» e Bolinhas (Riquito 35')
Treinador: Norton de Matos

Rio Ave FC – 1 ACADÉMICA – 1
2ª DIVISÃO DE HONRA, 22ª JORNADA, 25-2-1995 (SAB, 15:00)
Estádio do Rio Ave Futebol Clube, Vila do Conde **Árbitro:** Vítor Reis (Lisboa) **Auxiliares:** Florentino Mendonça e João Lago
Golos: 1-0 (Gabriel 65'); 1-1 (Rui Carlos 89')

Rio Ave FC: Jorge Silva, Gabriel, Litos, Valério «cap», Carlos Miguel (Chico Faria 64'), Camberra, Rogério, Rui Barbosa, Gama, Omer e Emanuel
Treinador: Henrique Calisto

ACADÉMICA: Vítor Alves, Rui Campos (Febras 69'), Tozé (AA 59'), Palancha, Rui Carlos, Mito «cap», Laureta, Mickey, Fernando, Besirovic e Calila (Capitão 63')
Treinador: Vieira Nunes

ACADÉMICA – 1 FC Penafiel – 2
2ª DIVISÃO DE HONRA, 23ª JORNADA, 5-3-1995 (DOM, 15:00)
Estádio Municipal de Coimbra, Coimbra **Árbitro:** Carlos Calheiros (Viana do Castelo) **Auxiliares:** Amândio Calheiros e Augusto Calheiros **Golos:** 0-1 (N'Tsunda 10'); 1-1 (Febras 73'); 1-2 (Agostinho 80', gp)

ACADÉMICA: Vítor Alves, Rui Campos, Laureta, Palancha, Rui Carlos, Mito (Febras 45'), João Manuel «cap» (V 74'), Mickey «sc», Fernando, Besirovic e Calila (Capitão 68')
Treinador: Vieira Nunes

FC Penafiel: Paulo Santos (V 74'), José Carlos (Maia 41'), Zé Nando (Cerqueira 74'), Joca, Agostinho, Mário Augusto, Elias «cap», Zé Armindo, Janovic (Bruno 58'), Quintas e N'Tsunda
Treinador: José Carlos

FC Famalicão – 1 ACADÉMICA – 3
2ª DIVISÃO DE HONRA, 24ª JORNADA, 12-3-1995 (DOM, 15:00)
Estádio Municipal de Famalicão, Vila Nova de Famalicão **Árbitro:** Mário Leal (Leiria) **Auxiliares:** António Sequeira e José Santos
Golos: 0-1 (Carlos Pedro 6'); 0-2 (Capitão 69'); 1-2 (Vieira 84'); 1-3 (Mickey 90')

FC Famalicão: Pinho, Pica, Carlos Fonseca «cap», Vieira, Tito, Tiaguito, Joãozinho (Rui Miguel 17'), Paiva, Honi Serge, Berto Machado e Miro (Real 61')
Treinador: Francisco Vital

ACADÉMICA: Pedro Roma, Rui Campos, Tozé, Palancha, Zé Duarte, Capitão (João Campos 87'), Carlos Pedro, Mickey «cap», Fernando, Besirovic e João Pires
Treinador: Vieira Nunes

ACADÉMICA – 2 Portimonense SC – 0
2ª DIVISÃO DE HONRA, 25ª JORNADA, 19-3-1995 (DOM, 15:00)
Estádio Municipal de Coimbra, Coimbra **Árbitro:** José Leirós (Porto) **Auxiliares:** Aníbal Martins e Devesa Neto
Golos: 1-0 (Besirovic 72'); 2-0 (Febras 77', gp)

ACADÉMICA: Pedro Roma, Rui Campos (João Campos 70'), Tozé, Palancha, Zé Duarte, Carlos Pedro, Capitão, Mickey «cap», Febras, Besirovic e João Pires (Calila 56')
Treinador: Vieira Nunes

Portimonense SC: Gonçalo, José Carlos, Milan, Parreira «cap», Carrilho, Hernâni, Pedro Costa (Cartaxo 73'), Delgado, Popov (José Manuel 68'), Emerson e Zoran
Treinador: José Torres

CD Nacional – 0 ACADÉMICA – 0
2ª DIVISÃO DE HONRA, 26ª JORNADA, 25-3-1995 (SAB, 16:00)
Estádio dos Barreiros, Funchal
Árbitro: José Rufino (Algarve)
Auxiliares: Gilberto Bento e José Teixeira

CD Nacional: Jovanovic, Bila, Franco, Jorge Mota, Ivo Vieira, Marco «cap», Serginho, Chiquinho, Juvenal (Gavrilovic 66'), Zoran e António Miguel (Sérgio Pedro 57')
Treinador: Rui Mâncio

ACADÉMICA: Pedro Roma, Rui Campos (João Campos 58'), Tozé, Palancha, Zé Duarte, Carlos Pedro, Capitão (Calila 68'), Mickey «cap», Fernando, Besirovic e João Pires
Treinador: Vieira Nunes

ACADÉMICA – 2 AD Ovarense – 0
2ª DIVISÃO DE HONRA, 27ª JORNADA, 2-4-1995 (DOM, 17:00)
Estádio Municipal de Coimbra, Coimbra **Árbitro:** Juvenal Silvestre (Setúbal) **Auxiliares:** Carlos Fernandes e Luís Santos
Golos: 1-0 (José Luís 16', pb); 2-0 (Carlos Pedro 21')

ACADÉMICA: Pedro Roma, Rui Campos, Tozé, Palancha, Zé Duarte, Carlos Pedro, João Manuel, Mickey «cap», Fernando (Calila 58'), Besirovic e Febras (João Campos 80')
Treinador: Vieira Nunes

AD Ovarense: Nelson, Jojó, Emanuel, José Luís, Casimiro (Tomé 26'), Quinito (Vinagre 45'), José Alves, Nilton, Pereira, Sousa «cap» e Paulo Ribeiro
Treinador: Adelino Teixeira

SCU Torreense – 1 ACADÉMICA – 1
2ª DIVISÃO DE HONRA, 28ª JORNADA, 9-4-1995 (DOM, 17:00)
Campo Manuel Marques, Torres Vedras **Árbitro:** Miranda de Sousa (Porto) **Auxiliares:** Júlio Amâncio e Augusto Rocha
Golos: 1-0 (Ramirez 74'); 1-1 (Febras 82', gp)

SCU Torreense: Elísio, Sérgio Camacho, Rui André (AA 82'), Rui Melo «cap», Dito, José António, Ramirez, Gonçalves, Jordão, Ricardo Jesus (Vitinha 59') e Padinha (João Mota 81')
Treinador: Romeu Silva

ACADÉMICA: Pedro Roma, Rui Campos (Calila 56'), Tozé, Palancha, Zé Duarte, Carlos Pedro, João Manuel, Mickey «cap», Fernando, Besirovic e João Pires (Febras 50')
Treinador: Vieira Nunes

ACADÉMICA – 1 CD Feirense – 0
2ª DIVISÃO DE HONRA, 29ª JORNADA, 15-4-1995 (SAB, 17:00)
Estádio Municipal de Coimbra, Coimbra **Árbitro:** Martins dos Santos (Porto) **Auxiliares:** Pereira Fernandes e Jorge Neiva
Golo: 1-0 (Febras 15')

ACADÉMICA: Pedro Roma, Arsénio, Tozé, Palancha, Zé Duarte, Carlos Pedro, João Manuel, Mickey «cap», Calila, Febras (Rocha 78') e João Pires (Fernando 68')
Treinador: Vieira Nunes

CD Feirense: Paulo Jorge, Serginho (Celestino 47'), Pedro Miguel, Xavier (Quitó 26'), Justiniano, José Monteiro (AA 53'), Júlio Sérgio, Frederico, Artur «cap», António Luís e Basílio
Treinador: Henrique Nunes

CFU Lamas – 2 ACADÉMICA – 0
2ª DIVISÃO DE HONRA, 30ª JORNADA, 30-4-1995 (DOM, 16:00)
Estádio Com. Henrique de Amorim, Santa Maria de Lamas **Árbitro:** Cunha Antunes (Braga) **Auxiliares:** Manuel Castro e Pinto Rocha
Golos: 1-0 (Neves 33'); 2-0 (Luís 85')

CFU Lamas: Dagoberto, Paulo Alves, Vieirinha «cap», Duarte, Tozé Marques, Beto (Carlos Filipe 63'), Neves, Monteiro, Luís Miguel, Luís e Tozé Santos (Mendes 73')
Treinador: José Piruta

ACADÉMICA: Pedro Roma, Arsénio, Tozé, Palancha «cap», Zé Duarte, Carlos Pedro, João Manuel, Besirovic, Laureta (Fernando 50'), Capitão (Calila 24') e Febras
Treinador: Vieira Nunes

ACADÉMICA – 2 CD Aves – 2
2ª DIVISÃO DE HONRA, 31ª JORNADA, 7-5-1995 (DOM, 17:00)
Estádio Municipal de Coimbra, Coimbra **Árbitro:** Andrelino Pena (Algarve) **Auxiliares:** Francisco Marreiros e José Vitorino **Golos:** 0-1 (Picão 37', gp); 0-2 (Túbia 46'); 1-2 (Febras 61'); 2-2 (Arsénio 87')

ACADÉMICA: Pedro Roma, Arsénio, Tozé, Palancha, Zé Duarte (Rocha 55'), Carlos Pedro, João Manuel, Besirovic, Mickey «cap», João Pires (Kiki 45') e Febras
Treinador: Vieira Nunes

CD Aves: Batista, Picão, Sérgio Nunes, Garrido, Eduardo, Matias, Quim da Costa, Vitinha «cap» (Milhazes 77'), Joy, Túbia e Luís Miguel (Miguel 66')
Treinador: Manuel Barbosa

FC Paços de Ferreira – 2 ACADÉMICA – 1
2ª DIVISÃO DE HONRA, 32ª JORNADA, 14-5-1995 (DOM, 17:00)
Estádio da Mata Real, Paços de Ferreira **Árbitro:** Augusto Duarte (Braga) **Auxiliares:** Valdemar Lopes e Manuel Castro
Golos: 0-1 (Carlos Pedro 19'); 1-1 (Tico 21'); 2-1 (Tico 33')

FC Paços de Ferreira: Nuno Neto, Mota «cap», Ricardo Jorge, César Vaz, Bosinoski, Falica, Sessay, Tico (Silvinho 79'), Yulian (Adalberto 64'), Vítor Vieira e Valdney
Treinador: Caíca

ACADÉMICA: Pedro Roma, Arsénio, Tozé (Mito 69'), Palancha (João Campos 52'), Rocha «cap», Carlos Pedro, João Manuel, Besirovic, Mickey, Kiki e Febras
Treinador: Vieira Nunes

ACADÉMICA – 0 FC Felgueiras – 2
2ª DIVISÃO DE HONRA, 33ª JORNADA, 21-5-1995 (DOM, 17:00)
Estádio Municipal de Coimbra, Coimbra **Árbitro:** Carlos Calheiros (Viana do Castelo) **Auxiliares:** Amândio Calheiros e Augusto Calheiros **Golos:** 0-1 (Coelho 17'); 0-2 (Lewis 26')

ACADÉMICA: Sérgio, Arsénio (Dragan 69'), Tozé, Rocha «cap», Palancha, Carlos Pedro, João Manuel, Mickey, Febras, Mito (Nenad 55') e João Pires
Treinador: Vieira Nunes

FC Felgueiras: Lopes, António Lima Pereira «cap», Acácio, Lopes da Silva, Jorginho, Vicente, João, Baroti (Crisanto 45'), Coelho (Costa 74'), Clint e Lewis
Treinador: Jorge Jesus

Leça FC – 4 ACADÉMICA – 0
2ª DIVISÃO DE HONRA, 34ª JORNADA, 28-5-1995 (DOM, 17:00)
Estádio do Leça Futebol Clube, Leça da Palmeira **Árbitro:** Monteiro da Silva (Braga) **Auxiliares:** Henrique Santos e Manuel Silva **Golos:** 1-0 (Sérgio Conceição 6'); 2-0 (Earl 45'); 3-0 (Cao 64'); 4-0 (Nunes 85', gp)

Leça FC: Caldas (Nunes 78'), Orlando, Festas «cap», Isaías, Nando, Cao, Sérgio Conceição (Quim Santos 66'), Ricardo (Fernando 45'), Earl, Cristóvão e Jarrais
Treinador: Joaquim Teixeira

ACADÉMICA: Sérgio, Arsénio, Laureta (Tozé 45'), Rocha «cap», Palancha (Kiki 53'), Carlos Pedro, João Manuel, Mickey, Febras, Mito e João Pires
Treinador: Vieira Nunes

ÉPOCA 1995-1996

2ª DIVISÃO DE HONRA: 15º LUGAR (MANUTENÇÃO)
TAÇA DE PORTUGAL: 1/16 DE FINAL

JOGOS EFECTUADOS

	J	V	E	D	GM	GS
CASA	19	10	4	5	30	25
FORA	19	3	5	11	13	27
TOTAL	38	13	9	16	43	52

ACADÉMICA – 1 SC Espinho – 0

2ª DIVISÃO DE HONRA, 1ª JORNADA, 20-8-1995 (DOM, 17:00)
Estádio Municipal de Coimbra, Coimbra **Árbitro:** Paulo Paraty (Porto) **Auxiliares:** Jorge Garcia e José Cardinal
Golo: 1-0 (Albertino 61', gp) **Obs:** A partir desta época, passaram a ser permitidas três substituições, de quaisquer jogadores

ACADÉMICA: Hilário, Albertino, Dinis, Rocha «cap», Zé Duarte, Toninho Cruz, Jorge Silva, Miguel Simão (João Campos 80'), Mickey (N'Tsunda 57'), Tozé (João Peixe 76') e Emmanuel Blanchard (V 48')
Treinador: Vieira Nunes

SC Espinho: Paulo Freitas, Paulo Pires (Serginho 86'), Filó, Stefan, João Paulo, David «cap» (Zsinka 70'), Besirovic, Pedro (Bolinhas 61'), Cardoso, Répasi e Carvalhal
Treinador: Adelino Teixeira

CD Feirense – 0 ACADÉMICA – 0

2ª DIVISÃO DE HONRA, 2ª JORNADA, 27-8-1995 (DOM, 17:00)
Estádio Marcolino de Castro, Santa Maria da Feira
Árbitro: João Mesquita (Porto)
Auxiliares: Casimiro Martins e Cerejo Moutinho

CD Feirense: Tibi, Bento do Ó, Armando Santos, Pedro Miguel, Justiniano, Artur «cap», José Monteiro, Júlio Sérgio (Pedro Santos 55'), Quintas (Quitó 64'), Casquilha e Joy
Treinador: Henrique Nunes

ACADÉMICA: Hilário, Albertino, Dinis, Rocha «cap», Zé Duarte, Mito (João Campos 6', N'Tsunda 61'), Toninho Cruz, Jorge Silva, Miguel Simão, Mickey, Tozé (João Peixe 78')
Treinador: Vieira Nunes

ACADÉMICA – 2 CD Aves – 0

2ª DIVISÃO DE HONRA, 3ª JORNADA, 9-9-1995 (SAB, 17:00)
Estádio Municipal de Coimbra, Coimbra **Árbitro:** Veiga Trigo (Beja)
Auxiliares: João Crujo e Francisco Pardal
Golos: 1-0 (N'Tsunda 20'); 2-0 (Paulo Pilar 76')

ACADÉMICA: Hilário, Albertino, Dinis, Rocha «cap», Jorge Silva, Toninho Cruz, Mickey (Diogo 69'), Paulo Pilar, Miguel Simão (Octávio 77'), N'Tsunda (João Campos 56') e João Peixe
Treinador: Vieira Nunes

CD Aves: Batista, Picão, Garrido, Vítor Nogueira (Sérgio Nunes 8'), Eduardo, Fernandes, Martelinho, Vitinha «cap», Ricardo Nascimento (Rui Jorge 75'), Túbia e Paulo Vida (Miguel 63')
Treinador: Eduardo Luís

CAF Viseu – 2 ACADÉMICA – 1

2ª DIVISÃO DE HONRA, 4ª JORNADA, 17-9-1995 (DOM, 17:00)
Estádio do Fontelo, Viseu **Árbitro:** Vítor Pereira (Lisboa)
Auxiliares: Rui Silva e Amaral Dias **Golos:** 1-0 (João Luís 17'); 2-0 (Zé d'Angola 23'); 2-1 (Paulo Pilar 82')

CAF Viseu: João Ricardo, Sérgio, Mirko, Gerson, Marco, João Luís «cap», Marito (Marcelo 39'), Luís Vouzela (Rui Lage 81'), Chalana (Erasmo 61'), Chiquinho Carlos e Zé d'Angola
Treinador: João Cavaleiro

ACADÉMICA: Hilário, Albertino, Dinis, Rocha «cap», Jorge Silva, Toninho Cruz (Octávio 74'), Rui Carlos (Mickey 28'), Paulo Pilar, Miguel Simão, N'Tsunda (Emmanuel Blanchard 45') e João Peixe
Treinador: Vieira Nunes

ACADÉMICA – 0 SC Beira-Mar – 4

2ª DIVISÃO DE HONRA, 5ª JORNADA, 23-9-1995 (SAB, 17:00)
Estádio Municipal de Coimbra, Coimbra **Árbitro:** António Marçal (Lisboa) **Auxiliares:** Vítor Alves e Luís Vital **Golos:** 0-1 (José Luís 44', gp); 0-2 (Rosário 50'); 0-3 (Valter 75'); 0-4 (Rosário 87')

ACADÉMICA: Hilário, Albertino (Octávio 63'), Dinis (V 44'), Rocha «cap», Jorge Silva, Toninho Cruz, Mickey (Rui Carlos 45'), Paulo Pilar, Miguel Simão, N'Tsunda (Emmanuel Blanchard 52') e João Peixe **Treinador:** Vieira Nunes

SC Beira-Mar: Tó Ferreira, Nando, Festas «cap», José Luís, Jorginho, André, Morgado, Pitico, Bragança (Rogério Leite 70'), Rui Barbosa (Rosário 48') e Valter (Falica 85')
Treinador: Álvaro Carolino

FC Alverca – 2 ACADÉMICA – 1

2ª DIVISÃO DE HONRA, 6ª JORNADA, 30-9-1995 (SAB, 15:00)
Complexo Desportivo do FC Alverca, Alverca do Ribatejo **Árbitro:** Paulo Costa (Porto) **Auxiliares:** Paulo Januário e Bertino Miranda
Golos: 1-0 (Hélder Quental 44'); 2-0 (Akwá 45'); 2-1 (N'Tsunda 90')

FC Alverca: Vince da Silva, Nelson Morais, Vladimir, Adolfo «cap», Vasco, José Soares, Juba, Hélder Clara (AA 70'), Adriano (Casteleiro 88'), Hélder Quental e Akwá (Alves 78')
Treinador: Arnaldo Cunha

ACADÉMICA: Hilário, Albertino, Zé Duarte, Rui Carlos, Jorge Silva (AA 77'), Rocha «cap», Mickey (João Campos 79'), Toninho Cruz (AA 34'), Paulo Pilar, Miguel Simão (Octávio 45') e João Peixe (N'Tsunda 59') **Treinador:** Eurico Gomes

---

ACADÉMICA – 1 CD Nacional – 0

2ª DIVISÃO DE HONRA, 7ª JORNADA, 7-10-1995 (SAB, 15:00)
Estádio Municipal de Coimbra, Coimbra **Árbitro:** José Leirós (Porto) **Auxiliares:** Domingos Vilaça e Devesa Neto
Golo: 1-0 (Albertino 49', gp)

ACADÉMICA: Hilário, Albertino, Dinis, Zé Duarte, Rui Carlos, Rocha «cap», Paulo Pilar (Mito 70'), João Campos (Mickey 60'), Miguel Simão, N'Tsunda e Emmanuel Blanchard (João Peixe 76')
Treinador: Eurico Gomes

CD Nacional: Jovanovic, Sérgio Santos, Vieira, Parreira, Baía, Luís Alves (Fernando Aguiar 63'), João Paulo, Alexandre Nunes, Petrovic (Bruno 63'), Chiquinho e Rudi «cap» (Serginho 45')
Treinador: Rui Mâncio

FC Paços de Ferreira – 2 ACADÉMICA – 1

2ª DIVISÃO DE HONRA, 8ª JORNADA, 15-10-1995 (DOM, 15:00)
Estádio da Mata Real, Paços de Ferreira **Árbitro:** António Rola (Santarém) **Auxiliares:** Carlos Faustino e Artur Fernandes
Golos: 1-0 (Adalberto 9'); 1-1 (N'Tsunda 52'); 2-1 (Zito 88')

FC Paços de Ferreira: Tomás, Mota «cap» (Vasko 83'), César Vaz, Ricardo António, Ricardo Jorge, Zito, Telmo Pinto (AA 87'), Dinda (Carlos Carneiro 69'), Ronaldo, Adalberto e José Alves (Yulian 69')
Treinador: António Jesus

ACADÉMICA: Hilário, Albertino, Dinis, Zé Duarte, Rui Carlos (Miguel Simão 53'), Rocha «cap», Jorge Silva, Toninho Cruz, Paulo Pilar (Octávio 62'), Emmanuel Blanchard e N'Tsunda (Mito 72')
Treinador: Eurico Gomes

ACADÉMICA – 0 CFU Madeira – 1

2ª DIVISÃO DE HONRA, 9ª JORNADA, 21-10-1995 (SAB, 15:00)
Estádio Municipal de Coimbra, Coimbra **Árbitro:** Monteiro da Silva (Braga) **Auxiliares:** Henrique Santos e Manuel Silva
Golo: 0-1 (Nenad 79')

ACADÉMICA: Hilário, Albertino, Dinis, Zé Duarte, Jorge Silva, Rocha «cap», Paulo Pilar, Mito (João Pires 64'), Octávio (João Peixe 45'), Toninho Cruz (Tozé 73') e N'Tsunda
Treinador: Eurico Gomes

CFU Madeira: Zivanovic, Sérgio Lavos, Leonardo, Dragan «cap», Joilton, Ristovski, Milton Mendes, Nenad, Simic (Gouveia 89'), Márcio Luís e Rui Sérgio
Treinador: Ivan Cancarevic

FC Famalicão – 0 ACADÉMICA – 0

2ª DIVISÃO DE HONRA, 10ª JORNADA, 29-10-1995 (DOM, 15:00)
Estádio Municipal de Famalicão, Vila Nova de Famalicão
Árbitro: Martins dos Santos (Porto)
Auxiliares: Pereira Fernandes e Jorge Neiva

FC Famalicão: Paulo Brás, Arsénio, Rosado «cap», Pica, Ivo (Álvaro Maciel 55'), Joãozinho, Martins (Tó Mané 77'), Paulo Miranda, Peixoto (Vítor Gomes 59'), Jefferson e Fernando Gomes
Treinador: Maurício Simões

ACADÉMICA: Hilário, Albertino, Dinis, Rui Carlos, Rocha «cap», Mito (João Peixe 75'), Diogo, Rui Campos (João Pires 39'), Toninho Cruz, N'Tsunda e Tozé (Jorge Silva 62')
Treinador: Eurico Gomes

CAF Viseu – 0 ACADÉMICA – 1

TAÇA DE PORTUGAL, 1/64 DE FINAL, 5-11-1995 (DOM, 15:00)
Estádio do Fontelo, Viseu **Árbitro:** Pinto Correia (Lisboa)
Auxiliares: Carlos de Matos e Ricardo Santos
Golo: 0-1 (Febras 86')

CAF Viseu: Augusto, Sérgio (AA 34'), Mirko, Gerson, Marco, João Luís «cap», Marito (Zezinho 60'), Luís Vouzela (Erasmo 69'), Rui Lage, Chiquinho e Zé d'Angola (Chalana 80')
Treinador: João Cavaleiro

ACADÉMICA: Vítor Alves, Albertino, Dinis, Rui Carlos, Zé Nando (AA 24'), Rocha «cap», Diogo (Jorge Silva 89'), Toninho Cruz, N'Tsunda (Febras 65'), Fernando Gomes (Paulo Pilar 81')
e João Pires **Treinador:** Eurico Gomes

ACADÉMICA – 2 CFU Lamas – 2

2ª DIVISÃO DE HONRA, 11ª JORNADA, 19-11-1995 (DOM, 15:00)
Estádio Municipal de Coimbra, Coimbra **Árbitro:** Bento Marques (Évora) **Auxiliares:** Fonseca Franco e António Manuel **Golos:** 0-1 (Luís Miguel 23'); 0-2 (Luís Miguel 52'); 1-2 (Pedro Lavoura 66'); 2-2 (Febras 89')

ACADÉMICA: Hilário, Albertino, Rui Carlos (Mito 55'), Zé Duarte, Jorge Silva, Mickey «cap», Diogo (João Peixe 30'), João Pires, Fernando Gomes, Toninho Cruz (Pedro Lavoura 55') e Febras
Treinador: Eurico Gomes

CFU Lamas: Rui, Faria, Rui Ferreira, Tozé Marques, Paulo Alves, Bismark, Ricardo Jorge (Simão 83'), Jorge Silva «cap», Carlos Filipe, Mendes (Pinto 70') e Luís Miguel (Guhev 74')
Treinador: José Piruta

Moreirense FC – 1 ACADÉMICA – 0

2ª DIVISÃO DE HONRA, 12ª JORNADA, 26-11-1995 (DOM, 15:00)
Estádio Joaquim de Almeida Freitas, Moreira de Cónegos **Árbitro:** Jorge Coroado (Lisboa) **Auxiliares:** Pedro Ruben e José Borges
Golo: 1-0 (Denô 82', gp)

Moreirense FC: Miguel, Chiquinho, Ragne, Renato, Filipe, Altino, Vitinha, Orlando (Rui Adriano 62'), Guto (Rui Pedro 70'), Denô «cap» (António Augusto 86') e Lowden
Treinador: Carlos Garcia

ACADÉMICA: Hilário, Albertino, Rui Carlos, Dinis (Mickey 42'), Zé Nando, Rocha «cap», Diogo, Fernando Gomes (Pedro Lavoura 70'), João Pires (Paulo Pilar 51'), Mito e Febras
Treinador: Eurico Gomes

ACADÉMICA – 1 SC Espinho – 0

TAÇA DE PORTUGAL, 1/32 DE FINAL, 30-11-1995 (QUI, 20:45)
Estádio Municipal de Coimbra, Coimbra **Árbitro:** Isidoro Rodrigues (Viseu) **Auxiliares:** Alves dos Santos e Paiva Lemos
Golo: 1-0 (Rui Carlos 26')

ACADÉMICA: Vítor Alves, Rui Campos, Rui Carlos, Zé Nando, Rocha «cap», Diogo, Fernando Gomes (João Campos 65'), João Pires (Pedro Lavoura 56'), Paulo Pilar (Zé Duarte 76'), Mito e Leandro **Treinador:** Eurico Gomes

SC Espinho: Paulo Freitas, Serginho, Stefan, Filó, Carvalhal (João Paulo 45'), Pedro (Nuno 54'), Besirovic, Carlos Pedro, David «cap» (Répasi 75'), Bolinhas e Artur Jorge
Treinador: Adelino Teixeira

ACADÉMICA – 1 GD Estoril-Praia – 0

2ª DIVISÃO DE HONRA, 13ª JORNADA, 10-12-1995 (DOM, 15:00)
Estádio Municipal de Coimbra, Coimbra **Árbitro:** Paulo Costa (Porto) **Auxiliares:** Paulo Januário e Bertino Miranda
Golo: 1-0 (Rocha 40')

ACADÉMICA: Hilário, Rui Campos, Zé Duarte, Zé Nando, Rocha «cap», Diogo, Fernando Gomes (João Pires 71'), Febras, Paulo Pilar (Jorge Silva 64'), Mito e Leandro (Octávio 64')
Treinador: Eurico Gomes

GD Estoril-Praia: Paulo Morais, Calçoa, Agatão, Martins «cap», Passos, Marco Paulo, Paulo Jorge, Sequeira, Litos (Rogério 81'), Baroti e Pauleta
Treinador: Carlos Manuel

AD Ovarense – 2 ACADÉMICA – 2

2ª DIVISÃO DE HONRA, 14ª JORNADA, 17-12-1995 (DOM, 15:00)
Estádio Marques da Silva, Ovar **Árbitro:** Juvenal Silvestre (Setúbal) **Auxiliares:** Carlos Fernandes e Luís Santos **Golos:** 1-0 (Pataca 66'); 2-0 (Cândido 70'); 2-1 (N'Tsunda 80'); 2-2 (Mito 82')

AD Ovarense: Titó, Camacho, Fernando Silva, Farrajota, Fernando Souto (Pataca 65'), Faria, Lima (Armando António 45'), Carlos Miguel «cap» (AA 83'), Cândido, Fernando Cruz (Cláudio 75') e José Maria **Treinador:** Álvaro Lima

ACADÉMICA: Hilário, Rui Campos (Leandro 67'), Zé Duarte, Zé Nando, Rocha «cap», Diogo, Fernando Gomes (AA 26'), Febras (N'Tsunda 53'), Paulo Pilar, Mito e João Campos (Albertino 61')
Treinador: Eurico Gomes

Rio Ave FC – 1 ACADÉMICA – 0

2ª DIVISÃO DE HONRA, 15ª JORNADA, 23-12-1995 (SAB, 15:00)
Estádio do Rio Ave Futebol Clube, Vila do Conde
Árbitro: José Rufino (Algarve)
Auxiliares: Gilberto Bento e José Teixeira
Golo: 1-0 (Omer 55')

Rio Ave FC: Nelson, Marcos, Mesquita, António Lima Pereira, Martins, Paulo Lima Pereira, Baíca (Emanuel 87'), Sérgio China (Graça 80'), Camberra (Omer 45'), Gamboa e Gama «cap»
Treinador: Henrique Calisto

ACADÉMICA: Hilário, Albertino, Zé Duarte, Dinis, Zé Nando, Rocha «cap», Diogo (João Campos 62'), Paulo Pilar (N'Tsunda 58'), Mito, Leandro (João Pires 58') e Febras
Treinador: Luís Agostinho

ACADÉMICA – 2 VFC Setúbal – 3

2ª DIVISÃO DE HONRA, 16ª JORNADA, 30-12-1995 (SAB, 15:00)
Estádio Municipal de Coimbra, Coimbra **Árbitro:** Paulo Paraty (Porto) **Auxiliares:** Jorge Garcia e José Cardinal
Golos: 1-0 (Albertino 45', gp); 2-0 (N'Tsunda 51'); 2-1 (Paulo Ribeiro 56'); 2-2 (Paulo Ribeiro 63', gp); 2-3 (Paulo Sérgio 85')

ACADÉMICA: Hilário, Albertino, Rui Carlos, Dinis, Zé Nando, Rocha «cap», Fernando Gomes (Mickey 65'), Jorge Silva, N'Tsunda (Paulo Pilar 81'), João Pires (Pedro Lavoura 72') e Febras
Treinador: Luís Agostinho

VFC Setúbal: Cândido, Aziz (Paulo Ribeiro 45'), Figueiredo, José Rui, Quim, Eric, Hélio «cap» (Carlos Manuel 83'), Sandro, Rui Carlos, Paulo Sérgio e Toni Vidigal
Treinador: Quinito

FC Penafiel – 6 ACADÉMICA – 0

2ª DIVISÃO DE HONRA, 17ª JORNADA, 6-1-1996 (SAB, 15:00)
Estádio 25 de Abril, Penafiel **Árbitro:** António Rola (Santarém) **Auxiliares:** Carlos Faustino e Artur Fernandes
Golos: 1-0 (Forbs 12'); 2-0 (Forbs 36'); 3-0 (Marcão 57'); 4-0 (Marcão 60'); 5-0 (Moura 74'); 6-0 (Moura 80')

FC Penafiel: Cerqueira, Joca, Emanuel, Elias «cap» (Agostinho 73'), Marcão (Moura 67'), Lázaro, Zé Nando, Maia, Mário Augusto, José Augusto e Forbs (Paulo Sérgio 70')
Treinador: José Alberto Torres

ACADÉMICA: Hilário, Diogo (João Campos 62'), Zé Duarte, Dinis (Leandro 49'), Zé Nando, Rocha «cap», Fernando Gomes (Jorge Silva 62'), Mito, N'Tsunda, João Pires e Febras
Treinador: Luís Agostinho

ACADÉMICA – 2 CS Marítimo – 2 (AP)

TAÇA DE PORTUGAL, 1/16 DE FINAL, 9-1-1996 (TER, 18:00)
Estádio Municipal de Coimbra, Coimbra **Árbitro:** Olegário Benquerença (Leiria) **Auxiliares:** Alberto Oliveira e Luís Monteiro
Golos: 1-0 (Pedro Lavoura 14'); 1-1 (Edmilson 18'); 1-2 (Gustavo 23'); 2-2 (Leandro 37')

ACADÉMICA: Vítor Alves, Jorge Silva, Zé Duarte, Zé Nando, Dinis, Rocha «cap», Mickey (Diogo 71'), Mito, João Pires, Leandro (Febras 105'), Pedro Lavoura (N'Tsunda 86')
Treinador: Luís Agostinho

CS Marítimo: Bizarro, José Pedro (Margarido 44'), Robson, Carlos Jorge «cap», Eusébio, Zeca, Humberto, Hamori (Fernando Pires 60'), Gustavo, Vítor Vieira (Herivelto 97') e Edmilson
Treinador: Raul Águas

SC Espinho – 1 ACADÉMICA – 2

2ª DIVISÃO DE HONRA, 18ª JORNADA, 13-1-1996 (SAB, 15:00)
Estádio Com. Manuel de Oliveira Violas, Espinho **Árbitro:** Carlos Basílio (Lisboa) **Auxiliares:** António Santos e Décio Cordeiro
Golos: 0-1 (Zé Duarte 21'); 1-1 (Manu 58'); 1-2 (N'Tsunda 86')

SC Espinho: Luís Manuel «cap», Paulo Pires, Filó, Stefan (José Albano 57'), João Paulo, David, Besirovic, Pedro (Manu 42', Duka 61'), Bolinhas, Cardoso e Artur Jorge
Treinador: Adelino Teixeira

ACADÉMICA: Hilário, Diogo (Octávio 59'), Zé Duarte, Dinis, Rui Carlos, Rocha «cap», Mickey, Mito, Pedro Lavoura, João Pires (João Campos 71') e Leandro (N'Tsunda 62')
Treinador: Vítor Oliveira

ACADÉMICA – 6 CD Feirense – 3

2ª DIVISÃO DE HONRA, 19ª JORNADA, 21-1-1996 (DOM, 15:00)
Estádio Municipal de Coimbra, Coimbra **Árbitro:** Cunha Antunes (Braga) **Auxiliares:** Luís Ferreira e Pinto Rocha
Golos: 1-0 (João Pires 2'); 2-0 (Dunga 13'); 3-0 (João Pires 17'); 3-1 (Casquilha 23'); 4-1 (Paulo Pilar 43'); 4-2 (Armando Santos 45'); 4-3 (Casquilha 53'); 5-3 (Jorge Silva 77'); 6-3 (João Pires 87')

ACADÉMICA: Hilário, Albertino, Zé Duarte, Rui Carlos, Zé Nando, Rocha «cap», Mickey, Mito (N'Tsunda 69'), Dunga (Febras 74'), Paulo Pilar (Jorge Silva 45') e João Pires **Treinador:** Vítor Oliveira

CD Feirense: Dagoberto (Tibi 34'), Bento do Ó, Gilberto, António José, Armando Santos, Miguel Ângelo (Quintas 31'), Júlio Sérgio, Artur «cap», Casquilha, Zoran (Joy 65') e Pedro Santos
Treinador: Henrique Nunes

CS Marítimo – 2 ACADÉMICA – 1

TAÇA DE PORTUGAL, 1/16 DE FINAL, 24-1-1996 (QUA, 17:00)
Estádio dos Barreiros, Funchal **Árbitro:** Paulo Costa (Porto) **Auxiliares:** Paulo Januário e Bertino Miranda
Golos: 0-1 (N'Tsunda 2'); 1-1 (Edmilson 21'); 2-1 (Alex 40')

CS Marítimo: Bizarro, Margarido, Carlos Jorge «cap» (Humberto 72'), Filgueira, Cabral, Fernando Pires (Vítor Vieira 86'), Gustavo, Jokanovic, Alex, Hamori (Zeca 52') e Edmilson **Treinador:** Raul Águas

ACADÉMICA: Vítor Alves «sc», Albertino, Dinis, Rui Carlos (Rui Campos 6'), Zé Nando, Diogo, Jorge Silva, Mickey «cap» (João Campos 45'), Paulo Pilar, N'Tsunda e Pedro Lavoura (Febras 61')
Treinador: Vítor Oliveira

CD Aves – 2 ACADÉMICA – 0

2ª DIVISÃO DE HONRA, 20ª JORNADA, 28-1-1996 (DOM, 15:00)
Estádio do Clube Desportivo das Aves, Vila das Aves **Árbitro:** Lucílio Batista (Setúbal) **Auxiliares:** João Esteves e José Peixoto
Golos: 1-0 (Ricardo Nascimento 35'); 2-0 (Tarcísio 77')

CD Aves: Zé Carlos, Picão, Garrido, Sérgio Nunes, Eduardo, Fernandes (Tarcísio 58'), Martelinho, Vitinha «cap» (Quim da Costa 45'), Ricardo Nascimento (Vítor Nogueira 82'), Artur Alexandre e Paulo Vida **Treinador:** Eduardo Luís

ACADÉMICA: Hilário, Albertino, Zé Duarte, Zé Nando, Rocha «cap», Mickey (Fernando Gomes 64'), Mito (N'Tsunda 45'), Dunga, Paulo Pilar, Jorge Silva (Febras 74') e João Pires
Treinador: Vítor Oliveira

ACADÉMICA – 0 CAF Viseu – 0

2ª DIVISÃO DE HONRA, 21ª JORNADA, 4-2-1996 (DOM, 15:00)
Estádio Municipal de Coimbra, Coimbra
Árbitro: Martins dos Santos (Porto)
Auxiliares: Pereira Fernandes e Jorge Neiva

ACADÉMICA: Hilário, Albertino, Dinis, Jorge Silva, Zé Nando, Rocha «cap», Mickey (Leandro 45'), Diogo (Rui Campos 70'), N'Tsunda, Paulo Pilar (João Campos 62') e João Pires
Treinador: Vítor Oliveira

CAF Viseu: João Ricardo, Sérgio, Rui Manuel, Gerson, Marco, João Luís «cap», Zezinho (Chiquinho Carlos 59'), Luís Vouzela (Walter 85'), Eduard, Rui Trigo e Zé d'Angola (Rui Lage 73')
Treinador: João Cavaleiro

SC Beira-Mar – 0 ACADÉMICA – 0

2ª DIVISÃO DE HONRA, 22ª JORNADA, 11-2-1996 (DOM, 15:00)
Estádio Mário Duarte, Aveiro
Árbitro: Jorge Coroado (Lisboa)
Auxiliares: Pedro Ruben e José Borges

SC Beira-Mar: Tó Ferreira, Mena, José Luís, Jorginho, Morgado, Nando «cap» (Rui Barbosa 71'), Falica, Fusco (Jorge Neves 80'), Fernando, Valter e Juvenal
Treinador: Álvaro Carolino

ACADÉMICA: Hilário, Albertino, Dinis, Jorge Silva, Zé Duarte, Zé Nando, Rocha «cap», Mickey (Pedro Lavoura 65'), N'Tsunda (Rui Campos 87'), Paulo Pilar (Mito 70') e João Pires
Treinador: Vítor Oliveira

ACADÉMICA – 1 FC Alverca – 0

2ª DIVISÃO DE HONRA, 23ª JORNADA, 17-2-1996 (SAB, 15:00)
Estádio Municipal de Coimbra, Coimbra
Árbitro: Cunha Antunes (Braga)
Auxiliares: Luís Ferreira e Pinto Rocha
Golo: 1-0 (Pedro Lavoura 79')

ACADÉMICA: Hilário, Albertino, Dinis (Mito 71'), Jorge Silva, Zé Nando, Rocha «cap», Mickey (Pedro Lavoura 71'), N'Tsunda (Leandro 61'), Paulo Pilar, Dunga e João Pires
Treinador: Vítor Oliveira

FC Alverca: Vince da Silva, Nelson Morais, Vladimir, Adolfo, Vasco, José Soares, Juba, Hélder Clara (Alves 80'), Adriano, Abel Campos (Hélder Quental 83') e Raul José «cap» (João Peixe 75')
Treinador: Arnaldo Cunha

CD Nacional – 0 ACADÉMICA – 1

2ª DIVISÃO DE HONRA, 24ª JORNADA, 3-3-1996 (DOM, 16:00)
Estádio dos Barreiros, Funchal **Árbitro:** Vítor Reis (Lisboa)
Auxiliares: Fernando Sousa e João Lago
Golo: 0-1 (Pedro Lavoura 52')

CD Nacional: Jovanovic, Gabriel (Rui Miguel 60'), Franco, Parreira, Baía, João Paulo, Fernando Aguiar (Vieira 74', V 89'), Sérgio Pedro, Zoran (AA 90'), Chico Nelo «cap» (Miguel Simão 54') e Serginho
Treinador: Rodolfo Reis

ACADÉMICA: Hilário, Albertino, Dinis, Mito (Marito 23'), Jorge Silva, Zé Nando, Santos, Mickey «cap», Pedro Lavoura (N'Tsunda 71'), Paulo Pilar e João Pires (Rui Campos 65')
Treinador: Vítor Oliveira

ACADÉMICA – 2 FC Paços de Ferreira – 0

2ª DIVISÃO DE HONRA, 25ª JORNADA, 10-3-1996 (DOM, 15:00)
Estádio Municipal de Coimbra, Coimbra **Árbitro:** Vítor Pereira (Lisboa) **Auxiliares:** Gonçalo Aparício e Amaral Dias
Golos: 1-0 (Marito 1'); 2-0 (Febras 89')

ACADÉMICA: Hilário, Albertino, Jorge Silva, Zé Nando, Dinis, Mito (Rui Campos 45'), Marito (Febras 66'), Mickey, Rocha «cap», N'Tsunda (Pedro Lavoura 66') e João Pires
Treinador: Vítor Oliveira

FC Paços de Ferreira: Pedro, Monteiro «cap», César Vaz, Ricardo António, Ricardo Jorge, José Alves (Ronaldo 74'), Quim (V 69'), Dinda (Carlos Carneiro 58'), Yulian (Telmo Pinto 45'), Zito e Jorge Andrade **Treinador:** António Jesus

CFU Madeira – 2 ACADÉMICA – 1

2ª DIVISÃO DE HONRA, 26ª JORNADA, 16-3-1996 (SAB, 17:00)
Estádio dos Barreiros, Funchal
Árbitro: Carlos Basílio (Lisboa)
Auxiliares: António Santos e Décio Cordeiro
Golos: 0-1 (Paulo Pilar 21'); 1-1 (Simic 23', gp); 2-1 (Simic 86')

CFU Madeira: Mário Jorge, Nelinho (Beto 59'), Dragan «cap», Leonardo, Joilton, Ristovski (Edmilson 90'+2'), Nenad (Marco 74'), Simic, Sérgio Lavos, Milton Mendes e Lepi
Treinador: Ivan Cancarevic

ACADÉMICA: Hilário, Albertino, Jorge Silva, Zé Nando, Dinis, Paulo Pilar, Marito (Diogo 71'), Rui Campos, Rocha «cap», N'Tsunda (Pedro Lavoura 63') e João Pires (Febras 63')
Treinador: Vítor Oliveira

ACADÉMICA – 0 FC Famalicão – 3

2ª DIVISÃO DE HONRA, 27ª JORNADA, 24-3-1996 (DOM, 15:00)
Estádio Municipal de Coimbra, Coimbra **Árbitro:** Paulo Paraty (Porto) **Auxiliares:** Jorge Garcia e António Perdigão
Golos: 0-1 (Tito 21'); 0-2 (Mazo 83'); 0-3 (Mateus 90')

ACADÉMICA: Hilário, Albertino, Jorge Silva, Rogério Matias (Pedro Lavoura 62'), Dinis, Mito (Paulo Pilar 45'), Marito (Febras 45'), Mickey, Rocha «cap», N'Tsunda e João Pires
Treinador: Vítor Oliveira

FC Famalicão: Pedro Roma, Arsénio, Ricardo Martins, Miguel Lima Pereira (AA 85'), Tito «cap», Joãozinho, Alexandre, Edinho, Pedro Monteiro (Mateus 77'), Mazo (Mirra 89') e Welder (Pica 88')
Treinador: Acácio Casimiro

CFU Lamas – 0 ACADÉMICA – 0

2ª DIVISÃO DE HONRA, 28ª JORNADA, 31-3-1996 (DOM, 17:00)
Estádio Com. Henrique de Amorim, Santa Maria de Lamas
Árbitro: Martins dos Santos (Porto)
Auxiliares: Pereira Fernandes e Jorge Neiva

CFU Lamas: Rui, Bessa, Rui Ferreira (AA 88'), Tozé Marques, Paulo Alves, Neves, Ricardo Jorge, Jorge Silva «cap» (Bismark 81'), Pinto (Edgar 45'), Mendes (Elísio 89') e Fernando Gomes (AA 55')
Treinador: José Dinis

ACADÉMICA: Hilário, Rui Campos, Jorge Silva, Abazaj, Zé Nando, Mickey, Rocha «cap», Diogo (Leandro 66'), Paulo Pilar, Pedro Lavoura (João Pires 74') e Febras (Marito 66')
Treinador: Vítor Oliveira

ACADÉMICA – 1 Moreirense FC – 1

2ª DIVISÃO DE HONRA, 29ª JORNADA, 6-4-1996 (SAB, 17:00)
Estádio Municipal de Coimbra, Coimbra
Árbitro: José Pratas (Évora)
Auxiliares: José Serra e José Espada
Golos: 0-1 (Fernando 27', gp); 1-1 (Rocha 52')

ACADÉMICA: Hilário, Rui Campos, Jorge Silva, Dinis (Marito 45'), Abazaj, Zé Nando, Mickey (N'Tsunda 74'), Rocha «cap», Paulo Pilar, Pedro Lavoura (João Pires 60') e Febras **Treinador:** Vítor Oliveira

Moreirense FC: Nilson, Chiquinho, Ragne, Renato, Serafim (Filipe 23'), Rui Pedro, Altino «cap», Vitinha, Guto (Rui Adriano 69'), Rinaldo (Orlando 90') e Fernando **Treinador:** Carlos Garcia

GD Estoril-Praia – 2 ACADÉMICA – 1

2ª DIVISÃO DE HONRA, 30ª JORNADA, 14-4-1996 (DOM, 16:00)
Estádio António Coimbra da Mota, Estoril **Árbitro:** Juvenal Silvestre (Setúbal) **Auxiliares:** Carlos Fernandes e Luís Santos
Golos: 1-0 (Dinis 10', pb); 1-1 (Febras 45'); 2-1 (Pauleta 50')

GD Estoril-Praia: Paulo Morais, Calçoa, Martins «cap», Sérgio Ozan, Agatão, Sequeira, Paulo Jorge, Litos (Borreicho 61'), Marco Paulo, Luís Cavaco (Baroti 67') e Pauleta (Artur Jorge 77')
Treinador: Carlos Manuel

ACADÉMICA: Hilário, Albertino, Dinis, Abazaj, Zé Nando «sc», Diogo, Rocha «cap» (Rui Campos 64'), Paulo Pilar, Mickey (N'Tsunda 53'), Marito (Pedro Lavoura 64') e Febras
Treinador: Vítor Oliveira

ACADÉMICA – 2 AD Ovarense – 1

2ª DIVISÃO DE HONRA, 31ª JORNADA, 21-4-1996 (DOM, 17:00)
Estádio Municipal de Coimbra, Coimbra **Árbitro:** João Mesquita (Porto) **Auxiliares:** Casimiro Martins e Cerejo Moutinho
Golos: 1-0 (Febras 40'); 1-1 (Armando António 81'); 2-1 (Rocha 82')
Obs: Lima (Ovarense) ocupou o lugar de guarda-redes, após expulsão de Armando

ACADÉMICA: Hilário, Albertino, Jorge Silva, Abazaj, Zé Nando, Mito «cap», Paulo Pilar (Dunga 58'), Fernando Gomes (Rocha 71'), Marito (João Campos 71'), João Pires e Febras
Treinador: Vítor Oliveira

AD Ovarense: Armando (V 89'), Camacho, Fernando Silva, Cláudio, Mico, Lima, Tuca, Carlos Miguel «cap» (Alcir 54'), Tenreiro (Cunha 60'), Cândido (Pingo 54') e Armando António
Treinador: Sebastião Santos

ACADÉMICA – 3 Rio Ave FC – 1

2ª DIVISÃO DE HONRA, 32ª JORNADA, 28-4-1996 (DOM, 17:00)
Estádio Municipal de Coimbra, Coimbra **Árbitro:** Vítor Pereira (Lisboa) **Auxiliares:** Rui Silva e Amaral Dias
Golos: 1-0 (Zé Nando 59'); 2-0 (Febras 68');
2-1 (António Lima Pereira 84'); 3-1 (Febras 85', gp)

ACADÉMICA: Hilário, Albertino, Jorge Silva, Abazaj, Zé Nando, Mito (João Campos 73'), N'Tsunda (Dunga 45'), Fernando Gomes 88'), Rocha «cap», Diogo, João Pires e Febras
Treinador: Vítor Oliveira

Rio Ave FC: Nelson, Marcos, Mesquita, António Lima Pereira, Martins, Baíca, Rifa (Emanuel 66'), Sérgio China, Camberra, Gamboa «cap» e Omer (João Pedro 45')
Treinador: Henrique Calisto

VFC Setúbal – 2 ACADÉMICA – 1

2ª DIVISÃO DE HONRA, 33ª JORNADA, 5-5-1996 (DOM, 17:00)
Estádio do Bonfim, Setúbal **Árbitro:** Pinto Correia (Lisboa)
Auxiliares: Carlos de Matos e Ricardo Santos **Golos:** 0-1 (Febras 40', gp); 1-1 (Paulo Ribeiro 66', gp); 2-1 (Paulo Ribeiro 68')

VFC Setúbal: Cândido, Mamede (Marcos Gaúcho 45'), Quim, Figueiredo, Nogueira, Ribeiro (Edmundo 89'), Eric, Hélio «cap», Sandro, José Carlos Barbosa (Tico 60') e Paulo Ribeiro
Treinador: Quinito

ACADÉMICA: Hilário, Albertino, Jorge Silva, Dinis, Abazaj, Mito (N'Tsunda 69'), Mickey (João Campos 81'), Rui Campos (V 72'), Rocha «cap», Paulo Pilar e Febras (Dunga 76')
Treinador: Vítor Oliveira

ACADÉMICA – 3 FC Penafiel – 4

2ª DIVISÃO DE HONRA, 34ª JORNADA, 12-5-1996 (DOM, 17:00)
Estádio Municipal de Coimbra, Coimbra **Árbitro:** Carlos Calheiros (Viana do Castelo) **Auxiliares:** Amândio Calheiros e Augusto Calheiros **Golos:** 0-1 (Marcão 6'); 0-2 (Moura 15');
1-2 (Febras 44', gp); 2-2 (N'Tsunda 52'); 2-3 (Moura 54');
3-3 (João Pires 79'); 3-4 (Forbs 81')

ACADÉMICA: Vítor Alves «sc», Albertino, Jorge Silva, Abazaj, Zé Nando, Mito «cap» (Dunga 65'), Diogo, João Campos (Rocha 65'), N'Tsunda (Capitão 65'), João Pires e Febras **Treinador:** Vítor Oliveira

FC Penafiel: Correia, Jojó (Amadeu 50'), Emanuel, Agostinho (Joca 15'), Tiago, Maia, José Augusto «cap», Marcão (Forbs 54'), Lázaro, Zé Nando e Moura **Treinador:** José Alberto Torres

ÉPOCA 1996-1997

2ª DIVISÃO DE HONRA: 3º LUGAR (PROMOÇÃO)
TAÇA DE PORTUGAL: OITAVOS DE FINAL

JOGOS EFECTUADOS

	J	V	E	D	GM	GS
CASA	19	12	4	3	27	9
FORA	19	8	3	8	18	14
TOTAL	38	20	7	11	45	23

SC Covilhã – 1 ACADÉMICA – 1

2ª DIVISÃO DE HONRA, 1ª JORNADA, 1-9-1996 (DOM, 17:00)
Estádio José dos Santos Pinto, Covilhã
Árbitro: Paulo Paraty (Porto)
Auxiliares: José Cardinal e Jorge Garcia
Golos: 1-0 (Rui Pataca 1', gp); 1-1 (Albertino 11', gp)

SC Covilhã: Pedro Ferreira, Zarro, Joanito, João Carlos, Capucho, Piguita (Edi 74'), Capelas, Trindade «cap», Rui Pataca, José Maria (Hideraldo 79') e Cláudio
Treinador: Vieira Nunes

ACADÉMICA: Pedro Roma, Albertino (Rui Campos 62'), Zé Duarte, Jorge Silva, Abazaj, Mito (Mickey 57'), Dinda, Rocha «cap», João Pires, Telmo Pinto (Febras 72') e Miguel Bruno
Treinador: Vítor Oliveira

ACADÉMICA – 0 CD Beja – 0

2ª DIVISÃO DE HONRA, 2ª JORNADA, 8-9-1996 (DOM, 17:00)
Estádio Municipal de Coimbra, Coimbra
Árbitro: Cunha Antunes (Braga)
Auxiliares: Luís Ferreira e Pinto Rocha

ACADÉMICA: Pedro Roma, Albertino, Jorge Silva, Mounir, Abazaj, Rocha «cap», Dinda, João Pires (Marinho 69'), Miguel Bruno, Mickey e Pedro Lavoura (Febras 45')
Treinador: Vítor Oliveira

CD Beja: José Pedro, Rolo, Edmundo, Grosso, Chico Nikita, Nunes «cap», Hernâni, Resende (Vado 63'), Tiago (Carlos Freitas 89'), Sérgio Gameiro e Joy (Adolfo 73')
Treinador: José Torres

ACADÉMICA – 1 FC Paços de Ferreira – 0

2ª DIVISÃO DE HONRA, 3ª JORNADA, 15-9-1996 (DOM, 17:00)
Estádio Municipal de Coimbra, Coimbra **Árbitro:** Jorge Coroado (Lisboa) **Auxiliares:** Luís Santos e José Serra
Golo: 1-0 (Albertino 44', gp)

ACADÉMICA: Pedro Roma, Albertino, Jorge Silva, Mounir, Abazaj, Rocha «cap», Dinda (Rui Campos 89'), João Pires, Miguel Bruno (AA 64'), Mickey (Santos 67') e Marinho (Febras 61')
Treinador: Vítor Oliveira

FC Paços de Ferreira: Pedro, João Miguel «cap» (Quim 52'), César Vaz, Ricardo António, Ricardo Jorge (Yulian 70'), Agostinho, Carlos Miguel, Jaime Cerqueira, Luís Pinto (Valério 57'), Hélder Brandão e Tico **Treinador:** António Jesus

Varzim SC – 1 ACADÉMICA – 0

2ª DIVISÃO DE HONRA, 4ª JORNADA, 22-9-1996 (DOM, 17:00)
Estádio Varzim Sport Club, Póvoa de Varzim
Árbitro: Lucílio Batista (Setúbal)
Auxiliares: Luís Salgado e João Esteves
Golo: 1-0 (Zacarias 60')

Varzim SC: Miguel, Sérgio (André 71'), Alexandre, Slagalo, Morgado, Paulo Piedade, Zacarias, Lito, Caccioli (Lino 54'), Rui Alberto e Miranda «cap» (Celestino 89') **Treinador:** Horácio Gonçalves

ACADÉMICA: Pedro Roma, Albertino, Jorge Silva, Mounir, Abazaj (AA 65'), Santos (Febras 45'), Rocha «cap» (Rui Campos 74'), Mickey «sc», Dinda, João Pires e Marinho (Pedro Lavoura 60')
Treinador: Vítor Oliveira

ACADÉMICA – 1 SC Campomaiorense – 0

2ª DIVISÃO DE HONRA, 5ª JORNADA, 29-9-1996 (DOM, 17:00)
Estádio Municipal de Coimbra, Coimbra **Árbitro:** Augusto Duarte (Braga) **Auxiliares:** Valdemar Lopes e Filipe Mendes
Golo: 1-0 (Febras 68')

ACADÉMICA: Pedro Roma, Albertino, Mounir, Jorge Silva, Zé Nando, Mickey, Dinda (Febras 56'), Rocha «cap», João Pires, Marinho (Santos 76') e Miguel Bruno (Pedro Lavoura 69')
Treinador: Vítor Oliveira

SC Campomaiorense: Paulo Sérgio, Eurico «cap», Jorge Ferreira, Arriaga (Serginho II 75'), Reinaldo, Joel, Sousa, Abel Silva (Gonçalves 39'), Piteira, Valente e Vítor Manuel (Jorginho 58')
Treinador: Diamantino Miranda

1996-1997

CFU Madeira – 1 ACADÉMICA – 0

2ª DIVISÃO DE HONRA, 6ª JORNADA, 12-10-1996 (SAB, 16:00)
Estádio dos Barreiros, Funchal **Árbitro:** Martins dos Santos (Porto)
Auxiliares: Jorge Neiva e Pereira Fernandes
Golo: 1-0 (Jorge Silva 83', pb)

CFU Madeira: Jorcey, Nelinho «cap» (V 81'), Dragan, Rui Sérgio, Piá, Genilson, Nenad, Ney, Stevanovic (Beto 67'), Regis (Valtinho 84') e Zara (Gouveia 45')
Treinador: Ernesto Paulo

ACADÉMICA: Pedro Roma, Albertino, Mounir, Jorge Silva, Zé Nando, Abazaj, Mickey (Marinho 68'), Dinda, Rocha «cap», João Pires (Rui Campos 80') e Miguel Bruno (Febras 62')
Treinador: Vítor Oliveira

ACADÉMICA – 0 Moreirense FC – 0

2ª DIVISÃO DE HONRA, 7ª JORNADA, 20-10-1996 (DOM, 16:00)
Estádio Municipal de Coimbra, Coimbra
Árbitro: Monteiro da Silva (Braga)
Auxiliares: Henrique Santos e Manuel Silva

ACADÉMICA: Pedro Roma, Albertino, Mounir, Jorge Silva, Zé Nando, Abazaj, Mickey (Marinho 58'), Dinda (Rui Campos 71'), Rocha «cap», Pedro Lavoura (João Pires 58') e Miguel Bruno
Treinador: Vítor Oliveira

Moreirense FC: Nilson, Chiquinho, Fernando Jorge, Renato, Rui Pedro (AA 90'), Vitinha, Sérgio Teixeira, Altino «cap», Gomes (Guto 64'), Lowden (Júnior 60') e Armando António (Basaúla 79')
Treinador: Carlos Garcia

FC Alverca – 0 ACADÉMICA – 0

2ª DIVISÃO DE HONRA, 8ª JORNADA, 27-10-1996 (DOM, 15:00)
Complexo Desportivo do FC Alverca, Alverca do Ribatejo
Árbitro: Jacinto Paixão (Évora)
Auxiliares: José Carlos e João Ai-Ai

FC Alverca: Veiga, Nelson Morais (AA 58'), José Soares «cap», Vladimir, Bruno Basto, Sousa, Maniche, Juba, Pisco (Edgar 45'), Marco Paulo (João Peixe 60') e Akwá (Rui Vitória 82')
Treinador: José Augusto

ACADÉMICA: Pedro Roma, Albertino, Mounir, Jorge Silva, Zé Nando (João Pires 45'), Mickey (Miguel Bruno 69'), Dinda (Mito 45'), Rui Campos, Rocha «cap», Pedro Lavoura e Abazaj
Treinador: Vítor Oliveira

AD Ovarense – 1 ACADÉMICA – 3

TAÇA DE PORTUGAL, 1/64 DE FINAL, 9-11-1996 (SAB, 15:00)
Estádio Marques da Silva, Ovar **Árbitro:** José Leirós (Porto)
Auxiliares: Domingos Vilaça e Devesa Neto **Golos:** 0-1 (Zé Duarte 16'); 1-1 (Tierri 49', gp); 1-2 (João Tomás 85'); 1-3 (João Tomás 87')

AD Ovarense: Armando, Piçarra, Simanic, Mani «cap», Pedro Lopes (Joi 45'), Cunha, Nunes (Paez 85'), Paulo Jorge (Amaro 66'), Raul, Tierri e Filipe **Treinador:** Bruno Cardoso

ACADÉMICA: Pedro Roma, Albertino, Mounir (AA 66'), Zé Duarte, Abazaj, Rocha «cap», Mito, Dinda, Marinho (João Pires 45'), Febras (João Tomás 62') e Miguel Bruno (Mickey 83')
Treinador: Vítor Oliveira

ACADÉMICA – 2 FC Felgueiras – 0

2ª DIVISÃO DE HONRA, 9ª JORNADA, 13-11-1996 (QUA, 21:00)
Estádio Municipal de Coimbra, Coimbra **Árbitro:** Augusto Duarte (Braga) **Auxiliares:** Filipe Mendes e Valdemar Lopes
Golos: 1-0 (Dinda 1'); 2-0 (Abazaj 34')

ACADÉMICA: Pedro Roma, Albertino, Mounir, Jorge Silva, Abazaj, Rocha «cap», Mito (Rui Campos 61'), Dinda, Mickey (Marinho 89'), João Pires e Miguel Bruno (João Tomás 83')
Treinador: Vítor Oliveira

FC Felgueiras: Boskovic (V 70'), Edgar, Chico Oliveira, Rui Gregório, Genilson, Lopes da Silva, João «cap» (Lewis 39'), Vicente (Miguel Lima Pereira 59'), Romeu, Ricardo Oliveira e Camilleri (Lopes 70')
Treinador: Augusto Inácio

FC Penafiel – 1 ACADÉMICA – 0

2ª DIVISÃO DE HONRA, 10ª JORNADA, 17-11-1996 (DOM, 15:30)
Estádio 25 de Abril, Penafiel **Árbitro:** Pinto Correia (Lisboa)
Auxiliares: Ricardo Santos e Carlos de Matos
Golo: 1-0 (Zé Nando 40')

FC Penafiel: Avelino, Jojó, Joca, Tozé, Tiago, Rodrigo (Forbs 69'), José Augusto «cap», Ristovski, Lázaro, Zé Nando (Ricardo Martins 61') e Marcão (Tavares 80')
Treinador: José Alberto Torres

ACADÉMICA: Pedro Roma, Albertino, Zé Duarte, Jorge Silva, Abazaj, Rocha «cap», Mito (Rui Campos 68'), Dinda (AA 74'), Mickey (João Tomás 45'), João Pires (Marinho 75') e Miguel Bruno
Treinador: Vítor Oliveira

ACADÉMICA – 4 CD Feirense – 3

2ª DIVISÃO DE HONRA, 11ª JORNADA, 24-11-1996 (DOM, 15:00)
Estádio Municipal de Coimbra, Coimbra **Árbitro:** Paulo Costa (Porto) **Auxiliares:** Paulo Januário e Bertino Miranda
Golos: 1-0 (Miguel Bruno 6'); 2-0 (Miguel Bruno 18');
2-1 (Casquilha 38'); 3-1 (Armando Santos 50', pb);
4-1 (Miguel Bruno 72'); 4-2 (Ousman 76'); 4-3 (Ousman 77')

ACADÉMICA: Pedro Roma, Albertino, Mounir, Jorge Silva, Zé Nando, Mito (Mickey 45'), Rui Campos, Rocha «cap», Marinho (Abazaj 66'), Miguel Bruno (João Tomás 89') e João Pires
Treinador: Vítor Oliveira

CD Feirense: Paulo Freitas, Gil (Ousman 31'), Bento do Ó, Quitó «cap», Armando Santos, Júlio Sérgio, Pedro Santos (Artur 66'), Miguel Ângelo, Casquilha, Pedro Miguel e Quintas (Diogo 76')
Treinador: Henrique Nunes

FC Tirsense – 0 ACADÉMICA – 1

2ª DIVISÃO DE HONRA, 12ª JORNADA, 1-12-1996 (DOM, 15:00)
Estádio Abel Alves de Figueiredo, Santo Tirso **Árbitro:** Luís Miranda (Lisboa) **Auxiliares:** José Silva e José Campos
Golo: 0-1 (Miguel Bruno 48', gp)

FC Tirsense: Goran, Luís Manuel, Batista (Rui Nelson 53'), João Duarte (V 46'), Michel, Quim Duarte, Evandro (Marco 72'), Rui Manuel «cap», Filipe Jorge (Romeu 55'), Álvaro e Milan
Treinador: Manuel Fernandes

ACADÉMICA: Pedro Roma, Albertino (AA 56'), Mounir (AA 82'), Zé Duarte, Zé Nando, Mickey (Abazaj 81'), Rui Campos, Rocha «cap», Dinda (Mito 80'), Miguel Bruno (Pedro Lavoura 84') e João Pires
Treinador: Vítor Oliveira

CD Beja – 0 ACADÉMICA – 2

TAÇA DE PORTUGAL, 1/32 DE FINAL, 8-12-1996 (DOM, 15:00)
Complexo Desportivo B, Beja **Árbitro:** António Rola (Santarém)
Auxiliares: Carlos Faustino e Artur Fernandes
Golos: 0-1 (Abazaj 62'); 0-2 (João Tomás 67')

CD Beja: Paulo Morais, Hugo (Tiago 69'), Chico Nikita «cap», Edmundo, João de Deus (Zé Aníbal 70'), João Carlos (Adolfo Soares 76'), Hernâni, Vado, Grosso, Carlos Freitas e Joy **Treinador:** Carlos Simão

ACADÉMICA: Pedro Roma, Rui Campos, Zé Duarte, Jorge Silva, Zé Nando, Rocha «cap», Mickey (Marinho 79'), Abazaj, Pedro Lavoura, João Pires (João Tomás 22') e Miguel Bruno (Mito 81')
Treinador: Vítor Oliveira

ACADÉMICA – 2 CAF Viseu – 0

2ª DIVISÃO DE HONRA, 13ª JORNADA, 21-12-1996 (SAB, 16:00)
Estádio Municipal de Coimbra, Coimbra **Árbitro:** José Rufino (Algarve) **Auxiliares:** José Vitorino e José Teixeira
Golos: 1-0 (Paulo Gomes 5', pb); 2-0 (Miguel Bruno 73')

ACADÉMICA: Pedro Roma, Albertino, Mounir, Jorge Silva, Zé Nando, Rocha «cap», Mickey, Rui Campos, Dinda (Febras 58'), Pedro Lavoura (Mito 80') e Miguel Bruno (João Tomás 80')
Treinador: Vítor Oliveira

CAF Viseu: João Ricardo, Paulo Gomes, Mirko, Gerson, Zé Miguel, Lage «cap», Clodoaldo, Rui Costa (Santos 45'), Zezinho, Rui Borges (Chiquinho 67') e Chalana (Xinoca 83')
Treinador: João Cavaleiro

CFU Lamas – 1 ACADÉMICA – 0

2ª DIVISÃO DE HONRA, 14ª JORNADA, 5-1-1997 (DOM, 15:00)
Estádio Com. Henrique de Amorim, Santa Maria de Lamas
Árbitro: Isidoro Rodrigues (Viseu)
Auxiliares: Guedes de Carvalho e Alves dos Santos
Golo: 1-0 (Luís Miguel 32')

CFU Lamas: Rui, Tanú, Rui Ferreira, Palancha, Pinto, Jorge Silva «cap», Abreu, Rochinha, Ricardo Jorge (Rudi 59'), Luís Miguel (Reginaldo 86') e Pedro Paulo (Costa 84')
Treinador: José Dinis

ACADÉMICA: Pedro Roma, Albertino, Mounir (AA 53'), Jorge Silva, Zé Nando, Rocha «cap», Mickey (Abazaj 58'), Rui Campos, Dinda (Febras 45'), Pedro Lavoura (João Tomás 82') e Miguel Bruno
Treinador: Vítor Oliveira

ACADÉMICA – 1 CD Aves – 1

2ª DIVISÃO DE HONRA, 15ª JORNADA, 12-1-1997 (DOM, 15:00)
Estádio Municipal de Coimbra, Coimbra
Árbitro: Paulo Paraty (Porto)
Auxiliares: Jorge Garcia e João Henriques
Golos: 1-0 (Miguel Bruno 29'); 1-1 (Miguel 48')

ACADÉMICA: Pedro Roma, Albertino, Abazaj, Jorge Silva, Zé Nando, Rocha «cap», Mickey, Rui Campos (Febras 45'), Dinda (João Tomás 74'), Pedro Lavoura (Marinho 58') e Miguel Bruno
Treinador: Vítor Oliveira

CD Aves: Batista, Picão, Sérgio Nunes, Eduardo, Quim da Costa, Paulo Pereira, Delfim (Miguel 45'), Vitinha «cap» (João Peixe 87'), Cardoso, Tiago (Madureira 45') e Túbia
Treinador: Luís Campos

GD Estoril-Praia – 0 ACADÉMICA – 2

2ª DIVISÃO DE HONRA, 16ª JORNADA, 19-1-1997 (DOM, 15:00)
Estádio António Coimbra da Mota, Estoril **Árbitro:** António Costa (Setúbal) **Auxiliares:** João Tomatas e Luís Farinha
Golos: 0-1 (Febras 38'); 0-2 (Miguel Bruno 46')

GD Estoril-Praia: Mário Fonseca, José Carlos, Quim, Martins «cap», Passos, Nelson Veiga (Hélder Quental 51'), Paulo Sérgio, Alexandre Nunes, Toni Vidigal (Paulo Jorge 45'), Amílcar e Brito (Baroti 77')
Treinador: Isidro Beato

ACADÉMICA: Pedro Roma, Albertino, Abazaj, Jorge Silva, Mounir, Zé Nando, Rocha «cap», Mickey (Mito 74'), Rui Campos (Dinda 84'), Febras e Miguel Bruno (João Pires 74')
Treinador: Vítor Oliveira

ACADÉMICA – 1 SC Beira-Mar – 2

2ª DIVISÃO DE HONRA, 17ª JORNADA, 25-1-1997 (SAB, 15:00)
Estádio Municipal de Coimbra, Coimbra **Árbitro:** Soares Dias (Porto) **Auxiliares:** Amândio Ribeiro e António Perdigão
Golos: 0-1 (Joel 68'); 1-1 (Miguel Bruno 87'); 1-2 (Joel 89')

ACADÉMICA: Pedro Roma, Albertino, Abazaj (Dinda 45'), Jorge Silva, Mounir, Zé Nando (João Tomás 70'), Rocha «cap», Mickey, Rui Campos (João Pires 45'), Febras e Miguel Bruno **Treinador:** Vítor Oliveira

SC Beira-Mar: Elísio, Lobão, Tati, Jorginho «cap», André, Eusébio, Gila, Fusco, João Mário (Bira 75'), Joel (José Luís 89') e Mangonga (Serginho 79')
Treinador: Vítor Urbano

ACADÉMICA – 3 SC Covilhã – 0

2ª DIVISÃO DE HONRA, 18ª JORNADA, 1-2-1997 (SAB, 15:00)
Estádio Municipal de Coimbra, Coimbra **Árbitro:** Carlos Basílio (Lisboa) **Auxiliares:** Hernâni Fernandes e Décio Cordeiro
Golos: 1-0 (Febras 49'); 2-0 (Rocha 66'); 3-0 (Miguel Bruno 85', gp)

ACADÉMICA: Pedro Roma, Albertino, Jorge Silva, Mounir, Zé Nando, Rocha «cap», Mito (Abazaj 85'), Mickey, Dinda (Febras 45'), João Pires (Pedro Lavoura 62') e Miguel Bruno
Treinador: Vítor Oliveira

SC Covilhã: Pedro Ferreira, Nazaré (Thierry 66'), João Carlos, Joanito, Kasongo (Capucho 74'), Trindade «cap», Edu, Capelas (Rui Pataca 61'), Katanga, José Maria e Tiago
Treinador: António Jesus

CD Beja – 2 ACADÉMICA – 1

2ª DIVISÃO DE HONRA, 19ª JORNADA, 8-2-1997 (SAB, 15:00)
Complexo Desportivo B, Beja **Árbitro:** Paulo Paraty (Porto)
Auxiliares: Jorge Garcia e José Cardinal
Golos: 1-0 (Chico Nikita 10'); 2-0 (Zé Aníbal 14'); 2-1 (Marinho 67')

CD Beja: Marco Tábuas, João Carlos, Chico Nikita, Edmundo, Grosso «cap», Sidi, Peter Ogaba, Zé Aníbal (Joy 83'), Pisco (Resende 65'), Vado (Adolfo 75') e Carlos Freitas
Treinador: Carlos Simão

ACADÉMICA: Pedro Roma, Albertino, Jorge Silva, Mounir, Zé Nando (Dinda 59'), Rocha «cap» (Febras 35'), Mito (Marinho 59'), João Pires, Pedro Lavoura, Mickey «sc» e Miguel Bruno
Treinador: Vítor Oliveira

ACADÉMICA – 1 CF "Os Belenenses" – 0

TAÇA DE PORTUGAL, 1/16 DE FINAL, 11-2-1997 (TER, 15:00)
Estádio Municipal de Coimbra, Coimbra **Árbitro:** Martins dos Santos (Porto) **Auxiliares:** Pereira Fernandes e Jorge Neiva
Golo: 1-0 (João Tomás 66')

ACADÉMICA: Pedro Roma, Albertino, Jorge Silva, Zé Duarte, Zé Nando (João Tomás 55'), Rui Campos «cap» (AA 78'), Mito «sc», Dinda (João Pires 45'), Marinho (Telmo Pinto 76'), Pedro Lavoura e Febras **Treinador:** Vítor Oliveira

CF "Os Belenenses": Valente, Amaral (AA 25'), Fonseca, Paulo Madeira «cap», Caetano (AA 30'), Andrade, Rogério, M'Jid, Calila (Emerson 27', Monga 71'), Zito e Pedro Miguel (Jetson 71')
Treinador: Vítor Manuel

FC Paços de Ferreira – 1 ACADÉMICA – 2

2ª DIVISÃO DE HONRA, 20ª JORNADA, 16-2-1997 (DOM, 15:00)
Estádio da Mata Real, Paços de Ferreira **Árbitro:** José Leirós (Porto)
Auxiliares: Devesa Neto e Domingos Vilaça **Golos:** 0-1 (Pedro Lavoura 16'); 1-1 (Carlos Miguel 42'); 1-2 (João Pires 77')

FC Paços de Ferreira: Pedro, João Miguel, César Vaz, Ricardo António, Vítor, José Alves, Carlos Miguel, Valério (Hélder Brandão 61'), Adalberto «cap» (Luís Pinto 30'), Marco (Yulian 56') e Carlos Carneiro **Treinador:** Costeado

ACADÉMICA: Pedro Roma, Albertino, Jorge Silva, Mounir (Zé Duarte 41'), Abazaj, Mickey, Rocha «cap», Mito (João Pires 67'), Pedro Lavoura (Marinho 73'), Febras e Miguel Bruno
Treinador: Vítor Oliveira

ACADÉMICA – 2 Varzim SC – 0

2ª DIVISÃO DE HONRA, 21ª JORNADA, 23-2-1997 (DOM, 15:00)
Estádio Municipal de Coimbra, Coimbra **Árbitro:** Jorge Coroado (Lisboa) **Auxiliares:** Pedro Ruben e Luís Santos
Golos: 1-0 (Febras 66', gp); 2-0 (Febras 86', gp)

ACADÉMICA: Pedro Roma, Albertino, Jorge Silva, Zé Duarte, Abazaj (AA 42'), Mickey (Rui Campos 60'), Rocha «cap», Pedro Lavoura, Dinda, Febras e Miguel Bruno (João Pires 45')
Treinador: Vítor Oliveira

Varzim SC: Miguel (AA 64'), André (V 88'), Celestino (AA 62'), Slagalo, Morgado, Lito, Miranda «cap», Rui Alberto (Tomás 65'), Zacarias, Sérgio (Lino 57') e Rui Trigo (Paulo Fernando 72')
Treinador: Horácio Gonçalves

SC Campomaiorense – 1 ACADÉMICA – 0

2ª DIVISÃO DE HONRA, 22ª JORNADA, 2-3-1997 (DOM, 16:00)
Estádio Capitão César Correia, Campo Maior **Árbitro:** Lucílio Batista (Setúbal) **Auxiliares:** João Pestana e Luís Salgado
Golo: 1-0 (Jorginho 26')

SC Campomaiorense: Álvaro, Abel Silva (Portela 52'), Jorge Ferreira, Eurico «cap», Nuno Luís, Joel, Vítor Manuel, Mohamed, Jorginho, Gonçalves (Sousa 61') e Reinaldo (Arriaga 80')
Treinador: Diamantino Miranda

ACADÉMICA: Pedro Roma, Albertino, Mounir, Jorge Silva, Zé Duarte (João Pires 58'), Mickey «sc», Rocha «cap» (Rui Campos 70'), Pedro Lavoura, Dinda, Febras (João Tomás 70')
e Miguel Bruno **Treinador:** Vítor Oliveira

ACADÉMICA – 1 CFU Madeira – 0

2ª DIVISÃO DE HONRA, 23ª JORNADA, 16-3-1997 (DOM, 15:00)
Estádio Municipal de Coimbra, Coimbra **Árbitro:** Vítor Reis (Lisboa) **Auxiliares:** Vítor Amaro e João Lago
Golo: 1-0 (Febras 24', gp)

ACADÉMICA: Pedro Roma, Albertino, Zé Duarte, Jorge Silva, Abazaj, Mickey (Rui Campos 77'), Rocha «cap», Pedro Lavoura (Mito 66'), Dinda, Febras e João Pires (João Tomás 75')
Treinador: Vítor Oliveira

CFU Madeira: Jorcey, Agrela, Dragan «cap», Leonardo (Kovacevic 45'), Piá, Nenad, Nelinho, Mladenovic (Moura 76'), Regis (Marcelo 74'), Ignatov e Edson
Treinador: Vítor Urbano

Moreirense FC – 0 ACADÉMICA – 0

2ª DIVISÃO DE HONRA, 24ª JORNADA, 23-3-1997 (DOM, 16:00)
Estádio Joaquim de Almeida Freitas, Moreira de Cónegos
Árbitro: Soares Dias (Porto)
Auxiliares: Amândio Ribeiro e António Perdigão

Moreirense FC: Nilson, Chiquinho, Ragne, Gomes, Quevedo, Altino «cap», Guto, Vitinha, Basaúla (Vilela 45'), Cristiano (Sérgio Teixeira 45', Flávio 88') e Armando António
Treinador: Carlos Garcia

ACADÉMICA: Pedro Roma, Albertino, Mounir, Jorge Silva, Abazaj (Rui Campos 52'), Mickey, Rocha «cap», Pedro Lavoura (João Pires 75'), Dinda, Febras e Marinho (Dário 78')
Treinador: Vítor Oliveira

ACADÉMICA – 1 FC Alverca – 2

2ª DIVISÃO DE HONRA, 25ª JORNADA, 6-4-1997 (DOM, 16:00)
Estádio Municipal de Coimbra, Coimbra **Árbitro:** José Rufino (Algarve) **Auxiliares:** José Vitorino e José Teixeira
Golos: 0-1 (Tico 43'); 0-2 (Tico 62'); 1-2 (Febras 86', gp)

ACADÉMICA: Pedro Roma, Albertino, Jorge Silva, Zé Duarte, Abazaj (Rui Campos 68'), Mickey (João Tomás 45'), Rocha «cap», Marinho (João Pires 45'), Dinda, Febras e Miguel Bruno
Treinador: Vítor Oliveira

FC Alverca: Nuno Sampaio, Nelson Morais (AA 85'), Paredão, José Soares, Vasco, Sousa, Juba «cap», Cartaxo (Ramirez 80'), Diogo (Veríssimo 84'), Marcos Alemão (Rui Vitória 88') e Tico
Treinador: João Santos

FC Felgueiras – 0 ACADÉMICA – 1

2ª DIVISÃO DE HONRA, 26ª JORNADA, 13-4-1997 (DOM, 16:00)
Estádio Dr. Machado de Matos, Felgueiras **Árbitro:** Pinto Correia (Lisboa) **Auxiliares:** Ricardo Santos e Carlos Fernandes
Golo: 0-1 (João Tomás 90')

FC Felgueiras: Boskovic, Ricardo Silva (João 67'), Rui Gregório, Eliseu, Vicente «cap», Lopes da Silva, Edgar, Camilleri (Filipe Azevedo 60'), Jorginho (Miguel 60'), Romeu e Bambo
Treinador: Jorge Jesus

ACADÉMICA: Pedro Roma, Albertino, Jorge Silva, Zé Duarte, Abazaj, Mickey (Marinho 78'), Rocha «cap», Pedro Lavoura (Mito 81'), João Pires, Dinda e Miguel Bruno (João Tomás 63')
Treinador: Vítor Oliveira

ACADÉMICA – 0 FC Penafiel – 0

2ª DIVISÃO DE HONRA, 27ª JORNADA, 19-4-1997 (SAB, 16:00)
Estádio Municipal de Coimbra, Coimbra
Árbitro: José Leirós (Porto)
Auxiliares: Domingos Vilaça e Devesa Neto

ACADÉMICA: Pedro Roma, Albertino, Jorge Silva, Zé Duarte, Abazaj (João Tomás 81'), Mickey, Rocha «cap», Dinda (Rui Campos 64'), Pedro Lavoura (Marinho 65'), João Pires e Miguel Bruno
Treinador: Vítor Oliveira

FC Penafiel: Avelino, Jojó, Joca, Tozé, Zé Nando, Elias «cap», Zé Armindo (Forbs 73'), José Augusto (Ricardo Martins 88'), Lázaro, Monteiro e Moura (Marcão 70')
Treinador: José Alberto Torres

ACADÉMICA – 0 Sporting CP – 1

TAÇA DE PORTUGAL, OITAVOS DE FINAL, 22-4-1997 (TER, 20:30)
Estádio Municipal de Coimbra, Coimbra **Árbitro:** Monteiro da Silva (Braga) **Auxiliares:** Henrique Santos e Manuel Silva
Golo: 0-1 (Vidigal 2')

ACADÉMICA: Pedro Roma, Albertino, Abazaj (V 65'), Zé Duarte, Zé Nando, Rocha «cap», Mito (João Tomás 59'), Rui Campos, Dinda, Febras (Marinho 76') e João Pires (Pedro Lavoura 75')
Treinador: Vítor Oliveira

Sporting CP: Costinha, Gil Baiano, Beto, Iordanov, Pedrosa, Vidigal, Oceano «cap», Pedro Barbosa (Pedro Martins 55'), Hadji (Saber 75'), Dominguez (Ramirez 30') e Paulo Alves (V 65')
Treinador: Octávio Machado

CD Feirense – 0 ACADÉMICA – 2

2ª DIVISÃO DE HONRA, 28ª JORNADA, 27-4-1997 (DOM, 16:00)
Estádio Marcolino de Castro, Santa Maria da Feira **Árbitro:** Jorge Coroado (Lisboa) **Auxiliares:** Pedro Ruben e Luís Santos
Golos: 0-1 (Febras 32'); 0-2 (Febras 65')

CD Feirense: Paulo Freitas, Bento do Ó (Gil 56'), Quitó «cap», Neves (Fernando 68'), Armando Santos, Júlio Sérgio, Pedro Santos, Luís, Casquilha, Pedro Miguel e Tozé (Quintas 56')
Treinador: Henrique Nunes

ACADÉMICA: Pedro Roma, Albertino, Jorge Silva, Santos, Zé Nando, Rui Campos, Rocha «cap», Dinda, Febras (João Tomás 74'), Pedro Lavoura (Mickey 67') e Miguel Bruno (João Pires 45')
Treinador: Vítor Oliveira

ACADÉMICA – 3 FC Tirsense – 0

2ª DIVISÃO DE HONRA, 29ª JORNADA, 4-5-1997 (DOM, 16:00)
Estádio Municipal de Coimbra, Coimbra **Árbitro:** Vítor Reis (Lisboa) **Auxiliares:** Vítor Amaro e João Lago **Golos:** 1-0 (Febras 27'); 2-0 (Miguel Bruno 58'); 3-0 (Pedro Lavoura 85')

ACADÉMICA: Pedro Roma, Albertino, Jorge Silva, Santos, Zé Nando, Rui Campos, Rocha «cap», Dinda (Pedro Lavoura 65'), João Pires (Mickey 65'), Febras (Telmo Pinto 81') e Miguel Bruno
Treinador: Vítor Oliveira

FC Tirsense: Best, Rui Nelson, Batista, Evandro (Romeu 73'), Rui Manuel «cap» (Marco 54'), Quim Duarte, João Duarte, Cabral, Nilton, Filipe Jorge e Barrigana (Michel 82')
Treinador: José Garrido

CAF Viseu – 2 ACADÉMICA – 0

2ª DIVISÃO DE HONRA, 30ª JORNADA, 11-5-1997 (DOM, 17:00)
Estádio do Fontelo, Viseu **Árbitro:** Pinto Correia (Lisboa)
Auxiliares: Ricardo Santos e Carlos Fernandes
Golos: 1-0 (Chalana 38', gp); 2-0 (Luisinho 54')

CAF Viseu: Augusto «cap», Xinoca, Mirko, Zé Miguel (Cartaxo 44'), Marco, Rui Laje, Chalana (Manú 76'), Rui Borges (Clodoaldo 53'), Zezinho, Luisinho (AA 64') e Zé d'Angola
Treinador: João Cavaleiro

ACADÉMICA: Pedro Roma, Rui Campos «cap», Jorge Silva, Mounir (AA 64'), Zé Nando, Dinda, Mito (Telmo Pinto 70'), Pedro Lavoura (Dário 45'), Mickey, Febras e Miguel Bruno (Marinho 78')
Treinador: Vítor Oliveira

ACADÉMICA – 1 CFU Lamas – 0

2ª DIVISÃO DE HONRA, 31ª JORNADA, 18-5-1997 (DOM, 17:00)
Estádio Municipal de Coimbra, Coimbra **Árbitro:** Martins dos Santos (Porto) **Auxiliares:** Pereira Fernandes e Jorge Neiva
Golo: 1-0 (Miguel Bruno 26')

ACADÉMICA: Pedro Roma, Albertino, Jorge Silva (AA 85'), Abazaj, Zé Nando, Rocha «cap», Rui Campos, Mickey (Dinda 74'), Pedro Lavoura (João Pires 67'), Febras (Mito 86') e Miguel Bruno
Treinador: Vítor Oliveira

CFU Lamas: Rui, Armindo (Rui Ferreira 43'), Munayer, Palancha, Dinis (AA 62'), Pinto, Tanú, Jorge Silva «cap», Abreu, Pedro Paulo (Costa 68') e Leonel (Rudi 43', V 60')
Treinador: José Dinis

1996-1997

1997-1998

CD Aves – 0 ACADÉMICA – 2

2ª DIVISÃO DE HONRA, 32ª JORNADA, 25-5-1997 (DOM, 17:00)
Estádio do Clube Desportivo das Aves, Vila das Aves **Árbitro:** Jorge Coroado (Lisboa) **Auxiliares:** Pedro Ruben e Luís Santos
Golos: 0-1 (Dinda 26'); 0-2 (Dinda 86')

CD Aves: Batista, Picão (Tiago 45'), Sérgio Nunes, Eduardo, Quim da Costa, Paulo Pereira, Vitinha «cap» (V 22'), Cardoso, Madureira (Quim 64'), Noverça e Túbia (Miguel 31')
Treinador: Luís Campos

ACADÉMICA: Pedro Roma, Albertino, Mounir, Abazaj, Zé Nando, Rocha «cap», Rui Campos (João Pires 45'), Mickey, Dinda, Miguel Bruno (Pedro Lavoura 83') e Febras (Mito 88')
Treinador: Vítor Oliveira

ACADÉMICA – 3 GD Estoril-Praia – 0

2ª DIVISÃO DE HONRA, 33ª JORNADA, 1-6-1997 (DOM, 17:00)
Estádio Municipal de Coimbra, Coimbra **Árbitro:** Paulo Costa (Porto) **Auxiliares:** Bertino Miranda e Luís Vital
Golos: 1-0 (Febras 48', gp); 2-0 (Miguel Bruno 56'); 3-0 (Rocha 80')

ACADÉMICA: Pedro Roma, Albertino, Jorge Silva, Mounir, Zé Nando, Rocha «cap» (AA 80'), Rui Campos (Mickey 45', «sc»), Dinda, Pedro Lavoura (João Pires 70'), Febras e Miguel Bruno (João Tomás 78') **Treinador:** Vítor Oliveira

GD Estoril-Praia: Carlos Pereira, José Carlos, Martins «cap», Pedro Sales (Hélder Quental 53'), Nelson Veiga (Passos 82'), Quim, Alexandre Nunes, Paulo Jorge, Baroti, Toni Vidigal (Amílcar 35') e Marco Paulo **Treinador:** Isidro Beato

SC Beira-Mar – 2 ACADÉMICA – 1

2ª DIVISÃO DE HONRA, 34ª JORNADA, 15-6-1997 (DOM, 17:00)
Estádio Mário Duarte, Aveiro **Árbitro:** Cunha Antunes (Braga) **Auxiliares:** Pinto Rocha e João Santos
Golos: 1-0 (Joel 54'); 2-0 (Mangonga 58'); 2-1 (Mickey 85')

SC Beira-Mar: Elísio, Chico Silva, Tati (AA 70'), Jorginho «cap», Fernando (Serginho 61'), Eusébio, Fusco (Cabral 80'), André (AA 84'), César Santos (José Luís 73'), Joel e Mangonga
Treinador: António Sousa

ACADÉMICA: Peres (Vítor Alves 45'), Albertino, Mounir (V 30'), Abazaj, Zé Nando (João Pires 64'), Santos, Dinda, Mickey «cap», Marinho (Febras 59'), Pedro Lavoura e João Tomás
Treinador: Vítor Oliveira

ÉPOCA 1997-1998

1ª DIVISÃO: 15º LUGAR (MANUTENÇÃO)
TAÇA DE PORTUGAL: 1/32 DE FINAL

JOGOS EFECTUADOS

	J	V	E	D	GM	GS
CASA	18	5	8	5	18	17
FORA	17	3	4	10	10	27
TOTAL	35	8	12	15	28	44

VSC Guimarães – 1 ACADÉMICA – 0

1ª DIVISÃO, 1ª JORNADA, 23-8-1997 (SAB, 21:30)
Estádio Municipal de Guimarães, Guimarães **Árbitro:** Jacinto Paixão (Évora) **Auxiliares:** João Ai-Ai e José Chilrito
Golo: 1-0 (Gilmar 21')

VSC Guimarães: Neno, José Carlos, Alexandre, Márcio Theodoro, Kasongo, Marco Freitas (Paiva 30'), Riva, Vítor Paneira «cap» (Milovanovic 86'), Frederick Soderstrom, Edmilson e Gilmar (Basílio Almeida 80') **Treinador:** Jaime Pacheco

ACADÉMICA: Pedro Roma, Tó Sá, Abazaj, Sérgio Cruz, Zé Nando, Rocha «cap» (Akwá 33'), Mito «sc», Vargas (Febras 64'), Paulão, Rui Campos e João Tomás (Dário 67')
Treinador: Henrique Calisto

ACADÉMICA – 2 Boavista FC – 0

1ª DIVISÃO, 2ª JORNADA, 31-8-1997 (DOM, 17:00)
Estádio Municipal de Coimbra, Coimbra **Árbitro:** Jorge Coroado (Lisboa) **Auxiliares:** Luís Santos e Vítor Alves
Golos: 1-0 (Paulão 26'); 2-0 (Paulão 36')

ACADÉMICA: Pedro Roma «cap», Tó Sá, Mounir, Sérgio Cruz, Zé Nando, Mito (Abazaj 58'), Mickey, Rui Campos (AA 76'), Paulão (Dário 77'), João Pires (Febras 72') e Akwá
Treinador: Henrique Calisto

Boavista FC: Ricardo, Tavares «cap», Litos, Pedro Emanuel (Rui Miguel 37'), Martelinho, Mário Silva, Hélder, Luís Carlos, Latapy (Timofte 55'), Ayew e Jorge Couto (Jacaré 64')
Treinador: Mário Reis

SL Benfica – 1 ACADÉMICA – 1   [TV]

1ª DIVISÃO, 3ª JORNADA, 13-9-1997 (SAB, 21:30)
Estádio da Luz, Lisboa **Árbitro:** José Pratas (Évora) **Auxiliares:** José Serra e José Espada
Golos: 0-1 (Mickey 73'); 1-1 (Tahar 88')

SL Benfica: Ovchinnikov, Sousa, Ronaldo, Tahar, Jorge Soares (Leónidas 45'), Scott Minto, Tiago (Sanchez 70'), Jordão, João Vieira Pinto «cap», Taument e Nuno Gomes (Paulo Nunes 59')
Treinador: Manuel José

ACADÉMICA: Pedro Roma «cap», Tó Sá, Mito, Abazaj, Zé Nando, Reginaldo, Vargas (João Pires 45'), Mounir, Mickey, João Tomás (Febras 59') e Sérgio Cruz
Treinador: Henrique Calisto

ACADÉMICA – 2 SC Salgueiros – 1

1ª DIVISÃO, 4ª JORNADA, 20-9-1997 (SAB, 17:00)
Estádio Municipal de Coimbra, Coimbra **Árbitro:** Augusto Duarte (Braga) **Auxiliares:** Filipe Mendes e António Macedo
Golos: 1-0 (Paulão 32', gp); 1-1 (Nandinho 71'); 2-1 (João Tomás 86')

ACADÉMICA: Pedro Roma «cap», Tó Sá, Mounir, Sérgio Cruz, Reginaldo, Mito (Abazaj 70'), Mickey (João Tomás 82'), Carlos Miguel (Rui Campos 63'), Paulão, João Pires e Akwá
Treinador: Henrique Calisto

SC Salgueiros: Silvino, Chico Fonseca, Pedro «cap» (AA 87'), Renato, Zoran Hadjic (Vinha 67'), Leão, Semedo (Toni 38'), Cao, Nandinho, Artur Jorge Vicente e Abílio (Fernando Almeida 87')
Treinador: Carlos Manuel

CS Marítimo – 4 ACADÉMICA – 1

1ª DIVISÃO, 5ª JORNADA, 28-9-1997 (DOM, 16:00)
Estádio dos Barreiros, Funchal **Árbitro:** Paulo Paraty (Porto) **Auxiliares:** José Cardinal e Jorge Garcia **Golos:** 1-0 (Bino 11'); 1-1 (Akwá 27'); 2-1 (Fonseca 45'); 3-1 (Alex Bach 71'); 4-1 (Alex 89')

CS Marítimo: Van der Straeten, Carlos Jorge «cap», Fonseca, Alex Bach, Rui Óscar (Maurício 39', Asselman 70'), Cabral, Jokanovic, Bino, Rinaldo (Zeca 53'), Alex e Herivelto
Treinador: Augusto Inácio

ACADÉMICA: Pedro Roma «cap», Tó Sá, Mounir, Sérgio Cruz, Reginaldo, Mito (Vargas 75'), Carlos Miguel, Mickey, João Pires (João Tomás 55'), Paulão e Akwá
Treinador: Henrique Calisto

ACADÉMICA – 1 Varzim SC – 1

1ª DIVISÃO, 6ª JORNADA, 5-10-1997 (DOM, 16:00)
Estádio Municipal de Coimbra, Coimbra **Árbitro:** Monteiro da Silva (Braga) **Auxiliares:** Henrique Santos e Manuel Silva
Golos: 0-1 (Sérgio Lavos 18'); 1-1 (Zé Nando 65')

ACADÉMICA: Pedro Roma «cap», Tó Sá, Mounir, Sérgio Cruz, Abazaj (Rui Campos 45'), Mito (Zé Nando 60'), Carlos Miguel, Mickey (João Tomás 31'), João Pires, Paulão e Akwá
Treinador: Henrique Calisto

Varzim SC: Brassard, Quim Machado, Alexandre, Slagalo, Mariano, Zacarias, Paulo Piedade, Luisão (AA 38'), Sérgio Lavos (Ricardo Nascimento 56'), Miranda «cap» (Marcos Severo 59') e Rui Alberto (Lino 78') **Treinador:** Horácio Gonçalves

FC Porto – 2 ACADÉMICA – 1   [TV]

1ª DIVISÃO, 7ª JORNADA, 18-10-1997 (SAB, 21:30)
Estádio das Antas, Porto **Árbitro:** Carlos Basílio (Lisboa) **Auxiliares:** José Borges e Décio Cordeiro
Golos: 1-0 (Rui Barros 10'); 2-0 (Paulinho Santos 81'); 2-1 (Febras 89')

FC Porto: Rui Correia, Paulinho Santos, Aloísio «cap», Lula, Fernando Mendes, Barroso (Capucho 62'), Rui Barros, Zahovic (Chippo 72'), Sérgio Conceição, Drulovic (Folha 69') e Jardel
Treinador: António Oliveira

ACADÉMICA: Pedro Roma «cap», Tó Sá, Mito (Rocha 45'), Abazaj (Febras 54'), Rui Campos, Zé Nando, Akwá (Dário 57'), Mounir, Carlos Miguel, João Pires e Sérgio Cruz
Treinador: Henrique Calisto

ACADÉMICA – 1 FC Penafiel – 3

TAÇA DE PORTUGAL, 1/32 DE FINAL, 26-10-1997 (DOM, 15:00)
Estádio Municipal de Coimbra, Coimbra **Árbitro:** Gomes Araújo (Braga) **Auxiliares:** Manuel Ferreira e Antunes Barbosa
Golos: 0-1 (Moura 4'); 1-1 (Sérgio Cruz 9'); 1-2 (Monteiro 64'); 1-3 (Jefferson 85')

ACADÉMICA: Vítor Alves, Tó Sá, Mounir, Sérgio Cruz, Zé Nando, Rocha «cap», Carlos Miguel, Febras (Rui Campos 70'), Dário (João Tomás 66'), João Pires (Abazaj 82') e Akwá
Treinador: Henrique Calisto

FC Penafiel: João Viva, Marcelo, Picão, Ricardo Martins, Bruno, Zé Nando, Jefferson, Ristovski, Elias «cap» (Barrigana 90'), Monteiro (Maia 72') e Moura (Pedrinha 82')
Treinador: António Amaral

ACADÉMICA – 0 CFE Amadora – 1

1ª DIVISÃO, 8ª JORNADA, 2-11-1997 (DOM, 16:00)
Estádio Municipal de Coimbra, Coimbra **Árbitro:** Jacinto Paixão (Évora) **Auxiliares:** João Ai-Ai e Devesa Neto
Golo: 0-1 (Renato 78')

ACADÉMICA: Pedro Roma «cap», Tó Sá, Mounir, Sérgio Cruz (AA 62'), Zé Nando, Mito (Rocha 53'), Mickey, Carlos Miguel (Vargas 53'), Febras, João Pires e Akwá (João Tomás 61')
Treinador: Henrique Calisto

CFE Amadora: Ivkovic, Alexandre (Mário Jorge 27'), Rebelo «cap», Leal, Fonseca, Rodolfo, José Carlos, Sérgio Marquês, Renato (Jorge Andrade 88'), Bodelon (AA 88') e Gaúcho (Mauro Airez 61')
Treinador: Fernando Santos

Leça FC – 1 ACADÉMICA – 0

1ª DIVISÃO, 9ª JORNADA, 9-11-1997 (DOM, 15:00)
Estádio do Leça Futebol Clube, Leça da Palmeira **Árbitro:** José Pratas (Évora) **Auxiliares:** José Serra e Pedro Lamas
Golo: 1-0 (Ricardo Carvalho 66')

Leça FC: Jovanovic (V 32'), Tozé, Ricardo Carvalho, Ryuller, Armando, Jefferson (Cristóvão 81'), Nando (Vladan 32'), Serifo «cap», Zé da Rocha, Pedro Estrela (Alfaia 89') e Constantino
Treinador: Vítor Manuel

ACADÉMICA: Pedro Roma, Tó Sá, Mounir (AA 57'), Abazaj, Reginaldo (João Tomás 68'), Gaúcho, Rocha «cap», Mickey (Vargas 55', Pedro Lavoura 78'), Zé Nando, João Pires e Akwá
Treinador: Henrique Calisto

ACADÉMICA – 1 SC Campomaiorense – 1

1ª DIVISÃO, 10ª JORNADA, 23-11-1997 (DOM, 16:00)
Estádio Municipal de Coimbra, Coimbra **Árbitro:** Paulo Paraty (Porto) **Auxiliares:** Devesa Neto e Jorge Garcia
Golos: 1-0 (Gaúcho 76'); 1-1 (Viqueira 90', gp)

ACADÉMICA: Pedro Roma, Tó Sá, Abazaj, Sérgio Cruz (V 28'), Zé Nando, Rocha «cap», Gaúcho, Dário, Mickey (Mito 60'), Pedro Lavoura (João Pires 45') e João Tomás (Akwá 60')
Treinador: Henrique Calisto

SC Campomaiorense: Paulo Sérgio, Basílio, Luís Miguel, Jorge Ferreira «cap», Leonel, Sousa, Vítor Manuel (Viqueira 62'), Nuno Luís (Branquinho 74'), Isaías, Laelson e Jorginho (Demétrios 45')
Treinador: João Alves

VFC Setúbal – 0 ACADÉMICA – 1

1ª DIVISÃO, 11ª JORNADA, 30-11-1997 (DOM, 16:00)
Estádio do Bonfim, Setúbal **Árbitro:** Augusto Duarte (Braga)
Auxiliares: Filipe Mendes e António Macedo
Golo: 0-1 (Vargas 90')

VFC Setúbal: Nuno Santos, Rolo, José Rui (Carlos Manuel 45'), Mamede, Rui Carlos, Hélio «cap», Mário Loja, Amaral, Stosic (Nuno Curto 80'), Frechaut e Kassumov
Treinador: José Barrios

ACADÉMICA: Pedro Roma, Tó Sá, Mounir, Aurélio, Zé Nando, Rocha «cap», Gaúcho, Dário (Vargas 66'), Mickey, Pedro Lavoura (Rui Campos 75') e João Tomás (Akwá 71')
Treinador: Henrique Calisto

ACADÉMICA – 0 CF "Os Belenenses" – 0

1ª DIVISÃO, 12ª JORNADA, 7-12-1997 (DOM, 15:00)
Estádio Municipal de Coimbra, Coimbra
Árbitro: Luís Miranda (Lisboa)
Auxiliares: José Silva e Vítor Amaro

ACADÉMICA: Pedro Roma, Tó Sá, Mounir, Aurélio (Vargas 59'), Zé Nando, Rocha «cap», Gaúcho (Carlos Miguel 74'), Dário, Mickey, Pedro Lavoura (Febras 45') e Akwá
Treinador: Henrique Calisto

CF "Os Belenenses": Valente (V 16'), Jojó, Pedro Barny, Filgueira, Kokoshvili «cap» (Wagner 65'), Addo (Fertout 60'), Lito, Andrade, M'Jid, João Paulo Brito (Luís Ferreira 16') e Salam Sow
Treinador: Manuel Cajuda

ACADÉMICA – 0 Rio Ave FC – 0

1ª DIVISÃO, 13ª JORNADA, 13-12-1997 (SAB, 15:00)
Estádio Municipal de Coimbra, Coimbra
Árbitro: Lucílio Batista (Setúbal)
Auxiliares: João Esteves e João Madeira

ACADÉMICA: Pedro Roma, Rui Campos, Aurélio, Sérgio Cruz, Reginaldo (Dário 73'), Rocha «cap», Gaúcho, Mickey, Zé Nando (Abazaj 86'), Vargas (Febras 62') e Akwá
Treinador: Henrique Calisto

Rio Ave FC: Tó Luís, Nenad, Peu, Marcos, Martins, Paulo Lima Pereira (Nelo 45'), Sérgio China «cap», Emanuel, Baíca, Dibo (Camberra 79') e Quinzinho (Gama 70')
Treinador: Carlos Brito

Sporting CP – 1 ACADÉMICA – 0

1ª DIVISÃO, 14ª JORNADA, 21-12-1997 (DOM, 16:00)
Estádio José Alvalade, Lisboa **Árbitro:** Isidoro Rodrigues (Viseu)
Auxiliares: Alves dos Santos e Pinto Rocha
Golo: 1-0 (Marco Almeida 7')

Sporting CP: De Wilde, Saber (Vinícius 53'), Marco Almeida, Nené, Quim Berto, Pedro Barbosa, Vidigal, Oceano «cap» (Pedro Martins 56'), Iordanov, Leandro e Giménez (Simão 72')
Treinador: Vicente Cantatore

ACADÉMICA: Pedro Roma, Tó Sá (Dário 60'), Mounir, Aurélio, Sérgio Cruz, Zé Nando (Carlos Miguel 74'), Rocha «cap», Gaúcho, Vargas (Febras 71'), Mickey e Akwá
Treinador: Henrique Calisto

ACADÉMICA – 2 SC Braga – 2

1ª DIVISÃO, 15ª JORNADA, 3-1-1998 (SAB, 15:00)
Estádio Municipal de Coimbra, Coimbra **Árbitro:** Carlos Basílio (Lisboa) **Auxiliares:** Hernâni Fernandes e Joaquim Assunção
Golos: 1-0 (Gaúcho 3'); 2-0 (Dário 15'); 2-1 (Castanheira 25'); 2-2 (Gamboa 31')

ACADÉMICA: Pedro Roma «sc», Tó Sá (AA 72'), Mounir, Sérgio Cruz, Zé Nando, Rocha «cap» (Febras 51'), Gaúcho, Vargas (João Tomás 66'), Mickey (Carlos Miguel 51'), Dário e Akwá
Treinador: Henrique Calisto

SC Braga: Wozniak, José Nuno Azevedo «cap», Célio (AA 90'), Idalécio, Lino, Gamboa (AA 36'), Rodrigão, Bruno, Castanheira (Carlitos 78'), Toni e Karoglan (Rui Guerreiro 90')
Treinador: Fernando Castro Santos

SC Farense – 0 ACADÉMICA – 0

1ª DIVISÃO, 16ª JORNADA, 11-1-1998 (DOM, 15:00)
Estádio São Luís, Faro
Árbitro: Bento Marques (Évora)
Auxiliares: Francisco Mendes e Manuel Semedo

SC Farense: Marco Aurélio, Paulo Serrão (Paixão 55'), Miguel Serôdio (V 77'), Pedro Miguel, Eugénio, Mauro Soares (Marco Nuno 45'), Hajri «cap», Besirovic, Carlos Costa, Djukic (Bráulio 79') e Hassan **Treinador:** Paco Fortes

ACADÉMICA: Pedro Roma, Rui Campos (Mickey 59'), Aurélio, Sérgio Cruz, Mounir, Pedro Lavoura, Rocha «cap», Gaúcho, Carlos Miguel, Paulão (Akwá 67') e Dário (João Tomás 81')
Treinador: Henrique Calisto

ACADÉMICA – 1 GD Chaves – 2

1ª DIVISÃO, 17ª JORNADA, 17-1-1998 (SAB, 15:00)
Estádio Municipal de Coimbra, Coimbra **Árbitro:** Francisco Ferreira (Viana do Castelo) **Auxiliares:** Paulo Lopes e João Leitão
Golos: 0-1 (Aurélio 60', pb); 0-2 (Sérgio Cruz 66', pb); 1-2 (João Tomás 87')

ACADÉMICA: Pedro Roma «sc», Tó Sá, Aurélio, Sérgio Cruz, Mounir, Pedro Lavoura (Rui Campos 63'), Rocha «cap» (Vargas 63'), Gaúcho, Mickey, Paulão e Akwá (João Tomás 45')
Treinador: Henrique Calisto

GD Chaves: Luís Vasco, Hilário, Raul (Lewis 45'), Paulo Alexandre «cap», Paulo da Silva, Toninho Cruz, Dani Diaz, Matic, Sabou (Toniño 45'), N'Tsunda (Míner 75') e Cuc
Treinador: Álvaro Magalhães

ACADÉMICA – 2 VSC Guimarães – 1

1ª DIVISÃO, 18ª JORNADA, 25-1-1998 (DOM, 15:00)
Estádio Municipal de Coimbra, Coimbra **Árbitro:** Isidoro Rodrigues (Viseu) **Auxiliares:** Guedes de Carvalho e Pinto Rocha **Golos:** 1-0 (Gaúcho 15'); 2-0 (João Tomás 18'); 2-1 (José Carlos 67')

ACADÉMICA: Pedro Roma, Rui Campos, Aurélio, Reginaldo, Mounir, Tó Sá, Rocha «cap», Gaúcho, Mickey (Vargas 70'), Paulão e João Tomás (Abazaj 76')
Treinador: Henrique Calisto

VSC Guimarães: Pedro Espinha, José Carlos, Alexandre, Márcio Theodoro, Kasongo, Marco Freitas (Frederick Soderstrom 45'), Paiva, Vítor Paneira «cap», Fangueiro (Davis Paas 27'), Edmilson (Basílio Almeida 55') e Gilmar **Treinador:** Quinito

Boavista FC – 6 ACADÉMICA – 0

1ª DIVISÃO, 19ª JORNADA, 31-1-1998 (SAB, 17:00)
Estádio do Bessa, Porto **Árbitro:** Gomes Araújo (Braga)
Auxiliares: Manuel Ferreira e Antunes Barbosa
Golos: 1-0 (Hélder 8'); 2-0 (Ayew 46'); 3-0 (Martelinho 48'); 4-0 (Timofte 60'); 5-0 (Jorge Couto 74'); 6-0 (Rui Miguel 87')

Boavista FC: Ricardo, Paulo Sousa «cap», Litos, Isaías, Quevedo, Rui Bento, Hélder (Luís Carlos 73'), Timofte (Latapy 70'), Martelinho (Rui Miguel 65'), Ayew e Jorge Couto
Treinador: Jaime Pacheco

ACADÉMICA: Pedro Roma, Rui Campos, Sérgio Cruz (Carlos Miguel 45'), Reginaldo, Mounir (AA 82'), Tó Sá, Rocha «cap», Gaúcho (Mito 62'), Mickey (Pedro Lavoura 75'), Vargas e João Tomás **Treinador:** Henrique Calisto

ACADÉMICA – 1 SL Benfica – 2

1ª DIVISÃO, 20ª JORNADA, 7-2-1998 (SAB, 21:30)
Estádio Municipal de Coimbra, Coimbra **Árbitro:** António Costa (Setúbal) **Auxiliares:** Luís Farinha e Venâncio Tomé **Golos:** 0-1 (Poborsky 14'); 1-1 (João Tomás 44'); 1-2 (Brian Deane 76')

ACADÉMICA: Pedro Roma, Tó Sá (Vargas 87'), Sérgio Cruz, Abazaj, Zé Nando, Rocha «cap», Mito (Febras 76'), Mickey, Gaúcho, Pedro Lavoura (João Pires 78') e João Tomás
Treinador: Gregório Freixo

SL Benfica: Preud'homme «cap», Sousa, José Soares, Ronaldo, Scott Minto, Tiago (Sanchez 74'), Calado, Poborsky, Panduru (Luís Carlos 74'), Nuno Gomes (Taument 88') e Brian Deane
Treinador: Graeme Souness

SC Salgueiros – 0 ACADÉMICA – 1

1ª DIVISÃO, 21ª JORNADA, 15-2-1998 (DOM, 15:00)
Estádio Eng. Vidal Pinheiro, Porto **Árbitro:** Jorge Coroado (Lisboa)
Auxiliares: Luís Santos e Vítor Amaro
Golo: 0-1 (Rocha 6')

SC Salgueiros: Silvino, Chico Fonseca, Pedro «cap», Renato, Paulinho (Tulipa 60'), Leão, Semedo (Marcos Severo 71'), Cao (Toni 25'), Nandinho, Artur Jorge Vicente e Abílio
Treinador: Dito

ACADÉMICA: Pedro Roma, Tó Sá, Mounir, Sérgio Cruz, Abazaj, Rocha «cap», Mickey, Mito (Zé Nando 54'), Febras (Rui Carlos 53'), João Pires (João Tomás 66') e Pedro Lavoura
Treinador: José Romão

ACADÉMICA – 0 CS Marítimo – 0

1ª DIVISÃO, 22ª JORNADA, 21-2-1998 (SAB, 15:00)
Estádio Municipal de Coimbra, Coimbra
Árbitro: Bento Marques (Évora)
Auxiliares: Fonseca Franco e Joaquim Assunção

ACADÉMICA: Pedro Roma, Tó Sá, Mounir, Sérgio Cruz, Abazaj (Vargas 67'), Rocha «cap», Mickey, Zé Nando (Mito 49'), Paulão (João Pires 45'), Pedro Lavoura e João Tomás
Treinador: José Romão

CS Marítimo: Nelson, Rui Óscar, Ricardo Silva (AA 60'), Carlos Jorge «cap», Fonseca, Cabral, Zeca, Márcio António (Herivelto 45'), Bino, Romeu (Eusébio 60') e Alex (Jokanovic 85')
Treinador: Augusto Inácio

Varzim SC – 1 ACADÉMICA – 1

1ª DIVISÃO, 23ª JORNADA, 1-3-1998 (DOM, 15:00)
Estádio Varzim Sport Club, Póvoa de Varzim **Árbitro:** Paulo Costa (Porto) **Auxiliares:** João Santos e Bertino Miranda
Golos: 1-0 (Conteh 27'); 1-1 (João Tomás 63')

Varzim SC: Brassard, Quim Machado, Alexandre, Slagalo, André, Conteh, Paulo Piedade, Luisão (V 64'), Miranda «cap» (Cristiano 72'), Rui Alberto (Zacarias 79') e Lino (Ricardo Nascimento 79')
Treinador: Horácio Gonçalves

ACADÉMICA: Pedro Roma, Tó Sá, Mounir, Aurélio, Abazaj, Rocha «cap», Mickey (Gaúcho 50'), Mito (Vargas 74'), Paulão, Pedro Lavoura e João Pires (João Tomás 45')
Treinador: José Romão

ACADÉMICA – 0 FC Porto – 1

1ª DIVISÃO, 24ª JORNADA, 6-3-1998 (SEX, 21:00)
Estádio Municipal de Coimbra, Coimbra **Árbitro:** Isidoro Rodrigues (Viseu) **Auxiliares:** Alves dos Santos e Pinto Rocha
Golo: 0-1 (Aurélio 30', pb)

ACADÉMICA: Pedro Roma, Tó Sá, Abazaj, Paulão, Zé Nando (João Pires 66'), Aurélio, Mounir, Rocha «cap», Mickey (Miguel Bruno 53'), Gaúcho e João Tomás
Treinador: José Romão

FC Porto: Rui Correia, Secretário, João Manuel Pinto, Aloísio «cap», Fernando Mendes, Paulinho Santos, Doriva, Zahovic (Chippo 86'), Capucho, Artur (Mielcarski 60') e Drulovic (Sérgio Conceição 64')
Treinador: António Oliveira

CFE Amadora – 1 ACADÉMICA – 0

1ª DIVISÃO, 25ª JORNADA, 15-3-1998 (DOM, 15:00)
Estádio José Gomes, Amadora **Árbitro:** Carlos Basílio (Lisboa)
Auxiliares: Décio Cordeiro e Hernâni Fernandes
Golo: 1-0 (Rui Neves 31')

CFE Amadora: Ivkovic, Rui Neves, Rebelo «cap», Leal, Fonseca (Mauro Airez 53'), Rodolfo, José Carlos, Chainho, Mário Jorge, Paulo Ferreira (Bodelon 79') e Gaúcho (Lázaro 90')
Treinador: Fernando Santos

ACADÉMICA: Pedro Roma «sc», Tó Sá, Mounir, Aurélio, Abazaj, Rocha «cap» (Dário 69'), Mickey (V 45'), Gaúcho, Paulão (Zé Nando 49'), Pedro Lavoura e João Tomás (Miguel Bruno 62')
Treinador: José Romão

1997-1998

1998-1999

ACADÉMICA – 1 Leça FC – 1

1ª DIVISÃO, 26ª JORNADA, 21-3-1998 (SAB, 15:00)
Estádio Municipal de Coimbra, Coimbra **Árbitro:** Jacinto Paixão (Évora) **Auxiliares:** João Ai-Ai e Francisco Mendes
Golos: 1-0 (Pedro Lavoura 30'); 1-1 (Serifo 55')

ACADÉMICA: Pedro Roma, Tó Sá, Mounir, Aurélio, Abazaj, Rocha «cap», Mito, João Pires (Akwá 57'), Pedro Lavoura, Paulão (Zé Nando 38') e Miguel Bruno (João Tomás 49')
Treinador: José Romão

Leça FC: Vladan, Tozé, Ricardo Carvalho, Ryuller, Carlos, Jefferson (Fran 45'), Nando, Serifo «cap», Zé da Rocha (Pedro Estrela 61'), Nuno Rocha e Constantino (Noverça 77')
Treinador: Vítor Manuel

SC Campomaiorense – 1 ACADÉMICA – 2

1ª DIVISÃO, 27ª JORNADA, 29-3-1998 (DOM, 16:00)
Estádio Capitão César Correia, Campo Maior **Árbitro:** António Marçal (Lisboa) **Auxiliares:** António Pinto e Luís Vital
Golos: 1-0 (Isaías 15'); 1-1 (João Tomás 53'); 1-2 (Febras 88')

SC Campomaiorense: Paulo Sérgio, Nuno Luís, Luís Miguel (AA 66'), René Rivas, Basílio, Nuno Campos (Joel 61'), Vítor Manuel, Sousa «cap», Laelson (Wellington 77'), Isaías (Viqueira 70') e Jorginho **Treinador:** João Alves

ACADÉMICA: Pedro Roma, Tó Sá (AA 90'), Rui Carlos (Aurélio 58'), Mounir, Zé Nando (João Tomás 30'), Abazaj, Rocha «cap», Mickey, Gaúcho, Vargas (Febras 48') e Pedro Lavoura
Treinador: José Romão

ACADÉMICA – 2 VFC Setúbal – 0

1ª DIVISÃO, 28ª JORNADA, 5-4-1998 (DOM, 18:00)
Estádio Municipal de Coimbra, Coimbra **Árbitro:** José Leirós (Porto) **Auxiliares:** Devesa Neto e Luís Ferreira
Golos: 1-0 (Febras 50', gp); 2-0 (Vargas 80')

ACADÉMICA: Pedro Roma, Veríssimo, Abazaj (Miguel Bruno 47'), Mounir, Zé Nando (AA 80'), Rocha «cap», Mickey, Gaúcho, Febras (Akwá 85'), João Tomás (Vargas 70') e Pedro Lavoura
Treinador: José Romão

VFC Setúbal: Nuno Santos, José Rui (Toñito 71'), Mamede, Quim, Mário Loja, Pedro Henriques, Hélio «cap», Nuno Afonso (AA 41'), Carlos Manuel, Rui Carlos e Chiquinho Conde
Treinador: José Barrios

CF "Os Belenenses" – 2 ACADÉMICA – 0

1ª DIVISÃO, 29ª JORNADA, 11-4-1998 (SAB, 17:00)
Estádio do Restelo, Lisboa **Árbitro:** Paulo Paraty (Porto) **Auxiliares:** Jorge Garcia e António Perdigão
Golos: 1-0 (João Paulo Brito 26'); 2-0 (João Paulo Brito 89')

CF "Os Belenenses": Botelho, Jojó, Andrade, Filgueira, Caetano «cap», Paulo Dias, Gerson, Olsson (Neca 89'), Carraqueira (Franklin 70'), João Paulo Brito e Dias (Johansen 80')
Treinador: Manuel Cajuda

ACADÉMICA: Pedro Roma, Tó Sá, Mounir (V 71'), Aurélio, Veríssimo, Rocha «cap», Mickey, Gaúcho, Febras (Vargas 66'), Miguel Bruno (João Tomás 45') e Pedro Lavoura (Igor 45')
Treinador: José Romão

Rio Ave FC – 3 ACADÉMICA – 0

1ª DIVISÃO, 30ª JORNADA, 19-4-1998 (DOM, 17:00)
Estádio do Rio Ave Futebol Clube, Vila do Conde **Árbitro:** Jorge Coroado (Lisboa) **Auxiliares:** Luís Santos e Vítor Amaro
Golos: 1-0 (Niquinha 1'); 2-0 (Luís Coentrão 38'); 3-0 (Gama 47')

Rio Ave FC: Tó Luís, Nenad, Peu (Nelo 40'), Marcos, Martins, Sérgio China «cap», Emanuel, Niquinha, Luís Coentrão (Baíca 80'), Marquinhos (Quinzinho 60') e Gama
Treinador: Carlos Brito

ACADÉMICA: Pedro Roma «sc», Tó Sá, Abazaj, Aurélio (João Pires 42'), Veríssimo, Rocha «cap» (Mickey 45'), Mito (Febras 52'), Gaúcho, Zé Nando, Igor e João Tomás
Treinador: José Romão

ACADÉMICA – 1 Sporting CP – 1 [TV]

1ª DIVISÃO, 31ª JORNADA, 27-4-1998 (SEG, 21:00)
Estádio Municipal de Coimbra, Coimbra **Árbitro:** Monteiro da Silva (Braga) **Auxiliares:** Manuel Silva e Henrique Santos
Golos: 1-0 (Gaúcho 41'); 1-1 (Paulo Alves 46')

ACADÉMICA: Pedro Roma «cap», Tó Sá, Mounir, Veríssimo, Abazaj, Gaúcho, Mito, Mickey, Pedro Lavoura (Zé Nando 79'), Febras (Miguel Bruno 73') e João Tomás (Igor 77')
Treinador: José Romão

Sporting CP: Tiago, Quim Berto, Marco Aurélio, Renato, Vinícius, Pedro Martins, Oceano «cap», Edmilson (Simão 83'), Pedro Barbosa (Giménez 45'), Ramirez (Damas 73') e Paulo Alves
Treinador: Carlos Manuel

SC Braga – 3 ACADÉMICA – 2

1ª DIVISÃO, 32ª JORNADA, 3-5-1998 (DOM, 17:00)
Estádio 1º de Maio, Braga **Árbitro:** Luís Miranda (Lisboa) **Auxiliares:** José Campos e Pedro Ruben **Golos:** 0-1 (Abazaj 5'); 1-1 (Bajcetic 26'); 2-1 (Bajcetic 60'); 2-2 (Vargas 72'); 3-2 (Carlitos 84')

SC Braga: Quim, José Nuno Azevedo, Artur Jorge «cap», Sérgio, Rui Guerreiro (Jordão 45'), Mozer, Bajcetic, Castanheira, Carlitos, Formoso (Karoglan 45') e Toni (Sílvio 76')
Treinador: Alberto Pazos

ACADÉMICA: Pedro Roma «cap», Tó Sá (Vargas 68'), Mounir, Veríssimo, Abazaj, Gaúcho (AA 80'), Mito, Mickey (Miguel Bruno 64'), Zé Nando, Febras (Pedro Lavoura 49') e João Tomás
Treinador: José Romão

ACADÉMICA – 1 SC Farense – 0

1ª DIVISÃO, 33ª JORNADA, 10-5-1998 (DOM, 17:00)
Estádio Municipal de Coimbra, Coimbra **Árbitro:** Jacinto Paixão (Évora) **Auxiliares:** José Chilrito e João Ai-Ai
Golo: 1-0 (João Tomás 35')

ACADÉMICA: Pedro Roma, Tó Sá, Mounir, Veríssimo, Zé Nando, Rocha «cap», Mito (Rui Carlos 85'), Mickey, Vargas (Pedro Lavoura 55'), Febras e João Tomás (Miguel Bruno 58')
Treinador: José Romão

SC Farense: Marco Aurélio, Eugénio, Carlos Costa, Camilo, Paixão (Marco Nuno 60'), Paulo Sérgio, Hajri «cap» (Hassan 74', V 87'), Mauro Soares, Besirovic, Bráulio (Ramos 51') e Djukic
Treinador: Paco Fortes

GD Chaves – 0 ACADÉMICA – 0

1ª DIVISÃO, 34ª JORNADA, 17-5-1998 (DOM, 17:00)
Estádio Municipal de Chaves, Chaves
Árbitro: Isidoro Rodrigues (Viseu)
Auxiliares: Guedes de Carvalho e Joaquim Assunção

GD Chaves: Poleksic, Hilário (Matute 55'), Paulo Alexandre «cap», Auri, Vinagre (Matic 85'), Putnik, Míner, Dani Diaz (Sabou 75'), Vítor Vieira, Lewis e Cuc
Treinador: Álvaro Magalhães

ACADÉMICA: Pedro Roma, Tó Sá, Mounir, Veríssimo, Abazaj, Rocha «cap», Gaúcho, Mito (Miguel Bruno 52'), Mickey, Pedro Lavoura (Zé Nando 59') e Febras (Akwá 69')
Treinador: José Romão

ÉPOCA 1998-1999

1ª DIVISÃO: 18º LUGAR (DESPROMOÇÃO)
TAÇA DE PORTUGAL: 1/32 DE FINAL

JOGOS EFECTUADOS

	J	V	E	D	GM	GS
CASA	17	3	5	9	17	33
FORA	18	1	4	13	14	42
TOTAL	35	4	9	22	31	75

GD Chaves – 1 ACADÉMICA – 0

1ª DIVISÃO, 1ª JORNADA, 23-8-1998 (DOM, 17:00)
Estádio Municipal de Chaves, Chaves **Árbitro:** Carlos Basílio (Lisboa) **Auxiliares:** Décio Cordeiro e João Santos
Golo: 1-0 (Seba 74')

GD Chaves: Arteaga, Hilário, Barbosa, Luisão, Morgado, Toniño «cap», Mito, Mickey, Seba (Leniton 90'), Ricardo Lopes (Filipe 71') e Cuc (Joel 60')
Treinador: Horácio Gonçalves

ACADÉMICA: Pedro Roma, Tó Sá, Veríssimo, Mounir, Abazaj, Rocha «cap», Gaúcho, Mickey (João Tomás 76'), Dário (Luís Filipe 62'), Maurício e Pedro Lavoura (João Pires 45')
Treinador: Raul Águas

ACADÉMICA – 1 SC Campomaiorense – 5

1ª DIVISÃO, 2ª JORNADA, 30-8-1998 (DOM, 17:00)
Estádio Municipal de Coimbra, Coimbra **Árbitro:** Bento Marques (Évora) **Auxiliares:** Manuel Semedo e Arlindo Santos **Golos:** 0-1 (Demétrios 2', gp); 0-2 (Demétrios 12'); 0-3 (Vítor Manuel 53'); 0-4 (Demétrios 72'); 1-4 (João Tomás 80'); 1-5 (Wellington 90')

ACADÉMICA: Pedro Roma, Tó Sá, Veríssimo (V 52'), Anderson, Abazaj, Rocha «cap», Gaúcho, Mickey (João Tomás 45'), Dário, Maurício (Camilo 58') e Pedro Lavoura (João Pires 45')
Treinador: Raul Águas

SC Campomaiorense: Paulo Sérgio, Quim Machado, Marco Almeida, Jorge Ferreira «cap» (Luís Miguel 67'), Mendes, Rogério Matias, Mauro Soares, Vítor Manuel, Sabugo, Demétrios (Wellington 79') e Laelson (Isaías 45') **Treinador:** João Alves

ACADÉMICA – 2 Sporting CP – 2 [TV]

1ª DIVISÃO, 3ª JORNADA, 11-9-1998 (SEX, 21:00)
Estádio Municipal de Coimbra, Coimbra **Árbitro:** António Costa (Setúbal) **Auxiliares:** Rui Macau e Luís Farinha **Golos:** 0-1 (Simão 2'); 1-1 (Maurício 23'); 2-1 (Dário 27'); 2-2 (Edmilson 62')

ACADÉMICA: Pedro Roma, Tó Sá, Mounir, Rocha «cap», Camilo, Abazaj, Gaúcho, Barroso, João Campos (Cattaneo 66'), Dário (Febras 82') e Maurício (João Tomás 70')
Treinador: Raul Águas

Sporting CP: Tiago, Beto, Quiroga, Marco Aurélio «cap», Saber, Duscher, Delfim (Bino 57'), Rui Jorge (Vinícius 21'), Simão, Leandro (Iordanov 81') e Edmilson
Treinador: Mirko Jozic

CFE Amadora – 2 ACADÉMICA – 1

1ª DIVISÃO, 4ª JORNADA, 20-9-1998 (DOM, 17:00)
Estádio José Gomes, Amadora **Árbitro:** Paulo Batista (Portalegre) **Auxiliares:** André Cunha e António Paz
Golos: 1-0 (Vítor Vieira 11'); 2-0 (Leal 13'); 2-1 (Barroso 22')

CFE Amadora: Luís Vasco, Raul Oliveira, Rebelo «cap», Leal, José Carlos (Pedro Simões 86'), Rodolfo, Lázaro, Rui Neves, Vítor Vieira, Gilberto (Gaúcho 75') e Lewis (Assis 70')
Treinador: Jorge Jesus

ACADÉMICA: Pedro Roma, Tó Sá, Veríssimo, Mounir, Camilo, Barroso, Gaúcho (Lim 80'), João Campos «cap» (Mickey 55', «ssc»), Dário, Maurício e Pedro Lavoura «sc» (João Tomás 68')
Treinador: Raul Águas

ACADÉMICA – 1 Rio Ave FC – 1

1ª DIVISÃO, 5ª JORNADA, 27-9-1998 (DOM, 17:00)
Estádio Municipal de Coimbra, Coimbra **Árbitro:** Bruno Paixão (Setúbal) **Auxiliares:** Rui Macau e Antunes Barbosa
Golos: 0-1 (Gama 16'); 1-1 (Mounir 61')

ACADÉMICA: Pedro Roma «sc», Tó Sá, Mounir, Veríssimo, Abazaj, Gaúcho, Barroso, Pedro Lavoura «cap» (Lim 45'), Cattaneo (Mickey 70'), Dário (João Tomás 62') e Maurício
Treinador: Raul Águas

Rio Ave FC: Tó Luís, Armando, Peu, Martins, Nito, Paulo Lima Pereira, Niquinha, Emanuel, Alércio (Sérgio China 66'), Baíca (Bolinhas 58') e Gama «cap» (Camberra 90'+2')
Treinador: Carlos Brito

SC Beira-Mar – 0 ACADÉMICA – 2 (TV)

1ª DIVISÃO, 6ª JORNADA, 2-10-1998 (SEX, 21:00)
Estádio Mário Duarte, Aveiro **Árbitro:** Olegário Benquerença (Leiria) **Auxiliares:** José Monteiro e José Ramalho
Golos: 0-1 (Maurício 25'); 0-2 (Gila 73', pb)

SC Beira-Mar: Palatsi, Jorge Neves, Gila, Lobão, Caetano (Jorge Silva 41'), Eusébio «cap» (Jackson 70'), André (Fary 60'), Fusco, Quintas, Simic e Welder
Treinador: António Sousa

ACADÉMICA: Pedro Roma, Tó Sá, Mounir, Veríssimo, Rocha «cap» (Cattaneo 67'), Abazaj, Gaúcho, Barroso (Mickey 80', «ssc»), Pedro Lavoura «sc» (João Pires 81'), Maurício e João Tomás
Treinador: Raul Águas

ACADÉMICA – 0 SC Salgueiros – 1

1ª DIVISÃO, 13ª JORNADA, 10-10-1998 (SAB, 16:00)
Estádio Municipal de Coimbra, Coimbra **Árbitro:** Luís Miranda (Lisboa) **Auxiliares:** João Leitão e João Madeira
Golo: 0-1 (Celso 65')

ACADÉMICA: Pedro Roma, Tó Sá, Mounir, Rocha «cap», Abazaj, Cattaneo (Mickey 74'), Gaúcho, Barroso, Pedro Lavoura (Dário 45'), Maurício e João Tomás (João Pires 74')
Treinador: Raul Águas

SC Salgueiros: Jorge Silva, Pedro «cap», Paulinho, Ademir, Chico Fonseca, Cau, Schuster (José Luís 66'), Abílio, Carlos Ferreira, Fernando Almeida (Deco 57') e Celso (Toninho Cruz 81')
Treinador: Dito

ACADÉMICA – 2 SC Farense – 1

1ª DIVISÃO, 7ª JORNADA, 18-10-1998 (DOM, 16:00)
Estádio Municipal de Coimbra, Coimbra **Árbitro:** Martins dos Santos (Porto) **Auxiliares:** Domingos Vilaça e Vítor Amaro
Golos: 0-1 (Besirovic 10'); 1-1 (Dário 15'); 2-1 (Maurício 81')

ACADÉMICA: Pedro Roma «sc», Tó Sá, Mounir, Rocha «cap» (Mickey 69'), Veríssimo, Abazaj, Gaúcho, Barroso, Dário (Cattaneo 88'), Maurício e João Tomás (Luís Filipe 65')
Treinador: Raul Águas

SC Farense: Candeias, Paulo Sérgio, Paulo Serrão, Pedro Miguel (V 87'), King (Mutapa 84'), Paixão «cap», Carlos Costa, Gouveia (João Oliveira Pinto 80'), Besirovic, Granov (Jean 56') e Hassan
Treinador: Paco Fortes

CS Marítimo – 4 ACADÉMICA – 1 (TV)

1ª DIVISÃO, 8ª JORNADA, 25-10-1998 (DOM, 18:30)
Estádio dos Barreiros, Funchal **Árbitro:** Pedro Sanhudo (Porto) **Auxiliares:** Amândio Ribeiro e Pocinho Batista
Golos: 1-0 (Lino 12'); 1-1 (Dani Diaz 21'); 2-1 (Dani Diaz 39'); 3-1 (Alex 42'); 4-1 (Carlos Jorge 63')

CS Marítimo: Van der Straeten, Carlos Jorge «cap», Jorge Soares, Tulipa (Pedro Paulo 66'), Jokanovic, Alex (Zakaria 86'), Rui Óscar, Paulo Sérgio (Dani Diaz 37'), Eusébio, Márcio António e Lino
Treinador: Augusto Inácio

ACADÉMICA: Pedro Roma, Tó Sá, Mounir, Veríssimo, Rocha «cap» (Cattaneo 70'), Abazaj, Gaúcho, Barroso (Mickey 45'), Pedro Lavoura «sc», Maurício (João Tomás 68') e Dário
Treinador: Raul Águas

ACADÉMICA – 1 VSC Guimarães – 1

1ª DIVISÃO, 9ª JORNADA, 1-11-1998 (DOM, 15:00)
Estádio Municipal de Coimbra, Coimbra **Árbitro:** Gomes Araújo (Braga) **Auxiliares:** Guedes de Carvalho e Pereira Fernandes
Golos: 1-0 (Dário 10'); 1-1 (Evando 67')

ACADÉMICA: Pedro Roma, Tó Sá, Mounir, Veríssimo, Rocha «cap» (Cattaneo 21'), Abazaj, Barroso (AA 55'), Mickey (Nuno Rocha 68'), Pedro Lavoura «sc», Maurício e Dário (Luís Filipe 80')
Treinador: Raul Águas

VSC Guimarães: Pedro Espinha, Arley (Vítor Paneira 65'), Alexandre, Márcio Theodoro, Quim Berto, Paiva, Evando, Frederick Soderstrom, Kasongo (Geraldo 39'), Riva e Gilmar «cap» (Djuckovic 74') **Treinador:** Zoran Filipovic

FC Alverca – 2 ACADÉMICA – 1

1ª DIVISÃO, 10ª JORNADA, 7-11-1998 (SAB, 16:00)
Complexo Desportivo do FC Alverca, Alverca do Ribatejo **Árbitro:** Jacinto Paixão (Évora) **Auxiliares:** João Ai-Ai e José Monteiro **Golos:** 1-0 (Marco Freitas 45'); 2-0 (Filipe Azevedo 76'); 2-1 (Abazaj 83')

FC Alverca: Paulo Santos, Abel Silva (V 55'), Valido, José Soares «cap», Valente, Ramires, Maniche (Fabinho 84'), Marco Freitas, Rui Borges (Capucho 45'), Filipe Azevedo e Faizouline (Cajú 30')
Treinador: Mário Wilson

ACADÉMICA: Pedro Roma, Tó Sá (Luís Filipe 67'), Mounir, Veríssimo, Camilo (João Tomás 58'), Gaúcho, Abazaj, Mickey «cap», Pedro Lavoura (João Pires 75'), Maurício e Dário
Treinador: Raul Águas

ACADÉMICA – 2 Boavista FC – 3 (TV)

1ª DIVISÃO, 11ª JORNADA, 13-11-1998 (SEX, 21:00)
Estádio Municipal de Coimbra, Coimbra **Árbitro:** Isidoro Rodrigues (Viseu) **Auxiliares:** Amândio Ribeiro e Serafim Nogueira **Golos:** 1-0 (Mickey 43'); 1-1 (Timofte 48'); 1-2 (Ayew 56'); 2-2 (Gaúcho 62'); 2-3 (Rogério 65')

ACADÉMICA: Pedro Roma, Tó Sá, Veríssimo, Camilo (Abdul 88'), Abazaj, Cattaneo (João Pires 66'), Mickey «cap», Gaúcho, Barroso (João Tomás 77'), Dário e Luís Filipe
Treinador: Raul Águas

Boavista FC: William, Alexandre (Sanchez 36'), Litos «cap», Isaías, Mário Silva (Rogério 45'), Rui Bento, Hélder, Timofte (Luís Manuel 68'), Jorge Couto, Ayew e Quevedo
Treinador: Jaime Pacheco

UD Leiria – 1 ACADÉMICA – 0

1ª DIVISÃO, 12ª JORNADA, 22-11-1998 (DOM, 16:00)
Estádio Dr. Magalhães Pessoa, Leiria **Árbitro:** Paulo Batista (Portalegre) **Auxiliares:** Fonseca Franco e Luís Tavares
Golo: 1-0 (Bakero 61')

UD Leiria: Miroslav, Bilro «cap», Ido, Sérgio Nunes, Morgado, Leão, Luís Vouzela, Bakero, Dinda (Lamptey 74'), Augustine e Duah (Zezinho 87')
Treinador: Mário Reis

ACADÉMICA: Pedro Roma «cap», Tó Sá, Mounir, Veríssimo, Abazaj, Barroso (Mickey 45'), Cattaneo, Gaúcho, Zé Nando (Maurício 64'), Luís Filipe (João Pires 70') e Dário
Treinador: Raul Águas

SC Braga – 2 ACADÉMICA – 2 (TV)

1ª DIVISÃO, 14ª JORNADA, 7-12-1998 (SEG, 20:30)
Estádio 1º de Maio, Braga **Árbitro:** Jacinto Paixão (Évora) **Auxiliares:** Décio Cordeiro e António Pardal **Golos:** 1-0 (Gamboa 53'); 2-0 (Gamboa 80'); 2-1 (Maurício 90'); 2-2 (Dário 90'+2')

SC Braga: Quim, Zé Nuno, Artur Jorge «cap» (Idalécio 56'), Odair, Lino, Mozer, Bruno, Jordão, Silva (Gamboa 14'), Luís Miguel e Toni (Dé 83')
Treinador: Carlos Manuel

ACADÉMICA: Pedro Roma, Tó Sá, Barroso, Veríssimo, Cattaneo, Abazaj, Gaúcho (Paulo Adriano 45', Luís Filipe 66'), Zé Nando, Mickey «cap», Lim (Dário 73') e Maurício
Treinador: Vítor Manuel

ACADÉMICA – 0 FC Porto – 2 (TV)

1ª DIVISÃO, 15ª JORNADA, 14-12-1998 (SEG, 20:30)
Estádio Municipal de Coimbra, Coimbra **Árbitro:** Martins dos Santos (Porto) **Auxiliares:** Luís Santos e Domingos Vilaça
Golos: 0-1 (Zahovic 80', gp); 0-2 (Rui Barros 90'+1')

ACADÉMICA: Pedro Roma, Veríssimo, Mounir, Abazaj, Zé Nando (Tó Sá 58'), Cattaneo, Gaúcho, Barroso (Rocha 58'), Mickey «cap», Dário e Maurício (Luís Filipe 64')
Treinador: Vítor Manuel

FC Porto: Rui Correia, Paulinho Santos, Jorge Costa «cap», Aloísio, Fernando Mendes, Chainho (Rui Barros 65'), Doriva, Zahovic, Drulovic, Jardel (Mielcarski 85') e Capucho (Chippo 56')
Treinador: Fernando Santos

SL Benfica – 3 ACADÉMICA – 0 (TV)

1ª DIVISÃO, 16ª JORNADA, 20-12-1998 (DOM, 16:00)
Estádio da Luz, Lisboa **Árbitro:** Bento Marques (Évora) **Auxiliares:** Bertino Miranda e Manuel Silva **Golos:** 1-0 (Poborsky 30'); 2-0 (Nuno Gomes 54'); 3-0 (Nuno Gomes 61', gp)
Obs: Jogo televisionado em diferido

SL Benfica: Ovchinnikov, Tahar, Ronaldo, Paulo Madeira (Andrade 70'), Scott Minto, Thomas (Luís Carlos 80'), Poborsky, Hugo Leal (Saunders 64'), Calado, Nuno Gomes e João Vieira Pinto «cap»
Treinador: Graeme Souness

ACADÉMICA: Pedro Roma, João Campos, Mounir, Abazaj, Zé Nando (Rocha 68'), Cattaneo, Gaúcho, Mickey «cap», Maurício (Lim 73'), Dário (João Tomás 57') e Luís Filipe
Treinador: Vítor Manuel

ACADÉMICA – 2 VFC Setúbal – 0 (TV)

1ª DIVISÃO, 17ª JORNADA, 4-1-1999 (SEG, 19:00)
Estádio Municipal de Coimbra, Coimbra **Árbitro:** Luís Miranda (Lisboa) **Auxiliares:** Hernâni Fernandes e João Tomatas
Golos: 1-0 (Lim 15'); 2-0 (Lim 28')

ACADÉMICA: Pedro Roma, Tó Sá, Veríssimo, Sérgio Cruz, Zé Nando, Barroso (Cattaneo 87'), Mickey «cap», Gaúcho, João Tomás (Rocha 60'), Dário (Luís Filipe 74') e Lim
Treinador: Vítor Manuel

VFC Setúbal: Marco Tábuas, Manuel do Carmo, Quim, Renato, Pedro Henriques, Paulo Filipe, Hélio «cap», Toñito (Maki 45'), Rui Carlos, Chiquinho Conde e Nando (Chipenda 45')
Treinador: Carlos Cardoso

SL Benfica – 4 ACADÉMICA – 1 (TV)

TAÇA DE PORTUGAL, 1/32 DE FINAL, 10-1-1999 (DOM, 18:00)
Estádio da Luz, Lisboa **Árbitro:** Paulo Batista (Portalegre) **Auxiliares:** André Cunha e Gilberto Tavares **Golos:** 1-0 (Nuno Gomes 2'); 2-0 (Nuno Gomes 14'); 3-0 (Nuno Gomes 51'); 4-0 (Calado 53'); 4-1 (Dário 79')

SL Benfica: Ovchinnikov, Tahar (Bruno Basto 60'), Ronaldo, Paulo Madeira, Scott Minto, Pembridge (Calado 12'), Luís Carlos, Hugo Leal, Saunders, Nuno Gomes (Kandaurov 64') e João Vieira Pinto «cap» **Treinador:** Graeme Souness

ACADÉMICA: Pedro Roma, Tó Sá, Veríssimo, Abazaj, Zé Nando, Barroso, Gaúcho (Maurício 45'), Mickey «cap», Lim (Dário 63'), João Tomás (Rocha 63') e Luís Filipe
Treinador: Vítor Manuel

ACADÉMICA – 1 GD Chaves – 2

1ª DIVISÃO, 18ª JORNADA, 16-1-1999 (SAB, 16:00)
Estádio Municipal de Coimbra, Coimbra **Árbitro:** António Marçal (Lisboa) **Auxiliares:** Carlos do Carmo e António Godinho
Golos: 0-1 (Luisão 21'); 0-2 (Wanderley 53'); 1-2 (Dário 79')

ACADÉMICA: Pedro Roma, Tó Sá, Sérgio Cruz (Abazaj 74'), Veríssimo, Zé Nando, Rocha «cap» (Luís Filipe 45'), Mickey «sc», Barroso, Dário, Maurício e Lim (João Tomás 62')
Treinador: Vítor Manuel

GD Chaves: Arteaga, Neves, André, Paulo Alexandre «cap», Morgado (Timnev 63'), Luisão, Vinagre, Matic, Michel, Seba e Wanderley (Rui Lopes 79')
Treinador: Augusto Inácio

SC Campomaiorense – 2 ACADÉMICA – 1

1ª DIVISÃO, 19ª JORNADA, 24-1-1999 (DOM, 16:00)
Estádio Capitão César Correia, Campo Maior **Árbitro:** Olegário Benquerença (Leiria) **Auxiliares:** Fernando Fernandes e Manuel Barbosa **Golos:** 1-0 (Laelson 7'); 2-0 (Isaías 29'); 2-1 (Maurício 75', gp)

SC Campomaiorense: Poleksic, Quim Machado, Marco Almeida, Jorge Ferreira, Basílio, Mauro Soares (Sabugo 82'), Isaías «cap» (Wellington 70'), Nuno Campos, Jorginho, Demétrios (Rogério 58') e Laelson **Treinador:** José Pereira

ACADÉMICA: Pedro Roma, Tó Sá, Mounir (Lim 61'), Sérgio Cruz, Abazaj, João Campos (Nuno Rocha 70'), Rocha «cap» (V 89'), Barroso, Zé Nando (Pedro Lavoura 32'), Mickey «sc» e Maurício
Treinador: Vítor Manuel

1998-1999

1998-1999

Sporting CP – 5 ACADÉMICA – 0 📺

1ª DIVISÃO, 20ª JORNADA, 31-1-1999 (DOM, 18:00)
Estádio José Alvalade, Lisboa **Árbitro:** Carlos Basílio (Lisboa)
Auxiliares: António Perdigão e Bernardino Silva
Golos: 1-0 (Beto 22'); 2-0 (Edmilson 28'); 3-0 (Simão 57');
4-0 (Acosta 61'); 5-0 (Acosta 66')

Sporting CP: Tiago, Saber, Marcos, Beto «cap», Vinícius, Simão, Delfim (Santa Maria 70'), Vidigal (Duscher 52'), Rui Jorge, Edmilson e Acosta (Krpan 77')
Treinador: Mirko Jozic

ACADÉMICA: Pedro Roma, Tó Sá, Sérgio Cruz, Veríssimo, Abazaj (AA 79'), Zé Nando (João Campos 55'), Gaúcho (Maurício 27'), Mickey «cap», Barroso, Dário (Luís Filipe 64') e Lim
Treinador: Vítor Manuel

ACADÉMICA – 2 CFE Amadora – 2

1ª DIVISÃO, 21ª JORNADA, 7-2-1999 (DOM, 15:00)
Estádio Municipal de Coimbra, Coimbra **Árbitro:** Paulo Costa (Porto) **Auxiliares:** Bertino Miranda e José Borges
Golos: 1-0 (Maurício 1'); 1-1 (Paulo Ferreira 21'); 2-1 (Mickey 41'); 2-2 (Jorge Andrade 90'+3')

ACADÉMICA: Pedro Roma, Tó Sá, Mounir, Veríssimo, Zé Nando, Gaúcho, Rocha «cap» (João Tomás 90'+2'), Mickey «sc», Luís Filipe (João Campos 87'), Pedro Lavoura (Lim 70') e Maurício
Treinador: Vítor Manuel

CFE Amadora: Hilário, José Carlos, Rebelo «cap» (Capitão 83'), Raul Oliveira, Leal, Jorge Andrade, Lázaro, Paulo Ferreira, Carlitos (Stênio 60'), Gilberto e Lewis (Sérgio Marquês 59')
Treinador: Jorge Jesus

Rio Ave FC – 1 ACADÉMICA – 1

1ª DIVISÃO, 22ª JORNADA, 13-2-1999 (SAB, 15:30)
Estádio do Rio Ave Futebol Clube, Vila do Conde **Árbitro:** José Leirós (Porto) **Auxiliares:** Amândio Ribeiro e Luís Marcelino
Golos: 0-1 (Luís Filipe 23'); 1-1 (André Jacaré 28', gp)

Rio Ave FC: Tó Luís, Armando (Sérgio China 67'), Sandro, Martins, Nito, Emanuel, Niquinha, Luís Coentrão (Alércio 45'), Gama «cap», André Luís (Bolinhas 56') e André Jacaré
Treinador: Carlos Brito

ACADÉMICA: Pedro Roma, Tó Sá, Mounir, Veríssimo, Zé Nando, Gaúcho, Mickey «cap», Luís Filipe, Pedro Lavoura (Dário 73'), João Tomás (Rocha 65') e Maurício (João Campos 88')
Treinador: Gregório Freixo

ACADÉMICA – 1 SC Beira-Mar – 0

1ª DIVISÃO, 23ª JORNADA, 21-2-1999 (DOM, 15:00)
Estádio Municipal de Coimbra, Coimbra **Árbitro:** José Mesquita (Porto) **Auxiliares:** João Leitão e José Silva
Golo: 1-0 (Luís Filipe 71')

ACADÉMICA: Pedro Roma, Tó Sá, Veríssimo, Mounir, Zé Nando (Lim 63'), Mickey «cap», Gaúcho, Luís Filipe, João Tomás (Barroso 45'), Pedro Lavoura e Maurício
Treinador: Gregório Freixo

SC Beira-Mar: Palatsi, Jorge Neves, Caneira, Cristiano (AA 86'), Caetano (Fernando 81'), Gila, Fusco «cap», André, Ricardo Sousa (Quintas 58'), Paulo Sérgio (Fary 70') e Simic
Treinador: António Sousa

SC Farense – 2 ACADÉMICA – 0

1ª DIVISÃO, 24ª JORNADA, 28-2-1999 (DOM, 16:00)
Estádio São Luís, Faro **Árbitro:** António Marçal (Lisboa)
Auxiliares: Luís Vital e Venâncio Tomé
Golos: 1-0 (Carlos Costa 27'); 2-0 (Carlos Costa 28')

SC Farense: Mijanovic, Eugénio, Paulo Sérgio, Miguel Serôdio, King, Carlos Costa «cap», Gouveia, Besirovic, João Oliveira Pinto (Jean 48', Paixão 82'), Marco Nuno e Hassan
Treinador: João Alves

ACADÉMICA: Pedro Roma, Tó Sá (Lim 67'), Veríssimo, Mounir, Zé Nando (Rocha 45'), Mickey «cap», Gaúcho (Paulo Adriano 79'), Luís Filipe, João Tomás, Pedro Lavoura e Maurício
Treinador: Gregório Freixo

ACADÉMICA – 1 CS Marítimo – 3

1ª DIVISÃO, 25ª JORNADA, 14-3-1999 (DOM, 15:00)
Estádio Municipal de Coimbra, Coimbra **Árbitro:** Duarte Gomes (Lisboa) **Auxiliares:** Guedes de Carvalho e Alexandre Tomás **Golos:** 0-1 (Herivelto 8'); 0-2 (Romeu 27'); 1-2 (Dário 29'); 1-3 (Alex 88')

ACADÉMICA: Peres, Tó Sá, Veríssimo, Mounir (João Tomás 80'), Abazaj, Paulo Adriano (Pedro Lavoura 53'), Mickey «cap», Gaúcho, Luís Filipe, Maurício e Dário (Lim 64')
Treinador: Gregório Freixo

CS Marítimo: Van Der Straeten, Eusébio (Albertino 50'), Carlos Jorge «cap», Jorge Soares, Rui Óscar, Márcio António, Bruno, Zeca, Romeu (Dani Diaz 71'), Herivelto (Tulipa 61') e Alex
Treinador: Nelo Vingada

VSC Guimarães – 1 ACADÉMICA – 1

1ª DIVISÃO, 26ª JORNADA, 21-3-1999 (DOM, 16:00)
Estádio Municipal de Guimarães, Guimarães **Árbitro:** Olegário Benquerença (Leiria) **Auxiliares:** José Monteiro e Bernardino Silva
Golos: 0-1 (Lim 20'); 1-1 (Gilmar 40')

VSC Guimarães: Pedro Espinha, José Carlos, Arley, Fonseca, Tito (N'Tsunda 65'), Paiva, Vítor Paneira «cap», Frederick Soderstrom, Gilmar (Evando 79'), Edmilson e Riva
Treinador: Quinito

ACADÉMICA: Peres, Tó Sá, Veríssimo, Sérgio Cruz, Abazaj «sc», Barroso, Mickey «cap» (Rocha 86'), Gaúcho (Pedro Lavoura 81'), Paulo Adriano, Maurício e Lim (Luís Filipe 62')
Treinador: Gregório Freixo

ACADÉMICA – 0 FC Alverca – 5

1ª DIVISÃO, 27ª JORNADA, 3-4-1999 (SAB, 17:00)
Estádio Municipal de Coimbra, Coimbra **Árbitro:** Jacinto Paixão (Évora) **Auxiliares:** Carlos de Matos e José Chilrito
Golos: 0-1 (Nandinho 8'); 0-2 (Cajú 34'); 0-3 (Maniche 75', gp); 0-4 (Rui Borges 84'); 0-5 (Cajú 89')

ACADÉMICA: Peres, Tó Sá, Veríssimo, Sérgio Cruz (Madureira 66'), Abazaj (Dário 27'), Barroso, Mickey «cap», Pedro Lavoura, Paulo Adriano (João Campos 45'), Maurício e Lim
Treinador: Gregório Freixo

FC Alverca: Paulo Santos, Abel Silva, Hugo Costa «cap», José Soares, Capucho, Marco Freitas (Maniche 72'), Diogo, Milinkovic (Rui Borges 79'), Nandinho, Cajú e Filipe Azevedo (Jamir 31')
Treinador: José Romão

Boavista FC – 3 ACADÉMICA – 1 📺

1ª DIVISÃO, 28ª JORNADA, 16-4-1999 (SEX, 21:00)
Estádio do Bessa, Porto **Árbitro:** Francisco Ferreira (Viana do Castelo) **Auxiliares:** João Leitão e João Sousa **Golos:** 1-0 (Jorge Couto 11'); 2-0 (Atelkin 66'); 2-1 (Rocha 68'); 3-1 (Atelkin 79')

Boavista FC: William, Paulo Sousa «cap», Isaías, Litos, Pedro Martins, Luís Manuel, Timofte (Sanchez 77'), Quevedo, Douala (Atelkin 55'), Rogério (Mário Silva 61') e Jorge Couto
Treinador: Jaime Pacheco

ACADÉMICA: Pedro Roma «sc», Tó Sá, Camilo, Veríssimo, Pedro Lavoura, Rocha, Gaúcho, Mickey «cap» (Paulo Adriano 85'), Barroso, João Campos (Lim 45') e João Tomás (Maurício 45')
Treinador: Gregório Freixo

ACADÉMICA – 0 UD Leiria – 1

1ª DIVISÃO, 29ª JORNADA, 25-4-1999 (DOM, 17:00)
Estádio Municipal de Coimbra, Coimbra **Árbitro:** António Marçal (Lisboa) **Auxiliares:** Devesa Neto e Jorge Neiva
Golo: 0-1 (Konadu 90'+2')

ACADÉMICA: Pedro Roma, João Campos (Nuno Rocha 89'), Camilo, Veríssimo, Pedro Lavoura, Rocha, Gaúcho, Mickey «cap», Barroso (Paulo Adriano 79'), João Tomás (Lim 60') e Maurício
Treinador: Gregório Freixo

UD Leiria: Miroslav, Bilro «cap», Ricardo Silva, Sérgio Nunes, João Manuel, Leão, Luís Vouzela, Dinda (Hugo 76'), Bakero (Duah 62'), Reinaldo e Zezinho (Konadu 85')
Treinador: Mário Reis

SC Salgueiros – 1 ACADÉMICA – 1

1ª DIVISÃO, 30ª JORNADA, 2-5-1999 (DOM, 17:00)
Estádio Eng. Vidal Pinheiro, Porto **Árbitro:** Paulo Batista (Portalegre) **Auxiliares:** Luís Marcelino e Bernardino Silva
Golos: 0-1 (Dário 44'); 1-1 (Celso 85')

SC Salgueiros: Jorge Silva, Pedro «cap» (Semedo 30'), Chico Fonseca, Miguel, Cau, Nelson (Gama 60'), João Pedro (Celso 45'), Ademir, Edu, Fernando Almeida e Abílio
Treinador: Dito

ACADÉMICA: Peres, João Campos, Camilo, Veríssimo, Pedro Lavoura, Rocha, Gaúcho, Mickey «cap», Barroso (Paulo Adriano 81'), Dário (Abazaj 70') e Maurício (Lim 86')
Treinador: Gregório Freixo

ACADÉMICA – 1 SC Braga – 1

1ª DIVISÃO, 31ª JORNADA, 8-5-1999 (SAB, 17:00)
Estádio Municipal de Coimbra, Coimbra **Árbitro:** Olegário Benquerença (Leiria) **Auxiliares:** João Santos e José Borges
Golos: 0-1 (Luís Carlos 4'); 1-1 (Dário 7')

ACADÉMICA: Peres, João Campos (Paulo Adriano 68'), Camilo, Veríssimo, Pedro Lavoura, Rocha, Gaúcho, Mickey «cap», Barroso (Tó Sá 45'), Dário e Maurício (Lim 58')
Treinador: Gregório Freixo

SC Braga: Quim, Zé Nuno (Gamboa 52'), Idalécio, Artur Jorge «cap» (Sérgio 58'), Lino, Mozer, Bruno, Luís Miguel, Luís Carlos, Karoglan (Formoso 61') e Silva
Treinador: Manuel Cajuda

FC Porto – 7 ACADÉMICA – 1 📺

1ª DIVISÃO, 32ª JORNADA, 16-5-1999 (DOM, 18:45)
Estádio das Antas, Porto **Árbitro:** Isidoro Rodrigues (Viseu)
Auxiliares: Luís Santos e António Godinho **Golos:** 1-0 (Jardel 24'); 2-0 (Jardel 38'); 3-0 (Esquerdinha 56'); 3-1 (Tó Sá 63'); 4-1 (Chainho 64'); 5-1 (Zahovic 74'); 6-1 (Jorge Costa 82'); 7-1 (Jardel 85')

FC Porto: Vítor Baía, Secretário, Jorge Costa «cap», Aloísio (João Manuel Pinto 72'), Esquerdinha, Peixe (Fehér 80'), Rui Barros (Chainho 51'), Zahovic, Capucho, Drulovic e Jardel
Treinador: Fernando Santos

ACADÉMICA: Peres, João Campos «sc», Mounir (Lim 62'), Veríssimo, Pedro Lavoura, Rocha, Camilo, Mickey «cap» (Paulo Adriano 81'), Barroso (Tó Sá 62'), Gaúcho e Dário
Treinador: Gregório Freixo

ACADÉMICA – 0 SL Benfica – 3 📺

1ª DIVISÃO, 33ª JORNADA, 23-5-1999 (DOM, 21:30)
Estádio Municipal de Coimbra, Coimbra **Árbitro:** Bento Marques (Évora) **Auxiliares:** José Ramalho e Pinto Rocha **Golos:** 0-1 (Nuno Gomes 7'); 0-2 (Mounir 40', pb); 0-3 (Hugo Leal 81')

ACADÉMICA: Peres, Tó Sá, Mounir, Veríssimo, Pedro Lavoura, Rocha, Gaúcho (Barroso 73'), Maurício (Luís Filipe 58'), João Campos (Abazaj 59'), Mickey «cap» e Dário
Treinador: Gregório Freixo

SL Benfica: Ovchinnikov, Andrade, Paulo Madeira, Tahar, Harkness, Calado, Poborsky (Hugo Leal 79'), Kandaurov, João Vieira Pinto «cap», Cadete (Saunders 66') e Nuno Gomes
Treinador: Shéu Han

VFC Setúbal – 1 ACADÉMICA – 0

1ª DIVISÃO, 34ª JORNADA, 30-5-1999 (DOM, 17:00)
Estádio do Bonfim, Setúbal **Árbitro:** Jacinto Paixão (Évora)
Auxiliares: Guedes de Carvalho e João Ai-Ai
Golo: 1-0 (Pedro Henriques 71')

VFC Setúbal: Marco Tábuas, Frechaut, Paulo Filipe, Mário Loja, Quim, Pedro Henriques, Manuel do Carmo (Jorge Ribeiro 45'), Toñito, Hélio «cap» (V 87'), Chiquinho e Rui Carlos (Maki 25')
Treinador: Carlos Cardoso

ACADÉMICA: Vítor Alves (Peres 65'), Tó Sá, Sérgio Cruz, Veríssimo, Zé Nando, Barroso, Rocha, Mickey «cap», João Campos (Cattaneo 69'), Pedro Lavoura (Gaúcho 62') e Maurício
Treinador: Gregório Freixo

ÉPOCA 1999-2000

II LIGA: 5º LUGAR (MANUTENÇÃO)
TAÇA DE PORTUGAL: OITAVOS DE FINAL

JOGOS EFECTUADOS

	J	V	E	D	GM	GS
CASA	21	13	5	3	47	14
FORA	17	6	4	7	20	27
TOTAL	38	19	9	10	67	41

Naval 1º Maio – 1 ACADÉMICA – 3

II LIGA, 1ª JORNADA, 22-8-1999 (DOM, 16:00)
Estádio José Bento Pessoa, Figueira da Foz **Árbitro:** Vítor Pereira (Lisboa) **Auxiliares:** Bertino Miranda e Décio Cordeiro
Golos: 0-1 (João Tomás 18'); 0-2 (Dário 56'); 0-3 (João Tomás 58'); 1-3 (Bambo 84')

Naval 1º Maio: Nuno Santos, Bento do Ó «cap» (Filipe Mesquita 67'), Sargento, Rolão (Schuster 61'), Fernando, Álvaro Gregório, Carlos Pinto, Rui Mendes (Bambo 45'), Marinho, Wender e Jean Pierre **Treinador:** Francisco Vital

ACADÉMICA: Pedro Roma «cap», Tó Sá, Mounir, Zé Miguel, Zé Nando, Rocha, Cattaneo, Vítor Paneira (Lucas 82'), Dário, Monteiro (Camilo 62') e João Tomás (Capitão 76')
Treinador: Carlos Garcia

ACADÉMICA – 2 SC Freamunde – 2

II LIGA, 2ª JORNADA, 28-8-1999 (SAB, 20:30)
Estádio Municipal de Coimbra, Coimbra **Árbitro:** Emanuel Câmara (Madeira) **Auxiliares:** Manuel Semedo e José Espada
Golos: 0-1 (Ricardo 41'); 1-1 (Rocha 52'); 2-1 (Dário 60'); 2-2 (Ricardo 70')

ACADÉMICA: Pedro Roma «cap», Tó Sá, Mounir, Zé Miguel, Zé Nando (Capitão 45'), Rocha, Cattaneo, Vítor Paneira, Dário, Bolinhas (Monteiro 45') e João Tomás
Treinador: Carlos Garcia

SC Freamunde: Pinho, Gabriel, Monteiro, Filipe, Erivan, Eusébio (Barbosa 67'), Denilson «cap» (Armando Santos 56'), Calica (Terinho 67'), Everton, Ricardo e Bock
Treinador: Sá Pereira

SC Covilhã – 1 ACADÉMICA – 1

II LIGA, 3ª JORNADA, 12-9-1999 (DOM, 16:00)
Estádio José dos Santos Pinto, Covilhã **Árbitro:** Duarte Gomes (Lisboa) **Auxiliares:** Carlos do Carmo e Francisco Mendes
Golos: 0-1 (João Tomás 43'); 1-1 (Vítor Firmino 90')

SC Covilhã: Augusto, Fernandez (Vítor Firmino 79'), João Carlos, Piguita, Trindade «cap», Rui Morais, Ricardo António (João Miguel 65'), Adriano, Miguel Vaz (Hélder Brandão 53'), Pisco e João Peixe
Treinador: António Jesus

ACADÉMICA: Pedro Roma «cap», Tó Sá, Mounir, Camilo, Zé Nando, Rocha, Cattaneo, Vítor Paneira (Pedro Paula 45'), Dário, Monteiro (Capitão 19') e João Tomás (Bolinhas 61')
Treinador: Carlos Garcia

ACADÉMICA – 0 FC Felgueiras – 1

II LIGA, 4ª JORNADA, 19-9-1999 (DOM, 16:00)
Estádio Municipal de Coimbra, Coimbra **Árbitro:** Luís Miranda (Lisboa) **Auxiliares:** André Cunha e João Sousa
Golo: 0-1 (Totta 74')

ACADÉMICA: Pedro Roma «cap», Tó Sá, Mounir, Camilo, Monteiro, Rocha, Paulo Adriano, Vítor Paneira, Dário, Bolinhas (Capitão 61') e João Tomás (João Campos 75')
Treinador: Carlos Garcia

FC Felgueiras: Khadim, Totta, Gomes, Eliseu, Fredy, Quim (Leandro 61'), Rochinha «cap», Miguel, Oliveira, Ricardo (Renato Queirós 81') e Paulo Sérgio (Piteira 88')
Treinador: Diamantino Miranda

CD Aves – 1 ACADÉMICA – 0

II LIGA, 5ª JORNADA, 26-9-1999 (DOM, 17:00)
Estádio do Clube Desportivo das Aves, Vila das Aves **Árbitro:** Pedro Sanhudo (Porto) **Auxiliares:** Joaquim Assunção e José Silva
Golo: 1-0 (Jorginho 66')

CD Aves: Cândido, Nenad, Vieira, Paulo Alexandre, Quim da Costa «cap», José António, Braíma, Nené, Octávio (Jorginho 59'), Beto (Jorge Duarte 79') e João Paulo (Rogerinho 59')
Treinador: Neca

ACADÉMICA: Pedro Roma «cap», Tó Sá, Mounir, Camilo, Monteiro, Rocha (João Campos 69'), Paulo Adriano (Bolinhas 65'), Vítor Paneira, Dário, Paulo Dias e João Tomás (Capitão 45')
Treinador: Carlos Garcia

ACADÉMICA – 2 SC Espinho – 1

II LIGA, 6ª JORNADA, 2-10-1999 (SAB, 16:00)
Estádio Municipal de Coimbra, Coimbra **Árbitro:** Emanuel Câmara (Madeira) **Auxiliares:** Paulo Quintino e Sérgio Lacroix **Golos:** 0-1 (Carlos Miguel 19'); 1-1 (João Tomás 55'); 2-1 (João Tomás 90'+5')

ACADÉMICA: Pedro Roma «cap», Tó Sá, Mounir, Camilo, Zé Nando, João Campos (Capitão 69'), Paulo Adriano (Bolinhas 45'), Vítor Paneira, Dário (Rocha 90'+7'), Paulo Dias e João Tomás
Treinador: Carlos Garcia

SC Espinho: Cuca, Jojó, Duka, Ricardo Martins, Pedro Silva, Gilmar, Carlos Miguel, Carlos Pedro, Vítor Covilhã, Artur Jorge «cap» e Zito (Lito 77')
Treinador: Carlos Carvalhal

ACADÉMICA – 4 CC Taipas – 1

TAÇA DE PORTUGAL, 1/64 DE FINAL, 5-10-1999 (TER, 15:00)
Estádio Municipal de Coimbra, Coimbra **Árbitro:** Pedro Sanhudo (Porto) **Auxiliares:** Sérgio Jesus e Joaquim Almeida
Golos: 1-0 (João Tomás 4'); 2-0 (Bolinhas 20'); 2-1 (Martinho 23'); 3-1 (João Tomás 53'); 4-1 (Bolinhas 59')

ACADÉMICA: Eduardo, João Campos «cap», Camilo (Sérgio Cruz 62'), Zé Miguel, Monteiro, Cattaneo (Pedro Hipólito 65'), Rocha, Bolinhas, Pedro Paula, João Tomás (Dário 61') e Capitão
Treinador: Carlos Garcia

CC Taipas: João, Dâmaso, Luís Manuel, Águia, Martinho, Agostinho, Nené «cap», Paulo Pereira (António 72'), Rui Novais (Kiwi 64'), Solon e Vítor (Neiva 58')
Treinador: Alberto Silva

Moreirense FC – 1 ACADÉMICA – 2

II LIGA, 7ª JORNADA, 17-10-1999 (DOM, 16:00)
Estádio Joaquim de Almeida Freitas, Moreira de Cónegos **Árbitro:** Augusto Duarte (Braga) **Auxiliares:** Alfredo Braga e Vítor Oliveira
Golos: 0-1 (João Tomás 45'); 0-2 (João Tomás 74'); 1-2 (Fernando Pires 83')

Moreirense FC: Ádamo, Chiquinho, João Duarte (Moisés 67'), Emerson, Serafim, Altino «cap», Gomes, Mário Pedro (Jorge Luís 72'), Fernando Pires, Joel (Moura 82') e Ossey
Treinador: Bernardino Pedroto

ACADÉMICA: Pedro Roma «cap», Tó Sá, Mounir, Camilo, Giraudo, Zé Nando, Cattaneo, Vítor Paneira (Paulo Dias 81'), Dário, Reinaldo (João Campos 72') e João Tomás (Bolinhas 89')
Treinador: Carlos Garcia

ACADÉMICA – 0 SC Beira-Mar – 0

II LIGA, 8ª JORNADA, 24-10-1999 (DOM, 16:00)
Estádio Municipal de Coimbra, Coimbra
Árbitro: Olegário Benquerença (Leiria)
Auxiliares: Luís Vital e Arlindo Santos

ACADÉMICA: Pedro Roma «cap», Tó Sá (Rocha 59'), Mounir, Camilo, Giraudo, Zé Nando, Cattaneo, Vítor Paneira (João Campos 75'), Dário, Reinaldo (Capitão 58') e João Tomás
Treinador: Carlos Garcia

SC Beira-Mar: Palatsi, Ribeiro, Lobão, Vítor Silva, Cristiano, Fernando Aguiar, Fusco «cap», Marques, Paulo Sérgio (Hugo 82'), Fary (Carlitos 65') e Rui Dolores (Konadu 65')
Treinador: António Sousa

FC Penafiel – 1 ACADÉMICA – 1

II LIGA, 9ª JORNADA, 31-10-1999 (DOM, 16:00)
Estádio 25 de Abril, Penafiel **Árbitro:** José Leirós (Porto) **Auxiliares:** Serafim Nogueira e Domingos Vilaça
Golos: 1-0 (Filó 6'); 1-1 (Vítor Paneira 16')

FC Penafiel: Avelino, Abel, Marco Aleixo, Filó, José Carlos, Paulo Sousa, Loukima, Pedrinha «cap» (Zé Aníbal 65'), Telmo Pinto (Cerqueira 80'), Toni Vidigal (AA 84') e Noverça
Treinador: Luís Campos

ACADÉMICA: Pedro Roma «cap», Tó Sá, Mounir, Camilo, Giraudo, Morgado (Bolinhas 89'), Cattaneo, Vítor Paneira, Rocha, Reinaldo e João Tomás (Dário 62')
Treinador: Carlos Garcia

ACADÉMICA – 3 Varzim SC – 0

II LIGA, 10ª JORNADA, 7-11-1999 (DOM, 16:00)
Estádio Municipal de Coimbra, Coimbra **Árbitro:** Isidoro Rodrigues (Viseu) **Auxiliares:** Guedes de Carvalho e António Perdigão **Golos:** 1-0 (Bolinhas 43'); 2-0 (Vítor Paneira 64'); 3-0 (João Tomás 69')

ACADÉMICA: Pedro Roma «cap», Tó Sá (Morgado 67'), Mounir, Camilo, Giraudo, Rocha, Cattaneo, Vítor Paneira, Bolinhas, Reinaldo (Dário 56') e João Tomás (Capitão 80')
Treinador: Carlos Garcia

Varzim SC: Miguel, Tozé (Cláudio Serra 75'), Alexandre «cap», Ribeiro, Paulo filipe, Medeiros (Ricardo Machado 59'), Leonel, Jefferson, Paulo Piedade, Marcão e Bruno Novo (Gama 69')
Treinador: Rogério Gonçalves

ACADÉMICA – 6 CD Alcains – 1

TAÇA DE PORTUGAL, 1/32 DE FINAL, 14-11-1999 (DOM, 15:00)
Estádio Municipal de Coimbra, Coimbra **Árbitro:** Mário Santos (Aveiro) **Auxiliares:** António Oliveira e Américo Pereira **Golos:** 1-0 (Monteiro 6'); 1-1 (Filipe Correia 32'); 2-1 (Reinaldo 45', gp); 3-1 (Dário 53'); 4-1 (Reinaldo 64'); 5-1 (Reinaldo 77'); 6-1 (Reinaldo 90')

ACADÉMICA: Eduardo, João Campos, Sérgio Cruz «cap», Giraudo, Monteiro, Paulo Dias, Paulo Adriano, Lucas, Bolinhas, Dário (Capitão 69') e Reinaldo
Treinador: Carlos Garcia

CD Alcains: Luís Carvalho, Ângelo (Graça 57'), Scott, Gonçalo, Filipe Correia (AA 68'), Sarmento (Betinho 23'), Lima, Paulinho, Bruno Matos, Hideraldo e Élio «cap»
Treinador: Valter Costa

IDC Albufeira – 3 ACADÉMICA – 0

II LIGA, 11ª JORNADA, 21-11-1999 (DOM, 15:00)
Parque Desportivo da Palmeira, Albufeira **Árbitro:** Elmano Santos (Madeira) **Auxiliares:** Manuel Semedo e Paulo Quintino
Golos: 1-0 (Giraudo 2', pb); 2-0 (Doncic 45'); 3-0 (Baíca 53')

IDC Albufeira: Ivo, José Carlos, Luís Lopes, Pelé, Álvaro «cap», Briguel (AA 37'), Helchino, Sérgio Lavos, Baíca (Pitico 80'), Doncic (Gustavo 84') e Márcio (Pintassilgo 56')
Treinador: Paco Fortes

ACADÉMICA: Pedro Roma «cap», Tó Sá (Morgado 45'), Mounir, Camilo (Dário 45'), Giraudo, Rocha, Cattaneo (Lucas 61'), Vítor Paneira, Bolinhas, Reinaldo e João Tomás
Treinador: Carlos Garcia

ACADÉMICA – 2 Leça FC – 0

II LIGA, 12ª JORNADA, 28-11-1999 (DOM, 16:00)
Estádio Municipal de Coimbra, Coimbra **Árbitro:** Rui Mendes (Porto) **Auxiliares:** Alexandre Freitas e Joaquim Rodrigues
Golos: 1-0 (João Tomás 9'); 2-0 (João Tomás 89')

ACADÉMICA: Pedro Roma «cap», Tó Sá, Mounir, Monteiro, Giraudo, Rocha, Cattaneo (AA 90'), Vítor Paneira, Bolinhas (Camilo 80'), Dário (Reinaldo 49') e João Tomás (Paulo Adriano 90')
Treinador: Carlos Garcia

Leça FC: Vladan, Armando (Topas 45'), Alfaia «cap», Parreira, Sérgio (Serifo 77'), Camberra, Márcio Luís, Zé da Rocha, Odé (Isidro 45'), Nilton e Fran
Treinador: Fernando Festas

1999-2000

ACADÉMICA – 3 AD Esposende – 1

II LIGA, 13ª JORNADA, 5-12-1999 (DOM, 15:00)
Estádio Municipal de Coimbra, Coimbra **Árbitro:** Luís Miranda (Lisboa) **Auxiliares:** António Pinto e José Borges
Golos: 1-0 (Dário 26'); 2-0 (João Tomás 32'); 2-1 (Slobodan 60'); 3-1 (João Tomás 81')

ACADÉMICA: Pedro Roma «cap», Tó Sá, Mounir, Monteiro, Giraudo, Rocha, Paulo Adriano, Vítor Paneira (Reinaldo 42'), Bolinhas (João Campos 64'), Dário (Camilo 80') e João Tomás
Treinador: Carlos Garcia

AD Esposende: Vital, Mário (Serrinha 45'), Vítor, Pedro Maciel (Paulo Gomes 73'), Rogério «cap», Lila, Fredy (Malamba 45'), Paulinho Cepa, Slobodan, Tiago Marques e Nuno Sousa
Treinador: Fernando Duarte

FC Paços de Ferreira – 0 ACADÉMICA – 1

II LIGA, 14ª JORNADA, 12-12-1999 (DOM, 15:30)
Estádio da Mata Real, Paços de Ferreira **Árbitro:** José Leirós (Porto) **Auxiliares:** Bertino Miranda e Luís Farinha
Golo: 0-1 (Dário 18')

FC Paços de Ferreira: Pedro, Chico Fonseca, João Armando, Adalberto «cap», Filipe Anunciação, Paulito, Gervino (Rui Miguel 45'), Luís Cláudio, Reisinho (Zé Manuel 34'), Paulo Vida e Carlos Carneiro (Luís 45') **Treinador:** Henrique Calisto

ACADÉMICA: Pedro Roma «cap», Tó Sá, Mounir, Morgado, Giraudo, Rocha, Paulo Adriano (V 57'), Cattaneo, Monteiro (Camilo 57'), Dário (Reinaldo 71') e João Tomás (João Campos 63')
Treinador: Carlos Garcia

ACADÉMICA – 1 GD Chaves – 0

II LIGA, 15ª JORNADA, 18-12-1999 (SAB, 15:00)
Estádio Municipal de Coimbra, Coimbra **Árbitro:** Lucílio Batista (Setúbal) **Auxiliares:** Carlos de Matos e João Tomatas
Golo: 1-0 (Rocha 59')

ACADÉMICA: Pedro Roma «cap», Tó Sá, Mounir, Morgado (Febras 45', Camilo 78'), Giraudo, Rocha, Cattaneo, Pedro Hipólito (João Campos 68'), Monteiro, Dário e Reinaldo
Treinador: Carlos Garcia

GD Chaves: Carou, Alexandre, Simão, Marco, Kasongo, Vítor Pereira, Barbosa «cap» (João 77'), Rui Lima, Gorka (Toniño 63'), Naddah e Ricardo Lopes (Cesinha 63')
Treinador: Rodriguez Vaz

CFU Lamas – 1 ACADÉMICA – 0

II LIGA, 16ª JORNADA, 9-1-2000 (DOM, 15:00)
Estádio Com. Henrique de Amorim, Santa Maria de Lamas **Árbitro:** Jorge Coroado (Lisboa) **Auxiliares:** Devesa Neto e Décio Cordeiro
Golo: 1-0 (Jorge Silva 5')

CFU Lamas: Mota, Nelson, Fernando (V 75'), Gama, Marin, Jorge Silva «cap», Armindo (Cristiano 77'), Sérgio Duarte, Magalhães, Riça (Ramos 37') e Edinho (Danny 86') **Treinador:** Manuel Correia

ACADÉMICA: Pedro Roma «cap», Tó Sá, Mounir, Morgado, Giraudo, Rocha, Vítor Paneira (João Campos 75'), Pedro Hipólito (Reinaldo 45'), Monteiro (Bolinhas 67'), Dário e João Tomás
Treinador: Carlos Garcia

ACADÉMICA – 2 VFC Setúbal – 1

TAÇA DE PORTUGAL, 1/16 DE FINAL, 12-1-2000 (QUA, 15:00)
Estádio Municipal de Coimbra, Coimbra **Árbitro:** Paulo Costa (Porto) **Auxiliares:** Bertino Miranda e Paulo Januário
Golos: 0-1 (Maki 14'); 1-1 (João Tomás 25'); 2-1 (Dário 47')

ACADÉMICA: Pedro Roma «cap», João Campos (Camilo 85'), Mounir, Morgado, Paulo Adriano, Vítor Paneira (Pedro Paula 88'), Pedro Hipólito, Monteiro, Dário e João Tomás (Bolinhas 77') **Treinador:** Carlos Garcia

VFC Setúbal: Marco Tábuas, Paulo Filipe, Ricardo Carvalho, Quim, Marco Ferreira (Jorge Matos 72'), Hélio «cap», Mamede (Catarino 64'), Pedro Henriques (Rui Carlos 69'), Carlos Manuel, Chiquinho Conde e Maki **Treinador:** Mourinho Félix

ACADÉMICA – 4 FC Maia – 1

II LIGA, 17ª JORNADA, 16-1-2000 (DOM, 15:00)
Estádio Municipal de Coimbra, Coimbra **Árbitro:** Francisco Ferreira (Viana do Castelo) **Auxiliares:** Luís Marcelino e Domingos Lavinha **Golos:** 1-0 (João Tomás 4'); 2-0 (João Tomás 9'); 3-0 (João Tomás 76'); 4-0 (João Tomás 83'); 4-1 (Roberto 84')

ACADÉMICA: Pedro Roma «cap», Tó Sá (João Campos 81'), Mounir, Morgado, Giraudo, Paulo Adriano, Vítor Paneira (Rocha 71'), Pedro Hipólito, Monteiro, Dário e João Tomás (Bolinhas 85')
Treinador: Carlos Garcia

FC Maia: Sérgio Leite, Artur Alexandre, Dinis, Nunes, Nandinho (Zacarias 63'), Tozé, Major «cap», Ido, Fernando, Lim (Rui Manuel 36') e Roberto
Treinador: Horácio Gonçalves

ACADÉMICA – 5 Naval 1º Maio – 0

II LIGA, 18ª JORNADA, 23-1-2000 (DOM, 15:00)
Estádio Municipal de Coimbra, Coimbra **Árbitro:** Mário Mendes (Coimbra) **Auxiliares:** João Santos e Manuel Silva
Golos: 1-0 (Bolinhas 8'); 2-0 (João Tomás 20', gp); 3-0 (João Tomás 55'); 4-0 (João Tomás 61', gp); 5-0 (Reinaldo 88', gp)

ACADÉMICA: Pedro Roma «cap», Tó Sá, Mounir, Morgado, Giraudo, Paulo Adriano, Vítor Paneira, Pedro Hipólito (João Campos 51'), Monteiro, Bolinhas (Rocha 45') e João Tomás (Reinaldo 74') **Treinador:** Carlos Garcia

Naval 1º Maio: Nuno Santos, Hugo, Sargento, Fernando (AA 60'), Paixão, Paulo Raquete, Adalberto, Oliveira (Dieb 61'), Rui Mendes (Marinho 45'), Canita (Filipe 65') e Jean Pierre «cap»
Treinador: José Dinis

ACADÉMICA – 0 Moreirense FC – 1 (AP)

TAÇA DE PORTUGAL, OITAVOS DE FINAL, 26-1-2000 (QUA, 15:00)
Estádio Municipal de Coimbra, Coimbra **Árbitro:** Paulo Paraty (Porto) **Auxiliares:** José Cardinal e Devesa Neto
Golo: 0-1 (Moura 95')

ACADÉMICA: Valente, Tó Sá, Camilo, Mounir (V 35'), Morgado, Rocha, Cattaneo (Giraudo 45'), Vítor Paneira (João Campos 73'), Paulo Adriano, Monteiro (Reinaldo 62') e João Tomás «cap»
Treinador: Carlos Garcia

Moreirense FC: Miguel, Gomes (Moura 72'), João Duarte, Mário Artur, Fernando Jorge, Serafim, Fernando Pires (Joel 58'), Altino «cap», Emerson (Mário Pedro 55'), Moisés e Orlando
Treinador: João Cavaleiro

SC Freamunde – 1 ACADÉMICA – 2

II LIGA, 19ª JORNADA, 30-1-2000 (DOM, 15:00)
Estádio do Sport Clube Freamunde, Freamunde **Árbitro:** José Pratas (Évora) **Auxiliares:** João Esteves e António Perdigão
Golos: 0-1 (Paulo Adriano 10'); 0-2 (Dário 51'); 1-2 (Everton 89', gp)

SC Freamunde: Pinho, Ricardo Fernandes, Filipe, Monteiro (V 64'), Gabriel, Eusébio, Calica (Gilson 45'), Camberra, Jaiminho, Denilson «cap» (Everton 78') e Armando António (Ricardo Silva 45')
Treinador: Carlos Carvalhal

ACADÉMICA: Pedro Roma «cap», Tó Sá, Camilo, Giraudo, Morgado (AA 88'), Rocha, Paulo Dias, Vítor Paneira (João Campos 86'), Paulo Adriano (Zé Nando 89'), Monteiro e Dário (Febras 81')
Treinador: Carlos Garcia

ACADÉMICA – 1 SC Covilhã – 1

II LIGA, 20ª JORNADA, 6-2-2000 (DOM, 15:00)
Estádio Municipal de Coimbra, Coimbra **Árbitro:** Bruno Paixão (Setúbal) **Auxiliares:** Arlindo Santos e Pinto Rocha
Golos: 0-1 (Vítor Firmino 6'); 1-1 (Dário 85')

ACADÉMICA: Pedro Roma «cap», Tó Sá, Mounir, Zé Nando (Febras 45'), Giraudo, Paulo Adriano, Vítor Paneira, Paulo Dias (Reinaldo 20'), Rocha (Camilo 80'), Bolinhas e Dário
Treinador: Carlos Garcia

SC Covilhã: Luciano, Piguita, João Carlos, Ricardo António, Trindade «cap», Fernandes, Miguel Vaz (Adriano 86'), Rui Morais, Marco Rocha (Hélder Brandão 66'), João Miguel e Vítor Firmino
Treinador: António Jesus

FC Felgueiras – 6 ACADÉMICA – 0

II LIGA, 21ª JORNADA, 13-2-2000 (DOM, 15:00)
Estádio Dr. Machado de Matos, Felgueiras **Árbitro:** José Leirós (Porto) **Auxiliares:** António Godinho e Décio Cordeiro **Golos:** 1-0 (Miguel Lima Pereira 17'); 2-0 (Paulo Sérgio 47'); 3-0 (Paulo Sérgio 61'); 4-0 (Paulo Sérgio 64'); 5-0 (Filipe Teixeira 80'); 6-0 (Gomes 86', gp)

FC Felgueiras: Khadim, Leandro, Gomes, Eliseu «cap», Mirandinha, Rochinha, Miguel Lima Pereira (Oliveira 73'), Filipe Teixeira (Edgar Caseiro 81'), Jorginho, Zamorano e Paulo Sérgio (Miguel 81')
Treinador: Diamantino Miranda

ACADÉMICA: Pedro Roma «cap», Tó Sá, Mounir, Morgado, Giraudo, Paulo Adriano, Pedro Paula (Reinaldo 36'), Paulo Dias, Rocha (Bolinhas 55'), Monteiro (V 59') e Dário (Leandro Netto 31')
Treinador: Carlos Garcia

ACADÉMICA – 0 CD Aves – 0 (TV)

II LIGA, 22ª JORNADA, 20-2-2000 (DOM, 11:00)
Estádio Municipal de Coimbra, Coimbra
Árbitro: Martins dos Santos (Porto)
Auxiliares: Bertino Miranda e José Ramalho

ACADÉMICA: Pedro Roma «cap», Tó Sá, Giraudo, Mounir, Morgado, Cattaneo (Leandro Netto 45'), Rocha, Vítor Paneira (João Campos 73'), Paulo Adriano, Dário (Bolinhas 45') e Reinaldo
Treinador: Carlos Garcia

CD Aves: Cândido, Nenad, Vieira, Paulo Alexandre, Quim da Costa «cap», José António, Braíma, Jorginho (Nené 86'), Beto (Octávio 45'), Jorge Duarte (Fausto 75') e Rogerinho
Treinador: Neca

SC Espinho – 0 ACADÉMICA – 0

II LIGA, 23ª JORNADA, 27-2-2000 (DOM, 15:30)
Estádio Com. Manuel de Oliveira Violas, Espinho
Árbitro: Duarte Gomes (Lisboa)
Auxiliares: João Ai-Ai e Hernâni Fernandes

SC Espinho: Nuno Sampaio, Bodunha, Ricardo Martins, Gerson, Jojó, Gilmar, Chico Silva (Vargas 77'), Carlos Miguel (Pedro 87'), Lito (Carlos Pedro 77'), Artur Jorge «cap» e Paulão
Treinador: Luís Agostinho

ACADÉMICA: Pedro Roma «cap», Tó Sá, Giraudo, Camilo, Morgado, Cattaneo, Rocha, Vítor Paneira, Paulo Adriano (João Campos 89'), Bolinhas (Zé Nando 76') e Reinaldo (Leandro Netto 65') **Treinador:** Carlos Garcia

ACADÉMICA – 3 Moreirense FC – 0

II LIGA, 24ª JORNADA, 4-3-2000 (SAB, 15:00)
Estádio Municipal de Coimbra, Coimbra **Árbitro:** Jorge Coroado (Lisboa) **Auxiliares:** Décio Cordeiro e Arlindo Santos
Golos: 1-0 (Reinaldo 43'); 2-0 (Reinaldo 66'); 3-0 (Reinaldo 68')

ACADÉMICA: Pedro Roma «cap», João Campos, Giraudo, Mounir, Monteiro, Rocha, Vítor Paneira, Paulo Adriano, Bolinhas (Leandro Netto 56'), Dário (Camilo 73') e Reinaldo (Pedro Paula 77')
Treinador: Carlos Garcia

Moreirense FC: Miguel, Cristiano (José Carlos 58'), João Duarte (Emerson 69'), Mário Artur, Fernando Jorge, Serafim, Altino «cap», Fernando Pires (Joel 45'), Gomes, Moisés e Orlando
Treinador: João Cavaleiro

SC Beira-Mar – 2 ACADÉMICA – 1 (TV)

II LIGA, 25ª JORNADA, 12-3-2000 (DOM, 11:00)
Estádio Mário Duarte, Aveiro **Árbitro:** Lucílio Batista (Setúbal) **Auxiliares:** Paulo Januário e Luís Vital **Golos:** 1-0 (Fernando Aguiar 10'); 2-0 (Cílio Sousa 33'); 2-1 (Leandro Netto 64')

SC Beira-Mar: Palatsi, Jorge Neves, Lobão, Cristiano, Fernando Aguiar, Fusco «cap», Marques, Miguel Ângelo, Hugo (Carlitos 90'+2'), Fary (Rui Dolores 63') e Cílio Sousa
Treinador: António Sousa

ACADÉMICA: Pedro Roma «cap», Tó Sá, Camilo (Bolinhas 66'), Mounir, Monteiro, Giraudo, Rocha (Leandro Netto 45'), Vítor Paneira, Paulo Adriano, Dário e Reinaldo
Treinador: Carlos Garcia

ACADÉMICA – 0 FC Penafiel – 0

II LIGA, 26ª JORNADA, 19-3-2000 (DOM, 15:00)
Estádio Municipal de Coimbra, Coimbra
Árbitro: João Vilas Boas (Braga)
Auxiliares: João Gomes e João Sousa

ACADÉMICA: Pedro Roma «cap», Tó Sá, Giraudo, Mounir, Monteiro, Rocha (Camilo 80'), Vítor Paneira, Paulo Adriano (Zé Nando 58'), Leandro Netto, Dário e Reinaldo (Febras 63')
Treinador: Carlos Garcia

FC Penafiel: Tó Ferreira, Celso, Filó, Bruno Duarte, Abel, Zé Aníbal (Loukima 54'), Paulo Sousa, Toni Vidigal (Carlos Freitas 65'), Pedrinha «cap» (Silva 79'), Noverça e George Jardel
Treinador: Luís Campos

Varzim SC – 1 ACADÉMICA – 2   ⬆

II LIGA, 27ª JORNADA, 26-3-2000 (DOM, 16:00)
Estádio Varzim Sport Club, Póvoa de Varzim **Árbitro:** José Pratas (Évora) **Auxiliares:** João Ai-Ai e Serafim Nogueira
Golos: 0-1 (Giraudo 5'); 1-1 (Alexandre 45'); 1-2 (Giraudo 72')

Varzim SC: Litos, Paulo Filipe, Tozé, Alexandre «cap» (Ricardo Machado 75'), Margarido, Jefferson, Luís Carlos, Paulo Piedade, Bruno Novo (Cláudio Serra 72'), Welder e Marcão
Treinador: Rogério Gonçalves

ACADÉMICA: Pedro Roma «cap», Tó Sá, Giraudo, Mounir, Zé Nando, Rocha, Vítor Paneira, Paulo Adriano (Febras 69'), Monteiro, Leandro Netto (Camilo 78') e Dário (Bolinhas 87')
Treinador: Carlos Garcia

ACADÉMICA – 5 IDC Albufeira – 0

II LIGA, 28ª JORNADA, 2-4-2000 (DOM, 16:00)
Estádio Municipal de Coimbra, Coimbra **Árbitro:** Olegário Benquerença (Leiria) **Auxiliares:** Pinto Rocha e José Luís Melo
Golos: 1-0 (Leandro Netto 8'); 2-0 (Monteiro 27'); 3-0 (Dário 31'); 4-0 (Monteiro 71'); 5-0 (Febras 82')

ACADÉMICA: Pedro Roma «cap», Tó Sá, Giraudo, Mounir, Zé Nando, Rocha (Camilo 66'), Vítor Paneira, Paulo Adriano, Monteiro, Leandro Netto (Febras 76') e Dário (Reinaldo 71')
Treinador: Carlos Garcia

IDC Albufeira: Paulo Grilo, José Carlos, Armando, Schalamanov, Pelé, Hélder Clara, Luís Lopes (Ricardo Aires 35'), Gustavo (Viegas 60'), José Joaquim, Pitico «cap» (Baíca 71') e Helcinho
Treinador: Paco Fortes

Leça FC – 1 ACADÉMICA – 3   ⬆ TV

II LIGA, 29ª JORNADA, 9-4-2000 (DOM, 11:00)
Estádio do Leça Futebol Clube, Leça da Palmeira **Árbitro:** Francisco Ferreira (Viana do Castelo) **Auxiliares:** Fonseca Franco e Pedro Lamas **Golos:** 0-1 (Dário 20'), 0-2 (Leandro Netto 40'), 0-3 (Dário 55'), 1-3 (Monteiro 81', pb)

Leça FC: Jovanovic, Mesquita, Alfaia «cap», Piqueras, João Pedro, Odé, Hugo (Mazinho 59'), Isidro (Gomes 76'), Márcio Luís, Charly (Cardoso 45') e Fran
Treinador: António Pinto

ACADÉMICA: Pedro Roma «cap», Tó Sá (Camilo 59'), Giraudo, Mounir, Zé Nando, Rocha, Vítor Paneira, Paulo Adriano, Monteiro, Dário (Reinaldo 75') e Leandro Netto (Bolinhas 79')
Treinador: Carlos Garcia

AD Esposende – 3 ACADÉMICA – 1

II LIGA, 30ª JORNADA, 16-4-2000 (DOM, 16:00)
Estádio Padre Sá Pereira, Esposende **Árbitro:** Jacinto Paixão (Évora) **Auxiliares:** João Ai-Ai e Carlos do Carmo **Golos:** 1-0 (Nuno Sousa 16'); 2-0 (Manduca 36'); 2-1 (Dário 43'); 3-1 (Nuno Sousa 69')

AD Esposende: Vital, Avelino (Meneghetti 72'), Pedro Maciel, Paulinho Cepa «cap», Lila, Vale, Fernando Gomes (Slobodan 64'), Eduardo, Paulo Gomes, Manduca e Nuno Sousa (Capitão 80')
Treinador: Lemos Ferreira

ACADÉMICA: Pedro Roma «cap», Tó Sá, Giraudo, Mounir, Zé Nando, Rocha, João Campos (Reinaldo 61'), Paulo Dias (Bolinhas 27'), Monteiro, Dário e Leandro Netto
Treinador: Carlos Garcia

ACADÉMICA – 2 FC Paços de Ferreira – 3

II LIGA, 31ª JORNADA, 22-4-2000 (SAB, 16:00)
Estádio Municipal de Coimbra, Coimbra **Árbitro:** Jorge Coroado (Lisboa) **Auxiliares:** Bertino Miranda e Carlos de Matos
Golos: 0-1 (Rafael 45'); 1-1 (Monteiro 57'); 2-1 (Monteiro 63'); 2-2 (Paulo Vida 75', gp); 2-3 (Chico Fonseca 84')

ACADÉMICA: Pedro Roma «cap», Tó Sá, Giraudo, Mounir (V 90'), Zé Nando (Reinaldo 77'), Rocha, Vítor Paneira, Paulo Adriano (Camilo 67'), Monteiro, Paulo Dias (Febras 45') e Leandro Netto
Treinador: Carlos Garcia

FC Paços de Ferreira: Pedro, Chico Fonseca, João Armando, Adalberto «cap» (AA 71'), Marco Paulo, Paulito, Everaldo, Luís Cláudio (AA 88'), Rafael (Carlos Carneiro 69'), Zé Manuel (Filipe Anunciação 82') e Rui Miguel (Paulo Vida 45', V 90')
Treinador: José Mota

GD Chaves – 2 ACADÉMICA – 1

II LIGA, 32ª JORNADA, 30-4-2000 (DOM, 16:00)
Estádio Municipal de Chaves, Chaves **Árbitro:** João Vilas Boas (Braga) **Auxiliares:** João Leitão e João Sousa **Golos:** 1-0 (Giraudo 1', pb); 1-1 (Giraudo 25'); 2-1 (Ricardo Chaves 90'+6')

GD Chaves: Carou, Alexandre (AA 80'), Nuno Mendes, Marco, Kasongo, Cesinha, Barbosa «cap», Patrick Vaz (Vinagre 59'), Ricardo Chaves, Laranjo e Rui Lima
Treinador: Francisco Vital

ACADÉMICA: Pedro Roma «cap», Tó Sá, Giraudo, Camilo, Morgado (Reinaldo 60'), Rocha, Vítor Paneira, Paulo Adriano, Monteiro, Dário e Leandro Netto (Febras 70')
Treinador: Carlos Garcia

ACADÉMICA – 2 CFU Lamas – 0

II LIGA, 33ª JORNADA, 7-5-2000 (DOM, 16:00)
Estádio Municipal de Coimbra, Coimbra **Árbitro:** Pedro Sanhudo (Porto) **Auxiliares:** Manuel Semedo e José Espada
Golos: 1-0 (Leandro Netto 25'); 2-0 (Dário 59')

ACADÉMICA: Valente, Morgado, Camilo, Sérgio Cruz «cap», João Campos, Paulo Dias, Monteiro, Pedro Paula (Paulo Adriano 86'), Cattaneo, Dário (Reinaldo 80') e Leandro Netto (Febras 85')
Treinador: Carlos Garcia

CFU Lamas: Mota, Nelson, Cristiano, Gama, Marin, Jorge Silva «cap», Armindo (Romão 75'), Sérgio Duarte (Magalhães 75'), Riça, Ramos e Toni (Luís 86')
Treinador: Manuel Correia

FC Maia – 2 ACADÉMICA – 2

II LIGA, 34ª JORNADA, 14-5-2000 (DOM, 16:00)
Estádio Prof. Dr. Vieira de Carvalho, Maia **Árbitro:** João Ferreira (Setúbal) **Auxiliares:** Vítor Oliveira e Rui Cordeiro **Golos:** 1-0 (Zacarias 32'); 1-1 (Dário 48'); 2-1 (Lim 86'); 2-2 (Bolinhas 88')

FC Maia: Paiva, Rica, Dinis, Luizão, Fernando, Ido (Tavares 73'), Rui Manuel (Lim 73'), Tozé, Major «cap», Zacarias e Miguel Barros
Treinador: Horácio Gonçalves

ACADÉMICA: Valente (Eduardo 45'), Morgado, Camilo, Sérgio Cruz «cap», João Campos, Paulo Dias, Monteiro, Pedro Paula, Cattaneo, Dário (Febras 60') e Leandro Netto (Bolinhas 65')
Treinador: Carlos Garcia

ÉPOCA 2000-2001

II LIGA: 8º LUGAR (MANUTENÇÃO)
TAÇA DE PORTUGAL: 1/32 DE FINAL

JOGOS EFECTUADOS

	J	V	E	D	GM	GS
CASA	18	10	2	6	35	22
FORA	18	5	4	9	19	29
TOTAL	36	15	6	15	54	51

ACADÉMICA – 2 FC Felgueiras – 1

II LIGA, 1ª JORNADA, 20-8-2000 (DOM, 16:00)
Estádio Municipal de Coimbra, Coimbra **Árbitro:** Paulo Paraty (Porto) **Auxiliares:** José Cardinal e Domingos Vilaça **Golos:** 1-0 (Leandro Netto 12'); 1-1 (Mirandinha 31'); 2-1 (Dário 74')

ACADÉMICA: Pedro Roma «cap», Tó Sá, Mounir, Camilo, Zé Nando (Vítor Paneira 57'), Rocha, Moacir, Pazito (João Campos 76'), Monteiro, Leandro Netto e Dário
Treinador: Carlos Garcia

FC Felgueiras: Márcio Santos, Ruivo (Filipe Mesquita 85'), Gomes, Rochinha «cap» (Mário Pedro 75'), Fredy, Frank, Filipe Teixeira, Zamorano (Filipe Cândido 81'), Miguel Lima Pereira, Mirandinha e Jairson **Treinador:** Diamantino Miranda

AD Ovarense – 3 ACADÉMICA – 1   ⬆

II LIGA, 2ª JORNADA, 27-8-2000 (DOM, 16:00)
Estádio Marques da Silva, Ovar **Árbitro:** Lucílio Batista (Setúbal) **Auxiliares:** Devesa Neto e Pedro Lamas **Golos:** 1-0 (Orlando 24'); 1-1 (Camilo 35'); 2-1 (Armando Santos 49'); 3-1 (Armando Santos 83')

AD Ovarense: Rui Barbosa, Kikas, Juancho, Armando Santos, Orlando, Capitão, Rui Sérgio, Paulo Gomes (Filipe 74'), Miguel Bruno (Tiago 87'), Charly e Lobo «cap» (Hélder Vasco 77')
Treinador: Bruno Cardoso

ACADÉMICA: Pedro Roma «cap», Tó Sá (Adriano 68'), Camilo, Mounir, Zé Nando (Vítor Paneira 45'), Rocha, Moacir, Pazito (Leandro Netto 45'), Lucas, Monteiro e Dário
Treinador: Carlos Garcia

ACADÉMICA – 2 Leça FC – 1

II LIGA, 3ª JORNADA, 10-9-2000 (DOM, 16:00)
Estádio Municipal de Coimbra, Coimbra **Árbitro:** Carlos Amado (Leiria) **Auxiliares:** João Tomatas e Francisco Mendes
Golos: 1-0 (Dário 21', gp), 2-0 (Dyduch 82'), 2-1 (Nando 89')

ACADÉMICA: Pedro Roma «cap», Tó Sá, Camilo, Mounir (Dyduch 45'), Monteiro, Vítor Paneira (João Campos 72'), Rocha, Moacir, Lucas, Leandro Netto (Pazito 63') e Dário
Treinador: Carlos Garcia

Leça FC: Chris, Justiniano (AA 75'), René Rivas, Isaías «cap», Topas, George Jardel, Mesquita (Sardinha 65'), Nando, Sabugo (Márcio Luís 45'), Garrocho (Catarino 45') e Marco Almeida
Treinador: Joaquim Teixeira

IDC Albufeira – 0 ACADÉMICA – 0

II LIGA, 4ª JORNADA, 17-9-2000 (DOM, 17:00)
Parque Desportivo da Palmeira, Albufeira
Árbitro: Paulo Pereira (Viana do Castelo)
Auxiliares: Alfredo Braga e Pinto Rocha

IDC Albufeira: Ivo, Paixão, Miguel Serôdio «cap», Shalamanov, José Joaquim, Pedro (Luís Lopes 36'), Helcinho, Beto, Lito, Jorge Matos e Kassumov (Doncic 55')
Treinador: Paco Fortes

ACADÉMICA: Pedro Roma «cap», Tó Sá, Dyduch, Camilo, Monteiro (Pazito 78'), Rocha, Moacir, Vítor Paneira (João Campos 83'), Lucas, Leandro Netto (Zé Nando 90') e Dário
Treinador: Carlos Garcia

ACADÉMICA – 0 Varzim SC – 3   TV

II LIGA, 5ª JORNADA, 24-9-2000 (DOM, 11:00)
Estádio Municipal de Coimbra, Coimbra **Árbitro:** José Leirós (Porto) **Auxiliares:** Serafim Nogueira e Jorge Neiva **Golos:** 0-1 (Margarido 34'); 0-2 (Mendonça 60'); 0-3 (Margarido 78')

ACADÉMICA: Pedro Roma «cap», Tó Sá, Camilo, Moacir (Pazito 45'), Dyduch, Monteiro (João Campos 45'), Leandro Netto, Dário, Lucas (Cláudio 62'), Rocha e Monteiro
Treinador: Carlos Garcia

Varzim SC: Litos, Paulo Filipe, Medeiros, Alexandre «cap», Tozé, Rui André, Margarido, Gilmar, Marco Freitas (Marco Paulo 87'), Mendonça e Bruno Novo (Prokopenko 83')
Treinador: Rogério Gonçalves

2000-2001

SC Freamunde – 1 ACADÉMICA – 0
II LIGA, 6ª JORNADA, 1-10-2000 (DOM, 16:00)
Estádio do Sport Clube Freamunde, Freamunde **Árbitro:** Paulo Batista (Portalegre) **Auxiliares:** João Gomes e João Sousa
Golo: 1-0 (Pascal 60')

SC Freamunde: Eboué, Miguel Gama, Nelson, Parreira, Casablanca, Everton «cap» (Varão 88'), Jefferson (Klaus 80'), Carlos Oliveira, M'Belé, Vítor Firmino (Tiago 68') e Pascal
Treinador: Manoel Miluir

ACADÉMICA: Pedro Roma «cap», João Campos, Camilo, Cláudio, Zé Nando (Alex Garcia 57'), Rocha (Pazito 73'), Monteiro, Vítor Paneira, Lucas (Moacir 78'), Dário e Leandro Netto
Treinador: Carlos Garcia

VFC Setúbal – 1 ACADÉMICA – 2 [TV]
II LIGA, 7ª JORNADA, 15-10-2000 (DOM, 11:00)
Estádio do Bonfim, Setúbal **Árbitro:** Luís Miranda (Lisboa)
Auxiliares: Eurico Santos e Gabínio Evaristo
Golos: 1-0 (João Paulo 57'); 1-1 (Pazito 68'); 1-2 (Alex 83')

VFC Setúbal: Brassard, Nelson Veiga, Gelson Baresi (V 89'), Hélio «cap», Mário Loja, Fernando Mendes, Paulo Ferreira, Marco Ferreira (Rui Miguel 72'), Sandro (João Pedro 72'), Meyong e João Paulo (Manuel do Carmo 77') **Treinador:** Jorge Jesus

ACADÉMICA: Pedro Roma «cap», Tó Sá, Mounir, Camilo, Monteiro, Moacir (Alex Garcia 61'), Dyduch (Cláudio 89'), Rocha, Lucas, Leandro Netto (Pazito 62') e Dário **Treinador:** Hassan Ajenoui

ACADÉMICA – 3 CFU Lamas – 2
II LIGA, 8ª JORNADA, 22-10-2000 (DOM, 16:00)
Estádio Municipal de Coimbra, Coimbra **Árbitro:** Bruno Paixão (Setúbal) **Auxiliares:** Luís Tavares e Luís Farinha
Golos: 0-1 (João Paulo 24'); 1-1 (Dário 63'); 2-1 (Pazito 78'); 2-2 (Sanussi 88'); 3-2 (Camilo 90')

ACADÉMICA: Pedro Roma «cap», Tó Sá, Camilo, Mounir, Dyduch (Pazito 45'), Monteiro, Rocha, Moacir (Alex Garcia 29'), Lucas, Leandro Netto (João Campos 80') e Dário
Treinador: Hassan Ajenoui

CFU Lamas: Mota, Paulo Sousa, Gama, Fernando, Marin, Jorge Silva «cap» (Sanussi 83'), Everton (Romão 83'), Magalhães (Zé Américo 64'), João Paulo, Ramos e Lewis
Treinador: Manuel Correia

FC Marco – 1 ACADÉMICA – 0
II LIGA, 9ª JORNADA, 28-10-2000 (SAB, 16:00)
Estádio Avelino Ferreira Torres, Marco de Canaveses **Árbitro:** Cunha Antunes (Braga) **Auxiliares:** José Campos e Vítor Meira
Golo: 1-0 (Luís Barreiros 89')

FC Marco: Bruno Veríssimo, Picão, Bruno Saraiva, Simão «cap», Vitinha, Adriano Cruz (Barbosa 69'), Sérgio Luís (V 59'), Barbosinha, Brito, Bock (Agatão 78') e Welder (Luís Barreiros 77')
Treinador: Pedro Gomes

ACADÉMICA: Pedro Roma «cap», Tó Sá, Mounir (AA 64'), Camilo, Monteiro, Moacir (Alex Garcia 73'), Dyduch (AA 86'), Rocha, Lucas (Cláudio 88'), Leandro Netto (Pazito 41') e Dário
Treinador: Hassan Ajenoui

AD Sátão – 1 ACADÉMICA – 2
TAÇA DE PORTUGAL, 1/64 DE FINAL, 1-11-2000 (QUA, 15:00)
Campo dos Trambelos, Vildemoinhos **Árbitro:** José Mesquita (Porto) **Auxiliares:** José Luís Melo e Amândio Ribeiro
Golos: 0-1 (Dário 14'); 0-2 (Dário 34', gp); 1-2 (Guedes 51')
Obs: Jogo obrigatoriamente disputado em campo relvado

AD Sátão: Tozé I «cap», Alexandre, Jouber, Hélio, Guilho, Roque, Tozé II (Rebelo 82'), Luís, Guedes, Nuno (Martins 71') e Kley
Treinador: Jorge Paiva

ACADÉMICA: Pedro Roma «cap», João Alves, Camilo, Cláudio, Zé Nando, João Campos (Miguel 89'), Lucas, Pedro Hipólito, Vítor Paneira (Leandro Netto 73'), Adriano (Pazito 66') e Dário
Treinador: Hassan Ajenoui

ACADÉMICA – 2 FC Penafiel – 3
II LIGA, 10ª JORNADA, 5-11-2000 (DOM, 16:00)
Estádio Municipal de Coimbra, Coimbra **Árbitro:** Mário Mendes (Coimbra) **Auxiliares:** André Cunha e Joaquim Rodrigues
Golos: 1-0 (Dário 20'); 1-1 (Mauro 40'); 1-2 (Zacarias 65'); 1-3 (Zacarias 80'); 2-3 (Pazito 90')

ACADÉMICA: Pedro Roma «cap», Tó Sá, Camilo, Moacir, Mounir, Monteiro, Vítor Paneira (Alex Garcia 71'), Lucas (João Campos 64'), Rocha, Leandro Netto (Pazito 64') e Dário
Treinador: Hassan Ajenoui

FC Penafiel: Tó Ferreira, Celso, Filó, Madureira, Nelson, Bruno Ferraz, Paulo Sousa (Loukima 67'), Pedrinha «cap», Mauro, Zacarias (Zé Aníbal 83') e Rui Gomes (Orlando 80')
Treinador: Ricardo Formosinho

SC Espinho – 1 ACADÉMICA – 1
II LIGA, 11ª JORNADA, 12-11-2000 (DOM, 15:00)
Estádio Com. Manuel de Oliveira Violas, Espinho **Árbitro:** Luís Miranda (Lisboa) **Auxiliares:** Luís Tavares e Paulo Quintino
Golos: 1-0 (Marafona 27'); 1-1 (Dário 77') **Obs:** Jogo interrompido aos 71 minutos (0-1), devido ao mau tempo. No dia 22 de Novembro (às 15:00H) jogaram-se os 19 minutos que faltavam

SC Espinho: Sérgio Leite, Paulo Serrão, Armando, Giraudo, Marafona, Cattaneo, Vítor Covilhã (Marcelo 58', AA 90'+1'), Carlos Miguel, Jojó «cap» (Ricardo Martins 66', Paulão 82'), Ali (AA 90') e Marcão **Treinador:** Luís Agostinho

ACADÉMICA: Pedro Roma «cap», Tó Sá, Mounir, Camilo, Dyduch, Zé Nando (Alex Garcia 45', Pazito 90'+4'), Moacir, Rocha, Monteiro, João Campos e Dário **Treinador:** Hassan Ajenoui

ACADÉMICA – 5 Naval 1º Maio – 1
II LIGA, 12ª JORNADA, 19-11-2000 (DOM, 16:00)
Estádio Municipal de Coimbra, Coimbra **Árbitro:** João Vilas Boas (Braga) **Auxiliares:** Araújo Costa e Eurico Santos
Golos: 1-0 (Rocha 24'); 2-0 (Dário 7'); 3-0 (Dário 30'); 4-0 (Moacir 37'); 5-0 (Dário 52'); 5-1 (Zé Carlos 81')

ACADÉMICA: Pedro Roma «cap», Tó Sá, Cláudio, Camilo, Dyduch, Monteiro (Zé Nando 88'), Moacir, Rocha (Pedro Hipólito 74'), Pazito (Alex Garcia 78'), João Campos e Dário
Treinador: Hassan Ajenoui

Naval 1º Maio: Mingote, Marinho, Sargento (Zé Carlos 45'), Fernando (AA 90'), Tixier, Binho, Valeri (Sérgio Lavos 61'), Rui Mendes «cap», Wender (Sérgio Grilo 78'), Oliveira e Costé
Treinador: José Dinis

ACADÉMICA – 1 Leixões SC – 2
TAÇA DE PORTUGAL, 1/32 DE FINAL, 26-11-2000 (DOM, 15:00)
Estádio Municipal de Coimbra, Coimbra **Árbitro:** José Pereira (Aveiro) **Auxiliares:** António Gonçalves e José Carlos Santos
Golos: 1-0 (Leandro Netto 7'); 1-1 (Antchouet 48'); 1-2 (David 90'+1')

ACADÉMICA: Valente, João Alves, Mounir, Cláudio (Camilo 45'), Rui Castro (V 90'+2'), Dyduch (João Campos 68'), Pedro Hipólito, Lucas, Adriano (Pazito 68'), Leandro Netto e Dário «cap»
Treinador: Hassan Ajenoui

Leixões SC: Chico «cap», Barros, Nuno Silva, Piqueras, Armando, Odé, Joel, Paulo Jorge (Hélder Maia 90'+3'), Pedras, Sérgio Pedro (Antchouet 45') e Paulo Sérgio (David 75')
Treinador: António Pinto

FC Maia – 1 ACADÉMICA – 2
II LIGA, 13ª JORNADA, 3-12-2000 (DOM, 16:00)
Estádio Prof. Dr. Vieira de Carvalho, Maia **Árbitro:** Lucílio Batista (Setúbal) **Auxiliares:** Francisco Mendes e António Godinho
Golos: 1-0 (Kika 18'); 1-1 (Dário 22'); 1-2 (Dário 45')

FC Maia: Debenest, Rica «cap», Dinis, Nunes, Pedro Valente (Fernando Almeida 45'), Sandro, Artur Alexandre (Cabral 67'), Sérgio Pinto, Cássio (Dieb 62'), Fumo e Kika
Treinador: Mário Reis

ACADÉMICA: Pedro Roma «cap», Tó Sá, Mounir, Camilo, Dyduch, Monteiro, Alex Garcia (Pazito 77'), Moacir (Pedro Hipólito 86'), Rocha, João Campos (Lucas 82') e Dário
Treinador: Hassan Ajenoui

ACADÉMICA – 0 GD Chaves – 1
II LIGA, 14ª JORNADA, 10-12-2000 (DOM, 16:00)
Estádio Municipal de Coimbra, Coimbra **Árbitro:** Paulo Pereira (Viana do Castelo) **Auxiliares:** José Silva e Joaquim Rodrigues
Golo: 0-1 (Isidro 66')

ACADÉMICA: Pedro Roma «cap», Tó Sá, Mounir, Camilo, Dyduch, Monteiro, Alex Garcia (Lucas 82'), Moacir (Leandro Netto 70'), Rocha, João Campos (Pazito 82') e Dário
Treinador: Hassan Ajenoui

GD Chaves: Carou, Fernandes, Paulo Alexandre «cap», Marco, Lino, Calica, Raul Ochoa (Moleiro 61'), Edu (Sérgio 85'), Kasongo, Isidro e Gilmar
Treinador: António Jesus

Rio Ave FC – 6 ACADÉMICA – 0
II LIGA, 15ª JORNADA, 17-12-2000 (DOM, 15:30)
Estádio do Rio Ave Futebol Clube, Vila do Conde **Árbitro:** José Leirós (Porto) **Auxiliares:** Domingos Vilaça e João Santos **Golos:** 1-0 (Evandro 21'); 2-0 (Hugo Henrique 51'); 3-0 (Hugo Henrique 65'); 4-0 (Hugo Henrique 73'); 5-0 (Hugo Henrique 79'); 6-0 (Alércio 88')

Rio Ave FC: Tozé, Armando, Jorge, Maurício, Nito, Niquinha «cap», Luís Coentrão, Gama (Bolinhas 80'), Evandro (André Jacaré 80'), Miguelito (Alércio 64') e Hugo Henrique
Treinador: Vítor Oliveira

ACADÉMICA: Pedro Roma «cap», Tó Sá, Mounir, Camilo, Dyduch, Monteiro, Moacir (Alex Garcia 30'), Rocha, João Campos, Pazito (Leandro Netto 71') e Dário **Treinador:** Hassan Ajenoui

ACADÉMICA – 1 CD Santa Clara – 1
II LIGA, 16ª JORNADA, 7-1-2001 (DOM, 16:00)
Estádio Municipal de Coimbra, Coimbra **Árbitro:** Jorge Coroado (Lisboa) **Auxiliares:** Arlindo Santos e Luís Farinha
Golos: 1-0 (Rocha 51'); 1-1 (George 77')

ACADÉMICA: Pedro Roma «cap», Tó Sá, Tonel, Camilo, Dyduch, Vítor Paneira (Lucas 88'), Pedro Hipólito, Rocha, Monteiro (Pazito 79'), Leandro Netto e Dário
Treinador: João Alves

CD Santa Clara: Fernando, Portela, Sandro, Barrigana (Ricardo Silva 55'), Rui Gregório, Luís Miguel, Figueiredo «cap», Míner (Glaedson 67'), Ricardo Fernandes, Dôda (George 54') e Brandão
Treinador: Manuel Fernandes

CD Nacional – 2 ACADÉMICA – 1
II LIGA, 17ª JORNADA, 13-1-2001 (SAB, 16:00)
Estádio Eng. Rui Alves, Funchal **Árbitro:** Olegário Benquerença (Leiria) **Auxiliares:** Décio Cordeiro e Domingos Lavinha
Golos: 0-1 (Monteiro 5'); 1-1 (Ico 28'); 2-1 (Fabrício 71')

CD Nacional: Ferreira, Ivo Vieira «cap», João Fidalgo, Yriarte, Valente, Luís Loureiro, Hugo Freire, Ico, Cleomir, Serginho (Nogueira 88') e Fabrício
Treinador: José Peseiro

ACADÉMICA: Valente, Tó Sá «cap», Tonel, Camilo (Mounir 73'), Dyduch, Vítor Paneira, Pedro Hipólito, Rocha (Zé Nando 73'), Monteiro, Leandro Netto (Alex Garcia 54') e Dário
Treinador: João Alves

FC Felgueiras – 0 ACADÉMICA – 0
II LIGA, 18ª JORNADA, 21-1-2001 (DOM, 15:00)
Estádio Dr. Machado de Matos, Felgueiras
Árbitro: Emanuel Câmara (Madeira)
Auxiliares: Carlos Santos e Vítor Meira

FC Felgueiras: Márcio Santos, Frank (Miguel 45'), Márcio Theodoro, Nuno Abreu (Ronaldo 73'), Fredy, Rochinha «cap», Mário Pedro, Rafael Duarte (Mateus 73'), Filipe Teixeira, Zamorano e Pance **Treinador:** Dito

ACADÉMICA: Valente, Tó Sá «cap», Tonel, Camilo, Dyduch, Vítor Paneira (Monteiro 76'), Pedro Hipólito, Rocha, Alhandra (Pazito 84'), Leandro Netto (Alex Garcia 64') e Dário
Treinador: João Alves

ACADÉMICA – 3 AD Ovarense – 1

II LIGA, 19ª JORNADA, 27-1-2001 (SAB, 16:00)
Estádio Municipal de Coimbra, Coimbra **Árbitro:** Carlos Xistra (Castelo Branco) **Auxiliares:** Joaquim Rodrigues e Fernando Abrantes **Golos:** 1-0 (Luís Nunes 16'); 1-1 (Capitão 30'); 2-1 (Dário 34'); 3-1 (Luís Nunes 45')

ACADÉMICA: Valente, Tonel, Camilo, Dyduch, Alexandre, Vítor Paneira (Alex Garcia 75'), Pedro Hipólito, Miguel, Alhandra (Monteiro 80'), Luís Nunes (Moacir 84') e Dário «cap»
Treinador: João Alves

AD Ovarense: Serrão, Kikas, Juancho, Armando Santos «cap», Orlando, Capitão, Hélder Vasco (Joseph 45'), Luís (Dessabado 50'), Israel (Eusébio 77'), Charly e Lobo
Treinador: Fabri Gonzalez

ACADÉMICA – 0 VFC Setúbal – 1

II LIGA, 24ª JORNADA, 11-3-2001 (DOM, 16:00)
Estádio Municipal de Coimbra, Coimbra **Árbitro:** Mário Mendes (Coimbra) **Auxiliares:** Luís Marcelino e Domingos Lavinha
Golo: 0-1 (Maki 81')

ACADÉMICA: Valente, Tó Sá «cap», Tonel, Camilo, Dyduch, Rocha, Pedro Hipólito, Lucas (Vítor Paneira 78'), Pazito, Alhandra (Alex Garcia 76') e Leandro Netto (Luís Nunes 59')
Treinador: João Alves

VFC Setúbal: Marco Tábuas, Baresi, Fernando Mendes, Eliseu, Rui Carlos (Hélio 85'), Sandro «cap», Costa, Paulo Ferreira, Marco Ferreira (Manuel do Carmo 63'), Meyong e Maki
Treinador: Jorge Jesus

Naval 1º Maio – 1 ACADÉMICA – 1

II LIGA, 29ª JORNADA, 22-4-2001 (DOM, 16:00)
Estádio José Bento Pessoa, Figueira da Foz **Árbitro:** Mário Mendes (Coimbra) **Auxiliares:** Joaquim Vidal e Laurindo Cordeiro
Golos: 1-0 (Costé 37'); 1-1 (Leandro Netto 85')

Naval 1º Maio: Yannick, Marinho (Ramia 88'), Rui Carlos, Fernando, Zé Carlos, Valeri, Binho (AA 90'), Rui Mendes «cap» (Sérgio Lavos 57'), Paulo Raquete, Costé (Oliveira 78') e Wender
Treinador: José Dinis

ACADÉMICA: Pedro Roma, Alexandre (Paulo Adriano 59'), Camilo, Dyduch, Tonel, Lucas, Alhandra (AA 86'), Rocha (Leandro Netto 74'), Luís Nunes, Moacir (Pedro Hipólito 67') e Dário «cap»
Treinador: João Alves

Leça FC – 2 ACADÉMICA – 3

II LIGA, 20ª JORNADA, 4-2-2001 (DOM, 15:00)
Estádio do Leça Futebol Clube, Leça da Palmeira **Árbitro:** Elmano Santos (Madeira) **Auxiliares:** Eurico Santos e Sérgio Lacroix
Golos: 0-1 (Dyduch 27'); 0-2 (Alex 50'); 1-2 (Cardoso 62'); 1-3 (Dário 76'); 2-3 (Marco Almeida 90')

Leça FC: Jovanovic, Nuno Almeida (Cardoso 28'), René Rivas, Isaías «cap» (Toni 57'), Franco (John 45'), Sardinha, Zé da Rocha, Marco Almeida, Paulo Gomes, Márcio Luís e Nando
Treinador: Joaquim Teixeira

ACADÉMICA: Valente, Tó Sá «cap» (Lucas 45'), Camilo «ssc», Tonel, Dyduch, Alexandre, Rocha, Pedro Hipólito, Alhandra, Luís Nunes (Alex Garcia 45') e Dário «sc» (Vítor Paneira 82')
Treinador: João Alves

CFU Lamas – 0 ACADÉMICA – 4

II LIGA, 25ª JORNADA, 18-3-2001 (DOM, 15:30)
Estádio Com. Henrique de Amorim, Santa Maria de Lamas **Árbitro:** Pedro Proença (Lisboa) **Auxiliares:** Tiago Trigo e Pedro Ferreira **Golos:** 0-1 (Dyduch 17'); 0-2 (Dário 31', gp); 0-3 (Dário 37'); 0-4 (Dário 58')

CFU Lamas: Mota, Paulo Sousa, Gama, Cristiano, Marin, Jorge Silva «cap», Magalhães (Constantino 26'), Ramos (Sanussi 67'), João Paulo, Hugo e Armando António (Danny 39')
Treinador: Manuel Correia

ACADÉMICA: Valente, Tó Sá «cap», Tonel, Camilo, Dyduch, Rocha, Moacir (Pedro Hipólito 68'), Lucas, Luís Nunes (Paulo Adriano 77'), Alhandra e Dário (Leandro Netto 80')
Treinador: João Alves

ACADÉMICA – 2 FC Maia – 0

II LIGA, 30ª JORNADA, 29-4-2001 (DOM, 16:00)
Estádio Municipal de Coimbra, Coimbra **Árbitro:** Bruno Paixão (Setúbal) **Auxiliares:** Carlos de Matos e Venâncio Tomé
Golos: 1-0 (Leandro Netto 23'); 2-0 (João Campos 90'+1')

ACADÉMICA: Pedro Roma, Tó Sá «cap», Alexandre, Monteiro (Pedro Hipólito 72'), Dyduch, Tonel, Lucas, Rocha, Luís Nunes (Paulo Adriano 45'), Moacir (João Campos 61') e Leandro Netto
Treinador: João Alves

FC Maia: Thomas, Hugo, Cabral (Fernando Almeida 81'), Dinis, Nunes «cap», Taccola (Major 39'), Dieb (Kika 45'), Sérgio Pinto, Yuri, Sandro e Cássio
Treinador: Mário Reis

ACADÉMICA – 2 IDC Albufeira – 1

II LIGA, 21ª JORNADA, 17-2-2001 (SAB, 16:00)
Estádio Municipal de Coimbra, Coimbra **Árbitro:** Bruno Paixão (Setúbal) **Auxiliares:** Vítor Oliveira e Venâncio Tomé
Golos: 0-1 (Kassumov 13'); 1-1 (Tonel 52'); 2-1 (Leandro Netto 85')

ACADÉMICA: Valente, Tó Sá «cap», Tonel, Dyduch, Alexandre, Rocha, Pedro Hipólito, Moacir (Pazito 32'), Vítor Paneira (Alex Garcia 20', Leandro Netto 69'), Alhandra e Luís Nunes
Treinador: João Alves

IDC Albufeira: Cândido, Miguel Serôdio «cap» (AA 76'), Paixão, Rolão, Pelé, Álvaro (Lito 54'), Evaldo, Sérgio Marquês, Hélio (Pedro 72'), Gilberto e Kassumov (Webber 78')
Treinador: Neca

ACADÉMICA – 4 FC Marco – 1

II LIGA, 26ª JORNADA, 31-3-2001 (SAB, 16:00)
Estádio Municipal de Coimbra, Coimbra **Árbitro:** Teixeira Correia (Beja) **Auxiliares:** Joaquim Rodrigues e Manuel Semedo
Golos: 1-0 (Dário 29'); 2-0 (Dário 37'); 3-0 (Moacir 58'); 3-1 (Luís Barreiros 63', gp); 4-1 (Alhandra 85')

ACADÉMICA: Valente, Tó Sá «cap», Tonel, Camilo, Dyduch, Rocha, Moacir (Pedro Hipólito 78'), Lucas (Pazito 71'), Luís Nunes (Monteiro 83'), Alhandra e Dário
Treinador: João Alves

FC Marco: Cadete, Adriano Cruz, Picão (Luís Barreiros 45'), Simão «cap», Barbosa (Sérgio Luís 73'), Rui Picão, Miguel Bruno, Vitinha, Paulinho, Agatão e Reisinho (Brito 45')
Treinador: Bruno Cardoso

GD Chaves – 1 ACADÉMICA – 0

II LIGA, 31ª JORNADA, 6-5-2001 (DOM, 16:00)
Estádio Municipal de Chaves, Chaves **Árbitro:** Paulo Costa (Porto) **Auxiliares:** Bertino Miranda e Pinto Rocha
Golo: 1-0 (Manduca 23')

GD Chaves: Nuno Ricardo, Alexandre (V 90'+1'), Ricardo Chaves, Paulo Alexandre «cap», Edu (Jacques 61'), Raul Ochoa (Calica 88'), Manduca (Gilmar 84'), João, Moleiro, Kasongo e Sabugo
Treinador: António Borges

ACADÉMICA: Pedro Roma, Tó Sá «cap» (João Campos 56'), Alexandre, Dyduch, Tonel, Lucas, Rocha (Paulo Adriano 66'), Dário «sc», Moacir, Alhandra e Leandro Netto (Pazito 45')
Treinador: João Alves

Varzim SC – 5 ACADÉMICA – 1

II LIGA, 22ª JORNADA, 25-2-2001 (DOM, 11:00)
Estádio Varzim Sport Club, Póvoa de Varzim **Árbitro:** António Costa (Setúbal) **Auxiliares:** António Godinho e Alfredo Braga
Golos: 1-0 (Margarido 14'); 2-0 (Margarido 31'); 3-0 (Prokopenko 32'); 3-1 (Dário 52'); 4-1 (Prokopenko 65'); 5-1 (Artur Jorge 86')

Varzim SC: Litos, Paulo Filipe, Alexandre «cap», Tozé, Rui André, Margarido, Gilmar, Paulo Piedade, Marco Freitas (Bruno Novo 60'), Mendonça (Toni Vidigal 87') e Prokopenko (Artur Jorge 81')
Treinador: Rogério Gonçalves

ACADÉMICA: Valente, Alexandre (Tó Sá 38'), Camilo, Dyduch, Tonel, Pedro Hipólito, Alhandra, Rocha, Luís Nunes (Paulo Adriano 45'), João Campos (Leandro Netto 45') e Dário «cap»
Treinador: João Alves

FC Penafiel – 1 ACADÉMICA – 0

II LIGA, 27ª JORNADA, 8-4-2001 (DOM, 16:00)
Estádio 25 de Abril, Penafiel **Árbitro:** Jorge Coroado (Lisboa) **Auxiliares:** Serafim Nogueira e Décio Cordeiro
Golo: 1-0 (Bruno Ferraz 56')

FC Penafiel: Tó Ferreira, Celso, Bruno Ferraz, Filó, Nelson, Paulo Sousa, Pedrinha «cap» (Orlando 90'), Madureira (Loukima 45'), Mauro (Fábio 75'), Zacarias e Rui Gomes
Treinador: Ricardo Formosinho

ACADÉMICA: Valente, Tó Sá «cap», Tonel, Camilo (Alexandre 62'), Dyduch, Rocha, Moacir (Paulo Adriano 60'), Lucas (AA 83'), Monteiro (Luís Nunes 32'), Alhandra e Dário
Treinador: João Alves

ACADÉMICA – 1 Rio Ave FC – 1

II LIGA, 32ª JORNADA, 12-5-2001 (SAB, 16:00)
Estádio Municipal de Coimbra, Coimbra **Árbitro:** Jacinto Paixão (Évora) **Auxiliares:** José Silva e João Madeira
Golos: 0-1 (André Jacaré 47'); 1-1 (Tonel 65')

ACADÉMICA: Pedro Roma, Tó Sá «cap» (Leandro Netto 60'), Alexandre (V 90'), Dyduch, Tonel, Lucas, Rocha, Alex Garcia (Rasca 60'), Moacir (Pedro Hipólito 66'), Alhandra e Dário «sc»
Treinador: João Alves

Rio Ave FC: Bizarro, Armando (Hugo Henrique 82'), Peu, Maurício, Nito, Niquinha «cap» (AA 54'), Luís Coentrão, Emanuel, Evandro, Miguelito (Gama 45') e André Jacaré
Treinador: Vítor Oliveira

ACADÉMICA – 0 SC Freamunde – 1

II LIGA, 23ª JORNADA, 3-3-2001 (SAB, 16:00)
Estádio Municipal de Coimbra, Coimbra **Árbitro:** José Mesquita (Porto) **Auxiliares:** Araújo Costa e Eurico Santos
Golo: 0-1 (Pascal 22')

ACADÉMICA: Valente, Tó Sá «cap» (Monteiro 62'), Tonel, Mounir, Alexandre (Luís Nunes 48'), Pedro Hipólito, Lucas «ssc», Paulo Adriano (Pazito 19'), Alhandra, Dário «sc» (V 88') e Leandro Netto
Treinador: João Alves

SC Freamunde: Lekué, Miguel Gama, Nelson, M'Belé, Ruben, Casablanca (V 88'), Bosingwa (AA 80'), Alain (Carlos Oliveira 79'), Jefferson «cap», Eta Arrey e Pascal (Varão 89')
Treinador: José Romero

ACADÉMICA – 4 SC Espinho – 1

II LIGA, 28ª JORNADA, 14-4-2001 (SAB, 16:00)
Estádio Municipal de Coimbra, Coimbra **Árbitro:** Lucílio Batista (Setúbal) **Auxiliares:** Francisco Mendes e Luís Farinha
Golos: 1-0 (Dário 19'); 2-0 (Pazito 30'); 3-0 (Dário 68'); 4-0 (Pedro Hipólito 87'); 4-1 (Marcão 88')

ACADÉMICA: Valente, Tó Sá «cap» (AA 56'), Camilo, Alexandre, Dyduch, Rocha, Moacir (Pedro Hipólito 60'), Paulo Adriano (Vítor Paneira 76'), Alhandra, Pazito (Mounir 60') e Dário «sc»
Treinador: João Alves

SC Espinho: Sérgio Leite, Jojó «cap», Ricardo Martins, Giraudo, Armando (AA 71'), Ido (Aldeimir 25'), Vítor Covlhã, Ali (Marcelo 45'), Carlos Miguel, Mickey e Maciel (Marcão 45')
Treinador: Carlos Garcia

CD Santa Clara – 2 ACADÉMICA – 1

II LIGA, 33ª JORNADA, 20-5-2001 (DOM, 11:30)
Estádio de São Miguel, Ponta Delgada **Árbitro:** Paulo Paraty (Porto) **Auxiliares:** José Ramalho e José Luís Melo
Golos: 1-0 (Rui Gregório 12'); 2-0 (Toni 84'); 2-1 (Tonel 90'+4')

CD Santa Clara: Nuno Santos, Portela, Sandro, Rui Gregório (AA 77'), George (Toni 74'), Leal, Barrigana, Cláudio Abreu «cap» (Figueiredo 24'), Geraldo, Glaedson (Míner 80') e Brandão
Treinador: Carlos Manuel

ACADÉMICA: Pedro Roma, Tó Sá «cap» (Moacir 45'), Camilo, Dyduch, Tonel, Pedro Hipólito (Monteiro 56'), Leandro Netto (Luís Nunes 62'), Alhandra, Rocha, Lucas e Dário «sc»
Treinador: João Alves

ÉPOCA 2001-2002

II LIGA: 2º LUGAR (PROMOÇÃO)
TAÇA DE PORTUGAL: OITAVOS DE FINAL

JOGOS EFECTUADOS

	J	V	E	D	GM	GS
CASA	19	14	3	2	33	14
FORA	19	6	8	5	36	40
TOTAL	38	20	11	7	69	54

ACADÉMICA – 3 CD Nacional – 0

II LIGA, 34ª JORNADA, 27-5-2001 (DOM, 16:00)
Estádio Municipal de Coimbra, Coimbra **Árbitro:** Augusto Duarte (Braga) **Auxiliares:** Vítor Meira e Eurico Santos
Golos: 1-0 (Dário 13'); 2-0 (Alhandra 69'); 3-0 (Alhandra 79')

ACADÉMICA: Pedro Roma, Tó Sá «cap», Camilo, Dyduch, Tonel, Rocha, Vítor Paneira (João Campos 25'), Moacir (Paulo Adriano 71'), Alhandra, Luís Nunes e Dário (Leandro Netto 63')
Treinador: João Alves

CD Nacional: Nuno Carrapato, José Carlos, Joãozinho, Valente, Serginho «cap» (Rosário 69'), Nogueira (Jorge Correia 45'), Cleomir, Ristovski, Herivelto (Luís Alves 80'), Yriarte e Miguel Fidalgo
Treinador: Eduardinho

ACADÉMICA – 3 FC Penafiel – 0

II LIGA, 1ª JORNADA, 12-8-2001 (DOM, 21:00)
Estádio Municipal de Coimbra, Coimbra **Árbitro:** Emanuel Câmara (Madeira) **Auxiliares:** João Ai-Ai e Eurico Santos
Golos: 1-0 (Tonel 7'); 2-0 (Dário 75'); 3-0 (Dário 79')

ACADÉMICA: Márcio Santos, Lucas «sc», Tonel, Dyduch, Camilo, Paulo Adriano (João Oliveira Pinto 73'), Rocha, Pedro Hipólito, Alhandra (Luís Nunes 86'), Kibuey e Dário «cap» (Tó Sá 84')
Treinador: João Alves

FC Penafiel: Sérgio Leite, Celso «cap», Bruno Duarte, Gama, Paulo Torres (Nelson 82'), Márcio Luís (Cerqueira 87'), Everton, Loukima, Marco Almeida (Edu 59'), Filipe Azevedo e Orlando
Treinador: Manuel Correia

AD Ovarense – 2 ACADÉMICA – 2

II LIGA, 2ª JORNADA, 19-8-2001 (DOM, 16:00)
Estádio Marques da Silva, Ovar **Árbitro:** Carlos Amado (Leiria)
Auxiliares: João Sousa e Carlos de Matos **Golos:** 1-0 (Pinheiro 27'); 1-1 (Dyduch 36', gp); 2-1 (Águia 80'); 2-2 (Dyduch 86')

AD Ovarense: Serrão, Dário, Fernando Silva «cap», Armando Santos, Juancho (V 36'), Águia, Toninho Cruz, Pazito (Luís 90'), Artur, Pinheiro (Del 71') e Mateus (Lobo 89')
Treinador: Fernando Pires

ACADÉMICA: Márcio Santos, Lucas (Tó Sá 53'), Tonel, Dyduch, Camilo, Paulo Adriano (João Oliveira Pinto 60'), Rocha, Pedro Hipólito (Luís Nunes 34'), Alhandra, Kibuey e Dário «cap»
Treinador: João Alves

ACADÉMICA – 2 UD Oliveirense – 1

II LIGA, 3ª JORNADA, 25-8-2001 (SAB, 21:00)
Estádio Municipal de Coimbra, Coimbra **Árbitro:** Paulo Pereira (Viana do Castelo) **Auxiliares:** Luís Salgado e Vítor Meira
Golos: 1-0 (Kibuey 48'); 2-0 (Kibuey 65'); 2-1 (Jó 80')

ACADÉMICA: Márcio Santos, Demétrius, Tonel, Dyduch, Lucas, Paulo Adriano (João Campos 31', João Oliveira Pinto 73'), Rocha, Pedro Hipólito, Alhandra, Kibuey (Dino 84') e Dário «cap»
Treinador: João Alves

UD Oliveirense: Jorge, Jorginho, Vítor, Jean «cap», Wellington, Jó, Conceição, Cardoso, Laranjeira, Ditão e Maurício (Filipe 63')
Treinador: Flávio Neves

Portimonense SC – 2 ACADÉMICA – 0

II LIGA, 4ª JORNADA, 9-9-2001 (DOM, 16:00)
Estádio do Portimonense, Portimão **Árbitro:** Hélio Santos (Lisboa)
Auxiliares: João Leitão e Domingos Lavinha
Golos: 1-0 (Artur Jorge Vicente 44'); 2-0 (Artur Jorge Vicente 90')

Portimonense SC: Botelho, Evaldo, Shalamanov, Márcio Theodoro, Morgado, Hélder Clara «cap», Marinho, Pedro Estrela (Rui Alves 68'), Manuel do Carmo, Artur Jorge Vicente (Mendão 90'+2') e Chiquinho Conde (Rui Loja 78') **Treinador:** Amílcar Fonseca

ACADÉMICA: Márcio Santos, Demétrius (Germano 65'), Tonel, Dyduch, Dino (João Oliveira Pinto 45'), Lucas, Paulo Adriano, Pedro Hipólito (Pedro Penela 32'), Alhandra, Kibuey e Dário «cap»
Treinador: João Alves

ACADÉMICA – 2 SC Campomaiorense – 1

II LIGA, 5ª JORNADA, 16-9-2001 (DOM, 21:00)
Estádio Municipal de Coimbra, Coimbra **Árbitro:** Jorge Sousa (Porto) **Auxiliares:** Rui Cordeiro e Eurico Santos
Golos: 1-0 (Dyduch 24'); 2-0 (Alhandra 52'); 2-1 (Wellington 65')

ACADÉMICA: Márcio Santos, Tó Sá, Dyduch, Tonel, Dino, Rocha, Paulo Adriano (Miguel 85'), Lucas, Alhandra (Pedro Penela 90'), Dário «cap» e João Oliveira Pinto (João Campos 82')
Treinador: João Alves

SC Campomaiorense: Paulo Sérgio «cap», Duka, Beke (Chiquinho 45'), Patacas, Nauzet, Plaza (Wellington 28'), Nuno Gomes, Paulo Vida, Jorginho (Detinho 66'), Carlos Martins e Leandro (AA 73')
Treinador: Diamantino Miranda

FC Maia – 2 ACADÉMICA – 3

II LIGA, 6ª JORNADA, 22-9-2001 (SAB, 21:30)
Estádio Prof. Dr. Vieira de Carvalho, Maia **Árbitro:** Paulo Pereira (Viana do Castelo) **Auxiliares:** Paulo Moreira e Domingos Vilaça
Golos: 1-0 (Sandro 11'); 2-0 (Yuri 17'); 2-1 (Dário 30'); 2-2 (Dyduch 78', gp); 2-3 (Dário 82')

FC Maia: Debenest, Rica «cap» (Dirceu 73'), Hélio, Hélder Rosário, Rodrigo (Cabral 37'), Yuri (Cássio 53', V 85'), Sérgio Pinto, Sandro, João Carlos, Edilson e Wesley
Treinador: Mário Reis

ACADÉMICA: Márcio Santos, Tó Sá (Vital 68'), Dyduch, Tonel, Dino (Kibuey 28'), Rocha, Paulo Adriano, Lucas, Alhandra, Dário «cap» e João Oliveira Pinto (João Campos 57')
Treinador: João Alves

ACADÉMICA – 3 Leça FC – 1

II LIGA, 7ª JORNADA, 30-9-2001 (DOM, 21:00)
Estádio Municipal de Coimbra, Coimbra **Árbitro:** Paulo Paraty (Porto) **Auxiliares:** José Silva e João Tomatas **Golos:** 1-0 (Paulo Adriano 9'); 1-1 (Constantino 65'); 2-1 (Dário 76'); 3-1 (Dário 90')

ACADÉMICA: Márcio Santos, Tó Sá, Dyduch, Tonel, Lucas, Rocha, Paulo Adriano, João Campos (João Oliveira Pinto 68'), Alhandra (Nuno Miranda 72'), Dário «cap» e Kibuey (Luís Nunes 72')
Treinador: João Alves

Leça FC: Tozé, Mesquita, Justiniano, Franco, Sardinha, Wagner, Zé da Rocha «cap» (Welder 29'), Charly (Miguel Lima Pereira 60'), Pedro Oliveira (Jelic 29'), Braíma e Constantino
Treinador: Carlos Garcia

Rio Ave FC – 2 ACADÉMICA – 2

II LIGA, 8ª JORNADA, 14-10-2001 (DOM, 16:00)
Estádio do Rio Ave Futebol Clube, Vila do Conde **Árbitro:** Duarte Gomes (Lisboa) **Auxiliares:** José Chilrito e João Madeira
Golos: 0-1 (Dário 29'); 0-2 (Luís Nunes 36'); 1-2 (André Jacaré 48'); 2-2 (Evandro 76')

Rio Ave FC: Mário, Mauro Silva (Mota 43'), Peu, Bruno Mendes, Miguelito, Israel (Carlos Miguel 60'), Niquinha, Mércio (Luís Coentrão 45'), Evandro, Gama «cap» e André Jacaré
Treinador: Vítor Oliveira

ACADÉMICA: Márcio Santos, Tó Sá, Dyduch, Tonel, Vital, Lucas, Paulo Adriano, Luís Nunes (Kibuey 80'), Alhandra (Nuno Miranda 80'), Dário «cap» e João Oliveira Pinto (João Campos 59')
Treinador: João Alves

ACADÉMICA – 3 CFU Lamas – 1

II LIGA, 9ª JORNADA, 21-10-2001 (DOM, 21:00)
Estádio Municipal de Coimbra, Coimbra **Árbitro:** Luciano Silva (Porto) **Auxiliares:** Paulo Carrilho e Pais António **Golos:** 1-0 (Kibuey 7'); 2-0 (Kibuey 68'); 2-1 (Manuel José 72'); 3-1 (Jorge Silva 85', pb)

ACADÉMICA: Márcio Santos, Tó Sá (Camilo 76'), Dyduch, Tonel, Vital, Lucas, Paulo Adriano, João Campos (Pedro Hipólito 62'), Alhandra (Nuno Miranda 78'), Dário «cap» e Kibuey
Treinador: João Alves

CFU Lamas: Mota, Paulo Sousa, Fernando, Sérgio Duarte, Jorge Silva «cap», Adilson (Dino 69'), Luís Cláudio, Hugo (Lewis 60'), Pedro Magalhães, Tavares e Manuel José
Treinador: Jorge Castelo

SC Espinho – 1 ACADÉMICA – 4

II LIGA, 10ª JORNADA, 28-10-2001 (DOM, 15:00)
Estádio Com. Manuel de Oliveira Violas, Espinho **Árbitro:** Emanuel Câmara (Madeira) **Auxiliares:** Rui Carmo e Cipriano Correia
Golos: 0-1 (Dário 22'); 0-2 (Kibuey 31'); 0-3 (Kibuey 34'); 0-4 (Paulo Adriano 66'); 1-4 (Paulão 81')

SC Espinho: Poleksic, Paulo Filipe, Flávio, Harry, Nuno Rodrigues, Álvaro (Karim 7'), Pedro, Maurício, Paulão «cap», Henrique e Maciel (Bolinhas 60')
Treinador: Norton de Matos

ACADÉMICA: Márcio Santos, Camilo, Dyduch, Tonel, Vital, Lucas (Nuno Miranda 73'), Paulo Adriano, Rocha (Pedro Hipólito 69'), Alhandra, Dário «cap» e Kibuey (Luís Nunes 69')
Treinador: João Alves

ACADÉMICA – 3 CD Nacional – 1

TAÇA DE PORTUGAL, 1/64 DE FINAL, 1-11-2001 (QUI, 15:00)
Estádio Municipal de Coimbra, Coimbra **Árbitro:** Carlos Xistra (Castelo Branco) **Auxiliares:** António Gonçalves e José Carlos Santos **Golos:** 0-1 (Miguel Fidalgo 20'); 1-1 (Dário 50'); 2-1 (Dário 59'); 3-1 (Kibuey 72')

ACADÉMICA: Pedro Roma, Tó Sá, Tonel, Dyduch, Dino (Alhandra 36'), Lucas «cap», Pedro Hipólito, Rocha, João Oliveira Pinto (Dário 45'), Luís Nunes (Vital 31') e Kibuey
Treinador: João Alves

CD Nacional: Nuno Carrapato, João Fidalgo «cap», Jokanovic, Cleomir, Vítor Covilhã, Stefanovic (Ivo Vieira 61'), Jovo (Carlos Alvarez 61'), Cattaneo, Lourenço, Miguel Fidalgo e Alfredo Bóia (Rómulo 67') **Treinador:** José Peseiro

ACADÉMICA – 3 GD Chaves – 1

II LIGA, 11ª JORNADA, 4-11-2001 (DOM, 21:00)
Estádio Municipal de Coimbra, Coimbra **Árbitro:** Luís Lameira (Beja) **Auxiliares:** João Sousa e José Borges **Golos:** 1-0 (Dário 22'); 2-0 (Lucas 46'); 2-1 (Raul Ochoa 48'); 3-1 (Dyduch 59', gp)

ACADÉMICA: Márcio Santos, Camilo (Tó Sá 83'), Dyduch, Tonel, Vital, Lucas «sc», Paulo Adriano (Pedro Hipólito 89'), Rocha, Alhandra (João Campos 83'), Dário «cap» (V 48') e Kibuey
Treinador: João Alves

GD Chaves: Nuno Ricardo, Alexandre, Auri, Baigorria (AA 60'), Isidro, Raul Ochoa, Moleiro (Manduca 53', V 56'), Raul Pareja, Kasongo «cap» (Casablanca 79'), Arrieta e Jacques (Ricardo Chaves 65') **Treinador:** António Borges

UD Oliveirense – 2 ACADÉMICA – 4

TAÇA DE PORTUGAL, 1/32 DE FINAL, 18-11-2001 (DOM, 15:00)
Estádio Carlos Osório, Oliveira de Azeméis **Árbitro:** José Leirós (Porto) **Auxiliares:** Joaquim Vilaça e Serafim Nogueira
Golos: 0-1 (Kibuey 57'); 0-2 (Paulo Adriano 63'); 0-3 (Kibuey 68'); 1-3 (Jó 72', gp); 1-4 (João Campos 76'); 2-4 (Conceição 90')

UD Oliveirense: Jorge, Jorginho, Vítor, Jean (Marcelo 66'), Wellington, Jó, Conceição, Bairrada «cap», Cardoso (Ditão 53'), Gil (AA 51') e Maurício (Mendes 56')
Treinador: Flávio Neves

ACADÉMICA: Pedro Roma, Tó Sá (João Campos 75'), Tonel, Dyduch, Camilo, Alhandra, Lucas «cap», Rocha (Pedro Hipólito 55'), Paulo Adriano, João Oliveira Pinto (Nuno Miranda 65') e Kibuey **Treinador:** João Alves

CD Aves – 1 ACADÉMICA – 3

II LIGA, 12ª JORNADA, 25-11-2001 (DOM, 15:00)
Estádio do Clube Desportivo das Aves, Vila das Aves **Árbitro:** Augusto Duarte (Braga) **Auxiliares:** Vítor Andrade e António Godinho **Golos:** 0-1 (Alhandra 7'); 1-1 (Paquito 53'); 1-2 (Kibuey 57'); 1-3 (Dário 79')

CD Aves: Rui, Neves, Zaidan (Raul Meireles 41', Óscar 82'), Vieira «cap», Rochinha, Grau, Filipe Anunciação, Brito, Jocivalter, Paquito e Octávio (Naddah 35')
Treinador: Luís Agostinho

ACADÉMICA: Márcio Santos, Camilo, Dyduch, Tonel, Vital (Tó Sá 83'), Lucas, Paulo Adriano (Pedro Hipólito 73'), Rocha, Alhandra (João Campos 78'), Dário «cap» e Kibuey
Treinador: João Alves

CFE Amadora – 0 ACADÉMICA – 3

II LIGA, 13ª JORNADA, 2-12-2001 (DOM, 15:00)
Estádio José Gomes, Amadora **Árbitro:** Martins dos Santos (Porto) **Auxiliares:** Carlos de Matos e Paulo Pedrosa
Golos: 0-1 (Lucas 24'); 0-2 (Dário 26'); 0-3 (Dário 33')

CFE Amadora: Robles (Nuno Santos 29'), Rui Neves «cap», Raul Oliveira, Afonso, Orlando, Gaúcho II, Djalma (Semedo 36'), Sérgio Marquês, Nuno Cavaleiro, Marciano e Marcão (Cristóvão 45')
Treinador: Álvaro Magalhães

ACADÉMICA: Márcio Santos, Camilo, Dyduch, Tonel, Vital (Tó Sá 79'), Lucas «sc», Paulo Adriano, Rocha (Pedro Hipólito 58'), Alhandra, Dário «cap» (João Oliveira Pinto 82') e Kibuey
Treinador: João Alves

ACADÉMICA – 0 CD Nacional – 0

II LIGA, 14ª JORNADA, 9-12-2001 (DOM, 20:00)
Estádio Municipal de Coimbra, Coimbra
Árbitro: Vítor Pereira (Lisboa)
Auxiliares: Luís Farinha e Pais António

ACADÉMICA: Márcio Santos, Camilo, Dyduch, Tonel, Vital, Lucas «sc», Paulo Adriano (João Campos 90'+3'), Pedro Hipólito, Alhandra, Dário «cap» (João Oliveira Pinto 35', Nuno Miranda 81') e Kibuey **Treinador:** João Alves

CD Nacional: Bellman, Bruno Ferraz, Espejo, Ivo Vieira «cap», Valente, Jokanovic, Serginho (Stefanovic 86'), Rómulo, Nuno Luís, Milton (Vítor Covlhã 60') e Hugo Freire (Cleomir 86')
Treinador: José Peseiro

AD Sanjoanense – 0 ACADÉMICA – 1

TAÇA DE PORTUGAL, 1/16 DE FINAL, 11-12-2001 (TER, 14:30)
Estádio Conde Dias Garcia, São João da Madeira **Árbitro:** Paulo Costa (Porto) **Auxiliares:** Paulo Januário e Bertino Miranda
Golo: 0-1 (Paulo Adriano 74')

AD Sanjoanense: Bruno, Peixe (Fraga 80'), Rui Pedro, Miguel, Renato «cap» (Brandão 55'), Vicente, Costa, Renato Queirós, Sena, Fina e Cornell
Treinador: Henrique Nunes

ACADÉMICA: Pedro Roma, Tó Sá «cap», Camilo, Tonel, Dino (Vital 40'), Rocha, Paulo Adriano, João Campos, João Oliveira Pinto (Alhandra 45'), Nuno Miranda (Lucas 62') e Kibuey
Treinador: João Alves

Moreirense FC – 2 ACADÉMICA – 0

II LIGA, 15ª JORNADA, 15-12-2001 (SAB, 15:00)
Estádio Joaquim de Almeida Freitas, Moreira de Cónegos **Árbitro:** Elmano Santos (Madeira) **Auxiliares:** Luís Marcelino e Pinto Rocha
Golos: 1-0 (Artur Jorge 5'); 2-0 (Flávio 47')

Moreirense FC: João Ricardo, Orlando, João Duarte, Altino «cap», Serafim, Ido (Kipulu 68'), Armando Evangelista, Flávio, Artur Jorge, Roberto (César Marques 84') e Alex (Zacarias 90')
Treinador: Manuel Machado

ACADÉMICA: Márcio Santos, Camilo (Nuno Miranda 20'), Dyduch, Tonel, Vital, Lucas «cap», João Campos, Rocha (Dário 45'), Alhandra (Luís Nunes 64'), Paulo Adriano e Kibuey
Treinador: João Alves

ACADÉMICA – 2 FC Felgueiras – 1

II LIGA, 16ª JORNADA, 22-12-2001 (SAB, 15:00)
Estádio Municipal de Coimbra, Coimbra **Árbitro:** António Costa (Setúbal) **Auxiliares:** Carlos de Matos e Paulo Carrilho
Golos: 1-0 (Dino 5'); 2-0 (Alhandra 76'); 2-1 (Pance 89')

ACADÉMICA: Márcio Santos, Tó Sá (João Campos 77'), Dyduch, Dino, Vital, Lucas «cap», Toni (Luís Nunes 62'), Rocha, Alhandra, Paulo Adriano (Pedro Hipólito 70') e Kibuey
Treinador: João Alves

FC Felgueiras: Sérgio, Totta «cap», Beto (Filipe Cândido 62'), Bruno Sousa, Frank (Williams 80'), Morgado, José Pedro (Serginho 45'), Zamorano, Filipe Mesquita, Jorginho e Pance
Treinador: Rui Luís

ACADÉMICA – 1 SC Salgueiros – 2

TAÇA DE PORTUGAL, OITAVOS DE FINAL, 29-12-2001 (SAB, 15:00)
Estádio Municipal de Coimbra, Coimbra **Árbitro:** Jacinto Paixão (Évora) **Auxiliares:** José Chilrito e João Ai-Ai
Golos: 0-1 (João Pedro 20'); 0-2 (Masi 36'); 1-2 (Dyduch 50', gp)

ACADÉMICA: Pedro Roma, Tó Sá (Luís Cláudio 35'), Dyduch, Tonel, Vital, Lucas «cap», Rocha, Alhandra (AA 73'), Paulo Adriano (João Campos 83'), Luís Nunes (Dário 35') e Kibuey
Treinador: João Alves

SC Salgueiros: Ivo, Bodunha, Ricardo Fernandes, Nunes, Nelson, Rui Ferreira, Marco Cláudio, Masi (Basílio 81'), Delson (Carlos Ferreira 52'), João Pedro «cap» e Ernesto (Toy 58')
Treinador: Carlos Manuel

Naval 1º Maio – 1 ACADÉMICA – 1

II LIGA, 17ª JORNADA, 6-1-2002 (DOM, 15:00)
Estádio José Bento Pessoa, Figueira da Foz **Árbitro:** Pedro Sanhudo (Porto) **Auxiliares:** João Sousa e Domingos Lavinha
Golos: 0-1 (Paulo Adriano 11'); 1-1 (Costé 88')

Naval 1º Maio: Mingote, Bruno Alicarte (Benoit 79'), Fernando, Sargento (David 85'), Tixier, Satmar (Oliveira 62'), Valeri, Sufrim, Sérgio Lavos, Costé e Wender «cap» (V 75')
Treinador: José Dinis

ACADÉMICA: Márcio Santos, Lucas «sc», Dyduch, Camilo, Tonel, Vital (Tó Sá 61'), Rocha, Paulo Adriano (João Campos 70'), Luís Cláudio (V 74'), Dário «cap» (Pedro Hipólito 87') e Kibuey
Treinador: João Alves

FC Penafiel – 3 ACADÉMICA – 3

II LIGA, 18ª JORNADA, 13-1-2002 (DOM, 15:00)
Estádio 25 de Abril, Penafiel **Árbitro:** Olegário Benquerença (Leiria) **Auxiliares:** Luís Salgado e Gabínio Evaristo
Golos: 0-1 (Rocha 4'); 0-2 (Kibuey 38'); 1-2 (João Paulo 39'); 1-3 (Dário 43'); 2-3 (Marco Almeida 77'); 3-3 (Naddah 90'+5')

FC Penafiel: Sérgio Leite, Celso «cap», Correia (Orlando 45'), Gama, Marafona, Nelson (Rui Gomes 45'), Léo Oliveira, Everton, Loukima, Marco Almeida e João Paulo (Naddah 76')
Treinador: Neca

ACADÉMICA: Márcio Santos, Camilo, Dyduch, Tonel, Vital (Tó Sá 45'), Rocha, Lucas (João Campos 75'), Pedro Hipólito, Alhandra, Dário «cap» e Kibuey (Luís Nunes 81')
Treinador: João Alves

ACADÉMICA – 2 AD Ovarense – 0

II LIGA, 19ª JORNADA, 19-1-2002 (SAB, 15:00)
Estádio Municipal de Coimbra, Coimbra **Árbitro:** José Pratas (Évora) **Auxiliares:** José Espada e Luís Marcelino
Golos: 1-0 (Alhandra 75'); 2-0 (Kibuey 87')

ACADÉMICA: Márcio Santos, Tó Sá (Pedro Hipólito 66'), Dyduch, Tonel, Vital, Rocha (João Campos 45'), Luís Cláudio, Paulo Adriano (João Oliveira Pinto 66'), Alhandra, Dário «cap» e Kibuey
Treinador: João Alves

AD Ovarense: Rui Parada, Juancho, Formoso (Damas 62'), Artur, Armando Santos «cap», Águia (Dalipi 81'), Pinheiro, Dário, Mateus, Del e Óscar (Luís 77')
Treinador: Fernando Pires

UD Oliveirense – 3 ACADÉMICA – 0

II LIGA, 20ª JORNADA, 27-1-2002 (DOM, 15:00)
Estádio Carlos Osório, Oliveira de Azeméis **Árbitro:** José Leirós (Porto) **Auxiliares:** José Luís Melo e Rotílio Rodrigues
Golos: 1-0 (Mendes 57'); 2-0 (Jó 70'); 3-0 (Cardoso 80')

UD Oliveirense: Manuel José, Jorginho, Gil, Nuno Afonso, Vítor, Jean «cap» (Nuno Abreu 82'), Wellington, Conceição, Jó, Filipe (Cardoso 75') e Mendes (Ramadinha 85')
Treinador: Flávio Neves

ACADÉMICA: Márcio Santos, Lucas «cap», Dyduch, Tonel, Vital, Rocha (João Campos 61'), Luís Cláudio, Luís Nunes (Camilo 11'), Alhandra, João Oliveira Pinto (Paulo Adriano 45') e Kibuey
Treinador: João Alves

ACADÉMICA – 2 Portimonense SC – 2

II LIGA, 21ª JORNADA, 3-2-2002 (DOM, 15:00)
Estádio Municipal de Coimbra, Coimbra **Árbitro:** Luís Miranda (Lisboa) **Auxiliares:** José Cardinal e Vítor Carvalho
Golos: 0-1 (Manuel do Carmo 46'); 1-1 (Dyduch 60', gp); 2-1 (Dyduch 84', gp); 2-2 (Hélder Clara 90'+1')

ACADÉMICA: Márcio Santos, Tó Sá (Dino 90'), Dyduch, Tonel, João Morais, Rocha, Paulo Adriano (AA 45'), Luís Cláudio, Lucas, Kibuey (João Campos 45') e Dário «cap»
Treinador: João Alves

Portimonense SC: Carlos, Brandão, Shami, Mendão, Morgado, Evaldo, Marinho (Chiquinho Conde 45'), Hélder Clara «cap», Manuel do Carmo (Bráulio 76'), Pedro Estrela (Rui Alves 62') e Artur Jorge Vicente **Treinador:** Amílcar Fonseca

SC Campomaiorense – 2 ACADÉMICA – 2

II LIGA, 22ª JORNADA, 9-2-2002 (SAB, 16:00)
Estádio Capitão César Correia, Campo Maior **Árbitro:** Duarte Gomes (Lisboa) **Auxiliares:** Alfredo Braga e José Chilrito **Golos:** 1-0 (Vargas 11'); 2-0 (Wellington 45'); 2-1 (Kibuey 47'); 2-2 (Dário 89')

SC Campomaiorense: Paulo Sérgio «cap», Duka, Beke, Patacas, Bernardo, Carlos Martins, Wellington, David Roldan (V 68'), Paulo Vida (Plaza 71'), Jorginho e Vargas (Chiquinho 25', Devigor 86')
Treinador: Fabri Gonzalez

ACADÉMICA: Márcio Santos, Tó Sá (João Campos 62'), Dyduch, Tonel, Vital (Paulo Adriano 35'), Rocha, Luís Cláudio (Pedro Hipólito 58'), Lucas, Alhandra, Dário «cap» e Kibuey
Treinador: João Alves

ACADÉMICA – 0 FC Maia – 0

II LIGA, 23ª JORNADA, 17-2-2002 (DOM, 15:00)
Estádio Municipal de Coimbra, Coimbra
Árbitro: Paulo Batista (Portalegre)
Auxiliares: José Carlos Santos e Luís Salgado

ACADÉMICA: Márcio Santos, Tó Sá, Dyduch, Tonel, Vital (João Oliveira Pinto 35'), Rocha, Paulo Adriano (Luís Cláudio 58'), Lucas, Alhandra (Toni 62'), Dário «cap» e Kibuey
Treinador: João Alves

FC Maia: Debenest, Rica, Hélio, Hélder Rosário, Major «cap» (Kika 85'), Yuri (AA 75'), Sérgio Pinto, Sandro, João Carlos, Igor (Cuco 83') e Wesley (Cássio 65')
Treinador: Phil Walker

Leça FC – 3 ACADÉMICA – 3

II LIGA, 24ª JORNADA, 24-2-2002 (DOM, 16:00)
Estádio do Leça Futebol Clube, Leça da Palmeira **Árbitro:** Lucílio Batista (Setúbal) **Auxiliares:** Vítor Andrade e Sérgio Lacroix
Golos: 1-0 (Fabrício 22'); 1-1 (Dário 31'); 2-1 (Welder 33'); 2-2 (Dyduch 80'); 2-3 (Dino 90'); 3-3 (Justiniano 90'+3')

Leça FC: Tozé, Mesquita, Justiniano, Franco, Sardinha, Fabrício, Zé da Rocha «cap», Welder (Pedro Cervantes 68'), Charly (Miguel Lima Pereira 66'), Noverça (Constantino 80') e Jelic
Treinador: Fernando Festas

ACADÉMICA: Márcio Santos, Tó Sá, Dyduch, Tonel, Vital, Rocha, Paulo Adriano (Dino 74'), Luís Cláudio (Nuno Miranda 45'), Lucas, João Campos (Demétrius 83') e Dário «cap»
Treinador: João Alves

ÉPOCA 2002-2003

I LIGA: 15º LUGAR (MANUTENÇÃO)
TAÇA DE PORTUGAL: QUARTOS DE FINAL

JOGOS EFECTUADOS

	J	V	E	D	GM	GS
CASA	19	9	7	3	33	25
FORA	19	2	6	11	16	30
TOTAL	38	11	13	14	49	55

ACADÉMICA – 2 Rio Ave FC – 1

II LIGA, 25ª JORNADA, 3-3-2002 (DOM, 15:30)
Estádio Municipal de Coimbra, Coimbra **Árbitro:** José Leirós (Porto) **Auxiliares:** Paulo Januário e Rui Carmo
Golos: 1-0 (Dyduch 12'); 1-1 (Peu 86'); 2-1 (Rocha 89')

ACADÉMICA: Márcio Santos, Tó Sá, Dyduch, Tonel, Camilo (Nuno Miranda 52'), Rocha, Luís Cláudio (João Campos 45'), Lucas, Vital, Dário «cap» e Kibuey (Paulo Adriano 75')
Treinador: João Alves

Rio Ave FC: Bizarro, Israel (V 90'+4'), Peu «cap», Bruno Mendes, Nito (Cílio Sousa 45'), Luís Coentrão (Nuno Sousa 63'), Mércio, Ado, Rui Manuel (Rui Ramos 88'), Miguelito e Gama
Treinador: Horácio Gonçalves

CFU Lamas – 2 ACADÉMICA – 2

II LIGA, 26ª JORNADA, 10-3-2002 (DOM, 15:30)
Estádio Com. Henrique de Amorim, Santa Maria de Lamas
Árbitro: Pedro Henriques (Lisboa) **Auxiliares:** João Tomatas e Gabínio Evaristo **Golos:** 0-1 (Dário 19'); 0-2 (Lucas 31'); 1-2 (Magalhães 37'); 2-2 (Paulo Sousa 45')

CFU Lamas: Mota, Paulo Sousa, Carlos João, Jorge Silva «cap», Adilson, Dany (Américo 76'), Magalhães, Sérgio Duarte, Hugo (Dino 70'), João Paulo (Lewis 56') e Ricardo Sousa
Treinador: Manuel Correia

ACADÉMICA: Márcio Santos, Tó Sá, Dyduch, Tonel, João Morais (Vital 66'), Rocha (Nuno Miranda 56'), Luís Cláudio, Lucas «sc», Demétrius, Dário «cap» (Paulo Adriano 72') e Kibuey
Treinador: João Alves

ACADÉMICA – 1 SC Espinho – 0

II LIGA, 27ª JORNADA, 16-3-2002 (SAB, 15:30)
Estádio Municipal de Coimbra, Coimbra **Árbitro:** Elmano Santos (Madeira) **Auxiliares:** Vítor Andrade e Rotílio Rodrigues
Golo: 1-0 (Kibuey 62')

ACADÉMICA: Márcio Santos, Tó Sá (João Campos 45'), Dyduch, Tonel (AA 41'), Vital, Dino, Nuno Miranda (Camilo 87'), Lucas «cap», Demétrius (Rocha 60'), Luís Cláudio e Kibuey
Treinador: João Alves

SC Espinho: Poleksic, Nuno Coelho, Álvaro, Pedro, Jojó «cap», Vellas (Quinito 79'), Harry, Bolinhas (Maciel 45'), Paulão, Paulo Filipe e Nini (Maurício 72') **Treinador:** Ricardo Formosinho

GD Chaves – 7 ACADÉMICA – 0

II LIGA, 28ª JORNADA, 24-3-2002 (DOM, 15:00)
Estádio Municipal de Chaves, Chaves **Árbitro:** Luciano Silva (Porto) **Auxiliares:** João Madeira e Rui Carmo **Golos:** 1-0 (Arrieta 2'); 2-0 (Ricardo Chaves 11'); 3-0 (Raul Ochoa 23'); 4-0 (Arrieta 32'); 5-0 (Jacques 36'); 6-0 (Raul Ochoa 44'); 7-0 (Jacques 70')

GD Chaves: Nuno Ricardo, Alexandre (Toni 90'), Auri, Hector Gonzalez, Baigorria, Lino «cap», Isidro, Raul Ochoa (João 85'), Ricardo Chaves, Arrieta e Jacques (Cesinha 75')
Treinador: António Borges

ACADÉMICA: Márcio Santos, João Campos (Camilo 33'), Dyduch, Dino, Vital, Rocha (João Oliveira Pinto 20'), Luís Cláudio, Demétrius, Nuno Miranda, Lucas «cap» e Kibuey (Paulo Adriano 45') **Treinador:** João Alves

ACADÉMICA – 1 CD Aves – 0

II LIGA, 29ª JORNADA, 30-3-2002 (SAB, 15:30)
Estádio Municipal de Coimbra, Coimbra **Árbitro:** Lucílio Batista (Setúbal) **Auxiliares:** Luís Salgado e Alexandre Freitas
Golo: 1-0 (Dyduch 89')

ACADÉMICA: Márcio Santos, Camilo, Tonel, Dyduch, Vital, Lucas «cap», Rocha, Luís Cláudio, Paulo Adriano (Alhandra 45'), Nuno Miranda (João Campos 45', Xano 74') e Kibuey
Treinador: João Alves

CD Aves: Paulo Jorge, Neves «cap», Zaidan, Raul Meireles, Slobodan (Vieira 89'), Rochinha, Filipe Anunciação, Emanuel, Jocivalter (Tozé 71'), Haruna Doda (Grau 83') e Octávio (AA 86')
Treinador: Carlos Garcia

ACADÉMICA – 0 CFE Amadora – 1

II LIGA, 30ª JORNADA, 7-4-2002 (DOM, 15:30)
Estádio Municipal de Coimbra, Coimbra **Árbitro:** Mário Mendes (Coimbra) **Auxiliares:** Vítor Andrade e Paulo Carrilho
Golo: 0-1 (Cristóvão 34')

ACADÉMICA: Márcio Santos, Camilo (Demétrius 45'), Tonel, Dino, João Morais (Alhandra 39'), Lucas «cap», Pedro Hipólito, Luís Cláudio, Vital, Toni (Nuno Miranda 53') e Kibuey
Treinador: João Alves

CFE Amadora: Nuno Santos, Rui Neves «cap», Hugo Carreira, Fonseca, José Carlos (Kikas 45'), Cristóvão (Semedo 68'), Gaúcho, Sérgio Marquês, Lázaro, Pedro Simões e Cláudio Campos (Marcão 80') **Treinador:** Jorge Jesus

CD Nacional – 2 ACADÉMICA – 2

II LIGA, 31ª JORNADA, 14-4-2002 (DOM, 16:00)
Estádio Eng. Rui Alves, Funchal **Árbitro:** Elmano Santos (Madeira)
Auxiliares: José Silva e Rotílio Rodrigues **Golos:** 0-1 (Luís Cláudio 33'); 0-2 (Kibuey 46'); 1-2 (Lourenço 72'); 2-2 (Rómulo 74')

CD Nacional: Nuno Carrapato, João Fidalgo, Espejo, Cleomir, Valente «cap», Serginho (Miguel Fidalgo 66'), Rómulo, Pascal, Nuno Luís, Hugo Freire (Lourenço 71') e Alfredo Bóia (Jovo 55')
Treinador: José Peseiro

ACADÉMICA: Márcio Santos, Camilo, Dyduch, Dino, João Morais (Vital 35'), Rocha, Pedro Hipólito, Luís Cláudio, Lucas «cap», Paulo Adriano (João Campos 75') e Alhandra (Kibuey 45')
Treinador: João Alves

ACADÉMICA – 1 Moreirense FC – 0

II LIGA, 32ª JORNADA, 21-4-2002 (DOM, 16:00)
Estádio Municipal de Coimbra, Coimbra **Árbitro:** Isidoro Rodrigues (Viseu) **Auxiliares:** João Madeira e Luís Farinha
Golo: 1-0 (Vital 11', gp)

ACADÉMICA: Márcio Santos, Tó Sá (Camilo 88'), Dyduch, Tonel, Vital, Rocha, Luís Cláudio, Lucas, Pedro Hipólito (Alhandra 57', João Campos 86'), Dário «cap» e Kibuey
Treinador: João Alves

Moreirense FC: João Ricardo, Primo (Miguel Simão 35', Lim 70'), Orlando, João Duarte, Altino «cap», Serafim, Ido, Bertinho (Armando 45'), Artur Jorge, Roberto e Zacarias
Treinador: Manuel Machado

FC Felgueiras – 3 ACADÉMICA – 1

II LIGA, 33ª JORNADA, 28-4-2002 (DOM, 16:00)
Estádio Dr. Machado de Matos, Felgueiras **Árbitro:** Luís Miranda (Lisboa) **Auxiliares:** João Ai-Ai e Gabínio Evaristo
Golos: 1-0 (George Jardel 5'); 2-0 (George Jardel 29'); 2-1 (Tonel 50'); 3-1 (José Pedro 79')

FC Felgueiras: Adir, Mário Pedro, Bruno Sousa, Serginho (José Pedro 74'), Zamorano, Rafael Duarte, Fredy «cap», Geraldo (Viúla 90'), George Jardel (Dieb 59'), Vagner e Munayer
Treinador: Rui Luís

ACADÉMICA: Márcio Santos, Camilo (Kibuey 15'), Dyduch, Tonel, Vital (AA 81'), Rocha (Paulo Adriano 45'), Luís Cláudio, Lucas (AA 70'), Pedro Hipólito (João Campos 66'), Alhandra e Dário «cap»
Treinador: João Alves

ACADÉMICA – 2 Naval 1º Maio – 1

II LIGA, 34ª JORNADA, 5-5-2002 (DOM, 16:00)
Estádio Municipal de Coimbra, Coimbra **Árbitro:** Paulo Pereira (Viana do Castelo) **Auxiliares:** Devesa Neto e José Silva
Golos: 1-0 (Kibuey 32'); 1-1 (Fernando 44'); 2-1 (Dário 61')

ACADÉMICA: Márcio Santos (Valente 90'), Tó Sá, Dyduch, Tonel, Vital, Luís Cláudio, Lucas, Pedro Hipólito, Alhandra (João Campos 59'), Dário «cap» e Kibuey (Paulo Adriano 76')
Treinador: João Alves

Naval 1º Maio: Mingote, Marco Brás, Fernando, Binho, Carlitos, Zé Carlos, Miraldo (Oliveira 43'), Baha (David 74'), Sufrim (Gabriel Persa 83'), Sérgio Lavos e Wender «cap»
Treinador: Fernando Mira

ACADÉMICA – 0 Sporting CP – 2 [TV]

I LIGA, 1ª JORNADA, 23-8-2002 (SEX, 21:00)
Estádio José Bento Pessoa, Figueira da Foz **Árbitro:** Olegário Benquerença (Leiria) **Auxiliares:** José Ramalho e Luís Marcelino
Golos: 0-1 (Ricardo Quaresma 44'); 0-2 (Tonel 64', pb) **Obs:** Devido a obras para o Euro 2004, os encontros da Académica em casa não serão, nesta época, disputados no estádio Municipal de Coimbra

ACADÉMICA: Pedro Roma, Lucas, Raul Oliveira, Tonel, Tixier (Vital 63'), Fredy, Marinescu, Rocha (João Campos 67'), André, Paulo Adriano (Nuno Luís 51') e Dário «cap»
Treinador: João Alves

Sporting CP: Tiago, César Prates, Quiroga, Contreras, Hugo, Rui Bento, Pedro Barbosa «cap» (Toñito 74'), Ricardo Fernandes, Ricardo Quaresma, Luís Filipe (Paulo Bento 54') e Kutuzov (Niculae 77') **Treinador:** Laszlo Bölöni

CF "Os Belenenses" – 2 ACADÉMICA – 0 [TV]

I LIGA, 2ª JORNADA, 31-8-2002 (SAB, 17:15)
Estádio do Restelo, Lisboa **Árbitro:** Mário Mendes (Coimbra)
Auxiliares: Celso Pereira e Bernardino Silva
Golos: 1-0 (Neca 25'); 2-0 (Marco Paulo 90'+3')

CF "Os Belenenses": Marco Aurélio, Orestes, Wilson, Filgueira «cap», Carlos Fernandes, Tuck, Marco Paulo, Verona, Neca (Antchouet 54'), Eduardo Marques (Rui Borges 69') e Ludemar (Rogério 76') **Treinador:** Marinho Peres

ACADÉMICA: Pedro Roma, Dino (Nuno Luís 30'), Raul Oliveira, Tonel, Tixier, Lucas «cap», Paulo Adriano (João Campos 67'), André, Fredy (Vital 55'), Jorginho e Roberto **Treinador:** João Alves

ACADÉMICA – 0 Boavista FC – 1 [TV]

I LIGA, 3ª JORNADA, 13-9-2002 (SEX, 20:30)
Estádio José Bento Pessoa, Figueira da Foz **Árbitro:** Augusto Duarte (Braga) **Auxiliares:** Domingos Vilaça e Alexandre Freitas
Golo: 0-1 (Silva 1')

ACADÉMICA: Pedro Roma, Nuno Luís, Raul Oliveira, Tonel, Tixier (Jorginho 73'), Lucas, André, Binho (Marinescu 73'), Valeri (Marcelo 69'), Dário «cap» e Roberto
Treinador: João Alves

Boavista FC: Ricardo, Rui Óscar, Saul, Jorge Silva «cap», Erivan, Ávalos, Bosingwa, Ico, Zé Pedro (Pedro Santos 62'), Cafú (Duda 55') e Silva (Martelinho 72')
Treinador: Jaime Pacheco

Gil Vicente FC – 1 ACADÉMICA – 1

I LIGA, 4ª JORNADA, 22-9-2002 (DOM, 16:00)
Estádio Adelino Ribeiro Novo, Barcelos **Árbitro:** Pedro Henriques (Lisboa) **Auxiliares:** Carlos do Carmo e Luís Tavares
Golos: 1-0 (Paulo Alves 9'); 1-1 (Tonel 89')

Gil Vicente FC: Paulo Jorge, Joca, Nunes, Gaspar, Nuno Amaro, Luís Loureiro, Braíma (Luís Coentrão 45'), Casquilha «cap», Manoel, Paulo Alves (Ivo Afonso 78') e Duah (Bito'o 64')
Treinador: Vítor Oliveira

ACADÉMICA: Pedro Roma, Nuno Luís, Raul Oliveira, Tonel, Tixier, Lucas «cap», André, Binho, Valeri (Jorginho 45'), Roberto (Marcelo 65') e Xano (Dário 45')
Treinador: João Alves

ACADÉMICA – 2 VSC Guimarães – 2 (TV)

I LIGA, 5ª JORNADA, 30-9-2002 (SEG, 20:30)
Estádio José Bento Pessoa, Figueira da Foz **Árbitro:** Elmano Santos (Madeira) **Auxiliares:** João Sousa e Marcílio Pinto
Golos: 1-0 (Marcelo 5'); 1-1 (Pedro Mendes 13'); 1-2 (Djurdjevic 55'); 2-2 (Binho 89')

ACADÉMICA: Pedro Roma, Nuno Luís (Marinescu 66'), Raul Oliveira, Tonel, Tixier (Jorginho 62'), Lucas «sc», Binho, André, Fredy, Marcelo e Dário «cap» (Roberto 71')
Treinador: João Alves

VSC Guimarães: Palatsi, Ricardo Silva, Cléber «cap», Rogério Matias, Bessa, Hugo Cunha (Marco 73'), Rui Ferreira, Pedro Mendes (Jaime 87'), Djurdjevic, Nuno Assis (Fangueiro 84') e Romeu **Treinador:** Augusto Inácio

CS Marítimo – 2 ACADÉMICA – 1

I LIGA, 6ª JORNADA, 6-10-2002 (DOM, 16:00)
Estádio dos Barreiros, Funchal
Árbitro: João Vilas Boas (Braga)
Auxiliares: José Carlos Santos e Eduardo David
Golos: 1-0 (Gaúcho 2'); 1-1 (Lucas 82'); 2-1 (Gaúcho 84')

CS Marítimo: Nelson, Albertino, Mitchell Van der Gaag, Paulo Sérgio, Eusébio, Pepe, Zeca «cap», Márcio Abreu (Joel Santos 62'), Richardson (Jacques 85'), Lino (Rincón 56') e Gaúcho
Treinador: Nelo Vingada

ACADÉMICA: Pedro Roma, Lucas, Raul Oliveira, Tonel, Tixier, André (Nuno Luís 31'), Binho, Valeri (Roberto 56'), Marinescu, Marcelo (Jorginho 45') e Dário «cap»
Treinador: João Alves

ACADÉMICA – 1 SC Beira-Mar – 1

I LIGA, 7ª JORNADA, 20-10-2002 (DOM, 15:30)
Estádio Municipal de Tábua, Tábua **Árbitro:** Jacinto Paixão (Évora)
Auxiliares: Pedro Ferreira e António Godinho
Golos: 0-1 (Ricardo Sousa 18'); 1-1 (Dário 21')

ACADÉMICA: Pedro Roma, Nuno Luís, Tonel, Dyduch, Fredy, Binho, André (Jorginho 45'), Dário «cap» (Roberto 77'), Marinescu (Rocha 62'), Lucas «sc» e Marcelo
Treinador: João Alves

SC Beira-Mar: Paulo Sérgio, Toni, Filipe «cap» (AA 80'), Fernandez, Areias, Kata, Sandro, Juninho Petrolina (Carlinhos 87'), Ricardo Sousa, Rui Dolores (Lobão 82') e Fary (Gamboa 68')
Treinador: António Sousa

SL Benfica – 1 ACADÉMICA – 1 (TV)

I LIGA, 8ª JORNADA, 26-10-2002 (SAB, 18:00)
Estádio da Luz, Lisboa **Árbitro:** Paulo Pereira (Viana do Castelo)
Auxiliares: Domingos Vilaça e Álvaro Mesquita
Golos: 0-1 (Xano 86'); 1-1 (Carlitos 90'+3')

SL Benfica: Moreira, Armando (Carlitos 45'), Argel, João Manuel Pinto «cap», Ricardo Rocha, Tiago, Petit (Ednilson 10'), Roger, Simão, Fehér (V 89') e Zahovic (Mantorras 56')
Treinador: Jesualdo Ferreira

ACADÉMICA: Pedro Roma, Nuno Luís (Paulo Adriano 37'), Dyduch, Tonel, Fredy, Rocha, Lucas, Binho (Dino 61'), André, Jorginho (Xano 65') e Dário «cap»
Treinador: João Alves

ACADÉMICA – 3 UD Leiria – 2

I LIGA, 9ª JORNADA, 3-11-2002 (DOM, 15:30)
Estádio Municipal de Tábua, Tábua **Árbitro:** Lucílio Batista (Setúbal) **Auxiliares:** Luís Salgado e Araújo Costa
Golos: 0-1 (Kibuey 2'); 1-1 (Renato 9', pb); 1-2 (Silas 35'); 2-2 (Dário 37'); 3-2 (Dário 64')

ACADÉMICA: Pedro Roma, Lucas «sc», Raul Oliveira, Fredy, Tonel, Rocha, Binho, André, Jorginho (Marcelo 58'), Xano (João Campos 66') e Dário «cap» (Paulo Adriano 86')
Treinador: João Alves

UD Leiria: Costinha, Bilro «cap», Renato, João Paulo, Edson, Fernando Aguiar, Paulo Gomes (Márcio Santos 69'), Maciel (Freddy 70'), Silas, Douala (Alhandra 60') e Kibuey
Treinador: Manuel Cajuda

CD Nacional – 3 ACADÉMICA – 2

I LIGA, 10ª JORNADA, 10-11-2002 (DOM, 16:00)
Estádio Eng. Rui Alves, Funchal **Árbitro:** João Vilas Boas (Braga) **Auxiliares:** João Melo e Eduardo David **Golos:** 1-0 (Adriano 6'); 1-1 (Tonel 15'); 1-2 (André 25'); 2-2 (Carlos Alvarez 51'); 3-2 (Carlos Alvarez 67')

CD Nacional: Nuno Carrapato, Ricardo Esteves, João Fidalgo, Idalécio, Cleomir, Ivo Vieira «cap», Gouveia, Ricardinho (Carlos Alvarez 45'), Serginho (Adilson 86'), Adriano (Maurício 80') e Rossato **Treinador:** José Peseiro

ACADÉMICA: Pedro Roma, Lucas, Tonel, Dyduch, Fredy, Nuno Piloto, André, Rocha (Marcelo 59'), Jorginho (Xano 70'), Dário «cap» e Marinescu (Paulo Adriano 45', V 90')
Treinador: João Alves

ACADÉMICA – 1 VFC Setúbal – 1

I LIGA, 11ª JORNADA, 17-11-2002 (DOM, 18:00)
Estádio Municipal Sérgio Conceição, Taveiro (Coimbra)
Árbitro: Isidoro Rodrigues (Viseu)
Auxiliares: Paulo Carrilho e José Ramalho
Golos: 1-0 (Xano 54'); 1-1 (Jorginho 81')

ACADÉMICA: Pedro Roma, Nuno Luís (Nuno Miranda 89'), Dyduch, Tonel, Fredy, Rocha, Lucas «sc», Binho, André, Xano (Jorginho 83') e Dário «cap» (Marcelo 80')
Treinador: João Alves

VFC Setúbal: Marco Tábuas, Nelson Veiga, Hugo Costa, Hugo Alcântara, Rui André (Mário Carlos 65'), Hélio «cap», Sandro, Marco Ferreira (Vasco Matos 90'), Rui Lima, Jorginho e Rui Miguel (Hugo Henrique 90') **Treinador:** Luís Campos

CD Olivais e Moscavide – 2 ACADÉMICA – 3

TAÇA DE PORTUGAL, 1/32 DE FINAL, 24-11-2002 (DOM, 14:30)
Estádio Alfredo Marques Augusto, Moscavide **Árbitro:** Paulo Batista (Portalegre) **Auxiliares:** André Cunha e Luís Tavares
Golos: 0-1 (Marinescu 12'); 0-2 (Dário 38'); 1-2 (Ricardo Silva 65'); 1-3 (Raul Oliveira 69'); 2-3 (Semeano 90', gp)

CD Olivais e Moscavide: Nené, Miguel Ferreira, Vilela, Osório, Nelson Silva (Miguel Martins 73'), Semeano, Paulo Dias, Travassos «cap» (Serginho 60'), Simão (Paranhos 53'), Cadete e Ricardo Silva
Treinador: João Santos

ACADÉMICA: Márcio Santos, Nuno Luís, Raul Oliveira, Dyduch, Fredy, Rocha, Binho (Pedro Hipólito 72'), Marinescu, Xano (Lucas 37'), Dário «cap» e Marcelo (João Campos 75')
Treinador: João Alves

FC Porto – 4 ACADÉMICA – 1 (TV)

I LIGA, 12ª JORNADA, 2-12-2002 (SEG, 21:30)
Estádio das Antas, Porto **Árbitro:** Jacinto Paixão (Évora)
Auxiliares: João Madeira e Décio Cordeiro
Golos: 0-1 (Dário 4'); 1-1 (Maniche 49', gp); 2-1 (Deco 75'); 3-1 (Hélder Postiga 77'); 4-1 (Jankauskas 90'+2', gp)

FC Porto: Vítor Baía, Paulo Ferreira, Jorge Costa «cap», Ricardo Carvalho, Mário Silva (Alenitchev 33'), Costinha (Capucho 70'), Deco, Maniche, Derlei, Hélder Postiga e César Peixoto (Jankauskas 45') **Treinador:** José Mourinho

ACADÉMICA: Pedro Roma, Nuno Luís, Raul Oliveira, Dino (AA 63'), Dyduch, André, Rocha (Pedro Hipólito 67'), Binho, Lucas «sc», Xano (Fredy 59') e Dário «cap» (Roberto 78')
Treinador: João Alves

Moreirense FC – 1 ACADÉMICA – 0

I LIGA, 13ª JORNADA, 8-12-2002 (DOM, 15:00)
Estádio Joaquim de Almeida Freitas, Moreira de Cónegos
Árbitro: Jorge Sousa (Porto) **Auxiliares:** Luís Henriques e Pedro Lamas **Golo:** 1-0 (Flávio Cordeiro 86')

Moreirense FC: Roberto Tigrão, Primo (Nuno Cavaleiro 74'), João Duarte, Sérgio Lomba, Serafim, Jorge Duarte, Altino «cap» (Vítor Pereira 63'), Alex, Afonso Martins, Agostinho (Flávio Cordeiro 63') e Armando **Treinador:** Manuel Machado

ACADÉMICA: Pedro Roma, Nuno Luís, Raul Oliveira, Dyduch, Tonel «sc», Fredy (Roberto 82'), Rocha, Lucas (AA 89'), Binho (Xano 66'), Paulo Adriano (Marinescu 88') e Dário «cap» (V 89')
Treinador: Vítor Alves

ACADÉMICA – 3 CD Santa Clara – 2

I LIGA, 14ª JORNADA, 14-12-2002 (SAB, 15:00)
Estádio Municipal Sérgio Conceição, Taveiro (Coimbra) **Árbitro:** Lucílio Batista (Setúbal) **Auxiliares:** Carlos Matos e Luís Salgado
Golos: 1-0 (Binho 28'); 2-0 (Nuno Luís 44', gp); 3-0 (Sandro 77', pb); 3-1 (Brandão 87'); 3-2 (Ceará 89')

ACADÉMICA: Pedro Roma, Nuno Luís, Raul Oliveira, Dyduch, Tonel «cap», Fredy, Rocha, André, Binho (Pedro Hipólito 67'), Xano (Tixier 90'+2') e Marcelo (Roberto 75')
Treinador: Vítor Alves

CD Santa Clara: Jorge Silva, Luís Soares, Sandro (Brandão 83'), Aldo, Pedro Henriques, Paiva, Luís Vouzela, Figueiredo «cap», Bruno Ribeiro (George 45'), João Pedro (Vítor Vieira 64') e Ceará
Treinador: Carlos Alberto Silva

ACADÉMICA – 4 CU Micaelense – 1

TAÇA DE PORTUGAL, 1/16 DE FINAL, 18-12-2002 (QUA, 14:30)
Estádio Municipal de Tábua, Tábua **Árbitro:** Pedro Proença (Lisboa) **Auxiliares:** Tiago Trigo e Pedro Ferreira **Golos:** 1-0 (Marinescu 25'); 2-0 (Tonel 56'); 3-0 (Marinescu 77'); 3-1 (Carlitos 85', gp); 4-1 (Paulo Adriano 89') **Obs:** Jogo iniciado com trinta minutos de atraso, por ambas as equipas se terem apresentado com equipamento preto. A Académica acabou por jogar de branco

ACADÉMICA: Márcio Santos, Lucas «cap», Raul Oliveira, Tonel, Tixier, Rocha, Fredy, André (Paulo Adriano 69'), Pedro Hipólito, Marinescu (Valeri 79') e Marcelo (Roberto 45')
Treinador: Vítor Alves

CU Micaelense: Bandim (Paulo Freitas 44'), Rui Costa, Nuno Abreu, Carlitos, Tininho, Paulo Pereira (Ferreira 61'), Alexandre Nunes «cap», Dani, Sidónio, Glaedson e João Peixe (Adolfo 80')
Treinador: Isidro Beato

FC Paços de Ferreira – 0 ACADÉMICA – 0

I LIGA, 15ª JORNADA, 22-12-2002 (DOM, 16:00)
Estádio da Mata Real, Paços de Ferreira
Árbitro: António Resende (Aveiro)
Auxiliares: Jorge Neiva e José Borges

FC Paços de Ferreira: Pedro, Mário Sérgio, Adalberto «cap», João Armando (Pedrinha 45'), Zé Nando, Cadú, Paulo Sousa, Beto, Zé Manuel, Gerónimo (Leonardo 67') e Everaldo (Mauro 45')
Treinador: José Mota

ACADÉMICA: Pedro Roma, Nuno Luís, Raul Oliveira, Dyduch, Tonel «cap», Fredy (Lucas 45'), Rocha, André, Binho, Marinescu (Xano 61') e Roberto (Paulo Adriano 84')
Treinador: Vítor Alves

ACADÉMICA – 2 Varzim SC – 1

I LIGA, 16ª JORNADA, 5-1-2003 (DOM, 16:00)
Estádio Municipal Sérgio Conceição, Taveiro (Coimbra)
Árbitro: Paulo Pereira (Viana do Castelo) **Auxiliares:** José Melo e Alexandre Freitas **Golos:** 1-0 (Fredy 2'); 2-0 (Sérgio Carvalho 27', pb); 2-1 (Sérgio Carvalho 79')

ACADÉMICA: Pedro Roma, Nuno Luís, Raul Oliveira, Dyduch, Tonel, Fredy, Rocha, André, Lucas «cap», Marinescu (Xano 66') e Roberto (Marcelo 77')
Treinador: Artur Jorge

Varzim SC: Miguel, Quim Berto, Alexandre «cap», Sérgio Carvalho, Jorge Ribeiro, Rodolfo, Gilmar, Jorge Luiz (Marcão 65'), Rui Baião (Toni Vidigal 85'), João Paulo (Mendonça 65') e Paulo Vida
Treinador: José Alberto Costa

SC Braga – 1 ACADÉMICA – 1 (TV)

I LIGA, 17ª JORNADA, 10-1-2003 (SEX, 21:00)
Estádio 1º de Maio, Braga **Árbitro:** João Vilas Boas (Braga)
Auxiliares: José Carlos Santos e Paulo Quintino
Golos: 1-0 (Barroso 57'); 1-1 (Dário 66')

SC Braga: Quim, Bodunha, Paulo Jorge, Antía, Telmo, Barroso «cap», Castanheira (Zé Roberto 78'), Abiodun (Arrieta 45'), Nuno Rocha (Nené 68'), Wender e Bordi
Treinador: Fernando Castro Santos

ACADÉMICA: Pedro Roma, Nuno Luís, Raul Oliveira, Dyduch, Tonel «cap», Fredy, Rocha, André, Valeri (Dário 60'), Marinescu (Paulo Adriano 89') e Roberto (Xano 84')
Treinador: Artur Jorge

2002-2003

ACADÉMICA – 2 CF "Os Belenenses" – 1 [TV]

I LIGA, 19ª JORNADA, 24-1-2003 (SEX, 21:00)
Estádio Municipal Sérgio Conceição, Taveiro (Coimbra) **Árbitro:** Hernâni Duarte (Braga) **Auxiliares:** Devesa Neto e Jorge Neiva
Golos: 1-0 (Dário 13'); 1-1 (Djalmir 59'); 2-1 (Marinescu 89')

ACADÉMICA: Hilário, Raul Oliveira, Tonel «sc», Dyduch, André, Vítor Vieira, Manuel José, Rocha, Fredy (Roberto 76'), Marinescu e Dário «cap» (Tixier 89')
Treinador: Artur Jorge

CF "Os Belenenses": Marco Aurélio, Sousa (Mauro 45'), Odair, Filgueira «cap», Carlos Fernandes (Djalmir 45'), Marco Paulo, Tuck, Neca, Rui Borges (Bruno Fernandes 66'), Verona e Eduardo Marques **Treinador:** Marinho Peres

ACADÉMICA – 3 GD Chaves – 1

TAÇA DE PORTUGAL, OITAVOS DE FINAL, 29-1-2003 (QUA, 15:00)
Estádio Municipal Sérgio Conceição, Taveiro (Coimbra) **Árbitro:** Hélio Santos (Lisboa) **Auxiliares:** Carlos do Carmo e Pedro Garcia
Golos: 1-0 (Fredy 16'); 2-0 (Fredy 59'); 3-0 (Dário 73'); 3-1 (Isidro 90')

ACADÉMICA: Hilário, Raul Oliveira, Tonel «sc», Dyduch, André, Vítor Vieira, Manuel José, Carlos Martins (Marcelo 55'), Fredy (Marcos António 83'), Marinescu e Dário «cap» (Xano 80')
Treinador: Artur Jorge

GD Chaves: Rui Riça, Jorge Neves (Vítor Riça 65'), Correia (Isidro 77'), Paulo Alexandre «cap», Lino, Valença, Ricardo Chaves, Luís Cláudio, Mendonça, Manduca e João
Treinador: Horácio Gonçalves

Boavista FC – 4 ACADÉMICA – 1 [TV]

I LIGA, 20ª JORNADA, 1-2-2003 (SAB, 19:00)
Estádio do Bessa, Porto **Árbitro:** Paulo Pereira (Viana do Castelo)
Auxiliares: João Santos e Alexandre Freitas **Golos:** 0-1 (Marinescu 6'); 1-1 (Silva 12'); 2-1 (Silva 32'); 3-1 (Yuri 57'); 4-1 (Pedrosa 84')

Boavista FC: Ricardo «cap», Martelinho, Paulo Turra, Éder, Erivan (Alexandre Goulart 13'), Pedro Santos, Ávalos, Pedrosa, Yuri, Silva (Cafú 79') e Jorge Couto (Luiz Cláudio 73')
Treinador: Jaime Pacheco

ACADÉMICA: Hilário, Raul Oliveira, Tonel «sc», Dyduch, Rocha, André, Vítor Vieira (Nuno Luís 82'), Manuel José (V 58'), Fredy (Carlos Martins 67'), Marinescu e Dário «cap» (Xano 80')
Treinador: Artur Jorge

Sporting CP – 1 ACADÉMICA – 0 [TV]

I LIGA, 18ª JORNADA, 5-2-2003 (QUA, 19:00)
Estádio José Alvalade, Lisboa **Árbitro:** Francisco Ferreira (Viana do Castelo) **Auxiliares:** Amândio Ribeiro e Vítor Carvalho
Golo: 1-0 (Niculae 68') **Obs:** Jogo inicialmente marcado para 18 de Janeiro, adiado devido ao mau tempo

Sporting CP: Tiago, Quiroga (Ronaldo 59'), Hugo, Contreras, Tello, Rui Bento, Ricardo Quaresma (Sá Pinto 59'), Toñito, Ricardo Fernandes (Niculae 45'), João Vieira Pinto «cap» e Jardel
Treinador: Laszlo Bölöni

ACADÉMICA: Hilário, Marcos António, Tonel, Dyduch, Nuno Luís, Rocha (Paulo Adriano 76'), Fredy (Xano 82'), André, Vítor Vieira, Marinescu (Jorginho 64') e Dário «cap»
Treinador: Artur Jorge

ACADÉMICA – 2 Gil Vicente FC – 0

I LIGA, 21ª JORNADA, 9-2-2003 (DOM, 16:00)
Estádio Municipal Sérgio Conceição, Taveiro (Coimbra)
Árbitro: João Ferreira (Setúbal) **Auxiliares:** Carlos do Carmo e Araújo Costa **Golos:** 1-0 (Dário 7'); 2-0 (Dário 81')

ACADÉMICA: Hilário, Marcos António, Tonel «sc», Dyduch, Rocha, Vítor Vieira, Manuel José, André, Fredy (Carlos Martins 45'), Marinescu (Raul Oliveira 83') e Dário «cap» (Xano 89')
Treinador: Artur Jorge

Gil Vicente FC: Paulo Jorge (Adriano 27'), Joca (Marco Nuno 45'), Nunes, Gaspar, Ivo Afonso, Luís Loureiro (Paulo Alves 64'), Braíma, Luís Coentrão, Casquilha «cap», Manoel e Nandinho
Treinador: Vítor Oliveira

VSC Guimarães – 1 ACADÉMICA – 0 [TV]

I LIGA, 22ª JORNADA, 17-2-2003 (SEG, 20:30)
Estádio Dr. Machado de Matos, Felgueiras **Árbitro:** Paulo Costa (Porto) **Auxiliares:** Serafim Nogueira e Marcílio Pinto
Golo: 1-0 (Rafael 90'+2') **Obs:** Jogo disputado em Felgueiras, devido a obras no estádio Municipal de Guimarães

VSC Guimarães: Palatsi, Ricardo Silva, Cléber «cap», Rogério Matias, Bessa (Rafael 32'), Rui Ferreira (Rubens Júnior 45'), Pedro Mendes, Nuno Assis, Djurdjevic, Romeu e Fábio Júnior (Fangueiro 64') **Treinador:** Augusto Inácio

ACADÉMICA: Hilário, Marcos António, Tonel «sc», Dyduch, Nuno Luís, Vítor Vieira, Manuel José, André, Fredy, Carlos Martins (Jorginho 70') e Dário «cap» (Marinescu 77')
Treinador: Artur Jorge

ACADÉMICA – 2 CS Marítimo – 0

I LIGA, 23ª JORNADA, 23-2-2003 (DOM, 16:00)
Estádio Municipal Sérgio Conceição, Taveiro (Coimbra) **Árbitro:** Carlos Xistra (Castelo Branco) **Auxiliares:** Paulo Carrilho e Paulo Quintino **Golos:** 1-0 (André 33'); 2-0 (Dário 64')

ACADÉMICA: Hilário, Marcos António, Tonel «sc», Dyduch, Carlos Martins (Nuno Luís 70'), Vítor Vieira, Manuel José, André, Fredy, Marinescu (Jorginho 86') e Dário «cap» (Pedro Oliveira 68')
Treinador: Artur Jorge

CS Marítimo: Marcos, Lino (Joel Santos 45'), Mitchell Van der Gaag «cap», Ezequias, Eusébio, Albertino, Wênio, Bruno (Hugo Morais 72'), Danny, Rincón (Jacques 62') e Gaúcho
Treinador: Nelo Vingada

SC Beira-Mar – 1 ACADÉMICA – 0

I LIGA, 24ª JORNADA, 2-3-2003 (DOM, 16:00)
Estádio Mário Duarte, Aveiro **Árbitro:** Elmano Santos (Madeira)
Auxiliares: Sérgio Serrão e Rotílio Rodrigues
Golo: 1-0 (Josiesley Ferreira 46')

SC Beira-Mar: Debenest, Toni (Gamboa 45'), Filipe «cap», Mariano Fernandez, Diogo Luís, Kata, Levato, Juninho Petrolina, Ricardo Sousa, Josiesley Ferreira (Ribeiro 82') e Fary (Diego Galvan 87')
Treinador: António Sousa

ACADÉMICA: Hilário, Marcos António, Tonel «sc», Dyduch, Rocha, Carlos Martins, Vítor Vieira (Jorginho 67'), Manuel José, André, Fredy (Marinescu 55') e Dário «cap» (Pedro Oliveira 45')
Treinador: Artur Jorge

UD Leiria – 3 ACADÉMICA – 1

TAÇA DE PORTUGAL, QUARTOS DE FINAL, 8-3-2003 (SAB, 16:00)
Estádio Municipal da Marinha Grande, Marinha Grande **Árbitro:** Martins dos Santos (Porto) **Auxiliares:** António Perdigão e Jorge Neiva **Golos:** 1-0 (Hugo Almeida 45'); 1-1 (Marinescu 73'); 2-1 (Paulo Gomes 77'); 3-1 (Bilro 90'+2') **Obs:** Jogo disputado na Marinha Grande, devido a obras no estádio Municipal de Leiria

UD Leiria: Helton, Bilro «cap», Paulo Duarte, Renato, Laranjeiro, Fernando Aguiar (Hugo Almeida 20', Gabriel 87'), Leão, João Manuel, Maciel, Douala (Paulo Gomes 67') e Silas (V 82')
Treinador: Manuel Cajuda

ACADÉMICA: Hilário, Marcos António, Raul Oliveira, Dyduch, Rocha (Nuno Luís 53'), Vítor Vieira, Carlos Martins, Manuel José, André (Pedro Oliveira 71'), Fredy (Marinescu 53') e Dário «cap»
Treinador: Artur Jorge

ACADÉMICA – 1 SL Benfica – 4 [TV]

I LIGA, 25ª JORNADA, 15-3-2003 (SAB, 21:15)
Estádio José Bento Pessoa, Figueira da Foz **Árbitro:** Paulo Paraty (Porto) **Auxiliares:** Devesa Neto e José Luís Melo **Golos:** 0-1 (Armando 11'); 0-2 (Simão 16'); 0-3 (Miguel 45'); 1-3 (Dário 54'); 1-4 (João Manuel Pinto 90'+2')

ACADÉMICA: Hilário, Marcos António, Tonel, Dyduch, Tixier (Fredy 55'), Carlos Martins (Pedro Oliveira 82'), Vítor Vieira, Manuel José, André, Binho (Marinescu 29') e Dário «cap»
Treinador: Artur Jorge

SL Benfica: Moreira, Miguel, Argel, Hélder, Armando, Tiago (João Manuel Pinto 82'), Petit, Geovanni (Carlitos 74'), Simão «cap», Nuno Gomes (Sokota 82') e Zahovic
Treinador: José Antonio Camacho

UD Leiria – 0 ACADÉMICA – 0

I LIGA, 26ª JORNADA, 23-3-2003 (DOM, 16:00)
Estádio Municipal da Marinha Grande, Marinha Grande
Árbitro: Paulo Batista (Portalegre) **Auxiliares:** Luís Tavares e João Sousa **Obs:** Jogo disputado na Marinha Grande, devido a obras no estádio Municipal de Leiria

UD Leiria: Helton, Bilro «cap», Gabriel, Renato, Laranjeiro, Viveros (Alhandra 45'), João Manuel, Maciel, Douala (Freddy 75'), Hugo Almeida (Márcio Santos 60') e Silas
Treinador: Manuel Cajuda

ACADÉMICA: Hilário, Marcos António, Tonel «sc», Dyduch (Raul Oliveira 28'), Esquerdinha, Manuel José, Rocha, Binho (Jorginho 45'), André, Marinescu e Dário «cap» (Xano 79')
Treinador: Artur Jorge

ACADÉMICA – 2 CD Nacional – 2

I LIGA, 27ª JORNADA, 6-4-2003 (DOM, 16:00)
Estádio Municipal Sérgio Conceição, Taveiro (Coimbra)
Árbitro: António Costa (Setúbal) **Auxiliares:** João Tomatas e António Godinho **Golos:** 1-0 (Dário 40'); 1-1 (Carlos Alvarez 45'); 2-1 (Marinescu 50'); 2-2 (Cleomir 88')

ACADÉMICA: Hilário (Márcio Santos 64'), Nuno Luís, Marcos António, Tonel (AA 89'), Esquerdinha, Rocha, André (Xano 88'), Manuel José, Carlos Martins (Pedro Oliveira 57'), Marinescu e Dário «cap» **Treinador:** Artur Jorge

CD Nacional: Marcelo Cruz, Patacas, Hugo Carreira (V 90'), Jokanovic «cap», Cleomir, Paulo Assunção, Ricardo Esteves (AA 52'), Gouveia (Serginho 71'), Carlos Alvarez, Adriano (Ivo Vieira 90') e Rossato (Tonanha 76') **Treinador:** José Peseiro

VFC Setúbal – 3 ACADÉMICA – 1

I LIGA, 28ª JORNADA, 19-4-2003 (SAB, 16:00)
Estádio do Bonfim, Setúbal **Árbitro:** Olegário Benquerença (Leiria)
Auxiliares: José Cardinal e Luís Marcelino **Golos:** 0-1 (Marinescu 17'); 1-1 (Nelson 19'); 2-1 (Celino 32'); 3-1 (Jorginho 74')

VFC Setúbal: Marco Tábuas, Nelson, Hugo Costa, Nelson Veiga, Rui Lima, Hélio «cap», Chipenda, Mário Carlos (Rui Miguel 65'), Jorginho (Cândido Costa 86'), Celino (Joca 79') e Meyong
Treinador: Carlos Cardoso

ACADÉMICA: Pedro Roma, Nuno Luís, Marcos António, Raul Oliveira, Esquerdinha, Rocha, Vítor Vieira (Jorginho 45'), Manuel José, Carlos Martins (Xano 71'), Marinescu e Dário «cap»
Treinador: Artur Jorge

ACADÉMICA – 1 FC Porto – 1 [TV]

I LIGA, 29ª JORNADA, 28-4-2003 (SEG, 21:15)
Estádio Municipal Sérgio Conceição, Taveiro (Coimbra)
Árbitro: Pedro Proença (Lisboa)
Auxiliares: Tiago Trigo e Pedro Ferreira
Golos: 1-0 (Raul Oliveira 36'); 1-1 (Derlei 72')

ACADÉMICA: Pedro Roma, Nuno Luís, Raul Oliveira, Dyduch, Tixier, Esquerdinha, Paulo Adriano «sc» (Carlos Martins 90'+4'), Rocha, André «ssc», Marinescu (Fredy 83') e Dário «cap» (Jorginho 89') **Treinador:** Artur Jorge

FC Porto: Vítor Baía, Secretário (Marco Ferreira 45'), Jorge Costa «cap», Pedro Emanuel (César Peixoto 56'), Ricardo Costa, Tiago, Paulo Ferreira, Deco, Maniche, Derlei e Hélder Postiga (Capucho 82') **Treinador:** José Mourinho

ACADÉMICA – 1 Moreirense FC – 1

I LIGA, 30ª JORNADA, 4-5-2003 (DOM, 16:00)
Estádio Municipal Sérgio Conceição, Taveiro (Coimbra) **Árbitro:** Isidoro Rodrigues (Viseu) **Auxiliares:** António Gonçalves e José Carlos Santos **Golos:** 0-1 (Vítor Pereira 22'); 1-1 (Marinescu 51')

ACADÉMICA: Pedro Roma, Nuno Luís (Marcelo 25'), Marcos António, Tonel, Raul Oliveira, Manuel José, André, Fredy (Jorginho 78'), Rocha (Paulo Adriano 45'), Marinescu e Dário «cap»
Treinador: Artur Jorge

Moreirense FC: Roberto Tigrão, Armando Evangelista, João Duarte, Sérgio Lomba, Serafim «cap», Jorge Duarte, Nuno Cavaleiro (Emerson 60'), Flávio Meireles, Vítor Pereira, Agostinho (Demétrios 56') e Armando (Mauro César 70') **Treinador:** Manuel Machado

2003-2004

CD Santa Clara – 0 ACADÉMICA – 0
I LIGA, 31ª JORNADA, 11-5-2003 (DOM, 17:00)
Estádio de São Miguel, Ponta Delgada
Árbitro: Paulo Costa (Porto)
Auxiliares: Serafim Nogueira e Bertino Miranda

CD Santa Clara: Jorge Silva, Luís Soares, Kali, Sérgio Nunes, Pedro Henriques, Luís Vouzela, Paiva, Figueiredo «cap», Tucho (Bruno Ribeiro 61'), George (João Pedro 69') e Ceará (Leandro 61')
Treinador: Carlos Alberto Silva

ACADÉMICA: Pedro Roma, Nuno Luís, Raul Oliveira, Tonel, Tixier, Manuel José (Jorginho 81'), André, Paulo Adriano (Fredy 60'), Rocha, Marinescu (Marcos António 90'+3') e Dário «cap»
Treinador: Artur Jorge

ACADÉMICA – 2 FC Paços de Ferreira – 2
I LIGA, 32ª JORNADA, 18-5-2003 (DOM, 16:00)
Estádio Municipal Sérgio Conceição, Taveiro (Coimbra) **Árbitro:** Paulo Paraty (Porto) **Auxiliares:** José Ramalho e Pedro Lamas
Golos: 1-0 (André 24'); 1-1 (Serginho 37'); 1-2 (Leonardo 40'); 2-2 (Manuel José 45')

ACADÉMICA: Pedro Roma, Nuno Luís, Raul Oliveira (Dyduch 45'), Tonel, Tixier, Manuel José, André, Paulo Adriano (Vítor Vieira 70'), Rocha (Marcelo 70'), Marinescu e Dário «cap»
Treinador: Artur Jorge

FC Paços de Ferreira: Pedro, Luís Miguel, Adalberto «cap», Filó, Zé Nando, Júnior, Puntas (Júlio César 51'), Beto, Renato Queirós (Cadú 79'), Leonardo (Zé Manuel 55') e Serginho
Treinador: José Mota

Varzim SC – 0 ACADÉMICA – 3
I LIGA, 33ª JORNADA, 25-5-2003 (DOM, 16:00)
Estádio Varzim Sport Club, Póvoa de Varzim **Árbitro:** João Ferreira (Setúbal) **Auxiliares:** José Cardinal e Venâncio Tomé
Golos: 0-1 (Marinescu 5'); 0-2 (André 36'); 0-3 (Paulo Adriano 74')

Varzim SC: Miguel, Margarido (Marco Freitas 56'), Lemos, José António, Quim Berto, Paulo Piedade «cap», Mariano, Jorge Ribeiro (Milhazes 45'), Rui Baião, Paulo Vida (Marcão 45' e Pepa
Treinador: Luís Campos

ACADÉMICA: Pedro Roma, Nuno Luís, Marcos António (Dyduch 64'), Tonel «sc», Tixier, Manuel José, André, Paulo Adriano, Rocha, Marinescu (Marcelo 87') e Dário «cap» (Vítor Vieira 77')
Treinador: Artur Jorge

ACADÉMICA – 1 SC Braga – 0
I LIGA, 34ª JORNADA, 1-6-2003 (DOM, 16:00)
Estádio Municipal Sérgio Conceição, Taveiro (Coimbra) **Árbitro:** Isidoro Rodrigues (Viseu) **Auxiliares:** Paulo Januário e Domingos Vilaça **Golo:** 1-0 (Paulo Adriano 19')

ACADÉMICA: Pedro Roma, Nuno Luís, Dyduch, Tonel «sc», Tixier, Manuel José, André, Paulo Adriano (Vítor Vieira 76'), Rocha, Marinescu (Fredy 90'+2') e Dário «cap» (Marcelo 86')
Treinador: Artur Jorge

SC Braga: Marco, Bodunha, Paulo Jorge, Nené, Tito, André, Emerson, Castanheira «cap», Henrique, Nuno Rocha (Arrieta 80') e Hiroyama (Lima 73')
Treinador: Jesualdo Ferreira

ÉPOCA 2003-2004

I LIGA: 15º LUGAR (MANUTENÇÃO)
TAÇA DE PORTUGAL: 1/16 DE FINAL

JOGOS EFECTUADOS

	J	V	E	D	GM	GS
CASA	19	7	2	10	24	23
FORA	17	5	3	9	20	22
TOTAL	36	12	5	19	44	45

ACADÉMICA – 1 Sporting CP – 2
I LIGA, 1ª JORNADA, 17-8-2003 (SAB, 19:45)
Estádio Municipal Sérgio Conceição, Taveiro (Coimbra) **Árbitro:** Bruno Paixão (Setúbal) **Auxiliares:** Luís Salgado e António Godinho
Golos: 1-0 (Filipe Alvim 52'); 1-1 (Lourenço 67'); 1-2 (Beto 90'+2')

ACADÉMICA: Fouhami, Nuno Luís, Tonel «sc», José António, Pedro Henriques, Tixier, Rodolfo, Dionattan (Marinescu 74'), Filipe Alvim, Dário «cap» (Ricardo Perez 80') e Delmer
Treinador: Artur Jorge

Sporting CP: Ricardo, Miguel Garcia (Polga 45'), Beto «cap», Hugo, Rui Jorge (Tello 57'), Custódio, Rochemback, João Vieira Pinto, Luís Filipe (Toñito 72'), Lourenço e Silva
Treinador: Fernando Santos

UD Leiria – 0 ACADÉMICA – 2
I LIGA, 2ª JORNADA, 24-8-2003 (SAB, 21:30)
Estádio Municipal da Marinha Grande, Marinha Grande **Árbitro:** Hélio Santos (Lisboa) **Auxiliares:** José Borges e Pedro Garcia
Golos: 0-1 (Dário 5'); 0-2 (Dário 35')

UD Leiria: Helton, Bilro «cap», Paulo Duarte, João Paulo, Edson (Freddy 72'), Sérgio Gameiro, Paulo Gomes (Alhandra 56'), João Manuel, Caíco, Ludemar e Douala
Treinador: Vítor Pontes

ACADÉMICA: Fouhami, Nuno Luís, Tonel, José António, Pedro Henriques, Tixier, Rodolfo, Dionattan (Lucas 75'), Filipe Alvim (Buzsáky 48'), Dário «cap» e Delmer (Ricardo Perez 87')
Treinador: Artur Jorge

VSC Guimarães – 1 ACADÉMICA – 2
I LIGA, 4ª JORNADA, 15-9-2003 (SEG, 21:15)
Estádio D. Afonso Henriques, Guimarães **Árbitro:** Paulo Batista (Portalegre) **Auxiliares:** Décio Cordeiro e Paulo Carrilho
Golos: 0-1 (Dário 9'); 1-1 (Manuel José 45'); 1-2 (Tixier 67')

VSC Guimarães: Miguel, Bruno Alves, Marco, Rogério Matias «cap», Bessa (Fangueiro 79'), Ednilson (Hugo Cunha 75'), Manuel José, Nuno Assis, Rubens Júnior (Romeu 35'), Guga e João Tomás
Treinador: Augusto Inácio

ACADÉMICA: Fouhami, Nuno Luís, Tonel, José António, Tixier, Pedro Henriques, Rocha (Lucas 67'), Dionattan (Rodolfo 84') Paulo Adriano, Dário «cap» e Delmer (Fábio Felício 67')
Treinador: Vítor Oliveira

Boavista FC – 0 ACADÉMICA – 0
I LIGA, 5ª JORNADA, 20-9-2003 (SAB, 18:30)
Estádio do Bessa, Porto
Árbitro: Jorge Sousa (Porto)
Auxiliares: Paulo Januário e Pedro Lamas

Boavista FC: William, Rui Óscar, Paulo Turra, Éder, Viveros, Frechaut «cap», Filipe Anunciação (Pedro Santos 45'), André (Duda 76'), Ricardo Sousa, Luiz Cláudio (Fary 45') e Ali
Treinador: Erwin Sanchez

ACADÉMICA: Fouhami, Filipe Alvim, Tonel, José António, Pedro Henriques, Rocha (Lucas 60'), Tixier, Dionattan, Paulo Adriano (Fábio Felício 75'), Dário «cap» e Delmer (Ricardo Perez 60')
Treinador: Vítor Oliveira

ACADÉMICA – 0 CF "Os Belenenses" – 1
I LIGA, 6ª JORNADA, 28-9-2003 (DOM, 21:30)
Estádio Municipal Sérgio Conceição, Taveiro (Coimbra) **Árbitro:** Paulo Pereira (Viana do Castelo) **Auxiliares:** Jorge Neiva e Henrique Parente **Golo:** 0-1 (Antchouet 81')

ACADÉMICA: Fouhami, Filipe Alvim, Tonel, José António, Pedro Henriques, Tixier, Dionattan (Fredy 62'), Paulo Adriano (Fábio Felício 62'), Lucas (Marinescu 74'), Dário «cap» e Delmer
Treinador: Vítor Oliveira

CF "Os Belenenses": Marco Aurélio, Filgueira «cap», Wilson, Carlos Fernandes, Marco Paulo, Pelé, Eliseu, Rui Borges (Valdiran 45'), Neca, Sané (Fábio Rosa 87') e Antchouet (Leonardo 84')
Treinador: Manuel José

FC Porto – 4 ACADÉMICA – 1
I LIGA, 7ª JORNADA, 5-10-2003 (DOM, 20:15)
Estádio das Antas, Porto **Árbitro:** João Vilas Boas (Braga) **Auxiliares:** Bernardino Silva e José Carlos Santos
Golos: 0-1 (Dário 7'); 1-1 (César Peixoto 9'); 2-1 (Derlei 15'); 3-1 (Derlei 41'); 4-1 (Derlei 48')

FC Porto: Vítor Baía «cap», Paulo Ferreira, Ricardo Carvalho, Pedro Emanuel, Nuno Valente, Pedro Mendes, Maniche (Bruno Moraes 80'), Deco, Derlei, César Peixoto (Ricardo Fernandes 69') e McCarthy (Jankauskas 61') **Treinador:** José Mourinho

ACADÉMICA: Fouhami, Filipe Alvim, Zé Castro, José António, Tixier, Pedro Henriques, Lucas (Ricardo Perez 55'), Rocha (Dionattan 45'), Fredy (Paulo Adriano 45'), Fábio Felício e Dário «cap» **Treinador:** Vítor Oliveira

ACADÉMICA – 0 CD Nacional – 1
I LIGA, 8ª JORNADA, 18-10-2003 (SAB, 16:00)
Estádio Municipal Sérgio Conceição, Taveiro (Coimbra) **Árbitro:** João Roque (Portalegre) **Auxiliares:** André Cunha e Paulo Carrilho
Golo: 0-1 (Adriano 77')

ACADÉMICA: Pedro Roma, Filipe Alvim, Tonel, José António, Pedro Henriques, Tixier, Dionattan (Buzsáky 45'), Paulo Adriano (Marinescu 62'), Lucas «cap», Fábio Felício (Ricardo Perez 45') e Delmer **Treinador:** Vítor Oliveira

CD Nacional: Nuno Carrapato, João Fidalgo (Emerson 51'), Ávalos, Paulo Sérgio, Patacas, Paulo Assunção, Ivo Vieira «cap» (Cléber 40'), Carlos Alvarez (Alexandre Goulart 76'), Rossato, Adriano e Serginho Baiano **Treinador:** Casemiro Mior

Moreirense FC – 1 ACADÉMICA – 1
I LIGA, 9ª JORNADA, 26-10-2003 (DOM, 16:00)
Estádio Joaquim de Almeida Freitas, Moreira de Cónegos **Árbitro:** Elmano Santos (Madeira) **Auxiliares:** Sérgio Lacroix e Rotílio Rodrigues **Golos:** 1-0 (Manoel 63'); 1-1 (Marcelo 90'+1')

Moreirense FC: Nuno Claro, Primo «cap», Ricardo Fernandes, Sérgio Lomba, Tito, Jorge Duarte, Vítor Pereira (Lima 23'), Uribe, Bruno Mestre (Demétrios 45'), Manoel e Lito
Treinador: Manuel Machado

ACADÉMICA: Pedro Roma, Nuno Luís, Tonel «cap», José António, Pedro Henriques, Tixier, Rocha, Fiston (Dionattan 56'), Fredy (Fábio Felício 65'), Marinescu (Marcelo 56') e Delmer
Treinador: Vítor Oliveira

ACADÉMICA – 1 SL Benfica – 3
I LIGA, 3ª JORNADA, 29-10-2003 (QUA, 21:00)
Estádio Cidade de Coimbra, Coimbra **Árbitro:** Augusto Duarte (Braga) **Auxiliares:** Paulo Januário e Álvaro Mesquita **Golos:** 1-0 (Tonel 6'); 1-1 (Sokota 21'); 1-2 (Simão 26'); 1-3 (Roger 82')

ACADÉMICA: Pedro Roma, Nuno Luís, Tonel «sc», José António, Filipe Alvim, Pedro Henriques, Tixier, Dionattan, Paulo Adriano «cap» (Marcelo 35'), Marinescu (Delmer 62') e Fiston (Fábio Felício 45') **Treinador:** Vítor Oliveira

SL Benfica: Moreira, Miguel, Argel, Hélder «cap», Ricardo Rocha, Tiago, Petit, Geovanni (Alex 57'), Simão, Nuno Gomes (Fehér 89') e Sokota (Roger 57')
Treinador: José Antonio Camacho

ACADÉMICA – 2 Gil Vicente FC – 1
I LIGA, 10ª JORNADA, 2-11-2003 (DOM, 16:00)
Estádio Cidade de Coimbra, Coimbra **Árbitro:** Rui Costa (Porto) **Auxiliares:** José Luís Melo e Alexandre Freitas **Golos:** 1-0 (Delmer 51'); 2-0 (Delmer 89'); 2-1 (Paulo Alves 90'+1', gp)

ACADÉMICA: Pedro Roma, Nuno Luís, Tonel «cap», José António, Pedro Henriques, Tixier (Lucas 77'), Rocha (Buzsáky 66'), Delmer, Fábio Felício, Marinescu (Filipe Alvim 90'+2') e Marcelo
Treinador: Vítor Oliveira

Gil Vicente FC: Paulo Jorge, Joca (Lary 80'), Marcos António, Nunes, Nuno Amaro (Paulo Alves 87'), Luís Loureiro (AA 49'), Braíma (Fábio Januário 57'), Nandinho, Luís Coentrão, Casquilha «cap» e Josiesley Ferreira **Treinador:** Mário Reis

2003-2004

CS Marítimo – 0 ACADÉMICA – 2

I LIGA, 11ª JORNADA, 8-11-2003 (SAB, 16:00)
Estádio dos Barreiros, Funchal **Árbitro:** André Gralha (Santarém)
Auxiliares: Décio Cordeiro e Carlos Santos
Golos: 0-1 (Delmer 20'); 0-2 (Fábio Felício 83')

CS Marítimo: Marcos, Briguel, Mitchell Van der Gaag «cap», Pepe, Ezequias, Bino, Wênio, Márcio Abreu (Marcelo Carioca 39'), Danny (Kenedy 53'), Alan e Gaúcho (Rincón 53')
Treinador: Manuel Cajuda

ACADÉMICA: Pedro Roma, Nuno Luís, Tonel «cap», José António, Filipe Alvim, Pedro Henriques, Rocha (Lucas 69'), Tixier, Marinescu (Jorginho 59'), Delmer (Marcelo 65') e Fábio Felício
Treinador: Vítor Oliveira

ACADÉMICA – 4 FC Infesta – 2

TAÇA DE PORTUGAL, 1/32 DE FINAL, 23-11-2003 (DOM, 15:00)
Estádio Municipal Sérgio Conceição, Taveiro (Coimbra) **Árbitro:** Nuno Almeida (Algarve) **Auxiliares:** Eurico Santos e Pedro Pinheiro
Golos: 1-0 (Fábio Felício 2'); 2-0 (José António 6'); 3-0 (José António 10'); 4-0 (Dionattan 31'); 4-1 (Nelson 78'); 4-2 (Pedro Nuno 85')

ACADÉMICA: Fouhami, Nuno Luís, Dyduch, José António, Pedro Henriques (Fredy 45'), Lucas «cap», Dionattan, Marinescu (Buzsáky 45', V 86'), Delmer (Jorginho 67'), Marcelo e Fábio Felício
Treinador: Vítor Oliveira

FC Infesta: Nilson, Magalhães (Bruninho 66'), Janas, Nuno, Filipe, Torres, Corina, Nelsinho (Rivaldo 19'), Pedro Nuno, Vitinha (Nelson 74') e Sérgio «cap»
Treinador: Manuel António

ACADÉMICA – 0 SC Beira-Mar – 1

I LIGA, 12ª JORNADA, 30-11-2003 (DOM, 16:00)
Estádio Cidade de Coimbra, Coimbra **Árbitro:** João Vilas Boas (Braga) **Auxiliares:** João Santos e António Rodrigues
Golo: 0-1 (Juninho Petrolina 61')

ACADÉMICA: Pedro Roma, Lucas «cap», Tonel, José António, Filipe Alvim, Fredy (Fiston 59'), Rocha (Paulo Adriano 59'), Tixier, Dionattan (Delmer 67'), Marcelo e Marinescu
Treinador: Vítor Oliveira

SC Beira-Mar: Marriot, Ribeiro «cap», Zeman, Saul, Areias, Sandro, Levato (Diogo Luís 85'), Juninho Petrolina, Kata, Wijnhard (Rui Dolores 79') e Kingsley (Whelliton 79')
Treinador: António Sousa

FC Alverca – 2 ACADÉMICA – 1

I LIGA, 13ª JORNADA, 7-12-2003 (DOM, 16:00)
Complexo Desportivo do FC Alverca, Alverca do Ribatejo
Árbitro: Jacinto Paixão (Évora) **Auxiliares:** Hernâni Fernandes e Ricardo Santos **Golos:** 1-0 (Alex Afonso 13'); 2-0 (Alex Afonso 44'); 2-1 (Marinescu 55', gp)

FC Alverca: Yannick, Amoreirinha, Marco Almeida, Veríssimo «cap», Diogo, Torrão (Manú 71'), Gabriel, José Rui (Júnior 57'), Ramires, Rodolfo Lima e Alex Afonso (Zé Roberto 74')
Treinador: José Couceiro

ACADÉMICA: Pedro Roma, Lucas «cap» (Ricardo Perez 45'), Tonel «sc», José António, Filipe Alvim, Fredy (AA 77'), Rocha, Dionattan, Buzsáky (Fiston 68'), Fábio Felício (Zuela 84') e Marinescu
Treinador: Vítor Oliveira

ACADÉMICA – 0 Rio Ave FC – 0

I LIGA, 14ª JORNADA, 13-12-2003 (SAB, 16:00)
Estádio Cidade de Coimbra, Coimbra
Árbitro: Martins dos Santos (Porto)
Auxiliares: Álvaro Mesquita e João Silva

ACADÉMICA: Pedro Roma, Filipe Alvim, Tonel «cap», José António, Dyduch (Lucas 66'), Dionattan, Rocha, Buzsáky (Paulo Adriano 80'), Marcelo, Marinescu (Delmer 57') e Fábio Felício
Treinador: Vítor Oliveira

Rio Ave FC: Mora, Niquinha, Franco, Idalécio, Miguelito, Mozer, Jaime (Cuco 90'+5'), Junas, Gama «cap» (Bruno Mendes 62'), Ronny (Jacques 79') e Evandro
Treinador: Carlos Brito

ACADÉMICA – 0 SL Benfica – 1 [TV]

TAÇA DE PORTUGAL, 1/16 DE FINAL, 17-12-2003 (QUA, 21:15)
Estádio Cidade de Coimbra, Coimbra **Árbitro:** Paulo Costa (Porto)
Auxiliares: Bertino Miranda e João Santos
Golo: 0-1 (Luisão 21')

ACADÉMICA: Fouhami, Nuno Luís, Tonel «cap», José António, Fredy (Fiston 83'), Dionattan, Zuela, Buzsáky (Marinescu 74'), Jorginho (Delmer 55'), Fábio Felício e Marcelo
Treinador: Vítor Oliveira

SL Benfica: Bossio, Miguel, Luisão, Argel, Cristiano, Fernando Aguiar, Andersson, Tiago (Fehér 75'), Roger (Alex 60'), Simão «cap» (V 90'+1') e Sokota (Nuno Gomes 60')
Treinador: José Antonio Camacho

FC Paços de Ferreira – 1 ACADÉMICA – 0

I LIGA, 15ª JORNADA, 21-12-2003 (DOM, 16:00)
Estádio da Mata Real, Paços de Ferreira
Árbitro: João Ferreira (Setúbal)
Auxiliares: Pais António e Paulo Ramos
Golo: 1-0 (Júnior 47', gp)

FC Paços de Ferreira: Pedro, Beto, Adalberto «cap», Cadú, Pinheiro (Luís Miguel 89'), Paulo Sousa, Puntas (Pedrinha 70'), Júnior, Zé Manuel, Rui Miguel (Renato Queirós 87') e Manduca
Treinador: José Mota

ACADÉMICA: Pedro Roma, Nuno Luís, Tonel «cap», Dyduch, Fredy, Rocha, Dionattan, Buzsáky (Paulo Adriano 75'), Marinescu (Marcelo 57'), Fábio Felício e Delmer (Toni 68')
Treinador: Vítor Oliveira

ACADÉMICA – 0 SC Braga – 1 [TV]

I LIGA, 16ª JORNADA, 5-1-2004 (SEG, 19:45)
Estádio Cidade de Coimbra, Coimbra **Árbitro:** Hélio Santos (Lisboa) **Auxiliares:** Venâncio Tomé e António Gonçalves
Golo: 0-1 (Igor 23')

ACADÉMICA: Pedro Roma, Nuno Luís, Tonel «cap», José António, Fredy, Rocha (Tixier 45'), Dionattan, Buzsáky, Marinescu (Delmer 45'), Fábio Felício (Toni 84') e Marcelo
Treinador: Vítor Oliveira

SC Braga: Quim «cap», Éder, Paulo Jorge, Nem, Jorge Luiz, Vanzini (Barroso 67'), Frederick Soderstrom, Wooter (Henrique 75'), Paulo Sérgio (Castanheira 55'), Wender e Igor
Treinador: Jesualdo Ferreira

CFE Amadora – 2 ACADÉMICA – 1

I LIGA, 17ª JORNADA, 11-1-2004 (DOM, 16:00)
Estádio José Gomes, Amadora **Árbitro:** Nuno Almeida (Algarve)
Auxiliares: Carlos Santos e Eurico Santos
Golos: 1-0 (Júlio César 74'); 1-1 (Dionattan 87'); 2-1 (Lula 90'+3')

CFE Amadora: Veiga, Alex Garcia, Paulo Madeira, Hugo Carreira, Rui Neves «cap», Pedro Simões, Bernardo (Rogério 5'), Juba (Lula 51'), Semedo, Sabry (Davide 45') e Júlio César
Treinador: Miguel Quaresma

ACADÉMICA: Pedro Roma, Nuno Luís, Tonel «cap», José António, Filipe Alvim (Dyduch 37'), Fredy, Rocha, Dionattan, Buzsáky (Lucas 58'), Marinescu (Delmer 58') e Marcelo
Treinador: Vítor Oliveira

Sporting CP – 2 ACADÉMICA – 0 [TV]

I LIGA, 18ª JORNADA, 17-1-2004 (SAB, 19:30)
Estádio José Alvalade, Lisboa **Árbitro:** Paulo Pereira (Viana do Castelo) **Auxiliares:** Alexandre Freitas e João Leitão
Golos: 1-0 (Liedson 41'); 2-0 (Pedro Barbosa 90'+1')

Sporting CP: Ricardo, Miguel Garcia, Polga, Beto, Rui Jorge, Custódio, Sá Pinto (Tello 55'), Pedro Barbosa «cap», João Vieira Pinto (Carlos Martins 82'), Liedson e Silva (Lourenço 69')
Treinador: Fernando Santos

ACADÉMICA: Pedro Roma, Nuno Luís, Tonel, José António, Dyduch (Fábio Felício 79'), Fredy (Buzsáky 45'), Tixier, Dionattan, Lucas «cap», Delmer e Marcelo (Kaká 45')
Treinador: Vítor Oliveira

ACADÉMICA – 1 UD Leiria – 2

I LIGA, 19ª JORNADA, 25-1-2004 (DOM, 16:00)
Estádio Cidade de Coimbra, Coimbra **Árbitro:** Paulo Costa (Porto)
Auxiliares: Álvaro Mesquita e Eduardo David
Golos: 0-1 (Gabriel 33'); 0-2 (Douala 40'); 1-2 (Marcelo 66')

ACADÉMICA: Pedro Roma, Nuno Luís, Tonel «sc», José António, Fredy, Rocha (Buzsáky 60'), Tixier, Lucas «cap» (Marcelo 45'), Paulo Sérgio, Kaká (Marinescu 60') e Fábio Felício
Treinador: Vítor Oliveira

UD Leiria: Helton, Laranjeiro, Gabriel, João Paulo «cap», Edson, Tiago (Paulo Gomes 56'), João Manuel, Caíco, Filipe Teixeira (Otacílio 75'), Hugo Almeida (Freddy 45') e Douala
Treinador: Vítor Pontes

SL Benfica – 2 ACADÉMICA – 0 [TV]

I LIGA, 20ª JORNADA, 3-2-2004 (TER, 21:15)
Estádio do Sport Lisboa e Benfica, Lisboa **Árbitro:** Martins dos Santos (Porto) **Auxiliares:** Devesa Neto e José Carlos Santos
Golos: 1-0 (Zahovic 28'); 2-0 (Geovanni 66') **Obs:** Jogo inicialmente marcado para 1 de Fevereiro, adiado devido ao falecimento do jogador do Benfica, Fehér

SL Benfica: Moreira, Miguel, Argel, Ricardo Rocha, Armando, Tiago, Petit, João Pereira (Alex 60'), Simão «cap» (Fernando Aguiar 90'+1'), Zahovic (Geovanni 60') e Sokota
Treinador: José Antonio Camacho

ACADÉMICA: Pedro Roma, Nuno Luís, Tonel, José António, Fredy, Paulo Adriano (Buzsáky 68'), Tixier (Marinescu 68'), Lucas «cap», Paulo Sérgio (Marcelo 82'), Kaká e Fábio Felício
Treinador: João Carlos Pereira

ACADÉMICA – 1 VSC Guimarães – 1

I LIGA, 21ª JORNADA, 8-2-2004 (DOM, 16:00)
Estádio Cidade de Coimbra, Coimbra **Árbitro:** Duarte Gomes (Lisboa) **Auxiliares:** Tiago Trigo e Ricardo Santos
Golos: 0-1 (Rafael 3'); 1-1 (Fábio Felício 52', gp)

ACADÉMICA: Pedro Roma, Nuno Luís, Tonel, José António, Fredy, Paulo Adriano (Marinescu 67', V 71'), Dionattan, Lucas «cap», Paulo Sérgio, Kaká (Joeano 56') e Fábio Felício (Tixier 81')
Treinador: João Carlos Pereira

VSC Guimarães: Miguel, Abel, Bruno Alves, Medeiros, Rogério Matias, Rui Ferreira, Afonso Martins (Hugo Cunha 74'), Rafael (Nuno Assis 74'), Rubens Júnior, Romeu «cap» e Guga (João Tomás 84') **Treinador:** Jorge Jesus

ACADÉMICA – 1 Boavista FC – 0 [TV]

I LIGA, 22ª JORNADA, 14-2-2004 (SAB, 19:30)
Estádio Cidade de Coimbra, Coimbra **Árbitro:** Carlos Xistra (Castelo Branco) **Auxiliares:** Bertino Miranda e Jorge Neiva
Golo: 1-0 (Paulo Sérgio 65')

ACADÉMICA: Pedro Roma, Nuno Luís, Tonel, José António, Fredy, Rodolfo, Dionattan (Tixier 74'), Lucas «cap», Paulo Sérgio (Delmer 68'), Joeano e Flávio Dias (Paulo Adriano 80')
Treinador: João Carlos Pereira

Boavista FC: William, Rui Óscar (Cafú 78'), Ricardo Silva, Éder, Viveros, Jorge Silva «cap» (Pedro Santos 7', Ali 67'), Filipe Anunciação, André (V 90'+2'), Ricardo Sousa, Luiz Cláudio e Fary
Treinador: Erwin Sanchez

CF "Os Belenenses" – 0 ACADÉMICA – 5 [TV]

I LIGA, 23ª JORNADA, 21-2-2004 (SAB, 19:15)
Estádio do Restelo, Lisboa **Árbitro:** André Gralha (Santarém)
Auxiliares: Pedro Garcia e Hernâni Fernandes
Golos: 0-1 (Tonel 13'); 0-2 (Paulo Sérgio 42'); 0-3 (Joeano 76'); 0-4 (Flávio Dias 90'); 0-5 (Lucas 90'+3')

CF "Os Belenenses": Marco Aurélio, Sousa (Valdiran 82'), Hélder Rosário (V 29'), Wilson «cap», Carlos Fernandes, Andersson, Marco Paulo (Antchouet 45'), Neca, Verona (Ceará 70'), Hugo Henrique e Brasília **Treinador:** Augusto Inácio

ACADÉMICA: Pedro Roma, Nuno Luís, Tonel, José António, Fredy, Paulo Adriano (Dionattan 71'), Lucas «cap», Rodolfo, Paulo Sérgio (Fábio Felício 74'), Joeano (Tixier 79') e Flávio Dias
Treinador: João Carlos Pereira

ACADÉMICA – 0 FC Porto – 1 [TV]

I LIGA, 24ª JORNADA, 1-3-2004 (SEG, 21:15)
Estádio Cidade de Coimbra, Coimbra **Árbitro**: António Costa (Setúbal) **Auxiliares**: Venâncio Tomé e Paulo Ramos
Golo: 0-1 (McCarthy 77')

ACADÉMICA: Pedro Roma, Nuno Luís, Filipe Alvim (Tixier 5'), José António, Fredy, Paulo Adriano (Fábio Felício 74'), Rodolfo, Lucas «cap», Paulo Sérgio (Marinescu 62'), Joeano e Flávio Dias
Treinador: João Carlos Pereira

FC Porto: Vítor Baía «cap», Paulo Ferreira, Ricardo Carvalho, Pedro Emanuel, Nuno Valente, Costinha, Maniche (Pedro Mendes 70'), Deco (Jankauskas 70'), Sérgio Conceição (Carlos Alberto 60'), Maciel e McCarthy **Treinador**: José Mourinho

---

CD Nacional – 2 ACADÉMICA – 1

I LIGA, 25ª JORNADA, 7-3-2004 (DOM, 16:00)
Estádio Eng. Rui Alves, Funchal **Árbitro**: Olegário Benquerença (Leiria) **Auxiliares**: Valter Oliveira e Pedro Ribeiro **Golos**: 0-1 (Fábio Felício 45', gp); 1-1 (Adriano 48'); 2-1 (Adriano 87')

CD Nacional: Hilário, Patacas (V 44'), Fernando Cardozo, Ávalos, Rossato, Cléber, Paulo Assunção, Mário Carlos (Carlos Alvarez 45'), Gouveia «cap» (Diego 45'), Serginho Baiano (Ivo Vieira 90'+1') e Adriano **Treinador**: Casemiro Mior

ACADÉMICA: Pedro Roma (V 70'), Nuno Luís, Tonel, José António, Fredy, Paulo Adriano (Eduardo 71'), Rodolfo, Lucas «cap», Paulo Sérgio (Dionattan 81'), Fábio Felício (Flávio Dias 65') e Joeano
Treinador: João Carlos Pereira

ACADÉMICA – 0 Moreirense FC – 3

I LIGA, 26ª JORNADA, 14-3-2004 (DOM, 16:00)
Estádio Cidade de Coimbra, Coimbra **Árbitro**: Lucílio Batista (Setúbal) **Auxiliares**: Paulo Januário e José Cardinal
Golos: 0-1 (Sérgio Lomba 40'); 0-2 (Tito 45'); 0-3 (Castro 75')

ACADÉMICA: Eduardo, Nuno Luís, Tonel, José António, Fredy, Paulo Adriano, Rodolfo (Dionattan 6'), Lucas «cap», Paulo Sérgio (Fábio Felício 56'), Joeano e Flávio Dias (Marcelo 64')
Treinador: João Carlos Pereira

Moreirense FC: João Ricardo, Primo «cap», Ricardo Fernandes, Sérgio Lomba, Tito (Bertinho 77'), Jorge Duarte, Luís Vouzela (Britez 49'), Bruno, Vítor Pereira (Castro 67'), Manoel e Armando
Treinador: Manuel Machado

Gil Vicente FC – 0 ACADÉMICA – 1

I LIGA, 27ª JORNADA, 21-3-2004 (DOM, 16:00)
Estádio Adelino Ribeiro Novo, Barcelos
Árbitro: Hélio Santos (Lisboa)
Auxiliares: Carlos do Carmo e José Lima
Golo: 0-1 (Joeano 53')

Gil Vicente FC: Paulo Jorge «cap», Antonielton Ferreira, Nunes, Gaspar (Luís Loureiro 76'), Nuno Amaro, Braíma, Luís Coentrão, Rui Figueiredo (Edinho 45'), Yuri, Fábio Januário (Paulo Alves 56') e Mauro **Treinador**: Luís Campos

ACADÉMICA: Pedro Roma, Nuno Luís, Tonel, José António, Pedro Henriques, Fredy, Paulo Adriano (Rocha 88'), Lucas «cap», Tixier, Dionattan (Marinescu 69') e Joeano (Paulo Sérgio 83')
Treinador: João Carlos Pereira

ACADÉMICA – 2 CS Marítimo – 0 [TV]

I LIGA, 28ª JORNADA, 26-3-2004 (SEX, 21:30)
Estádio Cidade de Coimbra, Coimbra **Árbitro**: Paulo Paraty (Porto)
Auxiliares: Devesa Neto e Domingos Vilaça
Golos: 1-0 (Fredy 21'); 2-0 (Joeano 71')

ACADÉMICA: Pedro Roma, Nuno Luís, Tonel, José António, Pedro Henriques, Fredy, Paulo Adriano (Rocha 83'), Lucas «cap», Tixier, Paulo Sérgio (Marinescu 63') e Joeano (Flávio Dias 74')
Treinador: João Carlos Pereira

CS Marítimo: Marcos, Albertino, Pepe, Mitchell Van der Gagg «cap», Ezequias, Wênio (V 66'), Alan, Leo Lima, Joel Santos (Dinda 68'), Rodrigão (Souza 24') e Rincón (Márcio Abreu 58')
Treinador: Manuel Cajuda

SC Beira-Mar – 0 ACADÉMICA – 0

I LIGA, 29ª JORNADA, 4-4-2004 (DOM, 16:00)
Estádio Municipal de Aveiro – Mário Duarte, Aveiro
Árbitro: Nuno Almeida (Algarve)
Auxiliares: Eurico Santos e Manuel Quadrado

SC Beira-Mar: Debenest, Ribeiro «cap», Alcaraz, Saul, Areias, Levato, Marcelinho (Ladeira 64'), Malá, João Paulo (Whelliton 71'), Wijnhard (Gamboa 64') e Kingsley
Treinador: António Sousa

ACADÉMICA: Pedro Roma, Nuno Luís, Tonel, «sc», José António, Pedro Henriques, Rodolfo, Fredy (Fábio Felício 85'), Paulo Adriano «cap» (Marinescu 80'), Tixier, Paulo Sérgio (Flávio Dias 58') e Joeano **Treinador**: João Carlos Pereira

---

ACADÉMICA – 4 FC Alverca – 0

I LIGA, 30ª JORNADA, 10-4-2004 (SAB, 16:00)
Estádio Cidade de Coimbra, Coimbra **Árbitro**: João Ferreira (Setúbal) **Auxiliares**: Pais António e António Gonçalves
Golos: 1-0 (Joeano 34'); 2-0 (Tonel 51'); 3-0 (Marinescu 68'); 4-0 (Filipe Alvim 84')

ACADÉMICA: Pedro Roma, Nuno Luís, Tonel, José António, Pedro Henriques, Tixier, Fredy (Filipe Alvim 72'), Lucas «cap», Marinescu (Paulo Sérgio 83'), Fábio Felício e Joeano (Rodolfo 66')
Treinador: João Carlos Pereira

FC Alverca: Yannick, Amoreirinha (V 53'), Marco Almeida, Veríssimo «cap», Nandinho, Diogo, Torrão (Paviot 73'), Ramires, Manu, Vargas (Ronald Garcia 57') e Rodolfo Lima (Alex Afonso 82')
Treinador: José Couceiro

Rio Ave FC – 3 ACADÉMICA – 2

I LIGA, 31ª JORNADA, 18-4-2004 (DOM, 16:00)
Estádio do Rio Ave Futebol Clube, Vila do Conde **Árbitro**: Jacinto Paixão (Évora) **Auxiliares**: Valter Oliveira e José Chilrito
Golos: 0-1 (Joeano 14'); 1-1 (Tixier 15', pb); 1-2 (Joeano 18'); 2-2 (Ronny 70'); 3-2 (Niquinha 75')

Rio Ave FC: Mora, Alexandre (Ronny 60'), Franco, Danielson, Miguelito, Niquinha, Vandinho (Cuco 90'+1'), Jaime, Gama «cap» (Jacques 64'), Paulo César e Evandro
Treinador: Carlos Brito

ACADÉMICA: Pedro Roma, Nuno Luís, Tonel, José António, Tixier, Fredy, Filipe Alvim (Marinescu 45'), Rodolfo (Paulo Adriano 81'), Lucas «cap», Fábio Felício (Paulo Sérgio 71') e Joeano
Treinador: João Carlos Pereira

ACADÉMICA – 3 FC Paços de Ferreira – 2

I LIGA, 32ª JORNADA, 25-4-2004 (DOM, 16:00)
Estádio Cidade de Coimbra, Coimbra **Árbitro**: Olegário Benquerença (Leiria) **Auxiliares**: Pedro Ferreira e Luís Marcelino
Golos: 1-0 (Paulo Adriano 34'); 1-1 (Renato Queirós 68'); 1-2 (Fernando Gaúcho 72'); 2-2 (Tonel 89'); 3-2 (Marcelo 90'+1')

ACADÉMICA: Pedro Roma, Nuno Luís, Tonel, José António, Pedro Henriques, Tixier (Marcelo 79'), Fredy, Paulo Adriano (Rodolfo 65'), Lucas «cap», Paulo Sérgio (Marinescu 73') e Joeano
Treinador: João Carlos Pereira

FC Paços de Ferreira: Pedro, Ricardo Esteves, Ricardo André, Geraldo, Luís Miguel «cap», Paulo Sousa (Glauber 30'), Pedrinha (Rui Miguel 40'), Beto, Puntas (Fernando Gaúcho 66'), Ricardinho e Renato Queirós **Treinador**: José Mota

---

SC Braga – 2 ACADÉMICA – 1

I LIGA, 33ª JORNADA, 2-5-2004 (DOM, 16:00)
Estádio Municipal de Braga, Braga **Árbitro**: Paulo Batista (Portalegre) **Auxiliares**: António Perdigão e Eduardo David
Golos: 1-0 (Pena 24'); 1-1 (Fredy 60'); 2-1 (Wender 86')

SC Braga: Quim «cap», Éder, Paulo Jorge, Nem, Jorge Luiz, Vanzini (Wooter 67'), Frederick Soderstrom, Castanheira (Henrique 63'), Paulo Sérgio (Igor 73'), Wender e Pena
Treinador: Jesualdo Ferreira

ACADÉMICA: Pedro Roma, Dyduch (Rodolfo 45'), Tonel, José António, Pedro Henriques, Tixier, Fredy, Paulo Adriano (Marinescu 80'), Lucas «cap», Paulo Sérgio (Marcelo 85') e Joeano (V 35')
Treinador: João Carlos Pereira

ACADÉMICA – 4 CFE Amadora – 1

I LIGA, 34ª JORNADA, 9-5-2004 (DOM, 16:00)
Estádio Cidade de Coimbra, Coimbra **Árbitro**: Elmano Santos (Madeira) **Auxiliares**: Sérgio Serrão e Rotílio Rodrigues
Golos: 1-0 (Paulo Sérgio 3'); 2-0 (Marcelo 9'); 3-0 (Paulo Adriano 30', gp); 4-0 (Paulo Adriano 53'); 4-1 (Júlio César 85')

ACADÉMICA: Pedro Roma, Nuno Luís, Tonel, José António, Fredy, Lucas «cap», Tixier (Rodolfo 76'), Paulo Adriano, Paulo Sérgio (Fávaro 64'), Marcelo (Flávio Dias 72') e Fábio Felício
Treinador: João Carlos Pereira

CFE Amadora: Márcio Santos, Marinho (Pedro Simões 45'), Paulo Madeira, Hugo Carreira, Alex Garcia, Rogério (Bernardo 67'), Juba «cap», Fábio Silva (Miran 45'), Litera, Semedo e Júlio César
Treinador: Miguel Quaresma

ÉPOCA 2004-2005

I LIGA: 14º LUGAR (MANUTENÇÃO)
TAÇA DE PORTUGAL: OITAVOS DE FINAL

JOGOS EFECTUADOS

	J	V	E	D	GM	GS
CASA	18	6	6	6	20	22
FORA	19	5	5	9	15	21
TOTAL	37	11	11	15	35	43

ACADÉMICA – 2 SC Braga – 2 [TV]

I LIGA, 1ª JORNADA, 30-8-2004 (SEG, 20:30)
Estádio Cidade de Coimbra, Coimbra **Árbitro**: Pedro Henriques (Lisboa) **Auxiliares**: José Borges e Gabínio Evaristo
Golos: 1-0 (Ricardo Fernandes 5'); 1-1 (Paulo Jorge 18'); 1-2 (Wender 27'); 2-2 (Ricardo Fernandes 46')

ACADÉMICA: Pedro Roma, Nuno Luís, José António, Vasco Faísca, Pedro Henriques, Dionattan (Rodolfo 67'), Tixier (Kenny Cooper 79'), Paulo Adriano «cap», Ricardo Fernandes, Rafael Gaúcho (Fredy 64') e Joeano **Treinador**: João Carlos Pereira

SC Braga: Paulo Santos, Abel, Paulo Jorge «cap», Nem, Kenedy, Luís Loureiro, Vandinho, Paulo Sérgio (Cândido Costa 81'), Castanheira (Cesinha 73'), Wender e Cícero (João Tomás 61')
Treinador: Jesualdo Ferreira

VSC Guimarães – 2 ACADÉMICA – 1

I LIGA, 2ª JORNADA, 5-9-2004 (DOM, 16:00)
Estádio do Rio Ave Futebol Clube, Vila do Conde **Árbitro**: Nuno Almeida (Algarve) **Auxiliares**: Manuel Quadrado e Carlos Santos
Golos: 1-0 (Moreno 5', gp); 2-0 (Silva 21'); 2-1 (Luciano 59')
Obs: Jogo disputado em Vila do Conde, devido a interdição do estádio D. Afonso Henriques, em Guimarães

VSC Guimarães: Palatsi, Alex, Cléber «cap», Moreno, Zé Nando, Rui Ferreira, Alexandre, Luís Mário (Flávio 78'), Djurdjevic (Romeu 64'), Nuno Assis (Marco Ferreira 57') e Silva
Treinador: Manuel Machado

ACADÉMICA: Pedro Roma, Nuno Luís, José António, Vasco Faísca, Pedro Henriques (Fredy 77'), Dionattan (Luciano 55'), Tixier, Paulo Adriano «cap», Ricardo Fernandes, Rafael Gaúcho (Kenny Cooper 45') e Joeano **Treinador**: João Carlos Pereira

---

ACADÉMICA – 0 SL Benfica – 1 [TV]

I LIGA, 3ª JORNADA, 19-9-2004 (DOM, 21:15)
Estádio Cidade de Coimbra, Coimbra **Árbitro**: Paulo Paraty (Porto)
Auxiliares: Devesa Neto e Amândio Ribeiro
Golo: 0-1 (Simão 73')

ACADÉMICA: Dani, Nuno Luís «cap», José António, Danilo (Kenny Cooper 88'), Pedro Henriques (Rafael Gaúcho 83'), Vasco Faísca, Dionattan, Ricardo Fernandes (Paulo Adriano 67'), Fredy, Luciano e Joeano **Treinador**: João Carlos Pereira

SL Benfica: Moreira, Miguel, Luisão, Ricardo Rocha, Fyssas, Manuel Fernandes, Petit, João Pereira (Amoreirinha 90'+3'), Simão «cap», Zahovic (Nuno Gomes 59') e Sokota (Karadas 69')
Treinador: Giovanni Trapattoni

2004-2005

CD Nacional – 2 ACADÉMICA – 1

I LIGA, 4ª JORNADA, 26-9-2004 (DOM, 16:00)
Estádio Eng. Rui Alves, Funchal **Árbitro:** João Vilas Boas (Braga)
Auxiliares: José Borges e Gabínio Evaristo **Golos:** 1-0 (Serginho Baiano 57'); 1-1 (Luciano 72'); 2-1 (Josiesley Ferreira 80')

CD Nacional: Hilário, Patacas «cap», Fernando Cardozo, Ávalos, Cleomir, Fábio Santos (Cléber 81'), Bruno, Alexandre Goulart, Michel Dias (Gouveia 75'), Serginho Baiano e Adriano (Josiesley Ferreira 73') **Treinador:** Casemiro Mior

ACADÉMICA: Dani, Nuno Luís, José António, Danilo (Tixier 67'), Fredy, Paulo Adriano «cap», Vasco Faísca, Dionattan (Luciano 67'), Ricardo Fernandes, Joeano e Kenny Cooper
Treinador: João Carlos Pereira

ACADÉMICA – 2 Gil Vicente FC – 1

I LIGA, 5ª JORNADA, 3-10-2004 (DOM, 16:00)
Estádio Cidade de Coimbra, Coimbra **Árbitro:** Rui Costa (Porto)
Auxiliares: António Perdigão e José Carlos Santos
Golos: 0-1 (Fábio 26'); 1-1 (José António 32'); 2-1 (Joeano 41')

ACADÉMICA: Pedro Roma, Nuno Luís «sc», José António, Vasco Faísca, Fredy, Tixier, Paulo Adriano «cap» (Nuno Piloto 86'), Ricardo Fernandes, Luciano (Sarmento 82'), Kenny Cooper (Zé Castro 70') e Joeano **Treinador:** João Carlos Pereira

Gil Vicente FC: Paulo Jorge, Rovérsio (Nandinho 72'), Gregory, Marcos António, Jorge Ribeiro, Braíma (Paulo Alves 56'), Luís Coentrão «cap» (Casquilha 67'), Carlitos, Fábio Januário, Fábio e Júlio César **Treinador:** Luís Campos

VFC Setúbal – 1 ACADÉMICA – 0 (TV)

I LIGA, 6ª JORNADA, 18-10-2004 (SEG, 20:30)
Estádio do Bonfim, Setúbal **Árbitro:** Augusto Duarte (Braga)
Auxiliares: José Luís Melo e Décio Cordeiro
Golo: 1-0 (Meyong 80', gp)

VFC Setúbal: Marco Tábuas, Ricardo Pessoa (Igor 58'), Hugo Alcântara, Veríssimo, Nandinho, Ricardo Chaves, Sandro «cap», Manuel José, Jorginho, José Rui (Bruno Ribeiro 88') e Meyong (Bruno Moraes 90'+1') **Treinador:** José Couceiro

ACADÉMICA: Pedro Roma, Nuno Luís «cap», José António, Vasco Faísca, Fredy (Kenny Cooper 82'), Tixier, Rodolfo (Paulo Adriano 60'), Dionattan (Rafael Gaúcho 74'), Ricardo Fernandes, Luciano e Joeano **Treinador:** João Carlos Pereira

ACADÉMICA – 1 CS Marítimo – 0

I LIGA, 7ª JORNADA, 24-10-2004 (DOM, 16:00)
Estádio Cidade de Coimbra, Coimbra **Árbitro:** Hélio Santos (Lisboa) **Auxiliares:** Carlos do Carmo e Pedro Ferreira
Golo: 1-0 (Paulo Adriano 24')

ACADÉMICA: Pedro Roma, Nuno Luís, José António, Vasco Faísca, Fredy, Rodolfo (Dionattan 66'), Tixier, Ricardo Fernandes, Paulo Adriano «cap», Joeano (Luciano 78') e Kenny Cooper (Dário 72')
Treinador: João Carlos Pereira

CS Marítimo: Marcos, Luís Filipe, Mitchell Van der Gaag, Rui Marques, Eusébio, Zeca «cap» (Evaldo 83'), Chainho, Alan (Bibishkov 58'), Leo Lima, Manduca e Pena (Zumbi 67')
Treinador: Mariano Barreto

SR Almacilense – 0 ACADÉMICA – 3

TAÇA DE PORTUGAL, 1/32 DE FINAL, 27-10-2004 (QUA, 15:00)
Estádio Municipal de Loulé, Loulé **Árbitro:** Paulo Batista (Portalegre) **Auxiliares:** Luís Tavares e André Cunha
Golos: 0-1 (Fredy 67'); 0-2 (Tixier 70'); 0-3 (Nuno Piloto 84')

SR Almacilense: Feijão, Xabregas, Agostinho «cap», Baresi, Teixeira (Silvano 86'), Luís Pereira, Vítor Santos, Jorinho (Rodolfo 80'), Vitó, Padinha e Edelberto (João Viegas 75')
Treinador: Luís Dores

ACADÉMICA: Dani, Nuno Luís, Zé Castro, Danilo, Fredy, Tixier, Dionattan (Nuno Piloto 78'), Paulo Adriano «cap», Luciano (Joeano 64'), Rafael Gaúcho e Kenny Cooper (Sarmento 74')
Treinador: João Carlos Pereira

Rio Ave FC – 3 ACADÉMICA – 1

I LIGA, 8ª JORNADA, 31-10-2004 (DOM, 16:00)
Estádio do Rio Ave Futebol Clube, Vila do Conde **Árbitro:** António Resende (Aveiro) **Auxiliares:** Bertino Miranda e Domingos Vilaça
Golos: 1-0 (Gama 44'); 2-0 (Ricardo Nascimento 47'); 2-1 (Luciano 71', gp); 3-1 (Paulo César 90'+3')

Rio Ave FC: Mora, Zé Gomes, Franco, Idalécio, Miguelito, Niquinha, Mozer, Gama «cap» (Paulo César 89'), Evandro (Saulo 76'), Ricardo Nascimento e Gaúcho (Junas 66')
Treinador: Carlos Brito

ACADÉMICA: Pedro Roma, Nuno Luís, José António, Vasco Faísca, Fredy (Kenny Cooper 83'), Rodolfo (Luciano 61'), Tixier, Paulo Adriano «cap», Sarmento (Dário 49'), Ricardo Fernandes e Joeano
Treinador: João Carlos Pereira

ACADÉMICA – 0 UD Leiria – 1

I LIGA, 9ª JORNADA, 7-11-2004 (DOM, 16:00)
Estádio Cidade de Coimbra, Coimbra **Árbitro:** Paulo Pereira (Viana do Castelo) **Auxiliares:** Amândio Ribeiro e Vítor Carvalho
Golo: 0-1 (Krpan 3')

ACADÉMICA: Pedro Roma, Nuno Luís «sc», José António, Vasco Faísca, Fredy, Tixier, Paulo Adriano «cap» (Dionattan 71'), Ricardo Fernandes, Rafael Gaúcho (Luciano 63'), Joeano (Kenny Cooper 82') e Dário **Treinador:** João Carlos Pereira

UD Leiria: Helton, Laranjeiro, Renato, João Paulo «cap», Alhandra, Paulo Gomes (Faria 77'), Otacílio (Torrão 62'), Edson (Freddy 88'), Fábio Felício (AA 79'), Caíco e Krpan
Treinador: Vítor Pontes

GD Estoril-Praia – 0 ACADÉMICA – 1 (TV)

I LIGA, 10ª JORNADA, 12-11-2004 (SEX, 21:30)
Estádio António Coimbra da Mota, Estoril **Árbitro:** Artur Soares Dias (Porto) **Auxiliares:** José Ramalho e Carlos Nilha
Golo: 0-1 (Rafael Gaúcho 53')

GD Estoril-Praia: Jorge Batista, Rui Duarte, Dorival «cap», Buba, João Pedro, Elias, Pinheiro, N'Doye (Fellahi 45'), Arrieta, Ali (Hugo Santos 45') e João Paulo (Yuri 61')
Treinador: Luís Carvalha «Litos»

ACADÉMICA: Pedro Roma, Nuno Luís «cap» (AA 83'), Zé Castro, José António, Fredy «sc», Vasco Faísca, Dionattan (Nuno Piloto 80'), Rafael Gaúcho (Paulo Adriano 71'), Ricardo Fernandes, Luciano (Joeano 88') e Dário **Treinador:** João Carlos Pereira

ACADÉMICA – 1 CF "Os Belenenses" – 1 (TV)

I LIGA, 11ª JORNADA, 22-11-2004 (SEG, 20:30)
Estádio Cidade de Coimbra, Coimbra **Árbitro:** Bruno Paixão (Setúbal) **Auxiliares:** João Tomatas e Luís Marcelino
Golos: 1-0 (Dário 40'); 1-1 (Jorge Tavares 76')

ACADÉMICA: Pedro Roma, Nuno Piloto, Zé Castro, José António, Fredy «cap», Vasco Faísca, Dionattan, Ricardo Fernandes, Rafael Gaúcho (Tixier 72'), Luciano (Joeano 69') e Dário
Treinador: João Carlos Pereira

CF "Os Belenenses": Marco Aurélio, Amaral, Pelé, Rolando, Cabral (Eliseu 51'), Andersson «cap», Marco Paulo (Jorge Tavares 62'), Zé Pedro, Neca (Tuck 83'), Rodolfo Lima e Juninho Petrolina
Treinador: Carlos Carvalhal

FC Penafiel – 3 ACADÉMICA – 1

I LIGA, 12ª JORNADA, 28-11-2004 (DOM, 16:00)
Estádio 25 de Abril, Penafiel **Árbitro:** Pedro Proença (Lisboa)
Auxiliares: Paulo Januário e Serafim Nogueira **Golos:** 1-0 (Clayton 20'); 1-1 (Rafael Gaúcho 40'); 2-1 (Wesley 66', gp); 3-1 (Roberto 68')

FC Penafiel: Nuno Santos, Pedro Moreira «cap», Odair, Weligton, Mariano, Sidney, Fernando Aguiar, Wesley (Nilton 73'), Rolf (Edgar Marcelino 61'), Clayton (Folha 80') e Roberto
Treinador: Luís Castro

ACADÉMICA: Pedro Roma, Nuno Luís «cap», José António, Zé Castro, Fredy, Vasco Faísca, Dionattan (Joeano 71'), Ricardo Fernandes (Tixier 83'), Rafael Gaúcho (Nuno Piloto 77'), Luciano e Dário **Treinador:** João Carlos Pereira

ACADÉMICA – 2 Sporting CP – 3 (TV)

I LIGA, 13ª JORNADA, 5-12-2004 (DOM, 21:15)
Estádio Cidade de Coimbra, Coimbra **Árbitro:** João Ferreira (Setúbal) **Auxiliares:** João Santos e Sérgio Serrão
Golos: 0-1 (Liedson 19'); 0-2 (Liedson 23'); 1-2 (Dário 51'); 2-2 (Luciano 56', gp); 2-3 (Rogério 75')

ACADÉMICA: Pedro Roma, Nuno Luís «cap» (Luciano 52'), Zé Castro, José António, Fredy «sc», Vasco Faísca (AA 60'), Dionattan, Rafael Gaúcho (Paulo Adriano 45'), Ricardo Fernandes, Joeano (Tixier 65') e Dário **Treinador:** João Carlos Pereira

Sporting CP: Ricardo, Rogério, Beto, Enakarhire, Rui Jorge (Sá Pinto 89'), Custódio, Hugo Viana, Tinga (AA 88'), Pedro Barbosa «cap» (Danny 62'), Douala (Paíto 77') e Liedson
Treinador: José Peseiro

Boavista FC – 1 ACADÉMICA – 0 (TV)

I LIGA, 14ª JORNADA, 10-12-2004 (SEX, 21:30)
Estádio do Bessa, Porto **Árbitro:** Pedro Henriques (Lisboa)
Auxiliares: Décio Cordeiro e Valter Oliveira
Golo: 1-0 (Éder 90'+4')

Boavista FC: Carlos, Frechaut «cap» (Nelson 55'), Cadú, Éder, Carlos Fernandes, Tiago, Lucas, Toñito, Zé Manuel, Diogo Valente (Flores 82') e Cafú
Treinador: Jaime Pacheco

ACADÉMICA: Pedro Roma, Nuno Luís «sc», Danilo, José António, Fredy, Tixier, Nuno Piloto, Ricardo Fernandes, Paulo Adriano «cap» (Joeano 67'), Luciano (Kenny Cooper 85') e Dário (Rafael Gaúcho 69') **Treinador:** João Carlos Pereira

ACADÉMICA – 1 SC Beira-Mar – 1

I LIGA, 15ª JORNADA, 19-12-2004 (DOM, 18:00)
Estádio Cidade de Coimbra, Coimbra **Árbitro:** Paulo Costa (Porto)
Auxiliares: Devesa Neto e Vítor Carvalho
Golos: 1-0 (Luciano 34'); 1-1 (Tanque Silva 60')

ACADÉMICA: Pedro Roma, Nuno Luís «cap», Zé Castro (Tixier 80'), José António, Fredy, Vasco Faísca, Dionattan, Ricardo Fernandes (Nuno Piloto 80'), Luciano (Dário 67'), Joeano e Rafael Gaúcho **Treinador:** João Carlos Pereira

SC Beira-Mar: Galekovic, Ribeiro «cap», Alcaraz, Filipe, Ricardo, Tininho, Marcelinho (Kingsley 57'), Beto, Rui Lima (Mário Loja 82'), McPhee (Artur 90') e Tanque Silva
Treinador: Paulino Silva

Moreirense FC – 1 ACADÉMICA – 0

I LIGA, 16ª JORNADA, 9-1-2005 (DOM, 16:00)
Estádio Joaquim de Almeida Freitas, Moreira de Cónegos **Árbitro:** Nuno Almeida (Algarve) **Auxiliares:** João Tomatas e Bernardino Silva **Golo:** 1-0 (Danilo 43', pb)

Moreirense FC: João Ricardo, Primo «cap», Ricardo Fernandes, Sérgio Lomba, Tito, Jorge Duarte, Luís Vouzela, Filipe Anunciação (Vítor Pereira 45'), Afonso Martins (Nei 60'), Manoel e Armando (Eriverton 90') **Treinador:** Vítor Oliveira

ACADÉMICA: Pedro Roma, Nuno Luís «cap», Danilo, José António, Vasco Faísca, Zé Castro, Tixier (Joeano 62'), Ricardo Fernandes (Paulo Adriano 69'), Luciano, Kenedy (Fredy 45') e Dário
Treinador: Nelo Vingada

Rio Ave FC – 0 ACADÉMICA – 2 (TV)

TAÇA DE PORTUGAL, 1/16 DE FINAL, 12-1-2005 (QUA, 15:00)
Estádio do Rio Ave Futebol Clube, Vila do Conde **Árbitro:** Olegário Benquerença (Leiria) **Auxiliares:** Luís Marcelino e Valter Oliveira
Golos: 0-1 (Dário 39'); 0-2 (Luciano 51')

Rio Ave FC: Candeias, Alexandre, Bruno Mendes, Danielson, Miguelito, Delson, Marquinhos (Zé Gomes 64'), Junas (V 60'), Evandro, Jacques e Gama «cap» (Saulo 55')
Treinador: Carlos Brito

ACADÉMICA: Pedro Roma, Nuno Luís «sc», Danilo, Zé Castro, José António, Vasco Faísca, Tixier, Paulo Adriano «cap» (Dionattan 64'), Luciano (Nuno Piloto 83'), Kenedy (Fredy 72') e Dário
Treinador: Nelo Vingada

ACADÉMICA – 0 FC Porto – 0

I LIGA, 17ª JORNADA, 15-1-2005 (SAB, 21:15)
Estádio Cidade de Coimbra, Coimbra
Árbitro: Pedro Proença (Lisboa)
Auxiliares: Ricardo Santos e Alexandre Torres

ACADÉMICA: Pedro Roma, Nuno Luís «cap», Danilo, Zé Castro, José António, Vasco Faísca, Tixier, Dionattan, Luciano (Ricardo Fernandes 87'), Kenedy (Fredy 90') e Dário (Joeano 45')
Treinador: Nelo Vingada

FC Porto: Vítor Baía, Bosingwa, Jorge Costa «cap», Pedro Emanuel, Ricardo Costa (Leandro 62'), Costinha, Paulo Machado (Ricardo Quaresma 62'), Leo Lima, Diego, McCarthy e Luís Fabiano (Hélder Postiga 73') **Treinador:** Vítor Fernandez

SC Braga – 2 ACADÉMICA – 0   (TV)

I LIGA, 18ª JORNADA, 21-1-2005 (SEX, 21:30)
Estádio Municipal de Braga, Braga **Árbitro:** Artur Soares Dias (Porto) **Auxiliares:** João Silva e José Carlos Santos
Golos: 1-0 (Jaime 31'); 2-0 (João Alves 90'+2')

SC Braga: Paulo Santos, Vandinho, Nunes (Paulo Jorge 21'), Nem «cap», Jorge Luiz, Luís Loureiro, João Alves, Jaime (Cesinha 71'), Paulo Sérgio (Pedro Costa 62'), Wender e João Tomás
Treinador: Jesualdo Ferreira

ACADÉMICA: Pedro Roma, Nuno Luís «cap» (Paulo Adriano 40'), Danilo (AA 89'), Zé Castro «sc», José António, Vasco Faísca, Tixier, Dionattan (Joeano 40'), Luciano, Ricardo Fernandes e Kenedy (Rafael Gaúcho 57') **Treinador:** Nelo Vingada

ACADÉMICA – 1 CS Marítimo – 2

TAÇA DE PORTUGAL, OITAVOS DE FINAL, 26-1-2005 (QUA, 15:00)
Estádio Cidade de Coimbra, Coimbra **Árbitro:** Lucílio Batista (Setúbal) **Auxiliares:** Luís Salgado e António Godinho
Golos: 0-1 (Bibishkov 38'); 1-1 (Rafael Gaúcho 76'); 1-2 (Pena 80')

ACADÉMICA: Pedro Roma, Nuno Luís «cap», Zé Castro, José António, Vasco Faísca, Tixier, Dionattan (Nuno Piloto 45', Fredy 81'), Luciano, Ricardo Fernandes (Rafael Gaúcho 45'), Kenedy e Joeano **Treinador:** Nelo Vingada

CS Marítimo: Nelson, Luís Filipe, Rui Marques, Tonel, Eusébio «cap», Wênio, Chainho, Alan, Silas (Ronaldo 58'), Bibishkov e Pena
Treinador: Mariano Barreto

ACADÉMICA – 0 VSC Guimarães – 2   (TV)

I LIGA, 19ª JORNADA, 29-1-2005 (SAB, 18:45)
Estádio Cidade de Coimbra, Coimbra **Árbitro:** Paulo Pereira (Viana do Castelo) **Auxiliares:** Bertino Miranda e Nuno Manso
Golos: 0-1 (Marco Ferreira 75'); 0-2 (Targino 90'+4')

ACADÉMICA: Pedro Roma, Nuno Luís «cap», Zé Castro, José António, Vasco Faísca (Ricardo Fernandes 45'), Tixier (Joeano 79'), Hugo Leal, Rafael Gaúcho, Luciano, Kenedy e Dário (Marcel 45')
Treinador: Nelo Vingada

VSC Guimarães: Palatsi, Alex, Cléber «cap», Paulo Turra, Rogério Matias, Flávio Meireles, Moreno, Luís Mário (Zé Nando 83'), Rafael (Marco Ferreira 69'), Silva e César Peixoto (Targino 88')
Treinador: Manuel Machado

SL Benfica – 3 ACADÉMICA – 0   (TV)

I LIGA, 20ª JORNADA, 6-2-2005 (DOM, 20:45)
Estádio do Sport Lisboa e Benfica, Lisboa **Árbitro:** João Vilas Boas (Braga) **Auxiliares:** João Santos e Pedro Ferreira
Golos: 1-0 (Geovanni 32'); 2-0 (Simão 58'); 3-0 (Simão 81')

SL Benfica: Quim, João Pereira, Luisão, Ricardo Rocha, Dos Santos, Petit, Manuel Fernandes, Nuno Assis (Karadas 84'), Geovanni (Carlitos 72'), Simão «cap» e Nuno Gomes (Delibasic 67')
Treinador: Giovanni Trapattoni

ACADÉMICA: Pedro Roma, Nuno Luís «cap», Zé Castro, José António, Vasco Faísca, Roberto Brum, Tixier (Rafael Gaúcho 61'), Hugo Leal (Dionattan 77'), Luciano, Kenedy (Lira 70') e Marcel
Treinador: Nelo Vingada

ACADÉMICA – 1 CD Nacional – 0

I LIGA, 21ª JORNADA, 13-2-2005 (DOM, 16:00)
Estádio Cidade de Coimbra, Coimbra **Árbitro:** Paulo Paraty (Porto)
Auxiliares: Vítor Cabral e Alfredo Braga
Golo: 1-0 (Marcel 75')

ACADÉMICA: Pedro Roma, Nuno Luís «cap», Zé Castro, José António, Vasco Faísca, Roberto Brum, Tixier (Dário 57'), Hugo Leal (Paulo Adriano 90'), Luciano, Rafael Gaúcho (Kenedy 57') e Marcel **Treinador:** Nelo Vingada

CD Nacional: Hilário «cap», Emerson, Fernando Cardozo, Ávalos, Cleomir (Alonso 45'), Cléber, Gouveia, Marchant, Marcelo (Miguel Fidalgo 59'), Wendell e André Pinto (Adriano 73')
Treinador: João Carlos Pereira

Gil Vicente FC – 0 ACADÉMICA – 1

I LIGA, 22ª JORNADA, 19-2-2005 (SAB, 16:00)
Estádio Cidade de Barcelos, Barcelos **Árbitro:** Paulo Costa (Porto)
Auxiliares: Tiago Trigo e Venâncio Tomé
Golo: 0-1 (Marcel 7')

Gil Vicente FC: Paulo Jorge, Tonanha (Bruno Tiago 58'), Marcos António, Gregory, Ezequias (Carlitos 45'), Braíma, Luís Coentrão (Fábio Januário 45'), Casquilha «cap», Nandinho, Carlos Carneiro e Val Baiano **Treinador:** Ulisses Morais

ACADÉMICA: Pedro Roma, Nuno Luís «cap», Zé Castro, José António, Vasco Faísca, Roberto Brum (Danilo 88'), Tixier, Hugo Leal (Paulo Adriano 82'), Luciano, Dário (Kenedy 45') e Marcel
Treinador: Nelo Vingada

ACADÉMICA – 3 VFC Setúbal – 3

I LIGA, 23ª JORNADA, 27-2-2005 (DOM, 16:00)
Estádio Cidade de Coimbra, Coimbra **Árbitro:** Hernâni Duarte (Braga) **Auxiliares:** José Ramalho e Rui Dias
Golos: 1-0 (Paulo Adriano 12'); 2-0 (Kenedy 49'); 2-1 (Meyong 65'); 2-2 (Bruno Moraes 78'); 3-2 (Dário 83'); 3-3 (Igor 89')

ACADÉMICA: Pedro Roma, Nuno Luís «sc», Zé Castro, José António, Tixier, Roberto Brum, Hugo Leal, Paulo Adriano «cap» (Rafael Gaúcho 82'), Luciano, Kenedy (Fredy 67') e Marcel (Dário 71') **Treinador:** Nelo Vingada

VFC Setúbal: Paulo Ribeiro, Éder (Meyong 58'), Hugo Alcântara, Auri, Bruno Ribeiro, Ricardo Chaves, Sandro «cap», Manuel José, Jorginho, José Rui (Igor 64') e Bruno Moraes (Puma 90'+1')
Treinador: José Rachão

CS Marítimo – 1 ACADÉMICA – 1

I LIGA, 24ª JORNADA, 6-3-2005 (DOM, 16:00)
Estádio dos Barreiros, Funchal **Árbitro:** Rui Costa (Porto)
Auxiliares: António Neiva e Domingos Vilaça
Golos: 0-1 (Marcel 11'); 1-1 (Silas 89')

CS Marítimo: Marcos, Luís Filipe (Silas 69'), Rui Marques, Mitchel Van der Gaag «cap», Briguel, Chainho, Evaldo (Marcinho 45'), Alan, Manduca, Bibishkov (Lobatón 52') e Pena
Treinador: Mariano Barreto

ACADÉMICA: Pedro Roma, Nuno Luís «sc», Danilo, José António, Vasco Faísca, Roberto Brum (AA 85'), Paulo Adriano «cap» (Tixier 59'), Hugo Leal, Luciano (Dário 63'), Kenedy (Ricardo Fernandes 88') e Marcel **Treinador:** Nelo Vingada

ACADÉMICA – 0 Rio Ave FC – 0

I LIGA, 25ª JORNADA, 13-3-2005 (DOM, 16:00)
Estádio Cidade de Coimbra, Coimbra
Árbitro: Lucílio Batista (Setúbal)
Auxiliares: Paulo Januário e António Perdigão

ACADÉMICA: Pedro Roma, Nuno Luís, Danilo (Sarmento 59'), Zé Castro, José António, Vasco Faísca, Paulo Adriano «cap», Kenedy (Lira 59'), Ricardo Fernandes (Joeano 77'), Dário e Marcel
Treinador: Nelo Vingada

Rio Ave FC: Mora, Zé Gomes, Franco, Idalécio, Miguelito, Mozer «cap» (Alexandre 79'), Niquinha, Junas, Jacques (Gama 57'), Evandro e Saulo (Danielson 87')
Treinador: Carlos Brito

UD Leiria – 1 ACADÉMICA – 2

I LIGA, 26ª JORNADA, 20-3-2005 (DOM, 16:00)
Estádio Dr. Magalhães Pessoa, Leiria **Árbitro:** António Resende (Aveiro) **Auxiliares:** Luís Salgado e João Tomatas **Golos:** 0-1 (Paulo Adriano 12'); 0-2 (Dário 16'); 1-2 (Josiesley Ferreira 68')

UD Leiria: Helton, Laranjeiro, João Paulo «cap», Gabriel (Hugo Cunha 27'), Alhandra, Otacílio, Paulo Gomes, Fangueiro (Josiesley Ferreira 45'), Caíco, Fábio Felício (Sougou 58') e Krpan
Treinador: Vítor Pontes

ACADÉMICA: Pedro Roma, Nuno Luís, Zé Castro (Danilo 69'), José António, Vasco Faísca, Roberto Brum, Paulo Adriano «cap», Tixier (AA 90'+2'), Luciano (Andrade 83'), Dário (Kenedy 77') e Marcel **Treinador:** Nelo Vingada

ACADÉMICA – 1 GD Estoril-Praia – 0

I LIGA, 27ª JORNADA, 3-4-2005 (DOM, 16:00)
Estádio Cidade de Coimbra, Coimbra **Árbitro:** António Costa (Setúbal) **Auxiliares:** Bernardino Silva e Carlos Nilha
Golo: 1-0 (Zé Castro 7')

ACADÉMICA: Pedro Roma, Nuno Luís «sc», Zé Castro, José António, Vasco Faísca, Roberto Brum, Paulo Adriano «cap» (Andrade 84'), Hugo Leal (Danilo 69'), Luciano (Kenedy 62'), Dário e Marcel **Treinador:** Nelo Vingada

GD Estoril-Praia: Yannick, Rui Duarte, Buba, Dorival «cap», João Pedro, Elias, Pinheiro, Torres (Fellahi 45'), Arrieta (Cissé 69'), Hugo Santos (Moses 42') e João Paulo
Treinador: Luís Carvalha «Litos»

CF "Os Belenenses" – 0 ACADÉMICA – 0   (TV)

I LIGA, 28ª JORNADA, 11-4-2005 (SEG, 19:15)
Estádio do Restelo, Lisboa
Árbitro: Paulo Batista (Portalegre)
Auxiliares: André Cunha e António Gonçalves

CF "Os Belenenses": Marco Aurélio, Amaral, Pelé, Wilson «cap», Sousa, Rui Ferreira, Marco Paulo (Rúben Amorim 60'), Neca, Juninho Petrolina (Rodolfo Lima 60'), Lourenço (Catanha 74') e Paulo Sérgio **Treinador:** Carlos Carvalhal

ACADÉMICA: Pedro Roma, Nuno Luís «sc», Zé Castro (Danilo 37'), José António, Vasco Faísca, Roberto Brum, Paulo Adriano «cap» (Tixier 89'), Hugo Leal, Luciano (Kenedy 76'), Dário e Marcel
Treinador: Nelo Vingada

ACADÉMICA – 4 FC Penafiel – 1

I LIGA, 29ª JORNADA, 17-4-2005 (DOM, 16:00)
Estádio Cidade de Coimbra, Coimbra **Árbitro:** Bruno Paixão (Setúbal) **Auxiliares:** Pedro Ferreira e Pedro Garcia
Golos: 1-0 (Marcel 9'); 2-0 (Dário 45'+1'); 2-1 (Roberto 61'); 3-1 (Dário 76'); 4-1 (Sarmento 79')

ACADÉMICA: Pedro Roma, Nuno Luís, Zé Castro, José António, Vasco Faísca, Roberto Brum, Paulo Adriano «cap», Hugo Leal (Danilo 85'), Luciano (Sarmento 70'), Dário e Marcel (Tixier 68', AA 90') **Treinador:** Nelo Vingada

FC Penafiel: Nuno Santos, Celso «cap», Odair, Weligton, Kelly Berville, Sidney (Folha 59'), N'Doye (Nilton 81'), Wesley, Bruno Amaro (Cassiano 45'), Clayton e Roberto
Treinador: Luís Castro

Sporting CP – 0 ACADÉMICA – 0   (TV)

I LIGA, 30ª JORNADA, 23-4-2005 (SAB, 21:00)
Estádio José Alvalade, Lisboa
Árbitro: João Vilas Boas (Braga)
Auxiliares: Alfredo Braga e Marcílio Pinto

Sporting CP: Ricardo, Rogério, Beto «cap», Polga (AA 90'+4'), Tello, Rocheback, João Moutinho, Hugo Viana (Carlos Martins 67'), Douala (Pinilla 61'), Liedson e Niculae (Pedro Barbosa 45')
Treinador: José Peseiro

ACADÉMICA: Pedro Roma, Nuno Luís, Zé Castro, José António, Vasco Faísca, Roberto Brum, Paulo Adriano «cap», Hugo Leal (Danilo 87'), Dionattan (Luciano 60'), Dário (Andrade 79') e Marcel **Treinador:** Nelo Vingada

2005-2006

ACADÉMICA – 1 Boavista FC – 0 (TV)
I LIGA, 31ª JORNADA, 29-4-2005 (SEX, 21:30)
Estádio Cidade de Coimbra, Coimbra **Árbitro:** Elmano Santos (Madeira) **Auxiliares:** Sérgio Lacroix e Nuno Roque
Golo: 1-0 (Luciano 37')

ACADÉMICA: Pedro Roma, Nuno Luís, Zé Castro, José António, Vasco Faísca, Roberto Brum, Paulo Adriano «cap», Hugo Leal (Danilo 75'), Luciano (Dionattan 69'), Dário (Kenedy 24') e Marcel **Treinador:** Nelo Vingada

Boavista FC: Carlos, Nelson, Cadú, Ambassa, Carlos Fernandes, Tiago, Lucas (Hugo Almeida 51'), André Barreto, João Vieira Pinto «cap» (Flores 86'), Diogo Valente e Cafú (Guga 61') **Treinador:** Jaime Pacheco

SC Beira-Mar – 0 ACADÉMICA – 0
I LIGA, 32ª JORNADA, 8-5-2005 (DOM, 16:00)
Estádio Municipal de Aveiro – Mário Duarte, Aveiro
Árbitro: Lucílio Batista (Setúbal)
Auxiliares: Luís Salgado e Paulo Ramos

SC Beira-Mar: Srnicek, Ricardo, Ricardo Silva, Alcaraz, Tininho, Sandro «cap», Beto (Marcelinho 66'), Rui Lima (Ali 76'), Ahamada, Kingsley (McPhee 66') e Tanque Silva **Treinador:** Augusto Inácio

ACADÉMICA: Pedro Roma, Nuno Luís, Zé Castro, José António, Vasco Faísca, Danilo (Tixier 55'), Andrade, Paulo Adriano «cap», Dionattan (Joeano 90'+2'), Luciano (Kenedy 89') e Marcel **Treinador:** Nelo Vingada

ACADÉMICA – 0 Moreirense FC – 4
I LIGA, 33ª JORNADA, 14-5-2005 (SAB, 16:00)
Estádio Cidade de Coimbra, Coimbra **Árbitro:** Paulo Batista (Portalegre) **Auxiliares:** Paulo Januário e Sérgio Serrão **Golos:** 0-1 (Manoel 24'); 0-2 (Nei 66'); 0-3 (Eriverton 75'); 0-4 (Nei 87')

ACADÉMICA: Pedro Roma, Nuno Luís «sc», Zé Castro, José António, Vasco Faísca (Sarmento 67'), Andrade (Kenedy 58'), Paulo Adriano «cap» (Dionattan 71'), Hugo Leal, Luciano (V 57'), Dário e Marcel **Treinador:** Nelo Vingada

Moreirense FC: João Ricardo, Primo «cap», Ricardo Fernandes, Sérgio Lomba, Tito, Jorge Duarte, Delfim (Eriverton 61'), Lito, Manoel (Vítor Pereira 70'), Fernando e Nei (Armando 89') **Treinador:** Jorge Jesus

FC Porto – 1 ACADÉMICA – 1 (TV)
I LIGA, 34ª JORNADA, 22-5-2005 (DOM, 19:15)
Estádio do Dragão, Porto
Árbitro: Paulo Paraty (Porto)
Auxiliares: Devesa Neto e Vítor Carvalho
Golos: 1-0 (Ibson 60'); 1-1 (Joeano 90')

FC Porto: Vítor Baía «cap», Seitaridis, Pedro Emanuel, Ricardo Costa, Leandro, Costinha, Maniche, Ibson (Raul Meireles 70'), Diego (Ricardo Quaresma 45'), McCarthy e Hélder Postiga (Paulo Machado 80') **Treinador:** José Couceiro

ACADÉMICA: Pedro Roma, Nuno Luís, Zé Castro, José António, Vasco Faísca, Roberto Brum, Andrade, Paulo Adriano «cap», Dionattan (Joeano 63'), Dário (Vítor Vinha 83') e Marcel (Kenedy 72') **Treinador:** Nelo Vingada

ÉPOCA 2005-2006

I LIGA: 14º LUGAR (MANUTENÇÃO)
TAÇA DE PORTUGAL: QUARTOS DE FINAL

JOGOS EFECTUADOS

	J	V	E	D	GM	GS
CASA	19	6	5	8	18	24
FORA	19	6	5	8	24	29
TOTAL	38	12	10	16	42	53

ACADÉMICA – 0 SL Benfica – 0 (TV)
I LIGA, 1ª JORNADA, 20-8-2005 (SAB, 21:30)
Estádio Cidade de Coimbra, Coimbra
Árbitro: Bruno Paixão (Setúbal)
Auxiliares: Pedro Ramos e Sérgio Lacroix

ACADÉMICA: Pedro Roma, Nuno Luís «sc», Zé Castro, Hugo Alcântara, Ezequias, Roberto Brum, Dionattan, Filipe Teixeira (Gelson 67'), Paulo Adriano «cap» (Nuno Piloto 78'), Fernando (Joeano 81') e Marcel **Treinador:** Nelo Vingada

SL Benfica: Moreira, João Pereira (AA 89'), Luisão, Anderson, Ricardo Rocha, Petit, Beto (Manuel Fernandes 55'), Geovanni (Mantorras 81'), Karyaka (Nuno Assis 55'), Simão «cap» e Nuno Gomes **Treinador:** Ronald Koeman

CD Nacional – 2 ACADÉMICA – 2
I LIGA, 2ª JORNADA, 28-8-2005 (DOM, 16:00)
Estádio Eng. Rui Alves, Funchal **Árbitro:** Nuno Almeida (Algarve) **Auxiliares:** Carlos Santos e Carlos Nilha **Golos:** 1-0 (André Pinto 15'); 2-0 (André Pinto 38'); 2-1 (Marcel 45'+1', gp); 2-2 (Marcel 65')

CD Nacional: Hilário, Patacas «cap», Ricardo Fernandes, Ávalos, Miguelito, Cléber (Alex Terra 70'), Chainho (Genalvo 56'), Bruno, Goulart, Alonso (Nuno Viveiros 67') e André Pinto **Treinador:** Manuel Machado

ACADÉMICA: Pedro Roma, Nuno Luís «sc», Zé Castro, Hugo Alcântara, Ezequias, Roberto Brum (Nuno Piloto 57'), Filipe Teixeira, Paulo Adriano «cap» (Luciano 39'), Dionattan, Fernando e Marcel (Joeano 75') **Treinador:** Nelo Vingada

ACADÉMICA – 0 VFC Setúbal – 1 (TV)
I LIGA, 3ª JORNADA, 11-9-2005 (DOM, 18:15)
Estádio Cidade de Coimbra, Coimbra **Árbitro:** Olegário Benquerença (Leiria) **Auxiliares:** Bertino Miranda e Serafim Nogueira **Golo:** 0-1 (Fábio 55')

ACADÉMICA: Pedro Roma, Nuno Luís «cap» (Pedro Silva 70'), Zé Castro «sc», Hugo Alcântara, Ezequias, Roberto Brum, Dionattan (Paulo Adriano 57'), Filipe Teixeira (Gelson 57'), Luciano, Fernando e Marcel **Treinador:** Nelo Vingada

VFC Setúbal: Moretto, Janício, Auri, José Fonte, Nandinho «cap», Dembelé, Ricardo Chaves (Diakité 88'), Sougou, Pedro Oliveira (Adalto 72'), Tchomogo e Fábio (Binho 77') **Treinador:** Norton de Matos

FC Paços de Ferreira – 2 ACADÉMICA – 1
I LIGA, 4ª JORNADA, 18-9-2005 (DOM, 16:00)
Estádio da Mata Real, Paços de Ferreira
Árbitro: Paulo Costa (Porto)
Auxiliares: José Luís Melo e Vítor Carvalho
Golos: 1-0 (Júnior 35'); 1-1 (Marcel 42', gp); 2-1 (Geraldo 89')

FC Paços de Ferreira: Pedro, Primo, Geraldo, Emerson, Fredy, Paulo Sousa «cap», Júnior (Alexandre 79'), Pedrinha, Edson, Didi (Rui Dolores 87') e Edinho (Ronny 56') **Treinador:** José Mota

ACADÉMICA: Pedro Roma, Nuno Luís «sc», Danilo, Zé Castro, Lira, Roberto Brum, Nuno Piloto, Filipe Teixeira (Pedro Silva 90'), Paulo Adriano «cap» (Gelson 87'), Luciano e Marcel (Joeano 67') **Treinador:** Nelo Vingada

Boavista FC – 2 ACADÉMICA – 1 (TV)
I LIGA, 5ª JORNADA, 26-9-2005 (SEG, 20:30)
Estádio do Bessa, Porto **Árbitro:** Augusto Duarte (Braga)
Auxiliares: Nuno Manso e Marcílio Pinto
Golos: 1-0 (Fary 6'); 1-1 (Luciano 16'); 2-1 (João Vieira Pinto 61')

Boavista FC: William, Rui Duarte (William Souza 55'), Hélder Rosário, Cadú, Areias, Manuel José, Tiago (Cissé 63'), João Vieira Pinto «cap», Guga (Zé Manuel 33'), Diogo Valente e Fary **Treinador:** Carlos Brito

ACADÉMICA: Pedro Roma, Nuno Luís «sc», Hugo Alcântara, Zé Castro, Lira (Pedro Silva 81'), Roberto Brum (Joeano 73'), Nuno Piloto, Paulo Adriano «cap» (Marcel 58'), Luciano, Filipe Teixeira e Fernando **Treinador:** Nelo Vingada

ACADÉMICA – 2 Gil Vicente FC – 0
I LIGA, 6ª JORNADA, 2-10-2005 (DOM, 16:00)
Estádio Cidade de Coimbra, Coimbra **Árbitro:** António Costa (Setúbal) **Auxiliares:** Venâncio Tomé e João Tomatas
Golos: 1-0 (Fernando 21'); 2-0 (Joeano 90')

ACADÉMICA: Pedro Roma, Nuno Luís «cap», Hugo Alcântara, Zé Castro, Lira, Roberto Brum, Nuno Piloto, Luciano, Filipe Teixeira (Pedro Silva 75'), Fernando (Paulo Adriano 67') e Marcel (Joeano 84') **Treinador:** Nelo Vingada

Gil Vicente FC: Jorge Batista, Edson (Rodolfo Lima 45'), Gregory, Rovérsio, João Pedro, Braima, Elias (Leandro Netto 58'), Carlitos (Luís Coentrão 45'), Nandinho «cap», Williams e Carlos Carneiro **Treinador:** Ulisses Morais

Sporting CP – 0 ACADÉMICA – 1 (TV)
I LIGA, 7ª JORNADA, 16-10-2005 (DOM, 19:15)
Estádio José Alvalade, Lisboa **Árbitro:** Paulo Paraty (Porto)
Auxiliares: Amândio Ribeiro e José Carlos Santos
Golo: 0-1 (Marcel 29')

Sporting CP: Ricardo, João Alves, Polga, Beto «cap», Tello, Custódio (Wender 65'), Sá Pinto, João Moutinho, Doula (Nani 45'), Deivid e Liedson (Silva 36') **Treinador:** José Peseiro

ACADÉMICA: Pedro Roma, Nuno Luís, Hugo Alcântara, Zé Castro, Lira (Ezequias 80'), Roberto Brum, Nuno Piloto (Danilo 87'), Paulo Adriano «cap», Luciano, Filipe Teixeira (Pedro Silva 67') e Marcel **Treinador:** Nelo Vingada

ACADÉMICA – 1 UD Leiria – 3
I LIGA, 8ª JORNADA, 23-10-2005 (DOM, 16:00)
Estádio Cidade de Coimbra, Coimbra **Árbitro:** Carlos Xistra (Castelo Branco) **Auxiliares:** Luís Tavares e Vítor Silva
Golos: 1-0 (Marcel 8'); 1-1 (Ferreira 25'); 1-2 (Fábio Felício 77'); 1-3 (Ferreira 80')

ACADÉMICA: Pedro Roma, Nuno Luís «sc», Hugo Alcântara, Zé Castro, Lira (Joeano 79'), Roberto Brum, Nuno Piloto (Fernando 58'), Filipe Teixeira, Luciano, Paulo Adriano «cap» (Zada 74') e Marcel **Treinador:** Nelo Vingada

UD Leiria: Fernando, Éder (Laranjeiro 60'), Renato «cap», Gabriel, Alhandra, Paulo Gomes, Harison, Fábio Felício (Miramontes 90'+2'), Ferreira, Maciel e Touré (Kata 86') **Treinador:** Jorge Jesus

ACADÉMICA – 3 Gil Vicente FC – 2 (AP)
TAÇA DE PORTUGAL, 1/32 DE FINAL, 26-10-2005 (QUA, 15:00)
Estádio Cidade de Coimbra, Coimbra **Árbitro:** Olegário Benquerença (Leiria) **Auxiliares:** Luís Marcelino e Valter Oliveira
Golos: 0-1 (Leandro Netto 47'); 0-2 (Leandro Netto 90'+1'); 1-2 (Joeano 90'+5'); 2-2 (Hugo Alcântara 90'+7'); 3-2 (Hugo Alcântara 93') **Obs:** Bruno Tiago (Gil Vicente) ocupou o lugar de guarda-redes, após lesão de Paulo Jorge, aos 119 minutos

ACADÉMICA: Dani, Pedro Silva, Zé Castro «sc», Hugo Alcântara, Ezequias, Roberto Brum, Nuno Piloto (Joeano 57'), Paulo Adriano «cap» (Zada 71'), Luciano, Fernando (Nuno Luís 90') e Marcel **Treinador:** Nelo Vingada

Gil Vicente FC: Paulo Jorge, Paulo Arantes, Rovérsio, Marcos António «cap», João Pedro, Bruno Tiago, Robélio (Luís Coentrão 64'), Gouveia, Rodolfo Lima (Carlitos 85'), Tonanha (Williams 79') e Leandro Netto **Treinador:** Ulisses Morais

FC Penafiel – 1 ACADÉMICA – 0
I LIGA, 9ª JORNADA, 30-10-2005 (DOM, 16:00)
Estádio 25 de Abril, Penafiel **Árbitro:** Lucílio Batista (Setúbal)
Auxiliares: Paulo Januário e Luís Salgado
Golo: 1-0 (Bruno Amaro 76')

FC Penafiel: Avelino, Pedro Moreira «cap» (Celso 81'), Weligton, Sérgio Lomba, Kelly Berville, Nilton, Jorginho (Bruno Amaro 65'), Cristóvão (Roberto 45'), Orahovac, N'Doye e Bibishkov **Treinador:** Luís Castro

ACADÉMICA: Pedro Roma, Nuno Luís, Zé Castro, Hugo Alcântara (V 80'), Lira (Joeano 79'), Roberto Brum, Paulo Adriano «cap», Filipe Teixeira (Gelson 82'), Luciano, Pedro Silva (Ezequias 61') e Marcel **Treinador:** Nelo Vingada

ACADÉMICA – 1 VSC Guimarães – 0 [TV]

I LIGA, 10ª JORNADA, 7-11-2005 (SEG, 20:30)
Estádio Cidade de Coimbra, Coimbra **Árbitro:** Paulo Costa (Porto)
Auxiliares: João Santos e Bernardino Silva
Golo: 1-0 (Marcel 15')

ACADÉMICA: Pedro Roma, Nuno Luís, Zé Castro, Danilo, Lira, Roberto Brum, Nuno Piloto (Zada 90'+2'), Paulo Adriano «cap», Filipe Teixeira (Pedro Silva 88'), Luciano e Marcel (Joeano 85')
Treinador: Nelo Vingada

VSC Guimarães: Nilson (Paiva 90'+5'), Svard, Dragoner, Medeiros (V 40'), Cléber «cap», Flávio Meireles, Moreno (Zezinho 77'), Neca, Benachour, Dário (Targino 61') e Saganowski
Treinador: Jaime Pacheco

FC Porto – 5 ACADÉMICA – 1 [TV]

I LIGA, 11ª JORNADA, 19-11-2005 (SAB, 21:15)
Estádio do Dragão, Porto **Árbitro:** Carlos Xistra (Castelo Branco)
Auxiliares: Carlos Pereira e Luís Castaínça **Golos:** 1-0 (Lucho González 10'); 2-0 (Lisandro 19'); 3-0 (César Peixoto 71'); 4-0 (Lisandro 77'); 5-0 (Lucho González 90'+3'); 5-1 (Marcel 90'+4')

FC Porto: Vítor Baía, Bosingwa, Pepe, Pedro Emanuel «cap», César Peixoto, Paulo Assunção, Ibson (Diego 73'), Lucho González (Alan 73'), Lisandro, Ricardo Quaresma e Hugo Almeida (Jorginho 65')
Treinador: Co Adriaanse

ACADÉMICA: Pedro Roma, Nuno Luís «sc», Zé Castro, Danilo, Lira (Ezequias 45'), Roberto Brum, Paulo Adriano «cap» (Fernando 30'), Nuno Piloto (Gelson 45'), Filipe Teixeira, Luciano e Marcel
Treinador: Nelo Vingada

ACADÉMICA – 1 CFE Amadora – 0

I LIGA, 12ª JORNADA, 27-11-2005 (DOM, 16:00)
Estádio Cidade de Coimbra, Coimbra **Árbitro:** Artur Soares Dias (Porto) **Auxiliares:** António Perdigão e Vítor Carvalho
Golo: 1-0 (Marcel 75')

ACADÉMICA: Pedro Roma, Nuno Luís «sc», Zé Castro, Danilo, Ezequias, Roberto Brum (Hugo Alcântara 90'+1'), Paulo Adriano «cap» (Zada 60'), Filipe Teixeira, Luciano, Joeano (Fernando 45') e Marcel **Treinador:** Nelo Vingada

CFE Amadora: Bruno Vale, Pedro Simões «cap» (Paulo Machado 60'), Santamaria, Maurício, Tony, Emerson (Bruno Santos 87'), Coutinho, Amoreirinha (AA 76'), Rafael Gaúcho (Anselmo 54'), Semedo e Manu (AA 77') **Treinador:** António Conceição

Naval 1º Maio – 0 ACADÉMICA – 1

I LIGA, 13ª JORNADA, 4-12-2005 (DOM, 16:00)
Estádio José Bento Pessoa, Figueira da Foz
Árbitro: Pedro Henriques (Lisboa)
Auxiliares: Ricardo Santos e José Lima
Golo: 0-1 (Hugo Alcântara 40')

Naval 1º Maio: Wilson Júnior, Carlitos (Saulo 45'), Aurélio, Fernando «cap», China, Gilmar (Glauber 70'), Nelson Veiga, Fajardo, Rui Miguel (Bessa 45'), Lito e Cazarine
Treinador: Manuel Cajuda

ACADÉMICA: Pedro Roma, Danilo, Zé Castro (Gelson 25'), Hugo Alcântara, Nuno Luís «sc», Roberto Brum, Ezequias (Pedro Silva 76'), Paulo Adriano «cap» (Nuno Piloto 81'), Luciano, Filipe Teixeira e Marcel **Treinador:** Nelo Vingada

ACADÉMICA – 2 Rio Ave FC – 2

I LIGA, 14ª JORNADA, 11-12-2005 (DOM, 16:00)
Estádio Cidade de Coimbra, Coimbra **Árbitro:** Rui Costa (Porto)
Auxiliares: Serafim Nogueira e António Gonçalves **Golos:** 0-1 (Chidi 22'); 1-1 (Danilo 54'); 1-2 (Gaúcho 55'); 2-2 (Marcel 90'+2', gp)

ACADÉMICA: Pedro Roma, Nuno Luís «sc», Danilo, Hugo Alcântara, Ezequias (Joeano 71'), Roberto Brum (Fernando 65'), Zada, Paulo Adriano «cap» (Nuno Piloto 65'), Filipe Teixeira, Luciano e Marcel **Treinador:** Nelo Vingada

Rio Ave FC: Mora, Zé Gomes, Danielson, Idalécio, Milhazes (AA 60'), Niquinha, Mozer «cap», Cleiton, Gaúcho (Evandro 74'), Chidi (Delson 67') e Marquinhos (Ricardo Jorge 86')
Treinador: António Sousa

SC Braga – 2 ACADÉMICA – 0 [TV]

I LIGA, 15ª JORNADA, 17-12-2005 (SAB, 17:00)
Estádio Municipal de Braga, Braga **Árbitro:** Pedro Proença (Lisboa)
Auxiliares: Tiago Trigo e Hernâni Fernandes
Golos: 1-0 (Nunes 32'); 2-0 (João Tomás 65')

SC Braga: Paulo Santos, Luís Filipe, Nunes, Nem (Paulo Jorge 42'), Jorge Luiz, Andrés Madrid, Vandinho, Castanheira «cap» (Hugo Leal 62'), Jaime (Davide 56'), Cesinha e João Tomás
Treinador: Jesualdo Ferreira

ACADÉMICA: Pedro Roma, Nuno Piloto, Zé Castro «cap», Hugo Alcântara (Joeano 71'), Ezequias, Danilo, Roberto Brum, Pedro Silva (Fernando 63'), Zada (Luciano 45'), Filipe Teixeira e Marcel
Treinador: Nelo Vingada

ACADÉMICA – 0 CF "Os Belenenses" – 1

I LIGA, 16ª JORNADA, 21-12-2005 (QUA, 19:00)
Estádio Cidade de Coimbra, Coimbra **Árbitro:** Jorge Sousa (Porto)
Auxiliares: Bertino Miranda e António Neiva
Golo: 0-1 (Meyong 46')

ACADÉMICA: Pedro Roma, Nuno Luís «sc», Danilo (Zada 79'), Zé Castro, Ezequias, Roberto Brum, Paulo Adriano «cap» (Nuno Piloto 53'), Luciano, Filipe Teixeira, Pedro Silva (Hugo Alcântara 65') e Marcel **Treinador:** Nelo Vingada

CF "Os Belenenses": Marco Aurélio «cap», Sousa, Rolando, Pelé, Vasco Faísca, Rui Ferreira, Paulo Sérgio (Silas 64'), Pinheiro, Ruben Amorim, Ahamada (Djurdjevic 79') e Meyong (Romeu 85')
Treinador: José Couceiro

CS Marítimo – 2 ACADÉMICA – 2

I LIGA, 17ª JORNADA, 7-1-2006 (SAB, 16:00)
Estádio dos Barreiros, Funchal **Árbitro:** Paulo Pereira (Viana do Castelo) **Auxiliares:** Bernardino Silva e Fernando Pereira
Golos: 0-1 (Joeano 15'); 1-1 (Rincón 34'); 2-1 (Marcinho 45'); 2-2 (Hugo Alcântara 88')

CS Marítimo: Marcos, Briguel, Mitchell Van der Gaag «cap», Nuno Morais, Evaldo (Ferreira 90'+1'), Filipe Oliveira, Mancuso (Balu 66'), Wênio, Marcinho, Kanu (Nilson Sergipiano 80') e Rincón
Treinador: Paulo Bonamigo

ACADÉMICA: Pedro Roma, Danilo (Gelson 67'), Zé Castro, Hugo Alcântara, Ezequias (Sarmento 57'), Nuno Luís «cap», Roberto Brum, Nuno Piloto (Dionattan 57'), Luciano, Filipe Teixeira e Joeano **Treinador:** Nelo Vingada

Louletano DC – 0 ACADÉMICA – 0 (AP)

TAÇA DE PORTUGAL, 1/16 DE FINAL, 11-1-2006 (QUA, 18:00)
Estádio do Algarve, Loulé **Árbitro:** Duarte Gomes (Lisboa)
Auxiliares: Arlindo Santos e Hernâni Fernandes **Desempate** (pontapés da marca de grande penalidade): 1-0 (Della Pasqua), 1-1 (Joeano), 2-1 (Clemente), 2-2 (Pedro Silva), 2-3 (Roberto Brum)

Louletano DC: Daniel, Telmo Pinto, Fausto, Jorge Soares, Dante, Bruno Gomes «cap» (Della Pasqua 60'), Fábio Teixeira, Pintinho (Atabú 82'), Alberto, Brito (João Vicente 98') e Clemente
Treinador: Jorge Portela

ACADÉMICA: Dani, Nuno Piloto (Pedro Silva 63'), Danilo, Zé Castro «cap», Vítor Vinha (Ezequias 85'), Roberto Brum, Zada (Sarmento 60'), Gelson, Dionattan, Luciano e Joeano
Treinador: Nelo Vingada

SL Benfica – 3 ACADÉMICA – 0 [TV]

I LIGA, 18ª JORNADA, 15-1-2006 (DOM, 18:45)
Estádio do Sport Lisboa e Benfica, Lisboa **Árbitro:** Artur Soares Dias (Porto) **Auxiliares:** José Cardinal e Nuno Manso **Golos:** 1-0 (Simão 4', gp); 2-0 (Luisão 78'); 3-0 (Nuno Gomes 90'+3')

SL Benfica: Moretto, Nelson, Luisão, Ricardo Rocha, Léo, Beto (Manuel Fernandes 55'), Petit, Robert (Geovanni 59'), Simão «cap», Nuno Gomes e Miccoli (Manduca 76')
Treinador: Ronald Koeman

ACADÉMICA: Pedro Roma, Nuno Luís «cap» (Paulo Adriano 76'), Zé Castro «sc», Hugo Alcântara, Ezequias (Joeano 45'), Danilo (Dionattan 61'), Roberto Brum, Gelson, Sarmento, Filipe Teixeira e Luciano **Treinador:** Nelo Vingada

ACADÉMICA – 0 CD Nacional – 0

I LIGA, 19ª JORNADA, 21-1-2006 (SAB, 16:00)
Estádio Cidade de Coimbra, Coimbra
Árbitro: Paulo Paraty (Porto)
Auxiliares: João Santos e Eduardo David

ACADÉMICA: Pedro Roma, Sarmento, Zé Castro «cap», Hugo Alcântara, Ezequias, Roberto Brum, Danilo, Dionattan (Nuno Piloto 45', Pedro Silva 81'), Luciano, Gelson e Filipe Teixeira (Joeano 72') **Treinador:** Nelo Vingada

CD Nacional: Diego, Patacas «cap», Ricardo Fernandes, Ávalos, Alonso, Chainho, Juliano Spadacio (Emerson 81'), Miguelito, Bruno, Nuno Viveiros (André Pinto 45') e Alexandre Goulart (Marchant 64') **Treinador:** Manuel Machado

VFC Setúbal – 0 ACADÉMICA – 1 [TV]

I LIGA, 20ª JORNADA, 30-1-2006 (SEG, 20:30)
Estádio do Bonfim, Setúbal **Árbitro:** Cosme Machado (Braga)
Auxiliares: Paulo Januário e Carlos Nilha
Golo: 0-1 (Joeano 70')

VFC Setúbal: Marco Tábuas «cap», Janício, Veríssimo, Auri, Nandinho, Binho, Ricardo Chaves, Pedro Oliveira (Franja 75'), Bruno Ribeiro (Fonseca 56'), Carlitos e Varela (Hélio Roque 71')
Treinador: Hélio Sousa

ACADÉMICA: Pedro Roma, Sarmento, Zé Castro «cap», Danilo, Ezequias, Roberto Brum, N'Doye, Nuno Piloto (Luciano 58'), Zada (Hugo Alcântara 82'), Gelson e Joeano (Serjão 72')
Treinador: Nelo Vingada

ACADÉMICA – 3 FC Paços de Ferreira – 0

I LIGA, 21ª JORNADA, 4-2-2006 (SAB, 16:00)
Estádio Cidade de Coimbra, Coimbra **Árbitro:** Olegário Benquerença (Leiria) **Auxiliares:** Valter Oliveira e Luís Castaínça
Golos: 1-0 (Gelson 46'); 2-0 (Mangualde 55', pb); 3-0 (Serjão 90'+2')

ACADÉMICA: Pedro Roma, Sarmento, Zé Castro, Danilo, Ezequias, Paulo Adriano «cap», Dionattan, Zada (Luciano 58'), N'Doye, Joeano (Filipe Teixeira 60') e Gelson (Serjão 77')
Treinador: Nelo Vingada

FC Paços de Ferreira: Peçanha, Mangualde, Geraldo, José Fonte, Fredy, Júnior, Paulo Sousa «cap», Pedrinha (Edson 60'), Didi (Cristiano 75'), Ronny e Rui Dolores (Júnior Bahia 64')
Treinador: José Mota

CD Aves – 1 ACADÉMICA – 2

TAÇA DE PORTUGAL, OITAVOS DE FINAL, 8-2-2006 (QUA, 15:00)
Estádio do Clube Desportivo das Aves, Vila das Aves **Árbitro:** João Vilas Boas (Braga) **Auxiliares:** Alfredo Braga e Tomás Santos
Golos: 0-1 (Vítor Manuel 22', pb); 1-1 (Edu 40'); 1-2 (Joeano 81')

CD Aves: Mota, Sérgio Carvalho, Vítor Manuel «cap» (Filipe Anunciação 63'), William, David Aires (Octávio 83'), Edu, Nené, Rui Figueiredo, Binho, Hernâni e Hélder Neto (Xano 20')
Treinador: Neca

ACADÉMICA: Dani, Pedro Silva, Danilo, Hugo Alcântara, Vítor Vinha, Roberto Brum «cap», Dionattan (Fernando 76'), Filipe Teixeira (Luciano 58'), N'Doye, Serjão e Gelson (Joeano 45')
Treinador: Nelo Vingada

ACADÉMICA – 0 Boavista FC – 2 [TV]

I LIGA, 22ª JORNADA, 11-2-2006 (SAB, 19:15)
Estádio Cidade de Coimbra, Coimbra **Árbitro:** Paulo Batista (Portalegre) **Auxiliares:** Bernardino Silva e Arlindo Santos
Golos: 0-1 (João Vieira Pinto 44'); 0-2 (João Vieira Pinto 77')

ACADÉMICA: Pedro Roma, Sarmento, Danilo, Hugo Alcântara, Ezequias, Roberto Brum «cap», Dionattan (Serjão 56'), Filipe Teixeira, N'Doye, Luciano e Joeano (Fernando 69')
Treinador: Nelo Vingada

Boavista FC: William, Manuel José, Ricardo Silva, Cadu, Areias, Tiago, Paulo Sousa, Lucas, João Vieira Pinto «cap» (Figueiredo 78'), Paulo Jorge (Cissé 84') e Zé Manuel (Diogo Valente 88')
Treinador: Carlos Brito

2005-2006

2006-2007

Gil Vicente FC – 4 ACADÉMICA – 3

I LIGA, 23ª JORNADA, 19-2-2006 (DOM, 16:00)
Estádio Cidade de Barcelos, Barcelos **Árbitro:** Bruno Paixão (Setúbal) **Auxiliares:** Carlos do Carmo e António Neiva **Golos:** 0-1 (Joeano 7'); 1-1 (João Pedro 21'); 2-1 (Mateus 23'); 2-2 (Joeano 35', gp); 3-2 (Gregory 39'); 3-3 (Joeano 72'); 4-3 (Carlos Carneiro 88')

Gil Vicente FC: Paulo Jorge, João Pereira, Rovérsio, Gregory, João Pedro (Rivan 78'), Bruno Tiago, Gouveia, Mateus (Braima 90'+2'), Nandinho «cap», Williams (Elias 29') e Carlos Carneiro
Treinador: Ulisses Morais

ACADÉMICA: Pedro Roma, Pedro Silva (AA 90'), Danilo, Hugo Alcântara, Ezequias (V 18'), Roberto Brum «cap», Sarmento (Dionattan 65'), N'Doye, Filipe Teixeira (Paulo Adriano 77'), Joeano e Gelson (Nuno Piloto 65') **Treinador:** Nelo Vingada

ACADÉMICA – 0 Sporting CP – 3 [TV]

I LIGA, 24ª JORNADA, 25-2-2006 (SAB, 21:15)
Estádio Cidade de Coimbra, Coimbra **Árbitro:** Jorge Sousa (Porto) **Auxiliares:** Serafim Nogueira e João Silva **Golos:** 0-1 (João Moutinho 1'); 0-2 (Liedson 57'); 0-3 (Nani 90', gp)
Obs: Gelson (Académica) ocupou o lugar de guarda-redes, após expulsão de Pedro Roma

ACADÉMICA: Pedro Roma (V 87'), Sarmento (Luciano 56'), Danilo, Hugo Alcântara (Gelson 70'), Vítor Vinha, Roberto Brum «cap», Dionattan, Filipe Teixeira, N'Doye (Nuno Piloto 70'), Joeano e Serjão **Treinador:** Nelo Vingada

Sporting CP: Ricardo, Abel, Tonel, Polga, Caneira, Custódio «cap», João Moutinho (Hugo 86'), Romagnoli (João Alves 56'), Nani, Deivid (Douala 73') e Liedson
Treinador: Paulo Bento

UD Leiria – 0 ACADÉMICA – 2

I LIGA, 25ª JORNADA, 5-3-2006 (DOM, 16:00)
Estádio Dr. Magalhães Pessoa, Leiria **Árbitro:** Duarte Gomes (Lisboa) **Auxiliares:** Pedro Garcia e Paulo Ramos
Golos: 0-1 (Filipe Teixeira 36'); 0-2 (Joeano 55')

UD Leiria: Costinha, Éder, Renato (Lourenço 71'), Gabriel, Tixier, Jaime (Cadú 59'), João Paulo «cap», Touré, Fábio Felício (Alhandra 59'), Maciel e Paulo César (AA 38')
Treinador: Jorge Jesus

ACADÉMICA: Dani, Pedro Silva, Zé Castro «cap», Danilo, Vítor Vinha, Roberto Brum, Dionattan (Luciano 61'), Filipe Teixeira, N'Doye, Joeano (Serjão 74') e Gelson (Andrade 85')
Treinador: Nelo Vingada

ACADÉMICA – 1 FC Penafiel – 0

I LIGA, 26ª JORNADA, 11-3-2006 (SAB, 16:00)
Estádio Cidade de Coimbra, Coimbra **Árbitro:** Artur Soares Dias (Porto) **Auxiliares:** Adolfo Braga e Marcílio Pinto
Golo: 1-0 (Filipe Teixeira 46')

ACADÉMICA: Dani, Pedro Silva, Zé Castro «cap», Danilo, Vítor Vinha, Roberto Brum, Filipe Teixeira (AA 88'), Dionattan, N'Doye (Paulo Adriano 73'), Joeano (Serjão 69') e Gelson (Luciano 58')
Treinador: Nelo Vingada

FC Penafiel: Nuno Santos, Pedro Moreira, Nuno Diogo (Sérgio Lomba 50'), Kelly (Nilton 22'), Celso «cap», Jorginho, Bruno Amaro, Juninho Petrolina, Barrinuevo (Dill 67'), Bibishkov e José Rui
Treinador: Luís Castro

ACADÉMICA – 0 Sporting CP – 2

TAÇA DE PORTUGAL, QUARTOS DE FINAL, 15-3-2006 (QUA, 20:30)
Estádio Cidade de Coimbra, Coimbra **Árbitro:** Paulo Paraty (Porto) **Auxiliares:** Serafim Nogueira e Amândio Ribeiro
Golos: 0-1 (Deivid 51'); 0-2 (Nani 90'+5')

ACADÉMICA: Dani, Danilo, Zé Castro, Hugo Alcântara, Pedro Silva (Nuno Piloto 78'), Paulo Adriano «cap», Roberto Brum, Ezequias, Luciano, Fernando (Joeano 58') e Serjão (Gelson 59')
Treinador: Nelo Vingada

Sporting CP: Ricardo, Abel, Hugo (Miguel Garcia 25'), Polga, Tello, João Alves (Luís Loureiro 82'), Custódio «cap», João Moutinho, Romagnoli (Nani 45'), Deivid e Liedson
Treinador: Paulo Bento

VSC Guimarães – 1 ACADÉMICA – 1

I LIGA, 27ª JORNADA, 19-3-2006 (DOM, 16:00)
Estádio D. Afonso Henriques, Guimarães **Árbitro:** Pedro Proença (Lisboa) **Auxiliares:** Bertino Miranda e Luís Marcelino
Golos: 0-1 (Joeano 26'); 1-1 (Saganowski 28')

VSC Guimarães: Nilson, Mário Sérgio, Dragoner, Moreno, Rogério Matias «cap», Neca (Paulo Sérgio 25'), Otacílio (Medeiros 80'), Wesley, Benachour, Saganowski e Dário (Antchouet 61')
Treinador: Vítor Pontes

ACADÉMICA: Dani, Pedro Silva, Zé Castro «cap», Hugo Alcântara, Vítor Vinha, Dionattan (Nuno Piloto 34'), Roberto Brum, Filipe Teixeira (Serjão 87'), Ezequias (Paulo Adriano 90'), Joeano e Gelson
Treinador: Nelo Vingada

ACADÉMICA – 0 FC Porto – 1 [TV]

I LIGA, 28ª JORNADA, 26-3-2006 (DOM, 18:30)
Estádio Cidade de Coimbra, Coimbra
Árbitro: António Costa (Setúbal)
Auxiliares: António Godinho e Pedro Pinheiro
Golo: 0-1 (Hugo Almeida 71')

ACADÉMICA: Dani, Pedro Silva, Zé Castro «cap» (Paulo Adriano 36'), Hugo Alcântara, Vítor Vinha, Roberto Brum «sc», Nuno Piloto (Luciano 74'), Filipe Teixeira, Gelson, Ezequias (N'Doye 63') e Joeano **Treinador:** Nelo Vingada

FC Porto: Helton, Pepe, Pedro Emanuel «cap», Marek Cech, Lucho González (Jorginho 41'), Paulo Assunção, Raul Meireles, Alan, McCarthy (Ricardo Costa 72'), Adriano (Hugo Almeida 63') e Ricardo Quaresma **Treinador:** Co Adriaanse

CFE Amadora – 3 ACADÉMICA – 2

I LIGA, 29ª JORNADA, 2-4-2006 (DOM, 16:00)
Estádio José Gomes, Amadora **Árbitro:** Cosme Machado (Braga) **Auxiliares:** Nuno Manso e Valter Oliveira **Golos:** 0-1 (Joeano 18'); 0-2 (Filipe Teixeira 28'); 1-2 (Manu 68'); 2-2 (Rui Borges 89'); 3-2 (Rui Borges 90'+6')

CFE Amadora: Bruno Vale, Hugo Carreira, Maurício, Amoreirinha (Nieto 45'), Tony, Jordão «cap» (Bevacqua 30'), André Barreto, Rui Duarte, Manu, Rui Borges e Semedo (Zamorano 64')
Treinador: António Conceição

ACADÉMICA: Dani, Pedro Silva (AA 90'+2'), Zé Castro «cap», Hugo Alcântara, Vítor Vinha, Roberto Brum, Nuno Piloto, Filipe Teixeira, N'Doye (Ezequias 80'), Gelson (Serjão 90') e Joeano (Luciano 75')
Treinador: Nelo Vingada

ACADÉMICA – 2 Naval 1º Maio – 2

I LIGA, 30ª JORNADA, 9-4-2006 (DOM, 16:00)
Estádio Cidade de Coimbra, Coimbra **Árbitro:** Jorge Sousa (Porto) **Auxiliares:** José Ramalho e António Neiva **Golos:** 1-0 (Joeano 4'); 2-0 (Joeano 26'); 2-1 (Lito 32'); 2-2 (Saulo 64')

ACADÉMICA: Dani, Nuno Piloto (AA 53'), Zé Castro «cap», Hugo Alcântara, Vítor Vinha, Roberto Brum, N'Doye, Filipe Teixeira, Luciano (Ezequias 68'), Fernando (Andrade 56', V 87') e Joeano (V 90'+3') **Treinador:** Nelo Vingada

Naval 1º Maio: Taborda, Carlitos, Franco (Bruno Fogaça 45'), Fernando «cap», China, Solimar, Gilmar, Fajardo (Rui Miguel 75'), Pedro Santos, Lito e Saulo (Tiago Fraga 90')
Treinador: Rogério Gonçalves

Rio Ave FC – 1 ACADÉMICA – 4

I LIGA, 31ª JORNADA, 16-4-2006 (DOM, 16:00)
Estádio do Rio Ave Futebol Clube, Vila do Conde **Árbitro:** Duarte Gomes (Lisboa) **Auxiliares:** Alfredo Braga e Arlindo Santos **Golos:** 1-0 (Gaúcho 2'); 1-1 (Gelson 52'); 1-2 (Rui Miguel 68'); 1-3 (Gelson 78'); 1-4 (Pedro Silva 90'+6')

Rio Ave FC: Mora, José Gomes, Idalécio, Bruno Mendes (V 21'), Milhazes (Keita 78'), André Vilas Boas (Diogo Furlan 70'), Vítor Gomes, Niquinha «cap», Chidi, Gaúcho e Evandro (Mozer 27')
Treinador: João Eusébio

ACADÉMICA: Pedro Roma, Pedro Silva, Zé Castro «cap», Hugo Alcântara, Vítor Vinha, Roberto Brum, Rui Miguel (Serjão 75'), Filipe Teixeira (Sarmento 66'), Fernando (AA 65'), Ezequias (Ito 90'+2') e Gelson **Treinador:** Nelo Vingada

ACADÉMICA – 0 SC Braga – 3 [TV]

I LIGA, 32ª JORNADA, 24-4-2006 (SEG, 20:30)
Estádio Cidade de Coimbra, Coimbra **Árbitro:** Bruno Paixão (Setúbal) **Auxiliares:** António Godinho e José Carlos Santos **Golos:** 0-1 (Frechaut 21'); 0-2 (João Tomás 57'); 0-3 (João Tomás 72')

ACADÉMICA: Pedro Roma, Pedro Silva, Zé Castro «cap», Hugo Alcântara (Andrade 59'), Vítor Vinha, Roberto Brum, Gelson, Nuno Piloto (Sarmento 45'), N'Doye, Ezequias (Serjão 59') e Joeano **Treinador:** Nelo Vingada

SC Braga: Paulo Santos, Pedro Costa, Paulo Jorge «cap», Nem, Carlos Fernandes, Frechaut (Castanheira 65'), Sidney (Vandinho 48'), Andrés Madrid, Luís Filipe, Wender (Matheus 74') e João Tomás **Treinador:** Jesualdo Ferreira

CF "Os Belenenses" – 0 ACADÉMICA – 0

I LIGA, 33ª JORNADA, 30-4-2006 (DOM, 16:00)
Estádio do Restelo, Lisboa
Árbitro: Paulo Paraty (Porto)
Auxiliares: José Cardinal e Marcílio Pinto

CF "Os Belenenses": Marco Aurélio «cap», Amaral, Pelé, Gaspar (Rolando 45'), Rui Jorge, Ruben Amorim, Sandro Gaúcho, Paulo Sérgio (Fábio Januário 75'), José Pedro (Pinheiro 86'), Silas e Meyong **Treinador:** José Couceiro

ACADÉMICA: Pedro Roma, Pedro Silva, Zé Castro «cap», Ezequias, Vítor Vinha, Andrade, Roberto Brum, Rui Miguel (Gelson 74'), Fernando (Nuno Piloto 65'), N'Doye e Joeano
Treinador: Nelo Vingada

ACADÉMICA – 2 CS Marítimo – 2

I LIGA, 34ª JORNADA, 7-5-2006 (DOM, 16:00)
Estádio Cidade de Coimbra, Coimbra **Árbitro:** Pedro Proença (Lisboa) **Auxiliares:** Paulo Januário e Carlos do Carmo **Golos:** 0-1 (Mitchell Van der Gaag 52'); 0-2 (Marcinho 62'); 1-2 (Joeano 71'); 2-2 (Joeano 79', gp)

ACADÉMICA: Pedro Roma, Pedro Silva, Zé Castro «cap», Ezequias, Vítor Vinha, Andrade (Hugo Alcântara 64'), Roberto Brum, Rui Miguel (Sarmento 59'), Nuno Piloto (Gelson 54'), N'Doye e Joeano (AA 90'+2') **Treinador:** Nelo Vingada

CS Marítimo: Marcos, Filipe Oliveira, Mitchell Van der Gaag «cap», Valnei, Evaldo, Olberdam (Jardel 83'), Fernando, Marcinho (Fahel 74'), Kanu, Luís Olim e José Carlos
Treinador: Ulisses Morais

ÉPOCA 2006-2007

I LIGA: 13º LUGAR (MANUTENÇÃO)
TAÇA DE PORTUGAL: QUARTOS DE FINAL

JOGOS EFECTUADOS

	J	V	E	D	GM	GS
CASA	16	4	2	10	14	22
FORA	18	5	6	7	20	28
TOTAL	34	9	8	17	34	50

VFC Setúbal – 1 ACADÉMICA – 1 [TV]

I LIGA, 1ª JORNADA, 28-8-2006 (SEG, 20:30)
Estádio do Bonfim, Setúbal **Árbitro:** Paulo Pereira (Viana do Castelo) **Auxiliares:** José Chilrito e Henrique Parente
Golos: 1-0 (Nandinho 47'); 1-1 (Hélder Barbosa 57')

VFC Setúbal: Marco Tábuas, Janício, Hugo, Auri, Nandinho (Adalto 80'), Sandro «cap», Binho, Labarthe, Varela, Lourenço (Amuneke 66') e Ademar (M'Bamba 69')
Treinador: Hélio Sousa

ACADÉMICA: Pedro Roma «cap», Nuno Piloto, Litos (AA 84'), Medeiros, Lino, Pavlovic (Gelson 48'), Roberto Brum, Alexandre, Miguel Pedro (Nestor 49'), Hélder Barbosa e Estevez (Filipe Teixeira 82') **Treinador:** Manuel Machado

2006-2007

ACADÉMICA – 1 Naval 1º Maio – 2

I LIGA, 2ª JORNADA, 10-9-2006 (DOM, 19:00)
Estádio Cidade de Coimbra, Coimbra **Árbitro:** Artur Soares Dias (Porto) **Auxiliares:** José Luís Melo e Marcílio Pinto
Golos: 1-0 (Lino 28'); 1-1 (Lito 63'); 1-2 (Nei 65')

ACADÉMICA: Pedro Roma «cap», Nuno Piloto, Danilo, Medeiros, Lino, Roberto Brum (Paulo Sérgio 82'), Alexandre (Miguel Pedro 68'), Estevez, Filipe Teixeira (Nestor 66'), Hélder Barbosa e Gelson
Treinador: Manuel Machado

Naval 1º Maio: Taborda, Mário Sérgio, Paulão, Fernando «cap» (V 53'), China, Gilmar, Orestes, Pedro Santos (Tiago Fraga 71'), Fajardo, Lito (Carlitos 87') e Nei (Saulo 82')
Treinador: Rogério Gonçalves

ACADÉMICA – 1 CF "Os Belenenses" – 1

I LIGA, 3ª JORNADA, 17-9-2006 (DOM, 16:00)
Estádio Cidade de Coimbra, Coimbra **Árbitro:** Nuno Almeida (Algarve) **Auxiliares:** Carlos Nilha e Filipe Pereira
Golos: 1-0 (Gelson 11'); 1-1 (Nivaldo 38')

ACADÉMICA: Pedro Roma «cap», Sonkaya, Litos, Medeiros, Lino (Nestor 78'), Roberto Brum (Filipe Teixeira 74'), Gelson (AA 65'), Pavlovic, Miguel Pedro (Estevez 57'), Hélder Barbosa e Gyánó
Treinador: Manuel Machado

CF "Os Belenenses": Costinha, Amaral (Manoel 27'), Rolando, Nivaldo, Rodrigo Alvim, Silas «cap», Rúben Amorim, José Pedro, Cândido Costa (AA 47'), Fernando (Gaspar 53') e Roma (Djurdjevic 63') **Treinador:** Jorge Jesus

Boavista FC – 2 ACADÉMICA – 2 [TV]

I LIGA, 4ª JORNADA, 24-9-2006 (DOM, 20:45)
Estádio do Bessa, Porto **Árbitro:** Pedro Proença (Lisboa) **Auxiliares:** Tiago Trigo e José Lima **Golos:** 1-0 (Linz 22'); 1-1 (Lino 43'); 1-2 (Gyánó 55'); 2-2 (Hélder Rosário 70')

Boavista FC: William, Hélder Rosário, Ricardo Silva, Cissé, Mário Silva, Lucas, Tiago «cap», Kazmierczak (Ricardo Sousa 62'), Grezlak (Zairi 68'), Zé Manuel (Fary 84') e Linz
Treinador: Zelijko Petrovic

ACADÉMICA: Pedro Roma «cap», Sonkaya, Litos, Medeiros, Lino, Pavlovic, Roberto Brum, Alexandre (Gyánó 32'), Miguel Pedro (Nuno Piloto 79'), Filipe Teixeira e Dame (Vítor Vinha 53')
Treinador: Manuel Machado

ACADÉMICA – 1 CD Nacional – 3

I LIGA, 5ª JORNADA, 1-10-2006 (DOM, 16:00)
Estádio Cidade de Coimbra, Coimbra **Árbitro:** Bruno Paixão (Setúbal) **Auxiliares:** António Godinho e João Tomatas
Golos: 1-0 (Dame 8'); 1-1 (Bruno 42', gp); 1-2 (Adriano 59'); 1-3 (Pateiro 66')

ACADÉMICA: Pedro Roma «cap», Sonkaya, Litos (V 64'), Medeiros (AA 84'), Lino, Miguel Pedro, Roberto Brum, Pavlovic (Nuno Piloto 62'), Filipe Teixeira (Gyánó 57'), Dame (Hélder Barbosa 45') e Gelson **Treinador:** Manuel Machado

CD Nacional: Diego Benaglio, Patacas «cap», Ricardo Fernandes, Fernando Cardozo, Bruno Basto, Cléber, Bruno, José Vítor, Bruno Amaro (Luciano 86'), Juliano Spadacio (Pateiro 36') e Adriano (Chilikov 77') **Treinador:** Carlos Brito

FC Paços de Ferreira – 1 ACADÉMICA – 1

I LIGA, 6ª JORNADA, 15-10-2006 (DOM, 16:00)
Estádio da Mata Real, Paços de Ferreira **Árbitro:** Hélio Santos (Lisboa) **Auxiliares:** Carlos do Carmo e Luís Ramos
Golos: 0-1 (Miguel Pedro 26'); 1-1 (Luiz Carlos 88', gp)

FC Paços de Ferreira: Peçanha, Mangualde (Renato Queirós 64'), Geraldo, Luiz Carlos, Fredy, Paulo Sousa «cap», Dani, Elias (Edson 37'), Didi, Cristiano (Antunes 78') e Ronny
Treinador: José Mota

ACADÉMICA: Pedro Roma «cap», Sonkaya, Danilo, Kaká, Lino, Roberto Brum, Pavlovic (AA 63'), Alexandre, Miguel Pedro (Filipe Teixeira 48'), Gyánó (Dame 82') e Gelson (Paulo Sérgio 65')
Treinador: Manuel Machado

ACADÉMICA – 2 CD Aves – 0

I LIGA, 7ª JORNADA, 22-10-2006 (DOM, 16:00)
Estádio Cidade de Coimbra, Coimbra **Árbitro:** João Vilas Boas (Braga) **Auxiliares:** Tomás Santos e André Cunha
Golos: 1-0 (Miguel Pedro 26'); 2-0 (Danilo 88')

ACADÉMICA: Pedro Roma «cap», Nuno Luís, Danilo, Kaká, Vítor Vinha, Alexandre, Roberto Brum, Dionattan (Gelson 45'), Dame (Paulo Sérgio 62'), Miguel Pedro e Gyánó (Filipe Teixeira 45')
Treinador: Manuel Machado

CD Aves: Rui Faria, Sérgio Carvalho (Leandro 71'), William, Sérgio Nunes «cap», Anilton Júnior, Filipe Anunciação, Mércio, Nené, Jocivalter (Hernâni 59'), Xano e Freddy (Dill 40')
Treinador: Neca

UD Leiria – 2 ACADÉMICA – 0

I LIGA, 8ª JORNADA, 28-10-2006 (SAB, 17:00)
Estádio Dr. Magalhães Pessoa, Leiria **Árbitro:** João Ferreira (Setúbal) **Auxiliares:** Serafim Nogueira e Pais António
Golos: 1-0 (Slusarski 35'); 2-0 (Slusarski 81')

UD Leiria: Fernando, Laranjeiro, Marcos António, Renato «cap», Tixier, Paulo Gomes (Harison 58'), Paulo Machado, Faria, Sougou (Touré 62'), Ivanildo (Nuno Coelho 76') e Slusarski
Treinador: Domingos Paciência

ACADÉMICA: Pedro Roma «cap», Nuno Luís, Danilo, Kaká, Lino, Pavlovic (Gelson 41'), Alexandre, Roberto Brum (Litos 67'), Miguel Pedro, Hélder Barbosa e Dame (Filipe Teixeira 52')
Treinador: Manuel Machado

ACADÉMICA – 2 CFE Amadora – 0

I LIGA, 9ª JORNADA, 5-11-2006 (DOM, 16:00)
Estádio Cidade de Coimbra, Coimbra **Árbitro:** Hugo Miguel (Lisboa) **Auxiliares:** Tiago Trigo e Hernâni Fernandes
Golos: 1-0 (Dame 60'); 2-0 (Hélder Barbosa 67')

ACADÉMICA: Pedro Roma «cap», Nuno Luís, Litos, Kaká, Lino, Paulo Sérgio (Pavlovic 86'), Roberto Brum, Nuno Piloto (Hélder Barbosa 45'), Filipe Teixeira (Medeiros 71'), Dame e Miguel Pedro
Treinador: Manuel Machado

CFE Amadora: Paulo Lopes, Rui Duarte, José Fonte, Amoreirinha, Edu Silva, Jordão «cap» (Pedro Simões 55'), Tiago Gomes, Jaime (Jones 68'), Paulo Sérgio (Moses 73') e N'Diaye
Treinador: Daúto Faquirá

FC Porto – 2 ACADÉMICA – 1 [TV]

I LIGA, 10ª JORNADA, 18-11-2006 (SAB, 19:15)
Estádio do Dragão, Porto **Árbitro:** Paulo Paraty (Porto)
Auxiliares: Alfredo Braga e Alexandre Freitas
Golos: 1-0 (Hélder Postiga 50'); 1-1 (Nestor 77'); 2-1 (Pepe 84')

FC Porto: Helton, Bosingwa, Bruno Alves, Pepe, Marek Cech, Raul Meireles (Alan 80'), Lucho González «cap», Jorginho (Bruno Moraes 45'), Lisandro (Ibson 55'), Ricardo Quaresma e Hélder Postiga **Treinador:** Jesualdo Ferreira

ACADÉMICA: Pedro Roma «cap», Nuno Luís, Litos, Kaká, Lino, Pavlovic, Roberto Brum (Paulo Sérgio 63'), Miguel Pedro, Filipe Teixeira (Sarmento 63'), Hélder Barbosa (Nestor 56') e Dame
Treinador: Manuel Machado

ACADÉMICA – 3 SC Beira-Mar – 1

I LIGA, 11ª JORNADA, 26-11-2006 (DOM, 16:00)
Estádio Cidade de Coimbra, Coimbra **Árbitro:** Cosme Machado (Braga) **Auxiliares:** António Vilaça e Nuno Roque **Golos:** 0-1 (Jorge Leitão 33'); 1-1 (Litos 43'); 2-1 (Dame 47'); 3-1 (Gyánó 54')

ACADÉMICA: Pedro Roma «cap», Nuno Luís, Litos, Kaká, Lino, Pavlovic (Alexandre 45'), Roberto Brum, Filipe Teixeira (Sarmento 90'+2'), Miguel Pedro (Paulo Sérgio 67'), Gyánó e Dame
Treinador: Manuel Machado

SC Beira-Mar: Danrlei, Ricardo, Jorge Silva «cap», Alcaraz (Ribeiro 78'), Tininho, Emerson, Torrão, Rui Lima, Luciano Ratinho (Jardel 67'), Jorge Leitão e Wegno (Vasco Matos 58')
Treinador: Carlos Carvalhal

SC Braga – 4 ACADÉMICA – 2 [TV]

I LIGA, 12ª JORNADA, 3-12-2006 (DOM, 19:30)
Estádio Municipal de Braga, Braga **Árbitro:** Artur Soares Dias (Porto) **Auxiliares:** António Gonçalves e José Oliveira
Golos: 0-1 (Lino 3'); 1-1 (Cesinha 9'); 2-1 (Paulo Jorge 15'); 2-2 (Litos 40'); 3-2 (João Vieira Pinto 51'); 4-2 (Frechaut 60')

SC Braga: Paulo Santos, Luís Filipe, Paulo Jorge «cap» (Irineu 68'), Nem, Carlos Fernandes, Frechaut, Vandinho, João Vieira Pinto, Bruno Gama (Castanheira 54'), Cesinha (Wender 45') e Zé Carlos
Treinador: Rogério Gonçalves

ACADÉMICA: Pedro Roma «cap», Nuno Luís, Litos, Kaká, Lino, Roberto Brum (Dionattan 66'), Paulo Sérgio, Filipe Teixeira, Miguel Pedro (Sarmento 71'), Dame e Nestor (Gyánó 59')
Treinador: Manuel Machado

ACADÉMICA – 1 CS Marítimo – 2

I LIGA, 13ª JORNADA, 10-12-2006 (DOM, 16:00)
Estádio Cidade de Coimbra, Coimbra **Árbitro:** Rui Costa (Porto) **Auxiliares:** José Cardinal e Fernando Pereira
Golos: 0-1 (Mbesuma 33'); 0-2 (Mbesuma 76'); 1-2 (Gyánó 80')

ACADÉMICA: Pedro Roma «cap», Nuno Luís (Gyánó 45'), Danilo, Kaká, Lino, Roberto Brum (Dionattan 72'), Paulo Sérgio, Filipe Teixeira, Miguel Pedro (Gelson 62'), Dame e Nestor
Treinador: Manuel Machado

CS Marítimo: Marcos «cap», Zé Gomes (Milton do Ó 90'+1'), Gregory, Alex, Evaldo, Wênio, Olberdam, Filipe Oliveira, Neca (André Barreto 74'), Mbesuma e Lipatin (Moukouri 63')
Treinador: Ulisses Morais

Sporting CP – 1 ACADÉMICA – 0 [TV]

I LIGA, 14ª JORNADA, 16-12-2006 (SAB, 21:15)
Estádio José Alvalade, Lisboa **Árbitro:** Bruno Paixão (Setúbal) **Auxiliares:** António Godinho e Paulo Ramos
Golo: 1-0 (Liedson 26')

Sporting CP: Ricardo «cap», Caneira (Abel 58'), Tonel, Miguel Veloso, Ronny (Custódio 71'), Paredes, Nani, João Moutinho, Tello, Bueno (Alecsandro 68') e Liedson
Treinador: Paulo Bento

ACADÉMICA: Pedro Roma «cap», Paulo Sérgio, Danilo, Kaká, Lino, Roberto Brum (Gelson 60'), Alexandre (Dionattan 69'), Filipe Teixeira, Miguel Pedro (Gyánó 45'), Dame e Nestor
Treinador: Manuel Machado

ACADÉMICA – 2 VFC Setúbal – 1

TAÇA DE PORTUGAL, 1/32 DE FINAL, 7-1-2007 (DOM, 16:00)
Estádio Cidade de Coimbra, Coimbra **Árbitro:** Jorge Sousa (Porto) **Auxiliares:** José Luís Melo e Eduardo David
Golos: 1-0 (Gyánó 54'); 2-0 (Gyánó 65'); 2-1 (Amuneke 90'+1')

ACADÉMICA: Pedro Roma «cap», Litos, Danilo, Kaká, Paulo Sérgio, Roberto Brum (Miguel Pedro 79'), Alexandre, Filipe Teixeira, Dame (Vítor Vinha 89'), Lino e Gyánó
Treinador: Manuel Machado

VFC Setúbal: Nelson, Janício, Veríssimo, Auri, Nandinho (Mário Carlos 70'), Binho (Julien 70'), Sandro «cap», Bruno Ribeiro, Amuneke, M'Bamba e Varela
Treinador: Carlos Cardoso

ACADÉMICA – 0 SL Benfica – 2 [TV]

I LIGA, 15ª JORNADA, 15-1-2007 (SEG, 20:45)
Estádio Cidade de Coimbra, Coimbra **Árbitro:** Paulo Pereira (Viana do Castelo) **Auxiliares:** João Santos e Henrique Parente
Golos: 0-1 (Ricardo Rocha 2'); 0-2 (Léo 88')

ACADÉMICA: Pedro Roma «cap», Kaká, Litos, Danilo (Miguel Pedro 22'), Roberto Brum, Paulo Sérgio (Nestor 58'), Alexandre, Filipe Teixeira, Dame (Sarmento 72'), Lino e Gyánó
Treinador: Manuel Machado

SL Benfica: Quim, Nelson, Luisão, Ricardo Rocha, Léo, Petit, Katsouranis (Rui Costa 75'), Karagounis (João Coimbra 89'), Simão «cap», Miccoli (Manú 53') e Nuno Gomes
Treinador: Fernando Santos

2006-2007

Leixões SC – 1 ACADÉMICA – 2
TAÇA DE PORTUGAL, 1/16 DE FINAL, 21-1-2007 (DOM, 14:30)
Estádio do Mar, Matosinhos **Árbitro:** Duarte Gomes (Lisboa)
Auxiliares: José Lima e Pedro Garcia **Golos:** 0-1 (Dame 14');
0-2 (Miguel Pedro 25'); 1-2 (Elvis 59')

Leixões SC: Beto, Marco Cadete, Cleuber, Elvis «cap», Ruben (Xavier 32'), Jorge Duarte, Pedro Cervantes, Hugo Morais, Jorge Gonçalves (Cícero 74'), Nandinho e Roberto
Treinador: Vítor Oliveira

ACADÉMICA: Pedro Roma «cap», Paulo Sérgio, Litos, Danilo, Kaká (AA 85'), Roberto Brum (Gyánó 58', Nuno Piloto 87'), Alexandre, Filipe Teixeira, Miguel Pedro (Sarmento 90'+2'), Lino e Dame (AA 19') **Treinador:** Manuel Machado

ACADÉMICA – 0 VFC Setúbal – 1
I LIGA, 16ª JORNADA, 28-1-2007 (DOM, 16:00)
Estádio Cidade de Coimbra, Coimbra **Árbitro:** Vasco Santos (Porto)
Auxiliares: José Cardinal e João Silva
Golo: 0-1 (Binho 52')

ACADÉMICA: Pedro Roma «cap», Danilo, Litos, Medeiros (Sarmento 58'), Paulo Sérgio, Alexandre, Roberto Brum (Nestor 55'), Lino, Miguel Pedro (Gelson 66'), Filipe Teixeira e Gyánó
Treinador: Manuel Machado

VFC Setúbal: Milojevic, Janício, Hugo, Auri, Veríssimo, Binho, Sandro «cap», Bruno Ribeiro (Madior 88'), André Barreto, Varela (M'Bamba 81') e Amuneke (Rui Dolores 71')
Treinador: Carlos Cardoso

Naval 1º Maio – 0 ACADÉMICA – 1
I LIGA, 17ª JORNADA, 4-2-2007 (DOM, 16:00)
Estádio José Bento Pessoa, Figueira da Foz **Árbitro:** Paulo Paraty (Porto) **Auxiliares:** Alfredo Braga e Vítor Carvalho
Golo: 0-1 (Joeano 82')

Naval 1º Maio: Taborda, Mário Sérgio, Paulão, Fernando «cap», China, Solimar (Saulo 83'), Gilmar, Lito, Fajardo (Dudu 53'), João Ribeiro (Carlitos 63') e Nei
Treinador: Mariano Barreto

ACADÉMICA: Pedro Roma «cap», Paulo Sérgio, Litos, Kaká, Lino, Pavlovic, Roberto Brum (Joeano 31'), Alexandre, Filipe Teixeira (Sarmento 90'+3'), Dame e Gyánó (Pitbull 78')
Treinador: Manuel Machado

Atlético CP – 0 ACADÉMICA – 1
TAÇA DE PORTUGAL, OITAVOS DE FINAL, 10-2-2007 (SAB, 14:30)
Estádio da Tapadinha, Lisboa **Árbitro:** Augusto Duarte (Braga)
Auxiliares: Nuno Manso e António Vilaça
Golo: 0-1 (Pitbull 90'+2')

Atlético CP: Marco, Nuno Gaio «cap», Rolão, Ricardo Aires, Pedro Pereira (David 60'), Simões, Marco Bicho, Lapinha (Artur Jorge Vicente 81'), Carlos Gomes (Rui Andrade 63'), Edmar e Rui Varela
Treinador: António Pereira

ACADÉMICA: Pedro Roma «cap», Paulo Sérgio, Litos, Kaká, Lira (Roberto Brum 74'), Alexandre, Dame, Pavlovic, Sarmento (Gyánó 45'), Lino e Joeano (Pitbull 74')
Treinador: Manuel Machado

CF "Os Belenenses" – 1 ACADÉMICA – 2 [TV]
I LIGA, 18ª JORNADA, 19-2-2007 (SEG, 19:45)
Estádio do Restelo, Lisboa **Árbitro:** João Vilas Boas (Braga)
Auxiliares: Tomás Santos e Fernando Pereira
Golos: 0-1 (Nestor 70'); 1-1 (Nivaldo 72'); 1-2 (Lino 86')

CF "Os Belenenses": Costinha, Amaral, Rolando, Nivaldo, Rodrigo Alvim, Mancuso, Mano (Djurdjevic 54'), Cândido Costa (Carlitos 61'), Silas «cap», Eliseu (Fernando 69') e Dady
Treinador: Jorge Jesus

ACADÉMICA: Pedro Roma «cap», Paulo Sérgio, Litos, Kaká, Vítor Vinha (Nestor 64'), Alexandre, Roberto Brum (Nuno Piloto 84'), Dame, Filipe Teixeira, Lino, Gyánó (Pitbull 58')
Treinador: Manuel Machado

ACADÉMICA – 0 Boavista FC – 2
I LIGA, 19ª JORNADA, 24-2-2007 (SAB, 17:00)
Estádio Cidade de Coimbra, Coimbra **Árbitro:** João Ferreira (Setúbal) **Auxiliares:** Pais António e Nuno Roque
Golos: 0-1 (Grezlak 23'); 0-2 (Kazmierczak 43')

ACADÉMICA: Pedro Roma «cap», Paulo Sérgio, Litos, Kaká, Lino, Pavlovic (Vítor Vinha 45'), Alexandre (Nestor 62'), Roberto Brum (Pitbull 39'), Dame, Filipe Teixeira e Gyánó
Treinador: Manuel Machado

Boavista FC: William, Marquinho, Ricardo Silva, Hélder Rosário, Cissé, Tiago «cap», Essame, Kazmierczak, Hugo Monteiro (Paulo Sousa 77'), Grezlak (Zé Manuel 62') e Linz (Fary 74')
Treinador: Jaime Pacheco

Sporting CP – 2 ACADÉMICA – 1 [TV]
TAÇA DE PORTUGAL, QUARTOS DE FINAL, 28-2-2007 (QUA, 21:00)
Estádio José Alvalade, Lisboa **Árbitro:** Jorge Sousa (Porto)
Auxiliares: José Melo e Eduardo David
Golos: 1-0 (Liedson 4'); 2-0 (Liedson 11'); 2-1 (Dame 90'+1')

Sporting CP: Ricardo «cap», Abel, Tonel, Polga, Caneira, Miguel Veloso, João Moutinho, Nani (Romagnoli 72'), Yannick (Farnerud 61'), Liedson e Bueno (Pereirinha 81')
Treinador: Paulo Bento

ACADÉMICA: Pedro Roma «cap», Litos (Vítor Vinha 34', V 55'), Danilo, Kaká, Paulo Sérgio, Roberto Brum, Lino, Filipe Teixeira, Dame, Pitbull (Alexandre 45') e Nestor (Gyánó 45')
Treinador: Manuel Machado

CD Nacional – 4 ACADÉMICA – 0
I LIGA, 20ª JORNADA, 4-3-2007 (DOM, 16:00)
Estádio Eng. Rui Alves, Funchal **Árbitro:** Rui Costa (Porto)
Auxiliares: João Silva e Bernardino Silva **Golos:** 1-0 (Chainho 30'); 2-0 (Cássio 47'); 3-0 (Diego José 82'); 4-0 (Cássio 88')

CD Nacional: Diego Benaglio, Patacas «cap», Ávalos, Ricardo Fernandes, Bruno Basto, Chainho (Pateiro 85'), Juliano Spadacio, Bruno (Leandro do Bomfim 68'), Bruno Amaro, Cássio e Chilikov (Diego José 58') **Treinador:** Carlos Brito

ACADÉMICA: Pedro Roma «cap», Paulo Sérgio, Danilo, Kaká, Lino, Alexandre, Roberto Brum (Gelson 55'), Dame, Filipe Teixeira, Pitbull (Miguel Pedro 55') e Gyánó (Nuno Piloto 80')
Treinador: Manuel Machado

ACADÉMICA – 0 FC Paços de Ferreira – 2
I LIGA, 21ª JORNADA, 11-3-2007 (DOM, 16:00)
Estádio Cidade de Coimbra, Coimbra **Árbitro:** Paulo Batista (Portalegre) **Auxiliares:** Luís Tavares e Vítor Silva
Golos: 0-1 (Medeiros 23', pb); 0-2 (Renato Queirós 80')

ACADÉMICA: Pedro Roma «cap», Paulo Sérgio, Kaká, Medeiros, Vítor Vinha (Pitbull 28'), Roberto Brum (Miguel Pedro 67'), Alexandre, Filipe Teixeira, Dame, Lino e Nestor (Joeano 62')
Treinador: Manuel Machado

FC Paços de Ferreira: Peçanha, Mangualde, Geraldo, Luiz Carlos, Antunes, Paulo Sousa «cap», Elias (Leanderson 90'+2'), Fahel, Cristiano (Pedrinha 87'), Edson (Renato Queirós 68') e João Paulo
Treinador: José Mota

CD Aves – 2 ACADÉMICA – 2
I LIGA, 22ª JORNADA, 18-3-2007 (DOM, 15:00)
Estádio do Clube Desportivo das Aves, Vila das Aves **Árbitro:** Olegário Benquerença (Leiria) **Auxiliares:** Paulo Januário e João Santos **Golos:** 0-1 (Dame 38'); 1-1 (Jorge Ribeiro 72'); 2-1 (Hernâni 85'); 2-2 (Filipe Teixeira 90')

CD Aves: Nuno, Anílton Júnior, William, Sérgio Nunes, Pedro Geraldo, Filipe Anunciação, Mércio, Jorge Ribeiro, Leandro (Artur Futre 59'), Paulo Sérgio (Hernâni 59') e Octávio «cap» (Diego Gama 84') **Treinador:** Neca

ACADÉMICA: Pedro Roma «cap», Paulo Sérgio, Litos, Medeiros, Kaká, Roberto Brum, Alexandre (AA 77'), Miguel Pedro (Pitbull 69'), Filipe Teixeira, Lino (Nuno Piloto 79') e Dame (Joeano 64')
Treinador: Manuel Machado

ACADÉMICA – 0 UD Leiria – 0
I LIGA, 23ª JORNADA, 1-4-2007 (DOM, 16:00)
Estádio Cidade de Coimbra, Coimbra
Árbitro: Artur Soares Dias (Porto)
Auxiliares: António Gonçalves e Marcílio Pinto

ACADÉMICA: Pedro Roma «cap», Sarmento, Litos, Kaká (V 49'), Lino, Paulo Sérgio, Roberto Brum, Filipe Teixeira, Pitbull (Sílvio 80'), Dame (Miguel Pedro 88') e Joeano (Medeiros 55')
Treinador: Manuel Machado

UD Leiria: Fernando, Éder, Renato «cap», Marcos António, Laranjeiro, Paulo Gomes, Faria, Touré (Alhandra 61'), Harison (Paulo Machado 83'), Ivanildo (N'Gal 61') e Paulo César
Treinador: Paulo Duarte

CFE Amadora – 3 ACADÉMICA – 3
I LIGA, 24ª JORNADA, 7-4-2007 (SAB, 16:00)
Estádio José Gomes, Amadora **Árbitro:** Rui Silva (Vila Real)
Auxiliares: Serafim Nogueira e José Lima **Golos:** 0-1 (Pitbull 3'); 1-1 (Anselmo 27'); 2-1 (Dário 43'); 2-2 (Joeano 55'); 2-3 (Joeano 64'); 3-3 (Jaime 67', gp)

CFE Amadora: Paulo Lopes, Rui Duarte, José Fonte, Amoreirinha «cap», Edu Silva, Daniel (Luís Loureiro 69'), Marco Paulo (AA 84'), Tiago Gomes, Jaime (Jones 83'), Anselmo (Moses 60') e Dário
Treinador: Daúto Faquirá

ACADÉMICA: Pedro Roma «cap», Sarmento (Joeano 38'), Litos, Medeiros, Lino, Paulo Sérgio, Alexandre (Danilo 45'), Nuno Piloto (Gyánó 45'), Filipe Teixeira, Pitbull e Dame
Treinador: Manuel Machado

ACADÉMICA – 1 FC Porto – 2 [TV]
I LIGA, 25ª JORNADA, 14-4-2007 (SAB, 21:15)
Estádio Cidade de Coimbra, Coimbra **Árbitro:** Carlos Xistra (Castelo Branco) **Auxiliares:** Luís Marcelino e Valter Oliveira
Golos: 0-1 (Bruno Alves 42'); 0-2 (Adriano 70'); 1-2 (Lino 76', gp)

ACADÉMICA: Pedro Roma «cap», Sarmento, Litos, Kaká, Vítor Vinha (Miguel Pedro 64'), Paulo Sérgio (Alexandre 73'), Dame, Filipe Teixeira, Lino, Gyánó (Roberto Brum 45') e Joeano
Treinador: Manuel Machado

FC Porto: Helton, Bosingwa, Ricardo Costa «cap», Bruno Alves, Fucile, Jorginho (Raul Meireles 67'), Lucho González, Marek Cech, Hélder Postiga (Anderson 77'), Ricardo Quaresma e Adriano (Renteria 90') **Treinador:** Jesualdo Ferreira

SC Beira-Mar – 0 ACADÉMICA – 1
I LIGA, 26ª JORNADA, 23-4-2007 (SEG, 19:30)
Estádio Municipal de Aveiro – Mário Duarte, Aveiro **Árbitro:** Pedro Proença (Lisboa) **Auxiliares:** Pedro Garcia e Ricardo Santos
Golo: 0-1 (Gyánó 83')

SC Beira-Mar: Eduardo, Reginaldo (Vasco Matos 85'), Ricardo, Alcaraz «cap», Tininho, Diakité, André Leão (Matheus 64'), Artur, Luciano Ratinho (Diarra 80'), Rui Lima e Edgar Silva
Treinador: Francisco Soler

ACADÉMICA: Pedro Roma «cap», Sarmento, Litos, Kaká, Vítor Vinha (Gyánó 70'), Paulo Sérgio, Roberto Brum, Filipe Teixeira (Miguel Pedro 43'), Dame (Alexandre 60'), Lino e Joeano
Treinador: Manuel Machado

ACADÉMICA – 0 SC Braga – 1 [TV]
I LIGA, 27ª JORNADA, 30-4-2007 (SEG, 19:45)
Estádio Cidade de Coimbra, Coimbra **Árbitro:** Olegário Benquerença (Leiria) **Auxiliares:** João Santos e Bertino Miranda
Golo: 0-1 (Zé Carlos 83')

ACADÉMICA: Pedro Roma «cap», Sarmento (Pitbull 70'), Litos, Kaká (AA 57'), Vítor Vinha (Alexandre 61'), Paulo Sérgio, Roberto Brum, Miguel Pedro, Gelson (Medeiros 61'), Lino e Gyánó
Treinador: Manuel Machado

SC Braga: Paulo Santos, Frechaut, Paulo Jorge «cap», Rodriguez, - Carlos Fernandes, Andrés Madrid, Vandinho (Castanheira 90'+2'), João Vieira Pinto, Maciel, Wender (Cesinha 72', Andrade 83') e Zé Carlos **Treinador:** Jorge Costa

CS Marítimo – 0   ACADÉMICA – 0

I LIGA, 28ª JORNADA, 5-5-2007 (SAB, 16:00)
Estádio dos Barreiros, Funchal
Árbitro: Paulo Pereira (Viana do Castelo)
Auxiliares: Alfredo Braga e João Silva

CS Marítimo: Marcos «cap», Zé Gomes (Djalma 78'), Gregory, Milton do Ó, Evaldo, Arvid, Olberdam, Marcinho, Filipe Oliveira, Mbesuma (Gonçalo 54') e Lipatin
Treinador: Alberto Pazos

ACADÉMICA: Pedro Roma «cap», Sarmento, Litos, Medeiros, Vítor Vinha (Joeano 45'), Alexandre (Roberto Brum 57'), Paulo Sérgio, Filipe Teixeira, Miguel Pedro, Lino e Dame (Gyánó 84')
Treinador: Manuel Machado

ACADÉMICA – 0   Sporting CP – 2   [TV]

I LIGA, 29ª JORNADA, 13-5-2007 (DOM, 19:15)
Estádio Cidade de Coimbra, Coimbra **Árbitro:** Lucílio Batista (Setúbal) **Auxiliares:** Venâncio Tomé e António Godinho
Golos: 0-1 (Liedson 4'); 0-2 (João Moutinho 89')

ACADÉMICA: Pedro Roma «cap», Sarmento (Nestor 74'), Litos, Medeiros (Gyánó 25'), Kaká, Roberto Brum (Dame 45'), Paulo Sérgio, Miguel Pedro, Filipe Teixeira, Lino e Joeano
Treinador: Manuel Machado

Sporting CP: Ricardo «cap», Abel, Caneira, Polga, Tello, Miguel Veloso, João Moutinho, Romagnoli (Tonel 77'), Nani (Pereirinha 90'+1'), Yannick (Alecsandro 67') e Liedson
Treinador: Paulo Bento

SL Benfica – 2   ACADÉMICA – 0   [TV]

I LIGA, 30ª JORNADA, 20-5-2007 (DOM, 19:15)
Estádio do Sport Lisboa e Benfica, Lisboa **Árbitro:** João Ferreira (Setúbal) **Auxiliares:** Bertino Miranda e Pais António
Golos: 1-0 (Derlei 11'); 2-0 (Mantorras 82')

SL Benfica: Quim, Nelson, Anderson, David Luiz, Léo, Katsouranis, Paulo Jorge (Manú 45'), Karagounis (João Coimbra 88'), Rui Costa «cap», Derlei e Miccoli (Mantorras 75')
Treinador: Fernando Santos

ACADÉMICA: Pedro Roma «cap», Sarmento (Alexandre 45'), Kaká, Medeiros, Lino, Paulo Sérgio, Miguel Pedro, Filipe Teixeira, Dame, Sílvio (Gyánó 45') e Joeano (Roberto Brum 63')
Treinador: Manuel Machado

ÉPOCA 2007-2008

I LIGA: 12º LUGAR (MANUTENÇÃO)
TAÇA DE PORTUGAL: 1/32 DE FINAL
TAÇA DA LIGA: 2ª ELIMINATÓRIA

JOGOS EFECTUADOS

	J	V	E	D	GM	GS
CASA	15	3	10	2	15	15
FORA	17	3	4	10	17	27
TOTAL	32	6	14	12	32	42

CD Fátima – 1   ACADÉMICA – 0

TAÇA DA LIGA, 2ª ELIMINATÓRIA, 12-8-2007 (DOM, 17:00)
Estádio Municipal de Fátima, Fátima **Árbitro:** Augusto Duarte (Braga) **Auxiliares:** Nuno Manso e José Oliveira
Golo: 1-0 (Ricardo Jorge 26')

CD Fátima: Pedro Duarte, Duarte Machado, Samuel «cap», Veríssimo, Bispo, João Fonseca, Filipe Falardo (Miguel Xavier 65'), Joel, Ricardo Jorge (Marco Airosa 75'), Marinho (Edu Castigo 90'+2') e Saleiro **Treinador:** Rui Vitória

ACADÉMICA: Pedro Roma «cap», Pedro Costa (Miguel Pedro 59'), Kaká, Litos, Nuno Piloto, Paulo Sérgio, Ivanildo (N'Doye 45'), Hélder Barbosa (Gyánó 45'), Cris, Lito e Joeano
Treinador: Manuel Machado

Sporting CP – 4   ACADÉMICA – 1   [TV]

I LIGA, 1ª JORNADA, 17-8-2007 (SEX, 20:30)
Estádio José Alvalade, Lisboa **Árbitro:** Elmano Santos (Madeira) **Auxiliares:** Sérgio Serrão e Carlos Nilha **Golos:** 1-0 (Derlei 26'); 2-0 (Liedson 45'); 3-0 (Tonel 69'); 3-1 (Gyánó 83'); 4-1 (João Moutinho 89', gp)

Sporting CP: Stojkovic, Abel, Tonel, Polga, Ronny, Miguel Veloso, João Moutinho «cap», Romagnoli (Farnerud 71'), Vukcevic (Yannick 71'), Liedson e Derlei (Adrien Silva 90')
Treinador: Paulo Bento

ACADÉMICA: Pedro Roma «cap», Berger (Gyánó 45'), Litos, Kaká, Orlando, Cris, Paulo Sérgio, Tiero, Ivanildo (N'Doye 45'), Joeano (Hélder Barbosa 61') e Lito
Treinador: Manuel Machado

ACADÉMICA – 1   UD Leiria – 1

I LIGA, 2ª JORNADA, 26-8-2007 (DOM, 16:00)
Estádio Municipal Cidade de Coimbra, Coimbra **Árbitro:** Jorge Sousa (Porto) **Auxiliares:** José Ramalho e José Luís Melo
Golos: 0-1 (João Paulo 47'); 1-1 (Joeano 62', gp)

ACADÉMICA: Pedro Roma «cap», Sarmento, Litos (V 28'), Kaká, Vítor Vinha (Pavlovic 67'), Paulo Sérgio, Tiero (Hélder Barbosa 48'), Cris, Lito, Joeano e Gyánó (Berger 31')
Treinador: Manuel Machado

UD Leiria: Fernando, Éder, Hugo Costa (AA 61'), Éder Gaúcho, Laranjeiro «cap», Tiago, Faria (Toñito 45'), Cadú da Silva, N'Gal, João Paulo (Sougou 55') e Paulo César (Bruno Miguel 65')
Treinador: Paulo Duarte

CS Marítimo – 2   ACADÉMICA – 0

I LIGA, 3ª JORNADA, 2-9-2007 (DOM, 16:00)
Estádio dos Barreiros, Funchal **Árbitro:** Paulo Costa (Porto) **Auxiliares:** João Santos e Nuno Manso
Golos: 1-0 (Makukula 4'); 2-0 (Bruno 65')

CS Marítimo: Marcos, Ricardo Esteves (Briguel 13'), Ediglê, Van der Linden, Evaldo, Olberdam, Marcinho, Bruno «cap», Fábio Felício (Luís Olim 90'+2'), Kanu (Márcio Mossoró 78') e Makukula (V 7')
Treinador: Sebastião Lazaroni

ACADÉMICA: Pedro Roma «cap», Sarmento (Joeano 45'), Berger, Kaká, Cris, Pavlovic, Paulo Sérgio (Tiero 25'), Lito, Fofana, Hélder Barbosa e Vouho (Peralta 56')
Treinador: Manuel Machado

ACADÉMICA – 1   FC Paços de Ferreira – 0

I LIGA, 4ª JORNADA, 16-9-2007 (DOM, 16:00)
Estádio Municipal Cidade de Coimbra, Coimbra **Árbitro:** Pedro Proença (Lisboa) **Auxiliares:** Tiago Trigo e André Campos
Golo: 1-0 (Hélder Barbosa 86')

ACADÉMICA: Pedro Roma «cap», Pedro Costa, Orlando, Kaká, Vítor Vinha, Paulo Sérgio, Tiero, Fofana, Miguel Pedro (Cris 71'), Ivanildo (Hélder Barbosa 60') e Vouho (Joeano 55')
Treinador: Domingos Paciência

FC Paços de Ferreira: Peçanha, Mangualde, Rovérsio, Luiz Carlos «cap», Chico Silva (Ferreira 83'), Filipe Anunciação, Dédé, Fernando Pilar, Edson, Márcio Carioca (Ricardinho 50') e Cristiano (Renato Queirós 70') **Treinador:** José Mota

Boavista FC – 0   ACADÉMICA – 0   [TV]

I LIGA, 5ª JORNADA, 24-9-2007 (SEG, 19:45)
Estádio do Bessa, Porto
Árbitro: Lucílio Batista (Setúbal)
Auxiliares: Venâncio Tomé e João Tomatas

Boavista FC: Carlos, Rissut, Ricardo Silva «cap», Marcelão, Moisés, Essame (Gilberto 45'), Diakité, Jorge Ribeiro, Zé Kalanga (Hugo Monteiro 78'), Bangoura e Mateus (Ivan Santos 68')
Treinador: Jaime Pacheco

ACADÉMICA: Pedro Roma «cap», Pedro Costa, Orlando, Kaká, Vítor Vinha, Paulo Sérgio, N'Doye, Tiero (Cris 45'), Fofana (Miguel Pedro 45'), Hélder Barbosa e Joeano (Lito 75')
Treinador: Domingos Paciência

ACADÉMICA – 1   Leixões SC – 1   [TV]

I LIGA, 6ª JORNADA, 1-10-2007 (SEG, 19:45)
Estádio Municipal Cidade de Coimbra, Coimbra **Árbitro:** Paulo Paraty (Porto) **Auxiliares:** Serafim Nogueira e Henrique Parente
Golos: 0-1 (Hugo Morais 63'); 1-1 (Lito 77')

ACADÉMICA: Pedro Roma «cap», Pedro Costa, Orlando, Kaká, Vítor Vinha (Ivanildo 67'), Paulo Sérgio (Tiero 40'), Cris, N'Doye, Hélder Barbosa (Joeano 45'), Miguel Pedro e Lito
Treinador: Domingos Paciência

Leixões SC: Beto, Filipe Oliveira, Nuno Diogo, Elvis «cap», Ezequias, Paulo Machado (Livramento 60'), Bruno China, Hugo Morais, Vieirinha (Nwoko 80'), Tales (Marco Cadete 90'+1') e Jorge Gonçalves **Treinador:** Carlos Brito

ACADÉMICA – 0   FC Porto – 1   [TV]

I LIGA, 7ª JORNADA, 7-10-2007 (DOM, 21:15)
Estádio Municipal Cidade de Coimbra, Coimbra **Árbitro:** Elmano Santos (Madeira) **Auxiliares:** Luís Marcelino e Hernâni Fernandes
Golo: 0-1 (Lucho González 28', gp)

ACADÉMICA: Pedro Roma «cap», Orlando, Litos, Kaká, Pedro Costa, Pavlovic (Tiero 73'), N'Doye, Miguel Pedro (Vouho 85'), Ivanildo (Hélder Barbosa 31'), Lito e Joeano
Treinador: Domingos Paciência

FC Porto: Helton, Bosingwa (Marek Cech 34'), Stepanov, Bruno Alves, Fucile, Lucho González «cap», Paulo Assunção, Raul Meireles, Tarik Sektioui (Leandro Lima 54'), Lisandro e Ricardo Quaresma (Adriano 77') **Treinador:** Jesualdo Ferreira

CF "Os Belenenses" – 0   ACADÉMICA – 0   [TV]

I LIGA, 8ª JORNADA, 27-10-2007 (SAB, 17:15)
Estádio do Restelo, Lisboa **Árbitro:** Vasco Santos (Porto)
Auxiliares: Vítor Carvalho e José Luís Melo

CF "Os Belenenses": Costinha, Amaral (Cândido Costa 45'), Rolando, Hugo Alcântara, Rodrigo Alvim, Gabriel Gomez, Mendonça (Ruben Amorim 45'), Silas «cap» (Fernando 65'), José Pedro, Roncatto e Weldon **Treinador:** Jorge Jesus

ACADÉMICA: Pedro Roma «cap», Nuno Piloto, Orlando, Kaká, Pedro Costa, Cris (Paulo Sérgio 70'), Pavlovic, N'Doye, Miguel Pedro (Hélder Barbosa 65'), Lito (Fofana 88') e Joeano
Treinador: Domingos Paciência

ACADÉMICA – 3   CFE Amadora – 3

I LIGA, 9ª JORNADA, 4-11-2007 (DOM, 16:00)
Estádio Municipal Cidade de Coimbra, Coimbra **Árbitro:** Luís Reforço (Setúbal) **Auxiliares:** Sérgio Lacroix e João Tomatas
Golos: 1-0 (Lito 25'); 1-1 (Maurício 37'); 2-1 (Lito 47'); 3-1 (Lito 58'); 3-2 (Anselmo 61'); 3-3 (Wagnão 89')

ACADÉMICA: Pedro Roma «cap», Nuno Piloto, Orlando, Kaká, Pedro Costa, Pavlovic, Tiero (Hélder Barbosa 45'), N'Doye, Miguel Pedro (Paulo Sérgio 72'), Lito (Fofana 83') e Joeano
Treinador: Domingos Paciência

CFE Amadora: Nelson, Rui Duarte, Wagnão, Maurício «cap», Hugo Carreira, Fernando, Marco Paulo (Mateus 62'), Yoni, Tiago Gomes, Pedro Pereira (Vítor Moreno 45') e Jeremiah (Anselmo 45')
Treinador: Daúto Faquirá

VFC Setúbal – 3   ACADÉMICA – 1

I LIGA, 10ª JORNADA, 11-11-2007 (DOM, 16:00)
Estádio do Bonfim, Setúbal **Árbitro:** Artur Soares Dias (Porto)
Auxiliares: Rui Licínio e João Silva **Golos:** 1-0 (Bruno Gama 78'); 2-0 (Elias 19'); 2-1 (N'Doye 54'); 3-1 (Pitbull 61', gp)

VFC Setúbal: Eduardo, Janício, Robson, Auri, Adalto, Elias, Sandro «cap», Ricardo Chaves (Bruno Ribeiro 83'), Leandro Branco (Bruno Gama 45'), Pitbull e Matheus (Edinho 73')
Treinador: Carlos Carvalhal

ACADÉMICA: Pedro Roma «cap», Nuno Piloto, Orlando (AA 58'), Kaká, Pedro Costa, Cris (Hélder Barbosa 45'), Pavlovic, N'Doye, Lito, Joeano (Fofana 45') e Miguel Pedro (Gyánó 74')
Treinador: Domingos Paciência

2007-2008

ACADÉMICA – 1 SL Benfica – 3 [TV]

I LIGA, 11ª JORNADA, 24-11-2007 (SAB, 21:15)
Estádio Municipal Cidade de Coimbra, Coimbra **Árbitro:** Olegário Benquerença (Leiria) **Auxiliares:** José Cardinal e João Santos
Golos: 1-0 (Lito 24'); 1-1 (Rui Costa 33'); 1-2 (Luisão 86'); 1-3 (Freddy Adu 90'+3')

ACADÉMICA: Ricardo, Nuno Piloto, Litos «cap», Kaká, Pedro Costa, Pavlovic (Hélder Barbosa 88'), Paulo Sérgio, Lito, N'Doye, Ivanildo (Miguel Pedro 45') e Vouho (Joeano 60')
Treinador: Domingos Paciência

SL Benfica: Quim, Luís Filipe, Luisão, David Luiz, Léo, Binya, Katsouranis (Petit 60'), Nuno Assis (Cardozo 10'), Rui Costa, Di María e Nuno Gomes «cap» (Freddy Adu 63')
Treinador: José Antonio Camacho

VSC Guimarães – 2 ACADÉMICA – 1 [TV]

I LIGA, 12ª JORNADA, 3-12-2007 (SEG, 19:45)
Estádio D. Afonso Henriques, Guimarães **Árbitro:** Pedro Proença (Lisboa) **Auxiliares:** Ricardo Santos e André Campos **Golos:** 0-1 (Pavlovic 22'); 1-1 (Ghilas 51'); 2-1 (Mrdakovic 69')

VSC Guimarães: Nilson, Andrezinho, Sereno, Geromel, Desmarets, Flávio Meireles «cap», João Alves (Targino 36'), Ghilas (Carlitos 68'), Fajardo, Alan e Rabiola (Mrdakovic 45')
Treinador: Manuel Cajuda

ACADÉMICA: Pedro Roma «cap», Pedro Costa, Litos, Kaká, Orlando, Pavlovic (Joeano 82'), Paulo Sérgio, Lito, N'Doye, Ivanildo (Miguel Pedro 76') e Vouho (Hélder Barbosa 55')
Treinador: Domingos Paciência

SL Benfica – 3 ACADÉMICA – 1 [TV]

TAÇA DE PORTUGAL, 1/32 DE FINAL, 9-12-2007 (DOM, 20:45)
Estádio SL Benfica, Lisboa **Árbitro:** Carlos Xistra (Castelo Branco) **Auxiliares:** Luís Marcelino e Valter Oliveira **Golos:** 1-0 (Luisão 40'); 2-0 (Cardozo 45'); 2-1 (N'Doye 52'); 3-1 (Cardozo 86')

SL Benfica: Butt, Nelson, Luisão, Edcarlos, Léo (Luís Filipe 48'), Nuno Assis, Binya, Petit, Di María (Freddy Adu 75'), Nuno Gomes «cap» e Cardozo (Mantorras 87')
Treinador: José Antonio Camacho

ACADÉMICA: Pedro Roma «cap», Pedro Costa, Litos, Kaká, Vítor Vinha, Paulo Sérgio (Ivanildo 45'), Pavlovic, Lito, N'Doye (Miguel Pedro 69'), Hélder Barbosa e Joeano (Gyánó 66')
Treinador: Domingos Paciência

ACADÉMICA – 1 CD Nacional – 0

I LIGA, 13ª JORNADA, 16-12-2007 (DOM, 16:00)
Estádio Municipal Cidade de Coimbra, Coimbra **Árbitro:** Lucílio Batista (Setúbal) **Auxiliares:** Venâncio Tomé e Mário Dionísio
Golo: 1-0 (Cris 84')

ACADÉMICA: Pedro Roma «cap», Pedro Costa, Orlando, Kaká, Vítor Vinha, Pavlovic, Nuno Piloto (Tiero 75'), Cris, Ivanildo (Joeano 45'), Lito e Hélder Barbosa (Miguel Pedro 80')
Treinador: Domingos Paciência

CD Nacional: Diego Benaglio, Patacas «cap», Ricardo Fernandes (V 89'), Fernando Cardozo, Alonso, José Vítor (Lipatin 86'), Cléber, Ávalos, Juliano Spadacio, Rodrigo Silva (Pateiro 45') e Adriano (João Moreira 57') **Treinador:** Predrag Jokanovic

Naval 1º Maio – 0 ACADÉMICA – 1

I LIGA, 14ª JORNADA, 22-12-2007 (SAB, 18:00)
Estádio José Bento Pessoa, Figueira da Foz **Árbitro:** João Vilas Boas (Braga) **Auxiliares:** Henrique Parente e Tomás Santos
Golo: 0-1 (Cris 48')

Naval 1º Maio: Wilson Júnior, Mário Sérgio, Diego Ângelo, Paulão, China (Hugo Santos 66'), Gilmar «cap», Godemèche (Davide 45'), Dudu, Marcelinho, Eliveltton e João Ribeiro (Delfim 66')
Treinador: Ulisses Morais

ACADÉMICA: Pedro Roma «cap», Nuno Piloto, Orlando, Kaká, Vítor Vinha, Pavlovic, Cris (Miguel Pedro 86'), Tiero, Ivanildo (Paulo Sérgio 73'), Lito e Hélder Barbosa (Gyánó 80')
Treinador: Domingos Paciência

ACADÉMICA – 3 SC Braga – 3 [TV]

I LIGA, 15ª JORNADA, 4-1-2008 (SEX, 20:30)
Estádio Municipal Cidade de Coimbra, Coimbra **Árbitro:** Artur Soares Dias (Porto) **Auxiliares:** José Cardinal e Rui Licínio
Golos: 0-1 (Linz 21'); 1-1 (Hélder Barbosa 43'); 2-1 (Tiero 57'); 2-2 (Jorginho 60'); 2-3 (Linz 69'); 3-3 (Joeano 90'+3')

ACADÉMICA: Pedro Roma «cap», Nuno Piloto, Orlando, Kaká, Vítor Vinha, Pavlovic, Tiero (Ivanildo 72'), Paulo Sérgio (N'Doye 68'), Cris, Lito e Hélder Barbosa (Joeano 82')
Treinador: Domingos Paciência

SC Braga: Paulo Santos, Frechaut, Paulo Jorge «cap», Rodriguez, Carlos Fernandes, Roberto Brum, Stélvio (Anilton 45'), Vandinho (Jaílson 56'), Jorginho, Linz e Wender (Castanheira 90'+2')
Treinador: Manuel Machado

ACADÉMICA – 1 Sporting CP – 1 [TV]

I LIGA, 16ª JORNADA, 13-1-2008 (DOM, 19:15)
Estádio Municipal Cidade de Coimbra, Coimbra **Árbitro:** Paulo Batista (Portalegre) **Auxiliares:** Luís Tavares e José Braga
Golos: 0-1 (Tonel 81'); 1-1 (Pavlovic 90'+4')

ACADÉMICA: Pedro Roma «cap», Nuno Piloto, Orlando, Kaká, Vítor Vinha, Pavlovic, Tiero, Paulo Sérgio (Pedro Costa 55'), Cris, Lito (Joeano 65') e Hélder Barbosa (Ivanildo 75')
Treinador: Domingos Paciência

Sporting CP: Rui Patrício, Abel, Polga, Tonel, Ronny (Pereirinha 75'), Miguel Veloso, Izmailov (Luiz Paes 63'), Romagnoli (Farnerud 79'), João Moutinho «cap», Liedson e Vukcevic
Treinador: Paulo Bento

UD Leiria – 3 ACADÉMICA – 1

I LIGA, 17ª JORNADA, 27-1-2008 (DOM, 16:00)
Estádio Dr. Magalhães Pessoa, Leiria **Árbitro:** Bruno Paixão (Setúbal) **Auxiliares:** António Godinho e Nuno Roque **Golos:** 1-0 (João Paulo 24'); 2-0 (João Paulo 67'); 3-0 (Laranjeiro 87', gp); 3-1 (Edgar Silva 90'+1')

UD Leiria: Fernando «cap», Éder, Lukasiewicz, Éder Gaúcho, Laranjeiro, Cadú da Silva, Arvid, Harison, Toñito (Faria 45'), João Paulo (Ferreira 80') e Paulo César (Patrick 60')
Treinador: Vítor Oliveira

ACADÉMICA: Pedro Roma «cap», Pedro Costa, Orlando, Kaká, Vítor Vinha, Paulo Sérgio, Tiero (Ivanildo 45'), Nuno Piloto (Luís Aguiar 71') Cris (Edgar Silva 45'), Lito e Joeano
Treinador: Domingos Paciência

ACADÉMICA – 1 CS Marítimo – 0

I LIGA, 18ª JORNADA, 3-2-2008 (DOM, 16:00)
Estádio Municipal Cidade de Coimbra, Coimbra **Árbitro:** Paulo Paraty (Porto) **Auxiliares:** Serafim Nogueira e Alexandre Freitas
Golo: 1-0 (Edgar Silva 4')

ACADÉMICA: Pedro Roma «cap», Pedro Costa (Tiero 68'), Orlando, Kaká, Vítor Vinha, Pavlovic, Nuno Piloto, Luís Aguiar (Ivanildo 45'), Cris, Lito (Paulo Sérgio 73') e Edgar Silva
Treinador: Domingos Paciência

CS Marítimo: Marcos, Ricardo Esteves, Ediglê, Van der Linden, Evaldo, João Luiz, Bruno «cap», Marcinho, Márcio Mossoró (Gregory 71'), Djalma e Bruno Fogaça (Anderson 8', Fábio Felício 64') **Treinador:** Sebastião Lazaroni

FC Paços de Ferreira – 1 ACADÉMICA – 1

I LIGA, 19ª JORNADA, 17-2-2008 (DOM, 16:00)
Estádio da Mata Real, Paços de Ferreira **Árbitro:** Duarte Gomes (Lisboa) **Auxiliares:** Bertino Miranda e Pedro Garcia
Golos: 0-1 (Lito 78'); 1-1 (Wesley 90'+2')

FC Paços de Ferreira: Peçanha, Ferreira, Rovérsio, Luiz Carlos, Valdir (Renato Queirós 81'), Pedrinha «cap» (Dédé 56'), Wesley, Paulo Sousa, Edson, Furtado (William 56') e Cristiano
Treinador: José Mota

ACADÉMICA: Pedro Roma «cap», Pedrinho, Orlando, Kaká, Vítor Vinha, Pavlovic, Tiero (Paulo Sérgio 88'), Nuno Piloto, Cris, Ivanildo (Lito 58') e Edgar Silva (Joeano 62')
Treinador: Domingos Paciência

ACADÉMICA – 1 Boavista FC – 1 [TV]

I LIGA, 20ª JORNADA, 25-2-2008 (SEG, 19:45)
Estádio Municipal Cidade de Coimbra, Coimbra **Árbitro:** Lucílio Batista (Setúbal) **Auxiliares:** Venâncio Tomé e Mário Dionísio
Golos: 1-0 (Kaká 58'); 1-1 (Mateus 60')

ACADÉMICA: Pedro Roma «cap», Pedrinho, Orlando, Kaká, Vítor Vinha, Pavlovic (Paulo Sérgio 30'), Cris, Nuno Piloto, Ivanildo (Miguel Pedro 45'), Lito (Tiero 69') e Edgar Silva
Treinador: Domingos Paciência

Boavista FC: Jehle, Bruno Pinheiro (Hussain 23'), Moisés, Marcelão «cap», Angulo, Fleurival, Luís Loureiro, Jorge Ribeiro, Laionel (Gilberto 65'), Obi Charles (Zé Kalanga 45') e Mateus
Treinador: Jaime Pacheco

Leixões SC – 2 ACADÉMICA – 2 [TV]

I LIGA, 21ª JORNADA, 1-3-2008 (SAB, 19:15)
Estádio do Mar, Matosinhos **Árbitro:** Carlos Xistra (Castelo Branco) **Auxiliares:** Luís Tavares e José Braga **Golos:** 1-0 (Roberto 17', gp); 1-1 (Joeano 24'); 1-2 (Joeano 63'); 2-2 (Jorge Gonçalves 90'+1', gp)

Leixões SC: Beto, Filipe Oliveira, Nuno Silva (Joel 45'), Elvis «cap», Ezequias (Pedro Cervantes 72'), Paulo Machado, Bruno China, Hugo Morais (Vieirinha 65'), Jorge Gonçalves, Roberto e Diogo Valente **Treinador:** Carlos Brito

ACADÉMICA: Pedro Roma «cap», Pedrinho, Orlando, Kaká, Vítor Vinha (Cléber 60'), Paulo Sérgio, Tiero, Nuno Piloto, Cris, Luís Aguiar (Edgar Silva 86') e Joeano (Miguel Pedro 83')
Treinador: Domingos Paciência

FC Porto – 1 ACADÉMICA – 0 [TV]

I LIGA, 22ª JORNADA, 9-3-2008 (DOM, 19:00)
Estádio do Dragão, Porto **Árbitro:** Cosme Machado (Braga)
Auxiliares: José Ramalho e Fernando Pereira
Golo: 1-0 (Ricardo Quaresma 31')

FC Porto: Helton, Fucile, Pedro Emanuel «cap», Bruno Alves, Marek Cech, Lucho González, Paulo Assunção, Raul Meireles (Lino 90'), Tarik Sektioui (Farías 71'), Lisandro e Ricardo Quaresma (Mariano Gonzalez 80', V 90'+1') **Treinador:** Jesualdo Ferreira

ACADÉMICA: Pedro Roma «cap», Pedro Costa, Orlando, Kaká, Cléber (Lito 75'), Tiero (Ivanildo 45'), Nuno Piloto, Paulo Sérgio, Cris (Miguel Pedro 45'), Luís Aguiar e Joeano
Treinador: Domingos Paciência

ACADÉMICA – 0 CF "Os Belenenses" – 0 [TV]

I LIGA, 23ª JORNADA, 15-3-2008 (SAB, 19:15)
Estádio Municipal Cidade de Coimbra, Coimbra
Árbitro: Rui Costa (Porto)
Auxiliares: Serafim Nogueira e Vítor Carvalho

ACADÉMICA: Pedro Roma «cap», Pedrinho, Orlando, Kaká, Vítor Vinha, Pavlovic (Paulo Sérgio 83'), Miguel Pedro, Nuno Piloto, Lito, Edgar Silva (Joeano 75') e Luís Aguiar (Ivanildo 84')
Treinador: Domingos Paciência

CF "Os Belenenses": Júlio César, Cândido Costa (AA 60'), Rolando, Hugo Alcântara, Rodrigo Alvim, Gabriel Gomez, Ruben Amorim, Silas «cap» (Marco Ferreira 88'), José Pedro, Weldon (Rafel Bastos 66') e Roncatto (Jankauskas 74') **Treinador:** Jorge Jesus

CFE Amadora – 3 ACADÉMICA – 1

I LIGA, 24ª JORNADA, 29-3-2008 (SAB, 16:00)
Estádio José Gomes, Amadora **Árbitro:** Paulo Costa (Porto)
Auxiliares: João Santos e Nuno Manso **Golos:** 1-0 (Anselmo 16'); 1-1 (Lito 21'); 2-1 (Maurício 31'); 3-1 (Vítor Moreno 79')

CFE Amadora: Nelson, Rui Duarte, Maurício «cap», Hugo Carreira, Hélder Cabral, Fernando, Tiago Gomes, Mateus, Celestino (Giancarlo 61'), Mendonça (Pedro Pereira 53') e Anselmo (Vítor Moreno 74') **Treinador:** Daúto Faquirá

ACADÉMICA: Pedro Roma «cap», Pedrinho, Orlando, Kaká, Vítor Vinha (V 26'), Paulo Sérgio, Miguel Pedro (Berger 38'), Nuno Piloto (Tiero 61'), Lito, Luís Aguiar (Ivanildo 64') e Joeano
Treinador: Domingos Paciência

ACADÉMICA – 0 VFC Setúbal – 0 [TV]

I LIGA, 25ª JORNADA, 5-4-2008 (SAB, 18:45)
Estádio Municipal Cidade de Coimbra, Coimbra
Árbitro: Jorge Sousa (Porto)
Auxiliares: José Ramalho e José Luís Melo

ACADÉMICA: Pedro Roma «cap», Pedrinho, Orlando, Kaká, Pedro Costa, Nuno Piloto, Tiero, Luís Aguiar (Fofana 83'), Cris, Edgar Silva e Miguel Pedro (Joeano 54', Ivanildo 64')
Treinador: Domingos Paciência

VFC Setúbal: Eduardo, Janício, Robson, Auri, Jorginho, Elias, Sandro «cap», Ricardo Chaves (Bruno Ribeiro 88'), Leandro Branco (Filipe Gonçalves 52'), Pitbull e Bruno Gama (Paulinho 75')
Treinador: Carlos Carvalhal

SL Benfica – 0 ACADÉMICA – 3 [TV]

I LIGA, 26ª JORNADA, 11-4-2008 (SEX, 20:30)
Estádio SL Benfica, Lisboa **Árbitro:** Paulo Batista (Portalegre)
Auxiliares: Luís Tavares e José Braga **Golos:** 0-1 (Miguel Pedro 3'); 0-2 (Berger 32'); 0-3 (Luís Aguiar 66')

SL Benfica: Quim, Nelson, Luisão, Katsouranis, Léo (Makukula 72'), Petit, Binya (Di Maria 41'), Rui Costa, Cristián Rodríguez, Nuno Gomes «cap» (Mantorras 64') e Cardozo
Treinador: Fernando Chalana

ACADÉMICA: Pedro Roma «cap», Berger, Orlando, Kaká, Pedro Costa, Nuno Piloto, Pedrinho, Cris, Lito (Tiero 85'), Miguel Pedro (Edgar Silva 75') e Luís Aguiar (Ivanildo 82')
Treinador: Domingos Paciência

ACADÉMICA – 0 VSC Guimarães – 0 [TV]

I LIGA, 27ª JORNADA, 18-4-2008 (SEX, 20:30)
Estádio Municipal Cidade de Coimbra, Coimbra
Árbitro: Pedro Henriques (Lisboa)
Auxiliares: Sérgio Lacroix e Gabínio Evaristo

ACADÉMICA: Pedro Roma «cap», Berger, Orlando, Kaká, Pedro Costa (Tiero 61'), Nuno Piloto, Pedrinho, Cris, Lito (Edgar Silva 85'), Miguel Pedro (Ivanildo 64') e Luís Aguiar
Treinador: Domingos Paciência

VSC Guimarães: Nilson, Andrezinho, Sereno, Geromel, Momha, Moreno «cap» (Fajardo 72'), João Alves, Alan, Ghilas (Carlitos 77'), Desmarets e Mrdakovic (Roberto 64')
Treinador: Manuel Cajuda

CD Nacional – 0 ACADÉMICA – 3

I LIGA, 28ª JORNADA, 27-4-2008 (DOM, 16:00)
Estádio da Madeira, Funchal **Árbitro:** Vasco Santos (Porto)
Auxiliares: Alexandre Freitas e Tiago Leandro
Golos: 0-1 (Edson Sitta 7', pb); 0-2 (Cris 25'); 0-3 (Edgar Silva 73')

CD Nacional: Bracalli, Patacas «cap», Felipe Lopes, Fernando Cardozo, Alonso, Edson Sitta (Lipatin 53'), Ricardo Fernandes, Juliano Spadacio, Juninho (Pateiro 67'), Adriano e Fellype Gabriel (Fábio Coentrão 53') **Treinador:** Predrag Jokanovic

ACADÉMICA: Pedro Roma «cap», Berger, Orlando, Kaká, Pedro Costa, Nuno Piloto, Pedrinho (Tiero 68'), Cris, Lito (Edgar Silva 70'), Miguel Pedro (Ivanildo 82') e Luís Aguiar
Treinador: Domingos Paciência

ACADÉMICA – 1 Naval 1º Maio – 1

I LIGA, 29ª JORNADA, 4-5-2008 (DOM, 16:00)
Estádio Municipal Cidade de Coimbra, Coimbra **Árbitro:** João Vilas Boas (Braga) **Auxiliares:** Alfredo Braga e Tomás Santos
Golos: 0-1 (Diego Ângelo 23'); 1-1 (Lito 61')

ACADÉMICA: Pedro Roma «cap», Berger (Edgar Silva 30'), Orlando, Kaká, Pedro Costa, Nuno Piloto, Pedrinho, Cris (Tiero 85'), Lito, Miguel Pedro (Ivanildo 56') e Luís Aguiar
Treinador: Domingos Paciência

Naval 1º Maio: Taborda, Mário Sérgio, Paulão, Diego Ângelo, China (Godemèche 79'), Bruno Lazaroni, Gilmar «cap», Davide (Dudu 76'), João Ribeiro (Carlitos 61'), Marcelinho e Marinho
Treinador: Ulisses Morais

SC Braga – 2 ACADÉMICA – 1 [TV]

I LIGA, 30ª JORNADA, 10-5-2008 (SAB, 17:30)
Estádio Municipal de Braga, Braga **Árbitro:** Paulo Paraty (Porto)
Auxiliares: Serafim Nogueira e Vítor Carvalho
Golos: 0-1 (Lito 49'); 1-1 (Matheus 57'); 2-1 (João Tomás 80')

SC Braga: Kieszek, João Pereira, Paulo Jorge «cap», Breno, Carlos Fernandes (Miguelito 58'), Vandinho (João Tomás 74'), Contreras, César Peixoto, Jaílson (Matheus 55'), Linz e Wender
Treinador: António Caldas

ACADÉMICA: Rui Nereu, Berger (Cristiano 81'), Irineu, Kaká, Cléber, Tiero (Pedrinho 59'), Nuno Piloto «cap», Cris, Miguel Pedro (Fofana 65'), Luís Aguiar e Lito
Treinador: Domingos Paciência

ÉPOCA 2008-2009

I LIGA: 7º LUGAR (MANUTENÇÃO)
TAÇA DE PORTUGAL: 1/6 DE FINAL
TAÇA DA LIGA: 3ª FASE

JOGOS EFECTUADOS

	J	V	E	D	GM	GS
CASA	18	8	7	3	20	16
FORA	19	5	4	10	16	21
TOTAL	37	13	11	13	36	37

ACADÉMICA – 1 SC Freamunde – 1

TAÇA DA LIGA, 2ª FASE, 1ª JORNADA, 17-8-2008 (DOM, 19:45)
Estádio Municipal Cidade de Coimbra, Coimbra **Árbitro:** Hugo Miguel (Lisboa) **Auxiliares:** Hernâni Fernandes e André Campos
Golos: 0-1 (Nuno Silva 90'); 1-1 (Sougou 90'+2')

ACADÉMICA: Pedro Roma «cap», Pedrinho, Luiz Nunes, Orlando, Cléber, Pavlovic (Licá 86'), Miguel Pedro (Éder 60'), Tiero, Cris (Carlos Aguiar 72'), Sougou e Lito
Treinador: Domingos Paciência

SC Freamunde: Tó Figueira, Rui Jorge, Marcão, Luís Pedro, Nelson, Brandão (Nuno Silva 69'), Filipe, Tarcísio, Gustavo (Mangualde 58'), Bock «cap» e Kika (Artur 87')
Treinador: Jorge Regadas

CFE Amadora – 1 ACADÉMICA – 0

I LIGA, 1ª JORNADA, 24-8-2008 (DOM, 16:00)
Estádio José Gomes, Amadora **Árbitro:** Vasco Santos (Porto)
Auxiliares: Alexandre Freitas e Tomás Santos
Golo: 1-0 (Celsinho 56')

CFE Amadora: Nelson, Hugo Gomes, Mustafá, Nuno André Coelho, Vítor Moreno, Marcelo Goianira (Fernando Alexandre 83'), Jardel, Marco Paulo «cap», Têti, Celsinho (Anselmo 89') e Rui Varela (N'Diaye 70') **Treinador:** Lito Vidigal

ACADÉMICA: Peskovic, Pedrinho, Luiz Nunes, Orlando, Cléber, Pavlovic (Éder 63'), Tiero, Cris (Miguel Pedro 58'), Nuno Piloto «cap», Sougou (Madej 76') e Lito
Treinador: Domingos Paciência

ACADÉMICA – 1 Rio Ave FC – 0

I LIGA, 2ª JORNADA, 31-8-2008 (DOM, 16:00)
Estádio Municipal Cidade de Coimbra, Coimbra **Árbitro:** Rui Costa (Porto) **Auxiliares:** Serafim Nogueira e Tiago Leandro
Golo: 1-0 (Garcés 22')

ACADÉMICA: Peskovic, Pedrinho, Luiz Nunes, Orlando, Edson, Nuno Piloto «cap», Lito, Tiero, Cléber (Cris 45'), Sougou (Pavlovic 60') e Garcés (Miguel Pedro 67')
Treinador: Domingos Paciência

Rio Ave FC: Paiva, Miguel Lopes, Gaspar, Bruno Mendes «cap», Sílvio, André Vilas Boas (Chidi 57'), Livramento, Delson, Tarantini (André Carvalhas 81'), Semedo (Ronaldo 69') e Evandro
Treinador: João Eusébio

ACADÉMICA – 1 VFC Setúbal – 0

I LIGA, 3ª JORNADA, 21-9-2008 (DOM, 21:15)
Estádio Municipal Cidade de Coimbra, Coimbra **Árbitro:** Duarte Gomes (Lisboa) **Auxiliares:** Pedro Garcia e José Lima
Golo: 1-0 (Cléber 26', gp)

ACADÉMICA: Peskovic, Pedro Costa, Luiz Nunes, Orlando, Cléber, Pavlovic (Diogo Gomes 63'), Tiero, Cris, Nuno Piloto «cap», Lito (Miguel Pedro 74') e Garcés (Sougou 45')
Treinador: Domingos Paciência

VFC Setúbal: Bruno Vale, Janício, Robson, Auri, Cissokho, Sandro «cap», Danilo, Ricardo Chaves (Bruno Gama 45'), Leandro Lima (Mateus 63'), Leandro Carrijo (Bruno Moraes 70') e Laionel
Treinador: Daúto Faquirá

CS Marítimo – 2 ACADÉMICA – 0

I LIGA, 4ª JORNADA, 28-9-2008 (DOM, 16:00)
Estádio dos Barreiros, Funchal **Árbitro:** Lucílio Batista (Setúbal)
Auxiliares: Venâncio Tomé e Mário Dionísio
Golos: 1-0 (Marcinho 42'); 2-0 (Djalma 90'+1')

CS Marítimo: Marcos, Paulo Jorge, João Guilherme, Fernando Cardozo, Miguelito, Olberdam, João Luiz, Bruno «cap», Marcinho (Djalma 84'), Manú e Bruno Fogaça (Pedro Moutinho 69')
Treinador: Lori Sandri

ACADÉMICA: Peskovic, Pedro Costa, Luiz Nunes (V 79'), Orlando, Cléber (Lito 73'), Pavlovic (Diogo Gomes 55'), Tiero (Miguel Pedro 59'), Cris, Nuno Piloto «cap», Sougou e Garcés
Treinador: Domingos Paciência

ACADÉMICA – 1 CD Nacional – 1

I LIGA, 5ª JORNADA, 5-10-2008 (DOM, 16:00)
Estádio Municipal Cidade de Coimbra, Coimbra **Árbitro:** Artur Soares Dias (Porto) **Auxiliares:** João Silva e Rui Licínio
Golos: 0-1 (Nenê 23'); 1-1 (Nuno Piloto 83')

ACADÉMICA: Peskovic, Pedrinho, Berger, Orlando, Pedro Costa, Nuno Piloto «cap», Tiero, Lito, Miguel Pedro (Carlos Aguiar 57'), Diogo Gomes (Pavlovic 45') e Sougou (Garcés 45')
Treinador: Domingos Paciência

CD Nacional: Bracalli, Patacas «cap», Halliche, Maicon, Alonso, Cléber, Edson Sitta (Bruno Amaro 79'), Luís Alberto, Nenê, Rafael Bastos (Juninho 52', Ruben Micael 61') e Mateus
Treinador: Manuel Machado

SCU Torreense – 0 ACADÉMICA – 2

TAÇA DE PORTUGAL, 1/32 DE FINAL, 19-10-2008 (DOM, 15:00)
Estádio Manuel Marques, Torres Vedras **Árbitro:** Elmano Santos (Madeira) **Auxiliares:** Sérgio Serrão e Luís Ramos
Golos: 0-1 (Garcés 48'); 0-2 (Garcés 84')

SCU Torreense: Marco Tábuas, André Nogueira (Siáca 61'), André Santos, Marlon, Rui Burguetti (Bruno Dias 87'), Deodato, Leonardo, Miguel Pinheiro, Coça (Milton 87'), Miguel Paixão e Catarino «cap»
Treinador: Ricardo Monsanto

ACADÉMICA: Pedro Roma «cap», Pedrinho, Luiz Nunes, Orlando (Edson 87'), Cléber, Pavlovic, Tiero, Nuno Piloto, Carlos Aguiar (Cris 65'), Éder (Sougou 68') e Garcés
Treinador: Domingos Paciência

CD Trofense – 0 ACADÉMICA – 0 [TV]

I LIGA, 6ª JORNADA, 24-10-2008 (SEX, 20:30)
Estádio CD Trofense, Trofa
Árbitro: Paulo Costa (Porto)
Auxiliares: Nuno Manso e Vítor Carvalho

CD Trofense: Paulo Lopes, Paulinho (Zamorano 90'), Miguel Ângelo, Valdomiro, Tiago Pinto, Milton do Ó «cap», Mércio (Reguila 74'), Delfim, Hélder Barbosa, Edu Souza (David Caiado 74') e Lipatin **Treinador:** Manuel Tulipa

ACADÉMICA: Peskovic, Pedrinho, Luiz Nunes, Orlando, Edson (AA 68'), Pavlovic «cap», Tiero, Carlos Aguiar (Lito 45'), Cris (Cléber 71'), Éder (Sougou 45') e Garcés
Treinador: Domingos Paciência

Gondomar SC – 0 ACADÉMICA – 2

TAÇA DA LIGA, 2ª FASE, 3ª JORNADA, 29-10-2008 (QUA, 16:00)
Estádio S. Miguel, Gondomar **Árbitro:** Cosme Machado (Braga)
Auxiliares: Alfredo Braga e Paulo Vieira
Golos: 0-1 (Carlos Aguiar 27'); 0-2 (Miguel Pedro 41')

Gondomar SC: António Filipe, José Alberto (Luís Neves 70'), Hélio, Buba, Rómulo «cap», Carlos Viana (Cícero 45'), Castro, João Fernandes, Diogo (Léo Bonfim 60'), Bruno Severino e Fernando Aguiar **Treinador:** Daniel Ramos

ACADÉMICA: Pedro Roma «cap», Pedrinho, Luiz Nunes, Orlando, Cléber, Pavlovic, Tiero, Diogo Gomes (Cris 61'), Carlos Aguiar (André Fontes 75'), Miguel Pedro e Garcés (Sougou 67')
Treinador: Domingos Paciência

ACADÉMICA – 1 SC Braga – 1

I LIGA, 7ª JORNADA, 2-11-2008 (DOM, 16:00)
Estádio Municipal Cidade de Coimbra, Coimbra **Árbitro:** Olegário Benquerença (Leiria) **Auxiliares:** José Cardinal e Bertino Miranda
Golos: 1-0 (Pedrinho 47'); 1-1 (Meyong 62')

ACADÉMICA: Peskovic, Berger (Miguel Pedro 70'), Luiz Nunes, Edson, Cléber, Pavlovic «cap», Pedrinho, Cris, Tiero, Sougou (Lito 88') e Garcés (Éder 79')
Treinador: Domingos Paciência

SC Braga: Eduardo, João Pereira, Moisés «cap», Rodriguez, Evaldo, Vandinho, Alan, Matheus (Márcio Mossoró 67'), Luís Aguiar (Jorginho 66'), Meyong e Renteria (Paulo César 80')
Treinador: Jorge Jesus

ACADÉMICA – 0 CFE Amadora – 1

TAÇA DE PORTUGAL, 1/16 DE FINAL, 9-11-2008 (DOM, 15:00)
Estádio Municipal Cidade de Coimbra, Coimbra **Árbitro:** Luís Reforço (Setúbal) **Auxiliares:** Nuno Roque e Mário Dionísio
Golo: 0-1 (Varela 80')

ACADÉMICA: Pedro Roma «cap», Pedrinho, Luiz Nunes, Edson, Cléber, Pavlovic (Cris 88'), Tiero (Licá 82'), Sougou (Garcés 61'), Carlos Aguiar, Lito e Éder
Treinador: Domingos Paciência

CFE Amadora: Nelson «cap», Hugo Gomes, Nuno André Coelho, Mustafá, Vítor Moreno, Celestino, Fernando Alexandre, Marcelo Goianira (Jardel 70'), Luís Vidigal, Rui Varela (N'Diaye 88') e Varela
Treinador: Lito Vidigal

CF "Os Belenenses" – 1 ACADÉMICA – 0 [TV]

I LIGA, 8ª JORNADA, 17-11-2008 (SEG, 19:45)
Estádio do Restelo, Lisboa **Árbitro:** Pedro Henriques (Lisboa)
Auxiliares: Gabínio Evaristo e Tiago Rocha
Golo: 1-0 (Vinícius Pacheco 15')

CF "Os Belenenses": Júlio César, Cândido Costa, Carciano, Alex von Schwedler, Mano, Gabriel Gomez, Silas «cap» (Maykon 86'), José Pedro, Vinícius Pacheco, Wender (Sérgio Organista 65') e Roncatto (Porta 75') **Treinador:** Jaime Pacheco

ACADÉMICA: Peskovic, Berger, Luiz Nunes, Orlando, Edson, Nuno Piloto «cap», Tiero (Pavlovic 45'), Cris, Licá (Miguel Pedro 53') e Éder (Sougou 64') e Garcés
Treinador: Domingos Paciência

ACADÉMICA – 0 SL Benfica – 2 [TV]

I LIGA, 9ª JORNADA, 23-11-2008 (DOM, 20:15)
Estádio Municipal Cidade de Coimbra, Coimbra **Árbitro:** Pedro Proença (Lisboa) **Auxiliares:** Tiago Trigo e Ricardo Santos
Golos: 0-1 (Ruben Amorim 31'); 0-2 (Cardozo 47', gp)

ACADÉMICA: Peskovic, Pedrinho, Luiz Nunes, Orlando, Edson, Pavlovic (Carlos Aguiar 61'), Nuno Piloto «cap», Sougou (Madej 74'), Miguel Pedro, Lito (Éder 61') e Garcés
Treinador: Domingos Paciência

SL Benfica: Quim, Maxi Pereira, Luisão, Sidnei, David Luíz, Ruben Amorim (Jorge Ribeiro 80'), Yebda, Binya, Reyes (Balboa 86'), Nuno Gomes «cap» e Cardozo (Suazo 61')
Treinador: Quique Flores

FC Porto – 2 ACADÉMICA – 1 [TV]

I LIGA, 10ª JORNADA, 1-12-2008 (SEG, 18:15)
Estádio do Dragão, Porto **Árbitro:** Elmano Santos (Madeira)
Auxiliares: Sérgio Lacroix e Álvaro Mesquita **Golos:** 1-0 (Cristián Rodríguez 24'); 1-1 (Cris 35'); 2-1 (Sapunaru 60')

FC Porto: Helton, Sapunaru (Tomás Costa 60'), Rolando, Bruno Alves, Fucile, Lucho González «cap», Fernando, Raul Meireles, Hulk, Lisandro e Cristián Rodríguez
Treinador: Jesualdo Ferreira

ACADÉMICA: Peskovic, Pedrinho, Luiz Nunes, Orlando «sc», Pedro Costa, Pavlovic «cap» (Madej 90'), Cris, Miguel Pedro (Lito 69'), Diogo Gomes, Garcés (Éder 66') e Sougou (V 63')
Treinador: Domingos Paciência

ACADÉMICA – 2 FC Paços de Ferreira – 1

I LIGA, 11ª JORNADA, 7-12-2008 (DOM, 16:00)
Estádio Municipal Cidade de Coimbra, Coimbra **Árbitro:** Marco Ferreira (Madeira) **Auxiliares:** Tomás Santos e Nelson Moniz
Golos: 1-0 (Lito 12'); 1-1 (William 59'); 2-1 (Orlando 88')

ACADÉMICA: Peskovic, Pedrinho, Luiz Nunes, Orlando, Pedro Costa, Nuno Piloto «cap», Cris, Diogo Gomes, Miguel Pedro (Carlos Aguiar 56'), Garcés (Éder 60') e Lito (Tiero 68')
Treinador: Domingos Paciência

FC Paços de Ferreira: Cássio, Filipe Anunciação, Ozéia, Ricardo, Chico Silva, Dédé (Carlos Carneiro 56'), Paulo Sousa, Pedrinha «cap», Leandro Tatu (Ferreira 56'), William e Cristiano (Kelly Berville 84') **Treinador:** Paulo Sérgio

Sporting CP – 0 ACADÉMICA – 0 [TV]

I LIGA, 12ª JORNADA, 20-12-2008 (SAB, 20:30)
Estádio José Alvalade, Lisboa
Árbitro: Cosme Machado (Braga)
Auxiliares: Alfredo Braga e Paulo Vieira

Sporting CP: Rui Patrício, Abel, Daniel Carriço, Polga, Marco Caneira (Miguel Veloso 45'), Rocheback, João Moutinho «cap», Izmailov (Yannick 76'), Romagnoli (Vukcevic 65'), Liedson e Hélder Postiga **Treinador:** Paulo Bento

ACADÉMICA: Peskovic, Pedrinho, Luiz Nunes, Orlando, Pedro Costa, Pavlovic «cap», Cris, Diogo Gomes (Tiero 72'), Miguel Pedro (Nuno Piloto 83'), Éder e Lito (Licá 68')
Treinador: Domingos Paciência

ACADÉMICA – 0 Leixões SC – 0 [TV]

I LIGA, 13ª JORNADA, 2-1-2009 (SEX, 20:30)
Estádio Municipal Cidade de Coimbra, Coimbra
Árbitro: Duarte Gomes (Lisboa)
Auxiliares: Pedro Garcia e José Lima

ACADÉMICA: Peskovic, Pedrinho, Luiz Nunes, Orlando, Pedro Costa, Pavlovic «cap», Cris, Diogo Gomes (Sougou 64'), Miguel Pedro (Tiero 77'), Éder (Nuno Piloto 63') e Lito
Treinador: Domingos Paciência

Leixões SC: Beto, Vasco Fernandes, Nuno Silva, Sandro, Laranjeiro, Roberto Sousa, Bruno China «cap», Hugo Morais, Braga (Marques 87'), Wesley (Chumbinho 74') e Diogo Valente (Zé Manuel 64')
Treinador: José Mota

ACADÉMICA – 1 CD Nacional – 1

TAÇA DA LIGA, 3ª FASE, 1ª JORNADA, 7-1-2009 (QUA, 16:00)
Estádio Municipal Cidade de Coimbra, Coimbra **Árbitro:** João Ferreira (Setúbal) **Auxiliares:** Pais António e Luís Ramos
Golos: 1-0 (Lito 49'); 1-1 (Nenê 58')

ACADÉMICA: Pedro Roma «cap», Pedrinho, Gonçalo, Orlando, Pedro Costa, Pavlovic, Tiero, Madej (Licá 70'), Diogo Gomes (Nuno Piloto 67'), Lito e Sougou (Éder 83')
Treinador: Domingos Paciência

CD Nacional: Bracalli, Maicon, Halliche, Igor Pita, Luís Alberto, João Aurélio (Patacas 45'), Edson Sitta (Cléber 67'), Ruben Micael, Alonso «cap», Miguel Fidalgo (Mateus 45') e Nenê
Treinador: Manuel Machado

Naval 1º Maio – 2 ACADÉMICA – 1

I LIGA, 14ª JORNADA, 11-1-2009 (DOM, 16:00)
Estádio José Bento Pessoa, Figueira da Foz **Árbitro:** Paulo Costa (Porto) **Auxiliares:** João Santos e Nuno Manso **Golos:** 1-0 (Marcelinho 63'); 2-0 (Bolívia 77'); 2-1 (Sougou 90'+1')

Naval 1º Maio: Peiser, Carlitos, Paulão «cap», Diego Ângelo, Daniel Cruz, Godemèche, Alex Hauw (Gilmar 77'), Davide (Michel Simplício 60'), Marinho (Dudu 89'), Bolívia e Marcelinho
Treinador: Ulisses Morais

ACADÉMICA: Peskovic, Pedrinho (Sougou 68'), Luiz Nunes, Orlando, Pedro Costa, Pavlovic (Licá 80'), Cris, Miguel Pedro (Diogo Gomes 68'), Nuno Piloto «cap», Lito e Éder
Treinador: Domingos Paciência

VFC Setúbal – 1 ACADÉMICA – 2

TAÇA DA LIGA, 3ª FASE, 2ª JORNADA, 14-1-2009 (QUA, 18:00)
Estádio do Bonfim, Setúbal **Árbitro:** Pedro Proença (Lisboa)
Auxiliares: Ricardo Santos e André Campos
Golos: 0-1 (Carlos Aguiar 3'); 1-1 (Auri 60'); 1-2 (Licá 62')

VFC Setúbal: Bruno Vale, Janício, Robson, Auri, André Marques (Bruno Ribeiro 53'), Elias (Mateus 53'), Sandro «cap», Ricardo Chaves, Leandro Lima (Leandro Branco 69'), Leandro Carrijo e Bruno Gama **Treinador:** Daúto Faquirá

ACADÉMICA: Rui Nereu, Pedrinho, Luiz Nunes, Orlando, Pedro Costa, Nuno Piloto «cap», Cris, Carlos Aguiar (Tiero 72'), Diogo Gomes (Miguel Pedro 80'), Sougou e Éder (Licá 59')
Treinador: Domingos Paciência

FC Porto – 1 ACADÉMICA – 0 [TV]

TAÇA DA LIGA, 3ª FASE, 3ª JORNADA, 17-1-2009 (SAB, 20:45)
Estádio Dragão, Porto **Árbitro:** Carlos Xistra (Castelo Branco)
Auxiliares: Luís Marcelino e Jorge Cruz
Golo: 1-0 (Luiz Nunes 63', pb)

FC Porto: Ventura, Sapunaru, Stepanov, Bruno Alves, Cissokho, Fernando, Guarín, Lucho González «cap», Cristián Rodríguez (Tomás Costa 76'), Tarik Sektioui (Farías 45') e Hulk (Diogo Viana 85') **Treinador:** Jesualdo Ferreira

ACADÉMICA: Rui Nereu, Pedrinho, Orlando, Luiz Nunes, Pedro Costa, Pavlovic «sc», Nuno Piloto «cap» (Licá 76'), Cris, Miguel Pedro (Diogo Gomes 66'), Lito (Madej 66') e Sougou
Treinador: Domingos Paciência

ACADÉMICA – 2 VSC Guimarães – 1 [TV]

I LIGA, 15ª JORNADA, 25-1-2009 (DOM, 18:30)
Estádio Municipal Cidade de Coimbra, Coimbra **Árbitro:** Hugo Miguel (Lisboa) **Auxiliares:** Hernâni Fernandes e Tiago Rocha
Golos: 1-0 (Lito 44'); 2-0 (Diogo Gomes 48'); 2-1 (Nuno Assis 55')

ACADÉMICA: Peskovic, Pedrinho, Luiz Nunes, Orlando, Pedro Costa, Nuno Piloto «cap», Cris, Diogo Gomes (Tiero 60'), Carlos Aguiar (Miguel Pedro 60'), Lito (Éder 74') e Sougou
Treinador: Domingos Paciência

VSC Guimarães: Serginho, Andrezinho, Gregory, Moreno «cap», Luciano Amaral (Jean Coral 60'), Wênio (Carlitos 68'), João Alves, Fajardo (Flávio Meireles 86'), Nuno Assis, Desmarets e Marquinho
Treinador: Manuel Cajuda

ACADÉMICA – 2 CFE Amadora – 2

I LIGA, 16ª JORNADA, 1-2-2009 (DOM, 16:00)
Estádio Municipal Cidade de Coimbra, Coimbra
Árbitro: Pedro Henriques (Lisboa) **Auxiliares:** Gabínio Evaristo e Valter Oliveira **Golos:** 0-1 (Anselmo 10'); 1-1 (Sougou 46'); 2-1 (Lito 62'); 2-2 (Varela 70')

ACADÉMICA: Peskovic, Pedrinho, Luiz Nunes (Gonçalo 75'), Orlando, Pedro Costa, Nuno Piloto «cap», Cris, Diogo Gomes (Tiero 45'), Carlos Aguiar (Éder 39'), Lito e Sougou
Treinador: Domingos Paciência

CFE Amadora: Nelson «cap», Hugo Gomes, Nuno André Coelho, Vidigal, Vítor Vinha, Fernando Alexandre, Jardel (Rui Varela 63'), Marcelo Goianira, Pedro Pereira (Celsinho 59'), Anselmo (Marco Paulo 87') e Varela **Treinador:** Lázaro Oliveira

Rio Ave FC – 1 ACADÉMICA – 0

I LIGA, 17ª JORNADA, 8-2-2009 (DOM, 16:00)
Estádio do Rio Ave FC, Vila do Conde **Árbitro:** Bruno Paixão (Setúbal) **Auxiliares:** António Godinho e Rodrigo Pereira
Golo: 1-0 (Yazalde 17')

Rio Ave FC: Paiva, Miguel Lopes, Gaspar, Bruno Mendes, Rogério Matias, André Vilas Boas, Niquinha «cap», Delson (Livramento 81'), Evandro (Pedro Moutinho 56'), Fábio Coentrão (Tarantini 69') e Yazalde **Treinador:** Carlos Brito

ACADÉMICA: Peskovic, Pedrinho, Berger, Orlando, Pedro Costa, Júlio César (Lito 45'), Nuno Piloto «cap», Cris, Tiero (Miguel Pedro 64'), Sougou e Éder (Licá 56')
Treinador: Domingos Paciência

VFC Setúbal – 2 ACADÉMICA – 1 [TV]

I LIGA, 18ª JORNADA, 16-2-2009 (SEG, 19:45)
Estádio do Bonfim, Setúbal **Árbitro:** Rui Costa (Porto) **Auxiliares:** Serafim Nogueira e Fernando Pereira
Golos: 1-0 (Robson 46'); 1-1 (Lito 82'); 2-1 (Laionel 85')

VFC Setúbal: Milojevic, Janício, Robson, Auri, André Marques (Zoro 63'), Hugo, Ricardo Chaves (Bruno Gama 73'), Elias, Bruno Ribeiro «cap», Leandro Lima e Joeano (Laionel 52')
Treinador: Carlos Cardoso

ACADÉMICA: Peskovic, Pedrinho (Diogo Gomes 78'), Luiz Nunes, Orlando, Pedro Costa, Cris, Nuno Piloto «cap», Tiero (Éder 59'), Miguel Pedro, Licá (Saleiro 61') e Lito
Treinador: Domingos Paciência

ACADÉMICA – 3 CS Marítimo – 1

I LIGA, 19ª JORNADA, 22-2-2009 (DOM, 16:00)
Estádio Municipal Cidade de Coimbra, Coimbra **Árbitro:** Paulo Batista (Portalegre) **Auxiliares:** Luís Tavares e José Braga
Golos: 1-0 (Luiz Nunes 4'); 1-1 (Baba 33'); 2-1 (Lito 45'+1'); 3-1 (Licá 88')

ACADÉMICA: Peskovic, Pedrinho, Luiz Nunes, Amoreirinha (Gonçalo 78'), Pedro Costa, Nuno Piloto «cap», Tiero, Cris, Madej, Lito (Licá 68') e Saleiro (Éder 74')
Treinador: Domingos Paciência

CS Marítimo: Marcos, Briguel, João Guilherme, Fernando Cardozo, Taka (Manú 70'), Rodrigo António, Bruno «cap», Miguelito, Marcinho, Baba e Ytalo (Vítor Júnior 79')
Treinador: Lori Sandri

CD Nacional – 3 ACADÉMICA – 1 [↑][TV]

I LIGA, 20ª JORNADA, 28-2-2009 (SAB, 17:30)
Estádio da Madeira, Funchal **Árbitro:** Bruno Esteves (Setúbal) **Auxiliares:** António Godinho e Mário Dionísio **Golos:** 0-1 (Lito 19'); 1-1 (Nenê 30'); 2-1 (Mateus 71'); 3-1 (Mateus 88')

CD Nacional: Bracalli, Patacas «cap», Maicon, Felipe Lopes, Igor Pita (Fabiano 29'), Halliche 79'), Luís Alberto, Bruno Amaro (Leandro Salino 46'), Alonso, Ruben Micael, Mateus e Nenê
Treinador: Manuel Machado

ACADÉMICA: Peskovic, Pedrinho (Éder 75'), Gonçalo, Amoreirinha, Pedro Costa, Nuno Piloto «cap», Cris, Tiero, Madej, Lito (Saleiro 59') e Sougou (Licá 60')
Treinador: Domingos Paciência

ACADÉMICA – 1 CD Trofense – 0

I LIGA, 21ª JORNADA, 8-3-2009 (DOM, 16:00)
Estádio Municipal Cidade de Coimbra, Coimbra **Árbitro:** Vasco Santos (Porto) **Auxiliares:** Alexandre Freitas e Carlos Pereira
Golo: 1-0 (Sougou 66')

ACADÉMICA: Peskovic, Pedrinho, Luiz Nunes, Orlando, Pedro Costa, Nuno Piloto «cap», Tiero, Diogo Gomes (Cris 45'), Saleiro (Éder 77'), Sougou e Lito (Berger 85')
Treinador: Domingos Paciência

CD Trofense: Marco, Paulinho (Dagil 78'), Miguel Ângelo, Valdomiro, Tiago Pinto, Milton do Ó «cap», Mércio, Hugo Leal, Rui Borges (Pinheiro 67'), Charles Chad e Moustapha (Reguila 74')
Treinador: Manuel Tulipa

SC Braga – 1 ACADÉMICA – 1 [TV]

I LIGA, 22ª JORNADA, 15-3-2009 (DOM, 18:00)
Estádio Municipal de Braga, Braga **Árbitro:** Lucílio Batista (Setúbal) **Auxiliares:** Venâncio Tomé e Rodrigo Pereira
Golos: 0-1 (Saleiro 33'); 1-1 (Paulo César 64')

SC Braga: Eduardo, João Pereira, Frechaut «cap», Rodriguez, Edimar, Stélvio, Alan (Luís Aguiar 61'), Márcio Mossoró, César Peixoto (Renteria 61'), Orlando Sá e Paulo César (Matheus 80')
Treinador: Jorge Jesus

ACADÉMICA: Peskovic, Pedrinho, Luiz Nunes, Orlando, Pedro Costa, Nuno Piloto «cap», Tiero, Cris (Hélder Cabral 67'), Sougou, Lito (Éder 90') e Saleiro (Miguel Pedro 55')
Treinador: Domingos Paciência

ACADÉMICA – 1 CF "Os Belenenses" – 0 [TV]

I LIGA, 23ª JORNADA, 3-4-2009 (SEX, 20:30)
Estádio Municipal Cidade de Coimbra, Coimbra **Árbitro:** Luís Reforço (Setúbal) **Auxiliares:** Nuno Roque e João Pedro Ferreira
Golo: 1-0 (Nuno Piloto 75')

ACADÉMICA: Peskovic, Pedro Costa, Luiz Nunes, Orlando, Hélder Cabral (Amoreirinha 90'+1'), Pedrinho, Nuno Piloto «cap», Cris, Miguel Pedro (Sougou 57', V 78'), Saleiro (Éder 71') e Lito
Treinador: Domingos Paciência

CF "Os Belenenses": Júlio César, Cândido Costa, Zarabi (Roncatto 80'), Ávalos, Mano, Diakité, Gabriel Gomez, Silas «cap», José Pedro, Saulo (Porta 71') e Vinícius Pacheco (Fredy 61')
Treinador: Jaime Pacheco

SL Benfica – 0 ACADÉMICA – 1 [TV]

I LIGA, 24ª JORNADA, 11-4-2009 (SAB, 19:00)
Estádio SL Benfica, Lisboa **Árbitro:** Marco Ferreira (Madeira)
Auxiliares: Sérgio Lacroix e Nelson Moniz
Golo: 0-1 (Tiero 22')

SL Benfica: Quim, Maxi Pereira, Sidnei (Balboa 84'), Miguel Vítor, David Luiz, Carlos Martins (Mantorras 76'), Ruben Amorim, Reyes, Pablo Aimar, Nuno Gomes «cap» (Di Maria 66') e Cardozo
Treinador: Quique Flores

ACADÉMICA: Peskovic, Pedrinho, Luiz Nunes, Orlando, Hélder Cabral (AA 72'), Nuno Piloto «cap», Tiero, Cris (Berger 61'), Miguel Pedro, Saleiro (Éder 58') e Lito (Amoreirinha 74')
Treinador: Domingos Paciência

ACADÉMICA – 0 FC Porto – 3 [TV]

I LIGA, 25ª JORNADA, 19-4-2009 (DOM, 18:00)
Estádio Municipal Cidade de Coimbra, Coimbra **Árbitro:** Olegário Benquerença (Leiria) **Auxiliares:** José Cardinal e João Santos
Golos: 0-1 (Rolando 57'); 0-2 (Lisandro 59', gp); 0-3 (Mariano Gonzalez 90'+4')

ACADÉMICA: Peskovic, Pedrinho, Orlando, Amoreirinha, Pedro Costa, Nuno Piloto «cap», Cris, Tiero (Licá 63'), Miguel Pedro, Saleiro (Éder 63') e Lito (Madej 73')
Treinador: Domingos Paciência

FC Porto: Helton, Sapunaru, Rolando, Bruno Alves «cap», Cissokho, Fernando, Raul Meireles (Guarín 83'), Hulk e Cristián Rodríguez (Tomás Costa 73')
Treinador: Jesualdo Ferreira

FC Paços de Ferreira – 1 ACADÉMICA – 1

I LIGA, 26ª JORNADA, 27-4-2009 (SEG, 20:00)
Estádio da Mata Real, Paços de Ferreira **Árbitro:** Carlos Xistra (Castelo Branco) **Auxiliares:** Luís Tavares e Jorge Cruz
Golos: 1-0 (Pedrinha 4'); 1-1 (Orlando 58')

FC Paços de Ferreira: Cássio, Ricardo, Ozéia, Danielson, Kelly Berville, Rui Miguel, Filipe Anunciação, Pedrinha «cap», Chico Silva (Filipe Gonçalves 80'), Edson (Ferreira 45') e Cristiano (Carlos Carneiro 17') **Treinador:** Paulo Sérgio

ACADÉMICA: Peskovic, Berger (Saleiro 25'), Luiz Nunes, Orlando, Hélder Cabral, Nuno Piloto «cap», Tiero, Cris, Pedrinho, Lito (Miguel Pedro 45') e Éder (Licá 73')
Treinador: Domingos Paciência

ACADÉMICA – 0 Sporting CP – 0 [TV]

I LIGA, 27ª JORNADA, 2-5-2009 (SAB, 18:45)
Estádio Municipal Cidade de Coimbra, Coimbra
Árbitro: Pedro Proença (Lisboa)
Auxiliares: Tiago Trigo e André Campos

ACADÉMICA: Peskovic, Pedrinho, Amoreirinha, Luiz Nunes, Pedro Costa, Tiero, Nuno Piloto «cap», Cris, Sougou (Saleiro 90'+2'), Miguel Pedro (Éder 90') e Lito (Diogo Gomes 90'+3')
Treinador: Domingos Paciência

Sporting CP: Rui Patrício, Abel, Tonel, Daniel Carriço (AA 90'+3'), Marco Caneira (Ronny 75'), Adrien Silva (Izmailov 45'), Pereirinha (Yannick 65'), Miguel Veloso, João Moutinho «cap», Liedson e Derlei **Treinador:** Paulo Bento

Leixões SC – 0 ACADÉMICA – 1 [TV]

I LIGA, 28ª JORNADA, 10-5-2009 (DOM, 18:00)
Estádio do Mar, Matosinhos **Árbitro:** André Gralha (Santarém)
Auxiliares: Luís Marcelino e Henrique Parente
Golo: 0-1 (Lito 39')

Leixões SC: Beto, Laranjeiro (Ruben 49'), Sandro, Elvis, Angulo (Jean Sony 74'), Bruno China «cap», Roberto Sousa, Hugo Morais, Diogo Valente (Chumbinho 85'), Braga e Zé Manuel
Treinador: José Mota

ACADÉMICA: Pedro Roma, Pedrinho, Luiz Nunes, Orlando, Pedro Costa, Nuno Piloto «cap», Tiero (Hélder Cabral 71'), Cris, Sougou, Miguel Pedro (Saleiro 67') e Lito (Amoreirinha 90'+2')
Treinador: Domingos Paciência

ACADÉMICA – 3 Naval 1º Maio – 1

I LIGA, 29ª JORNADA, 16-5-2009 (SAB, 19:45)
Estádio Municipal Cidade de Coimbra, Coimbra **Árbitro:** Vasco Santos (Porto) **Auxiliares:** Alexandre Freitas e Tomás Santos
Golos: 0-1 (Paulão 26'); 1-1 (Éder 64'); 2-1 (Sougou 67'); 3-1 (Saleiro 70')

ACADÉMICA: Pedro Roma, Pedrinho, Luiz Nunes, Orlando, Pedro Costa (Hélder Cabral 64'), Tiero (Saleiro 45'), Nuno Piloto «cap», Cris, Miguel Pedro (Éder 57'), Sougou e Lito
Treinador: Domingos Paciência

Naval 1º Maio: Peiser, Carlitos, Paulão «cap», Real, Daniel Cruz, Bruno Lazaroni, Alex Hauw, Davide (Marinho 69'), Bolívia (Fabrício Lopes 82'), Camora (Michel Simplício 73') e Marcelinho
Treinador: Ulisses Morais

VSC Guimarães – 3 ACADÉMICA – 2 [↑][TV]

I LIGA, 30ª JORNADA, 23-5-2009 (SAB, 17:00)
Estádio D. Afonso Henriques, Guimarães **Árbitro:** Rui Costa (Porto) **Auxiliares:** Serafim Nogueira e Tiago Leandro
Golos: 0-1 (Saleiro 23'); 1-1 (Orlando 39', pb); 2-1 (Roberto 67'); 3-1 (Roberto 70'); 3-2 (Saleiro 74')

VSC Guimarães: Nuno Santos, Andrezinho, Gregory, Sereno, Milhazes, Flávio Meireles «cap» (Moreno 89'), Fajardo (Carlitos 68'), Desmarets, Nuno Assis, Roberto e Douglas (Dinis 76')
Treinador: Manuel Cajuda

ACADÉMICA: Peskovic, Pedrinho, Luiz Nunes (Amoreirinha 52'), Orlando, Pedro Costa, Cris (Hélder Cabral 60'), Nuno Piloto «cap», Diogo Gomes (Miguel Pedro 69'), Sougou, Saleiro e Lito
Treinador: Domingos Paciência

ÉPOCA 2009-2010

I LIGA: 11º LUGAR (MANUTENÇÃO)
TAÇA DE PORTUGAL: 1/6 DE FINAL
TAÇA DA LIGA: MEIAS FINAIS

JOGOS EFECTUADOS

	J	V	E	D	GM	GS
CASA	20	6	8	6	25	23
FORA	18	5	5	8	18	23
TOTAL	38	11	13	14	43	46

SC Braga – 1 ACADÉMICA – 0 (TV)

I LIGA, 1ª JORNADA, 15-8-2009 (SAB, 21:15)
Estádio Municipal de Braga, Braga **Árbitro:** Duarte Gomes (Lisboa)
Auxiliares: Venâncio Tomé e José Lima
Golo: 1-0 (Meyong 87')

SC Braga: Eduardo, João Pereira, Rodriguez, Moisés, Evaldo, Vandinho «cap», Hugo Viana (Márcio Mossoró 58'), Alan, Diogo Valente (Yazalde 80'), Matheus (Paulo César 58') e Meyong
Treinador: Domingos Paciência

ACADÉMICA: Ricardo, Pedrinho, Luiz Nunes, Orlando «cap», Pedro Costa, Paulo Sérgio (AA 90'), Cris (Bruno Amaro 80'), Tiero, Sougou, Miguel Pedro (Miguel Fidalgo 62') e Lito (Licá 85')
Treinador: Rogério Gonçalves

ACADÉMICA – 1 FC Paços de Ferreira – 1 (TV)

I LIGA, 2ª JORNADA, 22-8-2009 (SAB, 19:15)
Estádio Municipal Cidade de Coimbra, Coimbra **Árbitro:** Paulo Batista (Portalegre) **Auxiliares:** José Braga e João Pedro Ferreira
Golos: 1-0 (Miguel Fidalgo 3'); 1-1 (Pedrinha 43')

ACADÉMICA: Ricardo, Pedrinho, Luiz Nunes, Orlando «cap», Pedro Costa, Bruno Amaro, Tiero (Éder 67'), Cris, Sougou (Miguel Pedro 69'), Lito e Miguel Fidalgo (Licá 34')
Treinador: Rogério Gonçalves

FC Paços de Ferreira: Cássio, Danielson, Pedrinha «cap», William (Ciel 64'), Cristiano, Jorginho, Baiano, Leonel Olímpio, Kelly Berville, Ricardo (Carlitos 79') e Filipe Anunciação (Romeu Torres 86') **Treinador:** Paulo Sérgio

---

ACADÉMICA – 0 Sporting CP – 2 (TV)

I LIGA, 3ª JORNADA, 30-8-2009 (DOM, 20:15)
Estádio Municipal Cidade de Coimbra, Coimbra **Árbitro:** Jorge Sousa (Porto) **Auxiliares:** José Ramalho e José Luís Melo
Golos: 0-1 (Liedson 64'); 0-2 (Yannick 84')

ACADÉMICA: Ricardo, Pedrinho, Luiz Nunes, Orlando «cap», Pedro Costa, Paulo Sérgio, Cris, André Fontes (Éder 71'), Lito (Sougou 62'), Miguel Pedro (AA 75') e Licá (Tiero 79')
Treinador: Rogério Gonçalves

Sporting CP: Rui Patrício, Daniel Carriço, Polga, Pedro Silva (Marco Caneira 72'), André Marques (Saleiro 56'), Miguel Veloso, João Moutinho «cap», Pereirinha (Vukcevic 45'), Matías Fernández, Liedson e Yannick **Treinador:** Paulo Bento

---

SC Olhanense – 2 ACADÉMICA – 1

I LIGA, 4ª JORNADA, 13-9-2009 (DOM, 16:00)
Estádio José Arcanjo, Olhão
Árbitro: Artur Soares Dias (Porto)
Auxiliares: Rui Licínio e João Silva
Golos: 1-0 (Castro 1'); 1-1 (Lito 27', gp); 2-1 (Toy 35')

SC Olhanense: Ventura, Anselmo, Sandro, Rui Baião (V 62'), Toy, Castro, Carlos Fernandes (V 9'), Miguel Garcia, Rui Duarte «cap» (Messi 89'), Ukra (Éder Baiano 65') e Rabiola (Tengarrinha 13')
Treinador: Jorge Costa

ACADÉMICA: Ricardo, Pedrinho, Luiz Nunes, Orlando «cap», Emídio Rafael, Nuno Coelho, André Fontes (Licá 42'), Cris, João Ribeiro (Miguel Fidalgo 61'), Lito (Sougou 71') e Éder
Treinador: Rogério Gonçalves

ACADÉMICA – 1 CF "Os Belenenses" – 1

I LIGA, 5ª JORNADA, 20-9-2009 (DOM, 16:00)
Estádio Municipal Cidade de Coimbra, Coimbra **Árbitro:** Bruno Esteves (Setúbal) **Auxiliares:** Mário Dionísio e Rodrigo Pereira
Golos: 1-0 (Miguel Pedro 4'); 1-1 (Yontcha 70')

ACADÉMICA: Ricardo, Amoreirinha, Orlando «cap», Pedrinho, Emídio Rafael, Nuno Coelho, Cris, André Fontes (Lito 69'), Sougou, Miguel Pedro (Miguel Fidalgo 80') e Éder (Licá 63')
Treinador: Rogério Gonçalves

CF "Os Belenenses": Nelson, Barge, Tiago Gomes, Gabriel Gomez (Celestino 75'), Mano, Yontcha, José Pedro «cap», Fredy, Beto (Rodrigo Arroz 69'), Diakité e Lima (Ivan 61')
Treinador: João Carlos Pereira

Rio Ave FC – 0 ACADÉMICA – 0

I LIGA, 6ª JORNADA, 26-9-2009 (SAB, 16:00)
Estádio do Rio Ave FC, Vila do Conde
Árbitro: Pedro Henriques (Lisboa)
Auxiliares: Hernâni Fernandes e Gabínio Evaristo

Rio Ave FC: Carlos, Zé Gomes, Gaspar, Fábio Faria, Sílvio, Vítor Gomes (Adriano 54'), André Vilas Boas «cap», Ricardo Chaves (Wires 59'), Bruno Gama, João Tomás e Chidi (Bruno Fogaça 54')
Treinador: Carlos Brito

ACADÉMICA: Ricardo, Pedrinho, Amoreirinha, Orlando «cap», Emídio Rafael, Paulo Sérgio, Nuno Coelho, Cris (Tiero 90'+2'), Miguel Pedro (Lito 77'), Sougou e Vouho (Éder 67')
Treinador: Rogério Gonçalves

ACADÉMICA – 2 CS Marítimo – 4 (TV)

I LIGA, 7ª JORNADA, 2-10-2009 (SEX, 20:15)
Estádio Municipal Cidade de Coimbra, Coimbra **Árbitro:** Duarte Gomes (Lisboa) **Auxiliares:** José Lima e André Campos
Golos: 0-1 (Marcinho 14'); 0-2 (Baba 35'); 1-2 (Miguel Fidalgo 48'); 1-3 (Baba 69'); 1-4 (Bruno 82'); 2-4 (Sougou 84')

ACADÉMICA: Ricardo, Pedrinho, Amoreirinha, Orlando «cap», Emídio Rafael, Nuno Coelho, Cris (Éder 72'), Bischoff (Miguel Fidalgo 45'), Sougou, Miguel Pedro e Vouho (Lito 45')
Treinador: Rogério Gonçalves

CS Marítimo: Peçanha (Marcelo 13'), Paulo Jorge, João Guilherme, Fernando Cardozo, Alonso, Bruno «cap», Olberdam, Marcinho (João Luiz 90'), Manú (Briguel 64'), Baba e Djalma
Treinador: Mitchell van der Gaag

ACADÉMICA – 0 SC Beira-Mar – 0 (TV)

TAÇA DA LIGA, 2ª FASE, 1ª JORNADA, 9-10-2009 (SEX, 20:15)
Estádio Municipal Cidade de Coimbra, Coimbra
Árbitro: Paulo Costa (Porto)
Auxiliares: Vítor Carvalho e Nuno Manso

ACADÉMICA: Rui Nereu, Pedrinho, Amoreirinha, Orlando «cap», Hélder Cabral (Diogo Gomes 84'), Paulo Sérgio, Cris, Sougou, Miguel Pedro (Bischoff 72'), Lito e Miguel Fidalgo (Éder 45')
Treinador: Zé Nando

SC Beira-Mar: Palatsi, Pedro Moreira, Kanu, Hugo «cap», Igor Pita, Rui Sampaio, Yohan Tavares, Fangueiro (Wang 72'), Yartey, Pedro Araújo (Élio 72') e Rui Varela (Fary 87')
Treinador: Leonardo Jardim

ACADÉMICA – 2 Portimonense SC – 1

TAÇA DE PORTUGAL, 1/32 DE FINAL, 18-10-2009 (DOM, 15:00)
Estádio Municipal Cidade de Coimbra, Coimbra
Árbitro: Rui Costa (Porto)
Auxiliares: Serafim Nogueira e João Silva
Golos: 1-0 (Miguel Fidalgo 41'); 2-0 (Tiero 45'+1'); 2-1 (Pires 53')

ACADÉMICA: Rui Nereu, Pedrinho, Berger, Orlando «cap», Emídio Rafael, Nuno Coelho, Tiero, Cris (Paulo Sérgio 79'), Sougou, Miguel Fidalgo (Éder 59') e Miguel Pedro (Lito 30')
Treinador: André Villas-Boas

Portimonense SC: Pedro Silva, Ricardo Pessoa «cap», João Pedro, Rúben Fernandes, Nelson Pedroso, Adriano, Diogo Melo (Monteiro 45'), Aragoney (Vasco Matos 74'), Pedro Moita (Balu 45'), Pires e Ben Traoré **Treinador:** Lito Vidigal

---

FC Porto – 3 ACADÉMICA – 2 (TV)

I LIGA, 8ª JORNADA, 25-10-2009 (DOM, 20:15)
Estádio do Dragão, Porto **Árbitro:** Hugo Miguel (Lisboa)
Auxiliares: Ricardo Santos e Pedro Garcia
Golos: 1-0 (Mariano Gonzalez 64'); 2-0 (Farías 67');
2-1 (Miguel Pedro 76'); 3-1 (Farías 81'); 3-2 (Sougou 90'+2')

FC Porto: Helton, Fucile (Sapunaru 4'), Rolando, Bruno Alves «cap», Alvaro Pereira, Fernando, Mariano Gonzalez, Raul Meireles (Guarín 72'), Hulk, Falcao e Cristián Rodríguez (Farías 65')
Treinador: Jesualdo Ferreira

ACADÉMICA: Rui Nereu, Pedrinho, Berger, Orlando «cap», Emídio Rafael, Nuno Coelho (Éder 70'), Cris, Tiero (Diogo Gomes 82'), Sougou, João Ribeiro e Lito (Miguel Pedro 65')
Treinador: André Villas-Boas

ACADÉMICA – 2 VSC Guimarães – 0 (TV)

I LIGA, 9ª JORNADA, 2-11-2009 (SEG, 20:15)
Estádio Municipal Cidade de Coimbra, Coimbra **Árbitro:** Carlos Xistra (Castelo Branco) **Auxiliares:** Sérgio Serrão e Luís Marcelino
Golos: 1-0 (Sougou 37', gp); 2-0 (Éder 56')

ACADÉMICA: Rui Nereu, Pedrinho, Orlando «cap», Berger, Emídio Rafael, Nuno Coelho, Tiero, Cris (Paulo Sérgio 66'), Sougou (Lito 71'), Éder (Jonathan Bru 80') e João Ribeiro
Treinador: André Villas-Boas

VSC Guimarães: Nilson, Andrezinho (Roberto 58'), Gustavo Lazzaretti, Moreno «cap» (Sereno 58'), Alex, Flávio Meireles (Rui Miguel 45'), João Alves, Targino, Nuno Assis, Desmarets e Douglas
Treinador: Paulo Sérgio

UD Leiria – 1 ACADÉMICA – 1

I LIGA, 10ª JORNADA, 8-11-2009 (DOM, 16:00)
Estádio Dr. Magalhães Pessoa, Leiria **Árbitro:** Hugo Pacheco (Porto) **Auxiliares:** Vítor Carvalho e António Vilaça
Golos: 0-1 (Cris 89'); 1-1 (Diego Gaúcho 90'+2')

UD Leiria: Djuricic, Hugo Gomes, Bruno Miguel «cap», Diego Gaúcho, Vítor Moreno (Paulo Vinicius 39'), André Santos, Panandetiguiri, Pateiro, Silas (Marco Soares 86'), Carlão e Cássio (Pedro Cervantes 72') **Treinador:** Lito Vidigal

ACADÉMICA: Rui Nereu, Pedrinho, Amoreirinha, Berger, Emídio Rafael, Nuno Coelho (Paulo Sérgio 67'), Tiero, Cris «cap», Sougou (Miguel Fidalgo 77'), Éder (Lito 61') e João Ribeiro
Treinador: André Villas-Boas

Portimonense SC – 0 ACADÉMICA – 0 (TV)

TAÇA DA LIGA, 2ª FASE, 3ª JORNADA, 11-11-2009 (QUA, 20:15)
Estádio do Portimonense SC, Portimão **Árbitro:** Marco Ferreira (Madeira) **Auxiliares:** Álvaro Mesquita e Bruno Trindade **Obs:** Jogo interrompido aos 51 minutos devido à falta de iluminação. No dia 12 de Novembro (às 15:00H) jogaram-se os 39 minutos que faltavam

Portimonense SC: Pedro Silva (Fábio Sapateiro 90'+1'), Ricardo Pessoa «cap», Maílson, Rúben Fernandes, Nilson, Balu, Diogo Melo, Pedro Moita, Ivanildo (Ben Traoré 86'), Vasco Matos (Bruninho 76') e Garavano **Treinador:** Litos

ACADÉMICA: Ricardo, Pedro Costa «cap», Amoreirinha, Berger, Hélder Cabral, Paulo Sérgio (Tiero 51'), Bischoff (Vouho 80'), Cris (Amessan 64'), Nuno Coelho, João Ribeiro e Éder
Treinador: André Villas-Boas

ACADÉMICA – 1 SC Beira-Mar – 1 (AP)

TAÇA DE PORTUGAL, 1/16 DE FINAL, 22-11-2009 (DOM, 15:00)
Estádio Municipal Cidade de Coimbra, Coimbra **Árbitro:** Paulo Batista (Portalegre) **Auxiliares:** Luís Tavares e José Braga
Golos: 1-0 (Éder 17'); 1-1 (Fangueiro 62') **Desempate** (pontapés da marca de grande penalidade): 0-1 (Hugo), 1-1 (Nuno Coelho), 2-1 (Cris), 2-2 (Élio), 2-3 (Rui Varela), 2-4 (Pedro Araújo)

ACADÉMICA: Ricardo (Rui Nereu 83'), Pedrinho, Berger, Orlando «cap», Emídio Rafael, Nuno Coelho, Cris, Diogo Gomes (André Fontes 53'), Sougou (Miguel Fidalgo 70'), João Ribeiro e Éder
Treinador: André Villas-Boas

SC Beira-Mar: Bruno Conceição, Pedro Moreira, Kanu, Hugo «cap», Igor Pita, Rui Sampaio, Djamal (AA 90'), Fangueiro (Pedro Araújo 90'+1'), Artur (Wang 77'), Leandro Pimenta (Élio 65') e Rui Varela
Treinador: Leonardo Jardim

ACADÉMICA – 3   VFC Setúbal – 0

I LIGA, 11ª JORNADA, 29-11-2009 (DOM, 16:00)
Estádio Municipal Cidade de Coimbra, Coimbra **Árbitro:** André Gralha (Santarém) **Auxiliares:** Valter Oliveira e Luís Cabral
Golos: 1-0 (Sougou 21'); 2-0 (Tiero 49'); 3-0 (Sougou 66', gp)

ACADÉMICA: Rui Nereu, Pedrinho, Berger, Orlando «cap» (Amoreirinha 45'), Emídio Rafael, Nuno Coelho, Cris «sc», Tiero, Sougou, João Ribeiro (Miguel Pedro 73') e Éder (Vouho 79')
Treinador: André Villas-Boas

VFC Setúbal: Nuno Santos, Zarabi (Luís Carlos 55'), André Pinto, Zoro, Collin, Sandro «cap», Kazmierczak (Ruben Lima 70'), Djikiné, Fernandez, Keita (Rui Fonte 67') e Hélder Barbosa
Treinador: Manuel Fernandes

SL Benfica – 4   ACADÉMICA – 0   (TV)

I LIGA, 12ª JORNADA, 6-12-2009 (DOM, 20:15)
Estádio SL Benfica, Lisboa **Árbitro:** Cosme Machado (Braga) **Auxiliares:** Alfredo Braga e Henrique Parente **Golos:** 1-0 (Cardozo 5'); 2-0 (Saviola 31'); 3-0 (Cardozo 55'); 4-0 (Cardozo 68')

SL Benfica: Quim, Maxi Pereira, Luisão «cap», David Luiz, César Peixoto, Ruben Amorim, Ramires, Di Maria, Aimar (Fábio Coentrão 76'), Saviola (Weldon 68') e Cardozo (Nuno Gomes 82')
Treinador: Jorge Jesus

ACADÉMICA: Rui Nereu, Pedrinho, Berger, Orlando «cap», Emídio Rafael, Nuno Coelho (Vouho 58'), Tiero, Cris, Sougou (Miguel Pedro 58'), Éder e João Ribeiro (Diogo Gomes 71')
Treinador: André Villas-Boas

ACADÉMICA – 2   Leixões SC – 0

I LIGA, 13ª JORNADA, 13-12-2009 (DOM, 16:00)
Estádio Municipal Cidade de Coimbra, Coimbra **Árbitro:** Luís Reforço (Setúbal) **Auxiliares:** Nuno Roque e Mário Dionísio
Golos: 1-0 (Emídio Rafael 8'); 2-0 (Lito 76')

ACADÉMICA: Rui Nereu, Pedrinho, Berger, Amoreirinha, Emídio Rafael, Nuno Coelho (Lito 64'), Tiero, Cris «cap», Sougou (Hélder Cabral 84'), Éder e João Ribeiro (Diogo Gomes 70')
Treinador: André Villas-Boas

Leixões SC: Diego, Laranjeiro, Joel «cap», Tucker, Bruno Gallo, Fernando Alexandre, Seabra, Wênio (Zé Manuel 45'), Hugo Morais (Fábio Espinho 64'), Faioli (Tiago Cintra 68') e Jean Sony (AA 20')
Treinador: José Mota

CD Nacional – 4   ACADÉMICA – 3

I LIGA, 14ª JORNADA, 20-12-2009 (DOM, 16:00)
Estádio da Madeira, Funchal **Árbitro:** Paulo Costa (Porto) **Auxiliares:** João Santos e Vítor Carvalho **Golos:** 1-0 (Mateus 2'); 1-1 (Tiero 9'); 2-1 (Ruben Micael 35'); 3-1 (Edgar Silva 54'); 3-2 (Sougou 57'); 4-2 (Amuneke 64'); 4-3 (Miguel Fidalgo 74') **Obs:** Devido ao nevoeiro, o jogo começou com um atraso de 30 minutos e foi interrompido por duas vezes

CD Nacional: Bracalli, Patacas «cap», Felipe Lopes, Tomasevic, Nuno Pinto, Cléber, Leandro Salino, Ruben Micael (Halliche 90'), Pecnik, Mateus (Amuneke 45') e Edgar Silva (João Aurélio 67')
Treinador: Predag Jokanovic

ACADÉMICA: Rui Nereu, Pedrinho, Berger, Amoreirinha, Emídio Rafael (Lito 72'), Nuno Coelho (Miguel Fidalgo 54'), Cris «cap», Tiero, Sougou, João Ribeiro (Hélder Cabral 54') e Éder
Treinador: André Villas-Boas

ACADÉMICA – 2   GD Estoril-Praia – 1

TAÇA DA LIGA, 3ª FASE, 1ª JORNADA, 3-1-2010 (DOM, 16:00)
Estádio Municipal Cidade de Coimbra, Coimbra **Árbitro:** João Capela (Lisboa) **Auxiliares:** André Campos e Tiago Rocha
Golos: 1-0 (Éder 11'); 2-0 (Lito 41'); 2-1 (Antchouet 68', gp)

ACADÉMICA: Rui Nereu, Pedro Costa, Berger, Orlando «cap», Hélder Cabral, Nuno Coelho, Cris, Diogo Gomes (Jonathan Bru 69'), Lito, Éder (Licá 82') e João Ribeiro (Emídio Rafael 71')
Treinador: André Villas-Boas

GD Estoril-Praia: Leão, Marco Silva «cap», Luiz Alberto, Jardel, Ismaily, Varela (Tiago Conceição 81'), Manuel Curto, Lulinha (V 85'), João Coimbra, Raphael (Bruno Matias 62') e Antchouet
Treinador: Neca

ACADÉMICA – 2   Naval 1º Maio – 0   (TV)

I LIGA, 15ª JORNADA, 10-1-2010 (DOM, 18:00)
Estádio Municipal Cidade de Coimbra, Coimbra **Árbitro:** Jorge Sousa (Porto) **Auxiliares:** José Ramalho e José Luís Melo
Golos: 1-0 (Lito 8'); 2-0 (Sougou 43')

ACADÉMICA: Rui Nereu, Pedrinho, Berger, Orlando «cap», Emídio Rafael, Nuno Coelho, Cris (Paulo Sérgio 78'), Tiero, Sougou, Miguel Fidalgo (Licá 67') e Lito (João Ribeiro 86')
Treinador: André Villas-Boas

Naval 1º Maio: Peiser, Carlitos, Real, Diego Ângelo, Camora, Godemèche «cap», Alex Hauw (Kerrouche 45'), Baradji, Michel Simplício (Davide 81'), Bolívia e Marinho (Ouattara 75')
Treinador: Augusto Inácio

ACADÉMICA – 0   FC Porto – 0   (TV)

TAÇA DA LIGA, 3ª FASE, 2ª JORNADA, 13-1-2010 (QUA, 19:00)
Estádio Municipal Cidade de Coimbra, Coimbra
Árbitro: João Ferreira (Setúbal)
Auxiliares: Pais António e Luís Ramos

ACADÉMICA: Rui Nereu, Pedro Costa, Berger, Orlando «cap», Emídio Rafael (Hélder Cabral 76'), Tiero, Paulo Sérgio, Diogo Gomes (André Fontes 81'), Sougou, João Ribeiro (Bischoff 62') e Licá **Treinador:** André Villas-Boas

FC Porto: Nuno «cap», Miguel Lopes, Nuno André Coelho, Maicon, Fucile, Prediger (Orlando Sá 58'), Valeri (Sérgio Oliveira 74'), Tomás Costa, Guarín, Mariano Gonzalez e Farías (Yero 85')
Treinador: Jesualdo Ferreira

ACADÉMICA – 0   SC Braga – 2   (TV)

I LIGA, 16ª JORNADA, 17-1-2010 (DOM, 18:00)
Estádio Municipal Cidade de Coimbra, Coimbra **Árbitro:** Lucílio Batista (Setúbal) **Auxiliares:** Venâncio Tomé e Rodrigo Pereira
Golos: 0-1 (Meyong 41', gp); 0-2 (Matheus 89') **Obs:** Licá (Académica) ocupou o lugar de guarda-redes, após a expulsão de Rui Nereu

ACADÉMICA: Rui Nereu (V 89'), Pedrinho, Berger, Orlando «cap», Emídio Rafael (João Ribeiro 77'), Nuno Coelho, Cris (Miguel Fidalgo 59'), Tiero, Sougou, Licá e Lito (Hélder Cabral 63')
Treinador: André Villas-Boas

SC Braga: Eduardo, Filipe Oliveira, Moisés «cap», Leone, Evaldo, Vandinho, Hugo Viana (Rafael Bastos 86'), Alan, Márcio Mossoró (Miguel Garcia 80'), Paulo César e Meyong (Matheus 61')
Treinador: Domingos Paciência

Leixões SC – 0   ACADÉMICA – 1

TAÇA DA LIGA, 3ª FASE, 3ª JORNADA, 24-1-2010 (DOM, 20:15)
Estádio do Mar, Matosinhos
Árbitro: Olegário Benquerença (Leiria)
Auxiliares: José Cardinal e Bertino Miranda
Golo: 0-1 (Sougou 62', gp)

Leixões SC: Diego, Cauê (Tiago Cintra 65'), Nuno Silva «cap», Fernando Cardozo, Bruno Gallo (Jean Sony 14'), Trombetta (Paulo Tavares 60'), Pedro Seabra, Fábio Espinho, Hugo Morais, Didi e Pouga **Treinador:** José Mota

ACADÉMICA: Ricardo, Pedro Costa, Berger, Orlando «cap», Emídio Rafael, Paulo Sérgio, Cris (Nuno Coelho 67'), Diogo Gomes (AA 89'), Sougou, João Ribeiro (Amessan 89') e Vouho (Licá 79')
Treinador: André Villas-Boas

FC Paços de Ferreira – 2   ACADÉMICA – 1   (TV)

I LIGA, 17ª JORNADA, 31-1-2010 (DOM, 18:00)
Estádio da Mata Real, Paços de Ferreira **Árbitro:** Bruno Esteves (Setúbal) **Auxiliares:** Mário Dionísio e Luís Ramos **Golos:** 0-1 (Berger 47'); 1-1 (Ricardo 85'); 2-1 (Romeu Torres 90'+4')

FC Paços de Ferreira: Cássio, Baiano, Ozéia, Ricardo, Jorginho (Carlitos 55'), Leonel Olímpio (Romeu Torres 69'), Filipe Anunciação «cap», Livramento, Manuel José (Pizzi 45') e William e Maykon **Treinador:** Ulisses Morais

ACADÉMICA: Rui Nereu, Pedrinho, Berger, Orlando «cap», Emídio Rafael, Cris (Nuno Coelho 77'), Paulo Sérgio (André Fontes 81'), Tiero, Sougou (Lito 66'), Vouho e João Ribeiro
Treinador: André Villas-Boas

Sporting CP – 1   ACADÉMICA – 2   (TV)

I LIGA, 18ª JORNADA, 6-2-2010 (SAB, 19:15)
Estádio José Alvalade, Lisboa **Árbitro:** Pedro Henriques (Lisboa) **Auxiliares:** Gabínio Evaristo e Hernâni Fernandes **Golos:** 0-1 (Orlando 2'); 1-1 (João Moutinho 23'); 1-2 (João Ribeiro 58')

Sporting CP: Rui Patrício, João Pereira, Polga, Tonel, Grimi, Pedro Mendes (Hélder Postiga 80'), Matías Fernández, João Moutinho«cap», Vukcevic (Saleiro 60'), Pongolle (Pereirinha 71') e Liedson **Treinador:** Carlos Carvalhal

ACADÉMICA: Ricardo, Pedro Costa, Orlando «cap», Berger, Emídio Rafael, Cris (Amoreirinha 82'), Nuno Coelho, Tiero, João Ribeiro (Lito 69'), Sougou e Diogo Gomes (Vouho 45')
Treinador: André Villas-Boas

FC Porto – 1   ACADÉMICA – 0   (TV)

TAÇA DA LIGA, MEIAS FINAIS, 10-2-2010 (QUA, 20:15)
Estádio do Dragão, Porto **Árbitro:** Pedro Proença (Lisboa)
Auxiliares: Tiago Trigo e André Campos
Golo: 1-0 (Mariano Gonzalez 82')

FC Porto: Nuno, Miguel Lopes, Nuno André Coelho, Bruno Alves (Maicon 60'), Alvaro Pereira, Tomás Costa, Guarín, Valeri (Ruben Micael 64'), Belluschi (Varela 45'), Mariano Gonzalez «cap» e Orlando Sá **Treinador:** Jesualdo Ferreira

ACADÉMICA: Ricardo, Pedrinho, Orlando «cap», Berger (Cris 84'), Emídio Rafael, Nuno Coelho, Tiero, Diogo Gomes, João Ribeiro, Sougou (Lito 70') e Vouho
Treinador: André Villas-Boas

ACADÉMICA – 1   SC Olhanense – 1

I LIGA, 19ª JORNADA, 14-2-2010 (DOM, 16:00)
Estádio Municipal Cidade de Coimbra, Coimbra **Árbitro:** Elmano Santos (Madeira) **Auxiliares:** Sérgio Serrão e Nelson Moniz
Golos: 0-1 (Djalmir 21'); 1-1 (Tiero 31', gp)

ACADÉMICA: Ricardo, Pedrinho (Paulo Sérgio 84'), Berger, Orlando «cap», Emídio Rafael, Nuno Coelho, Tiero (V 66'), Diogo Gomes, Lito (Cris 70'), Vouho e João Ribeiro (Amoreirinha 74')
Treinador: André Villas-Boas

SC Olhanense: Ventura, João Gonçalves, Miguel Ângelo, Sandro, Carlos Fernandes, Delson (Yazalde 80'), Rui Baião, Castro, Paulo Sérgio (Toy 73'), Djalmir «cap» (Rabiola 70') e Ukra
Treinador: Jorge Costa

CF "Os Belenenses" – 1   ACADÉMICA – 2   (TV)

I LIGA, 20ª JORNADA, 22-2-2010 (SEG, 20:15)
Estádio do Restelo, Lisboa
Árbitro: Vasco Santos (Porto)
Auxiliares: Alexandre Freitas e Bruno Trindade
Golos: 0-1 (Vouho 17'); 0-2 (Berger 22'); 1-2 (Yontcha 69')

CF "Os Belenenses": Assis, Mano, Devic, Marcos António, Tiago Gomes (Fredy 45'), Celestino, André Almeida (Yontcha 26'), Zé Pedro «cap», Fajardo (Cândido Costa 73'), Lima e Barge
Treinador: António Conceição

ACADÉMICA: Ricardo, Pedro Costa, Orlando «cap», Berger, Emídio Rafael (Hélder Cabral 39'), Cris (Paulo Sérgio 68'), Nuno Coelho, Diogo Gomes, Vouho (Lito 75'), Sougou e João Ribeiro
Treinador: André Villas-Boas

ACADÉMICA – 0   Rio Ave FC – 1

I LIGA, 21ª JORNADA, 28-2-2010 (DOM, 16:00)
Estádio Municipal Cidade de Coimbra, Coimbra **Árbitro:** Luís Catita (Évora) **Auxiliares:** Luís Tavares e Luís Cabral
Golo: 0-1 (Wires 39')

ACADÉMICA: Ricardo, Pedro Costa (Pedrinho 35'), Berger (Paulo Sérgio 80'), Orlando «cap», Emídio Rafael, Nuno Coelho (Bibishkov 45'), Cris, Diogo Gomes, Sougou, Vouho e João Ribeiro
Treinador: André Villas-Boas

Rio Ave FC: Carlos, José Gomes «cap», Gaspar, Fábio Faria, Sílvio, André Vilas Boas, Vítor Gomes (Tarantini 81'), Wires, Nelson Oliveira (Bruno Fogaça 68'), Chidi (Felipe Alberto 84') e Bruno Gama **Treinador:** Carlos Brito

2009-2010

CS Marítimo – 0 ACADÉMICA – 0

I LIGA, 22ª JORNADA, 7-3-2010 (DOM, 16:00)
Estádio dos Barreiros, Funchal
Árbitro: Rui Costa (Porto)
Auxiliares: Serafim Nogueira e Fernando Pereira

CS Marítimo: Peçanha, Paulo Jorge, João Guilherme «cap», Robson, Alonso (Taka 65'), Roberto Sousa, Rafael Miranda (Bruno 82'), Manú, Pitbull (Baba 45'), Djalma e Kléber
Treinador: Mitchell van der Gaag

ACADÉMICA: Ricardo, Pedrinho, Berger (AA 90'+2'), Orlando «cap», Emídio Rafael, Nuno Coelho, Tiero (Luiz Nunes 89'), Paulo Sérgio, Sougou (Lito 74'), João Ribeiro e Éder (Vouho 60')
Treinador: André Villas-Boas

ACADÉMICA – 1 FC Porto – 2

I LIGA, 23ª JORNADA, 13-3-2010 (SAB, 20:15)
Estádio Municipal Cidade de Coimbra, Coimbra **Árbitro:** João Capela (Lisboa) **Auxiliares:** Gabínio Evaristo e Tiago Rocha **Golos:** 1-0 (Sougou 33', gp); 1-1 (Bruno Alves 36'); 1-2 (Cristián Rodríguez 86')

ACADÉMICA: Ricardo (Rui Nereu 45'+3'), Pedrinho, Orlando «cap», Luiz Nunes, Emídio Rafael, Nuno Coelho, Tiero, Cris (Paulo Sérgio 78'), Sougou, Éder (Vouho 72') e João Ribeiro
Treinador: André Villas-Boas

FC Porto: Beto, Miguel Lopes, Rolando, Bruno Alves «cap», Alvaro Pereira, Raul Meireles, Belluschi, Ruben Micael (Mariano Gonzalez 69', Tomás Costa 84'), Varela, Falcao e Cristián Rodríguez
Treinador: Jesualdo Ferreira

VSC Guimarães – 1 ACADÉMICA – 0

I LIGA, 24ª JORNADA, 27-3-2010 (SAB, 18:00)
Estádio D. Afonso Henriques, Guimarães **Árbitro:** Jorge Sousa (Porto) **Auxiliares:** José Ramalho e José Luís Melo
Golo: 1-0 (Rui Miguel 85')

VSC Guimarães: Nilson, Alex, Gustavo Lazzaretti, Valdomiro, Andrezinho, Moreno «cap», João Alves (Rui Miguel 68'), Marquinho (Jorge Gonçalves 68'), Nuno Assis, Desmarets e Roberto (Flávio Meireles 88') **Treinador:** Paulo Sérgio

ACADÉMICA: Rui Nereu, Pedrinho, Berger (Vouho 88'), Orlando «cap», Emídio Rafael, Paulo Sérgio, Cris (Nuno Coelho 76'), Tiero, Sougou (Lito 54'), Éder e João Ribeiro
Treinador: André Villas-Boas

ACADÉMICA – 0 UD Leiria – 0

I LIGA, 25ª JORNADA, 3-4-2010 (SAB, 18:00)
Estádio Municipal Cidade de Coimbra, Coimbra
Árbitro: Hugo Miguel (Lisboa)
Auxiliares: Hernâni Fernandes e Pais António

ACADÉMICA: Rui Nereu, Pedrinho, Berger, Orlando «cap», Emídio Rafael, Nuno Coelho, Tiero, Diogo Gomes (Cris 76'), Sougou, Éder (João Ribeiro 84') e Lito (Vouho 63')
Treinador: André Villas-Boas

UD Leiria: Djuricic, Hugo Gomes, Diego Gaúcho, Tall (José António 45'), Vinícius, André Santos, Marco Soares «cap», Silas (Rafael Bitencourt 55'), Pateiro, Cássio e Carlão (Tiago Luís 89')
Treinador: Lito Vidigal

VFC Setúbal – 1 ACADÉMICA – 1

I LIGA, 26ª JORNADA, 12-4-2010 (SEG, 20:15)
Estádio do Bonfim, Setúbal **Árbitro:** Pedro Proença (Lisboa)
Auxiliares: Ricardo Santos e André Campos
Golos: 0-1 (Éder 89'); 1-1 (Henrique 90')

VFC Setúbal: Nuno Santos, Collin (Luís Carlos 69'), Ricardo Silva, André Pinto, Ruben Lima (Kazmierczak 82'), Sandro «cap», Ney, Neca, Djikiné, Keita (Henrique 60') e Hélder Barbosa
Treinador: Manuel Fernandes

ACADÉMICA: Rui Nereu, Pedrinho, Berger, Orlando «cap», Emídio Rafael, Cris (Paulo Sérgio 89'), Nuno Coelho, Diogo Gomes, Lito (Vouho 64'), Éder e João Ribeiro (Sougou 76')
Treinador: André Villas-Boas

ACADÉMICA – 2 SL Benfica – 3

I LIGA, 27ª JORNADA, 18-4-2010 (DOM, 18:00)
Estádio Municipal Cidade de Coimbra, Coimbra **Árbitro:** Carlos Xistra (Castelo Branco) **Auxiliares:** Luís Marcelino e Jorge Cruz **Golos:** 0-1 (Weldon 2'); 1-1 (Diogo Gomes 28'); 1-2 (Weldon 41'); 1-3 (Ruben Amorim 81'); 2-3 (Tiero 88')

ACADÉMICA: Rui Nereu, Pedrinho «sc», Luiz Nunes «cap» (Miguel Fidalgo 82'), Berger, Emídio Rafael, Nuno Coelho, Tiero, Diogo Gomes, Sougou, Éder e João Ribeiro (Vouho 45'+2')
Treinador: André Villas-Boas

SL Benfica: Quim, Maxi Pereira, David Luiz «cap», Sidnei, Fábio Coentrão, Javi Garcia, Ruben Amorim, Aimar (Ramires 76'), Di Maria, Weldon (Kardec 66') e Cardozo (Carlos Martins 55')
Treinador: Jorge Jesus

Leixões SC – 1 ACADÉMICA – 3

I LIGA, 28ª JORNADA, 25-4-2010 (DOM, 16:00)
Estádio do Mar, Matosinhos **Árbitro:** João Ferreira (Setúbal)
Auxiliares: Pais António e Luís Ramos **Golos:** 0-1 (Sougou 36', gp); 1-1 (Hugo Morais 73', gp); 1-2 (Diogo Gomes 80'); 1-3 (Éder 85')

Leixões SC: Berger, Jean Sony, Fernando Cardozo, Nuno Silva «cap» (AA 83'), Antunes, Fernando Alexandre, Seabra (João Paulo 45'), Hugo Morais, Braga (Fábio Espinho 79'), Zé Manuel e Pouga
Treinador: Fernando Castro Santos

ACADÉMICA: Ricardo, Pedrinho, Orlando «cap», Berger, Emídio Rafael, Nuno Coelho, Tiero (Jonathan Bru 76'), Diogo Gomes, João Ribeiro (Luiz Nunes 58'), Sougou e Éder (Lito 90'+1')
Treinador: André Villas-Boas

ACADÉMICA – 3 CD Nacional – 3

I LIGA, 29ª JORNADA, 2-5-2010 (DOM, 20:15)
Estádio Municipal Cidade de Coimbra, Coimbra **Árbitro:** João Capela (Lisboa) **Auxiliares:** Pedro Garcia e André Campos **Golos:** 0-1 (Diego Barcellos 1'); 1-1 (Hélder Cabral 7'); 1-2 (Edgar Silva 40'); 2-2 (Miguel Fidalgo 73'); 3-2 (Éder 74'); 3-3 (João Aurélio 90'+4')

ACADÉMICA: Barroca, Pedrinho (Amessan 54'), Berger, Luiz Nunes, Pedro Costa «cap», Nuno Coelho, Tiero, André Fontes (Miguel Fidalgo 63'), Hélder Cabral, Éder (Jonathan Bru 83') e Sougou **Treinador:** André Villas-Boas

CD Nacional: Bracalli, Patacas «cap», Felipe Lopes, Tomasevic (Oldoni 82'), Nuno Pinto, Cléber, João Aurélio, Edgar Costa, Amuneke (Todorovic 56'), Edgar Silva (Juliano 82') e Diego Barcellos **Treinador:** Manuel Machado

Naval 1º Maio – 0 ACADÉMICA – 1

I LIGA, 30ª JORNADA, 9-5-2010 (DOM, 18:00)
Estádio José Bento Pessoa, Figueira da Foz **Árbitro:** Marco Ferreira (Madeira) **Auxiliares:** Sérgio Serrão e Álvaro Mesquita
Golo: 0-1 (Bruno Amaro 80')

Naval 1º Maio: Jorge Batista, Carlitos, Gomis, Diego Ângelo, Camora, Bruno Lazaroni «cap», Godemèche (Kerrouche 77'), Giuliano (Davide 59'), Bolívia, Fábio Júnior e Marinho (Michel Simplício 70') **Treinador:** Augusto Inácio

ACADÉMICA: Barroca, Pedro Costa «cap», Berger, Amoreirinha, Emídio Rafael, Nuno Coelho, Tiero, Diogo Gomes (Bruno Amaro 78'), Sougou, Éder (Hélder Cabral 87') e Lito (Miguel Fidalgo 68')
Treinador: André Villas-Boas

ÉPOCA 2010-2011

I LIGA: 14º LUGAR (MANUTENÇÃO)
TAÇA DE PORTUGAL: MEIAS FINAIS
TAÇA DA LIGA: 2ª FASE

JOGOS EFECTUADOS

	J	V	E	D	GM	GS
CASA	19	6	8	5	23	21
FORA	19	5	4	10	22	35
TOTAL	38	11	12	15	45	56

SL Benfica – 1 ACADÉMICA – 2

I LIGA, 1ª JORNADA, 15-8-2010 (DOM, 20:15)
Estádio do Sport Lisboa e Benfica, Lisboa **Árbitro:** Cosme Machado (Braga) **Auxiliares:** Alfredo Braga e Henrique Parente
Golos: 0-1 (Miguel Fidalgo 25'); 1-1 (Jara 61'); 1-2 (Laionel 90'+2')

SL Benfica: Roberto, Maxi Pereira (Carlos Martins 65'), Sidnei, David Luiz «cap», Fábio Coentrão, Javi Garcia, Ruben Amorim, César Peixoto (Jara 45'), Aimar (Weldon 85'), Saviola e Cardozo
Treinador: Jorge Jesus

ACADÉMICA: Peiser, Pedrinho, Berger, Orlando «cap», David Addy (AA 50'), Nuno Coelho, Diogo Melo, Diogo Gomes, Sougou (Júnior Paraíba 90'+1'), Miguel Fidalgo (Laionel 56') e Diogo Valente (Pedro Costa 56') **Treinador:** Jorge Costa

ACADÉMICA – 1 SC Olhanense – 1

I LIGA, 2ª JORNADA, 20-8-2010 (SEX, 20:15)
Estádio Municipal Cidade de Coimbra, Coimbra **Árbitro:** Marco Ferreira (Madeira) **Auxiliares:** Álvaro Mesquita e Nelson Moniz
Golos: 1-0 (Diogo Gomes 90'+2'); 1-1 (Yontcha 90'+4', gp)

ACADÉMICA: Peiser, Pedrinho, Berger, Orlando «cap», Hélder Cabral, Diogo Melo (Júnior Paraíba 61'), Nuno Coelho, Diogo Gomes, Diogo Valente (Laionel 65'), Sougou e Miguel Fidalgo (Éder 74') **Treinador:** Jorge Costa

SC Olhanense: Moretto, João Gonçalves, Maurício, Jardel, Carlos Fernandes, Fernando Alexandre, Vinicius, Jorge Gonçalves (Toy 69'), Nuno Piloto (Delson 81'), Paulo Sérgio e Djalmir «cap» (Yontcha 59') **Treinador:** Daúto Faquirá

SC Beira-Mar – 2 ACADÉMICA – 1

I LIGA, 3ª JORNADA, 29-8-2010 (DOM, 16:00)
Estádio Municipal de Aveiro – Mário Duarte, Aveiro **Árbitro:** Luís Catita (Évora) **Auxiliares:** José Braga e Cristóvão Moniz **Golos:** 1-0 (Wilson Eduardo 45'); 1-1 (Sougou 59'); 2-1 (Djamal 69')

SC Beira-Mar: Rui Rego, Pedro Moreira, Hugo «cap», Kanu, Renan, Djamal, Rui Sampaio, João Luiz, Wilson Eduardo (Yohan Tavares 77'), Rui Varela (Ronny 82') e Artur (Leandro Tatu 70') **Treinador:** Leonardo Jardim

ACADÉMICA: Peiser, Pedrinho, Berger, Orlando «cap», David Addy, Diogo Melo (Bischoff 64'), Nuno Coelho, Diogo Gomes (Júnior Paraíba 64'), Diogo Valente, Sougou e Miguel Fidalgo (Éder 64')
Treinador: Jorge Costa

ACADÉMICA – 3 Naval 1º Maio – 0

I LIGA, 4ª JORNADA, 12-9-2010 (DOM, 20:15)
Estádio Municipal Cidade de Coimbra, Coimbra **Árbitro:** Bruno Esteves (Setúbal) **Auxiliares:** Mário Dionísio e Valter Pereira **Golos:** 1-0 (Sougou 15', gp); 2-0 (Miguel Fidalgo 55'); 3-0 (Berger 71')

ACADÉMICA: Peiser, Amoreirinha, Berger, Orlando «cap», David Addy, Nuno Coelho, Hugo Morais, Diogo Melo, Diogo Valente (Júnior Paraíba 72'), Sougou (Laionel 72') e Éder (Miguel Fidalgo 52') **Treinador:** Jorge Costa

Naval 1º Maio: Salin, Carlitos, Lupède (V 14'), Rogério Conceição, Daniel Cruz, Godemèche «cap», Alex Hauw (Godinho 61'), Hugo Machado, João Pedro (Marinho 71'), Bolívia e Camora (Orestes 19')
Treinador: Victor Zvunka

Rio Ave FC – 2 ACADÉMICA – 2

I LIGA, 5ª JORNADA, 19-9-2010 (DOM, 16:00)
Estádio do Rio Ave FC, Vila do Conde **Árbitro:** Hugo Miguel (Lisboa) **Auxiliares:** Hernâni Fernandes e Nuno Roque
Golos: 1-0 (João Tomás 27'); 1-1 (Diogo Valente 50'); 2-1 (João Tomás 56'); 2-2 (Sougou 61')

Rio Ave FC: Mário Felgueiras, Wires (Cicero 66'), Gaspar «cap», Ricardo Chaves, Milhazes, Bruno China, Fábio Felício, Tarantini (Braga 81'), Saulo, João Tomás e Yazalde (Bruno Gama 63')
Treinador: Carlos Brito

ACADÉMICA: Peiser, Pedro Costa, Berger, Orlando «cap», David Addy (V 40'), Diogo Melo (Diogo Gomes 81'), Nuno Coelho, Hugo Morais, Sougou, Miguel Fidalgo (Amoreirinha 45') e Diogo Valente (Júnior Paraíba 76') **Treinador:** Jorge Costa

ACADÉMICA – 3 VSC Guimarães – 1 (TV)

I LIGA, 6ª JORNADA, 25-9-2010 (SAB, 17:00)
Estádio Municipal Cidade de Coimbra, Coimbra **Árbitro:** Jorge Sousa (Porto) **Auxiliares:** José Ramalho e José Luís Melo
Golos: 1-0 (Diogo Melo 52'); 1-1 (Edgar Silva 54'); 2-1 (Sougou 80'); 3-1 (Laionel 89')

ACADÉMICA: Peiser, Pedro Costa, Berger, Orlando «cap», Hélder Cabral (Amoreirinha 84'), Diogo Melo, Nuno Coelho, Hugo Morais, Sougou, Miguel Fidalgo (Éder 72') e Diogo Valente (Laionel 66')
Treinador: Jorge Costa

VSC Guimarães: Nilson, Alex, Ricardo, Freire, Bruno Teles, João Alves «cap» (Pereirinha 78'), Cléber, João Ribeiro (Rui Miguel 45'), Edson Sitta, Toscano (Faouzi 78') e Edgar Silva
Treinador: Manuel Machado

ACADÉMICA – 0 FC Porto – 1 (TV)

I LIGA, 9ª JORNADA, 30-10-2010 (SAB, 21:15)
Estádio Municipal Cidade de Coimbra, Coimbra **Árbitro:** Duarte Gomes (Lisboa) **Auxiliares:** José Lima e Pedro Garcia
Golo: 0-1 (Varela 43')

ACADÉMICA: Peiser, Pedro Costa (Habib 87'), Berger, Orlando «cap», Hélder Cabral, Diogo Melo, Laionel (Éder 70'), Hugo Morais, Sougou, Miguel Fidalgo e Diogo Valente (Júnior Paraíba 78')
Treinador: Jorge Costa

FC Porto: Helton «cap», Sapunaru, Rolando, Maicon, Álvaro Pereira, Fernando (Guarín 23'), Belluschi, João Moutinho, Hulk, Varela (Otamendi 71') e Falcao (Rodriguez 81')
Treinador: André Villas-Boas

VFC Setúbal – 0 ACADÉMICA – 1 (TV)

I LIGA, 12ª JORNADA, 26-11-2010 (SEX, 20:15)
Estádio do Bonfim, Setúbal **Árbitro:** Hélder Malheiro (Lisboa) **Auxiliares:** Pedro Garcia e André Campos
Golo: 0-1 (Diogo Valente 5')

VFC Setúbal: Diego, Ney (Henrique 59'), Ricardo Silva «cap», Collin, Miguelito, Zeca, Silva (Valdomiro 80'), Neca, Bruno Gallo (Sassá 28'), Jaílson e Pitbull
Treinador: Manuel Fernandes

ACADÉMICA: Peiser, Pedrinho, Amoreirinha, Luiz Nunes «cap», Hélder Cabral, Nuno Coelho, Diogo Melo, Hugo Morais, Sougou (Laionel 79'), Diogo Valente (Sissoko 85') e Éder (Júnior Paraíba 90'+2') **Treinador:** Jorge Costa

UD Leiria – 2 ACADÉMICA – 1 (TV)

I LIGA, 7ª JORNADA, 1-10-2010 (SEX, 20:15)
Estádio Dr. Magalhães Pessoa, Leiria
Árbitro: Elmano Santos (Madeira)
Auxiliares: José Oliveira e Cristóvão Moniz
Golos: 0-1 (Miguel Fidalgo 32'); 1-1 (Carlão 79'); 2-1 (Zhang 88')

UD Leiria: Gottardi, Paulo Vinícius «cap», Bruno Miguel, José António, Patrick, Marco Soares, Marcos Paulo (Zhang 73'), Silas (Ruben Brígido 56'), Pateiro (Leandro Lima 52'), Carlão e N'Gal
Treinador: Pedro Caixinha

ACADÉMICA: Peiser, Pedro Costa, Berger, Orlando «cap», Hélder Cabral, Diogo Melo, Nuno Coelho, Hugo Morais, Sougou, Miguel Fidalgo (Éder 69') e Diogo Valente (Laionel 80', Júnior Paraíba 87')
Treinador: Jorge Costa

Portimonense SC – 2 ACADÉMICA – 2 (TV)

I LIGA, 10ª JORNADA, 6-11-2010 (SAB, 21:15)
Estádio Algarve, Loulé
Árbitro: Hugo Pacheco (Porto)
Auxiliares: João Silva e Vítor Carvalho
Golos: 0-1 (Miguel Fidalgo 18'); 0-2 (Hugo Morais (45'); 1-2 (Renatinho 64'); 2-2 (Nilson 65')

Portimonense SC: Ventura, Ricardo Pessoa «cap», André Pinto, Ruben Fernandes, Nilson, Jumisse, Soares (Calvin Kadi 56'), Ivanildo, Renatinho (Pedro Moreira 78'), Candeias (V 90') e Pires (Pelembe 71') **Treinador:** Litos

ACADÉMICA: Peiser, Pedro Costa, Berger, Orlando «cap», Hélder Cabral, Nuno Coelho, Diogo Melo (Sissoko 90'+1'), Hugo Morais, Sougou (Laionel 70'), Miguel Fidalgo (Éder 74') e Diogo Valente
Treinador: Jorge Costa

ACADÉMICA – 1 CS Marítimo – 5 (TV)

I LIGA, 13ª JORNADA, 8-12-2010 (QUA, 15:30)
Estádio Municipal Cidade de Coimbra, Coimbra **Árbitro:** Luís Catita (Évora) **Auxiliares:** Nuno Roque e Cristóvão Moniz
Golos: 0-1 (Tchô 27', gp), 0-2 (Babá 48'); 0-3 (Marquinho 54'); 0-4 (Marquinho 66'); 1-4 (Miguel Fidalgo 68'); 1-5 (Kanu 88')
Obs: Jogo inicialmente marcado para 5-12-2010 (às 16:00H), foi adiado, na véspera, porque a equipa do Marítimo não conseguiu viajar, no dia 4, devido ao mau tempo no Funchal

ACADÉMICA: Peiser, Pedrinho, Amoreirinha, Orlando «cap», Hélder Cabral, Nuno Coelho (Laionel 45'), Diogo Melo, Hugo Morais (Carreño 66'), Éder (Sissoko 55'), Diogo Valente e Miguel Fidalgo **Treinador:** Jorge Costa

CS Marítimo: Marcelo, Ricardo Esteves «cap», Robson, Roberge, Luciano Amaral, Rafael Miranda, Sidnei (Alonso 65'), Tchô, Marquinho (Kanu 81'), Babá e Djalma (Roberto Sousa 73')
Treinador: Pedro Martins

FC Arouca – 2 ACADÉMICA – 2

TAÇA DA LIGA, 2ª FASE, 10-10-2010 (DOM, 16:00)
Estádio Municipal de Arouca, Arouca **Árbitro:** Olegário Benquerença (Leiria) **Auxiliares:** José Cardinal e Luís Marcelino
Golos: 0-1 (Miguel Fidalgo 52'); 0-2 (Diogo Valente 62'); 1-2 (Diogo 68', gp); 2-2 (N'Jock 88')

FC Arouca: Marco, Steven, William, Kiko (Fernando 41'), Hernâni, Nené (Hugo Monteiro 54'), Diogo, Hélder Silva, André Soares, Jorge Leitão «cap» e N'Jock
Treinador: Henrique Nunes

ACADÉMICA: Ricardo, Pedrinho, Berger, Orlando «cap», David Addy, Diogo Melo, Habib, Diogo Gomes, Júnior Paraíba (Grilo 74'), Miguel Fidalgo (Carreño 80') e Diogo Valente (Amessan 64')
Treinador: Jorge Costa

ACADÉMICA – 1 FC Arouca – 1

TAÇA DA LIGA, 2ªFASE, 10-11-2010 (QUA, 16:00)
Estádio Municipal Cidade de Coimbra, Coimbra **Árbitro:** Rui Silva (Vila Real) **Auxiliares:** Bruno Trindade e Fernando Pereira **Golos:** 1-0 (Júnior Paraíba 18'); 1-1 (Hugo Cruz 54') **Desempate** (pontapés da marca de grande penalidade): 1-0 (Sougou), 1-1 (Kiko), 1-2 (Hernâni), 1-3 (André Soares), 2-3 (Laionel), 2-4 (Hélder Silva)

ACADÉMICA: Ricardo, Pedrinho, Amoreirinha, Orlando «cap», David Addy, Grilo (Hugo Morais 67'), Bischoff, Laionel, Sissoko (Amessan 76'), Éder e Júnior Paraíba (Sougou 71')
Treinador: Jorge Costa

FC Arouca: Pedro Soares, Hernâni «cap», William, Kiko, Paulinho, Diogo, Babanco (André Soares 89'), Hugo Cruz (Jorge Leitão 71'), Edu Souza (Hélder Silva 62'), N'Jock e Bruninho
Treinador: Henrique Nunes

SC Braga – 5 ACADÉMICA – 0 (TV)

I LIGA, 14ª JORNADA, 17-12-2010 (SEX, 20:15)
Estádio Municipal de Braga, Braga **Árbitro:** Marco Ferreira (Madeira) **Auxiliares:** Álvaro Mesquita e Nelson Moniz
Golos: 1-0 (Paulo César 4'); 2-0 (Paulão 24'); 3-0 (Keita 34'); 4-0 (Meyong 71'); 5-0 (Hugo Viana 90'+3')

SC Braga: Artur Moraes, Miguel Garcia, Paulão, Rodriguez «cap», Sílvio, Custódio (AA 83'), Hugo Viana, Alan, Mossoró (Leandro Salino 69'), Paulo César (Hélder Barbosa 80') e Keita (Meyong 57')
Treinador: Domingos Paciência

ACADÉMICA: Peiser, Pedro Costa (Sissoko 45'), Amoreirinha (Habib 23'), Orlando «cap», Hélder Cabral, Nuno Coelho, Diogo Melo, Hugo Morais, Sougou, Diogo Valente (Júnior Paraíba 71') e Miguel Fidalgo **Treinador:** Jorge Costa

FC Cesarense – 1 ACADÉMICA – 2 (AP)

TAÇA DE PORTUGAL, 1/32 DE FINAL, 17-10-2010 (DOM, 15:00)
Estádio do Mergulhão, Cesar **Árbitro:** André Gralha (Santarém) **Auxiliares:** Valter Oliveira e Pedro Neves **Golos:** 0-1 (Miguel Fidalgo 28'); 1-1 (Toninho 55'); 1-2 (Bischoff 120')

FC Cesarense: Marco, Américo, Diogo, Careca (Letz 118'), Hugo, Hélder «cap», Toninho, André Moreira, Mauro (Ayrton 82'), Joca e Renan (Ricardinho 64')
Treinador: José Pedro

ACADÉMICA: Peiser, Pedro Costa «cap», Berger, Luiz Nunes, Hélder Cabral, Habib (Bischoff 62'), Diogo Melo, Hugo Morais, Laionel (Júnior Paraíba 90'), Miguel Fidalgo (Éder 62') e Diogo Valente **Treinador:** Jorge Costa

ACADÉMICA – 1 Sporting CP – 2 (TV)

I LIGA, 11ª JORNADA, 13-11-2010 (SAB, 21:15)
Estádio Municipal Cidade de Coimbra, Coimbra **Árbitro:** Artur Soares Dias (Porto) **Auxiliares:** Bertino Miranda e Rui Licínio
Golos: 0-1 (Valdés 9', gp); 0-2 (Vukcevic 32'); 1-2 (Miguel Fidalgo 47')

ACADÉMICA: Peiser, Pedro Costa «sc», Berger, Orlando «cap» (Sissoko 80'), Hélder Cabral, Nuno Coelho (Laionel 61'), Diogo Melo, Hugo Morais, Sougou, Miguel Fidalgo e Diogo Valente (Éder 87') **Treinador:** Jorge Costa

Sporting CP: Rui Patrício, Abel (Pedro Mendes 57'), Daniel Carriço «cap», Polga, Evaldo, André Santos, Zapater, João Pereira, Valdés (Saleiro 90'), Vukcevic (Torsiglieri 78') e Hélder Postiga
Treinador: Paulo Sérgio

ACADÉMICA – 0 FC Paços de Ferreira – 0

I LIGA, 15ª JORNADA, 9-1-2011 (DOM, 16:00)
Estádio Municipal Cidade de Coimbra, Coimbra
Árbitro: João Ferreira (Setúbal)
Auxiliares: Pais António e Luís Ramos

ACADÉMICA: Peiser, Pedrinho, Berger «cap», Habib, Hélder Cabral, Diogo Melo, Sissoko (Diogo Gomes 62'), Hugo Morais, Sougou, Diogo Valente (Laionel 62') e Miguel Fidalgo (Éder 72')
Treinador: José Guilherme

FC Paços de Ferreira: Cássio, Baiano, Samuel, Javier Cohene, Maykon, Filipe Anunciação «cap», Leonel Olímpio, David Simão (Nelson Oliveira 75'), Manuel José, Pizzi e Mário Rondon
Treinador: Rui Vitória

ACADÉMICA – 2 CD Nacional – 1

I LIGA, 8ª JORNADA, 23-10-2010 (SAB, 17:00)
Estádio Municipal Cidade de Coimbra, Coimbra **Árbitro:** Paulo Batista (Portalegre) **Auxiliares:** José Braga e Luís Tavares
Golos: 1-0 (Miguel Fidalgo 3'); 2-0 (Berger 15'); 2-1 (Danielson 87')
Obs: Jogo inicialmente marcado para 22-10-2010 (às 20:15H), foi adiado, na véspera, porque a equipa do Nacional não conseguiu viajar, no dia 20, devido ao mau tempo no Funchal

ACADÉMICA: Peiser, Pedro Costa, Berger, Orlando «cap», Hélder Cabral, Nuno Coelho (V 75'), Diogo Melo, Hugo Morais, Sougou (Laionel 68'), Miguel Fidalgo (Éder 45') e Diogo Valente (Bischoff 78') **Treinador:** Jorge Costa

CD Nacional: Bracalli, Claudemir, Felipe Lopes, Danielson, Stojanovic, Bruno Amaro (Pecnik 61'), Luís Alberto «cap», Skolnik (Juninho 78'), Edgar Costa (João Aurélio 45'), Orlando Sá e Mateus
Treinador: Predag Jokanovic

SC Beira-Mar – 0 ACADÉMICA – 2

TAÇA DE PORTUGAL, 1/16 DE FINAL, 21-11-2010 (DOM, 15:00)
Estádio Municipal de Aveiro – Mário Duarte, Aveiro
Árbitro: Rui Costa (Porto)
Auxiliares: Serafim Nogueira e João Silva
Golos: 0-1 (Éder 83'); 0-2 (Sougou 89')

SC Beira-Mar: Oblak, Pedro Moreira «cap», Kanu, Yohan Tavares, Renan, João Luiz, Djamal (Rui Varela 86'), Leandro Tatu (Wilson Eduardo 74'), Sérgio Oliveira, Artur (Ruben Lima 90'+2') e Ronny
Treinador: Leonardo Jardim

ACADÉMICA: Peiser, Pedrinho, Amoreirinha, Orlando «cap», Hélder Cabral, Nuno Coelho, Diogo Melo, Hugo Morais, Sougou (Luiz Nunes 90'+4'), Diogo Valente (Laionel 83') e Éder (Carreño 87') **Treinador:** Jorge Costa

ACADÉMICA – 3 CFU Madeira – 1

TAÇA DE PORTUGAL, 1/8 DE FINAL, 12-1-2011 (QUA, 15:00)
Estádio Municipal Cidade de Coimbra, Coimbra
Árbitro: João Capela (Lisboa)
Auxiliares: André Campos e Tiago Rocha
Golos: 0-1 (Bertinho 33'); 1-1 (Diogo Gomes 42'); 2-1 (Diogo Gomes 63'); 3-1 (Éder 90'+4')

ACADÉMICA: Ricardo, Pedro Costa «cap», Berger, Habib, David Addy, Diogo Melo (Hélder Cabral 88'), Diogo Gomes, Bischoff (Hugo Morais 77'), Diogo Valente, Éder e Laionel (Sougou 64')
Treinador: José Guilherme

CFU Madeira: Adriano, Carlos Manuel (Matão 79'), Emerson, Fábio Ervões, Alex, Tony, Steve (Gleibson 61'), Ruben Andrade «cap» (Valter 79'), Hernâni, Hugo Santos e Bertinho (V 65')
Treinador: Daniel Ramos

2010-2011

2010-2011

ACADÉMICA – 0 SL Benfica – 1 [TV]

I LIGA, 16ª JORNADA, 16-1-2011 (DOM, 20:15)
Estádio Municipal Cidade de Coimbra, Coimbra **Árbitro:** Elmano Santos (Madeira) **Auxiliares:** Sérgio Serrão e José Oliveira
Golo: 0-1 (Saviola 18')

ACADÉMICA: Peiser, Pedrinho, Berger «cap», Habib (V 35'), Hélder Cabral, Diogo Melo, Diogo Gomes, Bischoff, Sougou (Júnior Paraíba 80'), Diogo Valente (Laionel 77') e Miguel Fidalgo (Luiz Nunes 38') **Treinador:** José Guilherme

SL Benfica: Roberto, Ruben Amorim (Maxi Pereira 87'), Luisão «cap», David Luiz, Fábio Coentrão (AA 90'), Airton, Salvio, Carlos Martins (Aimar 65'), Gaitán, Saviola (Jara 80') e Cardozo
Treinador: Jorge Jesus

SC Olhanense – 2 ACADÉMICA – 1

I LIGA, 17ª JORNADA, 22-1-2011 (SAB, 16:00)
Estádio José Arcanjo, Olhão **Árbitro:** Rui Silva (Vila Real) **Auxiliares:** José Ramalho e Bruno Trindade **Golos:** 0-1 (Adrien Silva 17'); 1-1 (Nuno Piloto 21'); 2-1 (Rui Duarte 71', gp)

SC Olhanense: Ricardo Batista, João Gonçalves, Maurício, Mexer, Ismaily, Jorge Gonçalves, Rui Duarte «cap» (Cadu 82'), Paulo Sérgio (Lulinha 84') e Djalmir (Yontcha 87')
Treinador: Daúto Faquirá

ACADÉMICA: Peiser, Pedrinho, Berger, Luiz Nunes «cap», David Addy, Diogo Melo, Diogo Gomes (Sissoko 77'), Adrien Silva, Sougou (Laionel 70'), Diogo Valente e Éder (Júnior Paraíba 58')
Treinador: José Guilherme

ACADÉMICA – 3 VFC Setúbal – 2 [TV]

TAÇA DE PORTUGAL, 1/4 DE FINAL, 28-1-2011 (SEX, 20:30)
Estádio Municipal Cidade de Coimbra, Coimbra **Árbitro:** Hugo Miguel (Lisboa) **Auxiliares:** Hernâni Fernandes e Ricardo Santos
Golos: 0-1 (Brasão 16'); 1-1 (Éder 39'); 2-1 (Sougou 44'); 3-1 (Bischoff 86', gp); 3-2 (Collin 88')

ACADÉMICA: Peiser, Pedrinho, Berger «cap», Habib (Luiz Nunes 68'), Hélder Cabral, Adrien Silva, Diogo Melo, Bischoff, Sougou (Laionel 82'), Diogo Valente e Éder (Júnior Paraíba 76')
Treinador: José Guilherme

VFC Setúbal: Diego, Collin, Ricardo Silva «cap», Valdomiro, Miguelito, Silva (Jailson 45'), Hugo Leal (Zé Pedro 82'), Neca, Djikiné (Zeca 73'), Pitbull e Brasão
Treinador: Manuel Fernandes

VSC Guimarães – 1 ACADÉMICA – 0 [TV]

TAÇA DE PORTUGAL, MEIAS FINAIS, 3-2-2011 (QUI, 21:00)
Estádio D. Afonso Henriques, Guimarães **Árbitro:** Jorge Sousa (Porto) **Auxiliares:** José Luís Melo e José Ramalho
Golo: 1-0 (Faouzi 80')

VSC Guimarães: Nilson, Alex, Ricardo, Freire, Bruno Teles, Cléber (Faouzi 52'), João Alves «cap» (AA 56'), Jorge Ribeiro (Renan 65'), Rui Miguel, Edgar Silva e Toscano (Flávio Meireles 60')
Treinador: Manuel Machado

ACADÉMICA: Peiser, Pedrinho, Berger «cap», Habib, Hélder Cabral, Diogo Melo, Adrien Silva, Bischoff (V 44'), Laionel (Nuno Coelho 45'), Diogo Valente (Diogo Gomes 75') e Éder (Sissoko 66')
Treinador: José Guilherme

ACADÉMICA – 3 SC Beira-Mar – 3

I LIGA, 18ª JORNADA, 6-2-2011 (DOM, 16:00)
Estádio Municipal Cidade de Coimbra, Coimbra **Árbitro:** André Gralha (Santarém) **Auxiliares:** Bruno Silva e Luís Cabral
Golos: 1-0 (Diogo Melo 5'); 1-1 (Djamal 35'); 1-2 (Artur 48'); 2-2 (Sougou 65'); 3-2 (David Addy 78'); 3-3 (Leandro Tatu 81')

ACADÉMICA: Peiser, Pedro Costa «cap», Berger, Habib, David Addy, Diogo Melo, Nuno Coelho, Laionel (Diogo Valente 71'), Diogo Gomes (Adrien Silva 45'), Sougou e Miguel Fidalgo (Éder 65')
Treinador: José Guilherme

SC Beira-Mar: Rui Rego, Pedro Moreira (Wilson Eduardo 79'), Yohan Tavares, Hugo «cap», André Marques, Djamal, Rui Sampaio, João Luiz (Élio 69'), Artur, Leandro Tatu e Ronny (Renan 88')
Treinador: Leonardo Jardim

Naval 1º Maio – 3 ACADÉMICA – 1

I LIGA, 19ª JORNADA, 13-2-2011 (DOM, 16:00)
Estádio José Bento Pessoa, Figueira da Foz **Árbitro:** Carlos Xistra (Castelo Branco) **Auxiliares:** José Cardinal e Jorge Cruz
Golos: 1-0 (Gómis 22', gp); 2-0 (Michel Simplício 40'); 2-1 (Sougou 51', gp); 3-1 (Giuliano 87')

Naval 1º Maio: Salin, Carlitos «cap», Gómis (V 51'), Real, Camora, Godemèche, Manuel Curto, Bolívia (Giuliano 45'), Marinho (Rogério Conceição 56'), Fábio Júnior e Michel Simplício (João Pedro 69') **Treinador:** Carlos Mozer

ACADÉMICA: Peiser, Pedrinho, Berger «cap», Habib (V 21'), Hélder Cabral, Diogo Melo, Adrien Silva, Bischoff (Laionel 62'), Sougou, Diogo Valente (Júnior Paraíba 72') e Miguel Fidalgo (Luiz Nunes 22') **Treinador:** José Guilherme

---

ACADÉMICA – 0 Rio Ave FC – 1

I LIGA, 20ª JORNADA, 20-2-2011 (DOM, 16:00)
Estádio Municipal Cidade de Coimbra, Coimbra **Árbitro:** João Capela (Lisboa) **Auxiliares:** Tiago Rocha e André Campos
Golo: 0-1 (Bruno Gama 90'+3', gp)

ACADÉMICA: Peiser, Pedrinho, Berger, Luiz Nunes «cap», Hélder Cabral (AA 90'+1'), Diogo Melo (AA 90'+7'), Adrien Silva (Laionel 80'), Hugo Morais (Bischoff 56'), Sougou, Diogo Valente e Miguel Fidalgo (Éder 74') **Treinador:** José Guilherme

Rio Ave FC: Paulo Santos, José Gomes (Vítor Gomes 14'), Gaspar «cap», Éder, Tiago Pinto, Wires, Tarantini, Braga, Bruno Gama, João Tomás (Cícero 68') e Yazalde (Júlio Alves 90'+5')
Treinador: Carlos Brito

VSC Guimarães – 0 ACADÉMICA – 2 [TV]

I LIGA, 21ª JORNADA, 25-2-2011 (SEX, 20:15)
Estádio D. Afonso Henriques, Guimarães **Árbitro:** Hugo Pacheco (Porto) **Auxiliares:** João Silva e Vítor Carvalho
Golos: 0-1 (Éder 58'); 0-2 (Laionel 90'+2')

VSC Guimarães: Nilson, Alex, N'Diaye, João Paulo, Bruno Teles, João Alves «cap», Renan Silva (João Pedro 65'), João Ribeiro, Jorge Ribeiro (Rui Miguel 45'), Toscano (Douglas 65') e Edgar Silva
Treinador: Manuel Machado

ACADÉMICA: Peiser, Pedrinho, Berger, Luiz Nunes «sc», Pedro Costa «cap» (David Addy 45'), Diogo Gomes (Habib 80'), Adrien Silva, Hugo Morais, Sougou, Diogo Valente (Laionel 75') e Éder
Treinador: Ulisses Morais

ACADÉMICA – 0 UD Leiria – 0 [TV]

I LIGA, 22ª JORNADA, 4-3-2011 (SEX, 20:15)
Estádio Municipal Cidade de Coimbra, Coimbra
Árbitro: Bruno Esteves (Setúbal)
Auxiliares: Mário Dionísio e Rui Cidade

ACADÉMICA: Peiser, Pedrinho, Luiz Nunes «cap», Berger, David Addy, Adrien Silva (Diogo Melo 16'), Diogo Gomes, Hugo Morais, Sougou, Diogo Valente (Laionel 73') e Éder (Miguel Fidalgo 63')
Treinador: Ulisses Morais

UD Leiria: Gottardi, Hugo Gomes, Vinicius, José António, Patrick «cap», Marcos Paulo, Leandro Lima (Diogo Amado 45'), Cacá, Iturra, Ruben Brígido (Paulo Sérgio 79') e Fabrício (João Silva 80')
Treinador: Pedro Caixinha

CD Nacional – 1 ACADÉMICA – 1

I LIGA, 23ª JORNADA, 13-3-2011 (DOM, 16:00)
Estádio da Madeira, Funchal **Árbitro:** Luís Catita (Évora)
Auxiliares: Nuno Roque e Bruno Almeida
Golos: 1-0 (Orlando Sá 61'); 1-1 (Laionel 90')

CD Nacional: Bracalli, Patacas «cap», Felipe Lopes, Danielson, João Aurélio, Luís Alberto, Bruno Amaro, Skolnik, Diego Barcellos (Nuno Pinto 67'), Orlando Sá (Darko Bodul 76') e Mateus (Edgar Costa 57') **Treinador:** Predag Jokanovic

ACADÉMICA: Peiser, Pedrinho, Luiz Nunes «cap» (Habib 63'), Berger «sc», David Addy, Diogo Melo, Nuno Coelho, Hugo Morais (Carreño 74'), Sougou, Diogo Valente e Éder (Laionel 64')
Treinador: Ulisses Morais

FC Porto – 3 ACADÉMICA – 1 [TV]

I LIGA, 24ª JORNADA, 20-3-2011 (DOM, 20:15)
Estádio do Dragão, Porto **Árbitro:** André Gralha (Santarém) **Auxiliares:** Luís Marcelino e Luís Cabral **Golos:** 0-1 (David Addy 31'); 1-1 (Guarín 53'); 2-1 (Maicon 62'); 3-1 (Varela 73')

FC Porto: Beto, Fucile, Rolando, Maicon, Álvaro Pereira, Belluschi, Fernando (João Moutinho 60'), Guarín, Hulk (Ruben Micael 74'), Falcao «cap» e Varela (Mariano Gonzalez 80')
Treinador: André Villas-Boas

ACADÉMICA: Peiser, Pedrinho, Berger, Luiz Nunes «cap», Hélder Cabral (Laionel 45'), Nuno Coelho, Diogo Melo, Hugo Morais (Bischoff 74'), Sougou, David Addy e Diogo Valente (Carreño 67')
Treinador: Ulisses Morais

ACADÉMICA – 0 VSC Guimarães – 0 [TV]

TAÇA DE PORTUGAL, MEIAS FINAIS, 27-3-2011 (DOM, 18:00)
Estádio Municipal Cidade de Coimbra, Coimbra
Árbitro: Bruno Paixão (Setúbal)
Auxiliares: António Godinho e Venâncio Tomé

ACADÉMICA: Peiser, Pedrinho, Berger «sc», Luiz Nunes «cap» (Sissoko 81'), Diogo Valente, Habib, Hugo Morais, Sougou, Bischoff (Carreño 76'), Laionel (Diogo Melo 69') e Miguel Fidalgo
Treinador: Ulisses Morais

VSC Guimarães: Nilson, Alex «cap», Freire, João Paulo, Bruno Teles, Renan (Flávio Meireles 90'+4'), Cléber, Targino, Jorge Ribeiro (Rui Miguel 90'+3'), João Ribeiro (Edgar Silva 85') e Toscano
Treinador: Manuel Machado

ACADÉMICA – 1 Portimonense SC – 0 [TV]

I LIGA, 25ª JORNADA, 2-4-2011 (SAB, 18:00)
Estádio Municipal Cidade de Coimbra, Coimbra **Árbitro:** Olegário Benquerença (Leiria) **Auxiliares:** João Santos e Pedro Neves
Golo: 1-0 (Laionel 58')

ACADÉMICA: Peiser, Pedrinho, Berger, Luiz Nunes «cap», David Addy, Habib, Diogo Melo (Laionel 45'), Hugo Morais, Sougou, Bischoff (Grilo 86') e Miguel Fidalgo (Carreño 66')
Treinador: Ulisses Morais

Portimonense SC: Ventura, Ricardo Pessoa «cap», André Pinto, Ruben Fernandes, Ricardo Nascimento, Elias, Soares, Pedro Silva (Patrick 62'), Calvin Kadi (Mourad 76'), Hélder Castro (Pires 60') e Lito **Treinador:** Carlos Azenha

---

Sporting CP – 2 ACADÉMICA – 0 [TV]

I LIGA, 26ª JORNADA, 9-4-2011 (SAB, 20:15)
Estádio José Alvalade, Lisboa **Árbitro:** Hugo Miguel (Lisboa)
Auxiliares: Hernâni Fernandes e Nuno Roque
Golos: 1-0 (Yannick 32'); 2-0 (Yannick 35')

Sporting CP: Rui Patrício, Abel, Polga «cap», Torsiglieri, Evaldo, André Santos, Vukcevic (Diogo Salomão 45'), Matias Fernandez, Zapater, Yannick (Saleiro 90'+2') e Hélder Postiga (Valdés 84')
Treinador: José Couceiro

ACADÉMICA: Peiser, Pedrinho, Berger «sc», Luiz Nunes «cap» (Diogo Melo 55'), David Addy, Habib, Bischoff, Hugo Morais (Grilo 45'), Sougou, Carreño e Diogo Valente (Laionel 70')
Treinador: Ulisses Morais

ACADÉMICA – 1 VFC Setúbal – 1 [TV]

I LIGA, 27ª JORNADA, 15-4-2011 (SEX, 20:15)
Estádio Municipal Cidade de Coimbra, Coimbra **Árbitro:** Jorge Sousa (Porto) **Auxiliares:** José Ramalho e Nuno Manso
Golos: 1-0 (Miguel Fidalgo 38'); 1-1 (Pitbull 81')

ACADÉMICA: Peiser, Pedrinho, Berger, Luiz Nunes «cap», David Addy, Habib, Bischoff (Grilo 45'), Hugo Morais, Sougou (AA 69'), Miguel Fidalgo (Júnior Paraíba 72') e Diogo Valente (Laionel 63')
Treinador: Ulisses Morais

VFC Setúbal: Diego, Michel, Ricardo Silva «cap», Valdomiro, Miguelito, Silva (Hugo Leal 57'), Zé Pedro (AA 60'), Zeca (Sassá 79'), Neca, Pitbull e William (Henrique 23')
Treinador: Bruno Ribeiro

CS Marítimo – 1   ACADÉMICA – 0

I LIGA, 28ª JORNADA, 1-5-2011 (DOM, 16:00)
Estádio dos Barreiros, Funchal **Árbitro:** Jorge Ferreira (Braga)
Auxiliares: Fernando Pereira e José Gomes
Golo: 1-0 (Baba 4')

CS Marítimo: Marcelo, Briguel «cap», Robson (AA 90'), Roberge, Luciano Amaral, Rafael Miranda, Benachour, Alonso (Tchô 86'), Danilo Dias (Ricardo Esteves 74'), Baba e Edinho (Heldon 62')
Treinador: Pedro Martins

ACADÉMICA: Peiser, Pedrinho, Berger, Luiz Nunes «cap», David Addy (V 49'), Habib, Diogo Melo (Éder 70'), Hugo Morais, Diogo Valente (Hélder Cabral 54'), Miguel Fidalgo (Sissoko 62') e Laionel
Treinador: Ulisses Morais

ACADÉMICA – 0   SC Braga – 0   (TV)

I LIGA, 29ª JORNADA, 8-5-2011 (DOM, 20:15)
Estádio Municipal Cidade de Coimbra, Coimbra
Árbitro: Duarte Gomes (Lisboa)
Auxiliares: Venâncio Tomé e José Lima

ACADÉMICA: Peiser, Pedrinho, Berger «cap», Habib, Hélder Cabral, Diogo Melo (Grilo 64'), Nuno Coelho, Hugo Morais, Laionel, Éder (Sissoko 79') e Diogo Valente (Sougou 45')
Treinador: Ulisses Morais

SC Braga: Artur Moraes, Sílvio, Kaká (Paulão 36'), Rodriguez «cap», Elderson, Custódio, Leandro Salino (Mossoró 61'), Hélder Barbosa (Lima 57'), Paulo César, Ukra e Keita
Treinador: Domingos Paciência

FC Paços de Ferreira – 5   ACADÉMICA – 1

I LIGA, 30ª JORNADA, 14-5-2011 (SAB, 20:15)
Estádio da Mata Real, Paços de Ferreira **Árbitro:** Marco Ferreira (Madeira) **Auxiliares:** Sérgio Serrão e Cristóvão Moniz
Golos: 1-0 (Mário Rondon 20'); 2-0 (Ozéia 23'); 3-0 (Diogo Valente 25', pb); 4-0 (Mário Rondon 33'); 5-0 (Pizzi 42'); 5-1 (Éder 81')

FC Paços de Ferreira: Cássio, Baiano, Ozéia, Javier Cohene, Maykon, Leonel Olímpio, Paulo Sousa «cap» (André Leão 85'), David Simão (Caetano 69'), Manuel José (Alvarinho 76'), Mário Rondon e Pizzi **Treinador:** Rui Vitória

ACADÉMICA: Peiser, Pedrinho, Berger «sc», Luiz Nunes «cap» (Diogo Melo 67'), Hélder Cabral, Habib, Nuno Coelho (Grilo 30'), Hugo Morais, Sougou (Miguel Fidalgo 75'), Éder e Diogo Valente
Treinador: Ulisses Morais

2010-2011

AP: Resultado obtido após 30 minutos de prolongamento

gp: Golo marcado de grande penalidade

pb: Golo marcado na própria baliza

E: Expulsão directa

L: Saiu lesionado

AA: Segundo cartão amarelo, com a consequente exibição do vermelho

V: Cartão vermelho

«cap»: Capitão de equipa

«sc»: Sub-capitão de equipa. Só mencionado quando passa a exercer funções de capitão

«ssc»: Terceiro capitão, após saída do capitão e do sub-capitão

👕 Académica jogou de branco

(TV) Jogo com transmissão televisiva

CLUBE ACADÉMICO
DE COIMBRA

POSFÁCIO

por André Augusto Campos Neves

Quase duas décadas após o início de um aturado, persistente e rigoroso trabalho de pesquisa levado a cabo pelo João Santana, e passado a letra de forma pelo dedicado esforço do João Mesquita, foi possível transmitir aos vindouros o legado histórico do futebol da Associação Académica de Coimbra.

Oitenta anos volvidos sobre a data do seu primeiro jogo oficial, aquela que alguém definiu como "símbolo vivo de uma cidade, exemplo de perseverança, legenda de desportivismo, paradigma de uma intocável obra social", tem aqui, finalmente, o seu encontro com a história.

Pelas páginas deste livro desfilam factos que vão desde os primórdios da prática do futebol em Coimbra, prévios ao pontapé de saída competitivo, aos dias de um outro hoje, jogos, nomes de uma inolvidável e imperecível história feita de encantos e desilusões, figuras que ganharam por mérito próprio o direito de enfileirar na galeria dos eleitos, gente anónima que a ela se deu no seu desinteressado e não menos significativo apoio, fotografias tão zelosamente escolhidas que ajudam a um emocionado desfilar da nossa memória.

Por aqui é possível recordar a vitória na Taça de Portugal em 1939, um passado que sabemos irrepetível mas pelo qual não nos podem (por enquanto) impedir de orgulhar, a peregrinação europeia, o título disputado palmo a palmo com o Benfica, algumas das mais de duas centenas de licenciaturas adregadas pelos estudantes-atletas, as épocas de menor fulgor competitivo, o desviar do rumo, a total adulteração da mística, o incivilizado corte com o passado, o triste cinzentismo dos dias hodiernos, o mercantilismo invasor ensombrando o losangular emblema de Fernando Pimentel.

Por aqui se retrata a dolorosa e inopinada extinção da secção de futebol, a recriação do Académico protagonizada, no insuspeito dizer de Tibério Antunes, "pela coragem de autênticos e corajosos académicos", que liderados por Júlio Couceiro "salvaram um valioso património à fúria iconoclasta de uma minoria de possessos que em nome de uma ideologia em delírio frenético quis derrubar tudo e todos para seu gáudio em primeiro lugar e depois sobre as cinzas construir o nada que traziam consigo".

Por aqui é gratificante relembrar aqueles que se valorizaram como atletas e sobretudo como homens, os que por força do seu querer, do seu saber, transportaram na chama que os guiou na vida, os valores idiossincráticos que durante décadas irmanaram e distinguiram o estudante de Coimbra, perpetuando na memória de todos a imorredoira alma de uma Instituição sem igual.

Por aqui passam as prematuras mortes dos infortunados Nene e José Paulo, o vergonhoso caso N'Dinga, a luta titânica e sem quartel pelo reconhecimento do Académico, onde é bom recordar o papel fundamental dessa figura incontornável e inolvidável do dirigismo desportivo e da cidadania que dava pelo nome de Guilherme de Oliveira, ao qual Coimbra e a Briosa não souberam ou não puderam ainda dar o devido e merecido destaque.

Aqui se recorda o inigualável exemplo daquele grupo de atletas que, numa dádiva desinteressada e sem saberem do seu futuro, elegeram os valores humanos em detrimento dos valores materiais, imolando-se gostosamente no fogo de um devir prenhe de dúvidas, arriscando saneamentos selvagens das suas Faculdades, a favor de uma causa (a do Clube Académico de Coimbra) que juraram defender sem tibiezas nem tergiversações.

A leitura desta obra, conduz-nos a um estado semelhante ao vivido e descrito por José Vale no "Primeiro de Janeiro", após um golo que valeu uma subida de divisão. Meia dúzia de linhas, uma lágrima em jeito de prosa, uma profunda emoção, o sangrar de um coração levado pela saudade e pela distância. Amor, diria.

"Levantei-me, como se tivesse deflagrado, inopinadamente, uma potente bomba sobre a minha mesa de trabalho (...). Era a alegria imensa dos que um dia estudaram ou trabalharam em Coimbra e nunca a esqueceram. Era a serenata da euforia num domingo de esplendor. O Valle Fernandes fitou-me e, nos seus olhos, vi o Mondego a brilhar à luz da lua, vi o Penedo da Saudade, o Arco de Almedina, a república do Prákistão, o 'meu' Liceu D. João III, a 'minha' casa da rua do Correio mesmo ali defronte ao Colégio de Portugal. Vi o Bentes a driblar o esférico, o Gil a apontar um penalty, o André a elevar-se para cabecear a bola, o Capela a negar um tento, o Malícia a aconselhar calma, o Maló, o Wilson, o Torres, o Crispim, o Rocha, a agradecer os aplausos da multidão. O que eu vi, Santo Deus, naquele olhar significativo do meu colega Valle Fernandes".

Aqueles que aqui nasceram, os que são de Coimbra por adopção, aqueles que hoje aqui vivem e os que se apartaram por vicissitudes das suas vidas, ao ler um passo que lhes seja mais próximo desta extraordinária obra, sentir-se-ão reconfortados e representados naquelas palavras e, simultaneamente, gratos aos autores por tão gigantesco e importante trabalho.

É certo que numa obra desta dimensão, algo fica sempre por dizer, grandes figuras não terão aqui o devido e porventura merecido destaque, não por menosprezo ou esquecimento, antes e só por impeditivos critérios de espaço.

Que desta iniciativa possa surgir alguém, um movimento que tome em mãos o indispensável processo de refundação da Instituição, consubstanciado no regresso à lhaneza dos seus princípios, à "ratio" da sua existência, sem se perder em revivalismos naftalinescos e despojados de actualidade, mas também sem abdicar despudoradamente de uma filosofia, que podendo ser diferente na igualdade, rejeite inequivocamente os ventos dominadores de uma duvidosa, formatada e globalizada modernidade assente num mercantilismo cego e redutor.

Coimbra, novembro 2006

Agradecimentos

Os autores agradecem de modo particular a todos quantos, pela colaboração voluntária prestada, nos mais diversos domínios, se tornaram um apoio imprescindível para a concretização desta obra. Nomeadamente: Ana Pedro, André Campos Neves, Daniel Carvalho, João Ramos, João Luís Campos, José Malaguerra, Manuel Arnaut, Maria Madalena Teles Grilo, Mário Martins, Nuno João Lopes e Nuno Pimenta.

A estes, devem acrescentar-se os autores do prefácio (João Maló) e dos testemunhos (Homero Serpa, Jorge Humberto, Mário Wilson, José Belo, Manuel António, Mário Campos, Campos Coroa, Vítor Manuel, Alfredo Castanheira Neves, Fernando Pompeu, Vítor Oliveira e António Mesquita). Bem como uma série de tal forma extensa de pessoas, que se torna impossível mencionar aqui a totalidade dos seus nomes.

Nessa série estão profissionais da fotografia, como Manuel Correia, Carlos Jorge Monteiro e José dos Santos Custódio (mais conhecido por "Zé Gordo"), e das artes gráficas, como André Ferrão, Jorge Neves e Jorge Sêco. Cada um a seu modo, deram um contributo ao livro impossível de ignorar. Todos eles, mesmo quando o fizeram ao serviço das empresas para as quais trabalham, revelaram uma qualidade, uma paciência face aos autores, uma disponibilidade, até uma simpatia, que muito nos apraz registar.

Na série referida, estão igualmente inúmeros antigos e actuais atletas, dirigentes, membros do corpo clínico e funcionários da Briosa, que cederam fotografias ou documentos escritos, forneceram ou confirmaram informações, acrescentaram este ou aquele elemento precioso. Estão, também, muitos familiares de jogadores entretanto falecidos, que frequentemente, apesar da idade, da saúde, ou da distância, corresponderam de pronto, e até com entusiasmo, às solicitações feitas. E estão, finalmente, diversos amigos ou simples académicos, cujo apoio e compreensão foram fundamentais. A todos, o nosso muito obrigado. Com a certeza de que, sem eles, esta obra nunca teria sido possível nos termos em que se apresenta.

O nosso muito obrigado, ainda, às instituições e respectivos funcionários, que independentemente da diversidade do seu carácter, atenderam os nossos pedidos revelando a maior disponibilidade. Designadamente: Agência de Serviços Fotográficos (ASF); Arquivo da Universidade de Coimbra; Associação Académica de Coimbra / OAF; Associação de Futebol de Coimbra; Biblioteca Geral da Universidade de Coimbra; Biblioteca Municipal de Coimbra; jornais Campeão das Províncias, Diário As Beiras e Diário de Coimbra; Imagoteca Municipal de Coimbra; Museu Académico e diversos Arquivos Distritais e Conservatórias de Registo Civil.

Todos foram inexcedíveis. Compreender-se-á o nosso encantamento, por exemplo, quando nos foi permitido aceder, com a maior abertura por parte dos funcionários da Imagoteca, ao valiosíssimo espólio desse extraordinário fotógrafo de Coimbra que foi Fernando Marques ("Formidável"). Como bem se compreenderá a nossa emoção, quando nos foi dado ver, no Museu Académico, a foto da primeira equipa da Académica, datada de 1911. Foto que, naturalmente, publicamos nas primeiras páginas deste livro. São momentos como este, ou como os que resultaram de conversas mantidas com atletas de há meio século ou com outros homens que servem a instituição desde há longos anos, que melhor compensam o nosso trabalho.

Aliás, só a cumplicidade que se foi criando, permitiu que grande parte das fotografias publicadas fossem sendo oferecidas aos autores ao longo dos anos, em muitos casos quando ainda nem sequer se pensava na edição do presente livro. O que, paradoxalmente, veio criar um problema: a origem de muitas dessas fotos, nomeadamente as mais antigas, perdeu-se no tempo. Assim, e de modo a evitar injustiças relativas, com a identificação de umas e a não identificação de outras, optou-se por não revelar o nome de qualquer fonte. Se, todavia, alguma pessoa ou instituição fizer questão em ser particularmente mencionada, pede-se o favor de contactar a editora, de forma a que a lacuna possa ser ultrapassada numa posterior edição.

Índice Geral e Temático

A ABRIR

9 Nota prévia
11 Prefácio
17 Introdução

ÉPOCAS DESPORTIVAS

24 1911-1922: Da fundação ao primeiro campo de jogos
38 1922-1933: Dos primeiros jogos oficiais à Liga
60 1934-1935: Entre os estreantes da 1.ª Liga
64 1935-1936: Nem a disciplina ajudou
68 1936-1937: As coisas melhoram
72 1937-1938: Bons prenúncios
76 1938-1939: Ensaio positivo
86 1939-1940: O regresso (fugaz) de Rui Cunha
90 1940-1941: Tempos de transição
94 1941-1942: Alberto Gomes em alta
98 1942-1943: Surpresas e contrastes
102 1943-1944: Até às meias-finais da Taça
106 1944-1945: Triunfo histórico no Porto
110 1945-1946: ... E surge o "Rato Atómico"
114 1946-1947: Uma má época
118 1947-1948: A primeira descida
122 1948-1949: De volta à 1.ª divisão
130 1949-1950: Um regresso feliz
134 950-1951: Outra vez na final da Taça
138 1951-1952: Não há nada que não aconteça
142 1952-1953: "O sopro mágico das camisolas"
146 1953-1954: Descida "competentemente" evitada
154 1954-1955: Lição aprendida
158 1955-1956: Outra vez à "rasquinha"
162 1956-1957: A estreia de Rocha
166 1957-1958: Os "folhetins" Rocha e Torres
170 1958-1959: A sucessão de Cândido
174 1959-1960: A despedida de Bentes
178 1960-1961: Transferência para o estrangeiro
182 1961-1962: Os "Pardalitos do Choupal"
186 1962-1963: A vez de Pedroto
190 1963-1964: Cópia do ano anterior
194 1964-1965: Com sabor a pouco...
198 1965-1966: Renovação... forçada
202 1966-1967: Vice-campeã nacional
214 1967-1968: Nova grande época
218 1968-1969: A estreia europeia
226 1969-1970: A Europa (quase) a seus pés
230 1970-1971: Por essa tabela acima...
234 1971-1972: Segunda descida
238 1972-1973: Campeã da 2.ª divisão
242 1973-1974: Um regresso pouco auspicioso
252 1974-1975: Conquistas a ferros
256 1975-1976: Vida difícil
260 1976-1977: E a Europa ali tão perto...
264 1977-1978: Um ano tranquilo
268 1978-1979: Bater no fundo
272 1979-1980: De regresso à primeira
276 1980-1981: Sobe e desce
280 1981-1982: De passeio a pesadelo
284 1982-1983: Ter o pássaro na mão...
288 1983-1984: À terceira foi de vez...
296 1984-1985: O regresso da Académica
300 1985-1986: Podia ser melhor...
304 1986-1987: Sofrer até ao fim
308 1987-1988: Uma descida estranha
316 1988-1989: Empatas...
320 1989-1990: Mudanças que não resultam
324 1990-1991: Honra até ao fim
328 1991-1992: Luto carregado
332 1992-1993: "Já é uma fatalidade!"
336 1993-1994: Outra "morte na praia"
340 1994-1995: O "jogo" interno
344 1995-1996: A instabilidade paga-se caro
348 1996-1997: Finalmente, a subida!
352 1997-1998: Salvação na última jornada
356 1998-1999: Outra vez a descida
360 1999-2000: Antes e depois de João Tomás
364 2000-2001: Isto é que vai uma crise!
368 2001-2002: O regresso, três anos depois
372 2002-2003: Com o coração nas mãos
380 2003-2004: Novos sinais de crise
384 2004-2005: O "milagre" segundo Vingada
388 2005-2006: Joeano, o "salvador da Pátria"
392 2006-2007: Outra vez o sofrimento
396 2007-2008: «Tomba-gigantes»
400 2008-2009: Em casa mandou a Briosa
404 2009-2010: De olho nos treinadores
408 2010-2011: Briosa não merecia a traição

VÁRIOS

412 Os jogadores
458 Os internacionais
468 Os treinadores
474 Os dirigentes
494 O corpo clínico
500 Os funcionários
506 A obra social
512 O sector de formação
518 A nova secção
524 Outros seniores
530 Algumas curiosidades

TESTEMUNHOS

536 Homero Serpa sobre Cândido de Oliveira
538 Jorge Humberto sobre a sua transferência para Itália
540 Mário Wilson sofre a influência de jogadores africanos nos anos 60
542 José Belo sobre a final da Taça de 1969
544 Manuel António sobre a "Bola de Prata"

546 Mário Campos sobre a participação nas competições europeias
548 Campos Coroa sobre a criação do CAC
550 Vítor Manuel sobre o empate de Janeiro de 85 em Alvalade
552 Alfredo Castanheira Neves sobre o "caso" N'Dinga
554 Fernando Pompeu sobre o Congresso de 1995
556 Vítor Oliveira sobre o regresso à 1ª divisão, em 1997
558 António Mesquita sobre os grupos de apoio

A FECHAR
562 Fichas dos jogos
737 Posfácio
740 Agradecimentos
752 Bibliografia

PROTAGONISTAS
33 Borja Santos
41 Augusto Pais
43 Teófilo Esquível
45 Juvenal Barreto
51 Cristóvão Lima
54 Armando Sampaio
63 Isabelinha
75 Alexandre Portugal
89 Rui Cunha
93 Nana
97 José Maria Antunes
101 Nini
105 Carlos Faustino
109 Pedro Azeredo
121 António Bentes (ver também 177)
125 Manuel Capela
126 Alberto Gomes
145 António Henriques Curado
149 Eduardo Lemos
157 António Melo
161 Guilherme Luís
169 Cândido de Oliveira
181 Augusto Rocha
189 Cagica Rapaz
193 Mário Wilson
201 Mário Torres
217 Artur Jorge
221 João Maló
229 Manuel António
233 Nene
237 Rui Rodrigues
245 António Marques
255 José Belo
259 Vítor Campos
263 Mário Campos
267 José Costa
275 Vasco Gervásio
299 A família Freixo
303 José Ribeiro
307 Luís Tomás
311 Pedro Xavier
319 José Crispim
323 Mito
327 Miguel Rocha
331 Mendes Silva
335 Paulo Cardoso
339 Russel Latapy
347 Vítor Oliveira
351 Zé Nando
359 Vítor Manuel
363 Jorge Anjinho
371 Francisco Soares
375 Dário Monteiro
383 João Moreno
391 Pedro Roma
411 José Barros

TEMAS ESPECÍFICOS
34 O Campo de Santa Cruz
47 O emblema
49 A "Baralha Teórica"
53 O canelão
67 Novos grupos de apoio
71 O F-R-A
79 A primeira digressão a África
83 A Taça de Portugal de 1939
113 A rivalidade com o União
117 A abertura da Secção de Futebol a não-estudantes
133 O primeiro título nacional de juniores
137 A final da Taça de Portugal de 1951
141 O segundo título nacional de juniores
150 O terceiro título nacional de juniores
165 A luta contra o decreto-lei 40900
173 A relação entre Cândido de Oliveira e Otto Bumbel
185 A crise estudantil de 1962 no futebol
197 O "espírito da Briosa"
209 O primeiro título nacional de juvenis
210 A final da Taça de Portugal de 1967
222 A final da Taça de Portugal de 1969
233 A morte de Nene
241 A conquista do campeonato da 2.ª divisão, em 1973
246 A criação do Clube Académico de Coimbra
271 O Núcleo de Veteranos
279 Os caminhos do regresso à Associação Académica de Coimbra
283 "Terror" em Celorico da Beira
287 A corrupção no futebol português
291 O "Dia da Briosa"
292 A criação do Organismo Autónomo de Futebol
312 O "caso" N'Dinga
343 O Congresso da Briosa
355 A demissão de José Romão
367 O "Verão quente" de 2001
376 A queda de Campos Coroa e a Comissão de Gestão
387 A "Mancha Negra"
395 O centro de treinos do Bolão (ver também 399)
403 A parceria com a TBZ e a gestão do Estádio Cidade de Coimbra
407 Taça da Liga, em 2010

Lista de pessoas citadas nas legendas das fotos

Não se trata de uma listagem qualquer, esta que aqui se apresenta, em mais uma tentativa de facilitar o manuseamento do livro por parte do leitor. Em primeiro lugar, só contempla, por motivos óbvios, pessoas ligadas à Académica (e não apenas ao futebol), apesar de haver legendas em que se identificam representantes de outras instituições, à luz do princípio de que deve ser tornado público o máximo de informação que o investigador conseguiu recolher. Em segundo lugar, essas pessoas são aqui citadas, por ordem alfabética, sim, mas não em função do último nome – como é norma nestas coisas –, mas daquele por que se tornaram conhecidas: Belmiro Matos, Guilherme de Oliveira, José Falcão, Wilson, ... e por aí fora. Quando esse nome é partilhado, faz-se a destrinça, normalmente, com recurso a mais um nome da pessoa em causa ou à época em que representou a Briosa [ex.º: Camilo (Conceição) e Camilo (Fernandes); Orlando (jun,1951) e Orlando (Nunes)]. Em terceiro e último lugar, ela deixa de lado as fotos individuais de todos os jogadores que representaram a Académica (publicadas entre as páginas 416 e 440), de todos os treinadores (páginas 470 e 473) e de todos os presidentes pós-autonomia da secção de futebol (página 477). Pelas simples razão de que, nessas páginas, constam todos eles, devidamente identificados na respectiva categoria.

Abazaj: 344, 352, 354, 356
Abel Silva: 322
Abelha: 42, 111
Abreu (Álvaro): 50, 60, 62, 73, 74, 81, 85, 86, 191, 212
Abreu (Francisco): 140, 142, 144, 146, 160, 162, 166, 168, 170, 174, 441, 466
Acácio: 92, 95, 96, 100, 104
Adalberto Santos: 526
Adriano Peixoto: 132
Afonso Guimarães: 32, 42, 48
Águas: 262
Akwá: 353
Albano Paulo: 35, 42, 44, 50, 52, 55, 57, 74, 81, 85
Albasini: 189
Albertino: 346, 348
Alberto "Chocolate": 502, 504
Alberto (SF, 1987): 523
Alberto Cunha: 77
Alberto Gomes: 61, 72, 74, 76, 77, 81, 86, 90, 92, 94, 95, 96, 98, 100, 102, 104, 122, 126, 127, 128, 129, 155, 248, 536
Alberto Gonçalves: 279
Alberto Martins (basq): 168
Albino: 104, 106, 110
Alcino (Santos): 253
Alcino (Vaz): 526
Alentisca: 108, 112
Alexandre (Barreto): 364
Alexandre (Santos): 288
Alexandre Alhinho: 256, 257, 258, 260, 262, 515
Alexandre Peics: 152
Alfaia: 324, 338
Alhandra: 364, 365, 368, 370
Almeida (1938): 74, 77
Almeida (1960): 182, 186, 188
Almeida (1967): 527
Almeida Santos: 314, 555
Almiro: 133, 151
Álvaro Amaro: 314, 353, 379
Álvaro: 272, 274, 276
Álvaro Pereira de Athaíde: 475
Amélia Machado: 505
Américo: 182, 183, 192
Américo (jun, 1972): 515

Américo (SF, 1981): 522
Amoreirinha: 400, 408
Andrade (SF, 1987): 523
André: 146, 154, 156, 162, 164, 165, 166, 168, 170, 173
André Aug. Campos Neves: 279
André Campos Neves: 293, 306, 539
André Fontes: 404
André Lage (inf, 1995): 517
André Santo (inf, 1995): 517
André Villas-Boas: 405
Ângelo (Martins): 288, 289
Ângelo (Teixeira): 112
Aníbal Neves: 497
António Augusto (dir): 286, 301, 314, 317, 556
António Augusto (jog): 304
António Frias: 151
António Jesus: 505
António Jorge: 189, 230, 231, 241, 250, 549
António Luís: 309
António Luiz Gomes: 25, 37
António Maló de Abreu: 279, 378
António Maria: 100, 102, 104, 106, 107, 108, 110, 112, 114, 116
António Marques: 76, 81, 92, 104
António Palhoto: 261
António Pascoal: 495, 496, 543, 546
António Perdigão: 22, 24
António Pita: 104, 136
António Rochette: 378
António Santos: 77
António Saraiva: 271
Aquiles: 272, 274, 281, 284, 285, 288, 289
Araújo (Armando): 226, 250, 252, 256, 547, 549
Araújo (Augusto): 173, 174, 175, 178, 180, 182, 541
Araújo (juv, 1967): 209
Aristides: 100, 104, 114
Armando: 94, 96, 98, 99, 100
Armando Pinto Bastos: 248
Armando Sampaio: 35, 42, 44, 55, 56, 57, 74, 104, 116, 191, 526
Armando Sequeira: 504
Arménio: 170

Arnaldo Carneiro: 72, 74, 76, 77, 81, 104, 212
Arruda: 42
Arsénio: 340, 341
Artur (Correia): 226, 230, 231
Artur (jun, 1952): 141, 151
Artur Jorge: 198, 200, 204, 206, 207, 210, 211, 212, 214, 216, 217, 218, 232, 253, 377, 423
Assis: 178, 186, 188
Ataz: 116, 120
Augusto da Fonseca: 31, 37
Augusto Martins: 507
Augusto Pais: 38, 40
Augusto Roxo: 377, 497, 517
Aurélio: 352
Azeredo: 109, 110, 114, 116, 118, 119, 120, 122, 130, 131, 132, 134, 135, 136, 138, 142, 144, 146, 467, 508
Bacanhim: 238, 242, 253
Bagorro: 151
Balacó: 151
Bandeirinha: 300, 302
Barata: 50, 55, 191
Barreiros: 153
Barroca: 404
Barroso: 356
Barry: 296, 300, 306, 308, 316
Belarmino Lameira: 261
Belito: 151
Belmiro Matos: 176, 306, 502, 504, 736
Belo: 225, 244, 250, 252, 254, 255, 261, 262, 264, 527, 542, 547, 549
Bentes (António): 16, 110, 111, 112, 114, 115, 116, 118, 121, 122, 132, 134, 136, 138, 142, 144, 152, 154, 156, 158, 166, 172, 174, 176, 177, 216, 271, 502, 504, 514
Bentes (Armelino): 90
Bento: 173, 526
Berger: 404
Bernardes (SF, 1987): 523
Bernardo: 198, 527
Besirovic: 340
Bié Portugal: 555
Borja Santos: 24, 33
Botelho de Melo: 250
Branco (jun, 1951): 153
Branco: 112, 116, 118, 122, 123, 130, 132, 134, 135, 136, 509

Brás: 106, 111, 112, 114, 118, 119, 120, 122, 123, 130, 132
Brasfemes: 205, 241, 244, 250, 253, 256, 257, 258, 260, 262, 264, 265, 268, 270, 274, 527, 549
Brassard: 189, 212
Bráulio: 133, 151
Cabeçadas: 50, 55
Cagica Rapaz: 189
Camarate: 52, 62
Camegim: 280, 282, 288
Camila Almeida: 505
Camilo (Conceição): 264, 265, 274, 276, 281, 286, 301, 555
Camilo (Fernandes): 365
Campos Coroa: 297, 305, 313, 314, 315, 353, 359, 361, 369, 377, 556
Cândido de Oliveira: 159, 168, 169, 507, 536
Cano Brito: 235, 250
Capela: 122, 123, 124, 125, 131, 134, 135, 136, 138, 139, 142, 143, 144, 146, 147, 191, 441
Cardoso (António): 272, 273
Cardoso (jun, 1972): 515
Cardoso (juv, 1967): 209
Cardoso (Rogério): 235, 236, 250, 271, 549
Carlos (jun, 1972): 515
Carlos Alhinho: 226, 230, 234, 257, 547
Carlos Canelas: 318
Carlos Cruz: 497
Carlos de Oliveira Castro: 279
Carlos de Sousa: 74
Carlos Dias (func.): 503, 504
Carlos Dias (juv, 1967): 209
Carlos Encarnação: 279
Carlos Freitas: 74
Carlos Garcia: 362
Carlos Gonçalves: 526
Carlos Hilário: 235
Carlos Lebres: 528
Carlos Leça: 526
Carlos Martins: 370
Carlos Pedro: 338, 340, 341
Carlos Pimentel : 42, 74
Carlos Portugal (basq): 168
Carlos Ribeiro: 296
Carlos Sampaio: 23, 24
Carlos Sousa: 517

Carlos Xavier: 304, 311
Carminé Nobre: 72
Carmo Rebelo: 505
Carneiro (jun, 1972): 515
Carolina Rodrigues: 503
Carolino: 276
Carranca: 153
Carreira: 133, 151
Carvalheira: 152
Carvalho Nunes: 265
Caseiro: 50
Castanheira Neves: 306, 553
Castela: 122, 130, 131, 132
Castro (António): 57
Castro (Fernando): 170
Catela: 52, 64
Cattaneo: 356
Celestino: 198, 204, 206, 210, 211, 212, 214, 216
César Machado: 74, 76, 77, 78, 81, 85, 86, 91, 92, 94, 95, 96
César Moniz Pereira: 23, 24
Cesário: 50, 55
Chico (jun, 1952): 141
Chico (SF, 1981): 521
Chico Faria: 336, 338
Chico Lopes: 94, 96, 98, 100, 102, 104, 106, 107, 108
China: 320
China (SF, 1981): 522
Chipenda: 170, 173, 178, 180, 541
Cipriano: 77, 191
Cláudio (basq): 168
Clemente: 153
Coelho: 320, 324, 325
Coimbra: 288, 290
Correia: 50, 60
Corte-Real: 35, 42, 57
Cortesão (basq): 168
Cortez Vaz: 155
Cosme (jun, 1972): 515
Costa (José Alberto): 238, 241, 242, 244, 248, 250, 252, 258, 260, 262, 264, 266, 267, 515, 549
Costa (Manuel): 162
Costa Pereira (dir): 314
Costa Pereira (SF, 1981): 521

Costa Reis: 136
Costa Santos: 251, 504
Couceiro: 151
Crespo: 133, 151
Cris: 400, 406
Crisanto: 328, 329
Crispim: 182, 184, 186, 188, 190, 194, 197, 198, 206, 210, 211, 212, 214, 216, 271, 317, 318, 319, 515, 555
Cristóvão (Amaro): 162, 168
Cristóvão (Lima): 50, 51, 52, 55, 60, 62, 68, 69, 70, 72
Curado (Ant. Henriques): 86, 130, 131, 132, 140, 142, 144, 145, 148, 526, 555
Curado (Ant. Nazaré): 178, 179, 183, 186, 188, 190, 191, 194, 197, 198, 206, 218, 515, 527, 547
Curado (Eduardo): 35, 42, 44
Dame: 394
Dani (inf, 1995): 517
Daniel (Dias): 317
Daniel (Machado): 40, 42
Daniel (Martins): 250, 252
Daniel (SF, 1981): 521
Dário: 360, 361, 362, 366, 368, 369, 370, 373, 375, 380, 384, 389
Delfino: 168
Délio: 141, 151
Delmer: 380
Dezso Genczi: 132, 133
Dimas: 309, 316, 321, 378
Dinda: 348, 350
Dinis: 344
Diniz: 191
Dino: 369, 372
Diógenes: 526
Diogo (GR): 52, 191
Diogo: 118, 120, 122, 123, 132, 135
Diogo Gomes: 406, 408
Diogo Melo: 408
Diogo Valente: 408, 409
Dionattan: 380, 388
Domingos Paciência: 397
Donas-Bôtto: 377
Dória Cortesão: 553
Dória: 42
Duarte (Francisco): 42

Duarte (SF, 1987): 523
Duarte: 130, 132, 134, 136, 138, 154, 158, 162
Durval de Morais: 28
Dyduch: 364, 368, 370, 372
Éder: 404, 410
Eduardo (SF, 1981): 522
Eduardo (SF, 1987): 523
Eduardo Rebelo (SF, 1981): 522
Eduardo Santos: 114, 132, 134, 136, 138
Eduíno Lopes: 367
Eldon: 269, 272, 273, 276, 280, 281, 282, 284, 316, 317, 321, 545
Elysio de Moura: 509
Emanuel: 328, 330
Emílio Ramos: 48
Emílio: 116, 120
Ermelinda Ferrão: 505
Ermindo (SF, 1981): 521
Ernesto: 198, 199, 200, 204, 205, 206, 207, 210, 211, 212, 214, 215
Espírito Santo (SF, 1981): 521
Esquível: 32, 38, 39, 40, 42, 43
Estêvão Puskas: 77
Eugénio: 133, 151, 152, 248
Évora: 166, 168
Ezequias: 388
Ezequiel Umbelino: 279
Faia: 154, 155, 158
Falcão: 90
Falica: 329
Faria: 35, 44, 48, 57, 74
Faustino: 60, 64, 65, 68, 76, 81, 84, 85, 86, 92, 102, 103, 104, 105, 106, 108, 110, 212, 271, 536
Febras: 340, 344, 346, 347, 349, 354, 557
Feliz: 230, 247, 527, 549
Fernanda Lucas: 505
Fernandes Martins: 37
Fernando (1945): 108
Fernando (Moura): 388
Fernando Albergaria: 497
Fernando Alves: 301, 305
Fernando Avidago: 271, 318, 514
Fernando Barata: 265, 313, 354
Fernando Couto: 320, 322
Fernando Lemos: 510
Fernando Mexia: 279

Fernando Pais: 42
Fernando Peres: 277, 341
Fernando Pimentel: 47
Fernando Pompeu: 314, 377
Fernando Vaz: 235
Ferreira da Silva: 313
Festas: 250
Fidalgo (basq): 168
Figueirinhas: 152
Filipe (jun, 1972): 515
Filipe Alvim: 380
Filipe da Silva Mendes: 23, 24
Filipe dos Santos: 50, 55, 62
Filipe Reis (SF, 1987): 523
Filipe Teixeira: 388, 390, 392, 393, 394
Flávio (das Neves): 296, 298, 300, 304, 550
Flávio (GR): 132, 191
Flávio de Matos: 90
Fonseca: 133
Forte Faria: 152
Fouhami: 380
França: 180, 182, 541
França (Emiliano): 271
França Martins: 152
Francisco Andrade: 189, 224, 250, 277, 504, 543, 549
Francisco da Piedade: 501
Francisco Ferreira: 38, 40, 42
Francisco Fidalgo: 337, 515
Francisco Freixo: 176, 502, 523
Francisco Nobre Guedes: 22
Francisco Silva: 296, 298, 550
Francisco Soares: 168, 212, 227, 235, 261, 371, 495, 536
Frazão: 35, 44, 48, 74
Frederico Batista: 279
Freitas (António): 277
Freitas (Fernando): 256, 264, 266, 268, 274, 284
Frias: 141, 151, 526
Fua: 334
Gabriel da Fonseca: 35, 42, 57, 74, 526
Gago: 60
Gaio: 182, 184, 186, 188
Galante: 38, 39, 40, 42
Garção: 110, 112, 116, 118, 122, 130, 132
Garcés: 401

Gaspar: 280
Gaúcho: 352, 353, 356, 358
Gerardo Maia: 64
Germano: 280, 281, 284, 285, 296, 297, 298, 304, 308, 324
Gervásio: 194, 197, 198, 204, 206, 207, 208, 214, 216, 218, 220, 225, 226, 230, 234, 238, 240, 241, 248, 250, 252, 260, 264, 265, 268, 269, 275, 379, 531, 547, 547, 549
Gil Vicente: 38, 40, 42
Gil: 134, 136, 142, 143, 144, 146, 148, 154, 168, 172, 173, 466
Gilberto: 133, 152
Giraudo: 360
Golegã: 526
Gomes da Silva: 174
Gonçalo (inf, 1995): 517
Gonçalves (1974): 250
Gonçalves (António): 176, 180
Gouveia: 141, 151, 526
Grangeia: 107
Gregório: 221, 235, 238, 241, 242, 250, 256, 257, 258, 260, 264, 265, 268, 270, 299, 354, 549
Grilo: 408
Guedes Pinto: 39, 40, 42, 72
Guerra: 35, 42, 44, 48, 49, 50, 74
Guilherme de Oliveira: 248
Guilherme Luís: 161, 164, 168, 235, 247, 265, 286, 317, 318, 337, 354, 496, 504, 536, 556
Gyánó: 394
Hélder: 250, 256, 257, 260, 261, 264, 268, 549
Hélder Barbosa: 398
Hélder Cabral: 404
Henrique Calisto: 354
Henrique Wilson (basq): 168
Henrique: 272, 280
Herculano de Oliveira: 74
Higino: 141
Hilário: 344, 385
Hipólito: 118
Homem Ribeiro: 153
Hortênsio: 50, 74, 526
Hugo Alcântara: 388
Hugo Leal: 384

Hugo Tecelão: 528
Ibraim: 280, 281
Inácio: 146
Isabel Guerra: 505
Isabel Matos: 503
Isabelinha: 42, 48, 52, 55, 62, 63, 66, 68, 74, 379
Isalmar: 288
Ivanildo: 396
Jacinto João: 284
Jacques: 100, 112
Jaime: 66
Jaime Soares: 378
Jerónimo Coutinho: 152
Jesus: 189
Joanito: 324
João Campos: 369, 372
João Carlos (SF, 1981): 522
João Coelho: 377
João Cunha: 265
João de Sousa: 207, 212
João Diogo: 23
João Ferreira (GR): 38, 40, 42
João Ferreira: 505
João Garção (SF, 1987): 523
João Lopes: 42, 44
João Manuel: 332, 333, 334, 336, 340, 342
João Mendes: 316
João Mexia (SF, 1987): 523
João Morais: 517, 528
João Moreno: 168, 239, 375, 377, 379, 383, 403
João Pires: 340, 342, 348
João Rocha: 261
João Tomás: 349, 352, 354, 356, 358
João Viva: 325, 334
Joaquim da Luz Rainho: 248
Joaquim Grilo: 132
Joaquim João: 87, 88, 104, 106
Joaquim Paulo: 497
Joaquim Rocha: 257, 260, 264, 496
Joeano: 382, 389, 390, 392, 396
Jorge (Alberto) Santos: 152
Jorge (Costa): 308, 310
Jorge Anjinho: 248, 289, 291, 293, 306, 313, 314, 363, 553, 554, 555
Jorge Formigal: 504

Jorge Humberto: 168, 170, 172, 173, 174, 178, 179, 180, 195, 197, 538, 539
Jorge Santos: 112, 114, 116
Jorge Silva: 344, 346, 348
José Afonso (dos Santos): 38, 40
José Afonso (jun, 1950): 133
José Alb. Pereira Coelho: 279
José Amaral: 48, 74
José António: 380, 384, 386
José Augusto: 209
José Barros: 317, 337, 341, 354, 379, 411, 497, 556
José de Melo Cardoso : 22, 24
José Eduardo Ferraz: 377
José Eduardo Simões: 386, 403
José Falcão: 262, 495
José Fernandes Fafe: 555
José Freixo: 209, 235, 241, 242, 247, 250, 252, 254, 256, 257, 258, 260, 262, 264, 266, 280, 284, 299, 523, 549
José Júlio (Andrade): 541
José Júlio (jun, 1954): 151
José Júlio da Costa: 23, 24
José Lopes Ramos: 132
José Luís Cabral (SF): 522, 523
José Manuel (Pinto): 272, 276
José Manuel (Teixeira): 232, 240, 241
José Manuel Pitanga: 271
José Maria Antunes: 60, 62, 64, 68, 72, 73, 74, 76, 77, 78, 81, 84, 85, 86, 90, 97, 104, 120, 536
José Maria Cardoso: 314
José Maria Pedroto: 188
José Miguel: 136
José Pedrosa: 556
José Romão: 355
José Saraiva: 62
José Vide: 503, 504
José Viterbo: 517
José Vítor: 337
Juca: 261
Júlio Couceiro: 248
Júlio da Fonseca "Fera": 74
Juvenal: 42
Kaká: 392, 396, 397
Kibuey: 368, 370
Kikas: 298, 300

Kuda (SF, 1987): 523
Ladeira: 42, 44, 50, 52
Latapy: 324, 328, 332, 333, 334, 336, 338, 339
Leandro (jun, 1951): 133
Leandro (Martins): 332
Leandro Netto: 360, 366
Lebre: 133, 151
Lemos (Eduardo): 92, 94, 98, 99, 100, 102, 104, 110, 149
Lemos (SF, 1981): 521
Leonel Abreu: 189
Lewis: 324, 325, 326, 328, 332, 333, 334, 336, 337
Licínio: 189
Lino: 392, 393
Lipo Herczka: 92
Lira: 385
Lito: 396, 400, 406
Litos: 392, 394, 396
Lomba: 94, 96, 98, 100, 102, 104, 106, 108, 110
Lopes da Costa: 44
Lourenço: 53, 182, 184, 186, 188, 190
Lucas: 365, 368, 381, 559
Lucas Pires: 279
Luciano (Fonseca): 384
Luciano (juv, 1967): 209
Lucílio Carvalheiro: 377
Lúcio: 133, 151
Luís Agostinho: 407
Luís Alcoforado (SF, 1981): 522
Luís Batalha: 497
Luís Cláudio: 368, 370
Luís Eugénio: 206, 235, 241, 525, 527
Luís Fernandes (SF, 1981): 522
Luís Filipe: 358
Luís Futre (SF, 1981): 521, 522
Luís Godinho (SF, 1987): 523
Luís Nunes: 364, 404
Luís Pais de Sousa: 279
Luís Trindade: 42, 44
M. Carvalho: 526
Macedo (GR): 191
Macedo (João): 130, 132, 134, 136, 138, 142, 144, 146, 154
Madeira Machado: 61

Maia (José): 256
Maia (SF, 1981): 522
Malícia: 146, 158, 160, 162, 166, 168, 170, 174
Maló: 10, 174, 175, 178, 180, 186, 188, 194, 196, 197, 198, 200, 203, 204, 206, 207, 210, 211, 212, 214, 215, 221, 509, 535, 547
Malva do Vale: 526
Manecas: 168, 170
Mano: 209
Manuel Acúrsio: 286, 549
Manuel Alegre: 314
Manuel Anjinho (basq): 168
Manuel António: 194, 195, 197, 218, 220, 225, 226, 229, 230, 236, 238, 240, 241, 242, 247, 250, 258, 269, 465, 544, 545, 547
Manuel Arnaut: 367
Manuel Barreto: 497
Manuel Caldeira (SF, 1981): 522
Manuel Castro: 190, 195, 527
Manuel da Costa: 68, 72, 74, 76, 77, 85, 86, 91, 104
Manuel da Silva Pereira: 129
Manuel Duarte: 187
Manuel José: 373
Manuel Teixeira: 505
Manuel Veloso: 106
Marcel: 384, 385, 388
Marcelino: 318, 328, 329, 332
Marcelo: 318, 325, 381
Márcio Santos: 368
Marconi: 284
Marcos (jun, 1952): 141, 153, 526
Marcos (Paulino): 269
Margarida Santos: 505
Maria Fernanda Fonseca: 318
Mariano: 324
Marinescu: 372
Marinov: 321, 322
Mário Campos: 199, 207, 216, 218, 225, 226, 230, 232, 234, 235, 236, 238, 241, 247, 254, 256, 257, 258, 261, 263, 271, 525, 546, 547, 549
Mário Cunha: 52, 55, 60, 62, 64, 68, 74
Mário de Castro: 30
Mário de Lemos: 30
Mário Matos: 74, 81
Mário Monteiro: 377

Mário Mourato: 248
Mário Reis: 86, 94, 96, 98, 100, 102, 103, 104, 106, 107, 108, 110, 114, 116
Mário Wilson: 262, 276, 280, 281, 515, 549
Marito: 305, 308, 309, 317, 318
Marques (António): 194, 195, 197, 204, 206, 210, 211, 212, 214, 218, 225, 234, 245, 248
Marques (SF, 1987): 523
Marrafa: 261, 265, 270, 272, 296
Marta: 160, 162, 165, 166, 168, 180, 182, 183, 191
Martinho: 234, 238, 242, 250, 252, 258, 260, 262, 268, 272, 273
Martiniano: 42
Matias: 48
Matos Beja: 42
Matos Chaves: 526
Matos: 322
Maurício: 356
Medeiros: 392
Mega (basq): 168
Meireles: 320
Melo (António): 108, 112, 114, 116, 118, 130, 134, 136, 138, 142, 144, 146, 147, 148, 154, 155, 157, 158, 160, 162, 499
Melo (João): 230, 232, 234, 236, 238, 241, 242, 244, 247, 252, 254, 274, 278
Mendes (Joaquim): 276, 277
Mendes (Sabino): 329
Mendes Silva: 279, 293, 331
Mesquita (António): 174
Mesquita (jun, 1947): 152
Messias: 133
Micael: 92, 94, 96, 98, 99, 100, 102, 103, 104, 106, 115
Mickey: 340, 344, 345, 346, 349, 352, 357
Miguel (Gonçalves): 268
Miguel (Joaquim): 38, 40, 42
Miguel Bruno: 348, 349
Miguel Fidalgo: 408, 410
Miguel Fonseca: 367
Miguel Marques: 517, 529
Miguel Pedro: 392, 396, 400
Miranda Barbosa: 505
Miranda: 168, 173, 174, 180
Mito: 300, 302, 304, 308, 316, 320, 322, 323, 336, 341

Moacir: 364
Monteiro (inf, 1995): 517
Monteiro (Mário): 35, 42, 44, 48, 49, 57, 74, 526
Monteiro: 360
Morais: 189
Moreira (mass): 495
Moreira: 182
Morgado (jun, 1947): 152
Morgado (jun, 1950): 133, 151
Morgado (jun, 1952): 141, 151
Mota (Américo): 141, 151
Mota (Joaquim): 310, 316, 320, 324
Mota Pinto: 294
Mounir: 352, 353, 356, 358, 360
Murteira (jun): 515
Nana: 92, 98, 100, 104, 106, 108, 112, 118, 120, 122, 132, 135, 136, 138, 140, 142, 144, 151, 153, 155, 507
Natividade Coelho: 22, 24
N'Doye: 396
Necas: 100
Negrão: 153
Nelo (Barros): 526
Nelo Vingada: 286, 390
Nelo: 77
Nelson (jun, 1972): 515
Nene: 225, 226, 227, 228, 233, 547
Neto: 38
Neves Pires: 132, 134, 138
Nicolau: 268, 272, 274, 276
Nilson: 290
Nini (Conceição): 68, 72, 74, 76, 77, 81, 85, 86, 90, 92, 94, 96, 101, 102, 104, 106, 110
Nini (SF, 1981): 522
Nogueira: 151
Norton de Matos: 242, 244
Nunes (jun, 1972): 515
Nunes Almeida: 151
Nuno (Agostinho): 178
Nuno (Rodrigues): 158, 160, 526
Nuno Campos: 527
Nuno Coelho: 404, 408
Nuno Domingues: 367
Nuno Luís: 374, 380, 384, 388
Nuno Miranda: 369, 372

Nuno Piloto: 400, 511, 528
Nuno Pimenta: 541
Octaviano: 72, 74, 76, 77, 81, 84, 86, 92, 94, 96, 98, 100, 102, 212
Oliveira (basq): 168
Oliveira (juv, 1967): 209
Oliveira Duarte: 190, 194, 197, 230, 241
Oliveira Júnior: 271
Oliveira (Manuel): 100, 104, 106, 107, 108, 116
Orlando (jun, 1951): 153
Orlando (Neto): 396, 400, 408
Orlando (Nunes): 302
Óscar (Duarte): 278
Óscar (jun, 1951): 153
Oscar Montez: 174
Oscar Tellechea: 134, 136, 151, 153
Osório Pinto: 42
Otto Bumbel: 173
Pacheco: 68
Pacheco Mendes: 212, 216, 510
Pacheco Nobre: 114, 116, 118, 122
Pais Correia: 106, 108
Palancha: 321, 328, 340
Paraíso: 74
Paredes: 133, 151
Parente: 276, 277, 280, 284, 288, 289
Pascoal (João): 60, 62, 64
Pascoal (Raul): 108, 112
Patrício: 35, 57
Paulão: 352
Paulino: 341
Paulo Adriano: 360, 369, 372, 374, 384, 388, 389, 390, 559
Paulo Cardoso: 155, 335, 341
Paulo Ferreira: 284
Paulo Maranhão (SF, 1987): 523
Paulo Menano (SF, 1981): 522
Paulo Pilar: 344
Paulo Sérgio: 392
Paulo Soares (SF, 1987): 523
Paulo Vida: 336, 337
Paulo Xavier: 311
Pavlovic: 396
Paz Olímpio: 313
Pedrinho: 400, 404, 408
Pedro (jun, 1954): 151

Pedro (juv, 1967): 209
Pedro (SF, 1981): 522
Pedro Amaro (SF, 1987): 523
Pedro Costa: 400, 404
Pedro Godinho (SF, 1987): 523
Pedro Henriques: 380
Pedro Hipólito: 364, 368, 372
Pedro Lavoura: 344, 350, 354, 356, 358
Pedro Roma: 325, 328, 340, 341, 348, 349, 352, 353, 356, 360, 372, 381, 384, 388, 391, 392, 396, 505, 511
Pedro Saraiva: 497, 523
Pedro Silva (inf, 1995): 517
Pedro Xavier: 296, 297, 298, 300, 304, 308, 309, 311
Pedrosa: 527
Pedroso: 276, 277
Peiser: 408, 409
Pereira Rodrigues: 153
Peres: 218, 224, 225, 444
Pérides: 151, 154, 156, 158
Perry: 74
Peseta: 66, 72, 74, 77, 81, 92, 96, 212
Peskovic: 400, 402
Picão Caldeira: 23, 24, 28, 191
Pimenta: 52, 66, 76, 81, 85, 86, 104, 212
Pimentel: 133, 151
Pinheiro: 527
Pinho (Carlos): 238, 239, 247, 250, 261, 271, 549
Pinho (José): 132, 136
Pinto: 90
Pinto Simões: 141, 151, 153
Pires de Carvalho: 152
Piscas: 186, 188, 189, 190, 197, 271, 517
Porfírio: 296, 300, 304, 305, 309
Portugal (Alexandre): 50, 52, 55, 60, 62, 64, 66, 68, 72, 74, 75, 76, 78, 81, 84, 85, 88, 104
Portugal (Ataíde): 152
Prado: 144
Prates: 116, 118, 119, 120, 136, 152
Prudêncio: 38, 40, 42
Quadrado (SF, 1987): 523
Quartilho (SF, 1981): 521
Quim: 546
Quinito (Jesus): 231
Quinito (Moreira): 304, 308

Rachão: 260
Rafael (SF, 1981): 521
Raimundo Traça: 313, 553
Ramin: 146, 154, 156, 158, 159, 163, 164, 165, 499, 526
Ramos (jun, 1972): 515
Rangel: 42
Raul Águas: 234, 235, 377
Raul Oliveira: 358
Real: 320, 334
Redondo (Jaime): 90
Redondo (João): 272
Reinaldo: 304, 308, 316, 318, 320, 322, 360, 362
Reis Torgal: 367
Reis: 288, 298
Renato: 90
Ribeiro da Costa: 38, 39, 40, 42
Ribeiro: 288, 296, 298, 303, 550
Ricardo Freixo (inf, 1995): 517
Ricardo Roque: 293, 294
Ricardo: 338
Rico (inf, 1995): 517
Roberto Brum: 384, 386, 388, 392, 394
Rocha (Augusto): 21, 162, 163, 166, 167, 171, 178, 180, 181, 182, 186, 187, 188, 192, 194, 196, 198, 200, 204, 206, 210, 212, 214, 215, 219, 220, 271, 459, 445, 467, 543, 546
Rocha (Miguel): 324, 327, 328, 330, 332, 338, 342, 344, 348, 349, 352, 356, 360, 364, 369, 457, 497, 511
Rodolfo: 380
Rogério (1945): 108
Rogério (Delgadinho): 244, 252, 260, 262, 268, 270, 272, 549
Rogério (GR): 141, 151, 526
Rogério Nobres: 269
Rolão: 296, 300, 302, 316
Romariz: 35, 48, 57
Rosa: 64
Rosado: 280, 284
Rosário: 276, 278
Rubens Feijão: 316
Rui Alarcão: 555
Rui Calado (inf, 1995): 517
Rui Campos: 341, 344, 348, 349, 355
Rui Carlos: 497

Rui Cunha: 35, 48, 50, 52, 55, 57, 60, 62, 64, 68, 74, 89, 466
Rui Duarte: 212
Rui Gonçalves: 407, 505
Rui Guimarães: 497
Rui Miguel: 517, 528
Rui Pacheco Mendes: 279, 521, 522
Rui Paulo (inf, 1995): 517
Rui Pedro (SF, 1987): 523
Rui Rodrigues: 186, 190, 194, 195, 197, 198, 204, 206, 210, 211, 214, 218, 225, 226, 230, 237, 268, 534, 547
Russiano: 528
Saias: 35, 74
Saleiro: 400
Salgado Zenha: 117
Salvador: 133
Sampaio Nora: 378
Samuel: 162, 166, 168, 170, 172, 174, 178
Sandinha: 141, 151
Santana: 277, 280,
Santos Andrade: 526
Santos: 348
Sarmento (Filipe): 392
Sarmento (jun, 1949): 133, 151
Saúl Ramos: 505
Sciascia: 300
Seabra: 74
Secundino Freitas: 497
Seixas (jun, 1972): 515
Serafim: 204, 205, 206, 210, 226, 227, 234
Sérgio: 336
Sérgio Cruz: 325, 354
Sérgio Pereira: 22, 24
Sérgio Rebordão: 528
Serra Coelho: 130, 132
Serrano: 244, 250, 549
Severiano Correia: 104
Sidónio: 209
Silva (SF, 1987): 523
Silvério (inf, 1995): 517
Silvestre: 527
Simões (basq): 168
Simões de Oliveira: 277
Simões: 234, 241, 242, 244, 308, 309
Soares: 106, 108, 112, 271
Sombreireiro: 133

Sougou: 402, 404, 408
Sousa (basq): 168
Sousa: 57
Szabo: 114, 116
Taborda (1974): 250
Taborda (Manuel Coimbra): 104, 112, 120
Tara: 52, 64, 66, 68, 72, 74
Tavares (jun, 1972): 515
Teixeira (António): 152
Teixeira (C. Madureira): 146
Teixeira (C. Urbano): 190
Teixeira (GR): 166, 167, 168, 173
Teixeira (João): 73, 74, 77, 78, 104
Teixeira (jun, 1972): 515
Teles das Neves: 116
Tibério: 60, 62, 64, 68, 70, 72, 73, 74, 76, 77, 81, 83, 84, 86, 104, 191, 212
Tiero: 400, 404
Tito: 130, 132
Tixier: 374, 380
Tó Luís: 324, 325, 332
Tó Sá: 352, 353, 356, 357, 360, 364, 366, 368, 372, 528
Tomané: 151
Tomás: 284, 285, 288, 296, 297, 300, 301, 304, 306, 307, 308, 316, 317, 320
Tonel: 364, 368, 369, 370, 380
Toni (Loureiro): 528
Toni (Oliveira): 211, 212, 214, 216, 243, 253, 527, 542
Torres: 133, 134, 136, 138, 142, 143, 146, 147, 151, 154, 158, 160, 166, 168, 170, 173, 175, 178, 180, 183, 188, 192, 197, 201, 212, 271, 466, 495
Tozé: 320, 328, 332, 336, 340
Tuna: 153
Vaccari: 158
Vala: 238, 241, 242, 243, 244, 247, 250, 252, 256, 257, 264, 549
Valente: 364
Valeri: 372
Valido: 247, 250, 555
Vargas: 353
Vasco Faísca: 384
Vasco: 91, 92, 94, 96, 98, 100, 102, 104, 110, 111, 191
Veiga Pinto: 50, 52, 55, 62

Veloso (basq): 168
Veloso: 98
Venda (SF, 1987): 523
Veríssimo: 358
Viegas: 190, 191, 197, 207, 218, 220, 225, 226, 527
Vieira Nunes: 189, 197, 204, 207, 210, 211, 212, 214, 218, 225
Viriato: 74, 90
Vital: 368, 372
Viterbo Correia: 279
Vítor (Gomes): 52
Vítor (juv, 1967): 209
Vítor (Sousa): 74, 90
Vítor Alves: 337, 349, 377
Vítor Bruno: 516, 517
Vítor Campos: 15, 190, 194, 195, 197, 198, 199, 204, 205, 210, 211, 212, 218, 225, 226, 230, 231, 232, 234, 236, 238, 242, 252, 257, 259, 306, 510, 547, 549, 555
Vítor Duarte: 290, 336
Vítor Gomes: 234
Vítor Guimarães: 497, 497
Vítor Manuel (SF, 1981): 521
Vítor Manuel: 250, 266, 268, 270, 286, 305, 337, 359, 550
Vítor Nóvoa: 288, 300, 304, 308, 309, 316, 317, 320
Vítor Oliveira: 347, 556
Vítor Paneira: 338, 360, 362, 364
Vítor Serôdio: 503, 504, 505
Waldemar Amaral: 50, 55
Walter: 321, 332, 336, 338
Wilson: 138, 139, 140, 142, 143, 144, 147, 154, 156, 158, 162, 166, 168, 170, 174, 175, 178, 180, 182, 186, 188, 206, 469, 526
Xano: 517, 529
Zé Castro: 384, 385, 388, 389, 466, 517, 528
Zé da Rocha: 334
Zé d'Angola: 328, 330
Zé do Carmo: 328, 329, 330, 332
Zé Duarte: 332, 336, 340, 341
Zé Manuel (basq): 168
Zé Nando: 344, 348, 350, 351, 352, 353
Zé Paulo: 324, 325, 326, 329
Zuela: 528

Bibliografia

LIVROS

Académica – Futebol com História (2.ª Edição). Núcleo de Veteranos da AAC-OAF. Lisboa: Pressmundo, 2000

A Académica. Casa da Académica em Lisboa. Porto: Edições ASA, 1995

Almanaque do Benfica (1904-2004). Coordenação Editorial de João Mendonça. Lisboa: Almanaxi Editora, 2003

Almanaque do Sporting Clube de Portugal (1906-2005). Coordenação Editorial de João Mendonça. Lisboa: Almanaxi Editora, 2004

Mancha Negra – 20 anos, 20 viagens. Coimbra, 2005

Paulo Cardoso, o Atleta, o Dirigente, o Cidadão. Lisboa: Dividendo, 1999

Bento, Paulo Torres – Flausino Torres – Documentos e fragmentos biográficos de um intelectual antifascista. Porto: Edições Afrontamento, 2006

Bispo, Raminhos – Sporting Clube Olhanense – Noventa Anos de História. Tavira, 2003

Caeiro, Teresa – Viver numa República de Estudantes em Coimbra (Real Palácio da Loucura, 1960-70). Lisboa: Campo das Letras, 2004

Camilo, Viriato – Casa Pia Atlético Clube – Ateneu Casapiano (1920 – 1970). Lisboa: Museu Luz Soriano, 1995

Carranca, Carlos – Académica Sempre – A Poética do Futebol. Coimbra: Minerva, 2005

Coelho, João Nuno; Pinheiro, Francisco – A Paixão do Povo - História do Futebol em Portugal. Porto: Edições Afrontamento, 2002

Correia, Camilo de Araújo – Coimbra Minha. Coimbra: Almedina, 1989;

Correia, Fernando – Pontapé na Bola - Histórias do Futebol Português. Lisboa: SeteCaminhos, 2006

Curado, António Henriques – Coisas sobre Coimbra. Coimbra: Almedina, 2000

Curado, António Henriques – Pontapés para o ar. Coimbra: edição de autor, 1951

Cruzeiro, Celso – Coimbra, 1969. Porto: Edições Afrontamento, 1989

Dias, Manuel; Magalhães, Álvaro – F.C. Porto – 100 anos de História (2.ª Edição). Porto: Edições ASA, 1995

Dias, Marina Tavares – História do Futebol em Lisboa. Lisboa: Quimera Editores, 2000

Galego, Belmiro Esteves – Leixões Sport Clube – Marcos Importantes da sua História. Matosinhos: Editorial Maresia, 2001

Gregório, Nídia; Garrido, Álvaro; Lopes, Pedro Santos; coordenação de Luís Reis Torgal – Ideologia, Cultura e Mentalidade no Estado Novo – Ensaios sobre a Universidade. Coimbra: Gabinete de Publicações da FLUC, 1993

Lacerda, Silvestre – O Hóquei em Patins em Portugal. Porto: Edições ASA, 1991

Lamy, Alberto de Sousa – A Academia de Coimbra (1577-1990). Lisboa: Rei dos Livros, 1990

Lopes, António Rodrigues – A Sociedade Tradicional Académica Coimbrã – Introdução ao Estudo Etnoantropológico. Coimbra: edição de autor, 1982

Lopes, João Carlos – Clube Desportivo de Torres Novas – Uma história de 80 anos. Torres Novas: Edição de Autor, 2005

Lopes, José Manuel Madureira – Vitória – Do Nascimento à Glória. Setúbal: Hemus – Livraria, 2003

Martins, Augusto Pais – O Grito dos Capas Negras – Memórias de Augusto Pais Martins. Lisboa: Edições Pedago, Setembro de 2004

Melo, Afonso de – Guia dos Resultados da Selecção Nacional. Lisboa: Dom Quixote, 2004

Neto, Daniel; Silva, Pedro – Associação Desportiva Sanjoanense - 75 anos de história (1924-1999). S. João da Madeira: Laborpress, 1999

Nobre, Carminé – Coimbra de Capa e Batina. Coimbra: Atlântida, 1945

Perdigão, Carlos; Pires, Fernando – 100 Anos de Lenda – Sport Lisboa e Benfica. Lisboa: Diário de Notícias, 2004

Portugal, Alexandre Simão – Centelhas da Minha Vida. Lisboa: edição de autor, 1995

Providência, Natália Bebiano da – Ruy Luís Gomes: Uma Fotobiografia. Porto: Universidade do Porto e Gradiva, 2005

Ramos, Júlio; Carvalho, Diamantino; Santos, Aurélio – Coimbra Profunda. Coimbra, 2003

Rapaz, António Cagica – Líbero e Directo – Setenta e Tal Contos de Futebol. Lisboa: GarridoEditores, 2003

Rapaz, António Cagica – As Bonecas Russas. Lisboa: Sete Caminhos, 2005

Ribeiro, Artur – Do Associacionismo da Associação Académica de Coimbra e da Tomada da Bastilha. Coimbra, Pelouro da Cultura da Direcção-Geral da Associação Académica de Coimbra, 2002

Rosa, Acácio – História do Clube de Futebol "Os Belenenses". Lisboa, 1991

Sampaio, Armando – Football para o Serão. Portalegre: edição de autor, 1944

Sampaio, Armando – Coimbra onde uma vez... Portalegre: edição de autor, 1974

Sampaio, Armando – Encontro com a Saudade. Coimbra: edição de autor, 1965

Sampaio, Armando – Reencontro. Portalegre: edição de autor 1968

Sampaio, Armando – Cinquenta anos depois... Coimbra: edição de autor, 1982

Serpa, Homero – Cândido de Oliveira – Uma biografia. Lisboa: Editorial Caminho, 2000

Soares, António José – Saudades de Coimbra. Coimbra: Almedina, 1985

Sousa, Manuel de – História do Futebol – Origens. Nomes. Números e Factos. Mem Martins: SporPress, 1997

Torgal, Gonçalo dos Reis – Coimbra, Boémia da Saudade. Coimbra: edição de autor, 2003

JORNAIS, REVISTAS E OUTRAS PUBLICAÇÕES

100 Melhores do Futebol Português, – Lisboa: Record, 2002

A História da Taça de Portugal, – Lisboa: Diário de Notícias, 2000

Colecção Ídolos do Desporto

Associação Académica de Coimbra, Campeã Nacional de Juniores de Futebol (1951-1952). Casa da Académica em Lisboa, 2001

100 Figuras do Futebol Português. Lisboa: A Bola, 1995

Sport Lisboa e Benfica – 100 gloriosos anos. Lisboa: A Bola, 2004

Enciclopédia do Desporto. Porto: Jornal de Notícias, 2003

Sporting Clube de Portugal. Lisboa: Diário de Notícias, 2000

Sport Lisboa e Benfica. Lisboa: Diário de Notícias, 2000

Futebol Clube de Portugal. Lisboa: Diário de Notícias, 2000

A Briosa - Bancada

História de 50 anos do Desporto Português. Lisboa: A Bola, 1995

Glória e Vida de Três Gigantes. Lisboa: A Bola, 1995

História dos Desportos em Portugal, Ricardo Ornelas e Ribeiro dos Reis, Lisboa, Editorial Inquérito, 1940.

Equipamentos com História. Lisboa: A Bola, 2006

A Bola; A Briosa; A Capital; A Defesa de Espinho; A Bola Magazine; A Cabra; A Final; A Guarda; A Vitória; A Voz da Justiça; A Voz de Azeméis; A Voz de Fafe; A Voz Desportiva; A Voz do Barreiro; A Voz do Mar; Académica; Aurora do Lima; Beira Alta; Beira Baixa; Bola; Boletim do Sporting CP; Cadernos de A Bola; Campeão das Províncias; Capa e Batina; Centro Desportivo; Colecção Ídolos do Desporto; Comarca de Alcobaça; Comércio do Porto; Conimbricense; Correio da Manhã; Correio de Azeméis; Correio do Minho; Correio do Ribatejo; Correio do Sul; Correio Elvense; Desportivo das Beiras; Diário de Coimbra; Diário de Lisboa; Diário de Notícias; Diário do Minho; Diário Popular; Domingo; Eco dos Sports; Expresso; Fafense; Foot; Foot-ball; Gazeta de Coimbra; Gazeta Desportiva; Gazeta dos Desportos; Golo; Jornal 1X2; Jornal da Bairrada; Jornal da Madeira; Jornal da Marinha Grande; Jornal de Barcelos; Jornal de Coimbra; Jornal do Exército; Jornal de Famalicão; Jornal de Notícias; Jornal de Sports; Jornal do Barreiro; Jornal do Ribatejo; Linhas de Elvas; Meio Elvense; Mundo Desportivo; Norte Desportivo; Notícias da Covilhã; Notícias da Figueira; Notícias de Coimbra; Notícias de Guimarães; O Alcoa; O Almonda; O Barreiro; O Benfica; O Comércio de Guimarães; O Comércio de Leixões; O Dardo; O Desforço; O Despertar; O Dever; O Figueirense; O Golo; O Independente; O Jogo; O Jornal; O Lusitano; O Olhanense; O Ponney; O Primeiro de Janeiro; O Regional; O Século; O Setubalense; O Sport; O Sport de Lisboa; O Zé; Off-Side; Os Sports; Reconquista; Record; Região de Rio Maior; República; Revista Académica; Rua Larga; Santa Cruz; Selecções Desportivas; Soberania do Povo; Sporting; Stadium; Tertúlia Académica; Via Latina; Voz de Guimarães.